D1626765

| | | |
|---|---|---|
| maritime | **Mar** | maritime |
| assurance maritime | **Mar Ins** | maritime insurance |
| mathématiques | **Maths, Math** | mathematics |
| médecine | **Méd, Med** | medicine |
| métallurgie | **Metal** | metallurgy |
| mines | **Min** | mining |
| marketing | **Mktg** | marketing |
| nautique | **Naut** | nautical |
| nom | **n** | noun |
| nom féminin | **nf** | feminine noun |
| nom masculin | **nm** | masculine noun |
| nom masculin, féminin | **nm, f** | masculine, feminine noun |
| | **o.s.** | oneself |
| péjoratif | **péj, pej** | pejorative |
| photographie | **Phot** | photography |
| pluriel | **pl** | plural |
| politique | **Pol** | politics |
| préfixe | **préf, pref** | prefix |
| préposition | **prép, prep** | preposition |
| pronom | **pron** | pronoun |
| publicité | **Pub** | publicity |
| quelque chose | **qch** | something |
| quelqu'un | **qn** | someone |
| radio | **Rad** | radio |
| chemin de fer | **Rail** | railway |
| dollar | **$** | dollar |
| quelqu'un | **sb** | somebody |
| école | **Scol** | school |
| séparable | **sep** | separable |
| singulier | **sg** | singular |
| statistiques | **Stat** | statistics |
| Bourse | **St Ex** | Stock Exchange |
| quelque chose | **sth** | something |
| impôts | **Tax** | taxation |
| technique | **Tech** | technics |
| télécommunications | **Téléc, Telec** | telecommunications |
| théâtre | **Théat, Theat** | theatre |
| télévision | **TV** | television |
| typographie | **Typ** | typography |
| université | **Univ** | university |
| États-Unis, américain | **US** | United States, American |
| verbe intransitif | **vi** | intransitive verb |
| verbe pronominal | **vpr** | pronominal verb |
| verbe transitif | **vt** | transitive verb |
| verbe transitif et intransitif | **vti** | transitive and intransitive verb |
| verbe transitif indirect | **vt indir** | |

| | | |
|---|---|---|
| voir | $\rightarrow$ | see |
| emploi familier | * | informal language |
| marque déposée | ® | registered trademark |

LE ROBERT & COLLINS
# DU MANAGEMENT

**administration et relecture**

Véronique BÉCHADERGUE
Silke ZIMMERMANN

**correction**

Françoise MARÉCHAL
Lydie RODIER
Bernadette SIBERS

**maquette**
Gonzague RAYNAUD

**REMERCIEMENTS**

Les auteurs tiennent à
remercier Jean-Max THOMSON
pour les suggestions judicieuses
qu'il leur a apportées lors
de sa lecture minutieuse
d'une partie importante du
manuscrit.

**ACKNOWLEDGEMENTS**

The editors would like to
express their thanks to
Jean-Max THOMSON for his
inspired suggestions and
his careful reading
of a large part of the
manuscript.

# LE ROBERT & COLLINS

# DU MANAGEMENT

DICTIONNAIRE FRANÇAIS-ANGLAIS ANGLAIS-FRANÇAIS
FRENCH-ENGLISH ENGLISH-FRENCH DICTIONARY

par

**Michel PÉRON     Gordon SHENTON**
Professeurs au groupe
École supérieure de commerce de Lyon

et

**Alain DUVAL**
Université Paris X - Nanterre

**Monique PÉRON     Rosemary C. MILNE**
agrégée de l'université          M.A. Hons.

**Dictionnaires Le Robert Paris**

# INTRODUCTION

*Differential, spreadsheet, temp, bill of lading, securitization, readership, cross holdings...*
In the course of their everyday business activities, companies use a wide-ranging vocabulary drawn from many different fields — finance, management, commerce, computing, advertising, and company and employment law.

Against the background of the Single European Market and the growth in international trade, companies will face increased demands on their communications skills. For this dictionary we have selected 75,000 words and phrases giving detailed coverage of all fields of business.

Companies aiming to compete successfully in the international market must understand the needs of their overseas customers and business partners, and may be judged by their ability to express themselves correctly in the foreign language. This dictionary provides the business person with the necessary information to ensure accuracy in both English and French :

■ entries are clearly subdivided to highlight different areas of meaning ;
■ indicating material in brackets (eg subject field, synonyms, etc.) quickly guides the user to the sense for which a translation is required ;
■ examples are provided which put the words into context and give the user the information needed for active and effective communication in the foreign language.

British and American usage is signalled by (GB) and (US) respectively, and informal terms are marked by an asterisk (*) in both source and target languages.

Finally, since business language is both written and spoken, the phonetics of each headword are shown using the symbols of the International Phonetic Alphabet.

# INTRODUCTION

*Différentiel, tableur, intérimaire, connaissement, titrisation, lectorat, participations croisées...*

L'entreprise, dans le cadre quotidien de ses activités, a recours à un vaste vocabulaire emprunté à tous les aspects de la vie économique, tels que commerce, finance, gestion, informatique, publicité, droit des affaires et du travail.

Avec l'ouverture du marché unique européen et le développement des échanges internationaux, l'entreprise moderne doit faire face à des besoins de communication de plus en plus importants et précis. Ce dictionnaire regroupe près de 75 000 mots et expressions qui donnent une description minutieuse de la totalité de ces domaines.

L'entreprise performante doit bien sûr comprendre les demandes de ses partenaires étrangers, mais elle apporte aussi la preuve de son dynamisme et de son efficacité par la qualité de sa communication en s'exprimant dans leur langue avec exactitude. Le présent ouvrage s'attache à apporter les précisions nécessaires, dans le cadre du français et de l'anglais, à deux niveaux :

■ Au niveau du sens, les articles sont clairement subdivisés et isolent soigneusement les différences d'emploi. La plupart des traductions sont accompagnées d'une indication (domaine d'activité, synonyme...) qui permet de lever les ambiguïtés et de préciser les limites exactes de chacun des équivalents proposés.

■ Au niveau de la correction grammaticale, de nombreux exemples placent le mot en situation concrète et apportent les précisions indispensables à la production d'une langue authentique.

L'usage britannique (GB) et l'usage américain (US) ainsi que les emplois familiers (indiqués par un astérisque : *) accompagnent le mot chaque fois que cela est nécessaire, dans la langue source comme dans la langue cible.

La langue des affaires n'étant pas seulement écrite ou lue, chaque mot enfin est accompagné de sa transcription phonétique selon les règles de l'Association phonétique internationale.

# VERBES ANGLAIS À PARTICULE
## ENGLISH PHRASAL VERBS

| | | |
|---|---|---|
| **vi** | verbe intransitif. ex : **split up** dans 'the meeting split up' | intransitive verb, e.g. **split up** in 'the meeting split up' |
| **vt sep** | verbe transitif séparable. ex : **split up** dans 'they split up the money' ou 'they split the money up'<br><br>Le complément d'objet peut se mettre soit après la particule, soit entre les deux éléments du verbe en les séparant. Cette dernière structure est d'ailleurs obligatoire lorsqu'il s'agit d'un pronom : 'they split it up'. | separable transitive verb e.g. **split up** in 'they split up the money' or 'they split the money up'<br><br>The object of the verb may either come after the second part of the phrasal verb, as in this example, or between the two parts ('they split it up'). |
| **vt fus** | verbe transitif fusionné. ex : **send for** dans 'they sent for the clerk'<br><br>Le complément d'objet ne peut jamais s'intercaler entre les deux éléments du verbe, même lorsqu'il s'agit d'un pronom : 'they sent for him'. | fused transitive verb, e.g. **send for** in 'they sent for the clerk'<br><br>where the object of the phrasal verb never comes between the two parts (always 'they sent for him', never 'they sent him for'). |

# LES VERBES ANGLAIS FORTS OU IRRÉGULIERS

| Infinitif | Prétérit | Participe passé | Infinitif | Prétérit | Participe passé |
|---|---|---|---|---|---|
| abide | abode *or* abided | abode *or* abided | feed | fed | fed |
| | | | feel | felt | felt |
| arise | arose | arisen | fight | fought | fought |
| awake | awoke | awaked | find | found | found |
| be | was, were | been | flee | fled | fled |
| bear | bore | borne | fling | flung | flung |
| beat | beat | beaten | fly | flew | flown |
| become | became | become | forbid | forbad(e) | forbidden |
| | | | forget | forgot | forgotten |
| | | | forsake | forsook | forsaken |
| begin | began | begun | freeze | froze | frozen |
| bend | bent | bent | get | got | got, *(US)* gotten |
| beseech | besought | besought | gild | gilded | gilded *or* gilt |
| bet | bet *or* betted | bet *or* betted | gird | girded *or* girt | girded *or* girt |
| bid | bade *or* bid | bid *or* bidden | give | gave | given |
| | | | go | went | gone |
| bind | bound | bound | grind | ground | ground |
| bite | bit | bitten | grow | grew | grown |
| bleed | bled | bled | hang | hung, *(Jur)* hanged | hung, *(Jur)* hanged |
| blow | blew | blown | | | |
| break | broke | broken | have | had | had |
| breed | bred | bred | hear | heard | heard |
| bring | brought | brought | heave | heaved, *(Naut)* hove | heaved, *(Naut)* hove |
| build | built | built | | | |
| burn | burned *or* burnt | burned *or* burnt | | | |
| | | | hew | hewed | hewed *or* hewn |
| burst | burst | burst | hide | hid | hidden |
| buy | bought | bought | hit | hit | hit |
| can | could | — | hold | held | held |
| cast | cast | cast | hurt | hurt | hurt |
| catch | caught | caught | keep | kept | kept |
| chide | chid | chidden *or* chid | kneel | knelt | knelt |
| choose | chose | chosen | know | knew | known |
| 1. cleave *(fendre)* | clove *or* cleft | cloven *or* cleft | lade | laded | laden |
| | | | lay | laid | laid |
| 2. cleave *(s'attacher)* | cleaved | cleaved | lead | led | led |
| | | | lean | leaned *or* leant | leaned *or* leant |
| cling | clung | clung | | | |
| come | came | come | leap | leaped *or* leapt | leaped *or* leapt |
| cost | cost *or* costed | cost *or* costed | lean | learned *or* learnt | learned *or* learnt |
| creep | crept | crept | | | |
| cut | cut | cut | leave | left | left |
| deal | dealt | dealt | lend | lent | lent |
| dig | dug | dug | let | let | let |
| do | did | done | lie | lay | lain |
| draw | drew | drawn | light | lit *or* lighted | lit *or* lighted |
| dream | dreamed *or* dreamt | dreamed *or* dreamt | lose | lost | lost |
| | | | make | made | made |
| | | | may | might | — |
| drink | drank | drunk | mean | meant | meant |
| drive | drove | driven | meet | met | met |
| dwell | dwelt | dwelt | mow | mowed | mown *or* mowed |
| eat | ate | eaten | pay | paid | paid |
| fall | fell | fallen | | | |

| Infinitif | Prétérit | Participe passé | Infinitif | Prétérit | Participe passé |
|---|---|---|---|---|---|
| put | put | put | spend | spent | spent |
| quit | quit or quitted | quit or quitted | spill | spilled or spilt | spilled or spilt |
| read [ri:d] | read [red] | read [red] | spit | spat | spat |
| rend | rent | rent | split | split | split |
| rid | rid | rid | spoil | spoiled or spoilt | spoiled or spoilt |
| ride | rode | ridden | | | |
| 2. ring | rang | rung | spread | spread | spread |
| rise | rose | risen | spring | sprang | sprung |
| run | ran | run | stand | stood | stood |
| saw | sawed | sawed or sawn | stave | stove or staved | stove or staved |
| say | said | said | | | |
| see | saw | seen | steal | stole | stolen |
| seek | sought | sought | stick | stuck | stuck |
| sell | sold | sold | sting | stung | stung |
| send | sent | sent | stink | stank | stunk |
| set | set | set | strew | strewed | strewed or strewn |
| sew | sewed | sewed or sewn | stride | strode | stridden |
| shake | shook | shaken | strike | struck | struck |
| shave | shaved | shaved or shaven | string | strung | strung |
| shear | sheared | sheared or shorn | strive | strove | striven |
| shed | shed | shed | swear | swore | sworn |
| shine | shone | shone | sweep | swept | swept |
| shoe | shod | shod | swell | swelled | swollen |
| shoot | shot | shot | swim | swam | swum |
| show | showed | shown or showed | swing | swung | swung |
| shrink | shrank | shrunk | take | took | taken |
| shut | shut | shut | teach | taught | taught |
| sing | sang | sung | tear | tore | torn |
| sink | sank | sunk | tell | told | told |
| sit | sat | sat | think | thought | thought |
| slay | slew | slain | thrive | throve or thrived | thriven or thrived |
| sleep | slept | slept | | | |
| slide | slid | slid | throw | threw | thrown |
| sling | slung | slung | thrust | thrust | thrust |
| slink | slunk | slunk | tread | trod | trodden |
| slit | slit | slit | wake | woke or waked | woken or waked |
| smell | smelled or smelt | smelled or smelt | | | |
| | | | wear | wore | worn |
| smite | smote | smitten | weave | wove | woven |
| sow | sowed | sowed or sown | weep | wept | wept |
| speak | spoke | spoken | win | won | won |
| speed | speeded or sped | speeded or sped | wind | wound | wound |
| | | | wring | wrung | wrung |
| spell | spelled or spelt | spelled or spelt | write | wrote | written |

REMARQUE : Cette liste ne comprend pas les verbes formés avec un préfixe. Pour leur conjugaison, se référer au verbe de base, ex. : pour *forbear* voir *bear*, pour *understand* voir *stand*.

# TRANSCRIPTION PHONÉTIQUE DE L'ANGLAIS

| | Voyelles et diphtongues |
|---|---|
| iː | bead, see |
| ɑ | bard, calm |
| ɔ | born, cork |
| uː | boon, fool |
| ɜ | burn, fern, work |
| ɪ | sit, pity |
| e | set, less |
| æ | sat, apple |
| ʌ | fun, come |
| ɒ | fond, wash |
| ʊ | full, soot |
| ə | composer, above |
| eɪ | bay, fate |
| aɪ | buy, lie |
| ɔɪ | boy, voice |
| əʊ | no, ago |
| aʊ | now, plough |
| ɪə | tier, beer |
| ɛə | tare, fair |
| ʊə | tour |

| | Consonnes |
|---|---|
| p | pat, pope |
| b | bat, baby |
| t | tab, strut |
| d | dab, mended |
| k | cot, kiss, chord |
| g | got, agog |
| f | fine, raffle |
| v | vine, river |
| s | pots, sit, rice |
| z | pods, buzz |
| θ | thin, maths |
| ð | this, other |
| ʃ | ship, sugar |
| ʒ | measure |
| tʃ | chance |
| dʒ | just, edge |
| l | little, place |
| r | ran, stirring |
| m | ram, mummy |
| n | ran, nut |
| ŋ | rang, bank |
| h | hat, reheat |
| j | yet, million |
| w | wet, bewail |
| x | loch |

NB : Un caractère en italique représente un son qui peut ne pas être prononcé;
r représente un [r] entendu s'il forme une liaison avec la voyelle du mot suivant;
' accent tonique; ˌ accent secondaire

# PHONETIC TRANSCRIPTION OF FRENCH

| | Vowels |
|---|---|
| i | il, vie, lyre |
| e | blé, jouer |
| ɛ | lait, jouet, merci |
| a | plat, patte |
| ɑ | bas, pâte |
| ɔ | mort, donner |
| o | mot, dôme, eau, gauche |
| u | genou, roue |
| y | rue, vêtu |
| ø | peu, deux |
| œ | peur, meuble |
| ə | le, premier |
| ɛ̃ | matin, plein |
| ɑ̃ | sans, vent |
| ɔ̃ | bon, ombre |
| œ̃ | lundi, brun |

| | Semi-consonants |
|---|---|
| j | yeux, paille, pied |
| w | oui, nouer |
| ɥ | huile, lui |

| | Consonants |
|---|---|
| p | père, soupe |
| t | terre, vite |
| k | cou, qui, sac, képi |
| b | bon, robe |
| d | dans, aide |
| g | gare, bague |
| f | feu, neuf, photo |
| s | sale, celui, ça, dessous, tasse, nation |
| ʃ | chat, tache |
| v | vous, rêve |
| z | zéro, maison, rose |
| ʒ | je, gilet, geôle |
| l | lent, sol |
| ʀ | rue, venir |
| m | main, femme |
| n | nous, tonne, animal |
| ɲ | agneau, vigne |
| h | hop! (exclamative) |
| ' | haricot (no liaison) |
| ŋ | words borrowed from English : camping |
| x | words borrowed from Spanish or Arabic : jota |

# DICTIONNAIRE FRANÇAIS - ANGLAIS
# FRENCH - ENGLISH DICTIONARY

# A

**abaissement** [abɛsmɑ̃] **nm** a (action) [droits de douane, impôts] lowering. ◊ **l'abaissement de l'âge de la retraite** the lowering of the age of retirement. b (résultat) [taux d'intérêt] decrease, fall, drop (*de* in).

**abaisser** [abese] 1 **vt** taux, droits to lower, reduce, bring down. 2 **s'abaisser vpr** [valeur, taux] to fall, drop, go down, decrease.

**abandon** [abɑ̃dɔ̃] 1 **nm** [droits, revendication] renunciation, abandonment; [biens] surrender; [ligne de produits] discontinuation, discontinuance; (Ass Mar) [navire, fret] abandonment; (Inf) abort. ◊ **phase d'abandon** abandonment stage; **faire abandon de ses droits sur** to give up ou renounce one's right(s) to; **l'usine est à l'état d'abandon** the factory is in a neglected state ou in a state of neglect. 2 **comp abandon d'actif** (Fin, Jur) yielding up of assets. – **abandon de poursuites** non-suit, nolle prosequi. – **abandon de la prime** (Bourse) abandonment of the option.

**abandonnataire** [abɑ̃dɔnatɛʀ] **nm** (Jur) releasee; (Ass Mar) abandonee.

**abandonnateur** [abɑ̃dɔnatœʀ] **nm** (Jur) releasor.

**abandonné, e** [abɑ̃dɔne] **adj** usine disused.

**abandonner** [abɑ̃dɔne] **vt** a (délaisser) procédé, recherches, projet to abandon, give up; fonctions to give up, relinquish, retire from; droits, privilèges to give up, renounce; fabrication, production to discontinue; (Inf) programme to abort. ◊ **abandonner l'étalon or** to come off the gold standard; **ils abandonnent ce secteur d'activité** they are pulling out of this sector of activity; **la Banque centrale a abandonné sa politique d'argent bon marché pour une politique d'austérité**

monétaire the Central Bank switched from a cheap money to a credit squeeze policy; **abandonner la prime** (Bourse) to relinquish the option money; **abandonner les poursuites** to discontinue the case, drop the charge. b (céder) to leave, give (à to). ◊ **abandonner ses biens à ses créanciers** to surrender one's property to one's creditors; **ils ont abandonné une part du marché à leurs concurrents** they have lost ou given up a share of the market to their competitors. c (Bourse : perdre) to lose. ◊ **le napoléon abandonne 50 F à 580 F** napoleons lost ou shed F50 at F580.

**abattement** [abatmɑ̃] **nm** (réduction) reduction, cut, rebate, discount, deduction; (Impôts) allowance, deduction, cut, break. ◊ **abattement à la base** basic allowance; **abattement forfaitaire** standard deduction ou allowance; **un abattement de 10%** a 10% cut; **donnant** ou **ouvrant droit à abattement** eligible for tax relief.

**ABC adj** ◊ (Gestion) **analyse ABC** ABC analysis.

**abîmer** [abime] 1 **vt** to damage, spoil. ◊ **articles abîmés** faulty articles, seconds. 2 **s'abîmer vpr** [objet] to get spoilt ou damaged; [produits alimentaires] to go bad, spoil.

**abondance** [abɔ̃dɑ̃s] **nf** (profusion) abundance; (richesse) wealth, affluence. ◊ **année d'abondance** year of plenty, bonanza year; **la société d'abondance** the affluent society; **vivre dans l'abondance** to live in plenty, be affluent.

**abondant, e** [abɔ̃dɑ̃, ɑ̃t] **adj** récolte good, plentiful; réserves plentiful. ◊ **être peu abondant** to be in short supply; **le marché du pétrole est caractérisé par une offre abondante** the oil market is characterized by an abundant supply; **les informations sur ce pays ne sont**

guère abondantes you can't get much information on this country ; **moisson exceptionnellement abondante** bumper ou outstanding crop.

**abondement** [abɔ̃dmɑ̃] **nm** [salaire] increase, additional amount. ◊ **les salariés pourront bénéficier d'un abondement versé par leur société** employees may benefit from a lump sum paid by their company.

**abonder** [abɔ̃de] **vi** to be in great supply, be plentiful. ◊ **abonder en** to be full of.

**abonné, e** [abɔne] **1** adj ◊ **être abonné à un journal** to subscribe to a paper ; **être abonné au gaz / au téléphone** to have gas / a phone. **2** nm,f [journal] subscriber ; [téléphone] user ; [électricité] user, consumer ; [train] season-ticket holder. ◊ **service des abonnés absents** absent subscriber service ; **abonné au service télex** telex user ; **fichier d'abonnés** subscription file.

**abonnement** [abɔnmɑ̃] **nm** [journal] subscription ; [téléphone] rental ; [train, théâtre] commutation ticket (US), season ticket (GB). ◊ **prendre un abonnement à un journal** to subscribe to ou take out a subscription to a paper ; **bulletin d'abonnement** subscription form ; **police d'abonnement** (Ass) floating policy.

**abonner** [abɔne] **1** vt ◊ **abonner qn à une revue** to take out a subscription to a magazine for sb. **2** **s'abonner** vpr to subscribe, take out a subscription (à to).

**abordable** [abɔrdabl(ə)] adj prix reasonable ; marchandise affordable, reasonably priced.

**abordage** [abɔrdaʒ] **nm** (Mar) collision. ◊ **abordage fautif** (Ass Mar) negligent collision.

**aborder** [abɔrde] vt **a** problème to tackle, deal with ; personne to approach, contact. **b** (Mar : heurter) to collide with, run foul of.

**abordeur, e** [abɔrdœr] **nm**, adj ◊ (navire) **abordeur** colliding ou ramming ship.

**Abou Dhabi** [abudabi] n Abu Dhabi.

**aboutir** [abutir] **vi** **a** (réussir) [tentatives, personne] to succeed. ◊ **notre projet n'a pas abouti** our project failed ou fell through ou aborted ou broke down ; **les pourparlers ont abouti** the talks were successful ; **faire aboutir un projet** to bring a project to a successful conclusion, see a project through. **b** (avoir pour résultat) **aboutir à** ou **dans** to end in, lead to, result in. **le conflit a abouti à une grève** the dispute ended in a strike ; **à quoi toute cette discussion a-t-elle abouti ?** what was the upshot ou outcome of all this talk ? ; **la fusion envisagée n'aboutira à rien** this merger project can't lead us

anywhere. **c** (conclure) **les deux parties ont abouti à un accord** both parties reached an agreement ou came to an agreement.

**aboutissants** [abutisɑ̃] nmpl ◊ **quels sont les tenants et les aboutissants de cette affaire ?** what are the ins and outs of this affair ?

**aboutissement** [abutismɑ̃] **nm** **a** (résultat) [efforts, stratégie, politique] outcome, upshot, (end) result. **b** (succès) [projet] success.

**abrégé** [abreʒe] **nm** [livre] summary, synopsis, abstract. ◊ **écrire un mot en abrégé** to write a word in an abbreviated form ; **en abrégé** (en bref) in brief, in a nutshell.

**abréger** [abreʒe] **vt** discussion to shorten, cut short ; mot to shorten, abbreviate ; article to abridge, condense. ◊ **pour abréger** to put it in a nutshell.

**abréviation** [abrevjasjɔ̃] **nf** abbreviation.

**abri** [abri] **nm** (refuge) shelter. ◊ **abri fiscal** tax shelter ; **les sans-abri** the homeless ; **en temps de crise le mark peut être un abri** in times of crisis the mark can be a safe haven ; **être à l'abri de** concurrence, inflation to be safe ou shielded ou sheltered from ; **se mettre à l'abri de** to safeguard o.s. against, seek shelter from.

**abriter** [abrite] **1** vt to shelter (de from). ◊ **l'atelier peut abriter 30 ouvriers** the workshop can accommodate 30 workers ; **secteur abrité** (Écon) sheltered ou protected sector. **2** **s'abriter** vpr to (take) shelter (de from). ◊ **s'abriter derrière la réglementation communautaire** to take cover behind EEC regulations.

**abrogation** [abrɔgasjɔ̃] **nf** [loi] repeal, abrogation ; [décret] rescission, annulment.

**abrogatoire** [abrɔgatwar] **adj** clause rescinding, annuling.

**abrogeable** [abrɔʒabl(ə)] **adj** repealable.

**abroger** [abrɔʒe] **vt** loi, règlement to repeal, abrogate ; décret to rescind, annul.

**abrupt, e** [abrypt, pt(ə)] **adj** hausse steep, sharp.

**absence** [apsɑ̃s] **nf** **a** [personne] absence. ◊ **en l'absence du directeur** in the manager's absence, when the manager is away ; **son absence à la réunion** his absence ou non-attendance at the meeting ; **accumuler les absences** to be persistently ou regularly off work ou absent (from work) ; **absence exceptionnelle** exceptional leave of absence ; **absence illégale** ou **non motivée** ou **injustifiée** absence without leave, unauthorized absence ; **en position** ou **situation d'absence illégale** absent without leave ou authorization ; **autorisation d'absence**

leave of absence. **b** (manque) absence, lack (*de* of). ◊ **en l'absence de preuves** in the absence of proof.

**absent, e** [apsã, ãt] **1** **adj** **a** personne (gén) away (*de* from); (pour maladie) absent (*de* from), off work. ◊ **absent pour cause de maladie** off work ou absent through illness; **il était absent de la réunion** he didn't attend the meeting, he was absent from ou not present at the meeting; **service des abonnés absents** absent subscriber service. **b** (Jur) missing. **2** **nm,f** (Admin) absentee.

**absentéisme** [apsãteism(ə)] **nm** absenteeism. ◊ **taux d'absentéisme** absenteeism rate.

**absentéiste** [apsãteist(ə)] **nmf** absentee. ◊ **propriétaire absentéiste** absentee landlord; **la direction veut faire la chasse aux absentéistes** the management is intent on tracking down persistent absentees ou the workers who are persistently ou regularly off work.

**absenter (s')** [apsãte] **vpr** (gén) to leave. ◊ **s'absenter quelques minutes** to leave ou go out for a few minutes; **je suis obligé de m'absenter pour affaires** I'm called away on business; **s'absenter souvent de son travail** to be frequently off work ou away ou absent from work.

**absolu, e** [apsɔly] **adj** absolute. ◊ **adresse absolue** (Inf) absolute address; **l'arme absolue** the ultimate weapon; **avantage / monopole absolu** (Écon) absolute advantage / monopoly; **démenti absolu** flat ou absolute denial; **majorité absolue** absolute majority, majority (US); **record absolu** all-time record; **règle absolue** absolute ou hard-and-fast rule.

**absolutoire** [apsɔlytwaʀ] **adj** absolutary. ◊ **décision absolutoire** (Jur) acquittal.

**absorber** [apsɔʀbe] **vt** firme to take over, absorb; dette, déficit to absorb, mop up; économies to swallow up, eat up, gobble up; attention, temps to take up. ◊ **la défense nationale absorbe les deux tiers du budget** national defence gobbles up two thirds of the budget; **absorber une émission** (Fin) to take over an issue.

**absorption** [apsɔʀpsjõ] **nf** [entreprise] takeover, acquisition, absorption. ◊ **capacité d'absorption du marché** market absorption capacity.

**abstenir (s')** [apstəniʀ] **vpr** **a** (gén) **s'abstenir de qch** to refrain ou abstain from sth; **s'abstenir de faire** to refrain from doing; **agences s'abstenir** (dans les petites annonces) estate agents shouldn't apply; **intermédiaires s'abstenir** no agents wanted; **les acheteurs s'abstiennent** (Bourse) buyers are

holding aloof ou staying away ou shying away from the market. **b** (Pol) to abstain (*de voter* from voting).

**abstention** [apstãsjõ] **nf** abstention.

**abstentionnisme** [apstãsjɔnism(ə)] **nm** abstentionism.

**abstentionniste** [apstãsjɔnist(ə)] **adj, nmf** abstentionist.

**abus** [aby] **1** **nm** abuse. ◊ **faire abus de son autorité** to abuse ou misuse one's authority. **2** **comp** **abus d'autorité** abuse ou misuse of authority. − **abus de biens sociaux** misappropriation of corporate funds. − **abus de confiance** breach of trust, abuse of confidence; (escroquerie) confidence trick. − **abus de crédit** misuse of credit. − **abus de droit** abuse of process, misuse of the law. − **abus de position dominante** abuse of a position of superiority. − **abus de pouvoir** abuse ou misuse of power; **commettre un abus de pouvoir** to override one's commission, go beyond one's remit.

**abuser** [abyze] **vt indir** ◊ **abuser de** pouvoir to abuse, misuse; situation to exploit, take advantage of; **je ne veux pas abuser de votre temps** I don't want to take up ou waste your time.

**abusif, -ive** [abyzif, iv] **adj** prix exorbitant, outrageous, excessive, prohibitive; usage, pratique improper. ◊ **licenciement abusif** unfair dismissal.

**AC** abrév de *appellation contrôlée* → appellation.

**accablant, e** [akablã, ãt] **adj** responsabilité, charges overwhelming.

**accabler** [akable] **vt** ◊ **accabler qn d'impôts** to overburden ou cripple sb with taxes; **accablé de travail** up to the eyes in work*, snowed under ou overburdened with work.

**accalmie** [akalmi] **nf** [inflation, crise] lull (*de* in). ◊ **période d'accalmie** slack period, calm spell, lull; **on note une nette accalmie sur le dollar** the dollar is easing off, there is definitely less pressure on the dollar.

**accaparement** [akapaʀmã] **nm** [production] monopolizing; [marché] cornering, capturing; [marchandises] buying up.

**accaparer** [akapaʀe] **vt** production, pouvoir to monopolize; marché to corner, capture; marchandises to buy up. ◊ **accaparer la vente** to corner ou capture the market; **accaparer le marché du blé** to make a corner in wheat; **être accaparé par son travail** to be taken up by ou wrapped up* in one's work.

**accapareur, -euse** [akapaʀœʀ, øz] **nm,f** (péj) monopolizer, grabber*; (Bourse) cornerer (US). ◊ **trust d'accapareurs** corner.

**accédant, e** [aksedã, ãt] **nm,f** ◊ **accédant à la propriété** first-time house-buyer, new property owner, new homeowner.

**accéder** [aksede] **vi** ◊ **accéder à** requête to grant, comply with; grade to rise to; responsabilité to accede to; **accéder à la propriété** to become a (first-time) property owner ou homeowner.

**accélérateur** [akseleʀatœʀ] **nm** accelerator. ◊ **accélérateur de la demande** (Écon) demand accelerator; **principe de l'accélérateur** (Écon) acceleration principle.

**accélération** [akseleʀasjɔ̃] **nf** (gén) acceleration, speeding up; [production] speed-up, stepping up. ◊ **coefficient d'accélération** (Écon) accelerator; **effet** ou **principe d'accélération** (Écon) acceleration principle; **les prix de détail ne subissent pas l'accélération que l'on constate aux USA** retail prices are not rocketing ahead ou shooting up as fast as in the US; **on constate une accélération de l'inflation** there has been an increase ou acceleration in the inflation rate, the inflation rate has accelerated.

**accélérer** [akseleʀe] **vt** cadence to speed up, accelerate; travail to speed up; production to speed up, step up. ◊ **accélérer l'allure** to quicken ou speed up the pace; **procédure accélérée** (Jur) expeditious procedure.

**accent** [aksã] **nm** stress, emphasis. ◊ **mettre l'accent sur** to stress, to lay the stress on, emphasize, focus on.

**accentuation** [aksãtɥasjɔ̃] **nf** intensification, marked ou significant increase. ◊ **accentuation du chômage** marked increase in unemployment, worsening unemployment.

**accentué, e** [aksãtɥe] **adj** (croissant) increased.

**accentuer** [aksãtɥe] **1 vt** effort to increase, intensify. ◊ **la Bourse accentue son mouvement de baisse** the stock exchange is looking further down; **les principales valeurs accentuent leur recul** (Bourse) the leading securities are still losing ground; **les cours du pétrole ont accentué leur repli** oil prices are sinking further. **2 s'accentuer vpr** [tendance, baisse] to become more marked ou pronounced ou significant ou noticeable. ◊ **le chômage s'accentue** unemployment is getting worse ou is on the increase.

**acceptabilité** [akseptabilite] **nf** acceptability, acceptance. ◊ **acceptabilité de la marque** brand acceptance.

**acceptable** [akseptabl(ə)] **adj** (recevable) condition, offre acceptable.

**acceptation** [akseptasjɔ̃] **1 nf** acceptance. ◊ **à défaut d'acceptation** (gén) in case of non-acceptance; (Fin) in default of acceptance; **banque d'acceptation** accepting ou acceptance house ou bank; **bon pour acceptation** accepted; **compte / conditions / obligation / registre d'acceptation** acceptance account / specifications / duty / register; **crédit par acceptation** acceptance credit; **effet à l'acceptation** acceptance bill; **présenter une traite à l'acceptation** to present a bill for acceptance; **refus d'acceptation** non-acceptance. **2 comp acceptation bancaire** bank ou banker's acceptance. – **acceptation de cautionnement** collateral acceptance. – **acceptation commerciale** trade acceptance. – **acceptation de complaisance** accommodation bill. – **acceptation conditionnelle** qualified ou special acceptance. – **acceptation contre documents** acceptance against documents. – **acceptation par intervention** acceptance by intervention ou honour ou supra protest. – **acceptation de la marque** (Mktg) brand acceptance. – **acceptation du produit** (Mktg) product acceptance; **acceptation du produit par le marché** (Mktg) market acceptance. – **acceptation sans réserve** general ou clean ou unconditional acceptance. – **acceptation sous réserve** qualified ou special acceptance. – **acceptation de succession** (Jur) acceptance of an estate.

**accepter** [aksepte] **vt** (gén) to accept; traite to accept, honour; offre, condition to agree to, accept. ◊ **accepter de faire** to agree to do; **accepter le défi** to take up ou accept the challenge; **accepter une note de frais** to agree an expense account; **acceptez-vous les chèques?** do you take cheques?; **refuser d'accepter** ou **ne pas accepter une traite** to refuse acceptance of a bill, to dishonour a bill; **accepter un risque** (Ass) to accept a risk.

**accepteur** [akseptœʀ] **nm** acceptor, drawee. ◊ **accepteur par complaisance** accommodation party.

**accès** [aksε] **nm** **a** (entrée) access. ◊ **accès interdit à toute personne étrangère au service** no entry ou no admittance to unauthorized persons; **d'accès facile** entrepôt (easily) accessible; personne approachable; **d'accès difficile** lieu hard to get to, difficult of access; personne unapproachable; **accès gratuit** free admission; **l'accès est payant** there is an entry charge ou fee; **avoir accès à un dossier** to have access to a file; **avoir accès auprès de qn** to have access to sb. **b** (Inf) access. ◊ **accès aléatoire** random access ; **accès à distance / séquentiel / simultané / direct** remote / sequentiel / simultaneous / direct access ; **accès multiple** multiaccess ; **mode d'accès** access mode ; **temps d'accès** access time. **c** (crise) bout, spell, outburst. ◊ **accès d'inflation** inflationary ou inflation bout, burst of inflation ; **la Bourse de Paris a eu un accès de faiblesse** the Paris Bourse dipped slightly ; **les mines d'or ont eu un accès de fièvre** gold shares rose sharply.

**accessibilité** [aksesibilite] nf (gén) accessibility (à to) ; (Inf) retrievability.

**accessible** [aksesibl(ə)] adj endroit accessible (à to) ; personne approachable ; objet attainable ; (Inf) retrievable. ◊ **emplois accessibles à tout le monde** posts open to all ou within the reach of all.

**accession** [aksɛsjɔ̃] nf ◊ **accession à** requête granting of, compliance with ; grade rise to ; responsabilité accession to ; **accession à la propriété** property ownership, home ownership ; **faciliter l'accession à la propriété** to make home ownership easier.

**accessoire** [akseswaʀ] adj disposition secondary. ◊ **avantages accessoires** fringe benefits ; **clause accessoire** ancillary clause ; **frais accessoires** (gén) extra ou additional ou incidental expenses ; (Jur) ancillary costs ; **garantie accessoire** (Fin) collateral security ; **revenus accessoires** extra earnings.

**accident** [aksidɑ̃] **1** nm accident. ◊ **faire une déclaration d'accident auprès de l'assurance** to make an accident claim to an insurance company ; **un constat d'accident a été dressé** an accident report was drawn up. **2 comp accident corporel** personal accident, accident involving ou causing bodily injury, accident causing death or injury. − **accident matériel** damage to property. − **accident mortel** fatal accident. − **accident de trajet** accident on the way to work. − **accident du travail** industrial injury ou accident, occupational injury, accident at work ; **assurance contre les accidents du travail** insurance against work-related accidents, industrial-injury insurance ; **la loi sur les accidents du travail** the Factory Act.

**accidenté, e** [aksidɑ̃te] **1** adj véhicule wrecked, damaged. **2** nm,f casualty, injured person.

**accidentel, -elle** [aksidɑ̃tɛl] adj accidental.

**accise** [aksiz] nf (Belgique, Canada) excise. ◊ **droits d'accise** excise taxes ; **agent des douanes et des accises** (Belgique) tax office in charge of infringements of the laws on liquor.

**accommodement** [akɔmɔdmɑ̃] nm (arrangement) compromise (settlement), arrangement ; (avec ses créanciers) composition.

**accompagnement** [akɔ̃paɲmɑ̃] nm ◊ **mesures d'accompagnement** (CEE) accompanying measures.

**accompagner** [akɔ̃paɲe] vt (gén) to accompany. ◊ **ce dividende sera accompagné d'un avoir fiscal** this dividend will be coupled with a tax credit.

**accompli, e** [akɔ̃pli] adj (expérimenté) accomplished, experienced. ◊ **comptable accompli** accountant of proven ability, experienced accountant ; **fait accompli** fait accompli ; **mettre qn devant le fait accompli** to present sb with a fait accompli.

**accomplir** [akɔ̃pliʀ] vt stage to do ; mission to carry out, accomplish ; tâche to perform ; devoir to fulfil.

**accomplissement** [akɔ̃plismɑ̃] nm [mission] accomplishment ; [tâche] performance ; [devoir] fulfilment. ◊ **dans l'accomplissement de ses devoirs** while on duty ; **accomplissement du contrat** (Jur) discharge of contract.

**acconage** [akɔnaʒ] nm lighterage.

**acconier** [akɔnje] nm lighterage contractor.

**accord** [akɔʀ] **1** nm **a** (entente) (gén) agreement ; (réglant un conflit) settlement ; (consentement) consent. ◊ **d'un commun accord** by common consent, by mutual agreement ; **en accord avec vos directives** in accordance with ou in compliance with your instructions ; **nous sommes d'accord** we are agreed (sur on, about) ; **nous sommes d'accord avec eux** we agree with them ; **nous sommes d'accord avec ces chiffres** we agree with these figures ; **arriver ou parvenir à un accord, se mettre d'accord, tomber d'accord** to come to an agreement, reach an agreement ; **nos comptes sont d'accord** (Fin) our accounts balance ou tally. **b** (traité) agreement, accord. ◊ **passer un accord avec qn** to make an agreement with sb ; **suivant notre accord** as per ou according to our agreement ; **les accords de Tokyo** the Tokyo agreement ; **s'en tenir à un accord** to abide by ou stick to an agreement ; **rompre un accord** to break an agreement. **2 comp accord amiable** ou **à l'amiable** amicable ou out-of-court settlement, mutual agreement. − **accord d'arbitrage** conciliation agreement. − **accords bilatéraux** bilateral agreement. − **accord de branche** local agreement. − **accord cadre** outline agreement, framework accord (US). − **accord commercial** commercial treaty, trade agreement ; **accords commerciaux préférentiels** preferential trade agreements. − **accord de compensation**

(Fin) clearing agreement. – **accord de confirmation** stand-by agreement. – **accord de coopération industrielle** industrial cooperation agreement, joint venture. – **accords de crédit** credit arrangements. – **accord de distribution** distribution agreement. – **accords d'échange** (Banque) swap agreements. – **accord des échéances** (Banque) matching of maturities. – **accord d'entreprise** agreement at company level. – **accord d'établissement** collective agreement. – **accord de fabrication de sous-licence** subcontracting agreement. – **accord de franchise** franchise agreement. – **accord général sur les tarifs douaniers et le commerce** General Agreement on Tariffs and Trade, GATT. – **accord monétaire** monetary agreement; **accord monétaire européen** European Monetary Agreement. – **accords de paiement** payment agreements. – **accord de participation** profit-sharing agreement. – **accord préalable** prior authorization. – **accord de principe** agreement in principle. – **accord de rachat de titres** repurchase agreement. – **accord réciproque** reciprocal agreement. – **accords salariaux** wage settlements. – **accord stand-by** stand-by agreement. – **accords swap** swap agreements. – **accord tarifaire** tariff agreement. – **accord de taux à terme** forward rate agreement. – **accord terme terme** forward forward agreement. – **accord de troc** barter ou countertrade agreement.

**accorder** [akɔʀde] **1** **vt** congé, permission to grant; indemnité, pension to give, award (*à* to); prêt to grant, extend. ◊ **accorder un délai supplémentaire** to allow further delay; **accorder des dommages-intérêts** (Jur) to award damages; **accorder une autorisation d'exploitation** (Admin) to license; **accorder un rabais / des subventions** to grant a rebate / subsidies; **faire accorder les livres ou les comptes** (Fin) to agree ou balance the books ou the accounts; **pourriez-vous m'accorder quelques instants?** could you spare me a moment?
**2** **s'accorder** **vpr** to agree. ◊ **ils se sont accordés pour faire reporter la réunion** they agreed to have the meeting postponed; **les délégués n'ont pu s'accorder sur les quotas à l'importation** the delegates could not come to terms ou come to an agreement on import quotas; **son rapport ne s'accorde pas avec mes informations** his report doesn't fit ou tally with what I know.

**accoster** [akɔste] **vt** [navire] to come ou draw alongside.

**accrédité, e** [akʀedite] **1** **adj** accredited. ◊ **banque accréditée** accredited bank; **notre représentant dûment accrédité** our duly authorized ou accredited agent.
**2** **nm** the accredited party; (Fin) payee, beneficiary, holder of a letter of credit.

**accréditer** [akʀedite] **vt** rumeur to substantiate, give substance to; (Admin, Fin) personne, représentant to accredit (*auprès de* to); (Banque) client to open credit facilities for. ◊ **il est accrédité auprès de...** (Banque) he has credit facilities with...; **veuillez accréditer le porteur** (Banque) please open a credit to the bearer.

**accréditeur** [akʀeditœʀ] **nm** (Fin) guarantor, surety.

**accréditif, -ive** [akʀeditif, iv] **1** **adj** accreditive. ◊ **carte accréditive** credit card; **lettre accréditive** letter of credit.
**2** **nm** (Fin) (crédit) credit; (lettre de crédit) letter of credit. ◊ **loger un accréditif** to open a credit with a bank.
**3** **comp** **accréditif documentaire** documentary credit. – **accréditif permanent** permanent credit. – **accréditif renouvelable ou rotatif** revolving credit; **accréditif rotatif cumulatif** cumulative revolving credit. – **accréditif simple** unconfirmed credit, clean letter of credit.

**accroche** [akʀɔʃ] **nf** (Pub) **accroche publicitaire** lead-in, catcher, catch line, catch phrase.

**accrocher** [akʀɔʃe] **1** **vt** (attirer) to attract. ◊ **publicité qui accroche le regard** advertisement that catches the eye, eye-catcher, eye-catching ad.
**2** **vi** **a** (mal fonctionner) **les négociations ont accroché** there's been a hitch in the negotiations, the negotiations hit a snag. **b** (plaire) [slogan] to catch on.

**accrocheur, -euse** [akʀɔʃœʀ, øz] **adj** vendeur persistent, aggressive; publicité eye-catching; slogan catchy; prix very attractive. ◊ **slogan accrocheur** catch line, catch phrase.

**accroissement** [akʀwasmɑ̃] **nm** (gén) increase, rise (*de* in); [charges, production] growth, increase (*de* in); (Inf) increment. ◊ **accroissement de la productivité** increase in productivity, increased productivity, productivity growth; **accroissement des ventes** sales expansion, rise in sales; **accroissement de la valeur d'une monnaie** currency appreciation; **coût d'accroissement** incremental cost; **taux d'accroissement** rate of increase.

**accroître** [akʀwatʀ(ə)] **1** **vt** (gén) to increase, raise; somme to increase, add to. ◊ **productivité accrue** increased ou improved productivity.
**2** **s'accroître** **vpr** to increase, grow.

**accueil** [akœj] **nm** **a** (gén : réception) welcome, reception. ◊ **présentez ce bon à la caisse où le meilleur accueil vous sera réservé** hand this voucher in at the checkout counter where you will be well taken care of; **capacités d'accueil** [hôtel, ville] accommodation facilities; **cérémonie / discours d'accueil** welcoming ceremony / speech; **pays d'accueil** host country; **structures d'accueil** reception facilities. **b** (comptoir) reception desk ou area; (dans un supermarché) service centre. ◊ **bureau d'accueil** information centre. **c** [nouvelle] reception. ◊ **quel accueil a-t-on réservé à son projet?** what sort of reception did his project meet with?, how was his project received?; **les opérateurs ont réservé un bon accueil à cette nouvelle émission** operators welcomed this new issue; **faire bon accueil à une traite** (Fin) to honour ou to meet a bill.

**accueillant, e** [akœjɑ̃, ɑ̃t] **adj** welcoming, friendly.

**accueillir** [akœjiʀ] **vt** **a** (aller chercher) to meet, collect; (recevoir) to welcome, greet. ◊ **cet avion peut accueillir 400 passagers** this plane can accommodate ou seat 400 passengers; **nous avons été bien accueillis** we were well received, they made us welcome; **ils nous ont accueillis à la mairie** they gave us a welcome ou welcoming ceremony at the town hall. **b** nouvelle to receive. ◊ **cette décision a été bien accueillie par les milieux boursiers** this decision was welcomed in stock exchange circles, this decision met with a warm reception in ou from stock exchange circles; **la suggestion a été fraîchement accueillie** the suggestion was received very coolly ou was cold-shouldered; **comment les consommateurs ont-ils accueilli ce nouveau produit?** how did consumers react ou respond to this new product?; **accueillir favorablement** réclamation to entertain; requête to agree to. **c** (Fin) traite to honour, meet. ◊ **accueillir une traite à l'échéance** to honour a bill at maturity.

**accumulation** [akymylɑsjɔ̃] **nf** accumulation. ◊ **accumulation de capital** capital accumulation; **accumulation de commandes non satisfaites** heavy backlog of orders; **l'accumulation de la dette des États-Unis** the US debt build-up; **accumulation de marchandises** (action) stockpiling; (marchandises accumulées) stockpile; **accumulation de stocks** inventory ou stock build-up.

**accumuler** [akymyle] **1** **vt** (gén) to accumulate; stocks to build up; marchandises to stockpile. ◊ **la demande accumulée** accumulated demand. **2** **s'accumuler** **vpr** [stocks] to accumulate, pile up, build up; [dettes] to pile up, grow; [commandes, travail] to back up, pile up.

**accusateur, -trice** [akyzatœʀ, tʀis] **1** **adj** documents, preuves accusatory, incriminating. **2** **nm,f** accuser.

**accusation** [akyzɑsjɔ̃] **nf** (gén) accusation; (Jur) charge, indictment. ◊ **porter** ou **lancer une accusation contre** to bring an accusation against; **mettre en accusation** to indict; **mise en accusation** (Jur) charging, indictment; **abandonner une accusation** (Jur) to drop a charge; **acte d'accusation** bill of indictment; **chef d'accusation** count, particulars of charge.

**accusatoire** [akyzatwaʀ] **adj** (Jur) accusatory.

**accusé, e** [akyze] **1** **adj** (important) marked, pronounced, significant, noticeable. ◊ **baisse très accusée** sharp ou steep fall. **2** **nm,f** **a** (personne) accused; [procès] defendant. **b** **accusé de réception** acknowledgement of receipt; **signal d'accusé de réception** (Inf) acknowledgement signal; **lettre recommandée avec accusé de réception** registered letter (with signed receipt); **nous n'avons pas encore reçu d'accusé réception de notre lettre** we have not yet received acknowledgement of our letter.

**accuser** [akyze] **1** **vt** **a** accuser qn de qch / de faire qch (gén) to accuse sb of sth / of doing sth; (rendre responsable) to blame sb for sth / for doing sth; (Jur) to charge sb with sth / with doing sth, indict sb for sth / for doing sth. **b** (indiquer) to show. ◊ **votre compte accuse un solde créditeur de 95 livres** your account shows a balance in your favour of £95; **la Bourse accuse une baisse de 3 points / un léger mieux** the stock exchange shows a 3-point fall / a slight improvement; **accuser réception** to acknowledge receipt (de of); **nous avons l'honneur d'accuser réception de votre lettre** we are pleased to acknowledge receipt of your letter. **2** **s'accuser** **vpr** [tendance] to become more marked ou pronounced.

**ach.** abrév de achète.

**achalandage** [aʃalɑ̃daʒ] **nm** **a** (clientèle) customers, clientele, custom. **b** (valeur du fonds de commerce) goodwill.

**achalandé, e** [aʃalɑ̃de] **adj** ◊ **bien achalandé** well stocked; (ayant une clientèle nombreuse) well patronized.

**achalandise** [aʃalɑ̃diz] **nf** ◊ (Mktg) **zone d'achalandise** catchment aera.

**acharné, e** [aʃaʀne] **adj** lutte fierce, bitter; travail relentless, unremitting. ◊ **concurrence acharnée** cut-throat ou fierce competition.

**achat** [aʃa] **1** **nm** **a** (action) purchase, purchasing, buying; (chose achetée) purchase.

◊ **faire l'achat de qch** to buy ou purchase sth; **faire** ou **effectuer un achat** to make a purchase; **faire des achats** to shop, go shopping; **bon d'achat** credit voucher; **centrale d'achat** buying group; **la fonction achats** (Ind) the purchasing function; **chef** ou **directeur des achats** (Ind) purchasing manager; (dans les grands magasins) head ou chief buyer; **frénésie d'achat** spending spree ou binge; **pouvoir d'achat** purchasing ou spending power; **prix d'achat** cost price; **livre** ou **journal des achats** (Compta) bought ou purchases ledger; **service des achats** purchasing ou buying department. **b** (Bourse) buying. ◊ **le dollar vaut 6,50 F à l'achat** the buying rate for the dollar is F6.50; **bordereau d'achat** bought note, purchase contract; **option d'achat** call (option); **ordre d'achat** buying order; **offre publique d'achat** public tender offer, takeover bid; **prix d'achat** bid ou buying price.
**2 comp achat comptant** cash purchase. – **achat au comptant** (Bourse) buying on the spot market. – **achat par correspondance** mail-order buying. – **achat de couverture** (Bourse) hedge buying. – **achat à crédit** credit purchase. – **achat à découvert** bull purchase. – **achat au détail** retail purchase. – **achat d'un écart papillon** (Bourse des valeurs) long butterfly. – **achat d'espace** (Pub) space buying. – **achat en gros** wholesale buying, bulk buying. – **achat à la hausse** (Bourse des valeurs) bull buying ou purchase. – **achat d'impulsion** impulse purchase ou buying. – **achat en liquidation** (Bourse des valeurs) buying for the account. – **achat d'option couvert** (Bourse des valeurs) covered long. – **achat d'option de vente** (Bourse des valeurs) long put. – **achat de précaution** anticipation ou hedge ou precautionary buying. – **achats réflexes** impulse purchases ou buying. – **achats réguliers** repeat purchases ou buying. – **achat de soutien** support buying. – **achats spontanés** impulse buying. – **achat sur catalogue** buying on description. – **achat sur échantillon** buying on sample. – **achat à tempérament** instalment buying (US), hire purchase (GB). – **achat de temps** time buying. – **achat à terme** (Bourse des valeurs) buying for the account ou for the settlement; (Bourse des marchandises) futures buying.

**acheminement** [aʃminmɑ̃] **nm** [courrier, marchandises] dispatching, sending, forwarding. ◊ **durée d'acheminement** routing time.

**acheminer** [aʃmine] **vt** courrier, marchandises to forward, dispatch, send (vers to).

**achetable** [aʃtabl(ə)] **adj** purchasable.

**acheter** [aʃte] **vt** **a** (gén) to buy, purchase. ◊ **acheter qch d'occasion** to buy sth second-hand; **acheter comptant** to buy for cash, buy outright; **acheter à crédit** ou **à tempérament** to buy on credit ou on easy terms ou on hire purchase (GB) ou on the instalment plan (US); **acheter au détail** to buy retail; **acheter en gros** to buy wholesale ou in bulk; **acheter par impulsion** (Mktg) to buy on impulse; **acheter sur catalogue** to buy by description; **acheter sur échantillon** to buy on sample. **b** (Bourse) to buy. ◊ **acheter à découvert** to bull the market, buy a bull; **acheter à la hausse** to buy long, buy for a rise; **acheter à la baisse** to buy for a fall; **acheter au comptant** to buy on the spot market; **acheter à terme** (Bourse des valeurs) to buy for the account ou for the settlement; (Bourse des marchandises) to buy forward; **acheter ferme** to buy firm; **acheter dont** to buy a call option; **acheter long** to buy long; **acheter ou** to sell a put option, take for the put. **c** (corrompre) to bribe. ◊ **se laisser acheter** to let o.s. be bribed ou bought.

**acheteur, -euse** [aʃtœʀ, øz] **1 nm,f** (gén) buyer, purchaser; (Jur) vendee; (Comm) buyer. ◊ **il est acheteur** he's ready to buy it; **article qui ne trouve pas d'acheteur** item which does not sell; **les acheteurs** (clients) shoppers; **cours acheteurs** (Bourse) bid prices, buying rate; **crédit acheteur** buyer credit; **position acheteur** (Bourse) bull ou long position.
**2 comp acheteur cible** target buyer. – **acheteur d'espace** (Pub) space buyer. – **acheteur industriel** industrial buyer. – **acheteur potentiel** potential ou prospective buyer. – **acheteur principal** (Comm) chief ou head buyer, purchasing manager. – **acheteur spontané** (Mktg) impulse buyer.

**achèvement** [aʃɛvmɑ̃] **nm** [travaux] completion. ◊ **en voie d'achèvement** nearing completion; **vente en l'état futur d'achèvement** sale for possession on completion; **date d'achèvement** completion date; **date prévue d'achèvement** target date.

**achever** [aʃve] **1 vt** travail to complete, finish. **2 s'achever vpr** [exercice fiscal] to end (par, sur with); [tâche] to near completion.

**acier** [asje] **nm** steel.

**aciérie** [asjeʀi] **nf** steelworks, steel mill, steel plant (US).

**acompte** [akɔ̃t] **nm** (arrhes) deposit; (premier versement) down payment, first instalment; (sur salaire) advance. ◊ **payer par acomptes** to pay by instalments; **recevoir un acompte de 1 000 F** to receive F1,000 on account; **verser un acompte** to make a deposit; **verser un premier acompte de 500 F**

to pay a first instalment of F500, make a down payment of F500; **acompte sur dividende** interim dividend; **acompte provisionnel** advance payment, provisional instalment.

**à-côté, pl à-côtés** [akote] nm [question] side issue; (gain, dépense secondaire) extra. ◊ **il se fait des petits à-côtés\*** he makes some money on the side ou a bit on the side.

**à-coup** [aku] nm [machine] jolt, jerk; [économie, organisation] jolt. ◊ **travailler par à-coups** to work by ou in fits and starts; **sans à-coups** smoothly, without a hitch; **politique de croissance par à-coups** stop(-and-)go policy.

**acquéreur** [akerœr] nm (personne) buyer, purchaser; (Jur) vendee; (entreprise) acquirer. ◊ **acquéreur potentiel** prospective ou potential ou would-be buyer; **se porter acquéreur de qch** to announce one's intention of buying ou purchasing sth; **se rendre acquéreur de qch** to purchase ou buy sth; **trouver acquéreur** to find a buyer ou a purchaser (pour for).

**acquérir** [akerir] vt biens to acquire, purchase, buy; expérience, importance, valeur to acquire, gain.

**acquêt** [ake] nm acquest. ◊ **communauté réduite aux acquêts** (Jur) communal estate comprising only property acquired after marriage.

**acquis, e** [aki, iz] **1** adj intérêt, qualité, droit acquired; fait established, accepted. ◊ **tenir qch pour acquis** (naturel) to take sth for granted; (réglé) to take sth as settled ou agreed; **le montant des commandes acquises** the amount of firm orders. **2** nm (savoir-faire) experience, expertise; (atout) asset. ◊ **l'acquis communautaire** (CEE) the achievements of the Community; **les acquis sociaux** welfare entitlements.

**acquisition** [akizisjɔ̃] nf acquisition. ◊ **faire l'acquisition de qch** to acquire ou purchase sth; **acquisitions sauvages** hostile takeovers; **coût** ou **prix d'acquisition** acquisition cost; **fusions-acquisitions** mergers and acquisitions.

**acquit** [aki] **1** nm (Comm : quittance) receipt. ◊ **pour acquit** (sur quittance) paid, received (with thanks); **donner acquit de qch** to give a receipt for sth. **2** comp **acquit-à-caution** bond note; **acquit de franchise** (Douanes) clearance inwards; **− acquit de sortie** (Douanes) clearance outwards.

**acquittement** [akitmɑ̃] nm **a** [taxe] payment; [facture] payment, settlement; [dettes] payment, discharge. ◊ **en acquittement d'une dette** in payment ou satisfaction of a

debt. **b** (Jur) acquittal, discharge. ◊ **verdict d'acquittement** verdict of not guilty.

**acquitter** [akite] **1** vt **a** taxe to pay; facture (gén) to pay, settle; (Comm) to receipt. ◊ **acquitter un chèque** to endorse a cheque; **vendre à l'acquitté** to sell ex-bond ou duty paid. **b** (Jur) to acquit (qn de qch sb of sth). **2** s'acquitter vpr ◊ **s'acquitter de** dette to pay (off), discharge, settle; obligation to carry out, fulfil, discharge; mission to carry out.

**acronyme** [akrɔnim] nm acronym.

**ACSI** [aseɛsi] abrév de analyse et conception des systèmes informatiques → analyse.

**acte** [akt(ə)] **1** nm (gén) act, action; [notaire] deed; [état civil] certificate. ◊ **demander acte que / de qch** to ask for formal acknowledgement that / of sth; **donner acte de qch** to acknowledge sth formally; **dresser** ou **passer** ou **rédiger un acte** to draw up ou execute a deed; **faire acte de candidature** to apply, submit an application; **faire acte de présence** to put in an appearance; **nous prenons acte de votre proposition** we have taken note of your proposal. **2** comp **acte d'accusation** bill of indictment. **− acte additionnel** rider. **− acte administratif** administrative act. **− acte d'aliénation** transfer of property ou rights. **− acte d'association** partnership agreement, articles of partnership. **− acte authentique** [société] notarial deed, instrument drawn by a solicitor, legalized deed (US). **− acte de cautionnement** surety bond. **− acte de cession** deed of transfer ou of conveyance. **− acte de commerce** act of merchant. **− acte de concession** concession, franchise. **− acte constitutif** incorporation; **acte constitutif de société** articles of incorporation (US), memorandum of association (GB). **− acte de décès** death certificate. **− acte déclaratif** declaration of legal status. **− acte de faillite** act of bankruptcy. **− acte fictif** fictitious transaction. **− acte fiduciaire** trust deed. **− acte hypothécaire** mortgage deed. **− acte juridique** legal transaction ou deed, act in law. **− acte de mariage** marriage certificate. **− acte de naissance** birth certificate. **− acte notarié** notarial deed, deed executed and authenticated by a notary. **− acte officiel** official document. **− acte de société** deed of partnership. **− acte sous seing privé** private deed. **− acte de succession** attestation of inheritance. **− acte de transfert** deed of assignation ou assignment. **− acte translatif de propriété** deed of transfer. **− acte de vente** bill of sale, agreement for sale, sale contract.

**actif, -ive** [aktif, iv] **1 adj a** marché buoyant, brisk, lively. ◊ **les valeurs les plus actives** the stocks in heavy demand; **les pétrolières ont été très actives** there was heavy dealing in oils ou oil shares. **b** personne, participation, membre active. ◊ **population active** working population, gainfully employed population; **entrer dans la vie active** to enter professional life. **c** (Fin) dette outstanding. ◊ **dettes actives** (Compta) accounts receivable, debtors. **d** (Inf) active. ◊ **fichier actif** active file.

**2 nm a** (Fin) assets; [succession] credits. ◊ **porter une somme à l'actif** to put a sum on the assets side; **croisement d'actifs** assets swap; **dégraissage d'actif** asset stripping ou shedding; **élément d'actif** asset; **plus-values d'actif** capital gains on fixed assets; **rotation de l'actif** asset turnover; **sous-estimation de l'actif** undervaluation of assets; **total de l'actif** total assets; **valeur des actifs** asset value. **b** **le total des actifs industriels** the total number of people employed in industry; **il y a 50% d'actifs dans ce pays** employed persons make up 50% of the population of this country.

**3 comp actif amortissable** depreciable assets. – **actif circulant** current ou floating assets. – **actif comptable** book value, ledger assets. – **actif corporel** tangible assets. – **actif cyclique** circulating assets. – **actif défectible** wasting assets. – **actif disponible** liquid ou quick (US) ou current ou cash assets. – **actif douteux** doubtful assets. – **actif fictif** nominal ou fictitious assets. – **actif financier** financial assets. – **actif immobilisé** fixed assets, tied-up capital. – **actif incorporel** intangible assets. – **actif légal** legal assets. – **actif liquide** liquid assets. – **actif monétaire** monetary assets. – **actif négociable** liquid assets, quick assets (US). – **actif net** net assets. – **actif permanent** fixed assets, tied-up capital. – **actif réalisable** liquid assets, quick assets (US). – **actif réel** real assets. – **actif de roulement** current ou floating assets. – **actif social** company's assets. – **actif titres** paper assets.

**ACTIM** [aktim] nf abrév de *Association pour la coopération technique, industrielle et commerciale* → association.

**action** [aksjɔ̃] **1 nf a** (gén : acte, mesure) action. ◊ **passer à l'action** to take action; **mettre un plan en action** to put a plan into action; **champ d'action** sphere of activity; **homme d'action** man of action; **action concertée** joint ou concerted action; **engager une action commune** to take joint ou concerted action; **il doit répondre de son action devant le directeur général** he is answerable to the managing director for his action; **le patronat souhaite une action énergique de** l'État employers would like the state to take firm steps ou action; **une journée d'action syndicale** a day of action by the unions; **entreprendre une action revendicative** to take industrial action (in support of a claim). **b** (Jur) action (at law), lawsuit. ◊ **mandat d'action** (faillite) receiving order; **action judiciaire / civile** legal / civil action; **intenter une action contre qn** to bring an action against sb, institute proceedings against sb, sue sb; **action oblique ou indirecte ou subrogatoire** [créanciers] indirect action. **c** (Fin) share. ◊ **actions** shares, stock, shares of stock; **attribuer des actions** to allot shares; **céder des actions** to transfer shares; **souscrire des actions** to subscribe shares, apply for shares; **émettre des actions** to issue shares; **émission d'action** share issue; **fractionnement d'action** share split; **répartition d'actions** allotment of shares; **société par actions** (joint) stock company; **souscription à des actions** application for shares; **titre d'action** share certificate.

**2 comp action amortissable** redeemable share. – **action d'apport** initial share. – **actions attribuées** allotted shares. – **action en contrefaçon** action for infringement of patent. – **action convertible** convertible share. – **action cotée** listed ou quoted share. – **action en déchéance de brevet** action for forfeiture of patent. – **action en diffamation** action for libel. – **action différée** deferred share. – **action à dividende cumulatif** cumulative share; **action à dividende non cumulatif** non-cumulative share; – **action à dividende prioritaire** preference share (GB), preferred share (US); **action à dividende prioritaire sans droit de vote** non-voting preference share. – **action en dommages et intérêts** claim for damages; **nous leur intenterons une action en dommages et intérêts** we shall bring an action for damages against them. – **action avec droit de vote** voting share. – **action entièrement libérée** paid-up share, fully-paid share. – **action de garantie** qualifying share. – **action gratuite** bonus share (GB), scrip issue (US). – **actions indivises** joint shares. – **action de jouissance** dividend share. – **action nominative** registered share. – **action non cotée** unlisted ou unquoted share. – **action non entièrement libérée** partly paid-up share. – **action en nullité** action for avoidance of contract. – **action de numéraire** share paid in cash. – **action ordinaire** ordinary share, common stock (US). – **action paulienne** revocatory action. – **action au porteur** bearer share. – **action privilégiée ou de priorité ou de préférence** preference share (GB), preferred share (US). **– action rachetable** redeemable share. **– action en radiation de marque** action for annulment of trademark. **– action reconventionnelle** counterclaim. **– action en réparation du préjudice** action for redress. **– action sanitaire et sociale** health and welfare activities. **– action sans droit de vote** non-voting share. **– action sans privilège de participation** non-participating share. **– action sans valeur nominale** no-par-value share. **– action statutaire** qualification share. **– action à vote multiple** multiple-vote share.

**actionnaire** [aksjɔnɛʀ] **nmf** shareholder, stockholder (US). ◊ **actionnaire majoritaire / minoritaire** majority / minority shareholder; **actionnaire principal** leading shareholder; **actionnaire privé** private shareholder; **registre des actionnaires** stockledger, shareholders' register; **être actionnaire majoritaire** to have a majority shareholding.

**actionnariat** [aksjɔnaʀja] **nm** shareholding, stockholding (US), stock ownership (US). ◊ **l'actionnariat d'une entreprise** a company's shareholders; **actionnariat ouvrier** industrial copartnership, employee shareholding; **développer l'actionnariat ouvrier** to increase employee share-ownership.

**actionner** [aksjɔne] **vt** (Jur) to sue, bring an action against, file a suit against (US). ◊ **actionner qn en dommages et intérêts** to sue sb for damages.

**activation** [aktivasjɔ̃] **nf** ◊ (Fin) **activation des droits de tirages spéciaux du FMI** activation of IMF special drawing rights.

**activité** [aktivite] **nf a** (gén) activity; (orientation de l'entreprise) (line of) business. ◊ **notre activité principale est l'informatique** our main (line of) business ou our core business is computing; **avoir des activités industrielles / commerciales** to have industrial / commercial ou business activities; **nous avons cessé nos activités** we have ceased operations; **l'usine est en activité** the plant is in operation; **activités auxiliaires** (Ind) ancillary operations; **activités tertiaires** (Ind) tertiary activities; **activités hors bilan** off-balance sheet activities; **graphique des activités** (Gestion) activity chart; **rapport (annuel) d'activité** annual report. **b** (métier) job, occupation, business. ◊ **quand j'étais en activité** when I was working ou in active employment; **se mettre en cessation progressive d'activité** to wind down one's professional life ou activities. **c** (Fin) **activité bancaire** banking; **activité boursière** trading; **taux d'activité** (Banque) activity factor ou ratio;

**volume d'activité** (Bourse) trading volume, turnover; **marché sans activité** dull ou slack ou sluggish market; **forte activité du marché** buoyancy ou briskness ou liveliness of the market; **la Bourse a connu un regain d'activité la semaine dernière** there was a rally on the stock exchange last week.

**actuaire** [aktɥɛʀ] **nmf** actuary.

**actualisation** [aktɥalizasjɔ̃] **nf** (mise à jour) updating; (Compta) present value method, current value accounting, discounted cash flow, DCF. ◊ **facteur d'actualisation** (Compta) present value factor.

**actualiser** [aktɥalize] **vt** (mettre à jour) to update, bring up to date; (Compta) to convert to present ou current value. ◊ **cash flow actualisé** discounted cash flow; **valeur actualisée** discounted present ou current value.

**actuariel, -elle** [aktɥaʀjɛl] **adj** actuarial. ◊ **taux de rendement actuariel brut** gross annual interest yield ou return.

**actuel, -elle** [aktɥɛl] **adj** present. ◊ **cours actuel** present ou current ou prevailing price.

**acuité** [akɥite] **nf** [crise] acuteness, severity.

**adaptation** [adaptasjɔ̃] **nf** adaptation, adjustment. ◊ **capacité d'adaptation du marché** market resilience.

**adapter** [adapte] **1 vt** to adapt (à to). ◊ **une police d'assurance adaptée à vos besoins** an insurance policy adapted ou tailored to your needs; **contrat adapté aux besoins du client** custom-made ou customized contract; **les effectifs sont adaptés aux carnets de commandes** manning levels are geared to the order books; **l'entreprise dispose-t-elle des moyens adaptés?** does the firm have appropriate means? **2 s'adapter vpr** to adapt (o.s.) (à to). ◊ **l'industrie automobile n'a pas su s'adapter** the car industry failed to adapt.

**addenda** [adɛ̃da] **nm inv** addendum, (pl) addenda.

**Addis-Abeba** [adisabeba] **n** Addis Ababa.

**additif** [aditif] **nm** (clause) additional clause, rider. ◊ **additif budgétaire** supplemental budget.

**addition** [adisjɔ̃] **nf** (gén) addition; (facture, note) bill, check (US). ◊ **certificat d'addition** rider to a patent; **par addition de** by adding, by the addition of; **l'addition est pour moi** the bill ou check is on me.

**additionnel, -elle** [adisjɔnɛl] **adj** additional. ◊ **centime additionnel, taxe additionnelle** additional tax; **mémoire additionnelle** (Inf) add-on memory.

**additionner** [adisjɔne] **1** **vt** to add up, tot up (US).
**2** **s'additionner** **vpr** to add up.

**additionneur** [adisjɔnœR] **nm** adder. ◊ **additionneur analogique** analog adder; **additionneur binaire** binary adder; **additionneur à deux entrées** two-input adder; **additionneur numérique** digital adder.

**Aden** [adɛn] **n** Aden.

**ADEPA** [adepa] **nf** abrév de *Agence pour le développement de la productique appliquée à l'économie* → agence.

**adhérent, e** [adeRɑ̃, ɑ̃t] **nm,f** [syndicat, mutuelle] member.

**adhérer** [adeRe] **vi** ◊ **adhérer à** **a** (politique) to support, back up, approve, adhere to. **b** (devenir membre de) to join; (être membre de) to be a member of, belong to.

**adhésion** [adezjɔ̃] **nf** **a** (soutien) support (à to), backing (à of). ◊ **vous pouvez compter sur l'adhésion des syndicats** you can rely on the unions to back you up, you can rely on the support of the unions. **b** (inscription) joining; (fait d'être membre) membership (à to). ◊ **bulletin / campagne d'adhésion** membership form / drive; **demande d'adhésion** application (to join).

**adjoindre** [adʒwɛ̃dR(ə)] **vt** ◊ **adjoindre un collaborateur à qn** to appoint sb as an assistant to sb; **s'adjoindre un collaborateur** to take on ou appoint ou engage an assistant.

**adjoint, e** [adʒwɛ̃, wɛ̃t] **1** **adj** assistant. ◊ **directeur adjoint** assistant director.
**2** **nm,f** assistant. ◊ **adjoint au maire** deputy mayor.

**adjudicataire** [adʒydikatɛR] **nmf** (aux enchères) purchaser, successful bidder, highest bidder; (appel d'offres) successful tenderer, contractor. ◊ **qui est l'adjudicataire du contrat ?** who won ou secured the contract ?, who is the successful tenderer ?

**adjudicateur, -trice** [adʒydikatœR, tRis] **nm,f** [contrat] awarder; [vente aux enchères] adjudicator.

**adjudication** [adʒydikasjɔ̃] **nf** **a** (vente aux enchères) (gén) sale by auction; (Jur) sale by order of court. ◊ **vendre par adjudication, mettre en adjudication** to put up for sale by auction ou by order of court; **adjudication à la surenchère** allocation to the highest bidder; **adjudication forcée** compulsory sale; **adjudication judiciaire** sale by order of court; **adjudication ouverte** open bid. **b** (attribution) [appel d'offres] awarding, allocation. ◊ **proposer par adjudication, mettre en adjudication** to put out to tender; **adjudication de bons du Trésor** Treasury bond auction; **adjudication au plus bas soumission-**

**naire** ou **au rabais** ou **au mieux-disant** ou **au moins-disant** allocation to the lowest tenderer; **adjudication de gré à gré** tendering by private contract; **adjudication restreinte** restricted ou limited allocation; **obtenir l'adjudication** to secure the contract.

**adjuger** [adʒyʒe] **vt** **a** (aux enchères) to knock down, auction (à to). ◊ **une fois, deux fois, trois fois, adjugé, vendu !** going, going, gone ! **b** (attribuer) contrat to award (à to).

**admettre** [admɛtR(ə)] **vt** to allow. ◊ **admettre en franchise** (Douanes) to allow duty-free; **admettre à la cote** (Bourse) to list; **admis à faire valoir ses droits à la retraite** entitled to retire; **admis en déduction** deductible.

**administrateur, -trice** [administRatœR, tRis] **nm,f** (gén) administrator; [conseil d'administration] board member; [fondation] trustee. ◊ **administrateur délégué** managing director; **administrateur d'un bien** (Jur) administrator of an estate, property manager, factor; **administrateur sortant** outgoing ou retiring director; **administrateur de faillite** ou **judiciaire** ou **séquestre** official receiver, judicial factor (US), referee in bankruptcy.

**administratif, -ive** [administRatif, iv] **1** **adj** administrative. ◊ **bâtiment administratif** office building ou block; **directeur administratif** non-executive director, administrative manager; **charges administratives, frais administratifs** administrative costs ou expenses ou overheads, administration expenses; **lenteurs administratives, routine administrative** red tape; **personnel administratif** administrative personnel; **problèmes d'ordre administratif** administrative problems ou matters.
**2** **nm** administrator.

**administration** [administRasjɔ̃] **nf** **a** (gestion) management, administration. ◊ **conseil d'administration** board of directors; **réunion du conseil d'administration** board meeting; **mauvaise administration** mismanagement, maladministration; **qui s'occupe de l'administration de l'entreprise ?** who's in charge of running ou managing the company ?, who looks after the administration ou the management ou the running of the company ? **b** (service public) government services. ◊ **l'Administration** ≈ the Civil Service; **l'administration des Douanes** the Customs and Excise; **l'administration des Impôts** the Inland Revenue (GB), the Internal Revenue (US), the tax authorities; **l'administration locale** local government. **c** (Jur) **l'administration de la preuve** the producing of evidence.

**administrativement** [administRativmɑ̃] **adv** administratively.

**administrer** [administʀe] **vt** entreprise to manage, run; patrimoine to administer; (Jur) preuve to produce.

**admission** [admisjɔ̃] **nf** admission, entry (à to). ◊ **droit d'admission** entrance fee, admission charge; **l'admission de l'Espagne dans le Marché commun** Spain's entry into the Common Market; **admission temporaire d'un véhicule** (Douanes) temporary importation of a vehicle; **admission en franchise** (Douanes) duty-free entry; **admission à la cote** (Bourse) admission to quotation listing.

**adopter** [adɔpte] **vt** stratégie commerciale, méthodes nouvelles to adopt; mesure to take, adopt; loi, motion to pass. ◊ **cette proposition a été adoptée à l'unanimité** this proposal was carried unanimously.

**adoption** [adɔpsjɔ̃] **nf** [stratégie, méthodes, mesures] adoption, adopting; [loi] passing. ◊ **l'adoption de ces dispositions ne devrait se heurter à aucune difficulté** these measures should be adopted without any difficulty.

**ADP** [adepe] **nf** abrév de action à dividende prioritaire sans droit de vote → action.

**adressable** [adʀɛsabl(ə)] **adj** (Inf) addressable. ◊ **mémoire adressable** addressable store.

**adressage** [adʀɛsaʒ] **nm** (Mktg) mailing; (Inf) addressing. ◊ **adressage direct** (Inf) direct addressing.

**adresse** [adʀɛs] **nf** **a** (Postes) address. ◊ **adresse postale** postal address; **adresse du siège** registered ou business address; **adresse personnelle / professionnelle** home / business address; **carnet d'adresses** address book; **changement d'adresse** change of address; **fichier d'adresses** address file. **b** (Inf) address. ◊ **adresse absolue** absolute address; **adresse d'instruction** instruction address; **adresse de lancement** entry address; **adresse de recherche** seek address; **adresse d'origine** base address; **code / zone d'adresse** adress code / field.

**adresser** [adʀɛse] **1** **vt** **a** (envoyer) to send (à to); (écrire l'adresse) to address (à to). ◊ **nous vous adressons le document sous pli séparé** we are sending the document under separate cover. **b** remarque, requête to address. ◊ **l'accusation de négligence ne peut nous être adressée** we cannot be accused of negligence, we cannot be taxed with negligence. **2** **s'adresser** **vpr** ◊ **s'adresser à** personne to go and see; (Admin) to apply to. **pour tout renseignement s'adresser au bureau de vente** please address all enquiries to our sales office; **s'adresser aux renseignements** (pancarte) inquire at the information desk; **on**

**m'a adressé à vous** I have been referred to you, I have been told to speak to you; **cette publication s'adresse aux hommes d'affaires** this publication is aimed at ou intended for businessmen.

**ad valorem** [advalɔʀɛm] **loc adj** ad valorem.

**adverse** [advɛʀs(ə)] **adj** ◊ (Jur) **la partie adverse** the other side.

**AEE** [aəə] **nf** abrév de Agence pour les économies d'énergie → agence.

**AELE** [aɛlə] **nf** abrév de Association européenne de libre échange EFTA.

**AEN** [aəɛn] **nf** abrév de Agence pour l'énergie nucléaire → agence.

**aérien, -ienne** [aeʀjɛ̃, jɛn] **adj** trafic, espace, droit air. ◊ **compagnie aérienne** airline company; **fret aérien** air freight; **ligne aérienne** (service) airline; **pont aérien** airlift; (trajet) air route; **transport aérien** air transport.

**aérogare** [aeʀɔgaʀ] **nf** (aéroport) airport; (en ville) air terminal.

**aérogramme** [aeʀɔgram] **nm** airmail letter.

**aéroport** [aeʀɔpɔʀ] **nm** airport.

**AF** [aɛf] **1** **nfpl** abrév de allocations familiales → allocation. **2** **nm** abrév de anciens francs.

**affacturage** [afaktyʀaʒ] **nm** factoring. ◊ **commission d'affacturage** factoring charges; **société d'affacturage** factoring company.

**affaire** [afɛʀ] **nf** **a** (transaction) deal, transaction, operation. ◊ **affaire blanche** break-even deal; **volume d'affaires** (Bourse) trading (volume), turnover; **une grosse affaire** a big deal; **faire affaire** ou **conclure une affaire avec qn** to settle a bargain with sb, conclude ou clinch a deal with sb; **traiter une affaire avec qn** to transact business with sb; **l'affaire est conclue** ou **faite** it's a deal; **l'affaire est dans le sac*** it's in the bag; **l'affaire n'a pas été conclue** the deal didn't go through. **b** (aubaine) bargain. ◊ **faire une affaire** to make a bargain; **une (bonne) affaire** a good deal, a (good) bargain; **la meilleure affaire de l'été** this summer's best deal; **une affaire en or** a great bargain, a wonderful deal. **c** (entreprise) business, concern, firm, company. ◊ **une grosse affaire** a large firm; **c'est une affaire qui marche** it's a going concern, it's a thriving business; **reprendre une affaire** to take over a business; **diriger** ou **gérer une affaire** to run ou manage a business; **lancer une affaire** to set up ou start a business. **d** (monde du commerce) **les affaires** business; **déjeuner / rendez-vous / voyage / visite d'affaires** business lunch / appointment / trip / call; **banque d'affaires** investment ou merchant bank; **cabinet d'affaires** business consultancy; **chiffre d'affaires** turnover (GB), sales (US); **femme d'affaires** businesswoman; **homme d'affaires** businessman; **le monde des affaires** the business world; **les milieux d'affaires** business circles, the business community; **relation d'affaires** business connection; **voyage d'affaires** business trip; **l'anglais des affaires** business English; **entrer** ou **se lancer dans les affaires** to set up in business; **faire des affaires** (travailler) to do business (*avec* with); (réussir) to make money; **ils font des affaires d'or !** they're raking it in!, they're making a packet!*; **parler affaires** to talk business; **être en relations d'affaires avec qn** to deal with sb, have business relations with sb; **être dans les affaires** to be in business; **se retirer des affaires** to give up business, go out of business; **il est ici pour affaires** he is here on business; **il est dur en affaires** he's a tough businessman, he is hard to deal with, he drives a hard bargain; **avoir le sens des affaires** to have a head for business, to have business acumen; **faire de mauvaises affaires** to be doing badly, to operate at a loss; **les affaires reprennent** business is looking up ou picking up ou brightening up; **voyager pour affaires** to travel on business. |e| (Jur) case, lawsuit. ◊ **l'affaire sera jugée demain** the case will be heard tomorrow; **avocat qui a plusieurs affaires à plaider** barrister with several briefs. |f| (scandale) business, affair, matter. ◊ **étouffer une affaire** to hush a matter up. |g| (problème) matter, business, problem, question. ◊ **régler une affaire** to settle a matter; **ce n'est pas mon affaire** it's none of my business; **affaires courantes** current matters; **c'est une affaire à suivre** it's something worth watching, it's worth keeping an eye on.

**affairisme** [afeʀism(ə)] **nm** wheeling and dealing.

**affairiste** [afeʀist(ə)] **nm** wheeler-dealer.

**affaissement** [afɛsmɑ̃] **nm** [prix] sagging.

**affaisser (s')** [afɛse] **vpr** [prix, cours] to sag, sink down.

**affectable** [afɛktabl(ə)] **adj** (Jur) chargeable.

**affectation** [afɛktasjɔ̃] **nf** |a| (attribution) [crédits] allocation, allotment, appropriation, assignment (*à* to, for). ◊ **affectation budgétaire** budget appropriation; **affectation de recettes** revenue allocation ou allotment; **affectation de ressources** resources allocation; **affectation de ressources pour l'achat de matériel** appropriation for the purchase of equipment; **affectation des tâches** job assignment; **affectation d'un versement à une dette** appropriation ou earmarking of

a payment to a debt; **sans affectation** unallocated. |b| (nomination) appointment, assignment. ◊ **recevoir une affectation** to receive an appointment ou a posting; **affectation temporaire** tour of duty; **avoir une affectation spéciale** to be in a reserved occupation; **sans affectation** without any assignment. |c| (Jur) charge, charging. ◊ **affectation d'un immeuble à la garantie d'une créance** charging of a property ou realty (US) as security for a debt; **affectation hypothécaire** mortgage charge.

**affecter** [afɛkte] **vt** |a| (attribuer) crédits to allocate, allot, assign (*à* to, for). ◊ **affecter un paiement à une dette déterminée** to apply a payment to a specified debt, earmark a payment for a specified debt; **nous avons affecté 20 000 £ à ce projet** we appropriated £20,000 to this project. |b| (nommer) to appoint. ◊ **la direction l'a affecté à l'étranger** the management sent him ou posted him ou seconded him abroad. |c| (toucher) to affect, to concern. ◊ **la forte chute du dollar n'a pas affecté le marché** the sharp fall in the dollar did not affect the market; **la grève a affecté plusieurs secteurs d'activité** the strike hit several business sectors. |d| (Jur) biens to charge. ◊ **affecté d'hypothèques** mortgaged, burdened.

**afférent, e** [afeʀɑ̃, ɑ̃t] **adj** related. ◊ **afférent à** (Admin) pertaining to, relating to; **charges et produits afférents à l'exercice** (Compta) expenses and revenue accruing to the period under review; **questions afférentes** related questions; **part afférente à portion** (Jur) accruing to ou falling to ou assignable to; **crédits afférents au budget du tourisme** credits falling into the budget of the department of tourism; **salaire afférent à un emploi** salary attaching to a position; **bénéfices afférents à une activité** profits accruing to an activity.

**affermage** [afɛʀmaʒ] **nm** (Mktg) farming out, leasing; [emplacement publicitaire] contracting.

**affermer** [afɛʀme] **vt** (Mktg) to farm out, to lease; emplacement publicitaire to contract.

**affermir** [afɛʀmiʀ] **1 vt** position to consolidate, strengthen; monnaie to bolster, strengthen.
**2 s'affermir vpr** [marché, cours] to strengthen, firm up, harden; [monnaie] to strengthen, rally. ◊ **le franc français s'est affermi** the French Franc rallied ou strengthened.

**affermissement** [afɛʀmismɑ̃] **nm** [marché, cours] strengthening, firming up, hardening; [monnaie] strengthening, rallying.

**affichable** [afiʃabl(ə)] **adj** (Inf) viewable.

**affichage** [afiʃaʒ] **nm** |a| [note, document] posting, billing, placarding. ◊ **campagne d'affi-**

chage poster campaign; **panneau d'affichage** (Pub) hoarding, billboard, posterboard; **publicité par (voie d') affichage** poster advertising; **régie d'affichage** poster agency; **tableau d'affichage** notice board, bulletin board. **b** (Inf) display.

**affiche** [afiʃ] nf (Admin) bill; (Pub) poster, billposter, advert; (annonce) poster ad; (pour informer) notice. ◊ **la vente a été annoncée par voie d'affiche** the sale was advertised by public notice, posters have been put up advertising the sale.

**afficher** [afiʃe] vt publicité, liste to put ou post ou stick up; (Inf) to display; (fig : montrer) to show. ◊ **défense d'afficher** stick no bills; **la vente de cet immeuble est affichée à la mairie** the sale of this building is advertised in the town hall; **réduction de 10% sur les prix affichés** 10% reduction on marked prices; **nos conditions de vente sont clairement affichées dans tous nos magasins** our sales conditions are clearly displayed in all our stores; **l'indice affichait une augmentation de 2% depuis la fin novembre** the index showed a 2% rise since late November; **cette filiale affiche un milliard de francs de pertes** this subsidiary registered ou showed a loss of one billion francs.

**affichette** [afiʃɛt] nf small poster.

**affichiste** [afiʃist(ə)] nmf poster artist ou designer.

**affidavit** [afidavit] nm affidavit.

**affiliation** [afiljasjɔ̃] nf affiliation, membership. ◊ **affiliation à un régime de retraite** membership in a pension plan.

**affilié, e** [afilje] nm,f (personne) affiliated member; (société) affiliated company.

**affilier** [afilje] **1** vt to affiliate (à to). ◊ **syndicats affiliés** affiliated unions. **2** **s'affilier** vpr to become affiliated, affiliate o.s. (à to). ◊ **s'affilier à un syndicat** to join a union.

**affinage** [afinaʒ] nm [métal] refining.

**affiner** [afine] vt métal to refine; technique, processus, méthode to fine-tune.

**affirmatif, -ive** [afiʀmatif, iv] **1** adj réponse affirmative. **2** **affirmative** nf affirmative. ◊ **dans l'affirmative** in the event of an affirmative reply.

**affirmation** [afiʀmasjɔ̃] nf assertion.

**affirmativement** [afiʀmativmɑ̃] adv in the affirmative, affirmatively.

**affirmer** [afiʀme] **1** vt to maintain, assert. ◊ **je puis vous l'affirmer** I'm positive about it. **2** **s'affirmer** vpr to get firmer, firm up, become more pronounced. ◊ **la tendance**

**s'affirme** the trend is getting stronger ou more marked.

**affluence** [aflyɑ̃s] nf [gens] crowds; [commandes] inflow, influx. ◊ **heure d'affluence** rush hour, peak hour, busy period.

**affluer** [aflye] vi to flow. ◊ **les commandes affluent** orders are flowing in ou rolling in ou piling up; **les capitaux étrangers affluent dans le pays** foreign money has been pouring into the country, there's an influx of foreign capital into the country; **les visiteurs affluent** visitors are crowding in ou flocking in ou flooding in.

**afflux** [afly] nm flow, influx, flood. ◊ **afflux de capitaux** capital inflow; **afflux de main-d'œuvre** labour influx; **afflux des commandes de l'étranger** inflow of foreign orders, spate of foreign orders; **un afflux soudain de commandes nouvelles** a flush ou rush ou spate of new orders.

**affranchir** [afʀɑ̃ʃiʀ] vt (avec des timbres) to stamp; (à la machine) to frank. ◊ **lettre affranchie / non affranchie** stamped / unstamped letter, franked / unfranked letter; **lettre insuffisamment affranchie** postage due, insufficient postage; **ne pas affranchir** no stamp required; **machine à affranchir** postage meter, franking machine, postal meter (US).

**affranchissement** [afʀɑ̃ʃismɑ̃] nm (à la main) stamping; (à la machine) franking; (somme à payer) postage.

**affrètement** [afʀɛtmɑ̃] nm [avion, bateau] chartering; [véhicule] hiring. ◊ **agent d'affrètement** chartering agent; **contrat d'affrètement** charter(ing) agreement; **courtier d'affrètement** chartering broker; **tonnage d'affrètement** deadweight tonnage; **affrètement à temps** time charter ou chartering; **affrètement au voyage** voyage charter, trip chartering; **affrètement en coque nue** bare boat charter; **affrètement en lourd** dead weight charter; **affrètement en travers** lump sum charter; **affrètement partiel** part cargo charter; **affrètement total** full-cargo charter.

**affréter** [afʀete] vt (Aviat, Mar) to charter.

**affréteur** [afʀetœʀ] nm (Aviat, Mar) charterer.

**affrontement** [afʀɔ̃tmɑ̃] nm confrontation, clash.

**affronter** [afʀɔ̃te] **1** vt concurrence, difficultés to face, confront, meet. ◊ **nous devons affronter nos concurrents sur tous les principaux marchés** we must take on our competitors in all major markets. **2** **s'affronter** vpr to confront each other.

**afghan, e** [afgɑ̃, an] **1** adj Afghan. **2** nm (langue) Afghan.

**3** **Afghan** nm (habitant) Afghan.

**4** **Afghane** nf (habitante) Afghan.

**afghani** [afgani] nm afghani.

**Afghanistan** [afganistã] nm Afghanistan.

**AFME** [aɛfɛmə] nf abrév de *Agence française pour la maîtrise de l'énergie* → agence.

**AFNOR** [afnɔr] nf abrév de *Association française de normalisation* ≈ BSI (GB), ≈ ANSI (US).

**AFP** [aɛfpe] nf abrév de *Agence France-Presse-French press agency.*

**AFPA** [afpa] nf abrév de *Association pour la formation professionnelle des adultes* → association.

**AFRESCO** [afrɛskɔ] nf abrév de *Association française de recherches et statistiques commerciales* → association.

**africain, e** [afrikɛ̃, ɛn] **1** adj African.

**2** **Africain** nm (habitant) African.

**3** **Africaine** nf (habitante) African.

**afrikaans** [afrikã] adj inv, nm (langue) Afrikaans.

**afrikaner** [afrikanɛr] **1** adj Afrikaner.

**2** **Afrikaner** nmf Afrikaner.

**Afrique** [afrik] nf Africa. ◊ **Afrique du Nord / du Sud** North / South Africa.

**AG** [aʒe] nf abrév de *assemblée générale* AGM.

**AGE** [aʒeə] nf abrév de *assemblée générale extraordinaire* EGM.

**âge** [aʒ] nm age. ◊ **l'âge légal** the legal age; **avoir l'âge légal** to be of age; **l'âge obligatoire de la retraite** mandatory retirement ou retiring age; **classe** ou **groupe** ou **tranche d'âge** age bracket, age group; **distribution par âge** age distribution; **limite d'âge** age limit; **fonctionnaire touché par la limite d'âge** civil servant who has reached retirement age; **la moyenne d'âge de nos cadres** the average age of our executives; **pyramide des âges** age pyramid.

**agence** [aʒãs] **1** nf (succursale) branch (office); (organisme) agency, bureau, office. ◊ **payer une commission d'agence** ou **des frais d'agence** to pay agency fees ou an agency commission.

**2** comp **agence commerciale** sales office ou agency. – **Agence pour le développement de la productique appliquée à l'économie** *agency for the development of applied production technology.* – **agence en douanes** customs agency. – **Agence pour les économies d'énergie** *energy saving agency.* – **Agence pour l'énergie nucléaire** *nuclear energy agency.* – **Agence française pour la maîtrise de l'énergie** *French energy development agency.* – **agence immobilière** estate agent's (office), real estate agency (US), realtor's office (US). – **Agence internationale de l'énergie atomique** International Atomic Energy Agency. – **agence maritime** shipping agency. – **agence de marque** brand agency. – **Agence nationale pour l'amélioration de l'habitat** *French national housing improvement agency.* – **Agence nationale pour l'emploi** *French national employment office,* job center. – **Agence nationale pour la valorisation de la recherche** *national agency for the promotion of research.* – **agence de notation financière** rating agency. – **agence de placement** employment agency ou bureau, job centre. – **agence de presse** news ou press agency. – **agence de publicité** advertising ou publicity agency. – **agence de rating** rating agency. – **agence de renseignements financiers** credit rating agency. – **Agence spatiale européenne** European Space Agency. – **agence de travail intérimaire** ou **temporaire** temporary help agency. – **agence de voyages** travel agency.

**agenda** [aʒẽda] nm diary, appointment book. ◊ **agenda de bureau** desk diary; **agenda électronique** electronic calendaring; **gestion d'agenda** calendaring, calendar management.

**agent** [aʒã] **1** nm (Comm) agent; (Admin) officer, official.

**2** comp **agent d'achat** buying agent. – **agent d'affaires** business agent. – **agent agréé** authorized ou appointed agent. – **agent d'assurances** insurance agent, insurance broker. – **agent autorisé** authorized ou appointed agent. – **agent de bureau** office employee, clerk. – **agent de change** stockbroker; **avoir une charge d'agent de change** to be a stockbroker, have a brokerage firm. – **agent commercial** sales representative; **agent commercial à l'étranger** foreign agent, overseas agent. – **agent comptable** accountant. – **agent consulaire** consular agent. – **agent en douane** customhouse broker. – **agent économique** economic agent. – **agent exclusif** sole ou tied agent, sole representative; **il est l'agent exclusif de cette marque** he is the sole agent for this make. – **agent financier** financial officer. – **agent du fisc** tax official. – **agents du fisc** revenue authorities, revenuers (US). – **agent du gouvernement** government official. – **agent immobilier** estate agent (GB), real estate agent, realtor (US). – **agent de liaison** contact man. – **agent de maîtrise** supervisor, chargehand, foreman, control agent; **agents de maîtrise** supervisory management, lower management, first line management. – **agent**

**maritime** shipping agent. **– agent de méthode** (Ind) production planner, methods engineer. **– agent de planification** (Inf) scheduler. **– agent prêteur** lending officer. **– agent de publicité** advertising agent. **– agent recenseur** census numerator, census taker (US). **– agent de recouvrement** (dettes) debt collector; (impôts) tax collector. **– agent responsable** authorizing agent. **– agent technique** technician. **– agent de transport** forwarding agent. **– agent de vente** selling agent.

**âger** [aʒe] vt (Compta) comptes to age. ◊ **comptes clients âgés par mois de facturation** receivables aged by month.

**aggravant, e** [agʀavɑ̃, ɑ̃t] adj ◊ **circonstances aggravantes** (Jur) aggravating circumstances.

**aggravation** [agʀavasjɔ̃] nf [crise] worsening, aggravation (de of); [déficit, chômage] increase (de in). ◊ **aggravation du déséquilibre de la balance des paiements** deterioration of ou in the balance of payments; **aggravation de la pression fiscale** increase of the tax burden.

**aggraver** [agʀave] **1** vt to make worse, worsen, aggravate. ◊ **chômage aggravé par l'inflation** unemployment aggravated ou compounded by inflation. **2** s'aggraver vpr [crise] to get worse; [chômage] to increase.

**agio** [aʒjo] nm ◊ **agios** (commission de change) Exchange premium; (intérêts débiteurs) bank charge, bank commission.

**agiotage** [aʒjɔtaʒ] nm speculation.

**agioter** [aʒjɔte] vi to speculate; (Bourse) to gamble on the Stock Exchange.

**agioteur** [aʒjɔtœʀ] nm speculator, gambler.

**AGIRC** [aʒiʀk] nf abrév de *Association générale des institutions de retraite des cadres* → association.

**agitation** [aʒitasjɔ̃] nf (gén) agitation, nervousness; (Pol) unrest; (Bourse) confusion. ◊ **agitation sociale** social unrest; **l'agitation sur le marché des changes** turmoil on the stock exchange.

**agité, e** [aʒite] adj personne, marché restless, fidgety, fevered.

**agiter** [aʒite] **1** vt menace to brandish. **2** s'agiter vpr to get restless ou restive.

**agrafe** [agʀaf] nf staple.

**agrafer** [agʀafe] vt papiers to staple.

**agrafeuse** [agʀaføz] nf stapler.

**agraire** [agʀɛʀ] adj réforme agrarian.

**agrandir** [agʀɑ̃diʀ] **1** vt usine, magasin to enlarge, extend; différence to increase. **2** s'agrandir vpr [marché, entreprise] to grow, expand; [écart, déficit] to widen, grow, get bigger.

**agrandissement** [agʀɑ̃dismɑ̃] nm [bâtiment, bureau] extension; [marché] expansion.

**agréé, e** [agʀee] **1** adj approved, authorized. ◊ **comptable agréé** chartered accountant (GB), Certified Public Accountant (US); **fournisseur agréé** registered dealer ou supplier; **agent agréé** authorized ou appointed agent. **2** nm attorney (US), solicitor (GB), counsel. ◊ **agréé en douane** custom-house broker.

**agréer** [agʀee] vt ◊ **veuillez agréer l'expression de nos sentiments distingués** ou **de nos salutations distinguées** yours faithfully; **veuillez agréer mes sincères salutations** ou **l'expression de mes sentiments les meilleurs** yours sincerely.

**agrégat** [agʀega] nm (gén, Écon) aggregate. ◊ **agrégats monétaires** monetary aggregates.

**agrégatif, -ive** [agʀegatif, iv] adj ◊ **méthode agrégative** aggregate method.

**agrément** [agʀemɑ̃] nm (accord) (gén) consent, approval, agreement; (Jur) assent. ◊ **recevoir l'agrément de** to get the approval of; **donner son agrément** to give one's consent (à to); **lettre d'agrément** letter of agreement ou acceptance.

**agressif, -ive** [agʀɛsif, iv] adj publicité, vendeur aggressive. ◊ **OPA agressive** unfriendly ou hostile takeover bid; **vente aggressive** high-pressure ou hard selling.

**agricole** [agʀikɔl] adj agricultural. ◊ **exploitant agricole** farmer, agriculturist (US); **petit exploitant agricole** small farmer, smallholder; **comices agricoles, foire agricole** agricultural show; **exploitation agricole** farming concern; **produits agricoles** farm produce; **la petite exploitation agricole** small-scale farming; **politique agricole** agricultural ou farm policy; **politique agricole commune** (CEE) Common Agricultural Policy, CAP; **ouvrier / revenu / matériel agricole** farm worker / income / equipment; **subventions agricoles** farm(ing) subsidies.

**agriculteur** [agʀikyltœʀ] nm farmer, agriculturist (US). ◊ **petit agriculteur** small farmer, smallholder.

**agriculture** [agʀikyltyʀ] nf agriculture, farming. ◊ **agriculture industrielle / de subsistance** factory / subsistence farming.

**agro-alimentaire** [agʀoalimɑ̃tɛʀ] **1** adj secteur / division agro-alimentaire food sector / division. **2** nm ◊ **l'agro-alimentaire** the food industry, the agricultural processing industry.

**agro-industrie** [agʀɔɛ̃dystʀi] **nf** food industry, agricultural processing industry.

**agronome** [agʀɔnɔm] **nm** agronomist. ◊ **ingénieur agronome** agricultural engineer.

**agronomie** [agʀɔnɔmi] **nf** agronomy, agronomics (sg).

**agronomique** [agʀɔnɔmik] **adj** agronomic(al).

**AIDA** abrév de *attention, intérêt, désir, action* AIDA.

**aide** [ɛd] **1** **nf** (gén) help, assistance; (en argent) aid; (subvention) subsidy, grant. ◊ **aide économique** economic assistance ou aid; **aide financière** financial aid ou support ou backing; **aide judiciaire** legal aid; **appeler qn à son aide** to call for help from sb, call to sb for help; **recevoir une aide (financière) de l'État** to receive financial aid from the government, receive State aid; **l'État vient en aide aux sociétés exportatrices** the government fosters ou helps companies which export; **l'aide aux plus défavorisés** aid ou help for the neediest.
**2** **nmf** assistant.
**3** **comp** **aide-comptable** accountant's assistant, bookkeeper. – **aide à la conception** design aid. – **aide à la décision** decision support ou aid. – **aide familiale** mother's help. – **aide de laboratoire** lab(oratory) assistant. – **aide médicale (gratuite)** (free) medical aid. – **aide-mémoire** memorandum, check-list. – **aide personnalisée au logement** housing grant. – **aide sociale** (institution) ≈ welfare, social security; (personne) social worker. – **aide structurelle** structural aid. – **aide à la vente** sales ou selling aid. – **aide-vérificateur** audit assistant.

**aider** [ede] **vt** to help. ◊ **aider qn financièrement** to help sb (out) ou assist sb financially; **l'État aide les agriculteurs** farmers are subsidized by the government; **ces mesures sont destinées à aider au rétablissement de l'économie** these measures are designed to help (to) restore the economy.

**AIEA** [aiəa] **nf** abrév de *Agence internationale de l'énergie atomique* IAEA.

**aiguille** [egɥij] **nf** needle. ◊ **imprimante à aiguilles** stylus ou matrix printer.

**aire** [ɛʀ] **nf** (zone) area, zone. ◊ **aire de chargement** loading bay; **aire d'embarquement / de stationnement** boarding / parking area.

**aisance** [ɛzɑ̃s] **nf** (absence d'efforts) ease; (fortune) affluence. ◊ **aisance de trésorerie** abundance of cash.

**aise** [ɛz] **nf** ◊ **être à l'aise financièrement** to be comfortably off.

**aisé, e** [eze] **adj** (riche) well-to-do, comfortably off, well-off.

**AIT** [aite] **nf** abrév de *Association internationale du tourisme* → association.

**aj.** abrév de *ajouté*.

**ajournement** [aʒuʀnəmɑ̃] **nm** [réunion, procès] adjournment; [décision] deferment, postponement; [date, rendez-vous] postponement.

**ajourner** [aʒuʀne] **vt** séance to adjourn; décision to defer, postpone, adjourn; rendez-vous, date to postpone, put off.

**ajout** [aʒu] **nm** [texte] addition. ◊ **ce document ne doit comporter ni ajout ni correction** no additions or corrections may be made to this document.

**ajouter** [aʒute] **1** **vt** to add.
**2** **s'ajouter** **vpr** ◊ **s'ajouter à qch** to add to sth.

**ajustement** [aʒystəmɑ̃] **nm** [statistique, offre, salaire] adjustment. ◊ **ajustement à la baisse / à la hausse** downward / upward adjustment; **l'ajustement de la production en courte / longue période** short / long term production adjustment; **ajustement linéaire** linear adjustment; **ajustement monétaire** currency adjustment ou realignment; **ajustements techniques** (Bourse) technical adjustments; **courbe d'ajustement** adjustment curve; **point** ou **seuil d'ajustement automatique** automatic adjustment point.

**ajuster** [aʒyste] **vt** salaires, production to adjust. ◊ **indice non ajusté** unadjusted ou unweighted index.

**albanais, e** [albanɛ, ɛz] **1** **adj** Albanian.
**2** **nm** (langue) Albanian.
**3** **Albanais nm** (habitant) Albanian.
**4** **Albanaise nf** (habitante) Albanian.

**Albanie** [albani] **nf** Albania.

**ALE** [aɛlə] **nf** abrév de *Association de libre-échange* → association.

**aléa** [alea] **nm** hazard. ◊ **aléas conjoncturels** cyclical ups and downs; **provisions pour aléas** contingency reserves.

**aléatoire** [aleatwaʀ] **adj** résultats uncertain; marché, opération chancy, risky, uncertain, hazardous. ◊ **contrat aléatoire** (Jur) aleatory contract; **échantillon aléatoire** (Stat) random ou probability sample; **échantillonnage aléatoire** (Stat) random sampling; **accès / nombre aléatoire** (Inf) random access / number.

**alerte** [alɛʀt(ə)] **nf** alert, alarm. ◊ **indicateur d'alerte** (Écon) warning indicator; **stock d'alerte** reorder (stock) level.

**Alger** [alʒe] **n** Algiers.

**allocation**

**Algérie** [alʒeʀi] **nf** Algeria.

**algérien, -ienne** [alʒeʀjɛ̃, jɛn] **1 adj** Algerian. **2 Algérien nm** (habitant) Algerian. **3 Algérienne nf** (habitante) Algerian.

**aliénabilité** [aljenabilite] **nf** alienability.

**aliénable** [aljenabl(ə)] **adj** alienable.

**aliénataire** [aljenatɛʀ] **nmf** alienee.

**aliénateur, -trice** [aljenatœʀ, tʀis] **nm,f** alienor.

**aliénation** [aljenɑsjɔ̃] **nf** (Jur) alienation.

**aliéner** [aljene] **1 vt** bien to alienate; droits, liberté to give up. **2 s'aliéner vpr** ◊ s'aliéner les syndicats to antagonize the unions.

**alignement** [aliɲmɑ̃] **nm** alignment. ◊ **alignement sur la concurrence** falling into line with one's competitors; **alignement sur les prix du marché** imitative pricing; **alignement monétaire** monetary alignment ou adjustment; **alignement des salaires sur les prix** cost of living adjustment (US), wage adjustement in line with prices.

**aligner** [aliɲe] **1 vt** (Fin, Pol) to bring into alignment ou into line (sur with); (Compta) to balance, adjust. **2 s'aligner vpr** ◊ s'aligner sur concurrents to fall into line with; pays to align o.s. with.

**aliment** [alimɑ̃] **nm** food, foodstuff. ◊ **aliment pour bétail** cattle feed, feedstuff(s); **aliments préparés** convenience food; **aliments surgelés** frozen food.

**alimentaire** [alimɑ̃tɛʀ] **adj** ◊ **conserves alimentaires** canned ou tinned (GB) goods; **industrie alimentaire** food processing industry; **produits ou denrées alimentaires** foodstuffs; **pension alimentaire** alimony.

**alimentation** [alimɑ̃tɑsjɔ̃] **nf a** (en eau, électricité) supply. ◊ **l'alimentation en énergie** the energy ou power supply. **b** (Comm) food trade. ◊ **magasin d'alimentation** grocery (store); **rayon alimentation** food department; **valeurs de l'alimentation** (Bourse) food shares. **c** (Inf) feed, feeding. ◊ **alimentation du papier** paper feed; **magasin d'alimentation** feed hopper; **imprimante avec alimentation feuille à feuille** printer with sheet ou single-sheet feed ou feeder ou feeding. **d** (nourriture) food; (régime) diet. ◊ **produits pour l'alimentation du bétail** animal feed (produce), cattle feedstuffs. **e** (Fin) [compte] replenishing.

**alimenter** [alimɑ̃te] **vt** personne, bétail, machine to feed; (en eau, électricité) to supply. ◊ **alimenter un compte** to pay money into an account, to provision ou replenish an account; **alimenter l'inflation** to stoke up ou fuel ou feed inflation; **bien alimenté** carnet

de commandes well-filled; marché well-supplied.

**alléchant, e** [aleʃɑ̃, ɑ̃t] **adj** proposition attractive.

**allège** [alɛʒ] **nf** lighter. ◊ **frais d'allège** lighterage.

**allégement** [alɛʒmɑ̃] **nm** [charges] reduction. ◊ **allégement fiscal** lighter tax burden, tax remission ou reduction ou relief, tax break; **bénéficier d'allégements fiscaux** to be entitled to tax relief; **allégement des effectifs** labour shedding; **chute des cours due à des allégements de positions** price drop due to technical sales.

**alléger** [aleʒe] **vt** impôts to reduce, lighten; budget to trim, prune, pare. ◊ **alléger les charges des entreprises** to lighten the tax burden on companies; **alléger ses positions, s'alléger** (Bourse) to sell.

**Allemagne** [alman] **nf** Germany. ◊ **République fédérale d'Allemagne** German Federal Republic; **Allemagne de l'Est / de l'Ouest** East / West Germany.

**allemand, e** [almɑ̃, ɑ̃d] **1 adj** German. **2 nm** (langue) German. **3 Allemand nm** (habitant) German. **4 Allemande nf** (habitante) German.

**aller** [ale] **nm** (voyage) outward journey. ◊ **un aller simple** (Transports) a single (ticket) (GB), a one-way ticket (US); **un aller (et) retour** (Transports) a return ticket (GB), a round-trip ticket (US); **fret d'aller** (Mar) outward freight; **police à l'aller et au retour** round policy; **aller et retour** (Bourse) round trip ou turn (trade); **aller-retour dans la journée** (Bourse) scalping; **faire un aller et retour sur un titre** to make a round trip on a security.

**allier (s')** [alje] **vpr** (Écon) to become partners, enter into partnership (with avec).

**allocataire** [alɔkatɛʀ] **nmf** (gén) beneficiary; (Sécurité sociale) welfare recipient.

**allocation** [alɔkasjɔ̃] **1 nf a** (action d'attribuer) [argent] allocation; [indemnité] granting, awarding; (Fin) [action] allocation, allotment. **b** (indemnité) allowance, benefit; (subvention) grant, subsidy. ◊ **caisse d'allocations familiales** family income support fund. **2 comp allocation budgétaire** budgetary appropriation. – **allocation (de) chômage** unemployment benefit. – **allocation en devises** foreign currency allowance. – **allocation d'études** study grant. – **allocations familiales** family income support, child benefit. – **allocation forfaitaire** standard allowance. – **allocation (de) logement** rent allowance, housing benefit. – **allocation maladie** sickness benefit. – **allocation de maternité** maternity benefit. – **allocations prénatales** pregnancy allowance. – **allocation de retraite** superannuation allowance. – **allocation de salaire unique** *special allowance for families with one wage-earner.* – **allocation de vie chère** cost-of-living allowance. – **allocation (de) vieillesse** old-age pension.

**allotissement** [alɔtismɑ̃] **nm** (Jur) allotment, apportionment.

**allouer** [alwe] **vt** argent to allocate; indemnité to grant, award; (Fin) actions to allot, allocate; temps to allot, allow, allocate.

**allure** [alyʀ] **nf** ◊ **allure générale du marché** the prevailing tone of the market.

**alourdir** [aluʀdiʀ] **1** **vt** impôts, charges to increase.
**2** **s'alourdir** **vpr** [impôts] to increase, get heavier; [marché] to become glutted ou dull. ◊ **les valeurs étrangères se sont alourdies** foreign stocks are reaching a plateau; **les stocks se sont alourdis** inventories are getting somewhat too high.

**alourdissement** [aluʀdismɑ̃] **nm** [impôts, charges] increase (*de* in); [marché] increased dullness, glutting.

**alphabétique** [alfabetik] **adj** alphabetical. ◊ **par ordre alphabétique** in alphabetical order, alphabetically.

**alphanumérique** [alfanymeʀik] **adj** alphanumeric. ◊ **tri alphanumérique** alphanumeric sorting.

**alternance** [altɛʀnɑ̃s] **nf** alternation. ◊ **fonctionner en alternance** to alternate; **formation en alternance** sandwich course, work and training programme.

**alterné, e** [altɛʀne] **adj** ◊ **formation professionnelle alternée** sandwich course, work and training programme.

**alterner** [altɛʀne] **1** **vt** postes to alternate.
**2** **vi** to alternate (*avec* with). ◊ **ils alternèrent à la présidence** they took turns in the chair.

**AM** [aɛm] **nf** abrév de *assurance maladie* → assurance.

**amarrage** [amaʀaʒ] **nm** [navire] mooring; [cargaison] stowage, stowing. ◊ **être à l'amarrage** to be moored; **droits d'amarrage** berthage, mooring dues.

**amarrer** [amaʀe] **vt** navire to moor, make fast; cargaison to stow. ◊ **être amarré au quai** to lie alongside, to be berthed.

**ambiance** [ɑ̃bjɑ̃s] **nf** (gén) atmosphere; (Bourse) tone. ◊ **ambiance de travail** work atmosphere, atmosphere at work.

**ambulant, e** [ɑ̃bylɑ̃, ɑ̃t] **adj** ◊ **marchand ambulant** hawker, pedlar, peddler (US), itinerant salesman; **magasin ambulant** mobile shop.

**AME** [aɛmə] **nm** abrév de *accord monétaire européen* EMA.

**amélioration** [ameljɔʀasjɔ̃] **nf** improvement, amelioration. ◊ **faire des améliorations dans, apporter des améliorations à** to make ou carry out improvements to; **on note une certaine amélioration dans le secteur automobile** some signs of an improvement ou a recovery are noticeable in the car industry; **amélioration de la conjoncture (économique)** economic uptrend ou upturn ou upswitch.

**améliorer** [ameljɔʀe] **1** **vt** conditions de travail, salaire to improve.
**2** **s'améliorer** **vpr** (gén) to improve, get better; [perspectives] to look up, brighten up.

**aménagement** [amenaʒmɑ̃] **nm** **a** (action d'aménager) [magasin, usine] fitting-out. ◊ **l'aménagement du territoire** town and country planning, national and regional development; **l'aménagement du temps de travail** (réforme) reform of working hours; (gestion) flexible time management. **b** (modification) adjustment. ◊ **aménagement d'impôt** tax adjustment; **procéder à des aménagements financiers** to make financial adjustments; **obtenir des aménagements d'horaire** (réduction) to be granted reduced working hours; (plus souple) to be granted more flexible working hours. **c** (équipement) **aménagements** facilities, amenities; **les nouveaux aménagements d'un quartier** the new developments in ou improvements to a district; **les employés profitent d'aménagements exceptionnels dans nos nouveaux bureaux** our new offices provide exceptional accommodation for our staff.

**aménager** [amenaʒe] **vt** pièce, magasin to fit out; terrain to develop; horaire (concevoir) to plan, work out; (adapter) to adjust; impôts, mesures to adjust. ◊ **ce bureau est très bien aménagé** this office is very well laid out.

**amende** [amɑ̃d] **nf** fine. ◊ **amende fiscale** tax penalty; **condamner à une amende** to fine; **il a eu 600 F d'amende** he was fined F600; **défense d'entrer sous peine d'amende** trespassers will be prosecuted.

**amenuisement** [amənɥizmɑ̃] **nm** [stocks] dwindling, shrinking; [demande, profit, marge bénéficiaire] dwindling, narrowing, shrinking.

**amenuiser (s')** [amənɥize] **vpr** [demande, marge] to dwindle, narrow, shrink; [stocks]

amortissement

to dwindle, shrink, run low. ◊ **l'écart s'amenuise** the gap is narrowing.

**américain, e** [ameʀikɛ̃, ɛn] **1** adj American. **2** nm (langue) American (English). **3 Américain** nm (habitant) American. **4 Américaine** nf (habitante) American.

**Amérique** [ameʀik] nf America. ◊ **Amérique centrale / latine / du Nord / du Sud** Central / Latin / North / South America.

**amiable** [amjabl(ə)] adj (Jur) amicable. ◊ **accord** ou **règlement à l'amiable** amicable agreement ou arrangement ou settlement; **vente à l'amiable** private sale, sale by private ou mutual agreement; **régler** ou **liquider une affaire à l'amiable** to settle a matter out of court; **s'arranger à l'amiable avec ses créanciers** to compound with one's creditors; **amiable compositeur** compounder.

**AMM** [aɛmɛm] nf abrév de *autorisation de mise sur le marché* permit to market a product.

**Amman** [aman] n Amman.

**amodiataire** [amɔdjatɛʀ] nmf (bailleur) lessor.

**amodiateur, -trice** [amɔdjatœʀ, tʀis] nm,f (locataire) lessee.

**amodiation** [amɔdjasjɔ̃] nf (action) leasing; (bail) lease.

**amodier** [amɔdje] vt terre to lease.

**amonceler** [amɔ̃sle] **1** vt stocks to pile up, heap up. **2 s'amonceler** vpr [stocks] to pile up, heap up.

**amoncellement** [amɔ̃sɛlmɑ̃] nm **a** (action) piling up, heaping up. **b** (tas) pile, heap.

**amont** [amɔ̃] nm ◊ **industries en amont** upstream industries; **en amont de cette opération** upstream of this operation.

**amorçage** [amɔʀsaʒ] nm priming. ◊ **amorçage économique** economic pump-priming; **emprunt d'amorçage** pump-priming loan; **programme d'amorçage** (Inf) bootstrap routine.

**amorce** [amɔʀs(ə)] nf (début) beginning. ◊ **amorce publicitaire** (Pub) teaser; **amorce de reprise** (Écon) upturn; (Inf) bootstrap.

**amorcer** [amɔʀse] **1** vt travaux, négociations to begin, start; (Inf) to bootstrap. ◊ **amorcer la pompe** (Écon) to prime the pump; **la reprise est amorcée depuis 2 mois** the recovery has been under way for 2 months; **une détente est amorcée sur le marché de l'étain** tin is easing off; **la hausse amorcée vendredi** the upturn which started on Friday; **le billet vert amorce un redressement** the greenback is beginning to rise again ou to pick up. **2 s'amorcer** vpr to begin, start. ◊ **une timide reprise économique semble s'amorcer** there are signs of a slight upturn in the economy.

**amorphe** [amɔʀf(ə)] adj marché apathetic, dull.

**amortir** [amɔʀtiʀ] vt **a** (absorber) choc économique, effets to absorb, cushion, soften. **b** (Fin) dette to pay off, amortize; emprunt to redeem, pay off; action, obligation to redeem; machine to write off, depreciate, amortize, charge off. ◊ **amortir l'équipement à un rythme de 25% par an** to depreciate the equipment by 25% a year; **je n'utilise pas suffisamment mon ordinateur pour l'amortir** I don't use my computer often enough to recoup the cost; **notre chaîne de montage robotisée est maintenant amortie** we have now written off the cost of our robotized assembly line.

**amortissable** [amɔʀtisabl(ə)] adj titres boursiers redeemable; machine, usine depreciable, amortizable. ◊ **amortissable par tirage au sort annuel** redeemable by annual drawing; **biens** ou **immobilisations amortissables** depreciable assets; **valeur résiduelle / prix de revient / durée amortissable** depreciate value / cost / life; **emprunt amortissable sur 10 ans** loan repayable ou redeemable over 10 years.

**amortissement** [amɔʀtismɑ̃] **1** nm [dette] paying off; [action, obligation, emprunt] redemption; [machine] depreciation; [actif défectible] depletion; [immobilisations incorporelles] amortization. ◊ **l'amortissement de ce matériel se fait en 3 ans** this equipment is depreciated over 3 years, this equipment takes 3 years to pay for itself, it takes 3 years for the cost of this equipment to write itself off ou to be written off; **les amortissements sont passés de 20 millions de francs à 26 millions** depreciation net charge-offs rose to 26 million francs from 20 million francs; **annuité d'amortissement** annual depreciation charge, annual charge to depreciation; **bénéfices avant amortissement** income before depreciation; **base des amortissements** depreciation base; **caisse d'amortissement** sinking ou redemption fund; **compte d'amortissement** depreciation account; **dotation aux amortissements** amortization expense, depreciation allowance; **fonds d'amortissement** amortization fund; **méthode d'amortissement** depreciation method; **méthode de l'amortissement décroissant** reducing balance method of depreciation; **période d'amortissement** amortization period; **plan d'amortissement** (pour un bien, un investissement) depreciation schedule; (pour un emprunt) redemption plan; **provision pour amortissement** provision ou reserve for depreciation; **tableau d'amortissement**

amortization table; **taux d'amortissement** depreciation rate.
**2 comp amortissement accéléré** accelerated depreciation. **– amortissement du capital** writing off of capital. **– amortissement comptable** depreciation expense. **– amortissement constant** straight line depreciation. **– amortissement cumulé** accumulated depreciation. **– amortissement dégressif** depreciation on a reducing balance, reducing balance method of depreciation. **– amortissement dérogatoire** derogatory depreciation. **– amortissement de la dette publique** public debt redemption. **– amortissement différé** deferred depreciation ou redemption. **– amortissement financier** amortization. **– amortissement fiscal** allowable depreciation expense, capital cost allowance, depreciation allowance. **– amortissement des immobilisations** accumulated depreciation. **– amortissement industriel** writing off of capital. **– amortissement linéaire** straight line depreciation. **– amortissement récupérable** recapturable depreciation. **– amortissement à l'unité** item depreciation.

**ample** [ɑ̃pl(ə)] **adj** mesures, réformes, projet wide. ◊ **jusqu'à plus ample informé** until fuller ou further information is available; **dans l'attente de plus amples renseignements** waiting for further particulars.

**ampleur** [ɑ̃plœʀ] **nf** [mesures, réformes, projet] extent, scope, range; [crise] scale, extent, magnitude; [dommages] extent, scale.

**ampliatif, -ive** [ɑ̃plijatif, iv] **adj** ◊ **acte ampliatif** certified copy.

**ampliation** [ɑ̃plijasjɔ̃] **nf** certified copy. ◊ **pour ampliation** (au bas d'un document) certified true copy.

**amplification** [ɑ̃plifikɑsjɔ̃] **nf** development, expansion, growth.

**amplifier** [ɑ̃plifje] **1 vt** tendance to develop, accentuate; échanges, coopération to expand, increase, develop.
**2 s'amplifier vpr** [crise, coopération] to grow, increase, expand, develop.

**amplitude** [ɑ̃plityd] **nf** [crise] magnitude, scale.

**amputer** [ɑ̃pyte] **vt** budget, crédit to cut back, reduce drastically (de by). ◊ **ces nouvelles taxes amputent nos bénéfices** these new taxes will cut back on ou bite into our profits.

**Amsterdam** n Amsterdam.

**AN** [aɛn] **nf** abrév de *Assemblée nationale* → assemblée.

**ANAH** [ana] **nf** abrév de *Agence nationale pour l'amélioration de l'habitat* → agence.

**analyse** [analiz] **1 nf** analysis.
**2 comp analyse des besoins** needs analysis; **analyse des besoins du consommateur** consumer research. **– analyse boursière** securities analysis. **– analyse combinatoire** combinatory analysis. **– analyse et conception des systèmes informatiques** analysis and design of computer systems. **– analyse de corrélation** correlation analysis. **– analyse des coûts** cost analysis. **– analyse coûts-avantages** cost-benefit analysis. **– analyse coûts-efficacité** cost-efficiency analysis. **– analyse du crédit** credit analysis. **– analyse discriminante** discriminant analysis. **– analyse des données** data analysis ou processing. **– analyse des écarts** variance ou gap analysis. **– analyse d'entrées-sorties** input-output analysis. **– analyse factorielle** factor ou factorial analysis. **– analyse financière** financial analysis. **– analyse fonctionnelle** functional job analysis. **– analyse fondamentale** fundamental analysis. **– analyse graphique** graphic ou chart analysis. **– analyse intersectorielle** input-output analysis. **– analyse de marché** market analysis. **– analyse marginale** incremental analysis. **– analyse multivariée de données, analyse multidimensionnelle** mapping. **– analyse de poste** job analysis. **– analyse de rendement** cost-benefit analysis. **– analyse de rentabilité** breakeven analysis. **– analyse du risque** risk analysis. **– analyse sectorielle** cross-section analysis. **– analyse séquentielle** sequential analysis. **– analyse de système, analyse systémique** systems analysis. **– analyse technique** (Bourse) technical analysis. **– analyse transactionnelle** transactional analysis. **– analyse de valeur** value analysis. **– analyse de variance** variance analysis. **– analyse verticale** vertical analysis.

**analyser** [analize] **vt** to analyze.

**analyseur** [analizœʀ] **nm** (appareil) analyzer; (Comm : analyste) analyst.

**analyste** [analist(ə)] **1 nmf** analyst.
**2 comp analyste de crédit** credit analyst. **– analyste économique** economic analyst. **– analyste financier** security analyst, financial analyst. **– analyste fonctionnel** systems analyst. **– analyste industriel** industrial analyst. **– analyste de marché** market analyst. **– analyste en placements** investment analyst. **– analyste-programmeur** program analyst. **– analyste de systèmes** systems analyst.

**analytique** [analitik] **adj** analytical. ◊ **comptabilité analytique (d'exploitation)** cost accounting.

**anatocisme** [anatɔsism(ə)] **nm** compound interest, anatocism.

**ancien, -ienne** [ɑ̃sjɛ̃, jɛn] **adj** (antérieur) former, previous. ◊ **mon ancien emploi** my previous ou former job ; **il est plus ancien que moi dans la maison** he has been with ou in the firm longer than me.

**anciennement** [ɑ̃sjɛnmɑ̃] **adv** formerly.

**ancienneté** [ɑ̃sjɛnte] **nf** [employé] (length of) service, seniority ; (Compta) [compte] age. ◊ **à l'ancienneté** by seniority ; **il a 10 ans d'ancienneté dans la maison** he has been with ou in the firm (for) 10 years ; **il a plus d'ancienneté que moi dans l'entreprise** he is senior to me in the firm ; **avoir la même ancienneté que** to be level in seniority with ; **prime d'ancienneté** seniority bonus ; **avancer à l'ancienneté** to be promoted by seniority ou in order of age ; **conserver son ancienneté** to retain seniority ; **l'intéressé conserve ses droits à l'ancienneté durant ce congé** seniority will accumulate during this leave.

**andorran, e** [ɑ̃dɔrɑ̃, an] **1 adj** Andorran. **2 Andorran nm** (habitant) Andorran. **3 Andorrane nf** (habitante) Andorran.

**Andorre** [ɑ̃dɔʀ] **nf** Andorra.

**anglais, e** [ɑ̃glɛ, ɛz] **1 adj** English. **2 nm** (langue) English. **3 Anglais nm** (habitant) Englishman. ◊ **les Anglais** (en général) English people, the English ; (Britanniques) British people, the British ; (hommes) Englishmen. **4 Anglaise nf** (habitante) Englishwoman.

**Angleterre** [ɑ̃glətɛʀ] **nf** England ; (Grande-Bretagne) Britain.

**Angola** [ɑ̃gɔla] **nm** Angola.

**angolais, e** [ɑ̃gɔlɛ, ɛz] **1 adj** Angolan. **2 Angolais nm** (habitant) Angolan. **3 Angolaise nf** (habitante) Angolan.

**animateur, -trice** [animatœʀ, tʀis] **nm,f** [stage, cours de formation] instructor, teacher ; [groupe] leader. ◊ **l'animateur de la réunion** the person running the meeting ; **animateur des ventes** sales manager, head of sales ; **animateur de la force de vente** coordinator of the sales force.

**animation** [animɑsjɔ̃] **nf** [marché] buoyancy. ◊ **marché sans animation** dull ou sluggish market ; **une animation de rue** an outdoor sales drive ; **animation de la force de vente** coordination of the sales force.

**animé, e** [anime] **adj** enchères, marché brisk, lively. ◊ **marché peu animé** dullish ou sluggish market.

**animer** [anime] **1 vt** stage, cours de formation to run, teach ; groupe to lead, manage ; réunion to conduct, run ; force de vente to head, run, coordinate. **2 s'animer vpr** [marché] to liven up.

**Ankara** [ɑ̃kaʀa] **n** Ankara.

**année** [ane] **1 nf** year. ◊ **payé à l'année** paid annually ; **l'année en cours** the current year. **2 comp année de base** base year. − **année budgétaire** financial year. − **année civile** calendar year. − **année comptable** accounting year. − **années de cotisations** (pour retraite) contributory service. − **années décomptées** credited service. − **année fiscale** tax year, fiscal year. − **année d'imposition** taxable year. − **année record** record ou bonanza ou peak year. − **année de référence** base year. − **année sabbatique** sabbatical (year). − **année de vaches grasses** record ou bonanza year. − **année de vaches maigres** lean year.

**annexe** [anɛks(ə)] **1 adj** feuillets appended, attached. ◊ **les bâtiments annexes** the annexes, the outbuildings ; **documents annexes** enclosures ; **lettre annexe** covering letter ; **revenus annexes** supplementary income. **2 nf** (bâtiment) annexe ; (document) rider, annex (de to) ; (Compta) note. ◊ **annexes aux états financiers** notes to the accounts.

**annexer** [anɛkse] **vt** document to append, attach (à to).

**annonce** [anɔ̃s] **nf** **a** (avis) announcement ; (publicité) advertisement (in newspaper). ◊ **faire passer** ou **insérer** ou **mettre une annonce dans le journal** to put ou place ou insert an advertisement ou ad in the paper ; **ils ont fait passer une annonce pour le poste** they advertised the job ; **annonce en participation** collective advertisement ; **annonce isolée** solus advertisement ; **annonce double-page** two-page advertisement, two-page spread ; **annonce judiciaire** ou **légale** legal notice ; **feuille d'annonces** advertising sheet ; **petites annonces, annonces classées** classified advertisements ou ads*, small ads*. **b** (indication) sign, indication. ◊ **l'accroissement du chômage est l'annonce d'une crise économique** this growing unemployment heralds ou foreshadows ou signals an economic crisis.

**annoncer** [anɔ̃se] **1 vt** **a** (communiquer) décision to announce (à to). ◊ **on m'a annoncé par télex que** I was informed ou advised by telex that ; **on annonce l'implantation d'une nouvelle grande surface** they're advertising the setting up of a new supermarket. **b** (prévoir) inflation, déficit to forecast. ◊ **on annonce une reprise économique pour le dernier trimestre** an economic recovery is forecast ou predicted for the last quarter. **c** (indiquer) to foreshadow, foretell, herald. ◊ **la baisse des taux d'intérêt annonce un relâchement de la politique de crédit** the drop in interest rates heralds an easing-up on the credit policy; **ce ralentissement des affaires annonce une nouvelle phase récessionniste** the business slowdown foreshadows a new recessionary bout ou means that a new recessionary bout is on its way. **d** prix to quote. ◊ **annoncer des conditions** to quote terms. **2 s'annoncer vpr** [situation] to shape up. ◊ **la négociation s'annonce extrêmement difficile** the negotiation promises to be very difficult ou looks like being very difficult; **cela s'annonce bien** that looks promising, that looks like a promising start, things are shaping up nicely; **la reprise qui s'annonce** the signs of a forthcoming ou an imminent recovery.

**annonceur** [anɔ̃sœʀ] **nm** (Pub) advertiser; (Rad, TV) announcer.

**annoncier** [anɔ̃sje] **nm** (Pub) advertiser, advertising agent.

**annuaire** [anɥɛʀ] **nm** (gén) yearbook. ◊ **annuaire (téléphonique)** (telephone) directory, phone book; **annuaire par profession** trade directory.

**annualisation** [anɥalizasjɔ̃] **nf** annualization. ◊ **l'annualisation de la durée du travail a été acceptée par le syndicat** the union has agreed that working hours should be calculated on a yearly basis ou should be annualized.

**annualiser** [anɥalize] **vt** to annualize, calculate on a yearly basis. ◊ **en données annualisées** in annualized figures; **une croissance annualisée de 18%** an 18% yearly growth; **horaire annualisé** annualized hours.

**annualité** [anɥalite] **nf** yearly recurrence. ◊ **l'annualité du budget / de l'impôt** yearly budgeting / taxation.

**annuel, -elle** [anɥɛl] **adj** annual, yearly. ◊ **amortissement / rapport / rendement annuel** annual depreciation / report / return; **rente annuelle** annuity; **revenu annuel** annual ou yearly income; **prendre ses congés annuels en juillet** to take one's annual leave in July.

**annuellement** [anɥɛlmã] **adv** annually, once a year, yearly.

**annuitaire** [anɥitɛʀ] **adj** refundable by yearly payment, payable by yearly instalments.

**annuité** [anɥite] **1 nf** (gén) yearly ou annual payment, yearly ou annual instalment;

[dette] annual repayment; (Ass) annuity. ◊ **avoir toutes ses annuités** (pour la retraite) to have (made) all one's years'contributions. **2 comp annuité d'amortissement** annual depreciation charge, annual charge to depreciation. – **annuité de capitalisation** capitalization annuity. – **annuité constante** regular instalment ou repayment. – **annuité différée** deferred annuity. – **annuité de remboursement** annual repayment. – **annuité réversible** survivorship annuity. – **annuité à vie** (Ass) life annuity.

**annulable** [anylabl(ə)] **adj** (gén) cancellable; contrat voidable, annullable; décision rescindable.

**annulation** [anylɑsjɔ̃] **nf** [commande, marché, rendez-vous, chèque] cancellation; [écriture comptable] reversal; [contrat] nullification, invalidation, voidance; [jugement, décision] quashing, rescission. ◊ **annulation de crédit** lapse of appropriation; **clause d'annulation** voidance clause; **frais d'annulation** cancellation fee.

**annuler** [anyle] **vt** commande, marché, rendez-vous, chèque to cancel; écriture comptable to reverse; contrat to invalidate, void, nullify; jugement, décision to quash, overrule, rescind. ◊ **la compagnie d'assurance a annulé mon contrat** the insurance company cancelled ou terminated my contract; **la remontée du dollar a été annulée par le tassement de Wall Street** the dollar recovery was wiped out by the setback on Wall Street.

**anomalie** [anɔmali] **nf** (Tech) (technical) fault ou defect ou flaw; [gestion] deviation, irregularity. ◊ **il y a une anomalie de fonctionnement** (machine) it is not running ou working properly, it is out of order; **état des anomalies** (Inf) exception report.

**anonymat** [anɔnima] **nm** anonymity. ◊ **sous le couvert de l'anonymat** anonymously; **garder l'anonymat** to remain anonymous, preserve one's anonymity.

**anonyme** [anɔnim] **adj** anonymous. ◊ **société anonyme** public limited company; **société anonyme à responsabilité limitée** public limited company, PLC; **société anonyme par actions** joint-stock company; **compte anonyme** impersonal ou anonymous account.

**anonymement** [anɔnimmã] **adv** anonymously.

**ANPE** [aɛnpeə] **nf** abrév de *Agence nationale pour l'emploi* → agence.

**Antananarivo** [ãtananarivo] **n** Antananarivo.

**antécédent, e** [ãtesedã, ãt] **1 adj** antecedent. **2 nm** ◊ **antécédents** [personne] past ou previous history, track record, career to

date; [affaire] past ou previous history.
**antécédents familiaux** family background;
**antécédents professionnels** work history,
professional background.

**antenne** [ɑ̃tɛn] **nf** (agence) sub-branch, agency, sub-office. ◊ **notre antenne marketing** our marketing arm; **nous avons une antenne à Paris** we've got an office in Paris.

**antérieur, e** [ɑ̃teRjœR] **adj** date, accord prior, previous, earlier. ◊ **engagement antérieur** prior engagement ou commitment; **retour à la situation antérieure** return to the former ou previous situation; **cette modification est antérieure à sa nomination** this change was made prior ou previous to his appointment, this change predates his appointment.

**antérieurement** [ɑ̃teRjœRmɑ̃] **adv** earlier. ◊ **antérieurement à** prior ou previous to.

**antériorité** [ɑ̃teRjɔRite] **nf** [événement] anteriority; [droit] priority. ◊ **classer par antériorité** (Compta) to age; **avoir un droit d'antériorité** to have a prior claim.

**anti-** **préf** anti-. ◊ **mesures anti-inflationnistes** anti-inflationary ou counter-inflationary measures.

**antibourrage** [ɑ̃tibuRaʒ] **nm** antiblocking, antijamming. ◊ **circuit antibourrage** jam circuit.

**antichrèse** [ɑ̃tikRɛz] **nf** living pledge (of real estate).

**anticipation** [ɑ̃tisipasjɔ̃] **nf** **a** (Fin) **paiement par anticipation** payment in advance ou anticipation advance payment, **achat d'anticipation** (Bourse) hedge buying; **vendre par anticipation** to sell in anticipation; **vente par anticipation** lay-away; **accepter une traite par anticipation** to accept a bill in advance. **b** (Écon) **anticipations** expectations; **anticipations conjoncturelles** short-term expectations, economic forecasting; **anticipations inflationnistes** inflationary expectations; **anticipations rationnelles** rational expectations; **le cycle des anticipations** the expectational cycle; **élasticité des anticipations** elasticity of anticipation.

**anticipé, e** [ɑ̃tisipe] **adj** (gén) early. ◊ **rachat anticipé** anticipated redemption; **remboursement anticipé** repayment before due date, advance repayment, accelerated redemption, redemption before maturity; **clause de remboursement anticipé** acceleration clause; **dividende anticipé** advance dividend; **retraite anticipée** early retirement; **recevez mes remerciements anticipés** thanking you in anticipation ou advance.

**anticiper** [ɑ̃tisipe] **1** **vt** (gén) to anticipate; (Comm) paiement to anticipate, pay before

due date. ◊ **nous avions anticipé l'expansion du marché** we anticipated the growth of the market; **la Bourse a déjà anticipé la baisse attendue des bénéfices** the stock market has already discounted the expected drop in earnings.
**2** **comp anticiper sur** to anticipate; **anticiper sur ses revenus / ses bénéfices** to anticipate one's income / one's profits; **anticiper sur les droits de qn** (Jur) to encroach upon sb's rights.

**anticommercial, e,** **mpl -aux** [ɑ̃tikɔmɛRsjal, o] **adj** ◊ **attitude anticommerciale** unbusinesslike attitude.

**anticoncurrentiel, -elle** [ɑ̃tikɔ̃kyRɑ̃sjɛl] **adj** ◊ **pratiques anticoncurrentielles** unfair trade practices.

**anticonjoncturel, -elle** [ɑ̃tikɔ̃ʒɔ̃ktyRɛl] **adj** mesures counter-cyclical.

**anticyclique** [ɑ̃tisiklik] **adj** politique anticyclical, counter-cyclical.

**antidate** [ɑ̃tidat] **nf** antedate.

**antidater** [ɑ̃tidate] **vt** to backdate, predate, antedate, foredate.

**antidumping** [ɑ̃tidœmpiŋ] **nm, adj** règlements antidumping. ◊ **droit antidumping** (CEE) antidumping duty.

**antiéconomique** [ɑ̃tiekɔnɔmik] **adj** uneconomical.

**antigrève** [ɑ̃tigRɛv] **adj** loi, mesures anti-strike.

**antihausse** [ɑ̃tios] **adj inv** politique, mesures anti-inflationary, designed to contain prices.

**anti-inflationniste** [ɑ̃tiɛ̃flasjɔnist(ɛ̃)] **adj** mesures anti-inflationary ou counter-inflationary.

**antillais, e** [ɑ̃tijɛ, ɛz] **1** **adj** West Indian.
**2** **Antillais** **nm** (habitant) West Indian.
**3** **Antillaise** **nf** (habitante) West Indian.

**Antilles** [ɑ̃tij] **nfpl** ◊ **les Antilles** the West Indies.

**antimonopole** [ɑ̃timɔnɔpɔl] **adj** commission antitrust.

**antipollution** [ɑ̃tipɔlysjɔ̃] **adj** mesures antipollution.

**antiprotectionnisme** [ɑ̃tipRɔtɛksjɔnism(ə)] **nm** antiprotectionism, free trade.

**antiprotectionniste** [ɑ̃tipRɔtɛksjɔnist(ə)] **1** **adj** antiprotectionist.
**2** **nmf** antiprotectionist, free trader.

**antipublicitaire** [ɑ̃tipyblisitɛR] **adj** **a** (hostile à la publicité) **attitude antipublicitaire** hostile attitude to advertising, anti-advertising attitude. **b** (qui nuit à la publicité) arguments counterproductive.

**antisocial, e,** **mpl -aux** [ɑ̃tisosjal, o] **adj** antisocial.

**antitrust** [ãtitʀœst] **adj inv** loi, mesures antitrust.

**ANVAR** [anvaʀ] **nf** abrév de *Agence nationale pour la valorisation de la recherche* → agence.

**AOC** [aose] **nf** abrév de *appellation d'origine contrôlée* → appellation.

**août** [u] **nm** August; → septembre.

**AP** [ape] **nf** abrév de *Assistance publique* → assistance.

**apaisement** [apɛzmã] **nm** calming down; (assurance) assurance. ◊ **donner des apaisements à qn** to give assurances to sb, reassure sb; **apaisement à la Bourse de Paris / sur le marché des changes** relaxation ou lull ou quietening down on the Paris Bourse / on the exchange market; **apaisement passager du marché obligataire** lull on the bond market; **le pouvoir cherche l'apaisement** the government is trying to calm things down ou to cool things off.

**apaiser** [apeze] **1 vt** tension to ease, relax. **2 s'apaiser vpr** [tension] to ease, relax.

**apathie** [apati] **nf** [marché] apathy.

**apathique** [apatik] **adj** marché apathetic, sluggish.

**APE** [apeə] **nf** abrév de *Assemblée parlementaire européenne* → assemblée.

**APEC** [apɛk] **nf** abrév de *Association pour l'emploi des cadres* → association.

**apériter** [apeʀite] **vt** to lead; (Ass Mar) to underwrite.

**apériteur, -trice** [apeʀitœʀ, tʀis] **1 nm,f** leading insurer ou office; (Ass Mar) leading underwriter. **2 adj** ◊ **société apéritrice** leading office.

**apérition** [apeʀisjõ] **nf** lead.

**APL** [apeɛl] **nf** abrév de *aide personnalisée au logement* → aide.

**appareil** [apaʀɛj] **nm** (structure) machinery. ◊ **l'appareil des lois** the machinery of the law; **appareil commercial** business facilities; **modernisation de l'appareil producteur ou de production ou productif** revamping ou modernization of productive capacities.

**apparent, e** [apaʀã, ãt] **adj** ◊ **servitude apparente** (Jur) apparent ou conspicuous easement; **vice apparent** obvious defect.

**apparenté, e** [apaʀãte] **adj** société affiliated.

**appartement** [apaʀtəmã] **nm** ◊ **vendre par appartements** (Fin) to sell off piecemeal; **(re)vente par appartements** unbundling, selling off in bits.

**appartenance** [apaʀtənãs] **nf** [club] membership (à of). ◊ **l'appartenance à une multinationale est un atout** belonging to a multinational is a plus.

**appartenir** [apaʀtəniʀ] **vi** ◊ **appartenir à** (gén) to belong to; (être membre de) to be a member of; (être du ressort de) to rest with, fall to; **il appartient / n'appartient pas à la commission de se prononcer** it is for ou up to / not for ou not up to the committee to decide; **appartenir de droit à** to belong rightfully to; **ces actions m'appartiennent en propre** these shares belong to me in my own right.

**appel** [apɛl] **1 nm a** (gén) call; (demande) request. ◊ **appel à la grève** strike call; **faire appel à un expert** to send for ou call in an expert. **b** (Jur : pourvoi) appeal (*contre* against, from). ◊ **appel des témoins** roll call of witnesses; **faire appel** to appeal; **faire appel d'un jugement** to appeal against a judgment, appeal a decision (US); **interjeter appel** to lodge an appeal, file an appeal (US); **avis d'appel** notice of appeal; **cour d'appel** Court of Appeal, appellate court (US); **délai d'appel** time limit for lodging an appeal; **jugement sans appel** final judgment. **c** (Comm) **article d'appel** loss leader; **l'ouverture d'un rayon sport constitue un appel de fréquentation pour nos magasins** the opening of a sports department in our stores is aimed at attracting an increasing number of customers. **d** (Inf) [sous-programme] call; [terminal] polling. **e** (Télec) (telephone ou phone) call. ◊ **appel avec préavis** person to person call; **appel en PCV** collect call; **numéro d'appel** phone ou call number; **fréquence d'appel** calling frequency. **2 comp appel en couverture** (Bourse) request for cover. — **appel de fonds** call for capital; **faire un appel de fonds** to call up capital, make a call for funds. — **appel gratuit** (Télec) free call, toll-free call (US). — **appel de marge** (Fin) margin call, request for additional cover in forward deals. — **appel à maxima** public prosecutor's appeal against too severe a sentence. — **appel à minima** public prosecutor's appeal against too mild a sentence. — **appel d'offres** invitation to tender ou for tenders, call for tenders; **appel d'offres ouvert** open tendering. — **appel public à l'épargne** public issue. — **appel téléphonique** phone call.

**appeler** [aple] **1 vt a** (gén) to call; expert to call in, send for; (au téléphone) to ring (up), call (up), phone (up); (Jur) cause to call out. ◊ **appelez-moi ce numéro** could you dial ou call this number for me?; **appeler qn à fonction** to appoint sb to a post; **être appelé à de nouvelles fonctions** to be assigned new duties, be entrusted with new duties; **appeler qn en justice** to summon sb before the court; **le procédé est appelé à se répandre** the method is bound to become more widespread. **b** (exiger) to call for, demand. ◊ **ses affaires l'appellent à Londres**

business calls him to London; **la situation appelle des mesures immédiates** the situation calls for immediate measures; **sa nouvelle fonction l'appelle à se déplacer beaucoup à l'étranger** his new function will require him to travel abroad extensively. **c** (Fin) to call. ◊ **capital appelé** called-up capital. **d** (Inf) sous-programme to call down; **terminal** to poll. **2** vi ◊ **en appeler à** (Jur) to appeal to.

**appellation** [apelɑsjɔ̃] **nf** designation, appellation. ◊ **appellation contrôlée** guaranteed quality label, label of origin (for a wine); **appellation d'origine** mark of the country of origin; **appellation d'origine contrôlée** guaranteed quality label, label of origin (for a wine).

**applicabilité** [aplikabilite] **nf** [loi] applicability, enforceability.

**applicable** [aplikabl(ə)] **adj** applicable. ◊ **la loi est applicable à tous** the law applies to ou is applicable to everyone; **le nouveau tarif sera applicable à partir de** the new price-list will apply ou take effect ou become effective as from ou as of.

**application** [aplikɑsjɔ̃] **nf** **a** [loi, décision] enforcement, implementation, application. ◊ **mettre en application** to implement, apply, enforce, put into practice; **application des règlements** administration of regulations; **mesures prises en application de la loi** measures taken to implement the law; **domaine d'application** scope of application; **circulaire d'application** decree stipulating measures for the enforcement of a law. **b** (Jur) **applications** applications; **applications secondaires** spin-offs. **c** (Bourse) **application de titres** (achat et vente de titres hors du marché mais au cours du marché) crossing, crossed trading, crossed selling ou sale. **d** (Inf) **(logiciel d') application** application (software).

**appliquer** [aplike] **1** vt loi, décision to implement, apply, put into practice, enforce; sanction to apply, enforce. **2** **s'appliquer** vpr [loi] to apply (à to).

**appoint** [apwɛ̃] **nm** **a** (somme exacte) **l'appoint** the right change; **faire l'appoint** to give the right change. **b** (complément) extra help. ◊ **salaire d'appoint** secondary ou extra income, complementary income; **travail d'appoint** sideline ou secondary job; **personnel d'appoint** temporary staff, extra staff.

**appointements** [apwɛ̃tmɑ̃] **nmpl** salary, emoluments. ◊ **toucher** ou **percevoir des appointements** to draw a salary.

**appointer** [apwɛ̃te] **vt** to pay a salary to. ◊ **directeur appointé** salaried director; **être appointé à l'année** to be paid yearly.

**apport** [apɔʀ] **1** **nm** (gén, Fin) contribution. ◊ **apports** (Jur : biens) property, estate brought in; **les apports des actionnaires** shareholders'contribution, funds ou capital provided by the shareholders; **leur apport financier** their financial contribution; **actions d'apport** founder's ou initial shares; **capital d'apport** initial capital. **2** **comp apport d'argent frais** injection ou infusion of new money. − **apports en espèces** cash contribution. − **apports en industrie** contribution in kind. − **apport de main-d'œuvre** additional labour. − **apports en nature** contribution in kind. − **apports en numéraire** cash contribution. − **apport partiel d'actif** partial business transfer. − **apports en société** assets brought into business, capital invested.

**apporter** [apɔʀte] **vt** (gén) to bring; (Fin : faire un apport) to contribute.

**apporteur** [apɔʀtœʀ] **nm** [capitaux] contributor.

**apposer** [apoze] **vt** sceau, tampon to affix; (Jur) clause to insert. ◊ **apposer sa signature au bas d'un document** to sign a document, put one's signature to a document; **apposer les scellés** to affix the seals (sur to).

**apposition** [apozisjɔ̃] **nf** [scellés] affixing; [signature] appending; [clause] insertion.

**appréciatif, -ive** [apʀesjatif, iv] **adj** (estimatif) evaluative. ◊ **état appréciatif** estimation, evaluation.

**appréciation** [apʀesjɑsjɔ̃] **nf** **a** (évaluation) assessment, appraisal, estimation; (expertise) valuation, assessment. ◊ **appréciation des risques** (Ass) estimation of risks, risk assessment. **b** (hausse de valeur) [monnaie] appreciation. ◊ **appréciation du dollar par rapport au yen** the dollar's rise against the yen. **c** (Bourse) **ordre à appréciation** discretionary order.

**apprécier** [apʀesje] **1** vt (évaluer) to estimate, assess, appraise, evaluate ;(expertiser) to value, assess the value of. **2** **s'apprécier** vpr (Fin) to appreciate, rise. ◊ **le franc s'est nettement apprécié par rapport au mark** the franc has strongly appreciated ou risen against the mark.

**apprenti, e** [apʀɑ̃ti] **nm,f** (débutant) beginner, novice; (dans un métier) apprentice. ◊ **apprenti menuisier** joiner's apprentice.

**apprentissage** [apʀɑ̃tisaʒ] **nm** (gén) learning; (dans un métier) apprenticeship. ◊ **apprentissage à distance** distance learning; **mettre qn en apprentissage** to apprentice sb (chez to); **être en apprentissage** to be apprenticed ou an apprentice (chez to); **faire son apprentissage** to serve one's apprenticeship (chez with); **centre d'apprentissage** training school; **contrat d'apprentissage** apprenticeship contract, indenture; **courbe d'apprentissage** learning curve; **taxe d'apprentissage** apprenticeship tax.

**approbation** [apʀɔbasjɔ̃] **nf** approval. ◊ **avec l'approbation de** with the agreement of; **pour approbation** (sur document) for approval; **cette décision doit être soumise à l'approbation du conseil d'administration** the decision must be submitted to the board for approval, the decision must be cleared with ou vetted by the board; **approbation des comptes** (Fin) certifying ou approval ou passing of the accounts.

**approche** [apʀɔʃ] **nf** (Comm, Mktg) approach. ◊ **approche sommaire** outline approach. **une nouvelle approche du marché** a new approach to the market; **approche (du) produit** commodity approach.

**appropriation** [apʀɔpʀijasjɔ̃] **nf** (Jur, Écon) appropriation. ◊ **appropriation illicite de fonds** embezzlement, defalcation.

**appros** **nmpl** abrév de *approvisionnements*.

**approuvé** [apʀuve] **nm** [compte] reconcilement.

**approuver** [apʀuve] **vt** **a** (trouver justifié) politique, plan to approve of. ◊ **nous approuvons la décision de la commission** we support the decision of the committee. **b** (entériner) loi, dividende, nomination to approve. ◊ **lu et approuvé** (contrat) read and approved; (procès-verbal) read and confirmed; **la proposition a été approuvée par le conseil de direction** the proposal was passed ou approved by the management committee; **les comptes ont été approuvés par l'assemblée générale des actionnaires** the accounts were approved by the annual general meeting of the shareholders.

**approvisionnement** [apʀɔvizjɔnmɑ̃] **nm** (action) supplying, sourcing, procurement, stocking (en, de of); (réserves) supplies, procurement, stock, provisions; (Fin) [compte] paying money (de into). ◊ **acomptes sur approvisionnement** advance payments on supplied materials; **directeur de l'approvisionnement** purchasing ou supply ou procurement ou sourcing manager; **il est responsable des approvisionnements** he is responsible for supplies ou purchasing ou procurement ou stock ordering; **la fonction approvisionnement** the supply ou the purchasing ou the procurement function; **plan d'approvisionnement** supply schedule; **source d'approvisionnement** source of supply; **le chèque n'a pas été payé pour défaut d'approvisionnement** the cheque was not paid because of insufficient funds.

**approvisionner** [apʀɔvizjɔne] **1** **vt** commerce to supply (en, de with); compte bancaire to pay funds ou money into. ◊ **marché bien approvisionné** well-supplied ou well-stocked market; **compte insuffisamment approvisionné** insufficiently funded account.
**2** **s'approvisionner** **vpr** to stock up (en with), obtain supplies, lay in supplies (en of). ◊ **s'approvisionner chez un grossiste** to buy from ou get one's supply from a wholesaler; **s'approvisionner en composants électroniques** to obtain supplies of electronic components, procure electronic components.

**approvisionneur, -euse** [apʀɔvizjɔnœʀ, øz] **nm,f** supplier.

**approximatif, -ive** [apʀɔksimatif, iv] **adj** estimation rough; chiffre approximate. ◊ **évaluation approximative** rough estimate, guesstimate*, ballpark figure*.

**approximation** [apʀɔksimasjɔ̃] **nf** approximation, (rough) estimate, guesstimate*, ballpark figure*.

**approximativement** [apʀɔksimativmɑ̃] **adv** roughly, approximatively.

**appt** abrév de *appartement* apartment, flat, apt.

**appui** [apɥi] **nm** support. ◊ **appui financier** financial aid ou assistance ou backing; **appui logistique** logistic backup ou support; **appui tactique** tactical support; **il a des appuis dans les milieux financiers** he has connections in financial circles; **à l'appui de son témoignage, il a présenté plusieurs documents** in support of his testimony, he presented several documents; **avec chiffres à l'appui** supported by figures.

**appuyer** [apɥije] **1** **vt** **a** personne, décision, candidature to support, back up. ◊ **appuyer la demande de qn** to support sb's request; **appuyer une proposition** to back ou second a motion.
**2** **s'appuyer** **vpr** ◊ **s'appuyer sur des statistiques récentes** to base one's argument on recent statistics ou figures, refer to recent statistics ou figures.

**âpre** [apʀ(ə)] **adj** négociation bitter, harsh; concurrence fierce, sharp, cutthroat.

**après** [apʀɛ] **prép** after. ◊ **bénéfices après impôts** after-tax profits.

**après-bourse** [apʀɛbuʀs(ə)] **adj, nm** ◊ **(marché) après-bourse** street market, curb market (US).

**après-vente** [apʀɛvɑ̃t] **adj, nm** ◊ **(service) après-vente** after-sales service.

**âpreté** [apʀəte] **nf** [négociation] bitterness, harshness; [concurrence] fierceness.

**apte** [apt(ə)] **adj** (gén) able, fit, capable; (Jur) fit. ◊ **être apte au travail** to be fit for work; **être apte à faire qch** to be capable of doing sth.

**aptitude** [aptityd] **nf** (capacité) aptitude, ability; (Jur) fitness. ◊ **certificat d'aptitude professionnelle** certificate of technical ou professional education (secondary school qualification).

**apurement** [apyʀmɑ̃] **nm** [compte] auditing, audit; [dette] discharge, wiping off.

**apurer** [apyʀe] **vt** comptes to audit, agree; dette to discharge, wipe off. ◊ **apurer un solde déficitaire** to wipe off a debt balance.

**AR** [aɛʀ] **nm** abrév de *accusé de réception* → accusé.

**arabe** [aʀab] **1 adj** (nation) Arab; (langue) Arabic, Arab; (désert) Arabian.
**2 nm** (langue) Arabic.
**3 Arabe nm** (habitant) Arab.
**4 Arabe nf** (habitante) Arab (woman).

**Arabie** [aʀabi] **nf** Arabia. ◊ **Arabie Saoudite** Saudi Arabia.

**arbitrage** [aʀbitʀaʒ] **nm** **a** (Comm) (action) arbitration; (sentence) arbitrament. ◊ **arbitrage obligatoire** compulsory arbitration; **arbitrage sur les salaires** wage arbitration; **clause / convention d'arbitrage** arbitration clause / agreement; **commission ou conseil d'arbitrage** board of arbitration; **sentence d'arbitrage** arbitration award; **tribunal ou cour d'arbitrage** arbitration tribunal; **recourir à l'arbitrage** to go ou resort to arbitration; **régler un conflit par arbitrage** to settle a dispute by arbitration; **soumettre à l'arbitrage** to submit ou refer to arbitration. **b** (Bourse) arbitrage, arbitraging. ◊ **arbitrage d'intérêt** interest arbitrage; **arbitrage technique ou de place à place** shunting; **arbitrage de change** arbitrage of exchange, currency arbitrage; **arbitrage sur devises** arbitrage in foreign currencies; **arbitrage en reports** jobbing in contangos; **faire un arbitrage de portefeuille, procéder à des arbitrages dans son portefeuille** to make a change of investments ou a portfolio switch; **arbitrage en couverture d'effectif** hedging; **arbitrage spatial** space arbitrage; **arbitrage de spread** spread arbitrage.

**arbitragiste** [aʀbitʀaʒist(ə)] **nm** (Bourse) arbitrageur, arbitrager, arbitragist. ◊ **arbitragiste en couverture de risque** hedger.

**arbitral, e, mpl -aux** [aʀbitʀal, o] **adj** (Jur) compromis, solution arbitral. ◊ **commission arbitrale** board of referees; **règlement arbitral** settlement by arbitration; **tribunal arbitral** arbitration tribunal; **sentence arbitrale** arbitration ou arbitral award; **rendre une sentence arbitrale** to hand down ou make an arbitration award.

**arbitralement** [aʀbitʀalmɑ̃] **adv** (Jur) by arbitrators.

**arbitre** [aʀbitʀ(ə)] **nm** (Jur) arbitrator; (gén) arbiter, referee, umpire, judge. ◊ **arbitre unique** (Jur) sole arbitrator.

**arbitrer** [aʀbitʀe] **vt** différend to arbitrate; personnes to arbitrate between; (Fin) valeurs, marchandises to carry out an arbitrage operation on. ◊ **arbitrer un dommage à 100 000 F** (Ass : évaluer) to adjust a loss at F100,000, settle a claim at F100,000; **arbitrer un conflit social** to arbitrate an industrial dispute; **rendre une sentence arbitrale** to make an arbitration award.

**arbre** [aʀbʀ(ə)] **nm** tree. ◊ **arbre de décision** decision tree.

**archivage** [aʀʃivaʒ] **nm** filing.

**archiver** [aʀʃive] **vt** to file.

**archives** [aʀʃiv] **nfpl** (affaires récentes) records, files; (affaires classées) archives. ◊ **local d'archives** storage vault; **nous n'avons pas pu trouver trace de votre lettre dans nos archives** we have been unable to trace your letter in our files ou records.

**ardoise\*** [aʀdwaz] **nf** (dette) unpaid bill. ◊ **avoir une ardoise\* de 300 F chez l'épicier** to have F300 on the slate at the grocer's; **il y a une ardoise de 3 millions de francs** there is a 3 million francs tab\*; **qui va payer l'ardoise ?** who'll pick up the tab?

**are** [aʀ] **nm** are, *one hundred square metres.*

**argent** [aʀʒɑ̃] **nm** (métal) silver; (Fin) money. ◊ **argent en caisse** cash in hand, money in the till; **argent frais** fresh ou new money; **argent liquide** ready money, ready cash; **argent improductif ou mort** idle capital, dead money; **argent rare** tight money; **loyer de l'argent** cost ou price of money; **le taux de l'argent au jour le jour** day-to-day ou overnight money rate; **avancer de l'argent** to advance funds; **payer argent comptant, payer en argent** to pay cash; **placer de l'argent** to invest money ou funds; **trouver de l'argent** (Fin) to raise money ou funds; **faire une politique d'argent cher / bon marché** (Écon) to run a dear / cheap money policy.

**argentier** [aʀʒɑ̃tje] **nm** financier, moneyman. ◊ **le grand argentier** (Admin) the Minister of Finance; **réunion des grands argentiers** meeting of the top financiers ou of the Ministers of Finance.

**argentin, e** [aʀʒɑ̃tɛ̃, in] **1 adj** Argentinian, Argentine.
**2 Argentin nm** (habitant) Argentinian, Argentine.

**3** **Argentine** nf  **a** (pays) l'Argentine Argentina, the Argentine. **b** (habitante) Argentinian, Argentine.

**argument** [aʀgymɑ̃] nm argument. ◊ **tirer argument de qch** to use sth as an argument ou excuse; **argument publicitaire** advertising claim; **argument de vente** selling proposition ou point.

**argumentaire** [aʀgymɑ̃tɛʀ] nm sales presentation, sales talk, sales claim, sales pitch*, sales spiel*; (dossier) sales folder ou kit ou brochure.

**argumentation** [aʀgymɑ̃tasjɔ̃] nf argumentation.

**argumenter** [aʀgymɑ̃te] vi to argue. ◊ **brochure de vente bien argumentée** well-argued sales brochure.

**armateur** [aʀmatœʀ] nm shipowner. ◊ **les armateurs** the shipping business ou industry; **armateur-affréteur** owner-charterer.

**armement** [aʀməmɑ̃] nm (Mar) (profession) shipping business; (équipement d'un navire) fitting-out.

**Arménie** [aʀmeni] nf Armenia.

**arménien, -ienne** [aʀmenjɛ̃, jɛn] **1** adj Armenian.
**2** nm (langue) Armenian.
**3** **Arménien** nm (habitant) Armenian.
**4** **Arménienne** nf (habitante) Armenian.

**armer** [aʀme] vt navire to man and supply, fit out.

**arnaqueur\*, -euse** [aʀnakœʀ, øz] nm,f swindler, cheat.

**arr.** abrév de *arrondissement* district.

**arrangement** [aʀɑ̃ʒmɑ̃] nm (gén) agreement, settlement, arrangement; (Jur) composition. ◊ **arrangement à l'amiable** out-of-court settlement; **parvenir à un arrangement** to reach an agreement ou a settlement, come to an arrangement; **trouver un arrangement avec ses créanciers** to compound with one's creditors, come to an agreement with one's creditors; **sauf arrangement contraire** unless otherwise stipulated; **en vertu d'arrangements antérieurs** under previous understandings.

**arranger** [aʀɑ̃ʒe] **1** vt **a** (préparer) réunion, rendez-vous to arrange, fix (up). **b** (régler) litige to settle. **c** (satisfaire) to suit, be convenient for. ◊ **5 heures m'arrangerait tout à fait** 5 o'clock would suit me fine ou would be quite convenient for me.
**2** s'arranger vpr **a** (s'accorder) to come to an agreement ou an arrangement. ◊ **il faudra vous arranger avec l'inspection du travail** you'll have to sort it out with the factory inspectorate; **s'arranger à l'amiable** to come

to an amicable settlement; **on pourra peut-être s'arranger** perhaps we can come to an arrangement ou do a deal; **s'arranger avec ses créanciers** to compound with one's creditors. **b** (s'éclaircir) [situation] to work out, sort itself out (GB). **c** (trouver une solution) **je vais m'arranger pour vous faire avoir un autre rendez-vous** I'll see to it that you get another appointment.

**arrérager** [aʀeʀaʒe] **1** vi ◊ **laisser arrérager une rente** allow interest to accumulate on an annuity.
**2** s'arrérager vpr [loyers] to fall into arrears.

**arrérages** [aʀeʀaʒ] nmpl [rente] arrears, back interest. ◊ **laisser courir ses arrérages** to let one's interest accumulate; **arrérages de loyer** back rent.

**arrêt** [aʀɛ] nm **a** (gén) stopping; [fabrication] discontinuation. ◊ **l'usine tout entière est à l'arrêt** the whole factory is idle ou is at a standstill; **donner un coup d'arrêt aux importations** to check imports, put a brake on imports; **donner un coup d'arrêt au chômage / à l'inflation** to halt ou curb unemployment / inflation; **marquer un temps d'arrêt** [reprise économique, hausse] to pause, mark time; **faire arrêt sur salaire** ou **sur appointements** (gén) to stop wages; (Jur : pour dettes) to issue a writ of attachment of earnings; **faire arrêt sur des marchandises** to impound ou seize goods; **arrêt de travail** (grève) work stoppage; (congé maladie) sick leave; **arrêt-machine** (Ind) machine down time. **b** (jugement) judgement, decision, order, award. ◊ **saisie-arrêt** garnishment; **prendre** ou **rendre un arrêt** to pass an order, deliver judgement, give an award.

**arrêté** [aʀete] nm **a** (décision administrative) order, decree. ◊ **arrêté d'application** *decree stating measures for the enforcement of a law*; **arrêté ministériel** departmental ou ministerial order; **arrêté municipal** ≈ by(e)-law; **arrêté préfectoral** order of the prefect. **b** (Compta) **arrêté de compte** (fermeture) settlement of account; (relevé) statement of account; **arrêté provisoire d'assurance** (Ass) cover note, provisional policy.

**arrêter** [aʀete] **1** vt **a** (gén) to stop. ◊ **arrêter la fabrication d'un produit** to discontinue a product, stop making a product; **arrêter un compte** to settle ou balance ou close ou rule off an account; (relever) to make up an account; **les comptes sont arrêtés chaque fin de mois** statements of account are made up at the end of every month. **b** (décider de) jour, lieu to set, fix, decide on; plan to decide on; vente to conclude. ◊ **arrêter un marché** to settle ou clinch a deal; **il a arrêté son choix** he has made his choice; **ma**

**décision est arrêtée** my mind is made up; **arrêter que** (Jur) to rule that; **arrêter des dispositions générales** to lay down general rules. **2 s'arrêter vpr** to stop.

**arrêteur** [aretœr] **nm** (Bourse des marchandises) last buyer, receiver.

**arrhes** [ar] **nfpl** deposit, earnest money. ◊ **verser** ou **laisser des arrhes** to leave ou make ou pay a deposit.

**arriéré, e** [arjere] **1 adj** paiement overdue, outstanding, late; dette outstanding, past due (US). ◊ **compte arriéré** outstanding account; **loyer arriéré** back rent, rent owing. **2 nm** (travail) backlog; (dette) arrears. ◊ **arriéré de commandes** back orders, backlog of orders; **arriérés d'intérêts / de dividende** arrears of interest / dividend, back interest / dividend; **arriéré de loyer** back rent; **arriéré d'impôts** back ou delinquent taxes, tax in arrears; **arriéré de salaire** back pay, wage arrears.

**arrière-boutique, pl arrière-boutiques** [arjɛrbutik] **nf** back shop.

**arriérer** [arjere] **1 vt** (Fin) paiement to defer. **2 s'arriérer vpr** to fall into arrears, fall behind with payments.

**arrimage** [arimaʒ] **nm** (action) stowage, stowing; (droits) stowage.

**arrimer** [arime] **vt** to stow.

**arrimeur** [arimœr] **nm** stevedore.

**arrivage** [arivaʒ] **nm a** (action d'arriver) arrival. **b** [colis, marchandises] consignment, shipment. ◊ **nouveaux arrivages chaque semaine** new deliveries every week.

**arrivant, e** [arivã, ãt] **nm,f** newcomer. ◊ **les nouveaux arrivants sur le marché du travail** newcomers ou new entrants on the labour market.

**arrivée** [arive] **nf** arrival. ◊ **courrier / marchandises à l'arrivée** incoming mail / goods; **port d'arrivée** port of destination ou of arrival; **vendre à l'heureuse arrivée** (Ass Mar) to sell to arrive.

**arriver** [arive] **vi** to arrive. ◊ **arriver à échéance** [paiement] to fall due; [bon du Trésor] to come to maturity; [contrat] to run out, terminate, expire.

**arrondir** [arɔ̃dir] **vt** somme, nombre to round off. ◊ **arrondir au franc supérieur** to round up to the nearest franc; **arrondir au franc inférieur** to round down to the nearest franc; **arrondi au chiffre supérieur / inférieur** rounded up / down.

**art.** abrév de **article**.

**art** [ar] **nm** art. ◊ **les Arts ménagers** (salon) the Ideal Home Exhibition.

**article** [artikl(ə)] **1 nm a** (Comm) item, article. ◊ **baisse sur tous nos articles** all stock reduced, reduction on all items; **nous ne faisons plus cet article** we don't stock ou keep that item any more; **faire l'article** to give the sales patter, peddle ou hawk one's wares. **b** [loi, traité] article; [contrat] provision; [facture, compte] item. ◊ **dans le cadre** ou **au terme de l'article 12** under article 12, within the terms of article 12; **en vertu de l'article 12** in pursuance of article 12.

**2 comp article d'appel** loss leader, puller. − **articles de bureau** office accessories. − **article de caisse** cash item. − **article choc** loss leader, puller. − **articles de consommation courante** convenience goods, staple products. − **articles défectueux** defective units ou articles. − **article défraîchi** shop-soiled article. − **article de dépenses** (Compta) item of expenditure. − **articles difficiles à écouler** slow-moving stock. − **articles de grande consommation** convenience goods, staple products. − **article d'importation** imported product. − **articles d'importation** imported goods. − **articles de luxe** luxury goods. − **articles manquants** inventory shortage. − **articles de marque** branded goods, proprietary articles. − **articles de mode** fashion accessories. − **article (en) réclame** special offer. − **article refusé** reject. − **articles de second choix** seconds. − **articles de toilette** toiletries. − **article vedette** hot mover ou seller. − **articles de voyage** travel goods.

**artisan** [artizã] **nm** craftsman, artisan.

**artisanal, e, mpl -aux** [artizanal, o] **adj** ◊ **profession artisanale** craft, craft industry; **retraite artisanale** pension for self-employed craftsmen; **au stade artisanal** on a small scale.

**artisanat** [artizana] **nm** craft industry.

**AS** [aɛs] **nfpl** abrév de **Assurances sociales** → assurance.

**ASBL** [aɛsbeɛl] **nf** abrév de **association sans but lucratif** → association.

**ASE** [aɛsə] **nf** abrév de **Agence spatiale européenne** ESA.

**asiatique** [azjatik] **1 adj** Asian, Asiatic. **2 Asiatique nmf** (habitant) Asian, Asiatic.

**Asie** [azi] **nf** Asia. ◊ **Asie du Sud-Est** Southeast Asia.

**assainir** [asenir] **vt** économie, finances to make healthier, stabilize; marché to stabilize;

monnaie re-establish, decoke*. ◊ **le budget de la Sécurité sociale s'est assaini** the social security budget has improved, there has been some improvement in the social security budget; **les comptes de l'entreprise ont été assainis** the firm's accounts have been put back on an even keel ou have been stabilized.

**assainissement** [asenismɑ̃] **nm** [marché] stabilization; [monnaie] re-establishment, decoking*; [budget, finances] stabilizing. ◊ **assainissement de l'économie / des comptes** stabilizing of the economy / the accounts.

**assaut** [aso] **nm** assault (*de* on), attack (*de* on). ◊ **résister aux assauts de la concurrence** to resist the attacks of one's competitors, withstand (the) competition; **ces entreprises étrangères ont pris d'assaut notre marché intérieur** these foreign firms took our domestic market by storm, these foreign firms swamped our domestic market; **les banques ont été prises d'assaut par le public** banks were stormed by the public.

**ASSEDIC** [asedik] **nfpl** abrév de *Associations pour l'emploi dans l'industrie et le commerce* → association.

**assemblage** [asɑ̃blaʒ] **nm** (Ind) assembly. ◊ **programme d'assemblage** (Inf) assembly program; **usine d'assemblage** assembly plant.

**assemblée** [asɑ̃ble] **1** **nf** meeting. ◊ **réunis en assemblée** gathered ou assembled for a meeting. **2** **comp** **assemblée des actionnaires** shareholders' meeting, stockholders'-meeting (US). – **assemblée générale (annuelle)** (annual) general meeting; **assemblée générale extraordinaire** extraordinary ou special general meeting. – **Assemblée nationale** National Assembly. – **assemblée ordinaire** ordinary meeting. – **Assemblée parlementaire européenne** European Parliament. – **assemblée plénière** plenary meeting.

**assembler** [asɑ̃ble] **vt** (Ind) pièces détachées to assemble.

**assembleur** [asɑ̃blœR] **nm** (gén) (ouvrier) fitter; (Inf) assembler.

**asseoir** [aswaR] **vt** réputation to establish, build. ◊ **asseoir un impôt** to base ou fix ou assess a tax.

**assermenté, e** [asɛRmɑ̃te] **adj** témoin, juré sworn, on oath; médecin, expert officially designated. ◊ **courtier assermenté** broker on oath.

**assesseur** [asesœR] **nm** (gén) assistant; (Jur) assessor.

**assiduité** [asidɥite] **nf** (ponctualité) regularity, regular attendance; (application) attentiveness, dedication. ◊ **prime d'assiduité** attendance bonus.

**assiette** [asjɛt] **nf** (Impôts) (basis of) assessment, tax base; (Jur) [hypothèque] property ou estate on which a mortgage is secured. ◊ **assiette du fret** basis of freight; **assiette d'une rente** property on which an annuity is secured.

**assignation** [asiɲasjɔ̃] **nf** **a** [place, somme] allocation, allotment (*à* to). **b** (Jur) **assignation à comparaître** [inculpé] summons; [témoin] subpoena; **assignation d'un tiers** garnishment; **signifier une assignation à qn** to serve a writ on sb.

**assigner** [asiɲe] **vt** **a** part, place to assign, allocate, allot; somme, crédit to allot, allocate, appropriate (*à* to), earmark (*à* for). ◊ **régime assigné aux marchandises** (Douanes) rules applicable to goods; **assigner qch à un compte** to charge sth to an account. **b** (Jur) **assigner à comparaître** défendeur to summon; témoin to subpoena; **assigner qn en justice** to take out a summons against sb, issue a writ against sb, serve a writ on sb, to bring an action against sb; **faire assigner qn en justice** to bring an action against sb; **assigner qn en contrefaçon** to sue sb for infringement of patent.

**assimilation** [asimilasjɔ̃] **nf** assimilation.

**assimiler** [asimile] **vt** (gén) to assimilate. ◊ **assimiler qn / qch à** to class sb / sth as, put sb / sth into the category of; **les agents de maîtrise demandent à être assimilés aux cadres** supervisors are asking to be classed as ou given the same status as executives; **les fonctionnaires et assimilés** civil servants and comparable categories; **ces sommes ne peuvent être assimilées à des salaires du point de vue fiscal** these sums cannot be assimilated to ou classified as salaries for tax purposes.

**assises** [asiz] **nfpl** (Jur) assizes; (réunion) meeting. ◊ **tenir ses assises** to hold one's meeting; **cour d'assises** ≈ Crown Court (GB), Court of Assizes.

**assistance** [asistɑ̃s] **1** **nf** (aide) assistance, aid. **2** **comp** **assistance judiciaire** legal aid. – **assistance maritime** salvage. – **assistance médicale gratuite** free medical care. – **Assistance publique** Welfare service. – **assistance sociale** welfare. – **assistance technique** technical aid ou assistance.

**assistant, e** [asistɑ̃, ɑ̃t] **nm,f** assistant. ◊ **assistant chef de produit** assistant product manager; **assistant de direction** professional secretary; **assistante sociale** social worker; **premier assistant** chief assistant; **le directeur et son assistante** the manager and his personal assistant ou his PA.

**assisté, e** [asiste] **adj** personne démunie receiving (state) aid, on welfare; pays assisted, aided. ◊ **assisté par ordinateur** (Comp) computer-aided, computer-assisted; **conception / fabrication assistée par ordinateur** computer-aided design / manufacturing.

**associatif, -ive** [asɔsjatif, iv] **adj** associative.

**association** [asɔsjasjɔ̃] **1** **nf** (gén) association, society; (Comm) partnership. ◊ **entrer en association** to enter into partnership. **2** **comp** **association à but lucratif** profit-making association. – **association sans but lucratif** non-profit-making (GB) ou not-for-profit (US) association. – **Association pour la coopération technique, industrielle et commerciale** *association for technical, industrial and commercial cooperation.* – **Association pour l'emploi des cadres** *executive employment association.* – **Associations pour l'emploi dans l'industrie et le commerce** *association for industrial and commercial employment.* – **Association européenne de libre-échange** European Free Trade Association. – **Association pour la formation professionnelle des adultes** *adult professional education association.* – **Association française de normalisation** *French standards association,* ≈ British Standards Institute (GB), ≈ American National Standards Institute (US). – **Association française de recherches et statistiques commerciales** *French association for marketing research and statistics.* – **Association générale des institutions de retraite des cadres** *confederation of executive pension institutions.* – **Association internationale de développement** International Development Association. – **Association internationale du tourisme** International Tourism Association. – **association de libre-échange** free trade association. – **association patronale** employers' association. – **association professionnelle** trade association. – **association reconnue d'utilité publique** association officially considered as serving public purposes. – **association syndicale** trade union.

**associé, e** [asɔsje] **nm,f** (Comm, Fin) partner, associate. ◊ **associé commanditaire** sleeping partner, dormant partner (US); **associé commandité** active ou general partner; **associé gérant** managing partner; **associé principal** ou **majoritaire** senior partner; **associé minoritaire** junior partner; **membre associé** associate member.

**associer** [asɔsje] **1** **vt** intérêts to combine (à with). ◊ **associer qn à** bénéfice to give sb a share of; projet to make sb a partner in; **nous les avons associés à nos travaux** we let them take part in our work, we involved them in our work. **2** **s'associer** **vpr** [entreprises] to join together, form an association; [personnes] to enter into ou form a partnership. ◊ **s'associer à** ou **avec** entreprise to join with, form an association with; personne to go into partnership with.

**assombrir** [asɔ̃bʀiʀ] **1** **vt** to darken. **2** **s'assombrir** **vpr** [situation, perspectives, horizon] to darken, become gloomier.

**assombrissement** [asɔ̃bʀismɑ̃] **nm** [situation, horizon] darkening.

**Assomption** [asɔ̃psjɔ̃] **n** Asuncion.

**assortiment** [asɔʀtimɑ̃] **nm** (sélection) assortment; (série) series, set, range; (Comm) product range, selection stock. ◊ **un assortiment de mesures fiscales** an array ou package ou raft of tax measures; **tout un assortiment de produits** a whole range of products.

**assortir** [asɔʀtiʀ] **vt** **a** (ajouter) **assortir qch de** to accompany sth with; **le contrat est assorti de plusieurs clauses de réserves** there are several provisions to this contract; **une baisse de l'impôt assortie d'une hausse de la fiscalité indirecte** an income tax cut accompanied by an increase in indirect taxation; **ce dividende sera assorti d'un avoir fiscal** this dividend will be coupled with a tax credit. **b** (fournir) magasin to stock (de with). ◊ **magasin bien / mal assorti** well / poorly stocked shop.

**assoupi** [asupi] **adj** marché lulled, dull, numbed, passive.

**assouplir** [asupliʀ] **1** **vt** mesure, règle, contrôle de changes to relax; crédit to ease; position to tone down, water down. **2** **s'assouplir** **vpr** to become more flexible.

**assouplissement** [asuplismɑ̃] **nm** [mesure, règle, contrôle des changes] relaxation; [position] toning down, watering down. ◊ **assouplissement des procédures douanières / du crédit** easing of customs formalities / of credit.

**assujetti, e** [asyʒeti] **adj** ◊ **assujetti à** règle subject to; taxe liable ou subject to; **les ménages assujettis à l'impôt** households liable to tax ou affected by tax, taxable households.

**assujettir** [asyʒetiʀ] **vi** ◊ **assujettir à** règle, taxe to subject to, make liable to.

**assujettissement** [asyʒetismɑ̃] **nm** ◊ **assujettissement à l'impôt** tax liability.

**assumer** [asyme] **vt** responsabilité, tâche to assume, take on; emploi to hold; résultat to accept; risque to bear. ◊ **assumer les frais** to meet the expenses.

**assurable** [asyrabl(ə)] **adj** insurable. ◊ **valeur assurable** insurable value.

**assurance** [asyrãs] **1 nf a** (police) insurance (policy); (compagnie) insurance company. ◊ **comporter une assurance** to carry an insurance; **contracter** ou **prendre** ou **souscrire une assurance contre** to take out an insurance policy against, take out an insurance against; **agent / courtier d'assurances** insurance agent / broker; **couverture d'assurance** insurance coverage ou cover ou covering; **police / prime / attestation / régime d'assurance** insurance policy / premium / certificate / scheme; **rachat d'assurance** redemption ou surrender of a policy; **assurance contre la grêle** hail insurance. **b** (promesse) assurance, undertaking, guarantee. ◊ **donner à qn l'assurance formelle que** to give sb a formal assurance ou undertaking that; **veuillez agréer l'assurance de mes sentiments dévoués** ou **de ma considération distinguée** ≈ yours faithfully ou truly. **c** (secteur d'activité) **les assurances** the insurance industry; **il est dans les assurances** he's in the insurance business, he's in insurance.

**2 comp assurance d'abonnement** floating ou open insurance policy. – **assurance contre les accidents du travail** employers' liability insurance, workmen's compensation (US). – **assurance-automobile** car insurance. – **assurance contre le bris de glaces** plate glass insurance. – **assurance sur bonne arrivée** insurance subject to safe arrival. – **assurance sur bonnes** ou **mauvaises nouvelles** insurance made lost or not lost. – **assurance à capital différé** endowment insurance. – **assurance chômage** unemployment insurance; **je touche l'assurance chômage** I'm drawing unemployment benefits. – **assurance complémentaire** additional insurance. – **assurance conjointe** joint insurance. – **assurance sur corps** (Ass Mar) hull insurance. – **assurance contre les créances douteuses** bad debts insurance. – **assurance à couverture globale** blanket coverage ou insurance, package insurance (US). – **assurance crédit** credit insurance. – **assurance décès** life insurance. – **assurance défense et recours** legal protection insurance. – **assurance contre les dégâts des eaux** water damage insurance. – **assurance détournement et vol** fidelity bond. – **assurance (sur) facultés** (s Mar) cargo insurance. – **assurance sur la fidélité du personnel** fidelity insur-

ance, suretyship insurance (US). – **assurance flottante** floating ou open insurance. – **assurance globale** blanket coverage ou insurance, package insurance (US). – **assurance hypothèque** mortgage insurance. – **assurance incapacité de travail** disablement ou disability insurance. – **assurance contre l'incendie** fire insurance. – **assurance indexée** index-linked insurance. – **assurance invalidité-vieillesse** disablement ou disability insurance. – **assurance maladie** health ou sickness insurance. – **assurance maritime** marine insurance. – **assurance mixte** endowment insurance. – **assurance multirisque** comprehensive insurance. – **assurance perte d'emploi** redundancy insurance. – **assurance contre les pertes d'exploitation, assurance perte d'exploitation** business interruption insurance. – **assurance contre la perte des loyers** rent insurance. – **assurance pluie** weather ou pluvius insurance. – **assurance provisoire** provisional policy. – **assurance réciproque** reciprocal insurance. – **assurance responsabilité civile** third party insurance, (public) liability insurance. – **assurance risques divers** casualty insurance, property and liability insurance (US). – **assurance sociale** social insurance. – **Assurances sociales** National Insurance (GB); **être aux Assurances sociales** to be on welfare. – **assurance au tiers** third party insurance. – **assurance tous risques** comprehensive insurance, all-in policy. – **assurance transports** transport ou transportation (US) insurance. – **assurance valeur agréée** agreed-value insurance. – **assurance valeur à neuf** reinstatement value insurance, replacement cost insurance. – **assurance-vie, assurance sur la vie** life assurance ou insurance. – **assurance vie entière** whole life insurance. – **assurance-vieillesse** state pension scheme. – **assurance contre le vol** insurance against theft. – **assurance voyage** travel accident insurance. – **assurance au voyage** (Ass Mar) voyage insurance.

**assuré, e** [asyre] **1 adj** succès, échec certain, sure; situation, avenir assured. ◊ **capital assuré** (Ass) face amount; **risque assuré** (Ass) insured peril.

**2 nm,f** (gén) insured person, policyholder; [assurance-vie] assured person. ◊ **assuré nommément désigné** named insured; **assuré social** ≈ member of the National Insurance Scheme (GB) ou Social Security (US), welfare recipient; **assuré sinistré** (Ass) claimant.

**assurer** [asyre] **1 vt a** (Ass) biens to insure (contre against); personne to assure; risque [assuré] to insure, cover; [assureur] to insure, underwrite. ◊ **assurer qn sur la vie** to assure sb's life; **faire assurer qch** to insure sth, have sth insured; **être assuré** to be insured; **j'ai assuré ma voiture pour 10 000 dollars** I carry $10,000 insurance on my car; **l'usine est assurée** the factory is covered by an insurance ou is insured; **assurer une créance** (Fin) to stand security for a debt. **b** (s'occuper de) fonctionnement to maintain; service to operate, provide. ◊ **pendant la grève les techniciens TV sont tenus d'assurer le service minimal** during the strike there is a minimum level of service which TV technicians must maintain ou provide; **ce ferry assure la liaison entre Calais et Douvre** this ferry-boat links Calais and Dover ou operates between Calais and Dover; **une permanence téléphonique est assurée** a 24 hour telephone service is kept operating; **assurer le suivi d'une commande** to follow up an order. **c** (affirmer, garantir) to assure (*que* that). ◊ **cela devrait vous assurer une retraite confortable** that should ensure that you have a comfortable retirement; **la coopération totale des pouvoirs publics nous est assurée** we have been assured of the complete cooperation of the public authorities. **2 s'assurer** vpr **a** (Ass) to insure o.s., to take out an insurance (*contre* against). ◊ **s'assurer sur la vie** to insure one's life, take out (a) life assurance ou insurance; **nous voulons nous assurer contre** we require cover against, we want to insure (ourselves) against. **b** (contrôler) **s'assurer de qch** to make sure of sth, check sth, ascertain sth; **je m'assurerai que cela soit fait** I shall ensure ou make sure that this is done. **c** appui to secure.

**assureur** [asyʀœʀ] **nm** (agent) insurance agent; (courtier) insurance broker; (compagnie) insurance company; (Ass Mar) underwriters. ◊ **assureur-conseil** insurance consultant; **assureur sur corps** (Ass Mar) hull underwriter; **assureur sur facultés** (Ass Mar) cargo underwriter.

**astreindre** [astʀɛ̃dʀ(ə)] **vt** ◊ **astreindre qn à faire** to compel ou oblige ou force sb to do; **astreint à payer une amende de 1 000 F par jour** ordered to pay a fine of F1,000 per day.

**astreinte** [astʀɛ̃t] **nf** (gén) constraint, obligation; (Jur) penalty. ◊ **devoir payer une astreinte de 1 000 F par jour de retard** to have to pay a penalty of F1,000 for every day late.

**ATD** [atede] **nm** abrév de *avis à tiers détenteur* → avis.

**atelier** [atəlje] **nm** shop, workshop. ◊ **les ateliers** the shop floor, the factory floor; **ate-** lier de fabrication / de montage manufacturing / assembly shop; **atelier flexible** flexible workshop; **chef d'atelier** (homme) foreman; (femme) forewoman.

**Athènes** [atɛn] **n** Athens.

**atmosphère** [atmɔsfɛʀ] **nf** (gén) atmosphere; (Bourse) sentiment, climate, tone.

**atone** [atɔn] **adj** marché lifeless, dull, sluggish.

**atonie** [atɔni] **nf** [marché] lifelessness, dullness, sluggishness; [économie] sluggishness, slackness.

**atout** [atu] **nm** (point fort) asset, strong-point, ace. ◊ **avoir tous les atouts en mains** to hold all the trumps ou winning cards.

**attache** [ataʃ] **nf** ◊ **port d'attache** [bateau] port of registry; [entreprise] home base; **droits d'attache** mooring rights ou dues; **être à l'attache** to be moored.

**attaché, e** [ataʃe] **1 adj** attached (*à* to). ◊ **les avantages attachés à ce poste** the benefits pertaining to ou attached to this position; **elle est attachée à notre service** she's attached to our department. **2 nm** attaché. ◊ **attaché d'ambassade / de presse** embassy / press attaché; **attaché commercial** (ambassade) commercial attaché; (entreprise) sales representative; **attaché d'administration** administrative assistant, junior civil servant; **attaché de clientèle** (Banque) account officer.

**attachement** [ataʃmã] **nm** (Constr) daily statement (of work done and expenses incurred), job cost sheet.

**attacher** [ataʃe] **vt** to attach. ◊ **coupon attaché** (Bourse) with coupon, cum coupon, coupon on.

**attaquable** [atakabl(ə)] **adj** testament contestable.

**attaque** [atak] **nf** (gén) attack. ◊ **nouvelle attaque sur le franc** new attack ou assault ou run on the franc.

**attaquer** [atake] **vt** **a** (gén) to attack; marché to tap, tackle; problème to tackle, attack. **b** (Jur) contrat to dispute the validity of; testament to contest. ◊ **attaquer qn en justice** to bring an action against sb, take legal action against sb, sue sb. **c** monnaie to attack, put pressure on. ◊ **le franc a été attaqué en début de semaine** the franc was attacked ou came under fire at the beginning of the week.

**atteindre** [atɛ̃dʀ(ə)] **vt** **a** (arriver à) objectif to reach, arrive at, attain. ◊ **la production repart après avoir atteint son niveau le plus bas** production has bottomed out; **les prix ont atteint des niveaux records** prices have reached record levels. **b** (joindre) personne to get in touch with, contact, reach. **c** (toucher) to hit. ◊ **atteindre la cible** to hit the target; **le secteur le plus durement atteint** the hardest hit sector, the worst hit sector.

**atteinte** [atɛ̃t] **nf** (préjudice) attack. ◊ **atteinte à l'ordre public** (Jur) breach of the peace; **porter atteinte à** to strike a blow at, undermine; **porter atteinte au crédit d'une firme** to undermine the credit of a firm; **porter atteinte aux intérêts de qn** to interfere with sb's interests; **atteinte à la libre concurrence** restrictive trade practices, unfair trade practices; **hors d'atteinte** out of reach.

**attendu** [atɑ̃dy] **1** **prép** (vu) given, considering. ◊ **attendu que** seeing that, since, given ou considering that; (Jur) whereas. **2** **nm** (Jur) **attendus d'un jugement** reasons adduced for a judgement.

**attentatoire** [atɑ̃tatwaʀ] **adj** prejudicial (à to), detrimental (à to).

**attente** [atɑ̃t] **nf** **a** wait. ◊ **dans l'attente de vous rencontrer / de vos nouvelles** looking forward to meeting you / to hearing from you; **dans l'attente de nouvelles directives** awaiting further instructions; **dans l'attente de votre commande** in anticipation of your order; **commandes en attente d'exécution** unfilled orders, backlog of orders; **l'affaire est en attente** (Jur) the case is pending; **période d'attente** (Inf) idle period; **problème de file d'attente** (Inf) queuing problem; **article / compte / écriture d'attente** (Compta) suspense item / account / entry. **b** (souhait) expectation. ◊ **répondre à l'attente du marché / des consommateurs** to come up to ou meet ou satisfy the market's / consumers' expectations.

**attentisme** [atɑ̃tism(ə)] **nm** wait-and-see policy ou stance.

**attentiste** [atɑ̃tist(ə)] **1** **nmf** partisan of a wait-and-see policy. **2** **adj** politique wait-and-see. ◊ **attitude attentiste** wait-and-see stance.

**atténuantes** [atenɥɑ̃t] **adj fpl** → circonstance.

**atténuer** [atenɥe] **1** **vt** (gén) to lighten; faute, pénalité to mitigate; effets inflationnistes to damp, dampen. ◊ **nous essayerons d'atténuer l'impact de la hausse des matières premières sur nos prix de revient** we'll try to cushion the impact of raw material price increase on our cost prices; **la direction s'efforcera d'atténuer la gêne pour le public** the management will do their best to reduce ou lighten the negative impact on the public, the management will do their best to minimise the inconvenience to the public.

**2** **s'atténuer** **vpr** [pression] to lessen; [crise] to subside, abate.

**atterrissage** [ateʀisaʒ] **nm** landing. ◊ **atterrissage en catastrophe** crash landing; **atterrissage en douceur du dollar** soft landing of the dollar.

**attestation** [atɛstasjɔ̃] **nf** (action d'attester) attestation; (pièce) certificate; (référence) testimonial. ◊ **attestation d'assurance** insurance slip, certificate of insurance; **attestation de conformité** evidence of conformity.

**attester** [atɛste] **vt** (témoigner) to testify. ◊ **attester que** to testify that, vouch for the fact that, attest that; [témoin] to testify ou attest that; **document dûment signé et attesté** document duly executed and attested; **les indices économiques attestent de la gravité de la crise** the economic indices bear out the seriousness of the crisis ou testify to the seriousness of the crisis.

**attitré, e** [atitʀe] **adj** **a** (agréé) fournisseur accredited, appointed, registered. **b** (habituel) commerçant regular, usual.

**attitude** [atityd] **nf** attitude. ◊ **attitudes des consommateurs** consumer attitudes; **échelle d'attitudes** attitude scale; **enquête d'attitude** attitude study.

**attractif, -ive** [atʀaktif, iv] **adj** offre, publicité attractive, appealing. ◊ **ce produit est peu attractif pour les consommateurs** this product has little consumer appeal; **ce produit est très attractif** this product has lots of appeal ou is a great customer pull, this product is very attractive ou appealing.

**attrait** [atʀɛ] **nm** attraction, appeal. ◊ **attrait commercial** sales appeal.

**attribuable** [atʀibɥabl(ə)] **adj** (gén) attributable (à to); (causé par) due to, caused by. ◊ **bénéfices attribuables** (Fin) attributable profits.

**attribuer** [atʀibɥe] **vt** récompense to award; prêt to grant; privilège to grant, accord; tâche to allocate, assign; argent to allocate; (Bourse) actions to allot; faute to attribute, impute, ascribe (à to). ◊ **à quoi attribuez-vous cet échec?** how can you account for this failure?, what do you put this failure down to?; **cette performance est attribuée à la remontée des cours de l'argent métal** this performance is said to be due to higher silver prices.

**attributaire** [atʀibytɛʀ] **nm** (Jur) beneficiary; [actions] allottee.

**attribution** [atʀibysjɔ̃] **nf** **a** (action d'attribuer) [récompense] awarding; [privilège] granting; [tâche] allocation, assignment; [argent] allocation; [actions] allotment. ◊ **attribution**

**d'actions gratuites** scrip issue; **attribution d'un prêt** granting of a loan; **attribution de devises** foreign exchange allocation; **avis d'attribution** (Fin) letter of allotment, allotment letter; **droits d'attribution** (Bourse) allotment rights. b (compétence) **attributions** attributions, competence, powers; **attribution de juridiction** power of jurisdiction; **ceci n'entre pas dans mes attributions** it's not my remit, it's not within my province, it doesn't lie within my competence.

**aubaine** [obɛn] nf (gén) godsend; (financière) windfall.

**au-dessous, au-dessus** → dessous, dessus.

**audience** [odjãs] nf a (rendez-vous) interview, audience. ◊ **donner audience à qn** to give audience to sb; **solliciter une audience** to request an audience. b (Jur) hearing. c (assistance) (gén) audience; (TV) viewership; [messages imprimés] readership; (Pub) audience. ◊ **audience d'un média** media audience; **audience utile** target audience.

**audit** [odit] nm a (contrôle) audit, auditing. ◊ **faire un audit des comptes** to audit the accounts; **audit interne / externe** internal / external audit; **audit de gestion** financial audit; **audit social** social audit; **cabinet d'audit** auditing company; **commission d'audit** audit committee; **rapport d'audit** audit report. b (personne) auditor.

**auditeur, -trice** [oditœʀ, tʀis] nm,f (Compta) auditor. ◊ **auditeur interne** internal auditor; **auditeur à la Cour des comptes** junior official (at the Cour des Comptes).

**audition** [odisjõ] nf (Jur) hearing. ◊ **procéder à l'audition des témoins** to examine the witnesses.

**augmentation** [ogmãtɑsjõ] nf a (gén) increase; [population, production] increase, rise (de in), growth (de of). ◊ **augmentation de prix** price rise, price increase, increase in price, price raise (US); **être en augmentation** to be increasing, be on the increase; **augmentation de capital** (Fin) increase in capital, new equity issue; **augmentation du prix de vente** mark-up; **augmentation du nombre des chômeurs** rise in unemployment figures, rise in the jobless rate (US); **l'augmentation des prix par les commerçants** the raising ou pushing up ou putting up (GB) of prices by shopkeepers. b [salaire] rise (GB), raise (US). ◊ **l'augmentation des salaires par la direction** the management's raising of salaries; **une augmentation de salaire** a pay ou wage ou salary increase ou rise (GB) ou raise (US); **forte augmentation de salaire** pay boost, large salary ou wage increase; **une demande d'augmentation de 100 F par semaine** a claim for a rise (GB) ou

raise (US) of F100 per week ou for an extra F100 per week; **réclamer une augmentation** (collectivement) to make a wage claim; (individuellement) to put in for a rise (GB) ou raise (US); **augmentation à l'ancienneté / à la performance** seniority-linked / performance-linked increment.

**augmenter** [ogmãte] 1 vt salaire, prix, taxes to increase, raise, put up; production, allure to increase, step up, raise. ◊ **augmenter légèrement les prix** to raise prices slightly, nudge up prices; **augmenter qn** to increase sb's salary (de by); **il n'a pas été augmenté depuis 2 ans** he has not had ou has not been given a rise (GB) ou a raise (US) ou a salary increase for 2 years.
2 vi [salaire, prix, impôts] to increase, rise, go up; [poids, quantité] to increase; [population, production] to grow, increase, rise. ◊ **augmenter petit à petit** to inch up; **les prix de détail ont fortement augmenté par rapport au trimestre dernier** retail prices have gone up ou risen sharply compared to the previous quarter.

**aujourd'hui** [oʒuʀdɥi] adv today. ◊ **aujourd'hui en huit** a week today; **à dater** ou **à compter** ou **à partir d'aujourd'hui** (as) from today, from today onwards.

**auprès** [opʀɛ] prép ◊ **auprès de** (par rapport à) compared with, in comparison with, next to; (s'adressant à) with, to; **faire une demande auprès des autorités** to apply to the authorities, lodge a request with the authorities; **faire une démarche auprès du président** to approach the president, apply to the president; **déposer une plainte auprès des tribunaux** to instigate ou take legal proceedings; **avoir accès auprès de qn** to have access to sb.

**aurifère** [oʀifɛʀ] adj gold-bearing. ◊ **exportations non aurifères** (Écon) non-gold exports.

**austérité** [osteʀite] nf austerity. ◊ **mesures d'austérité** austerity measures, belt-tightening measures; **campagne / plan d'austérité** austerity drive / plan; **politique d'austérité** retrenchment policy, policy of restraint; **politique d'austérité monétaire** policy of monetary stringency ou restraint, tight monetary policy.

**austral** [ostʀal] nm austral.

**Australie** [ostʀali] nf Australia.

**australien, -ienne** [ostʀaljẽ, jɛn] 1 adj Australian.
2 **Australien** nm (habitant) Australian.
3 **Australienne** nf (habitante) Australian.

**autarcie** [otaʀsi] nf autarky, self-sufficiency. ◊ **vivre en autarcie** to be self-sufficient.

**autarcique** [otaʀsik] adj autarkical, self-sufficient.

**auteur** [otœʀ] **nm** [invention] author; [modèle] designer; [livre, texte] author, writer; [technique] originator, author. ◊ **l'auteur de l'accident** the party at fault; **droits d'auteur** royalties.

**authenticité** [otātisite] **nf** [signature] authenticity.

**authentifier** [otātifje] **vt** signature to authenticate, validate, certify.

**authentique** [otātik] **adj** signature, document authentic. ◊ **acte authentique** (Jur) notarial deed.

**auto-actualisation** [otoaktyalizasjõ] **nf** self-actualization.

**auto-amortissement** [otoamoʀtismā] **nm** self-liquidation.

**autocertification** [otosɛʀtifikasjõ] **nf** (CEE) self-certification.

**autoconcurrence** [otokõkyʀās] **nf** self-competition, cannibalization (of one's own products). ◊ **autoconcurrence directe / indirecte** direct / indirect self-competition; **politique d'autoconcurrence multiple** branding policy; **se faire de l'autoconcurrence** to be in competition with oneself, cannibalize one's own products.

**autoconsommation** [otokõsomasjõ] **nf** self-consumption, in-house consumption.

**autocontrôle** [otokõtʀol] **nm** [mécanisme] automatic control; [société] self-checking.

**autocopiant, e** [otokopjā] **adj** ◊ **papier autocopiant** carbonless copy paper.

**autocorrecteur, -trice** [otokoʀɛktœʀ, tʀis] **adj** ◊ **code autocorrecteur** self-correcting code.

**autofinancement** [otofināsmā] **nm** self-financing, internal financing, plowing back (US). ◊ **autofinancement global** overall cash flow; **autofinancement net** net cash flow; **marge brute d'autofinancement, capacité d'autofinancement** cash flow.

**autofinancer (s')** [otofināse] **vpr** to be self-financing.

**autogéré, e** [otoʒeʀe] **adj** organisme self-managed.

**autogérer (s')** [otoʒeʀe] **vpr** to self-manage, be self-managing.

**autogestion** [otoʒɛstjõ] **nf** self-management.

**autogestionnaire** [otoʒɛstjonɛʀ] **adj** self-managing.

**autolimitation** [otolimitasjõ] **nf** voluntary restraint, self-limitation.

**autolimiter** [otolimite] **vt** to self-limit. ◊ **accepter d'autolimiter ses exportations** to agree to a voluntary export restraint.

**automate** [otomat] **nm** (gén, Inf) automaton.

**automation** [otomasjõ] **nf** automation.

**automatique** [otomatik] **adj** automatic. ◊ **distributeur automatique** vending machine, slot machine; **distributeur automatique de billets** automatic teller machine, ATM, automated telling machine, cash dispenser; **guichet automatique de banque** automated telling machine.

**automatisation** [otomatizasjõ] **nf** automatization.

**automatiser** [otomatize] **vt** to automate, automatize (US). ◊ **entièrement automatisé** entirely automated; **gestion automatisée** automated management, computer-assisted management; **usine automatisée** automated factory, push-button factory.

**autonome** [otonom] **adj** (gén) autonomous; **personne** self-sufficient.

**autonomie** [otonomi] **nf** autonomy. ◊ **autonomie financière** financial autonomy.

**autorégulation** [otoʀegylasjõ] **nf** (Bourse) **autorégulation du marché** self-regulation of the market.

**autorisation** [otoʀizasjõ] **1** **nf** (fait d'autoriser) permission, authorization (de qch for sth; de faire to do); (document) permit, licence. ◊ **le projet doit recevoir l'autorisation de la commission** the project must be authorized ou passed by the committee. **2** **comp** **autorisation d'absence** leave of absence. − **autorisation d'accès** (Inf) access grant. − **autorisation de crédit** (Fin) credit line, line of credit. − **autorisation diplomatique** diplomatic clearance. − **autorisation d'exporter** export permit. − **autorisation d'importer** import permit. − **autorisation de mise sur le marché** permit to market a product. − **autorisation préalable** prior agreement. − **autorisation provisoire de travail** temporary work(ing) permit.

**autorisé, e** [otoʀize] **adj** agent authorized. ◊ **dans les milieux autorisés** in official circles; **de source autorisée** from official ou reliable sources.

**autoriser** [otoʀize] **vt** to authorize, allow. ◊ **autoriser qn à faire** (gén) to authorize sb to do, give ou grant sb permission to do; (officiellement) to give sb authority to do, authorize sb to do; **vous n'êtes pas autorisé à le faire** you have no authority to do it.

**autorité** [otoʀite] **nf** **a** (gén) authority (sur over). ◊ **avoir autorité sur qn** to be in authority over sb; **être sous l'autorité de qn** to be under sb's authority; **avoir autorité pour faire** to have authority to do. **b** (Admin) **les**

**autorités** the authorities; **autorités fiscales** tax authorities; **autorités monétaires** monetary authorities; **les autorités locales / régionales** the local / regional authorities; **agent** ou **représentant de l'autorité** representative of authority, official; **autorité de tutelle** (Jur) guardianship; (Admin) regulatory agency; **adressez-vous à l'autorité compétente** apply to the relevant ou competent authorities. **c** (Jur) **l'autorité de la loi** the authority ou the power of the law; **l'autorité de la chose jugée** res judicata; **vendu par autorité de justice** sold by order of court.

**autosuffisance** [ɔtɔsyfizɑ̃s] **nf** self-sufficiency. ◊ **autosuffisance monétaire** monetary independence.

**autosuffisant, e** [ɔtɔsyfizɑ̃, ɑ̃t] **adj** self-sufficient.

**autosurveillance** [ɔtɔsyʀvɛjɑ̃s] **nf** self-monitoring.

**auto-vérification** [ɔtɔveʀifikasjɔ̃] **nf** self-checking.

**Autriche** [otʀiʃ] **nf** Austria.

**autrichien, -ienne** [otʀiʃjɛ̃, jɛn] **1** **adj** Austrian.
**2** **Autrichien nm** (habitant) Austrian.
**3** **Autrichienne nf** (habitante) Austrian.

**autrui** [otʀɥi] **pron** third party, third parties. ◊ **dommages causés par autrui** third-party damages.

**auxiliaire** [ɔksiljɛʀ] **1** **adj** secondary, subsidiary. ◊ **bureau auxiliaire** sub-office; **mémoire auxiliaire** (Inf) additional ou extra memory, additional storage; **programme auxiliaire** (Inf) auxiliary routine.
**2** **nmf** (aide) assistant, helper; (Ind) casual employee ou worker. ◊ **auxiliaire de justice** representative of the law.

**AV** [ave] **nm** abrév de *avis de virement* → avis.

**aval** [aval] **nm** **a** (accord) (gén) backing, support; (Fin) [effet] endorsement; (Comm, Jur) guarantee. ◊ **donneur d'aval** (Comm) guarantor, backer, endorser; **donner son aval à un effet** to endorse ou guarantee a bill; **ce projet a eu l'aval des syndicats** the scheme had the support ou backing of the unions, the unions backed ou supported the scheme; **il a donné son aval au projet** he gave his support ou backing to the project, he supported the project; **avec l'aval de la direction** with the management's support ou backing. **b** **industries en aval** downstream industries; **en aval de cette opération** downstream of this operation; **le secteur aval** the downstream sector.

**avaliser** [avalize] **vt** plan to back, support; accord to endorse; (Comm, Jur) effet, traite to endorse, back, guarantee. ◊ **avaliser une**

**créance / un prêt** to stand security ou surety for a debt / a loan.

**avaliseur** [avalizœʀ] **nm**, **avaliste** [avalist(ə)] **nm** endorser, security, surety, guarantor, backer.

**à-valoir** [avalwaʀ] **nm** instalment, sum (paid) on account. ◊ **un à-valoir sur une créance** a payment on account.

**avance** [avɑ̃s] **1** **nf** **a** (sur un concurrent) lead. ◊ **prendre de l'avance sur qn** to take the lead over sb; **perdre son avance** to lose one's lead; **avoir de l'avance sur ses concurrents** to be ahead of one's competitors, have the lead over one's competitors; **ils ont une importante avance technologique** they have a considerable technological lead ou edge. **b** (sur un horaire, un programme) **avoir / prendre de l'avance** to be / get ahead of schedule; **avoir / prendre de l'avance dans son travail** to be / get ahead in ou with one's work; **prévenez-nous une semaine à l'avance** give us a week's notice, notify us a week ahead ou in advance ou beforehand; **en vous remerciant à l'avance** ou **par avance** thanking you in anticipation ou in advance; **il faut payer d'avance** one must pay in advance. **c** (somme) advance. ◊ **compte d'avance** advance account; **faire une avance de 100 F à qn** to advance sb F100, make sb an advance of F100; **donner à qn une avance sur son salaire** to give sb an advance on his salary.
**2** **comp avance bancaire** bank advance. – **avance en compte courant** overdraft. – **avance à découvert** unsecured advance. – **avance en devises** advance in foreign exchange. – **avance de fonds** advance. – **avance (sur) garantie** secured advance. – **avance sur marchandises** advance on ou against goods. – **avance sur marché** advance on contract. – **avance sur nantissement** advance against security. – **avance en numéraire** cash advance. – **avances provisoires** deficiency bills ou advances. – **avance remboursable** repayable short-term loan. – **avance sur titres** advance on securities. – **avance de trésorerie** cash advance.

**avancement** [avɑ̃smɑ̃] **nm** **a** (promotion) promotion. ◊ **avancement à l'ancienneté** promotion by seniority; **avoir de l'avancement** to be promoted, get promotion. **b** (développement) [travail] progress; [recherche] progress, advancement. ◊ **état d'avancement des travaux** status report; **rapport d'avancement des travaux** progress report. **c** **avancement de l'âge de la retraite** lowering of the retirement age.

**avancer** [avɑ̃se] **1** **vt** **a** (payer par avance) to advance; (prêter) to lend, loan. **b** date to

bring forward. **c** (faire progresser) travail, projet to speed up, further.
**2** **vi** [projet] to make progress ou headway. ◊ **avancer en grade** to be promoted, get promotion.
**3** **s'avancer** **vpr** (Bourse) **les cours se sont avancés de 10%** prices advanced (by) 10%.

**avantage** [avãtaʒ] **1** **nm** (gén) advantage; (profit) benefit. ◊ **tirer avantage d'une situation** to take advantage of a situation; **vous auriez avantage à prendre un crédit** it would be worth it for you to take up a credit; **avoir un avantage concurrentiel sur qn** to have a competitive advantage over sb, have a competitive edge on sb.
**2** **comp** **avantages accessoires** perquisites, perks. – **avantages acquis** vested benefits. – **avantages en argent** benefits in cash, extra payments. – **avantage comparé** (Écon) comparative advantage. – **avantage fiscal** tax break ou reduction. – **avantages de fonction** perquisites, perks. – **avantages en nature** benefits in kind. – **avantages particuliers** special advantages. – **avantage pécuniaire** financial benefit. – **avantages sociaux** welfare benefits, benefits package.

**avantageux, -euse** [avãtaʒø, øz] **adj** achat, vente, affaire profitable, advantageous; prix attractive. ◊ **c'est une occasion avantageuse** it's a good bargain; **le grand paquet est le plus avantageux** the large packet is the best value; **vendre à un prix avantageux** to sell at a good price.

**avant-contrat, pl avant-contrats** [avãkõtra] **nm** pre-contract.

**avant-projet, pl avant-projets** [avãprɔʒɛ] **nm** pilot study, draft project.

**avarie** [avari] **nf** **a** (Ass Mar) average. ◊ **avarie commune, avarie grosse** general average; **avarie particulière** particular average; **cautionnement / clause d'avarie** average deposit / clause; **commissaire / compromis d'avaries** average surveyor / bond; **franc d'avarie** free from average; **répartiteur d'avaries** average adjuster ou taker ou stater, averager; **répartition d'avaries, règlement d'avarie** average adjustment; **répartir les avaries** to adjust the average; **évaluer l'étendue des avaries** to adjust the amount of the average. **b** (Ind) damage. ◊ **frais d'avarie** damage ou breakdown costs.

**avarier** [avarje] **vt** navire to damage; marchandises to spoil, damage.

**avec** [avɛk] **nm** (Bourse) cum. ◊ **avec coupon** cum right; **avec au départ** at a discount.

**avenant** [avnã] **nm** (Ass) endorsement, additional clause, rider. ◊ **faire un avenant à** to endorse, make out an endorsement for.

**avenir** [avniR] **nm** **a** (gén) future. ◊ **métier d'avenir** job with a future ou with good prospects; **métier sans avenir** dead-end job; **projet sans avenir** project without a future. **b** (Jur) writ of summons.

**aventure** [avãtyR] **nf** (Ass Mar) **grosse aventure** bottomry; **contrat de grosse aventure** bottomry loan.

**avertir** [avɛRtiR] **vt** to warn (de qch of sth). ◊ **avertissez-moi dès que possible** let me know as soon as you can.

**avertissement** [avɛRtismã] **nm** (avis) warning; (mise en garde) caveat; (Impôts) tax notice. ◊ **avertissement sans frais** (Jur) notice of assessment.

**avilir** [aviliR] **1** **vt** monnaie to depreciate, lower the value of.
**2** **s'avilir** **vpr** [monnaie] to depreciate, fall in value.

**avilissement** [avilismã] **nm** [monnaie] fall, drop, depreciation.

**avion** [avjõ] **1** **nm** aeroplane, plane (GB), airplane (US), aircraft (pl inv). ◊ **expédier par avion** marchandises to send by air (freight), air-freight; courrier to (send by) airmail; **enveloppe par avion** airmail envelope ou letter.
**2** **comp** **avion-cargo** air freighter, cargo plane. – **avion commercial** commercial aircraft. – **avion gros porteur** wide-bodied plane, jumbo-jet. – **avion de ligne** airliner. – **avion postal** mail plane. – **avion transbordeur** air ferry. – **avion de transport** transport aircraft.

**avis** [avi] **1** **nm** **a** (point de vue) opinion; (conseil) advice. ◊ **donner son avis** to give one's opinion ou views (sur on, about); **suivre l'avis de qn** to take ou follow sb's advice. **b** (annonce) (gén) notice; (Comm, Ind) note, notice; (Fin) advice. ◊ **lettre d'avis** letter of advice, advice note; **jusqu'à nouvel avis** until further notice; **sans avis préalable** without prior notice; **suivant avis** (sur lettre) as per advice.
**2** **comp** **avis d'arrivée** arrival notice, advice of arrival. – **avis d'attribution (d'actions)** (Bourse) letter of allotment. – **avis de crédit** credit advice ou notice. – **avis consultatif** advisory opinion. – **avis de débit** debit note. – **avis d'échéance** order to pay. – **avis d'encaissement** (gén) receipt; (Banque) advice of collection. – **avis d'exécution** contract note. – **avis d'expédition** shipping slip ou note, advice of dispatch, notice of shipment. – **avis d'imposition** tax notice. – **avis d'introduction (en Bourse)** notice of listing. – **avis de livraison** delivery note, advice of delivery. – **avis de mise en**

**recouvrement** (Fin) notice of assessment. – **avis d'opération** (Bourse) advice of deal. – **avis de prélèvement** debit advice. – **avis de réception** acknowledgement of receipt. – **avis de retour de souscription** (Bourse) letter of regret. – **avis de tiers détenteur** attachment order. – **avis de virement** transfer notice ou advice, payment notice.

**aviser** [avize] **vt** to advise, inform (de of), notify (de of, about). ◊ **le salarié est tenu d'aviser son employeur de son absence** the employee must inform ou notify his employer of his absence.

**avocat, e** [avɔka, at] **1** **nm,f** (gén) lawyer, attorney(-at-law) (US); (préparant les dossiers) solicitor; (plaidant) barrister. ◊ **le client et son avocat** the client and his counsel; **consulter un avocat** to take legal advice; **consulter son avocat** to consult one's lawyer.
**2** **comp avocat d'affaires** business lawyer. – **avocat-conseil** ≈ consulting barrister, legal advisor ou expert. – **avocat de la défense** counsel for the defence, defending counsel. – **avocat général** assistant public prosecutor. – **avocat marron** shyster*. – **avocat de la partie civile** counsel for the plaintiff.

**avoir** [avwaʀ] **nm** **a** (Compta) (actif) credit (side); (reconnaissance de dette) credit note. ◊ **avoir fiscal** tax credit; **avoir social** legal ou registered capital; **facture d'avoir** credit note; **inscrire une somme à l'avoir d'un**

compte to enter a sum to the credit of an account; **nous ne vous rembourSons pas cet article mais nous allons vous faire un avoir (de 500 F)** we cannot reimburse you for this article but we can give you a credit note (to the value of F500). **b** (possessions) **avoirs** holdings, assets; **avoirs à l'étranger** foreign assets ou holdings, external assets ou holdings; **avoirs en banque** assets lodged with a bank; **avoirs en devises** currency holdings; **avoirs financiers** financial assets.

**avoué** [avwe] **nm** ≈ solicitor, attorney(-at-law) (US).

**avril** [avʀil] **nm** April.

**axe** [aks(ə)] **nm** ◊ **axe publicitaire** (Pub) central message, advertising message ou claim.

**axer** [akse] **vt** développement, stratégie to centre (sur on).

**ayant cause, pl ayants cause** [ɛjɑ̃koz] **nm** (Jur) assignee.

**ayant droit, pl ayants droit** [ɛjɑ̃dʀwa] **nm** **a** (Jur) assignee. **b** (allocataire) eligible party. ◊ **ayant droit à la retraite** person eligible for retirement.

**Azerbaïdjan** [azɛʀbaidʒɑ̃] **n** Azerbaijan.

**azerbaïdjanais, e** [azɛʀbaidʒanɛ, ɛz] **1** **nm** (langue) Azerbaijani.
**2** **Azerbaïdjanais nm** (habitant) Azerbaijani.
**3** **Azerbaïdjanaise nf** (habitante) Azerbaijani.

# B

**bac** [bak] **nm** a abrév de *baccalauréat*. b (corbeille) tray; (Mktg) deep tray, tub bin. ◊ **bac arrivée (du courrier)** in-tray; **bac départ (du courrier)** out-tray.

**baccalauréat** [bakalɔʀea] **nm** school-leaving certificate, ≈ GCE A-levels (GB), high school diploma (US).

**bachelier, -ière** [baʃəlje, jɛʀ] **nm,f** holder of the baccalauréat, successful candidate in the baccalauréat exam.

**back-office** [bakɔfis] **nm** back ou rear office.

**bâcler** [bɑkle] **vt** to botch (up), scamp, bungle.

**badge** [badʒ(ə)] **nm** name badge; (Inf) magnetic strip card. ◊ **lecteur de badge** magnetic card reader.

**bagage** [bagaʒ] **nm** a **bagages** luggage, baggage; **un bagage** a piece of luggage; **bagages à main** hand luggage, carry-on baggage (US); **bagages en consigne** left luggage; **envoyer en bagages accompagnés** to send as registered luggage; **contrôle des bagages** baggage check; **excédent de bagages** excess luggage; **franchise de bagages** luggage ou baggage allowance; **fourgon à bagages** luggage van, baggage car (US). b (diplômes) qualifications.

**bagagiste** [bagaʒist(ə)] **nm** porter.

**bagatelle** [bagatɛl] **nf** (petite somme) small ou trifling sum, trifle. ◊ **c'est une bagatelle** it's next to nothing; **cette OPA lui a coûté la bagatelle de 8 milliards de francs** the takeover cost him a mere 8 billion francs.

**Bagdad** [bagdad] **n** Bagdhad.

**Bahamas** [baamas] **nfpl** ◊ **les Bahamas** the Bahamas.

**bahamien, -ienne** [baamjɛ̃, jɛn] **1 adj** Bahamian.

**2 Bahamien** **nm** (habitant) Bahamian.
**3 Bahamienne** **nf** (habitante) Bahamian.

**baie** [bɛ] **nf** ◊ **baie de chargement** loading bay.

**bail, pl baux** [baj, bo] **1 nm** (Jur) lease. ◊ **céder ou donner à bail** to let on lease, lease out; **prendre à bail** to lease, take out a lease on; **louer à bail** [propriétaire] to let on lease, lease out; [locataire] to lease, take out a lease on; **passer / faire un bail** to enter into / draw up a lease; **tenir à bail** to hold on lease; **renouveler / prolonger / résilier un bail** to renew / extend / cancel a lease; **notre bail expire en juin** our lease runs ou expires ou terminates in June; **renouvellement / prolongation / résiliation / expiration d'un bail** renewal / extension / cancellation / termination of a lease; **contrat de bail** lease agreement; **durée d'un bail** term of a lease; **location à bail** (Ind) leasing; **preneur à bail** leaseholder, lessee; **crédit-bail** leasing; **prêt-bail** (Écon) lease-lend, lend-lease (US).
**2 comp bail à céder** lease for sale. − **bail commercial** commercial ou regular lease. − **bail à construction** building lease. − **bail emphytéotique** ninety-nine-year lease. − **bail à ferme** farm(ing) lease. − **bail à court / long terme** short / long lease. − **bail à loyer** (house-)letting lease (GB), rental lease (US). − **bail principal** head lease. − **bail professionnel** professional lease. − **bail rural** farm ou agricultural lease. − **bail à vie** lease for life.

**bailleresse** [bajʀɛs] **nf** (Jur) lessor.

**bailleur** [bajœʀ] **nm** a (Jur) lessor. ◊ **bailleur et preneur** lessor and lessee. b (Fin) **bailleur de fonds** [société] sleeping partner; (pour un projet) financial backer, sponsor.

**baisse** [bɛs] **nf** a [prix, chômage, taux d'intérêt] fall, drop, decline (de in); [réserves, stocks] fall, drop (de in); [monnaie] fall, drop, depreciation (*de* of). ◊ **être en baisse** to be falling ou dropping; **cette semaine baisse sur le beurre** this week butter down in price ou reduced, special offer on butter this week; **les estimations ont été corrigées** ou **revues à la baisse** estimates have been revised downwards; **baisse cyclique** cyclical downturn; **baisse d'activité** ou **de régime** business activity slowdown, downturn, downswitch (US) ou downswing in business; **la baisse du dollar** the dollar's fall; **baisse tendancielle du taux de profit** declining rate of profit. **b** (Bourse) fall, downward movement. ◊ **acheter en baisse** to buy on a fall, buy on a falling market; **spéculer** ou **jouer à la baisse** to go for a fall, play on a fall, go a bear; **les grands magasins sont en baisse** stores shares are down ou on the downtrend; **baisse très sensible** ou **accusée des cours** sharp ou steep ou deep fall in prices, roll-back (US); **baisse intercalaire** fall between two price rises; **bruits** ou **rumeurs de baisse** bear rumours; **engagement à la baisse** bear engagement; **marché en baisse** falling market; **position à la baisse** bear account; **spéculation à la baisse** bear operations ou raid ou transactions; **revirement à la baisse** downturn, downswitch (US), downswing; **tendance à la baisse** downward trend, bearish tendency; **joueur** ou **spéculateur à la baisse** bear; **marché à la baisse** bear market; **marché orienté à la baisse** bearish market; **les prix sont orientés à la baisse** prices are trending downwards; **on note une baisse de tension sur le sterling** the pressure on sterling has lessened ou eased.

**baisser** [bese] **1** vt prix, loyers to lower, bring down, reduce. ◊ **baisser le taux officiel de l'escompte** to lower ou reduce the minimum lending rate.
**2** vi **a** [pression] to drop, fall; [réserves, stocks] to run low, run down; [prix, taux d'intérêt] to go down, drop, fall, dip; [tension] to subside; [marge, carnet de commandes] to dwindle, shrink. ◊ **le dollar a baissé** the dollar has weakened; **le dollar a baissé brutalement** the dollar has fallen sharply ou has plummeted ou nose-dived; **les pétrolières continuent à baisser dans un marché calme** oils continue to ease or are still falling in quiet trading. **b** **faire baisser** to bring down; **la concurrence fait baisser les prix** competition brings ou sends prices down; **la rumeur a fait baisser les cours** the rumour bore down the prices ou sent the prices down; **il faudra faire baisser nos prix de revient** we'll have to cut costs; **elle l'a fait baisser à 20 dollars** she beat him down to $20; **l'accroissement de la masse monétaire fait baisser les taux d'intérêt** the increase in the money supply is depressing interest rates.

**baissier, -ière** [besje, jɛʀ] **1** adj (Bourse) facteurs bearish. ◊ **les cambistes prévoient une reprise de la pression baissière** cambists forecast a new bout of downward pressures; **tendance baissière** downtrend, bearish trend ou tendency.
**2** nm (Bourse) bear.

**bakchich** [bakʃiʃ] nm baksheesh, bribe.

**Bakou** [baku] n Baku.

**bal.** abrév de *balance* (solde).

**baladeur, -euse** [baladœʀ, øz] adj ◊ **capitaux baladeurs** floating capital.

**balance** [balɑ̃s] **1** nf **a** (appareil) scales (pl). **b** (Écon, Compta, fig) balance. ◊ **la balance d'une entreprise** a company's credit and debit balance; **établir la balance d'un compte** to balance an account, strike the balance of an account; **établissement des balances** balancing of the books; **des balances des comptes clients sont établies chaque jour** the accounts receivable are balanced every day; **balance excédentaire** ou **favorable / déficitaire** ou **défavorable** active ou favourable / passive ou adverse balance; **avoir une balance déficitaire** to show an adverse balance, be in the red; **avoir une balance positive** to be in the black; **être en balance** to be undecided, hang in the balance; **faire entrer dans la balance** to take into account; **faire pencher la balance** to tip the scales; **maintenir la balance égale** to hold the scales even; **mettre en balance le pour et le contre** to weigh up the pros and cons.
**2** comp **balance de l'actif et du passif** balance of assets and liabilities. – **balance par antériorité de soldes** aged trial balance. – **balance après inventaire** ou **après clôture** adjusted trial balance, post-closing trial balance. – **balance avant inventaire** ou **avant régularisations** pre-closing trial balance. – **balance des biens et services** balance of goods and services. – **balance de caisse** cash balance. – **balance du commerce extérieur, balance commerciale** trade balance, balance of trade. – **balances dollars** dollar balances. – **balance de l'endettement international** balance of external claims and liabilities. – **balance des forces** balance of power. – **balance des invisibles** invisible balance, balance of invisible transactions. – **balance des opérations courantes** balance of payments on current account. – **balance des opérations en capital** balance on capital account. – **balance des paiements** balance of payments; **excédent / déficit de la balance des paiements** balance of payments surplus / deficit. – **balance reportée (de l'exercice pré-**

**cédent)** balance brought forward (from the previous account). **– balances sterling** sterling balances. **– balance de vérification** trial balance.

**balancer** [balãse] **vt** a (équilibrer) compte to balance. ◊ **balancer par contre-écriture** to balance by counter entry. b (* : se défaire de) documents to chuck out* ou away*; employé to chuck out*, fire. ◊ **il s'est fait balancer** he got the chuck*, he was fired.

**balancier** [balãsje] **nm** pendulum. ◊ **mouvement de balancier** swing of the pendulum; **retour de balancier** backlash; (Bourse) backwash.

**balayage** [balɛjaʒ] **nm** (Inf) scanning, searching. ◊ **zone de balayage** scanning area.

**balayer** [baleje] **vt** a objections to sweep away, brush aside. ◊ **ils ont balayé la concurrence** they have swept out their competitors. b (Inf) écran to scan, explore.

**balboa** [balboa] **nm** balboa.

**balbutiement** [balbysimã] **nm** (fig : débuts) **balbutiements** beginnings; **l'industrie de l'informatique n'en est plus à ses balbutiements** the computer industry is no longer in its infancy.

**balise** [baliz] **nf** (Inf) marker.

**ballant** [balã] **nm** [chargement] sway, roll. ◊ **avoir du ballant** to be slack ou loose.

**balle** [bal] **nf** (gén) ball; [coton] bale. ◊ **la balle est dans votre camp** the ball is in your court; **marchandises en balle** bale goods.

**ballon** [balõ] **nm** (gén) ball; (Pub) balloon caption, bubble. ◊ **ballon d'essai** feeler, trial balloon; **lancer un ballon d'essai** to fly a kite, put out a feeler.

**Bamako** [bamako] **n** Bamako.

**banal, e** [banal] **adj** ordinary. ◊ **produits banals** standardized products.

**banalisation** [banalizasjõ] **nf** (Ind) [pièces, produits] standardization.

**banaliser** [banalize] **vt** (Ind) to standardize. ◊ **zone banalisée** (Inf) free field.

**bananier** [bananje] **nm** (bateau) banana boat.

**banc** [bã] **nm** ◊ **banc des accusés** dock; **être mis au banc des accusés** (fig) to be put in the dock; **banc des avocats** bar; **banc des témoins** witness box (GB), witness stand (US); **banc d'essai** (Tech) test bed; (fig) testing ground.

**bancable** [bãkabl(ə)] **adj** discountable, bankable. ◊ **effets** ou **papiers bancables** discountable ou bankable bills; **papiers non bancables** unbankable papers; **place bancable** town where the Banque de France has a branch.

**bancaire** [bãkɛʀ] **adj** banking. ◊ **activité bancaire** banking business, banking; **avances bancaires** bank advances; **carte bancaire** bank card; **caution bancaire** bank guarantee; **chèque bancaire** bank cheque (GB) ou check (US); **commission bancaire** bank commission; **consortium bancaire** syndicate of bankers, banking syndicate; **crédit bancaire** bank credit; **le coût du crédit bancaire est tombé à 9%** bank lending charges dropped to 9%; **droit bancaire** banking law; **droit de rétention bancaire** bank lien; **effet bancaire** bank bill; **établissement bancaire** banking institution; **état de rapprochement bancaire** bank reconciliation statement; **faillite bancaire** bank failure; **garantie bancaire** bank guarantee; **holding bancaire** bank holding (company); **industrie bancaire** banking industry; **institution bancaire** banking institution; **milieux bancaires** banking circles; **opérations bancaires** banking operations; **opérations bancaires grand public** retail banking; **prêt bancaire** bank loan; **référence bancaire** banker's reference; **relevé d'identité bancaire** ≈ your account number and bank address; **réserve bancaire** bank reserve; **retrait bancaire** bank withdrawal; **secret bancaire** bank secret; **le secteur bancaire** the banking sector; **le système bancaire** the banking system; **traite bancaire** banker's draft, bank draft; **valeurs bancaires** bank shares; **virement bancaire** bank transfer.

**bancarisation** [bãkaʀizasjõ] **nf** extension of banking services.

**bande** [bãd] **1 nf** (ruban) band, strip; (Presse) wrapper; (Inf) tape. ◊ **journal sous bande** mailed newspaper; **fichier sur bande** tape file.

**2 comp bande de caisse enregistreuse** cash register tape. **– bande d'étagère** shelf strip. **– bande magnétique** magnetic tape. **– bande maîtresse** master tape. **– bande perforée** (Inf) punched ou perforated tape. **– bande programme** instruction tape. **– bande publicitaire** advertising streamer. **– bande de sauvegarde** back-up tape. **– bande sortie** output tape. **– bande de téléimprimante** ticker tape. **– bande vierge** blank tape.

**bande-annonce** [bãdanõs] **nf** trailer, preview (US).

**bandeau, pl -x** [bãdo] **nm** (Pub) band, banner, streamer.

**banderole** [bãdʀɔl] **nf** ◊ **banderole publicitaire** streamer, advertising banner; **banderole tractée** ou **remorquée** trailed ou towed streamer ou banner.

**Bangkok** [bãŋkɔk] **n** Bangkok.

**bangladais, e** [bɑ̃gladɛ, ɛz] **1** adj Bangladeshi.
**2 Bangladais** nm (habitant) Bangladeshi.
**3 Bangladaise** nf (habitante) Bangladeshi.

**Bangladesh** [bɑ̃gladɛʃ] nm Bangladesh.

**Bangui** [bɑ̃gi] n Bangui.

**banque** [bɑ̃k] **1** nf bank. ◊ **la banque** (secteur) the banks, the banking industry ; (profession) banking, the banking profession ; **directeur / employé / frais de banque** bank manager / clerk / charges ; **chèque de banque** bank cheque ou draft, banker's cheque ou draft ; **compte en banque** bank account ; **ouvrir un compte en banque** to open a bank account ; **consortium de banques** banking syndicate ; **dépôt en banque** bank deposit ; **gradé(e) de banque** bank officer ; **guichet de banque** bank counter ou window ; **heures d'ouverture des banques** banking hours ; **opérations de banque** banking operations ; **papier hors banque** unbankable paper ; **taux d'intérêt hors banque** private rate of interest ; **mettre ou déposer ou porter des chèques à la banque** to bank cheques ; **la grande banque** (la haute finance) the big banks ; **quelle est votre banque ?** where do you bank ?, which bank are you with ? ; **il est dans la banque** he's in banking ou in the banking profession.
**2 comp banque acceptante** accepting bank. – **banque d'affaires** investment (US) ou merchant (GB) bank. – **banque centrale** central bank. – **banque chargée de l'encaissement** collecting bank. – **banque chargée du paiement ou du règlement** paying bank. – **banque chef de file** lead bank. – **banque de clearing** clearing house ou bank. – **banque commerciale** commercial bank, retail bank. – **banque de compensation** clearing house ou bank. – **banque confirmatrice** confirming bank. – **banque consortiale** consortium bank. – **banque de crédit** credit bank ; **banque de crédit maritime** ship mortgage bank. – **banque de dépôt** deposit bank, retail bank. – **banque de détail** retail bank(ing). – **banque de domiciliation** bank of domiciliation. – **banque de données** data bank. – **banque émettrice** issuing bank. – **banque d'émission** bank of issue. – **banque d'escompte** discount bank. – **Banque européenne d'exportation** European Exportbank. – **Banque européenne d'investissement** European Investment Bank. – **banque foncière** land bank. – **banque d'informations** data bank. – **banque inscrite** registered bank. – **Banque internationale pour la reconstruction et le développement** International Bank for Reconstruction and Development. – **banque d'investissement** investment (US) ou merchant (GB) bank. – **Banque mondiale** World Bank. – **banque négociatrice** negotiating bank. – **banque notificatrice** advising bank. – **banque offshore** (firme) offshore bank ; (activité) offshore banking. – **banque participante** participating bank. – **banque de placement** issuing bank. – **banque populaire** mutual bank. – **banque présentatrice** presenting bank. – **banque prêteuse** lending bank. – **banque privée** private bank. – **Banque des règlements internationaux** Bank for International Settlements. – **banque remettante** remitting bank. – **banques de réseau** retail banks. – **banque universelle** all-purpose ou universal bank.

**banqueroute** [bɑ̃kʀut] nf bankruptcy. ◊ **banqueroute frauduleuse** fraudulent bankruptcy ; **banqueroute simple** *bankruptcy advised by irregularities but not amounting to a crime.*

**banqueroutier, -ière** [bɑ̃kʀutje, jɛʀ] nm,f (frauduleux) bankrupt.

**banquier** [bɑ̃kje] nm banker. ◊ **banquier d'affaires** merchant banker (GB), investment banker (US) ; **banquier domiciliataire** domiciliating banker ; **banquier émetteur** issuing banker ; **banquier payeur** paying banker ; **banquier présentateur** presenting banker ; **banquier prêteur** lending banker.

**baraterie** [baʀatʀi] nf (Ass Mar) barratry.

**baratin\*** [baʀatɛ̃] nm ◊ **baratin publicitaire** patter\*, sales talk\* ou pitch\* ou spiel\*.

**barème** [baʀɛm] nm **a** (échelle) scale, schedule, table. ◊ **barème de crédits** (Fin) (short-term) banking list ; **barème financier** (Fin) financial list ; **barème des impôts** tax scale, tax schedule ; **barème des salaires** salary ou wage scale ; **barème des tarifs** tariff schedule ; **barème des tarifs postaux** schedule of postal charges ; **la zone proportionnelle du barème** (CEE) the proportional area of the scale. **b** (tarif) [biens] price list ; [services] scale of charges.

**barge** [baʀʒ(ə)] nf barge.

**baril** [baʀi(l)] nm [pétrole] barrel ; [lessive] drum.

**baromètre** [baʀɔmɛtʀ(ə)] nm barometer. ◊ **la Bourse est le baromètre de l'économie** the stock exchange is the barometer of the economy ; **baromètre de la conjoncture** leading indicator ; **baromètre des marques** (Pub) brand trend survey.

**baron** [baʀɔ̃] nm (ponte) baron, lord. ◊ **les barons de la finance** the moguls ou barons of the financial world.

**barque** [baʀk(ə)] nf ◊ (Mktg) **barque de vente** display stand.

**barre** [baʀ] nf **a** (Mar) helm. ◊ **être à la barre, tenir la barre** (lit, fig) to be at the helm; **donner un coup de barre** to change course abruptly. **b** (Jur) **barre du tribunal** bar; **barre (des témoins)** witness box (GB), witness stand (US); **comparaître à la barre** to appear as a witness. **c** (limite) limit. ◊ **barre inférieure / supérieure** lower / upper limit; **le chômage a franchi la barre des 2 millions** unemployment overstepped ou broke through the two million mark; **on a mis la barre très haut** we have set a very high standard; **la barre a été fixée à 200 000 unités vendues** a lower limit of 200,000 unit sales has been set. **d** (trait) bar. ◊ **barre oblique** oblique stroke, slant ou slash mark; **graphique ou diagramme à barres** bar chart, bar graph; **code barres** bar code; **crayon-lecteur de code barres** bar code pen; **lecteur de code barres** bar code scanner ou reader. **e** (Inf) **barre d'espacement** space bar; **barre d'impression** print ou type bar. **f** (morceau) bar. ◊ **barre d'or fin** gold bar; **c'est de l'or en barre** it's as safe as houses.

**barreau, pl -x** [baʀo] nm **a** [échelle] rung. **b** (Jur) **le barreau** the bar; **entrer ou être admis au barreau** to be called to the bar (GB), become a member of the Bar Association (US); **inscrire au barreau** to call to the bar (GB), admit to the bar (US); **rayer du barreau** to disbar.

**barrement** [baʀmɑ̃] nm [chèque] crossing. ◊ **barrement général** general crossing; **barrement spécial** special crossing.

**barrer** [baʀe] vt mot, phrase to cross out, score out, delete; chèque to cross. ◊ **barrer les mentions inutiles** (sur formulaire) delete as appropriate; **chèque barré / non barré** crossed / open ou uncrossed cheque; **barrer la route à l'inflation des salaires** to stem wage inflation.

**barrière** [baʀjɛʀ] nf barrier. ◊ **barrière d'entrée / de sortie** (Écon) entry / exit barrier; **barrières douanières ou tarifaires** trade ou tariff barriers, tariff walls, customs barriers; **barrières non tarifaires** non-tariff barriers; **dresser des barrières contre les importations de voitures** to impose restrictions on car imports, put up import barriers on cars.

**barrique** [baʀik] nf barrel, cask.

**BAS** [beaɛs] nm abrév de *bureau d'aide sociale* → bureau.

**bas, basse** [bɑ, bɑs] **1** adj low. ◊ **les cours les plus bas de l'année** this year's lowest rates, the year's lows; **nous vendons à très bas prix** we sell on exceptionally low terms ou on bargain-basement terms; **basse saison** low ou off season; **tarif basse saison** (gén) low season price ou rate, out-of-season rate; (transport) low season fare; **être au plus bas** [prix] to have reached rock bottom, be at their lowest; **au bas mot** at the very least, at the lowest estimate.

**2** adv ◊ **très / trop bas** very / too low; **comme il est dit plus bas** as specified ou mentioned below ou hereafter; **voir plus bas** see below; **maintenir les prix bas** to keep ou hold prices down; **les prix ne sont jamais tombés aussi bas** prices have reached a new low ou an all-time low.

**3** nm **a** bottom. ◊ **au bas de la page** at the foot ou bottom of the page; **tirer vers le bas** (Écon) to drag down; **les hauts et les bas** (Bourse) highs and lows; **le bas de gamme** (Mktg) the bottom (end) of the range; **produit bas de gamme** downmarket product, bottom of the range product, low quality product; **ils visent le bas de gamme** they have positioned themselves at the bottom end of the market. **b** stocking. ◊ **bas de laine** (fig) nest egg, savings.

**bascule** [baskyl] nf (balance) weighing machine; (Inf) flip-flop. ◊ **interrupteur à bascule** flip-flop switch ou key, toggle switch ou key.

**basculer** [baskyle] vi ◊ **le gouvernement craint de voir cette société basculer sous le contrôle d'un groupe étranger** the government fears this company might go down under foreign control; **la situation a basculé** the situation has changed; **cet argument les a fait basculer** this argument made them change their minds; **il a basculé dans notre camp** he switched over to our side.

**base** [bɑz] **1** nf **a** (Ind) **la base** the rank and file, the shop floor (GB), the grass roots; **consulter la base** to consult the rank and file ou the shop floor (GB); **la base ne suit pas** there is no support from the shop floor (GB), there is no grass-roots support. **b** (fondement) basis; (moyen d'évaluation) base, basis. ◊ **les bases d'un accord** the basis of an agreement; **nous vendons sur une base strictement commerciale** we sell strictly on an arm's-length basis, we sell on strict commercial terms; **sur la base de ces renseignements** on the basis of this information; **abattement à la base** basic abatement; **établir ou jeter les bases de** to lay the foundations of; **être à la base de** to be at the root of; **il a des bases solides en allemand** he has a good grounding in German. **c** de base ◊ **nous devons nous recentrer sur nos activités de base** we must focus on our core business; **année de base** base year; **contrat de base** main contract; **document de base** source document; **données statistiques de**

**base** benchmark statistics ; **industrie de base** staple ou basic ou core industry ; **ouvrage de base** basic work ; **période de base** base period ; **point de base** (Fin) basis point ; **prix de base** base price ; **produit de base** staple commodity ; **salaire de base** basic ou base salary ; **tarif de base** basic rate ; **taux de base** (Fin) [crédit] minimum lending rate, prime rate (US) ; [salaire] base rate ; **taux de base horaire** hourly base rate. **d** (gén, Mil : camp) base.
**2** **comp base de départ** starting point. − **base de discussion** basis for discussion. − **base d'évaluation** valuation base. − **base de données** data base. − **base imposable** taxable amount. − **base d'imposition** tax base, basis of assessment. − **base monétaire** monetary base. − **base d'opérations** operations base. − **base de ravitaillement** supply base. − **base de référence** reference basis, base of reference. − **base de sondage** sample base. − **base de valorisation** valuation base.

**baser** [baze] **vt** opinion, décision to base, found, ground (sur on). ◊ **entreprise basée à Chicago** Chicago-based firm ; **l'entreprise est basée à Chicago** the firm is based ou headquartered in Chicago.

**bassin** [basɛ̃] **nm** **a** (Géog) basin. ◊ **bassin d'emploi** labour pool ; **bassin houiller / minier** coal / mineral field ou basin. **b** (Mar) dock. ◊ **bassin à flot** wet dock ; **bassin flottant** floating dock ; **bassin de marée** tidal dock ; **bassin de radoub** drydock, graving dock.

**bastion** [bastjɔ̃] **nm** (fig) bastion, stronghold.

**bâtard, e** [bataʀ, aʀd(ə)] **adj** ◊ **solution bâtarde** hybrid solution, compromise.

**batelage** [batlaʒ] **nm** lighterage. ◊ **frais de batelage** lighterage charges.

**batellerie** [batɛlʀi] **nf** inland water navigation ou shipping ou transport, lighterage.

**bâti, e** [bati] **adj** built. ◊ **terrain bâti / non bâti** developed ou built-up / undeveloped site.

**bâtiment** [batimɑ̃] **nm** **a** (industrie) **le bâtiment** the building industry ou trade ; **être dans le bâtiment** to be in the building trade, be a builder ; **amortissement sur les bâtiments** (Fin) writing-off on premises ; **entrepreneur de bâtiment** building contractor ; **ouvrier du bâtiment** construction ou building worker, hard hat* (US) ; **les métiers du bâtiment** the building trades. **b** (Mar) ship, vessel. ◊ **bâtiment de charge** cargo-boat.

**bâtir** [batiʀ] **vt** immeuble to build ; fortune to amass, build up ; renommée to build (up), make (sur on) ; projet to draw up. ◊ **terrain à bâtir** building site ou ground.

**bâtisseur, -euse** [batisœʀ, øz] **nm,f** builder. ◊ **bâtisseur d'empire** empire builder.

**battage** [bataʒ] **nm** (* : publicité) publicity campaign, hard selling, hoopla (US), ballyhoo*. ◊ **faire du battage autour de qch** to plug sth*, push sth*, sell sth hard*, give sth a big hype*, hype sth up* ; **faire du battage autour de qn** to give sb a plug*, sell sb hard ; **on a fait du battage autour de ce modèle** this model got a good build-up, this model was given a big hype*.

**battant** [batɑ̃] **nm** winner, goer.

**battement** [batmɑ̃] **nm** (intervalle) interval ; (attente) wait ; (pause) break. ◊ **on nous laisse 20 minutes de battement** we are allowed a 20-minute break.

**batterie** [batʀi] **nf** (dispositif) range, array. ◊ **batterie de tests** range of tests ; **ils ont toute une batterie de nouveaux projets** they've got a whole range of new projects.

**battre** [batʀ(ə)] **vt** concurrent to beat, defeat ; record to beat, break. ◊ **battre l'inflation** to beat ou halt ou lick* inflation ; **la Bourse de Paris a battu de nouveaux records** the Paris Bourse broke ou set new records ; **battre son plein** to be at its height ou in full swing ; **battre pavillon panaméen** to fly the Panamanian flag ; **battre monnaie** to strike ou mint coins ; **battre de l'aile** [économie] to be in a bad ou shaky state ; **les industries qui battent de l'aile** ailing industries, lame-ducks industries ; **battre qn à plates coutures** to beat sb hands down.

**bavure** [bavyʀ] **nf** (erreur) hitch, flaw, glitch*. ◊ **sans bavure** travail flawless, faultless ; exécuter flawlessly, faultlessly ; **une bavure de notre service juridique** a slip-up ou an unfortunate mistake on the part of our legal department ; **bavure administrative** administrative mistake ou foul-up*.

**bazar** [bazaʀ] **nm** (magasin) general store.

**bazarder*** [bazaʀde] **vt** (brader) to sell off, flog*.

**BD** [bede] **nf** abrév de base de données → base.

**BEE** [beəə] **nm** abrév de Bureau européen de l'environnement → bureau.

**BEI** [beəi] **nf** abrév de Banque européenne d'investissement EIB.

**Beijing** [bɛjiŋ] **n** Beijing.

**Belfast** [bɛlfast] **n** Belfast.

**belge** [bɛlʒ(ə)] **1** **adj** Belgian.
**2** **Belge** **nmf** (habitant) Belgian.

**Belgique** [bɛlʒik] **nf** Belgium.

**Belgrade** [bɛlgʀad] **n** Belgrade.

**bénef*** [benɛf] **nm** abrév de bénéfice profit.

**Bénélux**

**bénéfice** [benefis] **1** nm **a** (Comm) profit;
(Compta : sur le compte de résultats) profit,
income. ◊ **bénéfice par action** earnings ou
income per share; **faire du bénéfice** to
make a profit; **rapporter des bénéfices** to
yield (a) profit; **faire apparaître un bénéfice**
to show (a) profit; **réaliser de gros bénéfices**
to make ou reap big profits; **réaliser un
bénéfice de** to earn ou make a profit of;
**vendre à bénéfice** to sell at a profit ou at
a premium; **chaque associé doit déclarer sa
part de bénéfice** each partner's profits are
taxed separately; **courbe des bénéfices**
profit graph; **plan de participation** ou **d'intéressement aux bénéfices** profit-sharing
scheme; **maximisation des bénéfices** profit
maximization; **part de bénéfice** share in
profit; **prise de bénéfice (Bourse)** profit taking; **rapport cours-bénéfice** price-earnings
ratio; **répartition de bénéfices** appropriation ou allotment of profits; **super-bénéfices** excess profits. **b** (avantage) advantage, benefit. ◊ **conclure une affaire à son
bénéfice** to complete a deal to one's advantage; **il a tiré un bénéfice certain de ses efforts**
his efforts did pay off; **accordons-lui le
bénéfice du doute** let us give him the benefit of the doubt; **au bénéfice de l'âge** (Admin)
by prerogative of age; **établir un chèque au
bénéfice de qn** to make a cheque (GB) ou
check (US) out to sb, write a cheque (GB) ou
check (US) to the order of sb. **c** (Jur) **bénéfice des circonstances atténuantes** benefit of
mitigating ou extenuating circumstances;
**sans bénéfice d'inventaire** without liability to
debts beyond assets descended. **2** comp **bénéfice par action** earnings per
share. – **bénéfice annuel** yearly profit.
– **bénéfice après impôt** after-tax profit.
– **bénéfices avant impôt** pre-tax profit,
profit before tax, pre-tax income ou earnings. – **bénéfice brut** gross profit,
mark-up (US). – **bénéfices commerciaux**
business ou trading profits. – **bénéfices
comptables** book profits. – **bénéfices
consolidés** consolidated profits.
– **bénéfices distribuables** distributable
profits. – **bénéfice escompté** ou **espéré**
anticipated profit. – **bénéfice exceptionnel** windfall profit. – **bénéfice
d'exploitation** operating profit ou earnings ou income. – **bénéfice fictif** paper
profit. – **bénéfices financiers** interest
received. – **bénéfices imposables** taxable
profits ou earnings ou income, pre-tax
profits. – **bénéfices industriels et commerciaux** business profits, industrial and
commercial profits. – **bénéfice net** net
profit ou earnings ou income; **bénéfice net
imposable** taxable net profit ou earnings
ou income. – **bénéfices non commerciaux**
(sur feuille d'impôt) non-commercial ou non-

trading profits. – **bénéfices non distribués** retained earnings, undistributed
profits. – **bénéfices non rapatriés** unre-
mitted earnings ou profits. – **bénéfices
non répartis** retained earnings, undistributed profits. – **bénéfices après répartition** net profit ou income after taxes and
dividends. – **bénéfice du portefeuille**
gains on investment. – **bénéfices rapatriés** remitted earnings ou profits.
– **bénéfice réel** actual profits ou earnings
ou income. – **bénéfices reportés** profits
carried forward.

**bénéficiaire** [benefisjɛʀ] **1** adj opération profit
making, profitable. ◊ **bilan bénéficiaire** balance sheet showing a profit; **capacité
bénéficiaire** earning capacity, earning
power; **compte bénéficiaire** account showing a credit balance; **marge bénéficiaire**
profit margin; **solde bénéficiaire** profit balance, balance showing a profit; **le tiers
bénéficiaire** (Ass) the third party beneficiary; **être bénéficiaire** [activité, firme] to
show a profit; **notre balance commerciale
est bénéficiaire** our trade balance is in
profit ou in the black ou in surplus; **notre
balance des paiements est redevenue béné-
ciaire** our balance of payments is in the
black again.
**2** nmf (gén) beneficiary; [licence d'exploita-
tion] licensee; [chèque, traite] payee, endorsee; [allocation] recipient; [option] optionee.
◊ **les jeunes ont été les bénéficiaires de cette
nouvelle mesure** young people benefited by
this new measure; **bénéficiaire de l'aide
sociale** welfare recipient; **bénéficiaire
éventuel** contingent beneficiary; **bénéficiaire principal** primary beneficiary.

**bénéficier** [benefisje] vt indir ◊ **bénéficier de**
(jouir de) to have, enjoy; (obtenir) to get,
have; (tirer profit de) to benefit by ou from,
gain by; **les PVD bénéficient de préférences
tarifaires** developing countries benefit
from tariff preferences; **bénéficier de la
Sécurité sociale** to draw Social Security;
**bénéficier d'une remise** to get a rebate ou
discount; **bénéficier d'un préjugé favorable**
to be given favourable consideration, be
favourably considered; **bénéficier des
nouvelles dispositions fiscales** to benefit by
ou gain by the new tax measures; **bénéficier d'un non-lieu** to be discharged; **bénéficier de circonstances atténuantes** to be
granted mitigating ou extenuating circumstances; **faire bénéficier qn d'une
réduction** to give ou allow sb a discount.

**bénéfique** [benefik] adj beneficial, positive.

**Bénélux** [benelyks] nm ◊ **le Bénélux** the Bene-
lux countries *Belgium, Netherlands, Luxembourg.*

**bénévole**                    FRANÇAIS-ANGLAIS - 50

**bénévole** [benevɔl] **1** **adj** tâche, personne voluntary, unpaid. ◊ **mandataire bénévole** unpaid agent.
**2** **nmf** volunteer.

**bénévolement** [benevɔlmɑ̃] **adv** travailler voluntarily, for nothing.

**Bénin** [benɛ̃] **nm** Benin.

**béninois, e** [beninwa,waz] **1** **adj** Beninese.
**2** **Béninois** **nm** (habitant) Beninese.
**3** **Béninoise** **nf** (habitante) Beninese.

**BEP** [beəpe] **nm** abrév de *brevet d'études professionnelles* → brevet.

**BEPA** [bepa] **nm** abrév de *brevet d'études professionnelles àgricoles* → brevet.

**Berlin** [bɛʀlɛ̃] **n** Berlin.

**Bermudes** [bɛʀmyd] **nfpl** ◊ **les Bermudes** Bermuda.

**bermudien, -ienne** [bɛʀmydjɛ̃, jɛn] **1** **adj** Bermudan, Bermudian.
**2** **Bermudien** **nm** (habitant) Bermudan, Bermudian.
**3** **Bermudienne** **nf** (habitante) Bermudan, Bermudian.

**Berne** [bɛʀn(ə)] **n** Bern.

**besoin** [bəzwɛ̃] **nm** need (*de* for). **faire connaître ses besoins** to make one's requirements known ; **répondre aux besoins de qn** to provide for ou meet sb's needs ; **analyse des besoins** needs analysis ; **besoins alimentaires** food requirements ; **besoins des consommateurs** consumer needs ; **besoins émergents** (Mktg) emerging needs ; **besoins financiers** ou **de financement** borrowing requirements ; **besoins latents** hidden needs ; **besoins de trésorerie** ou **de liquidités** cash ou liquidity requirements ; **de combien d'exemplaires avez-vous besoin ?** how many copies do you require ? ; **l'usine a besoin d'être modernisée** the plant needs modernising ; **si besoin est, si le besoin s'en fait sentir, en cas de besoin** if need(s) be, if necessary, if the need arises ; **pour les besoins de la cause** for the purpose in hand.

**bestiaux** [bɛstjo] **nmpl** (gén) livestock ; (bovins) cattle. ◊ **élevage de bestiaux** stock-breeding, cattle-raising ; **éleveur de bestiaux** stock-breeder, cattle-raiser, cattleman (US).

**bétail** [betaj] **nm** (gén) livestock ; (bovins) cattle. ◊ **bétail sur pied** cattle on the hoof.

**béton** [betɔ̃] **nm** concrete. ◊ **dossier en béton** (fig) cast iron case.

**beurre** [bœʀ] **nm** butter. ◊ **beurre d'intervention** (CEE) intervention butter.

**Beyrouth** [beʀut] **n** Beirut.

**BF** abrév de *Banque de France.*

**BI** abrév de *brevet d'invention* → brevet.

**biais** [bjɛ] **nm** (moyen) means, device, dodge* ; (angle) angle, way. ◊ **chercher un biais pour obtenir qch** to find some means of getting sth ; **par le biais de** by means of ; **c'est par ce biais qu'il faut aborder le problème** the problem should be approached from this angle ou in this way ; **abordons ce problème de biais** let's approach this problem in a roundabout way.

**biaiser** [bjeze] **vi** (louvoyer) to sidestep the issue.

**bibliographie** [biblijɔgʀafi] **nf** bibliography.

**bibliothécaire** [biblijɔtekɛʀ] **nmf** librarian.

**bibliothèque** [biblijɔtɛk] **nf** (lieu) library ; (meuble) bookcase ; (collection) library, collection (of books).

**BIC** [beise] **nmpl** abrév de *bénéfices industriels et commerciaux* → bénéfice.

**BIPE** [beipeə] **nm** abrév de *Bureau d'informations et de prévisions économiques* → bureau.

**bicéphale** [bisefal] **adj** direction two-headed.

**bide** [bid] **nm** ◊ **faire un bide** [initiative, produit] to be a flop ou a washout.

**bidirectionnel, -elle** [bidiʀɛksjɔnɛl] **adj** bidirectional. ◊ **voie bidirectionnelle** duplex channel.

**bidon*** [bidɔ̃] **adj inv** (faux) explication mock. ◊ **chèque bidon** bogus cheque ; **société bidon** ghost ou straw ou dummy company.

**bien** [bjɛ̃] **1** **nm** **a** (avantage) good. ◊ **le bien public** the public good ; **ce retard a été un bien** this delay was a good thing ; **on dit beaucoup de bien de cette société** this company has got a very good name, people speak very highly of this company ; **mener à bien une tâche** to carry out a job successfully. **b** (objet) possession, property, asset ; (Ind) asset ; (argent) fortune ; (terres) estate ; (Écon) good. ◊ **un bien économique** an economic good ; **biens composant la masse de la faillite** bankrupt's total estate ; **administrateur de biens** estate agent, factor ; **marchand de biens** estate agent (GB), realtor (US) ; **biens et effets** (Jur) goods and chattels ; **biens et services** goods and services ; **les biens de l'entreprise** the company's assets ; **la cession d'un bien** (gén) the assignment of a property ou a possession ; (Ind) the disposal of an asset.
**2** **comp bien collectif** collective good. **– biens de communauté** (Jur) communal estate, joint estate of husband and wife, community property (US). **– biens complémentaires** complementary goods, complements. **– biens de consommation** consumer goods, consumables. **– biens**

**consomptibles** wasting assets. – **biens corporels** tangible property. – **biens directs** consumer goods. – **biens durables** durables, durable goods, hard goods. – **biens d'équipement** capital goods, investment goods; **biens d'équipement ménager** consumer durables. – **biens exportés en l'état** unprocessed exported goods. – **biens de famille** family estate. – **biens fonciers** landed property. – **biens fongibles** non-durable goods, non-durables, soft goods. – **biens gagés** pledged assets. – **biens hypothéqués** mortgaged property. – **biens immeubles, biens immobiliers** real estate ou property, landed property, immovables, realty, real assets. – **biens imposables** taxable goods. – **biens incorporels** intangible property, incorporel ou intangible assets. – **biens indirects** capital goods. – **biens indivis** joint estate. – **biens industriels** industrial goods. – **biens intermédiaires** semi-processed goods. – **biens instrumentaux** investment ou capital goods. – **biens d'investissement** investment ou capital goods. – **biens libres d'hypothèque** estate free from encumbrance. – **biens manufacturés** manufactured goods. – **biens meubles, biens mobiliers** personal property ou estate, movables, personal assets. – **biens non-durables** non-durable goods, non-durables, soft goods. – **biens non-fongibles** durables, durable goods, hard goods. – **biens oisifs** unproductive ou idle property. – **biens permanents** durables, durable goods, hard goods. – **biens personnels** (gén) personal property; (Jur) personal chattels. – **biens privés** private property. – **biens de production** capital goods, business goods. – **biens publics** public property. – **biens sociaux** corporate property ou assets ou funds. – **biens substituables** substitute goods, substitutes. – **biens successoraux** hereditaments. – **biens vacants** ownerless property. – **biens en viager** life estate.

**bien-être** [bjɛ̃nɛtʀ(ə)] **nm** (gén) well-being, comfort; [population] welfare. ◊ **économie de bien-être** welfare economy.

**bienfaisance** [bjɛ̃fəzɑ̃s] **nf** ◊ **association** ou **œuvre** ou **bureau de bienfaisance** charity, charitable association ou trust ou society; **sociétés de bienfaisance** charities, eleemosynary institutions (US).

**bienfait** [bjɛ̃fɛ] **nm** (don) gift, blessing; (aubaine) godsend. ◊ **les bienfaits de cette politique commencent à se faire sentir** the beneficial effects of this policy can be felt ou begin to bite.

**bienfaiteur** [bjɛ̃fɛtœʀ] **nm** benefactor.

**bienfaitrice** [bjɛ̃fɛtʀis] **nf** benefactress.

**bien-fondé** [bjɛ̃fɔ̃de] **nm** [opinion] validity, soundness; (Jur) [plainte] cogency. ◊ **établir le bien-fondé d'une réclamation** to substantiate a claim; **reconnaître** ou **admettre le bien-fondé d'une réclamation** to allow ou validate a claim; **mettre en doute le bien-fondé d'une réclamation** to challenge the validity of a claim.

**bien-fonds, pl biens-fonds** [bjɛ̃fɔ̃] **nm** real estate, landed property.

**biennal, e, mpl -aux** [bjenal, o] **1 adj** biennial. **2 biennale nf** biennial event.

**bienvenu, e** [bjɛ̃vny] **1 nm,f** ◊ **soyez le bienvenu** you are very welcome, we are pleased to see you; **quelques explications seraient les bienvenues** some explanation would be most welcome. **2 bienvenue nf** welcome. ◊ **souhaiter la bienvenue à qn** to welcome sb; **allocution de bienvenue** welcoming speech; **quelques mots de bienvenue** a few words of welcome.

**biffage** [bifaʒ] **nm** deletion, crossing out, cancellation.

**biffer** [bife] **vt** to delete, cross out, strike out. ◊ **biffer au crayon** to pencil out; **acceptation biffée** cancelled ou refused acceptance; **endossement biffé** cancelled endorsement.

**biffure** [bifyʀ] **nf** (action) deletion, crossing out; (résultat) deletion, erasure.

**bifurquer** [bifyʀke] **vi** [personne] to branch off (vers into). ◊ **bifurquer vers la gestion** to shift ou switch to management.

**bihebdomadaire** [biɛbdɔmadɛʀ] **adj** twice-weekly.

**bijou, pl -x** [biʒu] **nm** jewel. ◊ **bijoux** jewellery, jewels.

**bijouterie** [biʒutʀi] **nf** (magasin) jeweller's (shop); (métier) jewellery business ou trade; (fabrication) jewellery-making; (bijoux) jewellery.

**bijoutier, -ière** [biʒutje, jɛʀ] **nm,f** jeweller.

**bilan** [bilɑ̃] **1 nm a** (estimation) appraisal, assessment, evaluation; (résultats) results, consequences. ◊ **dresser** ou **établir** ou **faire le bilan d'une situation** to take stock of ou assess ou review a situation; **faire le bilan d'une opération** to assess the results of an operation. **b** (Compta) balance sheet, statement of accounts. ◊ **faux bilan** fraudulent balance sheet; **éléments hors bilan** off balance sheet items; **centrale des bilans** balance sheet office; **méthode du bilan** balance method; **contrôle / postes du bilan** balance sheet auditing / items; **comptes de**

**bilan** balance sheet accounts; **extrait de bilan** summarized balance sheet; **habillage ou maquillage ou trucage du bilan** window-dressing of the balance sheet; **dépôt de bilan** voluntary bankruptcy; **déposer son bilan** to file one's petition in bankruptcy, file for bankrutpcy; **dresser ou établir le bilan** to draw up the balance sheet. **2 comp bilan bénéficiaire** balance sheet showing a profit. – **bilan consolidé** consolidated balance sheet. – **bilan déficitaire** balance sheet showing a loss. – **bilan flatté** cooked-up* ou window-dressed balance sheet. – **bilan de groupe** consolidated balance sheet. – **bilan hebdomadaire** (Banque) weekly bank return; (Bourse) weekly trading report. – **bilan initial** opening balance sheet. – **bilan intérimaire** interim balance sheet. – **bilan de liquidation** statement of affairs. – **bilan provisionnel** trial balance, budgeted balance sheet. – **bilan provisoire** (Fin) interim balance sheet; (gén) provisional estimate. – **bilan d'ouverture** opening balance sheet. – **bilan résumé** condensed ou summarized balance sheet. – **bilan social de l'entreprise** social audit. – **bilan truqué** cooked-up* ou window-dressed balance sheet. – **bilan de vérification** trial balance. – **bilan visualisé** graphic presentation of the balance sheet.

**bilatéral, e, mpl -aux** [bilateʀal, o] **adj** bilateral. ◊ **accord bilatéral** bilateral agreement; **compensation bilatérale** bilateral clearing; **consultations bilatérales** joint consultations; **contrat bilatéral** bilateral contract; **monopole bilatéral** (Écon) bilateral monopoly.

**bilingue** [bilε̃g] **adj** stage bilingual.

**billet** [bijε] **1 nm a** (Aviat, Rail) ticket. ◊ **billet collectif** group ticket; **billet aller / aller-retour** single (GB) ou one-way (US) / return (GB) ou round-trip (US) ticket; **le prix du billet** the fare. **b** (argent) note, bill (US). ◊ **faux billet** forged banknote, dud banknote; **billet de 5 livres** £5 note; **billet de 5 dollars** $5 bill. **c** (effet de commerce) note, bill, promissory note. **2 comp billet de banque** banknote. – **billet de bord** (Mar) mate's receipt. – **billet de commerce** promissory note. – **billet de complaisance** accommodation bill. – **billet d'embarquement** (Mar) mate's receipt. – **billet d'entrée** admission ou entrance ticket. – **billet de faveur** complimentary ticket. – **billet de fonds** (in case of shop transfer) bill to order drawn by the buyer (of a fonds de commerce). – **billet à ordre** promissory note, bill of exchange, bill of debt, bill to order. – **billet à présentation** bill payable on demand. – **billet au porteur** bearer order, bill payable on demand. – **billet de retard** note from public transport authorities attesting late running of train. – **billet de trésorerie** commercial paper. – **billet à vue** bill payable at sight, sight bill.

**billetterie** [bijεtʀi] **nf** cash dispenser, automatic teller machine, ATM (US). ◊ **billetterie aérienne** air ticketing.

**bimensuel, -elle** [bimɑ̃sɥεl] **adj** fortnightly (GB), bimonthly.

**bimensuellement** [bimɑ̃sɥεlmɑ̃] **adv** twice a month, fortnightly (GB).

**bimestriel, -elle** [bimεstʀijεl] **adj** bimonthly, two-monthly.

**bimétallique** [bimetalik] **adj** bimetallic.

**bimétallisme** [bimetalism(ə)] **nm** bimetallism.

**bimétalliste** [bimetalist(ə)] **nmf** bimetallist.

**binaire** [binεʀ] **adj, nm** binary. ◊ **code binaire** binary code; **binaire en colonne** column binary; **programme en binaire** binary (program).

**binôme** [binom] **nm** binomial.

**biochimie** [bjɔʃimi] **nf** biochemistry.

**biochimique** [bjɔʃimik] **adj** biochemical.

**biodégradable** [bjɔdegʀadabl(ə)] **adj** biodegradable.

**biologie** [bjɔlɔʒi] **nf** biology.

**biologique** [bjɔlɔʒik] **adj** biological; **nourriture** natural.

**biologiste** [bjɔlɔʒist(ə)] **nmf** biologist.

**biophysique** [bjɔfizik] **nf** biophysics.

**bipartite** [bipaʀtit] **adj** (Pol) biparty, two-party.

**bip-bip** [bibip] **nm** pager.

**biquotidien, -ienne** [bikɔtidjε̃, jεn] **adj** twice-daily.

**biquinaire** [bikinεʀ] **adj** (Inf) code, nombre biquinary.

**BIRD** [bœʀd] **nf** abrév de *Banque internationale pour la reconstruction et le développement* IBRD.

**birman, e** [biʀmɑ̃, an] **1 adj** Burmese. **2 nm** (langue) Burmese. **3 Birman nm** (habitant) Burmese. **4 Birmane nf** (habitante) Burmese.

**Birmanie** [biʀmani] **nf** Burma.

**birr** [biʀ] **nm** birr.

**bis** [bis] **adv** ◊ **n° 52 bis** n° 52 A; **l'article 4 bis** clause 4 A.

**bissextile** [bisεkstil] **adj** ◊ **année bissextile** leap year.

**bit** [bit] **nm** (Inf) bit. ◊ **chaîne de bits** bit string ; **bit de droite / de parité / de service** low--order / parity / service bit.

**BIT** [beite] **nm** abrév de *Bureau international du travail* ILO.

**bitumineux, -euse** [bityminø, øz] **adj** bituminous. ◊ **pétrole bitumineux** shale oil ; **schiste bitumineux** bituminous shale.

**bl** abrév de *baril* barrel, bbl.

**black-out** [blakawt] **nm** blackout.

**blâmable** [blɑmabl(ə)] **adj** blameful.

**blâme** [blɑm] **nm** (Admin) reprimand. ◊ **donner un blâme à qn** to reprimand sb ; **recevoir un blâme** to be reprimanded.

**blâmer** [blɑme] **vt** (critiquer) to blame, lay the blame on ; (Admin) to reprimand.

**blanc, blanche** [blɑ̃, blɑ̃ʃ] **1 adj a** (non imprimé) page blank. ◊ **donner carte blanche à qn** to give sb carte blanche ou a free hand ; **nous sommes blancs dans l'affaire** we are blameless. **b** (sans profit) profitless. ◊ **affaire blanche** profitless ou blank operation, break-even deal.
**2 nm a** (linge) **la quinzaine du blanc** (annual) white sale ; **magasin de blanc** linen shop. **b** (espace libre) blank, space ; [bande magnétique] blank. ◊ **laisser un blanc** to leave a blank ou a space ; **il faut laisser le nom en blanc** the name must be left blank ou must not be filled in ; **laisser la somme en blanc** (sur formulaire) please leave the amount blank ; **remplacer par des blancs** (Inf) to blank out ; **remplir les blancs** to fill in the blanks ; (Inf) to blankfill ; **acceptation / endossement / signature en blanc** blank acceptance / endorsement / signature ; **chèque en blanc** (lit, fig) blank cheque (GB) ou check (US) ; **crédit en blanc** open ou blank credit. **c** (Jur) **blanc-seing** signature to a blank document ; **donner un blanc-seing à qn** (lit) to give full delegation to sb ; (fig) to give sb a free hand ou free rein. **d** (Fin) gap. ◊ **blanc d'accélération de tendance** runaway gap ; **blanc d'arrêt** exhaustion gap ; **blanc de renversement de tendance** breakaway gap.

**blanchissement** [blɑ̃ʃismɑ̃] **nm** [argent perçu illégalement] laundering.

**blanchir** [blɑ̃ʃiʀ] **1 vt** argent perçu illégalement to launder ; innocent to exonerate, clear. ◊ **il en est sorti blanchi** he cleared his name.
**2 se blanchir vpr** to exonerate o.s. (*de* from), clear one's name.

**blanchissage** [blɑ̃ʃisaʒ] **nm** laundering.

**blé** [ble] **nm** wheat, corn (GB), grain (US).

**blessure** [blesyʀ] **nf** (accident) injury ; (agression) wound. ◊ **coups et blessures** (Jur) assault and battery.

**bleu** [blø] **nm** (couleur) blue ; (débutant) beginner, greenhorn* ; (tirage d'un plan) blueprint. ◊ **bleu(s) de travail** (vêtement) dungarees, overalls.

**bloc** [blɔk] **1 nm a** (papeterie) pad. **b** (rassemblement) group ; (Pol) bloc. ◊ **faire bloc avec / contre** to unite with / against ; **ils ont rejeté en bloc cette proposition** (unanimement) they were united ou unanimous in their rejection of the proposal ; (sans vouloir détailler) they rejected the proposal outright ou out of hand ; **le bloc de l'Est** the Eastern bloc ; **bloc monétaire** monetary bloc. **c** (Inf) block. ◊ **bloc d'entrée / de sortie** input / output block ; **transfert de bloc** block move ; **mode bloc** blockmode ; **déplacer un bloc** to transfer a block. **d** (Bourse) block. ◊ **bloc d'actions** block of shares ; **acheter des actions en bloc** to buy blocks of shares ; **achat / vente en bloc** block purchase / sale ; **offre en bloc** block offer ; **opérateur en bloc** block positioner.
**2 comp bloc de bureau** desk pad. − **bloc-calendrier, pl blocs-calendriers nm** tear-off calendar. − **bloc de contrôle** (Fin) controlling block ou interest. − **bloc de mémoire** memory bank. − **bloc-notes, pl blocs-notes nm** desk pad, memo pad. − **bloc technique** design department. − **bloc de touches** (Inf) keypool.

**blocage** [blɔkaʒ] **nm** [prix, salaires] freeze, freezing ; [compte bancaire] freezing ; [marchandises] hold-up, hang-up. ◊ **blocage des prix et des salaires** wage-price freeze ou restraint ; **blocage des loyers** rent control ; **imposer un blocage des prix pendant trois mois sur les biens et les services** to put ou clamp a three-month price freeze on goods and services ; **minorité de blocage** (Fin) working control exerted by a minority of stockholders ; **blocage de mémoire** (Inf) memory lock.

**blocus** [blɔkys] **nm** blockade. ◊ **lever / forcer le blocus** to raise / run the blockade ; **blocus fictif** paper blockade ; **faire le blocus de** to blockade.

**bloquer** [blɔke] **1 vt a** (rassembler) to lump ou put ou group together. ◊ **bloquer ses jours de congé** to lump one's days off together ; **bloquer toutes les statistiques en fin de rapport** to put ou group all the statistics together at the end of the report ; **bloquer les commandes** to bulk orders. **b** (coincer) machine to jam ; route to block ; port to blockade ; marchandises to stop, hold up ; (Inf) clavier to inhibit, lock. ◊ **toute l'activité économique est bloquée** all business activity has been brought to a standstill; **les négociations sont bloquées** the talks are deadlocked ou at a standstill; **notre envoi est bloqué en douane** our consignment is held up at the ou in customs; **programme bloqué** (Inf) stalled programme. **c** crédit, salaires to freeze; compte en banque to stop, freeze; chèque to stop. ◊ **compte bloqué** escrow account; **monnaie bloquée** blocked currency. **d** (réserver) date to reserve. **2** **se bloquer** vpr [machine] to jam.

**blue-chip** [bluʃip] nf blue chip.

**BNC** [beɛnse] nmpl abrév de *bénéfices non commerciaux* → bénéfice.

**BO** [beo] nm abrév de *Bulletin officiel* → bulletin.

**bobine** [bɔbin] nf (textile, Inf) spool, reel; [machine à écrire] spool; (Ciné) reel.

**Bogota** [bɔgɔta] n Bogota.

**bogue** [bɔg] nf (Inf) bug. ◊ **sans bogues** bugless.

**bois** [bwa] nm (forêt, matériau) wood. ◊ **bois de construction** ou **de charpente** ou **d'œuvre** timber, lumber; **les industries du bois** wood-related industries; **chèque en bois** rubber cheque (GB) ou check (US), dud cheque (GB) ou check (US).

**boisage** [bwazaʒ] nm [mine, construction] timbering, framing.

**boisement** [bwazmɑ̃] nm afforestation.

**boiser** [bwaze] vt région to afforest; mine to timber, prop up.

**boisson** [bwasɔ̃] nf drink, beverage. ◊ **boisson alcoolisée** alcoholic beverage ou drink; **boisson gazeuse** sparkling drink; **boisson non alcoolisée** soft drink; **boisson pilote** drink on special offer.

**boîte** [bwat] **1** nf **a** (en carton, bois) box; (en métal) box, tin. **b** (*) (firme) firm, company; (bureau) office. ◊ **il s'est fait renvoyer de la boîte** he got chucked out*, he got the sack*. **2** comp **boîte de conserve** tin (GB), can; **mettre en boîte de conserve** to can. – **boîte à idées** suggestion box. – **boîte aux lettres** (pour l'envoi du courrier) post box (GB), mailbox (US); (chez soi) letter box. – **boîte noire** black box. – **boîte postale** post office box, P.O. box; **boîte postale 150** P.O. box 150.

**boiteux, -euse** [bwatø, øz] adj paix, projet, solution shaky. ◊ **canards boiteux** (Ind) lame ducks; **balance commerciale boîteuse** lopsided trade balance.

**boîtier** [bwatje] nm case. ◊ **boîtier de saisie** (Inf) data entry unit.

**Bolivie** [bɔlivi] nf Bolivia.

**bolivien, -ienne** [bɔlivjɛ̃, jɛn] **1** adj Bolivian. **2** **Bolivien** nm (habitant) Bolivian. **3** **Bolivienne** nf (habitante) Bolivian.

**bombarder** [bɔ̃baʀde] vt **a** bombarder de questions to shower with; coups de téléphone to pester with. **b** (* : nommer) to appoint. ◊ **on l'a bombardé chef des ventes*** he was pitchforked into the position of sales manager.

**bombe** [bɔ̃b] nf bomb. ◊ **désamorcer la bombe** (fig) to defuse the time bomb; **ça a fait l'effet d'une bombe** that was like a bolt from the blue.

**bon, bonne** [bɔ̃, bɔn] **1** adj **a** (gén) good; réponse, solution right, correct; placement, investissement safe, sound. ◊ **composer le bon numéro** to dial the right number; **juger** ou **trouver bon de faire** to see fit to do; **bonne créance** good debt; **bon état de navigabilité** seaworthiness; **bonne qualité courante** fair average quality, FAQ; **bonne qualité marchande** good merchantable quality; **b** (valable) billet, passeport, timbre valid. ◊ **bon jusqu'au 12 juin** to be used before 12th June, valid until 12th June. **c** **bon pour aval** guaranteed by; **bon pour pouvoir** procuration given by; **bon pour francs** (sur chèque) pay bearer to the amount of. **d** **à bon droit** with good reason, legitimately; **à bon port** safely; **bon an mal an** on average, on balance; **mener qch à bonne fin** to bring sth to a successful conclusion, complete sth successfully; **bon marché** objet cheap, inexpensive; acheter at a low price; **aux bons soins de** care of, c / o; **acheteur / vendeur de bonne foi** bona fide buyer / seller; **être de bonne foi** to be in good faith; **sauf bonne fin** under usual reserve. **2** nm **a** **cette solution a du bon** this solution has its good points ou has its merits. **b** (bordereau) slip, form, note; (coupon d'échange) coupon, voucher; (titre boursier) bond. ◊ **amortir un bon** to redeem a bond; **émettre des bons** to issue ou float bonds. **3** comp **bon de bord** ou **de chargement** (Mar)mate's receipt. – **bon de caisse** short-term note. – **bon de capitalisation** investment growth bond. – **bon collatéral** subsidiary bond. – **bon de commande** order form, purchase order. – **bon de commission** commission note. – **bon de contrôle** (Ind) inspection ou control ticket. – **bon à découper** cut-out coupon. – **bon à détacher** tear-off coupon. – **bon d'entrée** (Ind) (en magasin) goods inward sheet. – **bon d'épargne** savings certificate ou bond. – **bon d'essence** petrol (GB) ou gas (US) coupon. – **bon d'expédition** consignment ou dispatch note. – **bon de garantie** guarantee. – **bon d'inspection** (Ind) inspection ou control ticket. **– bon indexé** indexed bond. **– bon à intérêts précomptés** non-interest-bearing bond. **– bon de livraison** delivery slip ou note ou order, advice of delivery. **– bon à lots** lottery bond, prize bond. **– bon matière** issue order, materials requisition order. **– bon nominatif** registered bond. **– bon au porteur** bearer bond, bond to bearer. **– bon à prime** premium bond. **– bon de quai** wharfinger's receipt, dock receipt. **– bon de réception** receiving order ou note ou slip. **– bon de réduction** reduction coupon ou voucher, cash voucher, premium coupon. **– bon de refus** return order. **– bon de réintégration** ou **de retour** return order. **– bon de sortie** issue order ou voucher; **bon de sortie de matière** materials requisition (order); **bon de sortie de magasin** stores requisition. **– bon sorti au tirage** drawn bond. **– bon de souscription** (à des obligations) bond warrant; (à des actions) equity warrant. **– bon à tirer : donner le bon à tirer** to pass for press. **– bon de travail** (Ind) work ticket, job order. **– bon du Trésor** Treasury bill ou bond, government bond, Exchequer bill. **– bon à vue** sight draft.

**bond** [bɔ̃] **nm** leap, bound, jump. ◊ **bond en avant** leap forward; **progresser par bonds** to progress by leaps and bounds; **les prix ont fait un bond** prices have shot up ou soared ou rocketed; **les cours du café ont fait un bond** coffee prices bounced up.

**boni** [bɔni] **nm** (bénéfice) profit, surplus; (prime) bonus (payment). ◊ **boni de liquidation** liquidating dividend, winding-up profit.

**bonification** [bɔnifikɑsjɔ̃] **nf** **a** [terre, vins] improvement. **b** (avantage) advantage; (points) bonus (points); (Ass) bonus; (rabais) discount, rebate. ◊ **bonification de taux d'intérêt** interest rate subsidy; **bonifications d'intérêt** interest rate subsidies, preferential interest rates; **accorder une bonification d'intérêt** to grant an interest rebate ou an additional bonus rate; **bonification pour absence de sinistre** no-claim(s) bonus.

**bonifié, e** [bɔnifje] **adj** improved. ◊ **prêt à taux bonifié** government-subsidized loan, low-interest loan, reduced-rate loan.

**bonifier vt, se bonifier vpr** [bɔnifje] to improve.

**boniment** [bɔnimɑ̃] **nm** ◊ **boniment publicitaire** patter*, sales talk* ou pitch* ou spiel*.

**Bonn** [bɔn] **n** Bonn.

**bonus** [bɔnys] **nm** (Ass) no-claim(s) bonus. ◊ **un bonus de 25% sur ma prime d'assurance** a 25% no-claim(s) bonus on my insurance.

**boom** [bum] **nm** boom. ◊ **boom économique** economic boom; **il y a un boom sur les imprimantes laser** laser printer sales are booming.

**boomerang** [bumʀɑ̃g] **nm** boomerang. ◊ **effet boomerang** boomerang effect.

**bord** [bɔʀ] **nm** **a** (gén) edge; [abîme] brink. ◊ **être au bord de la faillite** to be on the verge ou brink of bankruptcy. **b** (Mar) side. ◊ **à bord** on board, aboard; **monter à bord** to go on board ou aboard; **journal** ou **livre de bord** log (book), ship's log; **papiers de bord** ship's papers; **reçu de bord** mate's receipt; **bord à bord** free in and out; **bord à quai** alongside ship; **franco bord** free on board, FOB; **franco long du bord** free alongside ship, FAS.

**bordereau, pl -x** [bɔʀdəʀo] **1** **nm** (gén) note, slip; (état) statement, summary; (facture) invoice. **2** **comp bordereau d'achat** (Comm) purchase note; (Bourse) contract note. **– bordereau d'agent de change** broker's note. **– bordereau de caisse** cash statement. **– bordereau de chargement** cargo list. **– bordereau de colisage** packing list. **– bordereau de courtage** (Bourse) broker's note. **– bordereau de crédit** credit note. **– bordereau de débit** debit note. **– bordereau de douanes** customs note. **– bordereau d'encaissement** (Banque) list of bills for collection. **– bordereau d'envoi** dispatch ou consignment note; (Banque) list of securities forwarded. **– bordereau d'escompte** list of bills for discount. **– bordereau d'expédition** dispatch ou consignment note. **– bordereau de livraison** (Comm) delivery slip ou note; (Fin) issue voucher. **– bordereau de paye** wage docket ou slip, pay slip. **– bordereau de pointage** tally sheet. **– bordereau de prix** price list. **– bordereau de quittance** receipt. **– bordereau de salaire** wage docket ou slip, pay slip. **– bordereau de souscription** (Ass) schedule. **– bordereau de vente** (gén) list of sales; (Comm) dispatch ou consignment note; (Bourse) contract note, sold note. **– bordereau de versement** pay-in slip ou voucher.

**borne** [bɔʀn(ə)] **nf** limit; (Inf) delimiter. ◊ **borne d'encaissement** payment station, check-out point.

**bosse** [bɔs] **nf** bump. ◊ **avoir la bosse du commerce** to be a born businessman.

**Bottin** [bɔtɛ̃] **nm** ® phone directory, phone-book.

**bouc** [buk] **nm** ◊ **bouc émissaire** scapegoat, fall guy (US).

**bouché, e** [buʃe] **adj** marché saturated, glutted, clogged; avenir, perspective gloomy, grim, bleak; profession overcrowded. ◊ **ce secteur est bouché** there is no future in this sector.

**bouchée** [buʃe] **nf** mouthful. ◊ **pour une bouchée de pain** for a song, for next to nothing; **mettre les bouchées doubles** to put on a spurt.

**bouche-trou, pl bouche-trous** [buʃtʀu] **nm** (personne) stand in; (mesure) stopgap.

**bouchon** [buʃɔ̃] **nm** (encombrement) holdup, jam. ◊ **grève bouchon** key strike.

**boucle** [bukl(ə)] **nf** (gén, Inf) loop. ◊ **boucle de rétroaction** feedback.

**boucler** [bukle] **vt** affaire to finish off, settle, tie up; contrat, marché to clinch, settle; comptes to close; budget to balance. ◊ **les négociations entre les deux sociétés devraient être bouclées avant la fin de la semaine** the negotiations between the two companies should be settled ou tied up before the end of the week.

**bouder** [bude] **vt** produit to stay away from, be reluctant to buy. ◊ **les épargnants boudent la Bourse** investors are keeping away ou are shying away from the stock exchange.

**bouée** [bwe] **nf** buoy. ◊ **bouée de sauvetage** lifebuoy.

**bouffée** [bufe] **nf** ◊ **apporter une bouffée d'oxygène** to bring a breath of fresh air.

**bouger** [buʒe] **vi** (gén) to move; (manifester) to stir. ◊ **les syndicats n'ont pas bougé** the unions didn't budge; **les cours n'ont pas bougé** prices have stayed put ou the same, there has been no movement in prices.

**bouilleur** [bujœʀ] **nm** ◊ **bouilleur de cru** home distiller.

**bouillon** [bujɔ̃] **nm** (Fin) **prendre** ou **boire un bouillon***** to make a big loss, suffer a heavy loss.

**boule** [bul] **nf** ball. ◊ **effet boule de neige** snowball effect; **faire boule de neige** to snowball; **vente à la boule de neige** snowball sales technique.

**bourgeois, e** [buʀʒwa, waz] **1 adj** bourgeois, middle-class.
**2 nm,f** bourgeois, middle-class person. ◊ **grand bourgeois** upper middle-class person.

**bourgeoisie** [buʀʒwazi] **nf** middle class(es), bourgeoisie. ◊ **petite / moyenne / haute bourgeoisie** lower middle / middle / upper middle class.

**bourrage** [buʀaʒ] **nm** [papier] jam.

**bourse** [buʀs(ə)] **1 nf a la Bourse** the stock exchange (GB), the Stock Market (US); [Paris] the Paris Bourse; [Londres] the Lon-

don stock exchange; [New York] Wall Street, the New York Stock Market; **la Bourse de ce jour** today's market; **la Bourse monte / descend** share (GB) ou stock (US) prices are going up / down, the market is going up / down; **jouer à la Bourse** to speculate ou gamble on the stock exchange; **s'introduire en Bourse** to go public; **introduire une entreprise en Bourse** to float a company; **introduction en Bourse** flotation, introduction; **la Commission des opérations de Bourse** the Securities and Investment Board (GB), the Securities and Exchange Commission (US); **coup de Bourse** speculation; **le cours de la Bourse** the market rate; **exécution en Bourse** buy-in; **opérations de Bourse** stock exchange transactions ou operations; **règlements de Bourse** stock exchange regulations; **la tenue de la Bourse** the stock exchange tone; **valeurs cotées / non cotées en Bourse** listed / unlisted securities. **b** (porte-monnaie) purse. ◊ **sans bourse déliée** without spending a penny (GB) ou a cent (US); **serrer / desserrer les cordons de la bourse** to tighten / loosen the purse strings; **tenir les cordons de la bourse** to hold the purse strings; **faire bourse commune** to share expenses, pool one's resources; **c'est à la portée de toutes les bourses** everybody can afford it, it is within everybody's means. **c** (allocation) **bourse (d'études)** (student's) grant; **bourse d'État / d'entretien** state / maintenance grant.
**2 comp Bourse de change** foreign exchange market. — **Bourse de commerce** commodity market, produce exchange. — **Bourse de l'emploi** job centre. — **Bourse des grains** Corn Exchange. — **Bourse des marchandises** commodity market, produce exchange. — **Bourse maritime** shipping exchange. — **Bourse du travail** ≈ Trade Unions Centre. — **Bourse des valeurs (mobilières)** stock exchange, Stock Market.

**boursicotage** [buʀsikɔtaʒ] **nm** dabbling on the stock exchange.

**boursicoter** [buʀsikɔte] **vi** to dabble on the stock exchange ou in stocks, scalp (US).

**boursicoteur, -euse** [buʀsikɔtœʀ, øz] **nm,f, boursicotier, -ière** [buʀsikɔtje, jɛʀ] **nm,f** dabbler in stocks ou on the stock exchange, scalper (US).

**boursier, -ière** [buʀsje, jɛʀ] **1 adj a** (Bourse) stock exchange, stock market. ◊ **actif** ou **portefeuille boursier** stock exchange portfolio; **indice boursier** index of security prices; **les milieux boursiers** stock market circles; **opérations boursières** stock exchange operations ou transactions, trades; **conjoncture boursière** market trend; **capi-**

talisation **boursière** market capitalization; **un titre boursier, une valeur boursière** a (stock market) security; **la valeur boursière d'un placement** the stock market value of an investment. **b** (Univ) **étudiant boursier** student grant-holder, student receiving a grant.
**2** nm,f (agent de change) stockbroker; (opérateur) stock exchange operator; (Univ) grant-holder.

**bout** [bu] nm (gén) end; (pointu) tip. ◊ **à bout de bras** at arm's length; **du bout des lèvres** reluctantly, half-heartedly; **j'ai lu votre rapport d'un bout à l'autre** I've read your report right through; **d'un bout de l'année à l'autre** all the year round; **l'économie est à bout de souffle** the economy has run out of steam; **joindre les deux bouts** to make both ends meet; **économies de bouts de chandelle** cheese-paring economics.

**bouteille** [butɛj] nf bottle. ◊ **bouteilles consignées / non consignées** returnable / disposable ou non-returnable bottles; **mettre en bouteille** to bottle.

**boutique** [butik] nf shop, store; (de luxe) boutique. ◊ **fermer boutique** to close down, go out of business, shut up shop; **tenir boutique** to run a shop; **parler boutique** to talk shop; **boutique hors taxe** duty-free shop.

**boutiquier, -ière** [butikje, jɛʀ] nm,f shopkeeper.

**bouton** [butɔ̃] nm [vêtement] button; [appareil] knob; (Élec) switch. ◊ **industries presse-bouton** push-button industries.

**bovin, e** [bɔvɛ̃, in] **1** adj bovine.
**2** nmpl ◊ **bovins** cattle.

**box, pl boxes** [bɔks] nm ◊ **box des accusés** dock.

**boycott** [bɔjkɔt] nm, **boycottage** [bɔjkɔtaʒ] nm boycotting, boycott.

**boycotter** [bɔjkɔte] vt to boycott, black.

**BP** abrév de *boîte postale* P.O. box.

**BPA** [bepea] abrév de *bénéfice par action* EPS.

**BPF** abrév de *bon pour francs* → bon.

**bradage** [bʀadaʒ] nm selling off.

**brader** [bʀade] vt (vendre à bas prix) to sell cheaply; (liquider) to sell off.

**braderie** [bʀadʀi] nf (open-air) clearance sale, jumble sale, rummage sale (US).

**branche** [bʀɑ̃ʃ] nf branch. ◊ **branche d'activité** [personne] field of activity, line of business ou work; [société] industrial sector, industry group; **accord de branche** branch agreement; **je travaille dans cette branche depuis de nombreuses années** I have been working in this line of business for many years.

**branchement** [bʀɑ̃ʃmɑ̃] nm **a** (Inf) branch, jump, transfer. ◊ **instruction de branchement** branch ou jump instruction. **b** [appareil] plugging in.

**brancher** [bʀɑ̃ʃe] vt (installer) to connect up; réseau to link up (*sur* with); (mettre la prise) to plug in.

**brandon** [bʀɑ̃dɔ̃] nm (Jur) **saisie-brandon** distraint by seizure of crops.

**branduit** [bʀɑ̃dɥi] nm brand ou branded product.

**braquer** [bʀake] **1** vt (se mettre à dos) to antagonize. ◊ **le gouvernement a braqué les syndicats** the government has antagonized the unions.
**2** se braquer vpr to dig one's heels in.

**bras** [bʀa] nm (gén) arm; (travailleur) hand, worker. ◊ **manquer de bras** to be short-handed, be short of labour, be under-manned; **avoir le bras long** to have a long arm; **avoir une grève sur les bras*** to have a strike on one's hands, be stuck* ou landed* ou saddled with a strike; **le bras droit du patron** the boss's right-hand man; **une partie de bras de fer** a tug of war.

**Brasilia** [bʀazilja] n Brasilia.

**brassage** [bʀasaʒ] nm mixing. ◊ **déclaration de brassage** (CEE) brewing declaration.

**brasser** [bʀase] vt argent to handle a lot of. ◊ **brasser des affaires** to be in big business, wheel and deal.

**brasserie** [bʀasʀi] nf (fabrique de bière) brewery; (industrie) brewing industry; (restaurant) bar and restaurant, brasserie.

**brasseur** [bʀasœʀ] nm [bière] brewer. ◊ **gros brasseur d'affaires** big businessman, business tycoon.

**Brazzaville** [bʀazavil] n Brazzaville.

**brèche** [bʀɛʃ] nf (gén) breach, opening, gap; [législation] loophole. ◊ **ouvrir une brèche dans un marché** to make a breach in a market, make a breakthrough in a market; **faire une brèche dans les réserves en devises** to make a dent in the foreign exchange reserves.

**bref, brève** [bʀɛf, ɛv] **1** adj rapport, discours short. ◊ **soyez bref et précis** be brief and to the point; **à bref délai** shortly.
**2** adv in short.

**Brésil** [bʀezil] nm Brazil.

**brésilien, -ienne** [bʀeziljɛ̃, jɛn] **1** adj Brazilian.
**2** Brésilien nm (habitant) Brazilian.
**3** Brésilienne nf (habitante) Brazilian.

**brevet** [bʀəvɛ] **nm** a brevet (d'invention) letters patent, patent; **bureau** ou **registre des brevets** patent office; **titulaire d'un brevet patentee**; **brevet demandé, demande de brevet déposée** (mention sur un produit) patent pending; **déposer** ou **prendre un brevet** to take out ou file a patent; **exploiter un brevet** to work ou exploit a patent; **transmettre un brevet à qn** to assign a patent to sb; **demande de brevet** application for a patent; **dépôt de brevet** taking out of a patent; **transmission de brevet** conveyance of a patent; **contrefaçon de brevet** patent infringement; **déchéance de brevet** forfeiture of patent; **échange de brevets** patent trading. b (diplôme) diploma, certificate; (Mar) certificate, ticket. ◊ **brevet d'apprentissage** ≈ certificate of apprenticeship; **brevet de capitaine** master's certificate ou ticket; **brevet d'études professionnelles** technical school certificate; **brevet d'études professionnelles agricoles** agricultural school certificate; **brevet de pilote** pilot's licence; **brevet de technicien** technical diploma; **brevet de technicien supérieur** higher technical diploma.

**brevetabilité** [bʀəvtabilite] **nf** patentability.

**brevetable** [bʀəvtabl(ə)] **adj** patentable.

**breveté, e** [bʀəvte] **adj** invention patented; technicien qualified, certificated.

**breveter** [bʀəvte] **vt** invention to patent. ◊ **faire breveter qch** to take out a patent for ou on sth.

**BRI** [beeʀi] **nf** abrév de *Banque des règlements internationaux* BIS.

**bricolage** [bʀikɔlaʒ] **nm** do-it-yourself, DIY. ◊ **rayon bricolage** DIY ou do-it-yourself department.

**bricoler** [bʀikɔle] **vt** accord to hammer out, knock up.

**bride** [bʀid] **nf** ◊ **laisser la bride sur le cou à qn** to give sb a free hand.

**briefing** [bʀifiŋ] **nm** briefing. ◊ **faire un briefing à l'intention de l'équipe de vente** to brief the sales force.

**briguer** [bʀige] **vt** emploi, faveur to seek; suffrages to solicit, canvass.

**brillant, e** [bʀijã, ãt] **adj** résultats brilliant, outstanding; perspectives économiques bright.

**brimade** [bʀimad] **nf** harassment.

**brique** [bʀik] **nf** (*) a million (old) francs.

**bris** [bʀi] **nm** breaking. ◊ **bris de clôture** trespass, breaking-in; **assurance bris de glaces** plate-glass insurance; **bris de scellés** breaking of seals.

**briser** [bʀize] **vt** carrière, espoirs to ruin, wreck, smash, shatter; résistance to crush, break down; grève to break (up).

**briseur** [bʀizœʀ] **nm** ◊ **briseur de grève** strikebreaker, blackleg*, scab*.

**bristol** [bʀistɔl] **nm** (carte de visite) visiting card.

**britannique** [bʀitanik] 1 **adj** British.
2 **Britannique nmf** (habitant) Briton, British person, Britisher (US). ◊ **les Britanniques** British people, the British.

**brocanteur, -euse** [bʀɔkãtœʀ, øz] **nm,f** second-hand (furniture) dealer.

**brochette** [bʀɔʃɛt] **nf** ◊ **brochette d'experts** bevy of experts.

**brochure** [bʀɔʃyʀ] **nf** (magazine) brochure, booklet. ◊ **brochure publicitaire** advertising brochure; **brochure de luxe** de luxe booklet.

**brouillard** [bʀujaʀ] **nm** (livre) daybook, cash book.

**brouiller** [bʀuje] **vt** idées to mix ou muddle up; combinaison de coffre to scramble. ◊ **brouiller les pistes** ou **les cartes** to cloud ou obscure the issue, draw a red herring across the trail.

**brouillon, -onne** [bʀujõ, ɔn] 1 **adj** (peu organisé) unmethodical.
2 **nm** [lettre] rough copy; (ébauche) (rough) draft. ◊ **papier brouillon** rough paper; **rédiger qch au brouillon** to make a draft of sth.

**broyer** [bʀwaje] **vt** to grind. ◊ **la Bourse broye du noir** (fig) the stock market is in the doldrums ou down in the dumps.

**broyeur** [bʀwajœʀ] **nm** crusher, grinder.

**bruit** [bʀɥi] **nm** (gén) noise; (nouvelle) rumour. ◊ **c'est un bruit qui court** it's a rumour that's going round; **répandre des faux bruits** to spread false rumours; **nous l'avons appris par des bruits de couloirs** we heard it through the grapevine; **des bruits sans fondement** groundless rumours; **on a fait beaucoup de bruit autour de ce nouveau procédé** a lot of fuss was made about this new technique.

**brûlant, e** [bʀylã, ãt] **adj** sujet ticklish. ◊ **effets brûlants** (Fin) hot bills.

**brûler** [bʀyle] 1 **vt** to burn. ◊ **brûler les étapes** (aller vite) to cut corners.
2 **vi** to burn.
3 **se brûler vpr** ◊ **se brûler les doigts** to get one's fingers burnt.

**brusque** [bʀysk(ə)] **adj** (soudain) abrupt, sudden. ◊ **brusque montée de prix** surge in prices; **brusque revirement** sudden turnaround, turnround.

**brusquer** [bʀyske] **vt** (précipiter) to rush, hasten. ◊ **il ne faut rien brusquer** we mustn't rush things.

**brut, e** [bʀyt] **1 adj a** pétrole crude; minerai raw, crude; soie, métal raw; indice unadjusted. ◊ **produits bruts** primary products; **données brutes** raw data. **b** poids, salaire gross. ◊ **produire brut un million** to gross a million; **l'entreprise a fait une recette brute de 800 000 dollars** the firm grossed $800,000; **bénéfice brut** gross ou pre-tax profit; **marge brute** gross margin; **marge brute** ou **excédent brut d'exploitation** trading profit; **produit brut d'une vente** gross proceeds of a sale; **recette brute** gross receipts ou returns; **produit national brut** gross national product, GNP; **produit intérieur brut** gross domestic product, GDP. **2 nm** crude (oil).

**brutal, e, mpl -aux** [bʀytal, o] **adj** augmentation sharp, steep; fluctuations wild, sudden; réponse blunt. ◊ **refus brutal** blunt refusal, flat no.

**Bruxelles** [bʀysɛl] **n** Brussels.

**BS** abrév de *bon de souscription* → bon.

**BSA** abrév de *bon de souscription d'action* → bon.

**BT** [bete] **nm** abrév de *brevet de technicien* → brevet.

**BTS** [betes] **nm** abrév de *brevet de technicien supérieur* → brevet.

**Bucarest** [bykaʀɛst] **n** Bucharest.

**Budapest** [bydapɛst] **n** Budapest.

**budget** [bydʒɛ] **1 nm a** budget. ◊ **avoir un budget serré** to have a tight budget; **adopter ou voter le budget** to pass the budget; **boucler ou équilibrer le budget** to balance the budget; **dépasser son budget** to overrun one's budget, go over one's budget; **établir / élaguer un budget** to draft ou draw up / prune ou trim a budget; **faire des coupes sombres dans le budget** to make drastic cuts ou reductions in the budget; **inscrire ou porter qch au budget** to budget for sth; **présenter le budget** to introduce the budget; **rester dans les limites du budget** to keep to the budget; **commission du budget** (Pol) budget commission, ≈ Committee of Ways and Means (US); **écart sur budget** budget variance; **planification du budget** budget planning; **préparation du budget** budgeting; **projet de budget** draft budget. **b** (Pub) account. ◊ **ils ont le budget de cette firme** they have this company's account.
**2 comp budget annexe** supplementary budget. – **budget d'annonceur** (advertising) account. – **budget base zéro** zero

base budget. – **budget des charges** cost budget. – **budget de croissance** expansionary ou growth budget. – **budget conjoncturel** cyclical budget. – **budget domestique** family ou household budget. – **budget de l'entreprise** corporate ou company budget. – **budget d'exploitation** working budget, operating budget, trading budget. – **budget extraordinaire** emergency budget. – **budget familial** family ou household budget. – **budget de fonctionnement** working ou operating ou operational budget. – **budget général** master budget. – **budget initial** preliminary ou initial budget. – **budget d'investissement** capital budget. – **budget médias** media budget. – **budget de production** production budget. – **budget de programmes** programme budget. – **budget de promotion des ventes** sales promotion budget. – **budget publicitaire** ou **de publicité** [annonceur] advertising budget; [agence de publicité] advertising account. – **budget de recherches** research budget. – **budget social** welfare budget. – **budget temps** time budget. – **budget de trésorerie** cash budget. – **budget type** standard ou average household budget. – **budget des ventes** sales budget.

**budgétaire** [bydʒetɛʀ] **adj** budget, budgetary. ◊ **affectation budgétaire** budget appropriation; **année budgétaire** financial year, fiscal year; **collectif budgétaire** deficiency bill; **commission budgetaire** budget committee (US), committee of Ways and Means; **compression budgétaire** budget squeeze, curtailment in budgeted expenditure; **comptabilité budgétaire** budgeting; **contrainte budgétaire** budget ou budgetary constraint; **contrôle budgétaire** budget ou budgetary control; **déficit budgétaire** budget deficit; **dépense budgétaire** budget expense ou expenditure; **écart budgétaire** budget variance; **excédent budgétaire** budget surplus; **exercice budgétaire** budgetary ou financial year; **gestion budgétaire** budget management; **ligne budgétaire** budget line; **poste budgétaire** budget item ou heading; **prévisions budgétaires** budget forecasts ou estimates; **prix de revient budgétaire** budgeted costs; **recettes budgétaires** budgetary receipts, revenue; **les dépenses de consommation ont dépassé l'objectif budgétaire qui était de 4%** consumer spending has overpassed the 4% budgeted target; **situation budgétaire annuelle** budget statement for the year.

**budgéter** [bydʒete] **vt** = budgétiser.

**budgétisation** [bydʒetizasjɔ̃] **nf** budgeting.

**budgétiser** [bydʒetize] **vt** to include in the budget, budget for. ◊ **une dépense budgétisée** a budgeted expense.

**Buenos Aires** [bwenɔzɛʀ] **n** Buenos Aires.

**bulgare** [bylgaʀ] **1** **adj** Bulgarian.
**2** **nm** (langue) Bulgarian.
**3** **Bulgare** **nmf** (habitant) Bulgarian.

**Bulgarie** [bylgaʀi] **nf** Bulgaria.

**bulle** [byl] **nf** ◊ **emballage-bulle** bubble pack; **mémoire à bulles** bubble memory.

**bulletin** [byltɛ̃] **1** **nm** (formulaire) form; (journal, compte rendu) bulletin; (billet) ticket; (Pol) ballot paper; (Bourse) list. ◊ **vote à bulletin secret** vote ou voting by secret ballot; **compter les bulletins** to cast up, count the votes.
**2** **comp** **bulletin blanc** (Pol) blank vote. − **bulletin de bagage** luggage ticket, baggage check (US). − **bulletin de chargement** consignment note. − **bulletin de commande** order form; **bulletin de commande à détacher** tear-off order card. − **bulletin de consigne** left-luggage ticket ou check (US). − **bulletin de la cote** (Bourse) official list, stock exchange list. − **bulletin des cours** (Bourse) official list, stock exchange list. − **bulletin d'expédition** dispatch note. − **bulletin d'informations** news bulletin. − **bulletin météorologique** weather forecast ou report. − **bulletin de naissance** birth certificate. − **bulletin nul** (Pol) spoilt ballot paper. − **Bulletin officiel** official bulletin. − **bulletin de salaire** wage ou pay slip, pay stub (US). − **bulletin de santé** medical bulletin, health report. − **bulletin de souscription** application form. − **bulletin de vente** sales note. − **bulletin de versement** pay-in slip. − **bulletin de vote** ballot paper.

**bulletin-réponse,** **pl** **bulletins-réponses** [byltɛ̃ʀepɔ̃s] **nm** reply(-paid) coupon.

**buraliste** [byʀalist(ə)] **nmf** [bureau de tabac] tobacconist.

**bureau,** **pl** **-x** [byʀo] **1** **nm** **a** (table) desk. **b** (lieu) (chez soi) study; (au travail) office; (service) department. ◊ **emploi de bureau** office job; **employés de bureau** office ou white collar workers, clerical staff; **fournitures de bureau** office supplies; **ordinateur de bureau** desk-top computer; **garçon de bureau** office boy; **le bureau du directeur** the manager's office; **organisation du bureau** office management; **pendant les heures de bureau** during office hours; **nos bureaux seront fermés** the office will be closed; **il a été reclassé dans un emploi de bureau** he was switched to clerical ou office work. **c** (assemblée) committee. ◊ **bureau exécutif** executive board; **aller à une réunion du**

bureau to go to a committee meeting; **constituer le bureau** [société] to set up ou appoint a committee; **faire partie du bureau** to be on the committee.
**2** **comp** **bureau d'accueil** reception. − **bureau d'aide sociale** Welfare office. − **bureau des archives** record office. − **bureau de bienfaisance** welfare office. − **bureau des brevets** Patent Office. − **bureau du cadastre** land registry office, property register office (US). − **bureau de change** (foreign) exchange office, bureau de change. − **bureau du contentieux** legal department. − **bureau de douane** customs house. − **bureau d'enregistrement** registration office. − **bureau de l'état civil** ≈ registrar's office. − **bureau d'études** (dans une entreprise) research department ou unit, engineering department, drafting ou design department; (agence indépendante) consulting firm, consultant agency. − **Bureau européen de l'environnement** European Environment Office. − **bureau d'expédition** forwarding office. − **Bureau d'informations et de prévisions économiques** *bureau of economic information and forecasting*. − **Bureau international du travail** International Labour Office. − **bureau de location** booking office; (Théat) box office. − **bureau des objets trouvés** lost property office (GB), lost and found (US). − **bureau payeur** paying office. − **bureau de placement** employment agency ou bureau. − **bureau de poste** post office; **bureau de poste auxiliaire** sub-post office; **bureau de poste principal** general post office. − **bureau des réclamations** complaints office. − **bureau de renseignements** information office ou bureau, inquiry office. − **bureau de tabac** tobacconist's shop. − **bureau de tourisme** tourist office. − **bureau de vente** sales office. − **Bureau de vérification de la publicité** Advertising Standards Authority. − **bureau de vote** polling station.

**bureaucrate** [byʀokʀat] **nmf** bureaucrat.

**bureaucratie** [byʀokʀasi] **nf** (péj) (organisation) bureaucracy, red tape*; (fonctionnaires) officials, officialdom.

**bureaucratique** [byʀokʀatik] **adj** bureaucratic.

**bureaucratisation** [byʀokʀatizasjɔ̃] **nf** bureaucratization.

**bureaucratiser** [byʀokʀatize] **vt** to bureaucratize.

**bureauticien, -ienne** [byʀokʀatisjɛ̃, jɛn] **nm,f** office automation expert.

**bureautique** [byʀotik] **nf** office automation, OA.

**burkinabé** [ byʀkinabe] **1** adj of ou from Burkina-Faso.
**2 Burkinabé** nmf inhabitant ou native of Burkina-Faso.

**Burkina Faso** [byʀkinafaso] nm Burkina-Faso.

**bus** [bys] nm (Aut) bus ; (Inf) bus.

**business*** [biznɛs] nm (affaires) business ; (affaire louche) piece of funny business. ◊ **qu'est-ce que c'est que ce business ?** what's all this business about ?

**but** [by] nm aim, goal, target. ◊ **nous avons pour but de** our aim is to, we are aiming to ;

**aller droit au but** to go straight to the point ; **société à but lucratif** trading company, profit-making organization ; **société à but non lucratif** non-profit-making organization (GB), not-for-profit organization (US).

**buter** [byte] vi ◊ **buter contre** ou **sur une difficulté** to come up against a problem, hit a snag.

**butoir** [bytwaʀ] nm (gén, Fin, Impôts) buffer. ◊ **date butoir** deadline, final date.

**BVP** [bevepe] nm abrév de *Bureau de vérification de la publicité* ASA.

# C

**C** abrév de *centime.*

**CA** [sea] **1** nf abrév de *Chambre d'agriculture* → chambre. **2** nm **a** abrév de *chiffre d'affaires* → chiffre. **b** abrév de *conseil d'administration* → conseil.

**C&A** abrév de *coût et assurance* c.i.

**cabinet** [kabinɛ] **1** nm (firme) firm ; (agence) agency ; (bureau) office ; (clientèle) practice. **2** comp **cabinet d'avocats** law practice. – **cabinet d'affaires** business consultancy firm. – **cabinet associé** affiliated agency ou firm. – **cabinet d'audit** auditing firm. – **cabinet comptable** accounting firm ou practice. – **cabinet d'expertise comptable** accounting firm. – **cabinet-conseil** consulting agency ou firm, consultancy firm. – **cabinet immobilier** estate agency. – **cabinet juridique** law firm. – **cabinet d'outplacement** outplacement agency. – **cabinet de recrutement** recruiting agency ou firm.

**câble** [kɑbl(ə)] nm (gén) cable ; (télégramme) wire, cable. ◊ **aviser qn par câble, envoyer un câble à qn** to wire ou cable sb ; **virement par câble** cable transfer ; **télévision par câble** cable television.

**câbler** [kɑble] vt to cable. ◊ **réseau câblé** cable network.

**CAC** [kak] nf abrév de *compagnie des agents de change* institute of stockbrokers. ◊ **l'indice CAC 40** the CAC index.

**cacher** [kaʃe] vt to hide, conceal. ◊ **défaut ou vice caché** latent defect ; (Inf) bug.

**cachet** [kaʃɛ] nm **a** (marque) stamp. ◊ **cachet de la douane** customs seal ; **cachet de fabrique** maker's trademark ; **porter le cachet de la poste** to be postmarked ; **le**

**cachet de la poste faisant foi** date as postmark, as evidenced by the postmark. **b** (rémunération) fee.

**cachetage** [kaʃtaʒ] nm sealing.

**cacheter** [kaʃte] vt lettre to seal (up). ◊ **enveloppe non cachetée** unsealed envelope ; **envoyer qch sous pli cacheté** to send sth under sealed cover.

**CAD** [seade] nm abrév de *comité d'aide au développement* → comité.

**c.-à-d.** abrév de *c'est-à-dire* i.e.

**cadastrage** [kadastraʒ] nm land registration.

**cadastral, e,** mpl **-aux** [kadastral, o] adj cadastral. ◊ **extrait cadastral** land registry certificate ; **évaluation cadastrale** rateable value.

**cadastre** [kadastʀ(ə)] nm land register, Real Estate Register (US), cadastre ; (service) land registry. ◊ **bureau du cadastre** land registry office ; **inscrire ou porter au cadastre** to register.

**cadastrer** [kadastʀe] vt to survey and enter in the land register.

**caddie** [kadi] nm ® (chariot) supermarket trolley (GB), cart (US).

**cadeau,** pl **-x** [kado] nm present, gift. ◊ **ce paquet contient un cadeau** free gift inside the packet ; **cadeau d'entreprise ou publicitaire** free gift, giveaway (US) ; **chèque cadeau** gift cheque ou token ou voucher ; **emballage-cadeau** giftwrapping ; **promotion cadeau** gift promotion ; **pouvez-vous me faire un paquet-cadeau ?** could you giftwrap this package please ? ; **nos concurrents ne nous feront pas de cadeau** our competitors won't make things any easier for us.

**cadence** [kadɑ̃s] nf rate, pace. ◊ **cadence de production** rate of production, production rate; **à la cadence de cinq unités par heure** at a rate of five units per hour; **étude des cadences** time and motion study; **accélérer** ou **augmenter la cadence** to speed up the pace; **ralentir la cadence** to slacken speed, slow down.

**cadencier** [kadãsje] **nm** sales record.

**cadre** [kadʀ(ə)] **1** **nm** **a** (responsable) executive, manager. ◊ **les cadres** executives, managerial staff; **les cadres et la maîtrise** executives and supervisers; **être promu cadre** to be upgraded ou promoted to a managerial position; **malaise chez les cadres** unrest among the managers ou the senior staff; **chômage des cadres** executive unemployment; **perfectionnement des cadres** management development; **prime de cadres** executive compensation; **retraite des cadres** executive retirement plan. **b** (registre des employés) **figurer parmi les cadres** to be on the books ou on the payroll; **être rayé des cadres** to be struck off the books ou the payroll; **hors cadre** in special employment; **être placé en position hors cadre** to be seconded. **c** (domaine, grandes lignes) [attributions, pouvoirs] scope; [accord] framework. ◊ **sortir du cadre de ses responsabilités** ou **de ses fonctions** to overstep the limits of one's responsibilities, go beyond one's duties; **dans le cadre de nos conventions** within the scope of our agreement; **dans le cadre de la nouvelle réglementation** within the framework ou context of the new regulation; **dans le cadre du traité de Rome** under the Rome treaty; **ce protocole servira de cadre à tous les accords futurs** this protocol will serve as reference ou blueprint for future agreements; **accord cadre** master ou framework agreement; **loi-cadre** blueprint law. **d** (sur formulaire) space, box. ◊ **cadre réservé à l'Administration** for office use only, for service instructions only; **ne rien inscrire dans ce cadre** please leave (this space) blank, do not fill in this space. **e** (emballage) crate, frame. ◊ **cadre conteneur** container.
**2** **comp** **cadre débutant** junior executive. **– cadre dirigeant** senior manager ou executive; **les cadres dirigeants** managerial staff, senior executives. **– cadre fonctionnel** staff executive. **– cadre hiérarchique** line manager ou officer. **– cadre intermédiaire** middle manager. **– cadres de maîtrise** supervisory staff. **– cadre moyen** middle manager ou executive; **les cadres moyens** middle management, middle-grade managers (US). **– cadre opérationnel** line manager. **– cadre sédentaire** desk-bound executive. **– cadre stagiaire** management ou executive trainee. **– cadre subalterne** junior manager ou executive; **les cadres subal-**

ternes lower management, junior executives. **– cadre supérieur** senior executive ou manager, top manager ou executive, executive officer; **les cadres supérieurs** top ou upper management, senior executives.

**cadrer** [kadʀe] **vi** to tally (avec with), fit in (avec with), correspond (avec to). ◊ **le rapport de l'expert ne cadre pas avec les faits** the expert's report does not tally ou square with the facts; **cette décision a parfaitement cadré avec nos projets** this decision fitted in ou fell in nicely with our plans.

**caduc, caduque** [kadyk] **adj** **a** (Jur) null and void; (Ass) contrat lapsed; dette statute-barred, barred by limitation. ◊ **rendre caduc** to void, to render ou make null and void; **devenir caduc** to lapse. **b** (démodé) procédé outmoded, obsolete.

**caducité** [kadysite] **nf** (Jur) nullity; (Ass) [contrat] lapsing.

**CAEM** [seaəɛm] **nm** abrév de Conseil d'aide économique mutuel → conseil.

**CAF** [kaf] **1** **nf** abrév de caisse d'allocations familiales → caisse.
**2** abrév de coût, assurance, fret c.i.f.

**cagnotte** [kaɲɔt] **nf** kitty.

**cahier** [kaje] **nm** ◊ **cahier des charges** [construction, fabrication] specifications, requirements (US); (Mktg) (marketing) brief; [contrat] terms of reference, terms and conditions; [vente publique] particulars of sale; **cahier d'écoute** (Pub) commercials daily record.

**CAHT** abrév de chiffre d'affaires hors taxes → chiffre.

**caisse** [kɛs] **1** **nf** **a** (comptoir) [magasin] cash ou pay desk; [grande surface] check-out (counter); [banque] cashier's desk, till, teller's desk (US); (bureau) counting-house, pay office. ◊ **payez à la caisse** please pay at the desk ou at the till ou at the checkout; **être à la caisse, tenir la caisse** to be at ou on the cash desk, be the cashier; **préposé(e) à la caisse** pay desk attendant; (grande surface) checkout attendant; **ticket de caisse** (till) receipt, checkout ticket. **b** (machine) cash register, till; (coffre-fort portable) cashbox; (argent) cash. ◊ **caisse et banque** cash in hand and in bank, cash and bank deposits; **déficits et excédents de caisse** cash shorts and overs; **entrées et sorties de caisse** cash receipts and payments; **faire sa caisse** to balance one's account, make up the cash; **tenir la caisse** (s'occuper des comptes) to keep the cash; **en caisse** in hand, in the till; **avance / bon / écart / situation de caisse** cash advance / certificat / difference / position; **article de caisse** cash item; **bordereau de caisse** cash statement;

**escompte de caisse** cash discount; **livre** ou **journal de caisse** cash book; **mouvements** ou **opérations de caisse** cash transactions; **déficit de caisse** shortage in the cash; **petite caisse** (argent courant) petty cash; **accorder des facilités de caisse** (Banque) to grant overdraft facilities. **c** (boîte) (gén) case; (à clairevoie) crate. ◊ **caisse-palette** palletized case; **mettre des marchandises en caisse** to case ou crate goods. **d** (fonds de solidarité) fund. ◊ **alimenter une caisse** to supply a fund. **2** comp **caisse d'allocations familiales** family allowance fund. – **caisse d'amortissement** sinking ou redemption fund. – **caisse d'assurance contre les accidents du travail** industrial injuries fund. – **caisse d'assurance chômage** unemployment insurance (mutual) fund. – **caisse d'assurance maladie** health insurance (mutual) fund. – **caisse d'assurance sociale** social insurance office. – **caisse d'assurance vieillesse** old-age pension fund. – **caisse automatique** automatic telling machine, cashomat (US). – **caisse de bienfaisance** benevolent ou charity fund. – **Caisse centrale de réassurance** central reinsurance agency. – **caisse de chômage** unemployment fund. – **caisse de compensation** clearing house. – **Caisse des dépôts et consignations** deposit and consignment office. – **caisse enregistreuse** cash register. – **caisse d'épargne** savings bank. – **caisse de garantie** guarantee fund. – **caisse hypothécaire** mortgage loan office. – **caisse interprofessionnelle de dépôts** security clearing association. – **Caisse nationale d'épargne** National Savings Bank. – **caisse noire** slush fund. – **caisse de prévoyance** welfare ou provident ou reserve ou contingency fund. – **caisse primaire d'assurance maladie** National Health board ou authority ou office. – **caisse rapide** (supermarché) express counter, quick service till. – **caisse de retraite** retirement ou pension ou superannuation fund; **caisse de retraite complémentaire** supplementary retirement ou pension fund. – **caisse de sécurité sociale** social security office. – **caisse de secours** relief ou emergency fund. – **caisse secrète** slush fund. – **caisse syndicale** union fund.

**caissier, -ière** [kesje, jɛʀ] nm,f [banque] cashier, teller (US); (boutique) cash clerk, cashier; [grande surface] checkout assistant ou clerk, checker (US). ◊ **caissier principal** head ou chief cashier.

**calcul** [kalkyl] nm **a** (compte) calculation. ◊ **effectuer** ou **faire un calcul** to do a sum, make ou work out a calculation; **se tromper dans ses calculs, faire** ou **commettre une** erreur de calcul (pour une somme) to miscalculate, make a miscalculation, make a mistake in one's calculations, be out in one's reckoning ou calculations; (pour une quantité) to miscount; **vous vous êtes trompé de 200 F dans vos calculs** you are F200 out ou you are out by F200 in your accounts; **il y a une erreur de calcul** there's a mistake in the calculations ou figures; **calcul des probabilités** probability theory; **d'après mes calculs** by my calculations; **centre / puissance de calcul** (Inf) computing centre / power. **b** (évaluation) reckoning, calculation, computation. ◊ **calcul de l'impôt** tax assessment; **prendre pour base de calcul les cours les plus bas de l'année** to base ou ground one's evaluation on the year's lows; **ces données sont intégrées dans nos calculs** this data is included in our calculations ou is factored in; **calcul des coûts** costing; **éléments de calcul de l'assiette** components for calculating the assessment basis. **c** (Maths) calculus. ◊ **calcul différentiel** differential calculus.

**calculable** [kalkylabl(ə)] adj calculable, computable.

**calculateur** [kalkylatœʀ] nm computer. ◊ **calculateur analogique / numérique** analog / digital computer.

**calculatrice** [kalkylatʀis] nf calculator. ◊ **calculatrice de bureau** desk calculator; **calculatrice imprimante** print-out calculator; **calculatrice de poche** pocket calculator.

**calculer** [kalkyle] vt to calculate, work out. ◊ **les droits spécifiques sont calculés selon le volume / le poids** specific duties are reckoned ou calculated per unit of volume / weight; **calculer les intérêts** to calculate ou work out the interest; **les intérêts sont calculés chaque mois** interest is compounded monthly; **prix de revient calculé au plus juste** strict cost price; **tout bien calculé** taking everything into account, on balance; **calculer le pour et le contre** to weigh up the pros and cons; **calculé à partir des statistiques officielles** based on official figures.

**calculette** [kalkylɛt] nf pocket calculator.

**cale** [kal] nf (soute) hold; (dock) dock; (quai) slipway. ◊ **cale de radoub** graving dock; **cale sèche** dry dock.

**calendrier** [kalɑ̃dʀije] **1** nm **a** (planning) timetable, schedule. ◊ **avoir un calendrier chargé** to have a busy timetable ou a heavy schedule; **établir un calendrier** to draw up a timetable; **nous prenons du retard sur notre calendrier** we are falling behind schedule; **nous sommes en avance par rapport à notre calendrier** we are ahead of schedule; **aucun**

**calibrage**

**calendrier n'a été arrêté** no timetable was set. **b** (almanach) calendar. **2 comp calendrier d'amortissement** repayment schedule. – **calendrier bloc** block calendar. – **calendrier des dépenses** spending plan. – **calendrier à effeuiller** tear-off calendar. – **calendrier d'insertion publicitaire** date plan ou schedule. – **calendrier de lancement** launch programme. – **calendrier de mailing** mailing schedule. – **calendrier perpétuel** perpetual ou everlasting calendar. – **calendrier de travail** (gén) work schedule, time chart; (gestion des délais) chronogram. – **calendrier d'urgence** crash-action timetable.

**calibrage** [kalibraʒ] **nm** (fruit) grading; (Pub) copy fitting.

**calibrer** [kalibre] **vt** fruit to grade; texte to cast off.

**calicot** [kaliko] **nm** (Pub) streamer, banner.

**calier** [kalje] **nm** stevedore, holder.

**call** [kol] **nm** (Bourse) call.

**calme** [kalm(ə)] **1 adj** marché calm, quiet, flat, dull, easy. ◊ **les affaires sont calmes** business is quiet ou slack. **2 nm** calm. ◊ **calme plat à la Bourse de Paris** the Paris Bourse in the doldrums ou at a standstill; **les fonds d'État sont calmes** there's virtually no trading on government securities; **les opérateurs gardent leur calme** traders ou dealers ou operators are keeping cool.

**calmer** [kalme] **1 vt** to calm (down). **2 se calmer vpr** [situation] to quieten down (GB), quiet down (US), ease. ◊ **attendre que les choses se calment** to let the situation calm ou cool down, let the dust settle; **la frénésie d'achat sur les mines d'or s'est calmée** the rush on gold shares has eased up; **l'agitation s'est calmée à l'intérieur de l'usine** the unrest in the factory has calmed down ou settled.

**cambial, e, mpl -aux** [kãbjal, o] **adj** relating to exchange law. ◊ **droit cambial** exchange law.

**cambiste** [kãbist(ə)] **1 adj** ◊ **marché cambiste** exchange market. **2 nmf** foreign exchange dealer ou broker ou trader. ◊ **cambiste au comptant** spot dealer.

**Cambodge** [kãbɔdʒ] **nm** Cambodia.

**cambodgien, -ienne** [kãbɔdʒjẽ, jɛn] **1 adj** Cambodian. **2 Cambodgien nm** (habitant) Cambodian. **3 Cambodgienne nf** (habitante) Cambodian.

**camelote** [kamlɔt] **nf** cheap ou shoddy goods, junk.

**camembert** [kamãbɛr] **nm** (Stat, Inf) pie chart, cake chart.

**Cameroun** [kamrun] **nm** Cameroon.

**camerounais, e** [kamrunɛ, ɛz] **1 adj** Cameroonian. **2 Camerounais nm** (habitant) Cameroonian. **3 Camerounaise nf** (habitante) Cameroonian.

**camion** [kamjõ] **nm** lorry (GB), truck (US). ◊ **camion citerne** tanker, tank truck (US); **camion de déménagement** removal van; **camion isotherme** insulated lorry; **camion magasin** mobile shop; **camion (à) remorque** lorry ou truck with a trailer; **camion (à) semi-remorque** articulated lorry (GB), trailer-truck (US).

**camionnage** [kamjɔnaʒ] **nm** haulage, carriage, trucking (US). ◊ **camionnage zone courte / longue** short / long haul; **entreprise de camionnage** hauliers, haulage contractor, trucking company ou business (US).

**camionner** [kamjɔne] **vt** to haul, carry, truck (US). ◊ **fret camionné** truck ou road freight.

**camionnette** [kamjɔnɛt] **nf** pick-up, van, pick-up truck. ◊ **camionnette de livraison** delivery van.

**camionneur** [kamjɔnœr] **nm** (conducteur) lorry ou truck driver, trucker (US); (transporteur) haulage contractor, road haulier, trucker (US).

**camouflage** [kamuflaʒ] **nm** [opérations irrégulières] covering up; [bilan] window-dressing, doctoring.

**camoufler** [kamufle] **vt** opérations irrégulières to cover up.

**campagne** [kãpaɲ] **1 nf** (Pub) campaign, drive. ◊ **lancer une campagne** to launch a campaign; **mettre sur pied** ou **monter une campagne** to stage a campaign; **mener (une) campagne pour / contre** to campaign for / against, lead ou conduct ou run ou wage a campaign for / against; **plan de campagne** plan of campaign; **dossier de lancement d'une campagne** campaign brief. **2 comp campagne d'accompagnement** follow-up campaign. – **campagne par bon-réponse** coupon scheme. – **campagne à énigme** ou **mystère** teaser campaign. – **campagne de financement** fund-raising campaign. – **campagne d'essai** (Bourse) try-out campaign. – **campagne d'exportation** export drive. – **campagne d'image** brand image advertising campaign. – **campagne intensive** saturation campaign. – **cam-**

pagne de lancement initial campaign, (product) lauch campaign, introductory campaign. – **campagne de matraquage** media hype. – **campagne de presse** press campaign. – **campagne de productivité** productivity drive. – **campagne de promotion des ventes** sales promotion campaign, sales push. – **campagne promotionnelle** promotional campaign ou drive. – **campagne de publicité** ou **publicitaire** advertising ou publicity drive ou campaign; **campagne de publicité directe** direct-mail campaign. – **campagne de recrutement** recruiting drive ou campaign. – **campagne de relance** reminder campaign. – **campagne de saturation** saturation campaign. – **campagne de vente** sales campaign ou drive.

**Canada** [kanada] **nm** Canada.

**canadien, -ienne** [kanadjɛ̃, jɛn] **1 adj** Canadian. **2 Canadien nm** (habitant) Canadian. **3 Canadienne nf** (habitante) Canadian.

**canal, pl -aux** [kanal, o] **nm** (voie d'eau) canal; (Inf, Comm) channel. ◊ **canaux de communication** communication channels; **canaux de distribution** channels of distribution, distribution ou market channels; **canaux de distribution de détail** retail outlets; **canaux de l'offre** supply channels; **par le canal de** through, via.

**canalisation** [kanalizasjɔ̃] **nf** [capitaux] channelling, funnelling.

**canaliser** [kanalize] **vt** capitaux, énergies, demandes to channel, funnel. ◊ **les fonds sont canalisés vers les pays en voie de développement** money is being channelled towards developing countries.

**canard** [kanaʀ] **nm** (Écon) **canard boîteux** lame duck, laggard.

**Canberra** [kɑ̃bera] **n** Canberra.

**candidat, e** [kɑ̃dida, at] **nm,f** (à un emploi) applicant, candidate (à for); (à un examen) candidate (à at). ◊ **se porter** ou **être candidat à un emploi** to apply for a job; **nous avons plus d'une centaine de candidats pour le poste** we have over a hundred applicants for this job, more than a hundred people have applied for this job; **candidat retenu** successful candidate, appointee.

**candidature** [kɑ̃didatyʀ] **nf** (gén) candidacy ou candidature; [emploi] application (à for). ◊ **appuyer une candidature** to back up ou support an application; **adresser sa candidature** to send in one's application; **faire acte de candidature** ou **poser sa candidature à un emploi** to apply for a job, put one's name down for a job, submit one's application for a job; **retirer sa candidature** to

withdraw one's application; **si ma candidature était retenue** should my application be successful; **date limite de dépôt de candidature** closing date for applications; **formulaire de candidature** application form; **lettre de candidature** letter of application.

**cannibalisation** [kanibalizasjɔ̃] **nf** [produit] cannibalization. ◊ **cannibalisation d'une entreprise** asset-stripping of a company.

**cannibaliser** [kanibalize] **vt** produit to cannibalize. ◊ **cannibaliser une entreprise** to strip a company of its assets.

**CAO** [seao] **nf** abrév de *conception assistée par ordinateur* CAD.

**CAP** [seape] **nm** abrév de *certificat d'aptitude professionnelle* → certificat.

**cap** [kap] **nm** ◊ **le chômage va franchir** ou **dépasser le cap des 3 millions** unemployment is going to exceed ou pass ou overstep the 3 million mark; **le gouvernement doit changer de cap** the government must change its course.

**capacité** [kapasite] **1 nf a** (connaissances) ability, capacity. ◊ **nous recherchons une personne avec des capacités de vendeur confirmé** we are looking for a person with confirmed sales ability, we are looking for an experienced sales person; **ce travail n'exige aucune capacité spéciale** this work does not require any particular ability; **avoir capacité pour faire** (Jur) to be entitled to do. **b** (contenance) [récipient, hôtel] capacity. ◊ **quelle est la capacité maximale en fret de cet avion?** how much freight can this plane take? **c** (puissance limite) capacity. ◊ **capacité théorique annuelle** theoretical annual capacity; **l'usine tourne / ne tourne pas à pleine capacité** the factory is operating at full / below capacity; **accroître la capacité de production** to expand (production) capacity.

**2 comp capacité d'autofinancement** cash flow. – **capacité bénéficiaire** earning power ou capacity. – **capacité de charge** load ou carrying capacity. – **capacité de chargement** (Mar) tonnage. – **capacité contributive** ability to pay. – **capacité d'emprunt** loan ratio, borrowing capacity. – **capacité d'entreposage** ou **de stockage** storage ou warehousing capacity. – **capacité excédentaire** excess ou spare capacity. – **capacité de financement** financing capacity. – **capacité fiscale** tax capacity. – **capacité d'importation** capacity to import. – **capacité industrielle** industrial capacity. – **capacité d'innovation** innovative capacity. – **capacité des installations** plant capacity, installed capacity. – **capacité de mémoire** (Inf) memory ou storage capacity. − **capacité de négoce** trading capacity. − **capacité de payer** ability to pay. − **capacité de production** manufacturing ou production capacity, productive capacity ou power; **accroître la capacité de production** to expand capacity. − **capacité professionnelle** professional ability ou skill. − **capacité de remboursement** repayment ratio, ability to pay. − **capacité de stockage des données** (Inf) information storage capacity. − **capacité théorique** ideal capacity. − **capacité de traitement** (Inf, Ind) throughput.

**capitaine** [kapitɛn] **nm** : **capitaine d'industrie** captain of industry.

**capital, pl -aux** [kapital, o] **1 nm a** (gén) capital; (actif) assets; (opposé à : intérêts) principal. ◊ **apport de capital** capital contribution ou provision; **rémunération du capital** return on capital, capital yield; **société au capital de...** company with capital of...; **entamer son capital** to break ou bite into one's capital; **composition ou structure du capital** capital structure; **dilution du capital** watering (down) of capital ou stock; **augmentation de capital** capital increase; **dotation en capital** capital endowment; **excédent du capital** capital surplus; **formation de capital** capital formation; **plus-value en capital** capital gains; **rendement du capital** return on capital. **b** (investissements) **capitaux** capital, money; **mobiliser ou réunir ou trouver les capitaux nécessaires** to raise the necessary capital ou money ou funds; **les capitaux fournis par le marché** capital raised on the market; **fournir les capitaux pour un projet** to fund ou bankroll (US) a project; **sortie de capitaux** capital outflow; **fuite de capitaux** capital evasion ou flight; **besoins en capitaux** capital requirements; **marché de capitaux** capital market; **mouvement des capitaux** capital movements.

**2 comp a capital actions** (Bourse) share capital, capital stock, equity capital. − **capital appelé** called-up capital. − **capital d'apport** initial capital, contributed capital. − **capital assuré** insured capital. − **capital circulant** current assets, circulating capital. − **capital-décès** (Ass) death benefit. − **capital de départ** seed money, start-up capital ou money. − **capital développement** development capital. − **capital dilué** watered capital. − **capital disponible** available capital, spare capital. − **capital émis** capital issued, issued capital. − **capital d'emprunt** loan capital. − **capital engagé** invested capital. − **capital espèces** cash capital. − **capital d'exploitation** working capital. − **capital fixe** fixed capital. − **capital flottant** floating capital. − **capital immobilisé** tied-up ou locked-up capital. − **capital improduc-**

tif idle ou dead ou unproductive capital. − **capital inactif** idle ou dead ou unproductive ou locked-up capital. − **capital indisponible** tied-up capital. − **capital initial** initial ou start-up capital. − **capital investi** invested capital. − **capital libéré** paid-up capital. − **capital immobilisable** available capital. − **capital non appelé** uncalled capital. − **capital obligations** (Bourse) debenture capital. − **capital permanent** permanent ou long-term capital. − **capital risque** venture ou risk capital. − **capital social** issued capital, authorized ou share capital, capital stock (US), capital base. − **capital souscrit** subscribed capital, obligated capital. − **capital versé** paid-up capital. **b capitaux d'amorçage** seed capital ou money, start-up capital ou money. − **capitaux apatrides** refugee capital. − **capitaux fébriles** hot money. − **capitaux gelés** frozen assets. − **capitaux de lancement** seed money. − **capitaux mobiles** floating capital. − **capitaux mobiliers** movable assets. − **capitaux propres** stockholder's equity, equity capital, net worth, owned capital. − **capitaux en quête de placement** investment-seeking capital. − **capitaux spéculatifs** hot money.

**capitalisable** [kapitalizabl(ə)] **adj** capitalizable, convertible into fixed assets.

**capitalisation** [kapitalizɑsjɔ̃] **nf** capitalization. ◊ **capitalisation des bénéfices / des intérêts** capitalization of earnings / of interests; **capitalisation boursière** market capitalization, share capital market value; **actions / contrat de capitalisation** capitalization shares / contract; **multiple de capitalisation** capitalization multiple; **régime de retraite par capitalisation** funded pension plan; **société de capitalisation** capitalization company; **taux de capitalisation** capitalization rate; **taux de capitalisation des bénéfices** (Bourse) price / earnings ratio, p / e ratio.

**capitaliser** [kapitalize] **vt** to capitalize. ◊ **il a décidé de capitaliser tous ses biens** he decided to capitalize all his property; **votre revenu capitalisé se monterait à...** your income, if capitalized, would run to...; **valeur capitalisée** capitalized value; **le titre capitalise 10 fois le résultat net attendu** the capitalization of this stock is 10 times higher than its expected net return; **cette entreprise capitalise 15 fois les bénéfices** this company's shares sell at 15 times earnings; **une entreprise fortement capitalisée** a highly capitalized firm; **capitaliser les intérêts** to capitalize the interests, add interest to the capital; **sur / sous-capitalisé** over- / under-capitalized.

**capitalisme** [kapitalism(ə)] **nm** capitalism.

**capitaliste** [kapitalist(ə)] **adj, nmf** capitalist.

**capitalistique** [kapitalistik] **adj** ◊ **intensité capitalistique** capital intensity.

**captif, -ive** [kaptif, iv] **adj** marché, clientèle captive. ◊ **société captive** daughter company.

**capturer** [kaptyʀe] **vt** marché to capture.

**Caracas** [kaʀakas] **n** Caracas.

**caractère** [kaʀaktɛʀ] **nm** (gén, Inf) character. ◊ **caractère de tabulation** tabulation character; **jeu de caractères** character set.

**caractéristique** [kaʀakteʀistik] **nf** characteristic, feature. ◊ **caractéristiques de la marque / du produit** brandmixte / product features; **caractéristiques techniques** specifications.

**carambouillage** [kaʀɑ̃bujaʒ] **nm**, **carambouille** [kaʀɑ̃buj] **nf** reselling of illegally detained goods; (Fin) fraudulent conversion.

**Cardiff** [kaʀdif] **n** Cardiff.

**carence** [kaʀɑ̃s] **nf** **a** [débiteur] insolvency. **b** (manque) [personnel] shortage, deficiency. ◊ **carence d'approvisionnement** supply shortage.

**cargaison** [kaʀgɛzɔ̃] **1** **nf** cargo, freight. ◊ **glissement de cargaison** cargo-shifting; **embarquer une cargaison** to take on ou in ou embark cargo. **2** **comp cargaison à fond de cale** cargo ballast. – **cargaison fractionnée** break bulk cargo. – **cargaison mixte** brandmixed cargo. – **cargaison en pontée** deck cargo. – **cargaison de retour** return ou homeward cargo. – **cargaison en sacs** bagged cargo. – **cargaison sèche** dry cargo. – **cargaison en vrac** bulk cargo.

**cargo** [kaʀgo] **nm** cargo boat ou vessel, freighter. ◊ **cargo transroutier** roll-on-roll-off ship.

**carnet** [kaʀnɛ] **nm** (pour écrire) notebook; (liasse) book. ◊ **carnet d'adresses** address book; **carnet de chèques** chequebook, checkbook (US); **carnet de commandes** order book; **nos carnets de commandes sont pleins** our order books are full; **carnet à souches** counterfoil book, stub book (US); **carnet de timbres** book of stamps.

**carrière** [kaʀjɛʀ] **nf** career. ◊ **il fait carrière dans le commerce** trade is his career; **déroulement ou plan de carrière** career development ou path; **gestion des carrières** career management; **perspectives de carrière** career prospects.

**carriérisme** [kaʀjeʀism(ə)] **nm** careerism.

**carriériste** [kaʀjeʀist(ə)] **nmf** careerist.

**carte** [kaʀt(ə)] **1** **nf** card. ◊ **avoir carte blanche** to have carte blanche ou a free hand; **donner carte blanche à quelqu'un** to give somebody carte blanche ou a free hand; **abattre ses cartes** to show one's hand; **jouer la carte de...** to play the card of...; **avoir un horaire à la carte** to work on flexitime; **retraite à la carte** optional retirement. **2** **comp carte d'abonnement** season ticket. – **carte accréditive** charge card. – **carte bancaire** banker's ou cheque card. – **carte bleue** ® Visa card; **carte bleue internationale** ® International Visa card. – **carte de circulation** free pass. – **carte de coloris** shade card. – **carte de crédit** credit card. – **carte à détacher** tear-out card. – **carte d'échantillons** sample card, show card. – **carte électronique** smart ou storage ou memory card. – **carte d'embarquement** boarding pass. – **carte de fidélité** discount ou loyalty card. – **carte grise** car registration card ou book ou papers. – **carte d'identité** identity ou ID card. – **carte d'immatriculation** registration card. – **carte d'invitation** invitation card. – **carte mécanographique** punch card. – **carte à mémoire** smart ou storage ou memory card. – **carte de paiement** charge card. – **carte perforée** punch card. – **carte privative** personal credit card. – **carte professionnelle** business card. – **carte à puce** storage ou smart ou memory card. – **carte-réponse** reply ou return card. – **carte de séjour** residence permit, green card (US). – **carte téléphonique** phone card. – **carte syndicale** union card. – **carte verte** (Aut) green card. – **carte de visite** visiting card, calling card (US).

**cartel** [kaʀtɛl] **nm** (Écon) combine, cartel. ◊ **cartel d'achat** purchasing group.

**cartellaire** [kaʀtelɛʀ] **adj** ◊ **crédit cartellaire** syndicated loan.

**cartellisation** [kaʀtelizasjɔ̃] **nf** formation of cartels ou combines.

**carton** [kaʀtɔ̃] **nm** **a** (casier) box, carton. ◊ **carton d'essai** test case. **b** (matière) cardboard. ◊ **carton ondulé** corrugated cardboard. **c** (carte) card. ◊ **carton d'invitation** invitation card.

**cartonnage** [kaʀtɔnaʒ] **nm** **a** (industrie) cardboard industry. **b** (emballage) cardboard packing. ◊ **cartonnage publicitaire** display.

**cartonnerie** [kaʀtɔnʀi] **nf** cardboard factory.

**cartouche** [kaʀtuʃ] **nf** cartridge.

**cas** [kɑ] **1** **nm** **a** (Jur) case. ◊ **soumettre un cas au tribunal** to submit a case to the court. **b** (circonstances) case, situation; (motif) motive. ◊ **exposer son cas** to state one's case ; **dans le premier cas** in the first case ou instance ; **dans ce cas de figure** in this case ou situation ; **en aucun cas** on no account ; **au cas où** in the event of ; **le cas échéant** should the occasion arise, if need be ; **en cas de réclamation** in the event of complaint ; **en cas d'urgence** in an emergency ; **en cas de défaillance** (Fin) in case of default ; **en cas d'imprévu** should a contingency arise ; **selon le cas** as the case may be ; **hormis le cas de** barring the case of. **c** (Écon) case. ◊ **centrale de cas** case clearing house ; **étude de cas** case study. **2** **comp cas d'espèce** concrete case, case in point. − **cas de force majeure** case of absolute necessity, act of God, force majeure. − **cas fortuit** accidental case. − **cas imprévu** emergency, contingency. − **cas limite** border-line case.

**case** [kɑz] **nf** **a** (sur un formulaire) square, space, box. ◊ **ne rien inscrire dans cette case** leave this space blank, do not fill in this space ; **cocher la case correspondante** tick ou check (US) the appropriate box ; **case réservée à l'Administration** for service instructions only, for office use only. **b** (casier) pigeonhole (GB), box. ◊ **case postale** post-office box.

**cash** [kaʃ] **adv** cash down, on the nail* (GB), on the barrel* (US).

**cash-flow** [kaʃflo] **nm** cashflow.

**casier** [kazje] **nm** **a** [courrier] pigeonhole (GB), box ; [consigne] locker. **b** (Jur) **casier judiciaire** police ou criminal record ; **casier judiciaire vierge** clean record ; **extrait du casier judiciaire** copy of police record.

**casque** [kask(ə)] **nm** helmet. ◊ **le port du casque est obligatoire sur le chantier** safety helmets must be worn on site.

**cassage** [kasaʒ] **nm** [prix] cutting, slashing.

**cassation** [kasasjɔ̃] **nf** [jugement] quashing. ◊ **introduire un recours en cassation, se pourvoir en cassation** to appeal ; **Cour de cassation** Supreme Court of Appeal.

**casse** [kas] **nf** **a** (objets cassés en magasin) damage, breakages. **b** **mettre à la casse** to scrap ; **ce camion est bon pour la casse** this lorry is ready for the scrap heap, this lorry should be scrapped ; **valeur à la casse** scrap value.

**casser** [kase] **vt** **a** décision, jugement to quash, nullify, rescind, annul. ◊ **décisions cassées par le tribunal** decisions annulled ou ruled invalid in court. **b** fonctionnaire to dismiss. **c** prix to cut, slash. ◊ **ce magasin casse les prix** this store is slashing its prices ou is undercutting its competitors ou is underselling ; **nos concurrents nous ont chassés du**

marché en cassant les prix our competitors put us out of the market by systematically undercutting our prices, our competitors priced us out of the market ; **casser les cours** (Bourse) to drive prices down, bang the market.

**catalogue** [katalɔg] **nm** catalogue, catalog (US). ◊ **catalogue de vente par correspondance** mail-order catalogue ; **catalogue sur demande** catalogue on application ; **acheteurs sur catalogue** catalogue customers ; **fichier catalogue** catalogue file ; **prix (de) catalogue** list price ; **cet article ne figure plus au catalogue** this item is no longer listed in the catalogue ; **commander sur catalogue** to order on catalogue.

**cataloguer** [katalɔge] **vt** produits to catalogue, list.

**catégorie** [kategɔʀi] **nf** category. ◊ **catégorie socio-professionnelle** socio-professional group, social and economic category ; **catégorie de revenus** income group ou bracket ; **la catégorie supérieure du personnel administratif** the highest grade of administrative staff ; **de deuxième catégorie** second-rate ; **de toute première catégorie** top-quality, top-grade, first-rate ; **placer ou mettre dans une catégorie inférieure / supérieure** to grade down / up, downgrade / upgrade.

**catégoriel, -elle** [kategɔʀjɛl] **adj** ◊ **revendication catégorielle** sectional claim.

**cause** [koz] **nf** **a** (Jur) case. ◊ **entendre une cause** to hear a case ; **mettre en cause** to question ; **mettre hors de cause** to clear ; **plaider sa cause** to plead one's case ; **véhicule en cause** (Ass) vehicle involved. **b** (origine) cause, motive. ◊ **à cause de** because of, owing to, due to ; **pour cause de** on account of ; **on ignore toujours la cause de ce retard** the reason for ou the cause of this delay is still unknown ; **fermé pour cause d'inventaire** closed for stocktaking ; **magasin à céder pour cause de faillite** shop for sale on account of bankruptcy ; **absent pour cause de santé** absent on medical grounds. **c** (Comm) consideration. ◊ **cause d'une lettre de change** consideration given for a bill of exchange.

**caution** [kosjɔ̃] **nf** **a** (garantie) guarantee, security ; (dépôt de garantie) deposit ; (pour un inculpé) bail. ◊ **demander ou exiger une caution** to ask for security ; **déposer ou verser une caution** to put ou lay down a guarantee ; **mettre quelqu'un en liberté sous caution** to release ou free somebody from bail ; **payer la caution de qn** to stand ou go bail for sb ; **caution d'adjudication ou de soumission** bid bond ; **caution de banque** bank guarantee ; **caution judiciaire** (Jur) security for costs; **caution en numéraire** security in cash; **caution personnelle** personal security; **verser une caution bonne et solvable** to give sufficient security; **une caution de 1 000 F est exigée sur toutes nos voitures en location** there is a deposit of F1,000 on all car rentals. **b** (garant) surety, guarantor. ◊ **cautions conjointes et solidaires** sureties liable jointly and severally; **caution solvable** good surety; **se porter caution pour qn** to stand security ou surety for sb; **je lui servirai de caution pour un emprunt de 100 000 F** I will guarantee him for a F100,000 loan. **c** (appui) support, backing.- ◊ **apporter sa caution à un projet** to support ou back a project.

**cautionnement** [kosjɔnmɑ̃] **nm** (argent) guarantee, security, surety; (appui) support, backing; (contrat) surety bond. ◊ **cautionnement réel** collateral security; **cautionnement solidaire** joint guarantee ou security; **action de cautionnement** (Bourse) qualification share; **assurance de cautionnement** guarantee insurance; **société de cautionnement** guaranty company; **déposer un cautionnement en numéraire** to give security in cash; **s'engager par cautionnement** to enter into a surety bond.

**cautionner** [kosjɔne] **vt a** (financièrement) to guarantee, stand security ou surety ou guarantor for. ◊ **obligations cautionnées** hypothecated bonds. **b** projet, décision, grève to support, back, give one's support to.

**cavalerie** [kavalʀi] **nf** (Fin) **traites** ou **effets de cavalerie** accommodation bills, kites. **faire de la cavalerie** to fly a kite.

**CB** abrév de *carte bleue* → carte.

**CBI** abrév de *carte bleue internationale* → carte.

**CC** abrév de *compte courant* C / A.

**CCI** [sesei] **nf a** abrév de *Chambre de commerce internationale* ICC. **b** abrév de *Chambre de commerce et d'industrie* → chambre.

**CCP** [sesepe] **nm a** abrév de *centre de chèques postaux* → centre. **b** abrév de *compte chèque postal, compte courant postal* → compte.

**CCR** [seseɛʀ] **nf** abrév de *Caisse centrale de réassurance* → caisse.

**CD** [sede] **nm a** abrév de *comité directeur* → comité. **b** abrév de *corps diplomatique* → corps.

**CDD** [sedede] **nm** abrév de *contrat à durée déterminée* → contrat.

**CDI** [sedei] **nm** abrév de *Centre des impôts* → centre.

**CE** [seə] **1 nm a** abrév de *comité d'entreprise* → comité. **b** abrév de *Conseil de l'Europe* → conseil. **2 nf a** abrév de *Caisse d'épargne* → caisse. **b** abrév de *Communauté Européenne* EC.

**CEA** [seəa] **nm a** abrév de *Commissariat à l'énergie atomique* AEC. **b** abrév de *compte d'épargne en actions* → compte.

**CECA** [seəsea] **nf** abrév de *Communauté européenne du charbon et de l'acier* ECSC.

**cédant** [sedɑ̃] **nm** (gén) assignor, transferor, grantor; (contrat de soumission) principal.

**céder** [sede] **1 vt a** (vendre) **fonds de commerce** to sell, dispose of. ◊ **locaux à céder** premises for sale; **céder à bail** to lease. **b** (perdre) to give up, shed. ◊ **les pétrolières ont cédé 3 points** oils have shed ou given up ou fallen back 3 points; **céder du terrain** to lose ground; **l'inflation cède du terrain** inflation is receding. **c** (transmettre) propriété, droit, bail to transfer, hand over (à to). ◊ **les cartes d'abonnement sont personnelles et ne peuvent être cédées** season tickets are personal and may not be transferred, season tickets are non-transferable; **céder une créance** (Fin) to assign a claim. **2 vi** to give in, give way, yield. ◊ **les syndicats ne veulent pas céder** the unions are standing their ground ou will not give way; **nos produits ne le cèdent à aucun autre** our products are second to none.

**Cedex** [sedɛks] **nm** abrév de *courrier d'entreprise à distribution exceptionnelle* special post-office box service for companies.

**cedi** **nm** cedi.

**CEE** [seəə] **nf** abrév de *Communauté économique européenne* EEC.

**CEEA** [seəəa] **nf** abrév de *Communauté européenne de l'énergie atomique* EAEC.

**CEI** **nf** abrév de *Communauté des États indépendants* → communauté.

**CEL** [seəɛl] **nm** abrév de *compte d'épargne logement* → compte.

**cellulaire** [selylɛʀ] **adj** ◊ **gestion cellulaire** divisional management.

**cellule** [selyl] **nf** cell. ◊ **cellule de crise** emergency committee; **cellule de réflexion** think-tank.

**CEN** [seəɛn] **nm** abrév de *Comité européen de normalisation* → comité.

**censure** [sɑ̃syʀ] **nf** censorship. ◊ **vote de censure** no-confidence vote.

**cent** [sɑ̃] **nm** a hundred, one hundred. ◊ **cent deux** a ou one hundred and two; **trois cents** three hundred; **troix cent deux** three hundred and two; **article cent** article one hundred, article a hundred; **pour cent** percent; **cent pour cent** one hundred percent; **un cent de bouteilles** (Comm : centaine) a hundred ou one hundred bottles → six.

**centaine** [sɑ̃tɛn] **nf** (cent) hundred; (environ) about a hundred, a hundred or so → soixantaine.

**centième** [sɑ̃tjɛm] **adj**, **nmf** hundredth → sixième.

**centigramme** [sɑ̃tigʀam] **nm** centigramme.

**centilitre** [sɑ̃tilitʀ(ə)] **nm** centilitre.

**centime** [sɑ̃tim] **nm** centime. ◊ **centimes additionnels** additional tax, surtax.

**centimètre** [sɑ̃timɛtʀ(ə)] **nm** centimetre.

**centrafricain, e** [sɑ̃tʀafʀikɛ̃, ɛn] **adj** of the Central African Republic. ◊ **République centrafricaine** Central African Republic.

**central, e, mpl -aux** [sɑ̃tʀal, o] **1** **adj** central. ◊ **bureau** ou **siège central** central ou head office; **banque centrale** central bank. **2** **nm** ◊ **central (téléphonique)** (telephone) exchange. **3** **centrale nf** (groupe) group; (électrique) power station ou plant. ◊ **centrale nucléaire** nuclear power station, nuclear plant; **centrale syndicale** group of affiliated trade unions; **centrale d'achat** trading ou purchasing ou buying group, central merchandizing (US); **centrale de référencement** central referencing unit; **centrale de risques** central credit surveillance.

**centralisateur, -trice** [sɑ̃tʀalizatœʀ, tʀis] **adj** centralizing.

**centralisation** [sɑ̃tʀalizasjɔ̃] **nf** centralization.

**centraliser** [sɑ̃tʀalize] **vt** to centralize.

**centralisme** [sɑ̃tʀalism(ə)] **nm** centralism.

**centre** [sɑ̃tʀ(ə)] **1** **nm** (gén) centre; (bureau) office, centre. **2** **comp** **centre d'accueil** reception centre. – **centre de calcul** computer centre. – **centre de chèques postaux** ≈ National Giro (GB). – **centre commercial** shopping centre, (shopping) mart (US), shopping mall (US). – **centre de coûts** cost centre. – **centre de documentation** resource centre. – **Centre d'étude des revenus et des coûts** Centre for the study of incomes and costs. – **centre d'études et de recherche de création et d'expansion d'entreprises** centre for study and research on business creation and development. – **Centre européen pour la recherche nucléaire** European Organization for Nuclear Research. – **Centre européen de recherche spatiale** European Space Research Organization. – **centre de**

**formation professionnelle** professional training centre. – **centre des impôts** tax collection office. – **centre industriel** industrial centre. – **Centre national du commerce extérieur** *national export trade organization.* – **Centre national d'enseignement à distance** *national distance learning centre.* – **Centre national des industries et des techniques** *national centre for industry and technical development.* – **Centre national de la recherche scientifique** *national centre for scientific research.* – **centre de profit** profit centre. – **centre de recherches** research centre. – **centre serveur** (Inf) on-line data service, information service, distribution centre. – **centre stratégique** strategic business unit. – **centre-ville** city centre, centre of town, downtown (US).

**centrer** [sɑ̃tʀe] **vt** activités to focus (*sur* on). ◊ **centrer une campagne publicitaire sur un secteur** to focus an advertising campaign on a specific area, zone a campaign.

**CERC** [seəɛʀse] **nm** abrév de *Centre d'étude des revenus et des coûts* → centre.

**CERCEE** [seəɛʀseəə] **nm** abrév de *centre d'études et de recherches de création et d'expansion d'entreprises* → centre.

**cercle** [sɛʀkl(ə)] **nm** circle. ◊ **dans les cercles financiers** in financial circles; **dans notre cercle d'activité** in our sphere of activities; **cercle de qualité** quality circle.

**céréale** [seʀeal] **nf** cereal. ◊ **céréales alimentaires** food grains.

**céréalier, -ière** [seʀealje, jɛʀ] **1** **adj** cereal. **2** **nm** cereal grower. ◊ (navire) **céréalier** grain carrier.

**CERN** [sɛʀn] **nm** abrév de *Centre européen pour la recherche nucléaire* → centre.

**CERS** [seəɛʀes] **nm** abrév de *Centre européen de recherche spatiale* ESRO.

**certain** [sɛʀtɛ̃] **nm** (Bourse) fixed rate of exchange, direct rate of exchange. ◊ **donner le certain** to quote direct exchange, quote certain.

**certificat** [sɛʀtifika] **1** **nm** (gén) certificate; (diplôme) diploma, certificate; (références d'employé de maison) testimonial. ◊ **certificat de poids / de qualité** certificate of weight / quality. **2** **comp** **certificat d'agréage** inspection certificate to be final, certificate of inspection and acceptance (US). – **certificat d'aptitude professionnelle** *vocational education certificate.* – **certificat d'arrivée** (Douane) certificate of clearing inwards. – **certificat d'avarie** damage report. – **certificat de chargement** (Mar) mate's receipt. – **certificat de conformité** certificate of compliance, release note. – **certificat de déchargement** landing certificate. – **certificat de dépôt** certificate of deposit, CD; **certificat de dépôt à intérêts précomptés** discount certificate of deposit. – **certificat d'entrepôt** warehouse warrant ou certificate; **certificat d'entrepôt négociable** negotiable warehouse certificate. – **certificat d'expertise** expert's report. – **certificat de fabrication** certificate of manufacture. – **certificat d'homologation** certificate of approval. – **certificat hypothécaire** certificate of mortgage. – **certificat d'importation** import certificate. – **certificat d'inspection** inspection ou surveillance certificate. – **certificat d'investissement** (Bourse) non-voting preference share; **certificat d'investissement prioritaire** preferential investment certificate. – **certificat de jaugeage** certificate of measurement. – **certificat de libre pratique** (Euratom) clearance certificate. – **certificat médical** medical certificate. – **certificat de nationalité** (Mar) certificate of registry. – **certificat de navigabilité** (Mar) certificate of seaworthiness; (Aviat) certificate of airworthiness. – **certificat nominatif d'actions** registered share certificate. – **certificat de non-paiement** notice of dishonour. – **certificat d'origine** certificate of origin. – **certificat de prise en charge** certificate of receipt. – **certificat sanitaire** health certificate. – **certificat de sortie** (Douanes) clearance certificate. – **certificat de tonnage** certificate of measurement. – **certificat de travail** attestation of employment. – **certificat de trésorerie** treasury bond. – **certificat de vérification des livraisons** inspection certificate.

**certificateur** [sɛʀtifikatœʀ] **nm** guarantor, certifier. ◊ **certificateur de caution** countersurety, countersecurity.

**certification** [sɛʀtifikɑsjɔ̃] **nf** (gén, Jur) attestation; [signature] witnessing, attestation; [chèque] certification; [comptes] auditing; (Pub) authentication.

**certifier** [sɛʀtifje] **vt** signature to attest, witness; document to certify, guarantee; (Pub) to authenticate; caution to counter-secure. ◊ **copie certifiée conforme** certified true copy; **chèque certifié** certified cheque.

**cessation** [sɛsɑsjɔ̃] **nf** [travail] stoppage; [paiements, publication] stopping, stoppage, suspension; [contrat] termination; [exploitation] interruption; [bail] expiry. ◊ **cessation d'activité** [société] discontinuance ou termination of business; [individu] retirement; **cessation anticipée d'activité** early retirement; **cessation progressive d'activité** semi retirement; **cessation des poursuites** (Jur) discontinuance of action, nonsuit; **cessation de paiements** suspension of payments; **être en état de cessation de paiement** to be insolvent, be in a state of insolvency, be bankrupt.

**cesser** [sese] **1** **vt** activité to stop, cease; relations to break off, bring to an end; production to discontinue, cease, stop; (Jur) poursuites to discontinue; (Admin) fonctions to give up. ◊ **cesser les paiements** to stop ou discontinue ou cease ou suspend payments; **cesser le travail** (normalement) to stop work ou working, cease work, knock off work*; (par suite de grève) to go on strike, to down tools, walk out; **les ouvriers ont cessé leur mouvement** the workers have called a halt to their action; **cette société a cessé ses activités** this company has ceased operations ou trading; **cesser provisoirement l'exploitation** to cease operations temporarily, suspend operations. **2** **vi** [mouvement] to cease, stop, come to an end.

**cessibilité** [sesibilite] **nf** transferability. ◊ **cessibilité d'un chèque** transferability of a cheque.

**cessible** [sesibl(ə)] **adj** transferable, assignable. ◊ **valeurs cessibles / non cessibles** transferable / non transferable securities; **droits cessibles** transferable rights.

**cession** [sesjɔ̃] **nf** [propriété, titre, bail] transfer. ◊ **cession d'actifs** asset disposal; **cession-bail** lease-back; **la cession d'un brevet** the transfer of a patent; **cession de créance** transfer of a claim ou debt, assignment of receivables; **cession de parts** stock transfer; **cession de portefeuille** transfer of portfolio; **faire cession de** to transfer; **acte de cession** transfer deed; **clause de cession** (Ass Mar) assignment clause; **droits / frais de cession** transfer tax / charge; **prix de cession interne** transfer price.

**cessionnaire** [sesjɔnɛʀ] **nm** transferee, assignee.

**cf.** abrév de *confer, reportez-vous à.*

**CFA** [seɛfa] **nf** abrév de *communauté financière africaine* → communauté.

**CFAO** [seɛfao] **nf** abrév de *conception et fabrication assistées par ordinateur* CADM.

**CFDT** [seɛfdete] **nf** abrév de *Confédération française et démocratique du travail* French trade union.

**CFTC** [seɛftese] **nf** abrév de *Confédération francaise des travailleurs chrétiens* French trade union.

**CGC** [seʒese] nf abrév de *Confédération générale des cadres* French managerial staff union.

**CGT** [seʒete] nf abrév de *Confédération générale du travail* major French trade union.

**ch.** abrév de *cherche*.

**chaînage** [ʃɛnaʒ] nm chaining. ◊ **chaînage de données** (Inf) data chaining.

**chaîne** [ʃɛn] nf **a** (Ind) **chaîne de montage** assembly ou production line; **produire qch à la chaîne** to mass-produce sth, make sth on an assembly line; **production à la chaîne** line production; **production en chaîne suivie** straight-line production; **travail à la chaîne** chain work, line work, work on the belt. **b** (Comm) **chaîne de magasins** chain of shops (GB) ou stores (US); **chaîne volontaire** voluntary retail buying chain. **c** (Écon) **réaction en chaîne** chain reaction, knock-on effect; **déclencher une réaction en chaîne** to set up a chain reaction. **d** (Inf) **calcul / fichier en chaîne** chained calculation / file.

**chaîner** [ʃɛne] vt (Inf) données to chain.

**chaland** [ʃalɑ̃] nm (bateau) barge; (client) customer.

**chalandage** [ʃalɑ̃daʒ] nm (Mar) lighterage.

**chalandise** [ʃalɑ̃diz] nf ◊ **zone de chalandise** catchment area.

**chambre** [ʃɑ̃bʀ(ə)] **1** nf (pièce) room; (avec lit) bedroom; (association professionnelle) chamber; (Jur : tribunal) court. **2** comp **chambre d'accusation** court of criminal appeal. − **chambre d'agriculture** chamber of agriculture. − **chambre arbitrale** elected board of arbitration. − **chambre de commerce** chamber of commerce; **Chambre de commerce internationale** International Chamber of Commerce; **chambre de commerce et d'industrie** chamber of commerce and industry. − **chambre de compensation** clearing house. − **chambre forte** strongroom. − **chambre frigorifique** cold storage room. − **chambre des métiers** chamber of trade, guild chamber. − **chambre patronale** elected board of business managers. − **chambre syndicale** employers' federation; **chambre syndicale des agents de change** stock exchange committee.

**champ** [ʃɑ̃] nm field. ◊ **champ d'activité** field of operation, sphere of activity.

**chancelier** [ʃɑ̃səlje] nm chancellor. ◊ **le chancelier de l'Échiquier** the Chancellor of the Exchequer.

**chancellerie** [ʃɑ̃sɛlʀi] nf chancery, chancellery.

**chandelle** [ʃɑ̃dɛl] nf ◊ **vente à l'éteinte des chandelles** auction by inch of candle.

**change** [ʃɑ̃ʒ] **1** nm (Fin) (taux) exchange rate; (activité) exchange. ◊ **bordereau / position / risque / taux de change** exchange slip / position / risk / rate; **agent de change** stockbroker, exchange broker; **première / seconde / seule de change** first / second / sole of exchange; **bureau de change** change, foreign exchange office; **contrôle des changes** exchange control; **courtier de change** money changer; **gain / perte de change** exchange gain / loss; **lettre de change** bill of exchange; **marché des changes** exchange market; **opération de change** foreign exchange transaction; **au taux de change en vigueur** at the current rate of exchange; **stabiliser le cours du change** to peg the exchange (rate). **2** comp **change défavorable** unfavourable exchange rate. − **change favorable** favorable exchange rate. − **change indirect** indirect exchange. − **change du jour** current exchange rate. − **change maritime** maritime interest. − **change au pair** exchange at par. − **change à terme** forward exchange ou currency rate; **transactions de change à terme** forward currency transactions.

**changement** [ʃɑ̃ʒmɑ̃] **1** nm (modification) change, alteration; (infléchissement) shift. ◊ **subir un changement** to undergo a change; **changement radical** sweeping change; **effectuer** ou **apporter des changements à qch** to effect alterations in sth. **2** comp **changement d'adresse** change of address. − **changement d'attitude des consommateurs** attitude shift of consumers. − **changement de dernière minute** last minute change. − **changement de direction** under new management. − **changement d'échelon** promotion. − **changement de locaux** change of premises. − **changement de marque** brand switching. − **changement de poste** change of job. − **changement de propriétaire** under new ownership. − **changement de supports** media switching.

**changer** [ʃɑ̃ʒe] **1** vt **a** devises to (ex)change. ◊ **changer des dollars contre des yens** to change dollars into yen, exchange dollars for yen. **b** (transférer) to move; (modifier) to change, alter. ◊ **changer qn de poste** to move ou transfer sb to a different job. **2** vi ◊ **changer de** to change; **quelque 800 millions de titres ont changé de mains** ou **de propriétaires** some 800 million securities changed hands; **changer de métier** to change jobs; **changer d'adresse** to change one's address; **changer de cible** to shift target.

**changeur** [ʃɑ̃ʒœʀ] **nm** (personne) money-changer. ◊ **changeur de monnaie** (appareil) change machine, money changer (US).

**chantage** [ʃɑ̃taʒ] **nm** blackmail. ◊ **se livrer à un ou exercer un chantage sur qn** to blackmail sb.

**chanter** [ʃɑ̃te] **vi** ◊ **faire chanter qn** to blackmail sb.

**chantier** [ʃɑ̃tje] **1** **nm** (pour construire) site; (pour entreposer) yard, depot. ◊ **mettre un travail en chantier** to put a piece of work on the stocks; **mises en chantier** housing starts; **200 000 nouveaux logements vont être mis en chantier** there will be 200,000 housing starts; **la mise en chantier de la deuxième tranche des travaux** the commencement ou implementation of the second phase of the construction work; **chantier interdit au public** no entry (to the public), no admittance except on business; **chef de chantier** site manager ou superviser; **gestion de chantier** site management.
**2** **comp chantier de construction** building ou job ou construction site. – **chantier de démolition** demolition site. – **chantier naval** shipyard, shipbuilding yard.

**chapeauter** [ʃapote] **vt** to oversee, head. ◊ **la commission chapeaute tout le projet** the committee heads the whole projet ou is in charge of the whole project.

**chapitre** [ʃapitʀ(ə)] **nm** (Compta) section, item; [bilan] heading, item.

**chapitrer** [ʃapitʀe] **vt** (Compta) to itemize, break down.

**charbonnage** [ʃaʀbɔnaʒ] **nm** colliery, coalmine. ◊ **les Charbonnages de France** the French Coal Board.

**charbonnier, -ière** [ʃaʀbɔnje, jɛʀ] **adj** ◊ **industrie charbonnière** coal-mining industry; **navire charbonnier** collier.

**charge** [ʃaʀʒ(ə)] **1** **nf** **a** (responsabilité) responsibility. ◊ **avoir la charge de qch** to be responsible for sth, be in charge of sth; **à la charge de** payable by; **les frais sont à la charge de l'assuré** the costs are to be paid ou to be borne by the insured, the costs are chargeable to the insured; **prendre en charge un risque** to underwrite a risk; **nous prenons en charge tous les frais** we take care of all expenses; **les frais médicaux sont pris en charge par la Sécurité sociale** the medical expenses will be paid by Social Security; **prise en charge** (Sécurité sociale) confirmation of coverage ou entitlement, acceptance of financial liability; **impôt à la charge du locataire** tax payable by the tenant; **régime de retraite à la charge de l'employeur** non-contributory pension scheme; **réparations à la charge du**

propriétaire repairs to the owner ou payable by the owner; **la charge de la preuve** (Jur) the burden of proof. **b** (Admin : poste) office. ◊ **charge élective** elective office; **charge d'agent de change** brokerage firm; **charge introductrice** (Bourse) introducing brokerage firm; **charge d'officier ministériel** ministerial office (of solicitor); **manquer aux devoirs de sa charge** to fail in one's office; **se démettre d'une charge** to resign an office. **c** (poids) [camion] load; [navire] freight, cargo, lading. ◊ **sous charge** (Bourse des marchandises) loading; **plan de charge** (travaux à effectuer) work schedule; **le contrat permettra d'assurer le plein du plan de charge jusqu'en 1995** the contract will enable us to work at full capacity until 1995; **parcours en charge** (Mar) loaded journey; **prendre charge** (Mar) to load up; **rompre charge** (Mar) to unload ou transfer cargo; **travailler en sous-charge** (Ind) to work below capacity; **être libre de toute charge** to be free from ou to be without encumbrances. **d** (dépenses) charges expenses, costs, charges; **80 millions de francs ont été passés en charges exceptionnelles pour tenir compte de la réduction d'actif net l'an dernier** they took an extraordinary charge of 80 million francs for the reduction in net assets last year; **passer une dépense en charges** to charge (off) an expense. **e** **cahier des charges** [construction, fabrication] specifications, requirements (US); (Mktg) (marketing) brief; [contrat] terms of reference, conditions; [vente publique] particulars of sale.
**2** **comp** **a** **charge admise** load limit. – **charge commerciale** useful pay load. – **charge complète** full load. – **charge constante** constant load. – **charge par essieu** axle load. – **charge incomplète** less than full load. – **charge limite** limit charge. – **charge maximale** maximum load. – **charge normale** normal load. – **charge de rupture** breaking load. – **charge de travail** work load. – **charge unitaire** unit load. – **charge utile** carrying capacity; **charge utile autorisée** permitted pay load. – **charge en vol** flight load. **b** **charges budgétaires** budgetary charges. – **charges comptabilisées** ou **constatées d'avance** deferred charges. – **charges d'une dette** debt service ou servicing. – **charges directes** direct costs. – **charges d'emprunt** cost of borrowing. – **charges exceptionnelles** extraordinary charges. – **charges d'exploitation** working ou operating expenses. – **charges de famille** dependents. – **charges financières** financial expenses, loan costs. – **charges fiscales** tax expenses. – **charges fixes** fixed costs, standing charges. – **charges incorporables** direct costs. – **charges**

**indirectes** indirect costs. – **charges locatives** rental expenses, maintenance ou service charges. – **charges payées d'avance** prepaid expenses. – **charges de personnel** payroll costs ou expenses. – **charges salariales** wage costs, labour charges. – **charges sectorielles** segment expenses. – **charges sociales** social (security) contribution, welfare costs ou contributions, payroll taxes. – **charges de structure** committed costs. – **charges supplétives** imputed costs.

**chargé, e** [ʃaʀʒe] **1 adj a** programme heavy, busy, full. **b** envoi postal registered. **c** être chargé de to be in charge of, be responsible for.
**2 nm a** (Mar) shipment, cargo. **b** chargé d'affaires chargé d'affaires; **chargé de budget** account manager; **chargé d'études média** media planner; **chargé de mission** representative; **chargé de signature** *middle manager empowered to sign documents in a bank* etc.

**chargement** [ʃaʀʒəmã] nm **a** (fait de charger) loading. ◊ **chargement de sécurité** loading for contingencies; **chargement en vrac** bulk loading; **aire** ou **baie** ou **quai de chargement** (entrepôt) loading bay; (Mar) loading dock. **délai de chargement** loading time; **espace / frais / gabarit / coefficient de chargement** loading space / charges / gauge / factor; **note de chargement** shipping note. **b** (fret) [camion] load; [bateau] cargo, freight, load. ◊ **chargement complet** full load; **chargement réglementaire / de retour** back / regulation load; **chargement en cueillette** general cargo; **chargement en pontée** deck cargo, deckload; **chargement en vrac** bulk cargo. **c** [envoi postal] registration.

**charger** [ʃaʀʒe] **1 vt** marchandises, véhicule to load. ◊ **navire qui charge pour Sydney** ship taking in freight for Sydney; **charger qn de qch** to put sb in charge of sth; **on l'a chargé de ce travail** he has been assigned this work ou made responsible for this work.
**2 se charger vpr** ◊ **se charger d'un travail** to take care ou charge of ou responsibility for a job; **je m'en charge** I'll see to it, I'll take care of that.

**chargeur** [ʃaʀʒœʀ] nm **a** (Mar) shipper, shipping agent. **b** (Tech) cartridge.

**chariot** [ʃaʀjo] nm [magasin] trolley (GB), cart (US). ◊ **chariot élévateur** fork-lift truck.

**charte** [ʃaʀt(ə)] nf charter. ◊ **compagnie à charte** chartered company; **charte du consommateur** consumer's charter.

**charte-partie** [ʃaʀtpaʀti] nf (Mar) charter party. ◊ **charte-partie en coque nue** demise

charter; **charte-partie à terme** time charter pary; **charte-partie au voyage** voyage charter party.

**charter** [tʃaʀtœʀ, ʃaʀtɛʀ] nm (avion) chartered plane; (vol) charter flight.

**chasser** [ʃase] **vt** (Bourse) **chasser le découvert** to squeeze the bears, raid the shorts.

**chasseur** [ʃasœʀ] nm ◊ **chasseur de têtes** headhunter; **il a été recruté par un chasseur de têtes** he was headhunted.

**chauffeur** [ʃofœʀ] nm driver. ◊ **voiture avec chauffeur** chauffeur-driven car; **voiture sans chauffeur** self-drive ou U-drive-it (US) car; **chauffeur de camion** lorry (GB) ou truck (US) driver; **chauffeur-livreur** delivery man.

**chef** [ʃɛf] **1 nm a** (dirigeant) head, chief, boss. ◊ **mon chef** my boss; **c'est elle la chef** she's the boss; **votre chef hiérarchique** your superior, your line manager; **ingénieur en chef** chief engineer; **elle est chef du rayon scolaire** she's head ou manager of the schoolbook department. **b** (Jur) **chef d'accusation** count (of indictment), particulars of charge.
**2 comp chef des achats** head ou chief buyer, purchasing manager. – **chef d'atelier** foreman, supervisor (US), overseer. – **chef de bureau** head clerk, staffman. – **chef caissier** head cashier. – **chef de chantier** works ou site foreman ou supervisor (US). – **chef comptable** chief accountant. – **chef des crédits** credit manager. – **chef de département** departmental head, divisional officer. – **chef direct** immediate superior. – **chef d'entreprise** company manager; (propriétaire) company director; **les chefs d'entreprise sont en colère** company bosses ou heads are angry. – **chef d'équipe** foreman, supervisor (US), overseer (US). – **chef d'exploitation** works manager. – **chef de fabrication** production manager, manufacturing director, plant superintendent (US). – **chef de famille** (gén) head of family ou household; (Admin) householder. – **chef de file** leader, dominant firm; **banque chef de file** lead bank. – **chef de groupe** team leader; (Ind) division manager; (Pub) account director. – **chef hiérarchique** superior. – **chef de magasin** store manager. – **chef magasinier** storekeeper. – **chef de marché** market ou area manager. – **chef de marque** brand manager. – **chef du personnel** personnel ou staff manager. – **chef de produit** product manager, product director. – **chef de projet** project manager ou head; **être chef de projet** to head a project, be in charge of a project. – **chef de publicité** (dans l'entreprise) advertising manager

ou director; (dans une agence) account executive; (Presse) advertising sales manager. – **chef de rayon** departmental supervisor ou manager ou head, section manager. – **chef de réception** front office manager. – **chef de rédaction** copy chief. – **chef de secteur** area manager. – **chef de section** section ou departmental head ou manager. – **chef de service** departmental manager ou head; **chef du service commercial** sales manager ou executive; – **chef des services financiers** financial director ou officer. – **chef des ventes** sales manager ou executive ou director; **chef des ventes d'un secteur** area sales manager ou director ou executive.

**chemin** [ʃ(ə)mɛ̃] nm path, way. ◊ **méthode du chemin critique** critical path method; **le chemin de la réussite** the road to success; **il y a encore du chemin à faire avant de les rattraper** there's still a long way to go before we catch up with them; **de nombreux obstacles nous attendent en chemin** a lot of obstacles are lying ahead; **cette société a fait du chemin** this company has come a long way ou has made considerable headway; **nos fournisseurs devront faire la moitié du chemin** our suppliers will have to go halfway; **ces modèles prendront le chemin de l'étranger** these models are intended for export.

**chemin de fer** [ʃ(ə)mɛ̃dfɛʀ] nm railway (GB), railroad (US).

**cheminot** [ʃ(ə)mino] nm railwayman (GB), railroad worker (US). ◊ **grève des cheminots** rail strike.

**chemise** [ʃ(ə)miz] nf [dossier] folder.

**cheptel** [ʃɛptɛl] nm livestock. ◊ **cheptel mort** farm implements; **cheptel vif** livestock.

**chèque** [ʃɛk] **1** nm **a** (Fin) cheque (GB), check (US). ◊ **formule / numéro de chèque** cheque form / number; **carnet de chèques** cheque book (GB), checkbook (US); **compte (de) chèques** current account, checking account (US); **talon de chèque** cheque counterfoil ou stub; **trieuse de chèques** cheque sorter; **donner un chèque à l'encaissement** to pay in a cheque; **endosser un chèque** to endorse a cheque; **établir** ou **faire** ou **libeller** ou **rédiger un chèque à l'ordre de...** to make out a cheque to...; **faire opposition à un chèque** to stop a cheque; **tirer un chèque sur** to draw a cheque on; **toucher** ou **encaisser un chèque** to cash a cheque; **verser un chèque à son compte** to pay a cheque into one's account; **faire opposition à un chèque** to stop a cheque; **régler par chèque** to pay by cheque; **chèque de 500 F** cheque for F500 (GB) ou in the amount of F500 (US); **chèque mis en recouvrement** cheque sent

for collection; **le paiement par chèque n'est pas accepté** payment by cheque is not allowed, personal cheques are not accepted for payment. **b** (bon) voucher. ◊ **chèque-cadeau** gift voucher ou token; **chèque dividende** (Fin) dividend warrant; **chèque-essence** petrol (GB) ou gasoline (US) coupon; **chèque-repas** ou **restaurant** luncheon voucher.

**2** comp **chèque bancaire** cheque. – **chèque de banque** bank ou banker's cheque, bank ou banker's draft. – **chèque barré** crossed cheque. – **chèque en blanc** blank cheque. – **chèque en bois** dud cheque, rubber cheque (US), bounced cheque. – **chèque de caisse** counter cheque. – **chèque certifié** certified cheque. – **chèque compensé** cleared cheque. – **chèque de dépannage** loose cheque. – **chèque endossable** endorsable cheque. – **chèque hors place** out-of-town ou country cheque. – **chèque non barré** open cheque. – **chèque à ordre** cheque to order, order cheque. – **chèque périmé** stale cheque. – **chèque au porteur** bearer cheque, cheque to bearer. – **chèque postal** Girocheque (GB), post office cheque. – **chèque postdaté** (Admin) post-dated cheque. – **chèques postaux** ≈ National Girobank (GB), post office banking system. – **chèque refusé** returned cheque. – **chèque sans provision** bad ou bounced cheque, cheque without funds, NSF cheque. – **chèque sur place** town cheque. – **chèque de virement** transfer cheque. – **chèque visé** certified cheque. – **chèque de voyage** traveller's cheque.

**chéquier** [ʃekje] nm cheque book (GB), checkbook (US).

**cher, chère** [ʃɛʀ] **1** adj expensive, costly, dear (GB). ◊ **c'est moins cher** it's cheaper, it's less expensive; **articles peu chers** ou **pas chers** cheap ou inexpensive ou reasonably priced items; **c'est trop cher** it's too expensive, it's overpriced; **la vie est très chère ici** the cost of living is high here; **indemnité de vie chère** cost-of-living bonus ou allowance; **c'est trop cher pour nous** it's too expensive for us, we can't afford it; **nous sommes moins chers que tous nos concurrents** we are cheaper than all our competitors; **l'argent cher a découragé les emprunteurs** dear money has discouraged borrowers.

**2** adv ◊ **se vendre cher** to fetch a high price; **cela ne vaut pas cher** it's not expensive, it's not worth much; **ce commerçant vend trop cher** this shopkeeper is too expensive ou charges too much, this shop's prices are too high; **nous vendons moins cher que nos concurrents** we undersell our competitors, we are cheaper than our competitors; **il prend très cher** he charges very high rates; **cet oubli nous a coûté cher** this oversight cost us dear, we paid heavily for this oversight.

**chercher** [ʃɛʀʃe] **vt** to search ou look for. ◊ **chercher un emploi** to look for a job; **veuillez faire chercher la marchandise** kindly send for the consignment.

**chercheur** [ʃɛʀʃœʀ] **nm** research worker, researcher. ◊ **chercheur d'emploi** job seeker, unemployed person.

**cherté** [ʃɛʀte] **nf** [bien] high price. ◊ **la cherté de la vie** the high cost of living.

**cheval** [ʃ(ə)val] **nm** ◊ **spéculation ou opération à cheval** (Bourse) straddle; **à cheval sur 2 mois** overlapping ou straddling 2 months.

**chevalier** [ʃ(ə)valje] **nm** ◊ **chevalier blanc / gris / noir** white / grey / black knight; **chevalier d'industrie** crook, con man*.

**chevauchement** [ʃ(ə)voʃmã] **nm** overlapping, overlap. ◊ **il y a chevauchement entre cette écriture et la précédente** this entry overlaps the former one.

**chevaucher (se)** [ʃ(ə)voʃe] **vpr** to overlap. ◊ **leurs fonctions se chevauchent** their duties overlap.

**cheville** [ʃ(ə)vij] **nf** ◊ **être en cheville avec qn** to play ball ou cooperate with sb; **c'était lui la cheville ouvrière de l'organisation** he was the mainstay ou the kingpin ou the keyman of the organization.

**chevronné, e** [ʃəvʀɔne] **adj** experienced, practised, seasoned.

**chicanerie** [ʃikanʀi] **nf** ◊ **chicaneries administratives** petty regulations ou annoyances of officialdom.

**chiffrable** [ʃifʀabl(ə)] **adj** calculable. ◊ **les dommages ne sont pas chiffrables** the damage can't be assessed, you can't put a figure to the damage.

**chiffrage** [ʃifʀaʒ] **nm** [dommages] assessment; [projet, travaux] costing.

**chiffre** [ʃifʀ(ə)] **1** **nm** (gén) figure; (nombre, numéro) number; (somme) total, sum. ◊ **inflation à deux chiffres** two ou double-figure inflation, double-digit inflation; **les chiffres du chômage** unemployment figures, the number of unemployed; **en chiffres ronds** in round figures; **chiffre approximatif** approximate ou ball park figure*; **chiffre global** total ou overall amount; **touche de chiffre** (sur clavier) digit key.
**2** **comp chiffre (d'affaires)** turnover (GB), sales (US), sales figures ou results; **chiffre (d'affaires) net / brut** net / gross turnover ou sales; **notre chiffre d'affaires a été de 100 000 livres l'année dernière** our turnover was ou our sales were £100,000 last year;

**l'entreprise réalise un chiffre de 300 000 F par semaine** the firm turns over F300,000 a week; **impôt sur le chiffre d'affaires** sales tax, turnover tax; **chiffre d'affaires à l'exportation** export sales; **chiffre d'affaires hors taxes** turnover ou sales excluding taxes.

**chiffrer** [ʃifʀe] **1** **vt** dommages to assess; projet, travaux to cost. ◊ **c'est difficile à chiffrer** it's difficult to put a figure to it; **le coût de l'opération reste à chiffrer** the cost of the operation has yet to be worked out.
**2** **se chiffrer vpr** ◊ **se chiffrer à** to amount to, add up to, come to; **des transactions qui se chiffrent à plusieurs millions de francs** operations amounting to several million francs; **à combien cela se chiffre-t-il?** how much does that add up to?, how much does it work out at?; **la dette de ce pays se chiffre à 8 milliards de dollars** this country's debt amounts to ou works out at $8 billion.

**Chili** [ʃili] **nm** Chile.

**chilien, -ienne** [ʃiljɛ̃, jɛn] **1** **adj** Chilean.
**2** **Chilien nm** (habitant) Chilean.
**3** **Chilienne nf** (habitante) Chilean.

**Chine** [ʃin] **nf** China.

**chinois, e** [ʃinwa, waz] **1** **adj** Chinese.
**2** **nm** (langue) Chinese.
**3** **Chinois nm** (habitant) Chinese.
**4** **Chinoise nf** (habitante) Chinese.

**chirographaire** [kiʀɔgʀafɛʀ] **adj** unsecured. ◊ **créance chirographaire** unsecured debt; **créancier chirographaire** unsecured creditor; **obligation chirographaire** simple debenture.

**choc** [ʃɔk] **nm** shock. ◊ **choc pétrolier** oil shock; **patron de choc** high-powered boss; **prix choc** (sur une vitrine) drastic reduction ou cut, prices slashed.

**choisir** [ʃwaziʀ] **vt** to choose, select.

**choix** [ʃwa] **nm** **a** (gamme) choice, selection. ◊ **ce magasin a un très large choix de chemises** this shop offers a wide ou extensive selection ou range of shirts; **choix exhaustif** comprehensive range. **b** (qualité) **de choix** choice, selected; **article de choix** choice article; **produit de tout premier choix** top quality ou first class ou top grade product; **articles de second choix** seconds; **c'est du second ou deuxième choix** it's a grade two product. **c** (préférence) choice, preference; (sélection) selection. ◊ **être promu au choix** to be promoted by selection; **au choix du contribuable** at the choice ou option of the taxpayer.

**chômage** [ʃomaʒ] **nm** unemployment. ◊ **être au chômage ou en chômage** to be unemployed ou out of work ou out of a job; **s'inscrire au chômage** to go on the dole, apply for unemployment benefit, go on relief (US); **mettre qn au** ou **en chômage** to put sb out of a job, lay sb off, make sb redundant; **200 ouvriers ont été mis en chômage** 200 workers have been made redundant ou have been laid off, there have been 200 redundancies ou layoffs; **être en chômage temporaire** to be temporarily out of work; **être mis en chômage pour raisons économiques** to be made redundant; **être mis en** ou **au chômage technique** to be laid off ou stood off; **avoir droit aux prestations chômage** to be entitled to unemployment benefits; **chômage conjoncturel** ou **cyclique** cyclical unemployment; **chômage déguisé** disguised ou hidden unemployment; **chômage frictionnel / saisonnier / résiduel** frictional / seasonal / residual unemployment; **chômage des jeunes** youth unemployment; **chômage partiel** short-time working; **mettre qn en** ou **au chômage partiel** to put sb on short time; **être en chômage partiel** to work short time; **chômage technique** structural unemployment; **allocation (de) chômage, indemnité de chômage** unemployment benefit; **caisse de chômage** unemployment fund; **lutte contre le chômage** fight against unemployment; **statistiques** ou **chiffres du chômage** unemployment ou jobless figures; **taux de chômage** unemployment ou jobless rate.

**chômé, e** [ʃome] **adj** ◊ **fête chomée, jour chômé** public holiday.

**chômer** [ʃome] **vi** [personne] to be out of work, be out of a job, be unemployed; [installations] to lie idle. ◊ **les usines chôment** the plants are lying idle ou are at a standstill; **laisser chômer son capital** to let one's money lie idle.

**chômeur, -euse** [ʃomœʀ, øz] **nm,f** unemployed ou jobless person. ◊ **le nombre des chômeurs** the number of unemployed, the number of those out of work; **les chômeurs** the unemployed ou jobless; **les chômeurs en fin de droit** unemployed workers no longer eligible for compensation; **chômeurs indemnisés** unemployed on the dole ou drawing a contribution; **chômeurs de longue durée** long-term unemployed; **chômeurs recensés** registered unemployed.

**chronique** [kʀɔnik] **1 adj** chômage, crise chronic.
**2 nf** (Presse) column, page. ◊ **chronique boursière** stock exchange news ou column; **chronique économique / financière** business / financial news ou column.

**chroniqueur** [kʀɔnikœʀ] **nm** (Presse) columnist. ◊ **chroniqueur financier** financial editor.

**chronologique** [kʀɔnɔlɔʒik] **adj** chronological. ◊ **série chronologique** time series.

**chute** [ʃyt] **nf** fall, drop (de in). ◊ **chute des cours** fall in prices; **chute verticale** ou **brutale** collapse, plummeting, freefall, sharp drop; **la Bourse est en chute libre** the stock market is collapsing ou plummeting, the stock market is taking a nose dive.

**chuter** [ʃyte] **vi** [prix] to fall, drop. ◊ **l'indice Dow Jones a chuté de 12 points en clôture** the Dow Jones fell 12 points at the close.

**Chypre** [ʃipʀ(ə)] **n** Cyprus.

**chypriote** [ʃipʀiɔt] **adj, nmf** = cypriote.

**CI** **a** abrév de *certificat d'importation* → certificat. **b** abrév de *certificat d'investissement* → certificat.

**Ci-** [si] **adv** ◊ **ci-après** (gén) below; (Jur) hereinafter; **ci-contre** opposite; **porté ci-contre** (Compta) as per contra; **ci-dessus** above; **comme ci-dessus** as above; **ci-inclus** herewith; **veuillez trouver ci-inclus une copie du contrat** please find herewith ou enclosed a copy of the contract; **ci-joint** attached, annexed, appended, herewith; **vous trouverez ci-joint un reçu en duplicata** please find attached ou enclosed a duplicate receipt; **les documents ci-joints** the attached ou appended ou enclosed documents.

**cial** abrév de *commercial.*

**ciblage** [siblaʒ] **nm** targeting, target selection. ◊ **ciblage des prix** target pricing.

**cible** [sibl(ə)] **nf** target, objective. ◊ **cibles stratégiques** strategic targets ou objectives; **cible visée** intended target; **acheteur cible** target buyer; **clientèle cible** target customers; **date cible** target date; **détermination de la cible** target setting; **entreprise cible d'une OPA** target company; **groupe cible** target group; **marché cible** target market; **population cible** target group ou audience; **prix cible** (CEE) target price; **public cible** target audience ou public; **notre cible ce sont les jeunes de moins de 20 ans** our target is young people under 20.

**cibler** [sible] **vt** to target. ◊ **cibler une campagne sur un groupe** to target a campaign at a group; **cibler une campagne sur un secteur** to zone a campaign; **émission ciblée** targeted broadcast ou show; **notre publicité est ciblée sur le marché des jeunes** our advertising is geared to ou targeted at the youth market; **objectifs ciblés sur le marché** market-oriented objectives; **objectifs ciblés sur le produit** product-oriented objectives.

**CIDEX** [sideks] **nm** abrév de *courrier individuel à distribution exceptionnelle* special post office sorting services for individual clients.

**Cie** abrév de *compagnie* Co.

**cinq** [sɛ̃k] **adj, nm** five ; → *six*.

**cinquantaine** [sɛ̃kãtɛn] **nf** (cinquante) fifty ; (environ) about fifty, fifty or so ; → soixantaine.

**cinquante** [sɛ̃kãt] **adj, nm** fifty ; → soixante.

**cinquantième** [sɛ̃kãtjɛm] **adj, nmf** fiftieth ; → sixième.

**cinquantièmement** [sɛ̃kãtjɛmmã] **adv** in the fiftieth place.

**cinquième** [sɛ̃kjɛm] **adj, nmf** fifth ; → sixième.

**cinquièmement** [sɛ̃kjɛmmã] **adv** in the fifth place.

**CIP** [seipe] **nm** abrév de *certificat d'investissement prioritaire* → certificat.

**circonstance** [siʀkõstãs] **nf** circumstance. ◊ **dans les circonstances présentes** in the present circumstances ; **tenir compte** ou **faire la part des circonstances** to take the circumstances into account ; **circonstances indépendantes de notre volonté** circumstances beyond our control ; **circonstances atténuantes** (Jur) extenuating ou mitigating circumstances.

**circonstancié, e** [siʀkõstãsje] **adj** exposé detailed.

**circuit** [siʀkɥi] **nm** **a** (réseau) channel, network. ◊ **circuit administratif / financier / direct** administrative / financial / direct channel ; **circuit commercial** marketing ou trade network ; **circuit court / long** short / long channel ; **circuit de détail** retail chain ; **circuit de distribution** distribution ou trade channel ; **circuits de distribution de masse, circuit grand public** mass channels ; **circuit de fabrication** production routing. **b** (Écon) (cycle) circulation. ◊ **le circuit économique** economic circulation ; **retirer du circuit** to take out of ou withdraw from circulation. **c** (Inf) **circuit fermé / imprimé / intégré** closed / printed / integrated circuit.

**circulaire** [siʀkylɛʀ] **1** **adj** ◊ **lettre de crédit circulaire** circular letter of credit. **2** **nf** circular.

**circulant, e** [siʀkylã, ãt] **adj** circulating. ◊ **actif circulant** circulating ou current assets ; **capitaux circulants** circulating ou floating capital.

**circulation** [siʀkylasjõ] **1** **nf** (gén) circulation ; (Pub, Mktg) traffic, circulation. ◊ **audit de la circulation** (Mktg) traffic audit ; **comptage de la circulation** (Mktg) traffic counts ; **la libre circulation des personnes et des biens dans les pays de la CEE** the free circulation ou flow of people and goods within the EEC countries ; **libre circulation des marchandises** free movement of goods ; **libre circulation des**

**capitaux** free circulation of capital ; **retirer de la circulation** to withdraw from circulation.

**2** comp **circulation fiduciaire** fiduciary circulation. – **circulation financière** credit circulation. – **circulation de l'information** circulation of news, news dissemination. – **circulation monétaire** money ou currency circulation. – **circulation réelle** (Pub) effective circulation. – **circulation totale** (Mktg) gross circulation, passers-by count.

**circuler** [siʀkyle] **vi** to circulate.

**citation** [sitasjõ] **nf** (Jur) summons. ◊ **citation à comparaître** (à accusé) summons to appear ; (à témoin) subpoena ; **notifier une citation** to serve a summons ou a writ (*à qn* on sb).

**citer** [site] **vt** ◊ **citer (à comparaître)** accusé to summon (to appear) ; témoin to subpoena.

**civil, e** [sivil] **adj** civil. ◊ **poursuivre qn au civil** to take civil action against sb, sue sb in the civil courts ; **état civil** civil status ; **société civile immobilière** real property company ; **responsabilité civile** (civil) liability ; **assurance responsabilité civile** liability insurance.

**civilement** [sivilmã] **adv** ◊ **poursuivre qn civilement** to take civil action against sb, sue sb in the civil courts ; **être civilement responsable de qch** to be legally responsible ou liable for sth, have civil liability for sth.

**clandestin, e** [klãdɛstɛ̃, in] **adj** activité clandestine. ◊ **publicité clandestine** hidden advertising ; **travailleur clandestin** unregistered worker.

**classe** [klɑs] **nf** class. ◊ **classe sociale** social class ; **classe d'âge / d'imposition** age / income bracket ou group ; **de première / deuxième classe** hôtel, billet de train first / second class ; fonctionnaire first / second grade ; **voyager en première classe / en classe affaires / en classe touriste** (Aviat) to travel first class / business class / economy class.

**classement** [klɑsmã] **nm** **a** (attribution d'un rang) ranking, grading, rating ; (rang, place) rank. ◊ **classement des emplois** (Ind) labour grading ; **le produit a bénéficié d'un bon classement dans les tests auprès des consommateurs** the product achieved a high rating in consumer tests ; **ils sont premiers dans le classement des petites entreprises innovatrices** they are first in the ranking of innovative small companies ; **cette entreprise bénéficie d'un bon classement dans le domaine de l'exportation** this firm ranks high for exports. **b** (clôture) [dossier] closing. **c** (Compta) filing. ◊ **classement horizontal / vertical** flat ou horizontal / vertical filing; **classement par fiches** card indexing; **classement matières** subject filing; **classement numérique** numerical filing; **classement par ordre alphabétique** alphabetical filing; **méthode de classement** filing system.

**classer** [klɑse] **1** vt **a** (ordonner) documents to file (away). ◊ **classer par ordre chronologique** to file in order of date ou in chronological order; **à classer** (sur document) please file. **b** (terminer) dossier to close. ◊ **classer une affaire** to close the file on a question; **dossier des affaires classées** dead file; **le projet a été classé sans suite** the project was shelved with no further action. **c** (Bourse) to place. ◊ **valeur bien classée** well-placed security, sound investment stock. **d** (donner un rang) to rate, grade. ◊ **classer dans une catégorie supérieure / inférieure** to grade up / down, upgrade / downgrade; **marchandises classées par catégorie** graded goods; **classer qch en première / deuxième position** to rate sth first / second; **ce produit a été classé en deuxième position par les consommateurs** this product was ranked second by consumers; **ce produit a été mal classé dans les tests auprès des consommateurs** this product achieved a low ou poor rating in consumer tests.
**2** se **classer** vpr to rank (*parmi* among). ◊ **cette entreprise se classe parmi les meilleures** this firm ranks among the best; **cela doit se classer sous la rubrique "provision"** that comes under the heading "provision".

**classeur** [klɑsœʀ] nm **a** (dossier) file. ◊ **classeur à fiches** card-index file; **classeur des entrées et des sorties** (Admin) tally file; **classeur principal** master file; **fiche de classeur** file card. **b** (meuble) filing ou file-cabinet. ◊ **tiroir classeur** filing drawer.

**classification** [klasifikɑsjɔ̃] nf [marchandises, emplois] classification. ◊ **classification socio-professionnelle** social grading.

**classifier** [klasifje] vt to classify.

**clause** [kloz] **1** nf clause, provision. ◊ **les clauses du traité de Rome** the provisions of the Treaty of Rome; **sauf clause contraire** unless otherwise provided ou stated; **il n'y a pas de clause contraire** there is no provision to the contrary.
**2** comp **clause d'abandon** waiver clause. – **clause abrogatoire** rescinding ou cancellation clause. – **clause abusive** unfair clause. – **clause additionnelle** additional clause, rider. – **clause d'agrément** assent clause. – **clause annexe** supplementary clause. – **clause arbitrale** ou **d'arbitrage** arbitration clause. – **clause avarie particulière** (Ass Mar) particular average clause. – **clause de compétence** compe-

tence clause. – **clause compromissoire** arbitration clause. – **clause conventionnelle** agreement ou contract clause. – **clause corrective** qualifying clause. – **clause "à dire d'expert"** arbitration clause. – **clause échappatoire** escape clause. – **clause d'échéance** forfeiture clause. – **clause d'échelle mobile** sliding scale clause, escalator clause. – **clause d'exclusivité** competition clause, exclusivity stipulation. – **clause franc d'avarie commune** (Ass Mar) free of general average clause. – **clause de franchise** (Ass) deductible clause. – **clause de garantie** warranty ou guarantee clause. – **clause d'indexation** sliding scale clause, escalator clause. – **clause de juridiction** competence clause. – **clause de magasin à magasin** warehouse to warehouse clause. – **clause de la nation la plus favorisée** most favoured nation clause. – **clause de non-concurrence** non-competition clause. – **clause non financière** non-monetary clause. – **clause pénale** penalty clause. – **clause de pénétration** penetration clause. – **clause de premier refus** first refusal clause. – **clause (de) recours et conservation** suing and labouring clause. – **clause de renoncement** waiver clause. – **clause de renonciation** contracting-out clause. – **clause de résiliation** escape ou termination clause. – **clause résolutoire** cancelling ou defeasance ou avoidance clause. – **clause restrictive** restrictive clause. – **clause de sauvegarde** saving ou safeguard ou protective clause. – **clause suivant avis** clause "as per advice". – **clause supplémentaire** rider. – **clause d'usage** customary clause. – **clause valeur agréée** (Ass Mar) agreed valuation clause.

**clausé, e** [kloze] adj ◊ **connaissement clausé** foul ou unclean bill of lading; **connaissement non clausé** clean bill of lading.

**clavier** [klavje] nm keyboard. ◊ **clavier numérique** digital keyboard ou keypad.

**claviste** [klavist(ə)] nmf keyboard operator.

**clé** [kle] nf → clef.

**clearing** [kliʀiŋ] nm clearing. ◊ **accord de clearing** clearing agreement; **clearing des changes** foreign currency clearing.

**clef** [kle] **1** nf key. ◊ **prix clefs en main** (véhicule) on-the-road price (GB), sticker price (US); (logement) price with immediate occupation; **usine clefs en main** turnkey factory, factory on turnkey contract; **mettre la clef sous la porte** to shut up shop.
**2** adj ◊ **industrie / poste / produit clef** key industry / job / product.

# clerc

**clerc** [klɛʀ] **nm** clerk. ◊ **clerc de notaire** lawyer's clerk; **premier clerc** chief clerk.

**client, e** [klijã, ãt] **nm,f** [commerce] customer; [hôtel] guest, patron; [agence de publicité] account; [avocat] client. ◊ **client attitré** ou **régulier** regular customer; **clients de passage** (gén) casual ou passing customers; (hôtel) transient ou casual guests; **client potentiel** potential customer; **l'Italie est un de nos gros clients** Italy is one of our big trading customers; **compte-clients** client ledger; **fichier client** customer file; **fidélité du client** customer loyalty; **service client** customer service; **Atkins est un de leurs clients** (Pub) Atkins is one of their clients, they have the Atkins account.

**clientèle** [klijãtɛl] **nf** [commerce] clientele, customers; [grande entreprise] customer base; [avocat] practice. ◊ **accorder sa clientèle à** to patronize; **attirer la clientèle** to attract custom; **avoir une grosse clientèle** [magasin] to have a large clientele ou a lot of customers; [profession libérale] to have a large practice; [représentant] to have a very large client group ou clientele; **constituer une clientèle** to build up a connection; **visiter la clientèle** to pay a call on one's customers; **ils ont une clientèle prestigieuse** (Pub) they have some prestigious accounts; **clientèle-cible** target customers ou group; **clientèle finale** final customers; **clientèle de passage** casual ou passing customers; **clientèle utile** actual prospects; **service à la clientèle** customer service.

**clignotant** [kliɲɔtã] **nm** (Écon) warning indicator ou light. ◊ **les clignotants sont au rouge** ou **allumés** the danger signals are flashing.

**climat** [klima] **nm** climate. ◊ **climat de confiance** atmosphere of confidence; **climat social** social climate.

**cloisonnement** [klwazɔnmã] **nm** [activités] compartmentalization.

**cloisonner** [klwazɔne] **vt** activités to compartmentalize.

**clore** [klɔʀ] **vt** compte, procédure, dossier, marché, séance to close. ◊ **l'incident est clos** the matter is closed.

**clos, e** [klo, oz] **adj** compte, dossier, incident closed. ◊ **siéger à huis clos** to sit in camera, go into secret session (US).

**clôture** [klotyʀ] **nf** [compte, séance] closing, closure. ◊ **les cotes en clôture** (Bourse) closing quotations; **cours de clôture** (Bourse) closing price; **en clôture** (Bourse) at the close; **les actions étaient côtées à 120 pence en clôture** the shares closed at 120 p; **date / écriture / séance / solde de clôture** closing date / entry / session / balance; **clôture des inscriptions** registration deadline, deadline

for applications; **opérations après clôture** after-hours dealings ou trading; **proposer la clôture des débats** to move the closure of debate.

**clôturer** [klotyʀe] **1 vt** séance to close; comptes to close, balance. **2 vi** (Bourse) to close. ◊ **ces actions ont clôturé en baisse** these shares closed at a loss; **clôturer au plus bas de la journée** to close at the day's low.

**club** [klœb] **nm** club. ◊ **club d'investissement** investment club.

**cm** abrév de *centimètre* cm.

**CM** abrév de *Chambre des métiers* → chambre.

**CNC** [seɛnse] **nm** abrév de *Comité national de la consommation* → comité.

**CNCE** [seɛnseə] **nm** abrév de *Centre national du commerce extérieur* → centre.

**CNE** [seɛnə] **nf** abrév de *Caisse nationale d'épargne* NSB.

**CNED** [knɛd] **nm** abrév de *Centre national d'enseignement à distance* → centre.

**CNIT** [knit] **nm** abrév de *Centre national des industries et des techniques* → centre.

**CNJA** [seɛnʒia] **nm** abrév de *Centre national des jeunes agriculteurs* young farmers' association.

**CNPF** [seɛnpeɛf] **nm** abrév de *Conseil national du patronat français* French national employers' union.

**CNRS** [seɛnɛʀɛs] **nm** abrév de *Centre national de la recherche scientifique* → centre.

**coacquéreur** [kɔakeʀœʀ] **nm** joint purchaser.

**coadministrateur** [kɔadministʀatœʀ] **nm** co-director.

**coassocié, e** [kɔasɔsje] **nm,f** copartner, associate.

**coassurance** [kɔasyʀãs] **nf** coinsurance, mutual assurance.

**COB** [kɔb] **nf** abrév de *Commission des opérations de Bourse* SIB (GB), SEC (US).

**cocaution** [kɔkosjõ] **nf** co-surety, collateral security.

**cocher** [kɔʃe] **vt** to tick off, check off. ◊ **cocher des marchandises sur une liste** to tick off ou keep tally of goods on a list; **cocher la case appropriée** (sur un formulaire) please tick ou check appropriate box.

**cocontractant, e** [kɔkõtʀaktã, ãt] **nm,f** contracting party.

**cocréancier** [kɔkʀeãsje] **nm** co-creditor, joint creditor.

**codage** [kɔdaʒ] **nm** coding.

**code** [kɔd] **1** nm (gén) code; (législation) law, code. ◊ **connaître le code** (Jur) to know the law. **2** comp **code (à) barres** bar code. – **code de caisse** cashier code. – **code civil** civil code. – **code de commerce** commercial law. – **code des douanes** customs regulations. – **code fiscal** tax code, internal revenue code. – **code des impôts** tax code, internal revenue code. – **code à lecture optique** optical recognition code. – **code machine** (Inf) absolute code. – **code pénal** penal code. – **code postal** zip code (US), post(al) code. – **code du travail** labour regulations, labour law.

**codébiteur, -trice** [kɔdebitœR, tRis] nm,f joint debtor.

**codéfendeur** [kodefãdœR] nm co-defendant.

**codemandeur, -eresse** [kɔdmãdœR, dRɛs] nm,f joint plaintiff.

**codétenteur, -trice** [kɔdetãtœR, tRis] nm,f joint holder.

**CODEVI** [kɔdevi] nm abrév de *compte pour le développement industriel* → compte.

**codification** [kɔdifikasjɔ̃] nf codification.

**codifier** [kɔdifje] vt to codify.

**codirecteur, -trice** [kɔdiRɛktœR, tRis] nm,f co-director, joint manager.

**coefficient** [kɔefisjã] **1** nm coefficient. ◊ **à fort coefficient de capitaux / de main-d'œuvre** capital / labour intensive. **2** comp **coefficient de capitalisation des résultats** price-earnings ratio, p / e ratio. – **coefficient de chargement** load factor. – **coefficient de circulation** (Mktg) traffic coefficient. – **coefficient de dispersion** coefficient of variation. – **coefficient d'élasticité** coefficient of elasticity. – **coefficient d'erreur** margin of error. – **coefficient d'exploitation** working coefficient, operating ratio (US). – **coefficient de liquidité** liquidity ou current ou acid test ratio. – **coefficient multiplicateur** multiplier; **méthode du coefficient multiplicateur** multiplier system. – **coefficient de pénétration** (Écon) penetration ratio. – **coefficient de pondération** weighting ratio. – **coefficient de remplissage** load factor, percentage of seats filled. – **coefficient de rotation** (des stocks) inventory turnover. – **coefficient de sécurité** safety margin. – **coefficient de solvabilité** solvency ratio. – **coefficient de trésorerie** cash ratio. – **coefficient de variation** coefficient of variation.

**co-entreprise** [kɔãtRəpRiz] nf joint venture.

**coéquation** [kɔekwasjɔ̃] nf proportional assessment.

**coercitif, -ive** [kɔɛRsitif, iv] adj mesure, moyen coercive.

**coercition** [kɔɛRsisjɔ̃] nf coercion.

**coffre** [kɔfR(ə)] nm ◊ **coffre(-fort)** safe; **coffre de nuit** night safe; **salle des coffres** (Banque) strong room; **compartiment de coffre** safe deposit box; **dépôt en coffre-fort** safe deposit.

**cofidéjusseur** [kɔfideʒysœR] nm (Jur) co-surety.

**COGEFI** [kɔʒefi] nm abrév de *conseil en organisation de gestion économique et financière d'entreprises* → conseil.

**cogérance** [kɔʒeRãs] nf joint-management, co-administration.

**cogérant** [kɔʒeRã] nm joint-manager, co-administrator.

**cogérer** [kɔʒeRe] vt to manage jointly.

**cogestion** [kɔʒɛstjɔ̃] nf codetermination, joint management, co-management.

**cogniticien** [kɔgnitisjɛ̃] nm knowledge engineer.

**cohérence** [kɔeRãs] nf coherence, consistency. ◊ **cohérence d'une gamme de produits** product line consistency.

**coiffer** [kwafe] vt (diriger) organisme to head up.

**coinculpé, e** [kɔɛ̃kylpe] nm,f co-defendant, co-accused.

**col** [kɔl] nm ◊ **col blanc** white-collar worker; **col bleu** blue-collar worker.

**colis** [kɔli] nm parcel. ◊ **colis contre remboursement** cash on delivery parcel; **colis postal du régime intérieur** inland parcel; **colis chargé** ou **de valeur déclarée** insured ou registered parcel; **envoyer un colis par la poste** to send a parcel through the post ou mail; **par colis postal** by parcel post.

**colisage** [kɔlizaʒ] nm packing. ◊ **liste de colisage** packing list.

**coll.** abrév de *collaborateurs*.

**collaborateur, -trice** [kɔlabɔRatœR, tRis] nm,f (collègue) colleague, collaborator; (subalterne) subordinate; [revue] contributor. ◊ **mes collaborateurs** my staff.

**collaboration** [kɔlabɔRasjɔ̃] nf (gén) collaboration; (à une entreprise) cooperation, association. ◊ **entreprise en collaboration** collaborative ou joint venture.

**collaborer** [kɔlabɔRe] vi to collaborate. ◊ **nous sommes heureux de collaborer avec vous** we are pleased to collaborate ou work with you; **collaborer à un journal** to contribute to a newspaper.

**collation** [kɔlasjɔ̃] **nf** (comparaison) collation; (vérification) checking.

**collationnement** [kɔlasjɔnmɑ̃] **nm** (comparaison) collation; (vérification) checking; (Fin) call and check.

**collationner** [kɔlasjɔne] **vt** (vérifier) to check; (comparer) to collate.

**collectif, -ive** [kɔlɛktif, iv] **1** **adj** responsabilité, contrat, gestion collective. ◊ **action collective** (Jur) joint action; **billet collectif** group ticket; **compte collectif** balance account; **convention collective** collective agreement; **démission collective** mass resignation; **immeuble collectif** block of flats (GB), apartment building (US); **identité collective** (gén) collective identity, [entreprise] corporate identity; **licenciements collectifs** mass redundancies ou layoffs.
**2** **nm** ◊ **collectif budgétaire** minibudget, interim budget, supplementary estimates budget (submitted by the government).

**collection** [kɔlɛksjɔ̃] **nf** (gén) collection; (Comm) line.

**collectivement** [kɔlɛktivmɑ̃] **adv** collectively.

**collectivisation** [kɔlɛktivizasjɔ̃] **nf** collectivization.

**collectiviser** [kɔlɛktivize] **vt** to collectivize.

**collectivisme** [kɔlɛktivism(ə)] **nm** collectivism.

**collectiviste** [kɔlɛktivist(ə)] **adj, nm** collectivist.

**collectivité** [kɔlɛktivite] **nf** (Admin) collectivity. ◊ **la collectivité (nationale)** the community; **à la charge de la collectivité** supported by the community; **collectivités locales** local communities ou administration; **collectivités professionnelles** professional organisations; **collectivités régionales** local government ou regional authorities.

**collégial, e** [kɔleʒjal] **adj** ◊ **direction collégiale** collegial administration.

**collègue** [kɔlɛg] **nmf** (collaborateur) colleague; (homologue) counterpart.

**collision** [kɔlizjɔ̃] **nf** clash. ◊ **entrer en collision** to collide, come into collision (avec with); **clause collision** (Ass) collision clause; **collision d'intérêt** clash of interest.

**collocation** [kɔlɔkasjɔ̃] **nf** (Jur) collocation, ranking of creditors according to the order of priority as determined by law.

**colloque** [kɔlɔk] **nm** colloquium, symposium, conference.

**collusion** [kɔlyzjɔ̃] **nf** [intérêts] collusion.

**colocataire** [kɔlɔkatɛʀ] **nmf** co-tenant.

**Colombie** [kɔlɔ̃bi] **nf** Colombia.

**colombien, -ienne** [kɔlɔ̃bjɛ̃, jɛn] **1** **adj** Colombian.

**2** **Colombien** **nm** (habitant) Colombian.
**3** **Colombienne** **nf** (habitante) Colombian.

**Colombo** [kɔlɔ̃bɔ] **n** Colombo.

**colon** [kɔlɔ̃] **nm** colon.

**colonne** [kɔlɔn] **nf** column. ◊ **colonne d'annonces** advertisement column; **colonne créditrice / débitrice** credit / debit column; **colonne Morris** (Pub) poster pillar; **disposer en colonnes** to tabulate.

**colorant** [kɔlɔʀɑ̃] **nm** colouring.

**coloris** [kɔlɔʀi] **nm** colour, shade. ◊ **carte de coloris** shade card.

**colportage** [kɔlpɔʀtaʒ] **nm** hawking, peddling.

**colporter** [kɔlpɔʀte] **vi** to hawk, peddle.

**colporteur, -euse** [kɔlpɔʀtœʀ, øz] **nm,f** hawker, pedlar.

**com.** [kɔm] **nf** abrév de commission.

**combattre** [kɔ̃batʀ(ə)] **vt** inflation, chômage to combat, fight.

**combinaison** [kɔ̃binɛzɔ̃] **nf** (mélange) combination. ◊ **combinaison des supports** media combination; **serrure à combinaison** combination lock.

**combiner** [kɔ̃bine] **vt** to combine. ◊ **opérations combinées** joint ou combined operations; **il a tout combiné** he master-minded the whole thing.

**combler** [kɔ̃ble] **vt** déficit to make up; vacance to fill. ◊ **combler l'écart** to fill the gap; **la France n'a pas comblé son retard sur le Japon** France is still lagging behind Japan ou cannot catch up with Japan; **la banque l'a obligé à combler son découvert** the bank called in his overdraft; **combler un manque** (Mktg) to fulfil a want.

**COMECON** [kɔmekɔn] **nm** abrév de Conseil pour l'aide mutuelle économique COMECON.

**comice** [kɔmis] **nm** ◊ **comice(s) agricole(s)** agricultural show.

**comité** [kɔmite] **1** **nm** committee. ◊ **constituer ou établir un comité** to set up ou form a committee; **faire partie d'un comité** to be ou sit ou serve on a committee; **membre d'un comité** committee member, committeeman (US).
**2** **comp** **comité des accises** (CEE) Excise Duties Committee. – **comité ad hoc** ad hoc committee. – **comité d'aide au développement** development aid committee. – **comité d'arbitrage** arbitration committee. – **comité bancaire** banking committee. – **comité de conciliation** conciliation board. – **comité consultatif** advisory committee ou board. – **comité de contrôle des créanciers** committee of inspection. – **comité directeur, comité de**

**direction** executive committee ou board, management committee. **– comité des émissions** issues committee. **– comité d'entreprise** ou **d'établissement** workers' ou works council, joint consultative committee. **– Comité européen de normalisation** European committee for standardization. **– comité de gestion** board of management. **– comité de grève** strike committee. **– comité intérimaire** interim committee. **– comité de liquidation** (Bourse) settlement department. **– comité ministériel** ministerial committee. **– Comité national de la consommation** *national consumer council.* **– comité d'orientation** ou **de programme** steering committee. **– comité de rédaction** drafting committee, editorial board. **– comité restreint** select committee. **– comité de sélection** selection board. **– comité de surveillance** watchdog committee, supervisory board. **– comité technique** functional committee. **– comité de vérification** audit committee.

**commande** [kɔmɑ̃d] **1** nf **a** (Comm) order. ◊ **bon de commande** (gén) order form; (à l'intérieur d'une usine) purchase order; **carnet / numéro de commande** order book / number; **renouvellement de commande** repeat order; **annuler / enregistrer / exécuter une commande** to cancel / book / fill ou complete ou handle an order; **faire une commande de marchandises** to put goods on order; **passer commande à qn** to place an order with sb; **passer une commande permanente de qch** to place a standing order for sth; **nous ne fabriquons que sur commande** we make goods to order only; **c'est en commande** it is on order; **état des commandes** order position; **payable à la commande, règlement à la commande** cash with order; **fait sur commande** made to order, custom-built, custom-made (US), customized; **prendre une commande** to take an order; **prise de commandes** order-taking; **le poste implique la prise de commandes par téléphone** the job involves taking orders by telephone. **b** (instrument de contrôle) control. ◊ **les commandes** the controls; **être aux commandes, tenir les commandes** to be at the controls, be at the helm. **c** (Inf) **touche / ligne / fichier de commande** command key / line / file. **2** comp **commandes anticipées** dues. **– commandes en attente** backlog of orders, backorders. **– commandes en carnet** outstanding ou unfilled orders. **– commandes en cours** orders on hand ou in progress. **– commande de dépannage** emergency order. **– commande à distance** remote control. **– commande**

**d'essai** trial order. **– commande ferme** firm ou hard order. **– commande en gros** bulk order. **– commande non satisfaite** outstanding ou unfilled order. **– commande numérique** numerical ou digital control. **– commande permanente** standing order. **– commande renouvelée** repeat order. **– commande en souffrance** delayed delivery, back ou outstanding order. **– commande télégraphique** cable order. **– commande par téléphone** phone order. **– commande urgente** rush order.

**commandement** [kɔmɑ̃dmɑ̃] nm (Jur) writ, summons. ◊ **faire signifier qch par commandement d'huissier** to serve a writ upon sb; **envoyer à qn un commandement de payer** to send sb a demand for payment.

**commander** [kɔmɑ̃de] vt (Comm) to order; (diriger) to be in charge ou in command.

**commanditaire** [kɔmɑ̃ditɛʀ] nm (gén) limited ou sleeping ou dormant (GB) ou silent (US) partner; (Pub) sponsor.

**commandite** [kɔmɑ̃dit] nf (Comm) **société en commandite simple** limited partnership; **société en commandite par actions** partnership limited by shares.

**commanditer** [kɔmɑ̃dite] vt (gén) to finance, provide funds for; (Pub) to sponsor.

**commerçant, e** [kɔmɛʀsɑ̃, ɑ̃t] **1** adj (gén) commercial; pays trading, commercial; rue, quartier shopping. ◊ **il est très commerçant** he's got a very strong business acumen, he's got very good business sense. **2** nm,f shopkeeper, storekeeper (US), merchant, tradesman. ◊ **petit commerçant** small shopkeeper (GB) ou businessman ou trader ou retailer; **commerçant affilié** franchised trader; **commerçant en détail** retail merchant, retailer; **commerçant en gros** wholesale dealer, wholesaler; **commerçant indépendant** independent retailer, sole trader.

**commerce** [kɔmɛʀs(ə)] **1** nm **a** (activités) commerce, trade; (affaires) business. ◊ **le monde du commerce** the commercial ou business world; **le commerce à l'intérieur de la CEE** trading within the EEC; **le commerce a bien marché le Noël dernier** trading ou business was good last Christmas; **le commerce ne va pas fort** business ou trade is slack; **faire du commerce avec** to trade with, do business with; **ils font le commerce des meubles d'occasion** they trade ou deal in second-hand furniture; **nous faisons le commerce de gros / de détail** we are in the wholesale / retail trade ou business; **annuaire du commerce** trade directory; **banque de commerce** trade bank; **chambre**

**de commerce** Chamber of Commerce ; **code de commerce** commercial law ; **effet de commerce** bill of exchange ; **entrave au commerce** trade barrier ; **maison de commerce** commercial firm ou establishment ; **ministère du Commerce** Board of Trade (GB), Department of Commerce (US) ; **papier de commerce** commercial paper ; **registre du commerce** trade register ; **représentant de commerce** commercial traveller, sales representative ; **traité de commerce** commercial ou trade agreement ; **tribunal de commerce** commercial court. **b** (magasin) business. ◊ **un petit commerce** a small ou little business ou shop (GB) ou store (US) ; **ouvrir un commerce** to set up a business ; **tenir** ou **avoir un commerce de chaussures** to have a shoe business ; **diriger un commerce** to run a business ; **commerce à céder** business for sale ; **fonds de commerce** goodwill, business, stock-in-trade ; **le grand commerce** department stores and supermarkets ; **ce produit ne se trouve pas encore dans le commerce** this article is not available in the shops yet ou is not yet on sale ; **hors commerce** not on sale to the general public. **c** (secteur) **le commerce** tradespeople, traders (GB), shopkeepers (GB), merchants (US) ; **le petit commerce** small traders. **2** **comp commerce ambulant** mobile trade. — **commerce de demi-gros** retail-wholesale trade. — **commerce de détail** retail trade. — **commerce dominical** Sunday trading. — **commerce d'exportation** export trade. — **commerce extérieur** foreign ou overseas ou external trade. — **commerce de gros** wholesale trade. — **commerce d'importation** import trade. — **commerce indépendant** single shop. — **commerce intégré** corporate chain, combined trade. — **commerce intérieur** home ou domestic ou internal trade. — **commerce de luxe** luxury trade. — **commerce non alimentaire** non-food trade. — **commerce de réexportation** re-export trade. — **commerce à rayons multiples** multiple-line store. — **commerce spécialisé** specialist shop ou store, single-line store. — **commerce de transit** transit trade.

**commercer** [kɔmɛʀse] **vt** to trade (avec with).

**commercial, e, mpl -aux** [kɔmɛʀsjal, o] **1** **adj** commercial, trade. ◊ **accord commercial** trade agreement ; **adresse commerciale** business address ; **agence commerciale** trade office ; **annuaire commercial** commercial ou trade directory ; **attaché commercial** commercial attaché ; **balance commerciale** trade balance ; **banque commerciale** commercial bank ; **bureau commercial** trade office ; **cadre commercial** sales manager ou executive ; **centre commercial** shopping centre (GB), mart (US), shopping mall (US) ; **décision commerciale** business decision ; **déficit commercial** trade gap ou deficit ; **délégué commercial** sales representative ; **directeur commercial** sales manager ou executive ; **droit commercial** commercial law ; **échanges commerciaux** trade, commerce ; **entreprise commerciale, établissement commercial** trading concern ou company, commercial firm ou establishment ; **excédent commercial** trade surplus ; **foire commerciale** trade fair ; **jargon commercial** trade jargon, commercialese ; **locaux commerciaux** business premises ; **mission commerciale** trade mission ; **marge commerciale** trading margin ; **mouvements commerciaux** commercial traffic ; **négociations commerciales** trade talks ; **nom commercial** trade name ; **papier commercial** commercial paper ; **partenaire commercial** trading partner ; **percée commerciale** commercial breakthrough ou thrust ; **politique commerciale** trade policy ; **références commerciales** trade references ; **relations commerciales** business ou trade relations ; **service commercial** sales department ; **société commerciale** trading company ou concern, commercial firm ou establishment ; **traité commercial** trade ou commercial agreement ; **transaction commerciale** trade transaction ou operation ; **usages commerciaux** trade ou business practices ; **voyageur commercial** commercial traveller. **2** **nm** sales person, marketer, marketing man. ◊ **technico-commercial** technical salesman ; **nos commerciaux** our sales people ; **il y a une pénurie de commerciaux en France** there is a shortage of salesmen in France.

**3** **commerciale nf** (véhicule) estate car (GB), station wagon (US).

**commercialement** [kɔmɛʀsjalmã] **adv** commercially.

**commercialisable** [kɔmɛʀsjalisabl(ə)] **adj** marketable, tradable.

**commercialisateur** [kɔmɛʀsjalizatœʀ] **nm** marketer.

**commercialisation** [kɔmɛʀsjalizasjõ] **nf** (gén) marketing ; (spécifique à un produit) merchandising. ◊ **accord de commercialisation** marketing agreement ; **commercialisation par correspondance** direct-response marketing ; **au stade de la commercialisation** at (the) marketing stage.

**commercialiser** [kɔmɛʀsjalize] **vt** to market. ◊ **produit non encore commercialisé** product not yet on sale to the public ou not yet on the market.

**commercialité** [kɔmɛʀsjalite] **nf** (gén) saleability ; (billet à ordre) negotiability.

**commettant** [kɔmɛtã] **nm** (Jur) principal. ◊ **commettant et préposé** principal and agent.

**commettre** [kɔmɛtʀ(ə)] **vt** (Jur : désigner) expert to appoint. ◊ **commis d'office** appointed by the court.

**commis** [kɔmi] **nm** [bureau] clerk; [magasin] assistant, clerk (US). ◊ **commis d'agent de change** stockbroker's clerk; **commis du comptant** (Bourse) authorized clerk; **commis aux écritures** book-keeper; **commis expéditionnaire** forwarding clerk; **commis voyageur** commercial traveller, drummer* (US); **premier commis, commis principal** head ou chief clerk.

**commissaire** [kɔmisɛʀ] **1** **nm** (membre d'une commission) commissioner, commission member. ◊ **haut commissaire** high commissioner.
**2** **comp commissaire d'avaries** (Ass Mar) average surveyor, adjuster. – **commissaire de bord** (Mar, Aviat) purser. – **commissaire aux comptes** auditor. – **commissaire priseur** auctioneer. – **commissaire répartiteur** assessor of taxes. – **commissaire vérificateur** auditor.

**commissariat** [kɔmisaʀja] **nm** (Admin) commissionership. ◊ **commissariat aux comptes** (Fin) auditorship; **commissariat au contrôle des banques** (CEE) bank supervisory committee; **Commissariat à l'énergie atomique** Atomic Energy Commission.

**commission** [kɔmisjõ] **1** **nf** **a** (comité) committee; (mandatée) commission. ◊ **les délégués siègent en commission en ce moment** the delegates are in committee; **renvoyer le projet en commission** to send the project back to the committee; **faire partie d'une commission** to be ou sit on a committee; **membre d'une commission** committee ou commission member, committeeman (US), commissioner. **b** (rémunération) commission. ◊ **représentant à la commission** commission agent; **taux de commission** commission rate; **vente à la commission** sale on commission; **toucher 13% de commission sur chaque transaction** to get 13% commission ou a commission of 13% on each transaction; **prélever une commission** to draw ou charge a commission; **travailler à la commission** to work on commission. **c** (Comm, Jur : mandat) commission. ◊ **maison de commission** (Fin) commission house ou agency; **donner commission à qn de faire qch** to commission sb to do sth.
**2** **comp commission d'acceptation** commission for acceptance. – **commission d'achat** buying commission. – **commission ad-hoc** ad-hoc committee. – **commission d'admission** admission

board. – **commission d'agence** agency commission. – **commission d'arbitrage** arbitration committee. – **commission bancaire** banking commission. – **commission de banque** banker's commission. – **commission du budget** budget committee, committee of ways and means. – **commission de caisse** bank ou service charge. – **commission de chef de file** (Fin) management fee. – **commission clandestine** kick back*. – **commission de conciliation** conciliation ou conciliatory board. – **commission de la concurrence** fair trade commission. – **commission de confirmation** confirmation charge. – **commission consultative** advisory ou consultative committee, advisory board. – **commission de contrôle** control commission; **commission de contrôle des banques** bank audit board. – **commission de découvert** overdraft charge ou commission. – **commission ducroire** del credere commission. – **commission d'encaissement** charge for collection. – **commission d'engagement** commitment fee. – **commission d'enquête** commission ou committee of inquiry, fact-finding commission. – **commission d'escompte** discount. – **commission des finances** finance ou supply committee (US). – **commission sur fret** freight commission. – **commission de garantie** underwriting commission. – **commission mixte** joint industrial council ou commission ou committee. – **commission de négociation** (Fin) trading fee. – **commission des OPA** take-over panel. – **commission des opérations de Bourse** stock exchange committee, Securities and Investment Board (GB), securities and exchange commission (US). – **commission paritaire** joint committee, labour-management committee. – **commission permanente** standing committee. – **commissions de placement** commissions charged for issues. – **commission restreinte** working committee. – **commission rogatoire** (Jur) letters rogatory. – **commission de service** service charge. – **commission syndicale** (Ind) union committee; (Fin) underwriting commission. – **commission technique** functional commission. – **commission sur vente** sale commission.

**commissionnaire** [kɔmisjɔnɛʀ] **1** **nm** (mandataire) agent, broker, commission merchant (US).
**2** **comp commissionnaire d'achat** buyer. – **commissionnaire en banque** outside broker. – **commissionnaire près des Bourses de commerce** commodity broker. – **commissionnaire chargeur** shipping agent. – **commissionnaire de com-**

**merce extérieur** export agent. – **commissionnaire en douane** customs broker ou agent. – **commissionnaire ducroire** del credere agent. – **commissionnaire expéditeur** shipping agent. – **commissionnaire exportateur** export agent. – **commissionnaire en gros** factor. – **commissionnaire importateur** import agent. – **commissionnaire de roulage** haulage ou carriage contractor, haulier, carrier, trucker (US). – **commissionnaire transitaire** transit agent. – **commissionnaire de transport** forwarding agent.

**commissionner** [kɔmisjɔne] **vt** to commission.

**commun, e** [kɔmœ̃, yn] **adj** common. ◊ **charges communes** common costs; **tare commune** average ou mean tare; **mettre des ressources en commun** to pool resources; **mise en commun de capitaux** pooling of funds.

**communautaire** [kɔmynotɛʀ] **adj** (gén) community; (CEE) Community. ◊ **la politique communautaire en matière agricole** the Community's agricultural policy.

**communauté** [kɔmynote] **nf** community. ◊ **communauté de biens** (Jur) joint estate; **Communauté des États indépendants** Commonwealth of independent States; **Communauté européenne** European Community; **la Communauté économique européenne** the European Economic Community; **Communauté européenne du charbon et de l'acier** European Coal and Steel Community; **Communauté européenne de l'énergie atomique** European Atomic Energy Community; **la communauté financière** the financial community; **Communauté financière africaine** African Financial Community; **communauté urbaine** urban community.

**communicable** [kɔmynikabl(ə)] **adj** pièce which can be made available.

**communicant** [kɔmynikã] **nm** transferor.

**communicateur** [kɔmynikatœʀ] **nm** communicator.

**communication** [kɔmynikɑsjɔ̃] **nf** **a** (remise) [documents] communication, transmission. ◊ **avoir communication d'un dossier** to have access to a file; **demander communication d'un document** to ask for a document; **donner communication du dossier** to communicate ou transmit the file; **en communication** for examination. **b** (conversation téléphonique) call. ◊ **passer une communication** to put a call through; **je vous mets en communication avec notre comptable** I am putting you through to our accountant; **vous avez la communication** you are through; **prendre**

**la communication** to take the call; **rester en communication** to hold the line; **nous n'avons pas eu la communication** the call did not come through; **nous essayons d'obtenir votre communication** we are trying to connect you; **communication longue distance** long distance call, trunk call (GB); **communication avec préavis** personal call (GB), person call (US); **montant de la communication** call charge. **c** (gén, Pub : fait de communiquer) communication; (message) message, communication. ◊ **absence de communication** communication gap; **moyen de communication** means of communication; **stratégie de communication** communication strategy; **supports de communication** communication media; **théorie de la communication** communication theory; **communication d'entreprise** ou **institutionnelle** corporate communication; **communication de masse** mass communication; **communication verticale / horizontale** vertical / horizontal communication; **ce produit fera l'objet d'une campagne massive de communication** this product will be heavily ou massively advertised. **d** (contact) contact, relation. ◊ **être / rester en communication avec qn** to be / keep in touch with sb; **entrer** ou **se mettre en communication** to get in touch, get into contact (*avec* with); **mettre en communication** to bring together, put into touch. **e** **les communications** communications; **réseau de communications** communications network; **centre de communication** communications centre (GB) ou center (US); **satellite de communication** communications satellite.

**communiqué** [kɔmynike] **nm** communiqué, statement. ◊ **communiqué de presse** press release, statement to the press; **communiqué conjoint** joint communiqué.

**communiquer** [kɔmynike] **1** **vt** renseignement to communicate, give (*à* to). ◊ **tous les renseignements concernant ce sinistre doivent nous être communiqués** all information concerning this claim should be notified to us.
**2** **vi** (être en contact) to communicate (*avec qn* with sb). ◊ **entreprise qui sait communiquer** (Pub) company which communicates well; **il communique bien** he is a good communicator.

**commutatif, -ive** [kɔmytatif, iv] **adj** contrat commutative.

**commutation** [kɔmytɑsjɔ̃] **nf** (Jur) commutation. ◊ **volume de commandes en commutation publique** volume of orders under commutative public contract.

**compagnie** [kɔ̃paɲi] **nf** (Comm) company. ◊ **compagnie des agents de change** *institute*

**compenser**

*of stockbrokers.* **compagnie aérienne** airline (company); **compagnie d'armement** ou **maritime** ou **de navigation** shipping company; **compagnie d'assurances** insurance company; **compagnie gérante / mère** acting / parent company.

**comparable** [kɔ̃paʀabl(ə)] **adj** comparable (**à** to, **avec** with).

**comparaison** [kɔ̃paʀɛzɔ̃] **nf** comparison. ◊ **nos produits soutiennent la comparaison avec ceux de la concurrence** our products stand ou bear comparison with those of our competitors; **comparaison inter-entreprises** inter-company comparison.

**comparaître** [kɔ̃paʀɛtʀ(ə)] **vi** (Jur) to appear. ◊ **être cité** ou **appelé à comparaître** to be summoned to appear; **citation à comparaître** [témoin] subpoena; **assignation à comparaître** summons.

**comparant** [kɔ̃paʀɑ̃] **nm** (Jur) (devant un notaire) party.

**comparatif, -ive** [kɔ̃paʀatif, iv] **adj** comparative. ◊ **essais** ou **tests comparatifs** comparative ou comparison tests; **publicité comparative** comparative advertising; **théorie des coûts comparatifs** theory of comparative costs.

**comparer** [kɔ̃paʀe] **1 vt** to compare (**à**, **avec** with). **2 se comparer vpr** to compare. ◊ **ces deux produits ne se comparent pas** these two products don't compare ou can't be compared.

**compartiment** [kɔ̃paʀtimɑ̃] **nm** (gén) compartment; (Bourse) section. ◊ **le compartiment des (valeurs) étrangères** the foreign section; **compartiments du marché des capitaux** sections of the capital market; **compartiment de coffre-fort** safe deposit box.

**compartimentage** [kɔ̃paʀtimɑ̃taʒ] **nm**, **compartimentation** [kɔ̃paʀtimɑ̃tasjɔ̃] **nf** (Admin) compartmentalization; (secteur industriel) segmentation, segmenting, partitioning. ◊ **s'abstenir de tout compartimentage dans l'emploi des ressources** to refrain from tying funds to specific uses.

**compartimenter** [kɔ̃paʀtimɑ̃te] **vt** (Admin) to compartmentalize; (Ind) to segment.

**comparution** [kɔ̃paʀysjɔ̃] **nf** (Jur) appearance. ◊ **mandat de comparution** summons; **non-comparution** default, failure to appear.

**compatibilité** [kɔ̃patibilite] **nf** compatibility.

**compatible** [kɔ̃patibl(ə)] **1 adj** compatible (**avec** with). ◊ **ordinateur compatible** compatible computer. **2 nm** (Inf) compatible.

**compensable** [kɔ̃pɑ̃sabl(ə)] **adj** (Fin) clearable. ◊ **chèque compensable à Lyon** cheque to be cleared in Lyons; **position compensable** (Bourse) offsetting position.

**compensateur, -trice** [kɔ̃pɑ̃satœʀ, tʀis] **adj** compensatory, compensating. ◊ **indemnité compensatrice** compensation.

**compensation** [kɔ̃pɑ̃sasjɔ̃] **nf a** (Fin) [chèques] clearing, clearance; [dettes] offsetting, set-off; (Compta) netting (out). ◊ **compensation électronique** computer clearing; **accord de compensation** [chèque] clearing agreement; [dette] set-off agreement; **chambre de compensation** clearing house; **ordinateur de compensation** clearing computer; **système de compensations financières internationales** system of international financial equalization; **exercer la compensation entre les pertes et les bénéfices** (Compta) to net out profits and losses; **pourcentages de compensation forfaitaires** (CEE) fixed offsetting percentages. **b** (Ass : dédommmagement) compensation, indemnification. ◊ **à titre de compensation pour les dommages subis** in compensation for the damage sustained, by way of indemnification for the damage sustained; **réclamer une compensation** to make a claim for compensation, file for compensation; **contrat de compensation** indemnity contract. **c** (Bourse de valeurs) making up; (Bourse de marchandises) cutting out. ◊ **cours de compensation** clearing ou making-up price; **jour de compensation** contango day; **compensation journalière** (Fin) daily settlement. **d** (Admin) equalization. ◊ **caisse de compensation** equalization funds (for family allowances). **e** (Comm) **accord de compensation** countertrade deal.

**compensatoire** [kɔ̃pɑ̃satwaʀ] **adj** compensatory, compensating, counterbalancing. ◊ **balance** ou **solde compensatoire** (Fin) compensating balance; **demande compensatoire** counterclaim; **droits compensatoires** countervailing duties; **montants compensatoires monétaires** (CEE) (monetary) compensatory amounts; **pouvoir compensatoire** countervailing power.

**compenser** [kɔ̃pɑ̃se] **vt a** (gén, Ass) to make good, compensate for, make up for. ◊ **compenser une perte** to make good a loss, make up for ou compensate for a loss; **nos pertes à l'exportation seront compensées par une facture pétrolière moins lourde** our export losses will be offset by a lower oil bill. **b** (Fin) dette to set off; transaction boursière to make up; chèque to clear. ◊ **compenser une perte par un gain** to set off a gain against a loss; **vos titres ne seront pas livrés en liquidation car nous avons compensé la transaction** your securities will not be delivered at the account since the transaction has been made up by us; **compenser une dette avec une autre** to settle a debt per contra. **c** (Jur) **compenser les dépens** to divide ou share the legal costs.

**compétence** [kɔ̃petɑ̃s] **nf** **a** (savoir-faire) competence, know-how, expertise. ◊ **compétences** abilities, skills, qualifications; **compétences de base** basic abilities; **compétences linguistiques** language skills; **compétence technique** technical skill; **niveau de compétence** proficiency ou skill level; **prime de compétence** proficiency pay, efficiency bonus; **profil de compétence** personal specifications; **les augmentations sont étalonnées selon les niveaux de compétence** increases are scaled according to skill levels; **je doute qu'il ait les compétences requises pour réaliser cette étude** I doubt if he has the necessary qualifications to conduct this study. **b** (domaine d'activité) scope of activities, province, domain. ◊ **cela entre / n'entre pas dans ses compétences** this is within / beyond ou outside his scope ou remit. **c** (Jur) competence. ◊ **clause de compétence** competence clause; **conflit de compétence** conflict of jurisdiction; **décliner la compétence du tribunal** to disclaim the jurisdiction of the court; **rentrer dans la compétence du tribunal** to fall within the competence of the court; **ce n'est pas de la compétence du tribunal** it's outside the competence ou the jurisdiction of this court; **votre plainte n'est pas de la compétence de ce service** this department is not competent to deal with your claim.

**compétent, e** [kɔ̃petɑ̃, ɑ̃t] **adj** **a** (capable) competent, able, capable. ◊ **il est très compétent en matière de législation du travail** he is very well-versed in ou conversant with labour legislation, he's an expert on labour legislation. **b** (concerné) concerned, relevant. ◊ **transmettre au service compétent** to pass on to the department concerned ou to the relevant department; **s'adresser à l'autorité compétente** to apply to the authority concerned ou to the relevant authority. **c** (Jur) **tribunal compétent** court of competent jurisdiction; **le tribunal est compétent** the court entertains jurisdiction; **le tribunal n'est pas compétent dans cette affaire** this case is outside the jurisdiction of this court ou beyond the court's competence.

**compétiteur, -trice** [kɔ̃petitœʀ, tʀis] **nm,f** (Écon) competitor.

**compétitif, -ive** [kɔ̃petitif, iv] **adj** competitive. ◊ **avantage compétitif** competitive advantage.

**compétition** [kɔ̃petisjɔ̃] **nf** competition. ◊ **entrer en compétition avec** to compete with.

**compétitivité** [kɔ̃petitivite] **nf** competitiveness.

**complaisance** [kɔ̃plɛzɑ̃s] **nf** ◊ **billet ou effet ou traite de complaisance** convenience ou accommodation bill, kite; **pavillon de complaisance** flag of convenience; **signature de complaisance** bogus signature.

**complément** [kɔ̃plemɑ̃] **nm** complement. ◊ **complément de ressources** additional resources; **se constituer un complément de retraite** to build up a supplemental pension; **j'aimerais un complément d'information** I'd like some additional information; **ordonner un complément d'instruction** (Jur) to require a fuller preliminary investigation.

**complémentaire** [kɔ̃plemɑ̃tɛʀ] **adj** supplementary, additional. ◊ **allocation complémentaire** supplementary benefit ou allowance; **écriture complémentaire** (Compta) supplementary entry; **étude complémentaire** follow-up survey; **indemnité complémentaire** supplementary compensation; **régime de retraite complémentaire** supplementary pension scheme; **retraite complémentaire** supplementary pension; **nous aurons besoin de renseignements complémentaires** we shall require additional information; **pour tout renseignement complémentaire, s'adresser à...** for any further information, please apply to...

**complémentarité** [kɔ̃plemɑ̃taʀite] **nf** complementarity. ◊ **complémentarité de gammes** line complementarity.

**complet, -ète** [kɔ̃plɛ, ɛt] **adj** rapport comprehensive, full; adresse full; échec total, utter; complete. ◊ **révision complète** complete ou thorough revision; **nous devons demander des renseignements plus complets** we must ask for fuller information; **exposé complet et véridique** (Compta) full disclosure; **stratégie de ligne complète** (Mktg) full-line strategy; **travailleur à temps complet** full-time worker, full-timer; **travailler à temps complet** to work full time.

**compléter** [kɔ̃plete] **vt** dossier to complete; somme to make up; formulaire to fill in ou up ou out; information to complement, supplement. ◊ **vous devez compléter entièrement ce formulaire de candidature** you must fill in all parts of this application form; **nous allons compléter notre potentiel de production actuel** we are going to add to our existing capacity; **ce nouveau modèle viendra compléter notre haut-de-gamme** the new model will be an addition to the top-end ou up-market end of our product line; **compléter une couverture** (Bourse) to margin up.

**complexe** [kɔ̃plɛks(ə)] **1** adj complex, intricate. **2** nm ◊ **complexe industriel** industrial complex ou estate.

**complexité** [kɔ̃plɛksite] nf [démarches, situation] complexity, intricacy.

**compliment** [kɔ̃plimɑ̃] nm compliment. ◊ **avec les compliments de la direction** with the compliments of the management.

**compliquer** [kɔ̃plike] vt to complicate. ◊ **le problème est compliqué par la chute du dollar et la hausse des taux d'intérêt** the problem is complicated ou compounded by the dollar drop and the rise in interest rates.

**comportement** [kɔ̃pɔʀtəmɑ̃] nm [employé, direction] behaviour (*envers* towards); [économie] performance. ◊ **comportement d'achat** purchase ou buying behaviour; **comportement des consommateurs** consumer behaviour; **comportement du produit** product performance; **différences de comportement** attitudinal differences; **modèle de comportement** (Mktg) behavioural pattern.

**comporter** [kɔ̃pɔʀte] **1** vt **a** (contenir) to include, contain, comprise, consist of. ◊ **le traité comporte 18 articles** the treaty comprises 18 articles; **le prix ne comporte pas les frais d'emballage** the price does not include packing charges. **b** (entraîner) to entail, involve, imply. ◊ **cette opération comporte de gros risques** this transaction involves some serious risks; **ce projet comporte le doublement de notre force de vente** this project implies ou entails doubling our sales force. **2** **se comporter** vpr [personne] to behave; [économie] to perform. ◊ **ces titres se sont bien comportés** these stocks performed well.

**composant, e** [kɔ̃pozɑ̃, ɑ̃t] **1** adj component, constituent. **2** nm component, constituent. ◊ **composants électroniques** electronic components; **usine de composants** component factory. **3** **composante** nf component. ◊ **composante cognitive / conative** (Mktg) cognitive / conative component; **composantes d'un portefeuille** portfolio components.

**composé, e** [kɔ̃poze] adj compound. ◊ **droits composés** (Douanes) compound duties; **intérêts composés** compound interest; **obligation à intérêts composés** compound interest bond.

**composite** [kɔ̃pozit] adj composite. ◊ **indicateur / indice composite** composite indicator / index; **taux composite** composite

rate; **unités monétaires composites** composite currency units.

**compositeur** [kɔ̃pozitœʀ] nm (Jur) **compositeur à l'amiable** compounder.

**composition** [kɔ̃pozisjɔ̃] nf **a** (structure) (gén) structure, composition; [conseil d'administration] composition, line-up. **b** (Jur : accord) composition. ◊ **venir à composition** to come to a composition; **amener qn à composition** to get sb to come to terms.

**compostage** [kɔ̃pɔstaʒ] nm [facture] stamping; (avec perforatrice) punching.

**composter** [kɔ̃pɔste] vt facture to date-stamp; (en perforant) to punch.

**composteur** [kɔ̃pɔstœʀ] nm (timbre) date stamp; (perforatrice) punch.

**comprendre** [kɔ̃pʀɑ̃dʀ(ə)] vt (englober) to include; (se composer de) to be made up of, be composed of, consist of, comprise. ◊ **le prix ne comprend pas les frais d'emballage** the price does not include packing charges ou is not inclusive of packing charges; **avez-vous compris le service sur cette note ?** have you included the service charge on this bill ?; **le projet du gouvernement comprend trois phases** the government project is composed of ou consists of three phases.

**compressibilité** [kɔ̃pʀesibilite] nf (Fin) compressibility.

**compressible** [kɔ̃pʀesibl(ə)] adj coûts reducible. ◊ **les frais généraux ne sont pas indéfiniment compressibles** overheads cannot be reduced ou cut down indefinitely.

**compression** [kɔ̃pʀesjɔ̃] nf [dépenses, marges] reduction, cutback (*de* in). ◊ **compression budgétaire** budgetary cuts; **compression des crédits** credit squeeze ou tightening; **compression des dépenses** spending cuts; **compression de personnel** labour cutback, staff reduction, reduction staff; **compression du prix de revient** cost containment; **compression des salaires** wage squeeze; **une compression des dépenses publiques est nécessaire** a reduction ou squeeze in public expenditures is necessary; **politique de compression des dépenses** policy of retrenchment ou of spending cutbacks.

**comprimer** [kɔ̃pʀime] vt personnel to cut down ou back, reduce; frais to reduce, squeeze, curtail, cut down. ◊ **comprimer l'inflation** to reduce inflation, put a lid on inflation; **le gouvernement vise à comprimer les dépenses** the government aims to hold expenditure down ou to cut back on expenditures.

**compris, e** [kɔ̃pʀi, iz] adj **a** (contenu) **prix tout compris** inclusive price ou terms; **service compris** service included; **service non**

**compris** service not included, service extra; **c'est 5 000 F par mois tout compris** it's F5,000 a month all inclusive ou all in; **la facture est de 9 000 F main-d'œuvre comprise** the bill is for F9,000 including labour; **toutes taxes comprises** inclusive of tax, tax inclusive; **nos prix s'entendent frais de port compris** our prices are inclusive of handling charges; **frais d'emballage et d'envoi non compris** exclusive of post and packing; **options non comprises** exclusive of extras; **nous sommes 20, y compris l'interprète** there are 20 of us, including the interpreter; **y compris jusqu'à la page 10** up to and including page 10. **b** (dans une fourchette) **compris entre** between; **pour les revenus compris entre 10 000 et 25 000 F la pression fiscale sera réduite** the tax burden will reduced ou be alleviated for those in the F10,000-25,000 income bracket.

**compromis** [kɔ̃pRɔmi] **nm** compromise, arrangement. ◊ **décision / solution de compromis** compromise decision / solution; **compromis d'arbitrage** arbitration ou appraisement bond, compromise; **aboutir à un compromis** to come to ou reach a compromise; **accepter un compromis** to (agree to a) compromise; **mettre une affaire en compromis** to submit a matter to arbitration; **obtenir un compromis avec ses créanciers** to compound with one's creditors; **ils sont arrivés à un compromis sur les derniers points importants de désaccord** they came to a compromise on ou over the last main points of disagreement, they compromised the last significant differences; **nous avons dû accepter un compromis entre part de marché et marges** we had to trade off market share against profit margins; **un compromis entre la croissance et la rentabilité** a compromise ou trade-off between growth and profitability.

**compromissoire** [kɔ̃pRɔmiswaR] **adj** (Jur) **clause compromissoire** arbitration clause.

**compta*** [kɔ̃ta] **nf** abrév de *comptabilité*.

**comptabilisation** [kɔ̃tabilizasjɔ̃] **nf** (Fin) posting.

**comptabiliser** [kɔ̃tabilize] **vt** (Fin) to post, enter in the accounts. ◊ **être comptabilisé comme chômeur** to be registered as unemployed; **comptabiliser à l'actif** to enter to ou on the assets side.

**comptabilité** [kɔ̃tabilite] **1 nf** (gén, profession) accountancy; (activité) accounting; [petite entreprise] bookkeeping; (ensemble des comptes) accounts; (département) accounts department. ◊ **livre de comptabilité** account book; **service de la comptabilité** accounts ou accounting department; **tenir la comptabilité** to keep the accounts ou the books*; **établir une comptabilité de qch** to render an accounting for sth; **faire des études de comptabilité** to study accountancy; **contrôler la comptabilité d'une société** to audit a company's accounts.

**2 comp comptabilité analytique** cost accounting. − **comptabilité autonome** self-balancing fund. − **comptabilité par branche d'activité** functional accounting. − **comptabilité de caisse** cash basis of accounting. − **comptabilité d'engagements** accrual basis of accounting; **comptabilité d'engagements budgétaires** encumbrance accounting. − **comptabilité espèces** cash accounting. − **comptabilité par fabrication** process costing. − **comptabilité fiduciaire** fiduciary accounting. − **comptabilité fiscale** tax accounting. − **comptabilité générale** financial accounting. − **comptabilité de gestion** management accounting. − **comptabilité indexée** general price-level ou GPL accounting. − **comptabilité industrielle** industrial bookkeeping, cost accounting. − **comptabilité des inventaires** store keeping account. − **comptabilité matières** stock ou materials (US) accounting. − **comptabilité nationale** social ou national accounting. − **comptabilité normalisée** uniform accounting. − **comptabilité en partie double** double-entry bookkeeping. − **comptabilité en partie simple** single-entry bookkeeping. − **comptabilité de prix de revient** cost accounting. − **comptabilité publique** public accountancy. − **comptabilité des ressources humaines** human resource accounting. − **comptabilité sectionnelle** burden-centre accounting. − **comptabilité sociale** social accounting. − **comptabilité à la valeur actuelle** current value accounting. − **comptabilité à la valeur d'origine** historical cost accounting.

**comptable** [kɔ̃tabl(ə)] **1 adj a** cycle, erreur, traitement accounting. ◊ **bénéfice comptable** accounting income; **écriture comptable** accounting entry; **état comptable** accounting summary ou statement; **exercice comptable** accounting period ou year; **méthode comptable** accounting method ou practice ou procedure; **période comptable** accounting period; **pièces comptables** bookkeeping vouchers; **plan comptable** accounting system; **quittance comptable** accountable receipt; **service comptable** accounting ou accounts department; **valeur comptable** book value. **b** (responsable) accountable, responsible, answerable (de for). ◊ **il est comptable de ses actes devant le directeur général** he is answerable to the managing director.

**2** nmf (gén) accountant; [petite entreprise] bookkeeper. ◊ **comptable agréé / diplômé** certified / qualified accountant; **aide-comptable** accounting clerk; **chef comptable** head ou chief accountant, chief accounting officer, controller (US); **expert-comptable** chartered accountant (GB), certified public accountant (US); **virement adressé à Monsieur l'Agent comptable du Trésor** money transfer addressed to the Treasury; **vérificateur comptable** auditor.

**comptage** [kɔ̃taʒ] nm (action) counting; (résultat) count. ◊ **comptage de caisse** cash count; **comptage de circulation** (Mktg) traffic counts.

**comptant** [kɔ̃tɑ̃] **1** adv cash. ◊ **payer comptant** to pay (in) cash; **acheter comptant** to buy for cash, pay cash for; **verser 5 000 F comptant** to pay F5,000 down; **payable comptant** payable on presentation, "cash terms". **2** nm **a** cash. ◊ **comptant compté** cash; **comptant contre documents** cash against documents; **comptant contre remboursement** cash on delivery; **comptant sans escompte** net cash; **comptant d'usage** prompt cash; **acheter / vendre au comptant** to buy / sell for cash; **payer au comptant** to pay cash; **achat / vente au comptant** cash purchase / sale; **comptant avec 3% d'escompte** cash with ou less 3% discount; **escompte au comptant** discount for cash. **b** (Bourse) **cours du comptant** spot rate; **marché / prix / livraison au comptant** spot market / price / delivery; **opérations au comptant** spot ou cash transactions; **valeurs au comptant** securities quoted on the spot market; **vente de dollars au comptant** spot sale of dollars.

**compte** [kɔ̃t] **1** nm **a** (facture, note) account, invoice, bill; (hôtel) bill. ◊ **en règlement de notre compte** in settlement of our account; **pourriez-vous nous faire notre compte ?** could you give us the bill? **b** (Compta) account. ◊ **comptes trimestriels / annuels** quarterly / annual accounts ou financial statements (US); **ajustement** ou **apurement des comptes** reconciliation of accounts; **arrêter** ou **clôturer un compte** to close an account; **bloquer un compte** to stop an account; **faire** ou **établir ses comptes** to do one's accounts ou books*; **tenir les comptes** to keep the accounts ou the books*; **faire accorder les comptes** to agree the accounts, balance the books*; **mettre un compte à jour** to post up an account; **imputer une dépense à un compte** to charge an expense to an account, charge an account with an expense; **mettez cela sur mon compte** charge it to my account; **porter** ou **reporter qch à un compte du grand livre** to post sth to an account in the general ledger ou to a

ledger account; **contrôle des comptes** auditing; **unité de compte** unit of account. **c** (Banque) account. ◊ **intitulé de compte** account title ou name; **numéro de compte** account number; **relevé de compte** bank statement, statement of account; **responsable de compte** account officer; **ouvrir un compte en banque** to open a bank account ou an account with a bank; **créditer / débiter un compte** to credit / debit an account; **régler un compte** to settle an account; **approvisionner** ou **alimenter son compte, verser de l'argent à son compte** to pay money into one's account. **d** (dû) **donner son compte à un employé** (payer) to settle up with an employee; (licencier) to give an employee his cards* (GB) ou pink slip (US). **e** (Pub, Mktg) account. ◊ **responsable de compte** account executive; **accentuer ses efforts commerciaux vers les grands comptes** to focus one's commercial efforts on major accounts. **f** (décompte) calculation, count, reckoning. ◊ **faire le compte des dépenses** to work out the expenditure; **faire le compte des invendus** to make account of the unsold items; **si on fait le compte des jours de travail perdus** if you calculate ou add up the number of working days which were lost; **le compte y est** the amount is correct, that's the right amount; **cela fait un compte rond** it makes a round sum. **g** (loc) **agir pour le compte de** to act on behalf of; **s'établir** ou **s'installer** ou **se mettre à son compte** to set up in business on one's own account, set up as a sole trader; **être à son compte** to be self-employed; **travailler pour le compte d'une firme d'importation** to work for an import company; **demander des comptes à qn** to ask sb for an explanation, call sb to account; **je dois rendre compte de mes décisions** I am accountable ou answerable for my decisions, I have to account for my decisions; **ces chiffres doivent entrer en ligne de compte** these figures must be taken into account; **son âge est entré en ligne de compte** his age was an important consideration; **il faut tenir compte d'une chute éventuelle du mark** we must allow for a fall in the German mark; **compte tenu du prix** given the price, taking the price into account, in view of the price.

**2** comp **compte d'achats à crédit** charge account. — **compte d'affectation** appropriation account. — **compte d'amortissement** depreciation account. — **comptes d'apport** capital accounts. — **comptes approuvés** certified accounts. — **compte d'attente** suspense account. — **compte d'avances** loan account. — **compte bancaire, compte en banque** bank account. — **comptes de bilan** balance sheet accounts. − **compte bloqué** frozen account, escrow account. − **compte de caisse** cash account. − **compte de capital** ou **de capitaux** capital account. − **compte de charges** expenditure account, expense account. − **compte (de) chèques** current ou cheque account, checking account (US); **compte chèque postal** post office account, ≈ Giro account (GB). − **compte de choses** impersonal account. − **comptes clients** accounts receivable. − **compte collectif** controlling ou reconciliation account. − **compte commercial** business account. − **comptes consolidés** consolidated accounts. − **compte correspondant** ou **de contre-partie** contra account. − **compte courant** checking account (US), current ou cheque account (GB); **crédits en compte courant** overdraft facilities, current account advances; **excédent en compte courant** current account credit balance; **compte courant postal** post office account, ≈ Giro account (GB). − **compte débiteur** debit account. − **compte à découvert** ou **désapprovisionné** overdrawn account. − **compte de dépôts** deposit account. − **compte pour le développement industriel** industrial development savings account. − **compte de divers** sundries account. − **compte d'effets à payer** bills payable account. − **compte d'effets à recevoir** bills receivable account. − **compte (d') épargne** deposit ou savings account; **compte d'épargne en actions** stock market investment savings account; **compte d'épargne logement** ≈ building society savings account. − **compte étranger** foreign account. − **comptes de l'exercice** annual accounts. − **compte d'exploitation** trading ou operating ou working account. − **comptes extérieurs** balance of payments. − **compte de fabrication** manufacturing account. − **compte en fiducie** trust account. − **comptes fournisseurs** accounts payable, payables (US), liability account. − **compte de frais** expense account. − **compte de fret** freight account. − **compte géré** ou **de gestion** management ou nominal account. − **compte inactif** dead ou idle account. − **compte intérimaire** interim account. − **comptes intersociétés** intercompany accounts. − **compte joint** joint account. − **compte de liquidation** realization account. − **compte sur livret** savings ou deposit account. − **compte de marge** (Bourse) margin account. − **compte de méthode** suspense account. − **compte nominatif** personal account. − **compte de non-résident** external account. − **compte numéroté** numbered account. − **compte**

**d'ordre** suspense account, clearing account. − **compte de passage** clearing account, suspense account. − **compte de passif** account payable, payables (US), liability account. − **compte personnel** personal account. − **compte de pertes et profits** profit and loss account. − **compte de prélèvements** drawing account. − **comptes prévisionnels** provisional accounts. − **compte de produits** income ou revenue account. − **compte de provision pour moins-value** valuation account. − **compte récapitulatif** summary account. − **comptes réciproques** reciprocal accounts. − **compte de régularisation** equalization account. − **compte rendu** (gén) account, report; [réunion] minutes; [conférence] proceedings; **compte rendu analytique** summary record; **compte rendu de mission** (Compta) auditor's comments; **compte rendu d'entretien téléphonique** call report; **compte rendu d'activités** progress report; **établir un compte rendu de...** to give a report on ou an account of ou rundown on... − **compte de résultats** income statement, profit and loss account. − **compte de retraits** drawing account. − **comptes sociaux** corporate financial statements. − **comptes de synthèse** condensed financial statements. − **compte à terme** deposit account. − **compte de valeurs** property ou real account, permanent account. − **compte de ventes** sales account. − **compte à vue** demand deposit.

**compter** [kɔ̃te] **1** vt **a** (faire payer) to charge. ◊ **je vous compterai 200 F pour le conditionnement** I'll charge you F200 for the packing; **ils nous ont compté 500 F de trop** they overcharged us (by) F500, they charged us F500 too much; **il compte très cher de l'heure** his hourly rate is high. **b** (payer) to pay. ◊ **nous allons vous compter ce que nous vous devons** we'll pay you what we owe you. **c** (calculer) to allow, reckon. ◊ **nous devons compter 3% de coulage** we must allow 3% for leakage; **combien de temps comptez-vous pour mettre au point ce projet?** how much time do you reckon ou estimate it'll take to finalize the project?; **nous comptons commencer la semaine prochaine** we intend ou plan to start next week. **d** (avoir) to have. ◊ **notre société compte 600 employés** our company has a staff of 600 ou employs 600 people; **le magasinier compte 20 ans de service dans notre maison** the storekeeper has been with us for 20 years.

**2** vi (calculer) to count. ◊ **nous devons compter avec la hausse des taux d'intérêt** we must take rising interest rates into account, we must reckon with rising interest rates; **il**

**faut compter avec la chute du dollar** we must allow for the fall in the dollar rate; **nous comptons sur un taux d'inflation moins élevé l'année prochaine** we are reckoning ou counting on ou relying on a lower inflation rate next year; **cette société compte parmi les plus importantes de ce secteur d'activité** this company ranks ou is among the leading businesses in this sector; **compter sur qn** to count ou rely on sb; **nous comptons sur une bonne tenue du franc** we anticipate a firmer franc; **à compter de la semaine prochaine** with effect from next week, as from next week.

**compte rendu** [kɔ̃tʀɑ̃dy] **nm** → compte.

**compteur** [kɔ̃tœʀ] **nm** meter.

**comptoir** [kɔ̃twaʀ] **nm** (table, guichet) counter; (succursale) branch; (colonie) trading post. ◊ **comptoir-caisse** pay desk.

**concentration** [kɔ̃sɑ̃tʀasjɔ̃] **nf** [industrie] concentration; [entreprises] integration. ◊ **concentration en amont / en aval** backward / forward integration; **concentration horizontale / verticale** horizontal / vertical integration ou merger ou combination; **concentration industrielle** industrial concentration; **ratio de concentration** concentration ratio; **nous avons décidé la concentration de toutes nos activités à l'étranger** we have decided to integrate all our overseas activities.

**concentrer** [kɔ̃sɑ̃tʀe] **1** **vt** entreprises, activités to integrate, merge; industrie to concentrate.
**2** **se concentrer** **vpr** ◊ **se concentrer sur** [discussion] to focus on, concentrate on; **la demande s'est concentrée sur les valeurs américaines** demand was focused ou concentrated on American stocks, operators zeroed in on American stocks.

**concept** [kɔ̃sɛpt] **nm** concept. ◊ **concept de base / publicitaire** basic / advertising concept; **test de concept** concept testing.

**concepteur, -trice** [kɔ̃sɛptœʀ, tʀis] **nm,f** ideas man ( ou woman). ◊ **concepteur rédacteur** copywriter; **concepteur publicitaire** visualiser.

**conception** [kɔ̃sɛpsjɔ̃] **nf** (gén) conception; [produit, système] design. ◊ **conception artistique** design, styling; **conception assistée par ordinateur** computer-aided design; **conception de l'emballage** packing ou package design; **conception et fabrication assistées par ordinateur** computer-assisted design and manufacturing; **conception de systèmes** systems design; **conception des tâches** job design.

**concerner** [kɔ̃sɛʀne] **vt** to concern, affect. ◊ **en ce qui concerne** with regard ou respect

to, concerning; **la clause concernée** the relevant clause.

**concertation** [kɔ̃sɛʀtasjɔ̃] **nf** [entre patronat et syndicats] dialogue, consensus seeking. ◊ **instance de concertation** consultative body; **processus de concertation** consultation ou consultive process; **concertation entre banques centrales** concertation between central banks.

**concerté, e** [kɔ̃sɛʀte] **adj** concerted. ◊ **fixation concertée des prix** common price fixing; **flottement concerté** (CEE) joint float.

**concerter (se)** [kɔ̃sɛʀte] **vpr** to consult (each other), consider ou discuss joint action.

**concession** [kɔ̃sesjɔ̃] **nf** **a** (abandon) concession. ◊ **faire des concessions** to make concessions; **se refuser à toute concession** to refuse to make any concessions, refuse to give an inch, refuse to make any concession; **faire des concessions de principe** to surrender on a principle. **b** (exploitation) concession, franchise. ◊ **concession de licence** granting of a concession, franchising; **concession exclusive** exclusive franchise; **prolonger la durée d'une concession** to extend a franchise.

**concessionnaire** [kɔ̃sesjɔnɛʀ] **1** **adj** ◊ **compagnie concessionnaire** statutory ou concessionary company, utility company (US).
**2** **nmf** (distributeur agréé) agent, dealer, distributor; [automobiles] dealer. ◊ **concessionnaire exclusif** sole agent, franchised dealer; **concessionnaire d'un brevet** patent-holder; **concessionnaire d'une licence** license-holder, licensee; **concessionnaire stockiste** dealer; **consultez votre concessionnaire le plus proche** see your local dealer.

**concevoir** [kɔ̃s(ə)vwaʀ] **vt** (gén) to conceive; produit to design. ◊ **concevoir une campagne** to devise a campaign.

**conciliateur, -trice** [kɔ̃siljatœʀ, tʀis] **1** **adj** conciliatory, conciliating.
**2** **nm,f** conciliator.

**conciliation** [kɔ̃siljasjɔ̃] **nf** conciliation. ◊ **comité de conciliation** arbitration committee, conciliation board; **gestes de conciliation** conciliatory gestures; **instance de conciliation** arbitrating authority ou body; **procédure de conciliation** conciliatory proceedings.

**conciliatoire** [kɔ̃siljatwaʀ] **adj** (Jur) conciliatory.

**concilier** [kɔ̃silje] **vt** to reconcile (avec with). ◊ **il est difficile de concilier politique d'austérité et mesures de relance** it's hard to reconcile an austerity policy with reflationary measures.

**conclure** [kɔ̃klyʀ] **1** vt **a** (régler) accord to enter into, clinch ; vente to clinch, make, finalize (US). ◊ **conclure un marché** to clinch ou pull off a deal, strike a bargain ; **conclure un contrat à l'arraché** to snap up ou snatch a contract ; **conclure un contrat d'assurance** to conclude an insurance contract ; **marché conclu !** it's a deal! ; **l'affaire est loin d'être conclue** the deal is far from being clinched. **b** (clore) discussion to conclude, end, close ; (inférer) to conclude, deduce (*qch de qch* sth from sth). **2** vi (Jur) **les juges ont conclu à l'acquittement** the judges decided on an acquittal.

**conclusion** [kɔ̃klyzjɔ̃] nf conclusion. ◊ **conclusions** [jury] findings, decision ; [enquête] findings ; [demandeur] submissions, pleadings, brief ; **déposer des conclusions auprès du tribunal** to file one's submissions with the court.

**concordat** [kɔ̃kɔʀda] nm **a** (attestation) bankrupt's certificate. ◊ **accorder un concordat à qn** to certificate sb. **b** (accord) composition, legal settlement (with one's creditors). ◊ **concordat de cinquante pour cent** composition of fifty percent ou of fifty pence in the pound (GB) ; **concordat préventif de faillite** scheme of composition.

**concordataire** [kɔ̃kɔʀdatɛʀ] **1** adj ◊ **débiteur concordataire** certified ou certificated debtor ; **procédure concordataire** composition proceedings. **2** nm certified ou certificated bankrupt.

**concorder** [kɔ̃kɔʀde] vi **a** (Jur) to compound. ◊ **concorder avec ses créanciers** to compound with one's creditors. **b** [comptes] to agree, tally (*avec* with). ◊ **les opinions des deux experts concordent** the two experts are of the same view ou hold the same views.

**concours** [kɔ̃kuʀ] nm **a** (gén) competition, contest ; (Univ) competitive exam. ◊ **concours agricole** agricultural show ; **concours de circonstances** combination of circumstances ; **concours externe** open competition ; **concours interne** closed competition *for promotion of insiders through examination* ; **concours de vente** sales contest. **b** (assistance) cooperation, aid, assistance. ◊ **votre projet pourra bénéficier de concours bancaires** banks may back your project, you may get support ou help from the banks ou bank support for your project ; **prêter son concours à** to lend one's support to ; **concours financier à moyen terme** medium-term financial assistance ; **disposition de concours mutuel** (CEE) system of mutual support.

**concrétisation** [kɔ̃kʀetizasjɔ̃] nf realization.

**concrétiser (se)** [kɔ̃kʀetize] vpr (gén) to materialize ; [projet] to take shape, eventuate.

**concurrence** [kɔ̃kyʀɑ̃s] nf **a** (Comm) competition. ◊ **entraver la concurrence** to restrain ou hinder ou hamper competition ; **entraves à la libre concurrence** restrictive practices ; **faire concurrence à** to compete with, be in competition with ; **se faire concurrence** to compete with one another ; **concurrence déloyale** unfair competition ou trading ; **concurrence féroce** ou **acharnée** cut-throat ou keen ou fierce competition ; **concurrence monopolistique** monopolistic competition ; **concurrence pure / parfaite** pure / perfect competition ; **politique de concurrence** competition policy ; **prix défiant toute concurrence** unbeatable prices ; **à des conditions normales de concurrence** (Jur) at arm's length. **b** **jusqu'à concurrence de 100 000 F** up to (the amount of) F100,000.

**concurrencer** [kɔ̃kyʀɑ̃se] vt to compete with. ◊ **leur nouvelle gamme ne peut sérieusement concurrencer la nôtre** their new line can't pose a serious challenge to ours ou can't seriously compete with ours.

**concurrent, e** [kɔ̃kyʀɑ̃, ɑ̃t] **1** adj maison, entreprise competing. **2** nm,f competitor.

**concurrentiel, -elle** [kɔ̃kyʀɑ̃sjɛl] adj competitive. ◊ **avantage concurrentiel** competitive advantage ou edge ; **marché / prix concurrentiel** competitive market / price ; **position concurrentielle** competitive position ; **il faut fixer un tarif concurrentiel pour nos nouveaux produits** we must price our new products competitively.

**concussion** [kɔ̃kysjɔ̃] nf misappropriation of public funds, peculation, embezzlement (US).

**condamnation** [kɔ̃danasjɔ̃] nf **a** [projet, décision] condemnation. **b** (Jur) sanction sentence. ◊ **la condamnation de qn** the sentencing of sb (*à, pour* for) ; **condamnation à une amende** imposition of a fine ; **condamnation par défaut** ou **par contumace** sentence in absentia ; **condamnation aux dépens** order to pay costs ; **prononcer une condamnation contre qn** to pass judgment ou sentence on sb ; **la nouvelle réglementation signifie la condamnation du petit commerce** the new regulation spells the end for the small trader.

**condamner** [kɔ̃dane] vt mesure, propos to blame, condemn ; (Jur) to sentence (*à* to, *pour* for). ◊ **condamner qn à une amende** to fine sb, impose a fine on sb ; **être condamné par défaut** to be sentenced in absentia ; **être condamné aux dépens** to be ordered to pay costs ; **il a été condamné à dix ans de prison** ou **à une peine de dix ans de prison** he got a ten-year sentence, he was sentenced to ten years' imprisonment; **la fraude fiscale devrait être plus sévèrement condamnée** tax evasion should carry heavier penalities; **le petit commerce est condamné** small shops are doomed to extinction, the end of the small shops is in sight.

**condition** [kɔ̃disjɔ̃] **1** **nf** **a** (modalité) term. ◊ **à des conditions exceptionnelles** on exceptional ou outstanding ou bargain-basement terms; **conditions d'une émission** (Bourse) terms of an issue; **aux conditions du marché** at market price; **les conditions de l'emprunt** the terms of the loan; **consentir des conditions intéressantes** to grant favorable terms. **b** (clause) condition, term, clause; (exigence) requirement. ◊ **les conditions d'un contrat** the conditions of a contract; **conditions d'application d'une loi** rules governing the application of a law; **envoyer** ou **expédier des marchandises sous condition** to send ou forward goods on approval ou on appro ou on sale or return; **candidat répondant aux conditions requises** candidate with the right requirements, eligible applicant; **ce produit ne remplit pas les conditions requises** this product does not meet the requirements; **satisfaire aux conditions légales requises** to meet ou fulfil the legal requirements; **il remplit les conditions exigées pour être promu** he has all the necessary requirements for promotion, he is eligible for promotion; **l'allemand est une condition indispensable pour ce poste** German is an essential requirement for this job; **les conditions fixées par le traité de Rome** the conditions laid down by the Rome treaty; **sans condition** unconditionally, with no strings attached*; **sous condition** conditionally. **c** (situation) **conditions** conditions; **dans les conditions actuelles** under the present circumstances ou conditions; **égalité des conditions de concurrence** equal terms of competition. **d** (état) state, condition. ◊ **mise en condition** conditioning; **en bonne condition** in good repair, in fair condition; **votre envoi nous est parvenu en mauvaise condition** your consignment reached us in damaged condition.

**2** **comp conditions d'achat** terms of purchase. **– conditions d'adhésion** conditions of membership. **– conditions d'admission** admission requirements. **– conditions d'attribution** eligibility conditions. **– conditions de crédit** credit terms. **– conditions économiques** economic situation ou outlook. **– conditions d'emploi** job requirements. **– conditions d'existence** living conditions. **– conditions d'expédition** shipping terms. **– condition expresse** express condition ou

clause. **– conditions de faveur** preferential terms. **– conditions générales** (Ass) general clauses ou terms. **– conditions générales de vente** terms of sale. **– conditions habituelles** usual terms. **– condition implicite** implicit condition. **– conditions de livraison** delivery terms. **– conditions de paiement** credit terms; **consentir des conditions de paiement** to grant credit terms. **– conditions particulières** (Ass) special terms. **– condition préalable** prerequisite. **– condition provisionnelle** proviso. **– conditions de règlement** terms of payment. **– condition résolutoire** avoidance ou escape clause. **– conditions de sécurité** safety requirements. **– conditions spéciales** special terms. **– condition suspensive** suspensive condition. **– conditions de travail** working conditions. **– conditions de vie** living conditions.

**conditionnel, -elle** [kɔ̃disjɔnɛl] **adj** conditional. ◊ **acceptation conditionnelle** qualified acceptance; **clause conditionnelle** conditional ou provisory clause, proviso; **endossement conditionnel** qualified ou conditional endorsement; **offre conditionnelle** qualified ou conditional offer; **prêt conditionnel** loan made on condition, tied loan.

**conditionnellement** [kɔ̃disjɔnɛlmɑ̃] **adv** conditionally.

**conditionnement** [kɔdisjɔnmɑ̃] **nm** **a** (action d'emballer) packaging; (boîte) package, packaging. ◊ **conditionnement en blister** blister packing; **conditionnement des produits de consommation courante** consumer packaging; **conditionnement réutilisable** reusable container ou packaging, premium package; **conditionnement transparent** blister pack. **b** [client] conditioning. ◊ **conditionnement de l'acheteur / de la demande** buyer / demand conditioning.

**conditionner** [kɔ̃disjɔne] **vt** produit to package; consommateurs to condition. ◊ **viande conditionnée** prepacked ou prepackaged meat.

**conditionneur** [kɔ̃disjɔnœʀ] **nm** [produits] packager.

**conducteur** [kɔ̃dyktœʀ] **nm** [véhicule] driver; [machine] operator; [travaux] foreman, supervisor (US).

**conduire** [kɔ̃dɥiʀ] **vt** entreprise to run, manage; travaux to supervise; étude, négociations to lead, conduct; délégation to lead. ◊ **conduire une réunion** to run a meeting; **cela nous a conduits à un changement de politique** it led to a change in our policy.

**conduite** [kɔ̃dɥit] **nf** [entreprise] running, management; [travaux] supervision, superintendence, management. ◊ **conduite directive** directive leadership; **conduite de groupe** group leadership; **conduite de projet** project management; **la conduite de l'économie** the management of the economy; **être chargé de la conduite des négociations** to be in charge of leading ou conducting the negotiations; **conduite de réunions** managing ou running meetings.

**confection** [kɔ̃fɛksjɔ̃] **nf** ◊ **la confection** the clothing industry, the rag trade*; **magasin de confection** dress shop, apparel store (US); **vêtements de confection** ready-made ou ready-to-wear clothes ou garments.

**confectionneur, -euse** [kɔ̃fɛksjɔnœR, øz] **nm, f** ready-to-wear manufacturer.

**confédération** [kɔ̃federasjɔ̃] **nf** confederation. ◊ **confédération syndicale** trade union ou labour union confederation.

**conférence** [kɔ̃feRɑ̃s] **nf** a (réunion) meeting, conference; (discours) talk, lecture. ◊ **conférence de presse** press conference; **conférence au sommet** summit meeting; **conférence téléphonique** conference call; **salle de conférence** lecture ou conference room; **être en conférence** to be busy, be in conference; **tenir une conférence** to hold a conference; **les participants à la conférence ont décidé...** the conference decided...; **les travaux de la conférence** the conference proceedings. b (Mar) **conférence de navigation** shipping conference; **conditions de la conférence** conference terms.

**conférencier, -ière** [kɔ̃feRɑ̃sje, jɛR] **nm,f** lecturer.

**confiance** [kɔ̃fjɑ̃s] **nf** confidence, trust. ◊ **abus de confiance** abuse of confidence, breach of trust; **climat de confiance** climate of confidence, atmosphere of mutual understanding; **homme de confiance** right hand man, confidential agent ou clerk; **maison de confiance** reputable firm; **poste de confiance** position of trust; **vote de confiance** vote of confidence; **voter la confiance** to pass a vote of confidence; **nous vous remercions de la confiance que vous avez bien voulu nous témoigner jusqu'à ce jour** we thank you for your past support; **faire confiance à qn** to trust sb; **avoir confiance en qn** to have confidence in sb.

**confidentialité** [kɔ̃fidɑ̃sjalite] **nf** confidentiality.

**confidentiel, -ielle** [kɔ̃fidɑ̃sjɛl] **adj** confidential; (sur un document) private (and confidential). ◊ **à titre confidentiel** in strict confidence, confidentially; **je vous dis cela à titre confidentiel** this is said in confidence, this is off the record; **les renseignements que vous pourrez nous fournir seront consi-** dérés comme strictement confidentiels the information you may wish to provide will be treated in absolute ou in the strictest confidence.

**confidentiellement** [kɔ̃fidɑ̃sjɛlmɑ̃] **adv** confidentially.

**confier** [kɔ̃fje] **vt** ◊ **confier qch à qn** to entrust ou confide sth to sb; **on lui a confié du travail au bureau** he has been assigned work in the office.

**configuration** [kɔ̃figyRasjɔ̃] **nf** (Inf) equipment. ◊ **de quelle configuration disposez-vous?** what configuration do you have?; **configuration minimum** basic machine; **configuration multi-postes** multi-user system.

**confirmatif, -ive** [kɔ̃fiRmatif, iv] **adj** ◊ **lettre confirmative** confirming letter, letter of confirmation.

**confirmation** [kɔ̃fiRmasjɔ̃] **nf** confirmation. ◊ **en confirmation de ma lettre** confirming my letter, in confirmation of my letter; **confirmation de commande** order confirmation, confirmation ou confirming of an order; **confirmation d'opération adressée / reçue** (Bourse) outgoing / incoming confirmation.

**confirmer** [kɔ̃fiRme] **vt** nouvelle, déclaration to confirm; (Jur) déposition to corroborate. ◊ **les dernières statistiques confirment cette tendance** the latest figures testify to ou bear out ou confirm this trend; **l'assemblée générale a confirmé le président dans ses fonctions** the chairman was confirmed in his functions by the general assembly; **crédit confirmé / non confirmé** (Fin) confirmed / unconfirmed ou simple credit; **confirmer par écrit** to confirm in writing.

**confisquer** [kɔ̃fiske] **vt** to seize, declare forfeit, impound.

**conflictuel, -elle** [kɔ̃fliktɥɛl] **adj** intérêts, relations, situation conflicting.

**conflit** [kɔ̃fli] **nm** (gén) conflict; (Ind) dispute. ◊ **entrer en conflit avec qn** to conflict ou clash with sb, be in conflict with sb; **la direction et les syndicats sont en conflit total sur ce point** the management and the unions clash over the question; **conflit d'objectifs** (Mktg) conflict of targets; **conflit social** ou **du travail** industrial conflict, labour troubles ou strife; **conflit salarial** wage dispute.

**conforme** [kɔ̃fɔRm(ə)] **adj** a (Jur) certified. ◊ **copie certifiée conforme** certified true copy; **pour copie conforme** certified true ou accurate. b (en accord) in accordance (à with); (Comm) true (à to). ◊ **conforme à l'échantillon / à l'original** true ou up to sample / to the original; **votre facture n'est pas**

conforme au devis que vous nous avez envoyé your bill does not match estimate you have sent us; notre chiffre d'affaires est conforme aux prévisions our turnover matches what we forecast ou is right on target; conforme aux statuts in accordance with the articles; ces décisions sont conformes aux principes mis en avant par la commission these decisions are in keeping with the principles put forward by the committee.

conformément [kɔ̃fɔʀmemɑ̃] adv ◊ conformément à in conformity with, in accordance with. conformément à la commande as per order; conformément aux statuts in application of the articles; conformément à vos instructions in accordance with your instructions; tout s'est passé conformément à nos prévisions everything went according to plan.

conformer (se) [kɔ̃fɔʀme] vpr ◊ se conformer à to conform to, comply with; se conformer aux règlements to comply with the regulations.

conformité [kɔ̃fɔʀmite] nf conformity. ◊ en conformité avec in accordance ou conformity ou compliance with; mettre en conformité avec to bring into compliance with; certificat de conformité certificate of compliance; échantillon de conformité reference sample; frais de (mise en) conformité compliance costs; sondage ou essai de conformité compliance test.

confrère [kɔ̃fʀɛʀ] nm colleague.

congé [kɔ̃ʒe] 1 nm a (vacances) holiday (GB), vacation (US). ◊ en congé on holiday (GB) ou vacation (US); avoir deux jours de congé to have two days off. b (arrêt de travail) leave. ◊ prendre un congé d'une semaine to take a week's leave; solliciter un an de congé sans solde to ask for a year's unpaid leave; congé avec plein traitement leave with full pay; dépasser son congé to overstay one's leave; avoir droit à des congés payés to be entitled to holiday pay; droit aux congés holiday entitlement. c (Douanes) clearance; (Admin) clearance certificate. ◊ congé (de navigation) clearance outwards. d (renvoi) notice (to quit ou leave). ◊ donner son congé à un employé to give an employee notice, dismiss an employee; avoir reçu un congé to be under notice to quit; il faut donner congé trois mois d'avance you have to give three months' notice. 2 comp congé pour convenances personnelles personal leave, leave on personal grounds. – congé de conversion retraining period. – congé création leave granted to sb wishing to start up an enterprise. – congé pour examen examination

leave. – congé pour fonctions syndicales union leave. – congé formation training period; (d'une journée) day release. – congé de maladie sick leave. – congé de maternité maternity leave. – congé parental parental leave. – congés payés paid holidays (GB) ou vacation (US). – congé de perfectionnement career development leave. – congés sans solde unpaid leave.

congédiement [kɔ̃ʒedimɑ̃] nm (gén) dismissal; (Admin) discharge.

congédier [kɔ̃ʒedje] vt (gén) to dismiss; (Admin) discharge.

conglomérat [kɔ̃glɔmeʀa] nm (Écon) conglomerate.

conglomération [kɔ̃glɔmeʀasjɔ̃] nf (Écon) conglomeration.

conglomérer [kɔ̃glɔmeʀe] vt (Écon) to conglomerate.

Congo [kɔ̃gɔ] nm Congo.

congolais, e [kɔ̃gɔlɛ, ɛz] 1 adj Congolese. 2 Congolais nm (habitant) Congolese. 3 Congolaise nf (habitante) Congolese.

congrès [kɔ̃gʀɛ] nm (colloque) congress, conference, convention. ◊ hôtel de congrès convention hotel; congrès de vente (Mktg) sales conference.

congressiste [kɔ̃gʀesist(ə)] nmf conventioneer, delegate (GB) ou participant ou attendant at a congress.

conjoint, e [kɔ̃ʒwɛ̃, wɛ̃t] 1 adj assurance, déclaration, responsabilité, financement joint; questions related. ◊ action conjointe (Jur) joint action. 2 nm, f spouse.

conjointement [kɔ̃ʒwɛ̃tmɑ̃] adv jointly. ◊ conjointement et solidairement (Jur) jointly and severally.

conjoncture [kɔ̃ʒɔ̃ktyʀ] nf situation, circumstances. ◊ la conjoncture économique dans son ensemble the overall economic situation ou position ou trend ou outlook; période de basse / haute conjoncture slump / boom period; redressement de la conjoncture recovery in the economic situation, economic uptrend ou upturn ou upswitch; renversement de la conjoncture turnround ou turnaround (US) in the business cycle; crise de conjoncture economic crisis ou downturn; indicateur de conjoncture business indicator; être sensible à la conjoncture to react to the economic situation ou to economic ups and downs.

conjoncturel, -elle [kɔ̃ʒɔ̃ktyʀɛl] adj chômage, fluctuations, reprise cyclical. ◊ prévisions conjoncturelles economic prospects; **tendances conjoncturelles** economic trends.

**conjoncturiste** [kɔ̃ʒɔ̃ktyʀist(ə)] **nmf** economy watcher, economic analyst, market analyst, economic planner.

**connaissance** [kɔnɛsɑ̃s] **nf** knowledge. ◊ **connaissance des coûts** (Mktg) cost awareness; **connaissance de la marque** brand knowledge ou awareness; **prendre connaissance d'une circulaire** to read a circular; **n'omettez pas de porter ces modifications à la connaissance de vos employés** don't forget to notify your employees of these alterations ou to bring these alterations to your employees' attention.

**connaissement** [kɔnɛsmɑ̃] **1** **nm** bill of lading, B / L. ◊ **connaissement établi au nom de...** bill of lading consigned to... **2** **comp** **connaissement abrégé** short form B / L. − **connaissement accompli** discharged B / L. − **connaissement à bord** shipped ou on board B / L. − **connaissement chef** captain's copy of the B / L, original stamped B / L. − **connaissement clausé** foul ou claused ou unclean B / L. − **connaissement collectif** general bill of lading. − **connaissement custody** custody B / L. − **connaissement direct** through B / L. − **connaissement d'entrée** inward B / L. − **connaissement ferroviaire** railway (GB) ou railroad (US) B / L. − **connaissement fluvial** inland waterway B / L, large B / L (US). − **connaissement maritime** ocean B / L. − **connaissement net** clean B / L. − **connaissement nominatif** B / L to a named person, straight B / L (US). − **connaissement non clausé** clean B / L. − **connaissement périmé** stale B / L. − **connaissement à personne désignée** B / L to a named person, straight B / L (US). − **connaissement au porteur** B / L to bearer. − **connaissement reçu pour embarquement** shipped B / L, received for shipment B / L. − **connaissement reçu à quai** alongside B / L. − **connaissement avec réserves** foul ou claused ou unclean B / L. − **connaissement sans réserves** clean B / L. − **connaissement short form** short form B / L. − **connaissement de sortie** outward B / L. − **connaissement through** through B / L. − **connaissement de transbordement** transhipment B / L. − **connaissement sans transbordement** direct B / L. − **connaissement de transport combiné FIATA** fiata combined transport B / L. − **connaissement "voyage de retour"** homeward B / L.

**connecter** [kɔnɛkte] **vt** to connect. ◊ **non connectés en réseau** (Inf) stand alone.

**connexe** [kɔnɛks(ə)] **adj** questions related.

**conquérir** [kɔ̃keʀiʀ] **vt** marché to capture, conquer.

**conquête** [kɔ̃kɛt] **nf** [marché] conquest.

**consacrer** [kɔ̃sakʀe] **vt** to devote. ◊ **pouvez-vous me consacrer 5 minutes ?** can you spare me 5 minutes?; **nous consacrons 5% de notre chiffre d'affaires à la recherche** we devote ou allocate 5% of our turnover to research, we earmark 5% of our turnover for research.

**conscience** [kɔ̃sjɑ̃s] **nf** consciousness. ◊ **conscience de la marque** (Mktg) brand awareness; **conscience professionnelle** dedication to one's job, conscientiousness.

**consécutif, -ive** [kɔ̃sekytif, iv] **adj** consecutive. ◊ **pendant cinq jours consécutifs** for five days running ou in a row, on five consecutive days; **consécutif à** resulting ou stemming from, due to, consequent upon.

**consécutivement** [kɔ̃sekytivmɑ̃] **adv** consecutively.

**conseil** [kɔ̃sɛj] **1** **nm** **a** (dirigeants) [entreprise] board; [syndicat] council, committee; (Pol) council. ◊ **faire partie du conseil, siéger au conseil** to be on the board; **salle du conseil** board room. **b** (séance) meeting. ◊ **assister à un conseil** to attend a meeting. **c** (expert) consultant, adviser (en in). ◊ **conseil financier / fiscal / juridique** finance / tax / legal consultant ou adviser; **conseil en assurances / en gestion / en recrutement** insurance / management / recruiting consultant; **avocat-conseil** legal consultant ou adviser; **ingénieur-conseil** consulting engineer, engineering consultant (US); **ingénieur-conseil en organisation** management consultant ou engineer (US); **cabinet** ou **société d'ingénieurs-conseils** consultancy firm. **d** (avis) advice, counsel. ◊ **prendre conseil d'un avocat** to consult a lawyer, take legal advice; **sur le conseil de** on the advice of; **service de conseil à la clientèle** customer advisory service. **2** **comp** **conseil d'administration** [firme] board of directors; [caisse d'épargne] board of trustees; **réunion du conseil d'administration** board meeting. − **Conseil d'aide économique mutuel** Mutual Economic Aid Council. − **Conseil pour l'aide mutuelle économique** Council for Mutual Economic Assistance. − **conseil d'arbitrage** arbitration board. − **conseil consultatif** advisory board. − **conseil de direction** management ou executive committee ou board. − **conseil économique** economic council. − **conseil d'entreprise** works council, joint consultation committee. − **conseil d'État** Council of State. − **Conseil de l'Europe** Council of Europe. − **conseil fiduciaire** board of trustees.

**– conseil municipal** town council. **– conseil en organisation de gestion économique et financière d'entreprises** economic and financial management consultant for business enterprises. **– Conseil des prud'hommes** industrial tribunal, labour arbitration court. **– conseil régional** regional council. **– conseil restreint** working committee. **– conseil de surveillance** (gén) supervisory board, watchdog committee*; (Jur) [créancier] committee of inspection.

**conseiller** [kɔ̃seje] vt to advise. ◊ **prix conseillé** recommended price.

**conseiller, -ère** [kɔ̃seje, kɔ̃sɛjɛʀ] **1** nm,f (spécialiste) adviser, consultant; (membre d'un conseil) council member, councillor. **2** comp **conseiller clientèle** consumer adviser. **– conseiller commercial** commercial attaché. **– conseiller d'entreprise** consultant. **– conseiller fiscal** tax adviser ou consultant. **– conseiller en investissement** investment consultant ou adviser. **– conseiller juridique** legal adviser. **– conseiller municipal** town councillor. **– conseiller pour les relations avec la presse** press officer. **– conseiller technique** technical adviser. **– conseiller à la vente** sales adviser.

**consentir** [kɔ̃sɑ̃tiʀ] vt crédit, délai, réduction to grant. ◊ **consentir une vente** to authorize a sale; **nous ne pouvons consentir aucune remise sur ces modèles** we can't allow any discount on these models.

**conséquence** [kɔ̃sekɑ̃s] nf consequence. ◊ **les conséquences financières de la grève** the financial consequences ou after-effects ou repercussions of the strike; **conséquences indirectes d'une action** (Jur) consequential effect of an action; **cette décision sera lourde de conséquences pour l'avenir de ce secteur** this decision will have serious consequences on the development of this sector; **tirer les conséquences de l'échec des négociations** to draw the conclusions from the failure of the negotiations.

**conséquent, e** [kɔ̃sekɑ̃, ɑ̃t] adj somme, commande sizeable.

**conservateur, -trice** [kɔ̃sɛʀvatœʀ, tʀis] nm,f (Admin) **conservateur des hypothèques** registrar of mortgages.

**conservation** [kɔ̃sɛʀvasjɔ̃] nf ◊ **durée de conservation** display period.

**conservatoire** [kɔ̃sɛʀvatwaʀ] adj mesures protective. ◊ **saisie conservatoire** (Jur) seizure for security.

**conserver** [kɔ̃sɛʀve] vt to keep. ◊ **conserver au frais** (sur emballage) keep ou store in a cool place; **conserver son ancienneté** to retain

seniority; **l'intéressé conserve ses droits à l'ancienneté durant ce congé** seniority will continue to accumulate during this leave.

**considérable** [kɔ̃sideʀabl(ə)] adj montant, commande substantial, sizeable; pertes, dégâts huge, heavy. ◊ **ils ont fait des investissements considérables** they invested heavily.

**considération** [kɔ̃sideʀasjɔ̃] nf **a** (étude) consideration. ◊ **la direction a pris en considération les revendications de la base** the management took into account ou consideration the claims emanating from the shop-floor; **nous devons prendre en considération les risques de coulage** we must make due allowances for leakage. **b** (respect) respect. ◊ **veuillez agréer l'expression de ma considération distinguée** ou **de ma parfaite considération** yours faithfully (GB), yours truly (US).

**considérer** [kɔ̃sideʀe] vt (examiner, envisager) to consider.

**consignataire** [kɔ̃siɲatɛʀ] nm **a** (destinataire) [marchandises] consignee; (Mar) forwarding agent, consignee. ◊ **consignataire en coque nue** bareboat consignee. **b** (Jur) [somme] trustee, depositary.

**consignateur** [kɔ̃siɲatœʀ] nm consignor, consigner, shipper.

**consignation** [kɔ̃siɲasjɔ̃] nf [marchandises] consignment; [somme] deposit. ◊ **consignation d'un emballage** charging a deposit on a container; **consignation d'une caution** deposit of a surety; **envoyer des marchandises en consignation à qn** to ship goods to the consignment of sb; **facture de consignation** consignment invoice.

**consigne** [kɔ̃siɲ] nf **a** (Comm) deposit, refundable charge on returnable packing. ◊ **ni retour, ni consigne** (sur emballage) no deposit or return. **b** (ordre) instruction, order. ◊ **suivre** ou **appliquer les consignes** to comply with the instructions; **consigne de grève** strike call. **c** (à bagages) left-luggage office (GB), checkroom (US). ◊ **consigne automatique** (left-luggage) locker. **d** (Douanes) **marchandises en consigne à la douane** goods stopped ou held up at the customs.

**consigner** [kɔ̃siɲe] vt **a** emballage to put a deposit on. ◊ **bouteille consignée / non consignée** returnable / non returnable bottle; **emballage consigné** returnable packing; **ni consigné, ni repris** (sur emballage) no deposit or return; **je suis obligé de vous consigner l'emballage** I must put a deposit on the packing, I must charge you for the packing. **b** somme to deposit; marchandises to consign. ◊ **consigner un navire aux agents de l'affréteur** to address a ship to the charterers. **c** bagages to leave at the left-luggage office (GB) ou checkroom (US). **d** (par écrit) to record, put down on paper, commit to writing.

**consœur** [kɔ̃sœʀ] **nf** colleague.

**console** [kɔ̃sɔl] **nf** console. ◊ **console de visualisation** (Inf) visual display unit, VDU.

**consolidation** [kɔ̃sɔlidasjɔ̃] **nf** [dette] consolidation, funding ; [situation, positions] strengthening, consolidation.

**consolidé, e** [kɔ̃sɔlide] **1** adj résultats, comptes consolidated. ◊ **bilan consolidé** consolidated balance sheet ; **chiffre d'affaires consolidé** consolidated sales figures ; **dette consolidée** (gén) consolidated debt ; (comptabilité publique) funded debt ; **dette non consolidée** floating debt ; **fonds consolidés** consolidated fund ou stock ; **rente consolidée** consolidated annuity ; **société consolidée par intégration globale** fully integrated company.
**2** **consolidés** nmpl consols.

**consolider** [kɔ̃sɔlide] **vt** (Bourse) dette to consolidate, fund ; monnaie to strengthen, bolster. ◊ **la France a consolidé ses positions sur le marché africain** France strengthened its position on the African market ; **consolider des arrérages** to fund interests ; **consolider un marché à prime** (Bourse) to take up ou exercise an option ; **les valeurs françaises consolident leur avance** French stocks are firming up.

**consommable** [kɔ̃sɔmabl(ə)] **nm** (gén, Inf) consumable.

**consommateur, -trice** [kɔ̃sɔmatœʀ, tʀis] **nm,f** consumer. ◊ **consommateur cible / potentiel / final** target / prospective / final ou end consumer ; **comportement / fidélité / résistance du consommateur** consumer behaviour / loyalty / resistance ; **panel de consommateurs** consumer panel ; **protection ou défense des consommateurs** consumer defence ou protection ; **demande / préférence / profil / résistance / réticence des consommateurs** consumer demand / preference / profile / resistance / reluctance.

**consommateurisme** [kɔ̃sɔmatœʀism(ə)] **nm** consumerism.

**consommation** [kɔ̃sɔmasjɔ̃] **nf** (Écon) consumption. ◊ **consommation induite / ostentatoire** induced / conspicuous consumption ; **consommation des ménages** private ou household consumption ; **consommation par tête** per capita consumption, consumption per head ; **consommation intérieure** domestic ou home ou internal consumption ; **besoins de consommation** consumer needs ; **biens ou articles ou pro-** duits **de consommation** consumer goods, consumables ; **produits de grande consommation** ou **de consommation courante** convenience goods, staple goods ; **biens de consommation durables** consumer durables ; **biens de consommation non durables** consumer non durables ; **crédit à la consommation** consumer credit ; **dépenses de consommation** consumer expenditure ou spending ; **étude de consommation** consumer survey ou research ; **habitudes de consommation** consumer habits ; **indice des prix à la consommation** consumer price index, CPI ; **modèle de consommation** consumption pattern ; **prix à la consommation** consumer price ; **secrétariat d'État à la Consommation** ministry of consumer protection ; **société de consommation** consumer society.

**consommatique** [kɔ̃sɔmatik] **nf** consumer research, research on consumption.

**consommatisme** [kɔ̃sɔmatism(ə)] **nm** consumerism.

**consommer** [kɔ̃sɔme] **vt** (gén) to consume ; [machine] to use (up), consume. ◊ **combien consommez-vous avec cette voiture ?** what's your petrol consumption (GB) ou your gas mileage (US) ?

**consomptible** [kɔ̃sɔ̃ptibl(ə)] **adj** consumable.

**consortial, e**, mpl **-aux** [kɔ̃sɔʀsjal, o] **adj** prêt, crédit syndicated.

**consortium** [kɔ̃sɔʀsjɔm] **nm** consortium. ◊ **consortium bancaire** consortium bank, banking syndicate ; **les consortiums bancaires internationaux** the international syndication business ; **consortium financier** financial syndicate ; **constituer un consortium de prêt** to syndicate a loan.

**constant, e** [kɔ̃stɑ̃, ɑ̃t] **1** adj constant. ◊ **francs constants** inflation adjusted francs, constant francs.
**2** **nf** (gén) permanent characteristic ou feature ; (Stat) constant.

**constat** [kɔ̃sta] **nm** report. ◊ **constat d'huissier** affidavit drawn up by a bailiff ; **constat à l'amiable** accident report drawn up by the parties involved on an amicable basis ; **dresser** ou **établir un constat** to draw up a report.

**constatation** [kɔ̃statasjɔ̃] **nf** (Jur) **constatation des dommages** ascertainment of the damage ; **procéder aux constatations** to proceed to an official inquiry.

**constater** [kɔ̃state] **vt** (gén) to note, notice ; dommages to ascertain. ◊ **charges constatées d'avance** deferred charges ; **opérations constatées par contrat** transactions evidenced by a contract ; **poids constaté**

weight ascertained; **faire constater qch (Jur)** to have sth noted; **constater les prix (Bourse)** to fix prices; **constater le cours des primes (Ass Mar)** to fix the rate of premium.

**constituer** [kɔ̃stitɥe] **1** **vt** **a** commission, société to set up, form; dossier to make up. ◊ **corps constitués** public authorities, organised bodies; **les directeurs qui constituent le conseil d'administration** the directors who form ou make up the board; **demander à être constitué en société** to apply for a charter of incorporation; **société constituée** incorporated company. **b** (représenter) to constitute. ◊ **le chômage constitue une grave menace pour notre économie** unemployment constitutes ou represents a serious threat for our economy. **c** (Jur) jury to empanel; avocat to retain. ◊ **avocat constitué** briefed counsel; **constituer une rente à qn** to settle ou make an annuity on sb; **constituer une hypothèque** to create a mortgage. **2** **se constituer** **vpr** **a** (Jur) **se constituer partie civile** to institute legal proceedings, bring in a civil action; **se constituer en commission** to form into a committee. **b** **se constituer en société** to incorporate, form o.s. into a company, become incorporated; **les deux entreprises seront constituées en une seule société** the two firms will be amalgamated to form one company. **c** **se constituer une clientèle** to build up a clientele ou a customer base.

**constitutif, -ive** [kɔ̃stitytif, iv] **adj** (Jur) constitutive. ◊ **acte constitutif d'une société** (de capitaux) memorandum of association; (de personnes) deed of partnership; **titre constitutif de propriété** title deed.

**constitution** [kɔ̃stitysjɔ̃] **nf** [commission] setting up; [capital] formation; [marges] building up; [dossier] making up; [rente] settlement. ◊ **constitution d'hypothèque** creation of mortgage; **constitution de partie civile** institution of legal proceedings; **constitution d'une société** setting up ou incorporation ou formation of a company; **constitution de stocks** stockpiling; **lieu de constitution d'une société** place of incorporation of a company.

**constructeur, -trice** [kɔ̃stryktœr, tris] **nm,f** maker. ◊ **constructeur automobile** car maker ou manufacturer, automaker (US).

**construction** [kɔ̃stryksjɔ̃] **nf** **a** (secteur) **la construction** the building trade, house building, the housing ou construction industry; **la construction navale** the shipbuilding industry, shipbuilding. **b** (action) building. ◊ **chantier de construction** building site; **chantier de construction navale** shipyard; **la construction d'une usine** the building of a factory, the erection of a plant.

**construire** [kɔ̃strɥir] **vt** (gén) to build, construct; usine to erect. ◊ **permis de construire** building permit; **construire son image de marque** to build up one's corporate image.

**consul** [kɔ̃syl] **nm** consul.

**consulaire** [kɔ̃sylɛr] **adj** consular. ◊ **agent consulaire** consular agent; **juge consulaire** judge at the commercial court.

**consulat** [kɔ̃syla] **nm** consulate.

**consultant** [kɔ̃syltɑ̃] **nm** consultant. ◊ **avocat consultant** legal consultant ou adviser; **cabinet de consultants** consultancy firm.

**consultatif, -ive** [kɔ̃syltatif, iv] **adj** consultative, advisory. ◊ **comité consultatif** advisory ou consultative committee ou board; **à titre consultatif** in an advisory capacity, in a consultative role.

**consultation** [kɔ̃syltasjɔ̃] **nf** consultation. ◊ **demander une consultation à un expert** to ask for professional advice ou opinion; **demander une consultation juridique** to take legal advice ou opinion.

**consulter** [kɔ̃sylte] **1** **vt** avocat, expert to consult, seek advice from; annuaire to consult, look up. ◊ **consulter un avocat** to consult ou see a lawyer, take legal advice ou opinion; **consulter la base** to consult the shopfloor; **il a consulté le directeur** he consulted the manager, he referred to the manager. **2** **se consulter** **vpr** to confer.

**contact** [kɔ̃takt] **nm** contact. ◊ **entrer en contact, prendre contact** to get in touch ou contact; **garder le contact** to keep in touch; **mettre en contact** to put in touch; **nouer des contacts** to build up contacts (avec with); **rompre tout contact avec** to have no further connection with; **il a des contacts à Hong-Kong** he has some contacts in Hong-Kong; **prise de contact** first meeting.

**contacter** [kɔ̃takte] **vt** to contact, get in touch with. ◊ **je vous contacterai** I'll be in touch with you.

**container** [kɔ̃tɛnɛr] **nm** container. ◊ **porte-container** (bateau) container ship; (avion) container plane; (camion) container truck; (wagon) container wagon; **expédition en containers** containerized shipping; **transport par containers** container ou containerized transport; **mettre en containers** to containerize; **mise en containers** containerization.

**containerisable** [kɔ̃tɛnerizabl(ə)] **adj** which can be transported in containers.

**containerisation** [kɔ̃tɛnerizasjɔ̃] **nf** containerization.

**contenance** [kɔ̃tnɑ̃s] **nf** [récipient, navire] capacity.

**conteneur** [kɔ̃tnœʀ] **nm** container. ◊ **cadre-conteneur** container; **conteneurs complets** full container load; pour autres loc → container.

**conteneuriser** [kɔ̃tnœʀize] **vt** to containerize.

**conteneurisation** [kɔ̃tnœʀizasjɔ̃] **nf** containerization.

**contenir** [kɔ̃tniʀ] **vt** **a** [caisse] to hold, take; [salle] to accommodate, seat, hold. ◊ **l'amphi peut contenir 500 personnes** the lecture hall has a seating capacity of 500, the lecture hall seats 500. **b** (endiguer) inflation to contain, control, hold in check. ◊ **contenir les prix** to keep prices down; **contenir les dépenses publiques** to curb ou stem public spending, keep public spending in check.

**contenter** [kɔ̃tɑ̃te] **vt** clients to satisfy.

**contentieux, -euse** [kɔ̃tɑ̃sjø, øz] **1** **adj** contentious. ◊ **affaires contentieuses** contentious matters, disputed cases.
**2** **nm** (désaccord) dispute, disagreement; (Comm) litigation, disputed claims. ◊ **le (service du) contentieux** the legal department; **frais de contentieux** legal charges; **nous mettons cette affaire au contentieux** we'll submit this matter to our legal department.

**contenu** [kɔ̃tny] **nm** [document] content; [emballage] contents.

**contestation** [kɔ̃tɛstasjɔ̃] **nf** (discussion) dispute. ◊ **contestation judiciaire** lawsuit; **contestation de droit privé / public** dispute on interpretation of private / public law.

**contester** [kɔ̃tɛste] **vt** faits, décision to question, dispute, contest, challenge; testament to contest. ◊ **contester le bien-fondé d'une réclamation** to challenge the validity of a claim; **ces statistiques ont été contestées** these figures were queried ou challenged ou disputed.

**contexte** [kɔ̃tɛkst(ə)] **nm** context. ◊ **dans le contexte actuel** in the present situation; **contexte social** social setting ou environment.

**contingent** [kɔ̃tɛ̃ʒɑ̃] **nm** quota. ◊ **contingent d'exportation / d'importation** export / import quota; **contingent tarifaire** tariff quota; **fixer des contingents** to fix quotas.

**contingentaire** [kɔ̃tɛ̃ʒɑ̃tɛʀ] **adj** ◊ **barrières contingentaires** quota barriers.

**contingentement** [kɔ̃tɛ̃ʒɑ̃tmɑ̃] **nm** (système) quota system. ◊ **le contingentement des importations** the application of quotas to imports; **le contingentement de la production** the curtailing ou curtailment of production.

**contingenter** [kɔ̃tɛ̃ʒɑ̃te] **vt** importations to apply ou fix quotas on; production to curtail.

◊ **les importations cesseront d'être contingentées** imports will no longer be subject to quotas.

**continu, e** [kɔ̃tiny] **1** **adj** variable, vérification continuous. ◊ **formation continue** continuing ou adult ou further education; **journée continue** over lunch opening.
**2** **nm** ◊ **cotation en continu** continuous quotation; **fabrication en continu** continuous process manufacturing; **marché en continu** continuous market; **papier en continu** (Inf) continuous paper; **production en continu** continuous production.

**contourner** [kɔ̃tuʀne] **vt** règlements to evade, get round; obstacles get round, bypass.

**contractant, e** [kɔ̃tʀaktɑ̃, ɑ̃t] **1** **adj** contracting.
**2** **nm,f** contracting party.

**contracter** [kɔ̃tʀakte] **1** **vt** **a** dette to contract; emprunt to raise; bail to take; assurance to take out. **b** (réduire) to reduce. ◊ **contracter ses effectifs** to reduce ou cut back the work force.
**2** **se contracter** **vpr** to shrink. ◊ **le volume des échanges par mer s'est contracté de 20%** the volume of shipping shrank by 20%; **les marges bénéficiaires se sont sensiblement contractées** profit margins dwindled ou shrank.

**contraction** [kɔ̃tʀaksjɔ̃] **nf** contraction. ◊ **contraction du crédit** credit crunch ou squeeze ou tightening; **contraction du marché / des marges** contraction ou shrinking of the market / of profit margins; **contraction des liquidités** strain on liquidity; **une contraction du volume d'affaires** a drop ou falling off ou reduction in business activity.

**contractuel, -elle** [kɔ̃tʀaktɥɛl] **adj** (gén) contractual; main-d'œuvre, garantie contract. ◊ **engagements contractuels** contractual commitments; **prix contractuels** contract price; **travail contractuel** contract work; **sur une base contractuelle** on a contract(ual) basis.

**contradictoire** [kɔ̃tʀadiktwaʀ] **adj** chiffres, rapports contradictory, conflicting. ◊ **arrêt contradictoire** (Jur) order given after hearing both sides; **expertise contradictoire** check ou counter survey.

**contradictoirement** [kɔ̃tʀadiktwaʀmɑ̃] **adv** contradictorily. ◊ **arrêt rendu contradictoirement** (Jur) order given after hearing both sides; **constater contradictoirement** (Ass) to ascertain jointly.

**contraignant, e** [kɔ̃tʀɛɲɑ̃, ɑ̃t] **adj** mesure restraining; horaire restricting.

**contrainte** [kɔ̃tʀɛ̃t] **nf** constraint. ◊ **contraintes budgétaires** budget(ary) restraints; **contraintes horaires** time constraints.

**contraire** [kɔ̃tʀɛʀ] **adj** avis opposite; intérêts conflicting. ◊ **sauf stipulation contraire** unless otherwise stipulated ou specified; **sauf avis contraire** unless otherwise informed, failing instructions to the contrary.

**contrat** [kɔ̃tʀa] **1** **nm** contract, agreement. ◊ **contrat conclu dans les conditions normales du commerce** (Jur) arm's lengthcefs agreement; **clauses d'un contrat** terms of a contract; **s'engager par contrat à faire qch** to contract with sb to do sth, bind o.s. by contract to do sth; **signataire d'un contrat** signatory of a contract; **exécution d'un contrat** fulfilment of a contract; **faire exécuter un contrat** to enforce a contract; **obtenir un contrat** to get ou obtain ou secure a contract; **passer un contrat** to sign a contract, enter into a contract; **rédiger ou dresser un contrat** to draw up a contract; **renoncer à un contrat** to contract out of an agreement, withdraw from an agreement; **annuler ou résilier un contrat** to cancel ou terminate ou void a contract; **respecter un contrat** to fulfil a contract; **rupture de contrat** breach of contract; **rompre un contrat** to break off a contract; **souscrire un contrat d'assurance** to take out an insurance policy; **notre contrat vient à expiration ou à échéance le 1er mars** our contract runs out ou terminates on March 1st; **par contrat** by contract; **avenant au contrat** rider; **projet de contrat** draft contract; **prolongation d'un contrat** renewal of a contract. **2** **comp** **contrat d'adhésion** membership agreement ou contract. – **contrat administratif** public service contract. – **contrat d'affrètement** affreightment contract, charter agreement. – **contrat aléatoire** (Jur) aleatory contract. – **contrat anti-hausse** price-restraint agreement. – **contrat d'apprentissage** apprenticeship contract. – **contrat d'association** deed of partnership. – **contrat d'assurance** insurance contract ou policy. – **contrat en bonne et due forme** express contract. – **contrat certain** executory contract. – **contrat à clauses limitatives** tying contract. – **contrat clefs en main** turnkey contract. – **contrat de change** foreign exchange contract. – **contrat collectif** collective agreement, group contract. – **contrat de concession de distribution exclusive** sole distributor contract, franchise. – **contrat en cours** outstanding contract. – **contrat de dépôt** bailment. – **contrat à durée déterminée** term contract. – **contrat à l'entreprise** contract work. – **contrat d'exclusivité** exclusive

agreement. – **contrat de fait** implied contract. – **contrat fictif** fictitious contract. – **contrat fiduciaire** fiduciary agreement. – **contrat de financement** finance contract. – **contrat forfaitaire** fixed-price contract. – **contrat de fret** freight contract. – **contrat de garantie** underwriting contract. – **contrat global** package deal, blanket agreement. – **contrat à la grosse sur corps** (Mar) bottomry bond. – **contrat à la grosse sur facultés** (Mar) respondentia bond. – **contrat incertain** hazardous agreement. – **contrat sur indice** (Bourse) index contract. – **contrat irrévocable** binding contract ou agreement. – **contrat léonin** leonine convention. – **contrat de licence** licence agreement. – **contrat de livraison** contract of delivery, delivery agreement. – **contrat de location** leasing ou hiring agreement. – **contrat de louage d'ouvrage** (Admin) contract for services. – **contrat de maintenance** maintenance ou service contract ou agreement. – **contrat notarié** deed drawn up by a notary. – **contrat notionnel** (Bourse) notional contract. – **contrat pignoratif** pignorative contract. – **contrat de prêt** loan agreement ou note (US). – **contrat à prime unique** (Ass) single premium policy. – **contrat à primes périodiques** (Ass) periodical premium policy. – **contrat de prix ferme** underwriting contract. – **contrat de productivité** productivity deal. – **contrat de propriété** deed of property, title deed. – **contrat résoluble** avoidable contract. – **contrat résolutoire** terminable contract. – **contrat sous seing privé** private contract. – **contrat synallagmatique** synallagmatic ou bilateral contract. – **contrat tacite** implied contract. – **contrat à titre onéreux** onerous contract. – **contrat translatif de propriété** (Jur) deed of conveyance. – **contrat de transport** shipping agreement. – **contrat de travail** work ou employment contract, service contract (US). – **contrat type** skeleton contract, standard agreement. – **contrat de vente** bill of sale, sale contract, agreement to sell.

**contravention** [kɔ̃tʀavɑ̃sjɔ̃] **nf** **a** (infraction) violation (à of). ◊ **contravention à la loi sur les brevets** patent infringement; **agir en contravention avec...** to act in contravention of ou in violation of...; **être en contravention** to break the regulations. **b** (amende) fine. ◊ **dresser une contravention à qn** to fine sb.

**contre-analyse** [kɔ̃tʀanaliz] **nf** check analysis, counter-analysis.

**contre-assurance** [kɔ̃tʀasyʀɑ̃s] **nf** reinsurance.

**contrebande** [kɔ̃tʀəbɑ̃d] **nf** smuggling, contraband.

**contre-caution** [kɔ̃tʀəkosjɔ̃] **nf** counter-security.

**contrecoup** [kɔ̃tʀəku] **nm** (conséquence) consequence ; (choc en retour) backwash, backlash. ◊ **le secteur de la construction subira le contrecoup** the building trade will feel the backwash ; **les cours baissent par contrecoup** prices are going down as a consequence ; **le marché obligataire a subi le contrecoup de la hausse du dollar** the bond market bore the brunt of the dollar rise.

**contre-essai** [kɔ̃tʀɛsɛ] **nm** second test, check test.

**contre-expertise** [kɔ̃tʀɛkspɛʀtiz] **nf** cross appraisement, countervaluation, second assessment ou opinion, resurvey.

**contref.** abrév de *contrefaçon.*

**contrefaçon** [kɔ̃tʀəfasɔ̃] **nf** **a** (action) [signature] counterfeiting, forgery ; [brevet] infringement. ◊ **poursuite** ou **action en contrefaçon** action for infringement of patent, infringement suit. **b** (produit imité) imitation.

**contrefacteur** [kɔ̃tʀəfaktœʀ] **nm** [signature] forger, counterfeiter ; [brevet] infringer.

**contrefaire** [kɔ̃tʀəfɛʀ] **vt** chèque, signature to counterfeit, forge. ◊ **contrefaire un produit breveté** to infringe a patented product.

**contremaître** [kɔ̃tʀəmɛtʀ(ə)] **nm** foreman, supervisor.

**contremaîtresse** [kɔ̃tʀəmɛtʀɛs] **nf** forewoman, supervisor.

**contremarque** [kɔ̃tʀəmaʀk(ə)] **nf** countermark.

**contre-mesure** [kɔ̃tʀəməzyʀ] **nf** countermeasure.

**contre-offre** [kɔ̃tʀɔfʀ(ə)] **nf** counterbid, counter-offer.

**contre-ordre** [kɔ̃tʀɔʀdʀ(ə)] **nm** counter-order. ◊ **sauf contre-ordre (de votre part)** unless otherwise directed.

**contrepartie** [kɔ̃tʀəpaʀti] **nf** **a** (Compta) contra. ◊ **compte de contrepartie** contra account. **b** (registre) duplicate register, counterpart. **c** (Bourse) **se porter contrepartie** to deal for one's own account, make a market ; **contrepartie à l'achat** buying for one's own account ; **contrepartie à la vente** selling for one's own account ; **contrepartie sur actions** market making, jobbing, trading ; **contrepartie sur bloc de titres** block trading.

**contrepartiste** [kɔ̃tʀəpaʀtist(ə)] **nm** (Bourse) specialist, jobber, market maker.

**contre-passation** [kɔ̃tʀəpasasjɔ̃] **nf** **a** (Compta) (action) writing back, reversal, reversing ; (résultat) contra entry. **b** (Fin) [traite] re-endorsement.

**contre-passer** [kɔ̃tʀəpase] **vt** **a** (Compta) to write back, reverse, transfer, contra. ◊ **contre-passer une écriture** to write back an entry. **b** (Fin) **contre-passer une lettre de change** to endorse back a bill of exchange.

**contre-performance** [kɔ̃tʀəpɛʀfɔʀmɑ̃s] **nf** substandard ou disappointing performance, poor showing.

**contre-proposition** [kɔ̃tʀəpʀɔpozisjɔ̃] **nf** counterproposal, counteroffer, alternative proposal.

**contre-publicité** [kɔ̃tʀəpyblisite] **nf** adverse publicity.

**contre-saison** [kɔ̃tʀəsɛzɔ̃] **nf** ◊ **mouvement de stockage à contre-saison** counter-seasonal destocking.

**contresigner** [kɔ̃tʀəsiɲe] **vt** to countersign.

**contrestarie** [kɔ̃tʀɛstaʀi] **nf** (Ass Mar) damage for detention.

**contretemps** [kɔ̃tʀətɑ̃] **nm** hitch. ◊ **nous nous excusons de ce contretemps** we apologize for this unfortunate circumstance ou event ; **agir à contretemps** to act inopportunely.

**contre-valeur** [kɔ̃tʀəvalœʀ] **nf** exchange value.

**contrevenant, e** [kɔ̃tʀəvnɑ̃, ɑ̃t] **nm,f** offender. ◊ **contrevenant à la réglementation sur les brevets** patent infringer.

**contrevenir** [kɔ̃tʀəvniʀ] **vi** ◊ **contrevenir à** règlement to contravene, infringe.

**contribuable** [kɔ̃tʀibɥabl(ə)] **nmf** [impôts sur le revenu] taxpayer ; [impôts locaux] rate payer, poll tax payer, local taxpayer (US). ◊ **contribuable défaillant** defaulter, delinquent ou defaulting tax payer.

**contribuer** [kɔ̃tʀibɥe] **vi** ◊ **contribuer à** to contribute to ; **contribuer à faire baisser les prix** to be instrumental in bringing prices down.

**contributeur** [kɔ̃tʀibytœʀ] **nm** (CEE) contributor. ◊ **contributeur net** net contributor.

**contributif, -ive** [kɔ̃tʀibytif, iv] **adj** part contributory. ◊ **faculté contributive** taxpaying ability ou capacity, taxability ; **marge contributive** (Compta) contribution margin.

**contribution** [kɔ̃tʀibysjɔ̃] **nf** **a** (impôt) tax. ◊ **contributions** (impôts locaux) local taxes, poll tax (GB), local taxes (US) ; **contributions directes** direct taxes ou taxation ; **contribution foncière** land ou property tax ; **contributions indirectes** indirect taxes ou taxation, customs and excise duties. **b** **les contributions** (service) the Inland Revenue (GB), the Internal Revenue (US); (bureau) the tax office; **inspecteur des contributions** inspector of taxes, taxman; **receveur des contributions** tax collector. **c** (part) contribution. ◊ **contribution patronale** employer's contribution.

**contrôlable** [kɔ̃tʀolabl(ə)] **adj** coût controllable. ◊ **facteurs contrôlables** (Mktg) controllables.

**contrôle** [kɔ̃tʀol] **1** **nm** **a** (inspection) [machine] control, checking, inspection; [comptes] audit, auditing. ◊ **chiffre de contrôle** (Inf) check digit; **programme de contrôle** (Inf) checking routine; **échantillonnage de contrôle** audit sample; **liste de contrôle** checklist; **total de contrôle** (Compta) check sum; **contrôle à cent pour cent** zero defect quality control programme. **b** (maîtrise) control. ◊ **avoir le contrôle d'une entreprise** to have a majority ou controlling interest in a company; **entreprise sous contrôle de l'État** state-owned firm, firm under government control; **prise de contrôle** takeover; **sous contrôle étranger** foreign-owned. **c** (surveillance) [stocks] control; [opérations] supervision, control. ◊ **le contrôle des entreprises par l'État** the supervision of companies by the government; **commission de contrôle du marché** (Mktg) market-monitoring committee; **système de contrôle** (Mktg) monitoring system; **écran de contrôle vidéo** video monitor; **poste de contrôle** control room; **comité de contrôle des créanciers** (Jur) committee of inspection. **d** (poinçon) hallmark. ◊ **marque de contrôle** (Douanes) checkmark.
**2** **comp** **contrôle du bilan** balance sheet auditing. – **contrôle budgétaire** budgeting control. – **contrôle des changes** exchange control. – **contrôle de cohérence** consistency check. – **contrôle corrélatif** internal check. – **contrôle du crédit** credit control. – **contrôle des entrées / sorties** input / output control. – **contrôle par exception** control by exception. – **contrôle externe** external audit. – **contrôle financier** financial control. – **contrôle final** year-end audit. – **contrôle fiscal** tax inspection ou audit. – **contrôle de gestion** management control. – **contrôle immédiat** spot check. – **contrôle industriel** process control. – **contrôle interne** internal control. – **contrôle a posteriori** post-check. – **contrôle des prix** price control. – **contrôle de production** production ou output control, scheduling. – **contrôle de qualité** quality control. – **contrôle de réception** inspection on delivery. – **contrôle par recoupement** cross-check. – **contrôle par sondage** audit sampling, sampling in-

spection, random check. – **contrôle des stocks** stock ou inventory (US) control. – **contrôle des ventes** sales testing.

**contrôler** [kɔ̃tʀole] **vt** **a** (inspecter) machine to check, inspect, control; comptes to audit. ◊ **contrôler les livres** to check the books. **b** (surveiller) opérations to supervise, control; prix, salaires to monitor, control. **c** (maîtriser) inflation to control, check; entreprise to control. ◊ **nous contrôlons cette société à 70%** we have a 70% (controlling) stake in this company. **d** or, argent to hallmark; (Douanes) to make a check on.

**contrôleur, -euse** [kɔ̃tʀolœʀ, øz] **nm,f** [impôts] inspector, surveyor; [comptes] auditor. ◊ **contrôleur financier** financial controller, comptroller; **contrôleur de gestion** management controller; **contrôleur général** general comptroller, general compliance officer; **contrôleur interne** internal auditor.

**contumace** [kɔ̃tymas] **nf** (Jur) **il a été condamné par contumace** he was sentenced in absentia ou in his absence.

**convenable** [kɔ̃vnabl(ə)] **adj** salaire decent, acceptable.

**convenance** [kɔ̃vnɑ̃s] **nf** convenience. ◊ **congé pour convenances personnelles** personal leave, leave on personal grounds; **règlement à votre convenance** payment at your convenience; **fixez-nous un jour à votre convenance** choose a day to suit your convenience.

**convenir** [kɔ̃vniʀ] **vi** ◊ **convenir à qn** date to suit sb, be suitable ou convenient to ou for sb; **convenir de qch** to agree ou decide on sth; **comme nous en sommes convenus** as (we) agreed.

**convention** [kɔ̃vɑ̃sjɔ̃] **1** **nf** agreement, contract. ◊ **convention écrite / verbale / tacite** written / verbal / tacit agreement; **sauf convention contraire** unless otherwise stipulated; **projet de convention** draft agreement.
**2** **comp** **convention collective** collective agreement, labour agreement, union contract. – **convention salariale** wage agreement, wage pact (US). – **convention internationale** international convention ou treaty. – **convention de placement** (Fin) placing momorandum. – **convention syndicale** (Fin) underwriting contract.

**conventionné, e** [kɔ̃vɑ̃sjɔne] **adj** établissement médical officially recognized by the National Health Service; prêt subsidized, low-interest; prix, tarif government regulated ou controlled.

**conventionnel, -elle** [kɔ̃vɑ̃sjɔnɛl] **adj** (Jur) clause, politique contractual. ◊ **augmentation**

de salaire extra conventionnelle extra contractual wage increase.

**convenu, e** [kɔ̃vny] **adj** agreed, stipulated. ◊ **prix convenu** contract ou agreed price; **comme convenu** as agreed.

**conversion** [kɔ̃vɛʀsjɔ̃] **nf** [somme, titre, emprunt] conversion; [activités] redeployment, conversion. ◊ **conversion de devise** foreign currency translation; **congé de conversion** retraining period; **emprunt de conversion** conversion loan; **émission de conversion** (Bourse) conversion issue; **prime de conversion** (Fin) conversion premium.

**convertibilité** [kɔ̃vɛʀtibilite] **nf** convertibility.

**convertible** [kɔ̃vɛʀtibl(ə)] **adj** titre, monnaie convertible. ◊ **obligations convertibles en actions** convertible bonds.

**convertir** [kɔ̃vɛʀtiʀ] **vt** (Fin) to convert (en into), change (en for, into).

**convertissement** [kɔ̃vɛʀtismɑ̃] **nm** (Fin) conversion.

**convivial, e, mpl -aux** [kɔ̃vivjal, o] **adj** (Inf) user-friendly.

**convivialité** [kɔ̃vivjalite] **nf** (Inf) user-friendliness.

**convocation** [kɔ̃vɔkasjɔ̃] **nf** a [commission, assemblée] convening. b [candidat, membre d'un conseil] notification, notice, invitation to attend. ◊ **je n'ai pas encore reçu ma convocation** I haven't been notified so far. c (Jur) (citation) summons.

**convoquer** [kɔ̃vɔke] **vt** commission to convene; (Jur) témoin to summon; candidat to call. ◊ **convoquer une réunion** to convoke ou convene ou call a meeting; **le patron m'a convoqué** I was called in ou summoned to see the boss.

**convoyeur** [kɔ̃vwajœʀ] **nm** (Tech) conveyor. ◊ **convoyeur de fonds** security guard.

**coopérateur, -trice** [kɔɔpeʀatœʀ, tʀis] **nm,f** cooperator.

**coopératif, -ive** [kɔɔpeʀatif, iv] **1 adj** cooperative.
**2 coopérative nf** (association) cooperative society; (point de vente) co-op, coop (US). ◊ **coopérative d'achat** consumers' cooperative; **coopérative agricole** agricultural cooperative; **coopérative de crédit** credit cooperative ou union (US); **coopérative de détaillants** retailers' cooperative; **coopérative ouvrière** workers' cooperative; **coopérative de production** manufacturers' ou producers'cooperative; **coopérative de vente** marketing cooperative, co-operating marketing association (US).

**coopération** [kɔɔpeʀasjɔ̃] **nf** cooperation, collaboration.

**coopérer** [kɔɔpeʀe] **vi** to cooperate, collaborate.

**coordinateur, -trice** [kɔɔʀdinatœʀ, tʀis] **1 nm,f** coordinator.
**2 adj** coordinating.

**coordination** [kɔɔʀdinasjɔ̃] **nf** coordination. ◊ **responsable de la coordination** senior coordinator.

**coordonnées** [kɔɔʀdɔne] **nfpl** ◊ **laissez-moi vos coordonnées** let me have your address and phone number.

**coordonner** [kɔɔʀdɔne] **vt** to coordinate.

**coparticipant, e** [kɔpaʀtisipɑ̃, ɑ̃t] **nm,f** copartner.

**coparticipation** [kɔpaʀtisipasjɔ̃] **nf** copartnership, joint-venture.

**co-patronage** [kɔpatʀɔnaʒ] **nm** cosponsoring, cosponsorship.

**co-patronné, e** [kɔpatʀɔne] **adj** cosponsored.

**Copenhague** [kɔpənag] **n** Copenhagen.

**copie** [kɔpi] **nf** copy. ◊ **copie certifiée conforme** certified true copy; **pour copie conforme** certified true; **copie sur support papier** (Inf) hard copy; **faire une copie de** to duplicate, copy; **prière de nous envoyer une copie de la facture** please send us a duplicate invoice.

**copier** [kɔpje] **vt** document to copy, duplicate. ◊ **machine à copier** copier, duplicating machine.

**copieur** [kɔpjœʀ] **nm** (photocopieur) copier.

**coposséder** [kɔpɔsede] **vt** to own jointly, be joint owner of.

**copossesseur** [kɔpɔsɛsœʀ] **nm** joint owner.

**copossession** [kɔpɔsɛsjɔ̃] **nf** joint ownership, co-ownership.

**copreneur** [kɔpʀənœʀ] **nm** co-lessee.

**coprésidence** [kɔpʀezidɑ̃s] **nf** co-presidency, co-chairmanship.

**coprésident** [kɔpʀezidɑ̃] **nm** co-president, co-chairman.

**coproducteur, -trice** [kɔpʀɔdyktœʀ, tʀis] **nm,f** coproducer, joint producer.

**coproduction** [kɔpʀɔdyksjɔ̃] **nf** coproduction, joint production.

**coproduire** [kɔpʀɔdɥiʀ] **vt** to coproduce.

**copropriétaire** [kɔpʀɔpʀijetɛʀ] **nmf** co-owner, joint owner.

**copropriété** [kɔpʀɔpʀijete] **nf** (gén) joint ou communal ownership. ◊ **immeuble en copropriété** block of flats in co-ownership (GB), condominium (US).

**copyright** [kɔpiʀajt] **nm** copyright.

**coque** [kɔk] nf hull. ◊ **affrètement en coque nue** bareboat chartering.

**corbeille** [kɔʀbɛj] nf a (Bourse) trading floor ou pit, ring. ◊ **corbeille des obligations** bond trading ring. b (panier) basket. ◊ **corbeille à courrier** desk tray; **corbeille superposable** stack-on tray.

**corde** [kɔʀd(ə)] nf ◊ **ces marchandises ont été vendues sous corde** (Mar) these goods were sold without breaking bulk.

**cordoba** [kɔʀdɔba] nm cordoba.

**Corée** [kɔʀe] nf Korea. ◊ **Corée du Nord / du Sud** North / South Korea.

**coréen, -enne** [kɔʀeɛ̃, ɛn] 1 adj Korean. 2 nm (langue) Korean. 3 **Coréen** nm (habitant) Korean. 4 **Coréenne** nf (habitante) Korean.

**corépondant** [kɔʀepɔ̃dɑ̃] nm co-surety, co-guarantor.

**coresponsabilité** [kɔʀɛspɔ̃sabilite] nf joint responsibility.

**coréviseur** [kɔʀevizœʀ] nm joint auditor.

**corporatif, -ive** [kɔʀpɔʀatif, iv] adj groupement, structure corporative.

**corporation** [kɔʀpɔʀasjɔ̃] nf (Jur) corporate body; (Comm : profession) trade, profession. ◊ **dans notre corporation** in our profession.

**corporatisme** [kɔʀpɔʀatism(ə)] nm corporatism.

**corporatiste** [kɔʀpɔʀatist(ə)] adj intérêts, revendications sectional.

**corporel, -elle** [kɔʀpɔʀɛl] adj ◊ **biens corporels** (Jur) tangible ou corporal property; **dommage corporel** (Ass) bodily harm.

**corps** [kɔʀ] nm a (Ass Mar) hull. ◊ **assurance sur corps** hull insurance, ship policy; **assureur sur corps** hull underwriter; **perdu corps et biens** lost with all hands; **risque de port sur corps** hull port risk. b (groupe) body. ◊ **corps constitué** public ou corporate body, public corporation; **corps diplomatique** diplomatic corps; **corps de métier** trade association ou guild. c (Jur) **corps du délit** corpus delicti; **contrainte par corps** imprisonment for debt.

**correctif, -ive** [kɔʀɛktif, iv] 1 adj mesures corrective. 2 nm (gén) corrective, amendment; (Ass) rider.

**correction** [kɔʀɛksjɔ̃] nf (gén) correction; (Inf) debugging. ◊ **correction des variations saisonnières** (Écon) seasonal adjustment; **correction technique** (Bourse) technical reaction; **le marché est entré dans une phase de correction** adjustments are being operated on the market.

**correspondance** [kɔʀɛspɔ̃dɑ̃s] nf a (courrier) correspondence. ◊ **vente par correspondance** mail order selling; **organisme de vente par correspondance** mail order company ou firm. b (lien) connection, link. c (Transports) connection.

**correspondancier, -ière** [kɔʀɛspɔ̃dɑ̃sje, jɛʀ] nm,f correspondence clerk.

**correspondant, e** [kɔʀɛspɔ̃dɑ̃, ɑ̃t] 1 adj corresponding. ◊ **veuillez cocher la case correspondante** please tick the appropriate ou relevant box. 2 nm,f correspondent.

**corriger** [kɔʀiʒe] vt to correct, adjust. ◊ **corriger en hausse / en baisse** to revise upwards / downwards; **corrigé de l'inflation** inflation adjusted; **les chiffres du chômage en données corrigées des variations saisonnières** seasonally adjusted unemployment figures; **le marché a corrigé quelques excès** the market made up for some excesses; **corriger le tir** to adjust ou correct one's aim.

**corrompre** [kɔʀɔ̃pʀ(ə)] vt to bribe, corrupt.

**corruption** [kɔʀypsjɔ̃] nf bribery, corruption.

**cosignataire** [kɔsiɲatɛʀ] adj, nmf cosignatory.

**cosignature** [kɔsiɲatyʀ] nf joint signature.

**cosigner** [kɔsiɲe] vt to sign jointly.

**Costa Rica** [kɔstaʀika] nm Costa Rica.

**costaricien, -ienne** [kɔstaʀisjɛ̃, jɛn] 1 adj Costa Rican. 2 **Costaricien** nm (habitant) Costa Rican. 3 **Costaricienne** nf (habitante) Costa Rican.

**cotation** [kɔtasjɔ̃] nf (Bourse) quotation. ◊ **cotation successive / à terme** successive / forward quotation; **cotation à la criée** open outcry quotation; **cotation au certain** certain quotation; **cotation en continu** continuous quotation; **cotation par casiers** pigeonhole quotation; **cotation technique** technical trading; **les cotations demeurent suspendues** quotations are still suspended.

**cote** [kɔt] nf a [valeur boursière] quotation, quote; [objet d'occasion] quoted price ou value; (liste des titres cotés) (stock exchange) list. ◊ **valeurs admises** ou **inscrites à la cote** listed securities; **demande d'admission à la cote officielle** application for admission to the official list; **marché hors-cote** over-the-counter market, unofficial market, off-board market (US), curb market; **titres hors-cote** unlisted securities; **radier une valeur mobilière de la cote officielle** to discontinue the listing of a security. b (estimation) [entreprise, produit] rating. ◊ **bénéficier ou jouir d'une grosse cote** to be highly rated; **cote de confiance** ou **de solvabilité** ou **de crédit** credit rating. **c** (impôt) tax. ◊ **cote immobilière** property assessment (for tax purposes); **cote mobilière** property rates (GB), local taxes (US); **cote foncière** land tax. **d** (indicateur de classement) classification mark, serial ou reference number.

**Côte-d'Ivoire** [kotdivwar] **nf** ◊ **la Côte-d'Ivoire** the Ivory Coast.

**coter** [kɔte] **vt** **a** valeur boursière to quote, list; objet d'occasion to quote the price ou value of. ◊ **valeurs cotées / non cotées** listed ou quoted / unlisted ou unquoted securities; **titre coté à la Bourse de Paris** security listed on the Paris Bourse; **le titre a été coté à 3 000 F** the security was quoted at F3,000; **entreprise cotée** quoted ou listed company; **valeurs cotées à la criée** shares quoted by open outcry; **valeurs cotées en continu** shares quoted on the continuous market. **b** personne, entreprise to rate. ◊ **bien / mal coté** highly / poorly rated. **c** documents to put a serial number on, reference, mark, number.

**cotisant, e** [kɔtizɑ̃, ɑ̃t] **nm,f** (à la Sécurité sociale) contributor; [association] fee-paying member.

**cotisation** [kɔtizasjɔ̃] **nf** (de Sécurité sociale) contribution. ◊ **cotisation patronale** employer's contribution; **cotisations sociales** National Health (GB) ou Social Security contributions, payroll taxes; **cotisations syndicales** union dues; **avoir droit à une retraite après plusieurs années de cotisation** to be entitled to a pension after several years' contributions ou payments; **période de cotisation** contribution period.

**cotiser** [kɔtize] **vi** (à la Sécurité sociale) to contribute (à to). ◊ **cotiser à une caisse de retraite complémentaire** to make regular payments to ou contribute to a supplemental pension fund.

**couche** [kuʃ] **nf** (Mktg) [population] layer, spectrum. ◊ **couche de clientèle** layer of prospects.

**coulage** [kulaʒ] **nm** (gaspillage) leakage, waste; (démarque inconnue) pilferage.

**couler** [kule] **1** **vi** [entreprise] to go bankrupt ou bust*, sink. **2** **vt** entreprise to sink, ruin.

**coulisse** [kulis] **nf** (Bourse) outside ou kerb ou off-floor market, over-the-counter market (US).

**coulissier** [kulisje] **nm** (Bourse) outside broker, kerb broker.

**coup** [ku] **1** **nm** blow. ◊ **la chute du dollar a porté un coup sévère à nos exportations** the fall in the dollar dealt a severe blow to

our exports; **le franc accuse le coup** the franc staggers under the blow; **politique du coup par coup** piecemeal policy; **tomber sous le coup de la loi** to fall foul of the law; **il a réussi un très joli coup** he scored a major coup.

**2** **comp coup d'accordéon** (Fin) reduction of capital. − **coup d'arrêt** sudden check; **donner un coup d'arrêt à** to check, put a brake on; **coup d'arrêt aux importations automobiles** clampdown ou brake on car imports. − **coup de bélier** liquidity squeeze. − **coup d'envoi** kickoff; **donner le coup d'envoi à une nouvelle série de négociations** to give the kickoff to a new round of talks. − **coup de fouet** stimulus, boost; **cette campagne promotionnelle a donné un coup de fouet à nos ventes** this promotional campaign gave our sales a new stimulus ou boost; **donner un coup de fouet à l'économie** to boost the economy. − **coup de frein** sharp check; **donner un coup de frein à la relance** to apply the brakes on reflation. − **coup de pub** publicity stunt; **donner un coup de pub à qch** to give publicity to sth.

**coupe** [kup] **nf** ◊ **coupe sombre** cut, cutback; **coupe claire** drastic cut; **faire des coupes sombres dans les dépenses publiques** to cut back on public spending; **il y a eu des coupes sombres dans le personnel** there have been severe staff reductions ou cutbacks.

**coupon** [kupɔ̃] **nm** **a** (Fin) coupon. ◊ **détacher / encaisser un coupon** to clip / cash a coupon; **avec coupon attaché, avant détachement du coupon** cum ou with coupon, dividend on (US); **avec coupon détaché, après détachement du coupon** ex coupon, ex dividend, dividend off (US); **coupon arriéré** coupon in arrears; **coupons crédités sauf bonne fin** coupons credited under the usual reserves; **coupon échu / périmé** due ou outstanding / lapsed coupon; **coupon remis à l'encaissement** coupon sent for collection; **bordereau / feuille de coupon** coupon schedule / sheet; **obligation à coupon zéro** zero-coupon bond; **rendement coupon** coupon yield; **service des coupons** clipping department; **sur présentation du coupon** on presentation of the coupon. **b** (Comm) coupon, voucher. ◊ **coupon de réduction** coupon, cash premium voucher; **coupon sur l'emballage / à l'intérieur** on-pack / in-pack coupon.

**couponnage** [kupɔnaʒ] **nm** couponing. ◊ **couponnage croisé** (Mktg) cross couponing.

**coupon-réponse** [kupɔ̃repɔ̃s] **nm** reply-coupon, send-in coupon. ◊ **publicité par coupon-réponse** coupon advertising.

**coupure** [kupyʀ] nf (billet) banknote (GB), bill (US); [presse] newspaper clipping. ◊ **petite / grosse coupure** note (GB) ou bill (US) of small / large denomination.

**cour** [kuʀ] nf (Jur) court. ◊ **cour d'appel** Court of Appeal, appellate court (US); **cour d'arbitrage** arbitration court; **cour d'assises** court of assizes; **la Cour internationale de justice** the International Court of Justice; **la Cour européenne** (CEE) the European Court.

**couramment** [kuʀamɑ̃] adv (habituellement) commonly. ◊ **cela se pratique couramment** this is common ou standard practice; **prix couramment pratiqués** current prices.

**courant, e** [kuʀɑ̃, ɑ̃t] **1** adj **a** (habituel) common, normal, standard; (Comm) modèle, taille standard. ◊ **dépenses courantes** current ou running expenses; **produits de vente courante** basic consumables, convenience goods. **b** (Fin) current. ◊ **compte courant** current account; **prix courant** current price. **c** (actuel) present, current. ◊ **les affaires courantes** current affairs; **le 18 du mois courant** the 18th of this month; **votre envoi du 7 courant** your consignment of the 7th inst.; **vous le recevrez fin courant** you will get it by the end of the month. **2** nm **a** (tendance) trend. ◊ **courant de hausse / de baisse** upward / downward trend; **courant acheteur / vendeur** (Bourse) buying ou bullish / selling ou bearish trend; **aller ou agir à contre-courant** to go against the tide, buck the trend. **b** flow. ◊ **courant de capitaux** (flux) flow of capital; **cette reprise du dollar a été accentuée par un important courant d'achats** the dollar rally has been sustained by an important flow of buying orders. **c** (cours) **dans le courant de** in the course of, during, within; **dans le courant du mois** in the course of this month; **vous le recevrez courant mai** you will receive it in May.

**courbe** [kuʀb(ə)] **1** nf (gén, Stat) curve. ◊ **traceur de courbes** (Inf) graph plotter; **tracer la courbe de** to plot the curve of, graph. **2** comp **courbe d'accoutumance** learning curve. – **courbe ascendante** ou **ascentionnelle** upward curve. – **courbe des bénéfices** profit graph. – **courbe en cloche** bell-shaped curve. – **courbe de la consommation** consumption curve. – **courbe de la demande** demand curve. – **courbe descendante** downward curve. – **courbe d'expérience** learning curve. – **courbe d'indifférence** indifference curve. – **courbe logistique** S curve. – **courbe en M** M curve. – **courbe optimale de mémorisation** optimum memorization curve. – **courbe de l'offre** supply curve. – **courbe de probabilité** probabil-

ity curve. – **courbe de rentabilité** profit graph. – **courbe en S** S curve. – **courbe des salaires** earning curve. – **courbe des ventes** sales chart ou curve. – **courbe de vie d'un produit** product life expectancy.

**courir** [kuʀiʀ] vi [intérêts] to run, accrue; [bail, assurance] to run. ◊ **cette traite a encore trois jours à courir** this draft has still three days to run; **vos intérêts courent depuis le 1er mai** your interest accrues from May 1st; **l'intérêt court du jour suivant la réception de la somme investie** interest is earned from the day following receipt of the investment; **coupons courus** accrued dividends; **intérêts courus** accrued interests; **intérêts qui courent** accruing interests.

**couronne** [kuʀɔn] nf crown. ◊ **couronne danoise** krone; **couronne islandaise** krona; **couronne norvégienne** krone; **couronne suédoise** krona.

**courrier** [kuʀje] nm **a** (correspondance reçue) mail, post, correspondence. ◊ **par retour du courrier** by return of post, by return mail; **par un prochain courrier** by the next post, by next mail; **dépouiller le courrier** to sort out ou through the mail; **notifier par courrier** to advise by mail; **nous l'avons mis au courrier hier** we put it in the post ou mail yesterday; **transfert du courrier** mail transfer; **courrier à l'arrivée** incoming mail, inward mail; **courrier en attente** pending mail, pending tray; **courrier au départ** outgoing mail, out-tray; **courrier électronique** electronic mail; **courrier au tarif normal** ou **rapide / lent** first class / second class mail; **imprimante qualité courrier** near-letter quality printer. **b** (avion) long / moyen courrier long-range ou long-haul / medium-range ou medium-haul aircraft.

**cours** [kuʀ] **1** nm **a** (Fin) [monnaie] currency; [valeurs boursières] price; [devises] rate. ◊ **au cours du marché** at market price; **dernier cours, cours de clôture** closing price; **premier cours, cours d'ouverture** opening price; **cours à trois mois de la livre sterling** three month forward rate for sterling; **reflux des cours** price setback; **les cours s'effritent** prices are crumbling ou frittering away ou falling off; **les cours fléchissent** prices are sagging ou flagging ou giving way; **les cours baissent** prices are falling ou dropping; **les cours plongent** prices are plummeting ou nose-diving ou tail-spinning; **les cours s'effondrent** prices are collapsing ou have collapsed; **les cours se maintiennent à la Bourse de New York** prices are steady on the New York stock exchange; **les cours se raffermissent** prices are firming up ou hardening; **les cours montent** ou **grimpent en flèche** prices are (sky)rocketing ou soaring; **les cours demeurent** ou **restent élevés**

prices are remaining ou running high; **les cours se détendent** prices are easing off. **b** (Fin) (circulation) circulation. ◊ **avoir cours légal** to be legal tender; **cette pièce n'a plus cours** this coin is no longer valid. **c** (progression) course, progress. ◊ **en cours de construction** under construction; **en cours d'examen** under consideration; **en cours d'exécution** in course of execution, in progress; **affaires en cours** outstanding business; **marchandises abîmées en cours de route** goods damaged in transit ou on the way ou en route; **mois en cours** current month; **négociations en cours** negotiations in progress ou in hand; **prêt en cours** current loan; **travail en cours** work in progress ou in hand. **d** (Mar) **navigation au long cours** foreign navigation; **navire au long cours** ocean-going ship. **e** (Univ) course, class, lesson.

**2** comp **cours acheteur** bid price, buying price. − **cours actuel** ruling price. − **cours d'après Bourse** street ou curb price. − **cours de Bourse** market price. − **cours du change** rate of exchange. − **cours de clôture** closing price. − **cours de compensation** make-up price. − **cours au comptant** (change) spot rate; (Bourse) spot price. − **cours croisés forex** cross forex rates. − **cours demandé** bid price, buying price. − **cours de déport** backwardation rate. − **cours du disponible** spot price. − **cours du dont** call price. − **cours effectif** actual price. − **cours d'émission** issue price, subscription rate. − **cours extrêmes** highest and lowest prices, highs and lows. − **cours faits** ruling prices. − **cours fictif** nominal rate. − **cours flottant** floating exchange rate. − **cours indicatif** indication ou indicative rate. − **cours d'introduction** introduction price. − **cours du jour** rate of the day. − **cours limite** limit price. − **cours de liquidation** settlement price ou rate. − **cours du livrable** forward price. − **cours du marché libre** free rate. − **cours moyen** mean ou middle price. − **cours offert** offer(ed) price, selling price. − **cours officiel** official price. − **cours de l'option** option price. − **cours de l'ou** put price. − **cours d'ouverture** opening price. − **cours pivot** (CEE) central rate. − **cours de prime** option price. − **cours de rachat** buying-in price. − **cours de report** contango rate, carry-over rate. − **cours spot** spot price. − **cours du stellage** put and call prices. − **cours stop** stop price. − **cours à terme** price for the account ou for the settlement. − **cours de veille** mark. − **cours vendeur** offer(ed) price, selling price. − **cours en vigueur** going price rate, prevailing rate. − **cours à vue** demand rate.

**court, e** [kuʀ, kuʀt(ə)] adj short. ◊ **capitaux à court terme** short-term capital; **crédit / prêt à court terme** short(-term) credit / loan; **effet / obligation à courte échéance** short-dated bill / bond; **papiers courts** short papers; **titres courts** shorts; **être à court de liquidités** to be short of cash ou strapped for cash*; **nous sommes à court de cet article en ce moment** we are short of this particular item at the moment.

**courtage** [kuʀtaʒ] nm **a** (action) brokerage. ◊ **faire le courtage** to be a broker; **courtage d'assurance / en Bourse** insurance / stock broking; **compte de courtage** brokerage account; **frais de courtage** brokerage costs ou fees ou charges; **maison** ou **société de courtage** brokerage ou broking house. **b** (commission) broker's commission, brokerage (fee).

**courtier, ière** [kuʀtje, jɛʀ] **1** nm,f **a** (intermédiaire) broker, agent. ◊ **droit de rétention du courtier** broker's lien; **ristourne du courtier** (Mar) broker's return. **b** (représentant de commerce) sales representative, agent.

**2** comp **courtier sur actions** equities trader. − **courtier d'affrètement** chartering broker. − **courtier agréé** authorized agent. − **courtier d'assurance** insurance broker. − **courtier de change** exchange broker. − **courtier d'émission** (Bourse) issue broker. − **courtier de fret routier** freight broker. − **courtier libre** outside broker. − **courtier maritime** shipbroker. − **courtier marron** sharepusher ou hawker. − **courtier en matières premières** commodity broker. − **courtier officiel** inside broker. − **courtier de placement** (Bourse) issue broker. − **courtier en publicité** space broker. − **courtier en valeurs mobilières** stockbroker. − **courtier en vins** wine broker.

**coût** [ku] **1** nm cost. ◊ **affectation d'un coût** cost allocation; **analyse coût-efficacité** cost-effectiveness analysis; **centre de coût** cost centre; **dépassement du coût estimé** overrun costs; **évaluation des coûts** cost estimate, costing; **facteur coût** cost factor; **indice du coût de la vie** cost of living index; **inflation par les coûts** cost-induced inflation; **structure des coûts** cost structure; **ventilation des coûts** cost breakdown ou apportionment.

**2** comp **coûts d'absorption** full costs. − **coûts accessoires** additional ou ancillary ou soft costs. − **coût d'accroissement** incremental cost. − **coût d'affichage** space cost. − **coût approché** estimated cost. − **coût et assurance** cost and insurance. − **coût, assurance, fret** cost, insurance freight. − **coût de base** baseline cost. – **coût du capital** investment cost, cost of capital. – **coût de cession** transfer price. – **coût de commercialisation** marketing cost. – **coûts constants** fixed costs. – **coûts contrôlés** managed costs. – **coût du crédit** credit charges. – **coût de défaillance** stockout cost. – **coût différentiel** incremental cost. – **coût direct** direct cost; **coût direct variable unitaire** variable cost per unit, variable unit cost. – **coûts de distribution** distribution costs. – **coût d'émission** flotation cost. – **coûts estimatifs** estimated costs. – **coûts d'établissement** initial outlay ou costs, setup costs. – **coûts d'exploitation** operating ou running costs. – **coût à l'exposition** (Mktg) exposure cost. – **coût de fabrication** manufacturing cost. – **coûts de fonctionnement** operating costs. – **coûts fixes** fixed costs. – **coût initial** prime cost. – **coût d'investissement** investment ou capital cost. – **coût de lancement** launch cost. – **coût marginal** marginal cost. – **coût d'opportunité** opportunity cost. – **coût de pénétration** (Mktg) cost of entry. – **coût préalable** standard cost. – **coûts provisionnels** provisional costs. – **coûts de production** production costs. – **coût réel** real ou actual cost. – **coût de remplacement** replacement cost. – **coût de rupture** stockout cost. – **coût salarial** labour cost. – **coût social** social cost. – **coût standard** standard cost. – **coûts de stockage** inventory costs. – **coût de substitution** opportunity cost. – **coût total** total ou overall cost. – **coût de traitement d'une commande** order processing cost. – **coût unitaire de travail** unit labour cost. – **coût d'utilisation** cost-in-use. – **coûts variables unitaires** variable costs per unit, variable unit costs.

**coûtant** [kutɑ̃] **adj m** ◊ **prix coûtant** cost price; **vendre à prix coûtant** to sell at cost (price).

**coûter** [kute] **vti** to cost.

**coûteux, -euse** [kutø, øz] **adj** costly, expensive.

**couvert, e** [kuvɛʀ, ɛʀt(ə)] **adj** covered. ◊ **risques couverts par la police** (Ass) risks guaranteed ou covered ou insured by the policy; **la souscription est couverte** the application is covered; **l'emprunt a été couvert plusieurs fois** the loan was oversubscribed ou was covered several times; **vendre à couvert** (Bourse) to sell for delivery ou for futures; **nos clients sont totalement couverts** (Banque) our depositors are fully insured.

**couverture** [kuvɛʀtyʀ] **nf** **a** (Ass) cover, covering, coverage. ◊ **couverture globale / totale** blanket / full cover(age); **lettre de couverture** covering letter; **note de couverture**

cover ou covering note, provisional policy; **plafond de la couverture** limit of coverage ou cover; **couverture de pointe** catastrophe cover; **couverture sociale** social security insurance; **une couverture valeur à neuf est possible pour des articles de moins de deux ans d'âge** new for old cover is available for items less than two years old. **b** (Bourse, Fin : garantie demandée) cover, margin, margin cover. ◊ **couverture glissante** rolling hedge; **couverture titre** securities cover; **faire un appel en couverture sur le marché des options** to make a margin call on the option market; **couverture obligatoire** margin requirement; **taux de couverture** margin ratio; **les conditions rigoureuses de couverture visent à empêcher l'usage abusif du crédit** stiff margin requirements are aimed at preventing the excessive use of credit; **notre agent de change a porté la couverture à 30% en espèces** our broker brought the margin up to 30% in cash. **c** (Bourse : protection d'une opération) hedging. ◊ **couverture contre l'inflation** hedge against inflation; **prendre une couverture contre les risques de change** to hedge against exchange risks. **d** (Écon) **taux de couverture des exportations** export coverage; **couverture du marché** market coverage. **e** (dépôt de garantie) deposit. ◊ **verser 500 F en couverture** to put down a deposit of F500. **f** (Pub) coverage. ◊ **couverture géographique** market reach; **couverture média** media coverage; **couverture publicitaire** advertising coverage.

**couvrir** [kuvʀiʀ] **1 vt a** dépenses to cover, meet; souscription to cover; (Ass) police to cover. ◊ **couvrir un découvert** to cover an overdraft; **couvrir ses frais** to cover one's costs; **veuillez nous couvrir dès que possible du montant de cette transaction** please cover us for the amount of this operation at your earliest convenience; **veuillez bien nous couvrir par chèque** please settle ou remit by cheque; **l'emprunt a été entièrement couvert** the loan has been totally subscribed. **b** (Bourse : protéger une opération) to hedge. ◊ **couvrir les postes du bilan en position de change** to hedge balance sheet exchange risk exposures. **c** **couvrir le vice d'un contrat** to annul the effects of a flaw in a contract.
**2 se couvrir vpr** (Bourse) to hedge.

**CPAM** [sepeaɛm] **nf** abrév de *caisse primaire d'assurance maladie* → caisse.

**cpt** abrév de *comptant*.

**CR** [seɛʀ] abrév de *compte rendu*.

**cr.** abrév de *crédit*.

**crayon** [kʀɛjɔ̃] **nm** ◊ **crayon optique** bar-code scanner ou reader.

**créance** [kʀeɑ̃s] **1** **nf** **a** debt, claim. ◊ **créances** (Compta) receivables; **débiteur d'une créance exécutoire** judgment debtor; **exigibilité d'une créance** enforcibility of a claim; **perte sur créance** credit loss; **titre de créance** evidence of indebtedness; **titulaire d'une créance** debtholder; **amortir une créance** to write off a debt; **recouvrer une créance** to collect a debt; **règlement des créances** settlement of debts. **b** **lettre de créance** (Comm) letter of credit. **2** **comp** **créances sur les banques** dues from banks. – **créance certaine** good debt. – **créance cessible** transferable claim. – **créances commerciales** receivables. – **créance contractuelle** contractual claim. – **créances à court terme** short-term liabilities. – **créance douteuse** bad ou doubtful debt; **réserve** ou **provision pour créances douteuses** reserve for bad ou doubtful debts. – **créances éventuelles** contingent claims. – **créances exigibles** debts due. – **créance garantie** secured debt. – **créances gelées** frozen credits. – **créance hypothécaire** mortgage loan. – **créance irrécouvrable** irrecoverable debt. – **créance irrévocable** irrevocable debt. – **créance litigieuse** contested claim. – **créance non exigible** accruing debt. – **créance privilégiée** preferential ou preferred debt. – **créance à recouvrer** outstanding debt.

**créancier, -ière** [kʀeɑ̃sje, jɛʀ] **1** **nm,f** creditor. ◊ **désintéresser** ou **satisfaire ses créanciers** to pay off ou satisfy one's creditors; **être créancier de...** to hold a claim against... **2** **comp** **créancier autorisé** judgment creditor. – **créancier chirographaire** unsecured creditor. – **créancier-gagiste** lienor. – **créancier hypothécaire** mortgagee. – **créancier nanti** joint creditor. – **créancier obligataire** bond creditor. – **créancier ordinaire** ordinary creditor.

**créateur, -trice** [kʀeatœʀ, tʀis] **1** **adj** creative. **2** **nm,f** [vêtements] designer; (billet à ordre) maker. ◊ **créateur d'entreprise** new business creator; **créateur de mode** fashion designer; **créateur publicitaire** commercial artist.

**créatif, -ive** [kʀeatif, iv] **1** **adj** creative. **2** **nm** designer. ◊ **les créatifs** (Pub) creative ou design staff; **notre équipe de créatifs** our creative ou design team.

**création** [kʀeasjɔ̃] **nf** [entreprise] setting up, foundation; [clientèle] building up; [commission] setting up; [projet] creation, setting up; [chèque, effet] making out; [modèle] designing; [produit] development; [emplois] creation. ◊ **création d'un label** labelling; **création publicitaire** commercial design ou

art; **directeur de la création** (Pub) creative ou design manager; **service création** (Pub) creative ou design department; **pacte pour la création d'emplois** job creation programme; **création d'entreprises** new business formation, new business start-up; **congé création** *leave granted to sb wishing to create a company*; **création monétaire / de crédit** money / credit creation.

**créatique** [kʀeatik] **nf** creative brain-storming.

**créativité** [kʀeativite] **nf** creativeness, creativity.

**crédibilité** [kʀedibilite] **nf** [firme] credibility.

**crédit** [kʀedi] **1** **nm** **a** (possibilité d'emprunt) credit. ◊ **l'encadrement du crédit** credit control; **encadrer le crédit** to control credit; **le resserrement du crédit** credit restriction ou crunch ou squeeze, the clampdown on credit; **restreindre** ou **resserrer le crédit** to squeeze ou tighten credit, clamp down on credit; **plafonner le crédit** to put a ceiling ou cap on credit; **le gonflement du crédit** credit inflation, the growth in credit; **desserrer** ou **assouplir le crédit** to decontrol ou detighten ou relax ou ease credit. **b** (prêt) credit, loan. ◊ **carte / ligne / multiplicateur de crédit** credit card / line / multiplier; **caisse** ou **organisme** ou **établissement de crédit** credit institution, loan bank, credit union (US); **cote de crédit** credit rating; **demande de crédit** loan application; **le marché du crédit** the loan market; **plafond du crédit** loan ceiling, lending limit; **service du crédit** credit department; **instruments de crédit** credit instruments; **responsable du crédit** credit officer; **demander / contracter / rembourser un crédit** to ask for / raise ou take out / repay a loan; **ouvrir / proroger un crédit** to issue ou grant / extend a credit; **monter un dossier de crédit** to open a loan application file. **c** (conditions de paiement) credit. ◊ **acheter / vendre à crédit** to buy / sell on credit ou on easy terms ou on installment (US); **acheter une maison à crédit** to buy a house on credit; **faire crédit à qn** to give sb credit; **la maison ne fait pas de crédit** (pancarte) no credit given; **ouvrir un crédit à qn** to open a credit (account) in sb's favour; **facilités de crédit** credit facilities. **d** (fonds) **crédits** credits; **voter des crédits** to allocate funds. **e** (Compta) credit side, credit. ◊ **avis** ou **bordereau de crédit** credit note; **porter** ou **verser une somme au crédit de qn** to credit sb ou sb's account with a sum, credit a sum to sb ou sb's account; **faire porter** ou **verser un chèque au crédit de son compte** to pay a cheque into one's account. **f** (mérite, renom) credit. ◊ **la baisse du chômage est à mettre** ou **à porter au crédit de l'action gouvernementale** the drop in unemployment is to be put to the credit of the government's policy, government policy must be given credit for the drop in unemployment. **g** (organisme bancaire) bank. **2** comp **crédit par acceptation** acceptance credit. – **crédit à l'achat** buying credit. – **crédit acheteur** export customer credit. – **crédit d'aide au développement** development aid credit. – **crédit back-to-back** back-to-back credit. – **crédit-bail** leasing. – **crédit bancaire** bank credit. – **crédit en blanc** blank ou open credit. – **crédit bloqué** frozen credit. – **crédit cartellaire** syndicated loan. – **crédit sur caution** bail credit. – **crédit compensatoire** offset credit. – **crédit de confirmation** stand-by credit. – **crédit confirmé** confirmed credit. – **crédit à la consommation** consumer credit. – **crédit consortial** participation ou syndicated loan. – **crédit couvert** secured credit. – **crédit croisé** swap agreement ou network. – **crédit cumulatif** cumulative credit. – **crédit à découvert** open credit. – **crédit différé** deferred credit. – **crédit documentaire** documentary credit; **crédit documentaire révocable / irrévocable** revocable / irrevocable documentary credit. – **crédit d'équipement** equipment credit ou financing. – **crédit à l'exportation** export credit. – **crédit foncier** (prêt) loan on landed property. – **crédit fournisseur** supplier credit. – **crédit sur garanties réelles** secured credit. – **crédit hypothécaire** mortgage loan. – **crédit immobilier** property loan, credit on real property. – **crédit d'impôt** tax credit. – **crédits interbancaires** inter-bank loans. – **crédit intérimaire** interim credit, holdover credit. – **crédits d'investissement** investment credits. – **crédit libre** open credit. – **crédit à long terme** long (term) credit. – **crédit sur notoriété** personal ou unsecured credit. – **crédit ouvert** open account on credit. – **crédit en participation** ou **en pool** participation loan. – **crédit permanent** permanent credit. – **crédit red clause** red clause credit. – **crédit relais** bridging loan, stand-by credit, swing line, stop-gap loan; **crédit relais à la construction** intermediate building credit. – **crédit remboursable sur demande** loan at call. – **crédit revolving** ou **rotatif** revolving credit. – **crédit roll-over** roll-over loan. – **crédit de soutien** stand-by credit. – **crédit stand-by** stand-by credit. – **crédit syndical** participation loan, syndicated loan. – **crédit de trésorerie** cash advance. – **crédit à vue** demand loan.

**créditer** [kʀedite] **vt** ◊ **créditer le compte de qn de 5000 F** to credit F5,000 to sb's account;

**les intérêts sont crédités tous les six mois** interest is credited once every six months, crediting of interest takes place every six months; **faire créditer son compte d'une somme** to put a sum into one's account, deposit a sum in one's account.

**créditeur, -trice** [kʀeditœʀ, tʀis] **1** adj ◊ **être créditeur** to be in credit; **compte créditeur** credit account, account showing a credit balance; **vous avez un compte créditeur de 3000 F** you have a credit balance of F3,000 in your account; **intérêts créditeurs** black ou credit interest, interest earned; **position créditrice** creditor position; **poste créditeur** credit item; **solde créditeur** credit balance, balance due to us; **notre balance des paiements est redevenue créditrice** our balance of payments returned to the black; **leur compte est de nouveau créditeur** their account is in credit again ou is showing a credit balance again, they're back out of the red. **2** nm,f creditor. ◊ **créditeurs divers** (Compta) accounts payable, sundry creditors; **créditeur secondaire** junior creditor.

**créer** [kʀee] **vt** entreprise to set up, start up, establish, form, float, launch; clientèle to build up; commission to set up; projet to create; effet, chèque to make out; modèle to design; produit to develop; emplois to create. ◊ **créer une hypothèque** to create a mortgage; **créer un connaissement** to draw up a bill of lading.

**crémaillère** [kʀemajɛʀ] **nf** ◊ **parité à crémaillère** crawling peg parity.

**créneau, pl -x** [kʀeno] **nm** [marché] niche, market opportunity ou gap; [emploi de temps] slot, window. ◊ **créneau porteur** seller's ou buoyant ou growth market; **créneau publicitaire** advertising niche ou opportunity; **il y a un créneau tout trouvé pour les voitures économiques** there is a perfect niche ou opportunity ou a ready market for fuel-efficient cars; **combler un créneau sur le marché** to fill ou plug a gap in the market.

**crête** [kʀɛt] **nf** [graphique] peak.

**creuser** [kʀøze] **1** **vt** question to look closely into. ◊ **nous avons creusé l'écart par rapport à la concurrence** we have a definite edge on our competitors, we have increased our lead over our competitors. **2** **se creuser** vpr ◊ **l'écart se creuse entre le Nord et le Sud** the gap is widening between North and South.

**creux, -euse** [kʀø, øz] **1** adj période, saison slack. ◊ **heures creuses** [métro, électricité] off-peak hours; **marché creux, séance creuse** (Bourse) sagging market; **années creuses** (Écon) lean years.

**2** nm [courbe] trough. ◊ **creux saisonnier** seasonal trough; **moment de creux** slack period.

**criée** [kʀije] nf (activité) auction; (lieu) auction room, salesroom, saleroom (GB). ◊ **vendre à la criée** to sell by auction; **salle des criées** auction room, salesroom, saleroom (GB); **cotation à la criée** (Bourse) open outcry quotation.

**crise** [kʀiz] **1** nf (Écon) crisis, slump, trade depression. ◊ **la crise de 1929** the 1929 slump ou depression; **en période de crise** during a period of crisis; **atmosphère de crise** atmosphere of crisis; **à l'abri de la crise** insulated from the crisis, sheltered from the crisis; **cellule de crise** emergency unit; **déclencher une crise** to spark ou trigger (off) a crisis; **sortir de la crise** to pull out from the crisis.
**2** comp **crise boursière** stock-market crash. − **crise budgétaire** budgetary crisis. − **crise de confiance** crisis of confidence. − **crise de crédit** credit crunch. − **crise de croissance** growth problems. − **crise économique** economic crisis, slump. − **crise de l'emploi** job shortage. − **crise de l'énergie** energy crisis. − **crise du logement** housing crisis ou shortage. − **crise de main-d'œuvre** ou **de l'emploi** labour crisis ou shortage. − **crise pétrolière** oil crisis.

**critère** [kʀitɛʀ] nm criterion.

**critique** [kʀitik] adj critical. ◊ **chiffre d'affaires critique** breakeven point; **méthode du chemin critique** critical path method; **taille critique** critical size; **le groupe ne dispose pas de la taille critique face à la concurrence** the group is not strong enough to face its competitors, the group has not reached the critical size necessary to face its competitors.

**croate** [kʀɔat] **1** adj Croatian.
**2** nm (langue) Croat, Croatian.
**3 Croate** nmf (habitant) Croat, Croatian.

**Croatie** [kʀɔasi] nf Croatia.

**croisé, e** [kʀwaze] adj ◊ **cotation croisée** cross listing; **détention** ou **participation croisée** (Fin) crossholding; **opération croisée** (Banque) swap; (Bourse) switch order; **parités croisées** (Bourse) cross rates.

**croisement** [kʀwazmɑ̃] nm ◊ **croisement bancaire** swapping.

**croissance** [kʀwasɑ̃s] nf growth. ◊ **croissance équilibrée** balanced growth; **croissance zéro** zero growth; **courbe / indicateur / facteur / sentier / taux de croissance** growth curve / indicator / factor / path / rate; **marché à croissance lente / rapide** slow-growing / fast-growing market; **opération**

**de croissance externe** external growth operation; **prévisions de croissance** growth prospects ou forecasts; **réserves de croissance** reserves of productive capacity, growth reserves; **secteur économique en croissance rapide** high growth sector; **société à fort potentiel de croissance** growth company; **valeur de croissance** growth stock ou share.

**croissant, e** [kʀwasɑ̃, ɑ̃t] adj growing, increasing, rising. ◊ **rendements croissants** increasing returns.

**croître** [kʀwatʀ(ə)] vi to grow, increase.

**cruzado** [kʀyzado] nm cruzado.

**cruzeiro** [kʀyzɛʀo] nm cruzeiro.

**CSG** [seɛsʒe] nf abrév de *contribution sociale généralisée* supplementary social security contribution.

**CU** [sey] abrév de *communauté urbaine* → communauté.

**Cuba** [kyba] nf Cuba.

**cubage** [kybaʒ] nm (volume) volume, cubage, cubic content; (mesure) cubage.

**cubain, e** [kybɛ̃, ɛn] **1** adj Cuban.
**2 Cubain** nm (habitant) Cuban.
**3 Cubaine** nf (habitante) Cuban.

**cube** [kyb] nm cube. ◊ **mètre / centimètre cube** cubic metre / centimetre.

**cuber** [kybe] **1** vt (mesurer) to cube, measure the cubic content of.
**2** vi ◊ **cuber 100 litres** to have a cubic content of 100 litres.

**cubique** [kybik] adj cubic.

**cubiteneur** [kybitɛnœʀ] nm cubitainer.

**cueillette** [kœjɛt] nf (Mar) affrètement en cueillette birth freighting; **chargement en cueillette** general cargo; **navigation en cueillette** tramping; **navire en cueillette** tramp.

**culbute*** [kylbyt] nf ◊ **faire la culbute** (doubler ses gains) to double one's money; (tout perdre) to go bust*, come a cropper*.

**culminant, e** [kylminɑ̃, ɑ̃t] adj culminating. ◊ **point culminant** peak, climax, highest point, high spot.

**culminer** [kylmine] vi [chômage, inflation] to peak, reach its highest point (à at).

**cultivateur, -trice** [kyltivatœʀ, tʀis] nm,f farmer.

**culture** [kyltyʀ] nf **a** (métier) farming; (action de cultiver) cultivation; (production) crop. ◊ **culture fruitière** (action) fruit growing; (récolte) fruit crop; **culture extensive / intensive** extensive / intensive farming; **culture maraîchère** market gardening (GB), truck farming (US); **culture de rapport** cash crop; **culture vivrière** food crop. **b** **culture d'entreprise** corporate ou company culture.

**cumul** [kymyl] **nm** ◊ **cumul de fonctions** plurality of offices; **cumul de prestations** overlapping benefits; **le cumul des revenus du foyer** *total income treated as one*; **cumul de traitements** concurrent drawing of salaries; **cumul jusqu'à ce jour** (Compta) year-to-date.

**cumulable** [kymylabl(ə)] **adj** postes which may be held concurrently; rémunérations which may be drawn concurrently.

**cumulatif, -ive** [kymylatif, iv] **adj** intérêt, dividende cumulative.

**cumuler** [kymyle] **vt** postes to hold concurrently; rémunérations to draw concurrently. ◊ **il cumule** he has more than one job; **solution qui cumule tous les avantages** solution which brings together ou combines all the advantages, solution which has everything going for it; **bilan cumulé** consolidated balance sheet; **déficit cumulé des échanges** overall trade imbalance; **pertes d'emplois cumulées** accumulated ou total job losses; **intérêts cumulés** (Fin) accrued interest.

**curateur** [kyʀatœʀ] **nm** (Jur) trustee.

**curriculum vitæ** [kyʀikylɔmvite] **nm** curriculum vitæ, CV, résumé (US).

**CV** [seve] **nm** abrév de *curriculum vitæ* CV.

**CVS** [seveɛs] abrév de *corrigé des variations saisonnières* seasonally adjusted. ◊ **données CVS** seasonally adjusted data.

**cybernétique** [sibɛʀnetik] **nf** cybernetics.

**cycle** [sikl(ə)] **nm** cycle. ◊ **cycle comptable / conjoncturel / d'évaluation / d'exploitation / de révision** accounting / business / evaluation / operating / review cycle; **cycle court** (Ind) fast timescale; **cycle économique** economic ou trade ou business cycle; **cycle d'élaboration d'un produit** product development cycle; **cycle étendu** extended timescale; **cycle de fabrication** production process; **cycle de la planification** planning cycle; **cycle de vie d'un produit / d'une marque** product / brand life cycle; **nous fonctionnons sur un cycle de 5 ans** we are operating on a 5 year cycle ou timescale.

**cyclique** [siklik] **adj** chômage, variations cyclical. ◊ **maxima cycliques** cyclical peaks; **perturbation cyclique** cyclical swing.

**cypriote** [sipʀijɔt] **1** **adj** cypriot.
**2** **Cypriote** **nmf** (habitant) Cypriot.

# D

**D / A** abrév de *documents contre acceptation* DA.

**DAB** [dab] **nm** abrév de *distributeur automatique de billets* → distributeur.

**Dacca** [daka] **n** Dhaka.

**dactylo** [daktilo] **nf**  (personne) typist. **b** (métier) typing, typewriting. ◊ **pool** ou **équipe de dactylos** typing pool.

**dactylographe** [daktilɔgʀaf] **nf** typist.

**dactylographie** [daktilɔgʀafi] **nf** typing, typewriting.

**dactylographier** [daktilɔgʀafje] **vt** to type (out). ◊ **document dactylographiée** typed ou typewritten document.

**DAF** [daf] **nm** abrév de *directeur administratif et financier* → directeur.

**Dakar** [dakaʀ] **n** Dakar.

**Damas** [damas] **n** Damas.

**Danemark** [danmaʀk] **nm** Denmark.

**danois, e** [danwa, waz] **1** **adj** Danish.
**2** **nm** (langue) Danish.
**3** **Danois nm** (habitant) Dane.
**4** **Danoise nf** (habitante) Dane.

**DAO** [deao] **nm** abrév de *dessin assisté par ordinateur* CAD.

**DAS** [deaɛs] **nm** abrév de *domaine d'activité stratégique* SBU.

**DATAR** [dataʀ] **nf** abrév de *Délégation à l'aménagement du territoire et à l'action régionale* regional development agency.

**datation** [datasjɔ̃] **nf** [contrat] dating.

**date** [dat] **1** **nf** date. ◊ **lettre en date du 3 mars** letter dated March 3rd; **à 3 mois de date** 3 months after date; **prendre date, convenir d'une date** to fix a date, make an appoint-ment; **cette décision fera date dans les relations commerciales américano-japonaises** this decision will be seen as a landmark ou a milestone in trade relations between the US and Japan; **les mensualités n'ont pas été remboursées à la date prévue** the monthly payments are in default; **classer les stocks par date d'entrée** to age inventories; **sans date** undated; **une relation de longue date** a long-standing relationship.
**2** **comp date d'acceptation** acceptance date. – **date d'arrivée** date of arrival. – **date authentique** certified date. – **date butoir** deadline; (Fin) cut-off date. – **date de clôture** [inscriptions] closing date; **date de clôture des registres** date of record. – **date de déclaration** (Fin) date of declaration. – **date de départ** departure date; (Mar) date of sailing. – **date d'échéance** [traite] due date, date of maturity. – **date d'effet** [nomination] effective date; **date d'effet rétroactif** backdating date. – **date d'embarquement** (Mar) date of shipment – **date d'émission** date of issue ou issuance. – **date d'entrée** : **date d'entrée en fonction** date of appointment; **date d'entrée en valeur** value date; **date d'entrée en vigueur** effective date; (Ass) starting date; [loi] vesting date. – **date d'envoi** date of dispatch. – **date d'exigibilité** due date, maturity date. – **date d'expédition** (Mar) shipping date, date sent. – **date d'expiration** expiry date. – **date de facturation** billing date. – **date limite** deadline, target date (US), final ou latest date; **date limite de fraîcheur** best-before date; **date limite de vente** sell-by date. – **date de (la) liquidation** settlement date. – **date de livraison** delivery date. – **date de naissance** date of birth. – **date de paiement** date of payment. – **date de parution** publication date. – **date de péremption** expiry date.

**– date de la poste** date as postmark. **– date prévue** target date. **– date de règlement** settlement date. **– date de signature** completion date. **– date de valeur** value date. **– date de validité** expiry date.

**dater** [date] **1** vt to date. ◊ **non daté** undated; **la lettre est datée de Londres du 25 mai** the letter is dated London May 25th. **2** vi ◊ **dater de** to date from, date back to; **à dater de demain** as from tomorrow, from tomorrow onwards.

**dateur** [datœʀ] nm ◊ **(timbre) dateur** date stamp.

**DEA** [deəa] nm abrév de *diplôme d'études approfondies* → diplôme.

**déb.** abrév de *à débattre*.

**débâcle** [debɑkl(ə)] nf [monnaie] rout; [régime] collapse; [banques] crash. ◊ **débâcle des pétrolières** heavy drop in oils.

**déballage** [debalaʒ] nm **a** (action) unpacking. **b** (articles déballés) displayed goods; (étalage) display of goods.

**déballer** [debale] vt affaires to unpack; articles à mettre en vente to display.

**débardeur** [debaʀdœʀ] nm docker, stevedore, longshoreman (US).

**débarquement** [debaʀkəmɑ̃] nm [passagers] landing; [marchandises] unloading.

**débarquer** [debaʀke] **1** vt passagers to land; marchandises to unload. **2** vi [passagers] to disembark, land.

**débat** [deba] nm discussion, debate. ◊ **débats** (Jur) proceedings; **débats à huis clos** (Jur) hearing in camera; **débat de fond** fundamental issue; **diriger les débats** (Jur) to conduct the proceedings.

**débattre** [debatʀ(ə)] vt question to discuss, debate; prix to discuss, haggle over*. ◊ **la question doit être à nouveau débattue** the issue is to be discussed again ou taken up again; **prix à débattre** price by arrangement, price open to ou subject to negotiation, price to be agreed; **le prix reste à débattre** the price has still to be negotiated ou discussed; **salaire à débattre** salary negotiable.

**débauchage** [deboʃaʒ] nm **a** (licenciement) laying off, dismissing. **b** (embauche d'un salarié d'une autre entreprise) hiring away, poaching.

**débaucher** [deboʃe] vt **a** (licencier) to lay off, make redundant, dismiss. **b** (embaucher un salarié d'une autre entreprise) to hire away, to poach (de from).

**débet** [debɛ] nm (solde négatif) debit balance.

**débit** [debi] **1** nm **a** (Fin) debit; [relevé de compte] debit side. ◊ **charge à porter au débit d'un compte** charge debitable to an account; **mettre** ou **porter** ou **inscrire 500 F au débit de qn** to debit sb's account with F500, debit F500 against sb's account, charge F500 to sb's account; **autorisation de débit** debit memorandum ou transfer; **bordereau / carte de débit** debit note / card; **écriture au débit** debit entry; **article porté au débit** debit item. **b** (vente) turnover (of goods), sales. ◊ **article d'un bon débit** article which sells well; **ces articles sont d'un faible débit** ou **ont peu de débit** there is little demand for these goods, these goods sell poorly; **l'excellent débit de cette boutique justifie le loyer demandé** the outstanding turnover of this shop accounts for the high rent required. **c** [machine] output, rate of production. **2** comp **débit de boissons** bar, drinking establishment. **– débit de tabac** tobacconist's (shop) (GB), tobacco shop (US).

**débitage** [debitaʒ] nm (coupe) cutting up.

**débitant, e** [debitɑ̃, ɑ̃t] nm,f ◊ **débitant de boissons** person selling beverages, publican (GB); **débitant de tabac** tobacconist.

**débiter** [debite] vt **a** personne, compte to debit. ◊ **débiter le compte de qn d'une somme** to debit sb's account with a sum, debit a sum against sb's account, charge a sum to sb's account; **débiter les frais d'envoi au client** to charge the postage to the customer; **ce compte sera débité du montant de tous les frais de déplacement** all travel expenses will be debited to this account; **débiter le compte fournisseurs de 2 000 dollars** debit $2,000 against accounts payable; **votre compte sera automatiquement débité** your account will be debited automatically. **b** (vendre) marchandises to retail, sell. ◊ **pourriez-vous me débiter ces deux objets ?** I would like to buy these two objects. **c** (produire) [usine, machine] to produce, yield. **d** (couper) to cut up.

**débiteur, -trice** [debitœʀ, tʀis] **1** adj (Fin) solde, poste debit; personne, pays, compte debtor. ◊ **mon compte est débiteur de 500 F** my account shows a debit balance of F500 ou is F500 in the red; **colonne débitrice** debit side; **client débiteur** trade debtor; **intérêts débiteurs** debt interest. **2** nm,f (Fin, fig) debtor. ◊ **être le débiteur de qn** to be indebted to sb, be in sb's debt; **codébiteur** joint debtor. **3** comp **débiteur défaillant** ou **en défaut** reddelinquent debtor. **– débiteurs divers** accounts receivable, sundry debtors. **– débiteur hypothécaire** mortgagor. **– débiteur insolvable** insolvent debtor. **– débiteur saisi** distrainee, debtor attached. – **débiteur solidaire** joint debtor. – **débiteur souverain** sovereign debtor.

**déblocage** [deblɔkaʒ] **nm** [capital, crédit] unfreezing, release; [prix, salaires] decontrolling, unfreezing; [situation] unblocking.

**débloquer** [deblɔke] **vt** compte, fonds, marchandises to free, release; crédits to release, unfreeze; prix, salaires to decontrol, free, unfreeze. ◊ **débloquer la situation** to break the stalemate ou deadlock.

**débouché** [debuʃe] **nm** [produit] outlet, market; [profession] opening, prospect, opportunity. ◊ **l'Italie est un bon débouché pour nos produits** Italy is a good market for our products; **quels débouchés y a-t-il dans ce secteur?** what openings are there in this sector?

**débouclement** [debuklǝmã] **nm** (Bourse) [position] unwinding. ◊ **débouclement au comptant** cash settlement.

**déboucler** [debukle] **vt** (Bourse) position to unwind.

**débours** [debuʀ] **nmpl** outlay, disbursement. ◊ **rentrer dans ses débours** to recover one's outlay ou disbursements; **note de débours** disbursements account.

**déboursement** [debuʀsmã] **nm** disbursement, outlay.

**débourser** [debuʀse] **vt** to pay out, spend, disburse, lay out. ◊ **sans débourser un sou** without paying out ou laying out a penny.

**débouté** [debute] **nm** (Jur) ≈ nonsuit.

**déboutement** [debutmã] **nm** (Jur) ≈ nonsuiting.

**débouter** [debute] **vt** (Jur) ≈ to nonsuit. ◊ **débouter qn de sa plainte** to nonsuit a plaintiff, dismiss sb's claim; **être débouté de sa demande** to be ruled out of court, to see one's case dismissed by the court; **votre affaire ne tient pas vous serez débouté** you have no case your case will be dismissed.

**débrayage** [debʀɛjaʒ] **nm** (arrêt de travail) stoppage, walk out, downing of tools.

**débrayer** [debʀeje] **vi** (cesser le travail) to stop work, come out on strike, walk out, down tools.

**débudgétisation** [debydʒetizasjɔ̃] **nf** debudgeting.

**débudgétiser** [debydʒetize] **vt** to debudget.

**début** [deby] **nm** beginning, start. ◊ **salaire de début** starting salary; **au début du mois prochain** early next month, at the beginning of next month; **au début de sa carrière** early on in ou at the beginning of his career;

la campagne en est encore à ses débuts the campaign is still in its early stages.

**débutant, e** [debytã, ãt] **nm,f** beginner, novice. ◊ **débutant dans une profession** entrant into a profession; **cadre débutant** junior executive; **plombier débutant** novice plumber.

**décachetage** [dekaʃtaʒ] **nm** unsealing, opening.

**décacheter** [dekaʃte] **vt** to unseal, open.

**décade** [dekad] **nf** (dix jours) period of ten days; (décennie) decade.

**décaissement** [dekɛsmã] **nm** payment, disbursement. ◊ **bordereau de décaissement** disbursement ou payment voucher; **journal des décaissements** cash disbursements journal.

**décaisser** [dekɛse] **vt** somme to pay out, disburse.

**décalage** [dekalaʒ] **nm** a (écart) gap, interval; (Inf) shift; (Bourse) mismatch. ◊ **décalage des salaires par rapport aux prix** wage lag; **le décalage entre la demande intérieure et le potentiel de production** the gap between home demand and productive capacity. b (dans le temps) **il y a un décalage de date** (avance) the date has been put forward; (retard) the date has been put back; **souffrir du décalage horaire** (Aviat) to suffer from jet lag; **il y a combien d'heures de décalage entre Paris et Tokyo?** what's the time difference between Paris and Tokyo?

**décaler** [dekale] **vt** heure (avancer) to bring ou move forward; (reculer) to put back. ◊ **la réunion a été décalée d'une heure** (avancée) the meeting has been brought ou moved forward an hour; (reculée) the meeting has been put back an hour.

**décélération** [deseleʀasjɔ̃] **nf** deceleration.

**décembre** [desãbʀ(ǝ)] **nm** December; → septembre.

**décennal, e, mpl -aux** [desenal, o] **adj** decennial.

**décennie** [deseni] **nf** decade.

**décent, e** [desã, ãt] **adj** salaire reasonable, decent.

**décentralisateur, -trice** [desãtʀalizatœʀ, tʀis] **adj** decentralizing.

**décentralisation** [desãtʀalizasjɔ̃] **nf** decentralization. ◊ **décentralisation des décisions** decentralization of decision-making.

**décentraliser** [desãtʀalize] **vt** administration to decentralize; bureaux to relocate (away from town centres).

**décerner** [desɛʀne] **vt** médaille, distinction to award, grant; mandat d'arrêt to issue.

**décès** [desɛ] **nm** death, decease. ◊ **fermé pour cause de décès** closed owing to bereavement; **acte de décès** death certificate; **avis de décès** death notice.

**décharge** [deʃaʀʒ(ə)] **nf** **a** (Jur) discharge. ◊ **témoin à décharge** witness for the defence. **b** (Comm) receipt. ◊ **donner décharge** to receipt; **décharge sans réserve** clean signature; **porter une somme en décharge** to mark a sum as paid; **décharge définitive** final discharge; **vous devez signer une décharge avant d'en prendre livraison** you must sign a release before taking it. **c** (Impôts) **décharge d'un impôt** tax exemption.

**déchargement** [deʃaʀʒəmã] **nm** [marchandises, camion] unloading. ◊ **port de déchargement** discharge port, port of discharge; **commencer le déchargement** to start unloading, break bulk.

**décharger** [deʃaʀʒe] **vt** **a** marchandises, camion to unload (de from). **b** (Jur) accusé to discharge. ◊ **ce témoignage vous décharge** you are exonerated by this evidence, this evidence clears you; **failli déchargé / non déchargé** discharged / undischarged bankrupt. **c** (libérer) **décharger qn de** dette, obligation to relieve ou release sb from; impôt to exempt sb from; **se décharger de ses responsabilités** to hand over ou offload one's responsibilities.

**déchéance** [deʃeãs] **nf** **a** (Jur) forfeiture, loss. ◊ **action en déchéance de brevet** action for forfeiture of a patent; **déchéance d'un administrateur** disqualification of a director. **b** (Ass) [police] expiration, running out, termination. ◊ **déchéance du terme** event of default.

**déchet** [deʃɛ] **nm** (perte) waste, loss. ◊ **il y a du déchet** there is some waste ou wastage; **déchets** (détritus) refuse; **déchets radioactifs** nuclear waste; **déchet de route** loss in transit.

**déchiffrer** [deʃifʀe] **vt** code to decipher; écriture to make out, decipher.

**déchu, e** [deʃy] **adj** (Jur) **être déchu de ses droits** to be deprived of one's rights, forfeit one's rights; **être déchu d'un brevet** to forfeit a patent.

**décidé, e** [deside] **adj** **a** (déterminé) determined (à to), intent (à on). **b** (réglé) question settled, decided.

**décider** [deside] **1** **vt** [personne] to decide; [événement] to cause, bring about. ◊ **décider qch** to decide on sth; **décider de faire** to decide to do; **les mesures décidées par la commission** the measures decided upon by the committee; **la publicité efficace décide les clients à acheter** effective advertising persuades customers to buy; **ces retards**

ont finalement décidé l'ajournement de leur **décision** these delays eventually brought about ou led to the postponement of their decision; **décider un différend** to settle a dispute; **les résultats de notre étude de marché décideront du lancement de ce produit** the findings of our market survey will determine whether this product will be launched or not.

**2** **se décider** **vpr** [personne] to come to ou make a decision, make up one's mind. ◊ **se décider pour / contre qch** to decide for / against sth; **leur sort sera décidé aujourd'hui** their fate will be settled ou decided today.

**décideur** [desidœʀ] **nm** decision-maker. ◊ **organisme décideur** decision-making body.

**décimal, e,** **mpl** **-aux** [desimal, o] **1** **adj** decimal. ◊ **adopter le système décimal** to go over to the decimal system, go decimal. **2** **décimale** **nf** decimal. ◊ **jusqu'à la deuxième décimale** to two decimal places.

**décimalisation** [desimalizasjõ] **nf** decimalization.

**décimaliser** [desimalize] **vt** to decimalize.

**décisif, -ive** [desizif, iv] **adj** démonstration, preuve decisive, conclusive; action, influence, circonstances decisive. ◊ **étape décisive** decisive stage; **argument décisif** decisive argument, clincher*.

**décision** [desizjõ] **nf** **a** (choix) decision. ◊ **prise de décision** decision-making ou -taking; **arriver à une décision** to come to ou reach a decision; **emporter la décision** to carry the day; **prendre la décision de faire qch** to take the decision to do sth; **soumettre qch à la décision de qn** to submit sth to sb for his decision; **réserver sa décision** to delay one's conclusion; **aide à la décision** decision aid; **arbre de décision** decision tree; **décision bancaire** bank decision; **décision collégiale** group ou collective decision; **notre décision est irrévocable** ou **sans appel** our decision is final; **décision d'achat** buying decision. **b** (jugement) decision. ◊ **décision administrative / judiciaire / gouvernementale** administrative / judicial / government decision; **décision arbitrale** arbitration award; **décision ministérielle** government decision; **décision rendue en faveur d'un contribuable** ruling given to a taxpayer.

**décisionnel, -elle** [desizjɔnɛl] **adj** ◊ **modèle décisionnel** decision model; **unité décisionnelle** decision unit.

**déclarable** [deklaʀabl(ə)] **adj** (Douanes) marchandise declarable, dutiable; (Impôts) revenus declarable.

**déclarant, e** [deklaʀã, ãt] **nm,f** (Jur) informant.

**déclaratif, -ive** [deklaratif, iv] **adj** (Jur) jugement declaratory. ◊ **acte déclaratif d'association** declaration of association; **jugement déclaratif de faillite** declaration ou adjudication of bankruptcy, decree in bankruptcy.

**déclaration** [deklarasjɔ̃] **1** **nf** (communiqué) statement; (Jur) notification. ◊ **déclaration erronée** misstatement; **déclaration inexacte** misrepresentation; **déclaration au-dessus / au-dessous de la valeur** declaration above / below value.

**2** **comp déclaration d'abandon** waiver. – **déclaration d'accident** accident claim. – **déclaration d'avarie** ship's protest. – **déclaration de cessation de paiement** declaration ou adjudication of bankruptcy, decree in bankruptcy. – **déclaration de conformité** declaration of compliance. – **déclaration de consommation** (Douanes) entry for home use. – **déclaration de détail** bill of entry. – **déclaration d'embarquement** export specification. – **déclaration d'entrée** (Douanes) clearance inwards. – **déclaration d'entrepôt** warehousing entry. – **déclaration d'expédition** waybill. – **déclaration de faillite** declaration ou adjudication of bankruptcy, decree in bankruptcy. – **déclaration fiscale** ou **d'impôt** (income) tax return, tax declaration, statement of income. – **déclaration d'initié** insider report. – **déclaration de libre sortie** (Douanes) declaration for free exportation. – **déclaration de mise en consommation** (Douanes) entry for home use. – **déclaration de mise en entrepôt** entry for home use. – **déclaration provisoire** bill of sight. – **déclaration de réexportation** shipping bill. – **déclaration de revenu** statement of income; (imprimé) (income) tax return; **faire sa déclaration de revenu** to make out ou fill in one's tax return. – **déclaration sous serment** statement under oath, sworn statement, affidavit. – **déclaration de sinistre** (loss) claim, notice of loss ou damage. – **déclaration de sortie** (Douanes) clearance outwards. – **déclaration de valeur** declaration of value. – **déclaration de versement** receipt.

**déclaratoire** [deklaratwar] **adj** (Jur) declaratory.

**déclaré, e** [deklare] **adj** (Douanes) entered, declared. ◊ **valeur déclarée** declared value; (Poste) insured value; **travailleur déclaré** reported ou registered worker; **travailleur non déclaré** unreported ou unregistered worker.

**déclarer** [deklare] **1** **vt** (gén) to declare; employés to report, register. ◊ **somme à déclarer** amount to return; **déclarer qn en**

faillite to declare ou adjudicate sb bankrupt; **déclarer ses revenus au fisc** to make out ou file (US) one's tax return; **déclarer qch au-dessus / au-dessous de sa valeur** to overvalue / undervalue sth; **avez-vous quelque chose à déclarer?** have you anything to declare?; **rien à déclarer** (Douanes) nothing to declare; **marchandises à déclarer** (Douanes) goods to declare.

**2** **se déclarer vpr** ◊ (Bourse) **se déclarer vendeur** to put the shares; **se déclarer acheteur** to call the shares.

**déclassé, e** [deklase] **adj** produit, hôtel, emploi downgraded. ◊ **valeurs déclassées** (Bourse) displaced stocks ou securities.

**déclassement** [deklasmã] **nm** [produit, hôtel] downgrading; [valeur boursière] displacement; [titre, société] derating.

**déclasser** [deklase] **vt** produit, hôtel to downgrade; valeur boursière to displace.

**déclenchement** [deklãʃmã] **nm** [grève, manifestation] launching, starting; [crise, inflation] triggering off, sparking off, touching off. ◊ **déclenchement de la procédure** initiation of proceedings; **prix de déclenchement** trigger price; **seuil de déclenchement** trigger point.

**déclencher** [deklãʃe] **1** **vt** attaque, grève, offensive to launch, start; crise, inflation to trigger (off), spark (off), touch off, set off. ◊ **déclencher un plan d'urgence** to activate a contingency plan.

**2** **se déclencher vpr** [grève] to start, begin; [crise] to be triggered (off) ou sparked (off) ou touched off.

**déclin** [deklɛ̃] **nm** decline. ◊ **une industrie en déclin** a declining industry; **la sidérurgie est en déclin** the steel sector is declining ou is in decline.

**décliner** [dekline] **1** **vt** **a** (rejeter) offre, invitation, honneur to decline, refuse. ◊ **décliner toute responsabilité** to disclaim all responsibility; **la direction décline toute responsabilité en cas de perte ou de vol** the management accepts no responsibility for (the) loss or theft of articles; **décliner la compétence de qn** (Jur) to refuse to recognize sb's competence. **b** (dire) **décliner son identité** to give one's details ou personal particulars, identify o.s.; **déclinez vos nom, prénoms, titres et qualités** state your name, forenames, qualifications and status.

**2** **vi** [entreprise] to decline, go downhill; [prestige, popularité] to wane, fall off, decline.

**décloisonnement** [deklwazɔnmã] **nm** [marchés] opening up, decompartmentalization.

**décodage** [dekɔdaʒ] **nm** decoding, deciphering. ◊ **décodage d'instructions** instruction decoding; **programme de décodage** decoding programme ou routine.

**décoder** [dekɔde] **vt** to decipher, decode.

**décodeur** [dekɔdœʀ] **nm** decoder.

**décollage** [dekɔlaʒ] **nm** takeoff. ◊ **phase de décollage** takeoff stage.

**décoller** [dekɔle] **vi** [industrie, pays] to take off.

**décolonisation** [dekɔlɔnizasjɔ̃] **nf** decolonization.

**décoloniser** [dekɔlɔnize] **vt** to decolonize.

**décommander** [dekɔmɑ̃de] **1** **vt** marchandise to cancel (an order for); invités to put off; invitation to cancel; réunion to cancel, call off.
**2** **se décommander** **vpr** to cancel ou call off an appointment.

**décomposer** [dekɔ̃poze] **vt** nombre to factorize; statistiques, compte, budget to break down, analyse; liste to itemize.

**décomposition** [dekɔ̃pozisjɔ̃] **nf** [tâches, comptes] breakdown; [nombre] factorization; [liste] itemization. ◊ **décomposition des dépenses** breakdown ou analysis of expenses.

**décompte** [dekɔ̃t] **nm** **a** (calcul) detailed account, breakdown (of an account). ◊ **payer le décompte** pay the balance due; **décompte d'une transaction** details of a transaction; **décompte de primes** premium statement. **b** (déduction) deduction.

**décompter** [dekɔ̃te] **vt** (déduire) to deduct.

**déconcentration** [dekɔ̃sɑ̃tʀasjɔ̃] **nf** [services] devolution, decentralization; [usines] dispersal ou relocation (away from city centres).

**déconcentrer** [dekɔ̃sɑ̃tʀe] **vt** services administratifs to devolve, decentralize; usines to disperse ou relocate (away from city centres).

**déconfiture** [dekɔ̃fityʀ] **nf** (gén) failure, collapse, defeat; (Jur) insolvency. ◊ **tomber en déconfiture** to go bankrupt, go under, go bust*; (Bourse) to default, be hammered*; **déconfiture civile** failure, bankruptcy.

**décongestionner** [dekɔ̃ʒɛstjɔne] **vt** services administratifs to relieve the pressure on. ◊ **décongestionner le marché de l'emploi** to give some fresh air to the labour market.

**déconseiller** [dekɔ̃seje] **vt** ◊ **déconseiller qch à qn / à qn de faire qch** to advise sb against sth / sb against doing sth; **à déconseiller** inadvisable; **c'est déconseillé** it's not advisable.

**déconsigner** [dekɔ̃siɲe] **vt** valise to collect ou take out (from the left luggage); bouteille, emballage to return ou pay back the deposit.

**décote** [dekɔt] **nf** [devises, valeur] below par rating, discount on the parity rate; [impôts] tax deduction, tax rebate, tax relief, tax credit, tax allowance. ◊ **le napoléon a marqué une légère décote par rapport à son poids d'or fin** the napoleon was slightly underrated when considering its weight in fine gold; **ces actions se vendent avec une décote** these shares are selling at a discount.

**découpage** [dekupaʒ] **nm** [marché] carving-up, carve-up. ◊ **découpage des secteurs de vente** sales area breakdown.

**découvert** [dekuvɛʀ] **1** **nm** **a** (Fin) [compte] overdraft; [caisse] deficit; [objet assuré] uncovered amount ou sum. ◊ **avoir un découvert de 5 000 F à la banque** to have an overdraft of F5,000 ou to be F5,000 overdrawn at the bank; **consentir un découvert** to allow an overdraft; **combler un découvert** to make up a deficit; **mettre un compte à découvert** to overdraw an account; **tirer de l'argent à découvert** to overdraw one's account; **avance** ou **emprunt à découvert** unsecured loan ou advance, open note (US); **compte à découvert** overdrawn account; **crédit à découvert** unsecured ou open ou blank credit; **dépôt à découvert** open deposit; **prêt à découvert** loan on overdraft; **acceptation à découvert** uncovered acceptance. **b** (Bourse) **vendre à découvert** to sell short, bear the market, sell ou go a bear; **acheter à découvert** to bull the market, buy a bull; **faire la chasse au découvert** to squeeze ou to raid the bears; **couvrir un découvert** to cover a short account; **opération / rachat à découvert** bear transaction / covering; **achat à découvert** bull purchase; **vendeur à découvert** bear ou short seller; **vente à découvert** short ou bear sale.
**2** **comp découvert de la balance commerciale** trade gap. – **découvert en blanc** unsecured overdraft. – **découvert technique** technical overdraft. – **découvert de trésorerie** cash deficit.

**découverte** [dekuvɛʀt(ə)] **nf** discovery. ◊ **une découverte essentielle dans ce domaine** a major breakthrough in this field.

**découvreur, -euse** [dekuvʀœʀ, øz] **nm,f** discoverer.

**décrasser** [dekʀase] **vt** monnaie to decoke (GB), decarbonize (US).

**décret** [dekʀɛ] **nm** decree. ◊ **décret-loi** statutory order, ≈ order in council (GB), executive order (US); **promulguer / prendre un décret** to issue / pass a decree.

**décréter** [dekʀete] **vt** mesures to decree, enact. ◊ **décréter que** to order ou decree that;

**décréter une grève** to call a strike; **le gouvernement a décrété l'état d'urgence** the government declared a state of emergency.

**décrocher** [dekʀɔʃe] **1** vt téléphone to pick up, lift; contrat, poste to get, land, secure. ◊ **il va sûrement décrocher le poste** he's bound to get the job, he's a cert for the job*; **décrocher une commande** to pull off an order. **2** vi **a** (se laisser distancer) to fall by the wayside, fail to keep up; (Écon) to stall; (laisser tomber) to drop out, opt out, quit, give up. ◊ **le pays décroche** the country is falling behind ou losing ground; **plusieurs grosses entreprises ont décroché** several blue-chip companies fell back ou dropped behind. **b** (au téléphone) to pick up ou lift the receiver.

**décroissant, e** [dekʀwasɑ̃, ɑ̃t] adj decreasing. ◊ **par ordre décroissant** in decreasing ou descending order; **frais qui vont en décroissant** tapering ou diminishing charges; **loi des rendements décroissants** law of diminishing returns, law of attritions (US); **loi de l'utilité décroissante** law of diminishing utility; **loi de la productivité marginale décroissante** law of diminishing marginal productivity.

**décroître** [dekʀwatʀ(ə)] vi [population] to decrease, diminish, decline, fall; [stocks] run down; [revenus] to get less, fall off, diminish, decrease. ◊ **les rentrées fiscales décroissent** revenue from taxation is dropping, the tax takes are falling off.

**décrue** [dekʀy] nf [taux, taxes] decline; [cote] decline, drop (de in). ◊ **forte décrue des taux d'intérêts** sharp fall in interest rates.

**décrutement** [dekʀytmɑ̃] nm (Ind) **décrutement en douceur** outplacement.

**dedans** [d(ə)dɑ̃] nm, adv inside. ◊ **option en dedans** (Fin) in-the-money option.

**dédié, e** [dedje] adj (Inf) dedicated. ◊ **machine de traitement de textes dédiée** dedicated word processor.

**dédire (se)** [dediʀ] vpr to back out. ◊ **se dédire de ses engagements** to back out of one's commitments.

**dédit** [dedi] nm (Jur) forfeit, penalty. ◊ **un dédit de 50 000 F** a F50,000 penalty; **clause de dédit** forfeit ou penalty clause; **dédit en cas d'inexécution du contrat** penalties for non-performance of the contract.

**dédommagement** [dedɔmaʒmɑ̃] nm compensation. ◊ **en dédommagement** in compensation, to make up for it; **réclamer des dédommagements** to file for compensation, claim compensation; **percevoir une somme à titre de dédommagement** to receive a sum in compensation ou by way of compensation.

**dédommager** [dedɔmaʒe] **1** vt (indemniser) **dédommager qn** to compensate sb, indemnify sb, give sb compensation (de for); ◊ **dédommager qn d'une perte** to indemnify ou compensate sb for a loss, make good sb's loss. **2** **se dédommager** vpr to recoup ou compensate oneself. ◊ **se dédommager de ses pertes** to recoup one's losses.

**dédouané, e** [dedwane] adj cleared. ◊ **marchandises non dédouanées** uncleared goods; **prix marchandises dédouanées** duty-paid price; **dédouané sans inspection préalable** cleared without examination.

**dédouanement** [dedwanmɑ̃] nm clearing ou clearance through customs, customs clearance. ◊ **procéder aux formalités de dédouanement** to effect customs clearance.

**dédouaner** [dedwane] vt marchandises (faire passer la douane) to clear through customs; (sortir de l'entrepôt) to take out of bond.

**déductible** [dedyktibl(ə)] adj charges, montant deductible. ◊ **dépenses non déductibles** non-deductible expenses; **déductible du revenu imposable** tax-deductible; **dépense déductible** deductible ou allowable expense.

**déduction** [dedyksjɔ̃] nf (Comm) deduction; (Impôts) deduction, personal ou tax allowance. ◊ **déduction faite de** after allowing for, after deducting, after deduction of; **sous déduction de** less, minus; **cette somme entre en déduction de ce que vous nous devez** this sum is deductible from what you owe us, this sum will be taken off what you owe us; **déduction au titre des revenus salariaux ou professionnels** earned income allowance; **déduction faite des impôts** net of taxes; **revenu imposable après déduction des abattements fiscaux** ≈ adjusted gross income; **déduction forfaitaire** standard deduction; **déduction pour différence du vieux au neuf** deduction new for old; **déduction pour amortissement** capital cost allowance; **déduction sur investissements** investment allowance; **les prêts peuvent venir en déduction de l'impôt sur les sociétés** loans can be offset against corporation tax.

**déduire** [dedɥiʀ] vt (ôter) to deduct (de from); (conclure) to deduce, infer (de from). ◊ **déduire 10%** to take off ou deduct 10%; **on lui a déduit 15% de son salaire** he had 15% of his salary deducted; **déduisez les sommes déjà versées** take off ou deduct the sums already paid; **les journées de grève ne seront pas déduites de la prochaine feuille de paye** strike days won't come off your next payroll; **intérêts, impôts déduits** interest less tax; **tous frais déduits** after deduction of expenses.

**défaillance** [defajɑ̃s] **nf** a (panne) failure, breakdown, malfunction (*de* in). ◊ **défaillance des systèmes de sécurité** breakdown in security, safety lapses. b (faiblesse) (gén) weakness. ◊ **défaillance du marché** weakening ou sagging of the market; **défaillance de la livre** weakening of the pound. c (non-paiement) default, delinquency; (non-comparution) default, non-appearance, failure to appear. ◊ **défaillance du donneur d'ordre** default by the principal; **la banque a connu un taux élevé de défaillance cette année** the bank has had a high percentage of defaulters ou delinquencies this year; **défaillance d'entreprise** bankruptcy, company failure.

**défaillant, e** [defajɑ̃, ɑ̃t] **adj** (Fin, Jur) defaulting. ◊ **contribuable défaillant** defaulter; **emprunteur défaillant** defaulter; **être défaillant** to default; **le client est défaillant** the customer has defaulted; **des mesures doivent être prises contre les clients défaillants** measures must be taken to deal with delinquent ou defaulting debtors, accounts should not be permitted to remain delinquent without action.

**défalcation** [defalkɑsjɔ̃] **nf** deduction. ◊ **après défalcation des arrhes** after deduction of the deposit, after deducting the deposit.

**défalquer** [defalke] **vt** to deduct, take off.

**défaut** [defo] 1 **nm** a (imperfection) (gén, technique) defect, shortcoming; [tissu] flaw, fault; [diamant] flaw. ◊ **zéro défaut** zero defect. b (inconvénient) [système] drawback, snag. c (manque) **défaut de matières premières** shortage ou scarcity of; **faire défaut** [argent] to be lacking ou wanting; [stocks] to run short ou low; **à défaut de** (gén) for lack ou want of; **à défaut de réponse de votre part** failing your answer, in the event of no reply from you; **à défaut d'un accord entre les parties** failing agreement between the parties. d (Fin, Jur) default. ◊ **faire défaut** [prévenu, témoin] to default, fail to appear; [débiteur] to default (*à* on); **nos partenaires nous ont fait défaut** our partners let us down; **condamner qn par défaut** to sentence sb in absentia ou in his absence.

2 **comp défaut d'acceptation d'une traite** dishonour of a bill. − **défaut apparent** patent defect. − **défaut caché** latent defect. − **défaut de comparution** default, non-appearance, failure to appear. − **défaut-congé** dismissal of the case (*through non-appearance of the plaintiff*). − **défaut croisé** cross default. − **défaut de déclaration** (Impôts) failure to make a return. − **défaut d'entretien** defective maintenance ou servicing; **défaut d'entretien d'immeuble** permissive waste. − **défaut d'exécution** [travail, prestation]

faulty workmanship. − **défaut de fabrication** manufacturing defect. − **défaut de fonctionnement** malfunction. − **défaut de livraison** non-delivery. − **défaut de paiement** default in payment, non-payment, failure to pay; **tout défaut de paiement entraînera l'annulation du contrat** any default in payment will lead to cancellation of the contract; **intérêts pour défaut de paiement** default interest. − **défaut de provision** no effects, no funds, absence of consideration. − **défaut zéro** zero defect.

**défavorable** [defavɔrabl(ə)] **adj** unfavourable (*à* to). ◊ **balance commerciale défavorable** unfavourable ou negative ou adverse trade balance; **change défavorable** unfavourable exchange.

**défavoriser** [defavɔrize] **vt** to penalize, put at a disadvantage. ◊ **la nouvelle réglementation défavorise les travailleurs indépendants** the new regulation penalizes the self-employed ou bears unjustly upon the self-employed; **les salariés du secteur public sont défavorisés par rapport aux autres** publicly employed wage earners are put at an unfair disadvantage with respect to other workers; **les couches les plus défavorisées** the underprivileged; **régions défavorisées** depressed areas.

**défection** [defɛksjɔ̃] **nf** defection. ◊ **le président n'a pas été réélu car il y a eu de nombreuses défections parmi ses partisans** the president was not re-elected because a number of his friends withdrew their support; **il sera plus facile de trier les candidats car il y a eu plusieurs défections** screening the candidates will be easier since quite a few failed to appear; **la défection de 10 de nos principaux cadres au profit de la concurrence** the defection of 10 key staff to our competitors; **faire défection** to defect.

**défectueux, -euse** [defɛktɥø, øz] **adj** emballage faulty, deficient; appareil faulty, defective. ◊ **articles défectueux** (abîmés) rejects; (de moindre qualité) seconds.

**défectuosité** [defɛktɥozite] **nf** (état défectueux) defectiveness, faultiness; (imperfection) (slight) defect ou flaw (*de* in).

**défendeur, -deresse** [defɑ̃dœr, drɛs] **nm,f** (Jur) defendant. ◊ **défendeur en appel** respondent.

**défendre** [defɑ̃dr(ə)] 1 **vt** (Jur) to defend; point de vue, droits to stand up for, defend (*contre* against); théorie to advocate, support.

2 **se défendre vpr** (gén, Jur) to defend o.s. (*contre* against). ◊ **il se défend bien en affaires** he gets on ou does quite well in business; **se défendre d'avoir fait qch** to deny doing ou having done sth; **la position**

**des syndicats se défend sur ce point particulier** the union's stance is justifiable on this particular point.

**défense** [defãs] nf ❚a❚ (gén, Jur) defence (GB), defense (US); (avocat) counsel for the defence, defending counsel, defense lawyer (US). ◊ **assurer la défense d'un accusé** to conduct the case for the defence; **la parole est à la défense** (the counsel for) the defence may now speak; **qu'avez-vous à dire pour votre défense ?** what have you to say in your defence? ❚b❚ (interdiction) **défense d'entrer** no entrance, no entry, no admittance; **propriété privée défense d'entrer** private property no admittance ou keep out; **défense d'afficher** (stick) no bills.

**défenseur** [defãsœR] nm (gén) defender; [doctrine] advocate; (Jur) counsel for the defence, defense lawyer ou attorney (US).

**déférer** [defeRe] vt (Jur) affaire to refer to the court; personne to hand over to the law.

**défi** [defi] nm challenge. ◊ **lancer un défi à qn** to challenge sb; **relever un défi** to take up ou meet ou accept a challenge; **mettre qn au défi** to defy sb (*de faire* to do); **défis technologiques** technological challenges.

**déficience** [defisjãs] nf deficiency.

**déficit** [defisit] ❚1❚ nm (Fin) deficit, shortfall, gap. ◊ **accuser** ou **enregistrer un déficit** to register ou run ou post ou show a deficit; **combler un déficit** to fill a gap, make up ou good a deficit; **être en déficit** to be in deficit, be in the red*; **le résultat d'exploitation pour cette année accuse un déficit** this year's operating result shows a deficit; **l'opération s'est soldée par un déficit** the operation ended up with a deficit ou a loss. ❚2❚ comp **déficit de l'actif** deficiency in assets. **– déficit actuariel** experience loss. **– déficit de la balance des paiements** balance of payments deficit. **– déficit budgétaire** budget(ary) deficit ou gap. **– déficit de caisse** cash deficit. **– déficit commercial** trade deficit. **– déficit d'exploitation** operating deficit. **– déficit fiscal** tax loss ou deficit. **– déficit public** government deficit. **– déficit de trésorerie** cash deficit.

**déficitaire** [defisitɛR] adj récolte poor, short, deficient; production insufficient; balance commerciale adverse, negative; entreprise loss-making, money-losing; année poor (*en* in), bad (*en* for). ◊ **année déficitaire en blé** lean year for wheat; **bilan déficitaire** balance sheet showing a loss; **pays déficitaires** deficit countries; **solde déficitaire** debit balance; **être déficitaire** balance to show ou run a deficit, be in deficit, be in the red*; **deve-**

**nir déficitaire** to run ou go into deficit; **rétablir un budget déficitaire** to balance an adverse budget.

**défier** [defje] vt to challenge. ◊ **à des prix qui défient toute concurrence** at absolutely unbeatable prices.

**défilé** [defile] nm ◊ **défilé de mode** fashion parade.

**défilement** [defilmã] nm (Inf) scrolling. ◊ **défilement horizontal / vertical** horizontal / vertical scrolling.

**définitif, -ive** [definitif, iv] adj résultat, décision final; liquidation permanent, definitive; refus definite, flat, decisive.

**définition** [definisjɔ̃] nf definition. ◊ **définition de poste** job description.

**défiscalisation** [defiskalizasjɔ̃] nf ◊ **la défiscalisation des dividendes** exempting the dividends from tax.

**défiscaliser** [defiskalize] vt to exempt from taxation. ◊ **livret défiscalisé** tax-exempted depositor's book; **plan d'épargne défiscalisé** tax-free ou tax-exempt savings plan; **le meilleur moyen de défiscaliser une succession** the best way to exempt an inheritance from taxation ou to avoid paying tax on an inheritance.

**déflateur** [deflatœR] nm (Écon) deflator.

**déflation** [deflasjɔ̃] nf deflation. ◊ **provoquer la déflation** to deflate; **provoquer la déflation monétaire** to deflate the currency.

**déflationniste** [deflasjɔnist(ə)] adj deflationary. ◊ **écart / tendance déflationniste** deflationary gap / trend.

**déformation** [defɔRmasjɔ̃] nf distortion. ◊ **déformation professionnelle** job conditioning; **c'est de la déformation professionnelle** he's completely conditioned by his job.

**défraîchi, e** [defRefi] adj (abîmé en magasin) shop-soiled. ◊ **tissu défraîchi** faded material.

**défrayer** [defReje] vt ◊ **défrayer qn** to pay ou settle ou meet sb's expenses.

**dégagé, e** [degaʒe] adj (Bourse) **la place est dégagée** the market is all bears.

**dégagement** [degaʒmã] nm ❚a❚ (Fin) [crédits] release; (Bourse) selloff. ❚b❚ [obligation] freeing ou releasing o.s. (*de* from).

**dégager** [degaʒe] ❚1❚ vt crédits to release; objet en gage to redeem, take out of pawn; ressources to free (up). ◊ **dégager sa responsabilité d'une affaire** to disclaim ou deny (all) responsibility in a matter; **la responsabilité du producteur est dégagée pour les vices de fabrication qui ne peuvent être prévus** the producer is not liable for unforeseeable manufacturing defects; **dégager un bénéfice** to make ou show a profit; **dégager des liquidités** to free up cash.

**2 se dégager vpr a** [horizon] to clear, brighten up; [idée] to emerge. ◊ **se dégager de** dette to free o.s. of; affaire to get ou back out of, withdraw from; **en raison d'engagements antérieurs je ne suis pas parvenu à me dégager** owing to previous commitments I couldn't manage to get out of it ou to make myself available; **l'horizon se dégage sur le front de l'emploi** the labour market is brightening up. **b** (Bourse) to sell off. ◊ **de nombreux opérateurs se sont dégagés** many traders have liquidated their positions.

**dégarni, e** [degaʀni] **adj** compte en banque low.

**dégarnir** [degaʀniʀ] **1 vt** compte en banque to drain, draw heavily on.
**2 se dégarnir vpr** (Comm) [rayons] to be cleaned out ou cleared; [stock] to run out, become depleted, be cleaned out. ◊ **les carnets de commandes se sont dégarnis** order books have flattened out ou thinned.

**dégât** [dega] **nm** damage. ◊ **être tenu responsable des dégâts** to be held liable for the damage; **dégâts des eaux** water damage; **dégâts matériels** physical ou property damage; **nous avons réussi à limiter les dégâts** we managed to cut our losses.

**dégeler** [deʒle] **vt** (Fin) to unfreeze.

**dégommer*** [degɔme] **vt** (virer) to give the push to*, sack*, fire*. ◊ **se faire dégommer** to get the push*, be fired*.

**dégonflement** [degɔ̃fləmɑ̃] **nm** [stocks] working off. ◊ **dégonflement du marché** falling back of the market, market slowdown.

**dégradation** [degradɑsjɔ̃] **nf** [situation] deterioration (de in); [monnaie] weakening (de of). ◊ **dégradation du marché de l'emploi** labour market deterioration; **dégradation du niveau de vie** deterioration in ou erosion of living standards.

**dégrader** [degrade] **1 vt** to damage, cause damage to.
**2 se dégrader vpr** [situation] to deteriorate; [monnaie] to grow weaker.

**dégrafeuse** [degraføz] **nf** staple remover.

**dégraissage** [degʀɛsaʒ] **nm** [budget] trimming, pruning; [personnel] trimming, cutting back. ◊ **dégraissage de main-d'œuvre** labour shedding; **dégraissage d'actifs** asset stripping.

**dégraisser** [degʀɛse] **vt** budget to trim, prune; personnel to trim, pare, cut back; main-d'œuvre to shed.

**degré** [dəgʀe] **1 nm** (gén) degree; (échelon hiérarchique) grade, echelon.

**2** comp **degré de lecture** (Mktg) readership. – **degré de liquidité** (Fin) liquidity ratio. – **degré de solvabilité** (Fin) credit rating, creditworthiness, credit status.

**dégressif, -ive** [degʀesif, iv] **1 adj** degressive. ◊ **tarifs dégressifs** tapering ou shaded charges, graded rates; **amortissement dégressif** reducing balance depreciation; **impôt dégressif** graded tax, degressive taxation.
**2 dégressif nm** (Mktg) discount. ◊ **dégressif de fréquence** frequency discount; **dégressif sur le volume** bulk discount; **dégressif sur le volume d'espace / de temps** space / time discount.

**dégrèvement** [degʀɛvmɑ̃] **nm** ◊ **dégrèvement fiscal** tax relief, reduction of tax (de on), tax credit, tax rebate, tax cut, tax break, tax allowance; **dégrèvement d'une industrie** reduction of the tax burden ou load on an industry; **dégrèvement d'hypothèque** disencumbrance.

**dégrever** [degʀəve] **vt** marchandise to reduce the tax(es) on; industrie to reduce the tax burden ou load on; contribuable to grant tax relief to, derate; immeuble to disencumber.

**dégriffer** [degʀife] **vt** to sell off-label, unmark. ◊ **articles dégriffés** unmarked ou off-label articles ou goods; **magasin de dégriffés** off-label store.

**dégringolade** [degʀɛ̃gɔlad] **nf** [prix, monnaie] plunge, sharp drop, tumbling (down), collapse.

**dégringoler** [degʀɛ̃gɔle] **vi** [monnaie] to plunge, take a tumble; [prix, taux d'intérêt, profits, exportations] to tumble, collapse.

**dégrossir** [degʀosiʀ] **vt** projet, travail to rough out, work out roughly.

**dégrossissage** [degʀosisaʒ] **nm** [projet] roughing-out.

**dégroupage** [degʀupaʒ] **nm** break bulk.

**dégroupeur** [degʀupœʀ] **nm** break bulk agent.

**dehors** [dəɔʀ] **adv** outside. ◊ **option en dehors** (Fin) out-of-the-money option.

**déjeuner** [deʒœne] **nm** lunch. ◊ **déjeuner d'affaires** business lunch; **déjeuner de travail** working lunch, lunch meeting.

**délabré, e** [delabʀe] **adj** usine dilapidated; économie weak, in a sorry state.

**délabrement** [delabʀəmɑ̃] **nm** [usine] dilapidation; [économie] weak ou sorry state. ◊ **en état de délabrement** locaux dilapidated; pays in a sorry state, in a shambles.

**délabrer (se)** [delabʀe] **vpr** [économie] to go to rack and ruin, go on the skids (US).

**délai** [delɛ] **1** **nm** **a** (temps imparti) time; (dernière limite) time limit, deadline, final date; (Comm) delivery date. ◊ **dans les délais impartis** ou **prescrits** within the allotted ou prescribed time, within the time allotted; **dans quel délai pouvez-vous livrer?** how soon can you deliver?; **ils ne respectent pas toujours les délais** they do not always respect delivery dates; **observer** ou **respecter** ou **tenir les délais** [travail] to keep ou meet the deadline; [livraison] to keep ou meet delivery dates; **prolonger** ou **proroger un délai** to extend a time limit ou a deadline; **15 mars dernier délai pour les inscriptions** March 15th is the closing ou final date for registration, registration must be completed by March 15th at the latest; **dans les meilleurs délais, dans le plus bref délai** in the shortest possible time, as soon ou as quick as possible; **une réponse dans les meilleurs délais nous obligerait** a reply at your earliest convenience would oblige. **b** (temps d'attente) waiting period. ◊ **il faut compter un délai d'un mois** you'll have to allow a month; **sans délai** without delay, immediately; **dans un minimum de délai** with minimum deferment. **c** (prolongation) extension of time. ◊ **il va demander un délai pour achever le travail** he's going to ask for more time to finish off the job. **2** **comp délai d'approvisionnement** (procurement) lead time, replenishment time. — **délai de carence** lead time before payment, waiting delay. — **délai de chargement** time of loading. — **délai de conception** design lead time. — **délai-congé, pl délais-congés** term ou period of notice. — **délai de conservation des documents commerciaux** corporate retention. — **délai de grâce** grace period, days of grace. — **délai impératif** absolute deadline. — **délai de livraison** delivery date, delivery time, delivery deadline. — **délai de mise en œuvre** processing lead time. — **délai de mise en route** setup time. — **délai moyen de recouvrement** average collection period. — **délai de paiement** (date) term of payment; (prolongation) extension of payment, respite for payment; (temps accordé) payment time. — **délai de planche** lay time ou days. — **délai de préavis** term ou period of notice. — **délai de prescription** limitation period. — **délai de production** lead time. — **délai de réalisation** lead time. — **délai de recouvrement** collection time. — **délai de récupération** [capital investi] payback period. — **délai de réflexion** (avant réponse) time for consideration; (avant de prendre des sanctions) cooling-off period. — **délai réglementaire** prescribed time. — **délai de rigueur : à retourner avant le 30 juin délai de rigueur** to be sent back before the absolute deadline of June 30th. — **délai de starie** lay time ou days. — **délai de validité** term of validity.

**délaissement** [delɛsmɑ̃] **nm** abandonment. ◊ **délaissement du navire et des facultés assurées** (Ass Mar) abandonment of the ship and the insured cargo.

**délaisser** [delese] **vt** (gén, Ass Mar) to abandon.

**délégataire** [delegatɛʀ] **nmf** proxy.

**délégation** [delegɑsjɔ̃] **1** **nf** **a** (personnes) delegation, body of delegates. ◊ **les représentants syndicaux se sont rendus en délégation auprès de la direction** the union representatives came as a delegation to meet with the management. **b** (pouvoir) delegation. ◊ **avoir délégation de signature** to sign on sb's authority; **agir par délégation** to act on sb's authority, act vicariously; **se voir confier une expertise par délégation** to deputize as an expert; **recevoir délégation en bonne et due forme pour faire qch** to be delegated ou duly authorized to do sth. **c** (bureau) branch, office. **2** **comp délégation commerciale** (bureau) trade branch; (personnel) trade mission. — **délégation de créance** assignment ou delegation of debt. — **délégation générale à la recherche scientifique et technique** general office ou bureau for technical and scientific research. — **délégation de pouvoirs** delegation of powers, power of attorney (US).

**délégué, e** [delege] **1** **adj** delegate, deputy. ◊ **administrateur délégué** acting managing director. **2** **nm,f** delegate, representative. ◊ **délégué général** managing director; **délégué du personnel** ou **d'atelier** shop steward (GB), union delegate, employees' representative; **délégués consulaires** trade representatives; **délégué syndical** union representative.

**déléguer** [delege] **vt** pouvoirs, personne to delegate (à to); créance to assign, delegate. ◊ **être délégué par intérim à la place de qn** to deputize for sb, stand in for sb.

**délibération** [deliberɑsjɔ̃] **nf** (discussion) deliberation. ◊ **délibérations** proceedings, deliberations; **mettre une question en délibération** to debate an issue, to submit an issue for discussion; **la question est en délibération** the question is being debated ou is under discussion; **procès-verbal des délibérations du conseil d'administration** minutes of the board meeting, board minutes.

**délibéré** [delibeʀe] **nm** (Jur) deliberation. ◊ **mettre une affaire en délibéré** to debate a matter.

**délibérer** [delibeʀe] **vi** to deliberate. ◊ **délibérer sur une question** to deliberate (over ou upon) an issue ; **délibérer de la conduite à tenir** to consider what course of action should be taken.

**délictueux, -ueuse** [deliktɥø, ɥøz] **adj** criminal. ◊ **fait délictueux** criminal act.

**délier** [delje] **vt** ◊ **délier qn d'une obligation** to free ou release sb from an obligation.

**délinquance** [delɛ̃kɑ̃s] **nf** criminality. ◊ **délinquance juvénile** juvenile delinquency.

**délinquant, e** [delɛ̃kɑ̃, ɑ̃t] **1** **adj** delinquent. ◊ **jeunesse délinquante** juvenile delinquents ou offenders. **2** **nm,f** delinquent, offender, delink*. ◊ **délinquant juvénile** juvenile delinquent ou offender ; **délinquant primaire** first offender.

**délit** [deli] **nm** offence. ◊ **délit d'initié** (Bourse) insider trading.

**délivrance** [delivʀɑ̃s] **nf** [document] issue, issuance, delivery. ◊ **délivrance d'un brevet** granting of a patent.

**délivrer** [delivʀe] **vt** visa, certificat to issue, deliver.

**délocalisation** [delɔkalizasjɔ̃] **nf** relocation. ◊ **délocalisation de la production** (gén) relocation of production facilities ; (à l'étranger) offshore production, shifting production offshore ; (par sous-traitance) outsourcing ; **délocalisation des capitaux** flight of capital offshore.

**délocaliser** [delɔkalize] **vt** (gén) to relocate ; (à l'étranger) to offshore.

**déloyal, e,** **mpl** **-aux** [delwajal, o] **adj** concurrence, méthode unfair. ◊ **pratiques commerciales déloyales** unfair ou restrictive trade practices.

**demande** [d(ə)mɑ̃d] **1** **nf** **a** (gén) [renseignement] request (*de* for) ; [emploi, permis] application (*de* for) ; [remboursement] claim (*de* for). ◊ **conformément à votre demande** in accordance ou compliance with your request ; **prix sur demande** price on application ou request ; **échantillon sur demande** samples sent on request ; **payable sur demande** payable ou due on demand ; **dépôt remboursable sur demande** deposit (repayable) at call ; **faire une demande de remboursement** to put in a request ou claim for reimbursement (*à qn* to sb), request reimbursement (*à qn* from sb) ; **adressez votre demande au ministère** apply to the ministry. **b** (Écon) demand. ◊ **l'offre et la demande** supply and demand ; **contrôle / prix de la demande** demand management / price ; **pression de la demande** demand pull, pressure of demand ; **inflation par la**

demande demand pull inflation ; **il existe une demande suivie pour ce produit** there is a steady demand for this product. **2** **comp** **demande d'arbitrage** request for arbitration. – **demande des consommateurs** consumer demand. – **demande de crédit** application for credit. – **demande dérivée** derived demand. – **demande en dommages-intérêts** claim for damages. – **demande effective** effective demand. – **demande d'emploi** job application ; **faire une demande d'emploi** to apply for a job ; **demandes d'emploi** (rubrique de journal) situations wanted ; **demandes d'emploi non satisfaites** unsuccessful job applications. – **demande excédentaire** excess demand. – **demande globale** aggregate ou overall demand. – **demande d'indemnité** claim for compensation, compensation claim. – **demande induite** induced demand. – **demande interne** ou **intérieure** domestic demand, demand on the home market. – **demande d'introduction à la cote** application for quotation. – **demande du marché** market demand. – **demande des particuliers** household demand. – **demande de prêt** loan application, request for a loan. – **demande reconventionnelle** (Jur) counterclaim, cross action.

**demandé, e** [d(ə)mɑ̃de] **adj** in demand. ◊ **cet article est très demandé** this item is (very) much in demand ou is a hot seller ; **prix demandé** price asked ; **peu demandé** in limited request ; **très demandé** in active request ; **cours demandé** (Bourse) prices bid ; **pas demandé** (Bourse) no bid.

**demander** [d(ə)mɑ̃de] **vt** **a** renseignement, entretien to ask for, request ; emploi, permis to apply for ; indemnité, dommages-intérêts to claim. ◊ **demander audience à qn** to ask to see sb. **b** personne (gén) to ask for ; réparateur to send for, call for ; numéro de téléphone to ask for. ◊ **demander à voir qn / à parler à qn** to ask to see sb / to speak to sb ; **le patron vous demande** the boss wants to see you ou is asking for you ; **on le demande au téléphone** he is wanted on the phone ; **demandez-moi la comptabilité** (au téléphone) get me the accounts department, put me through to the accounts department. **c** (désirer) to be asking for, want. ◊ **on demande comptable confirmé** (sur annonce) experienced accountant wanted ; **ils en demandent 5 000 F** they want ou they are asking F5,000 for it ; **demander un prix pour qch** to charge a price for sth. **d** (nécessiter) efforts to require, need. ◊ **cela demande réflexion** it needs thinking over ; **opérations qui demandent du temps** time-consuming operations.

**demanderesse** [d(ə)mɑ̃dʀɛs] **nf** (Jur) plaintiff, claimant.

**demandeur** [d(ə)mɑ̃dœʀ] **1** **adj** ◊ marché demandeur (Bourse) seller's market ; **le marché nord-américain est très demandeur de nos produits** our products are in great demand on the North American market, there is great demand for our products in the North American market ; **si un nouvel emprunt était émis nous serions demandeurs** if a new loan was issued we should be takers ou we should be in the market. **2** **nm** (Jur) plaintiff, claimant. ◊ **demandeur en appel** appellant ; **avocat du demandeur** counsel for the plaintiff. **3** **comp demandeur d'un brevet** applicant ou claimant for a patent. — **demandeur d'emploi** job-seeker, job-hunter.

**démantèlement** [demɑ̃tɛlmɑ̃] **nm** [organisation] breaking up, dismantling. ◊ **démantèlement des barrières douanières** removal of trade barriers ; **démantèlement du marché** market disruption.

**démanteler** [demɑ̃tle] **vt** organisation to break up, dismantle.

**démarchage** [demaʀʃaʒ] **nm** (Comm) door-to-door ou doorstep selling, canvassing. ◊ **faire du démarchage** to do door-to-door selling.

**démarche** [demaʀʃ(ə)] **nf** (intervention) step ; (approche) approach. ◊ **entreprendre** ou **faire une démarche auprès de qn** to approach sb ; **c'était la bonne démarche** it was the right course of action ; **toutes nos démarches ont été vaines** ou **sans effet** none of the steps we took was effective ; **démarche collective** joint representation ; **démarche marketing** marketing approach.

**démarcher** [demaʀʃe] **vt** produit to sell ; client to visit, canvass, contact.

**démarcheur** [demaʀʃœʀ] **nm** (Comm) door-to-door salesman, canvasser. ◊ **démarcheur d'assurances** insurance salesman, solicitor (US), home-service agent ; **démarcheur publicitaire** advertisement canvasser.

**démarcheuse** [demaʀʃøz] **nf** (Comm) door-to-door saleswoman, canvasser.

**démarquage** [demaʀkaʒ] **nm** [article] markdown, drop-tag(ging) (US).

**démarque** [demaʀk(ə)] **nf** [article] markdown, marking-down. ◊ **démarque inconnue** pilferage, shrinkage ; (dans les grands magasins) shoplifting.

**démarquer** [demaʀke] **vt** article to mark down, drop-tag (US). ◊ **articles démarqués** goods at a discount, off-price goods.

**démarrage** [demaʀaʒ] **nm** [promotion, campagne] start (up), launch ; [économie] take-off. ◊ **prêt de démarrage** startup ou pump-priming loan.

**démarrer** [demaʀe] **1** **vi** [campagne] to start, get off the ground ; [économie] to take off, get off the ground. ◊ **l'affaire a bien démarré** the affair got off to a good start ou started off well ; **le projet démarre vraiment** the project is really getting started. **2** **vt** (fig) campagne to launch.

**dématérialisation** [demateʀjalizasjɔ̃] **nf** (Bourse) [titres] dematerialization.

**dématérialiser** [demateʀjalize] **vt** to dematerialize.

**démembrement** [demɑ̃bʀəmɑ̃] **nm** (Fin) stripping.

**démembrer** [demɑ̃bʀe] **vt** entreprise to slice up, carve up.

**déménagement** [demenaʒmɑ̃] **nm** removal. ◊ **camion de déménagement** removal van, moving van (US) ; **prime** ou **indemnité de déménagement** removal ou relocation allowance ; **entreprise de déménagement** removal firm.

**déménager** [demenaʒe] **1** **vt** mobilier to move, remove. **2** **vi** to move (house).

**démenti** [demɑ̃ti] **nm** denial, refutation. ◊ **publier un démenti** to issue a disclaimer ou denial, publish a denial ; **donner** ou **opposer un démenti à** rumeurs to give the lie to, deny formally ; **la déclaration de l'ambassadeur n'a pas été démentie** the ambassador's statement was not contradicted.

**démentir** [demɑ̃tiʀ] **vt** déclaration, rumeur to refute, deny ; personne to contradict. ◊ **démentir avoir fait** to deny having done.

**démettre** [demɛtʀ(ə)] **1** **vt** ◊ **démettre qn de ses fonctions** to dismiss sb from his duties. **2** **se démettre** **vpr** to resign, hand in one's resignation, quit, step down. ◊ **se démettre de ses fonctions** to resign (from) one's duties.

**demeure** [dəmœʀ] **nf** ◊ **à demeure** installations permanent ; **mise en demeure** (gén) injunction ; (Admin) enforcement notice ; (Jur) court injunction ; **mettre qn en demeure de payer** to give sb notice to pay.

**demi, e** [dəmi] **1** **adj, adv, nm,f** half. ◊ **une heure et demie** one hour and a half ; **une demi-heure** half an hour ; **toutes les demi-heures** every half hour. **2** **comp demi-gros** retail-wholesale ; **prix de demi-gros** trade price. — **demi-mesure** half measure. — **demi-produit** semi-processed product. — **demi-salaire** half pay. — **demi-tarif** (transports) half fare ; **billet demi-tarif** half-fare ticket ; **payer demi-tarif** (gén) to pay half price ; (transports) to pay half fare.

**démission** [demisjɔ̃] **nf** resignation. ◊ **donner ou remettre sa démission** to hand in ou file ou tender one's resignation ou one's notice.

**démissionnaire** [demisjɔnɛʀ] **1 adj** resigning. ◊ **être démissionnaire** to resign ; **elle est démissionnaire** she has resigned. **2 nmf** person resigning.

**démissionner** [demisjɔne] **1 vi** to resign, hand in ou file ou tender one's resignation ou one's notice. **2 vt** ◊ **démissionner qn** * to retire sb, to give sb his cards ou his pink slip (US) ; **on l'a démissionné** he was put out to grass*, they retired him.

**démodé, e** [demɔde] **adj** (gén) old-fashioned, out-of-date, outdated ; équipement obsolete.

**démoder (se)** [demɔde] **vpr** (gén) to become old-fashioned, go out of fashion ; [équipement] to become obsolete.

**démographie** [demɔgʀafi] **nf** demography. ◊ **démographie galopante** fast ou massive population growth.

**démographique** [demɔgʀafik] **adj** demographic. ◊ **explosion démographique** population explosion, demographic boom ; **politique démographique** population policy ; **poussée démographique** population increase ou growth ; **statistiques démographiques** vital statistics ; **tendances démographiques** population trends.

**démonétisation** [demɔnetizasjɔ̃] **nf** demonetization.

**démonétiser** [demɔnetize] **vt** to demonetize.

**démonstrateur, -trice** [demɔ̃stʀatœʀ, tʀis] **nm,f** (Comm) demonstrator.

**démonstration** [demɔ̃stʀasjɔ̃] **nf** (Comm) demonstration. ◊ **appareil de démonstration** demonstration model ; **film de démonstration** demonstration(al) film ; **salle de démonstration** showroom ; **démonstration sans engagement** (dans un prospectus) ask for free demonstration.

**démontable** [demɔ̃tabl(ə)] **adj** which can be dismantled ou taken to pieces.

**démontage** [demɔ̃taʒ] **nm** dismantling. ◊ **au cours du démontage** during the dismantling operation.

**démonter** [demɔ̃te] **vt** appareil to dismantle, take to pieces. ◊ **meuble vendu démonté** furniture sold in kit form.

**démotivant, e** [demɔtivɑ̃, ɑ̃t] **adj** ◊ **mon travail est démotivant** there's no incentive in my job ; **l'attitude du patron est très démotivante pour ses employés** the boss's attitude has sharply reduced staff motivation, the employees' motivation is badly affected by their boss's attitude.

**démotivation** [demɔtivasjɔ̃] **nf** lack of motivation. ◊ **l'annonce de l'OPA a eu pour effet la démotivation du personnel** staff motivation dropped ou diminished following the announcement of the takeover.

**démotiver** [demɔtive] **vt** ◊ **le niveau de l'imposition démotive les cadres supérieurs** high income tax is a disincentive for senior executives ; **il est démotivé** he is not ou no longer motivated, he lacks motivation.

**démultiplicateur, -trice** [demyltiplikatœʀ, tʀis] **adj** effet demultiplying.

**démuni, e** [demyni] **adj a** (pauvre) impoverished. ◊ **les plus démunis** the underprivileged ; **les nations les plus démunies** the poorer nations. **b** (manquant de) **démuni de** without, lacking in ; **le Japon est totalement démuni de certaines matières premières** Japan is totally lacking in certain raw materials.

**dénatalité** [denatalite] **nf** *fall in the birth rate.*

**dénationalisation** [denasjɔnalizasjɔ̃] **nf** denationalization.

**dénationaliser** [denasjɔnalize] **vt** to denationalize.

**dénégation** [denegasjɔ̃] **nf** denial, disclaimer. ◊ **dénégation de responsabilité** denial ou disclaimer of responsibility.

**déni** [deni] **nm** ◊ **déni de justice** (Jur) denial of justice.

**dénier** [denje] **vt** responsabilité to deny, disclaim.

**dénombrement** [denɔ̃bʀəmɑ̃] **nm** counting. ◊ **dénombrement par sondage** test count ; **dénombrement de la population** census of population.

**dénombrer** [denɔ̃bʀe] **vt** (compter) to count ; (énumérer) to list. ◊ **on dénombrait le mois dernier 2 144 500 chômeurs** the number of those unemployed last month was 2,144,500.

**dénominateur** [denɔminatœʀ] **nm** denominator. ◊ **dénominateur commun** common denominator.

**dénomination** [denɔminasjɔ̃] **nf** designation, appellation, denomination. ◊ **dénomination sociale** ou **d'une société** corporate name.

**dénommé, e** [denɔme] **adj** ◊ **le dénommé X** a certain X ; **un dénommé Dupont** someone by the name of Dupont ou who called himself Dupont ; **ci-après dénommé l'acheteur...** (Jur) (dans un acte notarié) hereinafter referred to as the buyer...

**dénoncer** [denɔ̃se] **vt** (résilier) contrat to denounce, terminate ; (protester contre) to denounce. ◊ **notre syndicat a toujours**

**dénoncé ces mouvements de grève** our union has always protested ou declaimed against these industrial actions.

**dénonciation** [denɔ̃sjɑsjɔ̃] **nf** (résiliation) [accord] denunciation, denouncement. ◊ **dénonciation d'un contrat** notice of termination of an agreement.

**dénouement** [denumɑ̃] **nm** [affaire] outcome, conclusion; (Bourse) settlement.

**dénouer** [denwe] **1 vt** situation to untangle, resolve; (Bourse) opération to settle. **2 se dénouer vpr** [situation] to be resolved; (Bourse) to settle. ◊ **les opérations se dénouent à la fin du mois** transactions settle ou are settled at the end of the month, settlement takes place at the end of the month.

**denrée** [dɑ̃re] **1 nf** (aliment) food, foodstuff; (fig) commodity. ◊ **le service est devenu une denrée rare** service has become a rare commodity. **2 comp denrées alimentaires** foodstuffs. – **denrées de base** basic foods. – **denrées de consommation courante** basic consumer goods. – **denrées périssables** perishable goods, perishables.

**dense** [dɑ̃s] **adj** dense.

**densité** [dɑ̃site] **nf** density. ◊ **zone à forte / faible densité de population** densely / sparsely populated area; **densité de revenu** income density; **densité publicitaire** advertising density.

**déontologie** [deɔ̃tɔlɔʒi] **nf** professional code of ethics, business ethics.

**déontologique** [deɔ̃tɔlɔʒik] **adj** ◊ **code déontologique** professional code of ethics, business ethics.

**dép.** abrév de *département*.

**dépannage** [depanaʒ] **nm** fixing, repairing. ◊ **équipe de dépannage** breakdown gang, maintenance crew; **service de dépannage** breakdown service; **stock de dépannage** (Ind) safety bank; **voiture de dépannage** breakdown lorry, breakdown truck (US), wrecker (US), tow truck (US); **solution de dépannage** makeshift solution, patched-up solution.

**dépanner** [depane] **vt** véhicule to fix, repair. ◊ **dépanner un client** to help out a customer; **la banque m'a dépanné** the bank helped me out ou bailed me out.

**dépanneur** [depanœR] **nm** (gén) repairman; (Aut) breakdown mechanic.

**dépanneuse** [depanøz] **nf** breakdown lorry (GB), breakdown truck (US), wrecker (US), tow truck (US).

**dépareillé, e** [depaReje] **adj** collection incomplete; objet unmatched, odd. ◊ **articles dépareillés** oddments, job lot, broken lots.

**départ** [depaR] **nm a** [voyageur] departure; [courrier] dispatch. ◊ **date de départ** [personne] date of departure; [colis] date of dispatch; **prix départ usine** price ex-works ou ex-mill ou ex-factory. **b** (début) start. ◊ **prendre un bon départ** to be off to a good start; **un faux départ** a false start; **capital de départ** seed money, start-up capital; **point de départ** starting point; **prix de départ** asking price. **c** [employé] leaving, departure. ◊ **le président annonça son départ de l'entreprise** the chairman announced that he was leaving ou that he was going to quit the company; **indemnité de départ** severance pay; **départ en préretraite** early retirement; **départs naturels** natural wastage; **départ à la retraite** retirement; **départ volontaire** resignation; **une formation spécialisée est un moyen de limiter les départs** specific training reduces the number of resignations ou reduces the turnover in staff.

**département** [depaRtəmɑ̃] **nm** department.

**dépassant** [depɑsɑ̃] **nm** (Mktg) ◊ **dépassant de rayon** shelf-strip.

**dépassé, e** [depɑse] **adj** méthode old-fashioned, obsolete, superseded.

**dépassement** [depɑsmɑ̃] **nm a** (Fin) overrun. ◊ **dépassement budgétaire** budget(ary) ou cost overrun. **dépassement de crédit** overspending, overrun, overexpenditure; **un dépassement de crédit de 8 millions** an F8 million credit overrun. **b** (Inf) overflow.

**dépasser** [depɑse] **vt a** (surpasser) objectif to overshoot; concurrent to overtake, outstrip, outmatch. **b** (excéder) limite, vitesse to exceed. ◊ **dépasser en nombre** to outnumber; **dépasser la limite de poids** to be in excess of ou be over the weight limit; **la demande dépasse l'offre** demand outstrips supply; **le cours de l'or ne devrait pas dépasser son plafond record** the gold price should not exceed its record high; **nous ne souhaitons pas dépasser 20 millions d'investissement** we don't want to go over 20 million in investment ou to invest more than 20 million; **toute somme dépassant 5 000 livres** any amount in excess of ou above £5,000; **les ventes ont dépassé le niveau de l'an dernier** sales are above ou have exceeded last year's level; **nous avons dépassé notre budget** we have overspent ou gone beyond our budget. **c** (outrepasser) attributions to go beyond; crédit to exceed. ◊ **cela dépasse mes compétences** it's beyond ou it lies beyond ou outside my competence; **cet ordinateur dépasse nos moyens** we can't afford this computer.

**dépêche** [depɛʃ] **nf** dispatch. ◊ **dépêche télégraphique** telegram, wire.

**dépendance** [depɑ̃dɑ̃s] **nf** `a` dependence. ◊ **être sous ou dans la dépendance de qn** to be under sb's control, be subordinated to sb ; **non-dépendance** self-sufficiency. `b` [immeuble] appurtenance. ◊ **la ferme et ses dépendances** the farm and its outbuildings.

**dépendant, e** [depɑ̃dɑ̃, ɑ̃t] **adj** dependent (*de* on). ◊ **variable dépendante** dependent variable.

**dépendre de** [depɑ̃dʀ(ə)] **vt indir** [subordonné] to be answerable to, be responsible to ; [économie] to be dependent (up)on ; [condition, choix] to depend (up)on, be dependent (up)on. ◊ **ce pays dépend économiquement de la France** this country is economically dependent up(on) France ; **de qui dépend-il ?** who does he report to ? ; **le directeur de ce service dépend directement du directeur général** the head of this department is directly answerable to ou reports directly to the chief executive ; **je dépends hiérarchiquement du chef comptable** I am accountable ou responsible to the chief accountant, I report to the chief accountant ; **cela dépend de vous** it's up to you, it depends on you ; **tout dépend de sa décision** it all hinges on his decision ; **notre projet dépend de l'obtention d'une aide à l'investissement** our plan is dependent on our receiving an investment subsidy.

**dépens** [depɑ̃] **nmpl** (Jur) costs. ◊ **il a été condamné aux dépens** he was ordered to pay costs, he had costs awarded against him.

**dépense** [depɑ̃s] `1` **nf** `a` (somme) spending, expense, expenditure, outlay. ◊ **dépenses prévues / non prévues au budget** budgeted / non budgeted expenditure ; **prévision de dépenses** cost estimate, estimated expenditure ; **réduire les dépenses** to reduce ou cut back on ou cut down expenses ; **contenir les dépenses** to keep down ou rein in spending ; **couvrir ses dépenses** to cover one's expenses ; **imputer une dépense à un compte** to charge an expense to an account. `b` (Tech) [énergie, essence] consumption.
`2` **comp dépenses budgétaires** budgetary expenditures. – **dépenses de consommation** consumer spending ou outlays. – **dépenses courantes** running ou current expenses. – **dépenses directes** direct expenses, prime costs (US). – **dépenses diverses** sundries. – **dépenses d'équipement** capital expenditure. – **dépenses d'établissement** initial capital outlay. – **dépenses d'exploi-**

**tation** working expenses (GB), operating expenses. – **dépenses de fonctionnement** operating ou operational expenses. – **dépenses imprévues** contingencies, contingent expenses. – **dépenses indirectes** indirect expenses, burden (US). – **dépenses d'investissement** capital expenditure. – **dépenses des ménages** household expenditure. – **dépenses périodiques** recurring ou recurrent expenses. – **dépenses publicitaires** advertising expenditure. – **dépenses publiques** public expenditure, government spending. – **dépenses sociales** welfare expenditure. – **dépenses supplémentaires** additional expenses.

**dépenser** [depɑ̃se] **vt** argent to spend ; énergie to use, consume. ◊ **dépenser sans compter** to spend lavishly ou without stint, spare no expense ; **solde non dépensé** unspent ou unexpended balance ; **dépenser mal à propos** to misspend.

**déperdition** [depɛʀdisjɔ̃] **nf** loss, waste, wastage. ◊ **déperdition d'énergie** energy loss.

**dépérir** [depeʀiʀ] **vi** [entreprise] to (be on the) decline, go downhill, go on the skids*.

**dépérissement** [depeʀismɑ̃] **nm** decline.

**déphasage** [defɑzaʒ] **nm** (entre deux actions) lack of coordination. ◊ **il y a un déphasage entre la direction et le personnel** management is out of touch ou out of phase with the staff.

**dépistage** [depistaʒ] **nm** tracking down, detection.

**dépister** [depiste] **vt** erreur to track down, root out ; coupable expose, track down ; cause detect, reveal.

**déplacé, e** [deplase] **adj** ◊ (Fin) **effet déplacé** *bill which can be paid in another town*.

**déplacement** [deplasmɑ̃] **nm** `a` [fonctionnaire] transfer, movement ; [cadre] relocation, reassignment ; [population, cours de Bourse] shifting, shift ; [main-d'œuvre] displacement ; [usine] relocation. ◊ **déplacement de la demande** demand shift ; **déplacement de l'offre et de la demande** shift in supply and demand ; **déplacement de l'activité vers d'autres sites** business relocation ; **déplacement de fonds** movement of funds. `b` (voyage) trip, travel. ◊ **être en déplacement pour affaires** to be on a business trip ; **en déplacement à l'étranger** on business abroad ; **elle est toujours en déplacement** she's always travelling ; **pour vos déplacements** for your business trips ou business travel ; **frais de déplacement** travelling expenses ; **indemnité de déplacement** travel(ling) allowance. `c` (Mar) displacement.

◊ **déplacement en charge** load displacement; **déplacement à vide** light displacement; **déplacement de la cargaison** cargo-shifting.

**déplacer** [deplase] **1** vt fonctionnaire to transfer, move; usine to relocate; main-d'œuvre to displace. ◊ **il a demandé à être déplacé dans un autre service** he asked for a transfer ou move to another department, he asked to be transferred to another department; **déplacer la charge fiscale** to shift the tax burden.
**2** **se déplacer** vpr (voyager) to travel. ◊ **il est amené à se déplacer fréquemment** he's a frequent traveller; **l'activité économique se déplace vers l'ouest** economic activity is heading west.

**déplafonnement** [deplafɔnmã] nm removal of the ceiling (de from).

**déplafonner** [deplafɔne] vt to lift ou raise the ceiling from.

**dépliant** [deplijã] nm (prospectus) leaflet, brochure.

**déplomber** [deplɔ̃be] vt colis to unseal.

**déport** [depɔʀ] nm (Bourse) backwardation. ◊ **un spéculateur à la baisse paye un déport pour reporter la livraison à la liquidation suivante** a bear seller pays a backwardation to defer delivery until the following settling day.

**déposant, e** [depozã, ãt] nm,f (épargnant) depositor; (Jur : témoin) deponent.

**déposer** [depoze] **1** vt **a** colis, valise to leave. **b** argent, document to deposit. ◊ **déposer de l'argent en banque** to deposit money with a bank, pay money into a bank; **j'ai déposé 5 000 F sur mon compte** I deposited F5,000 into my account; **déposer des titres en garde** to deposit securities in safe custody; **déposer des titres en nantissement** to pledge securities as collateral. **c** plainte to lodge; réclamation to file; marque de fabrique to register; projet de loi to bring in, table (GB), introduce. ◊ **déposer sa candidature pour un emploi** to apply for a job, to send in one's application for a job; **déposer une demande de brevet** to file an application for a patent; **marque déposée** registered trade-mark, proprietary brand; **modèle déposé** registered design; **déposer son bilan** to file one's petition in bankruptcy, file for bankruptcy.
**2** vi (Jur) to testify, give evidence, bear witness.

**dépositaire** [depoziteʀ] nmf **a** [biens, valeurs] depository, trustee bailee. ◊ **dépositaire public** (Jur) ≈ authorized depository; **un banquier est le dépositaire des objets de valeur de ses clients** a banker acts as bailee

for the custody of valuables deposited by his customers; **dépositaires de valeurs** holders of securities on trust; **dépositaire légal** (Fin) escrow agent. **b** (Comm : concessionnaire) selling agent (de for). ◊ **dépositaire exclusif** sole agent (de for).

**déposition** [depozisjɔ̃] nf (Jur) deposition, testimony, evidence. ◊ **recueillir une déposition** to take sb's evidence.

**dépôt** [depo] **1** nm **a** [colis, valise]. ◊ **laisser des marchandises en dépôt** (Comm) to leave goods on consignment; **heure limite de dépôt** (Poste) latest time for posting, last collection; **avoir qch en dépôt** to hold sth in trust; **confier qch en dépôt à qn** to entrust sb with sth. **b** (remise d'argent, de document) depositing (de of); (somme versée) deposit. ◊ **banque / bordereau / compte de dépôt** deposit bank / slip / account; **certificat de dépôt** certificate of deposit, CD; **la gestion des dépôts par les banques** deposit banking; **rémunération des dépôts** deposit interest; **mettre des titres en dépôt** to place securities in safe custody; **récépissé de dépôt de titres** safe custody receipt of securities; **il y a eu un retrait massif des dépôts bancaires** there has been a run on banks. **c** [réclamation] filing; [marque de fabrique, brevet] registration; [projet de loi] introduction, tabling (GB). ◊ **le dépôt d'une plainte est toujours délicat** lodging a complaint is always tricky; **le dépôt d'un acte à l'enregistrement** filing a deed at the registry office. **d** (entrepôt) warehouse, store, depot; (Douanes) bond. ◊ **mettre en dépôt** (Douanes) to bond.
**2** comp **dépôt bancaire** bank deposit, deposit of funds. − **dépôt de bilan** bankruptcy; **être contraint au dépôt de bilan** to have to file one's petition in bankruptcy; **le nombre des dépôts de bilan** the number of business failures. − **dépôt de candidature** application. − **dépôt conditionnel** deposit in escrow. − **dépôt à court terme** deposit at short notice. − **dépôt de couverture** reserve deposit. − **dépôt en espèces** money ou cash deposit. − **dépôt de garantie** (gén) deposit; (Ass) trust fund; (Fin, Bourse) margin cover. − **dépôt légal** legal deposit. − **dépôt en main tierce** deposit in escrow. − **dépôt à moins de 30 jours** deposit of less than 30 day's duration. − **dépôt en numéraire** money ou cash deposit. − **dépôt remboursable sur demande** deposit at ou on call, demand deposit, sight deposit. − **dépôt de signature, dépôt à terme** fixed term deposit, time deposit. − **dépôt de titres** stock deposit. − **dépôt à vue** deposit at ou on call, demand deposit, sight deposit; **dépôt à vue rémunéré** nous account.

**dépotage** [depɔtaʒ] nm [conteneur] unstuffing (GB), stripping (US).

**dépoter** [depɔte] vt marchandises en conteneurs to unload.

**dépotoir** [depɔtwaʀ] nm rubbish dump (GB), garbage dump (US).

**dépouillement** [depujmɑ̃] nm [scrutin] count, counting. ◊ **dépouillement d'appels d'offres** opening and sorting of tenders.

**dépouiller** [depuje] vt courrier to go through; compte to analyze, look into; scrutin to count. ◊ **dépouiller qn de** emploi, droits to divest ou deprive sb of.

**dépréciation** [depʀesjasjɔ̃] nf [matériel, monnaie] depreciation, loss ou fall in value. ◊ **la dépréciation du dollar** the dollar depreciation; **provision pour dépréciation de matériel** reserve for depreciation of plant; **provision pour dépréciation des stocks** reserve for inventory losses; **dépréciation physique d'une immobilisation** physical depreciation of an asset.

**déprécier** vt, **se déprécier** vpr [depʀesje] monnaie, biens to depreciate.

**déprédation** [depʀedasjɔ̃] nf (Jur : malversation) misappropriation, embezzlement. ◊ **déprédations** (dégâts) damage.

**dépression** [depʀesjɔ̃] nf [économie] depression, slump.

**déprimé, e** [depʀime] adj marché, zone depressed; cours low, depressed. ◊ **la séance de mercredi s'est déroulée dans un climat déprimé** (Bourse) trading on Wednesday remained dull all through; **les emprunts d'État sont déprimés** (Bourse) the gilt-edged market is depressed.

**déprimer** [depʀime] vt to depress. ◊ **la hausse des prix déprime la consommation des particuliers** household consumption has slowed down ou has been depressed by the rise in prices; **les mauvais résultats ont déprimé le cours du titre** the poor results have driven down the value of the stock.

**DEPS** [deəpeɛs] abrév de *dernier entré, premier sorti* LIFO.

**député** [depyte] nm (au Parlement) deputy ≈ member of Parliament (GB), representative (US).

**déqualification** [dekalifikasjɔ̃] nf deskilling.

**déqualifier** [dekalifje] vt to deskill.

**dérangement** [deʀɑ̃ʒmɑ̃] nm (gêne) trouble, disturbance. ◊ **pour vous éviter un autre dérangement** to save you another trip, to avoid putting you out again; **en dérangement** out of order.

**déranger** [deʀɑ̃ʒe] **1** vt personne to trouble, disturb; plan to disrupt, upset. ◊ **si cela ne vous dérange pas** if it is not inconvenient for you, if you don't mind.

**2** **se déranger** vpr ◊ **pour vous éviter de vous déranger** so as not to put you to any inconvenience, so that you do not have to go to any trouble; **je me suis dérangé pour aller la voir** I went out of my way to go and see her.

**dérapage** [deʀapaʒ] nm [prix, salaires] sliding up, upward drift. ◊ **dérapage de la production** slippage ou fall-off in output; **dérapage économique** economic skid.

**déraper** [deʀape] vi [prix] (vers le haut) to jump, slide up; (vers le bas) to slip, fall off. ◊ **l'indice des prix du mois d'août a dérapé** the August price index jumped; **l'inflation a dérapé** inflation has gone out of control.

**déréférencement** [deʀefeʀɑ̃smɑ̃] nm delisting.

**déréférencer** [deʀefeʀɑ̃se] vt to delist.

**déréglementation** [deʀeɡləmɑ̃tasjɔ̃] nf deregulation.

**déréglementer** [deʀeɡləmɑ̃te] vt to deregulate.

**dérégler** [deʀeɡle] **1** vt mécanisme to put out of order; marché, économie to unsettle, distort.

**2** **se dérégler** vpr to go wrong.

**dérisoire** [deʀizwaʀ] adj salaire, somme derisory, paltry.

**dérivation** [deʀivasjɔ̃] nf derivation. ◊ **dérivation d'une fonction** derivation of a function.

**dérive** [deʀiv] nf drift. ◊ **aller à la dérive** to drift; **dérive des prix et des salaires** wage and price drift; **dérive des taux d'intérêt** upward drift of interest rates.

**dérivé** [deʀive] nm (produit) by-product, spin-off. ◊ **prix des produits dérivés** derivative prices.

**dérivée** [deʀive] nf derivative. ◊ **dérivée d'une fonction** derivative of a function.

**dernier, -ière** [dɛʀnje, jɛʀ] **1** adj (gén) last; échelon, grade top, highest; préparatifs final; mode latest. ◊ **changement de dernière minute** last minute change; **c'est mon dernier prix** (vendeur) it's the lowest I'll go; (acheteur) it's my final offer; **voici notre dernier tarif** here is our latest price list.

**2** comp **derniers cours** (Bourse) closing prices, latest quotations. – **dernière enchère** closing ou last bid. – **dernier enchérisseur** highest bidder. – **dernier entré, premier sorti** last in, first out. – **dernière répartition** (Fin) final dividend.

**dérogation** [deʀɔɡasjɔ̃] nf (special) dispensation. ◊ **dérogation à la loi** impairment of the law; **les pays du Tiers Monde bénéficient de dérogations importantes par rapport aux**

**règlements du GATT** Third World countries enjoy considerable dispensation from the GATT rules; **notre contrat ne prévoit aucune dérogation par rapport aux normes internationales** our contract doesn't allow the slightest departure from international standards; **je ne souffrirai aucune dérogation à mes instructions** I won't stand any deviation from my instructions; **certaines dérogations sont prévues par la loi** some special dispensations are allowed for in the law; **par dérogation à ce règlement** this regulation notwithstanding; **par dérogation aux dispositions en vigueur** notwithstanding the legal provisions in force.

**dérogatoire** [deʀɔgatwaʀ] **adj** dispensatory. ◊ **clause dérogatoire** overriding clause; **stipulation dérogatoire** derogatory stipulation.

**déroger** [deʀɔʒe] **vi** ◊ **déroger à qch** to go against sth, depart from sth; **déroger à un principe** to waive a principle; **déroger aux dispositions du Code du travail** not to comply with the labour laws.

**déroulement** [deʀulmɑ̃] **nm** development, progress. ◊ **déroulement de carrière** career advancement ou development.

**dérouler (se)** [deʀule] **vpr** (se passer) to progress, develop. ◊ **tout se déroule comme prévu** everything is going as expected; **la séance de mercredi s'est déroulée dans un climat déprimé** (Bourse) a depressed tone prevailed throughout Wednesday's session.

**déroutement** [deʀutmɑ̃] **nm** (Transports) change of route.

**dérouter** [deʀute] **vt** avion to reroute, divert; personne disconcert, confuse, surprise.

**désabonnement** [dezabɔnmɑ̃] **nm** non-renewal. ◊ **taux de désabonnement** non-renewal rate.

**désabonner (se)** [dezabɔne] **vpr** to discontinue one's subscription.

**désaccord** [dezakɔʀ] **nm** a (différend) disagreement, conflict, clash. ◊ **être en désaccord avec qn sur qch** to be at variance with sb about sth, clash with sb over sth. b (discordance) discrepancy, inconsistency. ◊ **ce qu'il affirme maintenant est en désaccord avec ce qu'il a écrit dans son rapport** what he says now conflicts with ou does not tally with what he wrote in his report.

**désaffectation** [dezafɛktasjɔ̃] **nf** [immeuble] closing down.

**désaffecté, e** [dezafɛkte] **adj** locaux disused, no longer in use.

**désaffecter** [dezafɛkte] **vt** somme to deallocate; immeuble to close down.

**désaffection** [dezafɛksjɔ̃] **nf** disaffection. ◊ **ce secteur a subi la grande désaffection des investisseurs** (Bourse) this sector has been ignored by investors, investors have been shying away from this sector.

**désaisonnalisation** [desezɔnalizasjɔ̃] **nf** adjustment for seasonal variations.

**désaisonnaliser** [desezɔnalize] **vt** to adjust for seasonal variations. ◊ **en données désaisonnalisées** in seasonally adjusted figures.

**désamorçage** [dezamɔʀsaʒ] **nm** [conflit] defusing.

**désamorcer** [dezamɔʀse] **vt** crise to defuse.

**désapprovisionné, e** [dezapʀɔvizjɔne] **adj** magasin unstocked, out of stock. ◊ **compte désapprovisionné** (Fin) overdrawn account.

**désarmement** [dezaʀməmɑ̃] **nm** [bateau] laying up, idling; (administrativement) putting out of commission, decommissioning (US).

**désarmer** [dezaʀme] **vt** navire to lay up; (administrativement) to put out of commission, decommission (US).

**désarrimage** [dezaʀimaʒ] **nm** shifting (of the cargo).

**désarrimer** [dezaʀime] **vt** cargaison to shift, cause to shift.

**désassorti, e** [dezasɔʀti] **adj** commerçant sold out. ◊ **nous sommes désassortis** we are sold out.

**désavantage** [dezavɑ̃taʒ] **nm** disadvantage, drawback, inconvenience, snag.

**désavantager** [dezavɑ̃taʒe] **vt** to put at a disadvantage. ◊ **nous sommes désavantagés par le coût élevé de la main-d'œuvre** we are penalized by the high cost of labour, the high cost of labour puts us at a disadvantage.

**désavantageux, -euse** [dezavɑ̃taʒø, øz] **adj** (gén) unfavourable, disadvantageous. ◊ **change désavantageux** unfavourable exchange.

**désaveu** [dezavø] **nm** ◊ **le délégué syndical a encouru le désaveu de la base** the union representative was disowned ou repudiated by the shop-floor (workers).

**désavouer** [dezavwe] **1 vt** signature to disclaim, repudiate; propos to disown, disavow; personne to disown, repudiate. **2 se désavouer vpr** to retract.

**descendant, e** [desɑ̃dɑ̃, ɑ̃t] **adj** downward. ◊ **courbe descendante** downward curve; **information descendante** downward information.

**descendre** [desɑ̃dʀ(ə)] **vi** [stocks, prix] to come down, decline, fall, drop. ◊ **descendre en flèche** to plummet, nose-dive.

**descriptif, -ive** [dɛskʀiptif, iv] **1 adj** descriptive. ◊ **devis descriptif** descriptive specification.
**2 nm** (brochure) descriptive, brochure ; [travaux] specification sheet ; [projet] outline, abstract, summary.

**description** [dɛskʀipsjɔ̃] **nf** (gén) description. ◊ **description de brevet** patent specification ; **description de poste** job description.

**déséconomie** [dezekɔnɔmi] **nf** diseconomy. ◊ **déséconomies d'échelle** diseconomies of scale.

**désemplir** [dezɑ̃pliʀ] **vi** ◊ **ce magasin ne désemplit pas** customers keep crowding in.

**désencadrement** [dezɑ̃kadʀəmɑ̃] **nm** [crédit] decontrol, detightening.

**désencadrer** [dezɑ̃kadʀe] **vt** crédit to decontrol, detighten.

**désencombrement** [dazɑ̃kɔ̃bʀəmɑ̃] **nm** [marché] clearing.

**désencombrer** [dezɑ̃kɔ̃bʀe] **vt** to clear.

**désendettement** [dezɑ̃dɛtmɑ̃] **nm** [entreprise] debt reduction, degearing (GB) ; [pays] reduction in the level of indebtedness. ◊ **le désendettement des entreprises se poursuit** companies are still reducing their debt level, corporate indebtedness is still declining ; **désendettement de fait** (Fin) in substance defeasance.

**désendetter (se)** [dezɑ̃dɛte] **vpr** to pay off part of one's debts, reduce one's debt load.

**désengagement** [dezɑ̃gaʒmɑ̃] **nm** disengagement, withdrawal. ◊ **l'entreprise a terminé son désengagement des activités de parfumerie** the company has completed its withdrawal from the perfume sector.

**désengager** [dezɑ̃gaʒe] **1 vt** to disengage. ◊ **désengager qn d'une obligation** to free sb from an obligation.
**2 se désengager vpr** to withdraw (de from).

**désengorger** [dezɑ̃gɔʀʒe] **vt** to unblock.

**désensibilisation** [desɑ̃sibilizasjɔ̃] **nf** desensitization.

**désensibiliser** [desɑ̃sibilize] **vt** opinion publique to desensitize.

**désépargne** [dezepaʀɲ(ə)] **nf** dissaving.

**déséquilibre** [dezekilibʀ(ə)] **nm** [bilan, balance] imbalance, disequilibrium. ◊ **déséquilibre commercial** trade gap, trade imbalance ; **la balance commerciale entre le Japon et les USA**

**est en déséquilibre** the trade balance between Japan and the US is lopsided ; **corriger un déséquilibre** to adjust an imbalance, restore a balance ; **facteur de déséquilibre** destabilizer.

**déséquilibré, e** [dezekilibʀe] **adj** budget unbalanced.

**déséquilibrer** [dezekilibʀe] **vt** (gén) to throw off balance ; budget to unbalance.

**désescalade** [dezɛskalad] **nf** disescalation, de-escalation.

**désétatisation** [dezetatizasjɔ̃] **nf** privatization, denationalization.

**désétatiser** [dezetatize] **vt** to privatize, denationalize.

**déshérence** [dezeʀɑ̃s] **nf** escheat. ◊ **tomber en déshérence** to escheat.

**déshériter** [dezeʀite] **vt** héritier to disinherit.

**déshérités** [dezeʀite] **nmpl** ◊ **les déshérités** the underprivileged, the have-nots, second class citizens.

**déshypothéquer** [dezipɔteke] **vt** propriété to disencumber, free from mortgage.

**desiderata** [deziderata] **nmpl** desiderata, wishes, requirements.

**design** [dizajn] **nm** design. ◊ **service design** design department ; **design industriel** industrial design.

**désignation** [deziɲasjɔ̃] **nf** (appellation) name, designation ; (nomination) appointment, designation, naming. ◊ **désignation des marchandises** goods description ; **désignation des titres** description of securities ; **désignation sociale** corporate name ; **désignation au poste de** nomination as.

**designer** [dizajnœʀ] **nm** designer.

**désigner** [deziɲe] **vt a** (indiquer) to point out, indicate. ◊ **les marchandises désignées dans la police** the goods specified ou listed in the policy. **b** (nommer) to appoint, name, designate. ◊ **désigner qn à un poste** to appoint sb to a post ; **il a été désigné par le conseil d'administration pour examiner la situation financière de la société** he was designated ou appointed by the board to examine the company's finances ; **successeur désigné** successor elect.

**désindexation** [dezɛ̃dɛksasjɔ̃] **nf** deindexation.

**désindexer** [dezɛ̃dɛkse] **vt** to deindex.

**désinflation** [dezɛ̃flasjɔ̃] **nf** disinflation.

**désinflationniste** [dezɛ̃flasjɔnist(ə)] **adj** disinflationary.

**désintéressement** [dezɛ̃teʀɛsmɑ̃] **nm** [créancier] paying off ; [associé] buying out.

**désintéresser** [dezɛ̃teʀese] **vt** créancier to pay off, satisfy; associé to buy out.

**désintermédiation** [dezɛ̃tɛʀmedjɑsjɔ̃] **nf** disintermediation.

**désinvestir** [dezɛ̃vɛstiʀ] **vt** to disinvest.

**désinvestissement** [dezɛ̃vɛstismɑ̃] **nm** (gén) disinvestment; (par cession d'une filiale) divestment; (cession de participation) divestiture.

**désistement** [dezistəmɑ̃] **nm** withdrawal. ◊ **désistement d'action** (Jur) withdrawal of suit, abandonment of action.

**désister (se)** [deziste] **vpr** to withdraw. ◊ **se désister de** plainte to withdraw; appel to abandon.

**désordonné, e** [dezɔʀdɔne] **adj** fluctuation erratic, unpredictable. ◊ **le dollar a repris ses mouvements désordonnés** the dollar resumed its erratic ou unpredictable fluctuations.

**désordre** [dezɔʀdʀ(ə)] **nm** disorder. ◊ **désordres monétaires** monetary turmoil; **c'est un facteur de désordre** it's a disruptive influence; **causer du désordre** to cause a disturbance.

**désorganisation** [dezɔʀganizasjɔ̃] **nf** disorganization, disruption.

**désorganiser** [dezɔʀganize] **vt** (gén) to disorganize, disrupt.

**désorienter** [dezɔʀjɑ̃te] **vt** to disorientate, bewilder, confuse, puzzle, baffle. ◊ **désorienter le marché** to throw the market into confusion.

**déspécialisation** [despesjalizasjɔ̃] **nf** deskilling.

**DESS** [deəɛsɛs] **nm** abrév de diplôme d'études supérieures spécialisées → diplôme.

**dessaisir** [deseziʀ] **1** **vt** ◊ **dessaisir un tribunal d'une affaire** to remove a case from a court; **être dessaisi du dossier** to be taken off the case. **2** **se dessaisir** **vpr** ◊ **se dessaisir de** to give up, part with, relinquish.

**dessaisissement** [desezismɑ̃] **nm** **a** **dessaisissement d'un tribunal / d'un juge** removal of a case from a court / judge. **b** (abandon) relinquishment.

**desserrage** [deseʀaʒ] **nm**, **desserrement** [deseʀmɑ̃] **nm** [crédit] loosening, detightening, decontrolling, easing, relaxation.

**desserrer** [deseʀe] **vt** crédit to loosen, detighten, decontrol, ease, relax.

**desserte** [desɛʀt(ə)] **nf** (Transports) servicing. ◊ **desserte d'une zone** servicing of an area; **les dessertes seront assurées normalement** services will run normally.

**desservir** [desɛʀviʀ] **vt** (Transports) to serve. ◊ **quartier bien desservi** district well served by public transport; **cette voie dessert l'usine** this line serves the factory ou goes to the factory.

**dessin** [desɛ̃] **nm** (d'art) drawing; (motif) pattern, design. ◊ **dessin assisté par ordinateur** computer-assisted design. **dessin à l'échelle** drawing to scale; **dessin industriel** industrial design; **le dessin de l'emballage est très original** the design of the packaging is highly original; **le dessin d'une robe** the pattern of a dress; **bureau de dessin** drafting department, designing office (US); **planche à dessin** drawing board.

**dessinateur, -trice** [desinatœʀ, tʀis] **nm,f** (artiste) drawer. ◊ **dessinateur (industriel)** draughtsman, draftsman (US); **dessinateur de mode** fashion designer; **dessinateur concepteur** visualizer.

**dessiner** [desine] **1** **vt** (gén) to draw; usine to design; bureau to lay out. **2** **se dessiner** **vpr** [orientation] to become noticeable, become apparent; [projet] to take shape. ◊ **une tendance à la reprise se dessine** a recovery is shaping up ou is beginning to build up, there are beginning to be signs of a recovery.

**dessous** [d(ə)su] **1** **adv** under, underneath. ◊ **au-dessous** below; **nos résultats sont très en dessous de la moyenne** our results are well below (the) average; **au-dessous de la normale** below standard, below the norm; **être au-dessous du pair** (Bourse) to stand at a discount, be below par; **opération au-dessous de la ligne** below-the-line item. **2** **nm** ◊ **les dessous de l'affaire** the hidden side of the affair; **connaître le dessous des cartes** to have inside information.

**dessous-de-table** [d(ə)sudtabl] **nm inv** under-the-counter payment, bribe, payoff, sweetener, kickback*, payola*.

**dessus** [d(ə)sy] **adv** on top. ◊ **au-dessus de** (plus élevé) above, over; (au-delà) beyond. **nous vivons au-dessus de nos moyens** we are living beyond our means; **on a mis qn au-dessus de lui au bureau** someone has been given more seniority than him at the office; **être au-dessus du pair** to stand at a premium, be above par; **opération au-dessus de la ligne** above-the-line item.

**DEST** [deəɛste] **nm** abrév de diplôme d'études supérieures techniques → diplôme.

**déstabilisateur, -trice** [destabilizatœʀ, tʀis] **adj** influence destabilizing, unsettling.

**déstabilisation** [destabilizasjɔ̃] **nf** destabilization.

**déstabiliser** [destabilize] **vt** to destabilize, unsettle.

**destinataire** [dɛstinatɛʀ] **nmf** [lettre] addressee, recipient; [colis] consignee; [mandat] payee, remittee. ◊ **à la charge du destinataire** chargeable to ou payable by the addressee.

**destination** [dɛstinasjɔ̃] **nf** **a** (but) destination. ◊ **à destination de** avion, train to, for; navire bound for; lettre addressed to; **arriver à destination** to arrive at ou reach one's destination; **marchandises à destination de l'étranger** goods for consignment abroad. **b** (emploi) (gén) purpose; [capitaux] appropriation. ◊ **quelle sera la destination de ces fonds?** how will these funds be appropriated ou allocated?; **fonds sans destination** unallocated funds.

**destiner** [dɛstine] **vt** lettre to address (*à* to), intend (*à* for); remarque to mean, intend (*à* for); tâche to assign (*à* to); crédits to earmark (*à* for), allocate (*à* for, to), allot (*à* for, to). ◊ **ces fonds seront destinés au financement de notre campagne promotionnelle** the money will be earmarked ou assigned ou allotted to finance our promotional campaign; **ces mesures sont destinées à freiner l'inflation** these measures are intended ou meant to curb inflation, these measures are aimed at curbing inflation; **marchandises destinées à l'exportation** exportable goods; **on lui destine un emploi dans une de nos succursales à l'étranger** he will be assigned a job in one of our foreign branches; **se destiner au barreau** to intend to be a lawyer.

**destituer** [dɛstitɥe] **vt** fonctionnaire to dismiss. ◊ **destituer qn de ses fonctions** to relieve sb of his duties.

**destitution** [dɛstitysjɔ̃] **nf** [fonctionnaire] dismissal, discharge.

**déstockage** [destɔkaʒ] **nm** destocking, stock decumulation, inventory disinvestment, drawdown of stocks.

**déstocker** [destɔke] **vt** to destock, run down stocks.

**désuet, -ète** [dezɥɛ, ɛt] **adj** procédé outdated, antiquated, obsolete; mode outdated. ◊ **installation désuète** obsolete plant.

**désuétude** [dezɥetyd] **nf** disuse, obsolescence. ◊ **tomber en désuétude** [loi] to fall into abeyance, be no longer enforced; [procédé] to become obsolete, fall into disuse; **désuétude calculée** planned obsolescence.

**désutilité** [dezytilite] **nf** disutility.

**détachable** [detaʃabl(ə)] **adj** detachable. ◊ **bon de souscription détachable** detachable warrant.

**détaché, e** [detaʃe] **adj** (gén) detached; fonctionnaire seconded. ◊ **pièce détachée** spare part; **coupon détaché** ex coupon; **un cadre détaché du secteur privé** an executive seconded from the private sector.

**détachement** [detaʃmɑ̃] **nm** [coupon] cutting off; [fonctionnaire] secondment. ◊ **être en détachement à l'étranger** to be on secondment abroad.

**détacher** [detaʃe] **vt** **a** (séparer) reçu, bon to tear out (*de* of), detach (*de* from); (Bourse) coupon to clip, cut off. ◊ **partie à détacher** tear off (this section); **détacher suivant le pointillé** tear off along the dotted line. **b** (envoyer en mission) to send, dispatch; (affecter à un poste) to second. ◊ **se faire détacher auprès de qn** to be sent on secondment to sb; **être détaché** to be on secondment.

**détail** [detaj] **nm** **a** (Comm) retail. ◊ **commerce / prix de détail** retail business / price; **marchand de détail** retail dealer, retailer; **vendre au détail** marchandises to (sell) retail; articles séparés to sell separately; **le commerce de l'alimentation au détail** the retail food business; **magasin de détail** retail shop ou outlet ou store (US); **indice des prix de détail** retail price index; **la vente au détail de biens de consommation dépend très largement du merchandising** the retailing of consumer goods depends heavily on merchandising. **b** (ventilation) [facture, compte] breakdown, itemization. ◊ **faire le détail d'une facture** to break down an invoice; **faire le détail d'un compte** to itemize ou break down an account; **détails d'un compte** items ou breakdown of an account; **versements dont détail ci-dessous** payments as specified below. **c** (particularité) detail. ◊ **entrer dans les détails** to go into details ou particulars; **pour plus amples détails écrire à / s'adresser à** for further particulars please write to / apply to; **venons-en aux détails** let's get down to specifics.

**détaillant, e** [detajɑ̃, ɑ̃t] **nm,f** retailer, retail dealer. ◊ **les détaillants** retailers, the retail trade; **nous sommes détaillants** we are in the retail business.

**détaillé, e** [detaje] **adj** plan, rapport detailed, circumstantial; liste, compte itemized. ◊ **facture détaillée** specified ou itemized invoice.

**détailler** [detaje] **vt** **a** marchandises to sell retail, retail; (vendre à l'unité) to sell separately. ◊ **nous détaillons cette peinture en petites quantités** we retail this paint in small quantities; **nous ne détaillons pas ces couteaux** we sell these knives in sets, we do not sell these knives separately. **b** (disséquer) projet to (explain in) detail.

◊ **détailler un compte** to itemize ou break down an account.

**détaxation** [detaksɑsjɔ̃] **nf** tax-freeing, remission of tax. ◊ **détaxation de l'épargne investie en actions** tax relief for savings invested in stocks.

**détaxe** [detaks(ə)] **nf** (dégrèvement) reduction in tax, tax cut; (exonération) remission ou removal of tax (*de* from); (remboursement) tax refund. ◊ **marchandises vendues en détaxe** duty-free ou tax-free goods; **détaxe à l'exportation** duty free for export.

**détaxer** [detakse] **vt** (dégrever) to reduce the tax on; (exonérer) to take the tax off, remove the tax on, return the charges, remit the duties. ◊ **détaxer des marchandises à l'exportation** to untax ou remove duty on goods intended for export; **articles détaxés** tax-free ou duty-free goods.

**détecteur** [detɛktœʀ] **nm** detector. ◊ **détecteur de faux billets** forged banknote detector.

**détection** [detɛksjɔ̃] **nf** detection. ◊ **système de détection d'erreurs** error detection system.

**détendre** [detɑ̃dʀ(ə)] 1 **vt** situation, relations, tension to relieve, ease. ◊ **détendre le coût du crédit** to detighten ou relax ou decontrol ou ease credit.
2 **se détendre vpr** [situation, relations] to relax, ease, become less strained. ◊ **les taux d'intérêts se sont détendus** interest rates eased off.

**détendu, e** [detɑ̃dy] **adj** atmosphère relaxed.

**deétenir** [detniʀ] **vt** (gén, Fin) action, obligation to hold; biens to own; moyen to have (in one's possession). ◊ **société détenue par l'État** state-owned company; **société détenue à 50%** 50% owned company; **détenir des actions en garantie** to hold shares as security; **cette société détient près de 20% du marché** this firm holds nearly 20% of the market.

**détente** [detɑ̃t] **nf** relaxation (*dans* in). ◊ **la détente** (Pol) détente; **détente sur les pétrolières** (Bourse) easing off on oils; **détente des taux d'intérêts** slackening of interest rates; **détente du loyer de l'argent** credit relaxation ou detightening.

**détenteur, -trice** [detɑ̃tœʀ, tʀis] **nm,f** [secret] possessor, keeper; [record] holder. ◊ **détenteur d'actions** shareholder, stockholder (US); **détenteur de bonne foi** (Jur) bona fide holder; **détenteur d'un compte** account holder; **détenteur d'obligations** bondholder; **détenteur d'une police** (Ass) policyholder; **détenteur de titres** (Bourse) scripholder; **tiers détenteur** (Jur) third holder.

**détention** [detɑ̃sjɔ̃] **nf** a [titres, biens] holding, tenure. b (Mar) [navire] detention, detainment.

**détérioration** [deteʀjɔʀɑsjɔ̃] **nf** [rapports, économie] deterioration (*de* in), worsening (*de* in). ◊ **détérioration de la balance des paiements** deterioration of the balance of payments.

**détériorer** [deteʀjɔʀe] 1 **vt** machine, rapports to damage, spoil.
2 **se détériorer vpr** [rapports, conjoncture] to deteriorate, worsen, get worse.

**déterminant, e** [detɛʀminɑ̃, ɑ̃t] **adj** determining, decisive.

**détermination** [detɛʀminɑsjɔ̃] **nf** [motifs] determining, establishing; [date, quantité] determination, fixing. ◊ **détermination des prix** pricing, price determination; **détermination de l'assiette d'imposition** tax assessment; **détermination des objectifs** goal setting.

**déterminé, e** [detɛʀmine] **adj** objectif, domaine specific, definite, well-defined; quantité, jour, somme given, defined. ◊ **à échéances déterminées** at fixed ou defined dates.

**déterminer** [detɛʀmine] **vt** ligne de conduite to determine; motif, circonstance to determine, establish; date, lieu, montant to determine, fix. ◊ **déterminer le revenu imposable** to assess taxable income; **ce qui a déterminé ma décision** what accounted for my decision, what decided me; **les causes de l'accident n'ont pu être déterminées** the cause of the accident was not established; **les conditions ont été déterminées** the terms were settled.

**déthésaurisation** [detezɔʀizɑsjɔ̃] **nf** dishoarding.

**déthésauriser** [detezɔʀize] **vt** to dishoard.

**détitrer** [detitʀe] **vt** (Fin) to lower the title of.

**détour** [detuʀ] **nm** (Écon) **détour de production** output diversion.

**détourné, e** [detuʀne] **adj** (Fin) effet out of town, drawn on another place.

**détournement** [detuʀnəmɑ̃] **nm** ◊ **détournement de fonds** misappropriation of funds, embezzlement, defalcation; **détournement de fonds publics** fraudulent misuse of public funds; **détournement de pièces** diversion of documents.

**détourner** [detuʀne] **vt** fonds to embezzle, misappropriate, defalcate; marchandises to misappropriate.

**détresse** [detʀɛs] **nf** distress. ◊ **être dans la détresse** to be in serious difficulties ou in dire straits; **entreprise en détresse** business in difficulties, ailing company; **signal de détresse** distress signal.

**détriment** [detʀimɑ̃] **nm** ◊ **au détriment de** to the detriment of; **erreur à notre détriment** error to our disadvantage.

**dette** [dɛt] **1** **nf** debt. ◊ **avoir des dettes** to be in debt, have debts; **avoir des dettes envers qn** to be in sb's debt; **faire des dettes** to get ou run into debt, run up debts; **contracter / acquitter / amortir / apurer une dette** to incur / repay / redeem / write off a debt; **rééchelonner / recouvrer une dette** to reschedule / recover ou collect a debt; **s'acquitter de ses dettes** to get out of debt, pay one's debts; **cautionner une dette** to stand surety for a debt, secure a debt; **libérer qn d'une dette** to discharge sb from a debt; **purger un bien de dettes** to clear a property of debt; **l'entreprise procède à des cessions d'actifs pour réduire sa dette** the company is selling assets to write down debt ou to reduce its indebtedness; **accablé ou criblé de dettes** riddled with debts, debt-ridden, debt-laden; **reconnaissance de dette** IOU, due bill (US); **cessibilité d'une dette** transferability of a debt; **provisions pour dette** reserve for debts, liability reserve; **remboursement d'une dette** debt repayment, reimbursement of a debt; **remise d'une dette** remission of a debt; **service de la dette** debt servicing.
**2** **comp dette active** active debt, book debt, outstanding debt; **dettes actives** (Compta) accounts receivable, debts due to us ou owed to us. – **dette actuarielle** actuarial debt. – **dette amortissable** redeemable debt. – **dette caduque** prescribed debt. – **dette cessible** assignable debt. – **dette chirographaire** unsecured liability ou debt. – **dette consolidée** consolidated debt, funded debt. – **dette à court terme** current liability. – **dette échue** debt due. – **dette de l'État** national debt. – **dette éventuelle** contingent liability. – **dette exigible** due debt, outstanding debt, current debt, current liability. – **dette extérieure** foreign ou external debt. – **dette flottante** floating debt. – **dette garantie** secured liability ou debt. – **dette hypothécaire** mortgage debt. – **dette improductive** deadweight debt. – **dette inexigible** debt not due. – **dette liquide** liquid debt. – **dette à long terme** long-term liability. – **dette à moins d'un an** current liability. – **dette monétaire** monetary liability. – **dette négociable** assignable debt. – **dette non acquittée** undischarged ou unpaid debt. – **dette non garantie** unsecured ou ordinary debt. – **dette non provisionnée** unfunded liability. – **dette obligataire** bonded debt, debenture debt. – **dette passive** passive debt; **dettes passives** (Compta) accounts payable, debts due ou owed by us. – **dette**

**prioritaire** ou **ayant priorité de rang** senior debt. – **dette privilégiée** preferential debt. – **dette productive** living ou productive debt. – **dettes provisionnées** accrued expenses payable. – **dette publique** public debt. – **dette quérable** debt payable at the debtor's address. – **dette reconnue judiciairement** judgement debt. – **dette recouvrable** recoverable debt. – **dette solidaire** joint and several debt. – **dette subordonnée** subordinate debt. – **dette transférable** assignable debt. – **dette unifiée** consolidated debt. – **dette à vue** debt on sight.

**DEUG** [døg] **nm** abrév de *diplôme d'études universitaires générales diploma awarded after the first two years of university education.*

**DEUST** [døst] **nm** abrév de *diplôme d'études universitaires de sciences et de techniques diploma awarded after the first two years of university education in scientific and technical subjects.*

**deux** [dø] **adj, nm** two → six.

**deuxième** [døzjɛm] **adj, nmf** second. ◊ **de deuxième choix** ou **ordre** ou **qualité** second-rate, second-grade, second-class; **hypothèque de deuxième rang** second mortgage; **deuxième de change** second of exchange; **articles de deuxième choix** seconds; → sixième.

**deuxièmement** [døzjɛmmɑ̃] **adv** second(ly).

**dévaliser** [devalize] **vt** ◊ **dévaliser un magasin** [clients] to buy up a shop.

**dévalorisation** [devaloʀizasjɔ̃] **nf** (Fin) fall in value, loss of value, depreciation; [fonction] lowering of the prestige.

**dévaloriser** [devaloʀize] **1** **vt** fonction, poste to lower the prestige of; contribution, efforts play down, minimize the importance of; personne to reduce the standing of.
**2** **se dévaloriser** **vpr** to fall ou decrease in value, depreciate.

**dévaluation** [devalɥasjɔ̃] **nf** devaluation.

**dévaluer** [devalɥe] **1** **vt** to devalue, devaluate (US).
**2** **se dévaluer** **vpr** to devalue, devaluate (US), depreciate. ◊ **notre monnaie se dévalue lentement** our currency is slowly depreciating.

**devancement** [dəvɑ̃smɑ̃] **nm** ◊ **devancement d'une échéance** payment before time.

**devancer** [dəvɑ̃se] **vt** concurrent to get ahead of, outstrip. ◊ **devancer la date d'un paiement** to make a payment before it is due.

**devant** [d(ə)vɑ̃] **1** **prép** before, in front of. ◊ **devant la gravité de la crise** in view of ou considering the seriousness of the crisis;

**par-devant notaire** in the presence of a notary; **aller au-devant des désirs des clients** to anticipate the customers' wishes. **2** nm (gén) front. ◊ **prendre les devants** to make the first move, take the initiative.

**devanture** [d(ə)vãtyʀ] nf (marchandises) display; (vitrine) window, shop front. ◊ **en devanture** on display; (en vitrine) in the window.

**développé, e** [devlɔpe] adj developed, advanced. ◊ **pays sous-développés** underdeveloped countries, less developed countries; **économie développée** advanced economy.

**développement** [devlɔpmã] nm [économie, entreprise, exportations] development, expansion, growth; [produit, procédé, idée] development. ◊ **une affaire en plein développement** a fast-expanding ou fast-developing ou thriving business; **le secteur n'a pas encore atteint son plein développement** the sector is not yet full-grown ou fully-fledged; **développement des ventes** sales growth ou expansion; **développement de produits nouveaux** new products development; **potentiel / prime / zone / programme de développement** development potential / subsidy / area / program(me); **pays en voie de développement** developing countries; **aide au développement** development aid; **économie de développement** development economics; **ce produit est au stade du développement** this product is at the development stage; **il est responsable du développement de nouveaux produits** he is responsible for product development.

**développer** [devlɔpe] **1** vt entreprise, commerce to develop, expand; idée to develop, elaborate upon. **2 se développer** vpr [entreprise] to expand, develop. ◊ **se développer à partir de rien** ou **de zéro** to grow from scratch.

**déversement** [devɛʀsəmã] nm [sable] unloading.

**déverser** [devɛʀse] vt sable unload. ◊ **déverser des produits à bas prix sur les marchés extérieurs** to dump ou unload products on overseas markets.

**déviation** [devjɑsjõ] nf deviation, departure. ◊ **il s'agit d'une déviation par rapport aux normes** it's a departure from the norm; **déviation standard** standard deviation.

**dévier** [devje] vi ◊ **nous avons dévié par rapport à nos objectifs** we are off target, we are no longer right on target; **nous ne devons à aucun prix dévier de nos accords initiaux** we have to keep to our initial agreement, we must not on any account depart ou move away from our original agreement.

**devis** [d(ə)vi] nm estimate, quotation. ◊ **devis descriptif** descriptive specification; **devis estimatif / approximatif** preliminary / rough estimate; **devis de chargement** (Ass) storage manifest; **établir un devis** to draw up an estimate; **pourriez-vous nous faire un devis pour ce travail ?** could you quote for this job?, could you give (us) an estimate for this work?

**devise** [d(ə)viz] nf (monnaie) currency, exchange. ◊ **acheter des devises (étrangères)** to buy foreign currency; **compte en devises (étrangères)** currency account; **cours officiel des devises** official exchange rate; **devise convertible** convertible currency; **devise forte / faible** hard ou strong / soft ou weak currency; **devise de référence** base currency; **devises à terme / au comptant** forward / spot exchange; **achat et vente de devises** purchase and sale of exchange; **allocation en devises** foreign currency allowance; **avoirs en devises** currency assets; **réserves en devises** foreign exchange reserves; **matelas de devises** foreign exchange cushion; **marché des devises** foreign exchange market; **panier de devises** currency basket; **pénurie de devises** foreign exchange shortage; **rentrée de devises** inflow of foreign exchange.

**devoir** [d(ə)vwaʀ] vt somme to owe. ◊ **devoir 1 000 F à qn** to owe sb F1,000; **c'est à vous que nous le devons** succès we owe it to you; **le montant qui nous est dû** the amount owing to us ou owed to us ou due to us; **reste à devoir** (sur facture) amount owing.

**dévolu, e** [devɔly] **1** adj ◊ **être dévolu à qn** [droit] to be devolved ou vested in upon ou to sb; **les sommes qui ont été dévolues à notre campagne promotionnelle** the sums that have been allotted to ou earmarked for our promotional campaign; **part dévolue aux héritiers** share that devolves to the heirs. **2** nm ◊ **les Japonais ont jeté leur dévolu sur le marché africain** the Japanese cast their nets over the African market ou set their sights on the African market.

**dévolution** [devɔlysjõ] nf devolution.

**DG** [deʒe] **1** nm abrév de *directeur général* → directeur. **2** nf abrév de *direction générale* → direction.

**DGA** [deʒea] nm abrév de *directeur général adjoint* → directeur.

**DGRST** [deʒeɛʀɛste] nf abrév de *délégation générale à la recherche scientifique et technique* → délégation.

**diagnostic** [djagnɔstik] nm diagnosis. ◊ **diagnostic financier** financial analysis; **test de diagnostic** diagnostic test.

**diagramme** [djagʀam] **1** nm (plan) diagram ; (graphique) chart, graph.
**2** comp **diagramme à bâtons** bar graph ou chart. – **diagramme de circulation** flow chart. – **diagramme de dispersion** scatter diagram. – **diagrammes emboîtés** box diagrams. – **diagramme isométrique** isometric diagram. – **diagramme de points** dot diagram. – **diagramme à secteurs** pie chart. – **diagramme en tuyaux d'orgue** bar graph ou chart.

**diamantifère** [djamɑ̃tifɛʀ] adj terrain diamond-yielding. ◊ **valeurs diamantifères** diamond shares, diamonds.

**dicter** [dikte] vt lettre, condition, attitude to dictate. ◊ **les mesures dictées par la conjoncture actuelle** the measures required ou imposed by the present economic situation.

**didacticiel** [didaktisjɛl] nm educational software, educational program.

**diffamant, e** [difamɑ̃, ɑ̃t] adj (oralement) slanderous ; (par écrit) libellous.

**diffamateur, -trice** [difamatœʀ, tʀis] **1** adj (oralement) slanderous ; (par écrit) libellous.
**2** nm,f slanderer.

**diffamation** [difamɑsjɔ̃] nf (paroles) slander ; (écrit) libel. ◊ **la diffamation de qn** (orale) the slandering of sb ; (écrite) the libelling of sb ; **intenter un procès en diffamation contre qn** to bring an action against sb ou to sue sb for libel ; **campagne de diffamation** smear campaign.

**diffamatoire** [difamatwaʀ] adj (oralement) slanderous ; (par écrit) libellous. ◊ **les sous-entendus diffamatoires de nos concurrents** the slanderous innuendoes of our competitors.

**diffamer** [difame] vt (oralement) to slander ; (par écrit) to libel.

**différé** [difeʀe] **1** adj actif, amortissement, livraison deferred. ◊ **assurance à capital différé** endowment insurance ; **actions différées** deferred shares.
**2** nm ◊ **le remboursement est au pair après un différé de deux ans** redemption is at par after two years ; **différé de règlement** deferred repayment.

**différence** [difeʀɑ̃s] nf difference ; (entre deux prix) spread. ◊ **différence entre le cours offert et le cours demandé** (Bourse) spread ; **différence de change** (positive) exchange gain ; (négative) exchange loss ; **différence d'inventaire** inventory difference.

**différenciation** [difeʀɑ̃sjasjɔ̃] nf differentiation. ◊ **différenciation des produits** product differentiation.

**différencier** [difeʀɑ̃sje] **1** vt to differentiate. ◊ **tarif différencié** split price.
**2** se **différencier** vpr (être différent de) to differ (de from) ; (se démarquer de) to differentiate o.s. (de from).

**différend** [difeʀɑ̃] nm difference of opinion, disagreement. ◊ **trancher** ou **régler un différend** to settle a dispute ; **les deux sociétés ont réglé leur différend à l'amiable** the two companies settled their disagreement out of court.

**différent, e** [difeʀɑ̃, ɑ̃t] adj different.

**différentiel, -ielle** [difeʀɑ̃sjɛl] **1** adj differential. ◊ **coût différentiel** differential cost ; **droits différentiels** differential ou discriminating duty.
**2** nm differential ; (Bourse) spread. ◊ **différentiel salarial** wage differential ; **différentiel de croissance** growth gap ; **spéculer sur les différentiels de prix** to spread ; **le différentiel d'inflation entre la France et la RFA** the inflation gap ou differential between France and Germany.
**3** **différentielle** nf differential.

**différer** [difeʀe] **1** vi to differ, be different (de from ; en, par in). ◊ **votre facture diffère beaucoup de votre devis** your invoice differs considerably from your estimate.
**2** vt travail, rendez-vous to postpone, put off ; jugement, décision, paiement to defer, postpone. ◊ **le paiement peut être différé à une date ultérieure** payment may be deferred to a later date ; **différer l'échéance d'un effet** to let a bill lie over.

**difficile** [difisil] adj (épineux) situation tricky, thorny, difficult, awkward ; (exigeant) demanding. ◊ **vu le nombre de demandeurs d'emploi, les employeurs peuvent se permettre d'être difficiles** with so many job-seekers around, employers can afford to be selective.

**difficulté** [difikylte] nf difficulty. ◊ **tourner une difficulté** to get round a problem ; **avoir de la difficulté à faire qch** to have difficulty (in) doing sth ; **il a commencé par faire des difficultés pour signer le contrat** to begin with he was reluctant to sign the contract ; **avoir des difficultés financières** to be in financial difficulties ou straits, be financially strapped (US) ; **difficultés de trésorerie** cash ou liquidity problems ; **entreprise en difficulté** ailing company, lame duck, laggard ; **l'entreprise connaît des difficultés** the company is going through a bad patch ou is experiencing difficulties ou is having problems.

**diffuser** [difyze] vt rapport to circulate ; livres to distribute ; émission to broadcast. ◊ **diffuser auprès du grand public** to publicize.

**diffuseur** [difyzœʀ] nm (Presse) distributor.

**diffusion** [difyzjɔ̃] nf [rapport] circulation; [journaux, livres] distribution; [émission] broadcasting; [information] dissemination. ◊ **diffusion nationale** nationwide distribution; **diffusion par câble** cable casting; **zone de diffusion** circulation area; **chef du service diffusion** circulation manager; **articles de grande diffusion** mass-market products, convenience goods; **articles de moyenne diffusion** shopping goods; **liste de diffusion** mailing list; **pour diffusion restreinte** rapport restricted, sensitive.

**digne** [diɲ] adj ◊ **sources dignes de foi** reliable ou knowledgeable ou dependable sources; **digne de confiance** trustworthy.

**dilapidateur, -trice** [dilapidatœʀ, tʀis] nm,f (gaspilleur) spendthrift, squanderer. ◊ **dilapidateur des fonds publics** embezzler of public funds.

**dilapidation** [dilapidɑsjɔ̃] nf (gaspillage) squandering, wasting; (détournement) embezzlement, misappropriation.

**dilapider** [dilapide] vt (gaspiller) to squander, waste; (détourner) to embezzle, misappropriate, defalcate.

**dilatoire** [dilatwaʀ] adj dilatory. ◊ **manœuvres ou moyens dilatoires** delaying ou stalling tactics; **donner une réponse dilatoire** to play for time; **tactique dilatoire** delaying ou stalling tactic, foot-dragging*.

**diligence** [diliʒɑ̃s] nf ◊ **à la diligence du ministre** at the minister's behest ou request; **à la diligence du capitaine** (Mar) at master's discretion.

**diligenter** [diliʒɑ̃te] vt ◊ **diligenter une enquête** to examine witnesses.

**diluer** [dilɥe] vt to dilute. ◊ **entièrement dilué** fully diluted.

**dilution** [dilysjɔ̃] nf dilution. ◊ **dilution de capital** dilution of capital.

**dimanche** [dimɑ̃ʃ] nm Sunday; → samedi.

**dîme** [dim] nm (Hist) tithe. ◊ **l'État prélève sa dîme** the state takes its cut.

**dimension** [dimɑ̃sjɔ̃] nf (gén) dimension; (taille) size. ◊ **les dimensions** (mesure) the dimensions; **une entreprise de cette dimension** a firm of this magnitude.

**dimensionnement** [dimɑ̃sjɔnmɑ̃] nm (Inf) dimensioning.

**diminuer** [diminɥe] **1** vt prix, impôts, frais to reduce, lower, bring down, cut down; consommation to reduce, lower, cut down; salaires to cut, reduce, diminish. **2** vi (gén) to decrease, diminish, lessen; [prix, consommation, valeur] to go down, come down, fall, drop; [stocks] to run down, run low. ◊ **nos marges diminuent** our profit margins are shrinking ou dwindling ou narrowing ou shrivelling.

**diminution** [diminysjɔ̃] nf **a** (gén) decrease, reduction (de in, of); [dépenses] curtailment (de of); [production] decline (de in); [bénéfices] drop, fall (de in). ◊ **la diminution des charges** the cutting-off of costs. **b** (ristourne) reduction, rebate, cut, allowance. ◊ **diminution de 5%** 5% allowance.

**dinar** [dinaʀ] nm dinar.

**diplôme** [diplom] nm degree, diploma. ◊ **diplôme d'études approfondies** university post-graduate research degree; **diplôme d'études supérieures spécialisées** university post-graduate professional degree; **diplôme d'études supérieures techniques** university post-graduate technical degree; **diplôme universitaire** university degree; **diplôme universitaire de technologie** 2-year university technological diploma; **avoir des diplômes** to have qualifications.

**diplômé, e** [diplome] **1** adj qualified, certified, certificated. ◊ **ingénieur diplômé** qualified engineer; **il est diplômé d'une école de commerce** he is a business school graduate, he has graduated from a business school. **2** nm,f holder of a diploma, graduate. ◊ **il y a une pénurie de diplômés** there is a shortage of graduates.

**dir.** abrév de *direction*.

**dire** [diʀ] vt to say. ◊ **qui dit mieux?** (aux enchères) any advance?; **au dire de l'expert** according to expert opinion.

**direct, e** [diʀɛkt, ɛkt(ə)] adj **a** (gén) direct. ◊ **accès direct** (Inf) direct access; **action directe** (Jur) direct action; **ses chefs directs** his immediate superiors; **connaissance direct** through B / L; **coûts directs** direct expenditure; **frais généraux directs** direct overheads; **investissement direct** direct investment; **ligne téléphonique directe** (privée) private ou direct line; (publique) hot line; **main-d'œuvre directe** direct labour, productive labor (US); **matières directes** (Compta) direct materials; **marketing direct** direct marketing; **publicité directe** direct advertising; **vente directe** direct sale; **être en rapport ou contact direct ou en relations directes avec** to deal directly with, be in direct contact with; **se mettre en rapport direct avec qn** to contact sb direct, make contact with sb direct. **b** train non-stop, through, fast, express. ◊ **vol direct** direct ou through flight. **c** (Jur) **héritier direct** ou **en ligne directe** lineal heir.

**directement** [diʀɛktəmɑ̃] adv (gén) directly; (sans intermédiaire) direct, straight. ◊ **les**

**industries anciennes sont les plus directement frappées** smokestack industries are the most directly hit ; **directement du producteur au consommateur** direct ou straight from the producer to the consumer ; **adressez-vous directement à l'inspection des impôts** go straight to the tax inspector, apply to the tax inspector direct ; **vendre directement aux consommateurs** to sell direct to the consumer ; **j'expédierai les marchandises directement à Londres** I shall send the goods direct to London.

**directeur, -trice** [diʀɛktœʀ, tʀis] **1** **adj** idée leading, main ; principe guiding. ◊ **comité directeur** management ou steering committee ; **ligne directrice** guideline ; **plan directeur** (Écon) blueprint, master plan ; **prix directeur** recommended price ; **schéma directeur d'aménagement et d'urbanisme** urban development scheme ; **taux directeur** (Fin) prime rate. **2** **nm** (responsable, gérant) manager ; (administrateur) director ; (chef de bureau) head. ◊ **codirecteur** joint manager ; **alors qu'il était directeur** during his directorship. **3** **directrice** **nf** (responsable, gérante) manageress ; (administratrice) director ; (chef de bureau) head. **4** **comp directeur adjoint** deputy manager, assistant manager. – **directeur administratif** non-executive director ; **directeur administratif et financier** financial and administrative director. – **directeur d'agence** branch manager. – **directeur de l'approvisionnement** sourcing manager. – **directeur de banque** bank manager. – **directeur du budget** budget manager. – **directeur de chantier** site manager. – **directeur commercial** sales ou business manager, sales vice-president (US). – **directeur des créanciers** (Jur) receiver ou trustee in bankruptcy. – **directeur de création** creative manager. – **directeur du crédit** loan officer. – **directeur désigné** designate director, nominee director. – **directeur de division** divisional manager ; (Admin) divisional head. – **directeur exécutif** executive director. – **directeur export** export manager. – **directeur fictif** dummy director. – **directeur financier** financial director, treasurer, (financial) controller, funds flow manager, financial officer. – **directeur général** general manager, managing director, chief executive (officer) (US), president (US), director general ; **directeur général adjoint** executive vice-president. – **directeur gérant** managing director, general manager, chief executive (officer) (US), president (US), director general. – **directeur intérimaire** ou **par intérim** acting manager. – **directeur (du) marketing**

marketing manager, marketing vice-president (US). – **directeur du personnel** personnel manager, staff manager. – **directeur de produit** product executive, product manager. – **directeur de projet** project manager. – **directeur régional** district ou regional ou area manager. – **directeur des relations publiques** public relations manager. – **directeur des ressources humaines** director of human resources. – **directeur du service achats** (grands magasins) buyer ; (Ind) purchasing manager. – **directeur du service clients** customer service manager ou director. – **directeur du service trafic** traffic manager. – **directeur technique** works ou plant manager, technical manager (US), engineering manager. – **directeur d'usine** plant ou works manager. – **directeur des ventes** sales manager. – **directeur de zone** area ou district manager.

**direction** [diʀɛksjɔ̃] **nf** **a** (gestion) management, running ; (supervision) supervision. ◊ **avoir la direction de** entreprise, service to manage, run, be at the head of, be in charge of ; travaux, ateliers, opérations to supervise, oversee, be in charge of ; **confier la direction d'un service à qn** to put sb in charge of a department ; **il a repris la direction de la succursale** he took over (the running ou management of) the branch ; **direction de projet** project management ; **direction par objectifs** management by objectives ; **direction par exceptions** ou **par clignotants** management by exception ; **direction en ligne directe** ou **hiérarchique** line management. **b** (fonction de responsable) managership ; (fonction d'administrateur) directorship. ◊ **fonctions de direction** managerial ou management functions ; **on lui a donné la direction générale** he was given the director-generalship. **c** (dirigeants) management. ◊ **la direction et les ouvriers** management and workers ; **la direction ne peut être tenue pour responsable** ou **décline toute responsabilité** the management accepts no responsibility ; **au niveau de la direction** at managerial ou management level ; **la direction générale / commerciale / du personnel** the general / sales / staff ou personnel management ; **assistante de direction** professional secretary ; **changement de direction** (sur une vitrine) under new management ; **comité de direction** management committee ; **conseil de direction** executive board ; **équipe de direction** management team ; **secrétaire de direction** executive ou private secretary, personal assistant, PA. **d** (service) department ; (Admin) division. ◊ **direction commerciale / export / du contentieux / du personnel** sales / export / legal / personnel department ; **direction**

**régionale** regional headquarters; **notre direction générale est à Paris** our head office is in Paris; **Direction générale des impôts** General Tax Division; **Direction de l'action sanitaire et sociale** Health and Social Services; **Direction des douanes** Division of Customs; **Direction du budget** Budget Division. **e** (Jur) **direction des créanciers** committee of creditors. **f** (Bourse) **directions croisées** interlocking directorates.

**directive** [diʀɛktiv] **nf** (gén) directive, order, instruction; (CEE) directive. ◊ **nous attendons des directives du siège** we are awaiting instructions from headquarters.

**directoire** [diʀɛktwaʀ] **nm** board of directors. ◊ **président du directoire** chairman of the board.

**directorial, e, mpl -aux** [diʀɛktɔʀjal, o] **adj** fonction, responsabilité, bureau managerial.

**dirham** [diʀam] **nm** dirham.

**dirigé, e** [diʀiʒe] **adj** planned, controlled. ◊ **économie dirigée** planned ou managed economy; **monnaie dirigée** managed currency.

**dirigeant, e** [diʀiʒɑ̃, ɑ̃t] **1** **adj** classe ruling. ◊ **cadre dirigeant** managing executive; **les classes dirigeantes** the ruling classes, the establishment (GB). **2** **nm** (responsable, gérant) manager; (administrateur) director. ◊ **dirigeant d'entreprise ou de société** corporate executive ou manager; **dirigeant syndical** union leader; **nous irons voir les dirigeants** we'll go and see the management. **3** **dirigeante nf** (responsable, gérante) manageress; (administratrice) director.

**diriger** [diʀiʒe] **vt** **a** service to run, be at the head of, be in charge of; société to manage, run; publication to run; enquête to conduct; débat to lead, monitor. ◊ **il dirige les opérations sur le terrain** he is in charge of operations in the field; **nous avons fait appel à un expert pour diriger les travaux** an expert was called in to supervise the work; **certaines entreprises font faillite parce qu'elles sont mal dirigées** some companies go bankrupt because they are mismanaged ou badly run, some company failures are due to mismanagement ou bad management; **diriger la production** to control production; **diriger une équipe** to captain a team. **b** (expédier) marchandises to send, dispatch, forward (*vers, sur* to). **c** (orienter) personne, investigations, capitaux to direct. ◊ **diriger les investissements vers un secteur plus productif** to channel investments into a more productive sector; **la recherche du profit ne dirige pas toute notre politique commerciale** the search for profit does not determine all our commercial policy; **les exportateurs nippons ne dirigent plus leurs efforts vers les pays industrialisés** Japanese exporters have switched their policy away from developed countries ou are no longer concentrating their efforts on developed countries; **l'économie française se dirige vers la reprise** the French economy is heading for recovery.

**dirigisme** [diʀiʒism(ə)] **nm** (Écon) interventionism, state intervention ou control.

**dirigiste** [diʀiʒist(ə)] **nmf, adj** interventionist.

**dirimant, e** [diʀimɑ̃, ɑ̃t] **adj** (Jur) nullifying.

**dirimer** [diʀime] **vt** to nullify, invalidate.

**disciplinaire** [disiplinɛʀ] **adj** disciplinary.

**discipline** [disiplin] **nf** discipline. ◊ **conseil de discipline** disciplinary board.

**discontinu, e** [diskɔ̃tiny] **adj** intermittent, discontinuous. ◊ **production discontinue** production in batches, batch production.

**discontinuation** [diskɔ̃tinɥasjɔ̃] **nf** (Jur) **discontinuation de poursuites** cessation from prosecution.

**discontinuité** [diskɔ̃tinɥite] **nf** discontinuity, break.

**discordance** [diskɔʀdɑ̃s] **nf** [opinions] difference, conflict. ◊ **les rapports des experts présentent des discordances graves** the reports of the experts show serious discrepancies.

**discordant, e** [diskɔʀdɑ̃, ɑ̃t] **adj** opinions, témoignages conflicting.

**discorder** [diskɔʀde] **vi** opinions, témoignages to conflict.

**discount** [diskunt] **nm** discount. ◊ **magasin discount** discount store; **faire du discount** to be in the discount trade, give discount.

**discounter** [diskunte] **nm** discounter.

**discours** [diskuʀ] **nm** speech. ◊ **faire ou prononcer un discours** to make ou deliver a speech; **discours d'ouverture / de clôture** opening / closing speech ou address; **discours-programme** keynote speech ou address.

**discréditer** [diskʀedite] **vt** to discredit. ◊ **ces retards dans les livraisons discréditent notre entreprise** these delivery delays give our firm a bad name ou discredit our firm.

**discret, -ète** [diskʀɛ, ɛt] **adj** (gén, emballage) plain, simple. ◊ **vente discrète** soft selling.

**discrétion** [diskʀesjɔ̃] **nf** discretion. ◊ **discrétion assurée** (dans une annonce) discretion assured, write in confidence, apply in confidence, applications will be treated in strict confidence.

**discrétionnaire** [diskʀesjɔnɛʀ] **adj** discretion-ary. ◊ **pouvoirs discrétionnaires** (gén) full powers to act; (Admin) discretionary power; **dépenses discrétionnaires** discretionary spending; **échantillon discrétionnaire** judgment sample.

**discrimination** [diskʀiminasjɔ̃] **nf** discrimination.

**discriminatoire** [diskʀiminatwaʀ] **adj** discriminatory, discriminating. ◊ **pratiques discriminatoires** discriminating practices.

**discriminer** [diskʀimine] **vt** to discriminate.

**disculpation** [diskylpasjɔ̃] **nf** exoneration.

**disculper** [diskylpe] **1** **vt** to exonerate (*de* from), whitewash*.
**2** **se disculper** **vpr** to exonerate o.s., vindicate o.s., clear o.s. (*de* of).

**discussion** [diskysjɔ̃] **nf** (gén) discussion (*de* of). ◊ **discussions** (négociations) talks, discussions; **mettre une question en discussion** to bring a question up for discussion; **la question reviendra en discussion à la prochaine réunion** the question will be discussed again ou taken up again at our next meeting; **le projet de loi est en discussion** the bill is being debated ou is under discussion; **le président met en discussion l'article 15** the chairman called clause 15; **les délégués sont en discussion** the delegates are in conference; **discussions préliminaires** exploratory ou preliminary talks.

**discutable** [diskytabl(ə)] **adj** stratégie, politique, méthode debatable, questionable, arguable, objectionable.

**discuter** [diskyte] **vt** **a** (examiner) problème to discuss, debate; (marchander) prix to argue about. ◊ **ils ont discuté sou par sou du prix de ces matériaux** they haggled over the price of these materials; **ce problème a été discuté la semaine dernière** this problem was discussed ou came up for discussion last week; **nous en avons discuté avec les délégués d'atelier** we have discussed the matter ou talked the matter over with the shop stewards. **b** (critiquer) décision to question, call into question, dispute. ◊ **question très discutée** vexed ou much disputed ou highly controversial issue; **on peut discuter l'opportunité d'une telle décision** the timeliness of such a decision can be questioned, one could question the timeliness of such a decision.

**disette** [dizɛt] **nf** (famine) food shortage. ◊ **disette de** vivres, argent scarcity ou shortage ou dearth ou want of; **disette de moyens de paiement** liquidity famine, cashflow crisis.

**disjoindre** [disʒwɛ̃dʀ(ə)] **vt** problèmes to separate, split; (Jur) affaires to sever. ◊ **ces deux questions sont disjointes** these two matters are not connected.

**disjonction** [disʒɔ̃ksjɔ̃] **nf** [problèmes] disjunction, separation; (Jur) [affaires] severance.

**dislocation** [dislɔkasjɔ̃] **nf** [meeting] dispersal, breaking up; [organisation, coalition] dismantling, disintegration, breaking up. ◊ **l'OPEP a échappé de peu à la dislocation** the OPEC was on the brink ou the verge of disintegration.

**disloquer** [dislɔke] **1** **vt** meeting to disperse, break up; organisation, coalition to dismantle, break up.
**2** **se disloquer** **vpr** [meeting] to disperse, break up; [organisation] to break ou split up, disintegrate.

**dispache** [dispaʃ] **nf** average adjustment. ◊ **règlement selon dispache étrangère** payable according to foreign adjustment.

**dispacheur** [dispaʃœʀ] **nm** average adjuster.

**disparaître** [dispaʀɛtʀ(ə)] **vi** to disappear. ◊ **tout doit disparaître** (sur une vitrine) closing down sale, everything must go.

**disparate** [dispaʀat] **adj** articles disparate, ill-assorted, ill-matched.

**disparité** [dispaʀite] **nf** [salaires] disparity (*de* in). ◊ **disparité des niveaux technologiques** technological ou technology gap.

**dispatching** [dispatʃiŋ] **nm** (gén) dispatching; [courrier] routing, dispatching.

**dispense** [dispɑ̃s] **nf** (exemption) exemption (*de* from); (autorisation) certificate of exemption, special permission. ◊ **dispense d'âge** waiver of age limits; **dispense des droits d'inscription** remission of fees.

**dispenser** [dispɑ̃se] **vt** to exempt, excuse (*de faire* from doing; *de qch* from sth).

**dispersion** [dispɛʀsjɔ̃] **nf** dispersion, scatter. ◊ **coefficient de dispersion** scatter coefficient; **diagramme de dispersion** scatter diagram.

**disponibilité** [disponibilite] **nf** **a** (gén) availability. ◊ **disponibilité des biens** (Jur) (faculté du possesseur) ability to transfer one's property; (caractère des biens) transferability of property; **date de disponibilité** (sur un CV) free as from; **disponibilité sur stock** goods available from stock; **non-disponibilité** non-availability; **taux de disponibilité** (Inf) operating ratio. **b** (Fin) **disponibilités** available funds, liquid ou available ou quick assets; **disponibilités en caisse** cash in ou on hand; **disponibilités en quête d'emploi** available funds in quest of employment; **disponibilités monétaires** money supply; **disponibilités quasi monétaires** supply of near money. **c** (Admin) **mettre en disponibilité** to free from duty temporarily, grant leave of absence to; **mise en disponibilité** leave of absence.

**disponible** [dispɔnibl(ə)] **1** **adj** moyens, personne available. ◊ **actif disponible, capitaux ou fonds disponibles** available ou quick ou liquid assets, disposable ou available funds; **argent disponible** spare cash; **biens disponibles** (Jur) transferable property; **capacité disponible** (Ind) spare ou idle capacity; **encaisse disponible** cash in ou on hand; **revenu disponible** disposable income; **solde disponible** available balance; **surplus disponible** disposable ou unallocated surplus; **disponible en magasin** supplied ou available from stock.
**2** **nm** **a** (capitaux) available ou quick ou liquid assets, disposable ou available funds, cash and marketable securities. **b** (Bourse) **cote officielle du disponible** official spot quotation; **cours ou prix du disponible** spot price; **marché du disponible** spot market; **vendre en disponible** to sell for spot delivery; **vente en disponible** spot sale.

**disposé, e** [dispoze] **adj** (Bourse) **marché bien disposé** buoyant market; **le marché est mieux disposé** the market is better in tone; **cours bien disposés** prices on the uptrend; **les valeurs françaises sont bien disposées** French securities are on the up.

**disposer** [dispoze] **1** **vt** (en vitrine) to place, arrange, display.
**2** **vi** ◊ **disposer de qch** to have sth at one's disposal; **je ne dispose que de quelques minutes** I have only a few minutes to spare; **disposer d'un domaine** (Jur) to dispose of an estate; **nous disposons d'une gamme étendue de produits** we can offer a wide range of products; **nous disposons d'un délai d'un mois pour payer** we have ou we are allowed a month to pay.

**dispositif** [dispozitif] **nm** **a** (système) device, mechanism. ◊ **dispositif de sûreté** safety device; **dispositif spécial** special feature; **la machine est équipée d'un dispositif électronique** the machine is equipped with an electronic device. **b** (ensemble de mesures) plan of action. ◊ **nous avons mis en place un dispositif pour améliorer la sécurité** we have set up a system to improve security; **le gouvernement va mettre en place tout un dispositif pour combattre le chômage** the government is going to put together a comprehensive package ou a complete set of measures to combat unemployment; **dispositif d'amortissement exceptionnel** exceptional depreciation facility.

**disposition** [dispozisjɔ̃] **nf** **a** (ordre) arrangement. ◊ **disposition des locaux** layout of premises. **b** (service) disposal. ◊ **je suis à**

votre entière disposition I'm entirely at your disposal; **nous mettrons une secrétaire . à votre disposition** we'll put a secretary at your disposal, we'll make a secretary available to you; **le poste est à la disposition du directeur** the post is in the gift of the manager. **c** **dispositions** (mesures) measures, steps; (préparatifs) arrangements, preparations; (précautions) precautions; **prendre toutes les dispositions utiles** to make the necessary arrangements, take the necessary steps; **nous avons pris des dispositions à cet effet ou dans ce sens** we have taken steps to this effect; **nous avons prévu des dispositions spéciales** we have arranged for special steps ou measures to be taken; **dispositions tarifaires** tariff regulations; **dispositions de change** exchange arrangements; **dispositions diverses** miscellaneous dispositions; **dispositions fiscales** tax provisions; **dispositions statutaires** statutory provisions. **d** (Jur) clause, provision. ◊ **dispositions statutaires** provisions of the articles; **dispositions testamentaires** provisions of a will; **dispositions d'une loi** provisions of an act; **sauf disposition contraire** except ou unless otherwise stipulated. **e** (Bourse) tone, trend, sentiment. ◊ **disposition générale du marché** general tone of the market.

**disputer (se)** [dispyte] **vpr** to quarrel, argue (avec with). ◊ **se disputer qch** to fight over sth, contest sth; **les banques se disputent la clientèle agricole** bankers are competing for farmer's business.

**disque** [disk(ə)] **nm** record; (Inf) disk. ◊ **mémoire à disques** disk storage; **disque dur / optique / souple** hard / optical / floppy disk.

**disquette** [diskεt] **nf** floppy (disk), diskette.

**dissemblance** [disɑ̃blɑ̃s] **nf** dissimilarity.

**dissémination** [diseminasjɔ̃] **nf** [information] dissemination, spreading; [point de vente] dispersal.

**disséminer** [disemine] **vt** to scatter.

**dissension** [disɑ̃sjɔ̃] **nf** dissension, disagreement.

**dissentiment** [disɑ̃timɑ̃] **nm** disagreement.

**disséquer** [diseke] **vt** to dissect.

**dissident, e** [disidɑ̃, ɑ̃t] **1** **adj** dissident.
**2** **nm,f** rebel, dissident. ◊ **un groupe dissident** a rebel ou splinter group.

**dissimulation** [disimylasjɔ̃] **nf** (Jur) dissimulation d'actif (frauduleux) concealment of assets.

**dissimuler** [disimyle] **vt** difficultés to conceal, hide (à qn from sb); (Fin) bénéfices to conceal.

**dissiper** [disipe] **1** vt **a** soupçon, craintes, doutes to dissipate, dispel; malentendu to clear up. ◊ **le malentendu a été rapidement dissipé** the misunderstanding was soon cleared up; **dissiper les craintes des petits épargnants** to allay ou calm the fears of small savers ou investors. **b** (gaspiller) revenus to dissipate, squander.
**2** **se dissiper** vpr [malaise, malentendu] to disappear, clear, wear off, fade.

**dissolution** [disɔlysjɔ̃] nf [assemblée] dissolution; [groupe] breaking-up, splitting-up; [société] winding-up. ◊ **prononcer la dissolution de** to dissolve; **dissolution d'une société en nom collectif** breaking-up of a partnership.

**dissoudre** [disudʀ(ə)] **1** vt assemblée to dissolve; parti, groupement to disband, break up.
**2** **se dissoudre** vpr [organisation] to disband, break up.

**dissuasif, -ive** [disɥazif, iv] adj (gén) dissuasive; taux d'intérêt deterrent; impôt repressive. ◊ **facteur dissuasif** deterrent, disincentive.

**dissuasion** [disɥazjɔ̃] nf dissuasion. ◊ **élément de dissuasion** deterrent, disincentive.

**distance** [distɑ̃s] nf distance. ◊ **distance de transport** (length of) haul; **fret proportionnel à la distance** freight pro rata.

**distancer** [distɑ̃se] vt concurrent to outstrip, leave behind. ◊ **se laisser distancer** to be left behind, fall ou lag behind; **ne pas se laisser distancer par ses concurrents** to keep up with ou in step with one's competitors.

**distinct, e** [distɛ̃(kt), distɛ̃kt(ə)] adj distinct. ◊ **imposition distincte** separate taxation.

**distinguer** [distɛ̃ge] **1** vt **a** (différencier) to distinguish, set apart (de from). ◊ **rien ne le distingue des autres candidats** nothing sets him apart from the other applicants ou marks him out among the other applicants. **b** (choisir) to single out. ◊ **il a été distingué pour une promotion** he was singled out ou slated for promotion.
**2** **se distinguer** vpr to distinguish o.s.. ◊ **il se distingue par son absence** he is conspicuous by his absence; **le secteur bancaire s'est distingué** (Bourse) bank shares stood out again ou were in the limelight again; **notre représentant s'est à nouveau distingué en obtenant un autre gros contrat** our agent scored again with another huge contract.

**distorsion** [distɔʀsjɔ̃] nf (Écon) imbalance, disequilibrium. ◊ **distorsion de prix** price distorsion.

**distraire** [distʀɛʀ] vt ◊ **distraire des fonds** to misappropriate ou embezzle ou abstract ou defalcate (US) funds.

**distribanque** [distʀibɑ̃k] nm cash dispenser, cashomat (US), automatic teller machine, ATM.

**distribuable** [distʀibɥabl(ə)] adj bénéfices, surplus distributable.

**distribuer** [distʀibɥe] vt **a** prospectus, journaux to distribute, hand out; paquets, lettres to deliver; (Bourse) actions to allot, allocate; dividendes to distribute, pay; travail, tâches to assign, distribute. ◊ **bénéfices non distribués** (Fin) retained earnings; **bénéfices d'exploitation non distribués** appropriated earned surplus. **b** (Comm) marchandises to distribute. ◊ **des magasins spécialisés se chargent de distribuer ces articles** the retail distribution of these items is handled by specialist shops.

**distributeur, -trice** [distʀibytœʀ, tʀis] **1** nm,f (vendeur) distributor. ◊ **distributeur agréé** authorized distributor; **distributeur au détail** retailer; **distributeur en gros** wholesaler; **distributeur exclusif** sole distributor; **marque de distributeur** own ou private brand, distributor's brand; **vente aux distributeurs** selling in.
**2** nm (machine) (gén) distributor; (Inf) selective digit emitter. ◊ **distributeur automatique** vending machine, vendor; **distributeur automatique de billets** cash dispenser, cashomat (US), automatic teller machine, ATM; **distributeur-présentoir** dispenser; **centre distributeur** distributor center.

**distribution** [distʀibysjɔ̃] nf **a** [prospectus] distribution, handing out; [paquets, lettres] delivery; (Bourse) [actions] allotment; [dividendes] distribution, payment; [eau, électricité] supply; [tâches] assignment. ◊ **distribution d'actions gratuites** stock dividend; **distribution aléatoire** random distribution; **distribution des bénéfices** profit allocation, melon cutting (US); **distribution croisée** cross distribution; **distribution primaire** (Écon) primary distribution; **distribution des richesses** distribution of wealth; **une distribution plus efficace des ressources** a more efficient allocation of resources. **b** (Comm) distribution. ◊ **la distribution, le commerce de distribution** the distributive trades; **la grande distribution** supermarkets; **notre réseau de distribution** our distribution network ou channels; **fonction distribution** distribution function; **frais de distribution** distributive costs; **prix à la distribution** distributor's price; **produits de grande distribution** mass-market products; **distribution de masse** mass distribution; **distribution directe** direct trade; **distribution (en) porte à porte** house-to-house ou door-to-door distribution; **distribution restrictive** selective selling; **distribution sur l'ensemble du territoire** nationwide distribution; **la dis-**

**tribution en gros d'un produit** the wholesale distribution of a product.

**divergence** [divɛʀʒɑ̃s] **nf** divergence. ◊ **divergence par rapport aux directives initiales** departure from the initial guidelines; **indicateur de divergence** (CEE) divergence indicator; **divergence d'intérêts** conflict of interests.

**divergent, e** [divɛʀʒɑ̃, ɑ̃t] **adj** divergent. ◊ **normes techniques divergentes** differing ou divergent technical standards.

**divers, e** [divɛʀ, ɛʀs(ə)] **adj** (varié) opinions diverse, varied; (différent) occupations different, various; (rubrique de journal) miscellaneous. ◊ **dépenses diverses** sundries, miscellaneous expenses; **faux frais divers** contingencies, incidental expenses; **questions diverses** (dans un ordre du jour) any other business.

**diversification** [divɛʀsifikasjɔ̃] **nf** diversification. ◊ **diversification des produits** product diversification; **stratégie de diversification** diversification strategy.

**diversifier** [divɛʀsifje] **vt** production to diversify. ◊ **avoir une économie diversifiée** to have a broadly-based ou diversified economy.

**dividende** [dividɑ̃d] **1** **nm** dividend. ◊ **acompte de** ou **sur dividende** interim dividend; **avec dividende** cum div(idend), dividend on (US); **sans dividende** ex div(idend), (US) dividend off; **solde de dividende** final dividend; **coupon / talon de dividende** dividend warrant ou coupon / counterfoil; **arriéré de dividende** dividend in arrears; **blocage / déclaration / couverture des dividendes** dividend limitation / announcement / coverage ratio; **ratio dividende-prix** dividend-price ratio; **taux de dividende** dividend rate; **approuver un dividende de 5%** to pass a dividend of 5%; **déclarer** ou **annoncer un dividende** to announce ou declare a dividend; **répartir** ou **mettre en distribution un dividende** to distribute a dividend; **toucher** ou **percevoir un dividende** to collect ou draw a dividend; **porter le dividende à** to bring the dividend up to.
**2** **comp dividendes accumulés** accumulated dividends. – **dividende brut** gross dividend. – **dividende cumulatif** cumulative dividend. – **dividende exceptionnel** ou **extraordinaire** extra dividend, bonus. – **dividende fictif** sham dividend. – **dividende final** final dividend. – **dividende intérimaire** interim dividend. – **dividende de liquidation** liquidating dividend. – **dividende en nature** dividend in kind. – **dividende net** net dividend. – **dividende non distribué** ou **non versé** unpaid dividend. – **dividende en numéraire** cash dividend. – **dividende d'obli-**

**gation** debenture dividend. – **dividende ordinaire** ordinary dividend. – **dividende à payer** dividend payable. – **dividende prioritaire** preferential ou preference dividend. – **dividende privilégié** preferential ou preference dividend. – **dividende provisoire** interim dividend. – **dividende semestriel** half-yearly dividend. – **dividende statutaire** statutory dividend. – **dividende supplémentaire** extra dividend, bonus. – **dividende-warrant** dividend warrant.

**diviser** [divize] **vt** (gén) to divide; somme to divide, split. ◊ **l'entreprise a divisé par deux ses actions** the company has carried out a two-for-one stock split.

**division** [divizjɔ̃] **nf** **a** (distribution) sharing out, division. ◊ **division du marché** market sharing ou carve-up; **division du nominal des actions** (Fin) stock split; **on envisage la division suivante du portefeuille financier** the portfolio split is expected to be as follows; **division du** ou **de titre** stock split, capitalization issue; **division du titre par deux** two-for-one stock split. **b** (scission) division. ◊ **il y a une division au sein du syndicat** there's a split ou rift within the union. **c** (service) division. ◊ **division administrative** organization unit; **division agrochimie** agrochemical division; **division commerciale** trading division; **division opérationnelle** operating division; **division produits frais** fresh food division.

**divisionnaire** [divizjɔnɛʀ] **adj** ◊ **journal divisionnaire** book ou journal of prime entry; **monnaie divisionnaire** fractional currency.

**divulguer** [divylge] **vt** to disclose, release, divulge, unveil.

**dix** [dis] **1** **adj, nm** ten; → **six**.
**2** **comp dix-huit** adj, nm eighteen. – **dix-huitième** adj, nmf eighteenth. – **dix-huitièmement** adv in (the) eighteenth place. – **dix-neuf** adj, nm nineteen. – **dix-neuvième** adj, nmf nineteenth. – **dix-neuvièmement** adv in (the) nineteenth place. – **dix-sept** adj, nm seventeen. – **dix-septième** adj, nmf seventeenth. – **dix-septièmement** adv in (the) seventeenth place.

**dixième** [dizjɛm] **adj, nmf** tenth; → **sixième**.

**dixièmement** [dizjɛmmɑ̃] **adv** tenthly, in the tenth place.

**dizaine** [dizɛn] **nf** (dix) ten; (environ) about ten, ten or so; → **soixantaine**.

**Djibouti** [dʒibuti] **n** (pays, capitale) Djibouti.

**djiboutien, -ienne** [dʒibusjɛ̃, jɛn] **1** **adj** of ou from Djibouti.
**2** **Djiboutien nm** (habitant) inhabitant ou native of Djibouti.

**3** **Djiboutienne** nf (habitante) inhabitant ou native of Djibouti.

**DM** abrév de *Deutsche Mark* DM.

**dock** [dɔk] nm **a** (bassin) dock. ◊ **bureau des docks** dock house; **droits de dock** dock dues, dockage; **reçu des docks** dock receipt. **b** (entrepôt) warehouse. ◊ **dock frigorifique** cold storage dock.

**docker** [dɔkɛʀ] nm docker, stevedore, longshoreman (US). ◊ **grève des dockers** dock strike.

**docteur** [dɔktœʀ] nm doctor. ◊ **elle est docteur en économie gestion** she has a Ph.D. in economics in business management.

**doctorat** [dɔktɔʀa] nm doctorate. ◊ **doctorat d'économie / de gestion** doctorate ou Ph.D. in economics / in business management.

**document** [dɔkymɑ̃] **1** nm document. ◊ **présenter des documents** to tender documents; **rédiger un document** to draw up a document; **le paiement sera effectué sur présentation des documents requis** payment will be made against presentation of the necessary documents; **nous avons des documents l'attestant** we have documentary evidence, we have documents to prove it; **comptant contre documents** cash against documents. **2** comp **documents administratifs** administrative documents; **document administratif unique** (CEE) single administrative document. – **document en annexe** appended document. – **documents de base** source documents. – **documents commerciaux** business papers. – **documents comptables** accounting records. – **documents d'expédition** shipping documents. – **documents de transport combiné** combined transport document. – **document de travail** discussion memorandum, working paper.

**documentaire** [dɔkymɑ̃tɛʀ] adj documentary. ◊ **à titre documentaire** for your information; **crédit documentaire** documentary credit; **crédit documentaire révocable** revocable documentary credit; **encaissement documentaire** documentary collection; **traite documentaire** documentary bill.

**documentaliste** [dɔkymɑ̃talist(ə)] nmf librarian, archivist; (Presse, TV) researcher.

**documentation** [dɔkymɑ̃tasjɔ̃] nf documentation, literature, information, reference material. ◊ **documentation distribuée** handout material.

**documenté, e** [dɔkymɑ̃te] adj personne wellinformed; rapport well-documented.

**documenter** [dɔkymɑ̃te] **1** vt to document, brief.

**2** **se documenter** vpr to gather information ou material (*sur* on, about).

**doit** [dwa] nm debit, debit side, debtor side.

**doléances** [dɔleɑ̃s] nfpl (plaintes) complaints; (réclamations) grievances. ◊ **comité de doléances** grievance committee.

**dollar** [dɔlaʀ] nm dollar. ◊ **dollar australien / canadien** Australian / Canadian dollar; **dollar titre** security dollar.

**DOM** [dɔm] nm abrév de *département d'outremer French overseas department.*

**domaine** [dɔmɛn] nm **a** (propriété) estate, property. ◊ **les Domaines** (Admin) the land office; **invention tombée dans le domaine public** invention whose patent has lapsed. **b** (champ) field, domain, sphere. ◊ **ce n'est pas de mon domaine** it's not my field, it does not lie within my province, it's outside ou beyond my scope; **domaine d'activité stratégique** (Gestion) strategic business unit.

**domestique** [dɔmɛstik] adj consommation, produit domestic. ◊ **ordinateur domestique** home computer; **à usage domestique** for the home, for household use; **le tarif domestique de l'électricité** the household ou domestic rate for electricity.

**domicile** [dɔmisil] nm (Admin) place of residence; (Jur) [société] registered office ou address. ◊ **domicile légal** official residence; **travailler à domicile** to work at home; **travail à domicile** work done at home, homework; **travailleur à domicile** home worker; **livrer à domicile** to deliver; **livraisons à domicile** (sur un prospectus) we deliver; **livraison franco (à) domicile** (particuliers) delivery free domicile; (entreprise) delivery free to customer's premises; **vente à domicile** door-to-door ou house-to-house selling; **violation de domicile** breach of domicile.

**domiciliataire** [dɔmisiljatɛʀ] nm paying agent.

**domiciliation** [dɔmisiljasjɔ̃] nf domiciliation.

**domicilié, e** [dɔmisilje] adj domiciled. ◊ **traite domiciliée** domiciled bill.

**domicilier** [dɔmisilje] vt chèque to domicile. ◊ **je me suis fait domicilier à Rouen** I gave Rouen as my official address ou place of residence.

**dominant, e** [dɔminɑ̃, ɑ̃t] adj opinion prevailing; tendance main, major; problème, préoccupation main, chief. ◊ **position dominante** leading ou dominant ou dominating position; **abus de position dominante** abuse of dominant position.

**dominer** [dɔmine] **1** vt concurrent to outclass, surpass; difficultés to overcome, master.

**2** **vi** [qualité] to predominate; [théorie, intérêt] to prevail; [concurrent] to be in a dominant ou leading position.

**dominicain, e** [dɔminikɛ̃, ɛn] **1** **adj** Dominican. ◊ **République dominicaine** Dominican Republic.
**2** **Dominicain nm** (habitant) Dominican.
**3** **Dominicaine nf** (habitante) Dominican.

**dommage** [dɔmaʒ] **1** **nm** **a** (tort) harm, injury. ◊ **dommage causé avec intention de nuire** (Jur) malicious damage. **b** (Ass) loss. ◊ **les dommages** the damage; **causer des dommages** ou **un dommage à qch** to damage sth, cause damage to sth; **compenser un dommage** to make good a loss ou damage, make up the damage; **subir un dommage** to suffer ou sustain a loss; **l'importance des dommages n'a pas encore été évaluée** the extent of the damage has not yet been assessed; **ces dommages ne sont pas garantis par la police** the damage is not covered by the policy; **verser une indemnité pour les dommages occasionnés** to make good the damage; **être tenu pour responsable des dommages causés** to be liable for the damage caused. **c** **dommages et intérêts, dommages-intérêts** damages; **dommages-intérêts pour préjudice moral** retributory damages; **dommages-intérêts symboliques** contemptuous ou nominal damages; **dommages-intérêts spécifiques** special damages; **dommages-intérêts directs** real damages; **réclamer des dommages-intérêts** to claim damages; **intenter une action en dommages-intérêts** to bring an action for damages; **poursuivre qn en dommages-intérêts** to sue sb for damages; **fixer les dommages-intérêts** to assess the damages; **obtenir des dommages-intérêts** to recover ou be awarded damages; **passible de dommages-intérêts** liable for damages; **être tenu de verser des dommages-intérêts** to be ordered to pay damages, to respond in damages (US). **2** **comp dommages corporels** physical injury, damage to persons. – **dommage effectif** actual damage. – **dommage immatériel** consequential damage. – **dommage indirect** consequential damage. – **dommages matériels** material damage, damage to property, property damage.

**dommageable** [dɔmaʒabl(ə)] **adj** prejudicial.

**domotique** [domotik] **nf** home automation.

**DOM-TOM** [dɔmtɔm] **nmpl** abrév de *départements et territoires d'outre-mer* French overseas departments and territories.

**don** [dɔ̃] **nm** (donation) gift, donation. ◊ **don en argent** cash donation; **faire un don à une** œuvre caritative to make a donation to charity.

**donataire** [dɔnatɛʀ] **nmf** donee, grantee.

**donateur, -trice** [dɔnatœʀ, tʀis] **nm,f** donor, grantor.

**donation** [dɔnasjɔ̃] **nf** donation. ◊ **donation entre vifs** (Jur) donation inter vivos; **impôt sur les donations et les successions** death and gift duties.

**dông** [dɔ̃g] **nm** dong.

**donné, e** [dɔne] **1** **adj** (fixé) lieu, date given, fixed; (très bon marché) dirt cheap*. ◊ **étant donné les circonstances** given the circumstances.
**2** **donnée nf** **a** fact. ◊ **données** (gén) data; (faits) facts; (chiffres) figures; **le nombre des chômeurs en données corrigées des variations saisonnières** the seasonally adjusted unemployment figures; **c'est une donnée essentielle de la situation** it is an essential element ou fact within this situation; **les données du problème** the data ou the facts relating to the problem. **b** (Inf) **données** data; **accès aux données** data access; **banque / base / fichier / introduction / stockage de données** data bank / base / file / input / storage; **flux / restitution / traitement / transmission des données** data flow / retrieval / processing / communication; **saisie des données** data capture ou entry; **système de gestion de bases de données** database management system.
**3** **comp données de base** base figures. – **données brutes** raw data; **en données brutes** in unadjusted figures. – **données de contrôle** control data. – **données d'entrée** input (data). – **données d'essai** test data. – **données d'exécution** work specification. – **données globales** aggregate figures. – **données permanentes** standing data, master data. – **données prévisionnelles** provisional figures. – **données qualitatives** qualitative data. – **données de sortie** output (data).

**donneur, -euse** [dɔnœʀ, øz] **nm,f** ◊ **donneur d'aval** ou **de caution** guarantor, surety; **donneur d'option** ou **de stellage** (Bourse) taker for a put and call; **donneur d'ordre** principal, contractor.

**dont** [dɔ̃] **nm** (Bourse) call (option). ◊ **acheter dont** to buy a call option; **vendre dont** to sell a call option.

**doper** [dɔpe] **vt** to dope. ◊ **doper les ventes** to pump up sales; **l'économie française est dopée par une bonne conjoncture** the favourable business environment is a stimulant for the French economy.

**dormant, e** [dɔʀmɑ̃, ɑ̃t] **adj** capital dormant, inactive, idle ; marché sluggish. ◊ **compte dormant** dead account.

**dormir** [dɔʀmiʀ] **vi** [argent] to lie idle, remain inactive ; [machines] to be ou lie idle. ◊ **laisser dormir son argent** to let one's money lie idle.

**dos** [do] **nm** back. ◊ **voir au dos** see over(leaf) ; **dos d'un effet** back of a bill.

**dossier** [dosje] **nm** [a] (document) file, dossier. ◊ **dossier actif / archivé / clos** active / back / closed file ; **dossier en béton\*** cast-iron case\* ; **dossier personnel** case history, personal record ; **dossier de presse** press kit ; **dossier professionnel** qualifications record ; **constituer un dossier sur qn** to draw up a file on sb ; **établir le dossier d'une affaire** to brief a case ; **présenter un dossier solide** to have a strong case. [b] (classeur) file, folder.

**dotation** [dotasjɔ̃] **nf** (en matériel) endowment ; (Compta) appropriation, allocation ; (argent alloué) grant, subsidy. ◊ **dotation aux amortissements** depreciation allowance, amortization expense ; **dotation au compte de provisions** appropriation to the reserve ; **les dotations aux entreprises nationalisées seront réduites** subsidies ou funding to the nationalized sector will be reduced.

**doter** [dote] **vt** (gén) to endow ; (Compta) to appropriate, allocate. ◊ **doter de** (équiper de) to equip with ; **doter en capital** to fund ; **insuffisamment doté en personnel** undermanned, understaffed ; **doté des dernières innovations** equipped with the latest innovations ; **société dotée d'un capital initial de 400 millions de francs** company with 400 million francs of start-up capital.

**douane** [dwan] **nf** ◊ **la douane, les douanes, le service des douanes** Customs ; **procéder aux formalités de douane** to effect customs clearance ; **passer la douane** to go through (the) customs, clear through customs ; **l'administration des Douanes** the Board of Customs, the Customs Bureau (US) ; **le timbre / le visa de la douane** the customs seal / visa ; **droits / frais / manifeste / permis de douane** customs duties / charges / manifest / permit ; **acquit ou quittance de douane** customs house ou customs receipt ; **agent en douane** customs broker ; **bordereau de douane** customs house note ; **bureau des douanes** customs office ; **déclaration en douane** customs declaration, bill of entry, shipping report ; **entrée en douane** clearance inwards ; **entrepôt en douane** bonded warehouse ; **exempt de douane** duty-free, non-dutiable ; **expédition en douane** clearance outwards ; **franco de douane** free of customs duties ; **marchandises en douane** bonded goods.

**douanier, -ière** [dwanje, jɛʀ] [1] **adj** custom(s). ◊ **union douanière** customs union ; **barrières douanières** customs barriers, tariff walls ; **règlements douaniers** customs regulations ; **tarif douanier** customs tariff ; **vérification douanière** customs check ; **visite douanière** customs inspection ; **formalités douanières** customs formalities ; **procéder aux formalités douanières** to effect customs clearance. [2] **nm** customs officer ou official.

**doublage** [dublaʒ] **nm** [prix] doubling ; [emballage] lining.

**double** [dubl(ə)] [1] **adj** prix, avantage double, twofold. ◊ **faire qch en double exemplaire** to make two copies of sth, do sth in duplicate ; **faire double emploi** to be redundant ; **cette écriture fait double emploi avec une autre** this entry duplicates another ; **il y a eu une double facturation** there has been a duplication in the billing ; **double nationalité** dual nationality ; **comptabilité en partie double** double-entry book-keeping ; **à double usage** dual-purpose ; **à double-tranchant** double-edged ; **foyer à double revenu** dual-income household, two-earner family ; **double marché de l'or** double tier gold market ; **double marché des changes** dual exchange market ; **cours de la double prime** (Bourse) price of put and call ; **double option** (Bourse) put and call option ; **faculté de livrer double** (Bourse) seller's option to double. [2] **nm** [a] (quantité) gagner le double de qn to earn twice as much as sb ; **c'est le double du prix normal** it is twice ou double the normal price ; **nous attendons le double de visiteurs** we expect twice as many ou double the number of visitors ; **le cours de cette action est le double de ce qu'il était** the price of this share is double ou twice what it was. [b] (copie) copy. ◊ **taper qch en double** to type sth in duplicate ; **nous gardons tout en double pour plus de sûreté** we keep two of everything to be on the safe side ; **prière de nous envoyer un double de la facture** please send us a duplicate invoice ou a second copy of the invoice. [3] **adv** payer, compter double.

**doublé** [duble] **nm** (Bourse) option to double. ◊ **doublé à la baisse** put of more, seller's option to double ; **doublé à la hausse** call of more, buyer's option to double.

**doublement** [dubləmɑ̃] **nm** doubling. ◊ **ce plan nécessitera un doublement de la force de vente** this plan will imply doubling the sales force.

**doubler** [duble] [1] **vt** prix, taxes to double ; concurrent to overtake.

**droit**

**2** vi [nombre, quantité, prix] to double, increase twofold. ◊ **doubler de valeur** to double in value.

**doute** [dut] nm doubt. ◊ **être dans le doute au sujet de qch** to be in doubt ou doubtful ou uncertain about sth; **l'issue ne faisait aucun doute** it was a foregone conclusion, the outcome was cut and dried; **un doute plane encore sur cette affaire** an element of doubt still hangs over the matter, there's still something fishy* about this matter; **mettre qch en doute** to question ou challenge sth.

**douteux, -euse** [dutø, øz] adj (incertain) doubtful, uncertain; (contestable) dubious, questionable. ◊ **fonds d'origine douteuse** funds of doubtful origin; **provision pour créances douteuses** bad debts reserve, allowance for bad debts.

**douzaine** [duzɛn] nf (douze) dozen; (environ) about twelve, a dozen or so. ◊ **vendre qch à la douzaine** to sell sth by the dozen; **une douzaine / deux douzaines d'oeufs** a dozen / two dozen eggs.

**douze** [duz] adj, nm twelve; V six.

**douzième** [duzjɛm] adj, nmf twelth; V sixième.

**douzièmement** [duzjɛmmɑ̃] adv in the twelfth place, twelfthly.

**Dow Jones** nm ◊ **le Dow Jones** the Dow Jones; **l'indice Dow Jones** the Dow Jones index, the Dow Jones industrial average.

**DPLG** [depeɛlʒe] abrév de **diplômé par le gouvernement** architecte DPLG (state) certified architect.

**DPO** [depeo] nf abrév de **direction par objectifs** MBO.

**dr** abrév de **débiteur** dr.

**Dr** abrév de **docteur** Dr.

**drachme** [dʀakm(ə)] nf drachma.

**draconien, -ienne** [dʀakɔnjɛ̃, jɛn] adj mesure drastic, stringent, draconian.

**dragueur** [dʀagœʀ] nm (bateau) dredger.

**drainage** [dʀɛnaʒ] nm [capitaux] tapping, draining off.

**drainer** [dʀene] vt main-d'oeuvre, capitaux to drain off, tap, attract, draw.

**drapier, -ière** [dʀapje, jɛʀ] **1** adj ◊ **l'industrie drapière** the clothing industry. **2** nm cloth manufacturer. ◊ **marchand drapier** draper (GB), clothier.

**drastique** [dʀastik] adj drastic.

**drawback** [dʀobak] nm (Douanes) drawback.

**dresser** [dʀese] **1** vt plan, acte notarié to draw up; inventaire, liste to draw up, make out.

◊ **dresser un procès-verbal** ou **une contravention à qn** to report sb, book sb*; **dresser le bilan** (Compta) to draw up the balance sheet; **il a dressé un bilan encourageant de la situation** he gave an encouraging review ou picture of the situation, he gave an encouraging run-down* on the situation. **2** **se dresser** vpr [obstacle] to stand. ◊ **beaucoup d'embûches se dressent sur le chemin de la reprise** many difficulties stand in the way of recovery.

**DRH** [deɛʀ'aʃ] nm abrév de **directeur des ressources humaines** → directeur.

**droguerie** [dʀɔgʀi] nf (magasin) hardware shop.

**droguiste** [dʀɔgist(ə)] nmf keeper ou owner of a hardware shop.

**droit** [dʀwa] **1** adv straight. ◊ **aller droit à la faillite** to be making ou heading ou headed straight for bankruptcy; **aller droit au but** ou **au fait** to go straight to the point. **2** nm **a** (pouvoir) right. ◊ **avoir droit à qch** to be entitled to sth; **vous avez droit à une indemnité de licenciement** you are entitled to ou eligible for redundancy payment; **avoir droit à des congés payés** to qualify for holiday pay; **faire droit à** to accede to; **le tribunal a fait droit à ma réclamation** the court upheld ou sustained my claim; **faire valoir ses droits** to establish one's rights; **établir son droit** to stake one's claim; **renoncer à ses droits** to relinquish ou waive one's rights; **elle a formellement renoncé à ses droits sur l'usine** she signed away her right to the factory; **droit à pension** pension entitlement; **chômeur en fin de droits** unemployed person having exhausted his benefits. **b** (Jur) le droit law; **faire son droit** to study law. **c** (taxe) duty, tax; (frais d'inscription) fee. ◊ **droits à la charge de l'acheteur** duties on buyer's account; **exempt de droits** duty-free, non-dutiable; **passible de droits** dutiable, liable to duty. **d** (Bourse) right. ◊ **sans droit aux actions** ex-new; **sans droit au dernier dividende** ex-coupon; **sans droit au tirage** ex-drawing; **sans droit d'entrée** no-load. **3** comp **droit d'accise** excise tax. – **droits d'adhésion** dues. – **droit ad valorem** ad valorem duty. – **droit des affaires (le)** commercial law, business law. – **droit d'aînesse** birth right. – **droit d'asile** right of asylum. – **droits d'auteur** royalties. – **droit au bail** lease right. – **droit bancaire (le)** bank law. – **droits de bassin** dock dues, dockage. – **droit cambial (le)** exchange law. – **droit de chancellerie** consular fee. – **droit civil (le)** civil law. – **droit commercial (le)** commercial law, business law. – **droit compensateur** countervailing duty. – **droit contractuel (le)** law of contract. – **droits de courtage**

brokerage fees. – **droits de douane** customs duties; **droits de douane à taux plein** customs duties payable in full; – **droits de douane à taux préférentiel** preferential duties. – **droit écrit (le)** statute law. – **droits d'édition** publishing rights. – **droit d'emplacement** ou de place market dues. – **droit de l'employeur** management prerogative. – **droit d'encaissement** collection fee. – **droits d'enregistrement** registration fees ou dues. – **droit d'entrée** entrance (fee); (Douanes) import duty; (Fin, Ass) entry fees, setup fee ou charge. – **droits de fabrication** manufacturing rights. – **droit fiscal (le)** tax law. – **droits de garde** (Comm) safe custody charges; (Fin) management ou handling charges. – **droit de grève** right to strike. – **droit immobilier (le)** real estate law. – **droits incorporels** incorporeal rights. – **droits indirects** indirect taxes. – **droits d'inscription** registration fees. – **droit international (le)** international law. – **droit jurisprudentiel (le)** case law. – **droits de magasinage** warehouse charges. – **droit maritime (le)** maritime law. – **droit de mutation** transfer duty. – **droit des obligations (le)** contract law. – **droit de passage** right of way. – **droit pénal (le)** criminal law. – **droits de phare** light dues. – **droit de poursuite** right of action. – **droit privé (le)** private law. – **droit de propriété** right of possession. – **droit public (le)** public law. – **droits de quai** wharfage. – **droit de rachat** [hypothèque] right of redemption. – **droit de recours** right of recourse. – **droits de régie** excise duties. – **droits de reproduction** reproduction rights. – **droit de rétention** lien. – **droit de retour** right to repossess. – **droit de réversion** right of reversion. – **droit social (le)** labour law. – **droit de sortie** (Douanes) export duty; (Fin, Ass) closing fee ou charge. – **droit de souscription** application right; **marché des droits de souscription** rights market; – **droit de souscription d'action / d'obligation** share / debenture right. – **droits spécifiques** specific duties. – **droits de succession** death ou estate duties. – **droit de timbre** stamp duty. – **droits de tirage spéciaux** special drawing rights. – **droit de transfert** transfer duty. – **droit au travail** right to work. – **droit du travail (le)** labour law. – **droits de vente exclusifs** exclusive rights of sale. – **droit de vote** right to vote.

**DTS** [deteɛs] **nmpl** abrév de *droits de tirage spéciaux* SDR.

**dû, due** [dy] **1** **adj** (que l'on doit) owing, owed; (arrivé à échéance) due. ◊ **la somme due** the sum owing ou owed ou due; **la somme qui** lui est **due** the sum owing ou owed ou due to him; **solde** ou **reste dû** balance due; **en (bonne et) due forme** in due form. **2** **nm** due; (somme d'argent) dues. ◊ **réclamer son dû** to claim one's due.

**Dublin** [dyblɛ̃] **n** Dublin.

**ducroire** [dykʀwaʀ] **nm** (garantie) decredere; (person) decredere agent. ◊ **commission ducroire** decredere ou guarantee commission.

**dûment** [dymɑ̃] **adv** duly.

**dumping** [dœmpiŋ] **nm** dumping. ◊ **faire du dumping** to dump goods, practise dumping.

**duopole** [dɥɔpɔl] **nf** duopoly.

**duplicata** [dyplikata] **nm** inv duplicate. ◊ **duplicata de reçu** duplicate receipt.

**duplication** [dyplikɑsjɔ̃] **nf** duplication. ◊ **duplication d'audience** audience duplication.

**dupliquer** [dyplike] **vt** to make a copy of, duplicate.

**durabilité** [dyʀabilite] **nf** (gén) durability; [produit] life span.

**durable** [dyʀabl(ə)] **adj** durable, long-lasting. ◊ **biens durables** durable goods, durables; **biens de consommation durables** consumer durables.

**durablement** [dyʀabləmɑ̃] **adv** on a long-term basis.

**durcir** [dyʀsiʀ] **1** **vt** réglementation to tighten, stiffen. ◊ **durcir ses positions** to take a tougher stand. **2** **se durcir** **vpr** [situation, conflit] to harden.

**durcissement** [dyʀsismɑ̃] **nm** hardening. ◊ **durcissement des mouvements de grève** tension on the strike front.

**durée** [dyʀe] **nf** (relative) [opération, contrat] duration, length; [bail] duration, term; [prêt] life, length; [produit] (en magasin) shelf life; (sur le marché) life span. **essai de durée** endurance test; **la durée de la convention** the term of the agreement; **les chômeurs de longue durée** the long-term unemployed; **pour la durée des négociations** while negotiations continue, for the duration of the negotiations; **durée amortissable / économique** depreciable / economic life; **durée de vie d'un titre** life of a security; **durée de vie utile** useful life; **durée de service** length of service; **durée effective du travail** actual hours worked; **durée normale du travail** standard ou normal work period.

**DUT** [deyte] **nm** abrév de *diplôme universitaire de technologie* → diplôme.

**dynamique** [dinamik] **1** **adj** dynamic.
**2** **nf** dynamics. ◊ **dynamique de groupe** group dynamics; **dynamique du marché** market dynamics; **dynamique des produits** product dynamics.

# E

**EAO** [əao] **nm** abrév de *enseignement assisté par ordinateur* CAI, CAL.

**EAU** [əay] **nmpl** abrév de *Émirats arabes unis* UAE.

**ébauche** [eboʃ] **nf** [projet] outline. ◊ **première ébauche d'un contrat** rough draft ou first draft of a contract ; **ébauche des états financiers** draft financial statements ; **ébauche de reprise** incipient recovery ; **l'ébauche d'un accord** the first steps towards an agreement.

**ébaucher** [eboʃe] **1** **vt** plan to outline, sketch out ; discussion, relations to open up.
**2** **s'ébaucher** **vpr** [plan] to form, take shape ou form. ◊ **une reprise s'ébauche** a recovery is taking shape, there are signs of a recovery.

**ébranlement** [ebʀɑ̃lmɑ̃] **nm** [confiance] shaking, weakening. ◊ **ébranlement du marché monétaire** tremor on the money market.

**ébranler** [ebʀɑ̃le] **vt** confiance, marché to shake, weaken.

**ébruiter** [ebʀɥite] **1** **vt** nouvelle to disclose, spread.
**2** **s'ébruiter** **vpr** to spread, leak out.

**ébullition** [ebylisjɔ̃] **nf** (agitation) turmoil. ◊ **le marché monétaire est en ébullition** the money market is in an uproar.

**écart** [ekaʀ] **1** **nm** (gén : différence) difference ; (Stat) deviation ; (Fin) variance. ◊ **analyse des écarts** (Fin) variance analysis ; **l'écart par rapport à la stratégie habituelle** the departure ou deviation from the usual strategy ; **un écart important entre deux devis** a sizeable difference between two estimates ; **l'écart se creuse** the gap is widening ; **un écart de 4 points en faveur de la France** a four point lead in favour of France ; **la tendance a évolué dans des écarts étroits** (Bourse) prices fluctuated within narrow margins ; **l'écart entre les taux d'intérêt diminue** the margin between the rates of interest is shrinking ; **réduire l'écart entre** to narrow ou close the gap between ; **creuser l'écart** to widen the gap ; **le gouvernement s'est tenu à l'écart du conflit** the government didn't become involved in ou didn't interfere in the dispute, the government stayed on the sidelines in this dispute.
**2** **comp écart absolu** absolute deviation. – **écart budgétaire, écart sur budget** budget variance, deviation from budget plan. – **écart de caisse négatif / positif** cash shortage / overage. – **écart calendaire** time spread. – **écart de change** exchange adjustment. – **écart sur charges de structure** overhead variance. – **écart de conversion** (Fin) translation differential. – **écart des coûts** cost variance. – **écart déflationniste** deflationary gap. – **écart global sur main-d'œuvre** direct wages variance. – **écart global sur matières** direct material variance. – **écart inflationniste** inflation(ary) gap. – **écart d'inventaire négatif / positif** inventory shortage / overage. – **écart sur main-d'œuvre en temps** labour efficiency variance. – **écart sur main-d'œuvre en coûts** wage rate variance. – **écart sur matières en coûts** materials usage variance. – **écart minimum du cours** tick. – **écart moyen, écart à la moyenne** mean ou average deviation. – **écart des primes** spread between the price for firm and option stock. – **écart de prix** price spread ou differential. – **écart de production** production variance. – **écart de réévaluation** revaluation differential. – **écart de rendement** efficiency variance. – **écart salarial** wage spread ou differential.

– **écart statistique** sampling deviation.
– **écart sur taux de main-d'œuvre** labour rate variance. – **écart type** standard deviation.

**écarter** [ekaʀte] **1** vt objection to dismiss, brush aside; hypothèse to dismiss, rule out; offre, demande to dismiss, turn down. ◊ **écarter qn d'une fonction** to remove sb from a position. **2** **s'écarter** vpr to move away (de from). ◊ **s'écarter de la norme** to deviate ou depart from the norm; **nous nous écartons de nos objectifs de croissance** we are moving ou drifting away from our growth targets.

**échange** [eʃɑ̃ʒ] **1** nm **a** (gén) exchange; (troc) swap*. ◊ **en échange de** in exchange for, in return for; **faire (l') échange de qch** to swap* ou exchange sth; **suite à notre échange de lettres** following our correspondence; **crédit d'échange** swap (credit); **monnaie d'échange** money of exchange; **moyen d'échange** medium of exchange. **b** (Comm) **échanges** trade, trading; **intensifier les échanges entre deux pays** to strengthen ou build up trade links between two countries; **les échanges sur les valeurs françaises** trading in French stocks; **libéralisation des échanges** freeing of trade; **libre échange** free trade; **structure des échanges** pattern of trade; **zone de libre échange** free trade area; **termes de l'échange** terms of trade; **volume des échanges** trade volume. **2** comp **échange de bons procédés** exchange of friendly services. – **échange de brevets** patent trading. – **échanges commerciaux** trade, trading. – **échanges industriels** industrial trade. – **échanges interindustriels** inter-industrial exchange ou trade. – **échanges d'invisibles** invisible exchange. – **échange standard** replacement. – **échange de vues** exchange of views, discussions.

**échangeabilité** [eʃɑ̃ʒabilite] nf exchangeability.

**échangeable** [eʃɑ̃ʒabl(ə)] adj exchangeable.

**échanger** [eʃɑ̃ʒe] **1** vt to exchange, swap* (contre for, avec with); marchandises exchange, trade. ◊ **échanger des actions à raison d'une nouvelle pour trois anciennes** to exchange shares in the proportion of one new for three old ones; **les marchandises ne sont ni reprises ni échangées** no refunds, no goods exchanged. **2** **s'échanger** vpr (Bourse) **ce titre s'échange à 2 000 F** this security is traded at F2,000.

**échantillons** [eʃɑ̃tijɔ̃] **1** nm sample. ◊ **carte d'échantillons** pattern ou sample card; **paquet échantillon** sample packet; **moyenne de l'échantillon** sample mean; **prélèvement d'échantillons** sampling; **vente sur échantil-** lon sale by sample; **acheter sur échantillon** to buy from sample; **être conforme à l'échantillon** to be up to sample. **2** comp **échantillon aléatoire** random sample. – **échantillon compensé** balanced sample. – **échantillon équiprobable** random sample. – **échantillon faussé** biased sample. – **échantillon exhaustif** exhaustive sample. – **échantillon factice** dummy sample. – **échantillon gratuit** free sample. – **échantillon au hasard** random sample. – **échantillon publicitaire** give-away ou free sample. – **échantillon probabiliste** probability sample. – **échantillon représentatif** representative ou true ou fair ou adequate sample. – **échantillon sans valeur** worthless sample. – **échantillon stratifié** stratified sample. – **échantillon témoin** check sample. – **échantillon type** representative sample. – **échantillon par zone** area sample.

**échantillonnage** [eʃɑ̃tijɔnaʒ] **1** nm (action) sampling; (gamme) range ou selection of samples. ◊ **test par échantillonnage** sample testing. **2** comp **échantillonnage aléatoire** random sampling. – **échantillonnage de conformité** representative sampling. – **échantillonnage de dépistage** discovery sampling. – **échantillonnage dirigé** intentional sampling, purpose sampling (US). – **échantillonnage par estimation** estimation sampling. – **échantillonnage par grappes** cluster sampling. – **échantillonnage au hasard** random sampling. – **échantillonnage multiple** multiple sampling. – **échantillonnage probabiliste** probability sampling. – **échantillonnage par quotas** quota sampling. – **échantillonnage raisonné** judgment sampling. – **échantillonnage séquentiel** sequential sampling. – **échantillonnage statistique** statistical sampling, lot-plot method (US). – **échantillonnage successif** sequential sampling. – **échantillonnage par zone** area sampling.

**échantillonner** [eʃɑ̃tijɔne] vt to sample.

**échappatoire** [eʃapatwaʀ] nf wayout, loophole. ◊ **clause échappatoire** excape clause; **une échappatoire fiscale** a tax loophole.

**échapper** [eʃape] vi ◊ **échapper à** danger to escape; obligation, responsabilité to evade; **échapper au fisc ou à l'impôt** (selon la réglementation) to be tax-exempted, be exempt from taxation; (en utilisant une faille) to use a tax loophole; (frauduleusement) to evade ou dodge* taxation, elude the tax man; **ne pas échapper à la règle** to be no exception to the rule; **ces transactions échappent à notre**

**contrôle** these operations are beyond our control; **cette affaire échappe à notre juridiction** this case is beyond ou outside our jurisdiction; **laisser échapper l'occasion** to let slip ou let go the opportunity.

**échauder** [eʃode] **vt** : ◊ **se faire échauder** to burn one's fingers, get a rap on the knuckles; **la tempête boursière a échaudé les actionnaires** shareholders got their fingers burned in the stock market crisis.

**échéable** [eʃeabl(ə)] **adj** falling due, payable.

**échéance** [eʃeɑ̃s] **nf** **a** (date) (gén) expiry date, deadline, termination date; [loyer] date of payment; [prime, coupon] due date; [obligation, bon du trésor] maturity date; [emprunt] redemption date; [facture] settlement date; [chèque] value date; (Bourse) settling day. ◊ **échéance moyenne** average due date; **jour de l'échéance** maturity date; **échéance à cinq jours de vue** maturity at five days' sight; **avant échéance** prior to ou before maturity; **payable à l'échéance** payable at maturity; **report d'échéance d'une facture** extra dating of a bill; **venir** ou **arriver à échéance** to fall due, come to maturity, mature; **l'intérêt n'a pas été payé à l'échéance** the interest is overdue; **défaut de paiement de la prime à échéance** failure to pay the premium on expiry; **valeur à l'échéance** value at maturity. **b** (obligation financière) **échéance de fin de mois** (gén) end--of-month payments ou commitments ou requirements; (Bourse) end-of-month settlement; **avoir de lourdes échéances** to have heavy financial commitments; **il n'a pas pu faire face à ses échéances** he couldn't meet his end-of-month payments; **plan d'échéances** instalment plan; **rappel d'échéance** prompt note. **c** (effet) bill, draft. ◊ **carnet d'échéances** billbook, maturity tickler (US); **échéance à vue** bill at sight. **d** (période) term. ◊ **à trois mois d'échéance** at three months' date, three months after date; **traite à longue / courte échéance** long / short-term draft; **billet à longue / courte échéance** long / short-dated bill; **prêter à courte / longue échéance** to lend ou loan (US) short / long.

**échéancier** [eʃeɑ̃sje] **nm** [effets] bill book, maturity tickler (US); [emprunt] refunding program (US), repayment schedule.

**échéant, e** [eʃeɑ̃, ɑ̃t] **adj** falling due. ◊ **le cas échéant** if the case arises, should the occasion arise.

**échec** [eʃɛk] **nm** (gén) failure; (revers) setback. ◊ **subir** ou **essuyer un échec** to fail, suffer a setback; **l'échec des négociations** the breakdown in ou the failure ou the collapse of the talks; **voué à l'échec** bound to fail, doomed to failure; **notre syndicat s'effor-**

cera **de faire échec au projet de la direction** our union will try to thwart ou frustrate the management's plan.

**échelle** [eʃɛl] **1** **nf** **a** (objet) ladder. **b** (taille) scale. ◊ **carte à grande échelle / à petite échelle** large-scale / small-scale map; **croquis à l'échelle** scale drawing; **économies d'échelle** economies of scale; **déséconomies d'échelle** diseconomies of scale; **sur une grande / petite échelle** on a large / small scale; **à l'échelle mondiale** on a world scale, worldwide. **c** (graduation) scale, ladder. ◊ **fonctionnaires du bas de l'échelle** low-ranking ou lower-echelon officials; **être au sommet de l'échelle** to be at the top of the ladder.
**2** **comp échelle d'attitudes** attitude battery ou scale. – **échelle de classement** promotion ladder. – **échelle mobile** sliding scale; **clause d'échelle mobile** sliding scale clause, escalator clause (US). – **échelle de notation du personnel** merit rating. – **échelle de rapports** ratio scale. – **échelle des salaires** salary scale; **échelle des salaires à deux niveaux** double-tier ou two tier pay scale. – **échelle sociale** social scale ou ladder. – **échelle des temps** time scale. – **échelle des traitements** salary scale.

**échelon** [eʃlɔ̃] **nm** **a** [échelle] rung. **b** [hiérarchie] level, step, grade, rung, echelon. ◊ **échelon catégoriel** rung in the hierarchy; **échelon salarial** pay grade; **les échelons de l'administration** the grades of the civil service; **être au dernier / premier échelon** to be on the highest ou top / on the lowest ou bottom grade; **monter d'un échelon, passer à l'échelon supérieur** to go up one step ou rung on the ladder, go up a grade; **grimper rapidement les échelons** to get quick promotion, rise rapidly up the hierarchy; **rétrograder d'un échelon** to be demoted, be put down a grade. **c** (niveau) level. ◊ **à l'échelon directorial** at managerial level, at board level; **à l'échelon national** at the national level, countrywide, nationwide; **à l'échelon ministériel** at ministerial level; **à tous les échelons** at every level; **ils ont lancé une campagne à l'échelon national** they have launched a nationwide ou national campaign.

**échelonné, e** [eʃlɔne] **adj** ◊ **paiements échelonnés** instalment payments, phased payments.

**échelonnement** [eʃlɔnmɑ̃] **1** **nm** [paiements] spreading, staggering, phasing; [congés] staggering, spreading (US).
**2** **comp échelonnement indiciaire** pay scale; – **échelonnement des prix** price bracket. – **échelonnement salarial** wage

spread. – **échelonnement statistique** statistical spread.

**échelonner** [eʃlɔne] **1 vt** paiements to spread (out), stagger, phase (*sur* over); congés to stagger, spread (US) (*sur* over). ◊ **échelonner les versements sur plusieurs mois** to spread instalments over several months; **livraison échelonnée** split delivery.
**2 s'échelonner vpr** [remboursements] to be spread (*sur* over); [congés] to be staggered ou spread (*sur* over).

**échiquier** [eʃikje] **nm** ◊ **notre place sur l'échiquier mondial** place in the field ou on the scene of world affairs.

**écho** [eko] **nm** (nouvelle) echo; (Presse) news item. ◊ **se faire l'écho de qch** to echo sth; **les propositions gouvernementales n'ont pas trouvé d'écho ou sont restées sans écho dans les milieux financiers** the government proposals have not been taken up in financial circles.

**échoir** [eʃwaʀ] **vi a** (être payable) [prime, dette] to fall due; [traite] to mature, come to maturity, become payable; [délai] to expire. ◊ **intérêts à échoir** accruing interest, interest falling due. **b** (revenir à) **une somme de 500 F échoit à chaque souscripteur** a sum of F500 is payable to every subscriber.

**échouage** [eʃwaʒ] **nm**, **échouement nm** (Mar) grounding, running aground. ◊ **échouement avec bris** stranding with break; **échouement avec bris absolu** total loss of the ship through stranding; **échouement avec bris partiel** stranding with break but without abandonment of the ship.

**échouer** [eʃwe] **1 vi a** [personne] to fail. ◊ **échouer à un examen / dans une tentative** to fail an exam / in an attempt. **b** [tentative] to fail, miscarry, fall through; [négociations] to fail, collapse. ◊ **notre plan a échoué** our plan broke down; **faire échouer les plans de la concurrence** to foil the competitors' plans, frustrate one's competitors in their plans. **c** (Mar) to run aground. ◊ **le rapport de notre expert a fini par échouer sur mon bureau** our expert's report finally landed up on my desk.
**2 vt** (Mar) (accidentellement) to ground, run aground; (volontairement) to beach.
**3 s'échouer vpr** (Mar) to run aground.

**échu, e** [eʃy] **adj** (Fin) due, outstanding, matured. ◊ **intérêts échus** outstanding interest; **intérêts échus et non payés** overdue interest; **billets échus** bills overdue; **obligations échues** matured bonds; **termes échus** instalments due.

**éclair** [eklɛʀ] **adj** ◊ **grève éclair** lightning strike.

**éclaircie** [eklɛʀsi] **nf** ◊ bright spot. ◊ **éclaircie sur le front du chômage** brighter prospects on the unemployment front, improvement in the unemployment situation.

**éclaircir** [eklɛʀsiʀ] **1 vt** situation to clarify; affaire to clear up, solve. ◊ **certains points restent à éclaircir** some questions have still to be cleared up ou still need clarifying.
**2 s'éclaircir vpr** [situation, horizon] to become brighter, brighten up; [problème] to be solved ou explained ou resolved.

**éclaircissement** [eklɛʀsismɑ̃] **nm** (explication) explanation, clarification. ◊ **nous souhaiterions des éclaircissements sur ce point** we would like some explanation ou enlightenment on this point.

**éclaté, e** [eklate] **adj** marché fragmented; activité dispersed.

**éclatement** [eklatmɑ̃] **nm** [organisation] break up. ◊ **éclatement du marché** market disruption; **lecture avec éclatement** (Inf) scatter read.

**éclater** [eklate] **vi a** [organisation] to break up; [grève, conflit] to break out; [nouvelle] to break. **b** (Inf) papier to burst; données to scatter.

**école** [ekɔl] **nf** school. ◊ **école de commerce** business school; **école hôtelière** hotel management college, catering college; **école d'ingénieurs** engineering school; **école professionnelle** vocational school; **école de secrétariat** secretarial college.

**écologie** [ekɔlɔʒi] **nf** ecology.

**écologique** [ekɔlɔʒik] **adj** ecological.

**écologiste** [ekɔlɔʒist(ə)] **nmf** ecologist.

**économat** [ekɔnɔma] **nm** (fonction) bursarship, stewardship; (bureau) bursar's office, steward's office.

**économe** [ekɔnɔm] **1 adj** thrifty.
**2 nmf** bursar, steward.

**économétricien, -ienne** [ekɔnɔmetʀisjɛ̃, jɛn] **nm,f** econometrist.

**économétrie** [ekɔnɔmetʀi] **nf** econometrics (sg).

**économétrique** [ekɔnɔmetʀik] **adj** econometric. ◊ **modèle économétrique** econometric model.

**économie** [ekɔnɔmi] **1 nf a** (science) economics (sg). ◊ **macro / micro-économie** macro / micro-economics. **b** (activité) economy. ◊ **relancer l'économie** to revive ou reflate ou reactivate ou boost the economy; **renflouer l'économie** to set the economy back on its feet, revive the economy. **c** (épargne) economy, thrift. ◊ **par économie** for the sake of economy. **d** (gain) saving. ◊ **cela représente une économie de temps** it saves time, it's time-saving; **travailler selon des principes d'économie de temps / de main-d'œuvre** to work according to time-saving line / labour-saving principles; **procédé permettant une économie de main-d'œuvre** labour-saving process ou device; **politique d'économie d'énergie** energy conservation policy; **économie d'échelle** ou **de dimension** economy of scale; **économies externes / internes** external / internal economies; **politique d'économies** policy of retrenchment; **faire des économies d'énergie** to save ou economize on energy, conserve energy; **faire des économies de bouts de chandelle** to make cheeseparing economies. **e** (argent) **économies** savings; **vivre de ses économies** to live on one's savings; **avoir des économies** to have (some) savings, have some money saved up; **faire des économies** (épargner) to save up, save money, put money by, lay money aside; (en réduisant les dépenses) to cut ou curtail expenses. **f** (structure) [projet, ouvrage] organization. **2 comp économie du bien-être** welfare economics. – **économie dirigée** state-controlled ou command economy. – **économie fermée** self-sufficient economy, closed economy. – **économie libérale** free economy. – **économie de marché** (free-)market economy. – **économie mixte** mixed economy. – **économie normative** normative economics. – **économie de l'offre** supply-side economics. – **économie ouverte** open economy. – **économie de pénurie** economy of scarcity. – **économie planifiée** planned economy. – **économie de plein emploi** full employment economy. – **économie politique** political economy. – **économie rurale** rural economy. – **économie souterraine** subterranean ou black economy. – **économie de subsistance** subsistence economy. – **économie de troc** barter economy. – **économie urbaine** urban economy.

**économique** [ekɔnɔmik] **adj** **a** (Écon) economic. ◊ **agents économiques** economic agents; **aide économique** economic aid ou assistance ou help; **blocus économique** economic blockade; **conjoncture économique** economic outlook ou trend ou situation; **crise économique** economic crisis, trade depression, slump; **croissance économique** economic growth; **mission économique** economic mission; **planification économique** economic planning; **potentiel économique** economic potential; **prévision économique** business ou economic forecast; **relance économique** economic pump-priming ou reflation; **reprise économique** economic

recovery upturn ou upswing ou rebound; **les responsables économiques** economic leaders; **les sciences économiques** economics; **unité économique** economic unit; **union économique** economic union. **b** (avantageux) economical, cost cutting (US). ◊ **acheter le modèle** ou **paquet économique** to buy the economy-size packet; **voyager en classe économique** to travel economy class.

**économiquement** [ekɔnɔmikmɑ̃] **adv** economically. ◊ **les économiquement faibles** the lower-income groups, the lower-income bracket, low-income people.

**économiser** [ekɔnɔmize] **vt** énergie to economize on, save on, conserve; temps to save; argent to save up, put ou lay aside. ◊ **économiser sur les frais de personnel** ou **les coûts salariaux** to economize on ou cut back on ou cut down on labour costs; **nous économisons sur les charges** we save on heat and utilities.

**économiseur** [ekɔnɔmizœʀ] **nm** economizer, economizing device.

**économiste** [ekɔnɔmist(ə)] **nmf** economist. ◊ **économiste de banque** bank economist; **économiste d'entreprise** business economist.

**écossais, e** [ekɔsɛ, ɛz] **1 adj** (gén) Scottish; (whisky) Scotch; (tissu) tartan. **2 Écossais nm** (habitant) Scot, Scotsman. ◊ **les Écossais** the Scots. **3 Écossaise nf** (habitante) Scot, Scotswoman.

**Écosse** [ekɔs] **nf** Scotland.

**écosystème** [ekɔsistɛm] **nm** ecosystem.

**écot** [eko] **nm** share (of a bill). ◊ **payer son écot** to pay one's own share.

**écoulé, e** [ekule] **adj** past, last. ◊ **exercice écoulé** year under review, past trading year; **temps écoulé** lapsed time.

**écoulement** [ekulmɑ̃] **nm** [marchandises] selling, disposal, placing. ◊ **articles d'écoulement facile** articles which find a ready sale, quick-selling articles ou items, fast-moving articles, quick-sellers, fast-sellers; **articles d'écoulement lent** slow-selling articles ou items, slow-sellers.

**écouler** [ekule] **1 vt** marchandises to sell, move, place; valeurs boursières to place. ◊ **ces marchandises sont difficiles à écouler** these goods are difficult to place; **on n'arrive pas à écouler ce stock** this stock isn't moving ou selling ou can't be easily disposed of; **écouler des stocks excédentaires** to work down ou work off excess inventories; **nous avons écoulé tout notre stock** we've cleared all our stock ou got rid of all our stock; **nos stocks sont presque écoulés**

our stocks are running low ou down, we are almost out of stock. **2 s'écouler vpr a** (Comm) to sell. ◊ **marchandise qui s'écoule bien** quick-selling item ou line, fast-moving line, quick-seller, fast-seller; **nos produits se sont bien écoulés** our products have sold well ou have found a ready sale; **ce nouveau modèle s'écoule lentement** this new model is selling only slowly ou is off to a slow start. **b** [temps] to pass, elapse. ◊ **laisser s'écouler un délai avant les poursuites** to allow some time to elapse before taking legal action.

**écoute** [ekut] **nf** ◊ **heures de grande écoute** (Rad) peak listening hours; (TV) peak viewing hours; (Pub) traffic time; **heures d'écoute maximum** (Rad, TV) prime time; **degré d'écoute** listenership; **indice** ou **taux d'écoute** rating.

**écr.** abrév de *écrire.*

**écran** [ekrã] **nm** screen. ◊ **publicité à l'écran** screen advertising; **écran de contrôle** monitor screen; **écran de sécurité** protective screen; **écran tactile** touch screen; **opérateurs sur écran** (Bourse) screen traders; **société-écran** umbrella company; **un écran d'entreprises** a business umbrella formed of many firms.

**écrasant, e** [ekrazã, ãt] **adj** impôts crushing; responsabilité, preuve overwhelming; majorité staggering, overwhelming.

**écraser** [ekraze] **vt** (gén) to crush; prix to slash; concurrence to crush, stamp out. ◊ **ils ont écrasé tous leurs concurrents** they have outstripped ou annihilated ou licked* all their competitors; **les PME sont écrasées d'impôts** small businesses are crushed by taxation; **nous sommes écrasés de tâches nouvelles** we are overburdened with ou snowed under with new assignments.

**écrémage** [ekremaʒ] **nm** (Mktg) skimming. ◊ **politique d'écrémage** skimming policy; **prix d'écrémage** skimming price.

**écrémer** [ekreme] **vt** (Mktg) to skim. ◊ **écrémer le marché** to cream the market.

**écrêtement** [ekrɛtmã] **nm** [salaires] lopping off.

**écrêter** [ekrete] **vt** revenus to shave, lop off, chop off.

**écrire** [ekrir] **vt** (gén) to write; (noter) to write down. ◊ **écrire à la machine** to type, typewrite; **déclaration écrite** written statement; **instructions écrites** written instructions; **preuve écrite** documentary evidence.

**écrit** [ekri] **nm** (Jur) document. ◊ **par écrit** in writing; **veuillez confirmer par écrit** please confirm in writing; **déclaration par écrit** written statement.

**écriture** [ekrityr] **1 nf a** (opération comptable) entry. ◊ **passer** ou **porter une écriture** to make ou post an entry; **écriture portée au crédit / au débit** entry to the credit side / debit side; **contre-passer une écriture** to contra ou transfer ou reverse an entry; **redresser** ou **rectifier une écriture** to adjust an entry; **ces deux écritures s'annulent** these two entries cancel each other (out); **faux en écriture** forging of documents, falsification of account. **b** (comptes, écritures) accounts, entries, postings. ◊ **employé aux écritures** ledger ou entering clerk; **tenir les écritures** to do the book-keeping, keep the books ou the accounts; **arrêter les écritures** to close ou balance the books, close the accounts. **c** (Inf) write, writing. ◊ **erreur / impulsion d'écriture** write error / impulse. **2 comp écriture comptable** book-entry, accounting entry, balancing entry. – **écriture de clôture** closing entry. – **écriture de contre-passement** transfer ou reverse entry. – **écriture d'élimination** eliminating entry. – **écriture de fermeture** closing entry. – **écriture fictive** fictitious entry. – **écriture d'inventaire** closing entry. – **écriture inverse** reverse entry. – **écriture de journal** journal entry. – **écriture postérieure** post entry. – **écriture de redressement** correcting entry. – **écriture de régularisation** adjusting entry. – **écriture rectificative** correcting entry. – **écriture de virement** transfer entry.

**écroulement** [ekrulmã] **nm** [entreprise] fall, collapse, crash; [prix, projet] collapse.

**écrouler (s')** [ekrule] **vpr** [entreprise] to fall, collapse, crash; [prix, plans] to collapse. ◊ **le marché s'est écroulé** the market slumped ou has collapsed, the bottom has fallen out of the market.

**ÉCU** [eky] **nm** (CEE) abrév de *European Currency Unit* Ecu.

**EDF** [ədeɛf] **nf** abrév de *Électricité de France* French electricity board.

**édicter** [edikte] **vt** loi to enact, decree, promulgate.

**édifice** [edifis] **nm** (bâtiment) building; (fig : structure) structure. ◊ **l'édifice social** the social fabric ou structure.

**édifier** [edifje] **vt** fortune, réputation to build (up). ◊ **édifier des barrières douanières** to erect customs barriers.

**Édimbourg** [edɛ̃bur] **n** Edinburgh.

**éditer** [edite] **vt** (publier) to publish; (Inf) to edit.

**éditeur, -trice** [editœr, tris] **nm,f** [livres] publisher; (Inf) editor. ◊ **programme éditeur** edit routine; **éditeur de textes** (Inf) text editor.

**édition** [edisjɔ̃] nf **a** (action de publier) publishing. ◊ **maison d'édition** publishing house ou firm. **b** (publication) edition. ◊ **dernière édition** latest edition; **édition spéciale** [journal] special edition, [magazine] special issue; **édition électronique** desktop publishing. **c** (Inf) editing. ◊ **caractère d'édition** editing character; **fichier d'édition** report file; **programme d'édition** edit routine.

**effacement** [efasmɑ̃] nm **a** [bande magnétique] erasing. **b** (Inf) [écran] clearing; [ligne] deletion, erasure. ◊ **caractère d'effacement** delete character; **touche d'effacement** delete ou erase key.

**effacer** [efase] vt **a** texte, bande magnétique to erase; dette to wipe out. ◊ **les pertes antérieures ont été effacées** earlier losses were erased. **b** (Inf) écran to clear; ligne to delete, erase.

**effaroucher** [efaʀuʃe] **1** vt investisseurs, épargnants to scare away ou off, frighten. **2** s'**effaroucher** vpr [investisseurs, épargnants] to shy (de at), take fright (de at).

**effectif, -ive** [efɛktif, iv] **1** adj monnaie, travail, taux effective; aide, revenu, salaire real. ◊ **circulation effective** (Fin) active circulation; **prix de revient effectif** actual cost; **rendement effectif** actual yield ou return; **société sous contrôle effectif** effectively controlled company; **ces dispositions deviendront effectives à compter du 1er mai** these measures will become effective ou take effect ou come into effect ou force as from May 1st. **2** nm [entreprise] strength, workforce, manpower, staff. ◊ **effectif de série économique** (Ind) economic batch quantity; **allègement** ou **réduction** ou **compression des effectifs** cut in manpower, manning cut, labour cutback; **augmentation des effectifs** increase in the workforce; **crise d'effectif** shortage of manpower; **gestion des effectifs** man(power) management; **faire partie des effectifs** to be on the payroll; **il ne fait plus partie des effectifs** he is no longer on the payroll; **maintenir le niveau des effectifs** to keep up manning levels; **l'usine emploie un effectif de 80 personnes** the factory has 80 people on the payroll ou has a staff of 80 people.

**effectivement** [efɛktivmɑ̃] adv (réellement) actually; (efficacement) effectively. ◊ **contribuer effectivement au développement** to make a positive ou effective contribution to the development.

**effectuer** [efɛktɥe] vt étude, enquête to carry out, conduct; test to carry out, perform, do; paiement to make, effect. ◊ **effectuer un recensement** to take a census; **effectuer un stage** to complete a training period ou an internship (US); **le paiement peut s'effectuer de deux façons** the payment may be made ou effected in two ways; **la passation des pouvoirs s'est effectuée dans de bonnes conditions** the transfer of power went off without a hitch.

**effervescence** [efɛʀvesɑ̃s] nf agitation, turmoil. ◊ **la Bourse est en effervescence** the market is ebullient ou is in turmoil.

**effet** [efɛ] **1** nm **a** (impression) impression; (gén, Écon, Jur : conséquence) effect; (Ass : début) attachment, commencement. ◊ **être sans effet** [mesure] to be ineffective, have no effect, be of no avail; **cette police d'assurance est sans effet** this insurance policy has ceased to attach; **prendre effet à la date de** [décision] to take effect ou be operative ou be effective (as) from; [police d'assurance] to attach (as) from; **prise d'effet d'une décision** effective date of a decision; **cette campagne a eu pour effet d'augmenter nos ventes** this campaign resulted in an increase in our sales. **b** (Comm : traite) bill. ◊ **effets** (Fin : titres) securities; **remise d'effets** remittance of bills; **émettre / domicilier / endosser / escompter / prolonger un effet** to draw up / domicile / endorse / discount / renew a bill; **avaliser** ou **cautionner un effet** to guarantee ou back a bill; **contre-passer un effet** to return a bill to drawer; **encaisser** ou **recouvrer un effet** to collect a bill; **honorer un effet** to take up ou meet a bill; **faire protester un effet** to have a bill noted ou protested; **présenter un effet à l'acceptation** to present a bill for acceptance; **délai d'un effet** currency of a bill; **détenteur d'un effet** bill holder; **domiciliation d'un effet** domiciliation of a bill. **2** comp **a** **effet boomerang** (Écon, Jur) boomerang ou backlash effect. – **effet de cliquet** ratchet effect. – **effet de commerce** commercial paper. – **effet différé** (Mktg) lagged effect ou response. – **effet de dilution** dilution effect. – **effet de levier** leverage (effect). – **effet libératoire** release from liability. – **effet de rappel** ou **de remanence** (Pub) carry-over ou hold-over effect. – **effet résolution** resolutive effect. – **effet rétroactif** retrospective effect; **mesure avec effet rétroactif** back-dated mesure. – **effet de revenu** income effect. – **effets secondaires** incidental ou side effects. – **effet de seuil** threshold effect. – **effet suspensif** suspensive effect. – **effet transitoire** transient ou temporary effect. **b** (Comm, Fin) **effet à l'acceptation** acceptance bill. – **effet accepté** accepted bill. – **effet avalisé** guaranteed ou backed bill. – **effet avisé** advised bill. – **effet bancaire** bank bill. – **effet de cavalerie** ou **de complaisance** accommodation bill. – **effet de com-**

**merce** bill of exchange, trade bill. − **effet contre-passé** returned bill. − **effet à courte échéance** short bill. − **effet créé** drawn bill. − **effet à date fixe** date bill. − **effet à délai de vue** bill after sight. − **effet déplacé** out-of-town bill. − **effet documentaire** documentary bill. − **effet domicilié** domiciled bill. − **effet échu** due bill. − **effet à l'encaissement** bill for collection. − **effet escomptable** discountable bill. − **effet à l'escompte** ou **à escompter** bill for discount. − **effet escompté** discounted bill. − **effet sur l'étranger** foreign bill. − **effet impayé** dishonoured bill. − **effet sur l'intérieur** inland bill − **effet libre** clean bill. − **effet à long terme** time bill, usance bill. − **effet à longue échéance** long bill. − **effets mobiliers** movables, personal property. − **effet négociable** negotiable bill. − **effet nominatif** unnegotiable bill. − **effet à payer** bill payable. − **effet au porteur** bill payable to bearer, bearer bill. − **effet public** treasury ou government bond. − **effet à recevoir** bill receivable. − **effet réescomptable** rediscountable bill. − **effet en souffrance** overdue ou past-due bill. − **effet sur place** town bill. − **effet à vue** sight bill.

**efficace** [efikas] **adj** mesure, méthode, publicité, appui effective ; collaborateur efficient.

**efficacité** [efikasite] **nf** efficiency. ◊ **efficacité industrielle** productive efficiency ; **efficacité marginale du capital** marginal efficiency of capital ; **efficacité publicitaire** advertising impact ; **efficacité de vente** sales effectiveness ; **efficacité visée** target effectiveness ; **analyse coût-efficacité** cost-effectiveness analysis ; **prime d'efficacité** efficiency bonus.

**efficience** [efisjãs] **nf** efficiency.

**effondrement** [efɔ̃dRəmã] **nm** collapse. ◊ **l'effondrement des cours** the collapse of ou free fall in prices ; **l'effondrement du dollar** the collapse ou plummeting ou slump of the dollar, the dollar free fall.

**effondrer (s')** [efɔ̃dRe] **vpr** [cours, projet] to collapse ; [devises] to collapse, plummet, slump, nose-dive. ◊ **les bénéfices se sont effondrés** profits slumped ou took a plunge ; **les prix se sont effondrés** prices have collapsed ou gone through the floor ; **le marché s'est effondré** (Bourse) the market has collapsed, the bottom has fallen out of the market.

**effort** [efɔR] **nm** effort. ◊ **effort financier** financial effort ; **effort publicitaire** advertising effort ou drive ; **effort de promotion** promotional push.

**effraction** [efRaksjɔ̃] **nf** breaking and entering, breaking-in. ◊ **vol avec effraction** theft

with breaking and entering, burglary (GB), housebreaking.

**effréné, e** [efRene] **adj** concurrence unbridled, unrestrained, frantic, cutthroat.

**effritement** [efRitmã] **nm** [monnaie, cours] erosion, frittering away.

**effriter (s')** [efRite] **vpr** [pouvoir d'achat] to crumble away, diminish ; [monnaie] to be eroded.

**effuant** [efɥã] **nm** (Ind) operative.

**égal, e**, mpl **-aux** [egal, o] **1** **adj** (équivalent) equal (à to). ◊ **toutes choses égales d'ailleurs** ou **par ailleurs** other things being equal ; **à travail égal, salaire égal** equal pay for equal work.
**2** **nm,f** equal. ◊ **nos prix sont sans égal** our prices are second to none, our prices defy competition, our prices are matchless ou unequalled.

**égalable** [egalabl(ə)] **adj** ◊ **difficilement égalable** difficult to equal ou match.

**égaler** [egale] **vt** personne, record to equal (en in). ◊ **rien ne peut égaler cet article** nothing can compare with ou match this article.

**égalisateur, -trice** [egalizatœR, tRis] **adj** equalizing.

**égalisation** [egalizasjɔ̃] **nf** equalization ; [revenus] levelling. ◊ **fonds d'égalisation des changes** exchange equalization fund.

**égaliser** [egalize] **vt** to equalize ; revenus to level out.

**égalité** [egalite] **nf** equality. ◊ **égalité d'accès aux emplois publics** equality of access to public service employment ; **égalité devant l'emploi** equal employment opportunity ; **la législation en matière d'égalité des salaires / d'égalité des chances** the equal pay / equal opportunity legislation.

**égarer** [egaRe] **1** **vt** paquet, lettres to mislay. **2** **s'égarer** **vpr** [colis, lettre] to get lost, go astray. ◊ **ne nous égarons pas !** (discussion) let's stick to the point !, let's not wander from the point !, let's not get side-tracked.

**égide** [eʒid] **nf** ◊ **sous l'égide de** under the aegis of.

**Égypte** [eʒipt] **nf** Egypt.

**égyptien, -ienne** [eʒipsjɛ̃, jɛn] **1** **adj** Egyptian.
**2** **Égyptien** **nm** (habitant) Egyptian.
**3** **Égyptienne** **nf** (habitante) Egyptian.

**Éire** [ɛR(ə)] **nf** Eire.

**éjecter*** [eʒɛkte] **vt** (renvoyer) to kick out*, chuck out*. ◊ **se faire éjecter** to get o.s. kicked out* ou chucked out*.

**élaboration** [elabɔRasjɔ̃] **nf** [plan, stratégie] working out, development, elaboration.

◊ **l'élaboration du budget** the drafting of the budget, the budgeting; **élaboration d'un produit** product development; **élaboration d'une stratégie** strategy development ou formulation.

**élaboré, e** [elabɔʀe] **adj** produit, système sophisticated.

**élaborer** [elabɔʀe] **vt** plan, stratégie to work out, elaborate, develop; propositions to work out; document to draw up, draft.

**élagage** [elagaʒ] **nm** [budget] pruning, trimming.

**élaguer** [elage] **vt** budget to prune, trim.

**élan** [elɑ̃] **nm** (impulsion) momentum, thrust, impetus. ◊ **la reprise continue sur son élan** the recovery is gaining momentum.

**élargir** [elaʀʒiʀ] **1** **vt** marché to broaden, widen, extent. ◊ **élargir le champ de ses activités** to extend the scope of one's activities; **élargir sa clientèle** to widen ou extend one's customer base.
**2** **s'élargir** **vpr** [marché] to broaden, widen, expand.

**élargissement** [elaʀʒismɑ̃] **nm** [marché] widening, broadening. ◊ **élargissement de la gamme** line extension; **élargissement des tâches** (Ind) job enlargment.

**élasticité** [elastisite] **nf** [offre, demande] elasticity; [règlements] flexibility, elasticity. ◊ **élasticité croisée** cross-elasticity; **élasticité du marché** market resilience; **élasticité de la demande par rapport au prix** price elasticity of demand.

**élastique** [elastik] **1** **adj** règlements elastic, flexible; offre, demande elastic.
**2** **nm** rubber band.

**élection** [elɛksjɔ̃] **nf** **a** (gén, Pol) election. ◊ **l'élection de M. Martin a été acquise par 210 voix contre 5** Mr Martin was elected by 210 votes to 5. **b** (Jur) **élection de domicile** choice of residence.

**électoral, e, mpl -aux** [elektɔʀal, o] **adj** affiche, réunion election. ◊ **campagne électorale** election ou electoral campaign; **programme électoral** election platform.

**électricien** [elɛktʀisjɛ̃] **nm** electrician.

**électricité** [elɛktʀisite] **nf** electricity.

**électrification** [elɛktʀifikɑsjɔ̃] **nf** electrification.

**électrifier** [elɛktʀifje] **vt** to electrify.

**électrique** [elɛktʀik] **adj** electric(al). ◊ **appareils électriques** electrical appliances; **centrale électrique** power station; **la construction électrique** electrical engineering.

**électrochimie** [elɛktʀɔʃimi] **nf** electrochemistry.

**électrochimique** [elɛktʀɔʃimik] **adj** electrochemical.

**électrodomestique** [elɛktʀɔdɔmɛstik] **adj** ◊ **articles électrodomestiques** household electrical appliances.

**électrogène** [elɛktʀɔʒɛn] **adj** ◊ **groupe électrogène** generating set.

**électromécanicien** [elɛktʀɔmekanisjɛ̃] **nm** electromechanical engineer.

**électromécanique** [elɛktʀɔmekanik] **nf** electromechanical engineering.

**électroménager** [elɛktʀɔmenaʒe] **1** **adj** ◊ **appareils électroménagers** household ou domestic appliances.
**2** **nm :** **l'électroménager** (appareils) household ou domestic (electrical) appliances; (industrie) household ou domestic appliance industry.

**électrométallurgie** [elɛktʀɔmetalyʀʒi] **nf** electrometallurgy.

**électronicien, -ienne** [elɛktʀɔnisjɛ̃, jɛn] **nm,f** electronics engineer.

**électronique** [elɛktʀɔnik] **1** **nf** electronics (sg). ◊ **électronique grand public** consumer electronics.
**2** **adj** electronic. ◊ **industrie électronique** electronics industry; **réservation électronique** electronic booking; **traitement électronique des données** electronic data processing; **agenda électronique** electronic calendaring, electronic diary; **messagerie électronique** electronic mail; **monnaie électronique** plastic money; **point de vente électronique** electronic point of sale.

**électrotechnique** [elɛktʀɔteknik] **nf** electrotechnics (sg), electrotechnology.

**élément** [elemɑ̃] **nm** **a** (partie) (gén) element; [balance commerciale] element, component; [problème] element; [machine] part, component. ◊ **élément (d'information)** fact; **élément d'entrée-sortie** (Inf) input-output unit. **b** (Compta, Fin) item. ◊ **élément exceptionnel** extraordinary item; **élément d'actif** asset; **élément d'actif éventuel** contingent asset; **élément d'actif incorporel** intangible asset; **élément de passif** liability; **éléments du prix de revient** cost factors; **éléments du train de vie** living standards; **élément du revenu** item of income; **éléments déductibles** deductions allowed.

**élémentaire** [elemɑ̃tɛʀ] **adj** elementary.

**élevage** [ɛlvaʒ] **nm** (activité) breeding; (ferme) farm. ◊ **l'élevage de bétail** cattle breeding ou rearing; **élevage en batterie** battery breeding; **pays d'élevage** cattel-rearing ou breeding area; **un élevage de visons** a mink farm; **truite d'élevage** farmed trout; **poulet d'élevage** battery chicken.

**élévateur, -trice** [elevatœʀ, tʀis] **adj, nm,f** elevator. ◊ **chariot élévateur** fork-lift truck.

**élévation** [elevasjɔ̃] **nf** rise. ◊ **élévation dans la gamme** (Mktg) product upgrading; **élévation des prix** rise in prices, price rise; **élévation du niveau de vie** rise in the standard of living.

**élevé, e** [ɛlve] **adj** prix, niveau, rang high; pertes heavy. ◊ **peu élevé** prix, niveau low; pertes slight; **les dépenses sont élevées** expenditure is running high; **d'un prix élevé** highly-priced, expensive; **les cours demeurent** ou **restent élevés** prices are still running ou staying high; **un fonctionnaire d'un rang élevé** a high-ranking ou high-grade official.

**élever** [ɛlve] **1 vt a** bétail to rear, breed. **b** barrières douanières to raise, put up, erect. **2 s'élever vpr a** (monter) [prix, niveau] to rise, go up, increase. ◊ **le niveau de vie s'est élevé** the standard of living has improved ou risen. **b** (atteindre) **s'élever à** [prix, dégâts, facture] to total, add up to, amount to, run up to, reach; **le solde du compte s'élève à 500 livres** the balance stands at £500; **s'élever en moyenne à** to average; **le devis des travaux s'élève à 500 livres** the job is costed at £500. **c** (contester) **s'élever contre** to rise up against; **s'élever contre une décision** to make a stand against a decision, contest a decision.

**éleveur, -euse** [elvœʀ, øz] **nm,f** ◊ **éleveur de bétail** cattle breeder ou rearer, stock farmer, cattleman (US); **propriétaire-éleveur** breeder; **négociant-éleveur** merchant grower.

**éligibilité** [eliʒibilite] **nf** (Pol) eligibility.

**éligible** [eliʒibl(ə)] **adj** (Pol) eligible; (Fin) effet, papier open-marketable.

**élimination** [eliminasjɔ̃] **nf** (gén) elimination. ◊ **élimination des déchets** waste disposal.

**éliminer** [elimine] **vt** concurrent to eliminate, knock out; déchets to dispose of; possibilité to rule out, eliminate. ◊ **éliminer progressivement** to phase out; **éliminer les barrières douanières** to remove ou do away with customs barriers; **les petits exploitants seront éliminés du marché** small farmers will be pushed ou forced out of the market.

**élire** [eliʀ] **vt** to elect. ◊ **être élu à la présidence** to be elected to the chairmanship.

**élite** [elit] **nf** élite. ◊ **l'élite de** the cream ou élite of.

**élitisme** [elitism(ə)] **nm** elitism.

**élitiste** [elitist(ə)] **adj, nmf** elitist.

**éloge** [elɔʒ] **nm** praise. ◊ **faire l'éloge de** to praise, speak (very) highly of.

**éloigné, e** [elwaɲe] **1 adj** lieu, date, échéance distant. ◊ **dans un avenir peu éloigné** in the not-too-distant future, in the near future. **2 nm** (Bourse) **l'éloigné** deferred delivery.

**éloignement** [elwaɲmã] **nm** (fait de repousser) postponement, putting off.

**éloigner** [elwaɲe] **vt** échéance to postpone, put off; danger to ward off, remove (de from).

**élu, e** [ely] **1 adj** elected. **2 nm,f** (représentant) elected representative.

**éluder** [elyde] **vt** difficulté to evade, elude; loi, règlement to evade, dodge.

**émaner** [emane] **vt indir** ◊ **émaner de** [pouvoir] to proceed from; [instructions, circulaire] to come from, be issued by.

**émargement** [emaʀʒəmã] **nm** (fait de signer) signing; (signature) signature. ◊ **feuille d'émargement** (de présence) attendance sheet, time-sheet; (de paie) paysheet, payroll.

**émarger** [emaʀʒe] **1 vt** (signer) to sign, initial. **2 vi a** (recevoir son traitement) to draw one's salary, be on the payroll. ◊ **à combien émarge-t-il?** what is his salary? **b** (signer) to sign one's initials, sign.

**emballage** [ãbalaʒ] **1 nm a** (dans un carton) packing(-up); (dans du papier) wrapping(-up), doing-up. ◊ **caisse d'emballage** packing case; **frais d'emballage** packing charges; **franco d'emballage** packing free; **papier d'emballage** wrapping paper; **poids net à l'emballage** net weight when packed; **spécifications d'emballage** packing instructions; **toile d'emballage** packing canvas. **b** (boîte, carton) packet, package, packaging; (papier) wrapping. **2 comp emballage à retourner** packing to be returned. – **emballage compris** packing included. – **emballage bulle** blister pack. – **emballage-cadeau** giftwrapping. – **emballage sous cellophane** cellophane packing. – **emballage compris** packing included, no charges for packing. – **emballage consigné / non consigné** returnable / non returnable packing. – **emballage défectueux** faulty packing. – **emballage économique** economy-size package. – **emballage en sus** packing extra. – **emballage factice** dummy pack. – **emballage sous film rétractable** shrink-wrap pack. – **emballage gratuit** no charges for packing. – **emballage géant** giant pack. – **emballage groupé** luster pack, multipack. – **emballage hermétique** airtight package. – **emballage maritime** seaworthy packing. – **emballage multiple** multiple pack, multipack. – **emballage d'origine**

original packing. − **emballage perdu** non returnable packing, one-way package, disposable ou throw-away container. − **emballage de présentation** display package. − **emballage réutilisable** re-usable packing. − **emballage sous vide** vacuum packing. − **emballage transparent** blister pack. − **emballage à usage unique** non-returnable pack. − **emballages vides** empties.

**emballement** [ãbalmã] **nm** [cours, prix] boom. ◊ **emballement de la demande** booming demand.

**emballer** [ãbale] **1** **vt** (dans un carton) to pack (up); (dans du papier) to wrap (up), do up. **2** **s'emballer** **vpr** [économie] to run away, get out of control.

**emballeur, -euse** [ãbalœʀ, øz] **nm,f** packer.

**embargo** [ãbaʀgo] **nm** embargo. ◊ **assouplir l'embargo** to ease the embargo; **lever l'embargo** to lift ou raise ou remove the embargo (sur on); **mettre l'embargo sur qch, frapper qch d'embargo** to embargo sth, impose ou lay ou put an embargo on sth; **embargo commercial** trade embargo, stoppage of trade; **embargo économique** economic embargo; **sous embargo** under (an) embargo.

**embarquement** [ãbaʀkəmã] **nm** [marchandises] loading; [passagers] boarding, embarking. ◊ **billet d'embarquement** mate's receipt; **documents d'embarquement** shipping documents; **permis d'embarquement** shipping note; **port d'embarquement** loading port; **carte / heure / porte d'embarquement** (Aviat) boarding card ou pass / time / gate; **ces caisses sont prêtes pour l'embarquement** these crates are ready for loading ou shipment.

**embarquer** [ãbaʀke] **1** **vt** passagers to embark, take on board; marchandises to load, take aboard. ◊ **poids net embarqué** loaded net weight; **embarqué en moins** short shipped. **2** **s'embarquer** **vi** to board, go on board.

**embarras** [ãbaʀa] **nm** (confusion, trouble) embarrassment. ◊ **embarras financier, embarras d'argent** financial straits ou difficulties; **être dans l'embarras** (gén) to be in an awkward position; (financièrement) to be in financial straits, be short of money, be strapped for funds ou for cash.

**embarrassant, e** [ãbaʀasã, ãt] **adj** embarrassing.

**embarrassé, e** [ãbaʀase] **adj** personne, réponse embarrassed.

**embauchage** [ãboʃaʒ] **nm** taking-on, hiring, recruiting.

**embauche** [ãboʃ] **nf** (recrutement) taking-on, hiring, recruiting; (poste vacant) vacancy. ◊ **pas d'embauche** no vacancies; **nouvelles embauches** new hires; **nos problèmes d'embauche** our recruiting problems; **bureau d'embauche** labour office ou agency; **contrat d'embauche** contract of hire, employment ou hiring contract; **date d'embauche** date of hiring; **lettre d'embauche** letter of appointment; **chercher de l'embauche** to look for a job.

**embaucher** [ãboʃe] **1** **vt** to take on, hire, recruit. ◊ **travailleurs récemment embauchés** newly recruited workers, new hires*. **2** **s'embaucher** **vpr** to get o.s. taken on ou hired (comme as).

**embellie** [ãbeli] **nf** brighter period.

**emblème** [ãblɛm] **nm** (Mktg) **emblème de marque** brand mark.

**embosser** [ãbose] **vt** carte de crédit to emboss.

**embourber (s')** [ãbuʀbe] **vpr** to get bogged down ou mired (dans in). ◊ **les négociations s'embourbent** the negotiations are getting bogged down.

**embouteillage** [ãbutɛjaʒ] **nm** **a** (encombrement) traffic jam, holdup, bottleneck, snarl (US). **b** (mise en bouteille) bottling.

**embouteiller** [ãbuteje] **vt** **a** (encombrer) lignes to block. **b** (mettre en bouteille) to bottle.

**emboutir** [ãbutiʀ] **vt** (Ind) to stamp.

**emboutissage** [ãbutisaʒ] **nm** (Ind) stamping.

**embrasser** [ãbʀase] **vt** (englober) to encompass, embrace. ◊ **le marketing embrasse toutes les activités d'une entreprise** marketing encompasses all the activities of a company.

**embûche** [ãbyʃ] **nf** pitfall, trap. ◊ **dresser des embûches** to set traps.

**émetteur, -trice** [emetœʀ, tʀis] **1** **adj** ◊ **banque émettrice** issuing bank; **station émettrice** transmitting station; **terminal émetteur** transmitting terminal; **zone émettrice** source field. **2** **nm** **a** issuer. ◊ **émetteur de la filière** (Bourse de marchandises) first seller. **b** (Rad, TV) transmitter.

**émettre** [emɛtʀ(ə)] **vt** monnaie, actions, obligations to issue; emprunt to float; chèque to draw; message to transmit; programme radio to broadcast. ◊ **le chèque a été émis le 20 mai** the cheque was drawn on May 20th, the cheque is dated May 20th; **émettre des réserves** to express ou voice reservations.

**émiettement** [emjɛtmã] **nm** ◊ **émiettement des responsabilités** dispersal ou watering down of responsibility.

**émigrant, e** [emigʀɑ̃, ɑ̃t] **nm,f** emigrant, migrant.

**émigration** [emigʀasjɔ̃] **nf** emigration.

**émigrer** [emigʀe] **vi** to emigrate, migrate.

**émirat** [emiʀa] **nm** emirate. ◊ **les Émirats arabes unis** the United Arab Emirates.

**émission** [emisjɔ̃] **nf** **a** [actions] issue, issuance ; [emprunt] floatation, flotation ; [chèque] drawing. ◊ **émission garantie / limitée** guaranteed / restricted ou limited issue ; **émission en cours** current issue ; **émission obligataire** bond issue ; **émission d'actions** share issue ; **émission d'actions gratuites** scrip issue ; **émission d'actions nouvelles** new equity issue ; **émission de droits** rights issue ; **émission au pair / au-dessous du pair** issue at par / below par ; **émission en cours** outstanding issue ; (Bourse) **acheter des actions au prix d'émission** to buy shares at issue prices, get in on the ground floor* ; **garantir une émission** to underwrite an issue ; **banque d'émission** issuing bank ; **conditions d'émission** issuing terms ; **contrat d'émission** issuing contract ; **cours d'émission** issue ou issuing price ; **courtier d'émission** issue broker ; **institut d'émissions** Central Bank of issue ; **maison d'émission** issuing house ou company ; **monopole d'émission** monopoly of issue ; **prime d'émission** share ou issue premium ; **prix d'émission** issue price ; **service des émissions** issue department ; **syndicat d'émission** issuing syndicate. **b** (Rad, TV) programme, broadcast. **c** (Télec, Inf) transmission.

**emmagasinage** [ɑ̃magazinaʒ] **nm** storage, warehousing. ◊ **droits ou frais d'emmagasinage** storage ou warehouse charges.

**emmagasiner** [ɑ̃magazine] **vt** to store, warehouse.

**émoi** [emwa] **nm** (effervescence) agitation, emotion. ◊ **la nouvelle a provoqué un certain émoi à la Bourse de Paris** the news caused a flurry on the Paris Bourse, the Paris Bourse got flurried at the news.

**émoluments** [emɔlymɑ̃] **nmpl** (Admin) remuneration, emolument, fee. ◊ **percevoir des émoluments** to draw ou get a remuneration.

**émotionnel, -elle** [emosjɔnɛl] **adj** publicité emotional. ◊ **à fort contenu émotionnel** emotion-laden ; **charge émotionnelle** emotional freight.

**émouvoir** [emuvwaʀ] **1 vt** opinion publique to stir, rouse.
**2 s'émouvoir vpr** to be stirred. ◊ **les syndicats se sont émus de l'incident** the unions were roused by the incident.

**empaquetage** [ɑ̃pakta ʒ] **nm** [marchandises] packing, packaging ; [colis] wrapping up.

**empaqueter** [ɑ̃pakte] **vt** marchandises to pack(age) ; colis to wrap up.

**emparer (s')** [ɑ̃paʀe] **vpr** ◊ **s'emparer de** marché to seize, grab, capture, steal.

**empêché, e** [ɑ̃peʃe] **adj** (retenu) detained, held up. ◊ **il a été empêché et n'a pas pu venir** he was held up ou detained and was unable to come, he was prevented from coming by his commitments ; **empêché pour cause de maladie** on sick-leave.

**empêchement** [ɑ̃pɛʃmɑ̃] **nm** unexpected difficulty. ◊ **il a eu un empêchement** something cropped up which prevented him from coming.

**empêcher** [ɑ̃peʃe] **vt** to prevent, stop. ◊ **empêcher qn de faire** to prevent sb from doing, stop sb (from) doing.

**emphytéose** [ɑ̃fiteoz] **nf** long lease.

**emphytéotique** [ɑ̃fiteotik] **adj** ◊ **bail emphytéotique** long lease.

**empiéter** [ɑ̃pjete] **vi** ◊ **empiéter sur** droit to encroach, infringe (up)on ; attributions to trespass on.

**empilable** [ɑ̃pilabl(ə)] **adj** stackable.

**empilage** [ɑ̃pilaʒ] **nm**, **empilement nm** (action) stacking ; (tas) stack, pile.

**empiler** [ɑ̃pile] **1 vt** stocks to pile up ; dossiers, cartons to stack.
**2 s'empiler vpr** [stocks] to pile up.

**empire** [ɑ̃piʀ] **nm** empire. ◊ **empire industriel** industrial empire.

**empirer** [ɑ̃piʀe] **1 vi** to get worse, deteriorate, worsen. ◊ **le chômage empire** unemployment is getting worse.
**2 vt** to aggravate, make worse, worsen.

**empirique** [ɑ̃piʀik] **adj** empirical. ◊ **évaluation empirique** rule-of-thumb evaluation.

**empiriquement** [ɑ̃piʀikmɑ̃] **adv** empirically, by rule of thumb.

**emplacement** [ɑ̃plasmɑ̃] **nm** site, location. ◊ **emplacement d'affichage** hoarding site ; **emplacement extérieur** outdoor location ; **emplacement isolé** (Pub) solus site ou position, (dans un grand magasin) island site ; **emplacement préférentiel** preferred position ; **emplacement privilégié** special position ; **emplacement réservé** reserved position ; **choix de l'emplacement** siting ; **l'emplacement serait excellent pour un supermarché** it would be an excellent site for a supermarket, a supermarket would be very well sited here.

**emploi** [ɑ̃plwa] **nm** **a** (utilisation) use. ◊ **emploi du temps** timetable, schedule ; **un emploi du**

temps chargé a heavy ou busy timetable ou schedule; **j'ai un emploi du temps extrêmement chargé** I have a very crowded ou heavy schedule ou timetable, I'm virtually booked up, I'm working to a very tight schedule; **établir un emploi du temps** to make out a work schedule; **mode d'emploi** directions for use; **double emploi** duplication, overlapping; **faire double emploi** to be redundant, overlap; **faire double emploi avec qch** to duplicate with sth. **b** (métier) job, employment; (poste) position. ◊ **emploi à mi-temps** half-time job; **emploi à plein temps** ou **à temps plein** full-time employment ou job ou position; **emploi à temps partiel** part-time employment ou job ou position; **emploi d'appoint** side job; **emploi saisonnier** seasonal job; **emploi vacant** vacancy; **emploi précaire** precarious job ou position; **dégrèvement fiscal pour création d'emplois** tax incentives for job creation, employment tax credit; **emplois tertiaires** jobs in the service sector ou industries, service jobs ou occupations; **être à la recherche d'un emploi** to look for a job; **jeunes à la recherche d'un premier emploi** school-leavers; **être sans emploi** to be unemployed ou out of work ou jobless; **perdre son emploi** to lose one's job; **prendre un emploi** to take up employment ou a job; **solliciter** ou **postuler un emploi** to apply for a situation ou a job; **bassin d'emploi** labour pool; **créateur d'emplois** jobmaker; **création d'emplois** job creation; **demande d'emploi** job application; **demandes d'emploi** situations wanted; **demandes d'emploi non satisfaites** unfilled job applications; **demandeurs d'emploi** job seekers; **conditions d'emploi** terms ou conditions of employment; **marché de l'emploi** job ou labour market; **offres d'emploi** situations vacant, job offers; **perte d'emploi** job loss; **suppression d'emplois** job reduction, labour cutback. **c** (le travail) **l'emploi** employment; **le plein emploi** full employment; **le ministre de l'Emploi** the Employment Minister (GB) ou Secretary (US); **agence pour l'emploi** employment bureau ou office ou agency, job centre; **situation / dégradation de l'emploi** labour market situation / deterioration; **politique de l'emploi** employment policy; **planification de l'emploi** labour planning; **sécurité de l'emploi** (gén) job security, lifetime employment; (Admin) fixity of tenure; **marché de l'emploi** job ou labour market. **d** (Fin, Compta) **emplois** application of funds; (dans le bilan) assets; **emplois fixes** fixed assets; **tableau des ressources et emplois** statement of source and application of funds; **emploi de ressources budgétaires** budget appropriation.

**employé, e** [ãplwaje] **nm,f** employee. ◊ **les employés** white-collar workers; **employé à plein temps** full-time employee, full-timer; **employé à temps partiel** part-time employee, part-timer; **employé au classement** filing clerk; **employé aux écritures** entering clerk; **employés communaux** local authority workers; **employé de banque** bank employee ou clerk; **employé de bureau** office worker ou clerk; **employé de maison** domestic employee; **employé de régie** customs and excise officer, exciseman; **employé occasionnel** casual employee ou worker; **employé saisonnier** seasonal employee ou worker.

**employer** [ãplwaje] **vt** **a** salarié to employ. ◊ **il est employé par cette société** he is employed by that firm, he works for that firm. **b** (utiliser) to use. **c** (Compta) to enter, put. ◊ **employer une somme en recette** to put a sum to the credit side, enter an amount in the receipts.

**employeur, -euse** [ãplwajœʀ, øz] **nm,f** employer. ◊ **syndicat d'employeurs** employers' federation ou association.

**empocher\*** [ãpɔʃe] **vt** to pocket.

**empoisonner** [ãpwazɔne] **vt** situation, relations to embitter.

**emporter** [ãpɔʀte] **vt** to take. ◊ **plats à emporter** takeaway food; **emporter la décision** to carry the day; **l'emporter sur** [concurrent] to outstrip, gain ou get the upper hand of; [proposition] to prevail over.

**emprise** [ãpʀiz] **nf** hold, grip, control. ◊ **l'emprise de l'État sur l'économie** the control of the state over the economy.

**emprunt** [ãpʀœ̃] **1** **nm** (action) [argent] borrowing; (somme) loan. ◊ **recourir à l'emprunt** to resort to borrowing; **les emprunts sur les marchés à court terme ont ralenti** borrowing on short term markets has slackened; **emprunt à 9%** loan bearing interest at 9%; **accorder un emprunt** to grant a loan; **amortir un emprunt** to redeem ou repay ou sink a loan; **dénoncer un emprunt** to cancel a loan; **contracter un emprunt** to take up ou raise ou contract a loan; **émettre un emprunt** to issue a loan; **lancer un emprunt** to float ou launch a loan; **placer un emprunt** to place a loan; **rembourser un emprunt** to redeem ou repay ou pay off a loan; **souscrire à un emprunt** to subscribe to a loan; **amortissement** ou **remboursement d'un emprunt** loan redemption; **durée d'un emprunt** duration ou term of a loan; **émission d'un emprunt** issuing of a loan; **lancement d'un emprunt** floatation ou flotation ou launching of a loan; **titre d'emprunt** loan certificate.

**2 comp emprunt amortissable** redeemable loan. – **emprunt d'amortissement** redemption loan. – **emprunt bancaire** bank loan. – **emprunt consolidé** consolidated loan. – **emprunt de conversion** conversion loan. – **emprunt convertible** convertible loan. – **emprunt à coupon zéro** zero coupon loan. – **emprunt à court terme** short(-dated) loan, short-term loan. – **emprunt à découvert** unsecured loan, open note (US), loan on overdraft. – **emprunt d'État** government loan, public loan. – **emprunt extérieur** external ou foreign loan. – **emprunt forcé** forced loan. – **emprunt garanti** ou **gagé** secured loan. – **emprunt à la grosse sur facultés** loan on respondantia. – **emprunt hypothécaire** mortgage(d) loan ; **emprunt hypothécaire plafonné** closed-end mortgage. – **emprunt indexé** indexed loan. – **emprunt irrécouvrable** dead loan. – **emprunt Lombard** Lombard loan. – **emprunt à long terme** long(-dated) loan, long-term loan. – **emprunt à lots** lottery loan. – **emprunt notionnel** notional loan. – **emprunt non remboursable** irredeemable loan. – **emprunt obligataire** debenture ou bond loan. – **emprunt avec option de change** loan redeemable in optional currency. – **emprunt perpétuel** perpetual loan. – **emprunt à prime** premium loan. – **emprunt public** public ou government loan. – **emprunt remboursable sur demande** call money, call loan, loan at call. – **emprunt revalorisé** revalued loan. – **emprunt à risques** non-accrual loan. – **emprunt syndiqué** syndicated loan. – **emprunt à terme** loan at notice. – **emprunt sur titres** loan on stocks.

**emprunter** [ɑ̃pʀœte] **vt** argent to borrow (*à* from). ◊ **capitaux empruntés** loan ou borrowed capital, borrowed funds ; **emprunter à intérêt** to borrow at interest ; **emprunter sur titres** to borrow on securities ; **emprunter sur hypothèque** to borrow on mortgage ; **emprunter à long / court terme** to borrow long / short.

**emprunteur, -euse** [ɑ̃pʀœtœʀ, øz] **nm,f** borrower. ◊ **emprunteur à la grosse** borrower on bottomry ; **emprunteur sur gages** mortgager ; **emprunteur public** public borrower ; **emprunteur souverain** sovereign borrower.

**ENA** [ena] **nf** abrév de *École nationale d'administration elite postgraduate school training France's top civil servants.*

**encadrement** [ɑ̃kadʀəmɑ̃] **nm a** (Fin, Écon : contrôle) control. ◊ **encadrement du crédit** credit tightening, credit control ou squeeze ; **encadrement des prix** price control ou squeeze. **b** (Ind, Admin : cadres)

management. ◊ **personnel d'encadrement** managerial ou management staff, cadres (US) ; **poste d'encadrement** managerial ou management position ; **agent d'encadrement** supervisor. **c** [stagiaires] training, supervision.

**encadré** [ɑ̃kadʀe] **nm** (case) box. ◊ **voir encadré** see box.

**encadrer** [ɑ̃kadʀe] **vt** stagiaires to train, supervise ; crédit to regulate. ◊ **ouvriers** to supervise, manage.

**encaissable** [ɑ̃kɛsabl(ə)] **adj** chèque encashable, cashable ; effet collectable. ◊ **ce chèque n'est encaissable que dans une banque** this cheque can only be cashed at a bank.

**encaisse** [ɑ̃kɛs] **nf** cash in hand, cash balance, cash resources. ◊ **encaisse métallique** gold and silver reserves ; **pas d'encaisse** no funds ; **déficit / excédent d'encaisse** short / over in the cash.

**encaissement** [ɑ̃kɛsmɑ̃] **nm a** [somme, facture] collection, receipt ; [chèque] cashing ; [effet] collection. ◊ **envoyer à l'encaissement** to send for collection ; **donner à l'encaissement** to hand in ou remit for collection ; **présenter un effet à l'encaissement** to present a bill for collection ; **donner** ou **présenter un chèque à l'encaissement** to have a cheque collected ; **frais d'encaissement** collection charges ; **ordre d'encaissement** collection order ; **encaissement simple** clean collection ; **encaissement documentaire** documentary collection ; **encaissement en compte** bank advance against commercial papers ; **valeur à l'encaissement** value for collection. **b encaissements** (Fin, Compta) receipts ; (Ass) premium income ; **encaissements et décaissements** receipts and disbursements.

**encaisser** [ɑ̃kɛse] **vt a** argent, revenus to collect, receive ; chèque, traite to collect, cash. ◊ **effets à encaisser** bills receivable, receivables ; **revenus encaissés en France** income received in France. **b** marchandises to encase, box.

**encaisseur** [ɑ̃kɛsœʀ] **nm** [créances] collector, dunner* (US) ; [chèque] payee.

**encart** [ɑ̃kaʀ] **nm** insert, inset. ◊ **encart publicitaire** inset ad(vertisement) ; **encart volant** loose insert.

**encarter** [ɑ̃kaʀte] **vt** to insert, inset.

**enchaînement** [ɑ̃ʃɛnmɑ̃] **nm** (Inf) chaining.

**enchère** [ɑ̃ʃɛʀ] **nf a** bid. ◊ **faire une enchère sur** to bid for, to make a bid on ; **couvrir une enchère** to make a higher bid, up the bidding* ; **faire monter** ou **pousser les enchères** to raise the bidding ; **dernière enchère** highest ou closing bid ; **folle enchère** irresponsible bid ; **première enchère** opening bid. **b** **enchères : vente aux enchères** auction sale ; **enchères : mettre aux enchères** to put up for auction ; **l'équipement sera mis aux enchères** the plant will come under the hammer ou will be put up for sale ; **vendre aux enchères** to sell by auction ou at an auction ; **enchères au rabais** Dutch auction ; **enchères forcées** compulsory auction sale ; **enchères publiques** public auction, vendue (US) ; **enchères volontaires** voluntary auction sale.

**enchérir** [ɑ̃ʃeʀiʀ] **vi** **a** (Comm) **enchérir sur une offre** to make a higher bid ; **enchérir de dix francs** to bid another ten francs. **b** (augmenter) to become more expensive, go up ou increase in price.

**enchérisseur, -euse** [ɑ̃ʃeʀisœʀ, øz] **nm,f** bidder. ◊ **dernier enchérisseur, enchérisseur le plus offrant** ou **le mieux disant** highest bidder.

**enclenchement** [ɑ̃klɑ̃ʃmɑ̃] **nm** (début) start, inception.

**enclencher** [ɑ̃klɑ̃ʃe] **1** **vt** affaire to get under way, start up. ◊ **l'affaire est bien enclenchée** the business is well under way. **2** **s'enclencher** **vpr** [affaire] to get under way.

**encodage** [ɑ̃kɔdaʒ] **nm** encoding.

**encoder** [ɑ̃kɔde] **vt** to encode.

**encombré, e** [ɑ̃kɔ̃bʀe] **adj** profession saturated ; marché saturated, glutted, congested ; réseau téléphonique blocked, congested.

**encombrement** [ɑ̃kɔ̃bʀəmɑ̃] **nm** **a** (surcharge) congestion. ◊ **par suite de l'encombrement des lignes nous ne pouvons donner suite à votre appel** all lines are engaged ou busy and we cannot put you through. **b** (taille) [véhicule] bulk. ◊ **marchandises d'encombrement** measurement goods ; **tonne** ou **tonneau d'encombrement** measurement ton ; **payer la cargaison à l'encombrement** to pay by measurement for cargo.

**encombrer** [ɑ̃kɔ̃bʀe] **vt** profession to saturate ; marché to saturate, glut, overstock. ◊ **les lignes sont encombrées** the lines are engaged ou busy.

**encouragement** [ɑ̃kuʀaʒmɑ̃] **nm** encouragement. ◊ **encouragement à l'exportation** export incentive ; **encouragements fiscaux** tax incentives ou stimuli ; **mesures d'encouragement** incentive measures ; **prime d'encouragement** incentive (bonus).

**encourager** [ɑ̃kuʀaʒe] **vt** to encourage, promote, foster. ◊ **encourager l'épargne** to foster saving ; **encourager l'investissement** to spur investment.

**encourir** [ɑ̃kuʀiʀ] **vt** pénalité, dépense to incur ; risque to run. ◊ **encourir des sanctions** to be liable to penalties.

**encours, en-cours** [ɑ̃kuʀ] **nm** liabilities. ◊ **les encours de crédit sont en progression de 8 %** credits outstanding have risen by 8% ; **l'encours ressort à 13,5 milliards de francs** the outstanding debt works out at 13.5 billion francs ; **encours de fabrication** materials undergoing processing ; **gestion des encours** in-process inventory control.

**endetté, e** [ɑ̃dete] **adj** in debt. ◊ **les pays les plus endettés** the most indebted ou debt-laden countries, the countries with the heaviest burden of debt ; **être endetté jusqu'au cou** to be up to the hilt in debt.

**endettement** [ɑ̃dɛtmɑ̃] **1** **nm** debt, indebtedness. ◊ **ratio d'endettement** gearing ; **réduction du ratio d'endettement** degearing ; **un plus fort ratio d'endettement permettrait à cette entreprise d'augmenter son taux de rentabilité** higher gearing would allow the company to increase its profitability ; **plafond d'endettement** debt ceiling ou limit ; **le montant de notre endettement envers la banque s'élève à $ 15 000** the amount of our indebtedness to the bank is $15,000 ; **l'endettement des entreprises a augmenté** corporate borrowing has increased. **2** **comp endettement consolidé** consolidated debts ; **– endettement des consommateurs** consumer debt ou indebtedness ; **– endettement extérieur** external ou foreign debt ; **– endettement externe** leveraging ; **– endettement intérieur** internal debt ; **– endettement moyen par ménage** average household debt.

**endetter** [ɑ̃dete] **1** **vt** to get into debt. ◊ **l'acquisition de cet ordinateur nous a endettés** the purchase of this computer got us into debt. **2** **s'endetter** **vpr** to get ou run into debt.

**endiguement** [ɑ̃digmɑ̃] **nm** (Fin) hedging.

**endiguer** [ɑ̃dige] **vt** prix to hold back, contain ; mouvement revendicatif to check ; inflation to check, stem, curb ; chômage to curb.

**endogène** [ɑ̃dɔʒɛn] **adj** variable endogenous.

**endommager** [ɑ̃dɔmaʒe] **vt** marchandises to damage. ◊ **ces colis nous sont parvenus endommagés** these parcels reached us in damaged condition.

**endos** [ɑ̃do] **nm** endorsement.

**endossable** [ɑ̃dosabl(ə)] **adj** endorsable.

**endossataire** [ɑ̃dosatɛʀ] **nmf** endorsee.

**endossement** [ɑ̃dosmɑ̃] **1** **nm** endorsement. ◊ **endossement complet / conditionnel / par-**

tiel full / conditional / partial endorse-ment; **transférable** ou **cessible par endosse-ment** transferable by endorsement; **transmettre une lettre de change par voie d'endossement** to endorse a bill. **2** comp **endossement en blanc** blank ou general endorsement. − **endossement de complaisance** accommodation endorse-ment. − **endossement mandataire** endorsement by proxy. − **endossement pignoratif** endorsement for pledge. − **endossement restrictif** restrictive endorsement.

**endosser** [ãdose] **vt** document, chèque to endorse; responsabilité to take, shoulder, assume. ◊ **nous devrons faire endosser la hausse de nos charges par le consommateur** we'll have to pass ou shift the increase in costs on to the consumer.

**endosseur** [ãdosœʀ] **nm** endorser. ◊ **endos-seur par complaisance** accommodation party; **endosseur suivant** subsequent endorser.

**énergétique** [enɛʀʒetik] **adj** politique, secteur, ressources energy. ◊ **dépendance énergétique** energy dependence; **dépenses énergé-tiques** energy expenditures; **facture éner-gétique** energy bill; **consommation énergé-tique** energy ou power consumption.

**énergie** [enɛʀʒi] **nf** energy. ◊ **énergies alterna-tives** ou **de remplacement** alternative sources of energy; **énergies douces** soft energy; **consommation d'énergie** power consumption; **gaspillage d'énergie** energy waste; **pénurie d'énergie** energy shortage.

**énergique** [enɛʀʒik] **adj** mesures drastic, strin-gent.

**enfoncer (s')** [ãfõse] **vpr** [entreprise] to sink. ◊ **le franc français s'enfonce** the French franc is sinking ou nose-diving.

**enfreindre** [ãfʀɛ̃dʀ(ə)] **vt** (gén) to transgress; règlements to infringe; loi to break; traité to violate.

**engagement** [ãgaʒmã] **nm** **a** (obligation) obli-gation, commitment; (promesse) promise; (accord) agreement. ◊ **engagement contrac-tuel** contractual obligation; **engagement écrit / tacite** written / tacit agreement ou contract; **sans engagement de votre part** without obligation on your part; **signer un engagement** to sign an agreement; **contracter un engagement** to enter into a contract ou an agreement; **faire face à ses engagements, remplir** ou **respecter** ou **tenir ses engagements** to meet one's commitments; **cette société a manqué** ou **a failli à ses enga-gements, cette société a rompu ses engagements** this company did not fulfil its commitments ou failed to honour its

commitments. **b** (recrutement) [salarié] tak-ing on, engaging, hiring. **c** (Fin) [capitaux] investing; [dépenses] commitment; (Bourse) commitment. ◊ **engagement bancaire** bank liability; **engagements financiers** financial commitments ou liabilities; **cela a nécessité l'engagement de nouveaux frais** this meant committing further funds; **engagements d'investissements** capital commitments; **engagements hors bilan** off-balance sheet items, contingent commitments; **engage-ment de garantie** surety bond; **commission d'engagement** commitment fee. **d** (début) [discussions] opening, start. **e** (mise en gage) [bijoux] pawning, hocking (US); [biens immeubles] mortgaging. **f** (Bourse) **enga-gements à la hausse** bull commitments; **engagements à la baisse** bear commitments.

**engager** [ãgaʒe] **1 vt a** [serment] to bind. ◊ **notre signature nous engage** our signature is binding on us; **engager sa parole** to give ou pledge one's word; **votre réponse ne vous engage pas** your answer does not bind ou commit you; **ça n'engage à rien** it doesn't commit you to anything, there are no strings attached. **b** (recruter) salarié to take on, engage, hire. ◊ **nous avons dû engager une secrétaire** we had to take on a new secretary. **c** (impliquer) to involve. ◊ **cela nous engagerait dans des frais supplémen-taires** that would involve us in further expense, that would mean we had to com-mit further funds; **le gouvernement est engagé dans une politique de redressement** the government is pursuing a recovery policy; **votre responsabilité est engagée** your responsibility is involved. **d** (inciter) **engager qn à faire qch** to urge ou encourage sb to do sth; **les syndicats avaient engagé leurs adhérents à refuser les propositions de la direction** the unions had urged their mem-bers to reject the management's propo-sals. **e** (commencer) débat to open, start (up), get under way; pourparlers to enter into ou upon; (Jur) procédure, poursuites to institute (*contre* against). ◊ **les syndicats veulent engager une action d'ampleur natio-nale** the unions want to launch a nation-wide protest; **engager des poursuites contre qn** to bring a suit against sb, take ou insti-tute proceedings against sb; **engager une procédure judiciaire** to take legal action. **f** (Fin) (mettre en gage) objet to pawn, put in pawn, hock (US); biens immeubles to mort-gage. **g** (investir) capitaux to invest, tie up, lock up; dépenses to commit, lay out. ◊ **actif engagé** trading assets; **la société a engagé 20 millions de livres dans sa filiale** the com-pany has invested ou tied up £20 million in its subsidiary; **tous les frais engagés seront remboursés** all expenses incurred will be reimbursed.

**2 s'engager** vpr **a** (se lier) to commit o.s., bind o.s.. ◊ **s'engager à faire** to undertake ou promise to do; **s'engager par-devant notaire** to sign a legal agreement; **s'engager par contrat** to contract, bind o.s. by contract; **s'engager vis-à-vis de qn à faire qch** to contract with sb to do sth; **s'engager par cautionnement** (Fin) to enter into a surety bond; **il ne s'est engagé en rien** he didn't commit himself in the least, he made no firm commitment to anything. **b** (s'embaucher) to take a job (*chez* with). **c** (se lancer dans) **s'engager dans dépenses** to incur; discussion to enter into; **s'engager dans une affaire** to become ou get involved in a business; **le gouvernement s'est engagé dans une politique d'austérité** the government is embarking on an austerity drive; **s'engager financièrement** to get involved financially. **d** (commencer) [discussion] to begin, start (up), get under way.

**engineering** [ɛnʒinəʀiŋ, ɛnʒiniʀiŋ] nm engineering.

**engloutir** [ɑ̃glutiʀ] vt budget to gobble up, engulf, swallow up. ◊ **la PAC engloutit quelque 70% du budget** the CAP gobbles up 70% of the budget; **engloutir beaucoup d'argent dans une affaire douteuse** to sink a lot of money in a shady business.

**engorgement** [ɑ̃gɔʀʒəmɑ̃] nm (Comm) glut, saturation. ◊ **engorgement pétrolier** oil glut, petroglut.

**engorger** [ɑ̃gɔʀʒe] vt marché to glut.

**engranger** [ɑ̃gʀɑ̃ʒe] vt bénéfices to gather in, garner.

**enjeu, pl -x** [ɑ̃ʒø] nm stake. ◊ **quel est le véritable enjeu des négociations?** what is really at stake in the talks?; **l'enjeu de la prochaine décennie** the challenge of the next decade.

**enlèvement** [ɑ̃lɛvmɑ̃] nm [marché] capture, taking; [déchets] collection, clearing (away); [marchandises] collection. ◊ **enlèvement et livraison** pick-up and delivery.

**enlever** [ɑ̃lve] **1** vt **a** (s'emparer de) part de marché to capture, take. ◊ **enlever la décision** to carry the day; **enlever une affaire** ou (gén) **un marché** to pull off a deal; (commande) to get ou secure an order; (contrat) to snap up ou land a contract. **b** (soustraire) to take away. ◊ **n'oubliez pas d'enlever les 10% de réduction** don't forget to take away the 10% reduction. **c** (emporter) déchets to collect, clear away; marchandises to collect. **2 s'enlever** vpr (se vendre) to sell readily. ◊ **ça s'enlève comme des petits pains*** it's selling like hot cakes*; **ce nouveau modèle s'est enlevé rapidement** this new model found a ready sale; **ces obligations se sont enlevées**

rapidement this bond issue was snapped up; **ces articles s'enlèvent dès qu'ils sont exposés** these articles are snapped up as soon as they are on show.

**enliser (s')** [ɑ̃lize] vpr [négociations, conflits] to get bogged down (*dans* in).

**ennui** [ɑ̃nɥi] nm trouble. ◊ **avoir des ennuis d'argent** to have money problems; **avoir des ennuis avec le fisc** to run afoul of ou have problems with the tax authorities; **cette décision nous attirera des ennuis** this decision will get us into hot water ou into trouble; **nous avons eu des ennuis avec l'imprimante** we had some problems ou trouble with the printer.

**énoncé** [enɔse] nm [loi] terms, wording; [décision] statement. ◊ **énoncé fautif** misstatement.

**énoncer** [enɔse] vt opinion to express, set forth; disposition, proposition to state, set out, set forth. ◊ **conditions énoncées dans la police** stipulations set forth ou set down in the policy.

**énonciation** [enɔ̃sjasjɔ̃] nf [faits] statement.

**enquérir (s')** [ɑ̃keʀiʀ] vpr to inquire, ask, make inquiries (*de* about).

**enquête** [ɑ̃kɛt] **1** nf (gén) inquiry; (sondage) survey. ◊ **faire une enquête** [expert] to make an investigation, hold an inquiry (*sur* into); (Mkt) to do ou conduct ou carry out a survey (*sur* on). **ouvrir une enquête** to set up ou open an inquiry (*sur* into); **commission d'enquête** board of inquiry, committee of investigation, fact-finding committee. **2 comp enquête auprès des consommateurs** consumer survey. – **enquête de conjoncture** business ou outlook survey. – **enquête de distribution** shop-auditing. – **enquête de marché** market survey. – **enquête de motivation** motivational research. – **enquête multi-clients** omnibus survey. – **enquête d'opinion** opinion survey ou poll. – **enquête de solvabilité** status inquiry. – **enquête fiscale** tax inquiry. – **enquête média** media survey. – **enquête pilote** pilot survey. – **enquête postale** ou **par correspondance** mail survey. – **enquête publique** public enquiry. – **enquête quantitative** quantified survey. – **enquête de solvabilité** status inquiry. – **enquête statistique** statistical survey ou inquiry. – **enquête sur le terrain** field interview ou survey. – **enquête par téléphone** telephone survey.

**enquêté** [ɑ̃kete] nm (Mkt) respondant, informant.

**enquêter** [ɑ̃kete] vi (gén) to hold an inquiry (*sur* into); (Mkt, Comm) to do ou conduct ou carry out a survey (*sur* on). ◊ **j'enquêterai**

**personnellement sur cette affaire** I'll inquire personally into this matter; **enquêter pour le compte d'une agence de publicité** to conduct surveys ou to do survey work for an advertising agency.

**enquêteur, -trice** [ãketœʀ, tʀis] **nm,f** (Comm) investigator, interviewer; (pour sondage) pollster.

**enraciner** [ãʀasine] **vt** (Mktg) produit to establish.

**enrayer** [ãʀeje] **vt** (gén) to check, stop; inflation to stem, curb, stamp out; chômage to curb. ◊ **enrayer la hausse des prix** to check the rise in prices, to hold ou keep prices down.

**enregistrement** [ãʀʒistʀəmã] **nm** a (demande) recording; [acte juridique] registration; [bagages] (gén) registration; (Aviat) checking in. ◊ **enregistrement d'une commande** entering (up) ou recording of an order, order entry; **droits ou frais d'enregistrement** registration fees ou dues; **numéro d'enregistrement** registration number; **l'Enregistrement** the Registration Department (for legal transactions); **enregistrement d'une société** (Admin) incorporation of a company; **receveur de l'enregistrement** registrar; **se présenter à l'enregistrement** (Aviat) to check in. b (Inf : adresse) record. c (sur magnétophone) recording.

**enregistrer** [ãʀʒistʀe] **vt** a contrat, plainte to register; demande to make a record of, log; commande to enter, record, book; (Compta) somme, transaction to enter, post; bagages (gén) to register; (Aviat) to check in; (sur magnétophone) to record. b (Fin) hausse, bénéfices, résultats to register, post. ◊ **enregistrer des gains** to post gains; **nos actions ont enregistré une plus-value** our shares show an appreciation; **ces valeurs boursières ont enregistré une forte progression** these securities posted a sharp rise ou registered ou chalked up a sharp rise.

**enregistreur, -euse** [ãʀʒistʀœʀ, øz] 1 **adj** recording. ◊ **caisse enregistreuse** cash registrer.
2 **nm** (Tech) recorder.

**enrichir** [ãʀiʃiʀ] 1 **vt** (gén) to make rich ou richer; catalogue to enlarge.
2 **s'enrichir vpr** to get rich ou richer. ◊ **notre catalogue s'est enrichi de plusieurs nouveaux produits** we have added several new products to our catalogue.

**enrichissant, e** [ãʀiʃisã, ãt] **adj** enriching.

**enrichissement** [ãʀiʃismã] **nm** enrichment. ◊ **enrichissement du travail ou des tâches** job enrichment.

**ensachage** [ãsaʃaʒ] **nm** bagging.

**ensacher** [ãsaʃe] **vt** to bag.

**enseigne** [ãsɛɲ] **nf** (pancarte) (shop) sign; (nom de marque) trade name, corporate name. ◊ **enseigne lumineuse** neon sign; **huit milliards de chiffre d'affaires pour l'ensemble de l'enseigne** eight billion in sales for the whole group; **cette société implante son enseigne à Tokyo** this company is setting up ou opening shop in Tokyo; **s'établir sous l'enseigne de** to set up business ou shop under the name ou sign of.

**enseignement** [ãsɛɲmã] **nm** ◊ **enseignement assisté par ordinateur** computer-aided ou -assisted instruction ou learning.

**ensemble** [ãsãbl(ə)] **nm** a (tout) whole. ◊ **l'ensemble du personnel** the entire ou whole staff; **l'ensemble du projet se tient** the project is sound on the whole, overall the project is a sound one; **plan d'ensemble** overall plan; **rendement d'ensemble** aggregate output; **vue d'ensemble** overall ou general ou comprehensive view; **dans l'ensemble** on the whole, in the aggregate. b (collection)[mesures]set, series, package; [lois] body; [bâtiments] complex. ◊ **théorie des ensembles** set theory; **ensemble décisionnel** decision package; **ensemble industriel** industrial complex.

**ensemblier** [ãsãblije] **nm** (architecte d'intérieur) interior designer.

**entacher** [ãtaʃe] **vt** (Jur) document to vitiate, infect. ◊ **acte entaché d'un vice de forme / de fond** act vitiated by a formal / fundamental flaw; **entaché de dol** fraudulent; **entaché de nullité** null and void.

**entamer** [ãtame] **vt** a économies to make a dent in. ◊ **nous avons dû entamer nos réserves** we had to break into ou draw on ou tap our reserves; **entamer son capital** to encroach upon ou draw on one's capital. b (commencer) journée to start; travail to start on; négociations to open. ◊ **entamer des poursuites** to initiate ou institute proceedings, take action (*contre* against); **ce sont eux qui ont entamé les négociations** they were the initiators of the negotiations.

**entassement** [ãtasmã] **nm** [stocks] piling up, heaping up.

**entasser** [ãtase] 1 **vt** stocks to pile up.
2 **s'entasser vpr** marchandises to pile up.

**entendre** [ãtãdʀ(ə)] 1 **vt** témoin to hear. ◊ **l'affaire sera entendue le 18 mai** the case will come up for hearing on May 18th, the case will be heard on May 18th; **l'affaire est loin d'être entendue** (fig) the question is far from being settled.
2 **s'entendre vpr** a (être du même avis) to agree. ◊ **la direction et les syndicats ne se sont entendus sur aucun point** the manage-

ment and the unions didn't agree on any point; **parvenir à s'entendre** to manage to come to an agreement ou to an understanding; **il s'entend très bien avec son chef de service** he gets on extremely well with the head of his department. **b** (être interprété) **cela peut s'entendre différemment** that can be taken to mean different things, that can be understood in different ways; **ces prix s'entendent départ usine** prices are quoted ex-works.

**entente** [ãtãt] **nf** (accord) agreement, understanding; (Écon) combine. ◊ **entente amiable** amicable settlement; **entente illicite** illegal agreement, restrictive practice; **entente illicite sur les prix** price collusion, price fixing; **entente délictueuse** conspiracy; **parvenir à une entente** to come to an understanding ou an agreement, reach an agreement.

**entérinement** [ãteʀinmã] **nm** ratification, confirmation.

**entériner** [ãteʀine] **vt** to ratify, confirm.

**enterrer** [ãteʀe] **vt** projet to lay aside, bury, forget about.

**en-tête, pl en-têtes** [ãtɛt] **nm** heading. ◊ **papier à lettres à en-tête** headed notepaper; **en-tête de lettre** letter-head; **en-tête de page** page heading ou header.

**entier, -ière** [ãtje, jɛʀ] **1** **adj** responsabilité full, entire. ◊ **le problème reste entier** the question remains unsolved; **notre nouveau stagiaire donne entière satisfaction** our new trainee gives complete satisfaction. **2** **nm** (Inf : nombre) integer.

**entièrement** [ãtjɛʀmã] **adv** wholly. ◊ **personne entièrement à charge** wholly dependent person; **capital entièrement versé** fully paid(-up) capital.

**entité** [ãtite] **nf** entity. ◊ **entité de droit public** public corporation ou entity; **entité économique / comptable** economic / accounting entity.

**entonnoir** [ãtɔnwaʀ] **nm** funnel. ◊ **effet d'entonnoir** funnel effect.

**entorse** [ãtɔʀs(ə)] **nf** [règle] infringement (à of). ◊ **faire une entorse au règlement** to bend ou stretch the rules.

**entourage** [ãtuʀaʒ] **nm** (proches) circle. ◊ **dans son entourage immédiat** people close to him.

**entourer** [ãtuʀe] **1** **vt** (Bourse) **la semaine passée le titre était très entouré** buyers were rallying round this security last week. **2** **s'entourer vpr** ◊ **il a su s'entourer de collaborateurs efficaces** he surrounded himself with competent colleagues.

**entrain** [ãtʀɛ̃] **nm** (dynamisme) spirit, drive, dynamism. ◊ **la Bourse manque d'entrain** the stockmarket is somewhat apathetic ou dull.

**entraînement** [ãtʀɛnmã] **nm** ◊ **effet d'entraînement** (Écon) ratchet effect.

**entraîner** [ãtʀene] **vt** (provoquer) to bring about, lead to, result in; (impliquer) to entail. ◊ **ces mesures ont entraîné des licenciements collectifs** these measures brought about ou led to massive lay-offs; **l'application de cette décision entraînerait une perte d'influence pour les syndicats** if this decision was taken it would mean ou entail a drop in the unions' influence; **se laisser entraîner dans une affaire compliquée** to become entangled ou involved in a tricky business.

**entrant, e** [ãtʀã, ãt] **1** **adj** incoming. ◊ **flux entrants** incoming ou input flows. **2** **nm** (Écon, Ind) entrant.

**entrave** [ãtʀav] **nf** (gêne) hindrance, restriction (à to). ◊ **mettre des entraves à** to hinder, hamper, restrict; **entrave à la circulation** hindrance to traffic; **entrave à la libre concurrence** ou **à la liberté du commerce** restrictive trade practice, practice in restraint of trade; **entrave à la libre circulation des biens** restrictions to the free flow of goods; **élimination des entraves techniques aux échanges de produits alimentaires** removal of technical barriers to trade in foodstuffs.

**entraver** [ãtʀave] **vt** to hinder, hamper. ◊ **entraver la concurrence** to inhibit competition; **la déprime dans le bâtiment entrave les industries annexes** the depression in housing is having a hampering effect on ou is hobbling ancillary industries; **entraver le cours de la justice** to impede the action of the law; **entraver une enquête** to hinder an inquiry; **le commerce extérieur demeure entravé par une réglementation protectionniste** external trade remains encumbered by protectionist regulations.

**entrée** [ãtʀe] **nf** **a** (accès) entry, admission (de, dans to). ◊ **l'entrée est gratuite / payante** there is no charge / there is a charge for admission; **entrée libre** (musée) admission free; (boutique) "come in and look round"; **entrée interdite** no admittance, no entry; **nous avons eu un nombre record d'entrées pendant la foire commerciale** we have had a record number of visitors ou a record gate at the trade fair; **billet d'entrée** (entrance) ticket; **droit d'entrée** (association) entrance fee; **droits d'entrée** (Fin, Ass) setup charge ou fee; **point d'entrée** (Aviat) gateway. **b** (Comm, Écon, Fin) entry. ◊ **l'entrée de marchandises** the entry of goods; **l'entrée de l'Espagne dans la CEE** the entry of Spain into the EEC; **entrée de capitaux** inflow of capital; **barrière à l'entrée** entry barrier; **contingentements à l'entrée** import quotas; **droits d'entrée** import ou customs duties; **entrée en portefeuille** (Fin) portfolio entry; **entrée en douane** clearance inwards, entry inwards; **faire l'entrée en douane** to clear inwards; **visa d'entrée** entry permit, visa. c (Compta : recettes) receipt. ◊ **entrées et sorties de caisse** cash receipts and payments; **les entrées représentent plus de 100 000 F** the takings ou the receipts amount to over F100,000. d (porte) entrance. ◊ **entrée de service ou des fournisseurs** service ou trade entrance; **entrée principale** main entrance. e (Stat) entry.- f (Inf) input, entry. ◊ **données d'entrée** input data; **entrée de données** data entry ou input; **entrée au clavier** keyboard entry; **unité d'entrée** input device; **fichier d'entrée** input file; **message d'entrée** input message; **entrée-sortie** input-output. g (loc) **à son entrée en fonction** when he took up office, when he took over the job; **avec entrée en jouissance immédiate** with immediate possession ou entry; **entrée en valeur** value date; **entrée en vigueur** coming into force; **date d'entrée en vigueur** effective date; **avoir ses entrées auprès de qn** to have free ou easy access to sb.

**entremettre (s')** [ɑ̃tRəmɛtR(ə)] **vpr** (dans un conflit) to mediate (*dans* in).

**entremise** [ɑ̃tRəmiz] **nf** mediation, intervention. ◊ **proposer son entremise** to offer to act as mediator; **agir par l'entremise de qn** to act through sb.

**entreposage** [ɑ̃tRəpozaʒ] **nm** (gén) storing, storage, warehousing; (en douane) bonding. ◊ **frais d'entreposage** storage charges.

**entreposer** [ɑ̃tRəpoze] **vt** (gén) to store, put into storage; (en douane) to put in a bonded warehouse, bond.

**entrepositaire** [ɑ̃tRəpozitɛR] **nmf** (gén) storage operator; (en douane) bonder.

**entrepôt** [ɑ̃tRəpo] **nm** (gén) warehouse; (Douanes) bonded warehouse; (port) entrepôt. ◊ **entrepôt frigorifique** cold storage plant; **entrepôts fictifs** private bonded warehouses; **entrepôts publics ou réels** public bonded warehouses; **entrepôts spéciaux** special bonded warehouses; **certificat d'entrepôt** warrant; **marchandises en entrepôt** (sous douane) bonded goods; **mettre en entrepôt** (Douanes) to bond, put in bond; **sortir des entrepôts** to take out of bond, release from bond; **vendre en entrepôt** to sell in bond; **à prendre en entrepôt** ex-warehouse; **commerce d'entrepôt** entrepôt trade; **port d'entrepôt** entrepôt port.

**entreprenant, e** [ɑ̃tRəpRənɑ̃, ɑ̃t] **adj** (gén) enterprising.

**entreprendre** [ɑ̃tRəpRɑ̃dR(ə)] **vt** travail, démarche, mission to set about, begin ou start (upon), embark upon. ◊ **entreprendre un programme** to embark on a programme.

**entrepreneur** [ɑ̃tRəpRənœR] 1 **nm** a (peintre, maçon) contractor. b (brasseur d'affaires) entrepreneur.
2 **comp entrepreneur d'affichage** poster contractor. – **entrepreneur de camionnage** haulier, trucker (US). – **entrepreneur de déménagement** furniture remover, mover (US). – **entrepreneur individuel** sole owner of a company. – **entrepreneur de maçonnerie** building contractor. – **entrepreneur de publicité** advertising contractor. – **entrepreneur de roulage ou de transports** haulage contractor, haulier. – **entrepreneur de roulages publics** common carrier. – **entrepreneur de transport combiné** combined transport operator. – **entrepreneur de transport multimodal** multimodal transport operator, MTO. – **entrepreneur de travaux publics** public works contractor.

**entrepreneurial, e, mpl -aux** [ɑ̃tRəpRənœRjal, jo] **adj** entrepreneurial.

**entrepreneurship** [ɑ̃tRəpRənœRʃip] **nm** entrepreneurship.

**entreprise** [ɑ̃tRəpRiz] 1 **nf** a (projet) undertaking, venture, enterprise. ◊ **esprit d'entreprise** spirit of enterprise, business sense, entrepreneurship; **la libre entreprise** free enterprise. b (société) company, firm, business, corporation (US); (CEE, Admin) enterprise. ◊ **cessation d'entreprise** discontinuance of business; **comité d'entreprise** works council ou committee; **culture d'entreprise** corporate culture; **petite ou moyenne entreprise** small-sized company; **petites et moyennes entreprises** small- and medium-sized firms; **chef d'entreprise** company director ou head; **créateur d'entreprise** entrepreneur; **la concentration des entreprises** the merging of businesses; **endettement / épargne des entreprises** corporate debt / savings; **formation dans l'entreprise** in-company ou in-house training; **gestion d'entreprise** corporate ou business ou company management; **image d'entreprise** corporate image; **jeu d'entreprise** business game; **pépinières d'entreprises** business incubators ou nurseries; **politique d'entreprise** business ou company policy; **redresseur d'entreprise** company fixer, corporate turnaround specialist; **stratégie d'entreprise** corporate strategy. c (contrat) contract. ◊ **mettre ou donner à**

l'entreprise to put sth out to contract; **prendre qch à l'entreprise** to contract for sth. 2 **comp entreprise artisanale** small-scale enterprise. – **entreprise de camionnage** haulage firm (GB), trucker (US). – **entreprise commerciale** business concern. – **entreprise concessionnaire** concessionary company. – **entreprise conjointe** joint venture. – **entreprise de déménagement** removal (GB) ou moving (US) firm, mover (US). – **entreprise familiale** family business. – **entreprise individuelle** sole ownership, one-man business. – **entreprise industrielle** manufacturing company ou firm. – **entreprise nationale** publicly-owned enterprise, enterprise in public ownership. – **entreprise nationalisée** nationalized company. – **entreprise de navigation** shipping company; **entreprise de navigation aérienne** air transport company. – **entreprise privatisée** privatized company. – **entreprise privée** private enterprise. – **entreprise (prestataire) de services** service company; **entreprise de service public** public utility. – **entreprise de transports (routiers)** haulage company, haulier, trucker (US). – **entreprise de travail intérimaire** temping agency, temporary employment agency ou office. – **entreprise de travaux publics** civil engineering firm. – **entreprise unipersonnelle** sole ownership, one-man business. – **entreprise unipersonnelle à responsabilité limitée** private limited company under sole ownership. – **entreprise de vente par correspondance** mail-order firm ou house.

**entrer** [ɑ̃tʀe] 1 **vi** a [marchandises, devises] to enter. ◊ **faire entrer des marchandises** (par la douane) to import goods; (en contrebande) to smuggle in ou take in ou bring in goods. b **entrer en : entrer en association** to enter into partnership; **entrer en concurrence** to compete, engage in competition (*avec* with); **entrer en contact** ou **en relations** to get in touch (*avec* with); **entrer en fonctions** [employé] to take up one's post; [directeur] to come into office, take office, take up one's post; **entrer en jouissance** to take possession, enter into possession; **entrer en liquidation** to go into liquidation, go into receivership; **entrer en valeur** to come into value; **entrer en vigueur** to come into force, become operative ou effective, take effect (*à partir de* (as) from). c **entrer dans** catégorie to fall into, come into; période to enter; discussion to enter into; carrière, profession to take up, embark on. ◊ **entrer dans la vie active** to embark on ou enter active life; **entrevue dans les affaires** to go into business; **entrer dans une entreprise** to

join a business; **il a réussi à faire entrer son fils dans la firme** he managed to get his son into the firm; **entrer dans une période de désinflation** to enter a period of disinflation; **il n'entre pas dans nos intentions de renouveler votre contrat** we do not intend to renew your contract. 2 **vt** (Inf) données to enter, input, key in.

**entretenir** [ɑ̃tʀətniʀ] 1 **vt** a (assurer l'entretien de) locaux to maintain, look after; véhicule, machine to maintain, service. ◊ **entretenir en bon état** to keep in good repair. b (subvenir aux besoins de) famille to support, keep, maintain. c (poursuivre) to keep up. ◊ **entretenir des relations d'affaires avec** to keep up a business connection with, have business dealings with; **entretenir de bons rapports** to be on friendly terms (*avec* with); **entretenir une correspondance avec** to correspond with, keep up a correspondence with. 2 **s'entretenir vpr** ◊ s'entretenir avec qn (conversation) to converse with sb, speak to sb; (entrevue) to have an interview with; (rencontre) to have a meeting with; (négociations) to have talks ou discussions with.

**entretien** [ɑ̃tʀətjɛ̃] **nm** a [locaux, route] maintenance, upkeep; [machine] maintenance, servicing. ◊ **entretien correctif / périodique** ou **programmé** corrective / scheduled ou routine maintenance; **entretien de dépannage** emergency ou remedial maintenance; **entretien en clientèle** field maintenance; **entretien préventif** ou **systématique** planned ou preventive maintenance; **entretien sur appel** on-call maintenance; **contrat d'entretien** maintenance contract; **équipe d'entretien** maintenance crew; **fiche d'entretien** maintenance card; **frais d'entretien** maintenance charges ou costs; **notice d'entretien** service manual; **personnel d'entretien** maintenance staff; **responsable de l'entretien** maintenance officer; **service de l'entretien** maintenance ou upkeep department; **technicien d'entretien** maintenance engineer. b (conversation) conversation; (entrevue) interview; (réunion) meeting. ◊ **avoir des entretiens avec** to have talks with; **entretien au départ d'un poste** exit interview; **entretien avec questionnaire pré-établi** structured interview; **entretien collectif** group interview; **entretien non directif** non-directive interview; **entretien dirigé** guided interview; **entretien d'embauche** job interview; **passer un entretien d'embauche** to interview for a job; **entretien en profondeur** in-depth interview; **solliciter** ou **demander un entretien à son patron** to ask one's boss for an interview; **accorder un entretien** to grant an interview; **les délégués ont eu un entretien d'une heure avec la direction** the representatives had a one-hour meeting with the management; **entretien préliminaire** preliminary talk, advance talk; **entretien de vente** sales interview.

**entrevoir** [ãtʀəvwaʀ] **vt** (envisager) problèmes to foresee, anticipate; solution to glimpse. ◊ **laisser entrevoir** to foreshadow; **la mollesse des cours laisse entrevoir une crise économique prochaine** the bear market foreshadows an economic crisis in the near future.

**entrevue** [ãtʀəvy] **nf** (réunion) meeting; (conversation) discussion; (négociation) talks; (audience) interview. ◊ **arranger une entrevue** to arrange a meeting.

**énumération** [enymeʀasjɔ̃] **nf** enumeration, listing.

**énumérer** [enymeʀe] **vt** to enumerate, list.

**env.** **a** abrév de *environ* approx. **b** abrév de *envoyer*.

**envahir** [ãvaiʀ] **vt** marché to invade, swamp, flood.

**enveloppe** [ãvlɔp] **nf** **a** (Poste) envelope. ◊ **enveloppe auto-adhésive** ou **autocollante** self-seal envelope; **enveloppe à fenêtre** panel ou window envelope; **enveloppe gommée** adhesive envelope; **enveloppe matelassée** ou **rembourrée** padded envelope; **enveloppe-réponse** return envelope, reply-paid envelope; **envoyer sous enveloppe** to send under cover; **enveloppe T** reply-paid envelope, business reply mail. **b** (somme) sum ou amount of money; (budget) budget; (prime de départ) golden handshake; (pot-de-vin) bribe. ◊ **enveloppe budgétaire** budget allocation ou appropriation, resource envelope; **enveloppe salariale** wage bill.

**envelopper** [ãvlɔpe] **vt** to wrap in, package.

**envergure** [ãvɛʀgyʀ] **nf** [entreprise] scale, scope. ◊ **un programme de grande envergure** a programme of considerable scope, a large-scale programme; **nous manquons de vendeurs de son envergure** we lack salesmen of his calibre (GB) ou caliber (US); **campagne de grande envergure** large-scale campaign.

**environnement** [ãviʀɔnmã] **nm** environment. ◊ **agence pour la protection de l'environnement** environmental protection agency; **protection de l'environnement** protection of the environment, environmental control; **repérage de l'environnement** environmental scanning; **responsable de l'environnement de l'entreprise** environmental scanner.

**envisager** [ãvizaʒe] **vt** to consider, contemplate, envisage, envision (US). ◊ **envisager de faire** to contemplate ou entend ou en-

visage doing; **nous envisageons un élargissement de notre gamme de produits** we are thinking of widening our product range.

**envoi** [ãvwa] **nm** **a** (action d'envoyer) [colis, lettre] sending (off), mailing; [marchandises] dispatching, shipping; [argent] remittance, sending. ◊ **envoi en nombre** (sur enveloppe) mass mailing; **envoi gratis sur demande** yours for the asking; **date d'envoi par la poste** mailing date; **lettre d'envoi** (Comm) covering note, letter of advice; **bordereau d'envoi** dispatch note; **faire un envoi de fonds** to remit cash; **envoi contre remboursement** cash on delivery; **le 30 mars sera le coup d'envoi du marathon sur les prix agricoles** the kick-off of the farm price marathon will take place on March 30. **b** (paquet) packet, parcel; (livres, bouteilles, produits) consignment. ◊ **nous attendons un nouvel envoi de médicaments** we're expecting a new consignment of drugs; **envoi chargé** (Poste) insured packet; **envoi en franchise** post-free parcel; **envoi recommandé** registered packet. **c** (Comm : marchandises expédiées) shipment. ◊ **votre dernier envoi est arrivé endommagé** your last shipment arrived damaged; **envoi à couvert / à découvert** packed / unpacked shipment; **envoi autorisé** authorized shipment; **envoi en groupage** ou **groupé** collective shipment; **envoi non autorisé** prohibited shipment; **envoi outre-mer** overseas shipment. **d** (Pub) **envoi test** ou **d'essai** test shot.

**envolée** [ãvɔle] **nf** ◊ **étant donné l'envolée des cours** because of soaring prices.

**envoler (s')** [ãvɔle] **vpr** [prix] to soar, flare up. ◊ **les taux d'intérêts s'envolent** interest rates are soaring.

**envoyer** [ãvwaje] **vt** colis, lettre to send (off); marchandises to dispatch, send off, ship; argent to send, remit. ◊ **envoyé le** (sur bordereau) date sent; **envoyer sa candidature** to send one's application; **envoyer sa démission** to send in ou give in one's resignation; **veuillez envoyer les marchandises de toute urgence à l'adresse suivante** please rush the goods to the following address; **envoyer qch par télex** to telex sth; **envoyer en mission** to dispatch ou send out on a mission.

**envoyeur** [ãvwajœʀ] **nm** sender. ◊ **retour à l'envoyeur** return to sender.

**épargnant, e** [epaʀɲã, ãt] **nm,f** saver, investor. ◊ **petits épargnants** small savers ou investors.

**épargne** [epaʀɲ(ə)] **1 nf** (économies) savings, (qualité) saving, thrift. ◊ **faire un premier appel à l'épargne** (Fin) to go public; **bon**

d'épargne savings bond, national savings certificate ; **caisse d'épargne** savings bank, thrift institution, savings and loans (US) ; **caisse d'épargne de la poste** ou **postale** post office savings bank ; **livret de caisse d'épargne** savings bank book ; **compte (d')épargne** savings account ; **contrat d'épargne** savings plan ; **habitudes d'épargne** savings habits ; **niveau de l'épargne** savings level ; **plan d'épargne** savings plan, "save-as-you-earn" scheme ; **plan d'épargne-logement** home saving plan ; **potentiel d'épargne** saving ou investment potential ; **prêt d'épargne-logement** home loan ; **propension à l'épargne** propensity to save ; **rapport épargne-revenu** saving-to-income ratio ; **taux d'épargne** rate of saving.

**2 comp épargne collective** collective savings. − **épargne des entreprises** corporate saving. − **épargne excédentaire** oversaving. − **épargne financière** financial investment. − **épargne forcée** forced ou compulsory saving. − **épargne individuelle** individual savings, private investors ou investment. − **épargne institutionnelle** institutional investors ou investment, institutional savings. − **épargne investie** investment. − **épargne liquide** liquid savings. − **épargne longue** long-term saving. − **épargne mobilière** saving through investment in securities. − **épargne des particuliers** personal savings. − **épargne privée** private investors ou investment, private savings. − **épargne productive** productive savings. − **épargne-retraite** retirement saving.

**épargner** [epaʀɲe] **vt** temps to save, economize ; argent to save, economize, lay ou put aside. ◊ **il a épargné pour s'acheter un ordinateur** he saved up to buy a computer, he put ou laid money aside to buy a computer ; **pour vous épargner une perte de temps** to save you time.

**éparpillement** [epaʀpijmɑ̃] **nm** (action) scattering ; (résultat) dispersal. ◊ **l'éparpillement de nos usines nuit à la bonne marche de nos activités** the dispersal of our factories is detrimental to the smooth running of our business.

**épave** [epav] **nf** (navire, voiture accidentée) wreck. ◊ **receveur des épaves** (Ass) receiver of wreck ; **récupérateur d'épaves** wrecker.

**éphéméride** [efemeʀid] **nf** (calendrier) tear-off calender, block calendar.

**épicerie** [episʀi] **nf** (boutique) grocer's (shop), grocery store ; (produits) groceries ; (secteur) grocery trade ; (rayon de grande surface) grocery counter. ◊ **épicerie fine** delicatessen.

**épicier, -ière** [episje, jɛʀ] **nm,f** grocer.

**éplucher** [eplyʃe] **vt** comptabilité to go over ou through with a fine-tooth comb, dissect, examine closely.

**éponger** [epɔ̃ʒe] **vt** excédent, dette to soak up, absorb, mop up, drain off. ◊ **éponger le déficit** to mop up the deficit, staunch the red ink ; **éponger le pouvoir d'achat excédentaire** to siphon off ou mop up excess purchasing power ; **éponger les liquidités en excès** to sterilize excess liquidities ; **éponger un retard** to work off a backlog.

**épreuve** [epʀœv] **nf** test. ◊ **épreuve de force** test of strength, tug-of-war, showdown ; **à toute épreuve** (résistant) resistant ; (sans risque d'erreurs) foolproof ; **épreuve décisive** acid test ; **mettre qn à l'épreuve** to put sb to the test, put sb through his paces.

**éprouvé, e** [epʀuve] **adj** méthode, technique well-tried, proven.

**éprouver** [epʀuve] **vt** perte to suffer, sustain ; contretemps, ennui to meet with, experience. ◊ **secteur éprouvé par la crise** area which has been badly hit by the crisis, distressed area ou sector ; **secteur le plus éprouvé** hardest-hit sector.

**épuisement** [epɥizmɑ̃] **nm** [ressources] depletion ; [stocks, fonds] exhaustion. ◊ **jusqu'à épuisement des stocks** while supplies ou stocks last ; **jusqu'à épuisement des fonds** until funds are exhausted ; **épuisement des ressources naturelles** depletion of natural resources ; **à cause de l'épuisement de cet article** owing to this article running out of stock.

**épuiser** [epɥize] **1 vt** réserves to use up, exhaust ; mine, carrière to work out, exhaust. ◊ **notre nouveau modèle est déjà épuisé** our new model is already sold out ; **cet article est épuisé** this line has sold out, this article is out of stock, we are out of stock with this line ; **nos stocks de pétrole sont épuisés** our oil reserves are depleted ou exhausted ; **nos ressources financières sont épuisées** our financial resources are drained ; **lettre de crédit épuisée** invalid letter of credit. **épuiser l'ordre du jour** to deal with ou dispose of the agenda. **2 s'épuiser vpr** [stocks] to run down ou out ou low ; [ressources naturelles] to become depleted ; [source d'approvisionnement] to dry up. ◊ **nos stocks s'épuisent** our stocks ou inventories are running down ou low ou out ; **les réserves risquent de s'épuiser** reserves may soon dry up ou be exhausted.

**Équateur** [ekwatœʀ] **nm** Ecuador.

**équation** [ekwasjɔ̃] nf equation. ◊ **équation du premier degré** simple equation; **équation du second degré** second degree ou quadratic equation; **mettre un problème en équation** to find the equation of a problem; **résoudre une équation** to resolve an equation; **tracer le graphique d'une équation** to plot the graph of an equation; **équation personnelle** (Mktg) personal equation.

**équatorien, -ienne** [ekwatɔʀjɛ̃, jɛn] 1 **adj** Ecuadorian.
2 **Équatorien nm** (habitant) Ecuadorian.
3 **Équatorienne nf** (habitante) Ecuadorian.

**équilibration** [ekilibʀasjɔ̃] nf équilibration des positions (Bourse) evening up.

**équilibre** [ekilibʀ(ə)] nm balance, equilibrium. ◊ **équilibre budgétaire / économique** budget(ary) / economic balance ou equilibrium; **équilibre général** (Écon) general equilibrium; **équilibre partiel** (Écon) partial ou particular equilibrium; **équilibre de l'offre et de la demande** equilibrium of supply and demand; **l'équilibre mondial** the world balance of power; **budget en équilibre** balanced budget; **mise en équilibre** balancing, equilibration; **point d'équilibre** breakeven point; **prix d'équilibre du marché** equilibrium market price; **retour à l'équilibre financier** return to the black; **rupture d'équilibre** upsetting of the equilibrium; **arriver ou parvenir à l'équilibre** to strike a balance; **rétablir l'équilibre économique** to put the economy back on an even keel ou on a sound footing.

**équilibré, e** [ekilibʀe] adj compte balanced. ◊ **budget équilibré** balanced budget; **croissance équilibrée** balanced growth.

**équilibrer** [ekilibʀe] vt comptes, budget to balance; (Bourse) positions to even up.

**équipe** [ekip] nf (gén) team; (ouvriers) shift, gang, team. ◊ **équipe de recherche** research team; **équipe de concepteurs** design team; **équipe de décision** decision team; **équipe de dépannage** repair party, repair crew (US); **équipe de direction** management team; **équipe de jour / de nuit** day / night shift; **équipe de relève** swing ou relief shift; **équipe de sécurité** safety team; **équipe tournante** alternating ou rotating shift; **équipe de travail** task-force; **équipe de vente** sales force ou staff ou personnel; **chef d'équipe** foreman, supervisor (US); **prime d'équipe** team ou group bonus, crew incentive (US); **travail d'équipe** teamwork; **travailler en ou par équipes** (gén) to work in teams; (sur un chantier) to work in gangs; (en usine) to work in shifts; **faire équipe avec** to team up with.

**équipé, e** [ekipe] adj equipped, fitted (de with).

**équipement** [ekipmɑ̃] nm equipment. ◊ **équipements** (aménagements, infrastructure) facilities, amenities; **équipement hôtelier** hotel facilities ou amenities; **équipement industriel** industrial plant; **équipement lourd** (heavy) plant; **équipement portuaire** harbour facilities; **équipement productif** business equipment, production facilities; **équipements sociaux** social facilities; **équipement touristique** tourist facilities ou amenities; **biens d'équipement** capital ou industrial ou producer goods; **biens d'équipement ménager** consumer durables; **dépenses d'équipement** capital spending ou expenditures.

**équipementier** [ekipmɑ̃tje] nm equipment ou parts manufacturer (in automobile industry).

**équiper** [ekipe] vt (gén) to equip; bureaux to fit out; (en machines) to tool up.

**équipier, -ière** [ekipje, jɛʀ] nm,f team member.

**équitable** [ekitabl(ə)] adj décision, arbitrage equitable, fair. ◊ **règlement équitable** fair settlement; **salaire équitable** fair wage.

**équitablement** [ekitabləmɑ̃] adv fairly, equitably.

**équité** [ekite] nf equity, fairness.

**Erevan** [eʀevan] n Yerevan.

**ergonome** [ɛʀgɔnɔm] nmf ergonomist.

**ergonomie** [ɛʀgɔnɔmi] nf ergonomics (sg), human engineering.

**ergonomique** [ɛʀgɔnɔmik] adj human-oriented, ergonomic. ◊ **organisation ergonomique du travail** ergonomic organisation of work.

**ergonomiste** [ɛʀgɔnɔmist(ə)] nmf ergonomist.

**ergoter** [ɛʀgɔte] vi to quibble (*sur* about). ◊ **il n'arrête pas d'ergoter sur les prix** he's always quibbling about prices.

**éroder** [eʀɔde] 1 vt pouvoir d'achat to erode.
2 **s'éroder vpr** to be eroded.

**érosion** [eʀozjɔ̃] nf (monnaie, pouvoir d'achat) erosion; (clientèle) attrition. ◊ **érosion de l'image du produit** product demeaning.

**errant, e** [eʀɑ̃, ɑ̃t] adj ◊ **capitaux errants** hot money.

**erratique** [eʀatik] adj erratic. ◊ **variations ou fluctuations erratiques** wild fluctuations.

**erreur** [eʀœʀ] 1 nf mistake, error. ◊ **faire une erreur** to make a mistake ou an error; **il y a une erreur de cent francs dans vos comptes** there is an error of one hundred francs in your account, you are one hundred francs out ou you are out by one hundred francs in your accounts; **par suite d'une erreur** due to an error; **marge d'erreur** margin of error; **message d'erreur** (Inf) error message; **sauf erreur ou omission** errors and omissions excepted; **sauf erreur de notre part** barring error on our part. **2 comp erreur d'adresse** mistake in the address, misdirection, misrouting. − **erreur aléatoire** random error. − **erreur de caisse** cash error. − **erreur de calcul** miscalculation. − **erreur comptable** book-keeping error. − **erreur constante** invariant error. − **erreur de date** mistake in the date, misdating. − **erreur d'écriture** clerical error. − **erreur de frappe** typing error ou mistake. − **erreur de gestion** mismanagement. − **erreur judiciaire** miscarriage of justice. − **erreur matérielle** clerical error. − **erreur non probabiliste** non-probabilistic error. − **erreur de report** posting error. − **erreur sur la chose** (Jur) error in corpore. − **erreur sur le contrat** (Jur) error in negotio. − **erreur sur la quantité** error in quantity. − **erreur sur la substance** (Jur) error in substantia. − **erreur tactique** tactical error. − **erreur de traduction** mistranslation. − **erreur type** standard error.

**erroné, e** [ɛʀɔne] **adj** renseignement wrong, erroneous, false; décision wrong. ◊ **facture erronée** incorrect invoice; **compte rendu erroné** misstatement; **interprétation erronée des règlements** misreading ou wrong interpretation of the regulations.

**ESC** [əɛsse] **nf** abrév de *École supérieure de commerce French school of economics.*

**escalade** [ɛskalad] **nf** [prix, salaires] escalation.

**escale** [ɛskal] **nf** (Mar : halte) call; (Mar : port) port of call; (Aviat) stopover, stop. ◊ **faire escale à** (Mar) to call at, (Aviat) to stopover at; **port d'escale** port of call; **notre prochaine escale** (Aviat) our next stop; **escale technique** (Aviat) refuelling stop; **vol sans escale** non-stop flight; **risques d'escale** (Ass, Mar) call risks.

**escalier** [ɛskalje] **nm** ◊ **graphique en escalier** staircase chart.

**ESC Lyon** [əɛsseljɔ̃] **nf** abrév de *École supérieure de commerce de Lyon French school of economics in Lyon.*

**escomptable** [ɛskɔ̃tabl(ə)] **adj** discountable.

**escompte** [ɛskɔ̃t] **nm a** (Fin) discount. ◊ **agios d'escompte** discount charges; **banque d'escompte** discount bank ou house; **bordereau d'escompte** discount note, list of bills for discount; **conditions d'escompte** discount terms; **courtier d'escompte** discount broker; **délai d'escompte** discount period;

**marché de l'escompte** discount market; **taux d'escompte** discount rate; **taux officiel d'escompte** prime rate, minimum lending rate; **prendre un effet de commerce à l'escompte** to discount a bill of exchange; **remettre** ou **présenter à l'escompte** to tender ou remit for discount; **présenter une traite à l'escompte** to have a bill discounted. **b** (Comm : réduction) discount, rebate, cut. ◊ **accorder** ou **consentir 3% d'escompte** to allow ou grant 3% discount; **escompte de caisse** cash ou settlement discount; **escompte en compte** bank advance against commercial papers; **escompte en dedans** true discount; **escompte en dehors** bank discount; **escompte en ducroire** del credere discount; **escompte pour paiement d'avance** discount for prepayment; **escompte rationnel** true discount; **escompte sur achats en gros** discount on bulk buying, quantity ou volume discount; **escompte sur factures** trade discount; **escompte d'usage** trade discount. **c** (Bourse) *calling for delivery before the settlement.*

**escompté, e** [ɛskɔ̃te] **adj** traite discounted. ◊ **bénéfices escomptés** anticipated profits.

**escompter** [ɛskɔ̃te] **vt a** traite to discount. ◊ **escompter un effet** to discount a bill; **faire escompter** to discount. **b** (Bourse) to call for delivery of securities. ◊ **escompter à terme** to call for delivery before the settlement. **c** (espérer) to expect, anticipate, count on, bank on.

**escompteur** [ɛskɔ̃tœʀ] **1 nm** discounter, discount broker. **2 adj** ◊ **banquier escompteur** discounting banker.

**ESCP** [əɛssepe] **nf** abrév de *École supérieure de commerce de Paris French school of economics in Paris.*

**escroc** [ɛskʀo] **nm** swindler, crook, sharper, con man*, racketeer, gypher (US).

**escroquer** [ɛskʀoke] **vt** to swindle, cheat, con*, gyp (US) (*de* out of); (Jur) to defraud (*de* of). ◊ **se faire escroquer** to be swindled ou cheated ou conned* (*de qch* out of sth).

**escroquerie** [ɛskʀokʀi] **nf** swindle, racket, confidence trick; (Jur) fraud.

**escudo** [ɛskydo] **nm** escudo.

**espace** [ɛspas] **nm** space. ◊ **nous manquons d'espace** we lack space, we are short of space; **achat d'espace** space buying; **acheteur d'espace** space buyer; **espace de vente** selling space; **espace publicitaire** advertising space, ad-space; **espace rédactionnel** editorial space.

**espacer** [ɛspase] **vt** versements to space out; livraisons to stagger.

**Espagne** [ɛspaɲ] **nf** Spain.

**espagnol, e** [ɛspaɲɔl] **1 adj** Spanish.
**2 nm** (langue) Spanish.
**3 Espagnol nm** (habitant) Spaniard.
**4 Espagnole nf** (habitante) Spanish woman, Spaniard.

**espèces** [ɛspɛs] **nfpl** (argent) cash. ◊ **versement ou paiement ou règlement en espèces** payment in cash ou in specie; **retrait d'espèces** cash withdrawal; **espèces en caisse et en banque** cash in hand and in bank; **les avoirs en espèces** cash assets.

**espérance** [ɛsperɑ̃s] **nf** hope, expectation. ◊ **espérance de vie** [personne] life expectancy; [produit dans un magasin] shelf life; **dans l'espérance que notre offre retiendra votre attention** in the hope that you will consider our offer favourably, hoping that our offer meets your requirements, we hope that our offer is of interest to you.

**espérer** [ɛspeʀe] **vt** to hope, expect. ◊ **profit espéré** anticipated profit. **nous espérons votre prochaine visite** we are looking forward to seeing you soon.

**espionnage** [ɛspjɔnaʒ] **nm** espionage, spying. ◊ **espionnage industriel** industrial spying ou espionage.

**esprit** [ɛspʀi] **nm** ◊ **esprit d'entreprise** spirit of enterprise, entrepreneurial spirit, entrepreneurship.

**esquisse** [ɛskis] **nf** [projet] outline, sketch.

**esquisser** [ɛskise] **1 vt** plan to sketch out, outline.
**2 s'esquisser vpr** (s'amorcer) to take shape, be shaping up. ◊ **une certaine reprise commence à s'esquisser** signs of recovery can be detected ou are becoming noticeable, a recovery is shaping up.

**essai** [ɛsɛ] **1 nm a** (action) testing; (examen) test, trial. ◊ **abonnement à l'essai** trial subscription; **banc d'essai** test bed; **centre d'essai** testing plant; **commande d'essai** trial order; **données d'essai** test data; **jeu d'essai** (Inf) benchmark; **offre d'essai** offer; **période d'essai** [produit] trial period; [personne] probationary period, trial period; **produits à l'essai** merchandise on approval ou appro*, ride merchandise (US); **programme d'essai** (Inf) test programme ou routine; **terrain d'essai** testing ground; **vente à l'essai** sale on approval; **voyage d'essai** (Mar) acceptance trials; **les essais sur la nouvelle machine ont été concluants** the trials ou trial runs on the new machine were conclusive; **procéder à des essais** to carry out tests ou trials; **procéder à des essais de route** (Aut) to test-drive a car; **procéder à des essais de forage** to test-

drill; **faire l'essai de qch, mettre qch à l'essai** to test sth out, put sth to the test; **mettre qn à l'essai** to give sb a trial; **prendre qn à l'essai** to take sb for a trial period ou on a trial basis ou on probation. **b** (Ind : sur du métal) assay.
**2 comp essai de charge** (Ind) test load. – **essais comparatifs** comparative tests. – **essai de compatibilité** compatibility test. – **essai contradictoire** (Ind) control assay. – **essai gratuit** free trial. – **essai de marque** brand testing. – **essai de réception** acceptance test. – **essai de route** test drive. – **essai de vente** market test.

**essaimage** [esemaʒ] **nm** [entreprise] spinning ou floating ou hiving off. ◊ **les essaimages** spinoffs; **création d'entreprises par essaimage** new business foundation by spinning-off.

**essaimer** [eseme] **vt** [entreprise] to spin ou float ou hive off.

**essayer** [eseje] **vt** produit to test (out), try out; véhicule to test-drive; méthode to try, test.

**essayeur, -euse** [esɛjœʀ, øz] **nm,f** [machine] trier, tester; [métaux] assayer.

**ESSEC** [esɛk] **nf** abrév de *École supérieure de sciences économiques et commerciales* French school of business and economics.

**essence** [esɑ̃s] **nf** petrol (GB), gas(oline) (US). ◊ **essence ordinaire** two-star petrol (GB), regular gas (US); **essence sans plomb** unleaded petrol (GB), unleaded gas (US).

**essentiel, -elle** [esɑ̃sjɛl] **1 adj** essential. ◊ **projets essentiels et non essentiels** core and non-core projects.
**2 nm** ◊ **l'essentiel** the main thing; **l'essentiel de nos activités** the main part of our activities; **nous faisons l'essentiel de notre chiffre d'affaires avec l'Espagne** the bulk of our business is done with Spain.

**essieu** [esjø] **nm** axle(-tree). ◊ **taxe à l'essieu** axle tax.

**essor** [esɔʀ] **nm** [firme] rapid development ou expansion ou growth. ◊ **ce secteur est en plein essor** this sector is booming ou is rapidly expanding ou is in full expansion; **essor économique** trade ou economic boom; **prendre ou connaître un grand essor** to be racing ahead, advance by leaps and bounds, make great strides.

**essoufflement** [esufləmɑ̃] **nm** ◊ **le marché donne des signes d'essoufflement** the market is running out of steam ou is faltering.

**essouffler (s')** [esufle] **vpr** [ventes] to tail off, fall off. ◊ **la reprise s'essouffle** the recovery is running out of steam ou faltering; **le dollar a paru s'essouffler après avoir repris un**

**peu de terrain aux monnaies européennes** the dollar seems to lose ground again after gaining a little on European currencies.

**essuyer** [esɥije] **vt** perte, échec to suffer, sustain. ◊ **essuyer un refus** to meet with a refusal.

**estampillage** [εstɑ̃pijaʒ] **nm** stamping, marking. ◊ **estampillage du certificat nominatif** stamping of the registered stock certificate; **les intérêts seront payables contre estampillage** interests will be paid against stamping.

**estampille** [εstɑ̃pij] **nf** (sur un document) stamp; (sur un colis) identification mark.

**estampiller** [εstɑ̃pije] **vt** (gén) to stamp; marchandises to mark; or, argent to hallmark.

**estarie** [εstaʀi] **nf** (Mar) lay days.

**ester** [εste] **vt** (Jur) **ester en justice** to go to court ou law, bring an action.

**estimable** [εstimabl(ə)] **adj** (évaluable) assessable, calculable.

**estimatif, -ive** [εstimatif, iv] **adj** ◊ **coût estimatif** estimated cost; **devis estimatif** estimate; **état estimatif** estimated statement; **valeur estimative** appraised ou estimated value; **imputations estimatives** estimated charges; **méthode du prix de revient estimatif** estimated cost system.

**estimation** [εstimasjɔ̃] **nf** **a** (action d'estimer) [valeur] assessment; [biens] appraisal, valuation, assessment; [dégâts] estimation, assessment. **b** (résultat d'expertise) estimate. ◊ **ce n'est qu'une estimation approximative** it's just a rough estimate, these are just ball-park figures; **première estimation** first (flash) estimate; **estimation boursière** market rating; **estimation des coûts / des ventes** cost / sales estimate; (Ass) **estimation du dommage** assessment of damage, adjustment of claims; **selon les estimations les plus basses cela va coûter** at the lowest computation it will cost; **valeur d'estimation** estimated value.

**estime** [εstim] **nf** esteem. ◊ **valeur d'estime** (Ind) esteem value.

**estimer** [εstime] **vt** valeur to assess; biens to appraise, value, assess; dommage to estimate, assess (à at). ◊ **on estimait à 15,3 millions le nombre de chômeurs** an estimated 15.3 million people were out of work, it was estimated that there were about 15.3 million unemployed; **dépassement du coût estimé** (cost) overrun; **valeur estimée** estimated value.

**Estonie** [εstɔni] **nf** Estonia.

**estonien, -ienne** [εstɔnjɛ̃, jεn] **1 adj** Estonian.

**2** **nm** (langue) Estonian.
**3** **Estonien nm** (habitant) Estonian.
**4** **Estonienne nf** (habitante) Estonian.

**établir** [etabliʀ] **1 vt** **a** (fonder) usine, commerce to establish, set up; liens, contacts to establish, form, develop; réputation to found, base; droits to establish. ◊ **établir son droit à qch** to establish one's right to sth, stake one's claim to sth; **maison établie en 1887** established 1887; **établir des relations commerciales avec qn** to form a business connection with sb. **b** (fixer) programme to arrange; règlement to lay down, establish, institute; devis to draw up; facture, liste, chèque to make out, draw up; stratégie to map out; projet draw up, draft; prix to fix, work out, set; budget, bilan to draw up. ◊ **établir les grandes lignes d'une campagne publicitaire** to map out an advertising campaign; **établir une quittance** to give a receipt in full; **établir l'ordre du jour** to draw up ou set the agenda; **les relevés de compte des clients sont établis chaque mois** customers' accounts are made up monthly; **établir le prix de revient de qch** to cost sth; **établir le revenu d'un contribuable** to ascertain a taxpayer's income.

**2 s'établir vpr** **a** (s'installer) to set up. ◊ **une nouvelle entreprise s'est établie dans ce secteur** a new company has been set up in this sector; **s'établir électricien** to set (o.s.) up as an electrician; **il s'est établi à son compte** he set up business on his own account. **b** (Fin) **les résultats devraient s'établir à 18,20% de nos ventes** the results should come to 18.20% of our sales; **le déficit s'établit à 4 millions de francs** the deficit works out at 4 million francs; **l'indice Dow Jones des valeurs industrielles s'est établi à...** the Dow Jones industrial average stood at...

**établissement** [etablismɑ̃] **nm** **a** (action d'établir) (gén) establishment; [usine] setting up; [bilan, facture] drawing up; [prix] fixing, working out. ◊ **après l'établissement des documents requis** after the necessary paperwork has been drawn up ou raised; **dépenses d'établissement** (Fin) capital outlay; **frais de premier établissement** initial expenses ou expenditures, initial investment cost (US); **établissement du prix de revient** costing; **établissement des objectifs** objective setting; **établissement du calendrier** scheduling; **établissement du budget** budgeting; **établissement du budget sur la base zéro** zero base budgeting. **b** (institution) establishment; (société) firm, company. ◊ **les établissements Durand** Durand and Co. Ltd; **établissement affilié** affiliate; **établissement bancaire** banking institution; **établissement commercial** commercial establishment; **établissement de crédit**

credit institution; **établissement de détail / de gros** retail / wholesale business; **établissement émetteur** issuing bank; **établissement étranger** foreign operation; **établissement financier** financial house ou institution; **établissement industriel** industrial plant, industrial operation; **établissement principal** main office; **établissement public** public corporation; **établissement public autonome** government-owned corporation; **établissement public à caractère industriel et commercial** public utility (company); **comité d'établissement** works council.

**étain** [etɛ̃] **nm** tin.

**étalage** [etalaʒ] **nm** (action d'exposer) displaying; (vitrine) shop window, show window, display window; (marchandises) display. ◊ **articles qui ont fait l'étalage** shop-soiled articles; **faire l'étalage** to dress the windows; **mettre qch à l'étalage** to put sth in the windows; **voleur à l'étalage** shoplifter; **vol à l'étalage** shoplifting; **étalage auto-payant** self-liquidating display.

**étalagiste** [etalaʒist(ə)] **nmf** (décorateur) window dresser; (qui met les articles en vitrine) display man.

**étalement** [etalmã] **nm** [marchandises] displaying; [versements] spreading, staggering; [congés] staggering, spreading (US); [tâches] spreading. ◊ **étalement des heures de travail** staggering of working hours; **étalement statistique** statistical spread.

**étaler** [etale] **vt** marchandises to display, spread out, lay out (*sur* on); versements to spread (out), stagger, (*sur* over); congés to stagger (*sur* over); tâches to spread (*sur* over). ◊ **étalez vos envois** (Poste) space out your consignments.

**étalon** [etalɔ̃] **nm** standard. ◊ **étalon-or** (pièces) gold standard; (lingots) gold bullion standard; **étalon de change-or** gold exchange standard; **étalon devise** currency standard; **étalon marchandises** commodity standard; **étalon monétaire** monetary standard; **étalon papier** paper standard; **double étalon** double standard.

**étalonner** [etalɔne] **vt** (graduer) to calibrate; (vérifier) to standardize, test.

**étape** [etap] **nf** stage. ◊ **par petites étapes** in easy stages; **un projet en trois étapes** a three-stage ou three-phase project, a project in three stages ou phases.

**état** [eta] **1 nm a** (condition) state, condition. ◊ **en (bon) état de marche** in (good) working order; **en bon / mauvais état** in good / poor ou bad condition; **en bon état et conditionnement apparent** in apparent good order and condition; **à l'état neuf** as good as new; **en état de navigabilité** seaworthy;

**maintenir en état** to keep in good repair; **remettre en état** to repair; **état d'entrée / de sortie** (Inf) input / output state; **mot / ligne d'état** (Inf) status word / line. **b** (Pol) **l'État** the state; **obligations d'État** state ou government bonds; **l'État-patron** the state as an employer; **l'État-providence** the welfare state; **subvention de l'État** state subsidy ou aid ou grant. **c** (registre, comptes) statement, account; (rapport) report; (inventaire) inventory; (liste d'employés) roll. ◊ **dresser un état** to draw up an account; **établir un état détaillé des frais** to make up a detailed account ou a breakdown of the costs; **rayer des états** to strike off the roll.

**2 comp état appréciatif** evaluation, estimation. − **état d'avancement des travaux** status ou progress report. − **état de caisse** cash statement. − **état des charges** statement of charges ou of incumbrances. − **état des commandes** order position. − **états complémentaires** additional accounts. − **état des comptes** statement of accounts, abstract of accounts. − **état des dépenses** statement ou return of expenses. − **état descriptif** specifications. − **état estimatif** (inventaire de biens) inventory and valuation of chattels. − **état financier** financial statement; **état financier récapitulatif** financial summary. − **état de frais** bill of costs, return of expenses, statement of expenses. − **état des lieux** inventory of fixtures. − **état liquidatif** winding up inventory. − **état mensuel** monthly return. − **état néant** nil return. − **état nominatif** nominal roll. − **état de paiement** payroll. − **état périodique** progress report. − **état de rapprochement** reconciliation payment. − **état récapitulatif** (Compta) balance account, summary statement (US); (Inf) summary report. − **état des rentrées et des sorties de fonds** statement of receipts and disbursements. − **état des résultats** income statement. − **états de services** statement of positions held, particulars of service, service record. − **état de situation** (Fin) cash position, position sheet. − **état des ventes** sales statement.

**étatisation** [etatizasjɔ̃] **nf** state ou government control. ◊ **étatisation d'une entreprise** takeover of a concern by the state, government takeover of a concern.

**étatiser** [etatize] **vt** to bring under state ou government control. ◊ **économie étatisée** state-controlled ou state-run economy; **industrie étatisée** publicly owned ou state-run industry, industry in public ownership.

**étatisme** [etatism(ə)] **nm** state ou government control.

**étude**

**état-major, pl états-majors** [etamaʒɔʀ] **nm** [entreprise] top ou senior management; (locaux) headquarters.

**États-Unis** [etazyni] **nmpl** ◊ **les États-Unis (d'Amérique)** the United States (of America).

**étayer** [eteje] **vt** monnaie to support, bolster, shore up, prop up. ◊ **étayé par des mesures protectionnistes** backed up ou bolstered by protectionist measures.

**etc.** abrév de *et cætera* ("et le reste") etc.

**éteindre** [etɛ̃dʀ(ə)] **vt** dette to extinguish, pay off.

**éteint, e** [etɛ̃, ɛ̃t] **1** **adj** dull, lacklustre (GB), lackluster (US).
**2** **éteinte** **nf** (Jur) **adjudication à l'éteinte de chandelle** auction by inch of candle.

**étendre** [etɑ̃dʀ(ə)] **1** **vt** affaire, opérations, clientèle to extend, widen, expand (*sur* over). ◊ **étendre son rayon d'action** to extend ou expand ou widen the scope of one's activities; **étendre ses activités à d'autres secteurs** to extend ou widen one's activity to other sectors, expand ou branch out ou develop into other sectors.
**2** **s'étendre** **vpr** [temps de réalisation] to stretch, extend, spread (*sur* over); [influence] to increase, expand, spread. ◊ **les méthodes de gestion japonaises s'étendent à l'Europe** Japanese management methods are spreading to Europe; **ces mesures s'étendent aux fonctionnaires** these measures also apply to civil servants.

**étendu, e** [etɑ̃dy] **1** **adj** pouvoirs extensive, wide, wide-ranging.
**2** **étendue** **nf** (taille) range, scope, extent. ◊ **étendue du dommage** (Ass) extent of the damage; **étendue de la garantie** (Ass) scope of coverage, extent of cover.

**Éthiopie** [etjɔpi] **nf** Ethiopia.

**éthiopien, -ienne** [etjɔpjɛ̃, jɛn] **1** **adj** Ethiopian.
**2** **Éthiopien** **nm** (habitant) Ethiopian.
**3** **Éthiopienne** **nf** (habitante) Ethiopian.

**étiquetage** [etiktaʒ] **nm** [produit] labelling, labeling (US); [prix] marking, labelling. ◊ **étiquetage informatif** informative labelling.

**étiqueter** [etikte] **vt** produit to label; prix to mark, label.

**étiquette** [etikɛt] **1** **nf** (gén) label; [prix] ticket, label; (mobile) tag. ◊ **le prix figure sur l'étiquette** the price is shown on the label.
**2** **comp** **étiquette adhésive** ou **autocollante** self-stick ou self-adhesive label. – **étiquette-adresse** address label. – **étiquette à barres** optically encoded

label. – **étiquette informative** information label. – **étiquette mobile** swing tag. – **étiquette à œillets** tie-on label. – **étiquette de prix** price ticket, price tag. – **étiquette promotionnelle de gondole** eshelf talker. – **étiquette suiveuse** (Ind) progress label ou chit.

**étoffe** [etɔf] **nf** material, fabric.

**étoffer** [etɔfe] **1** **vt** carnets de commande to fill out. ◊ **étoffer son réseau** to beef up one's network; **le volume des échanges est resté très étoffé** (Bourse) trading continued heavy.
**2** **s'étoffer** **vpr** [carnets de commande] to thicken, get thicker.

**étranger, -ère** [etʀɑ̃ʒe, ɛʀ] **1** **adj** **a** (d'un autre pays ) aide, investissements, juridiction foreign. ◊ **clients / visiteurs étrangers** foreign customers / visitors; **de marque étrangère** foreign built ou made; **devises étrangères** foreign currencies; **main-d'œuvre étrangère** foreign labour; **sous contrôle étranger** foreign-owned. **b** (extérieur à l'entreprise) **entrée interdite à toute personne étrangère au service** no unauthorized entry; **personne étrangère à l'entreprise** outsider.
**2** **nm,f** (d'un autre pays) foreigner, (extérieur à l'entreprise) outsider.
**3** **nm** ◊ **voyager à l'étranger** to travel abroad; **avoirs à l'étranger** external ou foreign assets, foreign accounts, assets held abroad; **opération sur l'étranger** foreign ou external operation; **représentant à l'étranger** foreign agent; **notre représentant à l'étranger** our agent abroad; **revenus perçus à l'étranger** foreign income; **traite sur l'étranger** foreign bill of exchange.

**étranglement** [etʀɑ̃gləmɑ̃] **nm** **a** (asphyxie) [contribuables] stifling. **b** (rétrécissement) [marché] shrinking. ◊ **goulot** ou **goulet d'étranglement** bottleneck.

**étrangler** [etʀɑ̃gle] **vt** contribuables, débiteurs to stifle, strangle. ◊ **les petits commerçants sont étranglés par les taxes** small shopkeepers are crippled by taxation.

**étriqué, e** [etʀike] **adj** marché cramped, narrow, tight.

**étroit, e** [etʀwa, wat] **adj** contrôle, rapport, collaboration close; marché narrow, tight, thin.

**étroitesse** [etʀwatɛs] **nf** [marché] narrowness, tightness, limitedness. ◊ **étroitesse des transactions** restricted volume of transactions.

**ets** abrév de *établissements*.

**étude** [etyd] **1** **nf** **a** (gén) study; (recherche) research; (enquête) survey; (analyse) analysis. ◊ **ce projet est à l'étude** this project is under consideration ou is being studied;

**ce projet est encore au stade de l'étude** this project is still under consideration ou on the drawing board; **mettre un projet à l'étude, procéder à l'étude d'un projet** to investigate ou go into ou study a project; **bureau d'études** (dans une entreprise) research department ou unit; (cabinet) research consultancy; **commission d'études** committee of inquiry, fact-finding committee; **service d'études** design department, brain room*; **voyage d'études** study trip. **b** (Univ) **études** studies; **faire des études de droit** to study law; **avez-vous fait des études supérieures?** have you been through higher education?, have you been to college ou university? **c** [notaire, huissier] (local) office; (charge) practice. **2 comp étude d'audience** audience survey. – **étude de cas** case study. – **étude des charges** cost analysis. – **étude complémentaire** follow-up study. – **étude exploratoire** exploratory research. – **étude de faisabilité** feasibility study. – **étude d'impact** impact study, Draft Environment Impact Statement (US). – **étude de marché** market research ou study ou survey. – **étude médias** media research. – **étude de mémorisation** recall study. – **étude des méthodes** methods analysis. – **étude de motivation** motivational research. – **étude d'opportunité** pilot ou preliminary study. – **étude de planification** planning study. – **étude préalable** preliminary ou feasibility ou pilot study. – **étude préliminaire** preliminary ou pilot study. – **étude de produit** product analysis ou engineering. – **étude de rentabilité** profitability study ou analysis. – **étude témoin** sample study. – **étude des temps et mouvements** time and motion study. – **étude sur le terrain** field survey. – **étude théorique** desk research.

**étudié, e** [etydje] **adj** (Comm) prix competitive. ◊ **nos prix sont très étudiés** our prices are highly competitive, we have very keen prices (GB).

**étudier** [etydje] **vt** (examiner) question, document to study, examine, go into. ◊ **étudier qch à fond** to examine sth thoroughly.

**E.-U. (A.)** abrév de *États-Unis (d'Amérique)* US(A).

**EURATOM** [øratɔm] **n** abrév de *European Atomic Energy Community* EURATOM.

**EURL** [øyɛʀɛl] **nf** abrév de *entreprise unipersonnelle à responsabilité limitée* → entreprise.

**eurochèque** [øʀɔʃɛk] **nm** Eurocheque.

**eurocrate** [øʀɔkʀat] **nmf** Eurocrat.

**eurodevises** [øʀɔdəviz] **nfpl** Eurocurrency.

**eurodollar** [øʀɔdɔlaʀ] **nm** Eurodollar.

**euro-obligations** [øʀɔɔbligasjɔ̃] **nfpl** Eurobonds.

**Europe** [øʀɔp] **nf** Europe. ◊ **l'Europe agricole / monétaire** agricultural / monetary Europe; **la construction de l'Europe** European construction, the construction ou development of Europe; **l'Europe des Douze** the Twelve (Common Market Countries); **l'Europe verte** green Europe; **Europe centrale** Central Europe; **Europe de l'Est** Eastern Europe.

**européen, -éenne** [øʀɔpeɛ̃, eɛn] **1 adj** European. ◊ **les institutions européennes** the European institutions; **parvenir à l'union monétaire européenne** to achieve European monetary union; **unité de compte européenne** European Currency Unit. **2 Européen nm** (habitant) European. **3 Européenne nf** (habitante) European.

**EV** abrév de *en ville*.

**évaluable** [evalɥabl(ə)] **adj** assessable. ◊ **difficilement évaluable** difficult to assess ou evaluate.

**évaluation** [evalɥasjɔ̃] **1 nf a** (action d'évaluer) [personne, travail, biens] appraisal, evaluation, assessment; [dégâts] assessment, evaluation; [prix] estimation, assessment. ◊ **base d'évaluation** evaluation ou assessment basis; **critère d'évaluation** evaluation criterion; **sondage d'évaluation** estimation sampling. **b** (résultat d'expertise) estimate. ◊ **ce n'est qu'une évaluation approximative** it's just a guesstimation* ou a rough estimate, these are just ball-park figures. **c** (Fin) [entreprise] (credit) rating. ◊ **agence d'évaluation** rating agency. **2 comp évaluation administrative** administrative rating. – **évaluation globale** (d'une campagne publicitaire) holistic evaluation. – **évaluation du marché** market appraisal. – **évaluation des performances** performance appraisal ou evaluation. – **évaluation des postes de travail** job evaluation. – **évaluation préliminaire d'un produit** product evaluation ou screening. – **évaluation des programmes** programme assessment. – **évaluation des résultats** ou **du rendement** performance appraisal ou evaluation. – **évaluation de la situation financière** (d'un candidat à l'aide sociale) means test. – **évaluation du sinistre** assessment of the damage. – **évaluation des tâches** job evaluation.

**évaluer** [evalɥe] **vt a** biens to appraise, evaluate, assess, value (à at); dommages, coûts to assess, evaluate (à at). ◊ **évaluer globalement** to assess overall, reckon in the aggregate; **faire évaluer qch par un expert** to have sth valued ou appraised by an expert; **police évaluée** (Ass Mar) valued policy; **police non évaluée** (Ass Mar) open policy; **évaluer les résultats d'une campagne** (Mktg) to post-test. **b** (fixer approximativement) fortune, nombre to estimate, assess (à at). ◊ **on évalue à 300 000 le nombre de jeunes en fin d'études qui arriveront sur le marché du travail** an estimated 300,000 school-leavers will come onto the labour market; **les pertes sont évaluées à..., on évalue les pertes à...** losses are estimated at...

**évasion** [evazjɔ̃] **nf** (Écon) **évasion des capitaux** flight of capital; **évasion fiscale** tax evasion ou avoidance.

**événement** [evɛnmɑ̃] **nm** (gén) event, occurrence; (Ass) occurrence, casualty.

**éventail** [evɑ̃taj] **nm** (choix) range. ◊ **éventail d'options** range of options; **éventail de(s) prix** price range; **éventail de produits** product line ou mix; **éventail des revenus** income spread; **éventail des salaires** salary range, wage range ou spread (US); **tout l'éventail des incitations fiscales** the whole range ou gamut of tax incentives.

**éventaire** [evɑ̃tɛʀ] **nm** stall, stand.

**éventuel, -elle** [evɑ̃tɥɛl] **adj** (gén) possible; (Compta) contingent. ◊ **actif éventuel** contingent assets; **client éventuel** prospective ou potential customer, prospect; **corrections éventuelles** corrections (if any); **créance éventuelle** contingent claim; **passif éventuel** contingent liabilities.

**éviction** [eviksjɔ̃] **nf** [locataire] eviction. ◊ **éviction du marché** market eviction; **éviction financière** financial eviction.

**évincer** [evɛ̃se] **vt** concurrent to oust, supplant; (Jur) to evict. ◊ **ils l'ont évincé de la présidence** they ousted him from the chairmanship.

**évocation** [evɔkasjɔ̃] **nf** ◊ **concept d'évocation** calling up concept.

**évolué, e** [evɔlɥe] **adj** société, pays developed, advanced; produit, technologie advanced, sophisticated; (Inf) langage high-level, high-order.

**évoluer** [evɔlɥe] **vt** [technique] to evolve, develop, advance; [situation] to develop, evolve. ◊ **l'entrevue n'a pas permis de faire évoluer la situation** the meeting didn't help to get matters moving again.

**évolutif, -ive** [evɔlytif, iv] **adj** système open-ended. ◊ **poste évolutif** post with possibility of advancement ou promotion.

**évolution** [evɔlysjɔ̃] **nf** development, trend, evolution. ◊ **évolution défavorable** unfa-

vourable trend; **évolution de la conjoncture** current economic development; **évolution du marché** market move; **évolution technique** technical advance; **graphique d'évolution** flow chart; **évolution des ventes** sales trend; **les cours de la Bourse ont suivi l'évolution de l'inflation** stock market prices moved in sympathy with inflation ou followed the same pattern as inflation; **suivre l'évolution du marché** to track the market; **les dernières évolutions** ou **les évolutions récentes dans ce secteur** the latest developments in this sector; **évolution trimestrielle** quarterly trend.

**ex.** abrév de *exemple* eg.

**exact, e** [ɛgza, akt(ə)] **adj** compte rendu, données accurate, correct, exact; (à l'heure) punctual, on time.

**exactitude** [ɛgzaktityd] **nf** (justesse) correctness, accuracy; (ponctualité) punctuality.

**exagéré, e** [ɛgzaʒeʀe] **adj** prix excessive, unfair, stiff; prétentions excessive, inordinate.

**exagérer** [ɛgzaʒeʀe] **vt** to exaggerate.

**examen** [ɛgzamɛ̃] **nm** (gén) examination; (inspection) inspection; [situation] examination, survey; [dossier, problème] examination, consideration, investigation. ◊ **examen approfondi** ou **détaillé** scrutiny, detailed ou thorough ou close examination ou inspection; **examen financier** financial review; **examen sélectif** screening test; **après plus ample examen** on closer inspection, after further consideration; **acheter des marchandises à l'examen** to buy goods on inspection; **passer un examen** to take an exam(ination).

**examiner** [ɛgzamine] **vt** (gén) to examine; situation to examine, survey; problème, affaire to examine, investigate, look into; comptes, dossier to examine, go through, inspect. ◊ **examiner en détail** ou **minutieusement** to scrutinize, examine closely, take a close look at; **j'examinerai personnellement la question** the matter will have my personal attention.

**excédent** [ɛksedɑ̃] **1** **nm** surplus (*sur* over). ◊ **l'excédent de la balance des paiements** the balance of payments surplus; **déficits et excédents** shorts and overs; **dégager un excédent** to show a surplus; **payer 100 F d'excédent** to pay a surcharge of F100; **nous acceptons de vous livrer 5% d'articles en excédent** we agree to deliver 5% extra. **2** **comp** **excédents agricoles** farm surpluses. — **excédent de l'actif sur le passif** surplus of assets over liabilities. — **excédent de bagages** excess luggage ou baggage. — **excédent brut d'exploitation** gross operating surplus, trading profit, current earnings. – **excédent budgétaire** budget surplus. – **excédent de caisse** surplus in cash, cash overs. – **excédent commercial** trade surplus. – **excédent de cotisation** excess contribution. – **excédent de dépenses** deficit, budget overrun. – **excédent des exportations sur les importations** excess of exports over imports. – **excédent net** net profit; **excédent net d'exploitation** operating surplus. – **excédent de personnel** overstaffing, overmanning. – **excédent de poids** excess weight, overweight. – **excédent de population** population overspill, excess population. – **excédent de potentiel** surplus capacity. – **excédent de recettes** surplus of receipts. – **excédent de sinistres** excess loss. – **excédent de stock** stock overage. – **excédent de trésorerie** cash surplus.

**excédentaire** [ɛksedɑ̃tɛʀ] **adj** surplus. ◊ **balance commerciale excédentaire** favourable trade balance; **capacité excédentaire** surplus ou excess capacity; **épargne excédentaire** oversaving; **être excédentaire** to show a surplus; **les pays fortement excédentaires** countries in strong surplus position; **production excédentaire** surplus ou excess production; **réserves excédentaires** excess reserves; **stock excédentaire** stock overage, excess inventory (US), surplus stocks.

**excéder** [ɛksede] **vt** durée, prix to exceed; pouvoirs to overstep, exceed, go beyond. ◊ **le coût total excède de loin notre budget** the overall costs far exceed ou are far beyond our budget.

**exception** [ɛksɛpsjɔ̃] **nf** a (gén) exception. ◊ **mesures d'exception** special ou exceptional measures; **à l'exception de** except for, apart from, aside from (US); **sauf exception** allowing for exceptions; **à titre d'exception** (dans ce cas précis) in this exceptional case; (dans certains cas) in exceptional cases; **gestion par exception** management by exception. b (Jur) plea, exception. ◊ **soulever une exception contre** to raise a protest against, put in a plea against; **exception de fond / de forme** exception in rem / in formam; **exception d'irrecevabilité** plea of incompetence; **exception de nullité** plea of voidance.

**exceptionnel, -elle** [ɛksɛpsjɔnɛl] **adj** exceptional. ◊ **année exceptionnelle** exceptional ou outstanding ou banner year; **impôt sur les bénéfices exceptionnels** excess ou windfall profits tax; **profits exceptionnels** windfall profits; **récoltes exceptionnelles** bumper crops; **résultat exceptionnel** (Compta) extraordinary items.

**excès** [ɛksɛ] **nm** [argent] excess, surplus; [marchandises] oversupply, glut, surplus. ◊ **excès de (la) demande** (Écon) excess demand; **inflation par excès de la demande** excess demand inflation; **excès de zèle** overzealousness; **à l'excès** excessively, overly (US); **excès de vendeurs** (Bourse) sellers over.

**excessif, -ive** [ɛksesif, iv] **adj** excessive, inordinate, exaggerated. ◊ **stocks excessifs** overstocking.

**exciper** [ɛksipe] **vi** ◊ **exciper de** contrat, acte to plead, allege; **exciper de l'autorité de la chose jugée** to plead res judicata.

**exclure** [ɛksklyʀ] **vt** personne to expel, exclude; solution to exclude, rule out, dismiss. ◊ **exclure temporairement qn** to suspend sb; **exclure qch d'une somme** to exclude sth from a sum; **exclure le risque de change** to close out the exchange risk; **sont exclus tous recours provenant de...** (Ass) excluding all claims arising from.

**exclusif, -ive** [ɛksklyzif, iv] **adj** dépositaire sole, exclusive; distribution, fabrication exclusive. ◊ **compétence exclusive du tribunal** exclusive jurisdiction; **concessionnaire exclusif** sole agent; **droits de vente exclusifs** sole selling rights; **ils ont la représentation exclusive de notre société** they have the exclusive agency for our firm.

**exclusion** [ɛksklyzjɔ̃] **nf** (gén) exclusion; [personne] expulsion. ◊ **exclusion temporaire** suspension; **nos prix s'entendent à l'exclusion des frais de transport** our prices are exclusive of transport charges; **exclusion de la garantie** (Ass) exclusion.

**exclusivement** [ɛksklyzivmɑ̃] **adv** (uniquement) exclusively, solely. ◊ **du 10 au 15 du mois exclusivement** from the 10th to the 15th exclusive.

**exclusivité** [ɛksklyzivite] **nf** (droits exclusifs) exclusive rights. ◊ **avoir / acheter l'exclusivité de...** to have / buy exclusive rights for; **clause d'exclusivité** exclusivity stipulation, competition clause; **vente en exclusivité** exclusive outlet selling; **exclusivité territoriale** exclusive territory.

**ex c(oup).** abrév de ex coupon XC, ex coupon.

**excuse** [ɛkskyz] **nf** (gén) excuse. ◊ **excuses** (regrets) apology; **faire des excuses, présenter ses excuses** to apologize, offer one's apologies (à qn to sb); **veuillez accepter nos excuses** kindly ou please accept our apologies.

**excuser** [ɛkskyze] **1** **vt** to excuse. ◊ **il a demandé à être excusé pour la réunion de demain** he asked to be excused from tomorrow's meeting; **M. Dubois excusé** Mr

Dubois has sent an apology, apology for absence received from Mr Dubois. **2** **s'excuser** **vpr** to apologize (*auprès de qn* to sb).

**ex-div** abrév de *ex-dividende* XD, ex-div, ex-dividend.

**exécutable** [ɛgzekytabl(ə)] **adj** (Jur) **contrat non exécutable** naked contract.

**exécuter** [ɛgzekyte] **1** **vt** **a** ordre, projet to execute, carry out; travail to do, execute, perform, discharge; commande to fulfil, complete, fill; traité, loi to enforce; contrat to perform; (Inf) programme to run. ◊ **vos commandes seront exécutées avec le plus grand soin** your orders shall have our best attention. **b** **exécuter un débiteur** to distrain upon a debtor; **exécuter un acheteur** (Bourse) to sell out against a buyer; **exécuter un vendeur** (Bourse) to buy in against a seller; **exécuter un spéculateur défaillant** to hammer a defaulter.
**2** **s'exécuter** **vpr** (Bourse, Fin) to pay up.

**exécuteur** [ɛgzekytœʀ] **nm** ◊ **exécuteur testamentaire** (homme) executor; (femme) executrix.

**exécutif, -ive** [ɛgzekytif, iv] **adj, nm** executive. ◊ **bureau** ou **comité exécutif** executive committee; **pouvoir exécutif** executive power; **l'exécutif** the executive.

**exécution** [ɛgzekysjɔ̃] **nf** **a** [projet, travail] execution; [commande] fulfilment; [loi] enforcement; [contrat] performance. ◊ **calendrier d'exécution** implementation schedule; **travaux en cours d'exécution** work in progress ou in hand; **mettre à exécution** projet to put into operation, execute, carry out; loi to enforce; **en exécution de la loi** (Jur) in compliance with the law, in pursuance of the law; **ces projets seront bientôt mis à exécution** these plans will soon be carried out; **délai d'exécution** (date limite) deadline; **mise à exécution** implementation; **modalités d'exécution** operative methods; **personnel d'exécution** operatives; **agent d'exécution** operative. **b** (Jur) [débiteur] execution of a writ (*de qn* against sb). ◊ **exécution forcée** execution of a writ; **sursis à exécution** stay of execution. **c** (Bourse) (achat) buying in; (vente) selling out. ◊ **exécution d'un défaillant** hammering of a defaulter. **d** (Inf) [programme] running. ◊ **fin d'exécution** end of run; **phase d'exécution** run phase.

**exécutoire** [ɛgzekytwaʀ] **adj** executory, enforceable. ◊ **jugement exécutoire** enforceable judgement; **mandat exécutoire** enforcement order; **avoir force exécutoire** to be enforceable.

**exemplaire** [ɛgzɑ̃plɛʀ] **nm** copy. ◊ **en deux exemplaires** in duplicate; **en trois exem-**

**plaires** in triplicate; **exemplaire d'archives** file copy; **exemplaires de presse** press copies.

**exempt, e** [ɛgzɑ̃, ɑ̃t] **adj** ◊ **exempt d'impôts** exempt from taxation, tax exempt; **exempt de taxes** tax-free, duty-free; **exempt de TVA** VAT exempt; **exempt d'erreurs** error-free.

**exempter** [ɛgzɑ̃te] **vt** (Impôts) to exempt (*de* from).

**exemption** [ɛgzɑ̃psjɔ̃] **nf** exemption. ◊ **exemption d'impôt** ou **fiscale** exemption from taxation; **lettre d'exemption** (Douanes) bill of sufferance.

**exercer** [ɛgzɛʀse] **vt** **a** métier to carry on; fonction to fulfil, exercise. ◊ **exercer la profession d'avocat** to practise as a lawyer. **b** droit, autorité to exercise (*sur* over); contrôle to exert, exercise (*sur* over); pression to exert (*sur* on). ◊ **exercer des poursuites contre qn** to bring ou raise proceedings against sb, bring ou raise an action against sb; **exercer un recours contre qn** to make a claim against sb; **les droits pourront être exercés à 4 dollars l'action** (Bourse) the rights will be exercisable at $4 a share.

**exercice** [ɛgzɛʀsis] **nm** **a** [profession] practice; [droit] exercising. ◊ **dans l'exercice de ses fonctions** in the execution ou discharge ou performance of his duties; **être en exercice** [fonctionnaire] to be in ou hold office; **entrer en exercice** to take up ou assume one's duties; **président en exercice** serving ou current chairman; **avocat en exercice** practising ou practicing (US) lawyer. **b** (Compta, Admin : année) financial year. ◊ **exercice budgétaire** / **comptable** budgetary / accounting year; **l'exercice (fiscal) 1989** fiscal 1989, the 1989 fiscal ou financial year; **pertes d'exercice** operating losses ou deficit; **clôture de l'exercice** year-end, end of financial year; **exercice clos le...** financial year ended on...; **exercice écoulé** year under review, last financial year; **exercice social** accounting period. **c** (Bourse) **le prix d'exercice d'une option** the striking ou strike price of an option; **prix d'exercice à parité** / **en dedans** / **en dehors** at the money / in the money / out of the money (option) striking price.

**exigence** [ɛgziʒɑ̃s] **nf** (condition) demand, requirement. ◊ **se conformer aux exigences de qn** to comply with ou to meet sb's requirements; **la marchandise répond** ou **satisfait à toutes les exigences** the goods are satisfactory ou up to standard in every way; **exigences du poste** job requirements; **exigences des consommateurs** consumer requirements.

**exiger** [ɛgziʒe] **vt** to demand, require, claim (*qch de qn* sth of *ou* from sb). ◊ **la situation exige des mesures immédiates** the situation calls for *ou* requires immediate measures ; **les syndicats exigent que soit appliquée la clause de rattrapage** the unions claim the application of the escalator clause ; **exiger le paiement** to enforce payment ; **exiger d'un contribuable le paiement de ses impôts** to exact payment from a taxpayer.

**exigibilité** [ɛgziʒibilite] **nf** [dette] payability. ◊ **exigibilités** current liabilities.

**exigible** [ɛgziʒibl(ə)] **1** **adj** créance, dépôt payable, due for payment. ◊ **exigible d'avance** payable in advance ; **dépôt exigible sur demande** deposit payable on demand ; **passif exigible à court terme** current liabilities. **2** **nm** (Fin) l'exigible current liabilities.

**eximbank** [ɛgzɛ̃bãk] **nf** eximbank.

**existant** [ɛgzistã] **nm** ◊ **l'existant en caisse** cash in hand ; **les existants** stock in hand, physical stock (GB) *ou* inventory (US).

**existence** [ɛgzistãs] **nf** (gén) existence. ◊ **moyens d'existence** means of livelihood *ou* subsistence ; **existences en magasin** (Comm) stock in hand.

**exister** [ɛgziste] **vi** to exist. ◊ **ce modèle existe depuis longtemps** this model has been around a long time.

**exode** [ɛgzɔd] **nm** exodus. ◊ **exode rural** drift from the land ; **exode des cerveaux** brain drain ; **exode de capitaux** flight of capital, capital outflow, efflux of capital.

**exogène** [ɛgzɔʒen] **adj** variable exogenous.

**exonération** [ɛgzɔneʀasjɔ̃] **nf** exemption (*de* from). ◊ **clause d'exonération** exemption clause ; **période d'exonération** exempt period ; **exonération des droits** exemption from duties ; **exonération d'impôt** tax exemption *ou* relief ; **demande d'exonération d'impôt** income tax exemption claim ; **exonération partielle** part exemption ; **exonération totale** full exemption.

**exonérer** [ɛgzɔneʀe] **vt** to exempt (*de* from). ◊ **demander à être exonéré d'impôt** to claim immunity *ou* exemption from tax.

**exp.** abrév de *expéditeur*.

**expansion** [ɛkspãsjɔ̃] **nf** expansion, growth. ◊ **marché en expansion** expanding market ; **expansion économique** economic expansion *ou* growth ; **l'expansion économique continue** the economy continues expand *ou* grow ; **une économie en pleine expansion** a booming *ou* fast-expanding economy ; **expansion monétaire** currency expansion ;

**société / secteur en expansion** growth company / sector ; **facteur d'expansion** expansionary factor ; **taux d'expansion** growth *ou* expansion rate.

**expatrier** [ɛkspatʀije] **vt** to expatriate.

**expédier** [ɛkspedje] **vt** **a** (envoyer) to send, dispatch, ship. ◊ **expédier par la poste** to send through the post *ou* mail, send by post ; **expédier par le train** to train, send by rail *ou* train ; **expédier par bateau** to ship, send by sea ; **expédiez ceci par le premier courrier** send this *ou* get this off by the first post. **b** (Admin) **expédier les affaires courantes** to deal with *ou* dispose of day-to-day matters ; **expédier les affaires en suspens** to deal with *ou* dispatch the outstanding business. **c** (Jur) to draw up. ◊ **expédier un acte** to draw up a copy of a deed. **d** (Douanes) to clear. ◊ **expédier des marchandises en douane** to clear goods.

**expéditeur, -trice** [ɛkspeditœʀ, tʀis] **1** **adj** dispatching, forwarding. **2** **nm,f** [courrier] sender ; [marchandises] consignor, shipper ; (Comm) forwarding agent, shipper ; (bureau demandeur) originator.

**expédition** [ɛkspedisjɔ̃] **nf** **a** (action d'expédier) dispatch, shipping. ◊ **avis d'expédition** shipment notice, consignment note, advice of dispatch ; **bulletin** *ou* **feuille d'expédition** dispatch note, consignment note, way bill ; **date d'expédition** date of dispatch *ou* shipment ; **documents d'expédition** shipping documents ; **frais d'expédition** shipping charges ; **maison d'expédition** shipping agency ; **service (d')expédition** shipping department, dispatch service ; **il est responsable de l'expédition des marchandises aux clients** he is responsible for the shipping of goods to customers. **b** (marchandises expédiées) consignment, shipment. ◊ **expédition groupée** groupage shipment ; **expédition outre-mer** overseas shipment ; **expédition partielle** part shipment *ou* load. **c** (Admin) **l'expédition des affaires courantes** the dispatching of day-to-day matters. **d** (Jur : exemplaire) exemplified copy. ◊ **pour expédition conforme** certified true copy ; **en double / triple expédition** in duplicate / triplicate. **e** (Douanes) clearance. ◊ **expédition d'un navire en douane** clearance of ship outwards ; **port d'expédition** port of clearance.

**expéditionnaire** [ɛkspedisjɔnɛʀ] **nmf** (Comm) forwarding agent ; (Mar) shipping clerk.

**expérience** [ɛkspeʀjãs] **nf** (connaissances) experience. ◊ **expérience acquise** *ou* **antérieure** previous experience ; **expérience de l'entreprise** business experience ; **expérience professionnelle** business *ou* job experience, professional background, track record. **b** (tentative) experiment.

**expérimental, e, pl -aux** [ɛkspeʀimãtal, o] **adj** experimental. ◊ **stade expérimental** experimental stage.

**expérimentation** [ɛkspeʀimãtasjõ] **nf** experimentation.

**expérimenté, e** [ɛkspeʀimãte] **adj** experienced, skilled.

**expérimenter** [ɛkspeʀimãte] **vt** machine to test; procédé to test out, try out.

**expert, e** [ɛkspɛʀ, ɛʀt(ə)] **1 adj** expert, skilled (en in, à at).
**2 nm, f** (gen) expert; (Ass) valuer; (Mar) maritime expert; (Ass Mar) surveyor, adjuster. ◊ **à dire d'expert** according to expert testimony; **rapport / honoraires d'expert** expert's report / fees; **demander l'avis d'un expert** to ask for an expert's opinion ou advice; **désigner** ou **nommer un expert** to assign ou appoint an expert.
**3 comp expert en communication** communicator. − **expert-comptable** independent auditor, ≈ chartered accountant (GB), certified public accountant (US). − **cabinet d'experts-comptables** accounting firm. − **expert-conseil, expert en gestion** management consultant. − **expert juré** official referee. − **expert en organisation** management consultant.

**expertise** [ɛkspɛʀtiz] **nf** expert valuation ou appraisal. ◊ **expertise d'avarie** (Ass) damage survey; (Ass Mar) maritime survey; **expertise contradictoire** cross survey, check survey (US); **certificat** ou **rapport d'expertise** (Ass) expert's report ou valuation; (Ass Mar) expert's survey; (évaluation d'un bien) certificate of quality; **frais d'expertise** consultancy ou survey fees; **procéder à** ou **faire une expertise** (gén) to make a valuation; (Mar) to survey.

**expertiser** [ɛkspɛʀtize] **vt** bien to value, appraise, assess, evaluate; dégâts (gén) to assess, evaluate; (Ass Mar) to survey. ◊ **faire expertiser qch** to have sth valued.

**expiration** [ɛkspiʀasjõ] **nf** (échéance) expiration, expiry (GB), termination (US). ◊ **venir à expiration** [contrat, délai] to expire, terminate; **expiration d'un bail** expiry ou expiration of a lease; **expiration d'un congé** expiry ou expiration of a leave of absence; **date d'expiration** scratch date, expiry date.

**expirer** [ɛkspiʀe] **vi** [contrat] to expire, terminate; [passeport] to expire; [bail] to run out.

**explicatif, -ive** [ɛksplikatif, iv] **adj** explanatory. ◊ **notice explicative** directions for use.

**exploit** [ɛksplwa] **nm** (Jur) exploit (d'huissier) writ; **exploit d'opposition** ou **de saisie-arrêt**

garnishment; **dresser un exploit** to draw up a writ; **signifier un exploit** to serve a writ (à upon).

**exploitable** [ɛksplwatabl(ə)] **adj** exploitable.

**exploitant, e** [ɛksplwatã, ãt] **nm,f** (agriculteur) farmer; (Comm) manager. ◊ **les petits exploitants (agricoles)** smallholders, small farmers.

**exploitation** [ɛksplwatasjõ] **nf a** (action d'exploiter) [entreprise] running, operating; [mine] working, exploitation; [brevet] utilization; [employés] exploitation. ◊ **autorisation d'exploitation** licence; **bénéfices d'exploitation** trading profit, operating surplus; **budget d'exploitation** capital budget, operating budget (US); **coefficient d'exploitation** operating ratio; **compte d'exploitation** trading account, working account, operating statement (US), earnings statement (US), income statement; **déficit d'exploitation** operating ou trading deficit; **dépenses d'exploitation** working expenses, operating expenditure (US); **frais d'exploitation** running ou operating costs; **personnel d'exploitation** operations ou operating staff; **pertes d'exploitation** operating ou trading losses; **résultat d'exploitation** operating ou trading income; **mettre en exploitation** fonds de commerce to put into operation; **ressources to exploit**, develop, tap; **de nouvelles unités de production seront mises en exploitation l'an prochain** new production units will come on line next year; **le principe de continuité de l'exploitation** (Compta) the ongoing concern principle. **b** (établissement) concern. ◊ **exploitation agricole** farm; **petite exploitation (agricole)** smallholding (GB), small farm; **exploitation commerciale / industrielle** business / industrial concern; **exploitation minière / forestière** mining / forestry development; **exploitation individuelle** sole (individual) proprietorship, one-man business; **société d'exploitation** development company ou corporation. **c** (traitement de données) handling. ◊ **exploitation de l'information** data handling; **exploitation des statistiques** statistical handling; **système d'exploitation** operating system.

**exploiter** [ɛksplwate] **vt** mine to work, exploit; fonds de commerce to run, operate; ressources to exploit, tap; circonstances favorables to take advantage of, exploit; travailleurs to exploit.

**exploratoire** [ɛksploʀatwaʀ] **adj** réunion, discussion exploratory, preliminary.

**explorer** [ɛksploʀe] **vt** to explore.

**exploser** [ɛksploze] **vi** [marché, demande] to explode.

**explosion** [εksplozjɔ̃] nf explosion. ◊ **explosion démographique** population explosion; **explosion salariale** wage explosion; **explosion sociale** social upheaval; **marché en explosion** exploding market.

**expomarché** [εkspomaʁʃe] nm trade mart.

**exponentiel, -ielle** [εkspɔnɑ̃sjεl] adj exponential. ◊ **distribution exponentielle** exponential distribution; **lissage exponentiel** (Mktg) exponential smoothing.

**export** [εkspɔʁ] nm export. ◊ **département ou service export** export department; **marchandises à l'export** goods for export, export goods.

**exportable** [εkspɔʁtabl(ə)] adj exportable.

**exportateur, -trice** [εkspɔʁtatœʁ, tʁis] 1 adj export, exporting. ◊ **être exportateur de** to export, be an exporter of; **pays exportateur** exporting country; **pays exportateur de pétrole** oil-exporting country; **secteur exportateur** export sector.
2 nm,f exporter. ◊ **exportateur de blé** wheat exporter.

**exportation** [εkspɔʁtasjɔ̃] nf (action) export(ation); [marchandises] export. ◊ **faire de l'exportation** to export, be in the export business; **encourager ou favoriser ou stimuler les exportations** to stimulate ou promote exports; **réservé à l'exportation** for export only; **article d'exportation** export item; **article impropre à l'exportation** export reject; **autolimitation des exportations** voluntary export restraint; **chiffre d'affaires à l'exportation** export sales; **crédit à l'exportation** export credit; **campagne d'exportation** export drive; **contingents d'exportation** export quotas; **chiffre d'affaires à l'exportation** export turnover; **excédent d'exportation** export surplus; **gains à l'exportation** export earnings; **garanties à l'exportation** export guarantees; **licence ou permis d'exportation** export licence; **maison d'exportation** export house; **prime à l'exportation** export bonus ou incentive ou bounty ou subsidy; **société d'exportation** export company, indent house (US); **taxe à l'exportation** tax on exports; **exportation de capitaux** capital outflow; **exportations visibles / invisibles** visible / invisible exports; **exportation indirecte** indirect exporting.

**exporter** [εkspɔʁte] vt to export. ◊ **autorisation d'exporter** export permit.

**exposant, e** [εkspozɑ̃, ɑ̃t] nm,f [foire commerciale] exhibitor.

**exposé** [εkspoze] nm (compte rendu) account; (discours) talk. ◊ **faire un exposé de la situation** to give an account ou an overview of the situation; **exposé des motifs** (Jur) preamble; **exposé didactique** formal presentation.

**exposer** [εkspoze] 1 vt produits to put on display, display, show, exhibit; motifs to explain, state; idée to put forward, expound, set out; projets to sketch out. ◊ **il a exposé son cas devant la commission** he laid his case before the commission; **être exposé à un message publicitaire** (Mktg) to be exposed to an advertising message.
2 s'**exposer** vpr to expose o.s. ◊ s'**exposer à des poursuites** to run the risk of prosecution, lay o.s. open to ou expose o.s. to prosecution.

**exposition** [εkspozisjɔ̃] nf a [produits, objets] display; (Mktg) [consommateur] exposure (à to). ◊ **grande exposition de blanc** special linen week ou event; **exposition répétée** (Mktg) repeat exposure. b (foire commerciale) exhibition, show. ◊ **l'exposition universelle** the World Fair; **exposition agricole** agricultural show; **exposition itinérante** mobile ou travelling exhibition; **exposition permanente** permanent exhibition; **exposition réservée aux professionnels** trade exhibition; **foire-exposition** trade fair.

**exprès, -esse** [εkspʁεs] adj a (formel) instructions formal, express; (Jur) stipulation express. ◊ **convention expresse** (Jur) stated agreement. b (emploi invariable) (lettre / colis) exprès express (GB) ou special delivery (US) letter / parcel; **envoyer qch en exprès** to send sth by express post (GB) ou special delivery (US).

**expressement** [εkspʁesemɑ̃] adv (explicitement) specifically, expressly; (intentionnellement) specially.

**expression** [εkspʁesjɔ̃] nf expression. ◊ **veuillez agréer l'expression de mes salutations distinguées** yours faithfully (GB), yours truly (US), yours sincerely.

**exprimer** [εkspʁime] vt to express. ◊ **somme exprimée en francs** sum expressed in francs.

**expropriation** [εkspʁɔpʁijasjɔ̃] nf (action) expropriation, compulsory purchase (GB); (ordonnance) expropriation order, compulsory purchase order (GB). ◊ **droit d'expropriation** power of eminent domain; **expropriation pour cause d'utilité publique** expropriation for public purpose, compulsory purchase (GB), condemnation of property (US).

**exproprier** [εkspʁɔpʁije] vt immeuble to expropriate, place a compulsory purchase order on (GB). ◊ **exproprier qn** to expropriate sb's property, place a compulsory purchase order (GB) on sb's property.

**expulser** [εkspylse] vt étranger to deport, expel (de from); locataire to evict (de from).

**expulsion** [ɛkspylsjɔ̃] **nf** (gén) expulsion ; [locataire] eviction ; [étranger] expulsion, deportation.

**ex-répartition** [ɛksrepartisjɔ̃] **loc adv** (Fin) ex allotment.

**extensif, -ive** [ɛkstɑ̃sif, iv] **adj** agriculture extensive.

**extension** [ɛkstɑ̃sjɔ̃] **nf** [commerce] expansion, growth ; [installations] extension ; [clientèle] widening ; [loi] extension (à to). ◊ **notre entreprise va prendre de l'extension** our firm is going to expand ; **extension des échanges** greater interchange ; **extension du potentiel productif** expansion of capacity ; **extension de l'accord** extension of the agreement ; **extension de la couverture** ou **de la garantie** (Ass) extended cover(age) ; **extension des prestations** benefit enrichments ; **extension de la gamme** (Mktg) expansion of the range, line extension ; **extension périphérique** (Inf) add-on equipment.

**extérieur, e** [ɛksteʀjœʀ] **1 adj** **a** (au pays) marché, commandes external, foreign. ◊ **commerce extérieur** foreign ou external trade ; **déficit extérieur** external deficit ; **dette extérieure** foreign ou overseas debt ; **solde extérieur** trade balance. **b** (qui travaille au-dehors) **personnel extérieur** field staff, field force (US) ; **il travaille beaucoup à l'extérieur** he works out in the field a great deal, he works outside the company a great deal. **c** (qui n'appartient pas à la firme) **interdit à toute personne extérieure à l'usine** no entry for unauthorized personnel, site workers only ; **consulter une personne extérieure à l'entreprise** to get an outside opinion. **d** **signes extérieurs de richesse** outward signs of wealth. **2 nm** (l'étranger) **l'extérieur** foreign countries ; **vendre beaucoup à l'extérieur** to sell a lot abroad ou to foreign countries.

**externe** [ɛkstɛʀn(ə)] **adj** croissance, économie external.

**externer** [ɛkstɛʀne] **vt** activité to farm out, contract out.

**exterritorialité** [ɛkstɛʀitɔʀjalite] **nf** exterritoriality.

**extinction** [ɛkstɛ̃ksjɔ̃] **nf** (Jur) [dette, droit, hypothèque] extinguishment, extinction, termination ; (Ass) [risque] end.

**extorquer** [ɛkstɔʀke] **vt** to extort (à qn from sb). ◊ **extorquer de l'argent à qn** to squeeze money out of s.o.

**extorsion** [ɛkstɔʀsjɔ̃] **nf** [argent] extortion.

**extourne** [ɛkstuʀn(ə)] **nf** (Compta) contraing, reversal, contra-entry, cancellation of an entry.

**extourner** [ɛkstuʀne] **vt** to contra, reverse.

**extra** [ɛkstʀa] **adj inv** first-rate, extra-special. ◊ **de qualité extra** of the finest ou best quality, top-grade.

**extrabudgétaire** [ɛkstʀabudʒetɛʀ] **adj** extra-budgetary.

**extractif, -ive** [ɛkstʀaktif, iv] **adj** industrie mining, extractive.

**extraction** [ɛkstʀaksjɔ̃] **nf** [pétrole, minerai] extraction ; [charbon] mining.

**extrader** [ɛkstʀade] **vt** to extradite.

**extradition** [ɛkstʀadisjɔ̃] **nf** extradition.

**extraire** [ɛkstʀɛʀ] **vt** minerai, pétrole to extract ; charbon to mine.

**extrait** [ɛkstʀɛ] **nm** extract. ◊ **extrait de compte** abstract of account, statement of account ; **extrait du bilan** summarized balance sheet ; **extrait du casier judiciaire** extract from police-record.

**extranéité** [ɛkstʀaneite] **nf** (Jur) alien status, foreign origin.

**extrant** [ɛkstʀɑ̃] **nm** (Écon) output.

**extraordinaire** [ɛkstʀaɔʀdinɛʀ] **adj** extraordinary. ◊ **assemblée extraordinaire** extraordinary ou special meeting ; **budget extraordinaire** emergency budget ; **dépenses extraordinaires** non-recurring expenditure.

**extrapolation** [ɛkstʀapɔlasjɔ̃] **nf** extrapolation.

**extrapoler** [ɛkstʀapɔle] **vt** to extrapolate.

**extraterritorialité** [ɛkstʀateʀitɔʀjalite] **nf** extraterritorality.

**extrême** [ɛkstʀɛm] **adj** extreme. ◊ **les cours extrêmes de cette année** (Bourse) this year's highs and lows ; **Extrême-Orient** nm Far East ; **les marchés extrême-orientaux** far eastern ou oriental markets.

# F

**F** abrév de *franc*.

**FAB** abrév de *franco à bord* FOB.

**fabricant, e** [fabʀikɑ̃, ɑ̃t] **nm,f** manufacturer, maker. ◊ **fabricant d'automobiles** car ou motor manufacturer (GB), automaker (US).

**fabrication** [fabʀikasjɔ̃] **1 nf** (Ind) manufacture, manufacturing; (production) production; (à l'échelle artisanale) making; [fausse monnaie] forging, counterfeiting. ◊ **de fabrication allemande** made in Germany, of German make, German-made; **de notre fabrication** of our own making; **articles de fabrication étrangère** articles of foreign make ou manufacture; **de fabrication artisanale** produced ou made on a small scale; **chef de fabrication** plant manager ou superintendant; **contrôle / coûts de fabrication** manufacturing control / costs ou expenditure; **défaut ou vice de fabrication** (article) manufacturing defect ou flaw; (production) faulty workmanship; **licence de fabrication** manufacturing licence; **numéro de fabrication** serial number; **lancement en fabrication** production initiation; **programme de fabrication** production plan ou schedule; **secret de fabrication** trade secret; **unité de fabrication** manufacturing facility ou unit ou plant; **mettre en fabrication** to put into production.
**2 comp fabrication assistée par ordinateur** computer assisted manufacturing; − **fabrication à la chaîne** mass production; − **fabrication en série** mass production; − **fabrication hors série** manufacturing to order; − **fabrication par lots** batch production; − **fabrication unitaire** unit production; − **fabrication sur commande** manufacturing to order.

**fabrique** [fabʀik] **nf** factory, works (sg).
◊ **fabrique de papier** paper mill; **marque de fabrique** trademark, brand; **prix de fabrique** factory price, cost price, manufacturer's price.

**fabriquer** [fabʀike] **vt** (Ind) to manufacture, make; **fausse monnaie** to forge, counterfeit.
◊ **fabriquer artisanalement** ou **de façon artisanale** to produce ou make on a small scale; **fabriquer sur commande** ou **sur mesure** to make to order; **fabriqué sur commande** custom-made, tailor-made; **fabriquer en série** to mass-produce; **fabriquer industriellement** to produce industrially.

**FAC** abrév de *franc d'avaries communes* FGA.

**façade** [fasad] **nf** [magasin] facade, front; [activités illégales] cover; (Ass) fronting. ◊ **cette société n'est qu'une façade** this company is only a front organization.

**face** [fas] **nf** ◊ **faire face à ses obligations** to face (up to) one's obligations; **faire face à une dette / une traite** to meet ou honour a debt / a bill; **il s'est trouvé face à de grosses difficultés d'argent** he was faced with ou up against terrible money problems; **face vendeuse** (Mktg) eye-catching side; **opération de face à face** (Fin) back-to-back loan.

**facial, e, mpl -als** ou **-aux** [fasjal, o] **adj** taux nominal. ◊ **valeur faciale** [monnaie] nominal ou face value.

**facilité** [fasilite] **nf a** (condition spéciale) facility; (Fin) (loan) facility. ◊ **consentir des facilités de caisse** to grant overdraft facilities; **facilités de crédit** ou **de paiement** credit facilities ou terms, easy terms; **facilité d'émission garantie** issuance facility; **facilité à options multiples** multi-option facility; **facilités de logement** (sur un prospectus) accommodation provided. **b facilité de vente** ou **d'écoulement** saleability.

**FACOB** [fakɔb] **nm** abrév de *facultatif obligatoire* open-cover.

**façon** [fasɔ̃] **nf** **a** (coupe de vêtement) cut. ◊ **travail à façon** custom work, dressmaking, tailoring ; **travailler à façon** to (hand) tailor ou make up (GB) customer's own material ; **couturière à façon** dressmaker ou bespoke tailor ; **matière et façon** material and labour ; **à façon** (sur mesure) made to measure. **b** (imitation) **veste façon cuir** jacket in imitation leather.

**façonnage** [fasɔnaʒ] **nm** (fabrication) manufacturing, making ; (travail d'un matériau) shaping, fashioning.

**façonner** [fasɔne] **vt** (fabriquer) to manufacture, make ; (travailler un matériau) to shape, fashion.

**fac-similé** [faksimile] **nm** facsimile.

**factage** [faktaʒ] **nm** **a** (transport) cartage, forwarding. ◊ **entreprise de factage** parcels delivery company, transport company. **b** (frais de) factage cartage, porterage, delivery charge, carriage ; (Mar) portage.

**facteur** [faktœʀ] **1** **nm** **a** (gén, Écon : élément) factor. ◊ **le facteur coût / prix** the cost / price factor ; **revenu national au coût des facteurs** national income at factor cost. **b** [entreprise de factage] forwarding agent ; (Poste) postman (GB), mailman (US).
**2** **comp facteur aléatoire** random factor. – **facteur économique** economic factor. – **facteur d'accroissement** leverage factor. – **facteur d'attention** attention factor. – **facteur d'attirance visuelle** visual appeal. – **facteur de perception** perceptual factor. – **facteur de production** input, production factor. – **facteur d'identification** recognition appeal. – **facteur de stimulation** incentive. – **facteur humain** human factor ou element.

**factice** [faktis] **adj** artificial. ◊ **bouteille factice** dummy bottle ; **emplois factices** phony jobs ; **emballage factice** dummy pack ; **opérations factices** artificial transactions.

**factor** [faktɔʀ] **nm** (Fin) factor.

**factoriel, -ielle** [faktɔʀjɛl] **adj** factorial. ◊ **analyse factorielle** factor ou factorial analysis.

**factoring** [faktɔʀiŋ] **nm** factoring. ◊ **société de factoring** factoring company.

**facturation** [faktyʀasjɔ̃] **nf** invoicing, billing. ◊ **facturation directe** direct billing ou invoicing ; **service facturation** invoicing ou billing department ; **les facturations annuelles ont atteint 2 millions de dollars** annual billings reached 2 million dollars.

**facture** [faktyʀ] **1** **nf** (gén) bill ; (Comm) invoice. ◊ **acquitter** ou **régler une facture** [particulier] to pay ou settle a bill ; [professionnel] to receipt an invoice ; **détailler une facture** to itemize an invoice ou a bill ; **établir** ou **dresser une facture** to make out an invoice ou a bill ; **présenter une facture à l'encaissement** to present ou submit a bill for payment ; **régler une facture** to pay ou settle an invoice ou a bill ; **suivant facture** as per invoice ; **paiement à réception de la facture** payment on (receipt of) invoice ; **la facture pétrolière a coûté une fortune au pays** the oil bill has cost the country a fortune ; **nous leur envoyons les factures une fois par mois** we invoice ou bill them once a month ; **fausse facture** forged ou faked invoice ; **prix de la facture** invoice price, billing price (US) ; **valeur de facture** invoice value.
**2** **comp facture d'achat** purchase invoice. – **facture à l'arrivée** invoice ou bill inward. – **facture d'avoir** credit note. – **facture certifiée** certified invoice. – **facture consulaire** consular invoice. – **facture de débit** debit note. – **facture au départ** outgoing invoice. – **facture détaillée** itemized invoice ou bill. – **facture douanière** customs invoice. – **facture d'expédition** shipping invoice. – **facture export** export invoice. – **facture franco** franco invoice. – **facture originale** original invoice. – **facture pro forma** pro forma invoice, interim invoice (US). – **facture protestable** assignable invoice. – **facture provisoire** provisional invoice. – **facture rectificative** amended invoice ou bill. – **facture de vente** sales invoice.

**facturer** [faktyʀe] **vt** (faire une facture) to invoice ; (faire payer) to charge (for) (GB), include in the bill, put on the bill. ◊ **ils nous ont facturé l'entretien** they billed ou charged (GB) us for the maintenance ; **veuillez me facturer à compter du mois prochain** please invoice me ou bill me starting next month ; **machine à facturer** invoicing machine, biller (US) ; **marchandises facturées** invoiced goods.

**facturier, -ière** [faktyʀje, jɛʀ] **1** **nm,f** (comptable) invoice clerk, biller (US).
**2** **nm** (livre) invoice register, sales book. ◊ **facturier d'entrée** purchase book ; **facturier de sortie** sales book.
**3** **facturière nf** (machine) invoicing machine, biller (US).

**faculté** [fakylte] **nf** **a** (Bourse) **faculté de lever double** (à la hausse) call of more, buyer's option to double ; (à la baisse) put of more, seller's option to double ; **faculté de rachat** (de réméré) option of repurchase ; **donneur de faculté de lever double** giver for a call of more ; **preneur de faculté de lever double** taker for a put of more. **b** (Ass) **facultés cargo** ; **assurance sur corps et facultés** hull and cargo insurance ; **assureur sur facultés** cargo underwriter. `c` (possibilité) possibility. ◊ **l'acheteur aura la faculté de décider** the buyer shall have the option to decide ; **facultés contributives** (Jur) taxable capacity.

**faible** [fɛbl(ə)] **adj** économie weak ; monnaie weak, soft ; demande slack, light, poor, low, weak ; rendement, revenu low, poor ; prix, somme low, small ; quantité small ; écart small, slight. ◊ **les économiquement faibles** the lower income bracket ou group, low-income people ; **en faible demande** (Comm) in low demand, in limited request ; **faible volume d'échanges** (Bourse) light trading.

**faiblesse** [fɛblɛs] **nf** [monnaie, économie] weakness. ◊ **étant donné la faiblesse de la demande** owing to the low ou poor demand ; **la faiblesse du revenu par habitant** the low ou poor income per capita, the smallness of the income per capita ; **les exportations donnent des signes de faiblesse** there are some signs of a fall-off in exports, exports seem to be slowing down ou slackening ; **les pétrolières donnent des signes de faiblesse** oils are weakening ; **faiblesse du dollar** weakening of the dollar ; **un léger accès de faiblesse a été enregistré à la Bourse** a slight dip ou fall ou drop was recorded on the stock exchange.

**faiblir** [feblir] **vi** [cours] to sag, weaken ; [rendement] to slacken (off) ; [demande] to weaken, slacken.

**failli, e** [faji] **adj, nm,f** (Comm) bankrupt. ◊ **failli concordataire** certificated bankrupt ; **failli qui n'a pas obtenu son concordat** uncertificated bankrupt ; **failli frauduleux** fraudulent bankrupt ; **failli réhabilité** discharged bankrupt ; **failli non réhabilité** undischarged bankrupt ; **réhabilitation du failli** discharge in bankruptcy.

**faillite** [fajit] **nf** (Comm) bankruptcy. ◊ **faillite simple** bankruptcy ; **faillite frauduleuse** fraudulent bankruptcy ; **garant en faillite** bankrupt surety ; **jugement déclaratif de faillite** adjudication of bankruptcy ; **masse de la faillite** bankrupt's estate ; **procédure de faillite** bankruptcy proceedings ; **concordat après faillite** bankrupt's certificate, discharge in bankruptcy (US) ; **concordat préventif à la faillite** compensation ; **syndic de faillite** trustee in bankruptcy, official assignee, receiver, judicial factor (US) ; **être en faillite** to be bankrupt ou insolvent, be in a state of bankruptcy ou of insolvency, go bust* ; **être au bord de la faillite** to be on the brink ou on the verge of bankruptcy, be about to go bust* ; **être déclaré ou mis en faillite** to be adjudicated ou declared ou adjudged bankrupt ; **faire faillite, tomber en faillite** to go bankrupt, go into liquidation

(US), go on the rocks* ; **faire une faillite de 900 000 F** to fail for ou go bankrupt for F900,000 ; **prononcer la faillite de qn** to adjudicate ou declare ou adjudge sb bankrupt ; **déclarer** ou **mettre qn en faillite** to declare ou make sb bankrupt, bankrupt sb ; **se déclarer en faillite** to file one's petition in bankruptcy ; **le rythme des faillites s'est ralenti** the bankruptcy rate has fallen ; **le nombre de faillites bancaires augmente** the number of bank failures is increasing.

**faire** [fɛʀ] **vt** `a` offre, versement to make ; liste to draw up, make ; chèque to write, make out, raise. ◊ **je vais vous faire un chèque de 1 000 F** I'm going to write you a cheque for F1,000. `b` (Comm : vendre) to sell, deal in. ◊ **faire le gros / le détail** to be in the wholesale / retail trade ; **nous ne faisons pas cette marque** we do not stock ou carry ou keep this make.

**faisabilité** [fəzabilite] **nf** feasibility. ◊ **étude de faisabilité** feasibility study.

**faiseur, -euse** [fəzœʀ, øz] **nm,f** (Bourse) **faiseur de marché** market maker.

**`fait, e** [fɛ, fɛt] `1` **adj** (Fin) effets guaranteed, backed ; (Bourse) done. ◊ **cours faits** bargains done. `2` **nm** ◊ **fait générateur de l'impôt** taxable event.

**fallacieux, -euse** [falasjø, øz] **adj** publicité deceptive ; arguments fallacious.

**falsificateur, -trice** [falsifikatœʀ, tʀis] **nm,f** falsifier.

**falsification** [falsifikasjɔ̃] **nf** (gén) falsification ; [signature] forgery, forging ; [denrées] adulteration. ◊ **falsification de chèques** forgery ou forging of cheques ; **falsification d'un bilan** falsification ou window-dressing ou doctoring of a balance sheet ; **falsification d'un registre** tampering with a book.

**falsifier** [falsifje] **vt** comptes, registres to falsify, doctor, tamper with ; signature to forge, counterfeit ; denrées to adulterate. ◊ **falsifier un bilan** to falsify ou tamper with ou window-dress ou fake a balance sheet ; **chèque falsifié** forged ou falsified cheque.

**familial, e, mpl -aux** [familjal, o] **adj** family. ◊ **allocations familiales** family allowance, dependants' allowance (US) ; **emballage** ou **paquet familial** family-size pack ; **entreprise familiale** family firm ; **prestations familiales** family benefits ; **revenu familial** family income.

**famille** [famij] **nf** family. ◊ **valeurs de père de famille** gilt-edged ou blue-chip securities, blue chips (US) ; **famille de produits** product line ou family ; **chef de famille** head of household ; (Admin) householder ; **situation de famille** family status.

**fantaisie** [fɑ̃tezi] **nf** (Comm) **articles de fantaisie** fancy ou novelty goods.

**fantôme** [fɑ̃tom] **adj** ◊ **société fantôme** bogus ou dummy company.

**FAO** [ɛfao] **nf** **a** abrév de *Food and Agricultural Organization* FAO. **b** abrév de *fabrication assistée par ordinateur* CAM.

**FAP** abrév de *franc d'avaries particulières* FPA.

**faramineux, -euse\*** [faʀaminø, øz] **adj** prix colossal, astronomical\*, sky-high\*, stratospheric\*.

**fardage** [faʀdaʒ] **nm** [bilan] dressing-up.

**fardeau**, pl **-x** [faʀdo] **nm** burden, load. ◊ **fardeau fiscal** tax burden ou load.

**farder** [faʀde] **vt** marchandise to dress up.

**faste** [fast(ə)] **adj** ◊ **période faste** heyday. **c'est une période faste pour les chasseurs de têtes** it's a prosperous time for headhunters.

**fauche** [foʃ] **nf** (\* : vol) pinching, pilferage. ◊ **il y a beaucoup de fauche** there's a lot of thieving ; **lutter contre la fauche dans les supermarchés** to combat shoplifting ou pilferage in supermarkets.

**faussaire** [fosɛʀ] **nm** forger.

**fausser** [fose] **vt** résultats, données, chiffres to distort ; bilan to falsify, window-dress, tamper with, fake. ◊ **fausser le jeu de la concurrence** to rig the competitive game, stack the cards in one's favour.

**faute** [fot] **1 nf** **a** (erreur) mistake, error ; (Jur) offence ; (responsabilité) fault. ◊ **commettre ou faire une faute** to make a mistake ou an error ; (Jur) to commit an offence ; **ce n'est pas de notre faute** it isn't our fault ; **rejeter la faute sur qn** to fasten the blame on sb, blame sb else ; **il faut me le rendre demain sans faute** you must give it me tomorrow without fail. **b** **faute de réponse sous huitaine** failing a reply within a week, if we receive no reply within a week ; **faute d'acceptation de votre part** failing acceptance on your part ; **faute d'avis** for want of advice ; **faute d'avis contraire** unless advised to the contrary, unless otherwise informed ; **faute de capitaux** through lack of capital ; **faute de paiement** in default of payment, failing payment ; **hors faute** no fault.
**2 comp faute civile** (Jur) civil wrong. **– faute de frappe** typing error. **– faute d'impression** misprint. **– faute pénale** criminal offence. **– faute professionnelle** professional misconduct ; **commettre une faute professionnelle grave** to commit a serious professional error ou misdemeanour ; **licencié pour faute professionnelle** dismissed for professional misconduct.

**– faute de service** act of (administrative) negligence.

**fauteuil** [fotœj] **nm** [président] chair. ◊ **occuper le fauteuil** to be in the chair ; **il y a un fauteuil vacant** (fig) the chairman's seat is vacant.

**fautif, -ive** [fotif, iv] **adj** ◊ **gestion fautive** mismanagement ; **abordage fautif** (Mar) negligent collision.

**faux, fausse** [fo, fos] **1 adj** (gén : incorrect) wrong ; billet de banque forged, fake ; documents, signature false, fake(d).
**2 nm** (document falsifié) fake, forgery. ◊ **faire un faux** to commit forgery ; **pour faux et usage de faux** for forgery and the use of forgeries ; **faux en écriture** false entry, falsification of account.
**3 comp faux bilan** falsified ou windowdressed ou fraudulent balance sheet. **– fausse déclaration** false representation. **– fausse écriture** false entry. **– faux frais** (pl) incidental expenses, extras, contingency payments. **– faux fret** dead freight. **– fausse monnaie** counterfeit money. **– faux-monnayeur** forger, counterfeiter. **– faux papiers** forged identity papers. **– faux serment** perjury. **– faux témoignage** (déposition mensongère) false evidence ; (délit) perjury ; **faux témoin** lying witness.

**faveur** [favœʀ] **nf** **a** (attention) favour. ◊ **par faveur spéciale de la direction** by special favour (of the management) ; **espérant avoir la faveur d'une réponse rapide** hoping for a prompt reply, hoping to hear from you soon ; **billet de faveur** complimentary ticket ; **traitement de faveur** preferential treatment ; **prix / taux de faveur** preferential ou special price / rate ; **être en faveur de qch** to be in favour of sth ; **constituer une rente en faveur de qn** to make a settlement on sb ; **solde en votre faveur** balance in your favour ou to your credit. **b** (popularité) **ce produit a perdu la faveur de la clientèle** this product fell out of ou lost favour with our customers ; **se disputer la faveur de la clientèle** to fight for customer's patronage ; **s'attirer les faveurs des syndicats** to find favour with the unions, meet with union approval.

**favorable** [favɔʀabl(ə)] **adj** (gén, Écon) right, favourable. ◊ **recevoir un accueil favorable** to meet with a favourable reception, be favourably received ; **voir qch d'un œil favorable** to view sth favourably ou with a favourable eye ; **le change nous est favorable** the exchange rate is in our favour ; **la nouvelle politique fiscale est favorable aux entreprises** the new fiscal policy is good for business ou is business oriented ; **balance commerciale favorable** favourable ou positive ou active trade balance; **notre balance commerciale est redevenue favorable** our trade balance returned to the black ou is in credit again; **écart favorable** (Compta) favourable variance.

**favorablement** [favɔʀabləmɑ̃] **adv** favourably.

**favoriser** [favɔʀize] **vt** to favour. ◊ **les classes les plus favorisées** the most fortunate classes; **clause de la nation la plus favorisée** most favoured nation clause; **favoriser la coopération Nord-Sud** to further cooperation between North and South; **favoriser les exportations** to benefit ou stimulate exports; **favoriser les entreprises tournées vers l'export** to benefit ou promote ou help export-oriented companies; **la faiblesse du dollar a favorisé les ventes américaines** the weak dollar favoured ou helped US sales.

**FB** abrév de *franc belge* → franc.

**FCFA** abrév de *franc CFA* → franc.

**Fco** abrév de *franco.*

**FCP** [ɛfsepe] **nm** abrév de *fonds commun de placement* → fonds.

**FDES** [ɛfdeøɛs] **nm** abrév de *Fonds de développement économique et social* → fonds.

**fébrile** [febʀil] **adj** marché feverish. ◊ **argent fébrile, capitaux fébriles** hot money.

**fébrilité** [febʀilite] **nf** [marché] feverishness.

**FECOM** [fekɔm] **nm** abrév de *Fonds européen de coopération monétaire* EMCF.

**FED** [ɛfəde] **nm** abrév de *Fonds européen de développement* EDF.

**FEDER** [ɛfədeøɛʀ] **nm** abrév de *Fonds européen de développement régional* ERDF.

**fédéral, e, mpl -aux** [fedeʀal, o] **adj** federal. ◊ **la Réserve fédérale américaine** the Federal Reserve.

**fédération** [fedeʀasjɔ̃] **nf** federation. ◊ **fédération syndicale** trade union; **Fédération syndicale mondiale** World Federation of Trade Unions.

**féminin, e** [feminɛ̃, in] **adj** population, main-d'œuvre female. ◊ **revue féminine** women's magazine.

**femme** [fam] **nf** woman. ◊ **femme d'affaires** businesswoman.

**fenêtre** [f(ə)nɛtʀ(ə)] **nf** [ordinateur] window. ◊ **enveloppe à fenêtre** window envelope.

**férié, e** [feʀje] **adj** ◊ **jour férié** public ou official ou statutory (US) holiday; **le vendredi sera férié** Friday will be a holiday.

**fermage** [fɛʀmaʒ] **nm** (système d'exploitation) tenant farming; (loyer) (farm) rent.

**ferme** [fɛʀm(ə)] **1 adj a** (définitif) achat, contrat firm; acheteur, offre firm, definite. ◊ **vendeur ferme** firm seller; **commande ferme** firm ou definite ou official order; **cours d'achat ferme** firm bid; **(engagement de) prise ferme** firm underwriting; **prix fermes et définitifs** firm prices; **ces prix sont fermes jusqu'à la fin du mois** these prices are binding ou firm until the end of the month; **faire une vente ferme** to make a firm sale. **b** (Bourse: soutenu) marché, cours steady. ◊ **les mines d'or sont restées fermes en clôture** gold mines closed firm.
**2 adv** ◊ **acheter / vendre ferme** to buy / sell firm.
**3 nf a** farm. ◊ **ferme d'élevage / laitière** cattle / dairy farm. **b** (Jur) (bail à) **ferme** farm lease; **donner à ferme** to let, farm out; **prendre à ferme** to farm (on lease).

**fermé, e** [fɛʀme] **adj** banque, boutique closed, shut; système, économie closed. ◊ **cette carrière ou cette voie lui est fermée** this career is not open to him ou is closed to him.

**fermer** [fɛʀme] **1 vt a** bureau, compte en banque, dossier to close. ◊ **un dollar fort ferme des débouchés à l'exportation** a strong dollar is shutting off export markets ou is blocking openings to export markets; **fermer la porte aux produits étrangers** to close the door to ou on foreign goods; **nous fermons un jour par semaine** we are closed one day a week. **b** (arrêter d'exploiter) commerce to close (down), shut (down). ◊ **fermer boutique** to shut up shop, close down; **ils ont dû fermer (leur magasin) pour des raisons financières** they had to close down ou cease trading because of financial difficulties; **la crise les a contraints à fermer** the crisis put them out of business ou forced them to shut down.
**2 vi** [magasin] (après le travail) to close, shut; (définitivement, pour les vacances) to close down, shut down.
**3 se fermer vpr** ◊ **pays qui se ferme aux importations étrangères** country which closes its markets or borders to foreign goods.

**fermeté** [fɛʀməte] **nf** [monnaie] firmness, steadiness. ◊ **fermeté des cours** (Bourse) price stability.

**fermeture** [fɛʀmətyʀ] **nf** (action) closing; (résultat) closure. ◊ **fermeture annuelle** (gén) annual closure ou closing; (sur la devanture) closed for holidays; **fermeture des bureaux** close of business; **fermeture définitive** permanent closure, shut-down, close-down; **fermeture d'une usine** factory close-down ou shut-down; **fermeture pour travaux** closed for repairs; **fermeture provisoire** temporary closure; **fermeture d'un compte** closing of an account; **période de fermeture**

(gén) period when the shop (ou office) is closed; (Ind) down period; **solde de fermeture** closing down sale; **à (l'heure de) la fermeture** at closing time.

**fermier, -ière** [fɛʀmje, jɛʀ] **nm,f** farmer.

**féroce** [feʀɔs] **adj** concurrence fierce, harsh, cut-throat.

**ferré, e** [fɛʀe] **adj** ◊ **par voie ferrée** by rail ou train.

**ferroutage** [feʀutaʒ] **nm** piggyback.

**ferrouter** [feʀute] **vt** marchandises to piggyback.

**ferroviaire** [feʀɔvjɛʀ] **1** **adj** compagnie, trafic railway, railroad (US), rail. ◊ **transport ferroviaire** rail transport.
**2** **ferroviaires** **nfpl** (Bourse) railway stocks.

**fête** [fɛt] **nf** (congé) holiday. ◊ **fête légale** bank holiday (GB), public ou statutory (US) holiday; **la fête du travail** Labor Day.

**feuille** [fœj] **1** **nf** [papier, métal] sheet; (bordereau) slip; (formulaire) form; (journal) paper.
**2** **comp** **feuille d'annonces** advertising sheet. – **feuille de chargement** loading bill. – **feuille de contact** (Mktg) contact sheet. – **feuille de compte** account sheet. – **feuille de coupons** coupon sheet. – **feuille d'émargement** attendance sheet. – **feuille de frais** expense sheet. – **feuille de gros** (Douane) report. – **feuille d'impôt** tax form ou slip ou return, notice of tax assessment. – **feuille de liquidation** clearing sheet. – **feuille de maladie** *form supplied by doctor to patient for forwarding to the Social Security.* – **feuille d'ordonnancement** scheduling sheet. – **feuille de paye** pay sheet, pay slip. – **feuille de pointage** [opérations] check list; [personnel] time sheet. – **feuille de présence** (réunion) attendance sheet ou list ou record; (du personnel) time sheet. – **feuille de programmation** (Inf) coding sheet. – **feuille de route** waybill, routing order (US). – **feuille de service** rota, roster. – **feuille volante** loose sheet.

**février** [fevʀije] **nm** February; → septembre.

**FF** abrév de *franc français* → franc.

**FG** abrév de *frais généraux* → frais.

**fiabilité** [fjabilite] **nf** [chiffres] accuracy, reliability; [personnel] reliability, dependability. ◊ **nous garantissons la fiabilité de notre machine** we guarantee safeness ou reliability of our machine.

**fiable** [fjabl(ə)] **adj** chiffres reliable, accurate; employé dependable, reliable; machine safe, reliable.

**fiasco** [fjasko] **nm** fiasco, wash-out (US). ◊ **faire fiasco** to be ou turn out a fiasco, fold up.

**fibre** [fibʀ(ə)] **nf** fibre. ◊ **fibre de verre** fibreglass; **fibre optique** (câble) optical fibre; (procédé) fibre optics (sg); **câble en fibres optiques** fibre-optic cable; **fibre synthétique** man-made fibre; **fibre textile** textile fibre.

**ficeler** [fisle] **vt** to tie up. ◊ **le contrat est bien ficelé** the contract is nicely tied up.

**ficelle** [fisɛl] **nf** string. ◊ **tirer les ficelles** to pull the strings ou the wires; **connaître les ficelles du métier** to know the tricks of the trade, know the ropes.

**fichage** [fiʃaʒ] **nm** filing, recording, indexing.

**fiche** [fiʃ] **1** **nf** (en carton) index card; (en papier) sheet, slip; (formulaire) form. ◊ **mettre sur fiche** to card-index; **remplir une fiche** to fill in ou out a form.
**2** **comp** **fiche client** (gén) customer card; [hôtel] green history card. – **fiche de contrôle** tally sheet. – **fiche d'état civil** *record of civil status,* ≈ birth and marriage certificate. – **fiche individuelle** personal data sheet. – **fiche d'inscription** registration card. – **fiche d'instructions** works specification, operation card (US). – **fiche d'inventaire** stock sheet, inventory card. – **fiche de manutention** handling sheet. – **fiche de paye** pay slip, pay sheet. – **fiche de rappel** reference slip. – **fiche de travail** job card. – **fiche perforée** punched ou perforated card. – **fiche de renseignements** information card. – **fiche de stock** stock sheet, inventory card. – **fiche technique** data sheet.

**ficher** [fiʃe] **vt** renseignements to file, record; employé to open a file on, put on file. ◊ **nous sommes tous fichés** there's a file on all of us.

**fichier** [fiʃje] **1** **nm** file. ◊ **constituer un fichier** to make up a file; **tenir un fichier** to keep a file.
**2** **comp** **fichier actif** (Inf) active file. – **fichier d'adresses** mailing list. – **fichier central** central file. – **fichier confidentiel** character file. – **fichier de destination** (Inf) destination file. – **fichier de données** data file. – **fichier informatisé** computer ou computer-based file. – **fichier maître** ou **principal** (Inf) master file. – **fichier de travail** (Inf) scratch ou work file. – **fichier vidéo** image file.

**fictif, -ive** [fiktif, iv] **adj** adresse, contrat, employé fictitious. ◊ **actif / bénéficiaire fictif** fictitious assets / payee; **directeur / actionnaire fictif** dummy director / stockholder; **associé / prix fictif** nominal partner / price; **actions fictives** bogus shares; **dividende fictif** fictitious ou sham dividend; **entrepôts fictifs** (Douanes) private bonded warehouse; **instruction fictive** (Inf) dummy instruction; **pro-**

fits fictifs paper profits; **revenu fictif** notional income; **société fictive** dummy company; **vente fictive** fictitious sale, wash sale (US).

**fidéicommis** [fideikɔmi] **nm** (Jur) deposit, trust.

**fidéicommissaire** [fideikɔmisɛʀ] **nm** (Jur) trustee.

**fidéjusseur** [fideʒysœʀ] **nm** (Jur) guarantor, surety.

**fidéjussion** [fideʒysjɔ̃] **nm** (Jur) guarantee, surety.

**fidèle** [fidɛl] **adj** client regular, faithful, loyal. ◊ **être fidèle à un produit** to remain loyal to a product; **fidèle à une marque** brand-loyal.

**fidélisation** [fidelizɑsjɔ̃] **nf** ◊ **fidélisation de la clientèle** development of customer loyalty.

**fidéliser** [fidelize] **vt** ◊ **fidéliser sa clientèle** to establish ou develop customer loyalty.

**fidélité** [fidelite] **nf** (à un produit) loyalty. ◊ **fidélité à plusieurs produits d'un même type** brand-cluster loyalty; **fidélité à une marque** brand loyalty; **fidélité de la clientèle** customer loyalty; **assurance sur la fidélité du personnel** (Ass) fidelity insurance.

**fiduciaire** [fidysjɛʀ] **1 adj** caution, comptabilité fiduciary. ◊ **à titre fiduciaire** in a fiduciary capacity; **acte** ou **contrat fiduciaire** trust deed; **certificat fiduciaire** trustee's certificate; **circulation fiduciaire** fiduciary circulation, paper currency; **héritier fiduciaire** heir, trustee; **placements fiduciaires** cash holdings; **monnaie fiduciaire** fiat money; **propriété fiduciaire** property held in trust; **service fiduciaire** trust department; **société fiduciaire** trust company; **valeurs fiduciaires** paper securities.
**2 nm** (Jur) trustee.

**fiducie** [fidysi] **nf** trust. ◊ **société de fiducie** trust company.

**fièvre** [fjɛvʀ(ə)] **nf** [marché] fever, excitement, frenzy.

**fiévreux, -euse** [fjevʀø, øz] **adj** marché feverish.

**fignolage*** [fiɲɔlaʒ] **nm** touching up, polishing up, sprucing up.

**fignoler*** [fiɲɔle] **vt** to touch up, polish up, put the finishing touches to. ◊ **ce projet doit être encore fignolé** this project still needs some finishing touches ou some fine-tuning.

**figure** [figyʀ] **nf** (Fin) chart. ◊ **figure de double plus bas** double bottom chart; **figure de double plus haut** double top chart; **figure en coin de tendance haussière** bullish falling wedge chart; **figure en flamme** pennant chart; **figure en W** double bottom chart.

**figurer** [figyʀe] **vi** to appear. ◊ **son nom ne figure pas dans l'annuaire** his name doesn't appear ou feature in the directory; **cet article ne figure plus sur votre catalogue** this item is no longer featured on your catalogue ou is no longer listed in your catalogue; **faire figurer des dépenses dans un bilan** to record expenditure in a balance sheet.

**file** [fil] **nf** [personnes, objets] line. ◊ **file d'attente** queue (GB), line (US); **mettre en file d'attente** (Ind, Inf) to queue; **file d'attente des tâches** job ou task queue; **gestionnaire de files d'attente** (Inf) queue manager; **théorie des files d'attente** queuing theory; **chef de file** (banque) lead bank.

**filer** [file] **vi** [monnaie] to slide, slip. ◊ **laisser filer le dollar** to let the dollar slide.

**filet** [filɛ] **nm** net. ◊ **filet de protection** ou **de sécurité, filet protecteur** (gén, Écon) safety net.

**filiale** [filjal] **nf** subsidiary. ◊ **filiale commune** joint venture; **filiale détenue à 100% ou intégralement contrôlée** wholly-owned subsidiary; **filiale détenue à 50% par la maison mère** subsidiary under 50% ownership of the parent company, pup company.

**filialisation** [filjalizasjɔ̃] **nf** [activités] giving out to a subsidiary, spinning ou hiving off as a subsidiary. ◊ **la filialisation de cette activité** the spinning off of this activity.

**filialiser** [filjalize] **vt** ◊ **la direction a décidé de filialiser ce secteur** the management decided to transfer this sector to a subsidiary ou to make this sector a subsidiary.

**filière** [filjɛʀ] **nf** **a** (métier) path; (procédures) channels. ◊ **la filière informatique** careers in computer science; **de nouvelles filières sont offertes** ou **ouvertes aux jeunes ingénieurs** new paths are open to young engineers, new openings are available for young engineers; **passer par la filière administrative** ou **officielle** to go through the official channels. **b** (Bourse) trace; (Bourse de commerce) string. ◊ **filière tournante** ring; **arrêter / émettre une filière** to end / start a string; **créateur de la filière** deliverer. **c** (Ind : secteur) sector, business. ◊ **la filière bois** wood-related business; **filière automobile** car-related industries, motor manufacturers.

**film** [film] **nm** **a** film. ◊ **film publicitaire** (gén) advertising film, cinema ad ou commercial; (TV) commercial. **b** transparent clingwrap. ◊ **emballage sous film rétractable** shrink packaging; **emballé sous film rétractable** shrink packed ou wrapped.

**fils** [fis] **nm** son. ◊ **Lebois fils** (Comm) Mr Lebois junior; **Lalande et Fils** (Comm) Lalande and Son ou Sons.

**filtrage** [filtraʒ] **nm** [informations, candidats] screening. ◊ **filtrage préliminaire** screening test, preliminary screening.

**filtrer** [filtre] **vt** informations, candidats to screen.

**FIM** [ɛfiɛm] **nm** abrév de *fonds industriel de modernisation* → fonds.

**fin** [fɛ̃] **1 nf a** (terme) end; [période, séance] close. ◊ **facture payable fin mai / fin courant / fin prochain** bill payable at the end of May / at the end of this month / at the end of next month; **fin à fin** (Fin) end / end; **en fin de séance** (Bourse) at the close; **chômeurs en fin de droits** *unemployed no longer entitled to redundancy payments*; **prendre fin** [réunion] to come to an end; [contrat] to terminate, expire (*le* on); **sauf bonne fin** under reserve. **b** (but) end, aim, purpose, object. ◊ **à cette fin** to this end; **à toutes fins utiles** for your information; **aux fins de la présente loi** (Jur) for the purposes of this Act. **2 comp fin de convention** termination of agreement. − **fin d'exercice** (Compta) end of financial year; **stock en fin d'exercice** ending inventory. − **fin de mois :** échéance de fin de mois (Banque), **liquidation de fin de mois** (Bourse) end-of-month settlement; **avoir des fins de mois difficiles** to have problems making ends meet at the end of the month, go overdrawn at the end of the month. − **fin de non-recevoir** (Jur) demurrer, objection; (fig) blunt refusal. − **fin de série** (Comm) oddment, remainder, end of range item.

**final, e, mpl -als ou -aux** [final, o] **adj** final. ◊ **consommateur final** end consumer; **phase finale** final phase, last stage; **produit final** end product; **quittance finale** final receipt, receipt for the balance; **règlement ou versement final** final payment ou settlement; **résultat final** end result; **stock final** closing inventory; **utilisateur final** end user.

**finalité** [finalite] **nf** [projet] end, end purpose, aim; [système, produit] purpose.

**finance** [finãs] **nf** finance. ◊ **syndicat de finance** finance syndicate; **nos finances vont mal** our finances are in a bad state; **la (haute) finance** (affaires) (high) finance; (financiers) (top) financiers; **le monde de la finance** the financial world, financial circles; **requins de la finance** financial sharks; **il est dans la finance** he's in banking ou finance; **les finances publiques** public funds; **loi de finances** Finance Act; **projet de loi de finances** Finance Bill; **les Finances** (ministère) the Ministry of Finance, ≈ the Treasury, the Exchequer (GB), the Treasury Department (US).

**financement** [finãsmã] **1 nm** financing. ◊ **financement à court / long terme** short / long-term financing; **société de financement** finance company, promotary company (US); **capacité de financement** financing capacity; **campagne de financement** fund-raising campaign; **contrat de financement** financial agreement; **plan / source de financement** financial plan / source; **tableau de financement** statement of source and application of funds. **2 comp financement d'amorçage** seed ou set-up financing. − **financement bancaire** financing through banks, bank financing. − **financement de départ** start-up financing. − **financement initial** front-end financing. − **financement interne** internal financing. − **financement mixte** mixed financing. − **financement par actions** equity financing. − **financement par l'emprunt** debt financing. − **financement-relais** bridge financing, interim financing. − **financement à taux fixe** fixed-rate financing.

**financer** [finãse] **vt** to finance, fund, back (with money), put up the money for, bankroll (US). ◊ **financer le déficit par l'emprunt** to finance ou fund the deficit through borrowing.

**financeur, -euse** [finãsœr, øz] **nm,f** backer, sponsor.

**financier, -ière** [finãsje, jɛr] **1 adj** financial. ◊ **accord financier** financial agreement; **actifs financiers** financial assets; **aide ou assistance financière** financial aid ou assistance; **analyste financier** financial analyst; **apport financier** financial contribution; **appui financier** financial backing ou support; **assainissement financier** financial reconstruction; **charges financières** financial ou interest charges; **comptabilité financière** financial accounting; **conseil financier** financial consultant; **conseiller financier** financial adviser; **contrôle financier** financial control; **crise financière** financial crisis; **difficultés financières** financial difficulties; **directeur financier** financial director; **direction financière** financial management; **équilibre financier** financial equilibrium; **établissement financier** financial institution; **état financier** financial statement; **exercice financier** financial year; **frais financiers** financial ou interest charges; **gestion financière** financial management; **groupe financier** financial group; **incitations financières** financial inducements ou incentives; **investissement financier** financial investment; **levier financier** financial leverage; **marché financier** financial market; **milieux financiers** financial circles; **opération financière** financial operation ou trans-

action; **perspectives financières** financial outlook; **place financière** financial market; **politique financière** financial policy; **prévisions financières** financial forecasts; **produit financier** (proposé par une banque) financial ou investment product; **produits financiers** (bénéfices) interest income, interest received; **rapport financier** financial report; **ratio financier** financial ratio; **réforme financière** financial reform; **reporting financier** financial reporting; **responsables financiers** financial executives; **résultats financiers** financial results; **risque financier** financial risk; **santé financière** financial health; **situation financière** financial position ou situation; **société financière** finance company; **solidité financière** financial soundness; **solvabilité financière** financial solvency; **soutien financier** financial support ou backing; **structure financière** financial structure; **surface financière** financial standing; **valeurs financières** (Bourse) financials.
**2** **nm** financier. ◊ **financier véreux** shady financier.

**financièrement** [finɑ̃sjɛʀmɑ̃] **adv** financially.

**fini, e** [fini] **adj** ◊ **produits finis** finished goods ou products, end products; **produits semi-finis** semi-finished goods ou products.

**finition** [finisjɔ̃] **nf** (opération) finishing; (résultat) finish.

**finlandais, e** [fɛ̃lɑ̃dɛ, ɛz] **1** **adj** Finnish.
**2** **Finlandais** **nm** (habitant) Finn.
**3** **Finlandaise** **nf** (habitante) Finn.

**Finlande** [fɛ̃lɑ̃d] **nf** Finland.

**finlandisation** [fɛ̃lɑ̃dizasjɔ̃] **nf** Finlandization.

**finnois, e** [finwa, waz] **1** **adj** Finnish.
**2** **nm** (langue) Finnish.

**firme** [fiʀm(ə)] **nf** firm, company.

**fisc** [fisk] **nm** ◊ **le fisc** the tax department ou authorities, ≈ the Inland Revenue (GB), ≈ the Internal Revenue (US); **agent du fisc** official of the tax department, ≈ Inland Revenue Official (GB), ≈ Collector of Internal Revenue (US), tax collector; **inspecteur du fisc** tax inspector; **avoir des ennuis avec le fisc** to have problems with the tax authorities; **mettre des revenus à l'abri du fisc** to shield earnings from taxes; **frauder le fisc** to evade taxation.

**fiscal, e, mpl -aux** [fiskal, o] **adj** tax. ◊ **abattement fiscal** tax allowance; **abri fiscal** tax shelter; **administration fiscale, autorités fiscales** tax ou taxing authorities; **allègements** ou **dégrèvements fiscaux** tax relief ou cuts; **année fiscale, exercice fiscal** tax ou fiscal year; **avantage fiscal** tax break; **avoir fiscal** tax credit; **charges fiscales** taxes, taxation;

**conseiller fiscal** tax consultant ou adviser, tax lawyer (US); **contrôle fiscal** tax control; **droit fiscal** fiscal ou tax law; **évasion fiscale** tax avoidance; **exonération fiscale** tax exemption; **fraude fiscale** tax dodging ou fraud; **incitation fiscale** fiscal inducement, tax incentive; **législation fiscale** tax legislation; **paradis fiscal** tax haven; **politique fiscale** tax (US) ou fiscal policy; **ponction fiscale** tax drain ou bite ou take; **prélèvements fiscaux** tax drain, tax take, taxation; **pression fiscale** tax burden ou load ou pressure; **recettes fiscales** revenue derived from taxes; **redressement fiscal** tax adjustment; **réforme fiscale** tax reform; **le régime fiscal des sociétés en participation** the taxation of ou the tax system applying to joint ventures; **rentrée fiscale** tax take; **situation fiscale** tax status; **stimulant fiscal** tax incentive; **système fiscal** tax system; **timbre fiscal** revenue ou fiscal stamp; **transparence fiscale** tax transparency.

**fiscalement** [fiskalmɑ̃] **adv** fiscally.

**fiscalisation** [fiskalizasjɔ̃] **nf** (taxation) making subject to tax, taxing; (financement par l'impôt) funding by taxation. ◊ **la fiscalisation des plus-values immobilières** making capital gains on property subject to tax, the taxing of capital gains on property.

**fiscaliser** [fiskalize] **vt** (taxer) bénéfices, salaires to submit to taxation; (financer par l'impôt) to fund by taxation. ◊ **l'industrie pétrolière est lourdement fiscalisée** the oil industry is heavily taxed.

**fiscaliste** [fiskalist(ə)] **nmf** tax consultant ou adviser ou lawyer ou expert.

**fiscalité** [fiskalite] **nf** (régime) tax system; (imposition) taxation. ◊ **chiffre d'affaires hors fiscalité** pre-tax earnings; **poids de la fiscalité** tax burden; **fiscalité écrasante** crushing taxation; **ce plan de retraite jouit d'une fiscalité avantageuse** this retirement scheme is advantageous from a tax point of view; **la fiscalité des SICAV ne sera pas modifiée** the tax system which applies to trust funds will not be modified.

**fixage** [fiksaʒ] **nm** fixing.

**fixation** [fiksasjɔ̃] **nf** [limite, montant] fixing, setting; [délai de livraison] stipulation; [salaires] determination. ◊ **fixation des indemnités** (Ass) determination of compensation ou damages; **fixation des objectifs** goal ou target setting; **fixation des priorités** priority setting; **la fixation du prix d'un produit** the pricing of a product; **fixation des prix en fonction des coûts / de la demande / de la concurrence** cost-oriented / demand-oriented / competition-oriented pricing; **fixation d'un prix de prestige** premium pricing.

**fixe** [fiks(ə)] **1** adj **a** employés permanent; travail permanent, steady; (Fin) fixed. **b** actif fixe fixed assets; **capital fixe** fixed capital; **cours fixe** firm rate ou quotation; **dépôt à terme** ou **échéance fixe** fixed deposit; **droit fixe** fixed duty; **échéance fixe** fixed date; **emprunt à échéance fixe** fixed term loan; **investissement à revenu fixe** fixed-yield investment; **prix fixe** fixed price; **revenu fixe** fixed income; **salaire** ou **traitement fixe** fixed salary; **valeurs à intérêt fixe** fixed-interest securities.
**2** nm basic ou fixed salary. ◊ **toucher un fixe** to draw a fixed salary.

**fixer** [fikse] **1** vt date, limite, montant, objectif, prix to fix, set; règle to set, make, lay down; délai de livraison to stipulate, set; indemnités, salaires to determine, fix, set. ◊ **fixer l'heure d'un rendez-vous** to arrange ou set ou fix the time for a meeting; **à la date fixée** on the agreed date; **fixer les dommages et intérêts** to assess the damages; **fixer un prix pour un produit** to price a product, set a price for a product; **fixer un cours** (Bourse) to make a price; **fixer la barre à** to fix ou set the mark at; **nous avons fixé la barre trop haut** we've set our sights too high.
**2** se fixer vpr (s'établir) to settle; (se donner) objectifs to set (for o.s.). ◊ **la firme s'est fixée à Toulouse** the firm has set up (it's offices) in Toulouse; **se fixer comme objectif d'être bénéficiaire en 2 ans** to set o.s. the objective of moving into the black within 2 years.

**fixeur** [fiksœʀ] nm ◊ **fixeur de prix** price maker.

**fixing** [fiksiŋ] nm fixing. ◊ **cours au comptant au fixing de Paris** spot rates at the Paris fixing.

**fixité** [fiksite] nf (Fin) **le principe de la fixité du capital** the principle of constant equity.

**Fl** abrév de *florin* fl.

**flambée** [flɑ̃be] nf [cours, prix] flare-up, surge, escalation, explosion. ◊ **la flambée de l'immobilier** the explosion ou sharprise ou upsurge in real estate values; **flambée d'activité** boom; **flambée de hausse sans lendemain** short-lived boomlet.

**flamber** [flɑ̃be] vi [prix] to surge, flare ou shoot up; ◊ **la demande est telle que les salaires flambent** demand is so strong that salaries are shooting up ou getting out of control.

**FLB** abrév de *franco le long du bord* FAS.

**flèche** [flɛʃ] nf arrow. ◊ **monter** ou **grimper en flèche** to rocket, soar, shoot up; **montée en flèche des prix et des salaires** wage-price spiral, skyrocketing of wages and prices; **se trouver en flèche** ou **prendre une position en flèche dans un conflit** to take up an extreme position in a conflict.

**fléchir** [fleʃiʀ] vi [prix] to drop, turn down, sag, fall off; [monnaie] to weaken, drop. ◊ **la courbe de la demande fléchit** the demand curve is sagging, there is a downturn in demand; **les investissements ont fléchi** investments have turned down ou fallen off; **la production de riz a légèrement fléchi** rice production has dipped slightly; **les pétrolières ont fléchi en début de séance** oils were down ou dropped slightly in early trading.

**fléchissement** [fleʃismɑ̃] nm [prix, cours, demande] sag, falling off, drop (*de* in); [monnaie] weakening. ◊ **un léger fléchissement** a slight dip; **le fléchissement des pétrolières** decline in oil share prices; **fléchissement des dépôts en caisses d'épargne** dip ou drop ou falloff in savings bank deposits, lower savings bank deposits; **le fléchissement initial du dollar a été de courte durée** the initial dip ou drop in the dollar was soon reversed; **le fléchissement de l'économie dans son ensemble inquiète les épargnants** investors are worried by the overall flagging economy ou the overall weakening of the economy.

**fleuron** [flœʀɔ̃] nm (fig) flagship. ◊ **l'un des fleurons de l'industrie française** a flagship French industry, one of the finest of French industries; **l'un des fleurons de la cote** one of the finest companies on the stock exchange list.

**flexibilité** [flɛksibilite] nf [demande, emploi, horaire] flexibility.

**flexible** [flɛksibl(ə)] adj budget, taux de change flexible. ◊ **horaire flexible** flexitime, flextime, flexible working hours, sliding time (US); **adopter l'horaire flexible** to work flexitime ou on a sliding time (US).

**float** [flɔt] nm (Fin) float.

**florin** [flɔʀɛ̃] nm florin.

**florissant, e** [flɔʀisɑ̃, ɑ̃t] adj économie, entreprise flourishing, thriving.

**flot** [flo] nm ◊ **un flot de commandes de l'étranger** a spate of foreign orders; **les commandes arrivent à flots** orders are pouring in ou flowing in ou flooding in; **l'argent coule à flots** money flows like water; **l'entreprise est à flot** the company is on an even keel; **remettre une entreprise à flot** to bring a company back on to an even keel; **se maintenir à flot** to keep one's head above water ou keep afloat.

**flottaison** [flɔtɛzɔ̃] (Fin) flotation, floatation.

**flottant, e** [flɔtɑ̃, ɑ̃t] **1** adj dette, taux de change, cargaison floating. ◊ **assurance flottante** open insurance; **capitaux flottants** floating capital ou assets; **vendre en cargaison flottante** to sell afloat; **devise** ou **monnaie flottante** floating currency; **police flottante** (Ass Mar) float-

ing ou open policy; **titres flottants** shares available on the market.
**2** **nm** (Fin) float.

**flotte** [flɔt] **nf** (Aviat, Mar) fleet. ◊ **flotte de commerce** merchant (navy) fleet; **45 navires sont sortis de flotte** 45 ships have been scrapped.

**flottement** [flɔtmɑ̃] **nm** [devise] floating. ◊ **le flottement du yen** the floating of the yen; **flottement concerté** joint float; **flottement contrôlé** dirty floating; **monnaies qui suivent un flottement concerté** currencies floating jointly.

**flotter** [flɔte] **vi** [devise] to float. ◊ **faire flotter** to float.

**FLQ** abrév de *franco le long du quai* → franco.

**fluctuation** [flyktɥasjɔ̃] **nf** fluctuation. ◊ **fluctuations des changes** exchange fluctuations ou variations; **fluctuations des cours** swings and roundabouts; **fluctuations cycliques** cyclical fluctuations ou swings; **fluctuations du marché** market fluctuations ou ups and downs; **fluctuation limite (d'un cours)** limit move (of a price); **fluctuations saisonnières** seasonal fluctuations; **marges de fluctuations** (CEE) fluctuation bands.

**fluctuer** [flyktɥe] **vi** to fluctuate. ◊ **fluctuer en dents de scie** to seesaw.

**fluide** [flɥid] **adj** main-d'œuvre flexible, mobile.

**fluidité** [flɥidite] **nf** (gén) fluidity; [main-d'œuvre] flexibility, mobility.

**fluvial, e, mpl -aux** [flyvjal, o] **adj** eaux, navigation river.

**flux** [fly] **1** **nm** (gén) flow; (abondance) flood. ◊ **distribution à flux tendus** just-in-time distribution.
**2** **comp** **flux de capitaux** capital flow. − **flux de clients** customer flow ou traffic, store traffic (US). − **flux de distribution** distribution flow. − **flux économique** economic flow. − **flux d'informations** information flow. − **flux de main-d'œuvre** labour flux ou flow. − **flux matières** (Ind) materials flow. − **flux monétaire** flow of money. − **flux promotionnel** promotion flow. − **flux de travail** work flow. − **flux de trésorerie** cash flow.

**FMI** [ɛfɛmi] **nm** abrév de *Fonds monétaire international* IMF.

**FNAH** [ɛfɛna'aʃ] **nm** abrév de *Fonds national d'amélioration de l'habitat* → fonds.

**FNE** [ɛfɛnə] **nm** abrév de *Fonds national de l'emploi* → fonds.

**FNS** [ɛfɛnɛs] **nm** abrév de *Fonds national de solidarité* → fonds.

**FNSEA** [ɛfɛnɛsəa] **nf** abrév de *Fédération nationale des syndicats d'exploitants agricoles*

*French trade union, Farmer's Union,* ≈ NFU (GB).

**FO** [ɛfo] **nf** abrév de *Force ouvrière French trade union.*

**FOB** abrév de *free on board* FOB.

**foi** [fwa] **nf** **a** **faire foi : texte qui fait foi** authentic text; **ce document en fait foi** this document proves ou attests it; **les réponses doivent nous être retournées avant le 31 mars à minuit, la date ou le cachet de la poste faisant foi** replies must be postmarked no later than midnight March 31<sup>st</sup>. **b** **acheteur de bonne foi** bona fide purchaser; **détenteur de mauvaise foi** mala fide holder.

**foire** [fwaʀ] **nf** (marché) fair; (salon professionnel) trade fair, show. ◊ **foire agricole** agricultural show; **foire aux bestiaux** cattle fair ou market; **foire-exposition** trade fair; **foire du livre** book fair, bookshow; **champ de foire** fairground.

**fois** [fwa] **nf** time. ◊ **payer en une seule fois** to pay in a single instalment; **payer en plusieurs fois** to pay in several instalments; **une fois, deux fois, trois fois, adjugé vendu!** going, going, gone!

**foncier, -ière** [fɔ̃sje, jɛʀ] **1** **adj** revenu land. ◊ **crédit foncier** land ou property loan; **impôt foncier** property ou land tax; **impôt foncier sur les propriétés bâties et non bâties** tax on land and buildings; **propriétaire foncier** landowner; **propriété foncière** landed property; **registre foncier** land register; **rente foncière** ground rent; **servitude foncière** easement; **spéculateur foncier** land speculator.
**2** **nm** ◊ **le foncier** the land ou property tax.

**fonction** [fɔ̃ksjɔ̃] **nf** **a** (poste) post, office. ◊ **fonctions** (responsabilités) duties, functions; **fonctions de direction / de planification** managerial / planning functions; **fonctions marketing / créatives / auxiliaires** marketing / design ou creative / overhead functions; **la fonction production / achats** the production / buying function; **la fonction publique** the public ou state ou civil (GB) service; **quelle est sa fonction?** what is his job?; **logement de fonction** company flat (GB) ou apartment (US) ou house; **voiture de fonction** company car; **faire fonction de directeur** to act as (a) manager; **définition de fonction** job description; **entrer en fonctions** [employé] to take up one's post, begin one's job; [président] to come into office, take office; **le président sortant est toujours en fonction** the outgoing president is still in office; **démettre qn de ses fonctions** to dismiss sb from his duties; **se démettre de ses fonctions** to resign (from) one's duties, hand in one's resignation, give in one's

**fonctionnaire**

notice ; **cesser ses fonctions** to leave one's job ; **dans le cadre de ses fonctions, de par ses fonctions** by virtue of one's job ou role ou office ; **s'acquitter de ses fonctions** to carry out one's job, discharge one's duties ; **ça n'entre pas dans mes fonctions** it's not part of my duties. **b** (rapport) **les taux de subvention sont fonction du niveau d'endettement** the rate of subsidy depends on the level of indebtedness ; **salaire en fonction des diplômes** salary commensurate with qualifications ; **en fonction de l'évolution des prix** according to ou depending on the evolution of prices.

**fonctionnaire** [fɔ̃ksjɔnɛʀ] **nmf** (gén) government employee ou official, civil servant (GB), public servant (US), administration official (US). ◊ **fonctionnaire assermenté** sworn official ; **fonctionnaire municipal** town employee ; **fonctionnaire de la Communauté économique européenne** EEC civil servant, administrator in the EEC ; **fonctionnaire de haut rang, haut fonctionnaire** top ou high ranking civil servant (GB), senior government official ; **petit fonctionnaire** minor civil servant (GB) ou government official ; **corruption de fonctionnaire** bribery.

**fonctionnaliser** [fɔ̃ksjɔnalize] **vt** to purpose-build.

**fonctionnalité** [fɔ̃ksjɔnalite] **nf** (Tech, Inf) function. ◊ **un logiciel possédant des fonctionnalités complexes** a software package with complex functions.

**fonctionnarisation** [fɔ̃ksjɔnaʀizasjɔ̃] **nf** state takeover, taking into the public service. ◊ **la fonctionnarisation des employés de l'entreprise** the bureaucratization of the company's staff.

**fonctionnariser** [fɔ̃ksjɔnaʀize] **vt** fonctionnariser qn to make sb an employee of the state, take ou transfer sb into the civil service ; ◊ **fonctionnariser une entreprise** to bureaucratize a company.

**fonctionnarisme** [fɔ̃ksjɔnaʀism(ə)] **nm** (péj) officialdom, bureaucracy.

**fonctionnel, -elle** [fɔ̃ksjɔnɛl] **1** **adj** functional. ◊ **analyse fonctionnelle** systems analysis ; **analyse fonctionnelle de poste** functional job analysis ; **coût fonctionnel** functional cost ; **attaché fonctionnel** staff assistant.
**2** **nm** staff manager. ◊ **elle a un rôle de fonctionnel** she has a staff role ; **nos fonctionnels** our staff people ; **les fonctionnels et les opérationnels** managers and operatives, staff and line.

**fonctionnement** [fɔ̃ksjɔnmã] **nm** [entreprise] running, operation, functioning ; [machine] working, operation. ◊ **assurer le bon fonc-**

**tionnement du service** to ensure the smooth running of the service ; **en état de fonctionnement** in working order ; **budget de fonctionnement** operating budget ; **frais de fonctionnement** running ou operating costs ; **norme de fonctionnement** performance standard ; **fonctionnement en temps réel** real-time operation ; **le mauvais fonctionnement de la machine nous a coûté cher** the malfunction(ing) of the machine cost us a lot.

**fonctionner** [fɔ̃ksjɔne] **vi** [machine] to work, function ; [firme] to function, operate, run ; [personne] to work. ◊ **faire fonctionner** to operate ; **fonctionner en sous-charge** to be underloaded ; **nous fonctionnons 24 heures sur 24** we work ou operate round the clock.

**fond** [fɔ̃] **nm** ◊ **fond de magasin** shop's (GB) ou store's (US) leftover stock ; **fond de portefeuille** (Bourse) portfolio base.

**fondateur, -trice** [fɔ̃datœʀ, tʀis] **nm,f** founder. ◊ **membre fondateur** founder member ; **part de fondateur** founder's share.

**fondation** [fɔ̃dasjɔ̃] **nf** (création) foundation, setting up ; (institution) foundation.

**fondé, e** [fɔ̃de] **1** **adj** plainte well-founded, justified, substantiated. ◊ **mal fondé** ill-founded, groundless ; **être fondé à faire** to have good reason to do ou for doing.
**2** **nm** ◊ **fondé de pouvoir** (Jur) authorized representative, agent with power of attorney ; (Banque) senior banking executive ; **il est fondé de pouvoir de** he holds power of attorney for ; **le bien-fondé d'une action en justice** the merits of a case.

**fondement** [fɔ̃dmã] **nm** foundation. ◊ **fondement d'une action en justice** cause of an action ; **sans fondement, dénué de fondement** without foundation, unfounded, groundless.

**fonder** [fɔ̃de] **vt** **a** entreprise to set up, found, establish ; réputation to base (*sur* on). ◊ **maison fondée en 1931** established 1931 ; **nous fondons tous nos espoirs sur ce nouveau modèle** we are placing ou pinning all our hopes on this model. **b** (motiver) droit, plainte to justify, substantiate. **c** (Fin) dette to fund. ◊ **créance fondée** legal debt.

**fondre** [fɔ̃dʀ(ə)] **vi** [réserves, stocks] to run down. ◊ **nos bénéfices fondent à vue d'œil** our profits are fining down ou dwindling away ou evaporating ou shrinking.

**fonds** [fɔ̃] **1** **nm** **a** (Comm) **fonds (de commerce)** business (assets) ; (clientèle) goodwill ; **posséder le fonds et les murs** to own the business and the property ; **cession de fonds, fonds de commerce à vendre** business for sale ; **vendre son fonds** to sell up. **b** (caisse, mutuelle) fund. ◊ **le Fonds monétaire**

**international** the International Monetary Fund (IMF). **c** (capital) funds, capital; (argent comptant) (sums of) money, cash. ◊ **affecter des fonds** to earmark funds; **placer** ou **investir de l'argent à fonds perdus** to sink funds (*dans* in); **investir des fonds importants dans** to invest large sums of money ou a large amount of capital in; **fournir les fonds** to supply the capital, put up the funds; **mettre des fonds dans une entreprise** to invest money ou capital in a business; **rassembler** ou **réunir les fonds nécessaires** to raise the necessary funds ou capital; **rentrer dans ses fonds** to recover one's outlay, get one's money back; **virer des fonds** to transfer funds; **appel de fonds** call for capital; **faire un appel de fonds** to call up capital; **bailleur de fonds** sponsor, backer; **dépôt de fonds** deposit; **détournement de fonds** embezzlement, misappropriation of funds; **détournement de fonds publics** peculation; **gestionnaire de fonds** fund manager; **mise de fonds initiale** initial (capital) outlay; **retrait de fonds** withdrawal of funds ou capital.
**2** comp **fonds d'amortissement** sinking fund. − **fonds en banque** cash in bank. − **fonds bloqués** frozen assets. − **fonds de caisse** cash in hand. − **fonds à capital fixe** closed-end investment trust. − **fonds à capital variable** opened-end investment trust. − **fonds commercial** goodwill. − **fonds commun de placement** investment ou mutual fund. − **fonds consolidés** funded ou consolidated debt, consols. − **fonds de développement économique et social** fund for economic and social development. − **fonds disponibles** liquid assets. − **fonds d'État** government stock ou securities; **fonds d'État à court terme** short dates. − **Fonds européen de coopération monétaire** European Monetary Cooperation Fund. − **Fonds européen de développement** European Development Fund. − **Fonds européen de développement régional** European Regional Development Fund. − **fonds de garantie** guarantee fund. − **fonds indiciel** index fund. − **fonds industriel de modernisation** industrial modernization fund. − **fonds d'investissement** investment fund. − **Fonds monétaire international** International Monetary Fund. − **Fonds national d'amélioration de l'habitat** *French national home improvement fund.* − **Fonds national de l'emploi** *French national employment fund.* − **Fonds national de solidarité** *French national solidarity fund.* − **fonds de pension** pension fund. − **fonds de placement fermé** investment trust. − **fonds de placement ouvert** unit trust, open trust (GB), mutual fund

(US). − **fonds prêtables** lendable ou loanable funds. − **fonds de prévoyance** contingency fund ou reserve; **fonds de prévoyance du personnel** staff provident fund. − **fonds propres** stockholders' equity, equity capital. − **fonds publics** (Bourse) government stock ou securities; (recettes de l'État) public funds ou money. − **fonds régulateur** buffer fund. − **fonds renouvelable** revolving fund. − **fonds de réserve** legal reserves. − **fonds de retraite** pension fund. − **fonds de roulement** working ou operating capital, net current assets. − **fonds de secours** emergency ou relief fund. − **fonds secret** slush fund. − **Fonds social européen** European Social Fund. − **fonds de solidarité** solidarity fund. − **fonds de stabilisation des changes** exchange equalization account, exchange stabilization fund.

**fongible** [fɔʒibl(ə)] **adj** fungible.

**forain, e** [fɔʀɛ̃, ɛn] **1** **adj** marchand forain stallholder.
**2** **nm** stallholder.

**force** [fɔʀs(ə)] **1** **nf** force. ◊ **les forces du marché** market forces; **avoir force de loi** to have force of law; **c'est un cas de force majeure** it's a case of absolute necessity ou of force majeure; **être en position de force pour négocier** to bargain from a position of strength.
**2** comp **force exécutoire** legal force. − **force probante** supporting value. − **force résolutoire** resolutive effect. − **force rétroactive** retrospective effect. − **force suspensive** suspensive effect. − **force de vente** sales force.

**forcé, e** [fɔʀse] **adj** (Fin) forced; (Jur) compulsory, forced. ◊ **avoir cours forcé** to be legal tender; **adjudication forcée** forced sale; **emprunt forcé** forced ou compulsory loan; **épargne forcée** forced savings; **liquidation forcée** compulsory liquidation; **vente forcée** forced ou compulsory ou judicial sale.

**forclore** [fɔʀklɔʀ] **vt** (Jur) to debar, foreclose.

**forclusion** [fɔʀklyzjɔ̃] **nf** (Jur) debarment, foreclosure, barring.

**forfait** [fɔʀfɛ] **nm** (somme) lump sum; (prix fixe) fixed ou set price; (offre promotionnelle) package. ◊ **travailler au forfait** to work by contract ou for a lump sum ou for a fixed sum ou for a flat rate; **travail à forfait** contract work; **vente à forfait** outright sale; **être au (régime du) forfait** (Impôts) to be taxed on estimated income; **forfait hôtelier** hotel package; **profitez de notre forfait vacances** take advantage of our (flat-rate) holiday package.

**forfaitaire** [fɔʀfɛtɛʀ] **adj** coût, paiement inclusive. ◊ **déduction forfaitaire** standard deduction; **fret forfaitaire** lump-sum freight; **un prélèvement forfaitaire de 25%** a flat-rate ou deduction of 25%; **montant** ou **somme forfaitaire** lump sum; **imposition forfaitaire sur les plus-values** flat-rate ou standard tax on capital gains; **indemnité forfaitaire** inclusive payment, lump-sum payment; **prix forfaitaire** contract price, fixed price, all-inclusive price; **vente forfaitaire** outright sale.

**forfaitairement** [fɔʀfɛtɛʀmã] **adv** on an inclusive basis, inclusively. ◊ **imposé forfaitairement** taxed on a flat-rate basis, subject to a standard-rate ou flat-rate tax.

**forint** [fɔʀint] **nm** forint.

**formalisation** [fɔʀmalizasjɔ̃] **nf** formalization.

**formaliser** [fɔʀmalize] **vt** procédure to formalize.

**formalité** [fɔʀmalite] **nf** formality. ◊ **formalités douanières** customs formalities; **procéder aux formalités douanières** (Mar) to effect customs clearance; **remplir les formalités administratives** to comply with the administrative formalities.

**format** [fɔʀma] **nm** format, size. ◊ **format du document** document size; **format d'instruction** (Inf) instruction format; **emballage petit / grand format** small-size(d) / large-size(d) pack.

**formatage** [fɔʀmataʒ] **nm** (Inf) formatting.

**formater** [fɔʀmate] **vt** (Inf) to format.

**formateur, -trice** [fɔʀmatœʀ, tʀis] **1 adj** stage training; expérience formative. **2 nm,f** trainer.

**formation** [fɔʀmasjɔ̃] **nf** **a** (éducation) training, education. ◊ **stage de formation accélérée** crash course; **centre de formation** training center; **formation à la vente** sales training; **formation alternée** ou **en alternance** part-time ou sandwich course; **formation professionnelle** professional ou vocational training; **formation professionnelle des adultes** professional education for adults; **formation initiale** first-degree course; **formation de formateurs** training of trainers; **formation permanente** continuing ou ongoing education; **formation continue au sein de l'entreprise** (staff) in-service training; **formation à l'extérieur** off-the-job training; **formation sur le tas** in-house ou on-site ou on-the-job training; **quelle est sa formation?** what training has he had?, what is his educational background?; **il a suivi une formation en techniques de négociation** he has taken a course on negotiating techniques; **elle a eu une formation de comptable** she has been trained as an accountant; **programme de formation des cadres** management ou executive training programme; **avoir reçu une formation solide** to have been well trained. **b** (constitution) forming, formation, development. ◊ **formation des prix** price formation; **formation de stocks** building up of inventories, inventory build-up; **formation de capital** asset ou capital formation; **formation brute de capital fixe** gross capital formation, gross investment; **formation nette de capital fixe** net investment.

**forme** [fɔʀm(ə)] **nf** (Jur) **dans les formes, en bonne et due forme** (gén) in due form; **avertissement dans les formes** due warning; **reçu en bonne et due forme** regular receipt; **faire une réclamation en bonne et due forme** to put in a formal request; **vice de forme** (gén) legal flaw ou irregularity; (dans un document) faulty drafting.

**formel, -elle** [fɔʀmɛl] **adj** réponse definite, positive; démenti formal, flat; instructions formal. ◊ **je suis formel!** I'm positive (about it)!; **il a l'obligation formelle de le faire** it is mandatory upon him to do so.

**formellement** [fɔʀmɛlmã] **adv** affirmer definitely, positively. ◊ **formellement opposé** absolutely opposed.

**former** [ fɔʀme] **vt** **a** (constituer) société to form, incorporate; équipe to set up. **b** (être un élément de) to make up, form. ◊ **formé de plusieurs éléments** made up of several components. **c** (éduquer) stagiaires to train.

**formulaire** [fɔʀmylɛʀ] **nm** (gén) form; (questionnaire) questionnaire. ◊ **formulaire de candidature / de demande / de retrait** application / request / withdrawal form; **formulaire de réponse** answer sheet; **formulaire d'ouverture de compte** account opening form; **remplir un formulaire** to fill in ou out a form.

**formulation** [fɔʀmylasjɔ̃] **nf** formulation, wording. ◊ **il faudrait changer la formulation de votre lettre de candidature** you should change the way your application letter is worded ou formulated, you should change the wording in your letter of application.

**formule** [fɔʀmyl] **nf** **a** (système) system, method, way. ◊ **formule de paiement** way ou method of payment; **formule de pondération** weighting. **b** (formulaire) form. ◊ **formule de chèque** cheque form, blank check (US); **formule de télégramme** telegram form.

**formuler** [fɔʀmyle] **vt** réclamation, requête to formulate, set out; acte juridique to draw up (in due form); griefs to set forth; plainte to lodge. ◊ **comment dois-je formuler ma demande?** what form should my application take?, how should I word my application?

**fort, e** [fɔʀ, fɔʀt(ə)] **1** **adj** (gén) strong ; baisse, hausse steep, sharp, significant, marked ; somme large, great ; consommation , demande huge, hefty, high ; imposition heavy. ◊ **forte perte** heavy ou sizeable loss ; **prix fort** full price ; **le yen est une devise forte** the yen is a strong ou hard currency ; **le prix du pétrole est en forte hausse** oil prices are rocketing ou soaring ou rising steeply. **2** **nm** ◊ **au plus fort de la saison** when the season is in full swing ou at its height.

**fortement** [fɔʀtəmɑ̃] **adv** heavily. ◊ **fortement imposé** heavily taxed.

**fortifier** [fɔʀtifje] **vt** position to strengthen.

**fortune** [fɔʀtyn] **nf** (patrimoine) fortune, wealth. ◊ **évaluation de la fortune** wealth assessment ; **impôt (de solidarité) sur la fortune, impôt sur les grandes fortunes** wealth tax ; **situation de fortune** financial situation ; **fortunes de mer** (Jur, Mar) perils of the sea, sea risks.

**forum** [fɔʀɔm] **nm** forum.

**fouet** [fwɛ] **nm** ◊ **la dévaluation du franc a donné un coup de fouet aux exportations** the devaluation of the franc has given a fillip ou boost to exports ; **subir de plein fouet l'attaque de la concurrence** to bear the brunt of competition.

**four** [fuʀ] **nm** (échec) flop, fiasco. ◊ **cette campagne publicitaire a fait un four** this advertising drive was a flop ou a fiasco ou has fallen flat.

**fourchette** [fuʀʃɛt] **nf** (Stat) bracket. ◊ **les charges pourront varier dans une fourchette de 5 à 10%** costs may vary within a 5 to 10% band ; **fourchette d'âge** age bracket ; **fourchette de cotation** trading range ; **fourchette de cours de clôture / d'ouverture** closing / opening range ; **fourchette d'imposition** tax bracket ou band ; **fourchette de prévisions** range forecasts ; **fourchette de prix** price range ; **fourchette de salaire** wage bracket ; **calculer la fourchette de** to determine the range of.

**fourgon** [fuʀɡɔ̃] **nm** (wagon) coach, van ; (camion) (large) van, lorry (GB). ◊ **fourgon à bagages** luggage van ; **fourgon à bestiaux** cattle truck ; **fourgon de déménagement** removal van (GB), moving van (US) ; **fourgon postal** mail van.

**fourgonnette** [fuʀɡɔnɛt] **nf** (small) van, delivery van.

**fourguer\*** [fuʀɡe] **vt** to flog\* (à to), unload (à onto).

**fourni, e** [fuʀni] **adj** ◊ **boutique bien fournie** well-stocked shop.

**fournir** [fuʀniʀ] **1** **vt** (gén) to supply, provide ; informations to supply, provide, furnish ;

documents to produce. ◊ **fournir qch à qn** to supply ou provide sb with sth, supply sth to sb ; **ils nous fournissent en pièces détachées** they supply us with spare parts ; **fournir des garanties** to offer ou furnish guaranties ; **fournir en nantissement** to lodge as collateral ; **fournir une caution** to find surety ; **fournir une lettre de crédit sur qn** to issue a letter of credit on sb ; **fournir une traite sur qn** to draw a bill on sb. **2** **se fournir** **vpr** to provide ou supply o.s. (de with). ◊ **il se fournit toujours chez nous** he always shops at our place, we supply him, he's one of our regular customers ; **il est allé se fournir ailleurs** he took his custom elsewhere, he went elsewhere to get what he wanted.

**fournisseur** [fuʀnisœʀ] **nm** (Comm) supplier ; (vendeur) tradesman (GB), merchant, purveyor ; (dépositaire) dealer, stockist (GB), retailer, vendor. ◊ **fournisseur exclusif** sole supplier ; **crédit fournisseur** trade credit ; **comptes fournisseurs** (Compta) accounts payable ; **adressez-vous à votre fournisseur habituel** apply to your local stockist (GB) ou retailer ou dealer.

**fourniture** [fuʀnityʀ] **nf** supply, provision. ◊ **fournitures** supplies ; **fournitures de bureau** office supplies, stationery ; **passer un marché pour la fourniture de** to make a contract for the supply of ; **la fourniture d'aide alimentaire aux pays de l'Est** the provision of food aid to Eastern European countries.

**fournituristes** [fuʀnityʀist(ə)] **nmpl** office suppliers.

**foyer** [fwaje] **nm** (maison) home ; (famille) family, household. ◊ **femme au foyer** housewife ; **foyer fiscal** household considered for tax purposes ; **foyer de perte** loss centre.

**FP** abrév de franchise postale → franchise.

**FPA** [ɛfpea] **nf** abrév de formation professionnelle des adultes → formation.

**fraction** [fʀaksjɔ̃] **nf** (gén) part, fraction, proportion ; (paiement) instalment. ◊ **fraction imposable** taxable part ; **payer par fractions** to pay in instalments.

**fractionnaire** [fʀaksjɔnɛʀ] **adj** fractional. ◊ **livre fractionnaire** day book.

**fractionnement** [fʀaksjɔnmɑ̃] **nm** splitting up, division. ◊ **fractionnement d'actions** (Bourse) stock splitting.

**fractionner** [fʀaksjɔne] **vt** to split up, divide (up). ◊ **action fractionnée** (Bourse) split share ; **horaire fractionné** split schedule ; **paiement fractionné** payment in instalments ; **ordre fractionné** (Bourse) split order ; **écran fractionné** split screen ; **livraison fractionnée** part shipment.

**fragile** [fʀaʒil] **adj** fragile. ◊ **attention fragile** (sur emballage) fragile, (handle) with care ; **les Bourses européennes sont les plus fragiles** European stock markets are (the) most volatile.

**fragiliser** [fʀaʒilize] **vt** économie to weaken.

**fragilité** [fʀaʒilite] **nf** fragility, fragileness, weakness.

**frais, fraîche** [fʀɛ, fʀɛʃ] **1 adj** ◊ **argent frais** (disponible) ready cash.

**2 frais nmpl** (dépenses) expenses ; (coûts) costs ; (prix d'un service) fee(s), charge(s) ; (sur le bilan ou le compte de résultat) charges, expenses. ◊ **avoir de gros frais** to have heavy expenses ou heavy outgoings ; **déduction faite de tous les frais, tous frais déduits** all charges deducted ; **prix à payer tous frais compris** all-inclusive price, price inclusive of all costs and charges ; **entraîner des frais** to involve expenses ; **vos frais seront entièrement pris en charge** your expenses ou expenditure will be entirely covered ; **faux frais** extras, incidental expenses ou costs ; **note de frais** expense account ; **participer aux frais** to bear one's share of the cost ; **tous frais payés** after costs, all-inclusive ; **voyager aux frais de la maison** ou **aux frais de la princesse \*** to travel at the expense of the firm ou at the firm's expense ; **rentrer dans ses frais, couvrir ses frais** to recover one's expenses, get one's money back ; **à peu de frais** at little cost ; **à grands frais** at great cost.

**3 comp frais d'acte** legal fees. – **frais accessoires** fringe ou incidental expenses. – **frais d'agence** agency fees. – **frais d'allège** lighterage. – **frais d'amortissement** amortization ou depreciation charges. – **frais d'approche** (Mktg) market access costs. – **frais bancaires** bank charges. – **frais de commercialisation** selling expenses. – **frais de courtage** brokerage costs ou fees ou charges. – **frais de crédit** finance charges. – **frais de démarrage** start-up ou set-up costs. – **frais de déplacement** travelling expenses ou costs. – **frais de la dette** debt charges. – **frais divers** sundry ou miscellaneous expenses, sundries ; **frais divers de banque** bank charges. – **frais de douane** customs charges. – **frais dus** charges collect. – **frais d'encaissement** collection fees ou costs ou charges. – **frais d'enregistrement** registration charges. – **frais d'entreposage** storage ou warehouse charges. – **frais d'entretien** [maison] cost of upkeep ; [équipement] maintenance cost. – **frais d'envoi, frais d'expédition** forwarding ou shipping charges. – **frais d'établissement** initial expenses, set-up costs. – **frais d'expertise** consultancy fees, expert fees.

– **frais d'exploitation** running costs, operating costs. – **frais de fabrication** production costs. – **frais financiers** (gén) finance ou financial charges, interest expenses, carrying charges ; (crédit) loan charges. – **frais fixes** fixed ou standing expenses ou charges ou costs. – **frais généraux** overheads, oncosts (GB). – **frais de gérance** administrative ou administration ou management expenses ou costs. – **frais de gestion** (charges) running ou management ou administration expenses ou costs ; (prix d'un service) management fees ; (Fin, Banque) management charges ; **frais de gestion de compte** service charge. – **frais d'inscription** registration fees. – **frais d'installation** initial expenses ou costs. – **frais de justice** legal costs ou expenses. – **frais de lancement** start-up ou set-up costs. – **frais de livraison** delivery charges. – **frais de location** rental charges. – **frais de logement** accommodation expenses ou costs. – **frais de magasinage** storage ou warehouse charges. – **frais de main-d'œuvre** labour costs. – **frais de manutention** handling charges ou costs. – **frais de négociation** (Fin) trading charges. – **frais notariés** legalization charges. – **frais à payer** outstanding expenses. – **frais de place** local charges. – **frais de port et d'emballage** postage and packing. – **frais de premier établissement** start-up ou set-up costs, initial expenses. – **frais de procédure** legal costs ou expenses. – **frais professionnels** expense accounts ; **déduction fiscale pour frais professionnels** tax deduction for professional expenses. – **frais de publicité** advertising costs. – **frais de recouvrement** collection fees ou charges. – **frais de remorquage** towage. – **frais de représentation** entertainment allowance, expense account ; **cela passera en frais de représentation** this will go on his expense account. – **frais de sauvetage** salvage charges. – **frais de scolarité** tuition fees. – **frais de stationnement** (Naut, Rail) demurrage. – **frais de timbre** stamp charges. – **frais de transport** transport charges, freightage. – **frais de trésorerie** finance costs. – **frais variables** variable costs ou expenses, proportional costs. – **frais de vente** sales costs ou expenses.

**franc, franche** [fʀɑ̃, fʀɑ̃ʃ] **1 adj** zone, ville, port free. ◊ **biens francs d'hypothèque** clear estate ; **nous avons 30 jours francs avant d'effectuer le paiement** we have 30 clear days before payment must be made ; **franc de port** marchandises carriage-free, carriage-paid ; paquet postage-paid, post-free ; **franc d'avaries** (Ass Mar) free of average ; **franc d'avaries communes** free of general average ; **franc d'avarie particulière** free of particular average.

**2** **nm** (monnaie) franc. ◊ **billet de 100 francs** 100 franc note (GB) ou bill (US) ; **francs convertibles** convertible francs ; **ancien / nouveau franc** old / new franc ; **franc lourd** revalued franc ; **franc français / belge / luxembourgeois / suisse** French / Belgian / Luxembourg / Swiss franc ; **franc CFA** CFA franc *unit of currency used in certain African states* ; **franc or** gold franc ; **franc symbolique** farthing damages ; **demander / obtenir le franc symbolique** to demand / obtain farthing damages.

**français, e** [fʀɑ̃sɛ, ɛz] **1** **adj** French.
**2** **nm** (langue) French.
**3** **Français nm** (habitant) Frenchman. ◊ **les Français** (gens) the French, French people ; (hommes) Frenchmen.
**4** **Française nf** (habitante) Frenchwoman.

**France** [fʀɑ̃s] **nf** France.

**franchir** [fʀɑ̃ʃiʀ] **vt** obstacle to clear, get over ; borne, seuil to overstep, cross, go beyond. ◊ **le chômage a franchi la barre des 2 millions** unemployment broke through ou has gone over the two million mark.

**franchisage** [fʀɑ̃ʃizaʒ] **nm** franchising. ◊ **contrat de franchisage** franchise.

**franchise** [fʀɑ̃ʃiz] **nf** **a** (exonération) exemption. ◊ **franchise de bagages** luggage ou baggage allowance ; **franchise diplomatique** diplomatic privilege ; **franchise douanière** exemption from (customs) duties ; **franchise fiscale** tax exemption ; **il y a une franchise d'impôt pour les intérêts réinvestis** reinvested interest is tax free ou tax exempt ; **franchise postale** (sur enveloppe) = official-paid ; **entrer** ou **être admis en franchise** (Douanes) to enter free of duty ; **faire entrer** ou **importer en franchise** to import duty-free ; **liste des marchandises importées en franchise** (Douanes) free list ; **colis en franchise** duty-free parcel. **b** (Ass) excess (GB), deductible (US). ◊ **franchise obligatoire** compulsory deduction ; **clause de franchise** deductible clause ; **garantie avec franchise** deductible coverage ; **mon assurance automobile comporte une franchise de 1 000 F** my motor insurance policy has a F1,000 excess (GB) ou deductible (US) on collision damage. **c** (Comm) franchise. ◊ **agent / magasin en franchise** franchised dealer / shop (GB) ou store (US). **d** (Banque) **l'emprunt est assorti d'une franchise de remboursement d'un an** repayment of the loan is deferred for one year, there is a one-year deferred repayment period on this loan.

**franchisé, e** [fʀɑ̃ʃize] **1** **adj** ◊ **boutique franchisée** franchise outlet.
**2** **nm** franchisee.

**franchiser** [fʀɑ̃ʃize] **vt** to franchise, grant a franchise to.

**franchiseur** [fʀɑ̃ʃizœʀ] **nm** franchiser, franchisor.

**franchissement** [fʀɑ̃ʃismɑ̃] **nm** [seuil] crossing ; [barre, limite] overstepping.

**franco** [fʀɑ̃ko] **1** **adv** free. ◊ **prix franco** carriage-paid price ; **échantillons franco sur demande** samples sent free on request ; **livraison franco frontière espagnole** delivered free as far as the Spanish border ; **franco de tous frais** free of all charges.
**2** **comp** **franco allège** free overside. **− franco à bord** free on board. **− franco bord bord** free in and out. **− franco camion** free on truck. **− franco dédouané** duty paid. **− franco à domicile** delivery free, free customer's premises. **− franco entrepôt du destinataire** free customer's warehouse. **− franco frontière** free border. **− franco gare** free on rail. **− franco (le) long du bord** free alongside ship. **− franco (le long du) quai** free at wharf ou on quay. **− franco de port** marchandise carriage-free, carriage-paid ; lettre, paquet postage-paid. **− franco de port et d'emballage** postage and packing paid. **− franco de tous frais** free of all charges. **− franco transporteur** free carrier. **− franco (sur) wagon** free on rail.

**frappe** [fʀap] **nf** **a** (Secrétariat) **la lettre est à la frappe** the letter is being typed ; **faute de frappe** typing error ; **qui s'occupe de la frappe des documents ?** who is responsible for typing the documents ? ; **première frappe** top copy ; **machine qui a une belle frappe** typewriter which has a nice typeface ; **double frappe** (Inf) double keying ou stroke. **b** [monnaie] minting.

**frapper** [fʀape] **vt** [gén] [taxes] to hit. ◊ **frapper d'un impôt** to lay a tax on, tax ; **ces nouveaux impôts frappent lourdement les sociétés** these new taxes are hitting companies hard ; **frapper des marchandises d'un droit** to levy a duty on goods ; **la majoration qui frappe les contribuables défaillants** the surcharge imposed upon tax defaulters ; **frapper qn d'une amende** to fine ou impose a fine upon sb ; **frapper de nullité** to render void ; **frappé d'hypothèque** mortgaged ; **b** monnaie to mint, coin.

**fraude** [fʀod] **1** **nf** fraud. ◊ **passer** ou **introduire des marchandises en fraude** to smuggle in goods ; **entaché de fraude** fraudulent ; **vendre des voitures en fraude** to sell cars fraudulently ; **lutter contre la fraude** to fight (against) fraud; **brigade de répression des fraudes** the Fraud Squad (US).

**2** **comp fraude douanière, fraude à la douane** customs evasion ou fraud, smuggling. – **fraude fiscale** tax evasion, tax dodging.

**frauder** [fʀode] **1** **vt** to defraud, cheat, swindle. ◊ **frauder la douane** to defraud the customs; **frauder le fisc** to evade ou dodge taxation.
**2** **vi** (gén) to cheat. ◊ **frauder sur la quantité / sur le poids** to cheat over the quantity / on the weight.

**fraudeur, -euse** [fʀodœʀ, øz] **nm,f** (gén) person guilty of fraud, crook; (Douanes) smuggler; (Impôts) tax evader ou dodger.

**frauduleusement** [fʀodyløzmã] **adv** fraudulently, by fraud.

**frauduleux, -euse** [fʀodylø, øz] **adj** fraudulent. ◊ **bilan frauduleux** doctored ou faked ou fraudulent balance sheet; **faillite frauduleuse** fraudulent bankruptcy; **par des moyens frauduleux** under ou using false pretences.

**frein** [fʀɛ̃] **nm** brake. ◊ **frein à l'achat** disincentive ou dissuading factor for making a purchase; **c'est un frein à l'investissement** it acts as a brake upon investment; **mettre un frein à l'inflation / au chômage** to curb ou check ou stem inflation / unemployment; **coup de frein brutal sur les salaires / sur les prix** clamp down on wages / on prices.

**freinage** [fʀenaʒ] **nm** [expansion] curbing, slowdown; [hausse des salaires] easing, slowdown. ◊ **freinage des importations automobiles** slowdown in car imports.

**freiner** [fʀene] **vt** dépenses, inflation, to put a brake on, curb, slow down, check, stem, damp, dampen (US); chômage to curb, check, stem. ◊ **freiner l'expansion monétaire** to stem ou check ou restrain monetary growth, put a clamp on monetary expansion; **freiner la production** to restrain ou cut back production; **freiner les importations** to stem ou curtail imports.

**freinte** [fʀɛ̃t] **nf** loss of weight. ◊ **freinte de route** loss in weight during transit.

**frémir** [fʀemiʀ] **vi** (Écon : donner des signes de reprise) to show signs of recovery.

**frémissement** [fʀemismã] **nm** tremor. ◊ **un frémissement de l'économie** a slight improvement in the economy; **il y a un frémissement des ventes** sales are beginning to move.

**fréquence** [fʀekãs] **nf** frequency. ◊ **fréquence cumulée / d'écoute / d'exposition** cumulative / listening / exposure frequency; **fré-**

quence d'achat purchase rate; **fréquence moyenne d'achat** average purchase rate.

**fréquentation** [fʀekãtasjõ] **nf** ◊ **la fréquentation des salles de cinéma augmente** the number of people frequenting cinemas is rising.

**fréquenté, e** [fʀekãte] **adj** magasin busy. ◊ **restaurant très fréquenté** busy ou popular restaurant; **grande surface peu fréquentée** a supermarket with few customers, underused supermarket.

**fret** [fʀɛ] **1** **nm** (Aviat, Mar) freight, freightage; (Aut) carriage. ◊ **prendre à fret** to charter; **donner à fret** to freight out; **assiette du fret** basis of freight; **Bourse des frets** shipping exchange; **commission sur fret** freight commission; **prendre du fret** to take in freight; **faux fret** dead freight; **ristourne sur fret** freight rebate; **fret payé assurance comprise jusqu'à** freight and insurance paid to.
**2** **comp fret d'aller** outward freight. – **fret avionné** air freight. – **fret brut** gross freight. – **fret camionné** truck ou road freight. – **fret à forfait** through freight, lump-sum freight. – **fret au kilomètre** distance freight. – **fret au marchandises reçues** freight inward. – **fret payable à l'arrivée** freight collect. – **fret payable à destination** freight payable at destination, freight forward. – **fret payé** freight prepaid (jusqu'à to). – **fret pour tous genres** freight all kinds. – **fret de retour** inward ou home ou return freight. – **fret suivant encombrement** measurement freight. – **fret sur le vide** dead freight. – **fret à temps** time freight. – **fret au tonnage** freight per ton. – **fret de transport différentiel** differential freight rate. – **fret au voyage** voyage freight.

**fréter** [fʀete] **vt** (prendre en location) to charter; (donner en location) to freight out.

**fréteur** [fʀetœʀ] **nm** (Mar) owner. ◊ **fréteur et affréteur** owner and charterer.

**frictionnel, -elle** [fʀiksjonɛl] **adj** ◊ **chômage frictionnel** frictional unemployment.

**frôler** [fʀole] **vt** chiffre to be close to. ◊ **le déficit frôle les 2 milliards de dollars** the deficit is very close to 2 billion dollars.

**front** [fʀõ] **nm** front. ◊ **sur le front des salaires** on the wage front; **front de vente** (Mktg) sales coverage.

**frontalier, -ière** [fʀõtalje, jɛʀ] **1** **adj** région border, frontier. ◊ **travailleurs frontaliers** cross-border workers.
**2** **nm,f** inhabitant of the border ou frontier zone.

**frontière** [fʀõtjɛʀ] **1** **nf** border, frontier.
**2** **adj inv** ◊ **ville / zone frontière** border ou frontier town / zone.

**front-office** [fʀɔ̃tɔfis] **nm** front office.

**fructifier** [fʀyktifje] **vi** [fonds, placement] to yield a profit. ◊ **faire fructifier son argent** to make one's money grow.

**fructueux, -euse** [fʀyktɥø, øz] **adj** fruitful, profitable.

**FS** a abrév de *franc suisse* → franc. b abrév de *faire suivre*.

**FSE** [ɛfɛsə] **nm** abrév de *Fonds social européen* ESF.

**FSM** [ɛfɛsɛm] **nf** abrév de *Fédération syndicale mondiale* WFTU.

**fuite** [fɥit] **nf** ◊ **fuite des capitaux à l'étranger** flight of capital abroad, outflow of capital; **fuite des cerveaux** brain drain.

**fuseau,** pl **-x** [fyzo] **nm** ◊ **fuseau horaire** time zone.

**fusion** [fyzjɔ̃] **nf** [entreprises] merger. ◊ **opérer une fusion** to merge, amalgamate; **fusion légale** statutory merger ou amalgamation; **fusion horizontale** horizontal merger; **fusions et acquisitions** mergers and acquisitions.

**fusionnement** [fyzjɔnmɑ̃] **nm** [entreprises] merger.

**fusionner** [fyzjɔne] **vti** (entreprises) to merge, amalgamate; (Inf) to merge.

**futur, e** [fytyʀ] **1** **adj** besoins future. ◊ **futur client** prospective customer; **ventes futures** future sales.
**2** **futures** **nmpl** (Fin) futures. ◊ **futures sur indices** index futures.

**G** [ʒe] **nm** (Écon) **le G-7** the Group of Seven.

**GAB** abrév de *guichet automatique de banque* → guichet.

**gabarage** [gabaʀaʒ] **nm** lighterage. ◊ **droits de gabarage** lighterage dues.

**gabarit** [gabaʀi] **nm** [camion] size. ◊ **gabarit de chargement** loading gauge.

**gabegie** [gabʒi] **nf** waste (due to mismanagement).

**Gabon** [gabɔ̃] **nm** Gabon.

**gabonais, e** [gabɔnɛ, ɛz] **1 adj** Gabonese. **2 Gabonais nm** (habitant) Gabonese. **3 Gabonaise nf** (habitante) Gabonese.

**gâchage** [gaʃaʒ] **nm** (Écon) **gâchage des prix** (excessive) price cutting.

**gâcher** [gaʃe] **vt** (gén) to waste. ◊ **gâcher les prix** (Écon) to cut prices excessively; **prix gâché** undercut price.

**gâchis** [gaʃi] **nm** (gaspillage) waste.

**gadget** [gadʒɛt] **nm** (dispositif) gadget; (astuce) gimmick, contraption. ◊ **gadget publicitaire** advertising gimmick.

**GAEC** [gaɛk] **nm** abrév de *groupement agricole d'exploitation en commun* → groupement.

**gage** [gaʒ] **nm** **a** (dépôt de garantie) security, pledge, surety, gage. ◊ **gage immobilier** pledge of real property; **gage hypothécaire** mortgage; **gage mobilier** pledge of movables; **mettre en gage** (au mont-de-piété) to pawn (at the pawnbroker's), pledge, hock\* (US); **il a mis sa montre en gage** he pawned ou pledged ou hocked\* (US) his watch, he gave his watch as a pledge; **déposer qch en gage** (Fin) to leave sth as (a) security; **détenir en gage** to hold in pledge; **donner en gage** to pledge, pawn; **emprunter sur gage** to borrow on pledge ou on secur-

ity; **laisser en gage** to leave as security ou on deposit; **contrat de gage** pledge; (mont-de-piété) pledge, bailment; **crédit sur gage** credit against securities held in pawn, secured credit; **gage non retiré** unredeemed pledge; **lettre de gage** mortgage bond; **mise en gage** pawning, pledging; **prêteur sur gages** pawnbroker; **réalisation du gage** execution; **valeur en gage** value as pledge. **b** (fig) (assurance) guarantee; (preuve) proof, evidence. ◊ **la coopération des milieux bancaires est un gage de notre succès** bankers' cooperation will guarantee our success; **le gouvernement a donné des gages aux syndicats** the government has given a pledge to the trade unions; **en gage de notre bonne foi** as a token of our good faith. **c** (paie) **gages** wages, pay; **être aux gages de qn** to be employed by sb, be in the pay of sb.

**gagé, e** [gaʒe] **adj** (Jur) biens, meubles under distraint. ◊ **emprunt** ou **prêt gagé** secured loan; **marchandises gagées** distrained goods; **recettes non gagées** unassigned revenue; **titres gagés** securities in pawn.

**gageable** [gaʒabl(ə)] **adj** pawnable.

**gager** [gaʒe] **vt** (Fin) emprunt, émission to guarantee, secure.

**gageur** [gaʒœʀ] **nm** pledger.

**gagiste** [gaʒist(ə)] **nm** (Fin) (créancier) **gagiste** pledgee, pawnee, tied creditor.

**gagnant, e** [gaɲɑ̃, ɑ̃t] **1 adj** billet winning. ◊ **la partie gagnante** (Jur) the winning party. **2 nm,f** winner.

**gagne-pain**\* [gaɲpɛ̃] **nm inv** (métier) job.

**gagner** [gaɲe] **1 vt a** (être payé) to earn. ◊ **gagner sa vie** to earn one's living; **il gagne bien sa vie** he earns a good wage, he makes a good living; **gagner beaucoup d'argent** [personne] to make a lot of money, make big money; [entreprise] to make large ou huge profits; **la majeure partie de la population gagne à peine de quoi vivre** the major part of the population earns a bare living; **revenu gagné / non gagné** earned / unearned income; **cela constitue un manque à gagner** it represents a loss of profits ou earnings. **b** (fig : conquérir) part de marché to gain, capture. ◊ **gagner un nouveau public** to win over a new audience; **il a su se gagner certains appuis** he managed to win some support; **les exportateurs allemands gagnent du terrain** German exporters are gaining ground; **le chômage gagne d'autres secteurs** unemployment is spreading to other sectors; **l'indice a gagné 15 points** (Bourse) the index put on ou rose ou gained 15 points. **c** (économiser) to save. ◊ **l'informatisation de ce service nous ferait gagner du temps** computerizing this department would save us time. **d** bataille to win. ◊ **gagner son procès** to win one's case.

**2** vi (gén) to win; (profiter) to gain; (se propager) [chômage, inflation] to spread, gain ground. ◊ **les exportateurs américains ont gagné à la baisse du dollar** US exporters benefited ou gained by the dollar drop; **notre réputation y gagnera** it will add to our reputation; **nous n'avons rien à gagner** we have nothing to gain; **qu'y gagnerons-nous ?** what shall we get out of it ou gain from ou by it?; **gagner au change** to make something on the deal, benefit by the exchange.

**gain** [gɛ̃] nm **a** [salarié] earnings, wages; [entreprise] gains, earnings, profits; (Bourse) profits. ◊ **gain accessoire** side profit; **gain financier direct** direct capital gain; **gains de change** foreign exchange gains; **gains illicites** illicit gains; **gains et pertes** gains and losses; **réaliser des gains** to make profits. **b** (progression) gain, increase. ◊ **gain du pouvoir d'achat** increase in purchasing power, general price-level gain; **gain de productivité** productivity gain. **c** (économie) saving. ◊ **gain de temps / d'argent** saving of time / money; **l'informatique permet un gain de temps** the computer saves time.

**galerie** [galʀi] nf ◊ **galerie marchande** shopping mall ou arcade ou centre, mart, shopping precinct.

**Galles** [gal] nfpl ◊ **le pays de Galles** Wales.

**gallois, e** [galwa, waz] **1** adj Welsh.
**2** nm (langue) Welsh.
**3** **Gallois** nm (habitant) Welshman. ◊ **les Gallois** the Welsh.
**4** **Galloise** nf (habitante) Welshwoman.

**galopant, e** [galɔpɑ̃, ɑ̃t] adj inflation galloping, runaway, spiralling.

**Gambie** [gɑ̃bi] nf Gambia.

**gambien, -ienne** [gɑ̃bjɛ̃, jɛn] **1** adj Gambian.
**2** **Gambien** nm (habitant) Gambian.
**3** **Gambienne** nf (habitante) Gambian.

**gamme** [gam] nf [produits] range, line; [options, coloris] range. ◊ **stratégie de gamme** line strategy; **étendre sa gamme de produits** to widen one's product range ou line; **ils offrent une gamme de services très large** they offer a very wide range ou spectrum of services; **toute la gamme des stimuli fiscaux** the whole range ou gamut of tax stimuli; **gamme des opérations** ou **de fabrication** (Ind) operation ou route sheet; **le bas / le haut de gamme** the bottom / the top (end) of the line ou range; **la gamme moyenne-haute** the upper middle of the range; **article de haut de gamme** top-of-range product, top-of-the-line product, upscale ou upmarket product; **voiture haut / bas de gamme** car at the top / lower end of the range, up-market / down-market car, top-end / bottom-end car; **ordinateur milieu de gamme** a medium range ou midrange computer; **ils se positionnent en bas de gamme** they position themselves at the bottom end of the market.

**garant, e** [gaʀɑ̃, ɑ̃t] nm,f guarantor, surety (de for). ◊ **garant d'une dette** surety for a debt; **garant en faillite** bankrupt surety; **garant solidaire** joint surety; **le garant d'une lettre de change** the endorser ou guarantor of a bill; **servir de garant à qn** to stand surety for sb, stand ou act as a guarantor for sb, go guarantee for sb; **je lui sers de garant pour cet emprunt** I guarantee him for this loan, I am his guarantor for this loan; **être** ou **se porter garant de qch** to be answerable ou responsible for sth.

**garanti, e** [gaʀɑ̃ti] **1** adj **a** (gén, Comm) guaranteed. ◊ **salaire minimum garanti** guaranteed minimum wage; **garanti à l'usage** guaranteed for normal use; **garanti contre la rouille** guaranteed rust-proof; **garanti par l'État** state-guaranteed; **garanti pure soie** warranted ou guaranteed pure silk; **remboursement garanti sur tous nos articles** money-back guarantee with all items; **cette montre est garantie cinq ans** this watch carries a five-year guarantee ou is guaranteed for five years. **b** (Ass) risque covered, insured. ◊ **montant garanti** insured sum. **c** (Fin) emprunt, dette guaranteed, secured; obligation, action guaranteed; émission underwritten. ◊ **effet de commerce garanti** secured note; **avances garanties** advances against securities.
**2** **garantie** nf **a** (Comm) guarantee, warranty. ◊ **sans garantie** unwarranted; **sous**

**garantie** under guarantee; **ce n'est plus sous garantie** it is no longer guaranteed; **bon de garantie** guarantee slip; **bulletin** ou **certificat de garantie** certificate of guarantee; **carte de garantie** warranty card; **délai** ou **durée de garantie** period of guarantee; **date d'expiration de la garantie** guarantee deadline, guarantee expiry date; **label de garantie** guarantee label ou stamp; **limite de la garantie** extent of the guarantee; **rupture de la garantie** breach of guarantee; **breveté sans garantie du gouvernement** patented without government guarantee. **b** (aval) guarantee; (protection) guarantee, safeguard; (caution, gage) surety, security. ◊ **sans garantie** (Fin) unsecured; **avance sur garantie** advance against security; **emprunt sans garantie** unsecured loan; **engagement de garantie** surety bond; **fonds de garantie** (Banque) guarantee fund, deposit insurance scheme (US); **déposer des titres en garantie** to lodge stocks as security ou as cover, collateralize (US); **détenir des titres en garantie** to hold stocks as security; **donner / exiger des garanties** to give / ask for guarantees; **donner sa garantie à** to stand surety ou security for, be guarantor for; **fournir une garantie financière** to give a security; **prendre des garanties, s'entourer de garanties** to obtain securities ou safeguards, find securities; **prêter sur garantie** to lend money against security; **verser 5 000 F en garantie, verser un dépôt de garantie de 5 000 F** to leave a deposit of F5,000. **c** (Ass) guaranty, cover, coverage. ◊ **les garanties de ce contrat** the coverage under this policy; **garantie responsabilité civile** legal liability cover ou coverage; **lettre de garantie** letter of indemnity; **plafond** ou **limitation de garantie** limit of cover ou coverage; **étendue de la garantie** scope of cover ou coverage. **d** (Bourse) cover. ◊ **dépôt de garantie** margin cover. **e** (Banque) underwriting. ◊ **contrat de garantie** underwriting contract; **certificat de garantie hypothécaire** mortgage guarantee certificate, GNMA certificate; **syndicat de garantie** underwriting syndicate, purchase group (US). **3** comp **garantie de l'acceptation** acceptance guarantee. – **garantie additionnelle** (Jur) collateral security. – **garantie bancaire** bank guarantee. – **garantie de bonne fin** performance ou contract ou bid bond. – **garantie contractuelle** contract guarantee. – **garantie d'exécution** performance ou contract guarantee, bid bond. – **garantie expresse** express warranty. – **garantie de change** (risque) exchange guarantee; (engagement) forward exchange covering. – **garantie de diffusion** (Mktg) audience guarantee.

– **garantie dommages incendie** (Ass) fire cover. – **garantie à l'exportation** export guarantee. – **garantie illimitée** unlimited guarantee, (Ass) unlimited coverage. – **garantie implicite** implied guarantee. – **garantie individuelle** (Comm) personal ou individual guarantee. – **garantie irrécouvrable** dead security. – **garantie en numéraire** surety in cash. – **garantie d'origine** guarantee ou certificate of origin. – **garantie pécuniaire** financial guarantee. – **garantie personnelle** (Fin) personal security. – **garantie de provenance** guarantee ou certificate of origin. – **garanties réelles** tangible security. – **garantie de remboursement** repayment guarantee. – **garantie de ressources** income maintenance. – **garantie du risque économique** (Ass) insurance coverage of economic risk. – **garanties statutaires** statutory guarantees (Jur). – **garantie solidaire** joint guarantee. – **garantie de solvabilité** guarantee of solvency. – **garantie de soumission** tender guarantee. – **garantie tacite** implied guarantee. – **garantie de taux plafond** (Fin) cap. – **garantie de taux plancher** (Fin) floor. – **garantie totale** (Ass) full cover.

**garantir** [gaʀɑ̃tiʀ] **1** vt **a** (gén) to guarantee, warrant (US). ◊ **nous garantissons la livraison dans les délais impartis** we guarantee that we will meet delivery deadlines. **b** (Ass) risque to cover, insure. ◊ **nous ne pouvons pas garantir les risques de change** we cannot cover exchange risks. **c** (Fin) emprunt, dette, créance to guarantee, secure; émission to underwrite. ◊ **la lettre de crédit garantit que vous serez payé à temps** the letter of credit insures that you are paid on time. **2** se garantir vpr (Bourse) to hedge oneself.

**garçon** [gaʀsɔ̃] nm boy. ◊ **garçon de bureau** office boy; (plus âgé) office assistant; **garçon de courses** errand boy; (plus âgé) messenger; **garçon livreur** delivery boy; (plus âgé) delivery man.

**garde** [gaʀd(ə)] **1** nf **a** (Admin, Fin) keeping, safe custody, custodianship (US). ◊ **garde des titres** safe custody of securities; **délai de garde** (Poste) time of keeping; **droits de garde** (Banque) maintenance ou handling charges, custodian (US) ou safe-keeping fees; **déposer des titres en garde** to place securities in safe custody; **prendre en garde** to receive ou accept in custody. **b** **mise en garde** warning. **2** nm [propriété] warden. ◊ **garde des Sceaux** French Minister of Justice, ≈ Lord Chancellor (GB), ≈ Attorney General (US).

**garde-magasin,** pl **gardes-magasin(s)** [gaʀdmagazɛ̃] nm warehouseman.

**garde-meuble,** pl **garde-meuble(s)** [gaʀdəmœbl(ə)] nm furniture storehouse.

**garder** [gaʀde] **1** vt **a** (surveiller) local to look after. **b** (conserver) (gén) to keep; droits, ancienneté to retain. ◊ **gardez la monnaie** keep the change; **garder une trace écrite de qch** to keep a record of sth; **garder à l'abri de l'humidité** keep dry. **2** **se garder** vpr ◊ **nous devons nous garder contre les risques de change** we must guard ou hedge ourselves against exchange risks.

**gardien, -ienne** [gaʀdjɛ̃, jɛn] nm,f [usine, bureaux] guard. ◊ **gardien de nuit** night watchman ou guard; **gardien chargé de la sécurité** security guard.

**gardiennage** [gaʀdjɛnaʒ] nm [usine, bureaux] guarding, security. ◊ **société de gardiennage** security company.

**gare** [gaʀ] **1** nf station. ◊ **gare d'arrivée / de départ** station of arrival / departure, arrival / departure station; **gare expéditrice** ou **d'expédition** sending ou forwarding station; **gare réceptrice** ou **de destination** ou **destinataire** receiving station; **prix gare de départ** at station price; **franco gare de départ** free at sending station. **2** comp **gare de marchandises** goods station, freight depot (US). − **gare maritime** harbour station. − **gare routière** [camions] haulage depot; [autocars] coach (GB) ou bus (US) station. − **gare de triage** marshalling yard, classification yard (US). − **gare de transit** transit station. − **gare de voyageurs** passenger station.

**garni, e** [gaʀni] adj ◊ **bien garni** carnet de commandes well-filled; rayon de magasin well-stocked.

**garnir** [gaʀniʀ] **1** vt boîte to fill; rayons to stock (de with). **2** **se garnir** vpr [carnet de commandes] to thicken, to get fat.

**gas-oil** [gazɔjl] nm diesel oil.

**gaspillage** [gaspijaʒ] nm [temps] waste; [argent] waste, squandering.

**gaspiller** [gaspije] temps to waste; argent to waste, squander.

**gaspilleur, -euse** [gaspijœʀ, øz] **1** adj wasteful. **2** nm, f (gén) waster, wastemaker; [argent] squanderer, spendthrift.

**gâteau,** pl **-x** [gato] nm cake. ◊ **se partager le gâteau*** to share out the profit ou the loot*, cut the melon; **chaque pays voudrait sa part du gâteau informatique** each country would like a piece of the computer pie (US) ou would like a share ou a slice of the computer cake.

**gâter** [gate] **1** vt (abîmer) relations to spoil, mar. **2** **se gâter** vpr [relations] to take a turn for the worse, turn sour, deteriorate.

**gaz** [gaz] nm gas. ◊ **gaz de ville** town gas; **usine à gaz** gasworks.

**gazoduc** [gazɔdyk] nm gas pipeline.

**gazole** [gazɔl] nm diesel oil.

**GDF** [ʒedeɛf] nm abrév de *Gaz de France* French gas board.

**géant, e** [ʒeɑ̃, ɑ̃t] **1** adj giant. ◊ **entreprise géante** jumbo sized company. **2** nm giant. ◊ **géant de l'automobile** car giant.

**gel** [ʒɛl] nm [dettes, capitaux] freezing. ◊ **le gel des salaires par le gouvernement** the freezing of wages by the government; **protester contre le gel des salaires** to protest against the wage freeze; **politique de gel monétaire** credit freeze policy.

**geler** [ʒ(ə)le] vt prix, crédits, salaires, dettes, capitaux to freeze. ◊ **compte gelé** frozen account; **les avoirs de ce pays ont été gelés** this country's assets have been frozen, there has been a clampdown on this country's assets.

**gêne** [ʒɛn] nf **a** (difficultés financières) financial straits ou difficulties ou embarrassment. ◊ **gêne de trésorerie** shortage ou lack of cash. **b** (obstacle) hindrance.

**gêné, e** [ʒene] (sans argent) short (of money), hard up*, financially embarrassed.

**gêner** [ʒene] vt **a** (déranger) projet, commerce to hamper, hinder, impede. ◊ **cette décision va gêner la reprise économique** this decision will hamper the economic recovery. **b** (financièrement) to put in financial difficulties. ◊ **ces pertes de change vont nous gêner considérablement** these exchange losses are really going to make things tight for us.

**général, e,** mpl **-aux** [ʒeneʀal, o] adj general. ◊ **un aperçu général du projet** a general outline ou an overall view of the project; **une hausse générale des prix** an across-the-board rise in prices; **la tendance générale du marché** the overall trend of the market; **agence générale** general agency; **agent général** general agent; **assemblée générale (annuelle)** (annual) general meeting; **budget général** master budget; **comptabilité générale** financial accounting; **conditions générales de vente** general sales terms; **directeur général** general manager, chief executive officer; **la direction générale** (siège) the head office; (dirigeants) the general management; **frais généraux** overhead expenses, overheads, oncosts; **grève**

**générale** general ou all-out strike; **grand livre général** impersonal ledger; **hypothèque générale** blanket mortgage; **procuration générale** general power; **secrétaire général** [entreprise, syndicat] general secretary; [organisation internationale] secretary general.

**généralisable** [ʒeneʀalizabl(ə)] **adj** mesure which can be applied generally (à to).

**généralisation** [ʒeneʀalizɑsjɔ̃] **nf** generalization.

**généraliser** [ʒeneʀalize] **1 vt** technique to put into general use.

**2 se généraliser vpr** [technique] to become widespread, come into general use. ◊ **la grève s'est généralisée** the strike spread to every sector.

**générateur, -trice** [ʒeneʀatœʀ, tʀis] **adj** ◊ **produit générateur de pertes** loss-making product, loss-maker; **industries génératrices d'emplois** industries leading to job creation, job-creating industries.

**génération** [ʒeneʀɑsjɔ̃] **nf** generation. ◊ **un ordinateur de la cinquième génération** a fifth-generation computer.

**générer** [ʒeneʀe] **vt** profits, emplois, idées to generate.

**générique** [ʒeneʀik] **adj** stratégie, terme generic. ◊ **produits génériques** generic ou unbranded products.

**génie** [ʒeni] **nm a** (personne, don) genius. **b** (techniques) engineering. ◊ **génie atomique / civil / génétique / mécanique** atomic / civil / genetic / mechanical engineering.

**géomètre** [ʒeɔmɛtʀ(ə)] **nm** surveyor.

**Géorgie** [ʒeɔʀʒi] **nf** Georgia.

**géorgien, -ienne** [ʒeɔʀʒjɛ̃, jɛn] **1 adj** Georgian.
**2 nm** (langue) Georgian.
**3 Géorgien nm** (habitant) Georgian.
**4 Géorgienne nf** (habitante) Georgian.

**gérable** [ʒeʀabl(ə)] **adj** manageable. ◊ **cette organisation n'est pas gérable** this organization is unmanageable.

**gérance** [ʒeʀɑ̃s] **nf** [magasin, entreprise] management. ◊ **gérance libre** management agreement; **gérance de portefeuille** portfolio management; **gérance salariée** ou **appointée** salaried management; **en gérance** run by a manager; **contrat de gérance** management agreement ou contract; **mettre** ou **donner qch en gérance** to appoint a manager for sth; **prendre un commerce en gérance** to take over the management of a business.

**gérant** [ʒeʀɑ̃] **nm** [usine, magasin, société] manager; [immeuble] managing agent. ◊ **gérant**

**domestique** (Bourse) domestic portfolio manager; **gérant de fonds** fund ou money manager; **gérant de portefeuille** portfolio manager; **associé-gérant** active partner; **cogérant** joint manager; **directeur-gérant** managing director; **gérant de succursale** branch manager.

**gérante** [ʒeʀɑ̃t] **nf** manageress.

**gérer** [ʒeʀe] **vt** entreprise, boutique, projet to manage, run; produit to handle; fortune to manage, administer. ◊ **une entreprise bien / mal gérée** a well-run / mismanaged company; **gérer la pénurie** to manage scarcity; **géré par ordinateur** computer-managed, computer-based.

**gestion** [ʒɛstjɔ̃] **1 nf a** [entreprise, usine] management, administration; [projet, budget] management; (Ass) [sinistres] handling; (Inf) management. ◊ **comité de gestion** managing board, management committee; **conseil en gestion** (personne) management consultant; (action) management consultancy; **école / études de gestion** business school / studies; **mauvaise gestion** mismanagement, bad management; **frais de gestion** (dépenses) administrative ou managing expenses; (Fin) management charges ou fees; **société / outil / ratio de gestion** management company / tool / ratio; **système intégré de gestion** management information system; **technique de gestion** management technique, managerial process. **b** (administration financière) financial management ou administration. ◊ **comptabilité de gestion** management accounting; **contrôle de gestion** controlling, management ou cost accounting; **contrôleur de gestion** controller, management ou cost accountant; **il est responsable de la gestion dans cette entreprise** he is responsible for accounting and finance ou for financial management in this company, he manages the finances in this company; **le département gestion d'une école de commerce** the Finance and Accounting Department of a business shool; **informatique / ordinateur de gestion** business data processing / computer.
**2 comp gestion de l'actif et du passif** assets and liabilities management. **– gestion administrative** administration, administrative management. **– gestion automatisée** computer-assisted ou computerized management. **– gestion autonome** self-management. **– gestion de bases de données** data base management; **système de gestion de bases de données** data base management system. **– gestion budgétaire** budget(ary) control, budget management. **– gestion de caisse** cash management. **– gestion de**

**carrière** career management. **– gestion cellulaire** divisional management. **– gestion centralisée** centralized management ou administration. **– gestion collective** collective ou group management. **– gestion décentralisée** decentralized management ou administration. **– gestion de la demande** demand management. **– gestion de l'économie** economic management. **– gestion des effectifs** manpower management. **– gestion des entreprises** corporate management. **– gestion par exception** management by exception. **– gestion de fichiers** file management ou maintenance. **– gestion financière (des entreprises)** financial management, corporate financing. **– gestion fiscale** tax planning. **– gestion par fonctions** functional management. **– gestion de fonds** fund management. **– gestion informatisée** computerized management. **– gestion intégrée de projets** integrated project management, integrated management system. **– gestion par objectifs** management by objectives. **– gestion obligataire** (Fin) bond management. **– gestion par ordinateur** computerized management. **– gestion participative** participative management. **– gestion personnalisée** customized management. **– gestion du personnel** personnel management. **– gestion de portefeuille** portfolio management. **– gestion prévisionnelle** forward planning. **– gestion de (la) production** production management; **gestion de la production assistée par ordinateur** computer-assisted production management. **– gestion de** ou **du produit** brand ou product management. **– gestion de projet** project management. **– gestion de réseau** (Inf) network management. **– gestion des ressources humaines** human resource management. **– gestion des risques** risk management. **– gestion de risque de taux** (Fin) interest rate risk management. **– gestion par service** divisional management. **– gestion de sinistres** (Ass) claims handling. **– gestion sociale** human resource management, management of industrial relations, social management. **– gestion des stocks** stock (GB) ou inventory (US) control. **– gestion de trésorerie** cash management. **– gestion des ventes** sales management.

**gestionnaire** [ʒɛstjɔnɛʀ] **1 adj** service, organisme administrative, management. ◊ **compte gestionnaire** management account.
**2 nmf** (gén) administrator, manager; (financier) financial ou finance manager; (Inf)

manager. ◊ **les tâches du gestionnaire** the management functions.
**3 comp gestionnaire de compte** account officer. **– gestionnaire de données** (Inf) data manager. **– gestionnaire de fichiers** file manager. **– gestionnaire de fonds** fund manager. **– gestionnaire de portefeuille** portfolio manager. **– gestionnaire de stocks** stock ou inventory controller ou manager. **– gestionnaire unique** sole manager.

**Ghana** [gana] **nm** Ghana.

**ghanéen, -enne** [ganeɛ̃, ɛn] **1 adj** Ghanaian. **2 Ghanéen nm** (habitant) Ghanaian. **3 Ghanéenne nf** (habitante) Ghanaian.

**Gibraltar** [ʒibʀaltaʀ] **nm** Gibraltar.

**GIE** [ʒeiə] **nm** abrév de *groupement d'intérêt économique* → groupement.

**gigantisme** [ʒigɑ̃tism(ə)] **nm** gigantic size ou proportion. ◊ **une entreprise atteinte de gigantisme** a firm that suffers from over-expansion on a gigantic scale.

**gigaoctet** [ʒigaɔktɛ] **nm** gigabyte.

**gisement** [ʒizmɑ̃] **nm** [houille, fer] deposit. ◊ **gisement de pétrole** oil field ou deposit; **gisement d'emplois** labour basin ou reservoir; **emprunts de gisement** (Fin) underlying loans.

**GL** abrév de *grand-livre* led., ledger.

**glissade** [glisad] **nf** [cours, prix] skid, slip; [monnaie] slide, drop. ◊ **on note une certaine glissade de l'indice des prix de septembre** the September price index skidded noticeably.

**glissement** [glismɑ̃] **nm** [monnaie] slide; [production] slippage; [cours, prix] slip. ◊ **il y a eu un nouveau glissement des salaires** wages have slid ou gone out of control again, wages are sliding up again; **un nouveau glissement vers le bas du dollar** a further drop in the dollar exchange rate; **glissement de fonction** shift in one's responsibilities; **une augmentation annuelle de 3,5% en glissement** a yearly 3.5% slide; **glissement catégoriel** a shift in grade; **un glissement dans la définition du projet** a shift in the definition of the project.

**glisser** [glise] **vi** [prix] to skid. ◊ **les salaires glissent depuis le début de l'année** wages have been sliding up since early this year; **le dollar a glissé à son niveau du mois dernier** the dollar slipped back to its last month's level; **le pays glisse à nouveau dans l'inflation** the country is slipping back into inflation.

**glissière** [glisjɛʀ] **nf** ◊ **chargement sur glissière** roll on / roll off.

**global, e,** mpl **-aux** [glɔbal, o] **adj** (gén) global; rendement, estimation overall; demande, offre, valeur aggregate. ◊ **résultat global** overall ou aggregate result; **contrat global** global contract, package deal; **masse globale des rémunérations** payroll, pay packet; **règlement global** lump sum settlement.

**globalement** [glɔbalmã] **adv** globally.

**globalisation** [glɔbalizasjõ] **nf** [marché] globalization.

**globaliser** [glɔbalize] **vt** to globalize. ◊ **nous essayerons de globaliser les dépenses** we shall try and lump expenses together.

**Go** abrév de *gigaoctet.*

**GO** abrév de *garantie d'origine* → garantie.

**gondole** [gõdɔl] **nf** (dans un magasin) gondola, island shelves, display unit. ◊ **tête de gondole** gondola head.

**gonflage** [gõflaʒ] **nm** [prix] inflation; [effectifs] swelling; (Mktg) [marque] blow-up.

**gonflé, e** [gõfle] **adj** prix inflated, exaggerated.

**gonflement** [gõfləmã] **nm** [prix, chiffre d'affaires] inflation (*de* of); [personnel, masse monétaire] swelling (*de* of), increase (*de* in); [crédit, dette] expansion (*de* of). ◊ **gonflement des dépenses** (augmentation) overspending; (exagération de la réalité) inflated spending figures.

**gonfler** [gõfle] **vt** prix, résultat to inflate; effectifs, nombre de chômeurs, compte to swell. ◊ **gonfler un budget** to inflate ou pad (US) a budget; **les résultats du commerce extérieur ont été gonflés** export figures have been grossly inflated; **les effectifs restent toujours exagérément gonflés dans ce secteur** there is still heavy overmanning ou overstaffing in this sector.

**goulet** [gulɛ] **nm** (Écon) goulet (d'étranglement) bottleneck; **goulet d'étranglement externe** external bottleneck.

**goulot** [gulo] **nm** (Écon) goulot (d'étranglement) bottleneck.

**gourde** [guʀd(ə)] **nf** gourde.

**gouvernement** [guvɛʀnəmã] **nm** government, administration (US).

**gouvernemental, e,** mpl **-aux** [guvɛʀnəmãtal, o] décision, projet, institution government, governmental. ◊ **l'équipe gouvernementale** the Cabinet.

**gouverner** [guvɛʀne] **vt** to govern, rule.

**gouverneur** [guvɛʀnœʀ] **nm** governor.

**GPAO** [ʒepeao] **nf** abrév de *gestion de la production assistée par ordinateur* → gestion.

**grâce** [gʀɑs] **nf** (Comm) **délai de grâce** days of grace, grace period; **à 3 jours de grâce** at 3 days grace.

**gracieusement** [gʀasjøzmã] **adv** (Comm) gratuitously, free of charge, without charge.

**gracieux, -ieuse** [gʀasjø, jøz] **adj** (Comm) gratuitous. ◊ **abonnement gracieux** complimentary subscription; **à titre gracieux** gratuitously, free of charge, without charge; **exemplaire envoyé à titre gracieux** complimentary ou presentation copy.

**grade** [gʀad] **nm** (Admin) rank. ◊ **le plus élevé en grade** the senior in rank; **monter en grade** to be promoted, get (a) promotion; **être promu au grade de contremaître** to be promoted supervisor.

**gradé** [gʀade] **nm** ◊ **gradé de banque** bank officer.

**graduation** [gʀadɥasjõ] **nf** (Mktg) sealing, rating.

**gramme** [gʀam] **nm** gramme.

**grand, e** [gʀã, gʀãd] **adj** **a** (gén, Comm) **la grande distribution** supermarkets; **grand magasin** department store; **grande marque** major brand, nationally recognized trademark ou brand; **grande série** mass production; **fabriquer en grande série** to mass-produce; **marché grand public** consumer ou retail market; **distribution grand public** retail distribution. **b** (Compta) **grand livre** ledger; **grand livre des comptes clients / des fournisseurs** accounts receivable / accounts payable ledger; **grand livre général** general ledger, GL.

**Grande-Bretagne** [gʀãdbʀətaɲ] **nf** Great Britain.

**grandeur** [gʀãdœʀ] **nf** (taille) size. ◊ **échelle de grandeurs** scale of sizes; **par ordre de grandeur** by size.

**graphe** [gʀaf] **nm** (Stat) graph. ◊ **graphe des cours de clôture** (Fin) close only chart; **graphe en ligne** line chart.

**graphique** [gʀafik] **1** **nm** (diagramme) graph, chart. ◊ **graphique d'acheminement** flowchart; **graphique à barres** ou **à tuyaux d'orgue** bar chart; **graphique en courbe** line chart; **graphique en dents de scie** Z-chart; **graphique en escalier** staircase chart; **graphique d'évolution** flow chart; **graphique du point mort** ou **de rentabilité** break-even chart, profit graph (US); **graphique à secteurs** ou **circulaire** sector ou pie chart; **ce graphique montre les progrès réalisés l'an dernier** this graph charts the progress made last year.
**2** **adj** affichage, traceur, visualisation graphic. ◊ **informatique graphique** graphic data processing, computer graphics; **logiciel**

**graphique** graphic(s) software; **unité d'affichage graphique** graphic display unit.

**graphisme** [gʀafism(ə)] **nm** graphics.

**graphiste** [gʀafist(ə)] **nmf** (gén) graphic designer; (Bourse) chartist.

**gratification** [gʀatifikasjɔ̃] **nf** bonus, incentive, push money (US).

**gratis** [gʀatis] **1 adj** free.
**2 adv** free, for nothing, gratis, without payment.

**gratuit, e** [gʀatɥi, ɥit] **1 adj** free. ◊ **entrée gratuite** admission free; **à titre gratuit** free of charge, without payment, without valuable consideration; **échantillon gratuit** free sample; **envoi gratuit sur demande** (sur prospectus) post on application, yours for the asking; **action gratuite** (Bourse) bonus share; **attribution d'actions gratuites** capitalization issue; **assistance judiciaire gratuite** legal aid; **crédit gratuit** interest-free credit; **la livraison est gratuite** there is no charge for delivery.
**2 nm** (journaux d'annonces) **les gratuits** free sheets.

**gratuité** [gʀatɥite] **nf** exemption from payment. ◊ **gratuité des transports publics** free public transport.

**gratuitement** [gʀatɥitmɑ̃] **adv** entrer free; transporter for nothing, free of charge.

**gré** [gʀe] **nm** ◊ **traiter / vendre de gré à gré** to deal / sell by private contract; **marché de gré à gré** (Bourse) over-the-counter; **règlement de gré à gré** (gén) amicable settlement; (Ass) settlement by negotiation.

**grec, grecque** [gʀɛk] **1 adj** Greek.
**2 nm** (langue) Greek.
**3 Grec nm** (habitant) Greek.
**4 Grecque nf** (habitante) Greek.

**Grèce** [gʀɛs] **nf** Greece.

**greffe** [gʀɛf] **nm** [tribunal] Clerk's Office (of courts).

**greffier** [gʀefje] **nm** [tribunal] clerk (of the court).

**grève** [gʀɛv] **nf** strike. ◊ **meneur / mot d'ordre / mouvement / piquet / préavis de grève** strike leader / call / movement / picket / notice; **briseur de grève** scab, strike breaker, blackleg; **usine en grève** striking factory; **vague de grèves** spate of strikes; **se mettre en grève** to go on strike, strike, take industrial ou strike action, come out on strike, down tools; **être en grève** to be (out) on strike, be striking; **appeler à la grève, lancer un mot d'ordre de grève** to call a strike; **annuler un mot d'ordre de grève** to call off a strike; **poursuivre la grève** to keep on striking; **voter la grève** to take a strike

vote; **déclencher une grève de solidarité** to strike ou come out in sympathy; **l'usine est paralysée par la grève** the factory is strike-bound; **l'usine a été en grève pendant un mois** the factory was struck ou has been on strike for a month.
**2 comp grève d'avertissement** warning strike. — **grève bouchon** key ou disruptive ou thrombosis strike. — **grève des bras croisés** sit-down strike, down-tooling. — **grève générale** general ou all-out strike. — **grève illégale** outlaw strike, unauthorized strike. — **grève de l'impôt** tax strike. — **grève avec occupation des locaux** stay-in ou sit-in strike. — **grève organisée** official strike. — **grève perlée** selective strike ou strike action, ca'canny strike. — **grève avec préavis** official strike. — **grève sans préavis** lightning strike. — **grève de protestation** protest strike. — **grève sauvage** wildcat strike, unofficial strike. — **grève de solidarité** ou **de soutien** (gén) sympathy ou sympathetic strike; (dans un même secteur) secondary strike. — **grève surprise** lightning ou quickie ou snap strike. — **grève symbolique** token strike. — **grève sur le tas** sit-down strike. — **grève totale** all-out strike. — **grève tournante** strike by rota ou by turns (GB), staggered strike, hit-and-run strike (US). — **grève du zèle** work-to-rule ou go-slow strike, slowdown.

**grever** [gʀəve] **vt** budget to put a strain on, be a drain on; économie to burden. ◊ **être grevé d'impôts** to be weighed down with ou crippled by ou burdened with ou saddled with taxes; **bien immeuble grevé d'hypothèques** encumbered estate, estate burdened with mortgage, mortgaged estate; **la hausse des coûts salariaux a fortement grevé les ressources de la société** the rise in labour costs has stretched the company's resources.

**gréviste** [gʀevist(ə)] **nmf** striker. ◊ **les ouvriers grévistes** the striking workers.

**GRH** [ʒeɛʀ'aʃ] **nf** abrév de *gestion des ressources humaines* HRM.

**grief** [gʀijɛf] **nm** grievance, ground for complaint.

**griffe** [gʀif] **nf** (tampon) signature stamp; (marque du fabricant) maker's label. ◊ **mettre** ou **apposer sa griffe sur un document** to stamp one's signature on a document, signature-stamp a document; **vêtement qui porte la griffe d'un grand couturier** garment with a well-known name tag ou designer's name.

**griffer** [gʀife] **vt** [couturier] to put one's name to. ◊ **vêtements griffés** labelled garments, name garments.

**grignotage** [gʀiɲɔtaʒ] **nm** [salaires, pouvoir d'achat] erosion.

**grignoter** [gʀiɲɔte] **vt** **a** (réduire) salaires to eat away, gnaw away (at), erode gradually, whittle away. ◊ **l'inflation grignote notre pouvoir d'achat** inflation is gnawing away at ou eroding our purchasing power, our purchasing power has been whittled down by inflation. **b** (gagner) avantages to win gradually. ◊ **grignoter des parts de marché** to nibble bits of market share; **ils grignotent notre marché** they are nibbling away at our market.

**grille** [gʀij] **1** **nf** [salaires, tarifs] scale; [horaires] grid, schedule. ◊ **déterminer une grille de cours-pivots bilatéraux** to establish a grid of bilateral exchange rates. **2** **comp** **grille d'analyse** analytic grid. – **grille de classification** grade scale. – **grille de cotation** scale of point values. – **grille de décision** decision model. – **grille de gestion** managerial grid. – **grille indiciaire** basic hierarchical wage index. – **grille de rémunération** salary ou wage scale, wage structure.

**grimper** [gʀɛ̃pe] **vi** [prix, cours] to soar, rocket. ◊ **faire grimper les prix** to push up prices; **faire grimper les taux d'intérêts** to give an upward thrust to interest rates; **les bons résultats à l'exportation ont fait grimper les cours** the good export figures sent prices up on the market; **grimper en flèche** to shoot up, skyrocket.

**gripper (se)** [gʀipe] **vpr** to jam, seize up. ◊ **les rouages de l'économie se grippent** the economy is grinding to a halt ou seizing up ou stalling; **les ordinateurs se sont grippés** the computers have broken down ou have seized up.

**gris, e** [gʀi, gʀiz] **1** **adj** grey (GB), gray (US). ◊ **marché gris** grey market; **chevalier gris** grey knight. **2** **nm** (Bourse) **le gris** the grey market.

**Groenland** [gʀɔɛnlɑ̃d] **nm** Greenland.

**groenlandais, e** [gʀɔɛnlɑ̃dɛ, ɛz] **1** **adj** of ou from Greenland, Greenland. **2** **Groenlandais** **nm** (habitant) Greenlander. **3** **Groenlandaise** **nf** (habitante) Greenlander.

**grogne** [gʀɔɲ] **nf** grumbling. ◊ **la grogne du patronat / des syndicats** discontent among employers / within the trade unions; **une certaine grogne se manifeste dans les milieux d'affaires** business leaders are somewhat disgruntled ou showing their discontent, there is discontent in business circles.

**grogner** [gʀɔɲe] **vi** to grumble.

**gros, grosse** [gʀo, gʀos] **1** **adj** big, large. ◊ **gros consommateur** ou **utilisateur** heavy user; **grosse coupure** note of big denomination; **gros débit** heavy demand; **gros-porteur** (avion) jumbo jet, wide-bodied plane; **les gros salaires** high wages; **gros système** (Inf) mai-frame; **acheter en grosses quantités** to bulk-buy (GB), buy in bulk; **nous réalisons la plus grosse partie de notre chiffre d'affaires en été** the bulk of our business is done in the summer; **il a engagé de gros capitaux dans cette nouvelle entreprise** he has a big stake in this new venture. **2** **adv** ◊ **gagner gros** to earn a lot; **perdre gros** to lose heavily, make heavy losses; **le marché des moins de vingt ans rapporte gros** the teenage market is big business. **3** **nm** ◊ **le (commerce de) gros** the wholesale business ou trade; **acheter / vendre en gros** to buy / sell wholesale; **commande en gros** bulk order; **faire le gros et le détail** to deal wholesale and retail; **banque / marché / marge / prix de gros** wholesale bank / market / margin / price; **maison de gros** wholesale firm ou business; **marchand de gros** wholesaler, wholesale trader ou dealer; **indice des prix de gros** wholesale price index. **4** **grosse** **nf** **a** (Mar) bottomry. ◊ **contrat à la grosse** bottomry bond; **prêter / emprunter à la grosse** to lend / borrow money on bottomry; **grosse sur corps** bottomry; **grosse sur facultés** respondentia. **b** (Jur : document) engrossed copy, engrossment. ◊ **grosse exécutoire** first authentic copy. **c** (douze douzaines) gross.

**grossiste** [gʀosist(ə)] **nm** wholesaler, wholesale dealer ou trader. ◊ **grossiste-expéditeur** packer; **grossiste spécialisé** speciality wholesaler.

**groupage** [gʀupaʒ] **nm** [colis] bulking, grouping; [marchandises] consolidation, groupage; (Inf) batching, blocking. ◊ **groupage de commandes** joint ordering, order consolidation; **connaissement de groupage** collective bill of lading; **envoi en groupage** collective shipment; **service de groupage** joint cargo service, groupage service; **tarif groupage** groupage rate; **expédier en groupage** to ship collectively.

**groupe** [gʀup] **1** **nm** group. ◊ **assurance** ou **contrat de groupe** group insurance; **discussion de groupe** group discussion; **dynamique de groupe** group dynamics; **entretien de groupe** group interview; **production de groupe** batch production; **prime de groupe** group incentive. **2** **comp** **groupe d'âge** age group ou bracket. – **groupe bancaire** interbank group. – **groupe de cotation** pit. – **groupe de création** creative group.

**groupement**                                                     FRANÇAIS-ANGLAIS - 226

**groupe d'étude** working party, task force. **− groupe d'experts** panel of experts. **− groupe industriel** industrial group. **− groupe multimédia** multimedia group. **− groupe de presse** press group. **− groupe de pression** pressure group, lobby, special interest group (US). **− groupe de projet** task force. **− groupe de réflexion** think-tank, brain trust. **− groupe de référence** reference group. **− groupe des Sept (pays les plus industrialisés)** Group of Seven (most industrialized countries). **− groupe social homogène** status group. **− groupe témoin** test ou control group, testimonial panel. **− groupe de travail** working party, task force.

**groupement** [gʀupmɑ̃] **1** nm (ensemble) group, association; (action de grouper) grouping.
**2** comp **groupement d'achat** bulk buying organisation, buying combine, purchasing group ou office. **− groupement agricole d'exploitation en commun** *farmers' economic interest grouping.* **− groupement de consommateurs** consumer association ou lobby. **− groupement d'exportateurs** exporters group. **− groupement financier** financial group ou pool. **− groupement d'intérêt économique** economic interest grouping. **− groupement de ressources** pooling of resources. **− groupement de sociétés** trust. **− groupement de vente** sales agency.

**grouper** [gʀupe] **vt** colis to bulk; factures to batch; marchandises to consolidate; ressources, moyens to pool. ◊ **production groupée** colony grouping; **envoi groupé** consolidated shipment.

**groupeur** [gʀupœʀ] nm (Comm) forwarding agent, groupage agent, consolidator.

**grue** [gʀy] nf crane. ◊ **droits de grue** crane duties.

**grutier** [gʀytje] nm crane driver ou operator.

**Guadeloupe** [gwadlup] nf Guadeloupe.

**guadeloupéen, -enne** [gwadlupeɛ̃, ɛn] **1** adj Guadelupian.

**2** **Guadeloupéen** nm (habitant) Guadelupian.
**3** **Guadeloupéenne** nf (habitante) Guadelupian.

**Guatemala** [gwatemala] nm Guatemala.

**guatémaltèque** [gwatemaltɛk] **1** adj Guatemalan.
**2** **Guatémaltèque** nmf Guatemalan.

**guelte** [gɛlt(ə)] nf commission, percentage (on sales).

**guerre** [gɛʀ] nf war. ◊ **guerre économique** economic war; **guerre des prix** ou **des tarifs** price war; **la guerre contre l'inflation / le chômage** the war on inflation / unemployment; **partir en guerre contre l'absentéisme, faire la guerre à l'absentéisme** to go to war on absenteeism; **risques de guerre exclus** (Ass) exclusive of war risks.

**guichet** [giʃɛ] nm [banque, administration] counter, window; [gare] ticket window ou office. ◊ **adressez-vous au guichet d'à côté** enquire at the next counter ou window; **payable à nos guichets** (sur une facture) payable over the counter; **présenter** ou **remettre qch au guichet** to hand sth in over the counter; **guichet fermé** (sur écriteau) position closed; **guichet automatique (de banque)** cash dispenser, automatic teller machine (US); **émissions à guichets ouverts** (Fin) top issues; **ruée sur les guichets des banques** rush ou run on the banks.

**guichetier, -ière** [giʃtje, jɛʀ] nm,f [banque] counter clerk, teller (US).

**Guinée** [gine] nf Guinea. ◊ **Guinée équatoriale** Equatorial Guinea; **Guinée-Bissau** Guinea-Bissau.

**guinéen, -enne** [gineɛ̃, ɛn] **1** adj Guinean.
**2** **Guinéen** nm (habitant) Guinean.
**3** **Guinéenne** nf (habitante) Guinean.

**guyanais, e** [gɥijanɛ, ɛz] **1** adj Guyanese.
**2** **Guyanais** nm (habitant) Guyanese.
**3** **Guyanaise** nf (habitante) Guyanese.

**Guyane** [gɥijan] nf Guiana, Guyana.

**gvt** abrév de *gouvernement* govt, government.

# H

**h** abrév de *heure*.

**habilitation** [abilitasjɔ̃] **nf** (Jur) capacitation, entitlement; diplôme, programme accreditation.

**habilité** [abilite] **nf** (à contracter, tester) fitness.

**habiliter** [abilite] **vt** (Jur) to capacitate. ◊ **être habilité à faire qch** to be authorized ou accredited ou entitled ou empowered to do sth; **vous n'êtes pas habilité à le faire** you have no authority to do it.

**habillage** [abijaʒ] **nm** [produit] packaging and presentation, getup*; [machine] casing. ◊ **c'est l'habillage qui fait vendre la marchandise** it's the getup that sells the goods; **habillage d'un bilan** window-dressing of a balance sheet.

**habillement** [abijmɑ̃] **nm** (profession) clothing trade, rag trade*, garment industry (US). ◊ **magasin d'habillement** clothing store (GB), apparel store (US).

**habiller** [abije] **vt** produit to package, get up*; machine to encase (*de* in).

**habitant, e** [abitɑ̃, ɑ̃t] **nm,f** [pays] inhabitant. ◊ **le nombre d'habitants** the population (figure); **revenu par habitant** income per capita, per capita income.

**habitat** [abita] **nm** **a** (conditions de vie) housing ou living conditions. ◊ **amélioration de l'habitat** improvement of living conditions; **habitat ancien** old-type housing; **habitat moderne** modern housing; **prêt à l'habitat** building construction loan; **prêt à l'amélioration de l'habitat** home improvement loan. **b** (peuplement) settlement. ◊ **habitat rural / dispersé / concentré** rural / scattered / grouped settlement.

**habitation** [abitasjɔ̃] **nf** **a** (fait de se loger) living. ◊ **immeuble à usage d'habitation** residential building; **conditions d'habitation** housing ou living conditions; **taxe d'habitation** (local) rates, ≈ community charge (GB), house duty (US), property tax; **ces immeubles sont destinés à l'habitation** these buildings have been designed for residential occupancy. **b** (maison) house. ◊ **groupe ou ensemble d'habitations** (immeuble) block of flats (GB), apartment building (US); (lotissement) housing estate (GB) ou development; **habitation à loyer modéré** (appartement) ≈ council flat (GB), public housing unit (US); (immeuble) ≈ (block of) council flats (GB), public sector housing.

**habitude** [abityd] **nf** (gén) habit. ◊ **habitudes** customs; **habitudes de consommation** consuming habits, expenditure habits, patterns of consumption; **habitudes d'achat** purchasing patterns, shopping habits; **habitudes d'écoute** (Radio) listening habits ou patterns; (TV) viewing habits ou patterns; **habitude de fréquentation** (Mktg) frequentation habit.

**habitué, e** [abitɥe] **nm,f** (client) regular (customer).

**habituel, -elle** [abitɥɛl] **adj** customary, usual, regular. ◊ **aux conditions habituelles** on usual terms; **adressez-vous à votre fournisseur habituel** apply to your regular supplier.

**Haïti** [aiti] **nf** Haiti.

**haïtien, -ienne** [aisjɛ̃, jɛn] **1 adj** Haitian.
**2 Haïtien nm** (habitant) Haitian.
**3 Haïtienne nf** (habitante) Haitian.

**hall** ['ol] **nm** (gén) hall; [hôtel] foyer. ◊ **hall d'exposition** show room, exhibition hall.

**halle** ['al] **nf** (covered) market. ◊ **les halles** the central food market.

**hangar** [ˈɑ̃gaʀ] **nm** (entrepôt) warehouse ; (pour matériel) shed.

**Hanoi** [anɔj] **n** Hanoi.

**harceler** [ˈaʀsəle] **vt** to harass, plague (de with). ◊ **être harcelé par ses créanciers** to be harassed ou dunned by one's creditors.

**hardware** [ˈaʀdwɛʀ] **nm** hardware.

**harmonisation** [aʀmɔnizasjɔ̃] **nf** [normes, tarifs] harmonization. ◊ **harmonisation d'une gamme de produits** harmonization ou matching of a product line.

**harmoniser** [aʀmɔnize] **vt** normes, tarifs to harmonize. ◊ **système harmonisé** (CEE) harmonized system.

**hasard** [ˈazaʀ] **nm** (Stat) **échantillon au hasard** random sample ; **échantillonnage au hasard** random sampling ; **répartition au hasard** random distribution.

**hausse** [ˈos] **nf** **a** (gén) [prix] rise, increase (de in). ◊ **la hausse du coût de la vie** the rise in the cost of living ; **nouvelle hausse des prix** new price rise ou increase, price resurgence ; **hausse marquée des prix** sharp ou steep ou significant price increase, price upsurge ; **hausse conjoncturelle** increase due to short-term factors ; **hausse cyclique** cyclical upturn ; **hausse à la pompe** [essence] rise in pump prices ; **hausse de salaire** (pay) rise (GB) ou raise (US), wage hike (US) ; **accuser une hausse** to show a rise ; **être en hausse** to be going up, show a rise ; **subir une forte hausse** to shoot up, soar, rocket ; **les prévisions ont été revues en hausse ou à la hausse** the estimates have been revised upward ; **les prix sont en hausse** prices are up ou rising ou increasing. **b** (Bourse) [cours] rise (de in). ◊ **hausse technique** technical rise ; **l'indice est en hausse de 12 points à 3 720** the index is up 12 points to 3.720 ; **les hausses l'emportent sur les baisses** gainers outpaced losers ; **le dollar est à la hausse** the dollar is rising ou hardening ; **jouer ou spéculer à la hausse** to go for a rise, bull the market, go a bull ; **les cours sont orientés à la hausse** stock prices are trending upwards ; **le marché a reviré ou est reparti à la hausse** the market is back on the uptrend ; **marché à la hausse** rising ou bull market ; **opération à la hausse** bull transaction ou operation ; **position à la hausse** bull ou long position ; **spéculateur à la hausse** bull ; **tendance à la hausse** rising ou upward trend, bullish trend.

**haussier, -ière** [ˈosje, jɛʀ] **1 adj** (Bourse) marché bullish. ◊ **courant haussier** upward trend ; **le marché obligataire a repris sa progression haussière** the bond market is on the up again ; **72% des opérations dans ce secteur ont été le fait d'anticipations haus-** sières 72% of the trade volume in this sector is accounted for by expectations that prices will rise.
**2 nm** (Bourse) bull (operator).

**haut, e** [ˈo,ˈot] **1 adj** (gén) high. ◊ **haut commissariat** high commission (à of) ; **haut commissaire** high commissioner (à of) ; **la haute finance** high finance ; **haut fonctionnaire** high-ranking ou top-ranking official ; **haute saison** high ou peak season ; **cadre de haut niveau** top-flight ou top-ranking executive ; **réunion de haut niveau** high-level meeting ; **période de haute conjoncture** boom period ; **le cours de l'or est au plus haut** the price of gold has reached a peak ou maximum ; **négociations au plus haut niveau** top-level negotiations.
**2 nm** ◊ **le haut de gamme** the top (end) of the line ou range, the upper range ; **produit haut de gamme** upmarket ou upscale ou high-grade product, top-of-the-line product ; **opérations haut de bilan** long-term financing operations ; **banque spécialisée dans le haut de bilan** bank specialised in long-term financing ; **quelques titres ont atteint de nouveaux "plus hauts"** (Bourse) some securities reached new highs.
**3 adv** (sur un emballage) top, this way up, this side up.

**hautement** [ˈotmɑ̃] **adv** highly. ◊ **ouvrier hautement qualifié** highly skilled worker.

**hauteur** [ˈotœʀ] **nf** (gén) height. ◊ **nous nous sommes engagés à hauteur de 9 millions de francs** we have committed ourselves for a sum of ou for an amount of ou to the tune of ou up to ou to the extent of 9 million francs.

**haut fourneau, pl hauts fourneaux** [ˈofuʀno] **nm** blast furnace.

**hauturier, -ière** [ˈotyʀje, jɛʀ] **adj** ◊ **navigation hauturière** ocean navigation.

**Havane** [ˈavan] **n** ◊ **la Havane** Havana.

**HC** abrév de hors commerce → hors.

**hdb** abrév de heures de bureau.

**hebdomadaire** [ɛbdɔmadɛʀ] **adj, nm** weekly. ◊ **hebdomadaire d'actualité** news weekly.

**HEC** [ˈaʃəse] **nfpl** abrév de Hautes Études Commerciales top French business college.

**hectare** [ɛktaʀ] **nm** hectare.

**hectogramme** [ɛktɔgʀam] **nm** hectogram(me).

**hectolitre** [ɛktɔlitʀ(ə)] **nm** hectolitre.

**hectomètre** [ɛktɔmɛtʀ(ə)] **nm** hectometre.

**hedging** [ɛdʒiŋ] **nm** hedging.

**hégémonie** [eʒemɔni] **nf** hegemony.

**Helsinki** [ɛlsinki] n Helsinki.

**hémorragie** [emɔʀaʒi] nf ◊ **hémorragie de devises** drain on foreign exchange; **hémorragie de capitaux** massive outflow ou drain of capital; **enrayer l'hémorragie de capitaux** to stamp out ou stem the capital outflow.

**héritage** [eʀitaʒ] nm inheritance. ◊ **faire** ou **recueillir un héritage** to come into an inheritance; **laisser qch en héritage à qn** to leave ou bequeath sth to sb; **renoncer à un héritage** to forego ou relinquish a succession.

**hériter** [eʀite] vi ◊ **hériter (de) qch de qn** to inherit sth from sb; **erreur héritée** (Inf) inherited error; **audience héritée** (Pub) inherited audience.

**héritier** [eʀitje] nm heir. ◊ **héritier institué** testamentary heir; **héritier légitime** rightful heir; **héritier naturel** heir at law.

**héritière** [eʀitjɛʀ] nf heiress.

**hésitant, e** [ezitɑ̃, ɑ̃t] adj (Bourse) marché hésitant, unsteady, unsettled.

**heure** [œʀ] **1** nf (moment) time; (durée) hour. ◊ **travail à l'heure** time work; **engager qn à l'heure** to hire sb by the hour; **être payé** ou **rétribué à l'heure** to be paid by the hour; **ouvrier payé à l'heure** hourly-paid worker, hourly worker; **je l'ai fait en dehors de mes heures de travail** I did it out of hours; **heure d'arrivée / de départ** time of arrival / departure (Hôtel) check-in / check-out time; **heure d'arrivée / de départ prévue** estimated time of arrival / departure. **2** comp **heure d'affluence** rush ou peak hour. – **heure d'antenne** broadcasting ou air time. – **heures de Bourse** stock exchange hours. – **heures de bureau** business ou office hours; **en dehors des heures de bureau** out of office hours. – **heures creuses** off-peak hours; **tarif réduit aux heures creuses** off-peak charges. – **heure d'été** summer time, daylight-saving time (US). – **heures facturables** chargeable hours. – **heure de fermeture** closing time. – **heure de grande écoute** (TV) prime time, peak viewing time; (Pub) traffic time. – **heure (d')homme** man hour. – **heure légale** civil time. – **heure limite d'occupation** check-out time. – **heure machine** machine hour. – **heure d'ouverture** opening time. – **heures ouvrables** business ou office hours. – **heure de pointe** rush ou peak hour. – **heure de présence** time of attendance. – **heures de réception** hours of reception. – **heure de sortie** end time, quitting time, finishing time. – **heures supplémentaires** overtime; **tarif des heures supplémentaires** overtime rate; **faire des heures**

**supplémentaires** to work overtime; **être payé en heures supplémentaires** to be paid on an overtime basis. – **heures d'utilisation** service hours.

**heureux, -euse** [œʀø, øz] adj fortunate, lucky. ◊ **heureuse arrivée** (Comm) safe arrival.

**hiérarchie** [jeʀaʀʃi] nf hierarchy; (Admin) managerial structure. ◊ **hiérarchie des salaires** wage structure ou spread ou differentials; **gravir les échelons de la hiérarchie** to go up the rungs; **hiérarchie des taux d'intérêt** yield curve.

**hiérarchique** [jeʀaʀʃik] **1** adj hierarchic(al). ◊ **cadre hiérarchique** line manager ou officer; **chef** ou **supérieur hiérarchique** senior in rank ou in the hierarchy; **supérieur hiérarchique direct** immediate superior; **responsabilité hiérarchique** linear responsibility; **structure** ou **organisation hiérarchique** hierarchical structure, line organization; **passer par** ou **suivre la voie hiérarchique** to go through the proper ou official channels. **2** nm line ou operational manager.

**hiérarchiquement** [jeʀaʀʃikmɑ̃] adv hierarchically. ◊ **je dépends hiérarchiquement du directeur du marketing** I report to the marketing director.

**hiérarchisation** [jeʀaʀʃizasjɔ̃] nf (gén) hierarchical organization. ◊ **hiérarchisation des prix** price differentiation; **hiérarchisation des salaires** wage differentiation ou spread.

**hiérarchiser** [jeʀaʀʃize] vt personnel to organize into a hierarchy, grade.

**high-low** [hailo] nm (Bourse) high-low.

**hi-lo** [hailo] nm (Bourse) high-low.

**histogramme** [istɔgʀam] nm histogram.

**histoire** [istwaʀ] nf history. ◊ **histoire du produit** product history.

**HLM** [aʃɛlɛm] nm ou f abrév de habitation à loyer modéré → habitation.

**hoirie** [waʀi] nf (Jur) inheritance, succession. ◊ **avance d'hoirie** advancement.

**holding** [ɔldiŋ] nm holding company. ◊ **holding familial / financier / de gestion / industriel** family / financial / management / industrial holding; **le holding de tête** the majority stakeholder.

**homme** [ɔm] **1** nm man. ◊ **c'est l'homme de la situation** he's the right man for the job; **gestion des hommes** man management. **2** comp **homme d'affaires** businessman. – **homme de confiance** right-hand man. – **homme de loi** lawyer. – **homme de paille** man of straw, dummy. – **hom-**

**me-sandwich** sandwich man. – **homme de terrain** (Ind) man with a practical background, field worker. – **homme à tout faire** odd-job man, handyman.

**homogène** [ɔmɔʒɛn] **adj** homogeneous. ◊ **comptabilité par sections homogènes** burden center accounting; **implantation d'un atelier par sections homogènes** functional shop layout.

**homogénéisation** [ɔmɔʒeneizɑsjɔ̃] **nf** homogenization.

**homogénéiser** [ɔmɔʒeneize] **vt** to homogenize.

**homogénéité** [ɔmɔʒeneite] **nf** homogeneity, homogeneousness.

**homologation** [ɔmɔlɔgɑsjɔ̃] **nf** (Jur) approval, sanction, confirmation. ◊ **homologation d'un prototype** type certification; **homologation judiciaire** confirmation by the court; **brevet en instance d'homologation** patent pending; **certificat d'homologation** certificate of approval.

**homologue** [ɔmɔlɔg] **nm** (occupant la même fonction) counterpart, opposite number, equivalent.

**homologuer** [ɔmɔlɔge] **vt** (Jur) to approve, sanction, homologate, confirm. ◊ **homologuer un testament** to probate a will; **tarifs ou prix homologués** (Admin) authorized prices ou charges.

**Honduras** ['ɔ̃dyʀas] **nm** Honduras.

**hondurien, -ienne** ['ɔ̃dyʀjɛ̃, jɛn] **1 adj** Honduran. **2 Hondurien nm** (habitant) Honduran. **3 Hondurienne nf** (habitante) Honduran.

**Hong-Kong** ['ɔ̃gkɔ̃g] **n** Hong Kong.

**Hongrie** ['ɔ̃gʀi] **nf** Hungary.

**hongrois, e** ['ɔ̃gʀwa, waz] **1 adj** Hungarian. **2 nm** (langue) Hungarian. **3 Hongrois nm** (habitant) Hungarian. **4 Hongroise nf** (habitante) Hungarian.

**honneur** [ɔnœʀ] **nm a** (Fin) **faire honneur à ses engagements / sa signature** to honour one's commitments / signature; **faire / ne pas faire honneur à une traite** to honour ou meet / dishonour a bill; **prêt d'honneur** loan on trust. **b** (Admin) **j'ai l'honneur de solliciter...** I am writing to ask...; **j'ai l'honneur de vous informer que...** I am writing to inform you that... **c invité d'honneur** guest of honour; **membre d'honneur** honorary member; **président d'honneur** honorary president ou chairman.

**honorable** [ɔnɔʀabl(ə)] **adj** salaire, résultats decent.

**honorablement** [ɔnɔʀabləmɑ̃] **adv** honourably. ◊ **honorablement connu** known and respected.

**honoraire** [ɔnɔʀɛʀ] **1 adj** membre, président honorary. **2 honoraires nmpl** (gén) fee, fees; (sur feuille d'impôts) professional earnings. ◊ **dépassement d'honoraires** extra billing; **note d'honoraires** billing, account; **percevoir ou toucher des honoraires** to be paid a fee, get fees; **combien a-t-il touché d'honoraires?** what fee did he receive ou was he paid?; **verser des honoraires** to pay a fee (à to).

**honorer** [ɔnɔʀe] **vt** chèque, signature to honour, meet; notaire to settle one's account with. ◊ **honorer un engagement** to settle ou meet a commitment; **honorer sa signature** to honour one's signature; **honorer une traite** to take up ou honour ou meet ou lift (US) a draft; **refuser d'honorer un contrat** to repudiate a contract; **ne pas honorer un effet** to dishonour a bill; **chèque non honoré** dishonoured cheque; **l'exploitant doit honorer des objectifs fixés à l'avance** the manager must meet predetermined profit targets.

**honorifique** [ɔnɔʀifik] **adj** fonction honorary (GB), ceremonial (US). ◊ **il a été nommé à titre honorifique** his appointment was an honorary one.

**horaire** [ɔʀɛʀ] **1 adj** salaire, rendement hourly. ◊ **créneau horaire** time slot; **débit horaire** rate per hour; **décalage horaire** (différence) time difference; (fatigue) jet lag; **fuseau horaire** time zone; **plage horaire** time slot. **2 nm** (trains) timetable, schedule; (temps de travail) (working) hours. ◊ **allonger ou augmenter les horaires de travail** to lengthen the work schedule, increase the number of working hours ou hours worked; **fonctionner à horaires réduits** to work on short time; **pratiquer l'horaire à la carte ou aménageable ou flexible ou libre ou mobile ou variable** to work flexitime, work on sliding time (US), have flexible working hours; **quel est votre horaire?** what are your (working) hours?; **horaire aménagé ou personnalisé** flexitime, flexible working hours; **horaire étalé / fixe / fractionné** staggered / fixed / split schedule ou working hours; **impératifs d'horaire** time constraints.

**horizon** [ɔʀizɔ̃] **nm** horizon. ◊ **l'horizon s'assombrit** prospects are getting dim; **l'horizon international** the international scene; **horizon prévisionnel** forecasting range; **à l'horizon 2020** by the year 2020, looking forward to the year 2020; **tour d'horizon** (general) survey; **procéder à un large tour d'horizon** to take a broad look at all the issues.

**horizontal, e, mpl -aux** [ɔʀizɔ̃tal, o] **1** adj analyse, diversification, intégration horizontal. ◊ **concentration horizontale** horizontal merger, horizontal business combination; **organisation horizontale** (Admin) functional ou staff organization. **2 horizontale** nf horizontal.

**horloge** [ɔʀlɔʒ] nf clock. ◊ **horloge pointeuse** time ou check clock.

**horodateur** [ɔʀodatœʀ] nm ticket machine.

**hors** [´ɔʀ] **1** prép apart from, except. ◊ **la hausse des prix de détail, hors énergie, ralentit** the retail price index rise, exclusive of energy, is slowing down; **prix hors TVA** price exclusive of VAT, price excluding VAT.

**2 comp hors banque : taux d'escompte hors banque** private rate of discount; **papier hors banque** prime trade bill. − **hors bilan** off balance sheet; **opérations hors bilan** off balance sheet items. − **hors bourse** valeur unlisted; cotation after hours. − **hors budget** off-budget. − **hors cadre** detached, seconded, not on the strength. − **hors classe** exceptional. − **hors commerce** for restricted sale only. − **hors contingent** above quota. − **hors-cote** (Bourse) titres unlisted, not quoted on the stock exchange; **(marché) hors-cote** curb market, over-the-counter market, unofficial market, off-board market (US); **opérateur du marché hors-cote** USM trader. − **hors faute** (Ass) no fault. − **hors intérêt** (Bourse) ex interest. − **hors lieu** off shore. − **hors place** ou **rayon** cheque drawn on another bank in the country. − **hors risque** (Ass) off risk. − **hors saison** off season. − **hors séance** after hours. − **hors série** voiture made to order, custom-built, customized. − **hors service** out of order. − **hors taxe** (non taxé) duty-free; (sans compter les taxes) exclusive of tax, before tax, pre-tax, tax non included; **chiffre d'affaires hors taxe** pre-tax sales ou turnover (GB); **nos prix sont hors taxe** our prices are exclusive of tax; **boutique / produits hors taxe** duty-free shop / goods. − **hors-tout** overall; **longueur hors-tout** overall length. − **hors TVA** exclusive of VAT, excluding VAT.

**hôtel** [otɛl] **1** nm hotel. ◊ **aller ou descendre à l'hôtel** to put up at a hotel; **chaîne d'hôtels** hotel chain; **gérant d'hôtel** hotel manager. **2 comp hôtel de congrès** convention hotel. − **hôtel des impôts** tax office. − **hôtel des monnaies** ≈ Mint. − **hôtel saisonnier** seasonal hotel. − **hôtel des ventes** saleroom, general auction room. − **hôtel de ville** town hall, city hall.

**hôtelier, -ière** [otəlje, jɛʀ] **1** adj chaîne, personnel hotel. ◊ **capacité hôtelière** hotel capac-

ity; **forfait hôtelier** hotel package; **l'industrie hôtelière** the hotel trade; **résidence hôtelière** apartment hotel, residential hotel. **2** nm,f hotelier, hotel-keeper ou operator.

**hôtellerie** [otɛlʀi] nf (secteur) hotel business.

**hôtesse** [otɛs] nf ◊ **hôtesse d'accueil** [hôtel, bureau] receptionist; [foire] hostess; **hôtesse de l'air** air hostess (GB), stewardess, flight attendant.

**houille** [´uj] nf coal. ◊ **houille blanche** hydroelectric power; **houille verte** wave power.

**houiller, -ère** [´uje, ɛʀ] **1** adj bassin, industrie coal. **2 houillère** nf coalmine.

**HS** [´aʃɛs] **1** nf abrév de heure supplémentaire → heure. **2** abrév de hors service → hors.

**H.T.** abrév de hors taxe → hors.

**huis** [ɥi] nm (Jur) **à huis clos** in camera, in secret session (US); **demander le huis clos** to ask for a trial in camera; (Jur) **ordonner le huis clos** to order proceedings to be held in camera, clear the court.

**huissier** [ɥisje] nm (portier) usher. ◊ **huissier de (justice)** bailiff; **signifier un exploit d'huissier à qn** to serve a writ of execution upon sb.

**huit** [´ɥi(t)] adj, nm eight. ◊ **lundi en huit** a week on (GB) ou from (US) Monday; **dans huit jours** in a week, in a week's time.

**huitaine** [´ɥitɛn] nf (huit) eight; (environ) about eight, eight or so → soixantaine.

**huitième** [´ɥitjɛm] adj, nmf eighth → sixième.

**huitièmement** [´ɥitjɛmmã] adv eighthly.

**humidité** [ymidite] nf damp. ◊ **craint l'humidité, à protéger de l'humidité** (sur emballage) to be kept dry, keep in a dry place.

**hyperinflation** [ipɛʀɛ̃flasjɔ̃] nf hyperinflation.

**hypermarché** [ipɛʀmaʀʃe] nm hypermarket, superstore, megastore.

**hypothécable** [ipotekabl(ə)] adj mortgageable.

**hypothécaire** [ipotekɛʀ] adj affectation, contrat, garantie, obligation, prêt, taxe mortgage. ◊ **créancier hypothécaire** mortgage creditor, mortgagee; **débiteur hypothécaire** mortgagor; **état d'inscription hypothécaire négatif** certificate of the non-existence of mortgages; **marché hypothécaire** mortage loans market.

**hypothécairement** [ipotekɛʀmã] adv by mortgage. ◊ **créance garantie hypothécairement** debt secured by mortgage.

**hypothèque** [ipotɛk] **1** nf mortgage. ◊ **amortir ou payer ou purger une hypothèque** to redeem ou pay off ou lift (US) a mortgage; **constituer / lever une hypothèque** to create / raise a mortgage; **emprunter sur hypothèque** to borrow on mortgage; **biens grevés d'hypothèque** encumbered ou mortgaged estate; **bureau des hypothèques** mortgage registry; **conservateur des hypothèques** registrar of mortgages; **constitution / extinction d'une hypothèque** creation / extinguishment of a mortgage; **libre d'hypothèque** unencumbered; **lettre d'hypothèque** mortgage deed; **mainlevée d'hypothèque** release of mortgage; **purge d'hypothèque** redemption of mortgage; **radiation d'hypothèque** entry of satisfaction of mortgage.

**2 comp hypothèque fiduciaire** trust mortgage. − **hypothèque générale** general ou blanket mortgage. − **hypothèque immobilière** property mortgage, mortgage on property. − **hypothèque intégrante**

wraparound mortgage. − **hypothèque mobilière** chattel mortgage. − **hypothèque de premier rang** first mortgage. − **hypothèque de priorité** senior mortgage. − **hypothèque purgée** closed mortgage.

**hypothéquer** [ipɔteke] **vt bien** to mortgage; **créance** to secure (by mortgage). ◊ **saisir un bien hypothéqué** to foreclose a mortgage.

**hypothèse** [ipɔtɛz] **nf** hypothesis, assumption. ◊ **hypothèse de base** basic assumption; **hypothèse de travail** working hypothesis.

**hypothétique** [ipɔtetik] **adj** hypothetical. ◊ **cas hypothétique** (Jur) moot case.

**hystérésis** [isteʀezis] **nf** [coûts] hysteresis.

# I

**IAE** [iaə] nm abrév de *Institut d'administration des entreprises* → institut.

**IAO** [iao] nf abrév de *ingénierie assistée par ordinateur* CAE.

**IARD** abrév de *incendie, accidents, risques divers* fire, accident and divers risks.

**ibid.** [ibid] abrév de *ibidem* (au même endroit) ib., ibid.

**id.** abrév de *idem, le même* idem.

**identification** [idɑ̃tifikasjɔ̃] nf identification. ◊ **identification de marque** brand recognition ou identification; **numéro d'identification personnel** personal identification number; **test d'identification** (Mktg) recognition test; **code d'identification** identifying code.

**identité** [idɑ̃tite] nf identity. ◊ **identité visuelle** (Mktg) visual identity, corporate logo; **carte d'identité** identity card; **papiers d'identité** identity papers ou documents; **payable sur présentation d'une pièce d'identité** payable upon proof of identity.

**IDI** [idei] nm abrév de *Institut de développement industriel* → institut.

**IEP** [iəpe] nm abrév de *institut d'études politiques* → institut.

**IFOP** [ifɔp] nm abrév de *Institut français d'opinion publique* → institut.

**IGF** [iʒeɛf] nm abrév de *impôt sur les grandes fortunes* → impôt.

**IGR** [iʒeɛʀ] nm abrév de *impôt général sur le revenu* → impôt.

**illégal, e, mpl -aux** [i(l)legal, o] adj (Admin) illegal, unlawful. ◊ **c'est illégal** it's against the law; **société illégale** outlawed ou illegal society; **grève illégale** wildcat ou unofficial strike.

**illégalement** [i(l)legalmɑ̃] adv illegally, unlawfully.

**illégalité** [i(l)legalite] nf illegality, unlawfulness; (acte illégal) illegality. ◊ **se mettre dans l'illégalité** to act unlawfully, break the law, put oneself on the wrong side of the law.

**illicite** [i(l)lisit] adj profit, concurrence illicit, unlawful. ◊ **transactions illicites** (gén) illegal transactions; (Bourse) illegal trades.

**illicitement** [i(l)lisitmɑ̃] adv illicitly.

**illimité, e** [i(l)limite] adj moyen, crédit unlimited, limitless. ◊ **responsabilité illimitée** unlimited liability.

**ILM** [iɛlɛm] nm abrév de *immeuble à loyer moyen* ou *modéré* → immeuble.

**îlot** [ilo] nm (Mktg) **îlot de vente** display stand, island site.

**image** [imaʒ] nf image. ◊ **image de marque** [produit] brand image; [entreprise] corporate image; **image de gamme** line image; **image fidèle** (Compta) fair representation; **audit d'image** (Mktg) corporate image auditing.

**imbattable** [ɛ̃batabl(ə)] adj prix unbeatable.

**imitation** [imitasjɔ̃] nf [modèle, style] imitation, copy; [document, signature] forging. ◊ **veste en imitation cuir** imitation leather jacket; **imitations frauduleuses** counterfeited goods; **méfiez-vous des imitations** beware of imitations.

**imiter** [imite] vt modèle, style to imitate, copy, plagiarize; document, signature to forge.

**imm** abrév de *immeuble*.

**immatériel, -elle** [imateʀjɛl] adj actif intangible.

**immatriculation** [imatʀikylasjɔ̃] nf registration. ◊ **certificat d'immatriculation** (Mar) certificate of registry; **numéro d'immatriculation** (Aut) registration (GB) ou license (US) number; (à la Sécurité sociale) National Insurance number; **carte d'immatriculation** registration card; **les immatriculations de véhicules neufs** ou **les nouvelles immatriculations ont enregistré une baisse** new car registrations dropped.

**immatriculer** [imatʀikyle] **vt** to register. ◊ **être immatriculé à la Sécurité sociale** to have a National Insurance number, be registered with National Insurance.

**immédiat, e** [im(m)edja, at] **adj** immediate. ◊ **accès immédiat** (Inf) immediate access; **jouissance immédiate** (Jur) immediate possession; **livraison immédiate** ready delivery; **rente immédiate** (Ass) immediate annuity.

**immédiatement** [im(m)edjatmã] **adv** immediately. ◊ **disponible immédiatement** available immediately ou right away; **livrable immédiatement** available for immediate delivery.

**immeuble** [im(m)œbl(ə)] **1** **adj** (Jur) **biens immeubles** real assets, real estate, realty (US), fixed property, immovable estate. **2** **nm** building; (Jur) real estate. ◊ **immeuble par destination** (Jur) fixture; **immeuble par nature** (Jur) tangible real property. **3** **comp** **immeuble de bureaux** office block (GB) ou building (US). – **immeubles commerciaux** business premises. – **immeuble en copropriété** condominium (US). – **immeuble à loyer moyen** ou **modéré** low-rent building. – **immeuble de rapport** residential property for renting, investment property, revenue producing property. – **immeuble à usage locatif** block of rented flats (GB), rental apartment building (US).

**immigré, e** [im(m)igʀe] **adj, nm,f** immigrant. ◊ **main-d'œuvre immigrée, travailleurs immigrés** immigrant ou migrant labour ou workers.

**immobilier, -ière** [im(m)ɔbilje, jɛʀ] **1** **adj** **a** investissement, marché, secteur property. ◊ **agence immobilière** (real) estate agency; **agent immobilier** estate agent, estate broker (US), realtor (US); **crédit** ou **prêt immobilier** (gén) property loan, credit on landed property; (pour acheter sa maison à tempérament) mortgage; **programme immobilier** housing ou construction project; **promotion immobilière** property development; **promoteur immobilier** property developer. **b** (Jur) **biens immobiliers** real assets, real estate, realty (US), fixed property, immovable estate; **saisie immobilière** attachment, seizure of real ou immovable property; **société immobilière** property development company; **société de crédit immobilier** building society (GB); **succession immobilière** inherited property, estate; **vente immobilière** sale of property. **2** **nm** ◊ **l'immobilier** (Comm) the real-estate business ou market; (Jur) real estate immovables; **immobilier d'entreprise** commercial property business; **l'immobilier locatif** the rental property business ou market; **il travaille dans l'immobilier** he's in real estate; **la crise de l'immobilier** the crisis in the property market.

**immobilisation** [im(m)ɔbilizasjɔ̃] **nf** **a** (action d'immobiliser) [capitaux] immobilization, tying up, locking up; (Jur) [biens] conversion into immovables ou real estate. ◊ **temps d'immobilisation machine** (Ind) machine down time, machine out-of-service time. **b** (Compta) **immobilisations** fixed ou capital ou tangible assets, fixed investments, invested capital; **immobilisations corporelles / incorporelles** tangible / intangible assets; **montant brut des immobilisations** gross fixed investment, gross fixed capital formation; **avoir de grosses immobilisations** to carry heavy stocks; **immobilisations financières** investments, capital assets.

**immobiliser** [im(m)ɔbilize] **vt** (gén) to immobilize; (Jur) biens to convert into immovables ou real estate; (Fin) capital to immobilize, tie up, lock up. ◊ **actif immobilisé** illiquid assets; **la société a immobilisé 80 millions de francs dans sa filiale** the company has tied up 80 million francs in its subsidiary; **la grève a immobilisé les chaînes de montage** the strike brought the assembly lines to a standstill.

**immunité** [im(m)ynite] **nf** immunity. ◊ **immunité diplomatique** diplomatic immunity; **immunité parlementaire** parliamentary privilege; **immunité fiscale** immunity from taxation, tax immunity.

**impact** [ɛ̃pakt] **nm** (gén, Mktg) impact. ◊ **étude d'impact** impact study; **effet d'impact** impact effect.

**imparfait, e** [ɛ̃paʀfɛ, ɛt] **adj** concurrence, marché imperfect.

**impartir** [ɛ̃paʀtiʀ] **vt** délai to grant. ◊ **dans les délais impartis** within the time allowed ou allotted.

**impartition** [ɛ̃paʀtisjɔ̃] **nf** cooperation agreement (between companies), contracting out.

**impasse** [ɛ̃pas] **nf** ◊ **être dans l'impasse** [discussions] to be deadlocked, be at a deadlock; **aboutir à une impasse** [discussions] to reach a deadlock, be stymied*; **sortir de l'impasse**

to break the deadlock ; **c'est l'impasse totale** the stalemate is complete ; **impasse budgétaire** overall budget deficit, deficit spending.

**impayé, e** [ɛ̃peje] **1** **adj** traite unpaid, dishonoured. ◊ **comptes impayés** unsettled accounts.
**2** **nm** ◊ **impayés** outstanding payments ou accounts ou bills ; **impayés retournés** bills returned unpaid ou dishonoured.

**impératif, -ive** [ɛ̃peʀatif, iv] **1** **adj** (gén) imperative ; loi mandatory. ◊ **décision impérative** binding decision ; **il est impératif que vous assistiez à la réunion** your attendance at the meeting is essential ou obligatory.
**2** **nm** constraint, requirement. ◊ **quels sont vos impératifs ?** what are your requirements ? ; **impératifs d'horaire** time constraints.

**impérativement** [ɛ̃peʀativmɑ̃] **adv** imperatively.

**imperfection** [ɛ̃pɛʀfɛksjɔ̃] **nf** [produit, machine] imperfection, defect, fault.

**impersonnel, -elle** [ɛ̃pɛʀsɔnɛl] **adj** impersonal. ◊ **bénéficiaire impersonnel** impersonal payee ; **compte impersonnel** impersonal account.

**implantation** [ɛ̃plɑ̃tasjɔ̃] **nf** **a** [entreprise] (action) setting up ; (résultat) establishment. ◊ **les implantations japonaises devraient globalement augmenter leur volume d'affaires** foreign-based Japanese firms, overall, should increase their sales ; **le conseil s'est prononcé pour l'implantation d'une agence à Toronto** the board decided on the establishment of a branch in Toronto ; **implantation d'un produit sur un marché** market penetration of a product ; **l'implantation de leur nouvelle unité de fabrication dépend du prix du terrain** the location ou siting ou setting up ou establishment of their new production facility depends on the cost of the land. **b** (disposition des locaux) layout. ◊ **implantation linéaire des postes de travail** line layout ; **implantation des ateliers** plant layout.

**implanter** [ɛ̃plɑ̃te] **1** **vt** [entreprise] to set up, establish. ◊ **la société est solidement implantée en Europe** the company is solidly established in Europe.
**2** **s'implanter** **vpr** [entreprise] to set up. ◊ **ils se sont implantés en force dans notre pays** they are solidly established in our country, they have established a strong presence in our country ; **s'implanter sur le marché** to break into the market, gain ou secure ou take a foothold on the market ; **la société va s'implanter à Lyon** the company is going to set up in Lyons.

**implicite** [ɛ̃plisit] **adj** contrat, coût, loyer implicit.

**impondérable** [ɛ̃pɔ̃deʀabl(ə)] **1** **adj** imponderable.
**2** **nm** ◊ **impondérables** imponderables.

**import** [ɛ̃pɔʀ] **nm** (abrév de importation) import. ◊ **faire de l'import-export** to be in the import-export business.

**importable** [ɛ̃pɔʀtabl(ə)] **adj** (Écon) importable.

**importateur, -trice** [ɛ̃pɔʀtatœʀ, tʀis] **1** **adj** importing. ◊ **pays importateur de pétrole** oil-importing country.
**2** **nm,f** importer. ◊ **importateur exclusif** sole importer.

**importation** [ɛ̃pɔʀtasjɔ̃] **nf** (fait d'importer) importing, importation ; (marchandise) import ; (Comm) import trade. ◊ **importations symboliques** symbolical ou shadow imports ; **importations visibles / invisibles** visible / invisible imports ; **autorisation** ou **permis** ou **licence d'importation** import permit ; **articles d'importation** imported articles, imports ; **interdiction / licence / contingent d'importation** import ban / licence / quota ; **capacité d'importation** capacity to import ; **prix à l'importation** import price ; **courtier en importation** import broker ; **droits d'importation** import duties ; **taxe à l'importation** (gén) import duties, (CEE) import levy ; **surtaxe à l'importation** import surcharge ; **les importations en provenance d'Allemagne** imports from Germany ; **la part des importations tend à diminuer** the share of foreign goods tends to diminish.

**importer** [ɛ̃pɔʀte] **vt** marchandises to import (*de* from).

**imposable** [ɛ̃pozabl(ə)] **adj** revenu, personne taxable, liable to tax ; propriété rateable. ◊ **marchandises imposables** dutiable goods ; **matière imposable** basis of assessment, taxable income ; **revenu imposable / non imposable** taxable / tax-free income ; **valeur locative imposable** rateable value.

**imposé, e** [ɛ̃poze] **nm, f** (gén) taxpayer ; (impôts locaux) ratepayer (GB), taxpayer (US).

**imposer** [ɛ̃poze] **vt** personne, revenu, produit to tax ; droits, impôt to impose, put (*sur* on). ◊ **imposer plus lourdement le tabac** to levy a heavier tax on tobacco ; **imposer des marchandises à l'entrée** to levy a duty on imported goods ; **prix imposé** regulation price, fixed price, administered ou administrated (US) price.

**imposition** [ɛ̃pozisjɔ̃] **1** **nf** (Fin) taxation. ◊ **base / seuil / taux d'imposition** tax base / threshold / rate ; **année d'imposition** year of assessment ; **avis d'imposition** tax assessment ou notice ; **barème d'imposition** income tax schedule ; **capacité d'imposition** taxability, taxpaying capacity ; **double imposition** double taxation ; **tranche d'imposition** income tax bracket ou band. **2 comp imposition forfaitaire** flat-rate taxation, taxation at the basic rate, notional ou presumptive assessment ; **imposition forfaitaire sur les plus-values** flat-rate ou basic-rate tax on capital gains. – **imposition multiple** multiple taxation. – **imposition à la source** withholding ou pay-as-you-earn system. – **imposition d'une surtaxe** imposition of a surcharge.

**impôt** [ɛ̃po] **1** **nm** tax. ◊ **abattement d'impôt** tax allowance ou deduction ; **arriérés d'impôt** tax arrears, outstanding tax ; **assiette de l'impôt** basis of assessment, tax base ; **bénéfices avant impôt / après impôt** pre-tax / after-tax profits, profits before tax / after tax ; **calcul de l'impôt** tax assessment ; **Code général des impôts** tax code ; **crédit d'impôt** tax credit ; **déclaration d'impôts** (gén) tax declaration, statement of income ; (formulaire) tax return ou form ou slip ; **dégrèvement** ou **réduction d'impôts** tax cut ou rebate ou relief ou break ; **exempt d'impôt** tax-free, tax-sheltered (US) ; **exonération d'impôt** exemption from tax, tax exemption ; **feuille** ou **formulaire de déclaration d'impôt** tax return ou form ou slip ; **inspecteur des impôts** tax inspector, surveyor of taxes ; **perception des impôts** tax collection ; **provision pour impôts** reserve for taxation ; **rappel d'impôts** back taxes ; **receveur des impôts** tax collector ; **recouvrement des impôts** tax collection ; **réduction d'impôts** tax cuts ; **restitution d'impôts** tax refund ; **rôle des impôts** register of taxes, tax roll, assessment roll ; **somme déductible des impôts** tax write-off, tax-deductible amount ; **frapper d'un impôt** to put ou levy ou lay a tax on ; **faire sa déclaration d'impôts** to fill in ou file one's tax return ; **se soustraire à l'impôt** to evade taxation ; **payer des impôts** to pay tax ; **j'ai payé 100 000 F d'impôts l'année dernière** I paid F100,000 in tax ou taxes last year ; **déductible des impôts** tax deductible ; **net d'impôt** tax paid ; **passible d'impôt, soumis à l'impôt, assujetti à l'impôt** taxable, liable to tax. **2 comp impôt additionnel** surtax. – **impôt sur les bénéfices exceptionnels** windfall tax. – **impôt sur les bénéfices industriels et commerciaux** *tax on income derived from trade and manufacture*, corporate ou corporation tax. – **impôt sur les bénéfices des professions non commerciales** tax on professional earnings. – **impôt sur les bénéfices des sociétés** corporate ou corporation tax. – **impôt de Bourse** stock exchange tax, tax on stock exchange transactions. – **impôt sur le capital** capital tax. – **impôt cédulaire** schedule tax. – **impôt sur le chiffre d'affaires** tax on turnover, turnover tax. – **impôt dégressif** degressive tax. – **impôt déguisé** hidden tax. – **impôts directs** direct taxes. – **impôt extraordinaire** emergency ou contingency tax. – **impôt foncier** land ou property tax ; **impôt foncier bâti et non bâti** tax on land and buildings. – **impôt forfaitaire** flat-rate ou basic-rate ou standard-rate tax, presumptive ou notional assessment. – **impôt sur la fortune, impôt sur les grandes fortunes** wealth tax. – **impôt général sur le revenu** income tax. – **impôt immobilier** real-estate tax. – **impôt indirect** indirect tax. – **impôts locaux** community charge, rates (GB), local taxes (US). – **impôt sur les opérations boursières** stock exchange tax, tax on stock exchange transactions. – **impôt sur les patentes** licence ou trade tax. – **impôt sur les plus-values** capital gains tax. – **impôt progressif** progressive ou graduated tax. – **impôt sur les propriétés bâties** general property tax. – **impôt sur les propriétés non bâties** tax on ground plots. – **impôt retenu à la source** tax withholding, tax deduction at source, pay as you earn, pay as you go (US). – **impôt sur le revenu (des personnes physiques)** (personal) income tax. – **impôt sur les sociétés** corporation ou corporate tax. – **impôt de solidarité sur la fortune** wealth tax. – **impôt somptuaire** luxury tax. – **impôt à la source** tax deducted at source, withholding tax. – **impôt sur les spectacles** entertainment tax. – **impôt sur les successions, impôt successoral** death duties, inheritance tax. – **impôt sur les superbénéfices** excess profits tax. – **impôt sur les traitements, salaires, pensions et rentes viagères** tax on salaries, wages and life annuities. – **impôt sur le transfert des capitaux** capital transfer tax.

**imprévu** [ɛ̃pRevy] **nm** (Compta) **imprévus** contingent account.

**imprimante** [ɛ̃pRimɑ̃t] **nf** printer. ◊ **imprimante à jet d'encre** ink-jet printer ; **imprimante (à) laser** laser printer ; **imprimante à marguerite** daisy-wheel printer ; **imprimante ligne à ligne** line printer ; **imprimante matricielle** dot-matrix printer ; **sortie d'imprimante** printout.

**imprimé** [ɛ̃pRime] **nm** (formulaire) (printed) form. ◊ **imprimés** (sur un pli postal) printed matter ; **envoyer qch au tarif imprimé** to send something at the printed paper ou printed matter rate, send by book-post ; **remplir un imprimé** to fill in a form ; **imprimés éclatés** burst forms.

**imprimer** [ɛ̃pʀime] **vt** (gén) to print; (Inf) to list, print.

**improductif, -ive** [ɛ̃pʀɔdyktif, iv] **adj** unproductive. ◊ **capital improductif** idle capital, capital yielding no return.

**improductivité** [ɛ̃pʀɔdyktivite] **nf** unproductiveness.

**imprudence** [ɛ̃pʀydɑ̃s] **nf** (Ass) **imprudence de la part du sinistré** contributory negligence.

**impulsif, -ive** [ɛ̃pylsif, iv] **adj** (Mktg) **achat impulsif** (action) impulse buying ou purchasing; (article acheté) impulse purchase.

**impulsion** [ɛ̃pylsjɔ̃] **nf** impulse. ◊ **achat d'impulsion** (action) impulse buying ou purchasing; (article acheté) impulse purchase; **acheter par impulsion** to buy on impulse; **trafic d'impulsion** impulse traffic.

**imputable** [ɛ̃pytabl(ə)] **adj** (Fin) chargeable. ◊ **frais imputables sur un compte** expenses chargeable to an account; **taxes imputables à** taxes assignable to.

**imputation** [ɛ̃pytasjɔ̃] **nf** (allocation) allocation, application. ◊ **imputation d'une somme au débit / au crédit d'un compte** charging of an amount to the debit / to the credit of an account; **imputation des frais généraux** application ou allocation of overheads; **imputations budgétaires** budget allocations; **imputation des charges** cost allocation; **période d'imputation** charging period; **avant imputation des pertes, le déficit dépasse déjà 7 milliards de francs** the deficit already exceeds 7 billion francs before charging up the losses incurred; **imputation d'un paiement** (Fin) application of a payment; (Jur) appropriation of a debtor's property to a debt.

**imputer** [ɛ̃pyte] **vt** (gén) to impute, attribute, ascribe (à to); (Fin) to charge (à, sur to, against). ◊ **loyer imputé** imputed rent; **valeur imputée** imputed value; **imputer une dépense sur un compte** to charge an expense to an account; **ils ont imputé les coûts de forage à l'exploitation** they charged off drilling costs as business expenses; **imputer une dépense à l'exercice précédent** to charge an expense to ou against the previous trading year; **imputer un paiement à** to apply a payment to; **imputer une somme à des fins spécifiques** to make an appropriation for a special purpose.

**inabordable** [inabɔʀdabl(ə)] **adj** prix prohibitive.

**inactif, -ive** [inaktif, iv] **1 adj** capitaux inactive, idle; (Bourse) marché slack, dull, stagnating; (population) non-working. ◊ **solde inactif** dormant balance; **les chantiers navals sont inactifs** the shipyards are lying ou standing idle.

**2 nm** ◊ **les inactifs** the non-working population, those not in active employment.

**inaliénabilité** [inaljenabilite] **nf** inalienability.

**inaliénable** [inaljenabl(ə)] **adj** inalienable.

**inamical, e,** **mpl -aux** [inamikal, o] **adj** unfriendly. ◊ **offre publique d'achat inamicale** unfriendly ou hostile takeover bid.

**INC** [iɛ̃nse] **nm** abrév de *Institut national de la consommation* → institut.

**incalculable** [ɛ̃kalkylabl(ə)] **adj** incalculable.

**incapable** [ɛ̃kapabl(ə)] **1 adj** (gén) incapable, incompetent; (Jur) incapable. ◊ **être incapable à tester** to be incompetent to make a will, be disqualified from making a will; **majeur incapable** disqualified ou incapable adult.

**2 nmf** incompetent; (Jur) incapable person.

**incapacité** [ɛ̃kapasite] **nf** **a** (gén) incompetence, incapability, inefficiency; (Jur) legal incapacity, incapability. ◊ **être dans l'incapacité de faire** to be unable to do, be incapable of doing; **frappé d'incapacité** disqualified by law; **incapacité commerciale** lack of legal qualification (to enter the business field). **b** (invalidité) disablement, disability, unfitness (for work). ◊ **incapacité partielle / permanente / totale** partial / permanent / total disablement ou disability; **incapacité de travail** industrial disablement ou disability; **assurance incapacité longue durée** longterm disability insurance.

**incertain** [ɛ̃sɛʀtɛ̃] **nm** (Bourse) price quoted in foreign currency, movable ou variable exchange. ◊ **donner** ou **coter l'incertain** to quote in foreign currency.

**incessibilité** [ɛ̃sesibilite] **nf** non-transferability.

**incessible** [ɛ̃sesibl(ə)] **adj** non-transferable.

**incidence** [ɛ̃sidɑ̃s] **nf** (gén) effect, impact, repercussion; (Écon) incidence. ◊ **incidence fiscale** tax incidence; **avoir une incidence sur** to affect, have an effect (up)on.

**incident** [ɛ̃sidɑ̃] **nm** (gén) incident; (Ind) fault, malfunction, trouble. ◊ **rapport d'incident** (Ind) malfunction report; **incident de parcours** minor setback ou hitch; **incident technique** technical hitch, glitch* (US).

**incitation** [ɛ̃sitasjɔ̃] **nf** incentive, inducement (à to, à faire to do). ◊ **incitation fiscale** tax incentive ou inducement; **incitation à investir** investment incentive.

**inciter** [ɛ̃site] **vt** to incite, induce. ◊ **la publicité incite les clients à acheter** advertising induces customers into buying ou to buy.

**incl.** abrév de *inclus.*

**inclure** [ɛ̃klyʀ] **vt** (dans un contrat) to insert (*dans* in); (dans une lettre) to enclose (*dans* in). ◊ **à inclure dans votre déclaration d'impôts** includible in your tax return.

**inclus, e** [ɛ̃kly, yz] **adj** (gén) enclosed; frais included. ◊ **les pièces incluses** the enclosures; **ci-inclus** enclosed; **vous trouverez ci-inclus la réponse à votre demande** you will find enclosed the answer to your query; **jusqu'au 15 mai inclus** until May 15th inclusive, up to and including May 15th; **les frais de livraison sont inclus dans la facture** the bill is inclusive of delivery charges, delivery charges are included in the bill.

**inclusivement** [ɛ̃klyzivmã] **adv** ◊ **jusqu'au 1er juin inclusivement** until June 1st inclusive, up to and including June 1st.

**incompétence** [ɛ̃kɔ̃petãs] **nf** (gén, Jur) incompetence. ◊ **jugement d'incompétence** (Jur) disclaimer of jurisdiction.

**incompétent, e** [ɛ̃kɔ̃petã, ãt] **adj** (gén, Jur) incompetent. ◊ **le tribunal s'est déclaré incompétent pour juger l'affaire** the court declared itself incompetent to try the case.

**incomplet, -ète** [ɛ̃kɔ̃plɛ, ɛt] **adj** (gén) incomplete, unfinished. ◊ **commande incomplète** short order.

**incompressibilité** [ɛ̃kɔ̃pʀesibilite] **nf** [budget, dépenses] irreductibility.

**incompressible** [ɛ̃kɔ̃pʀesibl(ə)] **adj** ◊ **nos frais généraux sont incompressibles** our overheads cannot be reduced ou cut down ou curtailed.

**inconvertibilité** [ɛ̃kɔ̃vɛʀtibilite] **nf** (Fin) inconvertibility.

**inconvertible** [ɛ̃kɔ̃vɛʀtibl(ə)] **adj** (Fin) inconvertible.

**incorporation** [ɛ̃kɔʀpɔʀasjɔ̃] **nf** (Fin) **incorporation de réserves** capitalization ou incorporation of reserves, capital increase out of reserves; **par voie d'incorporation au capital** by capitalization.

**incorporel, -elle** [ɛ̃kɔʀpɔʀɛl] **adj** incorporeal, intangible. ◊ **biens incorporels** incorporeal ou intangible assets.

**incorporer** [ɛ̃kɔʀpɔʀe] **vt** (Fin) to capitalize.

**incoté, e** [ɛ̃kɔte] **adj** (Bourse) unquoted.

**incoterms** [ɛ̃kɔtɛʀm] **nmpl** incoterms.

**incrément** [ɛ̃kʀemã] **nm** (Inf) increment.

**incrémental, e, mpl -aux** [ɛ̃kʀemãtal, o] **adj** incremental.

**incrémentation** [ɛ̃kʀemãtasjɔ̃] **nf** (Inf) incrementation.

**incrémenter** [ɛ̃kʀemãte] **vt** to increment.

**incrémentiel, -elle** [ɛ̃kʀemãsjɛl] **adj** incremental.

**inculpation** [ɛ̃kylpasjɔ̃] **nf** (chef d'accusation) charge (de of); (action d'inculper) charging.

**inculpé, e** [ɛ̃kylpe] **nm,f** defendant. ◊ **inculpé défaillant** defaulting defendant.

**inculper** [ɛ̃kylpe] **vt** to charge (de with), accuse (de of). ◊ **inculpé de complicité** charged with complicity.

**Inde** [ɛ̃d] **nf** India.

**indécis, e** [ɛ̃desi, iz] **1** **adj** (Bourse) marché unsettled.
**2** **nm,f** (Stat) don't know. ◊ **15% d'indécis** 15% don't knows ou no opinion.

**indécision** [ɛ̃desizjɔ̃] **nf** (Bourse) marché unsettledness.

**indéfectible** [ɛ̃defɛktibl(ə)] **adj** (Compta) actif non-wasting.

**indélicat, e** [ɛ̃delika, at] **adj** homme d'affaires dishonest; méthodes dishonest, underhand.

**indélicatesse** [ɛ̃delikatɛs] **nf** dishonesty. ◊ **commettre des indélicatesses** to be dishonest, be guilty of dishonesty.

**indemnisable** [ɛ̃dɛmnizabl(ə)] **adj** personne entitled to compensation; dommage indemnifiable.

**indemnisation** [ɛ̃dɛmnizasjɔ̃] **nf** (action d'indemniser) indemnification, compensation; (indemnité) indemnity, compensation. ◊ **dispositif d'indemnisation** indemnification ou compensation system; **avoir droit à indemnisation** to be entitled to compensation.

**indemniser** [ɛ̃dɛmnize] **vt** to indemnify, compensate (de for). ◊ **se faire indemniser** to get indemnification ou compensation; **indemniser qn de ses frais** to reimburse sb for his expenses; **l'assurance m'a entièrement indemnisé** the insurance has made up for all my losses ou has made good all my losses, the insurance has given me full compensation for my losses.

**indemnité** [ɛ̃dɛmnite] **1** **nf** (gén) compensation, indemnity; [remboursement de frais] allowance; (allouée par un tribunal) award; (prestation sociale) benefit. ◊ **à titre d'indemnité** by way of indemnification; **accorder ou allouer une indemnité** to award an indemnity; **réclamer une indemnité** (Ass) to file for compensation, claim damages; **avoir droit à une indemnité** to be entitled to indemnity; **percevoir ou toucher une indemnité** to draw an allowance, receive compensation.
**2** **comp** **indemnité pour accident du travail** workmen's compensation.

**– indemnité pour charges de famille** dependency allowance. **– indemnité de chômage** unemployment compensation (US) ou benefit (GB). **– indemnité en cas de décès** death benefit. **– indemnité de déménagement** removal allowance. **– indemnité de départ** severance payment; **indemnité de départ en retraite** retirement gratuity. **– indemnité de déplacement** travel allowance. **– indemnité de fonction** acting allowance. **– indemnité forfaitaire** lump indemnity. **– indemnité d'invalidité**. disability benefit. **– indemnité journalière** daily allowance, living allowance, per diem allowance. **– indemnité kilométrique** mileage allowance. **– indemnité de licenciement (pour raisons économiques)** redundancy payment ou money, severance payment. **– indemnité de logement** housing allowance. **– indemnité de maladie** sickness benefit. **– indemnité non soumise à retenues** tax-free benefit. **– indemnité de représentation** entertainment allowance. **– indemnité de résidence** weighting allowance. **– indemnité de rupture de contrat** severance ou separation pay. **– indemnité de sinistre** indemnity, insurance benefit. **– indemnité de transport** travel allowance. **– indemnité de vie chère** cost of living allowance.

**indépendant, e** [ε̃depɑ̃dɑ̃, ɑ̃t] **adj** independent (de of). ◊ **pour des raisons indépendantes de notre volonté** for reasons beyond ou outside our control; **commerçant / détaillant indépendant** independent shopkeeper / retailer; **travailler en indépendant** to work freelance, be self-employed; **travailleur indépendant** freelance ou self-employed worker.

**index** [ε̃dεks] **nm inv** index. ◊ **index composites** composite index; **rattaché** ou **lié à l'index** index-linked.

**indexation** [ε̃dεksasjɔ̃] **nf** indexing, index-ation, index-linking, index-linkage. ◊ **indexation des salaires** wage indexation; **clause d'indexation** escalator clause; **indexation sur le coût de la vie** cost-of-living indexation ou adjustment.

**indexé, e** [ε̃dεkse] **adj** prix, obligation indexed; assurance, emprunt index-linked, index-tied; retraite, salaire indexed ou index-linked.

**indexer** [ε̃dεkse] **vt** to index (sur to). ◊ **le dollar de Hong-Kong est indexé sur le dollar US** the Hong Kong dollar is pegged to the US dollar; **les salaires sont indexés sur l'inflation** wages are linked ou indexed ou geared to inflation.

**indicateur** [ε̃dikatœʀ] **1 nm** (Écon) indicator.

**2 comp indicateur d'alerte** warning indicator. **– indicateur avancé** leading indicator. **– indicateur clef** key indicator. **– indicateur composite** compound indicator. **– indicateur de conjoncture** economic indicator. **– indicateur de divergence** (CEE) divergence indicator. **– indicateur économique** economic indicator. **– indicateur instantané** (Bourse) immediate indicator. **– indicateur de marché** market indicator. **– indicateurs retardés (d'activité** ou **de conjoncture)** lagging indicators. **– indicateur stochastique** stochastic index. **– indicateurs de tendance** leading indicators.

**indicatif, -ive** [ε̃dikatif, iv] **1 adj** indicative (de of).

**2 nm** ◊ **indicatif téléphonique** (dialling) code; **indicatif départemental** area code; **l'indicatif de la France est 33** the country code for France is 33.

**indication** [ε̃dikasjɔ̃] **nf** (mention) indication; (information) piece of information; (instruction) direction, instruction. ◊ **à titre d'indication** for your guidance ou information; **indication d'origine** ou **de provenance** place of origin; **sans indication de date / de prix** with no indication of the date / price, without a date stamp / price label; **sauf indication contraire** unless otherwise stated ou indicated.

**indice** [ε̃dis] **1 nm** (Écon) index. ◊ **les indices** the indices. **point d'indice** index point; **l'indice est à** the index stands at; **indice Dow Jones / Nikkeï / Footsie** Dow Jones / Nikkei / Footsie index; **futures sur indices** index futures; **options sur indice** (stock-) index options.

**2 comp indice de base** base index. **– indice composite** compound index. **– indice corrigé / non corrigé des variations saisonnières** seasonally adjusted / non adjusted index. **– indice du coût de la vie** cost of living index. **– indice de croissance** growth index. **– indice d'écoute** audience rating. **– indice de fusion** index of disparity. **– indice général des cours** all-items indicator. **– indice des indicateurs avancés** index of leading indicators. **– indice des indicateurs retardés** index of lagging indicators. **– indice de place** stock market index. **– indice pondéré / non pondéré** weighted / unweighted index. **– indice des prix à la consommation** consumer price index. **– indice des prix de gros / de détail** wholesale / retail price index. **– indice de la production** production index. **– indice des produits de base** commodities index. **– indice de richesse** country's wealth index. **– indice sectoriel** sectorial index. **– indice des valeurs boursières** stock exchange index.

**indiciaire** [ɛ̃disjɛʀ] **adj** grade-related. ◊ **analyse indiciaire** ratio analysis.

**indiciel, -ielle** [ɛ̃disjɛl] **adj** index. ◊ **fonds indiciel** index fund; **gestion indicielle** index fund management.

**indien, -ienne** [ɛ̃djɛ̃, jɛn] **1** **adj** Indian. **2 Indien** **nm** (habitant) Indian. **3 Indienne** **nf** (habitante) Indian.

**indifférence** [ɛ̃difeʀɑ̃s] **nf** indifference. ◊ **courbe d'indifférence** (Écon) indifference curve; **analyse par courbes d'indifférence** indifference analysis.

**indifférent, e** [ɛ̃difeʀɑ̃, ɑ̃t] **adj** ◊ **salaire indifférent** (sur annonce) salary no object.

**indiquer** [ɛ̃dike] **vt** to indicate, show. ◊ **les cours de clôture indiquent une légère tendance à la reprise** prices at the close denote a slight rally; **à l'heure indiquée** at the time indicated ou stated. **comme indiqué au verso** as stated ou shown on the back; **est-ce indiqué sur le reçu ?** is it given ou mentioned ou specified on the receipt?

**indirect, e** [ɛ̃diʀɛkt, ɛkt(ə)] **adj** arbitrage, coûts, matières, impôt, main-d'œuvre, vente indirect. ◊ **conséquences indirectes** consequential effects; **preuve indirecte** (Jur) circumstantial evidence.

**indisponibilité** [ɛ̃dispɔnibilite] **nf** [fonds] unavailability.

**indisponible** [ɛ̃dispɔnibl(ə)] **adj** fonds unavailable.

**individualisation** [ɛ̃dividɥalizɑsjɔ̃] **nf** [produit, police d'assurance] customization.

**individualisé, e** [ɛ̃dividɥalize] **adj** individual. ◊ **des solutions individualisées selon vos besoins** solutions which are tailored to your needs; **emballage individualisé** customized packing; **police individualisée** (Ass) tailor-made policy; **horaires de travail individualisés** flexible working hours.

**individualiser** [ɛ̃dividɥalize] **vt** produit, police, horaire to tailor to (suit) individual ou particular requirements, customize.

**individuel, -elle** [ɛ̃dividɥɛl] **adj** (gén) individual; responsabilité personal, individual. ◊ **consommateur individuel** individual consumer; **entreprise individuelle** individual firm, one-man business, non-corporate business (US); **la propriété individuelle** private ou personal property.

**individuellement** [ɛ̃dividɥɛlmɑ̃] **adv** (Jur) severally. ◊ **responsables individuellement** severally liable.

**indivis, e** [ɛ̃divi, iz] **adj** (Jur) propriété undivided, joint; propriétaire joint. ◊ **actions indivises** joint shares; **posséder un bien par indivis** to own a property jointly.

**indivisaire** [ɛ̃divizɛʀ] **nmf** joint owner, tenant in common.

**indivisément** [ɛ̃divizemɑ̃] **adv** posséder jointly.

**indivision** [ɛ̃divizjɔ̃] **nf** (Jur) joint possession ou ownership. ◊ **propriété en indivision** jointly-held property.

**Indonésie** [ɛ̃dɔnezi] **nf** Indonesia.

**indonésien, -enne** [ɛ̃dɔnezjɛ̃, ɛn] **1** **adj** Indonesian. **2 Indonésien** **nm** (habitant) Indonesian. **3 Indonésienne** **nf** (habitante) Indonesian.

**induit, e** [ɛ̃dɥi, it] **1** **adj** demande, investissement induced. **2 induits** **nmpl** induced investments.

**industrialisation** [ɛ̃dystʀijalizɑsjɔ̃] **nf** industrialization, industrial development.

**industrialiser** [ɛ̃dystʀijalize] **1** **vt** to industrialize. ◊ **pays industrialisés** industrialized countries; **pays nouvellement industrialisés** newly industrialized countries. **2 s'industrialiser** **vpr** to become industrialized.

**industrie** [ɛ̃dystʀi] **1** **nf** **a** industry. ◊ **capitaine d'industrie** tycoon; **ministère de l'Industrie** Department of Industry; **petite et moyenne industrie** small-sized industrial firm; **petites et moyennes industries** small and medium-sized industries. **2 comp industrie aéronautique** aircraft industry. – **industrie (agro-)alimentaire** food (processing) industry. – **industrie automobile** car ou automobile ou automative industry. – **industrie du bâtiment** construction industry. – **industrie de biens de consommation** consumer goods industry. – **industrie de capitaux** capital-intensive industry. – **industrie chimique** chemical industry. – **industrie extractive** extractive industry. – **industrie laitière** dairy farming. – **industrie légère** light industry. – **industrie lourde** heavy industry. – **industrie de luxe** luxury goods industry. – **industrie de main-d'œuvre** labour-intensive industry. – **industrie manufacturière** manufacturing industry. – **industries mécaniques** mechanical engineering industries. – **industrie métallurgique** metallurgical ou metalworking industry. – **industrie minière** mining industry. – **industrie de pointe** high-tech ou advanced technology industry. – **industrie de précision** precision tool industry. – **industrie de process** continuous process industry. – **industrie de services** service industry. – **industrie sidérurgique** steel industry. – **industrie du spectacle** entertainment business. – **industrie du tertiaire** tertiary industry. – **industrie textile** textile industry.

**– industrie de transformation** processing industry.

**industriel, -elle** [ɛ̃dystʁijɛl] **1** **adj** locaux, esthétique, secteur, véhicule industrial. ◊ **achats de biens industriels** industrial buying; **ensemble industriel** industrial complex; **entreprise industrielle** industrial concern; **équipement à usage industriel** heavy-duty equipment; **espionnage industriel** industrial espionage; **esthétique industrielle** industrial design; **propriété industrielle** patent rights; **redéploiement industriel** industrial redeployment; **restructuration industrielle** industrial restructuring; **solde industriel** balance of trade in industrial ou manufactured goods; **tertiaire industriel** industrial services; **terrain industriel** industrial site; **valeurs industrielles** (Bourse) industrials, industrial shares; **zone industrielle** industrial estate ou park.
**2** **nm** industrialist, manufacturer. ◊ **les industriels de la métallurgie** industrialists in the metallurgical sector.

**industriellement** [ɛ̃dystʁijɛlmɑ̃] **adv** industrially.

**INED** [inɛd] **nm** abrév de *Institut national des études démographiques* → institut.

**inélasticité** [inelastisite] **nf** (Écon) inelasticity.

**inélastique** [inelastik] **adj** (Écon) inelastic.

**inemployé, e** [inɑ̃plwaje] **adj** capital unemployed, unused; équipements, capacité de production unused, idle.

**inertie** [inɛʁsi] **nf** inertia. ◊ **vente par inertie** inertia selling.

**inescomptable** [inɛskɔ̃tabl(ə)] **adj** (Fin) undiscountable.

**inexécution** [inɛgzekysjɔ̃] **nf** [contrat, obligation] non-fulfilment, non-performance, non-execution.

**inexigibilité** [inɛgziʒibilite] **nf** ◊ **l'inexigibilité de la dette** the fact that the debt is not due.

**inexigible** [inɛgziʒibl(ə)] **adj** dette not due.

**inexploitable** [inɛksplwatabl(ə)] **adj** (gén) unexploitable; mine unexploitable, unworkable.

**inexploitation** [inɛksplwatasjɔ̃] **nf** ◊ **l'inexploitation du brevet** the fact that the patent was not exploited.

**inexploité, e** [inɛksplwate] **adj** gisement unexploited; capital untapped.

**inférieur, e** [ɛ̃feʁjœʁ] **1** **adj** (gén) lower; qualité inferior, poorer; montant, quantité smaller. ◊ **la productivité est inférieure à celle de l'année dernière** productivity is inferior to ou less than ou lower than last year's; **le résultat est inférieur aux prévisions** earnings fall short of what we forecasted, earnings are below forecast; **inférieur à la moyenne** below average, lower than average; **être hiérarchiquement inférieur à qn** to be lower (down) than sb, be below sb in the hierarchy.
**2** **nm,f** inferior.

**infériorité** [ɛ̃feʁjɔʁite] **nf** inferiority.

**infirmatif, -ive** [ɛ̃fiʁmatif, iv] **adj** (Jur) arrêt invalidating.

**infirmation** [ɛ̃fiʁmasjɔ̃] **nf** (Jur) [décision] invalidation, annulment, quashing.

**infirmer** [ɛ̃fiʁme] **vt** (Jur) décision to invalidate, annul, quash.

**inflation** [ɛ̃flasjɔ̃] **nf** inflation. ◊ **taux / différentiel d'inflation** inflation rate / differential ou spread; **écart / facteur d'inflation** inflationary gap / factor; **inflation négative** negative inflation; **inflation des salaires / des prix** wage / price inflation; **inflation cyclique / galopante / importée / monétaire / structurelle** cyclical / galloping ou runaway / imported / monetary / structural inflation; **inflation par la demande / par les coûts / par les salaires** demand-pull / cost-push ou cost-induced / wage-induced inflation; **contenir** ou **freiner** ou **endiguer** ou **enrayer l'inflation** to check ou stamp out ou curb ou contain ou stem inflation.

**inflationnisme** [ɛ̃flasjɔnism(ə)] **nm** inflationism.

**inflationniste** [ɛ̃flasjɔnist(ə)] **1** **adj** tendance, mesures inflationary; (partisan de l'inflation) inflationist. ◊ **dérapage inflationniste** inflationary slippage; **poussées** ou **pressions inflationnistes** inflationary pressure ou spiral.
**2** **nmf** inflationist.

**infléchir** [ɛ̃fleʃiʁ] **1** **vt** politique to alter, change.
**2** **s'infléchir** **vpr** [tendance] to shift.

**infléchissement** [ɛ̃fleʃismɑ̃] **nm** [tendance] shift; [politique] change.

**informaticien, -ienne** [ɛ̃fɔʁmatisjɛ̃, jɛn] **1** **adj** computer. ◊ **elle est ingénieur informaticienne** she's a computer scientist ou a computerist (US).
**2** **nm,f** (ingénieur) computer scientist, data processing expert, computerist (US); (technicien) computer ou keyboard operator, keyboarder.

**informatif, -ive** [ɛ̃fɔʁmatif, iv] **adj** étiquetage, publicité informative.

**information** [ɛ̃fɔʁmasjɔ̃] **nf** **a** (gén) (renseignement) piece of information; (action d'informer) information. ◊ **information ascendante / descendante / latérale**

upward / downward / sideways informa-tion; **demande d'information** enquiry, request for information; **théorie / stockage / gestion de l'information** information theory / storage / management; **système de recherche d'information** information retrieval system; **traitement de l'information** (Inf) data processing; **système de traitement de l'information** computer ou data processing system. **b** (Jur) **ouvrir une information (judiciaire)** to start an initial ou a preliminary investigation. **c** (Compta) disclosure, reporting. ◊ **obligation d'information** disclosure requirement; **information périodique** interim reporting.

**informatique** [ɛ̃fɔʀmatik] **1** **adj** computer. ◊ **service informatique** data processing ou EDP department, computer service; **données informatiques** computerized data; **fichier informatique** computer file.
**2** **nf** (science) computer science; (techniques) computing, (electronic) data processing, EDP. ◊ **il est dans l'informatique** he's in computers; **informatique de gestion** business computing ou data processing; **conseil en informatique** (entreprise) computer consulting company; (personne) computer consultant; **stage d'informatique** data processing ou computer course; **informatique familiale** home computing; **informatique individuelle** personal computing; **informatique interactive / répartie** interactive / distributed computing.

**informatisation** [ɛ̃fɔʀmatizasjɔ̃] **nf** computerization.

**informatisé, e** [ɛ̃fɔʀmatize] **adj** computerized. ◊ **fichier informatisé** computerized ou computer-based file; **nous sommes informatisés** we have computerized our company.

**informatiser** [ɛ̃fɔʀmatize] **vt** to computerize.

**informer** [ɛ̃fɔʀme] **vt** to inform (*de, sur* about). ◊ **nous informons notre aimable clientèle que nos bureaux seront désormais ouverts le samedi** we are pleased to inform you that our offices will now be open on Saturdays; **vous voudrez bien me tenir informé de tout changement** please let me know ou tell me of any change; **jusqu'à plus ample informé** until further information is available.

**infraction** [ɛ̃fʀaksjɔ̃] **nf** offence. ◊ **être** ou **se trouver en infraction** to be committing an offence, be breaking the law; **infraction à la loi** breach ou infraction ou violation of the law; **infraction au contrôle des changes** exchange control violation; **infraction fiscale** breach of the tax code.

**infrastructure** [ɛ̃fʀastʀyktyʀ] **nf** (Écon) infrastructure. ◊ **dépenses d'** infrastructure infrastructure expenditure.

**ingénierie** [ɛ̃ʒeniʀi] **nf** engineering. ◊ **ingénierie assistée par ordinateur** computer-aided ou -assisted engineering; **ingénierie robotique** robotics; **ingénierie financière** financial engineering.

**ingénieur** [ɛ̃ʒenjœʀ] **1** **nm** engineer. ◊ **école d'ingénieurs** engineering school.
**2** **comp ingénieur agronome** agricultural engineer. − **ingénieur en chef** chief engineer. − **ingénieur chimiste** chemical engineer. − **ingénieur commercial** sales engineer. − **ingénieur-conseil** engineering consultant, efficiency expert, consulting engineer; **ingénieur-conseil en organisation** management consultant; **cabinet d'ingénieurs-conseils** consultancy. − **ingénieur d'exploitation** operating engineer. − **ingénieur fiabiliste** reliability engineer. − **ingénieur en génie civil** civil engineer. − **ingénieur informaticien** computer scientist, computerist (US), information engineer. − **ingénieur mécanicien** mechanical engineer. − **ingénieur des mines** mining engineer. − **ingénieur des ponts et chaussées** construction ou civil engineer. − **ingénieur process** process engineer. − **ingénieur de production** product engineer. − **ingénieur de projet** project engineer. − **ingénieur système** system(s) engineer. − **ingénieur technico-commercial** sales engineer. − **ingénieur des travaux publics** construction ou civil engineer, public works engineer.

**initial, e,** **mpl** **-aux** [inisjal, o] **1** **adj** capital, coût initial. ◊ **versement initial** first instalment, front-end payment, down payment.
**2** **initiale** **nf** initial. ◊ **mettre ses initiales sur qch** to put one's initials on sth, initial sth.

**initialisation** [inisjalisasjɔ̃] **nf** (Inf) initialization.

**initialiser** [inisjalize] **vt** (Inf) to initialize. ◊ **initialiser le système** to initialize the system.

**initiative** [inisjativ] **nf** initiative. ◊ **initiative privée** individual ou private initiative; **à** ou **sur l'initiative du ministre** on the minister's initiative.

**initié, e** [inisje] **nm,f** (Bourse) insider. ◊ **délit** ou **opération d'initié** insider trading ou dealing.

**injecter** [ɛ̃ʒɛkte] **vt** argent to infuse, inject. ◊ **injecter des capitaux dans une affaire** to pump ou inject money into a business.

**injection** [ɛ̃ʒɛksjɔ̃] **nf** [capitaux] infusion, injection.

**injonction** [ɛ̃ʒɔ̃ksjɔ̃] **nf** injunction, command, order.

**innovant, e** [in(n)ɔvɑ̃, ɑ̃t] **adj** innovative.

**innovateur, -trice** [in(n)ɔvatœʀ, tʀis] **adj** innovative, innovatory.

**innovation** [in(n)ɔvasjɔ̃] **nf** (gén) innovation; (produit) pioneer ou innovative product. ◊ **capacité d'innovation** innovative capacity.

**innover** [in(n)ɔve] **vi** to innovate, break new ground.

**inobservation** [inɔpsɛʀvasjɔ̃] **nf** non-observance (*de* of), inobservance (*de* of), non-compliance (*de* with). ◊ **inobservation des règlements** failure to observe the regulations, non-observance of ou non-compliance with the regulations.

**inondation** [inɔ̃dasjɔ̃] **nf** [marché] flooding, swamping, inundation.

**inonder** [inɔ̃de] **vt** marché to flood, swamp, inundate, glut (*de* with). ◊ **nous sommes inondés de commandes** we are swamped ou flooded with orders.

**inopposabilité** [inɔpozabilite] **nf** (Jur) non-invocability.

**inopposable** [inɔpozabl(ə)] **adj** (Jur) non-invocable.

**INRA** [inʀa] **nm** abrév de *Institut national de la recherche agronomique* → institut.

**inscription** [ɛ̃skʀipsjɔ̃] **nf** a (texte) inscription; (enregistrement) registration. ◊ **inscription comptable** entry, posting; **inscription à la cote officielle** quotation on the list; **demander son inscription à la cote** to apply for admission to the list; **inscription hypothécaire** mortgage registration; **inscription au registre du commerce** registration entry, registry in the Trade Register. b (service) **inscription maritime** registry of ships.

**inscrire** [ɛ̃skʀiʀ] **1 vt** (gén) to note down, write down; écriture comptable to enter, post; personne sur une liste to register. ◊ **inscrire des dépenses au budget** to list expenses in the budget; **inscrire une commande** to book an order; **inscrire une question à l'ordre du jour** to put ou place a question on the agenda; **l'équivalent de 500 millions de DTS est déjà inscrit dans la loi de finances** the equivalent of 500 millions in SDR already appears in the appropriation bill; **ces valeurs ne sont pas inscrites à la cote (officielle)** these securities are not admitted to official quotation ou are not listed; **inscrire qn sur une liste** to put sb's name down on a list, register sb; **faire inscrire ses titres en compte** to register one's shares.
**2 s'inscrire vpr** a (sur une liste) to put one's name down (*sur* on), register, enrol. ◊ **s'inscrire au chômage** to go on the dole, register for unemployment benefits. b (Bourse) to be marked (*à* at). ◊ **s'inscrire en baisse** ou **en repli** ou **en recul** to be marked

down, be quoted down; **s'inscrire en hausse** ou **en reprise** to be marked up, be quoted up, chalk up a rise; **ce titre s'inscrit à 356 F approchant son "plus haut"** pour l'année these shares are standing at F356 near their high for the year.

**inscrit, e** [ɛ̃skʀi, it] **adj** personne registered. ◊ **valeur inscrite à la cote officielle** (Bourse) listed security.

**INSEE** [inse] **nm** abrév de *Institut national de la statistique et des études économiques* → institut.

**insérer** [ɛ̃seʀe] **vt** annonce, clause to insert (*dans* in).

**insertion** [ɛ̃sɛʀsjɔ̃] **nf** [clause] insertion; (Presse : petite annonce) ad. ◊ **insertion sociale** social integration; **stage d'insertion** induction course; **mode d'insertion** (Inf) insert mode; **programme d'insertion locale** local insertion program (for retrained workers).

**insolvabilité** [ɛ̃sɔlvabilite] **nf** insolvency. ◊ **assurance insolvabilité** insolvency insurance.

**insolvable** [ɛ̃sɔlvabl(ə)] **adj** insolvent. ◊ **être insolvable** to be insolvent, be in a state of insolvency; **se déclarer insolvable** to declare o.s. insolvent ou insolvable (US).

**inspecter** [ɛ̃spɛkte] **vt** to inspect; (par sondage) to spot-check.

**inspecteur, -trice** [ɛ̃spɛktœʀ, tʀis] **1 nm,f** (gén) inspector; [supermarché] shopwalker, floorwalker (US).
**2 comp inspecteur des contributions directes** inspector of taxes, tax inspector, surveyor of taxes, tax surveyor, revenue officer. – **inspecteur des douanes** customs surveyor. – **inspecteur des finances** Treasury official. – **inspecteur des impôts** inspector of taxes, tax inspector, surveyor of taxes, tax surveyor, revenue officer. – **inspecteur régleur** insurance adjuster. – **inspecteur du travail** factory ou labour inspector. – **inspecteur des ventes** sales inspector ou surpervisor.

**inspection** [ɛ̃spɛksjɔ̃] **nf** a (contrôle) inspection. ◊ **faire une tournée d'inspection** to make a tour of inspection; **inspection par sondage** spot check. b (service) inspectorate. ◊ **inspection des Finances** tax inspectorate; **inspection du Travail** factory inspectorate, Occupational Safety and Health Administration.

**instabilité** [ɛ̃stabilite] **nf** [cours, prix] instability; [marché] jumpiness, instability. ◊ **instabilité conjoncturelle** conjunctural instability; **instabilité monétaire** monetary instability.

**instable** [ɛ̃stabl(ə)] **adj** cours, prix unstable; marché jumpy, unstable.

**installateur** [ɛ̃stalatœʀ] **nm** fitter. ◊ **installateur en rayon** (Mktg) rackjobber.

**installation** [ɛ̃stalɑsjɔ̃] **nf** a [chauffage central, téléphone] installation, putting in ; [succursale] setting up ; [local, bureau] fitting out ; [fonctionnaire] appointment, installation. ◊ **depuis notre installation en banlieue parisienne** since we have set ourselves up in the Paris suburbs ; **installations en rayons** rack-jobbing. b (équipements) **installations** fittings, installations. **les installations de l'usine ont été modernisées** the factory installations have been streamlined. c (service) facility. ◊ **notre nouvelle installation informatique** our new computer facility ; **installations** (bâtiments) plant, manufacturing ou production facility ; **installations industrielles** industrial facilities, plant ; **installations portuaires** harbour facilities, port installations, harbour works.

**installer** [ɛ̃stale] 1 **vt** chauffage central, téléphone to install, put in ; succursale to set up ; local, bureau to fit out ; (Admin) fonctionnaire to appoint, install. ◊ **capacité installée** installed capacity ; **la commission sera installée dès la fin de cette année** the committee will be set up at the end of the year. 2 **s'installer vpr** [entrepreneur, individuel] to set o.s. up (*comme* as), set up shop (*comme* as) ; [entreprise] to set up. ◊ **s'installer à son compte** to set up on one's own, set up one's own business.

**instance** [ɛ̃stɑ̃s] **nf** a (organe) authority. ◊ **les instances communautaires** the EEC authorities ; **les instances administratives compétentes** the competent administrative authorities ; **de plus hautes instances** higher authorities. b (Jur) (legal) proceedings. ◊ **engager** ou **introduire une instance** to institute legal proceedings, bring a lawsuit (*contre* against) ; **tribunal d'instance** court of first instance ; **juger en première / en seconde instance** to try in a court of first instance / in an appeal court ; **instance d'appel** appeal proceedings. c (en attente) **l'affaire est en instance** the matter is pending ; **courrier en instance** mail due to be dispatched.

**institut** [ɛ̃stity] **nm** institute. ◊ **Institut d'administration des entreprises** *institute of business administration* ; **institut d'émission** issuing house ; **Institut d'études politiques** *institute of political science* ; **Institut français d'opinion publique** *French institute for public opinion surveys* ; **Institut national de la consommation** *national consumer institute* ; **Institut national des études démographiques** *national institute of demographic studies* ; **Institut national de la recherche agronomique** *national institute of agronomic research* ; **Institut national de la statistique et des études**

économiques *French national institute of statistics and economic surveys* ; **institut de sondage** polling institution ou firm ; **institut universitaire de technologie** ≈ polytechnic (GB), ≈ technical institute (US).

**institution** [ɛ̃stitysjɔ̃] **nf** institution. ◊ **institution de crédit** credit institution ; **institution financière** financial institution ; **institution sans but lucratif** non-profit-making institution.

**institutionnaliser** [ɛ̃stitysjɔnalize] **vt** to institutionalize.

**institutionnel, -elle** [ɛ̃stitysjɔnɛl] 1 **adj** investisseur, monopole institutional. ◊ **publicité institutionnelle** image ou institutional ou corporate advertising. 2 **institutionnels nmpl** (Bourse) institutional investors.

**instructeur** [ɛ̃stʀyktœʀ] **adj** (Jur) **juge** ou **magistrat instructeur** examining magistrate.

**instruction** [ɛ̃stʀyksjɔ̃] **nf** a (Jur) **ouvrir une instruction** to initiate an investigation (into a crime) ; **renvoyer une affaire pour complément d'instruction** to remand a case for further inquiry ; **juge d'instruction** examining magistrate (GB), committing magistrate (US) ; **instruction des sinistres** (Ass) claims handling. b (consigne) instruction ; (Inf) instruction, command ; (Admin) directive. ◊ **instruction ministérielle** ministerial directive ; **instructions** (gén) instructions ; (mode d'emploi) instructions, directions ; **se conformer aux instructions du client** to comply with the customer's instructions ; **notre représentant n'a pas suivi nos instructions** our agent acted contrary to his instructions ; **conformément** ou **en accord avec vos instructions** in accordance with ou pursuance of ou compliance with your instructions.

**instruire** [ɛ̃stʀɥiʀ] **vt** ◊ **instruire un procès** to conduct the investigation for a trial.

**instrument** [ɛ̃stʀymɑ̃] **nm** [crédit, paiement, investissement] instrument. ◊ **instrument de couverture** hedging instrument ; **instrument financier / négociable** financial / negotiable instrument ; **instrument de placement** investment instrument ; **marché à terme des instruments financiers** financial futures market.

**instrumenter** [ɛ̃stʀymɑ̃te] **vi** (Jur) to draw up a formal document.

**insuffisance** [ɛ̃syfizɑ̃s] **nf** [moyens] inadequacy ; [ressources] insufficiency ; [personnel] shortage. ◊ **insuffisance de capital** impairment of capital, undercapitalization ; **insuffisance de caisse** cash deficiency ; **insuffisance de provisions sur un compte** insufficient funds.

**insuffisant, e** [ɛ̃syfizɑ̃, ɑ̃t] **adj** quantité insufficient ; qualité inadequate. ◊ **payer une sur-**

**taxe pour affranchissement insuffisant** to pay extra postage.

**int.** abrév de *intérêt*.

**intangible** [ɛ̃tɑ̃ʒibl(ə)] **adj** intangible. ◊ **actif intangible** intangible assets.

**intégral, e, mpl -aux** [ɛ̃tegʀal, o] **adj** complete. ◊ **paiement intégral** payment in full, full payment; **versement intégral à la répartition** full payment ou payment in full on allotment.

**intégralement** [ɛ̃tegʀalmɑ̃] **adv** in full, fully. ◊ **capital intégralement libéré** paid up ou fully paid capital.

**intégralité** [ɛ̃tegʀalite] **nf** whole. ◊ **la somme vous sera remboursée dans son intégralité** the sum will be repaid to you in its entirety ou in full; **vous devez déclarer l'intégralité de vos revenus** you must declare your whole ou entire income; **l'intégralité de la somme devra être versée à la signature du contrat** the whole ou entire sum will have to be paid when the contract is signed.

**intégration** [ɛ̃tegʀasjɔ̃] **nf** (gén) integration (*à, dans* into); (Compta) consolidation; (Ind) regrouping. ◊ **intégration en amont / en aval** backward / forward integration; **intégration horizontale / verticale** horizontal / vertical integration.

**intégré, e** [ɛ̃tegʀe] **1** **adj** (gén, Écon, Math) integrated. ◊ **logiciel intégré** integrated software; **gestion intégrée** integrated project management; **stage intégré** in-house training; **traitement intégré des données** integrated data processing; **circuit intégré** integrated circuit; **société intégrée horizontalement / verticalement** a horizontally / vertically integrated company. **2** **intégrés nmpl** chain stores.

**intégrer** [ɛ̃tegʀe] **vt** (Écon, Math) fonction, secteur d'activité to integrate; (Tech) dispositif to build in. ◊ **ces sommes ont été intégrées aux prix pour tenir compte de l'inflation** the sums have been factored into the prices as inflation adjustment; **ils ont intégré ce module dans la machine** they have built this module into the machine; **les grands groupes publicitaires créent des départements intégrés spécialisés dans leur structure d'ensemble** the major advertising groups are integrating specialized departments in their overall structure; **ce modèle intègre les derniers développements de la technologie** the latest technological developments have been designed ou built into this market.

**intensité** [ɛ̃tɑ̃site] **nf** intensity. ◊ **intensité capitalistique / travaillistique** capital / labour intensity; **industrie à forte intensité capitalis-**

**tique / travaillistique** capital-intensive / labour-intensive industry.

**intenter** [ɛ̃tɑ̃te] **vt** ◊ **intenter un procès contre** ou **à qn** to start ou institute proceedings against sb, sue sb; **intenter une action contre qn** to bring an action against sb.

**intention** [ɛ̃tɑ̃sjɔ̃] **nf** intention. ◊ **lettre d'intention** letter of inte nt; **intention d'achat** purchasing intention, intended purchase; **intention de commande** intended order; **intentions d'investir** intended investment, investment intentions; **intention criminelle** ou **délictueuse** (Jur) malicious intent.

**interbancaire** [ɛ̃tɛʀbɑ̃kɛʀ] **adj** transactions, cours, marché interbank. ◊ **taux interbancaire moyen** interbank fixed rate; **taux interbancaire demandé** interbank market bid rate; **taux interbancaire offert** interbank offered rate; **taux du marché interbancaire au jour le jour** interbank overnight rate.

**interbancarité** [ɛ̃tɛʀbɑ̃kaʀite] **nf** interbanking.

**intercalaire** [ɛ̃tɛʀkalɛʀ] **adj** ◊ **dividende intercalaire** interim dividend.

**interconnexion** [ɛ̃tɛʀkɔnɛksjɔ̃] **nf** (gén) interconnection. ◊ **interconnexion des marchés** interconnection of markets.

**interentreprises** [ɛ̃tɛʀɑ̃tʀəpʀiz] **adj inv** intercompany (GB), intercorporate (US).

**intéressé, e** [ɛ̃teʀese] **1** **adj** (concerné) concerned, involved. ◊ **les parties intéressées** the interested parties, the parties involved ou concerned. **2** **nm, f** (Admin) (demandeur) applicant. ◊ **partie à remplir par l'intéressé** to be completed by the applicant; **les intéressés devront formuler leur demande par écrit** applicants should make a request in writing; **premier intéressé** (Fin) preferential creditor.

**intéressement** [ɛ̃teʀesmɑ̃] **nm** ◊ **l'intéressement des salariés aux bénéfices de l'entreprise** *sharing of a company's profits by its employees*, profit-sharing scheme, incentive scheme; **prime d'intéressement** incentive profit-related bonus.

**intéresser** [ɛ̃teʀese] **vt a** (s'appliquer à) to affect, concern. ◊ **la nouvelle réglementation n'intéresse pas les ressortissants britanniques** the new regulation doesn't affect ou concern British nationals. **b** (Écon) (associer à un profit). ◊ **être intéressé aux bénéfices** to have a share in the profits; **intéresser les salariés aux bénéfices** to give the employees a share in the profits.

**intérêt** [ɛ̃teʀɛ] **1** **nm a** (Fin) interest. ◊ **avec / hors intérêt** (Bourse) cum / ex interest; **taux / compte / coupon / marge / tables d'intérêt**

interest rate / account / coupon ou warrant / spread / tables; **bonification / différentiel d'intérêt** interest-rate subsidy / differential; **capitaliser les intérêts** to capitalize interest; **placer de l'argent à intérêt** to put out money at interest; **porter ou produire ou rapporter des intérêts** to bear ou carry ou yield interest; **prêter à intérêt** to lend out at interest; **servir ou verser des intérêts** to serve interest; **mon épargne me rapporte 9% d'intérêt** my savings bring in ou carry 9% interest; **les intérêts sur ce compte sont calculés chaque jour** interest on this account accrues ou is compounded day by day; **les intérêts courent à partir du 1ᵉʳ janvier** interest accrues from January 1st; **productif d'intérêt** interest bearing ou yielding; **laisser courir des intérêts** to allow interest to accrue ou accumulate; **nous prélèverons des intérêts à un taux de 5% sur tout compte non soldé** we shall charge 5% interest on unpaid accounts; **les intérêts sont crédités tous les 6 mois** crediting of interest takes place every 6 months. **b** (part de capital) interest. ◊ **intérêt assurable / assuré** insurable / insured interest; **intérêts privés** private interests; **posséder un intérêt ou des intérêts dans une société** to have a stake ou an interest ou vested interests in a company.

**2 comp intérêts anticipés** anticipated ou anticipatory interest. − **intérêts arriérés** interest in arrears, back interest. − **intérêts bonifiés** subsidized interest. − **intérêts bruts** gross interest. − **intérêts composés** compound interest. − **intérêts courus** accrued interests. − **intérêts créditeurs** credit interest, black interest. − **intérêts cumulés** accrued interest. − **intérêts débiteurs** debit interest, red interest. − **intérêts différés** deferred interest. − **intérêts dus** payable interest, interest due. − **intérêts à échoir** accruing interest. − **intérêts échus** outstanding interest. − **intérêts exigibles** payable interest, interest due. − **intérêts fixes** fixed interest. − **intérêts intérimaires** interim interest. − **intérêts moratoires** default ou penal interest, interest on arrears. − **intérêts obligataires** debenture ou bond interest. − **intérêts prorata temporis** broken period interest. − **intérêts précomptés** prepaid interest. − **intérêts de report** (Bourse) contango. − **intérêts de retard** default interest, penal interest, interest fine. − **intérêt simple** simple interest. − **intérêts viagers** life interest. − **intérêts variables** variable interest.

**interfaçage** [ɛ̃tɛʀfasaʒ] **nm** (Inf) interfacing.

**interface** [ɛ̃tɛʀfas] **nf** (Inf) interface. ◊ **interface utilisateur** user interface; **à l'interface de** at the interface of.

**interfacer** [ɛ̃tɛʀfase] **vt** (Inf) to interface.

**intérieur, e** [ɛ̃teʀjœʀ] **adj** dette domestic, internal; marché home, domestic, internal, national; tarif, taxe, navigation inland; trafic aérien, vol domestic. ◊ **commerce intérieur** domestic ou home trade; **produit intérieur brut** gross domestic product; **effet sur l'intérieur** home ou inland bill; **mandat sur l'intérieur** inland money order; **facture / traite sur l'intérieur** inland invoice / bill of exchange.

**intérim** [ɛ̃teʀim] **nm** **a** (emploi) temporary work, temping. ◊ **elle fait de l'intérim en attendant de trouver une situation stable** she's temping until she finds a steady job; **société ou agence d'intérim** temping agency, temporary employment office (US). **b** (intervalle de temps) interim period. ◊ **diriger un service par intérim** to run a department temporarily ou in a temporary capacity; **président par intérim** acting ou interim president; **assurer l'intérim de qn** to deputize for sb; **dans l'intérim c'est elle qui assume la responsabilité** in the interim period ou in the meantime she has taken over the responsability.

**intérimaire** [ɛ̃teʀimɛʀ] **1 adj** directeur acting, interim; audit, dividende interim; personnel, fonctions, mesure temporary. ◊ **crédit intérimaire** stand-by credit. **2 nmf** (secrétaire) temporary worker, temp (GB), Kelly girl (US). ◊ **travailler comme intérimaire** to temp.

**interjeter** [ɛ̃tɛʀʒəte] **vt** (Jur) **interjeter appel** to lodge ou file (US) an appeal.

**intermédiaire** [ɛ̃tɛʀmedjɛʀ] **1 adj** intermediate, intermediary. ◊ **consommation intermédiaire** intermediate consumption; **consommations intermédiaires** inputs; **cadres intermédiaires** middle management executives; **produits ou biens intermédiaires** intermediate goods, semi-processed ou semi-finished materials; **une date intermédiaire entre le 25 juin et le 3 juillet** a date midway between June 25th and July 3rd. **2 nmf** (personne) (gén) intermediary; (Bourse) jobber; (Comm) middleman. ◊ **vendre sans intermédiaire** to sell directly; **par l'intermédiaire de qn** through the intermediary ou agency of sb; **intermédiaire financier** financial intermediary; **intermédiaire agréé ou habilité** authorized agent; **intermédiaires s'abstenir** no agents need apply.

**intermédiation** [ɛ̃tɛʀmedjasjɔ̃] **nf** (Fin) intermediation.

**interministériel, -elle** [ɛ̃tɛʀministeʀjɛl] **adj** interdepartmental.

**international, e, mpl -aux** [ɛ̃tɛʀnasjɔnal, o] **1** **adj** instances, droit, commerce international. **2** **internationales** **nfpl** (Bourse) international shares.

**internationalement** [ɛ̃tɛʀnasjɔnalmɑ̃] **adv** internationally.

**internationalisation** [ɛ̃tɛʀnasjɔnalizɑsjɔ̃] **nf** internationalization.

**internationaliser** [ɛ̃tɛʀnasjɔnalize] **vt** to internationalize.

**interne** [ɛ̃tɛʀn(ə)] **adj** organisation, problème, recrutement internal. ◊ **formation interne à l'entreprise** in-house ou in-plant training; **agence interne** (Pub) in-house agency; **audit interne** (vérification) internal audit; (vérificateur) internal auditor; **financement interne** internal financing; **mémoire interne** (Inf) internal memory ou storage; **redéploiement** ou **réorganisation interne** internal reorganization ou restructuring ou redeployment.

**interpénétration** [ɛ̃tɛʀpenetʀɑsjɔ̃] **nf** (entre marchés) interpenetration.

**interprofessionnel, -elle** [ɛ̃tɛʀpʀɔfesjɔnɛl] **adj** comité interprofessional. ◊ **salaire minimum interprofessionnel garanti** ou **de croissance** guaranteed minimum wage.

**interrogation** [ɛ̃tɛʀɔgɑsjɔ̃] **nf** (Inf) [base de données] interrogation, query. ◊ **interrogation à distance** remote query ou interrogation.

**interroger** [ɛ̃tɛʀɔʒe] **vt** (gén) to question; (sondage) to poll; (Inf) base de données to interrogate. ◊ **personne interrogée** (Mktg) respondent, informant; **60% des personnes interrogées ont préféré notre produit** 60% of those polled preferred our product.

**intersyndical, e, mpl -aux** [ɛ̃tɛʀsɛ̃dikal, o] **1** **adj** réunion, grève interunion. **2** **intersyndicale** **nf** interunion committee.

**intervenant, e** [ɛ̃tɛʀvənɑ̃, ɑ̃t] **nm,f** (orateur) speaker, contributor; (Écon) actor; (Bourse) operator; (Comm) [traite] acceptor for honour; (Jur) intervener. ◊ **intervenant sur blocs de titres** (Bourse) bloc positioner.

**intervenir** [ɛ̃tɛʀvəniʀ] **vi** **a** [personne] (dans un débat) to take part (dans in); (dans un conflit) to intervene (dans in); (Jur) to intervene. ◊ **il est intervenu pendant 10 minutes** he spoke for 10 minutes; **faire intervenir qn** (appeler) to call sb in; **il a fait intervenir ses appuis politiques** he called on his political connections; **il était grand temps que le gouvernement intervienne** it was high time for the government to step in ou to take action; **intervenir à un contrat** to intervene

in a contract, become a third party to a contract; **la Banque de France a dû intervenir pour soutenir notre monnaie** the Bank of France had to intervene in support of our currency. **b** [décision] (survenir) to take place; (jouer un rôle) to play a part (dans in). ◊ **les exportations ont bénéficié des réajustements de parités intervenus sur les principales devises** exports have benefited from the exchange rate readjustments which have taken place among the major currencies; **un accord est intervenu entre la direction et les syndicats** an agreement has been reached between the management and the unions; **le démarrage de cette usine n'interviendra pas avant deux mois** this factory will not become operative for another two months; **les charges sociales interviennent dans les prix de revient** social charges affect costs.

**intervention** [ɛ̃tɛʀvɑ̃sjɔ̃] **nf** **a** (gén) intervention. ◊ **intervention de l'État** ou **des pouvoirs publics** state ou government intervention; **malgré l'intervention des banques centrales, le dollar a continué à glisser** despite the intervention of the central banks, the dollar continued to slide; **cours plafond d'intervention** upper intervention point; **cours plancher d'intervention** official support point, lower intervention point; **mécanisme / beurre / seuil / stocks d'intervention** (CEE) intervention mechanism / butter / threshold / stocks; **prix d'intervention** (CEE) intervention ou target price; **acheter à l'intervention** (CEE) to buy into intervention. **b** (discours) speech. ◊ **l'intervention du président a été accueillie favorablement** the chairman's speech was favourably received. **c** (Jur) intervention. ◊ **paiement par intervention** payment on behalf of a third party. **d** (Comm) **acceptation par intervention** [traite] acceptance for honour; **acte d'intervention** act of honour; **intervention à protêt** intervention on protest; **payer par intervention** to pay for honour.

**interventionnisme** [ɛ̃tɛʀvɑ̃sjɔnism(ə)] **nm** interventionism.

**interventionniste** [ɛ̃tɛʀvɑ̃sjɔnist(ə)] **adj, nmf** interventionist.

**interview** [ɛ̃tɛʀvju] **nm** ou **f** interview. ◊ **interview d'embauche / de groupe** job / group interview.

**intitulé** [ɛ̃tityle] **nm** [loi, inventaire] title; [compte] name.

**intracommunautaire** [ɛ̃tʀakɔmynotɛʀ] **adj** (CEE) commerce intracommunity.

**intransférable** [ɛ̃tʀɑ̃sfeʀabl(ə)] **adj** (Comm) untransferable, nontransferable.

**intransmissibilité** [ɛ̃tʀɑ̃smisibilite] **nf** (Jur) untransferability, nontransferability.

**intransmissible** [ɛ̃tʀɑ̃smisibl(ə)] **adj** (Jur) untransferable, nontransferable.

**introducteur** [ɛ̃tʀɔdyktœʀ] **nm** (Bourse) introducer, the shop.

**introduction** [ɛ̃tʀɔdyksjɔ̃] **nf** a (gén) introduction. ◊ **lettre d'introduction** letter of introduction; **introduction d'instance** (Jur) institution of formal proceedings (*contre* against). b (Bourse) stock market listing ou floatation. ◊ **il y a eu 3 introductions en Bourse ce mois-ci** there have been 3 floatations ou listings this month; **envisager une introduction en Bourse** to consider going public; **syndicat d'introduction** introducing syndicate; **société de Bourse chargée de l'introduction de la valeur** brokerage company responsible for issuing the security; **cours d'introduction** issue price.

**introduire** [ɛ̃tʀɔdɥiʀ] 1 **vt** a (gén) to introduce. ◊ **introduire qch en contrebande ou en fraude** to smuggle sth in; **introduire un nouveau produit sur le marché** to launch a new product on the market; **introduire progressivement** système, méthode to phase in. b (Bourse) to list (on the stock exchange), float. ◊ **être introduit en Bourse** to go public; **3 nouvelles sociétés ont été introduites en Bourse ce mois-ci** 3 new companies were floated ou were listed this month. c (Jur) to institute. ◊ **introduire une action en dommages-intérêts contre qn** to bring an action for damages against sb, sue sb for damages. d (Inf) données to key in.
2 **s'introduire vpr** ◊ **s'introduire en Bourse** to go public, go to the market.

**invalidation** [ɛ̃validɑsjɔ̃] **nf** [contrat] invalidation.

**invalide** [ɛ̃valid] **adj** (Jur) contrat invalid, null and void.

**invalider** [ɛ̃valide] **vt** (Jur) to invalidate, declare null and void.

**invalidité** [ɛ̃validite] **nf** a (Jur) [contrat] nullity, invalidity. b (Ind : incapacité) disability, disablement. ◊ **assurance invalidité** disablement insurance; **coefficient d'invalidité** degree of disablement; **indemnité d'invalidité** disablement benefit; **pension d'invalidité** disablement pension.

**invendable** [ɛ̃vɑ̃dabl(ə)] **adj** unmarketable, unsaleable.

**invendu, e** [ɛ̃vɑ̃dy] 1 **adj** unsold, left-over.
2 **nm** unsold article ou item, left-over, remainder. ◊ **les invendus** unsold items, the dead stock, overstocks (US), returns.

**inventaire** [ɛ̃vɑ̃tɛʀ] 1 **nm** a (Comm) (action) stocktaking, inventory; (résultat) inventory, stocklist; (Jur) inventory. ◊ **déperdition ou perte / écart / relevé / livre d'inven-**

taire inventory loss / difference / note / book; **feuille / fiche d'inventaire** stock sheet / card; **plus-value sur inventaire** stock appreciation; **valeur d'inventaire** stocktaking value; **établir ou dresser ou faire l'inventaire** (Jur) to draw up the inventory; (Comm) to take stock, stocktake, take the inventory, inventory (US); **vente pour cause d'inventaire** stocktaking sale; **fermé pour cause d'inventaire** closed for stocktaking; **sous bénéfice d'inventaire** conditionally, with reservation. b (Fin) [valeurs, titres] valuation. ◊ **inventaire du portefeuille titres** valuation of securities. c (Compta) **balance d'inventaire** trial balance; **balance préparatoire d'inventaire** trial balance before closing, first trial balance.
2 **comp inventaire comptable** book inventory. − **inventaire des existants** physical inventory, stock in hand. − **inventaire effectif** (Compta) actual balance. − **inventaire de fin d'année** end-of-year inventory. − **inventaire intermittent** periodic inventory. − **inventaire permanent** continuous ou permanent ou perpetual inventory. − **inventaire périodique** periodic inventory. − **inventaire physique** physical inventory, stock in hand. − **inventaire réel** physical inventory, stock in hand. − **inventaire théorique** (Compta) balance as shown by books. − **inventaire tournant** periodic inventory.

**inventer** [ɛ̃vɑ̃te] **vt** to invent.

**inventeur, -trice** [ɛ̃vɑ̃tœʀ, tʀis] **nm,f** inventor.

**invention** [ɛ̃vɑ̃sjɔ̃] **nf** invention. ◊ **brevet d'invention** patent.

**inventorier** [ɛ̃vɑ̃tɔʀje] **vt** (Fin) effets, valeurs to value; (Jur) to inventory, draw up the inventory of; (Comm) to take stock of, stocktake, take the inventory of, inventory.

**inventoriste** [ɛ̃vɑ̃tɔʀist(ə)] **nm** stocktaker.

**inverse** [ɛ̃vɛʀs(ə)] **adj** (Compta) **écriture inverse** reverse entry.

**inverser** [ɛ̃vɛʀse] 1 **vt** to reverse. ◊ **prise de contrôle inversée** reverse takeover.
2 **s'inverser vpr** to reverse. ◊ **la tendance s'est inversée** (Bourse) there was a reversal in the trend.

**investir** [ɛ̃vɛstiʀ] **vt** to invest. ◊ **investir en Bourse** to invest money in the stock exchange; **investir dans l'immobilier** to invest in property; **propension marginale à investir** marginal propensity to invest; **capital investi** invested capital; **il a une grosse somme investie dans cette affaire** he has a large investment in this business.

**investissement** [ɛ̃vɛstismɑ̃] 1 **nm** investment, capital spending. ◊ **investissement à**

long / moyen / court terme long- / medium- / short-term investment; **faire un investissement** to invest; **l'investissement privé** private investment; **les investissements étrangers en France** foreign investment in France; **prime** ou **aide à l'investissement** investment incentive ou premium; **taux / banque / biens / fonds / moins-value d'investissement** investment rate / bank / goods / fund / loss; **dépenses d'investissement** capital ou investment expenditure; **société d'investissement** investment company ou trust, mutual fund (US); **société d'investissement à capital fixe / variable** closed-end / open-end investment fund. **2 comp investissement autochtone** domestic investment. **– investissement autonome** autonomous investment. **– investissement brut** (Compta) gross investment. **– investissement de capacité** capacity investment. **– investissement des consommateurs** consumer investment. **– investissement direct** direct investment. **– investissement immatériel** intangible investment. **– investissement immobilier** real estate investment. **– investissement indirect** indirect investment. **– investissement induit** induced investment. **– investissement d'infrastructure** fixed ou infrastructure investment. **– investissement initial** seed money. **– investissements institutionnels** (Bourse) institutional investments. **– investissement locatif** investment in rental property. **– investissements matériels** real investments. **– investissement net** net investment. **– investissement en portefeuille** portfolio investment. **– investissement de productivité** productivity investment. **– investissement à revenu fixe** fixed-yield investment. **– investissement à revenu variable** variable-yield investment.

**investisseur** [ɛ̃vɛstisœʀ] **nm** investor. ◊ **investisseurs frileux** overcautious ou timid investors; **investisseur institutionnel** institutional investor, institutions; **investisseur privé** individual investor.

**invisible** [ɛ̃vizibl(ə)] **1 adj** exportations invisible. ◊ **rentrées** ou **revenus invisibles** invisible earnings. **2 invisibles nmpl** invisibles. ◊ **balance des invisibles** invisibles balance; **compte des invisibles** invisibles account.

**IPC** [ipese] **nm** abrév de *indice des prix à la consommation* CPI.

**Irak** [iʀak] **nm** Iraq.

**irakien, -ienne** [iʀakjɛ̃, jɛn] **1 adj**, **nm,f** Iraqi. **2 nm** (langue) Iraqi. **3 Irakien nm** (habitant) Iraqi.

**4 Irakienne nf** (habitante) Iraqi.

**Iraq** [iʀak] **nm** = Irak.

**iraqien, -ienne** [iʀakjɛ̃, jɛn] **adj**, **nm,f** = irakien.

**Iran** [iʀɑ̃] **nm** Iran.

**iranien, -ienne** [iʀanjɛ̃, jɛn] **1 adj** Iranian. **2 nm** (langue) Iranian. **3 Iranien nm** (habitant) Iranian. **4 Iranienne nf** (habitante) Iranian.

**irlandais, e** [iʀlɑ̃dɛ, ɛz] **1 adj** Irish. **2 nm** (langue) Irish. **3 Irlandais nm** (habitant) Irishman. ◊ **les Irlandais** the Irish; **les Irlandais du Nord** the Northern Irish. **4 Irlandaise nf** (habitante) Irishwoman.

**Irlande** [iʀlɑ̃d] **nf** Ireland. ◊ **(république d')Irlande** Irish Republic, Republic of Ireland; **Irlande du Nord** Northern Ireland.

**IRPP** [iɛʀpepe] **nm** abrév de *impôt sur le revenu des personnes physiques* → impôt.

**irrecevabilité** [iʀ(ʀ)əsvabilite] **nf** (Jur) inadmissibility.

**irrecevable** [iʀ(ʀ)əsvabl(ə)] **adj** (Jur) demande inadmissible; réclamation invalid.

**irrécouvrable** [iʀ(ʀ)ekuvʀabl(ə)] **adj** irrecoverable. ◊ **créances irrécouvrables** bad debts.

**irréductible** [iʀ(ʀ)edyktibl(ə)] **adj** (Fin) **souscription à titre irréductible** application as of right for new shares.

**irrégularité** [iʀ(ʀ)egylaʀite] **nf a** (faute) irregularity. **b** (Bourse : instabilité) fluctuations, ups and downs, seesawing movements.

**irrégulier, -ière** [iʀ(ʀ)egylje, jɛʀ] **adj** (gén) irregular; titres boursiers unsteady; marché erratic.

**irrévocabilité** [iʀ(ʀ)evɔkabilite] **nf** (gén) irrevocability; [obligation] binding nature.

**irrévocable** [iʀ(ʀ)evɔkabl(ə)] **adj** obligation, accord binding; lettre de crédit irrevocable. ◊ **jugement irrévocable** decree absolute.

**IS** [iɛs] **nm** abrév de *impôt sur les sociétés* → impôt.

**ISBL** [iɛsbeɛl] **nf** abrév de *institution sans but lucratif* → institution.

**ISBN** [iɛsbeɛn] **nm** abrév de *International Standard Book Number* ISBN.

**ISF** [iɛsɛf] **nm** abrév de *impôt de solidarité sur la fortune* → impôt.

**Islamabad** [islamabad] **n** Islamabad.

**islandais, e** [islɑ̃dɛ, ɛz] **1 adj** Icelandic. **2 nm** (langue) Icelandic. **3 Islandais nm** (habitant) Icelander. **4 Islandaise nf** (habitante) Icelander.

**Islande** [islɑ̃d] **nf** Iceland.

**isoprofit** [isɔpʀɔfi] **nm** ◊ **courbe d'isoprofit** profit isometric curve.

**Israël** [isʀaɛl] **nm** Israel.

**israélien, -ienne** [isʀaeljɛ̃, jɛn] **1** **adj** Israeli.
**2** **Israélien** **nm** (habitant) Israeli.
**3** **Israélienne** **nf** (habitante) Israeli.

**ISSN** [iɛsɛsɛn] **nm** abrév de *International Standard Serial Number* ISSN.

**Italie** [itali] **nf** Italy.

**italien, -ienne** [italjɛ̃, jɛn] **1** **adj** Italian.
**2** **nm** (langue) Italian.
**3** **Italien** **nm** (habitant) Italian.
**4** **Italienne** **nf** (habitante) Italian.

**item** [itɛm] **1** **nm** item.
**2** **adv** ditto.

**ITP** [itepe] **nm** abrév de *ingénieur des travaux publics* → ingénieur.

**IUT** [iyte] **nm** abrév de *institut universitaire de technologie* → institut.

**ivoirien, -ienne** [ivwaʀjɛ̃, jɛn] **1** **adj** of ou from the Ivory Coast.
**2** **Ivoirien** **nm** (habitant) inhabitant ou native of the Ivory Coast.
**3** **Ivoirienne** **nf** (habitante) inhabitant ou native of the Ivory Coast.

# J

**Jakarta** [ʒakaʀta] n Jakarta.

**jamaïquain, e** [ʒamaikɛ̃, ɛn] **1** adj Jamaican.
**2 Jamaïquain** nm (habitant) Jamaican.
**3 Jamaïquaine** nf (habitante) Jamaican.

**Jamaïque** [ʒamaik] nf Jamaica.

**janvier** [ʒãvje] nm January → septembre.

**Japon** [ʒapɔ̃] nm Japan.

**japonais, e** [ʒapɔnɛ, ɛz] **1** adj Japanese.
**2** nm (langue) Japanese.
**3 Japonais** nm (habitant) Japanese.
**4 Japonaise** nf (habitante) Japanese.

**jargon** [ʒaʀgɔ̃] nm jargon. ◊ **jargon administratif** officialese ; **jargon informatique** computerese*, computer jargon ; **jargon journalistique** journalese ; **jargon juridique** legalese ; **jargon publicitaire** advertising jargon.

**jauge** [ʒoʒ] nf (instrument de mesure) gauge ; (Mar : capacité) tonnage, tunnage. ◊ **jauge brute / nette** gross / net tonnage.

**jaugeage** [ʒoʒaʒ] nm gauging, measurement.

**jauger** [ʒoʒe] **1** vt to gauge, measure. ◊ **jauger un navire** to measure the tonnage of a ship.
**2** vi (Mar) **jauger 5 000 tonneaux** to be of 5,000 tons burden.

**jaune** [ʒon] **1** adj ◊ **les pages jaunes** (Téléc) the yellow pages.
**2** nmf (non-gréviste) strike-breaker, scab*, blackleg.

**Jérusalem** [ʒeʀyzalɛm] n Jerusalem.

**jet** [ʒɛ] nm (Mar) **jet à la mer** jettison, throwing overboard, casting away ; **jet à la mer et enlèvement par les lames** jettison and washing overboard.

**jetable** [ʒətabl(ə)] adj emballage disposable.
◊ **produits jetables** disposable products, throwaways.

**jetée** [ʒ(ə)te] nf pier, jetty. ◊ **droits de jetée** pierage, pier dues.

**jeter** [ʒ(ə)te] vt (gén) to throw ; (se débarrasser de) to throw away. ◊ **jeter des marchandises à la mer ou par-dessus bord** (Mar) to jettison cargo, throw cargo overboard.

**jeton** [ʒ(ə)tɔ̃] nm [téléphone] token. ◊ **jeton de présence** (honoraires) director's fees.

**jeu, pl -x** [ʒø] nm **a** (partie) game. ◊ **l'entreprise leader n'a pas fermé le jeu** the leading firm kept the game open ; **la direction a dévoilé son jeu** the management showed its hand ; **les syndicats font le jeu du gouvernement** unions are playing into the government's hands ; **jeu-concours entre consommateurs** consumer contest ; **jeu promotionnel** promotional game. **b** (spéculation) gambling, speculation. ◊ **jeu sur les reports** (Bourse) speculating in contangos. **c** (interaction) working, interaction, interplay. ◊ **le libre jeu de la concurrence / des forces économiques** the free play of competition / economic forces ; **les facteurs qui entrent en jeu** the factors that come into play. **d** (série) set. ◊ **par jeux de 3** in sets of 3 ; **jeu complet de connaissances** full set of bills of lading. **e** (Compta) **jeu d'écritures** paper transaction, dummy entry.

**jeudi** [ʒødi] nm Thursday → samedi.

**JO** [ʒio] nm abrév de *journal officiel* → journal.

**job*** [dʒɔb] nm job. ◊ **trouver un job pour l'été** to find a job for the summer ou a summer job.

**joignable** [ʒwaɲabl(ə)] adj ◊ **elle n'est pas joignable cette semaine** she can't be reached this week, she's not available this week.

**joindre** [ʒwɛ̃dʀ(ə)] vt **a** (inclure dans un envoi) to enclose, attach. ◊ **je joins à ma lettre deux**

exemplaires pour signature I am enclosing two copies for signature; **veuillez joindre** ou **prière de joindre le papillon détachable à votre règlement** please enclose the stub with your payment. **b** (prendre contact avec) to get in touch with, contact, get hold of. ◊ **joindre qn par téléphone** to contact sb on the phone; **je n'ai pas réussi à le joindre** I couldn't get through to him; **vous pouvez me joindre à mon bureau à partir de 9 heures** you can reach me at my office after 9.00 am. **c** (ajouter) to add. ◊ **joindre l'intérêt et le capital** to add the interest to the principal.

**joint, jointe** [ʒwɛ̃, ʒwɛ̃t] **adj** joint. ◊ **affaires jointes** (Jur) joint causes; **documents joints, pièces jointes** encl(s), enclosures; **échantillon joint** sample attached; **ci-joint notre nouveau tarif** new tariff enclosed; **nous avons l'honneur de vous adresser ci-joint notre devis estimatif** we have pleasure in enclosing our estimate.

**joint-venture** [dʒɔintventʃar] **nm** joint venture.

**jonction** [ʒɔ̃ksjɔ̃] **nf** (Jur) **jonction de causes** ou **d'instances** joinder, consolidation.

**Jordanie** [ʒɔʀdani] **nf** Jordan.

**jordanien, -ienne** [ʒɔʀdanjɛ̃, jɛn] **1 adj** Jordanian.
**2 Jordanien nm** (habitant) Jordanian.
**3 Jordanienne nf** (habitante) Jordanian.

**jouer** [ʒwe] **1 vt** to play. ◊ **accepter de jouer le jeu de la libre concurrence** to agree to play the game of free competition; **jouer le franc à la baisse** (Bourse) to speculate on a falling franc.
**2 vi a** [facteurs] to come into play; [réglementation, clause] to apply; [tarifs] to become operative, come into effect (*à partir de* as from). ◊ **la garantie joue** you are covered; **cette clause peut être intéressante à faire jouer** this clause might be worth applying; **le taux de change du dollar joue contre nous** the dollar exchange rate operates against us; **plusieurs facteurs ont joué pour entraîner ce revirement** several factors operated to bring about this turnaround. **b** (Bourse) to speculate, gamble. ◊ **jouer à la Bourse** to speculate ou gamble on the stock exchange; **jouer à la baisse** to play for a fall, go a bear, speculate on a fall, bear the market; **jouer à la hausse** to play for a rise, go a bull, speculate on a rising market, bull the market, buy a bull; **jouer sur les valeurs pétrolières** to speculate in oils.

**joueur, -euse** [ʒwœʀ, øz] **nm,f** (Bourse) speculator, operator. ◊ **joueur à la baisse** bear, bear operator; **joueur à la hausse** bull, bull operator; **petit joueur** small-time operator.

**jouir** [ʒwiʀ] **vi** ◊ **jouir de** (gén) to enjoy; (Jur) **bien** to possess; **droit** to enjoy. **cette entreprise jouit d'une réputation mondiale** this company enjoys a worldwide reputation; **jouir d'un traitement de faveur** to benefit from preferential treatment.

**jouissance** [ʒwisɑ̃s] **nf a** (Fin) right to interest ou dividends. ◊ **date de jouissance** due date, date from which interest begins to run; **jouissance coupon 5** cum ou with coupon n° 5; **les titres nouveaux porteront jouissance du 1er septembre** the new shares will bear interest as from September 1st; **actions de jouissance** dividend shares. **b** (Jur) [droit] enjoyment; [bien] possession. ◊ **jouissance au 1er janvier** possession on January 1st; **privation de jouissance** prevention of possession ou of enjoyment, loss of use; **trouble de jouissance** disturbance of possession; **entrer en jouissance** to enter into possession; **avoir la jouissance de bien** to possess; **droit** to enjoy; **la période de jouissance est de 5 ans** the tenure is for 5 years; **jouissance viagère** life tenancy; **maison à vendre avec jouissance immédiate** house for sale with vacant ou immediate possession.

**jour** [ʒuʀ] **1 nm a** (période) day(time); (espace de temps) day; (date) date. ◊ **fixer un jour** to fix a date, appoint a day (*pour* for); **si le jour et l'heure vous conviennent** if the date and time are convenient to you; **nous vous livrerons dans 8 jours / sous 8 jours** we'll deliver in a week's time / within a week; **elle travaille sept heures par jour** she works a seven-hour day, she works seven hours a day; **à ce jour, nous ne sommes toujours pas en possession de votre règlement** we have not received your remittance to date; **intérêts à ce jour** interest to date; **préavis de 8 jours francs** ou **pleins** 8 clear days' notice; **traite à 30 / 60 / 90 jours** 30 / 60 / 90 day bill, bill at 30 / 60 / 90 days; **à trois jours de date / de vue** three days after date / after sight; **équipe** ou **poste de jour** day shift; **service de jour** day service; **le cours du jour** the current market rate, today's price; **argent au jour le jour** day-to-day money; **taux d'intérêt de l'argent au jour le jour** call-money rate; **découvert au jour le jour** daylight overdraft ou exposure; **ordre du jour** agenda. **b à jour**: **être à jour** (comptes) to be up to date; **être à jour dans ses comptes / dans son travail** to be up to date in ou with one's accounts / in ou with one's work; **nos tarifs ne sont plus à jour** our price list is out of date; **remettre à jour le catalogue** to update ou bring up to date the catalogue; **mise à jour** updating; **fichier / programme de mise à jour** (Inf) update file / routine; **tenir les livres à jour** to keep the books up to date ou posted up, enter up the books.

**2** comp **jour de Bourse** exchange day, market ou trading day. **– jour calendaire** calendar day. **– jour chômé** holiday. **– jour-cible** target date. **– jour de compensation** (Bourse) making-up day. **– jour de congé** ou **libre** day off. **– jour de l'échéance** maturity date, due date. **– jour d'exécution d'un ordre** trading day. **– jour férié** bank holiday (GB), public holiday (US). **– jour franc** clear day. **– jours de grâce** days of grace. **– jour impair** odd day. **– jour de l'inventaire** stock-taking day. **– jour de liquidation** (Bourse) settling ou account ou call ou pay day. **– jour de livraison** day of delivery. **– jour non ouvrable** (Bourse) non-trading day. **– jour ouvrable** working day, business day. **– jour ouvré** day of work. **– jour de paie** pay day. **– jour pair** even date. **– jour de place** market day. **– jours de planche** (Mar) lay days. **– jour plein** clear day. **– jour de réception** (Admin) day of opening. **– jour de règlement** (Bourse) settling ou account ou call ou pay day. **– jour de la réponse des primes** option declaration day. **– jour des reports** (Bourse) contango day. **– jour de repos** day off. **– jour de surestarie** day of demurrage. **– jour de valeur** value day.

**journal**, pl **-aux** [ʒuʀnal, o] **1** nm **a** (Compta) (livre) journal, daybook, book of original ou prime entry. **inscrire** ou **porter au journal** to enter in the journal, journalize; **article** ou **écriture de journal** journal entry. **b** (Presse) newspaper, paper. ◊ **journal financier / économique** financial / economic newspaper; **journal interne à l'entreprise** company newspaper, house organ; **coupures de journaux** press cuttings ou clips. **c** (Mar, Aviat) **journal de bord** ou **de navigation** ou **de marche** log book. **d** (Inf) computer log.
**2** comp **journal des achats** purchase book ou journal. **– journal analytique** subsidiary journal. **– journal auxiliaire** special journal. **– journal de banque** bank book. **– journal de caisse** cash book. **– journal centralisateur** general journal. **– journal des débits** cash disbursements journal. **– journal divisionnaire** journal, day-book, book of original entry. **– journal d'écoute** (Mktg) audience monitoring daily report, listing of radio ads. **– journal des effets à payer** bills payable book. **– journal des effets à recevoir** bills receivable book. **– journal des encaissements** cash receipts journal. **– journal général** general journal. **– journal grand livre, journal américain** combined journal and ledger. **– journal des mouvements** transaction log. **– journal officiel** official journal, ≈ gazette. **– journal des opérations** diverses general journal. **– journal originaire** book of first ou original ou prime entry. **– journal professionnel** trade journal ou paper. **– journal des rendus** returns book. **– journal des rentrées de fonds** cash receipts journal. **– journal des retours** returns book. **– journal des sorties de fonds** cash disbursements journal. **– journal des transferts** transfer register. **– journal de trésorerie** cash book. **– journal des ventes** sales book ou ledger.

**journalier, -ière** [ʒuʀnalje, jɛʀ] **1** adj indemnité, relevé, solde daily. ◊ **production journalière** output per day, daily output; **recettes journalières** daily return; **taux de salaire journalier** daily rate.
**2** nm,f (Agr) day labourer.

**journalisation** [ʒuʀnalizasjɔ̃] nf (Compta) journalization; ◊ **fichier de journalisation** log file.

**journaliser** [ʒuʀnalize] vt (Compta) to journalize.

**journaliste** [ʒuʀnalist(ə)] nm (Compta) journalizer; (Presse) journalist. ◊ **journaliste financier / économique** financial / economic correspondent.

**journée** [ʒuʀne] **1** nf day. ◊ **elle fait des journées de 7 heures** she works a 7-hour day; **travailler à la journée** to work by the day; **travail à la journée** day labour.
**2** comp **journée d'action** day of action. **– journée de Bourse** business ou market day. **– journée continue** non-stop working day; **faire la journée continue** (personnel) to work over ou through lunch, (magasin) to remain open over lunch ou all day. **– journée d'étude** study day. **– journée de grève** strike day. **– journée portes ouvertes** open-house day. **– journée de salaire** day's pay. **– journée de travail** day's work ou working day; **journées de travail perdues** lost days; **– journées perdues par fait de grève** time ou days ou man-hours lost through strikes.

**journellement** [ʒuʀnɛlmɑ̃] adv daily.

**judiciaire** [ʒydisjɛʀ] adj judicial. ◊ **administrateur judiciaire** official receiver, trustee in bankruptcy (US), judicial trustee; **affiche judiciaire** legal announcement; **l'appareil judiciaire** the judicial system, the judiciary; **assistance judiciaire** legal aid; **casier judiciaire** criminal record; **avoir un casier judiciaire vierge** to have a clean record; **caution judiciaire** legal security; **ouvrir une enquête** ou **une information judiciaire** to start a judicial ou a magistral enquiry ou investigation; **erreur judiciaire** miscarriage of justice; **expertise judiciaire** report from experts appointed by the court; **frais judi-**

ciaires court costs, legal costs; **être mis en règlement** ou **en liquidation judiciaire** to be put into liquidation ou into receivership (subject to court supervision); **engager des poursuites judiciaires contre qn** to take legal proceedings ou take legal action against sb, sue sb; **pouvoir judiciaire** judiciary ou judicial power; **transaction judiciaire** composition sanctioned by the court; **vente judiciaire** sale by order of the court, compulsory sale, judicial sale; **avoir recours aux voies judiciaires** to take legal action.

**judiciairement** [ʒydisjɛʀmɑ̃] **adv** judicially.

**juge** [ʒyʒ] **1** **nm** judge.
**2** **comp** **juge assesseur** associate judge. – **juge-commissaire** official receiver. – **juge consulaire** judge in a commercial court. – **juge de faillite** bankruptcy court judge. – **juge d'instruction** examining magistrate (GB), committing magistrate (US). – **juge rapporteur** official referee. – **juge suppléant** alternate judge.

**jugement** [ʒyʒmɑ̃] **1** **nm** (gén, Jur) judgment, judgement; (décision du tribunal civil) decision, award; (sentence pénale) sentence. ◊ **annuler** ou **rapporter un jugement** to quash ou rescind a judgment; **faire passer en jugement, mettre en jugement** to commit for trial, put on trial; **passer en jugement** to be brought for trial, stand trial; **prononcer** ou **rendre un jugement** to pass sentence ou judgment; **réformer / réviser un jugement** to reverse / review a judgment; **expédition d'un jugement** copy of a judgment; **grosse du jugement** first authentic copy of the judgment; **motifs** ou **considérants d'un jugement** grounds of a judgment; **selon le jugement émis** ou **prononcé par le tribunal** according to the ruling of the court.
**2** **comp** **jugement confirmatif** affirmative judgment. – **jugement contentieux** judgment in disputed matters. – **jugement contradictoire** *judgment after hearing both sides.* – **jugement de débouté** nonsuit. – **jugement déclaratif de faillite** adjudication order. – **jugement par défaut** judgment against defaulting plaintiff. – **jugement exécutoire** enforceable judgment. – **jugement frappé d'appel** judgment under appeal. – **jugement sur pièces** judgment on documentary evidence. – **jugement translatif de propriété** conveyance by order of court.

**juger** [ʒyʒe] **vt** (gén) to judge; (Jur) to judge, try. ◊ **juger en première / seconde instance** to try in a court of first instance / in an Appeals Court; **juger par défaut** to deliver judgment by default; **juger un différend** to decide a dispute; **juger sur pièces** to judge on documentary evidence; **être jugé pour délit d'initié** to be tried for insider trading; **l'affaire**

**a été jugée hier** the case was tried yesterday; **exception de la chose jugée** plea of res judicata.

**juguler** [ʒygyle] **vt** chômage, inflation to stem, curb, stamp out, suppress, stifle.

**juillet** [ʒɥijɛ] **nm** July → septembre.

**juin** [ʒɥɛ̃] **nm** June → septembre.

**jumelage** [ʒymlaʒ] **nm** (Bourse de marchandises) contra account; (Banque) straddle.

**juré, e** [ʒyʀe] **1** **adj** sworn. ◊ **expert-juré** sworn expert; **traducteur juré** sworn translator.
**2** **nm** juror, juryman.

**juridiction** [ʒyʀidiksjɔ̃] **1** **nf** jurisdiction. ◊ **relever de la juridiction de** to come ou fall within ou under the jurisdiction of; **clause de juridiction** competence clause; **conflit de juridiction** conflict ou concurrence of jurisdiction; **risque de juridiction** jurisdiction risk.
**2** **comp** **juridiction administrative** administrative jurisdiction. – **juridiction civile** jurisdiction in civil matters. – **juridiction commerciale** commercial jurisdiction. – **juridiction contentieuse** contentious jurisdiction. – **juridiction pénale** criminal jurisdiction. – **juridiction prud'homale** commercial jurisdiction. – **juridiction du travail** jurisdiction in industrial disputes.

**juridictionnel, -elle** [ʒyʀidiksjɔnɛl] **adj** jurisdictional.

**juridique** [ʒyʀidik] **adj** legal, juridical. ◊ **acquérir la personnalité juridique** to acquire legal status; **conseil** ou **conseiller juridique** legal adviser; **document juridique** legal document; **études juridiques** law ou legal studies; **frais juridiques** legal fees; **liens juridiques** legal liens ou ties; **personne juridique** legal entity; **service juridique** legal department; **statut juridique** legal position ou status; **texte juridique** legal instrument.

**juridiquement** [ʒyʀidikmɑ̃] **adv** juridically, judicially, legally.

**jurisconsulte** [ʒyʀiskɔ̃sylt(ə)] **nm** jurisconsult, legal expert.

**jurisprudence** [ʒyʀispʀydɑ̃s] **nf** jurisprudence, case law, statute law. ◊ **il n'existe pas encore de jurisprudence en la matière** there is no jurisprudence in this matter; **cas faisant jurisprudence** test case; **décision qui fait jurisprudence** decision which sets a judicial precedent.

**jurisprudentiel, -elle** [ʒyʀispʀydɑ̃sjɛl] **adj** jurisprudential.

**juriste** [ʒyʀist(ə)] **nmf** jurist, legal expert ou counsel ou adviser. ◊ **juriste d'entreprise** business counsel.

**jury** [ʒyʀi] **nm** jury.

**juste** [ʒyst(ə)] **1 adj a** (justifié) right, fair.
◊ **juste prix / salaire** fair price / wage ; **juste
valeur marchande** fair market value. **b**
(correct) right, exact, accurate. ◊ **évaluer
qch à son juste prix** to assess the true price
of sth. **2 adv** exactly, precisely. ◊ **prix calculé au
plus juste** minimum price, lowest possible
price.

**justice** [ʒystis] **nf** justice. ◊ **aller en justice** to go
to court ou to law ; **poursuivre** ou **citer qn en
justice** to institute legal proceedings
against sb, sue sb ; **être traduit en justice** to
be brought before the court ; **passer en justice** to stand trial, be on trial ; **plaider en
justice** to plead in court ; **action en justice**
action at law ; **décision de justice** legal decision ; **demande en justice** claim action ; **frais
de justice** legal charges.

**justiciable** [ʒystisjabl(ə)] **1 adj** ◊ **être justiciable
des tribunaux français** to be answerable ou
subject to the French courts. **2 nm** person falling under a jurisdiction
ou to whom the law applies.

**justificatif, -ive** [ʒystifikatif, iv] **1 adj** supporting, justificatory. ◊ **factures justificatives**
supporting invoices ; **numéro justificatif**
reference number ; **pièce justificative**
receipt, voucher, written proof ou evidence. **2 nm** (document) voucher ; (Pub) advertiser's copy, tear sheet, checking copy.
◊ **justificatifs** (Admin) relevant papers ; **justificatif de domicile** proof of domicile.

**justification** [ʒystifikasjɔ̃] **nf** (gén, Typ) justification ; (preuve) proof. ◊ **justification des allégations publicitaires** substantiation of advertising claims ; **justification d'origine** proof of
origin ; **justification de paiement** receipt.

**justifier** [ʒystifje] **1 vt a** (prouver) to prove,
justify, substantiate. ◊ **votre réclamation ne
semble pas justifiée** your claim does not
seem justified ou seems groundless ; **coûts
justifiés** proved costs ; **préjudice justifié**
proved damage. **b** (Typ) to justify. ◊ **justifier à gauche / droite** to left / right justify.
**2 vi** ◊ **justifier de son identité** to prove one's
identity ; **justifier de sa bonne foi** to vindicate one's good faith.

# K

**K** abrév de *kilo*.

**Kaboul** [kabul] n Kabul.

**kaffirs** [kafiʀ] nmpl kaffirs, South African shares.

**Kampala** [kɑ̃pala] n Kampala.

**Kampuchéa** [kɑ̃putʃea] nm Kampuchea.

**kampuchéen, -enne** [kɑ̃putʃeɛ̃, ɛn]  adj Kampuchean. 2 **Kampuchéen** nm (habitant) Kampuchean. 3 **Kampuchéenne** nf (habitante) Kampuchean.

**Katmandou** [katmɑ̃du] n Katmandu.

**Kenya** [kenja] nm Kenya.

**kényan, -yane** [kenjɑ̃, jan] 1 adj Kenyan. 2 **Kényan** nm (habitant) Kenyan. 3 **Kényane** nf (habitante) Kenyan.

**keynésien, -ienne** [kenezjɛ̃, jɛn] adj Keynesian.

**KF** abrév de *kilofranc*.

**kg** abrév de *kilogramme*.

**Khartoum** [kaʀtum] n Khartoum.

**Kiev** [kiɛv] n Kiev.

**kilo** [kilo] 1 nm kilo(gramme), kilo. 2 préf kilo.

**kilofranc** [kilofʀɑ̃] nm *a thousand francs*.

**kilogramme** [kilogʀam] nm kilogram(me) (= 2.2 lbs).

**kilolivre** [kilolivʀ(ə)] nf K pound.

**kilométrage** [kilometʀaʒ] nm mileage.

**kilomètre** [kilomɛtʀ(ə)] nm kilometre (0.624 mile). ◊ **kilomètre-passager** passenger-kilometre ; **tonne-kilomètre** ton kilometre.

**kilométrique** [kilometʀik] adj ◊ **indemnité kilométrique** mileage allowance.

**kilo-octet** [kilooktɛ] nm kilobyte.

**Kingston** [kiŋstɔn] n Kingston.

**Kinshasa** [kinʃasa] n Kinshasa.

**kiosque** [kjɔsk(ə)] nm (à journaux) newsstand.

**kip** [kip] nm kip.

**km** abrév de *kilomètre*.

**ko** abrév de *kilo-octet* kbyte, kilo-byte.

**Koweït** [kɔwɛt] n (pays) Kuwait ; (capitale) Kuwait City.

**koweïtien, -ïenne** [kɔwɛtjɛ̃, jɛn] 1 adj Kuwaiti. 2 **Koweïtien** nm (habitant) Kuwaiti. 3 **Koweïtienne** nf (habitante) Kuwaiti.

**krach** [kʀak] nm (Bourse) crash, collapse.

**kraft** [kʀaft] nm ◊ **papier kraft** kraft paper.

**Krugerrand** [kʀygəʀɑ̃] nm Krugerrand.

**Kuala Lumpur** [kyalalumpuʀ] n Kuala Lumpur.

**kyat** [kiat] nm kyat.

# L

**l** abrév de *lire*.

**label** [labɛl] **1** nm (Comm) seal, stamp, label; (Inf) label. ◊ **label de début / fin de fichier** (Inf) beginning of file / end of file label; **attribuer un label à un produit** to give a brand name to a product.
**2** comp **label d'exportation** export label.
– **label de garantie** guarantee label.
– **label d'origine** stamp ou seal of origin.
– **label de qualité** seal of quality, quality label.

**labelliser** [labɛlize] vt to give a brand name to.

**lacune** [lakyn] nf [document] gap, blank; [projet, système] deficiency. ◊ **ce rapport présente de nombreuses lacunes** this report is deficient in many respects.

**laissé-pour-compte** [lesepuʀkɔ̃t] **1** adj article returned, refused rejected.
**2** nm (Comm) reject. ◊ **les fonctionnaires ne veulent pas être des laissés-pour-compte** (fig) civil servants don't want to be left out in the cold.

**laisser** [lese] vt **a** (donner) nom, carte de visite, pourboire to leave. ◊ **puis-je vous laisser un message?** can I leave a message?; **laisser des arrhes** to leave a deposit; **laisser qch en gage** to leave sth as security; **partir sans laisser d'adresse** to leave without giving a forwarding address. **b** (léguer) entreprise, argent to leave (à to). ◊ **laisser qch en héritage à qn** to leave sth to sb, bequeath sth to sb. **c** (vendre) to leave. ◊ **je vous le laisse pour 500 F** you may have it for F500; **ils m'ont laissé leur matériel de bureau pour une bouchée de pain** they let me have their office equipment for next to nothing. **d** (quitter) présidence, poste to leave. **e** **il a laissé la plus grosse partie de sa fortune dans cette opération** he lost most of his fortune

in that deal; **ils ont laissé des plumes dans cette opération** they got their fingers burnt in this deal. **f** (Comm : refuser) **laisser un article ou une marchandise pour compte** to refuse ou return ou reject an article.

**laisser-faire, laissez-faire** [lesefɛʀ] nm inv non-interference, laisser faire, laissez faire.

**laissez-passer** [lesepase] nm pass.

**laminer** [lamine] vt revenus, marge bénéficiaire to steam-roller. ◊ **les salaires ont été laminés par l'inflation** wages have been eaten away by inflation.

**lancée** [lɑ̃se] nf momentum, impetus. ◊ **le yen continue sur sa lancée** the yen keeps going up on its own momentum.

**lancement** [lɑ̃smɑ̃] nm [produit] launching, launch, introduction; [société] launch; [opération] initiation; [emprunt] launching, floating, floatation; [titres boursiers] issuing; (Ind) mise en fabrication initiation, scheduling; (Jur) [mandat] issue. ◊ **campagne de lancement** introductory ou initial campaign; **offre / phase / prime / prix de lancement** introductory offer / stage / bonus / price; **le lancement national d'un nouveau produit** the nationwide rollout of a new product.

**lancer** [lɑ̃se] **1** vt produit to launch, introduce; campagne publicitaire to launch, stage; société to launch, start up; opération to initiate; idée to launch, put forward; emprunt, émission to launch, float; titre boursier to issue; (Ind) mise en fabrication to initiate, schedule; (Jur) mandat to issue; (Inf) programme to run. ◊ **lancer une souscription** to start a fund; **ce nouveau modèle a été lancé à grand renfort de publicité dans les journaux** this new model was given a boost in the press, the press hyped this new model; **être les premiers à lancer un produit** to be first in the field with a product; **plusieurs idées ont été lancées lors de la réunion** several ideas were put forward during the meeting; **les indicateurs économiques lancent des signaux contradictoires** economic indicators are throwing out mixed signals.

**2** **se lancer vpr** ◊ **se lancer dans les affaires** to set up ou start in business, launch out into business; **se lancer sur le marché** to venture into the market; **se lancer sur de nouveaux marchés** to launch out on new markets.

**langage** [lɑ̃gaʒ] **nm** (gén, Inf) language. ◊ **langage évolué** high-level language; **langage de programmation** programming language.

**langue** [lɑ̃g] **nf** ◊ **langue de travail** working language.

**langueur** [lɑ̃gœR] **nf** (Bourse) dullness, sluggishness.

**languissant, e** [lɑ̃gisɑ̃, ɑ̃t] **adj** marché, économie slack, dull, lagging, languishing, flat, flagging. ◊ **l'activité reste languissante dans le secteur des ventes** sales are flat.

**lanterne** [lɑ̃tɛRn(ə)] **nf** ◊ **lanterne rouge** tailender.

**Laos** [laɔs] **nm** Laos.

**laotien, -ienne** [laɔsjɛ̃, jɛn] **1** **adj** Laotian.
**2** **nm** (langue) Laotian.
**3** **Laotien nm** (habitant) Laotian.
**4** **Laotienne nf** (habitante) Laotian.

**La Paz** [lapaz] **n** La Paz.

**latence** [latɑ̃s] **nf** latency. ◊ **temps de latence** (Ind, Comm) lead time.

**latent, e** [latɑ̃, ɑ̃t] **adj** latent. ◊ **besoins latents** (Mktg) dormant needs; **valeur latente** underlying value.

**latino-américain, e** [latinɔameʀikɛ̃, ɛn] **1** **adj** Latin American.
**2** **Latino-Américain nm** (habitant) Latin American.
**3** **Latino-Américaine nf** (habitante) Latin American.

**latitude** [latityd] **nf** (liberté d'action) room for manoeuvre, scope, freedom. ◊ **avoir toute latitude pour agir** to have a free hand to act, be given full scope to act; **nous n'avons que très peu de latitude** we have practically no leeway ou room for manoeuvre.

**laxisme** [laksism(ə)] **nm** ◊ **le laxisme économique** economic laxity; **on note un certain laxisme dans la présence aux réunions** attendance is getting noticeably lax.

**laxiste** [laksist(ə)] **adj** attitude lax.

**l / cr.** abrév de *lettre de crédit* l / c, L / C, LC.

**leader** [lidœR] **1** **adj** entreprise leading. ◊ **être leader à l'échelon européen** to be in the lead on a European level.
**2** **nm** leader.

**leadership** [lidœRʃip] **nm** leadership.

**lease-back** [lizbak] **nm** lease-back.

**leasing** [liziŋ] **nm** leasing.

**Le Caire** [ləkɛR] **n** Cairo.

**lèche-vitrines** [lɛʃvitRin] **nm** **inv** window-shopping. ◊ **faire du lèche-vitrines** to go window-shopping.

**lecteur, -trice** [lɛktœR, tRis] **nm, f** **a** (personne) reader. ◊ **nombre de lecteurs** readership; **le bulletin d'information touche 10 000 lecteurs** the newsletter has a readership of 10,000; **enquête auprès des lecteurs** readership survey; **lecteur occasionnel** casual reader; **lecteurs secondaires** pass-on readers; **lecteurs tertiaires** tertiary readers; **lecteur utile** ou **cible** target reader. **b** (appareil) **lecteur de cartes magnétiques** magnetic card reader; **lecteur de disquettes** disk drive; **lecteur optique** optical reader ou scanner.

**lectorat** [lɛktɔRa] **nm** (journal) readership.

**lecture** [lɛktyR] **nf** (gén) reading. ◊ **lecture optique** optical reading; **erreur de lecture** (Inf) read error; **donner lecture d'un procès-verbal** to read the minutes of a report.

**légal, e, mpl -aux** [legal, o] **adj** démarche, mesure, disposition legal, statutory; procédé legal, lawful. ◊ **acquérir un statut légal** to acquire legal status; **avoir cours légal** to be legal tender; **recourir aux moyens légaux contre qn** to take legal action against sb, institute legal proceedings against sb; **délai légal de préavis** statutory notice; **fête légale** legal holiday; **intérêt légal** official rate of interest; **monnaie légale** lawful currency ou money; **monopole légal** legal monopoly; **obligation légale** legal obligation; **représentant légal** legal representative; **réserve légale** legal ou statutory reserve.

**légalement** [legalmɑ̃] **adv** legally, lawfully. ◊ **légalement responsable** legally responsible (de for).

**légalisation** [legalizasjɔ̃] **nf** [procédure] legalization; [signature] authentication, certification.

**légaliser** [legalize] **vt** (rendre légal) to legalize; (certifier) to authenticate, attest. ◊ **signature légalisée** certified signature.

**légalité** [legalite] **nf** legality, lawfulness. ◊ **rester dans la légalité** to keep within the law;

sortir de la légalité to step outside the law, fall foul of the law.

**légataire** [legatɛʀ] **nm, f** (gén) legatee ; [bien immobilier] devisee. ◊ **légataire universel** (unique) sole legatee ; (du restant de la succession) residuary legatee.

**léger, -ère** [leʒe, ɛʀ] **adj** hausse, baisse, progression slight. ◊ **industrie légère** light industry ; **reprise légère** (Bourse, Écon) mild recovery ou rally.

**légiférer** [leʒifeʀe] **vi** to legislate, bring in ou introduce legislation.

**législateur** [leʒislatœʀ] **nm** legislator, lawmaker. ◊ **le législateur n'a pas envisagé ce cas de figure** the law did not provide for this special case ou did not foresee this special case.

**législatif, -ive** [leʒislatif, iv] **adj** legislative. ◊ **élections législatives** general election, Parliamentary election (GB), Congressional election (US).

**législation** [leʒislasjɔ̃] **nf** legislation. ◊ **selon la législation américaine** under US law ou legislation ; **la législation en vigueur** the laws in force, the law as it stands ; **en l'état actuel de la législation** as the law now stands ; **législation fiscale** fiscal ou tax legislation, tax laws ; **législation du travail** labour laws, industrial ou job legislation.

**légiste** [leʒist(ə)] **nm** jurist, legist.

**légitime** [leʒitim] **adj** motif legitimate, rightful, justifiable ; propriétaire rightful. ◊ **héritier légitime** heir-at-law, rightful heir.

**légitimer** [leʒitime] **vt** to legitimate.

**legs** [lɛg] **nm** legacy, bequest. ◊ **legs à titre universel** general legacy ; **legs de biens immobiliers** devise ; **legs de biens mobiliers** legacy ; **faire un legs à qn** to leave a legacy to sb ; **recevoir un legs** to come into a legacy.

**léguer** [lege] **vt** (gén) to bequeath ; biens immobiliers to devise.

**lempira** [lãpira] **nm** lempira.

**lent, e** [lã, lãt] **adj** croissance, reprise slow.

**lentement** [lãtmã] **adv** slowly.

**lenteur** [lãtœʀ] **nf** slowness. ◊ **les lenteurs administratives** the dilatoriness of officialdom, administrative delays, red-tape.

**léonin, e** [leonɛ̃, in] **adj** contrat unfair, one-sided.

**LEP** [ɛləpe] **nm** abrév de *livret d'épargne populaire* → livret.

**léser** [leze] **vt** (Jur) personne to wrong ; intérêts to damage. ◊ **léser les droits d'un tiers** to infringe ou encroach ou trespass upon ou

prejudice the rights of a third party ; **la partie lésée** the injured party.

**léthargie** [letaʀʒi] **nf** [marché] lethargy, apathy, sluggishness.

**léthargique** [letaʀʒik] **adj** marché lethargic, sluggish.

**letton, -onne** [lɛtɔ̃, ɔn] **1** **adj** Latvian, Lett, Lettish.
**2** **nm** (langue) Latvian, Lett, Lettish.
**3** **Letton nm** (habitant) Latvian, Lett.
**4** **Lettonne nf** (habitante) Latvian, Lett.

**Lettonie** [lɛtɔni] **nf** Latvia.

**lettre** [lɛtʀ(ə)] **1** **nf** **a** (Poste) letter. ◊ **mettre une lettre à la poste** to post ou mail (US) a letter ; **envoyer une lettre à tarif normal / à tarif réduit** to send a letter first class / second class. **b** (Fin : effet) bill. ◊ **lettre sur l'étranger** foreign bill ; **échéance d'une lettre** maturity of a bill. **c** (Typ) letter. ◊ **écrire un nom en toutes lettres** to write a name in full ; **écrire une somme en toutes lettres** to write out a sum in words.
**2** **comp lettre d'agrément** (Admin) letter of consent. – **lettre d'allocation** (Bourse) letter of allotment. – **lettre d'antériorité de créance** letter of subrogation ou subordination (US). – **lettre d'assentiment** letter of consent. – **lettre d'avis** advice note. – **lettre de change** bill (of exchange). – **lettre de change relevée** computerized bill (of exchange). – **lettre circulaire** circular. – **lettre commerciale** business letter. – **lettre de complaisance** (Fin) accomodation bill. – **lettre de convocation** [société] notice of meeting ; (Jur) summons ; [candidat] letter fixing an appointment. – **lettre de couverture** (Ass) cover note, binder (US). – **lettre de crédit** letter of credit ; **lettre de crédit circulaire / documentaire / révocable** circular / documentary / revocable lettre of credit. – **lettre domiciliée** (Fin) domiciled ou domiciliated bill. – **lettre d'engagement** letter of appointment, engagement letter. – **lettre d'envoi** covering note. – **lettre de garantie** letter of indemnity. – **lettre d'identification** letter of indication ou identification. – **lettre d'intention** letter of intent. – **lettre d'introduction** (gén) letter of introduction ; (Comm) covering letter. – **lettre de licenciement** notice of dismissal. – **lettre de mer** sea letter, sea-brief. – **lettre d'offre** letter of offer. – **lettre de procuration** letter of attorney. – **lettre publicitaire** sales letter. – **lettre de rappel** follow-up letter, reminder. – **lettre de réclamation** letter of complaint, demand letter (US). – **lettre de recommandation** letter of recommendation. – **lettre recommandée** (avec valeur déclarée) registered letter ; (avec

accusé de réception) letter sent by recorded delivery. **− lettre de référence** testimonial **− lettre de relance** follow-up letter. **− lettre de répartition** (Bourse) letter of allotment. **− lettre de souscription** (Fin) letter of application. **− lettre taxée** surcharged letter. **− lettre de transport** consignment note, waybill; **lettre de transport aérien** air waybill, air bill of lading. **− lettre de voiture** consignment note, waybill; **lettre de voiture aérienne** air waybill, air bill of lading (US); **lettre de voiture ferroviaire** railway (GB) ou railroad (US ) bill; **lettre de voiture de transport routier** trucking bill of lading.

**leu** [løθ] **nm** leu.

**lev** [lεv] **nm** lev.

**levage** [ləvaʒ] **nm** (Tech) lifting, hoisting. ◊ **appareil de levage** hoist; **puissance de levage** lifting power.

**levée** [l(ə)ve] **nf** [a] (Poste) collection, pick-up (US). ◊ **dernière levée** last collection; **faire la levée du courrier** to collect letters; **la levée a lieu deux fois par jour** the box is cleared twice a day. [b] [impôts] levy(ing); [actions] taking up. ◊ **levée d'une option** ou **d'une prime** taking up of an option, exercise of an option. [c] [embargo, sanctions] lifting; [scellés] removal; [séance] closing, adjourning. ◊ **levée de jugement** transcript of a verdict; **levée d'une saisie** replevin.

**lever** [l(ə)ve] **vt** [a] (arrêter, supprimer) embargo to raise, lift; séance to close, adjourn; obstacle, scellés to remove; sanctions, saisie to lift. [b] (ramasser) impôts, taxes to levy; courrier to collect; fonds to raise, collect; (Bourse) option to take up, exercise; titres to take up.

**levier** [ləvje] **nm** lever. ◊ **effet de levier** (Écon) leverage (US), gearing (GB); être aux leviers de commande to be in control ou command, be in the front ou driver's seat; **levier d'exploitation** ou **opérationnel** leverage; **ratio de levier** leverage ratio; **capital à faible effet de levier** low-geared capital.

**liaison** [ljεzɔ̃] **nf** [a] (Communications) link. ◊ **liaison aérienne / ferroviaire / maritime / postale / routière** air / rail / sea / postal / road link; **liaison rail-aéroport** rail-air link; **liaison téléphonique** telephone communication ou link; **liaison télex** telex connection ou link. [b] (rapport) relation. ◊ **liaisons hiérarchiques** line relations; **publicité de liaison** tie-in advertising; **nous travaillons en étroite liaison avec nos associés étrangers** we are working closely with ou in close collaboration with our foreign partners; **nous assurons la liaison avec les autres départements** we liaise with the other departments.

**liasse** [ljas] **nf** [documents] bundle. ◊ **une liasse de billets** a roll ou a wad ou a bundle of banknotes.

**Liban** [libã] **nm** ◊ **le Liban** (the) Lebanon.

**libanais, e** [libanε, εz] **1** **adj** Lebanese. **2** **Libanais nm** (habitant) Lebanese. **3** **Libanaise nf** (habitante) Lebanese.

**libellé** [libele] **nm** (gén) wording; (Fin) description, particulars. ◊ **libellé de poste** job description; **libellé d'une loi** text of a law; **libellé d'un article** particulars of an entry; **libellé d'un compte** description of an account.

**libeller** [libele] **vt** chèque to make out, write out (à l'ordre de to); document to draw up. ◊ **être libellé au porteur** to be made out to bearer; **libellé comme suit** running ou reading as follows; **chèque libellé en devises étrangères** cheque denominated in foreign currency; **emprunts libellés en dollars** dollar denominated loans, loans denominated in dollars.

**libéral, e**, mpl **-aux** [liberal, o] **adj** liberal. ◊ **les professions libérales** the professions; **membre d'une profession libérale** professional man; **économie libérale** free-market economy.

**libéralisation** [liberalizasjɔ̃] **nf** [réglementation] liberalization; [prix] decontrol; [crédit] detightening. ◊ **la libéralisation du commerce** the easing of trade restrictions.

**libéraliser** [liberalize] **vt** to liberalize.

**libéralisme** [liberalism(ə)] **nm** (Écon) liberalism, free enterprise system.

**libération** [liberasjɔ̃] **nf** [échanges] easing, relaxation; [prix] freeing, decontrol(ling); [crédit] detightening; [dette, hypothèque] redemption. ◊ **libération d'une action** paying up of a share; **libération de capital** paying up of capital, payment in full of capital; **libération des loyers** freeing of rents; **libération de marchandises** release of goods; **libération des changes** decontrol(ling) of foreign exchange; **la libération du cours de l'or** the unpegging of gold price.

**libératoire** [liberatwar] **adj** (Fin) **paiement** ou **versement libératoire** payment in full discharge from debt, final payment on instalment; **prélèvement libératoire** deduction of tax at source, levy at source; **le prélèvement est libératoire de l'impôt sur le revenu** the levy is in full discharge of personal income tax; **avoir force libératoire** to be legal tender; **reçu libératoire** receipt in full.

**libérer** [libere] **1** **vt** prix to decontrol, deregulate, free; crédit to detighten; échanges to ease. ◊ **libérer qn d'un engagement** to relieve ou discharge sb from an obligation; **libérer**

**une caution** to discharge a surety; **être libéré de ses obligations militaires** to have completed one's military service; **être libéré sous caution / sur parole** to be released on bail / on parole; **libéré d'hypothèque** free of mortgage; **libéré d'impôt** tax-paid; **actions entièrement libérées** fully paid-up shares; **actions non entièrement libérées** partly paid-up shares; **montants à libérer sur titres et participations** amount callable on shares and participations. **2** **se libérer vpr** (Fin) **se libérer par anticipation** to pay up in advance; **se libérer d'une dette** to clear oneself from a debt, redeem a debt.

**Libéria** [libeʀja] **nm** Liberia.

**libérien, -ienne** [libeʀjɛ̃, jɛn] **1** **adj** Liberian. **2** **Libérien nm** (habitant) Liberian. **3** **Libérienne nf** (habitante) Liberian.

**liberté** [libɛʀte] **nf** **a** (gén) freedom, liberty. ◊ **liberté du commerce** freedom of trade; **liberté d'entreprendre** right of free enterprise; **atteinte** ou **entrave à la liberté du commerce** restraint of trade, restrictive trade practices; **libertés syndicales** union rights; **liberté du travail** right ou freedom to work; **être mis en liberté conditionnelle** to be granted parole; **être mis en liberté provisoire** ou **sous caution** to be granted bail, be released on bail. **b** (loisir) **son jour de liberté, c'est le mardi** Tuesday is his free day ou his day off.

**Libor** [libɔʀ] **nm** abrév de *London interbank offered rate* Libor.

**libre** [libʀ(ə)] **adj** **a** (sans restriction) commerce, prix free. ◊ **marché libre** open ou free market; **économie en roue libre** free-wheeling economy; **en vente libre** on unrestricted ou open sale; **libre d'impôts / de droit** tax / duty free; **entrée libre** (exposition) entrance free, free access; (boutique) "please walk around"; **sur papier libre** on unstamped paper; **la libre entreprise** free enterprise; **libre concurrence** free competition; **libre circulation des marchandises** free flow of goods; **libre circulation des capitaux** free capital movements. **b** (vide) bureaux vacant, unoccupied. ◊ **libre à la vente** for sale with vacant possession. **c** (Fin) clean. ◊ **connaissement libre** clean bill of lading; **effet libre** clean bill; **bien libre d'hypothèque** clear estate. **d** (Télec) **la ligne n'est pas libre** the line is engaged ou busy (US); **numéro en libre appel** freephone (GB) ou toll-free (US) number.

**libre-échange** [libʀeʃɑ̃ʒ] **nm** free trade. ◊ **zone de libre-échange** free trade area.

**libre-échangiste** [libʀeʃɑ̃ʒist(ə)] **1** **adj** politique **libre-échangiste** free-trade ou free-market policy.

**2** **nmf** (partisan) free-trader.

**librement** [libʀəmɑ̃] **adv** freely.

**libre-service** [libʀəsɛʀvis] **nm** (système) self-service; (magasin) self-service store, marketeria. ◊ **libre-service de gros** cash-and-carry.

**Libreville** [libʀəvil] **n** Libreville.

**Libye** [libi] **nf** Libya.

**libyen, -yenne** [libjɛ̃, jɛn] **1** **adj** Libyan. **2** **Libyen nm** (habitant) Libyan. **3** **Libyenne nf** (habitante) Libyan.

**licence** [lisɑ̃s] **nf** **a** (Comm) licence, license (US). ◊ **article sous licence** licensed article; **licence de débit de boissons** licence to sell beer, wines and spirits, liquor license (US); **licence d'exportation / d'importation** export / import licence; **licence de fabrication** manufacturing licence; **licence de vente** selling licence; **licence exclusive** exclusive licence; **conditions d'obtention d'une licence** licensing requirements; **détenteur** ou **titulaire d'une licence** licence holder, licensee; **droit de licence** licensing fee; **accorder** ou **délivrer une licence d'exploitation à qn** to license sb; **fabriquer qch sous licence** to manufacture sth under licence; **le magasin détient une licence de vente de...** the shop is licensed for the sale of...; **obtenir une licence** to take out a licence. **b** (diplôme) ≈ bachelor's degree. ◊ **licence ès sciences** Bachelor of Science (degree), B.Sc.; **licence en droit** Bachelor of Law (degree), B. Law.

**licencié, e** [lisɑ̃sje] **nm,f** **a** (Univ) graduate. ◊ **licencié en droit** Bachelor of Law, law graduate. **b** (Comm : concessionnaire) licensee.

**licenciement** [lisɑ̃simɑ̃] **1** **nm** (pour faute grave) dismissal, firing*, sacking*; (par compression de personnel) laying off. ◊ **avis de licenciement** layoff notice, notice of redundancy; **indemnité de licenciement** redundancy pay(ment) ou compensation; **lettre de licenciement** notice of dismissal; **procédures de licenciement** layoff proceedings; **il y aura 125 000 licenciements dans la sidérurgie** there will be 125,000 redundancies ou layoffs in the steel industry, 125,000 workers are going to be laid off ou are going to be made redundant in the steel sector; **200 ouvriers ont reçu un avis de licenciement** 200 workers are under notice of redundancy. **2** **comp** **licenciement abusif** unfair dismissal. – **licenciement collectif** mass dismissal, labour shedding. – **licenciement pour raisons économiques** economic redundancy. – **licenciement sans préavis** dismissal without notice.

**– licenciement sec** compulsory redundancy *without any compensation*.

**licencier** [lisãsje] vt (pour faute grave) to dismiss, sack*, fire*; (par compression de personnel) to lay off, make redundant.

**licitation** [lisitasjɔ̃] nf public sale of a property held in common.

**licite** [lisit] adj lawful, licit.

**licitement** [lisitmã] adv lawfully, licitly.

**lien** [ljɛ̃] nm (rapport) link, relation, connection. ◊ **liens commerciaux officiels** formal trade links; **il y a un lien entre ces deux affaires** the two problems are linked.

**lier** [lje] vt **a** (obliger) [contrat] to bind. ◊ **ce contrat vous lie** this agreement is binding upon you, you are bound by this agreement; **le contrat lie toutes les parties en droit** the contract is legally binding on all parties; **nous ne voulons pas être liés par ce contrat** we don't want to be tied down by this contract. **b** (rattacher) **emprunts liés** tied loans; **marchés liés** related markets; **opérations liées** combined deals; **emplois liés à l'automobile** motor-related occupations; **vente liée** tie-in sale ou deal; **société liée** affiliated company.

**lieu** [ljø] nm **a** (gén) place; [congrès] venue. ◊ **lieu de paiement / livraison / résidence / production** place of payment / delivery / residence / production; **lieu de travail** work place; **formation sur le lieu de travail** on-site training; **lieu de vente** (Mktg) point of sale, POS; **promotion sur le lieu de vente** point-of-sale promotion; **lieu des opérations imposables** place of taxable transactions; **la réunion aura lieu à** the meeting will be held at, the venue of the meeting is. **b** (locaux) **les lieux** the premises. **état des lieux** inventory of premises; **quitter les lieux** (Admin) to vacate the premises.

**ligne** [liɲ] nf **a** (Comm, Fin) line. ◊ **ligne de produits** product line, product range, line-up (US); **ligne de crédit** credit line, line of credit, stand-by credit ou amount; **ligne de crédit de substitution** backup line of credit; **ligne budgétaire** appropriation. **b** (direction) line, direction. ◊ **ligne de conduite** line, policy, course of action; **ligne directrice de planification** planning guideline; **lignes directrices opérationnelles** operational guidelines; **ligne de résistance** resistance line; **ligne de support** support line; **ligne de tendance** trend line; **les grandes lignes d'un programme** the outline of a programme. **c** (trait) line. ◊ **ligne de flottaison** (Mar) waterline; **ligne de charge** load line; **au-dessous / au-dessus de la ligne** (Écon) below / above the line. **d** (Téléc) line. ◊ **les lignes sont en dérangement** the lines are out of order; **la ligne est occupée** the line is engaged ou busy (US); **M. Smith est en ligne** Mr Smith's line is engaged ou busy; **vous avez M. Smith en ligne** Mr Smith is on the line; **gardez la ligne** hold the line; **vous êtes en ligne** you are connected ou through now; **ligne appelante / appelée** calling / called line. **e** (Transports) (compagnie) line; (service) service; (itinéraire) route. ◊ **ligne de chemin de fer** railway (GB) ou railroad (US) line; **ligne de navigation** shipping line; **ligne aérienne** airline; **ouvrir une nouvelle ligne** to open a new service ou route; **sur nos lignes intérieures** (Aviat) on our domestic flights. **f** (Inf) line. ◊ **ligne d'impression** print line; **imprimante ligne par ligne** line printer; **impression ligne par ligne** line printing; **alimentation ligne par ligne** line feed.

**Lima** [lima] n Lima.

**limitatif, -ive** [limitatif, iv] adj restrictive, limiting. ◊ **clause limitative** limiting clause; **liste limitative / non limitative** open / closed list.

**limitation** [limitasjɔ̃] **1** nf limitation, restriction. **2** comp **limitation des importations** import restraint ou control. **– limitation de responsabilité** limitation of liability. **– limitation des salaires** wage restraint. **– limitation de temps** time limit.

**limite** [limit] **1** nf [pouvoirs] limit, limitation; (Inf) boundary. ◊ **cas limite** borderline case; **charge limite** limit load; **cours limite** limit price; **date limite** deadline; **date limite de dépôt** (Poste) latest time for posting; **date limite de vente** (Comm) sell-by date; **date limite de fraîcheur** (Comm) best-before date. **2** comp **limite d'âge / de poids** age / weight limit. **– limite de crédit** credit limit. **– limite d'endettement** debt capacity. **– limite de rupture** breaking-point. **– limite inférieure** threshold. **– limite supérieure** ceiling. **– limite de tolérance** tolerance limit.

**limité, e** [limite] adj limited. ◊ **cours limités** (Bourse) limited prices; **ordre de vente ou d'achat limité** (Bourse) limited order; **ordre à cours limité** limit order; **droit de propriété limité** restricted ownership; **fichier à accès limité** (Inf) restricted file; **société à responsabilité limitée (SARL)** limited liability company; **utilisation limitée** restricted use; **la quantité que l'on peut importer n'est pas limitée** there is no limit on the amount you can import.

**limiter** [limite] vt to restrict, reduce, limit.

**limogeage** [limɔʒaʒ] nm dismissal.

**limoger** [limɔʒe] vt to dismiss, sack*, fire*.

**linéaire** [lineɛʀ] **1** adj linear. ◊ **programmation linéaire** (Inf) linear programming; **méthode**

d'amortissement **linéaire** (Compta) straight-line method of depreciation.
**2** nm shelf-space, front-line. ◊ **linéaire sol** floor line.

**lingot** [lɛ̃go] nm ingot. ◊ **or en lingots** gold bullion.

**liquidateur, -trice** [likidatœʀ, tʀis] nm, f (Jur) ≈ liquidator, receiver. ◊ **liquidateur amiable** liquidator by agreement; **liquidateur judiciaire, liquidateur de faillite** official receiver, judicial factor (US), referee in bankruptcy (US); **liquidateur officiel** (Bourse) official assignee; **la société est entre les mains d'un liquidateur** the company is in receivership; **révoquer les liquidateurs** to remove liquidators.

**liquidatif, -ive** [likidatif, iv] adj ◊ **valeur liquidative de l'actif** net asset value; **valeur liquidative du titre** market price ou value of the share; **valeur liquidative de la société** breakup ou windup value of the company.

**liquidation** [likidɑsjɔ̃] nf **a** [société] liquidation, winding-up, closing-out (US). ◊ **entrer en liquidation** to go ou fall into receivership, enter into liquidation; **mettre en liquidation** to liquidate, put into liquidation ou receivership, wind up; **liquidation de la faillite** settlement in bankruptcy proceedings; **liquidation forcée** compulsory liquidation; **liquidation judiciaire** winding-up by decision of court, liquidation subject to court supervision; **liquidation volontaire** voluntary liquidation ou winding-up; **bilan de liquidation** statement of affairs, liquidation balance sheet; **clôture de la liquidation** completion of liquidation; **dividende de liquidation** liquidating dividend; **frais de liquidation** closing-down costs; **objet de la liquidation** purpose of the liquidation; **prix de la liquidation** liquidation price; **valeur de liquidation** liquidation ou breakup value. **b** (Bourse) settlement, account. ◊ **liquidation de fin d'année** yearly settlement; **liquidation de fin de mois** monthly ou end-of-month settlement; **liquidation de quinzaine** fortnightly account (GB), mid-month settlement; **liquidation des positions** booksquaring; **liquidation prochaine** next account; **liquidation suivante** ensuing account; **achat en liquidation** buying for the account; **bureau de liquidation** clearing office; **comité de liquidation** settlement department; **compte de liquidation** settlement account; **comptoir de liquidation** (Bourse de marchandises) clearing house; **cours en liquidation courante** price for current account; **feuille de liquidation** clearing sheet; **jour de liquidation** settlement day, settling day, account day; **opérations de liquidation** dealings for the settlement; **salle de liquidation** settling room; **vente en** liquidation sale for the account. **c** (vente) [marchandises, stocks] sale, clearance sale, selling off. ◊ **vente de liquidation** close-out sale; **liquidation totale du stock** close-out sale, stock clearance sale; **liquidation de l'actif d'un failli** creditors' sale. **d** (règlement) [dette] payment, settlement; (Jur) [succession] settlement. ◊ **liquidation de pension ou de retraite** (Admin) payment of pension.

**liquide** [likid] **1** adj **a** capital, dette, épargne liquid. ◊ **actif liquide** liquid ou available assets; **argent liquide** ready money, cash; **fonds liquides** available funds; **valeurs liquides** liquid securities. **b** marchandises, cargaison wet.
**2** nm (argent) ready money, cash.
**3** adv (Bourse) **rester liquide** to remain liquid, maintain a liquidity position.

**liquider** [likide] vt **a** (vendre) marchandises to clear, sell off; fonds de commerce to sell out ou up. ◊ **liquider des articles démodés** to have a clearance sale of out-of-date articles; **liquider le stock** to clear (off) the stock; **la banque a liquidé une partie de son portefeuille** part of the bank's portfolio was liquidated. **b** (fermer définitivement) société to wind up, liquidate, close out (US). ◊ **être liquidé par décision judiciaire** to be wound up by court order. **c** (régler) dette to pay off, wipe out; compte to clear, balance, liquidate, settle; transaction, affaire to close, settle, clinch; retraite to pay. **d** (Bourse) to close. ◊ **liquider une position** to close a position.

**liquidité** [likidite] nf **a** (Écon, Fin) liquidity. ◊ **coefficient de liquidité** liquidity ratio; **politique de resserrement de la liquidité** restrictive liquidity policy; **à court de liquidité** illiquid; **préférence pour la liquidité** liquidity preference; **liquidité interne** total domestic liquid assets; **liquidité du portefeuille** portfolio liquidity; **réduire la liquidité** to mop up liquidities; **crise de liquidité** liquidity crunch; **la liquidité potentielle des banques** the potential liquidity of banks; **liquidité primaire / secondaire** primary / secondary liquidity. **b** (argent) **liquidités** liquid assets, cash, liquidities, available funds ou assets; **compression ou contraction des liquidités** liquidity squeeze; **liquidités de caisse** liquid funds; **liquidités nettes** net liquid assets, net quick assets; **liquidités excédentaires** excess liquidities.

**lire** [liʀ] vt (gén) to read; (par lecteur optique) to read, scan. ◊ **dans l'espoir de vous lire bientôt** hoping to hear from you soon; **lu et approuvé** read and approved.

**lire** [liʀ] nf lira.

**Lisbonne** [lisbɔn] n Lisbon.

**lissage** [lisaʒ] **nm** (Écon) smoothing. ◊ **lissage des bénéfices** income smoothing; **lissage exponentiel** exponential smoothing.

**lisser** [lise] **vt** courbe to smooth.

**listage** [listaʒ] **nm** listing. ◊ **bande de listage** listing tape; **fichier de listage** list file.

**liste** [list(ə)] **1 nf** list. ◊ **dresser** ou **établir une liste** to make out ou draw up a list, list; **mettre** ou **porter sur une liste** to enter on a list; **rayer de la liste** to strike off ou take off the list; **vous êtes en tête / en fin** ou **en queue de liste** you are ou you rank first / last on the list; **votre nom figure-t-il** ou **est-il inscrit sur la liste**? is your name listed?
**2 comp liste des actionnaires** stock-ledger. – **liste d'adresses** mailing list. – **liste d'attente** waiting list. – **liste de candidats** list of applicants. – **liste de contrôle** (gén) check-list; (Inf) audit list. – **liste de diffusion** mailing list. – **liste d'émargement** [salariés] payroll. – **liste des marchandises importées en franchise** franchise-free list. – **liste nominative** nominal list. – **liste des participants** attendance list. – **liste des présents** attendance sheet. – **liste de prix** price list. – **liste de publipostage** mailing list. – **liste rouge** (Télec) unlisted phone numbers; **être** ou **figurer sur la liste rouge** to be ex-directory ou unlisted (US). – **liste des souscriptions** (Fin) list of applications, subscription list.

**lister** [liste] **vt** to list.

**listing** [listiŋ] **nm** printout.

**litige** [litiʒ] **nm** (gén) dispute; (Jur) litigation, dispute at law, suit. ◊ **litige commercial** commercial dispute; **en litige** disputed; **objet du litige** object of contention; **les parties en litige** the litigants, the disputants (US); **point en litige** point of contest; **somme en litige** amount at issue; **mettre en litige** to litigate; **régler un litige** to settle a dispute.

**litigieux, -ieuse** [litiʒjø, jøz] **adj** litigious, contentious, disputable at law. ◊ **créance litigieuse** litigious ou contested claim, bad debt; **point litigieux** point of contest, debatable point, contentious matter.

**litispendance** [litispādās] **nf** (Jur) pendency (of case).

**litre** [litʀ(ə)] **nm** litre.

**Lituanie** [litɥani] **nf** Lithuania.

**lituanien, -ienne** [litɥanjɛ̃, jɛn] **1 adj** Lithuanian.
**2 nm** (langue) Lithuanian.
**3 Lituanien nm** (habitant) Lithuanian.
**4 Lituanienne nf** (habitante) Lithuanian.

**livrable** [livʀabl(ə)] **1 adj a** (Comm) which can be delivered, ready for delivery, deliverable. ◊ **commandes livrables à domicile** orders delivered to your door. **b** (Bourse) forward.
**2 nm** (Bourse) **cours / marché du livrable** forward ou terminal price / market.

**livraison** [livʀɛzɔ̃] **nf a** (Comm) delivery. ◊ **livraison à domicile** (sur un prospectus) home delivery, we deliver; **livraison franco** ou **gratuite** (sur un prospectus) delivered free, free delivery; **livraison échelonnée** ou **fractionnée / immédiate / prioritaire** staggered ou split / immediate / priority delivery; **délai / conditions / registre / service de livraison** delivery time / terms / book / service; **défaut de livraison** non-delivery; **bon de livraison** (accompagnant la marchandise) delivery note; (autorisant la sortie d'usine) delivery order; **bordereau de livraison** delivery receipt ou slip; **bulletin de livraison** delivery sheet; **frais de livraison** delivery charges; **payable à la livraison** payable on delivery, cash on delivery, collect on delivery (US), COD (US); **payer à la livraison** to pay on delivery; **prendre livraison de** to take delivery of, collect; **respecter** ou **tenir les délais de livraison** to meet ou keep the delivery deadline ou date; **un retard dans la livraison d'un composant essentiel a arrêté la chaîne de production** late delivery of an essential component stopped the production line. **b** (Bourse) delivery. ◊ **cours de livraison** delivery price; **faire livraison** to deliver stocks; **prendre livraison des titres** to take delivery of the stocks; **être de mauvaise / bonne livraison** to be bad / good delivery; **vendre à livraison** to sell for future delivery; **livraison à terme** forward ou future delivery.

**livre** [livʀ(ə)] **1 nm a** (gén) book. ◊ **l'industrie du livre** the book trade ou industry. **b** (Compta) book, journal. ◊ **grand livre** ledger; **grand livre général** general ou impersonal ledger; **clôture des livres** balancing of the books; **porter qch sur les livres** to enter sth in the books; **tenir les livres** to keep the books; **vérifier les livres** to check the books, run the ledger.
**2 comp livre des acceptations** acceptance book. – **livre des achats** bought ledger. – **livre auxiliaire** subsidiary book. – **livre de banque** bank book. – **livre blanc** white paper. – **livre de bord** log book. – **livre de caisse** cash book. – **livres comptables** account books. – **livre d'échéance** bill diary. – **livre des effets à payer** bills-payable book. – **livre des effets à recevoir** bills-receivable book. – **livre des entrées** purchase book. – **livre fractionnaire** subsidiary book. – **livre des inventaires** stock book. – **livre-journal** day book, journal. – **livre de magasin** warehouse book. – **livre de paie**

payroll. − **livre de petite caisse** petty cash book. − **livre des réclamations** claims book. − **livre des rendus** returns book; **livre des rendus sur achats / sur ventes** returns outwards / inwards book. − **livres sociaux** company's books of account. − **livre des sorties** sales book. − **livre à souche** stub book. − **livre de stock** stockbook. − **livre des transferts** transfer register. − **livre de(s) ventes** sales book.

**3** nf (poids) pound; (monnaie) pound. ◊ **livre sterling** pound sterling; **livre égyptienne** Egyptian pound; **livre verte** green pound; **coûter 100 livres** to cost £100.

**livrer** [livʀe] vt **a** (Comm) to deliver. ◊ **livrer à domicile** to deliver to customer's premises ou at residence; **livrer des marchandises / une commande** to deliver goods / an order; **livrer le long d'un navire** to deliver alongside a vessel; **livrer à bord d'un navire** to deliver on board a vessel; **livrer des usines clés en main** to sell factories on turnkey contracts; **livré en entrepôt** bonded terms; **livré franco** free delivered ou delivery; **livré franco domicile** delivery free domicile, free to customer's residence ou premises; **livré sur warrant** stored terms; **livré droits acquittés** delivered duty paid; **livré par porteur** delivered by hand. **b** (Bourse) ◊ **marché à livrer** transaction for forward delivery; **prime pour livrer** seller's option; **vente à livrer** sale for delivery.

**livret** [livʀe] nm (gén) book, booklet; (manuel) manual, handbook; (Banque) passbook. ◊ **livret d'utilisation** user's manual; **livret de caisse d'épargne** savings-bank book ou passbook, depositor's book; **livret d'épargne-logement** building society passbook; **livret d'épargne populaire** ≈ National Savings Plan Passbook; **compte sur livret** deposit account.

**livreur** [livʀœʀ] nm (gén) delivery man; (Bourse) deliverer, seller; (Bourse de marchandises) first seller.

**LOA** [ɛloa] nf abrév de *location avec option d'achat* → location.

**lobby** [lɔbi] nm lobby.

**lobbyiste** [lɔbiist] nm lobbyist.

**local, e,** mpl **-aux** [lɔkal, o] **1** adj local. ◊ **collectivités locales** local authorities; **impôts locaux** local taxes, community charge (GB), poll tax (GB).
**2** nm (salle) room. ◊ **locaux** premises, offices; **locaux à usage commercial** business ou shop ou commercial premises.

**localement** [lɔkalmã] adv locally.

**localisation** [lɔkalizasjɔ̃] nf (lieu d'implantation) location, localization. ◊ **localisation des**

sources d'approvisionnement sourcing; localisation d'une unité de production siting ou localization of a manufacturing facility.

**localiser** [lɔkalize] vt (trouver) to locate.

**locataire** [lɔkatɛʀ] nm tenant. ◊ **locataire à bail** lessee, leaseholder; **nous sommes locataires de nos bureaux** we rent our office space.

**locatif, -ive** [lɔkatif, iv] adj charges, revenu rental. ◊ **impôts locatifs** taxes based on rental value; **programme locatif** apartment buildings to let; **réparations locatives** repairs incumbent upon the tenants, tenantable repairs; **risques locatifs** tenant's risks; **valeur locative des locaux** rental ou letting (US) value of the premises; **valeur locative imposable** rateable value.

**location** [lɔkasjɔ̃] nf **a** (par le propriétaire) [local] letting (out), renting; [voiture] hiring (out), renting (out). ◊ **donner en location** [local] to let (out), rent. **b** (par le locataire) [local] renting; [voiture] hiring (GB), renting; [place] booking. ◊ **prendre en location** [local] to rent. **c** ◊ **bureau de location** [place] booking office; **contrat de location** [local] tenancy agreement; [voiture] hire contract (GB), rental agreement; **voiture de location** rented car; **agence de location de voitures** car rental agency; **location de voitures** (sur pancarte) cars for hire (GB), rent a car (US); **"location de voitures sans chauffeur"** "U-drive it car", self-drive car rental; **location avec option d'achat** leasing, lease-option agreement; **location à vie** life tenancy; **location-vente** hire-purchase; **acheter en location-vente** to buy on hire-purchase.

**lock-out** [lɔkawt] nm lock-out.

**lock-outer** [lɔkawte] vt to lock out.

**loco** [lɔkɔ] adv ◊ **prix loco** loco price.

**logement** [lɔʒmã] nm (habitat) housing; (appartement) flat (GB), apartment (US), accommodation. ◊ **logement social** public housing; **allocation logement** rent allowance; **crise du logement** housing shortage; **indemnité de logement** housing allowance; **nombre de mises en chantier (de logements neufs)** new housing starts; **compte / plan / livret d'épargne-logement** building society savings account / plan / passbook, home savings account / plan / passbook; **prêt épargne-logement** mortgage.

**logiciel** [lɔʒisjɛl] **1** nm software. ◊ **erreur de logiciel** software bug; **ingénieur en logiciel** software engineer; **produit logiciel** software product.
**2** comp **logiciel d'application** application software ou program. − **logiciel intégré** integrated software. − **logiciel de traitement de texte** word-processing soft-

ware. — **logiciel de vérification** audit software.

**logistique** [lɔʒistik] **1** **adj** logistic.
  **2** **nf** logistics. ◊ **directeur (de la) logistique** logistics manager; **logistique export** export logistics.

**logithèque** [lɔʒitɛk] **nf** software library.

**logo** [lɔgo] **nm** logo, name slug, corporate identification symbol.

**logotype** [lɔgɔtip] **nm** logotype, corporate identification symbol.

**loi** [lwa] **1** **nf** **a** (gén) law; (texte legislatif) law, act. ◊ **projet de loi** bill; **abroger** ou **rapporter une loi** to abrogate ou repeal ou rescind ou revoke a law; **adopter un projet de loi** to carry a bill; **voter une loi** to pass a law; **promulguer une loi** to enact a bill, promulgate a law; **article d'une loi** section of an act. **b** **la loi** the law; **les dispositions de la loi** the legal provisions; **avoir force de loi** to be enforceable ou operative; **conformément à la loi** by law, in obedience to the law; **appliquer la loi** to administer ou enforce ou apply the law; **enfreindre la loi** to break the law; **infraction à la loi** infringement ou break of the law; **faire respecter la loi** to enforce the law, put the law in force; **observer** ou **respecter la loi** to abide by the law, keep (within) the law; **tomber sous le coup de la loi** to come under the law; **être responsable aux yeux de la loi** to be legally responsible; **tourner** ou **contourner la loi** to get round the law; **transgresser la loi** to infringe ou contravene ou transgress the law; **homme de loi** lawyer, legal practitioner; **consulter un homme de loi** to take legal advice; **la loi de la jungle** the law of the jungle.
  **2** **comp loi d'amnistie** act of oblivion. — **lois antitrust** anti-trust laws, restrictive trade practices laws. — **loi-cadre** outline law, skeleton law, blueprint law, framework law. — **loi de finances** Finance Act, Fiscal authorization bill, appropriation bill. — **loi de l'offre et de la demande** law of supply and demand. — **loi-programme** Finance Act. — **loi des rendements décroissants** law of diminishing returns, (US) law of attrition.

**lombard** [lɔ̃baʀ] **nm** (Fin) **taux lombard** lombard rate.

**Lomé** [lome] **n** Lomé.

**Londres** [lɔ̃dʀ(ə)] **n** London.

**long, longue** [lɔ̃, lɔ̃g] **adj** long. ◊ **à long terme** in the long run ou term; **au long cours** (navigation) ocean ou deep-sea navigation; **actifs à long terme** long-lived assets; **bail à longue échéance** long lease; **contrat / emprunt / placement à long terme** long-term contract / loan / investment; **effet à longue** échéance long(-dated) bill; **papiers long** long-dated bills; **planification à long terme** long-range planning; **position longue** (Bourse) long position; **titres d'État à long terme** longs.

**long-courrier, pl long-courriers** [lɔ̃kuʀje] **adj, nm** ◊ **(navire) long-courrier** ocean liner, ocean-going ship; **(avion) long-courrier** long-haul ou long-distance aircraft.

**longévité** [lɔ̃ʒevite] **nf** [produit] life expectancy. ◊ **matériel à longévité élevée** long-life equipment.

**lot** [lo] **nm** **a** (ensemble d'objets) batch; (jeu d'outils) set; (lors d'une vente publique) lot. ◊ **contrôle / fabrication par lots** batch control / production; **lot économique** economic order quantity, EOQ. **b** (Bourse) **lot d'actions** block in shares; **lot régulier** round lot. **c** (loterie) prize. ◊ **toucher le gros lot** to hit the jackpot; **emprunt à lots** lottery loan; **obligation à lots** prize bond, lottery bond. **d** (Inf) batch. ◊ **traitement par lots** batch processing; **fichier de traitement par lots** batch file; **tri par lots** batch sort. **e** (terrain) plot (of land).

**loterie** [lɔtʀi] **nf** lottery.

**lotir** [lɔtiʀ] **vt** (découper) terrain to divide into plots, parcel out; (vendre) to sell by lots.

**lotissement** [lɔtismɑ̃] **nm** **a** (action de lotir) (vente) sale (by lots); (découpage) division. **b** (terrain) plot, lot; (ensemble de terrains bâtis) housing development ou estate.

**lotisseur** [lɔtisœʀ] **nm** [terrain] property developer.

**louage** [lwaʒ] **nm** ◊ **donner à louage** to let (out), rent (out); **prendre à louage** to hire, rent, take on hire ou on lease; **prendre un navire à louage** to charter a ship; **contrat de louage** rental contract; **louage d'ouvrage** (Jur) work contract; **louage de services** contract of employment, work contract; **voiture de louage** rented ou hired car.

**louer** [lwe] **1** **vt** **a** [propriétaire] local to let (out), rent; voiture to hire (out), rent (out). ◊ **louer à bail** to lease; **louer au mois** to let by the month; **louer ses services** to hire o.s. out; **à louer** (pancarte) to let (GB), for rent (US). **b** [locataire] local to rent; voiture to hire (GB), rent; place to book.
  **2** **se louer vpr** ◊ **ces bureaux se louent 2 millions de francs par an** these premises rent for 2 million francs a year.

**loueur, -euse** [lwœʀ, øs] **nm, f** [local] renter, letter; [voiture] hirer, renter (US). ◊ **loueur d'adresses** (Mktg) list broker.

**loup** [lu] **nm** (Bourse) stag, premium hunter.

**lourd, e** [luʀ, luʀd(ə)] **adj** (gén) heavy; impôts, dettes, travail, responsabilité heavy, weighty;

erreurs serious; marchandise heavy, ponderous, cumbersome; marché boursier slack, sluggish. ◊ **industrie lourde** heavy industry; **poids lourd** (camion) heavy lorry (GB) ou truck (US); (grosse société) heavyweight; **faute lourde** (Jur) gross negligence; **la décision du gouvernement sera lourde de conséquences pour ce secteur** the government decision will bear heavily on this sector.

**lourdement** [luʀdəmɑ̃] **adv** imposer, taxer heavily.

**lourdeur** [luʀdœʀ] **nf** heaviness. ◊ **le marché manifeste une certaine lourdeur** the market is slackening ou is getting sluggish.

**loyal, e, mpl -aux** [lwajal, o] **adj** fair, honest. ◊ **loyal en affaires** straightforward in business; **bon et loyal inventaire** true and accurate inventory; **compte rendu loyal et exact** true and faithful report; **qualité loyale et marchande** fair average quality; **valeur loyale et marchande** fair market value.

**loyalement** [lwajalmɑ̃] **adv** fairly, honestly.

**loyauté** [lwajote] **nf** honesty, fairness. ◊ **loyauté en affaires** fair dealing.

**loyer** [lwaje] **1** **nm** rent. ◊ **donner à loyer** to let (out), rent; **prendre à loyer** to rent; **être en retard sur son loyer** to be late ou behind ou in arrears with one's rent; **arriéré de loyer** rent arrears, back rent; **blocage des loyers** rent restriction ou freeze; **quittance de loyer** rent receipt; **réglementation des loyers** rent control.

**2** comp **loyer annuel** yearly rental ou rent. **− loyer de l'argent** rate of interest, interest rate, price ou cost of money; **loyer de l'argent au jour le jour** overnight rate of interest. **− loyer commercial** office rent. **− loyer conditionnel** contingent rental. **− loyer matriciel** = rateable value. **− loyer trimestriel** quarterly rent.

**Luanda** [lwɑ̃da] **n** Luanda.

**lucratif, -ive** [lykʀatif, iv] **adj** travail well-paid, lucrative; opération lucrative, profitable, paying. ◊ **travail peu lucratif** badly-paid job; **à but lucratif** profit-making, profit oriented; **sans but lucratif** non-profit making, not-for-profit.

**lundi** [lœ̃di] **nm** Monday → samedi.

**luxe** [lyks(ə)] **nm** luxury. ◊ **le luxe, l'industrie du luxe** the luxury goods industry; **de luxe** articles, boutique luxury; voiture, magazine de luxe; **commerce de luxe** luxury trade; **hôtel de luxe** star hotel.

**Luxembourg** [lyksɑ̃buʀ] **nm** Luxembourg.

**luxembourgeois, e** [lyksɑ̃buʀʒwa, waz] **1** **adj** of ou from Luxembourg. **2** **Luxembourgeois** **nm** (habitant) inhabitant ou native of Luxembourg. **3** **Luxembourgeoise** **nf** (habitante) inhabitant ou native of Luxembourg.

**M.** abrév de *Monsieur* Mr. ◊ **M. Thomas** Mr Thomas.

**Macao** [makao] n Macao.

**macaron** [makarɔ̃] **nm** badge.

**machine** [maʃin] **1** **nf** machine. ◊ **les machines** the machinery; **écrire** ou **taper une lettre à la machine** to type a letter; **fait à la machine** machine-made; **code / instruction machine** (Inf) machine code / instruction; **heure / temps / panne / langage machine** machine hour / time / failure / language; **opérateur sur machine** machine operator; **passage en machine** machine run; **intervention sur machine** service call. **2** **comp machine à adresser** addressing machine. – **machine à affranchir** franking machine. – **machine agricole** agricultural machine. – **machine de bureau** office machine. – **machine à cacheter** mailer. – **machine à calculer** calculator. – **machine à cartes perforées** punched card machine. – **machine comptable** accounting machine. – **machine à dicter** dictating machine. – **machine à écrire** typewriter. – **machine à étiquettes** label maker. – **machine à facturer** billing machine. – **machine mécanographique** punched card machine. – **machine-outil** machine tool; **machine-outil à commande numérique** digitally controlled machine tool. – **machine à photocopier** photocopier. – **machine à pointer** time clock. – **machine à polycopier** copying machine, duplicator. – **machine à timbrer** franking machine. – **machine à traitement de textes** word processor. – **machine trieuse** sorting machine.

**machinerie** [maʃinʀi] **nf** (Ind) machinery.

**macroéconomie** [makʀɔekɔnɔmi] **nf** macroeconomics.

**macroéconomique** [makʀɔekɔnɔmik] **adj** macroeconomic.

**macrogroupe** [makʀɔgʀup] **nm** large group, macro group.

**macro-marketing** [makʀɔmaʀkətiŋ] **nm** macromarketing.

**Madagascar** [madagaskaʀ] **nf** Madagascar.

**Madame** [madam], pl **Mesdames nf** (en parlant à qn) Madam; (en début de lettre) Dear Madam. ◊ **Madame Thomas** Mrs Thomas; **Madame la Présidente** (en parlant à qn) Madam Chairman; (sur une enveloppe) the Chairwoman, the Chairperson; (en début de lettre) Dear Madam; **Madame, Mademoiselle, Monsieur** (en début de lettre) Dear Sir or Madam; **Mesdames** Ladies; **Mesdames David et Thomas** Mrs David and Mrs Thomas; **Mesdames les membres du personnel** (the ladies on) the staff; **Mesdames, (Mesdemoiselles,) Messieurs** (dans un discours) Ladies and Gentlemen.

**Mademoiselle** [madmwazɛl], pl **Mesdemoiselles nf** (en parlant à qn) Madam, Miss; (en début de lettre) Dear Madam. ◊ **Mademoiselle Thomas** Miss Thomas; **Mesdemoiselles** Ladies.

**Madrid** [madʀid] **n** Madrid.

**magasin** [magazɛ̃] **1** **nm** **a** (commerce) shop, store (US). ◊ **ouvrir / tenir un magasin** to open / keep a shop; **chaîne de magasins** chain of shops; **devanture de magasin** shop window, shop front; **employé de magasin** shop assistant ou employee; **grand magasin** department store. **b** (réserve) warehouse, storeroom. ◊ **clause d'assurance magasin à magasin** warehouse to warehouse clause, transit clause; **marchandises en magasin** goods in stock ou on hand, stock in hand;

avoir / déposer en magasin to have / lay in stock; mettre en magasin to put in store. ▪ 2 comp magasin d'alimentation grocery shop ou store, food store. − magasin à assortiment limité retail store ou shop ou outlet. − magasin automatique automated storage facility, automated warehouse. − magasin d'exposition showroom. − magasins généraux (Douanes) (public) bonded warehouse. − magasin à gestion intégrée computer-managed store. − magasin à grande surface supermarket, hypermarket. − magasin de gros wholesale store. − magasin libre-service self-service store. − magasin minimarge discount house. − magasin pilote pilot store, experimental store. − magasin à prix unique one-price store, nickel ou dollar store (US). − magasin sous douane bonded warehouse. − magasin spécialisé specialty shop, single line store, specialized shop. − magasin à succursales multiples chain store, multiple (store). − magasin d'usine factory outlet, factory-centre. − magasin de vente au détail retail store ou shop ou outlet. − magasin de vente au rabais discount store.

**magasinage** [magazinaʒ] nm ▪ a ▪ (action) warehousing, storing; (droits) (gén) warehouse dues, storage charges ou costs; (Train) demurrage (charges), railroad rent (US). ◊ mise à terre, magasinage et livraison landing, storage, delivery, LSD. ▪ b ▪ (au Canada) shopping.

**magasiner** [magazine] vi (au Canada) to go shopping.

**magasinier** [magazinje] nm warehouseman, storekeeper, storeman. ◊ chef magasinier warehouse supervisor.

**magazine** [magazin] nm magazine. ◊ magazine d'information news magazine; magazine professionnel ou spécialisé specialist ou trade magazine.

**magnat** [magna] nm [industrie, pétrole] magnate, tycoon. ◊ magnat de la presse press baron ou lord ou tycoon.

**magnétique** [maɲetik] adj carte, disque, mémoire magnetic. ◊ crayon-lecteur magnétique magnetic wand.

**mai** [mɛ] nm May → septembre.

**mailing** [melin] nm mailing.

**maillage** [majaʒ] nm (organisation de réseaux) networking. ◊ maillage industriel industrial fabric.

**main** [mɛ̃] nf ▪ a ▪ hand. ◊ fabriqué à la main handmade, made by hand; trié à la main hand sorted; écrit à la main handwritten; (Fin) en main tierce in escrow; à portée de main, sous la main at hand; renseignement de première main first-hand information; voiture de première main second-hand car (sold by the first owner); vote à main levée vote by a show of hands; négocier en sous-main to negotiate secretly; payer de la main à la main to pay from hand to hand, pay cash without receipt; le patron a décidé de passer la main the boss decided to stand down; remettre en main propre to deliver ou hand in personally; 200 000 actions ont changé de mains 200,000 shares changed hands. ▪ b ▪ (Compta) main courante rough book, daybook; main courante de caisse counter cashbook; main courante de sortie paid cashbook; main courante de recette received cash-book.

**main-d'œuvre** [mɛ̃dœvʀ(ə)] ▪ 1 ▪ nf ▪ a ▪ (employés) labour, manpower, workforce, labour force. ◊ pénurie de main-d'œuvre labour shortage ou scarcity; raréfaction de la main-d'œuvre contraction of the labour market; demande / excédent / flux / taux de main-d'œuvre labour demand / glut / flux / rate; débauchage de main-d'œuvre labour piracy ou poaching; réserve ou réservoir de main-d'œuvre labour pool ou reservoir; industrie de main-d'œuvre labour-intensive industry; embaucher de la main-d'œuvre to take on workers; nous manquons de main-d'œuvre we are short of manpower ou of labour; notre main-d'œuvre est hautement qualifiée our workforce ou labour force is highly qualified. ▪ b ▪ (travail fourni) labour. ◊ 5 000 F, main-d'œuvre comprise F5,000 inclusive of labour (costs). ▪ 2 ▪ comp main-d'œuvre contractuelle indentured ou contract labour. − main-d'œuvre directe direct ou productive labour. − main-d'œuvre étrangère foreign labour. − main-d'œuvre féminine female labour. − main-d'œuvre indirecte indirect labour. − main-d'œuvre occasionnelle temporary workers, temps*, casual labour. − main-d'œuvre qualifiée skilled labour. − main-d'œuvre non qualifiée unskilled labour. − main-d'œuvre sous contrat indentured ou contract labour. − main-d'œuvre spécialisée semi-skilled labour. − main-d'œuvre syndiquée unionized ou organized labour. − main-d'œuvre temporaire temporary workers, temps*, casual labour.

**mainlevée** [mɛ̃lve] nf Jur withdrawal. ◊ mainlevée d'une inscription hypothécaire release of mortgage; mainlevée de saisie replevin, cancellation of garnishee order; donner mainlevée de saisie to grant replevin.

**mainmise** [mɛ̃miz] nf (Jur) seizure of property, distraint upon property. ◊ la mainmise de l'État sur le secteur bancaire the seizure of the banking sector by the state ; **mainmise économique** economic stranglehold.

**maintenance** [mɛ̃tnɑ̃s] **nf** (Ind) maintenance. · ◊ **maintenance à la demande / périodique / préventive / systématique** on-call / routine / preventive / scheduled ou planned maintenance ; **équipe / frais / technicien** ou **ingénieur de maintenance** maintenance crew / costs ou charges / engineer ; **contrat de maintenance** maintenance agreement ou contract ; **feuille** ou **fiche de maintenance** maintenance note ; **responsable de la maintenance** maintenance officer ; **service de la maintenance** maintenance service.

**maintenir** [mɛ̃tniʀ] **1 vt a** (soutenir) cours to keep up, hold up, support. ◊ **maintenir le budget en équilibre** to keep a balanced budget ; **le gouvernement essaye de maintenir la sidérurgie en activité** the government strives to keep the steel industry running ; **maintenir les prix** (les empêcher de monter) to keep prices in check, peg prices ; (les empêcher de descendre) to keep prices up. **b** (préserver) (gén) to keep ; (Bourse) dividende to maintain. ◊ **maintenir en bon état d'entretien** to keep in good repair ; **maintenir les dossiers à jour** to keep the records up to date ; **maintenir qn dans ses fonctions** ou **dans son poste** to maintain sb in office ; **le cours du yen est maintenu très bas** the yen exchange rate is kept low ou down ; **maintenir un abonnement** to keep up a subscription ; **maintenir l'emploi** to safeguard ou preserve employment. **c** (confirmer) propos to maintain ; rendez-vous to confirm. ◊ **je maintiens ma décision** I'll stick to my decision, I'll abide by my decision. **2 se maintenir vpr** ◊ **le dividende se maintient à 5%** (Bourse) the dividend maintains at 5% ; **les affaires se maintiennent** business is keeping up ; **les cours se maintiennent** prices are keeping up ou steady ; **ce produit se maintient bien sur le marché** this product is still holding its own on the market ; **le taux d'inflation se maintient à 3%** the inflation rate remains at 3% ; **le franc se maintient par rapport au mark** the frank remains steady ou firm against the mark.

**maintien** [mɛ̃tjɛ̃] **nm** [droits acquis, activité économique] maintenance. ◊ **maintien du pouvoir d'achat** purchasing power maintenance ; **la principale revendication concerne le maintien des effectifs** the main claim concerns the maintenance of manning levels ; **maintien du prix imposé / du revenu** price / income maintenance ; **maintien en stock** in-stock maintenance.

**maison** [mɛzɔ̃] **1 nf** (entreprise) firm, business, company. ◊ **confiserie maison** home-made confectionery ; **diplôme maison** in-house

diploma ; **ingénieur maison** in-house engineer ; **il n'a pas l'esprit maison** he hasn't got the company spirit. **2 comp maison affiliée** subsidiary (company). – **maison de commerce** business ou commercial firm. – **maison de courtage** brokerage firm ou house. – **maison de détail** retail business ou firm. – **maison d'édition** publishing house. – **maison d'escompte** discount house. – **maison d'expédition** shipping ou forwarding agency. – **maison de gros** wholesale business ou firm. – **maison mère** (société) parent company ; (siège) head office. – **maison de rapport** revenue-earning house. – **maison de réescompte** discount house. – **maison à succursales (multiples)** multiple (firm). – **maison de titres** securities firm ou house. – **maison de vente par correspondance** mail-order firm ou house.

**maître, maîtresse** [mɛtʀ(ə), mɛtʀɛs] **1 adj** ◊ **carte maîtresse** master card ; **fichier maître** (Inf) master file ; **être maître d'une situation** to have a situation under control, be in control of a situation. **2 nm** ◊ **maître artisan** master craftsman ; **maître maçon** master builder ; **maître d'œuvre** (Constr) project manager, general contractor ; **maître d'ouvrage** (Constr) owner.

**maîtrisable** [mɛtʀizabl(ə)] **adj** controllable, manageable.

**maîtrise** [mɛtʀiz] **nf a** (Ind) supervisory staff, lower management. ◊ **agent de maîtrise** supervisor, foreman ; **cadres et maîtrise** executives and supervisors. **b** (contrôle) control. ◊ **maîtrise d'œuvre** project managership ; **maîtrise de la production** production control ; **s'assurer la maîtrise du marché** to gain mastery over the market ou control the market ; **avoir une bonne maîtrise des techniques de communication** to have a good command of communication techniques.

**maîtriser** [mɛtʀize] **vt** inflation to control, curb, check, bring under control ; difficultés to overcome, master ; nouvel outil to master. **maîtriser les coûts** to keep costs under control, control costs ; **maîtriser la situation** to control the situation, have control of the situation.

**majeur, e** [maʒœʀ] **adj** (important) major, main. ◊ **cas de force majeure** (gén) case of absolute necessity ; (Ass) force majeure ; **la majeure partie de nos commandes vient de l'étranger** the main part ou the bulk of our orders come from abroad.

**majoration** [maʒɔʀasjɔ̃] **1 nf** (augmentation) rise, increase, hike* (US) (de in) ; (supplément) additional charge, surcharge ;

(supplément indu) overcharge ; (estimation exagérée) overvaluation, overestimation. ◊ **les droits d'entrée sur ces produits ont subi une majoration de 5%** import duties on these goods have increased by 5% ou have undergone a 5% increase.
**2 comp majoration d'actif** overvaluation of assets. **– majoration pour heures supplémentaires** overtime premium. **– majoration d'impôt** tax surcharge. **– majoration de la prime** (Ass) increase in insurance premium, extra premium. **– majoration de prix** (gén) price increase ; (sur étiquettes) mark-up ; **sans majoration de prix** without extra charge. **– majoration pour retard de paiement** (Impôts) delinquent taxes. **– majoration de salaire unique** supplementary benefit (for single income families).

**majorer** [maʒɔʀe] **vt** facture to put a surcharge on, increase ; impôt, prix to increase, raise, put up (de by). ◊ **majorer une facture de 12%** to put 12% on an invoice ; **veuillez trouver ci-joint notre facture majorée de notre commission** please find enclosed our bill to which we have added our commission ; **majorer le prix d'un article** (Comm) to mark up ou increase the price of an article ; **le tarif a été majoré au 1ᵉʳ Janvier** the rate was increased ou put up on January 1st.

**majoritaire** [maʒɔʀitɛʀ] **adj** majority. ◊ **actionnaire majoritaire** majority shareholder ; **associé majoritaire** senior partner ; **participation majoritaire** majority stake ou holding, majority ou controlling interest ; **l'État est l'actionnaire majoritaire** the state has a majority shareholding.

**majorité** [maʒɔʀite] **nf** [votants] majority. ◊ **à la grande majorité des votants** by a large majority of votes ; **majorité absolue / relative / des deux tiers / qualifiée** absolute / relative / two thirds / qualified majority ; **décision prise à la majorité** decision taken by a majority, majority decision ; **élu à une faible majorité** elected by a narrow majority ; **être en majorité** to be in a majority ; **la majorité de nos clients** most of our customers.

**majuscule** [maʒyskyl] **adj, nf** ◊ (lettre) majuscule capital letter ; (Typ) upper-case letter ; **écrire en majuscules** please print in block letters.

**mal** [mal] **adv** badly. ◊ **emploi / employé mal rémunéré** badly paid ou poorly paid job / employee ; **les affaires vont ou marchent mal** business is not too good ; **mal calculer** to miscalculate ; **mal évaluer** to misjudge ; **mal gérer** to mismanage, misconduct ; **mal renseigner** to misdirect ; **notre projet a mal tourné** our project miscarried ; **il s'y est**

**vraiment mal pris** he mishandled the whole thing ; **l'inspecteur du travail a mal présenté les faits dans son rapport** the work inspector misrepresented the facts in his report ; **mal fondé** ill-founded, ill-grounded ; **le gouvernement a été mal avisé d'intervenir dans ce conflit** the government was ill-advised to interfere in this conflict ; **ces mesures sont venues mal à propos** these measures were ill-timed ou came at the wrong moment.

**malade** [malad] **1 adj** industrie ailing ; personne sick. ◊ **économie malade de l'inflation** economy suffering from inflation, inflation-ridden economy.
**2 nmf** sick person.

**maladie** [maladi] **nf** illness, disease. ◊ **maladie professionnelle** occupational disease ; **allocation ou indemnité ou prestations maladie** sickness benefit, sick allowance, sick pay ; **assurance maladie** health ou sickness insurance ; **bénéficier de l'assurance maladie** to draw sickness insurance ; **certificat de maladie** medical certificate ; **congé (de) maladie** sick leave ; **être en congé maladie** to be (away) on sick leave ; **feuille de maladie** *form to be sent to the Social Security* ; **journées perdues pour cause de maladie** number of days lost due to illness.

**malaise** [malɛz] **nm** (Écon) malaise, sluggishness, slackness ; (en Bourse) uneasiness ; (dans les usines) unrest, discontent. ◊ **malaise des cadres** executive unrest ; **malaise social** labour ou industrial unrest ; **un certain malaise se fait jour au sein du patronat** industrial leaders are growing restive.

**Malawi** [malawi] **nm** Malawi.

**malfaçon** [malfasɔ̃] **nf** fault, defect.

**malgache** [malgaʃ] **1 adj** Malagasy, Madagascan.
**2 nm** (langue) Malagasy.
**3 Malgache nmf** (habitant) Malagasy, Madagascan.

**malhonnête** [malɔnɛt] **adj** procédé dishonest.

**malhonnêteté** [malɔnɛte] **nf** dishonesty. ◊ **malhonnêtetés** (malversations) dishonest dealings.

**Mali** [mali] **nm** Mali.

**malien, -ienne** [maljɛ̃, jɛn] **1 adj** of ou from Mali, Malian.
**2 Malien nm** (habitant) Malian, inhabitant ou native of Mali.
**3 Malienne nf** (habitante) Malian, inhabitant ou native of Mali.

**malmener** [malməne] **vt** ◊ **les valeurs françaises ont été malmenées** French securities had a rough time.

**maltais, e** [maltɛ, ɛz] `1` **adj** Maltese. `2` **nm** (langue) Maltese. `3` **Maltais** **nm** (habitant) Maltese. `4` **Maltaise** **nf** (habitante) Maltese.

**Malte** [malt] **nf** Malta.

**malthusianisme** [maltyzjanism(ə)] **nm** Malthusianism.

**malthusien, -ienne** [maltyzjɛ̃, jɛn] **adj** Malthusian.

**malus** [malys] **nm** car insurance surcharge, extra premium.

**malversation** [malvɛʀsɑsjɔ̃] **nf** ◊ **malversations** (Fin) embezzlement, misappropriation **ou** misuse of funds, fraudulent conversion of funds, defalcation.

**management** [manaʒmɛnt] **nm** management. ◊ **management des ressources humaines** human resource management; **le management français** French management; **management des systèmes d'information** information systems management.

**manager** [manadʒɛʀ] **nm** manager.

**manager** [mana(d)ʒe] **vt** to manage.

**Managua** [managwa] **n** Managua.

**mandant, e** [mɑ̃dɑ̃, ɑ̃t] **nm,f** (Jur) principal.

**mandat** [mɑ̃da] **nm** `a` (Comm) postal order (GB), money order. ◊ **mandat international / télégraphique** international / telegraphic money order; **mandat de virement** transfer order; **mandat sur l'étranger** foreign money order; **mandat-carte** money order in postcard form; **mandat-lettre** money order; **émettre un mandat** to issue an order; **toucher un mandat** to cash a money order. `b` (instructions) instructions, mandate; (délégation de pouvoir) power of attorney, proxy. ◊ **notre agent ne s'est pas conformé à son mandat** our agent acted contrary to his instructions, our agent exceeded his authority. `c` (ordre) warrant. ◊ **mandat d'amener** order to appear; **mandat d'arrêt** arrest warrant; **mandat de perquisition** search warrant; **lancer un mandat** to issue a warrant; **signifier un mandat** to serve **ou** notify a warrant. `d` (période de fonction) term of office. ◊ **pendant qu'il exerçait son mandat** during his tenure; **le président du conseil d'administration brigue un deuxième mandat** the chairman of the board is seeking re-election; **il doit demander le renouvellement de son mandat l'année prochaine** he is coming up for re-election next year.

**mandataire** [mɑ̃datɛʀ] **nm** `a` (Comm) commission agent, authorized agent. ◊ **mandataire aux Halles** inside broker; **mandataire général** general agent. `b` (délégué) representative, proxy.

**mandatement** [mɑ̃datmɑ̃] **nm** *payment by means of a money order.*

**mandater** [mɑ̃date] **vt** `a` (payer par mandat) **mandater une somme** (verser) to pay a sum by money order; (émettre) to issue an order for the payment of a sum; (libeller) to write out a money order for a sum. `b` (investir d'un mandat) to commission, empower, give a mandate to, appoint. ◊ **agent dûment mandaté** duly empowered agent; **je ne suis pas mandaté pour faire cela** I have no mandate **ou** authority to do that, that is not within my remit.

**manger** [mɑ̃ʒe] **vt** [entreprise] ◊ **manger de l'argent** to run at a loss.

**maniement** [manimɑ̃] **nm** [fonds, documents] handling. ◊ **les candidats doivent être rompus au maniement des affaires** applicants should have an extensive business experience.

**manier** [manje] **vt** fonds, documents to handle; affaires to manage. ◊ **il manie bien l'anglais** he speaks English fairly well, he has a good command of English.

**manifestation** [manifɛstasjɔ̃] **nf** (défilé, grève) demonstration; (réunion, foire) event. ◊ **manifestation commerciale** trade fair; **manifestation publicitaire** publicity event; **manifestation sponsorisée** sponsored event.

**manifeste** [manifɛst(ə)] **nm** (Transports) manifest. ◊ **manifeste de douane** customs manifest; **manifeste d'entrée / de sortie** inward / outward manifest; **manifeste de fret** freight manifest; **faire figurer des marchandises sur un manifeste** to manifest goods.

**manifester** [manifɛste] `1` **vi** [syndicats] to demonstrate. `2` **vt** to show, indicate, demonstrate. `3` **se manifester** **vpr** (reprise économique) to show itself, emerge, arise; (candidat) to come forward.

**manipulation** [manipylasjɔ̃] **nf** (péj) manipulation. ◊ **manipulation électorale** gerrymandering, election rigging; **manipulation de l'opinion** brainwashing; **manipulations monétaires** currency manipulations; (maniement) handling.

**manipuler** [manipyle] **vt** `a` (péj) livres de compte, statistiques to manipulate, tinker **ou** tamper **ou** fiddle with. ◊ **manipuler un bilan** to cook **ou** window-dress a balance sheet; **on manipule les consommateurs** consumers are being brainwashed. `b` (manier) fonds, colis to handle, manipulate.

**manitou** [manitu] **nm** ◊ **grand manitou\*** big shot\*.

**manne** [man] **nf** godsend, windfall, boon, manna. ◊ **le pétrole de la mer du Nord a cons-**

titué une manne pour l'économie britannique the North Sea oil was a godsend for Britain's economy; **la manne pétrolière** the oil windfall.

**manœuvre** [manœvʀ(ə)] **1** nf manoeuvre, maneuver (US). ◊ **manœuvre boursière** stock-market manipulation. **le gouvernement ne dispose pas d'une grande marge de manœuvre** the government has not a lot of leeway ou has not much room for manoeuvre. **2** nm labourer, unskilled worker.

**manquant, e** [mɑ̃kɑ̃, ɑ̃t] **1** adj article, documents missing; employés absent, missing. ◊ **prière faire parvenir documents manquants par retour** please send missing documents by return mail. **2** nm (gén) deficiency, shortage; (en cours de transport) ullage. ◊ **manquant en caisse** shortage in the cash; **manquant (en stock)** inventory shortage.

**manque** [mɑ̃k] nm (pénurie) shortage, scarcity, want. ◊ **manque de** capitaux, expérience lack of; **manque de liquide** (Fin) illiquidity; **manque de main-d'œuvre qualifiée** scarcity of skilled labour; **manque à gagner** loss of profit ou earnings, shortfall in earnings, income shortfall; **manque à la livraison** short delivery; **manque à l'embarquement** short-shipped goods.

**manquement** [mɑ̃kmɑ̃] nm ◊ **manquement à des obligations contractuelles** default on a contract, failure to meet one's contractual obligations; **manquement à la règle** ou **au règlement** breach ou violation of regulations; **manquement au code de la profession** unprofessional conduct, misfeasance; **manquement au devoir** dereliction of duty, failure to carry out one's duty.

**manquer** [mɑ̃ke] **1** vt (rater) (gén) to miss; occasion to miss, let slip; contrat to lose; rendez-vous to fail to keep. ◊ **manquer son objectif** to fall short of target; **ils ont manqué environ 60 millions de marks de ventes par jour** they missed out on about 60 million marks a day in sales. **2** vi (faire défaut) to be lacking; (être absent) to be missing, be absent. ◊ **le pétrole commence à manquer** oil is running out; **manquer en magasin** to be out of stock; **il nous manque 500 000 F** we are F500,000 short. **3** **manquer à** vt indir ◊ **manquer à ses engagements** to fail to keep one's commitments; **manquer à ses obligations** to default on one's obligations. **4** **manquer de** vt indir expérience to lack. ◊ **manquer d'argent** (ne pas avoir assez) to lack money; (être à court) to be short of money; **cette société manque de personnel** this company is undermanned ou short of staff; **nous ne manquerons pas de vous aviser de notre décision** we shall let you know our decision without fail.

**manuel, -elle** [manɥɛl] **1** adj manual. ◊ **travailleur manuel** manual worker, blue collar. **2** nm handbook, manual, instruction book. ◊ **manuel d'entretien** service manual.

**manuellement** [manɥɛlmɑ̃] adv by hand, manually.

**manufacturable** [manyfaktyʀabl(ə)] adj manufacturable.

**manufacture** [manyfaktyʀ] nf **a** (établissement) factory, manufactory. **b** (fabrication) manufacture. ◊ **manufacture d'armes** state arms manufactory, armory (US).

**manufacturer** [manyfaktyʀe] vt to manufacture. ◊ **produits manufacturés** manufactured goods ou products, manufactures.

**manufacturier, -ière** [manyfaktyʀje, jɛʀ] adj ville manufacturing. ◊ **industries manufacturières** manufacturing industry.

**manuscrit, e** [manyskʀi, it] adj mention handwritten.

**manutention** [manytɑ̃sjɔ̃] nf handling. ◊ **appareils de manutention** handling equipment ou facilities; **frais de manutention** handling charges ou costs; **manutention maritime** stevedoring.

**manutentionnaire** [manytɑ̃sjɔnɛʀ] nm packer, warehouseman.

**manutentionner** [manytɑ̃sjɔne] vt to handle, pack.

**maquette** [makɛt] nf model. ◊ **maquette grandeur nature** (Ind) mock-up model; **maquette d'une annonce publicitaire** layout of an advertisement; **maquette définitive** finished layout ou rough.

**maquettiste** [maketist(ə)] nmf (gén) model maker; (Pub) layout person.

**maquignon** [makiɲɔ̃] nm **a** (en chevaux) horse dealer. **b** (péj) shady dealer, trickster.

**maquignonnage** [makiɲɔnaʒ] nm (péj) underhand dealings.

**maquillage** [makijaʒ] nm [documents] faking, doctoring. ◊ **maquillage du bilan** window-dressing ou cooking of the balance sheet.

**maquiller** [makije] vt documents to fake, doctor; statistiques to fiddle, tinker with, tamper with. ◊ **maquiller un bilan** to window-dress ou cook a balance sheet.

**maraîchage** [maʀɛʃaʒ] nm market gardening (GB), truck farming (US).

**maraîcher, -ère** [maʀɛʃe, maʀɛʃɛʀ] **1** nm,f market gardener (GB), truck farmer (US).

**2** adj ◊ **culture maraîchère** market gardening (GB), truck farming (US); **jardin maraîcher** market garden (GB), truck farm (US); **produit maraîcher** market garden produce (GB), truck (US).

**marasme** [maʀasm(ə)] nm stagnation, sluggishness. ◊ **profond marasme** slump; **ce secteur industriel traverse une période de marasme** this industrial sector is in the doldrums.

**marc** [maʀ] nm (Jur) **au marc le franc** pro rata, proportionally.

**marchand, e** [maʀʃɑ̃, ɑ̃d] **1** adj **prix marchand** trade price; **stocks marchands** commercial stocks; **techniques marchandes** merchandising; **valeur marchande** market ou commercial value; **échantillon sans valeur marchande** sample of no commercial value; **ville marchande** commercial town; **service marchand / non marchand** merchantable / non merchantable service; **flotte marchande** merchant shipping; **marine marchande** merchant navy ou service, merchant marine (US); **navire marchand** merchant vessel, merchantman; **galerie marchande** shopping mall ou arcade; **bonne qualité marchande** good merchantable quality; **qualité loyale et marchande** fair average quality.

**2** nm,f (commerçant) shopkeeper, tradesman (ou tradeswoman), tradesperson; (négociant) trader, dealer, merchant. ◊ **le marchand d'habits / de peinture** the man who sells clothes / paint, the man in the clothes shop / paint shop.

**3** comp **marchand ambulant** hawker, pedlar (GB), peddler (US), huckster (US). − **marchand de biens** estate agent (GB), realtor (US), property dealer. − **marchand de couleurs** ironmonger (GB), hardware dealer. − **marchand de détail** retailer. − **marchand de fonds** estate agent (GB), realtor (US), property dealer. − **marchand en gros** wholesaler, wholesale dealer. − **marchand de journaux** newsagent. − **marchand de légumes** greengrocer (GB), produce dealer (US). − **marchand de tableaux** art dealer. − **marchand de tapis** carpet dealer; **c'est un vrai marchand de tapis** he haggles over everything; **des discussions de marchand de tapis** endless bargaining. − **marchand de vins** wine merchant.

**marchandage** [maʀʃɑ̃daʒ] nm **a** (tractation) bargaining, haggling, dickering (US). ◊ **des marchandages sans fin** endless bargaining ou haggling. **b** (Jur) illegal subcontracting of labour.

**marchander** [maʀʃɑ̃de] **1** vt **a** **prix, objet** to bargain over, haggle over. **b** (Jur) to subcontract illegally.

**2** vi to bargain, haggle. ◊ **sans marchander** without bargaining (over the prices).

**marchandeur, -euse** [maʀʃɑ̃dœʀ, øz] nm,f **a** (vendeur) haggler. **b** (Jur) subcontractor.

**marchandisage** [maʀʃɑ̃dizaʒ] nm merchandising.

**marchandise** [maʀʃɑ̃diz] **1** nf commodity. ◊ **marchandises** commodities, goods, merchandise; **Bourse de marchandises** commodity exchange ou market; **compte / gare / wagon de marchandises** goods account / station / wagon; **avance sur marchandises** advance against goods; **courtier en marchandises** merchandise broker; **train de marchandises** goods train (GB), freight train (US); **la marchandise est bloquée à la douane** the goods are being held in customs; **la marchandise en stock est évaluée à 800 000 F** the goods in stock are valued at F800,000.

**2** comp **marchandises acquittées** duty-paid goods. − **marchandises à l'arrivée** incoming goods. − **marchandises avariées** damaged goods. − **marchandises de base** basic ou primary ou staple commodities. − **marchandises en consignation** goods on consignment. − **marchandises consignées** returnable goods. − **marchandises contingentées** goods subject to quotas. − **marchandises de cubage** measurement goods. − **marchandises dédouanées / non dédouanées** cleared / uncleared goods. − **marchandises défectueuses** faulty ou defective goods. − **marchandises dépareillées** broken lots. − **marchandises au détail** retail goods. − **marchandises diverses** (fret) break bulk cargo. − **marchandises en ou sous douane** bonded goods. − **marchandises embarquées** loaded goods. − **marchandises flottantes** goods afloat. − **marchandises de grand débit** fast-moving ou fast-selling goods, fast sellers. − **marchandises en grande vitesse** (Rail) speed goods. − **marchandises en gros** wholesale goods. − **marchandises invendues** unsold goods. − **marchandises liquides** wet goods. − **marchandises livrables à terme** future goods. − **marchandises en magasin** stock in hand. − **marchandises mises en consommation** goods for home use. − **marchandises non dédouanées** uncustomed ou uncleared goods. − **marchandises passibles de droit** dutiable goods. − **marchandises périmées** goods beyond sell-by date. − **marchandises en petite vitesse** (Rail) slow goods. − **marchandises plombées** leaded goods. − **marchandises en pontée** deck cargo. − **marchandises sèches** dry goods. − **marchandises en**

**souffrance** (gén) unclaimed goods; (Train) goods on demurrage. – **marchandises en transit** goods in transit. – **marchandises en vrac** bulk freight.

**marchandiser** [maʁʃɑ̃dize] vt to merchandize.

**marchandiseur** [maʁʃɑ̃dizœʁ] nm merchandizer.

**marche** [maʁʃ(ə)] nf (fonctionnement) working, running, operation. ◊ **la bonne marche de l'entreprise** the smooth running of the company; **en état de marche** in working order; **mettre en marche** to start; **mise en marche** starting; **remise en marche de la machine économique** pump-priming of the company, economic pump-priming; **marche à suivre** steps to be taken, course to follow, procedure; **faire marche arrière** to backtrack, back-pedal; **ils ont fait marche arrière par rapport à leur position initiale** they backed off their original position.

**marché** [maʁʃe] **1** nm **a** (Écon) lieu de vente, débouché market. ◊ **approvisionner un marché** to supply a market; **assainir un marché** to stabilize a market; **dominer le marché** to control ou lead the market; **peser sur le marché** to bear on the market; **prospecter un marché** to work ou canvass a market; **trouver de nouveaux marchés** to find new markets ou outlets; **il y a un marché tout trouvé pour les voitures économiques** there is a ready market for fuel-efficient cars; **lancer un nouveau modèle sur le marché** to launch ou put a new model on the market ou on the marketplace; **conquérir un marché** to capture a market; **accaparer ou monopoliser le marché** to corner the market; **le marché est saturé ou engorgé** the market is glutted ou saturated ou overloaded; **attaquer un nouveau marché** to tap a new market; **inonder ou submerger le marché** to flood ou swamp ou inundate the market; **percer sur ou pénétrer le marché** to break into ou penetrate the market; **travailler le marché** to manipulate the market; **vendre aux conditions du marché** to sell at market price. **b** (opération financière, commerciale) bargain, operation, deal, transaction, contract. ◊ **bon marché** cheap; **meilleur marché** cheaper; **articles bon marché** low-priced goods, bargains; **annuler ou résilier un marché** to cancel a contract ou a transaction; **conclure ou passer un marché avec qn** to make ou clinch a deal with sb, enter into contract with sb, strike a bargain with sb; **marché conclu** it's a deal; **mettre le marché en main à qn** to force sb to accept ou reject a proposal. **c** (Bourse) market. ◊ **à la clôture du marché** at the close of the market; **le marché est soutenu / atone / hésitant / instable** the market is buoyant / dull ou sluggish / unsteady / jumpy; **le marché des valeurs est orienté à la hausse / à la baisse** the stock market is bullish / bearish; **le marché s'est effondré** the bottom has fallen out of the market. **d** **accaparement du marché** cornering of the market; **analyse de marché** market analysis; **analyste de marché** market analyst; **annulation d'un marché** cancellation of a contract; **assainissement du marché** market stabilization; **audit du marché** market audit; **bulletin du marché** market report; **capacité du marché** market capacity; **chef de marché** market manager; **comportement du marché** market behaviour; **cours du marché** market price; **demande du marché** market demand; **développement d'un marché** market development; **dimension du marché** market size; **économie de marché** market economy; **écrémage du marché** market skimming; **effondrement du marché** collapse of the market; **élasticité du marché** market resilience; **encombrement du marché** glut ou saturation of the market; **équilibre du marché** market equilibrium; **étroitesse du marché** limitedness ou narrowness of the market; **étude de marché** market research, market survey, market study; **faire une étude de marché** to carry ou conduct a market survey; **étude quantitative d'un marché** market mensurement; **évaluation du marché** market appraisal; **évolution du marché** market development; **expansion du marché** market expansion; **faiseur de marché** market maker; **fluctuations du marché** market fluctuations ou ups and downs; **forces du marché** market forces; **instabilité du marché** market instability; **interpénétration des marchés** market interdependence; **lourdeur du marché** heaviness of the market; **manipulation du marché** market manipulation; **mécanismes du marché** market mechanisms; **nervosité du marché** jumpiness of the market; **orientation du marché** market orientation, general trend of the market; **ouverture du marché** opening of the market; **part de marché** market share; **partage du marché** market sharing; **pénétration du marché** market penetration; **perturbations du marché** market disturbance; **physionomie du marché** state of the market; **potentiel du marché** market opportunities ou potential; **prévisions du marché** market forecasts; **prix du marché** market price; **profil du marché** market profile; **raffermissement du marché** strengthening of the market; **réglementation du marché** market regulation; **reprise du marché** market rally; **résistance du marché** firmness of the market; **rétrécissement du marché** market contraction; **saturation du marché** market saturation; **segmenta-**

tion du marché market segmentation; segmentation du marché des entreprises organizational market segmentation; simulation de marché market simulation; soutien du marché market support; stabilisation du marché market stabilization; stratégie du marché market strategy; structure du marché market structure; tendance du marché market trend; teneur de marché market maker; tenue du marché tone of the market; test de marché market test; transparence du marché market transparency; valeur du marché (Ass) market value clause; viscosité du marché market uneasiness ou viscosity.

**2** comp marché abstrait commodity futures market. – marché acheteur buyer's market. – marché actif ou animé brisk market. – marché sur adjudication invitation to tender. – marché alourdi dull market. – marché à la baisse (Bourse) bear market. – marché baissier bearish market. – marché aux bestiaux cattle market. – marché après Bourse street market, curb market. – marché boursier stock market. – marché cambiste foreign exchange market. – marché des capitaux financial ou capital market. – marché captif captive market. – marché des changes foreign exchange market; marché des changes à terme forward exchange market. – marché cible target market. – Marché commun (le) the Common Market; partisan du Marché commun pro-Marketeer; adversaire du Marché commun anti-Marketeer. – marché au comptant cash ou spot market. – marché concret spot market. – marché à concurrence parfaite / imparfaite perfect / imperfect market. – marché concurrentiel competitive market. – marché conditionnel (Bourse) conditional forward market. – marché de la consommation consumer market. – marché de contrats à terme futures market. – marché contrôlé regulated market. – marché en coulisse curb market, outside market, off-floor market. – marché couvert covered market. – marché du crédit credit market, lending market, loan market. – marché à découvert sale in blank. – marché déprimé depressed market. – marché du disponible spot market. – marché de l'emploi employment ou job ou labour market. – marché de l'entreprise market potential. – marché des entreprises corporate market, business market. – marché étroit limited ou narrow ou thin market. – marché en expansion expanding market. – marché extérieur external market, foreign market, overseas market. – marché à facultés option to double.

– marché féminin female market. – marché ferme (contrat) firm deal. – marché financier capital ou financial market. – marché à forfait fixed price contract. – marché de fournitures supply contract. – marché du fret freight market. – marché-gare wholesale goods market. – marché générique generic market. – marché grand public consumer market. – marché de gré à gré mutual agreement, private contract. – marché gris grey (GB) ou gray (US) market. – marché à la hausse (Bourse) bull market. – marché haussier bullish market. – marché hors Bourse off-board ou over the counter market, unofficial market, unlisted securities market (US). – marché hors cote off-board market, over the counter market, unlisted market (US), unofficial market. – marché hypothécaire mortgage market. – marché immobilier property market, real estate market. – marché imparfait (Écon) imperfect market. – marché des indices et options index and options market. – marché instable jumpy ou unsteady market. – marché intégré integrated market. – marché interbanque interbank market. – marché d'intérêt national national interest market. – marché intérieur domestic ou home ou internal market. – marché international international market. – marché irrégulier unsteady market. – marché leader leading market. – marché libre open market, free market; le marché libre de Rotterdam the Rotterdam spot market. – marché marginal fringe market. – marché masculin male market. – marché des matières premières commodity market ou exchange. – marché mondial world market. – marché monétaire money market, open market; interventions sur le marché monétaire open market intervention. – marché négocié private contract. – marché noir black market; vendre au marché noir to sell on the black market. – marché non exploité untapped market. – marché obligataire bond market. – marché des obligations bond market. – marché offert buyer's market. – marché officiel official market. – marché offreur seller's market. – marché à options, marché optionnel options market; marché des options négociables traded options market. – marché organisé organized market. – marché ouvert open market. – marché parallèle grey (GB) ou gray (US) market, shadow market. – marché pilote pilot-market. – marché en plein air open-air market. – marché porteur growth market. – marché potentiel potential market.

— **marché primaire** primary market.
— **marché à primes** options market, conditional forward market. — **marché de la production** producer market, industrial market. — **marché propre** real ou actual ou effective market. — **marché public** procurement contract. — **marché aux puces** flea market. — **marché en recul** falling market. — **marché réel** real ou actual ou effective market. — **marché en régie** cost-plus contract. — **marché à règlement mensuel** forward market. — **marché de remplacement** replacement market. — **marché de renouvellement** renewal market. — **marché restreint** restricted market. — **marché secondaire** resale market, secondary market. — **marché sensible** sensitive market; **marché sensible au prix** price-elastic market. — **marché soutenu** buoyant market. — **marché spéculatif** speculative market. — **marché surévalué** over-bought market. — **marché témoin** check market. — **marché à terme** (Bourses de valeurs) monthly settlement market; (Bourse de marchandises) futures market; (Change) forward market; **marché à terme des instruments financiers** financial futures market. — **marché à terme international de France** French financial futures market, ≈ LIFFE (GB). — **marché test** test market. — **marché de transit** transit market. — **marché du travail** employment ou job ou labour market. — **marché unique (européen) (le)** the single (European) market. — **marché des valeurs** securities market, stock market. — **marché vendeur** seller's market. — **marché visé** intended market.

**marchéage** [maʀʃeaʒ] **nm** marketing. ◊ **plan de marchéage** marketing mix.

**marcher** [maʀʃe] **vi** [entreprise] to work, go, operate, run. ◊ **marcher à vide** to run idle; **les affaires marchent / ne marchent pas** business is brisk / slack ou at a standstill; **une entreprise qui marche bien** a company which is doing well; **notre nouvelle unité marche bien** our new unit is running smoothly; **ce nouveau produit a bien / mal marché** this new product has done quite well / badly, this new product was a success / a failure; **ça fait marcher les affaires** it's good for business.

**mardi** [maʀdi] **nm** Tuesday → samedi.

**marge** [maʀʒ(ə)] **1 nf a** (Comm) (profit) margin, mark-up. ◊ **contrat "à marge garantie"** net-back contract; **industrie à faible marge (bénéficiaire)** low-margin industry; **réduction des marges** profit margin squeeze; **rétrécissement des marges** narrowing ou shrinking ou dwindling of profit margins; **taux de marge** mark-on; **quelle est votre**

**marge sur ce produit ?** what is your mark-up ou profit margin on this product? **b** (Fin) margin, cover. ◊ **déposer une marge en espèces** to deposit a margin in cash; **appel de marge** margin call, call for extra ou additional cover; **faire un appel de marge** to call for extra ou additional cover; **notre agent de change a porté la marge à 30% en espèces** our broker brought the margin up to 30% in cash; **jouer sur les marges** to hedge; **achat de titres sur marge** margin buying. **c** margin. ◊ **comme en marge** as per margin, as in the margin hereof; **note en marge** marginal note; **renvoi en marge** marginal alternation.
**2 comp marge bénéficiaire** profit margin, mark-up. **marge brute** [magasin] mark-up; [société] gross margin ou profit, trading margin. — **marge brute d'autofinancement** cash flow; **marge brute d'autofinancement actualisée** discounted cash flow. — **marge commerciale** gross margin ou profit, trading margin. — **marge compensée** compensating margin. — **marge complémentaire** extra cover, additional margin. — **marge contributive** contribution margin. — **marge sur coût d'achat** gross margin ou profit, trading margin. — **marge de crédit** credit margin ou swing. — **marge cumulée** accrued margin. — **marge du détaillant** distributor discount. — **marge d'erreur** margin of error; **prévoir une marge d'erreur** to allow a margin for error. — **marge d'exploitation** operating margin. — **marge de fluctuation** margin of fluctuation, fluctuation band. — **marge de garantie** margin. — **marge d'intérêts** interest margin. — **marge d'intervention** intervention margin. — **marge de manœuvre** leeway, scope, room for manoeuvre; **nous ne disposons pas d'une marge de manœuvre suffisante** we do not have enough leeway ou enough room for manoeuvre. — **marge de négoce** trading margin, mark-on. — **marge nette courante** current net margin. — **marge opérationnelle** operating margin. — **marge de sécurité** safety margin. — **marge semi-brute** contribution margin. — **marge de solvabilité** solvency margin. — **marge supplémentaire** further cover. — **marge de tolérance** tolerance margin.

**marger** [maʀʒe] **vt** feuille to set the margins on.

**marginal, e, mpl -aux** [maʀʒinal, o] **adj** profit, coût, chômage, prêteur, revenu, taux marginal. ◊ **analyse marginale** marginal analysis; **avantages marginaux** fringe benefits; **chômage marginal** marginal unemployment; **comptabilité marginale** marginal costing ou cost pricing; **efficacité marginale du capital /**

de l'investissement / du travail ou de la main-d'œuvre marginal efficiency of capital / investment / labour; **marché marginal** fringe market; **prix de revient marginal** incremental cost; **propension marginale à consommer / à investir / à épargner** marginal propensity to consume / to invest / to save; **rendement marginal du capital** marginal return on capital; **taux d'imposition marginal** marginal tax rate.

**marginalisme** [maʀʒinalism(ə)] **nm** (Écon) marginalism.

**margoulin**\* [maʀgulɛ̃] **nm** swindler, crook.

**marguerite** [maʀgəʀit] **nf** (Typ) daisywheel. ◊ **imprimante à marguerite** daisywheel printer.

**marine** [maʀin] **nf** marine, navy. ◊ **marine marchande** merchant navy ou service ou shipping; **le ministère de la Marine** the Admiralty (GB), the Naval Ministry.

**marinier** [maʀinje] **nm** bargeman, bargee.

**maritime** [maʀitim] **adj** navigation maritime; agence, compagnie shipping; assurance, assureur marine. ◊ **agent maritime** shipping agent; **arsenal maritime** naval dockyard; **commerce maritime** sea(borne) trade; **courtier maritime** shipbroker; **droit maritime** maritime law; **gare maritime** harbour station; **inscription maritime** marine registry; **messageries maritimes, transport maritime** sea transport; **privilège maritime** maritime lien; **risque maritime** marine ou maritime risk; **route maritime** sea-route.

**mark** [maʀk] **nm** mark. ◊ **Deutsche Mark** deutsche Mark, deutschemark.

**marketing** [maʀkətiŋ] **1** **nm** marketing. contrôle / service / responsable marketing marketing audit / department / executive; **conseil en marketing** (expert) marketing consultant; **cabinet de conseil en marketing** marketing research firm, marketing agency; **système d'information marketing** marketing information system, MIS. **2** **comp marketing achat** purchasing. – **marketing de développement** development marketing. – **marketing différencié** differentiated marketing. – **marketing direct** direct marketing. – **marketing grand public** mass marketing, consumer goods marketing. – **marketing industriel** industrial marketing. – **marketing mix** marketing mix. – **marketing du produit** brand marketing. – **marketing de relance** remarketing. – **marketing de stimulation** stimulational marketing.

**marmotte** [maʀmɔt] **nf** sales kit.

**marquage** [maʀkaʒ] **nm** (Comm) branding, marking. ◊ **marquage en clair / en code de la date de péremption** open / code dating.

**marque** [maʀk(ə)] **1** **nf** **a** [produits de consommation] brand; [automobiles, produits manufacturés] make. ◊ **agence / chef / gestion / politique / publicité de marque** brand agency / manager / management / policy / advertising; **fidélité à la marque** brand loyalty; **identification de la marque** brand recognition; **image de marque** [produit] brand image; [entreprise] corporate image; **mémorisation d'une marque** brand recall; **notoriété d'une marque** brand awareness; **positionnement d'une marque** brand positioning; **produits de marque** high-class products, branded goods; **produits sans marque** unbranded ou generic products; **taux de marque** retailer's margin. **b** [métal précieux] hallmark; (sur emballage d'expédition) markings. **c** (Inf) mark, marker, flag. **2** **comp marque collective** label. – **marque commerciale** brand name. – **marque concurrente** competitive brand. – **marque de conformité** quality control label. – **marque courante** standard brand. – **marque déposée** registered trademark ou trade name ou brand name. – **marque dérivée** subsidiary trademark. – **marque de distribution** ou **de distributeur** distributor's brand, house brand, own brand, private label. – **marque dominante** brand leader. – **marque de fabrique** ou **de fabrication** ou **du fabricant** trademark, trade name, brand name. – **marque de garantie** certification mark. – **marque grand public** consumer brand. – **marque d'origine** maker's mark.

**marqué, e** [maʀke] **adj** **a** (significatif) hausse, progression, baisse, reprise marked, significant. **b** (indiqué) **le prix marqué** the price on the label; **au prix marqué** at the labelled price, at the price shown on the label.

**marquer** [maʀke] **vt** produit to mark, stamp; caisse to stencil; chèque to earmark. ◊ **le prix n'est pas marqué sur ces articles** these articles have not been marked up.

**marqueuse** [maʀkøz] **nf** price labeller.

**marron** [maʀɔ̃] **adj** ◊ **avocat marron** shady lawyer; **courtier marron** unlicensed broker.

**mars** [maʀs] **nm** (mois) March → septembre.

**martiniquais, e** [maʀtinikɛ, ɛz] **1** **adj** of ou from Martinique. **2** **Martiniquais nm** (habitant) inhabitant ou native of Martinique. **3** **Martiniquaise nf** (habitante) inhabitant ou native of Martinique.

**Martinique** [maʀtinik] **nf** Martinique.

**massacrer** [masakʀe] **vt** prix to slaughter, slash.

**masse** [mas] **1** **nf** mass. ◊ **les masses laborieuses** the working masses; **la (grande) masse de nos clients** the great body of our customers; **produire en masse** to mass-produce; **commercialisation / production / publicité de masse** mass marketing / production / advertising; **mémoire de masse** (Inf) mass ou bulk memory, mass storage (device). **2** **comp** **masse active** (Jur) assets. – **masse créancière** amounts to be made good. – **masse des créanciers** body of creditors. – **masse critique** critical mass. – **masse de la faillite** bankruptcy estate. – **masse monétaire** money supply. – **masse passive** liabilities. – **masse salariale** wage bill, payroll.

**massif, -ive** [masif, iv] **adj** licenciements, vente massive; commandes substantial. ◊ **retrait massif de dépôts bancaires** run on banks.

**mass(-)media** [masmedja] **nmpl** mass media.

**matelas** [matla] **nm** ◊ **matelas de devises** currency cushion.

**matériau** [materjo] **nm** material. ◊ **matériaux de construction** building material(s).

**matériel, -elle** [materjɛl] **1** **adj** dégâts, erreur, avantage material. ◊ **dommages matériels** (Ass) property damage; **témoin matériel** (Jur) material witness. **2** **nm** (gén) equipment; (Ind) plant; (documentation, échantillons) material. ◊ **le matériel** (Inf) the hardware. **3** **comp matériel de bureau** office equipment. – **matériel informatique** hardware. – **matériel lourd** heavy equipment. – **matériel périphérique** peripheral equipment. – **matériel de PLV** point-of-sale material. – **matériel de présentation** display material. – **matériel roulant** rolling stock. – **matériel de secours** stand-by equipment, back-up material. – **matériel de vente** sales kit.

**maternité** [matɛrnite] **nf** ◊ **allocation de maternité** maternity benefit; **être en congé de maternité** to be on maternity leave.

**matière** [matjɛr] **1** **nf** **a** (sujet) subject, matter, subject matter. ◊ **matière à litige** grounds for litigation. **b** (substance) material. ◊ **bon de sortie matières** (Ind) materials requisition; **stock matières** materials stock. **2** **comp matière imposable** object of taxation. – **matières indirectes** indirect material, factory supplies. – **matière plastique** plastic. – **matières premières** raw materials; **marché des matières premières** commodity market ou exchange. – **matières stratégiques** critical materials. - – **matière synthétique** synthetic material.

**MATIF** [matif] **nm** **a** abrév de *marché à terme des instruments financiers* → marché. **b** abrév

de *marché à terme international de France* → marché.

**matraquage** [matrakaʒ] **nm** ◊ **matraquage publicitaire** media hype ou overkill, burst advertisement.

**matraquer** [matrake] **vt** **a** publicité to hype*, plug. **b** clients to overcharge, fleece.

**matrice** [matris] **nf** (Admin) register; (Math) matrix. ◊ **matrice cadastrale** cadastre; **matrice de production** production matrix; **matrice d'analyse stratégique** strategic analysis matrix.

**matriciel, -ielle** [matrisjɛl] **adj** ◊ **loyer matriciel** (Admin) rent assessment; **calcul matriciel** (Math) matrix calculus; **structure matricielle** (Gestion) matrix structure.

**matricule** [matrikyl] **1** **adj, nm** (numéro) matricule, registration ou reference number. **2** **nf** (registre) roll, register, list.

**maturité** [matyrite] **nf** maturity. ◊ **phase de maturité** maturity phase.

**Maurice** [moris] **nm** ◊ **l'île Maurice** Mauritius.

**mauricien, -ienne** [morisjɛ̃, jɛn] **1** **adj** Mauritian. **2** **Mauritien** **nm** (habitant) Mauritian. **3** **Mauritienne** **nf** (habitante) Mauritian.

**Mauritanie** [moritani] **nf** Mauritania.

**mauritanien, -ienne** [moritanjɛ̃, jɛn] **1** **adj** Mauritanian. **2** **Mauritanien** **nm** (habitant) Mauritanian. **3** **Mauritanienne** **nf** (habitante) Mauritanian.

**mauvais, e** [movɛ, ɛz] **adj** bad. ◊ **ils ont fait de mauvaises affaires** they haven't done too well in business; **faire un mauvais calcul** to miscalculate; **mauvaise gestion** mismanagement, bad management; **de mauvaise qualité** of bad ou low ou poor quality; **en mauvais état** in bad repair; **mauvaise créance** bad debt; **mauvais état de navigabilité** unseaworthiness; **mauvais numéro** (Téléc) wrong number; **mauvais payeur** defaulter.

**max.** abrév de *maximum* max.

**maxima** [maksima] **adj, nm pl** de maximum.

**maximal, e, mpl -aux** [maksimal, o] **adj** maximal, maximum. ◊ **charge maximale** maximum load; **montant maximal des dépôts** maximum amount of deposits, deposit ceiling.

**maximalisation** [maksimalizɑsjɔ̃] **nf** maximization.

**maximaliser** [maksimalize] **vt** to maximize.

**maximiser** [maksimize] **vt** to maximize.

**maximum** [maksimɔm] **adj m, maxima adj f, pl mf maximums** ou **maxima** **1** **adj** maximum. ◊ **rendement maximum** maximum output ou yield; **rentabilité maximum** profit maximization; **cours maximum** highest ou maximum price; **heure d'écoute maximum** peak listening hour, prime time. **2** **nm** (gén, Stat) maximum. ◊ **les négociateurs français ont obtenu le maximum** the French negotiators made the most of the contract; **être à son maximum** cours to be at its highest ou maximum point; **nous faisons le maximum** we are doing our utmost.

**m.c.** abrév de *monnaie de compte* → monnaie.

**MCM** [ɛmseɛm] **nmpl** abrév de *montants compensatoires monétaires* MCA.

**M**e abrév de *Maître* (term of address used mainly for lawyers). ◊ **M**e **Thomas** (homme) Mr Thomas; (femme) Mrs Thomas.

**mécanicien, -ienne** [mekanisjɛ̃, jɛn] **nm,f** mechanic. ◊ **ingénieur mécanicien** mechanical engineer.

**mécanique** [mekanik] **1** **adj** mechanical. ◊ **génie mécanique** mechanical engineering; **industries mécaniques** mechanical engineering industries. **2** **nf** (science) mechanical engineering.

**mécanisation** [mekanizɑsjɔ̃] **nf** mechanization.

**mécaniser** [mekanize] **vt** production to mechanize.

**mécanisme** [mekanism(ə)] **nm** mechanism. ◊ **mécanisme du marché** market mechanism.

**mécanographe** [mekanɔɡraf] **nmf** punch card operator.

**mécanographie** [mekanɔɡrafi] **nf** mechanized data processing.

**mécanographique** [mekanɔɡrafik] **adj** mechanized. ◊ **carte** ou **fiche mécanographique** punch card; **fichier mécanographique** punch card file.

**mécénat** [mesena] **nm** (Comm) **mécénat (d'entreprise)** corporate philanthropy ou sponsorship.

**médecin** [mɛdsɛ̃] **nm** doctor, physician. ◊ **médecin du travail** factory ou company doctor.

**médecine** [mɛdsin] **nf** medicine. ◊ **médecine du travail** industrial ou occupational medicine.

**média** [medja] **nm** media. **enquête / budget / couverture médias** media survey / budget / coverage; **achat de médias** media buying; **analyse des médias** media analysis; **changement de médias** media switching; **média de substitution** alternative media; **médias traditionnels** above-the-line media; **publicité-médias** media advertising; **plan-médias** media-mix, media plan(ning); **médias spécialisés** trade media.

**médiateur, -trice** [medjatœr, tris] **nm,f** (gén) mediator; (Ind) arbitrator. ◊ **proposer ses services en qualité de médiateur** to offer to arbitrate ou mediate; **servir de médiateur** to act as a mediator, mediate.

**médiation** [medjɑsjɔ̃] **nf** (gén) mediation; (Ind) arbitration. ◊ **le gouvernement a proposé sa médiation dans ce conflit** the government offered to arbitrate ou to mediate in the dispute.

**médiatique** [medjatik] **adj** couverture, effet media. ◊ **cette opération a bénéficié d'une excellente couverture médiatique** this operation got excellent media coverage.

**médiatisation** [medjatizɑsjɔ̃] **nf** promotion through the media.

**médiatiser** [medjatize] **vt** to promote through the media.

**médical, e, mpl -aux** [medikal, o] **adj** medical. ◊ **certificat médical** medical ou doctor's certificate; **examen médical** medical examination ou checkup; **visite médicale** medical examination, medical; **visiteur médical** medical service representative.

**médiocre** [medjɔkr(ə)] **adj** résultats, récolte poor.

**méfiance** [mefjɑ̃s] **nf** [consommateurs, marché boursier] distrust, mistrust.

**méfier (se)** [mefje] **vpr** ◊ **méfiez-vous des contrefaçons** beware of imitations.

**mégaoctet** [megaɔktɛ] **nm** megabyte.

**meilleur, e** [mɛjœr] **adj** (gén) better. ◊ **nous vous communiquons notre meilleur prix** here is our best price; **meilleur marché** cheaper; **c'est le meilleur marché** it's the cheapest.

**membre** [mɑ̃br(ə)] **nm** [groupe] member. ◊ **carte de membre** membership card; **devenir membre d'un organisme** to join an organization; **les pays membres de la CEE** the member countries of the EEC; **membre actif** active member; **membre adhérent** card-carrying member; **membre associé** associate member; **membre du conseil d'administration** board member; **membre d'une profession libérale** professional; **membre fondateur** founder member; **membre honoraire** honorary member; **membre permanent** permanent member; **membre suppléant** deputy member.

**mémoire** [memwar] **1** **nf** **a** (Inf) memory, store, storage. ◊ **mémoire à disques** disk storage; **mémoire centrale** main storage ou memory; **mémoire de stockage** mass storage; **mémoire externe** external memory ou storage; **mémoire morte** read only memory; **mémoire optique** optical memory ou storage; **mémoire périphérique** peripheral store; **mémoire secondaire** secondary store; **mémoire supplémentaire** add-on memory; **mémoire tampon** buffer store; **mémoire vive** random access memory; **capacité de mémoire** storage capacity, memory size; **protection de mémoire** storage protection; **mise en mémoire** storage, storing; **stocké en mémoire** computer stored; **support de mémoire** storage medium; **zone (de) mémoire** storage area. **b** (Comm) **pour mémoire** for the record, as a memorandum. **2** nm (note) bill, account; (compte rendu) report; (Jur) abstract, statement. ◊ **présenter un mémoire des travaux** to submit a detailed account of the work to be done.

**mémorandum** [memɔʀɑ̃dɔm] nm (Comm) memorandum, order sheet; (Pub) memorandum, note.

**mémorisation** [memɔʀizasjɔ̃] nf (Inf) storage, storing; (Mktg) recall, retention. ◊ **mémorisation assistée / spontanée** prompted / spontaneous recall; **test de mémorisation** noting test, recall test.

**mémoriser** [memɔʀize] vt to memorize.

**ménage** [menaʒ] nm (Écon) household. ◊ **consommation des ménages** household consumption; **jeune ménage** young couple; **ménage à deux salaires** double ou dual income household; **ménage à salaire unique** one-earner household; **les revenus des ménages** household incomes.

**ménager, -ère** [menaʒe, ɛʀ] adj household, domestic. ◊ **appareils ménagers** domestic appliances; **Salon des arts ménagers** Ideal Home Exhibition.

**ménagère** [menaʒɛʀ] nf housewife. ◊ **le panier de la ménagère** the (housewife's) shopping basket.

**mensonger, -ère** [mɑ̃sɔ̃ʒe, ɛʀ] adj publicité deceptive, misleading.

**mensualisation** [mɑ̃sɥalizasjɔ̃] nf [salaires, prélèvements] monthly payment. ◊ **la mensualisation de l'impôt** the monthly payment of income tax, ≈ PAYE.

**mensualiser** [mɑ̃sɥalize] vt salaires, employés to pay on a monthly basis. ◊ **être mensualisé** [salarié] to be paid on a monthly basis; [contribuable] to pay income tax monthly, ≈ be on PAYE.

**mensualité** [mɑ̃sɥalite] nf (somme payée) monthly payment ou instalment; (somme reçue) monthly salary. ◊ **payer en 12 mensualités** to pay in 12 monthly instalments.

**mensuel, -elle** [mɑ̃sɥɛl] **1** adj monthly. ◊ **relevé mensuel** monthly statement. **2** nm, f employee paid by the month. **3** nm (Presse) monthly (magazine).

**mensuellement** [mɑ̃sɥɛlmɑ̃] adv monthly.

**mention** [mɑ̃sjɔ̃] nf (annotation) note. ◊ **rayer la mention inutile** (sur un formulaire) delete as appropriate, cross out when not applicable; **mention "inconnu"** (Poste) endorsed "not known"; **portant la mention "fragile"** marked "breakable"; **mention marginale** (Jur, Admin) marginal reference.

**mentionner** [mɑ̃sjɔne] vt to mention. ◊ **mentionné ci-dessus / ci-dessous** above / under mentioned; **pourriez-vous mentionner vos prix pour des commandes en gros ?** could you please quote your price for bulk orders ?; **comme mentionné plus haut** as mentioned above; **pour la date mentionnée** by the date named.

**menu** [məny] nm (Inf) menu.

**mer** [mɛʀ] nf sea. ◊ **lettre de mer** sea letter, sea brief; **expédier par mer** to ship, send by sea; **plate-forme de forage en mer** off-shore rig; **port de mer** sea port, sea harbour; **choses de flot et de mer** (Ass Mar) flotsam and jetsam; **risques de mer** sea risks.

**mercantilisme** [mɛʀkɑ̃tilism(ə)] nm (Écon) mercantilism.

**mercantiliste** [mɛʀkɑ̃tilist(ə)] adj, nmf (Écon) mercantilist.

**mercaticien, -ienne** [mɛʀkatisjɛ̃, jɛn] nm, f marketing expert.

**mercatique** [mɛʀkatik] nf marketing.

**merchandising** [mɛʀʃɑ̃dajziŋ] nm merchandising. ◊ **merchandising interne** in-store merchandising.

**mercredi** [mɛʀkʀədi] nm Wednesday → samedi.

**mercuriale** [mɛʀkyʀjal] nf (Comm) market review, market price list.

**mère** [mɛʀ] nf ◊ (Comm) **maison ou société mère** parent company.

**Mesdames** [medam] nfpl → Madame.

**Mesdemoiselles** [medmwazɛl] nfpl → mademoiselle.

**méso-économie** [mesɔekɔnɔmi] nf meso-economy.

**message** [mesaʒ] nm (gén, Inf) message. ◊ **laisser un message pour qn** to leave a message for sb; **veuillez lui transmettre le message** please give him the message; **message de**

**bienvenue** welcome message; **message d'entrée** (Inf) input message, type-in; **message de sortie** (Inf) output message; **message publicitaire** (gén) advertising message; (Radio) commercial; **message téléphoné** ou **téléphonique** telephoned message; **message de vente** selling message; **commutation de messages** message switching; **début de message** start of message; **fin de message** end of message; **gestion de messages** message handling.

**messagerie** [mesaʒRi] **nf** ◊ **messageries aériennes** airmail service, air freight company; **messagerie électronique** electronic message system, electronic mail, E-Mail; **messageries maritimes** shipping company; **messageries de presse** press distribution service; **bureau des messageries** shipping office; **entrepreneur de messageries** common carrier, parcel delivery company; **service de messageries** parcel delivery service; **radio messagerie unilatérale, RMU** paging.

**messieurs** [mesjø] **nmpl** → monsieur.

**mesurable** [məzyRabl(ə)] **adj** measurable.

**mesure** [m(ə)zyR] **1** **nf** **a** (disposition) measure, step. ◊ **nous devrons prendre des mesures** we'll have to take action ou **to take steps ; nous sommes maintenant en mesure de vous fournir les renseignements demandés** we are now in a position to ou able to supply you with the information you required; **train de mesures** package. **b** (estimation) measurement. ◊ **mesure d'audience / de la performance / de la productivité** audience / performance / productivity measurement; **mesure de la circulation de la clientèle** traffic counts. **c** (quantité) measure. ◊ **mesure de superficie / de volume** square / cubic measure; **faire bonne mesure** to give good ou full measure. **d** **sur mesure : fait sur mesure** made to measure; **police d'assurance sur mesure** customized ou custom-made ou tailor-made insurance policy, insurance policy tendered to one's needs; **j'ai un emploi du temps sur mesure** my schedule suits me down to the ground ou to a T. **2** **comp mesures d'austérité** austerity measures. – **mesures conciliatoires** conciliatory measures. – **mesures déflationnistes** deflationary measures ou package. – **mesures incitatives** incentives. – **mesures de précaution** precautionary measures. – **mesures préventives** preventive ou precautionary measures. – **mesures de protection** measures of safeguard, protective measures. – **mesures protectionnistes** protectionist measures. – **mesures de redressement** recovery measures. – **mesures de**

**relance** reflationary ou stimulative measures ou package. – **mesures de rétorsion** retaliatory measures, reprisals. – **mesures de sécurité** safety measures. – **mesures sociales** social measures. – **mesures de soutien** support measures. – **mesure** transitoire transitory measure. – **mesures d'urgence** emergency measures, contingency plans.

**mesurer** [məzyRe] **vt** (estimer) to assess, weigh up; (calculer) to measure; (avoir pour mesure) to measure.

**métairie** [meteRi] **nf** ≈ smallholding, farm (held on a sharecropping basis).

**métal,** [metal, o], **pl -aux** **nm** metal. ◊ **le métal jaune** gold; **métal fin** (or) pure gold; **métaux non ferreux** non-ferrous metals; **métaux précieux** precious metals.

**métallique** [metalik] **adj** (Fin) metallic. ◊ **encaisse métallique** gold (and silver) reserves; **monnaie métallique** metallic currency; **réserve métallique** metallic reserve.

**métallo\*** [metalo] **nm** abrév de métallurgiste steelworker.

**métallurgie** [metalyRʒi] **nf** (secteur) metallurgical industry; (métier) metallurgy.

**métallurgique** [metalyRʒik] **adj** metallurgic.

**métallurgiste** [metalyRʒist(ə)] **nm** (ouvrier) steelworker; (patron) metallurgist.

**métayage** [metɛjaʒ] **nm** sharecropping.

**métayer** [meteje] **nm** tenant farmer, sharecropper (US).

**méthanier** [metanje] **nm** gas carrier.

**méthode** [metɔd] **1** **nf** (système) method, system. ◊ **étude des temps et des méthodes** time and methods study; **ingénieur de méthodes** methods engineer; **service des méthodes** product development department, method study department. **2** **comp méthode d'amortissement par annuité** annuity method; **méthode d'amortissement linéaire** straight line method; – **méthode d'amortissement à taux dégressif** diminishing instalment system, written down value method. – **méthode de capitalisation du coût entier** full cost accounting method. – **méthode du chemin critique** critical path method. – **méthode de contrôle** checking procedure. – **méthode des coûts variables** direct costing. – **méthode d'échantillonnages successifs** sequential sampling. – **méthode d'exploitation** working ou operating method. – **méthode hambourgeoise** balance method. – **méthode indirecte** backward method. – **méthodes et organisation**

organization and methods. – **méthode du prix de détail** retail method. – **méthode progressive** annuity method, sinking fund method. – **méthode prospective** projected benefit valuation method. – **méthode de sondage** sampling method.

**méthodologie** [metɔdɔlɔʒi] **nf** methodology.

**metical** [metikal] **nm** metical.

**métier** [metje] **nm** **a** (profession) job, occupation ; (commercial) trade, business ; (artisanal) craft. ◊ **exercer** ou **faire un métier** to carry on a trade ; **il est du métier** he's in the business ou the trade ; **métier manuel** manual occupation ou trade ; **notre métier de base** our core business ; **argot / terme de métier** technical jargon / term ; **chambre des métiers** guild chamber, chamber of trade ; **corps de métier** guild ou trade association, trade company ; **homme de métier** expert, professional. **b** (savoir-faire) skill, technique, expertise. ◊ **manquer de métier** to lack experience.

**métrage** [metʀaʒ] **nm** (action) measurement, measuring ; ◊ (longueur de tissu) length.

**métré** [metʀe] **nm** (métier) quantity surveying ; (devis) estimate of cost.

**métrer** [metʀe] **vt** (gén) to measure ; construction to survey.

**métreur** [metʀœʀ] **nm** quantity surveyor.

**métrique** [metʀik] **adj** metric. ◊ **système métrique** metric system ; **adopter le système métrique** to go metric ; **introduction du système métrique** metrication ; **tonne métrique** metric ton, tonne.

**mettre** [metʀ(ə)] **vt** (placer) to put, place (dans in, into). ◊ **mettre une annonce dans les journaux** to put ou place ou insert an ad in the newspapers ; **mettre son argent à la caisse d'épargne** to deposit one's money with the savings bank ; **mettre des capitaux dans une entreprise** to put money into a business ; **la banque a mis un million de francs dans ce projet** the bank invested 1 million francs in this project ; **mettre à disposition** to place at disposal ; **mettre en place un rayon** to set up a display ; **mettre en tableau les résultats** to tabulate results ; **mettre le prix** to pay the price ; **combien pouvez-vous mettre ?** how much can you afford to pay ? ; **mettre sur le marché** to launch, release ; **mettre en vente un immeuble** to put a building up for sale ; **être mis en chômage pour raisons économiques** to be made redundant ; **mettre la machine en route** to start up the engine ; **mettre fin à un contrat** to terminate a contract ; **mettre fin à une association** to wind up a partnership ; **mettre au point un contrat** to work out ou finalize a contract ;

**mettre au point un système** to devise a system ; **mettre à jour les livres** to update the books.

**meublant, e** [mœblɑ̃, ɑ̃t] **adj** (Jur) **meubles meublants** movables.

**meuble** [mœbl(ə)] **1** **adj** (Jur) movable, personal. ◊ **biens meubles** personal estate, movables, movable property, chattels ; **hypothèque sur biens meubles** chattel mortgage ; **biens meubles incorporels** intangible property ou assets, choses in action. **2** **nm** **a** (gén) piece of furniture. ◊ **meubles de bureau** office furniture. **b** (Jur) **meubles** personal estate, movables, movable property, chattels. **en fait de meubles possession vaut titre** possession of chattels amounts to title.

**mévente** [mevɑ̃t] **nf** slump, stagnation, sales slowdown.

**mexicain, e** [mɛksikɛ̃, ɛn] **1** **adj** Mexican. **2** **Mexicain** **nm** (habitant) Mexican. **3** **Mexicaine** **nf** (habitante) Mexican.

**Mexico** [mɛksiko] **n** Mexico City.

**Mexique** [mɛksik] **nm** Mexico.

**MF** **abrév de** millions de francs.

**MIAGE** [mjaʒ] **nf abrév de** maîtrise d'informatique appliquée à la gestion des entreprises master's degree in business data processing.

**micro** [mikʀo] **1** **nm abrév de** micro-ordinateur micro, microcomputer. ◊ **mettre des micros en réseau** to network micros ; **il travaille sur micro** he works on a micro. **2** **nf abrév de** micro-informatique microcomputing. ◊ **boutique micro** computer shop.

**micro-économie, microéconomie** [mikʀoekɔnɔmi] **nf** microeconomics.

**micro-économique, microéconomique** [mikʀoekɔnɔmik] **adj** microeconomic.

**micro-édition** [mikʀoedisjɔ̃] **nf** desktop publishing.

**microfiche** [mikʀofiʃ] **nf** microfiche.

**microfilm** [mikʀofilm] **nm** microfilm.

**micro-informatique** [mikʀoɛ̃fɔʀmatik] **nf** microcomputing, the microcomputer industry.

**micro-ordinateur** [mikʀoɔʀdinatœʀ] **nm** microcomputer. ◊ **micro-ordinateur de bureau** office ou desktop computer ; **micro-ordinateur portable** portable ou laptop computer.

**microprocesseur** [mikʀopʀɔsɛsœʀ] **nm** microprocessor.

**mieux** [mjø] **1** **adv** **a** (gén) better. ◊ **la France se porte mieux** France is faring better ou is in a better shape ; **mieux disant** (Admin) low-

est tenderer; **nous agirons au mieux de vos intérêts** we shall act in your best interests. **b** (Bourse) **sauf mieux** or better; **acheter / vendre au mieux** to buy / sell at best; **exécuter un ordre au mieux** to execute an order at best.
**2** nm improvement. ◊ **on note un léger mieux dans le secteur des grands magasins** department stores are showing some signs of improvement.

**migrant, e** [migrã, ãt] adj, nm,f migrant.

**migration** [migrasjõ] nf migration. ◊ **migrations alternantes** commuting migrations; **migration de la main-d'œuvre** labour draft.

**milieu, pl -x** [miljø] nm (environnement social) milieu, environment; (cercle limité) circle, set, sphere. ◊ **milieux du négoce** trade quarters; **milieux gouvernementaux** government circles; **les milieux financiers / boursiers / d'affaires** the financial / stock-exchange / business circles ou community; **nous tenons cette information de milieux autorisés ou bien informés** we have this information from official ou knowledgeable sources; **on estime dans les milieux patronaux...** it is believed in the executive suite ou in management circles...

**militant, e** [militã, ãt] adj, nm,f [syndicat] militant. ◊ **les militants de base** the shop-floor, the grassroots, the rank and file.

**militantisme** [militãtism(ə)] nm militancy.

**militer** [milite] vi **a** [syndicaliste] to be a militant. **b** [argument] **militer en faveur de** to militate in favour of; **plusieurs éléments militent pour une hausse à court terme du titre** several factors tell for a short-term rise on this security.

**mille** [mil] adj, nm a thousand, one thousand. ◊ **mille deux** a ou one thousand and two; **cinq mille** five thousand; **quatre mille trois cents** four thousand three hundred; **six pour mille** six parts to a thousand; **acheter au mille** to buy by the thousand.

**millésime** [milezim] nm (Admin) date, year; [vin] year, vintage; [voiture] year.

**milliard** [miljar] nm thousand million, milliard (GB), billion (US). ◊ **5 milliards de francs** 5 thousand million francs, 5 billion francs.

**milliardaire** [miljarder] nmf multimillionaire (GB), billionaire (US).

**milliardième** [miljardjɛm] adj, nmf thousand millionth, billionth (US)

**millième** [miljɛm] adj, nmf thousandth.

**millier** [milje] nm thousand. ◊ **plusieurs milliers de francs** several thousand francs.

**million** [miljõ] nm million. ◊ **5 millions de francs** 5 million francs.

**millionième** [miljɔnjɛm] adj, nmf millionth.

**millionnaire** [miljɔnɛr] nmf millionaire.

**MIN** [min] nm abrév de *marché d'intérêt national* → marché.

**min.** abrév de *minimum*.

**mince** [mɛ̃s] adj bénéfice slender; preuve slender, slim, slight, tenuous. ◊ **le résultat peut paraître mince** the performance may seem rather weak.

**mine** [min] nf mine. ◊ **mine de charbon** coalmine, colliery; **les mines d'or** (Bourse) gold shares; (Ind) gold mines.

**minerai** [minrɛ] nm ore.

**minéralier** [mineralje] nm (Mar) ore carrier ou tanker.

**mineur** [minœr] nm (Ind) (gén) miner, mineworker; (dans une mine de charbon) collier. ◊ **grève des mineurs** (gén) miners' strike; (charbon) coal strike.

**mini** [mini] **1** préf mini. ◊ **mini récession** mini recession.
**2** nm abrév de *mini-ordinateur* mini, minicomputer.
**3** nf abrév de *mini-informatique* minicomputing.

**miniaturisation** [minjatyrizasjõ] nf miniaturization.

**miniaturiser** [minjatyrize] vt to miniaturize.

**minier, -ière** [minje, jɛr] adj mining. ◊ **bassin minier** mineral field; **industries / ressources minières** mining industries / resources; **région minière** mining district; **valeurs minières** mining shares, mines.

**mini-informatique** [miniɛ̃fɔrmatik] nf minicomputing, the minicomputer industry.

**minima** [minima] → minimum.

**minimal, e, mpl -aux** [minimal, o] adj minimal, minimum. ◊ **montant minimal** minimum amount; **prix minimal** (enchères) reserve price; **salaire minimal garanti** minimum guaranteed wage, minimum rate (US), statutory minimum wage.

**minimarge** [minimarʒ(ə)] adj, nm (magasin) minimarge discount store ou house.

**minimisation** [minimizasjõ] nf minimization.

**minimiser** [minimize] vt to minimize.

**minimum** [minimɔm], f. **minima, pl minimums** ou **minima** **1** adj minimum. ◊ **salaire minimum** minimum wage; **salaire minimum interprofessionnel de croissance** ≈ index-linked minimum wage.
**2** nm minimum. ◊ **réduire les coûts au minimum** to cut costs to a minimum; **minimum vital** (gén) subsistence level; (salaire) mini-

mum living wage ; **minimum vieillesse** basic old age pension ; **minimum imposable** tax threshold.

**mini-ordinateur** [miniɔrdinatœr] **nm** minicomputer.

**ministère** [ministɛr] **nm** **a** (Pol) ministry (GB), department. ◊ **ministère des Affaires étrangères** Ministry of Foreign Affairs, Foreign Office (GB), State Department (US) ; **ministère de l'Agriculture** Ministry ou Department of Agriculture ; **ministère du Commerce et de l'Industrie** Department of Trade and Industry (GB), Department of Commerce (US) ; **ministère du Commerce extérieur** Ministry of Foreign Trade, Board of Trade (GB) ; **ministère de l'Économie et des Finances** Ministry of Finance, Treasury (GB), Treasury Department (US) ; **ministère de la Santé et de la Sécurité sociale** Ministry of Health, Department of Health and Social Security (GB), Department of Health and Human Services (US) ; **ministère des Transports** Ministry of Transport (GB), Department of Transportation (US) ; **ministère du Travail** Ministry of Employment ou of Labour, Department of Labor (US). **b** (Jur) **le ministère public** the Public Prosecutor ; **transmis par ministère d'huissier** served by a bailiff.

**ministériel, -ielle** [ministerjɛl] **adj** ministerial (GB), departmental. ◊ **arrêté ministériel** departmental ou ministerial order ; **commission ministérielle** departmental committee ; **décision ministérielle** ministerial decision ; **officier ministériel** (Jur) law official.

**ministre** [ministr(ə)] **nm** minister (GB), secretary (US). ◊ **ministre des Affaires étrangères ou des Relations extérieures** Minister of Foreign Affairs, Foreign Secretary (GB), State Secretary (US) ; **ministre de l'Agriculture** Agriculture Minister ou Secretary ; **ministre du Commerce et de l'Industrie** Minister of Trade and Industry (GB), Secretary of Commerce (US) ; **ministre de l'Économie et des Finances** Finance Minister, Chancellor of the Exchequer (GB), Secretary of the Treasury (US) ; **ministre européen** European Minister ; **le Premier ministre** the Prime Minister ; **ministre de la Santé et de la Sécurité sociale** Minister of Health and Social Security (GB), Secretary of Health and Human Services (US) ; **ministre des Transports** Minister of Transport (GB), Transportation Secretary (US) ; **ministre du Travail** Minister of Employment (GB), Labor Secretary (US).

**Minitel** [minitɛl] **nm** ® *French viewdata system.*

**minoration** [minɔrasjɔ̃] **nf** [impôts] cut, reduction (*de* in) ; [recettes] undervaluation ;

(Comm) [prix] mark-down, reduction. ◊ **certains contribuables bénéficieront d'une minoration de 3% de leurs impôts** some taxpayers will benefit from a 3% tax cut ou rebate.

**minorer** [minɔre] **vt** impôts to cut, reduce ; recettes to undervalue ; prix to mark down, cut ; (Compta, Impôts) revenus to underreport.

**minoritaire** [minɔritɛr] **adj** minority. ◊ **actionnaire minoritaire** minority shareholder ; **participation minoritaire** (Fin) minority investment, minority interest.

**minorité** [minɔrite] **nf** minority. ◊ **minorité de blocage** blocking minority ; **être en minorité** to be in the minority ; **être mis en minorité** to be defeated ou outvoted.

**minutage** [minytaʒ] **nm** [contrat] drawing up, drafting ; [opération] timing.

**minute** [minyt] **nf** (document) minute, record. ◊ **les minutes de la réunion** the minutes of the meeting ; **minute d'un contrat** original draft of a contract.

**minuter** [minyte] **vt** (Jur : rédiger) to draw up, draft ; séance to time. ◊ **j'ai un emploi du temps très minuté** I'm working to a tight schedule.

**miracle** [mirakl(ə)] **nm** miracle. ◊ **miracle économique** economic miracle.

**mise** [miz] **1** **nf** (enjeu) stake ; (argent) outlay. ◊ **sauver sa mise** to get back one's outlay. **2** comp **mise en accusation** indictment. – **mise en avant** (Mktg) special display. – **mise en cessation de paiements** insolvency. – **mise en chantier** (Mar) laying on the stocks ; **mise en chantier de logements neufs** new housing starts. – **mise en chômage technique** laying off. – **mise en circulation** (Fin) putting into circulation ; (Mktg) release. – **mise en commun des risques** (Ass) pooling of risks. – **mise en congé** putting on leave. – **mise à la consommation** clearance inward. – **mise en demeure** (Jur) injunction, formal demand, notice, summons. – **mise en disponibilité** leave of absence. – **mise à disposition** placing at disposal. – **mise à l'eau** (Mar) launching. – **mise en entrepôt** warehousing. – **mise en exploitation** putting into operation. – **mise de fonds** outlay of capital, investment ; **mise de fonds initiale** seed money ; **faire une mise de fonds** to put up capital. – **mise en gage** pledging, pawning, hypothecation. – **mise en garde** warning. – **mise hors** disbursement. – **mise à jour** updating. – **mise en liquidation** winding-up, liquidation. – **mise en main tierce** escrow. – **mise sur le marché** marketing. – **mise en mémoire** (Inf) storage, storing. – **mise**

**au nominatif** (Fin) conversion into registered shares. **– mise en œuvre** implementation. **– mise en page** layout, page setting. **– mise en paiement** payment. **– mise à pied** dismissal. **– mise en place** (gén) setting, placing; (Mktg) initial supply. **– mise au point** (Tech) adjustment; (Inf) debugging; (déclaration) (corrective) statement; [produit] development; [contrat] finalizing; **ce projet a besoin d'une mise au point** this project needs some fine-tuning; **– publier une mise au point** to issue a new statement. **– mise à la porte** firing, sacking, dismissal. **– mise à prix** (enchères) reserve price (GB), upset price (US). **– mise en rayon** display, restocking. **– mise au rebut** disposal, scrapping. **– mise en recouvrement** collection. **– mise en réserve de bénéfices** retention of profits. **– mise à la retraite** pensioning off; **mise à la retraite anticipée** early retirement. **– mise en risques** (Ass) attachment of risks. **– mise en route** starting. **– mise en service** [navire] putting into commission; [installation] putting into operation, commissioning. **– mise en syndicat** (Fin) syndication. **– mise à terre, magasinage et livraison** landing storage delivery. **– mise en valeur** [ressources] development; [rivière] harnessing; [terrain] reclaiming. **– mise en vente** selling, putting up for sale. **– mise en vigueur** enforcement, putting into force. **– mise aux voix d'une résolution** moving of a resolution, putting a resolution to the vote ou to the meeting.

**miser** [mize] vt a somme to stake, bet. ◊ **miser sur une hausse / baisse** to play for a rise / fall, speculate for a rise / fall. b **miser sur** (tabler sur) to bank ou count ou reckon on. **le gouvernement mise sur une reprise de l'activité au niveau mondial** the government banks on a worldwide business recovery.

**mission** [misjɔ̃] nf (tâche) mission, assignment; (équipe) mission. ◊ **avoir (pour) mission de faire** to be commissioned to do; **partir ou être envoyé en mission** to go on an assignment; **mission économique** ou **commerciale** trade mission; **mission extérieure** ou **sur le terrain** field mission; **mission de révision** ou **de vérification** (Compta) audit engagement; **mission d'examen** review engagement; **chargé de mission** official representative.

**mi-temps** [mitɑ̃] nm ◊ **(travail à) mi-temps** part-time job; **employé à mi-temps** part-timer; **travailler à mi-temps** to work part-time, do part-time work.

**mix** [miks] nm (Mktg) mix. ◊ **mix des produits** product-mix; **mix promotionnel** promotional mix.

**mixte** [mikst(ə)] adj commission joint; économie mixed. ◊ **assurance mixte** endowment insurance; **cargo mixte** cargo-passenger vessel, cargo-liner; **cargaison mixte** mixed cargo; **organisation mixte** line and staff organization.

**Mlle** abrév de *Mademoiselle* ◊ **Mlle Thomas** Miss Thomas.

**Mlles** abrév de *Mesdemoiselles* ◊ **Mlles David et Thomas** Miss David and Miss Thomas.

**MM.** abrév de *Messieurs* Messrs.

**Mme** abrév de *Madame* ◊ **Mme Thomas** Mrs Thomas.

**Mmes** abrév de *Mesdames* ◊ **Mmes David et Thomas** Mrs David and Mrs Thomas.

**mn** abrév de *minute*.

**MO** abrév de *main-d'œuvre*.

**Mo** abrév de *mégaoctet* MB.

**mobile** [mɔbil] 1 adj main-d'œuvre mobile; feuillet loose. ◊ **échelle mobile des salaires** sliding scale of wages; **clause d'échelle mobile** escalator clause. 2 nm (motivation) motive, prime mover, motivator. ◊ **mobile d'achat** (Mktg) purchasing inducement ou motivator; **mobile publicitaire** (pancarte) advertising mobile.

**mobilier, -ière** [mɔbilje, jɛʀ] 1 adj (Jur) propriété personal, movable. ◊ **biens mobiliers** personal estate, movable property, chattels, movables; **impôt mobilier** tax on movables; **cote mobilière** assessment on property; **saisie mobilière** seizure of personal ou movable property, seizure of movables; **valeurs mobilières** (transferable) securities, stocks and bonds; **vente mobilière** sale of personal ou movable property. 2 nm furniture. ◊ **mobilier et agencements** furniture and fixtures; **mobilier de bureau** office furniture; **mobilier urbain** town fixtures.

**mobilisable** [mɔbilizabl(ə)] adj (Fin) mobilizable, readily available. ◊ **capital mobilisable** mobilizable capital, available funds, quick assets (US); **les actifs détenus à l'étranger ne sont pas immédiatement mobilisables** assets held abroad are not mobilizable ou cannot be realized immediately.

**mobilisation** [mɔbilizɑsjɔ̃] nf [capitaux] mobilization, raising; [actif] conversion into movable property, mobilization of realty. ◊ **mobilisation de créances** realization ou assignment of receivables.

**mobiliser** [mɔbilize] vt capitaux to raise, mobilize; créance to realize; actif to convert into movable property.

**mobilité** [mɔbilite] **nf** [main-d'œuvre] mobility. ◊ **mobilité sociale ascendante** upward (social) mobility ; **mobilité géographique** geographical mobility.

**modalité** [mɔdalite] **nf** (méthode) mode, method ; (Jur : clause) clause. **les modalités d'action restent à définir** the type of action to be taken is not yet decided (upon) ; **modalités d'application** mode of enforcement ; **modalités de financement** financing terms ; **modalités de paiement** ou **de règlement** terms of payment, payment terms, methods of payment ; **modalités d'un accord** terms of an agreement ; **modalités d'une émission** terms and conditions of an issue.

**mode** [mɔd] **1** **nf** **a** fashion. ◊ **être à la mode** to be in fashion, be all the rage ; **mettre à la mode** to bring into fashion ; **passer de mode** to go out of fashion, become out of date, be outmoded ; **revenir à la mode** to come back into fashion, be in again. **b** (secteur économique) **la mode** the fashion industry ou business ; **défilé de mode** fashion parade ou show ; **magazine de mode** fashion magazine.
**2** **nm** (méthode) method, mode ; (procédé) process ; (Inf) mode.
**3** **comp** **mode d'accès** (Inf) access mode. — **mode de diffusion** distribution method. — **mode d'emploi** directions for use. — **mode de fabrication** manufacturing process. — **mode de fonctionnement** operating process. — **mode interactif** interactive mode. — **mode opératoire** (Inf) procedure. — **mode de paiement** method ou means of payment. — **mode de règlement** means ou terms of settlement. — **mode de transport** mode ou means of transport. — **mode de versement** method ou means of payment. — **mode de vie** way of life.

**modèle** [mɔdɛl] **1** **adj** model. ◊ **appartement modèle** show flat (GB), model apartment (US) ; **échantillon modèle** standard sample ; **usine modèle** show ou model factory.
**2** **nm** (gén, Écon, Inf) model ; (gabarit, moule) pattern ; (version) version. ◊ **petit / grand modèle** (objet) small / large model ou version ; **boîte petit / grand modèle** small-size / large-size box ; **construit sur le même modèle** built on the same pattern.
**3** **comp** **modèle de chèque** cheque specimen. — **modèle comptable** (Écon) accounting model. — **modèle de croissance** growth model. — **modèle décisionnel** ou **de décision** decision model. — **modèle de démonstration** demonstration model. — **modèle déposé** registered pattern ou design. — **modèles économétriques** econometric models. — **modèle**

**familial** family-size packet. — **modèle de présentation** demonstration model. — **modèle réduit** scale model. — **modèle simplifié** stripped down version.

**modeler** [mɔdle] **vt** (Mktg) consommateur to mould. ◊ **modeler son comportement sur qn** to take pattern by sb, model one's behaviour on sb.

**modélisation** [mɔdelizasjɔ̃] **nf** modeling.

**modéliser** [mɔdelize] **vt** to model.

**modem** [mɔdɛm] **nm** modem.

**modération** [mɔdeʀasjɔ̃] **nf** moderation, restraint. ◊ **modération des marges** profit margin restraint ; **appel à la modération** (sur prix, revendications) call for moderation.

**modéré, e** [mɔdeʀe] **adj** hausse moderate ; prix reasonable, moderate ; inflation mild, moderate.

**modérer** [mɔdeʀe] **vt** dépenses, prix, revendication to restrain, moderate.

**moderne** [mɔdɛʀn(ə)] **adj** modern, up to date.

**modernisation** [mɔdɛʀnizasjɔ̃] **nf** modernization, streamlining, updating, revamping* (US). ◊ **programme de modernisation** modernization programme.

**moderniser** [mɔdɛʀnize] **1** **vt** to modernize, streamline, update, bring up to date, revamp* (US).
**2** **se moderniser** **vpr** to modernize.

**modeste** [mɔdɛst(ə)] **adj** train de vie, revenu, hausse modest. ◊ **firme de taille modeste** small-scale firm.

**modicité** [mɔdisite] **nf** [salaire, revenu, prix] lowness ; [revendications] moderateness.

**modifiable** [mɔdifjabl(ə)] **adj** modifiable. ◊ **contrat / hypothèque modifiable** open-ended contract / mortgage.

**modificateur, -trice** [mɔdifikatœʀ, tʀis] **adj** modifying. ◊ **clauses modificatrices** modifying ou qualifying clauses.

**modificatif** [mɔdifikatif] **nm** [police, contrat] rider, modifying clause ; [déclaration] corrective statement.

**modification** [mɔdifikasjɔ̃] **nf** alteration, modification. ◊ **modifications des statuts** alterations in the articles of association ; **modification technique** engineering change ; **sujet à modifications sans préavis** subject to alterations without notice ; **modification de la consommation** shift in consumption ; **apporter des modifications à** to effect alterations in, alter ; **prévoir des modifications** to allow for readjustments ; **subir des modifications** to undergo alterations, be modified.

**modifier** [mɔdifje] **vt** to alter, change, modify. ◊ **la commission a décidé de ne pas modifier le règlement** the committee agreed to let the regulation stand; **la banque se réserve le droit de modifier ces conditions à tout moment** the Bank reserves the right at all times to vary those terms.

**modique** [mɔdik] **adj** salaire, somme modest, low.

**modulaire** [mɔdylɛʀ] **adj** modular.

**modulation** [mɔdylɑsjɔ̃] **nf** modulation.

**module** [mɔdyl] **nm** module, unit.

**moduler** [mɔdyle] **vt** to modulate, adjust.

**Mogadiscio** [mɔgadiʃio, -sio] **n** Mogadiscio.

**moindre** [mwɛ̃dʀ(ə)] **adj** ◊ **à moindre prix** at a lower price; **dans une moindre mesure** to a lesser extent; **jusqu'au moindre détail** down to the smallest detail.

**moins** [mwɛ̃] **1** **adv** less. ◊ **moins cher** less expensive; **le moins cher de tous** the least expensive ou the cheapest of all; **moins-disant** (enchères) lowest bidder; **moins-perçu** amount not drawn, short payment; **moins-value** capital loss, depreciation, decrease in value; **moins-value de cession** asset disposal loss, capital loss; **moins-value sur titres** payer loss; **enregistrer une moins-value** [actif] to fall below par, depreciate. **2** **nm** minus.

**mois** [mwa] **nm** **a** month. ◊ **payer / louer au mois** to pay / rent by the month; **gagner 20 000 F par mois** to earn F20,000 a month; **tous les mois** every month, monthly; **nous vous livrerons sous un mois** we'll deliver within a month; **du mois dernier** of last month; **de ce mois, du mois en cours** of the current month; **du mois prochain** of next month; **mois civil** calendar month; **papier à 3 mois** bill at 3 months; **relevé de fin de mois** monthly statement. **b** (salaire) monthly pay ou salary. ◊ **toucher son mois** to draw one's month's salary; **mois double** extra month's pay; **treizième mois** ≈ Christmas bonus.

**moisson** [mwasɔ̃] **nf** harvest.

**moitié** [mwatje] **nf** half. ◊ **entrer pour moitié dans une entreprise** to go halves in a business; **réduire les coûts de moitié** to cut ou reduce costs by half, halve costs; **moitié prix** half-price; **partager les frais moitié-moitié** to share the costs fifty-fifty.

**mollesse** [mɔlɛs] **nf** [marché] slackness, sluggishness, lethargy, apathy, dullness.

**mollir** [mɔliʀ] **vi** (Bourse) to flag, sag, fall off, ease off.

**mollissement** [mɔlismɑ̃] **nm** [cours] sag, falling-off, easing off.

**Monaco** [mɔnako] **nm** Monaco.

**monde** [mɔ̃d] **nm** world. ◊ **le monde des affaires** the business world ou community; **le monde de la Bourse / de la finance** stock-exchange / financial circles; **le monde de la publicité** the advertising world, the ad row*; **le Tiers Monde** the Third World.

**mondial, e,** **mpl** **-aux** [mɔ̃djal, o] **adj** world, worldwide. ◊ **l'économie mondiale** the world economy; **la Banque mondiale** the World Bank; **consommation / production mondiale** world consumption / production; **cours mondiaux** world market prices; **inflation mondiale** worldwide inflation; **réseau mondial** global ou worldwide network.

**mondialement** [mɔ̃djalmɑ̃] **adj** throughout the world, all over the world, worldwide.

**mondialisation** [mɔ̃djalizɑsjɔ̃] **nf** globalization.

**monégasque** [mɔnegask(ə)] **1** **adj** Monegasque, Monacan. **2** **Monégasque** **nmf** (habitant) Monacan, Monegasque

**monétaire** [mɔnetɛʀ] **adj** monetary. ◊ **alignement / économie / politique / serpent monétaire** monetary adjustment / economy / policy / snake; **autorités monétaires** monetary authorities; **étalon monétaire** monetary standard; **Fonds monétaire international** International Monetary Fund; **manipulation monétaire** currency manipulation, tinkering with the currency; **marché monétaire** money market; **masse monétaire** money supply; **montant monétaire compensatoire** monetary compensatory amount; **réalignement** ou **réajustement monétaire** currency readjustment; **stabilisation monétaire** currency stabilisation; **système monétaire européen** European Monetary System, European Exchange Rate Mechanism; **unité monétaire** currency unit.

**monétarisme** [mɔnetaʀism(ə)] **nm** monetarism.

**monétariste** [mɔnetaʀist(ə)] **adj, nmf** monetarist.

**monétique** [mɔnetik] **nf** *use of credit cards.*

**monétisation** [mɔnetizɑsjɔ̃] **nf** monetization.

**monétiser** [mɔnetize] **vt** to monetize.

**mongol, e** [mɔ̃gɔl] **1** **adj** Mongol, Mongolian. **2** **nm** (langue) Mongolian. **3** **Mongol** **nm** (habitant) Mongolian. **4** **Mongole** **nf** (habitante) Mongolian.

**Mongolie** [mɔ̃gɔli] **nf** Mongolia.

**moniteur** [mɔnitœʀ] **nm** (Inf) monitor.

**monnaie** [mɔnɛ] **1** **nf** **a** (devises) currency. ◊ **monnaie forte / faible** hard ou strong / soft ou weak currency; **dans la monnaie du pays** in the country's currency; **dévaluer / réévaluer une monnaie** to devalue / revalue a currency; **réaligner les monnaies** to re-align the currencies; **battre monnaie** to mint ou coin money; **monnaie étrangère** foreign currency; **l'hôtel des monnaies** the mint; **fausse monnaie** counterfeit ou forged money. **b** (pièce) coin. **c** (appoint) change. ◊ **menue monnaie** small ou loose change; **avoir la monnaie** to have the change; **faire de la monnaie** to get some change; **faire la monnaie de 500 F** to change F500; **rendre la monnaie sur 100 F** to give the change out of ou from F100.

**2** **comp monnaie américaine** (Bourse) dollar. – **monnaie apatride** seatless money. – **monnaie d'argent** silver money. – **monnaie de banque** representative ou bank money. – **monnaie circulante** active money. – **monnaie clé** key currency. – **monnaies communautaires** community currencies. – **monnaie de compte** money of account. – **monnaie convertible** convertible currency. – **monnaie divisionnaire** fractional ou divisional currency. – **monnaie électronique** plastic money. – **monnaie étalon** standard money. – **monnaie de facturation** billing currency. – **monnaie fiduciaire** fiduciary currency, paper money, folding money, token money (US), fiat money, credit money. – **monnaie flottante** floating currency. – **monnaie internationale** world currency ou money. – **monnaie légale** legal tender. – **monnaie locale** local currency. – **monnaie marchandise** commodity money. – **monnaie métallique** coins, hard cash. – **monnaie d'or** gold money. – **monnaie (de) papier** paper money. – **monnaie réelle** effective money. – **monnaie de référence** standard money. – **monnaie de réserve** reserve currency. – **monnaie scripturale** representative ou bank money. – **monnaie de singe** funny ou confetti money. – **monnaie verte** green currency.

**monnayable** [mɔnɛjabl(ə)] **adj** convertible into cash.

**monnayer** [mɔneje] **vt** bien, actif to convert into cash.

**monoculture** [mɔnɔkyltyʀ] **nf** single-crop farming, monoculture.

**monométallisme** [mɔnɔmetalism(ə)] **nm** monometallism.

**monométalliste** [mɔnɔmetalist(ə)] **adj, nmf** monometallist.

**monopole** [mɔnɔpɔl] **1** **nm** monopoly. ◊ **détenir** ou **avoir le monopole de** to have the monopoly of; **exercer un monopole sur** to have a monopoly in; **exercer un monopole sur le marché** to corner the market; **situation** ou **position de monopole** monopoly position.

**2** **comp monopole d'émission** issuing monopoly. – **monopole de l'État** state ou Government monopoly. – **monopole d'exportation** export monopoly. – **monopole de fabrication** manufacturing monopoly. – **monopole de fait** de facto monopoly. – **monopole fiscal** fiscal monopoly. – **monopole de vente** sales monopoly.

**monopoleur** [mɔnɔpɔlœʀ] **nm** holder of a monopoly, monopoly holder. ◊ **trust monopoleur** monopoly trust.

**monopolisateur, -trice** [mɔnɔpɔlizatœʀ, tʀis] **1** **adj** monopolistic. **2** **nm** monopolist, monopolizer.

**monopolisation** [mɔnɔpɔlizasjɔ̃] **nf** monopolization.

**monopoliser** [mɔnɔpɔlize] **vt** to monopolize.

**monopoliste** [mɔnɔpɔlist(ə)] **1** **adj** monopolistic. ◊ **capitalisme monopoliste d'État** monopolistic state capitalism. **2** **nm** holder of a monopoly, monopoly holder.

**monopolistique** [mɔnɔpɔlistik] **adj** monopolistic. ◊ **comportement monopolistique** monopolistic behaviour.

**Monoprix** ® [mɔnɔpʀi] **nm** one-price store, dime store (US), five and ten (US).

**monoproduction** [mɔnɔpʀɔdyksjɔ̃] **nf** undiversified production.

**monopsone** [mɔnɔpson] **nm** monopsony, buyer's monopoly.

**Monrovia** [mɔ̃ʀɔvia] **n** Monrovia.

**Monsieur** [məsjø], **pl Messieurs** [mesjø] **nm** (en parlant à qn) Sir; (en début de lettre) Dear Sir. ◊ **Monsieur Thomas** Mr Thomas; **Monsieur le Président** (en parlant à qn) Mr Chairman; (sur une enveloppe) The Chairman; (en début de lettre) Dear Mr Chairman; **Messieurs** (devant un public) gentlemen; (en début de lettre) Dear Sirs (GB), Gentlemen (US); (sur une enveloppe) **Messieurs Dupont** Messrs Dupont and Dupont.

**montage** [mɔ̃taʒ] **nm** (Ind) assembly. ◊ **montage financier** financial package ou arrangement; **atelier de montage** assembly shop; **chaîne de montage** assembly line; **notice de montage** instructions for assembly; **le montage d'une campagne promotionnelle** the staging ou organization of a promotional drive ou campaign.

**montagne** [mɔ̃taɲ] **nf** (CEE) [beurre] mountain.

**montant** [mɔ̃tɑ̃] **1 nm** total amount. ◊ **le montant s'élève à** the total adds up to ; **la société n'a pas révélé le montant de ses endettements** the company did not disclose the amount of its indebtedness ; **chèque / facture d'un montant de** cheque / invoice amounting to ou in the amount of ; **jusqu'à un montant de** to the amount of, up to.
**2 comp montant assuré** amount insured, amount of the risk. – **montant brut** gross amount, sum total. – **montant compensatoire** compensatory amount ; **montant compensatoire monétaire** monetary compensatory amount ; **octroyer / percevoir / supprimer les montants compensatoires** to grant / levy / eliminate compensatory amounts. – **montant cumulé des amortissements** accumulated depreciation. – **montant dû** amount due, outstanding amount. – **montant encaissé** collected amount, amount received. – **montant exonéré** tax-free ou tax-exempted amount. – **montant facturé** amount invoiced. – **montant forfaitaire** lump sum, flat-rate amount. – **montant global** overall amount. – **montant maximal** maximum amount. – **montant net** net amount ; **montant net d'une succession** (Jur) residuary estate. – **montant nominal** (gén) nominal amount ; (Fin) par value. – **montant à reporter** amount carried ou brought forward. – **montant des ventes** sales proceeds. – **montant versé** amount paid.

**mont-de-piété,** **pl** **monts-de-piété** [mɔ̃dpjete] **nm** pawnshop. ◊ **mettre qch au mont-de-piété** pawn sth, put sth in pawn ; **dégager qch du mont-de-piété** to get sth out of pawn.

**monte-charge** [mɔ̃tʃaʀʒ(ə)] **nm inv** goods lift (GB), service elevator (US), hoist (US).

**montée** [mɔ̃te] **nf** rise. ◊ **la montée rapide des cours mondiaux** soaring world prices ; **la montée rapide du chômage** the upsurge in unemployment ; **montée en charge** increase ; **montée en flèche** skyrocketing.

**monter** [mɔ̃te] **1 vi a** (augmenter) prix to rise, go up. ◊ **les cours montent en flèche** prices are skyrocketing ou soaring ; **le mécontentement monte chez les non-grévistes** tempers are rising among non-strikers ; **empêcher les prix de monter** to keep ou hold prices down ; **faire monter les cours** to force up ou push up ou hike up ou balloon (US) prices. **b** (avancer) **monter en grade** to be promoted ; **un cadre qui monte** an up-and-coming executive ; **monter dans l'échelle sociale** to climb up the social ladder.
**2 vt a** (organiser) campagne to mount, stage, set up, organize ; entreprise to set up ;

opération financière to set up, arrange. ◊ **monter une entreprise** to set up a firm. **b** (Ind) machine to assemble. **c** (augmenter) to raise.
**3 se monter vpr** [frais, intérêts] se monter à to come to, amount to, add up to. ◊ **la facture se monte à 25 livres** the bill comes to ou tots up to £25 ; **cela se monte à 100 F** it totals F100.

**monteur, -euse** [mɔ̃tœʀ, øz] **nm,f** (Ind) fitter.

**Montevideo** [mɔ̃tevideo] **n** Montevideo.

**montre** [mɔ̃tʀ(ə)] **nf** (Comm : présentation) display, show. ◊ **mettre un article en montre** to put an article in the window ou on show.

**moral, e,** **mpl** **-aux** [mɔʀal, o] **adj** moral. ◊ **personne morale** (Jur) legal entity, corporate body.

**moraliser** [mɔʀalize] **vt** pratiques to moralize ; situation, marché, profession to clean up.

**moratoire** [mɔʀatwaʀ] **1 adj** moratory. ◊ **accord moratoire** moratorium, standstill agreement ; **intérêts moratoires** interest on arrears ou on overdue payments.
**2 nm** moratorium, standstill agreement. ◊ **décréter un moratoire de 2 ans** to decide a 2 years' moratorium.

**morceler** [mɔʀsəle] **vt** propriété to parcel out, divide up, break up.

**morcellement** [mɔʀsɛlmɑ̃] **nm** [propriété] parcelling out, dividing up, breaking up.

**morfondre (se)** [mɔʀfɔ̃dʀ(ə)] **vpr** (Bourse) [opérateurs] to fret.

**moribond, e** [mɔʀibɔ̃, ɔ̃d] **adj** entreprise moribund, dying.

**morne** [mɔʀn(ə)] **adj** marché dull, glum, gloomy.

**morose** [mɔʀoz] **adj** marché, climat économique dull, glum.

**morosité** [mɔʀozite] **nf** moroseness. ◊ **un climat de morosité est perceptible en Bourse** the stock market is noticeably depressed.

**mort** [mɔʀ] **nf** death. ◊ **cela signifierait la mort du petit commerce** it would mean the ruin of the little shop round the corner ; **point mort** (Fin : point d'équilibre) break-even point ; **les négociations sont au point mort** the talks are deadlocked ou at a standstill.

**mortalité** [mɔʀtalite] **nf** mortality. ◊ **table de mortalité** mortality table ; **taux de mortalité** death rate.

**morte-saison,** **pl** **mortes-saisons** [mɔʀt(ə)sɛzɔ̃] **nf** slack season, off season, dead season.

**mort-né, e** [mɔʀne] **adj** projet abortive, stillborn.

**Moscou** [mɔsku] n Moscow.

**mot** [mo] **1** nm word. ◊ **avoir son mot à dire** to have one's say; **je lui en toucherai un mot** I'll have a word with him about it; **ça peut rapporter le double au bas mot** it can bring in at least ou at a conservative estimate twice as much. **2** comp **mot de code** code word. – **mot d'ordre** (gén) watchword; (slogan) slogan; **mot d'ordre de grève** strike call. – **mot de passe** password. – **mot taxé** (Poste) word charged for.

**moteur** [mɔtœʀ] nm (Tech) engine; (électrique) motor; (fig) mover, mainspring. ◊ **le moteur de l'économie** the motive ou driving force behind the economy.

**motif** [mɔtif] nm (cause) motive (de for), grounds (de for). ◊ **motif d'achat** (Mktg) purchasing motive; **motif de licenciement** grounds for dismissal; **motif de réclamation** grounds for complaint; **motif d'un jugement** grounds of a judg(e)ment; **motifs de service** administrative grounds ou reasons; **exposé des motifs** (Jur) explanatory statement, preamble; **absence sans motif valable** unjustified absence.

**motion** [mosjɔ̃] nf motion. ◊ **faire adopter une motion** to carry a motion; **proposer une motion** to move a proposal; **mettre une motion aux voix** to put forward a motion; **soutenir** ou **appuyer une motion** to second ou support a motion, be the seconder of a motion; **repousser** ou **rejeter une motion** to reject a motion.

**motivant, e** [mɔtivɑ̃, ɑ̃t] adj rewarding, stimulating. ◊ **salaire très motivant** attractive pay.

**motivation** [mɔtivasjɔ̃] nf motivation. ◊ **étude** ou **enquête de motivation** motivation research; **analyse de motivation** motivational analysis; **motivation d'achat** buying inducement ou motive; **motivation des consommateurs** consumer motivation.

**motivé, e** [mɔtive] adj décision well-founded, justified, reasoned; personne motivated, dedicated, involved. ◊ **exposé motivé** stated case; **absence non motivée** unjustified absence; **rumeur non motivée** groundless rumours.

**motiver** [mɔtive] vt **a** réclamation to justify; décision to motivate, justify. **b** personnel to motivate.

**mou, molle** [mu, mɔl] adj marché dull, languid, flat, sluggish, slack.

**mouillage** [mujaʒ] nm **a** (Mar) [bateau] anchoring, mooring; (rade) anchorage, moorage. ◊ **droits de mouillage** mooring dues, berthage. **b** (Fin) [capital] watering.

**mouvement** [muvmɑ̃] nm **a** (évolution) movement; (tendance) trend; (fluctuation) fluctuation. ◊ **mouvement de baisse / hausse** downward / upward movement ou trend; **mouvements boursiers** stock-exchange fluctuations; **mouvement conjoncturel** ou **cyclique / inverse** cyclical / reverse movement; **mouvement d'opinion** opinion trend; **mouvements oscillatoires** ups and downs; **mouvements de population** shifts in population; **mouvements saisonniers** seasonal fluctuations; **mouvement tendanciel** trend. **b** (déplacement) [marchandises, fonds, main-d'œuvre] movement; (Compta) movement, flow, transaction; (sur un compte) turnover; ◊ **compte sans mouvement** account without turnover; **mouvement de caisse** cash transaction; **mouvement de capitaux** flow ou movement of capital; **mouvements de devises** currency movements; **mouvements de l'épargne** savings flows ou movements; **mouvement d'espèces** cash transactions; **mouvement de personnel** labour turnover ou movement, staff changes, transfer of workers; **mouvement des stocks** stock inventory ou turnover; **mouvement des valeurs** circulation of securities. **c** (grève) strike, industrial action. ◊ **les grévistes ont cessé leur mouvement** strikers are back to work ou have ended their industrial action; **mouvements revendicatifs** strikes. **d** (association) movement. ◊ **mouvement de défense des consommateurs** consumer movement; **mouvement politique** political movement; **le mouvement ouvrier** the labour movement; **le mouvement syndical** the trade union movement. **e** (trafic) traffic. ◊ **mouvement des navires** (gén) shipping traffic; (bulletin) Shipping Intelligence ou News.

**mouvementé, e** [muvmɑ̃te] adj réunion stormy; semaine hectic; séance boursière volatile. ◊ **soldes non mouvementés** (Fin) idle balances; **un article mouvementé** a fast-moving article.

**moyen, -enne** [mwajɛ̃, ɛn] **1** adj rendement, taux, qualité average; taille medium. ◊ **au cours moyen** (Bourse) at middle; **avion moyen-courrier** medium-haul plane; **cadre moyen** middle executive; **les cadres moyens** middle management; **cours / coût / prix de vente moyen** average price / cost / selling price; **échéance moyenne** average due date, mean due date; **entreprise moyenne** medium-size(d) firm; **à moyen terme** in the middle term; **paiement à moyen terme** medium-term payment; **périodicité moyenne des révisions** mean time between overhauls; **revenu moyen** median income, average revenue; **salaire horaire moyen** average hourly wage; **solution moyenne** middle-of-the-road solution; **stock moyen** average stock ; **tare moyenne** mean ou average tare. **2** **nm** (gén, Fin) means. ◊ **cette société dispose de moyens importants** this company has large financial means at its disposal ; **un tel investissement est au-dessus de nos moyens** such an investment is beyond our means, we can't afford such an investment. **3** **moyenne** **nf** (gén) average ; (Stat) mean. ◊ **moyenne arithmétique / proportionnelle / de l'échantillon** arithmetical / geometrical / sample mean ; **moyenne approximative / journalière / mobile** rough / daily / moving average ; **moyenne des ventes** average sales ; **moyenne de position** average balance ; **moyenne pondérée / non pondérée** weighted / unweighted mean ou average ; **au-dessus / en-dessous de la moyenne** above / below average ; **en moyenne** on an average ; **faire** ou **établir une moyenne** to average up ; **nous vendons en moyenne 400 unités par mois** our sales average (out at) 400 units a month ; **l'usine produit en moyenne 500 voitures par jour** the factory averages 500 cars a day ; **établissement d'une moyenne à la baisse / à la hausse** (Bourse) averaging down / up. **4** **comp** **moyen d'action** means of action ; **moyens d'action promotionnels** promotional mix. − **moyens de communication** means of communication ; ◊ **moyens de communication de masse** mass media. − **moyens d'existence** means of existence ou of livelihood. − **moyens de financement** means of financing. − **moyen de fortune** (pis-aller) makeshift device. − **moyens frauduleux** fraudulent means. − **moyens légaux** ou **licites** legal ou lawful means. − **moyens de paiement** means of payment. − **moyen de pression** means of pressure. − **moyen de production** means of production. − **moyens propres** own funds. − **moyens publicitaires** advertising media. − **moyens de règlement** means of settlement. − **moyen de transport** means of transport. − **moyens de trésorerie** financial means.

**moyennant** [mwajɛnɑ̃] **prép** somme d'argent (in return) for, at a charge of. ◊ **moyennant finances** for a fee ou a consideration.

**moyenne** [mwajɛn] **nf** → moyen.

**mozambicain, e** [mɔzɑ̃bikɛ̃, ɛn] **1** **adj** Mozambican. **2** **Mozambicain** **nm** (habitant) Mozambican. **3** **Mozambicaine** **nf** (habitante) Mozambican.

**Mozambique** [mɔzɑ̃bik] **nm** Mozambique.

**MSI** abrév de *management des systèmes d'information* → management.

**MST** [ɛmɛste] **nf** abrév de *maîtrise de sciences et techniques master's degree in science and technology.*

**multicarte** [myltikaʀt(ə)] **adj, nmf inv** ◊ **(VRP) multicarte** multiproduct representative.

**multidevise** [myltidəviz] **adj** ◊ **opération multidevise** multicurrency operation.

**multidirectionnel, -elle** [myltidiʀɛksjɔnɛl] **adj** multidirectional.

**multifacette** [myltifasɛt] **adj** (Comm : magasin) ◊ **spécialiste multifacette** multifaceted specialty store.

**multilatéral, e, mpl -aux** [myltilateʀal, o] **adj** multilateral. ◊ **accords multilatéraux** multilateral agreements ; **commerce multilatéral** multilateral trade.

**multimédia** [myltimedja] **adj** multimedia. ◊ **campagne de publicité multimédia** multimedia advertising campaign.

**multimilliardaire** [myltimiljaʀdɛʀ] **adj, nmf** multimillionaire.

**multimillionnaire** [myltimiljɔnɛʀ] **adj, nmf** multimillionaire.

**multimodal, e, mpl -aux** [myltimɔdal, o] **adj** ◊ **transport multimodal.**

**multinational, e, mpl -aux** [myltinasjɔnal, o] **1** **adj** multinational. **2** **multinationale** **nf** multinational (company).

**multinorme** [myltinɔʀm(ə)] **adj** multistandard.

**multiple** [myltipl(ə)] **1** **adj** numerous, multiple. ◊ **action multiple** (Bourse) multiple share ; **à usages multiples** multi-purpose ; **imposition multiple** multiple taxation ; **magasin à succursales multiples** multiple, chain store ; **direction multiple** multiple management. **2** **nm** multiple. ◊ **multiples boursiers** price-earnings multiples ou ratios.

**multiplex** [myltiplɛks] **adj, nm** multiplex.

**multiplexage** [myltiplɛksaʒ] **nm** multiplexing.

**multiplexer** [myltiplɛkse] **vt** to multiplex.

**multiplicateur, -trice** [myltiplikatœʀ, tʀis] **1** **adj** multiplying. ◊ **effet multiplicateur** multiplier effect. **2** **nm** multiplier. ◊ **multiplicateur de crédit / d'emploi** credit / employment multiplier ; **multiplicateur du revenu national** national income multiplier ; **multiplicateur d'investissement** investment multiplier.

**multiplication** [myltiplikɑsjɔ̃] **nf** multiplication.

**multiplicité** [myltiplisite] **nf** multiplicity.

**multiplier** [myltiplije] **1** **vt** to multiply (*par* by). **les revenus agricoles ont été multipliés**

**par deux** farm income has doubled ou has increased twofold.
**2** **se multiplier** **vpr** to multiply, grow in number.

**multiposte** [myltipɔst(ə)] **adj** multistation.

**multiprogrammation** [myltipʀɔgʀamasjɔ̃] **nf** (Inf) multiprogramming.

**multipropriété** [myltipʀɔpʀijete] **nf** timesharing. ◊ **appartement en multipropriété** timeshare flat (GB) ou apartment (US).

**multiréférencé, e** [myltiʀefeʀãse] **adj** ◊ **dossiers multiréférencés** cross-reference files.

**multirisque** [myltiʀisk(ə)] **adj** multiple-risk. ◊ **assurance multirisque** comprehensive insurance policy, all-in policy.

**multispécialisation** [myltispesjalizasjɔ̃] **nf** (Comm) multiproduct distribution.

**multispécialiste** [myltispesjalist(ə)] **nm** (Comm) multiproduct distributor.

**multistandard** [myltistãdaʀ] **adj** multistandard.

**multitraitement** [myltitʀɛtmã] **nm** (Inf) multiprocessing.

**municipal, e, mpl -aux** [mynisipal, o] **adj** municipal, local. ◊ **conseil municipal** local ou town ou city council; **règlement municipal** local by-law, municipal ordinance (US).

**municipalité** [mynisipalite] **nf** (conseil) town council, municipal corporation.

**mutation** [mytasjɔ̃] **nf** **a** [employé] transfer. ◊ **mutation dans l'intérêt du service** transfer on administrative grounds; **demander sa mutation** to apply for a transfer. **b** (Jur) transfer. ◊ **acte de mutation** deed of transfer; **mutation de propriété** conveyance ou transfer of property; **mutation entre vifs** transfer inter vivos; **mutation à titre gratuit** donation; **droits de mutation** transfer taxes.

**muter** [myte] **vt** employé to transfer, move. ◊ **il a été muté dans un autre service** he has been transferred ou moved to another department.

**mutualiste** [mytɥalist(ə)] **adj, nmf** mutualist.

**mutualité** [mytɥalite] **nf** mutual insurance system.

**mutuel, -elle** [mytɥɛl] **1** **adj** mutual. ◊ **accord mutuel** mutual agreement; **par consentement mutuel** by mutual consent; **politique de concessions mutuelles** give-and-take policy; **société d'assurance mutuelle** mutual insurance company.
**2** **mutuelle** **nf** mutual benefit society, mutual ou contributory insurance company, ≈ Friendly Society. ◊ **mutuelle d'achats** mutual benefit purchasing society; **mutuelle d'assurance** mutual insurance society.

**mutuellement** [mytɥɛlmã] **adv** mutually.

**mystère** [mistɛʀ] **nm** (Pub) **campagne mystère** teaser campaign.

# N

**Nairobi** [neʀɔbi] **n** Nairobi.

**Namibie** [namibi] **nf** Namibia.

**namibien, -ienne** [namibjɛ̃, jɛn] **1 adj** Namibian.
**2 Namibien nm** (habitant) Namibian.
**3 Namibienne nf** (habitante) Namibian.

**nanti, e** [nɑ̃ti] **adj a** (riche) affluent, well-to-do. **b** (Jur) créancier secured. ◊ **créancier entièrement / partiellement nanti** full-secured / partly-secured creditor ; **obligation nantie** collateral trust bond ; **prêteur nanti par hypothèque** lender secured by a mortgage.

**nantir** [nɑ̃tiʀ] **vt a** (Jur) créancier to secure ; valeurs to pledge, secure. ◊ **nantir des titres en garantie de sommes avancées** to pledge securities as collateral for a loan ; **nantir des gages** to secure by pledge. **b nantir de qch** personne to provide with sth ; dispositif to equip with.

**nantissement** [nɑ̃tismɑ̃] **nm a** (gage) collateral (security). ◊ **déposer ou remettre ou fournir ou donner des titres en nantissement** to pledge securities, lodge stocks as security ou as collateral ou as cover ; **détenir en nantissement** to hold in pledge ; **emprunter sur nantissement** to borrow on security ; **garantir un emprunt par nantissement** to collateralize a loan ; **prêter sur nantissement** to lend ou loan (US) on collateral ; **avance sur nantissement** advance against security ; **contrat de nantissement** pledge agreement ; **droit de nantissement sur marchandises** lien on goods ; **effet en nantissement** collateral bill ; **prêt sur nantissement de marchandises** loan on security of goods. **b** (action) pledging. ◊ **nantissement sans dépossession** pledging without dispossession ; **nantissement sur créances / marchandises / titres** pledging of credit / goods / securities.

**natalité** [natalite] **nf** ◊ **(taux de) natalité** birth rate ; **régression ou recul de la natalité** lower birth rate, decline in the birth rate.

**nation** [nɑsjɔ̃] **nf** nation. ◊ **les Nations Unies** the United Nations ; **clause de la nation la plus favorisée** most favoured nation clause ; **nation créditrice / débitrice** creditor / debtor nation.

**national, e, mpl -aux** [nasjɔnal, o] **1 adj** (gén) national ; campagne, grève nationwide ; monnaie, production national, domestic ; marché domestic, home. ◊ **comptabilité nationale** national accounting ; **entreprise nationale** state-owned company, company in state ownership ; **l'économie nationale** the domestic ou national economy ; **produit national brut** gross national product ; **revenu national brut** gross national income. **2 nationaux nmpl** (ressortissants) nationals.

**nationalisable** [nasjɔnalizabl(ə)] **adj** entreprise targetted for nationalization.

**nationalisation** [nasjɔnalizasjɔ̃] **nf** nationalization.

**nationaliser** [nasjɔnalize] **vt** to nationalize. ◊ **entreprise nationalisée** state-owned ou government-owned (US) ou nationalized company ; **le secteur nationalisé** the nationalized sector.

**nationalité** [nasjɔnalite] **nf** nationality. ◊ **opter pour la nationalité française** to choose the French nationality ; **prendre la nationalité française** to become a French citizen ou national ; **double nationalité** dual nationality ; **acte de nationalité** (Mar) certificate of registry.

**naturalisation** [natyʀalizasjɔ̃] **nf** naturalization. ◊ **décret de naturalisation** naturalization certificate.

**naturalisé, e** [natyʀalize] **adj** ◊ **être naturalisé(e) Français(e)** to be a naturalized Frenchman (ou Frenchwoman).

**naturaliser** [natyʀalize] **vt** to naturalize. ◊ **se faire naturaliser Francais** to obtain French citizenship.

**nature** [natyʀ] **nf** **a** (Fin) kind. ◊ **avantages / paiement / compensation en nature** benefits / payment / compensation in kind; **remise en nature** natural rebate. **b** (type) nature, type, kind. ◊ **nature du contenu** nature of contents; **nature d'une entreprise** type ou kind of business; **nature de l'impôt** type of taxation.

**naturel, -elle** [natyʀɛl] **adj** ressources, risques natural. ◊ **départs naturels** natural wastage.

**naufrage** [nofʀaʒ] **nm** [navire] wreck; [projet] foundering. ◊ **le gouvernement essaie de sauver l'industrie sidérurgique du naufrage** the government is striving to salvage ou keep afloat the steel industry.

**naufrageur** [nofʀaʒœʀ] **nm** ◊ **les naufrageurs de l'économie** the wreckers of the economy.

**naval, e, mpl -als** [naval] **adj** ◊ **chantier naval** shipbuilding yard, shipyard; **les constructions navales** shipbuilding, the shipbuilding industry; **ouvrier des chantiers navals** shipyard worker.

**navette** [navɛt] **nf** shuttle. ◊ **il y a une navette avec l'aéroport** they operate a shuttle service with the airport.

**navigabilité** [navigabilite] **nf** ◊ (**état de**) **navigabilité** [navire] seaworthiness; [avion] airworthiness; **en état de navigabilité** navire seaworthy; avion airworthy; **certificat de navigabilité** [navire] certificate of seaworthiness; [avion] certificate of airworthiness.

**navigable** [navigabl(ə)] **adj** rivière navigable.

**navigant, e** [navigɑ̃, ɑ̃t] **adj, nm** ◊ **le personnel navigant, les navigants** (Mar) seagoing personnel; (Aviat) flying personnel.

**navigation** [navigɑsjɔ̃] **nf** **a** (Mar) sailing, navigation. ◊ **navigation au long cours** ocean navigation; **navigation au tramping** tramp navigation; **navigation côtière / hauturière / intérieure** ou **fluviale** coastal / deep-sea / inland navigation; **navigation au cabotage** coasting ou coastal navigation; **compagnie de navigation** shipping company. **b** (Aviat) **navigation aérienne** aerial navigation; **compagnie de navigation aérienne** airline company.

**naviguer** [navige] **vi** [navire] to sail; [pilote] to navigate.

**navire** [naviʀ] **1** **nm** ship, vessel. ◊ **affréter / armer un navire** to charter / fit out a ship;

**clause "navire du même assuré"** sister-ship clause; **franco le long du navire** free alongside ship. **2** **comp navire abordeur** (Ass Mar) colliding ship. – **navire amiral** flagship. – **navire de charge** cargo ship, freighter. – **navire-citerne** tanker. – **navire collecteur** feeder vessel. – **navire de commerce** merchant ship ou vessel, merchantman. – **navire en cueillette** tramp. – **navire frigorifique** cold storage ship. – **navire en partance** outward bound vessel. – **navire en retour** homeward bound vessel. – **navire marchand** merchant ship ou vessel, merchantman. – **navire mixte** cargo and passenger ship. – **navire à ordre** ship under orders. – **navire porte-conteneurs** container ship. – **navire transbordeur** transporter ship. – **navire transporteur** carrying vessel. – **navire-usine** factory ship.

**NB** abrév de *Nota bene, notez bien* nota bene, NB.

**nbr.** abrév de *nombreux*.

**NC** **a** abrév de *non communiqué*. **b** abrév de *non coté*.

**n.d.** **a** abrév de *non daté*. **b** abrév de *non disponible*.

**N'Djamena** [ndʒamena] **n** Ndjamena ou N'djamena.

**néant** [neɑ̃] **nm** (Admin) nil. ◊ **état néant** (sur formulaire) nil return.

**nécessaire** [nesesɛʀ] **1** **adj** necessary. ◊ **pièces nécessaires** (de rechange) necessary spare parts; (Admin) documents required. **2** **nm** ◊ **faire le nécessaire** to do what is necessary ou required ou needed; **veuillez faire le nécessaire pour que...** please see to it that...

**nécessité** [nesesite] **nf** necessity. ◊ **nécessités d'approvisionnement** supply needs; **nécessités de service** service ou operational requirements; **nécessités de trésorerie** borrowing requirements; **clos par nécessité** sealed as required.

**nécessiter** [nesesite] **vt** to require, necessitate, call for.

**nécessiteux** [nesesitø] **nmpl** ◊ **les nécessiteux** the needy, the poor.

**néerlandais, e** [neɛʀlɑ̃dɛ, ɛz] **1** **adj** Dutch. **2** **nm** (langue) Dutch. **3** **Néerlandais nm** (habitant) Dutchman. ◊ **les Néerlandais** the Dutch. **4** **Néerlandaise nf** (habitante) Dutchwoman.

**négatif, -ive** [negatif, iv] **1** **adj** choix, impact, aspect negative. ◊ **balance commerciale**

**négative** negative trade balance; **conséquences négatives** adverse effects; **épargne négative** negative saving; **impôt négatif** negative income tax; **en cas de réponse négative de votre part** should you answer in the negative. 2 **négative** nf ◊ **répondre par la négative** to reply in the negative.

**négativement** [negativmã] adv negatively. ◊ **répondre négativement** to answer in the negative.

**négligeable** [negliʒabl(ə)] adj incidence, frais negligible.

**négligence** [negliʒãs] nf negligence, carelessness. ◊ **erreur due à une négligence** error due to an oversight; **négligence criminelle / grave / légère / professionnelle** criminal / gross / slight / professional negligence; **clause de négligence** negligence clause.

**négligent, e** [negliʒã, ãt] adj careless, negligent, neglectful.

**négliger** [negliʒe] vt to neglect.

**négoce** [negɔs] nm trade, business, trading. ◊ **faire le négoce de** to trade ou deal in; **le petit négoce** small business; **le négoce du pétrole** oil trading; **marge de négoce** (Bourse) trading margin.

**négociabilité** [negɔsjabilite] nf negotiability.

**négociable** [negɔsjabl(ə)] adj chèque, titre, traite negotiable; (Bourse) traded, negotiable. ◊ **négociable en banque** bankable; **actif négociable** liquid asset; **marchandises négociables** goods of a marketable quality; **options négociables** traded options.

**négociant, e** [negɔsjã, ãt] nm,f (gén) merchant; (Bourse) trader. ◊ **négociant en gros** wholesaler, wholesale dealer; **négociant exportateur / importateur** import / export merchant; **négociant en vin** (wholesale) wine merchant.

**négociateur, -trice** [negɔsjatœʀ, tʀis] nm,f negotiator, bargainer.

**négociation** [negɔsjasjõ] 1 nf negotiation. ◊ **engager** ou **entamer des négociations** to enter into ou open ou start negotiations ou talks. **rompre les négociations** to break off negotiations; **des négociations se déroulent actuellement** ou **sont en cours** negotiations are now in progress ou are proceeding; **mener** ou **conduire une négociation** to carry out ou conduct a negotiation; **les négociations traînent en longueur** the talks are dragging on; **base de négociation** basis for negotiation; **pouvoir de négociation** bargaining power; **en cours de négociation** under negotiation; **les délégués syndicaux ont refusé de s'asseoir à la table des négociations** the union representatives

refused to take part in the round-the-table negotiations. 2 comp **négociation de blocs** block trading. – **négociation de change** exchange transaction. – **négociations collectives** collective bargaining. – **négociations commerciales** trade negotiations ou talks. – **négociation au comptant** (Bourse) cash transaction. – **négociation hors Bourse** curbstone dealing. – **négociations paritaires** joint consultations. – **négociation à prime** (Bourse) option deal. – **négociations salariales** wage negotiations ou talks ou round. – **négociations tarifaires** negotiations on customs duties, tax round. – **négociation à terme** (Bourse) dealing for the settlement ou for the account; (Bourse de marchandises) forward ou future transaction.

**négocier** [negɔsje] 1 vti (gén, Fin) to negotiate. ◊ **être en position de force pour négocier** to be in a good position to bargain; **cette question sera négociée séparément** there will be separate negotiations on this question. 2 **se négocier** vpr [titres] to trade, be negotiated (à at).

**négrier** [negʀije] nm (employeur) slave driver.

**néo-calédonien, -ienne** [neɔkaledɔnjɛ̃, jɛn] 1 adj New Caledonian. 2 **Néo-Calédonien** nm (habitant) New Caledonian. 3 **Néo-Calédonienne** nf (habitant) New Caledonian.

**néo-capitalisme** [neɔkapitalism(ə)] nm neo-capitalism.

**néo-capitaliste** [neɔkapitalist(ə)] adj, nmf neocapitalist.

**néo-colonialisme** [neɔkɔlɔnjalism(ə)] nm neocolonialism.

**néo-libéralisme** [neɔlibeʀalism(ə)] nm neo-liberalism.

**néo-restauration** [neɔʀɛstɔʀɑsjõ] nf new catering.

**néo-zélandais, e** [neɔʒelɑ̃dɛ, ɛz] 1 adj New Zealand. 2 **Néo-Zélandais** nm (habitant) New Zealander. 3 **Néo-Zélandaise** nf (habitante) New Zealander.

**Népal** [nepal] nm Nepal.

**népalais, e** [nepalɛ, ɛz] 1 adj Nepalese, Nepali. 2 nm (langue) Nepalese, Nepali. 3 **Népalais** nm (habitant) Nepalese, Nepali. 4 **Népalaise** nf (habitante) Nepalese, Nepali.

**nerveux, -euse** [nɛʀvø, øz] adj marché nervous, fidgety, jumpy.

**nervosité** [nɛʀvozite] **nf** nervousness, agitation. ◊ **la Bourse fait preuve d'une certaine nervosité** the stock market is rather nervous ou jumpy.

**net, nette** [nɛt] **1** **adj** **a** (Comm) montant, poids, revenu, valeur net. ◊ **ce pays a toujours été un exportateur net de produits manufacturés** this country has always been a net exporter of manufactures; **percevoir un salaire net de 20 000 F par mois** to get F20,000 clear a month; **nous avons réalisé des bénéfices nets de 750 000 F** we netted F750,000 in profits; **somme nette d'impôts / de droits** tax-free / duty-free amount; **actif net** net assets; **bénéfice net par action** (net) earnings per share; **bénéfice net après impôts** after tax profit; **chiffre d'affaires net** net sales; **couverture nette** (Pub) net reach; **marge nette** net margin; **perte nette** net loss; **poids net à l'emballage** net weight when unpacked; **poids net embarqué** loaded net weight; **prix net** inclusive ou net ou all-in price; **produit net** net proceeds; **recettes nettes** net receipts; **rendement net** net yield ou return. **b** (sensible) amélioration sharp, significant, noticeable, marked.
**2** **adv** (Comm) net. ◊ **cela fait 500 F net, cela fait net 500 F** it amounts to F 500 net.
**3** **nm** (salaire) net wage. ◊ **net à payer** (sur bulletin de salaire) net pay; (sur facture) net, cash.

**netback** [nɛtbak] **nm** netback. ◊ **opérations netback** netback deals.

**neuf, neuve** [nœf, nœv] **1** **adj** new. ◊ **à l'état neuf** as (good as) new.
**2** **nm** (Ass) **sans déduction du vieux au neuf** without deduction new for old.

**neutralité** [nøtralite] **nf** ◊ **neutralité fiscale** non-discriminatory tax treatment, impartial application of taxes.

**neuvième** [nœvjɛm] **adj, nmf** ninth; → sixième.

**neuvièmement** [nœvjɛmmɑ̃] **adv** ninthly, in the ninth place.

**New Delhi** [njudɛli] **n** New Delhi.

**NF** **a** abrév de *norme française* → norme. **b** abrév de *nouveau(x) franc(s)* → franc.

**Niamey** [njamɛ] **n** Niamey.

**Nicaragua** [nikaragwa] **nm** Nicaragua.

**nicaraguayen, -yenne** [nikaragwajɛ̃, jɛn] **1** **adj** Nicaraguan.
**2** **Nicaraguayen** **nm** (habitant) Nicaraguan.
**3** **Nicaraguayenne** **nf** (habitante) Nicaraguan.

**Niger** [niʒɛʀ] **nm** Niger.

**Nigeria** [niʒɛʀja] **nm** Nigeria.

**nigérian, e** [niʒɛʀjɑ̃, an] **1** **adj** Nigerian.
**2** **Nigérian** **nm** (habitant) Nigerian.
**3** **Nigériane** **nf** (habitante) Nigerian.

**nigérien, -ienne** [niʒeʀjɛ̃, jɛn] **1** **adj** of ou from Niger.
**2** **Nigérien** **nm** (habitant) inhabitant ou native of Niger.
**3** **Nigérienne** **nf** (habitante) inhabitant ou native of Niger.

**nippon, nippone** ou **nipponne** [nipɔ̃, nipɔn] **adj** Japanese.

**niveau, pl -x** [nivo] **1** **nm** **a** (gén) level. ◊ **ingénieur de haut niveau** top-level ou top-flight engineer; **négociations au plus haut niveau** ou **au niveau le plus élevé** top-level negotiations; **au niveau de l'atelier** at workshop level; **au niveau de la direction** at managerial level; **délégation de haut niveau** high grade delegation; **la décision a été prise au niveau ministériel** the decision was taken at cabinet level; **être au même niveau que les autres candidats** to be level with the other applicants; **maintenir à niveau les prix agricoles** to keep up farm prices; **mettre à niveau** to (make) level; **le cours du pétrole a trouvé un niveau de résistance après une forte baisse** the oil market has levelled off after a severe drop; **le taux du fret est maintenu à un niveau moins élevé pour les marchandises entrant dans le pays** freight rates are payed at lower levels for goods shipped into the country; **atteindre son plus bas / haut niveau** to reach one's low / high, reach an all-time low / high; **le chômage a atteint son niveau le plus élevé** ou **son niveau record** unemployment has peaked out; **les cours du pétrole sont tombés à leur niveau le plus bas** oil prices have reached a new low ou have bottomed out. **b** (compétence) standard. ◊ **son italien est d'un bon niveau** his Italian is of a good standard; **ils exigent un niveau très élevé pour ce poste** they have set a high standard for this job; **il n'est pas au niveau** he is not up to standard.
**2** **comp** **niveau d'alerte** [commande] emergency order level. – **niveau de confiance** confidence level. – **niveau de décision** decision-making level. – **niveau de développement** development stage. – **niveau de l'emploi** employment level. – **niveau d'études** educational level, academic standard. – **niveau hiérarchique** level in the hierarchy. – **niveau normal d'activité** normal business volume. – **niveau de planification** planning level. – **niveau de production** production ou output level. – **niveau de qualification** ability level. – **niveau de qualité** quality level. – **niveau de réapprovisionnement** ou **de recomplètement** ordering ou reordering point, reorder ou replenishing level. – **niveau record** record level. – **niveau**

**des rémunérations** wage level. **– niveau de rendement** production ou output level. **– niveau de résistance** (Bourse) resistance level. **– niveau des salaires** wage level. **– niveau de service** customer service level. **– niveau de support** (Bourse) support level. **– niveau de vie** standard of living. **– niveau de volatilité** (Bourse) volatility level.

**nivelage** [nivlaʒ] **nm** levelling out, evening out.

**niveler** [nivle] **vt** prix, salaires, différences sociales to level ou even out. ◊ **niveler par le bas** to level down.

**nivellement** [nivɛlmã] **nm** [prix, salaires] levelling out, evening out. ◊ **opérer un nivellement par le bas** to level down.

**NN** abrév de *nouvelles normes* → norme.

**Nᵒ** abrév de *numéro* No.

**nocturne** [nɔktyʀn(ə)] **nf** [magasin] late opening ou closing. ◊ **nous ouvrons en nocturne le mercredi jusqu'à 21 heures** we are open till 9.00 p.m. on Wednesdays, we have a late opening till 9.00 p.m. on Wednesdays.

**noir, e** [nwaʀ] **1** adj black. ◊ **caisse noire** slush fund, bribery fund ; **marché noir** black market ; **point noir** black spot, trouble spot. **2** nm black. ◊ **acheter / vendre au noir** to buy / sell on the black market ; **payer qn au noir** to pay sb off the books ; **travail au noir** moonlighting ; **travailler au noir** to moonlight ; **travailleur au noir** moonlighter, unregistered worker ; **la balance commerciale de la France est retournée dans le noir** France's trade balance returned to the black.

**nolisement** [nɔlizmã] **nm** chartering, freighting.

**noliser** [nɔlize] **vt** to charter, freight.

**nom** [nɔ̃] **1** nm name. ◊ **il a agi au nom de l'entreprise** he acted on behalf of the firm ; **le chèque est libellé au nom de** the cheque is drawn ou made out to the order of ; **ouvrir un compte à son nom** to open an account to one's order ; **la société est à son nom** the company is registered in ou under his name ; **société en nom collectif** general partnership ; **erreur de nom** misnomer. **2** comp **nom commercial** corporate name. **– nom déposé** registered trade name. **– nom de famille** surname. **– nom de femme mariée** married name. **– nom de jeune fille** maiden name. **– nom de marque** trade name. **– nom et prénom** full name.

**nombre** [nɔ̃bʀ(ə)] **nm** number. ◊ **nombre indice** index number ; **nombre d'expositions** (Pub) exposure level ; **achat en nombre** bulk ou quantity purchase, bulk-buying ; **envoi en nombre** (opération) mailing ; (sur une lettre) bulk mail ; **le nombre de chômeurs est inquiétant** the unemployment figure is worrying.

**nomenclature** [nɔmãklatyʀ] **nf** (gén) list ; (catalogue) catalogue list ; [pièces détachées] parts list. ◊ **nomenclature douanière** ou **des douanes** customs classification ou schedule ; **nomenclature d'activités économiques** classification by kind of economic activity ; **nomenclature des fonctions** classification by purpose ; **nomenclature tarifaire** tariff schedule ; **numéro de nomenclature** catalogue number.

**nominal, e, mpl -aux** [nɔminal, o] **adj** nominal. ◊ **appel nominal** roll call ; **faire l'appel nominal** to call the roll, call over ; **capital nominal** authorized ou nominal capital ; **rendement / salaire nominal** nominal yield / wage ; **revenu nominal** money income ; **valeur nominale** face ou nominal value, face amount (US).

**nominatif, -ive** [nɔminatif, iv] **adj** titre boursier registered ; liste nominal. ◊ **action nominative** registered ou non-transferable share ; **porteurs d'actions nominatives** registered shareholders ; **connaissement nominatif** B / L to a named person, straight bill (US) ; **état nominatif** nominal roll ; **police nominative** policy to named person ; **la carte d'abonnement est nominative** the season ticket is not transferable.

**nomination** [nɔminasjɔ̃] **nf** appointment. ◊ **recevoir sa nomination** to be appointed (à to).

**nommer** [nɔme] **vt** fonctionnaire, cadre, expert to appoint (à un poste to a post).

**non** [nɔ̃] **1** préf non-, un-. **2** comp **non-acceptation** nf (gén) refusal ; [traite] dishonour, non-acceptance. **– non-accomplissement** nm non-fulfilment, non-completion. **– non actif, ive** adj : **population non active** non-working ou inactive population. **– non-activité** nf non-activity. **– non adressable** adj (Inf) non-addressable. **– non-affecté** nf [sommes] retained, unallotted. **– non aligné, e** adj non-aligned ; **les pays non alignés** the non-aligned countries. **– non amorti, e** adj : **obligations non amorties** outstanding bonds. **– non amortissable** adj unredeemable, irredeemable. **– non appelé, e** adj uncalled. **– non assermenté, e** adj not under oath. **– non bancable** adj unbankable. **– non bancaire** adj non-bank ; **établissement** ou **institution non bancaire** non-bank (institution). **– non cessible** adj non-transferable. **– non-comparution** nf (Jur) non-appearance. **– non-conciliation** nf refusal to settle out of court. **– non-confir-**

**mation** nf non-confirmation. – **non-conformité** nf non-conformity. – **non-consommateur** nm : **non-consommateur absolu** absolute non-user. – **non convertible** adj non-convertible. – **non coté, e** adj (Bourse) (non admis à la cote) unlisted ; (sans cotation) unquoted ; (Mar) non-classed. – **non couvert, e** adj emprunt undersubscribed. – **non cumulatif, -ive** adj non-cumulative. – **non daté, e** adj undated. – **non déclaré, e** adj undeclared ; (Douanes) unentered. – **non dédouané, e** adj uncleared. – **non déductible** adj non-deductible. – **non disponible** adj unavailable. – **non distribué, e** adj (Fin) dividende undistributed, retained ; (Poste) lettre undelivered. – **non durable** adj non-durable. – **non échu, e** adj traite unmatured ; contrat expired, non-terminated. – **non emballé** adj unpacked. – **non-exécution** nf non-fulfilment, non-completion, non-performance. – **non-gage** nm : attestation de non-gage non-lien affidavit. – **non-garanti, e** adj unsecured. – **non-gréviste** nmf non-striker. – **non honoré, e** adj (Fin) dishonoured, defaulted (US). – **non immédiat, e** adj : disponibilités non immédiates (Fin) slow assets. – **non imposable** adj personne non-taxable, non-assessable ; produit tax free. – **non-imposition** nf non-assessment. – **non-ingérence** nf non-interference. – **non-intervention** nf non-interference. – **non libéré, e** adj (Fin) unpaid ; **non entièrement libéré** partly paid-up. – **non-lieu** nm non-suit, no ground for prosecution, exoneration (US) ; **bénéficier d'un non-lieu** to be discharged for lack of evidence ; **rendre une ordonnance de non-lieu** to direct a non-suit. – **non-liquidité** nf illiquidity. – **non-livraison** nf non-delivery. – **non lucratif** adj non-profit ; **association à but non lucratif** non-profit association, not-for-profit organization. – **non membre** adj non-member. – **non négociable** adj (Fin) effet non-negotiable ; (Comm) marchandises unmarketable. – **non-paiement** nm non-payment, default. – **non professionnel, elle** adj revenus unearned. – **non productif, -ive** adj non-productive. – **non-recevoir** nm : fin de non-recevoir refusal ; **opposer une fin de non-recevoir** (Jur) to put in a plea in bar. – **non-reconduction** nf [contrat] failure, to renew. – **non récupérable** adj expendable. – **non remboursable** adj non-refundable ; obligation non remboursable non-callable ou irredeemable bond. – **non rentable** adj unprofitable. – **non résident, e** adj non-resident. – **non-respect** nm : **non-respect du contrat** non-fulfilment of contract. – **non-responsabilité** nf : clause de non-responsabilité non-liability clause. – **non-rétablissement** nm : clause

de non-rétablissement not to compete agreement. – **non salarial, e** adj [revenus] unearned, non-wage-earned. – **non-salarié, e** nmf non-wage-earning person. – **non-satisfaction** nf non-satisfaction, dissatisfaction ; **remboursement garanti en cas de non-satisfaction** money refunded if not satisfied. – **non signataire** adj : Etat non signataire non-signatory state. – **non-syndiqué, e** nm,f non-union worker ou member ; **les non-syndiqués** non-unionized labour. – **non tarifaire** adj non-tariff ; **barrières non tarifaires** non-tariff barriers. – **non-valeur** nf (Fin) bad debt ; (Jur) improductiveness ; (Bourse) worthless security ; (Bourse de marchandises) unmarketable ou unsaleable goods. – **non-vente** nf no sale.

**nord-africain, e** [nɔʀafʀikɛ̃, ɛn] **1** adj North African.
**2** **Nord-Africain** nm (habitant) North African.
**3** **Nord-Africaine** nf (habitante) North African.

**nord-américain, e** [nɔʀameʀikɛ̃, ɛn] **1** adj North American.
**2** **Nord-Américain** nm (habitant) North American.
**3** **Nord-Américaine** nf (habitante) North American.

**nord-coréen, -éenne** [nɔʀkɔʀeɛ̃, ɛn] **1** adj North Korean.
**2** **Nord-Coréen** nm (habitant) North Korean.
**3** **Nord-Coréenne** nf (habitante) North Korean.

**normal, e, mpl -aux** [nɔʀmal, o] adj (gén) normal ; taille, poids standard. ◊ **année normale d'exploitation** standard business year ; **échantillon normal** average sample.

**normalisation** [nɔʀmalizasjɔ̃] nf [produits] standardization.

**normaliser** [nɔʀmalize] vt produits, procédure to standardize. ◊ **barème normalisé des salaires** standard rate of pay.

**normatif, -ive** [nɔʀmatif, iv] adj normative. ◊ **économie normative** normative economics.

**norme** [nɔʀm(ə)] **1** nf standard, norm. ◊ **accord sur les normes** standardization agreement ; **s'écarter de la norme** to deviate from the norm ; **être conforme aux normes** to be up to standards, be up to specifications, comply with the norms ; **nouvelles normes** new standards ; **satisfaire aux normes en vigueur** to meet current standards.
**2** comp **norme communautaire** EEC norm. – **normes comptables** accounting

standards. — **normes d'exécution** standards of performance. — **norme française** French (industrial) standard. — **normes de présentation** (Compta) disclosure standards. — **normes de prix de revient** cost standards. — **norme de production** production standard. — **norme de productivité** performance standard. — **norme publicitaire** advertising standard. — **norme de qualité** quality standard. — **normes de révision** auditing standards. — **normes de sécurité** safety standards. — **normes de vérification** auditing standards.

**Norvège** [nɔʀvɛʒ] **nf** Norway.

**norvégien, -ienne** [nɔʀveʒjɛ̃, jɛn] **1 adj** Norwegian. **2 nm** (langue) Norwegian. **3 Norvégien nm** (habitant) Norwegian. **4 Norvégienne nf** (habitante) Norwegian.

**notable** [nɔtabl(ə)] **adj** amélioration noticeable, significant, marked.

**notablement** [nɔtabləmɑ̃] **adv** notably, significantly, markedly.

**notaire** [nɔtɛʀ] **nm** ≈ solicitor (GB), lawyer, notary (public). ◊ **frais de notaire** lawyer's fees; **dresser par-devant notaire** to draw up before a lawyer ou a solicitor (GB).

**notarial, e, mpl -aux** [nɔtaʀjal, o] **adj** notarial.

**notarié, e** [nɔtaʀje] **adj** drawn up by a lawyer ou a solicitor (GB). ◊ **acte notarié** deed *executed and authenticated by a lawyer*.

**notation** [nɔtasjɔ̃] **nf** (évaluation) rating, assessment. ◊ **agence de notation** rating agency; **notation AAA** triple A rating; **notation du personnel** personnel evaluation ou rating, merit rating.

**note** [nɔt] **1 nf a** (facture) [électricité] bill, account; [hôtel] bill, check. ◊ **régler la note** to pay ou settle the bill; **préparer la note** to make out the bill; **mettez-le sur ma note** put it ou charge it on my bill. **b** (annotation) note. ◊ **prendre des notes** to take down notes; **prendre qch en note** to note down ou jot down sth; **prendre bonne note de** to take due note of; **prendre note d'une commande** to book an order. **c** (avis, notice) note, memo, memorandum. **d** (évaluation) mark. ◊ **donner une note à un employé** to grade ou rate en employee. **e** (Mus, fig) note. ◊ **être dans la note** to strike the right note; **la séance a fini sur une note plus soutenue** (Bourse) trading endend on a brighter note, the tone was brighter at the close. **2 comp note d'avoir** credit note. — **note en bas de page** footnote. — **note de calibrage** measurement list. — **note de chargement** (Mar) shipping note, loading schedule. — **notes complémentaires**

(Compta) notes to financial statements. — **note de couverture** (Ass) cover(ing) note, provisional policy. — **note de crédit** credit note. — **note de débit** debit note, debit memo (US). — **note de détail** (Douanes) packing list. — **note d'expédition** dispatch note, consignment note. — **note de frais** expenses, expense account. — **note d'honoraires** fees. — **note d'information** (gén) memo, (Bourse) prospectus. — **note marginale** marginal note. — **note d'orientation** guidelines. — **note de service** memorandum.

**noter** [nɔte] **vt a** (écrire) rendez-vous to write down, note down. ◊ **veuillez noter notre nouvelle adresse** please note our new address. **b** (évaluer) employé to grade. ◊ **bien / mal noté** highly / poorly rated.

**notice** [nɔtis] **1 nf** (feuillet) sheet; (brochure) leaflet, brochure; (manuel) manual; (Bourse) prospectus. **2 comp notice d'entretien** service manual, maintenance sheet. — **notice explicative** instruction manual, directions for use, explanatory leaflet. — **notice publicitaire** advertising brochure. — **notice technique** specification ou spec sheet.

**notificatif, -ive** [nɔtifikatif, iv] **adj** notifying. ◊ **lettre notificative** letter of notification.

**notification** [nɔtifikasjɔ̃] **nf** notification, notice. ◊ **recevoir notification de** to be notified of, receive notification of; **notification d'opposition** caveat; **notification de redressement (fiscal)** reassessment notice.

**notifier** [nɔtifje] **vt** to notify. ◊ **notifier qch à qn** to notify sb of sth, notify sth to sb; **notifier une citation** (Jur) to serve a summons (à qn (up)on sb).

**notionnel, -elle** [nosjɔnɛl] **1 adj m** ◊ **contrat notionnel** long-gilt contract. **2 nm** (Bourse) long-gilt.

**notoriété** [nɔtɔʀjete] **nf** (réputation) fame. ◊ **notoriété de la marque** (Mktg) brand awareness ou recognition; **crédit sur notoriété** (Fin) unsecured credit.

**nouveau, nouvelle, mpl -x** [nuvo, nuvɛl] **adj** new. ◊ **nouveau venu** newcomer; **les nouveaux arrivants sur le marché du travail** new entrants on the labour market; **nouvelles activités** new business; **nouvelle émission** (Fin) new issue; **les nouveaux pauvres** the new poor; **les nouveaux pays industrialisés** the new(ly) industrialized countries, the NIC's; **une nouvelle progression des taux d'intérêts** a further rise in interest rates; **jusqu'à nouvel avis** until further notice; **report à nouveau** (Compta) balance brought forward; **solde à nouveau** (Compta) balance carried forward.

**nouveauté** [nuvote] **nf** (caractère) change, novelty, innovation; (élément) new element, addition. ◊ **la dernière nouveauté** the latest thing ou fashion; **les nouveautés du Salon de l'auto** the new models of the car show.

**nouvelle** [nuvɛl] **nf** news. ◊ **assurance sur bonnes ou mauvaises nouvelles** insurance "ship lost or not lost".

**Nouvelle-Calédonie** [nuvɛlkaledɔnjɛ̃, jɛn] **nf** New Caledonia.

**Nouvelle-Zélande** [nuvɛlzelɑ̃d(ə)] **nf** New Zealand.

**novateur, -trice** [nɔvatœR, tRis] **adj** innovative, innovatory.

**novation** [nɔvasjɔ̃] **nf** (Jur) *substitution of a new obligation to an old one*, novation. ◊ **novation de créance** substitution of debt.

**novembre** [nɔvɑ̃bR(ə)] **nm** November; → septembre.

**novotique** [nɔvɔtik] **nf** new technology.

**noyau, pl -x** [nwajo] **nm** ◊ **noyau dur** (Fin) [actionnaires] hard core (of stable shareholders), core shareholders ou investors; **noyau d'acheteurs fidèles** (Mktg) hard-core loyalty.

**NPI** [ɛnpei] **nmpl** abrév de *nouveaux pays industriels* NIC.

**N / Réf** abrév de *notre référence* our reference, our ref.

**NSP** abrév de *ne sais pas* (dans les sondages) don't know *in opinion polls*.

**NU** abrév de *Nations Unies* UN.

**nu, nue** [ny] **adj** ◊ **affrètement en coque nue** (Mar) bare boat charter, net charter; **nu-propriétaire** (Jur) bare owner; **nue-propriété** (Jur) bare ownership, ownership without usufruct.

**nucléaire** [nykleɛR] **1 adj** nuclear. ◊ **centrale nucléaire** nuclear plant; **énergie nucléaire** nuclear energy ou power. **2 nm** ◊ **le nucléaire** (technologie) nuclear technology; (énergie) nuclear power; **le nucléaire couvre 20% de la consommation du pays** the nuclear industry provides 20% of the country's energy consumption.

**nuire** [nɥiR] **vi** ◊ **nuire à** to damage, harm. ces **arrêts de travail nuisent à notre image de marque** these work stoppages are detrimental ou prejudicial to our corporate image.

**nuisance** [nɥizɑ̃s] **nf** pollution, nuisance. ◊ **nuisances industrielles** industrial pollution.

**nuisible** [nɥizibl(ə)] **adj** detrimental, harmful, prejudicial (à to).

**nuit** [nɥi] **nf** night. ◊ **coffre / travail / tarif de nuit** night safe / work / rate; **équipe de nuit** nightshift, nightgang; **être de nuit** to be on nightshift; **prime de nuit** nightshift premium, night differential.

**nuitée** [nɥite] **nf** bed-night. ◊ **nuitée-affaires / -vacances** business / tourist bed-night.

**nul, nulle** [nyl] **adj** ◊ **nul et non avenu** (Jur) null and void; **veuillez considérer notre dernière commande comme nulle et non avenue** please consider our last order as cancelled; **la non-observation de cette clause rend le contrat nul** the non-observance of this clause vitiates ou nullifies ou invalidates this contract; **solde nul** nil balance.

**nullité** [nylite] **nf** (Jur) nullity, invalidity. ◊ **nullité de plein droit** nullity as of right; **action en nullité** action for voidance of contract; **cas de nullité** case of nullity; **demande en nullité** plea in nullity; **frapper une clause de nullité** to render a clause void; **motif de nullité** nullifying motive; **recours en nullité** appeal on grounds of nullity.

**numéraire** [nymeRɛR] **1 adj** ◊ **espèces numéraires** legal currency; **valeur numéraire** legal tender value, face value. **2 nm** specie, cash. ◊ **actions de numéraire** cash shares; **apport en numéraire** cash ou capital contribution; **avance en numéraire** cash advance; **caution en numéraire** surety in cash; **paiement** ou **versement en numéraire** cash payment, payment in specie.

**numérique** [nymeRik] **adj** (gén, Fin) numerical; (Ordin) digital. ◊ **calculateur / clavier numérique** digital computer / keyboard; **analyse / classement numérique** numerical analysis / filing; **données numériques** numerical data, figures; **à commande numérique** numerically controlled.

**numériser** [nymeRize] **vt** to digitize.

**numériseur** [nymeRizœR] **nm** ⓐ digitizer.

**numéro** [nymeRo] **nm** ⓐ (gén) number. ◊ **numéro d'agence** (Banque) sort code; **numéro d'appel / de compte / d'immatriculation / de référence** phone / account / registration / reference number; **numéro de code** key-number [carte de crédit] pin number; **composer un numéro** (Téléc) to dial a number; **vous pouvez me joindre au numéro suivant** you can reach me by calling the following number; **numéro d'immatriculation à la Sécurité sociale** national insurance ou social security number; **numéro d'appel gratuit, numéro de libre appel, numéro vert** toll-free number; **numéro de lot** batch number; **numéro d'ordre** serial number; **numéro de série** serial number; **le numéro un mondial de l'industrie automobile** the world leader in auto-making; **le numéro un**

**du marché** the dominant leader. **b** (Presse) issue, number. ◊ **dernier numéro** latest issue; **numéros couplés** combined issues; **numéro complémentaire** special issue.

**numérotage** [nymeʀɔtaʒ] **nm** numbering.

**numérotation** [nymeʀɔtasjɔ̃] **nf** numbering.

**numéroter** [nymeʀɔte] **vt** to number.

**nuptialité** [nypsjalite] **nf** ◊ **taux de nuptialité** marriage rate.

# O

**OACI** [oasei] **nf** abrév de *Organisation de l'aviation civile internationale* ICAO.

**OAT** [oate] **nf** abrév de *obligation assimilable du Trésor* → obligation.

**obérer** [ɔbeʀe] **vt** to burden with debt. ◊ **obérer les finances** to weigh heavily on the finances.

**objectif, -ive** [ɔbʒɛktif, iv] **1** **adj** analyse, compte rendu objective, unbiased.
**2** **nm** objective, purpose, target, goal.
◊ **atteindre son objectif, tenir ses objectifs** to reach one's target ; **fixer un objectif** to set ou fix a target ; **nos ventes correspondent exactement aux objectifs** our sales are dead on target ; **nous avons fixé des objectifs ambitieux pour nos vendeurs** we've set ambitious goals for our salesmen ; **fixation d'objectifs** target setting, setting of objectives ; **conflit d'objectifs** conflict of targets ; **objectif à long / court terme** long / short term objective ; **direction par objectifs** management by objectives.
**3** **comp objectif ciblé sur le marché** market-oriented objective. − **objectif ciblé sur le produit** product-oriented objective. − **objectif-consommateur** consumer-objective. − **objectif de croissance** growth target ; **revoir ou réviser les objectifs de croissance à la baisse / à la hausse** to revise one's growth targets upwards / downwards. − **objectif de dépenses** spending target. − **objectif de l'entreprise** corporate objective ou goal. − **objectif d'exploitation** operating target. − **objectif d'impact** impact objective. − **objectif opératoire** operating objective. − **objectif de prix** price target. − **objectif de production** production target. − **objectif de profit** profit goal. − **objectif de rendement** performance target.

− **objectif stratégique** strategic objective.
− **objectif tactique** tactical objective.
− **objectif de vente** sales target.

**objet** [ɔbʒɛ] **nm**  **a** (produit) object, article, item. ◊ **objet de correspondance** (Poste) postal packet ; **objet de luxe** article of luxury, luxury article, de luxe article ; **objets de valeur** valuables ; **objets publicitaires** promotional articles ou items. **b** (sujet) [discussion, négociation, litige] subject. ◊ **votre réclamation est sans objet** your claim is groundless ou unfounded ; **ce type de transaction fait l'objet d'une réglementation sévère** this type of transaction is strictly regulated ; **ces produits ne font l'objet d'aucune taxe** these products are duty-free ; **les titres de ce secteur ont fait l'objet de ventes massives** there was some heavy selling of the securities in this sector ; **les articles endommagés ne font pas l'objet de cette facture** the goods damaged are not included in this invoice. **c** (but) [enquête] objective, purpose, aim. ◊ **remplir son objet** to achieve one's purpose ou objective, attain one's end ; **objet d'un contrat** purpose of a contract ; **objet social** aim of a company ; **la société a pour objet...** ; the object of the company is... ; **indiquer l'objet d'une lettre** to specify the purpose of the letter ; **objet : candidature** (sur une lettre) re : application ; **quel est l'objet de votre visite ?** what is the purpose of your visit ?

**obligataire** [ɔbligatɛʀ] **1** **adj** ◊ **créancier obligataire** bond creditor ; **émission obligataire** bond float ou issue ; **emprunt obligataire** bond ou debenture loan ; **intérêt obligataire** bond interest ; **marché obligataire** bond market ; **titre obligataire** bond, debenture (bond) (GB).
**2** **nmf** debenture holder, bondholder.

**obligation** [ɔbligasjɔ̃] **1** nf **a** (Fin) bond, debenture. ◊ **amortissement d'une obligation** bond amortization; **certificat d'obligation** bond certificate; **conversion d'obligations en actions** conversion of debentures into equity; **émission d'obligations** bond float ou issue; **porteur** ou **détenteur d'obligations** debenture holder, bondholder; **capital-obligation** loan capital, debenture capital; **remboursement d'obligations** redemption of bonds; **rendement d'une obligation** bond yield; **option sur obligation** bond option; **appeler des obligations au remboursement** to call bonds for repayment; **émettre des obligations** to issue ou float bonds; **rembourser** ou **racheter** ou **amortir une obligation** to redeem a bond; **ces obligations arrivent à échéance en 2020 / ont un rendement de 12%** these bonds mature in 2020 / yield 12%; **obligations à échéance restante de 18 mois** bonds with 18 months to return; **euro-obligation** Euro-bond. **b** (responsabilité) obligation; (devoir) duty; (Jur) obligation, bond, binding agreement. ◊ **obligation alimentaire** maintenance obligation; **obligation conjointe et solidaire** joint and several bond; **obligation implicite / statutaire** implied / statutory obligation; **obligations d'information** disclosure requirements; **obligation légale / morale** (Jur) legal ou perfect / moral ou imperfect obligation; **obligation légale de couverture** legal reserve requirements; **obligations de service** service duties; **obligation de rendre compte** accountability; **sans obligation d'achat** with no ou without obligation to buy; **c'est sans obligation de votre part** you're under no obligation; **la loi fait obligation aux entreprises sidérurgiques de déclarer chaque mois les chiffres de leur production** steelmakers are legally compelled to disclose their production figures every month; **droit des obligations** law of contract; **s'acquitter d'une obligation** to meet ou fulfil an obligation; **contracter une obligation** to contract an obligation, to enter into a binding agreement; **faire face à ses obligations financières** to meet one's liabilities ou financial commitments; **se soustraire à ses obligations** to withdraw from one's obligations.
**2** comp **obligation amortie** bond due for payment. − **obligation amortissable** redeemable bond. − **obligation assimilable du Trésor** treasury bond. − **obligation bancaire** bank bond. − **obligation à bons de souscription d'actions** bond with subscription warrant. − **obligation cautionnée** guaranteed bond. − **obligation chirographaire** simple ou naked debenture. − **obligation conditionnelle** (Jur) conditional bond. − **obligation consolidée** consolidated bond. − **obligation de conversion** redemption bond. − **obligation convertible** convertible bond; **obligations convertibles** convertibles; **obligation convertible en action** bond ou debenture convertible into equity. − **obligations cotées en Bourse** listed bonds. − **obligation à coupons** coupon bond; **obligation à coupon zéro** zero-coupon bond. − **obligation cumulative** accumulation bond. − **obligation sans date d'échéance** undated bond. − **obligation de deuxième rang** junior bond. − **obligation échangeable** convertible bond. − **obligation à échéance reportable** extendible ou extendable bond. − **obligation échue** matured bond. − **obligation endossée** assumed bond. − **obligation d'État** government ou state bond, tap stock (GB). − **obligation foncière** debenture secured on landed property. − **obligation fractionnée** split bond. − **obligation garantie** guaranty ou guaranteed ou secured bond. − **obligations à haut risque** junk bonds. − **obligation hypothécaire** mortgage bond. − **obligation indemnitaire** ou **d'indemnité** (par nationalisation) indemnity bond. − **obligation indexée** indexed bond. − **obligation à intérêts composés** compound interest bond. − **obligation à libération échelonnée** bond paid up by instalments. − **obligation à lots** lottery ou premium (GB) ou prize bond. − **obligation à nominal décroissant** bond redeemable by instalments. − **obligation nominative** registered bond. − **obligation non amortissable** unredeemable bond. − **obligation non convertible** non-callable bond. − **obligation non garantie** unsecured ou ungaranteed bond. − **obligation non remboursable** unredeemable ou irredeemable bond. − **obligation à ordre** order bond. − **obligation participante** profit-sharing bond. − **obligation au porteur** bearer debenture, coupon bond (US). − **obligation de premier rang** senior bond, prior-lien debenture. − **obligation à prime** bond with redemption premium over par, premium bond. − **obligation privilégiée** priority bond. − **obligation prorogeable** deferrable bond. − **obligation remboursable** redeemable bond; **obligation remboursable à vue** callable bond. − **obligation renouvelable du Trésor** renewable treasury bond. − **obligation de résultat** [expert] performance bond. − **obligation à revenu fixe** fixed-yield debenture ou bond. − **obligation à revenu variable** variable-yield bond ou debenture, floating-rate bond. − **obligation du secteur privé** corporate bond. − **obligation sortie au tirage** drawn bond. − **obligation**

**à la souche** unissued debenture ou bond.
– **obligation de soumission** tender bond.
– **obligation spéculative** junk bond.
– **obligation à taux fixe** fixed-yield debenture ou bond. – **obligation à taux flottant** floating-rate bond ou note. – **obligation à taux glissant** rolling-rate bond ou note. – **obligation à taux progressif** deferred bond, graduate-interest debenture. – **obligation à taux révisable** index-linked bond. – **obligation à taux variable** variable-yield bond ou debenture, floating-rate bond. – **obligation à warrant** warrant bond, stock-purchase warrant. – **obligation zéro coupon** zero-coupon bond.

**obligatoire** [ɔbligatwaʀ] **adj** compulsory, obligatory, mandatory. ◊ **assurance obligatoire** compulsory ou obligatory insurance; **conditions obligatoires** requisites, requirements; **contrat obligatoire** binding contract.

**obligé, e** [ɔbliʒe] **1** **adj** obliged. ◊ **je vous serais très obligé de bien vouloir...** I should be greatly indebted ou obliged to you if you could...; **être obligé envers un créancier** to be obliged ou indebted to a creditor; **être obligé de faire qch** to be obliged ou obligated ou bound to do sth, be under an obligation to do sth; **être obligé contractuellement** to be bound by agreement. **2** **nm,f** obligor, debtor.

**obligeance** [ɔbliʒɑ̃s] **nf** ◊ **avoir l'obligeance de** to be kind enough to, be so kind as to, have the kindness to.

**obliger** [ɔbliʒe] **vt** (contraindre) to compel, oblige, force. ◊ **on l'a obligé à démissionner** he was forced to resign; **nous vous serions obligés de répondre dès que possible** we would appreciate a prompt reply, we would be grateful for a prompt reply; **ce contrat nous oblige mutuellement** this contract is binding upon us both, this contract is mutually binding upon us.

**oblitération** [ɔbliteʀasjɔ̃] **nf** (Poste) cancelling.

**oblitérer** [ɔbliteʀe] **vt** (Poste) to cancel.

**OBSA** [ɔbeɛsa] **nf** abrév de *obligation à bons de souscription d'actions* → obligation.

**observation** [ɔpsɛʀvasjɔ̃] **nf** **a** (remarque) observation, remark. ◊ **pour observation** (sur un document) for your comment; **je n'ai aucune observation à formuler** I have no comments to make; **pourriez-vous nous faire part de vos observations sur ce point ?** we would like to have your observations on this matter. **b** [règlements] observance.

**observatoire** [ɔpsɛʀvatwaʀ] **nm** ◊ **observatoire économique** economic observatory.

**observer** [ɔpsɛʀve] **vt** **a** (suivre) instructions, règlement to observe, comply with, abide

by, adhere to. ◊ **nous avons scrupuleusement observé vos instructions** we strictly adhered to your directions; **observer une clause** to comply with a clause; **faire observer un règlement** to enforce a regulation. **b** (remarquer) to observe, notice. ◊ **on a observé des pertes de 8% sur divers titres** 8% losses have been reported ou observed on various securities.

**obsolescence** [ɔpsɔlesɑ̃s] **nf** obsolescence. ◊ **obsolescence calculée** ou **programmée** built-in ou planned obsolescence.

**obsolescent, e** [ɔpsɔlesɑ̃, ɑ̃t] **adj** obsolescent.

**obsolète** [ɔpsɔlɛt] **adj** obsolete, outdated.

**obstacle** [ɔpstakl(ə)] **nm** obstacle, hindrance, hurdle, impediment. ◊ **faire obstacle à un projet** to hinder ou hamper ou thwart ou oppose a project; **faire obstacle à l'expansion** to hamper economic growth; **rencontrer un obstacle** to meet with difficulties.

**obtempérer à** [ɔbtɑ̃peʀe] **vt indir** injonction to obey, comply with.

**obtenir** [ɔptəniʀ] **vt** délai de paiement to obtain, get; contrat to obtain, secure; diplôme to get, be awarded. ◊ **obtenir de l'avancement** to get promoted; **obtenir un emploi** to get a job.

**obtention** [ɔptɑ̃sjɔ̃] **nf** [contrat] securing, obtaining, gaining, getting. ◊ **l'obtention du permis de construire est nécessaire avant le commencement des travaux** it is necessary to get ou obtain planning permission before starting the work; **conditions d'obtention du prêt** terms of the loan.

**occasion** [ɔkazjɔ̃] **nf** **a** (bonne affaire) bargain. ◊ **occasion unique** special bargain, groundfloor ou basement offer (US). **b** (article usagé) secondhand buy ou goods. ◊ **d'occasion** secondhand; **le marché des voitures d'occasion** the secondhand ou used (US) car market; **acheter qch d'occasion** to buy sth secondhand. **c** (circonstance) occasion, opportunity. ◊ **sauter sur** ou **saisir l'occasion** to seize ou grab the opportunity; **manquer une occasion** to miss an opportunity, to pass up a chance (US); **il a laissé passer plusieurs occasions de faire une bonne affaire** he missed out on several good deals; **profiter de l'occasion** to avail o.s. of the opportunity; **occasion d'investir** investment opportunities; **si l'occasion se présente** should the opportunity arise. **d** (Mktg) **occasions de voir** opportunities to see, OTS.

**occasionnel, -elle** [ɔkazjɔnɛl] **adj** main-d'œuvre, utilisateur occasional, casual. ◊ **opérations occasionnelles** occasional transactions.

**occasionnellement** [ɔkazjɔnɛlmɑ̃] **adv** from time to time, occasionally.

**occidental, e, mpl -aux** [ɔksidɑ̃tal, o] **adj** western. ◊ **les pays occidentaux** Western countries.

**occulte** [ɔkylt(ə)] **adj** hidden, secret. ◊ **fonds** ou **réserves occultes** slush funds, secret reserve ; **rémunérations occultes** undisclosed ou secret payments.

**occupant, e** [ɔkypɑ̃, ɑ̃t] **nm,f** occupier, occupant. ◊ **premier occupant** (Jur) first occupier, occupant ; **propriétaire occupant** owner occupier.

**occupation** [ɔkypasjɔ̃] **nf** a (Jur) [local] occupancy, occupation. ◊ **coefficient d'occupation** (Aviat) load factor ; **plan d'occupation des sols** zoning regulations ; **taux d'occupation** occupancy ratio ou rate ; **grève avec occupation d'usine** sit-in (strike), sit-down strike. b (travail) occupation, job. ◊ **occupation accessoire** ou **occasionnelle** ou **secondaire** side job ; **occupation principale** major occupation, main employment ; **très pris par ses occupations professionnelles** very taken up with his professional activities.

**occupé, e** [ɔkype] **adj** personne busy ; ligne téléphonique engaged (GB), busy (US) ; usine occupied. ◊ **tonalité occupée** engaged, busy signal (US).

**occuper** [ɔkype] 1 **vt** temps, place to occupy, take up ; emploi to hold, occupy. ◊ **les ordinateurs occupent trop de place** the computers take up too much room ; **les réunions occupent une trop grande part de mon temps** meetings take up ou absorb too much of my time ; **ils occupent une position dominante sur le marché** they hold a dominant position on the market ; **il occupe un poste clé dans l'entreprise** he has a key position in the firm ; **les grévistes ont occupé les bâtiments de l'usine** the strikers have occupied the factory buildings.
2 **s'occuper de vpr** a (avoir la responsabilité de) to be in charge of. ◊ **il s'occupe du service marketing** he is in charge of the marketing department. b (se charger de) problème to deal with, take care of, handle ; client to attend to. ◊ **je vais m'en occuper** I'll take care of that ; **il s'occupera de nouer les contacts avec des firmes allemandes** he'll see about getting into touch with German firms.

**OCDE** [osedeə] **nf** abrév de *Organisation de coopération et de développement économique* OECD.

**octet** [ɔktɛt] **nm** byte, octet.

**octobre** [ɔktɔbʀ(ə)] **nm** October → septembre.

**octroi** [ɔktʀwa] **nm** a (action) granting. ◊ **l'octroi de subventions aux agriculteurs**

**européens** the granting of subsidies to European farmers. b (taxe) excise duties.

**octroyer** [ɔktʀwaje] **vt** crédit, subvention to grant. ◊ **octroyer un crédit** to grant a credit ; **octroyer un délai** to grant ou allow an extension of time.

**ODE** abrév de *occasion d'entendre* opportunity to hear, opportunity of exposure.

**ODV** abrév de *occasion de voir* opportunity to see, opportunity of exposure.

**OEA** [oəa] **nf** abrév de *Organisation des États américains* OAS.

**OECE** [oəseə] **nf** abrév de *Organisation européenne de coopération économique* OEEC.

**œil, pl yeux** [œj, jø] **nm** eye. ◊ **à l'œil** for nothing, for free ; **acheter les yeux fermés** to buy on trust ou in full confidence ; **signer les yeux fermés** to sign blind ; **coûter les yeux de la tête** to cost the earth ; **vérification des stocks à l'œil nu** eyeball control of stocks.

**OENS** abrév de *offres d'emploi non satisfaites* → offre.

**OERS** [oəeʀɛs] **nf** abrév de *Organisation européenne de recherches spatiales* ESRO.

**œuvre** [œvʀ(ə)] **nf** (travail accompli) work. ◊ **œuvre de bienfaisance** charitable organization, charity, eleemosynary institutions (US) ; **gros œuvre** shell ; **maître d'œuvre** project manager ; **maîtrise d'œuvre** project managership ; **mettre en œuvre** mesures to implement ; plan to implement, carry out ; moyens to bring into play ; **mise en œuvre du plan d'austérité** implementation of the austerity plan.

**offensif, -ive** [ɔfɑ̃sif, iv] 1 **adj** stratégie offensive. ◊ **portefeuille offensif** (Bourse) offensive portfolio. 2 **offensive nf** offensive. ◊ **prendre l'offensive** to take the offensive.

**offert, e** [ɔfɛʀ, ɛʀt] **adj** (Bourse) cours offerts prices offered, offer(ed) prices.

**office** [ɔfis] 1 **nm** a (charge) office ; (agence) bureau, agency, office. b **faire office de** to act as, serve as ; **il a fait office de secrétaire pour cette réunion** he acted as a secretary to the meeting ; **remplir son office** to do one's job. c **Monsieur bons offices** ombudsman, mediator ; **offrir** ou **proposer ses bons offices** to offer to mediate, offer one's mediation ou one's services ; **grâce aux bons offices de** through the mediation of. d **d'office** automatically, as a matter of course ; **membre d'office** (Admin) ex officio member ; **entraîner le renvoi d'office** to imply dismissal as a matter of course ; **être mis à la retraite d'office** to be automati-

cally ou compulsorily retired, be pensioned off; **cet abonnement est renouvelé d'office** this subscription is automatically renewed; **expert commis** ou **nommé d'office** expert appointed by the court; **imposition d'office** arbitrary ou official assessment; **liquidation d'office** (Bourse) official closing; **rachat d'office** official buying.
**2 comp office des changes** exchange control agency, Foreign Exchange Office. − **office de compensation** clearing office. − **office de contrôle des prix** price-control office. − **office de justification de la diffusion des supports** ≈ Audit Bureau of Circulation. − **office de la main-d'œuvre** Labour Exchange, (US) Labour Relations Board. − **office ministériel** ministerial office. − **office de notaire** lawyer's office. − **office de la propriété industrielle** patent office. − **office de publicité** advertising agency. − **office du tourisme** (institution) Tourist Board; (bureau) tourist information bureau. − **office du travail** labour agency. − **office des vins** Wine Board.

**officialisation** [ɔfisjalizɑsjɔ̃] **nf** officializing, officialization.

**officialiser** [ɔfisjalize] **vt** to officialize, make ou render official. ◊ **sa nomination a été officialisée il y a une semaine** his appointment was made official one week ago.

**officiel, -elle** [ɔfisjɛl] **1 adj** marché, cachet official; demande, ordre formal. ◊ **Journal officiel** ≈ London Gazette (GB), Federal Register (US); **sa nomination est parue au Journal officiel** his appointment has been gazetted; **taux officiel d'escompte** bank rate, prime rate (US), minimum lending rate; **taux officiel de change** official exchange rate; **cote officielle** official list; **cours officiel** official quotation ou price; **rachat officiel** (Bourse) official buying in; **à titre officiel** officially.
**2 nmf** official.

**officiellement** [ɔfisjɛlmɑ̃] **adv** (gén) officially; demander, ordonner formally.

**officier** [ɔfisje] **nm** (titulaire d'une charge) officier. ◊ **officier ministériel** legal officer.

**officieusement** [ɔfisjøzmɑ̃] **adv** unofficially, off-the-record.

**officieux, -euse** [ɔfisjø, øz] **adj** unofficial. ◊ **à titre officieux** (intervenir) in an unofficial capacity, unofficially; **déclaration officieuse** off-the-record statement; **selon une source officieuse** reportedly, according to unofficial sources.

**officine** [ɔfisin] **nf a** pharmacy. **b** (péj) dubious firm. ◊ **officine de prêt** loan store.

**offrant** [ɔfʀɑ̃] **nm** (Fin) bidder. ◊ **au plus offrant** to the highest bidder.

**offre** [ɔfʀ(ə)] **1 nf a** (proposition) offer, proposal. ◊ **offre ferme / insuffisante / verbale** firm / insufficient / verbal offer; **faire une offre** to make an offer; **ils ont fait une offre plus intéressante** they made a better offer; **cette offre est faite sous toutes réserves** this offer is made circumstances permitting; **offre valable dans la limite des stocks disponibles** offer valid while stocks last; **notre offre est toujours valable** our offer is still firm ou standing; **profiter d'une offre** to take advantage of an offer; **refuser** ou **rejeter une offre** to turn down ou reject an offer; **ils ont rejeté nos offres de compromis** they turned down our overtures for a compromise. **b** (enchères, Bourse) bid. ◊ **première / dernière offre** opening ou original / closing ou last bid; **personne n'a fait d'offre** there was no bidder; **faire une offre élevée / peu élevée** to bid a high / low price; **faire une offre de rachat des actions d'une entreprise** to bid for a company's stock; **l'offre a été telle que le dollar est descendu à moins de 5 F** the dollar has bid down to below F5. **c** (Écon) supply. ◊ **offre concurrentielle / excédentaire** competitive / excess supply; **l'offre de travail** labour supply; **l'offre globale du marché** aggregate market supply; **théorie de l'offre** supply-side economics; **l'offre et la demande** supply and demand. **d** (Admin : soumission) tender. ◊ **appel d'offres** invitation to tender; **faire un appel d'offres** to invite tenders, put sth out to tender; **répondre à un appel d'offres** to make a tender ou put in a tender for sth.
**2 comp offre d'actions nouvelles** initial public offering, initial offer for sale. − **offre en cargaison** cargo offered. − **offre au comptant** cash bid. − **offre sans engagement** offer without commitment. − **offre d'emploi** vacancy, job offer ou opening; **offres d'emploi** (dans un journal) situations vacant column, job ads; **offres d'emploi non satisfaites** unfilled vacancies. − **offre d'essai** trial ou sampling offer. − **offre de lancement** introductory offer. − **offre de main-d'œuvre** labour offering. − **offre de prix** price offer. − **offre publique d'achat** takeover bid, tender offer (US); **lancer une OPA sur** ou **contre une société** to make a bid for a company, launch a takeover bid against a company; **lancer une contre-OPA** to launch a counter bid; **OPA amicale / inamicale** friendly / hostile bid. − **offre publique d'échange** public offer of exchange. − **offre publique de vente** public offer of sale. − **offre de service** offer of service. − **offre signalée sur une étiquette** off-label deal. − **offre spéciale** special offer.

**offrir** [ɔfʀiʀ] **1 vt a** (proposer) poste, argent, services to offer. ◊ **offrir sa démission** to hand in ou tender one's resignation; **offrir ses bons offices** to offer one's mediation ou one's services; **combien offrez-vous?** how much will you offer for it?; **offrir des marchandises à la vente** to offer goods for sale; **offert par** (Pub) sponsored by. **b** (présenter) avantages, inconvénients, garanties to offer, present. ◊ **ce candidat offre toutes les garanties de sérieux** there is every indication that this applicant is thoroughly reliable. **c** (Bourse) **cours offerts** prices offered, offer(ed) prices; **l'action est offerte à 500 contre 600** the shares were on offer at 500 against 600. **d** (faire cadeau) to give (*à qn* to sb), buy (*à qn* for sb), present (*à qn* to sb). ◊ **c'est pour offrir?** shall I gift-wrap it for you?

**2 s'offrir vpr** ◊ **elle s'est offert un nouvel ordinateur** she bought herself a new computer; **il peut / il ne peut pas se l'offrir** he can / he can't afford it.

**offshore** [ɔfʃɔʀ] **adj** offshore. ◊ **pétrole offshore** offshore oil; **plate-forme offshore** offshore rig; **unité de fabrication offshore** offshore manufacturing facility; **fonds offshore** (Bourse) offshore funds.

**OHQ** [o'aʃky] **nm** abrév de *ouvrier hautement qualifié* → ouvrier.

**OIE** [oiə] **nf** abrév de *organisation internationale des employeurs* → organisation.

**oisif, -ive** [wazif, iv] **1 adj** idle. ◊ **capitaux oisifs** idle ou uninvested capital.
**2 nm,f** (Écon) non-worker. ◊ **les oisifs** those not in active employment.

**oléoduc** [ɔleɔdyk] **nm** oil pipeline.

**oligopole** [ɔligɔpɔl] **nm** oligopoly.

**oligopolistique** [ɔligɔpɔlistik] **adj** oligopolistic.

**omettre** [ɔmɛtʀ(ə)] **vt** (gén) to omit, leave out, miss out; (par négligence) to overlook. ◊ **il a omis de faire sa déclaration d'impôts** he failed to file his return.

**omission** [ɔmisjɔ̃] **nf** (gén) omission; (par négligence) oversight. ◊ **ceci est dû à une omission de notre part** this is due to an oversight from our part; **sauf erreur ou omission** errors and omissions excepted, E&OE.

**omnibus** [ɔmnibys] **adj** ◊ **loi budgétaire omnibus** omnibus bill; **règles omnibus** blanket rules.

**omnium** [ɔmnjɔm] **nm** industrial ou commercial group, holding.

**OMS** [ɔɛmɛs] **nf** abrév de *Organisation mondiale de la santé* WHO.

**OMT** [ɔɛmte] **nf** abrév de *Organisation mondiale du tourisme* → organisation.

**once** [ɔ̃s] **nf** (28,349 grammes) ounce.

**onéreux, -euse** [ɔneʀø, øz] **adj** costly, expensive. ◊ **à titre onéreux** subject to ou in return for payment for a consideration, for valuable consideration.

**onshore** [ɔnʃɔʀ] **adj** ◊ **pétrole onshore** onshore oil.

**ONU** [ony] **nf** abrév de *Organisation des Nations Unies* UNO.

**onze** [ɔ̃z] **adj, nm** eleven → six.

**onzième** [ɔ̃zjɛm] **adj, nmf** eleventh → sixième.

**onzièmement** [ɔ̃zjɛmmɑ̃] **adv** in the eleventh place.

**OP** [ope] **nm** abrév de *ouvrier professionnel* skilled worker.

**OPA** [opea] **nf** abrév de *offre publique d'achat* → offre.

**OPCVM** abrév de *Organisme de placement collectif en valeurs mobilières* UCITS.

**OPE** [opeə] **nf** abrév de *offre publique d'échange* → offre.

**opéable** [opeabl(ə)] **adj** raidable, which can be the object of a takeover.

**open-market** [ɔpɛnmaʀkɛt] **nm** open-market. ◊ **politique de l'open-market** open-market policy.

**OPEP** [opɛp] **nf** abrév de *Organisation des pays exportateurs de pétrole* OPEC. ◊ **les pays de l'OPEP** OPEC countries.

**opérateur, -trice** [opeʀatœʀ, tʀis] **nm,f a** (Fin, Bourse) dealer, trader, operator. ◊ **opérateur à la baisse** bear; **opérateur en Bourse** stock exchange trader ou dealer ou operator; **opérateur de compensation** countertrader; **opérateur sur graphiques** chartist; **opérateur à la hausse** bull; **opérateur à long / court terme** long- / short-term operator; **opérateur monétaire** money market trader. **b** (Inf) (machine) operator; (personne) operator. ◊ **opératrice de saisie** keyboard operator, keyboarder; **opérateur pupitreur** keyboard operator, keyboarder.

**opération** [opeʀasjɔ̃] **1 nf a** (gén, Écon, Gestion, Inf) operation; (transaction) transaction, deal; (campagne) campaign, drive; (processus) process. ◊ **opérations financières / commerciales** financial / commercial operations ou transactions ou deals; **opération prix cassés** ou **écrasés** ou **sacrifiés** price-slashing campaign ou drive; **opération promotionnelle** promotional campaign ou drive; **opération portes ouvertes** open house; **opération de sauvetage** rescue operation; **opération d'édition** (Inf) edit operation; **management** ou **gestion des opérations** operations management; **l'opération de restructuration industrielle est bien entamée** the process of industrial structuring is well under way. **b** (Bourse) transaction, trade, deal. ◊ **opération à court / long terme** short / long term operation; **opération à la hausse / à la baisse** bull / bear transaction; **il y a eu un ralentissement des opérations en fin de semaine** trading slackened at the end of the week; **le nombre d'opérations** the number of trades ou transactions ou deals; **salle d'opérations** dealing room.

**2** **comp opération d'arbitrage** arbitration transaction. – **opération bancaire** ou **de banque** bank operation ou transaction; **opérations bancaires grand public** retail banking. – **opération blanche** break-even transaction. – **opération de Bourse** ou **boursière** stock-market transaction ou deal ou operation. – **opération de caisse** cash transaction. – **opération cambiste** exchange transaction. – **opération de change** exchange operation. – **opération de change au comptant** exchange for spot delivery, spot exchange transaction. – **opération de change à terme** forward exchange transaction. – **opération à cheval** (Bourse) straddle. – **opération de compensation** compensation transaction. – **opération au comptant** (Fin) cash transaction; (Bourse) spot transaction. – **opération conditionnelle** conditional trade. – **opération conjointe** joint venture. – **opération de contrepartie** buy-back operation. – **opération de couverture** hedging; **opération de couverture à terme** forward covering. – **opérations croisées** (Bourse) switch order. – **opération escargot** (grève) go-slow strike. – **opération d'escompte** discount operation. – **opération en espèces** cash transaction. – **opération sur l'étranger** foreign operation. – **opération ferme** firm trade. – **opération fictive** fictious operation. – **opération hors Bourse** off-board operation. – **opération immobilière** real estate transaction. – **opération intersociétés** intercompany transaction. – **opérations à option** option deals ou trades ou trading ou dealing. – **opération de prêt** loan transaction. – **opération à prime** option dealing ou trading. – **opération de réciprocité** reciprocity transaction. – **opération de restructuration** redeployment ou restructuring operation. – **opération à terme** (Bourse) forward transaction, dealing for the account; (Bourse des marchandises) future ou terminal ou forward transaction; (Fin) credit operation; **opérations à terme sur produits de base** commodity futures.

**opérationnel, -elle** [ɔpeʀasjɔnɛl] **1** adj operational. ◊ **efficacité opérationnelle** operational efficiency; **recherche opérationnelle** operation(s) ou operational research; **l'usine sera opérationnelle le mois prochain** the factory will come on stream ou will be in operation next month.
**2** nm ◊ **les opérationnels** line organization, line managers.

**opéré** [ɔpeʀe] nm (Bourse) deal, execution. ◊ **avis d'opéré** (achat) advice of purchase; (vente) advice of sale.

**opérer** [ɔpeʀe] **1** vt (accomplir) modification to carry out, implement; enquête to conduct, carry out; choix to make; virement to effect. ◊ **le gouvernement opère un nouveau prélèvement sur les produits pétroliers** the government is levying new taxes on oil revenues.
**2** vi (Bourse) to operate. ◊ **opérer pour son propre compte** to operate for one's own account; **opérer à découvert** to take a short position, go short; **ordre d'opérer** order.
**3** s'**opérer** vpr to be done, be affected. ◊ **le paiement s'opère comme suit** payment is effected as follows.

**opinion** [ɔpinjɔ̃] nf opinion. ◊ **opinion publique** public opinion; **sondage d'opinion** opinion survey ou probe ou poll; **sans opinion** (dans un sondage) no opinion, don't know; **leader d'opinion** (Mktg) opinion leader.

**opportun, e** [ɔpɔʀtɛ̃, yn] adj décision timely, opportune. ◊ **nous prendrons les mesures qui nous sembleront opportunes** we will take such measures as seem called for.

**opportunisme** [ɔpɔʀtynism(ə)] nm opportunism.

**opportuniste** [ɔpɔʀtynist(ə)] adj, nmf opportunist.

**opportunité** [ɔpɔʀtynite] nf [décision] timeliness, opportuneness. ◊ **coût d'opportunité** (Écon) opportunity cost; **étude d'opportunité** preliminary study; **les opportunités du marché** market opportunities.

**opposabilité** [ɔpozabilite] nf (Jur) opposability.

**opposable** [ɔpozabl(ə)] adj opposable (à to).

**opposer** [ɔpoze] vt ◊ **opposer une exception** (Jur) to raise an objection in law.

**opposition** [ɔpozisjɔ̃] nf opposition. ◊ **faire opposition à** chèque to stop; paiement to stop, countermand; (Jur) décision to appeal against; **opposition au paiement** stoppage of payment; **mettre une opposition à la cote** (Bourse) to lodge objections to marks; **mettre une opposition sur des biens** (Jur) to issue a writ of attachment against a property.

**optant** [ɔptã] **nm** (Fin) taker of an option.

**opter** [ɔpte] **vi** to opt (pour for). ◊ **si le contribuable opte pour le paiement par mensualités** if the taxpayer elects to pay on a monthly basis.

**optimal, e, mpl -aux** [ɔptimal, o] **adj** optimal, optimum. ◊ **rendement optimal** optimal yield ou output.

**optimalisation** [ɔptimalizasjɔ̃] **nf** optimization.

**optimaliser** [ɔptimalize] **vt** to optimize.

**optimisation** [ɔptimizasjɔ̃] **nf** optimization.

**optimiser** [ɔptimize] **vt** to optimize.

**optimum** [ɔptimɔm], **f optimum ou optima, pl optimums ou optima** **1** **adj** optimum, optimal. **rendement optimum** optimal output; **répartition optimum des ressources** optimal resource allocation. **2** **nm** optimum.

**option** [ɔpsjɔ̃] **1** **nf** **a** (Fin) option. ◊ **lever une option** to take up an option; **acheteur de l'option** option buyer; **donneur d'option** giver of an option, option writer; **vendeur de l'option** option seller; **double option** double option, put and call option, PAC, two-way option; **levée d'option** taking up of an option; **marché à options** option(s) market; **opérations sur le marché à options** option dealings ou trading; **plan d'option sur actions** stock option; **prix de l'option** (gén) option price ou premium; (sur le marché à prime) premium price; **prix d'exercice de l'option** option striking price, option exercise price; **contrat d'options sur indice** stock index options contract, stock index futures contract; **contrat de change à terme avec option de date** option-dated forward exchange contract; **b** (choix) option. ◊ **à option** optional, elective (US); **en option** on option; **prendre une option sur** to take an option on. **c** (accessoire) optional feature. ◊ **accessoires en option** optional extras; **l'écran couleur est en option** the colour screen is available as an optional extra. **2** **comp option d'achat** option to buy, call (option); **option d'achat d'actions / d'obligations** stock / bond option; **option d'achat vendue à découvert** naked option. − **option de change** currency ou foreign exchange option. − **option sur contrats à terme** futures option. − **option en dedans** in-the-money option. − **option par défaut** default option. − **option en dehors** out-of-the-money option. − **option sur devise** currency options. − **option du double** call of more, buyer's option to double. − **option liée** straddle. − **option négociable** traded option. − **option nue** naked option. − **option à parité** at-the-money

option. − **option sur le physique** option on physicals. − **option simple** single option. − **options sur taux d'intérêt** interest rate option. − **option de vente** option to sell, put (option).

**optionnaire** [ɔpsjɔnɛʀ] **nm** (Fin) giver of an option, option writer.

**optionnel, -elle** [ɔpsjɔnɛl] **adj** optional.

**optique** [ɔptik] **1** **nf** (perspective) perspective; (point de vue) viewpoint; (approche) approach. ◊ **optique marketing** marketing approach. **2** **adj** optical. ◊ **crayon optique** light pen; **disque optique** optical disk; **lecteur optique** (dans un supermarché) scanner; (Inf) optical reader ou scanner; **lecture optique** optical scanning; **mémoire optique** optical memory ou storage.

**OPV** [opeve] **nf** abrév de offre publique de vente → offre.

**or** [ɔʀ] **nm** **a** gold. ◊ **or en barres** gold bullion; **or fin** fine gold; **or en lingots** ingot gold; **or massif** solid gold; **or noir** oil, black gold; **emprunt or** gold loan; **encaisse or** gold holdings; **étalon-or** gold standard; **convertibilité en or** gold convertibility; **mines d'or** (gén) gold mines; (actions) gold shares; **point d'or** gold point; **point de sortie de l'or** export ou outgoing gold point; **réserves d'or** gold reserves, gold cushion*; **titre de l'or** fineness of gold. **b** **il fait des affaires d'or** he runs a gold mine, he does a roaring trade; **une affaire en or** (occasion) a real bargain, a basement ou ground-floor offer; (entreprise) a gold mine; **payer qch à prix d'or** to pay a fortune for sth; **on lui a offert un pont d'or** he was offered a high salary, he was given a golden hello*.

**ordinaire** [ɔʀdinɛʀ] **adj** ordinary. ◊ **action ordinaire** ordinary share, common stock, equity; **assemblée générale ordinaire** ordinary general meeting.

**ordinateur** [ɔʀdinatœʀ] **1** **nm** computer. ◊ **interroger l'ordinateur** to interrogate the computer; **mettre sur ordinateur** to computerize, put into a computer; **commandé / géré par ordinateur** computer-operated / -managed; **conception / fabrication assistée par ordinateur** computer-assisted design / manufacturing; **traitement par ordinateur** computer processing; **parc d'ordinateurs** computer population; **programme d'ordinateur** computer programme; **passage en ordinateur** computer run; **salle des ordinateurs** computer room. **2** **comp ordinateur analogique** analog computer. − **ordinateur de bord** trip computer. − **ordinateur de bureau** desk-top ou office computer. − **ordinateur central**

mainframe computer. **− ordinateur domestique** home computer. **− ordinateur de gestion** business computer. **− ordinateur personnel** personal computer. **− ordinateur portable** lap-top ou portable computer. **− ordinateur satellite** remote ou satellite computer.

**ordinogramme** [ɔRdinɔgRam] **nm** flow chart.

**ordonnance** [ɔRdɔnɑ̃s] **1** **nf** [gouvernement] order, edict ; [juge] (court) order, ruling. ◊ **annuler une ordonnance** to quash an order ; **prendre ou rendre une ordonnance** to issue an order. **2** **comp ordonnance d'application** decree of application. **− ordonnance de mise en accusation** arraignment. **− ordonnance de non-lieu** nonsuit. **− ordonnance de paiement** (Fin) authorization of payment. **− ordonnance de saisie** writ of execution, garnishee order ; **ordonnance de saisie conservatoire** cautionary judgment.

**ordonnancement** [ɔRdɔnɑ̃smɑ̃] **nm** (Admin) order to pay ; (Ind) production scheduling ou planning. ◊ **l'ordonnancement de votre traitement sera effectué sous peu** your salary will be paid in soon ; **service ordonnancement** (Ind) production control (department) ; **feuille d'ordonnancement** (Ind) planning sheet.

**ordonnancer** [ɔRdɔnɑ̃se] **vt** (Admin) to pass for payment ; (Ind) to schedule, plan. ◊ **ordonnancer une dépense** to authorize an expenditure.

**ordonnanceur** [ɔRdɔnɑ̃sœR] **nm** (Ind) scheduler.

**ordonnateur, -trice** [ɔRdɔnatœR, tRis] **nm,f** (Fin) official entitled to order ou to authorize payment. ◊ **service ordonnateur** payroll department.

**ordonner** [ɔRdɔne] **vt** (gén) to order ; (Jur) to ordain, enact, decree. ◊ **ordonner une enquête** to order an enquiry.

**ordre** [ɔRdR(ə)] **1** **nm** **a** (Comm, Fin) order. ◊ **à l'ordre de** payable to, to the order of ; **chèque à ordre** cheque to order ; **établir un chèque à l'ordre de** to make out a cheque to ; **payez à l'ordre de moi-même** pay self, pay to my own order ; **billet à ordre** promissory note ; **compte d'ordre** suspense account ; **connaissement à ordre** B / L to order. **b** (gén, Bourse : instruction) order. ◊ **être sous les ordres de** to be under the orders of ; **exécuter un ordre** to fulfil ou execute an order ; **jusqu'à nouvel ordre** until further notice, till further orders ; **passer un ordre de Bourse** to put in an order. **c** **ordre du jour** agenda ; **ordre du jour provisoire / définitif** provisional / approved agenda ; **dresser ou établir un ordre du jour** to

draw up an agenda ; **figurer à l'ordre du jour** to feature on the agenda ; **mettre ou porter ou inscrire à l'ordre du jour** to put (down) on the agenda ; **l'ordre du jour étant épuisé** there being no other business ; **passer à l'ordre du jour** to proceed with the agenda ; **autres questions à l'ordre du jour** (en fin de liste) any other business ; **passons à l'ordre du jour** let us turn to the business of the day, let's proceed with the agenda. **d** (corporation) order, association. ◊ **l'ordre des avocats** ≈ the Bar (GB), the American Bar Association (US) ; **le Conseil de l'Ordre** the Bar Council. **e** (catégorie) **de premier / second ordre** first- / second-rate ; **obligation de premier ordre** prime bond ; **de l'ordre de** about ; **un chiffre de l'ordre de 8 millions** a figure in the region of ou of the order of 8 millions ; **fixer un ordre de grandeur** to give a rough estimate ou a rough idea. **f** (classement) order. ◊ **par ordre alphabétique** in alphabetical order ; **par ordre d'ancienneté** in order of seniority ; **numéro d'ordre** serial number ; **en ordre croissant / décroissant** in ascending / descending order. **2** **comp ordre d'achat** buy(ing) order. **− ordre d'achat stop** stop order to buy, buy stop. **− ordre à appréciation** (Bourse) discretionary order. **− ordre au comptant** cash order. **− ordre conditionnel** conditional order. **− ordre à contrordre** order until further notice. **− ordre à cours limité** limit order ; **ordre au cours du marché** market order ; **ordre au dernier cours** closing price order ; **ordre au premier cours** opening price order ; **ordre donné à un cours à l'environ** order given at an about price. **− ordre étranger** foreign order. **− ordre général** general order. **− ordre de grève** strike call ; **lancer un mot d'ordre de grève** to call a strike ; **annuler ou rapporter un mot d'ordre de grève** to call off a strike. **− ordre GTC** good till cancelled order. **− ordre GTM** good through month order. **− ordre hiérarchique** hierarchical order, pecking order. **− ordre lié** contingent order. **− ordre limité** limited order. **− ordre au mieux** order at best. **− ordre ouvert** standing order. **− ordre permanent** standing order. **− ordre à prime** option order. **− ordre de priorité** order of priority, preferential order, order of precedence. **− ordre au prix du marché** market order. **− ordre de recette** collection order. **− ordres répétés** repeat orders. **− ordre à révocation** good till cancelled order. **− ordre sur rompus de quotités** odd lot order. **− ordre scale up** scale up order. **− ordre scale down** scale down order. **− ordre stop** stop order. **− ordre à terme** (Bourse des valeurs) order for the account ou for the settlement, forward order; (Bourse de marchandises) futures order, terminal order. – **ordre tout ou rien** all or none order. – **ordre de transfert permanent** standing order. – **ordre valable jusqu'à la fin du mois** good through month order. – **ordre de vente** sell ou selling order; **ordre de vente stop** stop order to sell. – **ordre de virement** transfer order.

**organe** [ɔʀɡan] nm organ. ◊ **organe officiel** official organ; **organe permanent / gouvernemental** standing / government body; **organe de presse** newspaper; **organe de surveillance** watchdog ou supervisory committee.

**organigramme** [ɔʀɡaniɡʀam] nm [entreprise] organization chart; [production] flow chart; (Inf) process chart, flow chart. ◊ **organigramme d'exploitation** run chart; **organigramme technique** work breakdown structure; **établir un organigramme de production** to chart production.

**organique** [ɔʀɡanik] adj : **structure organique** organizational relationship.

**organisateur, -trice** [ɔʀɡanizatœʀ, tʀis] **1** adj organizing. ◊ **comité organisateur** organizing committee.
**2** nm,f organizer. ◊ **organisateur conseil** management consultant; **organisateur de voyages** tour operator.

**organisation** [ɔʀɡanizasjɔ̃] **1** nf organization. ◊ **comité d'organisation** planning ou organizing committee; **il est conseil en organisation** he is a management consultant.
**2** comp **Organisation de l'aviation civile internationale** International Civil Aviation Organization. – **organisation de consommateurs** consumer association. – **Organisation de coopération et de développement économique** Organization for Economic Cooperation and Development. – **organisation des données** data organization. – **Organisation des États américains** Organization of American States. – **Organisation européenne de coopération économique** Organization for European Economic Cooperation. – **Organisation européenne de recherches spatiales** European Space Research Organization. – **organisation fonctionnelle** functional ou staff organization. – **organisation hiérarchique** line organization. – **organisation horizontale** functional ou staff organization. – **Organisation internationale des employeurs** *international employers' organization.* – **organisation mixte** staff and line organization. – **Organisation mondiale de la santé** World Health Organization. – **Organisation mondiale du tourisme** *world tourism organization.* – **Organisation des Nations Unies** United Nations Organization. – **organisation patronale** management ou employers' organization. – **Organisation des pays exportateurs de pétrole** Organization of Petroleum Exporting Countries. – **organisation de la production** production engineering. – **organisation professionnelle** trade organization. – **organisation scientifique du travail** scientific management, organization and methods, industrial engineering. – **organisation syndicale** labour union. – **Organisation des territoires de l'Asie du Sud-Est** South-East Asia Treaty Organization. – **Organisation du traité de l'Atlantique Nord** North Atlantic Treaty Organization. – **organisation du travail** work organization, job engineering. – **organisation verticale** line organization.

**organisationnel, -elle** [ɔʀɡanizasjɔnɛl] adj organizational. ◊ **comportement organisationnel** organizational behaviour.

**organiser** [ɔʀɡanize] **1** vt réunion to organize, arrange; campagne publicitaire to mount, organize, stage; emploi du temps to set up, organize. ◊ **c'est du vol organisé** it's planned robbery ou swindle.
**2 s'organiser** vpr to organize oneself. ◊ **il est grand temps de nous organiser** it's high time we got organized.

**organisme** [ɔʀɡanism(ə)] **1** nm body, organization. ◊ **organisme agréé / central / international** authorized / central / international body; **l'organisme compétent** the department concerned.
**2** comp **organisme bancaire** banking institution. – **organisme de contrôle** supervisory body. – **organisme financier** financial body. – **organisme de gestion** managing agency. – **organisme gouvernemental** government agency. – **organisme d'intervention** regulatory agency. – **organisme payeur** payroll department. – **organisme de placement collectif** unit trust; **organisme de placement collectif en valeurs mobilières** undertaking for collective investment in transferable securities. – **organisme privé** private institution. – **organisme public** public corporation (GB), agency (US). – **organisme de réglementation** regulatory agency. – **organisme de tutelle** supervisory body.

**orient** [ɔʀjɑ̃] nm ◊ **l'Orient** the East; **l'Extrême-Orient** the Far East; **le Moyen-Orient** the Middle East; **le Proche-Orient** the Near East.

**orientation** [ɔʀjɑ̃tɑsjɔ̃] **nf** **a** (tendance) [demande] trend, tendency. ◊ **orientation baissière** ou **à la baisse** (Bourse) downward trend, downtrend, downturn; **orientation haussière** ou **à la hausse** (Bourse) upward trend, uptrend, upturn; **orientation du marché** market trend ou orientation; **orientation des prix** price trend. **b** **orientation professionnelle** (carrière) career, job; (conseil) careers ou vocational guidance; **conseiller d'orientation professionnelle** careers adviser (GB), careers counselor (US), vocational guide; **test d'orientation** placement test; **c** (direction) direction. ◊ **une nouvelle orientation du gouvernement en matière fiscale** a new trend in government tax policy; **les principales orientations de notre programme** the guidelines of our programme; **une nouvelle orientation de la stratégie** a shift in strategy.

**orienté, e** [ɔʀjɑ̃te] **adj** ◊ **entreprise orientée vers l'exportation** export-oriented company; **le marché est bien orienté** the market is on the up; **marché orienté à la baisse / à la hausse** falling / rising market, market on a falling / rising trend; **les ventes sont orientées à la baisse** sales are on the downtrend, sales are trending down ou downwards.

**orienter** [ɔʀjɑ̃te] **1** **vt** visiteur to direct, guide; étudiant to advise; production, publicité to direct, orient (*vers* to). ◊ **orienter l'épargne vers de nouveaux secteurs** to rechannel savings toward new sectors. **2** **s'orienter vpr** (évoluer) to show a trend (*vers* towards). ◊ **le marché s'oriente à la hausse / à la baisse** the market shows an upward / downward tendency, the market is trending upward / downward (US).

**orienteur, -euse** [ɔʀjɑ̃tœʀ, øz] **nm,f** ◊ **orienteur professionnel** careers adviser (GB), careers counselor (US), vocational guide.

**original, e, mpl -aux** [ɔʀiʒinal, o] **1** **adj** original. ◊ **facture originale** original invoice. **2** **nm** (gén) original; [document tapé] top copy. ◊ **original d'une facture** original of an invoice; **apportez l'original de votre avis d'imposition** please bring the original of your tax slip.

**origine** [ɔʀiʒin] **nf** origin. ◊ **d'origine** (sur un produit) certified; **adresse / capital / emballage / facture / pièce d'origine** original address / capital / packing / invoice / part; **appellation d'origine** label of origin; **banque d'origine** originating bank; **bureau d'origine** originating office; **certificat d'origine** certificate of origin; **gare d'origine** forwarding station; **marchandises d'origine** genuine article; **pays d'origine** country of origin; **être à l'origine d'un projet** to originate a project.

**ORSEC** [ɔʀsɛk] **nf** abrév de *Organisation des secours*. **plan ORSEC** *scheme set up to deal with major civil emergencies*.

**ORT** [ɔɛʀte] **nf** abrév de *obligation renouvelable du Trésor* → obligation.

**OS** [ɔɛs] **nm** abrév de *ouvrier spécialisé* → ouvrier.

**oscillant, e** [ɔsilɑ̃, ɑ̃t] **adj** cours fluctuating.

**oscillation** [ɔsilɑsjɔ̃] **nf** [cours] fluctuation. ◊ **oscillations de forte amplitude** swings, seesawing.

**osciller** [ɔsile] **vi** (fluctuer) to fluctuate, seesaw. ◊ **osciller autour de / entre** to hover around / between.

**OST** [ɔɛste] **nf** abrév de *organisation scientifique du travail* → organisation.

**OTAN** [ɔtɑ̃] **nf** abrév de *Organisation du traité de l'Atlantique Nord* NATO.

**OTR** [ɔteɛʀ] **nf** abrév de *obligation à taux révisable* → obligation.

**Ottawa** [ɔtawa] **n** Ottawa.

**OTV** [ɔteve] **nf** abrév de *obligation à taux variable* → obligation.

**ou** [u] **nm** (Bourse) put, put option.

**Ouagadougou** [wagadugu] **n** Ouagadougou.

**Ouganda** [ugɑ̃da] **nm** Uganda.

**ougandais, e** [ugɑ̃dɛ, ɛz] **1** **adj** Ugandan. **2** **Ougandais nm** (habitant) Ugandan. **3** **Ougandaise nf** (habitante) Ugandan.

**ouguiya** [ugija] **nm** ouguiya.

**outil** [uti] **nm** tool. ◊ **outils de direction** management tools; **outils de production** production tools, plant; **outils de promotion** promotion tools, promotools; **outil de vente** sales tool, selling device; **outil de travail** (gén) tool; (actif d'entreprise) corporate assets; **machine-outil** machine-tool.

**outillage** [utijaʒ] **nm** [usine] plant, equipment. ◊ **atelier d'outillage** toolroom.

**outiller** [utije] **1** **vt** to equip, fit out. **2** **s'outiller vpr** to tool up, to equip o.s. with.

**outre-mer** [utʀəmɛʀ] **adv** overseas. ◊ **pays d'outre-mer** overseas countries.

**ouvert, e** [uvɛʀ, ɛʀt(ə)] **adj** open. ◊ **nos bureaux sont ouverts de 9 heures à 12 heures le samedi** our offices are open from 9 to 12 (o'clock) on Saturdays; **la souscription sera ouverte le 15 mai** applications will be received on May 15th; **la campagne sera ouverte le...** the campaign will start on...; **ouvert à toute proposition** open to any offer; **ouvert toute l'année** open all the year round; **la succession est ouverte** (Jur) the estate is being settled; **compte ouvert** open account; **crédit ouvert** open credit; **opération portes ouvertes** open house; **position ouverte** (Bourse de marchandises) open contract; **port ouvert** free port; **police ouverte** (Ass) open policy; **question ouverte** (Mktg) open-ended question.

**ouverture** [uvɛʀtyʀ] **nf** [compte, enquête, négociations] opening; [frontières, débouchés] opening up; [magasin] opening; (pour la première fois) opening ceremony. ◊ **capital / écriture / stock d'ouverture** opening capital / entry / stock; **faire des ouvertures à qn** to make overtures to sb; **faire une ouverture** (Comm) to make a tentative offer; **heures d'ouverture** business hours, opening hours, office hours; **ouverture des guichets** business hours; **dès l'ouverture de la saison** as soon as the season opens; **cours d'ouverture** (Bourse) opening price; **séance d'ouverture** inaugural meeting; **ouverture de crédit** credit line; **ouverture de la faillite** starting of bankruptcy; **ouverture des plis** (appel d'offres) opening of sealed tenders.

**ouvrable** [uvʀabl(ə)] **adj** ◊ **jour ouvrable** weekday, working day, work-day, business day (US); **heures ouvrables** working hours.

**ouvrage** [uvʀaʒ] **nm** work. ◊ **ouvrage de référence** reference work; **louage d'ouvrage** (Jur) work contract; **maître d'ouvrage** (Const) owner.

**ouvré, e** [uvʀe] **adj** ◊ **jours ouvrés** days worked; **produit ouvré** finished product.

**ouvrier, -ière** [uvʀije, ijɛʀ] 1 **adj** ◊ **agitation ouvrière** industrial ou labour unrest; **assurance ouvrière** industrial insurance; **classe ouvrière** working class; **conflits ouvriers** labour disputes; **législation ouvrière** labour laws; **mouvement ouvrier** labour movement; **participation ouvrière** worker partici-

pation; **syndicat ouvrier** (trade) union, labour union.

2 **nm** (gén) worker. ◊ **il a envoyé 3 ouvriers** he sent 3 workmen; **ouvrier à façon** jobber; **ouvrier agricole** farm worker ou hand ou labourer; **ouvrier du bâtiment** construction worker, hard hat* (US); **ouvrier à la journée** day-labourer; **ouvrier métallurgiste** metal worker; **ouvrier aux pièces** piece worker; **ouvrier professionnel** skilled worker; **ouvrier qualifié** skilled worker; **ouvrier hautement qualifié** highly skilled worker; **ouvrier non qualifié** unskilled worker, labourer; **ouvrier spécialisé** unskilled ou semi-skilled worker; **ouvrier d'usine** factory worker ou hand.

3 **ouvrière nf** female ou woman worker. ◊ **ouvrière d'usine** female factory hand.

**ouvrir** [uvʀiʀ] 1 **vt** (gén) to open; frontières to open up; succursale to open up, start up, set up; débat to start. ◊ **côté à ouvrir** (sur un carton) open this side, open here; **ouvrir la faillite** to open bankruptcy proceedings; **ouvrir des négociations** to open talks, set negotiations on foot; **ouvrir un compte en banque** to open an account with a bank; **ouvrir un crédit** to open a credit line; **ouvrir une succession** to apply for probate; **ouvrir un pays au commerce international** to open up a country to international trade.

2 **vi** to open, be open. ◊ **nos bureaux ouvrent jusqu'à 16 heures** our office is open till 4 p.m.; **ouvrir en baisse / en hausse** (Bourse) to open down / up; **les valeurs aurifères ont ouvert ferme** gold shares opened firm; **le marché obligataire a ouvert en légère baisse** the bondmarket opened a shade easier.

3 **s'ouvrir vpr** [négociations] to start; [succursale] to be set up ou opened; [débouché] to open up.

**oxygène** [ɔksiʒɛn] **nm** (Fin : pour l'économie) ◊ **ballon d'oxygène** shot in the arm.

# P

**p.** abrév de *page*.

**PA** abrév de *petites annonces*.

**PAC** [pak] **nf** abrév de *politique agricole commune* CAP.

**pacotille** [pakɔtij] **nf** rubbish, junk*, shoddy goods. ◊ **c'est de la pacotille** it's junk ou rubbish; **articles de pacotille** cheap ou rubbishy articles.

**pacte** [pakt(ə)] **nm** (traité) pact, treaty; (contract) contract, agreement. ◊ **pacte social** social compact ou contract; **pacte pour l'emploi** job-creation scheme.

**pactole** [paktɔl] **nm** gold mine.

**PAF** [paf] **1** **nf** abrév de *police de l'air et des frontières* border police.
**2** **nm** abrév de *participation aux frais* → participation.

**page** [paʒ] **nf** page. ◊ **les pages jaunes** (Téléc) the yellow pages.

**paie** [pɛ] **nf** **a** (salaire) pay, salary, wages, pay packet. ◊ **bulletin** ou **feuille** ou **fiche de paie** payslip; **jour de paie** payday; **toucher sa paie** to be paid, get one's wages; **avoir une bonne paie** to be well paid, get a good salary. **b** (Admin) payroll. ◊ **gestion de la paie** payroll management; **livre de paie** payroll; **grand livre de paie** payroll ledger; **journal de (la) paie** payroll journal.

**paiement** [pɛmɑ̃] **1** **nm** payment. ◊ **paiement effectif / électronique / unique** actual / electronic / single payment; **veuillez trouver notre chèque en paiement de votre facture du 15 juin** please find enclosed our cheque in payment ou in settlement of your invoice of June 15th; **contre paiement de** on payment of; **anticiper / échelonner le paiement de qch** to pay sth in advance / by ou in instalments; **effectuer** ou **faire un paiement** to make a payment; **présenter un effet au paiement** to present a bill for payment; **attestation de paiement** proof of payment; **autorisation de paiement** payment authorization; **balance des paiements** balance of payments; **capacité de paiement** payment capacity; **cessation de paiements** suspension of payments; **être en cessation de paiements** to be bankrupt; **conditions de paiement** terms of payment, payment terms; **tout défaut de paiement entraînera la résiliation du contrat** (any) failure to pay ou any default will lead to the cancellation of the contract; **le délai de paiement a été fixé au 15 octobre** the payment date ou the due date for payment has been set for October 15th; **accorder un délai de paiement** to grant a postponement of the payment due date; **obtenir un délai de paiement** to obtain an extension of time for payment; **avec facilités de paiement** on easy terms, by easy payment, with credit facilities; **instrument de paiement** payment instrument, instrument of payment; **modalités de paiement** terms of payment; **mode** ou **moyen de paiement** means of payment; **opposition au paiement** stop payment order; **ordre de paiement** order to pay; **refus de paiement** refusal to pay.
**2** comp **paiement anticipé** ou **par anticipation** ou **d'avance** advance payment, prepayment. – **paiement par chèque** payment by cheque. – **paiement à la commande** payment ou cash with order. – **paiement comptant** cash ou down payment. – **paiement en compte courant** payment on open account. – **paiement contre vérification** reverse-charge call (GB), collect call (US). – **paiements courants** current payments. – **paiement à crédit** credit payment. – **paiement différé** deferred payment. – **paiement différen-**

pair										FRANÇAIS-ANGLAIS - 320

tiel deficiency payment. – **paiement contre documents** payment against documents. – **paiement à l'échéance** payment at maturity. – **paiement échelonné** payment by ou in instalments. – **paiement en espèces** payment in cash. – **paiement forfaitaire** lump-sum payment. – **paiement fractionné** payment by ou in instalments. – **paiement intégral** full payment ou settlement. – **paiement libératoire** payment in full discharge, final payment. – **paiement en liquide** payment in cash. – **paiement à la livraison** cash on delivery. – **paiement en numéraire** money payment. – **paiement en nature** payment in kind. – **paiement partiel** part payment. – **paiement au rendement** payment by results. – **paiement sous réserve** payment under reserve. – **paiement en souffrance** payment overdue. – **paiement à tempérament** payment by instalments, time payment.

**pair** [pɛʀ] **1** nm (Fin, Bourse) par, par of exchange. ◊ **pair commercial** commercial par; **pair au change, pair intrinsèque** ou **métallique** mint par; **au pair** at par; **remboursable au pair** repayable at par; **émettre au pair** to issue at par; **émission au pair** issue at par; **valeur au pair** par value; **être au-dessus / au-dessous du pair** to be above / below par; **émettre des valeurs au-dessus / au-dessous du pair** to issue stock above par ou at a premium / below par ou at a discount.
**2** adj jour, chiffre even.

**Pakistan** [pakistɑ̃] nm Pakistan.

**pakistanais, e** [pakistanɛ, ɛz] **1** adj Pakistani.
**2** **Pakistanais** nm (habitant) Pakistani.
**3** **Pakistanaise** nf (habitante) Pakistani.

**palan** [palɑ̃] nm hoist. ◊ **livraison sous palan** delivery under ship's tackle.

**palette** [palɛt] nf [marchandises] pallet.

**palettisation** [palɛtizasjɔ̃] nf [marchandises] palletization.

**palettiser** [palɛtize] vt m archandises to palletize.

**palier** [palje] nm (phase) stage, level. ◊ **atteindre un palier** [chômage] to (reach a) plateau; [ventes] to level off; **augmenter la production par paliers** to increase production in stages.

**palmarès** [palmaʀɛs] nm [cadre d'entreprise] track record. ◊ **au palmarès des meilleures entreprises exportatrices** among the top exporting companies.

**palme** [palm(ə)] nf (prix) prize. ◊ **remporter la palme** to win the prize.

**pan** [pɑ̃] nm (secteur) sector. ◊ **des pans entiers de l'économie** whole sectors of the economy.

**panacée** [panase] nf panacea. ◊ **il n'y a pas de panacée contre l'inflation** there's no panacea ou no one fix against inflation.

**Panama** [panama] n (pays) Panama; (capitale) Panama City.

**panaméen, -enne** [panameɛ̃, ɛn] **1** adj Panamanian.
**2** **Panaméen** nm (habitant) Panamanian.
**3** **Panaméenne** nf (habitante) Panamanian.

**pancarte** [pɑ̃kaʀt(ə)] nf sign.

**panel** [panɛl] nm panel, sample group. ◊ **panel de consommateurs / détaillants / distributeurs** consumer / retailer / dealer ou distributor panel.

**paneliste** [panelist(ə)] nmf panelist, panel member.

**panier** [panje] **1** nm basket. ◊ **le panier de la ménagère** the housewife's shopping ou market (US) basket.
**2** comp **panier moyen** average buying behaviour. – **panier de monnaies** basket of currencies. – **panier de présentation** display bin. – **panier à provisions** shopping basket. – **panier de rayonnage** dump bin. – **panier à la sortie** checkout display bin. – **panier vrac** dump bin.

**panne** [pan] nf (gén) breakdown; (Tech) failure. ◊ **panne d'ordinateur** computer failure; **la machine est tombée en panne** the machine has broken down ou has failed; **en panne** out of order; **temps de panne** down time; **temps moyen jusqu'à la panne** mean time to failure; **temps moyen entre deux pannes** mean time between faults; **notre campagne publicitaire est en panne** our advertising campaign has come to a halt.

**panneau,** pl **-x** [pano] nm (pancarte) sign. ◊ **panneau d'affichage** (gén) notice board (GB), bulletin board (US), display board; (Pub) hoarding (GB), billboard (US); **panneau publicitaire, panneau-réclame** advertisement hoarding (GB), billboard (US).

**panonceau,** pl **-x** [panɔso] nm sign.

**pantouflard** [pɑ̃tuflaʀ] nm (Admin) *senior civil servant who goes over to the private sector as a manager.*

**pantoufler** [pɑ̃tufle] vi (Admin) *to go over to work in the private sector.*

**PAO** [peao] nf abrév de *publication assistée par ordinateur* DTP.

**PAP** [pap] nm abrév de *prêt pour l'accession à la propriété* → prêt.

**paperasse** [papʀas] nf paper. ◊ **toute cette paperasse** (gén) all these papers; (formulaires) all these forms; (travail à faire) all this paperwork.

**paperasserie** [papʀasʀi] nf (papiers) papers; (formulaires) forms; (travail à faire) paperwork; (excès de formalités administratives) red tape, admin*.

**paperassier, -ière** [papʀasje, jɛʀ] **1** nm, f penpusher.
**2** adj administration tied up in red tape.

**papeterie** [papetʀi] nf (articles de bureau) stationery.

**papier** [papje] **1** nm **a** (gén) paper. ◊ **feuille de papier** sheet ou piece of paper; **faire une demande sur papier libre** to apply on unstamped ou plain paper; **avance-papier** paper feed; **saut de papier** paper slew ou throw. **b** (Fin) paper, bill. ◊ **ils n'ont pas honoré notre papier** they didn't honour our paper ou bill ou draft. **c** **papiers** (documents) papers, documents; (formulaires) forms. **puis-je voir vos papiers** (d'identité)? may I see your (identity) papers?, may I see your ID? (US).
**2** comp **papier bancable** bankable paper. **– papiers de bord** (Mar) ship's papers. **– papier cadeau** wrapping paper. **– papier-calque** tracing paper. **– papier carbone** carbon paper. **– papier de cavalerie** accommodation bill. **– papier commerciable** negotiable paper. **– papier commercial** (trade) bill, commercial paper. **– papier de complaisance** accommodation bill. **– papier de consommation** (Fin) consumer credit paper. **– papier en continu** (Inf) continuous stationery. **– papier court** ou **à courte échéance** (Fin) short(-dated) bill ou paper. **– papier déplacé** bill payable outside the local area. **– papier à échéance** dated bill ou paper. **– papier d'emballage** wrapping paper. **– papier à en-tête** (gén) headed notepaper; (Comm) letterhead. **– papier escomptable** discountable bill ou paper. **– papier sur l'étranger** foreign bill ou paper. **– papiers d'expédition** (Mar) clearance papers. **– papier fait** guaranteed bill ou paper, backed bill. **– papier financier** discountable credit note, financial paper. **– papier fournisseur** bill discounted by the drawee. **– papier de haut commerce** prime trade bill, first-class paper. **– papier hors banque** prime trade bill, first-class paper. **– papiers d'industrie** industrial securities. **– papier sur l'intérieur** inland bill ou paper. **– papier kraft** kraft paper. **– papier à lettres** notepaper, writing paper. **– papier long** ou **à longue échéance** long(-dated) bill ou paper. **– papier machine** typing paper. **– papier millimétré** graph paper. **– papier-monnaie** paper money ou cur-

rency. **– papier mort** unstamped paper. **– papier négociable** negotiable paper. **– papier non bancable** unbankable paper. **– papier à ordre** bill to order. **– papier sur place** local bill ou paper. **– papier au porteur** bill to bearer. **– papier de premier ordre** prime trade bill, first-class paper. **– papier timbré** stamped paper. **– papier à vue** sight bill.

**Papouasie-Nouvelle-Guinée** [papwazinuvɛlgine] nf Papua New Guinea.

**paquet** [pakɛ] nm **a** (Poste) parcel, package. ◊ **par paquet postal** by parcel post; **paquet chargé** insured parcel; **paquet recommandé** registered parcel ou package. **b** (Comm : emballage) packet, pack (US). ◊ **paquet économique** economy-size packet ou pack; **paquet géant** giant ou bonus pack. **c** (Téléc, Inf) packet. ◊ **transmission par paquets** packet transmission; **commutation de paquets** packet switching; **mettre en paquets** to packetize. **d** (Bourse) **paquet d'actions** block of shares.

**paradis** [paʀadi] nm ◊ **paradis fiscal** tax haven.

**parafe** [paʀaf] nm = paraphe.

**parafer** [paʀafe] vt = parapher.

**parafiscal** [paʀafiskal] adj ◊ **taxe parafiscale** special tax *levied for a specific purpose*.

**parafiscalité** [paʀafiskalite] nf special taxes *levied for a specific purpose*.

**Paraguay** [paʀagwɛ] nm Paraguay.

**paraguayen, -enne** [paʀagwajɛ̃, jɛn] **1** adj Paraguayan.
**2** **Paraguayen** nm (habitant) Paraguayan.
**3** **Paraguayenne** nf (habitante) Paraguayan.

**parallèle** [paʀalɛl] adj parallel. ◊ **circuits parallèles de distribution** parallel distribution channels; **importations parallèles** parallel imports; **marché parallèle** black ou unofficial market; **économie parallèle** black ou underground economy; **port parallèle** (Inf) parallel port; **traitement en parallèle** parallel processing.

**paramétrage** [paʀametʀaʒ] nm parameterization.

**paramètre** [paʀamɛtʀ(ə)] nm parameter. ◊ **paramètres statistiques** statistical parameters.

**paramétrer** [paʀametʀe] vt to parametrize.

**paramétrique** [paʀametʀik] adj parametric.

**paraphe** [paʀaf] nm (signature abrégée) initials. ◊ **mettre son paraphe au bas de chaque page** to initial each page.

**parapher** [paʀafe] vt to initial.

**parapublic, -ique** [paʀapyblik] **adj** parapublic, partly state-owned.

**parc** [paʀk] **nm** (lieu) park ; (stock) stock. ◊ **parc d'activités** business park ; **parc automobile** [pays] (total) number of cars on the road ; [firm] car fleet ; **parc industriel** industrial park ; **parc de machines / d'ordinateurs** machine / computer population, total number of machines / computers ; **le parc locatif** the rental housing stock.

**parcellisation** [paʀselizasjɔ̃] **nf** ◊ **parcellisation du travail** division of labour into separate tasks.

**parcelliser** [paʀselize] **vt** travail to break up into separate tasks.

**parental, e, mpl -aux** [paʀɑ̃tal, o] **adj** ◊ **congé parental** parental leave.

**Paris** [paʀi] **n** Paris.

**paritaire** [paʀitɛʀ] **adj** ◊ **commission paritaire** (gén) joint committee ; (Ind) committee providing equal representation *of labour and management*, labour-management committee ; **négociations paritaires** labour-management talks ou negotiations ; **gestion paritaire** joint management *by workers and owners* ; **représentation paritaire** equal representation ; **réunion paritaire** labour-management meeting.

**parité** [paʀite] **nf** **a** (gén) parity ; [monnaie] parity, par rate of exchange. ◊ **parité du change** exchange parity, parity of exchange, par rate of exchange ; **change à (la) parité** exchange at parity ; **parité de conversion** conversion price ; **parités à crémaillère** crawling peg exchange rates ; **parités croisées** cross rates of exchange ; **parité directe** direct parity ; **parité fixe** fixed parity ou exchange rate ; **parité flexible** ou **flottante** floating parity ou exchange rate ; **parité glissante** sliding parity, crawling peg ; **parité or** gold parity ; **parité des revenus** income parity ; **parité des salaires** equality of wages ; **parité des prix / revenus / pouvoirs d'achat** price / income / purchasing power parity ; **parité de taux d'intérêt** interest parity ; **alignement de parité** parity adjustment ; **échelle de parité** parity scale ; **rapport de parité** parity ratio ou relationship ; **table des parités** table of parities ou of par values, parity table. **b** (Inf) parity. ◊ **bit / contrôle de parité** parity bit / check.

**parquet** [paʀkɛ] **nm** **a** (Bourse) **le parquet** (lieu) the (trading ou dealing) floor ; (intervenants) stockbrokers, the stock exchange ou market. **b** (Jur) public prosecutor's office. ◊ **déposer une plainte au parquet** to lodge a complaint with the public prosecutor.

**parrain** [paʀɛ̃] **nm** [entreprise] sponsor ; [fondation] patron.

**parrainage** [paʀɛnaʒ] **nm** [entreprise] sponsorship ; [fondation] patronage.

**parrainer** [paʀene] **vt** entreprise to sponsor ; fondation to patronize.

**part.** abrév de *particulier*.

**part** [paʀ] **1 nf a** (gén, Fin) share. ◊ **prendre une part d'un risque** (Ass) to write a line ; **partenaire à part entière** full partner ; **elle a une part dans l'affaire** she has an interest in the business ; **nous détenons une part du capital de cette société** we hold part of ou a share of that company's capital ; **porteur de part** shareholder. **b** à **part** (séparément) vendre separately ; (en supplément) extra ; **emballage à part** packing extra.
**2 comp part d'apport** vendor's share. **− part d'association** partnership share. **− part d'associé** partner's share. **− part d'audience** (Pub) share of audience. **− part bénéficiaire** founder's share. **− part civile : les codébiteurs doivent effectuer le paiement de la dette par part civile** (Banque) the joint debtors must repay their share of the debt. **− part de fondateur** founder's share. **− part d'intérêt** (partner's ou partnership) share. **− part de marché** market share ; **se tailler une part de marché** to carve out a share of the market for o.s. ; **− part de marché de la concurrence / de la marque** competitive / brand share. **− part patronale** employer's contribution. **− part salariale** workers' contribution. **− part sociale** (partner's ou partnership) share. **− part de syndicat, part syndicataire** underwriter's share.

**partage** [paʀtaʒ] **nm** **a** (division) division ; (distribution) distribution ; (utilisation en commun) sharing. ◊ **partage des bénéfices** distribution of profits ; **partage du travail / temps** work / time sharing ; **partage de données** (Inf) data sharing. **b** (Jur) [succession, bien en copropriété] partition, division. ◊ **partage amiable** amicable partition ; **partage judiciaire** partition by court order ; **partage de succession** ou **successoral** estate distribution.

**partager** [paʀtaʒe] **vt** **a** (diviser) to divide up ; (distribuer) to share out, distribute ; (utiliser en commun) to share (*avec* with). ◊ **partager les bénéfices** to distribute the profits ; **partager un risque** (Ass) to write a line. **b** (Inf) **le terminal travaille en temps partagé** the terminal works on a time sharing basis ; **exploitation** ou **travail en temps partagé** time sharing ; **système en temps partagé** time sharing system ; **ordinateur à temps partagé** time sharing computer.

**partance** [paʀtɑ̃s] **nf** ◊ **cargaison en partance** outward freight ; **navire en partance** ship about to sail, outward-bound ship; **navire en partance pour New York** ship sailing ou bound for New York; **bâtiments en partance** list of sailings; **train en partance** train due ou about to leave; **train en partance pour Barcelone** train for Barcelona.

**partenaire** [paʀtənɛʀ] **nmf** partner. ◊ **partenaire commercial / financier** trading / financial partner; **les partenaires sociaux** labour and management.

**partenariat** [paʀtənaʀja] **nm** partnership. ◊ **partenariat ouvrier** worker participation.

**participant, e** [paʀtisipɑ̃, ɑ̃t] **1** **adj** participating. ◊ **action / obligation participante** participating share / bond; **banque participante** participating bank. **2** **nm, f** [réunion] participant, attendee. ◊ **participant aux bénéfices** person having a share in the profits.

**participatif, -ive** [paʀtisipatif, iv] **adj** ◊ **gestion participative** participative management; **prêt participatif** *loan entitling the bank to an interest in the company*; **titre participatif** *non-voting share in a public sector company*.

**participation** [paʀtisipasjɔ̃] **nf** **a** (contribution) participation. ◊ **votre participation à la réunion est nécessaire** your presence at the meeting is necessary, you must take part in the meeting, you must attend the meeting; **participation aux frais : 250 F** cost ou contribution : F250; **la participation de l'État à ce projet est souhaitable** the involvement ou the participation of the state in this project is desirable; **verser une participation** to contribute in part to the costs. **b** (partage) **police d'assurance avec participation aux bénéfices** with profits policy, participating policy; **participation des salariés aux bénéfices** employee profit sharing; **participation des employés à la gestion** worker participation; **participation aux plus-values d'actif** employee profit sharing scheme *involving the distribution of free shares*; **obligation avec participation aux bénéfices** participating bond; **action avec privilège de participation** participating share; **dividendes de participation** participation dividends. **c** (part du capital) interest, holding, stake. ◊ **prendre une participation majoritaire dans une société** to acquire a majority ou controlling interest ou stake in a company; **prise de participation** acquisition, equity participation; **nous avons une participation de 30% dans cette société** we have a 30% interest ou stake ou holding in this company; **nous cédons nos participations dans ce secteur** we are disposing ou selling off our investments ou holdings in this sector; **ils prendront une participation d'au moins 51%**

**dans le capital** they will pick up at least 51% of the equity; **participation bancaire** acquisition of an interest by a bank; **participations croisées** cross holdings, reciprocal shareholding; **participation minoritaire** minority interest ou holding; **société** ou **entreprise en participation** joint venture company; **compte de participation** participation account; **(titres de) participations** (dans le bilan) investments *in other companies*.

**participer** [paʀtisipe] **vt indir** ◊ **participer à** réunion to attend; projet, gestion to participate in, be involved in; **les produits agricoles participent pour 30% aux exportations françaises** agricultural produce makes up ou accounts for 30% of French exports; **participer aux frais** to share in ou contribute to the cost, pay one's share of the expenses; **participer aux bénéfices** to share in the profits, have a share ou an interest in the profits.

**particulier, -ière** [paʀtikylje, jɛʀ] **1** **adj** compte, secrétaire, voiture private; (Ass) conditions specific. ◊ **avaries particulières** particular average; **investisseurs particuliers** individual investors; **à titre particulier** in a private capacity. **2** **nm** (Admin, Comm) private individual ou person. ◊ **comptes des particuliers** personal accounts; **vente de particulier à particulier** private sale.

**partie** [paʀti] **nf** **a** (sphère d'activité) branch, line of business. ◊ **ce n'est pas ma partie** that's not my line; **il est dans la partie commerciale** he's in the sales branch ou field. **b** (Jur) party. ◊ **les parties** (dans un procès) the parties, the litigants; **la partie adverse** the opposing party; **la partie comparante** the appearer; **les parties contractantes** the contracting parties; **les parties intéressées** the interested parties; **la partie lésée** the injured party; **les parties signataires** those signing, the signatories. **c** (Compta) **comptabilité en partie double / simple** double / single entry bookkeeping. **d** (Transports) **partie de chargement** part load. **e** (Fin) **partie prenante** creditor, payee, recipient; **être partie prenante dans une négociation** (fig) to be a party to a negotiation.

**partiel, -ielle** [paʀsjɛl] **adj** partial. ◊ **acceptation partielle** partial ou qualified acceptance; **affrètement partiel** part cargo charter; **chargement partiel** part load; **chômage partiel** short-time working; **mettre qn au chômage partiel** to put sb on short time; **expédition partielle** part shipment; **équilibre partiel** (Écon) partial equilibrium; **livraison partielle** part delivery ou order; **paiement partiel** part payment; **perte partielle, sinistre partiel** (Ass) partial loss; **travail à temps par-**

tiel part-time work ; **travailler à temps partiel** to work part-time ; **travailleur à temps partiel** part-time worker, part-timer.

**partiellement** [paʀsjɛlmɑ̃] **adv** partially, partly. ◊ **actions partiellement libérées** partly paid (up) shares.

**partir** [paʀtiʀ] **vi** ◊ **à partir de** from ; **à partir du 1ᵉʳ août** (as) from August 1st, from August 1st on ; **le magasin est ouvert à partir de 10 heures** the store is open from 10 o'clock on(wards) ; **à partir d'aujourd'hui** from today (onwards) ; **à partir de 100 F** from F100 (up).

**pas** [pɑ] **nm** ◊ **pas de porte** (Jur) ≈ key money ; **pas (d'incrémentation)** (Inf) step, increment.

**passage** [pɑsaʒ] **nm** **a** (gén) **après le passage de votre technicien** after your technician's visit ou call ; **clientèle de passage** passing trade ; **nous n'avons que la clientèle de passage** we have only the passing trade ou the chance customer. **b** (Bourse) put-through.

**passant, e** [pɑsɑ̃, ɑ̃t] **adj** rue busy.

**passation** [pɑsasjɔ̃] **nf** [commande] placing ; [écriture comptable] entry, posting ; [contrat, accord] signing. ◊ **passation en charges** (gén) charge off ; (d'un actif qui a perdu de sa valeur) write off ; **passation par pertes et profits** write off ; **passation de pouvoir** handover.

**passavant** [pɑsavɑ̃] **nm** (Douanes) transire, carnet, transit bill.

**passe** [pɑs] **nf** (Compta) **passe de caisse** allowance for cashier's errors.

**passer** [pɑse] **1 vt a** (gén, Comm) commande to place ; petite annonce to run, place, insert ; écriture comptable to enter, post ; contrat to sign ; accord to sign, reach, come to. ◊ **ils nous ont passé une commande importante** they placed an important order with us ; **ils ont passé une commande de 300 unités** they ordered 300 units from us, they placed an order for 300 units with us ; **passer écriture conforme** to reciprocate an entry ; **passer une somme au crédit / débit d'un compte** to credit / debit an account with a sum ; **passer une dépense en charges** to charge off an expense ; **passer un élément d'actif en charges** to write off an asset ; **passer qch par pertes et profits** to write sth off. **b** (Douanes) **passer la douane** to go through customs, clear customs ; **passer des marchandises à la douane** to carry ou take goods through customs ; **passer des marchandises en fraude** to smuggle goods in out ou out. **c** test, examen to take. ◊ **passer une visite médicale** to have a medical (examination). **d** (Téléc) **passez-moi M. Gibert** could you put me through to Mr Gibert ?, could I have Mr Gibert please ? ; **passez-moi le poste 258** could you give me ou put

me through to extension 258 please ; **je vous passe M. Gibert** (je vous connecte) I'm putting you through to Mr Gibert ; (je lui donne le récepteur) here's Mr Gibert.
**2 vi** ◊ **notre représentant passera chez vous 3 fois par an** our sales representative will call 3 times a year ou will visit you 3 times a year ; **l'affaire passera demain** (Jur) the case will be heard tomorrow ; **passer à l'ordre du jour** to proceed with the business of the day ; **l'inflation est passée de 5 à 6%** inflation rose from 5 to 6% ; **le chômage est passé de 11% à 9.5%** unemployment fell from 11% to 9.5% ; **elle est passée directeur commercial** she has been promoted ou appointed sales manager ; **les actions privilégiées passent avant les actions ordinaires** preference shares rank before ordinary shares.

**passible** [pasibl(ə)] **adj** ◊ **passible de** amende, droits liable to ; **personne passible d'un impôt** person liable for a tax ; **les dividendes sont passibles de l'impôt sur le revenu** dividends are liable to income tax ; **marchandises passibles de droits** dutiable goods, goods liable to duty.

**passif, -ive** [pasif, iv] **1 adj** passive. ◊ **balance commerciale passive** unfavourable ou adverse balance of trade ; **dettes passives** liabilities ; **solde passif** debit balance.
**2 nm** (Fin) liabilities, claims and liabilities (GB). ◊ **l'actif et le passif** assets and liabilities ; **inscrire** ou **mettre** ou **porter qch au passif** to enter sth on the liabilities side ; **un élément de passif** a liability ; **compte de passif** liability account.
**3 comp passif circulant** current liabilities, short-term debt. – **passif comptable** book liabilities. – **passif à court terme** current liabilities, short-term debt. – **passif éventuel** contingent liabilities. – **passif exigible (à court terme)** current liabilities, short-term debt. – **passif externe** (external) liabilities. – **passif interne** claims (GB), equity. – **passif à long terme** long-term ou non-current liabilities. – **passif monétaire** monetary liabilities. – **passif reporté** deferred liabilities. – **passif social** company's liabilities.

**patentable** [patɑ̃tabl(ə)] **adj** (Comm) *subject to a trading licence* ou *to trading dues.*

**patente** [patɑ̃t] **nf a** (Comm) trading licence ou dues ou tax, occupational tax, franchise tax (US). ◊ **payer patente** to be duly licensed. **b** (Mar) **patente (de santé)** bill of health ; **patente nette** clean bill of health ; **patente suspecte** foul ou suspected bill of health.

**patenté, e** [patɑ̃te] **adj** (Comm) licensed.

**patenter** [patɑ̃te] vt (Comm) to license.

**paternalisme** [patɛʀnalism(ə)] nm paternalism.

**paternaliste** [patɛʀnalist(ə)] adj paternalistic.

**patrimoine** [patʀimwan] nm [entreprise] assets; [individu] property, estate, personal fortune. ◊ notre patrimoine national our national heritage; patrimoine fiduciaire trust estate; patrimoine social asset; ils ont un patrimoine immobilier they have real estate assets.

**patrimonial, e,** mpl **-aux** [patʀimɔnjal, o] adj patrimonial. ◊ actifs patrimoniaux net estate.

**patron** [patʀɔ̃] nm (propriétaire) owner, boss*; (directeur) head, boss*; (employeur) employer, boss*. ◊ le patron de l'entreprise the owner of the company; les patrons (les chefs d'entreprise) the employers, bosses*; le patron des patrons the head of the French Employers' Federation; qui est votre patron? who's your boss?; le patron du service the department head.

**patronage** [patʀɔnaʒ] nm (Comm) sponsorship. ◊ sous le patronage de under the sponsorship of.

**patronal, e,** mpl **-aux** [patʀonal, o] adj ◊ cotisation ou part patronale employer's contribution; déclaration patronale employer's return; responsabilité patronale employer's liability; organisation patronale employers' association; syndicat patronal employers' union ou federation, bosses' union; côté patronal on estime que... employers ou business leaders believe that...

**patronat** [patʀona] nm ◊ le patronat the employers, the employers' federation; la Confédération nationale du patronat français the French Employers' Federation; le patronat et le salariat business and labour; le patronat et les syndicats bosses and unions.

**patronner** [patʀone] vt to sponsor.

**pause** [poz] nf (dans le travail) break. ◊ pause-café coffee break; pause fiscale tax standstill; pause salariale wage standstill; pause estivale summer break; la montée du chômage marque une pause unemployment has levelled off.

**pavé** [pave] nm ◊ pavé publicitaire large ou prominent advertisement.

**pavillon** [pavijɔ̃] nm **a** [foire, exposition] (exhibition) hall. **b** (Mar) flag. ◊ battant pavillon britannique under (the) British flag; pavillon de complaisance flag of convenience; pavillon d'une compagnie maritime house flag.

**payable** [pɛjabl(ə)] **1** adj payable. ◊ le poste de télévision est payable en 5 mensualités the television set can be paid for in 5 instalments; effet payable au 1er août bill payable ou due on August 1st; effet payable à 60 jours bill payable at 60 days' date; effet payable à 3 jours de vue bill payable 3 days after sight. **2** comp payable d'avance payable in advance. – payable à la commande payable ou cash with order. – payable au comptant payable in cash. – payable sur demande payable on demand. – payable à destination payable at destination. – payable à l'échéance payable at maturity ou when due. – payable intégralement payable in full. – payable à la livraison cash on delivery, payable on delivery. – payable moitié à la commande half the amount is payable with order. – payable à ordre payable to order. – payable au porteur payable to bearer. – payable sur présentation payable on demand ou on presentation. – payable dès réception payable ou cash on delivery. – payable à terme échu payable when due. – payable par versements échelonnés ou périodiques payable in instalments. – payable à vue payable ou due on demand, payable at sight ou on presentation.

**payant, e** [pɛjɑ̃, ɑ̃t] adj personne who pays; place, billet which must be paid for. ◊ c'est une activité payante it's a profitable activity; notre campagne s'est avérée payante our campaign finally paid off.

**paye** [pɛj] nf = paie.

**payement** [pɛjmɑ̃] nm = paiement.

**payer** [peje] vt **a** somme, prix, frais, supplément, loyer to pay; facture to pay, settle. ◊ payer 5 000 F à qn to pay sb F 5,000; combien avez-vous payé? how much did you pay?; payer les impôts to pay tax; payer des intérêts sur un prêt to pay interest on a loan; payer la note to pay ou settle the bill; payer en nature / par chèque / en espèces ou en liquide / en numéraire to pay in kind / by cheque / in cash / in specie; payer d'avance ou par anticipation to pay in advance; payé d'avance prepaid; payer à la commande to pay cash with order; payer comptant to pay cash (down); payer à l'échéance to pay at maturity ou when due; payer par intervention to pay for honour; payer à la livraison to pay on delivery; payer de la main à la main to hand over the money without receipt; payer à l'ordre de... to pay to the order of...; payez à l'ordre de moi-même pay self; payer à tempérament to pay by instalments; payer à vue to pay at sight ou on demand. **b** chose, service to pay for. ◊ je

**l'ai payé 100 F** I paid F100 for it ; **faire payer qch à qn** to charge sb for sth ; **payé** (sur facture) paid ; **les congés payés** paid holidays (GB) ou vacation (US) ; **port payé** carriage ou post paid ; **travail bien payé** well-paid job ou work. |c| commerçant, créancier, entreprise, employé to pay. ◊ **nous payons nos fournisseurs le 15 de chaque mois** we pay our suppliers on the 15th of each month ; **être payé à l'heure / au mois** to be paid by the hour ou on an hourly basis / by the month ou on a monthly basis ; **être payé à l'année** to be paid on an annual basis ; **être payé à la pièce** to be on piece work.

**payeur,, -euse** [pɛjœʀ, øz] |1| **adj** organisme, caisse, service payments. |2| **nm,f** payer ; ◊ (Admin) **trésorier-payeur général** paymaster ; **mauvais payeur** (Admin) defaulter ; **c'est un mauvais payeur** he's a bad debtor ou a slow payer ; **c'est un bon payeur** he's a good payer.

**pays** [pei] |1| **nm** ◊ country. ◊ **les pays de l'Est / du Tiers Monde / de la CEE** Eastern / Third-World / EEC countries ; **les pays occidentaux** Western countries, the Western world ; **pays membre** member country ; **pays créditeur / débiteur** creditor / debtor country ; **pays déficitaire / excédentaire** deficit / surplus country ; **pays exportateur / importateur de charbon** coal-exporting / importing country ; **les relations avec des pays tiers** relations with third countries ; **nouveaux pays industriels** newly industrialized countries. |2| **comp pays d'accueil** host country. – **pays expéditeur** forwarding country. – **pays frère** sister country. – **pays industrialisé** industrial country ; **nouveaux pays industrialisés** newly industrialized countries, new industrial countries. – **pays moins avancé** less developed country. – **pays d'origine** country of origin. – **pays producteur** producing country ; **pays producteur de pétrole** oil-producing country, oil producer. – **pays de résidence** home country, country of residence. – **pays à risques** risk country. – **pays signataire** signatory country. – **pays sous-développé** underdeveloped country. – **pays tiré** donor country. – **pays tireur** drawer country. – **pays en voie de développement** developing country, less developped countries. – **pays en voie d'émergence** emerging country.

**Pays-Bas** [peiba] **nmpl** ◊ **les Pays-Bas** the Netherlands.

**p / c** abrév de *pour compte*.

**PC** [pese] **nm** |a| abrév de *permis de construire* → permis. |b| abrév de *personal computer* PC. |c| abrév de *prêt conventionné* → prêt.

**pcc** abrév de *pour copie conforme*.

**PCG** [peseʒe] **nm** abrév de *plan comptable général* → plan.

**PCV** [peseve] **nm** abrév de *paiement contre vérification* → paiement.

**pd** abrév de *port dû*.

**PDG** [pedeʒe] **nm** abrév de *président-directeur général* → président.

**PDP** [pedepe] **nm** abrév de *profit direct du produit* DPP.

**péage** [peaʒ] **nm** (somme due) toll ; (lieu) tollgate ; (sur l'autoroute) tollbooth. ◊ **autoroute à péage** toll motorway (GB), tollpike (US) ; **pont à péage** tollbridge ; **télévision à péage** pay TV.

**péagiste** [peaʒist(ə)] **nmf** tollbooth attendant.

**pécule** [pekyl] **nm** [apprenti] earnings.

**pécuniaire** [pekynjɛʀ] **adj** financial.

**pécuniairement** [pekynjɛʀmɑ̃] **adv** financially.

**peine** [pɛn] **nf** (sanction) penalty. ◊ **peine pécuniaire** fine ; **peine de prison** prison sentence ; **défense d'entrer sous peine d'amende / de poursuites** trespassers will be fined / prosecuted.

**Pékin** [pekɛ̃] **n** Peking.

**PEL** [peøɛl] **nm** abrév de *plan d'épargne-logement* → plan.

**pelliculé, e** [pelikyle] **adj** ◊ **emballage pelliculé** shrink-wrapping.

**peloton** [p(ə)lɔtɔ̃] **nm** ◊ **la France est dans le peloton de tête** France is among the leaders in the race.

**pénal, e**, **mpl -aux** [penal, o] **adj** penal. ◊ **le droit pénal** criminal law ; **le Code pénal** the penal code ; **clause pénale** penalty clause.

**pénaliser** [penalize] **vt** to penalize.

**pénalité** [penalite] **nf** penalty. ◊ **pénalité contractuelle** contractual penalty ; **pénalités fiscales** tax ou fiscal penalties ; **pénalités pécuniaires** fines ; **pénalité de retard** penalty for late fulfillment of an obligation.

**pendentif** [pɑ̃dɑ̃tif] **nm** (Pub) overhanging advertising board.

**pénétrabilité** [penetʀabilite] **nf** penetrability.

**pénétration** [penetʀasjɔ̃] **nf** penetration. ◊ **pénétration du marché** market penetration ; **pénétration commerciale** sales penetration ; **taux de pénétration** penetration rate.

**pénétrer** [penetʀe] **vt** marché to penetrate, make an inroad into, break into, operate a breakthrough into. ◊ **ce modèle n'a pas**

réussi à pénétrer profondément le marché américain this model failed to make deep inroads into the US market.

**pénibilité** [penibilite] **nf** [tâche] hardness. ◊ **prime de pénibilité** strenuous work allowance.

**pénible** [penibl(ə)] **adj** travail hard.

**pension** [pãsjɔ̃] **nf** a (rente) pension, annuity. ◊ **toucher une pension** to draw a pension; **servir** ou **verser une pension** to pay an annuity (à to); **pension alimentaire** alimony, maintenance allowance; **pension de retraite** retirement pension; **pension réversible** ou **de réversion** survivor's pension, reversion pension, reversionary annuity; **pension de vieillesse** old age pension; **pension d'invalidité** disability ou disablement pension; **pension viagère** life annuity; **titulaire d'une pension** annuitant; **fonds de pension** pension fund. b (Fin) **mettre / prendre des effets en pension** to place / take bills in pawn; **valeurs en pension** securities in pawn; **le taux des pensions** ou **des prises en pension à 7 jours** the 7-day repurchase rate.

**pensionné, e** [pãsjɔne] 1 **adj** ouvrier who draws a pension. 2 **nm,f** pensioner, annuitant.

**pensionner** [pãsjɔne] **vt** to give a pension to.

**pénurie** [penyʀi] **nf** shortage, scarcity. ◊ **il y a une pénurie de main-d'œuvre qualifiée** there is a shortage ou a scarcity of qualified labour; **pénurie de devises** shortage of foreign currency; **pénurie de stock** stock (GB) ou inventory (US) shortage; **gérer la pénurie** to manage scarcity.

**PEP** [pɛp] **nm** abrév de *plan d'épargne populaire* → plan.

**PEPS** [peəp-eɛs] abrév de *premier entré, premier sorti* FIFO.

**PER** [peəɛʀ] **nm** abrév de *plan d'épargne retraite* PER.

**percée** [pɛʀse] **nf** (Écon) breakthrough. ◊ **percée commerciale** market breakthrough ou thrust ou inroad; **percée technologique** technological breakthrough; **faire une percée sur un marché** to make ou operate a breakthrough into a market.

**percepteur** [pɛʀsɛptœʀ] **nm** tax collector, tax man*.

**perceptible** [pɛʀsɛptibl(ə)] **adj** impôt collectable, payable.

**perception** [pɛʀsɛpsjɔ̃] **nf** a [impôt, droits] collection, levy. b (bureaux) tax collector's office (GB), internal revenue office (US).

**percer** [pɛʀse] **vi** ◊ **percer sur un marché** to break into a market, make a breakthrough into a market.

**percevable** [pɛʀsəvabl(ə)] **adj** impôt collectable, payable.

**percevoir** [pɛʀsəvwaʀ] **vt** impôt to collect; intérêts, revenu, indemnité to receive.

**perdant, e** [pɛʀdã, ãt] 1 **adj** il est perdant dans l'affaire he's the loser in this business, he has lost out in this affair. 2 **nm,f** loser.

**perdition** [pɛʀdisjɔ̃] **nf** ◊ **en perdition** in distress.

**perdre** [pɛʀdʀ(ə)] **vti** to lose. ◊ **le dollar a encore perdu par rapport aux autres monnaies** the dollar declined further against the other currencies.

**perdu, e** [pɛʀdy] **adj** ◊ **navire perdu en mer** ship lost ou missing at sea; **emballage perdu** non-returnable ou no-deposit container, no refund ou return; **placer son argent à fonds perdu** (Ass) to invest one's money in an annuity; **mon investissement a été à fonds perdu** my investment was a write off, I lost all my money in this investment.

**père** [pɛʀ] **nm** ◊ **valeurs de père de famille** gilt-edged ou blue-chip securities.

**péremption** [peʀãpsjɔ̃] **nf** lapsing. ◊ **date de péremption** sell-by date.

**péréquation** [peʀekwasjɔ̃] **nf** [impôts, prix] equalization, evening out; [charges] redistribution; [salaires] adjustment, harmonization.

**perfectionnant, e** [pɛʀfɛksjɔnã, ãt] **nm,f** person enrolled in an advanced course.

**perfectionné, e** [pɛʀfɛksjɔne] **adj** produit sophisticated; technologie advanced.

**perfectionnement** [pɛʀfɛksjɔnmã] **nm** improvement. ◊ **stage de perfectionnement** advanced ou refresher course.

**perfectionner** [pɛʀfɛksjɔne] **vt** to improve.

**performance** [pɛʀfɔʀmãs] **nf** result, performance. ◊ **évaluation des performances** ou **de la performance** (Ind) performance appraisal ou rating ou review, merit rating; **les performances d'une voiture / de l'entreprise / de notre économie / d'un portefeuille** the performance of a car / of the company / of our economy / of a portfolio; **nos performances à la production se sont améliorées** our production record has improved; **les performances de l'industrie automobile laissent à désirer** the results ou the performance of the car industry leave(s) a lot to be desired.

**performant, e** [pɛʀfɔʀmã, ãt] **adj** employé effective; système efficient; entreprise profitable, successful. ◊ **les entreprises les plus / les moins performantes** the best / the worst performing companies; **investissement performant** high-yield investment; **voiture performante** high-performance car; **il n'est pas très performant** he's not performing very well; **ma voiture est assez performante** my car performs ou runs quite well.

**péricliter** [peʀiklite] **vi** to go under, decline.

**péril** [peʀil] **nm** peril, danger; (Ass) peril. ◊ **péril de mer** risk and peril of the seas, sea risk.

**périmé, e** [peʀime] **adj** carte de crédit, document, billet out-of-date, expired; visa expired; technologie, matériel obsolete. ◊ **connaissement périmé** stale bill of lading; **l'assurance est périmée** the insurance has lapsed; **ce passeport est périmé** this passport is no longer valid.

**périmer** [peʀime] **1** **vi** ◊ **laisser périmer qch** to let sth expire. **2** **se périmer** **vpr** (Jur) to lapse; [document] to expire.

**période** [peʀjɔd] **1** **nf** (gén, Compta) period. ◊ **période creuse / probatoire / transitoire** slack / probation / transitory period. **2** **comp** **période d'abonnement** subscription period. **– période d'activité** (Admin) period of active employment ou of service. **– période d'affluence** peak period. **– période d'amortissement** amortization period. **– période d'attente** (Ind) idle period. **– période comptable** accounting period. **– période de conversion** conversion period. **– période de crédit** (Banque) credit period ou phase. **– période d'épargne** (Banque) savings period ou phase. **– période d'essai** trial period. **– période de garantie** period of guarantee. **– période d'inactivité** idle period. **– période de pointe** peak period. **– période de recouvrement** collection period. **– période de récupération** (Fin) payback period. **– période de référence** reference period. **– période de remboursement** [dette] repayment period. **– période test** test period.

**périodicité** [peʀjɔdisite] **nf** periodicity. ◊ **périodicité de réapprovisionnement** procurement period; **périodicité moyenne des révisions** meantime between overhauls; **quelle est la périodicité des remboursements ?** how often are payments due?

**périodique** [peʀjɔdik] **adj a** (gén) periodic. ◊ **inventaire périodique** periodic inventory; **entretien périodique** scheduled maintenance. **b** (Compta) interim. ◊ **état financier périodique** interim financial statement; **rapport périodique** interim report; **résultats périodiques** interim results.

**périodiquement** [peʀjɔdikmã] **adj** periodically.

**périphérie** [peʀifeʀi] **nf** periphery. ◊ **le centre et la périphérie** (Écon) the core and the periphery.

**périphérique** [peʀifeʀik] **1** **adj** peripheral. ◊ **unité périphérique** (Inf) peripheral device ou unit. **2** **nm** (Inf) peripheral, device. ◊ **périphérique d'entrée / de sortie** input / output device; **contrôleur de périphériques** device controller.

**périssable** [peʀisabl(ə)] **adj** perishable. ◊ **denrées périssables** perishables, perishable goods.

**perlé, e** [pɛʀle] **adj** ◊ **grève perlée** selective strike.

**permanence** [pɛʀmanãs] **nf** ◊ **il y a une permanence toute la nuit** there is someone on duty all night; **il est de permanence ou il assure une permanence le week-end** he's on duty over the weekend; **il y aura une permanence entre 15 et 17 heures** there will be someone available between 3.00 p.m. and 5.00 p.m., the office will be open between 3.00 p.m. and 5.00 p.m., calls will be taken between 3.00 p.m. and 5.00 p.m.

**permanent, e** [pɛʀmanã, ãt] **1** **adj** permanent. ◊ **capitaux permanents** long-term capital; **commission permanente** standing committee; **compte permanent** charge account; **dossier permanent** continuing audit file; **emploi permanent** permanent job; **formation permanente** continuing education; **incapacité permanente** permanent disability; **inventaire permanent** perpetual inventory; **ordre de domiciliation permanente** (Banque) direct debit order; **ordre de transfert permanent** (Banque) standing order; **le personnel permanent** the full-time personnel, the permanent staff. **2** **nm,f** [syndicat] (paid) official.

**perméabilité** [pɛʀmeabilite] **nf** [frontières, marché] openness.

**perméable** [pɛʀmeabl(ə)] **adj** marché open.

**permis** [pɛʀmi] **1** **nm** permit, licence (GB), license (US). **2** **comp** **permis de conduire** driving licence (GB), driver's license (US). **– permis de construire** planning permission, building permit. **– permis de débarquement** landing permit. **– permis de douane** customs permit. **– permis d'embarquement** shipping note. **– permis d'entrée** (pour les marchandises) import licence ou permit; (pour un navire) clearance inwards. **– permis d'exportation** export licence ou permit. **– permis d'importation** import licence ou permit. **– permis poids lourds**

heavy-goods vehicle licence. – **permis de séjour** residence permit. – **permis de sortie** (pour des marchandises) export permit ou licence; (pour un navire) clearance outwards. – **permis de transbordement** transshipment permit. – **permis de transit** transit permit. – **permis de travail** work permit.

**Pérou** [peʁu] **nm** Peru.

**perpétuel, -elle** [pɛʁpetɥɛl] **adj** ◊ **rente perpétuelle** life ou perpetual annuity; **fonction perpétuelle** permanent ou life office.

**personnalisation** [pɛʁɔnalizasjɔ̃] **nf** [impôt, assurance] personalization; [voiture] customization.

**personnaliser** [pɛʁsɔnalize] **vt** impôt, assurance to personalize; voiture to customize.

**personnalité** [pɛʁsɔnalite] **nf** ◊ **l'entreprise a la personnalité civile** ou **morale** the company is an artificial ou a fictitious person, the company is a legal person ou entity; **acquérir la personnalité juridique** to acquire legal status.

**personne** [pɛʁsɔn] **1** **nf** person. ◊ **tierce personne** third party; **entrée interdite à toute personne étrangère au service** no entry for unauthorized persons; **la personne assurée** the insured; **comptes de personnes** (Banque) personal accounts; **cela nous a coûté 300 F par personne** that cost us F300 each ou per person ou a head.
**2** **comp personne âgée** old person, senior citizen. – **personne autorisée** authorized person. – **personne à charge** dependent, dependant. – **personne interrogée** (Mktg) respondent. – **personne morale** artificial ou fictitious person, legal person ou entity; **revenus de personnes morales** corporate incomes, incomes of legal persons. – **personne physique** natural person; **impôt sur le revenu des personnes physiques** personal income tax. – **personne ressource** resource person.

**personnel, -elle** [pɛʁsɔnɛl] **1** **adj** personal. ◊ **fortune personnelle** private fortune ou wealth; **cette carte est personnelle** this card is not transferable ou is for personal use only; **personnel** (sur un document) (strictly) private, confidential.
**2** **nm** (gén) staff; [usine] employees, workforce; (Admin) personnel. ◊ **les membres du personnel** (gén) staff members, staffers (US); [usine] employees; **nous sommes à court** ou **nous manquons de personnel** we are understaffed ou shortstaffed; **il fait partie du personnel depuis un an** he's been on the staff for a year; **renforcer le personnel de l'entreprise** to staff up the company; **le service du personnel** the personnel depart-

ment; **le directeur** ou **chef du personnel** the personnel manager; **délégué du personnel** personnel representative; **gestion du personnel** personnel management; **rotation du personnel** staff ou employee ou personnel turnover; **nous avons procédé à une réduction du personnel** we have carried out staff cutbacks ou a cutback of our workforce.
**3** **comp personnel administratif** administrative staff. – **personnel d'appoint** temporary extra staff. – **personnel auxiliaire** auxiliary staff. – **personnel de bureau** office ou clerical staff. – **personnel commercial** sales staff. – **personnel d'encadrement** executive ou managerial staff. – **personnel d'entretien** maintenance personnel ou staff. – **personnel d'exécution** operatives. – **personnel féminin** female staff. – **personnel intérimaire** temporary staff. – **personnel de maîtrise** supervisors, middle management, supervisory staff. – **personnel navigant** flight personnel ou staff. – **personnel permanent** regular staff. – **personnel réduit** reduced ou skeleton staff. – **personnel sédentaire** indoor staff. – **personnel saisonnier** seasonal staff. – **personnel technique** technicians. – **personnel temporaire** temporary staff. – **personnel à temps partiel** part-time staff ou personnel. – **personnel de vente** sales staff.

**perspective** [pɛʁspɛktiv] **nf** prospect. ◊ **perspectives de carrière** job expectations ou prospects; **perspectives de croissance** growth prospects; **perspectives économiques** economic prospects ou outlook; **perspectives d'exportation** export prospects; **ouvrir de nouvelles perspectives** to open up new vistas ou prospects.

**perte** [pɛʁt(ə)] **1** **nf** **a** (gén) loss. ◊ **perte d'argent** (argent perdu) loss of money; (argent mal dépensé) waste of money; **perte de temps** waste of time; **l'économie est en perte de vitesse** the economy is slowing down ou is slipping; **subir / compenser une perte** to suffer / make good a loss; **facteur de perte** loss factor; **fonctionner à perte** to operate at a loss; **vendre qch à perte** to sell sth at a loss; **leurs pertes s'élèvent à 2 millions de francs** their losses have reached 2 million francs; **répartition** ou **ventilation des pertes** spreading of losses. **b** (Ass) loss. ◊ **pertes et dommages** loss and damage; **pertes** ou **avaries** loss or damage. **c** (Bourse) **être en perte** to stand at a discount; **se négocier à perte** to be dealt in at a discount.
**2** **comp perte brute** gross loss. – **perte en capital** capital loss. – **perte de** ou **au change** exchange loss. – **perte sur créance** bad debt loss. – **perte de détention** holding loss. – **perte d'emploi** redun-

dancy. – **perte d'encaisse** (Compta) cash loss. – **perte de l'exercice** (Compta) net loss *on year's trading.* – **perte d'exploitation** (Compta) operating ou trading loss. – **pertes financières** financial losses. – **perte de mise en route** initial loss. – **perte nette** net loss. – **perte normale** [marchandises en transit] normal spoilage. – **perte partielle** (Ass) partial loss. – **perte de pouvoir d'achat** loss in ou of purchasing power. – **perte de production** production loss. – **pertes et profits** (Compta) : compte de pertes et profits profit and loss account ; passer qch par pertes et profits to write sth off ; – **pertes et profits exceptionnels** extraordinary items ; **pertes et profits sur exercices antérieurs** prior period adjustments. – **perte de revenu** loss of income. – **perte de salaire** loss of pay. – **perte sèche** dead loss. – **perte totale** total loss. – **perte de valeur** loss in value.

**péruvien, -ienne** [peʀyvjɛ̃, jɛn] **1** adj Peruvian.
   **2** **Péruvien** nm (habitant) Peruvian.
   **3** **Péruvienne** nf (habitante) Peruvian.

**pervers, e** [pɛʀvɛʀ, ɛʀs(ə)] adj ◊ **effet pervers** perverse effect.

**pesage** [pəzaʒ] nm weighing. ◊ **bureau de pesage** weigh house.

**pesée** [pəze] nf weighing.

**peser** [pəze] vt i to weigh. ◊ **il pèse 20 millions de dollars** he's worth $20 million.

**peseta** [pezeta] nf peseta.

**peso** [pezo] nm peso.

**P. et Ch.** abrév de *Ponts et Chaussées* ≈ the road construction departement ; (école) elite civil engineering school.

**petit, e** [p(ə)ti, it] adj small. ◊ **petite annonce** small ou classified ad ; **la page des petites annonces** the small ads page ou column ; **petites annonces** (rubrique de journal) classified advertisements ; **petite caisse** petty cash ; **petit commerçant** small retailer ; **le petit commerce** the small retail trade ; **petites coupures** small denominations ; **petit épargnant** small saver ou investor ; **petit porteur** small shareholder ; **petite monnaie** small change ; **petites et moyennes entreprises** small and medium-sized companies ; **expédier qch en petite vitesse** to ship by goods train ou by slow goods service.

**P. et P.** abrév de *Profits et Pertes* P&L

**pétrodollar** [petʀodɔlaʀ] nm petrodollar.

**pétrole** [petʀɔl] nm oil, petroleum. ◊ **raffinerie de pétrole** oil ou petroleum refinery ; **gisement de pétrole** oil field ; **l'industrie du pétrole** the oil ou petroleum industry ;

**pétrole brut** crude oil ; **émir du pétrole** oil sheik ; **émirat du pétrole** oil emirate ; **pays producteur de pétrole** oil-producing country ; **les prix du pétrole se sont envolés** oil prices have soared ou rocketed.

**pétrolier, -ière** [petʀɔlje, jɛʀ] **1** adj produits oil, petroleum ; société, marché, prix oil. ◊ **choc pétrolier** oil shock ; **facture pétrolière** oil bill ; **l'industrie pétrolière** the oil ou petroleum industry ; **pays pétrolier** oil-producing country.
   **2** nm (bateau) oil tanker ; (homme d'affaires) oil magnate.
   **3** **pétrolières** nfpl oil shares, oils.

**p. ex.** abrév de *par exemple* eg.

**phase** [faz] nf phase, stage. ◊ **phase de commercialisation / fabrication** marketing / manufacturing stage ; **phase de croissance** growth stage ; **la phase d'introduction d'un produit** the launch phase of a product ; **phase de maturité / déclin** maturity / decline stage.

**philippin, e** [filipɛ̃, in] **1** adj Philippine.
   **2** **Philippin** nm (habitant) Filipino.
   **3** **Philippine** nf (habitante) Filipino.

**Philippines** [filipin] nfpl ◊ **les Philippines** the Philippines.

**Phnom Penh** [pnɔmpɛn] n Phnom Penh.

**photocopie** [fɔtɔkɔpi] nf (action) photocopying ; (résultat) photocopy.

**photocopier** [fɔtɔkɔpje] vt to photocopy.

**photocopieur** [fɔtɔkɔpjœʀ] nm, **photocopieuse** [fɔtɔkɔpjøz] nf photocopier.

**p. i.** abrév de *par intérim* acting, actg.

**PIB** [peibe] nm abrév de *produit intérieur brut* GDP.

**pictogramme** [piktɔgʀam] nm pictogram.

**pièce** [pjɛs] nf **a** (argent) **pièce (de monnaie)** coin. **pièce de 10 F** 10 franc coin. **b** (unité) **ces articles se vendent à la pièce** these articles are sold singly ou separately ou individually ; **ils coûtent 15 F (la) pièce** they cost F15 each ou apiece ; **travail à la pièce** piecework, job work (US) ; **travailler à la pièce** to be on piecework ; **être payé à la pièce** to be on piece rate. **c** (élément d'un mécanisme) part. ◊ **pièce détachée** ou **de rechange** spare (part) ; **la machine a été livrée en pièces détachées** the machine was delivered in knockdown form ou kit form ; **la commande des pièces est effectuée par l'ordinateur** parts ordering is carried out by the computer ; **pièce d'origine** genuine part ; **pièce de rebut** reject. **d** (document) paper, document. ◊ **pièce administrative** administrative document ou paper ; **pièces de bord** (Mar) ship's papers ; **pièce de caisse** (Compta) cash voucher; **pièce comptable** accounting record, bookkeeping voucher; **pièces à fournir** documents to be presented; **pièce d'identité** identity papers; **pièces jointes** (en bas d'une lettre) enclosures; **pièce justificative** (Compta) voucher, receipt; (Jur, Admin) supporting document; **veuillez joindre les pièces justificatives à votre note de frais** please attach the relevant receipts and vouchers to your expense account; **pièce officielle** official paper ou document.

**piétiner** [pjetine] **vi** to mark time, be at a standstill, make no headway.

**piéton, -onne** [pjetɔ̃, ɔn] **adj, piétonnier, -ière** [pjetɔnje, jɛʀ] **adj** pedestrian. ◊ **zone piétonne** ou **piétonnière** pedestrian precinct (GB), mall (US); **rue piétonne** ou **piétonnière** pedestrian street.

**pige** [piʒ] **nf** ◊ (Mktg) **pige de la concurrence** competition checking; **pige publicitaire** monitoring of competitors' advertising.

**pigiste** [piʒist(ə)] **nmf** (Mktg) checker.

**pilotage** [pilɔtaʒ] **nm** ◊ **comité de pilotage** steering committee.

**pilote** [pilɔt] **adj** experimental, pilot. ◊ **article-pilote** leader; **prix-pilote** special ou reduced ou introductory price; **usine-pilote** pilot plant; **école- / ferme-pilote** experimental school / farm; **projet-pilote** pilot project; **valeurs-pilotes** (Bourse) leading securities.

**piloter** [pilɔte] **vt** projet to steer, manage, be in charge of.

**pincement** [pɛ̃smɑ̃] **nm** ◊ **pincement des marges** contraction of profit margins.

**piquet** [pikɛ] **nm** ◊ **piquet de grève** strike picket.

**piratage** [piʀataʒ] **nm** (Inf) hacking, computer fraud ou piracy.

**pirate** [piʀat] **nm** (Inf) hacker, pirate.

**pirater** [piʀate] **vt** (Inf) to pirate.

**piste** [pist(ə)] **nf** track. ◊ **piste de révision** (Compta) audit trail.

**pister** [piste] **vt** ventes, tendances to track, monitor.

**piston*** [pistɔ̃] **nm** string-pulling. ◊ **il a été promu grâce au piston** he was promoted thanks to some string-pulling, he owes his promotion to some backstairs influence.

**pistonner*** [pistɔne] **vt** to pull strings for.

**pivot** [pivo] **nm** (CEE) **cours pivot** central rate; **cours pivots bilatéraux** cross rates.

**p. j.** abrév de *pièces jointes* enc., encl.

**PL** abrév de *poids lourd* heavy lorry ou truck.

**placard** [plakaʀ] **nm** ◊ **placard publicitaire** advertising placard ou bill ou poster, advertisement.

**place** [plas] **nf** a (travail) job. ◊ **je cherche une place de secrétaire** I'm looking for a job as a secretary; **il a perdu sa place** he has lost his job. b (Fin) market. ◊ **place bancable** *town in which there is a branch of the Banque de France*; **place boursière** stock market; **place cambiste** foreign exchange market; **place écart** *town in which there is no branch of the Banque de France*; **place extra-territoriale** off-shore market; **place financière** money market, financial centre; **sur la place de Lyon** on the Lyon market; **la place est acheteur** (Bourse) the market is a buyer; **frais de place** local charges; **faire la place** to work the town, canvass for orders; **position de place** market position. c **sur place :** **chèque sur place** town cheque; **notre représentant est sur place** our sales representative is on the spot; **prix sur place** loco price; **achats sur place** local purchases; **composants achetés sur place** locally purchased components. d (rang) rank, place. ◊ **garder la première place** to stay in the lead; **prendre la première place** to take the lead. e (billet) [avion] seat.

**placement** [plasmɑ̃] **1 nm** a (investissement) (portfolio) investment. ◊ **bon placement** good ou sound investment; **placement à court / long terme** short-term / long-term investment; **faire un placement d'argent** to invest money; **faire un placement sur le marché boursier** to make a stock market investment ou an investment on the stock market; **conseiller en placements** investment adviser ou consultant; **société de placement** investment trust; **titres de placement** investment securities. b [emprunt, émission de titres, marchandises] placing. ◊ **placement initial** ou **primaire de titres** primary distribution of stock; **syndicat de placement** issue ou placement syndicate. c [salarié] placing. ◊ **bureau de placement** employment agency; (Univ) placement bureau ou office.

**2 comp placement boursier** equity investment, stock market investment. − **placement de capital** investment of funds ou capital. − **placement direct** direct investment in movables. − **placement à échéance** fixed-term investment. − **placement de fonds** investment of funds ou capital. − **placement immobilier** investment in property, real estate investment. − **placement intégral** sell-down. − **placement mobilier** investment in movables. − **placement obligataire** bond investment. − **placement de portefeuille** portfolio investment. − **placement de premier ordre** blue-chip investment, choice investment. – **placement privé** private investment. – **placement à revenu fixe / variable** fixed-yield / variable-yield investment. – **placement en valeurs** investment in securities.

**placer** [plase] **1** vt **a** (investir) to invest. ◊ **il a placé son argent sur un compte d'épargne** he has deposited ou invested his money in a savings account; **placer de l'argent à long / à court terme** to make a long-term / short-term investment, invest money on a long-term / short-term basis; **placer de l'argent à fonds perdu** (Ass) to invest money in a life annuity; **placer de l'argent en Bourse / dans les industrielles** to invest money in the stock market / in industrial shares; **placer un dépôt au jour le jour** to place a deposit at call. **b** emprunt, émission de titres to place; marchandises to sell. ◊ **ces produits sont difficiles à placer** these products are hard to sell; **ils sont faciles à placer** they sell readily, they find a ready sale. **c** (trouver un emploi pour) to find a job for, place. ◊ **on l'a placé à la tête de l'entreprise** he has been put in charge of ou at the head of the company. **d** (déposer) **placer des titres en garde** to deposit securities in safe keeping. **2 se placer** vpr **a** (trouver une situation) to find a job. ◊ **il s'est placé comme comptable** he has got ou found a job as an accountant. **b** (Comm) [produits] to sell. ◊ **cet article se place facilement / difficilement** this article sells readily ou well / badly.

**placeur** [plasœʀ] nm [titres] placer, underwriter. ◊ **les placeurs institutionnels** institutional investors.

**placier** [plasje] nm travelling salesman, traveller, sales representative, drummer*(US).

**plafond** [plafɔ̃] **1** nm (maximum) ceiling, upper limit. ◊ **prix plafond** maximum ou ceiling price; **cours plafond** maximum ou ceiling rate; **le Deutsche Mark a atteint son plafond** the Deutsche Mark has reached its ceiling (rate) ou its maximum rate; **nous devons mettre un plafond aux dépenses** we must put a cap on expenditure ou set a ceiling for expenditure; **les dépenses ont crevé le plafond** expenditure has gone through the roof. **2** comp **plafond de crédit** credit ceiling ou limit. – **plafond d'émission** (Fin) issue ceiling. – **plafond des encours** (Fin) debt ceiling. – **plafond d'engagement** liability ou commitment ceiling. – **plafond d'escompte** (Fin) discount limit ou ceiling. – **plafond de garantie** (Ass) limit of coverage. – **plafond de réescompte** rediscount ceiling. – **plafond de la Sécurité sociale** upper limit on which social security contri-

butions are deducted from a person's monthly pay.

**plafonnement** [plafɔnmɑ̃] nm [croissance] stagnation, levelling off. ◊ **imposer un plafonnement des salaires** to set a ceiling on earnings ou an earnings ceiling ou an upper limit on earnings; **il devrait y avoir un plafonnement des tarifs publics** public rates should be subject to price ceiling.

**plafonner** [plafɔne] **1** vt cotisations, salaires to set a ceiling on, put an upper limit on, put a cap on. **2** vi [ventes, activité, prix] to level off ou out, reach a ceiling.

**plage** [plaʒ] nf (fourchette) range, bracket. ◊ **plage de prix / salaire** price / salary range ou bracket; **plage horaire** time-slot.

**plainte** [plɛ̃t] nf (Jur) complaint. ◊ **porter plainte** ou **déposer (une) plainte contre qn** to lodge a complaint ou to file a claim (US) against sb; **abandonner** ou **retirer une plainte** to withdraw a complaint.

**plan** [plɑ̃] **1** nm **a** (carte, schéma) [usine, machine] plan, blueprint; [ville] map, plan; [région] map. **b** (programme) plan, programme; (projet) plan, scheme; (calendrier) plan, schedule. ◊ **plan triennal** ou **à 3 ans** 3-year plan ou programme; **établir un plan de la journée** to draw up a schedule for the day. **c** (niveau) level, plane. ◊ **au plan national** at the national level; **sur le plan professionnel** professionally speaking; **une entreprise de tout premier plan** a top-ranking firm. **2** comp **plan d'action** plan of action, action plan. – **plan d'amortissement** [élément d'actif] depreciation schedule; [emprunt, hypothèque] redemption schedule, amortization table, sinking fund. – **plan d'arrimage** (Mar) stowage plan. – **plan d'austérité** austerity package. – **plan de cadastre** cadastral survey. – **plan de charge** work load; **plan de charge des machines** machine loading schedule. – **plan comptable (général)** French accounting standards, official accounting plan, chart of accounts. – **plan de développement** development plan. – **plan directeur** master plan. – **plan d'ensemble** overall ou general ou comprehensive plan. – **plan d'entreprise** corporate plan. – **plan d'épargne-logement** ≈ building society savings plan. – **plan d'épargne populaire** individual savings plan. – **plan d'épargne-retraite** individual retirement plan. – **plan d'exécution** implementation plan. – **plan d'exploitation** operational plan. – **plan de financement** financing plan. – **plan de formation** training programme ou scheme. – **plan d'insertion**

(Pub) insertion schedule. — **plan d'intéressement** incentive scheme; **plan d'intéressement aux bénéfices** profit-sharing scheme. — **plan d'investissement** investment plan. — **plan (de) marketing** marketing plan. — **plan médias** media plan ou planning, advertising schedule. — **plan de motivation** incentive scheme. — **plan d'occupation des sols** zoning regulations ou ordinances (US). — **plan d'option sur actions** stock option. — **plan paquet** (Pub) pack-shot. — **plan de prélèvement** (Ind) sampling plan. — **plan principal** master plan. — **plan de production** production programme ou schedule. — **plan de redressement** ou **de relance** recovery plan ou programme. — **plan de remboursement** redemption ou repayment schedule, amortization table. — **plan de restructuration** redeployment ou restructuring plan. — **plan de retraite** retirement scheme. — **plan de rigueur** austerity package. — **plan social** planned redundancy scheme. — **plan de stabilisation** stabilization plan. — **plan de transport** (Mar) shipping schedule. — **plan de travail** work schedule ou programme. — **plan de trésorerie** cash flow forecast. — **plan d'urgence** contingency plan. — **plan de vente** sales ou selling plan.

**planche** [plɑ̃ʃ] **nf** a (Fin) **planche à billets** banknote plate; **faire marcher la planche à billets** to mint ou print money. b (Mar) **jours de planche** lay days.

**plancher** [plɑ̃ʃe] **nm** (minimum) floor, lower limit. ◊ **les cours ont atteint un plancher** stock prices have bottomed out; **cours plancher** [action, obligation] bottom ou floor price; [monnaie] minimum ou floor rate; **le Deutsche Mark a atteint son cours plancher** the Deutsche Mark has reached its floor (rate) ou its minimum rate.

**planificateur, -trice** [planifikatœʀ, tʀis] 1 **adj** organisme planning. 2 **nm,f** planner.

**planification** [planifikɑsjɔ̃] **nf** planning. ◊ **modèle / service de planification** planning model / department; **planification à long terme** long-range ou long-term planning; **planification budgétaire / financière / stratégique** budget(ary) / financial / strategic planning; **planification commerciale** ou **des ventes** sales planning.

**planifier** [planifje] **vt** to plan, schedule. ◊ **économie planifiée** planned economy; **entretien planifié** scheduled maintenance.

**planigramme** [planigʀam] **nm** workschedule.

**planning** [planiŋ] **nm** schedule, programme. ◊ **planning de production** production plan-

ning ou schedule; **j'ai inscrit notre réunion dans mon planning** I've written down our meeting in my diary.

**plein, e** [plɛ̃, plɛn] 1 **adj** full. ◊ **le plein emploi** full employment; **travailler à plein régime** to work flat out; **l'usine travaille à plein rendement** the plant is working at full capacity; **en pleine saison** at the height ou peak of the season; **plein tarif** full rate ou price; **travailler à plein temps** to work full time; **il est employé à plein temps** he is employed on a full-time basis ou full time; **travailleur à plein temps** full-time worker. 2 **nm** ◊ **la saison bat son plein** the season is in full swing.

**plénier, -ière** [plenje, jɛʀ] **adj** plenary. ◊ **séance plénière** plenary assembly.

**pli** [pli] **nm** (enveloppe) envelope; (lettre) letter. ◊ **sous pli cacheté** in a sealed envelope; **sous pli recommandé** under registered cover; **sous pli séparé** under separate cover; **nous vous envoyons sous ce pli notre commande de...** please find enclosed our order for...; **plis consulaires** consular packages.

**plomber** [plɔ̃be] **vt** paquet to seal.

**plongeon** [plɔ̃ʒɔ̃] **nm** [devise] plummeting, plunge. ◊ **le plongeon du dollar** the dollar plunge; **faire un plongeon** [monnaie, titre] to plummet, nose-dive, plunge; **faire le plongeon** [entreprise] to go under.

**plonger** [plɔ̃ʒe] **vi** [prix] to plummet, nose-dive, plunge.

**pluriannuel, -elle** [plyʀianɥɛl] **adj** ◊ **plan pluriannuel** plan covering several years.

**plus** [plys] 1 **adv** ◊ **le service est en plus** service is extra; **1 000 F plus la TVA** F1,000 plus VAT; **nous avons réalisé un bénéfice de plus de 200 millions de francs** we have made a profit of more than ou of over 200 million francs; **plus haut** (Bourse) high; **plus bas** (Bourse) low, bottom. 2 **nm** (avantage) plus. ◊ **l'un des plus que nous offrons à notre clientèle** one of the pluses we offer to our customers.

**plus-value, pl plus-values** [plyvaly] 1 **nf** a (accroissement de la valeur) appreciation, increase in value; (bénéfice réalisé) capital gain; (excédent) surplus. ◊ **réaliser** ou **dégager une plus-value** to make a gain; **la plus-value dégagée par la vente de l'immeuble** the capital gain yielded by the sale of the building; **impôt sur les plus-values** capital gains tax; **l'entreprise dégage chaque année une plus-value importante** each year the firm shows a substantial profit ou surplus; **nos pétrolières ont enregistré une plus-value** our oil shares have shown an appreciation. b (analyse marxiste) increase in value.

**2** comp plus-value d'actif appreciation of assets. – plus-value budgétaire budget surplus. – plus-value en capital unearned increment. – plus-value de cession capital gain *on an asset disposal.* – plus-value constatée par expertise appraisal increment, appraisal increase credit. – plus-value fiscale tax surplus. – plus-value sur inventaire inventory appreciation. – plus-value latente underlying gain. – plus-value limite limit gain. – plus-value matérialisée realised gain. – plus-values résultant d'opérations sur titres capital gains on sales of securities, paper profit. – plus-value réalisée realised gain. – plus-value de réévaluation appraisal increment, appraisal increase credit. – plus-values réinvesties retained earnings, earned surplus.

**PLV** [peεlve] **nf** abrév de *publicité sur le lieu de vente* → POS.

**p. m.** abrév de *pour mémoire* for the record.

**PMA** [peεma] **nm** abrév de *pays moins avancé* → pays.

**PME** [peεmə] **1** **nfpl** abrév de *petites et moyennes entreprises* → entreprise.
**2** **nf** abrév de *petite et moyenne entreprise* → entreprise.

**PMI** [peεmi] **1** **nfpl** abrév de *petites et moyennes industries* → industries.
**2** **nf** abrév de *petite et moyenne industrie* → industrie.

**PMU** [peεmy] **nm** abrév de *pari mutuel urbain* ≈ tote, parimutuel.

**PNB** [peεnbe] **nm** abrév de *produit national brut* GNP.

**PNI** [peεni] **nm** abrév de *point normal importation* → point.

**PNN** [peεnεn] **nm** abrév de *produit national net* NNP.

**p. o.** abrév de *par ordre* by order.

**poids** [pwa] **1** **nm** weight. ◊ excédent de poids excess weight; vendre qch au poids to sell sth by weight; tarif au poids rate by weight; manque de poids short weight; à poids égal weight for weight.
**2** comp poids brut gross weight. – poids en charge laden weight. – poids constaté weight ascertained. – poids embarqué (gén) loaded weight; (Mar) shipping weight. – poids juste full weight. – poids lourd heavy goods vehicle (GB), lorry (GB), truck (US). – poids maximal maximum weight. – poids et mesures weights and measures. – poids mort dead weight. – poids net net weight. – poids spécifique specific gravity. – poids standard standard

weight. – poids taxé chargeable weight. – poids total en charge gross weight. – poids unitaire weight per unit. – poids utile (sur un véhicule) useful load. – poids à vide tare (weight), unladen weight.

**poinçon** [pwε̃sɔ̃] **nm** (outil) stamp; (empreinte) hallmark.

**poinçonnage** [pwε̃sɔnaʒ] **nm**, **poinçonnement** **nm** [marchandise] stamping; [bijou] hallmarking.

**poinçonner** [pwε̃sɔne] **vt** marchandise to stamp; bijou to hallmark.

**point** [pwε̃] **1** **nm** (gén) point; (à l'ordre du jour) item. ◊ plan en trois points three-point ou three-phase plan; l'indice a gagné / perdu 6 points the index rose / fell 6 points; faire le point d'une situation to take stock of a situation, review a situation; mettre les choses au point to get things straight; mettre au point une convention to finalize an agreement; passons au point suivant let's move on to the next item on the agenda; imprimante par points dot-matrix printer.
**2** comp point d'accès gateway; point de base basis point. – point de chargement loading point ou place. – point de commande order point ou level. – point de contrôle checkpoint. – point critique critical point. – point de déchargement unloading point ou place. – point de départ departure point, point ou place of departure. – point de dépôt stock depot ou warehouse ou point. – point de destination point ou place of destination. – point d'entrée entry point; point d'entrée de l'or import gold point. – point-épargne trading stamp. – point d'équilibre breakeven point. – point faible (gén) weak point; [marché] soft spot. – point fort strong point. – point d'indice index point. – point d'information point of information. – point d'interruption break point. – point d'intervention intervention point. – point mort (Ind, Fin) breakeven point; la situation est au point mort the situation is ou things are at a standstill. – point névralgique hot spot. – point noir black ou dark spot, blackspot area. – point normal importation unloading point. – point optimum (Ind) optimum production level. – point de l'or gold point. – point de pénalisation penalty point. – point de réapprovisionnement (Ind) reorder point. – point de référence (Mar) basing point; (Ind) bench mark. – point de résistance (Bourse) resistance point ou line. – point de retraite pension unit. – point de rupture (gén) breaking point; (Inf) breakpoint. – point de salaire salary point. – point de saturation saturation point. – point de sortie exit point; point de sortie de l'or

export gold point. – **point de stock** stock depot ou warehouse ou point. – **point de vente** point of sale, sales outlet; **nous avons des points de vente dans tout le Midi** we have outlets ou stockists throughout the South; **liste des points de vente** list of stockists ou retailers; **terminal point de vente** point-of-sale terminal; **publicité au point de vente** point-of-sale ou point-of-purchase advertising.

**pointage** [pwɛtaʒ] **nm** a [articles] checking off, ticking off, marking off. ◊ **après un pointage rapide on estime que...** after a quick check ou count we reckon that... b [ouvrier] (à l'arrivée) clocking in; (au départ) clocking out.

**pointe** [pwɛt] **nf** peak. ◊ **à la pointe du progrès** in the forefront of progress; **technologie de pointe** state-of-the-art ou advanced ou leading-edge technology; **industrie de pointe** high-tech ou advanced-technology industry; **heure de pointe** peak ou rush hour; **aux heures de pointe** at rush hour; **période de pointe** peak period; **pointe saisonnière** seasonal peak; **secteur de pointe** leading ou growth ou hi-tech sector.

**pointeau, pl -x** [pwɛto] **nm** (Ind) timekeeper.

**pointer** [pwɛte] **1 vt** a articles d'une liste to check (off), to tick off, mark off; compte to check. ◊ **pointer les marchandises à l'entrée** to check off incoming goods, check goods in. b employé (à l'arrivée) to clock in; (au départ) to clock out. **2 vi** (en arrivant au travail) to clock in ou on; (en quittant le travail) to clock out ou off.

**pointeur, -euse** [pwɛtœʀ, øz] **1 nm,f** [marchandises] checker, tally clerk; [employés] timekeeper. **2 pointeuse nf** (machine) time clock.

**pointillé, e** [pwɛtije] **1 adj** dotted. **2 nm** (imprimé) dotted line; (perforé) perforations. ◊ **détachez suivant le pointillé** tear off along the dotted line.

**pointu, e** [pwɛty] **adj** highly specialized.

**pôle** [pol] **nm** pole. ◊ **pôle de croissance** ou **de développement** pole of development; **pôle de reconversion** pole of conversion, relocation area.

**police** [pɔlis] **1 nf** a (Ass) policy. ◊ **détenteur d'une police** policyholder. b (Inf, Typ) **police de caractères** character fount ou font ou set. **2 comp police d'abonnement** floating ou open policy. – **police à l'aller et au retour** round policy. – **police d'assurance** insurance policy; **police d'assurance incendie** fire insurance policy; **police d'assurance maritime** marine insurance policy; **police d'assurance à montant indéterminé** unvalued policy; **police d'assurance sur la vie, police d'assurance-vie** life assurance ou life insurance policy. – **police conjointe** joint policy. – **police sur corps** hull policy. – **police évaluée** valued policy. – **police sur facultés** cargo policy. – **police fixe** valued policy. – **police flottante** floating ou open policy. – **police à forfait** floating ou open policy. – **police française d'assurance maritime sur corps de tous navires** French maritime hull insurance policy for all vessels. – **police française d'assurance maritime sur facultés** French cargo insurance policy. – **police générale** master policy. – **police à montant déterminé** valued policy. – **police multirisques** comprehensive insurance policy. – **police non évaluée** open ou unvalued policy. – **police à ordre** policy to order. – **police ouverte** open ou floating policy. – **police au porteur** policy to bearer. – **police provisoire** provisional policy. – **police à terme** time ou term policy. – **police tous risques** all-risks policy, comprehensive policy. – **police-type** standard policy. – **police à valeur agréée** agreed value policy. – **police sans valeur agréée** unvalued policy. – **police au voyage** voyage policy.

**politique** [pɔlitik] **1 nf** (science, métier) politics; (mesures décidées) policy. ◊ **la politique du gouvernement** the government's policies; **c'est la politique de l'entreprise** this is company policy. **2 adj** political. ◊ **économie politique** political economy. **3 comp politique agricole commune** common agricultural policy. – **politique d'achat** (Ind) purchasing ou procurement policy. – **politique d'austérité** retrenchment policy, austerity policy. – **politique budgétaire** budgetary policy. – **politique de change** foreign exchange policy. – **politique commerciale** commercial ou marketing policy. – **politique de communication** communication policy. – **politique concertée** contractual policy. – **politique conjoncturelle** short-term economic policy. – **politique contractuelle** contractual policy, collective agreement policy. – **politique du crédit** credit policy. – **politique déflationniste** deflationary policy. – **politique de distribution** distribution policy. – **politique économique** economic policy. – **politique de l'emploi** employment policy. – **politique de fabrication** manufacturing policy. – **politique financière** financial policy. – **politique fiscale** fiscal policy. – **politique industrielle** industrial policy. – **politique intérieure** domestic ou home policy. – **politique d'investissement** investment policy. – **politique de marque** brand policy. – **politique monétaire** monetary policy. – **politique du personnel** personnel policy. – **politique de prix** (Mktg) pricing policy; **politique des prix** (Écon) prices policy. – **politique de promotion** promotion policy. – **politique de produit** product policy. – **politique des revenus** incomes policy. – **politique salariale** wage policy. – **politique de vente** sales policy.

**polluant, e** [pɔlɥɑ̃, ɑ̃t] **1** adj polluting. **2** nm pollutant, polluting agent.

**polluer** [pɔlɥe] vt to pollute.

**pollueur, -euse** [pɔlɥœʀ, øz] **1** adj polluting. **2** nm,f polluter.

**pollution** [pɔlysjɔ̃] nf pollution.

**Pologne** [pɔlɔɲ] nf Poland.

**polonais, e** [pɔlɔnɛ, ɛz] **1** adj Polish. **2** nm (langue) Polish. **3** **Polonais** nm (habitant) Pole. **4** **Polonaise** nf (habitante) Pole.

**Polynésie** [pɔlinezi] nf Polynesia.

**polynésien, -ienne** [pɔlinezjɛ̃, jɛn] **1** adj Polynesian. **2** nm (langue) Polynesian. **3** **Polynésien** nm (habitant) Polynesian. **4** **Polynésienne** nf (habitante) Polynesian.

**polyvalent, e** [pɔlivalɑ̃, ɑ̃t] adj polyvalent, multipurpose, all-purpose.

**ponction** [pɔ̃ksjɔ̃] nf ◊ **faire une ponction sur les réserves** to tap the reserves, drain off money from the reserves; **la ponction fiscale** the tax load ou bite ou take ou drain.

**ponctionner** [pɔ̃ksjɔne] vt réserves to tap. ◊ **les mesures du gouvernement vont ponctionner la consommation** the government's measures will reduce consumption ou will be a drag on consumption.

**ponctuel, -elle** [pɔ̃ktɥɛl] adj **a** (à l'heure) punctual. **b** (limité) **action ponctuelle** one-off action; **contrat ponctuel** specific contract; **on a réalisé quelques affaires ponctuelles** we pulled off a few isolated ou one-off deals.

**ponctuellement** [pɔ̃ktɥɛlmɑ̃] adv (à l'heure) punctually; (d'une façon limitée) on a one-off basis.

**pondération** [pɔ̃deʀasjɔ̃] nf [indice, moyenne] weighting. ◊ **coefficient de pondération** weighting coefficient.

**pondéré, e** [pɔ̃deʀe] adj indice, moyenne weighted.

**pondérer** [pɔ̃deʀe] vt indice, moyenne to weight.

**pondéreux, -euse** [pɔ̃deʀø, øz] **1** adj heavy. **2** nm ◊ **les pondéreux** heavy goods.

**pont** [pɔ̃] nm **a** (sur un fleuve) bridge. ◊ **faire un pont d'or à qn** pay sb a fortune. **b** (Mar) deck. ◊ **cargaison sur le pont** deck load ou cargo. **c** (congé) extra day off (at the weekend). ◊ **un pont de 4 jours** 4 days off, a 4-day holiday; **faire le pont** to have a long weekend.

**pontage** [pɔ̃taʒ] nm (Mar) decking.

**pontée** [pɔ̃te] nf (Mar) deck load ou cargo.

**pool** [pul] nm pool. ◊ **pool d'assurances** insurance pool; **pool bancaire** banking pool; **pool de dactylos** typing pool; **pool du charbon et de l'acier / de l'or** coal and steel / gold pool; **pool de l'or** the gold pool; **mettre en pool** to pool.

**population** [pɔpylasjɔ̃] nf (gén, Stat) population. ◊ **population active** working population; **population mère** sampled population; **population de référence** population of reference.

**port** [pɔʀ] **1** nm **a** (Mar) port, harbour; (Comm) port; (ville) port. ◊ **faire relâche dans un port** to call at a port; **être au port** to be in port; **droits de port** port ou harbour dues; **risques de port** port risks; **le port autonome de Marseille** the Marseille Port Authority. **b** (Inf) port. ◊ **port série / parallèle** serial / parallel port. **c** (transport) carriage, portage; (prix du transport) carriage; (Poste) postage. ◊ **franco ou franc de port** carriage paid; **frais de port** carriage ou transport costs, portage.

**2** comp **port d'armement** port of registry, home port, port of commission. – **port d'arrivée** port of arrival. – **port d'attache** port of registry, home port, port of commission. – **port de cabotage** coasting port. – **port de charge** ou **de chargement** port of loading. – **port de commerce** commercial port, trading port. – **port de débarquement** [marchandises] port of unloading ou discharge, discharge port; [voyageurs] port of disembarkation. – **port de déchargement** port of unloading ou discharge, discharge port. – **port de départ** port of departure ou sailing. – **port de destination** port of destination. – **port dû** (gén) carriage due; (Poste) postage due; **expédier en port dû** to ship carriage due ou forward. – **port d'embarquement** [marchandises] shipping port, port of shipment ou of loading; [voyageurs] port of embarkation ou sailing. – **port d'entrée** port of entry. – **port d'escale** port of call. – **port d'expédition** shipping port, port of shipment. – **port fluvial** river port. – **port franc** free port. – **port d'immatriculation** registration port. – **port intermédiaire** way port. – **port libre** free port. – **port en lourd**

dead weight capacity. – **port maritime** seaport. – **port payé** (gén) carriage paid; (Poste) postage paid; **expédier en port payé** to ship carriage paid. – **port de pêche** fishing port. – **port pétrolier** oil port. – **port de relâche** port of call. – **port de sortie** shipping port, port of shipment. – **port de transbordement** port of transshipment. – **port de transit** port of transit.

**portabilité** [pɔʀtabilite] **nf** [logiciel] portability.

**portable** [pɔʀtabl(ə)] **1 adj** machine à écrire portable; ordinateur laptop ou portable; logiciel portable.
**2 nm** (ordinateur) laptop computer.

**portage** [pɔʀtaʒ] **nm** (Mar) portage; (Mktg) piggyback; (Inf) [logiciel] porting; (Bourse) carry; (coût) cost of carry. ◊ **société de portage** (Bourse) nominee company.

**Port-au-Prince** [pɔʀopʀɛ̃s] **n** Port-au-Prince.

**porte** [pɔʀt(ə)] **nf** (gén) door; (aéroport, usine) gate; (Inf) gate. ◊ **faire du porte-à-porte** to sell from door to door, make house-to-house calls, be a door-to-door salesman; **le porte-à-porte est très efficace** door-to-door selling is very effective; **mettre qn à la porte** to sack* ou fire* sb; **être mis à la porte** to get the sack*, be fired*; **pas-de-porte** (Jur) ≈ key money.

**porte-conteneurs** [pɔʀtkɔ̃tənœʀ] **nm inv** (navire) container ship ou vessel; (avion) container aircraft; (train) container train.

**portée** [pɔʀte] **nf** **a** (Mar) **portée en lourd** deadweight capacity; **portée utile** carrying capacity. **b** **la portée d'une mesure** (étendue) the scope of a measure; (conséquences) the consequences of a measure; (impact) the impact of a measure. **c** (accessibilité) reach. ◊ **cet objectif n'est pas à notre portée** that objective is out of our reach ou is not within our reach; **c'est à la portée de toutes les bourses** it's within everyone's means, everyone can afford it.

**portefeuille** [pɔʀtəfœj] **1 nm** **a** [pour billets] wallet, pocketbook (US), billfold (US). **b** (Ass, Fin, Bourse) portfolio. ◊ **clientèle de portefeuille** investing public; **commandes en portefeuille** unfilled orders, backlog of orders; **effets en portefeuille** bills in portfolio ou in hand, holdings of bills; **gestion de portefeuille** (gén) portfolio management; (de SICAV, FCP) fund management; **gestionnaire de portefeuille** (gén) portfolio manager; (de SICAV, FCP) fund manager; **investissements de portefeuille** portfolio investments; **produits ou rendement du portefeuille** portfolio income ou returns; **risque de portefeuille** portfolio risk; **société de portefeuille** holding company, investment company, unit trust (GB), mutual fund (US); **valeurs ou titres en portefeuille** securities in portfolio.
**2 comp portefeuille d'activités** (Ind) range of business activities. – **portefeuille effets** bills in portfolio, portfolio of bills, holdings of bills. – **portefeuille d'investissements** portfolio of investments, investment holding. – **portefeuille avec mandat** discretionary portfolio. – **portefeuille de produits** portfolio of products. – **portefeuille repris** assumed portfolio. – **portefeuille titres** portfolio of securities, securities in portfolio, stock holdings.

**portefeuilliste** [pɔʀtfœjist(ə)] **nm,f** portfolio manager.

**porter** [pɔʀte] **1 vt** **a** (inscrire) écriture comptable to enter, post. ◊ **porter une somme au crédit / au débit d'un compte** to credit / debit an account with a sum; **nous avons porté le montant de la facture au débit de votre compte** we have debited your account with the amount of the invoice, we have charged the amount of the invoice to your account; **veuillez porter cet achat sur mon compte** please put this purchase down to my account, please charge this purchase to my account; **porter une transaction au journal** to journalize a transaction, enter a transaction into the journal; **porter un article au grand livre** to enter ou post an item in the ledger; **porter une somme à la réserve** to transfer a sum to the reserves; **porter des frais en diminution d'un prêt** to apply expenses against a loan. **b** (Fin : rapporter) **porter intérêt** to bear interest; **porter un dividende** to receive a dividend. **c** (augmenter) to increase, raise, bring up (à to). ◊ **nous avons porté le dividende à 10 F** we have raised ou increased the dividend to F10; **les fonds propres ont été portés à 4 millions de francs** the equity has been brought up ou increased to 4 million francs. **d** (indiquer) **porter qch sur une liste** to write sth down on a list; **porter la mention "payé" sur** to write the word "paid" on; **la mention "payé" devra être portée sur la facture** the invoice should be marked "paid"; **connaissement portant la mention "fret payé"** bill of lading bearing the words "freight prepaid"; **le contrat porte que...** the contract states ou stipulates that...; **la facture porte la date du 7 août** the invoice bears the date ou is dated August 7th. **e** marchandises (transporter) to carry; (livrer) to deliver. **f** (Jur) **porter plainte contre qn** to lodge a complaint against sb. **g** (Inf) logiciel to port.
**2 vi** ◊ **le contrat porte sur 120 millions de francs** the contract bears on 120 million francs; **les négociations portent sur les**

**porteur**

**salaires** the talks are about ou concern ou focus on wages.

**3** ** se porter** vpr ◊ **se porter caution pour qn** to stand surety for sb, guarantee sb; **se porter garant de** to answer for, vouch for; **se porter acquéreur de** to come forward as a buyer for, bid for.

**porteur, -euse** [pɔʀtœʀ, øz] **1** adj situation économique buoyant. ◊ **marché porteur** buoyant ou growth market.
**2** nm **a** [valise] porter; [lettre, colis] carrier. **b** [chèque] bearer; [titres] holder; [effet] bearer, holder. ◊ **chèque / titre au porteur** bearer cheque / security; **payable au porteur** payable to bearer; **porteur d'actions** shareholder (GB), stockholder (US); **porteur d'obligations** bond holder; **les gros / petits porteurs** big / small shareholders ou investors; **tiers porteur** second endorser, holder in due course.
**3** **porteuse\*** nf (Fin) bearer security.

**Port-Louis** [pɔʀlwi] n Port-Louis.

**portoricain, e** [pɔʀtɔʀikɛ̃, ɛn] **1** adj Puerto Rican.
**2** **Portoricain** nm (habitant) Puerto Rican.
**3** **Portoricaine** nf (habitante) Puerto Rican.

**Porto Rico** [pɔʀtɔʀiko] nf Puerto Rico.

**portuaire** [pɔʀtɥɛʀ] adj port, harbour. ◊ **installations portuaires** port ou harbour facilities; **ville portuaire** port.

**portugais, e** [pɔʀtygɛ, ɛz] **1** adj Portuguese.
**2** nm (langue) Portuguese.
**3** **Portugais** nm (habitant) Portuguese.
**4** **Portugaise** nf (habitante) Portuguese.

**Portugal** [pɔʀtygal] nm Portugal.

**POS** [pos] nm abrév de *plan d'occupation des sols* → plan.

**position** [pozisjɔ̃] **1** nf **a** (gén) position. ◊ **position sur le marché** market position; **position concurrentielle** competitive position; **il occupe une position clé** he has a key position. **b** (Banque) [compte] position, balance. ◊ **demander la position d'un compte** to ask for the balance ou position of an account. **c** (Bourse) position. ◊ **liquider une position** to close out a position; **reporter une position** to carry over a position; **rachat de positions short** buying back of short positions.
**2** comp **position acheteur** bull ou long position. – **position à la baisse** bear ou short position. – **position bouclée** closed position. – **position de change** foreign exchange position, exchange exposure. – **position à cheval** straddle position. – **position de compensation** offsetting position. – **position en compte** long position. – **position courte** short position. – **position à couvert** long position.

– **position créditrice** (Banque) creditor ou long position. – **position débitrice** (Banque) debtor ou short position. – **position à découvert** short position. – **position dominante** dominant position. – **position à la hausse, position longue** bull ou long position. – **position ouverte** open position; (sur le marché des changes) open interest. – **position de place** market position. – **position reportée** position carried over. – **position à reporter** position to be carried over. – **position de trésorerie** cash position. – **position vendeur** bear ou short position.

**positionnement** [pozisjɔnmɑ̃] nm **a** (Mktg) [entreprise, produit] positioning. ◊ **positionnement d'une marque** mapping, brand positioning. **b** (Banque) [compte] establishing the position ou balance.

**positionner** [pozisjɔne] vt **a** (Mktg) to position. ◊ **produit bien positionné** well-positioned product. **b** (Banque) compte to establish the position ou balance of.

**posséder** [pɔsede] vt bien, objet to possess; diplôme to have, hold.

**possesseur** [pɔsesœʀ] nm possessor, owner. ◊ **être possesseur de** to be the owner ou possessor of, own, possess.

**possession** [pɔsesjɔ̃] nf **a** [bien, objet] possession, ownership; [diplôme] holding. ◊ **entrer en possession de, prendre possession de** poste to take up; propriété to take possession of; marchandises livrées to take delivery of, take possession of; **être en possession de qch** to be in possession of sth; **possession vaut titre** possession is title; **titre de possession** possessory title; **frais de possession** (Compta) carrying costs ou charges. **b** (chose possédée) possession.

**possibilité** [pɔsibilite] nf possibility. ◊ **possibilités d'emploi** employment possibilities ou opportunities; **le marché offre peu de possibilités en ce moment** the market offers few opportunities ou possibilities right now; **il existe des possibilités d'amélioration sur les marchés de l'Est** there is scope for improvement on Eastern markets; **possibilités financières** financial means ou situation; **ce produit a de nombreuses possibilités** this product has considerable potential ou has numerous possibilities; **cette machine est conçue avec une possibilité de chargement automatique** this machine has been designed with an optional automatic loading facility.

**postal, e**, mpl **-aux** [pɔstal, o] adj ◊ **avion postal** mail plane; **boîte postale** post office box, P.O. box; **chèque postal** post office cheque; **code postal** post ou postal code (GB), zip code (US); **colis postal** parcel sent by mail ou by post (GB); **service des colis postaux** parcel post; **compte (courant) postal** post office chequing account; **mandat postal** postal order; **sac postal** postbag (GB), mailbag; **service postal** postal (GB) ou mail service; **tarifs postaux** postage, postal rates (GB); **taxe postale** postage, postal rate; **train postal** mail train.

**postdater** [pɔstdate] **vt** to postdate, date forward.

**poste** [pɔst(ə)] **1 nf a** (lieu) post office. ◊ **la Poste** (organisme) the Post Office; **les Postes, Télégraphes et Téléphones** *the French Post Office*; **employé des postes** post office worker ou employee; **bureau de poste** post office. **b** (service) post (GB), mail service. ◊ **cachet de la poste** postmark; **date de la poste** (formule sur imprimé) date as postmark; **à renvoyer avant le 15 juin, la date de la poste faisant foi** replies must be postmarked no later than June 15th; **envoyer qch par la poste** to send sth by post (GB) ou by mail (US); **mettre qch à la poste** to post (GB) ou mail (US) sth; **poste restante** poste restante; **poste aérienne** airmail; **mandat-poste** postal order; **timbre-poste** postage stamp.

**2 nm a** (lieu) post. ◊ **être à son poste** to be at one's post. **b** (situation) job, post, position. ◊ **je cherche un poste dans la banque** I'm looking for a job ou a post in banking; **poste de responsabilité** responsible job; **poste clé** key position; **rejoindre son poste** to take up one's duties ou post; **le poste de directeur commercial est à pourvoir** the post of sales manager is vacant; **poste tremplin** ladder position; **poste vacant** ou **à pourvoir** vacancy, vacant position, appointment; **nommer qn au poste de directeur commercial** to appoint sb (to the post of) sales manager; **description** ou **profil de poste** job ou position description ou specification. **c** (Téléc) extension. ◊ **passez-moi le poste 595 s'il vous plaît** please give me extension 595; **le poste est occupé** the line is busy; **poste supplémentaire** extension line; **numéro de poste** extension number. **d** (Compta) item. ◊ **poste de dépense** expense item; **les postes du budget** budget items ou headings; **l'augmentation du poste "frais de déplacement"** est inquiétante the increase of the item ou account "travel expenses" is worrying. **e** (Ind) shift; (lieu) work station. ◊ **le poste de jour** the day shift; **le poste de 8h à 16h** the 8 a.m. to 4 p.m. shift; **l'ordonnancement des postes de charge** work loading.

**3 comp poste bouchon** (Ind) bottleneck. − **poste budgétaire** budget item ou heading. − **poste de cotation** (Bourse) trading post. − **poste créditeur** credit item. − **poste débiteur** debit item. − **poste de**

**douanes** customs post. − **poste frontière** border ou frontier post. − **poste hors caisse** ou **hors trésorerie** non-cash item. − **poste principal** (Télec) exchange line. − **poste de saisie** data entry station. − **poste téléphonique** telephone. − **poste télex** telex station. − **poste de travail** (lieu) work station; (période) (work) shift.

**posté, e** [pɔste] **adj** ◊ **travail / travailleur posté** shift work / worker.

**poster** [pɔste] **vt a** (courrier) to post (GB), mail (US). **b** (Ind) travailleur to assign to a shift, put on shift work.

**postindustriel, -ielle** [pɔstɛ̃dystʀijɛl] **adj** post-industrial.

**post-marché** [pɔstmaʀʃe] **nm** (Fin) back office.

**post-scriptum** [pɔstskʀiptɔm] **nm inv** postscript.

**postulant, e** [pɔstylɑ̃, ɑ̃t] **nm,f** applicant, candidate.

**postuler** [pɔstyle] **vt** emploi to apply for.

**pot-de-vin, pl pots-de-vin** [podvɛ̃] **nm** bribe, kickback*.

**potentialité** [pɔtɑ̃sjalite] **nf** potentiality. ◊ **potentialités du marché** market scope for expansion, market potential.

**potentiel, -ielle** [pɔtɑ̃sjɛl] **1 adj** marché, client potential, prospective. ◊ **acheteur potentiel** would-be buyer.

**2 nm** potential. ◊ **potentiel de vente / de croissance** sales / growth potential; **potentiel du marché** market potential; **potentiel de production** production ou productive capacity ou potential; **potentiel inexploité** untapped potential; **potentiel maximum** peak capacity; **le potentiel de l'entreprise** the capacity ou potential of the company; **cadre à haut potentiel** fast tracker.

**pourboire** [puʀbwaʀ] **nm** tip, gratuity. ◊ **donner un** ou **du pourboire à qn** to tip sb.

**pourcentage** [puʀsɑ̃taʒ] **nm** (proportion) percentage; (commission) percentage, commission. ◊ **pourcentage d'augmentation** percentage increase, increase per cent; **travailler** ou **être au pourcentage** to work on commission; **pourcentage d'essai d'un produit** trial rate.

**pourparlers** [puʀpaʀle] **nmpl** talks, negotiations. ◊ **nous sommes en pourparlers avec nos fournisseurs** we are negotiating with our suppliers.

**poursuite** [puʀsɥit] **nf** (Jur) poursuites (legal) proceedings; **abandonner les poursuites** to drop the case; **engager des poursuites judiciaires contre qn** to take legal action against sb, start legal proceedings against sb ; **à l'abri des poursuites** immune from court action ; **passible de poursuites** actionable.

**poursuivre** [puʀsɥivʀ(ə)] **vt** ◊ **poursuivre qn en justice** to sue sb, bring an action against sb, take legal action against sb, take sb to court.

**pourvoir** [puʀvwaʀ] **1** **pourvoir à vt indir** ◊ **pourvoir à un poste** ou **une vacance** to fill a position ou a vacancy ; **poste à pourvoir** vacancy, vacant position, appointment. **2** **se pourvoir vpr** ◊ **se pourvoir en appel** (Jur) to lodge ou file an appeal.

**poussée** [puse] **nf** [prix, inflation] upsurge, rise. ◊ **poussée des importations** import surge ; **poussées spéculatives** speculative movements.

**pousser** [puse] **vt** produit to push ; ventes to push, boost ; prix to push up. ◊ **pousser les enchères** to run up the bidding.

**pouvoir** [puvwaʀ] **nm** (gén) power ; (procuration) power of attorney. ◊ **abus de pouvoir** abuse ou misuse of power ; **fondé de pouvoir** authorized agent ; **les pouvoirs publics** the authorities ; **pouvoir d'achat** purchasing ou buying ou spending power ; **pouvoir de décision** decision-making power ; **pouvoir libératoire** (Fin) legal tender ; **pouvoir de souscription** (Ass) binding power ; **donner pouvoir à qn** to give sb proxy (to do sth) ; **donner tous pouvoirs** to give full powers.

**pp** **a** abrév de *pages* pp. **b** abrév de *payable au porteur* → payable. **c** abrév de *per procurationem* pp, p. pro, per pro. **d** abrév de *port payé* → port.

**Ppté** abrév de *propriété*.

**PR** [peɛʀ] abrév de *poste restante* → poste.

**pr** abrév de *pour*.

**Prague** [pʀag] **n** Prague.

**praticien, -ienne** [pʀatisjɛ̃, jɛn] **nm,f** practitioner.

**pratique** [pʀatik] **1** **adj** pratical. **2** **nf** (exercice) practice ; (méthode) practice, procedure ; (expérience) experience. ◊ **la pratique d'une profession** the practice ou exercise of a profession ; **dans la pratique des affaires il faut de la patience** in (conducting) business you need patience ; **c'est une pratique courante en affaires** it's a common business practice ; **il a une grande pratique des affaires** he has wide business experience ; **pratiques comptables** accounting practices ou procedures ; **pratiques illégales / restrictives / discriminatoires** illegal / restrictive / discriminatory practices ; **mettre qch en pratique** to put sth into practice.

**pratiquer** [pʀatike] **1** **vt** métier to practise (GB), practice (US) ; technique to use ; prix to apply. ◊ **les multinationales pratiquent des prix différents selon les marchés** multinationals apply different prices to different markets ; **les prix (couramment) pratiqués dans le secteur** the current ou prevailing prices in the sector ; **les cours pratiqués** (Bourse) the current ou ruling prices. **2** **se pratiquer vpr** ◊ **les prix qui se pratiquent dans le secteur** the prices which prevail in the sector, the current prices in the sector ; **les remises à la profession se pratiquent de plus en plus** trade discounts are more and more common ou are increasingly the practice.

**préalable** [pʀealabl(ə)] **1** **adj** ◊ **accord préalable** prior ou previous agreement ; **conditions préalables** prerequisites ; **discussions préalables** (antérieures) previous discussions ; (préparatoires) preliminary talks ; **étude préalable** feasibility study ou survey. **2** **nm** precondition, prerequisite. ◊ **au préalable** first ; **préalable budgétaire** preliminary budget.

**préalablement** [pʀealabləmɑ̃] **adv** first, beforehand, previously. ◊ **préalablement à** prior to.

**préavis** [pʀeavi] **nm** (advance) notice. ◊ **donner un préavis de trois mois** to give three months' notice ; **préavis de grève** strike notice ; **préavis de licenciement** notice of discharge ; **préavis de retrait** (Banque) withdrawal notice ; **délai de préavis** term of notice ; **dépôt à trois mois de préavis** deposit at three months' notice ; **lettre de préavis** letter of notice ; **sans préavis** without notice ou warning.

**précaire** [pʀekɛʀ] **adj** precarious. ◊ **emploi précaire** insecure job.

**précarité** [pʀekaʀite] **nf** precariousness. ◊ **précarité de l'emploi** job insecurity, insecurity of employment ; **prime de précarité** bonus for insecurity of employment.

**précaution** [pʀekosjɔ̃] **nf** precaution. ◊ **achat de précaution** precautionary ou hedge ou panic buying.

**précédent, e** [pʀesedɑ̃, ɑ̃t] **1** **adj** previous. **2** **nm** precedent. ◊ **créer un précédent** to set a precedent.

**précité, e** [pʀesite] **adj** (dans une lettre) above, above-mentioned.

**précompte** [pʀekɔ̃t] **nm** (évaluation) estimate ; (déduction) deduction. ◊ **précompte fiscal** tax deduction at source, tax withholding.

**précompter** [pʀekɔ̃te] **vt** (évaluer) to estimate ; (déduire) to deduct, withhold. ◊ **les cotisations à la Sécurité sociale sont précomptées**

**sur les salaires** Social Security contributions are deducted at source ou are withheld from wages.

**préconditionner** [pʀekɔ̃disjɔne] **vt** to pre-pack, prepackage. ◊ **articles préconditionnés** prepacked ou prepackaged goods ou articles.

**précontrôle** [pʀekɔ̃tʀol] **nm** (Fin) preaudit.

**préemballé, e** [pʀeɑ̃bale] **adj** prepacked, prepackaged.

**pré-embauche** [pʀeɑ̃boʃ] **nf** ◊ **contrat de pré-embauche** trainee contract *which may lead to a definite job offer.*

**préemption** [pʀeɑ̃psjɔ̃] **nf** pre-emption. ◊ **droit de préemption** right of pre-emption, pre-emptive right.

**préenquête** [pʀeɑ̃kɛt] **nf** (Mktg) pretesting, pretest.

**préférence** [pʀefeʀɑ̃s] **nf** (gén, Écon) preference. ◊ **préférence d'un créancier** priority ou prior ranking of a creditor; **préférence douanière** customs preference; **la préférence communautaire** (CEE) Community preference; **préférence pour la liquidité** liquidity preference; **par ordre de préférence** in order of preference; **les préférences du consommateur** consumer preference; **avoir la préférence sur** (en matière d'hypothèque) to rank prior to; **droit de préférence** (Jur) lien, priority right; **tarif de préférence** (Douanes) preferential tariff ou duty; **système généralisé de préférence** general preference system; **actions de préférence** (Bourse) preference ou preferred shares; **échelle de préférence** (Stat) scale of preferences.

**préférentiel, -ielle** [pʀefeʀɑ̃sjɛl] **adj** preferential. ◊ **tarif préférentiel** (gén) preferential ou preferred rate; (Douanes) preferential tariff ou duty; **action préférentielle** (Bourse) preferred ou preference share; **droit préférentiel de souscription** (Bourse) subscription ou application right, share ou stock right.

**préfinancement** [pʀefinɑ̃smɑ̃] **nm** prefinancing, interim ou advance financing.

**préfinancer** [pʀefinɑ̃se] **vt** to prefinance.

**préjudice** [pʀeʒydis] **nm** (dommage) damage; (perte) loss; (tort) harm. ◊ **préjudice matériel / financier** material / financial loss; **ils nous ont infligé un préjudice moral** they have inflicted moral damage on us, they have wronged us; **subir un préjudice moral** to be wronged; **porter** ou **causer préjudice à qn** to do sb harm, harm sb; **réparation du préjudice** compensation for the damage ou loss; **sans préjudice de nos droits** without prejudice to our rights, without prejudicing our rights.

**préjudiciable** [pʀeʒydisjabl(ə)] **adj** prejudicial, detrimental (*à* to).

**prélèvement** [pʀelɛvmɑ̃] **1 nm a** (fait de prélever) [impôt] withholding, deduction, levying; [échantillon] taking; [somme sur un compte] withdrawal; [cotisation sur salaire] deduction, withdrawing. ◊ **compte de prélèvement** drawing account; **le prélèvement d'un dividende sur les bénéfices** the payment of a dividend out of profits; **le prélèvement d'une somme sur les réserves** the drawing of a sum from the reserves; **payer par prélèvement automatique sur son compte** to pay by direct debiting of one's account (GB) ou by automatic deductions from one's account (US); **un prélèvement à la source de 10% sur les revenus de l'épargne** a 10% withholding tax on savings income; **le 15 de chaque mois un prélèvement sera effectué sur votre compte** on the 15th of every month your account will be debited; **ordre de prélèvement** standing order (GB), direct debit(ing) order (GB), automatic deduction order (US). **b** (somme prélevée) (impôt) levy; (retenue sur salaire) deduction.
**2 comp prélèvements agricoles** (CEE) agricultural levies. **– prélèvement automatique** standing order (GB), direct debit(ing) order (GB), automatic deduction order ou checkoff (US). **– prélèvement sur le capital** capital levy. **– prélèvements exceptionnels** exceptional levies. **– prélèvement fiscal** tax levy, tax bite* ou take*. **– prélèvement forfaitaire** flat-rate withholding, standard deduction at source. **– prélèvement à l'importation** import levy. **– prélèvement libératoire** flat-rate withholding, standard deduction at source. **– prélèvements obligatoires** (Écon) (total) tax and social security contributions. **– prélèvement sur les réserves** withdrawal from reserves. **– prélèvements sociaux** Social Security contributions. **– prélèvement à la source** deduction at source, withholding, pay as your earn ou go (US) system.

**prélever** [pʀelve] **vt** taxe, droit to levy; commission to charge, retain; échantillon to take, collect. ◊ **prélever à la source** to deduct at source, withhold; **prélever une somme sur un compte** to withdraw a sum from an account; **il faudra prélever sur les réserves** we'll have to dip into ou draw upon the reserves; **l'État prélève 45% des bénéfices commerciaux** the government takes a 45% cut of business profits; **toutes mes factures sont prélevées sur mon compte** all my bills are paid directly out of my account ou are deducted from my account ou are directly debited to my account; **dividende à prélever sur les bénéfices** dividend to be paid out of profits.

**premier, -ière** [pʀəmje, jɛʀ] **1** **adj** first. ◊ **de premier choix, de première qualité** top quality, first grade; **matières premières** raw materials; **premiers cours** (Bourse) opening ou initial prices; **première échéance** (Bourse) first notice day; **premier entré, premier sorti** (Ind) first in, first out, FIFO; **frais de premier établissement** initial expenses ou expenditures ou outlay, startup cost; **premier intéressé** (créancier) preferential creditor; **obligation de premier ordre** prime bond; **hypothèque de premier rang** first mortgage; **créance de premier rang** senior debt. **2** **nm,f** first; → **sixième**.

**premièrement** [pʀəmjɛʀmɑ̃] **adv** in the first place, first(ly).

**prenant, e** [pʀənɑ̃, ɑ̃t] **adj** ◊ **partie prenante** (Fin) creditor, payee, recipient; **être partie prenante dans une négociation** to be a party to a negotiation.

**prendre** [pʀɑ̃dʀ(ə)] **1** **vt** **a** (gén) to take. ◊ **prendre (à son service)** employé to take on, engage, hire (US); **prendre à bail** to take on lease; **prendre en charge** projet to take charge of; frais to cover, take care of, agree to pay; **prendre effet à compter de** to take effect as from, become effective ou operative as from; **prendre rendez-vous** ou **date avec qn** to make an appointment with sb; **prendre du retard** to fall behind schedule; **je suis pris toute la matinée** I'm booked up this morning; **prendre le contrôle de** (gén) to take control of; société to take over. **b** (faire payer) commission, prix to charge. ◊ **ils prennent 1 000 F la journée** ou **par jour** they charge F1,000 a day ou per day. **c** (par écrit) adresse to take (down), write down, make a note of; commande to take. ◊ **prendre en sténo** to take (down) in shorthand; **prenez une lettre** take a letter. **d** (Bourse, Fin) **prendre de l'argent à la banque** to withdraw money from the bank, draw money out of the bank; **prendre à option / compte** to take on option / on account; **prendre à l'escompte** to discount; **prendre ferme** to take firm; **prendre des titres en report** to take in stocks; **les mines d'or prennent jusqu'à 1 $** gold mines took on as much as 1 $. **2** **vi** [produit, idée] to catch on, be a success.

**prénégociation** [pʀenegɔsjasjɔ̃] **nf** preliminary negotiation.

**preneur, -euse** [pʀənœʀ, øz] **nm,f** [bien] buyer; [bail] tenant, lessee, taker; [effet, option] taker. ◊ **trouver preneur** to find a buyer; **à ce prix-là ils sont preneurs** at that price they'll buy ou take it; **preneur d'ordre** order taker; **preneur de faculté de lever double** (Bourse) giver for a call of more; **preneur d'option** taker of an option; **preneur de prix** price taker.

**préparation** [pʀepaʀasjɔ̃] **nf** preparation. ◊ **préparation du travail** (Ind) production routing.

**prépayé, e** [pʀepeje] **adj** prepaid.

**prépondérant, e** [pʀepɔ̃deʀɑ̃, ɑ̃t] **adj** preponderant. ◊ **voix prépondérante** casting vote.

**préposé, e** [pʀepoze] **nm,f** (gén) employee; (facteur) postman (GB), mailman (US). ◊ **préposé au guichet** counter clerk; **préposé des douanes** customs officer.

**préposer** [pʀepoze] **vt** to appoint (à to). ◊ **être préposé à** to be in charge of.

**préqualification** [pʀekalifikasjɔ̃] **nf** prior qualification.

**préretraite** [pʀeʀ(ə)tʀɛt] **nf** early ou advanced retirement. ◊ **mettre qn en préretraite** to retire sb early, send sb into early retirement; **être mis en préretraite** to be given early retirement, be retired early; **les mises en préretraite augmentent** early retirements are on the increase; **il est parti en préretraite** he has retired early, he has taken an early retirement; **toucher une préretraite** to draw an early retirement pension.

**préretraité, e** [pʀeʀətʀete] **nm,f** person who has retired early ou who has taken an early retirement.

**prescripteur** [pʀɛskʀiptœʀ] **nm** (Mktg) [produit] prescriber, recommender, advocate, influencer.

**prescriptible** [pʀɛskʀiptibl(ə)] **adj** (Jur) prescriptible.

**prescription** [pʀɛskʀipsjɔ̃] **nf** **a** (Jur) prescription. ◊ **prescription acquisitive** positive prescription, adverse possession; **prescription criminelle** statute of limitations; **prescription extinctive** negative prescription; **opposer la prescription** to base one's defence on the statute of limitations; **délai de prescription** term of limitation. **b** (Mktg) prescription.

**prescrire** [pʀɛskʀiʀ] **vt** (Jur) to prescribe; (Mktg) produit to prescribe, recommend, advocate. ◊ **à la date prescrite** on the prescribed date; **dans les délais prescrits** within the prescribed time ou the time stipulated; **chèque prescrit** stale cheque, lapsed cheque (US); **dette prescrite** statute-barred ou lapsed debt; **cette dette est prescrite** this debt has lapsed ou is statute-barred; **les actions nées du présent contrat se prescrivent par 2 ans** all legal rights deriving from the present contract are forfeited unless suit is brought within 2 years.

**présélection** [pʀeseleksjɔ̃] **nf** (gén) preselection; [candidats] shortlisting, screening.

**présélectionner** [pʀeselɛksjɔne] **vt** to make a first ou prior selection, preselect; candidats to shortlist. ◊ **être présélectionné** to be shortlisted, be on the shortlist.

**présence** [pʀezɑ̃s] **nf** (au bureau, à l'usine) attendance, presence. ◊ **feuille de présence** attendance sheet; **registre de présence** time book, attendance register; **jeton de présence** (rémunération) director's fees; **faire acte de présence** to put in an appearance; **les parties en présence** (Jur) the litigants, the opposing parties; **mettre les parties en présence** to bring the parties together.

**présent, e** [pʀezɑ̃] **adj** present. ◊ **le 10 du mois présent** on the 10th instant (GB) ou of this month; **par la présente (lettre)** by the present letter, by this letter, hereby; **au reçu de la présente** on receipt of this letter ou of the present.

**présentable** [pʀezɑ̃tabl(ə)] **adj** ◊ **présentable à l'encaissement** encashable.

**présentateur, -trice** [pʀezɑ̃tatœʀ, tʀis] **1** **nm,f** (Fin) [effet] presenter.
**2** **adj** banque, banquier presenting.

**présentation** [pʀezɑ̃tasjɔ̃] **nf** **a** (Fin) presentation, presentment; [pièces justificatives] production, presentation. ◊ **présentation d'un effet à l'acceptation / d'un chèque au paiement** presentation of a bill for acceptance / of a cheque for payment; **présentation à l'encaissement** presentation for collection; **payable sur présentation** payable on presentation ou at call ou at sight ou over the counter; **présentation du bilan en tableau / liste** account / report form of the balance sheet. **b** (Mktg) [produits] display, presentation. ◊ **présentation au sol** floor display; **présentation en association** joint display; **présentation pêle-mêle** bulk ou dump ou jumble display; **présentation sur le lieu de vente** POS ou point of sale display; **présentation à la sortie** checkout display; **présentation en vrac** bulk ou jumble ou dump display. **c** (apparence) appearance. ◊ **excellente présentation exigée** (dans une annonce) smart appearance required. **d** [document, carte, billet] production, showing. ◊ **sur présentation de la carte d'identité** on production of your identity card.

**présenter** [pʀezɑ̃te] **1** **vt** **a** papiers d'identité to show, produce, present; facture, rapport to submit, present; motion to introduce, table (GB); candidat to put up, present; effet, chèque to present. ◊ **présenter une proposition au conseil d'administration** to put a proposal to the board; **présenter à l'acceptation / à l'encaissement / au paiement / à l'escompte** to present for acceptance / collection / payment / discount; **présenter sa candidature à un poste** to apply for a job,

put in (one's candidacy ou one's application) for a job; **ce compte présente un solde de 1 250 F** this account shows a balance of F1,250. **b** (Mktg) marchandises to display, present.
**2** **se présenter** **vpr** ◊ **notre représentant se présentera chez vous lundi prochain** our representative will call on you next Monday; **elle s'est présentée pour le poste** she applied for ou she put in for the job; **veuillez vous présenter à notre agence de Chicago** please report to our Chicago office.

**présentoir** [pʀezɑ̃twaʀ] **nm** (meuble) display stand ou unit; (étagère) display shelf. ◊ **présentoir de caisse, présentoir à la sortie** checkout display; **présentoir au sol** floor display (stand); **présentoir-distributeur** silent salesman.

**présérie** [pʀeseʀi] **nf** (Ind) pilot production run.

**présidence** [pʀezidɑ̃s] **nf** [tribunal] presidency; [réunion, commission] chairmanship; [entreprise] chairmanship, directorship. ◊ **la réunion se déroulera sous la présidence de M. Gagnaire** the meeting will be chaired by Mr Gagnaire, the meeting will take place with Mr Gagnaire in the chair; **il a quitté la présidence** he stepped down from the chairmanship; **il a été élu à la présidence** he was elected chairman.

**président** [pʀezidɑ̃] **nm** [tribunal] president; [réunion, commission] chairman, chairperson; [entreprise] chairman, chairperson, president. ◊ **le président du conseil d'administration** the chairman of the board; **président-directeur général** (chairman and) managing director (GB), (chairman and) chief executive officer (US).

**présidente** [pʀezidɑ̃t] **nf** [tribunal] president; [réunion, commission] chairwoman, chairlady, chairperson; [entreprise] chairwoman, chairlady, chairperson, president.

**présider** [pʀezide] **vt** tribunal, conseil d'administration to preside over; réunion, commission to chair. ◊ **le nouveau directeur présidera ce soir** the new director will chair the meeting ou will be in the chair ou will be chairing this evening.

**presse** [pʀɛs] **nf** (journaux) press. ◊ **j'ai parcouru toute la presse** I've glanced through all the papers; **la presse professionnelle** the trade press; **agence / conférence de presse** press agency / conference.

**pressentir** [pʀesɑ̃tiʀ] **vt** to sound out, approach (pour un poste about a job).

**pression** [pʀesjɔ̃] **1** **nf** (Écon, Comm) pressure. ◊ **groupe de pression** pressure group, lobby; **exercer une pression** to exert pressure (sur on); **la direction a pris cette**

**décision sous la pression des syndicats** the management took this decision under trade union pressure. **2 comp pression baissière** ou **à la baisse** (Bourse) downward pressure. **– pression de la demande** demand pressure. **– pression démographique** demographic pressure. **– pression fiscale** tax pressure ou burden. **– pression haussière** ou **à la hausse** (Bourse) upward pressure. **– pression inflationniste** inflationary pressure.

**prestataire** [pʀɛstatɛʀ] **nm** recipient, person receiving a benefit ou an allowance. ◊ **prestataire de service** provider of a service, service supplier ou agency; **entreprise prestataire de service** service-providing company, service business.

**prestation** [pʀɛstasjɔ̃] **1 nf a** (indemnité) benefit, allowance. ◊ **verser / toucher des prestations** to pay out / draw benefits. **b** (service) service. ◊ **la prestation d'un service** the provision ou performance of a service; **nos prestations (de service) sont gratuites** our service is free; **les entreprises sont contraintes d'améliorer leurs prestations** companies are obliged to improve the services they offer ou their offerings. **2 comp prestation accessoire** fringe benefit. **– prestation d'assurance** insurance benefit. **– prestation de capitaux** provision of capital. **– prestation en espèces** cash payment. **– prestations familiales** supplementary benefits *paid to the family*, family allowances. **– prestations d'invalidité** disablement ou disability benefit ou allowance. **– prestations locatives** rental charges ou expenses. **– prestations (de) maladie** sick(ness) benefit. **– prestation en nature** payment in kind. **– prestations sociales** ou **de la Sécurité sociale** social security benefits, welfare benefits (US). **– prestations de vieillesse** old age pension.

**prestige** [pʀɛstiʒ] **nm** prestige. ◊ **opération de prestige** public relations operation; **perte de prestige** loss of status; **symbole de prestige** status symbol.

**présumer** [pʀezyme] **vi** to presume. ◊ **cela ne présume pas de la décision qui sera prise** that should not influence the decision which will be taken.

**prêt** [pʀɛ] **1 nm** (action) lending, loaning; (somme prêtée) loan. ◊ **demander** ou **solliciter / contracter / accorder** ou **consentir un prêt** to apply for / take up / grant a loan; **demande de prêt** loan application; **conditions de prêt** loan terms; **contrat de prêt** loan contract; **maison de prêt** loan company; **les prêts accordés par l'État aux entre-** prises sont en baisse government lending to companies is falling. **2 comp prêt pour l'accession à la propriété** homeowner loan. **– prêt pour l'amélioration de l'habitat** home improvement loan. **– prêts et avances consentis** (Compta) loans and advances granted. **– prêt-bail** leasing. **– prêt bancaire** bank loan. **– prêt bonifié** subsidized ou preferential loan. **– prêt conditionnel** tied loan. **– prêt à la consommation** consumer loan; **les prêts à la consommation sont en hausse** consumer lending is increasing. **– prêt à la construction** building loan. **– prêt conventionné** regulated mortgage loan. **– prêt à court terme** short-term loan. **– prêt croisé en devises** currency swap. **– prêt à découvert** (par découvert bancaire) loan on overdraft; (sans garantie) unsecured loan. **– prêt épargne-logement** mortgage. **– prêt sur gage** loan on collateral, collateral loan. **– prêt garanti** secured loan. **– prêt à la grosse** (Mar) bottomry loan. **– prêt hypothécaire** mortgage loan. **– prêt immobilier** real estate loan, mortgage loan. **– prêt à intérêt** interest-bearing loan. **– prêt au jour le jour** day-to-day loan, call loan. **– prêt à long terme** long-term loan. **– prêt sur nantissement** loan on collateral, collateral loan. **– prêt non garanti** unsecured loan. **– prêt participatif** participating capital loan. **– prêt personnel** personal loan. **– prêt sur police d'assurance-vie** policy loan. **– prêt privé** private loan. **– prêt remboursable** redeemable loan. **– prêt à taux bonifié** subsidized ou preferential loan. **– prêt à terme** term loan. **– prêt sur titres** advance on securities. **– prêt à vue** demand loan.

**prête-nom**, **pl prête-noms** [pʀɛtnɔ̃] **nm** figurehead, dummy, man of straw. ◊ **société prête-nom** dummy ou fronting (US) company.

**prétention** [pʀetɑ̃sjɔ̃] **nf** ◊ **prétentions (de salaire)** salary expectations, expected salary; **indiquer vos prétentions** (offre d'emploi) state salary required.

**prêter** [pʀete] **vt** argent to lend. ◊ **prêter à intérêt** to lend at interest; **prêter à 12%** to lend at 12%; **prêter sur gages** ou **sur nantissement** to lend on collateral; **prêter sur garantie** to lend against security.

**prêteur, -euse** [pʀetœʀ, øz] **1 adj** banque lending. **2 nm** lender. ◊ **prêteur sur gages** pawnbroker; **prêteur de deniers** money lender.

**Prétoria** [pʀetɔʀja] **n** Pretoria.

**préventif, -ive** [pʀevɑ̃tif, iv] **adj** preventive.

**prévention** [pʀevɑ̃sjɔ̃] **nf** ◊ **prévention des accidents du travail** industrial safety.

**prévision** [pʀevizjɔ̃] **nf** (étude) forecasting; (résultat) forecast, projection, estimate. ◊ **la prévision à court / moyen / long terme** short- / medium- / long-range ou term forecasting; **modèle / méthode de prévision** forecasting model / method; **prévisions de vente** sales forecast ou projection; **prévisions budgétaires** budget estimates; **prévision de la demande /_financière / de trésorerie** demand / financial / cash flow forecast; **les résultats ont dépassé toutes nos prévisions** the results exceeded all our expectations; **en prévision de** in anticipation of.

**prévisionnel, -elle** [pʀevizjɔnɛl] **adj** budget, coûts estimated. ◊ **étude prévisionnelle** advance survey; **gestion prévisionnelle** forecasting and planning, predictive management; **mesure prévisionnelle** future-oriented measure; **plan prévisionnel** predictive plan; **planning prévisionnel** forward planning.

**prévisionniste** [pʀevizjɔnist(ə)] **nmf** forecaster.

**prévoir** [pʀevwaʀ] **vt a** (évaluer) to forecast, project. ◊ **ventes prévues** projected ou forecasted sales. **b** (planifier) to plan. ◊ **prévoir de faire qch** to plan sth, plan on doing sth; **ma visite est prévue pour le 11** my visit is scheduled ou planned for the 11th; **prévoir une somme dans le budget pour qch** to allow for sth in the budget, allow a sum in the budget for sth; **nous avons prévu 20 000 F pour ces travaux** we have allowed ou set aside ou budgeted F20,000 for this work; **dépenses prévues au budget** budgeted expenses, expenses allowed in the budget, expenses provided for in the budget; **les conditions prévues dans le contrat** the conditions laid down ou stipulated ou set out in the contract; **ils ne nous ont pas livré dans les délais prévus** they did not meet the delivery deadline; **le contrat prévoit une réévaluation des primes** the contract provides for a reevaluation of premiums.

**prévoyance** [pʀevwajɑ̃s] **nf** ◊ **caisse** ou **fonds de prévoyance** contingency fund; **fonds de prévoyance du personnel** staff provident fund; **société** ou **organisme de prévoyance** provident society.

**prier** [pʀije] **vt** ◊ **nous vous prions d'accepter nos excuses** please accept our apologies; **vous êtes prié de vous présenter au service du personnel** you are requested to report to the personnel department.

**prière** [pʀijɛʀ] **nf** ◊ **prière de nous répondre par retour du courrier** please reply by return of post.

**primaire** [pʀimɛʀ] **adj** primary. ◊ **industrie / secteur / marché primaire** primary industry / sector / market; **caisse primaire de la Sécurité sociale** social security office.

**prime** [pʀim] **1 nf a** (Mktg) premium, bonus, free gift. ◊ **recevoir qch en prime** to be given sth as a bonus ou as a premium; **porteclefs en prime** (annonce publicitaire) free key ring; **paquet en prime** bonus pack; **emballage prime** container premium. **b** (rémunération) bonus (payment), premium pay; (subvention) subsidy, premium; (indemnité) allowance. **c** (Ass) premium. **d** (Bourse) (surcote par rapport au pair) premium; (décote par rapport au pair) discount. ◊ **ces titres se vendent avec une prime de 43 F au-dessus du prix d'émission** these securities are trading at a premium of F43 on ou over ou above the issue price. **e** (Marché conditionnel) option. ◊ **marché à primes** option market; **acheter à prime** to give for the call; **abandonner la prime** to surrender the option; **lever une prime, répondre à une prime** to take up ou exercise an option; **réponse des primes** option declaration; **jour de la réponse des primes** option day; **cours** ou **taux de la prime** option price ou rate; **opérations à prime** options dealing ou trading; **double prime** put and call option; **marché à prime pour lever** call option, buyer's option; **acheteur** ou **payeur de prime** option buyer, taker of an option; **marché à prime pour livrer** put option, seller's option; **vendeur** ou **receveur de prime** option seller, giver of an option.

**2 comp prime d'ancienneté** seniority bonus ou pay. – **prime d'apport** share premium. – **prime d'assiduité** attendance bonus. – **prime d'assurance** insurance premium. – **prime autopayante** self-liquidating premium. – **prime brute** (Ass) gross premium. – **prime de célérité** dispatch money. – **prime collective** group bonus. – **prime à la construction** building subsidy. – **prime de conversion** conversion premium, redeployment compensation. – **prime en dedans** [obligation] bond premium. – **prime en dehors** [obligation] bond discount. – **prime de départ** severance pay. – **prime de développement** development subsidy. – **prime directe** (Bourse) call option, buyer's option. – **prime dont** (Bourse) call option, buyer's option. – **prime échelonnée** (Ass) deferred premium. – **prime sur l'emballage** on-pack premium. – **prime d'émission** (au-dessus du pair) premium; (au-dessous du pair) discount. – **prime à la création d'emplois** new jobs tax credit. – **prime d'encouragement** incentive bonus ou pay. – **prime entière** (Ass) full premium. – **prime**

**d'équipement** investment premium ou subsidy. − **prime à l'exportation** export subsidy ou premium ou bounty ou bonus. − **prime de fidélité** loyalty premium. − **prime de fin d'année** end-of-year ou Christmas bonus. − **prime forfaitaire** standard premium, flat premium. − **prime de fusion** (Fin) merger surplus. − **prime indirecte** (Bourse) put option, seller's option. − **prime à l'investissement** investment premium ou subsidy. − **prime pour lever** (Bourse) call option, buyer's option. − **prime de licenciement** severance pay, termination bonus, redundancy payment. − **prime pour livrer** (Bourse) put option, seller's option. − **prime de logement** accommodation allowance. − **prime de mérite** merit bonus. − **prime nette** (Ass) net ou pure premium. − **prime ou** (Bourse) put option, seller's option. − **prime d'objectif** incentive bonus. − **prime de pénibilité** hardship allowance. − **prime de performance** efficiency premium ou bonus. − **prime de poste** shift bonus. − **prime de précarité** bonus for insecurity of employment. − **prime de productivité** productivity bonus. − **prime de rachat** (Bourse) call premium. − **prime de reconversion** relocation ou retraining allowance. − **prime de réexportation** (Douanes) drawback. − **prime de référencement** (Comm) listing allowance. − **prime de remboursement** (Bourse) redemption premium. − **prime de rendement** productivity bonus. − **prime de renouvellement** (Ass) renewal premium. − **prime de risque** danger money, bonus for occupational hazards, risk premium. − **prime salariale** bonus payment. − **prime supplémentaire** (Ass) additional premium. − **prime de transport** transport allowance. − **prime unique** (Ass) single premium. − **prime de vie chère** cost-of-living allowance.

**primer** [pʀime] **1 vt a** (récompenser) to award a prize to. ◊ **produit primé** award-winning ou prize-winning product. **b** (subventionner) to subsidize. **c** (hypothèque) **primer qn** to rank before sb ; **être primé par qn** to rank after sb.
**2 vi** ◊ **les actions de préférence priment en matière de dividende** preference shares rank first in dividend rights.

**principal, e,** mpl **-aux** [pʀɛ̃sipal, o] **1 adj** usine, bâtiment main ; employé chief, head ; problème, objectif main, major, principal. ◊ **associé principal** senior partner ; **fichier principal** main ou master file ; **le siège principal d'une entreprise** a company's head office ; **quel est votre emploi principal ?** what is your main occupation ?

**2 nm** (Fin) principal. ◊ **principal et intérêts** principal and interest.

**principe** [pʀɛ̃sip] **nm** principle. ◊ **aboutir à un accord de principe** to reach an agreement in principle ; **principes comptables** accounting principles ; **principe de continuité** going concern principle ; **principe d'annualité / de bonne information / de la permanence / de rapprochement** accrual / disclosure / consistency / matching principle ; **principes directeurs** guiding principles, guidelines.

**prioritaire** [pʀijɔʀitɛʀ] **adj** ◊ **action (à dividende) prioritaire** preference ou preferred share ; **commande prioritaire** priority ou rush order ; **créancier prioritaire** preferential ou preferred creditor.

**priorité** [pʀijɔʀite] **nf** priority. ◊ **avoir la priorité sur** to have ou take priority over ; **donner la priorité absolue à qch** to give sth top ou first priority ; **venir en priorité** to come first ; **droit de priorité** priority right ; **par ordre de priorité** in order of priority ; **priorité d'hypothèque** priority (of) mortgage ; **action de priorité** preference ou preferred share ; **dividende de priorité** preferential dividend ; **créance de priorité** preferential debt.

**prise** [pʀiz] **nf** ◊ **prise de bénéfices** profit-taking ; **les cours de clôture ont été affectés par d'importantes prises de bénéfices** prices at the close have been affected by profit-taking on a large scale ; **prise en charge** [frais] coverage, payment ; **certificat de prise en charge** (Douanes) taking-over certificate ; **l'entreprise assurera la prise en charge de vos frais** the firm will cover your expenses ; **la prise en charge par la Sécurité sociale des frais médicaux encourus** the coverage ou the payment ou the acceptance by the Social Security authorities of the medical expenses incurred ; **prise de contrôle** (Fin) takeover ; **prise de décision** decision taking ; **prise ferme de nouvelles émissions** underwriting of new issues ; **prise de participation** (Fin) acquisition ; **la prise de participation dans une société** the acquisition of an interest in a company ; **la prise de participations à l'étranger** the acquisition of holdings abroad ; **les prises de participations de notre société** our company's holdings ou acquisitions ; **prise de participation majoritaire** acquisition of a majority ou controlling interest, acquisition of a majority stake ; **prise en pension à 7 jours** 7-day repurchase ; **prise de position** gapping ; **prise de risques** risk-taking.

**prisée** [pʀize] **nf** (Jur) valuation.

**privation** [pʀivasjɔ̃] **nf** ◊ **privation de jouissance** prevention of possession.

**privatisation** [pʀivatizasjɔ̃] **nf** privatization.

**privatiser** [pʀivatize] **vt** to privatize. ◊ **les privatisées** privatized companies.

**privé, e** [pʀive] **1 adj** secteur, droit, personne, investisseur private. ◊ **entreprise privée** private ou privately-owned company. **2 nm** ◊ **le privé** the private sector.

**privilège** [pʀivilɛʒ] **nm a** [créance] preferential rank ou ranking; [hypothèque] priority ranking. ◊ **le privilège du créancier / salarié** the creditor's / employee's preferential claim; **privilège fiscal** tax privilege, preferential tax treatment; **privilège général / maritime** (Jur) general / maritime lien; **privilège de souscription** (Bourse) priority subscription right. **b** (droit exclusif) (exclusive) right. ◊ **le privilège d'émission de la Banque de France** the Banque de France's exclusive issuing right.

**privilégié, e** [pʀivileʒje] **1 adj** privileged. ◊ **action privilégiée** preference ou preferred share; **créance privilégiée** preferential ou senior debt; **créancier privilégié** preferential ou senior ou secured creditor. **2 nm,f** privileged person. ◊ **les privilégiés** the privileged.

**privilégier** [pʀivileʒje] **vt** to favour. ◊ **privilégier les placements à court terme** to favour short-term investments.

**prix** [pʀi] **1 nm** [bien, article] price; [service] cost, price. ◊ **vendre qch à un prix élevé / à bas prix** to sell sth at a high / low price; **à quel prix le vendez-vous?** what price are you asking for it?, how much are you asking for it?; **il faut y mettre le prix** you've got to be prepared to pay for it; **c'est mon dernier prix** I won't go any lower, it's my lowest ou bottom price; **vendre à moitié prix** to sell at half-price; **produit à moitié prix** half-price product; **hors de prix** outrageously expensive; **ils nous ont fait un prix** they gave us a good price ou a good deal, they knocked the price down for us; **vendre à vil prix** to sell at a knockout price; **nous l'avons acheté à prix d'or** we paid a fortune for it; **fixer ou déterminer le prix d'un produit** (Mktg) to price a product; **augmenter / baisser un prix** to raise ou increase / lower a price, mark up / down a price; **augmentation de prix** price increase ou rise, increase ou rise in price; **baisse de prix** decrease ou drop in price; **faire monter les prix** to push prices up; **mettre qch à prix** (enchères) to set a reserve price (GB) ou an upset price (US) on sth; **mise à prix** (enchères) reserve price (GB), upset price (US); **casser les prix** to slash prices; **à prix d'arrivée, tous frais compris** at a full landed cost price; **barème / blocage / contrôle / liste des prix** price schedule / freeze / control / list; **différence de prix** difference in price; **diffé-**

rentiel ou **écart de prix** price differential ou spread; **écart sur prix** price variance; **effet prix** (Écon) price effect; **entente illégale sur les prix** price fixing; **étiquette de prix** price label ou tag; **élasticité-prix** (Écon) price elasticity; **fourchette de prix** price range; **politique de prix** (Mktg) pricing policy. **b** (récompense) prize. ◊ **gagner un prix** to win a prize, award.

**2 comp prix d'abonnement** (Mktg) package deal. − **prix d'achat** purchase price. − **prix acheteur** (Bourse) bid price. − **prix d'acquisition** acquisition price. − **prix actuel** going price. − **prix d'adjudication** price awarded by auction. − **prix affiché** displayed ou posted price. − **prix d'appel** reduced price, loss-leader price. − **prix d'attaque** penetration price. − **prix de base** base price. − **prix bloqué** frozen price. − **prix à la casse** scrap value. − **prix (de) catalogue** list ou catalogue price. − **prix de cession (interne)** transfer price. − **prix du change** exchange premium. − **prix choc** slashed price. − **prix de clôture** (Bourse) closing price. − **prix compétitif** competitive ou keen price. − **prix (au) comptant** (gén) cash price; (Bourse) spot price. − **prix conseillé** manufacturer's recommended price, recommended retail price. − **prix à la consommation** consumer price. − **prix conventionné** controlled ou regulated price. − **prix convenu** agreed price. − **prix couramment pratiqués** prevailing ou ruling prices. − **prix courant** current ou going price. − **prix coûtant** cost price; **prix coûtant de base** prime cost; **prix coûtant des marchandises** cost of goods sold; **vendre à prix coûtant** to sell at cost. − **prix à débattre** price subject to negotiation; **25 000 F prix à débattre** (sur petites annonces) F25,000 or nearest offer. − **prix défiant toute concurrence** unbeatable price. − **prix demandé** asking price. − **prix départ usine** ex-works ou factory price. − **prix de détail** retail price. − **prix directeur** reference price. − **prix dirigé** controlled ou regulated price. − **prix dual** (Écon) dual price. − **prix d'écluse** (CEE) sluice ou floor price. − **prix d'écrémage** skimming price. − **prix d'émission** (Bourse) issue price. − **prix d'entrée** (Ind) entry price. − **prix d'entrepôt** price ex warehouse. − **prix d'équilibre** (Écon) equilibrium price. − **prix étiquette** sticker price. − **prix d'exercice** (Bourse) striking ou strike price. − **prix à l'exportation** export price. − **prix de fabrique** manufacturer's price. − **prix fait** agreed price. − **prix de faveur** preferential price. − **prix ferme (et définitif)** firm price. − **prix fictif** (Écon) shadow price. − **prix forfaitaire** fixed ou contract price. − **prix fort** (sans réduction) full price ; **payer le prix fort pour qch** to pay top price for sth. − **prix franco domicile** free to customer's premises. − **prix garanti** guaranteed price ; **prix garanti à la production** guaranteed production price. − **prix global** overall price. − **prix de gros** wholesale price. − **prix hiérarchisé** graded price. − **prix hors taxes, prix HT** price exclusive of taxes. − **prix imbattable** unbeatable price. − **prix à l'importation** import price. − **prix imposé** administered ou administrated price, fixed selling price. − **prix indicatif** indicative price. − **prix intérieur** domestic price. − **prix d'intervention** (CEE) intervention price. − **prix d'inventaire** stocktaking price. − **prix de lancement** introductory price. − **prix de liquidation** clearance price. − **prix livré** delivered ou supply price. − **prix en magasin** ex-store price. − **prix marchand** trade price. − **prix du marché** market price, arm's length price. − **prix marqué** ticket price, price as marked. − **prix de monopole** monopoly price. − **prix moyen** average price. − **prix net** net price. − **prix d'objectif** target price. − **prix offert** offered ou bid price, buying price. − **prix d'offre** offering price. − **prix de l'offre et de la demande** (Bourse) bid ask prices. − **prix d'ouverture** (Bourse) opening price. − **prix de péréquation** equalized price. − **prix à la pièce** price for one. − **prix sur place** loco ou spot price. − **prix plafond** ceiling price. − **prix plancher** floor price. − **prix de production** production price. − **prix promotionnel** promotional price. − **prix public** retail ou list ou base price. − **prix de rachat** (Ass) surrender price ou value ; (Fin) repurchase price. − **prix réduit** reduced ou cut price. − **prix réel** actual price. − **prix de référence** reference price, base price. − **prix réglementé** controlled ou regulated price. − **prix régulateur** standard price. − **prix de remboursement** [obligation] redemption price. − **prix de remplacement** replacement price ou cost. − **prix rendu** delivery ou delivered price. − **prix du report** (Bourse) contango price. − **prix de revente** resale price. − **prix de revient** cost (price), production cost ; **prix de revient de base** prime cost ; **prix de revient complet** absorption cost ; **prix de revient marginal** marginal cost ; **vendre qch au prix de revient** to sell sth at cost ; **établir un prix de revient pour un produit** to cost a product. − **prix révisable** price subject to alteration. − **prix sacrifiés** knockdown ou slashed prices. − **prix de seuil** (CEE) threshold price. − **prix soldé** ou **de solde** bargain price, sale price. − **prix de sortie** (Ind) exit price. − **prix sortie d'usine** factory price. − **prix de soumis-**

sion bid. − **prix de souscription** subscription price. − **prix de soutien** (CEE) support ou guaranteed ou pegged price. − **prix spot** spot price. − **prix standard** standard price. − **prix taxé** ou **de taxation** controlled ou regulated price. − **prix tout compris** inclusive price. − **prix toutes taxes comprises, prix TTC** tax inclusive price. − **prix de transfert** transfer price. − **prix unitaire** ou **à l'unité** unit price. − **prix d'usine** factory price. − **prix vendeur** (Bourse) asking price. − **prix de vente** selling price, sale price ; **prix de vente conseillé** recommended retail price ; **prix de vente imposé** fixed selling price ; **prix de vente publicitaire** promotional price. − **prix virtuels** shadow prices. − **prix de zone** area price.

**probabiliste** [pʀɔbabilist(ə)] **adj** (Stat) ◊ **théorie probabiliste** probability theory.

**probabilité** [pʀɔbabilite] **nf** probability. ◊ **probabilité d'acceptation** probability of acceptance.

**procédé** [pʀɔsede] **nm** process, technique. ◊ **procédé de fabrication** manufacturing process ou technique ; **procédé comptable** accounting process ou procedure.

**procédure** [pʀɔsedyʀ] **nf** a (technique) procedure. ◊ **procédures comptables / de gestion** accounting / management procedures ; **procédures de séparation des exercices** cut-off procedures. b (Jur : procès) proceedings. ◊ **procédure de faillite** bankruptcy proceedings ; **frais de procédure** cost of proceedings, law costs, legal expenses ; **engager une procédure contre qn** to institute proceedings against sb. c (Inf) procedure.

**procès** [pʀɔsɛ] **nm** (civil) lawsuit ; (criminel) trial. ◊ **faire** ou **intenter un procès à qn** to sue sb, take court action against sb, start legal proceedings against sb, take sb to court ; **il a perdu son procès** he lost his case.

**process** [pʀɔsɛs] **nm** ◊ **industrie de process** process industry ; **ingénieur process** process engineer.

**processeur** [pʀɔsɛsœʀ] **nm** processor.

**processus** [pʀɔsesys] **nm** process. ◊ **processus d'achat / décisionnel / de fabrication** buying / decision-making / manufacturing process ; **fabrication par processus continu** continuous process manufacturing.

**procès-verbal,** pl **procès-verbaux** [pʀɔsɛvɛʀbal, o] **nm** (compte rendu de réunion) minutes ; (Jur) report, statement. ◊ **procès-verbal d'avarie** (Mar) survey report ; **procès-verbal de carence** record of insolvency ; **procès-verbal de faillite** report of bankruptcy ; **figurer au procès-verbal** to appear in the minutes, be minuted.

**prochain, e** [pʀɔʃɛ̃, ɛn] **adj** next. ◊ **le 12 août prochain** on the 12th August of this year; **le 12 prochain** on the 12th of next month, on the 12th prox (GB).

**procuration** [pʀɔkyʀasjɔ̃] **nf** a (lors d'un vote) proxy. ◊ **voter par procuration** to vote by proxy; **vote par procuration** proxy vote; **donner sa procuration à qn** to give sb voting authority, appoint sb with power of proxy; **signer une procuration** to sign a proxy ou an authority. b (Fin : sur un compte) power of attorney. ◊ **donner procuration à qn** to give sb power of attorney; **avoir procuration sur un compte** to have power of attorney over an account; **procuration générale / collective / spéciale** full / joint / particular ou special power of attorney.

**producteur, -trice** [pʀɔdyktœʀ, tʀis] 1 **adj** producing. ◊ **pays producteur d'étain** tin-producing country; **région productrice de maïs** maize-growing region; **producteur d'intérêts** interest-bearing. 2 **nm,f** (Ind) producer; (Agr) grower, producer. ◊ **ce pays est un gros producteur de cuivre** this country produces a lot of copper ou is a big copper producer.

**productible** [pʀɔdyktibl(ə)] **adj** producible.

**productif, -ive** [pʀɔdyktif, iv] **adj** investissement, personnel productive. ◊ **productif d'intérêts** interest-bearing; **obligations productives d'un intérêt de 11%** bonds yielding ou bearing 11% interest, bonds yielding ou bearing interest at 11%.

**production** [pʀɔdyksjɔ̃] 1 **nf** a (action, processus) (Ind) production; (Agr) growing, production. b (quantité produite) (Ind) production, output; (Agr) production, yield. ◊ **ralentir / relancer la production** to slow down / rev up production; **baisse de production** fall in production; **biens de production** capital ou investment ou producer goods; **budget de production** production budget; **capacité de production** production capacity; **chaîne de production** production line; **chef de la production** production manager; **contrôle de (la) production** production control; **coopérative de production** producers' cooperative; **courbe de production** production curve; **coûts de production** production costs; **délai de production** production (lead) time; **encouragements à la production** production incentives; **éventail de production** production range; **excédent de production** production surplus, surplus output; **facteur de production** production factor; **fléchissement de la production** sagging in production; **frais de production** production costs; **gestion de la production** production management; **indice de la produc-** tion production index; **moyens de production** means of production, production facilities; **niveau de production** production level; **objectif de production** production target ou objective; **orientation de la production** output orientation; **perte de production** production decline; **plan de production** production programme ou schedule; **potentiel de production** productive potential; **prix à la production** production price; **procédés de production** production processes; **processus de la production** production process; **programmation de la production** production scheduling; **programme de production** production schedule ou programme; **quota de production** production quota; **rythme de production** rate of production; **unité de production** (installation) production unit ou facility, plant; (pièce) unit. c (bien, objet) product. ◊ **les productions coréennes** Korean products ou goods; **productions agricoles** agricultural produce; **les productions en cours** goods in process. d (présentation) [document] production. ◊ **sur production de** on production of; **production des créances** official declaration of the amounts owed to a creditor (in the course of bankruptcy proceedings); **bordereau de production** production note. 2 **comp production à la chaîne** mass ou line production. − **production en chaîne suivie** straight line production. − **production à la** ou **sur commande** production to order, jobbing production. − **production continue** continuous (flow ou process) production. − **production en cours** work in process. − **production intérieure brute** gross domestic product. − **production par lots** (group) batch production, job lot production. − **production marchande** marketable production. − **production nationale** (gén) national production; (Fin, Écon) national product. − **production non marchande** non-marketable production. − **production en (grande) série** mass production, flowline ou series production. − **production en** ou **de petite série** (line) batch production. − **production stockée** final ou closing stock (GB), final ou closing inventory (US). − **production pour stock** production for stock (GB) ou inventory (US).

**productique** [pʀɔdyktik] **nf** industrial automation, automated production technology.

**productivité** [pʀɔdyktivite] **nf** productivity. ◊ **productivité interne / marginale** internal / marginal productivity; **campagne de productivité** productivity drive; **gain / prime de productivité** productivity gain / bonus.

**produire** [pʀɔdɥiʀ] **vt** a (gén) to produce; produits manufacturés to produce, make, manufacture, turn out; produits agricoles to produce, grow. ◊ **produire qch en série** to mass-produce sth. **b** (Fin) intérêt to yield, return, bear, carry. ◊ **l'investissement produira 10%** the investment will yield ou return 10%. **c** document, passeport to produce, show.

**produit** [pʀɔdɥi] **1** nm **a** (Ind) product. ◊ **produits** products, goods; **ligne / politique / gestion / portefeuille de produits** product line / policy / management / portfolio; **chef de produit** product manager; **concevoir / lancer un produit** to design / launch a product; **développement de produits** product development; **gestion de produits** product management; **ingénieur produit** product engineer; **mix des produits** product mix; **politique de produits** product policy; **portefeuille de produits** product portfolio; **publicité de produit** product advertising; **responsabilité produit** (Ass) product liability; **suspension de produits** product abandonment. **b** [investissement] yield, return; [vente] proceeds, revenue; [exploitation, opérations courantes de l'entreprise] revenue, income, profit. ◊ **le produit de l'investissement est de 10%** the yield from this investment ou the return on this investment is 10%, this investment produces a yield ou a return of 10%; **un produit** (Compta) a revenue item; **un produit de l'exercice** a revenue item relating to the current accounting period; **le rattachement des produits à un exercice** (Compta) the allocation ou apportionment of revenues to the accounting period; **compte de produit** (Compta) revenue account.

**2** comp **produits accessoires** (Compta) sundry income. – **produit agricole** agricultural ou farm product; **produits agricoles** agricultural ou farm produce. – **produits alimentaires** food products. – **produit d'appel** loss leader. – **produit de base** staple commodity, essential product. – **produits blancs** white goods. – **produits bruns** brown goods. – **produit brut** (Fin) gross proceeds; (Ind) raw products. – **produits et charges** (Compta) revenues and expenses. – **produit chimique** chemical. – **produit-clé** key product. – **produits comptabilisés d'avance** (Compta) deferred income, unearned revenues, revenue received in advance. – **produit de consommation** consumer product; **produits de consommation** consumer products ou goods; **produit de consommation courante** basic consumer product; **produit de grande consommation** mass consumption product. – **produits constatés d'avance** (Compta) deferred income, unearned revenues, revenue received in advance. – **produit contingenté** product subjected to quota, restricted (export ou import) product. – **produits courants** household goods, shopping goods. – **produits en cours** (Ind) work in process. – **produits dangereux** hazardous substances ou goods. – **produit dérivé** by-product; (Fin) derivative product. – **produit dilemme** question-mark product. – **produit drapeau** hypermarket private label. – **produits durables** durables, durable goods. – **produits étrangers** foreign goods. – **produits exceptionnels** (Compta) extraordinary items. – **produit d'exploitation** (Compta) operating income ou revenue. – **produits d'exportation** export goods. – **produit final** end product. – **produits financiers** (Compta) interest ou investment income. – **produit fini** finished product. – **produit générique** generic product. – **produits d'importation** import goods. – **produit imposable** taxable product. – **produit de l'impôt** tax proceeds ou revenues. – **produits indigènes** home manufactures. – **produits industriels** industrial products ou goods. – **produit innovant** pioneer ou innovative product. – **produit intérieur brut** gross domestic product, GDP. – **produits intermédiaires** intermediate products. – **produit leader** market leader, leading product. – **produit libre** unbranded product. – **produits liés** (Ind) related ou combined products. – **produits locaux** local produce. – **produit de luxe** luxury product. – **produit manufacturé** manufactured product. – **produit marchand** traded product. – **produit-marché** product-market. – **produit de marque** branded product. – **produit national brut** gross national product, GNP. – **produit national net** net national product, NNP. – **produit net** (Compta) net proceeds. – **produit occasionnel** casual product. – **produit ouvré** finished product. – **produit de parade** product for competitive counteraction. – **produits périssables** perishable goods, perishables. – **produit pharmaceutique** pharmaceutical product. – **produit pilote** pilot ou experimental product. – **produit de première nécessité** essential product, staple commodity. – **produit-phare** flagship product. – **produit promotionnel** promotional product. – **produit de qualité** quality product. – **produits réalisés** (Compta) earned revenue(s), realized income. – **produits à recevoir** (Compta) accrued revenue(s), accrued receivables. – **produit de remplacement** substitute. – **produit secondaire** by-product. – **produit semi-fini** ou **semi-ouvré** semi-finished product. – **produit spécifique** custom-made product. – **produits standard**

standard goods. − **produit standardisé** standardized product. − **produit de substitution** ou **substituable** substitute. − **produit type** standard product.

**profession** [pʀɔfɛsjɔ̃] **nf** (gén) job ; (Admin) occupation ; [comptable, avocat, cadre] profession ; [artisan] trade ; [entreprise] trade, (line of) business. ◊ **les professions libérales** the professions ; **quelle est sa profession ?** what's his job ? ; **être sans profession** to have no occupation ; **répartition** ou **classement par professions** occupational classification ou distribution ; **(les gens de) la profession** the people in the trade ; **remise à la profession** (Comm) trade discount ou allowance.

**professionnalisme** [pʀɔfɛsjɔnalism(ə)] **nm** professionalism.

**professionnel, -elle** [pʀɔfɛsjɔnɛl] **1** **adj** (gén) professional ; **stage de formation** vocational ; **risques** occupational. ◊ **achats professionnels** (Bourse) shop-buying ; **activité professionnelle** activity, occupation ; **adresse professionnelle** business address ; **association professionnelle** trade association ; **carte professionnelle** business card ; **faute professionnelle** (professional) negligence ; **formation professionnelle** technical ou vocational training ; **journal professionnel** trade paper ; **maladie professionnelle** occupational disease ; **orientation professionnelle** vocational guidance ; **presse professionnelle** trade press ; **qualifications professionnelles** professional qualifications ; **risque professionnel** occupational hazard ; **tenu par le secret professionnel** bound by professional secrecy ; **syndicat professionnel** trade union ; **taxe professionnelle** business rates. **2** **nm,f** professional ; (Ind : ouvrier qualifié) skilled worker. ◊ **les professionnels de la Bourse** stock exchange operators.

**professionnellement** [pʀɔfɛsjɔnɛlmɑ̃] **adv** professionally.

**profil** [pʀɔfil] **nm** profile. ◊ **profil de la clientèle / des consommateurs / du marché** customer/consumer/market profile ; **profil de poste** job description ; **profil psychologique** psychological make-up.

**profilé, e** [pʀɔfile] **adj** ◊ **produit bien / mal profilé** well- / badly-designed product.

**profit** [pʀɔfi] **nm** (Comm, Fin) profit. ◊ **vendre à profit** to sell at a profit ; **profits et pertes** profit and loss ; **compte de profits et pertes** profit and loss account ; **passer qch par pertes et profits** to write sth off ; **tirer profit de qch** to cash in on sth, benefit from sth ; **centre / taux de profit** profit centre / rate ; **profit comptable / fictif** book / paper ou fic-

titious profit ; **profit direct du produit** direct profit productivity ; **profits d'exploitation** operating profits ; **profits illicites** illicit profits ; **profits non distribués** undistributed profits, retained earnings.

**profitable** [pʀɔfitabl(ə)] **adj** profitable (*à* to).

**profiter** [pʀɔfite] **vt indir** **a** **profiter de** situation, circonstances, baisse des prix to take advantage of ; **profitez de nos prix spéciaux** take advantage of our special prices ; **ils profiteront de la chute du dollar** they will profit by ou take advantage of the fall of the dollar. **b** **profiter à qn** to be profitable to sb, be of benefit to sb, benefit sb.

**profiteur, -euse** [pʀɔfitœʀ, øz] **nm,f** profiteer.

**pro forma** [pʀɔfɔʀma] **adj inv** ◊ **facture pro forma** pro forma invoice.

**progiciel** [pʀɔʒisjɛl] **nm** software package, program package. ◊ **progiciel de gestion** business package ; **progiciel d'application** application package.

**programmable** [pʀɔgʀamabl(ə)] **adj** (Inf) programmable.

**programmation** [pʀɔgʀamɑsjɔ̃] **nf** **a** (planification) [travail, production] scheduling, planning, programming. ◊ **programmation linéaire** linear programming ; **programmation par objectif** goal programming. **b** (Inf) programming. ◊ **ingénieur de programmation** programming engineer ; **langage de programmation** programming language.

**programme** [pʀɔgʀam] **nm** **a** [travail, journée, visite] schedule, programme (GB), program (US). ◊ **programme de production** production schedule ou programme ou plan ; **programme de formation / d'investissement / de recherche** training / investment / research programme ; **programme de travail** work schedule, programme of work ; **programme des ventes** sales programme ; **commande par programme** programmatic control. **b** (Inf) program, routine. ◊ **fichier / instruction de programme** program file / instruction ; **parc de programmes** program population ; **programme d'application** application program ou routine ; **programme de gestion de fichiers** file manager ou handler ; **programme de test** test routine ou program ; **programme-produit** program package.

**programmé, e** [pʀɔgʀame] **adj** (informatisé) programmed, computerized ; (planifié) scheduled, planned. ◊ **enseignement / vidage programmé** programmed instruction / dump ; **sa visite est programmée pour le 13 août** his visit is scheduled ou planned for August 13th ; **contrôle programmé** (Ind) scheduled ou routine check.

**programmer** [pʀɔgʀame] vt (Inf) to program ; (Ind) travail, production to schedule, plan.

**programmétrie** [pʀɔgʀametʀi] nf (Inf) programmetry.

**programmeur, -euse** [pʀɔgʀamœʀ, øz] nm,f computer programmer. ◊ **chef programmeur** chief programmer.

**progrès** [pʀɔgʀɛ] nm progress.

**progresser** [pʀɔgʀese] vi salaires, prix, chômage to go up, rise, increase. ◊ **les cours ont progressé** prices moved forward.

**progressif, -ive** [pʀɔgʀesif, iv] adj impôt, taux, amortissement progressive ; détérioration, amélioration gradual.

**progression** [pʀɔgʀesjɔ̃] nf [chiffre d'affaires, cours, salaires, chômage] increase, rise ; [négociations] progress. ◊ **être en progression** to increase, rise, be on the increase ; **le chiffre d'affaires est en progression de 35%** our sales figures increased by 35%.

**progressivité** [pʀɔgʀesivite] nf [impôt] progressiveness. ◊ **progressivité des barèmes** progressive increase in tax scales.

**prohibitif, -ive** [pʀɔibitif, iv] adj prohibitive.

**prohibition** [pʀɔibisjɔ̃] nf prohibition, ban. ◊ **prohibition à l'importation** import ban ; **prohibition de sortie** export ban.

**projection** [pʀɔʒɛksjɔ̃] nf (prévision) projection, forecast.

**projet** [pʀɔʒɛ] nm **a** (plan) project, plan. ◊ **élaborer un projet** to work out a project ; **être à l'état de projet** to be in the planning stage ou on the drawing board ; **nous avons de nouveaux produits en projet** we have a number of projected new products, we have plans for new products ; **projet d'entreprise** corporate plan ; **projet de développement / d'exportation / d'investissement** development / export / investment project ou plan ; **chef ou responsable de projet** project manager ; **gestion de projet** project management ; **projet pilote** pilot project. **b** (brouillon) draft. ◊ **projet de lettre / contrat / réponse** draft letter / contract / reply ; **projet d'ordre du jour** tentative agenda.

**projeté, e** [pʀɔʒ(ə)te] adj chiffre d'affaires, ventes projected, planned.

**projeteur** [pʀɔʒtœʀ] nm project manager.

**prolongation** [pʀɔlɔ̃gɑsjɔ̃] nf [contrat, accord] extension, renewal. ◊ **clause de prolongation** continuation clause ; **prolongation d'une lettre de change** renewal of a bill of exchange ; **prolongation de validité** extension of validity.

**prolonger** [pʀɔlɔ̃ʒe] vt contrat, accord, billet to extend ; effet to renew, extend.

**promesse** [pʀɔmɛs] nf (gén) promise ; (Comm) undertaking, commitment. ◊ **promesse de bail / de vente / d'achat** agreement ou commitment to let / to sell / to buy ; **tenir sa promesse** to keep one's promise.

**promoteur, -trice** [pʀɔmɔtœʀ, tʀis] nm,f (immobilier) property developer, real estate developer (US) ; (Mktg) promoter. ◊ **promoteur de ventes** sales promoter ; **promoteur de la marque** brand promoter.

**promotion** [pʀɔmosjɔ̃] nf **a** (nomination) promotion. ◊ **elle a eu ou obtenu une promotion** she has got a promotion, she has been promoted ; **promotion à l'ancienneté** promotion by seniority ; **promotion au choix** promotion on merit ou by selection ; **promotion professionnelle** advancement to a higher level of qualification. **b** (Univ) year (GB), class (US). ◊ **la promotion de 1999** the 1999 graduating year (GB), the class of 1999 (US) ; **nous sommes de la même promotion** we graduated the same year. **c** (technique de vente) promotion. ◊ **promotion commerciale ou des ventes** sales promotion ; **promotion consommateur / distributeur** consumer / dealer ou trader promotion ; **promotion force de vente** salesforce promotion ; **promotion généralisée** all-out sales ou promotion ; **promotion sur le lieu de vente** point-of-sale promotion ; **promotion réseau ou à la profession** dealer ou trade promotion, trade deal ; **promotion produit** product ou brand promotion. **d** (article en réclame) special offer. ◊ **cet article est en promotion** this article is on special offer ; **la promotion de la semaine** this week's special offer. **e** **promotion immobilière** property development, real estate development (US).

**promotionnel, -elle** [pʀɔmosjɔnɛl] adj promotional. ◊ **action promotionnelle** promotional action ; **article promotionnel** article on special offer ; **budget promotionnel** publicity budget ; **matériel promotionnel** sales promotion material, promotional material ; **vente promotionnelle** promotional ou bargain sale ; **lancer une campagne promotionnelle** to launch a promotional campaign.

**promouvoir** [pʀɔmuvwaʀ] vt employé, article to promote ; développement, recherche to promote, further. ◊ **il a été promu directeur commercial** he has been promoted (to the post of) sales manager.

**promulguer** [pʀɔmylge] vt (Jur) décret to issue ; loi to enact.

**pronostic** [pʀɔnɔstik] nm forecast. ◊ **pronostics de vente** sales forecast.

**propension** [pʀɔpɑ̃sjɔ̃] nf (Écon) propensity (à faire to do). ◊ **propension marginale /**

**moyenne à épargner** marginal / average propensity to save; **propension à consommer / investir** propensity to consume / to invest.

**proportion** [pʀɔpɔʀsjɔ̃] **nf** proportion.

**proportionnalité** [pʀɔpɔʀsjɔnalite] **nf** proportionality. ◊ **proportionnalité de l'impôt** proportional taxation.

**proportionnel, -elle** [pʀɔpɔʀsjɔnɛl] **adj** impôt, retraite proportional. ◊ **proportionnel à** proportional ou proportionate to, in proportion to; **directement / inversement proportionnel à** directly / inversely proportional to, in direct / inverse proportion ou ratio to; **consolidation proportionnelle** (Fin) proportionate consolidation; **droit proportionnel** (Douanes) ad valorem ou proportional duty; **frais généraux proportionnels** prorateable ou proportional ou prorated overheads; **retraite proportionnelle** earnings-related pension plan.

**proportionnellement** [pʀɔpɔʀsjɔnɛlmɑ̃] **adv** proportionally, proportionately. ◊ **proportionnellement à** in proportion to.

**proposer** [pʀɔpoze] **vt** service to offer; candidat to propose, put forward, nominate; solution to suggest, propose; motion to move; dividende to recommend. ◊ **proposer un prix** (gén) to offer a price; (Comm) to quote a price.

**proposition** [pʀɔpozisjɔ̃] **nf** a (gén, Ass) proposal; (offre) offer; [dividende] recommendation, proposal. ◊ **proposition de prix** (Comm) price quotation; **mettre une proposition aux voix** to put a motion to the vote; **rejeter une proposition** to turn down an offer; **des investisseurs étrangers nous ont fait des propositions** we have been approached by foreign investors; **nous sommes ouverts à toute proposition** we are open to offers; **proposition d'assurance** insurance proposal. b (Comm : argument) proposition. ◊ **proposition de vente** selling proposition.

**propre** [pʀɔpʀ(ə)] **adj** ◊ **provision de propre assureur** self-insurance; **fonds propres** (Fin) stockholders' equity, equity capital; **pour son propre compte** for one's own account; **produit propre à la vente** marketable product; **à remettre en mains propres** to be delivered to the addressee in person.

**propriétaire** [pʀɔpʀijetɛʀ] **1 nm** owner; [hôtel] proprietor; [immeuble loué] landlord, owner. ◊ **nu-propriétaire** bare owner; **changement de propriétaire** (sur une vitrine) under new ownership.

**2 nf** (gén) owner; [hôtel] proprietress; [immeuble loué] landlady, owner.

**3 comp propriétaire éleveur** breeder. – **propriétaire exploitant** self-employed farmer. – **propriétaire foncier** (gén) property owner; [terres] landowner. – **propriétaire occupant** owner occupier. – **propriétaire récoltant** grower. – **propriétaire terrien** landowner.

**propriété** [pʀɔpʀijete] **1 nf** a (fait de posséder) ownership, property. ◊ **accession à la propriété** home ownership; **droit de propriété** right of ownership, property right; **titre de propriété** title deed; **translation de propriété** conveyance; **acte translatif de propriété** deed of conveyance; **nue-propriété** bare ownership; **pleine propriété** unrestricted ownership, freehold. b (immeuble) property; (terres) property, land.

**2 comp propriété bâtie** developed property. – **propriété commerciale** security of tenure, guaranteed leasehold. – **propriété foncière** property ownership. – **propriété immobilière** real estate, realty, landed property, real ou immovable property. – **propriété individuelle** individual ownership. – **propriété industrielle** patent rights, industrial property. – **propriété mobilière** movable ou personal property. – **propriété privée** private property. – **propriété publique** public ou state property.

**prorata** [pʀɔʀata] **nm inv** proportional share, proportion. ◊ **au prorata de** in proportion to; **paiement au prorata** proportional payment.

**prorogatif, -ive** [pʀɔʀɔgatif, iv] **adj** [délai] extending; [échéance] deferring.

**prorogation** [pʀɔʀɔgasjɔ̃] **nf** [délai] extension; [échéance] deferment; [prêt, bail] renewal, extension.

**proroger** [pʀɔʀɔʒe] **vt** délai to extend; échéance to defer; (Fin) to extend maturity; prêt, bail to renew, extend.

**prospect** [pʀɔspɛ] **nm** (Mktg) prospect, prospective customer, potential buyer.

**prospecter** [pʀɔspɛkte] **vt** terrain to prospect; clients to canvass; marché to prospect, explore, survey, investigate.

**prospecteur, -trice** [pʀɔspɛktœʀ, tʀis] **nm,f** [terrain] prospector; [clients] canvasser; [marché] prospector, surveyor.

**prospectif, -ive** [pʀɔspɛktif, iv] **adj** prospective.

**prospection** [pʀɔspɛksjɔ̃] **nf** [terrain] prospecting; [clients] canvassing; [marché] surveying, survey, exploration. ◊ **prospection des fournisseurs** suppliers canvassing; **prospection sur le terrain** field research; **faire de la prospection de nouveaux clients** to canvass for new business ou for new customers.

**prospective** [pʀɔspɛktiv] **nf** futurology. ◊ **faire de la prospective** to look ahead to the future, project o.s. into the future.

**prospectus** [pʀɔspɛktys] **nm** (brochure) brochure, leaflet; (feuille simple) leaflet, handbill; (distribué dans la rue) handout; (Bourse) [émission] prospectus.

**prospère** [pʀɔspɛʀ] **adj** prosperous, thriving.

**prospérer** [pʀɔspeʀe] **vi** [entreprise] to prosper, thrive, flourish; [personne] to prosper.

**prospérité** [pʀɔspeʀite] **nf** prosperity. ◊ **prospérité économique** economic boom ou prosperity.

**protecteur, -trice** [pʀɔtɛktœʀ, tʀis] **adj** protective.

**protection** [pʀɔtɛksjɔ̃] **nf** **a** (gén) protection (*de* from). ◊ **dispositif de protection** safety device ou system; **mesures de protection** (gén) protective measures; (Écon) protectionist measures; **taux de protection effective** (Écon) effective rate of protection; **protection du consommateur** consumer protection; **protection de l'emploi** job protection; **protection de l'environnement** environmental protection; **protection sociale** social security. **b** (Ass) (insurance) protection, (insurance) coverage.

**protectionnisme** [pʀɔtɛksjɔnism(ə)] **nm** protectionism.

**protectionniste** [pʀɔtɛksjɔnist(ə)] **adj, nmf** protectionist. ◊ **tarif protectionniste** protective tariff.

**protéger** [pʀɔteʒe] **vt** to protect (*de* from). ◊ **secteur protégé** protected ou sheltered sector.

**protestable** [pʀɔtɛstabl(ə)] **adj** effet, facture protestable.

**protestation** [pʀɔtɛstasjɔ̃] **nf** protest. ◊ **grève de protestation** protest strike.

**protester** [pʀɔtɛste] **vt** (Fin, Jur) to protest. ◊ **protester un effet** to protest a bill; **faire protester un effet** to have a bill protested; **traite protestée** noted bill.

**protêt** [pʀɔtɛ] **nm** (Fin, Jur) protest. ◊ **dresser un protêt** to draw up a protest; **signifier un protêt** to give notice of a protest; **lever ou faire protêt d'un effet** to protest a bill; **acte de protêt** deed ou certificate of protest; **délai de protêt** protest period; **frais de protêt** protest charges ou expenses; **protêt faute d'acceptation / de paiement** protest for non acceptance / non payment; **protêt sans frais** no expenses.

**protocole** [pʀɔtɔkɔl] **nm** **a** (accord) agreement. ◊ **protocole d'accord** heads of agree-

ment, written agreement, memorandum of agreement; **protocole de vente** sale agreement. **b** (Inf) protocol.

**prototype** [pʀɔtɔtip] **nm** prototype.

**provenance** [pʀɔvnɑ̃s] **nf** origin. ◊ **matériel en provenance d'Allemagne** ou **de provenance allemande** equipment coming from Germany ou imported from Germany; **pays de provenance** country of origin; **provenance des fonds** (Compta) source of funds.

**provenir** [pʀɔvniʀ] **vt indir** ◊ **provenir de** (gén) to come from; (importation) to be imported from.

**provision** [pʀɔvizjɔ̃] **1 nf a** (stock) stock, supply. ◊ **notre provision de stylos est épuisée** our stock ou supply of pens has run out; **faire provision de** to stock up with. **b** (Fin, Compta) reserve, allowance, provision, setasides* (US). ◊ **l'entreprise doit constituer des provisions pour des charges futures éventuelles** the firm must set up reserves for possible future liabilities; **affecter des fonds aux provisions** to earmark funds for reserves; **constitution de provisions** reserve build-up; **dotation aux provisions** appropriation to the provisions ou reserves; **reprendre une provision** to reverse ou reinstate a write-off; **reprises sur provisions** reversals, reinstatements. **c** (Banque) [chèque] funding, funds; [lettre de change] consideration. ◊ **j'ai une provision suffisante à mon compte** I have sufficient funds in my account, my account is sufficiently funded; **chèque sans provision** bad ou dud* ou bounced ou rubber cheque; **provision insuffisante, défaut de provision** (lettre de change) absence of consideration; (chèque) not sufficient funds, NSF; **pour une lettre de change, la provision peut être constituée par une livraison de marchandises ou une prestation de services** for a bill of exchange, valuable consideration may consist of a delivery of goods or a provision of services; **faire provision pour une lettre de change** to provide consideration for a bill of exchange, cover a bill of exchange. **d** (acompte) (gén) deposit; (payé à un avocat) retainer, retaining fee. ◊ **verser une provision** to pay a deposit. **e** (Bourse : dépôt de garantie) (margin) cover. ◊ **conditions de provision** margin requirements.
**2 comp provisions pour amortissement** depreciation allowance, provision for depreciation. – **provisions pour charges** provisions for liabilities and charges; **provisions pour charges imprévisibles** (sur un bilan) contingencies. – **provision pour créances douteuses** allowance ou provision ou reserve for bad ou doubtful debts. **provision déductible** tax-deductible provision. – **provision pour dépréciation**

depreciation allowance, provision for depreciation; **provision pour dépréciation des comptes clients** ou **des créances** allowance ou provision ou reserve for bad ou doubtful debts; − **provision pour dépréciation des stocks** stock depreciation allowance. − **provision pour dette** provision for debt, liability reserve. − **provision pour fluctuations du taux de change** provision for exchange rate fluctuations. − **provision pour garanties données aux clients** provision for customer warranties. − **provision pour impôt** provision for tax, reserve for taxation. − **provision pour moins-values de portefeuille** provision for depreciation of investments. − **provision pour perte de change** provision for exchange loss. − **provision pour pertes et charges** provision for liabilities and charges, reserves for contingencies. − **provision de propre assureur** self-insurance. − **provision pour reconstitution du stock** reserve for inventory maintenance. − **provisions réglementées** provisions required by law. − **provisions pour risques et charges** provisions for liabilities and charges, reserves for contingencies. − **provisions pour titres** provisions for securities.

**provisionnel, -elle** [pʀɔvizjɔnɛl] **adj** provisional. ◊ **acompte** ou **tiers provisionnel** (Impôts) interim payment *one of three payments in the year*.

**provisionnement** [pʀɔvizjɔnmã] **nm** [compte] funding. ◊ **le provisionnement d'une lettre de change** providing consideration for a bill of exchange.

**provisionner** [pʀɔvizjɔne] **vt** compte to fund. ◊ **provisionner une lettre de change** to provide consideration for a bill of exchange.

**provisoire** [pʀɔvizwaʀ] **adj** (gén) provisional; (Fin) dividende, bilan interim. ◊ **facture provisoire** provisional invoice; **à titre provisoire** provisionally, temporarily.

**proximité** [pʀɔksimite] **nf** ◊ **commerce de proximité** convenience stores.

**prudence** [pʀydãs] **nf** (Compta) **principe de la prudence** the conservatism principle.

**prudentiel, -ielle** [pʀydãsjɛl] **adj** (Compta) ratio prudential.

**prud'homal, e,** mpl **-aux** [pʀydɔmal, o] **adj** of an industrial tribunal ou court.

**prud'homie** [pʀydɔmi] **nf** jurisdiction of an industrial tribunal.

**prud'homme** [pʀydɔm] **nm** elected member of an industrial tribunal. ◊ **conseil de prud'hommes** industrial tribunal.

**P.-S.** [peɛs] abrév de *post-scriptum* postscript, PS.

**psychologie** [psikɔlɔʒi] **nf** psychology. ◊ **psychologie des consommateurs** consumer psychology.

**psychologue** [psikɔlɔg] **nm,f** psychologist. ◊ **psychologue d'entreprise** industrial psychologist.

**psychotechnicien, -ienne** [psikɔtɛknisjɛ̃, jɛn] **nm, f** psychotechnician, psychotechnologist.

**psychotechnique** [psikɔtɛknik] **nf** psycho-technology.

**PTT** [petete] **nfpl** abrév de *Postes, Télégraphes et Téléphones* PO.

**pub*** [pyb] **nf** abrév de *publicité* (réclame) (gén) ad, advert; (TV, Radio) ad, commercial. ◊ **la pub** (secteur) advertising.

**public, -ique** [pyblik] **1** **adj** fonds, secteur public. ◊ **dépenses publiques** government ou public expenditure; **dette publique** public ou national debt; **entreprise publique** state enterprise; **fonction publique** civil service; **les pouvoirs publics** the authorities; **directeur des relations publiques** public relations manager; **opération de relations publiques** public relations exercise; **service public** public utility service; **le Trésor public** the Treasury (GB), the Treasury department (US), the public revenue department; **offre publique d'achat** (Bourse) takeover bid; **offre publique de vente / d'échange** (Bourse) public offer of shares / of exchange; **rendre public** to disclose, unveil, release. **2** **nm** **a** (secteur) **le public** the public sector. **b** (gens, consommateurs) public. ◊ **ouvert au public** open to the public; **le grand public** the general public, the public at large; **produits grand public** consumer products, mass-market products; **électronique grand public** consumer electronics; **distribution grand public** retail distribution; **émettre des actions dans le public** to go public, go to the market; **public atteint** (Pub) coverage; **public cible** (Pub) target audience.

**publication** [pyblikɑsjɔ̃] **nf** **a** (fait de publier) [livre, journal] publication, publishing; (Fin, Compta) [informations chiffrées] reporting. ◊ **publication assistée par ordinateur** desk-top publishing; **publication périodique d'états financiers** interim financial reporting. **b** (ouvrage, revue) publication. ◊ **publication périodique** periodical.

**publiciste** [pyblisist(ə)] **1** **nm** advertising executive, adman*, publicity man. **2** **nf** advertising executive, publicity woman.

**publicitaire** [pyblisitɛʀ] **1** **adj** agence, budget, dépense publicity, advertising; vente, film

promotional. ◊ **affiche publicitaire** advertising poster; **annonce publicitaire** advertisement, advert, ad; **battage publicitaire** media hype*, hoopla, hard sell; **cadeau publicitaire** advertising gift, giveaway; **campagne publicitaire** (pour faire connaître une entreprise) publicity campaign; (pour vendre un produit) advertising campaign ou drive; **documentation publicitaire** advertising literature; **encart publicitaire** advertising insert, insert ad; **espace publicitaire** advertising space; **matériel publicitaire** display material; **matraquage publicitaire** advertising overkill; **message publicitaire** commercial, advertising spot ou message; **opération publicitaire** promotional action; **panneau publicitaire** advertisement hoarding; **rédacteur publicitaire** copywriter; **slogan publicitaire** advertising slogan; **support publicitaire** advertising medium ou channel; **tarif publicitaire** advertising rate, adrate*; **vente publicitaire** promotional sale; **voiture publicitaire** promotional vehicle, admobile*.
**2** nm advertising executive, adman*, publicity man.
**3** nf advertising executive, publicity woman.

**publicité** [pyblisite] **1** nf **a** (notoriété) publicity. ◊ **cet incident nous a valu une publicité regrettable** this incident earned us some unfortunate publicity; **elle est responsable de la publicité** she's in charge of publicity; **chef de la publicité** publicity manager; **matériel de publicité** publicity material; **service de la publicité** publicity department. **b** (secteur) advertising. ◊ **il est dans la publicité** he's in advertising ou in the advertising business ou in the advertising profession; **faire de la publicité pour un produit** to advertise a product; **agence / agent de publicité** advertising agency / agent; **campagne de publicité** advertising campaign ou drive; **démarcheur en publicité** advertising canvasser ou salesman; **chef de la publicité** (gén) advertising manager; (dans une agence) account executive; **conseil en publicité** advertising consultant; **frais de publicité** advertising expenditures ou expenses ou costs. **c** (annonce) (gén) advertisement, ad*, advert* (GB); (Rad, TV) commercial, advertisement. **d** (Compta) disclosure of information.
**2** comp **publicité aérienne** aerial ou sky advertising. – **publicité par affichage** poster advertising. – **publicité d'amorçage** advance advertising. – **publicité clandestine** illicit ou underhand advertising. – **publicité collective** collective ou group advertising. – **publicité comparative** comparative advertising. – **publicité connotative** connotative publicity ou advertising. – **publicité par coupon-réponse** coupon advertising. – **publicité dénotative** denotative publicity ou advertising. – **publicité directe** direct advertising. – **publicité à l'écran** screen advertising. – **publicité d'entretien** reminder ou follow-up advertising. – **publicité extérieure** outdoor advertising. – **publicité à forte fréquence** high-pressure advertising. – **publicité-gamme** line advertising. – **publicité grand public** consumer ou mass advertising. – **publicité informative** informative advertising. – **publicité institutionnelle** corporate ou institutional advertising. – **publicité de lancement** launch ou introductory advertising. – **publicité sur le lieu de vente** point-of-sale (GB) ou point-of-purchase (US) advertising. – **publicité lumineuse** neon-sign advertising. – **publicité-médias** media advertising. – **publicité mensongère** deceptive advertising. – **publicité murale** outdoor advertising on walls. – **publicité de notoriété** prestige advertising. – **publicité postale personnelle** direct-mail advertising. – **publicité-presse** newspaper ou press advertising. – **publicité de prestige** prestige advertising. – **publicité-produit** product ou brand advertising. – **publicité radiophonique** radio advertising. – **publicité de rappel** ou **de relance** reminder ou follow-up advertising. – **publicité rédactionnelle** editorial advertising, reading notice (US). – **publicité subliminale** subliminal advertising. – **publicité télévisée** television advertising. – **publicité par voie d'affiches** poster advertising.

**publier** [pyblije] vt livre, journal to publish; informations financières, résultats to report.

**publipostage** [pyblipɔstaʒ] nm direct mail shot, (mass) mailing. ◊ **publipostage-test, publipostage d'essai** test mailing.

**puce** [pys] nf **a** marché aux puces flea market. **b** (Inf) (silicon) chip, microchip.

**pupitrage** [pypitʀaʒ] nm (Inf) keyboarding.

**pupitre** [pypitʀ(ə)] nm (Inf) console. ◊ **imprimante de pupitre** console printer; **pupitre de commande** console desk, control console ou desk.

**pupitreur, -euse** [pypitʀœʀ, øz] nm,f (Inf) keyboard operator, keyboarder, console operator.

**purger** [pyʀʒe] vt hypothèque to redeem, pay off, lift (US).

**put** [put] nm (Bourse) put.

**P.-V.** [peve] nm abrév de *procès-verbal* minutes, record.

**PVD** [pevede] **nmpl** abrév de *pays en voie de développement* LDCs.

**px** abrév de *prix*.

**Pyongyang** [pjɔnjaŋ] **n** Pyongyang.

**pyramidal, e, mpl -aux** [piʀamidal, o] **adj** pyramid-shaped. ◊ **vente pyramidale** pyramid selling.

**pyramide** [piʀamid] **nf** pyramid. ◊ **pyramide des âges / salaires / revenus** age / wage / income pyramid.

# Q

**QCM** [kyseεm] **nm** abrév de *questionnaire à choix multiple* → questionnaire.

**QF** [kyεf] **nm** abrév de *quotient familial* → quotient.

**QG** [kyʒe] **nm** abrév de *quartier général* HQ.

**QI** [kyi] **nm** abrév de *quotient intellectuel* IQ.

**quadriennal, e, mpl -aux** [kwadʀijenal, o] **adj** plan four-year, quadriennal.

**quadrimestre** [k(w)adʀimεstʀ(ə)] **nm** quarter, four-period. ◊ **le premier quadrimestre** the first four months.

**quadripartite** [kwadʀipaʀtit] **adj** conférence internationale four-power.

**quadruple** [kadʀypl(ə)] **1 adj** quadruple. ◊ **cette année nos pertes sont quadruples** this year our losses are four times as great ou have increased fourfold ou are quadruple ; **en quadruple exemplaire** in four copies, in quadruplicate. **2 nm** quadruple. ◊ **notre chiffre d'affaires est le quadruple de l'année dernière** our turnover is four times as great as last year's ; **nous l'avons revendu le quadruple du prix d'achat** we resold it for four times the purchase price.

**quadrupler** [kadʀyple] **vti** to quadruple. ◊ **les prix ont quadruplé** prices have quadrupled ou have gone up by four ou have increased fourfold.

**quadruplex** [kwadʀyplεks] **nm** quadruplex system.

**quai** [ke] **nm a** (Mar) quay, wharf. ◊ **être à quai** to be docked, be alongside the quay ; **mettre à quai** to dock ; **quai de débarquement / d'embarquement** [marchandises] unloading / loading dock ou quay ; [passagers] disembarkation / embarkation dock ou pier ; **droits de quai** quayage, wharfage, quay dues ; **marchandises à prendre à ou sur quai** ex-quay ou ex-wharf goods ; **franco quai ou à quai** free alongside ship, FAS, free on quay, free at wharf ; **quai à quai** wharf to wharf ; **à quai dédouané** ex-dock ou ex-quay duty paid ; **à quai non dédouané** ex-dock ou ex-quay duties on buyer's account ; **connaissement reçu à quai** alongside bill of lading ; **prix à quai** free on quay price ; **rendu à quai** delivered free on quay. **b** (Rail) platform. ◊ **quai d'arrivée / de départ** arrival / departure platform.

**qualification** [kalifikɑsjɔ̃] **nf** (compétence) qualification. ◊ **qualification professionnelle** professional qualification ; **niveau de qualification** level of qualification.

**qualifié, e** [kalifje] **adj** qualified. ◊ **majorité qualifiée** qualified majority ; **ouvrier qualifié / non qualifié** skilled / unskilled worker.

**qualitatif, -ive** [kalitatif, iv] **adj** qualitative. ◊ **restrictions qualitatives** qualitative restrictions.

**qualitativement** [kalitativmɑ̃] **adv** qualitatively.

**qualité** [kalite] **nf a** [produit, travail] quality. ◊ **qualité moyenne** (Ind) average outgoing quality ; **qualité conforme à l'échantillon** quality as per sample ; **qualité courante** (Ind) fair average quality ; **qualité présente** stipulated quality ; **qualité totale** total quality ; **la qualité de la vie** the quality of life ; **la qualité de vie au travail** the quality of working life ; **imprimante qualité courrier** near letter-quality ou NLQ printer ; **cercle / indice / label / niveau / norme de qualité** quality circle / index / label / level / standard ; **certificat de qualité** certificate of quality ; **contrôle de (la) qualité** quality control ; **coût de la qualité** quality cost, cost of quality ; **la fonction**

**qualité** the quality function; **garantie de la qualité** guarantee of quality; **gestion de la qualité** quality management; **veiller à la qualité des produits** to be careful about product quality; **produit de qualité** quality product; **produit de bonne / mauvaise qualité** good ou high / bad ou poor quality product, product of good ou high / bad ou poor ou low quality; **de première qualité, de qualité supérieure** of top ou superior ou prime ou first-rate quality; **de qualité inférieure** of inferior ou low ou low-grade quality; **de qualité marchande** ou **commerciale** of merchantable quality; **vendre sur qualité vue** to sell on approval; **rapport qualité-prix** quality-price ratio. **b** (titre, fonction) capacity, position. ◊ **il agit en sa qualité d'audit externe** he is acting in his capacity as external auditor; **avoir qualité pour agir** to be entitled ou empowered ou authorized to act; **je n'ai pas qualité pour régler cette affaire** I have no authority to settle this matter; **nom, prénom et qualité** (sur un formulaire) last name, first name, position; **agir ès qualités** to act in an official capacity. **c** (Inf) **qualité courrier** near letter quality, NLQ.

**quantième** [kɑ̃tjɛm] **nm** day.

**quantifiable** [kɑ̃tifjabl(ə)] **adj** quantifiable. ◊ **non quantifiable** unquantifiable.

**quantification** [kɑ̃tifikasjɔ̃] **nf** quantification.

**quantifier** [kɑ̃tifje] **vt** to quantify.

**quantitatif, -ive** [kɑ̃titatif, iv] **adj** quantitative. ◊ **la théorie quantitative de la monnaie** the quantity theory of money; **remise quantitative** quantity discount; **analyse quantitative** quantitative analysis.

**quantitativement** [kɑ̃titativmɑ̃] **adv** quantitatively.

**quantité** [kɑ̃tite] **nf** (gén, Comm) quantity; (nombre) number; (masse) amount. ◊ **une grande quantité d'informations** a large quantity ou amount of information; **une grande quantité de réclamations** a large quantity ou number of complaints; **il y a une quantité de faillites, il y a des faillites en quantité** there are large numbers of bankruptcies, there are bankrupcies galore; **il y avait des légumes frais en grande quantité** there was a good supply of fresh vegetables, fresh vegetables were in plenty; **acheter qch en (grande) quantité / en petite quantité** to buy sth in bulk ou in large quantities / in small quantities; **remise sur quantité** quantity discount; **quantité économique d'achat** economic order quantity, EOQ; **quantité économique de réapprovisionnement** ou **de commande** economic order ou batch quantity, economic lot size; **quantité optimale de commande** optimum order quantity ou size; **quantité entrée / sortie** incoming / outgoing quantity; **écart sur** ou **de quantité** quantity variance.

**quantum** [kwɑ̃tɔm], **pl quanta nm** [amende, pension] amount. ◊ **déterminer le quantum des dommages-intérêts** (gén) to assess the amount of damages; (Ass Mar) to adjust the damages.

**quarantaine** [kaʀɑ̃tɛn] **nf** **a** (quarante) forty; (environ) about forty, forty or so → soixantaine. **b** (Mar) quarantine. ◊ **mettre en quarantaine** to quarantine; **pavillon de quarantaine** quarantine flag.

**quarante** [kaʀɑ̃t] **adj, nm inv** forty. ◊ **la semaine de quarante heures** the forty-hour week → soixante.

**quarantième** [kaʀɑ̃tjɛm] **adj, nmf** forthieth → sixième.

**quarantièmement** [kaʀɑ̃tjɛmmɑ̃] **adv** in the forthieth place.

**quart** [kaʀ] **nm** quarter. ◊ **les trois quarts de notre production** three quarters of our production; **je l'ai acheté au quart** ou **pour le quart du prix** I bought it for a quarter of the price ou for quarter the price; **le quart-monde** the Fourth World; **publicité quart de page** quarter-page advertisement.

**quartier** [kaʀtje] **nm** district, area. ◊ **quartier des affaires** business district; **quartier commerçant** shopping district ou area; **quartier général** headquarters.

**quartile** [kwaʀtil] **nm** quartile.

**quasi** [kazi] **préf** (Écon) quasi. ◊ **quasi-contrat** quasi-contract, implied contract; **quasi-dévaluation** quasi-devaluation; **quasi-espèces** cash equivalents; **quasi-faillite** near bankruptcy; **quasi-monnaie** quasi-money, near money; **quasi-monopole** quasi-monopoly, near monopoly; **quasi-réévaluation** quasi-revaluation; **quasi-société** near-company; **la quasi-totalité de notre production** almost all our production, almost the whole of our production.

**quatorze** [katɔʀz(ə)] **adj, nm inv** fourteen → six.

**quatorzième** [katɔʀzjɛm] **adj, nmf** fourteenth → sixième.

**quatorzièmement** [katɔʀzjɛmmɑ̃] **adv** in the fourteenth place.

**quatre** [katʀ(ə)] **1 adj, nm inv** four → six. **2 comp quatre-vingt-dix** ninety. − **quatre-vingt-dixième** ninetieth. − **quatre-vingtième** eightieth. − **quatre-vingt-douze** ninety-two. − **quatre-vingt-douzième** ninety-second. − **quatre-vingts** eighty. − **quatre-vingt-deux**

eighty-two. **– quatre-vingt-deuxième** eighty-second.

**quatrième** [katʀijɛm] **adj, nmf** fourth → sixième.

**quatrièmement** [katʀijɛmmɑ̃] **adv** fourthly, in the fourth place.

**Québec** [kebɛk] **n** (pays) Quebec; (capitale) Quebec City.

**québécois, e** [kebekwa, waz] **1 adj** Quebec. **2 nm** (langue) Quebec French. **3 Québécois nm** (habitant) Quebecker, quebecer, Québecois (Can). **4 Québécoise nf** (habitante) Quebecker, Quebecer, Québecois (Can).

**question** [kɛstjɔ̃] **nf** question. ◊ **questions diverses** (figurant sur un ordre du jour) any other business; **question directe / indirecte / dichotomique / ouverte** direct / indirect / dichotomous / open-ended question; **mettre en question** to question; **soulever une question** to raise a point.

**questionnaire** [kɛstjɔnɛʀ] **nm** questionnaire. ◊ **questionnaire à choix multiple** multiple choice questionnaire; **questionnaire non administré** self-administered questionnaire; **remplir un questionnaire** to fill in a questionnaire.

**questionner** [kɛstjɔne] **vt** to question.

**quetzal** [kwɛtsal] **nm** quetzal.

**queue** [kø] **nf** (file d'attente) queue (GB), line (US). ◊ **faire la queue** to queue (up) (GB), stand in line (US).

**quinquennal, e, mpl -aux** [kɥɛ̃kɥenal, o] **adj** plan five-year, quinquennial.

**quintal, pl -aux** [kɛ̃tal, o] **nm** quintal.

**quintuple** [kɛ̃typl(ə)] **1 adj** quintuple. ◊ **cette année nos exportations sont quintuples** this year our exports are five times as great ou have increased by five; **en quintuple exemplaire** in five copies, in quintuplicate. **2 nm** quintuple. ◊ **notre chiffre d'affaires est le quintuple de l'année dernière** our turnover is five times as great as last year's; **nous l'avons revendu le quintuple du prix d'achat** we resold it for five times the purchase price.

**quintupler** [kɛ̃typle] **vti** to quintuple. ◊ **les prix ont quintuplé** prices have quintupled ou have gone up by five ou have increased fivefold.

**quinzaine** [kɛ̃zɛn] **nf a** (quinze) fifteen; (environ) about fifteen, fifteen or so; ◊ **une quinzaine de personnes** about fifteen people, fifteen people or so → soixantaine. **b** (paie) two weeks' pay, fortnight's pay (GB). **c** (période) two weeks, fortnight (GB).

◊ **quinzaine commerciale** two-week sale; **quinzaine du meuble** two-week furniture sale.

**quinze** [kɛ̃z] **adj, nm inv** fifteen. ◊ **lundi en quinze** a fortnight on Monday (GB), two weeks from Monday (US); **dans quinze jours** in a fortnight (GB), in two weeks, in a fortnight (GB), in two weeks'time **tous les quinze jours** every two weeks, every fortnight (GB) → six.

**quinzième** [kɛ̃zjɛm] **adj, nmf** fifteenth → sixième.

**quinzièmement** [kɛ̃zjɛmmɑ̃] **adv** in the fifteenth place, fifteenthly.

**Quito** [kito] **n** Quito.

**quittance** [kitɑ̃s] **1 nf a** (récépissé) receipt. ◊ **carnet de quittances** receipt book; **suivant quittance** as per receipt; **timbre de quittance** receipt stamp. **b** (facture) bill. ◊ **quittance d'électricité** electricity bill. **2 comp quittance comptable** accountable receipt. **– quittance de douane** customs receipt. **– quittance libératoire** receipt in full discharge. **– quittance de loyer** rent receipt. **– quittance pour solde de tout compte** receipt in full, receipt for the balance. **– quittance à valoir** receipt on account.

**quittancement** [kitɑ̃smɑ̃] **nm** billing. ◊ **cette majoration sera prélevée lors du deuxième quittancement** the extra charge will be included on your next bill.

**quittancer** [kitɑ̃se] **vt** to receipt.

**quitus** [kitys] **nm** [dette] full discharge, quietus, quittance, acquittance, release; [responsabilité] (final) discharge, quietus. ◊ **donner quitus à qn** to give sb full ou final discharge, give quietus ou quittance to sb.

**quorum** [kɔʀɔm] **nm** quorum. ◊ **le quorum est atteint** we have a quorum, there is a quorum; **le quorum n'est pas atteint** we do not reach the quorum.

**quota** [kɔta] **nm** quota. ◊ **quota d'exportation / d'importation** export / import quota; **quota de production / de vente** production / sales quota; **fixer un quota** to set a quota.

**quote-part, pl quotes-parts** [kɔtpaʀ] **nf** share, portion, quota. ◊ **quote-part de l'employeur** employer's share; **payer sa quote-part** to pay one's contribution ou one's share; **il a une quote-part des bénéfices** he receives a share ou a portion of the profits.

**quotidien, -ienne** [kɔtidjɛ̃, jɛn] **1 adj** daily. **2 nm** daily (newspaper).

**quotient** [kɔsjɑ̃] **nm** quotient. ◊ **quotient familial** family quotient; **quotient intellectuel** intelligence quotient, IQ.

**quotité** [kɔtite] **nf** (gén) quota; (Bourse) minim number of shares (for any one trade). ◊ **quotité disponible** (Jur) portion of an estate which can be freely disposed of; **quotité complète** round lot; **quotité du contrat** contract size; **impôt de quotité** fixed-rate tax; **quotité imposable** taxable (portion of) income.

# R

**R.** abrév de *rue*.

**rabais** [ʀabɛ] **nm** reduction, discount, rebate.
◊ **50 F de rabais, rabais de 50 F** reduction ou discount ou rebate of F50, F50 off ; **accorder ou faire un rabais de 50 F sur qch** to give a reduction ou rebate ou discount of F50 on sth, knock F50 off (the price of) sth ; **acheter au rabais** to buy at a reduced price ; **vente aux enchères au rabais** Dutch auction ; **vente au rabais** discount sale, sale at reduced price ; **maison de (vente au) rabais** discount store ; **rabais sur achats / sur ventes** purchase / sales allowance ou discount ou rebate ; **rabais sur facture** invoice discount ; **rabais de gros** trade discount ; **rabais, remises et ristournes** (Compta) purchase / sales returns and allowances.

**Rabat** [ʀabat] **n** Rabat.

**rabattage** [ʀabataʒ] **nm** [clients] soliciting, touting. ◊ **ils font du rabattage** they're touting for customers.

**rabatteur** [ʀabatœʀ] **nm** (Comm) tout.

**rabattre** [ʀabatʀ(ə)] **vt** (baisser) to reduce ; (décompter) to deduct, take off. ◊ **rabattre 10% du prix** to take ou knock 10% off the price, reduce the price by 10% ; **rabattre 100 F sur le prix** to take ou knock F100 off the price, reduce the price by F100. **b** **rabattre des clients** to tout for customers, solicit customers.

**rabescompteur** [ʀabɛskɔ̃tœʀ] **nm** discount house.

**rachat** [ʀaʃa] **nm** **a** [objet qu'on a vendu] repurchase, buying back ; [objet semblable] repurchase, repeat purchase ; [objet d'occasion] purchase ; [usine] takeover, buyout, buying up. ◊ **rachat d'une entreprise par ses salariés** management buyout, MBO ; **rachat d'une entreprise avec effet de levier** leveraged management buyout, LMBO ; **accord / clause de rachat** buyback ou repurchase agreement / clause ; **vente avec faculté de rachat** sale with option of repurchase ou of redemption ; **rachat d'actions** (de ses propres actions) stock repurchase ; (pour se couvrir) covering purchase ; **valeur de rachat** (Bourse) redemption value. **b** (remboursement) [dette, actions] redemption, retirement ; [rente] redemption. ◊ **pacte de rachat** (Jur) covenant of redemption. **c** (Ass) [contrat] surrender. ◊ **valeur de rachat** surrender value. **d** (Jur) **rachat d'une servitude** commutation of an easement.

**rachetable** [ʀaʃtabl(ə)] **adj** dette, rente, action redeemable. ◊ **obligations rachetables au pair** bonds ou debentures (GB) redeemable at par.

**racheter** [ʀaʃte] **vt** **a** objet qu'on a vendu to repurchase, buy back ; objet semblable to buy ou purchase another ; objet d'occasion to buy, purchase ; usine to buy out, take over, buy up. ◊ **l'entreprise a été rachetée par une multinationale** the company has been taken over ou bought out by a multinational ; **ils ont tout racheté** they have bought up everything ; **il a racheté toutes les parts de son associé** he bought his partner out, he bought up all his partner's shares ; **nous leur avons racheté leurs vieux micros** we bought their old micros off ou from them. **b** (rembourser) dette to redeem, retire ; rente to redeem ; titres to buy back, redeem, retire. ◊ **les obligations remboursables sont rachetées par tirages** redeemable bonds ou debentures (GB) are paid off by annual drawings. **c** (Bourse) **racheter des titres** to buy up shares, cover shorts ; **racheter un vendeur** to buy in against a seller ; **se couvrir en rachetant** to cover a short position by buying back, buy back a short position. **d** (Ass) contrat to surrender.

**racket** [ʀakɛt] **nm** racket. ◊ **le racket** racketeering.

**racketter, racketteur** [ʀakɛtœʀ] **nm** racketeer.

**racolage** [ʀakɔlaʒ] **nm** [clients] soliciting, touting. ◊ **ils font du racolage** they're touting for customers.

**racoler** [ʀakɔle] **vt** [clients] to solicit, tout for.

**racoleur, -euse** [ʀakɔlœʀ, øz] **1** **nm** tout. **2** **adj** slogan, publicité appealing, seductive.

**radiation** [ʀadjɑsjɔ̃] **nf** **a** (gén) nom, mot striking out ou off, crossing out ou off; [membre d'un organisme professionnel] deregistration; [dette] cancellation. ◊ **radiation d'une inscription hypothécaire** (Jur) entry of satisfaction of mortgage. **b** (Compta) perte, créance douteuse writing ou charging off, write-off. ◊ **radiation directe des créances irrécouvrables** writing ou charging off bad debts; **la radiation d'une perte** the writing off ou the write-off of a loss.

**radier** [ʀadje] **vt** **a** (gén) nom, mot to strike out ou off, cross out ou off; membre d'un organisme professionnel to strike off; dette to cancel. ◊ **il a été radié** he has been struck off the list; **radier qn des cadres** to strike sb off the strength; **radier une inscription hypothécaire** (Jur) to enter a memorandum of satisfaction of mortgage. **b** (Compta) perte, créance douteuse to write off, charge off.

**radio-taxi, pl radio-taxis** [ʀadjɔtaksi] **nm** radio taxi, radio cab.

**radiotéléphone** [ʀadjɔtelefɔn] **nm** radiotelephone.

**radoub** [ʀadu] **nm** refitting. ◊ **navire au radoub** ship under repair ou undergoing a refit; **bassin de radoub** dry dock.

**rafale** [ʀafal] **nf** **a** (Inf) burst. ◊ **lecture / écriture par rafales** read / write burst. **b** (Ind) (série courte) batch. ◊ **fréquence des rafales pour la fabrication d'une pièce** batch frequency for the manufacture of a part.

**raffermir** [ʀafɛʀmiʀ] **1** **vt** to strengthen. **2** **se raffermir** **vpr** [cours] to firm up, strengthen, harden, steady.

**raffermissement** [ʀafɛʀmismɑ̃] **nm** [cours] strengthening, firming up, steadying. ◊ **raffermissement des valeurs françaises** strengthening of French stocks.

**raffinage** [ʀafinaʒ] **nm** refining.

**raffiné, e** [ʀafine] **adj** pétrole, sucre refined.

**raffiner** [ʀafine] **vt** (gén, Ind) to refine.

**raffinerie** [ʀafinʀi] **nf** refinery. ◊ **raffinerie de pétrole** oil refinery.

**raffineur** [ʀafinœʀ] **nm** refiner.

**rafler\*** [ʀafle] **vt** produit, titres boursiers to sweep up, buy up. ◊ **ils ont raflé 85 milliards de commandes** they racked up 85 billion francs in orders; **ils ont tout raflé** they grabbed everything ou the lot.

**raid** [ʀɛd] **nm** raid.

**raider** [ʀɛdɛʀ] **nm** raider.

**raidir** [ʀediʀ] **1** **vt** position to harden, toughen. **2** **se raidir** **vpr** [position] to harden.

**raidissement** [ʀedismɑ̃] **nm** [dans une négociation] hardening.

**rail** [ʀɑj] **nm** rail. ◊ **transport rail-route** road-rail transport; **le rail n'est pas toujours moins cher que la route** rail (transport) is not always cheaper than road (transport).

**raison** [ʀɛzɔ̃] **1** **nf** (cause) reason; (proportion) ratio. ◊ **raison directe** (Math) direct ratio ou proportion; **à raison de 100 F par personne** at the rate of F100 per person; **en raison de la grève** because of ou owing to the strike. **2** **comp raison commerciale** trade name. **– raison sociale** corporate ou business name.

**raisonnable** [ʀɛzɔnabl(ə)] **adj** prix, salaire, quantité reasonable, fair.

**rajeunir** [ʀaʒœniʀ] **vt** structures, système to modernize, revamp, renovate; entreprise to rejuvenate. ◊ **rajeunir les cadres de l'entreprise** to bring new blood into the firm's management.

**rajeunissement** [ʀaʒœnismɑ̃] **nm** [structure, système] modernization, revamping; [entreprise] rejuvenation.

**rajustement** [ʀaʒystəmɑ̃] **nm** [prix, salaires] (gén) adjustment, revision; (augmentation) increase. ◊ **rajustement monétaire** monetary adjustment; **rajustement vers le bas** downward revision.

**rajuster** [ʀaʒyste] **vt** prix, salaire (gén) to adjust, revise; (augmenter) to increase.

**ralenti** [ʀalɑ̃ti] **nm** ◊ **aller ou marcher ou tourner au ralenti** [affaires] to be slack ou slow; [usine] to idle, tick over (GB); **l'économie française tourne au ralenti** the French economy is only just ticking over.

**ralentir** [ʀalɑ̃tiʀ] **1** **vt** processus, production to slow down. **2** **vi** production, demande to slow down, drop off, fall off. **3** **se ralentir** **vpr** to slow down.

**ralentissement** [ʀalɑ̃tismɑ̃] **nm** [production, demande] slowing down, drop off, fall off. ◊ **ralentissement de l'activité économique** economic downturn ou slowdown, slowing down ou slackening of the economy; **ralentissement des affaires** business slowdown ou downturn, falling off of business; **ralentissement des importations** drop off ou downturn in imports, slowing down of imports; **ralentissement dans la construction de logements** slowdown in housing.

**rallonge** [ʀalɔ̃ʒ] **nf** (Fin) extra money. ◊ **rallonge budgétaire** additional budget.

**RAM** [ʀam] **nf** (Inf) abrév de *Random Access Memory* RAM.

**ramassage** [ʀamɑsaʒ] **nm** ◊ **ramassage d'actions** share gathering; **le ramassage des titres a commencé le 27 septembre** the buying up of the shares began on September 27th.

**ramasse-monnaie** [ʀamɑsmɔnɛ] **nm** **inv** (change) tray.

**ramasser** [ʀamɑse] **vt** courrier, cotisations, amende to collect; contrat to pick up; (Bourse) actions to buy up, gather. ◊ **il a ramassé beaucoup d'argent** he pocketed ou he picked up a lot of money.

**ramener** [ʀamne] **vt** to bring back (à to). ◊ **le taux de chômage a été ramené à 7%** the unemployment rate has been reduced ou brought back down to 7%; **la banque a ramené son taux de base de 8% à 7,5%** the bank has reduced ou lowered ou brought down its base rate from 8% to 7.5%.

**rampant, e** [ʀɑ̃pɑ̃, ɑ̃t] **adj** inflation creeping.

**rand** [ʀɑ̃d] **nm** rand.

**rang** [ʀɑ̃] **nm** (gén, Admin, Fin, Jur) rank. ◊ **hypothèque de premier / de deuxième rang** first / second mortgage; **prendre rang avant / après** to rank before / after; **avoir le même rang que** to rank equally ou pari passu with; **obligation de premier / deuxième rang** senior / junior bond; **dette de premier / deuxième rang** senior / junior debt.

**Rangoon** [ʀɑ̃gun] **n** Rangoon.

**ranimer (se)** [ʀanime] **vpr** [marché] to recover, pick up, rally.

**rapatriement** [ʀapatʀimɑ̃] **nm** repatriation.

**rapatrier** [ʀapatʀije] **vt** personne, capital, bénéfices to repatriate.

**rapide** [ʀapid] **1 adj** (gén) quick; appareil high-speed; véhicule fast; travailleur quick, fast; livraison, service quick. ◊ **caisse rapide** quick checkout (counter); **imprimante rapide** high-speed printer.
**2 nm** express (train), fast train.

**rapidement** [ʀapidmɑ̃] **adv** répondre, expédier quickly, fast.

**rapidité** [ʀapidite] **nf** (gén) speed.

**rappel** [ʀapɛl] **nm** [facture] reminder; [référence] quote; [prime d'assurance] ajustment; [produits non conformes] recall, callback; (Inf) [fichier] calling up ou back, recall. ◊ **lettre de rappel** [facture non réglée] letter of reminder, collection letter; [affaire à suivre] follow-up letter; **rappel de compte** reminder of amount due; **publicité de rappel sur le lieu de vente** tie-in advertising at the point of sale; **rappel de salaire** ou **de traitement** back pay; **salaire avec rappel depuis le 1ᵉʳ septembre** salary with arrears from September 1st; **augmentation avec rappel à compter de janvier** increase backdated to January; **rappel de fonds** calling in of funds; **rappel d'impôts** additional tax assessment; **rappels de cours** (Bourse) errors and omissions in yesterday's prices; **rappel de prime** premium adjustment.

**rappeler** [ʀaple] **vt** produits non conformes to recall, call back; référence to quote; (au téléphone) to call ou ring (GB) ou phone back. ◊ **rappeler un fichier à l'écran** to call up ou back a file on the screen; **prière de rappeler la référence ci-dessus** please quote the above reference.

**rapport** [ʀapɔʀ] 1 **nm** **a** (compte rendu) report. ◊ **rédiger / soumettre un rapport** to draw up / submit ou hand in a report. **b** (rendement) yield, return. ◊ **le rapport d'un investissement** the return on an investment; **d'un bon rapport** profitable, high-yield; **ces obligations sont d'un bon rapport** these bonds bring ou yield a good return ou are quite profitable; **capital en rapport** productive ou interest-bearing capital; **maison de rapport** rented property, revenue-earning property, tenement house. **c** (ratio) ratio. **d** (relation) relation; (contact) contact. ◊ **nos rapports avec nos fournisseurs sont excellents** our relations with our suppliers are excellent; **les rapports patrons-ouvriers** industrial ou labour-management relations; **salaire en rapport avec qualification et expérience** salary commensurate with qualifications and experience; **être en rapport avec qn** to have dealings with sb, be in touch with sb; **se mettre en rapport avec qn** to get in touch ou contact with sb; **mettre qn en rapport avec qn d'autre** to put sb in touch ou in contact with sb else; **la force du yen par rapport au dollar** the strength of the yen against the dollar; **sous tous les rapports** in all respects.
2 **comp rapport d'activité** (annuel) annual report; (en cours d'année) progress report. **– rapport d'avaries** (Mar) damage report.

– **rapport du commissaire aux comptes** auditor's report. – **rapport confidentiel** confidential report. – **rapport cours-bénéfices** price / earnings ratio, P / E ratio. – **rapport court** (Fin) short-form report. – **rapport dividende-cours** dividend-price ratio. – **rapport d'expertise** (Ass) expert's report ou appraisement, expert survey, survey report. – **rapport d'exploitation** operating report. – **rapport financier** financial report ou statement, treasurer's report. – **rapport de gestion** annual report. – **rapport long** (Fin) long-form report. – **rapport de mer** captain's report, ship's protest. – **rapport de parité des prix** parity price ratio. – **rapport performance-prix** price-performance ratio. – **rapport périodique** (de l'état d'avancement d'un projet) progress report; (Compta) interim report ou statement. – **rapport du président** chairman's report. – **rapport profit-ventes** profit-volume ratio. – **rapport qualité-prix** price-quality ou quality-price ratio. – **rapport de situation** situation report. – **rapport de surveillance** (Mar) superintendence report. – **rapport de visite** (d'un vendeur) call report.

**rapporter** [ʀapɔʀte] **1** **vt** (Fin) [titre] to yield (a return of), bring in (a yield ou revenue of); [transaction] to bring in (a profit of). ◊ **ces obligations ont rapporté plus de 1 000 F** these bonds have yielded (a return of) more than F1,000, these bonds have brought in more than F1,000; **ces obligations rapportent 10%** these bonds yield 10% ou have a yield of 10% ou bring in 10%; **dépôt / capital qui rapporte des intérêts** interest-bearing deposit / capital, deposit / capital that bears interest; **ça rapporte beaucoup d'argent** it's extremely profitable, it brings in a lot of money, it gives a high return; **ça nous a rapporté 8 000 F** it brought us in F8,000, it yielded F8,000.
**2** **vi** (Fin) [placement] to give a good return ou yield, be profitable. ◊ **c'est une activité qui rapporte beaucoup** it's a business that pays well, it's a highly profitable business.

**rapporteur** [ʀapɔʀtœʀ] **nm** [comité] rapporteur, reporter.

**rapprochement** [ʀapʀɔʃmɑ̃] **nm** **a** (Compta) reconciliation. ◊ **rapprochement bancaire** ou **de banque** bank reconciliation; **rapprochement de comptes** reconciliation of accounts; **état de rapprochement** reconciliation statement. **b** (Écon) **rapprochement d'entreprises** merger.

**rapprovisionnement** [ʀapʀɔvizjɔnmɑ̃] **nm** = réapprovisionnement.

**rapprovisionner** [ʀapʀɔvizjɔne] **vt** = réapprovisionner.

**rare** [ʀaʀ] **adj** ressources scarce.

**raréfaction** [ʀaʀefaksjɔ̃] **nf** scarcity, short supply. ◊ **la raréfaction du capital risque** the growing ou increasing scarcity of risk capital.

**raréfier (se)** [ʀaʀefje] **vpr** [ressources] to grow ou become scarce, become in short supply.

**rareté** [ʀaʀte] **nf** [ressources] scarcity. ◊ **rareté du crédit** credit scarcity ou crunch, tightness of credit.

**RAS** [ɛʀaɛs] **abrév de** rien à signaler nothing to report.

**rassortiment** [ʀasɔʀtimɑ̃] **nm** = réassortiment.

**rassortir** [ʀasɔʀtiʀ] **vt** = réassortir.

**ratification** [ʀatifikasjɔ̃] **nf** ratification. ◊ **ratification de vente** sales confirmation.

**ratifier** [ʀatifje] **vt** to ratify.

**ratio** [ʀasjo] **1** **nm** ratio.
**2** **comp** **ratio d'activité** operating ratio. – **ratio d'arbitrage** arbitrage ratio. – **ratio d'autonomie financière** debt ratio. – **ratio avantages-coûts** cost-benefit ratio. – **ratio de capitalisation** capitalization ratio. – **ratio des capitaux propres** debt-equity ratio. – **ratio comptable** accounting ratio. – **ratio de conversion** (Bourse) conversion rate. – **ratio cours-bénéfices** price / earnings ratio ou multiple, P / E ratio. – **ratio coût-bénéfice** cost-benefit ratio. – **ratio de couverture** [stocks, intérêts] coverage ratio. – **ratio de distribution** dividend payout ratio. – **ratio d'endettement** gearing ou leverage ratio, debt equity ratio, ratio of indebtedness. – **ratio d'exploitation (générale)** operating ratio. – **ratio de financement** capital to fixed assets ratio. – **ratio financier** financial ratio. – **ratio de fonds de roulement** current ratio, working capital ratio. – **ratio de gestion** management ratio. – **ratio des immobilisations** ratio of fixed assets to fixed liabilities. – **ratio d'indépendance** ratio of owned capital to borrowed capital. – **ratio intrants-extrants** input-output ratio. – **ratio de levier** leverage ou gearing ratio. – **ratio de liquidité générale** current ratio.– **ratio de liquidité immédiate** acid test ratio, quick ratio, cash ratio, liquid ratio. – **ratio de liquidité restreinte** ou **réduite** restricted cash ratio. – **ratio de la marge brute** gross profit ratio. – **ratio de rendement** output ratio. – **ratio de rentabilité (financière)** return on assets ou equity, profitability ratio. – **ratio de rotation des stocks** stock (GB) ou inventory (US) turnover (rate), rate of stock ou inven-

tory turnover. − **ratio de rotation de l'actif** rate of assets turnover. − **ratio sinistres-primes** (Ass) loss ratio. − **ratio de solvabilité** debt ratio; (Banque) solvency ratio; **ratio de solvabilité à court terme** current ratio; **ratio de solvabilité à long terme** debt ratio. − **ratio de structure financière** capital structure ratio. − **ratio de trésorerie** acid test ratio, quick ratio, cash ratio, liquid ratio. − **ratio d'utilisation** utilization ratio.

**rationalisation** [ʀasjɔnalizasjɔ̃] **nf** rationalization, streamlining. ◊ **rationalisation des choix budgétaires** planning programming budgeting system.

**rationaliser** [ʀasjɔnalize] **vt** to rationalize, streamline.

**rationnel, -elle** [ʀasjɔnɛl] **adj** rational.

**rationnement** [ʀasjɔnmã] **nm** rationing.

**rationner** [ʀasjɔne] **vt** ressource to ration.

**RATP** [ɛʀatepe] **nf** abrév de régie autonome des transports parisiens → régie.

**rattachement** [ʀataʃmã] **nm** a (Admin) **quel est votre service de rattachement?** which department are you attached to? b (Compta) apportionment, charging. ◊ **rattachement de produits à un exercice** apportionment ou charging of income to a financial year.

**rattacher** [ʀataʃe] **vt** a (Admin) to attach (à to). ◊ **être rattaché au service informatique** to be attached to the computing department; **il est rattaché à la direction générale** he reports to the general manager. b (Compta) produit, charges to apportion, apply, charge (off) (à to).

**rattrapage** [ʀatʀapaʒ] **nm** (Écon ) ◊ **rattrapage des salaires / prix** adjustment of ou increase in salaries / prices; **en juillet il y aura un rattrapage des salaires sur les prix** in July there will be an increase ou an adjustment to bring salaries back in line with prices; **clause de rattrapage** escalator clause; **effet de rattrapage** catch up effect; **prime de rattrapage** adjustment premium.

**rattraper** [ʀatʀape] **vt** concurrent to catch up with. ◊ **rattraper le retard** to make up for lost time; **rattraper l'arriéré** (Fin) to clear off an outstanding account; **les prix ont rattrapé les salaires** prices have caught up with the wages.

**rature** [ʀatyʀ] **nf** (biffure) deletion; (modification) alteration. ◊ **sans ratures ni surcharges** without deletions or alterations.

**raturer** [ʀatyʀe] **vt** (biffer) to cross out, delete; (modifier) to alter.

**raugmenter\*** [ʀɔgmãte] **vi** to go up again.

**ravitaillement** [ʀavitajmã] **nm** (action) resupplying; [avion] refuelling; (résultat : provisions) supplies, resupply. ◊ **nous assurons notre ravitaillement en pièces détachées auprès de deux entreprises** we obtain our supplies ou resupply of spare parts from two companies.

**ravitailler** [ʀavitaje] **1 vt** to resupply; avion, véhicule to refuel. ◊ **ravitailler une entreprise en pièces détachées** to resupply a firm with spare parts. **2 se ravitailler vpr** ◊ **l'entreprise n'arrive plus à se ravitailler en France** the company can no longer obtain supplies in France.

**ravitailleur** [ʀavitajœʀ] **nm** (bateau) supply ship; (avion) supply plane.

**rayer** [ʀeje] **vt** nom, mot to cross ou score ou strike out. ◊ **rayer qn des cadres** to strike sb off the strength; **rayer la mention inutile** (sur formulaire) delete as appropriate, cross out when not applicable.

**rayon** [ʀɛjɔ̃] **nm** a [boutique] counter; [grande surface] department. ◊ **rayon d'appel** loss-leader department; **le rayon (du) fromage / (de la) parfumerie** the cheese / perfume counter ou department; **le rayon des soldes** the bargain counter ou basement; **chef de rayon** department manager; **le cinquième rayon** the non-food department. b (Banque) **remise de chèques hors / sur rayon** depositing of cheques in another bank / in one's bank.

**rayonnage** [ʀɛjɔnaʒ] **nm** shelving, set of shelves. ◊ **sur les rayonnages** on the shelves, on the shelving.

**RBE** [ɛʀbeə] **nm** abrév de revenu brut d'exploitation → revenu.

**RC** [ɛʀse] **nf** abrév de responsabilité civile (civil ou legal ou third party) liability. ◊ **RC contractuelle / produit** contractual / product liability; **RC professionnelle** professional negligence (insurance).

**RCB** [ɛʀsebe] **nf** abrév de rationalisation des choix budgétaires → rationalisation.

**RCI** [ɛʀsei] **nf** abrév de rentabilité des capitaux investis ROCE.

**réabonnement** [ʀeabɔnmã] **nm** renewal of subscription. ◊ **bulletin de réabonnement** subscription renewal form.

**réabonner** [ʀeabɔne] **1 vt** ◊ **réabonner qn** to renew sb's subscription (à to). **2 se réabonner vpr** to renew one's subscription.

**réaction** [ʀeaksjɔ̃] **nf** (gén, Bourse, Écon) reaction; [consommateur] reaction, response.

◊ **temps de réaction** reaction ou response time.

**réactique** [ʀeaktik] **nf** (Gestion) reaction capability, capacity for reaction.

**réactivation** [ʀeaktivasjɔ̃] **nf** reactivation.

**réactiver** [ʀeaktive] **vt** to reactivate.

**réactivité** [ʀeaktivite] **nf** (Gestion) reaction capability, capacity for reaction.

**réactualisation** [ʀeaktɥalizasjɔ̃] **nf** updating.

**réactualiser** [ʀeaktɥalize] **vt** to update, bring up to date.

**réaffectation** [ʀeafɛktasjɔ̃] **nf** [ressources] redeployment, reallocation; [employé] new appointment, reassignment; [fonds] reallocation.

**réaffecter** [ʀeafɛkte] **vt** ressources to redeploy, reallocate; employé to reassign; fonds to reallocate (à to).

**réagir** [ʀeaʒiʀ] **vi** (gén, Bourse, Écon) to react. ◊ **le marché a réagi à la hausse / à la baisse** the market reacted positively / negatively.

**réajustement** [ʀeaʒystəmɑ̃] **nm** = rajustement.

**réajuster** [ʀeaʒyste] **vt** = rajuster.

**réalignement** [ʀealiɲɑ̃] **nm** [taux de change] realignment.

**réaligner** [ʀealiɲe] **vt** taux de change to realign.

**réalimenter** [ʀealimɑ̃te] **vt** compte to pay more money into; projet to earmark more funds for; fonds to inject more money into.

**réalisable** [ʀealizabl(ə)] **1 adj** (Fin) capital realizable. ◊ **non réalisable** unrealizable; **actif ou valeur réalisable (à court terme)** realizable ou quick assets.
**2 nm** ◊ **le réalisable** realizable assets.

**réalisation** [ʀealizasjɔ̃] **nf a** [vente, contrat] conclusion; [bénéfice] making. **b** (Fin) [valeurs, capital] realization, liquidation; (Bourse) [titres] selling out. ◊ **compte de réalisation** realization account; **principe de réalisation** realization concept ou principle; **valeur de réalisation** realization ou realizable value. **c** (Comm : liquidation) clearance. ◊ **réalisation du stock** stock clearance (sale). **d** [objectif] achievement, attainment. ◊ **évaluation des réalisations** performance appraisal.

**réaliser** [ʀealize] **vt a** économies, achat, bénéfice to make; vente, contrat to conclude. ◊ **réaliser une bonne affaire** to make a (good) bargain. **b** (Fin) capital, élément d'actif to realize; (Bourse) titres, position to sell out. **c** (Comm) stock to clear, sell off. **d** objectif to achieve, attain; projet to carry out ou through.

**réalisé, e** [ʀealize] **adj** (Fin) realized.

**réaménagement** [ʀeamenaʒmɑ̃] **nm** [service] restructuring; [taux d'intérêt] adjustment. ◊ **réaménagement monétaire** monetary adjustment.

**réaménager** [ʀeamenaʒe] **vt** service to restructure; taux d'intérêt to adjust.

**réamorçage** [ʀeamɔʀsaʒ] **nm** [économie] new priming.

**réamorcer** [ʀeamɔʀse] **vt** économie to prime again, start up again.

**réapprovisionnement** [ʀeapʀɔvizjɔnmɑ̃] **nm** restocking. ◊ **niveau / point de réapprovisionnement** reorder(ing) level / point, refurnishment level / point; **quantité économique de réapprovisionnement** economic order quantity, economic lot size, economic batch quantity; **commande de réapprovisionnement** replenishment order, reorder.

**réapprovisionner** [ʀeapʀɔvizjɔne] **1 vt** magasin, entreprise, usine to restock, resupply (en with); (Fin) compte, to replenish, pay more money into, top up.
**2 se réapprovisionner vpr** ◊ **se réapprovisionner en** to reorder, stock up again with, replenish one's supply of.

**réarmement** [ʀeaʀməmɑ̃] **nm** [navire] refitting.

**réarmer** [ʀeaʀme] **vt** navire to refit.

**réassignation** [ʀeasiɲasjɔ̃] **nf** (Fin) reallocation.

**réassigner** [ʀeasiɲe] **vt** (Fin) to reallocate.

**réassort** [ʀeasɔʀ] **nm** = réassortiment.

**réassortiment** [ʀeasɔʀtimɑ̃] **nm** (action) reordering, restocking; (résultat) fresh supply ou stock. ◊ **les besoins de réassortiment du magasin** the store's restocking requirements.

**réassortir** [ʀeasɔʀtiʀ] **1 vt** rayon to restock (en with); stock to reorder, replenish.
**2 se réassortir vpr** to restock, stock up again (en with), reorder, replenish one's stock (de of).

**réassurance** [ʀeasyʀɑ̃s] **nf** reinsurance. ◊ **contrat ou police de réassurance** reinsurance policy; **réassurance facultative** treaty ou facultative insurance.

**réassurer** [ʀeasyʀe] **1 vt** to reinsure.
**2 se réassurer vpr** to reinsure.

**réassureur** [ʀeasyʀœʀ] **nm** reinsurer, reinsurance underwriter.

**rebaisser** [ʀ(ə)bese] **1 vi** [prix] to go down again, drop again.
**2 vt** prix to bring back down, lower again.

**rebond** [ʀ(ə)bɔ̃] **nm** rebound. ◊ **rebond de l'activité** business rebound.

**rebut** [ʀəby] **nm** `a` (Ind) scrap, rejects. ◊ **mettre qch au rebut** to scrap ou reject sth; **taux de rebut** scrap ou reject ou rejection rate; **valeur de rebut** scrap value. `b` (Poste) **rebuts** dead letters.

**recadrage** [ʀ(ə)kadʀaʒ] **nm** recentering, refocussing.

**recadrer** [ʀ(ə)kadʀe] **vt** to recenter, refocus.

**recalcul** [ʀ(ə)kalkyl] **nm** recalculation.

**recalculer** [ʀ(ə)kalkyle] **vt** to recalculate.

**recapitaliser** [ʀ(ə)kapitalize] **vt** to recapitalize.

**recapitalisation** [ʀ(ə)kapitalizasjɔ̃] **nf** recapitalization.

**récapitulatif, -ive** [ʀekapitylatif, iv] `1` **adj** déclaration, document recapitulative, recapitulatory. ◊ **état récapitulatif** summary statement ou report; **comptes récapitulatifs** summary accounts; **fichier récapitulatif** central file. `2` **nm** summary.

**récapitulation** [ʀekapitylasjɔ̃] **nf** recapitulation, recap*.

**récapituler** [ʀekapityle] **vt** to recapitulate, recap*.

**recéder** [ʀ(ə)sede] **vt** (revendre) to sell back, resell; (Fin) to onloan.

**recensement** [ʀ(ə)sɑ̃smɑ̃] **nm** [habitants] census; [biens] inventory. ◊ **faire le recensement des besoins** to take stock of ou draw up a list of the needs; **on a fait un recensement rapide des gens intéressés par ce projet** we have made a quick check ou head count to find out who is interested in this project.

**recenser** [ʀ(ə)sɑ̃se] **vt** habitants to take a ou the census of, make a census of; biens to make ou take an inventory of; besoins to take stock of, draw up a list of.

**recentrage** [ʀ(ə)sɑ̃tʀaʒ] **nm** stratégie, activités refocussing. ◊ **la société procède à un recentrage sur son métier de base** the firm is refocusing on its core business.

**recentrer** [ʀ(ə)sɑ̃tʀe] **vt** stratégie, activités to refocus.

**récépissé** [ʀesepise] `1` **nm** (acknowledg(e)-ment of) receipt. `2` **comp récépissé de bord** mate's receipt, on-board bill of lading (US). − **récépissé des chemins de fer** railway consignment note. − **récépissé de dépôt** deposit ou depositary receipt. − **récépissé de douane** customs receipt. − **récépissé d'entrepôt** warehouse receipt. − **récépissé postal** postal receipt, certifi-

cate of posting. − **récépissé de souscription** (Bourse) application receipt. − **récépissé de transit** transit receipt. − **récépissé de transport** carrier's receipt. − **récépissé de versement** deposit receipt. − **récépissé warrant** warrant.

**récepteur, -trice** [ʀesɛptœʀ, tʀis] `1` **adj** receiving. ◊ **bureau récepteur** receiving office; **station réceptrice** accepting station. `2` **nm** receiver.

**réceptif, -ive** [ʀesɛptif, iv] `1` **adj** receptive (à to), responsive (à to). `2` **nm** (Mktg) **réceptifs précoces** early adopters.

**réception** [ʀesɛpsjɔ̃] **nf** `a` (soirée, dîner) reception, party. ◊ **salle de réception** function ou reception room. `b` (accueil) reception, welcome. ◊ **la réception d'un client** the reception ou welcoming of a customer. `c` [hôtel] reception desk. ◊ **payer à la réception** pay at the reception desk ou at the check-out desk. `d` [pli, paquet] receipt; [machine, travaux] acceptance. ◊ **à la réception de votre lettre** upon receipt of your letter; **accuser réception de qch** to acknowledge receipt of sth; **accusé de réception** acknowledg(e)-ment of receipt; **avis de réception** advice of delivery; **(le service de) la réception** the receiving department, goods-in; **bon ou bordereau ou bulletin de réception** receiving slip ou report ou note; **payer à la ou dès réception des marchandises** to pay on receipt ou delivery of the goods; **valeur jour de réception** (Fin) value day of reception; **essai de réception** (Ind) acceptance test; **réception provisoire** provisional acceptance.

**réceptionnaire** [ʀesɛpsjɔnɛʀ] **nmf** `a` (Comm) receiving clerk. `b` (Bourse de marchandises) receiver, last buyer. `c` (dans un hôtel) chief receptionist.

**réceptionner** [ʀesɛpsjɔne] **vt** marchandises to receive, take delivery of; travaux to accept delivery of.

**réceptionniste** [ʀesɛpsjɔnist(ə)] **nmf** receptionist. ◊ **réceptionniste-standardiste** receptionist-telephonist.

**réceptivité** [ʀesɛptivite] **nf** receptivity, receptiveness. ◊ **réceptivité des consommateurs** consumer acceptance ou acceptability.

**récession** [ʀesesjɔ̃] **nf** recession. ◊ **période de récession** recessionary period.

**récessionniste** [ʀesesjɔnist(ə)] **adj** recessionary. ◊ **tendances récessionnistes** recession(ary) trends.

**recette** [ʀ(ə)sɛt] **nf** `a` (Comm) [magasin] takings, proceeds. ◊ **la recette de la journée / de la**

**semaine** the day's / week's takings. **b** (Compta) [entreprise] recette(s) receipts, revenue(s). ◊ **dépenses et recettes** expenses and receipts, expenditures and revenues; **état des recettes et dépenses** statement of revenues and expenditures; **recette(s) brute(s) / nette(s)** gross / net receipts; **recette(s) budgétaire(s)** budgetary revenue; **recettes en devises** foreign exchange revenues ou earnings; **recettes fiscales** tax revenue(s), revenue from taxation; **recettes de poche** (Impôts) indirect taxes; **recettes de publicité** advertising revenues; **recettes de vente** sales revenues. **c** (Écon) revenue. ◊ **recette marginale / moyenne / totale** marginal / average / total revenue. **d** (Fin, Impôts : recouvrement) collection. ◊ **la recette de l'impôt** the collection of taxes. **e** (bureau) **recette(-perception)** tax office.

**recevabilité** [Rəsvabilite] **nf** admissibility.

**recevable** [Rəsvabl(ə)] **adj** (Jur) recours, demande admissible, allowable, receivable.

**receveur, -euse** [RəsvœR, øz; rsəvœR, øz] **nm,f** receveur (des contributions) tax collector; receveur (des postes) postmaster; receveuse (des postes) postmistress; receveur des douanes collector of customs; receveur des Finances district collector of taxes.

**recevoir** [RəsəvwaR] **vt** to receive. ◊ **à recevoir** (Compta) comptes, intérêts receivable; **effets à recevoir** notes receivable, receivables; **j'ai bien reçu votre lettre du 17 mai** I am in receipt of your letter of May 17, I acknowledge receipt of your letter of May 17; **recevez, Monsieur, l'expression de mes sentiments distingués** yours sincerely; **reçu 2 000 F à valoir sur** received F2,000 on account of; **il ne reçoit que le vendredi** he only takes appointments on Friday.

**rech.** abrév de recherche.

**rechange** [R(ə)ʃɑ̃ʒ] **nm** **a** solution de rechange alternative solution; pièce de rechange spare part, replacement; matériel de rechange replacement equipment. **b** (Fin) [traite] redraft, re-exchange.

**recherche** [R(ə)ʃɛRʃ(ə)] **nf** **a** (fait de chercher) search (de for). ◊ **à la recherche de** in search of; **recherche du profit** profit-seeking; **la recherche de l'excellence** the search for excellence; **faire des recherches** to make investigations. **b** (science, travail) la recherche research; **faire de la recherche** to do research (sur into); **nos recherches dans ces techniques de pointe** our research (work) in these advanced techniques; **recherche et développement** research and development; **recherche appliquée / fondamentale / opérationnelle** applied / basic / operational research; **laboratoire de**

**recherche(s)** research laboratory; **recherche commerciale** ou **marketing** marketing research; **recherche documentaire** desk research; **recherche sur les comportements** attitudinal ou behavioural research. **c** (Inf) search. ◊ **clé / fonction de recherche** search key / function; **temps de recherche** search time; **recherche de données** data retrieval; **recherche binaire** binary search; **zone de recherche** seek area.

**recherché, e** [R(ə)ʃɛRʃe] **adj** produit in great demand. ◊ **être très / peu recherché** to be in great demand / in limited demand; **les valeurs aurifères étaient très recherchées cette semaine** gold shares were in active request this week.

**rechercher** [R(ə)ʃɛRʃe] **vt** to search for, look for, seek, try to find. ◊ **il faudra rechercher la lettre dans les archives** we'll have to search through the archives to find the letter, we'll have to look for the letter in the archives; **rechercher une erreur** to track down an error; **rechercher un nom dans un fichier** (Inf) to search a file for a name, look up a name in a file; **recherche caissières** (dans une annonce) checkout clerks required ou wanted.

**rechute** [R(ə)ʃyt] **nf** relapse. ◊ **les chiffres du commerce extérieur ont subi une rechute en janvier** external trade figures experienced a new fall ou setback in January.

**récipiendaire** [Resipjɑ̃dɛR] **1** **adj** ◊ **pays récipiendaire** receiving country. **2** **nm** recipient.

**réciprocité** [ResipRɔsite] **nf** reciprocity. ◊ **accord de réciprocité** reciprocity ou reciprocal agreement.

**réciproque** [ResipRɔk] **adj** reciprocal. ◊ **crédits réciproques** swap facilities.

**réclamation** [Reklamasjɔ̃] **nf** **a** (plainte) complaint. ◊ **faire une réclamation** to make a complaint, complain; **lettre de réclamation** letter of complaint; **bureau** ou **service des réclamations** complaints department ou office. **b** (demande, requête) claim. ◊ **faire une réclamation** to put in a claim; **rejeter une réclamation** to refuse ou disallow ou (US) a claim; **faire droit** ou **donner suite à une réclamation** to entertain a claim; **réclamation en dommages-intérêts** (Jur) claim for damages. **c** (Impôts) appeal.

**réclame** [Reklam] **nf** advertisement, ad*, advert (GB). ◊ **faire de la réclame pour qch** to advertise ou publicize sth; **panneau-réclame** hoarding; **la réclame de la semaine** this week's special offer; **ces biscuits sont en réclame** these biscuits are on offer; **vente-réclame** bargain sale.

**réclamer** [ʀeklame] **1** **vt** (exiger) to claim, demand. ◊ **réclamer qch** (Ass) to put in a claim for sth; **réclamer des dommages-intérêts** to claim damages; **dividende non réclamé** unclaimed dividend.
**2** **vi** (faire une réclamation) to complain (*auprès de qn* to sb).

**reclassement** [ʀ(ə)klɑsmɑ̃] **nm** (gén) upgrading, uprating; [demandeur d'emploi] relocation, resettlement; [fonctionnaire] regrading. ◊ **reclassement externe** outplacement.

**reclasser** [ʀ(ə)klɑse] **vt** (gén) to upgrade, uprate; demandeur d'emploi to relocate, resettle, find a new job for; fonctionnaire to regrade.

**récognitif, -ive** [ʀekɔgnitif, iv] **adj** (Jur) recognitive. ◊ **acte récognitif** act of acknowledg(e)ment.

**récolement** [ʀekɔlmɑ̃] **nm** (gén, Jur) checking.

**récoler** [ʀekɔle] **vt** to check.

**recommandation** [ʀ(ə)kɔmɑ̃dasjɔ̃] **nf** **a** (gén) recommendation. ◊ **donner une recommandation à qn** to give sb a recommendation; **sur la recommandation du chef de service** with recommendation of the departmental head; **lettre de recommandation** letter of recommendation, testimonial, reference. **b** (Poste) (accusé de réception) recording; (assurance) registration.

**recommandé, e** [ʀ(ə)kɔmɑ̃de] **adj** **a** (Poste) pli (avec accusé de réception) recorded; (avec assurance) registered. ◊ **envoi recommandé** recorded delivery (GB), registered post (GB), registered mail (US); **lettre recommandée** (avec accusé de réception) recorded delivery letter; (avec assurance) registered letter; **sous pli recommandé** under registered cover. **b** (Comm) produit, prix recommended.
**2** **nm** (lettre) registered letter; (paquet) registered parcel. ◊ **envoyer un paquet en recommandé** to send a parcel by registered post (GB) ou mail (US).

**recommander** [ʀ(ə)kɔmɑ̃de] **1** **vt** produit, prix, personne to recommend. ◊ **recommander une lettre** (pour prouver qu'elle a été reçue) to record a letter; (pour l'assurer) to register a letter.
**2** **se recommander** **vpr** ◊ **se recommander de qn** to give sb's name as a reference.

**recomplètement** [ʀ(ə)kɔ̃plɛtmɑ̃] **nm** ◊ **niveau de recomplètement** reorder level, minimum stock level.

**recomposition** [ʀ(ə)kɔ̃pozisjɔ̃] **nf** ◊ **recomposition du portefeuille** (Bourse) portfolio switching.

**reconditionnement** [ʀ(ə)kɔ̃disjɔnmɑ̃] **nm** [produit] repackaging.

**reconditionner** [ʀ(ə)kɔ̃disjɔne] **vt** produit to repackage.

**reconductible** [ʀ(ə)kɔ̃dyktibl(ə)] **adj** contrat, commande renewable.

**reconduction** [ʀ(ə)kɔ̃dyksjɔ̃] **nf** renewal. ◊ **reconduction tacite** renewal by tacit agreement ou reconduction ou continuation.

**reconduire** [ʀ(ə)kɔ̃dɥiʀ] **vt** (renouveler) commande, bail to renew. ◊ **commande tacitement reconduite** standing order, order renewed by tacit agreement.

**reconnaissance** [ʀ(ə)kɔnɛsɑ̃s] **nf** **a** (Jur) recognition, acknowledg(e)ment. ◊ **reconnaissance de dette** acknowledg(e)ment of a debt, IOU, note of hand; **reconnaissance du mont-de-piété** pawn ticket. **b** (Mktg) recognition. ◊ **test de reconnaissance** recognition test; **reconnaissance des marques par le consommateur** consumer brand recognition; **reconnaissance assistée / spontanée** aided / spontaneous recognition. **c** (Inf) recognition. ◊ **reconnaissance de la parole** speech recognition; **reconnaissance de caractères** character recognition.

**reconnaissant, e** [ʀ(ə)kɔnɛsɑ̃, ɑ̃t] **adj** grateful (*à qn de qch* to sb for sth). ◊ **je vous serais reconnaissant de bien vouloir confirmer ce rendez-vous** I should be grateful if you would confirm this appointment.

**reconnaître** [ʀ(ə)kɔnɛtʀ(ə)] **vt** (gén) to recognize; dette to acknowledge. ◊ **reconnaître un coût en charge de l'exercice** (Compta) to charge off a cost, expense a cost; **reconnaître la compétence d'un tribunal** to recognize ou acknowledge the competence of a court.

**reconquérir** [ʀ(ə)kɔ̃keʀiʀ] **vt** marché to recapture, recover, capture back, win back.

**reconquête** [ʀ(ə)kɔ̃kɛt] **nf** [marché] recapture, recovery.

**reconstituer** [ʀ(ə)kɔ̃stitɥe] **vt** équipe, structure to reconstitute, re-form; réserves to build up again, rebuild. ◊ **reconstituer les stocks** to restock, build up ou rebuild stocks; **les entreprises ont reconstitué leurs marges** firms have strengthened their profit margins.

**reconstitution** [ʀ(ə)kɔ̃stitysjɔ̃] **nf** [équipe de vente] reconstitution, reformation; [réserves, capital] rebuilding. ◊ **reconstitution des stocks** stock rebuilding ou build up, building up of stocks, restocking; **reconstitution des marges bénéficiaires** strengthening of profit margins.

**reconstruction** [ʀ(ə)kɔ̃stʀyksjɔ̃] nf   [édifice] rebuilding, reconstruction; (Écon) reconstruction.

**reconstruire** [ʀ(ə)kɔ̃stʀɥiʀ] vt édifice to rebuild, reconstruct; pays, économie to reconstruct; fortune, réserves to build up again, rebuild.

**reconventionnel, -elle** [ʀ(ə)kɔ̃vɑ̃sjɔnɛl] adj (Jur) demande reconventionnelle counter claim, cross action.

**reconversion** [ʀ(ə)kɔ̃vɛʀsjɔ̃] nf [usine] reconversion; [travailleur] retraining, resettlement, rehabilitation; [entreprise en difficulté] turnaround. ◊ **stage de reconversion** retraining ou rehabilitation course; **reconversion externe** outplacement; **reconversion industrielle** industrial redeployment; **l'entreprise a réussi sa reconversion** the company has succeeded in turning itself around.

**reconvertir** [ʀ(ə)kɔ̃vɛʀtiʀ] **1** vt locaux to reconvert (en to); travailleur to retrain (for a new job), resettle.

**2** **se reconvertir** vpr [entreprise] to be reconverted; [travailleur] to retrain. ◊ **elle s'est reconvertie dans la comptabilité** she has gone into accounting, she has retrained as an accountant; **l'entreprise s'est reconvertie dans la chimie** the company has gone into the chemical industry.

**record** [ʀ(ə)kɔʀ] **1** nm record. ◊ **record de production / de ventes** production / sales record; **battre un record** to break a record; **ventes qui battent tous les records** record-breaking sales; **l'indice des valeurs boursières a atteint un nouveau record** the share index has reached an all-time high; **record de baisse** all-time low.

**2** adj montant, ventes, pertes, niveau record. ◊ **année record** peak ou record year; **récolte record** bumper crop; **en un temps record** in record time; **niveau record de production** peak ou record output.

**recoupement** [ʀ(ə)kupmɑ̃] nm crosscheck(ing).

**recouponnement** [ʀ(ə)kupɔnmɑ̃] nm (Bourse) renewal of coupons.

**recouponner** [ʀ(ə)kupɔne] vt (Bourse) to renew the coupons of.

**recourir** [ʀ(ə)kuʀiʀ] vt indir ◊ recourir à action, stratégie to resort to, have recourse to; personne to turn to, appeal to. **l'État devra recourir à l'emprunt / à l'impôt** the state will have to resort to borrowing / to taxation; **recourir à la justice** to take legal action; **recourir à l'arbitrage** to have recourse to arbitration, appeal to arbitration.

**recours** [ʀ(ə)kuʀ] **1** nm   (gén) resort, recourse; (Jur) appeal, recourse; (Ass)

claim. ◊ **avoir recours à** action, stratégie to resort to, have recourse to; personne to turn to, appeal to; **le recours systématique à l'emprunt n'est pas une solution** systematic borrowing is no solution; **en dernier recours** as a last resort; **former un recours contre** to institute proceedings against; **n'avoir aucun recours contre qn** to have no recourse against sb; **droit de recours** right of appeal ou recourse; **procédure de recours** appeal proceedings; **s'assurer contre le recours de tiers** (Ass) to insure against a third party claim; **les recours pour dommages corporels** claims for personal injuries.

**2** comp **recours à l'arbitrage** appeal to arbitration. – **recours sur la cargaison** lien on the cargo. – **recours en cassation** appeal to the Supreme Court. – **recours collectif** class action. – **recours à défaut d'acceptation** recourse for non-acceptance. – **recours faute de paiement** recourse in default of payment. – **recours gracieux** submission for an out-of-court settlement. – **recours hiérarchique** disciplinary complaint. – **recours légal** legal remedy. – **recours en nullité** action for avoidance. – **recours en responsabilité** third party claim. – **recours contre un tiers** recourse against a third party.

**recouvrable** [ʀ(ə)kuvʀabl(ə)] adj impôt collectable; créance, dette recoverable, collectable.

**recouvrement** [ʀ(ə)kuvʀəmɑ̃] nm   [impôts, effets, cotisations] collection; [créance, dette] collection, recovery. ◊ **faire un recouvrement** to collect a debt; **remise d'un effet en recouvrement** remittance of a bill for collection; **remettre en recouvrement** to remit for collection; **en recouvrement de** for collection of; **agent de recouvrement** debt collector; **bureau de recouvrement** collecting office; **délai moyen ou période moyenne de recouvrement** average collection period; **frais de recouvrement** collection charges; **service de recouvrement** collection department; **valeur en recouvrement** value for collection; **recouvrement de créances** (Compta) collection of receivables.

**recouvrer** [ʀ(ə)kuvʀe] vt impôt, effets, cotisations to collect; créance, dette to recover, collect. ◊ **créances à recouvrer** (Compta) receivables, accounts receivable.

**recrudescence** [ʀ(ə)kʀydesɑ̃s] nf upsurge, new bout ou outbreak (de of). ◊ **une recrudescence du chômage / de l'inflation** a new bout ou spate of unemployment / inflation.

**recrutement** [ʀ(ə)kʀytmɑ̃] nm recruiting, recruitment. ◊ **cabinet de recrutement**

recruiting office, job agency; **entretien de recrutement** job interview.

**recruter** [R(ə)kRyte] **vt** to recruit. ◊ **recruter qn sur titres** to recruit sb on the basis of his (ou her) qualifications.

**rectificatif, -ive** [Rɛktifikatif, iv] **1 adj** compte, facture rectified, corrected, amended; écriture correcting. ◊ **note rectificative** correction, adjustment.
**2 nm** correction, adjustment.

**rectification** [Rɛktifikɑsjɔ̃] **nf** rectification, correction, adjustment. ◊ **rectification d'office** (Impôts) compulsory reassessment.

**rectifier** [Rɛktifje] **vt** calcul, compte, erreur to rectify, correct, adjust.

**recto** [Rɛkto] **nm** front (of a page), first side. ◊ **recto verso** on both sides (of the page).

**reçu, e** [R(ə)sy] **1 adj** somme received. ◊ **valeur reçue** for value received.
**2 nm** receipt. ◊ **au reçu de** on receipt of.
**3 comp reçu de bord** mate's receipt, on-board bill of lading (US). – **reçu certifié** accountable receipt for payment. – **reçu libératoire** receipt in full discharge. – **reçu de paiement** payment receipt. – **reçu à valoir** receipt on account. – **reçu de versement** deposit receipt.

**recul** [R(ə)kyl] **nm a** (régression) drop, fall, decline. ◊ **le chômage est en recul depuis janvier** unemployment has been on the decline ou has been going down since January; **recul des bancaires** (Bourse) bank shares on the decline; **le recul du dollar** the drop in the dollar, the decline of the dollar, the dollar's decline; **recul du dollar par rapport au yen** decline ou fall of the dollar against the yen; **un recul de 5 points des marchés financiers** a 5-point drop of financial markets. **b** (report) [échéance] postponement.

**reculer** [R(ə)kyle] **vi a** (régresser) [chômage, inflation] to decline, fall, go down; [monnaie] to fall, slide; [titres] to fall back,drop. ◊ **la livre a reculé par rapport au franc** the pound has fallen back against the franc. **b** (reporter) réunion, date to postpone, defer, put off, put back (GB).

**récupérable** [RekypeRabl(ə)] **adj** matériel retrievable, salvageable; (Inf) [fichier] recoverable, retrievable; créance recoverable; heures de travail which can be made up; impôt, TVA refundable. ◊ **charges récupérables sur les locataires** charges which can be passed on to the tenants.

**récupération** [RekypeRɑsjɔ̃] **nf** [matériel] retrieval, salvaging; (Inf) fichier recovery, retrieval; [créance] recovery; [heures de travail] making up; [TVA] refunding. ◊ **dé-**

lai ou**période de récupération d'un investissement** investment payback period; **journées de récupération** make-up days; **récupération des déchets** waste retrieval.

**récupérer** [RekypeRe] **vt** matériel to retrieve, salvage; (Inf) fichier to recover, retrieve; créance to recover; pertes to recoup; heures de travail to make up; TVA to get back.

**récurrence** [RekyRɑ̃s] **nf** (gén) recurrence; (Inf) recursion, recursiveness.

**récurrent, e** [RekyRɑ̃, ɑ̃t] **adj** recurrent, recurring. ◊ **série récurrente** recursion series.

**récursif, -ive** [RekyRsif, iv] **adj** recursive.

**récursivité** [RekyRsivite] **nf** recursiveness.

**récuser (se)** [Rekyze] **vpr** to disclaim competence.

**recyclable** [R(ə)siklabl(ə)] **adj** matériel, déchets recyclable.

**recyclage** [R(ə)siklaʒ] **nm** [ingénieur, cadre] retraining; [matières] recycling, reprocessing; [capitaux] recycling. ◊ **le recyclage de l'excédent japonais** the recycling of the Japanese export surplus; **stage de recyclage** (pour nouveau métier) retraining course, rehabilitation course; (pour perfectionnement) refresher course, rehabilitation course.

**recycler** [R(ə)sikle] **1 vt** employé, cadre to retrain; matières to recycle, reprocess; capitaux to recycle.
**2 se recycler vpr** (pour nouveau métier) to retrain; (pour se perfectionner) to go on a refresher course.

**rédacteur, -trice** [Redaktœr, tRis] **nm,f** (Presse) sub-editor; [lettre] writer; [contrat, projet] drafter. ◊ **rédacteur économique** economic editor; **rédacteur-concepteur** (Pub) copywriter, creative writer; **rédacteur en chef** editor.

**rédaction** [Redaksjɔ̃] **nf a** [contrat] drafting, drawing up; [rapport] writing, drafting. **b** (Presse) **la rédaction de notre journal est en grève** our editorial staff is on strike; **la rédaction de notre journal se trouve à Paris** our editorial offices are in Paris.

**rédactionnel, -elle** [Redaksjɔnɛl] **1 adj** editorial. ◊ **publicité rédactionnelle** editorial advertising.
**2 nm** (Presse) **obtenir du rédactionnel pour le lancement d'un produit** to get editorial advertising for a product launch.

**reddition** [Redisjɔ̃] **nf** (Jur) rendering.

**redéfinir** [RədefiniR] **vt** ligne de produits, stratégie commerciale to redefine.

**redémarrage** [RədemaRaʒ] **nm** [économie] recovery, rally. ◊ **un redémarrage de l'inflation**

a new rise in inflation; **un redémarrage des investissements** an investment recovery, a pick-up in investments.

**redémarrer** [ʀədemaʀe] **1** **vi** [économie] to take off again, recover, pick up; [inflation] to rise again.
**2** **vt** entreprise to start up again.

**rédemption** [ʀedɑ̃psjɔ̃] **nf** (Jur) [droit] recovery; [rente] redemption.

**redéploiement** [ʀ(ə)deplwamɑ̃] **nm** redeployment.

**redescendre** [ʀ(ə)desɑ̃dʀ(ə)] **vi** [prix, Bourse] to decline ou fall ou drop again.

**redevable** [ʀədvabl(ə)] **1** **adj** (Fin) **être redevable d'une somme à qn** to owe sb a sum of money; **redevable de l'impôt** liable for tax.
**2** **nm** taxpayer, person liable for tax.

**redevance** [ʀədvɑ̃s] **nf** **a** (taxe) (gén) dues, fees; (Rad,TV) licence fee. ◊ **redevance téléphonique** telephone rental charge. **b** (droits d'exploitation) royalty. ◊ **redevances pétrolières** oil royalties; **redevances d'auteur** royalties; **redevances de brevet** patent fees.

**rédhibitoire** [ʀedibitwaʀ] **adj** (Jur) **vice rédhibitoire** redhibitory defect.

**rédiger** [ʀediʒe] **vt** lettre, rapport to write, draft; contrat to draw up, draft; chèque to make out, write (**à l'ordre de** to).

**redimensionner** [ʀ(ə)dimɑ̃sjɔne] **vt** **a** (réduire) entreprise to streamline; effectifs to cut back, reduce. **b** (augmenter) to increase (the size of).

**rediscuter** [ʀ(ə)diskyte] **vt** prix to discuss again, renegotiate.

**redistribuer** [ʀ(ə)distʀibɥe] **vt** to redistribute.

**redistribution** [ʀ(ə)distʀibysjɔ̃] **nf** (Écon) redistribution. ◊ **redistribution des ressources** redeployment ou reallocation ou reallotment of resources.

**redondance** [ʀ(ə)dɔ̃dɑ̃s] **nf** redundancy. ◊ **contrôle par redondance** redundancy check.

**redondant, e** [ʀ(ə)dɔ̃dɑ̃, ɑ̃t] **adj** redundant.

**redressement** [ʀ(ə)dʀɛsmɑ̃] **nm** **a** (Compta) (rectification d'erreurs) adjustment, correction, rectification; (modification) adjustment, restatement. ◊ **redressement financier** financing adjustment; **écriture de redressement** adjusting ou correcting entry. **b** (Impôts) **redressement fiscal** additional tax assessment, tax adjustment, tax reappraisal. **c** [entreprise en difficulté] turnaround; [économie] recovery, upturn. ◊ **plan de redressement** recovery package; **opérer un redressement** to rally; **redressement brutal** ou **soudain** upswing.

**redresser** [ʀ(ə)dʀese] **1** **vt** **a** (Écon) entreprise déficitaire to turn round. ◊ **redresser la situation économique** to straighten out the economic situation, put the economy back on its feet; **redresser le pays** to get the country going again. **b** (Compta) (corriger) to adjust, correct; (modifier) to adjust, restate.
**2** **se redresser** **vpr** [pays, économie] to recover. ◊ **les cours se sont redressés** share prices rallied ou recovered.

**redresseur** [ʀ(ə)dʀesœʀ] **nm** ◊ **redresseur d'entreprises** company fixer, corporate turnaround specialist, rescuer of ailing companies.

**réduction** [ʀedyksjɔ̃] **nf** **a** (diminution voulue) reduction, cut (**de** in). ◊ **réduction du capital** reduction of capital, capital reduction; **réduction des dépenses** cut ou reduction in expenses, expenditure cuts; **réduction de droits fiscaux** tax reduction; **réduction des heures de travail** reduction ou cut in working hours; **réduction du personnel** ou **des effectifs** reduction in staff, staff cuts ou cutbacks ou layoffs; **réduction de la production** production cut ou cutback; **réduction de salaire / d'impôts** wage / tax cut, cut in wages / taxes; **réduction des taux d'intérêts** interest rate cut, reduction ou cut in interest rates, lowering of interest rates. **b** (ristourne) discount, reduction, rebate. ◊ **faire / obtenir une réduction** to give / get a discount ou a reduction ou a rebate; **réduction de prix** discount, price rebate ou reduction, markdown; **réduction sur la quantité, réduction pour achat en gros** discount ou rebate for bulk buying. **c** (diminution subie) [activité, chiffre d'affaires] reduction, drop. ◊ **une forte réduction des commandes / du volume des transactions** a big reduction in the number of orders / in the volume of trades; **réduction de valeur** (gén) reduction in value; (Compta) [élément d'actif] write-down.

**réduire** [ʀedɥiʀ] **vt** **a** (abaisser) impôt, consommation to reduce, cut; prix to reduce, cut, mark down; production to reduce, cut (back), lower; dépenses to reduce, cut, cut down ou back (on); taux d'intérêt to reduce, cut, lower; personnel to cut (down), pare. ◊ **réduire les horaires de travail** to put workers on short shifts. **b** (Compta) élément, outil, dette to write down.

**réduit, e** [ʀedɥi, it] **adj** reduced. ◊ **prix réduit** reduced ou discount price; **article à prix réduit** cut-price article, discount article, article at reduced prices ou at a reduced price; **billet à prix** ou **tarif réduit** cheap ticket; **tarif réduit** (Transports) discount fare; (Téléc) cheap rate; **nous n'en avons qu'un stock réduit** we only have a limited stock of them; **version réduite** scaled-down version;

**un nombre réduit de modèles** a restricted ou limited number of models.

**redynamisation** [ʀ(ə)dinamizɑsjɔ̃] **nf** reactivation.

**redynamiser** [ʀ(ə)dinamize] **vt** to reactivate.

**rééchelonnement** [ʀeeʃlɔnmɑ̃] **nm** [dette] rescheduling, deferral, recycling.

**rééchelonner** [ʀeeʃlɔne] **vt** dette to reschedule, recycle.

**réel, -elle** [ʀeɛl] **1 adj a** (Écon) valeur, salaire, coût, prix actual, real. ◊ **taux d'intérêt réel** effective interest rate ; **les chiffres réels** (gén) the real ou actual figures ; (Compta) the actuals. **b** (Inf) adresse, code, position absolute, actual ; temps real. ◊ **traitement en temps réel** real-time processing. **c** (Douanes) entrepôt réel bonded warehouse. **2 nm** ◊ **le réel pour le mois** (Compta) this month's actuals ; **le réel simplifié** (Impôts) simplified actual ou real profits.

**réembauche** [ʀeɑ̃boʃ] **nf** rehiring, reemployment, recall (to work).

**réembaucher** [ʀeɑ̃boʃe] **vt** to take on again, re-employ, rehire.

**réemploi** [ʀeɑ̃plwa] **nm** [produit] re-use ; [argent] reinvestment ; [ouvrier] re-employment.

**réemployer** [ʀeɑ̃plwaje] **vt** objet to re-use ; argent to reinvest ; personne to take back on, re-employ, rehire.

**réengager** [ʀeɑ̃ɡaʒe] **vt** = rengager.

**rééquilibrage** [ʀeekilibʀaʒ] **nm** [monnaies] readjustment ; [économie] restabilization.

**rééquilibrer** [ʀeekilibʀe] **vt** monnaies to readjust ; économie to restabilize. ◊ **rééquilibrer le budget** to rebalance the budget, put the budget back into balance.

**réescomptable** [ʀeeskɔ̃tabl(ə)] **nm** rediscountable.

**réescompte** [ʀeeskɔ̃t] **nm** rediscount. ◊ **taux de réescompte** rediscount rate.

**réescompter** [ʀeeskɔ̃te] **vt** to rediscount.

**réévaluation** [ʀeevalɥɑsjɔ̃] **nf a** (révalorisation) monnaie, bien revaluation. **b** (nouvelle estimation) [élément d'actif] revaluation, write up ; [bien, propriété] reappraisal, reassessment. ◊ **réserve** ou **excédent de réévaluation** revaluation reserve ou surplus, appraisal increase credit ; **réévaluation du bilan** revaluation of the balance sheet, reappraisal of assets.

**réévaluer** [ʀeevalɥe] **vt a** (révaloriser) monnaie, bien to revalue. **b** (estimer de nouveau) élément d'actif to revalue, write up ; bien, propriété to reappraise, reassess.

**réexamen** [ʀeɛɡzamɛ̃] **nm** [problème, situation] reconsideration ; [candidature] re-examination ; [comptes] recheck.

**réexaminer** [ʀeɛɡzamine] **vt** problème, projet to examine again, reconsider ; candidature to re-examine ; comptes to recheck.

**réexpédier** [ʀeɛkspedje] **vt** (à l'expéditeur) to return, send back ; (au destinataire) to send on, forward, redirect (à to).

**réexpédition** [ʀeɛkspedisjɔ̃] **nf** [à l'expéditeur] return ; [au destinataire] forwarding, redirection, sending on (à to).

**réexportateur** [ʀeɛkspɔʀtatœʀ] **nm** re-exporter.

**réexportation** [ʀeɛkspɔʀtɑsjɔ̃] **nf** re-export, re-exportation, re-exporting. ◊ **nous sommes dans la réexportation** we are in the re-export trade ; **marchandises destinées à la réexportation** goods for re-export.

**réexporter** [ʀeɛkspɔʀte] **vt** to re-export.

**réf.** abrév de *référence* ref.

**réfaction** [ʀefaksjɔ̃] **nf** (Comm) allowance, rebate, reduction ; (Impôts) reduction of the tax base, allowance.

**refacturation** [ʀ(ə)faktyʀɑsjɔ̃] **nf** (entre centres de profits) recharging, cross-charging.

**refacturer** [ʀ(ə)faktyʀe] **vt** (entre centres de profits) to cross-charge, recharge.

**référence** [ʀefeʀɑ̃s] **nf a** (renvoi) reference. ◊ **groupe / monnaie / numéro / point de référence** reference group / currency / number / point ; **année de référence** year of reference, base year ; (Comm) **article de référence** standard ou listed article ; **base de référence** (gén) bench mark ; (Fin) year of reference, base year ; **période de référence** base period, reference period ou bench mark ; **prix de référence** target price ; **taux de référence bancaire** prime rate ; **faire référence à** to refer to, make reference to ; **en référence à votre courrier du 5 juin** with reference to your letter of June 5, re your letter of June 5 ; **références à rappeler** in replying please quote reference ; **la référence de l'article** the article reference. **b** (garantie) reference. ◊ **elle a de bonnes références** she has good references ou a good testimonial ; **lettre de référence** letter of reference ou testimonial ; **des références bancaires** banker's reference. **c** (article) (listed) item, reference.

**référencé, e** [ʀefeʀɑ̃se] **adj** (gén) entered under a reference number ; producteur listed. ◊ **cet article n'est plus référencé** this item is no longer listed in our catalogue.

**référencement** [ʀefeʀɑ̃smɑ̃] **nm** [producteur, produit] listing. ◊ **accord de référencement**

listing agreement; **centrale de référencement** central referring unit; **indemnité de référencement versée par le fournisseur** listing charge paid by the supplier.

**référencer** [ʀefeʀɑ̃se] **vt** (gén) to reference; fournisseur, client to list; article to list, stock, hold in stock.

**référencier** [ʀefeʀɑ̃sje] **nm** reference list.

**refinancement** [ʀ(ə)finɑ̃smɑ̃] **nm** [entreprise, projet] refinancing; [dette] refunding.

**réflexion** [ʀeflɛksjɔ̃] **nf** (gén) reflexion. ◊ **proposition qui mérite réflexion** proposal that is worth thinking about ou that is worth considering; **période** ou **délai de réflexion** (avant de prendre des sanctions) cooling off period; **laissez-moi un délai de réflexion** give me time to think about it; **constituer un groupe de réflexion** to set up a think tank.

**refluer** [ʀ(ə)flye] **vi** [capitaux] to flow back; [cours] to fall, drop.

**reflux** [ʀəfly] **nm** [activité économique] ebbing, downturn.

**refondre** [ʀ(ə)fɔ̃dʀ(ə)] **vt** système, programme, statuts to overhaul, remodel, reshape.

**refonte** [ʀ(ə)fɔ̃t] **nf** [système, programme, statuts] overhaul, remodelling, reshaping; [organisation] restructuring, redeployment. ◊ **refonte de capital** recapitalization.

**réforme** [ʀefɔʀm(ə)] **nf** reform. ◊ **réforme fiscale / monétaire** tax / monetary reform; **mettre à la réforme** machine to retire, scrap; **mise à la réforme** [machine] retirement, scrapping.

**refrain** [ʀ(ə)fʀɛ̃] **nm** ◊ **refrain publicitaire** jingle.

**refroidissement** [ʀ(ə)fʀwadismɑ̃] **nm** ◊ **politique de refroidissement de l'économie** freeze-squeeze policy.

**refuge** [ʀ(ə)fyʒ] **nm** refuge, shelter. ◊ **valeur refuge** (or, placement immobilier) safe investment; (titre boursier) blue-chip stock; **refuge fiscal** tax shelter ou haven.

**refus** [ʀ(ə)fy] **nm** refusal. ◊ **refus d'acceptation** [traite, chèque] non-acceptance, dishonour (by non-acceptance); **refus de paiement** non-payment, refusal to pay; **refus de vente** refusal of sale; **option de premier refus** first refusal option.

**refuser** [ʀ(ə)fyze] **vt** (gén) to refuse; client to turn away; marchandise to reject; candidat à un poste to turn down; demande, proposition to refuse, turn down. ◊ **refuser (d'honorer ou d'accepter) un effet** to dishonour a bill; **chèque refusé** dishonoured cheque.

**regagner** [ʀ(ə)gaɲe] **vt** argent to earn again; argent perdu to win ou get back; parts de marché to regain. ◊ **regagner du terrain** to

regain ground, win back lost ground; **ces titres ont regagné quelques points** this stock has made up a few points.

**regain** [ʀ(ə)gɛ̃] **nm** [confiance] revival (de of). ◊ **regain d'activité** renewal ou revival of activity; **un regain de tension sur le marché de l'emploi** renewed tension on the job ou labour market.

**regarnir** [ʀ(ə)gaʀniʀ] **vt** magasin to stock up again, restock; étagères to stock up again, fill (up) again; carnet de commandes to fill up.

**régie** [ʀeʒi] **1 nf** **a** (fonctionnement) state ou local government control. ◊ **en régie** under state (ou local government) control; **mettre en régie** to bring under state control; **travailleurs en régie** workers who have been contracted out; **travail en régie, régie d'entreprise** public work contracting (by the government); **confier des travaux en régie à une entreprise** to subcontract work to a firm; **succession en régie** estate in the hands of the public trustee. **b** (entreprise) agency. ◊ **régie (d'État)** state-owned company, government corporation (GB), state monopoly; **la Régie** the Excise.
**2 comp régie d'affichage** billposting agency ou contractor. – **régie autonome** independent public corporation (GB) ou authority; **régie autonome des transports parisiens** Paris public transport system. – **régie d'avances** authorization to incur expenditure. – **régie du dépôt légal** copyright agency ou department. – **régie directe** (gestion) direct state (ou local government) control; (entreprise) state-owned company. – **régie d'espace publicitaire** advertising space administration ou agency. – **la Régie française de publicité** French advertising agency. – **la Régie française des tabacs** French national tobacco company. – **régie d'immeubles** (gestion) real estate management; (entreprise) real estate management agency. – **régie des impôts indirects** excise administration. – **régie industrielle et commerciale** state-owned corporation (GB) ou company. – **régie intéressée** (gestion) public service concession; (entreprise) company exercising a public service concession. – **régie municipale** (gestion) local government administration ou control; (organisme) local government administration ou corporation (GB). – **régie de recettes** authorization to receive funds.

**régime** [ʀeʒim] **nm** **a** (organisation) scheme, system, plan; (dispositions) regulations. ◊ **régime douanier** customs system ou regulations; **régime économique** economic system; **régime des emballages** (Douanes) customs regulations on returnable containers; **marchandises bénéficiant d'un régime préférentiel ou de faveur** (Douanes) goods which get customs preference ou which are subject to preferential duties; **le régime général de la Sécurité sociale** the Social Security system; **régime fiscal** tax system ou regulations ou regime; **régime fiscal des amortissements / des plus-values** tax treatment ou taxation of depreciation / of capital gains; **régime juridique** legal framework; **régime de retraite** pension plan ou scheme; **régime de retraite des cadres** executive pension scheme; **régime de retraite complémentaire** supplementary pension scheme; **régime de retraite obligatoire** mandatory pension plan; **régime de prix** price system; **régime de travail** employment regulations; **nous sommes dans un régime de changes flottants** we are in a system of floating exchange rates. **b** [moteur, activité économique] (running) speed. ◊ **montée en régime** gearing up; **baisse de régime** slowing down; **régime de croisière** cruising speed; **l'entreprise marche à plein régime** the company is working at full capacity.

**région** [ʀeʒjɔ̃] **nf** region, area. ◊ **région cible / test** (Mktg, Pub) target / test area.

**régional, e, mpl -aux** [ʀeʒjɔnal, o] **adj** regional. ◊ **conseil régional** regional council; **notre siège régional** our regional ou local headquarters; **la direction régionale du Sud-Ouest** the headquarters for the southwest region, regional headquarters for the southwest; **directeur régional des ventes** district ou area sales manager; **entreprise régionale** local firm.

**régisseur** [ʀeʒisœʀ] **nm** [propriété] steward, manager.

**registre** [ʀeʒistʀ(ə)] **1 nm** (gén, Inf) register. ◊ **porter au registre** (Compta) to register, record, enter in the register. **2 comp registre des actionnaires** register of stockholders ou shareholders, share ledger. – **registre des chèques** cheque register. – **régistre du commerce** trade ou corporate (US) register; **inscrit au registre du commerce** registered. – **registre de comptabilité** ledger, account book, book of account. – **registre de contrôle** (Inf) check register. – **registre d'instruction** (Inf) instruction register. – **registre des loyers** rent roll. – **registre maritime** shipping register. – **registre des métiers** roll of craftsmen. – **registre des salaires** payroll. – **registre des sociétés** register of companies. – **registre des transferts** (Bourse) transfer register.

**réglable** [ʀeglabl(ə)] **adj** (Fin) payable. ◊ **réglable en 10 mensualités** payable in 10 monthly instalments.

**règle** [ʀɛgl(ə)] **nf** rule. ◊ **pour la bonne règle** for regularity's sake; **règles de sécurité** safety regulations; **les comptes sont en règle** the accounts are in order; **être en règle avec le fisc** to be straight with ou in order with the tax authorities; **se mettre en règle** to straighten out one's position; **adresser une candidature en règle** to send a formal application; **faire qch dans ou selon les règles** to do sth according to the rules ou according to the proper procedures ou in due form.

**règlement** [ʀɛgləmɑ̃] **nm a** (règle) regulation; (ensemble de règles) rules, regulations. ◊ **règlement de service** administrative rule ou regulation; **le règlement intérieur ou interne de l'entreprise** the company's rules and regulations; **c'est contraire au règlement** it's against the regulations ou rules; **règlements douaniers** customs regulations. **b** (paiement) settlement, payment; (montant payé) payment, remittance. ◊ **en règlement de votre facture du...** in settlement ou payment of your invoice of...; **mode de règlement** method ou means of payment; **règlement en espèces ou comptant** cash settlement ou payment; **règlement mensuel** monthly settlement (market); **règlement en nature** payment in kind; **faire un règlement par chèque** to pay ou make a payment by cheque, make a remittance by cheque; **joignez votre règlement** enclose your remittance. **c** (solution) [conflit] settlement. ◊ **règlement à l'amiable** out-of-court ou amicable settlement; **règlement judiciaire** legal settlement; **être en règlement judiciaire** to be in the hands of the receiver; **être mis en règlement judiciaire** to go into receivership. **d** (Bourse) settlement. ◊ **marché à règlement mensuel** monthly settlement market; **jour du règlement** settlement day, account day. **e** (Ass) [sinistre] settlement. ◊ **règlement de sinistres** claims ou damage settlement; **règlement d'avaries** average adjustment.

**réglementaire** [ʀɛgləmɑ̃tɛʀ] **adj** procédure, réserve statutory. ◊ **pouvoir réglementaire** regulatory authority ou power.

**réglementairement** [ʀɛgləmɑ̃tɛʀmɑ̃] **adv** ◊ **augmentation fixée réglementairement** statutory price increase.

**réglementation** [ʀɛgləmɑ̃tasjɔ̃] **nf** (action de réglementer) regulation, control; (ensemble de règles) rules, regulations. ◊ **réglementation des changes** (contrôle) exchange control; (règles) exchange control regulations; **réglementation des prix** price control; **réglementation du marché du travail** regulation of the labour market; **réglementation du travail** (lois) labour regulations.

**réglementer** [ʀɛɡləmɑ̃te] **vt** prix to regulate, control; industrie to regulate.

**régler** [ʀegle] **vt** **a** (solutionner) conflit to settle. ◊ **régler qch à l'amiable** to settle sth amicably ou out of court. **b** (payer) facture, dette to settle, pay; personne to settle up with, pay; service to pay for, settle up for. ◊ **je vais régler mes dettes** I am going to pay off ou to pay up my debts, to settle my debts; **régler par chèque** to pay by cheque; **compte non réglé** unpaid ou outstanding account; **régler le solde d'un compte** to pay the balance of an account. **c** (Ass) sinistre to settle, handle. ◊ **régler les avaries communes** to adjust the general average. **d** (Bourse) to settle.

**régresser** [ʀegʀese] **vi** [ventes, bénéfices, cours] to decline, fall, drop; [activité, marché] to decline.

**régressif, -ive** [ʀegʀesif, iv] **adj** regressive.

**régression** [ʀegʀesjɔ̃] **nf** [activité, marché] regression, decline; [ventes, chiffre d'affaires] fall, drop, decline. ◊ **être en régression** to be on the decline, be declining ou decreasing ou falling; **courbe de régression** (Stat) regression curve.

**regret** [ʀ(ə)ɡʀɛ] **nm** regret. ◊ **j'ai le regret de vous informer que...** I regret to inform you that..., I must regretfully inform you that...; **nous sommes au regret de ne pouvoir vous aider** we are sorry ou we regret that we cannot help you.

**regretter** [ʀ(ə)ɡʀete] **vt** to regret. ◊ **nous regrettons de ne pas pouvoir donner suite à votre demande** we are sorry not to be able to follow up your order, we are sorry that we cannot follow up your order.

**regroupement** [ʀ(ə)ɡʀupmɑ̃] **nm** (gén) grouping; [ressources] pooling; [services] centralization; (Fin) [comptes] consolidation; (Bourse) [actions] consolidation. ◊ **regroupements d'entreprises** groupings ou combinations of companies, business combinations; (par fusion) mergers; **regroupement par conglomérat** conglomerate combination.

**regrouper** [ʀ(ə)ɡʀupe] **vt** (gén) to put ou group together; ressources to pool; services to centralize; entreprises to combine; (par fusion) to merge; (Fin) comptes to consolidate; (Bourse) actions to consolidate.

**régularisation** [ʀegylaʀizasjɔ̃] **nf** **a** [situation] regularization; (Banque) [position, compte] regularization. **b** (Compta) adjustment. ◊ **pour la régularisation de nos écritures** to straighten our accounts; **régularisation sur exercice antérieur** prior period adjustment; **comptes de régularisation** accruals and deferrals; **écriture de régularisation**

adjustment entry; **charge constatée par régularisation** accrued expense; **produit constaté par régularisation** accrued revenue. **c** (Fin) [dividendes] equalization. ◊ **fonds** ou **compte de régularisation monétaire** currency equalization fund. **d** (Ind) **stock de régularisation** buffer stock; **office de régularisation du marché** marketing board.

**régulariser** [ʀegylaʀize] **vt** **a** situation to regularize, straighten out, sort out; (Banque) position, compte to regularize. **b** (Compta) to adjust. **c** (Fin) monnaie, dividende to equalize.

**régularité** [ʀegylaʀite] **nf** regularity. ◊ **pour la régularité de nos écritures** to keep our accounts straight.

**régulateur, -trice** [ʀegylatœʀ, tʀis] **1 adj** regulating. ◊ **stock régulateur** buffer stock; **système régulateur de prix** price-regulating mechanism.
**2 nm** **a** (mécanisme) regulator. ◊ **régulateurs économiques** economic regulators. **b** (Transports) (personne) dispatcher.

**régulation** [ʀegylasjɔ̃] **nf** [économie] regulation. ◊ **régulation de la production** production control.

**régulier, -ière** [ʀegylje, jɛʀ] **adj** **a** (habituel) train, avion, service regular, scheduled. ◊ **ligne régulière** (Aviat) regularly scheduled airline; **vol régulier** scheduled flight. **b** (honnête) opération aboveboard, on the level; personne honest, on the level, straight. ◊ **être régulier en affaires** to be straight ou honest in business. **c** (sans à-coups) production, rythme steady, regular. ◊ **demande régulière** steady demand.

**réhabilitation** [ʀeabilitasjɔ̃] **nf** [failli] discharge; [immeuble, quartier] restoration, rehabilitation; [personne dans ses fonctions] reinstatement.

**réhabiliter** [ʀeabilite] **vt** failli to discharge; immeuble, quartier to restore, rehabilitate. ◊ **réhabiliter qn dans ses fonctions** to reinstate sb (in his job); **réhabiliter qn dans ses droits** to restore sb's rights (to him).

**réimportation** [ʀeɛ̃pɔʀtasjɔ̃] **nf** reimport, reimportation, reimporting. ◊ **nous sommes dans la réimportation** we are in the reimport trade ou business; **marchandises destinées à la réimportation** goods for reimport.

**réimporter** [ʀeɛ̃pɔʀte] **vt** to reimport.

**réimposer** [ʀeɛ̃poze] **vt** (Impôts) to impose a new ou further tax on.

**réimposition** [ʀeɛ̃pozisjɔ̃] **nf** (Impôts) further taxation.

**réinitialiser** [ʀeinisjalize] **vt** ordinateur to reset; programme to reinitialize.

**réinscription** [ʀeɛ̃skʀipsjɔ̃] **nf** (Compta) re-entry.

**réinscrire** [ʀeɛ̃skʀiʀ] **vt** (Compta) to re-enter.

**réinsérer** [ʀeɛ̃seʀe] **1** **vt** employé to relocate, resettle.
**2** **se réinsérer vpr** ◊ **se réinsérer dans la vie professionnelle** to get back into professional life.

**réinsertion** [ʀeɛ̃sɛʀsjɔ̃] **nf** [employé, chômeur] relocation, resettlement. ◊ **il est conseil en réinsertion professionnelle** he is an outplacement consultant; **elle suit un stage de réinsertion** she is on a ressettlement ou retraining ou rehabilitation course.

**réinstallation** [ʀeɛ̃stalasjɔ̃] **nf** resettlement. ◊ **prime de réinstallation** resettlement allowance.

**réintégration** [ʀeɛ̃tegʀasjɔ̃] **nf** (gén) reintegration; (Compta) reinstatement; [fonctionnaire] reinstatement. ◊ **réintégration de l'impôt différé** reinstatement of deferred taxation.

**réintégrer** [ʀeɛ̃tegʀe] **vt** (gén) to reintegrate; (Compta) to reinstate. ◊ **réintégrer qn dans ses fonctions** to reinstate sb (in his job), give sb his job back; **réintégrer une somme dans un compte** to add a sum back into an account, reinstate a sum (into an account).

**réinvestir** [ʀeɛ̃vɛstiʀ] **vt** to reinvest, plough back (GB), plow back (US).

**réinvestissement** [ʀeɛ̃vɛstismɑ̃] **nm** (action) reinvestment, reinvesting, ploughing back (GB), plowing back (US); (somme) reinvestment.

**réitératif, -ive** [ʀeiteʀatif, iv] **adj** reiterative.

**réitération** [ʀeiteʀasjɔ̃] **nf** reiteration, repetition.

**réitérer** [ʀeiteʀe] **vt** to reiterate, repeat.

**rejet** [ʀ(ə)ʒɛ] **nm** [plan, proposition] rejection, dismissal; [réclamation] rejection, disallowance; [dépense] disallowance; (Jur) [recours en grâce, pourvoi] dismissal. ◊ **rejet de la marque** brand rejection; **taux de rejet** rejection rate; **caractère de rejet** (Inf) ignore character.

**rejeter** [ʀəʒte] **vt** plan, proposition to reject, turn down, dismiss; réclamation to reject, disallow; (Jur) recours en grâce, pourvoi to dismiss; dépense to disallow. ◊ **rejeter toute responsabilité pour qch** to disclaim all responsibility for sth; **rejeter la responsabilité de qch sur qn** to blame sb for sth.

**relâche** [ʀ(ə)laʃ] **nf** (Mar) port of call. ◊ **faire relâche (dans un port)** to put into port, put in at a port, call at a port.

**relâchement** [ʀ(ə)laʃmɑ̃] **nm** (Bourse) slackening, easing (off).

**relâcher** [ʀ(ə)laʃe] **vi** (Mar) **relâcher (dans un port)** to put into port, put in at a port, call at a port.

**relais** [ʀ(ə)lɛ] **nm** **a** (Ind) travail par relais shift work; **travailler par relais** to work shifts, do shift work; **ouvrier / équipe de relais** shift worker / team. **b** (Fin) **crédit ou prêt relais** bridging loan.

**relance** [ʀ(ə)lɑ̃s] **nf** **a** (Écon) [économie] reflation, pump priming; [secteur, entreprise] boosting, stimulation. ◊ **la relance de l'économie conduit à une augmentation des importations** reflating the economy results in an increase in imports; **mesures / politique de relance** reflationary ou stimulative measures / policy; **relance par la demande** demand reflation. **b** (Comm) [client] follow up; (appel, visite) follow-up call. ◊ **lettre de relance** (pour suivi) follow-up letter; (en cas de non-paiement) reminder letter, dunning letter (US); **fichier de relance** suspense ou follow-up file.

**relancer** [ʀ(ə)lɑ̃se] **vt** **a** économie to reflate, revitalize, boost, give a boost to, stimulate; secteur, entreprise, ventes to boost, give a boost to, stimulate, reactivate. **b** (Comm) client (pour une affaire) to contact again, follow up, stir up; (par écrit) to send a follow-up letter to; (en cas de non-paiement) to send a reminder letter ou a dunning (US) letter to. ◊ **relancer un client par téléphone** to give a follow-up call to a customer.

**relation** [ʀ(ə)lasjɔ̃] **nf** **a** (contact) **relations** relations; **être en relation(s) avec qn** to be in touch ou contact with sb; **être en relations d'affaires avec qn** to have business relations ou business dealings ou a business relationship with sb; **relations avec la clientèle** customer relations; **relations commerciales** (entre entreprises) commercial ou business relations; (entre pays) trade relations; **relations patrons-ouvriers** labour-management ou industrial relations; **relations publiques** public relations, PR; **service de relations publiques / humaines** public / human relations department; **relations sociales** (gén) social relations; (dans l'entreprise) labour ou industrial relations. **b** (personne) acquaintance. ◊ **une relation d'affaires** a business acquaintance ou connection; **avoir des relations** to be well connected, have (influential) relations; **trouver un poste par relations** to find a job through one's connections.

**relationnel, -elle** [ʀəlasjɔnɛl] **1** **adj** relational.
**2** **nm** ◊ **elle est très forte pour le relationnel** she is very good in the area of human relations.

**relevé** [ʀəlve; rləve] **1** **nm** (décompte) [frais] summary, statement ; [adresses] list ; (facture) bill. ◊ **faire un relevé de qch** to list sth ; **nous vous adressons un relevé de votre compte arrêté au 30 avril** we are enclosing a statement of your account made up to April 30.
**2** **comp** **relevé bancaire** ou **de banque** bank statement, statement of account. **– relevé de caisse** cash statement. **– relevé comptable** (financial) statement. **– relevé de compte** bank statement, statement of account. **– relevé de factures** billing, list of invoices. **– relevé d'identité bancaire** bank identification form, details of one's bank account ; **– relevé d'identité postal** post office identification form. **– relevé de(s) vente(s)** sales report ou return.

**relèvement** [ʀ(ə)lɛvmɑ̃] **nm** **a** (augmentation) (action) raising (de of) ; (résultat) increase (de in). ◊ **le relèvement du prix / des taux de base** (action) the raising of the price / of base rates ; (résultat) the rise in the price / in base rates ; **relèvement de l'impôt / des salaires** tax / wage increase. **b** (rétablissement) [économie, pays, entreprise] recovery.

**relever** [ʀəlve] **1** **vt** **a** (redresser) économie to rebuild, restore ; pays, entreprise to put back on its feet. **b** (augmenter) salaire, impôts, prix, taux d'intérêt to raise, increase, put up ; chiffre d'affaires, bénéfices to increase ; niveau de production to raise, increase. **c** (inscrire) adresse, faits, chiffres to take down, list, note (down). **d** (Fin) **relever un compte** to make out a statement of an account. **e** **relever qn de ses fonctions** to relieve sb of his office ou of his duties.
**2** **relever de vt indir** (être de la compétence de) to be a matter for ; (dépendre de) to come under. ◊ **cet organisme relève de la Commission européenne** this body comes under the European Commission ; **cette affaire relève de la direction générale** this is a matter for the top management ; **cette affaire ne relève pas de ma compétence** I am not competent to deal with this matter.

**reliquat** [ʀ(ə)lika] **nm** (gén) remainder ; [compte] balance ; [somme à payer] outstanding amount ou balance, remainder.

**remaniement** [ʀ(ə)manimɑ̃] **nm** [rapport] revision, redrafting ; [organigramme] reorganization.

**remanier** [ʀ(ə)manje] **vt** rapport to revise, redraft ; organigramme to reorganize.

**remballage** [ʀɑ̃balaʒ] **nm** (gén) packing up again ; petit paquet rewrapping.

**remballer** [ʀɑ̃bale] **vt** (gén) to pack up again ; petit paquet to rewrap.

**rembarquement** [ʀɑ̃baʀkəmɑ̃] **nm** [passagers] re-embarkation ; [marchandises] reloading.

**rembarquer** [ʀɑ̃baʀke] **1** **vt** passagers to re-embark ; marchandises to reload.
**2** **vi** to re-embark.

**rembaucher** [ʀɑ̃boʃe] **vt** = réembaucher.

**rembours** [ʀɑ̃buʀ] **nm** (Douanes) drawback.

**remboursable** [ʀɑ̃buʀsabl(ə)] **adj** dette repayable, redeemable ; emprunt (gén) repayable ; (par anticipation) callable ; obligation (gén) redeemable ; (par anticipation) callable ; dépense, acompte refundable. ◊ **obligation non remboursable** irredeemable bond ; **voici la liste des dépenses remboursables** here is the list of refundable ou allowable expenses ; **prêt** ou **emprunt remboursable sur demande** loan repayable on demand, loan at call.

**remboursement** [ʀɑ̃buʀsəmɑ̃] **nm** **a** [dette] repayment, settlement, redemption ; [hypothèque] repayment, redemption ; [emprunt, créancier] repayment, reimbursement ; [frais, somme payée en trop] refund, reimbursement ; [prix d'achat] refund ; (Fin) [effet] retirement. ◊ **obtenir le remboursement de son voyage** to get one's money back for one's trip, get one's trip refunded, get a refund on one's trip ; **vos capacités** ou **possibilités de remboursement** your ability to meet repayments ; **envoi contre remboursement** cash with order ; **livraison contre remboursement** cash on delivery ; **remboursement garanti en cas de non-satisfaction** guaranteed refund if not satisfied. **b** (Bourse) [obligation] redemption. ◊ **lors du remboursement ces titres rapporteront 10,25 %** at redemption these stocks will yield 10.25% ; **appeler les obligations au remboursement** to call bonds for redemption ; **remboursement anticipé** redemption before due date ; **remboursement au-dessus du pair** redemption above par ; **date / prime / prix / valeur de remboursement** redemption date / premium / price / value ; **emprunt de remboursement** refunding loan. **c** (Douanes) [droits] refund ; (lors de l'importation en vue de la réexportation) drawback. **d** (Impôts) (tax) refund.

**rembourser** [ʀɑ̃buʀse] **vt** dette to pay back ou off, repay, settle (up), redeem ; emprunt, créancier to pay back ou off, repay, reimburse ; somme payée en trop, frais to refund, reimburse ; (Fin) effet to retire ; (Bourse) obligation to redeem ; hypothèque to redeem, pay off ; prix d'achat to refund. ◊ **rembourser qn de qch, rembourser qch à qn** to reimburse sth to sb, repay sb sth ; **rembourser intégralement** to pay off in full ; **elle s'est fait rembourser son billet / hôtel** she had her ticket / hotel room refunded ou reimbursed, she got her money back for her ticket / hotel room.

**remembrement** [ʀ(ə)mãbʀəmã] **nm** regrouping of lands.

**remembrer** [ʀ(ə)mãbʀe] **vt** terrains to regroup.

**remerciement** [ʀ(ə)mɛʀsimã] **nm** ◊ **remerciements** thanks; **avec nos remerciements** with (many) thanks; **avec nos remerciements anticipés** thanking you in anticipation; **lettre de remerciement** thank-you letter, letter of thanks.

**remercier** [ʀ(ə)mɛʀsje] **vt** a (gén) to thank (qn d'avoir fait qch sb for doing sth). ◊ **nous vous remercions de votre lettre** thank you for your letter; **nous vous remercions de nous avoir expédié la marchandise** (we) thank you for dispatching the goods; **en vous remerciant** with many thanks; **en vous remerciant par avance** thanking you in anticipation. b (congédier) to dismiss, let go, sack, fire.

**réméré** [ʀemeʀe] **nm** ◊ **faculté de réméré** option of repurchase, repurchase agreement; **vente à réméré** sale with option of repurchase; **clause de réméré** repurchase clause.

**remettant** [ʀ(ə)mɛtã] **nm** remitter.

**remetteur, -euse** [ʀ(ə)mɛtœʀ, øz] **1 adj** banque, personne remitting. **2 nm** remitter.

**remettre** [ʀ(ə)mɛtʀ(ə)] **vt** a rendez-vous, décision to put off, postpone (à to). b marchandises to deliver, hand over; objet to give (à qn to sb). ◊ **remettre son rapport** to submit one's report, hand in one's report; **remettre sa démission** to hand in ou tender one's résignation; **remettre une lettre à qn** to hand over a letter to sb, give sb a letter. c argent to remit. ◊ **remettre à l'escompte** to remit for discount; **remettre en nantissement** to lodge as collateral; **remettre des effets en recouvrement** ou à l'encaissement to remit bills for collection; **remettre un chèque à l'encaissement** to cash ou bank a cheque; **remettre un chèque à qn** to give ou send a cheque to sb.

**remise** [ʀ(ə)miz] **nf** a (dépôt) [marchandises] delivery, handing over, return; [rapport] handing in, submission. ◊ **contre remise des documents** against delivery (of the documents), on presentation of the documents; **payable contre remise du coupon** payable upon presentation of ou in exchange for the coupon; **remise de titres** (Bourse) delivery of stocks; **note de remise** consignment note. b (renonciation) remission. ◊ **remise de dette** remission ou cancellation of a debt; **faire remise d'une dette** to remit a debt; **remise d'un impôt / de droits de douane** remission of a tax / of customs

duty. c (réduction) discount, reduction, allowance. ◊ **une remise de 20 %** a 20 % discount ou reduction ou allowance; **remise d'usage** ou **confraternelle** customary trade discount; **remise sur la quantité** discount on bulk orders ou purchases, volume ou bulk ou quantity discount; **remise sur ventes** sales discount ou allowance; **remise sur marchandises** trade allowance ou discount; **remise de référencement** initial trade discount; **consentir** ou **accorder une remise sur qch** to allow ou grant a discount on sth, make a reduction ou an allowance on sth. d (délai) [décision] putting off, postponement. e [effet, chèque, fonds] remittance. ◊ **envoyer une remise** to send a remittance; **faire une remise de fonds à qn** to send sb a remittance, remit funds to sb, make a remittance of funds to sb; **remise d'un effet en recouvrement** ou à l'encaissement remittance of a bill for collection; **remise d'un chèque à l'encaissement** cashing of a cheque, remittance of a cheque for cashing; **remise à vue** (effet) sight remittance.

**remisier** [ʀ(ə)mizje] **nm** (Bourse) intermediate broker, half-commission man, remisier, customer's man (US).

**remontée** [ʀ(ə)mõte] **nf** a (hausse) rise. ◊ **la remontée de ce titre** the rise in the price of this stock; **remontée spectaculaire des valeurs françaises** spectacular rally of French securities. b (indication) **remontées publicitaires** advertising feedback; **la remontée des informations des ateliers vers la direction** the feedback ou the upward flow of information from shopfloor to management.

**remonter** [ʀ(ə)mõte] **1 vi** [prix, taux d'intérêt] to go up again, rise again; (Bourse) to rise, rally. ◊ **cette entreprise remonte dans les classements** this firm is catching up the lost ground ou has improved its rating. **2 vt** magasin to restock. ◊ **remonter une entreprise** to get a business going again.

**remorquage** [ʀ(ə)mɔʀkaʒ] **nm** towing. ◊ **droits de remorquage** towage (dues).

**remorque** [ʀ(ə)mɔʀk(ə)] **nf** trailer. ◊ **être à la remorque** [monnaie, économie] to trail behind; **à la remorque du Japon** trailing behind Japan.

**remorquer** [ʀ(ə)mɔʀke] **vt** (Mar) to tow, tug.

**remorqueur** [ʀ(ə)mɔʀkœʀ] **nm** tug(boat).

**remplaçant, e** [ʀãplasã, ãt] **nm,f** replacement. ◊ **je vous présente mon remplaçant** let me introduce the person who is replacing me; (provisoirement) let me introduce the person who is standing in for me ou who is deputizing for me.

**remplacement** [ʀãplasmã] **nm** replacement.
◊ **elle est ici en remplacement de M. Chenas**
(provisoirement) she's replacing Mr Chenas,
she's standing in for Mr Chenas, she is
deputizing for Mr Chenas ; (définitivement)
she has replaced Mr Chenas ; **elle fait des
remplacements dans notre service** she does
replacement jobs ou she temps* in our
department ; **produit de remplacement** substitute (product) ; **coût / valeur de remplacement** replacement cost / value ; **comptabilité au prix de remplacement** replacement
accounting ou costing ; **délai de remplacement** replacement time ; **au prix de remplacement** at replacement cost.

**remplacer** [ʀãplase] **vt** **a** personne (provisoirement) to stand in for, deputize for,
replace ; (définitivement) to take over from,
replace. ◊ **je me suis fait remplacer** I had
someone stand in for me. **b** produit, objet
to replace. ◊ **remplacer une chose par une
autre** to replace one thing with another,
change one thing for another.

**remplir** [ʀãpliʀ] **1** **vt** formulaire to fill (in ou
out) ; conditions to satisfy, meet ; contrat to
fulfill ; formalités to comply with, fulfill ; mission to carry out.
**2** **se remplir vpr** to fill (up) (*de* with). ◊ **les
carnets de commandes se remplissent** order
books are filling up.

**remplissage** [ʀãplisaʒ] **nm** (Aviat) **taux de remplissage** rate of occupation, load factor.

**remploi** [ʀãplwa] **nm** = réemploi.

**remployer** [ʀãplwaje] **vt** = réemployer.

**remprunter** [ʀãpʀɛ̃te] **vt** ◊ **remprunter de
l'argent** to borrow more money, borrow
money again.

**rémunérateur, -trice** [ʀemyneʀatœʀ, tʀis] **adj**
investissement remunerative, profitable,
lucrative ; travail well-paid. ◊ **placement peu
rémunérateur** unprofitable investment.

**rémunération** [ʀemyneʀasjɔ̃] **nf** (paiement)
remuneration, payment ; (salaire) salary,
wage ; (intérêt d'un placement) return. ◊ **les
rémunérations** salaries, wages, salaries
and wages ; **en rémunération de vos services**
in payment of your services, in consideration of your services ; **la rémunération du
travail** the remuneration of labour ; **taux de
rémunération** [salarié] salary ou wage rate ;
[investissement] return ; **rémunération du
capital** return on capital ; **rémunération au
rendement** incentive payment ; **rémunération au mérite** pay for performance.

**rémunérer** [ʀemyneʀe] **vt** personne to remunerate, pay ; dépôts to remunerate, serve
an interest on ; services to pay for. ◊ **rémunérer le travail de qn** to remunerate ou pay
sb for his work ; **employé / travail rémunéré**

paid employee / work ; **travail bien / mal
rémunéré** well-paid / badly-paid job ; **la
manutention des expéditions est rémunérée à
150 F l'heure** consignment handling pays
F150 an hour ; **argent placé sur un compte
rémunéré** money deposited in an interest-
bearing account.

**rencaisser** [ʀãkese] **vt** argent to receive back.

**renchérir** [ʀãʃeʀiʀ] **vi** [prix] to rise, go up ; [pro-
duit] to increase in price, get dearer ou
more expensive, go up.

**renchérissement** [ʀãʃeʀismã] **nm** rise ou
increase in price.

**rendement** [ʀãdmã] **1** **nm** [culture] yield ; [ma-
chine] output, efficiency ; [système, usine]
output, throughput ; [travailleur] output,
performance ; [titre boursier] yield. ◊ **rendement d'un investissement** return on ou yield
from an investment ; **rendement d'un système informatique** throughput of a data
processing system ; **taux de rendement** [ca-
pital investi] rate of return ; [actions, obliga-
tions] yield ; **taux de rendement actuariel, rendement à l'échéance** yield to maturity ; **titres
à haut / bas rendement** high-yield / low-
-yield securities ; **travailler** ou **tourner à plein
rendement** to work at full capacity ; **évaluation du rendement** performance appraisal
ou review ; **prime de rendement** incentive
bonus, merit ou output ou efficiency
bonus ; **norme de rendement** [machine] output standard ; [ouvrier] performance
standard ; **loi des rendements croissants /
décroissants** law of increasing / diminishing returns.
**2** **comp rendement de l'actif** return on
assets. – **rendement des actions** dividend
yield. – **rendement actuariel brut** gross
actuarial return. – **rendement boursier**
dividend yield. – **rendement du capital**
return on capital ; **rendement du capital
investi** return on investment, ROI ; **rendement des capitaux propres** return on equity.
– **rendement comptable** accounting rate
of return. – **rendement courant** current
yield. – **rendement à l'échelle** (Écon)
return on scale. – **rendement économique** [machine, usine] economic efficiency.
– **rendement effectif** effective yield.
– **rendement individuel** output per person. – **rendement des investissements**
return on investment, ROI. – **rendement
horaire** ou **à l'heure** output per hour.
– **rendement marginal du capital** marginal return on capital. – **rendement
maximum** [investissement] maximum return
ou yield ; [machine] highest efficiency, maximum output ou throughput ; [ouvrier] maximum output, best performance. – **rendement par mètre carré de surface** profitability per space foot. – **rendement**

**nominal** accounting rate of return. – **rendement optimum** ou **optimal** [machine] ideal efficiency, maximum output ou throughput. – **rendement technique** [machine] technical efficiency.

**rendez-vous** [ʀɑ̃devu] **nm inv** appointment. ◊ **carnet de rendez-vous** appointment book; **fixer un rendez-vous à qn** to make an appointment with sb, set up an appointment with sb; **sur rendez-vous** by appointment; **on s'est donné rendez-vous à la gare à 8 heures** we have arranged to meet at the station at 8 a.m.

**rendre** [ʀɑ̃dʀ(ə)] **vt** **a** (rétrocéder) to give back, return. ◊ **rendre la monnaie à qn** to give sb his change; **il m'a rendu 20 F** he gave me F20 change, he gave me F20 back; **nous avons rendu les articles abîmés** we returned ou sent back the damaged articles. **b** (Fin : produire) to yield, bring in, return. ◊ **placement qui rend 12% par an** investment that yields ou brings in 12% a year. **c** (remettre) marchandises to deliver. ◊ **rendu à domicile** delivered to your door, delivered to the house; **rendu franco à bord** delivered free on board; **rendu droits acquittés** delivered duty paid; **rendu à quai** delivered free on quay; **prix rendu** delivered price; **rendu à l'usine** delivered free factory; **rendu frontière** delivered at frontier.

**rendu** [ʀɑ̃dy] **nm** (article) return. ◊ **faire un rendu** to return ou exchange an article; **livre des rendus** returns book; **rendus au vendeur** returns to vendor; **rendus sur ventes** (Compta) sales returns, returns inwards; **rendus sur achats** (Compta) purchase returns, returns outwards.

**renégociation** [ʀ(ə)negɔsjasjɔ̃] **nf** renegotiation.

**renégocier** [ʀ(ə)negɔsje] **vt** to renegotiate.

**renflouage** [ʀɑ̃fluaʒ] **nm**, **renflouement** [ʀɑ̃flumɑ̃] **nm** [entreprise, personne] bailing out.

**renflouer** [ʀɑ̃flue] **vt** entreprise to bail out, rescue, refloat. ◊ **renflouer qn** to bail sb out.

**rengager** [ʀɑ̃gaʒe] **vt** capital to reinvest; salarié to take on ou engage again, re-engage, hire again.

**renom** [ʀ(ə)nɔ̃] **nm** [entreprise, produit] repute, reputation, renown, fame.

**renommé, e** [ʀ(ə)nɔme] **1** **adj** renowned, famous.
**2** **renommée nf** repute, reputation, renown, fame. ◊ **un produit de renommée nationale** a product famous ou renowned throughout the country.

**renommer** [ʀ(ə)nɔme] **vt** fonctionnaire to reappoint (*à* to).

**renouer** [ʀənwe] **1** **vt** relations to resume. ◊ **renouer le dialogue** to resume talks.
**2** **vi** ◊ **renouer avec l'équilibre financier** to return to the black; **notre économie renoue avec la stabilité** our economy is back on its feet; **le marché renoue avec la reprise** ou **la croissance** the market is on the up again.

**renouvelable** [ʀ(ə)nuvlabl(ə)] **adj** contrat renewable. ◊ **le pétrole est une ressource non renouvelable** oil is a depletable ou non-renewable resource; **crédit (par acceptation) renouvelable** revolving credit; **fonds renouvelables** revolving fund.

**renouveler** [ʀ(ə)nuvle] **vt** contrat, abonnement to renew; commande to repeat, renew; crédit to renew, roll over, extend. ◊ **elle a renouvelé sa candidature** she applied again, she renewed her application; **nous devons renouveler notre stock de composants** we must renew ou replenish our supply of components; **commandes renouvelées** repeat orders; **nous avons renouvelé l'équipe de direction** we have renewed ou replaced the management team.

**renouvellement** [ʀ(ə)nuvɛlmɑ̃] **nm** [contrat, abonnement] renewal; [commande] renewal, repetition; [crédit] renewal, rolling over, extension; [stock] renewal, replenishment. ◊ **prime de renouvellement** (Ass) renewal premium; **conditions de renouvellement** terms of renewal; **renouvellement d'achat** repeat purchase.

**rénovation** [ʀenɔvasjɔ̃] **nf** [bureaux] renovation, modernization; [système] reform; [technologie] renewal.

**rénover** [ʀenɔve] **vt** bureaux to renovate, modernize; système to reform; technologie to renew, bring up to date.

**renseignement** [ʀɑ̃sɛɲmɑ̃] **nm** information. ◊ **un renseignement** a piece of information; **demander un renseignement** ou **des renseignements à qn** to ask sb for information; **pour (avoir) de plus amples renseignements, écrivez à l'adresse suivante** for further information, please write to the following address; **prendre des renseignements sur** to inquire about; **veuillez m'adresser tous les renseignements sur ce produit** please send me all (the) details ou particulars about this product; **bureau des renseignements** information office; **personne à contacter pour tout renseignement** person to contact in event of queries; **renseignements** information, inquiries (GB); **(service des) renseignements** (au téléphone) directory inquiries (GB), information (US); **à titre de renseignement** by way of information; **demande de renseignements** inquiry, request for information.

**renseigner** [ʀɑ̃seɲe] **1** vt ◊ **renseigner qn sur un produit** to give sb information about a product; **être bien / mal renseigné** to be well / badly informed; **pourriez-vous me renseigner?** **je cherche à ouvrir un compte** could you help me? I want to open an account.
**2** **se renseigner** vpr ◊ **se renseigner sur qch** to inquire ou make inquiries about sth; **se renseigner auprès de qn** to ask sb; **où peut-on se renseigner?** where can one get information?; **renseignez-vous à la poste** inquire at the post office; **je me suis renseigné au secrétariat** I obtained information from the office, I made inquiries at the office.

**rentabilisation** [ʀɑ̃tabilizasjɔ̃] nf ◊ **la rentabilisation d'une invention** the commercial exploitation of an invention; **la rentabilisation de nos efforts** making our efforts profitable, making our efforts pay.

**rentabiliser** [ʀɑ̃tabilize] vt investissement, opération to make profitable, make pay; installations, équipement to make optimum use of, make pay.

**rentabilité** [ʀɑ̃tabilite] nf **a** [entreprise, opération] profitability, earning capacity ou performance; [méthode] cost-effectiveness. ◊ **la rentabilité potentielle d'une entreprise** the profit potential ou the potential earning power of a company; **étude / indice de rentabilité** profitability study / index; **limite de rentabilité** limit of profitability; **seuil de rentabilité** break-even point; **atteindre le seuil de rentabilité** to break even, reach break-even point. **b** [investissement, capital] return. ◊ **rentabilité des capitaux investis** return on capital employed; **rentabilité économique** return on capital invested; **rentabilité financière** return on equity; **rentabilité des fonds propres** return on equity; **rentabilité des investissements** (de portefeuille) investment yields; (productifs) return on investment, ROI; **rentabilité des ventes** return on sales; **taux de rentabilité** rate of return.

**rentable** [ʀɑ̃tabl(ə)] adj investissement, opération profitable; méthode cost-effective. ◊ **l'entreprise n'est plus rentable** the firm is no longer profitable, the firm is no longer showing ou making a profit; **la formation du personnel est vraiment rentable** staff training really pays (off); **c'est un investissement rentable** it's a profitable investment, the investment gives a good return; **ce n'est pas rentable** it's not worthwhile, it doesn't pay.

**rente** [ʀɑ̃t] **1** nf **a** (pension) annuity, pension. ◊ **servir une rente** to pay an annuity (à to); **vivre de ses rentes** to live on a private in-

come. **b** (emprunt d'État) government stock ou loan ou bond. **c** (Écon : surplus de revenu) rent. ◊ **rente du producteur / du consommateur** rent of the producer / the consumer, producer's / consumer's surplus; **quasi-rente** quasirent.
**2** comp **rente absolue** (Écon) absolute rent. − **rente amortissable** redeemable annuity. − **rente annuelle** annuity, yearly income. − **rente consolidée** consolidated government stock, consols. − **rente différentielle** differential rent. − **rente sur l'État** government stock ou loan ou bond. − **rente foncière** (loyer) ground rent; (Écon) rent of land. − **rente d'invalidité** disablement pension. − **rente de monopole** monopoly rent. − **rente à paiement différé** deferred annuity. − **rentes perpétuelles** perpetual loan, irredeemable securities. − **rente réversible** two-way annuity, survivorship annuity, annuity in reversion. − **rente de situation** (Écon) situation rent. − **rente viagère** life annuity; **rente viagère avec réversion** two-way annuity, survivorship annuity, annuity in reversion.

**rentier, -ière** [ʀɑ̃tje, jɛʀ] nm,f person of independent ou private means. ◊ **rentier viager** annuitant; **petit rentier** small investor.

**rentrée** [ʀɑ̃tʀe] nf **a** (recette) cash inflow. ◊ **nous attendons une rentrée d'argent importante pour le mois de janvier** we are expecting a large sum of money (to come in) in January, we are expecting a large cash inflow ou inflow of funds in January; **les rentrées d'argent** ou **de fonds liées aux opérations de l'entreprise** (cash) receipts generated by the company's operations; **rentrées** (Compta) paid bills and cheques; **rentrées et sorties de caisse** (Compta) receipts and disbursements, cash receipts and payments; **rentrées journalières** daily receipts ou returns; **rentrée de trésorerie** cash receipt ou inflow; **rentrées fiscales** tax revenues, tax receipts. **b** (recouvrement d'une dette) collection. ◊ **rentrée sur créance** collection of a debt; **opérer une rentrée** to collect a debt.

**rentrer** [ʀɑ̃tʀe] vi [argent] to come in. ◊ **faire rentrer l'argent** to get the money in; **faire rentrer les fonds / les sommes dues** to collect the funds / the money owed; **faire rentrer des commandes** to turn in business; **rentrer dans son argent** to get back one's money.

**renversement** [ʀɑ̃vɛʀsəmɑ̃] nm [situation] reversal. ◊ **il y a un renversement de tendance sur le marché américain** there is a shift ou swing in the American market.

**renvoi** [ʀɑ̃vwa] nm **a** [employé] dismissal, firing, sacking (GB). **b** [marchandises] return, sending back. ◊ **les renvois** returned goods. **c** (Jur) (ajournement) postponement; (vers une autre juridiction) referral. **d** (référence) cross-reference. ◊ **numéro de renvoi** reference number.

**renvoyer** [ʀɑ̃vwaje] **vt** **a** employé to dismiss, fire, sack (GB). **b** marchandises, lettre, colis to return, send back. **c** (Jur) (ajourner) to postpone; (rediriger) to refer. ◊ **l'affaire a été renvoyée au mois prochain** the case has been postponed for a month; **renvoyer une affaire devant les prud'hommes** to refer a case to the industrial tribunal.

**réorganisation** [ʀeɔʀganizɑsjɔ̃] **nf** reorganization.

**réorganiser** [ʀeɔʀganize] **1** **vt** to reorganize. **2** **se réorganiser** **vpr** to get reorganized, reorganize oneself.

**réorientation** [ʀeɔʀjɑ̃tɑsjɔ̃] **nf** [politique économique] reorientation, redirection.

**réorienter** [ʀeɔʀjɑ̃te] **vt** politique économique to reorientate, redirect.

**réouverture** [ʀeuvɛʀtyʀ] **nf** (gén) reopening; (Compta) [compte] opening. ◊ **écritures de réouverture** opening entries.

**réparateur, -trice** [ʀepaʀatœʀ, tʀis] **nm,f** repairer. ◊ **réparateur d'appareils ménagers** household appliance repairman.

**réparation** [ʀepaʀɑsjɔ̃] **nf** **a** [appareil, immeuble] repairing. ◊ **une réparation** a repair, repairs; **les réparations sur cette machine ont été très coûteuses** the repair work ou the repairs on this machine were very costly; **la machine est en réparation** the machine is under repair ou is being repaired; **atelier de réparation** repair shop; **réparations d'entretien** maintenance (repairs); **réparations locatives** tenant's repairs; **temps de réparation** repair time. **b** [erreur] correction. **c** [perte, dommage] compensation (de for). ◊ **en réparation du préjudice causé** in compensation for the damage, to compensate ou make up for the damage; **obtenir réparation** (Jur) to obtain redress. **d** somme d'argent compensation, damages.

**réparer** [ʀepaʀe] **vt** appareil, immeuble to repair; erreur to correct, put right; perte to make good, make up for; tort to redress, put right. ◊ **réparer les dommages subis** to make good the damage.

**repartir** [ʀəpaʀtiʀ] **vi** [économie, entreprise] to get going again, pick up again. ◊ **les affaires repartent** business is picking up.

**répartir** [ʀepaʀtiʀ] **1** **vt** **a** (partager) somme, tâches to share out, divide up (en into; entre among); richesses to distribute; (Compta) charges, dépenses to allocate, apportion; (Jur) succession to apportion.

◊ **charges à répartir sur plusieurs exercices** (Compta) deferred charges; **répartir une avarie** (Ass Mar) to adjust an average; **répartir l'impôt** to assess taxes. **b** (Bourse) actions to allot; dividende to distribute. **c** (étaler) paiement, horaire to spread (sur over). ◊ **répartir un risque** (Ass) to spread a risk. **2** **se répartir** **vpr** chiffres, dépenses, résultats to divide up, break down. ◊ **se répartir également** to share evenly, be evenly distributed; **se répartir qch** to share sth out.

**répartiteur** [ʀepaʀtitœʀ] **adj, nm** ◊ (commissaire) **répartiteur** (Impôts) tax assessor; **répartiteur d'avaries** (Ass Mar) average adjuster.

**répartition** [ʀepaʀtisjɔ̃] **nf** **a** (action de partager) [somme, tâches] sharing out, dividing up; [richesses] distribution; (Compta) [charges, dépenses] allocation, apportionment; (Jur) [succession] apportionment. ◊ **répartition d'avarie** (Ass Mar) average adjustment; **la répartition de l'impôt** tax assessment; **répartition des ressources** resource allocation. **b** (manière d'être réparti) [population] distribution; [chiffres, dépenses, résultats] breakdown. ◊ **répartition par âge / revenus / sexe** age / income / sex distribution. **c** (Bourse) [actions] allotment; [dividendes] distribution. ◊ **lettre** ou **avis de répartition (d'actions)** letter of allotment; **versement intégral à la répartition** payment in full on allotment; **versement de répartition** allotment money; **première / dernière répartition** first / last dividend ou distribution. **d** (étalement) [paiement, horaire] spreading. ◊ **la répartition des risques est le principe de l'assurance** risk spreading ou the spreading of the risks is the principle of insurance. **e** (système de retraite) contribution. ◊ **le financement des pensions de retraite se fait par capitalisation ou par répartition** retirement pensions are financed by capitalization or by contribution; **caisse de retraite par répartition** contributory pension scheme.

**repasser** [ʀ(ə)pɑse] **1** **vt** ◊ **je vous repasse le standard / M. Herriot** I'll put you through to the switchboard / to Mr Herriot; **le dollar a repassé la barre des six francs** the dollar is back above the six-franc mark. **2** **vi** ◊ **le dollar est repassé au-dessus / au-dessous de la barre des six francs** the dollar is back above / below the six-franc mark.

**repayer** [ʀ(ə)peje] **vt** to pay again.

**répercussion** [ʀepɛʀkysjɔ̃] **nf** repercussion (sur on). ◊ **avoir des répercussions sur l'activité économique** to have repercussions ou have a knock-on effect on the economic activity; **la répercussion d'une augmentation sur le consommateur** passing an increase on ou along (US) to the consumer.

**répercuter** [ʀepɛʀkyte] **1** vt ◊ **répercuter une augmentation sur le consommateur** to pass an increase on ou along (US) to the consumer. **2** **se répercuter** vpr ◊ **l'augmentation se répercute sur le consommateur** the increase will be passed on ou along (US) to the consumer.

**repère** [ʀ(ə)pɛʀ] nm (indicateur) marker, bench mark, indicator. ◊ **repère économique / boursier** economic / stock market indicator; **année repère** bench mark year.

**répertoire** [ʀepɛʀtwaʀ] nm (carnet) notebook, index book, index; (Inf) directory. ◊ **sous-répertoire** (Inf) sub-directory; **répertoire d'adresses (personnel)** address book; (livre) directory; **répertoire alphabétique** alphabetical list ou index; **répertoire de fichiers** file index ou directory; **répertoire d'instructions** set of instructions.

**répertorier** [ʀepɛʀtɔʀje] vt to make a list of, list. ◊ **plus de 6 000 entreprises sont répertoriées dans cet annuaire** over 6,000 companies are listed in this directory; **demandeurs d'emplois répertoriés dans les statistiques du chômage** job-seekers taken into account in unemployment figures.

**répétition** [ʀepetisjɔ̃] nf repetition, recurrence. ◊ **répétition d'indu** (Jur) recovery of payment made by mistake.

**repli** [ʀ(ə)pli] nm (Bourse) drop, fall, decline, downturn. ◊ **solution de repli** stand-by solution; **le dollar est en repli à 6,05 F** the dollar has fallen back to F6.05; **net repli des pétrolières** sharp drop of oil shares; **repli des valeurs françaises en clôture** French stock on the decline at the close of the day's trading.

**replier (se)** [ʀ(ə)plije] vpr (Bourse) to fall back, drop. ◊ **le dollar s'est replié par rapport au yen** the dollar has fallen back against the yen.

**replonger** [ʀ(ə)plɔ̃ʒe] vi to plunge again. ◊ **les prises de bénéfice ont fait replonger le dollar** the dollar dived again due to profit-taking.

**répondant, e** [ʀepɔ̃dɑ̃, ɑ̃t] nm,f (caution) guarantor, surety.

**répondeur** [ʀepɔ̃dœʀ] nm ◊ **répondeur (téléphonique)** (telephone) answering machine ou service (US).

**répondre** [ʀepɔ̃dʀ(ə)] **1** vi to answer, reply. ◊ **répondre à une lettre** to reply to a letter, answer a letter; **répondre par retour (du courrier)** to reply by return (of post); **c'est sa secrétaire qui répond au téléphone** his secretary takes his calls ou answers the phone; **répondre à une prime** (Bourse) to declare an option.

**2** **répondre à** vt indir besoin, demande to answer, to meet; attente to come up to, meet. ◊ **ce matériel ne répond pas à nos exigences** this equipment does not meet ou satisfy our requirements. **3** **répondre de** vt indir (Jur, Fin) to stand surety for. ◊ **répondre des dettes de qn** to answer for sb's debts, stand surety for sb's debts, be liable for sb's debts; **je peux répondre de sa compétence** I can vouch for ou answer for his competence.

**réponse** [ʀepɔ̃s] nf **a** (à une lettre) reply, answer. ◊ **en réponse à votre lettre** in reply ou answer to your letter; **réponse payée** reply paid; **réponse par retour du courrier** reply by return of post; **coupon-réponse** reply coupon. **b** (Mktg) response. ◊ **temps de réponse** response time, lead time; **taux de réponse** response rate. **c** (Bourse) **réponse des primes** option declaration, declaration of options; **jour de la réponse des primes** option declaration day.

**report** [ʀ(ə)pɔʀ] nm **a** [réunion, date] postponement, deferment. ◊ **report d'échéance** (Fin) extension of due date. **b** [chiffres, indications] transfer. **c** (Compta) [écriture] posting. ◊ **report du journal aux comptes du grand livre** posting from the journal to the ledger accounts; **reports au grand livre** ledger postings, postings to the ledger. **d** (Compta) (à la page suivante, à l'exercice suivant) carrying forward; (de la page précédente, de l'exercice précédent) bringing forward; (solde reporté) balance carried ou brought forward. ◊ **report à l'exercice suivant** balance (carried) forward ou down; **report de l'exercice précédent** balance brought forward ou down; **report en amont / en aval** carry-back / -forward; **report en arrière** carry-back; **report en arrière de déficit** loss carry-back; **report à nouveau** (solde) balance carried ou brought forward; (poste du bilan) retained earnings; **report à nouveau bénéficiaire** retained earnings, unappropriated earned surplus; **report à nouveau déficitaire** retained losses; **le report d'une perte** the carry-over of a loss; **report de pertes** loss carry-over; **report du déficit** (deficit) carry-back; **report des pertes sur les exercices antérieurs** carry-back. **e** (Bourse) [opération] carrying over, continuation; (somme) contango, premium. ◊ **intérêt de report** contango, premium; **taux de report** contango rate, continuation charge, premium; **donner des titres en report** to give on stock; **prendre des titres en report** to take in ou continue stock; **devises en report** foreign exchange on continuation account, foreign exchange carried over.

**reporté** [ʀ(ə)pɔʀte] nm (Bourse) giver.

**reporter** [ʀ(ə)pɔʀte] **vt** a réunion, date to postpone, defer, put off, put back (GB). ◊ **reporter une rencontre à une date ultérieure** to postpone a meeting until a later date, put back a meeting to a later date. b (recopier) chiffres, indications to transfer (*sur* to), write out, copy out (*sur* on). c (Compta) écriture to post. ◊ **reporter un article au grand livre** to post an item in the ledger; **reporter une transaction au livre des ventes** to post a transaction in the sales book. d (Compta) solde, somme (à la page suivante, à l'exercice suivant) to carry forward; (de la page précédente, de l'exercice précédent) to bring forward. ◊ **solde à reporter** balance carried forward; **solde reporté** balance brought forward. e (Bourse) **le vendeur reporte sa position à la liquidation suivante** the seller carries over his position to the next settlement day; **l'acheteur se fait reporter** ou **reporte sa position** the buyer carries over his position; **le reporteur reporte des titres pour le reporté** the taker takes in ou carries stock for the giver; **titres reportés** securities carried over ou taken in; **positions reportées** sellers'positions carried over; **positions à reporter** buyers'positions carried over.

**reporteur** [ʀ(ə)pɔʀtœʀ] **nm** (Bourse) taker (of stock).

**repos** [ʀ(ə)po] **nm** rest. ◊ **valeurs de tout repos** blue chips, gilt-edged securities; **ils ont deux jours de repos par quinzaine** they have two days off every two weeks.

**repositionnement** [ʀ(ə)pozisjɔnmɑ̃] **nm** repositioning.

**repositionner** [ʀ(ə)pozisjɔne] **vt** to reposition.

**repousser** [ʀ(ə)puse] **vt** a réunion, date to postpone, defer, put off, put back (GB). b proposition to reject, turn down.

**reprendre** [ʀ(ə)pʀɑ̃dʀ(ə)] **1 vt** articles, invendus to take back; salarié to take back, take on again, rehire; entreprise to take over, buy out; négociations to resume; fonctions to take up again. ◊ **les articles en solde ne sont ni repris ni échangés** sale goods cannot be returned or exchanged; **on m'a repris ma vieille voiture** I traded in my old car; **les nouveaux locataires nous ont repris les machines pour 80 000 F** the new tenants took back the machines for F80,000; **je reprends le travail lundi prochain** I'm going back to work next Monday.

**2 vi** (redémarrer) [affaires] to pick up; [économie] to recover, pick up. ◊ **le marché reprend** (Bourse) the market rallies ou picks up ou is on the look-up ou shows an upward trend.

**3 se reprendre vpr** [marché financier, valeur boursière] to rally, pick up.

**repreneur** [ʀ(ə)pʀənœʀ] **nm** (sauveteur d'entreprise) rescuer; (amical) takeover specialist ou artist*; (inamical) raider.

**représentant, e** [ʀ(ə)pʀezɑ̃tɑ̃, ɑ̃t] **nm,f** representative. ◊ **représentant de commerce** sales representative, travelling salesman, commercial traveller, rep* (GB); **il est représentant en fournitures de bureau** he's a representative ou a rep* (GB) for an office supplies firm, he travels ou he is a traveller for an office supplies firm; **notre représentant en Asie** our Asian agent ou representative; **représentant multicarte** sales agent ou representative working for several firms; **représentant exclusif** sole agent; **représentant régional** district representative; **représentant du personnel** member of the works committee, staff representative.

**représentatif, -ive** [ʀ(ə)pʀezɑ̃tatif, iv] **adj** representative. ◊ **les valeurs les plus représentatives** the most representative securities.

**représentation** [ʀ(ə)pʀezɑ̃tasjɔ̃] **nf** a (gén) representation. ◊ **la représentation française à Bruxelles** the French representatives in Brussels. b (Comm) commercial travelling. ◊ **elle fait de la représentation** she is a sales representative; **avoir la représentation exclusive d'une société** to be sole agents for a company. c **frais de représentation** [VRP] sales representation costs; [chef d'entreprise] entertainment expenses.

**représentativité** [ʀ(ə)pʀezɑ̃tativite] **nf** [échantillon] representativeness.

**représenter** [ʀ(ə)pʀezɑ̃te] **vt** a (compter pour) to represent. ◊ **ce marché représente 50% de nos exportations** this market accounts for ou represents 50% of our exports. b (présenter à nouveau) traite to represent. c (être le représentant de) collègues, clients to represent. ◊ **représenter une entreprise** (comme porte-parole) to represent a company; (comme vendeur) to be a representative ou a traveller for a firm; (comme agent) to be an agent for a firm.

**reprise** [ʀ(ə)pʀiz] **nf** a (redémarrage) [négociations] resumption; [économie] recovery, revival. ◊ **reprise (de l'activité) économique** economic recovery ou revival; **reprise des affaires** business recovery ou upturn; **reprise de l'investissement** recovery in investment, investment recovery; **reprise des transactions** resumption of dealings; **la reprise du travail a été votée par les grévistes** the strikers have voted to go back to work ou to return to work. b (Bourse) [marché, cours] recovery, rally. ◊ **le titre est en reprise à 1 955 F** this stock is up at F1,955; $\boxed{c}$ (Comm) [marchandises, invendus] return, taking back; [voiture] trade-in. ◊ **nous ne faisons pas de reprise** goods cannot be returned; **marchandises en dépôt avec reprise des invendus** goods on sale or return; **reprise de journaux invendus** return of the unsold newspapers; **valeur de reprise d'une voiture** part-exchange value of a car; **on m'a donné une reprise de 5% sur ma vieille voiture** I traded in my old car for 5% of the cost of the new one. $\boxed{d}$ (pour occuper des locaux) key money. $\boxed{e}$ [entreprise] takeover. ◊ **reprise d'une entreprise par ses salariés** ou **par ses cadres** management buyout, leveraged management buyout. $\boxed{f}$ (Compta) (report) bringing forward, carry forward ou over; (rectificatif) adjustment. ◊ **la reprise des soldes initiaux dans le journal** the bringing forward of opening balances in the journal; **reprise des soldes des comptes du bilan** balance sheet carry forward(s) ou over(s). $\boxed{g}$ (Inf) [programme] restart. ◊ **point de reprise** checkpoint.

**reprographie** [ʀəpʀɔgʀafi] nf photocopying, reprography. ◊ **le service de reprographie** the photocopying department.

**reprographier** [ʀəpʀɔgʀafje] vt to photocopy, duplicate.

**réputation** [ʀepytasjɔ̃] nf [entreprise, produit] repute, reputation, renown, fame. ◊ **avoir bonne / mauvaise réputation** to have a good / bad reputation; **de réputation mondiale** famous ou renowned throughout the world.

**réputé, e** [ʀepyte] produit, personne renowned, famous.

**requérant, e** [ʀəkeʀɑ̃, ɑ̃t] nm,f (Jur) applicant, claimant.

**requête** [ʀəkɛt] nf (gén) request; (Jur) petition. ◊ **requête en cassation** appeal.

**requin** [ʀ(ə)kɛ̃] nm (homme d'affaires) shark.

**requis, e** [ʀəki, iz] adj (exigé) required. ◊ **j'ai apporté les pièces requises** I have brought the required ou requisite documents; **il n'a pas les diplômes requis** he does not have the requisite degrees.

**RER** [ɛʀəɛʀ] nm abrév de *réseau express régional* → réseau.

**RES** [ʀəɛs] nm abrév de *rachat d'entreprise par les salariés* MBO.

**réseau, pl -x** [ʀezo] nm $\boxed{a}$ (gén) network. ◊ **réseau commercial** sales network; **réseau de distribution** distribution network; **réseau express régional** *high-speed suburban train service linked to the Paris metro*; **réseau routier** road network; **les réseaux de guichet** (Banque) retail banks, retail banking net-

works; **banques de réseau** retail banks, high street banks (GB). $\boxed{b}$ (Inf) network. ◊ **mettre des micro-ordinateurs en réseau** to network microcomputers; **mise en réseau** networking; **analyseur / architecture de réseau** network analyzer / architecture; **gestion de réseau(x)** network management, networking; **interconnexion de réseaux** internetworking; **couche de réseau** network layer; **réseau local** local area network.

**réservation** [ʀezɛʀvasjɔ̃] nf [chambre, billet] reservation, booking; (Jur) [droit] reservation. ◊ **bureau des réservations** booking office.

**réserve** [ʀezɛʀv(ə)] $\boxed{1}$ nf $\boxed{a}$ (stock) reserve, store, stock. ◊ **mettre qch en réserve** to put sth in store ou in reserve; **garder / avoir qch en réserve** to keep / have sth in store ou stock; **nos réserves de pièces de rechange** our reserve ou stock of spare parts; **matériel en réserve** standby equipment; **terminal de réserve** reserve ou standby terminal; **constituer des réserves** to build up reserves; **puiser dans ses réserves** to draw on one's reserves; **les réserves britanniques de pétrole** Britain's oil reserves. ◊ **réserves** (Fin, Banque) reserve. ◊ **réserves** [banque] reserves; [société par actions] reserves, undistributed surplus; **affecter une somme au fonds de réserve** to appropriate ou allocate a sum to the reserve fund; **compte de réserve** reserve account; **monnaie de réserve** reserve currency; **incorporation des réserves au capital** incorporation ou capitalization of reserves; **total des réserves et provisions** total surplus; **faire une dotation à une réserve** to make an appropriation to a reserve. $\boxed{c}$ (restriction) reservation, reserve. ◊ **j'ai des réserves sur ce projet** I have reservations ou reserves about this project; **apporter une réserve** to enter a reservation; **nous donnons notre accord sous réserve de l'approbation du projet par le comité exécutif** we agree subject to the approval of the project by the executive committee; **accepter qch sous réserve** to accept sth with reservations, qualify one's acceptance of sth; **acceptation sous réserve d'une traite** qualified acceptance of a draft; **acceptation sans réserve d'une traite** clean ou general acceptance of a draft; **connaissement avec réserve** unclean ou foul ou claused bill of lading; **connaissement sans réserve** clean ou fair bill of lading. $\boxed{d}$ (lieu) storeroom, storehouse, (reserve) stockroom. ◊ **magasin de réserve** (reserve) stockroom ou storeroom.

$\boxed{2}$ **comp réserve pour amortissement** depreciation allowance. − **réserve cachée** hidden reserve. − **réserves de change** monetary reserves. − **réserve**

**pour créances douteuses** bad debts reserve. **– réserves en devises** foreign exchange reserves ou cushion*. **– réserves disponibles** available reserve, reserve assets. **– réserves sur les exigibilités** (Banque) current liabilities reserve. **– réserves facultatives** revenue reserves. **– réserve fiscale** reserve for tax liability. **– réserve de garantie** contingency reserve. **– réserve générale** general reserve, surplus. **– réserve pour imprévus** contingency reserve. **– réserves indisponibles** undistributable reserve, capital reserve. **– réserve latente** hidden reserve. **– réserve légale** legal reserve. **– réserve métallique** metallic ou bullion reserve. **– réserves obligatoires** (Banque) reserve requirements. **– réserve occulte** hidden reserve. **– réserve pour pertes sur prêts** bad loans reserve. **– réserve prime d'émission** share premium reserve ou account. **– réserves prises sur le revenu** revenue reserves. **– réserve de propre assureur** self-insurance reserve. **– réserve de réévaluation** revaluation reserve. **– réserve statutaire** statutory reserve. **– réserves de trésorerie** cash reserves. **– réserve visible** visible reserve.

**réserver** [ʀezɛʀve] **vt** a (retenir) chambre, billet to reserve, book. b (garder) article pour un client to keep, save, set aside (*pour* for); somme d'argent to earmark (*pour* for). c (limiter) accès, utilisation, offre to reserve, limit. ◊ **réservé à nos clients** reserved for our customers; **tous droits réservés (pour tous pays)** all rights reserved (for all countries).

**réservoir** [ʀezɛʀvwaʀ] **nm** tank. ◊ **réservoir de main-d'œuvre** labour pool.

**résidence** [ʀezidɑ̃s] **nf** (gén) home; (Admin) residence. ◊ **résidence principale** primary home; **résidence secondaire** vacation home; **indemnité de résidence** residential allowance; **lieu de résidence** place of residence.

**résident, e** [ʀezidɑ̃, ɑ̃t] **nm,f** resident. ◊ **résident étranger** foreign national; **résident permanent** permanent resident; **non-résident** nonresident.

**résider** [ʀezide] **vi** (gén) to live; (Admin) to reside. ◊ **les étrangers résidant en France** foreign nationals living in France.

**résidu** [ʀezidy] **nm** (gén) residue; (Compta) remainder. ◊ **résidus industriels** industrial waste.

**résiduel, -elle** [ʀezidɥɛl] **adj** residual.

**résiliable** [ʀeziljabl(ə)] **adj** bail, accord cancellable, voidable; (non renouvelable) which can be terminated, terminable.

**résiliation** [ʀeziljasjɔ̃] **nf** [bail, accord] cancellation; (non-renouvellement) termination. ◊ **clause de résiliation annuelle** annual termination clause.

**résilier** [ʀezilje] **vt** bail, accord to cancel, void, rescind; (ne pas renouveler) to terminate.

**résistance** [ʀezistɑ̃s] **nf** (gén) resistance. ◊ **bonne résistance de la Bourse** firmness of the stock market; **résistance des consommateurs** consumer resistance.

**résistant, e** [ʀezistɑ̃, ɑ̃t] **adj** cours, titres firm. ◊ **le franc français s'est montré résistant par rapport au mark** the French franc held out ou stood firm against the mark.

**résister** [ʀeziste] **vi** [cours, titres] to stand firm. ◊ **l'or a bien résisté** gold stood up well ou stood firm.

**résoluble** [ʀezɔlybl(ə)] **adj** droit, contrat cancellable, voidable.

**résolution** [ʀezɔlysjɔ̃] **nf** a [problème] solution. b (détermination) resolution, resolve. c (motion) **adopter une résolution** to pass a resolution. d (Jur) [accord] cancellation, rescission. ◊ **action en résolution de contrat** action for annulment ou rescission of contract.

**résolutoire** [ʀezɔlytwaʀ] **adj** (Jur) resolutive. ◊ **clause résolutoire** resolutive ou avoidance clause; **condition résolutoire** condition of avoidance.

**résonance** [ʀezɔnɑ̃s] **nf** ◊ (Mktg) **résonance de la marque** brand image.

**résorber** [ʀezɔʀbe] **1 vt** inflation, chômage to bring down, reduce. ◊ **résorber le déficit** to mop up ou absorb the deficit. **2 se résorber vpr** [inflation, chômage] to be brought down ou reduced. ◊ **le déficit s'est résorbé** the deficit has been mopped up ou absorbed.

**résoudre** [ʀezudʀ(ə)] **vt** a problème to solve; conflit to settle, resolve. b (Jur) accord to cancel, annul, terminate, rescind.

**respect** [ʀɛspɛ] **nm** [règlement] respect, observance (*de* of); [condition, engagement] compliance (*de* with); [délai, date limite] meeting, respect. ◊ **non-respect** (règlement) nonobservance; (condition) noncompliance; (date limite) failure to meet.

**respecter** [ʀɛspɛkte] **vt** règlement to respect, observe; condition to comply with; engagement to meet; délai, date limite to meet, respect. ◊ **faire respecter la loi** to enforce the law; **respecter les délais de livraison** to meet delivery dates ou the delivery deadline; **respecter les termes d'un contrat** to abide by the terms of a contract.

**responsabilisation** [ʀɛspɔ̃sabilizɑsjɔ̃] **nf** ◊ **la responsabilisation du personnel** making the staff responsible for their work, giving responsibility to the staff.

**responsabiliser** [ʀɛspɔ̃sabilize] **vt** ◊ **responsabiliser qn** to give sb responsibility, make sb aware of his responsibilities, make sb responsible for his work.

**responsabilité** [ʀɛspɔ̃sabilite] **nf** **a** (gén) responsibility; (fait de devoir rendre des comptes) accountability. ◊ **avoir la responsabilité de qch** to be responsible ou accountable for sth; **décliner toute responsabilité** to disclaim all responsability; **ce travail comporte de grandes responsabilités** this job involves ou carries considerable responsibilities; **poste à responsabilité** position of responsibility, responsible job; **la responsabilité incombe à l'expéditeur** the responsibility lies ou rests with the consigner; **la maison décline toute responsabilité en cas de vol, notre responsabilité ne saurait être engagée en cas de vol** we accept no responsibility in case of theft; **il a une responsabilité hiérarchique / fonctionnelle dans cette entreprise** he has line / staff responsibility in this company; **la responsabilité ne peut pas être déléguée** responsibility ou accountability cannot be delegated. **b** (de for). ◊ **responsabilité civile** (civil ou legal ou third-party) liability; **responsabilité civile tiers illimités** total liability; **responsabilité civile d'armateurs et transporteurs** shipowner's liability; **responsabilité conjointe et solidaire** joint and several liability; **recours en responsabilité** third-party claim; **responsabilité (civile) produit** product liability; **responsabilité patronale** employer's liability; **responsabilité collective** collective liability; **responsabilité pénale** criminal responsibility; **plafond de responsabilité** limit of liability; **société à responsabilité limitée** limited company, incorporated company.

**responsable** [ʀɛspɔ̃sabl(ə)] **1 adj** **a** (gén) responsible (de for); (Gestion : devant rendre des comptes) accountable. ◊ **elle est responsable de ses décisions** she is accountable ou responsible for her decisions; **il est responsable du magasin** he is responsible for ou in charge of the store; **être tenu (pour) responsable de qch** to be held responsible for sth. **b** (Jur) liable. ◊ **le fabricant est responsable des accidents causés par son produit** the manufacturer is liable for the accidents caused by his product; **il est civilement responsable** he is liable in civil law; **être solidairement responsable** to be jointly and severally liable.

**2 nmf** (gén) person in charge; [service, unité] head, manager; [association] official,

executive, officer; [pays] leader. ◊ **qui est le responsable ici?** who's the person in charge here?; **le responsable de l'entretien** the maintenance officer, the person in charge of the maintenance; **le responsable des achats** the purchasing manager, the head of the purchasing department, the head buyer; **le responsable des ventes / de la maintenance** the sales / maintenance manager; **nous avons rencontré des responsables de l'industrie** we met with industry leaders ou representatives; **responsables syndicaux** trade union officials ou leaders.

**ressaisir (se)** [ʀ(ə)seziʀ] **vpr** [Bourse, marché] to rally, pick up, firm up.

**resserrement** [ʀ(ə)sɛʀmɑ̃] **nm** tightening. ◊ **resserrement du crédit** credit squeeze ou tightening ou crunch; **politique de resserrement du crédit** credit tightening policy, tight credit policy; **resserrement de la hiérarchie** shortening of the lines of command.

**resserrer** [ʀ(ə)seʀe] **vt** crédit to tighten, squeeze, restrict.

**ressort** [ʀ(ə)sɔʀ] **nm** (responsabilité) responsibility; (Jur) (zone géographique) jurisdiction. ◊ **être du ressort de** to be ou fall within the competence of, be the responsibility of; **c'est du ressort du directeur financier** that is the financial director's responsibility ou job; **en dernier ressort** in the last resort.

**ressortissant, e** [ʀ(ə)sɔʀtisɑ̃, ɑ̃t] **nm,f** national. ◊ **ressortissant britannique** British national ou citizen.

**ressource** [ʀ(ə)suʀs(ə)] **nf** resource. ◊ **ressources** (gén) resources; (argent) resources, means; (Compta : dans un bilan) funds (available), source of funds; **ressources naturelles / financières / budgétaires / fiscales** natural / financial / budgetary / tax resources; **le pétrole est une ressource non renouvelable** oil is a depletable ou non renewable resource; **ressources humaines** human resources; **gestion des ressources humaines** human resource management; **ressources personnelles** private means ou resources, personal finances; **les ressources de l'État** the financial resources of the state, government resources; **allocation ou affectation ou répartition des ressources** resource allocation; **gestion des ressources** resource management; **soumis à une condition de ressources, assorti d'une condition de ressources** (Admin) means-tested; **tableau des ressources et emplois** (Compta) statement of source and application of funds, sources and uses statement.

**restaurant** [ʀɛstɔʀɑ̃] **nm** restaurant. ◊ **restaurant d'entreprise** staff canteen ou dining-room.

**reste** [ʀɛst(ə)] **nm** (gén) rest ; (Compta) balance. ◊ **le reste du papier** the rest ou remainder of the paper, what is left of the paper, the paper which is left over ; **rembourser le reste par mensualités** to pay back the balance in monthly instalments ; **restes de commande** (Comm) back orders.

**restituable** [ʀɛstitɥabl(ə)] **adj** somme, taxe refundable.

**restituer** [ʀɛstitɥe] **vt** somme, taxe to refund. ◊ **elle m'a restitué 3 000 F** she returned F3,000 to me, she refunded me F3,000.

**restitution** [ʀɛstitysjɔ̃] **nf** [somme, taxe] refund. ◊ **restitution des droits d'entrée** (Douanes) drawback ; **restitution à l'exportation** (CEE) export refund.

**restreindre** [ʀɛstʀɛ̃dʀ(ə)] **vt** (gén) to cut back ou down, limit, restrict. ◊ **restreindre le crédit** to restrict ou squeeze ou tighten credit.

**restreint, e** [ʀɛstʀɛ̃, ɛ̃t] **adj** production, personnel, moyens limited ; crédit restricted. ◊ **acceptation restreinte** (Fin) partial acceptance.

**restrictif, -ive** [ʀɛstʀiktif, iv] **adj** restrictive. ◊ **clause restrictive** restrictive clause, saving clause, proviso ; **pratiques restrictives** restrictive practices.

**restriction** [ʀɛstʀiksjɔ̃] **nf** (action) restriction, limiting, limitation ; (résultat) restriction. ◊ **restriction de concurrence** restraint of trade ; **restrictions de crédit** credit restrictions, credit squeeze ou crunch ou tightening ; **restrictions salariales** wage restrictions ou restraints ; **restrictions budgétaires** budgetary restrictions ou cuts ; **restrictions sur les importations** import restrictions ; **restriction volontaire des salaires / des importations** voluntary wage / import restraint.

**restructuration** [ʀəstʀyktyʀasjɔ̃] **nf** restructuring. ◊ **les restructurations d'entreprises** corporate restructuring.

**restructurer** [ʀəstʀyktyʀe] **vt** to restructure.

**résultat** [ʀezylta] **nm** **a** (gén) result. ◊ **évaluation des résultats** performance appraisal ; **prime de résultat** output premium. **b** (Compta) (chiffres de l'entreprise) figures, (trading) result ; (revenu) income ; (gains) earnings ; (bénéfice) profit. ◊ **résultat positif ou bénéficiaire / négatif ou déficitaire** positive / negative result ou figures ; **résultat brut** gross profit ; **résultat exceptionnel** extraordinary item ; **résultat d'exploitation** operating ou trading profit ou result, operating income ; **résultat financier** non-operating revenues and expenses ; **résultat net (de l'exercice)** net profit ou income ou earnings ; **résultat par action** earnings per share ; **résultat à répartir** income summary account ; **compte de résultat** income sta-

tement, final accounts ; **les résultats des entreprises au premier trimestre sont en nette amélioration** corporate earnings ou profit showed a strong improvement in the first quarter.

**résurgence** [ʀezyʀʒɑ̃s] **nf** resurgence.

**rétablir** [ʀetabliʀ] **1 vt** équilibre to restore ; personne dans un poste to reinstate. ◊ **rétablir la situation financière** to put the finances back on an even keel, right the financial situation. **2 se rétablir vpr** [situation économique] to recover.

**rétablissement** [ʀetablismɑ̃] **nm** (gén) restoring ; [personne dans ses fonctions] reinstatement ; [situation économique] recovery.

**retard** [ʀ(ə)taʀ] **nm** [personne] lateness ; [livraison] delay ; [économie, pays] backwardness. ◊ **tout retard sera sanctionné** (employé) lateness will be punished ; **nous sommes en retard sur notre programme** we are behind schedule ; **nous avons du travail / du courrier en retard** we are behind with our work / mail, we have a backlog of work / mail ; **tout retard dans la réalisation du projet nous coûtera cher** any delay in carrying out the project will cost us dearly ; **nous ne pouvons pas accepter les retards de livraison** we cannot accept delivery delays ou late deliveries ; **livrer qch avec retard ou en retard** to deliver sth late, be late (in) delivering sth ; **paiement en retard** (après la date limite) late payment ; (non effectué) overdue payment ; **être en retard dans ses paiements** to be behind with one's payments, be in arrears ; **commande exécutée avec un retard de 10 jours** order fulfilled 10 days after the due date ; **commandes en retard** back orders, backlog of orders ; **intérêts de retard** penalty interests ; **le pays a un retard industriel / technologique de 10 ans** the country is industrially / technologically 10 years behind, the country's industry / technology is 10 years behind ; **notre retard technologique sur le Japon diminue** the technological gap between Japan and us is narrowing.

**retarder** [ʀ(ə)taʀde] **vt** réunion, date to postpone, defer, put off, put back (GB) ; projet, vol aérien, arrivée to delay. ◊ **cette panne nous a retardés** this breakdown has made us late ou has put us behind schedule ; **le train a été retardé** the train was held up ou delayed ; **ils ont retardé le paiement de la facture** they deferred payment of the invoice.

**R et D** abrév de recherche et développement R & D.

**retéléphoner** [ʀ(ə)telefɔne] **vi** to phone again, call back.

**retenir** [Rətnir] vt a (réserver) chambre, place, voiture to book, reserve. b (déduire) to deduct, withhold. ◊ **la direction a retenu 100 £ sur les salaires à la suite de la grève** the management stopped £100 out of wages ou docked (GB) £100 off wages after the strike ; **on me retient 2 500 F par mois de cotisations** they deduct ou withhold F2,500 a month (from my wages) in contributions ; **retenir un impôt à la source** to withhold ou deduct a tax at source. c (arrêter) to keep, hold up. ◊ **les pièces de rechange ont été retenues à la frontière** the spares were held up at the border. d (accepter) candidature, offre to accept.

**rétention** [Retɑ̃sjɔ̃] nf (Jur) retention. ◊ **droit de rétention** lien ; **le paiement est garanti par le droit de rétention sur la cargaison** payment is guaranteed by the lien on the cargo.

**retenue** [Rətny] nf (somme prélevée) deduction, stoppage* (GB). ◊ **faire ou opérer une retenue de 5 % sur les revenus** to deduct ou withhold 5% from incomes, dock (GB) 5% off incomes ; **retenue à la source** deduction ou withholding at source ; **système de retenue à la source** withholding tax system (US), pay-as-you-earn system (GB) ; **retenue fiscale** tax withholding, tax deduction at source ; **les tickets restaurant sont payés par retenue sur le salaire** luncheon vouchers are paid for by salary deduction ou withholding, the cost of luncheon vouchers is deducted ou withheld from the employee's salary ; **retenue salariale** payroll deduction ; **retenue de sécurité sociale** social security deduction ou withholding.

**retirement** [R(ə)tiRmɑ̃] nm (Mar) wreck removal. ◊ **frais de retirement** wreck removal expenses.

**retirer** [R(ə)tiRe] **1** vt argent sur un compte to withdraw ; objet en gage to redeem ; marchandises to collect, pick up ; plainte to withdraw. ◊ **retirer de l'argent de la banque / de son compte** to withdraw money from the bank / from one's account, take money out of the bank / out of one's account ; **retirer des marchandises de la douane** to clear goods from customs ; **le produit a été retiré du commerce** ou **de la vente** the product has been recalled. **2** **se retirer** vpr (partir en retraite) to retire ; (retirer sa candidature) to withdraw. ◊ **se retirer des affaires** to retire from business ; **se retirer d'un marché** to pull out of ou withdraw from a market.

**retombée** [R(ə)tɔ̃be] nf (répercussions) repercussion, consequence, fallout ; (résultat) result, effect ; (bénéfice) spin-off. ◊ **retombées publicitaires** effects ou results of an advertising campaign ; **retombées écono-**miques economic consequences ; **les retombées du développement industriel** the spin-off from industrial development.

**retour** [R(ə)tuR] nm a (gén) return. ◊ **retour à l'excédent de la balance commerciale** return to the black of the trade balance ; **retour de l'inflation** re-emergence of inflation ; **être de retour** to be back ; **en retour** in return ; **choc** ou **effet en retour** feedback ; **retour de bâton** kickback ; **retour en force** return in strength ; **retour de manivelle** backlash ; **retour à la case départ** return to square one. b (Comm : rendu) return. ◊ **avec faculté de retour** on approval, on sale or return ; **retours sur achats** purchase returns ; **retours sur ventes** sales returns ; **marchandises de retour** returned goods, returns. c (effet impayé) dishonoured bill, returned bill. ◊ **clause de retour** no protest clause ; **retour sans frais** protest waived in case of dishonour, "incur no expenses". d (Fin, Compta : amortissement) return. ◊ **retour sur investissements** return on investments ; **retour sur valeur comptable** return on book value. e (Transports) return. ◊ **voyage de retour** (bateau) homeward ou return voyage ; (train, avion, voiture) return journey ou trip ; **sur le voyage du retour** on the way back ou home ; (voyage) **aller et retour** return journey ou trip, round trip (US) ; (billet) **aller et retour** return ticket, round-trip ticket (US) ; **chargement de retour** return load ou cargo ; **retour en charge** loaded return ; **retour à vide** empty return ; **marché des affrètements en retour** homeward charter market. f (Poste) return. ◊ **adresse de retour** return address ; **retour à l'expéditeur** return to sender ; **répondre par retour (de courrier)** to reply by return (of post). g (Typ) return. ◊ **retour chariot** carriage return ; **retour arrière** backspace ; **touche de retour chariot** return key ; **taper "retour"** type "return".

**retournement** [R(ə)tuRnəmɑ̃] nm (tendance) reversal (de of), turnaround (de in). ◊ **un retournement spectaculaire de la situation financière** a spectacular turnaround in the financial situation.

**retourner** [R(ə)tuRne] vt achat, article, lettre to return, send back. ◊ **marchandises retournées** returns, returned goods ; **prière de nous retourner le bon de commande dûment rempli** please return the completed order form.

**retrait** [R(ə)tRɛ] nm [argent] withdrawal ; [objet en gage] redemption ; [marchandises] collection ; [plainte] withdrawal ; [produit défectueux] recall. ◊ **retrait d'espèces** cash withdrawal ; **retrait de fonds** withdrawal of funds ou of capital ; **retrait massif des dépôts en banque** run on banks ; **dépôt sujet à avis**

**de retrait** deposit subject to withdrawal notice, notice deposit; **retrait à vue** withdrawal on demand; **le retrait des marchandises pourra s'effectuer lundi prochain** (gén) the goods can be collected ou picked up next Monday; (Douanes) the goods can be cleared (from customs) next Monday; **les sociétés pétrolières ont été en retrait** (Bourse) oil shares suffered a setback; **chiffres en retrait sur les estimations** figures lower than estimated; **ce qui a motivé notre retrait du marché** what caused us to pull out from ou withdraw from the market.

**retraite** [R(ə)tRɛt] nf ▯a▯ (non-activité) retirement. ◊ **être en ou à la retraite** to be retired ou in retirement; **travailleur en retraite** retired worker, pensioner; **mettre qn à la retraite** to pension sb off, superannuate sb, retire sb; **mettre qn à la retraite d'office** to make sb take compulsory retirement; **sa mise à la retraite a eu lieu à 60 ans** he was retired ou pensioned off at 60; **prendre sa retraite** to retire, go into retirement; **partir en retraite anticipée** to retire early, take early retirement; **départ volontaire à la retraite** voluntary retirement; **le nombre de départs à la retraite a augmenté** the number of employees retiring has increased; **l'âge de la retraite** retirement age; **retraite à la carte** optional retirement. ▯b▯ (somme) pension. ◊ **toucher** ou **percevoir une retraite** to receive ou draw a pension; **caisse de retraite** pension ou superannuation fund; **pension de retraite** retirement pension; **régime** ou **système** ou **plan de retraite** pension plan ou scheme; **régime de retraite par capitalisation** funded pension plan, pension plan by capitalization, self-funded retirement plan; **caisse de retraite par répartition** contributory pension scheme; **retraite des cadres** management pension; **retraite complémentaire** supplementary ou graduated pension; **retraite vieillesse** old age pension.

**retraité, e** [R(ə)tRete] **1** adj personne retired; matières reprocessed.
**2** nm,f retired person, retiree, old age pensioner.

**retraitement** [R(ə)tRɛtmã] nm reprocessing.

**retraiter** [R(ə)tRete] vt to reprocess.

**retrancher** [R(ə)tRãʃe] vt argent to deduct, dock (GB), take off. ◊ **on m'a retranché 150 F de mon salaire** they have docked F150 off ou deducted F150 from my salary; **nous avons retranché 100 F de la facture** we have deducted ou taken off F100 from the bill; **il faut retrancher 100 F du total** you must subtract F100 from the total.

**rétrécir** [RetResiR] vi, **se rétrécir** vpr [marché] to shrink.

**rétrécissement** [RetResismã] nm [marché] shrinking.

**rétribuer** [RetRibɥe] vt personne to pay; travail to pay for. ◊ **rétribuer le travail de qn** to pay sb for his work, pay for sb's work; **travail bien / mal rétribué** well- / badly-paid job.

**rétribution** [RetRibysjɔ̃] nf payment.

**rétroactif, -ive** [RetRɔaktif, iv] adj (gén) retrospective; (Jur) retroactive. ◊ **augmentation de salaire avec effet rétroactif au 1ᵉʳ janvier** salary increase backdated to January 1st; **les contrats n'ont pas eu d'effet rétroactif** the contracts were not backdated.

**rétroaction** [RetRɔaksjɔ̃] nf retrospective effect.

**rétroactivement** [RetRɔaktivmã] adj (gén) retrospectively, in retrospect; (Jur) retroactively.

**rétroactivité** [RetRɔaktivite] nf (gén) retrospective effect; (Jur) retroactivity. ◊ **traitement avec rétroactivité à compter du 1ᵉʳ juin** salary with arrears as from June 1st, salary backdated to June 1st.

**rétrocéder** [RetRɔsede] vt (restituer) to retrocede, cede back, reconvey, give back; (revendre) to sell off, dispose of. ◊ **rétrocéder un prêt** to onlend money loaned.

**rétrocession** [RetRɔsesjɔ̃] nf (restitution) retrocession, retrocedence, reconveyance; (revente) selling off, disposal. ◊ **rétrocession d'une créance** assignment of a claim; **rétrocession d'un prêt** onlending of a loan.

**réunion** [Reynjɔ̃] nf meeting. ◊ **à la prochaine réunion du conseil d'administration** at the next board meeting; **réunion-débat** panel discussion; **réunion syndicale** union meeting; **réunion de travail** work session; **conduire** ou **animer** / **présider** / **tenir une réunion** to run / chair / hold a meeting.

**Réunion** [Reynjɔ̃] nf ◊ **(l'île de) la Réunion** Réunion (Island).

**réunionnais, e** [Reynjɔnɛ, ɛz] **1** adj of ou from Réunion.
**2 Réunionnais** nm (habitant) inhabitant ou native of Réunion.
**3 Réunionnaise** nf (habitante) inhabitant ou native of Réunion.

**réunir** [ReyniR] **1** vt personnes to call a meeting of, bring together; entreprises to merge; assemblée to convene; fonds to raise.
**2 se réunir** vpr to meet, have a meeting. ◊ **se réunir à huis clos** to meet behind closed doors.

**réussir** [ReysiR] **1** vi to succeed, be successful.
**2** vt to make a success of.

**réussite** [reysit] **nf** success.

**revalorisation** [r(ə)valɔrizasjɔ̃] **nf** [métier] upgrading; [monnaie] revaluation; [salaire] (salary) adjustment; [produit] raising the price of; [stock] revaluation. ◊ **la bonne tenue des cours a permis une revalorisation des capitaux investis** the firmness of stock prices has led to growth of the capital invested; **revalorisation des bas salaires** raising ou increase ou adjustment of low wages.

**revaloriser** [r(ə)valɔrize] **vt** métier to upgrade; monnaie to revalue; salaire to raise, adjust; produit to raise the price of; stock to revalue.

**revendable** [r(ə)vɑ̃dabl(ə)] **adj** resaleable.

**revendeur, -euse** [r(ə)vɑ̃dœr, øz] **nm,f** (qui vend au détail) retailer, stockist (GB), dealer; (qui vend d'occasion) secondhand dealer. ◊ **revendeur à la sauvette** tout; **rabais (consenti) aux revendeurs** trade discount.

**revendicateur, -trice** [r(ə)vɑ̃dikatœr, tris] **adj** ◊ **prendre une position revendicatrice** to adopt a conflictual stance; **déclaration revendicatrice** declaration of claims.

**revendicatif, -ive** [r(ə)vɑ̃dikatif, iv] **adj** ◊ **ils ont décidé d'engager une action revendicative** they have decided to launch a protest movement; **journée revendicative** day of protest; **mouvement revendicatif** industrial action; **programme revendicatif** industrial action programme.

**revendication** [r(ə)vɑ̃dikasjɔ̃] **nf** claim, demand. ◊ **présenter une revendication** to put in a claim; **mouvement de revendication** protest movement, movement of protest; **journée de revendication** day of protest; **revendications salariales** pay ou wage claims.

**revendiquer** [r(ə)vɑ̃dike] **vt** to claim, demand. ◊ **revendiquer de meilleures conditions de travail** to demand better working conditions; **revendiquer la responsabilité de qch** to claim responsibility for sth.

**revendre** [r(ə)vɑ̃dr(ə)] **1 vt** **a** (Comm) (à nouveau) to resell, sell again; (au détail) to sell, retail. **b** (Bourse) **revendre un acheteur** to sell out against a buyer; **revendre des actions** to sell out shares.
**2 se revendre vpr** to sell. ◊ **ça se revend bien** it sells easily; **ce produit se revend 150 F** this product retails ou sells for F150.

**revenir** [rəvnir] **vi** **a** (être égal) **revenir à** to amount to, cost, come to; **cela revient à 250 F** it comes to ou amounts to ou costs F250. **b** (appartenir) **la somme qui nous revient** the amount due to us; **tous les intérêts te reviendront** all the interest will be

yours by right, you'll be entitled to all the interest. **c** (se rétracter) **revenir sur** offre, décision to go back on.

**revente** [r(ə)vɑ̃t] **nf** resale. ◊ **valeur à la revente** resale value; **la revente de nos filiales nous a rapporté 300 millions de francs** the selling up of our subsidiaries brought in 300 million francs; **nous avons procédé à la revente d'une majorité de nos actions** we sold out a majority of our shares; **revente par appartements d'une société** unbundling of a company, piecemeal selling-off of a company.

**revenu** [rəvny] **1 nm** [personne] income, earnings (de from); [entreprise] revenue, income; [terre] income; [placement mobilier] income, yield, return. ◊ **les revenus du pétrole** oil revenues; **mes revenus pour l'année étaient de...** my income ou earnings for the year amounted to...; **avoir de gros revenus** to have a large income; **impôt sur le revenu** income tax; **il est dans la tranche ou la fourchette des hauts revenus** he is in the higher income bracket; **les foyers à faible revenu** ou **à revenu modeste** low-income groups; **impôt sur le revenu des personnes physiques** personal income tax; **déclaration de revenus** income tax return; **ménage à double revenu** two-earner household, dual income household; **politique des revenus** wage policy, income policy; **effet de revenu** income effect; **obligation à revenu fixe / variable** fixed-interest ou fixed yield / variable-interest ou variable-yield bond.
**2 comp revenus agricoles** farm ou agricultural income. − **revenus annexes** supplementary ou side income. − **revenu annuel** annual income. − **revenu brut** gross income; **revenu brut d'exploitation** gross operating income. − **revenu du capital** return on capital, capital yield, non-wage ou unearned income. − **revenus commerciaux** trading ou operating income. − **revenu discrétionnaire** discretionary income. − **revenu disponible** net ou disposable ou spendable income. − **revenus de l'État** public revenue. − **revenu fiscal** tax revenue. − **revenu foncier** income ou revenue from land. − **revenu par habitant** per capita income. − **revenu imposable** taxable income. − **revenus industriels et commerciaux** business income. − **revenu intérieur brut** gross domestic income. − **revenus invisibles** invisible earnings. − **revenu locatif** rental. − **revenu marginal** margin income. − **revenus des ménages** household income. − **revenu minimum d'insertion** income support. − **revenu mobilier** investment income. − **revenu national** national income; **revenu national au coût des facteurs** national income on costs basis. − **revenu**

**net** net ou disposable ou spendable income. **− revenus non salariaux** non-wage income, unearned income. **− revenus obligataires** bond income. **− revenus salariaux** earned income, salary. **− revenus sociaux** transfer income. **− revenus de transfert** transfer income. **− revenu du travail** earned income, salary.

**reverser** [ʀ(ə)vɛʀse] vt argent to pay back.

**réversibilité** [ʀevɛʀsibilite] nf [pension] revertibility.

**réversible** [ʀevɛʀsibl(ə)] adj pension revertible. ◊ **rente réversible** reversionary ou survivorship ou two-way annuity.

**réversion** [ʀevɛʀsjɔ̃] nf (Jur) reversion. ◊ **pension de réversion** survivorship pension; **rente viagère avec réversion** reversionary ou survivorship ou two-way annuity.

**revient** [ʀ(ə)vjɛ̃] nm ◊ **prix de revient** cost (price), manufacturing cost; **prix de revient de fabrication, coût de revient usine** manufacturing cost; **prix de revient marginal** marginal cost; **calculer le prix de revient de qch** to cost sth; **comptabilité de prix de revient** cost accounting.

**revirement** [ʀ(ə)viʀmɑ̃] nm turn(a)round.

**révisable** [ʀevizabl(ə)] adj prévision revisable; salaire reviewable, adjustable. ◊ **prix révisable** price subject to modification.

**réviser** [ʀevize] vt comptes to audit, check; véhicule to overhaul, service; prix, salaire to review, adjust; projection to revise; stratégie to review, reappraise. ◊ **réviser une estimation en hausse / en baisse** to revise an estimate up / down ou upwards / downwards.

**réviseur** [ʀevizœʀ] nm (Fin) auditor.

**révision** [ʀevizjɔ̃] **1** nf **a** [comptes] (action) auditing, checking; (résultat) audit, check. ◊ **révision interne / externe** internal / external audit. **b** [véhicule] overhaul, servicing. **c** [projet] revision; [prix, salaire] adjustment, review; [stratégie] review, reappraisal.
**2** comp **révision comptable** (financial) audit. **− révision continue** continuous audit. **− révision de fin d'exercice** year-end audit. **− révision périodique** interim audit.

**révocabilité** [ʀevɔkabilite] nf [contrat] revocability.

**révocable** [ʀevɔkabl(ə)] adj contrat revocable, rescindable, rescissible. ◊ **crédit documentaire révocable** revocable documentary credit.

**révocation** [ʀevɔkɑsjɔ̃] nf [contrat] revocation, cancellation, rescission; [personne] dismissal.

**revoir** [ʀ(ə)vwaʀ] vt projet, prévision to revise. ◊ **revoir en baisse / en hausse** to revise downwards / upwards.

**révoquer** [ʀevɔke] vt contrat to revoke, cancel, rescind; personne to remove from office, dismiss.

**revue** [ʀ(ə)vy] nf **a** (magazine) magazine, journal, review. ◊ **revue professionnelle** trade journal ou review; **revue spécialisée** specialist magazine; **revue d'entreprise** house magazine ou organ. **b** (examen) review. ◊ **revue de projet** (Ind) design review; **année sous revue** the year under review.

**Reykjavik** [ʀekjavik] n Reykjavik.

**RF** abrév de *République française* French Republic.

**RFA** [ɛʀɛfa] nf abrév de *République fédérale d'Allemagne* German Federal Republic, GFR.

**rial** [ʀijal] nm rial.

**RIB** [ʀib] nm abrév de *relevé d'identité bancaire* → relevé.

**riche** [ʀiʃ] **1** adj rich, wealthy.
**2** nm,f rich ou wealthy person. ◊ **les riches** the rich, the wealthy.

**richesse** [ʀiʃɛs] nf (fortune) wealth; (ressource) resource. ◊ **la richesse vive d'une ville** the wealth potentiality of a city; **richesse vive spécifique** specific purchasing power; **richesses naturelles / minières** natural / mining resources.

**Riga** [ʀiga] n Riga.

**rigidité** [ʀiʒidite] nf rigidity. ◊ **rigidité de la demande** inelasticity of demand.

**rigueur** [ʀigœʀ] nf rigour. ◊ **rigueur économique** economic austerity; **rigueur salariale** wage restraint; **budget de rigueur** austerity budget; **politique de rigueur** austerity policy; **à retourner avant le 15 juin délai de rigueur** to be sent before the deadline ou the final date of June 15th.

**ringgit** [ʀiŋgit] nm ringgit.

**RIP** [ʀip] nm abrév de *relevé d'identité postal* → relevé.

**risque** [ʀisk(ə)] **1** nm **a** (gén, Fin) risk. ◊ **courir / prendre / comporter un risque** to run / take / involve a risk; **une affaire pleine de risques** a risky ou high-risk affair; **ne prendre aucun risque** to take no risks, play it safe; **le goût du risque** a liking for risk-taking; **prime de risque** danger money; **investissement à risque / à haut risque** risky / high-risk investment; **aux**

**risques de l'expéditeur** at sender's risk; **aux risques et périls du propriétaire** at owner's risk; **capital-risque** risk capital, venture capital; **se couvrir contre le risque de change** to hedge against exchange risk ou exposure. **b** (Ass) risk. ◊ **bon / mauvais risque** good / bad risk; **risque ordinaire / exceptionnel / particulier** ordinary ou usual / unusual / particular risk; **assurer / couvrir** ou **garantir un risque** to insure / cover ou underwrite a risk; **s'assurer contre un risque** to insure oneself against a risk; **gestionnaire de risques** risk manager; **ratio / seuil de risque** risk ratio / threshold; **risques non couverts** ou **non garantis** risks not covered; **risque assuré / non assuré** insured / non insured risk; **assurance tous risques** all-risks ou all-in ou comprehensive insurance.
**2 comp risque d'allèges** craft risk. − **risque assurable** insurable risk. − **risque calculé** calculated risk. − **risque de change** exchange risk ou exposure. − **risque du client** customer's risk. − **risque de collision** collision risk. − **risques de construction** builder's risks. − **risque de conversion** translation exposure ou risk. − **risque de crédit** insolvency risk. − **risque de dromes** raft risk. − **risque économique** economic risk. − **risque financier** financial risk. − **risque du fournisseur** supplier's risk. − **risques de guerre** war risks. − **risque d'incendie** fire risk. − **risque d'insolvabilité** insolvency risk. − **risque d'interruption de marché** market shut-off risk. − **risque locatif** tenant's third-party risk. − **risque maritime** sea risk, perils of the sea. − **risques offshore** offshore risks. − **risque-pays** country risk. − **risque de pertes et d'avaries** risk of loss and damage. − **risques de pollution** pollution risks. − **risque professionnel** professional ou occupational risk ou hazard. − **risque de port sur corps** hull port risk. − **risque de transaction** transaction exposure ou risk. − **risque de transbordement** transhipment risk. − **risque de transport** transit risk. − **risque de vol** theft risk.

**risqué, e** [ʀiske] **adj** politique commerciale risky; placement risky, high-risk.

**risquer** [ʀiske] **vt** to risk.

**ristourne** [ʀistuʀn(ə)] **nf** **a** (réduction) rebate, refund, discount; (commission) commission, kickback. ◊ **ristourne de prime** (Ass) premium refund ou rebate; **ristourne de 2% sur le chiffre d'affaires annuel** 2% rebate ou return on annual sales figures; **ristourne d'un trop-perçu** return of an amount overpaid; **rabais, remises, ristournes** (Compta) sales allowances; **ristourne clan-**destine kickback. **b** (Ass Mar) policy cancellation.

**ristourner** [ʀistuʀne] **vt** **a** somme to refund, give a rebate ou a refund of. ◊ **ils nous ont ristourné 200 F** they refunded us F200, they gave us a F200 rebate. **b** (Ass Mar) police to cancel.

**Riyad** [ʀijad] **n** Riyadh.

**RM** abrév de *règlement mensuel* → règlement.

**RMI** [ɛʀɛmi] **nm** abrév de *revenu minimum d'insertion* → revenu.

**RN** [ɛʀɛn] **nm** abrév de *revenu national* → revenu.

**robot** [ʀɔbo] **nm** robot. ◊ **robot de la deuxième génération** second-generation robot.

**robotique** [ʀɔbɔtik] **nf** robotics.

**robotisation** [ʀɔbɔtizasjɔ̃] **nf** automation, robotization.

**robotiser** [ʀɔbɔtize] **vt** to automate, robotize.

**rogner** [ʀɔɲe] **vt** salaires to cut down, pare. ◊ **nous allons rogner sur les frais commerciaux** we're going to cut back on selling costs.

**rôle** [ʀol] **nm** (Admin : liste) roll, register. ◊ **rôle cadastral** register of landowners; **rôle d'équipage** crew list; **rôle des impôts** tax assessment register.

**Rome** [ʀɔm] **n** Rome.

**rompre** [ʀɔ̃pʀ(ə)] **1 vt** relations, négociations to break off; traité, marché, contrat to break. **2 vi** ◊ **rompre avec qn** to break with sb, break off one's relations with sb.

**rompu** [ʀɔ̃py] **nm** (Bourse) fractional share. ◊ **rompus** odd lots; **actions formant rompus** fractional shares, odd lots.

**rond, e** [ʀɔ̃, ʀɔ̃d] **adj** round. ◊ **chiffre rond** round number ou figure; **en chiffres ronds** in round figures; **cela fait 100 F tout rond** it comes to exactly F100.

**rossignol** [ʀɔsiɲɔl] **nm** (* : Comm) unsaleable article, shelf-warmer*.

**rotation** [ʀɔtasjɔ̃] **nf** (Ind, Comm) turnover, rotation; (Transports) turnround (GB), turnaround (US). ◊ **rotation des stocks** stock turnover ou rotation, inventory turnover (US); **la rotation du personnel** (d'un poste de travail à un autre) the rotation of staff; (quittant ou entrant dans l'entreprise) staff turnover; **rotation de la main-d'œuvre** labour turnover; **rotation des postes** job rotation; **rotation du capital** turnover of capital, capital turnover; **rotation de l'actif / des comptes clients** asset / accounts receivable turnover; **effectuer plusieurs rotations par semaine** (bateau, camion, avion) to make several turnrounds per week.

**rouage** [ʀwaʒ] **nm** ◊ **les rouages administratifs** the administrative machinery; **elle connaît tous les rouages de l'administration française** she knows all the workings of the French civil service; **les rouages de l'entreprise** the wheels ou workings of the company.

**rouble** [ʀubl(ə)] **nm** rouble, ruble.

**rouge** [ʀuʒ] **nm** red. ◊ **être dans le rouge** to be in the red; **sortir du rouge** to get out of the red; **tous les indicateurs sont au rouge** indicators are flashing.

**roulage** [ʀulaʒ] **nm** haulage. ◊ **entreprise de roulage** road transport company, haulage company (GB), haulier (GB), trucking company (US).

**roulant, e** [ʀulɑ̃, ɑ̃t] **adj** ◊ **matériel roulant** rolling stock; **capitaux roulants** circulating capital.

**roulement** [ʀulmɑ̃] **nm** **a** (Ind) [personnel] rotation. ◊ **nous avons établi un roulement pour les permanences du samedi matin** we have set up a rota for Saturday morning duty. **b** (Fin) [capital] circulation. ◊ **fonds de roulement** working capital; **actif de roulement** current assets.

**roulier** [ʀulje] **nm** roll-on-roll-off ship.

**roumain, e** [ʀumɛ̃, ɛn] **1** **adj** Rumanian, Romanian.
**2** **nm** (langue) Rumanian, Romanian.
**3** **Roumain** **nm** (habitant) Rumanian, Romanian.
**4** **Roumaine** **nf** (habitante) Rumanian, Romanian.

**Roumanie** [ʀumani] **nf** Rumania, Romania.

**roupie** [ʀupi] **nf** rupee.

**routage** [ʀutaʒ] **nm** routing, dispatching. ◊ **entreprise / service de routage** routing firm / service.

**route** [ʀut] **nf** **a** (axe routier) road. ◊ **transport par route** road transport; **transporter par route** to transport ou ship by road; **la route concurrence le train** ou **le rail** road (transport) is in competition with the train ou rail; **feuille de route** waybill; **frais de route** travelling expenses. **b** (itinéraire) route. ◊ **route aérienne / maritime** air / sea route; **route commerciale** trade route. **c** **mettre en route** machine économique, entreprise to start (up), get going, get under way; **dépenses de mise en route** start-up costs; **tenir la route** [projet] to hold water, hold together; [équipement] to be good quality.

**router** [ʀute] **vt** to pack and mail, dispatch.

**routier, -ière** [ʀutje, jɛʀ] **1** **adj** road. ◊ **transport routier** road transport ou haulage; **entrepreneur de transports routiers** road-haulier ou hauler (US) haulage contractor;

**entreprise de transports routiers** road transport company, haulage company (GB), trucking company (US); **gare routière** road haulage depot.
**2** **nm** (long-distance) lorry (GB) ou truck (US) driver.

**routine** [ʀutin] **nf** routine. ◊ **entretien / visite de routine** routine maintenance / visit.

**routinier, -ière** [ʀutinje, jɛʀ] **adj** travail routine.

**rouvrir** [ʀuvʀiʀ] **vti** to reopen, open again.

**royalties** [ʀwajalti] **nfpl** royalties.

**Royaume-Uni** [ʀwajomyni] **nm** ◊ **le Royaume-Uni (de Grande-Bretagne et d'Irlande du Nord)** the United Kingdom (of Great Britain and Northern Ireland).

**RP** [ɛʀpe] **nfpl** abrév de *relations publiques* PR.

**Rp** abrév de *réponse payée* reply paid.

**RSI** [ɛʀɛsi] **nm** abrév de *retour sur investissement* ROI.

**RSVP** [ɛʀɛsvepe] abrév de *répondez s'il vous plaît* reply requested.

**Rte** abrév de *route*.

**RU** abrév de *Royaume-Uni* UK.

**Ruanda** [ʀwɑ̃da] **nm** Rwanda.

**ruandais, e** [ʀwɑ̃dɛ, ɛz] **1** **adj** Rwandan.
**2** **Ruandais** **nm** (habitant) Rwandan.
**3** **Ruandaise** **nf** (habitante) Rwandan.

**rubis** [ʀybi] **nm** ruby. ◊ **payer rubis sur l'ongle** to pay cash on the nail.

**rubrique** [ʀybʀik] **nf** [journal] column; [document] heading.

**ruée** [ʀɥe] **nf** rush. ◊ **la ruée vers l'or** the gold rush; **une ruée sur les banques** a run on banks.

**ruine** [ʀɥin] **nf** ruin.

**ruiner** [ʀɥine] **vt** to ruin.

**ruineux, -euse** [ʀɥinø, øz] **adj** ruinous.

**rupiah** [ʀypja] **nf** rupiah.

**rupture** [ʀyptyʀ] **nf** break. ◊ **la rupture des relations commerciales** the breaking off ou severing ou severance of trade relations; **la rupture des négociations** the breaking off ou the breakdown of negotiations; **rupture de contrat** breach of contract; **nous avons atteint le point de rupture** we have reached breaking point; **charge de rupture** breaking load; **rupture de stock** (Comm, Ind) stock ou inventory shortage; (Ind) stockout, outage; **nous sommes en rupture de stock pour cet article** this article is out of stock, we are out of stock for this article; **rupture de charge** (Ind) break in production; (Mar) cargo transhipment.

**russe** [ʀys] **1** adj Russian.
   **2** nm (langue) Russian.
   **3** **Russe** nmf (habitant) Russian.

**Russie** [ʀysi] nf Russia.

**RV** abrév de *rendez-vous*.

**Rwanda** [ʀwãda] nm = Ruanda.

**rwandais, e** [ʀwãdɛ, ɛz] adj = ruandais.

**rythme** [ʀitm(ə)] nm (cadence) rate. ◊ **rythme de production** / **de travail** rate of production / of work; **rythme d'adoption d'un produit** product adoption ou acceptance pace; **produire au rythme de 100 unités par heure** to produce at the rate of 100 units an hour; **le rythme des commandes s'est ralenti** the order rate ou the rate of ordering has slowed down.

# S

**s** / abrév de *sur*.

**SA** [ɛsa] **nf** abrév de *société anonyme* limited liability company; (ouverte au public) public limited company. ◊ **Marchand SA** Marchand Ltd (GB), Marchand Inc. (US); (ouverte au public) Marchand Plc.

**sabordage** [sabɔʀdaʒ] **nm**, **sabordement nm** [entreprise] winding up, shutting down.

**saborder** [sabɔʀde] **vt**, **se saborder vpr** [chef d'entreprise] to wind up, shut down.

**sabotage** [sabɔtaʒ] **nm** [machine, négociation] sabotage; [travail] botching. ◊ **c'est du sabotage** it's an act of sabotage.

**saboter** [sabɔte] **vt** machine, négociation to sabotage; travail to botch.

**sabrer** [sabʀe] **vt** **a** (réduire) budget, dépenses to slash, cut, axe. **b** (renvoyer) employé; to fire, kick out*, give the sack to*.

**sac** [sak] **nm** (gén) bag; (grand) sack. ◊ **sac en plastique** plastic bag; **sac à pommes de terre** potato sack; **sac de pommes de terre** sack ou sackful of potatoes.

**sacquer*** [sake] **vt** employé to fire, kick out*, give the sack to*. ◊ **se faire sacquer** to get the sack.

**sacrifice** [sakʀifis] **nm** sacrifice. ◊ **sacrifice d'avarie commune** (Ass Mar) general average sacrifice.

**sacrifié, e** [sakʀifje] **adj** sacrificed. ◊ (Comm) articles sacrifiés giveaways*, articles sold at knockdown prices, loss leaders; **prix sacrifiés** knockdown prices; (dans une annonce) prices slashed.

**sacrifier** [sakʀifje] **vt** marchandises to give away (at a knockdown price).

**saignée** [seɲe] **nf** [budget] huge ou savage cut (à, dans in).

**sain, saine** [sɛ̃, sɛn] **adj** entreprise, économie sound, healthy; gestion, monnaie sound. ◊ **entreprise financièrement saine** financially sound company, well capitalized company.

**Saint-Domingue** [sɛ̃dɔmɛ̃g] **n** Santo Domingo.

**saisi, e** [sezi] **nm,f** (Jur) distrainee. ◊ **tiers saisi** garnishee.

**saisie** [sezi] **1 nf a** [biens] seizure, impoundment; [personne] seizure; [personne tierce] garnishment; [meubles] distraint, distress, attachment; [immeubles] attachment; [navires] embargo; [marchandises prohibées, publication] seizure, confiscation; [hypothèque] foreclosure. ◊ **lever la saisie** to withdraw the seizure; **opérer une saisie** to levy a distress; **mainlevée de saisie** replevin; **ordonnance de saisie** warrant for attachment, writ of execution; (sur un tiers) garnishee order; **procès-verbal de saisie** minutes of seizure; **vente sur saisie** foreclosure sale. **b** (Inf) **saisie des données** data entry ou capture, entering ou keying (in) of data; **écran de saisie** data entry screen; **opérateur de saisie** keyboard operator, keyboarder; **unité de saisie** data entry unit ou device ou terminal.
**2 comp saisie-arrêt,** pl **saisies-arrêts** attachment (order), garnishee order, garnishment. — **saisie conservatoire** [biens mobiliers] garnishment. — **saisie-exécution,** pl **saisies-exécutions** distraint ou distress ou attachment for sale by court order. — **saisie fiscale** execution for taxes. — **saisie immobilière** attachment of real estate ou of real property; (en cas d'hypothèque) foreclosure. — **saisie judiciaire** seizure ou attachment by court order. — **saisie mobilière** seizure ou attachment of

movable property ou of goods. – **saisie de navire** embargo. – **saisie sur protêt** seizure under protest. – **saisie provisoire** provisional seizure. – **saisie-revendication,** pl **saisies-revendications** seizure under a prior claim.

**saisine** [sezin] nf ◊ **la saisine d'un tribunal** the submission ou referral of a case to a tribunal.

**saisir** [seziʀ] vt **a** (prendre) to take hold of, catch hold of. ◊ **saisir une occasion** to jump at an opportunity, avail o.s. of an opportunity, snap up an opportunity. **b** (Jur) biens to seize, impound; personne to seize; meubles to distrain (upon), attach; immeubles to attach; navire to lay an embargo upon; marchandises prohibées, publication to seize, confiscate; hypothèque to foreclose. ◊ **saisir une créance** to attach a debt. **c** **saisir un tribunal** to submit ou refer a case to a tribunal; **les prud'hommes ont été saisis de l'affaire** the case was submitted to ou referred to the industrial tribunal, a complaint was made to the industrial tribunal. **d** (Inf) données to enter, key in, capture.

**saisissable** [sezisabl(ə)] adj (Jur) revenus, immeubles attachable; biens distrainable, impoundable.

**saisissant, e** [sezisɑ̃, ɑ̃t] **1** adj (Jur) distraining.
**2** nm,f (Jur) distrainer.

**saison** [sɛzɔ̃] nf season. ◊ **la saison touristique** the tourist season; **la saison de Noël** the Christmas season; **la morte saison, la saison creuse, la basse saison** the dead ou off ou slack season; **la haute** ou **pleine saison** the high ou peak season; **en (haute) saison nous relevons nos prix** at the height of the season ou during the high season we raise our prices; **tarifs hors saison** ou **basse saison** off-season ou off-peak rates; **prendre ses vacances hors saison** ou **en basse saison** to go on holiday in the off season ou low season; **soldes de fin de saison** end-of-season ou clearance sale.

**saisonnalité** [sɛzɔnalite] nf ◊ **à cause de la saisonnalité de leur activité** because of the seasonal nature of their business; **coefficient de saisonnalité** (Ind, Stat) seasonal weighting.

**saisonnier, -ière** [sɛzɔnje, jɛʀ] **1** adj chômage, prix, demande, travail, variations seasonal. ◊ **données corrigées des variations saisonnières** seasonally adjusted figures.
**2** nm,f seasonal worker.

**salaire** [salɛʀ] **1** nm salary, pay, wage(s). ◊ **les salaires** (Écon) wages; **famille à salaire unique** single-income family; **toucher le salaire**

unique ou **l'allocation de salaire unique** ≈ to get supplementary benefit (GB); **ils gagnent deux salaires** they have a double income; **toucher** ou **percevoir un salaire de 15 000 F par mois** to draw a salary of F15,000 a month; **bloquer les salaires** to freeze wages; **les salaires ont dérapé en mars** wages rose ou drifted in March; **la spirale des prix et des salaires** the wage-price spiral; **salaires et traitements** (Compta) wages and salaries; **salaires à payer en mars** (Compta) the March payroll ou wage bill; **retenir qch sur le salaire de qn** to deduct sth from sb's salary ou wages; **salaire indifférent** (demande d'emploi) salary no object; **accord sur les salaires** wage agreement; **alignement des salaires** adjustment of wages; **arriéré de salaire** retroactive pay; **bulletin** ou **feuille / échelle** ou **grille de salaire** pay slip / scale; **politique / freinage / blocage des salaires** wage policy / restraint / freeze; **augmentation** ou **hausse de salaire** salary ou wage ou pay increase, raise in salary, pay raise, wage ou pay hike (US); **bonification de salaire** wage bonus; **bordereau de salaire** pay-sheet; **complément de salaire** wage supplement, fringe benefit; **éventail des salaires** salary range; **les hauts salaires** high earners; **les bas salaires** low-income categories, people with low wages.
**2** comp **salaire de base** basic salary ou wage ou pay. – **salaire brut** gross salary ou wages ou pay. – **salaire de départ** starting salary. – **salaire différé** deferred salary, benefits. – **salaire d'embauche** starting salary, entry salary. – **salaire extra-conventionnel** extra-contractual wage. – **salaire à forfait, salaire forfaitaire** time ou job wage. – **salaire hebdomadaire** weekly wage ou pay. – **salaire horaire** hourly wage ou pay. – **salaire indexé** index-linked wage ou salary. – **salaire indirect** benefits. – **salaire journalier** daily wage ou pay. – **salaire mensuel** monthly salary. – **salaire minimum** minimum wage; **salaire minimum agricole garanti** *minimum guaranteed wage for those employed in agriculture;* **salaire minimum interprofessionnel de croissance** *index-linked minimum growth wage(s);* **salaire minimum interprofessionnel garanti** *index-linked minimum guaranteed wage(s).* – **salaire de misère** starvation wage(s). – **salaire en nature** remuneration in kind. – **salaire net** net salary, takehome pay. – **salaire nominal** (Écon) nominal wage, money wage. – **salaire à la pièce** ou **aux pièces** piece wage. – **salaire à prime** incentive wage ou pay. – **salaire réel** (Écon) real wage. – **salaire au rendement** incentive wage ou pay. – **salaire social** social wage. – **salaire supplémentaire** extra pay. – **salaire à la tâche** piece wage.

**salarial, e, mpl -aux** [salaʀjal, o] **adj** wage, salary. ◊ **coûts salariaux unitaires** unit labour costs; **charges** ou **dépenses salariales** pay load, wage expenditures, payroll expenditures ou charges; **conflits salariaux** wage disputes; **convention salariale** wage agreement ou settlement; **enveloppe salariale** wage bill; **fourchette salariale** wage bracket; **hiérarchie salariale** salary ou wage structure; **masse salariale** wage bill, payroll, pay packet; **revendication salariale** wage claim ou demand; **taxe sur la masse salariale** payroll tax; **négociations salariales** wage negotiations, pay talks; **politique salariale** wage ou pay policy; **revenus salariaux / non salariaux** (Impôts) earned / unearned income.

**salariat** [salaʀja] **nm** a (salariés) salaried class, wage earning class, wage earners. b (mode de paiement) payment by salary ou by wages.

**salarié, e** [salaʀje] **1 adj** a personne salaried. ◊ **le personnel salarié** the salaried staff ou personnel. b travail paid. **2 nm,f** salaried employee, wage earner. ◊ **les salariés** (Écon) wage earners; (dans une entreprise) the salaried staff ou personnel.

**salarisation** [salaʀizɑsjɔ̃] **nf** ◊ **la salarisation (progressive) de l'économie** the growth of the wage-earning class in the economy.

**salle** [sal] **1 nf** room. **2 comp salle d'accueil** reception room. – **salle d'attente** waiting room. – **salle d'audience** courtroom. – **salle de change** (Bourse) trading room. – **salle de conférences** lecture ou conference room. – **salle du conseil** board room. – **salle d'embarquement** departure lounge. – **salle d'exposition** showroom. – **salle d'opération** ou **des opérations** (Bourse) trading room. – **salle de projection** film theatre; (dans une entreprise) viewing room. – **salle de réception** reception ou function room. – **salle de réunion** conference room. – **salle de trading** (Bourse) trading room. – **salle des ventes** sale(s)room, auction room.

**salon** [salɔ̃] **1 nm** a [maison] lounge (GB), sitting ou living room; [hôtel] lounge; (pour conférences, réceptions) function room. b (exposition) exhibition, show, trade fair. **2 comp Salon des arts ménagers** ≈ Ideal Home Exhibition. – **Salon de l'automobile** Motor ou Car Show. – **salon professionnel** trade fair.

**salutations** [salytɑsjɔ̃] **nfpl** (fin de lettre) **veuillez agréer, Monsieur, mes salutations distinguées** yours faithfully ou truly.

**Salvador** [salvadɔʀ] **nm** ◊ **le Salvador** El Salvador.

**salvadorien, -ienne** [salvadɔʀjɛ̃, jɛn] **1 adj** Salvadorian. **2 Salvadorien nm** (habitant) Salvadorian. **3 Salvadorienne nf** (habitante) Salvadorian.

**samedi** [samdi] **nm** Saturday. ◊ **samedi prochain** next Saturday, Saturday next; **samedi dernier** last Saturday; **le premier / dernier samedi du mois** the first / last Saturday of ou in the month; **un samedi sur deux** every other ou second Saturday; **l'exposition commencera le samedi 14 mars** the exhibition will start on Saturday March 14th; **le samedi précédent** the previous Saturday; **le samedi suivant** the next ou following Saturday; **samedi matin / soir** Saturday morning / evening; **samedi en huit / en quinze** a week / two weeks on (GB) ou from (US) Saturday.

**sanction** [sɑ̃ksjɔ̃] **nf** a (Pol, Écon : mesure) sanction; (pénalité) penalty; (punition) punishment. ◊ **prendre des sanctions** to impose sanctions; **sanctions administratives** administrative penalties; **sanctions économiques** economic sanctions; **sanctions fiscales** tax penalties, penalties for tax evasion; **sanctions pécuniaires** financial sanctions. b (approbation) sanction, approval. ◊ **sanction juridique** legal recognition; **notre innovation a reçu la sanction du marché** our innovation has met with the approval of the market ou with market approval, our innovation has stood the test of the market.

**sanctionner** [sɑ̃ksjɔne] **vt** a (punir) to punish. b (confirmer) (gén) to sanction, approve; loi to sanction. ◊ **le programme est sanctionné par un diplôme** a degree is awarded upon completion of the programme.

**sandwich, pl sandwichs** ou **sandwiches** [sɑ̃dwitʃ, sɑ̃dwiʃ] **nm** ◊ **homme-sandwich** sandwich man.

**San José** [sɑ̃ʒoze] **n** San José.

**San Juan** [sɑ̃ʒwɑ̃] **n** San Juan.

**sans** [sɑ̃] **1 prép** without. **2 comp sans cotation** (Bourse) unquoted, no quotation. – **sans coupon** ex-right. – **sans date** undated. – **sans droit d'entrée** (Fin) no-load. – **sans-emploi nmf inv** unemployed person; **les sans-emploi** the unemployed, the jobless. – **sans étiquette** article unlabelled. – **sans frais** without charges. – **sans garantie** produit without guarantee, unguaranteed; emprunt, dette unsecured; **sans garantie du gouvernement** (patent) without Government warranty of quality. – **sans nouvelles** (Mar) missing. – **sans objet** not applicable. – **sans préavis** without notice. – **sans prix**

(non marqué) article unpriced. − **sans provision** no funds. − **sans travail** = sansemploi. − **sans transactions** (Bourse) no dealing.

**San Salvador** [sɑ̃salvadɔʀ] **n** San Salvador.

**santé** [sɑ̃te] **nf** health. ◊ **la santé publique** public health ; **la santé** (Mar) the quarantine service.

**Santiago** [sɑ̃tjago] **n** Santiago.

**saper** [sape] **vt** to undermine, sap. ◊ **l'inflation sape notre pouvoir d'achat** inflation undermines ou undercuts our purchasing power.

**saquer\*** [sake] **vt** = sacquer

**SARL** [ɛsaɛʀɛl] **nf** abrév de *société à responsabilité limitée* limited liability company, private limited company. ◊ **Marchand SARL** Marchand Ltd (GB), Marchand Inc. (US).

**satellisation** [satelizasjɔ̃] **nf** ◊ **la satellisation des consommateurs** the creation of consumer dependence ; **la satellisation des entreprises** the creation of satellite companies.

**satelliser** [satelize] **vt** pays to make a satellite of ; consommateurs to make dependent. ◊ **ils ont satellisé d'autres entreprises dans leur secteur** they have created a number of satellite companies in their sector.

**satellite** [satelit] **nm** satellite. ◊ **satellite de télécommunications** telecommunications satellite ; **pays / industrie / société / ville satellite** satellite country / industry / company / town.

**satisfaction** [satisfaksjɔ̃] **nf** [personne, besoin, demande] satisfaction. ◊ **donner (toute ou entière) satisfaction à qn** to give (complete) satisfaction to sb, satisfy (sb) completely ; **échelle de satisfaction** rating scale ; **taux de satisfaction** degree of satisfaction ; **satisfaction du consommateur** consumer satisfaction ; **demander / obtenir satisfaction** to demand / get ou obtain satisfaction.

**satisfaire** [satisfɛʀ] **1** **vt** client, créancier to satisfy. ◊ **satisfaire la demande d'un produit** to satisfy ou meet ou keep up with the demand for a product ; **satisfaire les besoins de ses clients** to satisfy one's customers'needs, cater for one's customers'needs. **2** **satisfaire à vt indir** besoin to satisfy ; demande to satisfy, meet, keep up with ; engagement, condition to fulfil, meet ; normes to comply with, meet. ◊ **ce composant satisfait à toutes nos conditions** this component complies with ou meets ou fulfils ou satisfies all our requirements ; **avez-vous satisfait aux procédures d'inscription ?** have you fulfilled the registration requirements ou

procedures ? ; **satisfaire aux critères pour toucher l'allocation chômage** to be eligible for unemployment benefit.

**satisfaisant, e** [satisfəzɑ̃, ɑ̃t] **adj** résultats satisfactory.

**satisfait, e** [satisfɛ, ɛt] **adj** satisfied. ◊ **être satisfait de qch / qn** to be satisfied with sth / sb.

**saturation** [satyʀasjɔ̃] **nf** saturation. ◊ **être / arriver à saturation** to be at / reach saturation point ; **point de saturation** saturation point ; **saturation du marché** market saturation ou glut ; **campagne de saturation** (Pub) saturation campaign.

**saturer** [satyʀe] **vt** to saturate (*de* with). ◊ **saturer le marché** to saturate ou glut the market ; **être saturé** [réseau téléphonique] to be saturated ou overloaded ; [standard] to be jammed ; [services administratifs] to be overloaded ; **les lignes sont saturées** (Téléc) all the lines are engaged (GB) ou busy (US) ; **le marché est saturé** the market is saturated, there is a glut on the market.

**sauf** [sof] **prép** except, save. ◊ **sauf accord ou convention contraire** (Jur) unless otherwise agreed ; **sauf avis contraire** (de vous) unless we hear to the contrary, unless otherwise stipulated, unless you instruct us otherwise ; (de nous) unless you hear to the contrary, unless you hear otherwise ; **sauf bonne fin** (Fin) under usual reserve ; **sauf dispositions contraires** except as otherwise provided, unless provisions are made to the contrary ; **sauf erreur de notre part** if we are not mistaken ; **sauf erreur ou omission** errors and omissions excepted ; **sauf imprévu** unless anything unforeseen happens, barring unforeseen circumstances ; **sauf mieux** (Bourse) or better ; **sauf stipulations expresses** unless expressly stipulated ; **sauf vendu** (Comm) if unsold, subject to prior sale.

**saupoudrage** [sopudʀaʒ] **nm** [crédits] sprinkling.

**saupoudrer** [sopudʀe] **vt** crédits to sprinkle.

**saut** [so] **nm** jump, leap. ◊ **saut de ligne** (Inf) linefeed ; **saut de papier** (Inf) (paper) slew.

**sauter** [sote] **vi** **a** to jump. ◊ **sauter une ligne** to skip a line ; **sauter sur une occasion** to jump ou leap at an opportunity, snap up an opportunity. **b** (\*) [banque] to crash, fail. **c** (\* : être renvoyé) [employé] to get fired, get the boot\*, get kicked out\* ; ◊ **faire sauter qn** to fire sb, kick sb out\*.

**sauvage** [sovaʒ] **adj** (illicite) vente unauthorized ; urbanisation unplanned, uncontrolled. ◊ **capitalisme sauvage** unrestrained capitalism ; **grève sauvage** wildcat ou unofficial strike ; **concurrence sauvage** unfair ou cutthroat ou unrestrained competition.

**sauvegarde** [sovgaʀd(ə)] **nf** **a** (gén) safeguard. ◊ **sous la sauvegarde de** under the safeguard of; **clause de sauvegarde** saving ou safeguard ou hedge (US) clause; **mesure de sauvegarde** safeguard measure; **sauvegarde de l'emploi** job preservation. **b** (Inf) (action) saving; (résultat) backup. ◊ **faire la sauvegarde d'un programme** to save a program, make a backup of a program; **disquette / fichier / copie de sauvegarde** backup diskette / file / copy; **zone de sauvegarde** save field.

**sauvegarder** [sovgaʀde] **vt** (gén) to safeguard; (Inf) to save, make a backup (copy) of.

**sauvetage** [sovtaʒ] **nm** [personnes, société] rescue; [biens, navire, cargaison] salvaging, salvage. ◊ **opérer le sauvetage de** personnes rescue; biens to salvage; **frais de sauvetage** (Mar) salvage expenses ou dues; **entreprise de sauvetage** salvage company; **opération / plan de sauvetage** rescue operation / plan.

**sauveteur** [sovtœʀ] **nm** rescuer. ◊ **sauveteur d'entreprises** company fixer, rescuer of ailing companies, corporate turnaround specialist.

**SAV** abrév de *service après-vente* → service.

**SC** abrév de *service compris* → service.

**s / c** abrév de *sous couvert de*.

**scanner** [skanɛʀ] **nm** scanner. ◊ **caisse scanner** (Comm) scanning checkout, scanning register.

**sceau, pl -x** [so] **nm** (cachet) seal. ◊ **mettre son sceau au bas d'un document** to put one's seal on a document.

**scellement** [selmɑ̃] **nm** sealing. ◊ **rupture de scellement** (Douanes) breakage of seals; **livré sous scellement intact** delivered with seals intact.

**sceller** [sele] **vt** traité, colis to seal.

**scellés** [sele] **nmpl** seals. ◊ **mettre sous scellés** to place under seals; **mettre les scellés sur une porte** to put the seals on a door, affix the seals to a door; **briser / lever les scellés** to break / remove the seals.

**schéma** [ʃema] **nm** (diagramme) diagram, sketch; (fig : grandes lignes) outline; (structure habituelle) pattern. ◊ **schéma de décision** decision tree; **schéma de la reproduction** (Écon) production cycle model; **schéma directeur** (Admin) development plan.

**schilling** [ʃiliŋ] **nm** schilling.

**SCI** [ɛssei] **nf** abrév de *société civile immobilière* → société.

**scie** [si] **nf** ◊ **évoluer** ou **fluctuer en dents de scie** to see-saw; **courbe en dents de scie** jigsaw curve.

**science** [sjɑ̃s] **nf** science. ◊ **institut des sciences sociales** institute of social science; **les sciences économiques** economics; **elle est diplômée en sciences économiques** she has a degree in economics; **les sciences de la gestion** management science; **la science de la vente** the art of selling, salesmanship.

**scientifique** [sjɑ̃tifik] **1** **adj** scientific. ◊ **organisation scientifique du travail** scientific management, industrial engineering. **2** **nmf** scientist.

**scission** [sisjɔ̃] **nf** demerger.

**sclérose** [skleʀoz] **nf** [système économique] ossification.

**sclérosé, e** [skleʀoze] **adj** industrie ossified.

**scléroser (se)** [skleʀoze] **vpr** (structures) to become ossified.

**score** [skɔʀ] **nm** score. ◊ **score de mémorisation** (Pub) noting score.

**SCPI** [ɛssepei] **nf** abrév de *société civile de placement immobilier* REIT.

**scriptural, e, mpl -aux** [skʀiptyʀal, o] **adj** ◊ **change scriptural** exchange between nostro and vostro accounts; **monnaie scripturale** bank money, deposit currency (US); **titre scriptural** script.

**scrutin** [skʀytɛ̃] **nm** **a** (vote) ballot. ◊ **par voie de scrutin** by ballot; **voter au scrutin secret** to vote by secret ballot; **dépouiller le scrutin** to count the votes; **il a été élu au 5e tour de scrutin** he was elected on ou at the 5th ballot ou round. **b** (élection) poll. ◊ **le jour du scrutin** polling day. **c** (mode) **scrutin de liste** list system; **scrutin majoritaire à deux tours** two-round election on a majority basis.

**s.d.** abrév de *sans date* undated.

**SDN** [ɛsdeɛn] **nf** abrév de *Société des Nations* → société.

**séance** [seɑ̃s] **nf** (gén) meeting, session; [tribunal, parlement] session, sitting. ◊ **être en séance** to be in session; **séance extraordinaire** extraordinary meeting; **séance inaugurale** opening meeting; **séance d'ouverture / de clôture** opening / closing session; **séance plénière** plenary session ou meeting; **séance de synthèse** reporting-back session; **séance de travail** workshop, working session; **la séance est levée** the meeting is ended; **en début / fin de séance** (Bourse) at the opening / close (of the day's trading).

**sec, sèche** [sɛk, sɛʃ] **adj** dry. ◊ **une perte sèche de 2 millions de francs** an outright loss of 2 million francs; **cale sèche** dry dock; **licenciement sec** compulsory lay-off *(without any compensation)*; **marchandises sèches** dry goods.

**sécable** [sekabl(ə)] **adj** divisible. ◊ **la société est à la recherche d'activités sécables** the firm is looking for activities that can be hived off.

**second, e** [s(ə)gɔ̃, ɔ̃d] **1 adj** second. ◊ **de second ordre** second class; **de second choix** (de mauvaise qualité) low-quality, low-grade; (Comm : classe) class two; **articles de second choix** seconds; **seconde classe** (transports) second class; **le second marché** (Bourse) ≈ the unlisted securities market. **2 nm** (adjoint) second in command; (Mar) first mate. **3 nf** (Transport) second class. ◊ **voyager en seconde (classe)** to travel second-class.

**secondaire** [s(ə)gɔ̃dɛʀ] **adj** secondary. ◊ **le secteur secondaire** (Ind) the manufacturing sector, manufacturing ou secondary industry.

**seconder** [s(ə)gɔ̃de] **vt** to assist, help.

**secours** [s(ə)kuʀ] **nm** (aide) help, aid, assistance; (aumône) aid, relief. ◊ **caisse de secours** relief fund; **ordinateur / moyen de secours** backup computer / facilities.

**secret** [s(ə)kʀɛ] **nm** secret. ◊ **secret bancaire** bank secrecy; **secret commercial, secret de fabrique** trade secret; **le secret professionnel** professional secrecy.

**secrétaire** [s(ə)kʀetɛʀ] **1 nmf** secretary. **2 comp secrétaire d'ambassade** embassy secretary. – **secrétaire de direction** executive secretary, private ou personal secretary (to a director), personal assistant. – **secrétaire exécutif** executive secretary. – **secrétaire général** general secretary; [syndicat] secretary-general; [entreprise] company secretary. – **secrétaire intérimaire** acting secretary. – **secrétaire particulier** private secretary, personal assistant.

**secrétariat** [s(ə)kʀetaʀja] **nm a** (bureau) [administration] secretariat; [entreprise] secretarial offices. ◊ **veuillez appeler mon secrétariat pour prendre un rendez-vous** please call my office to set up an appointment; **le secrétariat du service commercial** the Sales Department office, the secretarial offices of the Sales Department. **b** (travail) secretarial work. ◊ **école / poste / travail de secrétariat** secretarial school / job / work. **c** (personnel) secretarial staff.

**secteur** [sɛktœʀ] **nm a** (aire géographique) area; (Admin) district. ◊ **secteur de distribution** distribution area; **secteur de vente** [vendeur] sales area ou territory; [entreprise] sales ou trading area; **secteur témoin** test area; **secteur de distribution** marketing area. **b** (domaine d'activité) line of business, area; (entreprises d'un même domaine) indus-

try. ◊ **secteur de croissance / de pointe** growth / high-tech area; **dans notre secteur (d'activité)** in our line of business; **les secteurs (d'activité) les plus touchés** the worst-hit industry segments ou branches of industry; **le secteur bancaire / des assurances** the banking / insurance industry; **secteur énergétique** energy sector. **c** (division de l'économie) industry, sector. ◊ **secteur public / privé** public ou state (GB) / private sector; **le secteur primaire** primary industry, the primary sector; **le secteur secondaire** manufacturing ou secondary industry, the manufacturing sector; **le secteur tertiaire** ou **des services** the service industries, tertiary industry, the service sector; **le secteur quaternaire** the knowledge industries.

**section** [sɛksjɔ̃] **nf** (gén) section; (Compta) burden centre; (division, atelier) unit. ◊ **section syndicale** union branch ou lodge (US) ou local (US); **section homogène** (Compta) cost centre; **section auxiliaire / principale** (Ind) service / producing department; **section de fabrication** manufacturing unit.

**sectionnel, -elle** [sɛksjɔnɛl] **adj** ◊ **comptabilité sectionnelle** burden centre accounting.

**sectoriel, -elle** [sɛktɔʀjɛl] **adj** sector-based.

**sectorisation** [sɛktɔʀizasjɔ̃] **nf** division into sectors.

**sectoriser** [sɛktɔʀize] **vt** to divide into sectors, sector.

**sécuritaire** [sekyʀitɛʀ] **adj** ◊ **mesures sécuritaires** law and order measures; **craintes sécuritaires** fears about law and order.

**sécurité** [sekyʀite] **nf** (contre les accidents) safety; (contre les attentats, le vol) security. ◊ **Sécurité sociale** Social Security, ≈ National Health Service; **prestations de Sécurité sociale** National Insurance benefits; **la sécurité de l'emploi** [employé, ouvrier] job security, security of employment; [fonctionnaire] security of tenure; **sécurité sur le lieu de travail** industrial ou occupational safety; **coefficient de sécurité** safety ratio; **dispositif** ou **mécanisme de sécurité** safety device; **marge de sécurité** safety margin; **mesures de sécurité** (dans une usine) safety measures ou precautions; (dans un aéroport) security measures; **normes de sécurité** safety standards; **règles** ou **consignes de sécurité** safety regulations; **stock de sécurité** safety stock.

**segment** [sɛgmɑ̃] **nm** segment. ◊ **segments stratégiques** (Comm) strategic business units; **segment de marché** market segment.

**segmentation** [sɛgmɑ̃tasjɔ̃] **nf** (action) segmenting, segmentation; (résultat) segmentation. ◊ **segmentation du marché** market segmentation.

**segmenter** [sɛgmɑ̃te] **1 vt** marché to segment. **2 se segmenter vpr** to break into segments. ◊ **se segmenter en** to segment into, break down into.

**seing** [sɛ̃] **nm** ◊ **acte sous seing privé** private agreement, deed under private seal.

**SEITA** [seita] **nf** abrév de *société d'exploitation industrielle des tabacs et allumettes : French tobacco monopoly.*

**seize** [sɛz] **adj, nm inv** sixteen → six.

**seizième** [sɛzjɛm] **adj, nmf** sixteenth → sixième.

**seizièmement** [sɛzjɛmmɑ̃] **adv** in the sixteenth place, sixteenth.

**séjour** [seʒuʀ] **nm** stay. ◊ **permis** ou **carte de séjour** residence permit; **taxe de séjour** visitor's tax.

**sélectif, -ive** [selɛktif, iv] **adj** selective.

**sélection** [selɛksjɔ̃] **nf a** (action) (gén) selection; [candidat] screening; (Univ) selective entry (GB) ou admission (US). ◊ **faire une première sélection des candidats** to shortlist applicants. **b** (choix) selection.

**sélectionné, e** [selɛksjɔne] **adj** produits (specially) selected.

**sélectionner** [selɛksjɔne] **vt** produits to select; candidats to select, screen. ◊ **faire partie des candidats sélectionnés pour un poste** to be shortlisted for a job.

**sélectivité** [selɛktivite] **nf** selectivity.

**selon** [s(ə)lɔ̃] **prép** according to. ◊ **finition selon le désir de l'acheteur** finish according to the buyer's wishes; **selon plan / devis / facture** as per drawing / estimate / invoice; **à remplir selon le cas** (sur formulaire) fill in where applicable; **selon les termes de l'article 15** under the provisions of article 15; **selon vos instructions** in accordance with your instructions.

**semaine** [s(ə)mɛn] **nf** week; (salaire) week's wages ou pay, weekly wage ou pay. ◊ **semaine de travail** working week (GB), workweek (US); **semaine de travail réduite** shorter workweek ou working week; **la semaine de 39 heures** the 39-hour week; **faire la semaine des 39 heures** to work ou do a 39-hour week, work 39 hours a week ou per week; **louer à la semaine** to rent by the week; **en semaine** during the week, on week days; **semaine commerciale** shopping week; **la semaine du tapis / du luminaire** (sur prospectus) carpet / lightning week; **réclame de la semaine** (sur prospectus) this week's special offer.

**semainier** [s(ə)mɛnje] **nm** (agenda) desk diary.

**semestre** [s(ə)mɛstʀ(ə)] **nm a** (période) half-year, six-month period; (Univ) semester. ◊ **payé par semestre** paid half yearly; **nos bénéfices ont chuté pendant le premier semestre** our profits dropped during the first half of the year ou during the first six months of the year ou during the first two quarters. **b** (loyer) half-yearly ou six month's rent.

**semestriel, -elle** [səmɛstʀijɛl] **adj** half-yearly, six-monthly.

**semestriellement** [səmɛstʀijɛlmɑ̃] **adv** every six months, on a half-yearly basis, on a semi-annual basis (US).

**semi- préf** semi. ◊ **semi-automatique** semi-automatic; **semi-conducteur** semi-conductor; **semi-fini** semifinished; **semi-indépendant** semi-independent; **semi-liquidités** (Fin) near money, quasi-money; **semi-ouvré** semifinished; **semi-produit** semifinished product; **semi-public** semi-public; **semi-qualifié** semiskilled; **semi-remorque** (nf : remorque) trailer (GB), semi-trailer (US); (nm : camion) articulated lorry ou truck (GB), trailer truck (US).

**Sénégal** [senegal] **nm** Senegal.

**sénégalais, e** [senegalɛ, ɛz] **1 adj** Senegalese. **2 Sénégalais nm** (habitant) Senegalese. **3 Sénégalaise nf** (habitante) Senegalese.

**sensibilisation** [sɑ̃sibilizasjɔ̃] **nf** ◊ **nous visons la sensibilisation de nos clients aux avantages de ce produit** we are attempting to increase our customers'awareness of the advantages of this product ou to make our customers aware of the advantages of this product; **campagne de sensibilisation** public awareness campaign.

**sensibiliser** [sɑ̃sibilize] **vt** ◊ **sensibiliser qn à** to make sb aware of ou sensitive to; **sensibiliser l'opinion publique au problème** to heighten public awareness of the problem, make the public aware of the problem; **être sensibilisé à un problème** to be sensitive to ou aware of a problem.

**sensible** [sɑ̃sibl(ə)] **adj a** marché boursier, secteur sensitive (à to). **b** progrès, augmentation, changement considerable, noticeable, marked, significant; pertes heavy.

**sensiblement** [sɑ̃sibləmɑ̃] **adv** progresser, changer noticeably, markedly, significantly.

**sentence** [sɑ̃tɑ̃s] **nf** (verdict) sentence. ◊ **sentence d'arbitrage** ou **arbitrale** arbitration award.

**SEO** abrév de *sauf erreur ou omission* → sauf.

**Séoul** [seul] n Seoul.

**séparateur** [sepaʀatœʀ] nm (Tech, Inf) separator.

**séparé, e** [sepaʀe] adj separate. ◊ **devis transmis sous pli séparé** estimate sent under separate cover; **ces articles feront l'objet d'un envoi séparé** these items will be sent separately.

**séparément** [sepaʀemã] adv envoyer separately.

**séparer (se)** [sepaʀe] vpr **a** [assemblée] to break up. **b** se séparer de collaborateur to part with. ◊ **ils viennent de se séparer d'une douzaine de sociétés** they have just hived off a dozen companies.

**sept** [sɛt] adj, nm inv seven → six.

**septembre** [sɛptãbʀ(ə)] nm September. ◊ **le mois de septembre** the month of September; **le 15 septembre** on September the 15th; **mardi 15 septembre** Tuesday September the 15th; **en septembre** in September; **début / fin septembre** in early / late September; **à la mi-septembre** in mid-september; **septembre prochain / dernier** next / last September.

**septième** [sɛtjɛm] adj, nmf seventh → sixième.

**septièmement** [sɛtjɛmmã] adv seventhly.

**séquence** [sekãs] nf (gén, Inf) sequence. ◊ **mettre en séquence** to sequence; **mise en séquence** sequencing; **contrôle de séquence** sequence check(ing).

**séquencement** [sekãsmã] nm (Inf) sequencing.

**séquenceur** [sekãsœʀ] nm (Inf) sequencer.

**séquentiel, -ielle** [sekãsjɛl] adj programme, information, ordinateur, analyse sequential. ◊ **mémoire à accès séquentiel** sequence ou sequential access storage; **fichier séquentiel** sequential file, sequentially organized file.

**séquentiellement** [sekãsjɛlmã] adv sequentially.

**séquestration** [sekɛstʀasjõ] nf [biens] sequestration, impoundment.

**séquestre** [sekɛstʀ(ə)] nm **a** mettre ou placer **les biens sous séquestre** to sequester ou impound goods; **mise sous séquestre** sequestration, impoundment; **ordonnance de mise sous séquestre** receiving order; **biens sous séquestre** sequestered ou impounded goods. **b** (dépositaire) depository, receiver, trustee. ◊ **administrateur-sequestre** official receiver, judicial factor (US).

**séquestrer** [sekɛstʀe] vt biens to sequester, impound.

**serbe** [sɛʀb(ə)] **1** adj Serbian. **2** nm (langue) Serbian. **3 Serbe** nmf (habitant) Serb.

**Serbie** [sɛʀbi] nf Serbia.

**serbo-croate** [sɛʀbokʀɔat] **1** adj Serbo-Croat(ian). **2** nm (langue) Serbo-Croat.

**série** [seʀi] nf **a** [documents] set, series; [clefs] set; [tests] series, battery; [événements] series; [accidents, réussites, ennuis] series, string; [mesures] package, set, series. ◊ **numéro de série** serial number. **b** (catégorie) (Mar) class. **c** (Ind) (production) run; (lot de fabrication) batch. ◊ **série économique** ou **optimale** economic ou optimum batch size; **grandes séries** long (production) runs; **petites séries** (production) short (production) runs; (quantités produites) batches; **pré-série** pilot run; **production** ou **fabrication en (grande) série** ou **en grandes séries** mass production; **production** ou **fabrication en petites séries** batch ou job production, small-scale production ou manufacturing; **chaîne de fabrication en série** production line; **fabriquer qch en série** to mass-produce sth; **produits de grande série** mass-produced products; **article / voiture de série** standard ou standardized article / car; **voiture hors-série** custom-made ou customized car; **machine hors-série** custom-built machine, machine made to order. **d** (Comm) [produits] line; [échantillons, tailles, couleurs] range, array. ◊ **fins de série** remnants, oddments, end of range ou line; **séries discontinuées** discontinued lines. **e** (Stat, Math, Inf) series. ◊ **série chronologique** time series; **opération en série** serial operation; **imprimante / port / traitement série** serial printer / port / processing.

**sériel, -elle** [seʀjɛl] adj ordre serial.

**sérier** [seʀje] vt problèmes to classify.

**sérieux, -euse** [seʀjø, øz] **1** adj entreprise, employé dependable, reliable; travail careful, painstaking; acheteur, client genuine. ◊ **offre sérieuse** bona fide ou genuine offer. **2** nm [entreprise, employé] dependability, reliability; [travail] carefulness; [acheteur, offre] genuineness.

**serment** [sɛʀmã] nm (Jur) oath. ◊ **déclarer sous serment** to declare on oath; **déclaration sous serment** sworn statement; **prêter serment** to take an ou the oath; **faire prêter serment à qn** to administer the oath to sb, swear sb in.

**SERNAM** [sɛʀnam] nf abrév de *service national des messageries* → service.

service

**serpent** [sɛʀpɑ̃] nm snake. ◊ **le serpent (monétaire)** the (currency) snake; **le serpent dans le tunnel** the snake in the tunnel.

**serré, e** [seʀe] adj prix keen, low; concurrence tight, keen, stiff, fierce; négociation closely conducted; budget tight; emploi du temps tight, tight-knit.

**serrer** [seʀe] vt ◊ **serrer les prix** to keep prices down.

**serveur** [sɛʀvœʀ] nm (Inf) server. ◊ **serveur de fichiers, serveur-fichier** file server; **opération de serveur** server operation; **centre serveur** service center, on-line data service, information retrieval system.

**service** [sɛʀvis] **1** nm **a** (travail, fonction) (Ind, Admin) duty; [employé de maison] service. ◊ **heures de service** hours of service ou duty; **mon service commence à 8 heures** my period of duty begins at 8 a.m., I go on at 8 a.m.; **être de service** to be on duty; **prendre son service** to come on duty; **prendre qn à son service** to take on ou engage sb; **entrée de service** service ou tradesmen entrance; **note de service** memorandum; **tableau de service** duty roster; **voiture de service** company car; **médecin de service** duty doctor, doctor on duty; **être en service commandé** to be acting under orders; **autorisation refusée dans l'intérêt du service** (Admin) permission refused on administrative grounds ou for administrative reasons; **service antérieur** prior service; **service ouvrant droit à pension** contributory service, pensionable period; **services validables pour la retraite** pensionable ou countable service; **il a pris sa retraite après 35 ans de service** he retired after 35 years of service. **b** (prestation) service. ◊ **offrir ses services à qn** to offer sb one's services; **offre de service** offer of service; **prestation de services** provision of services; **prestataire / preneur de services** provider / recipient of services; **société (prestataire) de services** service company; **société de services et de conseils en informatique** computer service and consultancy company ou firm; **société de services et d'ingénierie en informatique** computer service company ou firm; **les services, le secteur des services** the service industries, tertiary industry, the service sector; **biens et services** goods and services. **c** (département) department; (institution d'intérêt public) service. ◊ **le service hospitalier** the hospital service; **les services de santé** the health (care) services; **le service (du) marketing** the marketing department; **chef de service** department ou departmental head. **d** (au restaurant) service; (pourboire) service charge. ◊ **premier / deuxième service** first / second sitting; **service compris / non compris** service included / not includ-

ed, inclusive / exclusive of service; **restaurant / magasin en libre service** self-service restaurant / store; **la vidéothèque est en libre service** the video library works on a self-service basis. **e** [machine, installation] operation. ◊ **mettre en service** to put ou bring into service, bring ou put on stream ou on line; **entrer en service** to come on stream ou on line ou into service; **être en service** to be on, be in operation ou in use, be working; **hors (de) service** out of order; **l'ascenseur est / n'est pas en service** the lift is / isn't working. **f** (transport) service. ◊ **service hebdomadaire / d'hiver / d'été** weekly / winter / summer service; **un service de taxis** a taxi service. **g** (Fin) [intérêt] payment, service; [dette, emprunt] service, servicing. ◊ **le service de la dette écrase certains pays** the servicing ou service of the debt is crushing for some countries; **frais de service d'intérêts** interest service expenses.

**2** comp **service d'accueil** reception desk. − **service (des) achats** purchasing department, buying department. − **service administratif** administrative service. − **service approvisionnement** supply department, procurement department. − **service après-vente** after-sales service. − **services en aval** downstream services. − **service du change** foreign exchange department. − **service à la clientèle, service clients** customer service. − **service commercial** sales ou commercial ou merchandising department. − **service comptable** ou **(de la) comptabilité** accounts ou accounting department. − **service du contentieux** law ou legal department. − **service création** (Pub) art department. − **le service des douanes** the customs service. − **service des encaissements** collection department. − **service de l'entretien** maintenance department. − **service études** research department. − **service (des) expéditions** shipping ou dispatch ou forwarding department, traffic department (US). − **service export** ou **des exportations** export department. − **service fabrication** production department. − **service facturation** invoicing department. − **service financier** accounts ou accounting ou financial department. − **service fonctionnel** staff department. − **service de groupage** groupage service, joint cargo service. − **service de l'immigration** immigration departement. − **service informatique** data processing department, EDP department. − **service juridique** law ou legal department. − **service de livraison** (prestation) delivery service; (départment) delivery department ou section. − **services logistiques** extension services. – **service de la maintenance** maintenance service. – **service de marchandises** (Train) freight ou goods service. – **service médias** media department. – **service méthodes** (Ind) engineering department. – **service national des messageries** *French national parcels service*. – **service du personnel** personnel department. – **service postal** postal service. – **service de presse** (département) press office ou department; (ouvrage en) **service de presse** review copy. – **service du prêt** loan department. – **service de la publicité** advertising department. – **service régulier** regular service; (Air) scheduled service. – **service social** welfare department. – **service des sinistres** claims department. – **service technique** technical ou engineering department. – **service des titres** (Banque) stocks and bonds department, securities department. – **service trafic** traffic department. – **service des ventes** sales department. – **service de voyageurs** (Train) passenger service.

**servir** [sɛʀviʀ] **vt** a (gén) to serve; client to serve, attend to; marché to service. b (Fin : verser) (gén) to pay; dette to pay, service. ◊ **servir une rente / une pension / des intérêts à qn** to pay sb an annuity / a pension / interest.

**servitude** [sɛʀvityd] **nf** (Jur) easement, encumbrance. ◊ **servitude active / passive** affirmative / negative easement; **servitude de passage** right of passage ou of way; **immeuble sans servitude** building free from encumbrances.

**seuil** [sœj] 1 **nm** (fig, Math, Stat, Écon) threshold. ◊ **effet de seuil** threshold effect; **point de seuil** breakeven point. 2 **comp seuil d'ajustement** adjustment threshold. – **seuil d'imposition** tax threshold. – **seuil d'intervention** support level, trigger point. – **seuil de pauvreté** poverty line. – **seuil de prix** price threshold. – **seuil de réapprovisionnement** reorder point ou level. – **seuil de rentabilité** breakeven point, profitless point (US). – **seuil de rupture** breaking up threshold. – **seuil de tolérance** threshold of tolerance.

**sévère** [sevɛʀ] **adj** baisse des cours heavy, sharp; mesures d'économie drastic, stringent, severe. ◊ **correction sévère du marché** (Bourse) heavy fall of stock market prices, sharp downturn in stock market prices.

**sévèrement** [sevɛʀmɑ̃] **adv** severely. ◊ **les valeurs les plus sévèrement touchées** the worst-hit securities.

**SF** abrév de *sans frais* → sans.

**SG** [ɛsʒe] **nm** abrév de *secrétaire général* → secrétaire.

**SGBD** [ɛsʒebede] **nm** abrév de *système de gestion de bases de données* DBMS.

**SGDG** abrév de *sans garantie du gouvernement* → sans.

**shekel** [ʃekɛl] **nm** shekel.

**shopping** [ʃɔpiŋ] **nm** shopping. ◊ **faire du shopping** to go shopping.

**SI** **nm** abrév de *syndicat d'initiative* → syndicat.

**SICA** [sika] **nf** abrév de *société d'intérêt collectif agricole* → société.

**SICAF** [sikaf] **nf** abrév de *société d'investissement à capital fermé* ou *fixe* → société.

**SICAV** [sikav] **nf** abrév de *société d'investissement à capital variable* (société) open-end investment company, unit trust (GB), mutual fund (US). ◊ **sicav de capitalisation** *unit trust ou mutual fund in which dividends and interests are reinvested*; **sicav à compartiments** *unit trust* ou *mutual fund in which investors can switch from one product to another*; **sicav à court terme** short-term unit trust ou mutual fund; **sicav monétaire** money market fund; **sicav obligataire** bond market fund; **sicav de trésorerie** cash management unit trust ou mutual fund; **part de sicav** unit.

**SICOB** [sikɔb] **nm** abrév de *Salon des industries du commerce et de l'organisation du bureau* ≈ Office Automation Fair.

**SICOMI** [sikɔmi] **nf** abrév de *société immobilière pour le commerce et l'industrie* → société.

**sidérurgie** [sideʀyʀʒi] **nf** (iron and) steel industry.

**sidérurgique** [sideʀyʀʒik] **adj** industrie iron and steel.

**sidérurgiste** [sideʀyʀʒist(ə)] **nmf** (iron and) steel maker.

**siège** [sjɛʒ] **nm** (société) head office; [parti, organisation] headquarters. ◊ **le siège social de l'entreprise** the company's head ou registered office.

**Sierra Leone** [sjɛʀaleɔn] **nf** Sierra Leone.

**sierra-léonien, -ienne** [sjɛʀaleɔnjɛ̃, jɛn] 1 **adj** Sierra Leonean. 2 **Sierra-Léonien nm** (habitant) Sierra Leonean. 3 **Sierra-Léonienne nf** (habitante) Sierra Leonean.

**sigle** [sigl(ə)] **nm** (set of) initials, acronym.

**signal, pl -aux** [siɲal, o] **nm** signal. ◊ **signal d'achat / de vente** (Bourse) buying / selling

**signal**; **signal d'alarme** alarm signal; **traitement / transformation de signal** (Inf) signal processing / transformation.

**signaler** [siɲale] vt (faire remarquer) anomalie, détail to indicate, point out; (déclarer) vol, incident to report. ◊ **je vous signale que...** I inform you that..., I point out that...; **rien à signaler** nothing to report.

**signalétique** [siɲaletik] adj identifying, descriptive. ◊ **état signalétique** descriptive report; **fiche signalétique** identification sheet.

**signataire** [siɲatɛʀ] nmf [traité, contrat] signatory; [chèque] signer. ◊ **les signataires** those signing, the signatories; **les pays signataires** the signatory countries; **signataire autorisé** person authorized to sign, signing officer.

**signature** [siɲatyʀ] nf (action) signing; (marque, nom) signature. ◊ **présenter à la signature** to submit for signature; **vérifier une signature** to verify a signature, to signature-check (US); **elle a la signature** she is authorized ou empowered to sign, she has signatory power; **la lettre est partie sous la signature du président** the letter went out under the president's signature; **légalisation d'une signature** authentication of a signature; **fondé de signature** signing officer; **signature témoin** specimen signature; **l'abus de la signature sociale** abuse of the company's power of signature; **attester une signature** to authenticate a signature; **signature admise / écartée** ou **usurpée** (Banque) authorized / unauthorized signature.

**signe** [siɲ] nm (gén) sign. ◊ **signes extérieurs de richesse** (Impôts) outward signs of wealth; **signe monétaire** paper money.

**signer** [siɲe] vt a to sign. ◊ **signer par procuration** to sign by proxy; **à nous retourner dûment signé** please sign and return to us. b (Tech) to hallmark.

**signification** [siɲifikasjɔ̃] nf (Jur) notification. ◊ **signification d'actes** serving ou service of writs; **acte de signification** writ.

**signifier** [siɲifje] vt (Jur) to serve notice of (à qn on sb), notify. ◊ **signifier un acte judiciaire** to serve legal process; **signifier un exploit** to serve a writ; **signifier un congé** to give notice to quit; **signifier une décision** to notify a decision.

**simple** [sɛ̃pl(ə)] adj simple. ◊ **billet simple, aller simple** single ticket (GB), one-way ticket (US); **comptabilité en partie simple** single-entry book-keeping; **intérêts simples** simple interest; **avarie simple** (Mar) ordinary ou particular average.

**simplex** [sɛ̃plɛks] nm simplex.

**simulateur** [simylatœʀ] nm (Tech, Inf) simulator.

**simulation** [simylasjɔ̃] nf (Inf, Gestion) simulation. ◊ **programme de simulation** simulator program.

**simuler** [simyle] vt (Inf, Gestion) to simulate. ◊ **vente simulée** bogus sale.

**Singapour** [sɛ̃gapuʀ] n (pays, capitale) Singapore.

**singapourien, -ienne** [sɛ̃gapuʀjɛ̃, jɛn] 1 adj Singaporean. 2 **Singapourien** nm (habitant) Singaporean. 3 **Singapourienne** nf (habitante) Singaporean.

**sinistre** [sinistʀ(ə)] nm (catastrophe) disaster; (incendie) fire; (accident) accident, (perte) loss; (dégâts) damage; (procédure de déclaration) claim. ◊ **sinistre inconnu** incurred but not reported losses; **sinistre maximum possible / prévisible / total** maximum possible / foreseeable / total loss; **excédent de sinistres** excess loss; **l'assuré doit déclarer le sinistre dans les 24 heures** any claim must be notified within 24 hours, the insured must notify the company of any loss within 24 hours; **déclaration de sinistre** (action) (notification of) claim; (document) claim form; **faire une déclaration de sinistre** to put in a claim; **sinistres automobiles** automobile claims; **régler un sinistre** to settle a claim; **règlement du sinistre** settlement of the claim; **gestion de** ou **instruction des sinistres** claims handling; **service sinistres** claims department; **rédacteur sinistre** claims adjuster; **procédure en cas de sinistre** claims procedure; **évaluer le sinistre** to assess the damage ou the loss; **assurer le suivi des sinistres** to follow up on claims.

**sinistré, e** [sinistʀe] 1 adj disaster-stricken. ◊ **zone** ou **région sinistrée** (par catastrophe naturelle) distress ou disaster area; (par récession économique) depressed area; **notre économie est sinistrée** our economy is in a disastrous state ou is in a disaster. 2 nmf disaster victim. ◊ **indemniser les sinistrés** to indemnify the disaster victims.

**site** [sit] nm site. ◊ **site de production** production site; **site industriel** industrial site; **négociation site par site** site by site negotiation.

**situation** [sitɥasjɔ̃] nf a (conjoncture) situation. ◊ **la situation économique** the economic situation. b (emploi) job, post, situation, position. ◊ **chercher une situation** to look for a job ou post; **perdre sa situation** to lose one's job. c (Fin) (relevé) statement; (position) position; (à la banque) status. ◊ **la situation d'un compte** (position) the status of an account; (relevé) the statement of an account; **situation en banque** bank position, position at the bank; **situation financière** [personne, entreprise] financial status ou standing ou position; **situation nette (comptable)** net worth; **situation provisoire** interim statement; **situation de caisse** cash statement; **situation de trésorerie** (relevé) cash flow statement; (condition) cash position.

**six** [sis] **adj, nm inv** six. ◊ **six cents / mille francs** six hundred / thousand francs; **appareil de six mille francs** six-thousand-franc machine; **les six dixièmes de la recette** six tenths of the takings; **il est cinq heures moins six** it is six minutes to five; **par neuf voix contre six** by nine votes to six; **cinq fois sur six** five times out of six; **se terminer le six avril** to end on April the sixth ou on the sixth of April; **article six** article six; **nous sommes au (numéro) six de la rue** we are located at (number) six in the street; **il est six heures du matin / du soir** it's 6 a.m. / p.m., it's six in the morning / in the evening; **ils viendront le six** they'll come on the sixth; **lettre datée du six** letter dated the sixth; **les Six, l'Europe des Six** the Six, the Europe of the Six.

**sixième** [sizjɛm] **adj, nmf** sixth. ◊ **quarante- / cinquante-sixième** forty- / fifty-sixth; **nos locaux se trouvent au sixième étage** our premises are on the sixth floor; **se classer sixième** to come sixth; **un ou le sixième du montant** a ou one sixth of the amount; **les cinq sixièmes de la recette** five sixths of the takings.

**sixièmement** [sizjɛmmɑ̃] **adv** in the sixth place, sixthly.

**slogan** [slɔgɑ̃] **nm** slogan, catch phrase, catchline. ◊ **slogan publicitaire** advertising slogan.

**slovaque** [slɔvak] **1 adj** Slovak.
**2 Slovaque nmf** (habitant) Slovak.

**Slovaquie** [slɔvaki] **nf** Slovakia.

**slovène** [slɔvɛn] **1 adj** Slovene.
**2 nm** (langue) Slovene.
**3 Slovène nmf** (habitant) Slovene.

**Slovénie** [slɔveni] **nf** Slovenia.

**SM** abrév de *système métrique* metric system.

**SMAG** [smag] **nm** abrév de *salaire minimum agricole garanti* → salaire.

**SME** [ɛsɛmə] **nm** abrév de *système monétaire européen* EMS.

**SMIC** [smik] **nm** abrév de *salaire minimum interprofessionnel de croissance* → salaire.

**smicard, e** [smikaʀ, aʀd] **nm,f** minimum wage earner.

**SMIG** [smig] **nm** abrév de *salaire minimum interprofessionnel garanti* → salaire.

**SNC** abrév de *service non compris* → service.

**SNCF** [ɛsɛnseɛf] **nf** abrév de *Société nationale des chemins de fer français* → société.

**s.o.** abrév de *sans objet* → sans.

**social, e, mpl -aux** [sɔsjal, o] **adj** **a** (gén, Sociol) questions, environnement social. ◊ **les sciences sociales** the social sciences, social science. **b** (Ind, Pol) social, labour, industrial. ◊ **agitation sociale** labour unrest ou strife; **conflits sociaux** (grèves, revendications) industrial disputes; **la gestion sociale** social management, human resource management; **malaise social** social unrest; **politique sociale** industrial relations policy, social policy; **problèmes sociaux dans l'entreprise** labour ou social ou industrial problems in the firm; **les relations sociales** (dans l'entreprise) industrial ou labour relations, labour-management relations. **c** (Admin) social. ◊ **l'aide sociale** (administration) welfare; (allocations) social security (benefits); **assistant(e) social(e)** social worker; **Assurances sociales** ≈ National Insurance (GB), Social Security; **assuré social** welfare recipient; **avantages sociaux** fringe benefits, fringes; **cotisations sociales** social security contributions; **prestations sociales** social security benefits; **la Sécurité sociale** Social Security; **services sociaux** social services. **d** **année sociale** company's trading year; **capital social** authorized ou registered capital, capital stock, share capital; **exercice social** accounting period; **la raison sociale d'une entreprise** the name of the company, the corporate name; **siège social** (Gestion) [firme] head ou registered office; [parti, administration] headquarters. **e** (Écon) **le produit social brut** the gross national product.

**sociétaire** [sɔsjetɛʀ] **nmf** member (of a society). ◊ **carte de sociétaire** membership card.

**société** [sɔsjete] **1 nf** **a** (communauté, groupe) society. ◊ **la société de consommation** the consumer society; **la société de gaspillage** the throwaway society. **b** (entreprise) company, firm, (business) corporation. ◊ **constituer une société** to form ou set up ou incorporate a company; **constitution de société** formation ou incorporation of company; **fonder une société** to found ou start up a company; **liquider ou dissoudre une société** to wind up ou liquidate a company; **acte (constitutif) de société** certificate of incorporation; **les bénéfices des sociétés** corporate earnings; **contrat de société** deed of partnership; **droit des sociétés** company ou corporate law; **impôt sur les sociétés** corporation ou corporate tax; **loi**

sur les sociétés Companies Act; **part de société** share in the capital of a company; **registre des sociétés** register of companies. **2** comp **société absorbante** acquiring company. – **société absorbée** acquired company. – **société par actions** joint-stock company. – **société d'affacturage** factoring company. – **société affiliée** affiliated company. – **société anonyme** (gén) limited liability company; (ouverte au public) public limited company; **société anonyme par actions** joint-stock company, incorporated company (US). – **société apéritrice** (Ass) leading office. – **société apparentée** affiliated company. – **Société des auteurs, compositeurs et éditeurs de musique** French society of music authors, composers and publishers. – **société de Bourse** stockbroker, brokerage firm, broking firm. – **société à but non lucratif** non-profit-making organization. – **société à capital variable** variable capital company. – **société de capitaux** joint-stock company. – **société captive** captive firm. – **société civile** non-trading company; **société civile immobilière** non-trading real estate investment company; **société civile de placement immobilier** real estate investment trust. – **société en commandite simple** limited partnership. – **société de commerce** trading company. – **société commerciale** (gén) business firm ou corporation ou company; (société de distribution) retail company, retailer. – **société concessionnaire** statutory company. – **société de conseils** consultancy firm. – **société coopérative** co-operativesociety,coop*. – **sociétédecrédit** credit ou finance company; **société de crédit mutuel** friendly society; – **société de crédit immobilier** ≈ building society. – **société duale** two-speed society. – **société d'économie mixte** semi-public company, government-controlled corporation. – **société écran** umbrella company. – **société d'État** state-owned company. – **société en expansion** growth company. – **société d'exploitation** operating ou development company. – **société fantôme** bogus ou dummy company. – **société fiduciaire** trust company. – **société de fiducie** trust company. – **société de financement** credit ou finance company. – **société financière** finance ou investment company; **société financière d'innovation** venture capital firm ou company; – **société foncière** estate agency, realtors (US). – **Société française d'études par sondages** French public opinion polling institute. – **société de gérance** real estate management company. – **société de gestion** management

company. – **société holding** holding company. – **société immobilière** real estate company; **société immobilière pour le commerce et l'industrie** real estate development company run on a lease-purchase base. – **société d'intérêt collectif agricole** rural economic developement group. – **société par intérêt** partnership. – **société d'investissement** investment firm ou company ou trust; **société d'investissement à capital fermé** ou fixe closed-end investment company; **société d'investissement à capital variable** open-end investment company, unit trust (GB), mutual fund (US). – **société liée** affiliated company. – **société mère** parent company. – **société minière** mining company. – **société mixte** joint-venture company. – **société multinationale** multinational company ou corporation. – **société mutualiste** friendly society. – **Société des Nations** Society of Nations. – **société nationale** state-owned company; **Société nationale des chemins de fer français** French Rail Company. – **société de navigation** shipping company. – **société en nom collectif** partnership. – **société de participation** holding company. – **société en participation** joint-venture company. – **société de personnes** partnership. – **société de placement** investment company ou trust. – **société de portefeuille** holding company. – **société de prévoyance** provident society. – **société privée** private company. – **société publique** state-owned company. – **société de réassurance** reinsurance company. – **société reconnue d'utilité publique** institution officially recognized as serving the public interest. – **société de recouvrement** debt collection company. – **société à responsabilité limitée** limited liability company, private limited company. – **société sans but lucratif** non-profit-making organization. – **société semi-publique** semi-public company. – **société de services** service company; **société de services et de conseils en informatique** computer service and consultancy firm ou company; **société de services et d'ingénierie en informatique** computer service firm ou company. – **société sœur** sister company. – **société à succursales multiples** chain store, multiple (store). – **société transnationale** transnational corporation ou company. – **société unipersonnelle** sole proprietorship, one-man business (corporation). – **société d'utilité publique** public utility company, utility (US).

**socio-économique** [sɔsjoekɔnɔmik] **adj** socioeconomic.

**socio-professionnel, -elle** [sɔsjopʀɔfɛsjɔnɛl] **adj** socioprofessional.

**Sofia** [sɔfja] **n** Sofia.

**SOFRES** [sɔfʀɛs] **nf** abrév de *Société française d'études par sondages* → société.

**soft(ware)** [sɔft(wɛʀ)] **nm** software.

**soin** [swɛ̃] **nm** (sur une enveloppe) **aux bons soins de** care of, C / O.

**soixantaine** [swasɑ̃tɛn] **nf** (soixante) sixty ; (environ) about sixty, sixty or so. ◊ **une soixantaine d'entreprises** sixty or so companies, sixty companies or so, about sixty companies ; **la soixantaine de grévistes** the sixty or so strikers.

**soixante** [swasɑ̃t] **adj, nm inv** sixty. ◊ **soixante et un** sixty-one ; **soixante-deux / -trois** sixty-two / -three ; **soixante-dix** seventy ; **soixante et onze** seventy-one ; **soixante-douze / -treize** seventy-two / -three ; **soixante et unième** sixty-first ; **soixante-dixième** seventieth ; **notre siège est au (numéro) soixante de l'avenue Foch** our head office is at (number) sixty avenue Foch ; **à la ligne soixante** on line sixty.

**soixantième** [swasɑ̃tjɛm] **adj, nmf** sixtieth → sixième.

**soixantièmement** [swasɑ̃tjɛmmɑ̃] **adv** in the sixtieth place.

**sol** [sɔl] **nm** (Admin) **plan d'occupation des sols** land development programme.

**solde** [sɔld(ə)] **1 nm a** (Fin : reliquat) balance ; (reste à payer) balance outstanding. ◊ **il y a un solde de 1 560 F en votre faveur** there is a balance of F1,560 in your favour ou to your credit ; **pour solde de (tout) compte** in (full) settlement ; **régler le solde (d'un compte)** to settle an account, pay the balance (of an account) ; **balance par antériorité de solde** aged trial balance ; **balance par soldes** trial balance. **b** (Comm : braderie) (bargain ou clearance) sale. ◊ **solde de marchandises** sale of goods at reduced prices ; **des soldes, des articles en solde** sale goods ; **solde de chaussures** shoe sale, sale of shoes ; **solde de livres, livres en solde** remainders ; **mettre des articles en solde** to put articles ou goods on sale ; **acheter qch en solde** to buy sth in the sales, buy sth at a bargain ou discount price ; **article en solde** sale item ou article ; **en solde** (sur étiquette) to clear, reduced ; **prix de soldes** sale prices, bargain prices, basement prices (US), ground-floor prices ; **rayon des soldes** bargain counter, bargain basement (US) ; **soldes de fin d'année** end of year sales ou clearance ; **soldes après inventaire** stock-taking sale. **c** (Écon) (bilan) balance. ◊ **le solde des échanges sur six mois est**

**excédentaire** the balance of trade for the six-month period is in surplus ; **les variations du solde extérieur** the variations in (the balance of) the trade account, the variations in the trade balance ; **la balance commerciale montre un solde positif** the trade balance is showing a surplus. **2 comp solde acheteur** (Bourse) buyer's balance. – **solde actif** positive ou credit balance. – **solde bénéficiaire** positive ou credit balance. – **solde en caisse** balance in hand. – **solde de clôture** closing balance. – **solde commercial** trade balance, trade account, balance of trade. – **solde créditeur** credit balance. – **solde débiteur** debit balance. – **solde de dividende** final dividend. – **solde dû** balance due. – **solde de fermeture** closing balance. – **solde industriel** balance of trade in industrial goods, industrial trade account ou balance. – **soldes intermédiaires de gestion** intermediate balance. – **solde migratoire** balance sheet of migration movement. – **solde à nouveau** balance carried forward. – **solde d'ouverture** opening balance. – **solde passif** negative balance. – **solde reporté** balance brought forward. – **solde à reporter** balance carried forward. – **solde de trésorerie** cash balance. – **solde vendeur** (Bourse) seller's balance.

**soldé, e** [sɔlde] **adj a** articles, prix sale, discount. ◊ **chaussures soldées** sale shoes, shoes at sale prices ; **livres soldés** remainders. **b** compte settled, paid.

**solder** [sɔlde] **1 vt a** compte (calculer la balance de) to balance ; (arrêter) to close, wind up ; (payer) to settle, pay (off) the balance of. ◊ **solder un découvert** to pay off an overdraft. **b** (brader) gén to sell (off), sell at sale prices ou at discount prices, clear ; livres to remainder. ◊ **ils soldent ces articles à 100 F** they are selling off ou clearing these articles at F100. **2 se solder vpr** ◊ **l'exercice s'est soldé par un bénéfice de 2 millions de francs** the end-of-year figures showed a profit of 2 million francs ; **les comptes se soldent par une perte** the accounts show a loss.

**solderie** [sɔldəʀi] **nf** discount store.

**soldeur, -euse** [sɔldœʀ, øz] **nm,f** (commerçant) gén discount store owner ; (livres) remainder seller ; (entreprise) discount house.

**solidaire** [sɔlidɛʀ] **adj** (Jur) contrat binding (on) all parties ; débiteurs jointly liable. ◊ **responsabilité solidaire** joint and several liability.

**solidairement** [sɔlidɛʀmɑ̃] **adv** (Jur) jointly (and severally). ◊ **conjointement et solidairement responsable** jointly and severally liable.

**solidarité** [sɔlidaʀite] **nf** solidarity ; (Jur) joint and several liability. ◊ **grève de solidarité** sympathy ou sympathetic strike ; **faire un grève de solidarité** to walk out ou strike in sympathy.

**solide** [sɔlid] **adj** (financièrement) entreprise sound, solid ; garantie solid, reliable.

**solidement** [sɔlidmɑ̃] **adv** solidly. ◊ **être solidement implanté sur un marché** to be firmly established on a market.

**solidité** [sɔlidite] **nf** [entreprise] soundness, solidity ; [garantie] solidity, reliability.

**solliciter** [sɔlisite] **vt** **a** poste to seek, apply for ; faveur, explication to seek, request (*de qn* from sb) ; entretien to request ; prêt to apply for, request, seek. **b** (faire appel à) to appeal to, call upon. ◊ **notre service après-vente est très sollicité** there are many calls upon our after-sales service, our after-sales service is being greatly called upon.

**solvabilité** [sɔlvabilite] **nf** [personne pouvant payer ses dettes] solvency ; [personne pouvant emprunter] creditworthiness. ◊ **cote de solvabilité** credit rating ; **enquête de solvabilité** status enquiry ; **ratio de solvabilité** debt ratio ; (Banque) solvency ratio.

**solvable** [sɔlvabl(ə)] **adj** (Fin) (ayant des ressources) solvent ; (pouvant emprunter) creditworthy.

**Somalie** [sɔmali] **nf** Somalia.

**somalien, -ienne** [sɔmaljɛ̃, jɛn] **1** **adj** Somalian.
**2** **Somalien** **nm** (habitant) Somalian.
**3** **Somalienne** **nf** (habitante) Somalian.

**sommation** [sɔmasjɔ̃] **nf** (Jur) summons. ◊ **recevoir une sommation de payer une dette** (Jur) to be served with notice to pay a debt.

**somme** [sɔm] **nf** (gén) (total) sum total ; (quantité) amount. ◊ **la somme totale** the grand total, the total sum ; **une somme (d'argent)** a sum ou amount of money ; **faire la somme de** to add up ; **une somme de travail considérable** a considerable amount of work ; **la somme versée** the amount paid ; **somme assurée** insured amount ; **somme déductible des impôts** tax allowance ou write-off ; **somme forfaitaire** lump sum.

**sommer** [sɔme] **vt** **a** (Jur) (ordonner) ◊ **sommer qn de** ou **à comparaître, to summon sb to appear. b** (additionner) to sum.

**sommet** [sɔmɛ] **nm** [hiérarchie, échelle, courbe] top. ◊ **conférence au sommet** summit meeting ou talks.

**sommier** [sɔmje] **nm** (registre) (Admin) register ; (Compta) ledger.

**somnolence** [sɔmnɔlɑ̃s] **nf** [marché] lethargy, sluggishness.

**sondage** [sɔ̃daʒ] **1** **nm** (enquête) poll, survey ; (technique statistique) sampling. ◊ **faire un sondage** to make ou conduct ou carry out a survey, take a poll ; **faire un sondage auprès des ménages** to poll households ; **enquête** ou **étude par sondage** sample survey ; **erreur de sondage** sample ou sampling error ; **contrôle par sondage** (Ind) spot checking ; **organisme de sondage** polling agency.
**2** **comp** **sondage aléatoire** random sampling. – **sondage de conformité** (Compta) compliance test. – **sondage à deux degrés** double sampling. – **sondage au hasard** random sampling. – **sondage d'opinion** opinion poll. – **sondage probabiliste** random sampling. – **sondage par segments** cluster sampling. – **sondage stratifié** stratified sampling. – **sondage de vérification** (Compta) audit test. – **sondage par zone** (Mktg) area sampling, sampling survey.

**sondé, e** [sɔ̃de] **nm,f** respondent, person polled, pollee.

**sonder** [sɔ̃de] **vt** personne to sound out ; (par sondage d'opinion) to poll ; ◊ **sonder l'opinion** to make a survey of public opinion.

**sondeur, -euse** [sɔ̃dœʀ, øz] **nm,f** [sondage d'opinion] pollster.

**sort** [sɔʀ] **nm** ◊ **tirer au sort** to draw lots ; **tirer qch au sort** to draw lots for sth ; **tirage au sort** (action) drawing ; (opération) draw ; **obligations remboursables par tirages au sort annuels** bonds redeemable by annual drawings.

**sortant, e** [sɔʀtɑ̃, ɑ̃t] **adj** député, président, membres outgoing, retiring.

**sortie** [sɔʀti] **nf** **a** (Comm : sur le marché) [produit, nouveauté] launching ; [livre] publication ; [disque] release. **b** (Fin : exode) outflow. ◊ **sorties de capitaux** capital outflows ; **il y a eu d'importantes sorties de devises** large amounts of currency have been flowing out of the country ; **il faut freiner la sortie des dollars** we must reduce dollar outflows ou the outflow of dollars. **c** (exportation) [devises, or, marchandises] export. ◊ **la sortie de capitaux sera bientôt autorisée** the export(ing) of capital will soon be permitted, taking capital out of the country will soon be permitted ; **la sortie de l'or / des devises est soumise à une réglementation** the export of gold / currency is regulated ou is subject to control, there are controls on gold / currency leaving the country ; **connaissement de sortie** (Mar) outward bill of lading ; **déclaration de sortie** (Douanes) export declaration ; **droits de sortie** (Douanes) export duties ; **sortie d'entrepôt** (Douanes) taking out of bond, clearing from bond ; **point de sortie de l'or** gold export point. d (somme dépensée) **sortie d'argent** ou **de fonds** cash outflow; **sorties et rentrées** expenses ou outgoings ou disbursements and receipts; **entrées et sorties de caisse** cash receipts and payments ou disbursements. e [magasin, usine] (expédition) withdrawal, issue; (production) output. ◊ **la sortie des marchandises du magasin** the withdrawal ou the issuing of goods from the store; **bon de sortie** issue voucher; **inventaire de sortie** outgoing inventory; **tableau des entrées-sorties** input-output table; **examiner la qualité à la sortie** to examine the output quality ou the quality of the output. f (Inf) output. ◊ **entrée-sortie** input-output; **données / éditeur / fichier de sortie** output data / writer / file; **sortie sur écran** readout; **sortie sur imprimante** printout; **sortie sur (support) papier** hard copy; **tri de sortie** outsort.

**sortir** [sɔʀtiʀ] 1 vi a (être exporté) to leave. ◊ **tout ce qui sort du pays doit être déclaré** everything going out ou leaving the country must be declared. b (être mis en vente) (gén) to come out; [disque, film] to be released. ◊ **le rapport de la commission vient de sortir** the commission report is out ou has just been released ou disclosed. 2 vt a (exporter) (par la douane) to take out; (en fraude) to smuggle out. b (mettre sur le marché) nouveau modèle to bring out, launch; livre to bring out, publish; disque to release. c (produire) to turn out. ◊ **cette usine sort 200 voitures par jour** this plant turns out 200 cars a day, 200 cars roll out from this plant per day.

**soubresaut** [subʀəso] nm jolt, start. ◊ **la Bourse a progressé par soubresauts** the stock exchange jolted forward; **les soubresauts de l'économie** the ups and downs of the economy.

**souche** [suʃ] nf (talon) counterfoil, stub. ◊ **action à la souche** unissued share; **carnet à souches** counterfoil book; **souche de chèque** cheque stub.

**Soudan** [sudɑ̃] nm Sudan.

**soudanais, e** [sudanɛ, ɛz] 1 adj Sudanese. 2 **Soudanais** nm (habitant) Sudanese. 3 **Soudanaise** nf (habitante) Sudanese.

**soudure** [sudyʀ] nf ◊ **crédit de soudure** (Fin) bridging loan; **faire la soudure** to bridge the gap.

**souffle** [sufl(ə)] nm ◊ **trouver son second souffle** to find one's second wind; **l'économie est à bout de souffle** the economy has run out of steam.

**souffrance** [sufʀɑ̃s] nf ◊ **être en souffrance** [marchandises] to be awaiting delivery; (à la douane) to be held up; [affaire, dossier] to be

pending, be waiting attention; **colis en souffrance** undelivered parcel, hung-up parcel (US); **commandes en souffrance** outstanding orders; **compte en souffrance** (Fin) overdue ou outstanding account; **délai ou jours de souffrance** days of grace; **effet en souffrance** (Fin) unpaid ou dishonoured bill; **marchandises en souffrance** (Train) goods on demurrage.

**soulte** [sult(ə)] nf (Fin,Jur) balancing cash adjustment.

**soumettre** [sumɛtʀ(ə)] vt a (imposer) **soumettre qn / qch à** to subject sb / sth to; **soumettre qch à une épreuve** to test sth; **soumis à l'impôt** subject to taxation, liable for ou to tax; **soumis aux droits de douane** liable to custom duties, dutiable. b (présenter) rapport, projet to submit (à to). ◊ **soumettre à un arbitrage** to submit ou refer to arbitration; **soumettre à la signature** to submit for signature; **soumettre une proposition** to bring forward a proposal.

**soumission** [sumisjɔ̃] nf a (Comm) tender, bid (US). ◊ **faire une soumission pour un contrat** to tender ou submit a tender for a contract; **par voie de soumission** by tender; **soumission cachetée** sealed ou sealed-bid tender; **ouvrir la soumission pour un projet** to invite tenders for a project, put a project out for public tender. b (Douanes : garantie bancaire) **soumission cautionnée** (secured) bond.

**soumissionnaire** [sumisjɔnɛʀ] nmf bidder, tenderer. ◊ **adjudication au plus bas soumissionnaire** allocation to the lowest tenderer.

**soumissionner** [sumisjɔne] vt to bid for, tender for. ◊ **soumissionner à une adjudication** to tender for ou submit a tender for a contract.

**souple** [supl(ə)] adj règlement, horaire flexible.

**souplesse** [suplɛs] nf [règlement, horaire] flexibility.

**source** [suʀs(ə)] nf a (gén) source. ◊ **sources d'approvisionnement** sources of supply; **sources externes de financement** external sources of financing; **source d'informations / de profits / d'énergie / de revenus** source of information / of profit / of energy / of income; **de source autorisée** from an official source; **de source sûre, de bonne source** from a reliable ou knowledgeable source, on good authority; **de source généralement bien informée** from a usually well-informed source; **je tiens cela de source sûre** I have it straight from the horse's mouth. b (Impôts) **30% forfaitaire retenu à la source** 30% flat rate withholding (at source); **en Grande-Bretagne les impôts sont retenus à la source** in Great Britain tax is withheld at source ou on a pay-as-you-earn basis; **système de retenue à la source** withholding tax system (US), pay-as-you-earn system (GB); **retenue à la source** tax deduction ou withholding at source. **c** (Inf) source. ◊ **langage / programme source** source language / program.

**souris** [suʀi] **nf** (Inf) mouse.

**sous** [su] **1** **prép** under. ◊ **vous êtes placé sous sa responsabilité** you are responsible to him, you report to him; **l'affaire est sous sa responsabilité** the affair is his responsibility ou comes within his responsibility; **sous garantie** under guarantee, guaranteed; **sous huitaine** within a week; **sous réserve de** subject to; **sous réserve de sinistre connu** no known loss; **sous réserve d'approbation** subject to approval; **sous réserve de vente antérieure** subject to prior sale; **sous réserve d'examen** subject to survey; **sous douane** in bond.

**2** **préf** (subordination) sub-; (insuffisance) under-. ◊ **sous-catégorie** sub-category; **sous-production** underproduction.

**3** **comp** **sous-activité** (Ind) [usines, machines] below capacity utilization. – **sous-affréter** to sub-charter. – **sous-affreteur** sub-charterer. – **sous-agence** sub-agency, sub-branch. – **sous-agent** sub-agent. – **sous-bail** sub-lease. – **sous-bailleur** sub-lessor. – **sous-capitalisation** undercapitalization. – **sous-capitalisé** undercapitalized. – **sous-chaîne** (Inf) sub-string. – **sous-chef** second-in-command; **sous-chef de bureau** deputy chief clerk; – **sous-chef de service** assistant manager. – **sous-comité, sous-commission** sub-committee. – **sous-consommation** underconsumption. – **sous-développé** underdeveloped. – **sous-développement** underdevelopment. – **sous-directeur** assistant manager, sub-manager. – **sous-effectifs** undermanning. – **sous-emploi** underemployment. – **sous-employé** personne, ressource underemployed. – **sous-ensemble** (Math) subset; (Ind) subcomponent. – **sous-équipé** underequipped. – **sous-équipement** underequipment. – **sous-estimation** underestimation. – **sous-estimer** (gén) to underestimate; adversaire, collaborateur to underrate. – **sous-évaluation** underestimation, undervaluation; (Compta) understatement. – **sous-évaluer** to underestimate, undervalue; (Compta) to understate. – **sous-fichier** sub-file. – **sous-filiale** sub-branch. – **sous-groupe** subgroup; **sous-groupe de travail** buzz group. – **sous-imposition** under-assessment. – **sous-locataire** subtenant, sublessee. – **sous-louer** (recevoir un loyer) to sublet, sublease; (verser un loyer) to sublea-

se. – **sous-marque** sub-brand. – **sous-menu** (Inf) sub-menu. – **sous-payer** to underpay. – **sous-production** underproduction. – **sous-produit** by-product. – **sous-programme** sub-program, sub-routine. – **sous-tâche** sub-task. – **sous-total** sub-total. – **sous-traitance** subcontracting; **donner qch en sous-traitance** to subcontract ou contract out ou farm out sth; – **contrat de sous-traitance** subcontract. – **sous-traitant** subcontractor. – **sous-traiter** (être sous-traitant) to be subcontracted, become a subcontractor; **sous-traiter une affaire** to subcontract ou contract out ou farm out a job.

**souscripteur, -trice** [suskʀiptœʀ, tʀis] **nm,f** [emprunt, publication] subscriber; [billet à ordre] payer, maker; [police d'assurance] taker, policy holder, insured person; [titres boursiers] (à l'introduction) subscriber; (à une augmentation de capital) applicant. ◊ **souscripteur par complaisance** accommodation party.

**souscription** [suskʀipsjɔ̃] **nf** [emprunt, publication] subscription (à, de to); [billet à ordre] signing, making, taking; [police d'assurance] taking out; [titres boursiers] (lors de l'introduction) subscription; (lors d'une augmentation de capital) application, subscription (à, de for). ◊ **clôturer la souscription** to close the subscription list; **bulletin de souscription** letter of application; **droit / date / versement de souscription** application right / date / money; **droit préférentiel de souscription** right to preferential allotment; **lettre de souscription** letter of application; **prix de souscription** subscription price; **ex-droit de souscription** ex-claim, ex-new; **mettre une émission en souscription** to offer an issue for application, invite applications for an issue; **la souscription est ouverte** applications are being received; **appel pour la souscription d'une émission** invitation to subscribe to an issue; **la souscription du capital social** the taking up of the authorized capital; **souscription irréductible** application as of right for new shares; **souscription réductible** application for excess shares; **obligation à bon de souscription d'actions** bond with equity warrant; **augmentation de capital par souscription de deux actions nouvelles pour cinq anciennes** increase of capital through a seven-for-five stock split; **payable lors de la souscription** payable on application.

**souscrire** [suskʀiʀ] **1** **souscrire à vt indir** emprunt, publication, émission to subscribe to; actions to apply for, subscribe for. ◊ **souscrire à un certificat payable le 6 avril** to subscribe to a certificate payable on April 6th; **il a souscrit pour 2 000 F à la construction**

de la nouvelle piscine he subscribed F2,000 towards the construction of the new pool; **le droit de souscrire à une action de 320 F** the right to subscribe for one share at F320. **2** **vt** billet à ordre to sign; police d'assurance, abonnement to take out; titres boursiers to apply for, subscribe for. ◊ **quel montant d'assurance avez-vous souscrit?** how much insurance do you carry? **souscrire des bons du Trésor** to apply for Treasury bonds; **les actions émises seront souscrites par un holding de banques** the shares will be taken up by a bank holding company; **80% des actions ont déjà été souscrites** 80% of the shares have already been taken up.

**souscrit, e** [suskʀi, it] **adj** émission, emprunt subscribed. ◊ **capital souscrit** subscribed capital, subscriber capital; **émission entièrement souscrite** fully subscribed issue.

**soussigné, e** [susiɲe] **adj, nm,f** undersigned. ◊ **Je soussigné, Dupont Charles déclare que...** I the undersigned, Charles Dupont, certify that...

**soussigner** [susiɲe] **vt** to undersign.

**soute** [sut] **nf** [navire] hold. ◊ **soute à bagages** [bateau, avion] baggage hold.

**soutenir** [sutniʀ] **vt** to support, back (up). ◊ **soutenir une monnaie** to support ou bolster a currency; **il nous a soutenus financièrement** he gave us financial backing ou support; **soutenir une motion** to second a motion.

**soutenu, e** [sutny] **adj** effort, travail sustained; activité boursière steady, buoyant.

**souterrain, e** [suteʀɛ̃, ɛn] **adj** underground, subterranean. ◊ **économie souterraine** underground economy.

**soutien** [sutjɛ̃] **nm** support, backing. ◊ **achats de soutien** supporting purchases; **crédit de soutien** standby credit; **mesures de soutien** backing up ou support measures; **soutien des prix** price support; **prix / plan de soutien** support price / plan; **soutien financier** financial support ou backing; **politique de soutien à l'agriculture** agricultural support policy; **objectif de soutien** (Gestion) supporting objective.

**soviétique** [sɔvjetik] **1** **adj** Soviet. **2** **Soviétique** **nmf** Soviet citizen.

**spécial, e, mpl -aux** [spesjal, o] **adj** special. ◊ **outils à usage spécial** specialized ou special-purpose tools.

**spécialisation** [spesjalizasjɔ̃] **nf** specialization.

**spécialisé, e** [spesjalize] **adj** machine special-purpose; ordinateur, terminal, programme dedicated, special-purpose; travail, entre-

prise specialized. ◊ **être spécialisé dans** [personne] to be a specialist in, specialize in; [entreprise] to specialize in; **main-d'œuvre spécialisée** unskilled labour; **ouvrier spécialisé** unskilled ou semiskilled worker; **magasin spécialisé** speciality store; **revue spécialisée** specialist magazine.

**spécialiser (se)** [spesjalize] **vpr** to specialize (*dans* in). ◊ **se spécialiser en économie** (Univ) to major in economics.

**spécialiste** [spesjalist(ə)] **nmf** specialist, expert.

**spécialité** [spesjalite] **nf** speciality.

**spécification** [spesifikasjɔ̃] **nf** specification.

**spécificité** [spesifisite] **nf** specificity.

**spécifié, e** [spesifje] **adj** specified. ◊ **compte spécifié** detailed ou itemized (US) account; **conditions spécifiées dans la police** stipulations set forth in the policy.

**spécifier** [spesifje] **vt** (préciser) to specify, state, stipulate. ◊ **pourriez-vous spécifier les couleurs que vous désirez?** please specify the colours that you desire; **spécifier les conditions d'un contrat** to specify ou stipulate the terms of a contract.

**spécifique** [spesifik] **adj** specific. ◊ **impôt ou droit spécifique** (à certains produits) excise tax; (calculé d'après la grandeur physique) specific duties.

**spécifiquement** [spesifikmɑ̃] **adv** specifically.

**spécimen** [spesimɛn] **nm** (gen) specimen; (livre donné gratuitement) sample copy, desk copy (US). ◊ **spécimen de signature** specimen signature.

**spéculateur, -trice** [spekylatœʀ, tʀis] **nm,f** speculator. ◊ **spéculateur à la baisse** bear; **spéculateur à la hausse** bull; **spéculateur boursier / immobilier** stock-market / real-estate speculator.

**spéculatif, -ive** [spekylatif, iv] **adj** speculative. ◊ **capitaux (flottants) spéculatifs** speculative capital, hot money; **mouvements spéculatifs sur des titres** speculative trading in securities.

**spéculation** [spekylasjɔ̃] **nf** speculation (*sur* in, *contre* against). ◊ **spéculation à la baisse / à la hausse** bear / bull operation; **la spéculation boursière** stock market speculation; **valeurs ou titres de spéculation** speculative stock.

**spéculer** [spekyle] **vi** to speculate (*sur* in, *contre* against). ◊ **spéculer à la baisse / à la hausse** to go a bear / a bull; **spéculer sur les différentiels de cours** to spread.

**sphère** [sfɛʀ] **nf** sphere. ◊ **il évolue dans les hautes sphères de la finance** he circulates in the higher realms of finance; **sphère d'influence / d'activité** sphere of influence / of activity.

**spirale** [spiʀal] **nf** spiral. ◊ **spirale inflationniste** inflationary spiral; **la spirale des coûts** the cost spiral, spiralling costs; **la spirale des salaires et des prix** the wage-price spiral; **les prix montent en spirale** prices are skyrocketing ou spiralling upwards.

**sponsor** [spɔ̃sɔʀ] **nm** sponsor.

**sponsoring** [spɔ̃sɔʀiŋ] **nm** sponsoring, sponsorship.

**sponsoriser** [spɔ̃sɔʀize] **vt** to sponsor.

**spontané, e** [spɔ̃tane] **adj** spontaneous. ◊ **achat spontané** (action) impulse buying; (chose achetée) impulse purchase; **reconnaissance spontanée** (Mktg) spontaneous recognition.

**spot** [spɔt] **1 adj** marché, prix, crédit spot. **2 nm** ◊ **spot publicitaire** commercial, ad*. **spot télé*** TV commercial.

**Sri Lanka** [sʀilɑ̃ka] **nf** Sri Lanka.

**sri-lankais, e** [sʀilɑ̃kɛ, ɛz] **1 adj** Sri-Lankan. **2 Sri-Lankais nm** (habitant) Sri-Lankan. **3 Sri-Lankaise nf** (habitante) Sri-Lankan.

**SS** abrév de *sous*.

**SS** abrév de *Sécurité sociale* ≈ NHS.

**SSCI** [ɛsɛssei] **nf** abrév de *société de services et de conseils en informatique* → société.

**SSII** [ɛsɛsii] **nf** abrév de *société de services et d'ingénierie en informatique* → société.

**stabilisateur, -trice** [stabilizatœʀ, tʀis] **1 adj** stabilizing. **2 nm** stabilizer. ◊ **stabilisateurs automatiques** (Écon) automatic stabilizers.

**stabilisation** [stabilizasjɔ̃] **nf** (gén) stabilization; [prix, salaires, marché] stabilization, pegging. ◊ **fonds de stabilisation des changes** stabilization fund, Exchange Equalization Account (GB); **emprunt / politique de stabilisation** stabilization loan / policy.

**stabiliser** [stabilize] **1 vt** to stabilize. ◊ **stabiliser le marché / les prix / les salaires** to stabilize ou peg the market / prices / wages. **2 se stabiliser vpr** to stabilize, become stabilized. ◊ **les prix se sont stabilisés** prices have levelled off.

**stabilité** [stabilite] **nf** stability. ◊ **stabilité de l'emploi / des prix** job / price stability.

**stable** [stabl(ə)] **adj** marché, monnaie stable, steady.

**stade** [stad] **nm** (étape) stage. ◊ **au stade de la production / du détail** at the production / retail stage.

**staff** [staf] **nm** (personnel) staff. ◊ **le personnel en staff** staffers, staff personnel; **cadre en staff** staff executive, staffer.

**stage** [staʒ] **nm** (formation) training course, internship (US); (durée) training period; (période d'essai) probationary period. ◊ **faire ou suivre un stage** pratique to go on a (training) course; théorique do a period of training, undertake a period of training; (chez un avocat) to be in articles; **faire un stage de marketing** to go on ou be on a marketing course; **stage pratique** pratical training period; **stage de formation (professionnelle)** (vocational) training course; **stage d'initiation** introductory course; **stage de perfectionnement** advanced (training) course; **stage de pré-emploi** training period; **stage en usine** industrial training period ou traineeship; **stage en entreprise** in-company training period, internship (US), company attachment.

**stagflation** [stagflasjɔ̃] **nf** stagflation.

**stagiaire** [staʒjɛʀ] **1 adj** trainee. ◊ **secrétaire stagiaire** trainee secretary. **2 nmf** (qui fait un stage pratique) trainee, intern (US); (qui suit un cours) course participant; (dans une étude d'avocat) articles clerk.

**stagnant, e** [stagnã, ãt] **adj** stagnant.

**stagnation** [stagnasjɔ̃] **nf** stagnation.

**stagner** [stagne] **vi** to stagnate, be at a standstill.

**stand** [stɑ̃d] **nm** [exposition] stand; [foire] stall.

**standard** [stɑ̃daʀ] **1 adj inv** produit, prix, qualité standard. ◊ **coûts / déviation / erreur standard** standard cost / deviation / error; **échange standard** replacement. **2 nm a** (Téléc) switchboard. ◊ **je vous repasse le standard** I'll put you back through to the operator. **b** (critère) standard. ◊ **standard de vie** standard of living; **standard de temps et de mouvement** time and motion standard; **la radio est installée en standard** the radio is installed as a standard feature; **les standards de qualité** quality standards; **standard bimétallique** parallel standard.

**standardisation** [stɑ̃daʀdizasjɔ̃] **nf** standardization.

**standardiser** [stɑ̃daʀdize] **vt** to standardize. ◊ **fabrication standardisée** standardized production.

**standardiste** [stɑ̃daʀdist(ə)] **nmf** switchboard operator. ◊ **demandez à la standardiste** ask the operator.

**standby** [stɑ̃dbaj] **adj inv** ◊ **crédit standby** standby credit.

**starie** [staʀi] **nf** (Mar) lay days.

**stationnaire** [stasjɔnɛʀ] **adj** stationary. ◊ **le chômage est stationnaire** unemployment has reached a plateau ou has levelled off.

**statisticien, -ienne** [statistisjɛ̃, jɛn] **nm,f** statistician.

**statistique** [statistik] **1** **adj** statistical. ◊ **état / table statistique** statistical report / table. **2** **nf** statistic. ◊ **des statistiques** statistics; **la statistique** (science) statistics (sing); **statistiques officielles** returns; **statistiques démographiques** vital statistics; **statistiques budgétaires / à l'exportation** budget / export figures.

**statistiquement** [statistikmɑ̃] **adv** statistically.

**statuer** [statɥe] **vi** to give a verdict. ◊ **statuer sur** to rule on, give a ruling on; **statuer sur le cas de qn** to decide sb's case.

**statut** [staty] **nm** **a** (situation) status. ◊ **statut fiscal** income tax status; **quel est son statut dans la société ?** what is his status ou position in the company?; **elle a un statut de fonctionnaire** she has civil servant status. **b** (règlement d'une société) **statuts d'une société** ≈ Memorandum and Articles of Association (GB),Incorporation Charter (US),Articles of Incorporation (US); (règlement intérieur) Articles of Association (GB),bylaws (US); **déposer les statuts** to register a company; **d'après les statuts** according to the articles ou to the charter (US).

**statutaire** [statytɛʀ] **adj** statutory. ◊ **horaire statutaire** regulation ou statutory number of working hours; **actions statutaires** qualification shares; **assemblée / réserve statutaire** statutory meeting / reserve; **selon les dispositions statutaires de la société** according to the company's articles ou charter (US).

**statutairement** [statytɛʀmɑ̃] **adv** (gén) in accordance with the regulations; (entreprise) in accordance with the articles ou charter (US).

**Sté** abrév de *société*.

**stellage** [stɛlaʒ] **nm** (Bourse) (activité) options trading; (opération) put and call option, double option.

**stencil** [stɛnsil] **nm** stencil.

**sténo** [steno] **1** **nmf** (personne) shorthand typist. **2** **nf** shorthand (typing). ◊ **prendre une lettre en sténo** to take down a letter in shorthand.

**sténodactylo** [stenodaktilo] **1** **nmf** (personne) shorthand typist.

**2** **nf** (activité) shorthand (typing).

**sténographe** [stenɔgraf] **nmf** stenographer.

**sténographie** [stenɔgrafi] **nf** shorthand, stenography.

**sténographier** [stenɔgrafje] **vt** to take down in shorthand.

**sténographique** [stenɔgrafik] **adj** shorthand.

**sténotype** [stenotip] **nf** stenotype.

**sténotyper** [stenotipe] **vt** to stenotype.

**sténotypie** [stenotipi] **nf** stenotypy.

**sténotypiste** [stenotipist(ə)] **nmf** stenotypist.

**sterling** [stɛrliŋ] **nm** sterling. ◊ **balances / zone sterling** sterling balances / area; **livre sterling** pound sterling.

**stimulant, e** [stimylɑ̃, ɑ̃t] **1** **adj** stimulating. ◊ **salaire stimulant** incentive wage ou salary. **2** **nm** (mesure de relance) stimulus; (encouragement) incentive. ◊ **stimulant de la production / salarial / de vente** production / wage / sales incentive.

**stimulation** [stimylasjɔ̃] **nf** stimulation. ◊ **plan de stimulation de la demande** (Écon) pump-priming plan.

**stimuler** [stimyle] **vt** to stimulate. ◊ **mesures pour stimuler l'économie** measures designed to stimulate the economy, pump-priming (measures).

**stipulation** [stipylasjɔ̃] **nf** stipulation, provision. ◊ **stipulation dérogatoire** derogatory stipulation; **sauf stipulation contraire** unless otherwise agreed.

**stipuler** [stipyle] **vt** (gén) to specify, state, stipulate; (dans un contrat) to stipulate.

**stock** [stɔk] **1** **nm** (gén, Comm) stock; (Compta) inventory, stock; (fig : provisions) supply, stock. ◊ **carte d'entrée / de sortie de stock** stock receipt / issue card; **contraction / épuisement des stocks** stock decumulation / depletion; **contrôle des stocks** inventory control; **cotation / état des stocks** inventory ou stock turnover / position; **entrées / sorties de stock** stock entries / issues; **évaluation des stocks** stock ou inventory valuation; **fiche / freinte / niveau / pénurie de stock** inventory ou stock card / shrinkage / level / shortage; **formation ou constitution des stocks** inventory ou stock building (up); **gestion ou tenue des stocks** inventory ou stock control, inventory management; **liquidation du stock** stock clearance; **renouvellement des stocks** restocking; **rotation des stocks** stock turnover; **profit fictif sur stocks** inventory profit; **stock au début / à la fin de l'exercice** beginning ou opening / ending ou closing inventory; **avoir qch en stock** to stock sth,

have ou keep sth in ou on (US) stock ; **constituer des stocks de pièces détachées** to build up stocks of spare parts ; **écouler / épuiser les stocks** to run down ou sell off / exhaust ou deplete the stocks ; **renouveler le stock** to replenish the stock ; **leur stock est épuisé, ils sont en rupture de stock** they are out of stock ; **soldes jusqu'à épuisement des stocks** (sur affiche) everything must go ! ; **entrer un article en stock** to enter an item into stock ; **fournir sur stock** to supply from stock ; **sortir un article du stock** to issue an item from stock.
**2** comp **stock d'alerte** emergency stock. – **stock amont** upstream inventory. – **stock aval** downstream stock. – **stock de clôture** ending ou closing inventory ou stock. – **stock comptable** book inventory ou stock. – **stock critique** critical inventory. – **stock excédentaire** inventory ou stock overage, excessive inventories. – **stock existant** inventory ou stock in hand. – **stock de fabrication** inventory at manufacturing stage. – **stock final** ending ou closing inventory ou stock. – **stock initial** beginning ou opening inventory ou stock. – **stock en magasin** inventory ou stock in hand. – **stock de matières** materials inventory ou stock. – **stock maximum** maximum inventory ou stock (level). – **stock minimal** base stock. – **stock moyen** average inventory. – **stock d'opportunité** opportunity stock. – **stock-outil** base inventory ou stock, inventory safety stock. – **stock d'ouverture** beginning ou opening inventory ou stock. – **stock physique** physical inventory ou stock. – **stock pièces** parts inventory ou stock. – **stock de précaution** reserve stock. – **stock de produits finis** ou **ouvrés** finished goods inventory ou stock. – **stock de régularisation** buffer ou reserve stock. – **stocks régulateurs** (Écon) regulatory stocks. – **stock de sécurité** safety stock. – **stock de sous-ensembles** sub-components inventory ou stock. – **stock de spéculation** speculative stock. – **stock tampon** buffer stock. – **stock zéro** zero inventory ou stock.

**stockage** [stɔkaʒ] **nm** (Ind, Comm) stocking, storage ; (Inf) storage ; (péj) stockpiling. ◊ **le stockage des pièces de rechange coûte cher** the stocking of spare parts ou stocking spare parts is expensive ; **frais** ou **coûts de stockage** inventory ou stock carrying costs, storage costs ; **capacité de stockage** storage capacity ; **le stockage du beurre à l'intérieur de la CEE** the storage ou stockpiling of butter within the EEC ; **unité de stockage** (Inf) storage device.

**stocké, e** [stɔke] **adj** (Ind, Comm) stocked ; **données** stored. ◊ **production stockée** stock of goods produced.

**stocker** [stɔke] **vt** (Ind, Comm) to stock, keep in stock ; (péj) to stockpile ; (Inf) to store.

**Stockholm** [stɔkɔlm] **n** Stockholm.

**stockiste** [stɔkist(ə)] **nmf** (Comm) stockist (GB), dealer (US) ; (Aut) agent.

**stop** [stɔp] **adj inv** (Bourse) **ordre stop** stop (loss) order ; **ordre de vente stop** stop order to sell ; **achat / vente stop** stop order to buy / sell, buy / sell stop order ; **cours stop** stop price.

**stopper** [stɔpe] **vt** to stop, halt.

**strate** [stʀat] **nf** stratum. ◊ **strate de marché** market stratum ou segment.

**stratégie** [stʀateʒi] **nf** strategy. ◊ **stratégie commerciale / financière / marketing** sales / financial / marketing strategy ; **stratégie d'entreprise / sectorielle** corporate / sectorial strategy ; **stratégie de la marque** brand strategy ; **stratégie de produit** product strategy.

**stratégique** [stʀateʒik] **adj** strategic.

**stratification** [stʀatifikasjɔ̃] **nf** stratification.

**stratifié, e** [stʀatifje] **adj** stratified. ◊ **sondage stratifié** stratified sampling.

**stratifier** [stʀatifje] **vt** to stratify.

**structuration** [stʀyktyʀasjɔ̃] **nf** structuring.

**structure** [stʀyktyʀ] **1** **nf** (gén) structure ; (organisation) organization ; (Écon : architecture) pattern. ◊ **problèmes de structure** structural problems, problems of structure ; **réformes de structure** structural reforms ; **la structure des dépenses des ménages** household spending patterns ; **la structure de l'entreprise** the structure ou organization of the company ; **les structures d'entreprise** corporate structures ; **frais** ou **coûts** ou **charges de structure** (Compta) committed costs ; (frais généraux) overheads ; **modification de structure** organizational change.
**2** comp **structure d'accueil** reception facilities. – **structure arborescente** tree structure. – **structure du capital** capital structure. – **structure des échanges** trade pattern. – **structure financière** financial ou capital structure. – **structure fonctionnelle** staff organization. – **structure hiérarchico-fonctionnelle** line and staff organization. – **structure du marché** market structure. – **structure matricielle** matrix organization. – **structure mixte** line and staff organization. – **structure organique** organizational relationship. – **structure organisationnelle** organization structure. – **structure**

**des prix** price structure. – **structure des salaires** wage ou salary structure.

**structuré, e** [stʀyktyʀe] **adj** structured.

**structurel, -elle** [stʀyktyʀɛl] **adj** structural. ◊ **chômage structurel** structural unemployment.

**structurer** [stʀyktyʀe] **vt** to structure.

**stylique** [stilik] **nf** (Ind) design.

**stylisation** [stilizasjɔ̃] **nf** stylization.

**styliser** [stilize] **vt** to stylize.

**stylisme** [stilism(ə)] **nm** (métier) dress designing; (manière) style, styling. ◊ **stylisme maison** house style ou styling.

**styliste** [stilist(ə)] **nmf** (dessinateur industriel) designer. ◊ **styliste de mode** clothes ou dress designer.

**subalterne** [sybaltɛʀn(ə)] **1** **adj** rôle subordinate, subsidiary; employé, poste junior. ◊ **personnel subalterne** down-the-line personnel. **2** **nmf** subordinate.

**subir** [sybiʀ] **vt** pertes, dégâts to incur, suffer, sustain; test to undergo, go through. ◊ **subir les effets de qch** to be affected by sth, experience the effects of sth; **subir une hausse / baisse** to experience a rise / fall; **ce modèle pourra subir des modifications** this model is liable to alterations; **faire subir un examen à qn** to subject sb to an examination, put sb through an examination.

**submerger** [sybmɛʀʒe] **vt** to swamp, inundate. ◊ **submergé de** appels téléphoniques, commandes snowed under with, swamped with.

**subordonné, e** [sybɔʀdɔne] **1** **adj** subordinate (à to). **2** **nm,f** subordinate.

**subordonner** [sybɔʀdɔne] **vt** to subordinate sb (à to). ◊ **cette décision est subordonnée à notre capacité de financement** this decision is subject to our financing capacity.

**subrogation** [sybʀɔgasjɔ̃] **nf** (Jur) subrogation.

**subrogatoire** [sybʀɔgatwaʀ] **adj** (Jur) **acte subrogatoire** act of subrogation.

**subrogé, e** [sybʀɔʒe] **1** **adj** subrogated. ◊ **être subrogé aux droits de l'assuré** to be subrogated in the rights of the insured. **2** **nm,f** (Jur) subrogate.

**subroger** [sybʀɔʒe] **vt** (Jur) to subrogate.

**subside** [sybzid] **nm** grant. ◊ **toucher des subsides de l'État** to be subsidized by the state, get subsidies ou a grant from the state.

**subsidiaire** [sybzidjɛʀ] **adj** subsidiary. ◊ **crédit subsidiaire** back-to-back credit.

**subsidiairement** [sybzidjɛʀmã] **adv** subsidiarily.

**subsidiarité** [sybzidjaʀite] **nf** ◊ **le principe de subsidiarité** the subsidiary status principle; (CEE) the principle of subsidiarity.

**subsistance** [sybzistãs] **nf** (moyens d'existence) subsistence. ◊ **assurer la subsistance de qn** to support ou keep ou maintain sb; **moyens de subsistance** means of subsistence; **niveau de subsistance** subsistence level.

**substituabilité** [sypstitɥabilite] **nf** (Écon) substitutability.

**substituable** [sypstitɥabl(ə)] **adj** produit substitutable.

**substituer** [sypstitɥe] **1** **vt** to substitute (à for). **2** **se substituer** **vpr** ◊ **se substituer à qn** (sans son accord) to substitute o.s. for sb; (avec son accord) to substitute for sb, stand in for sb.

**substitut** [sypstity] **nm** **a** (produit de remplacement) substitute (de for). **b** (juge) deputy public prosecutor.

**substitution** [sypstitysjɔ̃] **nf** substitution (à for). ◊ **substitution entre les facteurs** substitution among factors, factor substitution; **substitution du capital travail** substituting capital for labour, replacing labour by capital; **effet de substitution** substitution effect; **élasticité de substitution** elasticity of substitution; **produit de substitution** substitute product; **ligne de crédit de substitution** (Fin) back-up line of credit.

**subvenir** [sybvəniʀ] **vt indir** ◊ **subvenir à** besoins to provide for, meet.

**subvention** [sybvãsjɔ̃] **1** **nf** (gén) grant; (Écon, Fin) subsidy, grant, support; (Agr) subsidy; (Banque) deficiency payment; (transfert de l'administration centrale vers les administrations locales) grant-in-aid. ◊ **subvention de l'État** government subsidy ou grant ou support; **percevoir ou recevoir une subvention de l'État** to be subsidized ou supported by the state ou government. **2** **comp** **subvention en capital** capital subsidy ou grant. – **subvention aux consommateurs** price subsidy. – **subvention d'équilibre** deficiency subsidy ou grant. – **subvention d'exploitation** operating subsidy. – **subvention à l'exportation** export subsidy ou grant. – **subvention d'investissement** investment subsidy ou grant. – **subvention à la production** production subsidy.

**subventionnement** [sybvãsjɔnmã] **nm** subsidization.

**subventionner** [sybvãsjɔne] **vt** to subsidize, support. ◊ **subventionné par l'État** state-aided, subsidized ou supported by the state ou government.

**succédané** [syksedane] **nm** substitute (de for).

**succéder** [syksede] **vt indir** ◊ **succéder à qn dans une fonction** to take over from sb ou succeed sb in a job.

**succès** [syksɛ] **nm** a (réussite) success. ◊ **avoir du succès, être un succès** to be successful, be a success ; **avec succès** successfully. b (produit) success, bestseller, bestselling article. ◊ **succès de librairie** bestseller ; **auteur à succès** bestselling author.

**successeur** [syksesœR] **nm** successor.

**succession** [syksesjɔ̃] **nf** a (suite) succession, series. b [pouvoir, bien] succession ; (patrimoine hérité ou transmis) estate, inheritance. ◊ **la succession est ouverte** ≈ the will is going through probate ; **prendre la succession de cadre, responsable** to succeed, take over from ; **entreprise** to take over ; **droits de succession** death duties, inheritance tax (US) ; **loi sur les successions** inheritance law ; **succession ab intestat** intestate estate ou succession ; **succession testamentaire** succession bestowed by will ; **succession vacante** estate in abeyance.

**succursale** [sykyRsal] **nf** [magasin, entreprise] branch, sub-office. ◊ **succursale de vente** sales office ; **magasin à succursales (multiples)** chain store, multiple (store).

**succursalisme** [sykyRsalism(ə)] **nm** (système) chain-store ou multiple(-store) distribution ; (ensemble de la profession) multiples, chains. ◊ **le succursalisme alimentaire** food chains.

**succursaliste** [sykyRsalist(ə)] 1 **adj** distribution, système chain-store, multiple(-store). 2 **nm** a (société) chain store, multiple (store). ◊ **les chaînes de succursalistes alimentaires** food chains. b (gérant) chain store operator, multiple operator.

**sucre** [sykR(ə)] **nm** sucre.

**sud-africain, e** [sydafRikɛ̃, ɛn] 1 **adj** South African. 2 **Sud-Africain nm** (habitant) South African. 3 **Sud-Africaine nf** (habitante) South African.

**sud-américain, e** [sydameRikɛ̃, ɛn] 1 **adj** South American. 2 **Sud-Américain nm** (habitant) South American. 3 **Sud-Américaine nf** (habitante) South American.

**sud-coréen, -enne** [sydkɔReɛ̃, ɛn] 1 **adj** South Korean. 2 **Sud-Coréen nm** (habitant) South Korean.

3 **Sud-Coréenne nf** (habitante) South Korean.

**Suède** [sɥɛd] **nf** Sweden.

**suédois, e** [sɥedwa, waz] 1 **adj** Swedish. 2 **nm** (langue) Swedish. 3 **Suédois nm** (habitant) Swede. 4 **Suédoise nf** (habitante) Swede.

**suffrage** [syfRaʒ] **nm** (voix) vote ; (système d'élection) suffrage ; (approbation) approval, approbation. ◊ **suffrage indirect / universel** indirect / universal suffrage ; **recevoir les suffrages des consommateurs** to meet with consumer approval.

**suisse** [sɥis] 1 **adj** Swiss. 2 **Suisse nf** (pays) Switzerland. 3 **Suisse nmf** (habitant) Swiss.

**suite** [sɥit] **nf** a (Comm) **article sans suite** discontinued line ; **sans suite** (sur affiche) cannot be repeated ; **classé sans suite** (Admin : sur un dossier) no action ; **(comme) suite à votre lettre / notre conversation téléphonique** further to your letter / our telephone conversation ; **suite à votre commande** as per your order ; **donner suite à un projet** to follow up (on) ou pursue a project ; **donner suite à une commande / une lettre** to follow up an order / a letter ; **nous n'avons pas donné suite à sa lettre** we have taken no action concerning his letter ; **prendre la suite d'une affaire** to take over a business ; **prendre la suite de qn** to take over from sb. b **suites** (conséquences) consequences, repercussions ; (résultats) results.

**suivant, e** [sɥivɑ̃, ɑ̃t] 1 **adj** (gén) following, next ; (dans une chronologie) next, following. 2 **prép** according to, as per. ◊ **suivant facture / vos instructions** according to ou as per invoice / your instructions.

**suivi, e** [sɥivi] 1 **adj** qualité consistent ; demande steady, constant ; relations commerciales steady, regular ; achats, commandes regular, repeated ; article available, in general production. 2 **nm** (contrôle) monitoring, control ; (accompagnement) follow-up. ◊ **assurer le suivi d'un projet** to follow a project through, be in charge of a project ; **assurer le suivi d'un produit** to go on stocking a product ; **assurer le suivi d'une commande** to follow up (on) an order ; **il n'y a pas eu de suivi** there was no follow-up ; **suivi des commandes** order handling, order follow-up ; **suivi commercial** commercial follow-up ; **le suivi des dépenses** the tracking ou monitoring of expenses ; **suivi budgétaire** budgetary control.

**suivre** [sɥivR(ə)] 1 **vt** (gén) to follow ; produit, article to (continue to) stock, go on stocking ; projet to follow through, be in charge of ; commande to follow up (on), handle ;

dépenses to monitor, track, keep track of. **c'est elle qui suit l'affaire** she's in charge of the affair ; **nous ne suivons plus ce produit** we no longer stock this product, this product line has been discontinued ; **nous devons suivre ce projet jusqu'au bout** we must follow this project through to the end.

**2** vi ◊ **faire suivre son courrier** to have one's mail forwarded ; **faire suivre une lettre** to forward a letter (*à qn* to sb) ; **(prière de) faire suivre** (sur enveloppe) please forward.

**3** vt impers **comme suit** as follows

**sujet, -ette** [syʒɛ, ɛt] **1** adj ◊ **sujet à** modifications de prix, impôt liable to, subject to ; **sujet à la casse** (Ass) subject to breakage. **2** nm subject. ◊ **sujet fiscal** tax payer.

**superbénéfice** [sypɛʀbenefis] nm immense profit, excess ou surplus profit. ◊ **impôt sur les superbénéfices** excess profit tax.

**superdividende** [sypɛʀdividɑ̃d] nm surplus dividend.

**superette** [sypɛʀet] nf, **supérette** [syperet] nf mini-market, small supermarket, superette (US).

**superfin, e** [sypɛʀfɛ̃, in] adj qualité superfine.

**supérieur, e** [syperjœʀ] **1** adj (de meilleure qualité) superior (*à* to), better (*à* than) ; (plus élevé, plus important) higher (*à* than). ◊ **produit de qualité supérieure** product of superior quality, top-quality product ; **être hiérarchiquement supérieur à qn** to be higher (up) than sb ou be above sb in the hierarchy, be hierarchically superior to sb ; **dans les échelons supérieurs** in the upper grades ; **cadre supérieur** senior executive, top manager ; **les cadres supérieurs de l'entreprise** the company's top management ou top managers ; **faire une offre supérieure** (enchères) to make a higher bid ; **faire une offre supérieure à celle de qn** (enchères) to outbid sb.

**2** nm superior. ◊ **mon supérieur hiérarchique direct** my immediate superior.

**supériorité** [syperjɔrite] nf superiority.

**supermarché** [sypɛʀmaʀʃe] nm (gén) supermarket ; (grande surface) superstore, hypermarket (GB).

**superpétrolier** [sypɛʀpetʀɔlje] nm supertanker.

**superprofit** [sypɛʀpʀɔfi] nm immense profit, excess ou surplus profit.

**superpuissance** [sypɛʀpɥisɑ̃s] nf superpower.

**superstructure** [sypɛʀstʀyktyʀ] nf superstructure.

**supertanker** [sypɛʀtɑ̃kœʀ] nm supertanker.

**superviser** [sypɛʀvize] vt to supervise, oversee.

**superviseur** [sypɛʀvizœʀ] nm supervisor, overseer.

**supervision** [sypɛʀvizjɔ̃] nf supervision.

**supplanter** [syplɑ̃te] vt to supplant.

**suppléance** [sypleɑ̃s] nf temporary replacement.

**suppléant, e** [sypleɑ̃, ɑ̃t] **1** adj membre deputy, substitute (US).

**2** nm,f (juge) deputy (judge) ; [comité, assemblée] deputy, alternate (US). ◊ **nous aurons besoin de suppléants à Noël** we shall need relief ou temporary staff over Xmas.

**suppléer** [syplee] vt personne to deputize for, substitute for, stand in for.

**supplément** [syplemɑ̃] nm **a** [prix] extra charge, supplement ; (dans le train) excess fare, supplement. ◊ **payer un supplément** to pay extra ; **percevoir un supplément** to make an extra charge, charge excess fare ; **supplément de 1ʳᵉ classe** 1st class supplement ; **supplément de prix** additional charge, surcharge ; **payer un supplément pour excès de bagages** to pay (for) excess luggage, pay excess on one's luggage ; **supplément d'imposition** additional tax ; **supplément familial** Family Income Supplement (FIS). **b** (Presse) supplement. **c** (complément ) **supplément d'information** additional ou supplementary ou extra ou further information.

**supplémentaire** [syplemɑ̃tɛʀ] adj informations, frais, sommes additional, supplementary, extra, further. ◊ **accorder un délai supplémentaire** to allow additional time, extend the deadline, grant an extension of the deadline ; **accorder un crédit supplémentaire** to grant an extension of credit ; **heures supplémentaires** overtime ; **faire des heures supplémentaires** to work ou do overtime ; **refus des heures supplémentaires** overtime ban.

**supplétif, -ive** [sypletif, iv] adj (gén, Compta) charge, élément additional.

**support** [sypɔr] **1** nm (gén, Inf) medium. ◊ **nouveaux supports** new media ; **fabricant de supports** media manufacturer. **2** comp **support audiovisuel** audio-visual aid. — **supports de communication** communication media. — **support écrit** written text. — **support d'enregistrement** (Inf) recording medium. — **support d'entrée** (Inf) input medium. — **support d'information** (Inf) (data) medium, storage medium. — **support d'introduction** (Inf) input medium. — **support magnétique** tape.

**– support de mémoire** (Inf) storage medium. **– support papier** print-out, hard copy; **nous l'avons sorti sur support papier** we have made a hard copy, we have done a print-out. **– support publicitaire** advertising medium ou vehicle. **– supports radiotélévisés** broadcast media. **– support de sortie** (Inf) output medium. **– support vierge** blank ou virgin medium. **– support visuel** visual aid.

**supporter** [sypɔʀte] **vt** frais, risques to bear; conséquences, perte to suffer.

**suppression** [sypʀesjɔ̃] **nf** [mot, clause] deletion; [obstacle] removal; [train, autorisation] cancellation; [impôt] abolition; [interdiction] lifting; [produit] abandonment, withdrawal. ◊ **suppression des barrières douanières** removal of tariff barriers; **il y a eu 300 suppressions d'emplois** there have been 300 redundancies ou lay-offs, 300 jobs have been axed ou lost.

**supprimer** [sypʀime] **vt** mot, clause to delete; obstacle to remove; trains, autorisation to cancel; impôt, règlement to do away with, abolish; concurrence to do away with, put an end to; interdiction to lift; produit to withdraw. ◊ **ils ont supprimé 300 emplois** they have laid off 300 people, they have axed 300 jobs, they have made 300 people redundant; **supprimer les intermédiaires dans un circuit de distribution** to cut out ou eliminate the middlemen in a distribution channel.

**sûr, e** [syʀ] **adj** personne, firme reliable, trustworthy; renseignements reliable; moyen, remède safe, reliable; placement safe.

**surabondance** [syʀabɔ̃dɑ̃s] **nf** overabundance, superabundance, surfeit. ◊ **il y a une surabondance de fruits sur le marché** there is a glut ou a surfeit of fruit on the market.

**surabondant, e** [syʀabɔ̃dɑ̃, ɑ̃t] **adj** overabundant, superabundant.

**surabonder** [syʀabɔ̃de] **vi** [produits, matières premières] to be overabundant, be superabundant, overabound.

**suraccumulation** [syʀakymylɑsjɔ̃] **nf** [capital] overaccumulation, excessive accumulation.

**suracheter** [syʀaʃte] **vt** ◊ (Bourse) **le marché a été suracheté** the market was overbought.

**surapprovisionnement** [syʀapʀovizjɔnmɑ̃] **nm** (gén) oversupplying; (excès de stock) overstocking.

**surapprovisionner** [syʀapʀovizjɔne] **1** **vt** to oversupply.
**2** **se surapprovisionner vpr** ◊ **se surapprovisionner en qch** to overstock sth.

**surarbitre** [syʀaʀbitʀ(ə)] **nm** (Jur) referee.

**surassurance** [syʀasyʀɑ̃s] **nf** overinsurance.

**surbooking** [syʀbukiŋ] **nm** overbooking, double booking. ◊ **faire du surbooking** to overbook, double-book; **il y a eu du surbooking** (Aviat) the seats were overbooked ou double-booked.

**surcapacitaire** [syʀkapasitɛʀ] **adj** ◊ **industrie surcapacitaire** industry plagued with overcapacity.

**surcapacité** [syʀkapasite] **nf** overcapacity.

**surcapitalisation** [syʀkapitalizɑsjɔ̃] **nf** overcapitalization.

**surcapitaliser** [syʀkapitalize] **vt** to overcapitalize.

**surcharge** [syʀʃaʀʒ(ə)] **nf** **a** [véhicule] overloading. **b** (excédent) extra ou excess load. ◊ **une tonne de surcharge** an extra ou excess load of a ton; **les passagers / les marchandises en surcharge** the excess ou extra passengers / goods; **payer un supplément pour une surcharge de bagages** to pay (for) excess luggage; **surcharge de travail** extra work, work overload; **surcharge de dépenses** extra expenses. **c** (ajout) [document, chèque] alteration; [timbre-poste] surcharge. ◊ **surcharge d'une écriture** (Compta) alteration ou amendment of an entry; **sans ratures ni surcharges** without deletions or alterations. **d** (supplément) [hôtel, voyage] surcharge.

**surcharger** [syʀʃaʀʒe] **vt** véhicule to overload; timbre to surcharge; mot, écriture comptable, chèque to alter. ◊ **surcharger qn d'impôts** to overload ou overburden sb with taxes; **surchargé de travail** snowed under ou overloaded with work, overworked; **surcharger le marché** to saturate ou glut the market.

**surchauffe** [syʀʃof] **nf** (Écon) overheating.

**surchoix** [syʀʃwa] **adj inv** top-quality.

**surconsommation** [syʀkɔ̃sɔmasjɔ̃] **nf** overconsumption.

**surcote** [syʀkɔt] **nf** (Fin) premium. ◊ **la surcote du franc suisse freine les exportations** the overvalued Swiss franc puts a damper on exports.

**surcoter** [syʀkɔte] **vt** ◊ **titres surcotés** securities selling at a premium, overpriced securities; **cette entreprise est surcotée** this company is overrated; **le franc suisse est surcoté** the Swiss franc is overvalued.

**surcotisation** [syʀkɔtizasjɔ̃] **nf** overcontribution.

**surcoût** [syʀku] **nm** extra ou additional cost ou expenditure. ◊ **le projet a constamment engendré des surcoûts** the project has continually been plagued by cost overruns; **le surcoût de la retraite à 60 ans** the extra cost ou burden of retirement at age 60; **l'opération se solderait par un surcoût** the operation would lead to extra expenditure.

**surcroît** [syʀkʀwa] **nm** ◊ **surcroît de travail / de dépenses** additional ou extra work / expenditure.

**surdéveloppé, e** [syʀdevlɔpe] **adj** overdeveloped.

**surdéveloppement** [syʀdevlɔpmɑ̃] **nm** overdevelopment.

**surdévelopper** [syʀdevlɔpe] **vt** to overdevelop.

**surdimensionnement** [syʀdimɑ̃sjɔnmɑ̃] **nm** oversizing.

**surdimensionner** [syʀdimɑ̃sjɔne] **vt** to oversize. ◊ **entreprise surdimensionnée** bloated company.

**surdon** [syʀdɔ̃] **nm** a (droit de refus) right to refuse damaged goods. b (prime) allowance for damage *(to be paid to purchaser)*.

**sureffectifs** [syʀefɛktif] **nmpl** overmanning. ◊ **les sureffectifs dans l'industrie automobile** overmanning in the automobile industry; **les sureffectifs dans le secteur bancaire** overstaffing in the banking sector; **ils sont en sureffectifs dans ce service** this department is overstaffed.

**suremballage** [syʀɑ̃balaʒ] **nm** overwrap. ◊ **suremballage par trois / par six** tripack / sixpack.

**surémission** [syʀemisjɔ̃] **nf** (Fin) overissue.

**suremploi** [syʀɑ̃plwa] **nm** [main-d'œuvre] overemployment; [ressources] overutilization.

**surenchère** [syʀɑ̃ʃɛʀ] **nf** higher bid, overbid. ◊ **faire une surenchère** to make a higher bid; **faire une surenchère sur qn** to outbid ou overbid sb, bid higher than sb; **faire une surenchère de 1 000 F** to bid F1,000 more ou higher, bid F1,000 over the previous bid ou bidder; **plusieurs surenchères successives ont fait monter le prix** successive bids drove up the price; **la dernière surenchère** (plus récente) the latest bid; (l'ultime) the last bid; **une nouvelle surenchère à la baisse est à craindre** a further drop in selling prices is to be feared; **la surenchère de la publicité** the constant overstatement of advertising.

**surenchérir** [syʀɑ̃ʃeʀiʀ] **vi** a (dans une vente) to bid higher. ◊ **surenchérir sur une offre** to make a higher bid, to bid higher than an offer, top a bid*; **surenchérir sur qn** to bid higher than sb, outbid ou overbid sb. b

[coût de la vie] to go up, rise, increase, become more expensive.

**surenchérissement** [syʀɑ̃ʃeʀismɑ̃] **nm** [coût de la vie] rise, increase (de in).

**surenchérisseur, -euse** [syʀɑ̃ʃeʀisœʀ, øz] **nm,f** (higher) bidder.

**surencombré, e** [syʀɑ̃kɔ̃bʀe] **adj** lignes téléphoniques overloaded.

**surencombrement** [syʀɑ̃kɔ̃bʀəmɑ̃] **nm** [lignes téléphoniques] overloading.

**surencombrer** [syʀɑ̃kɔ̃bʀe] **vt** lignes téléphoniques to overload.

**surendetté, e** [syʀɑ̃dete] **adj** overindebted.

**surendettement** [syʀɑ̃dɛtmɑ̃] **nm** overindebtedness.

**surépargne** [syʀepaʀɲ(ə)] **nf** oversaving.

**suréquipé, e** [syʀekipe] **adj** overequipped.

**suréquipement** [syʀekipmɑ̃] **nm** overequipment.

**suréquiper** [syʀekipe] **vt** to overequip.

**surestarie** [syʀɛstaʀi] **nf** demurrage. ◊ **les surestaries seront à la charge de l'affréteur** demurrage shall run against the charterer.

**surestimation** [syʀɛstimasjɔ̃] **nf** [importance, capacité, coût] overestimation; [bien] overvaluation.

**surestimer** [syʀɛstime] **vt** importance, capacité, coût to overestimate, overrate; bien to overvalue.

**sûreté** [syʀte] **nf** a (sécurité) safety. ◊ **serrure / verrou de sûreté** safety lock / bolt. b (garantie) assurance, guarantee. ◊ **sûreté réelle** (Fin) security, collateral.

**surévaluation** [syʀevalyasjɔ̃] **nf** overvaluation.

**surévalué, e** [syʀevalɥe] **adj** overvalued.

**surévaluer** [syʀevalɥe] **vt** to overvalue.

**surexploitation** [syʀɛksplwatasjɔ̃] **nf** overexploitation.

**surexploiter** [syʀɛksplwate] **vt** to overexploit.

**surface** [syʀfas] **nf** a (gén) surface; [magasin] surface area, floor surface. ◊ **le magasin fait 300 mètres carrés de surface** the shop has a surface area of 300 square metres; **la surface au sol** the floor surface. b (Comm) **(magasin à) grande surface** supermarket, superstore, hypermarket (GB), mass distribution outlet; **surface de présentation** facing, display area; **surface de vente** sales ou selling area. c (Fin) **surface financière** debt-equity ratio, gearing (GB), leverage (US), financial position ou standing.

**surfacturation** [syʀfaktyʀasjɔ̃] **nf** overbilling, transfer pricing (in order to repatriate profits).

**surfacturer** [syʀfaktyʀe] **vt** produit to overprice; client to overcharge.

**surfaire** [syʀfɛʀ] **vt** marchandise to overprice.

**surfait, e** [syʀfɛ, ɛt] **adj** prix excessive, inflated; réputation overrated.

**surfin, e** [syʀfɛ̃, in] **adj** produit superfine, superquality, top-quality; qualité superfine.

**surgélation** [syʀʒelasjɔ̃] **nf** deep-freezing, fast-freezing.

**surgelé, e** [syʀʒəle] **adj** deep-frozen. ◊ **le rayon des surgelés** the frozen food department; **les surgelés** frozen food.

**surgeler** [syʀʒəle] **vt** to deep-freeze, fast-freeze.

**surgénérateur** [syʀʒeneʀatœʀ] **adj m, nm** ◊ **(réacteur) surgénérateur** fast breeder (reactor).

**surimposer** [syʀɛ̃poze] **vt** to surtax; (de manière excessive) to overtax.

**surimposition** [syʀɛ̃pozisjɔ̃] **nf** (taxation excessive) overassessment, overtaxation; (somme à payer) supertax, surtax.

**surimputer** [syʀɛ̃pyte] **vt** (Compta) frais généraux to overabsorb.

**Surinam** [syʀinam] **nm** Surinam.

**surinamais, e** [syʀinamɛ, ɛz] **1 adj** Surinamese.
**2 Surinamais nm** (habitant) Surinamese.
**3 Surinamaise nf** (habitante) Surinamese.

**surindustrialisation** [syʀɛ̃dystʀijalizasjɔ̃] **nf** overindustrialization.

**surindustrialisé, e** [syʀɛ̃dystʀijalize] **adj** over-industrialized.

**surinvestir** [syʀɛ̃vɛstiʀ] **vi** to overinvest.

**surinvestissement** [syʀɛ̃vɛstismɑ̃] **nm** overinvestment.

**surmarquage** [syʀmaʀkaʒ] **nm** [produit] overpricing.

**surmarquer** [syʀmaʀke] **vt** produit to overprice.

**surnombre** [syʀnɔ̃bʀ(ə)] **nm** ◊ **ouvriers en surnombre** redundant workers; **ils sont en surnombre dans ce service** this department is overstaffed.

**surnuméraire** [syʀnymeʀɛʀ] **adj, nmf** supernumerary.

**suroffre** [syʀɔfʀ(ə)] **nf** higher offer ou bid, overbid.

**surpaye** [syʀpɛj] **nf** overpayment.

**surpayer** [syʀpeje] **vt** employé to overpay; marchandise to pay too much for.

**surpeuplé, e** [syʀpœple] **adj** overpopulated.

**surpeuplement** [syʀpœpləmɑ̃] **nm** overpopulation.

**sur-place** [syʀplas] **nm** ◊ **faire du sur-place** [cours, économie] to mark time.

**surplus** [syʀply] **1 nm** surplus. ◊ **vendre son surplus de stock** to sell off one's surplus stock; **avoir des marchandises en surplus** to have surplus goods; **il nous reste un surplus de catalogues de l'année dernière** we've got some of last year's catalogues left over.
**2 comp surplus agricoles** agricultural surpluses. – **surplus en capital** capital surplus. – **surplus du consommateur** consumer's surplus. – **surplus monétaire** monetary surplus. – **surplus non distribué** undistributed surplus. – **surplus du producteur** producer's surplus. – **surplus de productivité** productivity surplus.

**surpopulation** [syʀpɔpylasjɔ̃] **nf** overpopulation.

**surprime** [syʀpʀim] **nf** (Ass) additional ou extra premium; (Ind : rémunération) additional bonus.

**surprix** [syʀpʀi] **nm** excess price.

**surproducteur, -trice** [syʀpʀɔdyktœʀ, tʀis] **adj** overproducing.

**surproduction** [syʀpʀɔdyksjɔ̃] **nf** overproduction.

**surproduire** [syʀpʀɔdɥiʀ] **vt** to overproduce.

**surproduit** [syʀpʀɔdɥi] **nm** (Écon) (production) surplus.

**surprofit** [syʀpʀɔfi] **nm** immense profit, excess ou surplus profit.

**surqualité** [syʀkalite] **nf** ◊ **faire de la surqualité** to produce too high a quality standard.

**surréagir** [syʀʀeaʒiʀ] **vi** to over-react.

**surrégénérateur** [syʀʀeʒeneʀatœʀ] **nm** fast breeder (reactor).

**surremise** [syʀʀ(ə)miz] **nf** extra discount ou allowance.

**surréservation** [syʀʀezɛʀvasjɔ̃] **nf** overbooking, double-booking.

**sursalaire** [syʀsalɛʀ] **nm** bonus, supplementary wage, extra pay; (sécurité sociale) supplementary payments ou benefits. ◊ **sursalaires invisibles** invisible bonuses.

**sursaut** [syʀso] **nm** [cours, économie] spurt. ◊ **le dollar a enregistré un léger sursaut en début de séance** the dollar put on a spurt in early trading.

**surseoir** [syʀswaʀ] **vt ind** ◊ **surseoir à** to put off, postpone, delay; **ordonnance de surseoir à l'exécution d'un arrêt** stay of execution; **une décision mutuelle de surseoir à de nouvelles hausses de salaires** a standstill agreement on wage increase.

**sursis** [syʀsi] **nm** (temps de répit) reprieve. ◊ **sursis à exécution** (Jur) stay of execution; **sursis de paiement** respite of payment, deferment; **aucun sursis de paiement n'est admis** payment cannot be deferred.

**sursouscription** [syʀsuskʀipsjɔ̃] **nf** (Bourse) oversubscription.

**sursouscrire** [syʀsuskʀiʀ] **vt** (Bourse) to oversubscribe.

**sursouscrit, e** [syʀsuskʀi, it] **adj** (Bourse) oversubscribed.

**surstock** [syʀstɔk] **nm** inventory ou stock overage, excess inventory ou stock, overstocks (US).

**surstockage** [syʀstɔkaʒ] **nm** overstocking, inventory ou stock overage.

**surstocker** [syʀstɔke] **vt** to overstock.

**surtaux** [syʀto] **nm** excessive rate.

**surtaxation** [syʀtaksasjɔ̃] **nf** overassessment, overtaxation.

**surtaxe** [syʀtaks(ə)] **nf** a (majoration) surcharge, extra charge; [lettre insuffisamment affranchie] surcharge; [envoi spécial] additional charge, surcharge. ◊ **surtaxe à l'importation** import surcharge; **surtaxe d'encombrement** congestion surcharge; **surtaxe postale** additional postage, surcharge. b (Impôts) (taxation excessive) overassessment, overtaxation; (somme à payer) supertax, surtax. ◊ **surtaxe fiscale** surtax, tax surcharge; **surtaxe progressive** progressive supertax, surtax at graduated rates.

**surtaxer** [syʀtakse] **vt** service, lettre, colis to surcharge; (Impôts) to surtax; (de manière excessive) to overtax.

**survaleur** [syʀvalœʀ] **nf** ◊ **survaleur d'un bilan consolidé** consolidated goodwill.

**survaloir** [syʀvalwaʀ] **nm** goodwill.

**survalorisation** [syʀvalɔʀizasjɔ̃] **nf** [produit] overpricing; [actifs] overvaluation.

**survaloriser** [syʀvalɔʀize] **vt** produit to overprice; actifs to overvalue.

**surveillance** [syʀvɛjɑ̃s] **nf** [travaux, construction] supervision; [projet] monitoring; [locaux, magasin] surveillance. ◊ **sous la surveillance de la police** under police surveillance; **mission / service de surveillance** surveillance mission / personnel; **surveillance électronique** electronic surveillance; **société de surveillance** security firm; **surveillance des**

**prix / de la production** monitoring of prices / production; **conseil ou comité de surveillance** monitoring committee, supervisory board, watchdog committee.

**surveillant, e** [syʀvɛjɑ̃, ɑ̃t] **nm,f** [usine, chantier] supervisor, overseer; [magasin] shopwalker.

**surveiller** [syʀveje] **vt** réparation, construction to supervise, oversee; avancement d'un projet, fonctionnement d'un service to monitor; locaux to keep watch on.

**survendre** [syʀvɑ̃dʀ(ə)] **vt** produit to overcharge for. ◊ (Bourse) **le marché a été survendu** the market was oversold.

**survente** [syʀvɑ̃t] **nf** overcharge.

**survie** [syʀvi] **nf** survival. ◊ **tables de survie** (Ass) life expectancy tables.

**survivant, e** [syʀvivɑ̃, ɑ̃t] 1 **adj** ◊ conjoint surviving.
2 **nm,f** survivor.

**survivre** [syʀvivʀ(ə)] **vi** to survive.

**sus** [sy(s)] **adv** ◊ **en sus** in addition; **le service est en sus** service is extra ou not included.

**susdit, e** [sysdi, dit] **adj, nm,f** aforementioned, above-mentioned, aforesaid, foresaid.

**susmentionné, e** [sysmɑ̃sjɔne] **adj, nm,f** above-named.

**susnommé, e** [sysnɔme] **adj, nm,f** above-named.

**suspendre** [syspɑ̃dʀ(ə)] **vt** a (arrêter) (gén) to suspend; travail, paiement to suspend, stop; cotation to suspend. b (ajourner) réunion to adjourn; mesure, jugement to suspend, postpone, defer. c (renvoyer) ouvrier to suspend. ◊ **suspendre qn de ses fonctions** to suspend sb from office.

**suspens** [syspɑ̃] **nm** ◊ **en suspens** projet in abeyance; dossier pending; **rester en suspens** to be left pending; **laisser une affaire en suspens** to leave an affair in abeyance, hold over an affair, let a matter stand.

**suspension** [syspɑ̃sjɔ̃] **nf** a (arrêt) (gén) suspension; [travail] stoppage; [cotation] suspension. ◊ **suspension de paiement** suspension of payment(s); [chèque] stoppage of payment. b (ajournement) [réunion] adjournment; [mesure, jugement] suspension, postponement, deferral, deferment. ◊ **suspension de séance** adjournment; **suspension provisoire des poursuites** (faillite) temporary suspension of proceedings. c (renvoi) [ouvrier] suspension.

**susvisé, e** [sysvize] **adj** aforementioned, above-mentioned, aforesaid, foresaid.

**SVP** [ɛsvepe] **abrév de** *s'il vous plaît*.

**symbolique** [sɛ̃bɔlik] **adj** (gén) symbolic(al); cotisation nominal; somme, grève token. ◊ **obtenir le franc symbolique des dommages-intérêts** to be awarded nominal damages; **arrêt de travail symbolique** token stoppage.

**synallagmatique** [sinalagmatik] **adj** contrat synallagmatic.

**synchronisation** [sɛ̃kʀɔnizasjɔ̃] **nf** synchronization.

**synchronisé, e** [sɛ̃kʀɔnize] **adj** synchronized.

**synchroniser** [sɛ̃kʀɔnize] **vt** to synchronize.

**syndic** [sɛ̃dik] **nm** a (faillites) receiver. ◊ **syndic de faillite** official receiver, trustee in bankruptcy; **syndic des naufrages** (Mar) receiver of wreck, wreck master (US). b **syndic d'immeuble** (personne) managing agent, property manager; (société) property management firm. c (Bourse) **syndic des agents de change** president of the Stock Exchange Committee.

**syndical, e,** mpl **-aux** [sɛ̃dikal, o] **adj** a (mouvement ouvrier) (trade-)union. ◊ **liberté syndicale** right to organize; **le mouvement syndical** the trade-union movement; **revendications syndicales** union demands; **dirigeant syndical** union leader; **représentant syndical** union representative; **délégué syndical** shop steward; **section syndicale** union branch ou lodge (US) ou local (US); **les relations syndicales** industrial relations, relations with the trade unions. b (organisation professionnelle) **chambre syndicale** employers'federation ou association; **Chambre syndicale des agents de change** Stock Exchange Committee; **commission syndicale** (Fin) underwriting commission; **conseil syndical** [immeuble] management committee.

**syndicalisation** [sɛ̃dikalizasjɔ̃] **nf** union membership, unionization. ◊ **le taux de syndicalisation** the unionization rate.

**syndicalisme** [sɛ̃dikalism(ə)] **nm** (philosophie) syndicalism; (mouvement) trade unionism. ◊ **faire du syndicalisme** to have union(ist) activities.

**syndicaliste** [sɛ̃dikalist(ə)] 1 **adj** dirigeant trade-union; doctrine, idéal unionist. 2 **nmf** trade unionist, (trade) union official.

**syndicat** [sɛ̃dika] 1 **nm** a [travailleurs] (trade) union, labour union; [employeurs] association, federation, union, syndicate; [locataires, propriétaires] association. ◊ **être membre d'un syndicat** to belong to a union; **les syndicats** the unions, organized labor (US). b (Bourse) syndicate. 2 **comp syndicat de banque** banking syndicate. – **syndicat d'émission** issue ou

issuing syndicate. – **syndicat d'enchères** tender panel. – **syndicat de faillite** trusteeship, bankruptcy committee. – **syndicat financier** (emprunts) loan syndicate, syndicate of financiers; (émission de titres) issue ou issuing syndicate, syndicate of financiers. – **syndicat de garantie** underwriting syndicate. – **syndicat industriel** industrial pool. – **syndicat d'initiative** tourist information office. – **syndicat interdépartemental** association of regional authorities. – **syndicat d'introduction** placement syndicate. – **syndicat ouvrier** trade ou labour union. – **syndicat patronal** employers'association ou federation ou syndicate, federation of employers, bosses'union*. – **syndicat de placement** placement syndicate, selling group. – **syndicat de prise ferme** inderwriting syndicate. – **syndicat de producteurs** producers'association. – **syndicat professionnel** trade association.

**syndicataire** [sɛ̃dikatɛʀ] 1 **adj** of an association; (Fin) of a syndicate. 2 **nmf** member of an association; (Fin) syndicate member, underwriter.

**syndication** [sɛ̃dikasjɔ̃] **nf** syndication.

**syndiqué, e** [sɛ̃dike] 1 **adj** belonging to a (trade) union. ◊ **ouvrier syndiqué** union member; **elle est syndiquée** she belongs to a (trade) union, she is a union member; **ouvrier non syndiqué** non-union ou non-unionized worker, worker who is not a member of a union. 2 **nm,f** union member.

**syndiquer** [sɛ̃dike] 1 **vt** to unionize. 2 **se syndiquer vpr** a (se fédérer) [ouvriers] to form a trade union, unionize; [producteurs, locataires] to form an association. b (devenir membre) to join a union ou an association.

**syndrome** [sɛ̃dʀom] **nm** syndrome.

**synergie** [sinɛʀʒi] **nf** synergy, synergism.

**synergique** [sinɛʀʒik] **adj** synergetic.

**synthèse** [sɛ̃tɛz] **nf** synthesis. ◊ **faire la synthèse de qch** to synthesize sth; **produit de synthèse** product of synthesis.

**synthétique** [sɛ̃tetik] **adj** synthetic.

**Syrie** [siʀi] **nf** Syria.

**syrien, -ienne** [siʀjɛ̃, jɛn] 1 **adj** Syrian. 2 **Syrien nm** (habitant) Syrian. 3 **Syrienne nf** (habitante) Syrian.

**systématique** [sistematik] **adj** systematic. ◊ **entretien systématique** preventive ou planned maintenance; **indice systématique** compound index.

**systématisation** [sistematizɑsjɔ̃] **nf** systematization.

**systématiser** [sistematize] **1** **vt** to systematize.
**2** **se systématiser** **vpr** to become the rule.

**système** [sistɛm] **1** **nm** (gén, Inf) system. ◊ **faire partie du système** to be part of the system; **logiciel (de) système** system(s) software; **analyste / ingénieur système** systems analyst / engineer; **bande système** system tape; **contrôle du système** system check; **théorie des systèmes** systems theory.
**2** **comp système bancaire** banking system. – **système comptable** accounting system. – **système de contrôle** control system. – **système de cotation électronique** computerized trading system. – **système de direction** management system, way of managing. – **système expert** expert system.

– **système d'exploitation** (Inf) operating system. – **système fiscal** tax system. – **système de gestion de bases de données** data base management system. – **système d'information** information system; **système d'information de gestion** management information system. – **système intégré de gestion** integrated management system. – **système métrique** metric system. – **système monétaire** monetary system; **système monétaire européen** European Monetary System. – **système de primes** bonus scheme. – **système de retraite** pension scheme. – **système de traitement de l'information** information ou data processing system. – **système de valeurs** value system. – **système de vie** way of life, lifestyle.

**systémique** [sistemik] **adj** systemic. ◊ **analyse / approche systémique** systems analysis / approach.

# T

**t.** [a] abrév de *tonne.* [b] abrév de *titre.*

**table** [tabl(ə)] [1] **nf** (meuble, liste) table. ◊ **tour de table** (Fin) pool, financial package ; **procéder à un tour de table** to put together a financial package, go round the table ; **dessous de table** under the counter payment, bribe, sweetener, kickback, payola (US).
[2] **comp table de changes** exchange table. — **table de corrélation** correlation table. — **table de décision** decision table. — **table des intérêts** interest table. — **table des matières** table of contents. — **table de mortalité** mortality table. — **table de multiplication** multiplication table. — **table des parités** parity table. — **table ronde** round table (discussion). — **table traçante** (Inf) plotter, plotting board. — **table de travail** work table, (work) desk. — **table de vente** truth table.

**tableau,** pl **-x** [tablo] [1] **nm** [a] (panneau) board ; (horaire des trains) train indicator. ◊ **tableau des départs / arrivées** departure(s) / arrival(s) board ; **jouer sur les deux tableaux** to play on both sides of the board. [b] (graphique) table, chart ; (matriciel) matrix. ◊ **statistiques sous forme de tableau** statistics in tabular form ; **disposer des chiffres en tableau** to tabulate figures. [c] (Admin : liste de noms) register, roll, list. ◊ **le tableau des médecins** the official register of the medical profession. [d] (Compta) (document analytique) statement ; (liste de prix) schedule. ◊ **nous avons préparé un tableau des variations de la situation nette** we have drawn up a statement of changes in net worth. [e] (Inf) array. ◊ **disposer en tableau** to array ; **tableau logique / de données** logic / data array ; **processeur de tableaux** array processor ; **structure en tableau** array structure. [f] (Élec, Aviat) board, panel.

[2] **comp tableau d'affichage** notice board. — **tableau d'amortissement** depreciation schedule, sinking fund table. — **tableau d'avancement** promotion table ou roster ou list. — **tableau de bord** (Aut) instrument panel, control panel ; (Gestion) key business indicators, vital statistics, management chart, operating report. — **tableau comptable** financial statement. — **tableau de contingence** contingency table. — **tableau d'échanges interindustriels** input-output table ou matrix. — **tableau économique** input-output matrix. — **tableau des emplois et ressources** statement of source and application of funds. — **tableau entrées-sorties** (Écon) input-output matrix. — **tableau de financement** statement of source and application of funds. — **tableau d'honneur** list of merit. — **tableau de marche** progress schedule. — **tableau matriciel** matrix. — **tableau opérande** (Inf) operand array. — **tableau des opérations financières** flow of funds table. — **tableau de prix** price list ou schedule. — **tableau de remboursement** amortization table, repayment schedule. — **tableau des ressources et emplois** statement of source and application of funds. — **tableau saturé** (Inf) closed array. — **tableau de service** (gén) work notice board ; (horaire de service) duty roster. — **tableau synoptique** conspectus, synoptic table.

**tabler** [table] **vi** ◊ **tabler sur qch** to count ou bank on sth.

**tableur** [tablœʀ] **nm** (Inf) spreadsheet (package ou program).

**tabulaire** [tabylɛʀ] **adj** tabular.

**tabulateur** [tabylatœʀ] **nm** (système) tabulator ; (touche) tab key.

**tabulation** [tabylɑsjɔ̃] **nf** tabulation. ◊ **tabulation horizontale / verticale** horizontal / vertical tabulation ; **poser une tabulation** to set a tab ou a tabulation ; **aller à la deuxième tabulation** to go to the second tab setting ; **caractère de tabulation** tabulation character.

**tabulatrice** [tabylatʀis] **nf** (Inf : pour cartes perforées) tabulator, tabulating machine ou equipment.

**tabuler** [tabyle] **vt** to tabulate, tab. ◊ **résultat tabulé** tabulated result.

**tâche** [tɑʃ] **nf** work, task, job. ◊ **assigner une tâche à qn** to set ou assign sb a task, give sb a job to do ; **analyse des tâches** job analysis ; **enrichissement des tâches** job enrichment ; **payer à la tâche** to pay by the piece ; **ouvrier à la tâche** (agricole) pieceworker ; (dans le bâtiment) jobber ; **travail à la tâche** piecework ; **être** ou **travailler à la tâche** to be on piecework.

**tâcheron** [tɑʃʀɔ̃] **nm** (dans le bâtiment) jobber ; (agricole) pieceworker.

**tachistoscope** [takistɔskɔp] **nm** tachistoscope.

**tachygraphe** [takigʀaf] **nm** tachograph.

**tachymètre** [takimɛtʀ(ə)] **nm** tachometer.

**tacite** [tasit] **adj** tacit. ◊ **le contrat sera renouvelé par tacite reconduction** the contract will be renewed by tacit agreement ; **consentement tacite** tacit consent.

**tacitement** [tasitmɑ̃] **adv** tacitly. ◊ **commande tacitement reconduite** standing order, order renewed by tacit agreement.

**tacticien, -ienne** [taktisjɛ̃, jɛn] **nm,f** tactician.

**tactile** [taktil] **adj** tactile. ◊ **écran tactile** touch screen.

**tactique** [taktik] **1** **adj** tactical. **2** **nf** tactics (pl). ◊ **tactique commerciale** commercial ou marketing tactics ; **changer de tactique** to change (one's) tactics.

**taille** [tɑj] **nf** size. ◊ **entreprise de taille moyenne** medium-sized firm ; **colis de petite / grande taille** small-sized / large-sized package ; **effet de taille** (Écon) size effect ; **veste de taille 42** size 42 jacket ; **il me faut la taille en dessous / au-dessus** I need the next size down / up, I need one ou a size smaller / larger ; **2 tailles en dessous / au-dessus** 2 sizes smaller / larger ; **cette veste n'est pas à ma taille** this jacket isn't my size, this jacket doesn't fit (me) ; **c'est une décision de taille** it's a major ou sizeable ou considerable decision.

**tailler** [tɑje] **vi** ◊ **tailler dans le budget** to cut ou trim ou prune the budget.

**Taiwan** [tajwan] **nm** Taiwan.

**taiwanais, e** [tajwanɛ, ɛz] **1** **adj** Taiwanese. **2** **Taiwanais** **nm** (habitant) Taiwanese. **3** **Taiwanaise** **nf** (habitante) Taiwanese.

**Tallin** [talin] **n** Tallinn.

**talon** [talɔ̃] **nm** (Anat) heel ; [chèque] stub, counterfoil, stump ; [carnet à souches] stub ; (Bourse) talon.

**talonner** [talɔne] **vt** to follow on the heels of. ◊ **le Japon talonne les États-Unis** Japan is close behind the United States.

**tampon** [tɑ̃pɔ̃] **1** **nm** **a** (instrument) (rubber) stamp ; (cachet) stamp. ◊ **le tampon de la poste** the postmark ; **le tampon de la poste faisant foi** date as postmark ; **tampon buvard** blotter ; **tampon encreur** inking-pad. **b** (Inf) buffer. ◊ **gestion de tampons** buffer control ; **mettre en tampon** to buffer ; **tampon de données / d'entrée / de sortie** data / input / output buffer ; **des données en tampon** buffered data. **2** **adj inv** ◊ **état / zone tampon** buffer state / zone ; **stock tampon** buffer ou safety stock ; **mémoire tampon** (Inf) buffer (storage ou store).

**tamponnage** [tɑ̃pɔnaʒ] **nm** (Inf) buffering.

**tamponner** [tɑ̃pɔne] **vt** document, lettre to stamp ; (Inf) to buffer.

**tangible** [tɑ̃ʒibl(ə)] **adj** tangible. ◊ **valeurs tangibles** tangible assets.

**tantième** [tɑ̃tjɛm] **nm** percentage ; [charges de copropriété] percentage share. ◊ **tantième d'action** subshare ; **tantièmes** [administrateur de société] directors'fees, directors'percentage of profits ; **impôt sur les tantièmes** tax on allocated portions of profit.

**Tanzanie** [tɑ̃zani] **nf** Tanzania.

**tanzanien, -ienne** [tɑ̃zanjɛ̃, jɛn] **1** **adj** Tanzanian. **2** **Tanzanien** **nm** (habitant) Tanzanian. **3** **Tanzanienne** **nf** (habitante) Tanzanian.

**TAO** [teao] **nf** abrév de *traduction assistée par ordinateur* → traduction.

**tapageur, -euse** [tapaʒœʀ, øz] **adj** ◊ **publicité tapageuse** obtrusive publicity.

**taper** [tape] **1** **vt** ◊ **taper (à la machine)** to type ; **lettre tapée à la machine** typed letter ; **il tape bien** he types well. **2** **vi** ◊ **il va falloir taper dans les réserves** we'll have to dig into the reserves ; **je me suis fait taper sur les doigts** I was rapped over the knuckles ; **nous avons tapé à côté** we were wide of the mark.

**tapis** [tapi] **nm** carpet. ◊ **le tapis vert** the green baize ; **mettre une question sur le tapis** to bring up a question ou a matter for discussion.

**tarage** [taʀaʒ] **nm** taring.

**tard** [taʀ] **adv** late. ◊ **inscription à remettre le 29 novembre au plus tard** registration to be returned on ou by November 29 at the latest.

**tarder** [taʀde] **vi** ◊ **tarder à faire qch** to be long (about) doing sth ; **sans (plus) tarder** without (further) delay ; **sa réponse ne va pas tarder** his reply won't be long coming.

**tardif, -ive** [taʀdif, iv] **adj** late.

**tare** [taʀ] **nf** **a** (contrepoids) tare, dead weight (US). ◊ **faire la tare** to allow for tare ou weight ; **tare commune** ou **moyenne, tare par épreuve** average tare ; **tare réelle** actual tare ; **tare d'usage** customary tare. **b** (défaut) [système, marchandise] defect (de in, of). ◊ **tare de caisse** shortage in the cash.

**tarer** [taʀe] **vt** (Comm) to tare, allow for the tare ou weight of.

**tarif** [taʀif] **1 nm** **a** (liste) price list, schedule, tariff (GB). ◊ **afficher le tarif des consommations** to put up the price list for drinks ou the drinks tariff (GB) ; **le prix selon le tarif est de...** the scheduled price is... **b** (prix) (gén) price, rate ; [gaz, transport de marchandises, assurance, impôts] rate, tariff ; [passagers] fare ; [téléphone, prestations] charge ; (Pub) rate. ◊ **tarifs médicaux** doctors' fees, doctors' fee schedule ; **le tarif en vigueur** the rates in force, the going rate ; **quels sont vos tarifs pour ce service ?** what are your charges ou rates for this service ? ; **tarif double pour heures supplémentaires** double-time rate for all overtime work ; **la guerre des tarifs aériens** the air-fare war ; **j'ai pris deux (billets) demi-tarif pour Paris** I took two half-fare tickets to Paris ; **plein tarif** (passager) full fare ; (marchandises) full tariff. **c** (Douanes) (barème) tariff ; (droit) duty. ◊ **tarif douanier** customs tariff ; **abaisser / relever les tarifs** to lower / raise tariffs ; **accord général sur les tarifs douaniers et le commerce** general agreement on tariffs and trade ; **les tarifs sur les voitures à l'importation** import duties on cars, duties on imported cars.

**2 comp tarif ad valorem** (Douanes) ad valorem tariff. **– tarifs d'affranchissement** (Poste) postage ou postal rates. **– tarif d'annonces** (Pub) advertisement rates, adrates (US). **– tarif de base** (gén) standard ou basic rate ; (Pub) open rate, transient rate (US). **– tarif dégressif** (gén) tapering charges ; (Pub) earned rate. **– tarif différentiel** (Douanes) differential ou discriminating tariff. **– tarif d'entrée** (Douanes) import list. **– tarif d'espace** (Pub) space rate. **– tarif d'expédition** freight rate. **– tarif extérieur** external tariff ; **tarif extérieur commun** (CEE) common external

tariff. **– tarif de faible écoute** (Pub) off--peak rate. **– tarif de faveur** (Douanes) preferential tariff ou duty. **– tarif forfaitaire** (gén) inclusive rate ou charge, fixed rate ou charge ; (contrat) tariff as by ou per contract. **– tarif de forte écoute** (Pub) premium rate, prime time rate. **– tarif (des) heures creuses / heures pleines** [gaz, électricité] off-peak / full tariff ou rate ou charge. **– tarif (des) imprimés** printed paper rate, third-class matter (US). **– tarif d'insertion** (Pub) advertising rate. **– tarif intérieur** (Poste) inland rate. **– tarif kilométrique** (Transports) (pour les voyageurs) per kilometre fare ; (pour les marchandises) per kilometre rate ou tariff. **– tarif (des) lettres** letter rate. **– tarif à la ligne** (Pub) line rate. **– tarif (des) marchandises** goods rate ou tariff, freight rate ou tariff. **– tarifs médias** media rates. **– tarif de nuit** night ou off-peak tariff ou rate. **– tarif ordinaire** ordinary ou standard rate. **– tarif à la page** (Pub) page rate. **– tarif (des) périodiques** newspaper rate. **– tarifs postaux** postage ou postal rates. **– tarif préférentiel** (gén) preferential rate ; (Douanes) preferential tariff. **– tarifs publicitaires** advertising rates, ad rates (US). **– tarif réduit** (Poste) reduced rate ; (Transports) (pour voyageurs) cheap fare ; (pour marchandises) reduced tariff ou rate ; (pour service) reduced rate ou charge ou price. **– tarifs routiers** road tariff. **– tarif de sortie** (Douanes) export list. **– tarif des supports** (Pub) media rate. **– tarif télex** telex rate. **– tarif uniforme** flat rate ou charge, standard rate ou charge.

**tarifaire** [taʀifɛʀ] **adj** (Douanes) tariff. ◊ **accord / loi tarifaire** tariff agreement / law ; **barrières** ou **obstacles tarifaires** tariff barriers.

**tarifer** [taʀife] **vt** to fix the price ou rate ou tariff for. ◊ **marchandises tarifées** fixed-price goods ; **prix tarifé** scheduled ou list price.

**tas** [tɑ] **nm** pile, heap. ◊ **former qn sur le tas** to train sb on the job ; **formation sur le tas** on-the-job ou on-the-site training ; **grève sur le tas** sit-down strike.

**tassement** [tɑsmɑ̃] **nm** [cours, activité économique] (slight) drop (de in), weakening (de of), setback (de in).

**tasser (se)** [tɑse] **vpr** [cours, activité économique] to fall back, be off, weaken, suffer a setback.

**taux** [to] **1 nm** **a** (gén, Écon, Fin) rate. ◊ **le taux d'accroissement de la population** the rate of increase of the population ; **obligation à taux fixe / flottant / variable** fixed- / floating- / variable-rate ou -yield bond ; **le taux standard du café** the standard price of coffee, the going rate for coffee; **écart sur taux** rate variance. b (teneur) [alcool, sucre] level.

2 comp **taux d'achat** (Bourse) bid rate. − **taux d'actualisation** discount rate, rate of discount. − **taux actuariel (brut)** yield to maturity, redemption yield. − **taux d'amortissement** depreciation rate. − **taux de l'argent** interest rate, rate of interest; **taux de l'argent hors banque** market rate (of interest); **taux de l'argent au jour le jour** day-to-day rate. − **taux d'attribution** (Bourse) allocation rate. − **taux des avances de la Banque de France** rate for Bank of France advances; **taux des avances sur nantissement** Lombard rate. − **taux banque** discount rate. − **taux de base** (Impôts) basic rate; **taux de base bancaire** minimum lending rate, base rate, prime rate (US). − **taux bonifié** subsidized (interest) rate. − **taux de capitalisation (boursière)** (market) capitalization rate; **taux de capitalisation des bénéfices** price / earnings ratio. − **taux central** central rate. − **taux de change** rate of exchange, exchange rate; **taux de change acheteur / à terme / vendeur** buying / forward / selling rate; **taux de change croisés** cross rates; **taux de change rampant** crawling rate. − **taux de charge** load per unit. − **taux de chômage** unemployment rate. − **taux de circulation** (Presse, Pub) circulation (rate), readership. − **taux de commission** fee schedule. − **taux contractuel** nominal rate. − **taux de conversion** conversion rate. − **taux courant** current rate. − **taux à court terme, taux court** short(-period) rate. − **taux de couverture** (Banque : obligation de réserve) reserve ratio, cash ratio, cash-deposit ratio, coverage; (Bourse : pour les opérations à terme) margin rate, coverage rate, margin requirements; **taux de couverture des importations par les exportations** import-export coverage. **taux de couverture du dividende** dividend cover; **taux de couverture publicitaire** advertising-coverage rate. − **taux de croissance** growth rate, rate of growth. − **taux dégressif** tapering rate, decreasing rate. − **taux demandé** bid rate. − **taux du déport** (Bourse) backwardation rate. − **taux de diffusion** (Pub) circulation (rate), readership. − **taux directeur** intervention rate. − **taux de distribution** pay-out ratio. − **taux d'écoute** (Pub) audience rating. − **taux effectif** [intérêts des obligations] effective (interest) rate, yield; (Impôts) effective (tax) rate; **taux effectif global** (dans un contrat de prêt) annualized percentage rate, overall effective rate. − **taux d'émission** issue rate ou price. − **taux emprunteur** bid rate. − **taux d'endette-**

**ment** debt ratio; **taux d'endettement des entreprises** corporate leverage ou gearing. − **taux de l'épargne** savings rate. − **taux équivalent** yield to maturity, redemption yield. − **taux d'erreurs** error rate. − **taux de l'escompte ou d'escompte** discount rate; (de la banque centrale) minimum lending rate (GB), (official) discount rate (US); **taux d'escompte banque** dicount rate. − **taux étalon** hurdle rate. − **taux fixe** fixed rate. − **taux flottant** floating rate. − **taux fluctuant** fluctuating rate. − **taux horaire** hourly rate. − **taux hors banque** market rate (of interest). − **taux d'imposition** tax rate, rate of taxation; **taux d'imposition moyen / effectif** average / effective tax rate; **taux d'imposition sur le revenu** income rate. − **taux indicatif** info rate. − **taux d'inflation** inflation rate. − **taux interbancaire** interbank rate; **taux interbancaire offert** interbank offered rate, IBOR. − **taux d'intérêt** interest rate, rate of interest; **taux d'intérêt actuariel** yield to maturity, redemption rate; **taux d'intérêt bonifié** subsidized interest rate; **taux d'intérêt contractuel ou nominal** (gén) nominal interest rate, [obligations] coupon rate, nominal interest rate; **taux d'intérêt préférentiel** prime rate. − **taux d'intervention** intervention rate. − **taux d'invendus** rate of return. − **taux du jour** daily rate. − **taux de lecture** (Pub) readership; (de la plus grande partie d'une annonce) read most (percentage); **taux de lecture et d'observation** reading and noting. − **taux de liquidité** liquidity ratio. − **taux Lombard** Lombard (funding) rate. − **taux à long terme, taux long** long-term rate. − **taux du marché monétaire** money market rates. − **taux du marché obligataire** bond market rates. − **taux de marge** mark-up *as percentage of cost price.* − **taux marginal d'imposition** marginal tax rate. − **taux de marque** mark-up (as percentage of selling price), margin. − **taux de mortalité** mortality ou death rate. − **taux moyen du marché monétaire au jour le jour** money market rate. − **taux de natalité** birth rate. − **taux d'observation** (Pub) noting score. − **taux offert** offered rate. − **taux de pénétration** penetration rate; **taux de pénétration des importations** import (penetration) ratio. − **taux pivot** (CEE) central rate. − **taux plancher / plafond** floor / ceiling caps. − **taux préférentiel** prime rate, fine rate. − **taux des prêts au jour le jour** call-loan rate. − **taux prêteur** offer(-ed) rate. − **taux de prime** premium rate. − **taux de profit** return (on capital). − **taux progressif** graduated (interest) rate. − **taux de réescompte** rediscount rate. − **taux de référence bancaire** base rate. **– taux de remontée** (Pub) response rate, return rate, rate of return. **– taux de remplacement** replacement rate. **– taux de remplissage** (Air) load factor. **– taux de rémunération** salary ou wage ou pay rate. **– taux de rendement** (gén) (rate of) return; [placement] yield, return; **taux de rendement de l'actif** return on assets; **taux de rendement des actions** dividend yield; **taux de rendement actuariel** yield to maturity, redemption yield; **taux de rendement actuariel annuel brut** gross annual yield; **taux de rendement du capital investi** return on investment; **taux de rendement des capitaux propres** return on (stockholder's) equity; **taux de rendement effectif** ou **interne** internal rate of return. **– taux de rentabilité** return (on capital); **taux de rentabilité interne** internal rate of return. **– taux de réponse** (Pub) response rate, return rate, rate of return. **– taux du report** (Bourse) contango rate. **– taux de réserve** (Banque) reserve ratio. **– taux révisable** variable rate. **– taux de rotation** turnover rate, rate of turnover; **taux de rotation de l'actif / des stocks** asset / stock turnover (rate). **– taux spot** spot rate. **– taux uniforme** [salaires] flat rate. **– taux usuraire** usurious rate (of interest). **– taux d'utilisation** utilization rate; **taux d'utilisation des capacités industrielles** (industrial) capacity utilization rate. **– taux variable** variable ou adjustable rate. **– taux de vente** (Bourse) bid rate. **– taux à vue** demand rate.

**taxable** [taksabl(ə)] **adj** taxable; (marchandises à l'importation) dutiable.

**taxation** [taksasjɔ̃] **nf** (imposition) taxation; (fixation du prix) assessment. ◊ **taxation du dommage** assessment ou appraisal of the damage; **taxation d'office** estimation of tax, arbitrary tax assessment *in case of failure to file a return*.

**taxe** [taks(ə)] **1 nf a** (impôt) tax; (Douanes) duty, levy. ◊ **taxe sur le tabac** (excise) tax ou duty on tobacco; **exempt de taxe** tax exempt, tax free, free of tax; (Douanes) duty ou tax free; **chiffre d'affaires hors taxes** turnover (GB) ou sales (US) exclusive of tax; **hors taxes** exclusive of tax; **toutes taxes comprises** inclusive of tax; **boutique hors taxe** duty-free shop; **soumis** ou **sujet à une taxe** dutiable, taxable; **lever** ou **instaurer une taxe sur un produit, frapper un produit d'une taxe** to levy a tax ou a duty on a product; **il y a une taxe supplémentaire par minute** (Téléc) there is an additional charge for each minute. **b** (tarif) statutory ou controlled price. ◊ **vendre des marchandises à la taxe / plus cher que la taxe** to sell goods at / for more than the statutory price. **c** (Jur)

taxation, assessment. ◊ **taxe des dépens** taxation of costs.
**2 comp taxe d'aéroport** airport tax. **– taxe d'affranchissement** prepaid rate of postage. **– taxe d'apprentissage** apprenticeship tax. **– taxe d'atterrissage** landing tax ou fees. **– taxe de base** (Téléc) unit charge. **– taxe sur le chiffre d'affaires** turnover tax (GB), sales tax (US). **– taxe à la consommation** excise duty. **– taxe conjoncturelle** conjunctural levy *to tax profit increases in firms over a certain size when they exceed a permitted margin for prices and productivity increases.* **– taxe de décollage** take-off tax ou fees. **– taxe de factage** porterage charge. **– taxe foncière** land tax. **– taxe d'habitation** property tax (US), residence tax, community charge (GB), poll tax (GB). **– taxe sur les importations** import tax ou duty ou levy. **– taxe intérieure** excise tax; **taxe intérieure sur les produits pétroliers** *excise tax on petroleum products.* **– taxes locales** local tax ou rates. **– taxe municipale** municipal tax. **– taxe parafiscale** indirect tax. **– taxe sur les plus-values** capital-gains tax. **– taxe de port** harbour dues. **– taxe postale** postage. **– taxe de prestation de service** tax on services rendered. **– taxe professionnelle** trade tax, local tax on business activity *payable by any person or company exercising an unsalaried profession.* **– taxe de rapprochement** (Mar) quay handling charges. **– taxe de régie** excise duties ou taxes. **– taxe de séjour** visitor's tax, tourist tax. **– taxe sur les spectacles** entertainment tax. **– taxe successorale** death duty, inheritance tax. **– taxe de transit** transit charge. **– taxe à** ou **sur la valeur ajoutée** value-added tax.

**taxer** [takse] **vt a** (imposer) personne, firme to tax; marchandises, service to tax, put ou impose a tax on. ◊ **marchandises taxées à la valeur** goods charged with an ad valorem duty; **marchandises fortement / faiblement taxées** high-duty / low-duty goods; **taxer qn d'office** to assess sb to tax ou taxation. **b** (fixer le prix de) valeur to fix (the rate of); marchandises to fix the price of; (Jur) dépens to tax, assess; (Téléc) communication to set a charge for. ◊ **mémoire taxé** (Jur) taxed bill of costs; **prix taxé** controlled price; **poids taxé** chargeable weight.

**taxi** [taksi] **nm** taxi, (taxi) cab. ◊ **taxis*** straw companies *for fraudulent deals*

**TB** abrév de *taux banque* → taux.

**TBB** [tebebe] **nm** abrév de *taux de base bancaire* → taux.

**TBE** [tebeə] **nm** abrév de *taux d'escompte banque* → taux.

**t. b. é.** abrév de *très bon état*.

**Tbilissi** [tbilisi] n Tbilisi.

**TCA** [tesea] nf abrév de *taxe sur le chiffre d'affaires* → taxe.

**Tchad** [tʃad] nm Chad.

**tchadien, -ienne** [tʃadjɛ̃, jɛn] **1** adj Chad. **2 Tchadien** nm (habitant) Chad. **3 Tchadienne** nf (habitante) Chad.

**tchécoslovaque** [tʃekɔslɔvak] **1** adj Czechoslovakian. **2 Tchécoslovaque** nmf (habitant) Czechoslovakian.

**Tchécoslovaquie** [tʃekɔslɔvaki] nf Czechoslovakia.

**tchèque** [tʃɛk] **1** adj Czech. **2** nm (langue) Czech. **3 Tchèque** nmf (habitant) Czech.

**TEC** [teəse] nf abrév de *tonne équivalent charbon* → tonne.

**technicien, -ienne** [tɛknisjɛ̃, jɛn] nm,f technician.

**technicité** [tɛknisite] nf technical nature. ◊ **c'est un travail de haute technicité** it is highly technical work.

**technico-commercial, e,** mpl **-aux** [tɛknikokɔmɛʀsjal, o] adj, nm,f ◊ **(agent) technico-commercial** sales technician, sales engineer.

**technique** [tɛknik] **1** adj technical. ◊ **assistance technique** technical aid ; **chômage technique** temporary lay-offs ; **directeur technique** technical director ou manager ; **enseignement technique** technical education ; **il enseigne dans le technique** he teaches in a technical school ; **service technique** technical department, engineering department. **2** nf **a** technique. ◊ **techniques commerciales** marketing techniques ; **techniques de gestion / de vente** management / sales techniques. **b** (Ind) **la technique** the production function.

**techniquement** [tɛknikmɑ̃] adv technically.

**technocrate** [tɛknɔkʀat] nmf technocrat.

**technocratie** [tɛknɔkʀasi] nf technocracy.

**technocratique** [tɛknɔkʀatik] adj technocratic.

**technologie** [tɛknɔlɔʒi] nf technology. ◊ **la technologie des lasers** laser technology ; **technologie des systèmes automatisés** automated systems technology ; **les nouvelles technologies** new technologies ; **technologie de pointe** advanced technology, state-of-the-art technology ; **transfert de technologie** technology transfer.

**technologique** [tɛknɔlɔʒik] adj technological. ◊ **écart technologique** technological gap.

**technologiquement** [tɛknɔlɔʒikmɑ̃] adv technologically.

**technologue** [tɛknɔlɔg] nmf technologist.

**technostructure** [tɛknɔstʀyktyʀ] nf technostructure.

**TEE** [teəə] nm abrév de *Trans-Europe-Express*.

**TEG** [teəʒe] nm abrév de *taux effectif global* APR.

**Tegucigalpa** [tegusigalpa] n Tegucigalpa.

**Téhéran** [teeʀɑ̃] n Tehran.

**tél.** abrév de *téléphone*.

**téléachats** [teleaʃa] nmpl teleshopping.

**télécarte** [telekaʀt] nf phonecard.

**téléchargeable** [teleʃaʀʒabl(ə)] adj (Inf) downloadable.

**téléchargement** [teleʃaʀʒəmɑ̃] nm (Inf) teleloading, downloading.

**télécharger** [teleʃaʀʒe] vt (Inf) to teleload, download.

**TELECOM** [telekɔm] nfpl abrév de *télécommunications*.

**télécommunication** [telekɔmynikasjɔ̃] nf telecommunication. ◊ **les télécommunications** (techniques) telecommunications, telecom, telecoms ; (administration) the telecommunications company, the telephone company ou service.

**télécoms** [telekɔm] nmpl abrév de *télécommunications* ◊ **les télécoms** the telecommunications company, the telephone company ou service.

**téléconférence** [telekɔ̃feʀɑ̃s] nf (conversation) teleconference ; (technique) teleconferencing.

**télécopie** [telekɔpi] nf (système) facsimile transmission, fax ; (document) facsimile ou fax copy, fax, telefax. ◊ **par télécopie** by fax.

**télécopier** [telekɔpje] vt to fax, send by fax.

**télécopieur** [telekɔpjœʀ] nm facsimile ou fax machine, fax.

**télégestion** [teleʒɛstjɔ̃] nf telecomputing, teleprocessing. ◊ **poste / terminal de télégestion** teleprocessing station / terminal.

**télégramme** [telegʀam] nm telegram, cable, wire. ◊ **envoyer un télégramme à qn** to send sb a telegram, cable ou wire sb.

**télégraphe** [telegʀaf] nm telegraph.

**télégraphie** [telegʀafi] nf (technique) telegraphy.

**télégraphier** [telegʀafje] **vt** to telegraph, cable.

**télégraphique** [telegʀafik] **adj** telegraph, telegraphic. ◊ **adresse télégraphique** telegraphic address ; **cours télégraphique** tape price ; **message télégraphique** telegraphic message ; **ordre télégraphique** cable order ; **service télégraphique** telegraph service ; **virement télégraphique** telegraphic ou cable transfer.

**télégraphiquement** [telegʀafikmã] **adv** telegraphically, by telegraph, by cable.

**télégraphiste** [telegʀafist(ə)] **nmf** telegrapher, telegraphist.

**téléinformatique** [teleɛ̃fɔʀmatik] **nf** telecomputing, teleprocessing.

**télématique** [telematik] **1** **adj** ◊ **serveur** ou **service télématique** information retrieval service.
**2** **nf** telematics.

**télémesure** [telemǝzyʀ] **nf** telemetering.

**télémètre** [telemɛtʀ(ə)] **nm** telemeter.

**télémétrie** [telemetʀi] **nf** telemetry.

**télémétrique** [telemetʀik] **adj** telemetric(al).

**téléphone** [telefɔn] **1** **nm** telephone, phone. ◊ **être abonné au téléphone, avoir le téléphone** to be on the (tele)phone ; **appeler qn au téléphone** to (tele)phone sb, call sb, ring sb (up) (GB) ; **avoir qn au téléphone** to get sb on the (tele)phone ; **je lui ai parlé au téléphone** I spoke to him on the (tele)phone ; **par téléphone** by (tele)phone ; **commande par téléphone** (tele)phone order ; **coup de téléphone** (tele)phone call ; **enquête par téléphone** telephone survey ; **numéro de téléphone** (tele)phone number ; **la vente par téléphone** telephone selling ; **les ventes par téléphone** telephone sales.
**2** **comp** **téléphone automatique** automatic telephone system, direct dialling system. − **téléphone à carte** cardphone. − **téléphone cellulaire** cellular telephone. − **téléphone intérieur** internal telephone. − **téléphone public** pay-phone. − **téléphone sans fil** cordless telephone. − **téléphone de voiture** car phone.

**téléphoner** [telefɔne] **1** **vt** message to (tele)-phone.
**2** **vi** ◊ **téléphoner à qn** to (tele)phone sb, call sb, ring sb (up) (GB) ; **elle téléphone beaucoup dans son métier** she uses the phone a lot in her job.

**téléphonique** [telefɔnik] **adj** (tele)phone. ◊ **annuaire téléphonique** (tele)phone directory, phone book ; **appel** ou **communication téléphonique** (tele)phone call ; **cabine téléphonique** call box, telephone booth ou box ;

**carte téléphonique** phone card ; **central téléphonique** telephone exchange ; **indicatif téléphonique** dialling code ; **message téléphonique** telephone message ; **permanence téléphonique** answering service ; **poste téléphonique** telephone set ; **répondeur téléphonique** telephone answering machine ou service (US), telephone answerer ; **standard téléphonique** switchboard.

**téléphoniste** [telefɔnist(ə)] **nmf** telephone operator.

**téléscripteur** [teleskʀiptœʀ] **nm** teleprinter, telewriter.

**télésurveillance** [telesyʀvɛjãs] **nf** telewatching.

**télétraitement** [teletʀɛtmã] **nm** teleprocessing, telecomputing. ◊ **télétraitement par lots** remote batch processing ; **centre de télétraitement** telecentre ; **logiciel de télétraitement** teleprocessing software.

**télétravail** [teletʀavaj] **nm** homework, work at home. ◊ **terminal de télétravail** work-at-home terminal.

**télétravailleur, -euse** [teletʀavajœʀ, øz] **nm,f** homeworker.

**télétype** [teletip] **nm** teletype (machine), teleprinter.

**télétypiste** [teletipist(ə)] **nmf** teletype operator.

**télévendeur, -euse** [televãdœʀ, øz] **nm,f** telesales operator ou person.

**télévente** [televãt] **nf** (technique) telephone selling. ◊ **téléventes** telephone sales.

**télex** [telɛks] **nm** telex. ◊ **par télex** by telex ; **envoyer un télex à qn** to send sb a telex ; **bande / réseau / tarif télex** telex tape / network / rate.

**télexer** [telɛkse] **vt** ◊ **télexer un message à qn** to send sb a message by telex, telex sb (a message).

**télexiste** [telɛksist(ə)] **nmf** telex operator.

**témoignage** [temwaɲaʒ] **nm** (Jur) testimony, evidence.

**témoigner** [temwaɲe] **vi** (Jur) to testify, give evidence.

**témoin** [temwɛ̃] **1** **adj** ◊ **appartement-témoin** show flat (GB) ou apartment (US) ; **lampe témoin** warning light ; **marché-témoin** test area ou market ; **réalisation-témoin** pilot ou test development ; **usine-témoin** demonstration ou pilot plant.
**2** **nm** (gén, Jur : personne) witness.

**tempérament** [tãpeʀamã] **nm** ◊ **acheter à tempérament** to buy on the instalment plan (US), buy on credit, buy on hire purchase

(GB); **achat à tempérament** credit purchase, hire purchase (GB); **l'achat à tempérament d'une voiture** buying a car on credit ou on the instalment plan (US); **vendre à tempérament** to sell on the instalment plan (US), sell on credit, sell on deferred (payment) terms; **vente à tempérament** (technique) credit ou instalment selling; (transaction) sale by instalments, credit sale, sale on deferred (payment) terms; (pratique commerciale) instalment trading; **crédit pour achats à tempérament** instalment credit.

**tempête** [tɑ̃pɛt] **nf** storm. ◊ **tempête boursière** stock market turmoil ou upheaval.

**temporaire** [tɑ̃pɔRɛR] **adj** temporary. ◊ **à titre temporaire** on a temporary basis; **main-d'œuvre temporaire** casual labour, temporary employees, temps*.

**temporairement** [tɑ̃pɔRɛRmɑ̃] **adv** temporarily.

**temps** [tɑ̃] **1 nm a** time. ◊ **à temps** on time; **terminer dans les temps** to finish on schedule ou on time; **en temps voulu** ou **utile** in due time ou course; **dans un premier temps** first of all; **dans un deuxième temps** secondly, afterwards; **c'est un gain de temps considérable** it will save a lot of time; **c'est une perte de temps** it's a waste of time; **travailler à plein temps / à mi-temps / à temps partiel** to work full-time / half-time / part-time; **le travail à plein temps / à mi-temps / à temps partiel** full-time / half-time / part-time work; **un travail à temps partiel** a part-time job; **le personnel à temps partiel** the part-time staff, the part-timers; **étude des temps et des méthodes / des temps et des mouvements** time and methods / time and motion study; **affrètement à temps** (Mar) time charter; **base de temps** time base, time frame; **limite de temps** time limit; **tranche de temps** period of time, time slot, time slice. **b** (conditions météorologiques) weather. **2 comp temps d'accès** access time. **– temps d'antenne** airtime, on-air time, broadcast time. **– temps d'arrêt** pause, halt; **marquer un temps d'arrêt** to pause momentarily. **– temps d'attente** period of waiting, waiting period, standby time. **– temps de bon fonctionnement** [machine] up time, time between failures. **– temps d'écriture** (Inf) write time. **– temps effectif** (Inf) actual time. **– temps d'exécution** operation ou execution time. **– temps de fonctionnement** running ou operating time. **– temps d'immobilisation** down time, engineering ou maintenance time. **– temps improductif** down ou idle time. **– temps d'inutilisation** dead ou idle time. **– temps de latence** lead time. **– temps de lecture** (Inf) read time. **– temps**

**machine** (Inf) machine time; (Ind) running time. **– temps mort** (Comm) slack period; (Ind, Inf) dead ou down ou idle time. **– temps moyen** mean time; **temps moyen de réparation** mean repair time; **temps moyen entre pannes** mean time between failures, MTBF. **– temps de panne** down time. **– temps partagé** time sharing; **utiliser un ordinateur en temps partagé** to use a computer on a time sharing basis, time share a computer; **ordinateur en temps partagé** time sharing computer; **exploitation en temps partagé** time sharing. **– temps de préparation** (Inf) set-up time. **– temps de réalisation** lead time. **– temps de recherche** search time. **– temps réel** real time; **fonctionner en temps réel** to work ou operate in real time; **fonctionnement en temps réel** real-time working ou operation; **entrée / sortie en temps réel** real-time input / output; **traitement en temps réel** real-time processing. **– temps de réglage** (Ind) setup time. **– temps de réparation** repair time. **– temps de réponse** response time. **– temps de retour** (sur investissement) payoff period. **– temps universel** universal time, Greenwich Mean Time, GMT.

**tenancier** [tənɑ̃sje] **nm** [hôtel] manager; [ferme] tenant farmer.

**tenancière** [tənɑ̃sjɛR] **nf** [hôtel] manageress.

**tendance** [tɑ̃dɑ̃s] **nf** trend, tendency. ◊ **tendances démographiques** population trends; **tendance à la hausse / baisse** [prix] upward / downward trend; (Bourse) bullish / bearish trend, upward / downward trend, rising / falling trend; **tendance inflationniste** inflationary trend ou tendency; **tendance du marché** market trend, trend of the market; **tendance saisonnière** seasonal trend; **tendance soutenue** (Bourse) steady trend; **renversement de tendance** trend reversal ou turn(a)round; **les prix ont tendance à baisser** prices have a tendency to go down.

**tendanciel, -ielle** [tɑ̃dɑ̃sjɛl] **adj** ◊ **une baisse tendancielle de l'inflation** a downward inflationary trend.

**tendre (se)** [tɑ̃dR(ə)] **vpr** (cours, prix) to harden, stiffen, firm up.

**tendu, e** [tɑ̃dy] **adj** cours firm; marché tight; situation tense; rapports tense, strained.

**teneur** [tənœR] **1 nf** [contrat] terms; [document] content. ◊ **teneur en fer / en alcool** iron / alcohol content; **minerai de haute / faible teneur** high-grade / low-grade ore. **2 nm** (Compta) **teneur de livres** book-keeper; **teneur de marché** (Bourse) market maker.

**tenir** [t(ə)niR] **1 vt a** (gén) to hold. ◊ **tenir à bail** to hold on lease; **tenir un compte chez qn**

to have ou keep an account with sb; **tenir compte de qch** to take sth into account; **tenir à jour** to keep up to date; **nous le tenons à votre disposition** we hold it at your disposal; **tenir une réunion** to hold a meeting; **tenir les prix** to contain prices, keep prices down. **b** (Comm : stocker) marchandises to stock, keep. **c** hôtel, magasin to run, keep; stand to man. **d** livres de comptes to keep. ◊ **tenir la caisse** to be in charge of the cash ou the till; **tenir la comptabilité** ou **les comptes** ou **les livres** to keep the accounts ou the books. **e** promesse to keep. ◊ **tenir ses engagements** to meet one's commitments; **tenir les délais** to keep to the schedule, meet the deadline. **f** (sur étiquette) **tenir au frais** keep refrigerated ou cool; **tenir à l'abri de l'humidité** keep dry; **tenir debout** keep upright.
**2 vi** ◊ **tenir dans : les marchandises ne tiendront pas dans le camion** the lorry won't hold the goods, the goods won't fit into the lorry.

**tension** [tãsjõ] **nf** tension. ◊ **tension sociale** labour unrest; **la tension sur le marché des obligations s'est accrue** the bond market has tightened.

**tenu, e** [t(ə)ny] **1 adj a** **bien tenu** comptabilité, usine well-kept; **mal tenu** badly ou poorly kept. **b** **être tenu de faire** to be obliged to do; **être tenu au secret professionnel** to be bound by professional secrecy; **être tenu à des dommages-intérêts** to be liable for damages. **c** (Bourse) cours hard; valeurs firm.
**2 tenue nf a** [magasin] running; [réunion] holding; [stocks] control; (Inf) [fichier] maintenance. **b** (Compta) **la tenue des livres de comptes** book-keeping; **la tenue en partie simple** single-entry book-keeping; **la tenue en partie double** double-entry book-keeping; **la bonne tenue des livres de comptes est essentielle** it is essential to keep the books straight; **frais de tenue des comptes** account charges. **c** (Écon, Bourse : performance) firmness. ◊ **la bonne tenue des valeurs françaises** the firmness of French stocks and shares; **la bonne tenue du franc** the steadiness of the franc; **la tenue générale du marché** the general tone of the market. **d** (qualité) [journal] standard, quality. ◊ **une revue de haute tenue** a quality review.

**TEP** [teəpe] **nf** abrév de *tonne équivalent pétrole* TOE.

**termaillage** [tɛʀmɑjaʒ] **nm** (Écon) leads and lags.

**terme** [tɛʀm(ə)] **nm a** (fin) end; (date) date; (date butoir) time limit, deadline; (Fin : échéance) due date, date for payment. ◊ **mettre un terme à une expérience** to bring an experiment to an end, put an end ou a stop to an experiment; **venir** ou **arriver à terme** [délai] to expire; [expérience] to come to an end; [paiement] to fall ou come due; **par l'échéance du terme** when the payment falls ou comes due; **terme de rigueur** deadline, final ou latest date; **demander / accorder un terme de grâce** to ask for / grant extra time to pay; **le terme de grâce est de 3 jours** there are 3 days of grace. **b** **à court terme** investissement short-term; prévisions, planification short-term, short-range; crédit, emprunt short-term, short-dated; **argent à court terme** money at call ou at short notice; **dettes à court terme** current liabilities; **investir à court terme** to make a short-term investment; **la situation à court terme** the situation in the short term; **à moyen terme** prévisions, effet de commerce medium-term; **à long terme** investissement long-term; prévisions, planification long-term, long-range; crédit, emprunt long-term, long-dated; **dettes à moyen et à long terme** medium and long-term debt; **passif à long terme** long-term investment; **nous travaillons pour le long terme** we are working on a long-term basis; **nous nous plaçons dans le long terme** ou **dans une perspective à long terme** we are taking a long view of things; **à terme, nous perdrons notre part de marché** in the long run we shall lose our share of the market. **c** (Bourse, Fin) **acheter / vendre à terme** (gén : à crédit) to buy / sell on credit; (Bourse des marchandises) to buy / sell forward; (Bourse de valeurs) to buy / sell for the account ou for the settlement; **assurance à terme** time insurance, endowment insurance; **changes à terme** forward foreign exchange; **contrat de change à terme** forward exchange contract; **cours à terme** forward rate; **dépôt à terme** time ou term deposit; **effet à terme** time ou term draft ou bill; **franc / livre à terme** forward franc / sterling; **livrable à terme** for future delivery; **livraisons à terme** futures; **marché à terme** (Bourse de marchandises) futures market; (Bourse de valeurs) monthly settlement market; (Change) forward market; **marché à terme ferme** dealings ou transactions for the settlement ou the account; **marché à terme conditionnel** options market; **marché à terme des instruments financiers** financial futures market; **marché à terme international de France** French financial futures market; **opération** ou **transaction à terme** (Bourse de marchandises) forward transaction; (Bourse de valeurs) settlement bargain ou transaction ou deal, transaction for the settlement ou for the account; **opération de change à terme** forward exchange deal ou transaction; **paiement à terme** payment by instalments; **prêt à terme** time ou term loan; **règlement à terme** credit settlement; **valeurs à terme** securities dealt in for settlement ou the account. **d** (loyer à payer) (quarterly) rent; (période de location) rental term ou period. ◊ **le loyer du terme** the term's rent; **payer son terme** to pay one's rent; **avoir plusieurs termes de retard** to be several payments behind with one's rent; **payer à terme échu** to pay at the end of the rental term, pay a term in arrears; **le jour du terme** term ou rent day, quarter-day, the term ou date for payment. **e** (mot) term. ◊ **termes commerciaux internationaux** incoterms; **aux termes de l'accord** under the agreement, according to ou in accordance with the terms of the agreement; **aux termes de l'article 43** in pursuance of article 43, pursuant to article 43; **en d'autres termes** in other words; **d'après les termes de votre lettre** according to the terms ou the wording of your letter; **termes de l'échange** (Écon) terms of trade.

**terminal,** pl **-aux** [tɛrminal, o] nm terminal. ◊ **terminal à écran de visualisation** visual display unit; **terminal intelligent / passif** smart / dumb terminal; **terminal de paiement électronique** electronic payment terminal; **terminal pétrolier** oil terminal; **terminal point de vente** point-of-sale terminal.

**terminer** [tɛrmine] **1** vt (gén) to end, finish; travail to finish (off), complete. ◊ **je terminerai à six heures ce soir** (horaire) I'll get off at six this evening; (travail en cours) I'll be through ou I'll finish at six this evening; **les actions ont terminé à 330** shares closed at 330.
**2 se terminer** vpr [vacances, contrat, journée] to (come to an) end. ◊ **l'exercice se terminant le 15 avril** the financial year ending April 15; **se terminer par** to end with.

**terne** [tɛrn(ə)] adj (Bourse) dull.

**terrain** [tɛrɛ̃] **1** nm **a** (piece of) land, plot (of land), lot (US). ◊ **lotir un terrain** to lot (out) a piece of land, divide a piece of land into plots ou lots (US); **nous recherchons un terrain pour notre usine** we are looking for a site for our factory. **b** **céder / gagner / perdre du terrain** to give / gain / lose ground; **regagner le terrain perdu** to regain ground; **tâter le terrain** to test the ground, see how the land lies; **préparer / déblayer le terrain** to prepare / clear the ground; **trouver un terrain d'entente** to find an area of agreement, to find common ground; **nous avons 4 vendeurs sur le terrain** we have 4 salesmen in the field; **il a beaucoup d'expérience du** ou **sur le terrain** he has a lot of experience in the field; **recherches sur le terrain** fieldwork, field research; **aller sur le terrain** to go out

in the field; **c'est un homme de terrain** he's a good field operator.
**2 comp terrain à bâtir** building land ou site. – **terrain industriel** industrial site ou land. – **terrain à lotir** land for building, development site. – **terrain vague** (piece of) waste ground, empty lot (US).

**terrestre** [tɛrɛstr(ə)] adj transport, voie land. ◊ **par voie terrestre** by land; **assurance terrestre** land insurance.

**terrien, -ienne** [tɛrjɛ̃, jɛn] adj landed. ◊ **propriétaire terrien** landowner, landed proprietor.

**terril** [tɛri(l)] nm (coal) tip, slag heap.

**territoire** [tɛritwar] nm (gén) territory; [département, commune] area; [juge] jurisdiction. ◊ **territoire de vente** sales territory ou area; **aménagement du territoire** regional development, town and country planning.

**tertiaire** [tɛrsjɛr] **1** adj secteur tertiary.
**2** nm tertiary sector, service sector ou industries, tertiary industry.

**test** [tɛst] **1** nm test. ◊ **passer un test** to take a test; **faire passer un test à qn** to give sb a test; **soumettre un produit à des tests** to subject a product to tests, test a product; **les tests constituent la dernière phase de l'opération** the last stage of the operation is testing.
**2 comp test d'ajustement** goodness of fit test. – **test d'aptitude** aptitude test. – **test d'association** association test. – **test en aveugle** blind test. – **test de (la) cohérence** test of reasonableness. – **test comparatif** comparison test. – **test de conditionnement** package test. – **test de conformité** compliance test. – **test auprès des consommateurs** consumer test. – **test de corroboration** substantive test. – **test de diagnostic** diagnostic test. – **test de faisabilité** feasibility test. – **test d'impact** impact test. – **test du lendemain** day-after recall. – **test de marché** market test; **les tests de marché sont un outil indispensable** market tests are ou test marketing is an indispensable tool. – **test médias** media test. – **test de mémorisation** memory ou recall test. – **test de notoriété** recall ou recognition test. – **test paramétrique** parametric test. – **test de perception thématique** thematic apperception test. – **test de produit** product test. – **test projectif** projective test. – **test publicitaire** advertising test. – **test de rappel** recall test. – **test de vente** market test.

**testament** [tɛstamɑ̃] nm will, testament. ◊ **valider / invalider un testament** to probate / invalidate a will; **dresser un testament** to draw up a will; **mourir sans testament** to die intestate; **héritier par testament** devisee.

**testamentaire** [tɛstamɑ̃tɛʀ] **adj** ◊ **dispositions testamentaires** clauses ou provisions of a will, devises; **donation testamentaire** bequest, legacy; **exécuteur testamentaire** executor; **héritier testamentaire** devisee; **lettres testamentaires** testamentary letters.

**testateur** [tɛstatœʀ] **nm** testator, devisor.

**testatrice** [tɛstatʀis] **nf** testatrix, devisor.

**tester** [tɛste] **1 vt** (gén) to test; **idée** to try out, test; **produit** to test; (Mktg) to test market. **2 vi** (Jur) to make one's will.

**tête** [tɛt] **1 nf** head. ◊ **cela coûte 500 F par tête** it costs F500 a head ou per person; **la consommation par tête d'habitant** the per capita consumption; **prendre une assurance sur la tête de qn** to take out a life insurance policy on sb; **assurance-vie prise sur 2 têtes** two-life policy; **être à la tête d'une entreprise** to be at the head of a company; **être à la tête d'un pays** to lead ou rule a country, be the leader ou the ruler of a country; **être à la tête d'une délégation syndicale** to be the leader of a union delegation; **elle est à la tête d'une immense fortune** she commands a huge fortune; **l'Allemagne est en tête dans la course à la désinflation** Germany is in the lead ou comes first in the disinflation race; **les entreprises qui se classent en tête par la progression du chiffre d'affaires** the companies which are at the top of the league for increase in sales volume. **2 comp tête d'affiche** top of the bill. – **être en tête d'affiche** to head the bill, be top of the bill. – **tête de gondole** (Mktg) gondola head. – **tête de liste** (Pol) chief candidate. – **tête de page** page head, top of the page. – **tête de pont** bridgehead.

**texte** [tɛkst(ə)] **nm  a** (gén) text; [contrat] text, wording; (Pub) copy, text. **b** (Inf) **traitement de texte** word processing, text processing; **logiciel ou programme de traitement de texte** word processing package ou program; **unité ou machine de traitement de texte** word processor; **fichier de texte, fichier-texte** text file; **éditeur de texte** (Inf) text editor; **texte de loi** law; **texte publicitaire** advertising copy; **texte accrocheur** aggressive copy; **texte rédactionnel** editorial copy.

**textile** [tɛkstil] **1 adj** textile. ◊ **l'industrie textile** the textile industry, textiles. **2 nm** (matière) textile. ◊ **le textile** (industrie) the textile industry, textiles; **textiles synthétiques** synthetic ou man-made fibres.

**TGI** abrév de *tribunal de grande instance* → tribunal.

**TGV** [teʒeve] **nm** abrév de *train à grande vitesse* → train.

**thaïlandais, e** [tailɑ̃dɛ, ɛz] **1 adj** Thai. **2 Thaïlandais nm** (habitant) Thai, Thailander. **3 Thaïlandaise nf** (habitante) Thai, Thailander.

**Thaïlande** [tailɑ̃d] **nf** Thailand.

**thème** [tɛm] **nm** (gén) theme; [discours, rapport] theme, subject. ◊ **thème publicitaire** advertising theme; **thème de vente** (Mktg) sales proposition.

**théoricien, -ienne** [teɔʀisjɛ̃, jɛn] **nm,f** theoretician, theorist.

**théorie** [teɔʀi] **nf** theory. ◊ **en théorie** in theory; **théorie des ensembles** (Math) set theory; **théorie du portefeuille** (Fin) portfolio theory; **théorie des jeux** game theory.

**théorique** [teɔʀik] **adj** (gén) theoretical; **valeur, profit** on paper.

**thermique** [tɛʀmik] **adj** **unité** thermal; **énergie** thermic. ◊ **centrale thermique** thermal power station ou plant; **centrale thermique au charbon / au fioul** coal-burning / oil-burning plant.

**thésaurisation** [tezɔʀizasjɔ̃] **nf** hoarding (of money), saving; (Écon) building up of capital, accumulation of capital.

**thésauriser** [tezɔʀize] **vi** to hoard money, save.

**thésauriseur, -euse** [tezɔʀizœʀ, øz] **nm,f** hoarder (of money); (Écon) accumulator (of capital).

**TI** abrév de *tribunal d'instance* → tribunal.

**ticket** [tikɛ] **nm** ticket. ◊ **ticket de caisse** till ou sales receipt; **ticket de métro** underground (GB) ou subway (US) ticket; **ticket modérateur** (Admin) patient's contribution *towards medical costs*; **ticket-restaurant** luncheon voucher.

**tiers, tierce** [tjɛʀ, tjɛʀs(ə)] **1 adj** third. ◊ **une tierce personne** a third party. **2 nm  a** (fraction) third. ◊ **les deux tiers du marché** two thirds of the market. **b** (troisième personne) third party ou person; (étranger) (gén) outsider; (Jur) third party. ◊ **pour compte d'un tiers** for account of a third party; **garanties reçues de tiers** (Fin) guarantees received; **avoir recours à un tiers** to have recourse to a third party. **c** (Ass) **assurance au tiers** third party insurance; **risque aux tiers, risque (du recours) de tiers** third party risk; **l'assurance ne couvre pas les tiers** the insurance does not cover third party risks. **3 comp tiers arbitre** (Jur) umpire, independent arbitrator. – **tiers bénéficiaire**

beneficiary. – **tierce caution** contingent liability. – **tiers détenteur** third holder *of pledged goods.* – **tiers gestionnaire** funding agency. – **Tiers-Monde** Third World ; **les pays du Tiers-Monde** Third World countries. – **tiers opposant** (Jur) third party. – **tierce opposition** (Jur) opposition by third party. – **tiers payant** (Jur) direct payment by insurers. – **tiers porteur** (Jur) second endorser, holder in due course. – **tiers provisionnel** (Impôts) interim tax payment *which corresponds to a third of the amount due.* – **tiers saisi** (Jur) garnishee. – **tiers secteur** (Écon) tertiary sector.

**TIF** [teiɛf] **nmpl** abrév de *transports internationaux par chemin de fer* → transport.

**timbrage** [tɛ̃bRaʒ] **nm** [document] stamping ; [lettre] postmarking. ◊ **dispensé de timbrage** postage paid.

**timbre** [tɛ̃bR(ə)] **1 nm a** (à coller) stamp ; (Comm) trading stamp. ◊ **carnet de timbres** book of stamps, stamp-book ; **distributeur de timbres** stamp machine ; **droit de timbre** stamp duty ; **soumis au timbre** subject to stamp duty ; **oblitérer un timbre** to cancel a stamp. **b** (marque, instrument) stamp ; (cachet postal) postmark.
**2 comp timbre à date, timbre dateur** date stamp. – **timbre d'escompte, timbre-escompte** trading stamp. – **timbre fiscal** excise stamp, revenue stamp. – **timbre horodateur** time and date stamp. – **timbre de la poste** (cachet) postmark. – **timbre-poste** postage stamp. – **timbre-prime** trading stamp. – **timbre proportionnel** ad valorem stamp. – **timbre de quittance, timbre-quittance** receipt stamp. – **timbre de réduction** trading stamp. – **timbre-taxe** postage due stamp.

**timbré, e** [tɛ̃bRe] **adj** document, papier, enveloppe stamped. ◊ **veuillez joindre une enveloppe timbrée à votre adresse** please enclose a stamped addressed envelope.

**timbrer** [tɛ̃bRe] **vt** (marquer) document, acte to stamp ; (Poste) (oblitérer) to postmark ; (coller un timbre sur) to stamp, put a stamp on. ◊ **lettre timbrée de ou à Lyon** letter with a Lyon postmark, letter postmarked Lyon.

**TIPP** [teipepe] **nf** abrév de *taxe intérieure sur les produits pétroliers* → taxe.

**TIR** [tiR] **nm** abrév de *transports internationaux routiers* TIR.

**tirage** [tiRaʒ] **nm a** (Fin) [chèque, effet] drawing ; (effet tiré) draft. ◊ **avis de tirage sur qn** advice of a drawing upon sb ; **droits de tirage spéciaux** special drawing rights ; **tirage en l'air** ou **en blanc** kiting, kite-

flying. **b** (action d'imprimer) printing ; (sur une photocopieuse) running off, copying. ◊ **je ferai le tirage cette après-midi** I'll run off the copies this afternoon. **c** (édition) edition ; (nombre d'exemplaires) [journal, magazine] circulation ; [livre] (print-)run. ◊ **journal à gros tirage** mass-circulation newspaper, newspaper with a large circulation ; **les gros tirages de la presse britannique** the high circulation figures of the British press ; **tirage de 5 000 exemplaires** run ou impression of 5,000 copies ; **quel est le tirage de ce livre ?** how many copies of this book have been printed ? ; **tirage à part** (action) offprinting ; (exemplaire) offprint, separate (US) ; **tirage de luxe** luxury edition ; **tirage limité** limited edition. **d** [loterie] **tirage (au sort)** (action) drawing ; (résultat) draw ; **obligations amortissables par tirages annuels** bonds redeemable by annual drawings ; **par voie de tirage** by lot ; **bon sorti au tirage** drawn bond.

**Tirana** [tiRana] **n** Tirana.

**tirant** [tiRɑ̃] **nm** (Mar) **tirant (d'eau)** draught ; **avoir 6 mètres de tirant (d'eau)** to draw 6 metres of water.

**tiré, e** [tiRe] **1 adj** (Fin) **la personne tirée** the drawee.
**2 nm a** (Fin) drawee. **b** [article] **tiré à part** offprint, separate (US).

**tirelire** [tiRliR] **nf** moneybox, piggy bank.

**tirer** [tiRe] **1 vt a** (Fin) effet de commerce, traite to draw. ◊ **tirer (une traite) en l'air** to kite, fly a kite ; **tirer un chèque sur une banque** to draw a cheque on a bank. **b** (Loterie) to draw. ◊ **tirer au sort** to draw lots. **c** (imprimer) to print ; (sur une photocopieuse) to run off, copy. ◊ **ils tirent (la revue) à 10 000 exemplaires** the review has a circulation of 10,000 ; **tirer un livre à 20 000 exemplaires** to print 20,000 copies of a book. **d** (Mar) **tirer 6 mètres d'eau** to draw 6 metres of water. **e** **tirer les prix** to quote competitive prices ; **tirer ses revenus de** to derive one's income from.
**2 vi** (Fin) **tirer sur qn** to draw on sb ; **tirer à vue sur qn** to draw on sb at sight ; **tirer à découvert** to overdraw one's account.

**tireur** [tiRœR] **nm** (Fin) [chèque, traite] drawer.

**tiroir** [tiRwaR] **nm** drawer. ◊ **tiroir-caisse** till.

**tissu** [tisy] **nm** (étoffe) fabric, material ; (Écon) fabric. ◊ **tissu social / industriel** social / industrial fabric.

**titre** [titR(ə)] **1 nm a** [personne] (gén) title ; (diplôme) degree, qualification. ◊ **il a le titre de directeur des ventes** he has the title of sales manager ; **nommer / recruter sur titres** to appoint / recruit according to qualifications ; **fournisseur en titre** appointed supplier ; **propriétaire en titre** legal owner. **b**

[livre, article, loi] (gén) title ; (tête de chapitre) heading. ◊ **titre d'un compte** (Compta) name of an account. c (acte notarié) title ; (acte de propriété) deed, title deed. d (valeur boursière) security ; (certificat) certificate ; (reconnaissance d'une créance nantie) debt security ; (action) security, share, stock ; (obligation) security, bond. ◊ **titres** (gén) securities ; (actions) stock, shares, stocks and shares ; **porteur de titres** stockholder, shareholder ; **acheter / vendre des titres** to buy / sell securities ou stock ; **avances sur titres** advances against ou on securities, credit on security ; **certificat de titres** share certificate ; **compte titres** stock account ; **émission de titres** stock issue, issue of stock ; **garde de titres** safe custody of securities ; **portefeuille de titres** stock portfolio, stock holding ; **service des titres** (Banque) securities department ; **titres admis / non admis à la cote officielle, titres inscrits / non inscrits à la Bourse** listed / unlisted securities, stock ou shares quoted / unquoted on the stock exchange ; **titres remis en collatéral** securities pledged as collateral ; **le capital de l'entreprise est composé de 5 millions de titres** the firm's capital is made up of 5 million shares ; **la valeur du titre avoisine 300 F** the price of the share ou stock is around F300. e [or, argent] fineness ; [solution] titre. ◊ **or / argent au titre standard** gold / silver ; **titre d'alcool** alcohol content. f **à titre de : à titre d'acompte sur** in part payment of ; **à titre consultatif** in an advisory ou consultative capacity ; **la distribution d'actions à titre de dividendes** the distribution of shares by way of a dividend ; **à titre d'essai / expérimental** on a trial / an experimental basis ; **à titre gracieux ou gratuit** free of ou without charge ; **contrat à titre gratuit** bare contract, deed-poll ; **je reçois 200 F à titre d'indemnité** I get F200 by way of indemnity ou as an indemnity ; **à titre indicatif** for information only ; **à titre onéreux** in return for payment, for a a consideration ; **souscription à des actions à titre irréductible** exercise of a right to subscribe to new shares ; **acquérir à titre lucratif** to acquire in return for payment ; **à titre officiel / officieux** officially / unofficially, in an official / unofficial capacity ; **à titre de paiement** in payment ; **legs à titre particulier** specific legacy ; **héritier à titre particulier** specific ou particular legatee ; **possesseur à titre précaire** naked possessor ; **à titre de prêt** as a loan ; **à titre provisoire** provisionally ; **souscription à des actions à titre réductible** application for available shares ; **déduction au titre de revenus salariaux** earned income allowance ; **à titre révocable** revocable ; **achats à titre spéculatif** speculative buying ; **légataire à titre universel** general ou residuary legatee ; **legs à titre universel** residuary legacy.

2 comp **titres adirés** lost certificates. − **titres de bonne livraison** good delivery shares. − **titre de bourse, titre boursier** stock exchange security, stock certificate. − **titre budgétaire** budgetary item. − **titres cotés** listed securities. − **titre de créance** debt security, evidence ou proof of debt. − **titre de crédit** proof of credit. − **titre d'emprunt** debt security. − **titres entièrement libérés** fully paid(-up) stock ou shares. − **titres d'État** government securities ou bonds. − **titre exécutoire** (Jur) writ of execution. − **titres fiduciaires** paper securities. − **titres frappés d'opposition** stopped bonds. − **titre de gage** (Douanes) warehouse receipt, security bond. − **titre hypothécaire** mortgage bond. − **titres immobilisés** (Compta) long-term investment. − **titres livrables** deliverable securities. − **titre à lots** lottery bond. − **titre mixte** registered certificate with coupons attached. − **titre négociable** marketable ou tradable security, negotiable stock. − **titre nominatif** registered share ou certificate. − **titres non cotés** unlisted securities. − **titres non entièrement libérés** partly paid stock ou shares. − **titre d'obligation** bond, (debenture) bond (GB). − **titre de paiement** order to pay, remittance. − **titre participatif** non-voting share *in a public sector enterprise*. − **titre de participation** equity share ou security ; **titres de participation** (dans le bilan) equity stake ou interest. − **titre de pension** pension book. − **titres de placement** investment securities. − **titre au porteur** bearer security ou certificate. − **titre de premier rang ou de première catégorie** senior security. − **titre de prêt** loan certificate. − **titre prioritaire** senior security. − **titre ayant priorité de rang** senior security. − **titre de propriété** (ownership) title, title deed ; **titre de propriété irréfragable** good title. − **titre provisoire** interim certificate. − **titre de rachat** certificate of redemption. − **titre de rang inférieur** junior security. − **titre de rente** government bond. − **titre de répartition** notice of allotment. − **titre en report** security on contango ou continuation. − **titre-restaurant** luncheon voucher (GB). − **titre à revenu fixe** fixed-interest security, fixed-yield security. − **titre à revenu variable** variable-interest security, variable-yield security. − **titre de second rang** junior security. − **titre support** underlying stock. − **titres à terme** forward securities. − **titres de tout repos** blue chips (stock), gilt-edged (stock ou security). − **titre de transport** ticket. − **titre universel de paiement** universal payment order.

**titrisation** [titʀizasjɔ̃] **nf** (Fin) securitization.

**titriser** [titʀize] **vt** to securitize.

**titulaire** [titylɛʀ] **1** **adj** cadre, enseignant tenured; membre regular, permanent. ◊ **être titulaire** to have tenure; **être titulaire de** droit to be entitled to; permis to be the holder of; **être titulaire de son poste** to have a tenured position, be permanently employed in one's job. **2** **nmf** [poste] incumbent; [permis, passeport] holder; (Ass) policy holder. ◊ **titulaire d'un brevet** patentee, patent holder; **titulaire d'un compte** account holder; **titulaire d'une créance** creditor; **titulaire d'une pension** ou **d'une rente** annuitant, pensioner.

**titularisation** [titylaʀizasjɔ̃] **nf** ◊ **la titularisation des stagiaires** giving tenure to the trainees, appointing the trainees permanently in their jobs.

**titulariser** [titylaʀize] **vt** (gén) to give tenure to; fonctionnaire to appoint officially to a post. ◊ **être titularisé** to get tenure.

**TMM** [teɛmɛm] **nm** abrév de *taux moyen du marché monétaire au jour le jour* → taux.

**TMO** [teemo] **nm** abrév de *taux du marché obligataire* → taux.

**Togo** [tɔgo] **nm** Togo.

**togolais, e** [tɔgɔlɛ, ɛz] **1** **adj** of ou from Togo. **2** **Togolais** **nm** (habitant) inhabitant ou native of Togo. **3** **Togolaise** **nf** (habitante) inhabitant ou native of Togo.

**Tokyo** [tɔkjo] **n** Tokyo.

**tolérable** [tɔleʀabl(ə)] **adj** tolerable.

**tolérance** [tɔleʀɑ̃s] **nf** **a** (Douanes) (quantité permise) allowance, concession. ◊ **il y a une tolérance de 2 litres d'alcool par personne** there is an allowance of 2 litres of spirits per person, you are allowed 2 litres of duty-free spirits per person. **b** (Tech, Comm) (écart par rapport à la spécification) tolerance. ◊ **tolérance de poids** remedy for weight; **avec une tolérance de 250 grammes par sac de café** with an allowance ou tolerance of 250 grams per sack of coffee.

**tolérer** [tɔleʀe] **vt** to tolerate.

**TOM** [tɔm] **nm** abrév de *territoire d'outre-mer French overseas territory.*

**tomber** [tɔ̃be] **vi** [prix, coûts, inflation] to fall, drop, come down, decrease. ◊ **le projet est tombé à l'eau** the project has fallen through; **tomber dans le domaine public** to become public property; **nous sommes tombés d'accord après une semaine de négociation** we reached an agreement after a week of negotiations; **la machine**

est tombée en panne the machine has broken down.

**tonalité** [tɔnalite] **nf** (Téléc) dialling tone. ◊ **attendez la tonalité** wait for ou wait until you get the dialling tone.

**tonnage** [tɔnaʒ] **1** **nm** tonnage, tunnage. ◊ **droit de tonnage** tonnage duty. **2** **comp** **tonnage brut** gross tonnage. – **tonnage désarmé** idle tonnage. – **tonnage de jauge** register tonnage; **tonnage de jauge brut / net** gross / net register tonnage. – **tonnage marchand** shipping (tonnage).

**tonne** [tɔn] **1** **nf** (1 000 kilos) ton, tonne (GB). ◊ **un navire de 50 000 tonnes** a 50,000-ton ship, a ship of 50,000 tons; **un camion de 3 tonnes** a 3-ton lorry (GB) ou truck (US); **conduire un 15 tonnes** to drive a 15-ton lorry (GB) ou truck (US); **affrètement à la tonne** freighting per ton. **2** **comp** **tonne d'affrètement** freight ou shipping ton. – **tonne d'arrimage** measurement ton, shipping ton. – **tonne courte** short ton. – **tonne de cubage** measurement ton, shipping ton. – **tonne d'encombrement** measurement ton, shipping ton. – **tonne équivalent charbon** ton coal equivalent. – **tonne équivalent pétrole** ton oil equivalent; – **tonne forte** long ou gross ton. – **tonne de jauge** register ton; **tonne de jauge brute / nette** gross / net register ton, ton gross / net register. – **tonne kilométrique** (Stat) ton kilometre.

**tonneau, pl -x** [tɔno] **1** **nm** **a** (Mar) ton. ◊ **un navire qui jauge 50 000 tonneaux, un navire de 50 000 tonneaux** a 50,000-ton ship, a ship of 50,000 tons, a ship of 50,000 tons' burden. **b** (récipient, contenu) barrel. **2** **comp** **tonneau d'affrètement** freight ton. – **tonneau de capacité** measurement ton, shipping ton. – **tonneau de déplacement** displacement ton. – **tonneau d'encombrement** measurement ton, shipping ton. – **tonneau de fret** freight ton. – **tonneau de jauge** register ton; **tonneau de jauge brute / nette** gross / net register ton, ton gross / net register. – **tonneau de portée en lourd** freight ton, ton dead weight. – **tonneau de registre** register ton.

**tontine** [tɔ̃tin] **nf** tontine.

**tonus** [tɔnys] **nm** tonus. ◊ **les commandes étrangères ont donné du tonus au marché** foreign orders boosted the market.

**torpiller** [tɔʀpije] **vt** projet to torpedo.

**tort** [tɔʀ] **nm** **a** (erreur, faute) fault. ◊ **les torts sont de leur côté** the fault is theirs, the fault lies with them, they are the ones to be blamed; **ils ont des torts envers nous** they have wronged us; **être dans son tort** to be in the wrong, be at fault; **avoir tort** to be wrong; **mon patron m'a donné tort** my boss blamed me ou laid the blame on me; **les événements lui ont donné tort** events have proved him wrong ou have shown that he was wrong; **le marché a donné tort à nos prévisions** the market has shown ou proved our forecasts to be wrong. **b** (préjudice) wrong. ◊ **les importations japonaises font du tort aux producteurs européens** Japanese imports are damaging ou harmful to European producers; **cet incident a fait du tort à notre réputation** this incident has damaged our reputation.

**total, e, mpl -aux** [tɔtal, o] **1** **adj** hauteur, somme, coût, revenu total. ◊ **garantie totale** full cover; **somme totale** total, sum total; **sinistre total** (Ass) complete loss.
**2** **nm** total. ◊ **le total s'élève à 300 F** the total amounts to F300; **le total de nos exportations** the total amount of our exports, our total exports; **le total des dépenses / des ventes** total expenditure / sales; **le total global** ou `général the grand total, the sum total; **le total de l'actif / du passif** total assets / liabilities; **le total des inscrits** the total number of people enrolled ou registered; **faire le total** to work out ou figure out the total, add up the figures; **au total ils ont gagné** all in all ou all things considered ou on the whole they have won.

**totalement** [tɔtalmã] **adv** totally, completely.

**totalisateur, -trice** [tɔtalizatœʀ, tʀis] **1** **adj** adding.
**2** **nm** adding machine.

**totalisation** [tɔtalizasjɔ̃] **nf** adding up, totalization.

**totaliser** [tɔtalize] **vt** **a** (faire le total de) to total, totalize, add up, tot up*. **b** (avoir) to total, have a total of.

**totalité** [tɔtalite] **nf** ◊ **la totalité de nos ventes** all (of) our sales; **la totalité des revenus imposables** all taxable income; **la totalité de la somme** the whole ou entire sum; **cette voiture est fabriquée en totalité en Allemagne** this car is manufactured entirely in Germany; **les réclamations s'élèvent à 550 en totalité** complaints amount to 550 altogether ou in the aggregate; **la facture a été payée en totalité** the invoice has been fully paid.

**touchable** [tuʃabl(ə)] **adj** chèque cashable, payable; effet collectable, payable.

**touche** [tuʃ] **nf** **a** [clavier] key. ◊ **touche de majuscule / de fonction / de contrôle / de tabulation** shift / function / control / tab key; **touche programmable** user-defined key; **touche de retour arrière** backspace;

**touche de retour chariot** return key; **touche de direction** arrow key. **b** **mettre qn sur la touche** to put sb on the sidelines, sideline sb (US).

**toucher** [tuʃe] **vt** **a** salaire, pension to draw; chèque to cash; effet to collect; prime to get, receive; intérêts to be paid, receive. ◊ **elle touche 20 000 F par mois** she gets ou she's paid F20,000 a month. **b** (contacter) to reach, get in touch with, contact. ◊ **je n'ai pas pu le toucher par téléphone** I couldn't reach him by phone, I couldn't get him on the phone; **avec cette campagne publicitaire nous avons touché un public très large** we have reached a very large audience through this advertising campaign. **c** (affecter) to affect. ◊ **cette augmentation ne nous touche pas encore** this increase has not affected us yet; **cette mesure touche tout le monde** this measure applies to everyone.

**tour** [tuʀ] **1** **nf** tower; (immeuble) tower block, high-rise block. ◊ **tour de bureaux** office tower; **tour de forage** derrick.
**2** **nm** turn. ◊ **c'est au tour de la France d'occuper la présidence** it is France's turn to be in the chair; **faire qch à tour de rôle** to do sth in turn, take turns at doing sth; **les négociations ont pris un tour agressif** negotiations took an agressive turn ou twist; **le Premier ministre a fait le tour des capitales européennes** the Prime Minister has gone on a tour of the European capitals, the Prime Minister has done the rounds of the European capitals; **faire le tour des magasins** to go round ou look round the shops.
**3** **comp tour de force** feat; **notre société a accompli le tour de force de battre les Japonais sur leur propre terrain** our company has achieved the amazing feat of beating the Japanese on their home territory. – **tour de garde** turn of duty. – **tour d'horizon** survey. – **tour de scrutin** ballot; **être élu au troisième tour (de scrutin)** to be elected at the third ballot ou round. – **tour de service** turn of duty. – **tour de table** (Fin) pool, financial package; **procéder à un tour de table avant de passer au vote** to put together a financial package, set up a pool. – **tour de vis** (fiscal) squeeze; (politique) crackdown; **donner un tour de vis à** crédit to freeze, put a squeeze on; libertés to crack down on, clamp down on.

**tourisme** [tuʀism(ə)] **nm** (secteur) tourism, tourist industry ou trade; (activité individuelle) touring, sightseeing. ◊ **tourisme d'affaires** tourism aimed at businessmen; **il fait du tourisme en Grèce** he's touring Greece; **le secteur tourisme est excédentaire** the tourist sector is in surplus; **agence** ou **bureau de tourisme** tourist agency; **office du**

**tourisme** tourist office ou bureau ou information centre ; **visa de tourisme** tourist visa ; **avion / voiture de tourisme** private plane / car.

**touriste** [tuʀist(ə)] **adj, nmf** tourist. ◊ **classe touriste** tourist ou economy class.

**touristique** [tuʀistik] **adj** itinéraire, billet, guide tourist ; région, ville popular with (the) tourists. ◊ **menu touristique** tourist ou cheap menu ; **renseignements touristiques** tourist information.

**tournage** [tuʀnaʒ] **nm** (Fin) refinancing of lendings.

**tournant, e** [tuʀnɑ̃, ɑ̃t] **1 adj** ◊ **grève tournante** strike by rota ; **inventaire tournant** continuous inventory ; **plaque tournante** (Rail) turntable ; (fig) centre, hub.
**2 nm** (politique, économique) turning point. ◊ **c'est un tournant dans l'histoire de l'entreprise** it is a turning point ou watershed in the history of the company.

**tournée** [tuʀne] **nf** [conférencier, artiste] tour ; [représentant, inspecteur] round. ◊ **partir / être en tournée** [homme politique] to set off on / be on tour ; [livreur] to set off on / be on one's round ; **nos représentants sont en tournée** our salesmen are on the road ; **tournée d'information** fact-finding tour ; **tournée d'inspection** round of inspection.

**tourner** [tuʀne] **vi a** (marcher) to run. ◊ **tourner à plein rendement** to work ou operate at full capacity ; **tourner au ralenti** to tick over ; **l'entreprise tourne bien** the company is running ou going well ; **c'est elle qui fait tourner l'entreprise** she keeps the company going, she's running ou managing the company. **b** [stock] to turn over. **c** [représentant] **il tourne sur le nord de la France** his sales area is the north of France, he covers the north of France.

**tournure** [tuʀnyʀ] **nf** [événements] turn. ◊ **les affaires prennent meilleure tournure** business is looking up ou is improving ; **cela prend tournure** it's taking shape ; **la tournure que prennent les événements** the way things are developing ; **la situation a pris une mauvaise tournure** the situation has taken a turn for the worse.

**TP** [tepe] **1 nm** abrév de *Trésor public* → trésor.
**2 nmpl** abrév de *travaux publics* → travail.

**TPE** [tepeə] **nm** abrév de *terminal de paiement électronique* → terminal.

**TPG** abrév de *trésorier-payeur général* → trésorier.

**tps** abrév de *temps*.

**TPS** [tepeɛs] **nf** abrév de *taxe de prestation de service* → taxe.

**TPV** [tepeve] **nm** abrév de *terminal point de vente* → terminal.

**TRAAB** abrév de *taux de rendement actuariel annuel brut* → taux.

**traçage** [tʀasaʒ] **nm** (Inf) plotting.

**traçant, e** [tʀasɑ̃, ɑ̃t] **adj** ◊ **table traçante** plotter, plotting board.

**trace** [tʀas] **nf** trace. ◊ **nous avons perdu la trace de cette correspondance** we have lost track of ou we are unable to trace back this correspondence ; **il n'y a pas trace de cette facture** there is no trace of this invoice.

**tracé** [tʀase] **nm a** [dessin] line ; [voie ferrée] (plan) plan ; (itinéraire) route. **b** (parcours) [ligne de chemin de fer, autoroute] route. **c** (graphisme) [dessin, écriture] line.

**tracer** [tʀase] **vt** dessin to draw ; (Inf) to plot ; voie ferrée (indiquer) to mark out ; (ouvrir) to open up.

**traceur** [tʀasœʀ] **nm** ◊ **traceur (de courbes)** (curve) plotter ; **traceur à laser / à tambour** laser / drum plotter.

**tractation** [tʀaktasjɔ̃] **nf** ◊ **tractations** dealings, negotiations, bargaining.

**trader** [tʀɛdœʀ] **nm** trader.

**tradition** [tʀadisjɔ̃] **nf** (Jur : transfert) tradition, transfer.

**traducteur, -trice** [tʀadyktœʀ, tʀis] **nm,f** translator. ◊ **traducteur-interprète** translator-interpreter.

**traduction** [tʀadyksjɔ̃] **nf** translation. ◊ **traduction assistée par ordinateur** computer-aided translation ; **traduction automatique** machine ou automatic translation ; **traduction consécutive / simultanée** consecutive / simultaneous translation.

**traduire** [tʀadɥiʀ] **1 vt a** langue to translate (*en* into, *de* from). ◊ **machine à traduire** translating machine. **b traduire qn en justice** to bring sb before the courts, prosecute sb.
**2 se traduire vpr** ◊ **la progression se traduit par une hausse de notre chiffre d'affaires** a rise in earnings testifies to our progress ; **ça s'est traduit par une augmentation du chômage** it brought about ou caused higher unemployment, unemployment increased as a result ou as a consequence of it.

**trafic** [tʀafik] **nm a** (commerce illicite) traffic ; (manœuvres louches) (shady) dealings. ◊ **trafic d'armes** gunrunning, arms dealing ; **trafic de drogue** drugrunning, drug traffic ou trafficking ; **faire le trafic de la drogue** to traffic in drugs ; **trafic d'influence** (Jur) influence peddling ; **c'est un drôle de trafic** it's a funny business. **b** (Transports) traffic. ◊ **trafic d'éclatement** feeder; **trafic maritime / routier / aérien / ferroviaire** sea / road / air / rail traffic; **trafic (de) marchandises / (de) voyageurs** goods / passenger traffic. **c** (Mktg : dans un supermarché) traffic.

**trafiquant, e** [tʀafikɑ̃, ɑ̃t] **nm,f** (péj) trafficker. ◊ **trafiquant de drogue** drug trafficker ou runner; **trafiquant d'armes** gunrunner, arms dealer.

**trafiquer** [tʀafike] **1** **vi** to traffic, trade (illicitly) (*de* in).
**2** **vt** machine to tamper with; vin to doctor*; chiffres, statistiques to fake, doctor, fiddle, tamper ou tinker with; comptes, bilan to cook, window-dress.

**train** [tʀɛ̃] **nm** **a** (Rail) train. ◊ **train de banlieue** suburban ou commuter train; **train direct** through ou non-stop train; **train à grande vitesse** high-speed train, bullet train; **train de marchandises / de voyageurs** goods ou freight (US) / passenger train; **train omnibus / express / rapide** slow ou stopping / fast / express train; **train supplémentaire** relief ou extra train; **expédier par le train** to ship ou send by train; **prendre le train en marche** to jump ou climb on the bandwaggon. **b** (ensemble) [mesures, réformes] batch, set, package, series. ◊ **train de législation** raft of legislation. **c** **train de vie** life style; **le train de vie de l'État** government spending; **éléments de train de vie** (Impôts) taxation criteria based on living standards.

**traînard, e** [tʀɛnaʀ, aʀd(ə)] **nm,f** laggard.

**traîne** [tʀɛn] **nf** ◊ **être à la traîne** to lag behind.

**traite** [tʀɛt] **1** **nf** **a** (lettre de change) draft, bill. ◊ **accepter une traite** to accept a draft ou a bill; **encaisser** ou **toucher / tirer / honorer une traite** to collect / draw / honour ou meet a bill; **envoyer une traite à l'encaissement** to send a bill for collection; **escompter une traite** to discount a draft ou a bill; **faire protester une traite** to have a bill noted ou protested; **présenter une traite à l'acceptation** to present a bill for acceptance; **proroger l'échéance d'une traite** to prolong a bill ou a draft; **tirer une traite sur une banque** to make a draft on a bank; **bénéficiaire d'une traite** payee; **délai d'une traite** currency of a bill; **l'échéance d'une traite** the due date of a draft ou bill. **b** (versement périodique) instalment, (monthly) payment. ◊ **j'ai mes traites à payer** I have the instalments to pay ou the payments to make. **c** (trafic) **traite des noirs / des blanches** slave / white slave trade.
**2** **comp traite à l'acceptation** acceptance bill. – **traite en l'air** kite; **faire une traite en l'air** to kite, fly a kite. – **traite avalisée** gua-

ranteed ou backed bill. – **traite bancaire** ou **de banque** bank draft ou bill, cashier's cheque, banker's draft. – **traite de cavalerie** kite. – **traite de complaisance** accommodation bill ou draft. – **traite à courte échéance** short-dated bill, short bill. – **traite à date fixe** time draft ou bill, date draft ou bill. – **traite à délai de date** bill after date. – **traite documentaire** documentary bill. – **traite domiciliée** domiciled bill. – **traite échue** due bill. – **traite escomptable** discountable bill. – **traite escomptée** discounted bill. – **traite sur l'étranger** foreign bill, external bill (US). – **traite sur l'extérieur** foreign bill, external bill (US). – **traite sur l'intérieur** domestic ou home bill. – **traite libre** general ou clean bill. – **traite à longue échéance** long-dated bill, long bill. – **traite renvoyée** dishonoured bill. – **traite en souffrance** bill in abeyance ou in suspense. – **traite à terme** time draft ou bill, date draft ou bill. – **traite à vue** bill ou draft payable at sight, sight bill ou draft, demand bill ou draft.

**traité** [tʀete] **nm** (ouvrage) treatise; (accord) treaty, agreement; (Ass) (convention) policy. ◊ **traité de réassurance** reinsurance policy.

**traitement** [tʀetmɑ̃] **1** **nm** **a** [personne] treatment; [problème, plainte] handling, treatment; [factures, commandes] processing, handling. ◊ **traitement de faveur** special ou preferential treatment; **le traitement social du chômage** the social treatment of unemployment. **b** (salaire) salary. ◊ **toucher un traitement** to earn ou to draw a salary; **traitement de début** commencing ou initial salary; **rappel de traitement** back pay. **c** (Inf) [données] processing. ◊ **unité centrale de traitement** central processing unit; **centre / support / puissance de traitement** processing centre / medium / power. **d** (Tech) [bois, cuir] treating; [matières premières, déchets] processing.
**2** **comp traitement de commandes** order processing ou handling. – **traitement en direct** on-line processing. – **traitement des données** data processing. – **traitement de l'information** information ou data processing. – **traitement par lots** (Ind) batch ou bulk processing; (Inf) batch processing. – **traitement multitâche** multiple-job processing. – **traitement en parallèle** parallel processing. – **traitement de texte** (gén) word processing; (programme) word-processing package ou program; **machine de traitement de texte** word processor.

**traiter** [tʀete] **1** **vt** **a** personne to treat; problème, plainte to handle, deal with, treat; factures, commandes to process, handle; (Inf) to process. ◊ **ils traitent toutes sortes d'affaires** they handle all kinds of business; **traiter une affaire** (Comm) to transact a piece of business; (Bourse) to make a deal ou a trade; **le volume des affaires traitées a augmenté** (Bourse) trading (volume) has increased. **b** (Ind) bois, cuir to treat; matières premières to process.

**2** **vi** (négocier) **traiter avec qn** (avoir des contacts) to deal with sb, have dealings with sb; (conclure un marché) to make a deal with sb; **traiter avec ses créanciers** to negotiate with one's creditors.

**3** **se traiter** **vpr** [valeurs boursières] to be dealt in, sell. ◊ **les valeurs qui se traitent à Paris** securities which sell ou are dealt in at the Paris stock exchange; **les valeurs les plus activement traitées ont été les mines d'or** there was some heavy dealing ou trading on gold mines.

**traiteur** [tʀɛtœʀ] **nm** caterer.

**trajectoire** [tʀaʒɛktwaʀ] **nf** trajectory. ◊ **trajectoire de carrière** career path.

**tramp** [tʀɑp] **nm** (Mar) tramp (ship).

**tramping** [tʀɑpiŋ] **nm** (Mar) tramping.

**tranche** [tʀɑ̃ʃ] **nf** **a** (partie) (gén) part, section; [travaux] phase. ◊ **la deuxième tranche va être mise en chantier** the second phase of the work is about to start; **tranche horaire** time slot. **b** (Bourse) [émission] tranche, block; [actions] block, lot; [emprunt obligataire] instalment. ◊ **par tranche de 100 ou fraction de 100** for every complete sum of 100 or part thereof; **tranche (d'émission)** (Loterie) issue; **émettre un emprunt en ou par tranches** to issue a loan in instalments; **tranche-or** gold tranche; **une première tranche de ce titre a été émise** a first tranche of this stock has been issued; **il a acquis une tranche de 1 000 actions** he acquired a block ou a lot of 1,000 shares. **c** (Stat) section; (Admin) bracket, band. ◊ **atteindre la tranche supérieure** to reach the higher band; **tranches de barème de l'impôt** income bands; **tranche d'âge / d'imposition / de salaires** age / tax / wage bracket; **une tranche représentative de la population** a representative cross-section of the population.

**trancher** [tʀɑ̃ʃe] **1** **vt** problème, conflit to settle. **2** **vi** **a** (décider) to take a decision, come to a decision. ◊ **le directeur a fini par trancher** the director finally settled the matter; **trancher en faveur de qch** to decide in favour of sth ou for sth. **b** (se distinguer) to contrast. ◊ **la bonne tenue des mines d'or tranche sur la morosité du marché** the firmness of the gold mines stands in sharp contrast to the dull tone of the market.

**transaction** [tʀɑ̃zaksjɔ̃] **1** **nf** **a** (Comm) transaction, (business) deal; (Bourse) transac-

tion, deal, trade, bargain. ◊ **près des deux tiers des transactions ont été réalisées par les investisseurs institutionnels** nearly two thirds of the dealings ou trades were due to institutional investors; **l'indice Dow Jones a battu son record avec des transactions dépassant 200 millions de titres** the Dow Jones reached an all-time high with dealings ou trading above 200 million shares; **l'augmentation du volume des transactions** the increase in trading ou in the number of trades. **b** (Jur) settlement, compromise, agreement, composition. ◊ **accepter une transaction** to agree to a compromise ou a settlement.

**2** **comp** **transaction baissière** bear transaction. – **transactions bancaires** bank transactions ou operations. – **transaction commerciale** commercial transaction, business deal. – **transaction au comptant** cash transaction ou deal. – **transaction à crédit** credit transaction ou deal. – **transaction globale** package deal. – **transaction haussière** bull transaction. – **transaction à terme** (Bourse des valeurs) settlement bargain ou deal ou transaction, transaction for the settlement ou for the account; (Bourse des marchandises) forward transaction ou deal.

**transactionnel, -elle** [tʀɑ̃zaksjɔnɛl] **adj** **a** (Jur) compromise. ◊ **arriver à une solution transactionnelle** to effect a compromise, reach a compromise (agreement); **analyse transactionnelle** transactional analysis; **formule transactionnelle** compromise formula; **règlement transactionnel** compromise settlement. **b** (Inf, Gestion) transactional. ◊ **traitement transactionnel** transaction processing; **logiciel transactionnel de gestion** transaction management software.

**transbordement** [tʀɑ̃sbɔʀdəmɑ̃] **nm** (Mar) tran(s)shipment, reshipment; (Rail) transfer. ◊ **certificat de transbordement** transhipment shipping bill; **connaissement de transbordement** transhipment bill of lading; **déclaration de transbordement** transhipment entry; **frais de transbordement** (Mar) transhipment charges; (Rail) transfer ou reloading charges; **permis de transbordement** transhipment delivery order; **risque de transbordement** (Ass) transhipment ou transfer risk.

**transborder** [tʀɑ̃sbɔʀde] **vt** (Mar) to tran(s)ship; (Rail) to transfer.

**transcodage** [tʀɑ̃skɔdaʒ] **nm** (Inf) compiling.

**transcoder** [tʀɑ̃skɔde] **vt** (Inf) to compile.

**transcodeur** [tʀɑ̃skɔdœʀ] **nm** (Inf) compiler.

**transcontinental, e, mpl -aux** [tʀɑ̃skɔ̃tinɑtal, o] **adj, nm** transcontinental.

**transcription** [tʀɑ̃skʀipsjɔ̃] nf a (gén) transcription; (Compta) posting; (Jur) recording, registration. ◊ **erreur de transcription** transcription error; **transcription hypothécaire** mortgage registration. b (exemplaire) copy.

**transcrire** [tʀɑ̃skʀiʀ] vt (gén) to copy out, transcribe; ◊ (Compta) to post, transfer; (Jur) to record, register.

**transférabilité** [tʀɑ̃sfeʀabilite] nf transferability.

**transférable** [tʀɑ̃sfeʀabl(ə)] adj valeurs, droits, propriété transferable. ◊ **crédit transférable** transferable credit, assignable credit (US).

**transférer** [tʀɑ̃sfeʀe] vt (gén, Fin, Compta) to transfer; (Jur) propriété, droit to transfer, convey, assign. ◊ **transférer de l'argent par virement** to transfer money; **locaux transférés à** premises moved ou removed ou transferred to.

**transfert** [tʀɑ̃sfɛʀ] nm a [fonctionnaire, bureaux, données] transfer. ◊ **adresse / opération / temps de transfert** (Inf) transfer address / operation / time; **transfert de personnel** staff transfer; **transfert de technologie** transfer of technology, technology transfer. b (Fin) [capitaux] transfer. ◊ **ordre de transfert** transfer order; **transfert bancaire** bank transfer; **transfer de devises étrangères** foreign exchange transfer; **transfert électronique de fonds** electronic funds transfer; **transfert télégraphique** cable ou telegraphic transfer. c (Jur) [droit, propriété] transfer, conveyance, assignment. ◊ **acte de transfert** deed of assignment ou conveyance ou transfer. d (Bourse) [titres] transfer. ◊ **transfert d'ordre** stock transfer (procedure); **acte de transfert** deed ou instrument of transfer, transfer deed; **agent comptable des transferts** transfer agent; **droit / frais / feuille de transfert** transfer duty / fee / deed; **formule de transfert** stock transfer (form); **registre des transferts** transfer register. e (Écon, Compta) transfer. ◊ **opérations de transfert** transfer payments; **revenu de transfert** transfer income; **transferts sociaux** transfer payments, welfare transfers; **transferts courants** current transfers.

**transformation** [tʀɑ̃sfɔʀmasjɔ̃] nf (changement) alteration, change; (profondes modifications) transformation; [bureaux, magasin] conversion; [modèle de voiture] remodelling; [matières premières] processing, transformation. ◊ **travaux de transformation** conversion work, alteration; **industries de transformation** transformation ou processing industries.

**transformer** [tʀɑ̃sfɔʀme] vt (changer) to alter, change; (modifier profondément) to transform; bureaux, magasin to convert; modèle de voiture to remodel; matières premières to process, transform. ◊ **transformer qch en** to turn ou change ou convert sth into.

**transfrontière** [tʀɑ̃sfʀɔ̃tjɛʀ] adj échanges, transport cross-border.

**transgresser** [tʀɑ̃sgʀese] vt règlement to infringe; ordre to disobey; loi to break.

**transgression** [tʀɑ̃sgʀesjɔ̃] nf [règlement] infringement (à of), disobedience (à to). ◊ **en transgression de la loi** in breach of the law.

**transiger** [tʀɑ̃ziʒe] vi to compromise, come to terms ou to an agreement. ◊ **transiger avec ses créanciers** to come to terms with one's creditors.

**transit** [tʀɑ̃zit] nm transit. ◊ **marchandises en transit** goods in transit; **voyageurs** ou **passagers en transit** passengers in transit, transit ou transfer passengers; **acquit / droit / manifeste / port de transit** transit bond / duty / manifest / port; **entrepôt de transit** transit ou bonded warehouse; **fret de transit** through ou transit freight; **salle de transit** transit lounge; **visa de transit** transit permit ou visa; **transit temporaire (autorisé)** (authorized) temporary transit *special licence plate number for a vehicle which is to be reexported.*

**transitaire** [tʀɑ̃zitɛʀ] 1 adj pays of transit. ◊ **commerce transitaire** transit trade. 2 nmf forwarding agent, transit agent, freight forwarder, freight forwarding agent. ◊ **transitaire en douane** customs agent.

**transiter** [tʀɑ̃zite] 1 vt marchandises to pass ou convey in transit. 2 vi [marchandises] to pass in transit; [voyageurs] to be in transit. ◊ **transiter par** pays, ville, service to go through; **tout cela transite par mon bureau** (fig) all that goes across my desk.

**transition** [tʀɑ̃zisjɔ̃] nf transition. ◊ **période / mesure de transition** transitional ou provisional period / measure.

**transitoire** [tʀɑ̃zitwaʀ] adj mesures, régime transitional, provisional; fonction interim, provisional.

**translatif, -ive** [tʀɑ̃slatif, iv] adj ◊ **acte translatif de propriété** deed of conveyance ou transfer ou assignment; **procédure translative** conveyancing.

**translation** [tʀɑ̃slasjɔ̃] nf (Jur) [droit, propriété] transfer, assignment, conveyance. ◊ **la translation de l'impôt** the passing on of the tax burden.

**trans-Manche** [tʀɑ̃smɑ̃ʃ] **adj** trafic, commerce cross-Channel.

**transmettre** [tʀɑ̃smɛtʀ(ə)] **vt** a pouvoir to hand over; biens, titres (gén) to hand down, pass on; (Jur : transférer) to make over, transfer, convey, assign (à to). b (faire parvenir) message, plainte to send, pass on, convey; lettre, paquet to send (on), forward; (Inf) signal, données to transmit; ordre de Bourse to transmit, send.

**transmissible** [tʀɑ̃smisibl(ə)] **adj** (Jur) propriété transferable, assignable.

**transmission** [tʀɑ̃smisjɔ̃] **nf** a [pouvoir] handing over; [biens, titres] (gén) handing down, passing on; (Jur : transfert) transfer, conveyance, assignment. ◊ **transmission par endossement** (Fin) transfer by endorsement. b [message, plainte] sending, conveying; [lettre, paquet] sending (on), forwarding; [signal, données] transmission; [ordre de Bourse] transmission. ◊ **pour transmission aux archives** for transfer to records.

**transnational, e, mpl -aux** [tʀɑ̃snasjɔnal, o] **adj** transnational.

**Transpac** ® [tʀɑ̃spak] **nm** ◊ **réseau Transpac** packet switch network.

**transparence** [tʀɑ̃spaʀɑ̃s] **nf** transparency. ◊ **transparence fiscale** tax transparency; **transparence du marché** market transparency.

**transparent, e** [tʀɑ̃spaʀɑ̃, ɑ̃t] **1 adj** transparent.
**2 nm** (écran) transparent screen; (feuille pour rétroprojecteur) transparency, foil.

**transplacement** [tʀɑ̃splasmɑ̃] **nm** outplacement.

**transport** [tʀɑ̃spɔʀ] **nm** a (action) (gén) transport, transportation; (fret) freight, freighting. ◊ **transport par air** ou **avion, transport aérien** air transport(ation), air freight; **transports internationaux par chemin de fer** international rail transport(ation); **transports internationaux routiers** international road transport(ation); **transport maritime** ou **par mer** sea transport(ation), transport(ation) by sea, sea freight; **transport routier** road transport(ation), road haulage; **transport par train** ou **rail** ou **chemin de fer** rail transport(ation), transport(ation) by rail, rail carriage; **le transport de voyageurs / marchandises** passenger / goods transportation, the conveyance ou transport ou carriage of passengers / goods; **entreprise de transports** (gén) transport company; (pour fret maritime ou aérien) freight company; (par route) road haulage ou transport company, trucking company (US); **entreprise de transports publics** common carrier; **entrepreneur de transports** (gén) carrier; (par

mer, air) carrier, freighter; (par route) haulage contractor, haulier (GB), trucking contractor (US); **compagnie de transports maritimes** shipping company; **payer le transport** to pay for carriage; **coûts** ou **frais de transport** transportation ou transport costs ou expenses; (pour marchandises lourdes) freight charges, freightage; **matériel de transport** transportation equipment; **moyen de transport** means of transport(ation); **endommagé pendant le transport** damaged in transit; **transports sur achats** (Compta) freight-in; **transports sur ventes** (Compta) freight-out; **transport intermodal** intermodal transport; **transport à la demande** (Mar) tramping. b **les transports** transport; **les transports en commun** public transport(ation); **transports urbains** city ou urban transport(ation); **transports aériens / maritimes** air / sea transport. c (Jur) [droits] transfer, assignment. d (Compta) [écriture] transfer, carrying over.

**transporter** [tʀɑ̃spɔʀte] **vt** a passagers, marchandises, matériel to transport, carry, convey. ◊ **transporter par train / avion / mer** to transport ou convey ou carry by train / plane / sea. b (Jur) droits to transfer, assign. c (Compta) to transfer, carry over.

**transporteur** [tʀɑ̃spɔʀtœʀ] **nm** a (entrepreneur) (gén) carrier; (par mer, air) carrier, freighter. ◊ **transporteur routier** haulage contractor, haulier (GB), trucking contractor (US); **responsabilité / risque du transporteur** carrier's liability / risk. b (entreprise) transport company; (pour fret maritime ou aérien) freight company; (par route) road haulage ou transport company, trucking company (US). ◊ **transporteur aérien** [passagers] air carrier; [marchandises] air freight company. c (Comm : expéditeur) forwarding agent, forwarder. d (véhicule) transporter. e (Jur : partie contractante) carrier.

**traquer** [tʀake] **vt** fraudeurs to track down, hunt down. ◊ **traquer les bonnes affaires** to stalk deals.

**travail, pl -aux** [tʀavaj, o] **1 nm** a (activité) work. ◊ **séance / déjeuner de travail** working session / lunch; **espace de travail** (sur une table) work space; (dans un bureau) work space ou area; **il m'a fallu un mois de travail pour le faire** it took me a month's work to do it; **2 heures de travail** 2 hours' work; **il faut se mettre au travail** we must get down to work. b (opération) job, piece of work. ◊ **travaux** work; **commencer / terminer un travail** to start / finish a job ou a piece of work; **travaux de recherche** research work; **travaux de réfection / de réparation / de construction** renovation / repair / building work; **travaux d'aménagement** alterations, alteration work; **entreprendre de gros tra-**

vaux de modernisation to undertake large-scale modernisation work; **le magasin sera fermé pendant les travaux** the shop will be closed during alterations; **la vente continue pendant les travaux** business as usual; **attention! travaux** caution! work in progress ou men at work; (sur une route) road works ahead. **c** (emploi) job, occupation, position. ◊ **avoir un travail bien rémunéré** to have a well-paid job; **chercher un travail / du travail** to look for a job / for work; **un travail de bureau** an office job; **le travail de bureau** office ou clerical work; **changer de travail** to change jobs; **être sans travail, ne pas avoir de travail** to be out of work, to be out of a job; **j'ai perdu mon travail** I've lost my job; **un travail à mi-temps / plein temps** a part-time / full-time job; **je cherche du travail à mi-temps** I'm looking for part-time work; **cesser le travail** (Ind) to stop work, down tools; **reprendre le travail** to go back to ou resume work; **le monde du travail** the world of work. **d** (Écon) labour. ◊ **théorie de la valeur-travail** labour theory of value; **le travail est un facteur de production** labour is a factor of production. **e** (métal, matière première) working. ◊ **le travail du bois** woodwork, working with wood; **c'est un très beau travail** it's a fine piece of work ou of workmanship. **f** [machine] (fonctionnement spécifique) working(s); (tâche spécifique) work, operation. **g** **accident du travail** industrial injury ou accident, employment injury; **aptitude au travail** ability to work, capacity for work; **arrêt de travail** work stoppage; (congé de maladie) sick leave; **être / mettre en arrêt de travail** to be / put on sick leave; **Bourse du travail** labour exchange; **Bureau international du travail** International Labour Office; **charge de travail** work load; **Code du travail** labour code; **conditions de travail** working conditions; **conflit du travail** industrial ou labour dispute; **contrat de travail** employment contract, labour contract; **coût du travail** labour cost; **demande de travail** (Écon) demand for labour; **prix de la demande de travail** demand price of labour; **division du travail** division of labour; **droit au travail** right to work; **droit du travail** labour law; **durée du travail** working time ou hours; (de la journée) length of the working day, daily working hours; (de la semaine) length of the working week, weekly working hours; **étude du travail** work study; **fichier de travail** (Inf) work file; **flexibilité du travail** labour flexibility; **groupe de travail** work group, working party; **heures de travail** [employé] hours of work, working hours; (heures d'ouverture des bureaux) working hours; **incapacité de travail** disability, disablement; **inspection du travail** factory inspectorship; **inspecteur du**

travail factory inspector; **journée de travail** working day, workday (US); **législation du travail** industrial legislation, labour laws; **lieu de travail** workplace; **formation sur le lieu de travail** on-site training, on-the-job training, in-plant training; **marché du travail** labour market; **médecin du travail** *state-paid general practitioner specialized in industrial medicine*; **médecine du travail** industrial medicine; **offre du travail** (Écon) supply of labour; **organisation scientifique du travail** industrial engineering; **permis de travail** work ou labour permit; **petits travaux** odd jobs; **planification du travail** job scheduling; **poste de travail** (lieu) work station; (période) (work) shift; **productivité du travail** labour productivity; **réglementation du travail** regulation of labour; **rémunération du travail** remuneration of labour; **reprise du travail** resumption of work, return to work; **revenu du travail** earned income; **séance de travail** working session, business meeting; **sécurité du travail** occupational safety; **réduction du temps de travail** cut in working time.

**2 comp travaux agricoles** agricultural ou farm work. − **travail en atelier** factory work. − **travail à la chaîne** assembly-line work. − **travail ou travaux en cours** (Ind) work in progress. − **travail différencié** interim work. − **travail à domicile** outwork (GB), work at home. − **travail à l'entreprise** contract work. − **travail d'équipe** team work; **travail par équipes** shift work, work in shifts. − **travail à façon** job work, jobbing, special order work. − **travail à forfait** contract work. − **travail hebdomadaire** weekly work. − **travail intellectuel** brainwork, intellectual work. − **travail intérimaire** temporary work. − **travail manuel** manual work. − **travail noir ou au noir** moonlighting. − **travail de nuit** (activité) night work; (emploi) night job. − **travail à la pièce ou aux pièces** piecework, jobwork. − **travail posté** (travail par équipe) shift work; (travail à la chaîne) assembly-line work. − **travaux préparatoires** (Admin) preliminary documents. − **travaux publics** public works. − **travail qualifié** skilled work. − **travail en retard** work in arrear, backlog of work. − **travail saisonnier** seasonal work. − **travail supplémentaire** extra work; (heures supplémentaires) overtime. − **travail à la tâche** task ou job ou contract work, piecework. − **travail temporaire** temporary work. − **travail sur le terrain** fieldwork. − **travail en usine** factory work. − **travail d'utilité collective** community job, public interest job *created as a way of reducing unemployement.*

**travailler** [tʀavaje] **1** **vi** to work. ◊ **travailler à un projet** to work on a project; **travailler dans un bureau / en usine / à domicile** to work in an office / in a factory / at home; **travailler pour** ou **à son compte** to be self-employed, work for oneself; **travailler en indépendant** to work freelance; **travailler aux pièces** to do piecework; **travailler à mi-temps / plein temps** to work half-time / full-time; **travailler à temps partiel** to work part-time; **elle travaille chez un grossiste** she works for a wholesaler; **je finis de travailler à 17 heures** I finish ou stop ou get off work at 5 p.m.; **travailler à la chaîne** to work on the assembly line; **travailler au noir** to moonlight, work on the side; **l'usine travaille à perte** the factory is working at a loss; **elle sait faire travailler son argent** she knows how to make her money work for her.

**2** **vt** **a** métal, matière première to work. ◊ **travailler la terre** to work ou cultivate the land; **travailler la clientèle** (Comm) to canvass customers. **b** (Bourse) to deal in. ◊ **cuprifères très travaillées** coppers heavily dealt in.

**travailleur, -euse** [tʀavajœʀ, øz] **1** **nm,f** (gén) worker; (travail pénible et peu qualifié) labourer. ◊ **les travailleurs** workers, working people; **travailleur à mi-temps / plein temps** part-time / full-time worker.

**2** **comp travailleur agricole** agricultural ou farm worker, farm labourer, farm hand. − **travailleur à domicile** home worker. − **travailleur étranger** foreign ou immigrant worker. − **travailleur de force** labourer. − **travailleur immigré** immigrant worker; **les travailleurs immigrés** immigrant labour ou workers. − **travailleur indépendant** (gén) self-employed person; (rédacteur) freelance, freelancer. − **travailleur intellectuel** intellectual worker. − **travailleur manuel** manual worker, blue collar, blue-collar worker. − **travailleur au noir** moonlighter. − **travailleur occasionnel** casual worker.

**travailliste** [tʀavajist(ə)] **1** **adj** labour. **2** **nmf** Labour Party member. ◊ **les travaillistes** Labour.

**travaillistique** [tʀavajistik] **adj** labour, labour-intensive. ◊ **intensité travaillistique** labour intensity; **produits travaillistiques** labour-intensive products.

**treize** [tʀɛz] **adj, nm inv** thirteen; → six.

**treizième** [tʀɛzjɛm] **adj, nm** thirteenth. ◊ **treizième mois** (de salaire) thirteenth month's salary; → sixième.

**treizièmement** [tʀɛzjɛmmɑ̃] **adv** in the thirteenth place.

**trend** [tʀɛnd] **nm** ◊ **trend baissier** downtrend; **trend haussier** uptrend.

**trentaine** [tʀɑ̃tɛn] **nf** (trente) thirty; ◊ (environ) about thirty, thirty or so; → soixantaine.

**trente** [tʀɑ̃t] **adj, nm inv** thirty; → six, soixante.

**trentième** [tʀɑ̃tjɛm] **adj, nmf** thirtieth; → sixième.

**trentièmement** [tʀɑ̃tjɛmmɑ̃] **adv** in the thirtieth place.

**trésor** [tʀezɔʀ] **nm** (gén) treasure; (fonds) funds, finances. ◊ **trésor de guerre** (Fin) war chest; **le Trésor (public)** the public revenue department, the Treasury, the Exchequer; **bon du Trésor** Treasury bill ou bond, government bond, Exchequer bill; **comptable du Trésor** local official of the Treasury; **obligation assimilable du Trésor** ≈ Treasury bond.

**trésorerie** [tʀezɔʀʀi] **1** **nf** **a** (liquidités) cash, liquidity, cash in hand, cash balances. ◊ **avoir des problèmes** ou **des difficultés de trésorerie** to have cash ou liquidity ou cash flow problems; **la trésorerie de l'entreprise est en mauvaise posture** the company's cash position ou situation is shaky; **besoins de trésorerie** cash requirements; **billets de trésorerie** commercial paper; **budget de trésorerie** cash budget, cash flow forecast; **coefficient de trésorerie** liquidity ratio; **crédit de trésorerie** cash ou liquidity credit, cash advance; **état de trésorerie** cash flow statement; **excédent de trésorerie** cash surplus; **gestion de trésorerie** cash management; **journal de trésorerie** cash book; **mouvements de trésorerie** cash flows; **opération de trésorerie** cash operation ou transaction; **plan de trésorerie** cash flow forecast, cash budget; **position de trésorerie** cash position; **prévision de trésorerie** cash flow forecast; **ratio de trésorerie** liquidity ratio; **rentrées de trésorerie** cash inflows, cash receipts; **réserve de trésorerie** cash ou liquid reserve; **situation de trésorerie** cash position; (document) financial statement; **solde de trésorerie** cash balance; **sorties de trésorerie** cash outflows, cash payments ou disbursements. **b** (comptabilité) accounts. ◊ **leur trésorerie est mal tenue** their accounts ou books are badly kept. **c** (service comptable) [club, association] accounts department; [Trésor public] revenue office. **2** **comp trésorerie de départ** initial cash resources. − **trésorerie nette** net liquid funds. − **trésorerie potentielle** potential funds. − **trésorerie zéro** zero funds.

**trésorier, -ière** [tʀezɔʀje, jɛʀ] **nm,f** treasurer. ◊ **trésorier-payeur général** (Admin) paymaster of a French department; **trésorier d'entreprise** (Fin) cash manager, company treasurer.

**TRI** [teeʀi] **nm** abrév de *taux de rentabilité interne* IRR.

**tri** [tʀi] **1** nm **a** (gén) sorting ; [candidats] selection ; (Rail) marshalling ; (Agr : calibrage) grading. ◊ **faire le tri de** to sort (out) ; **nous avons fait un premier tri des candidats** we have made a preliminary ou a first selection of the candidates, we have drawn up a short list of candidates ; **opérer un tri plus sélectif** to sort out ou screen more closely. **b** (Poste) sorting. ◊ **bureau de tri** sorting office. **c** (fonction d'un photocopieur) sort, sorter. ◊ **on va le mettre sur tri** we are going to put it on sort. **d** (Inf) sort, sorting. ◊ **méthode de tri** sorting method ou process ; **tri interne / externe** internal / external sorting ; **case de tri** sorting bin, sort ou sorter ou sorting pocket ; **casier de tri** [cartes perforées] sorter ou sorting rack ; **clé** ou **indicatif de tri** sort key ; **dispositif de tri** sort facility ; **fichier de tri** sort file ; **programme de tri** sort ou sorting program, sorter ; **générateur de programme de tri** sort generator. **2** comp **tri arborescent** tree sort. **– tri par blocs** block sort. **– tri en cascade** cascade sort. **– tri-fusion** sort merge. **– tri par permutations** bubble sort. **– tri vertical** heap sort.

**triage** [tʀijaʒ] nm (gén) sorting. ◊ **gare de triage** marshalling yard ; **voie de triage** siding.

**tribunal, pl -aux** [tʀibynal, o] **1** nm court (of justice), law court ; (ayant une compétence limitée à un domaine : conflits industriels, loyers) tribunal. ◊ **porter une affaire devant les tribunaux** to bring a case before the courts ; **rôle du tribunal** (liste) roll of court ; **salle du tribunal** courtroom. **2** comp **tribunal administratif** administrative court, administrative tribunal. **– tribunal arbitral** ou **d'arbitrage** court of arbitration. **– tribunal de commerce** commercial court. **– tribunal des conflits** jurisdictional court. **– tribunal correctionnel** court of summary jurisdiction. **– tribunal de grande instance** Department court, ≈ high court. **– tribunal d'instance** magistrates' court. **– tribunal judiciaire** judicial court. **– tribunal de police** police court.

**tributaire** [tʀibytɛʀ] adj ◊ **être tributaire de** to be dependent ou reliant on.

**tricher** [tʀiʃe] vi to cheat. ◊ **tricher sur le poids** to cheat over ou on the weight, give short weight ; **tricher sur les prix** to cheat over the price, overcharge.

**triennal, e, mpl -aux** [tʀiɛnal, o] adj prix, foire triennial, three-yearly. ◊ **mandat triennal** three-year mandate.

**trier** [tʀije] vt (gén) to sort ; candidats to select ; (Rail) to marshal ; (Agr : calibrer) to grade. ◊ **trié sur le volet** hand-picked.

**trieur, -euse** [tʀijœʀ, øz] **1** nm,f (personne) sorter ; (Agr : calibreur) grader. **2** nm (machine) sorter. ◊ **trieur-calibreur** grader, grading machine. **3** **trieuse** nf [photocopies, cartes perforées] sorter. ◊ **trieuse-liseuse** (Inf) sorter-reader ; **trieuse de chèques / de documents** cheque / document sorter.

**trimestre** [tʀimɛstʀ(ə)] nm **a** (période) quarter. ◊ **payer par trimestre** to pay quarterly ou on a quarterly basis ; **les résultats du premier trimestre** the first quarter's earnings ou results, earnings for the first quarter. **b** (somme) (loyer) quarter, quarter's rent ; (salaire) quarter's income.

**trimestriel, -elle** [tʀimɛstʀijɛl] adj résultats, bénéfices quarterly ; paiement quarterly, three-monthly. ◊ **publication trimestrielle d'états financiers** quarterly ou interim financial reporting.

**trimestriellement** [tʀimɛstʀijɛlmã] adv payer on a quarterly ou three-monthly basis, every quarter, every three months.

**triple** [tʀipl(ə)] **1** adj (gén) triple ; (trois fois plus élevé) triple, treble. ◊ **le prix est triple de ce qu'il était** the price is three times what it was ; **imprimer qch en triple exemplaire** to print three copies of sth, print sth in triplicate. **2** nm ◊ **il m'a fait payer le triple** he charged me three times as much ; **celui-ci coûte le triple du prix de l'autre modèle** this one costs treble ou three times the price of the other model, this one costs three times as much as the other model.

**tripler** [tʀiple] vti prix to treble, triple, increase by three.

**triplicata** [tʀiplikata] nm inv triplicate, third copy.

**Tripoli** [tʀipɔli] n Tripoli.

**tripotage** [tʀipɔtaʒ] nm (péj) (spéculation) speculation ; (manœuvres louches) shady dealings. ◊ **le tripotage des chiffres** faking ou doctoring ou fiddling the figures ; **tripotage en Bourse** market-rigging ; **tripotage financier** financial juggling.

**tripoter** [tʀipɔte] **1** vt (péj) fonds to play with, speculate with ; chiffres to fake, doctor, fiddle, tamper ou tinker with ; comptes to cook, window-dress. **2** vi to get involved in ou have a hand in a lot of shady deals.

**tripoteur, -euse** [tʀipɔtœʀ, øz] nm,f (péj) shady dealer.

**troc** [tʀɔk] nm (gén) exchange ; (Écon) barter, countertrade, countertrading. ◊ **faire le troc de qch avec qch d'autre** (gén) to exchange ou swap ou swop sth for sth else; (Écon) to barter sth for sth else; **accord de troc** barter ou countertrade agreement; **le commerce du troc** barter trade, countertrade, countertrading; **opération de troc** barter transaction.

**trois** [tʀwa] **adj, nm inv** three. ◊ **effet à trois mois** bill at three months; **facture à trois mois** invoice payable within three months; **faire les trois-huit** to operate ou work three eight-hour shifts; → six.

**troisième** [tʀwazjɛm] **adj nmf** third. ◊ **les gens du troisième âge** senior citizens; → sixième.

**troisièmement** [tʀwazjɛmmã] **adv** third(ly), in the third place.

**tromper** [tʀɔ̃pe] **1** **vt** (escroquer) to deceive, trick, cheat; (induire en erreur) to mislead. ◊ **tromper sur la marchandise** to cheat as to the quality or quantity of the goods. **2** **se tromper vpr** to make a mistake, be mistaken. ◊ **se tromper dans ses calculs** to get one's figures wrong, be out in one's reckoning.

**tromperie** [tʀɔ̃pʀi] **nf** deception, deceit, trickery. ◊ **tromperie sur la marchandise** deception ou cheating as to the quality or quantity fo the goods.

**trompeur, -euse** [tʀɔ̃pœʀ, øz] **adj** chiffres misleading, deceptive.

**trop-perçu, pl trop-perçus** [tʀopɛʀsy] **nm** (gén) excess payment, overpayment; (Impôts) excess tax payment.

**troquer** [tʀɔke] **vt** (gén) to exchange; (Écon) to barter (contre for).

**trou** [tʀu] **nm** (gén) hole; (moment de libre) gap; (déficit) deficit. **le trou de la Sécurité sociale** the Social Security deficit; **cela va faire un gros trou dans nos finances** it will make a big hole in our finances.

**trucage** [tʀykaʒ] = truquage.

**truchement** [tʀyʃmã] **nm** ◊ **par le truchement de** through (the agency of).

**truquage** [tʀykaʒ] **nm** [élection] rigging, fixing; [chiffres] faking, doctoring, fiddling; [comptes] cooking, window-dressing. ◊ **le truquage d'un bilan** the window-dressing of a balance sheet.

**truquer** [tʀyke] **vt** élections to rig, fix; chiffres to fake, doctor, fiddle, tamper ou tinker with; comptes, bilan to cook, window-dress.

**trust** [tʀœst] **nm** (Écon) trust; (société importante) corporation. ◊ **trust de placement** investment trust; **trust de valeurs** holding company; **constitution de trust** trust settlement;

**valeurs mises en trust** securities in trust; **trust vertical / horizontal** vertical / horizontal trust.

**truster** [tʀœste] **vt** marché to monopolize, corner; produit to monopolize.

**TSA** [teɛsa] **nf** abrév de technologie des systèmes automatisés → technologie.

**TSVP** abrév de tournez s'il vous plaît please turn over, see overleaf (US).

**TT(A)** abrév de transit temporaire (autorisé) → transit.

**TTC** [tetese] abrév de toutes taxes comprises → taxe.

**TU** abrév de temps universel → temps.

**TUC** [tyk] **nmpl** abrév de travaux d'utilité collective → travail.

**Tunis** [tynis] **n** Tunis.

**Tunisie** [tynizi] **nf** Tunisia.

**tunisien, -enne** [tynizjɛ̃, ɛn] **1** **adj** Tunisian. **2** **Tunisien nm** (habitant) Tunisian. **3** **Tunisienne nf** (habitante) Tunisian.

**turc, turque** [tyʀk(ə)] **1** **adj** Turkish. **2** **nm** (langue) Turkish. **3** **Turc nm** (habitant) Turk. **4** **Turque nf** (habitante) Turkish woman.

**Turquie** [tyʀki] **nf** Turkey.

**tutélaire** [tytelɛʀ] **adj** tutelary.

**tutelle** [tytɛl] **nf** (Jur) guardianship; (Pol) trusteeship; (surveillance) supervision; (protection) tutelage, protection. ◊ **avoir la tutelle de qn, avoir qn en tutelle** to have the guardianship of sb; **autorité de tutelle** (Admin) regulatory authority; **ministère de tutelle** supervisory ministry.

**tuteur, -trice** [tytœʀ, tʀis] **nm,f** (Jur) guardian.

**tuyau\*, pl -x** [tɥijo] **nm** (conseil) tip.

**tuyauter\*** [tɥijote] **vt** ◊ **tuyauter qn\*** (renseigner) to give sb a tip; (mettre au courant) to gen sb up\*.

**TVA** [tevea] **nf** abrév de taxe sur la valeur ajoutée VAT.

**type** [tip] **1** **adj inv** (gén) typical; (Stat, Tech) standard. ◊ **écart / erreur type** standard deviation / error; **échantillon type** representative sample; **police d'assurance type** standard policy. **2** **nm** (modèle) type.

# U

**UCE** [yseə] nf abrév de *unité de compte euro-péenne* EUA.

**UEM** [yaɛm] nf abrév de *union économique et monétaire* EMU.

**UEO** [yəo] nf abrév de *Union de l'Europe occidentale* WEU.

**UEP** [yəpe] nf abrév de *Union européenne des paiements* EPU.

**UER** [yəɛʀ] nf abrév de *Union européenne de radiodiffusion* → union.

**UFC** [yɛfse] nf abrév de *Union fédérale des consommateurs* French consumers' federation.

**UIT** [yite] nf abrév de *Union internationale des télécommunications* → union.

**Ukraine** [ykʀɛn] nf Ukraine.

**ukrainien, -ienne** [ykʀɛnjɛ̃, jɛn] **1** adj Ukrainian.
**2** nm (langue) Ukrainian.
**3 Ukrainien** nm (habitant) Ukrainian.
**4 Ukrainienne** nf (habitante) Ukrainian.

**Ulster** [ylstɛʀ] nm Ulster.

**ultérieur, e** [ylteʀjœʀ] adj later, subsequent. ◊ **à une date ultérieure** at a later date ; **commande ultérieure** further order ; **au cours d'une réunion ultérieure** at a subsequent meeting.

**ultérieurement** [ylteʀjœʀmã] adv later. ◊ **marchandises livrables ultérieurement** goods for further ou future delivery.

**ultime** [yltim] adj ultimate. ◊ **consommateur ultime** final user.

**un, une** [œ̃, yn] adj, nm inv one → six.

**unanimité** [ynanimite] nf unanimity. ◊ **voter à l'unanimité pour** to vote unanimously for ; **vote acquis à l'unanimité** unanimous vote.

**UNEDIC** [ynedik] nf abrév de *Union nationale pour l'emploi dans l'industrie et le commerce* national union for industrial and commercial employment.

**UNESCO** [ynɛsko] nf abrév de *United Nations Educational, Scientific and Cultural Organization* UNESCO.

**UNICE** [ynis] nf abrév de *Union des industries de la communauté européenne* → union.

**UNICEF** [ynisɛf] nm abrév de *United Nations International Children's Emergency Fund* UNICEF.

**unicité** [ynisite] nf (gén) uniqueness. ◊ **le principe d'unicité de la cotation** the principle that a security may only be quoted on one stock exchange ; **l'unicité d'un brevet** the unity of a patent.

**unième** [ynjɛm] adj ◊ **quarante / cinquante et unième** forty- / fifty-first.

**unièmement** [ynjɛmmã] adv ◊ **quarante / cinquante et unièmement** in the forty- / fifty-first place.

**unification** [ynifikasjõ] nf [prix, normes] unification, standardization ; [dette] consolidation.

**unifier** [ynifje] vt prix, normes to standardize, unify. ◊ **dette unifiée** consolidated debt.

**uniforme** [ynifɔʀm(ə)] adj (gén) uniform. ◊ **tarif uniforme** flat rate.

**uniformément** [ynifɔʀmemã] adv uniformly.

**uniformisation** [ynifɔʀmizasjõ] nf standardization.

**uniformiser** [ynifɔʀmize] vt to standardize.

**uniformité** [ynifɔʀmite] nf uniformity.

**unilatéral, e,** mpl **-aux** [ynilateʀal, o] **adj** unilateral. ◊ **décision unilatérale** unilateral ou one-sided decision.

**unilatéralement** [ynilateʀalmã] **adv** unilaterally.

**union** [ynjɔ̃] **nf** a union. ◊ **l'Union soviétique** the Soviet Union; **union de consommateurs** consumers' union; **union douanière / patronale** customs / employers' union; **union économique et monétaire** Economic and Monetary Union; **Union de l'Europe occidentale** Western European Union; **Union européenne des paiements** European Payment Union; **Union européenne de radiodiffusion** *European radio broadcasting union*; **Union des industries de la communauté européenne** union of industries of the European Community; **Union internationale des télécommunications** international telecommunications union. b (Jur) **union des créanciers** (body of) creditors *acting collectively in bankruptcy proceedings*; **contrat d'union** creditors' agreement; **syndic d'union** trustee in bankruptcy.

**unipersonnel, -elle** [ynipɛʀsɔnɛl] **adj** ◊ **entreprise** ou **société unipersonnelle** one-man business, one-person (corporation), sole proprietorship.

**Uniprix** [ynipʀi] **nm** ® one-price store, dime store (US), five and ten (US).

**unique** [ynik] **adj** a (seul) (gén) only; versement single. ◊ **notre unique filiale** our only subsidiary; **propriétaire unique** sole owner ou proprietor; **tarif unique** flat rate; **marque unique** single brand; **famille à salaire unique** single income family; **articles à prix unique** one-price articles; **indemnité de salaire unique** single income family allowance; **magasin à prix unique** one-price ou popular store, dime store (US), five and ten (US); **le marché unique européen** (CEE) the European single market; **l'Acte unique** (CEE) the Single Act. b (exceptionnel) don, service unique.

**uniquement** [ynikmã] **adv** only, solely. ◊ **valable en France uniquement** only valid in France, valid in France only; **vendu uniquement en pharmacie** sold exclusively by chemists ou in pharmacies (US); **uniquement pour vous être agréable** just ou only to be of service.

**unitaire** [ynitɛʀ] **adj** a (unifié) unitary. ◊ **système unitaire d'imposition** unitary tax system. b (à l'unité) unit. ◊ **charge unitaire** unit load; **prix / valeur unitaire** unit price / value; **prix unitaire de vente** unit selling price; **coûts unitaires salariaux** unit wage costs; **prix de revient unitaire** unit cost.

**unité** [ynite] 1 **nf** a (homogénéité) unity. b (élément) unit. ◊ **la colonne des unités** the units column; **prix de vente à l'unité** unit selling price; **prix de l'unité** price per unit, unit price; **disques : 50 F l'unité** records : F50 each; **les coûts salariaux par unité produite** salary costs per unit; **on peut les acheter à l'unité** you can buy them singly; **actions émises en unités** shares issued in ones. c (département, section) unit. d (Inf) unit.

2 **comp unité d'affichage** (Inf) display unit. – **unité de calcul** (Inf) processing unit. – **unité centrale (de traitement)** (Inf) central processing unit. – **unité de charge** load unit. – **unité de commande** control unit. – **unité comptable** accounting unit ou entity. – **unité de compte** (Écon) unit of account; **unité de compte européenne** European unit of account. – **unité de coût** cost unit. – **unité décisionnelle** decision unit. – **unité d'échantillonnage** unit of sampling. – **unité de fabrication** manufacturing facility ou plant ou unit. – **unité d'exploitation** operation unit. – **unité fonctionnelle** (Compta) functional unit. – **unité de mémoire** (Inf) storage unit. – **unité de mesure** unit of measure. – **unité monétaire** monetary ou currency unit; **unité monétaire européenne** European Currency Unit. – **unité d'œuvre** (Compta) homogeneous unit, common unit of measure *in the allocation of costs*. – **unité payante** (Douanes) freight unit. – **unité périphérique** peripheral (unit), add-on unit. – **unité de production** (usine) production unit ou plant ou facility. – **unité de réserve** reserve unit. – **unité de salaire** wage unit. – **unité de travail** (mesure) unit of labour; (organisation) work unit, organizational unit. – **unité de vente** sales unit.

**univers** [ynivɛʀ] **nm** (gén) universe. ◊ (Pub, Markg) **l'univers d'une enquête** the total field of a survey.

**universel, -elle** [ynivɛʀsɛl] **adj** (gén) universal. ◊ **ordinateur universel** general-purpose ou all-purpose computer; **légataire (à titre) universel** residuary legatee ou devisee, sole legatee ou devisee.

**urbain, e** [yʀbɛ̃, ɛn] **adj** (gén) urban; transports city, urban. ◊ **appel urbain, communication urbaine** local call; **planification urbaine** town planning; **zone urbaine** urban zone, built-up area.

**urbanisation** [yʀbanizasjɔ̃] **nf** urbanization.

**urbaniser** [yʀbanize] **vt** to urbanize. ◊ **zone urbanisée** urbanized ou built-up area.

**urbanisme** [yʀbanism(ə)] **nm** town ou city planning. ◊ **règlements d'urbanisme** zoning regulations.

**urbaniste** [yʀbanist(ə)] **nmf** town ou city planner.

**urgence** [yʀʒɑ̃s] **nf** **a** [décision, départ, situation] urgency. ◊ **il y a urgence** it's urgent; **clause / mesures d'urgence** emergency clause / measures; **programme d'urgence** crash programme, contingency plan; **faire qch d'urgence** to do sth as a matter of urgency; **à expédier d'urgence** to be shipped immediately; **prière de répondre d'urgence** please answer immediately. **b** (cas urgent) emergency.

**urgent, e** [yʀʒɑ̃, ɑ̃t] **adj** urgent. ◊ **commande urgente** urgent ou rush order; **pli urgent** for immediate delivery.

**URSS** [yɛʀɛsɛs, yʀs] **nf** abrév de *Union des républiques socialistes soviétiques* USSR.

**URSSAF** [yʀsaf] **nf** abrév de *union pour le recouvrement des cotisations de la sécurité sociale et des allocations familiales social security contribution collection office.*

**Uruguay** [yʀygwɛ] **nm** Uruguay.

**uruguayen, -yenne** [yʀygwajɛ̃, jɛn] **1** **adj** Uruguayan.
**2** **Uruguayen nm** (habitant) Uruguayan.
**3** **Uruguayenne nf** (habitante) Uruguayan.

**US(A)** [yɛs(a)] **nmpl** abrév de *United States (of America)* US(A).

**usage** [yzaʒ] **nm** **a** (utilisation) use. ◊ **valeur d'usage** value in use; **usage de faux** (Jur) use of a false instrument; **appareil à usages multiples** multi-purpose ou general-purpose device; **locaux à usage de bureau** office premises ou space; **locaux à usage commercial** business ou commercial premises; **à usage personnel / industriel** for personal / industrial use; **à l'usage de nos clients** intended for our customers. **b** (coutume) custom. ◊ **usages bancaires** banking practice; **selon l'usage** according to custom; **sous les réserves d'usage** with the usual reserves; **nous demandons les références d'usage** we are requesting the usual ou customary references; **clause / droit d'usage** customary clause / right; **c'est l'usage** it's common practice; **contraire aux usages** contrary to common practice.

**usagé, e** [yzaʒe] **adj** (usé) worn; (d'occasion) used, second hand.

**usager** [yzaʒe] **nm** user. ◊ **effets usagers** (Douanes) personal effects; **les usagers du crédit** borrowers; **les usagers de la route** road users.

**usance** [yzɑ̃s] **nf** usance. ◊ **tirer un effet de commerce à une usance / à deux usances** to draw a bill at usance / at double usance; **effet à usance** bill at usance; **à usance de 60 jours** at 60 days' usance.

**usé, e** [yze] **adj** objet worn; vêtement worn, worn-out.

**usinage** [yzinaʒ] **nm** (façonnage) machining; (fabrication) manufacturing.

**usine** [yzin] **1** **nf** factory, (manufacturing) plant. ◊ **directeur d'usine** plant ou factory ou works manager; **fermeture d'usine** plant ou factory closure; **formation à l'usine** in-plant training; **magasin d'usine** factory outlet; **ouvrier ou travailleur d'usine** factory worker; **prix (sortie ou départ) usine** ex-works price, price ex-works; **travail en usine** factory work; **travailler en usine** to work in a factory.
**2** **comp usine atomique** nuclear ou atomic plant, atomic energy station. – **usine d'automobiles** car factory ou plant, automobile plant (US). – **usine center** factory center. – **usine chimique** chemical works. – **usine clés en main** turnkey plant ou factory. – **usine électrique** power plant. – **usine de filature** spinning mill. – **usine à gaz** gas works. – **usine de laminage** rolling mill. – **usine métallurgique** iron works. – **usine fantôme** *hidden waste and costs in a firm due to absenteeism, accidents, shoddy work, etc.* – **usine de montage** assembly plant. – **usine de pâte à papier** paper mill. – **usine métallurgique** metal works. – **usine-pilote** pilot plant. – **usine sidérurgique** steelworks, steel mill. – **usine textile** textile plant ou factory, mill.

**usiner** [yzine] **vt** (façonner) to machine, tool; (fabriquer) to manufacture.

**usinier, -ière** [yzinje, jɛʀ] **adj** ◊ **groupe usinier** group of factories; **industrie usinière** manufacturing industry; **un quartier usinier** a factory district.

**usucapion** [yzykapjɔ̃] **nf** usucapion, acquisitive prescription.

**usufruit** [yzyfʀɥi] **nm** usufruct, life tenancy, beneficial ownership.

**usufruitier, -ière** [yzyfʀɥitje, jɛʀ] **1** **adj** usufructuary, beneficial owner ou occupant.
**2** **nm,f** usufructuary, life tenant, tenant for life, beneficial occupant, beneficial owner, user.

**usuraire** [yzyʀɛʀ] **adj** taux, prêt usurious.

**usure** [yzyʀ] **nf** **a** (processus) [objet] wear; [vêtement] wear and tear. ◊ **usure normale** fair wear and tear; **résister à l'usure** to resist wear, wear well; **usure en magasin** shelf depreciation; **guerre d'usure** (Écon) war of attrition. **b** (état) [objet, vêtement] worn state. **c** (Fin) usury, loan-sharking (US). ◊ **prêter à usure** to lend at usurious rates of interest; **taux de l'usure** usury rate.

**usurier**

**usurier, -ière** [yzyʀje, jɛʀ] **nm,f** usurer, loan shark (US).

**utile** [ytil] **adj** useful. ◊ **en temps utile** in due course; **à toutes fins utiles** for your information; **elle m'a donné tous les renseignements utiles** she gave me all relevant information; **prendre toutes les dispositions utiles** to make all necessary arrangements; **charge utile** useful load, carrying capacity, payload; **poids utile** useful weight.

**utilement** [ytilmɑ̃] **adv** profitably, usefully.

**utilisable** [ytilizabl(ə)] **adj** usable. ◊ **crédit utilisable à vue** credit available at sight.

**utilisateur, -trice** [ytilizatœʀ, tʀis] **nm,f** user, utilizer. ◊ **utilisateur final** end user; **association / groupement d'utilisateurs** users' association / group; **parc d'utilisateurs** (Inf) user base ou population.

**utilisation** [ytilizasjɔ̃] **nf** use, utilization. ◊ **quel est le mode d'utilisation de ce produit?** what is the way to use this product?, how should this product be used?; **mode** ou **consignes d'utilisation** instructions for use; **frais d'utilisation** running expenses ou costs; **la période d'utilisation d'un bien** the economic life of a good; **taux d'utilisation** utilization ratio; **utilisation finale** end use; **utilisation de fonds** (Fin) application of funds.

**utiliser** [ytilize] **vt** (gén) to use; appareil, système to use, utilize; avantage to make use of.

**utilitaire** [ytilitɛʀ] **1** **adj** utilitarian; (Inf) utility. ◊ **articles utilitaires** utility goods; **calculs utilitaires** utilitarian calculations; **conception / produit utilitaire** functional ou utilitarian design / product; **logiciel utilitaire** utility software ou program; **véhicule utilitaire** commercial vehicle.
**2** **nm** (véhicule) commercial vehicle; (Inf) utility.

**utilité** [ytilite] **nf** **a** usefulness, use. ◊ **d'une grande utilité** very useful, of great use ou usefulness; **d'aucune utilité** of no use ou help; **sans utilité** useless. **b** (Écon) utility. ◊ **utilité marginale** marginal utility; **fonction d'utilité** utility function; **expropriation pour cause d'utilité publique** expropriation for public purposes; **travaux d'utilité collective** community jobs; **reconnu** ou **déclaré d'utilité publique** state-approved; **valeur d'utilité** utility value.

# V

**V.** abrév de *voir, voyez*.

**vacance** [vakɑ̃s] **nf** a (poste) vacancy, job opening. ◊ **combler une vacance, suppléer à une vacance** to fill a vacancy. b (Jur) **vacance de succession** abeyance of succession. c (congé) **vacances** nfpl holiday(s) (GB), vacation (US); **une semaine de vacances** a week's holiday; **les vacances d'été, les grandes vacances** the summer holidays; **vous avez droit à six semaines de vacances dans l'année** you are entitled to six weeks' holiday in the year; **être en vacances** (gén) to be on holiday ou vacation; [parlement, tribunal] to be in recess.

**vacant, e** [vakɑ̃, ɑ̃t] **adj** vacant. ◊ **poste vacant** vacancy, vacant position, job opening; **pourvoir un poste vacant** to fill a vacancy; **succession vacante** estate in abeyance.

**vacataire** [vakatɛR] **1** **adj** part-time. ◊ **personnel vacataire** part-time staff.
**2** **nmf** part-time employee.

**vacation** [vakɑsjɔ̃] **nf** a (travail) part-time work; (honoraires) part-time fees. ◊ **il est payé en vacations** he is paid on a part-time fee basis. b (Jur : vacances) vacations, recess.

**vache** [vaʃ] **nf** ◊ **vache à lait** (Fin) cash cow.

**vague** [vag] **nf** wave. ◊ **vague de protestations** wave of protest; **le secteur bancaire a été affecté par une vague de ventes** bank shares were affected by a spate of selling orders.

**valable** [valabl(ə)] **adj** raison, papiers d'identité, accord valid. ◊ **valable jusqu'au 31 juillet** valid until July 31; **ce ticket est valable 2 mois** this ticket is available ou valid for 2 months; **mon passeport n'est plus valable** my passport has lapsed; **quittance valable** valid ou proper ou good receipt.

**valeur** [valœR] **1** **nf** a (gén) value; (prix) price; (coût) cost. ◊ **quelle est la valeur de cet immeuble ?** what is this building worth?; **prendre / perdre de la valeur** to go up / down in value, lose / gain in value; **cet objet est sans valeur** this object is worthless ou valueless, this object is of no value; **de valeur** valuable, of value; **objets de valeur** valuables, articles of value; **échantillon sans valeur** (sur paquet) no commercial value; **mettre un terrain en valeur** to exploit ou develop a piece of land; **analyse de la valeur** value analysis. b (titre boursier) security. ◊ **valeurs** securities, stock, stocks and shares; **valeurs cuprifères / minières / pétrolières** copper / mining / oil shares ou securities ou stock; **valeurs industrielles** industrials, industrial shares; **Bourse de valeurs** securities market, stock exchange ou market. c (effet de commerce) bill (of exchange). ◊ **escompter une valeur** to discount a bill. d (Banque) **(date ou jour de) valeur** value date; **valeur ce jour** value today; **valeur le 6 novembre** payable on November 6. e (Compta) asset. ◊ **les stocks sont des valeurs d'exploitation** stocks are working assets; **l'entreprise a réduit ses valeurs immobilisées** the company has reduced its fixed assets.
**2** **comp** **valeur absolue** absolute value. — **valeur d'achat** acquisition cost. — **valeur d'acquisition** acquisition cost. — **valeur active** asset. — **valeur actualisée** (discounted) present value; **valeur actualisée nette** discounted cash flow. — **valeur actuelle** present ou current value, present worth, market value; **valeur actuelle nette** net present value. — **valeurs admises à la cote** listed securities. — **valeur agréée** (Ass Mar) agreed valuation; **clause valeur agréée** agreed valuation clause. — **valeur ajoutée** added value; **taxe sur la valeur ajoutée**

value-added tax. – **valeur après amortissement** amortized value. – **valeur assurable** insurable value ou interest. – **valeur d'assurance** insurance value, value of the insurance carried. – **valeur assurée** insured value. – **valeur attribuée** stated value. – **valeur d'aujourd'hui** value today. – **valeur en baisse** loser. – **valeurs de bonne livraison** good delivery shares. – **valeur boursière** (estimation) market value, value on the open market; (titre) stock exchange security. – **valeur brute** gross value. – **valeur de capitalisation** capital value, capitalized value. – **valeur de casse** ou **à la casse** scrap value, breaker's value. – **valeur comptable** book value; **valeur comptable nette** net book value; **valeur comptable résiduelle** amortized value. – **valeur au comptant** (estimation) cash value; (titre) security dealt in for cash. – **valeur en compte** value in account. – **valeur constatée par expertise** appraised value. – **valeur de continuation** going concern value. – **valeur de construction** (Ind) construction value. – **valeur corporelle nette** tangible net worth. – **valeurs cotées en Bourse** listed securities, securities quoted on the stock exchange. – **valeurs de coulisse** unlisted securities. – **valeur courante** present ou current value, present worth, market value. – **valeurs de croissance** (Bourse) growth stock. – **valeur déclarée** declared value. – **valeur demain** value tomorrow. – **valeurs détenues en portefeuille** paper assets. – **valeurs de deuxième catégorie** private sector stock ou securities. – **valeurs disponibles** liquid ou available assets; **valeurs disponibles et réalisables** current assets less stock, quick assets, realizable assets. – **valeur de douane** ou **en douane** customs valuation, value for customs purposes. – **valeur d'échange** exchange value, value in exchange. – **valeur à l'échéance** maturity value. – **valeur aux échéances** cash at maturity. – **valeur effective** actual ou real value. – **valeur à l'encaissement** value for collection. – **valeur enregistrée** registered value. – **valeur escomptée** discounted value, prospective value. – **valeur en espèces** cash value. – **valeur estimative** appraised value. – **valeur à l'état avarié** (Ass) damaged value. – **valeur à l'état sain** (Ass) sound value. – **valeurs étrangères** foreign securities ou stock. – **valeur d'expertise** appraised value. – **valeurs d'exploitation** operating ou working assets, stock and raw materials. – **valeur de facture** invoice value. – **valeur à la ferraille** scrap value. – **valeur fiscale** assessed value ou valuation. – **valeur**

**fournie** value received; **clause de valeur fournie** value given clause, valuation clause. – **valeur en gage** ou **en garantie** pledged security. – **valeur en hausse** winner. – **valeurs immobilisées** fixed assets, capital assets. – **valeur d'impact** (Pub) exposure value. – **valeur imposable** assessed value, value for tax purposes, rateable value (GB). – **valeurs industrielles** industrial shares, industrials. – **valeurs inscrites à la cote** listed securities. – **valeur intrinsèque** intrinsic value. – **valeur d'inventaire** stock-taking value. – **valeur d'isolement** (Pub) solus value. – **valeur latente** underlying value. – **valeur de liquidation, valeur liquidative** [bien] salvage value; [entreprise] wind-up value; [placement] cash-in value. – **valeur locative** rental value. – **valeur marchande** market ou sale value. – **valeurs matérielles** tangible assets. – **valeur mathématique comptable** book value; **valeur mathématique comptable par action** value asset per share. – **valeurs mobilières** securities, stocks and bonds; **valeurs mobilières de placement** (Acc) investment securities. – **valeur monétaire** money value. – **valeurs mono-produit** *stocks of a company which focuses on one given product.* – **valeurs négociables** marketable securities, negotiable instruments. – **valeur nette** net worth; **valeur nette après amortissement** amortized value; **valeur nette réelle** equity value. – **valeur à neuf** replacement value ou cost, value as new. – **valeur nominale** nominal ou face value. – **valeurs non admises à la cote officielle** unlisted securities. – **valeurs non cotées** unlisted securities. – **valeur objective** objective value. – **valeur d'origine** historical cost. – **valeur au pair** par value, value at par. – **valeur de père de famille** blue chip (stock), gilt-edged (stock ou security), sound stock. – **valeur phare** (Bourse) leader, leading share, high-flying stock, high-flier, floater (US). – **valeur pilote** (Bourse) leader, leading share, high-flying stock, high-flier, floater (US). – **valeurs de placement** investment securities. – **valeurs de portefeuille** portfolio securities. – **valeurs de première catégorie** public sector stock ou securities. – **valeur de premier ordre** blue chip; – **valeur de rachat** (Bourse) redemption price, (Ass) (cash) surrender value. – **valeur de rareté** scarcity value. – **valeurs réalisables** realizable assets, quick assets. – **valeur de réalisation** realization value, realisable value. – **valeur de rebut** scrap value. – **valeur de reconstitution** replacement value ou cost. – **valeur en recouvrement** bill for collection.

– **valeur reçue** for value received.
– **valeur de récupération** salvage value.
– **valeur refuge** safe investment. – **valeur de remboursement** redemption price.
– **valeur de remplacement** replacement value ou cost. – **valeur de rendement** (évaluation) capital value; (Bourse) income stock. – **valeur reportable** (Bourse) contangoable stock. – **valeur de reprise** trade-in value ou allowance. – **valeur résiduelle** salvage ou residual value. – **valeur de revente** resale value. – **valeur à revenu fixe / variable** fixed-yield / variable-yield security, fixed-interest / variable-interest security. – **valeurs de spéculation** speculative securities ou stock. – **valeur subjective** subjective value. – **valeurs sûres** gilts, gilt-edged securities, blue chips. – **valeurs tangibles** tangible assets. – **valeurs de tendance** barometer stock. – **valeurs à terme** forward securities, securities dealt in for the account. – **valeur de tout repos** gilt-edged security, blue chip. – **valeur de transaction** transaction value. – **valeur travail** work value. – **valeur unitaire** unit value. – **valeur d'usage** value in use, use value. – **valeur (d')utilité** utility value. – **valeurs vedettes** leaders, leading shares, high-flying stock, high-fliers, glamour stocks, floaters (US). – **valeur vénale** market ou sale ou trade value.

**validable** [validabl(ə)] **adj** (ouvrant droit à pension) pensionable.

**validation** [validasjɔ̃] **nf** [contrat, passeport, billet] validation; (certification) [acte] authentication; [testament] probate. ◊ **le projet sera soumis au groupe de travail pour validation** the project will be submitted to the work group for approval ou for vetting; **validation d'une obligation** (Bourse) execution of a bond; **sous-programme de validation** (Inf) vetting routine; **passage de validation** (Inf) vetting run.

**valide** [valid] **adj** billet, document valid. ◊ **mon passeport n'est plus valide** my passport has lapsed ou is no longer valid.

**valider** [valide] **vt** (rendre valable) billet, passeport, contrat to validate; (déclarer authentique) acte to authenticate; (approuver) projet to approve, vet; (Inf : vérifier) to vet. ◊ **valider un testament** to probate a will; **valider un service antérieur** to count previous service.

**validité** [validite] **nf** (gén) validity; [ticket] availability, validity. ◊ **contrôle de validité** (Inf) validity check; **durée de validité d'une police** currency of a policy; **quelle est la durée de validité de cette carte ?** how long is this card valid ?; **admettre la validité d'une réclamation** to allow a claim.

**valoir** [valwaʀ] **vi** a [propriété, produit] to be worth. ◊ **valoir 10 000 F / une somme importante** to be worth F10,000 / a large amount of money; **cela vaut de l'argent** it's worth money; **valoir cher** to be worth a lot, be expensive; **valoir plus cher** to be worth more, be more expensive, cost more; **combien cela vaut-il ?** how much is it ? how much does it cost ?; **cela vaut 10 livres** it costs £10; **ce champagne vaut 1 500 F le carton de 12 bouteilles** this champagne sells at ou costs ou is worth F1,500 for a 12-bottle case. b (s'appliquer) to apply (à to). ◊ **ce règlement vaut pour tous les membres du personnel** this rule applies ou is applicable to all staff members; **cette idée ne vaut pas pour le marché italien** that idea doesn't hold for the Italian market. c (Comm) à valoir to be deducted, on account; **paiement / acompte à valoir sur...** payment / deposit to be deducted from..., in part payment of...; **j'ai payé 500 F à valoir** I paid F500 on account; **1 000 F à valoir sur votre prochaine facture** F1,000 credit against your next invoice. d **faire valoir** domaine to exploit, develop; argent to invest profitably, invest to good account; **faire valoir ses droits** to assert one's rights; **faire valoir ses droits à la retraite** to assert one's pension rights; **il peut faire valoir ses droits à la retraite** he is eligible for retirement.

**valorisation** [valɔʀizasjɔ̃] **nf** [terrain] development; (Admin) [produit] valorization; (Fin : évaluation) [élément d'actif] valuation; [stock] pricing, (cost) valuation.

**valoriser** [valɔʀize] **vt** terrain to develop; (Admin) produit to valorize, to raise the price of; (Fin : évaluer) bien, propriété to value. ◊ **valoriser les éléments de stock** to cost ou value ou price the stock items, obtain a cost valuation of the stock items.

**VAN** [veaɛn] **nf** abrév de *valeur actuelle nette* NPV.

**vanter** [vɑ̃te] **vt** produit to praise, vaunt, talk up.

**variabilité** [vaʀjabilite] **nf** variability, variableness.

**variable** [vaʀjabl(ə)] **1 adj** (gén) variable; taux de change fluctuating. ◊ **obligations à revenu variable** variable-yield ou variable-interest bonds; **prêt à taux variable** variable-interest ou variable-rate loan; **société d'investissement à capital variable** open-end investment company, unit trust (GB), mutual fund (US); **charges** ou **frais variables** variable expenses; **coûts variables** variable costs; **méthode des coûts variables** (Compta) variable costing, direct costing (US), marginal costing (GB).

**2** nf variable. ◊ **variable aléatoire** random variable; **variable à deux états** two-state variable; **variable dépendante ou endogène ou expliquée** dependent variable; **variable indépendante ou exogène ou explicative** independent variable.

**variance** [varjɑ̃s] nf (Stat) variance. ◊ **analyse de variance** variance analysis; **variance de l'échantillon / de l'erreur** sampling / error variance.

**variante** [varjɑ̃t] nf variant (*de* of), variation (*de* on).

**variation** [varjasjɔ̃] nf variation. ◊ **il faut tenir compte des variations de la demande** demand fluctuation must be taken into account; **variations en baisse / en hausse** downward / upward variations ou fluctuations; **variations cycliques** cyclical variations; **variations brusques des cours** (Bourse) price swings; **variations de prix** price changes ou fluctuations; **variations de stocks** changes in stocks (GB) ou inventories (US); **variations de la situation nette** (Compta) changes in net worth; **corrections des variations saisonnières** seasonal adjustment; **statistiques / données corrigées des variations saisonnières** seasonally adjusted statistics / figures; **les bons du Trésor ont enregistré des variations de l'ordre de + 0,10% à + 0,25%** treasury bonds hovered between + 0.10% and + 0.25%.

**varier** [varje] vi (gén) to vary; [cours, taux] to fluctuate, vary, change. ◊ **les prix varient entre 100 F et 500 F** prices range from F100 to F500; **les prix varient tous les jours** prices vary ou change ou fluctuate every day; **faire varier les prix** to vary ou change prices.

**variété** [varjete] nf variety. ◊ **il y a une grande variété de produits dans ce supermarché** there is a great variety ou a wide range of products in this supermarket.

**Varsovie** [varsɔvi] n Warsaw.

**Vatican** [vatikɑ̃] nm Vatican.

**VDQS** abrév de *vin délimité de qualité supérieure* label guaranteeing a wine as being of good quality from a designed vineyard.

**vds** abrév de *vends*.

**vecteur** [vɛktœʀ] nm vector. ◊ **générateur de vecteurs** vector generator; **le minitel est un excellent vecteur de diffusion pour l'EAO** the minitel is a fine vehicle for the distribution of CAL.

**vectoriel, -elle** [vɛktɔʀjɛl] adj vectorial. ◊ **calcul vectoriel** vector analysis; **ordinateur vectoriel** vector computer.

**vectorisé, e** [vɛktɔʀize] adj vectored.

**vedette** [vədɛt] nf star. ◊ **produit vedette** star product, leading product, flagship product; **valeurs vedettes, vedettes de la cote** (Bourse) leaders, leading shares, high-flying stock, high-fliers, glamour stocks floaters (US).

**véhicule** [veikyl] nm vehicle. ◊ **véhicule utilitaire** commercial vehicle; **la radio est un excellent véhicule pour faire connaître ce service** the radio is an excellent vehicle ou medium for making this service known.

**véhiculer** [veikyle] vt marchandises to transport, convey; message, informations to convey, serve as a vehicle for, communicate.

**veille** [vɛj] nf ◊ **veille technologique** (Ind) technological scanning ou watch.

**veilleuse** [vɛjøz] nf ◊ **mettre en veilleuse** (projet) to put on the back burner.

**vélocité** [velɔsite] nf (Écon) velocity.

**vénal, e,** mpl **-aux** [venal, o] adj **a** (Comm) marketable, saleable. ◊ **poids vénal** usual selling weight; **valeur vénale** market value. **b** personne venal, mercenary; activité venal.

**vénalité** [venalite] nf venality.

**vendable** [vɑ̃dabl(ə)] adj saleable, marketable. ◊ **ces produits sont facilement / peu vendables** these products are easy / hard to sell; **votre idée n'est pas vendable** you'll never sell that idea.

**venderesse** [vɑ̃dʀɛs] **1** adj (Jur, Admin) vending, selling.
**2** nf (Jur, Admin) vendor, vender, seller.

**vendeur** [vɑ̃dœʀ] nm **a** [boutique] shop assistant; [grand magasin] shop ou sales assistant, salesman, salesperson, sales clerk (US). **b** (marchand) seller, salesman. ◊ **vendeur ambulant** itinerant salesman; **vendeur d'espace** (Pub) space seller, advertising salesman; **vendeur de journaux** newspaper seller; **vendeur à la sauvette** street hawker; (de billets) ticket tout. **c** (représentant de commerce) salesman, sales representative, sales rep. ◊ **c'est un bon vendeur** he is a good salesman; **vendeur à domicile** door-to-door salesman; **vendeur par téléphone** telesales operator. **d** (Écon) seller. ◊ **un marché réunit des acheteurs et des vendeurs** a market brings together buyers and sellers; **je suis vendeur** I'm selling; **les pays vendeurs de matières premières** the countries which sell raw materials; **les pays vendeurs de sucre** the sugar-selling countries; **marché vendeur** sellers' market. **e** (Bourse) seller. ◊ **vendeur à découvert** short seller, uncovered bear seller; **vendeur de l'option** seller of the option; **cours vendeur** selling price; **position vendeur** bear ou short position. **f**

(Jur, Admin) vendor, vender, seller. **g** cet emballage n'est pas très vendeur this packing doesn't sell well ou does not induce people to buy; **elle a un discours très vendeur** she talks very persuasively; **slogan vendeur** catchy slogan.

**vendeuse** [vɑ̃døz] **nf a** [boutique] shop assistant; [grande surface] shop ou sales assistant, saleswoman, saleslady, salesperson, sales clerk (US); (jeune fille) salesgirl. **b** (marchande) seller, saleswoman. **c** (représentante) saleswoman, sales representative. ◊ **vendeuse par téléphone** telesales operator.

**vendre** [vɑ̃dʀ(ə)] **1 vt a** to sell. ◊ **vendre un produit à qn** to sell sb a product, sell a product to sb; **à quel prix vendez-vous ces lampes?** what price are you asking for those lamps?; **il m'a vendu une voiture 100 000 F** he sold me a car for F100,000; **l'art de vendre** salesmanship, the art of selling; **ce magasin vend cher** this shop is expensive ou dear; **la publicité fait vendre** advertising boosts sales ou gets things sold; **vendre moins cher que qn** to sell cheaper than sb, to undersell sb; **vendre sa part d'une affaire** to sell (out) one's share of a business; **ils ont vendu tout leur vieux stock** they sold off all their old stock; **acheter est plus difficile que vendre** buying is harder than selling; **usine à vendre** factory for sale. **b** vendre au comptant to sell for cash; **vendre par correspondance** to sell by mail order; **vendre à crédit** to sell on credit; **vendre à découvert** (Bourse) to sell short; **vendre qch au détail** to retail sth; **ils vendent au détail** they are retailers; **vendre à domicile** to sell door-to-door; **vendre aux enchères** to auction; **vendre qch en gros** to wholesale sth; **vendre à perte** to sell at a loss; **vendre à prix coûtant** to sell at cost price; **vendre à la sauvette** to hawk ou peddle ou tout on the street *without authorization*; **vendre à tempérament** to sell on the instalment plan, sell by instalments, sell on credit; **vendre à terme** (gén) to sell on credit; (Bourse) to sell for the settlement ou the account; (Bourse de marchandises) to sell for future delivery; (marché des changes) to sell forward. **2 se vendre vpr** to sell, be sold. ◊ **se vendre à la pièce** to be sold singly; **se vendre cher** to fetch a high price; **ces produits se vendent bien** these products sell well ou are quick sellers ou find a ready sale; **ils se vendent comme des petits pains** they are selling like hot cakes; **ces chemises se vendent à 250 F** these shirts sell for ou fetch F250; **nous devons remplacer les articles qui se vendent mal** we must replace the slow sellers.

**vendredi** [vɑ̃dʀədi] **nm** Friday → samedi.

**vendu, e** [vɑ̃dy] **adj** (aux enchères) une fois, deux foix, trois fois, vendu! going, going, gone!

**Venezuela** [venezɥela] **nm** Venezuela.

**vénézuélien, -ienne** [venezɥeljɛ̃, jɛn] **1 adj** Venezuelan. **2 Vénézuélien nm** (habitant) Venezuelan. **3 Vénézuélienne nf** (habitante) Venezuelan.

**vente** [vɑ̃t] **1 nf a** (action) sale, selling; (technique) selling. ◊ **la vente de produits pharmaceutiques est réservée aux pharmacies** the sale ou the selling of pharmaceutical products is restricted to pharmacies; **être en vente libre** (gén) to be freely sold, have no sales restrictions; (sans ordonnance) to be sold without prescription; **en vente chez tous les libraires** on sale in all bookshops ou at all booksellers; **tous les articles exposés sont en vente** all (the) goods on show are for sale; **offrir à la vente** to offer for sale; **article de grande vente** bestseller, best-selling item; **articles de bonne vente ou de vente facile** quick sellers, quick-selling articles; **mettre en vente** produit to put on sale, put on the market; maison, objet personnel to put up for sale; **la mise en vente du produit est prévue pour novembre** the product is due to be put on the market in November; **retirer de la vente** to withdraw from sale; **la vente du vieux stock a été très difficile** selling off the old stock was very difficult, the sale of the old stock was very difficult; **l'art de la vente** salesmanship, the art of selling; **vente au distributeur** selling-in; **vente au consommateur** (par le distributeur) selling-out; **nous ne pratiquons pas la vente agressive** we do not go in for high-pressure selling ou salesmanship, we do not go in for hard selling. **b** (résultat, transaction) sale. ◊ **le produit de la vente** the proceeds of the sale; **les ventes de téléviseurs sont en baisse** sales of TV sets are declining; **les ventes de voitures augmentent** car sales are increasing; **réaliser une vente** to make a sale. **c** (activité commerciale) sales pl. ◊ **il est dans la vente** he's in sales; **il a une grande expérience de la vente** he has considerables sales experience. **d** (Fin : chiffre d'affaires) **les ventes** sales, turnover (GB); **les ventes pour le premier trimestre ont atteint 2 millions de francs** first quarter sales ou the turnover for the first quarter reached 2 million francs. **e** (foire, braderie) sale. ◊ **acheter qch dans une vente** to buy sth in a sale. **f** acte de vente bill of sale, sale contract; **argument de vente** selling point, sales argument, selling proposition; **bureau de vente** sales office; **campagne de vente** sales ou selling campaign, sales ou selling drive; **chef des ventes** sales manager, merchandising manager (US); **chiffres des ventes** sales figures; **commission**

**de vente** selling commission, sales commission; **compte de vente** sales account; **conditions de vente** terms of sale, conditions of sale; **contrat de vente** [bien] sale contract, contract of sale; [marchandises] sales contract, sales agreement, contract of sale; **cours de vente** (Bourse) selling price; (marché des changes) selling rate; **directeur des ventes** sales manager; **direction des ventes** sales management; **équipe de vente** sales force; **facture de vente** sales invoice; **force de vente** sales force; **frais de vente** selling costs ou expenses; **grand livre des ventes** sales ledger; **journal des ventes** sales daybook, sales journal; **lieu de vente** point of sale; **publicité sur le lieu de vente** point-of-sale ou point-of-purchase advertising; **livre des ventes** sales day book, sales journal; **location-vente** hire purchase (GB) ou on H.P. (GB) ou on the instalment plan (US); ◊ **méthodes de vente** selling practices; **objectif de vente** sales target ou objective; **option de vente** (Bourse) put option; **ordre de vente** (Bourse) selling order; **point de vente** (magasin) sales ou retail outlet; (Mktg : lieu de vente) point of sale; **prévisions de vente** (action) sales forecasting; (résultat) sales forecast; **prix de vente** selling price; **promesse de vente** promise of sale, sales agreement; **produit des ventes** (Compta) sales revenue, revenue from sales; **promotion des ventes** sales promotion; **rendus sur ventes** sales returns; **réseau de vente** sales network; **salle des ventes** saleroom, auction room; **sauf vente** subject unsold; **secteur de vente** sales area; **service après-vente** after-sales service; **service des ventes** sales department; **syndicat de vente** (Bourse) selling group; **techniques de vente** selling ou sales techniques.

2 **comp vente à l'acquitté** sale ex-bond, duty-paid sale. – **vente par adjudication** (gén) sale by auction, auction (sale); (marché public) sale by tender. – **vente à l'amiable** private sale, sale by private agreement ou contract ou treaty. – **ventes à la boule de neige** snowballing sales. – **ventes brutes** gross sales. – **ventes CAF** CIF sales. – **vente sur catalogue** (action, technique) mail order selling; **les ventes sur catalogue** mail order sales. – **vente de charité** charity sale, sale of work, jumble sale, bazaar. – **vente à la commission** sale on commission. – **vente au comptant** (gén) cash sale; (Bourse) spot selling. – **vente à condition** sale or return; **la vente à condition se pratique dans la distribution des magazines** a sale or return basis is used for magazine distribution. – **vente sous condition** conditional sale. – **vente en consignation** consignment sale. – **vente par correspondance** (action, tech-

nique) mail-order selling; (résultat) mail-order sale; **société / catalogue de vente par correspondance** mail-order business / catalogue. – **vente au cours (du marché)** sale at market rate. – **vente à crédit** credit sale. – **vente à découvert** (Bourse des valeurs) bear sale, short sale; (Bourse des marchandises) selling of futures. – **vente sur description** sale by description. – **vente en dépôt** consignment sale. – **vente au détail** (action) retail selling; (profession) retail trade; (résultat) retail sale. – **vente directe** (action, technique) direct selling; (résultat) direct sales. – **vente contre documents** sale against documents. – **vente à domicile** (action, technique) door-to-door selling; (résultat) door-to-door sale. – **vente sur échantillon** sale on sample. – **vente émotionnelle** emotional sale. – **vente à l'encan** auction (sale), sale by auction. – **vente aux enchères** auction (sale), sale by auction. – **vente en entrepôt** (Douanes) sale in bonded warehouse. – **vente à l'essai** sale on approval ou trial. – **vente d'espace** (Pub) space selling. – **vente dans l'état** sale as seen ou as is. – **vente à l'exportation** (action) export selling; (résultat) export sale. – **vente ferme** firm sale. – **vente fictive** washed sale. – **vente par filière** sale by connected contract. – **vente de fin de saison** end-of-season sale. – **vente forcée** compulsory ou forced sale; (Mktg : technique) high-pressure selling. – **vente de gré à gré** private sale, sale by private agreement ou contract ou treaty. – **vente en gros** (action) wholesaling; (profession) wholesale trade; (résultat) wholesale sale; **ils font de la vente en gros** they are wholesalers; **les ventes en gros ont diminué cette année** wholesale trading has fallen off this year. – **vente groupée** tie-in sale, banded pack ou offer, joint-product offer. – **ventes induites** related sales. – **vente judiciaire** judicial sale, auction by order of the court. – **vente jumelée** tie-in sale, banded pack ou offer, joint-product offer. – **ventes liées** related sales. – **vente de liquidation** winding-up sale, final clearance sale, closing-down sale. – **vente à livrer** (Bourse) sale for delivery, forward sale. – **ventes nettes** net sales. – **vente à perte** sale at a loss, leader pricing ou merchandising. – **vente de porte à porte** (action, technique) door-to-door selling; (résultat) door-to-door sale. – **vente à prix réduit** discount sale, sale at a reduced price. – **vente à la profession** trade sale. – **vente promotionnelle** promotional sale. – **vente publique** public sale ou auction. – **vente pyramidale** pyramid selling. – **vente sur qualité vue** sale on approval. – **vente au rabais** discount sale. − **vente rapide** quick sale, ready sale. − **vente-réclame** bargain sale. − **vente contre remboursement** cash-on-delivery sale. − **vente avec reprise** (de l'ancien appareil) trade-in ; (des invendus) sale or return. − **vente à réméré** sale with option of repurchase. − **vente à la sauvette** (unauthorized) street hawking ou peddling. − **vente par souscription** sale by subscription. − **vente par téléphone** (action, technique) telephone selling ; (résultat) telesale, telephone sale. − **vente à tempérament** instalment sale, sale on instalments, hire-purchase sale (GB). − **vente à terme** (gén) credit sale ; (Bourse) sale for the account ou settlement ; (Bourse des changes) forward sale ; (Bourse des marchandises) futures sale. − **vente en vrac** (action) bulk selling ; (résultat) bulk sale.

**ventilation** [vɑ̃tilasjɔ̃] **nf** **a** (décomposition) [coûts, résultats, ventes] breakdown. ◊ **nous avons préparé une ventilation des coûts de commercialisation par secteur et par produit** we have made an analysis ou a breakdown of marketing costs by sector and by product ; **la ventilation des prix de revient révèle quelques anomalies** the cost breakdown ou distribution ou analysis shows up several problems. **b** (Compta : répartition) apportionment, allocation, distribution. ◊ **la ventilation des charges entre les différents comptes** the allocation ou apportionment of expenses to the various accounts.

**ventiler** [vɑ̃tile] **vt** (décomposer) coûts, résultats, ventes to break down ; (Compta : répartir) to apportion, allocate. ◊ **ventiler les dépenses entre les différents comptes** to allocate ou apportion expenses to the various accounts.

**verbal, e,** **mpl** **-aux** [vɛʀbal, o] **adj** verbal. ◊ **convention verbale, accord verbal** verbal agreement.

**verdict** [vɛʀdik(t)] **nm** verdict. ◊ **rendre** ou **prononcer un verdict** to return ou bring in a verdict ; **verdict de culpabilité / d'acquittement** verdict of guilty / not guilty.

**véreux, -euse** [veʀø, øz] **adj** financier, avocat dubious, shady. ◊ **affaire véreuse** bubble scheme ; **société véreuse** bogus company.

**vérificateur, -trice** [veʀifikatœʀ, tʀis] **nm,f** (gén) controller, checker, examiner ; (Admin) inspector ; (Fin) auditor ; (Impôts) (tax) auditor ou inspector. ◊ **vérificateur des douanes** customs inspector ; **vérificateur des comptes, vérificateur comptable** auditor ; **vérificateur général** (Can) Auditor General ; **vérificateur interne / externe** internal / external auditor ; **vérificateur des poids et mesures** inspector of weights and measures.

**vérification** [veʀifikasjɔ̃] **1** **nf** **a** (action) (gén) checking, examination ; (Admin) inspection ; (Fin) auditing. ◊ **balance de vérification** trial balance ; **la vérification de ce compte m'a pris longtemps** checking this account took me a long time ; **la vérification annuelle des comptes est une obligation légale** the annual auditing of the account is a legal obligation. **b** (résultat) (gén) check, control, examination ; (Admin) inspection ; (Fin) audit. ◊ **nous avons procédé à deux vérifications** we carried out two checks ; **la vérification annuelle des comptes a été présentée au conseil d'administration** the annual audit of the accounts was presented to the board.

**2** **comp** **vérification analytique** systems-based audit, analytical audit. − **vérification du bilan** balance sheet audit. − **vérification de clôture** year-end audit. − **vérification comptable** (financial) auditing, audit. − **vérification continue** continuous audit. − **vérification en douane** customs examination. − **vérification externe** external audit. − **vérification fiscale** tax audit. − **vérification d'identité** identity check. − **vérification intégrée** comprehensive auditing. − **vérification interne** internal audit. − **vérification légale** statutory audit. − **vérification organisationnelle** management audit. − **vérification périodique** interim audit. − **vérification permanente** continuous audit. − **vérification préalable** pre-audit. − **vérification par sondage** audit testing. − **vérification des stocks** stock control ou check.

**vérifier** [veʀifje] **vt** (gén) to check, control, examin, verify ; (Admin) to inspect ; (Fin) to audit. ◊ **en vérifiant nos comptes** on checking our accounts.

**verrou** [veʀu] **nm** ◊ **faire sauter un verrou** to unblock a situation, remove an obstacle.

**verrouillage** [veʀujaʒ] **nm** (action) bolting, locking ; (dispositif) locking mechanism.

**verrouiller** [veʀuje] **vt** to bolt, lock. ◊ **verrouiller un marché** to tie up a market, shut one's competitors out of market ; **verrouiller une situation** to get firm control of a situation.

**versement** [vɛʀsəmɑ̃] **nm** **a** (paiement) payment. ◊ **contre versement de 10 000 F** against payment of F10,000 ; **versement comptant** cash ou down payment ; **j'ai fait un premier versement de 1 000 F** I made an initial ou down payment of F1,000 ; **versements anticipés** advance ou anticipated payments ; **versements échelonnés** ou **périodiques** instalments, instalment payments ; **échelonner des versements sur...** to space out payments over... ; **payer par**

**versements échelonnés** ou **périodiques** to pay by instalments ; **payer par** ou **en 36 versements mensuels de 1 000 F** to pay in 36 monthly instalments of F1,000 ; **versement de libération** last ou final instalment ; **versement partiel** instalment, part payment ; **versement de souscription** (Bourse) application money. **b** (sur un compte) (action) paying in, depositing ; (somme) payment, deposit. ◊ **versement compensatoire** (CEE) compensatory payment ; **versement de fonds** remittance ; **avis de versement** deposit receipt ; **bulletin** ou **bordereau de versement** paying-in slip (GB), deposit slip ou receipt (US), credit voucher ; **carnet de versements** deposit book, paying-in book, bank book (US), passbook (US) ; **faire un versement à** ou **sur un compte** to pay in money to an account, pay money into an account, make a deposit in an account, deposit money in an account.

**verser** [vɛʀse] vt **a** (payer) to pay. ◊ **verser de l'argent à** ou **sur un compte** to pay in money to an account, pay money into an account, deposit money in an account ; **verser un chèque à son compte** to pay in a cheque to one's account, deposit a cheque in one's account ; **verser des intérêts / une rente / un salaire à qn** to pay sb interest / a pension / a salary ; **verser des arrhes** ou **un acompte** to put down ou pay a deposit, make a down payment ; **verser des fonds dans une affaire** to invest capital in a venture ; **verser le solde** to pay the balance ; **capitaux versés** paid-up capital ; **je leur ai versé 3 000 F** I paid them F3,000. **b** (Admin : ajouter) pièce to add (à to).

**version** [vɛʀsjɔ̃] nf (modèle) version, model.

**verso** [vɛʀso] nm [page] back. ◊ **signer au verso** to sign on the back ; **voir au verso** see over-(leaf), please turn over, PTO ; **effets comme au verso** (Fin) bills as per back.

**vert, verte** [vɛʀ, vɛʀt(ə)] adj green. ◊ **le billet vert** (Bourse) the dollar ; **l'Europe verte** European agriculture ; **le franc vert** the green franc ; **la livre verte** the green pound ; **numéro vert** freefone number (GB), toll-free number (US) ; **la révolution verte** the green revolution ; **donner le feu vert** to give the go-ahead ou the green light (à to).

**vertical, e,** mpl **-aux** [vɛʀtikal, o] adj vertical. ◊ **concentration / intégration verticale** vertical concentration / integration.

**vertu** [vɛʀty] nf ◊ **en vertu de** règlement in accordance ou compliance with ; pouvoirs by virtue of, in accordance with.

**veto** [veto] nm veto. ◊ **mettre** ou **opposer son veto à qch** to veto sth ; **droit de veto** right of veto.

**vétuste** [vetyst(ə)] adj matériel, locaux ancient, old, timeworn, antiquated.

**vétusté** [vetyste] nf ◊ **étant donné la vétusté du matériel** given the fact that the equipment is old ou antiquated ; **clause de vétusté** clause of obsolescence ; **coefficient de vétusté** obsolescence ratio.

**via** [vja] prép via. ◊ **envoyé via Paris** sent via Paris.

**viabilisé, e** [vjabilize] adj terrain with services.

**viabiliser** [vjabilize] vt terrain to service.

**viabilité** [vjabilite] nf **a** [route] practicability ; [terrain] servicing. **b** [projet] viability.

**viable** [vjabl(ə)] adj viable.

**viager, -ère** [vjaʒe, ɛʀ] **1** adj ◊ **rente viagère** life annuity, pension for life ; **rentier viager** annuitant ; **bien viager** life estate.
**2** nm life income, life annuity. ◊ **placer son argent en viager** to invest one's money in a life annuity, invest one's money at life interest ; **acheter une maison en viager** to buy a house by paying a life annuity.

**vice** [vis] **1** nm (Tech) fault, defect ; (Ind) technical irregularity ; (Jur) flaw.
**2** comp **vice apparent** conspicuous defect. — **vice caché** latent ou concealed defect. — **vice de construction** construction fault ou defect, fault ou defect in construction. — **vice dérimant** multifying effect. — **vice de forme** legal flaw ; (d'un document) faulty drafting. — **vice inhérent** inherent defect. — **vice latent** latent defect. — **vice propre** inherent defect. — **vice rédhibitoire** redhibitory defect.

**vice-** [vis] préf vice-. ◊ **vice-présidence** vice-presidency, vice-chairmanship ; **vice-président** vice-president, vice-chairman.

**vicier** [visje] vt (Jur) to invalidate, make void.

**vicieux, -euse** [visjø, øz] adj ◊ **cercle vicieux** vicious circle.

**victime** [viktim] nf (gén) victim.

**Victoria** [viktɔʀja] n Victoria.

**vide** [vid] **1** adj empty. ◊ **les emballages vides sont repris** the empties are returnable.
**2** nm ◊ **le camion rentre à vide** the lorry is coming back empty, the lorry is coming back with no return load ; **navire à vide** ship going light ; **fret sur le vide** (Mar) dead freight ; **emballage sous vide** vacuum packing ; **emballé sous vide** vacuum packed ; **vide juridique** gap in the law.

**vidéo** [video] **1** adj inv video. ◊ **image / écran / signal vidéo** video image / screen / signal ; **on l'a enregistré sur bande vidéo** we have recorded it on video tape ; **logiciel vidéo** videoware.

**2** nf vidéo. ◊ **il fait de la vidéo** (métier) he's in video (arts); **vidéo inverse** (Inf) reverse video.

**vidéoachat** [videoaʃa] nm videoshopping.

**vidéocassette** [videokasɛt] nf video cassette.

**vidéoconférence** [videokɔ̃feʀɑ̃s] nf video conference.

**vidéographie** [videoɡʀafi] nf videographics. ◊ **vidéographie dialoguée** viewdata.

**vidéophone** [videofɔn] nm videophone.

**vidéotex** [videotɛks] nm inv videographics, videotex. ◊ **décodeur / terminal vidéotex** videotex decoder / terminal.

**vidéotexte** [videotɛkst] nm videotext.

**vidéothèque** [videotɛk] nf video library.

**vidéotransmission** [videotʀɑ̃smisjɔ̃] nf video-transmission.

**vider** [vide] vt (gén) to empty; (* : licencier) employé to sack, fire, kick out*. ◊ **vider les lieux** to vacate the premises.

**vie** [vi] nf **a** (gén) life. ◊ **espérance de vie** life expectancy; **assurance (sur la) vie** life insurance ou assurance (GB); **durée de vie d'un produit** (shelf) life of a product; **cycle de vie d'un produit** life cycle of a product; **la qualité de la vie** the quality of life; **pension à vie** life pension, pension for life; **être nommé à vie** to be appointed for life. **b** (conditions économiques) **le coût de la vie** the cost of living; **augmentation ou renchérissement du coût de la vie** increase ou rise in the cost of living; **niveau de vie** standard of living; **il gagne bien sa vie** he earns a good living; **comment gagne-t-il sa vie ?** what does he do for a living ?; **éléments de train de vie** *taxation criteria based on living standards*; **vie chère** cost-of-living escalation.

**vieillesse** [vjɛjɛs] nf old age. ◊ **assurance vieillesse** retirement insurance, old age insurance.

**Vienne** [vjɛn] n Vienna.

**vierge** [vjɛʀʒ(ə)] adj terrain virgin; papier blank, virgin; bande magnétique, disquette blank. ◊ **casier judiciaire vierge** clean police record.

**Viêt-nam** [vjɛtnam] nm Vietnam, Viet Nam.

**vietnamien, -ienne** [vjɛtnamjɛ̃, jɛn] **1** adj Vietnamese.
**2** nm (langue) Vietnamese.
**3** **Vietnamien** nm (habitant) Vietnamese.
**4** **Vietnamienne** nf (habitante) Vietnamese.

**vif, vive** [vif, viv] **1** adj concurrence keen; regret, satisfaction deep, great; remerciements sincerest, deepest.
**2** nm ◊ **donation entre vifs** donation inter vivos.

**vigile** [viʒil] nm security guard, night watchman.

**vignette** [viɲɛt] nf (gén) stamp; (à coller) sticker. ◊ **la vignette (de l'impôt)** (Aut) the tax disc (GB); **vignette de la Sécurité sociale** *price label on medicines to stick on claims for reimbursement by Social Security*; **vignette du fabricant** (manufacturer's) label.

**vigueur** [viɡœʀ] nf **a** [reprise économique, monnaie] strength. **b** **en vigueur** loi, règlement in force; tarif current; **les prix actuellement en vigueur** the current ou ruling ou going prices; **entrer en vigueur** to come into force ou effect, become effective ou operative (à partir de from); **cesser d'être en vigueur** to lapse, cease to apply, be no longer in force; **mettre en vigueur** to put into force, enforce, implement; **la police entre en vigueur dès que le navire a quitté le port** (Ass) the policy comes into effect ou attaches as soon as the ship has left the port.

**vil, e** [vil] adj ◊ **à vil prix** at a very low price, at a knock-out price, dirt cheap*.

**ville** [vil] nf **a** (agglomération) town; (grande) city. ◊ **aller au centre-ville** to go to the town centre (GB), to go downtown (US); **un bureau au centre-ville** an office in the centre (GB), a downtown office (US); **hôtel de ville** town hall (GB), city hall (US). **b** (municipalité) ≈ town council (GB), city hall (US). ◊ **il travaille pour la ville** he works for the town council (GB) ou for city hall (US).

**Vilnius** [vilnjys] n Vilnius.

**vin** [vɛ̃] nm wine. ◊ **négociant en vins** wine merchant; **pot-de-vin** pay-off, bribe, sweetener; **grands vins** vintage wines.

**vingt** [vɛ̃] adj, nm inv twenty → six, soixante.

**vingtaine** [vɛ̃tɛn] nf (vingt) a score; (environ) about twenty, twenty or so, (about) a score → soixantaine.

**vingtième** [vɛ̃tjɛm] adj, nmf twentieth → sixième.

**vingtièmement** [vɛ̃tjɛmmɑ̃] adv in the twentieth place.

**vinicole** [vinikɔl] adj wine(-growing). ◊ **la culture vinicole** wine growing; **l'industrie vinicole** the wine industry; **région vinicole** wine-growing region.

**viniculteur** [vinikyltœʀ] nm wine grower.

**viniculture** [vinikyltyʀ] nf wine growing.

**violation** [vjɔlasjɔ̃] nf [loi] breach, violation; [droits] infringement. ◊ **agir en violation des règlements** to act against the regulations, break the regulations; **en violation de la loi** in breach ou violation of the law; **violation de brevet** patent infringement; **violation de**

contrat breach of contract; **violation de domicile** forcible entry, breach of domicile; **violation de propriété** trespassing; **violation du secret professionnel** breach ou violation of professional secrecy.

**violer** [vjɔle] **vt** contrat, loi to break, violate; droits, brevet to infringe.

**virage** [viʀaʒ] **nm** économique, politique turn. ◊ **la France a pris le virage** France weathered the cape.

**virement** [viʀmɑ̃] **1** **nm** (Banque) transfer, payment; (Compta) transfer. ◊ **effectuer** ou **faire** ou **opérer un virement sur le compte de qn** to make a transfer ou deposit to sb's account, transfer money to sb's account; **la Sécurité sociale me fait un virement mensuel** the Social Security office makes a monthly payment to my account; **avis de virement** transfer advice ou notice, payment notice; **chèque de virement** transfer cheque; **mandat** ou **ordre de virement** transfer order, order to transfer.
**2** **comp virement bancaire** bank transfer, Giro transfer (GB); **payer par virement bancaire** to pay by bank transfer, pay by bank giro (GB). − **virement budgétaire** reallocation of funds. − **virement de crédit** credit transfer. − **virement déplacé** external transfer. − **virement externe** external transfer. − **virement de fonds** transfer of funds. − **virement interne** internal transfer. − **virement permanent** standing order. − **virement sur place** local transfer. − **virement postal** giro transfer (GB), postal transfer. − **virement reçu** (sur relevé de compte) deposit. − **virement télégraphique** telegraphic transfer. − **virement télex** transfer by telex, telex transfer.

**virer** [viʀe] **1** **vi** to turn. ◊ **de nombreux indicateurs virent au vert** numerous indicators are no longer flashing ou are turning green ou are throwing positive signals.
**2** **vt** **a** (Fin) to transfer. ◊ **virer de l'argent à** ou **sur un compte** to pay money into an account, transfer money to an account; **virer une somme d'un compte à un autre** to transfer a sum from one account to another. **b** (*) (expulser) to kick out*; (renvoyer) to sack, kick out*, fire. ◊ **se faire virer** to get kicked out; **il s'est fait** ou **il a été viré du conseil** he got kicked off the board, he was ousted from the board.

**virt** abrév de *virement*.

**virtuel, -elle** [viʀtɥɛl] **adj** virtual. ◊ **mémoire virtuelle** (Inf) virtual storage ou memory.

**visa** [viza] **nm** **a** [passeport] visa; [chèque] certification. ◊ **visa de censure** (censor's) certificate; **visa de la douane** customs visa; **visa d'une lettre de change** sighting of a bill;

**demander un visa** to apply for a visa; **carte Visa** ® (Banque) Visa ® card. **b** (signature) signature; (initiales) initials; (tampon) stamp. ◊ **visa du responsable du budget** signature ou initials of the person responsible for the budget; **mettre son visa sur un document** to put one's initials on a document, initial a document, sign a document.

**viser** [vize] **vt** **a** objectif to aim at ou for; clientèle to target, aim at. ◊ **les personnes visées par cette réforme** the people who are affected by this reform, the people to whom this reform applies. **b** passeport to visa; chèque to certify; document (tamponner) to stamp; (signer) to sign; (parapher) to initial. ◊ **visé pour la somme de...** certified for the amount of...; **chèque visé** certified ou marked cheque; **faire viser sa note de frais** to have one's expense sheet initialed.

**visibilité** [vizibilite] **nf** visibility.

**visible** [vizibl(ə)] **1** **adj** visible. ◊ **exportations / importations visibles** visible exports / imports.
**2** **visibles** **nmpl** visibles.

**visionner** [vizjɔne] **vt** to view.

**visite** [vizit] **1** **nf** (gén) visit; (Comm) visit, call; (guidée) tour; (Admin) inspection, examination; (fouille) search. ◊ **j'ai reçu la visite d'un représentant** a salesman called on me, I received a call ou a visit from a salesman; **heures de visite** (gén) visiting hours; (maison à vendre) viewing hours; **carte de visite** visiting card, business card, calling card (US); **droit de visite** (Douanes) right of search.
**2** **comp visite domiciliaire** house search. − **visite de douane** customs inspection ou examination. − **visite d'entretien** service call. − **visite guidée** guided tour. − **visite médicale** check-up; **passer la visite médicale** to have a medical (check-up). − **visite d'usine** factory tour.

**visiter** [vizite] **vt** (gén) to visit; (Comm) to visit, call on; (Admin) to inspect, examine; (fouiller) to search; maison à vendre to view, go ou look over. ◊ **il nous a fait visiter l'usine** he showed us round ou he took us round the factory.

**visiteur, -euse** [vizitœʀ, øz] **nm,f** (gén) visitor; (représentant) representative. ◊ **visiteur en maroquinerie** leather goods representative; **visiteur des douanes** customs inspector.

**visu** [vizy] **nm** abrév de *visuel*.

**visualisable** [vizɥalizabl(ə)] **adj** displayable, viewable.

**visualisation** [vizɥalizasjɔ̃] **nf** (Inf) (visual) display, viewing. ◊ **écran de visualisation** display ou viewing screen, visual display unit, VDU; **terminal à écran de visualisation** display terminal; **console de visualisation** (visual) display console.

**visualiser** [vizɥalize] **vt** (Inf) données to display (visually), view.

**visuel, -elle** [vizɥɛl] **1** **adj** visual. ◊ **supports visuels** visual aids. **2** **nm** (image) (visual) display; (appareil) visual display unit.

**vital, e, mpl -aux** [vital, o] **adj** vital. ◊ **n'avoir que le minimum vital** (ressources) to be at subsistence level; (paye) to earn barely a living wage.

**vitalité** [vitalite] **nf** vitality.

**vitesse** [vitɛs] **1** **nf** (gén, Écon) speed. ◊ **l'économie américaine a atteint sa vitesse maximum** the US economy is in top gear; **passer à la vitesse supérieure** to speed things up, get into higher gear; **prendre la concurrence de vitesse** to get ahead of competition, outstrip ou forestall competitors; **être en perte de vitesse** [économie, entreprise] to be slowing down; **expédier qch en petite vitesse** (Rail) to send sth by slow goods service; **expédier qch en grande vitesse** (Rail) to express sth, send sth express ou by fast goods service ou by fast freight. **2** **comp vitesse acquise** momentum. − **vitesse de circulation** [monnaie] velocity of circulation; **vitesse de circulation des revenus** income velocity. − **vitesse de croisière** cruising speed. − **vitesse de frappe** typing speed. − **vitesse de pointe** maximum ou top speed. − **vitesse de rotation** [stocks, salariés] rate ou speed of turnover.

**viticole** [vitikɔl] **adj** wine(-growing). ◊ **la culture viticole** wine growing; **l'industrie viticole** the wine industry; **région viticole** wine-growing region.

**viticulteur** [vitikyltœR] **nm** wine grower.

**viticulture** [vitikyltyR] **nf** wine growing.

**vitrine** [vitRin] **nf** (devanture) (shop) window; (présentoir) display (case), showcase. ◊ **les objets (exposés) en vitrine** the objects on display, the objects in the window; **les objets qui ont fait la vitrine sont vendus à moitié prix** shop-soiled items are sold at half-price; **je l'ai vu en vitrine** I saw it in the window; **faire la vitrine** to dress the windows; **lécher les vitrines** to go window-shopping; **vitrine à l'exportation** export showcase, showcase for foreigners; **Paris, la vitrine de la France** Paris, France's shop-window.

**vivoter** [vivɔte] **vi** [entreprise, personne] to struggle along.

**vn** abrév de valeur à neuf → valeur.

**v°** abrév de verso.

**vocation** [vɔkasjɔ̃] **nf** vocation, calling. ◊ **la vocation de notre entreprise / pays** our company's / country's calling.

**vogue** [vɔg] **nf** fashion, vogue. ◊ **être en vogue** to be in fashion ou in vogue, be fashionable.

**voie** [vwa] **1** **nf** (gén) way; (route) road; (itinéraire) route; (Rail) track; (Téléc, Admin) channel. ◊ **ouvrir la voie à un compromis** to open ou pave the way for a compromis; **être sur la bonne voie** [économie] to be on the right track; **l'affaire est en bonne voie** the matter is shaping well ou going well; **voie aérienne / maritime / terrestre** (transport) air / sea / land transport; (itinéraire) air / sea / land route; **expédier par voie maritime ou de mer / terrestre ou de terre** to send ou ship by sea / by land; **par la voie officielle ou hiérarchique** through official ou the proper channels; **par voie de presse** through the press; **par voie d'affiche** by poster; **publicité par voie d'affiche** poster advertising; **en voie de restructuration / d'exécution / d'achèvement** in the process of reorganization / being carried out / being completed; **pays en voie d'émergence / de développement** emergent / developing countries. **2** **comp voie bidirectionnelle** duplex channel. − **voies de communication** communication routes. − **voie diplomatique** diplomatic channels. − **voie de droit** legal means ou proceedings; **voies d'exécution** (Jur) measures of execution. − **voie ferrée** (rails) railway (GB) ou railroad (US) track; (ligne) railway (GB) ou railroad (US) line; **expédier par voie ferrée** to ship by rail. − **voie fluviale** inland waterway. − **voie de garage** (Rail) siding; **mettre sur une voie de garage** cadre d'entreprise to shunt to one side; projet to shelve. − **voies et moyens** (Admin) ways and means. − **voie navigable** inland waterway. − **voie piétonne** ou **piétonnière** pedestrian street ou mall. − **voie publique** (Admin) : **la voie publique** the public highway. − **voies de recours** (Jur) recourse, remedy at law, grounds for appeal. − **voie de transmission** transmission line ou channel.

**voir** [vwaR] **vt** (gén) to see; (Fin) effet to sight.

**voiture** [vwatyR] **nf** **a** (automobile) (motor) car, automobile (US). ◊ **voiture de location** hired (GB) ou rented ou rental (US) car; **voiture de fonction** ou **de service** company car; **voiture publicitaire** advertising car, admobile (US). **b** (Rail : wagon) carriage, coach. ◊ **voiture-restaurant** dining car. **c** (Comm) **lettre de voiture** waybill, consignment note;

**lettre de voiture aérienne** airway bill, air bill of lading (US); **lettre de voiture ferroviaire** rail waybill, railroad bill of lading (US); **lettre de voiture de transport routier** road waybill, trucking bill of lading (US).

**voix** [vwa] **nf** (élection) vote. ◊ **voix prépondérante** casting vote; **avoir voix consultative** to be present in an advisory capacity; **mettre une résolution aux voix** to put a resolution to the vote, take a vote on a resolution, move a resolution.

**vol** [vɔl] **nm** **a** (délit) theft. ◊ **c'est du vol !** it's a racket!, it's a rip-off*; **vol à l'étalage** shoplifting; **vol à main armée** armed robbery; **vol à la roulotte** car theft; **assurance (contre le) vol** insurance against theft, theft insurance. **b** (Aviat) flight. ◊ **vol sans escale** non-stop flight; **vol charter / régulier** charter / scheduled flight.

**vol.** abrév de *volume* vol.

**volant, e** [vɔlɑ̃, ɑ̃t] **1** **adj** ◊ **secrétaire volante** mobile secretary; **le personnel volant** (Aviat) the flight ou flying staff.
**2** **nm** **a** (Aut) steering wheel. **b** [carnet à souches] tear-off portion, leaf. **c** (Fin, Écon) margin, reserve. ◊ **volant de réserve** reserve; **volant de chômage** unemployment margin; **volant de sécurité** reserve fund, reserves; **volant de trésorerie** cash reserve.

**volatil, e** [vɔlatil] **adj** (Bourse) volatile.

**volatilité** [vɔlatilite] **nf** (Bourse) volatility.

**voler** [vɔle] **vi** **a** (Aviat) to fly. **b** objet to steal; personne to rob. ◊ **voler sur le poids** to cheat over the weight; **le marchand a essayé de me voler** the shopkeeper tried to cheat me.

**volet** [vɔlɛ] **nm** [chèque, facture] tear-off section, part; politique, plan part.

**voleur, -euse** [vɔlœʀ, øz] **1** **adj** personne thieving; commerçant dishonest.
**2** **nm,f** (gén) thief; (escroc) swindler. ◊ **voleur à l'étalage** shoplifter.

**volontaire** [vɔlɔ̃tɛʀ] **1** **adj** (sans contrainte) voluntary; (de propos délibéré) intentional. ◊ **limitation volontaire d'exportations** voluntary export restraint; **se mettre en liquidation volontaire** to go into voluntary liquidation ou winding-up.
**2** **nm,f** volunteer. ◊ **se porter volontaire** to volunteer.

**volontariat** [vɔlɔ̃taʀja] **nm** voluntary help.

**volonté** [vɔlɔ̃te] **nf** (force de caractère) will; (désir) wish. ◊ **à volonté** at will; **payable à volonté** payable on demand.

**volume** [vɔlym] **nm** volume. ◊ **indice de volume** volume index; **mesures de volume** solid measures; **en volume** in volume terms; **charger en volume** (Mar) to load in bulk; **por**-

**tée en volume** (Mar) measurement capacity; **faire du volume** [objets] to take up space, be bulky; **la stratégie de l'entreprise consiste à faire du volume** the firm's strategy is to go for volume; **le volume des achat / des ventes / des échanges** volume of purchase / sales / exchanges; **le volume des exportations** total exports, the volume of exports; **nous avons classé ces entreprises par volume des exportations** we have ranked these companies by export volume; **volume d'affaires** business volume, amount of business; **volume des affaires traitées** trading volume; **volume flottant** floating supply; **volume global** bulk volume; **le volume des transactions a augmenté à la Bourse de Paris** trading increased on the Paris Stock Exchange; **notre volume de production a baissé** our (production) output ou our output volume has declined.

**volumineux, -euse** [vɔlyminø, øz] **adj** bulky, voluminous. ◊ **marchandises volumineuses** bulky goods.

**votant, e** [vɔtɑ̃, ɑ̃t] **nm,f** voter.

**vote** [vɔt] **nm** vote. ◊ **vote d'une loi** (adoption) passing of a bill; **procéder à un vote** to proceed to a vote; **vote à main levée** vote by a show of hands; **vote de confiance** vote of confidence; **vote secret** secret vote ou ballot; **vote par correspondance / par procuration** postal / proxy vote; **bulletin de vote** ballot paper; **bureau de vote** polling station; **action avec / sans droit de vote** voting / non-voting share.

**voter** [vɔte] **1** **vi** to vote. ◊ **voter blanc** to cast a blank vote; **voter à main levée** to vote by a show of hands; **voter pour qn** to vote for sb; **population en âge de voter** voting-age population.
**2** **vt** motion, mesure (donner sa voix à) to vote for; (adopter) to pass; budget to vote.

**voyage** [vwajaʒ] **nm** journey, trip; (en mer) voyage, journey. ◊ **je n'aime pas les voyages** I don't like travelling ou travel; **le voyage en avion est trop cher** air travel is too expensive; **un voyage en avion** a plane journey ou trip; **ils sont spécialisés dans les voyages d'affaires** they specialize in business travel; **elle est en voyage d'affaires** she is (away) on a business trip; **voyage d'information / d'études** fact-finding / study trip; **voyage aller** outward journey; (en mer) outward voyage; **voyage aller et retour** return journey ou trip, round trip (US); **voyage organisé** package tour; **voyage (de) retour** return journey ou trip; (en mer) homeward voyage; **agence / agent de voyage** travel agency / agent; **allocation ou indemnité de voyage** travel allowance; **chèque de voyage**

traveller's cheque, traveler's check (US); **frais de voyages** travel ou travelling expenses.

**voyager** [vwajaʒe] **vi** to travel. ◊ **voyager en avion / par mer / en bateau / en train / en 1$^{re}$ classe** to travel by plane / by sea / by ship / by train / 1st class; **elle voyage beaucoup pour affaires** she travels on business a lot; **voyager pour une entreprise** to travel for a company; **ces marchandises voyagent bien / mal** these goods travel well / badly.

**voyageur, -euse** [vwajaʒœʀ, øz] **1** **adj** ◊ **commis voyageur** commercial traveller, traveling salesman (US). **2** **nm,f** traveller, passenger. ◊ **train de voyageurs** passenger train; **les voyageurs par avion** air travellers; **voyageur de commerce** commercial traveller, traveling salesman (US); **voyageur, représentant, placier** commercial traveller, sales representative, traveling salesman (US).

**voyagiste** [vwajaʒist(ə)] **nm** tour operator, travel agent.

**voyant** [vwajɑ̃] **nm** (signal) control ou pilot light; (d'avertissement) warning light. ◊ **tous les voyants sont au rouge** (Écon) indicators are flashing.

**VPC** [vepese] **nf** abrév de *vente par correspondance* → vente.

**vrac** [vʀak] **1** **adv** ◊ **vendre / acheter en qch en vrac** (en petites quantités) to sell / buy sth loose; (en grandes quantités) to sell / buy sth in bulk; **charger en vrac** to load in bulk; **cargaison en vrac** bulk cargo. **2** **nm** ◊ **vrac sec** dry cargo in bulk.

**vraquier** [vʀakje] **nm** bulk carrier.

**V / Réf** abrév de *votre référence* your ref.

**VRP** [veɛʀpe] **nmf** abrév de *voyageur, représentant, placier* → voyageur.

**vu** [vy] **1** **nm** ◊ **au vu de** on sight of. **2** **prép** in view of. ◊ **vu les circonstances** in view of the circumstances.

**vue** [vy] **nf** **a** (idée) view. ◊ **vue d'ensemble** overall ou general view; **ses vues sont différentes** his views are different; **point de vue** viewpoint, point of view, standpoint. **b** (Fin) sight. ◊ **exigible à 3 jours de vue** payable 3 days after sight; **à 10 jours de vue payer 5 000 F** 10 days after sight pay F5,000; **payable à vue** payable at sight ou on demand ou at call; **dépôts à vue** demand ou sight deposits; **engagements à vue** demand ou sight liabilities; **papier à vue** sight ou demand bill; **retrait à vue** withdrawal on demand; **traite à vue** sight draft, draft at sight.

**vulnérabilité** [vylneʀabilite] **nf** vulnerability.

**vulnérable** [vylneʀabl(ə)] **adj** vulnerable (*à* to).

# W

**wagon** [vagɔ̃] **1** nm  **a** [marchandises] truck, wagon, (closed) van, freight car (US) ; [voyageurs] carriage, coach, car (US). ◊ **prix sur wagon** price on rail ; **franco wagon** free on rail. **b** (contenu) truckload, wagonload. ◊ **un wagon complet** ou **un plein wagon de marchandises** a truckful ou a truckload of goods ; **expédié par wagons complets** forwarded in truckloads ; **wagon incomplet** part truckload. **2** comp **wagon à bascule** dump wagon, tip truck. – **wagon à bestiaux** cattle truck ou wagon. – **wagon-citerne**, mpl **wagons-citernes** tanker, tank wagon. – **wagon découvert** open truck, gondola (car) (US). – **wagon-foudre**, mpl **wagons-foudres** (wine) tanker, tank wagon. – **wagon frigorifique** refrigerated van, ice-car (US). – **wagon gondole** gondola car. – **wagon de groupage** through wagon. – **wagon isotherme** insulated van. – **wagon-lit**, mpl **wagons-lits** sleeping car, sleeper. – **wagon de marchandises** goods truck ou van ou wagon, freight car (US). – **wagon plat, wagon à plate-forme** flat truck ou car (US). – **wagon-poste**, mpl **wagons-poste** mail van ou car (US). – **wagon-réservoir**, mpl **wagons-réservoirs** tanker, tank wagon. – **wagon-restaurant**, mpl **wagons-restaurants** restaurant ou dining car. – **wagon-tombereau**, mpl **wagons-tombereaux** tip truck ou car (US). – **wagon-trémie**, mpl **wagons-trémies** opper car. – **wagon de voyageurs** passenger carriage ou coach ou car (US).

**wagonnage** [vagɔnaʒ] nm wagonage.

**wagonnet** [vagɔnɛ] nm small truck.

**warrant** [w(v)aʀɑ̃(t)] **1** nm **a** [magasins généraux] warrant, warehouse warrant ou receipt, bond warrant ; [port] dock warrant, deposit warrant. ◊ **récépissé-warrant** warehouse ou dock receipt, warehouse-keeper's receipt ; **endosser un warrant** to endorse a warrant. **b** (Bourse) (share ou stock) warrant. ◊ **warrant acheteur / vendeur** call / put warrant. **2** comp **warrant agricole** agricultural warrant. – **warrant à domicile** domiciled warrant. – **warrant hôtelier** hotel warrant. – **warrant industriel** industrial warrant. – **warrant en marchandises** product warrant. – **warrant de pétrole brut** warrant on crude oil. – **warrant pétrolier** oil warrant.

**warrantage** [vaʀɑ̃taʒ] nm warrant discounting.

**warranter** [vaʀɑ̃te] vt to warrant, secure by warrant, cover by a warehouse ou dock receipt. ◊ **marchandises warrantées** goods secured by warrant.

**Washington** [waʃiŋtɔn] n Washington.

**Wellington** [wɛliŋtɔn] n Wellington.

**won** [won] nm won.

# X

**X,x** [iks] **nm**  **a** (gén, Math) X,x. ◊ **l'axe des X** the X-axis; **rayon X** X-rays. **b** (indéterminé) **pendant x mois** for n months; **ça coûte x francs** it costs n francs ou so many francs; **une quantité x** a given quantity; **porter plainte contre X** to bring an action against person ou persons unknown. **c** (Univ) **l'X** the École polytechnique; **les X** the students of the École polytechnique.

**xérographie** [kseʀɔgʀafi] **nf** xerography.

**xérographique** [kseʀɔgʀafik] **adj** xerographic.

**Xième** [iksjɛm] **adj** nth. ◊ **pour le xième fois** for the nth time ou the umpteenth time.

# Y

**Y** abrév de *yen*.

**Yamoussoukro** [jamusukro] **n** Yamoussoukro.

**Yaoundé** [jaunde] **n** Yaoundé.

**Yémen** [jemɛn] **nm** Yemen. ◊ **Yémen du Nord / du Sud** North / South Yemen.

**yéménite** [jemenit] **1** **adj** Yemeni.
**2** **Yéménite** **nmf** (habitant) Yemeni.

**yen** [jɛn] **nm** yen.

**yougoslave** [jugɔslav] **1** **adj** Yugoslav, Yugoslavian.
**2** **Yougoslave** **nmf** (habitant) Yugoslav, Yugoslavian.

**Yougoslavie** [jugɔslavi] **nf** Yugoslavia.

# Z

**ZAC** [zak] **nf** abrév de *zone d'aménagement concerté* → zone.

**ZAD** [zad] **nf** abrév de *zone d'aménagement différé* → zone.

**Zaïre** [zaiʀ] **nm** Zaire.

**zaïre** [zaiʀ] **nm** zaïre.

**zaïrois, e** [zaiʀwa, waz] **1** **adj** Zairian.
**2** **Zaïrois** **nm** (habitant) Zairian.
**3** **Zaïroise** **nf** (habitante) Zairian.

**Zambie** [zãbi] **nf** Zambia.

**zambien, -ienne** [zãbjɛ̃, jɛn] **1** **adj** Zambian.
**2** **Zambien** **nm** (habitant) Zambian.
**3** **Zambienne** **nf** (habitante) Zambian.

**zèle** [zɛl] **nm** zeal. ◊ **grève du zèle** work-to-rule (strike).

**zélé, e** [zele] **adj** zealous.

**ZEP** [zɛp] **nf** abrév de *zone d'environnement protégé* → zone.

**zéro** [zeʀo] **1** **adj** ◊ **zéro heure** zero hour; **zéro heure trente** zero thirty hours; **on a reçu zéro réponse à notre courrier** we didn't receive a single answer to our letters; **zéro défaut** (Ind) zero defect.
**2** **nm** (gén, Math) zero, nought (GB); (dans une série de chiffres) 0, zero; (dans un numéro de téléphone) 0 (GB); zero (US); (température) freezing (point), zero (centigrade). ◊ **repartir à zéro** to start from scratch, go back to square one; **remettre un compteur à zéro** to reset a counter at ou to zero; **remettre les compteurs à zéro** (fig) to start from scratch; **la valeur est tombée à zéro** the value has fallen to zero ou to nothing; **budget (à) base zéro** zero base budgeting; **état zéro** (Inf) zero condition ou state; **obligation à coupon zéro** zero coupon bond; **taux de croissance zéro** zero growth.

**ZI** abrév de *zone industrielle* → zone.

**Zimbabwe** [zimbabwe] **nm** Zimbabwe.

**zimbabwéen, éenne** [zimbabweɛ̃, ɛn] **1** **adj** Zimbabwean.
**2** **Zimbabwéen** **nm** (habitant) Zimbabwean.
**3** **Zimbabwéenne** **nf** (habitante) Zimbabwean.

**zinzins*** [zɛ̃zɛ̃] **nmpl** (Bourse) institutional investors.

**zonage** [zonaʒ] **nm** zoning.

**zone** [zon] **1** **nf** area, zone. ◊ **zone franc / sterling** franc / sterling area; **de deuxième / troisième zone** (fig) second- / third-rate; **chef de zone** area manager; **responsable de zone export** area export manager.
**2** **comp zone d'accueil** reception area. − **zone d'achalandise** (local) trading area. − **zone d'activité** business park, enterprise zone. − **zone d'aménagement concerté** mixed housing development zone *public and private housing*; − **zone d'aménagement différé** future development zone. − **zone d'appel** catchment area. − **zone d'attraction commerciale** catchment area, market radius. − **zone bâtie** built-up area. − **zone bleue** ≈ restricted parking zone ou area. − **zone de chalandise** trading area. − **zone critique** problem area. − **zone dangereuse** danger zone ou area. − **zone d'entreprise** enterprise zone. − **zone d'environnement protégé** environmentally protected zone. − **zone européenne de libre-échange** European free trade area. − **zone franche** free zone, customs-free area. − **zone géographique** geographical area. − **zone industrielle** industrial estate (GB), industrial park ou site. − **zone d'influence** sphere of influence. − **zone**

**interdite** restricted ou prohibited area. − **zone de libre-échange** free trade area. − **zone de marketing** marketing area. − **zone de mémoire** (Inf) storage area. − **zone monétaire** monetary area. − **zone ombrée** (sur formulaire) shaded area. − **zone piétonne** ou **piétonnière** pedestrian precinct. − **zone postale** postal area ou zone. − **zone de recrutement** recruitment zone. − **zone résidentielle** residential area. − **zone de salaires** wage zone. − **zone de stationnement** parking area. − **zone tampon** (Inf) buffer zone. − **zone test** test area. − **zone de travail** (Inf) working area. − **zone urbaine** built-up area, urban zone. − **zone à urbaniser en priorité** priority development area, urban development zone.

**ZUP** [zyp] **nf** abrév de *zone à urbaniser en priorité* → zone.

# DICTIONNAIRE ANGLAIS - FRANÇAIS
# ENGLISH - FRENCH DICTIONARY

**A** [eɪ] n ◊ **A1** de première qualité ; **A1 at Lloyds** ship en parfait état ; **triple-A rating, AAA rating** classification AAA, *cote optimale dans la classification des titres* ; **triple-A-rated borrower** emprunteur classé AAA ; **the company has an AAA** or **a triple-A rating** la société est classée AAA *par l'une des agences d'évaluation* ; **A share** action ordinaire sans droit de vote.

**AAR** abbr of *against all risks* → against.

**abandon** [əˈbændən] vt (gen) abandonner ; right renoncer à ; (St Ex) option abandonner. ◊ **to abandon ship** abandonner le navire ; **the case was abandoned by the prosecution** l'accusation a retiré sa plainte or a renoncé aux poursuites ; **to abandon goods in customs** délaisser des marchandises en douane ; **abandoned goods** marchandises délaissées.

**abandonee** [ə,bændəˈniː] n (Mar Ins) abandonnataire mf.

**abandonment** [əˈbændənmənt] n (gen) abandon m (of de) ; (Mar Ins) [goods, cargo] délaissement m ; [patent, trademark, property] cession f ; [right] renonciation f ; (St Ex) [option] abandon m ; [asset] cession f, liquidation f. ◊ **abandonment of a complaint** (Jur) retrait d'une plainte ; **abandonment clause** (Mar Ins) clause de délaissement.

**abate** [əˈbeɪt] vt price baisser, réduire ; (Jur) writ annuler.

**abatement** [əˈbeɪtmənt] n [price] rabais m, réduction f ; [legacy] réduction f ; [fine] annulation f, levée f ; [tax] dégrèvement m ; (Acc) défalcation f.

**abbreviate** [əˈbriːvɪeɪt] vt abréger, raccourcir.

**abbreviation** [ə,briːvɪˈeɪʃən] n abréviation f.

**ABC** [,eɪbiːˈsiː] **1** n abbr of *Audit Bureau of Circulation* ≈ OJD m.
**2** adj ◊ **ABC analysis** (Mktg) analyse ABC.

**abeyance** [əˈbeɪəns] n ◊ **to fall into abeyance** tomber en désuétude ; **in abeyance** decision en suspens ; **estate in abeyance** succession vacante.

**abide by** [əˈbaɪd] vt fus rule, decision se conformer à, se soumettre à ; consequences accepter. ◊ **to abide by an agreement** se conformer or s'en tenir à un contrat.

**ability** [əˈbɪlɪtɪ] n **a** (competence) compétence f. ◊ **ability to do** aptitude à faire ; **she has great ability** elle est très compétente ; **we are looking for a person with confirmed sales ability** nous recherchons une personne ayant une bonne expérience de vendeur, nous recherchons un vendeur confirmé.
**b** **ability to pay** [borrower] solvabilité, capacité de rembourser ; (Tax) capacité contributive ; [company] capacité rémunératrice.

**able** [ˈeɪbl] adj capable (*to do* de faire). ◊ **able to pay** en mesure de payer, à même de payer.

**abnormal** [æbˈnɔːməl] adj anormal. ◊ **abnormal spoilage** gaspillage m.

**aboard** [əˈbɔːd] adv à bord. ◊ **to go aboard** (s')embarquer, monter à bord ; **to take sth aboard** embarquer qch ; **shipped aboard** embarqué sur le navire.

**abolish** [əˈbɒlɪʃ] vt supprimer, abolir.

**abolition** [,æbəˈlɪʃən] n suppression f, abolition f.

**abort** [əˈbɔːt] **1** vt (Comp) mission abandonner.
**2** vi avorter.
**3** n (Comp) abandon m.

**above** [ə'bʌv] **1** adj ci-dessus mentionné, précité. ◊ **the above address / order** l'adresse / la commande précitée.
**2** adv (in letter) ci-dessus, plus haut. ◊ **the address as above** l'adresse ci-dessus ; **above-mentioned** susmentionné, précité ; **above-named** susnommé.
**3** prep au-dessus de. ◊ **above par** au-dessus du pair ; **above average** supérieur à la moyenne ; **above quota** (EEC) hors contingent.

**aboveboard** [ə'bʌv'bɔːd] adj person, deal régulier, loyal.

**abroad** [ə'brɔːd] adv à l'étranger. ◊ **assets held abroad** avoirs à l'étranger ; **to be / go abroad on business** être / aller à l'étranger pour affaires.

**abrogate** ['æbrəʊɡeɪt] vt abroger.

**abrogation** [ˌæbrəʊ'ɡeɪʃən] n abrogation f.

**absence** ['æbsəns] n **a** [person] absence f. ◊ **absence without leave** absence non motivée or injustifiée ; **on leave of absence** en congé spécial ; **in** or **during sb's absence** pendant or en l'absence de qn. **b** (lack) manque m, défaut m. ◊ **in the absence of information** faute de renseignements ; **absence of consideration** (Fin) défaut de provision.

**absent** ['æbsənt] adj absent.

**absentee** [ˌæbsən'tiː] n (gen) absent(e) m(f), manquant(e) m(f). ◊ **habitual absentee** absentéiste ; **absentee landlord** propriétaire absentéiste.

**absenteeism** [ˌæbsən'tiːɪzəm] n absentéisme m.

**absolute** ['æbsəluːt] adj absolu. ◊ **absolute address** adresse absolue ; **absolute advantage** avantage absolu ; **absolute liability** obligation inconditionnelle ; **absolute monopoly** monopole absolu ; **absolute title** (to property) titre irréfutable.

**absorb** [əb'sɔːb] vt sound, shock amortir ; deficit, surplus résorber, absorber. ◊ **to absorb another company** absorber une autre société.

**absorption** [əb'sɔːpʃən] n [one company by another] absorption f. ◊ **absorption costing** méthode du prix de revient or du coût complet.

**abstract** ['æbstrækt] n (summary) résumé m, abrégé m. ◊ **abstract of account** relevé de compte ; **abstract of title** (Jur) intitulé d'acte.

**Abu Dhabi** [ˌæbuː'dɑːbɪ] n Abou Dhabi.

**abundance** [ə'bʌndəns] n abondance f.

**abundant** [ə'bʌndənt] adj abondant.

**abuse** [ə'bjuːz] **1** n abus m. ◊ **abuse of power / confidence** abus de pouvoir / confiance ; **to remedy abuses** réprimer les abus ; **service abuse** [tool] utilisation anormale.
**2** vt privilege abuser de.

**A / C** abbr of *account.*

**academic** [ˌækə'demɪk] **1** n (university teacher) universitaire mf.
**2** adj universitaire, scolaire.

**accede** [æk'siːd] vi ◊ **to accede to a request** agréer une demande, faire droit à une demande, donner suite à une demande ; **they acceded to our terms** ils ont accepté nos conditions.

**accelerate** [æk'seləreɪt] vt work, production accélérer.

**accelerated** [æk'seləreɪtəd] adj ◊ **accelerated depreciation, Accelerated Cost Recovery System** amortissement dégressif or accéléré ; **accelerated redemption** remboursement anticipé.

**acceleration** [ækˌselə'reɪʃən] **1** n accélération f.
**2** cpd **acceleration clause** (Fin) clause de remboursement anticipé *en cas de non-paiement d'une échéance.* – **acceleration premium** (Ind) prime de productivité. – **acceleration principle** (Econ) principe de l'accélérateur.

**accelerator** [æk'seləreɪtə<sup>r</sup>] n accélérateur m.

**accept** [ək'sept] vt bill, report accepter ; goods prendre livraison de. ◊ **to accept on presentation** accepter à vue.

**acceptable** [ək'septəbl] adj offer acceptable. ◊ **of acceptable quality** d'une qualité acceptable or suffisante.

**acceptance** [ək'septəns] **1** n **a** [bill, draft] acceptation f. ◊ **to present a draft for acceptance** présenter une traite à l'acceptation ; **to refuse acceptance of a draft** refuser d'accepter une traite ; **acceptance against documents** acceptation contre documents ; **acceptance by intervention / for honour / supra protest** acceptation par intervention / par honneur / sur protêt ; **bank acceptance** acceptation de banque ; **clean** or **general acceptance** acceptation sans réserve. **b** (approval) réception f or accueil m favorable, approbation f. ◊ **brand acceptance** acceptation de la marque, accueil réservé à la marque ; **consumer acceptance** acceptation par les consommateurs ; **market acceptance** acceptation du produit par le marché ; **these products have achieved worlwide acceptance** ces produits ont reçu un accueil favorable dans le monde entier. **c** [invitation, gift] acceptation f ; [goods] réception f.

**2** cpd **acceptance account** compte d'acceptations. – **acceptance bank** banque d'acceptation. – **acceptance bill** effet à l'acceptation. – **acceptance credit** crédit par or d'acceptation. – **acceptance duty** obligation d'acceptation. – **acceptance house** banque or maison d'acceptation. – **acceptance ledger** or **register** livre des acceptations. – **acceptance liability** (Bank) encours sous forme d'acceptation. – **acceptance line** (ligne de) crédit par acceptation. – **acceptance market** marché des effets acceptés. – **acceptance sampling** contrôle de qualité par échantillonnage pour acceptation. – **acceptance test** or **trial** (Mktg) essai de réception.

**accepting** [ək'septɪŋ] **adj** ◊ **accepting banker** banquier acceptant.

**acceptor** [ək'septə<sup>r</sup>] **n** [bill] accepteur m, tiré m. ◊ **acceptor supra protest** intervenant.

**access** ['ækses] **1** **n** (gen, Comp) accès m. ◊ **to have access to information** avoir accès à l'information ; **to give sb access to** permettre à qn d'accéder à ; **you get easy and immediate access to your money** votre argent reste disponible à tout moment ; **access time** (Comp) temps d'accès ; **random / sequential access** accès aléatoire / séquentiel.
**2** **vt** (Comp) file, database accéder à.

**accessibility** [æk‚sesɪ'bɪlɪtɪ] **n** [place] accessibilité f, facilité f d'accès. ◊ **his accessibility is remarkable for such a busy man** il est d'une disponibilité remarquable pour un homme aussi occupé.

**accessible** [æk'sesəbl] **adj** place accessible, d'accès facile ; person disponible ; information accessible, à la portée de tous.

**accessor** [æk'sesə<sup>r</sup>] **n** (Comp) utilisateur m.

**accessory** [æk'sesərɪ] **1** **adj** (gen) accessoire ; equipment annexe. **2** **accessories** **npl** accessoires mpl.

**accident** ['æksɪdənt] **n** accident m. ◊ **accident insurance** assurance contre les accidents, assurance-accidents ; **industrial accident** accident du travail ; **accidents at sea** fortunes de mer, accidents de mer.

**accommodate** [ə'kɒmədeɪt] **vt** **a** (provide lodging for) person loger, recevoir, accueillir ; (contain) [vehicle] contenir ; [room] contenir, recevoir. **b** (supply) équiper (sb with sth qn de qch), fournir (sb with sth qch à qn). ◊ **to accommodate sb with a loan** consentir un prêt à qn ; **we are sorry we cannot accommodate you** nous regrettons de ne pouvoir vous rendre service or vous être utile.

**accommodation** [ə‚kɒmə'deɪʃən] **1** **n** **a** (space for people) place f. ◊ **there is seating accommodation for 20 people** il y a 20 places assises ; **there is ample office accommodation** il y a un espace bureau important. **b** (lodging) hébergement m, logement m. ◊ **I need hotel accommodation for two nights** il me faut une chambre pour deux nuits ; **can you provide us with accommodation ?** pouvez-vous nous loger or nous héberger ? ; **accommodation provided** facilités de logement. **c** (adjustment) arrangement m, compromis m. ◊ **to come to** or **reach an accommodation with sb** arriver à un compromis avec qn. **d** (Fin) prêt m, crédit m. ◊ **to take accommodation** contracter un emprunt, faire un prêt.
**2** cpd **accommodation acceptance** acceptation par complaisance. – **accommodation address** boîte aux lettres adresse utilisée simplement pour la correspondance. – **accommodation allowance** indemnité de logement. – **accommodation berth** mouillage réservé à l'usage d'une compagnie maritime. – **accommodation bill** or **note** or **paper** effet or billet de complaisance. – **accommodation bureau** office de logement. – **accommodation draft** traite de complaisance. – **accommodation endorsement** endossement de complaisance. – **accommodation party** endosseur or accepteur or souscripteur par complaisance. – **accommodation train** (US Rail) (train) omnibus.

**accompany** [ə'kʌmpənɪ] **vt** (escort) accompagner. ◊ **accompanied by** accompagné de or par ; **the accompanying documents** les documents ci-joints ; **accompanied baggage** bagages accompagnés.

**accomplish** [ə'kʌmplɪʃ] **vt** accomplir, exécuter.

**accomplishment** [ə'kʌmplɪʃmənt] **n** [task] exécution f, réalisation f. ◊ **it is a wonderful accomplishment** c'est un résultat or une réalisation magnifique ; **accomplishments** (skills) talents ; (achievements) réalisations, performances.

**accord** [ə'kɔːd] **n** (agreement) consentement m, accord m ; (treaty) traité m, pacte m.

**accordance** [ə'kɔːdəns] **n** ◊ **in accordance with your instructions** conformément à or suivant or selon vos instructions.

**according** [ə'kɔːdɪŋ] **adv** ◊ **according to** conformément à, suivant, selon ; **it went according to plan** cela s'est passé comme prévu.

**account** [ə'kaʊnt] **1** **n** **a** (Fin, Acc) compte m ; (bill) note f, facture f. ◊ **to balance an account** équilibrer un compte ; **to charge an expense to an account** imputer une dépense à un compte ; **to charge sth to one's account, to**

put sth on one's account faire mettre qch à or sur son compte; **to open an account** ouvrir un compte; **to overdraw an account** mettre un compte à découvert; **my account is overdrawn** mon compte est à découvert; **account of** pour le compte de; **they have some prestigious accounts** [advertising firm] ils ont des comptes or des budgets or des clients prestigieux; **to pay £100 on account** verser un acompte de 100 livres; **payment on account** acompte, provision, arrhes; **to post up an account** mettre un compte à jour; **to settle an account** régler un compte; **please send me your account** veuillez m'envoyer votre note or votre facture; **I have £1,000 on account with this bank** j'ai 1 000 livres en compte à cette banque; **active account** compte mouvementé; **bank account** compte bancaire or en banque; **current account** (GB), **checking account** (US) compte courant; **clearing account** compte de passage, compte provisoire, compte clearing; **contra account** compte de contrepartie; **credit / debit account** compte créditeur / débiteur; **escrow account** compte bloqué; **reconciliation account** compte collectif; **savings account** compte d'épargne; **statement of account** relevé de compte. **b** (Bookkeeping) **accounts** [company] comptes, comptabilité; **to keep the accounts** tenir les comptes or la comptabilité; **to agree the accounts** équilibrer les comptes; **imprest account** compte d'avances, petite caisse; **final accounts** états financiers de fin d'exercice; **operating** or **trading** or **working account** compte d'exploitation; **profit and loss account** compte de profits et pertes. **c** (St Ex) **to buy for the account** acheter en liquidation; **dealings for the account** opérations de liquidation or à terme; **end of month account** liquidation de fin de mois, règlement mensuel; **price / sale for the account** cours / vente à terme; **margin account** compte de marge; **short account** position à découvert. **d** (phrases) **to call sb to account for having done sth** demander des comptes à qn pour avoir fait qch; **to take sth into account** prendre qch en considération, tenir compte de qch; **on account of** à cause de; **on no account** en aucun cas, sous aucun prétexte; **to set up business on one's own account** se mettre à son compte. **2 cpd account balance** solde (comptable). **− account book** livre de comptes, registre de comptabilité, journal. **− account current** compte de mandataire. **− Account Day** (St Ex) (jour de) liquidation. **− account executive** (Pub) responsable mf de budget. **− account form** [balance sheet] présentation horizontale. **− account holder** titulaire mf d'un compte. **− account market** (St Ex) marché à terme.

**− account number** numéro de compte. **− accounts payable** comptes mpl fournisseurs. **− account payee** (on cheque) ≈ chèque non endossable. **− accounts receivable** comptes mpl clients, créances fpl. **− account rendered** solde à nouveau.

**accountability** [əˌkaʊntəˈbɪlɪtɪ] n responsabilité f (for de). ◊ **accountability in management** responsabilisation des cadres supérieurs.

**accountable** [əˈkaʊntəbl] adj responsable (for de). ◊ **to be accountable to sb for sth** être responsable de qch or répondre de qch devant qn; **accountable advance** avance à justifier; **accountable receipt** quittance comptable.

**accountancy** [əˈkaʊntənsɪ] n (subject) comptabilité f; (profession) la profession de comptable. ◊ **to study accountancy** faire des études de comptabilité.

**accountant** [əˈkaʊntənt] n comptable mf. ◊ **chartered accountant** (GB, Can), **certified public accountant** (US) expert-comptable; **cost** or **management accountant** contrôleur de gestion; **chief accountant** chef comptable.

**account for** [əˈkaʊntfɔː] vt fus expenses rendre compte de, justifier de; one's actions justifier; situation expliquer.

**accounting** [əˈkaʊntɪŋ] **1** n comptabilité f. ◊ **to render an accounting for sth** établir une comptabilité de qch; **cost** or **management** or **managerial accounting** comptabilité analytique; **financial accounting** comptabilité générale; **materials accounting** comptabilité matière; **standard cost accounting** méthode comptable des coûts standard. **2 cpd accounting clerk** aide-comptable mf. **− accounting conventions** normes fpl or conventions fpl comptables. **− accounting department** service comptable or de la comptabilité. **− accounting entry** écriture comptable. **− accounting firm** cabinet d'expert(s)-comptable(s) or d'expertise comptable. **− accounting income** bénéfice comptable. **− accounting period** exercice comptable. **− accounting records** documents mpl comptables. **− accounting standards** normes fpl comptables. **− accounting system** plan comptable. **− accounting year** exercice comptable.

**accredit** [əˈkredɪt] vt representative accréditer (to auprès de); (guarantee) product garantir.

**accreditation** [əˌkredɪˈteɪʃn] n (US Scol, Univ) habilitation f.

**accretion** [əˈkriːʃən] n [wealth] accroissement m.

**accrual** [əˈkruːəl] **1** n **a** (Fin) [interest, cost, revenue] accumulation f. **b** (Acc) **the accrual of**

**wages** les charges de salaires constatées d'avance; **the accrual of previously unrecorded expenses** les charges à payer, les charges constatées d'avance; **the accrual of previously unrecorded revenues** les produits à recevoir, les produits constatés d'avance; **concept** or **principle of accrual** principe de rattachement à l'exercice. `c` **accruals** écritures de régularisation; (accounts) comptes de régularisation; (US) montants cumulés.
`2` **cpd accrual accounting** comptabilité d'engagements. − **accrual method (of accounting)** (méthode de la) comptabilité d'engagements.

**accrue** [əˈkruː] `1` **vi** `a` [money, advantages] revenir (*to* à). `b` (Fin) [interest] courir; [expense, revenue] s'accumuler, s'accroître. `2` **vt** expense, revenue constater d'avance.

**accrued** [əˈkruːd] **adj** ◊ **accrued asset** or **income** or **revenue** produit constaté d'avance; **accrued charge** or **cost** or **expense** or **liability** charge constatée d'avance; **accrued dividends** dividendes cumulés; **accrued interest** (St Ex) intérêts courus; (Fin) intérêts cumulés; (Acc) intérêts à recevoir; **year-end adjustments for accrued expenses** opérations de régularisation des charges à payer à la clôture de l'exercice.

**accruing** [əˈkruːɪŋ] **adj** expenses, revenue afférent, imputable (*to* à); interests à échoir.

**accumulate** [əˈkjuːmjʊleɪt] `1` **vt** accumuler, amasser.
`2` **vi** s'accumuler. ◊ **to allow interest to accumulate** laisser courir les intérêts.

**accumulated** [əˈkjuːmjʊleɪtɪd] **adj** dividends, depreciation cumulé. ◊ **accumulated profits** (on balance sheet) report à nouveau; **accumulated total** total cumulé, cumul.

**accumulation** [əˌkjuːmjʊˈleɪʃən] **n** (gen) accumulation f; [capital] accroissement m.

**accumulative** [əˈkjuːmjʊlətɪv] **adj** dividends cumulatif; (Comp) error, total cumulé.

**accumulator** [əˈkjuːmjʊleɪtəʳ] **n** (Comp) accumulateur m, totalisateur m. ◊ **accumulator register** registre de cumul.

**accuracy** [ˈækjʊrəsɪ] **n** [figures] exactitude f; [report, document] précision f; [assessment, judgment] justesse f.

**accurate** [ˈækjʊrɪt] **adj** figures exact; report précis; judgment juste. ◊ **an accurate description of the goods** une description fidèle des marchandises.

**accusation** [ˌækjuːˈzeɪʃən] **n** (Jur) accusation f, plainte f. ◊ **to bring an accusation against sb** porter plainte contre qn.

**accuse** [əˈkjuːz] **vt** accuser (*sb of sth* qn de qch; *sb of doing* qn de faire).

**accy** abbr of *accountancy*.

**achieve** [əˈtʃiːv] **vt** task accomplir, exécuter; objective réaliser, atteindre; success obtenir. ◊ **the aim is to achieve 3% growth in the next year** l'objectif est d'atteindre une croissance de 3% l'an prochain.

**achievement** [əˈtʃiːvmənt] **n** `a` (completion) [objective] réalisation f; [task] exécution f, accomplissement m. `b` (thing accomplished) réalisation f, accomplissement m; (success, feat) réussite f, exploit m. ◊ **please list your educational achievements** veuillez mentionner vos diplômes; **professional achievements** expérience professionnelle; **achievement quotient** quotient de réussite; **achievement test** test de niveau.

**achiever** [əˈtʃiːvəʳ] **n** ◊ **high-** / **low-achiever** sujet doué / peu doué.

**acid test** [ˈæsɪdtest] **n** (fig) épreuve f décisive. ◊ **to stand the acid test of competition** résister à l'épreuve de la concurrence; **acid test ratio** (Acc) ratio de liquidité immédiate.

**ackgt** abbr of *acknowledgement*.

**acknowledge** [əkˈnɒlɪdʒ] **vt** error reconnaître, avouer; debt, claim reconnaître. ◊ **to acknowledge receipt of a letter** accuser réception d'une lettre.

**acknowledgement** [əkˈnɒlɪdʒmənt] **n** `a` [error] aveu m. ◊ **act of acknowledgement** (Jur) acte récognitif; **acknowledgement of debt** reconnaissance de dette. `b` [money] reçu m, récépissé m, quittance f; [letter, parcel] accusé m de réception; [purchase order] confirmation f. ◊ **we have not yet received acknowledgement of our letter** vous n'avez pas encore accusé réception de notre lettre. `c` (signature on document) paraphe m.

**a / c payee** abbr of *account payee* → account.

**acquaint** [əˈkweɪnt] **vt** (inform) aviser, avertir, instruire (*sb with sth* qn de qch), renseigner (*sb with sth* qn sur qch). ◊ **to acquaint sb with the situation** mettre qn au courant de la situation; **to be acquainted with** person connaître; fact savoir, être au courant de.

**acquaintance** [əˈkweɪntəns] **n** (person) relation f. ◊ **business acquaintance** relation d'affaires; **to make sb's acquaintance** faire la connaissance de qn, faire connaissance avec qn; **I have some acquaintance with this problem** je connais un peu ce problème, j'ai une certaine connaissance de ce problème.

**acquest** [əˈkwest] **n** (Jur) acquêt m.

**acquire** [əˈkwaɪəʳ] **vt** goods acquérir; reputation se faire.

**acquired** [ə'kwaɪəd] **adj** acquis. ◊ **acquired share** (US Fin) action rachetée ; **acquired surplus** (US Fin) surplus acquis.

**acquisition** [ˌækwɪ'zɪʃən] **1** **n** [company] acquisition f. ◊ **an acquisition policy** une politique d'acquisition.
**2** **cpd** **acquisition accounting** comptabilité par coûts historiques. – **acquisition cost** [company] frais mpl or coût or prix d'acquisition ; [fixed asset] coût or prix d'acquisition, coût historique.

**acquisitive** [ə'kwɪzɪtɪv] **adj** ◊ **the acquisitive society** la société du toujours plus ; **the acquisitive instinct** l'instinct de possession.

**acquit** [ə'kwɪt] **vt** (Jur) accused acquitter ; debt régler, s'acquitter de.

**acquittal** [ə'kwɪtl] **n** [accused, debt] acquittement m.

**acquittance** [ə'kwɪtəns] **n** (paying of debt) acquittement m, règlement m ; (proof of payment) reçu m, décharge f.

**acre** ['eɪkəʳ] **n** acre m (4 046,86 mètres carrés), ≈ demi-hectare m.

**acreage** ['eɪkərɪdʒ] **n** superficie f.

**acronym** ['ækrənɪm] **n** sigle m, acronyme m.

**across** [ə'krɒs] **cpd** ◊ **across-the-board** increase uniforme, général ; **stock prices were weak across the board** les cours sont restés déprimés dans tous les compartiments ; **across-the-counter** sales sans intermédiaire.

**act** [ækt] **1** **n** **a** (deed, action) action f, acte m. ◊ **act of God** (Ins) catastrophe naturelle. **b** (law) loi f. ◊ **Companies Act** (GB) loi sur les sociétés ; **Finance Act** (GB) loi de finances ; **Act of Congress** (US) loi (adoptée par le Congrès) ; **Act of Parliament** (GB) loi adoptée par le Parlement. **c** (Jur : document) acte m.
**2** **vi** agir. ◊ **to act on sb's behalf, act for sb** agir au nom de qn, agir pour le compte de qn.

**actg** **abbr of** acting par intérim, p.i.

**acting** ['æktɪŋ] **adj** ◊ **acting director** directeur par intérim ; **acting partner** associé commandité.

**action** ['ækʃən] **n** **a** (gen) action f. ◊ **to put a plan into action** mettre un projet à exécution ; **to take action** prendre des mesures, agir ; **industrial action** action revendicative, grève ; **to take industrial action** se mettre en grève, faire grève ; **action-oriented** tourné vers l'action. **b** **to be out of action** [telephone] être en dérangement ; [machine] être en panne, être hors d'usage or hors d'état de fonctionner. **c** (Jur) procès m, action f en justice. ◊ **to take legal action** avoir recours à la justice ; **to**

**take legal action against sb, bring an action against sb** intenter un procès à qn, poursuivre qn en justice ; **action for cancellation** recours en annulation ; **action for damages / libel** action or procès en dommages-intérêts / diffamation. **d** (Comp) **action code / message** code / message d'intervention.

**actionable** ['ækʃnəbl] **adj** qui peut donner lieu à des poursuites.

**activate** ['æktɪveɪt] **vt** contingency plan déclencher ; mechanism, device actionner ; (Comp) program lancer.

**active** ['æktɪv] **adj** **a** (St Ex) market animé, actif. ◊ **industrials were up in active trading** les industrielles étaient en hausse dans un marché animé ; **active demand** forte demande ; **active securities / shares** valeurs / actions très travaillées ; **active money** monnaie circulante or en circulation. **b** capital, assets qui rapporte, productif ; debt actif. ◊ **active bond** obligation à revenu fixe ; **Germany has an active trade balance** l'Allemagne a une balance commerciale excédentaire. **c** person, life actif. ◊ **in active employment** en activité ; **the active population** la population active ; **active file** (Comp) fichier en cours ; **active partner** partenaire actif.

**activity** [æk'tɪvɪtɪ] **n** **a** activité f. ◊ **business activity has slowed** les affaires ont diminué ; **stock market activity rose last week** la Bourse a connu un regain d'activité or d'animation la semaine dernière ; **sales activity was disappointing last year** les ventes ont été décevantes l'année dernière. **b** (Bank, Comp) [account, file] mouvement m. **c** (Econ) **tertiary activities** secteur tertiaire.

**act on** **vt fus** advice, suggestion suivre, se conformer à ; order exécuter ; decision donner suite à. ◊ **we acted on your letter immediately** nous avons fait le nécessaire dès réception de votre lettre.

**actual** ['æktjʊəl] **1** **adj** price, cost réel ; evidence concret, positif. ◊ **the actual figures** les chiffres exacts ; **the actual level of unemployment** le niveau effectif du chômage ; **actual address** (Comp) adresse réelle or effective ; **actual cash value** valeur de remplacement ; **actual instruction** (Comp) instruction effective ; **actual total loss** (Mar Ins) perte totale absolue ; **actual quotation** (St Ex) cours effectif ; **actual stock** (GB) stock réel ; **actual yield** [bond, investment] rendement effectif.
**2** **n** **a** (physical commodity) existant m. ◊ **the actuals** (Acc) les chiffres réels ; **this month's actuals** le réel pour le mois. **b** (actual price) prix m réel.

**actuality** [ˌæktjʊ'ælɪtɪ] n réalité f.

**actualize, actualise** ['æktjʊəˌlaɪz] vt réaliser.

**actuarial** [ˌæktjʊ'ɛərɪəl] adj actuariel. ◊ **actuarial liability** dette actuarielle, engagement actuariel ; **actuarial loss** perte or insuffisance actuarielle.

**actuary** ['æktjʊərɪ] n actuaire mf.

**actuate** ['æktjʊeɪt] vt person faire agir, inciter ; device actionner, déclencher.

**acumen** ['ækjʊmen] n ◊ **business acumen** sens (aigu) des affaires.

**a.c.v.** abbr of *actual cash value* → actual.

**a.d.** abbr of *after date* → after.

**ad\*** [æd] n abbr of *advertisement* (announcement) annonce f ; (Comm) pub\* f ; (TV) spot m. ◊ **to put** or **run an ad in the paper** mettre or insérer or faire passer une annonce dans le journal ; **small ads, classified ads** petites annonces.

**adapt** [ə'dæpt] vi s'adapter.

**adaptability** [əˌdæptə'bɪlɪtɪ] n [product, machine] adaptabilité f, possibilités fpl d'adaptation ; [technology, procedure, project] souplesse f.

**adaptable** [ə'dæptəbl] adj (gen) adaptable.

**adaptation** [ˌædæp'teɪʃən] n adaptation f.

**add** [æd] **1** vt (gen) ajouter (*to* à) ; (Math) figures additionner ; points gagner. ◊ **added value** valeur ajoutée.
**2** cpd **add-back method** (Acc) méthode dite de réintégration or de réincorporation. – **add lister, add listing machine** machine à calculer à imprimante. – **add-on** (Comp) périphérique, extension ; (Telec) conférence à trois ; **add-on equipment** (Comp) périphérique ; **add-on memory** mémoire additionnelle or supplémentaire. – **add time** (Comp) temps d'addition.

**add back** [ˌæd'bæk] vt sep sum réincorporer, réintégrer. ◊ **we have added the depreciation back in to obtain our cash flow** nous avons réincorporé les amortissements pour dégager notre marge brute d'autofinancement.

**addendum** [ə'dendəm] n addendum m, additif m.

**adder** ['ædəʳ] n additionneur m.

**add in** [ˌæd'ɪn] vt sep details, figures ajouter, inclure.

**adding** ['ædɪŋ] n addition f. ◊ **adding counter** (Comp) compteur additif ; **adding machine** machine à calculer.

**Addis Ababa** ['ædɪs'æbəbə] n Addis-Abeba.

**addition** [ə'dɪʃən] n **a** (gen, Math) addition f (*to* à). ◊ **the latest addition to our product range** le dernier-né de notre gamme de produits ; **an addition to our storeroom** une extension de notre magasin ; **the new machine will be an addition to our existing capacity** la nouvelle machine viendra augmenter notre capacité actuelle. **b** (text added) ajout m. ◊ **no additions or corrections may be made to this document** ce document ne doit comporter ni ajout ni correction or ni surcharge ni rature. **c** (new asset) acquisition f.

**additional** [ə'dɪʃənl] adj supplémentaire. ◊ **we shall require additional information** nous aurons besoin de plus amples renseignements or de renseignements supplémentaires or d'un complément d'information ; **there is an additional charge** il y a un supplément à payer ; **we are building additional production capacity** nous augmentons nos capacités de production ; **additional labour** apport de main-d'œuvre ; **additional postage** surtaxe postale ; **additional pay** supplément de salaire ; **additional clause** avenant.

**additive** ['ædɪtɪv] n additif m. ◊ **free of all additives** sans additifs.

**address** [ə'dres] **1** n **a** [person, company] adresse f. ◊ **to change one's address** changer d'adresse ; **change of address** changement d'adresse ; **our business address** l'adresse de nos bureaux ; **my home address** (l'adresse de) mon domicile, mon adresse personnelle ; **forwarding address** adresse de réexpédition ; **registered address** (adresse du) siège social. **b** (talk) discours m, allocution f. ◊ **public address system** sonorisation. **c** (Comp) adresse f. ◊ **absolute** or **machine address** adresse absolue.
**2** cpd **address book** carnet or répertoire d'adresses. – **address field** (Comp) zone d'adresse. – **address file** fichier d'adresses. – **address label** étiquette-adresse.
**3** vt **a** (direct) speech, parcel adresser (*to* à). ◊ **the letter is addressed to you** la lettre vous est adressée ; **to address o.s. to a problem** s'attaquer à un problème ; **this problem will have to be addressed** ce problème devra être abordé ; **please address all enquiries to our sales office** pour tout renseignement s'adresser au bureau des ventes ; **address your complaints to** adressez vos réclamations à. **b** (speak to) s'adresser à. ◊ **she addressed the meeting** elle a pris la parole devant l'assistance. **c** (Comp) adresser.

**addressable** [ə'dresəbl] adj (Comp) adressable.

**addressee** [ˌædreˈsiː] n destinataire mf.

**addresser, addressor** [əˈdresər] n expéditeur(-trice) m(f).

**addressing** [əˈdresɪŋ] n (Comp) adressage m.

**add to** vt fus augmenter, accroître, ajouter à. ◊ **we are going to add to our existing capacity** nous allons ajouter à or augmenter notre capacité actuelle.

**add together** vt sep figures additionner.

**adduce** [əˈdjuːs] vt (Jur) evidence produire.

**add up** 1 vi ◊ **these figures don't add up** ces chiffres ne font pas le compte exact, l'addition de ces chiffres est différente du total.
2 vt sep figures additionner. ◊ **to add up a column of figures** totaliser une colonne de chiffres.

**add up to** vt fus [figures] s'élever à, se monter à.

**Aden** [ˈeɪdn] n Aden.

**adequacy** [ˈædɪkwəsɪ] n [report, explanation] fait m d'être suffisant or acceptable. ◊ **I have doubts about the adequacy of this analysis** je doute que cette analyse soit acceptable or suffisante.

**adequate** [ˈædɪkwɪt] adj amount, supply, explanation suffisant, adéquat (for sth pour qch ; to do pour faire) ; technique adapté (to à) ; work acceptable.

**ad interim** [ˈædˈɪntərɪm] 1 adv par intérim.
2 adj (Jur) judgment provisoire.

**adjourn** [əˈdʒɜːn] 1 vt meeting ajourner, renvoyer, remettre, reporter (to à) ; (Jur) case renvoyer (for a week à huitaine). ◊ **to adjourn sth for a week / until the next day** remettre qch à huitaine / au lendemain ; **the meeting is** or **stands adjourned** la séance est levée.
2 vi ◊ **the meeting adjourned** la séance a été levée.

**adjournment** [əˈdʒɜːnmənt] n [meeting] suspension f, ajournement m ; [decision] remise f, ajournement m.

**adjudge** [əˈdʒʌdʒ] vt ◊ **to adjudge sb guilty** prononcer or déclarer qn coupable ; **he was adjudged bankrupt** il a été déclaré en faillite ; **he was adjudged heavy damages** on lui a accordé des dommages-intérêts considérables.

**adjudicate** [əˈdʒuːdɪkeɪt] 1 vt (judge) competition juger ; claim décider. ◊ **to adjudicate sb bankrupt** déclarer qn en faillite.
2 vi se prononcer (upon sur).

**adjudication** [əˌdʒuːdɪˈkeɪʃən] n ◊ **adjudication of bankruptcy, adjudication order** déclara-

tion de faillite, jugement déclaratif de faillite.

**adjudicator** [əˈdʒuːdɪkeɪtər] n juge m, arbitre m.

**adjunct** [ˈædʒʌŋkt] n (thing) accessoire m. ◊ **adjunct professor** (US) (professeur) vacataire.

**adjust** [əˈdʒʌst] 1 vt a (adapt) (gen) ajuster, adapter (to à) ; mechanism ajuster, régler, mettre au point ; prices ajuster, revoir ; salary revaloriser, revoir. b (Mar Ins) average répartir. ◊ **to adjust a claim** régler un sinistre. c (correct) figures, error corriger ; account redresser, rectifier. ◊ **the statistics have been adjusted for seasonal variations** les statistiques ont été corrigées des variations saisonnières, les statistiques ont été désaisonnalisées ; **figures have been adjusted downwards / upwards** les statistiques ont été corrigées or revues en baisse / en hausse.
2 vi s'adapter (to à).

**adjustable** [əˈdʒʌstəbl] adj tool, setting réglable ; date, time flexible ; mortgage rate, insurance policy variable ; interest rate variable, révisable.

**adjusted** [əˈdʒʌstɪd] adj ◊ **the adjusted gross estate is worth $2 million** la valeur imposable de la succession après déduction des abattements fiscaux est de 2 millions de dollars ; **adjusted gross income** revenu(s) imposable(s) après déduction des abattements fiscaux ; **adjusted selling price** prix de vente rajusté ; **adjusted trial balance** (Acc) balance de vérification régularisée ; **inflation-adjusted income** bénéfices en monnaie constante, bénéfices réels compte tenu de l'inflation ; **seasonally adjusted figures** données corrigées des variations saisonnières, données désaisonnalisées.

**adjuster** [əˈdʒʌstər] n (Ins) (claims or loss) adjuster (inspecteur) régleur ; **average adjuster** (Mar) répartiteur d'avaries, dispacheur.

**adjusting** [əˈdʒʌstɪŋ] adj ◊ **adjusting entry** (accrual accounting) écriture de régularisation ; (to correct an error) écriture de correction or de redressement.

**adjustment** [əˈdʒʌstmənt] 1 n a [prices, wages] ajustement m ; [tool, setting] réglage m, ajustage m, mise f au point ; (to a situation) adaptation f. ◊ **automatic adjustment point** [salaries] seuil de réajustement automatique ; **average adjustment** règlement or répartition d'avaries ; **cost-of-living adjustment** (US) indexation sur le coût de la vie ; **seasonal adjustment** (Econ) désaisonnalisation ; **inventory valuation adjustment** réévaluation des stocks. b (correction) [figures, error] correction f. c (Ins) [loss] règlement m ; (Mar) dispache f, règlement

m d'avarie. ◊ **claims adjustment** règlement de sinistre. **d** (accrual accounting) régularisation f.
**2** **cpd** **adjustment account** compte de vérification; (in accrual accounting) compte de régularisation. — **adjustment bond** (US) obligation *émise à la suite d'une restructuration*

**adman\*** [ˈædˌmæn] **n** publicitaire m.

**admass** [ˈædmæs] **1** **n** public m ciblé, cible f. **2** **adj** culture, life de masse, de grande consommation.

**admin** [ˈædmɪn] **n** abbr of *administration*.

**administer** [ədˈmɪnɪstəʳ] (GB), **administrate** [ədˈmɪnɪstreɪt] (US) **vt** gérer, administrer.

**administered** [ədˈmɪnɪstəd] **adj** price imposé, réglementé.

**administration** [ədˌmɪnɪsˈtreɪʃən] **1** **n** **a** (management) (gen) administration f, gestion f; [estate, inheritance] curatelle f. **b** (government) gouvernement m; (ministry) ministère m.
**2** **cpd** **administration costs** frais *mpl* d'administration or de gestion. — **administration order** *ordonnance instituant l'administrateur judiciaire d'une succession ab intestat.*

**administrative** [ədˈmɪnɪstrətɪv] **adj** (gen) administratif. ◊ **administrative costs** or **overheads** frais de gestion, frais administratifs; **to take administrative control of a company** prendre le contrôle administratif d'une société.

**administrator** [ədˈmɪnɪstreɪtəʳ] **n** [business] administrateur(-trice) m(f), gestionnaire mf, gérant(e) m(f); [estate, inheritance] curateur(-trice) m(f).

**admissible** [ədˈmɪsəbl] **adj** idea, plan acceptable, admissible; document valable; evidence, witness, appeal recevable.

**admission** [ədˈmɪʃən] **n** **a** (entry) admission f, entrée f, accès m (*to* à). ◊ **admission fee** droit d'entrée; **admission free** (to exhibitions) entrée gratuite or libre; (Customs) admission en franchise officielle; **admission to quotation** (St Ex) admission à la cote. **b** (confession) aveu m. ◊ **by his own admission** de son propre aveu.

**admit** [ədˈmɪt] **vt** **a** (let in) laisser entrer. **b** (acknowledge) reconnaître, admettre. **c** claim faire droit à.

**admit of** **vt fus** admettre. ◊ **our order admits of no delay** notre commande n'admet or ne peut souffrir aucun retard.

**admittance** [ədˈmɪtəns] **n** admission f, accès m (*to* auprès de). ◊ **no admittance** entrée interdite.

**adopt** [əˈdɒpt] **vt** budget, resolution adopter, voter; minutes approuver.

**adoption** [əˈdɒpʃən] **n** adoption f. ◊ **adoption process** (Mktg) processus d'adoption.

**adrate\*** [ˈædreɪt] **n** (Pub) tarif m publicitaire or des annonces.

**ad valorem** [æd vəˈlɔːrəm] **adj** duty, tax proportionnel, ad valorem, sur la valeur.

**advance** [ədˈvɑːns] **1** **n** **a** avance f, progrès m. ◊ **the advance of technology** les progrès de la technologie. **b** **in advance** en avance, par avance, d'avance; **a week in advance** une semaine à l'avance; **payable in advance** payable d'avance; **to book in advance** retenir or louer d'avance; **thanking you in advance** avec nos remerciements anticipés, en vous remerciant d'avance or par avance. **c** (in prices) (gen) hausse f, augmentation f; (St Ex) progression f, hausse f (*in* de). ◊ **is there any further advance on £300 ?** (at auction) 300 livres, qui dit mieux? **d** (loan) avance. ◊ **an advance on salary** une avance sur salaire; **an advance against security / goods** une avance sur nantissement / marchandises; **secured / unsecured advance** avance sur garantie / à découvert; **to make an advance of £200 to sb** faire une avance de 200 livres à qn, avancer 200 livres à qn; **advances** (Bank) avances, découvert, facilités de trésorerie. **e** (down payment) acompte m, arrhes fpl; (on contract) acompte m, avance f. ◊ **to make an advance payment** verser un acompte or des arrhes.
**2** **cpd** **advance account** compte d'avance. — **advance bill** effet tiré d'avance. — **advance billing** (US) facturation par anticipation. — **advance booking** (Theat, Cine) location; [hotel, restaurant] réservation. — **advance factory** usine-pilote. — **advance freight** fret payé d'avance. — **advance notice** préavis. — **advance payment** (down payment) acompte, arrhes fpl, avance; (full payment) paiement anticipé or par anticipation. — **advance premium** prime payée d'avance. — **advance publicity** publicité d'amorçage.
**3** **vt** **a** date, explanation, money avancer; work faire progresser or avancer; prices augmenter, faire monter. **b** (Comp) paper faire avancer; tape faire défiler.
**4** **vi** [work, project] progresser; [person] recevoir de l'avancement; [prices] monter, augmenter, progresser.

**advanced** [ədˈvɑːnst] **adj** avancé. ◊ **advanced language** (Comp) langage évolué; **advanced technology** technologie de pointe; **advanced countries** pays avancés or industrialisés.

**advancement** [əd'vɑːnsmənt] **n** (promotion) avancement m, promotion f.

**advantage** [əd'vɑːntɪdʒ] **n** avantage m. ◊ **comparative advantage** (Econ) avantage comparatif; **to have a competitive advantage over sb** avoir un avantage concurrentiel sur qn; **to take advantage of an opportunity to do** profiter d'une occasion de faire.

**advantageous** [ˌædvən'teɪdʒəs] **adj** (gen) avantageux (*to* pour); (financially profitable) intéressant, avantageux (*to* pour), profitable (*to* à).

**adverse** ['ædvɜːs] **adj** factor, report défavorable. ◊ **adverse balance of trade** balance commerciale déficitaire or défavorable; **adverse price movements** fluctuations défavorables des cours.

**advert** [əd'vɜːt] **n** abbr of *advertisement* (announcement) annonce f; (Comm) pub* f; (TV) spot m. ◊ **to run an advert in the paper** mettre or insérer une annonce dans le journal.

**advertise** ['ædvətaɪz] **1 vt a** (Comm) product faire de la publicité or de la réclame pour. ◊ **as advertised on TV** vu à la télévision. **b** (in newspaper) **to advertise a house (for sale)** mettre or insérer or faire passer une annonce pour vendre une maison; **they advertised the job in the press** ils ont mis or inséré or fait passer une annonce pour le poste dans le journal; **I am applying for the post (as) advertised in the Times** j'ai l'honneur de poser ma candidature pour l'emploi correspondant à votre annonce parue dans le Times. **2 vi a** faire de la publicité or de la réclame. ◊ **it pays to advertise** la publicité paie. **b** **to advertise for a sales manager** faire paraître une annonce pour trouver un directeur des ventes.

**advertisement** [əd'vɜːtɪsmənt] **n** (announcement) annonce f; (Comm) réclame f, publicité f, annonce f publicitaire; (TV) spot m (publicitaire). ◊ **to put an advertisement in a paper** mettre or insérer or faire passer une annonce dans un journal.

**advertiser** ['ædvətaɪzə'] **n** annonceur m.

**advertising** ['ædvətaɪzɪŋ] **1 n** publicité f. ◊ **he is in advertising** or **in the advertising business** il est dans la publicité; **deceptive** or **misleading advertising** publicité mensongère; **point of sale advertising** publicité sur le lieu de vente; **newspaper advertising** publicité-presse; **radio / television advertising** publicité radiophonique / télévisée. **2 cpd advertising agency** agence de publicité. – **advertising allocation** or **account** or **budget** budget (de) publicité. – **advertising appeal** thème or axe publicitaire; **the best advertising appeal for a prod-**uct l'axe publicitaire le plus approprié pour présenter un produit. – **advertising blitz** campagne de publicité intensive. – **advertising campaign** campagne de publicité, campagne publicitaire. – **advertising channel** or **medium** support publicitaire. – **advertising copy** texte publicitaire. – **advertising coverage** couverture publicitaire. – **advertising department** service (de la) publicité. – **advertising manager** chef or directeur de la publicité. – **advertising revenues** recettes fpl publicitaires. – **advertising schedule** programme des annonces. – **advertising space** espace publicitaire. – **Advertising Standards Authority** (GB) ≈ Bureau de vérification de la publicité.

**advice** [əd'vaɪs] **1 n a** avis m, conseils mpl. ◊ **a piece of advice** un conseil; **to take legal advice** consulter un avocat. **b** (Comm : notification) avis m. ◊ **as per advice of** or **from** suivant avis de; **until further advice** jusqu'à nouvel avis. **c** (Comm) **advices** informations; **we have received the latest advices from our agent in Taiwan** nous avons reçu les dernières informations de notre agent de Taiwan. **2 cpd advice note** lettre d'avis. – **advice of arrival** avis d'arrivée. – **advice of collection** or **of payment** (Bank) avis d'encaissement. – **advice of deal** (St Ex) avis d'exécution or d'opération. – **advice of delivery** avis de livraison.

**advisable** [əd'vaɪzəbl] **adj** conseillé, opportun, judicieux. ◊ **I do not think it is advisable for you to accept** je ne vous conseille pas d'accepter; **if you think it advisable** si vous le jugez bon.

**advise** [əd'vaɪz] **vt a** (give advice to) conseiller, donner des conseils. ◊ **to advise sb on** or **about sth** conseiller qn sur qch; **to advise sb to do** conseiller à qn de faire; **to advise sb against sth** déconseiller qch à qn; **to advise sb against doing** conseiller à qn de ne pas faire, déconseiller à qn de faire. **b** (Comm : notify) **to advise sb of sth** aviser or informer qn de qch; **we are pleased to advise you that...** nous avons le plaisir de vous informer que...; **to advise a draft** donner avis d'une traite; **advised bill** traite avisée.

**adviser** [əd'vaɪzə'] **n** conseiller(-ère) m(f). ◊ **legal adviser** conseiller juridique, avocat-conseil.

**advisory** [əd'vaɪzərɪ] **adj** committee consultatif. ◊ **consumer advisory service** service de conseil au consommateur; **in an advisory capacity** à titre consultatif.

**advocate** ['ædvəkɪt] **vt** recommander, préconiser.

**aerogram** [ˈɛərəugræm] n (letter) aérogramme m; (radiotelegram) radiotélégramme m.

**aeroplane** [ˈɛərəpleɪn] (GB) n avion m.

**aerosol** [ˈɛərəsɒl] n (system) aérosol m. ◊ **aerosol can** aérosol, bombe.

**affair** [əˈfɛəʳ] n (issue) affaire f. ◊ **this is our affair** c'est notre affaire, ceci nous regarde; **the company's affairs** les affaires de l'entreprise; **in the present state of affairs** étant donné les circonstances, les choses étant ce qu'elles sont; **to put one's affairs in order** mettre de l'ordre dans ses affaires; **current affairs** questions or problèmes d'actualité; **foreign / international affairs** affaires étrangères / internationales; **statement of affairs** bilan de liquidation.

**affect** [əˈfekt] vt business avoir un effet sur, influer sur.

**affidavit** [ˌæfɪˈdeɪvɪt] n (Jur) déclaration f écrite sous serment. ◊ **to swear on affidavit that** déclarer sous serment que.

**affiliate** [əˈfɪlɪeɪt] **1** vt affilier (to, with à). ◊ **to affiliate o.s., be affiliated** s'affilier (to, with à).
**2** n (person) membre m, affilié m; (company) filiale f. ◊ **affiliate member** membre affilié.

**affiliated** [əˈfɪlɪeɪtɪd] adj ◊ **affiliated company** or **corporation** or **firm** (gen) filiale; (on balance sheet) société liée or apparentée; **affiliated trade unions** syndicats affiliés.

**affiliation** [əˌfɪlɪˈeɪʃən] n affiliation f.

**affix** [əˈfɪks] vt label attacher; notice afficher; signature apposer; stamp coller (to à). ◊ **the affixed testimonial** l'attestation ci-jointe.

**affluence** [ˈæfluəns] n (wealth) richesse f.

**affluent** [ˈæfluənt] adj (wealthy) riche. ◊ **the affluent society** la société d'abondance.

**afford** [əˈfɔːd] vt ◊ **to be able to afford to buy sth** avoir les moyens d'acheter qch; **we cannot afford to take the risk** nous ne pouvons pas nous permettre de courir le risque.

**affordable** [əˈfɔːdəbl] adj abordable.

**affreightment** [əˈfreɪtmənt] n affrètement m.

**Afghan** [ˈæfgæn] **1** adj afghan.
**2** n **a** (language) afghan m. **b** (inhabitant) Afghan(e) m(f).

**afghani** [æfˈgɑːnɪ] n afghani m.

**Afghanistan** [æfˈgænɪstæn] n Afghanistan m.

**afloat** [əˈfləut] adv à flot. ◊ **to keep bills afloat** faire circuler des effets; **the company is only just afloat** l'entreprise se maintient tout juste à flot; **afloat price** (Commodity Exchange) prix à flot or à bord; **the goods are still afloat** les marchandises sont toujours en mer.

**aforementioned** [əˌfɔːˈmenʃənd], **aforenamed** [əˈfɔːneɪmd], **aforesaid** [əˈfɔːsed] adj (Jur, Admin) susdit, susmentionné, précité.

**afoul** [əˈfaul] adv ◊ **to run afoul of the tax authorities** (US) avoir des ennuis avec le fisc.

**afraid** [əˈfreɪd] adj ◊ **I am afraid we cannot fill your order** j'ai le regret de vous dire que nous ne sommes pas en mesure d'exécuter votre commande; **I am afraid I can't do it** je crains de ne pas pouvoir le faire.

**Africa** [ˈæfrɪkə] n Afrique f.

**African** [ˈæfrɪkən] **1** adj africain.
**2** n (inhabitant) Africain(e) m(f).

**Afrikaans** [ˌæfrɪˈkɑːns] **1** adj afrikaans inv.
**2** n (language) afrikaans m.

**Afrikaner** [ˌæfrɪˈkɑːnəʳ] **1** adj afrikaner.
**2** n Afrikaner mf.

**after** [ˈɑːftəʳ] prep or cpd ◊ **after date : three months after date pay** à trois mois de date payer; **after-effect** suite, répercussion; **after-hours** (St Ex) market après Bourse; **after-market** (St Ex) transaction après Bourse; (Mktg) sales, revenue généré par le premier achat; **after-sales service** service après-vente; **after sight : 10 days after sight pay** à 10 jours de vue payer; **after-tax profit** bénéfices mpl après impôts.

**against** [əˈgenst] prep contre. ◊ **against all risks** (Mar Ins) contre tous les risques; **against documents / payment** contre documents / paiement; **it is against our policy to grant discounts** il est contraire à notre politique d'accorder des remises.

**age** [eɪdʒ] **1** n âge m.
**2** cpd **age allowance** (GB Tax) abattement vieillesse. – **age bracket** groupe or tranche d'âge. – **age distribution** distribution or répartition par âge. – **age group** groupe or tranche d'âge; **the 30-40 age group** le groupe or la tranche d'âge de(s) 30-40 ans, les 30-40 ans. – **age limit** limite d'âge; **to reach the age limit** être touché par la limite d'âge.
**3** vi vieillir, prendre de l'âge.
**4** vt accounts classer par antériorité or par ancienneté. ◊ **to age inventories** classer or analyser le stock par date d'entrée.

**agency** [ˈeɪdʒənsɪ] **1** n **a** (Comm, Admin) agence f, bureau m; (Bank) succursale f. ◊ **advertising agency** agence de publicité; **customs agency** agence de transit en douane; **employment agency** bureau de placement; **they have the exclusive** or **sole agency for our firm** ils ont l'exclusivité de notre société; **forwarding agency** bureau or société de transitaires; **news** or **press**

**agency** agence de presse ; **sales agency** agence commerciale ; **shipping agency** agence maritime ; **travel agency** agence de voyages. **b** (means) intermédiaire m, entremise f. ◊ **through** or **by sb's agency** par l'intermédiaire or par l'entremise de qn. **2** cpd **agency account** compte agence. − **agency agreement** contrat de mandat. − **agency bill** *effet tiré sur l'agence londonienne d'une banque étrangère.* − **agency billing** chiffre d'affaires d'une agence de publicité. − **agency contract** contrat de mandat or d'agence. − **agency fund** fonds en fidéicommis.

**agenda** [ə'dʒendə] n ordre m du jour, programme m. ◊ **on the agenda** à l'ordre du jour ; **to draw up the agenda** dresser or établir l'ordre du jour ; **to place** or **put a question on the agenda** mettre or inscrire une question à l'ordre du jour.

**agent** ['eɪdʒənt] n agent m, représentant(e) m(f) (*of, for* de) ; (Jur, Admin) mandataire mf, fondé m de pouvoir. ◊ **authorized agent** fondé de pouvoir, mandataire ; **estate agent** (GB) agent immobilier, marchand de biens or de fonds ; **forwarding agent** transitaire ; **insurance agent** agent d'assurances ; **mercantile agent** commissionnaire ; **real estate agent** (US) agent immobilier, marchand de biens or de fonds ; **overseas agent** agent or représentant à l'étranger ; **sales agent** agent commercial ; **shipping agent** (gen) agent maritime ; (forwarder) transitaire ; **sole agent** agent or représentant exclusif ; **to be sole agent for** être seul dépositaire de or concessionnaire exclusif de.

**aggregate** ['ægrɪgɪt] **1** n **a** ensemble m, total m. ◊ **in the aggregate** dans l'ensemble. **b** (Econ, Acc) agrégat m. ◊ **monetary aggregate** agrégats monétaires. **2** adj amount, value, demand global, total.

**aggressive** [ə'gresɪv] adj marketing, sales agressif.

**agio** ['ædʒɪəʊ] n (in foreign exchange trading) agio m. ◊ **agio account** compte d'agios.

**agiotage** ['ædʒətɪdʒ] n agiotage m.

**AGM** [,eɪdʒiː'em] n abbr of *annual general meeting* AG f.

**agree** [ə'griː] **1** vt **a** (consent) consentir (*to do* à faire), accepter (*to do* de faire). ◊ **we agree to do it** nous acceptons de le faire, nous sommes d'accord pour le faire ; **everyone agrees that we should sell** tout le monde est d'accord (sur le fait) que nous devrions vendre, tout le monde s'accorde à penser que nous devrions vendre. **b** report accepter, approuver ; prices [two or more people] se mettre d'accord sur, conve-

nir de ; [one person] accepter, donner son accord à. ◊ **to agree the books** accorder or conformer les écritures. **2** vi [person] être d'accord, être du même avis ; [figures] concorder, coïncider (*with* avec). ◊ **to agree to a project** donner son adhésion à un projet ; **the words and the figures on the cheque don't agree** la somme en lettres et la somme en chiffres ne concordent pas sur le chèque.

**agreeable** [ə'griːəbl] adj ◊ **we are agreeable to the terms as outlined in the contract** nous acceptons les termes exprimés dans le contrat.

**agreed** [ə'griːd] adj time, place, amount convenu. ◊ **we are agreed** nous sommes d'accord (*about* au sujet de ; *on* sur) ; **as agreed** comme convenu ; **unless otherwise agreed** sauf stipulation contraire ; **agreed price** prix convenu ; **agreed valuation clause** (Mar Ins) clause valeur agréée ; **agreed-value insurance** assurance valeur agréée.

**agreement** [ə'griːmənt] n (contract, arrangement) accord m, contrat m. ◊ **to enter into an agreement** passer un accord or un contrat ; **an agreement has been reached** un accord est intervenu ; **to sign a legal agreement** s'engager par contrat ; **by mutual agreement** d'un commun accord ; **your figures are in agreement with ours** vos chiffres concordent avec les nôtres ; **bank summary and agreement** rapprochement bancaire ; **agreement of clearing** accord de clearing ; **agreement of service** (US) contrat de travail ; **blanket agreement** accord global ; **collective bargaining agreement** convention collective ; **General Agreement on Tariffs and Trade** accord général sur les tarifs douaniers et le commerce ; **real agreement** (Jur) bail ; **standard agreement** contrat type or standard ; **stand-by agreement** accord stand-by ; **verbal agreement** accord verbal ; **wage agreement** convention salariale, accord salarial or sur les salaires.

**agribusiness** ['ægrɪ,bɪznɪs] n industries fpl agro-alimentaires, agro-industries fpl.

**agricultural** [,ægrɪ'kʌltʃərəl] adj agricole. ◊ **agricultural bank** organisme bancaire de crédit aux agriculteurs ; **agricultural show** exposition agricole, Salon de l'agriculture ; **Common Agricultural Policy** (EEC) politique agricole commune.

**agriculture** ['ægrɪkʌltʃəʳ] n agriculture f.

**agricultur(al)ist** [,ægrɪ'kʌltʃər(əl)ɪst] n agronome m.

**agrifoodstuffs** ['ægrɪ'fuːdstʌfz] n agro-alimentaire m.

**agrochemical** [,ægrəʊ'kemɪkəl] **1** n produit m agrochimique.

**2** adj agrochimique.

**agronomist** [əˈgrɒnəmɪst] agronome m.

**agronomy** [əˈgrɒnəmɪ] n agronomie f.

**aground** [əˈgraʊnd] **1** adj ship échoué. **2** adv ◊ **to run aground** [ship] s'échouer.

**agt** abbr of *agent*.

**agy** abbr of *agency*.

**ahead** [əˈhed] adv ◊ **to get ahead** [person] réussir dans la vie; **shares moved ahead** les actions ont progressé; **to plan ahead for sth** préparer or prévoir qch.

**aid** [eɪd] **1** n **a** (help) aide f, assistance f, secours m. ◊ **financial aid** aide financière; **foreign aid** aide étrangère or extérieure. **b** (helper) aide mf, assistant(e) m(f). **c** (gen pl : equipment) aide f. ◊ **audio-visual aids** supports or moyens audio-visuels; **decision / design aids** aides à la décision / à la conception; **office aids** matériel de bureau; **programming aids** outils de programmation. **2** vt person aider, assister; industry, company aider, subventionner; country aider, apporter une aide à; progress, recovery contribuer à. ◊ **aided recall test** (Pub) test de mémorisation assistée; **computer-aided** assisté par ordinateur; **state-aided** subventionné par l'État.

**AIDA** abbr of *attention, interest, desire, action* AIDA.

**aide** [eɪd] n aide mf, assistant(e) m(f). ◊ **aide-mémoire** mémorandum.

**ailing** [ˈeɪlɪŋ] adj company en difficulté; industry en déclin.

**aim** [eɪm] **1** n but m, objet m, objectif m. **2** vt remark diriger (*at* contre). ◊ **to aim to do** viser à faire, avoir pour but de faire.

**air** [ɛəʳ] **1** n air m. ◊ **to carry** or **transport by air** transporter par avion. **2** cpd **air bill of lading, air waybill** lettre de transport aérien. – **air cargo** fret aérien. – **air carrier** transporteur aérien. – **air-conditioned** climatisé. – **air-conditioning** climatisation. – **air freight** (transport) transport aérien; (goods) fret aérien; **to (send by) air freight** expédier par voie aérienne or par avion. – **air hostess** hôtesse de l'air. – **air lane** couloir aérien. – **air letter / parcel** lettre / colis par avion. – **air show** Salon de l'aéronautique. – **air terminal** aérogare. – **air time** temps d'antenne; **air time buyer** acheteur de temps. – **air traffic** trafic aérien; **air traffic control** contrôle du trafic aérien; **air traffic controller** aiguilleur du ciel. – **air transport** transport aérien. – **air travel** les voyages mpl en avion. – **air traveller** voyageur par avion.

**3** vt opinions faire connaître; idea, proposal mettre sur le tapis.

**aircraft** [ˈɛəʳkrɑːft] n avion m. ◊ **the aircraft industry** l'industrie aéronautique; **aircraft charter agreement** contrat d'affrètement aérien.

**aircrew** [ˈɛəʳkruː] n équipage m (d'un avion).

**airlift** [ˈɛəʳlɪft] n pont m aérien.

**airline** [ˈɛəʳlaɪn] n compagnie f aérienne, compagnie f d'aviation.

**airliner** [ˈɛəʳlaɪnəʳ] n avion m de ligne.

**airmail** [ˈɛəmeɪl] **1** n poste f aérienne. ◊ **by airmail** (on letter) par avion. **2** vt letter, parcel expédier par avion.

**airplane** [ˈɛəʳpleɪn] (US) n avion m.

**airport** [ˈɛəʳpɔːt] n aéroport m. ◊ **airport tax** taxe d'aéroport.

**airtight** [ˈɛəʳtaɪt] adj hermétique, étanche (à l'air).

**airway** [ˈɛəʳweɪ] n (route) ligne f aérienne. ◊ **airway bill** lettre de transport aérien.

**airworthy** [ˈɛəʳwɜːðɪ] adj plane en état de navigation.

**aisle** [aɪl] n (in supermarket, plane) allée f.

**alarm** [əˈlɑːm] **1** n (warning) alarme f, alerte f; (in clock) sonnerie f. ◊ **burglar alarm** (sonnerie d') alarme; **to raise the alarm** donner l'alarme or l'alerte. **2** cpd **alarm bell** (sonnerie d') alarme. – **alarm clock** réveil. – **alarm signal** signal d'alarme.

**Albania** [ælˈbeɪnɪə] n Albanie f.

**Albanian** [ælˈbeɪnɪən] **1** adj albanais. **2** n **a** (language) albanais m. **b** (inhabitant) Albanais(e) m(f).

**aleatory** [ˈeɪlɪətərɪ] adj (Ins) aléatoire.

**alert** [əˈlɜːt] n alerte f. ◊ **to give the alert** donner l'alerte; **we are on the alert for new opportunities** nous sommes à l'affût de nouvelles opportunités.

**Algeria** [ælˈdʒɪərɪə] n Algérie f.

**Algerian** [ælˈdʒɪərɪən] **1** adj algérien. **2** n (inhabitant) Algérien(ne) m(f).

**Algiers** [ælˈdʒɪəz] n Alger.

**algorithm** [ˈælgəˌrɪðəm] n algorithme m.

**algorithmic** [ˌælgəˈrɪˈθmɪk] adj algorithmique.

**alien** [ˈeɪlɪən] **1** n étranger(-ère) m(f). ◊ **alien registration card** (US) ≈ carte de séjour. **2** adj étranger. ◊ **alien from** étranger à, éloigné de; **alien to** contraire à, opposé à.

**alienable** [ˈeɪljənəbl] adj (Jur) aliénable.

**alienate** [ˈeɪlɪəneɪt] **vt** (Jur) aliéner.

**alienation** [ˌeɪlɪəˈneɪʃən] **n** (Jur) aliénation f.

**alienee** [ˌeɪljəˈniː] **n** (Jur) aliénataire mf.

**align** [əˈlaɪn] **vt** aligner.

**alignment** [əˈlaɪnmənt] **n** alignement m.

**aliquot** [ˈælɪkwɒt] **adj** aliquote. ◊ **aliquot parts** parties aliquotes.

**all** [ɔːl] **cpd all-in** (GB) price net, tout compris; insurance tous risques; **it costs £50 all-in** cela coûte 50 livres tout compris. — **all-inclusive** rate, price net, tout compris. — **all-loss, all-risk** insurance policy tous risques. — **all-out** effort maximum; **all-out sales campaign** campagne de vente tous azimuts. — **all-purpose** computer, device universel, polyvalent; financial statement à vocation génégrale. — **all-round** price tout compris. — **all-time : the dollar reached an all-time low** le dollar a atteint son niveau le plus bas; **stock prices reached an all-time high** les cours ont atteint un niveau historique; **all-time record** record absolu.

**allied** [ˈælaɪd] **adj** ◊ **allied industries** industries connexes.

**allocate** [ˈæləʊkeɪt] **vt** money, resources (to person) allouer, attribuer; (to purpose) affecter; task assigner; contract adjuger (*to* à). ◊ **to allocate costs to the appropriate accounts** ventiler or répartir les charges entre les comptes appropriés.

**allocation** [ˌæləʊˈkeɪʃən] **n** a [money] (to person) allocation f; (to purpose) affectation f; [responsibility] attribution f; [contract] adjudication f; [costs] ventilation f, répartition f. ◊ **the allocation basis of accounting** le système de comptabilité par ventilation or par répartition; **an allocation to a provision** une dotation à une provision; **resource allocation** allocation or affectation or répartition des ressources. b (sum allocated) allocation f. ◊ **travel allocation** indemnité de déplacement; **advertising allocation** budget (de) publicité.

**allonge** [ˈæləɔʒ] **n** (on bill of exchange) allonge f.

**allot** [əˈlɒt] **vt** money attribuer, allouer; task assigner; (St Ex) shares attribuer (*to* à). ◊ **we allotted £2,000 to the repairs** nous avons affecté 2 000 livres aux réparations; **I allotted a week to the problem** j'ai consacré une semaine au problème.

**allotment** [əˈlɒtmənt] **1** **n** [shares] attribution f; [task] assignation f. ◊ **payment in full on allotment** libération à la répartition. **2** **cpd allotment letter** avis d'attribution. — **allotment money** versement de souscription. — **allotment price** prix de souscription.

**allottee** [ələˈtiː] **n** (St Ex) attributaire mf.

**allow** [əˈlaʊ] **vt** a (permit) permettre, autoriser. b (grant) money accorder, allouer. ◊ **to allow sb £10,000 damages** accorder à qn 10 000 livres de dommages et intérêts; **to allow sb a discount** consentir or accorder une remise à qn, faire bénéficier qn d'une remise; **banks allow no interest on current accounts** les banques ne paient pas or n'accordent pas d'intérêts sur les comptes courants; **allowed time** (Ins) délai accordé. c (accept) claim reconnaître la recevabilité de.

**allowable** [əˈlaʊəbl] **adj** permis, admissible. ◊ **allowable expenses** (Tax) dépenses déductibles; **an allowable claim** une réclamation recevable.

**allowance** [əˈlaʊəns] **n** a (money given to sb) (gen) allocation f; (for lodgings, travel) indemnité f. ◊ **allowance in kind** prestation en nature; **car allowance** indemnité de déplacement, indemnité kilométrique; **cost of living allowance** indemnité de vie chère; **family allowance** allocations familiales; **foreign currency allowance** allocation de devises; **travelling allowance** indemnité de déplacement. b (Comm, Fin : discount) réduction f, rabais m, remise f; (reduction in price of damaged or lost goods) réfaction f. ◊ **sales returns and allowances** retours et réfactions accordés sur ventes; **purchase returns and allowances** retours et réfactions obtenus sur achats; **trade allowance** remise à la profession. c (Tax) abattement m (à la base), déduction f avant impôts. ◊ **earned income allowance** déduction au titre des revenus salariaux; **investment allowance** déduction sur les investissements. d (tolerance) tolérance f. ◊ **with an allowance of 3% for spoilage** avec une tolérance de 3% pour détérioration; **there is a 20 kilo free baggage allowance** il y a une franchise de 20 kilos pour les bagages; **there is a cashier's error allowance of £10** il y a une passe de caisse de 10 livres; **import allowance** tolérance à l'importation. e (Acc) provision f, dotation f. ◊ **to make an allowance for depreciation** faire une provision pour amortissement, faire une dotation aux amortissements; **allowance method** méthode de provision pour dépréciation des comptes clients.

**allow for vt fus** tenir compte de. ◊ **we must allow 3% for leakage** nous devons ajouter 3% pour le coulage, nous devons prévoir 3% de coulage; **we must allow for a fall in the dollar rate** il faut tenir compte d'une chute éventuelle du dollar; **transportation charges not allowed for** frais de transport non compris.

**alongside** [ə'lɒŋ'saɪd] prep ◊ free alongside ship franco le long du navire; alongside bill of lading connaissement reçu à quai.

**aloof** [ə'luːf] adv ◊ investors are standing aloof les investisseurs boudent or s'abstiennent.

**alphabetic(al)** [ˌælfə'betɪk(əl)] adj ◊ in alphabetical order par ordre alphabétique.

**alphanumeric** [ˌælfənjuː'merɪk] adj alphanumérique.

**alter** ['ɒltəʳ] vt changer, modifier.

**alteration** [ˌɒltə'reɪʃən] n changement m, modification f. ◊ closed for alterations (sign on shop) fermé pour travaux.

**alternate** [ɒl'tɜːnɪt] **1** adj (by turns) alternatif, alterné. ◊ on alternate days tous les deux jours; alternate press (US) presse parallèle. **2** n (US) remplaçant(e) m(f), suppléant(e) m(f). **3** vti alterner.

**alternative** [ɒl'tɜːnətɪv] **1** adj possibility, answer autre; strategy de rechange, autre. ◊ alternative proposal contre-proposition; alternative (use) cost coût d'opportunité or de substitution; alternative energy énergie nouvelle or de substitution; alternative technology technologie douce. **2** n (choice) (between two) alternative f, choix m; (between several) choix m. ◊ the alternative is to sell l'alternative est or la solution de rechange est de vendre; we have no alternative but to accept nous n'avons pas d'autre solution que d'accepter; best alternative choix optimal.

**a / m** abbr of above-mentioned → above.

**a.m.** [eɪ'em] adv abbr of ante meridiem ◊ at 6 a.m. à 6 heures du matin.

**amalgamate** [ə'mælgəmeɪt] vti (Econ) fusionner.

**amalgamation** [əˌmælgə'meɪʃən] n [companies] fusion f; [shares] fusion f, fusionnement m. ◊ horizontal / vertical amalgamation intégration horizontale / verticale.

**amend** [ə'mend] vt rule, text amender, modifier.

**amendment** [ə'mendmənt] n [text] modification f; [legislation] amendement m.

**amenities** [ə'miːnɪtiːz] npl (facilities) aménagements mpl, équipements mpl. ◊ public amenities équipements collectifs.

**America** [ə'merɪkə] n Amérique f.

**American** [ə'merɪkən] **1** adj américain. ◊ American ton tonne courte; American clause (Mar Ins) clause de double assurance; American National Standards Institute association américaine de normalisation, ≈ AFNOR; American Stock Exchange l'Amex, l'American Stock Exchange; American selling price prix intérieur américain. **2** n **a** (language) américain m. **b** (inhabitant) Américain(e) m(f).

**amicable** ['æmɪkəbl] adj à l'amiable, amical. ◊ amicable settlement arrangement à l'amiable.

**amicably** ['æmɪkəblɪ] adv (Jur) à l'amiable.

**Amman** [ə'mɑːn] n Amman.

**amortization, amortisation** [əˌmɔːtaɪ'zeɪʃən] **1** n [asset] amortissement m; [loan] amortissement m, remboursement m. **2** cpd amortization expense dotation aux amortissements. – amortization fund fonds or caisse d'amortissement. – amortization payment remboursement périodique. – amortization reserve provision pour amortissements. – amortization table tableau d'amortissement.

**amortize, amortise** [ə'mɔːtaɪz] vt asset amortir; loan amortir, rembourser. ◊ amortized mortgage loan prêt hypothécaire à remboursements périodiques.

**amortizement, amortisement** [ə'mɔːtɪzmənt] n → amortization.

**amount** [ə'maunt] n (total) montant m, total m; (quantity) quantité f; (sum of money) somme f. ◊ the amount of a bill le montant d'une facture; a check in (US) or a cheque to (GB) the amount of £536 un chèque d'un montant de 536 livres; we have authorized expenditure to the amount of £1,000 nous avons autorisé des dépenses jusqu'à un plafond de or jusqu'à concurrence de 1 000 livres; amount brought forward (Acc) somme reportée; amount due / paid somme due / versée, montant dû / versé; amounts to be made good (Mar Ins) masse créancière; compensatory amounts (EEC) montants compensatoires; the amount of business le volume des affaires; (St Ex) le volume des transactions.

**amount to** [ə'maunt] vt fus [sum, debt] s'élever à, monter à, se chiffrer à.

**Amsterdam** ['æmstədæm] n Amsterdam.

**amt** abbr of amount.

**amusement industry** [ə'mjuːzmənt'ɪndəstrɪ] n industrie f des loisirs.

**analog** ['ænəlɒg] (US) n → analogue.

**analogic(al)** [ˌænə'lɒdʒɪk(əl)] adj analogique.

**analogue** (GB), **analog** (US) ['ænəlɒg] **1** n analogue m. **2** cpd analog computer calculateur analogique. – analog-digital converter convertisseur analogique-numérique.

**analyze, analyse** ['ænəlaɪz] **vt** (gen) analyser, faire l'analyse de; sales, costs, results analyser, ventiler.

**analysis** [ə'næləsɪs] **n** (gen) analyse f; [account] analyse f, dépouillement m. ◊ **analysis book** livre de comptes; **cost-benefit analysis** analyse coûts-avantages or coûts-rendements, analyse de rendement; **securities analysis** analyse financière; **systems analysis** analyse des systèmes.

**analyst** ['ænəlɪst] **n** financial analyste mf. ◊ **program analyst** analyste-programmeur.

**analytic(al)** [ˌænə'lɪtɪk(əl)] **adj** analytique.

**anchorage** ['æŋkərɪdʒ] **n** mouillage m, ancrage m. ◊ **anchorage charges** or **dues** droits de mouillage.

**ancillary** [æn'sɪlərɪ] **adj** service, operation auxiliaire.

**and** [ænd, ənd, nd, ən] **conj** et. ◊ **and Co.** et Cie; **to be given practical and / or financial help** bénéficier d'une aide pratique et / ou financière.

**Andorra** [ˌæn'dɔːrə] **n** Andorre f.

**Andorran** [ˌæn'dɔːrən] **1 adj** andorran. **2 n** (inhabitant) Andorran(e) m(f).

**Anglo-** ['æŋgləʊ] **pref** anglo-. ◊ **Anglo-French** anglo-français, franco-britannique, franco-anglais.

**Angola** [æŋ'gəʊlə] **n** Angola m.

**Angolan** [æŋ'gəʊlən] **1 adj** angolais. **2 n** (inhabitant) Angolais(e) m(f).

**Ankara** ['æŋkərə] **n** Ankara.

**annex** [ə'neks] **1 n** annexe f. ◊ **balance sheet annex** annexe du bilan. **2 vt** annexer.

**announce** [ə'naʊns] **vt** (gen) annoncer, faire connaître; profit, earnings enregistrer.

**announcement** [ə'naʊnsmənt] **n** (gen) annonce f; (Admin) avis m. ◊ **announcement of sale** avis de vente.

**annual** ['ænjʊəl] **adj** (gen) annuel. ◊ **annual abstract of statistics** (GB) rapport annuel de statistiques économiques; **annual depreciation charge, annual charge to depreciation** annuité d'amortissement; **annual general meeting** assemblée générale (annuelle); **annual payment** (gen) versement annuel; (repayment) annuité de remboursement; **annual report** rapport annuel.

**annualize, annualise** ['ænjʊəlaɪz] **vt** annualiser. ◊ **annualized percentage rate** taux effectif global.

**annuitant** [ə'njuːɪtənt] **n** (Jur) [life annuity] crédirentier m.

**annuity** [ə'njuːɪtɪ] **1 n a** (regular income) rente f; (for life) rente f viagère; (amount paid) arrérages mpl. ◊ **to invest in an annuity** placer de l'argent en viager; **annuity in reversion** rente réversible; **government annuity** rente sur l'État; **insurance annuity** prime d'assurance; **reversionary** or **two-life annuity** rente réversible. **b** (annual payment) annuité f, versement m périodique or annuel. ◊ **annuity in arrears, ordinary annuity** annuité de fin de période.
**2 cpd annuity bond** obligation de rente. – **annuity certain** rente certaine. – **annuity due** rente payable d'avance. – **annuity insurance** assurance-vie avec option rente viagère. – **annuity instalment** arrérages mpl. – **annuity plan** (Ins) option rente viagère. – **annuity policy** (Ins) contrat (de) rente viagère.

**annul** [ə'nʌl] **vt** law abroger; decision, judgment casser, annuler, infirmer; contract résilier.

**annulling** [ə'nʌlɪŋ] **adj** (Jur) clause abrogatoire.

**annulment** [ə'nʌlmənt] **n** [law] abrogation f; [decision] cassation f, annulation f; [contract] résiliation f.

**anonymity** [ˌænə'nɪmɪtɪ] **n** anonymat m.

**anonymous** [ə'nɒnɪməs] **adj** anonyme.

**Ansaphone** ® ['ænsəfəʊn] **n** répondeur m automatique or téléphonique.

**ANSI** [ˌeɪenes'aɪ] **n** abbr of American National Standards Institute ≈ AFNOR f.

**answer** ['ɑːnsəʳ] **1 n** réponse f (to à). ◊ **to get an answer** obtenir or recevoir une réponse; **there's no answer** (telephone) ça ne répond pas; **in answer to your letter** en réponse à or suite à votre lettre; **answer mode** (Comp) mode réponse.
**2 vt** répondre à.
**3 vi** répondre, donner une réponse.

**answerable** ['ɑːnsərəbl] **adj** ◊ **to be answerable to sb** être responsable devant qn; **he is answerable for his decisions** il doit répondre de ses décisions, il est responsable de ses décisions.

**answer for vt fus** safety of product répondre de, être responsable de; person's honesty se porter garant de.

**answering** ['ɑːnsərɪŋ] **adj** ◊ (telephone) **answering machine** répondeur automatique or téléphonique.

**Antananarivo** [ˌæntəˌnænə'riːvəʊ] **n** Antananarivo.

**antedate** ['æntɪ'deɪt] **vt** (give earlier date to) document antidater; (come before) [event] précéder.

**anticipate** [æn'tɪsɪpeɪt] **vt a** (expect, foresee) prévoir, s'attendre à. ◊ **we anticipate a**

**profit** nous prévoyons or escomptons un bénéfice; **anticipated demand** demande prévue or escomptée; **anticipated sales** ventes prévues. **b** payment anticiper. ◊ **anticipated repayment** remboursement anticipé; **anticipated redemption** rachat anticipé; **to anticipate a bill** anticiper le paiement d'un effet.

**anticipation** [æn,tɪsɪ'peɪʃən] **n a** (expectation) (gen) attente f; (Econ) anticipation f. ◊ **elasticity of anticipation** (Econ) élasticité d'anticipation; **thanking you in anticipation** en vous remerciant d'avance, avec mes remerciements anticipés; **in anticipation of your order** dans l'attente de votre commande; **he sold his shares in anticipation of a fall in the price** il a vendu ses actions en prévision d'une chute du cours. **b** [profits, income] jouissance f anticipée; (Jur) droit m d'anticipation.

**anticipatory** [æntɪsɪ'peɪtərɪ] **adj** ◊ **anticipatory breach** (Jur) rupture de contrat.

**anticyclical** [,æntɪ'saɪklɪkəl] **adj** anticyclique. ◊ **anticyclical policy** politique conjoncturelle.

**anti-dumping** [,æntɪ'dʌmpɪŋ] **n** anti-dumping m. ◊ **anti-dumping agreement** convention antidumping.

**anti-inflationary** [,æntɪn'fleɪʃnərɪ] **adj** measures anti-inflationniste.

**antitheft** [,æntɪ'θeft] **adj** ◊ **antitheft device** (dispositif) antivol.

**antitrust** [,æntɪ'trʌst] **adj** (US) law, suit antitrust. ◊ **antitrust commission** commission antimonopole, conseil de la concurrence.

**any** ['enɪ] **adj** ◊ **any other (competent) business** (in a meeting) autres questions au l'ordre du jour; (on an agenda) questions diverses.

**a / o** abbr of *account of* → account.

**AOB** abbr of *any other business* → any.

**AOCB** abbr of *any other competent business* → any.

**apiece** [ə'piːs] **adv** ◊ **they were given £30 apiece** on leur a donné 30 livres chacun or par personne; **they cost F10 apiece** ils coûtent 10 francs (la) pièce.

**apologize, apologise** [ə'pɒlədʒaɪz] **vi** s'excuser. ◊ **to apologize to sb for sth** s'excuser de qch auprès de qn, faire or présenter ses excuses à qn pour qch; **we apologize for the delay in delivery** nous nous excusons pour le retard intervenu dans la livraison.

**apology** [ə'pɒlədʒɪ] **n** excuses fpl. ◊ **letter of apology** lettre d'excuses; **please accept our apologies** veuillez agréer or accepter nos excuses.

**apparent** [ə'pærənt] **adj** apparent. ◊ **apparent damage** (Mar Ins) dommage apparent.

**appeal** [ə'piːl] **1 n a** (public call) appel m. ◊ **appeal for funds** appel de fonds; **appeal for tenders** appel d'offres. **b** (Jur) appel m, pourvoi m. ◊ **notice of appeal** infirmation; **with no right of appeal** sans appel; **to lodge an appeal** faire or interjeter appel. **c** (attraction) [person, object] attrait m; [plan, idea] intérêt m. ◊ **this product has little consumer appeal** ce produit présente peu d'attrait pour les consommateurs; **sales appeal** attrait commercial; **advertising appeal** thème or axe publicitaire.
**2 cpd Appeal Court** cour d'appel. – **appeal proceedings** (Jur) procédure d'appel. – **appeal product** produit d'appel.
**3 vi a** (request publicly) lancer un appel (*on behalf of* en faveur de; *for sth* pour obtenir qch). ◊ **to appeal for funds / tenders** faire un appel de fonds / d'offres. **b** (Jur) se pourvoir en appel, faire appel. ◊ **to appeal against a judgment** appeler d'un jugement. **c** (attract) **to appeal to** plaire à, attirer; ◊ **this colour appeals to most consumers** cette couleur plaît à la plupart des consommateurs; **this ad appeals to children** cette publicité s'adresse aux enfants or est faite pour les enfants.

**appear** [ə'pɪər] **vi** [item] (in catalogue) figurer; (Jur) [person] comparaître.

**append** [ə'pend] **vt** notes, list, document joindre, annexer; signature apposer (*to* à).

**appendix** [ə'pendɪks] **n** [document] annexe f; [book] appendice m (*to* à).

**appliance** [ə'plaɪəns] **n** appareil m. ◊ **electrical / household appliances** appareils électriques / ménagers.

**applicable** [ə'plɪkəbl] **adj** applicable (*to* à).

**applicant** ['æplɪkənt] **n** (gen) candidat(e) m(f) (*for a job* à un poste), postulant(e) m(f); (Jur) requérant(e) m(f); (St Ex : for shares) souscripteur(-trice) m(f); (for trademark patent) déposant(e) m(f). ◊ **we have 50 applicants for this job** nous avons 50 candidats pour ce poste.

**application** [,æplɪ'keɪʃən] **1 n a** (request) (gen) demande f; (for job) demande f, candidature f. ◊ **to put in an application for a job** poser sa candidature à un emploi; **job application** demande d'emploi, candidature; **unsuccessful job applications** demandes d'emploi non satisfaites; **prices on application** prix sur demande. **b** (St Ex) (for shares) demande f de souscription. ◊ **letter of application** lettre or bulletin de souscription; **application for quotation** demande d'introduction en Bourse or d'inscription à la cote. `c` (implementing) [technique, law, method] application f. `d` (Comp) application f.

`2` **cpd application form** (for job) dossier de candidature; (for shares) bulletin de souscription; **to fill in an application form for an export licence** remplir un formulaire de demande de licence d'exportation. – **application of funds** (Fin Acc) utilisation or emploi or affectation des fonds. – **application money** (St Ex) versement de souscription. – **application package** (Comp) progiciel d'application. – **application program** programme d'application. – **application right** (St Ex) droit de souscription. – **application software** logiciel d'application.

**applied** [ə'plaɪd] **adj** research appliqué. ◊ **applied cost** coût affecté or réparti or imputé; **applied overheads** frais généraux imputés.

**apply** [ə'plaɪ] `1` **vt** law, measure appliquer; payment affecter, répartir, imputer; overheads imputer. ◊ **to apply revenues / expenses to a period** rattacher les produits / les charges à un exercice.

`2` **vi** s'adresser (to sb for sth à qn pour obtenir qch). ◊ **apply at the office** adressezvous au bureau; (on notice) s'adresser au bureau; **apply in person** (on notice) se présenter.

**apply for** **vt fus** passport, licence, money demander, faire une demande de. ◊ **to apply for a job** faire une demande d'emploi, poser sa candidature pour un poste, être candidat à un poste; **to apply for shares** faire une demande de souscription d'actions.

**appoint** [ə'pɔɪnt] **vt** `a` manager nommer (to a post à un poste); office worker engager; committee constituer, désigner. ◊ **appointed agent / chairman** agent / président attitré. `b` (decide) date, place fixer. ◊ **at the appointed time** à l'heure dite or convenue.

**appointee** [əpɔɪn'tiː] **n** (executive rank) personne f nommée; (junior rank) candidat m retenu.

**appointive** [ə'pɔɪntɪv] (US) **adj** obtenu par nomination.

**appointment** [ə'pɔɪntmənt] **n** `a` (arrangement to meet) rendez-vous m. ◊ **to make an appointment with sb** donner un rendez-vous à qn, prendre rendez-vous avec qn; **to keep / miss an appointment** aller à / manquer un rendez-vous; **I have made an appointment for next Thursday / for 9.00 am** j'ai pris rendez-vous pour jeudi prochain / pour 9 heures; **by appointment only** sur rendezvous uniquement. `b` (selection, nomination) nomination f (to a post à un emploi); (office

assigned) emploi m, poste m. ◊ **Appointments Vacant** (in newspaper) offres d'emploi; **there are 2 appointments to be made in this department** il y a 2 postes à pourvoir dans ce service. `c` (Jur) **power of appointment** faculté de distribution des biens conférés à un légataire.

**apportion** [ə'pɔːʃən] **vt** land, property lotir; costs, overheads répartir, ventiler. ◊ **to apportion the average** (Mar Ins) répartir les avaries; **to apportion revenues / expenses to a period** rattacher les produits / charges à un exercice.

**appraisal** [ə'preɪzəl] `1` **n** (evaluation) évaluation f, estimation f; (by expert) expertise f. ◊ **to make an appraisal of future needs** faire une estimation des besoins futurs; **job appraisal** évaluation des emplois or des tâches; **market / performance appraisal** évaluation du marché / des résultats.

`2` **cpd appraisal increment** or **surplus** plusvalue constatée par expertise. – **appraisal report** (rapport d') expertise.

**appraise** [ə'preɪz] **vt** property, asset, situation évaluer. ◊ **appraised value** valeur estimative.

**appraisement** [ə'preɪzmənt] **n** → appraisal.

**appraiser** [ə'preɪzər] **n** [property, value, asset] expert m.

**appreciate** [ə'priːʃɪeɪt] **vi** [currency, share] monter, s'apprécier; [asset, property] prendre de la valeur. ◊ **appreciated surplus** plusvalue.

**appreciation** [ə,priːʃɪ'eɪʃən] **n** `a` [currency, share] appréciation f, hausse f; [asset, property] accroissement m de la valeur, plusvalue f. ◊ **appreciation surplus** plus-value. `b` (estimation) évaluation f, estimation f.

**apprentice** [ə'prentɪs] `1` **n** apprenti(e) m(f); (Archit, Mus) élève mf.

`2` **vt** mettre or placer en apprentissage, (to chez). ◊ **to be apprenticed to sb** être en apprentissage chez qn.

**apprenticeship** [ə'prentɪʃɪp] **n** apprentissage m.

**appro**\* ['æprəʊ] **n** abbr of approval ◊ **goods on appro** marchandises à l'essai, marchandises à or sous condition.

**approach** [ə'prəʊtʃ] `1` **vt** subject, person aborder. ◊ **to approach sb about sth** contacter qn au sujet de qch.

`2` **n** approche f, abord m. ◊ **to make an approach to a customer** faire une proposition à un client.

**appropriate** [ə'prəʊprɪɪt] `1` **vt** funds affecter (to, for à). ◊ **we have appropriated £20,000 for this project** nous avons affecté 20 000 livres à ce projet.

**2** adj moment, decision opportun ; department, official compétent. ◊ **appropriate for** or **to** propre à ; **to make a request to the appropriate authority** faire une demande auprès des autorités compétentes.

**appropriation** [əˌprəʊprɪˈeɪʃən] **1** n [funds] affectation f, dotation f. ◊ **government defense appropriations** (US) budget de la défense ; **an appropriation for the purchase of data processing equipment** une affectation (de ressources) pour l'achat de matériel informatique ; **appropriation of income** or **profits** affectation or répartition des bénéfices ; **appropriation to a reserve** dotation à une provision or à une réserve.
**2** cpd **appropriation account** (GB) compte d'affectation des bénéfices. − **Appropriation Act** (GB) or **Bill** (US) loi de finances.

**approval** [əˈpruːvəl] n (agreement, acceptance) approbation f, assentiment f ; [machine, process] homologation f. ◊ **on approval** (GB) (on form) à or sous condition, à l'essai ; **to buy sth on approval** acheter qch à l'essai ; **to gain formal approval from** obtenir l'accord or l'agrément officiel de ; **the approval of the accounts** l'approbation des comptes.

**approve** [əˈpruːv] vt action, accounts approuver ; decision, document ratifier, homologuer ; contract, request agréer.

**approved** [əˈpruːvd] adj machine, product agréé ; decision, document ratifié. ◊ **approved accounts** comptes approuvés ; **approved place** entrepôt public or des douanes.

**approx.** abbr of *approximately* env.

**approximate** [əˈprɒksɪmɪt] adj approximatif.

**approximately** [əˈprɒksɪmətlɪ] adv approximativement, environ.

**approximation** [əˌprɒksɪˈmeɪʃən] n approximation f.

**APR** [ˌeɪpiːˈɑːr] n abbr of *annualized percentage rate* TEG m.

**April** [ˈeɪprəl] n avril m → September.

**Arab** [ˈærəb] **1** adj arabe.
**2** n (inhabitant) Arabe mf.

**Arabia** [əˈreɪbɪə] n Arabie f.

**Arabian** [əˈreɪbɪən] adj arabe.

**Arabic** [ˈærəbɪk] **1** adj arabe.
**2** n (language) arabe m.

**arbiter** [ˈɑːbɪtər] n arbitre m, médiateur(-trice) m(f).

**arbitrage** [ˈɑːbɪtrɪdʒ] n (Fin, St Ex) arbitrage m, opération f d'arbitrage. ◊ **arbitrage trader** arbitragiste ; **currency arbitrage** arbitrage sur devises ; **space arbitrage** arbitrage de place à place ; **stock arbitrage** arbitrage de

portefeuille ; **time arbitrage** arbitrage dans le temps.

**arbitrager, arbitrageur** [ˈɑːbɪtræˈʒɜːr] n arbitragiste m.

**arbitraging** [ˈɑːbɪtrɑːʒɪŋ] n → arbitrage.

**arbitral** [ˈɑːbɪtrəl] adj arbitral. ◊ **arbitral award** sentence arbitrale.

**arbitrary** [ˈɑːbɪtrərɪ] adj arbitraire.

**arbitrate** [ˈɑːbɪtreɪt] vti arbitrer, juger, trancher.

**arbitration** [ˌɑːbɪˈtreɪʃən] **1** n (gen, Ind) arbitrage m. ◊ **to submit** or **refer a dispute to arbitration** soumettre un différend à arbitrage ; **to settle a dispute by arbitration** régler un conflit par arbitrage ; **arbitration of exchange** (Fin) arbitrage de change ; **wage arbitration** arbitrage en matière de salaires.
**2** cpd **arbitration agreement** convention d'arbitrage. − **arbitration award** sentence d'arbitrage. − **arbitration board** commission d'arbitrage. − **arbitration clause** clause d'arbitrage, clause compromissoire. − **arbitration committee** commission d'arbitrage. − **arbitration tribunal** tribunal d'arbitrage.

**arbitrator** [ˈɑːbɪtreɪtər] n arbitre m, médiateur (-trice) m(f). ◊ **judicial arbitrator** juge-arbitre.

**arcade** [ɑːˈkeɪd] n ◊ **(shopping) arcade** galerie marchande.

**architect** [ˈɑːkɪtekt] n architecte mf.

**architecture** [ˈɑːkɪtektʃər] n (gen, Tech) architecture f.

**archival** [ɑːˈkaɪvəl] adj ◊ **archival storage** (Comp) mémoire auxiliaire or d'archivage.

**archive** [ˈɑːkaɪv] vt archiver.

**archives** [ˈɑːkaɪvz] npl archives fpl.

**archiving** [ˈɑːkaɪvɪŋ] n archivage m.

**archivist** [ˈɑːkɪvɪst] n archiviste mf.

**area** [ˈɛərɪə] **1** n **a** (surface, measure) aire f, superficie f. ◊ **surface area** superficie. **b** (space) (gen, Comp) zone f ; (region) région f, zone f ; (in town) quartier m. ◊ **in the Paris area** dans la région parisienne ; **geographical area** zone géographique ; **sterling area** zone sterling ; **sales area** (territory) secteur de vente ; (floor area) surface de vente ; **no-smoking area** zone non-fumeurs ; (on notice) interdiction de fumer ; **reception area** zone d'accueil, réception ; **working area** (in office) espace de travail ; (Comp) zone de travail ; **storage area** (Comm) capacité or surface or aire de stockage, surface des entrepôts ; (Comp) zone de mémoire or de stockage. **c** [knowledge, enquiry] domaine m, champ m. ◊ **problem area** domaine pro-

blématique; **growth area** (Mktg) secteur or domaine de croissance.
 2 **cpd area code** (Telec) indicatif. — **area manager** directeur régional. — **area office** agence régionale. — **area salesman** représentant or vendeur régional. — **area sales manager** or **executive** chef d'une région or d'un secteur de vente.

**Argentina** [ˌɑːdʒənˈtiːnə] n Argentine f.

**Argentine** [ˈɑːdʒəntaɪn] 1 adj argentin.
 2 n a **the Argentine** (country) l'Argentine. b (inhabitant) Argentin(e) m(f).

**Argentinian** [ˌɑːdʒənˈtɪnɪən] 1 adj argentin.
 2 n (inhabitant) Argentin(e) m(f).

**argument** [ˈɑːgjʊmənt] n (dispute) dispute f, discussion f; (reason) argument m. ◊ **I had an argument with my boss** je me suis disputé avec mon patron; **his argument is that we must expand to stay competitive** son argument or la raison qu'il donne est que nous devons nous développer pour rester compétitifs.

**arithmetic** [əˈrɪθmətɪk] n arithmétique f.

**arithmetical** [ˌærɪθˈmetɪkəl] adj arithmétique.

**arm** [ɑːm] n ◊ **arm's-length agreement** accord conclu dans les conditions normales du commerce; **an arm's-length transaction** une transaction au prix du marché; **to trade at arm's length** négocier sur une base purement commerciale.

**Armenia** [ɑːˈmiːnɪə] n Arménie f.

**Armenian** [ɑːˈmiːnɪən] 1 adj arménien.
 2 n a (language) arménien m. b (inhabitant) Arménien(ne) m(f).

**arms** [ɑːmz] npl (weapons) armes fpl. ◊ **arms manufacturer** fabricant d'armes; **arms trade** commerce des armes.

**around** [əˈraʊnd] prep ◊ **around-the-clock service** (US) service 24 heures sur 24.

**arrange** [əˈreɪndʒ] vt meeting organiser, fixer; date fixer; schedule arrêter, convenir de; price fixer, déterminer. ◊ **to arrange to do** s'arranger pour faire; **we have arranged to meet next Thursday** nous sommes convenu d'un rendez-vous jeudi prochain; **we have ordered 50 units at a price to be arranged** nous avons commandé 50 unités à un prix à déterminer or à débattre; **an arranged price** un prix fixé or déterminé.

**arrangement** [əˈreɪndʒmənt] n a (agreement) arrangement m, accord m. ◊ **to come to an arrangement with sb** s'arranger or s'entendre avec qn (to do pour faire); **price by arrangement** prix à débattre; **we have a good arrangement with our suppliers** nous avons un bon accord avec nos fournisseurs. b (Jur : with creditors) concordat m.

◊ **to sign a deed of arrangement** signer un concordat; **to draw up a scheme of arrangement** établir or dresser un concordat; **testamentary arrangement** disposition testamentaire. c (plans, preparations) **arrangements** dispositions, préparatifs, mesures; **what arrangements have you made?** quelles dispositions avez-vous prises?; **please make arrangements for this bill to be paid** veuillez faire le nécessaire pour le règlement de cette facture.

**array** [əˈreɪ] n a (display) [objects] ensemble m, collection f, étalage m. ◊ **an array of tax incentives** une panoplie d'incitations fiscales; **an array of products** une gamme or un éventail de produits. b (Math, Comp) tableau m. ◊ **array of figures** tableau de chiffres; **character array** jeu de caractères; **data array** tableau de données; **three-dimensional array** tableau à trois dimensions.

**arrearages** [əˈrɪərɪdʒəz] (US) npl [dividends] arriéré m.

**arrears** [əˈrɪəz] npl arriéré m. ◊ **arrears of interest / tax** arriéré d'intérêts / d'impôts, intérêts / impôts arriérés; **to pay off arrears** payer un arriéré; **to fall** or **get into arrears** s'arriérer; **to be in arrears with one's payments** être en retard dans ses paiements; **arrears of wages** rappel de salaire; **arrears of work** travail en retard; **a salary increase with arrears as from May 1st** une augmentation de salaire avec effet rétroactif à compter du 1er mai.

**arrest** [əˈrest] vt ◊ **to arrest the trend** casser la tendance.

**arrival** [əˈraɪvəl] n a [person, vehicle, letter] arrivée f; (Comm) [goods in bulk] arrivage m. ◊ **date of arrival** date d'arrivée; **on arrival** à l'arrivée; **daily arrivals** arrivages quotidiens; **to await arrival** (on letter) ne pas faire suivre. b (person) arrivant(e) m(f). ◊ **a new arrival** un nouveau venu.

**arrive** [əˈraɪv] vi arriver.

**arrive at** vt fus decision, solution, conclusion arriver à, parvenir à, aboutir à. ◊ **to arrive at a price** (after negotiation) se mettre d'accord sur un prix.

**art** [ɑːt] n art m. ◊ **art agency** (Pub) agence artistique; **art director** (Pub) directeur artistique; **art department** (Pub) service création.

**art.** abbr of article.

**article** [ˈɑːtɪkl] 1 n a [document, contract] article m. ◊ **the company's Articles of Association** (GB), **the company's Articles of Incorporation** (US) les statuts de la société; **articles of agreement** (Mar) contrat

d'embauche ; **articles of partnership** contrat d'association ; **as provided by** or **in accordance with the articles** conformément aux statuts, statutairement ; **articles of apprenticeship** (GB) contrat d'apprentissage ; **to be in articles with a firm of solicitors** (GB) être élève or être en stage dans un cabinet d'avocats. **b** (Comm : product) article m. ◊ **an article of clothing** un habit, un vêtement ; **articles of value** objets de valeur ; **luxury article** article de luxe. **c** (Press) article m. ◊ **leading article** éditorial.
**2** **vt** (GB) apprentice (to trade) mettre en apprentissage (*to* chez) ; (to profession) mettre en stage (*to* chez, auprès de). ◊ **articled clerk** stagiaire *dans un cabinet d'avocats, de notaires.*

**articulated lorry** [ɑːˈtɪkjuleɪtɪd ˈlɒrɪ] **n** (camion) semi-remorque m.

**artwork** [ˈɑːtˌwɜːk] **n** (Pub) illustrations fpl.

**A / S, a.s.** **a** abbr of *after sight* → after. **b** abbr of *at sight* → at.

**as** [æz, əz] **conj** ◊ **balance as at 12th May** bilan au 12 mai ; **as from 13th June all sales will be handled from our Glasgow office** à partir du 13 juin toutes nos ventes seront traitées par notre bureau de Glasgow ; **for sale as is** vente en l'état or tel quel ; **the goods as described in the catalogue** les articles tels qu'ils sont décrits dans le catalogue ; **as per your letter** conformément à votre lettre ; **as soon as possible** dès que possible.

**ASA** [ˌeɪesˈeɪ] (GB) **n** abbr of *Advertising Standards Authority* ≈ BVP m.

**a.s.a.p.** [ˌeɪeseɪˈpiː] abbr of *as soon as possible* → as.

**ascertain** [ˌæsəˈteɪn] **vt** truth, price établir ; facts vérifier ; damage, insurance loss constater. ◊ **to ascertain a price** établir un prix ; **ascertained goods** marchandises vérifiées.

**ascribe** [əˈskraɪb] **vt** piece of work, achievement attribuer (*to* à) ; fault, failure imputer (*to* à).

**ashore** [əˈʃɔːr] **adv** à terre. ◊ **to go ashore** se rendre à terre.

**Asia** [ˈeɪʃə] **n** Asie f.

**Asian** [ˈeɪʃn] **1** **adj** asiatique.
**2** **n** (inhabitant) Asiatique mf.

**Asiatic** [ˌeɪsɪˈætɪk] **1** **adj** asiatique.
**2** **n** (inhabitant) Asiatique mf.

**ask** [ɑːsk] **vt** question, price demander.

**asked price** [ˈɑːskdˈpraɪs] **n** prix m de vente ; (St Ex) cours m vendeur.

**asking price** [ˈɑːskɪŋˌpraɪs] **n** prix m de départ, prix m demandé au départ.

**ASP** [ˌeɪesˈpiː] **n** abbr of *American selling price* → American.

**assemble** [əˈsembl] **vt** objects, ideas assembler ; (Tech) monter, assembler.

**assembler** [əˈsemblər] **n** (Comp) assembleur m. ◊ **assembler program** programme d'assemblage.

**assembly** [əˈsemblɪ] **1** **n** (Tech, Ind) assemblage m, montage m. ◊ **the engine assembly** le bloc moteur.
**2** **cpd** **assembly language** (Comp) langage d'assemblage, langage assembleur. **– assembly line** chaîne de montage. **– assembly program** (Comp) programme d'assemblage, assembleur. **– assembly shop** atelier de montage.

**assess** [əˈses] **vt** payment, damages fixer or déterminer le montant de ; tax calculer, établir ; property évaluer, calculer la valeur imposable de ; (Ins) damage, loss évaluer, apprécier ; situation évaluer ; time, amount estimer, évaluer. ◊ **assessed value** valeur imposable.

**assessable** [əˈsesəbl] **adj** income imposable.

**assessment** [əˈsesmənt] **1** **n** [payment] détermination f ; [tax] calcul m, établissement m ; [damages] fixation f ; (Ins) [damage, loss, risk] évaluation f. ◊ **land** or **property assessment** cote foncière ; **arbitrary assessment** taxation d'office ; **basis of assessment** assiette de l'imposition ; **year of assessment** année d'imposition.
**2** **cpd** **assessment notice** (property tax) avis d'évaluation ; (income tax) avis d'imposition. **– assessment roll** rôle d'évaluation.

**assessor** [əˈsesər] **n** [property] expert m ; (Jur) (juge m) assesseur m ; (Ins) inspecteur régleur m. ◊ **assessor of taxes** (US) contrôleur des contributions directes.

**asset** [ˈæset] **1** **n** **a** (on balance sheet) élément m d'actif ; (fixed) immobilisation f. ◊ **to sell off an asset** céder un élément d'actif ; **stock is an operating asset** les stocks sont une valeur d'exploitation ; **assets** (property) biens ; (money) capital, avoir ; (person's estate, company's worth) patrimoine ; **our assets amount to 10 million dollars** notre actif est de 10 millions de dollars, nous avons 10 millions de dollars d'actif ; **on the assets side of the balance sheet** à l'actif du bilan ; **to sell off assets** céder des éléments d'actif ; **capital assets** actif immobilisé, immobilisations ; **cash** or **liquid assets** actif disponible, liquidités ; **current assets** actif réalisable à court terme, actif de roulement ; **deferred asset** actif différé ; **equitable assets** avoirs applicables au paiement de dettes ; **fixed assets** actif immobilisé, immobilisations ; **frozen assets** actifs gelés or bloqués ; **hidden assets** actif sous-évalué or caché ; **intangible assets** immobilisations incorporelles, actifs incorporels; **net asset value** valeur liquidative; **quick assets** actif disponible; **tangible assets** immobilisations corporelles, actifs corporels. **b** (advantage) avantage m, atout m. ◊ **the shop's location in the town centre is an asset** la situation du magasin dans le centre ville est un avantage or un atout. **2** cpd **asset conversion cycle** cycle de rotation des actifs circulants. – **asset coverage** couverture par l'actif. – **asset formation** formation de capital. – **assets and liabilities** actif et passif; **assets and liability statement** (US) bilan. – **asset pricing** évaluation des actifs. – **asset revaluation** réévaluation d'actif. – **asset-stripping** dégraissage d'actif. – **asset swap** croisement d'actif. – **asset turnover** rotation de l'actif. – **asset value** valeur de l'actif. – **asset valuation** évaluation des actifs.

**assign** [ə'saɪn] **1** n cessionnaire mf. **2** vt **a** task assigner; date fixer; room attribuer; person nommer, affecter, désigner (to à). ◊ **he has been assigned work in the office** on lui a confié du travail au bureau; **rank assigned to a mortgage** rang assigné à un prêt hypothécaire. **b** (Jur) property, right céder, faire cession de (to sb à qn), transférer (to sb sur la tête de or au nom de qn). ◊ **assigned account** compte or créance en garantie. **c** (St Ex) shares transmettre.

**assignation** [ˌæsɪg'neɪʃən] n **a** (allocation) [money] allocation f; [person] affectation f. **b** (Jur) [right, claim] cession f; [property] transmission f, transfert m. ◊ **deed of assignation** acte de cession or de transfert.

**assignee** [ˌæsaɪ'niː] n (Jur) cessionnaire mf. ◊ **assignee in bankruptcy** syndic de faillite.

**assignment** [ə'saɪnmənt] n **a** (task) mission f. **b** (allocation) [money] allocation f; [person] affectation f. ◊ **job assignment** affectation or répartition des tâches. **c** (Jur) [right, claim] cession f; [property] transmission f, transfert m. ◊ **assignment of receivables** cession de créances; (to borrow money) mobilisation de créances; **assignment clause** (Mar Ins) clause de cession.

**assignor** [ˌæsɪ'nɔːr] n (Jur) cédant(e) m(f).

**assistant** [ə'sɪstənt] **1** n aide mf, assistant(e) m(f); (to director) adjoint m. ◊ **personal assistant** secrétaire particulier, assistant; **shop assistant** employé de magasin, commis, vendeur. **2** cpd **assistant accountant** aide-comptable mf. – **assistant director** directeur(-trice) m(f) adjoint(e). – **assistant manager** sous-directeur(-trice) m(f), directeur(-trice) m(f) adjoint(e). – **assistant secretary** secrétaire mf adjoint(e), sous-secrétaire mf.

**Assn, Assoc.** abbr of association.

**associate** [ə'səʊʃɪɪt] **1** adj associé. ◊ **associate director** directeur adjoint. **2** n (colleague) collègue mf; (in business) associé(e) m(f). **3** vt associer (one thing with another une chose à or( avec une autre). ◊ **to associate o.s. with** or **be associated with sb in a business venture** s'associer à or avec qn dans une affaire.

**associated** [ə'səʊsɪeɪtɪd] adj associé. ◊ **associated company** société liée.

**association** [əˌsəʊsɪ'eɪʃən] n association f; (club) société f, club m. ◊ **the company's Articles of Association** (GB) les statuts de la société; **Memorandum of Association** (GB) acte constitutif de société; **employers' association** syndicat patronal; **trade association** association professionnelle.

**assorted** [ə'sɔːtɪd] adj ◊ **in assorted sizes** clothes dans toutes les tailles.

**assortment** [ə'sɔːtmənt] n [objects] assortiment m, collection f. ◊ **this shop has a good assortment** ce magasin a un grand choix.

**assurance** [ə'ʃʊərəns] n **a** (certainty, promise) assurance f. ◊ **I can give you every assurance that this will not occur again** je peux vous donner l'assurance que cela ne se reproduira pas. **b** (GB : insurance) assurance f. ◊ **life assurance** assurance-vie or sur la vie.

**assure** [ə'ʃʊər] vt **a** (state, guarantee) assurer. ◊ **he assured me that** il m'a assuré que. **b** (GB : insure) assurer. ◊ **to assure one's life** s'assurer sur la vie.

**assured** [ə'ʃʊəd] **1** adj assuré. **2** n assuré(e) m(f).

**assurer** [ə'ʃʊərər] n assureur m.

**Asuncion** [asun'sjon] n Assomption.

**asynchronous** [æ'sɪŋkrənəs] adj asynchrone.

**at** [æt] prep ◊ **at best** (St Ex) au mieux; **at call** à vue; **at par** (Bank) au pair; **at sea** en mer; **at sight** à vue, sur présentation; **at ship's rail** sous-palan.

**AT** [eɪ'tiː] abbr of alternative technology → alternative.

**Athens** ['æθɪnz] n Athènes.

**Atlantic** [ət'læntɪk] **1** adj atlantique. ◊ **Atlantic Standard Time** (in North America) heure de l'Atlantique. **2** n Atlantique m.

**ATM** [ˌeɪtiː'em] abbr of automatic teller machine → automatic.

**attach** [ə'tætʃ] **1** vt **a** (gen) attacher, lier, joindre (to à); (Tech, Comp) connecter, interconnecter. ◊ **to attach value to sth** attacher or attribuer de la valeur à qch ; **the documents attached to our letter** les documents joints à notre lettre, les documents ci-joints. **b** (Jur) person arrêter, appréhender ; goods, salary, account saisir. ◊ **debtor attached** débiteur saisi. **2** vi être attaché (*to* à). ◊ **salary attaching to a post** salaire attaché à un emploi.

**attaché** [əˈtæʃeɪ] n attaché(e) m(f). ◊ **attaché-case** mallette, serviette.

**attachment** [əˈtætʃmənt] n **a** (for tool : accessory) accessoire m ; (Comp) connexion f. **b** (Jur) (on person) arrestation f ; (on goods, salary, account) saisie f. ◊ **attachment ledger** livre des comptes bloqués. **c** ◊ **she is on attachment to our department for 6 months** (as trainee) elle est en stage dans notre service pour 6 mois ; (for special purpose) elle est détachée dans notre service pour 6 mois. **d** (slip attached to insurance policy, bill of lading) papillon m.

**attend** [əˈtend] vt meeting, dinner, conference assister à, participer à. ◊ **it was a well attended meeting** il y avait beaucoup de monde à la réunion.

**attendance** [əˈtendəns] **1** n (people present) assistance f. ◊ **there was good attendance at the meeting** il y avait une assistance nombreuse à la réunion. **2** cpd **attendance figures** (at exhibition) nombre de visiteurs or d'entrées ; (at match) nombre de spectateurs ; (at meeting) nombre de participants. – **attendance sheet** or **list** feuille de présence. – **attendance record** : **his attendance record at meetings is poor** il a été peu assidu aux réunions ; **we must keep an attendance record** nous devons tenir un registre de présence.

**attendant** [əˈtendənt] n préposé(e) m(f), employé(e) m(f).

**attend to** vt fus task s'occuper de. ◊ **to attend to a customer** servir un client, s'occuper d'un client ; **are you being attended to ?** est-ce qu'on s'occupe de vous ? ; **to attend to an order** exécuter une commande.

**attention** [əˈtenʃən] n attention f. ◊ **we shall give your order our earliest attention** votre commande sera exécutée dans les plus brefs délais ; **for immediate attention** urgent ; **for the attention of Mr Watson** à l'attention de M. Watson.

**attest** [əˈtest] **1** vt (certify) attester, assurer ; (prove) démontrer, prouver ; (Jur) signature légaliser. ◊ **attested copy** copie certifiée conforme. **2** vi ◊ **to attest to sth** se porter garant de qch, témoigner de qch.

**attestant** [əˈtestənt] n déposant(e) m(f), témoin m.

**attestation** [ˌætesˈteɪʃən] n (gen) attestation f ; [signature] légalisation f ; (under oath) déclaration f sous serment.

**attestor** [əˈtestəʳ] n (Jur) certificateur(-trice) m(f), témoin m instrumentaire.

**attorney** [əˈtɜːnɪ] n mandataire m, représentant m, fondé m de pouvoir. ◊ **attorney(-at-law)** (US) avocat ; **Attorney General** (GB) ≈ Procureur général ; (US) ≈ Garde des Sceaux, ministre de la Justice.

**attract** [əˈtrækt] vt (gen) attirer. ◊ **the remaining balance attracts interest at 1.75 % per month** le solde restant comporte un intérêt mensuel de 1,75 %.

**attractive** [əˈtræktɪv] adj product, price attrayant, séduisant, intéressant.

**attributable** [əˈtrɪbjutəbl] adj ◊ **attributable profits** bénéfices nets.

**attribute** [əˈtrɪbjuːt] **1** vt attribuer. **2** n attribut m, caractéristique f. ◊ **attributes sampling** échantillonnage or sondage par attributs.

**attrition** [əˈtrɪʃən] n usure f. ◊ **attrition rate** [customers] pourcentage de clients perdus ; [subscribers] taux de désabonnement.

**auction** [ˈɔːkʃən] **1** n vente f aux enchères, vente f publique, adjudication f. ◊ **to sell by auction** (GB) or **at auction** (US) vendre aux enchères, vendre par voie d'adjudication ; **the house is up for auction** la maison va être vendue aux enchères ; **Dutch auction** enchères au rabais. **2** cpd **auction room** salle des ventes. – **auction sale** vente aux enchères. **3** vt (also **auction off**) vendre aux enchères.

**auctioneer** [ˌɔːkʃəˈnɪəʳ] n commissaire-priseur m.

**audience** [ˈɔːdɪəns] **1** n (Theat) spectateurs mpl, public m ; (at lecture) auditoire m, assistance f ; (Mus, Rad) auditeurs mpl ; (TV) téléspectateurs mpl ; (Pub) audience f. ◊ **target audience** (audience) cible. **2** cpd **audience analysis** analyse de l'audience. – **audience rating(s)** (TV) indice d'écoute, taux d'écoute. – **audience research** études fpl d'opinion.

**audio** [ˈɔːdɪəu] cpd **audio cassette** cassette sonore or audio. – **audio conference** audio-conférence.

**audiotyping** [ˈɔːdɪəutaɪpɪŋ] n audiotypie f.

**audiotypist** [ˈɔːdɪəutaɪpɪst] n audiotypiste mf.

**audiovisual** [ˌɔːdɪəuˈvɪzjuəl] adj aids audiovisuel.

**audit** ['ɔːdɪt] **1** n (Acc) audit m or contrôle m (de gestion), vérification f des comptes; (leading to discharge) apurement m; (Comp) vérification f, contrôle m. ◊ **external / internal audit** audit or contrôle externe / interne; **general audit** audit général, contrôle général de comptabilité; **snap audit** vérification par sondage; **tax audit** audit fiscal.
**2** cpd **Audit Bureau of Circulation** ≈ Office de justification de la diffusion. – **audit committee** commission d'audit. – **audit list** (Comp) liste de contrôle. – **audit report** (Acc) rapport du commissaire aux comptes. – **audit trail** (Acc) piste de vérification or de révision.
**3** vt business, accounts faire un audit de, contrôler, vérifier; (leading to discharge) apurer.

**auditing** ['ɔːdɪtɪŋ] n (profession, discipline) expertise f comptable; (act of checking) audit m, vérification f, contrôle m; (Tax) contrôle m; (Acc) audit m (de gestion), révision f (comptable), contrôle m (des comptes), vérification f (comptable). ◊ **auditing procedures** or **practices** techniques de révision or de vérification; **internal / external auditing** audit or contrôle interne / externe.

**auditor** ['ɔːdɪtər] n (Acc) auditeur m, contrôleur m de gestion; (officially appointed) commissaire m aux comptes. ◊ **auditor's report** rapport du commissaire aux comptes.

**augment** [ɔːg'ment] vt income augmenter, accroître.

**August** ['ɔːgəst] n août m → September.

**austerity** [ɒs'terɪtɪ] n austérité f. ◊ **austerity budget** budget de rigueur.

**austral** ['ɒstrəl] n austral m.

**Australia** [ɒs'treɪlɪə] n Australie f.

**Australian** [ɒs'treɪlɪən] **1** adj australien.
**2** n (inhabitant) Australien(ne) m(f).

**Austria** ['ɒstrɪə] n Autriche f.

**Austrian** ['ɒstrɪən] **1** adj autrichien.
**2** n (inhabitant) Autrichien(ne) m(f).

**authenticate** [ɔː'θentɪkeɪt] vt (gen) établir l'authenticité de; signature certifier; copy of a deed certifier conforme.

**authority** [ɔː'θɒrɪtɪ] n **a** (power, competence) autorité f, pouvoir m. ◊ **to be in authority over sb** avoir autorité sur qn. **b** (right) autorisation f, mandat m, pouvoir m. ◊ **to give sb authority to do sth** autoriser qn à faire qch; **you have no authority to do it** (gen) vous n'êtes pas autorisé à le faire; (Jur) vous n'avez pas qualité pour le faire. **c** (Admin) **authorities** autorités, administration; **the public / local / district authorities** les autorités publiques / locales / régionales;

the monetary authorities les autorités monétaires; the New York Port Authority le port autonome de New York. **d** (expert) autorité f (on en matière de), expert m (on en).

**authorization, authorisation** [ˌɔːθəraɪ'zeɪʃən] n autorisation f (of, for pour; to do de faire); (Jur : right) pouvoir m (to do de faire), mandat m (to do pour faire).

**authorize, authorise** ['ɔːθəraɪz] vt plan, expense autoriser; person autoriser (to do à faire). ◊ **to be authorized to do sth** (gen) être autorisé à faire qch; (Jur) avoir qualité pour faire qch.

**authorized, authorised** ['ɔːθəraɪzd] adj ◊ **authorized agent** fondé de pouvoir, mandataire; **authorized capital** capital social (autorisé); **authorized clerk** (GB St Ex) commis de Bourse; **authorized credit** crédit autorisé; **authorized dealer** concessionnaire; **authorized distributor** distributeur agréé.

**autocall** ['ɔːtəkɔːl] n appel m automatique.

**automat** ['ɔːtəmæt] n distributeur m automatique.

**automate** ['ɔːtəmeɪt] vt automatiser. ◊ **automated teller machine** guichet automatique, distributeur de billets.

**automatic** [ˌɔːtə'mætɪk] adj automatique. ◊ **the automatic retirement age is 65** l'âge obligatoire de la retraite est 65 ans; **automatic answering machine** répondeur automatique or téléphonique; **automatic bill payment** (US) paiement des factures par prélèvement automatique; **automatic cash dispenser** distributeur automatique de billets; **automatic selling** vente par distributeur automatique; **automatic stabilizers** (Econ) stabilisateurs automatiques; **automatic teller machine** guichet automatique, distributeur de billets.

**automatics** [ˌɔːtə'mætɪks] n automatique f.

**automation** [ˌɔːtə'meɪʃən] n (technique) automatisation f. ◊ **automation expert** automaticien; **office automation** bureautique.

**automobile** ['ɔːtəməbiːl] (US) n automobile f, auto f, voiture f. ◊ **the automobile industry** l'industrie (de l') automobile.

**automotive** [ˌɔːtə'məʊtɪv] (US) adj industry, design, worker (de l') automobile.

**autonomous** [ɔː'tɒnəməs] adj autonome.

**auto-teller** ['ɔːtəʊtelər] n guichet m automatique.

**auxiliary** [ɔːg'zɪlɪərɪ] **1** adj (gen) auxiliaire, annexe; (Comp) memory auxiliaire.
**2** n auxiliaire mf.

**av.** abbr of *average*.

**a / v.** abbr of *ad valorem*.

**Av., Ave.** abbr of *avenue*.

**availability** [ə,veɪlə'bɪlɪtɪ] **n** a (gen) disponibilité f. ◊ **labour availability** disponibilité en main-d'œuvre. b (US : validity) [airline ticket, reservation] validité f.

**available** [ə'veɪləbl] **adj** a person, object disponible. ◊ **to make sth available to sb** mettre qch à la disposition de qn ; **I am not available in the mornings** je ne suis pas libre or disponible le matin ; **available assets** actif disponible, disponibilités ; **this service is no longer available** ce service n'est plus offert or assuré. b (US : valid) ticket, reservation valable.

**avails** [ə'veɪls] (US) **npl** [sale] produit m, revenu m.

**avdp.** (US) → avoirdupois.

**avenue** ['ævənjuː] **n** avenue f.

**average** ['ævərɪdʒ] **1 n** a moyenne f. ◊ **on average** en moyenne ; **to take an average of the figures** prendre la moyenne des chiffres ; **above / below average** au-dessus / au-dessous de la moyenne ; **moving average** moyenne mobile or variable ; **weighted average** moyenne pondérée. b (Mar Ins) avarie f. ◊ **to adjust the average** répartir les avaries ; **free from average** franc d'avarie ; **general average** avarie commune or grosse ; **particular average** avarie(s) particulière(s). c (St Ex) indice m. ◊ **the Dow Jones average** l'indice Dow Jones. **2 cpd average adjuster** or **agent** or **stater** or **taker** répartiteur d'avaries, dispacheur. **– average adjustment** or **statement** règlement or répartition d'avaries. **– average bond** compromis d'avarie(s). **– average deposit** cautionnement d'avarie. **– average surveyor** commissaire d'avaries. **3 adj** cost, price moyen. **4 vt** a (find the average of) établir or faire la moyenne de. b (reach an average of) atteindre la moyenne de. ◊ **sales averaged £3,000 a month** la moyenne des ventes mensuelles s'est établie à 3 000 livres ; **the factory averages 300 cars a day** l'usine produit en moyenne 300 voitures par jour.

**average down** **vi** (St Ex) faire la moyenne à la baisse.

**average out** **vi** ◊ **that averages out at 10 per month** cela fait en moyenne 10 par mois ; **our sales average out at 400 units a month** nous vendons en moyenne 400 unités par mois, la moyenne mensuelle des ventes est de 400 unités.

**averager** ['ævərɪdʒə'] **n** a (Mar Ins) répartiteur m d'avaries, dispacheur m. b (St Ex) faiseur m de moyenne.

**average up** **vi** (St Ex) faire la moyenne à la hausse.

**aversion** [ə'vɜːʃən] **n** ◊ **risk aversion is part of our strategy** prévenir les risques fait partie de notre stratégie.

**avert** [ə'vɜːt] **vt** risk éviter, prévenir.

**aviation** [,eɪvɪ'eɪʃən] **n** aviation f. ◊ **aviation industry** industrie aéronautique.

**avoid** [ə'vɔɪd] **vt** a (gen) éviter. ◊ **to avoid tax** (legally) se soustraire à l'impôt ; (illegally) frauder le fisc. b (Jur) contract résilier, annuler.

**avoidable** [ə'vɔɪdəbl] **adj** évitable. ◊ **avoidable costs** (Acc) coûts évitables.

**avoidance** [ə'vɔɪdəns] **n** a avoidance of duty will not be tolerated les manquements au devoir ne seront pas tolérés ; **tax avoidance** évasion fiscale. b (Jur) [contract] résiliation f, annulation f. ◊ **action for avoidance of contract** action en résiliation de contrat ; **condition of avoidance** condition résolutoire ; **avoidance clause** clause résolutoire.

**avoirdupois** [,ævədə'pɔɪz] (GB) **n** système m avoirdupoids. ◊ **an avoirdupois pound** une livre *453,6 grammes*.

**await** [ə'weɪt] **vt** attendre. ◊ **parcels awaiting delivery** colis en souffrance ; **awaiting your order** dans l'attente de votre commande.

**award** [ə'wɔːd] **1 vt** prize décerner, attribuer ; sum of money allouer, attribuer ; damages, wage increase accorder ; contract adjuger, accorder (*to* à) ; licence concéder. **2 n** a (prize) récompense f, prix m ; (damages) dommages-intérêts mpl ; [licence] concession f. ◊ **a pay award** une augmentation de salaire. b (Jur : judgment) décision f. ◊ **arbitration award** sentence d'arbitrage.

**awarder** [ə'wɔːdə'] **n** (Jur) adjudicateur m.

**awareness** [ə'wɛənɪs] **n** conscience f (*of* de). ◊ **brand awareness** notoriété de la marque ; **we must develop cost awareness in all departments** il nous faut sensibiliser tous les services au problème des coûts.

**awash** [ə'wɒʃ] **adj** ◊ **awash with cash** regorgeant de liquidités.

**axe** (GB), **ax** (US) [æks] **1 n** (fig : in expenditure) coupe f sombre. ◊ **to get the axe\*** être limogé, tomber sous le couperet\*. **2 vt** expenditure réduire, faire or opérer des coupes sombres dans ; project abandonner ; jobs supprimer.

**Azerbaijan** [,æzəbaɪ'dʒɑːn] **n** Azerbaïdjan.

**Azerbaijani** [,æzəbaɪ'dʒɑːnɪ] **n** a (language) azerbaïdjanais m. b (inhabitant) Azerbaïdjanais(e) m(f).

# B

**B** [biː] n ◊ **B share** action ordinaire (avec droit de vote).

**baby** [ˈbeɪbɪ] **cpd baby bond** (US) obligation inférieure à 100 dollars. − **baby boom (the)** le baby-boom.

**back** [bæk] **1** **n** (gen) dos m ; [page, cheque] verso m. ◊ **please sign on the back** prière de signer au dos or verso.
**2** **adj** arrière, de derrière. ◊ **see back page for details** voir détails au dos or verso ; **to put a project on the back burner** mettre un projet en veilleuse.
**3** **vt** (support) (gen) soutenir, appuyer ; (with finance) financer, commanditer ; currency garantir. ◊ **sterling is no longer backed by gold** la livre sterling n'est plus garantie par l'or ; **to back a bill** (endorse) avaliser or endosser un effet.
**4** **cpd back-channel negotiations** (US) négociations fpl en coulisse. − **back cover** [magazine] quatrième de couverture. − **back files** dossiers mpl archivés. − **back freight** (Mar) (frais mpl du) fret en retour *(lorsque le déchargement n'a pu être effectué dans le port de destination).* − **back interest** arriérés mpl d'intérêts. − **back load** chargement de retour. − **back number** [magazine] vieux numéro. − **back office** arrière-guichet, back office ; **back office applications / terminal** (Comp) applications / terminal d'arrière-guichet. − **back orders** commandes fpl en attente or en souffrance or en retard. − **back pay** rappel de salaire or de traitement. − **back rent** arriéré(s) m(pl) de loyer. − **backroom boy** spécialiste or chercheur qui reste dans l'ombre. − **back taxes** arriérés mpl d'impôts, rappel d'impôts. − **back-to-work agreement** protocole de reprise du travail.

**backdate** [ˌbækˈdeɪt] **vt** cheque, letter antidater. ◊ **increase in salary backdated to August 1st** augmentation de salaire avec effet rétroactif au 1er août or avec rappel à compter du 1er août ; **the contract is backdated to August 1st** le contrat est antidaté avec effet rétroactif au 1er août ; **the contracts were not backdated** les contrats n'ont pas eu d'effet rétroactif.

**backer** [ˈbækər] **n** [firm, deal, project] commanditaire m ; [bill] avaliseur m, donneur m d'aval ; [idea, proposal] partisan m. ◊ **financial backer** bailleur de fonds, commanditaire.

**backfire** [ˌbækˈfaɪər] **vi** [plan, idea] échouer. ◊ **their takeover bid has backfired on them** leur tentative d'OPA s'est retournée contre eux.

**background** [ˈbækɡraʊnd] **n** arrière-plan m. ◊ **can you give us the background to this problem** or **some background information about this problem ?** pourriez-vous nous faire l'historique de ce problème ? ; **what's the background to this decision ?** quel est le contexte de cette décision ? ; **what is your professional background ?** quelle est votre expérience professionnelle ? ; **she has a good business background** elle a une bonne expérience des affaires ; **educational background** formation.

**backhander\*** [ˈbækˌhændər] **n** (GB : bribe) pot-de-vin m.

**backing** [ˈbækɪŋ] **n** (support) (gen) soutien m, appui m ; [currency] garantie f. ◊ **financial backing** soutien or appui financier ; **gold backing of a currency** la couverture or d'une monnaie.

**backlash** [ˈbæklæʃ] **n** choc m en retour.

**backlog** [ˈbæklɒɡ] **n** [rent] arriéré m. ◊ **there is a backlog of work** il y a beaucoup de travail en retard; **backlog of orders** accumulation de commandes non exécutées or en retard or en attente; **to catch up with the backlog** liquider l'arriéré or le travail en retard.

**back off** **vt fus** ◊ **they backed off their original bargaining position** ils ont fait marche arrière par rapport à leur position de départ dans la négociation.

**back out** **vi** faire machine arrière, se retirer. ◊ **they backed out of the deal** ils se sont retirés or dégagés de l'affaire.

**backshift** ['bækʃɪft] **n** (Ind) (period) poste m du soir; (workers) équipe f du soir.

**backslash** ['bæk,slæʃ] **n** (Typ, Comp) barre f oblique inverse.

**backspace** ['bækspeɪs] **1** **vi** (Typ, Comp) faire un espacement or un retour arrière. **2** **n** (Typ, Comp) espacement m or retour m arrière. **3** **cpd** **backspace character** caractère d'espacement arrière or de retour arrière. − **backspace key** touche d'espacement or de retour arrière.

**backstairs influence** ['bæk'stɛəz 'ɪnfluəns ] **n** piston* m.

**backstop** ['bækstɒp] **n** protection f. ◊ **deposit insurance is a necessary backstop against bank failures** l'assurance des dépôts est une protection nécessaire contre les faillites bancaires; **backstop loan facility** crédit exceptionnel.

**backstrike printer** ['bækstraɪk 'prɪntəʳ] **n** imprimante f bidirectionnelle.

**backtrack** ['bæk,træk] **vi** faire marche or machine arrière.

**backup** ['bækʌp] **1** **n** (support) (gen) appui m, soutien m; (Comp) [file] sauvegarde f. ◊ **logistic backup** appui logistique. **2** **cpd** **backup computer** ordinateur de secours. − **backup copy** copie de sauvegarde. − **backup facilities** (installations) installations fpl de secours; (means) moyens mpl de secours. − **backup file** fichier de sauvegarde. − **backup line of credit** ligne de crédit de substitution. − **backup material** matériel de secours or de réserve. − **backup plan** plan de rechange. − **backup plane** avion de réserve. − **backup service** service après-vente.

**backward** ['bækwəd] **adj** methods, country arriéré. ◊ **backward integration** (Econ) intégration en amont, intégration verticale vers les fournisseurs.

**backwardation** ['bækwə'deɪʃən] **n** (St Ex) report m. ◊ **backwardation rate** taux de report.

**backwash** ['bækwɒʃ] **n** contrecoup m.

**bad** [bæd] **1** **adj** (gen) mauvais. **2** **cpd** **bad cheque** chèque sans provision. − **bad debt** créance douteuse or irrécouvrable. − **bad delivery** (St Ex) mauvaise livraison; **to be bad delivery** être de mauvaise livraison. − **bad name** mauvaise réputation. − **bad paper** (Fin) mauvais papier.

**badge** [bædʒ] **n** badge m.

**bag** [bæg] **1** **n** (gen) sac m; (luggage) valise f. ◊ **the contract's as good as in the bag*** le contrat est pratiquement dans la poche*; **a mixed bag of** un assortiment de. **2** **vt** goods ensacher, mettre en sac. ◊ **bagged cargo** cargaison ensachée.

**Bagdhad** [bæg'dæd] **n** Bagdad.

**baggage** ['bægɪdʒ] **1** **n** (luggage) bagages mpl. **2** **cpd** **baggage allowance** (Aviat) franchise de bagage. − **baggage check** (receipt) bulletin de consigne; (security check) contrôle des bagages.

**Bahamas** [bə'hɑːməz] **npl** ◊ **the Bahamas** les Bahamas.

**Bahamian** [bə'heɪmɪən] **1** **adj** bahamien. **2** **n** (inhabitant) Bahamien(ne) m(f).

**bail** [beɪl] **1** **n** (Jur) (sum) caution f; (person) caution f, répondant m. ◊ **to go** or **stand bail for sb** se porter caution pour qn; **to put up bail for sb** payer la caution de qn; **to release sb on bail** libérer qn sous caution; **to refuse sb bail** refuser de mettre qn en liberté sous caution. **2** **vt** goods mettre en dépôt (**with** auprès de, chez).

**bailee** [beɪ'liː] **n** (Comm) dépositaire mf de caution or de biens.

**bailiff** ['beɪlɪf] **n** (law officer) huissier m; (supervisor) [estate, lands] régisseur m, intendant m.

**bailment** ['beɪlmənt] **n** (Comm) dépôt m.

**bailor** ['beɪləʳ] **n** (Comm) déposant m.

**bail out** **vt sep** person (Jur) faire mettre en liberté sous caution; (fig) sortir d'affaire, dépanner*; company renflouer. ◊ **the bank bailed out the company** la banque a renfloué cette société.

**bailout** ['beɪlaʊt] **n** [company] sauvetage m, renflouement m.

**bait-and-switch** ['beɪtənd'swɪtʃ] **n** (US Pub) technique f de l'appât (pour attirer le client).

**Baku** [ba'ku] **n** Bakou.

**bal.** abbr of *balance*.

**balance** ['bæləns] **1** **n** **a** (Econ, Comm, Fin) (equality of sides) balance f; (difference of one

side over another) solde m. ◊ **the balance of our trade in capital goods is in deficit** le solde de nos échanges de biens d'équipement est déficitaire; **to strike the balance of an account** établir la balance d'un compte; **cash balance** solde de trésorerie; **credit / debit balance** solde créditeur / débiteur; **please pay the balance of this account within 30 days** veuillez régler le solde de ce compte dans les 30 jours; **the balance amounts to...** le solde est arrêté à la somme de...; **receipt for the balance** reçu pour solde de compte; **our terms are 20% upon receipt of invoice, the balance to be paid within 60 days** nos conditions sont les suivantes: 20% dès réception de la facture, le solde à régler dans les 60 jours; **dollar balances** balances dollars; **idle balances** soldes non mouvementés; **trial balance** balance de vérification; **aged trial balance** balance par antériorité de solde. **b** (remainder) [order] reste m. **c** system of checks and balances système de freins et de contrepoids; **to be** or **hang in the balance** être en balance or dans la balance.
**2** cpd **balance in account** solde créditeur. – **balance book** livre de balance or d'inventaire. – **balance brought down** solde à reporter. – **balance brought forward** report, solde reporté. – **balance on capital accounts** balance des opérations en capital. – **balance carried forward** solde à reporter. – **balance on current accounts** balance des paiements courants. – **balance due** (statement on invoice) solde à régler; (to creditor) solde créditeur; (to debtor) solde débiteur. – **balance from last account** solde de l'exercice précédent. – **balance of goods and services** solde des échanges de biens et de services. – **balance in** or **on hand** solde créditeur. – **balance item** poste du bilan. – **balance of payments** balance des paiements. – **balance of power** équilibre des forces. – **balance sheet** bilan; **to draw up a balance sheet** dresser or établir un bilan; **balance sheet showing a loss / a profit** bilan déficitaire / bénéficiaire; **balance sheet accounts** comptes de bilan; **balance sheet item** poste du bilan; **consolidated balance sheet** bilan consolidé; **off (the) balance sheet items** éléments hors bilan; **interim** or **provisional balance sheet** bilan intérimaire; **summarized balance sheet** extrait du bilan. – **balance of trade** balance commerciale; **balance of trade for industrial goods** solde des échanges de biens industriels.
**3** vt budget équilibrer; accounts arrêter, établir le solde or la balance de. ◊ **the accounts receivable are balanced every day** les comptes clients sont arrêtés chaque jour; **to balance the books** arrêter les comptes; **to balance the cash** faire la caisse.

**4** vi [accounts] s'équilibrer, être en équilibre.

**balanced** ['bælənst] adj budget, account équilibré.

**balancing** ['bælənsɪŋ] n [accounts] règlement m, solde m, arrêté m.

**balboa** [bæl'bəʊə] n balboa m.

**bale goods** ['beɪl gʊdz] npl marchandises fpl en balles.

**ballast** ['bæləst] **1** n (Mar) lest m. ◊ **cargo ballast** cargaison à fond de cale; **ship in ballast** vaisseau en lest.
**2** vt lester.

**balloon\*** [bə'luːn] **1** vi [prices] monter en flèche.
**2** cpd **balloon loan** prêt dont le dernier remboursement est plus élevé que les versements périodiques. – **balloon payment** dernier remboursement d'un montant supérieur aux versements périodiques.

**ballot** ['bælət] **1** n (method of voting) scrutin m. ◊ **legislation to bring in secret ballots for trade unions** législation visant à rendre obligatoire le vote à bulletin secret dans les syndicats; **postal ballot** vote par correspondance; **in the second / third ballot** au second / troisième tour de scrutin.
**2** cpd **ballot box** urne; **ballot-box stuffing** bourrage d'urne, fraude électorale. – **ballot paper** bulletin de vote.

**ballpark figure\*** ['bɔːlpɑːk,fɪgər] n chiffre m approximatif.

**Baltic** ['bɔːltɪk] adj ◊ **the Baltic Exchange** la Baltique (l'une des Bourses de commerce de Londres).

**Bamako** ['bæməkəʊ] n Bamako.

**ban** [bæn] **1** n interdiction f (on de). ◊ **the union has imposed an overtime ban** le syndicat a imposé une interdiction des heures supplémentaires; **there is a ban on goods from** il y a un embargo sur les marchandises en provenance de.
**2** vt (gen) interdire (sb from doing à qn de faire); person exclure (from de).

**band** [bænd] **1** n **a** (gen, Comm) bande f. ◊ **elastic** or **rubber band** élastique. **b** (range) bande f, fourchette f; [income] tranche f. ◊ **to vary within a narrow band** varier à l'intérieur d'une fourchette étroite; **income band** tranche de revenu; **tax band** tranche d'imposition; **to reach the highest tax band** atteindre la tranche d'imposition la plus élevée.
**2** vt goods cercler. ◊ **banded offer** or **pack** (Mktg) (same product) vente groupée; (two different products) vente jumelée.

**banding** ['bændɪŋ] n [goods] cerclage m, ceinturage m.

**bandwagon** ['bænd͵wægən] n ◊ **to jump** or **climb on the bandwagon** prendre le train en marche.

**bang** [bæŋ] **1** n ◊ **the Big Bang** (GB St Ex) le Big Bang (de Londres).
**2** vt ◊ **to bang the market** (St Ex) faire baisser les cours *(en vendant massivement)*.

**Bangkok** [bæŋ'kɒk] n Bangkok.

**Bangladesh** [͵bæŋglə'deʃ] n Bangladesh m.

**Bangladeshi** [͵bæŋglə'deʃɪ] **1** adj bangladais.
**2** n (inhabitant) Bangladais(e) m(f).

**Bangui** [bāgi] n Bangui.

**bank** [bæŋk] **1** n **a** (Fin) banque f. ◊ **bank of issue** or **circulation** banque d'émission ; **accepting bank** banque acceptante ; **central bank** banque centrale ; **clearing bank** (GB) banque de dépôt ; **commercial** or **deposit** or **joint-stock bank** banque de dépôt ; **high-street banks** les grandes banques de dépôt ; **investment** (US) or **merchant** (GB) **bank** banque d'affaires ; **issuing bank** banque émettrice ; **land bank** banque agricole ; **lead bank** banque chef de file ; **presenting bank** banque présentatrice ; **retail bank** banque commerciale or de réseau ; **savings bank** caisse d'épargne ; **trust bank** banque d'investissement ; **wholesale bank** *banque spécialisée dans les opérations des entreprises.* **b** **data bank** banque de données ; **memory bank** (Comp) bloc or banc de mémoire ; **safety bank** (Ind) stock de dépannage ; **bank of keys** rangée de touches.
**2** cpd **bank acceptance** acceptation de banque, effet bancaire. – **bank accommodation** facilité de caisse, avance bancaire. – **bank account** compte en banque, compte bancaire. – **bank advances** facilités fpl de caisse, avances fpl bancaires. – **bank annuities** rente perpétuelle. – **bank balance** avoir en banque, solde en banque. – **bank bill** (draft) effet bancaire ; (US : banknote) billet de banque. – **bank bond** obligation bancaire. – **bank book** (passbook) livret de compte (d'épargne) ; (Acc) livre or journal de banque. – **bank card** carte (d'identité) bancaire. – **bank certificate** bon de caisse. – **bank charges** frais mpl de banque or de gestion de compte, frais mpl bancaires. – **bank charter** charte bancaire. – **bank cheque** chèque de banque. – **bank clearing** compensation (inter)bancaire. – **bank clerk** employé(e) m(f) de banque. – **bank commission** frais mpl de banque or de gestion de compte, frais mpl bancaires. – **bank credit** crédit bancaire. – **bank deposit** dépôt en banque. – **bank discount**

escompte. – **bank draft** chèque de banque ; (GB) effet bancaire. – **bank examiner** (US) inspecteur de banque. – **bank failure** faillite de banque. – **bank giro** (GB) paiement par virement bancaire. – **bank guarantee** garantie or caution bancaire. – **bank holding company** holding bancaire. – **bank holiday** (GB) jour férié. – **Bank for International Settlements** Banque des règlements internationaux. – **bank lien** droit de rétention bancaire. – **bank loan** prêt bancaire. – **bank manager** directeur d'agence. – **bank money** monnaie scripturale. – **bank officer** gradé(e) m(f) or cadre de banque. – **bank overdraft** découvert. – **bank paper** papier avalisé par une banque, effet bancaire. – **bank postbill** mandat de banque. – **bank rate** taux d'escompte or de l'escompte. – **bank reconciliation statement** état de rapprochement bancaire. – **bank reserves** réserves fpl bancaires. – **bank return** situation de la banque ; **weekly bank return** bilan hebdomadaire (de la banque). – **bank runner** encaisseur. – **bank shares** valeurs fpl bancaires. – **bank statement** [individual's account] relevé de compte ; [bank's financial position] situation de banque. – **bank teller** guichetier(-ière) m(f), caissier(-ière) m(f). – **bank transfer** virement bancaire.
**3** vt money mettre au dépôt or déposer en banque or à la banque. ◊ **she banked the cheque** elle a déposé le chèque à la banque.
**4** vi ◊ **to bank with the National Bank** avoir un compte à la National Bank ; **where do you bank ?** quelle est votre banque ?

**bankable** ['bæŋkəbl] adj assets, bills, securities bancable, escomptable.

**banker** ['bæŋkəʳ] n banquier m. ◊ **syndicate of bankers** consortium bancaire ; **banker's acceptance** acceptation de banque, effet bancaire ; **banker's card** carte (d'identité) bancaire ; **banker's deposits** (GB) réserves des banques de dépôts *(déposées à la Banque d'Angleterre)* ; **banker's discount** escompte de banque ; **banker's draft** or **cheque** chèque de banque ; **banker's order** (ordre de) virement bancaire ; **banker's reference** référence bancaire ; **discounting / issuing / lending / paying banker** banquier en escompte / émetteur / prêteur / payeur ; **investment** or **merchant** (GB) **banker** banquier d'affaires.

**banking** ['bæŋkɪŋ] **1** n (transactions) opérations fpl de banque or bancaires. ◊ **he is in investment banking** il est dans la banque d'affaires, il est banquier d'affaires ; **retail banking has shown poor results this year** le secteur de la banque commerciale or des

banques de réseau a enregistré des résultats médiocres cette année ; **corporate banking** services bancaires aux entreprises ; **investment** or **merchant** (GB) **banking** (le secteur de) la banque d'affaires, la profession de banquier d'affaires ; **private banking** services bancaires aux particuliers, structures bancaires dirigées vers la clientèle.
  **2**  **cpd** **banking account** compte en banque, compte bancaire. − **banking business** : they are in the banking business ils sont dans la banque, ils sont banquiers ; **banking business has risen rapidly in recent years** l'activité bancaire a augmenté rapidement ces dernières années ; **banking business consists of receiving deposits and making loans** le métier de banquier consiste à recevoir des dépôts et à faire des prêts. − **banking hours** heures fpl d'ouverture de la banque. − **banking industry (the)** le secteur bancaire. − **banking institution** institution bancaire. − **banking law** droit bancaire. − **banking regulation** réglementation des banques. − **banking syndicate** (gen) consortium banquaire ; (for loan) syndicat de banque. − **banking system** système bancaire.

**banknote** [ˈbæŋknəʊt] **n** billet m de banque.

**bankroll** [ˈbæŋkrəʊl]  **1**  **n** fonds mpl, ressources fpl monétaires.
  **2**  **vt** financer.

**bankrupt** [ˈbæŋkrʌpt]  **1**  **n** (Jur) failli(e) m(f) ; (*fig : penniless person) sans-le-sou m.
  **2**  **adj** (Jur) failli ; (*fig : penniless) sans le sou, fauché*. ◊ **to go bankrupt** [person, company] faire faillite ; **to be bankrupt** être en faillite ; **to be declared** or **adjudged** or **adjudicated bankrupt** être déclaré en faillite ; **bankrupt's certificate** concordat ; **bankrupt's estate** masse or actif de la faillite ; **certificated bankrupt** concordataire ; **discharged / undischarged bankrupt** failli réhabilité / non réhabilité.
  **3**  **vt** person, company (Jur) mettre en faillite ; (*) ruiner.

**bankruptcy** [ˈbæŋkrəptsɪ]  **1**  **n** faillite f. ◊ **to file a petition in bankruptcy** [debtor] déposer son bilan, se déclarer en faillite ; [creditor] déposer une requête en déclaration de faillite ; **to file for bankruptcy** déposer son bilan, se déclarer en faillite ; **adjudication of bankruptcy, decree in bankruptcy** déclaration de faillite, jugement déclaratif de faillite ; **assignee** or **trustee in bankruptcy** syndic de faillite ; **discharge in bankruptcy** réhabilitation du failli ; **fraudulent bankruptcy** banqueroute or faillite frauduleuse ; **voluntary bankruptcy** dépôt de bilan.
  **2**  **cpd** **bankruptcy committee** administration de la faillite. − **bankruptcy court** ≈

tribunal de commerce. − **bankruptcy estate** masse or actif de la faillite. − **bankruptcy notice** avis de faillite. − **bankruptcy proceedings** procédure de faillite.

**banner** [ˈbænəʳ]  **1**  **n** (gen) bannière f, étendard m ; (Comp) drapeau m. ◊ **towed banner** (Pub) banderole publicitaire tirée par un avion, publicité remorquée.
  **2**  **cpd** **banner headlines** manchettes fpl or gros titres mpl des journaux. − **banner year** année exceptionnelle.

**bar** [bɑːʳ]  **1**  **n**  **a** [metal] barre f ; (Comp, Typ) barre f. ◊ **bar of gold** barre (d'or) ; **space bar** barre d'espacement ; **type bar** barre d'impression.  **b**  (Jur : profession) **the bar** le barreau ; **to call** (GB) or **admit** (US) **to the bar** inscrire au barreau.  **c**  (counter) comptoir m. ◊ **jeans / hat bar** (in shop) rayon des blue-jeans / des chapeaux.  **d**  (ban) interdiction f (on de). ◊ **the bar on Sunday trading** l'interdiction d'ouvrir les magasins le dimanche.
  **2**  **cpd** **bar chart** or **graph** graphique en barres or en tuyaux d'orgue. − **bar code** code (à) barres. − **bar code scanner** or **reader** lecteur de code barres, crayon optique, crayon-lecteur.
  **3**  **vt** (exclude, prohibit) person exclure (*from* de) ; action défendre, interdire. ◊ **these debts are barred (by limitation)** (Jur) il y a prescription pour ces dettes.

**bare** [bɛəʳ] **adj** (gen) nu. ◊ **bare-boat charter** affrètement en coque nue ; **bare contract** contrat à titre gratuit ; **bare owner** nu-propriétaire ; **bare ownership** or **property** nue-propriété.

**bargain** [ˈbɑːgɪn]  **1**  **n**  **a**  (deal) (gen) marché m ; (St Ex) transaction f. ◊ **to make** or **strike** or **drive a bargain** conclure un marché or une affaire (*with* avec) ; **he drives a hard bargain** il est dur en affaires ; **a good / bad bargain** une bonne / mauvaise affaire ; **cash / option bargain** (St Ex) marché au comptant / à prime ; **settlement** or **time bargain**, **bargain for the account** (St Ex) marché à terme ; **bargain done** (St Ex) cours pratiqués or faits ; **unconscionable bargain** (Jur) contrat léonin.  **b**  (cheap offer) occasion f. ◊ **it's a bargain at that price** c'est une bonne affaire à ce prix ; **this week's bargain** l'affaire de la semaine.
  **2**  **cpd** **bargain basement** coin des (bonnes) affaires ; **on bargain-basement terms** (fig) à des conditions exceptionnelles, à très bas prix. − **bargain book** (St Ex) carnet d'agent de change. − **bargain counter** rayon des soldes. − **bargain offer** offre spéciale or promotionnelle, réclame. − **bargain price** prix promotionnel or soldé or réduit. − **bargain rate** tarif promotionnel. − **bargain sale** soldes mpl.

**bargainee**  ANGLAIS-FRANÇAIS - 512

**3** vi ◊ **to bargain with sb** marchander avec qn ; **to bargain over sth** marchander qch ; **to bargain with sb for sth** négocier qch avec qn.

**bargainee** [ˌbɑːgəˈniː] n (Jur) acheteur(-euse) m(f), preneur(-euse) m(f).

**bargainer** [ˈbɑːgənəʳ] n négociateur(-trice) m(f).

**bargaining** [ˈbɑːgənɪŋ] **1** n (haggling) marchandage m ; (negotiating) négociation f. ◊ **collective bargaining** (Ind Rel) négociation collective ; **collective bargaining agreement** convention collective.
**2** cpd **bargaining position** : what is their bargaining position ? quelle est leur position dans la négociation ? **bargaining power** pouvoir de négociation ; **they have considerable bargaining power** ils sont en position de force pour négocier. − **bargaining table** table de négociations.

**barge** [bɑːdʒ] n chaland m, péniche f.

**barometer** [bəˈrɒmɪtəʳ] n (Econ) baromètre m. ◊ **business barometer** (gen) baromètre économique ; (index) indicateur de tendance ; **barometer stock** valeur de référence *(de l'indicateur de tendance)*.

**barratry** [ˈbærətrɪ] n (Mar Ins) baraterie f.

**barrel** [ˈbærəl] n (gen) tonneau m ; [beer, wine] fût m, tonneau m ; [oil] baril m. ◊ **goods in barrel, barrel cargo** marchandises de tonnelage or en fût ; **countries producing more than 5 million barrels (of oil) a year** les pays qui produisent plus de 5 millions de barils de pétrole par an.

**barrier** [ˈbærɪəʳ] n (lit, fig) barrière f (to à). ◊ **customs barrier** barrière douanière ; **entry / exit barrier** (Econ, Ind) barrière d'entrée / de sortie ; **tariff / non-tariff barrier** barrière tarifaire / non tarifaire ; **trade barrier** barrière douanière.

**barrister** [ˈbærɪstəʳ] (GB) n avocat m.

**barter** [ˈbɑːtəʳ] **1** n (gen) troc m, échange m ; (Foreign Trade) compensation f.
**2** cpd **barter agreement** (gen) accord de troc ; (Foreign Trade) accord de compensation. − **barter trade** (gen) commerce de troc ; (Foreign Trade) (commerce d')échanges compensés, compensation. − **barter trader** compensateur. − **barter transaction** (gen) opération de troc or d'échange ; (Foreign Trade) opération de compensation.
**3** vt échanger, troquer (for contre).
**4** vi (on one occasion) faire un échange or un troc ; (in general) faire du troc.

**base** [beɪs] **1** n base f. ◊ **data base** base de données ; **tax base** assiette de l'impôt, base d'imposition.

**2** adj **coin** faux. ◊ **base metal** métal vil.
**3** vt fonder, baser (on sur). ◊ **he is based in London** il travaille or il opère à partir de Londres ; **the company is based in Paris** la société est basée or a son siège à Paris.
**4** cpd **base lending rates** taux mpl de base. − **base pay** salaire de base. − **base period** période de base or de référence. − **base price** prix de base or de référence. − **base rate** (Bank) taux de base ; [pay] taux (horaire) de base. − **base salary** salaire de base. − **base stock** stock-outil. − **base year** année de base or de référence.

**baseband** [ˈbeɪsbænd] n (Comp) bande f de base.

**baseline** [ˈbeɪslaɪn] n [diagram] ligne f zéro. ◊ **baseline configuration** (Comp) configuration de base ; (Pub) signature.

**basement** [ˈbeɪsmənt] n sous-sol m. ◊ **bargain basement** coin des (bonnes) affaires.

**basic** [ˈbeɪsɪk] **1** adj (gen, Comp) de base.
**2** cpd **basic commodity** produit de base. − **basic earnings per share** bénéfice non dilué par action. − **basic income** revenus mpl directs. − **basic industry** industrie de base. − **basic language** (Comp) langage de base. − **basic message** (Pub) axe publicitaire. − **basic needs** (Econ) besoins mpl fondamentaux. − **basic pay** salaire de base. − **basic rate (of pay)** (hourly) taux horaire de base ; (weekly, monthly) salaire de base. − **basic research** recherche fondamentale. − **basic wage** salaire de base.
**3** **basics** npl bases fpl. ◊ **to learn the basics** apprendre les principes essentiels or de base.

**basin** [ˈbeɪsn] n (harbour) bassin m.

**basis** [ˈbeɪsɪs] n (gen) base f ; (Tax) assiette f, base f. ◊ **we hope to do business with you on a long-term basis** nous espérons avoir des relations professionnelles durables avec vous ; **we sell strictly on an arm's-length basis** nous vendons sur une base strictement commerciale ; **we are open on a 24-hour basis** nous sommes ouverts 24 heures sur 24 ; **rental on an hourly / weekly / monthly basis** location à l'heure / à la semaine / au mois, location sur une base horaire / hebdomadaire / mensuelle ; **basis of assessment** (Tax) assiette de l'impôt, base d'imposition ; **basis point** (Fin) point de base.

**basket** [ˈbɑːskɪt] n panier m. ◊ **the housewife's shopping basket** le panier de la ménagère ; **basket of currencies / products** (Econ) panier de devises / produits ; **basket purchase** (Fin) achat à un prix forfaitaire or global.

**batch** [bætʃ] **1** n (gen) lot m ; (Ind) lot m de fabrication, petite série f ; [letters, invoices] liasse f, paquet m. ◊ **the scheduling of batches**

**is the responsibility of the technical director** la programmation des lots de fabrication or des séries est placée sous la responsabilité du directeur technique. **2** cpd **batch control** contrôle par lots. − **batch data transmission** transmission de données par paquets. − **batch job** (Comp) traitement par lots. − **batch process** (Comp) traiter par lots. − **batch processing** (Comp) traitement par lots, traitement séquentiel. − **batch production** fabrication or production par lots or en petites séries. − **batch size** taille des séries or des lots; **economic** or **optimum batch size** série économique. − **batch terminal** terminal lourd. **3** vt goods, letters grouper.

**battery** ['bætərɪ] n (Aut, Ind) batterie f; [torch, radio] pile f. ◊ **a battery of economic measures** un train de mesures économiques; **battery-operated** device à pile(s).

**bay** [beɪ] n (Rail) voie f d'arrêt, quai m subsidiaire; (in factory, warehouse) quai m. ◊ **loading bay** aire or baie or quai de chargement.

**Bay Street** ['beɪstriːt] n *le quartier des affaires à Toronto.*

**bbl.** abbr of *barrels.*

**b.c., b.c.c.** abbr of *blind (carbon) copy* → blind.

**BCD** [biːsiː'diː] n abbr of *binary-coded decimal* DCB m.

**B / D** **a** abbr of *bank draft* → bank. **b** abbr of *bills discounted* → bill.

**b / d** abbr of *brought down* → brought.

**B / E, B.E** abbr of *Bank of England.*

**b.e., b / e** **a** abbr of *bill of exchange* → bill. **b** abbr of *bill of entry* → bill.

**bear** [bɛəʳ] **1** n (St Ex) baissier m, spéculateur m à la baisse, vendeur m à découvert. ◊ **to go a bear** jouer or spéculer à la baisse; **to raid** or **squeeze the bears** faire la chasse aux vendeurs à découvert; **to sell a bear** vendre à découvert. **2** vt **a** (yield) interest porter, produire, rapporter. ◊ **to bear interest at 8%** produire or rapporter un intérêt de 8%; **an interest-bearing account** un compte productif d'intérêts, un compte qui rapporte (des intérêts). **b** (St Ex) chercher à faire baisser. ◊ **to bear the market** jouer or spéculer à la baisse. **c** (Ins) loss supporter; risk, responsibility assumer. **3** vi (St Ex) jouer or spéculer à la baisse. **4** cpd **bear account** (gen) position vendeur, position à la baisse; (before settlement day) position à découvert. − **bear campaign** spéculation à la baisse, opération destinée à faire baisser les cours. − **bear closing** or **covering** rachats mpl des vendeurs à découvert. − **bear market** marché (orienté) à la baisse, marché baissier. − **bear operation** transaction à la baisse. − **bear position** (gen) position vendeur or à la baisse; (before settlement day) position à découvert. − **bear raid** opération destinée à faire baisser les cours. − **bear rumours** bruits mpl alarmants (de baisse). − **bear sale** (gen) vente à la baisse; (before settlement day) vente à découvert. − **bear seller** vendeur à découvert. − **bear speculation** spéculation à la baisse. − **bear squeeze** chasse aux vendeurs à découvert. − **bear transaction** transaction à la baisse.

**bearer** ['bɛərəʳ] **1** n porteur m. ◊ **cheque / bill payable to bearer** chèque / effet payable au porteur; **pay bearer** payez au porteur; **in bearer form** au porteur. **2** cpd **bearer bill** effet au porteur. − **bearer bond** obligation au porteur. − **bearer certificate** titre au porteur. − **bearer cheque** chèque au porteur. − **bearer clause** clause au porteur. − **bearer debenture** obligation au porteur. − **bearer paper** papier au porteur. − **bearer security** titre au porteur. − **bearer share** action au porteur. − **bearer warrant** bon de souscription au porteur.

**bearish** ['bɛərɪʃ] adj (St Ex) market baissier, orienté à la baisse. ◊ **bearish tendency** tendance à la baisse.

**beat down** [biːt] vt sep prices faire baisser; person faire baisser ses prix à. ◊ **she beat him down to $20** elle l'a fait descendre à 20 dollars.

**beat off** vt sep competition repousser.

**bed-and-breakfast** ['bedənd'brekfəst] adj ◊ **bed-and-breakfast operation** *vente puis rachat immédiat d'actions pour dégager une moins-value fiscale.*

**beef up** [biːf] vt sep publicity renforcer, étoffer, gonfler, muscler.

**before** [bɪ'fɔːʳ] prep avant. ◊ **before tax** avant impôts.

**beg** [beg] vt ◊ **we beg to inform you that...** nous avons l'honneur de vous informer que..., nous tenons à vous informer que...; **I beg to state that...** je me permets de vous faire remarquer que...

**beginning** [bɪ'gɪnɪŋ] n commencement m. ◊ **beginning inventory** stock initial, stock à l'ouverture or au début de l'exercice.

**behalf** [bɪ'hɑːf] n ◊ **on behalf of** (representing) de la part de, au nom de; (in the interest of) en faveur de, dans l'intérêt de; **to act on sb's behalf** agir pour qn or pour le compte de qn.

**behave** [bɪ'heɪv] vi se comporter.

**behaviour** (GB), **behavior** (US) [bɪ'heɪvjəʳ] n comportement m. ◊ **behaviour segmentation** segmentation du marché selon les types de comportement ; **consumer behaviour** comportement des consommateurs ; **purchase behaviour** comportement d'achat.

**behavioural** (GB), **behavioral** (US) [bɪ'heɪvjərəl] adj **pattern** de comportement.

**behind** [bɪ'haɪnd] adv (late) en retard. ◊ **to be behind with one's payments** être en retard dans ses paiements.

**Beijing** ['beɪ'dʒɪŋ] n Beijing.

**Beirut** [beɪ'ruːt] n Beyrouth.

**Belfast** [bel'faːst] n Belfast.

**Belgian** ['beldʒən] 1 adj belge. 2 n (inhabitant) Belge mf.

**Belgium** ['beldʒəm] n Belgique.

**Belgrade** [bel'greɪd] n Belgrade.

**bell-shaped** ['belʃeɪpd] adj ◊ **bell-shaped curve** (Econ) courbe en cloche.

**bellwether** ['belweðəʳ] n indicateur m. ◊ **bellwether jobless rate** taux de chômage qui sert d'indicateur ; **bellwether stock** (US St Ex) *titre dont les mouvements servent d'indicateur des tendances du marché.*

**below** [bɪ'ləʊ] prep sous, au-dessous de. ◊ **below par** (St Ex) au-dessous du pair ; **below-the-line revenue** (Acc) produit exceptionnel ; **below-the-line advertising costs** coûts de promotion ; **below-the-line item** (Econ) opération au-dessous de la ligne.

**belt** [belt] n (dress) ceinture f ; (Geog) zone f ; (Agr) région f. ◊ **industrial belt** zone industrielle ; **the cotton belt** (US) la région de la culture du coton ; **the sun belt** (US) la partie sud des États-Unis ; **the rust belt** (US) la région des industries en déclin ; **to tighten one's belt** se serrer la ceinture ; **belt-tightening measures** mesures fpl d'austérité.

**bench** [bentʃ] n a [laboratory, factory] établi m. ◊ **test bench** banc d'essai ; **work bench** établi. b (GB Jur) **the Bench** (court) la cour, le tribunal ; (judges) la magistrature.

**bench mark** ['bentʃmaːk] 1 n point m de repère or de référence, jalon m ; (Comp) banc m d'essai. ◊ **prices reached a benchmark low** les prix sont descendus à un niveau historique. 2 cpd **benchmark decision** décision qui sert de référence. — **benchmark price** prix de référence. — **benchmark reserves** (US Bank) réserves fpl obligatoires. — **benchmark statistics** données fpl statistiques de base or de référence. — **benchmark test** (Comp) test d'évaluation (de programme).

3 vt (Comp) évaluer les performances de.

**beneficial** [ˌbenɪ'fɪʃəl] adj salutaire, avantageux (*to* pour), favorable (*to* à). ◊ **beneficial interest** (Jur) droit d'usufruit ; **beneficial owner** (Jur) usufruitier ; **beneficial ownership** (Jur) usufruit ; **beneficial society** mutuelle.

**beneficiary** [ˌbenɪ'fɪʃərɪ] n bénéficiaire mf. ◊ **contingent / primary beneficiary** bénéficiaire éventuel / principal.

**benefit** ['benɪfɪt] 1 n a (advantage) avantage m, profit m. ◊ **for the benefit of our customers** dans l'intérêt de nos clients. b (allowance) allocation f, prestation f, indemnité f. ◊ **benefits sociales in kind** prestations en nature ; **death benefit** (Ins) capital-décès, indemnité en cas de décès ; **disablement** or **disability benefit** indemnité d'invalidité ; **redundancy benefit** indemnité de licenciement (pour raison économique) ; **sickness benefit** allocation or prestation or indemnité de maladie ; **Social Security** or **welfare benefits** prestations sociales, prestations or allocations de la Sécurité sociale ; **tax-free benefits** indemnités non soumises à retenues ; **unemployment benefit** (GB) allocation or indemnité de chômage. c (Ind Rel) (material advantage other than salary) avantage non salarial. ◊ **the union negotiated a package of wage increases and improved benefits** le syndicat a négocié un ensemble d'augmentations des salaires et des avantages non salariaux ; **fringe benefits** (gen) avantages divers ; (company car, luncheon vouchers) avantages en nature. 2 cpd **benefit club** caisse or association f or société de secours mutuel. — **benefit package** avantages mpl sociaux. — **benefit society** caisse or association or société de secours mutuel.

3 vi [person] profiter, tirer avantage, bénéficier (*from, by* de), gagner (*from doing, by doing* à faire) ; [work, situation] être avantagé (*from* par). ◊ **all our customers will benefit by our cheaper rates** tous nos clients bénéficieront de nos tarifs réduits ; **not everybody has benefited from disinflation** la désinflation n'a pas profité à tout le monde.

**Benin** [be'niːn] n Bénin m.

**Beninese** [ˌbenɪ'niːz] 1 adj béninois. 2 n (inhabitant) Béninois(e) m(f).

**bequeath** [bɪ'kwiːð] vt (in will) léguer (*to* à).

**bequest** [bɪ'kwest] n legs m.

**Berlin** [bɜː'lɪn] n Berlin.

**Bermuda** [bɜː'mjuːdə] n Bermudes fpl.

**Bermudan** [bɜː'mjuːdən] 1 adj bermudien(ne). 2 n (inhabitant) Bermudien(ne) m(f).

**big**

**Bermudian** [bɜːˈmjuːdjən] **1** **adj** bermudien(ne).
**2** **n** (inhabitant) Bermudien(ne) m(f).

**Bern** [bɜːn] **n** Berne.

**berth** [bɜːθ] **1** **n** **a** [plane, train, ship] couchette f. **b** (Mar) mouillage m. ◊ **loading berth** emplacement de chargement.
**2** **cpd** **berth cargo** cargaison au mouillage. – **berth charter** affrètement au mouillage. – **berth rates** droits mpl de mouillage or d'amarrage.
**3** **vi** (at anchor) mouiller; (alongside) venir à quai, accoster.
**4** **vt** ◊ **to berth a ship** (assign place) donner or assigner un mouillage à un navire; (perform action) amarrer un navire, faire accoster un navire.

**berthage** [ˈbɜːθɪdʒ] **n** droits mpl de mouillage.

**bespoke** [bɪˈspəʊk] (GB) **adj** garment fait sur mesure; tailor à façon; software personnalisé, fait sur mesure.

**best** [best] **adj** meilleur. ◊ **please quote your best price** veuillez indiquer votre meilleur prix; **this week's best buy** l'affaire de la semaine; **best before date : 30th October** à consommer de préférence avant le 30 octobre, date de fraicheur : 30 octobre.

**best seller** [ˌbestˈselər] **n** (book) best-seller m, succès m de librairie; (Comm) article m or produit m de grande vente, best-seller m.

**best-selling** [ˌbestˈselɪŋ] **adj** book qui fait partie des meilleures ventes, à succès; author à succès.

**beta** [ˈbiːtə] **cpd** **beta factor** facteur beta. – **beta test** (Comp) essai pilote.

**better** [ˈbetər] **adj** mieux. ◊ **or better** (St Ex) sauf mieux.

**betterment** [ˈbetəmənt] **n** (Jur) [property] plus-value f. ◊ **betterment tax** impôt sur les plus-values.

**beware** [bɪˈwɛər] **vi** ◊ **beware of imitations** méfiez-vous des imitations.

**b / f** abbr of *brought forward* → brought.

**B / G, b / g** abbr of *bonded goods* → bonded.

**BH** [biːˈeɪtʃ] **n** abbr of *bill of health* → bill.

**biannual** [baɪˈænjʊəl] **adj** (twice a year) semestriel; (every alternate year) biennal, bisannuel.

**bid** [bɪd] **1** **vt** amount offrir, faire une offre de; (at auction) faire une enchère de. ◊ **to bid a high price** faire une forte enchère, offrir un prix élevé or une grosse somme, faire une offre élevée; **to bid a low price** faire une offre or une enchère peu élevée.
**2** **vi** ◊ **to bid for sth** (gen) faire une offre pour qch; (at auction) faire une enchère

pour qch; **to bid for a company's stock** faire une offre de rachat des actions d'une entreprise; **to bid against sb** renchérir sur qn.
**3** **n** **a** (offer) offre f; (at auction) enchère f; (in tender offer) soumission f. ◊ **to make a bid for sth** (gen) faire une offre pour qch; (at auction) faire une enchère pour; **a high bid** une forte enchère; **a higher bid** (gen) une offre supérieure; (at auction) une surenchère; **to make a higher bid** surenchérir, faire une offre supérieure; **to make a bid for a company's stock** faire une offre de rachat des actions d'une entreprise; **cash bid** offre au comptant; **closing bid** dernière enchère or offre; **takeover bid** offre publique d'achat, OPA; **hostile takeover bid** OPA inamicale, tentative de prise de contrôle sauvage or inamicale; **counter bid**, **rival bid** contre-offre, surenchère. **b** (attempt) tentative f. ◊ **to make a bid for market dominance** tenter de dominer le marché; **to make a bid for power** tenter de prendre le pouvoir.
**4** **cpd** **bid bond** (St Ex) caution de participation à une adjudication. – **bid price** prix d'achat; (St Ex) cours or prix acheteur; [unit trust] prix de rachat. – **bid rate** taux emprunteur.

**bidder** [ˈbɪdər] **n** (at sale) enchérisseur m, offrant m; (Fin : in tender offer) soumissionnaire m. ◊ **the highest bidder** (at sale) le plus offrant; (in tender offer) le soumissionnaire le plus offrant; **to knock down to the highest bidder** adjuger au plus offrant; **there were no bidders** personne n'a fait d'offre, il n'y a pas eu de preneur; **there are several bidders for this company** il y a plusieurs acquéreurs or preneurs potentiels pour cette entreprise.

**bidding** [ˈbɪdɪŋ] **1** **n** (at sale) enchère(s) f(pl). ◊ **the bidding is closed** l'enchère est faite, c'est adjugé; **the bidding started at £100** les enchères ont démarré à 100 livres.
**2** **cpd** **bidding ring** (St Ex) corbeille. – **bidding war** guerre des enchères.

**bid down** **1** **vi** baisser. ◊ **the dollar has bid down to...** le dollar est descendu à...
**2** **vt sep** faire baisser.

**bid up** **1** **vt sep** price faire monter. ◊ **he bid me up** il m'a forcé à surenchérir, il m'a fait monter; **prices are bid up** la surenchère pousse les cours.
**2** **vi** surenchérir.

**biennial** [baɪˈenɪəl] **adj** biennal, bisannuel.

**big** [bɪg] **adj** (gen) grand. ◊ **the Big Bang** (GB St Ex) le Big Bang (de Londres); **the Big Board** (US) la Bourse de New York; **big business does not like the tax reform** les grands milieux d'affaires n'aiment pas la réforme fiscale; **the teenage market is big business** les adolescents représentent un gros marché; **to earn big money** gagner gros; **there is big money at stake** il y a de grosses sommes en jeu; **big ticket item\*** (US) produit or article cher; **he has made the big time\*** il a réussi; **a big-time financier** un financier de premier plan.

**bilateral** [baɪˈlætərəl] **adj** bilatéral. ◊ **bilateral clearing** compensation bilatérale; **bilateral contract** contrat bilatéral; **bilateral monopoly** monopole bilatéral.

**bill** [bɪl] **1** **n** **a** (Fin) effet m, traite f. ◊ **bill for collection / for discount** effet à l'encaissement / à escompter; **bills payable / receivable** effets à payer / à recevoir; **a three-month's bill** un effet or une traite à trois mois; **to accept a bill** accepter un effet or une traite; **to back a bill** endosser or avaliser un effet or une traite; **to draw a bill on sb** tirer une traite sur qn; **to meet a bill** honorer une traite; **to present a bill for acceptance** présenter une traite or un effet à l'acceptation; **to return a bill to drawer** contrepasser un effet or une traite; **to take up a bill** honorer un effet or une traite; **acceptance bill** effet or traite à l'acceptation; **accommodation bill** effet or billet de complaisance; **bank bill** (draft) effet bancaire; **demand bill** traite or effet à vue. **b** (list) état m, liste f; (account) facture f, note f; (GB) [restaurant] addition f; [hotel] note f. ◊ **the oil bill has cost the country a fortune** la facture pétrolière a coûté une fortune au pays; **telephone bill** note de téléphone; **to pay** or **to settle a bill** payer or régler une note or une facture; **to foot the bill\*** payer la note, casquer\*; **the business has a large wage bill** le poste salaires est élevé dans cette entreprise; **please put it on my bill, please charge it on** or **to my bill** veuillez le porter sur ma note. **c** (US : banknote) (bank) bill billet (de banque); **10-dollar bill** billet de 10 dollars. **d** (Pol) projet m de loi. **e** (poster, advertisement) affiche f. ◊ **stick no bills** défense d'afficher. **2** **cpd** **bill after date** effet or traite à terme. − **bill book** (Acc) livre des effets *(à payer et à recevoir)*; échéancier d'effets. − **bill broker** courtier d'escompte or de change. − **bill case** portefeuille d'effets. − **bill of costs** état des frais. − **bill of debt** billet à ordre, reconnaissance de dette. − **bill department** service du portefeuille. − **bill diary** échéancier, carnet d'échéances. − **bills discounted** effets mpl escomptés. − **bill of entry** (Customs) déclaration d'entrée en douane. − **bill of exchange** effet de commerce, traite; **foreign bill of exchange** traite sur l'étranger. − **bill of fare** menu. − **bill of freight** (Customs) lettre de voiture. − **bill of health**

(Customs) patente de santé; **clean / foul / suspected bill of health** patente de santé nette / brute / suspecte. − **bill of lading** (Mar, Aviat) connaissement; **air bill of lading** lettre de transport aérien; **alongside bill of lading** connaissement reçu à quai; **claused** or **foul bill of lading** connaissement brut or avec réserves or clausé; **clean bill of lading** connaissement sans réserves or net; **custody bill of lading** connaissement custody; **dirty** or **discharged bill of lading** connaissement accompli; **inland waterway / ocean bill of lading** connaissement fluvial / maritime; **shipped** or **on board bill of lading** connaissement embarqué; **order bill of lading** connaissement à ordre; **railroad bill of lading** (US) lettre de voiture ferroviaire, connaissement ferroviaire; **shortform bill of lading** connaissement shortform or abrégé; **stale bill of lading** connaissement périmé; **straight bill of lading** connaissement nominatif; **through bill of lading** connaissement direct or through; **transhipment bill of lading** connaissement de transbordement; **trucking bill of lading** (US) lettre de voiture. − **bill of materials** nomenclature (des composants et matières premières). − **bill market** marché de l'escompte. − **bill merchant** courtier d'escompte or de change. − **bill to order** billet à ordre. − **bill rate** taux d'escompte. − **bill of sale** acte or contrat de vente. − **bill of sight** déclaration provisoire. − **bill of store** (Customs) autorisation de réimportation; **bill of stores** (US) autorisation d'embarquer des provisions. **bill of sufferance** lettre d'exemption des droits de douane *(entre entrepôts situés dans des ports différents)*. **3** **vt** goods facturer. ◊ **they billed us for the maintenance** ils nous ont facturé l'entretien; **we bill them once a month** nous leur envoyons une facture une fois par mois; **please bill me starting next month** veuillez me facturer à compter du mois prochain.

**biller** [ˈbɪləʳ] (US) **n** (person) facturier(-ière) m(f); (machine) facturière f, machine f à facturer.

**billing** [ˈbɪlɪŋ] **1** **n** facturation f. ◊ **annual billings reached $2 million** les facturations annuelles ont atteint or le chiffre d'affaires annuel a atteint 2 millions de dollars. **2** **cpd** **billing department** service facturation. − **billing machine** facturière, machine à facturer.

**billion** [ˈbɪljən] **n** (gen) milliard m; (formerly in GB) billion m.

**bimetallic** [ˌbaɪmɪˈtælɪk] **adj** bimétallique.

**bimetallism** [baɪˈmetəlɪzəm] **n** bimétallisme m.

**bimetallist** [baɪmetəlist] n bimétalliste mf.

**bimonthly** ['baɪ'mʌnθlɪ] **1** adj (twice a month) bimensuel; (every two months) bimestriel. **2** adv (twice a month) deux fois par mois; (every two months) tous les deux mois.

**bin** [bɪn] **1** n **a** (GB) [wine] casier m (à bouteilles). **b** (in shops, supermarkets) panier m; (for wastepaper) corbeille f; (for refuse) poubelle f, boîte f à ordures. **c** (stock control) case f, casier m. **2** cpd **bin card** fiche d'inventaire. – **bin end** (GB : wine) fin de série.

**binary** ['baɪnərɪ] **1** adj binaire. **2** cpd **binary coding** codage (en) binaire. – **binary-coded decimal** décimal codé binaire.

**bind** [baɪnd] **1** n ◊ **to be in a financial bind** être dans une situation financière difficile; **to be in a cash bind** être à court de liquidités. **2** vt **a** (oblige) obliger, contraindre (sb to do qn à faire). ◊ **to bind o.s. by contract** se lier par contrat. **b** book relier. **3** vi (jam) [machinery] se coincer.

**binder** ['baɪndə'] n **a** (for documents) classeur m. **b** (Ins) police f provisoire; (Jur) contrat m provisoire. **c** (US : for property) compromis m de vente.

**binding** ['baɪndɪŋ] **1** n [book] reliure f. **2** adj rule obligatoire; agreement, clause, promise qui engage contractuellement, irrévocable. ◊ **the contract is legally binding on all parties** le contrat lie toutes les parties en droit; **a binding contract** un contrat irrévocable; **a binding signature** une signature qui engage or qui lie.

**binge\*** [bɪndʒ] n ◊ **consumers went on a spending binge** les consommateurs ont dévalisé les magasins.

**binomial** [baɪ'nəʊmɪəl] **1** n binôme m. **2** adj binomial.

**biochip** ['baɪəʊtʃɪp] n biopuce f.

**biosensor** [ˌbaɪəʊ'sensə'] n biocapteur m.

**bipolar** [baɪ'pəʊlə'] adj bipolaire.

**biquinary** [baɪ'kwaɪnərɪ] adj biquinaire.

**birr** [bɜː'] n birr m.

**birth** [bɜːθ] cpd **birth certificate** acte or extrait de naissance. – **birth control** contrôle des naissances. – **birth rate** taux de natalité; **the declining birth rate** la dénatalité.

**birthplace** ['bɜːθpleɪs] n lieu m de naissance.

**BIS** [biːaɪ'es] n abbr of *Bank for International Settlements* BRI n.

**bit** [bɪt] **1** n (Comp) bit m. ◊ **information bit** bit d'information. **2** cpd **bit configuration** configuration binaire. – **bit counter** compteur de bits.

– **bit density** densité binaire. – **bit location** position binaire. – **bit mapping** mode point, représentation binaire d'image. – **bit rate** débit binaire. – **bit string** chaîne de bits.

**bite** [baɪt] n ◊ **to put the bite on sb\*** (US) harceler qn pour obtenir de l'argent, essayer d'extorquer de l'argent à qn; **the tax bite has increased** la ponction fiscale a augmenté; **we're beginning to feel the bite of the austerity measures** les mesures d'austérité commencent à se faire sentir, on commence à sentir l'effet des mesures d'austérité.

**bi-weekly** [baɪ'wiːklɪ] **1** adj (twice a week) bihebdomadaire; (fortnightly) bimensuel. **2** adv (twice a week) deux fois par semaine; (fortnightly) tous les quinze jours.

**bk** **a** abbr of *backwardation*. **b** abbr of *bank*. **c** abbr of *book*.

**bkg** abbr of *banking*.

**bkpt** abbr of *bankrupt*.

**B / L, b.l.** [biː'el] n abbr of *bill of lading* → bill.

**black** [blæk] **1** n noir m. ◊ **to be in the black\*** [private individual] avoir un solde or un compte créditeur, être solvable; [businessman, trade balance] être bénéficiaire; **to return to the black** [private individual] redevenir créditeur or solvable; [businessman, trade balance] redevenir bénéficiaire. **2** adj noir. ◊ **a black day on the stock market** un jour noir à la Bourse; **Black Monday / Thursday** le lundi / jeudi noir. **3** vt (boycott) cargo, firm boycotter. **4** cpd **black economy** économie parallèle or souterraine. – **black goods** marchandises fpl boycottées par les syndicats. – **black market** marché noir; **on the black market** au marché noir. – **black marketeer** vendeur(-euse) m(f) au marché noir. – **black money** argent non déclaré au fisc.

**blackball** ['blækbɔːl] vt blackbouler.

**blackleg** ['blækleg] (GB) **1** n (strike-breaker) jaune m, briseur m de grève. **2** vi briser la grève. **3** vt striker prendre la place de; fellow workers, union se désolidariser de.

**blacklist** ['blæklɪst] **1** n liste f noire. **2** vt person mettre sur la liste noire; firm, product boycotter.

**blackmail** ['blækmeɪl] **1** n chantage m. **2** vt faire chanter, faire du chantage auprès de. ◊ **to blackmail sb into doing sth** forcer qn à faire qch par le chantage.

**blackmailer** ['blækmeɪlə'] n maître chanteur m.

**blackout** [ˈblækaʊt] n ◊ **news blackout** blackout sur l'information.

**blading** [ˈbleɪdɪŋ] ≈ bill of lading; → bill.

**blank** [blæŋk] **1** adj sheet, page blanc, vierge; tape vierge, vide.
**2** cpd **blank acceptance** (name not specified) effet m or traite au porteur; — (sum not specified) effet or traite en blanc. — **blank bill of exchange** (name not specified) effet m or traite au porteur; (sum not specified) effet m or traite en blanc. — **blank bill of lading** connaissement en blanc. — **blank character** (Comp) (caractère) blanc. — **blank cheque** chèque en blanc; **to give sb a blank cheque** (fig) donner carte blanche à qn. — **blank credit** crédit à découvert or sur notoriété or en blanc. — **blank endorsement** endossement en blanc. — **blank form** formulaire, imprimé (à remplir). — **blank signature** blanc-seing. — **blank space** blanc, (espace) vide; — **please leave (this space) blank** laisser en blanc. **3** n **a** (void) blanc m, (espace m) vide m. ◊ **to fill in the blanks** remplir les blancs. **b** (form) formulaire m, imprimé m. ◊ **telegraph blank** formule de télégramme. **4** vt (Comp) memory effacer, supprimer; zone occulter.

**blanket** [ˈblæŋkɪt] cpd **blanket agreement** accord global. — **blanket bond** (Ins) garantie générale. — **blanket clause** (Jur) (clause de) condition générale. — **blanket cover(age)** (Ins) couverture globale; (Pub) couverture publicitaire globale. — **blanket insurance** assurance globale. — **blanket mortgage** hypothèque générale. — **blanket order** commande globale. — **blanket policy** (Ins) police tous risques. — **blanket rate** tarif global or uniforme; **blanket rate increase** augmentation générale or globale des tarifs.— **blanket settlement** règlement d'ensemble.

**blanking** [ˈblæŋkɪŋ] n (Comp) [memory] effacement m; [zone] occultation f.

**blank out** vt sep (Comp) effacer, remplacer par des blancs.

**bldg** abbr of building.

**bleep** [bliːp] **1** n bip m. **2** vi émettre des bips. **3** vt person biper.

**blemish** [ˈblemɪʃ] n (defect) défaut m, imperfection f; (on fruit) tache f.

**blend** [blend] **1** n mélange m. **2** vt mélanger, mêler (with à, avec). **3** vi se mélanger, se mêler (with à, avec).

**blind** [blaɪnd] adj (gen) aveugle. ◊ **blind advertisement** annonce qui ne révèle pas l'identité de l'annonceur; **blind (carbon) copy** copie pour information (d'une lettre envoyée à l'insu du destinataire); **blind entry** (Acc) écriture aveugle; **blind test** (Mktg) test (en) aveugle, blind-test.

**blister pack** [ˈblɪstəʳpæk] n (Comm) blister m, blister-pack m, emballage m blister or bulle or transparent.

**blister-packing** [ˈblɪstəʳˌpækɪŋ] n emballage m or conditionnement m sous blister.

**blitz** [blɪts] **1** n ◊ **marketing blitz** campagne de marketing intensive or éclair. **2** vt bombarder. ◊ **they blitzed their target market with direct mail cards** ils ont bombardé leur marché cible avec un envoi de cartes par la poste.

**blk** abbr of bulk.

**bloated** [ˈbləʊtɪd] adj market surchargé; inventory gonflé.

**bloc** [blɒk] n (Pol) bloc m. ◊ **dollar / sterling bloc** zone dollar / sterling; **the Eastern bloc** le bloc de l'Est.

**block** [blɒk] **1** n **a** (Fin) [shares] paquet m; (larger) bloc m. ◊ **controlling block** bloc de contrôle. **b** (obstruction) [traffic] embouteillage m; [pipe] obstruction f. **c** (Comp : section) bloc m. ◊ **to move** or **transfer a block** déplacer or transférer un bloc; **input / output block** bloc d'entrée / de sortie. **d** **the subsidiary is on the block** la filiale a été mise en vente.
**2** cpd **block booking** (theatre tickets) location groupée; (in hotel) réservation groupée en or en bloc. — **block capitals** majuscules fpl d'imprimerie. — **block diagram** (Comp) schéma fonctionnel, organigramme, ordinogramme. — **block exemptions** (EEC) exemptions fpl par catégories. — **block form** [letter] présentation compacte. — **block funding** financement global. — **block grant** (GB Admin) enveloppe globale. — **block insurance** assurance groupée. — **block length** (Comp) longueur de bloc. — **block letters** majuscules fpl d'imprimerie. — **block mark** (Comp) drapeau bloc. — **block mode** (Comp) mode bloc. — **block move** (Comp) transfert or déplacement de bloc. — **block offer** (St Ex) offre en bloc. — **block positioner** (St Ex) négociant en bloc de titres. — **block purchase** achat groupé or en bloc. — **block sale** vente groupée or en bloc. — **block trade** (St Ex) transaction sur bloc de titres. — **block vote** (GB Ind Rel) vote groupé.
**3** vt **a** (obstruct) negotiations, credit bloquer; progress entraver. ◊ **blocked account** compte bloqué; **blocked currency** monnaie bloquée. **b** (group) data, merchandise grouper.

**blockade** [blɒ'keɪd] **1** n blocus m. ◊ **to run the blockade** forcer or briser le blocus ; **blockade runner** briseur de blocus ; **paper blockade** blocus fictif.
**2** vt bloquer, faire le blocus de.

**blotter** ['blɒtə<sup>r</sup>] n **a** (Acc) brouillard m, main f courante. **b** (US : notebook) registre m. **c** [ink] buvard m ; (with handle) tampon m buveur ; (to write on) sous-main m inv.

**blow up** [bləʊɪp] **1** vt **sep** photo agrandir.
**2** n (photo) agrandissement m.

**blue** [bluː] **cpd blue chip** (St Ex) valeur de premier ordre, valeur vedette, valeur de fonds de portefeuille, blue chip ; **blue-chip investment** placement sûr or de tout repos or de père de famille ; **blue-chip company** société de premier ordre. – **blue chipper** société de premier ordre. – **blue-collar** : **blue-collar worker** col bleu, travailleur manuel ; **blue-collar labour** les cols bleus. – **blue point** bleu de dessinateur.

**blueprint** ['bluːprɪnt] n (print, process) bleu m ; (fig) plan m, projet m, schéma m directeur (for de). ◊ **a blueprint for success** les clés de la réussite.

**blurb\*** [blɜːb] n texte m or baratin m publicitaire. ◊ **what does the blurb say ?** que dit la publicité ?

**BN** abbr of *banknote*.

**BO** abbr of *branch office* → branch.

**board** [bɔːd] **1** n **a** (group of officials) conseil m, comité m, commission f. ◊ **he is on the board** il siège au conseil d'administration, il est membre du conseil d'administration ; **advisory board** comité consultatif ; **supervisory board** conseil de surveillance ; **The Federal Reserve Board** la Réserve fédérale américaine ; **the Board\*** la Fed ; **marketing board** office de régularisation des ventes. **b** (Aviat, Mar) **to go on board** monter à bord, (s') embarquer ; **to take goods on board** embarquer des marchandises ; **on board ship** à bord (du navire) ; **free on board** franco (à) bord. **c** (meals) pension f. ◊ **board and lodging** (chambre avec) pension ; **full board** pension complète ; **half board** demi-pension. **d** (phrases) **it is all quite above board** c'est tout ce qu'il y a de plus régulier ; **across the board** agree systématiquement ; agreement général ; **across the board pay rise** (GB) or **raise** (US) augmentation de salaire générale. **e** (for notices) tableau, panneau ; (outside house, building for sale) écriteau. **f** (Comp) carte f.
**2** cpd **board of directors** conseil d'administration. – **board of enquiry** commission d'enquête. – **board meeting** réunion du conseil (d'administration). – **board minutes** procès-verbal or compte rendu de réunion du conseil d'administration. – **board room** salle du conseil ; **boardroom politics** politique au niveau du conseil. – **board of trade** (US) chambre de commerce. – **Board of Trade (the)** (GB) le ministère du Commerce. – **board of trustees** (US) [savings bank, hospital] conseil d'administration.
**3** vt ship [passenger] monter à bord de ; [inspector] arraisonner ; train, bus monter dans. ◊ **before boarding the aircraft** avant de monter dans l'appareil, avant d'embarquer.

**boarding card** ['bɔːdɪŋˌkɑːd] n (Aviat) carte f d'embarquement.

**boat** [bəʊt] n (gen) bateau m ; (ship) navire m ; (vessel) vaisseau m ; (liner) paquebot m. ◊ **bare-boat charter** affrètement en coque nue.

**boatbuilder** ['bəʊtbɪldə<sup>r</sup>] n (gen) constructeur m naval ; [small boats] constructeur m de bateaux.

**boatload** ['bəʊtˌləʊd] n cargaison f.

**body** ['bɒdɪ] n **a** [car] carrosserie f ; [plane] fuselage m ; [ship] coque f ; [camera] boîtier m ; [speech, report] fond m, corps m. **b** (Jur) **body corporate, corporate body** personne morale ; **governing body** conseil de direction.

**Bogota** [ˌbəʊgə'tɑː] n Bogota.

**bogus** ['bəʊgəs] adj faux, bidon\*. ◊ **bogus company** société fictive or fantôme ; **bogus money** fausse monnaie ; **bogus shares** actions fictives ; **bogus signature** fausse signature, signature de complaisance ; **bogus transactions** transactions véreuses or frauduleuses.

**bold** [bəʊld] adj ◊ **bold type** caractères gras.

**Bolivia** [bə'lɪvɪə] nf Bolivie f.

**Bolivian** [bə'lɪvɪən] **1** adj bolivien.
**2** n (inhabitant) Bolivien(ne) m(f).

**bolster** ['bəʊlstə<sup>r</sup>] vt currency, sales, demand, economy soutenir.

**bona fide** ['bəʊnə'faɪdɪ] adj person de bonne foi. ◊ **bona fide offer** offre sérieuse.

**bonanza** [bə'nænzə] n (US Min) riche filon m (de minerai), (fig) aubaine f, filon m, mine f d'or. ◊ **bonanza year** année exceptionnelle or record ; **the North Sea oil bonanza** la manne pétrolière de la mer du Nord.

**bond** [bɒnd] **1** n **a** (binding agreement) engagement m, obligation f, contrat m. ◊ **appraisement bond** compromis d'arbitrage ; **average bond** (Mar Ins) compromis d'avaries ; **joint and several bond** obligation conjointe et solidaire. **b** (Customs : custody of goods) entreposage m. ◊ **to put sth into**

**bond** entreposer qch en douane; **to take goods out of bond** dédouaner des marchandises; **goods in bond** marchandises en entrepôt sous douane; **to sell in bond** vendre en entrepôt (sous douane); **customs bond** acquit-à-caution. **c** (Fin) (promise to pay) bon m; (short term savings, Treasury) bon m; (corporate or public loan stock) obligation f. ◊ **to issue** or **float bonds** émettre des bons or des obligations; **to redeem bonds, call bonds for repayment** rembourser or amortir des obligations or des bons; **to draw bonds for redemption** rembourser des obligations or des bons par tirage au sort; **active bond** bon productif d'intérêts; **accumulation / convertible bond** obligation cumulative / convertible; **what is the bond liability of this company?** quelle est la part des obligations émises par cette société dans son passif?; **bearer bond** obligation or bon au porteur; **debenture bond** obligation; **government bond** bon du Trésor; **junk bond** obligation spéculative à haut risque; **redeemable bond** obligation remboursable or amortissable; **secured / unsecured bond** obligation garantie / non garantie. **d** (guarantee) [contract performance] garantie f; (bail) cautionnement m. ◊ **indemnity bond** cautionnement; **performance bond** garantie de bonne fin.
**2** **cpd bond agio** prime d'émission. – **bond amortization** amortissement d'obligations or de bons. – **bond certificate** certificat d'obligation. – **bond conversion** conversion d'obligations or de bons. – **bond creditor** créancier obligataire. – **bond discount** prime d'émission. – **bond float** émission d'obligations or de bons. – **bond house** société spécialisée dans les obligations. – **bond interest** intérêts mpl obligataires. – **bond issue** émission d'obligations or de bons. – **bond market** marché obligataire. – **bond note** (Customs) acquit-à-caution. – **bond premium** prime d'émission. – **bond rating** évaluation d'une obligation *(établie par une agence d'évaluation)*. – **bond sinking fund** réserve pour amortissement des obligations. – **bond warrant** (St Ex) warrant, bon de souscription (à des obligations); (Customs) warrant. – **bond washing** (US) vente de valeurs à revenu fixe *(juste avant le paiement de l'intérêt pour des raisons fiscales)*. – **bond yield** rendement d'une obligation or d'un bon; **bond yield to maturity** taux actuariel d'une obligation or d'un bon.
**3** **vt** (Customs) goods entreposer (en douane).

**bonded** [ˈbɒndɪd] **cpd bonded debt** dette garantie par nantissement. – **bonded factory** usine sous douane. – **bonded goods** marchandises fpl entreposées en douane, marchandises (en entrepôt) sous douane. – **bonded manufacturing** fabrication en entrepôt sous douane; **bonded manufacturing warehouse** (US) entrepôt de fabrication sous douane. – **bonded stores** provisions fpl sous douane. – **bonded warehouse** (for public storage of goods) magasins mpl généraux; (Customs) entrepôt en douane or sous douane.

**bonder** [ˈbɒndər] n entrepositaire m.

**bondholder** [ˈbɒndˌhəʊldər] n porteur m d'obligations or de bons, obligataire mf.

**bonding** [ˈbɒndɪŋ] n (Customs) entreposage m.

**bondsman** [ˈbɒndzmən] n garant m, caution f.

**Bonn** [bɒn] n Bonn.

**bonus** [ˈbəʊnəs] **1** n **a** (to employee) prime f; (GB St Ex) dividende m exceptionnel. ◊ **cost of living bonus** indemnité de vie chère; **incentive bonus** (Ind) (gen) prime; (for manual workers) prime de rendement; **output** or **production** or **performance-related** or **productivity bonus** prime de rendement; **profit-related bonus** prime liée aux bénéfices or aux résultats, prime d'intéressement; **I received an end-of-year bonus of £50** j'ai reçu une prime de fin d'année de 50 livres; **a bonus item** un article gratuit or donné en prime. **b** (Ins) (no-claims) **bonus** bonus.
**2** **cpd bonus issue** émission or attribution d'actions gratuites. – **bonus payment** (to employee) prime; (GB St Ex) dividende exceptionnel. – **bonus scheme** programme de primes de rendement. – **bonus share** action gratuite.

**book** [bʊk] **1** n (gen) livre m; [tickets, stamps, cheques] carnet m; (Acc) livre m, journal m; (register) registre m; (Bank) livret m (de compte). ◊ **book of samples** album or jeu d'échantillons; **to be on the books of an organization** être inscrit à une organisation; **to keep the books of a company** tenir les livres (comptables) or les comptes or la comptabilité d'une société; **to check the books** vérifier or contrôler les comptes; **to cook the books** falsifier or truquer les comptes; **to square one's books** (St Ex) liquider sa position; **to close the books** arrêter les comptes; **book of final entry** (Acc) grand-livre; **book of first** or **original** or **prime entry** (Acc) journal originaire; **account book** livre de comptes, registre de comptabilité, journal; **cheque book** carnet de chèques, chéquier; **order book** carnet de commandes; **purchase book** livre or journal des achats; **sales book** livre or journal des ventes; **telephone book** annuaire téléphonique.

**2** **cpd** **book claims** créances fpl comptables. – **book cost** coût d'acquisition comptable. – **book credit** crédit compte. – **book depreciation** dépréciation comptable. – **book debit** dette compte. – **book debt** (money owed by company) comptes mpl fournisseurs ; (money owed to company) comptes mpl clients. – **book entry** écriture (comptable), inscription comptable. – **book fair** Salon du livre, foire du livre ; **the Frankfurt Book Fair** la foire du livre de Francfort. – **book inventory** stock or inventaire comptable. – **book liability** dette comptable. – **book post** tarif imprimés. – **book profit** bénéfice m or profit comptable. – **book squaring** (St Ex) liquidation des positions. – **book-to-bill ratio** rapport prise de commande-facturation. – **book token** chèque-cadeau (à échanger contre des livres). – **book trade (the)** le commerce or l'industrie du livre. – **book transfer** virement comptable (entre deux comptes de la même banque). – **book value** valeur comptable ; **net book value** valeur comptable nette.

**3** **vt** **a** seat on plane, train réserver ; room, table réserver, retenir. ◊ **the hotel is booked up** or **fully booked** l'hôtel est complet ; **he is fully booked this week** il est complètement pris cette semaine ; **please book me through to London** veuillez me prendre des réservations jusqu'à Londres ; **we have booked a conference room at the airport hotel** nous avons réservé une salle de conférence à l'hôtel de l'aéroport. **b** (Comm, Fin) order inscrire, enregistrer. ◊ **to book goods to sb's account** inscrire des marchandises sur le compte de qn ; **to book an expense** inscrire une dépense.

**bookable** ['bʊkəbl] **adj** ◊ **seats bookable in advance** on peut retenir ses places (à l'avance).

**book in** **1** **vi** (at hotel) prendre une chambre. **2** **vt sep** person réserver une chambre pour.

**booking** ['bʊkɪŋ] **1** **n** [orders] enregistrement m, inscription f ; (GB) réservation f. ◊ **to make a booking** faire une réservation, réserver, retenir ; **to make a double booking** faire une réservation en surnombre, faire du surbooking ; **no advance booking** il n'est pas possible de réserver or de faire une réservation or de retenir à l'avance. **2** **cpd** **booking fee** (GB) frais mpl de réservation or d'agence. – **booking office** (GB) (in theatre) (bureau de) locations fpl ; (Rail) guichet (de vente de billets).

**bookkeeper** ['bʊkkiːpə<sup>r</sup>] **n** (aide-)comptable mf.

**bookkeeping** ['bʊkkiːpɪŋ] **n** tenue f des livres comptables, comptabilité f. ◊ **double entry /**

**single entry bookkeeping** comptabilité en partie double / en partie simple.

**booklet** ['bʊklɪt] **n** (small book) brochure f, petit livre m ; (describing company or organization) plaquette f. ◊ **booklet of instructions** (for electrical appliance) notice (explicative).

**bookseller** ['bʊkselə<sup>r</sup>] **n** libraire mf.

**bookshop** ['bʊkʃɒp] **n** librairie f.

**book up** **vt sep** retenir, réserver. ◊ **the hotel is booked up** l'hôtel est complet ; **I'm booked up** (fig) mon carnet de rendez-vous est plein.

**boom** [buːm] **1** **vi** (Econ, St Ex) [prices] monter en flèche, être en forte hausse, flamber. ◊ **business is booming** les affaires marchent très bien or sont en plein essor ; **the company is booming** l'entreprise est en pleine expansion ; **the economy is booming** l'économie est en plein essor. **2** **n** [business] forte expansion f or progression f ; [sales] forte progression f ; [prices] forte hausse f, montée f en flèche, flambée f ; [product] boom m (in de). ◊ **economic boom** boom or essor économique, période de prospérité économique ; **a boom in computer sales** un boom sur les ordinateurs ; **boom town** ville en plein développement ; **the baby boom** le baby-boom.

**boomlet** ['buːmlɪt] **n** (Econ) expansion f de faible amplitude.

**boost** [buːst] **1** **n** ◊ **to give sales a boost** relancer les ventes, donner un coup de pouce aux ventes ; **to give a product a boost** faire de la réclame or du battage pour un produit, relancer un produit ; **the news gave the industry a boost** cette nouvelle a redonné de la vigueur à l'industrie ; **a boost in demand** une relance de la demande. **2** **vt** sales relancer, donner un coup de pouce à ; prices faire monter ; output, productivity augmenter, accroître. ◊ **to boost the economy** relancer l'économie ; **the trade figures boosted prices on the stock exchange** les chiffres du commerce ont fait monter les cours à la Bourse.

**booster** ['buːstə<sup>r</sup>] **n** stimulant m. ◊ **booster training** (stage de) recyclage.

**boot** [buːt] **vt** (Comp : also boot up) system amorcer, lancer.

**bootstrap** ['buːtˌstræp] **1** **n** **a** **to pull o.s. up by one's (own) bootstraps** s'élever à la force du poignet ; **bootstrap operation** opération menée en se servant uniquement de ses propres moyens. **b** (Comp : start-up program) **bootstrap (routine)** (programme) amorce, programme d'amorçage. **2** **vt** (Comp) amorcer, lancer.

**border** ['bɔːdəʳ] **n** [country] frontière f.

**bordereau** [ˌbɔːdəˈrəʊ] **n** (Ins) bordereau m.

**borderline case** ['bɔːdəʳlaɪnˌkeɪs] **n** cas m limite.

**borough** ['bʌrə] (GB) **n** (also **municipal borough**) municipalité f ; (in London) arrondissement m.

**borrow** ['bɒrəʊ] **vt** emprunter (from à). ◊ **to borrow on mortgage / on securities** emprunter sur hypothèque / sur titres ; **to borrow at interest** emprunter à intérêt ; **to borrow long / short** emprunter à long terme / à court terme ; **to borrow stock** reporter des titres.

**borrowed** ['bɒrəʊd] **adj** emprunté. ◊ **borrowed capital** capitaux empruntés ; **borrowed funds** emprunts.

**borrower** ['bɒrəʊəʳ] **n** emprunteur m. ◊ **public borrower** emprunteur public ; **public borrowers at home** émetteurs publics nationaux ; **sovereign borrower** emprunteur souverain.

**borrowing** ['bɒrəʊɪŋ] **1** **n** emprunt m. ◊ **borrowings** emprunts ; **corporate borrowing has increased** l'endettement des entreprises a augmenté ; **corporate borrowings** les emprunts des entreprises ; **borrowing on short-term markets has slackened** on note un ralentissement des emprunts sur les marchés à court terme ; **the growth of private and public borrowing in the USA** la croissance de l'endettement privé et public aux États-Unis.
**2** **cpd borrowing charges** le coût de l'emprunt ; **bank borrowing charges dropped to 10.5%** le coût du crédit bancaire est tombé à 10,5%. — **borrowing power** capacité or possibilités fpl d'emprunt. — **borrowing requirements** besoins mpl de financement ; **public sector / corporate borrowing requirements** besoins de financement des entreprises / du secteur public.

**boss\*** [bɒs] **n** patron(ne) m(f), chef m. ◊ **corporate bosses** chefs d'entreprise.

**BoT** [ˌbiːəʊˈtiː] (GB) **n** abbr of *Board of Trade* → board.

**bot.** abbr of *bought*.

**botch** [bɒtʃ] **vt** (also **botch up**) job bousiller\*, saboter.

**bottle** ['bɒtl] **n** bouteille f.

**bottleneck** ['bɒtlnek] **n** [traffic] embouteillage m, bouchon m ; [production] goulot m d'étranglement (*in* dans).

**bottom** ['bɒtəm] **1** **n** **a** [box, glass] fond m ; [page] bas m ; [sea] fond. ◊ **at the bottom of page 6** au bas de la page 6 ; **the bottom line on page 6** la dernière ligne de la page 6 ; **prices have touched bottom** les prix ont atteint un plancher ; **prices are at rock bottom** les prix sont au plus bas or à leur plus bas niveau ; **this is our bottom price** c'est notre dernier prix, c'est notre prix le plus bas ; **the bottom has fallen out of the market** le marché s'est effondré ; **a bottom-of-the-line** or **a bottom-of-the-range-product** un -produit bas de gamme. **b** (ship) bateau m, navire m. ◊ **merchandise carried in British bottoms** marchandises transportées par or sur les bateaux britanniques.
**2** **cpd bottom end** : **at the bottom end of their product range** au bas de leur gamme de produits, dans leur bas de gamme. — **bottom line** (Acc) résultat m or bénéfice net ; (fig : main concern) essentiel ; **all they care about is the bottom line** (Acc) ils ne s'intéressent qu'aux bénéfices ou qu'au résultat net ; **the bottom line for us is improved productivity** ce qui importe finalement pour nous c'est l'amélioration de la productivité.
**3** **vi** (also **bottom out**) ◊ **prices have bottomed (out)** les cours ont atteint leur plancher *(et commencent à remonter)*.

**bottomry** ['bɒtəmrɪ] **1** **n** (Mar) hypothèque f à la grosse aventure. ◊ **to borrow money on bottomry** emprunter à la grosse.
**2** **cpd bottomry bond** contrat à la grosse aventure. — **bottomry loan** prêt à la grosse aventure.

**bottom-up** [ˌbɒtəmˈʌp] **cpd bottom-up design** conception ascendante, conception de bas en haut. — **bottom-up information** information remontante or ascendante. — **bottom-up planning** planification de bas en haut or de la base au sommet, planification pyramidale.

**bought** [bɔːt] **cpd bought (day) book, bought journal** (Acc) livre m or journal des achats. — **bought ledger** (Acc) grand livre des achats. — **bought contract** or **note** (St Ex) bordereau d'achat. — **bought of** (on invoice) doit. — **bought deal** (St Ex) transaction d'achat, prise ferme.

**bought-in** [bɔːtɪn] **adj** ◊ **bought-in components** composants achetés à l'extérieur or sous-traités.

**bounce** [baʊns] **1** **vi** [cheque] être refusé pour non-provision or pour défaut de provision.
**2** **vt** cheque refuser (pour défaut de provision).

**bounce back** **vi** [share prices] rebondir, reprendre, remonter. ◊ **housing may bounce back** le secteur de la construction peut se ressaisir très vite.

**bounceback** ['baʊnsbæk] **n** rebond m.

**bounce up** **vi** [shares] rebondir; ◊ **coffee prices bounced up on forecasts of cool weather** les cours du café ont fait un bond or se sont envolés à l'annonce d'un temps plus froid.

**bound** [baʊnd] **1** **n** (Comp) borne f, limite f. **2** **adj** **a** book, document relié. **b** (obliged) obligé, tenu. ◊ **bound by the terms of the contract** tenu or lié par les termes du contrat; **printer-bound** limité par la vitesse d'impression; **desk-bound executive** cadre sédentaire or qui ne bouge pas de son bureau. **c** (destined) **bound for** person en route pour; shipment à destination de; train en direction de; ship, plane à destination de, en route pour; (about to leave) en partance pour; **homeward bound** person sur le chemin du retour; ship à destination de son port d'attache; **outward bound** en partance.

**boundary** ['baʊndərɪ] **n** limite f, frontière f.

**bounty** ['baʊntɪ] **n** (gift) prime f, subvention f. ◊ **export bounty** prime à l'exportation; **bounty-fed farmers** agriculteurs qui ne vivent que de subventions.

**bout** [baʊt] **n** (period) période f. ◊ **bout of inflation** poussée inflationniste.

**boutique** [buː'tiːk] **n** boutique f. ◊ **she runs a fashion boutique** elle dirige une boutique de mode.

**box** [bɒks] **1** **n** (gen) boîte f; (large) caisse f; [money] caisse; (on document, to be checked) case f; (text set apart on printed page) encadré m; (gift, jewels, luxury product) coffret m. ◊ **tick** (GB) or **check** (US) **the box** cocher la case; **see box on page 10** voir encadré page 10; **letter box** boîte à lettres. **2** **cpd** **box diagrams** diagrammes mpl emboîtés. – **box file** classeur. – **box number** (Press) (numéro de) référence f; **please reply to box number 50** envoyer votre réponse au journal, référence 50. – **box office** bureau de location; **box-office receipts** recettes; **box-office success** pièce à succès. – **box wagon** (GB) wagon de marchandises couvert. **3** **vt** (gen) mettre en boîte or en caisse; article, product for sale conditionner, habiller. ◊ **boxed goods** marchandises conditionnées or habillées.

**boxboard** ['bɒksbɔːd] **n** carton m compact.

**boxcar** ['bɒkskɑːʳ] (US) **n** (Rail) wagon m de marchandises couvert.

**boycott** ['bɔɪkɒt] **1** **vt** boycotter. **2** **n** boycottage m, boycotte m. ◊ **consumer boycott** boycottage par les consommateurs; **secondary boycott** boycottage de soutien.

**B / P, b.p.** abbr of *bills payable* → bill.

**B / R, b.r.** abbr of *bills receivable* → bill.

**brace** [breɪs] **n** (Typ) accolade f.

**bracket** ['brækɪt] **1** **n** **a** (range) tranche f. ◊ **age / tax bracket** tranche d'âge / d'imposition; **lower / middle / higher income bracket** tranche inférieure / moyenne / supérieure de revenus; **price bracket** fourchette de prix; **she's in the £20,000 a year bracket\*** elle est dans la tranche des 20 000 livres par an. **b** (Typ) **round brackets** parenthèses; **square brackets** crochets; **in brackets** entre parenthèses or crochets. **2** **cpd** **bracket creep** (Tax) glissement d'une tranche d'imposition à l'autre *(dû à l'effet de l'inflation)*. **3** **vt** (Typ) mettre entre parenthèses or entre crochets.

**brain** [breɪn] **1** **n** cerveau m. **2** **cpd** **brain drain** fuite or exode des cerveaux.

**brainstorming** ['breɪnˌstɔːmɪŋ] **n** remue-méninges m inv, brain-storming m. ◊ **we held a brainstorming session** nous avons organisé une séance de remue-méninges or de brain-storming.

**brainwave** ['breɪnweɪv] **n** idée f géniale, inspiration f.

**brake** [breɪk] **n** frein m. ◊ **to put a brake on consumer spending** mettre un frein à la consommation, freiner la consommation.

**branch** [brɑːntʃ] **1** **n** **a** [company] succursale f, filiale f; [bank] agence f, succursale f; [store] succursale f; (in provinces) agence f régionale. ◊ **main branch** maison mère. **b** (sector, subject area) branche f. **c** (Comp) branchement m. **2** **cpd** **branch line** (Rail) ligne secondaire. – **branch manager** [store, company] gérant or directeur de succursale; [bank] directeur d'agence. – **branch network** réseau de succursales. – **branch office** succursale, agence, bureau régional.

**branch out** [brɑːntʃ] **vi** [company] se diversifier. ◊ **we are going to branch out into business services** nous allons nous diversifier or nous lancer dans les services aux entreprises, nous allons étendre nos activités vers les services aux entreprises.

**brand** [brænd] **1** **n** marque f (de fabrique). ◊ **all these articles bear our brand** tous ces articles portent notre marque; **this is an excellent brand of tobacco** c'est une excellente marque de tabac; **to switch brands** [consumer] changer de marque; **name brand** marque du fabricant; **own** or **private brand** marque du distributeur; **producer's** or **manufacturer's brand** marque du fabricant; **subsidiary brand** sous-marque.

**2** cpd **brand acceptance** acceptation de la marque, accueil réservé à la marque. – **brand advertising** publicité produit. – **brand awareness** notoriété de marque *(chez le consommateur)*. – **brand identification** identification de la marque. – **brand image** image de marque. – **brand leader** produit leader, marque qui détient la plus grande part du marché. – **brand loyalty** fidélité à une marque; **brand loyalty for this product has increased** la fidélité à la marque a augmenté pour ce produit. – **brand management** gestion de la marque. – **brand manager** chef de marque. – **brand marketing** marketing de la marque. – **brand name** (nom de) marque, marque de fabrique; **brand name recall** mémo-marque. – **brand policy** politique de marque. – **brand positioning** positionnement de la marque. – **brand preference** préférence pour une marque. – **brand promotion** promotion produit. – **brand recognition** identification d'une marque. – **brand share** part de marché d'une marque. – **brand switching** changement de marque *(par le consommateur)*.

**3** vt goods donner une marque à; cattle marquer au fer rouge; packing cases marquer.

**branded** ['brændɪd] adj goods de marque.

**branding** ['brændɪŋ] n choix m d'une marque.

**Brasilia** [brə'zɪljə] n Brasilia.

**Brazil** [brə'zɪl] n Brésil m.

**Brazilian** [brə'zɪlɪən] **1** adj brésilien. **2** n (inhabitant) Brésilien(ne) m(f).

**Brazzaville** [brazavil] n Brazzaville.

**breach** [briːtʃ] **1** n [law, rules] infraction f (*of* à). ◊ **breach of contract** rupture de contrat; **they were in breach of contract** ils étaient en rupture de contrat; **breach of faith** déloyauté; **breach of trust** abus de confiance; **breach of warranty** rupture de garantie.

**2** vt contract rompre. ◊ **in the event of any of these terms being breached** en cas de non-respect d'une de ces conditions, si l'une de ces conditions venait à ne pas être respectée.

**bread** [bred] n pain m. ◊ **tourists are our bread and butter** c'est le tourisme qui nous fait vivre, nous vivons du tourisme; **a bread-and-butter technique** une technique courante.

**breadboard** ['bredbɔːd] n (Elec, Comp) montage m expérimental, maquette f.

**breadwinner** ['bredwɪnəʳ] n soutien m de famille.

**break** [breɪk] **1** n **a** (gen) cassure f; [negotiations] rupture; [share prices] effondrement m (*in* de). ◊ **a break in supplies from the Far East** une rupture des approvisionnements en provenance d'Extrême-Orient; **b** (pause) pause f; (holiday) congé m, vacances fpl. ◊ **let's take a break** (a few minutes) faisons la pause, arrêtons-nous cinq minutes; (holiday) prenons quelques jours de vacances; **coffee break** pause-café; **tea break** pause-thé; **after the August break** après les vacances du mois d'août; **commercial break** (TV) interruption publicitaire; (Rad) page de publicité. **c** **lucky break** coup de chance; **tax break** avantage fiscal, réduction d'impôt.

**2** vt **a** (gen) casser; agreement rompre; regulations enfreindre. ◊ **to break the law** faire quelque chose d'illégal, être en infraction; **to break an appointment with sb** faire faux bond à qn, poser un lapin à qn*. **b** (ruin financially) ruiner. ◊ **to break the bank*** (Betting) faire sauter la banque. **c** (interrupt) journey arrêter; word couper; (Elec) circuit, current couper. **d** (Comm) **to break bulk** (begin unloading) commencer le déchargement; (divide into smaller units) dégrouper or fractionner un chargement or une livraison.

**3** cpd **break bulk agent** dégroupeur. – **break bulk cargo** cargaison fractionnée.

**breakable** ['breɪkəbl] **1** adj cassable, fragile. **2** **breakables** npl objets mpl fragiles.

**breakage** ['breɪkɪdʒ] n casse f, bris m. ◊ **to pay for breakages** payer la casse; **breakage of seals** (Jur) bris de scellés; **breakage insurance** assurance contre la casse.

**breakaway** ['breɪkəweɪ] adj group, movement séparatiste, dissident. ◊ **a breakaway union** un syndicat dissident.

**break down 1** vi [negotiations] échouer. **2** vt sep (analyse) figures, statistics ventiler, décomposer; accounts détailler, analyser; expenses répartir, faire le décompte de; argument décomposer.

**breakdown** ['breɪkdaʊn] **1** n **a** [machine, vehicle] panne f; [communication] rupture f; [railway system, service] interruption f de service (*in* de). **b** (analysis) [figures, statistics] ventilation f, décomposition f; [account] détail m, analyse f; [expenses] décompte m, ventilation f, répartition f. ◊ **tax revenue breakdown** répartition des revenus fiscaux.

**2** cpd **breakdown service** service de dépannage. – **breakdown table** (Stat) tableau analytique. – **breakdown vehicle** dépanneuse.

**break even** vi [company] atteindre le point d'équilibre or le point mort or le seuil de rentabilité ; [person] s'y retrouver, rentrer dans ses frais.

**break-even** [ˌbreɪkˈiːvən] cpd break-even analysis analyse de rentabilité. – break-even chart graphique de rentabilité. – break-even deal affaire blanche. – break-even point seuil de rentabilité, point mort, point d'équilibre.

**break into** vt fus market pénétrer, s'implanter dans.

**break off** 1 vt sep negotiations rompre.
2 vi ◊ negotiations have broken off les négociations ont été rompues or suspendues.

**break out** vt sep ◊ to break out sales and earnings (US : subdivide) donner séparément le détail du chiffre d'affaires et des bénéfices.

**breakpoint** [ˈbreɪkpɔɪnt] n (Comp) point m d'arrêt. ◊ breakpoint instruction instruction de renvoi or d'arrêt.

**break through** 1 vi faire une percée.
2 vt defences, obstacles enfoncer, percer.

**breakthrough** [ˈbreɪkθruː] n a percée f. ◊ a market breakthrough une percée commerciale ; the breakthrough came in year two when we expanded into the Far East la percée s'est produite la deuxième année qui a suivi notre implantation en Extrême-Orient. b (Ind) avancée f technologique.

**break up** 1 vi [group of people] se disperser ; [meeting] se terminer ; [industrial group] éclater ; [partnership, alliance] prendre fin, cesser.
2 vt sep meeting disperser ; business empire, industrial group démembrer, démanteler.

**breakup** [ˈbreɪkʌp] 1 n [industrial group] démembrement m, démantèlement m ; (winding up) liquidation f.
2 cpd breakup price prix de liquidation. – breakup value valeur de liquidation.

**breathing space** [ˈbriːðɪŋˌspeɪs] n répit m. ◊ it will give us a breathing space cela va nous permettre de respirer un peu.

**breed** [briːd] 1 vt animals élever, faire l'élevage de.
2 n race f, espèce f. ◊ a new breed of manager une nouvelle race de dirigeants.

**breeder** [ˈbriːdəʳ] n a (Phys : also breeder reactor) générateur m or réacteur m nucléaire. ◊ fast breeder reactor surrégénérateur. b (person) éleveur m. ◊ all the top breeders will be there tous les grands éleveurs seront là.

**bribe** [braɪb] 1 n pot-de-vin m. ◊ to take a bribe se laisser corrompre or acheter, accepter des pots-de-vin.
2 vt (gen) corrompre, acheter ; witness suborner.

**bribery** [ˈbraɪbərɪ] n (gen) corruption f ; [witness] subornation f.

**bridge** [brɪdʒ] cpd bridge financing (financement par) crédit relais. – bridge loan prêt or crédit relais. – bridge-over prêt or crédit relais.

**bridgeware** [ˈbrɪdʒwɛəʳ] n (Comp) logiciel m de transition.

**bridging** [ˈbrɪdʒɪŋ] cpd bridging facility crédit relais. – bridging loan prêt or crédit relais. – bridging software logiciel de transition.

**brief** [briːf] 1 n (Jur) dossier m, cause f, affaire f ; (gen : instructions) mission f. ◊ his brief is to develop market share il a pour mission de développer la part de marché ; the marketing brief le cahier des charges de l'action marketing.
2 vt barrister confier une cause à ; salesman donner des instructions à. ◊ we brief our salesmen once a week nous faisons un briefing hebdomadaire à l'intention de nos vendeurs.

**briefcase** [ˈbriːfkeɪs] n serviette f, porte-documents m inv.

**briefing** [ˈbriːfɪŋ] n briefing m.

**brighten** [ˈbraɪtn] vi [economic outlook] s'éclaircir.

**bring** [brɪŋ] vt ◊ to bring products to market mettre des produits sur le marché.

**bring down** vt sep a (Acc) figure, amount reporter. b prices [person] baisser ; [competition, lower interest rates] faire baisser.

**bring forward** vt sep a (Acc) figure, amount reporter. b (advance time of) meeting, product launch avancer.

**bring in** vt sep income, interest rapporter. ◊ the investment brings in a good return l'investissement a un bon rendement, l'investissement rapporte bien ; the investment brings in 12% cet investissement rapporte (un intérêt de) 12% or porte intérêt à 12%.

**bring off** vt sep contract enlever.

**bring out** vt sep book publier, faire paraître ; new product lancer, sortir ; (St Ex) new shares émettre, introduire sur le marché.

**bring together** vt sep (put in touch) mettre en contact, réunir. ◊ the meeting brought together some of the best engineers la réunion a mis en contact or a rassemblé quelques-uns des meilleurs ingénieurs.

**bring up** vt sep  a  question, problem soulever; fact mentionner.  b  **to bring sth up to date** mettre qch à jour; **to bring sb up to date on sth** mettre qn au courant de qch.

**brisk** [brɪsk] adj market actif, animé. ◊ **trading was brisk** le marché était actif or animé; **business is brisk** les affaires marchent bien; **there is a brisk trade in software** les logiciels se vendent bien.

**briskly** ['brɪsklɪ] adv ◊ **these goods are selling briskly** ces articles se vendent très bien.

**British** ['brɪtɪʃ]  1  adj britannique.
 2  n ◊ **the British** les Britanniques.
 3  cpd **British Isles (the)** les îles fpl britanniques. – **British Standards Institute** *association britannique de normalisation,* ≈ AFNOR; **British Standard Time** l'heure d'hiver (en Grande-Bretagne). – **British Summer Time** l'heure d'été (en Grande-Bretagne).

**Britisher** ['brɪtɪʃəʳ] (US) n (inhabitant) Britannique mf.

**Briton** ['brɪtən] n (inhabitant) Britannique mf.

**broad** [brɔːd] adj (wide) large; (extensive) vaste, immense. ◊ **a broad range of products** une large gamme de produits; **the broad outlines of a plan** les grandes lignes d'un projet; **our broad aim is to diversify the product range** globalement notre but est de diversifier notre gamme de produits.

**broadband** ['brɔːdbænd] n (Comp) bande f large.

**broadcast** ['brɔːdkɑːst]  1  vt news, programme (Rad) diffuser, émettre; (TV) téléviser, diffuser, émettre.
 2  n (Rad, TV) émission f. ◊ **live / recorded broadcast** émission en direct / en différé; **repeat broadcast** reprise, rediffusion.

**broaden** ['brɔːdn]  1  vt élargir.
 2  vi s'élargir.

**broadline supplier** ['brɔːdlaɪnsə'plaɪəʳ] n *fournisseur offrant une large gamme de produits.*

**broadsheet** ['brɔːdʃiːt] n (Press) placard m.

**brochure** ['brəʊʃjʊəʳ] n (booklet) brochure f; (leaflet) dépliant m.

**broke\*** [brəʊk] adj fauché\*. ◊ **to go broke** faire faillite.

**broken** ['brəʊkən] adj contract rompu; appointment manqué. ◊ **broken amount** (St Ex) titres formant rompus; **broken lots** (Comm) articles dépareillés, fins de séries; (St Ex) titres formant rompus.

**broker** ['brəʊkəʳ] n  a  (Comm, Fin, Mar) courtier(-ière) m(f); (St Ex) agent m de change. ◊ **broker's lien** droit de rétention

du courtier; **broker's return** (Mar) ristourne du courtier; **wine / grain / coffee etc broker** courtier en vins / grains / cafés etc; **chartering broker** courtier d'affrètement; **commission broker** (US) agent de change; commodity broker courtier en matières premières; **curbstone** or **curb broker** coulissier; **(foreign-)exchange broker** cambiste, courtier de change; **inside broker** courtier officiel; **insurance broker** courtier or agent d'assurances; **issue broker** courtier d'émission or de placement; **outside broker** coulissier; **shipping broker** courtier maritime; **space broker** courtier en publicité.  b  (secondhand dealer) brocanteur m.

**brokerage** ['brəʊkərɪdʒ]  1  n (trade, commission) courtage m. ◊ **they are in brokerage** or **in the brokerage business** ils font du courtage, ils sont courtiers.
 2  cpd **brokerage account** compte de courtage. – **brokerage fee** (frais mpl de) courtage. – **brokerage house** maison de courtage.

**broking** ['brəʊkɪŋ] n (trade) courtage m. ◊ **broking house** maison de courtage.

**brot** abbr of *brought.*

**brotherhood** ['brʌðəhʊd] n (US Ind Rel) syndicat m ouvrier.

**brought** [brɔːt] ptp ◊ **balance brought down** solde à reporter; **balance brought forward** report, solde reporté.

**brunt** [brʌnt] n ◊ **to bear the brunt of the work** faire le plus gros du travail; **to bear the brunt of the expense** supporter or payer le plus gros des frais.

**Brussels** ['brʌslz] n Bruxelles.

**B / S, b.s.**  a  abbr of *balance sheet* → balance.  b  abbr of *bill of sale* → bill.

**BSI** [ˌbiːes'aɪ] n abbr of *British Standards Institute* ≈ AFNOR f.

**BSS** [ˌbiːes'es] n abbr of *British Standards Specification norme de l'association britannique de normalisation.*

**B / St** [ˌbiːes'tiː] abbr of *bill of sight* → bill.

**BST** [ˌbiːes'tiː] n abbr of *British Summer Time* → British.

**bubble** ['bʌbl]  1  n (Comm) affaire f pourrie.
 2  cpd **bubble memory** (Comp) mémoire à bulles. – **bubble pack** emballage transparent, emballage-bulle. – **bubble scheme** (Comm) projet frauduleux.

**Bucharest** [ˌbuːkə'rest] n Bucarest.

**buck** [bʌk]  1  n  a  (US\* : dollar) dollar m. ◊ **to earn big bucks** gagner beaucoup de fric\*; **to make a fast buck** se faire rapidement du fric\*.  b  **to pass the buck\*** refiler\* la res-

ponsabilité à quelqu'un d'autre; **the buck stops here\*** il n'y a plus personne sur qui rejeter la responsabilité.
**2** vt ◊ **to buck the trend\*** aller à l'encontre de la tendance générale.

**bucket shop** [ˈbʌkɪtʃɒp] n (St Ex) bureau m de courtier marron; (travel agent) agence f de voyages *(offrant des billets d'avion à prix réduits).*

**Budapest** [ˌbjuːdəˈpest] n Budapest.

**budget** [ˈbʌdʒɪt] **1** n budget m. ◊ **to balance the budget** équilibrer le budget; **to draft a budget** établir or élaborer or dresser un budget; **we have overrun our budget, we have gone over our budget** nous avons dépassé notre budget; **capital budget** budget d'investissement; **cash budget** budget de trésorerie; **draft budget** projet de budget; **operating budget** budget de fonctionnement.
**2** cpd **budget account** (in department store) compte crédit; (GB Bank) *paiement par la banque des factures courantes d'un ménage moyennant un système de prélèvements mensuels.* – **budget appropriations** affectations fpl budgétaires. – **budget ceiling** plafond budgétaire. – **budget day** (GB Pol) jour de la présentation du budget. – **budget deficit** déficit budgétaire. – **budget department** (in store) rayon des soldes. – **budget estimates** prévisions fpl budgétaires. – **budget heading** ligne budgétaire. – **budget holiday** vacances fpl à prix réduits or à prix promotionnels. – **budget plan** (US) (in department store) système de crédit, solution crédit. – **budget prices** prix mpl réduits or promotionnels, petits prix mpl. – **budget surplus** excédent budgétaire. – **budget variance** écart budgétaire or sur budget.
**3** vi dresser or établir un budget. ◊ **to budget for sth** inscrire or porter qch au budget, budgétiser or budgéter qch.
**4** vt budgétiser, budgéter. ◊ **budgeted balance sheet** bilan provisionnel; **a budgeted expense** une dépense budgétée.

**budgetary** [ˈbʌdʒɪtrɪ] adj budgétaire. ◊ **budgetary accounts** comptes du budget; **budgetary control** contrôle budgétaire; **budgetary cuts** compressions or restrictions budgétaires; **budgetary deficit** déficit budgétaire; **budgetary policy** politique budgétaire; **budgetary year** exercice budgétaire.

**budgeting** [ˈbʌdʒɪtɪŋ] n [project, expense] budgétisation f. ◊ **Planning, Programming, Budgeting System** ≈ rationalisation des choix budgétaires.

**Buenos Aires** [ˈbweɪnɒsˈaɪrɪz] n Buenos Aires.

**buffer** [ˈbʌfəʳ] **1** n (gen) tampon m; (Comp) mémoire f tampon or intermédiaire. ◊ **input buffer** tampon d'entrée.
**2** cpd **buffer area** (Comp) zone tampon. – **buffer state** (Pol) État tampon. – **buffer stock** (Comm) stock de sécurité or de régularisation. – **buffer store** mémoire tampon.
**3** vt (Comp) mettre en mémoire tampon.

**bug** [bʌg] **1** n (gen) défaut m; (Comp) bogue m, défaut m, erreur f. ◊ **to get the bugs out of a program** déboguer un programme, supprimer les erreurs dans un programme; **bug-free program** programme sans bogues or exempt d'erreurs.
**2** vt (\*) phone brancher sur table d'écoute; room poser or installer des micros dans.

**build** [bɪld] vt house, town bâtir, construire; ship, machine construire; plan bâtir, construire, échafauder.

**builder** [ˈbɪldəʳ] n [houses] entrepreneur m, maçon m; [ships, machines] constructeur m.

**build in** vt sep design feature, safeguard intégrer, incorporer (*in, into* à).

**building** [ˈbɪldɪŋ] **1** n **a** (edifice) (gen) construction f, bâtiment m; (large, imposing) édifice m; (apartments or offices) immeuble m. **b** (action) construction f. ◊ **the building of the ship took 2 years** la construction du navire a demandé 2 ans.
**2** cpd **building and loan association** (US) *société coopérative d'investissement et de crédit immobiliers.* – **building block** [project, logical construction] élément, module, bloc. – **building contractor** entrepreneur en bâtiment. – **building ground** terrain à bâtir. – **building industry (the)** l'industrie du bâtiment, le bâtiment. – **building land** terrain à bâtir. – **building licence** permis de construire. – **building loan** prêt immobilier or hypothécaire. – **building materials** matériaux mpl de construction. – **building plot** (petit) terrain à bâtir. – **building site** chantier de construction. – **building society** (GB) *société d'investissement et de crédit immobiliers;* **building society account** ≈ compte d'épargne-logement. – **building trade (the)** l'industrie du bâtiment, le bâtiment; **the building trades** les métiers mpl du bâtiment.

**build up 1** vi [business, relationship] se développer; [competition] s'intensifier; [inflation, anger] augmenter, s'accroître.
**2** vt sep **a** (establish) reputation bâtir, établir; business développer; (increase) production, sales augmenter, accroître; stocks accumuler. ◊ **the economy is building up steam** l'économie prend de la vitesse or s'accélère. **b** (urbanize) area, land urbaniser.

**buildup** ['bɪldʌp] **n** **a** [competition] intensification f; [stocks] accumulation f; [production, sales] accroissement m, augmentation f. ◊ **the debt buildup in the United States** l'accroissement de la dette des États-Unis. **b** **to give sb / sth a good buildup** faire de la publicité pour qn / qch; **the product got a good buildup** on a fait beaucoup de battage* autour du produit.

**built-in** ['bɪltɪn] **1** **adj** feature, design incorporé, intégré. **2** **cpd** **built-in obsolescence** vieillissement programmé. − **built-in stabilizers** (Econ) stabilisateurs mpl automatiques. − **built-in test** (Comp) test intégré.

**built-up area** ['bɪltʌp'ɛərɪə] **n** agglomération f (urbaine).

**Bulgaria** [bʌl'gɛərɪə] **n** Bulgarie f.

**Bulgarian** [bʌl'gɛərɪən] **1** **adj** bulgare. **2** **n** **a** (language) bulgare m. **b** (inhabitant) bulgare mf.

**bulk** [bʌlk] **1** **n** **a** (size) grosseur f, grandeur f; (volume) masse f, volume m. **b** (main part) **the bulk of our customers** la majeure partie de nos clients; **the bulk of the work** le plus gros du travail; **the bulk of our business is done in the summer** nous faisons la plus grosse partie de nos affaires pendant l'été. **c** (Comm) **in bulk** (in large quantities) en gros; (not packed) en vrac. **to buy in bulk** acheter en gros or en grandes quantités; **to deliver / load / ship in bulk** livrer / charger / transporter en vrac; **to break bulk** (begin unloading) commencer le déchargement; (divide into smaller units) fractionner une cargaison or un chargement or une livraison; **these goods were sold without breaking bulk** ces marchandises ont été vendues sous corde. **d** (Mar) cargaison f (en cale), chargement m. ◊ **to load in bulk** charger en volume. **2** **cpd** **bulk buying** achat en gros. − **bulk cargo** cargaison en vrac. − **bulk carrier** transporteur de vrac, vraquier. − **bulk discount** remise sur la quantité. − **bulk mail** (Post) envoi en nombre. − **bulk sale** (in large quantity) vente en gros or en grandes quantités; (loose) vente en vrac. − **bulk sample** échantillon moyen. − **bulk storage** (Comp) mémoire de masse. − **bulk transport** transport en vrac. **3** **vt** (Customs) estimer. ◊ **to bulk a container** estimer le contenu d'un conteneur. **4** **vi** ◊ **to bulk up to** s'élever à; **to bulk large** tenir une place importante.

**bulky** ['bʌlkɪ] **adj** encombrant, volumineux.

**bull** [bʊl] **1** **n** (St Ex) (gen) haussier m, acheteur m or spéculateur m à la hausse; (buying stock in the expectation of selling at a profit before settlement day) acheteur m à découvert. ◊ **to buy a bull** (gen) acheter or spéculer or jouer à la hausse; (before settlement day) acheter à découvert; **the market is all bulls** le marché est orienté à la hausse. **2** **cpd** **bull account** (gen) position acheteur or à la hausse; (before settlement day) position à découvert. − **bull campaign** spéculation à la hausse, opération destinée à faire monter les cours. − **bull market** marché haussier, marché orienté à la hausse. − **bull operation** transaction à la hausse. − **bull operator** haussier, acheteur or spéculateur à la hausse. − **bull position** (gen) position acheteur or à la hausse; (before settlement day) position à découvert. − **bull purchase** (gen) achat à la hausse; (before settlement day) achat à découvert. − **bull speculation** spéculation à la hausse. − **bull transaction** transaction à la hausse. **3** **vt** ◊ **to bull the market** spéculer à la hausse, chercher à faire monter les cours.

**bullet** ['bʊlɪt] **n** (Fin, St Ex) emprunt m remboursable in fine; ◊ **bullet repayment** remboursement in fine.

**bulletin** ['bʊlɪtɪn] **n** bulletin m, communiqué m. ◊ **bulletin board** tableau d'affichage; **news bulletin** (bulletin d')informations.

**bullion** ['bʊljən] **n** encaisse-or f; (gold bullion) or m en barre or en lingot(s); (silver bullion) argent m en lingot(s). ◊ **bullion reserve** encaisse or réserve métallique.

**bullish** ['bʊlɪʃ] **adj** market, tendency, operator haussier, à la hausse; stocks en hausse.

**bullishness** ['bʊlɪʃnəs] **n** (St Ex) tendance f haussière or à la hausse.

**bumper** ['bʌmpər] **adj** crop, year exceptionnel.

**bundle** ['bʌndl] **1** **n** [goods] paquet m, ballot m; [optical fibers] faisceau m; [papers, letters] liasse f. ◊ **a bundle of stocks** un paquet d'actions. **2** **vt** papers, banknotes mettre en liasse.

**bundling** ['bʌndlɪŋ] **n** groupage m.

**bungle** ['bʌŋgl] **vt** gâcher, bâcler*, saboter.

**bunkering** ['bʌŋkərɪŋ] **n** (Mar) soutage m.

**buoyancy** ['bɔɪənsɪ] **n** (St Ex) [market, prices] fermeté f, tendance f à la hausse.

**buoyant** ['bɔɪənt] **adj** (St Ex) market ferme, soutenu, haussier.

**burden** ['bɜːdn] **1** **n** **a** fardeau m, charge f; [work] charge f; [debt] fardeau. ◊ **tax burden** poids de l'impôt, pression fiscale. **b** (Acc, Fin) charges fpl indirectes, frais mpl indirects or généraux. ◊ **the burden of the expense will be met by us** les frais seront

à notre charge. **c** (Mar) port m, portée f, charge f, contenance f, tonnage m. ◊ **a ship of 10,000 tons burden** un navire de 10 000 tonneaux de charge, un navire qui jauge 10 000 tonneaux. **d** (Fin, Jur : debt weighing on company's balance sheet or on an estate) encombrement m.
**2** **cpd** **burden centre** (Acc) section homogène ; **burden centre accounting** comptabilité par sections homogènes. – **burden of proof** (Jur) charge de la preuve.
**3** **vt** charger (*with* de). ◊ **to burden an estate with a mortgage** grever or encombrer un domaine d'une hypothèque.

**bureau** ['bjʊərəʊ] **n** **a** (office) bureau m. ◊ **employment bureau** bureau de placement ; **information bureau** bureau de renseignements ; **travel bureau** agence de voyages ; **bureau de change** bureau de change. **b** (US : government department) service m or département m (gouvernemental) ; ◊ **the Bureau of Customs** les services des douanes ; **Bureau of Labor Statistics** institut statistique de l'emploi.

**bureaucracy** [bjʊəˈrɒkrəsɪ] **n** bureaucratie f.

**bureaucrat** ['bjʊərəʊkræt] **n** bureaucrate mf.

**bureaucratic** [ˌbjʊərəʊˈkrætɪk] **adj** bureaucratique.

**burgeoning** ['bɜːdʒənɪŋ] **adj** ◊ **the burgeoning tourist trade** l'industrie naissante du tourisme.

**Burkina-Faso** [bɜːˈkiːnəˈfæsəʊ] **n** Burkina Faso m.

**Burma** ['bɜːmə] **n** Birmanie f.

**Burmese** [bɜːˈmiːz] **1** **adj** birman.
**2** **n** **a** (language) birman m. **b** (inhabitant) Birman(e) m(f).

**burning** ['bɜːnɪŋ] **adj** (Ins) **burning cost** rapport sinistres-primes.

**burnout** ['bɜːnaʊt] **n** épuisement m. ◊ **to suffer from burnout** [executive] être usé.

**burst** [bɜːst] **1** **n** [activity] vague f ; [enthusiasm] vague f, accès m, montée f ; (Ind, Comp) [throughput] rafale f. ◊ **burst of energy** sursaut d'énergie ; **he works in bursts** il travaille par à-coups ; **the orders come in bursts** les commandes arrivent par à-coups or par vagues.
**2** **cpd** **burst advertising** matraquage publicitaire. – **burst campaign** (Pub) campagne de matraquage. – **burst forms** imprimés mpl détachés. – **burst mode** (Comp) mode continu. – **burst speed** (Comp) grande vitesse.
**3** **vt** (separate) sheets séparer, éclater.

**burster** ['bɜːstəʳ] **n** (Comp) rupteuse f, rupteur m, éclateur m, séparateur m de feuillets.

**bus** [bʌs] **n** **a** (vehicle) autobus m, bus* m ; (US : motorcoach) autocar m, car m. **b** (Comp) bus m. ◊ **data bus** bus de données.

**bushel** ['bʊʃl] **n** boisseau m.

**business** ['bɪznɪs] **1** **n** **a** (commerce) affaires fpl. ◊ **to be in business** être dans les affaires ; **they are in business together** ils sont partenaires ; **to be in the travel business** être dans le tourisme ; **to be in the shoe business** (as manufacturer) être dans l'industrie de la chaussure ; (as retailer) être dans le commerce des chaussures, avoir un magasin de chaussures ; **our wholesale / retail business has grown** nos ventes en gros / au détail ont augmenté ; **we are in the retail business** nous sommes détaillants, nous faisons le commerce de détail ; **they have a successful retail business** ils ont une affaire or un magasin or un commerce de détail qui marche bien ; **to be in business for o.s.** travailler pour son propre compte ; **to set up in business** se lancer dans les affaires, ouvrir un magasin, s'établir dans le commerce ; **to go out of business** (cease trading) fermer boutique, se retirer des affaires ; (go bankrupt) faire faillite ; **to succeed in business** réussir dans les affaires or en affaires ; **to do business with sb** faire des affaires avec qn, travailler avec qn ; **to go to Lyon on business** aller à Lyon pour affaires ; **to be away on business** être en déplacement pour affaires ; **business as usual during repairs** nous restons ouverts pendant les travaux ; **open for business** ouvert ; **to talk business** parler affaires ; **to get down to business** passer aux choses sérieuses. **b** (profession) métier m, profession f, activité f. ◊ **what's your business ?** quel est votre métier or profession ? ; **their main business is components manufacturing** leur activité de base est la fabrication de composants ; **we must concentrate on our core business** nous devons nous recentrer sur notre métier de base ; **only one in 40 shops will be trading in the same business 7 years after start-up** seulement un magasin sur 40 aura gardé sa vocation or n'aura pas changé d'activité 7 ans après sa création ; **their business is management consultancy** ils sont conseillers en gestion, ils ont une affaire de conseil en gestion ; **to know one's business** connaître son affaire or son métier, s'y connaître. **c** (volume of trade) affaires fpl. ◊ **business is looking up** or **picking up** les affaires reprennent ; **business is booming** les affaires marchent très bien or sont en plein essor or en pleine expansion ; **business is slow** les affaires ne marchent pas or stagnent ; **our (volume of) business has doubled in the last year** notre chiffre d'affaires a doublé au cours de l'année passée ; **our**

**mail order business has declined** nos ventes par correspondance ont baissé ; **business done** (St Ex) cours faits. **d** (customers) clientèle f. ◊ **the shop's business is mostly with teenagers** la clientèle du magasin est constituée surtout d'adolescents ; **we get a lot of business from tourists** nous travaillons beaucoup avec les touristes or avec une clientèle de touristes ; **we want your business** nous voulons travailler avec vous, nous voulons vous avoir comme client ; **thank you for your business** nous vous remercions de votre commande ; **to lose business** perdre de la clientèle ; **90% of the bank's corporate finance business is geared to Britain** 90% de l'activité de la banque dans le secteur du financement des entreprises concerne la Grande-Bretagne ; **bankers are competing for farmer's business** les banquiers se disputent la clientèle agricole. **e** (company) (gen) affaire f ; (shop) commerce m, magasin m, boutique f ; (firm) entreprise f. ◊ **they have a little business** ils ont une petite affaire or un petit commerce ; **he has a shoe business** il a un magasin de chaussures ; **he has a grocery business** il a une épicerie or un commerce d'alimentation ; **small businesses** petites entreprises ; **business for sale** fonds or affaire à céder. **f** (task) affaire f. ◊ **we have an important piece of business to deal with** nous devons traiter une affaire importante ; **the business of the day, the order of business** l'ordre du jour ; **any other (competent) business** (in a meeting) autres questions à l'ordre du jour ; (on an agenda) questions diverses ; **is there any other business ?** y a-t-il d'autres questions à traiter ? ; **to make it one's business to do sth** se charger de faire qch ; **that's your business** c'est ton affaire or ton problème.

**2 cpd business acumen** sens (aigu) des affaires. **– business address** adresse commerciale ; **this is my business address** voici l'adresse de mon bureau or de mon travail. **– business agent** (commercial) agent d'affaires ; (US Ind) délégué(e) m(f) syndical(e). **– business bank** banque d'affaires. **– business call** visite d'affaires. **– business card** carte de visite (professionnelle). **– business career** carrière dans les affaires. **– business centre** (gen) centre d'affaires ; (in airport) bureau de services de secrétariat. **– business circles** milieux mpl d'affaires. **– business computer** ordinateur de gestion, ordinateur professionnel. **– business computing** informatique de gestion, informatique professionnelle. **– business concern** entreprise (commerciale). **– business connection** relation d'affaires. **– business corporation** entreprise, société

commerciale. **– business creation** création d'entreprise(s). **– business cycle** (Econ) cycle économique. **– business data processing** informatique de gestion. **– business day** jour ouvrable. **– business decision** décision commerciale. **– business economics** économie de l'entreprise. **– business ethics** déontologie des affaires. **– business expenses** frais mpl professionnels. **– business experience** expérience professionnelle. **– business failures** faillites fpl d'entreprises. **– business finance** gestion financière des entreprises. **– business forecasting** prévision économique. **– business game** jeu d'entreprise. **– business goods** biens mpl de production. **– business hours** (gen) heures fpl ouvrables ; [shop] heures fpl d'ouverture ; [office] heures fpl de bureau. **– business house** maison de commerce. **– business indicator** indicateur de conjoncture. **– business interruption policy** or **insurance** assurance pertes d'exploitation. **– business law** droit commercial. **– business letter** lettre commerciale. **– business lunch** déjeuner d'affaires. **– business machine** machine de bureau or de gestion, machine comptable. **– business management** gestion d'entreprise. **– business manager** dirigeant d'entreprise. **– business matter** affaire. **– business meeting** réunion d'affaires. **– business opportunity** créneau. **– business-oriented** person qui a le sens des affaires ; government, policy favorable aux entreprises ; computer de gestion. **– business outlet** point de vente. **– business outlook** perspectives fpl économiques. **– business package** (Comp) progiciel de gestion. **– business park** parc d'activités. **– business portfolio** portefeuille d'activités. **– business premises** locaux mpl commerciaux. **– business relation** relation d'affaires. **– business reply mail** carte-réponse. **– business risk** risque commercial. **– business school** école de gestion or de commerce. **– business sense** sens des affaires. **– business slowdown** ralentissement économique. **– business services** services mpl aux entreprises. **– business software** logiciel de gestion. **– business transaction** transaction commerciale. **– business travel** les voyages mpl d'affaires. **– business trip** voyage d'affaires. **– business world** monde des affaires. **– business year** exercice.

**businesslike** ['bɪznɪslaɪk] **adj** person efficace, pratique ; firm, transaction sérieux ; manner sérieux, carré ; method efficace ; style net, précis ; appearance sérieux.

**businessman** [ˈbɪznɪsmæn] **n** homme m d'affaires.

**businesswoman** [ˈbɪznɪswʊmən] **n** femme f d'affaires.

**bust\*** [bʌst] **adj** ◊ **to go bust** faire faillite.

**busy** [ˈbɪzɪ] **adj** (occupied) person occupé *(doing* à faire); (Telec) line occupé. ◊ **busy signal** (US) tonalité occupé; **the line's busy** c'est occupé, la ligne est occupée.

**butt** [bʌt] **n** (barrel) (gros) tonneau m, barrique f, futaille f.

**buttress** [ˈbʌtrɪs] **vt** economy soutenir; argument étayer.

**buy** [baɪ] **1 vt a** (purchase) acheter *(sth from sb* qch à qn; *sth for sb* qch pour or à qn). ◊ **to buy and sell goods** acheter et revendre des marchandises; **to buy for cash** acheter (au) comptant; **to buy in bulk** acheter en gros or en grosse quantité; **to buy on credit** acheter à crédit or à tempérament; **to buy outright** acheter (au) comptant; **to buy round** contourner les intermédiaires *(en achetant directement au fabricant)*; **to buy wholesale** acheter en gros; **he bought (his way) into the company** il a pris une participation dans l'entreprise. **b** (St Ex) **to buy a bull, buy long** (US) gen spéculer or jouer la hausse; (before settlement day) acheter à découvert, acheter au comptant pour revendre à terme; **to buy firm** acheter ferme; **to buy forward** acheter à terme; **to buy for a rise** acheter à la hausse; **to buy for the account** or **for settlement** acheter à terme; **to buy on bid** acheter aux enchères; **to buy on a fall / on a rise** acheter à la baisse / à la hausse; **to buy on margin** acheter à terme en versant un dépôt de garantie; **to buy on opening** acheter à l'ouverture.

**2 n** affaire f. ◊ **it's a good buy** c'est une bonne affaire; **buy order** (St Ex) ordre d'achat.

**buy back 1 vt sep** racheter.

**2 n** rachat m.

**3 cpd buy back agreement** (foreign trade) accord de compensation or de rachat *(des produits fabriqués à l'étranger)*. − **buy back clause** clause de rachat. − **buy back option** option or possibilité de rachat.

**buyer** [ˈbaɪəʳ] **1 n a** acheteur(euse) m(f), acquéreur(euse) m(f), preneur(euse) m(f). ◊ **a buyer and seller of furniture** un acheteur et revendeur de meubles; **buyer's market** marché acheteur; **buyer's monopoly** monopsone; **at buyer's risk** aux risques de l'acheteur; **buyer's pass** carte d'acheteur; **potential** or **prospective buyer** acheteur potentiel, prospect. **b** (for company or shop) acheteur(euse) m(f). ◊ **chief** or **head buyer**

responsable or directeur des achats. **c** (St Ex) acheteur m. ◊ **there were buyers over all this week** toute cette semaine il y a eu plus d'acheteurs que de vendeurs; **buyer's option** prime acheteur, prime pour lever; **buyer's option to double** faculté de lever double.

**2 cpd buyer credit** (export finance) crédit acheteur. − **buyer response** réaction de l'acheteur. − **buyer survey** enquête auprès des acheteurs.

**buy in 1 vt sep a** goods s'approvisionner en. **b** (subcontract) components, parts sous-traiter, s'approvisionner à l'extérieur en. **c** (at auction sale) racheter. ◊ **the clock was bought in at £200** la pendule a été rachetée or retirée de la vente à 200 livres. **2 vi a** (Fin) prendre une participation dans une société. **b** (St Ex) **to buy in against a seller** exécuter or racheter un vendeur. **c** (EEC) **to buy into intervention** acheter à l'intervention.

**buy-in** [ˈbaɪɪn] **n** (St Ex) exécution f en Bourse.

**buying** [ˈbaɪɪŋ] **1 n** (action) achat m; (function) achats mpl, approvisionnements mpl. ◊ **impulse buying** achat(s) d'impulsion; **space buying** (Pub) achat d'espace.

**2 cpd buying agent** agent d'achat. − **buying commission** commission d'achat. − **buying department** service (des) achats, service (des) approvisionnements. − **buying group** centrale d'achat. − **buying hedge** couverture d'une position acheteur. − **buying induce-ment** incitation à l'achat. − **buying-in price** (EEC) prix d'intervention. − **buying order** (St Ex) ordre d'achat. − **buying power** pouvoir d'achat. − **buying price** (gen) prix d'achat; (St Ex) cours acheteur. − **buying process** processus d'achat. − **buying rate** (Fin) cours acheteur, taux de change acheteur.

**buy out vt sep** (Fin) person désintéresser; shareholder racheter les actions de; company racheter; (subcontract) sous-traiter, s'approvisionner à l'extérieur en. ◊ **we bought him out for $100,000** nous lui avons acheté sa part pour 100 000 dollars.

**buy-out** [ˈbaɪaʊt] **n** rachat m (d'entreprise). ◊ **(leveraged) management buy-out** rachat d'une entreprise par ses salariés, RES; **the company was the object of a management buy-out** l'entreprise a été rachetée par ses salariés; **leveraged buy-out** rachat d'entre-prise financé par l'endettement.

**buy up vt sep** goods, shares acheter en bloc, ratisser, rafler\*; company racheter.

**buzz\*** [bʌz] **n** ◊ **to give sb a buzz** (telephone) don-ner or passer un coup de fil à qn; **buzz**

**word** mot à la mode, terme branché* ; **buzz group** sous-groupe de discussion.

**buzzer*** [ˈbʌzəʳ] **n** (in office) interphone m.

**bypass** [ˈbaɪpɑːs] **1** **n** (road) rocade f, route f or bretelle f de contournement.
**2** **vt** town contourner ; superior court-circuiter ; middleman, service company, supplier court-circuiter, contourner.

**by-product** [ˈbaɪˌprɒdʌkt] **n** sous-produit m, produit m dérivé.

**byte** [baɪt] **n** multiplet m, octet m. ◊ **8-bit byte** octet.

# C

**C / A** **a** abbr of *capital account* → capital. **b** abbr of *credit account* → credit. **c** abbr of *current account* → current.

**cable** [ˈkeɪbl] **1** n (Telec) câble m.
**2** cpd **cable address** adresse f télégraphique. – **cable television** télévision f par câble. – **cable transfer** virement m télégraphique.
**3** vt câbler, télégraphier (*sth to sb* qch à qn).

**cablecast** [ˈkeɪblkɑːst] vt émettre or diffuser par câble.

**cache** [kæʃ] **1** n (Comp) cache store or memory antémémoire f.
**2** vt (Comp) mettre en antémémoire.

**CAD** [ˌsiːeɪˈdiː] n abbr of *computer-aided* or *assisted design* CAO f, DAO m.

**c.a.d.** abbr of *cash against documents* → cash.

**cadastre** [kəˈdæstəʳ] (US) n cadastre m.

**CADM** [ˌsiːeɪdiːˈem] n abbr of *computer-aided* or *assisted design and manufacturing* CFAO f.

**cadre** [ˈkædrɪ] n (collectively) personnel m d'encadrement, cadres mpl.

**c.a.f.** abbr of *cost and freight* → cost.

**CAI** [ˌsiːeɪˈaɪ] n abbr of *computer-aided* or *assisted instruction* EAO m.

**Cairo** [ˈkaɪərəʊ] n Le Caire.

**CAL** [ˌsiːeɪˈel] n abbr of *computer-aided* or *assisted learning* EAO m.

**calculate** [ˈkælkjʊleɪt] **1** vt (Math) calculer; (suppose) supposer, estimer.
**2** vi (Math) calculer, faire des calculs.

**calculated** [ˈkælkjʊleɪtɪd] adj action, decision, risk calculé.

**calculating machine** [ˈkælkjʊleɪtɪŋməˌʃiːn] n machine f à calculer, calculatrice f.

**calculation** [ˌkælkjʊˈleɪʃən] n calcul m. ◊ **to make a calculation** faire or effectuer un calcul; **by my calculations** d'après mes calculs.

**calculator** [ˈkælkjʊleɪtəʳ] n (machine) calculatrice f, machine f à calculer. ◊ **hand** or **pocket calculator** calculatrice de poche, calculette f.

**calendar** [ˈkæləndəʳ] **1** n calendrier m.
**2** cpd **calendar management** gestion f d'agenda. – **calendar month** mois m du calendrier. – **calendar year** année f civile.

**calibre** (GB), **caliber** (US) [ˈkælɪbəʳ] n calibre m, envergure f, stature f. ◊ **a man of his calibre** un homme de son envergure.

**call** [kɔːl] **1** n **a** (gen) appel m, demande f; (Telec) communication f, appel m, coup m de fil or de téléphone. ◊ **to make a call** téléphoner, donner or passer un coup de fil; **I'd like a call at 6 a.m.** (in hotel) pourriez-vous me réveiller à 6 heures; **reverse charge call** (GB), **collect call** (US) communication en PCV; **long-distance call** (GB), **toll call** (US) communication interurbaine or longue distance; **person-to-person call** communication avec préavis. **b** (short visit) visite f. ◊ **to make** or **pay a call on sb** rendre visite à qn, aller voir qn; **business call** visite d'affaires; **cold call** (by sales representative) visite impromptue; **sales call** visite d'un représentant; **service call** (gen) visite d'entretien; (Ind) intervention sur machine. **c** (St Ex) option f d'achat, dont m, call m. ◊ **call for the premium** levée de la prime; **call of more** faculté de lever double; **to give / take for the call** acheter / vendre un call or un dont; **giver / taker for the call** acheteur / vendeur d'un call or d'un dont. **d** (Fin, St Ex) appel m. ◊ **call for additional cover** appel de marge; **call for**

**capital** appel de fonds; **to make a call for money** or **for capital** faire un appel de fonds; **call for tenders** appel d'offres; **call and check** (Fin) collationnement; **payable at call** remboursable or payable sur présentation or à vue; **withdrawal at call** retrait à vue.

**2** cpd **call and put option** stellage m. – **call birds*** articles mpl d'appel. – **call box** (GB) cabine f téléphonique; (US) téléphone m de police secours. – **call buyer** acheteur m d'un call or d'un dont. – **call charge** montant m or prix m de la communication téléphonique. – **call deposit** dépôt m à vue. – **call letter** (GB) avis m d'appel de fonds. – **call letters** (US Telec) indicatif m (d'appel). – **call loan** prêt m au jour le jour, prêt m remboursable sur demande. – **call money** emprunt m au jour le jour, emprunt m remboursable sur demande; (US) argent m au jour le jour prêté aux agents de change; **call money rate** taux de l'argent au jour le jour. – **call option** option f d'achat; **call option price** dont, prime d'achat. – **call pay** (US) *rémunération garantie par contrat pour un travail effectué en dehors des journées de travail légales*. – **call premium** dont m, prime f d'achat. – **call price** prix m d'exercice. – **call protection** garantie f contre le risque de remboursement anticipé d'obligations. – **call rate** taux m d'intérêt à court terme. – **call risks** (Mar) risques mpl d'escale.

**3** vt **a** (St Ex, Fin) **to call (in) a loan** demander le remboursement d'un prêt; **to call the shares** se déclarer acheteur. **b** (consider) trouver, considérer. ◊ **shall we call it £100?** (agree on price) disons 100 livres? **c** (summon) (gen) appeler; meeting convoquer; strike décider, décréter, déclencher. ◊ **could you call me at 6 a.m.?** pourriez-vous me réveiller à 6 heures?; **to call a press conference** réunir les journalistes or une conférence de presse; **to call the meeting to order** ouvrir la séance; **the chairman called clause fifteen** le président a mis en discussion l'article quinze; **to call sb to account** demander des comptes à qn; **to call sb's attention to sth** attirer l'attention (de qn) sur qch; **the measure will call a halt to speculation** la mesure va mettre un terme à la spéculation; **let's call it a deal** considérons l'affaire comme conclue. **d** (Comp) program appeler.

**4** vi [ship] **to call (in) at a port** faire escale dans un port.

**callable** ['kɔːləbl] adj bond remboursable par anticipation. ◊ **callable capital** capital exigible; **callable loan** prêt révocable; **callable preferred stock** (US) obligation remboursable par anticipation.

**call away** vt sep ◊ **to be called away on business** être obligé de s'absenter pour affaires.

**call back** **1** vi (Telec) rappeler; (come back) revenir. ◊ **I'll call back in half an hour** je reviendrai dans une demi-heure; (Telec) je rappellerai dans une demi-heure.
**2** vt sep (Telec) rappeler. ◊ **I'll call you back in half an hour** je vous rappellerai dans une demi-heure.

**callback** ['kɔːlbæk] n **a** (Telec) rappel m automatique. **b** **callback pay** prime f *(payée en cas de rappel sur le lieu de travail)*.

**call down** vt sep (Comp) program, file appeler.

**caller** ['kɔːləʳ] n (Telec) demandeur m, personne f qui appelle; (Comm) visiteur m; (Bond Market) personne f qui exerce une option d'achat.

**call for** vt fus **a** (summon) person appeler, faire venir; measures réclamer, demander, exiger. **b** (collect) **I'll call for you at 10** je passerai vous prendre à 10 heures; **to be called for** (on parcel, letter) à remettre au demandeur, ≈ poste restante.

**call in** vt sep expert faire venir, appeler; money faire rentrer; faulty machines rappeler; banknotes retirer de la circulation. ◊ **the bank called in his overdraft** la banque l'a obligé à combler son découvert or à approvisionner son compte; **to call in a debt** exiger le remboursement immédiat d'une dette.

**calling** ['kɔːlɪŋ] **1** n **a** (vocation) vocation f, métier m. **b** [meeting] convocation f.
**2** cpd **calling card** (US) carte f de visite. – **calling party** (Telec) demandeur m. – **calling program** (Comp) programme m d'appel.

**call off** **1** vi se décommander.
**2** vt sep appointment annuler, décommander; agreement, contract, deal rompre, résilier, annuler. ◊ **to call off a strike** annuler un ordre de grève.

**call-off** ['kɔːlɒf] n annulation f.

**call out** vt sep appeler. ◊ **to call workers out** appeler à la grève, lancer un mot d'ordre de grève.

**call up** vt sep (US) appeler (au téléphone), téléphoner à. ◊ **called up capital** capital appelé.

**calm down** [kɑːm] vi [stock market] se calmer.

**CAM** [ˌsiːeɪˈem] n abbr of *computer-aided* or *assisted manufacturing* FAO f.

**cambist** ['kæmbɪst] n (St Ex) cambiste m.

**Cambodia** [kæmˈbəʊdɪə] n Cambodge m.

**Cambodian** [kæmˈbəʊdɪən] **1** adj cambodgien.

**2** n (inhabitant) Cambodgien(ne) m(f).

**camera** ['kæmərə] n ◊ **in camera** (Jur) à huis clos.

**Cameroon** [,kæmə'ruːn] n Cameroun m.

**Cameroonian** [,kæmə'ruːnɪən] **1** adj camerounais. **2** n (inhabitant) Camerounais(e) m(f).

**campaign** [kæm'peɪn] **1** n campagne f. ◊ **to lead** or **run** or **wage a campaign for** / **against** mener une campagne or faire campagne pour / contre; **sales** / **press** / **advertising campaign** campagne de vente / de presse / de publicité; **campaign brief** dossier de lancement d'une campagne. **2** vi mener une or faire campagne (*for* pour; *against* contre).

**can** [kæn] **1** n boîte f (de conserve). **2** vt **a** food mettre en boîte(s) or en conserve. ◊ **canned goods** conserves; **canned software** logiciel standard. **b** (US* : fire) virer*, renvoyer.

**Canada** ['kænədə] n Canada m.

**Canadian** [kə'neɪdɪən] **1** adj canadien. **2** n (inhabitant) Canadien(ne) m(f).

**Canberra** ['kænbərə] n Canberra.

**cancel** ['kænsəl] vt (gen) annuler; contract résilier; appointment décommander; mortgage lever; decree, will révoquer; debt régler; train supprimer; candidature retirer. ◊ **cancelled cheque** chèque payé or oblitéré; **cancelling clause** clause résolutoire.

**cancellation** [,kænsə'leɪʃən] n (gen) annulation f; [contract] résiliation f; [mortgage] levée f; [decree, will] révocation f; [debt] règlement m; [train] suppression f; [candidature] retrait m. ◊ **cancellation clause** clause résolutoire.

**cancel out** vt sep amounts annuler; (fig) neutraliser. ◊ **they cancel each other out** [two amounts] ils s'annulent; [two factors] ils se neutralisent.

**c. and i.** abbr of *cost and insurance* → cost.

**candidacy** ['kændɪdəsɪ] (US) n → candidature.

**candidate** ['kændɪdeɪt] n candidat(e) m(f). ◊ **to stand as candidate** se porter candidat, se présenter.

**candidature** ['kændɪdətʃər] (GB), **candidacy** (US) n candidature f.

**canner** ['kænər] n conserveur m.

**cannery** ['kænərɪ] n conserverie f.

**cannibalization, cannibalisation** [,kænɪbəlaɪ'zeɪʃən] n [machine, product] cannibalisation f.

**cannibalize, cannibalise** ['kænɪbəlaɪz] vt machine, product cannibaliser.

**canning** ['kænɪŋ] **cpd canning factory** conserverie f. – **canning industry** industrie f de la conserve.

**canvass** ['kænvəs] **1** vt (Comm) customers, district prospecter. **2** vi (Comm) visiter la clientèle, faire la place; (door-to-door) faire du démarchage or du porte-à-porte.

**canvasser** ['kænvəsər] n (Comm) placier m; (door-to-door) démarcheur m. ◊ **no canvassers** (on sign) accès interdit aux démarcheurs.

**canvassing** ['kænvəsɪŋ] n (Comm) démarchage m.

**CAP** [,siːeɪ'piː] n (EEC) abbr of *Common Agricultural Policy* PAC f.

**cap** [kæp] **1** n plafond m, maximum m. ◊ **there are talks of putting an interest rate cap on loans** on parle de plafonner les taux d'intérêt (*to* pour). **2** vt interest rates plafonner.

**capability** [,keɪpə'bɪlɪtɪ] n [person] aptitude f, capacité f (*to do, for doing* à faire); [machine] potentiel m. ◊ **growth capability** capacité or possibilité d'extension, potentiel de croissance; **the software has a search capability** le logiciel a une fonction recherche.

**capable** ['keɪpəbl] adj person capable. ◊ **capable of** event susceptible de; **the situation is capable of review** la situation est susceptible d'être reconsidérée.

**capacity** [kə'pæsɪtɪ] **1** n **a** [container] contenance f, capacité f; [hotel] capacité f. ◊ **the lecture hall has a seating capacity of 500** l'amphithéâtre peut accueillir or contenir 500 personnes, l'amphithéâtre a (une capacité de) 500 places assises; **carrying capacity** [ship] capacité de charge, charge utile; **dead weight** / **measurement capacity** [ship] portée en lourd / en volume; **memory** / **information storage capacity** (Comp) capacité de mémoire / de stockage des données; **excess capacity** capacité excédentaire or inutilisée, surcapacité; **storage capacity** capacité de stockage. **b** [machine, factory] capacité f, rendement m. ◊ **to operate at full capacity** tourner à plein rendement or régime; **to expand capacity** accroître le potentiel or la capacité de production; **ideal capacity** capacité maximale or théorique; **idle capacity** capacité inutilisée; **industrial capacity** capacité industrielle; **production** or **manufacturing capacity** potentiel or capacité de production; **yield capacity** productivité f. **c** (Tax) **taxable capacity** faculté contributive; **lack of taxable capacity** insuffisance de ressources fiscales; **earning capacity** capacité bénéficiaire. **d** (position, status) qualité f, titre m; (legal power) pouvoir m légal (*to do* de faire). ◊ **to have the capacity to do** avoir qualité pour faire ; **in my capacity as a lawyer** en tant que juriste ; **in his official capacity** dans l'exercice de ses fonctions.

**2** **cpd** **capacity cost** coût m de capacité or d'activité. − **capacity output** rendement m maximum. − **capacity utilization rate** taux m d'utilisation des capacités or du potentiel de production. − **capacity variance** écart m d'activité.

**capital** [ˈkæpɪtl] **1** **adj** (chief, principal) capital, principal. ◊ **capital city** capitale ; **capital letter** (lettre) majuscule or capitale.

**2** **n** **a** (money and property) capital m ; (money only) capital m, capitaux mpl, fonds mpl (propres). ◊ **to raise capital** réunir or mobiliser or trouver des capitaux or des fonds ; **to lock up** or **tie up capital** immobiliser or bloquer des capitaux or des fonds ; **capital and labour** le capital et le travail ; **company with a capital of...** société au capital de... ; **capital of which 20% is paid up** capital libéré (à hauteur) de 20% ; **capital to fixed assets ratio** ratio de financement ; **authorized capital** capital social (autorisé) ; **called up capital** capital appelé ; **circulating capital** capitaux circulants ; **fixed capital** capital fixe ; **idle** or **dead capital** capitaux improductifs or dormants ; **start-up** or **initial capital** mise de fonds initiale, capital de départ, capital initial ; **invested capital** capital engagé ; **loan capital** capital d'emprunt ; **operating** or **working** or **trading capital** fonds de roulement ; **registered capital** capital social ; **risk** or **venture capital** capital risque ; **tied-up capital** capitaux or fonds bloqués. **b** (letter) capitale f, majuscule f. **c** (city) capitale f.

**3** **cpd** **capital account** compte m (de) capital or d'immobilisations. − **capital allowance** déduction f (fiscale) pour investissement. − **capital appropriation** affectation f de capitaux. − **capital assets** actif m immobilisé, valeurs fpl immobilisées. − **capital assistance** aide f financière. − **capital base** capital m social. − **capital bonus** (Ins) ≈ dividende m exceptionnel ; (St Ex) actions fpl gratuites. − **capital budget** budget m d'investissement. − **capital commitment** engagement m de capitaux. − **capital consumption allowance** dotation f aux amortissements. − **capital cost** coût m d'immobilisation ; **capital cost allowance** déduction pour amortissement, amortissement fiscal. − **capital cover** (Bank) ratio m fonds propres / engagements. − **capital deepening** intensification f de l'apport en capital dans la production. − **capital drain** hémorragie f de capitaux. − **capital endowment** dotation f en capital. − **capital expenditure** mise f de fonds ; **capital expenditure account** compte

d'immobilisations ; **capital expenditure budget** budget d'investissement. − **capital flows** flux m de capitaux. − **capital formation** formation f de capitaux. − **capital funds** fonds mpl propres. − **capital gains** plus-value f (en capital) ; **capital gains tax** impôt sur les plus-values (en capital). − **capital goods** biens mpl d'équipement or de production. − **capital impairment** insuffisance f de capital. − **capital increase** augmentation f de capital. − **capital inflow** afflux m de capitaux. − **capital-intensive** industry à forte intensité de capitaux, capitalistique. − **capital investment** investissement m de capitaux. − **capital issue** émission f d'actions ; **Capital Issues Committee** ≈ Commission des opérations de Bourse. − **capital item** bien m immobilisé, élément m d'actif. − **capital leverage** levier m financier. − **capital levy** prélèvement m or impôt m sur le capital. − **capital loss** moins-value f. − **capital market** marché m des capitaux, marché m financier. − **capital movements** mouvements mpl de capitaux. − **capital outflow** fuite f de capitaux. − **capital outlay** mise f de fonds. − **capital requirements** besoins mpl en capitaux. − **capital reserves** réserves fpl et provisions. − **capital spending** dépenses fpl d'investissement. − **capital stock** capital m social. − **capital sum** capital m. − **capital surplus** excédent m de capital. − **capital tie-up** entente f financière. − **capital transaction** opération f sur le capital. − **capital transfer tax** droits mpl de mutation. − **capital turnover** rotation f du capital.

**capitalism** [ˈkæpɪtəlɪzəm] **n** capitalisme m.

**capitalist** [ˈkæpɪtəlɪst] **adj, n** capitaliste mf.

**capitalistic** [ˌkæpɪtəˈlɪstɪk] **adj** capitaliste.

**capitalization, capitalisation** [kəˌpɪtəlaɪˈzeɪʃən] **1** **n** capitalisation f. ◊ **market capitalization** (St Ex) capitalisation boursière.

**2** **cpd** **capitalization issue** attribution f d'actions gratuites. − **capitalization of reserves** émission f d'actions gratuites (par capitalisation des réserves). − **capitalization shares** actions fpl gratuites.

**capitalize, capitalise** [kəˈpɪtəlaɪz] **vt** (supply money to) company financer, doter en capital ; (convert into capital) interests, property capitaliser. ◊ **over-** / **under-capitalized** sur- / sous-capitalisé ; **well-capitalized firm** entreprise financièrement saine ; **capitalized expenditure** dépenses capitalisées or immobilisées ; **your income if capitalized would run to...** votre revenu en termes de capital se monterait à...

**capitation** [ˌkæpɪ'teɪʃən] **n** impôt m par tête.
◊ **capitation fee** (in a club) cotisation f.

**caps\*** [kæps] **npl** abbr of *capitals* (lettres) majuscules or capitales.

**capsize** [kæp'saɪz] **vi** [ship] chavirer.

**captain** ['kæptɪn] **n** capitaine m. ◊ **captain of industry** capitaine d'industrie ; **captain's report** rapport du capitaine, rapport de mer.

**caption** ['kæpʃən] **1 n** (Press) (heading) soustitre m ; (under illustration) légende f.
**2 vt** illustration mettre une légende à.

**captive** ['kæptɪv] **adj** market, audience captif.

**capture** ['kæptʃər] **vt** market s'emparer de, conquérir, accaparer ; (Comp) data saisir ; attention capter.

**car** [kɑːʳ] **1 n a** (GB Aut) voiture f, automobile f, auto f. ◊ **company car** voiture de société or de fonction. **b** (US Rail) wagon m, voiture f. ◊ **flat car** plate-forme ; **freight car** wagon de marchandises. **c** [elevator] cabine f.
**2 cpd car allowance** indemnité f de déplacement, indemnité f kilométrique. — **car-hire** location f de voiture ; **car-hire concern** entreprise de location de voitures. — **car-load** (US) wagon m complet ; **less than car-load** wagon incomplet. — **car manufacturer** constructeur m or fabricant m automobile. — **car transporter** camion m (or wagon m) pour transport d'automobiles. — **car-worker** ouvrier(-ière) m(f) de l'industrie automobile.

**Caracas** [kə'rækəs] **n** Caracas.

**carbon** ['kɑːbən] **cpd carbon copy** carbone m ; **a carbon copy of the previous proposal** une réplique de la proposition précédente. — **carbon paper** papier m carbone.

**card** [kɑːd] **1 n a** carte f. ◊ **business card** carte professionnelle ; **cash card** carte de crédit *(utilisable dans les billetteries)*, carte de retrait bancaire ; **charge card** carte de crédit (non bancaire) ; **credit card** carte de crédit ; **file** or **index card** fiche ; **identity card** carte d'identité ; **visiting card** carte de visite ; **to get one's cards** (Ind) être licencié ; **to play one's cards well** bien mener son jeu or sa barque ; **to put one's cards on the table** jouer cartes sur table. **b** (Comp) **(punched) card** carte f (perforée) ; **data / magnetic / master card** carte mécanographique / magnétique / maîtresse.
**2 cpd card-bin** (Comp) case f de réception. — **card catalogue** (GB) or **catalog** (US) fichier m. — **card file** or **index** fichier m. — **card reader** (Comp) lecteur m de cartes.
**3 vt** (also **card-index**) mettre sur fiches.

**cardboard** ['kɑːdbɔːd] **n** carton m.

**Cardiff** ['kɑːdɪf] **n** Cardiff.

**care** [kɛəʳ] **n** (attention) attention f, soin m ; (charge, responsibility) soins mpl, charge f, garde f. ◊ **with care** (on parcels) fragile ; **to take care of** details s'occuper de, se charger de ; valuables garder ; **care of** (GB), **in care of** (US) (on letters) aux bons soins de, chez ; **care of general delivery** (US) poste restante.

**career** [kə'rɪəʳ] **1 n** carrière f, profession f.
◊ **trade is his career** il fait carrière dans le commerce ; **career girl / woman** jeune fille / femme qui veut faire carrière or qui veut arriver.
**2 cpd career advancement** or **development** déroulement m d'une carrière ; **career development leave** congé de perfectionnement. — **career guidance** orientation f professionnelle. — **career management** gestion f des carrières. — **career officer** conseiller(-ère) m(f) d'orientation professionnelle, conseiller-orienteur m. — **career path** plan m de carrière. — **career prospects** perspectives fpl de carrière. — **career record** curriculum vitæ m.

**careful** ['kɛəful] **adj** worker consciencieux, soigneux.

**careless** ['kɛəlɪs] **adj** worker négligent.

**caretaker** ['kɛəteɪkəʳ] **n** gardien(ne) m(f), concierge mf.

**cargo** ['kɑːgəu] **1 n** cargaison f, chargement m. ◊ **to take on cargo** charger des marchandises, prendre du fret or un chargement ; **break bulk cargo** cargaison fractionnée ; **bulk cargo** cargaison en vrac ; **deck cargo** pontée, cargaison en pontée ; **dry cargo** marchandise or cargaison sèche ; **full-cargo charter** affrètement total.
**2 cpd cargo-boat** cargo m. — **cargo homeward** fret m de retour. — **cargo insurance** assurance f sur facultés. — **cargo-liner** cargo m mixte. — **cargo outward** fret m d'aller. — **cargo plane** avion-cargo m. — **cargo-vessel** cargo m.

**carnet** ['kɑːneɪ] **n** autorisation f d'importation temporaire.

**carpark** ['kɑːpɑːk] **n** parking m, parc m de stationnement.

**carr. fwd.** abbr of *carriage forward* → carriage.

**carriage** ['kærɪdʒ] **1 n a** (GB Rail) voiture f, wagon m (de voyageurs). **b** (GB Comm : conveyance of goods) transport m, factage m, port m. ◊ **carriage free** franco de port ; **carriage forward** (en) port dû ; **carriage paid** (en) port payé ; **land carriage** transport par terre or terrestre ; **carriage and insurance paid to** port payé assurance comprise jusqu'à.

**2** cpd **carriage charge** or **expenses** frais mpl de port. — **carriage return** (Typ) retour m chariot. — **carriage trade** (US) clientèle f aisée.

**carrier** [ˈkærɪəʳ] n **a** (Comm : company) entreprise f de transports; (truck owner) entrepreneur m de transports, transporteur m, camionneur m; (airline) transporteur m aérien. ◊ **by carrier** (Aut) par la route, par camion; (Rail) par chemin de fer; **actual carrier** transporteur substitué or réel; **common carrier** entrepreneur général de transports; **data carrier** support de données; **express carrier** messageries. **b** (cargo boat) **bulk carrier** vraquier, transporteur de vrac. **c** (Comp, Elec) onde f porteuse.

**carry** [ˈkærɪ] **1** vt **a** goods, heavy loads transporter; message porter. ◊ **enough stocks to carry us through the winter** des stocks suffisants pour (nous durer) tout l'hiver; **all the newspapers carried articles about the government's privatization plan** tous les journaux parlaient du projet gouvernemental de privatisation. **b** consequences entraîner. ◊ **to carry interest** rapporter or produire des intérêts; **the agreement carries an insurance for...** l'accord comporte une assurance pour...; **this job carries a lot of responsibility** ce travail implique or comporte de grandes responsabilités; **to carry weight** compter, avoir de l'importance or du poids. **c** bill (pass) adopter; (cause to pass) faire passer, faire adopter. ◊ **the motion was carried** la motion a été votée or adoptée. **d** (Comm) goods avoir en magasin, vendre. ◊ **we don't carry that line** nous ne faisons pas or nous ne vendons pas cette gamme de produits; **to carry a large stock** avoir un stock important. **e** (St Ex) [broker] credit accorder. **f** (Acc) comptabiliser, enregistrer. ◊ **to carry a loss** enregistrer une perte. **g** (Comp) **carry bit** bit de retenue; **carry digit** retenue; **carry time** temps de report.
**2** n (Fin) portage m.

**carry back** vt sep (Acc) reporter sur les exercices antérieurs, reporter en amont.

**carry-back** [ˈkærɪˌbæk] n report m sur exercices antérieurs, report m en amont.

**carry down** vt sep (Acc) reporter (*to* à). ◊ **carried down** (on balance sheet) à reporter.

**carry forward** vt sep (Acc) reporter (*to* à). ◊ **amount carried forward** report; **carried forward** (on ledger) à reporter; **to carry forward to next account** reporter à nouveau.

**carry-forward** [ˈkærɪˌfɔːwəd] n report m (en aval or sur les exercices suivants).

**carrying** [ˈkærɪɪŋ] cpd **carrying capacity** capacité f de charge, charge f utile. — **carrying**

**cost** or **charges** [stock] frais mpl de possession; [debt] frais mpl financier; (St Ex) frais mpl de couverture. — **carrying value** (Acc) valeur f comptable.

**carry on** vt sep **a** (conduct) business exploiter, faire marcher, diriger; correspondence entretenir; negotiations mener, conduire. **b** (continue) business, conversation continuer, poursuivre.

**carry out** vt sep plan exécuter, mener à bien or à bonne fin, réaliser; order exécuter; idea mettre en pratique or à exécution or en œuvre; obligation s'acquitter de; inquiry, survey mener, procéder à, conduire, effectuer; reform effectuer, opérer; law appliquer.

**carry over** vt sep (Acc, St Ex) reporter. ◊ **to carry over a balance** reporter un solde; **stock carried over** titres (pris) en report; **carried over** (on balance sheet) à reporter.

**carry-over** [ˈkærɪˌəuvəʳ] **1** n (Acc, St Ex) report m.
**2** cpd **carry-over effect** (Pub) effet m de rappel or de rémanence. — **carry-over loss** déficit m reportable sur les années suivantes. — **carry-over stocks** stocks mpl de report or reportés.

**cart** [kɑːt] vt goods (in van, truck) transporter.

**cartage** [ˈkɑːtɪdʒ] n (in van, truck) camionnage m.

**cartel** [kɑːˈtel] n cartel m.

**carter** [ˈkɑːtəʳ] n camionneur m.

**carton** [ˈkɑːtən] n (container) emballage m en carton, carton m.

**carve up** [kɑːv] vt sep découper. ◊ **to carve up the market** se partager le marché.

**carve-up** [ˈkɑːvʌp] n découpage m. ◊ **market carve-up** partage or division du marché.

**case** [keɪs] **1** n **a** (Jur) affaire f, procès m, cause f. ◊ **to win one's case** (Jur) gagner son procès; (fig) avoir gain de cause; **to state the case** exposer les faits; **to withdraw a case** abandonner les poursuites; **stated case** exposé motivé. **b** (argument, reasoning) arguments mpl. ◊ **to make out a good case for sth** réunir or présenter de bons arguments en faveur de qch; **border-line case** cas limite. **c** (suitcase) valise f; (packing case) caisse f; [vegetables] cageot m; (box) boîte f; [goods on display] vitrine f. ◊ **a case of beer / wine** une caisse de bière / de vin; **gift case** coffret-cadeau.
**2** cpd **case file** dossier m. — **case history** [individual] antécédents mpl, dossier m personnel; [company] historique m. — **case notes** dossier m. — **case papers** pièces fpl d'un dossier. — **case strip** (Merchandising) bande f d'étagère. — **case study** étude f de cas; **case study method** méthode des cas.

**3** **vt** mettre en caisse, emballer.

**cash** [kæʃ] **1** **n** **a** (notes and coins) espèces fpl, argent m. ◊ **to pay in cash** payer en (argent) liquide or en espèces ; **for cash** contre espèces ; **hard cash** espèces ; **ready cash** (argent) liquide ; **to have cash in hand** or **on hand** avoir de l'argent en caisse or disponible ; **cash in bank** fonds disponibles en banque ; **to be short of cash** être à court d'argent ; **discounted cash flow** valeur actualisée nette ; **petty cash** petite caisse. **b** (immediate payment) **cash down** argent comptant ; **to pay cash (down)** payer comptant or cash ; **discount for cash** escompte or remise en cas de paiement ; **cash on delivery** paiement à la livraison, livraison contre espèces or contre remboursement ; **cash with order, cash before delivery** payable à la commande ; **cash less discount** comptant avec escompte. **c** (Acc) encaisse f, caisse f ; (available cash or near cash) trésorerie f ; (on balance sheet) banque f et caisse f, encaisse f.

**2** **cpd** **cash account** compte m de caisse. − **cash advances** débours mpl. − **cash against documents** comptant contre documents. − **cash assets** avoirs mpl en caisse. − **cash-and-carry** supermarché m de gros et demi-gros, libre-service m de gros. − **cash balance** solde m de trésorerie. − **cash benefit** (Ins) prestation f en espèces. − **cash bind** difficultés fpl de trésorerie. − **cash budget** budget m de trésorerie. − **cash card** carte f de crédit *utilisable dans les billetteries*, carte f de retrait bancaire. − **cash certificate** bon m de caisse. − **cash collateral account** compte m de dépôt en garantie. − **cash contribution** apport m en numéraire. − **cash cow*** (profitable industry) mine f d'or. − **cash crop** (US) récolte f destinée à la vente. − **cash currency option** option f sur devises au comptant. − **cash deficit** déficit m de caisse or de trésorerie. − **cash desk** caisse f. − **cash discount** escompte m de caisse. − **cash dispenser** distributeur m automatique de billets, billetterie f. − **cash dividend** dividende m en espèces. − **cash flow** marge f brute d'autofinancement, cash-flow m. − **cash holding** avoirs mpl liquides. − **cash inflow** rentrée f de fonds or d'argent. − **cash item** article m de caisse. − **cash management** gestion f de trésorerie ; **cash management account** compte de gestion de fonds ; − **cash management bill** bon à court terme. − **cash market** marché m au comptant. − **cash offer** offre f d'achat avec paiement comptant. − **cash option** (Ins) faculté f de toucher la valeur de rachat. − **cash outflow** sortie f de fonds or d'argent. − **cash position** situation f de caisse or de trésorerie. − **cash**

**ratio** coefficient m de trésorerie. − **cash-register** caisse f enregistreuse. − **cash sale** vente f au comptant. − **cash shorts and overs** déficits mpl et excédents mpl de caisse. − **cash statement** bordereau m de caisse. − **cash stock index option** option f sur indice. − **cash surrender value** (St Ex, Ins) valeur f de rachat. − **cash transaction** (Comm) opération f au comptant ; (Fin) opération f de caisse or de trésorerie.

**3** **vt** cheque encaisser, toucher ; banknote changer, faire la monnaie de. ◊ **to cash sb a cheque** donner à qn de l'argent contre un chèque ; [bank] payer un chèque à qn.

**cashable** [ˈkæʃəbl] **adj** encaissable, payable à vue.

**cashier** [kæˈʃɪəʳ] **n** (Comm, Fin) caissier(-ière) m(f).

**cash in** **vt sep** bonds, savings certificates réaliser, se faire rembourser.

**cash in on** **vt fus** tirer profit de.

**Cashomat** ® [ˈkæʃəʊmæt] **n** distributeur m automatique de billets, billetterie f.

**cassette** [kæˈset] **1** **n** cassette f. ◊ **video cassette** cassette vidéo ; **video cassette recorder** magnétoscope.

**2** **cpd** **cassette player** lecteur m de cassettes. − **cassette tape recorder** magnétophone m à cassettes.

**cast** [kɑːst] **vt** **a** (throw) jeter. ◊ **to cast one's vote** voter ; **to cast doubt on** émettre des doutes sur ; **he was cast in damages** (Jur) il a été condamné à des dommages-intérêts. **b** (Typ) **to cast a page** clicher une page. **c** (Tech) metal, object couler.

**casting** [ˈkɑːstɪŋ] **adj** ◊ **to have a casting vote** avoir voix prépondérante.

**cast-iron** [ˈkɑːstˌaɪən] **n** fonte f.

**cast up** **vt sep** (Math) calculer, faire l'addition de. ◊ **to cast up figures** additionner des chiffres.

**casual** [ˈkæʒjʊl] **1** **adj** **a** meeting fortuit ; attitude désinvolte. ◊ **casual variables** variables aléatoires ; **he was very casual about it** il l'a pris à la légère ; **casual absences** absences injustifiées. **b** worker temporaire, occasionnel ; user occasionnel. ◊ **casual labour** main-d'œuvre temporaire or occasionnelle ; **casual work** travail temporaire. **2** **n** (worker) (in office) employé(e) m(f) temporaire ; (in factory) ouvrier(-ière) m(f) temporaire.

**cat** [kæt] **n** ◊ **cats and dogs** (St Ex) actions et obligations de valeur douteuse ; (Comm) articles peu demandés ; **cat plant*** (US) raffinerie de pétrole.

**catalogue** (GB), **catalog** (US) ['kætəlɒg] **1** n catalogue m. **2** cpd **catalogue customers** acheteurs mpl sur catalogue or par correspondance. – **catalogue file** fichier m catalogue. – **catalogue price** prix m (de) catalogue, prix m public. **3** vt cataloguer.

**catastrophe** [kə'tæstrəfɪ] n catastrophe f. ◊ **catastrophe cover** (Ins) couverture de pointe.

**catch** [kætʃ] **1** n (gen, Fishing) prise f; (concealed drawback) entourloupette f. ◊ **there must be a catch (in it) somewhere** il doit y avoir une entourloupette quelque part. **2** cpd **catch-all** phrase, solution qui englobe tout. – **catch-all category** catégorie f fourre-tout. – **catch-line, catch-phrase** accroche f, formule f accrocheuse, slogan m accrocheur. **3** vt (gen) attraper; (understand) saisir, comprendre.

**catchment area** ['kætʃmənt,ɛərɪə] n (Comm) zone f d'attraction or d'appel or de chalandise.

**catch on** vi (become popular) [fashion] prendre.

**catch up** vi (gen) combler son retard; (with news) se remettre au courant. ◊ **to catch up on** or **with one's work** se mettre à jour dans son travail.

**catch-up** ['kætʃʌp] cpd **catch-up demand** rattrapage m de la demande. – **catch-up effect** effet m de rattrapage.

**catchword** ['kætʃwɜːd] n (slogan) slogan m.

**catchy** ['kætʃɪ] adj slogan accrocheur.

**categorization, categorisation** ['kætɪgəraɪzeɪʃən] n catégorisation f.

**categorize, categorise** ['kætɪgəraɪz] vt classer par catégories.

**category** ['kætɪgərɪ] n catégorie f.

**cater** ['keɪtər] vi ◊ **to cater for a company** (provide food) servir de traiteur pour une firme; **to cater for consumers' needs** pourvoir aux besoins des consommateurs; **this magazine caters for all ages** ce magazine s'adresse à tous les âges; **to cater for all tastes** satisfaire tous les goûts.

**caterer** ['keɪtərər] n traiteur m.

**catering** ['keɪtərɪŋ] **1** n restauration f. ◊ **the catering for our reception was done by them** nous les avons pris comme traiteurs pour notre réception. **2** cpd **catering department** rayon m alimentation, rayon m traiteur. – **catering industry** industrie f de la restauration. – **catering trade** restauration f.

**cattle** ['kætl] **1** n bétail m. ◊ **he has 200 heads of cattle on his farm** il a 200 têtes de bétail dans sa ferme. **2** cpd **cattle-breeder** éleveur m (de bétail). – **cattle-breeding** élevage m (de bétail). – **cattle market** marché m or foire f aux bestiaux.

**caution** ['kɔːʃən] **1** n (circumspection) prudence f, circonspection f. ◊ **to induce caution** inciter or inviter à la prudence. **2** cpd **caution money** (gen) caution f, cautionnement m; (for purchase of property) dépôt m de garantie; (Jur : given to witness) remboursement m de frais, défraiement m.

**cautionary** ['kɔːʃənərɪ] adj (Jur) donné en garantie. ◊ **cautionary judgment** mesure conservatoire, ordonnance de saisie conservatoire.

**cautioner** ['kɔːʃənər] n caution f, garant m, répondant m.

**caveat** ['kæviæt] n **a** (gen) avertissement m, mise f en garde. ◊ **caveat emptor** sans garantie du fournisseur, aux risques de l'acheteur; **caveat subscriptor** or **venditor** aux risques du vendeur; **caveat against unfair practices** avertissement contre la concurrence déloyale; **to agree to sth with the caveat that such an agreement may be subject to revision** accepter qch sous réserve que or avec la restriction que l'accord puisse être révisé. **b** (Jur) notification f d'opposition. ◊ **to put in** or **enter a caveat** mettre opposition (*against* à).

**CBI** [ˌsiːbiː'aɪ] n abbr of *Confederation of British Industry* ≈ CNPF m.

**c.b.u.** abbr of *completely built up* → completely.

**c.c.** abbr of *carbon copy* → carbon.

**CCA** abbr of *current cost accounting* → current.

**CD** [siː'diː] n abbr of *certificate of deposit* → certificate.

**cd.** abbr of *carried down* → carry down.

**cd.fwd.** abbr of *carried forward* → carry forward.

**c.div.** abbr of *cum dividend* → cum.

**cease** [siːs] **1** vi [activity] cesser. **2** vt work, activity cesser, arrêter. ◊ **to cease doing** cesser or arrêter de faire; **cease and desist order** (US Jur) *mise en demeure de mettre fin à une pratique illégale* or *déloyale*; **to cease trading** [company] cesser ses activités; [person] se retirer des affaires.

**cede** [siːd] vt right, ownership céder.

**cédi** ['seɪdɪ] n cédi m.

**ceiling** ['siːlɪŋ] **1** n (gen) plafond m. ◊ **monetary ceilings** plafonds monétaires; **to fix a ceil-**

**ing for** or **put a ceiling on prices / wages** fixer un plafond pour les prix / salaires, fixer un prix / un salaire plafond; **tin price hit its ceiling** le cours de l'étain a atteint son plafond; **prices have reached their ceiling at £15** les prix plafonnent à 15 livres. **2 cpd ceiling price** prix m plafond. – **ceiling rate** taux m plafond.

**Celsius** ['selsɪəs] n Celsius.

**census** ['sensəs] n recensement m. ◊ **to take a census of the population** faire le recensement de la population.

**cent** [sent] n (Can, US : coin) cent m. ◊ **cents-off offer / sale** offre / vente à prix réduit.

**center** ['sentəʳ] (US) n → centre.

**centigrade** ['sentɪgreɪd] adj centigrade.

**centimetre** (GB), **centimeter** (US) ['sentɪ,miːtəʳ] n centimètre m.

**central** ['sentrəl] **1** adj central. **2 cpd central bank** banque f centrale. – **central buying** achat m dans une centrale d'achats. – **central locking device** (Aut) verrouillage m électromagnétique des portières. – **central planning** planification f centralisée. – **central processing station** (Comp) centre m de traitement. – **central processing unit** (Comp) unité f centrale de traitement. – **central purchasing office** centrale f d'achats. – **Central Standard Time** (US) heure f normale du Centre. **3** n (US) central m téléphonique.

**Central African Republic** ['sentrəl'æfrɪ kənrɪ'pʌblik] n République f centrafricaine.

**Central America** ['sentrələ'merɪkə] n Amérique f centrale.

**centralization, centralisation** [,sentrəlaɪ 'zeɪʃən] n centralisation f.

**centralize, centralise** [,sentrəlaɪz] vt centraliser.

**centre** (GB), **center** (US) ['sentəʳ] **1** n centre m. ◊ **city centre** centre (de la) ville; **business** or **commercial centre** centre commercial; **cost centre** centre de coûts; **profit centre** centre de profit; **shopping centre** centre commercial; **centre spread** (Pub) annonce occupant les deux pages centrales. **2** vi [problem, talks] tourner (on autour).

**CEO** ['siː'iː'əu] n abbr of chief executive officer PDG m.

**cereal** ['sɪərɪəl] n céréale f.

**certificate** [sə'tɪfɪkɪt] **1** n **a** (legal document) certificat m, acte m; (Comm : receipt) reçu m, récépissé m; (diploma) diplôme m. ◊ **death / marriage / birth certificate** certificat de décès / mariage / naissance; **bankrupt's certificate** (Jur) concordat; **clearance certificate** (Mar) congé maritime or de navigation, lettre de mer. **b** (Fin) titre m, certificat m. ◊ **bearer certificate** titre au porteur; **provisional certificate** titre provisoire; **registered certificate** titre nominatif; **savings certificate** bon d'épargne; **scrip certificate** certificat provisoire; **share certificate** certificat or titre d'action; **certificate of deposit** bon de caisse. **2 cpd certificate of air worthiness** or **sea worthiness** certificat m de navigabilité. – **certificate of compliance** certificat m de conformité. – **certificate of deposit** (gen) certificat m de dépôt; (bond) bon m de caisse. – **certificate of incorporation** [company] acte m constitutif. – **certificate of indebtedness** reconnaissance f de dette. – **certificate of insurance** attestation f d'assurance. – **certificate of measurement** certificat m de jaugeage or de tonnage. – **certificate of origin** certificat m d'origine. – **certificate of ownership** titre m de propriété. – **certificate of receipt** attestation f de prise en charge. – **certificate of registry** (Mar) acte m de nationalité or d'immatriculation. **3** vt (gen) certifier; (in bankruptcy) accorder le concordat à.

**certification** [,sɜːtɪfɪ'keɪʃən] n (gen) certification f; [document] authentification f; (US labor relations) accréditation f. ◊ **certification procedure** procédure d'accréditation.

**certified** ['sɜːtɪfaɪd] cpd **certified accounts** comptes mpl approuvés. – **certified bill of lading** connaissement m certifié. – **certified broker** courtier m agréé. – **certified (true) copy** copie f (certifiée) conforme. – **certified mail : to send by certified mail** (US) envoyer en recommandé or avec avis de réception. – **Certified Public Accountant** (US) expert-comptable m. – **certified statement** état m certifié conforme.

**certify** ['sɜːtɪfaɪ] vt (gen) certifier, assurer; document légaliser, authentifier; (Comm) goods garantir; (Fin) cheque certifier. ◊ **certified as a true copy** (Jur) certifié conforme, copie (certifiée) conforme; **certified cheque** chèque certifié; **certifying officer** (Admin) agent certificateur.

**cession** ['seʃən] n [rights, property] cession f, abandon m. ◊ **act of cession** acte de cession.

**cf.** abbr of confer cf.

**CF** abbr of compensation fee → compensation.

**cge** abbr of carriage.

**CGT** [,siː'dʒiː'tiː] n abbr of capital gains tax → capital.

**Chad** [tʃæd] **1** **adj** tchadien.
**2** **n** **a** (country) Tchad m. **b** (inhabitant) Tchadien(ne) m(f).

**chain** [tʃeɪn] **1** **n** (gen) chaîne f. ◊ **chain of shops** chaîne de magasins.
**2** **cpd** **chain reaction** réaction f en chaîne. − **chain store** grand magasin m à succursales multiples.
**3** **vt** (Comp) chaîner. ◊ **chained calculation** calcul en chaîne; **chained file** fichier en chaîne.

**chair** [tʃɛəʳ] **1** **n** (Admin : function) fauteuil m présidentiel, présidence f. ◊ **the motion before the chair** la motion présentée; **to take the chair** prendre la présidence, présider; **to speak from the chair** s'exprimer en tant que président.
**2** **vt** meeting présider.

**chairlady** [ˈtʃɛəleɪdɪ] **n** présidente f.

**chairman** [ˈtʃɛəmən] **n** (gen) président m; [company] président m (du conseil d'administration). ◊ **Madame Chairman** Madame la Présidente; **Mr Chairman** Monsieur le Président; **chairman and managing director** (GB), **chairman and chief executive** (US) président-directeur général; **chairman's annual report** rapport annuel du président; **acting chairman** président par intérim; **deputy chairman**, **vice-chairman** vice-président.

**chairmanship** [ˈtʃɛəmənʃɪp] **n** présidence f. ◊ **under the chairmanship of** sous la présidence de.

**chairperson** [ˈtʃɛəpɜːsn] **n** président(e) m(f).

**chairwoman** [ˈtʃɛəwʊmən] **n** présidente f.

**challenge** [ˈtʃælɪndʒ] **1** **n** défi m. ◊ **to issue / take up a challenge** lancer / relever un défi; **this is a challenge to us all** c'est un défi qui s'adresse à nous tous.
**2** **vt** statement mettre en doute, contester.

**chamber** [ˈtʃeɪmbəʳ] **1** **n** [barrister, judge] cabinet m; [solicitor] étude f. ◊ **to hear a case in chambers** juger un cas en référé; **audience chamber** salle d'audience.
**2** **cpd** **Chamber of Commerce** chambre f de commerce. − **Chamber of Trade** chambre f des métiers.

**chancellor** [ˈtʃɑːnsələʳ] **n** chancelier m. ◊ **the Chancellor of the Exchequer** (GB) le Chancelier de l'Échiquier, le ministre des Finances britannique.

**chandler** [ˈtʃɑːndləʳ] **n** ◊ **ship chandler** ship-chandler, marchand de fournitures pour bateaux.

**chandlery** [ˈtʃɑːndlərɪ] **n** ◊ **ship chandlery** magasin de fournitures pour bateaux.

**change** [tʃeɪndʒ] **1** **n** **a** (alteration) changement m (from de; into en). ◊ **sweeping**

**changes** changements radicaux; **changes in stocks** mouvements des stocks; **price changes** variations de prix; **technical change** l'évolution technique; **net change** (St Ex) écart net, variation nette; **change of address** changement d'adresse; **change of job** changement de travail or d'emploi or de poste; **change of ownership** mutation. **b** (money) monnaie f. ◊ **small** or **loose change** petite monnaie; **can you give me change for £1?** pouvez-vous me faire la monnaie d'une livre? **c** (St Ex) **the Change** la Bourse; **on (the) Change** en Bourse; **on Change** (in press report) ce qui se dit en Bourse.
**2** **cpd** **change dispenser** distributeur m de monnaie. − **change dump** (Comp) vidage m de mouvements. − **change file** (Comp) fichier m mouvements.
**3** **vt** **a** **to change hands** [goods] changer de main or de propriétaire; [money] (between several people) circuler (de main en main); (from one person to another) changer de main. **b** (exchange) échanger, troquer (sth for sth else qch contre qch d'autre). **c** banknote faire la monnaie de, changer; foreign currency changer, convertir (into en). **d** (modify) changer, modifier, transformer (sth into sth else qch en qch d'autre).

**changeover** [ˈtʃeɪndʒəʊvəʳ] **n** changement m, passage m (from one thing to another d'une chose à une autre).

**channel** [ˈtʃænl] **1** **n** **a** (TV) chaîne f. **b** (way) canal m. ◊ **channel of communication** voie de communication; **channels of distribution** canaux or circuits de distribution; **to go through the usual channels** suivre la procédure habituelle, passer par la voie normale; **to go through the proper** or **official channels** passer par la voie hiérarchique; **to open up new channels for trade** créer de nouveaux débouchés pour le commerce. **c** **the (English) Channel** la Manche; **the Channel Tunnel** le tunnel sous la Manche.
**2** **vt** energies, efforts, information canaliser (towards vers). ◊ **the funds could be channelled into more profitable investments** les capitaux pourraient recevoir une affectation plus profitable; **money is being channelled into developing countries** les fonds sont dirigés or canalisés vers les pays en voie de développement.

**channel off** **vt** resources canaliser.

**CHAPS** [tʃæps] **n** abbr of Clearing House Automatic Payments System → clearing.

**character** [ˈkærɪktəʳ] **1** **n** caractère m. ◊ **certificate of character** certificat de bonnes vie et mœurs.
**2** **cpd** **character card** fiche f confidentielle. − **character file** fichier m confiden-

tiel. – **character string** (Comp) chaîne f de caractères.

**charge** [tʃɑːdʒ] **1** **n** **a** (price) prix m (demandé), tarif m; (Acc : cost, debt) charge f, frais mpl. ◊ **to make a charge for sth** faire payer qch; **free of charge** gratuit; **at a charge of $100** moyennant 100 dollars; **extra charge** supplément; **charges forward** contre-remboursement; **the company took a charge against earnings that reduced profit by 25%** la société a réduit ses bénéfices de 25% à la suite d'une charge exceptionnelle; **they took an extraordinary charge of $80 million for the reduction in net assets last year** 80 millions de dollars ont été passés en charges exceptionnelles pour tenir compte de la réduction de l'actif net l'an dernier; **bank charges** frais de banque or de gestion de compte, frais bancaires; **budgetary charges** imputations budgétaires; **carrying charges** [debt] frais financiers; [stock] frais de possession; (St Ex) frais de couverture; **delivery charges** frais de port; **discount charges** frais d'escompte; **fixed charges** frais or charges or coûts fixes (d'exploitation); **flat charge** tarif unique; **forwarding charges** frais d'expédition; **handling charges** frais de manutention; **inclusive charge** tarif forfaitaire or tout compris; **interest charge** (on a loan) intérêts; (on income statement) charge financière; **labour charges** charges salariales; **legal charges** frais de contentieux, frais judiciaires; **lending charges** intérêts sur emprunts; **maintenance charge** frais d'entretien; **mortgage charge** affectation hypothécaire; **overhead charge** frais généraux; **porterage charge** frais de portage; **service charge** (Bank) frais de gestion du compte; (property maintenance) charges locatives; (restaurant) service; **a 15% service charge will be added to your bill** votre note sera majorée de 15% pour le service; **shipping charge** frais d'expédition; **warehousing charge** frais d'entreposage. **b** (Jur : accusation) accusation f. ◊ **the charges against him** les charges retenues contre lui; **what are the charges against him?** quels sont les chefs d'accusation?; **to be tried on a charge of embezzlement** être accusé de détournement de fonds publics, être jugé pour détournement de fonds publics; **to bring or lay a charge against sb** porter plainte or déposer une plainte contre qn. **c** (responsibility) charge f, responsabilité f. ◊ **he took charge** il a pris la suite, il a assumé les responsabilités; **to take charge of** se charger de; **the man in charge** le responsable.
**2** **cpd** **charge account** (in stores) compte m clients. – **charge card** carte f de crédit

(non bancaire). – **charge hand** chef m d'équipe. – **charge ticket** note f de débit.
**3** **vt** **a** (Jur) accuser. ◊ **to charge someone with fraud** porter une accusation de fraude contre qn. **b** (in payment) person faire payer; amount prendre, demander, faire payer (*for* pour). ◊ **to charge a commission** prélever une commission or un pourcentage; **we are charging you the old prices** nous vous faisons encore les anciens prix; **how much will you charge for the lot?** à combien me faites-vous le tout? **c** (record as debt) **to charge sth to sb** mettre or porter qch sur le compte de qn, inscrire qch au compte or au débit de qn; **charge all these purchases to my account** mettez tous ces achats sur mon compte; **property charged as security for a debt** immeuble affecté à la garantie d'une créance; **to charge an expense** (Acc) passer une dépense en charges; **to charge an account** débiter un compte.

**charge back** **vt sep** réimputer.

**chargee** [tʃɑːˈdʒiː] **n** (Jur) créancier m privilégié.

**charge off** **vt sep** amortir. ◊ **they charged off drilling costs as business expenses** ils ont imputé les coûts de forage à l'exploitation; **to charge off an expense** passer une dépense en charge.

**charge-off** [ˈtʃɑːdʒɒf] **n** amortissement m. ◊ **net charge-offs declined to £20.5 million from £28.5 million** les amortissements sont tombés de 28,5 millions de livres à 20,5 millions de livres.

**charitable** [ˈtʃærɪtəbl] **adj** charitable. ◊ **charitable donation** don à une œuvre de charité; **charitable organization** organisation caritative, œuvre de bienfaisance.

**charity** [ˈtʃærɪtɪ] **1** **n** organisation f caritative, œuvre f de bienfaisance.
**2** **cpd** **charity funds** caisse f de secours. – **charity performance** représentation f au profit d'une œuvre de bienfaisance.

**charm price** [ˈtʃɑːmpraɪs] **n** prix m psychologique.

**chart** [tʃɑːt] **1** **n** **a** (map) carte f (marine). **b** (graphs) graphique m, diagramme m, tableau m. ◊ **bar chart** graphique en tuyaux d'orgue or en barres; **flip chart** chevalet, tableau-papier; **flow chart** (gen) diagramme de circulation, flow chart; (Comp) organigramme; **organization chart** organigramme; **pie chart** graphique circulaire or à secteurs, camembert; **process chart** (Comp) organigramme.
**2** **cpd** **chart analyst** analyste m sur graphiques. – **chart of accounts** plan m comptable.

**3** vt (on graph) sales, profits, results tracer la courbe de, faire le graphique de ; (Comp) établir un organigramme de. ◊ **this graph charts the progress made last year** ce graphique montre les progrès accomplis l'an dernier.

**charter** ['tʃɑːtər] **1** n **a** (document) charte f ; [society] statuts mpl. **b** [plane, boat] affrètement m, nolisement m. ◊ **on charter** sous contrat d'affrètement ; **demise charter** (**party**) affrètement en coque nue ; **lump-sum charter** affrètement moyennant un fret global ; **slot charter** affrètement à compartiment or de cellule.
**2** cpd **charter flight** (vol m en) charter m ; **to take a charter flight to Rome** aller à Rome en charter. – **charter member** (US) membre m fondateur. – **charter plane** (avion m) charter m.
**3** vt **a** accorder une charte à, accorder un privilège (par une charte) à. **b** plane, ship affréter, fréter, noliser.

**charterage** ['tʃɑːtərɪdʒ] (US) n affrètement m, nolisement m.

**chartered** ['tʃɑːtəd] cpd **chartered accountant** (GB, Can) expert-comptable m. – **chartered bank** banque f à charte. – **chartered company** société f privilégiée. – **chartered flight** vol m affrété, vol m charter. – **chartered plane** avion m affrété, avion m charter. – **chartered surveyor** expert m immobilier.

**charterer** ['tʃɑːtərər] n affréteur m, chargeur m.

**chartering** ['tʃɑːtərɪŋ] **1** n affrètement m, nolisement m. ◊ **bare hull chartering** affrètement en coque nue ; **round chartering** affrètement aller et retour.
**2** cpd **chartering agent** agent m d'affrètement. – **chartering broker** courtier m d'affrètement.

**chartist** ['tʃɑːtɪst] n chartiste mf, opérateur (-trice) m(f) sur graphique, conjoncturiste mf.

**chattels** ['tʃætəlz] npl (gen) biens mpl, possessions fpl ; (Jur) biens mpl meubles. ◊ **chattels mortgage** hypothèque sur biens meubles ; **chattels personal / real** biens personnels / réels.

**cheap** [tʃiːp] **1** adj **a** (inexpensive) bon marché, peu cher ; ticket à prix réduit ; fare réduit ; price bas ; money déprécié. ◊ **cheap money policy** politique de l'argent or du crédit à bon marché ; **it's dirt cheap\*** c'est donné\*. **b** (pej : poor quality) de mauvaise qualité, de pacotille.
**2** adv ◊ **to buy sth cheap** (not expensive) acheter qch bon marché or à bas prix ; (cutprice) acheter qch au rabais.

**cheaply** ['tʃiːplɪ] adv à bon marché, à bas prix, pour pas cher.

**cheat** [tʃiːt] **1** vt (deceive) tromper, duper ; (defraud) frauder ; (swindle) escroquer. ◊ **to cheat sb out of sth** escroquer qch à qn.
**2** n **a** (deceiver) fourbe mf ; (crook) escroc m. **b** (deceitful act) tromperie f ; (fraud) fraude f ; (swindle) escroquerie f.

**check** [tʃek] **1** n **a** (setback) [movement] arrêt m brusque ; [plans] empêchement m ; (temporary halt) arrêt m momentané, pause f, interruption f. ◊ **to hold in check** tenir en échec ; **to put a check on** mettre un frein à. **b** (examination) [passport, ticket] contrôle m, vérification f (on de) ; (at factory door) pointage m ; (mark) marque f de contrôle. ◊ **to make a check on** contrôler, vérifier, pointer ; **to keep a check on** surveiller ; **code / built-in check** (Comp) contrôle de programmation / automatique ; **random check** contrôle par sélection aléatoire or par sondage ; **customs check** vérification douanière, contrôle douanier. **c** (US : receipt) [left luggage] bulletin m de consigne ; [restaurant] addition f. **d** (US : bank cheque) chèque m. ◊ **flash check** chèque sans provision.
**2** cpd **check box** (US) case f à cocher. – **check digit** (Comp) chiffre m de contrôle, clé f. – **check market** marché m témoin. – **check sample** échantillon m témoin. – **check sum** (Comp) total m de contrôle. – **check survey** contre-expertise f, expertise f contradictoire. – **check test** contre-essai m.
**3** vt **a** (verify) vérifier, contrôler ; (mark off) pointer, faire le pointage de ; (tick off) cocher. ◊ **to check the books** vérifier la comptabilité or les livres. **b** (stop) contenir, enrayer, endiguer ; (restrain) freiner, maîtriser. ◊ **to check inflation** maîtriser or juguler l'inflation. **c** (US) coats mettre au vestiaire ; luggage (register) faire enregistrer ; left luggage mettre à la consigne. **d** (Jur) inventory récoler.

**checkbook** ['tʃekbuk] (US) n carnet m de chèques, chéquier m.

**checker** ['tʃekər] n vérificateur(-trice) m(f), contrôleur(-euse) m(f) ; (US : supermarket) caissier(-ière) m(f) ; (Pub) pigiste mf.

**check in 1** vi (in hotel) (arrive) arriver ; (register) remplir une fiche (d'hôtel) ; (Aviat) se présenter à l'enregistrement.
**2** vt sep faire remplir une fiche (d'hôtel) à ; (Aviat) enregistrer.

**check-in** ['tʃekɪn] n (Aviat) enregistrement m ; ◊ **your check-in time is half an hour before departure** présentez-vous à l'enregistrement des bagages une demi-heure avant le départ.

**checking** [ˈtʃekɪŋ] **cpd checking account** (US) compte m courant de chèques. — **checking deposit** (US) dépôt m à vue. — **checking routine** (Comp) programme m de contrôle.

**checklist** [ˈtʃeklɪst] **n** check-list f, liste f de contrôle.

**checkmark** [ˈtʃekmɑːk] **n** marque f de contrôle.

**check off vt sep** pointer, cocher.

**checkoff** [ˈtʃekɒf] **n** (US) prélèvement m automatique des cotisations syndicales.

**check on vt fus** vérifier.

**check out** 1 **vi** (from hotel) régler sa note. 2 **vt sep** a luggage retirer ; hotel guest faire payer sa note à. b (verify) vérifier, contrôler.

**checkout** [ˈtʃekaʊt] 1 **n** (supermarket cash desk) caisse f de sortie. 2 **cpd checkout clerk** (US : supermarket) caissier(-ière) m(f) ; (hotel) réceptionniste mf. — **checkout desk** (hotel) réception f. — **checkout lane** caisse f de sortie. — **checkout time** heure f limite d'occupation.

**check over vt sep** examiner, vérifier.

**checkpoint** [ˈtʃekpɔɪnt] **n** point m de contrôle ; (Comp) point m de reprise.

**checkroom** [ˈtʃekrʊm] **n** (US) vestiaire m ; (Rail) consigne f.

**checkstand** [ˈtʃekstænd] **n** (US : in supermarket) poste m d'encaissement.

**check up vi** se renseigner, vérifier. ◊ **to check up on sth** vérifier qch ; **to check up on sb** se renseigner sur qn.

**checkup** [ˈtʃekʌp] **n** (gen) contrôle m, vérification f ; (Med) examen m médical, bilan m de santé, check-up m.

**chemical** [ˈkemɪkəl] 1 **adj** chimique. ◊ **chemical engineer** ingénieur chimiste. 2 **n** produit m chimique.

**chemist** [ˈkemɪst] **n** a (researcher) chimiste mf. b (GB : pharmacist) pharmacien(ne) m(f).

**cheque** (GB), **check** (US) [tʃek] 1 **n** chèque m. ◊ **cheque sent for collection** chèque mis en recouvrement ; **cheque made to cash, bearer cheque** chèque au porteur ; **to cash a cheque** toucher un chèque ; **to make out a cheque to...** établir or faire or rédiger un chèque à l'ordre de... ; **to pay by cheque** régler par chèque ; **to pay a cheque into one's account** verser de l'argent à son compte par chèque ; **to refer a cheque to drawer** refuser d'honorer un chèque, renvoyer un chèque à l'émetteur ; **to stop a cheque** faire opposition à un chèque, suspendre le paiement d'un chèque, bloquer

un chèque ; **to write out** or **draw a cheque** émettre or tirer or faire un chèque ; **dud** or **bad** or **rubber cheque** chèque sans provision, chèque en bois ; **cheque without funds** chèque sans provision ; **blank cheque** chèque en blanc ; **certified cheque** chèque certifié ; **open / crossed cheque** chèque non barré / barré ; **to get one's pay cheque** toucher or recevoir son salaire ; **traveller's cheque** chèque de voyage.

2 **cpd cheque book** (GB) carnet m de chèques, chéquier m. — **cheque counterfoil** or **stub** (GB) talon m de chèque.

**ch. fwd.** abbr of *charges forward* → charge.

**chief** [tʃiːf] 1 **n** (* : boss) patron(-onne) m(f), chef mf. 2 **adj** principal, en chef. ◊ **chief accountant** chef comptable ; **chief assistant** premier assistant ; **chief buyer** chef du service achats ; **chief cashier** (GB) caissier principal ; **chief editor** rédacteur en chef ; **chief executive officer** président-directeur général, PDG ; **chief operating officer** directeur général, DG.

**Chile** [ˈtʃɪlɪ] **n** Chili m.

**Chilean** [ˈtʃɪlɪən] 1 **adj** chilien. 2 **n** (inhabitant) Chilien(ne) m(f).

**China** [ˈtʃaɪnə] **n** Chine f.

**Chinese** [tʃaɪˈniːz] 1 **adj** chinois. 2 **n** a (language) chinois m. b (inhabitant) Chinois(e) m(f).

**chip** [tʃɪp] 1 **n** a (St Ex) **blue chips, blue-chip stocks** or **securities** valeurs vedettes, valeurs de fonds de portefeuille, blue chips ; **blue-chip company** société de premier ordre ; **blue-chip investment** placement de tout repos or de père de famille, investissement sûr. b (Comp) puce f, pastille f. 2 **vt** (St Ex) points perdre.

**CHIPS** [ˈtʃɪpz] **n** abbr of *Clearing House Inter-Bank Payments System* → clearing.

**choice** [tʃɔɪs] 1 **n** choix m. 2 **adj** (Comm) de premier choix, de première qualité.

**choose** [tʃuːz] **vt** choisir.

**chop** [tʃɒp] **vt** prices réduire.

**choppy** [ˈtʃɒpɪ] **adj** sea un peu agité. ◊ **choppy monthly pattern** [stock market] physionomie irrégulière or schéma un peu irrégulier sur l'ensemble du mois.

**chose** [tʃəʊz] **n** (Jur) chose f. ◊ **choses in action** droit incorporel ; **choses in possession** biens meubles ; **chose transitory** objet mobilier ; **assignation of chose in action** cession-transport.

**ch. pd.** abbr of *charges paid* → charge.

**churn** [tʃɜːn] **vt** (St Ex) accounts faire tourner *pour encaisser les commissions.*

**churn out\*** **vt sep** [factory] produire à forte cadence.

**c.i.** abbr of *cost and insurance* C&A

**c.i.f.** abbr of *cost, insurance and freight* CAF.

**c.i.f. and c.** abbr of *cost, insurance, freight and commission* → cost.

**cipher** ['saɪfəʳ] **1** **n** **a** (zero) zéro m. ◊ **he's a cipher** (fig) c'est un zéro or une nullité. **b** (secret writing) chiffre m, code m secret. ◊ **in cipher** en chiffre, en code.
**2** **vt** calculations, communications chiffrer, coder.

**circle** ['sɜːkl] **n** (gen) cercle m. ◊ **an inner circle of advisers** un groupe de proches conseillers ; **in political / financial / stock exchange / government circles** dans les milieux politiques / financiers / boursiers / gouvernementaux ; **to come full circle** revenir à son point de départ.

**circuit** ['sɜːkɪt] **n** (Elec) circuit m. ◊ **closed circuit** circuit fermé ; **integrated circuit** circuit intégré ; **printed circuit** circuit imprimé.

**circular** ['sɜːkjʊləʳ] **1** **adj** letter circulaire.
**2** **n** (gen) circulaire f ; (printed advertising) prospectus m.

**circularize, circularise** ['sɜːkjʊləraɪz] **vt** person, firm envoyer des circulaires or des prospectus à. ◊ **a widely circularized decision** une décision que l'on a fait connaître à grand renfort de circulaires.

**circulate** ['sɜːkjʊleɪt] **1** **vi** circuler.
**2** **vt** news propager.

**circulating** ['sɜːkjʊleɪtɪŋ] **adj** circulant. ◊ **circulating capital** capitaux circulants ; **circulating medium** (Fin) monnaie d'échange.

**circulation** [ˌsɜːkjʊ'leɪʃən] **1** **n** [capital] circulation f ; [news] propagation f ; [newspaper] tirage m, diffusion f. ◊ **to put into circulation** money mettre en circulation ; **for circulation** document à diffuser, à faire circuler ; **credit circulation** circulation financière ; **newspaper with a wide circulation** journal à grand or gros tirage.
**2** **cpd** circulation breakdown analyse f sectorielle. — **circulation department** (Press) service m des ventes. — **circulation manager** (Press) directeur m du service des ventes.

**circumstance** ['sɜːkəmstəns] **n** circonstance f. ◊ **under no circumstances** en aucun cas ; **to take the circumstances into account** faire la part des choses ; **mitigating** or **extenuating circumstances** circonstances atténuantes ;

**circumstances beyond my control** circonstances indépendantes de ma volonté.

**circumstantial** [ˌsɜːkəm'stænʃəl] **adj** **a** (detailed) report, statement circonstancié, détaillé. **b** (indirect) knowledge indirect. ◊ **circumstancial evidence** (Jur) preuve indirecte, présomption.

**circumstantiate** [ˌsɜːkəm'stænʃɪeɪt] **vt** evidence étayer (en donnant des détails) ; event donner des détails or des précisions sur.

**circumvent** [ˌsɜːkəm'vent] **vt** person circonvenir ; law, regulations tourner.

**cite** [saɪt] **vt** (quote) citer. ◊ **to cite sb to appear** (Jur) citer qn à comparaître.

**citizen** ['sɪtɪzn] **n** [town] habitant(e) m(f) ; [state] citoyen (ne) m(f).

**citizenship** ['sɪtɪznʃɪp] **n** citoyenneté f.

**city** ['sɪtɪ] **1** **n** **a** (grande) ville f, cité f. **b** (GB) **the City** la Cité (de Londres), le centre des affaires de Londres ; **City news / column** (Press) chronique / rubrique or page boursière or financière (de la Bourse de Londres) ; **City editor** chroniqueur boursier ; **City desk** service financier.
**2** **cpd** city hall hôtel m de ville. — **city planner** urbaniste mf. — **city planning** urbanisme m.

**civic** ['sɪvɪk] **adj** rights civique ; authorities municipal. ◊ **civic centre** (GB) centre administratif.

**civil** ['sɪvl] **1** **adj** civil ; rights, liberties civique. ◊ **civil status** état civil.
**2** **cpd** civil commotions (Ins) troubles mpl intérieurs. — **civil engineer** ingénieur m des travaux publics. — **civil engineering** génie m civil, travaux mpl publics ; **civil engineering company** société de génie civil, entreprise de travaux publics. — **civil law** (system) code m civil ; (study) droit m civil. — **civil servant** (GB) fonctionnaire m. — **civil service** (GB) fonction f publique, administration f.

**c.k.d.** abbr of *completely knocked down* → completely.

**claim** [kleɪm] **1** **vt** **a** (demand) réclamer (*sth from sb* qch à qn) ; property, right revendiquer. ◊ **to claim damages** réclamer or demander des dommages et intérêts ; **to claim a person as a dependent** (Tax) déclarer qn à sa charge, compter qn comme personne à charge. **b** (profess, contend) prétendre, déclarer. ◊ **he claims that he was misinformed** il prétend avoir été mal informé.
**2** **n** **a** (gen : demand) réclamation f ; (Ind Rel) revendication f. ◊ **to allow / disallow a claim** faire droit à / rejeter une réclamation ; **to lay claim to** prétendre à, avoir des pré-

tentions à ; **to file** or **set up** or **put in a claim** déposer or faire une réclamation ; **they put in a claim for £1 per hour more** ils ont demandé une augmentation d'une livre de l'heure ; **any claim must be made within eight days** toute réclamation doit être faite dans les huit jours ; **wage claims** revendications de salaire or salariales ; **travel claim** demande de remboursement de frais de voyage ; **claim of compensation** demande d'indemnité ; **claim for damages** demande de dommages et intérêts ; **claims and liabilities** (GB Acc) ≈ passif, créances et engagements. **b** (Fin) créance f. ◊ **bad / contested claim** créance douteuse / litigieuse ; **to collect a claim** toucher or recouvrer une créance ; **the enforcibility of the claim** l'exigibilité de la créance. **c** (right) droit m, titre m. ◊ **to have an a priori claim** avoir un droit de priorité or d'antériorité. **d** (Min) concession f. ◊ **mineral claim** concession minière. **e** (statement) déclaration f ; promise promesse f. ◊ **advertising claim** argument publicitaire. **f** (Ins : also **insurance claim**) (déclaration f de) sinistre m. ◊ **to put in a claim** faire une déclaration de sinistre ; **to settle a claim** régler un sinistre ; **settlement of a claim** règlement d'un sinistre.
**3** cpd **claims adjuster** (Ins) (inspecteur m) régleur m ; (Mar Ins) répartiteur m d'avaries, dispacher m, dispatcher m. − **claims department** (gen) service m des réclamations ; (Ins) service m (des) sinistres. − **claims dispute** lutte f revendicative. − **claim form** formulaire m de déclaration de sinistre. − **claims manager** chef m du service des réclamations.

**claimant** ['kleɪmənt] n (Jur) requérant(e) m(f) ; (Ins) assuré(e) m(f) sinistré(e), réclamant m. ◊ **rightful claimant** ayant droit ; **claimant for a patent** demandeur de brevet.

**clamp** [klæmp] **1** n ◊ **to put a clamp on monetary expansion** freiner l'expansion monétaire ; **to tighten the credit clamp** donner un tour de vis supplémentaire au crédit.
**2** vt ◊ **to clamp a three-month price freeze on all goods and services** imposer un blocage des prix pendant trois mois sur tous les biens et services.

**clampdown** ['klæmpdaʊn] n contrôle m, blocage m, limitation f (on de). ◊ **clampdown on credit** resserrement du crédit, tour de vis en matière de crédit.

**clamp down on\*** vt fus expenditure mettre un frein à, donner un tour de vis à, freiner, restreindre. ◊ **the government plans to clamp down on tax-evasion** le gouvernement envisage de mettre un frein à l'évasion fiscale.

**clash** [klæʃ] **1** vi (conflict) être en conflit (over sur ; with avec). ◊ **the management and the unions clash over the question** la direction et les syndicats sont en désaccord total sur la question ; **the two meetings clash** les deux réunions tombent en même temps or tombent le même jour.
**2** n **a** (between people) accrochage m ; (with police) affrontement m, accrochage m, heurts mpl, échauffourée f. **b** [interests] conflit m. **c** [dates, invitations] coïncidence f (fâcheuse).

**class** [klɑːs] **1** n (gen) classe f, catégorie f ; [ship] (gen) type m ; (in Lloyd's Register) cote f. ◊ **first-class** product de premier choix, de première qualité ; ticket de première classe ; **high-class product** produit de première qualité or de premier ordre ; **economy class** (Aviat) classe économique or touriste ; **business** or **club class** (Aviat) classe affaires ; **the middle class** (gen) la classe moyenne ; (wealth and property-owning) la bourgeoisie ; **the lower / upper middle class** la petite / grande bourgeoisie ; **the upper class** l'aristocratie ; **the working class** la classe ouvrière.
**2** cpd **class action** (Jur) action f collective en justice, recours m collectif en justice.
**3** vt (gen) classer, classifier (as comme) ; (Mar Ins) coter.

**classifiable** ['klæsɪfaɪəbl] adj qu'on peut classifier, classable.

**classification** [ˌklæsɪfɪ'keɪʃən] n classification f. ◊ **classification by kind of economic activity** nomenclature par nature d'activités économiques ; **classification by purpose** nomenclature des fonctions.

**classified** ['klæsɪfaɪd] **1** adj (secret) secret.
**2** cpd **classified ad\*** or **advertisement** petite annonce f. − **classified directory** annuaire m téléphonique par professions. − **classified information** (Admin : secret) renseignements mpl secrets or confidentiels.

**classify** ['klæsɪfaɪ] vt **a** classer, classifier (as comme). **b** (Admin) classer secret or confidentiel.

**classy\*** ['klɑːsɪ] adj magazine de luxe ; car, hotel chic, de luxe.

**clause** [klɔːz] n [contract, law] clause f ; [will] disposition f ; (Ins) avenant m. ◊ **cancellation** or **cancelling clause** clause résolutoire ; **customary clause** clause d'usage ; **escape clause** clause résolutoire ; **exclusion clause** clause d'exclusion, exclusion de garantie ; **optional clause** disposition facultative ; **penalty clause** clause de pénalité ; **saving clause** clause de sauvegarde, clause restrictive ; **termination clause** clause de résiliation.

**claused** [klɔːzd] **adj** avec réserve. ◊ **claused bill of lading** connaissement avec réserves.

**clawback** ['klɔːbæk] **n** (Fin) récupération f.

**claw back** [klɔː] **vt sep** capital rapatrier; loss, money récupérer.

**clean** [kliːn] **1 adj** (gen) propre, net; reputation net, sans tache; receipt, signature sans réserve. ◊ **a clean record** (Jur) un casier judiciaire vierge; **to make a clean sweep** faire table rase (of de); **clean acceptance** acceptation sans réserve; **clean bill** (Fin) effet libre; **clean bill of lading** (Mar) connaissement sans réserve or net; **clean signature** signature sans réserve.
**2 vt** nettoyer.

**clean out vt sep** stocks nettoyer, liquider.

**clean up\* vi** (make profit) faire son beurre\*. ◊ **he cleaned up on that sale** cette vente lui a rapporté gros, il a touché un joli paquet sur cette vente.

**clear** [klɪəʳ] **1 adj a** explanation, sign clair. ◊ **do I make myself quite clear?** suis-je assez clair?; **I wish to make it clear that** je tiens à préciser que; **I want to be quite clear on this point** (understand) je veux savoir exactement ce qu'il en est; (explain) je veux être tout à fait clair sur ce point. **b** (free of obstacle) libre, dégagé. ◊ **clear of debts** libre de dettes; **clear loss** perte sèche; **clear profit** bénéfice net; **three clear days** (gen) trois jours pleins; (Jur) trois jours francs; **clear accounts** comptes en règle; **clear estate** biens libres d'hypothèque; **clear title** titre incontestable or irréfragable; **clear certificate** (Mar) congé maritime; (Aviat) congé aérien.
**2 vt a** (remove obstacle from) débarrasser. ◊ **to clear the way for further discussions** préparer le terrain pour or ouvrir la voie à des négociations ultérieures. **b** (Jur) person innocenter, disculper (of de); (fig) doubts dissiper. ◊ **he was cleared of that charge** il a été disculpé de cette accusation. **c** (get past or over) franchir, sauter. ◊ **to clear harbour** quitter le port; **to clear a ship inwards** (Customs) faire la déclaration d'entrée d'un navire; **to clear a ship outwards** (Customs) faire la déclaration de sortie d'un navire. **d** cheque compenser; account solder, liquider; port dues acquitter; debt s'acquitter de; profit gagner net; goods (Comm) liquider; (Customs) dédouaner. ◊ **must be cleared** (Comm : on sign) tout doit disparaître; **to clear** (Comm : on sign) en solde; **to clear a bill** régler un effet; **the goods have been cleared through customs** les marchandises ont été dédouanées; **I've cleared £100 on this business** cette affaire me rapporte 100 livres net; **I didn't even clear my expenses** je ne suis même pas

rentré dans mes frais; **cleared without inspection** dédouané sans inspection préalable; **to clear an estate** purger or lever or payer une hypothèque. **e** (Comp) memory effacer, remettre à zéro; screen effacer; tab settings supprimer.
**3 vi** ◊ **you must allow ten working days for any cheque paid into your account to clear before drawing against it** un délai de dix jours ouvrables est nécessaire avant de pouvoir tirer sur un chèque viré à votre compte.

**clearance** ['klɪərəns] **1 n a** (Comm : also **clearance sale**) soldes mpl, liquidation f (du stock). **b** [cheque] compensation f; (Customs) dédouanement m; (permission) autorisation f, permis m; [mortgage] purge f, levée f. ◊ **customs clearance** dédouanement; **to effect customs clearance** procéder aux formalités douanières; **diplomatic clearance** autorisation diplomatique; **security clearance** visa de sécurité.
**2 cpd clearance certificate** (Mar) congé m maritime or de navigation, lettre f de mer. **– clearance inwards** (Customs) déclaration f d'entrée; (permit) permis m d'entrée, acquit m, manifeste m d'entrée. **– clearance outwards** (Customs) déclaration f de sortie; (permit) permis m de sortie, congé m des douanes, manifeste m de sortie. **– clearance papers** papiers mpl d'expédition.

**clearer** [klɪərəʳ] (GB) **n** banque f de dépôt.

**clearing** ['klɪərɪŋ] **1 n a** [cheque] compensation f; [account] liquidation f. ◊ **computer clearing** compensation électronique. **b** (Customs) [ship] expédition f.
**2 cpd clearing account** compte m de passage, compte m provisoire, compte m clearing. **– clearing advances** avances fpl en clearing. **– clearing agreement** accord m de clearing or de compensation. **– clearing bank** (GB) banque f de dépôt. **– clearing certificate** certificat m de dédouanement. **– clearing computer** ordinateur m de compensation. **– clearing house** (Fin) chambre f de compensation; (St Ex) comptoir m de liquidation; **Clearing House Automatic Payments System, Clearing House Inter-Bank Payments System** (US) Chambre de compensation interbancaire internationale. **– clearing office** bureau m de liquidation. **– clearing payment** versement m au clearing. **– clearing sheet** feuille f de liquidation.

**clear off vt sep** debts s'acquitter de; stock liquider; goods solder; mortgage purger.

**clear up vt sep** problem tirer au clair, éclaircir.

**clerical** ['klerɪkəl] **adj** (Comm, Fin, Jur) job de commis, d'employé; work, staff de bureau. ◊ **clerical error** (Acc) erreur d'écriture.

**clerk** [klɑk, klɜːrk] **1** **n** **a** (in office) employé(e) m(f) (de bureau), commis m; (Jur) clerc m. ◊ **articled clerk** stagiaire *(dans un cabinet d'avocats, de notaires)*; **authorized clerk** (GB St Ex) commis de Bourse; **bank clerk** employé de banque; **desk clerk** (in hotel) réceptionniste; **head clerk** (in office) premier commis, chef de bureau; (Jur) premier clerc, principal; **shipping clerk** expéditionnaire; **town clerk** (GB) ≈ secrétaire de mairie. **b** (US: shop assistant) vendeur (-euse) m(f). **2** **cpd** **clerk of the court** (GB) greffier m (du tribunal). – **clerk of works** (GB) conducteur m de travaux.

**client** ['klaɪənt] **n** [lawyer, accountant, bank] client(e) m(f).

**clientele** [ˌkliːɑ̃ːn'tel] **n** [shop, restaurant] clientèle f.

**climate** ['klaɪmɪt] **n** climat m. ◊ **labour climate** climat social.

**climb** [klaɪm] **1** **n** [interest rates, value] augmentation f, progression f. ◊ **the day-to-day climb of the Dow-Jones industrial index** la progression journalière de l'indice Dow-Jones des valeurs industrielles. **2** **vi** augmenter, progresser. ◊ **our firm climbed to second place** notre entreprise s'est hissée à la seconde place.

**climb down** **vi** reculer. ◊ **neither party will climb down** aucune des deux parties ne reculera or ne cèdera.

**climbdown** ['klaɪmbdaʊn] **n** reculade f.

**clinch** [klɪntʃ] **vt** argument consolider; deal conclure. ◊ **to clinch an agreement** sceller un accord.

**clip** [klɪp] **1** **n** **a** trombone m. **b** (Cine) extrait m de film. **b** (US Press) coupure f de presse or de journal. **2** **vt** **a** **to clip together** papers attacher (avec un trombone); (staple) agrafer. **b** (St Ex) **to clip a point** perdre un point.

**clipping** ['klɪpɪŋ] **n** (GB Press) coupure f de presse or de journal.

**cloakroom** ['kləʊkrʊm] **n** [coats] vestiaire m; (GB: left luggage) consigne f.

**clock** [klɒk] **1** **n** **a** horloge f. ◊ **round-the-clock banking** (GB), **around-the-clock banking** (US) services bancaires vingt-quatre heures sur vingt-quatre; **this decision will set the clock back 50 years** cette décision va nous faire revenir 50 ans en arrière. **b** [car] compteur m kilométrique; [taxi] taximètre m, compteur m (de taxi).

**2** **cpd** **clock card** (Ind) carte f de pointage.

**clock in, clock on** **vi** (Ind) pointer (à l'arrivée).

**clock off, clock out** **vi** (Ind) pointer (à la sortie).

**clone** [kləʊn] **1** **n** (Bio, Comp) clone m. **2** **vt** cloner.

**close** [kləʊs] **1** **adj** (gen) proche *(to* de); control étroit; checking minutieux, attentif; attention soutenu. ◊ **close connection between** rapport étroit entre; **close price** prix tiré, prix qui ne laisse que peu de marge; **close company** *société dont les actionnaires sont limités en nombre.* **2** **adv** de près. ◊ **to sail close to the wind** (fig) friser l'illégalité. **3** **n** (end) fin f, conclusion f; (St Ex) [operations] clôture f. ◊ **to come to a close** prendre fin, se terminer; **at the close** (St Ex) en clôture; **close of business** fermeture des bureaux. **4** **vt** **a** (shut) shop fermer, clore. **b** (bring to an end) discussion achever, terminer, clore, mettre fin or un terme à; account books arrêter, clore; sale, bargain conclure. ◊ **to close the meeting** lever la séance, clôturer la réunion; **to close a deal** (Comm) conclure une transaction; (St Ex) liquider une opération; **to close one's position** (St Ex) liquider or déboucler sa position. **c** **to close the gap** (Fin) combler le déficit. **5** **vi** **a** [shop, banks] fermer. **b** (end) (se) terminer, finir, prendre fin. ◊ **the meeting closed abruptly** la séance a pris fin or s'est terminée brusquement. **c** (St Ex) clôturer. ◊ **shares closed at 120p** les actions étaient cotées à 120 pence en clôture, les actions ont terminé à 120 pence; **shares closed unchanged** les actions ont terminé la séance inchangées; **to close at a loss** clôturer à perte; **to close at the day's worst** clôturer au plus bas de la journée.

**closed** [kləʊzd] **1** **adj** fermé. **2** **cpd** **closed account** (Fin) compte m soldé or clos. – **closed-circuit television** télévision f à circuit fermé. – **closed economy** économie f fermée. – **closed-end investment company** or **trust** société f d'investissement à capital fixe. – **closed-end mortgage** emprunt m hypothécaire plafonné. – **closed file** dossier m clos. – **closed mortgage** hypothèque f purgée. – **closed session** réunion f à huis clos. – **closed shop** *entreprise où existe un monopole syndical de l'embauche;* **the unions insisted on a closed-shop policy** les syndicats ont exigé l'exclusion des travailleurs non syndiqués.

**close down** vi [business, shop] fermer (définitivement), cesser ses activités ; (GB : TV) terminer les émissions.

**close-down** ['kləʊzdaʊn] n [shop, factory] fermeture f (définitive), cessation d'activité ; (Comp) [program] arrêt m ; (GB : TV) fin f des émissions.

**close out** (US) vt sep a (sell off) goods solder, liquider. ◊ **close-out sale** liquidation totale du stock avant fermeture, vente de liquidation, soldes de fermeture. b (terminate) business fermer (définitivement), cesser ses activités. c **to close out an exchange risk** exclure un risque de change.

**close with** vt fus a (strike bargain with) conclure un marché avec. b (agree to) offer, conditions accepter.

**closing** ['kləʊzɪŋ] 1 n (St Ex) clôture f. ◊ **at closing** en clôture. 2 cpd **closing balance** solde f de clôture. – **closing bid** dernière enchère f or offre f. – **closing date** date f limite. – **closing entry** (Acc) écriture f de clôture. – **closing price** (St Ex) cours m de clôture or en clôture, dernier cours m ; **closing price order** ordre dernier cours. – **closing procedures** procédures fpl d'inventaire. – **closing quotations** (St Ex) cours m de clôture, dernières cotations fpl. – **closing range** (St Ex) fourchette f des cours en fin de séance. – **closing session** (St Ex) séance f de clôture. – **closing stock** or **inventory** stock m final or en fin d'exercice. – **closing time** (GB) heure f de fermeture.

**closing-down** [ˌkləʊzɪŋ'daʊn] n ◊ **closing-down sale** liquidation totale du stock avant fermeture, vente de liquidation, soldes de fermeture.

**closing out** (US) n [shop] fermeture f ; [company] liquidation f. ◊ **closing-out sale** liquidation totale du stock avant fermeture, vente de liquidation, soldes de fermeture.

**closure** ['kləʊʒəʳ] n [factory, business] fermeture f ; [session] clôture f. ◊ **to move the closure of debate** proposer la clôture des débats.

**cloth** [klɒθ] n tissu m, étoffe f.

**clothing** ['kləʊðɪŋ] n habillement m, vêtements mpl. ◊ **the clothing industry** l'industrie du vêtement or de l'habillement.

**cloud** [klaʊd] vt obscurcir, assombrir. ◊ **the outlook is clouded** les perspectives sont incertaines.

**clout*** [klaʊt] n (pej, hum : influence) influence f, pouvoir m. ◊ **trade unions with clout** syndicats puissants or influents ; **they have considerable marketing clout** ils ont un très fort impact dans le domaine du marketing.

**club** [klʌb] n club m. ◊ **club loan** prêt à syndication réduite *(consenti par un groupe limité de banques)*.

**clue** (GB), **clew** (US) [kluː] n indice m, indication f, fil m directeur.

**clue in*** vt sep person mettre au courant.

**clue up** vt sep person renseigner *(on* sur), mettre au courant *(on* de). ◊ **he's very clued up about company law** il est très calé en droit des sociétés.

**cluster** ['klʌstəʳ] 1 n groupe m. ◊ **cluster of countries** (Mktg) groupe de pays partageant certaines caractéristiques. 2 cpd **cluster pack** [bottles] emballage m groupé, pack m. – **cluster sampling** sondage m par grappes.

**clustering** ['klʌstərɪŋ] n (Mktg) segmentation f.

**C.N., C / N** a abbr of *credit note* → credit. b (GB) abbr of *consignment note* → consignment. c (GB) abbr of *cover note* → cover.

**c / o** ['keərəv] a abbr of *carried over* → carry over. b abbr of *care of* ◊ **c / o Mr Smith** aux bons soins de M. Smith, chez M. Smith.

**Co., Coy** abbr of *company* Cie.

**coal** [kəʊl] 1 n (gen) charbon m ; (Ind) houille f. 2 cpd **coal mine** houillère f, mine f de charbon. – **coal mining** charbonnage m.

**coalition** [ˌkəʊə'lɪʃən] n coalition f *(between* entre).

**coast** [kəʊst] vi (Mar) caboter.

**coastal** ['kəʊstəl] adj côtier. ◊ **coastal navigation** navigation côtière, cabotage.

**coaster** ['kəʊstəʳ] n (Mar) caboteur m.

**coasting** ['kəʊstɪŋ] n cabotage m. ◊ **coasting trade** commerce de cabotage.

**coat** [kəʊt] n (garment) manteau m ; (covering) [paint] couche f.

**co-chaired** ['kəʊtʃɛəd] adj meeting coprésidé.

**co-creditor** [ˌkəʊ'kredɪtəʳ] n cocréancier (-ière) m(f).

**COD** [ˌsiːəʊ'diː] n a (GB) abbr of *cash on delivery* → cash. b (US) abbr of *collect on delivery* → collect.

**code** [kəʊd] 1 n a (Admin, Jur, fig) code m. ◊ **area code** (Telec) indicatif ; **bar code** code (à) barres ; **internal revenue code** (US) Code des impôts ; **post code** (GB), **zip code** (US) code postal ; **tax code** (GB) Code des impôts. b (cipher) code m, chiffre m ; (Comp) code m. ◊ **in code** en code, chiffré ; **absolute code** (Comp) code absolu, code machine ; **cashier code** code de caisse. 2 cpd **code of behaviour** code m de conduite. – **code check** (Comp) contrôle m

de programmation; **to code-check** contrôler la programmation de. **– code element** codet m. **– code line** ligne f de code or de programmation. **– code name** nom m de code. **– code of practice** code m de bonne conduite, déontologie f.
**3** **vt** letter, dispatch chiffrer, coder; (Comp) coder, programmer.

**co-debtor** [ˌkəʊˈdetəʳ] **n** codébiteur(-trice) m(f).

**co-defendant** [ˌkəʊdɪˈfendənt] **n** coaccusé(e) m(f).

**codify** [ˈkəʊdɪfaɪ] **vt** codifier.

**coding** [ˈkəʊdɪŋ] **n** [telegram, message] codage m, chiffrage m; (Comp) codage m, programmation f. ◊ **coding error** erreur de programmation.

**co-director** [ˌkəʊdɪˈrektəʳ] **n** codirecteur (-trice) m(f).

**coefficient** [ˌkəʊɪˈfiʃənt] **n** coefficient m.

**coffer** [ˈkɒfəʳ] **n** coffre m, caisse f. ◊ **the State coffers** les coffres de l'État.

**co-finance** [ˌkəʊfaɪˈnæns] **vt** cofinancer.

**cog** [kɒg] **n** (Tech) dent f (d'engrenage). ◊ **he's only a cog in the wheel** il n'est qu'un simple rouage (de la machine).

**cognizance** [ˈkɒgnɪzəns] **n** (Jur) compétence f. ◊ **this case falls within the cognizance of the court** cette affaire est de la compétence or du ressort du tribunal.

**cognizant** [ˈkɒgnɪzənt] **adj** (Jur) compétent (of pour). ◊ **court cognizant of an offence** tribunal compétent pour juger un délit.

**coheir** [ˈkəʊˈɛəʳ] **n** cohéritier m.

**coheiress** [ˈkəʊˈɛərɪs] **n** cohéritière f.

**coin** [kɔɪn] **1** **n** (gen) monnaie f; (single piece of money) pièce f de monnaie. ◊ **in coin** en espèces.
**2** **cpd** **coin-operated** machine automatique, qui marche avec des pièces.
**3** **vt** money, medal frapper. ◊ **he is coining money, he's coining it in\*** il fait des affaires en or.

**coinage** [ˈkɔɪnɪdʒ] **n** (act) [money] frappe f; (coins) monnaie f; (system) système m monétaire.

**co-insurance** [ˌkəʊɪnˈʃʊərəns] **n** coassurance f.

**co-investor** [ˌkəʊɪnˈvestəʳ] **n** co-investisseur m.

**cold** [kəʊld] **1** **adj** froid.
**2** **cpd** **cold call** (by sales representative) visite f impromptue. **– cold calling** (by sales representative) démarchage m par téléphone. **– cold start** démarrage m à froid. **– cold storage plant** entrepôt m frigorifique; **to**

**put into cold storage** perishable goods mettre en chambre froide or frigorifique, scheme mettre en attente.

**cold-shoulder** [ˈkəʊldˌʃəʊldəʳ] **vt** battre froid à. ◊ **the suggestion was cold-shouldered** la suggestion a été fraichement accueillie.

**collaborate** [kəˈlæbəreɪt] **vi** collaborer (with avec).

**collaboration** [kəˌlæbəˈreɪʃən] **n** collaboration f.

**collaborative** [kəˈlæbərətɪv] **adj** de collaboration. ◊ **collaborative practices distort trade** les ententes commerciales affectent le marché; **collaborative venture** entreprise jointe or en collaboration.

**collaborator** [kəˈlæbəreɪtəʳ] **n** collaborateur (-trice) m(f).

**collapse** [kəˈlæps] **1** **vi** [prices] chuter, s'effondrer, dégringoler; [plan] s'écrouler, tomber à l'eau, s'effondrer. ◊ **the talks collapsed** les négociations ont échoué, il y a eu rupture des négociations; **the firm collapsed** l'entreprise a sombré.
**2** **n** [prices] effondrement m, chute f brutale, dégringolade f; [plan] effondrement m, écroulement m. ◊ **the collapse of the dollar** le naufrage or la dégringolade or la débâcle du dollar; **the collapse of the talks** l'échec des pourparlers, la rupture des négociations; **the industry is in a state of collapse** l'industrie est en état de délabrement.

**collar** [ˈkɒləʳ] **n** col m. ◊ **blue-collar worker** col bleu, travailleur manuel; **white-collar worker** col blanc, employé de bureau.

**collate** [kɒˈleɪt] **vt** information (gen) collationner; (Comp) interclasser, fusionner (with avec).

**collateral** [kɒˈlætərəl] **1** **adj** **a** (parallel) parallèle; fact, phenomenon concomitant. **b** (subordinate) secondaire, accessoire; (Fin) subsidiaire.
**2** **cpd** **collateral acceptance** (Fin) acceptation f de cautionnement. **– collateral bill** effet m en nantissement. **– collateral loan** prêt m or emprunt m garanti. **– collateral note** effet m garanti. **– collateral security** nantissement m. **– collateral trust bond** obligation f nantie, obligation f garantie par nantissement de titres.
**3** **n** (Fin) (bien m donné en) nantissement m, sûreté f réelle; (Jur) collatéral(e) m(f). ◊ **securities lodged as collateral** titres remis en nantissement.

**collateralize, collateralise** [kɒˈlætərəlaɪz] **vt** garantir par nantissement. ◊ **the issues are collateralized by first mortgages** les émissions sont garanties par des hypothèques de premier rang.

collation

**collation** [kə'leɪʃən] n [information] (gen) collationnement m; (Comp) interclassement m, fusionnement m.

**collator** [kə'leɪtə'] n (machine) [data] interclasseuse f; [documents] assembleuse f.

**colleague** ['kɒliːg] n collègue mf.

**collect** ['kɒlekt] **1** vt **a** money, subscriptions recueillir; taxes percevoir, lever, recouvrer; rents, cheque encaisser, toucher; debt recouvrer. **b** information, evidence, data, documents rassembler, recueillir, collecter. ◊ **the mail is collected twice a day** le courrier est ramassé or levé deux fois par jour. **c** (to go and fetch) person, parcel aller chercher, passer prendre. ◊ **I'll collect you in the car** je passerai vous prendre en voiture. **2** adv (US) **to call collect** téléphoner en PCV; **collect parcel** colis payable à la livraison; **to send a parcel collect** envoyer un colis payable à la livraison; **collect on delivery** paiement à la livraison, livraison contre remboursement.

**collectable** [kɒ'lektəbl] adj (Fin) encaissable, recouvrable.

**collecting** [kɒ'lektɪŋ] cpd **collecting agency** banque f de recouvrement. – **collecting banker** banquier m encaisseur. – **collecting charges** frais mpl de recouvrement (à domicile). – **collecting department** service m de recouvrement.

**collection** [kə'lekʃən] **1** n **a** [money, rent] encaissement m; [taxes] perception f, levée f, recouvrement m; [debt] recouvrement m. ◊ **to send for collection** (gen) envoyer à l'encaissement; **cash collection** entrée de caisse; **clean collection** encaissement simple; **debt collection** recouvrement de créance; **draft / remittance for collection** effet / remise à l'encaissement or en recouvrement. **b** [luggage] enlèvement m. **c** (Fashion) collection f. ◊ **the spring collection** la collection de printemps. **2** cpd **collection agent** agent m de recouvrements. – **collection charges** (gen) frais mpl d'encaissement; (in case of debt) frais mpl de recouvrement. – **collection procedure** procédure f de mise en recouvrement.

**collective** [kə'lektɪv] **1** adj responsibility, ownership, security, liability collectif. ◊ **collective bargaining agreement** convention collective; **collective bargaining** (Ind Rel) négociations en vue de signer une convention collective; **collective B / L** (Mar) connaissement de groupage; **collective pay agreement** accord collectif sur les salaires. **2** n ◊ **workers' collective** collectif de travailleurs.

**collectivism** [kə'lektɪvɪzəm] n collectivisme m.

**collectivist** [kə'lektɪvɪst] adj, n collectiviste mf.

**collector** [kə'lektə'] n [dues] receveur(-euse) m(f). ◊ **customs-collector** receveur des douanes; **debt collector** agent de recouvrement des créances; **tax collector, collector of taxes** percepteur; **ticket collector** contrôleur.

**collide** [kə'laɪd] vi entrer en collision, se tamponner, se heurter.

**collision** [kə'lɪʒən] **1** n collision f. **2** cpd **collision course** : **to be on a collision course with the unions** aller au devant de l'affrontement avec les syndicats. – **collision coverage** or **insurance** tierce collision f.

**Colombia** [kə'lɒmbɪə] n Colombie f.

**Colombian** [kə'lɒmbɪən] **1** adj colombien. **2** n (inhabitant) Colombien(ne) m(f).

**Colombo** [kə'lʌmbəʊ] n Colombo.

**colon** ['kəʊlən] n colon m.

**colony** ['kɒlənɪ] n (gen) colonie f. ◊ **colony grouping** (US) production groupée.

**colour** (GB), **color** (US) ['kʌlə'] **1** n couleur f. ◊ **fast colour** (on label) grand teint. **2** cpd **colour range** gamme f de couleurs. – **colour scheme** combinaison f de couleurs. – **colour supplement** (Press) supplément m (en) couleur.

**column** ['kɒləm] n colonne f. ◊ **credit / debit column** colonne créditrice / débitrice, colonne des crédits / des débits.

**co-maker** [ˌkəʊ'meɪkə'] n (Fin) cosignataire mf.

**co-manager** [ˌkəʊ'mænəgə'] n (Comm) co-directeur(-trice) m(f); (Fin) co-chef m de file.

**combat** ['kɒmbæt] vt inflation combattre, lutter contre.

**combination** [ˌkɒmbɪ'neɪʃən] **1** n [lock] combinaison f; [people] association f, coalition f; [events] concours m; [interests] coalition f. ◊ **right combination** (Jur) droit syndical; **horizontal / vertical combination** (Ind) intégration horizontale / verticale. **2** cpd **combination carrier** pétrolier-minéralier m. – **combination lock** serrure f à combinaison. – **combination rate** tarif m groupé.

**combine** [kəm'baɪn] **1** vt combiner, joindre (with à, avec). ◊ **combined effort** effort conjugué; **combined issue** [magazine] numéro couplé; **combined trade** commerce intégré; **combined transport** transport combiné or multimodal; **combined transport operator** entrepreneur de transport combiné. **2** vi [business interests] s'unir, s'associer; [workers] se syndiquer.

**3** n (Comm, Fin) trust m, cartel m, entente f industrielle; (Jur) corporation f.

**come** [kʌm] vi venir, arriver. ◊ **to come into force** [law] entrer en vigueur; **to come to an understanding, come to terms** parvenir or arriver à un accord; **to come to maturity** [bill] venir or arriver à échéance.

**come across** vi faire de l'effet. ◊ **his message came across** son message a porté or a passé la rampe; **he came across very well in the interview** il s'est montré à son avantage or il a bien su se mettre en valeur or il est bien passé lors de l'entretien.

**come along** vi (develop) avancer, faire des progrès. ◊ **the project is coming along well** le projet avance bien.

**come back** **1** vi (lit, fig) revenir. ◊ **the fountain pen has come back into fashion** le stylo à encre est redevenu à la mode.
**2** vt fus ◊ **to come back with** répondre par; **the unions came back with a new proposal** les syndicats ont répondu par de nouvelles propositions.

**comeback** ['kʌmˌbæk] n retour m, rentrée f. ◊ **to make** or **stage a comeback** [politician] faire sa rentrée, revenir sur le devant de la scène.

**COMECON** ['kɒmɪkɒn] n abbr of Council for Mutual Economic Assistance COMECON m, CAEM m.

**come down** vi [prices] baisser.

**come forward** vi se présenter. ◊ **who will come forward as a candidate?** qui va se présenter comme candidat, qui va se porter candidat?

**come in** vi (lit) entrer. ◊ **to come in handy** s'avérer très utile; **he came in for a lot of criticism over that deal** il a été l'objet de nombreuses critiques dans cette affaire; **he has £5,000 coming in every year** il touche or encaisse 5 000 livres chaque année, il lui tombe 5 000 livres par an.

**come off** **1** vi (succeed) [plans] se réaliser; [experiment] réussir.
**2** vt fus se détacher de. ◊ **to come off the gold standard** abandonner l'étalon-or.

**come out** vi [books, statistics] sortir, paraître, être publié; [secret] être divulgué or révélé. ◊ **the total comes out at 500** le total s'élève à 500; **to come out on strike** (GB) se mettre en grève.

**come through** vi (Telec) **the call came through** on a eu or obtenu la communication.

**come to** vt fus [sum] revenir à, se monter à. ◊ **how much does it come to?** cela fait combien?, cela se monte or s'élève à combien?

**come under** vt fus (be classified under) être classé sous. ◊ **that comes under the heading of provision** cela se trouve sous la rubrique provision; **this comes under another department** c'est du ressort or de la compétence d'un autre service.

**come up** **1** vi [subjects for discussion] être soulevé, être mis sur le tapis; [questions] se poser, être soulevé. ◊ **the president will come up for reelection in April** on votera en avril pour la réélection du président.
**2** vt fus ◊ **the sales figures did not come up to our expectations** le chiffre d'affaires n'a pas répondu à notre attente; **to come up with a plan / an idea** proposer or suggérer un plan / une idée.

**come upon** vi ◊ **to come upon sb for £2,000 damages** attaquer qn en dommages-intérêts pour 2 000 livres.

**COMEX** ['kəumeks] (US) n abbr of Commodities Exchange → commodity.

**comma** ['kɒmə] n virgule f.

**command** [kə'mɑːnd] **1** vt **a** (order) ordonner, commander. ◊ **to command sb to do** ordonner or commander à qn de faire. **b** (make use of) money, services, resources disposer de, avoir à sa disposition. **c** (obtain) attention exiger. ◊ **that commands a high price** cela vaut très cher or se vend très cher.
**2** n **a** (order) ordre m. **b** (power, authority) commandement m. ◊ **to be in command of** être à la tête de; **under the command of** sous le commandement de; **the chain of command** la hiérarchie; **command economies** économies planifiées. **c** (mastery) maîtrise f. ◊ **he has a magnificent command of English** il parle magnifiquement l'anglais, il a une excellente maîtrise de l'anglais, il parle magnifiquement l'anglais. **d** (Comp) commande f. ◊ **command file / key / line** fichier / touche / ligne de commande.

**commence** [kə'mens] vti débuter, commencer, entamer. ◊ **commencing salary** salaire de départ.

**commencement** [kə'mensmənt] n [regulation] commencement m. ◊ **commencement of a policy** (Ins) effet d'une police; **commencement of pension** ouverture de la pension de retraite.

**commend** [kə'mend] vt (praise) louer, faire l'éloge de; (recommend) recommander, conseiller; (entrust) confier (to à), remettre (to à, aux soins de).

**commendable** [kə'mendəbl] adj recommandable.

**commensurate** [kə'menʃərɪt] adj (proportionate) proportionné (with, to à). ◊ **salary commensurate with the job** salaire en rapport avec le poste.

**comment** ['kɒment] **1** vi faire des remarques or des observations or des commentaires (*on* sur).
**2** n observation f, remarque f, commentaire m. ◊ **for your comments** pour observations; **adverse comment** critique.

**commentary** ['kɒməntərɪ] n commentaire m.

**commerce** ['kɒmɜːs] n commerce m, affaires fpl. ◊ **Department of Commerce** (US) ministère du Commerce; **Chamber of Commerce** chambre de commerce.

**commercial** [kə'mɜːʃəl] **1** adj (gen) commercial; value marchand; district commerçant; property à usage commercial. ◊ **sample of no commercial value** échantillon sans valeur marchande; **in the commercial world** dans le monde du commerce.
**2** cpd **commercial artist** or **designer** dessinateur m de publicité, créateur(-trice) m(f) publicitaire, graphiste mf. – **commercial bank** banque f de dépôt. – **commercial break** (TV) interruption f publicitaire; (Rad) page f de publicité. – **commercial concern** entreprise f commerciale. – **commercial efficiency** rendement m économique. – **commercial establishment** maison f de commerce, établissement m commercial. – **commercial law** droit m commercial. – **commercial marine** marine f marchande. – **commercial paper** (short-term instrument) billet m de trésorerie; (bank advances on goods sold) papier m commercial. – **commercial stocks** stocks mpl marchands. – **commercial television / radio** télévision f / radio f commerciale. – **commercial traffic** mouvements mpl commerciaux. – **commercial traveller** (GB) voyageur m or représentant m de commerce, VRP m. – **commercial vehicle** véhicule m utilitaire or utilitaire.
**3** n (TV) annonce f publicitaire, publicité f, spot m publicitaire, pub* f.

**commercialese** [kə'mɜːʃəˌliːz] n jargon m commercial.

**commercialization, commercialisation** [kəˌmɜːʃəlaɪˈzeɪʃən] n commercialisation f.

**commercialize, commercialise** [kə'mɜːʃəlaɪz] vt commercialiser.

**commissary** ['kɒmɪsərɪ] n (US Admin) coopérative f.

**commission** [kə'mɪʃən] **1** n **a** (Comm) commission f, courtage m, pourcentage m. ◊ **paid on a commission basis** rémunéré à la commission; **to charge a commission** prélever une commission; **to receive 5% commission** toucher une commission de 5%; **banking commission** commission bancaire; **buying commission** commission d'achat; **sale commission** commission de vente;

underwriting commission commission de garantie. **b** (official warrant) pouvoir m, mandat m. **c** (delegation of authority) délégation f de pouvoir or d'autorité, mandat m. **d** (body of people) commission f, comité m. ◊ **fact-finding commission** commission d'enquête. **e** (Mar) armement m. ◊ **in commission** en armement, en service; **out of commission** hors service.
**2** cpd **commission account** compte m de commission. – **commission agent** courtier m, commissionnaire m, agent m. – **commission for acceptance** commission f d'acceptation. – **commission broker** courtier m à la commission. – **commission for collection** commission f d'encaissement. – **commission house** maison f de commission or de courtage. – **commission of inquiry** commission f d'enquête. – **commission merchant** or **salesman** courtier m, commissionnaire m, agent m. – **commission system** système m de rémunération à la commission.
**3** vt **a** survey, inquiry demander, ordonner. ◊ **to commission sb to do sth** mandater qn pour faire qch, donner pouvoir à qn pour faire qch, charger qn de faire qch; **I have been commissioned to inquire into** j'ai reçu mission de faire une enquête sur; **government commissioned report** enquête demandée or ordonnée or prescrite par le gouvernement. **b** ship, nuclear plant mettre en service.

**commissionaire** [kəˌmɪʃəˈnɛəʳ] n **a** (US) courtier m, commissionnaire m, agent m. **b** (GB) [hotel] portier m.

**commissioner** [kə'mɪʃənəʳ] n (Admin) commissaire m; (GB Police) préfet m de police. ◊ **commissioner for oaths** *officier ministériel ayant qualité pour recevoir les déclarations sous serment*; **Commissioners of Customs and Excise** agents du fisc or comptables du Trésor or percepteurs chargés du recouvrement des droits de douane et des impôts indirects; **Commissioners of the Inland Revenue** (GB) agents du fisc or comptables du Trésor or percepteurs chargés du recouvrement des impôts directs.

**commissioning** [kə'mɪʃənɪŋ] n [ship, plant] mise f en service.

**commit** [kə'mɪt] **1** vt mistake commettre. ◊ **to commit o.s. to do** s'engager à faire.
**2** cpd **committed costs** charges fpl de structure. – **committed assets** actifs mpl engagés.

**commitment** [kə'mɪtmənt] **1** n engagement m. ◊ **bull commitments** (St Ex) engagements à la hausse; **capital commitment** engagement de capitaux; **owing to previous commitments** par suite d'engagements antérieurs; **to meet one's commitments** tenir ses engagements, faire face à ses obligations. ▪2▪ **cpd commitment fee** commission f sur le montant d'un prêt non utilisé.

**committee** [kə'mɪtɪ] ▪1▪ n commission f, comité m. ◊ **to be** or **sit on a committee** faire partie d'une commission or d'un comité, siéger dans une commission; **ad hoc committee** commission ad hoc; **advisory committee** commission consultative; **arbitration committee** commission d'arbitrage; **executive** or **management committee** comité de direction; **joint consultative committee** commission consultative paritaire; **joint production committee** comité d'entreprise; **standing committee** commission permanente; **steering committee** commission d'organisation; **stock-exchange committee** chambre syndicale des agents de change; **supply committee** (US) commission des finances. ▪2▪ **cpd committee of inquiry** (Pol) commission f d'enquête. − **committee of inspection** (Jur) comité m de contrôle des créanciers. − **committee meeting** réunion f de commission or de comité. − **committee member** commissaire m, membre m d'une commission or d'un comité. − **committee of public accounts** (GB) ≈ Cour f des comptes. − **committee of ways and means** (Pol) commission f des finances.

**commodity** [kə'mɒdɪtɪ] ▪1▪ n (gen) produit m, article m, marchandise f; (food) denrée f. ◊ **commodities** (raw materials) matières premières; **commodity flow** circulation des marchandises; **household commodity** article de ménage; **staple** or **basic** or **primary commodities** produits de base; **standard commodity** bien étalon. ▪2▪ **cpd commodity approach** (Mktg) approche f (du) produit. − **commodity broker** courtier m en matières premières. − **commodity credit** crédits mpl commerciaux; − **commodity credit corporation** (US) *agence gouvernementale chargée de veiller à la stabilité des produits agricoles.* − **commodity currency** monnaie f marchandise. − **Commodity Exchange** (US) Bourse f de commerce or de marchandises. − **commodity futures market** marché m à terme des matières premières. − **commodity futures trading** opérations fpl à terme sur les marchandises. − **commodity market** Bourse f de commerce or des marchandises. − **commodity pricing** fixation f des prix par le jeu du marché. − **commodity research bureau index** (US) indice m des marchés commerciaux aux États-Unis.

**common** ['kɒmən] ▪1▪ **adj** interest, cause, language commun. ◊ **by common consent** d'un

commun accord, de l'aveu général; **there is no common ground for negotiations** il n'y a aucun terrain d'entente pour des négociations; **it's common knowledge that** chacun sait que, il est de notoriété publique que. ▪2▪ **cpd common adventure** (Mar) aventure f commune. − **Common Agricultural Policy** (EEC) politique f agricole commune. − **common average** (Mar Ins) avarie(s) f(pl) commune(s). − **common carrier** entrepreneur m général de transports. − **common costs** charges fpl communes. − **common customs tariff** (EEC) tarifs mpl douaniers communautaires. − **common labour** main-d'œuvre f non qualifiée. − **common law** droit m coutumier. − **(European) Common Market (the)** le Marché commun. − **common pricing** entente f (illicite) en matière de prix. − **common revenue** produit m d'exploitation commun. − **common seal** sceau m légal. − **common shares** (GB) or **stock** (US) actions fpl ordinaires.

**commonality** [ˌkɒmə'næltɪ] n (Ind) standardisation f. ◊ **we are looking for commonalities** nous cherchons à utiliser des composants communs à plusieurs produits.

**Commonwealth** ['kɒmənwelθ] n ◊ **The Commonwealth, The British Commonwealth (of Nations)** le Commonwealth; **Commonwealth of Independent States** Communauté f des États indépendants, CEI.

**communal** ['kɒmjuːnl] **adj** (of the community) communautaire, de la communauté; (owned in common) commun, public. ◊ **communal ownership** copropriété f.

**communicate** [kə'mjuːnɪkeɪt] **vti** communiquer (*with* avec).

**communication** [kəˌmjuːnɪ'keɪʃən] ▪1▪ n (gen, Comp, Tech) communication f. ◊ **horizontal / vertical communication** communication horizontale / verticale; **to be in communication with sb** être en contact or en rapport or relation(s) avec qn; **data communication(s)** (Comp) communication or transmission de données; **communications** (roads, railways) communications. ▪2▪ **cpd communication barrier** obstacle m à la communication. − **communication gap** manque m or absence f de communication. − **communication link** liaison f. − **communication media** média(s) mpl, supports mpl de communication. − **communication network** réseau m de communication. − **communications satellite** satellite m de communication. − **communication strategy** stratégie f de communication. − **communications theory** théorie f de la communication.

**communicator**

**communicator** [kəˈmjuːnɪkeɪtəʳ] n communicateur m. ◊ **she's a good communicator** elle communique bien.

**communiqué** [kəˈmjuːnɪkeɪ] n communiqué m.

**communism** [ˈkɒmjʊnɪzəm] n communisme m.

**community** [kəˈmjuːnɪtɪ] **1** n (gen, Jur) communauté f. ◊ **the business community** le monde des affaires; **community of goods / interests** communauté de biens / d'intérêts. **2** cpd **community charge** (GB) impôts locaux, ≈ taxe d'habitation. − **community jobs** ≈ travaux mpl d'utilité collective. − **community network** réseau m de télévision par câbles.

**communization, communisation** [ˌkɒmjuːnaɪˈzeɪʃən] n collectivisation f.

**communize, communise** [ˈkɒmjuːnaɪz] vt land, industries collectiviser.

**commutability** [kəˌmjuːtəˈbɪlɪtɪ] n (gen) interchangeabilité f, permutabilité f; (Jur) commuabilité f.

**commutable** [kɒˈmjuːtəbl] adj (gen) interchangeable, permutable; (Jur) commuable (to en).

**commutation** [ˌkɒmjʊˈteɪʃən] n **a** (gen : change) échange m; (Jur, Ins) commutation f. **b** (US) trajet m journalier. ◊ **commutation ticket** carte d'abonnement.

**commute** [kəˈmjuːt] **1** vt (gen) échanger (for, into pour, contre, avec); (Jur) commuer (into en). **2** vi faire un trajet journalier (between entre).

**commuter** [kəˈmjuːtəʳ] **1** n banlieusard(e) m(f). **2** cpd **commuter belt (the)** (GB) la grande banlieue. − **commuter migrations** migrations fpl alternantes.

**compact** [kəmˈpækt] **1** n (agreement) contrat m, convention f, entente f, accord m. ◊ **social compact** contrat social. **2** cpd **compact disc** disque m compact.

**company** [ˈkʌmpənɪ] **1** n (Comm, Fin) entreprise f, société f, compagnie f, firme f. ◊ **to incorporate a company** constituer une société; **to liquidate** or **wind up a company** liquider une société; **the City Companies** (GB) les corporations de la Cité de Londres; **register of companies** registre du commerce; **registered company** société inscrite au registre du commerce; **registrar of companies** (GB Jur) (office) enregistrement, registre du commerce or des sociétés; (person) conservateur du registre du commerce or des sociétés; **acting company** compagnie gérante; **affiliated** or **subsidiary company** (gen) filiale; (on balance sheet) société apparentée; **bogus company** société fictive or fantôme; **controlling company** société holding; **daughter company** société captive; **holding company** (GB), **pure holding company** (US) société holding; **insurance company** compagnie or société d'assurances; **investment company** société d'investissement or de placements or de portefeuille; **issuing company** société émettrice; **joint-stock company** société par actions; **limited liability company** société à responsabilité limitée; **parent company** maison or société mère; **private limited company** (GB) société à responsabilité limitée; **promotary company** (US) société de financement; **public limited company** société anonyme; **public utility company** service public; **shipping company** compagnie maritime; (US) entreprise de transport routier; **sister company** société appartenant au même groupe, société sœur; **statutory company** société concessionnaire; **subsidiary company** société filiale; **trading company** société or entreprise commerciale, société de commerce; (importing) société d'importation; (import-export) société d'import-export. **2** cpd **Companies Act** (GB) loi f sur les sociétés. − **company car** voiture f de société or de fonction. − **company executive** cadre m or dirigeant m d'entreprise. − **company formation** constitution f de société. − **company fixer** repreneur m d'entreprise. − **company law** droit m des sociétés. − **company man** homme m dévoué à l'entreprise; **he's a real company man** il est complètement dévoué à l'entreprise. − **company meeting** assemblée f or réunion f des actionnaires. − **company mission** objet m de la société. − **company newspaper** journal m d'entreprise. − **company raiders** raiders mpl, attaquants mpl. − **company seal** sceau m légal. − **company secretary** secrétaire mf général(e). − **company tax** impôt m sur les sociétés.

**comparability** [ˌkɒmˌpærəˈbɪlɪtɪ] n comparabilité f. ◊ **pay comparability** alignement des salaires (sur ceux d'autres secteurs industriels).

**comparative** [kəmˈpærətɪv] adj comparatif. ◊ **comparative advertising** publicité comparative; **comparative advantage** (Econ) avantage comparé; **theory of comparative costs** théorie des coûts comparatifs.

**compare** [kəmˈpɛəʳ] **1** vt (liken) comparer (to à); (contrast) comparer (with avec). **2** vi se comparer, être comparable (with avec). ◊ **how do the prices compare?** les prix sont-ils comparables?, les prix peuvent-ils se comparer?

**comparison** [kəm'pærɪsn] **1** n comparaison f. ◊ **in comparison with** comparé à, en comparaison avec; **by comparison** par comparaison; **to stand comparison** soutenir or supporter la comparaison (*with* avec). **2** cpd **comparison shopper** *personne chargée de surveiller les prix des magasins concurrents.* – **comparison test** test m comparatif.

**compatible** [kəm'pætɪbl] **1** adj compatible (*with* avec). **2** n (Comp) (ordinateur m) compatible m.

**compel** [kəm'pel] vt contraindre, obliger, forcer (*sb to do* qn à faire).

**compensate** ['kɒmpənseɪt] **1** vt (indemnify) dédommager, indemniser (*for* de); (pay) rémunérer (*for* pour); (in strength) compenser, contrebalancer. **2** vi compenser, constituer une compensation (*for* de). ◊ **how can we compensate for it?** comment pouvons-nous vous dédommager or vous indemniser?

**compensating** ['kɒmpənseɪtɪŋ] adj errors, duties compensatoire.

**compensation** [,kɒmpən'seɪʃən] **1** n (indemnity) compensation f, dédommagement m, indemnisation f indemnité f; (payment) rémunération f. ◊ **hourly compensation** salaire horaire; **monetary compensation amount** (EEC) montant compensatoire monétaire; **executive compensation** rémunération des cadres; **unemployment compensation** allocation or indemnité de chômage; **to file for compensation** réclamer un dédommagement. **2** cpd **compensation fee** (Post) indemnité f en cas de perte. – **Compensation Fund** (St Ex) caisse f de garantie. – **compensation stocks** (GB St Ex) actions fpl de compensation *(lors d'une nationalisation).*

**compensatory** [,kɒmpən'seɪtərɪ] adj compensateur. ◊ **compensatory fiscal policy** politique de déficit budgétaire; **monetary compensatory amounts** montants compensatoires monétaires.

**compete** [kəm'piːt] vi (take part) concourir, se mettre sur les rangs (*for* pour); (Comm) faire concurrence (*with* à, *for* pour). ◊ **to compete with one another** se faire concurrence, être en concurrence.

**competence** ['kɒmpɪtəns] n **a** compétence f, capacité f (*for* pour; *in* en), aptitude f (*for* à; *in* en). **b** (Jur) compétence f. ◊ **within the competence of the court** de la compétence du tribunal.

**competent** ['kɒmpɪtənt] adj **a** (capable) compétent, capable; (qualified) qualifié (*for* pour). **b** (adequate) qualities suffisant, satisfaisant. **c** (Jur) court compétent; evidence

receivable. ◊ **this court is not competent to deal with your case** votre affaire n'est pas de la compétence de ce tribunal.

**competing** [kəm'piːtɪŋ] adj product, firm, idea concurrent.

**competition** [,kɒmpɪ'tɪʃən] **1** n (action of competing) compétition f; (Comm) concurrence f. ◊ **cut-throat competition** concurrence féroce or acharnée or sauvage; **imperfect** or **monopolistic competition** (Econ) concurrence monopolistique; **perfect** or **pure competition** (Econ) concurrence pure or parfaite; **unfair competition** concurrence déloyale; **to meet competition** faire face à la concurrence; **in competition with** en concurrence avec. **2** cpd **competition clause** clause f d'exclusivité.

**competitive** [kəm'petɪtɪv] **1** adj **a** entry, selection par concours. **b** person combatif; strategy, advantage, position concurrentiel; market compétitif; price, environment concurrentiel, compétitif; goods à prix concurrentiel. ◊ **to have a competitive edge on another supplier** être un peu plus compétitif qu'un autre fournisseur. **2** cpd **competitive bidding** système m d'appel d'offres or de soumission. – **competitive claims** promesses fpl de la concurrence. – **competitive pricing** fixation f des prix à des niveaux compétitifs. – **competitive thrust** agressivité f commerciale.

**competitiveness** [kəm'petɪtɪvnɪs] n compétitivité f.

**competitor** [kəm'petɪtər] n concurrent(e) m(f). ◊ **competitor analysis** analyse des concurrents.

**compile** [kəm'paɪl] vt material compiler, rassembler; catalogue, inventory établir, dresser.

**compiler** [kəm'paɪlər] n (Comp) compilateur m.

**complain** [kəm'pleɪn] vi (gen) se plaindre (*of, about* de); (Comm) faire une réclamation (*of, about* au sujet de). ◊ **to complain that** se plaindre que or de ce que; **you should complain to the director** vous devriez vous plaindre à la direction.

**complainant** [kəm'pleɪnənt] n plaignant(e) m(f).

**complaint** [kəm'pleɪnt] n (gen) plainte f, récrimination f; (reason for complaint) grief m; (Comm) réclamation f; (Jur) plainte f. ◊ **I have no cause for complaint** je n'ai pas lieu de me plaindre, je n'ai aucun motif de plainte; **to make a complaint** se plaindre (*about* de), faire une réclamation (*about* au sujet de); **to lodge** or **lay a complaint**

**against** (Jur) porter plainte contre ; **complaints office** service des réclamations.

**complement** ['kɒmplɪmənt] **1** n (gen) complément m. ◊ **staff complement** effectif complet ; **with full complement** au grand complet.
**2** vt compléter, être le complément de.

**complementary** [ˌkɒmplɪ'mentərɪ] **adj** complémentaire.

**complete** [kəm'pliːt] **1** **adj** (total) complet, entier, total ; (finished) achevé, terminé, fini.
**2** vt collection compléter ; piece of work achever, finir, terminer ; order exécuter ; form, questionnaire remplir.

**completely** [kəm'pliːtlɪ] **adv** complètement. ◊ **completely built up** goods prêt à l'usage ; **completely knocked down** en pièces détachées.

**completeness** [kəm'pliːtnɪs] n intégralité f.

**completion** [kəm'pliːʃən] **1** n [work] achèvement m ; [contract, sale, order] exécution f. ◊ **payment on completion of contract** paiement en fin de travaux ; **under completion, in progress of completion** en cours d'exécution or d'achèvement.
**2** cpd **completion date** [contract] date f d'achèvement. – **completion meeting** réunion f de signature.

**complex** ['kɒmpleks] **1** **adj** complexe.
**2** n complexe m, ensemble m. ◊ **entertainment complex** complexe de loisirs ; **housing complex** (gen) complexe immobilier ; (private houses) lotissement ; (high rise) grand ensemble.

**complexity** [kəm'pleksɪtɪ] n complexité f.

**compliance** [kəm'plaɪəns] **1** n (acceptance) acquiescement m (with à) ; (conformity) conformité f (with avec). ◊ **in compliance with** conformément à, en accord avec ; **certificate of compliance** certificat de conformité ; **to bring into compliance with** mettre en conformité avec.
**2** cpd **compliance costs** frais mpl de mise en conformité or d'adaptation. – **compliance test** sondage m de conformité.

**complicate** ['kɒmplɪkeɪt] vt compliquer.

**complicity** [kəm'plɪsɪtɪ] n complicité f (in dans).

**compliment** ['kɒmplɪmənt] n compliment m. ◊ **with compliments** avec les compliments de la direction ; **compliments slip** ≈ carte de visite de l'entreprise.

**complimentary** [ˌkɒmplɪ'mentərɪ] **1** **adj** (gratis) gracieux, à titre gracieux.
**2** cpd **complimentary copy** spécimen m (gratuit). – **complimentary subscription**

abonnement m gratuit. – **complimentary ticket** billet m de faveur.

**comply** [kəm'plaɪ] **vi** obéir, céder, se soumettre (with à). ◊ **to comply with a request** faire droit à une requête, accéder à une demande ; **to comply with a clause** (Jur) observer or respecter une disposition.

**component** [kəm'pəʊnənt] **1** **adj** composant, constituant. ◊ **component parts** (Ind) composants ; (elements) éléments constitutifs.
**2** n (gen, Econ) élément m ; (Chem, Ind) composant m. ◊ **electronic components** composants électroniques ; **this is a major component of our strategy** c'est un élément majeur or une composante majeure de notre stratégie.
**3** cpd **component factory** usine f de composants or de pièces détachées.

**componentry** [kəm'pəʊnəntrɪ] n (Chem, Ind) composants mpl.

**composite** ['kɒmpəzɪt] **adj** (gen) composite ; (combined) combiné. ◊ **composite currency units** unités monétaires composites ; **composite index** indice composite ; **composite insurance** assurance avec participation aux bénéfices ; **composite package** (Mktg) vente jumelée ; **composite rate** taux composite.

**composition** [ˌkɒmpə'zɪʃən] n (gen) composition f ; (Jur : with creditor) accommodement m, compromis m, arrangement m. ◊ **to come to a composition** venir à composition, arriver à une entente or un accord, parvenir à un compromis ; **composition of fifty pence in the pound** concordat de cinquante pour cent.

**compound** ['kɒmpaʊnd] **1** **adj** interest composé. ◊ **compound interest bond** obligation à intérêts composés ; **compound duties** (Customs) droits composés ; **compound entry** (Acc) article collectif or récapitulatif ; **compound yield** (Fin) rendement global.
**2** vt **a** problem, difficulties aggraver. ◊ **unemployment compounded by inflation** chômage aggravé par l'inflation. **b** (Jur) debt, quarrel régler à l'amiable.
**3** vi (Jur) composer, transiger (with avec ; for au sujet de, pour), s'arranger à l'amiable (with avec ; for au sujet de). ◊ **to compound for a tax** transiger avec le fisc.

**compounder** [kɒm'paʊndər] n (Jur) amiable compositeur m.

**comprehensive** [ˌkɒmprɪ'hensɪv] **adj** report, review, survey détaillé, complet, exhaustif. ◊ **comprehensive budget** budget directeur or général ; **comprehensive measures** mesures d'ensemble ; **comprehensive insurance policy** (gen) police multirisque ; (Aut) assurance tous risques.

**compress** [kəmˈpres] **vt** salary, income comprimer.

**comprise** [kəmˈpraɪz] **vt** comprendre, englober, embrasser.

**compromise** [ˈkɒmprəmaɪz] **1** **n** compromis m, transaction f. ◊ **to come to** or **reach a compromise** aboutir à un compromis, transiger ; **to agree to a compromise** accepter une transaction. **2** **cpd** **compromise decision** décision f de compromis. – **compromise solution** solution f de compromis. **3** **vi** transiger (*over* sur), aboutir à or accepter un compromis. **4** **vt** **a** (imperil) project mettre en péril or en danger. **b** (US) disagreement régler. ◊ they compromised the last significant differences ils sont arrivés à un compromis sur les derniers points importants de désaccord.

**comptroller** [kənˈtrəʊləʳ] **n** (Fin) contrôleur (-euse) m(f), vérificateur(-trice) m(f) ; (Admin) économe mf, intendant(e) m(f). ◊ **Comptroller General** (US) président de la Cour des comptes.

**compulsion** [kəmˈpʌlʃən] **n** contrainte f, force f, coercition f. ◊ **you are under no compulsion** vous n'êtes nullement obligé, rien ne vous force ; **compulsion to buy** obligation d'achat.

**compulsive** [kəmˈpʌlsɪv] **adj** **a** (obligatory) coercitif, obligatoire. **b** (irrational) irraisonné. ◊ **compulsive buying** achat impulsif or d'impulsion.

**compulsorily** [kəmˈpʌlsərɪlɪ] **adv** obligatoirement. ◊ **to be compulsorily retired** être mis à la retraite d'office.

**compulsory** [kəmˈpʌlsərɪ] **adj** loan forcé ; powers coercitif, contraignant ; regulations obligatoire. ◊ **compulsory arbitration** arbitrage obligatoire ; **compulsory deduction** franchise obligatoire ; **compulsory purchase** expropriation (pour cause d'utilité publique) ; **compulsory purchase order** (GB) (ordre d') expropriation ; **compulsory liquidation** liquidation forcée ; **compulsory retirement** mise à la retraite d'office ; **compulsory sale** vente forcée or judiciaire ; **compulsory surrender** expropriation.

**computation** [ˌkɒmpjʊˈteɪʃən] **n** **a** calcul m. **b** estimation f, évaluation f. ◊ **at the lowest computation it will cost...** selon les estimations les plus basses cela va coûter...

**computational** [ˌkɒmpjʊˈteɪʃənl] **adj** de calcul. ◊ **computational error** erreur de calcul.

**compute** [kəmˈpjuːt] **vt** calculer, évaluer, estimer (*at* à).

**computer** [kəmˈpjuːtəʳ] **1** **n** ordinateur m. ◊ **he is in computers** il est dans l'informa-

tique ; **analog / digital computer** ordinateur analogique / numérique ; **desk-top computer** ordinateur de bureau ; **personal computer** ordinateur personnel or individuel.
**2** **cpd** **computer accounting** comptabilité f informatique. – **computer age (the)** l'ère f de l'ordinateur or de l'informatique. – **computer-aided** or **-assisted design** conception f assistée par ordinateur, dessin m assisté par ordinateur. – **computer-aided** or **-assisted design and manufacturing** conception f et fabrication assistées par ordinateur. – **computer-aided** or **-assisted instruction** or learning enseignement m assisté par ordinateur. – **computer-aided** or **-assisted manufacturing** fabrication f assistée par ordinateur. – **computer-assisted trading system** système m de cotation électronique. – **computer-based** file system informatisé ; learning assisté par ordinateur. – **computer centre** centre m de calcul, centre m informatique. – **computer company** société f d'informatique ; (manufacturer) constructeur m d'ordinateurs. – **computer control** [stocks] gestion f informatisée. – **computer-controlled** commandé or géré par ordinateur. – **computer engineer** informaticien(ne) m(f), ingénieur m informaticien. – **computer file** fichier m informatique. – **computer fraud** fraude f informatique. – **computer graphics** infographie f, informatique f graphique. – **computer instruction** instruction f machine. – **computer-integrated manufacturing** production f intégrée par ordinateur ; – **computer language** langage m de programmation. – **computer literate** qui connaît l'informatique, ayant une culture informatique de base. – **computer log** journal m de marche. – **computer map** carte f infographique. – **computer network** réseau m informatique or d'ordinateurs. – **computer-operated** commandé or géré par ordinateur. – **computer operation** opération f machine. – **computer operator** opérateur(-trice) m(f) sur ordinateur. – **computer print-out** sortie f (sur) imprimante or papier, listage m, listing m. – **computer processing** traitement m sur ordinateur. – **computer program** programme m informatique. – **computer programmer** programmeur (-euse) m(f). – **computer programming** programmation f. – **computer room** salle f des machines. – **computer run** passage-machine m. – **computer science** informatique f. – **computer scientist** informaticien(ne) m(f). – **computer system** système m informatique. – **computer time** temps m machine.

**computerate\*** [kəm'pjuːtərɪt] **adj** qui connaît l'informatique, ayant une culture informatique de base.

**computerization, computerisation** [kəm,pjuːtəraɪ'zeɪʃən] **n** traitement m par ordinateur, informatisation f.

**computerize, computerise** [kəm,pjuːtəraɪ'z] **vt** traiter or gérer par ordinateur, informatiser. ◊ **computerized file** fichier informatisé ; **computerized management** gestion informatisée.

**computing** [kəm'pjuːtɪŋ] **n** (gen) calcul m ; (Comp) traitement m de données, informatique f. ◊ **computing centre** centre de calcul ; **computing power** puissance de calcul.

**conceal** [kən'siːl] **vt** object cacher, dissimuler ; news garder or tenir secret, ne pas divulguer. ◊ **concealed assets** actifs non déclarés ; **concealed unemployment** chômage caché.

**concealment** [kən'siːlmənt] **n** [evidence, profits] dissimulation f ; [facts] non-divulgation f.

**concede** [kən'siːd] **vt** privilege concéder, accorder ; point concéder.

**conceive** [kən'siːv] **vt** concevoir.

**concentration** [,kɒnsən'treɪʃən] **n** concentration f. ◊ **concentration of industry** concentration industrielle.

**concept** ['kɒnsept] **n** (gen) concept m. ◊ **advertising concept** concept or axe publicitaire ; **concept testing** test de concept.

**concern** [kən'sɜːn] **1 vt a** (affect) concerner, toucher, affecter ; (be of importance to) concerner, intéresser, importer à ; [be the responsibility of] regarder, être l'affaire de. ◊ **to whom it may concern** à qui de droit ; **the persons concerned** les intéressés, les personnes concernées ; **the department concerned** (under discussion) le service en question or dont il s'agit ; (relevant) le service compétent ; **to be concerned in** avoir un intérêt dans. **b** (trouble) inquiéter. ◊ **to be concerned by** or **about** s'inquiéter de, être inquiet de. **2 n a** (Comm : also **business concern**) entreprise f, affaire f, firme f, maison f (de commerce). ◊ **a going concern** une affaire qui marche or florissante. **b** (share) intérêt(s) m(pl) (*in* dans). ◊ **he has a concern in the business** il a des intérêts dans l'affaire. **c** (interest, business) affaire f ; (responsibility) responsabilité f. ◊ **it's no concern of his** cela ne le regarde pas, ce n'est pas son affaire or son problème. **d** (anxiety) inquiétude f, souci m, préoccupation f.

**concerning** [kən'sɜːnɪŋ] **prep** en ce qui concerne, au sujet de, à propos de, concernant.

**concession** [kən'seʃən] **n** (gen, Jur) concession f ; (Comm) réduction f ; [tax] abattement m, allègement m.

**concessionaire** [kən,seʃə'nɛəʳ] **n** concessionnaire mf.

**concessional** [kən'seʃənəl] **adj** favorable, avantageux.

**concessionary** [kən'seʃənərɪ] **1 adj** (Fin, Jur) concessionnaire ; ticket, fare à prix réduit. ◊ **concessionary bargaining** (Ind) concessions syndicales, *négociations dans lesquelles les syndicats admettent des concessions*. **2 n** concessionnaire mf.

**conciliate** [kən'sɪlɪeɪt] **vt a** (placate) apaiser. **b** (reconcile) opposing views concilier.

**conciliation** [kən,sɪlɪ'eɪʃən] **1 n** conciliation f. **2 cpd conciliation board** (GB) conseil m d'arbitrage, commission f arbitrale. — **conciliation officer** (GB) conciliateur m. — **conciliation procedure** (GB) procédure f de conciliation.

**conciliatory** [kən'sɪlɪətərɪ] **adj** person conciliant ; procedure conciliatoire, de conciliation.

**conclude** [kən'kluːd] **vt a** (end) business, agenda conclure, finir, terminer. **b** (infer) conclure, déduire, inférer (*from* de ; *that* que).

**conclusion** [kən'kluːʒən] **n** (gen) conclusion f ; [contract] passation f. ◊ **it was a foregone conclusion** c'était réglé or prévu d'avance ; **to jump to conclusions** conclure sans réflexion ; **at the conclusion of the negotiations** à la fin or à l'issue des négociations.

**conclusive** [kən'kluːsɪv] **adj** concluant.

**concur** [kən'kɜːʳ] **vi a** (agree) être d'accord, s'entendre (*with sb* avec qn ; *in sth* sur or au sujet de qch). ◊ **report concurred in by all members** rapport adopté à l'unanimité des membres. **b** (happen together) coïncider, arriver en même temps ; (contribute) concourir (*to* à).

**concurrence** [kən'kʌrəns] **n** approbation f, accord m. ◊ **to move concurrence in a report** proposer l'adoption d'un rapport.

**concurrent** [kən'kʌrənt] **adj a** (occurring at same time) concomitant, simultané. **b** (acting together) concerté. **c** (in agreement) concordant. ◊ **the views of the three experts are concurrent** les opinions des trois experts concordent.

**condemnation** [,kɒndem'neɪʃən] **n** (gen) condamnation f ; (US Jur : of property) expropriation f pour cause d'utilité publique.

**condition** [kən'dɪʃən] **1 n a** (determining factor) condition f. ◊ **conditions of sale** condi-

tions de vente; **conditions of a contract** conditions d'un contrat, cahier des charges; **terms and conditions of an issue** (Fin) modalités d'une émission; **express condition** condition expresse; **implied condition** condition tacite.  **b** (circumstances) **conditions** conditions, circonstances; **under present conditions** dans les conditions présentes or actuelles; **working / living conditions** conditions de travail / de vie.  **c** (state) état m, condition f. ◊ **goods in fair condition** marchandises en bon état; **consolidated statement of condition** (US Fin) bilan consolidé.
**2** vt **a** (determine) déterminer, conditionner. ◊ **our decision was conditioned by the company's half-yearly results** notre décision a été motivée par les résultats semestriels de la société. **b** (bring into good condition) remettre en bon état. **c to condition people into believing** conditionner les gens à croire.

**conditional** [kən'dɪʃənl] adj agreement conditionnel. ◊ **conditional clause** (Jur) clause conditionnelle; **conditional endorsement** (Fin) endossement conditionnel; **conditional sales agreement** vente sous condition; **to be conditional upon** dépendre de; **his appointment is conditional upon his passing his exams** sa nomination dépend de son succès aux examens, pour être nommé il faut qu'il soit reçu à ses examens.

**condominium** [ˌkɒndə'mɪnɪəm](US) n (ownership) copropriété f; (building) immeuble m (en copropriété).

**condonation** [ˌkɒndəʊ'neɪʃən] n remise f d'une dette.

**conducive** [kən'djuːsɪv] adj contribuant (to à). ◊ **to be conducive to** conduire à, mener à, entraîner.

**conduct** ['kɒndʌkt] **1** n **a** (behaviour) conduite f, tenue f, comportement m. ◊ **his conduct towards his colleagues** son comportement à l'égard de ses collègues or envers ses collègues. **b** [business] conduite f.
**2** cpd **conduct money** cautionnement m, dépôt m de garantie.
**3** vt **a** (lead) campaign, survey conduire, mener. ◊ **conducted visit** visite guidée. **b** (direct, manage) diriger. ◊ **to conduct one's business** diriger ses affaires; **to conduct an inquiry** conduire or mener une enquête (into sur); **we conduct business with this firm** nous sommes en relations d'affaires avec cette entreprise.

**confederation** [kənˌfedə'reɪʃən] n confédération f. ◊ **Confederation of British Industry**

conseil national du patronat britannique, ≈ CNPF.

**confer** [kən'fɜːr] **1** vt (award) conférer, accorder (on à). ◊ **to confer a title** conférer un titre.
**2** vi (discuss) conférer, s'entretenir (with sb avec qn; on, about sth de qch).

**conferee** [ˌkɒnfɜː'riː] n (at congress) participant(e) m(f), congressiste mf.

**conference** ['kɒnfərəns] **1** n (meeting) conférence f, réunion f, assemblée f, colloque m, congrès m; (discussion) conférence f, consultation f. ◊ **the secretary is in conference** la secrétaire est en conférence or est occupée; **the conference decided...** les participants à la conférence ont décidé...; **prejob conference** réunion (avant l'ouverture d'un chantier); **press conference** conférence de presse.
**2** cpd **Conference Board** ≈ institut m patronal d'études économiques. – **conference call** (Telec) conférence f téléphonique. – **conference delegate** congressiste mf. – **conference line** association f internationale des armateurs. – **conference member** congressiste mf. – **conference proceedings** travaux mpl d'une conférence. – **conference table** table f de conférence. – **conference venue** lieu m du congrès.

**confess** [kən'fes] vt avouer, confesser. ◊ **confessed judgment note** (US) reconnaissance de dette (autorisant les poursuites judiciaires sans aviser le débiteur en cas de non-paiement).

**confession** [kən'feʃən] n aveu m, confession f.

**confidence** ['kɒnfɪdəns] **1** n **a** (trust) confiance f. ◊ **to pass a vote of confidence** voter la confiance (in à); **to restore confidence** rétablir la confiance; **he lacks confidence** il manque de confiance. **b** (secret) confidence f. ◊ **this is in strict confidence** c'est strictement confidentiel; **write in strict confidence to X** écrire à X : discrétion garantie or assurée.
**2** cpd **confidence game** abus m de confiance, escroquerie f. – **confidence man** escroc m. – **confidence trick** abus m de confiance, escroquerie f. – **confidence trickster** escroc m.

**confidential** [ˌkɒnfɪ'denʃəl] adj letter, information confidentiel. ◊ **confidential clerk** homme de confiance; **confidential secretary** secrétaire particulier.

**configuration** [kənˌfɪgjʊ'reɪʃən] n (Comp) configuration f.

**configure** [kən'fɪgər] vt (Comp) configurer.

**confine** [kən'faɪn] vt limiter, borner, restreindre (to à).

**confirm** [kənˈfɜːm] **vt** statement, news, suspicions confirmer, corroborer; authority raffermir, consolider; appointment ratifier; (Jur) decision entériner; election valider. ◊ **the court confirms the referee's report** le tribunal adopte or fait siennes les conclusions du juge rapporteur; **confirming house** *firme spécialisée dans la mise en contact d'exportateurs et d'acheteurs et garantissant la solvabilité des acheteurs*; **confirming my letter** en confirmation de ma lettre.

**confirmation** [ˌkɒnfəˈmeɪʃən] **n** [news] confirmation f; [appointment] ratification f; (Jur) [decision] entérinement m.

**confirmed** [kənˈfɜːmd] **adj** confirmé. ◊ **confirmed credit** crédit confirmé; **confirmed letter of credit** lettre de crédit confirmée.

**confiscate** [ˈkɒnfɪskeɪt] **vt** confisquer (*sth from sb* qch à qn).

**confiscation** [ˌkɒnfɪsˈkeɪʃən] **n** confiscation f.

**conflict** [ˈkɒnflɪkt] **1** **n** conflit m. ◊ **conflict of laws** droit international privé.
**2** **vi** [opinions, ideas] s'opposer, se heurter. ◊ **conflicting evidence** témoignages contradictoires; **conflicting interests** intérêts personnels opposés or divergents.

**confluence** [ˈkɒnfluəns] **n** [interests] convergence f.

**conform** [kənˈfɔːm] **1** **vt** actions, methods conformer, adapter, rendre conforme (*to* à).
**2** **vi** se conformer, s'adapter (*to* à).

**conformity** [kənˈfɔːmɪtɪ] **n** (likeness) conformité f, ressemblance f; (agreement) conformité f, accord m. ◊ **in conformity with the articles** conformément aux statuts.

**confront** [kənˈfrʌnt] **vt** **a** rivals confronter (*with* avec), mettre en présence (*with* de). **b** difficulty affronter, faire face à.

**confrontation** [ˌkɒnfrənˈteɪʃən] **n** confrontation f (*with* avec).

**confrontational** [ˌkɒnfrənˈteɪʃənəl] **adj** negotiations, tactics d'affrontement.

**confuse** [kənˈfjuːz] **vt** (throw into disorder) plans bouleverser; (embarrass) embarrasser; (mix up) persons, ideas embrouiller. ◊ **to confuse sth with sth** confondre qch avec qch.

**congested** [kənˈdʒestɪd] **adj** market encombré; telephone lines embouteillé, saturé.

**congestion** [kənˈdʒestʃən] **n** [market] encombrement m; [telephone lines] saturation f. ◊ **congestion surcharge** (Mar) surtaxe d'encombrement; **traffic congestion** embouteillages, encombrements.

**conglomerate** [kənˈglɒməreɪt] **n** conglomérat m. ◊ **conglomerate diversification** diversification de type congloméral.

**Congo** [ˈkɒŋgəʊ] **n** Congo m.

**Congolese** [ˌkɒŋgəʊˈliːz] **1** **adj** congolais.
**2** **n** (inhabitant) Congolais(e) m(f).

**congratulate** [kənˈgrætjʊleɪt] **vt** féliciter, complimenter (*sb on sth* qn de qch).

**congratulations** [kənˌgrætjʊˈleɪʃənz] **npl** félicitations fpl, compliments mpl. ◊ **congratulations on your success** je vous félicite de votre succès, toutes mes félicitations or tous mes compliments pour votre succès.

**congress** [ˈkɒŋgres] **n** **a** congrès m. ◊ **the Trades Union Congress** (GB) la confédération des syndicats britanniques. **b** (US Pol) **Congress** Congrès m.

**Congressional** [kɒŋˈgræʃənəl] **adj** (US Pol) du Congrès.

**Congressman** [ˈkɒŋgresmən] **n** (US Pol) membre m du Congrès, ≈ député m.

**Congresswoman** [ˈkɒŋgreswʊmən] **n** (US Pol) femme f membre du Congrès, ≈ femme f député.

**congruence** [ˈkɒŋgruəns] **n** conformité f.

**congruent** [ˈkɒŋgruənt] **adj** conforme (*with* à).

**con. inv.** **n** abbr of *consular invoice* → consular.

**conjunction** [kənˈdʒʌŋkʃən] **n** conjonction f. ◊ **conjunction of circumstances** concours de circonstances.

**conjuncture** [kənˈdʒʌŋktʃəʳ] **n** conjoncture f, circonstance(s) f(pl).

**connect** [kəˈnekt] **1** **vt** (Elec) raccorder, connecter; (Telec) caller mettre en communication (*with* avec); telephone brancher. ◊ **we are trying to connect you** (Telec) nous essayons d'obtenir votre communication; **a high-speed rail link connects Paris with its outer suburbs** une liaison ferroviaire à grande vitesse relie Paris à la grande banlieue; **to be connected with** (have dealings with) avoir des rapports or des contacts or des relations avec; **closely connected professions** professions connexes.
**2** **vi** ◊ **this train connects with the boat** ce train assure la correspondance avec le bateau; **connecting flight** correspondance.

**connection, connexion** [kəˈnekʃən] **n** **a** (link) jonction f, liaison f; (relation) rapport m, lien m, relation f, liaison f (*with* avec; *between* entre); (clientele, business contacts) clientèle f, relations fpl d'affaires. ◊ **wrong connection** (Telec) faux numéro, fausse communication; **to open up** or **build up a connection with a firm** établir des relations d'affaires avec une entreprise; **to have no further connection with** rompre tout contact avec; **we have no connection with any other firm** nous n'avons rien à voir ni de près ni de loin avec une autre entreprise, toute ressemblance avec une autre société serait purement forfuite; **the forwarding agent brought us into connection** le transitaire nous a mis en relation or en rapport; **our local representative has a wide connection** notre représentant régional a une vaste clientèle. **b** (Rail) correspondance f *(with* avec). ◊ **to miss one's connection** manquer la correspondance.

**connect up** vt sep (gen) raccorder; (Commodity Exchange) mettre en filière; telephone brancher.

**connivance** [kə'naɪvəns] n connivence f, collusion f *(with* avec).

**connive** [kə'naɪv] vi ◊ **to connive at sth** (pretend not to notice) fermer les yeux sur qch; (aid and abet) être de connivence dans qch, être complice de qch.

**conquer** ['kɒŋkəʳ] vt markets conquérir.

**conquest** ['kɒŋkwest] n conquête f.

**conscientious** [ˌkɒnʃɪ'enʃəs] adj employee consciencieux.

**consecutive** [kən'sekjʊtɪv] adj consécutif. ◊ **on 4 consecutive days** pendant 4 jours consécutifs or de suite; **consecutive interpreting** interprétation consécutive.

**consensual** [kən'sensjʊəl] adj contract consensuel.

**consensus** [kən'sensəs] n consensus m, accord m général. ◊ **the general consensus was that we should accept their offer** de l'avis général nous devrions accepter leur offre, tout le monde s'est accordé pour dire que nous devrions accepter leur offre.

**consent** [kən'sent] **1** vi consentir *(to sth* à qch; *to do* à faire); (to request) accéder *(to* à). **2** n consentement m, assentiment m. ◊ **to give one's consent** donner son consentement *(to* à); **by common consent** de l'aveu général; **by mutual consent** (general agreement) d'un commun accord; (private agreement) de gré à gré, à l'amiable. **3** cpd **consent decree** (Jur) ordonnance f de confirmation.

**consequence** ['kɒnsɪkwəns] n (result, effect) conséquence f, suites fpl; (importance) importance f, conséquence f. ◊ **the consequences of this takeover are of global significance for the industry** les conséquences de ce rachat affectent l'ensemble de l'industrie; **it's of no consequence** cela n'a aucune importance.

**consequential** [ˌkɒnsɪ'kwenʃəl] adj (important) important; (resultant) consécutif; (indirect)

indirect. ◊ **consequential damage** dommage indirect; **consequential effect of a court action** conséquences indirectes d'une action; **consequential-loss policy** police couvrant les pertes indirectes.

**conservation** [ˌkɒnsə'veɪʃən] n (gen) préservation f. ◊ **energy conservation** économies d'énergie; **nature conservation** défense de l'environnement, protection de la nature.

**conservationist** [ˌkɒnsə'veɪʃənɪst] n partisan m de la défense de l'environnement, écologiste mf.

**conservative** [kən'sɜːvətɪv] **1** adj **a** (Pol) conservateur. ◊ **the Conservative Party** (GB) le parti conservateur. **b** assessment prudent. ◊ **conservative estimate** évaluation prudente; **at a conservative estimate** au minimum, au bas mot; **conservative accounting** comptabilisation prudente. **2** n (Pol) conservateur(-trice) m(f).

**conserve** [kən'sɜːv] vt (save) (gen) conserver, préserver; resources ménager.

**consider** [kən'sɪdəʳ] vt problem, possibility considérer, envisager, examiner, réfléchir à; cost, difficulties, dangers tenir compte de, considérer. ◊ **everything considered** tout bien considéré, tout compte fait; **he is being considered for the post** on songe à lui pour le poste; **to consider retaliatory measures** envisager des représailles.

**considerable** [kən'sɪdərəbl] adj (sizeable) non négligeable, relativement important; (huge) considérable. ◊ **we had considerable difficulty in getting this appointment** nous avons eu beaucoup de mal à obtenir ce rendez-vous; **it will involve us in considerable expense** cela nous entraînera dans des dépenses considérables.

**consideration** [kənˌsɪdə'reɪʃən] n **a** (careful thought) considération f. ◊ **to take sth into consideration** prendre qch en considération, tenir compte de qch; **taking everything into consideration** tout bien considéré or posé; **your project is under consideration** votre projet est à l'examen or à l'étude; **after due consideration** après mûre réflexion; **on further consideration** après plus amples examens; **please give my suggestion your careful consideration** je vous prie d'accorder toute votre attention à ma suggestion. **b** (Fin) provision f *(for* de). ◊ **to give consideration for a bill** provisionner une lettre de change; **inadequate consideration** contrepartie insuffisante; **part(ial) consideration** contrepartie partielle. **c** (facts to be taken into account) préoccupation f, considération f; (motive) motif m. ◊ **money is the first consideration** il faut considérer en premier lieu la question d'argent; **it's**

of no consideration cela n'a aucune importance; **money is no consideration** l'argent n'entre pas en ligne de compte; **for valuable consideration** à titre onéreux; **his age was an important consideration** son âge constituait un facteur important. **d** (reward, payment) rétribution f, rémunération f. ◊ **to do sth for a consideration** faire qch moyennant finance or paiement.

**consign** [kən'saɪn] **vt a** (send) goods consigner, expédier, envoyer (to sb à qn, à l'adresse de qn). ◊ **bill of lading consigned to...** connaissement établi au nom de... **b** (hand over) funds confier, remettre, déposer (to à).

**consignation** [ˌkɒnsaɪ'neɪʃən] **n a** [goods] consignation f, expédition f, envoi m. ◊ **to ship goods to the consignation of sb** envoyer des marchandises en consignation à qn. **b** (Fin) dépôt m en banque.

**consignee** [ˌkɒnsaɪ'niː] **n** [goods] consignataire mf, destinataire mf. ◊ **bare boat consignee** consignataire en coque nue.

**consigner** [kən'saɪnəʳ] **n** [goods] expéditeur (-trice) m(f), consignateur(-trice) m(f).

**consignment** [kən'saɪnmənt] **1 n a** (action of sending) consignation f, expédition f, envoi m. ◊ **goods for consignment abroad** marchandises à destination de l'étranger; **on consignment** en consignation, en dépôt. **b** (goods consigned) arrivage m, envoi m. ◊ **I am expecting a large consignment of spare parts** j'attends un gros arrivage de pièces détachées. **2 cpd consignment note** feuille f or bordereau m d'expédition. — **consignment sale** vente f en dépôt.

**consignor** [kən'saɪnəʳ] **n** [goods] expéditeur (-trice) m(f), consignateur(-trice) m(f).

**consistency** [kən'sɪstənsɪ] **1 n** [argument, report, policy] cohérence f, logique f. ◊ **to lack consistency** manquer de cohérence. **2 cpd consistency check** contrôle m de cohérence or d'uniformité. — **consistency principle** (Acc) principe m de la continuité.

**consistent** [kən'sɪstənt] **adj** behaviour cohérent, conséquent, logique. ◊ **his arguments are not consistent** ses arguments ne se tiennent pas or n'offrent aucune cohérence; **consistent with** compatible avec, d'accord avec.

**console** [kən'səʊl] **n** (Comp) console f, pupitre m. ◊ **console operator** pupitreur m.

**consolidate** [kən'sɒlɪdeɪt] **1 vt a** (strengthen) one's position consolider, affermir. **b** (Comm, Fin : unite) businesses réunir; loan, funds, annuities, debts consolider. ◊ **consoli-**

dated annuities or stock (GB) fonds consolidés, rentes consolidées; **consolidated balance sheet** bilan consolidé; **consolidated figures** chiffre d'affaires consolidé; **consolidated fund** (GB) ≈ fonds consolidés; **consolidated quotation system** (US) système centralisé de cotation; **they'll try to consolidate employees now working in several locations** ils essaient de regrouper les employés qui travaillent à des endroits différents; **consolidated deliveries** livraisons groupées. **2 vi** (become stronger) se consolider, s'affermir.

**consolidation** [kənˌsɒlɪ'deɪʃən] **n a** (strengthening) consolidation f, affermissement m. **b** (Comm, Fin) unification f, consolidation f. **c** (regrouping) regroupement m, groupage m. ◊ **consolidation of shares** regroupement d'actions.

**consols** ['kɒnsɒlz] **npl** (GB Fin) fonds mpl consolidés, rentes fpl consolidées.

**consortium** [kən'sɔːtɪəm] **n** consortium m. ◊ **consortium bank** consortium bancaire.

**conspectus** [kən'spektəs] **n** vue f d'ensemble or générale.

**conspicuous** [kən'spɪkjʊəs] **adj** person, clothes voyant; fact notable, remarquable. ◊ **conspicuous consumption** consommation ostentatoire.

**conspiracy** [kən'spɪrəsɪ] **n** entente f frauduleuse.

**constant** ['kɒnstənt] **1 adj** dollars, francs constant. ◊ **constant equity principle** (principe de la) fixité du capital; **constant monetary unit** monnaie constante. **2 n** constante f.

**constituent** [kən'stɪtjʊənt] **1 adj** part, element constituant, composant, constitutif. **2 n** (part, element) élément m constitutif.

**constitute** ['kɒnstɪtjuːt] **vt a** (appoint) constituer, instituer, désigner. **b** (establish) organization monter, établir; committee constituer. **c** (amount to) faire, constituer.

**constitution** [ˌkɒnstɪ'tjuːʃən] **n** [company] (setting up) constitution f; (articles) statuts mpl. ◊ **under the terms of our constitution** aux termes de nos statuts.

**constrain** [kən'streɪn] **vt a** (force) contraindre, forcer, obliger (sb to do qn à faire). **b** (restrict) liberty, person restreindre. ◊ **constrained shares** actions à participation restreinte.

**constraint** [kən'streɪnt] **n a** (compulsion) contrainte f. ◊ **to act under constraint** agir sous la contrainte. **b** (restriction) contrainte f, gêne f. ◊ **budget constraint** contrainte budgétaire; **time constraints** contraintes horaires.

**construction** [kən'strʌkʃən] **1** **n** **a** [building] construction f. **b** (interpretation) interprétation f. **2** **cpd** **construction industry (the)** l'industrie f du bâtiment, le bâtiment m. − **construction worker** ouvrier m du bâtiment.

**constructive** [kən'strʌktɪv] **adj** criticism constructif. ◊ **constructive total loss** (Ins) perte censée totale ; **constructive dismissal** démission forcée *(à cause des pressions exercées par la direction)*.

**consul** ['kɒnsəl] **n** consul m.

**consulage** ['kɒnsjulɪdʒ] **n** droits mpl consulaires, frais mpl consulaires.

**consular** ['kɒnsjulər] **adj** consulaire. ◊ **consular invoice** (Customs) facture consulaire.

**consulate** ['kɒnsjulɪt] **n** consulat m.

**consult** [kən'sʌlt] **1** **vt** book, person consulter. **2** **vi** consulter, être en consultation *(with* avec). ◊ **to consult together over sth** se consulter sur or au sujet de qch.

**consultancy** [kən'sʌltənsɪ] **1** **n** conseil m. **2** **cpd** **consultancy fees** frais mpl d'expertise. − **consultancy firm** cabinet m or société f de conseil. − **consultancy work** expertise f.

**consultant** [kən'sʌltənt] **1** **n** (gen) (independent) consultant m, expert-conseil m ; (salaried) conseiller m. ◊ **he acts as consultant to the firm** il est expert-conseil auprès de la société ; **engineering consultant** ingénieur-conseil ; **management consultant** conseiller or conseil en gestion d'entreprise ; **recruitment consultant** conseil en recrutement ; **tax consultant** conseiller fiscal. **2** **cpd** **consultant engineer** ingénieur-conseil m. − **consultant service** assistance f technique.

**consultation** [ˌkɒnsəl'teɪʃən] **n** consultation f. ◊ **in consultation with** en consultation avec ; **to hold a consultation** délibérer *(about* sur), conférer.

**consultative** [kən'sʌltətɪv] **adj** consultatif.

**consulting** [kən'sʌltɪŋ] **cpd** **consulting engineer** ingénieur-conseil m. − **consulting firm** société f de conseil.

**consumable** [kən'sjuːməbl] **1** **adj** consommable. **2** **n** produit m de consommation. ◊ **consumables** (Comp) consommables.

**consume** [kən'sjuːm] **vt** food, drink, petrol consommer ; supplies, resources consommer, dissiper. ◊ **consumed cost** coût abordé.

**consumer** [kən'sjuːmər] **1** **n** consommateur (-trice) m(f). ◊ **end consumer** consommateur final.

**2** **cpd** **consumer acceptance** acceptation f par les consommateurs. − **consumer advertising** publicité f grand public. − **consumer brand** marque f grand public, produit m de grande consommation. − **consumer company** société f de biens de grande consommation. − **consumer credit** crédit m à la consommation. − **consumer demand** demande f des consommateurs. − **consumer durables** biens mpl de consommation durables or d'équipement ménager, articles mpl d'équipement. − **consumer expenditure** dépenses fpl de consommation. − **consumer goods** biens mpl de (grande) consommation. − **consumer habits** habitudes fpl de consommation. − **consumer loyalty** fidélité f du consommateur. − **consumer market** marché m de la consommation. − **consumer marketing** marketing m des produits de grande consommation. − **consumer needs** besoins mpl des consommateurs. − **consumer organization** organisme m de défense des consommateurs. − **consumer-oriented products** produits mpl grand public. − **consumer panel** groupe-témoin m or panel m de consommateurs. − **consumer price** prix m à la consommation. − **consumer price index** (US) indice m des prix de détail, indice m des prix à la consommation. − **consumer product** produit m de grande consommation. − **consumer protection** protection f du consommateur. − **consumer reluctance** réticence f des consommateurs. − **consumer requirements** exigences fpl des consommateurs. − **consumer research** études fpl de marché, étude f de consommation. − **consumer resistance** résistance f des consommateurs. − **consumer response** réaction f des consommateurs. − **consumer society** société f de consommation. − **consumer spending** dépenses fpl de consommation or des ménages. − **consumer survey** étude f de consommation, enquête f auprès des consommateurs. − **consumer test** test m de consommation. − **consumer trends** tendances fpl de la consommation. − **consumer union** mouvement m de consommateurs.

**consumerism** [kən'sjuːməˌrɪzəm] **n** consumérisme m, défense f des consommateurs.

**consumerist** [kən'sjuːməˌrist] **n** consumériste mf, défenseur m des consommateurs.

**consummate** [kən'sʌmɪt] (US) **vt** parfaire. ◊ **28 meetings were necessary to consummate a new agreement** il a fallu 28 séances pour parachever un nouvel accord.

**consumption** [kən'sʌmpʃən] **1** n [food, fuel] consommation f. ◊ **consumption per capita** consommation par tête; **domestic** or **internal consumption** consommation intérieure. **2** cpd **consumption goods** biens mpl de consommation. – **consumption pattern** schéma m or modèle m de consommation. – **consumption research** consommatique f.

**contact** ['kɒntækt] **1** n **a** contact m. ◊ **to be in / come into contact with sb** être / entrer en contact or en rapport avec qn. **b** (acquaintance) contact m, connaissance f, relation f. ◊ **he has some contacts in Hong-Kong** il a des contacts or des relations à Hong-Kong. **2** cpd **contact man** agent m de liaison chargé des relations publiques. **3** vt person contacter, se mettre en contact or en rapport avec, entrer en relations avec.

**contain** [kən'teɪn] vt **a** [box, envelope] contenir. ◊ **the room will contain 70 people** la salle peut contenir 70 personnes. **b** (restrain) demand restreindre, contenir, modérer, maîtriser.

**container** [kən'teɪnər] **1** n (gen) contenant m; (Comm) m, emballage m; (goods transport) conteneur m. **2** cpd **container berth** poste m à quai pour navires porte-conteneurs. – **container car** (US) wagon m porte-conteneurs. – **container dock** dock m pour la manutention de conteneurs. – **container line** ligne f transconteneur. – **container ship** porte-conteneurs m. – **container terminal** terminal m de conteneurs. – **container transport** transport m par conteneurs.

**containerization, containerisation** [kən,teɪnəraɪ'zeɪʃən] n conteneurisation f, mise f en conteneurs.

**containerize, containerise** [kən,teɪnəraɪ'z] vt mettre en conteneurs, conteneuriser. ◊ **containerized shipping** expédition en conteneur(s).

**containment** [kən'teɪnmənt] n [demand] restriction f. ◊ **cost containment** compression du prix de revient.

**contango** [kən'tæŋgəʊ] **1** n (St Ex) report m. ◊ **contango day / market** jour / marché des reports. **2** vti (St Ex) reporter (une position).

**contemplate** ['kɒntempleɪt] vt action, purchase envisager. ◊ **to contemplate doing** envisager de or songer à or se proposer de faire.

**contempt** [kən'tempt] n mépris m. ◊ **contempt of the chair** manquement envers l'autorité du président; **contempt of court** refus de se plier à l'autorité de la loi, ≈ outrage à la cour or à magistrat; **contempt of court proceedings will be served on the union** le syndicat sera poursuivi pour non-respect des décisions de justice.

**contend** [kən'tend] vi combattre, lutter (with contre), être aux prises (with avec). ◊ **the contending party** (Jur) la partie contestante.

**content** [kən'tent] n [book, report, official document] teneur f, contenu m; [metal] teneur f, titre m. ◊ **contents** contenu; **what do you think of the content of the article?** que pensez-vous du contenu or du fond de l'article?; **(table of) contents** [book] table des matières.

**contention** [kən'tenʃən] n **a** (dispute) démêlé m, dispute f. ◊ **bone of contention** pomme de discorde. **b** (argument, point argued) assertion f, affirmation f. ◊ **my contention is that** je soutiens que.

**contentious** [kən'tenʃəs] adj subject, issue contesté, litigieux. ◊ **contentious negotiations** négociations litigieuses; **contentious matter** point litigieux; **contentious proceedings** procédure contradictoire.

**contest** [kən'test] **1** vt question, result contester, discuter. ◊ **to contest sb's right to do** contester à qn le droit de faire; **to contest a will** attaquer or contester un testament; **contested claim** (Fin) créance litigieuse. **2** n (struggle) combat m, lutte f (with avec, contre; between entre); (competition) concours m. ◊ **beyond contest** sans contestation possible.

**contestant** [kən'testənt] n concurrent(e) m(f).

**context** ['kɒntekst] n contexte m.

**continent** ['kɒntɪnənt] n (gen) continent m. ◊ **the Continent** (GB) l'Europe continentale.

**contingency** [kən'tɪndʒənsɪ] **1** n **a** (unforeseen event) éventualité f, événement m imprévu or inattendu. ◊ **contingencies** impondérables; **to provide for** or **guard against all contingencies** parer à toutes éventualités. **b** (Stat) contingence f. **2** cpd **contingency fund** caisse f or fonds m de prévoyance. – **contingency payments** frais mpl divers. – **contingency plan** plan m d'urgence or de secours. – **contingency reserve** fonds mpl de réserve.

**contingent** [kən'tɪndʒənt] adj éventuel, fortuit, accidentel. ◊ **contingent account** (compte d') imprévus; **contingent assets** actif potentiel or éventuel; **contingent budget** budget conjoncturel; **contingent claim** créance éventuelle; **contingent consideration** contrepartie conditionnelle; **contingent expenses** dépenses imprévues; **contingent liability** passif éventuel, dette éventuelle; **contingent order** (St Ex) ordre lié.

**continuation** [kən.tɪnjʊ'eɪʃən] **1** n **a** (no interruption) poursuite f. ◊ **the continuation of the economic upturn** la poursuite de la reprise. **b** (after interruption) reprise f. ◊ **the continuation of work after holidays** la reprise du travail après les vacances. **c** (St Ex) report m. **d** [text, document] suite f. **2** cpd **continuation day** (St Ex) jour m des reports. – **continuation operation** opération f de report.

**continue** [kən'tɪnjuː] **1** vt continuer (*to do* à or *de faire*); piece of work continuer, poursuivre; policy maintenir, poursuivre. ◊ **to continue sb in a job** maintenir qn dans un poste; **continuing education** formation continue or permanente; **continued on page 7** suite (à la) page 7. **2** vi **a** [meeting] (go on without interruption) continuer, se prolonger; (after interruption) reprendre. **b** (remain) rester. ◊ **to continue in one's job** garder or conserver son poste; **to continue in force** demeurer or rester en vigueur.

**continuous** [kən'tɪnjʊəs] adj (gen) continu; survey permanent. ◊ **continuous audit** vérification continue or permanente; **continuous budget** budget perpétuel; **continuous inventory** inventaire permanent or continu; **continuous market** (St Ex) marché (en) continu; **continuous monitoring** [system] contrôle permanent; [market] suivi or pistage permanent; **continuous production** production en continu; **continuous process manufacturing** fabrication or transformation en continu; **continuous stationery** papier en continu; **continuous trading** cotation en continu; **continuous variable** variable continue.

**contra** ['kɒntrə] **1** n ◊ **as per contra** en contrepartie; **settlement per contra** compensation; **to settle a debt per contra** compenser une dette avec une autre. **2** cpd **contra account** compte m de contrepartie. – **contra entry** contrepassation f, contre-passement m. **3** vt accounts contrepasser.

**contraband** ['kɒntrəbænd] **1** n (smuggling) contrebande f; (goods) marchandises fpl de contrebande. **2** adj de contrebande. ◊ **contraband goods** marchandises de contrebande.

**contract** ['kɒntrækt] **1** n contrat m. ◊ **by contract** par contrat; **by private contract** à l'amiable, de gré à gré; **to bind o.s. by contract** s'engager par contrat; **to draw up a contract** dresser or rédiger un contrat; **to enforce a contract** faire exécuter un contrat; **to enter into a contract with sb for**

sth passer un contrat avec qn pour qch; **to impugn a contract** attaquer un contrat; **to put work out to contract** mettre or donner du travail en adjudication or à l'entreprise; **to cancel** or **void a contract** annuler un contrat; **to tender for a contract** soumissionner à une adjudication; **to terminate a contract** résilier or mettre fin à un contrat; **to secure a contract** [business firm] obtenir un contrat; (Admin) être déclaré adjudicateur d'un contrat; **non-fulfilment of contract** non-respect du contrat; **breach of contract** rupture de contrat; **draft contract** projet de contrat; **employment contract** contrat de travail; **express contract** contrat en bonne et due forme; **government contract** contrat-adjudication de l'État; **group contract** contrat collectif; **implied contract** contrat tacite; **labour contract** (agreement) accord sur les salaires; (document) contrat de travail; **private contract** contrat sous seing privé; **skeleton contract** contrat type; **union contract** convention collective; **yellow-dog contract** (US) *contrat interdisant la participation à des grèves et l'appartenance à un syndicat.* **2** cpd **contract bargaining** négociations fpl salariales. – **contract bond** garantie f de bonne fin. – **contract joint venture** joint venture f sans création de société. – **contract labour** main-d'œuvre f contractuelle. – **contract note** (St Ex) bordereau m d'achat (or de vente). – **contract party** partie f contractante. – **contract price** prix m forfaitaire or contractuel. – **contract size** (St Ex) quotité f du contrat. – **contract work** travail m à forfait. **3** vt **a** debts contracter. **b** (reduce) profit margins, home demand comprimer, resserrer. **4** vi **a** s'engager (par contrat). ◊ **to contract with sb** passer un marché avec qn; **to contract with sb to do** passer un contrat avec qn pour faire, s'engager vis-à-vis de qn à faire; **he has contracted for the building of the new hospital** il a un contrat or il a passé un marché pour la construction du nouvel hôpital; **contracting party** partie contractante. **b** (shrink) [market] se contracter, se réduire, se rétrécir.

**contract in** vi s'engager (par contrat).

**contraction** [kən'trækʃən] n [market] contraction f, rétrécissement m.

**contractionary** [kən'trækʃənərɪ] adj ◊ **contractionary pressure** (Econ) poussée récessionniste; **contractionary policy** politique d'austérité.

**contractor** [kən'træktər] n entrepreneur m. ◊ **building contractor** entrepreneur de maçonnerie; **haulage contractor** (gen) entrepreneur de transports routiers, transporteur.

**contract out** 1 vi (withdraw) se libérer, se dégager, se retirer (of de). ◊ **to contract out of an agreement** rompre un contrat ; **contracting out clause** clause de renonciation. 2 vt (subcontract) sous-traiter. ◊ **the work was contracted out to sb else** on a donné le travail à un autre sous-traitant.

**contractual** [kən'træktʃʊəl] adj commitments contractuel. ◊ **contractual liability** responsabilité contractuelle ; **contractual payment** paiement forfaitaire.

**contradict** [ˌkɒntrə'dɪkt] vt (gen) contredire.

**contradiction** [ˌkɒntrə'dɪkʃən] n contradiction f. ◊ **a contradiction in terms** une contradiction dans les termes.

**contrary** ['kɒntrərɪ] 1 adj contraire (to à), en opposition (to avec). 2 n contraire m. ◊ **unless you hear to the contrary** sauf instruction contraire, sauf contrordre.

**contravene** [ˌkɒntrə'viːn] vt law enfreindre, violer, contrevenir à.

**contravener** [ˌkɒntrə'viːnər] n (Jur) contrevenant m.

**contravention** [ˌkɒntrə'venʃən] n infraction f (of à). ◊ **in contravention of the rules** en violation des règles.

**contribute** [kən'trɪbjuːt] vt money verser. ◊ **contributed capital** capital d'apport ; **he contributed nothing to the discussion** il n'a contribué en rien à la discussion.

**contribution** [ˌkɒntrɪ'bjuːʃən] 1 n [money, goods] contribution f ; (Admin : to pension fund) cotisation f (to à). ◊ **employees' contribution** cotisations salariales versées par les employés ; **employers' contribution** cotisations patronales ; **National Insurance contribution** (GB) cotisation à la Sécurité sociale ; **to pay one's contribution** cotiser ; **contribution of capital** apport de capitaux ; 2 cpd **contribution analysis** méthode f des coûts variables. − **contribution margin** (Acc) marge contributive. − **contribution pricing** tarification f contributive.

**contributor** [kən'trɪbjutər] n (to publication) collaborateur(-trice) m(f) ; [money, goods] donateur(-trice) m(f) ; (within the EEC) contributeur m ; [pension] cotisant(e) m(f). ◊ **this country is a net contributor** ce pays est un contributeur net ; **contributor of capital** apporteur de capital.

**contributory** [kən'trɪbjutərɪ] adj a (Jur) cause accessoire. ◊ **contributory negligence** imprudence de la part du sinistré. b **contributory / non-contributory pension fund**

caisse de retraite avec / sans cotisation salariale ; **contributory pension scheme** système de retraite par répartition ; **non-contributory pension scheme** régime de retraite entièrement financé par l'employeur ; **contributory service** années de cotisation or de versement validables pour la retraite.

**contrive** [kən'traɪv] vt plan, scheme combiner, inventer. ◊ **to contrive to do** s'arranger pour faire, trouver le moyen de faire.

**control** [kən'trəʊl] 1 n a (authority) (gen) autorité f ; [traffic] réglementation f ; [aircraft] contrôle m ; [pests] élimination f, suppression f. ◊ **to lose control of a situation** perdre le contrôle d'une situation, ne plus être maître d'une situation ; **to be in control of a situation, have a situation under control** contrôler une situation, être maître d'une situation ; **under government control** sous contrôle gouvernemental ; **circumstances beyond our control** circonstances indépendantes de notre volonté ; **who is in control here ?** quel est le responsable ici ? ; **control by exception** contrôle par exception ; **accounting / budgetary control** contrôle comptable / budgétaire ; **credit control** encadrement du crédit ; **exchange control** contrôle des changes ; **exchange controls have been lifted** les mesures de contrôle des changes ont été levées ; **management control** contrôle de gestion ; **price controls** contrôle des prix ; **quality control** contrôle de qualité ; **inventory or stock control** contrôle or gestion des stocks. b **controls** [train, car, ship] commandes fpl. c (Comp) commande f, contrôle m. 2 vt inflation maîtriser, contenir ; credit encadrer ; organization, business diriger, être à la tête de ; prices, wages contrôler. 3 cpd **control account** compte m collectif. − **control block** bloc m de contrôle. − **control character** (Comp) caractère m de contrôle. − **control knob** bouton m de réglage or de commande. − **control panel** [aircraft] tableau m de bord ; [TV, Comp] pupitre m de commande. − **control room** (gen) poste m de contrôle ; (Rad, TV) régie f. − **control unit** (Comp) unité f de commande.

**controllable** [kən'trəʊləbl] 1 adj expenditure, inflation, imports maîtrisable. ◊ **controllable cost** coût contrôlable. 2 **controllables** npl (Mktg) facteurs mpl or éléments mpl contrôlables.

**controlled** [kən'trəʊld] adj market, price réglementé. ◊ **controlled economy** économie dirigée ; **controlled company** société contrôlée ; **controlled label** marque de distributeur ; **computer-controlled** commandé par ordinateur.

**controller** [kən'trəʊləʳ] n [accounts] contrôleur m, vérificateur m; (Admin, Ind : manager) contrôleur m. ◊ **inventory** or **stock controller** responsable des stocks.

**controllership** [ˌkən'trəʊləʃɪp] (US) n commissariat m aux comptes.

**controlling** [kən'trəʊlɪŋ] adj ◊ **controlling account** compte collectif; **controlling company** société holding; **controlling shareholder** actionnaire majoritaire; **to have a controlling interest in a company** avoir une participation majoritaire dans une société; **rising interest rates are an important controlling factor in determining the level of business investment** l'augmentation des taux d'intérêts est un facteur essentiel dans la maîtrise des niveaux d'investissement des entreprises.

**controversial** [ˌkɒntrə'vɜːʃəl] adj action, decision discutable, sujet à controverse.

**controversy** [kən'trɒvəsɪ] n controverse f, polémique f. ◊ **to spark controversy** déclencher une controverse or une polémique.

**conurbation** [ˌkɒnɜː'beɪʃən] n conurbation f.

**convene** [kən'viːn] **1** vt meeting convoquer. ◊ **to convene a meeting of shareholders** convoquer une assemblée d'actionnaires. **2** vi se réunir. ◊ **the meeting will convene at 3 o'clock** l'assemblée se réunira à 3 heures, la réunion aura lieu à 3 heures.

**convener** [kən'viːnəʳ] n [assembly] président(e) m(f).

**convenience** [kən'viːnɪəns] **1** n (suitability, comfort) commodité f. ◊ **for convenience('s) sake** par souci de commodité; **at your earliest convenience** dans les meilleurs délais, dès que possible; **the house has all modern conveniences** la maison a tout le confort moderne. **2** cpd **convenience bill** traite f de complaisance. – **convenience card** carte f accréditive. – **convenience flag** pavillon m de complaisance. – **convenience foods** aliments mpl prêts à cuire, plats mpl tout préparés. – **convenience goods** produits mpl de grande diffusion or de grande consommation, produits mpl d'achat courant. – **convenience store** magasin m de proximité.

**convenient** [kən'viːnɪənt] adj commode, pratique. ◊ **if it is convenient to you** si vous n'y voyez pas d'inconvénient, si cela ne vous dérange pas; **will it be convenient for you to come tomorrow?** est-ce que cela vous arrange or vous convient de venir demain?; **what would be a convenient time for you?** quelle heure vous conviendrait?

**conveniently** [kən'viːnɪəntlɪ] adv d'une manière commode. ◊ **conveniently situ-**

ated / placed for access to all parts of the country idéalement situé / placé pour assurer la liaison avec l'ensemble du pays or pour desservir tout le pays.

**convention** [kən'venʃən] n (meeting, agreement) convention f. ◊ **convention participant** congressiste.

**conventional** [kən'venʃənl] adj equipment classique, traditionnel. ◊ **using conventional methods the costs are too high** on obtient des coûts trop élevés en utilisant des méthodes traditionnelles.

**conversation** [ˌkɒnvə'seɪʃən] n conversation f, entretien m.

**conversational** [ˌkɒnvə'seɪʃənl] adj ◊ **conversational English necessary** anglais courant exigé; **conversational entry** (Comp) saisie en (mode) conversationnel.

**conversationally** [ˌkɒnvə'seɪʃnəlɪ] adv (Comp) en (mode) conversationnel.

**conversely** [kɒn'vɜːslɪ] adv inversement.

**conversion** [kən'vɜːʃən] **1** n conversion f. ◊ **improper conversion of funds** détournement de fonds, malversations. **2** cpd **conversion cost** coût m de transformation. – **conversion issue** (St Ex) émission f de conversion. – **conversion loan** emprunt m de conversion. – **conversion premium** prime f de conversion. – **conversion rate** (Pub) taux m de ventes générées; (Fin) taux m de conversion.

**convert** ['kɒnvɜːt] vt convertir (into en). ◊ **to convert funds to another purpose** affecter des fonds à un autre usage; **to convert funds to one's own use** détourner des fonds.

**convertibility** [kənˌvɜːtə'bɪlɪtɪ] n convertibilité f.

**convertible** [kən'vɜːtəbl] adj bonds, shares convertible. ◊ **convertible loan stock** titres de créance convertibles.

**convey** [kən'veɪ] vt goods, passengers transporter, acheminer; (Jur) property transférer, transmettre, céder (to à); idea communiquer (to à). ◊ **the name conveys nothing to me** le nom ne me dit or ne m'évoque rien.

**conveyance** [kən'veɪəns] n **a** (transport) transport m. ◊ **conveyance of goods** transport de marchandises; **means of conveyance** moyens de transport. **b** (Jur) [property] (action) transmission f, transfert m, cession f; (document) acte m translatif, acte m de cession.

**conveyancing** [kən'veɪənsɪŋ] n (Jur) [property] rédaction f d'actes translatifs or d'actes de cession.

**conveyor** [kən'veɪəʳ] n transporteur m, convoyeur m. ◊ **conveyor belt** tapis roulant.

**convict** [ˈkɒnvɪkt] **vt** person déclarer or reconnaître coupable.

**conviction** [kənˈvɪkʃən] **n** **a** (Jur) condamnation f. ◊ **to have no previous convictions** avoir un casier judiciaire vierge. **b** (belief) conviction f. ◊ **to carry conviction** être convaincant.

**convincing** [kənˈvɪnsɪŋ] **adj** argument convaincant, persuasif.

**convocation** [ˌkɒnvəˈkeɪʃən] **n** convocation f (*to* à).

**COO** [ˌsiːəʊˈəʊ] **n** abbr of *chief operating officer* DG m.

**cook** [kʊk] **vt** ◊ **to cook the books** maquiller or truquer or falsifier les livres de comptes.

**cool** [kuːl] **adj** response calme. ◊ **he keeps cool in a crisis** il garde tout son calme or la tête froide dans les périodes de crise.

**cool down** [kuːl] **vi** [situation] s'apaiser, se calmer. ◊ **let things cool down** attendez que ça se tasse or que les choses se calment.

**cooling-off period** [ˌkuːlɪŋˈɒfˌpɪərɪəd] **n** (in dispute) période f de détente ; (before signing contract) délai m de réflexion.

**co-op** [ˈkəʊˈɒp] **n** abbr of *cooperative* coopé* f, coop* f.

**cooperate** [kəʊˈɒpəreɪt] **vi** coopérer, collaborer (*with sb in sth* avec qn à qch). ◊ **I hope he'll cooperate** j'espère qu'il va se montrer coopératif.

**cooperation** [kəʊˌɒpəˈreɪʃən] **n** coopération f, concours m. ◊ **in cooperation with, with the cooperation of** avec la coopération or le concours de.

**cooperative** [kəʊˈɒpərətɪv] **1** **adj** firm coopératif. ◊ **cooperative advertising** publicité groupée ; **cooperative farm** coopérative agricole ; **cooperative society** coopérative, société coopérative or mutuelle ; **cooperative education** (US) enseignement alterné. **2** **n** coopérative f.

**coopt** [kəʊˈɒpt] **vt** coopter (*into* à).

**coordinate** [kəʊˈɔːdɪnɪt] **1** **vt** coordonner. **2** **n** coordonnée f.

**coordination** [kəʊˌɔːdɪˈneɪʃən] **n** coordination f.

**co-owner** [ˈkəʊˈəʊnəʳ] **n** copropriétaire mf.

**co-ownership** [ˈkəʊˈəʊnəʃɪp] **n** copropriété f.

**copartner** [ˈkəʊˈpɑːtnəʳ] **n** coassocié(e) m(f).

**copartnership** [ˈkəʊˈpɑːtnəʃɪp] **n** (gen) coparticipation f ; (Fin) société f en participation. ◊ **industrial copartnership** ≈ actionnariat ouvrier, participation ouvrière aux bénéfices.

**cope** [kəʊp] **vi** ◊ **to cope with** task se charger de, s'occuper de ; problem (tackle) affronter ; (solve) venir à bout de.

**Copenhagen** [ˌkəʊpnˈheɪgən] **n** Copenhague.

**copier** [ˈkɒpɪəʳ] **n** machine f à photocopier, photocopieuse f, photocopieur m. ◊ **file copier** copieur de fichier.

**copper** [ˈkɒpəʳ] **n** cuivre m. ◊ **coppers** (St Ex) les cuprifères.

**co-product** [ˈkəʊˈprɒdʌkt] **n** coproduit m.

**copy** [ˈkɒpɪ] **1** **n** **a** [letter] copie. ◊ **to take or make a copy of sth** faire une copie de qch ; **certified (true) copy** copie (certifiée) conforme ; **file copy** exemplaire d'archives ; **hard copy** (Comp) sortie (sur support) papier or sur imprimante ; **soft copy** (Comp) visualisation sur écran ; **top copy** original. **b** [book, magazine] exemplaire m. ◊ **free copy** spécimen gratuit ; **presentation copy** exemplaire en service de presse, hommage de l'éditeur. **c** (newspaper article) copie f, sujet m d'article, matière f à reportage ; (advertisement) message m, texte m.
**2** **cpd copy appeal** (Pub) axe m publicitaire du message, attrait m du message. — **copy deadline** (Press) date f limite de la remise d'un texte. — **copy department** (Pub) service m de rédaction. — **copy editor** (Press) secrétaire mf de rédaction. — **copy platform** charte f de création. — **copy reader** (US Press) secrétaire mf de rédaction. — **copy strategy** stratégie f de communication. — **copy testing** test m d'annonce. — **copy writer** rédacteur(trice) m(f) (publicitaire), concepteur-rédacteur m, créatif m.

**copyright** [ˈkɒpɪraɪt] **1** **n** droits mpl, copyright m. ◊ **copyright notice** (indication or mention du) copyright ; **copyright reserved** tous droits réservés ; **out of copyright** dans le domaine public. **2** **vt** book obtenir les droits exclusifs sur or le copyright de.

**cordoba** [ˈkɔːdəbə] **n** (currency) cordoba m.

**core** [kɔːʳ] **1** **n** **a** [problem] essentiel m, fond m, cœur m. ◊ **hard core** [supporters] noyau dur ; (in government) inconditionnels ; **we must concentrate on our core business** nous devons nous concentrer sur nos activités de base or notre métier de base. **b** (Comp) tore m. ◊ **magnetic core** (gen) tore magnétique ; (memory) mémoire à tores. **2** **cpd core business** activité f principale. — **core hours** (Ind) plages fpl horaires fixes. — **core inflation** inflation f structurelle. — **core memory** (Comp) mémoire f centrale (à tores). — **core-periphery** (Econ) centre-périphérie m. — **core size** (Comp) capacité f de mémoire.

**corn** [kɔːn] n (GB) blé m; (US) maïs m. ◊ **Corn Exchange** Bourse aux grains.

**corner** ['kɔːnəʳ] **1** n ◊ **to make a corner in wheat** accaparer le marché du blé. **2** vt ◊ **to corner the market** accaparer le marché; **cornered market** marché étranglé.

**cornerer** ['kɔːnərəʳ] n (Fin) accapareur m.

**cornerstone** ['kɔːnəstəʊn] n pierre f angulaire. ◊ **this was the cornerstone of their foreign policy** c'était la pierre angulaire or l'élément fondamental de leur politique étrangère.

**corp.** n abbr of *corporation*.

**corporate** ['kɔːpərɪt] **adj** financing d'entreprise, de société; action, ownership en commun. ◊ **corporate advertising** publicité institutionnelle; **corporate affiliate** société apparentée or affiliée; **corporate America** l'Amérique des affaires; **corporate assets** éléments d'actif; **corporate banking** services bancaires aux entreprises; **corporate body** corps constitué; **corporate bond** (US) (local) obligation municipale; (private) obligation émise par une société privée; **corporate credit** crédit aux grosses entreprises; **corporate culture** culture d'entreprise; **corporate debt securities** titres émis par une société commerciale, ≈ bons de caisse; **corporate earnings** bénéfices des sociétés; **corporate executive** dirigeant de société; **corporate feeling** esprit de corps; **corporate financial statements** comptes sociaux; **corporate giants** grosses entreprises; **corporate image** image de marque (de l'entreprise); **corporate investment** investissements des entreprises; **corporate issue** émission de titres (par une société commerciale); **corporate law** droit des entreprises; **corporate lawyer** juriste d'entreprise; **corporate lending** prêt aux entreprises; **corporate name** raison sociale; **corporate planning** planification d'entreprise; **corporate profit** bénéfices des sociétés; **corporate property** biens sociaux; **corporate retention** délai de conservation des documents commerciaux; **corporate spending** dépenses des entreprises; **corporate tax** impôt sur les sociétés; **corporate treasurer** trésorier d'entreprise.

**corporation** [ˌkɔːpə'reɪʃən] n (Comm, Fin) société f commerciale; (US) société à responsabilité limitée. ◊ **municipal corporation** autorités municipales or communales, municipalité, commune; **public corporation** régie d'État, société nationale; **corporation tax** impôt sur les sociétés.

**corporeal** [kɔː'pɔːrɪəl] **adj** assets, property corporel.

**correct** [kə'rekt] **1** adj forecast, estimate juste, exact, correct. **2** vt corriger, rectifier. ◊ **corrected invoice** facture rectificative; **correcting entry** écriture de correction or d'extourne; **to correct upwards** corriger or réviser à la hausse.

**correction** [kə'rekʃən] n correction f.

**corrective** [kə'rektɪv] **adj** action rectificatif; measures correctif. ◊ **corrective maintenance** dépannage.

**correlation** [ˌkɒrɪ'leɪʃən] n corrélation f (*between* entre).

**correspond** [ˌkɒrɪs'pɒnd] **vi a** (agree) correspondre (*with, to* à). ◊ **the reports do not correspond on a number of points** les rapports ne concordent pas or se contredisent sur plusieurs points. **b** (exchange letters) correspondre (*with* avec).

**correspondence** [ˌkɒrɪs'pɒndəns] **1** n **a** (agreement) correspondance f (*between* entre; *with* avec). **b** (letter-writing) correspondance f; (mail received) courrier m. **2** cpd **correspondence course** cours m par correspondance. — **correspondence quality printer** imprimante f qualité courrier.

**correspondent** [ˌkɒrɪs'pɒndənt] n (Comm, Press) correspondant(e) m(f). ◊ **foreign correspondent** (Press) correspondant or envoyé permanent à l'étranger; (Bank) correspondant.

**corresponding** [ˌkɒrɪs'pɒndɪŋ] **adj** correspondant. ◊ **corresponding entry** (Acc) écriture conforme.

**corrupt** [kə'rʌpt] **1** adj (gen) corrompu. ◊ **corrupt practices** (gen) pratiques illégales or illicites; (by official) trafic d'influence; **corrupt disk** (Comp) disquette f défectueuse. **2** vt (gen) corrompre, soudoyer; disk, file altérer.

**corruption** [kə'rʌpʃən] n (gen) corruption f; [disk,file] altération f.

**cosignatory** ['kəʊ'sɪgnətərɪ] n cosignataire mf.

**co-sponsor** ['kəʊ'spɒnsəʳ] n commanditaire m associé.

**co-sponsoring** ['kəʊ'spɒnsərɪŋ] n coparrainage m.

**cost** [kɒst] **1** vt **a** coûter. ◊ **how much or what does it cost?** combien cela coûte-t-il or vaut-il? **b** (Comm) articles for sale établir le prix de revient de; piece of work, project calculer or évaluer le coût de, valoriser. ◊ **the job was costed at £9,500** le devis des travaux s'est élevé à 9 500 livres.

**2** n (price) prix m, coût m; [asset] coût d'acquisition; (expense) frais mpl, dépense f; (Acc) charge f or frais (d'exploitation). ◊ **the cost of the deal** le montant or le coût de l'opération; **to bear the cost of** supporter les frais de; **to be ordered to pay costs** (Jur) être condamné aux dépens; **cost and insurance** coût et assurance; **cost and freight** coût et fret; **cost, insurance and freight** coût, assurance et fret; **cost, insurance, freight and commission** coût, assurance, fret et commission; **cost of capital** coût du capital; **cost of borrowing** frais d'emprunt; **cost of entry** (to new market) coût de pénétration; **cost of living** coût de la vie; **cost of living adjustment** indexation des salaires; **cost of living allowances, cost of living payment** indemnité de vie chère; **cost of living clause** clause d'indexation des salaires sur les prix; **cost of living escalator** échelle mobile des salaires; **cost of living index** indice du coût de la vie; **cost of money** loyer de l'argent; **cost of sales** coût d'achat des marchandises vendues; **actual cost** prix de revient; **depreciated cost** coût non amorti, valeur résiduelle amortissable; **direct cost** coût direct; **first cost** coût initial; **fixed cost** coûts fixes; **gross cost** prix de revient brut; **incidental cost** faux frais; **labour cost** coût de la main-d'œuvre; **manufacturing costs** coûts de fabrication; **operating costs** frais or charges d'exploitation or de fonctionnement; **overhead costs** frais généraux; **prime cost** coût initial, prix de revient initial; **production costs** coûts de production; **replacement cost** coût de remplacement; **set-up costs** frais d'établissement; **variable costs** coûts variables.
**3** cpd **cost accounting** comptabilité f analytique. – **cost adjustment** indexation f des coûts. – **cost allocation** affectation f or attribution f or répartition f d'un coût. – **cost analysis** analyse f des coûts. – **cost-benefit ratio** rapport m coût-rendement. – **cost breakdown** analyse f des coûts. – **cost centre** centre m de coût. – **cost containment** compression f du prix de revient. – **cost-cutting measures** mesures fpl d'économie. – **cost effective** rentable, d'un bon rapport coût / performance or coût / efficacité. – **cost effectiveness** rentabilité f, rapport m coût / efficacité or coût / performance. – **cost estimate** évaluation f des coûts. – **cost factor** élément m du prix de revient. – **cost (induced) inflation** inflation f par les coûts. – **cost methods** *méthodes* fpl d'évaluation des stocks fondées sur le flux des coûts. – **cost ledger** grand livre m des prix de revient. – **cost overrun** dépassement m de budget. – **cost-performance ratio** rapport m performance / prix.

– **cost plus** n prix m *(de revient majoré du pourcentage contractuel)*. – **cost price** prix m coûtant or de revient; **to sell at cost price** vendre à prix coûtant; **to sell under cost price** vendre à perte. – **cost push inflation** inflation f par les coûts. – **cost sheet** fiche f de fabrication. – **cost standards** normes fpl de prix de revient. – **cost variance** écart m de prix.

**Costa Rica** ['kɒstə'riːkə] n Costa Rica.

**Costa Rican** ['kɒstə'riːkən] **1** adj costaricien. **2** n (inhabitant) Costaricien(ne) m(f).

**costing** ['kɒstɪŋ] n estimation f du prix de revient. ◊ **variable** or **direct costing** méthode des coûts variables; **full costing** méthode de capitalisation du coût entier; **process costing** comptabilité par fabrication.

**cost out** vt sep project calculer or évaluer le coût de, valoriser.

**cottage industry** ['kɒtɪdʒˌɪndəstrɪ] n industrie f à domicile or artisanale.

**cotton** ['kɒtn] **1** n coton m. **2** cpd **cotton goods** cotonnades fpl. – **cotton industry** industrie f cotonnière or du coton. – **cotton mill** filature f de coton.

**council** ['kaʊnsl] n conseil m, assemblée f. ◊ **town council** conseil municipal; **works council** comité d'entreprise. **Council for Mutual Economic Assistance** Conseil d'assistance économique mutuelle.

**counsel** ['kaʊnsəl] n avocat m. ◊ **counsel for the defence** avocat de la défense.

**count** [kaʊnt] **1** vti (lit, fig) compter. ◊ **to count the cost** (lit) calculer la dépense; (fig) faire le bilan; **his opinion counts for a lot** son avis compte pour beaucoup, ses avis sont très respectés. **2** cpd **count sheet** relevé m d'inventaire, feuille f de dénombrement.

**countdown** ['kaʊntdaʊn] n compte m à rebours.

**counter** ['kaʊntə^r] **1** n **a** (in shop) comptoir m; (in bank) guichet m. ◊ **under the counter** clandestinement, en sous-main, sous le manteau; **under-the-counter payment** paiement en sous-main, dessous de table; **over-the-counter sales** (Comm) au comptant; **payable over the counter** payable au guichet; **over-the-counter market / securities** marché / titres hors-cote. **b** (Tech) compteur m. **2** cpd **counter clerk** guichetier(-ière) m(f). – **counter display** présentoir m de comptoir. – **counter hand** (in shop) vendeur (-euse) m(f). **3** adv ◊ **counter to** à l'encontre de, contrairement à; **to go counter to** aller contre.

**4** vt decision, order s'opposer à ; plans contrecarrer.
**5** vi contre-attaquer, riposter.
**6** pref contre. ◊ **counter trade** or **trading** (Comm) troc m ; (clearing) compensation f. **counter trade deal** accord de troc.

**counteract** [ˌkaʊntər'ækt] vt influence, effect neutraliser, contrebalancer.

**counterattack** ['kaʊntərəˌtæk] **1** n contre-attaque f.
**2** vi contre-attaquer.

**counterbalance** ['kaʊntəˌbæləns] vt contrebalancer, faire contrepoids à.

**counterbid** ['kaʊntəbɪd] n (gen) contre-offre f, contre-proposition f ; (at auction) surenchère f.

**countercheck** ['kaʊntətʃek] **1** n deuxième contrôle m or vérification f.
**2** vt revérifier, contre-vérifier.

**counterclaim** ['kaʊntəkleɪm] n (Jur) demande f reconventionnelle.

**countercyclical** [ˌkaʊntə'saɪklɪkəl] adj (Econ) anticyclique.

**counterfeit** ['kaʊntəfiːt] **1** adj money, coin faux.
**2** n faux m, contrefaçon f.
**3** vt banknote, signature contrefaire.

**counterfeiter** ['kaʊntəfiːtər] n faux-monnayeur m.

**counterfeiting** ['kaʊntəfiːtɪŋ] n contrefaçon f.

**counterfoil** ['kaʊntəfɔɪl] n [cheque] talon m, souche f.

**countermand** ['kaʊntəmɑːnd] vt order annuler. ◊ **unless countermanded** sauf contrordre.

**countermeasure** ['kaʊntəmeʒər] n mesure f défensive.

**counteroffensive** ['kaʊntərəfensɪv] n contre-offensive f.

**counteroffer** ['kaʊntəpfər] n (counter-proposal) contre-offre f, contre-proposition f ; (at auction) surenchère f.

**counterpart** ['kaʊntəpɑːt] n [document] double m, contrepartie f ; [person] homologue mf. ◊ **he informed his counterpart of his decision** il a informé son homologue de sa décision.

**counterproductive** [ˌkaʊntəprə'dʌktɪv] adj (lit) qui entrave la productivité ; (fig) inefficace, qui va à l'encontre du but recherché.

**counterproposal** ['kaʊntəprəpəʊzəl] n contre-offre f, contre-proposition f.

**counterpurchase** ['kaʊntəpɜːtʃɪs] n compensation f.

**countersecurity** ['kaʊntəsəˌkjʊərɪtɪ] n contre-caution f.

**countersign** ['kaʊntəsaɪn] vt contresigner.

**countervail** ['kaʊntəveɪl] vt compenser, contrebalancer. ◊ **countervailing duties** droits compensatoires.

**countervaluation** ['kaʊntəvæljuˌeɪʃən] n contre-expertise f.

**counting house** ['kaʊntɪŋhaʊs] n (service m de la) comptabilité f.

**country** ['kʌntrɪ] **1** n pays m. ◊ **developing countries** pays en voie de développement ; **emergent countries** pays en voie d'émergence ; **host country** pays d'accueil ; **less developed countries** pays moins développés ; **low-cost countries** pays à bas salaires ; **underdeveloped countries** pays sous-développés.
**2** cpd **country planning** aménagement m du territoire. − **country risk** (Fin) risque m pays.

**count up** vt sep faire le compte de, compter, additionner.

**coup** [kuː] n (gen) coup m (audacieux) ; (Pol) coup m d'État. ◊ **he scored a major coup** il a réussi un très joli coup.

**coupon** ['kuːpɒn] **1** n (Fin) coupon m ; [advertisement] coupon m (détachable) ; (Comm : offering reductions) bon m de réduction. ◊ **reply** or **send-in coupon** coupon-réponse ; **cum / due / ex-coupon** (St Ex) coupon attaché / échu / détaché ; **outstanding coupons** coupons échus.
**2** cpd **coupon advertising** publicité f par couponnage or par coupon-réponse. − **coupon bond** obligation f à coupons. − **coupon rate** taux m d'intérêt contractuel. − **coupon-type works** (US) titres mpl au porteur. − **coupon securities : low- / high-coupon securities** titres mpl à coupon peu élevé / élevé ; **zero-coupon security** titre à coupon zéro.

**couponing** ['kuːpɒnɪŋ] n couponnage m, promotion f par coupons de réduction.

**courier** ['kʊrɪər] n **a** [letters, parcels] coursier m. ◊ **by courier** par coursier. **b** [package tour] accompagnateur(-trice) m(f), guide m.

**course** [kɔːs] n **a** (direction) cours m. ◊ **to change course** changer de cap ; **there are several courses (of action) open to us** plusieurs voies s'offrent à nous ; **to let sth take its course** laisser qch suivre son cours ; **holder in due course** détenteur de bonne foi. **b** (Univ) cours m, stage m. ◊ **crash course** cours or stage accéléré or intensif (in de) ; **refresher course** stage de perfectionnement ; **retraining course** stage de recyclage or de reconversion.

**court** [kɔːt] **n** (Jur) cour f, tribunal m. ◊ **Court of Appeal** (GB), **Court of Appeals** (US) cour d'appel; **court of inquiry** commission d'enquête; **to appear in court charged with sth** comparaître devant le tribunal pour répondre de qch; **to settle (a case) out of court** arranger une affaire à l'amiable; **to rule sth out of court** déclarer qch irrecevable; **to take sb to court over** or **about sth** poursuivre or actionner qn en justice à propos de qch.

**courtesy** [ˈkɜːtɪsɪ] **n** courtoisie f, politesse f. ◊ **to pay sb a courtesy call** faire une visite de politesse à qn; **(by) courtesy of** avec la permission de.

**courtroom** [ˈkɔːtruːm] **n** salle f du tribunal or d'audience.

**covenant** [ˈkʌvɪnənt] **1** **n** (Jur) convention f; (Fin) obligation f contractuelle. ◊ **covenant not to compete** clause de non-concurrence; **covenant with the land** ≈ servitude foncière; **the lessee is a good covenant** (US) le locataire est tout à fait solvable. **2** **vt** s'engager (*to do* à faire), convenir (*to do* de faire).

**covenantee** [ˌkʌvɪnənˈtiː] **n** créancier(-ière) m(f).

**covenantor** [ˈkʌvɪnəntəʳ] **n** débiteur(-trice) m(f).

**cover** [ˈkʌvəʳ] **1** **n** (gen) couverture f; (Fin) couverture f, provision f; (Ins) couverture f, garantie f. ◊ **call for additional cover** (St Ex) appel de marge; **fire cover** assurance-incendie; **forward cover** (St Ex) couverture à terme; **full cover** (Ins) garantie totale, assurance tous risques; **to operate without cover** (Fin) opérer à découvert; **to lodge stock as cover** déposer des titres en garantie or en nantissement; **to send sth under separate cover** envoyer qch sous pli séparé. **2** **cpd cover note** (GB Ins) lettre f de couverture, police f provisoire. – **cover page** page f de couverture. – **cover story** (Press) article m principal. – **cover-up** tentatives fpl faites pour étouffer une affaire. **3** **vt** **a** (gen, Ins : protect) couvrir. ◊ **to be covered against fire** être assuré or couvert contre l'incendie. **b** (Fin, St Ex) couvrir. ◊ **to cover a bill** faire la provision d'une lettre de change; **to cover shorts** se racheter, racheter des titres vendus à découvert; **to cover a short account** couvrir un découvert, approvisionner son compte; **to cover one's costs** or **expenses** couvrir ses frais, rentrer dans ses frais; **to cover a deficit / a loss** combler un déficit / une perte; **covered long** achat d'option couverte; **covered short** vente d'option couverte; **the application is covered** la souscription est couverte. **c** (include) englober, comprendre. ◊ **in**

**order to cover all possibilities** pour parer à toute éventualité. **d** (Press) news, story couvrir, assurer la couverture de.

**coverage** [ˈkʌvərɪdʒ] **1** **n** **a** (Press, Rad, TV) reportage m. ◊ **the takeover got massive newspaper coverage** la prise de contrôle a reçu une importante couverture de presse. **b** (Ins) couverture f, garantie f. ◊ **limit of coverage** plafond de garantie. **c** (Press, Pub) public m atteint, audience f. ◊ **an advertisement with wide coverage** une annonce touchant un large public; **advertising coverage** couverture publicitaire. **2** **cpd coverage rate** (Fin) taux m de couverture.

**covering** [ˈkʌvərɪŋ] **adj** ◊ **covering letter** lettre explicative; **covering note** (Ins) lettre de couverture, police provisoire.

**cover up** **1** **vi** ◊ **to cover up for one's subordinates** couvrir or protéger ses subordonnés. **2** **vt sep** facts dissimuler, cacher, étouffer.

**co-worker** [ˈkəʊˈwɜːkəʳ] **n** collègue mf (de travail).

**c / p** abbr of *carriage paid* → carriage.

**CPA** [ˌsiːpiːˈeɪ] (US) **n** abbr of *Certified Public Accountant* → certified.

**CPI** [ˌsiːpiːˈaɪ] **n** abbr of *Consumer Price Index* IPC m.

**CPM** [ˌsiːpiːˈem] **n** abbr of *critical path method* → critical.

**CPU** [ˌsiːpiːˈjuː] **n** abbr of *central processing unit* → central.

**Cr.** **a** abbr of *credit*. **b** abbr of *creditor*.

**crackdown** [ˈkrækdaʊn] **n** ◊ **crackdown on** mesures fpl de répression contre; **there has been a crackdown on speculation** des mesures draconiennes ont été prises pour réprimer la spéculation.

**crack down on** [kræk] **vt fus** expenditure mettre un frein à, donner un tour de vis à; abuse réprimer. ◊ **to crack down on tax avoidance** s'attaquer à la fraude fiscale.

**craft** [krɑːft] **n** **a** (skill) art m, métier m; (occupation) métier m, profession f. **b** (Mar) bateau m, embarcation f. ◊ **craft risk** risque d'allège.

**craftsman** [ˈkrɑːftsmən] **n** artisan m.

**craftsmanship** [ˈkrɑːftsmənʃɪp] **n** connaissance f d'un métier. ◊ **the standard of craftsmanship in this furniture is very high** ce meuble est d'une excellente facture or d'un haut niveau de savoir-faire artisanal.

**cram** [kræm] **vt** bourrer (*with* de).

**crank up** [kræŋk] **vt** remonter (à la manivelle). ◊ **retooled plants take months to crank up to full output** les usines rééquipées prennent des mois pour retrouver leur pleine capacité de production.

**crash** [kræʃ] **1** n (Fin) [company, firm] faillite f; (St Ex) krach m. ◊ **system crash** (Comp) arrêt anormal du système, incident.
**2** vi [bank, firm] faire faillite; [computer] tomber en panne. ◊ **the stock market crashed** les cours de la Bourse se sont effondrés.
**3** cpd **crash-action timetable** calendrier m d'urgence. − **crash course** cours m or stage m intensif or accéléré. − **crash landing** atterrissage m en catastrophe. − **crash programme** programme m intensif.

**crate** [kreɪt] **1** n caisse f, cageot m.
**2** vt goods mettre en caisse(s) or en cageot(s).

**crawling** ['krɔːlɪŋ] **adj** ◊ **crawling inflation** inflation rampante; **crawling peg** (Fin) parité rampante or à crémaillère.

**cream** [kriːm] **vt** market écrémer.

**cream off** **vt** profits prélever, écrémer.

**create** [kriː'eɪt] **vt** (gen) créer; new fashion lancer, créer; problem créer, susciter, provoquer.

**creation** [kriː'eɪʃən] **n** création f. ◊ **job-creation programme** ≈ pacte pour l'emploi.

**creative** [kriː'eɪtɪv] **adj** (gen, Pub) créatif. ◊ **creative department** service création; **creative manager** directeur de la création; **creative strategy** stratégie de création; **creative team** équipe des créatifs; **creative thinking** imagination créative, production d'idées; **creative work** (travail de) création.

**creativity** [ˌkriːeɪ'tɪvɪtɪ] **n** créativité f.

**creator** [kriː'eɪtəʳ] **n** créateur(-trice) m(f).

**credential card** [drɪ'denʃəlkɑːd] **n** carte f accréditive.

**credentials** [krɪ'denʃəlz] **npl** (identifying papers) pièce f d'identité; [diplomat] lettres fpl de créance; (references) références fpl, certificat m.

**credibility** [ˌkredə'bɪlɪtɪ] **n** crédibilité f.

**credible** ['kredɪbl] **adj** person crédible; statement plausible. ◊ **there is no credible alternative** il n'y a aucune solution de rechange valable.

**credit** ['kredɪt] **1** n **a** (Bank) crédit m. ◊ **letter of credit** lettre f de crédit; **to give sb credit** faire crédit à qn; **to sell on credit** vendre à crédit; **to grant sb credit facilities** accorder des facilités de crédit à qn; **to live on credit** vivre à crédit; **to enter** or **put a sum to sb's credit** porter une somme au crédit de qn; **on the credit side** à l'actif; **blank** or **open credit** crédit en blanc; **buyer credit** crédit acheteur; **consumer credit** crédit à la consommation; **frozen credits** crédits gelés or bloqués; **long credit** crédit à long terme; **permanent credit** crédit permanent; **revolving credit** crédit revolving or (par acceptation) renouvelable; **standby credit** crédit stand-by or de soutien; **supplier credit** crédit fournisseur; **tax credit** crédit d'impôt, avoir fiscal; (Acc) report créditeur d'impôt; **unsecured credit** crédit sur notoriété or sans garantie. **b** (merit) mérite m, honneur m. ◊ **it does you credit** cela est tout à votre honneur; **to take (the) credit for sth** s'attribuer le mérite de qch. **c** (Cinema, TV) **the credits** le générique.
**2** vt ◊ **to credit £500 to sb, credit sb with £500** créditer (le compte de) qn de 500 livres, porter 500 livres au crédit de qn; **to credit an account with a sum, credit a sum to an account** créditer un compte d'une somme, porter une somme au crédit d'un compte.
**3** cpd **credit account** compte m créditeur. − **credit advice** avis m de crédit. − **credit agency** (US) établissement m de crédit; (rating agency) service m d'informations financières. − **credit balance** solde m créditeur; **account showing a credit balance** compte m créditeur. − **credit bank** banque f de crédit. − **credit bureau** service m d'informations financières. − **credit card** carte f de crédit. − **credit ceiling** plafond m de crédit. − **credit control, credit crunch** resserrement m or encadrement f du crédit, restrictions fpl de crédit. − **credit department** service m du crédit. − **credit entry** inscription f or écriture f au crédit. − **credit facilities** facilités fpl de paiement or de crédit. − **credit file** dossier m de crédit. − **credit inflation** gonflement m du crédit. − **credit inquiry** enquête f de solvabilité, demande f de renseignements commerciaux. − **credit institution** organisme m or institution f or établissement m de crédit. − **credit insurance** assurance f contre les créances douteuses or les débiteurs défaillants, assurance f crédit. − **credit item** poste m créditeur. − **credit limit** limite f or plafond m de crédit. − **credit line** ligne f de crédit, autorisation f de crédit. − **credit loss** créance f irrécouvrable, perte f sur créance. − **credit multiplier** multiplicateur m de crédit. − **credit note** bordereau m or avis m de crédit. − **credit outlining** encadrement m du crédit. − **credit policy** politique f du crédit. − **credit purchase** achat m à crédit. − **credit rating** degré m de solvabilité, rating m. − **credit report** rapport m de solvabilité. − **credit-reporting agency** agence f

de renseignements commerciaux. – **credit restraints** or **restrictions** restrictions fpl de crédit, encadrement m du crédit, resserrement m du crédit. – **credit risk** risque m de crédit; **sound credit risk** risque de crédit bien calculé. – **credit sale** vente f à crédit or à tempérament. – **credit slip** bulletin m de versement. – **credit squeeze** restrictions fpl de crédit, encadrement m du crédit, resserrement m du crédit. – **credit standing** or **status** réputation f de solvabilité. – **credit stringency** restrictions fpl de crédit, encadrement m du crédit, resserrement m du crédit. – **credit terms** conditions fpl de paiement. – **credit transfer** virement m. – **credit union** (US) société f or caisse f de crédit.

**creditor** ['kredɪtə<sup>r</sup>] **1** n créancier(-ière) m(f). ◊ **bond creditor** créancier obligataire; **joint creditor** cocréancier; **mortgage creditor** créancier hypothécaire; **preferential creditor** créancier privilégié or de premier rang; **unsecured creditor** créancier chirographaire; **to satisfy** or **pay off one's creditors** satisfaire or désintéresser ses créanciers. **2** cpd **creditor account** compte m créditeur. – **creditor nation** nation f créditrice.

**creditworthiness** ['kredɪtwɜːθɪnəs] n solvabilité f, capacité f d'endettement.

**creditworthy** ['kredɪtwɜːθɪ] adj solvable, digne de confiance.

**creeping** ['kriːpɪŋ] adj inflation rampant, larvé.

**creep up** [kriːp] vi monter lentement.

**criminal** ['krɪmɪnl] **1** n criminel(-elle) m(f). **2** adj action, motive, law criminel. ◊ **criminal lawyer** pénaliste m; **to take criminal proceedings against sb** poursuivre qn au pénal.

**crimp** [krɪmp] (US) **1** n ◊ **to put a crimp in sth** faire obstacle à qch. **2** vt ◊ **to crimp sales** gêner or entraver les ventes.

**cripple** ['krɪpl] vt production, export paralyser. ◊ **crippling taxes** impôts écrasants.

**crisis** ['kraɪsɪs], pl **crises** n crise f. ◊ **to solve a crisis** dénouer or résoudre une crise; **the crisis in the steel industry** la crise dans la sidérurgie.

**criterion** [kraɪ'tɪərɪən], pl **criteria** n critère m.

**critic** ['krɪtɪk] n critique m. ◊ **he has been a consistent critic of this policy ever since it was first introduced** il n'a pas cessé de critiquer cette politique depuis le début.

**critical** ['krɪtɪkəl] adj critique. ◊ **to be critical of** critiquer, trouver à redire à; **critical path method** méthode du chemin critique; **critical size** taille critique; **negotiations are at**

a **critical juncture** nous sommes à un point critique dans la négociation.

**criticism** ['krɪtɪsɪzəm] n critique f.

**criticize, criticise** ['krɪtɪsaɪz] vt critiquer.

**Croat** ['krəʊæt] n **a** (language) croate m. **b** (inhabitant) Croate mf.

**Croatia** [krəʊ'eɪʃɪə] n Croatie f.

**Croatian** [krəʊ'eɪʃɪən] **1** adj croate. **2** n **a** (language) croate m. **b** (inhabitant) Croate mf.

**crook** [krʊk] n escroc m.

**crooked** ['krʊkɪd] adj person, method malhonnête.

**crop** [krɒp] **1** n (Agr) culture f; (yield) récolte f; [problems, questions] série f, quantité f. ◊ **bumper crop** récolte magnifique or record; **standing crop** récolte sur pied. **2** cpd **crop-spraying** pulvérisation f des cultures.

**crop up** [krɒp] vi [questions, problems] surgir, survenir, se présenter. ◊ **the subject cropped up at the last meeting** le sujet a été soulevé or mis sur le tapis au cours de la dernière réunion.

**cross** [krɒs] **1** vt cheque barrer. **2** cpd **cross-action** (Jur) demande f reconventionnelle. – **cross charge** débit m interservice. – **cross-couponing** couponnage m croisé. – **cross-default clause** clause f de défaillance envers des tiers. – **cross-elasticity** (Econ) élasticité f croisée. – **cross-entry** contre-passation f. – **cross-hatching** hachurage m croisé. – **cross-holding** participations fpl croisées; **cross-holding of shares** détention croisée d'actions. – **cross listing** (St Ex) cotations fpl croisées (sur plusieurs Bourses). – **cross-posting** contre-passation f. – **cross-rates** (EEC) parités fpl croisées. – **cross-refer** renvoyer (to à). – **cross-reference** renvoi m, référence f (to à); **cross-reference files** dossiers multi-référencés. – **cross-section** [population] échantillon m représentatif. – **cross-sell** : **to cross-sell each other's products** vendre chacun les produits de l'autre. – **cross-subsidization** interfinancement m.

**crosscheck** ['krɒstʃek] **1** vt vérifier par recoupement, contre-vérifier. **2** n recoupement m, contre-épreuve f.

**crossing** ['krɒsɪŋ] n (Fin) barrement m. ◊ **general / special crossing** barrement général / spécial.

**crossnet** ['krɒsnet] n interréseau m.

**cross out** vt sep word barrer, rayer, biffer. ◊ **cross out words when not applicable** rayer les mentions inutiles.

**crowded** ['kraʊdɪd] adj market encombré.

**crowding** ['kraʊdɪŋ] n [market, segment] encombrement m.

**crowd out** [kraʊd] vt sep competitor évincer, chasser; investors évincer.

**crowd up** vt sep (St Ex) prices faire monter.

**crown** [kraʊn] n couronne f.

**crowner** ['kraʊnəʳ] n (Merchandising) surmontoir m.

**crude** [kruːd] adj materials brut. ◊ **crude oil** (pétrole) brut.

**crumble** ['krʌmbl] vi [hopes, plans] s'effondrer, s'écrouler; (St Ex) [prices] s'effriter.

**crunch** [krʌntʃ] n ◊ **liquidity crunch** crise de liquidité; **credit crunch** resserrement or encadrement du crédit, restrictions de crédit; **will he do it when it comes to the crunch?** le fera-t-il au moment décisif? or quand viendra le moment crucial?

**crux** [krʌks] n [problem] cœur m, centre m, nœud m.

**cruzado** [kruːˈzeɪdəʊ] n cruzado m.

**cruzeiro** [kruːˈzɛərəʊ] n cruzeiro m.

**cry off** [kraɪ] **1** vi (from meeting) se décommander. ◊ **the contract wasn't signed because they cried off at the last minute** le contrat n'a pas été signé parce qu'ils ont renoncé à la dernière minute. **2** vt fus deal annuler.

**CST** [ˌsiːesˈtiː] (US) n abbr of *Central Standard Time* → central.

**Cstms** n abbr of *Customs*.

**CT** [siːˈtiː] n **a** abbr of *cable transfer* → cable. **b** abbr of *corporation tax* → corporation.

**CTT** [ˌsiːtiːˈtiː] n abbr of *capital transfer tax* → capital.

**Cuba** ['kjuːbə] n Cuba f.

**Cuban** ['kjuːbən] **1** adj cubain. **2** n (inhabitant) Cubain(e) m(f).

**cubic** ['kjuːbɪk] adj content cubique. ◊ **cubic capacity** volume; **cubic metre** etc mètre etc cube.

**cuff** [kʌf] n ◊ **to buy on the cuff\*** (US) acheter à crédit.

**culpable** ['kʌlpəbl] adj (Jur) coupable (*of* de). ◊ **culpable negligence** négligence coupable.

**culprit** ['kʌlprɪt] n coupable mf.

**cultural** ['kʌltʃərəl] adj culturel. ◊ **cultural environment** environnement or milieu culturel; **cultural affairs** affaires culturelles.

**culture** ['kʌltʃəʳ] n culture f.

**cum** [kʌm] prep avec. ◊ **cum distribution** avec droit à distribution; **cum dividend** coupon attaché, avec droit à distribution des dividendes; **cum right** droit attaché.

**cum.** abbr of *cumulative*.

**cumbersome** ['kʌmbəsəm] adj goods encombrant.

**cum dist.** abbr of *cum distribution* → cum.

**cum div.** abbr of *cum dividend* → cum.

**cum pref.** abbr of *cumulative preference shares* → cumulative.

**cumulative** ['kjuːmjʊlətɪv] adj dividend, interest cumulatif. ◊ **cumulative / non cumulative preference shares** actions privilégiées cumulatives / non-cumulatives.

**curb** [kɜːb] **1** n **a** (restraint) frein m. ◊ **to put a curb on prices** mettre un frein aux prix, enrayer la hausse des prix. **b** (US St Ex) **curb broker** coulissier; **curb market** marché après bourse. **2** vt expenditure réduire, freiner, restreindre; inflation maîtriser, contenir, enrayer, endiguer.

**curbstone** ['kɜːbstəʊn] (US) cpd **curbstone broker** coulissier m. – **curbstone market** marché m après bourse.

**cure** [kjʊəʳ] **1** vt remédier à. ◊ **to cure a problem** résoudre un problème. **2** n remède m (*for* à). ◊ **to find a cure for the country's decline** trouver un remède au déclin du pays.

**currency** ['kʌrənsɪ] **1** n **a** (money) monnaie f, argent m. ◊ **foreign currency** devises étrangères; **foreign currency allowance** allocation en devises; **hard or strong / soft or weak currency** devise forte / faible; **legal (tender) currency** monnaie légale; **overrated currency** monnaie surcotée; **paper currency** papier-monnaie, monnaie fiduciaire. **b** (Fin, fig : circulation) circulation f. ◊ **this coin is no longer in currency** cette pièce n'est plus en circulation; **to give currency to a rumour** accréditer une rumeur. **2** cpd **currency account** compte m en devises (étrangères). – **currency adjustment** réajustement m or réalignement m or réaménagement m monétaire. – **currency area** zone f monétaire. – **currency assets** avoir m en devises. – **currency basket** panier m de devises. – **currency bill** traite f libellée en devises étrangères. – **currency certificate** (US) bon m du Trésor. – **currency exposure** position f or risque m de change. – **currency future** contrat m de change à terme. – **currency gain** gain m de change. – **currency loss** perte m de change. – **currency note** billet m. – **cur-**

rency payables comptes mpl fournisseurs or effets mpl à payer en devises. – currency rate cours m des devises. – currency receivables comptes mpl clients or effets mpl à recevoir en devises. – currency transactions transactions fpl de change. – currency transfer transfert m de devises. – currency unit unité f monétaire.

current ['kʌrənt] adj value actuel; price courant, couramment pratiqué; rate actuel, actuellement en vigueur; month, year en cours. ◊ current account (GB Bank) compte courant; (St Ex) liquidation courante; current assets actif réalisable à court terme, actif de roulement; current budget budget ordinaire or de fonctionnement; current cost accounting comptabilité en coûts actuels; current issue [magazine] dernier numéro; current liabilities passif exigible à court terme, dettes à court terme; current loan prêt en cours; current market prices prix courants du marché; current matters affaires courantes; current ratio ratio d'endettement à court terme, ratio de liquidité générale; current settlement (St Ex) liquidation en cours; current weighted (Econ) pondéré d'après les données de la période en cours; current yield taux de rendement courant, taux actuariel.

curriculum vitae [kə'rɪkjʊləm'viːtaɪ] n curriculum vitæ m.

curtail [kɜːˈteɪl] vt discussions, proceedings écourter; wages rogner, réduire, amputer; expenses restreindre, réduire, comprimer.

curtailment [kɜːˈteɪlmənt] n réduction f, compression f, diminution f (in de).

curve [kɜːv] n courbe f. ◊ the slope of a curve la pente d'une courbe; downward / upward sloping curve courbe descendante / ascendante; consumption curve courbe de consommation; learning curve courbe d'accoutumance; supply curve courbe de l'offre.

cushion ['kʊʃən] 1 n coussin m. ◊ foreign-exchange cushion coussin de devises; to provide a cushion against the effects of the drop in oil prices se prémunir contre les effets de la chute des cours du pétrole. 2 vt shock amortir. ◊ cuts in personal taxation to cushion the expected rise in prices réduction de l'impôt sur le revenu des personnes physiques pour amortir le choc de la hausse attendue des prix.

custom ['kʌstəm] 1 n (GB Comm) clientèle f. ◊ to lose sb's custom perdre la clientèle de qn; he has lost a lot of custom il a perdu beaucoup de clients; he took his custom elsewhere il est allé se fournir ailleurs.

2 cpd custom-built (fait) sur commande. – custom-designed sur mesure. – custom guaranty acquit m à caution. – custom-made clothes sur mesure; other goods sur commande; insurance policy personnalisé; custom-made programme programme personnalisé or individualisé. – custom order commande f à façon. – custom software logiciel m personnalisé.

customary ['kʌstəmərɪ] adj ◊ customary clause clause d'usage; customary residence résidence habituelle.

customer ['kʌstəmər] 1 n client(e) m(f). 2 cpd customer base clientèle f; we must enlarge our customer base nous devons élargir notre clientèle. – customer-developed program (Comp) programme m écrit par l'utilisateur. – customer file fichier m clients. – customer loyalty fidélité f client. – customer-operated commandé or déclenché par le client. – customer relations relations fpl avec la clientèle. – customer response réaction f du consommateur. – customer satisfaction satisfaction f du client. – customer service service m clients, service m clientèle.

customize, customise ['kʌstəmaɪz] vt fabriquer sur mesure, personnaliser. ◊ customized integrated circuits circuits intégrés sur mesure.

customs ['kʌstəmz] 1 n (place) douane f; (duties) droits mpl de douane. ◊ the customs la douane; to go through customs passer la douane.

2 cpd customs barriers barrières fpl douanières. – customs broker agent m en douane. – customs charges frais mpl de douane. – customs check vérification f douanière, contrôle m douanier. – customs clearance dédouanement m; to effect customs clearance procéder aux formalités douanières. – customs declaration déclaration f en douane. – customs duty droits mpl de douane. – customs entry déclaration f en douane. – customs formalities formalités fpl douanières. – customs house (poste m or bureaux mpl de) douane f. – customs inspection visite f douanière. – customs manifest manifeste m de douane. – customs note bordereau m de douane. – customs officer douanier m. – customs passbook carnet m de passage en douane. – customs procedure formalité f douanière. – customs receipt acquit m de douane. – customs regulations règlements mpl douaniers. – customs seal timbre m de la douane. – customs tariff tarif m douanier. – customs union union f douanière. – customs walls barrières fpl

douanières. **– customs warehouse** entrepôt m de douane.

**cut** [kʌt] **1** n a (reduction) réduction f, diminution f (*in* de). ◊ **to take a cut in salary** subir une diminution or une réduction de salaire ; **wage cut** diminution or réduction de salaire. b (* : share) part f. ◊ **they all want a cut in the project** ils veulent tous leur part du gâteau* ; **he'll take his cut of the profits** il prendra sa part des bénéfices. **2** vt a (reduce) profits, wages réduire, diminuer. ◊ **to cut prices** réduire les prix, vendre à prix réduit or au rabais ; **to cut one's losses** faire la part du feu, sauver les meubles. b cloth couper. ◊ **to cut short the discussions** abréger les discussions, couper court aux discussions ; **cut along the dotted line** découper suivant le pointillé.

**cut back** vt sep production, expenditure réduire, diminuer.

**cutback** ['kʌtbæk] n [expenditure, production, staff] réduction f, diminution f (*in* de). ◊ **the company has experienced cutbacks in all departments over the last year** la société a subi des compressions dans tous les services l'an dernier.

**cut back on** vt fus production, expenditure réduire, diminuer.

**cut down** vt sep expenses réduire, rogner.

**cut down on** vt fus energy économiser sur ; expenditure réduire, restreindre.

**cut in** **1** vi ◊ **to cut in on the market** s'infiltrer sur le marché. **2** vt sep ◊ **to cut sb in on a deal*** faire entrer qn dans une combine*.

**cut off** vt sep telephone, electricity couper. ◊ **we were cut off** (on phone) nous avons été coupés.

**cut-off** ['kʌtɒf] adj ◊ **cut-off date** date limite ; **cut-off point** point d'arrêt.

**cut out** **1** vt sep a (Commodity Exchange) compenser. b **to cut sb out of a deal** éliminer or exclure qn d'une transaction, ravir or enlever un marché à qn. **2** vt ◊ **he is not cut out for the job** il n'est pas taillé or fait pour le poste.

**cut-price** ['kʌtpraɪs] adj au rabais, à prix réduit. ◊ **cut-price offer** offre à prix réduit ; **cut-price store** magasin à prix réduits.

**cut-throat** ['kʌtθrəʊt] adj féroce, sans pitié. ◊ **cut-throat competition** concurrence acharnée or sauvage or féroce.

**cutting** ['kʌtɪŋ] n réduction f. ◊ **cutting limit order** ordre stop ; **press cutting** coupures de presse.

**CV** [siː'viː] n abbr of *curriculum vitae* CV m.

**C.W.O.** abbr of *cash with order* → cash.

**cy** abbr of *currency*.

**cybernetics** [ˌsaɪbə'netɪks] n cybernétique f.

**cycle** ['saɪkl] n cycle m. ◊ **business** or **economic** or **trade cycle** cycle économique ; **planning cycle** cycle de planification.

**cyclic(al)** ['saɪklɪk(əl)] adj inflation cyclique. ◊ **cyclical fluctuations** variations cycliques ; **cyclical unemployment** chômage cyclique or conjoncturel ; **cyclical recovery** redressement de la conjoncture.

**Cypriot** ['sɪprɪət] **1** adj cypriote, chypriote. **2** n (inhabitant) Cypriote mf, Chypriote mf.

**Cyprus** ['saɪprəs] n Chypre.

**Czech** [tʃek] **1** adj tchèque. **2** n a (language) tchèque m. b (inhabitant) Tchèque mf.

**Czechoslovakia** [tʃekəʊslə'vækɪə] n Tchécoslovaquie f.

**Czechoslovakian** [tʃekəʊslə'vækɪən] **1** adj tchécoslovaque. **2** n (inhabitant) Tchécoslovaque mf.

# D

**d.** a abbr of *date.* b abbr of *dividend.* c abbr of *distribution.*

**d / a, D / A** abbr of *documents against acceptance* D / A.

**DA** abbr of *deed of arrangement* or *assignment* → deed.

**dabble** [ˈdæbl] **vi** ◊ to dabble in stocks and shares, dabble on the stock market boursicoter.

**dabbler** [ˈdæbləʳ] **n** (St Ex) boursicotier m, boursicoteur m.

**daily** [ˈdeɪlɪ] **1 adj** quotidien, journalier. ◊ daily allowance (expense account) forfait journalier; (Ins) indemnité journalière; daily balance (Acc) solde journalier; daily loan prêt au jour le jour; daily (news)paper quotidien; daily rate [pay] taux journalier; daily returns (takings) recettes journalières; (statement) relevés journaliers; (unsold items) invendus journaliers.
**2 adv** tous les jours, quotidiennement.
**3 n** (newspaper) quotidien m. ◊ one of the national dailies un des quotidiens nationaux.

**dairy** [ˈdɛərɪ] **1 n** (in farm, factory) laiterie f; (shop) crémerie f, laiterie f.
**2 cpd dairy butter** beurre fermier. – **dairy farming** élevage laitier. – **dairy industry** industrie laitière. – **dairy produce** produits mpl laitiers.

**daisy** [ˈdeɪzɪ] **cpd daisy-chain** (Oil Ind) transactions fpl à terme en chaîne; to daisy-chain sth (Comp) connecter qch en chaîne. – **daisy wheel** (Comp) marguerite; **daisy-wheel printer** imprimante à marguerite.

**Dakar** [ˈdækə] **n** Dakar.

**damage** [ˈdæmɪdʒ] **1 n** a (gen) dommage(s) m(pl), dégâts mpl; (to ship, cargo) avarie(s) f(pl), dommage(s) m(pl). ◊ to cause extensive damage causer des dégâts or des dommages importants; the extent of the damage has not yet been assessed (gen) l'importance des dégâts n'a pas encore été évaluée; (Ins) l'importance du sinistre or des dommages n'a pas encore été évaluée; damage by fire / frost / water dommages or dégâts causés par l'incendie / le gel / l'eau; damage to property (gen) dégâts matériels; (Ins) dommages matériels à des biens; damage to goods in transit avaries de marchandises en cours de transit, avaries de route; to suffer damage subir des dommages or des dégâts; to make good the damage (repair) réparer les dégâts; (indemnify) verser une indemnité pour les dommages occasionnés; the damage is not covered by the policy les dommages ne sont pas garantis or couverts par l'assurance; consequential damage dommage indirect. b (Jur) **damages** dommages et intérêts, dommages-intérêts; claim for damages demande de dommages et intérêts; to sue (sb) for damages poursuivre (qn) en dommages-intérêts; to claim $20,000 damages réclamer des dommages-intérêts de 20 000 dollars; to recover damages obtenir des dommages-intérêts; to assess the damages fixer les dommages-intérêts; contemptuous or nominal damages dommages-intérêts symboliques; general or ordinary or substantial damages dommages-intérêts dus pour tout préjudice; real / indirect damages dommages-intérêts directs / indirects; retributory damages dommages-intérêts pour préjudice moral; special damages indemnisation spéciale, dommages-intérêts spécifiques. c (moral damage) préjudice m, tort m. ◊ this mistake has done great damage to the business cette erreur a porté un grand préjudice or a fait beaucoup de tort à l'entreprise; **the damage to his reputation** l'atteinte à sa réputation.

**2 cpd damage certificate** attestation de sinistre or de dommages or de dégâts. – **damage claim** déclaration de sinistre. – **damage insurance** assurance (de) dommages. – **damage liability** responsabilité (civile) pour dommages causés. – **damage report** (gen) rapport d'expertise; (Mar) rapport d'avaries. – **damage survey** (gen) expertise des dommages or des dégâts; (Mar) expertise des avaries.

**3 vt** goods, machine, building endommager, abîmer, détériorer; food abîmer, gâter; reputation nuire à, porter atteinte à.

**damaging** ['dæmɪdʒɪŋ] **adj** (gen, Jur) préjudiciable (*to* à).

**Damascus** [dəˈmɑːskəs] **n** Damas.

**damp down** [dæmp] **vt sep** consumption, demand freiner, réduire.

**Dane** [deɪn] **n** (inhabitant) Danois(e) m(f).

**danger** ['deɪndʒəʳ] **1 n** danger m.
**2 cpd danger area** or **zone** zone dangereuse. – **danger money** prime de risque. – **danger signal** signal d'alarme.

**dangerous** ['deɪndʒrəs] **adj** dangereux.

**Danish** ['deɪnɪʃ] **1 adj** danois.
**2 n** (language) danois m.

**d.a.p.** abbr of *documents against payment* → document.

**d.a.s.** abbr of *delivered alongside ship* → deliver.

**data** ['deɪtə] **1 npl** (sometimes with singular verb) données fpl, information(s) f(pl). ◊ **data in / out** entrée / sortie de données, données en entrée / sortie; **we have insufficient data** nous n'avons pas assez d'informations, les informations or les données dont nous disposons sont insuffisantes; **master data** données permanentes; **personal data sheet** curriculum vitae; **raw data** données brutes or non traitées; **test data** données d'essai.
**2 cpd data bank** banque de données. – **data base** base de données; **data base management system** système de gestion de bases de données; **data base manager** gestionnaire de bases de données. – **data capture** saisie de données. – **data collection** or **gathering** collecte de données. – **data communication(s)** communication or transmission de données. – **data communications** télématique. – **data entry** saisie or introduction de données; **data entry device / screen** unité / écran de saisie (de données). – **data file** fichier de données. – **data flow** flux or circulation des données; **data flow chart** organi-

gramme. – **data handling** traitement de données, traitement de l'information. – **data input** introduction or entrée de données. – **data logging** enregistrement chronologique des données. – **data management** gestion de données. – **data output** sortie de données. – **data processing** (gen) informatique; (data handling) traitement de données, traitement de l'information; **data processing centre** centre de calcul or de traitement de l'information; **data processing department** service informatique. – **data recording** enregistrement de données. – **data retrieval** recherche or extraction de données. – **data sheet** [machine] fiche technique; [applicant] curriculum vitae. – **data terminal** terminal de données, poste de télégestion. – **data throughput** débit (de traitement des données).

**datacom** ['deɪtəkɒm] **n** abbr of *data communications* → data.

**dataline** ['deɪtəlaɪn] **n** liaison f, ligne f télématique.

**datamation** [ˌdeɪtəˈmeɪʃən] **n** traitement m automatique de données.

**date** [deɪt] **1 n a** date f. ◊ **date of birth** date de naissance; **date as postmark** date de la poste; **to fix** or **to set a date for a meeting** fixer la date d'une réunion, convenir d'une date pour une réunion; **final date** date limite; **date of sailing** date de départ; **date of record** (Fin) date de clôture (des registres); **date of trade** (St Ex) jour d'exécution d'un ordre (de Bourse); **delivery date** date or délai de livraison; **payment date** date de paiement; **starting date** [project] date de démarrage; [insurance policy] date d'entrée en vigueur. **b** [bill, note] terme m, échéance f. ◊ **due** or **maturity date** date d'échéance or d'exigibilité; **at three months' date, three months after date** à trois mois de date or d'échéance; **to buy at long date** acheter à long terme; **to pay at fixed dates** payer à échéances fixes; **average (due) date** échéance commune. **c** (phrases) **we have not received your remittance to date** nous n'avons pas reçu votre règlement à ce jour; **interest to date** intérêts à ce jour; **to be out of date** [passport] être périmé; [idea, product, technology] être démodé; **to be up to date** [document] être à jour; **to be up to date in one's work** être à jour dans son travail; **to bring up to date** accounts mettre à jour; technology moderniser, actualiser; person mettre au courant (*on* de).
**2 cpd date book** agenda. – **date line** (Geog) ligne de changement de date; (Press) date. – **date plan** or **schedule** (Pub) calendrier d'insertions. – **date stamp** [library] tampon (encreur); (postmark)

cachet de la poste ; **to date-stamp** document tamponner, dater ; envelope apposer le cachet (de la poste) sur ; stamp oblitérer. ⬛3 **vt** letter dater. ◊ **the letter is dated** May 26 la lettre est datée du 26 mai ; **to date a letter back to April 14** dater une lettre du 14 avril (passé) ; **to date a letter forward to July 14** dater une lettre du 14 juillet (à venir). ⬛4 **vi** ⬛a **to date from** dater de ; **to date back to** dater de, remonter à. ⬛b (become old-fashioned) dater.

**dated** ['deitid] **adj** ◊ **long- / short-dated** bond à longue / courte échéance ; **dated security / bond** valeur / obligation à échéance fixe ; **the dated sector** le secteur des obligations à échéance fixe.

**dawn raid** ['dɔːnreid] **n** (St Ex) tentative f d'OPA surprise.

**day** [dei] ⬛1 **n** jour m, journée f. ◊ **they are paid by the day** ils sont payés à la journée ; **he works a 7-hour day** il travaille 7 heures par jour, il fait une journée de 7 heures ; **days of grace** jours or délai or terme de grâce ; **account** or **call day** (St Ex) jour de liquidation ; **we have 30 clear days before payment must be made** nous avons 30 jours francs or pleins avant de faire le paiement ; **exchange** or **market day** (St Ex) jour de Bourse or de place ; **last-day** loan remboursable à la fin du mois ; **one-day option** (St Ex) prime au lendemain ; **pay day** (Ind) jour de (la) paie ; (St Ex) jour de la liquidation ; **same-day delivery / payment** livraison / paiement le jour même ; **working day** (day available for work) jour ouvrable ; (day of work) journée de travail. ⬛2 **cpd day bill** effet or traite à date fixe. – **day labour** travail à la journée. – **day loan** prêt au jour le jour. – **day off** jour de congé or de libre. – **day order** (St Ex) ordre valable ce jour. – **day-to-day** occurrence journalier, qui se produit tous les jours ; loan au jour le jour ; operations, management quotidien. – **day trading** (St Ex) achat et revente dans la même journée.

**daybook** ['deibuk] **n** (Acc) brouillard m, main f courante, journal m.

**daylight** ['deilait] **cpd** ◊ **daylight exposure** or **overdraft** (Bank) découvert au jour le jour. **daylight trading** (St Ex) achat et revente dans la même journée ; **daylight-saving time** (US) heure d'été.

**DB** abbr of *daybook.*

**db.** abbr of *debenture.*

**dbk** abbr of *drawback.*

**d / c., DC** abbr of *documents against cash* → document.

**DCF** [ˌdiːsiːˈef] abbr of *discounted cash flow* VAN.

**DD, D / D** ⬛a abbr of *demand draft* → demand. ⬛b abbr of *delivered at docks* → deliver. ⬛c abbr of *direct debit* → direct.

**DDD** [ˌdiːdiːˈdiː] abbr of *deadline delivery date* → deadline.

**d.e.** abbr of *double entry* → double.

**deactivate** [diːˈæktiveit] **vt** (Comp, Tech) mettre hors fonction or hors service.

**dead** [ded] **adj** person mort ; account, file, capital inactif. ◊ **dead book** (* : St Ex) registre des entreprises disparues ; **dead freight** faux fret, fret sur le vide ; (penalty) dédit pour défaut de chargement ; **dead letter** (Post) lettre mise au rebut ; **Dead Letter Office** (GB) service des rebuts ; **to become a dead letter** (Jur) tomber en désuétude ; **dead load** poids mort, poids à vide, charge constante ; **dead loan** emprunt irrécouvrable ; **dead loss** (Comm) perte sèche ; **this product is a dead loss*** ce produit ne vaut rien ; **dead matters** documents périmés ; **dead money** argent improductif ; **dead period** (gen) période morte or d'inactivité ; (season) morte-saison ; **dead pledge** or **security** garantie irrécouvrable ; **dead stock** (Comm) invendus, marchandises invendues ; **dead time** [machine] temps d'inutilisation or d'immobilisation ; **dead weight** (gen) poids mort ; **dead weight (capacity)** (Mar) chargement or charge or port en lourd ; **dead weight cargo** marchandises lourdes ; **dead weight charter** affrètement en lourd ; **dead weight debt** (GB Econ) dette improductive ; **dead weight tonnage** tonnage de portée en lourd.

**deadline** ['dedlain] **n** date f or heure f limite, délai m de rigueur. ◊ **to meet a deadline** terminer dans les délais, respecter les délais ; **we have a Friday evening deadline on this job** nous devons terminer ce travail vendredi soir dernier délai ; **deadline delivery date** date limite or impérative de livraison.

**deadlock** ['dedlɒk] **n** ◊ **to be at a deadlock** [negotiations] être dans l'impasse, être au point mort ; **to break a deadlock** sortir d'une impasse.

**deadwood** ['dedwud] **n** ◊ **to get rid of the deadwood in the company** se débarrasser du personnel improductif dans l'entreprise.

**deal** [diːl] ⬛1 **n** ⬛a (Comm, Fin : also **business deal**) affaire f, marché m. ◊ **a good deal** une bonne affaire ; **to do a deal with sb** conclure or passer un marché avec qn, faire affaire avec qn ; **it's a deal !*** marché conclu !, d'accord !, ça marche !*; **to clinch a deal** conclure une affaire or un marché ; **to call off a deal** annuler un marché ; **to give sb a fair deal** traiter qn honnêtement or équitablement; **this was the best deal we could get** c'est ce qu'on a pu obtenir de mieux; **perhaps we can do a deal** on pourra peut-être s'arranger; **we pulled off a deal with the Germans** on a réussi un coup* or une affaire avec les Allemands; **this summer's best deal** la meilleure affaire de l'été; **firm deal** marché ferme; **new deal** (Pol) programme de réformes; **the New Deal** (US Pol) le New Deal, la Nouvelle Donne; **package deal** (agreement) accord global; (proposal) offre globale. **b** (Comm : transaction) transaction f, vente f; (Fin, St Ex) transaction f, opération f; (special offer) offre f spéciale. ◊ **cash / credit deal** transaction or vente au comptant / à crédit; **option deal** opération à prime. **2** vi ◊ **to deal in wine** être dans or faire le commerce du vin, être négociant en vins; **to deal in stocks and shares** être opérateur en Bourse. **c** (promotion to the retail trade : also **trade deal**) offre f spéciale or vente f promotionnelle à la profession.

**dealer** ['diːlə<sup>r</sup>] **1** n **a** (Bank, Commodity Exchange) négociant m; (St Ex) opérateur m. ◊ **dealer on the bond market** opérateur sur le marché obligataire; **foreign exchange dealer** cambiste; **the bank is involved in dealer activities on the New York Stock Exchange** la banque opère à la Bourse de New York. **b** [wine, foodstuffs] fournisseur m (in de), marchand m, négociant m (in en). ◊ **authorized** or **licensed dealer** revendeur agréé; **exclusive dealer** (gen) concessionnaire (exclusif); **car dealer** concessionnaire automobile; (without exclusive territorial rights) agent revendeur; **retail dealer** détaillant; **wholesale lumber dealer** grossiste en bois; **drugs / arms dealer** trafiquant de drogue / d'armes. **2** cpd **dealer aids** (Pub) matériel promotionnel (mis à la disposition des revendeurs). – **dealer audit** audit du réseau de distribution. – **dealer brand** marque de revendeur. – **dealer financing** financement par le distributeur. – **dealer loan** prêt consenti par le distributeur. – **dealer merchant** grossiste. – **dealer promotion** promotion auprès des distributeurs, promotion-réseau.

**dealership** ['diːləʃɪp] n concession f, exclusivité f. ◊ **they have obtained the dealership for this make** ils ont obtenu la concession de cette marque.

**dealing** ['diːlɪŋ] **1** n **a** (St Ex) **dealing(s)** opérations, transactions; **the dealings for the account** or **for the settlement** les opérations à terme; **dealings for cash** opérations au comptant; **foreign exchange dealings** opérations de change; **forward exchange dealings** opérations de change à terme; **insider**

**dealing** délit d'initiés; **there was heavy dealing on Wall Street** l'activité (boursière) a été intense à Wall Street; **there was heavy dealing in oil shares** les pétrolières ont été très actives; **the market steadied when dealing resumed** le marché s'est stabilisé quand les transactions ont repris; **first dealings** [new share] première cotation. **b** (Comm : trading) **they have a reputation for honest dealing** ils ont la réputation d'être honnêtes en affaires; **dealing in timber is less profitable this year** le commerce du bois est moins rentable cette année; **their business is second-hand car dealing** ils sont dans la voiture d'occasion. **c** **dealings** (relations) relations, rapports; **we have had business dealings with them for 5 years** nous sommes en relations d'affaires avec eux depuis 5 ans; **our dealings with them have always been satisfactory** nos relations avec eux ont toujours été satisfaisantes. **d** (trafficking) trafic m. ◊ **drugs / arms dealing** trafic de stupéfiants / d'armes. **2** cpd **dealing arrangements** accords mpl de distribution. – **dealing desk** table de change. – **dealing room** salle des transactions or des opérations.

**dealmaker** ['diːlmeɪkə<sup>r</sup>] n (St Ex) opérateur m.

**deal out** vt sep money, gifts distribuer, répartir, partager (between entre).

**deal with** vt sep **a** (do business with) être en relations d'affaires avec, travailler avec. ◊ **we have dealt with them for many years** nous sommes en relations d'affaires or nous traitons avec eux depuis bien des années; (as customers) nous nous fournissons chez eux depuis bien des années; **we deal exclusively with supermarkets** nous vendons exclusivement aux supermarchés. **b** (manage, handle) person, task s'occuper de, se charger de; problem (tackle) s'occuper de; (find a solution for) venir à bout de. ◊ **I'll deal with John** je m'occuperai or je me chargerai de John; **we shall deal with your order immediately** nous allons traiter or exécuter votre commande tout de suite. **c** (be concerned with) [book, film] traiter de, avoir pour sujet.

**de-allocate** [diːˈæləkeɪt] vt funds désaffecter, libérer.

**dear** [dɪə<sup>r</sup>] **1** adj **a** (expensive) service, goods cher, coûteux; shop cher; price élevé. ◊ **to get dearer** [goods] renchérir; [prices] augmenter; **dear money has discouraged borrowers** la cherté de l'argent or l'argent cher a découragé les emprunteurs. **b** (in letter writing) cher. ◊ **Dear Sir** Monsieur; **Dear Sir or Madam** Madame, (Mademoiselle,) Monsieur; **Dear Sirs** Messieurs; **Dear Mr Jones** Monsieur; **Dear Ms Jones, Dear Mrs Jones** Madame.

**2** adv buy, pay, sell cher.

**dearness** ['dɪənɪs] n cherté f.

**dearth** [dɜːθ] n [money, resources] pénurie f. ◊ **there is no dearth of ideas** les idées ne manquent pas.

**death** [deθ] **1** n [person] mort f, décès m; [plans, hopes] effondrement m, anéantissement m. **2** cpd **death benefit** (Ins) capital-décès, indemnité en cas de décès. – **death certificate** extrait d'acte de décès. – **death duty** (Tax) droits mpl de succession, impôt successoral. – **death penalty** (Jur) peine de mort. – **death rate** taux de mortalité.

**debar** [dɪ'baːʳ] vt exclure (from de). ◊ **to debar sb from doing** interdire or défendre à qn de faire.

**debark** [dɪ'baːk] vti débarquer.

**debarkation** [ˌdiːbaːˈkeɪʃən] n débarquement m.

**debarment** [dɪ'baːmənt] n exclusion f (from de).

**debase** [dɪ'beɪs] vt (in value or quality) rabaisser; metal altérer; coinage déprécier, dévaloriser.

**debasement** [dɪ'beɪsmənt] n [coinage] dépréciation f.

**debatable** [dɪ'beɪtəbl] adj discutable, contestable, litigieux.

**debate** [dɪ'beɪt] **1** vt question discuter, débattre. **2** vi discuter (with avec; about sur). **3** n discussion f, débat m.

**debenture** [dɪ'bentʃəʳ] **1** n **a** (Customs : also **debenture certificate**) certificat m de drawback. **b** (Fin, St Ex : bond) obligation f; (Jur) obligation f (non garantie). ◊ **the conversion of debentures into equity** la conversion d'obligations en actions; **fixed / floating debenture** obligation à taux fixe / variable; **graduate interest debenture** obligation à taux progressif; **naked debenture** obligation non garantie; **prior-lien debenture** obligation de premier rang or prioritaire; **registered debenture** obligation nominative; **simple debenture** obligation chirographaire; **unissued debenture** obligation non encore émise, obligation à la souche. **2** cpd **debenture bond** (titre d') obligation. – **debenture capital** capital-obligations. – **debenture debt** dettes fpl obligataires. – **debenture holder** obligataire mf. – **debenture interest** intérêts mpl obligataires. – **debenture issue** émission d'obligations. – **debenture loan** emprunt obligataire. – **debenture redemption** remboursement des obligations; **debenture**

**redemption premium** prime de remboursement d'obligations; **debenture redemption reserve** provision pour remboursement des obligations. – **debenture register** registre des obligations. – **debenture stock** (gen) obligations fpl; (US : shares) actions fpl privilégiées.

**debit** ['debɪt] **1** n débit m. ◊ **to pass** or **enter to the debit of** porter au débit de; **to enter an amount on the debit side of an account** porter or inscrire une somme au débit d'un compte; **on the debit side** au passif; **direct debit** (GB Bank) (paiement par) prélèvement bancaire automatique. **2** cpd **debit account** compte débiteur. – **debit adjustment** réapprovisionnement (pour corriger un solde débiteur). – **debit balance** solde débiteur. – **debit card** (US) carte de débit. – **debit column** colonne débitrice or des débits. – **debit entry** écriture or inscription au débit. – **debit interest** intérêts mpl débiteurs. – **debit item** somme portée au débit. – **debit memorandum** (to customer) note or avis or bordereau de débit; (to accountant) autorisation de débit. – **debit note** (to customer) (gen) note or avis or bordereau de débit; (Ins) avis m or relevé de prime. – **debit party** (Bank) banque débitrice. – **debit product** nombres mpl débiteurs. – **debit ticket** (US Bank) bordereau de débit. – **debit transfer** (to accountant) autorisation de débit. **3** vt person, account débiter. ◊ **to debit sb's account with a sum, debit a sum against sb's account** débiter le compte de qn d'une somme, porter or inscrire une somme au débit du compte de qn; **this item will be debited as a charge** cette somme sera passée en charges, cette somme sera portée au débit d'un compte de charges; **all travel expenses will be debited to this account** ce compte sera débité du montant de tous les frais de déplacement; **to debit $2,000 to accounts payable** débiter le compte fournisseurs de 2 000 dollars, porter or inscrire 2 000 dollars au débit du compte fournisseurs.

**debiting** ['debɪtɪŋ] n débit m. ◊ **the debiting of the purchases account** le débit du compte achats; **direct debiting** (GB Bank) (paiement par) prélèvement bancaire automatique.

**debt** [det] **1** n **a** (gen) dette f; (from the creditor's point of view) créance f. ◊ **to be in debt** avoir des dettes, être endetté; **they are $5,000 in debt** ils doivent 5 000 dollars; **to run into debt** s'endetter, faire or contracter des dettes; **to pay one's debts** payer ses dettes; **to pay off a debt** rembourser une dette; **debts due to us** or **owed to us** dettes actives or exigibles, créances; **debts owed**

by us dettes passives; **to discharge a debt** acquitter or régler une dette; **to discharge sb from a debt** libérer qn d'une dette; **to write off a debt** amortir une dette; **to collect a debt** recouvrer une créance; **the estate is entirely free from debt** le patrimoine or l'héritage n'est grevé d'aucune dette; **the company is selling assets to write down debt** l'entreprise procède à des cessions d'actif pour réduire ses emprunts or sa dette; **to reschedule a debt** rééchelonner une dette; **assignable debt** dette cessible or négociable or transférable; **bad debt** créance douteuse or irrécouvrable; **bad debts account** compte de pertes sur créances irrécouvrables; **bonded debt** dette obligataire; **book debt** (money owed by company) comptes fournisseurs; (money owed to company) comptes clients; **current debt** dettes exigibles; **current debt stands at $1,500** les dettes exigibles s'élèvent or l'exigible s'élève à 1 500 dollars; **floating debt** dette flottante; **judgment debt** dette reconnue judiciairement; **living** or **productive debt** dette productive; **outstanding debt** dette active, dette or créance à recouvrer; **fixed** or **funded** or **permanent debt** dette consolidée; **preferential** or **privileged debt** dette privilégiée; **secured debt** dette garantie; **unfunded / unpaid debt** dette non provisionnée / non acquittée. **b** (indebtedness, total debt) endettement m. ◊ **Third World debt** l'endettement or la dette des pays du Tiers Monde; **gross debt** endettement brut; **corporate debt has reached unprecedented levels** l'endettement des entreprises a atteint des niveaux sans précédent; **consumer debt** l'endettement des consommateurs. **2 cpd debt capital** emprunts mpl à moyen et long terme; (on balance sheet) emprunts mpl et dettes fpl assimilées. − **debt ceiling** plafond d'endettement. − **debt collection** recouvrement de créances. − **debt collector** agent de recouvrement de créances. − **debt due** créance exigible. − **debt-equity ratio** ratio d'endettement. − **debt financing** financement par l'emprunt; **excessive debt financing has weakened their balance sheet** le recours excessif à l'emprunt comme moyen de financement obère leur bilan. − **debt instrument** instrument financier sous forme de dette. − **debt limit** (US) limite or plafond d'endettement. − **debt offering** (St Ex) émission obligataire. − **debt ratio** ratio d'endettement. − **debt redemption** amortissement or remboursement d'une dette. − **debt rescheduling** rééchelonnement de la dette. − **debt retirement** remboursement d'une dette. − **debt-ridden** criblé de dettes. − **debt security** (pledge) nantissement d'une dette; (stock) valeur

obligataire. − **debt service** service de la dette; **debt-service ratio** ratio du coût du service de la dette; **debt-service requirement** financement nécessaire au service de la dette. − **debt servicing** service de la dette.

**debtholder** ['deθəʊldər] n (gen) titulaire mf d'une créance; (St Ex) porteur m d'obligations.

**debtor** ['detər] **1** n débiteur(-trice) m(f). ◊ **joint debtor** codébiteur; **judgment debtor** débiteur condamné; **trade debtor** client débiteur.

**2 cpd debtor account** compte débiteur. − **debtor and creditor account** compte par doit et avoir. − **debtor bank** banque débitrice. − **debtor country, debtor nation** pays débiteur. − **debtors ledger** grand livre des ventes. − **debtor side** (Acc) colonne des débits.

**debug** [diːˈbʌg] vt (Comp) program mettre au point, déboguer, corriger; machine dépanner, roder. ◊ **debugging routine** sous-programme de mise au point or de mise au point.

**decalitre** (GB), **decaliter** (US)) ['dekəˌliːtər] n décalitre m.

**decametre** (GB), **decameter** (US) ['dekəˌmiːtər] n décamètre m.

**decartelize, decartelise** [diːˈkɑːtəlaɪz] vt décarteliser.

**decasualization** [ˌdiːkæzjʊlaɪˈzeɪʃən] (US) n suppression f du travail temporaire, transformation f de la main-d'œuvre temporaire en main-d'œuvre permanente.

**decasualize** [ˌdiːˈkæsjʊlaɪz] (US) vt workers rendre permanent.

**deceitful** [dɪˈsiːtfʊl] adj mensongeur, trompeur. ◊ **deceitful advertising** publicité mensongère.

**decelerate** [diːˈseləreɪt] vt i ralentir.

**deceleration** ['diːˌseləˈreɪʃən] n (engine, economic growth) ralentissement m; (car) décélération f, freinage m.

**December** [dɪˈsembər] n décembre m → September.

**decentralization, decentralisation** [diːˌsentrəlaɪˈzeɪʃən] n décentralisation.

**decentralize, decentralise** [diːˈsentrəlaɪz] vt décentraliser.

**deceptive** [dɪˈseptɪv] adj mensonger, trompeur. ◊ **deceptive advertising** publicité mensongère.

**decertification** [ˌdiːsɜːtɪfɪˈkeɪʃən] (US) n suppression f de l'habilitation *(accordée à un* *syndicat de représenter les salariés dans une entreprise).*

**decertify** [diːˈsɜːtɪfaɪ] (US) **vt** ◊ **the union has been decertified in this company** le syndicat a perdu son droit de représenter les employés dans cette entreprise.

**decide** [dɪˈsaɪd] **vt** **a** (make up one's mind) se décider (*to do* à faire), décider (*to do* de faire), se résoudre (*to do* à faire). **b** (settle) question décider, trancher; piece of business régler; future, sb's fate décider de. **c** (cause to make up one's mind) décider, déterminer (*sb to do* qn à faire).

**decider** [dɪˈsaɪdəʳ] **n** décideur m.

**decilitre** (GB), **deciliter** (US) [ˈdesɪˌliːtəʳ] **n** décilitre m.

**decimal** [ˈdesɪməl] **1** **adj** décimal. ◊ **decimal point** virgule (décimale); **floating decimal point** virgule flottante; **to two decimal places** (jusqu') à la deuxième décimale, jusqu'à deux chiffres après la virgule. **2** **n** décimale f.

**decimalize, decimalise** [ˈdesɪməlaɪz] **vt** décimaliser.

**decimetre** (GB), **decimeter** (US) [ˈdesɪˌmiːtəʳ] **n** décimètre m.

**decipher** [dɪˈsaɪfəʳ] (US) **vt** déchiffrer.

**decision** [dɪˈsɪʒən] **1** **n** (gen) décision f; (Jur) jugement m, arrêt m. ◊ **to come to a decision, take** or **make a decision** prendre une décision; **our decision is final** notre décision est irrévocable or sans appel. **2** **cpd** **decision aid** aide à la décision. – **decision element** élément à seuil, élément-seuil. – **decision maker** décideur. – **decision making** prise de décision; **decision-making authority** pouvoir de décision; **the decision-making process** le processus de (prise de) décision. – **decision model** modèle décisionnel, grille de décision. – **decision-support system** système d'aide à la décision. – **decision table** table de décision. – **decision theory** théorie de la décision. – **decision tree** arbre de décision, arbre décisionnel. – **decision unit** unité décisionnelle.

**decisive** [dɪˈsaɪsɪv] **adj** factor, victory décisif; manner décidé; answer catégorique.

**deck** [dek] **n** **a** [ship] pont m. ◊ **deck cargo, deck load** pontée, cargaison sur le pont; **on deck** en pontée. **b** [vehicle] plate-forme f. **c** (Comp) [punched cards] paquet m de cartes. **d** [record player] table f de lecture; (for recording) platine f magnétophone. ◊ **cassette deck** platine à cassettes; **tape deck** platine magnétophone or de bande magnétique.

**declaration** [ˌdekləˈreɪʃən] **1** **n** **a** (gen) déclaration f; (public announcement) proclamation f, déclaration f. ◊ **declaration above value** / **below value** déclaration au-dessus de la valeur / au-dessous de la valeur; **tax declaration** déclaration d'impôts; **customs declaration** déclaration en douane; **declaration for free exportation** / **importation** déclaration de libre sortie / entrée; **Declaration of Association** (Jur) acte déclaratif d'association; **declaration of bankruptcy** jugement déclaratif de faillite; **Declaration of Compliance** (Jur) déclaration de conformité; **declaration of solvency** (GB) déclaration de solvabilité; **statutory declaration** attestation. **b** (St Ex) **declaration of options** réponse des primes. **2** **cpd** **declaration date** (St Ex) [dividends] date de la déclaration. – **declaration day** (St Ex) jour de la réponse des primes. – **declaration insurance** police ouverte or d'abonnement or à primes révisables.

**declaratory** [dɪˈklærətərɪ] **adj** judgment déclaratif.

**declare** [dɪˈklɛəʳ] **vt** **a** (Tax, Fin, Customs) déclarer. ◊ **have you anything to declare?** avez-vous quelque chose à déclarer?; **nothing to declare** rien à déclarer; **goods to declare** marchandises à déclarer; **the company declared earnings of $2 million** la société a déclaré or annoncé or enregistré des bénéfices de 2 millions de dollars. **b** (St Ex) option répondre à. **c** (assert) déclarer (*that* que). ◊ **to declare bankruptcy** déposer son bilan, se déclarer en faillite; **to declare sb bankrupt** déclarer qn en faillite; **he declared the motion carried** il a déclaré la proposition adoptée.

**declassify** [diːˈklæsɪfaɪ] **vt** information, document donner libre accès à, ne plus classer comme confidentiel.

**decline** [dɪˈklaɪn] **1** **n** (gen) déclin m; [prices] baisse f (*in* de). ◊ **prices are on the decline** les prix sont en baisse, les prix baissent; **bankruptcies are on the decline** les faillites sont moins fréquentes or moins nombreuses, les faillites sont en diminution; **decline in business** ralentissement or fléchissement des affaires. **2** **vt** invitation refuser, décliner; responsibility décliner, rejeter. ◊ **she declined to do it** elle a refusé de le faire. **3** **vi** [influence] décliner, baisser; [prices] baisser, être en baisse; [company] péricliter, décliner. ◊ **business has declined** les affaires ont ralenti or fléchi; **to decline in importance** perdre de l'importance.

**declining** [dɪˈklaɪnɪŋ] **adj** ◊ **declining balance method (of depreciation)** (US) méthode de l'amortissement décroissant or dégressif, méthode du solde décroissant ; **declining marginal efficiency of capital** efficacité marginale décroissante du capital ; **declining industry** industrie en déclin ; **declining market** marché en baisse ; **declining oil shares prices are worrying investors** la baisse or le fléchissement des pétrolières inquiète les investisseurs.

**decode** [ˌdiːˈkəʊd] **vt** décoder.

**decoder** [ˌdiːˈkəʊdəʳ] **n** décodeur m.

**decollate** [dɪˈkɒleɪt] **vt** déliasser.

**decollator** [ˈdɪkɒˌleɪtəʳ] **n** déliasseuse f.

**decompile** [ˌdiːkəmˈpaɪl] **vt** décompiler.

**decompiler** [ˌdiːkəmˈpaɪləʳ] **n** décompilateur m.

**deconcentrate** [dɪkɒnsəntreɪt] **vt** industry déconcentrer.

**deconfigure** [ˌdiːkənˈfɪgəʳ] **vt** (Comp) retirer de la configuration.

**decontrol** [ˌdiːkənˈtrəʊl] **vt** prices, wages libérer.

**decrease** [dɪˈkriːs] **1** **vi** [value] baisser, diminuer ; [strength] décroître, s'affaiblir ; [inflation, unemployment] baisser, être en régression or en recul ; [profits, share prices] baisser, fléchir, reculer. **2** **vt** diminuer, réduire, faire baisser. **3** **n** [value] baisse f, diminution f ; [strength] affaiblissement m ; [inflation, unemployment] baisse f, régression f, recul m ; [profits, share prices] baisse f, fléchissement m, recul m. ◊ **a decrease in economic activity** un ralentissement de l'activité économique ; **decrease in value of an asset** moins-value d'un élément d'actif.

**decree** [dɪˈkriː] **1** **n** décret m ; (by tribunal) arrêt m, jugement m. ◊ **decree in bankruptcy** jugement déclaratif de faillite ; **to issue a decree** promulguer un décret. **2** **vt** décréter.

**decrement** [ˈdekrɪmənt] **vt** (Comp) décrémenter. ◊ **to decrement by one** décrémenter or diminuer d'une unité.

**decumulation** [ˌdiːkjuːmjʊˈleɪʃən] **n** [capital] réduction f, diminution f ; [stocks] contraction f, réduction f. ◊ **stock decumulation** déstockage.

**dedicate** [ˈdedɪkeɪt] **vt** book dédier (to à) ; (US) factory inaugurer ; (Comp) equipment, computer spécialiser, dédier.

**dedicated** [ˈdedɪˌkeɪtɪd] **adj** (Comp) terminal, computer spécialisé, dédié.

**dedication** [ˌdedɪˈkeɪʃən] **n** **a** (US) [factory] inauguration f. **b** (in book) dédicace f. **c** (Comp) [terminal, equipment] spécialisation f. **d** (commitment) dévouement m (to à).

**deduct** [dɪˈdʌkt] **vt** déduire, retrancher, défalquer (from de). ◊ **to deduct 5% from the quoted price** rabattre 5% sur le prix indiqué, réduire le prix indiqué de 5% ; **to deduct £20 from sb's wages** faire une retenue or un prélèvement de 20 livres sur le salaire de qn ; **to deduct a tax at source** prélever un impôt à la source ; **to be deducted** (on invoice) à déduire.

**deductible** [dɪˈdʌktəbl] **1** **adj** expense, loss, amount déductible ; numbers à déduire, à retrancher, à défalquer (from de). ◊ **deductible clause** (Ins) clause de franchise ; **deductible coverage** (Ins) garantie avec franchise. **2** **n** (Ins) franchise f.

**deduction** [dɪˈdʌkʃən] **n** (gen) déduction f ; (from wage) retenue f, prélèvement m (from de). ◊ **deduction at source** (Tax) retenue à la source ; (on dividend income) précompte ; **wage** or **payroll deductions** retenues sur salaire ; **flat-rate deduction** prélèvement forfaitaire ; **itemized deductions** (US Tax) déduction des frais réels ; **standard deduction** (US Tax) déduction forfaitaire ; **allowable deduction** (GB Tax) déduction autorisée.

**deed** [diːd] **1** **n** **a** (Jur) acte m. ◊ **to draw up a deed** rédiger un acte ; **deed of arrangement** or **assignment** acte de transfert (en paiement d'une dette) ; **deed of conveyance** [property] acte de cession ; **deed of gift** acte de donation ; **deed of partnership** acte or contrat de société ; **deed of protest** acte de protêt ; **deed of release** or **surrender** acte de cession ; **deed of transfer** acte translatif de propriété ; **deed of trust** (US Jur) contrat de prêt ; **private deed** acte sous seing privé ; **trust deed** acte fiduciaire. **b** (also **title deed**) titre m (constitutif) de propriété. ◊ **deed absolute** titre de propriété garanti or dûment enregistré. **2** **vt** (US) transférer par acte.

**deemed** [diːmd] **adj** ◊ **deemed dividend** dividende présumé.

**deep** [diːp] **adj** ◊ **deep in debt** criblé de dettes, endetté jusqu'au cou, très endetté ; **deep-discount bond** obligation à forte décote ; **deep-discount fares** (Aviat) tarifs très réduits.

**de-escalate** [diːˈeskəˌleɪt] **vt** tension faire baisser, diminuer ; situation détendre, décrisper.

**def.** abbr of **deficit**.

**deface** [dɪˈfeɪs] **vt** coin, banknote altérer ; cheque raturer, surcharger.

**de facto** [deɪˈfæktəʊ] **adj** situation, decision de fait. ◊ **de facto corporation** (US) société de fait.

**defalcate** ['diːfælkeɪt] **vi** détourner des fonds.

**defalcation** [ˌdiːfæl'keɪʃən] **n** détournement **m** de fonds.

**defalcator** ['diːfælkeɪtəʳ] **n** personne **f** coupable d'un détournement de fonds.

**default** [dɪ'fɔːlt] **1 n a** (Jur) (in civil cases) défaut **m**, non-comparution **f**; (in criminal cases) contumace **f**. ◊ **judgment by default** jugement or arrêt par défaut or par contumace. **b** (failure to fulfil an obligation) défaut **m**, défaillance **f**. ◊ **they are in default** ils ont failli à leurs obligations, ils ont manqué à leurs engagements. **c** (failure to pay) défaut **m** de paiement, défaillance **f**. ◊ **to call into default** déclarer en cessation de paiement; **to go into default** se déclarer en cessation de paiement; **to be in default of payment** être en cessation de paiement; **the monthly payments on this loan are in default** les mensualités sur ce prêt n'ont pas été remboursées à la date prévue; **default by the principal** défaillance du donneur d'ordre; **protracted default** (Ins) défaillance. **d** (lack, absence) manque **m**, carence **f**, absence **f**. ◊ **in default of instructions from the head office** en l'absence de consignes or d'instructions du siège. **e** (Comp) défaut **m**. ◊ **by default** par défaut.
**2 cpd default interest** intérêts **mpl** moratoires. – **default option** option par défaut. – **default price** (St Ex) cours de résiliation. – **default risk** risque de non-paiement. – **default value** valeur par défaut.
**3 vi a** (Jur) faire défaut, être en état de contumace. **b** (fail to fulfil an obligation) manquer or faillir à ses engagements, être en défaut. **c** (fail to pay) ne pas honorer ses engagements. ◊ **he has defaulted on his mortgage repayments** il n'a pas honoré les échéances de son hypothèque; **he has defaulted on this loan** il n'a pas remboursé ce prêt; **the company has defaulted** l'entreprise est en (état de) cessation de paiement.
**4 vt** (Jur) condamner par défaut or par contumace.

**defaulted** [dɪ'fɔːltɪd] **adj** (Fin) paper, security impayé, non honoré.

**defaulter** [dɪ'fɔːltəʳ] **n** (Jur) contumace **mf**; (Fin, St Ex) défaillant(e) **m(f)**; (Tax) contribuable **m** défaillant.

**defaulting** [dɪ'fɔːltɪŋ] **1 n** non-paiement **m** (on de).
**2 adj** (St Ex) défaillant.

**defeasance** [dɪ'fiːsəns] **n a** (Jur : action) annulation **f**, abrogation **f**. ◊ **defeasance clause** [contract] clause résolutoire. **b** (Jur : document) contre-lettre **f**.

**defeasible** [dɪ'fiːsəbl] **adj** annulable, abrogeable.

**defeat** [dɪ'fiːt] **vt** inflation vaincre, maîtriser.

**defect** ['diːfekt] **1 n** défaut **m**, imperfection **f**; (in machine, building) défaut **m**, défectuosité **f**, vice **m** de construction, malfaçon **f**. ◊ **conspicuous defect** vice apparent; **hidden** or **latent defect** défaut or vice caché; **manufacturing defect** défaut de fabrication; **patent defects** défauts apparents; **zero defect** zéro défaut; **defect rate** taux de rebut.
**2 vi** faire défection. ◊ **to defect to another corporation** passer à l'entreprise concurrente.

**defective** [dɪ'fektɪv] **adj** thing défectueux; reasoning mauvais. ◊ **defective title** titre contestable or vicié.

**defence** (GB), **defense** (US) [dɪ'fens] **1 n** (Jur, Mil) défense **f**. ◊ **in his defence** à sa décharge; **witness for the defence** témoin à décharge; **the case for the defence** la défense; **defence counsel** (GB), **defense attorney** (US) or **lawyer** (US) avocat de la défense.
**2 cpd defense procurements** (US) achats **mpl** publics de matériel militaire. – **defence spending** (GB) budget de la défense, dépenses **fpl** militaires.

**defendant** [dɪ'fendənt] **n** (Jur) défendeur (-eresse) **m(f)**; (on appeal) intimé(e) **m(f)**; (in criminal case) prévenu(e) **m(f)**; (in assizes court) accusé(e) **m(f)**.

**defense** [dɪ'fens] (US) **n** → defence.

**defensible** [dɪ'fensɪbl] **adj** défendable, justifiable, soutenable.

**defer** [dɪ'fɜːʳ] **vt** meeting ajourner, reporter; business renvoyer; payment différer, remettre; decision, judgment suspendre, différer. ◊ **the meeting was deferred to the following week** la réunion a été reportée à la semaine suivante; **to defer doing** différer de or à faire; **payment may be deferred to a later date** le paiement peut être différé or remis à une date ultérieure.

**deferment** [dɪ'fɜːmənt] **n** [meeting] report **m**, ajournement **m**; [business] renvoi **m**; [decision] suspension **f**; [account] report **m**. ◊ **deferment of a debt** sursis de paiement d'une dette.

**deferrable** [dɪ'fɜːrəbl] **adj** expense, charge, cost à reporter.

**deferral** [dɪ'fɜːrəl] (US) **n** [account] report **m**. ◊ **deferral method** (US Tax) méthode du report; **deferrals** (revenue received) produits constatés d'avance; (cash disbursed) charges différées or à étaler.

**deferred** [dɪ'fɜːd] **adj** compensation, tax différé. ◊ **deferred annuity** rente différée; **deferred**

**asset** actif différé; **deferred bond** obligation à intérêts différés; **deferred charges** charges différées or à étaler; **deferred delivery** (St Ex) cession reportée; **deferred income** or **revenue, deferred credit** produit comptabilisé or constaté d'avance; **3-year deferred loan** prêt avec franchise de 3 ans *(avant le premier remboursement)*; **deferred liabilities** dettes à moyen et long terme; **deferred payment** [instalment contract] paiement par versements périodiques; (credit facilities) paiement différé; **deferred payment agreement** or **plan** contrat de vente à crédit or à tempérament; **deferred posting** (Acc) écriture différée; **deferred repayment** [loan] différé d'amortissement; **deferred sale** vente à tempérament or à crédit; **deferred ordinary shares** actions à dividende différé, actions différées.

**deficiency** [dɪˈfɪʃənsɪ] **1** n **a** (lack) [goods] manque m, insuffisance f, défaut m (*of* de); (Fin) déficit m, insuffisance f. ◊ **deficiency in assets** insuffisance or déficit de l'actif; **to make up a deficiency** combler un déficit. **b** (fault) (in system) imperfection f, faille f, faiblesse f (*in* dans).
**2** cpd **deficiency advances** (Acc) avances fpl provisoires, crédits mpl budgétaires. – **deficiency appropriation** (Acc) rallonge budgétaire. – **deficiency payment** (Econ) paiement différentiel.

**deficient** [dɪˈfɪʃənt] adj (lacking) insuffisant, faible (*in* en); (defective) défectueux. ◊ **to be deficient in sth** manquer de qch; **deficient packing** emballage défectueux.

**deficit** [ˈdefɪsɪt] n déficit m. ◊ **to make up** or **to make good a deficit** combler un déficit; **the trade balance shows a deficit** la balance commerciale est déficitaire or accuse un déficit; **France is running a budget deficit** la France a un déficit budgétaire; **the budget has run into** or **gone into deficit** le budget est devenu déficitaire; **operating deficit** déficit or pertes d'exercice; **deficit financing** financement par le déficit budgétaire.

**definite** [ˈdefɪnɪt] adj order, sale, intention ferme; plan déterminé, précis; decision, agreement précis.

**definitive** [dɪˈfɪnɪtɪv] adj définitif.

**deflate** [diːˈfleɪt] **1** vt prices faire tomber, faire baisser. ◊ **to deflate the economy** ralentir l'économie, provoquer la déflation; **to deflate the currency** provoquer la déflation monétaire.
**2** vi [government] ralentir l'économie.

**deflation** [diːˈfleɪʃən] n déflation f.

**deflationary** [diːˈfleɪʃənərɪ] adj measures, policy déflationniste, de déflation. ◊ **deflationary gap** écart déflationniste; **deflationary pres-**

**sures** pressions à la baisse or déflationnistes.

**deflator** [diːˈfleɪtər] n déflateur m, mesure f déflationniste.

**deflection** [dɪˈflekʃən] n ◊ **deflection of tax liability** transfert d'imposition.

**defraud** [dɪˈfrɔːd] vt customs, tax authorities, state frauder; person escroquer. ◊ **to defraud sb of sth** escroquer qch à qn.

**defrauder** [dɪˈfrɔːdər] n fraudeur(-euse) m(f).

**defray** [dɪˈfreɪ] vt (cover) cost couvrir, prendre à sa charge. ◊ **to defray sb's expenses** défrayer qn, rembourser ses frais à qn.

**defrayal** [dɪˈfreɪəl], **defrayment** [dɪˈfreɪmənt] n paiement m or remboursement m des frais.

**defunct** [dɪˈfʌŋkt] adj body dissous. ◊ **defunct company** société dissoute.

**defuse** [diːˈfjuːz] vt crisis désamorcer.

**defy** [dɪˈfaɪ] vt (gen) défier. ◊ **our prices defy all competition** nos prix défient toute concurrence.

**degree** [dɪˈgriː] n (measurement) degré m; (Univ) diplôme m (universitaire).

**degressive** [dɪˈgresɪv] adj taxation dégressif.

**de-indexation** [ˌdiːɪndekˈseɪʃən] n désindexation f.

**deindustrialization, deindustrialisation** [ˌdiːɪndʌstrɪəlaɪˈzeɪʃən] n désindustrialisation f.

**deindustrialize, deindustrialise** [ˌdiːɪnˈdʌstrɪəlaɪz] vt désindustrialiser.

**delay** [dɪˈleɪ] **1** vt **a** (postpone) action, event retarder, différer; payment différer. **b** (keep waiting, hold up) person retarder, retenir; train, order, delivery retarder. ◊ **our order must not be delayed** notre commande ne doit souffrir aucun délai, notre commande ne doit pas être retardée.
**2** n (waiting period) délai m, retard m. ◊ **we will do it without delay** nous le ferons sans tarder or sans délai; **without further delay** sans plus tarder, sans plus attendre; **an hour's delay** une heure de retard; **there is a delay in the production line** il y a un retard dans la chaîne de fabrication; **delay in delivery, delivery delay** retard de livraison.

**delayering** [dɪˈleɪərɪŋ] n écrasement m des niveaux hiérarchiques.

**delaying** [dɪˈleɪɪŋ] aj action dilatoire. ◊ **to use delaying tactics** user de moyens dilatoires.

**del credere** [delˈkreɪdərɪ] adj ◊ **del credere agent** (person) ducroire; **del credere commission** (money) ducroire.

**deld** abbr of *delivered*.

**delegate** ['deligeit] **1** n **a** délégué(e) m(f). **b** (GB : conference attender) congressiste mf. **2** vt responsibility déléguer (*to* à). ◊ **to delegate sb to do sth** déléguer qn or se faire représenter par qn pour faire qch. **3** vi déléguer. ◊ **he is not good at delegating** il ne sait pas déléguer.

**delegation** [,deli'geiʃən] n **a** (power) délégation f; [person] nomination f, désignation f (*as* comme). **b** (group of people) délégation f. **c** (Jur) subrogation f.

**delete** [di'liːt] vt (gen) barrer, rayer, effacer (*from* de), biffer; (Comp) supprimer, effacer. ◊ **delete where inapplicable** (on form) rayer les mentions inutiles.

**deletion** [di'liːʃən] n (act of deleting) suppression f; (word deleted) rature f.

**deliberate** [di'libərit] **1** vi **a** (think) délibérer, réfléchir (*upon* sur). **b** (discuss) délibérer, tenir conseil. **2** adj (intentional) délibéré.

**deliberation** [di,libə'reiʃən] n (consideration) délibération f, réflexion f. ◊ **deliberations** (discussions) débats, délibérations.

**deliberative** [di'libərətiv] adj ◊ **deliberative assembly** assemblée délibérante.

**delimit** [diː'limit] vt délimiter.

**delimiter** [diː'limitər] n (Comp) séparateur m, borne f.

**delineate** [di'linieit] vt idea, plan esquisser, tracer.

**delineation** [di,lini'eiʃən] n [idea, plan] esquisse f. ◊ **job delineation** profil du poste.

**delinquency** [di'liŋkwənsi] n **a** (behaviour) délinquance f. **b** (US Fin : failure to pay) défaillance f, défaut m de paiement. ◊ **the bank has had a high percentage of delinquencies this year** la banque a connu un taux élevé de défaillance cette année; **delinquency ratio** taux de défaillance.

**delinquent** [di'liŋkwənt] **1** adj **a** behaviour délinquant. **b** (US) debtor défaillant; payment arriéré, impayé, échu. ◊ **accounts should not be permitted to remain delinquent without action** des mesures doivent être prises contre les comptes défaillants; **delinquent account receivable** compte client arriéré; **delinquent tax** impôts dus et non payés; **delinquent delivery** livraison en retard. **2** n (gen) délinquant(e) m(f); (US Fin) défaillant(e) m(f).

**delist** [di'list] vt **a** (US St Ex) security radier du registre (des valeurs cotées en Bourse). **b** (Comm) product déréférencer.

**deliver** [di'livər] **1** vt **a** (take) remettre (*to* à); letters distribuer. **b** goods livrer. ◊ **delivered free** livraison gratuite, livraison franco, expédié franco de port; **to deliver the goods** (fig) tenir ses engagements or ses promesses, tenir parole; **to deliver on board a vessel** livrer à bord d'un navire; **delivered alongside ship** livré le long du navire; **delivered on board** rendu à bord; **delivered price** prix rendu; **delivered frontier** rendu frontière; **delivered at docks** rendu à quai; **delivered duty paid** rendu droits acquittés. **c** (St Ex) stocks livrer. **d** (get across) message communiquer, transmettre. **2** vi (* : keep promise) [person] tenir parole, tenir ses promesses; [machine, system] faire le travail.

**deliveree** [dilivə'riː] (US) n destinataire mf.

**deliverer** [di'livərər] n (gen) livreur m; (Commodity Exchange) créateur m de la filière.

**delivery** [di'livəri] **1** n **a** (Post) [parcels] remise f, livraison f; [letters] distribution f. ◊ **general delivery** (US) poste restante; **to send by special delivery** envoyer par exprès; **recorded delivery** (GB) envoi recommandé; **times of delivery** heures de distribution; **parcels awaiting delivery** colis en souffrance. **b** [goods] livraison f. ◊ **to take delivery of** prendre livraison de; **to pay on delivery** payer à la livraison; **cash on delivery** livraison contre remboursement, payable à la livraison; **delivery against payment** remise contre paiement; **free delivery** livraison gratuite, franco de port; **late delivery** retard de livraison; **purchase for future delivery** achat à terme; **split delivery** livraison fractionnée or échelonnée; **terms or conditions of delivery** conditions de livraison; **we should appreciate prompt delivery of our order** nous vous serions reconnaissants de bien vouloir livrer notre commande rapidement or assurer une livraison rapide de notre commande. **c** (St Ex, Fin) livraison f, remise f. ◊ **to take delivery of the stocks** prendre livraison des titres; **to sell for delivery** vendre à couvert; **sale for delivery** vente à livrer; **to be bad / good delivery** être de mauvaise / bonne livraison; **forward or future delivery** livraison à terme. **d** (Jur) [writ] signification f; [title] tradition f. **2** cpd **delivery area** aire de réception des marchandises. – **delivery date** date or délai de livraison. – **delivery man** livreur. – **delivery note** (accompanying goods) bon de livraison. – **delivery order** bon de livraison. – **delivery price** (Comm) prix rendu; (Fin, St Ex) cours de livraison. – **delivery slip** (signed on receipt of goods) bordereau de livraison. – **delivery sys-**

**tem** (Comm) système de livraison ; [message] véhicule. − **delivery time** délai de livraison. − **delivery van** (GB) or **truck** (US) camion de livraison.

**delta** ['deltə] **n** delta m.

**dely** abbr of *delivery*.

**dem.** abbr of *demand*.

**demand** [dɪ'mɑːnd] **1** **vt** money, higher pay exiger, réclamer (*from, of* de). **2** **n** **a** (claim) (for payment, money, help) demande f ; (for higher pay) revendication f. ◊ **due** or **payable on demand** payable à vue or sur présentation ; **final demand for payment** [bill] dernier avertissement (d'avoir à payer). **b** (Econ, Comm) demande f. ◊ **these products are much in demand, these products are in great demand** ces produits sont très demandés, il y a une très forte demande pour ces produits ; **there is no demand for these products** il n'y a pas de demande pour ces produits ; **steady demand for a product** demande constante or suivie pour un produit ; **the law of supply and demand** la loi de l'offre et de la demande ; **overall / effective demand** demande globale / effective. **3** **cpd demand bill** traite or effet à vue. − **demand curve** (Econ) courbe de la demande. − **demand deposit** (Bank) dépôt à vue. − **demand draft** traite or effet à vue. − **demand forecasting** prévision de la demande. − **demand inflation** inflation par la demande. − **demand-led** market stimulé par la demande. − **demand loan** prêt or crédit à vue. − **demand management** gestion de la demande. − **demand note** (Fin) engagement or promesse de payer à la première demande ; (Tax) avertissement. − **demand-oriented pricing** fixation des prix en fonction de la demande. − **demand price** prix en fonction de la demande. − **demand processing** (Comp) traitement à la demande. − **demand pull inflation** inflation par la demande. − **demand rate** [exchange] cours or taux à vue.

**demanning** [diː'mænɪŋ] **n** (Ind) licenciements mpl, réduction f des effectifs.

**demarcate** ['diːmɑːkeɪt] **vt** délimiter.

**demarcation** [ˌdiːmɑː'keɪʃən] **n** démarcation f, délimitation f. ◊ **demarcation line** ligne de démarcation ; **demarcation dispute** (GB Ind) conflit d'attributions.

**demassing** [diː'mæsɪŋ] (US) **n** (Ind) dégraissage m, réduction f des effectifs.

**demerge** [ˌdiː'mɜːdʒ] **vt** company défusionner.

**demerger** [ˌdiː'mɜːdʒəʳ] **n** scission f, déconcentration f, démantèlement m.

**demise** [dɪ'maɪz] **1** **n** **a** (Jur) (by legacy) cession f or transfert m par legs, transfert m par testament ; (by lease) transfert m par bail. **b** (Mar) **demise charter (party)** affrètement en coque nue. **2** **vt** **a** (Jur) estate, property léguer, céder par legs ; (by lease) céder à bail. **b** (Mar) affréter (en coque nue or à temps).

**demit** [dɪ'mɪt] **vt** ◊ **to demit office** se démettre de ses fonctions, démissionner.

**demographer** [dɪ'mɒɡrəfəʳ] **n** démographe mf.

**demographic** [ˌdeməˈɡræfɪk] **adj** démographique.

**demography** [dɪ'mɒɡrəfɪ] **n** démographie f.

**demonetization, demonetisation** [diːˌmʌnɪtaɪ'zeɪʃən] **n** démonétisation f.

**demonetize, demonetise** [diː'mʌnɪtaɪz] **vt** démonétiser.

**demonstrate** ['demənstreɪt] **1** **vt** **a** truth, need démontrer, prouver ; system, plan expliquer, décrire. **b** product, machine faire une démonstration de. ◊ **to demonstrate how sth works** montrer le fonctionnement de qch, faire une démonstration de qch. **2** **vi** (Pol) manifester, faire une manifestation (*for* pour ; *in favour of* en faveur de ; *against* contre).

**demonstration** [ˌdemənˈstreɪʃən] **n** **a** [new product] démonstration f. ◊ **demonstration model** modèle de démonstration ; **demonstration effect** (Econ) effet de démonstration. **b** (Pol : meeting) manifestation f.

**demonstrator** ['demənstreɪtəʳ] **n** **a** (Econ) (person) démonstrateur(-trice) m(f) ; (US : model) modèle m de démonstration. **b** (Pol) manifestant(e) m(f).

**demote** [dɪ'məut] **vt** person rétrograder.

**demotion** [dɪ'məuʃən] **n** rétrogradation f.

**demurrage** [dɪ'mʌrɪdʒ] **n** **a** (Mar) surestarie(s) f(pl), indemnité f de surestaries. ◊ **the charter must pay demurrage if sailing is delayed** l'affréteur doit payer une indemnité de surestaries or payer des surestaries si le départ du navire est retardé. **b** (Rail) (for goods) droits mpl or frais mpl de magasinage ; (for railway wagon) droits mpl or frais mpl de stationnement. ◊ **goods on demurrage** marchandises en souffrance.

**denationalization, denationalisation** ['diːˌnæʃnəlaɪ'zeɪʃən] **n** dénationalisation f.

**denationalize, denationalise** ['diːˈnæʃnəlaɪz] **vt** dénationaliser.

**denial** [dɪ'naɪəl] **n** [rights] dénégation f ; [report, authority] rejet m ; [access, permission] refus m. ◊ **denial of justice** déni de justice ; **denial of opinion** (Fin) impossibilité de certifier.

**Denmark** ['denmɑːk] n Danemark m.

**denominate** [dɪ'nɒmɪneɪt] vt (designate) dénommer; (Fin) libeller. ◊ **to denominate a loan in dollars** libeller un prêt en dollars; **denominated in foreign currency** libellé en monnaie étrangère.

**denomination** [dɪ,nɒmɪ'neɪʃən] n **a** (designation) dénomination f, appellation f. **b** (weight, measure) unité f. **c** [coins] valeur f; [notes] coupure f. ◊ **$1,000 in small denominations** 1 000 dollars en petites coupures; **denomination value** [banknotes, securities, coins] valeur nominale.

**denote** [dɪ'nəʊt] vt dénoter, marquer, indiquer.

**density** ['densɪtɪ] n densité f. ◊ **population density** densité de peuplement; **income density** densité de revenu.

**deny** [dɪ'naɪ] vt **a** fact, accusation nier; sb's authority rejeter. ◊ **to deny having done sth** nier avoir fait qch; **to deny that** nier que. **b** (refuse) **to deny sb access to** refuser à qn l'accès à; **he was denied promotion** on lui a refusé la promotion.

**dep.** abbr of *department*.

**department** [dɪ'pɑːtmənt] **1** n **a** (Pol) (gen) département m; (ministry) ministère m. ◊ **Treasury Department** (US) ministère des Finances; **Department of Commerce** (US) ministère du Commerce; **Department of Employment** (GB) ministère du Travail; **Department of Energy** ministère de l'Énergie; **Department of the Environment** (GB) ministère de l'Environnement; **Department of Health** (GB) ministère de la Santé; **Department of Health and Human Services** (US) ministère de la Santé; **Department of Labor** (US) ministère du Travail; **Department of Health and Social Security** (GB) ministère de la Sécurité sociale; **Department of Trade and Industry** (GB) ministère du Commerce et de l'Industrie; **Department of Transport** (GB) ministère des Transports. **b** (division of company) service m, bureau m. ◊ **which department does she work in?** dans quel service travaille-t-elle?; **accounts department** service (de la) comptabilité, service comptable; **design department** (Ind) bureau d'études, service conception; **export department** service des exportations, service export; **legal department** (complaints) service du contentieux; (legal problems) service juridique; **marketing department** service du marketing, département marketing; **personnel department** service du personnel; **research department** bureau d'études. **c** (in a store) rayon m. ◊ **you will find it in the hardware department** vous le trouverez au rayon quincaillerie.

**2** cpd **department head** chef de service. – **department invoice** facture d'ordre. – **department store** grand magasin.

**departmental** [,diːpɑːt'mentl] adj ◊ **departmental manager** [shop] chef de rayon; [company] chef de service; **departmental ledger** grand livre fractionnaire; **departmental stock sheet** [shop] fiche d'inventaire par rayon; **departmental store** (US) grand magasin.

**departure** [dɪ'pɑːtʃər] **1** n **a** (gen) départ m (from de); (from habit) écart m (from par rapport à); (from law) manquement m (from à). ◊ **a departure from the norm** une exception à la règle, un écart par rapport à la norme. **b** (new course) nouvelle orientation f; (Comm : new type of goods) nouveauté f, innovation f. **2** cpd **departure date** date de départ. – **departure gate** (Aviat) porte (de départ). – **departure indicator** (Rail) horaire des départs. – **departure lounge** (Aviat) salle de départ. – **departure time** heure de départ.

**depend (up)on** [dɪ'pend] vt fus **a** (rely on) compter sur, se fier à. **b** (need support or help from) dépendre de. ◊ **we depend upon our suppliers** nous dépendons de nos fournisseurs.

**dependability** [dɪ,pendə'bɪlɪtɪ] n [machine, person] fiabilité f.

**dependable** [dɪ'pendəbl] adj machine, person fiable; information sûr. ◊ **he is not dependable** on ne peut pas compter sur lui or se fier à lui or lui faire confiance.

**dependant** [dɪ'pendənt] n personne f à charge. ◊ **to have dependants** avoir des charges de famille; **I have three dependants** j'ai trois personnes à charge.

**dependency exemption** [dɪ'pendənsɪɪg 'zempʃən] n (Admin) abattement m pour personne à charge.

**dependent** [dɪ'pendənt] **1** adj **a** person dépendant (on de); condition, decision dépendant (on de), subordonné (on à). ◊ **two dependent children** (Tax, Admin) deux enfants à charge; **a dependent relative** une charge de famille; **the plan is dependent on our receiving an investment subsidy** notre projet est subordonné à or dépend de l'obtention d'une subvention d'investissement; **to be dependent on sb** dépendre de qn. **b** (Math) dépendant. ◊ **dependent variable** variable dépendante. **2** n personne f à charge. ◊ **to have dependents** avoir des charges de famille.

**deplete** [dɪ'pliːt] vt supplies, strength (reduce) diminuer, réduire; (exhaust) épuiser. ◊ **our stock is very depleted** nos stocks sont très bas; **increasingly depleted order books** carnets de commandes de plus en plus dégarnis.

**depletion** [dɪˈpliːʃən] **1** n (gen) réduction f, diminution f; [non-renewable natural resources] épuisement m, raréfaction f. ◊ **depletion of stocks** épuisement des stocks; **provision for depletion, depletion reserve** (Oil, Mining) provision pour reconstitution des gisements; (Forestry) provision pour épuisement.

**2** cpd **depletion accounting** amortissement or dépréciation des ressources naturelles non renouvelables. – **depletion allowance** (Tax) exonération fiscale pour reconstitution des gisements. – **depletion expense** dotation à la provision pour reconstitution des gisements.

**deponent** [dɪˈpəʊnənt] n (Jur) déposant m.

**depopulation** [ˈdiːˌpɒpjʊˈleɪʃən] n dépeuplement m, dépopulation f. ◊ **rural depopulation** dépeuplement or désertification des campagnes.

**deposit** [dɪˈpɒzɪt] **1** vt **a** (pay into bank) verser, déposer. ◊ **I deposited £200 into my account** j'ai versé 200 livres à mon compte, j'ai déposé or mis 200 livres sur mon compte. **b** valuables déposer, laisser or mettre en dépôt (*in* or *with the bank* à la banque). ◊ **to deposit a security with sb** déposer une garantie chez qn. **c** (pay money down) **to deposit $50 for a purchase** verser un acompte de 50 dollars or verser 50 dollars d'arrhes pour un achat. **d** (Customs) **to deposit the duty** cautionner les droits.

**2** n **a** (Bank, Fin) dépôt m; (Commodity Exchange) dépôt m de garantie, déposite m. ◊ **to make a deposit of $200** déposer or verser 200 dollars; **deposit at 30 days notice** dépôt à 30 jours de préavis; **deposit at long / short notice** dépôt à long / court terme; **deposit at** or **on call, call** or **sight deposit** dépôt à vue; **certificate of deposit** certificat de dépôt; **demand deposit** dépôt à vue; **fixed deposit** dépôt à échéance fixe or à terme; **money on deposit with the bank** argent en dépôt à la banque; **deposit-taking institution** société de dépôt; **safe deposit** (vault) salle des coffres; (box) coffre; **I have placed the securities in safe deposit with the bank** j'ai mis les titres en dépôt à la banque. **b** (part payment) arrhes fpl, acompte m, provision f; (in hire purchase agreement) versement m initial, premier versement m. ◊ **to make** or **pay a deposit** verser des arrhes or un acompte; **to leave a deposit of $10 on a purchase** verser 10 dollars d'arrhes or d'acompte sur un achat; **a $50 deposit and 24 monthly instalments of $15** un versement initial or un premier versement de 50 dollars et 24 mensualités de 15 dollars. **c** (payment given as security) dépôt m de garantie, caution f, cautionnement m. ◊ **there is a**

**deposit of $500 on all car rentals** on exige une caution de 500 dollars pour toute location de voiture; **loan on deposit** prêt en nantissement; **general average deposit** (Mar Ins) cautionnement pour avarie commune. **d** (on bottles, containers) consigne f. ◊ **no deposit** non consigné, emballage perdu.

**3** cpd **deposit account** (GB) compte sur livret, compte d'épargne bancaire; (US) compte de dépôts à terme. – **deposit bank** banque de dépôt. – **deposit banking** gestion des dépôts par les banques commerciales. – **deposit book** livret de compte d'épargne. – **deposit certificate** certificat de dépôt. – **deposit currency** devise de virement. – **deposit funds** dépôts mpl bancaires. – **deposit in escrow** dépôt en main tierce, dépôt conditionnel. – **deposit insurance** (US) garantie par l'État des dépôts à terme. – **deposit interest** rémunération des dépôts. – **deposit receipt** récépissé de dépôt. – **deposit slip** bulletin or bordereau de versement or de dépôt.

**deposition** [ˌdiːpəˈzɪʃən] n (Jur) déposition f sous serment, témoignage m.

**depositor** [dɪˈpɒzɪtəʳ] n (Bank) (person making a deposit) déposant(e) m(f); (account holder) client(e) m(f), titulaire mf.

**depository** [dɪˈpɒzɪtərɪ] **1** n (gen) dépôt m, entrepôt m; (Bank) banque f de dépôt.
**2** cpd **depository agreement** contrat de dépôt. – **depository institution** (US) banque de dépôt.

**depot** [ˈdepəʊ] n **a** (warehouse) dépôt m, entrepôt m. ◊ **goods depot** dépôt or entrepôt de marchandises. **b** (GB : garage) garage m, dépôt m. **c** (US : railway station) gare f. ◊ **freight depot** gare de marchandises.

**depreciable** [dɪˈpriːʃəbl] adj assets, costs amortissable.

**depreciate** [dɪˈpriːʃɪeɪt] **1** vt **a** currency, property déprécier, dévaloriser. **b** (write off) asset, investment amortir. ◊ **to depreciate sth by 25% a year** amortir qch de 25% or à un rythme de 25% par an; **depreciated cost** or **value** coût non amorti, valeur résiduelle amortissable.
**2** vi [currency, asset, property] se déprécier, se dévaloriser. ◊ **share prices have depreciated this month** le cours des actions a baissé or reculé ce mois-ci.

**depreciation** [dɪˌpriːʃɪˈeɪʃən] **1** n **a** [currency] dépréciation f, dévalorisation f; [property, asset] dépréciation f; [goods] moins-value f, avilissement m; [securities] moins-value f, baisse f. ◊ **the physical depreciation of an asset** la dépréciation physique d'un bien or d'une immobilisation. **b** (writing off) [asset, investment] amortissement m. ◊ **income before depreciation** bénéfices avant amortissement ; **accelerated depreciation** amortissement dégressif or accéléré ; **accumulated depreciation** (on balance sheet) ≈ amortissement des immobilisations ; **annual depreciation** annuité d'amortissement ; **straight-line depreciation** amortissement linéaire or constant.

**2 cpd depreciation account** compte d'amortissement. − **depreciation allowance** (Tax) régime d'amortissement autorisé ; (Acc) dotation aux amortissements. − **depreciation base** base des amortissements. − **depreciation charge** or **expense** dotation aux amortissements. − **depreciation fund** or **reserve** provision pour amortissement. − **depreciation schedule** plan or tableau d'amortissement.

**depress** [dɪ'pres] **vt** demand, trade réduire, (faire) diminuer ; market, prices faire baisser.

**depressant** [dɪ'presnt] **n** facteur m de faiblesse.

**depressed** [dɪ'prest] **adj** industry en déclin, en crise ; market, economy déprimé, languissant. ◊ **depressed area** zone déprimée or en perte de vitesse or en crise.

**depression** [dɪ'preʃən] **n** (Econ) dépression f, crise f, récession f. ◊ **trade depression** crise économique.

**deprive** [dɪ'praɪv] **vt** (of funds, help) priver (of de). ◊ **to deprive sb of an asset** ôter or enlever un bien à qn ; **to deprive sb of a right** priver or déposséder qn d'un droit.

**depth** [depθ] **n** (gen) profondeur f. ◊ **to study sth in depth** étudier qch en profondeur, approfondir qch ; **in-depth study / analysis** étude / analyse approfondie.

**deputation** [ˌdepjʊ'teɪʃən] **n** délégation f, députation f.

**depute** [dɪ'pjuːt] **vt** power, authority déléguer ; person députer, déléguer (sb to do qn pour faire).

**deputize, deputise** ['depjʊtaɪz] **1 vi** assurer l'intérim (for sb de qn).
**2 vt** députer, déléguer (sb to do pour faire).

**deputy** ['depjʊti] **1 n** (second-in-command) adjoint(e) m(f), assistant(e) m(f) ; (replacement) suppléant(e) m(f), remplaçant(e) m(f) ; (Jur : proxy) fondé m de pouvoir ; (member of deputation) délégué m. ◊ **to act as deputy for sb** remplacer qn, suppléer qn.
**2 cpd deputy chairman** vice-président. − **deputy judge** juge suppléant. − **deputy**

**manager** directeur(-trice) m(f) adjoint(e), sous-directeur(-trice) m(f). − **deputy mayor** maire adjoint, adjoint au maire.

**derate** [diː'reɪt] **vt a** (Tax) land, property dégrever. **b** déclasser.

**derating** [diː'reɪtɪŋ] **n a** (Tax) dégrèvement m. **b** (lower rating) déclassement m.

**deregister** [diː'redʒɪstər] **vt** radier.

**deregistration** [ˌdiːredʒɪs'treɪʃən] **n** radiation f.

**deregulate** [dɪ'regjʊleɪt] **vt** economy, industry, service déréglementer ; prices libérer.

**deregulation** [dɪˌregjʊ'leɪʃən] **n** [economy, industry service] déréglementation f ; [prices] libération f.

**derelict** ['derɪlɪkt] **1 adj a** (abandoned) abandonné, délaissé ; (ruined) (tombé) en ruine. **b** (Jur) négligent.
**2 n** (Mar) navire m abandonné en mer, épave f.

**dereliction** [ˌderɪ'lɪkʃən] **n** [property] état m d'abandon. ◊ **dereliction of duty** faute professionnelle.

**derestrict** [ˌdiːrə'strɪkt] **vt** trade libérer.

**derive** [dɪ'raɪv] **vt** profit, income tirer (from de). ◊ **income derived from normal operations** revenus provenant de l'exploitation courante ; **revenue derived from taxes** recettes fiscales ; **derived demand** demande induite ; **derived expense** dépense dérivée.

**derogation** [ˌderə'geɪʃən] **n** (Jur) dérogation f.

**derrick** ['derɪk] **n** (Mar) palan m, mât m de charge ; [oil well] derrick m. ◊ **under ship's derrick** sous-palan.

**descending** [dɪ'sendɪŋ] **adj** order, sequence décroissant.

**description** [dɪs'krɪpʃən] **n a** (gen) description f ; [goods] désignation f, description f. ◊ **description of contents** désignation du contenu ; **to answer to the description** être conforme à la désignation ; **sale by description** vente sur description ; **job description** définition de poste ; **trade description** descriptif des marchandises à vendre. **b** (sort) sorte f, espèce f, genre m. ◊ **they do not carry goods of that description** ils ne vendent pas cette sorte or cette espèce or ce genre de marchandise, ils ne font pas ce genre d'article. **c** (occupation) **name, address and description** nom, adresse et qualité.

**design** [dɪ'zaɪn] **1 n a** [machine, building, product] conception f, élaboration f, création f. ◊ **a machine of good / bad design** une machine bien / mal conçue ; **of faulty design** de conception défectueuse ; **the design process for the new product took 6 months** le processus d'élaboration or de création or de conception du nouveau produit a duré 6 mois; **who is responsible for product design?** qui est responsable de la conception or de l'élaboration des produits?; **the improved design features of this machine make it safer than ever** la conception améliorée de cette machine la rend encore plus fiable; **computer-aided design** conception assistée par ordinateur; **job design** conception des tâches; **software / program / systems design** conception de logiciels / de programme / de systèmes. **b** (model) [building] plan m; [car, product] modèle m, création f. ◊ **they have brought out a new design** ils ont sorti un nouveau modèle; **the latest designs** les derniers modèles, les dernières créations; **we prefer Italian designs** nous préférons les créations italiennes; **registered design** modèle déposé. **c** (style) (Comm, Mktg) design m. ◊ **industrial design** dessin or design industriel, esthétique industrielle; **the design of this car makes it popular with young people** l'esthétique or le design or le look* de cette voiture plaît aux jeunes; **the design of the packaging is highly original** le dessin de l'emballage est très original. **2** cpd **design aid** aide à la conception. – **design automation** conception automatisée. – **design costs** frais mpl de conception. – **design department** (Ind) bureau d'études, service conception; (Pub) service design, service création. – **designs department** (GB : within the Patent Office) ≈ dépôt des dessins et modèles. – **design engineering** (Ind) étude de conception. – **design house** société de design. – **design lead time** délai de conception. – **design patent** modèle de fabrique. – **design registration** dépôt des dessins et modèles. **3** vt (plan) machine concevoir, dessiner; production line, factory dessiner, tracer le plan de; product créer, concevoir, dessiner; scheme projeter, préparer. ◊ **his job is to design and implement information systems** son travail consiste à concevoir et à mettre en œuvre les systèmes d'information; **they have designed a new technique** ils ont inventé or créé or conçu une technique nouvelle; **it is designed for easy use** c'est conçu pour être facile à utiliser.

**designate** ['dezigneit] **1** vt **a** person désigner, nommer (to à). ◊ **he was designated by the board to examine the company's finances** il a été désigné or nommé par le conseil d'administration pour examiner l'état financier de la société. **b** funds, resources affecter, allouer (to à). **2** adj désigné. ◊ **the chairman designate of the board** le président désigné du conseil.

**designation** [ˌdezig'neiʃən] n désignation f. ◊ **designation of origin** appellation d'origine.

**designer** [di'zainər] n (Art) dessinateur(-trice) m(f), créateur(-trice) m(f); (Comm, Ind) concepteur(-trice) m(f), créateur(-trice) m(f); [product packaging] designer m, styliste mf. ◊ **fashion designer** styliste, couturier; **industrial designer** dessinateur industriel.

**design in** vt sep ◊ **to design in a new technique** intégrer or incorporer une nouvelle technique.

**designing** [di'zainiŋ] n conception f, création f, élaboration f.

**design out** vt sep ◊ **to design a feature out** supprimer or éliminer une caractéristique.

**desk** [desk] **1** n **a** (in office) bureau m; (in shop, restaurant) caisse f; (in hotel, at airport) also **reception desk**) réception f. ◊ **please pay at the desk** veuillez payer à la caisse; **cash desk** caisse; **front desk** (in hotel) réception. **b** (Press) **the desk** le secrétariat de rédaction; **the news / sports desk** le service des informations / des sports. **c** (Fin, Bank : also **trading desk**) table f de change; ◊ **the desk** (US) la table de change *(de la New York Federal Reserve Bank)*. **2** cpd **desk calculator** machine à calculer de bureau. – **desk check** (Comp) [programming] vérification, contrôle. – **desk clerk** (in hotel) réceptionniste mf. – **desk diary** agenda (de bureau). – **desk job** : **to have a desk job** avoir un travail de bureau. – **desk pad** bloc-notes. – **desk research** recherche documentaire. – **desk terminal** (Comp) terminal de bureau. – **desktop** adj computer, peripheral de bureau; **desktop publishing** publication assistée par ordinateur, PAO, micro-édition. – **desk work** travail de bureau.

**deskill** [di'skil] vt (Ind) déqualifier.

**deskilling** [di'skiliŋ] n (Ind) déqualification f.

**despatch** [dis'pætʃ] vt, n → dispatch.

**destabilize, destabilise** [diː'steibiˌlaiz] vt déstabiliser.

**destabilizing, destabilising** [diː'steibilaiziŋ] adj factor, effect déstabilisateur.

**destination** [ˌdesti'neiʃən] n destination f. ◊ **to arrive at destination** arriver à destination; **the goods have reached their destination** les marchandises sont arrivées à destination or sont bien arrivées; **place / port of destination** lieu / port de destination; **destination file** (Comp) fichier de destination.

**destine** ['destin] vt destiner (for à).

**destocking** [diː'stɒk] n déstockage m.

**destroy** [dɪs'trɔɪ] **vt** détruire.

**destruction** [dɪs'trʌkʃən] **n** destruction f. ◊ **destruction storage** (Comp) mémoire à lecture destructive ; **destruction read** (Comp) lecture destructive.

**destructive** [dɪs'trʌktɪv] **adj** fire, person, criticism destructeur ; power, competition destructif.

**detail** ['diːteɪl] **1** **n** **a** détail m. ◊ **in detail** en détail ; **to go into details** entrer dans les détails ; **for further details write to** pour plus de détails veuillez écrire à ; **details of a transaction** décompte d'une opération ; **please send us a telex with all relevant details** prière de nous adresser un télex avec tous les renseignements utiles.
**2** **cpd** **detail file** (Comp) fichier mouvement(s). − **detail roll** (on cash register) bande de contrôle.
**3** **vt** **a** fact, plan exposer en détail ; items, goods énumérer, détailler. ◊ **please send a detailed account of your expenses** prière d'envoyer le décompte de vos frais. **b** (Admin : designate) désigner, détacher (for pour ; to do pour faire).

**detain** [dɪ'teɪn] **vt** (keep back) retenir, garder. ◊ **to be detained at the office** être retenu au bureau.

**detect** [dɪ'tekt] **vt** error détecter.

**detection** [dɪ'tekʃən] **n** [error] détection f.

**detector** [dɪ'tektər] **n** détecteur m.

**detention** [dɪ'tenʃən] **n** détention f. ◊ **damage for detention** (Mar Ins) contrestaries.

**deteriorate** [dɪ'tɪərɪəreɪt] **1** **vt** détériorer, abîmer.
**2** **vi** [goods, machine] se détériorer, s'abîmer ; [situation] se dégrader, se détériorer.

**deterioration** [dɪˌtɪərɪə'reɪʃən] **n** [goods, situation] détérioration f.

**determination** [dɪˌtɜːmɪ'neɪʃən] **n** **a** (deciding) [conditions, policy, date, price] fixation f, détermination f ; [frontier] délimitation f. ◊ **income determination** [business] calcul du résultat. **b** (Jur) [contract] résolution f, expiration f. ◊ **determination clause** clause résolutoire ; **determination of a lease** expiration d'un bail. **c** (resoluteness) détermination f, résolution f.

**determine** [dɪ'tɜːmɪn] **vt** **a** (settle, fix) conditions, policy, date, rate fixer, déterminer ; frontier délimiter ; cause, meaning déterminer, établir. **b** (Jur) contract résilier. **c** (resolve) décider (to do de faire), se déterminer, se résoudre (to do à faire).

**determined** [dɪ'tɜːmɪnd] **adj** **a** person décidé, déterminé, résolu. ◊ **to be determined to do** être décidé or déterminé à faire. **b** quantity

déterminé, établi. ◊ **price-determined** déterminé par le prix.

**deterrent** [dɪ'terənt] **1** **n** (gen, Mil) force f or moyen m de dissuasion. ◊ **to act as a deterrent** exercer un effet de dissuasion ; **the new regulation is a deterrent to small investors** la nouvelle réglementation a un effet dissuasif sur les petits épargnants.
**2** **adj** dissuasif, de dissuasion.

**detinue** ['detɪnjuː] **n** (Jur) détention f illégale. ◊ **action of detinue** action de restitution.

**detriment** ['detrɪmənt] **n** détriment m, préjudice m, tort m. ◊ **to the detriment of** au détriment de, au préjudice de ; **without detriment to** sans porter atteinte or préjudice à.

**detrimental** [ˌdetrɪ'mentl] **adj** nuisible, préjudiciable (to à). ◊ **detrimental clause** (Jur) clause restrictive.

**detruck** [dɪ'trʌk] (US) **vt** décharger d'un camion.

**Deutschmark** ['dɔɪtʃmɑːk] **n** Deutsche Mark m.

**devalorize, devalorise** [diː'væləraɪz] **vt** dévaloriser.

**devaluate** [diː'væljueɪt] **vt** see devalue.

**devaluation** [ˌdɪvælju'eɪʃən] **n** (Fin, fig) dévaluation f. ◊ **the devaluation of the franc against the dollar** la dévaluation du franc par rapport au dollar.

**devalue** ['diː'væljuː] **vt** (Fin, fig) dévaluer. ◊ **the pound has been devalued by 5%** la livre a été dévaluée de 5%.

**develop** [dɪ'veləp] **1** **vt** (gen) développer ; (exploit) exploiter, mettre en valeur. ◊ **to develop the premises as a warehouse** aménager les locaux en entrepôt.
**2** **vi** [person, business] se développer. ◊ **an unusual situation has developed** il s'est produit une situation insolite.

**developed** [dɪ'veləpd] **adj** country développé. ◊ **the less developed countries** les pays les moins industrialisés.

**developer** [dɪ'veləpər] **n** [land] promoteur m. ◊ **real estate developer** (US) promoteur immobilier.

**developing** [dɪ'veləpɪŋ] **adj** ◊ **developing countries** pays en voie de développement ; **developing industry** industrie en expansion ; **a developing crisis** une crise en gestation.

**development** [dɪ'veləpmənt] **1** **n** **a** (gen) développement m ; (exploitation) exploitation f, mise f en valeur ; (conversion) aménagement m (as en). ◊ **management** or **executive development** formation or perfectionne-

ment des cadres; **product development** développement de (nouveaux) produits; **property** or **real estate development** promotion immobilière; **research and development** recherche et développement. **b** (new event) développement m, fait m nouveau. ◊ **to await developments** attendre la suite des événements; **developments in the industry have improved productivity** des changements or des innovations dans le secteur ont amélioré la productivité.
**2** **cpd development aid** aide au développement. − **development area** zone de développement or d'aménagement. − **development company** or corporation société de promotion immobilière. − **development cost** coût de développement. − **development expenses** (Ind) frais mpl de développement or de mise au point; (Mktg) frais mpl promotionnels or de lancement. − **development planning** (in municipal government) planification urbaine; (in industry) planification à long terme or stratégique. − **development stage** stade du développement.

**deviate** ['di:vɪeɪt] **vi** dévier (*from* de). ◊ **to deviate from the norm** s'écarter de la norme.

**deviation** [ˌdi:vɪ'eɪʃən] **n** **a** (gen) déviation f, écart m (*from* par rapport à). ◊ **mean** or **standard deviation** écart type or moyen. **b** (Mar Ins) déroutement m.

**device** [dɪ'vaɪs] **1** **n** **a** (mechanical) appareil m, dispositif m, mécanisme m (*for* pour). ◊ **automatic sorting device** appareil de tri automatisé; **safety device** dispositif de sécurité. **b** (scheme, plan) formule f, moyen m (*to do* de faire). **c** (Comp) (unit) unité f; (peripheral) périphérique m. ◊ **input-output device** unité or périphérique d'entrée-sortie.
**2** **cpd device driver** (Comp) programme de gestion de périphérique(s). − **device file** (Comp) fichier de périphérique. − **device identifier** (Comp) identificateur de périphérique.

**devise** [dɪ'vaɪz] **1** **vt** **a** (invent) concevoir, inventer. **b** (Jur) léguer. **2** **n** (Jur) legs m.

**devisee** [dɪvaɪ'zi:] **n** (Jur) légataire mf, héritier (-ière) m(f).

**deviser, devisor** [dɪ'vaɪzər] **n** (Jur) donateur (-trice) mf.

**devolution** [ˌdi:və'lu:ʃən] **n** [authority] délégation f; (Jur) [property] transmission f; (GB Pol) décentralisation f.

**devolve** [dɪ'vɒlv] **1** **vi** **a** [task] incomber (*on*, *upon* à). **b** (Jur) [property] passer (*on*, *upon* à).

**2** **vt** transmettre, remettre (*on*, *upon* à); (GB Pol) décentraliser.

**d.f.** abbr of *dead freight* → dead.

**df., dft** abbr of *draft.*

**Dhaka** ['dækə] **n** Dacca.

**diagnose** ['daɪəgnəʊz] **vt** diagnostiquer.

**diagnosis** [ˌdaɪəg'nəʊsɪs] **n** diagnostic m.

**diagram** ['daɪəgræm] **1** **n** [Math] figure f, diagramme m; [book, leaflet] schéma m, diagramme m. ◊ **block diagram** schéma fonctionnel, organigramme, ordinogramme; **flow diagram** (Comp) organigramme; **logical diagram** schéma or diagramme logique; **scatter diagram** diagramme de dispersion.
**2** **vt** représenter schématiquement.

**diagrammatic** [ˌdaɪəgrə'mætɪk] **adj** schématique.

**dial** ['daɪəl] **1** **n** cadran m. ◊ **dial tone** (US) tonalité.
**2** **vt** telephone number faire, composer. ◊ **please dial 783.22.21** veuillez faire or composer le 783.22.21; **I have dialled a wrong number** j'ai fait un faux or un mauvais numéro; **to dial direct** appeler par l'automatique; **you can dial New York from your hotel** vous pouvez avoir New York directement de votre hôtel.

**dialling** ['daɪəlɪŋ] **n** [telephone number] composition f. ◊ **dialling code** indicatif; **dialling tone** (GB) tonalité; **international direct dialling** automatique international.

**diamond** ['daɪəmənd] **n** diamant m. ◊ **diamond merchant** diamantaire; **diamond shares** (valeurs) diamantifères, mines de diamants.

**diary** ['daɪərɪ] **n** (record of events) journal m; (for appointments) agenda m. ◊ **bill** or **forward diary** carnet d'échéances; **desk diary** agenda (de bureau); **electronic diary** agenda électronique.

**Dictaphone** ® ['dɪktəfəʊn] **n** Dictaphone m ®.

**dictate** [dɪk'teɪt] **vt** letter dicter (*to* à); terms, conditions dicter, imposer.

**dictation** [dɪk'teɪʃən] **n** dictée f. ◊ **at dictation speed** à vitesse de dictée; **to write to sb's dictation** écrire sous la dictée de qn.

**differ** ['dɪfər] **vi** (be different) différer, être différent (*from* de); (disagree) ne pas être d'accord (*from sb* avec qn, *on* or *about sth* sur qch). ◊ **we differ on the terms of payment** nous ne sommes pas d'accord sur les conditions de paiement.

**difference** ['dɪfrəns] **n** **a** (in height, weight) différence f. ◊ **there is a big difference in price between these two models** il y a une grande différence or un écart important de prix

**diplomatic**

entre ces deux modèles. **b** (dispute) différend m, désaccord m. ◊ **to settle a difference** régler un différend or un désaccord.

**different** ['dɪfrənt] **adj** différent (*from* de); (various) différent, divers, plusieurs.

**differential** [ˌdɪfə'renʃəl] **1 adj** analysis, rate différentiel. ◊ **differential cost** coût différentiel or marginal; **differential freight rate** fret de transport différentiel or modulé; **differential prices** différentiels de prix, prix différentiels.
**2 n** (Math) différentielle f; (Econ) écart m, différentiel m. ◊ **the inflation differential between the two countries has narrowed** le différentiel or l'écart inflationniste entre les deux pays s'est réduit; **wage differential** écart salarial or de salaires.

**differentiate** [ˌdɪfə'renʃɪeɪt] **1 vt a** (distinguish) two things distinguer, faire la différence entre. **b** (make different) product différencier.
**2 vi** différencier, distinguer (*between* entre).

**differentiation** [ˌdɪfərenʃɪ'eɪʃən] **n** (gen, Mktg) différenciation f. ◊ **product differentiation** différenciation.

**difficulty** ['dɪfɪkəltɪ] **n** difficulté f. ◊ **to be in financial difficulties** avoir des difficultés financières.

**diffuse** [dɪ'fjuːz] **vt** information diffuser, répandre.

**diffusion** [dɪ'fjuːʒən] **n** diffusion f. ◊ **diffusion process** processus de diffusion.

**digest** [daɪ'dʒest] **1 n** [book, facts] sommaire m, abrégé m, résumé m; (magazine) digest m. ◊ **in digest form** en abrégé.
**2 vt** information digérer, assimiler.

**digit** ['dɪdʒɪt] **n** (Math) chiffre m. ◊ **in digit form** sous forme numérique; **digit key** touche de chiffre; **two** or **double-digit inflation** inflation à deux chiffres.

**digital** ['dɪdʒɪtəl] **adj** computer numérique. ◊ **digital telephone** téléphone à touches; **digital watch** montre à affichage numérique.

**digitally** ['dɪdʒɪtəlɪ] **adv** ◊ **digitally-controlled** or **programmed machine tool** machine-outil à commande numérique.

**digitize, digitise** ['dɪdʒɪtaɪz] **vt** convertir or traduire en numérique, numériser. ◊ **digitizing machine** numériseur, digitaliseur, convertisseur numérique.

**digitizer, digitiser** [ˌdɪdʒɪtaɪzəʳ] **n** numériseur m, digitaliseur m, convertisseur m numérique.

**dilute** [daɪ'luːt] **vt** liquid diluer. ◊ **to dilute the work force** adjoindre de la main-d'œuvre

non qualifiée; **fully diluted earnings per share** (St Ex) bénéfices par action entièrement dilués.

**dilution** [daɪ'luːʃən] **n** (gen) dilution f. ◊ **dilution of equity** dilution du capital (*due à l'émission de nouvelles actions*); **dilution of labour** adjonction de main-d'œuvre non qualifiée.

**dime** [daɪm] **n** (Can, US) (pièce f de) dix cents. ◊ **it's not worth a dime\*** cela ne vaut rien, cela ne vaut pas un clou\*; **they're a dime a dozen\*** il y en a a or on en trouve à la pelle\*; **dime store** magasin à prix unique.

**dimension** [daɪ'menʃən] **n** dimension f.

**dimensional** [daɪ'menʃənəl] **adj** (Comp) **three-dimensional array** (Comp) tableau à trois dimensions; **multi-dimensional array** tableau multidimension or multidimensionnel.

**diminish** [dɪ'mɪnɪʃ] **1 vt** cost, effect réduire, diminuer.
**2 vi** diminuer, se réduire.

**diminishing** [dɪ'mɪnɪʃɪŋ] **adj** amount, importance, speed décroissant; value, price en baisse. ◊ **law of diminishing returns** loi du rendement non proportionnel or des rendements décroissants; **law of diminishing utility** loi de l'utilité décroissante; **the diminishing balance method of depreciation** la méthode de l'amortissement dégressif or décroissant.

**diminution** [ˌdɪmɪ'njuːʃən] **n** [value] baisse f, diminution f; [speed] réduction f; [energy] diminution f, affaiblissement m.

**dinar** [diː'nɑː] **n** dinar m.

**diner** ['daɪnəʳ] **n a** (person) dineur(-euse) m(f). **b** (Rail) wagon-restaurant m. **c** (US) petit restaurant m.

**dining** ['daɪnɪŋ] **cpd** ◊ **dining car** (Rail) wagon-restaurant. **dining room** salle à manger.

**DIP** [ˌdiːaɪ'piː] **n** abbr of *dividend investment plan* → dividend.

**dip** [dɪp] **1 vi** [prices] fléchir, baisser. ◊ **the pound dipped on the Stock Exchange** le cours de la livre a fléchi or a baissé, la livre s'est effritée.
**2 n** [prices] fléchissement m, baisse f. ◊ **a dip in the jobless figures** une réduction du nombre de chômeurs, une diminution des chiffres du chômage.

**diploma** [dɪ'pləumə] **n** diplôme m.

**diplomacy** [dɪ'pləuməsɪ] **n** diplomatie f.

**diplomat** ['dɪpləmæt] **n** diplomate m.

**diplomatic** [ˌdɪplə'mætɪk] **adj** mission, relations diplomatique. ◊ **diplomatic bag** (GB), **diplomatic pouch** (US) valise diplomatique;

**diplomatic body** or **corps** corps diplomatique; **diplomatic immunity** immunité diplomatique.

**direct** [daɪ'rekt] **1** **adj** taxation, selling direct. ◊ **direct access** (Comp) accès direct or sélectif; **direct action** (Ind) action directe; **direct address** (Comp) adresse absolue or directe; **direct costing** méthode des coûts variables; **direct debit(ing)** (GB Bank) (paiement par) prélèvement bancaire automatique; **direct lease financing, direct financing lease** (contrat de) location-financement; **direct mail** (Pub) mailing, publipostage; **direct mail advertising** publipostage, publicité par mailing; **direct mail shot** mailing; **direct mail selling** vente par correspondance or par publipostage; **direct marketing** marketing direct; **direct placing** autocourtage; **direct-response** advertising, selling par correspondance, par couponréponse.
**2** **vt** **a** remark, letter adresser (to à); efforts, policy orienter (toward vers). **b** (control) sb's work diriger; business diriger, gérer, administrer. **c** film réaliser; play mettre en scène; actors diriger. **d** (instruct) charger (sb to do qn de faire), ordonner (sb to do à qn de faire). ◊ **to do sth as directed** faire qch selon les instructions.
**3** **adv** directement. ◊ **to sell direct to the consumer** vendre directement au consommateur.

**direction** [dɪ'rekʃən] **n** **a** (way) direction f, sens m. **b** (management) direction f, conduite f, administration f. ◊ **under the direction of** sous la direction or la conduite de. **c** (instruction) ordre m, indication f, instruction f. ◊ **directions for use** mode d'emploi; **follow our directions** suivez nos instructions.

**directive** [dɪ'rektɪv] **n** directive f.

**director** [dɪ'rektər] **1** **n** **a** (senior manager) directeur m; [small department] chef m de service, responsable m; (Jur, Admin) gérant m. ◊ **director of maintenance** responsable or directeur de l'entretien; **director of customer service** chef or directeur du service clients; **divisional director** directeur de division; **executive director** directeur exécutif; **finance director** directeur financier. **b** (elected member of a company's board) administrateur m. ◊ **board of directors** conseil d'administration; **director's fees** jetons de présence; **directors' shares** actions réservées aux membres du conseil d'administration; **company director** chef d'entreprise; **managing director** présidentdirecteur général, PDG; **he is managing director of a textile company** il est PDG d'une entreprise de textile; **non-executive**

**director** administrateur. **c** (Theat) metteur m en scène; (Cine, Rad, TV) réalisateur m. **2** **cpd** **director-designate** directeur désigné. – **director general** directeur général. – **Director of Public Prosecutions** (GB) ≈ procureur général.

**directorate** [daɪ'rektərɪt] **n** (board of directors) conseil m d'administration. ◊ **Directorate General** (EEC) direction générale; **interlocking directorates** directions croisées.

**directorship** [dɪ'rektəʃɪp] **n** poste m or fonctions fpl de directeur or d'administrateur. ◊ **during his directorship** pendant qu'il était directeur; **he has taken over the directorship of the company** il a pris la direction de l'entreprise.

**directory** [dɪ'rektərɪ] **1** **n** [addresses] répertoire m; (also **street directory**) guide m des rues; (Telec : also **telephone directory**) annuaire m téléphonique, Bottin m ®; (Comm) annuaire m du commerce. ◊ **to be ex-directory** être sur la liste rouge.
**2** **cpd** **directory enquiries** (GB Telec) or **assistance** (US Telec) (service m des) renseignements mpl. – **directory file** (Comp) fichier m répertoire.

**dirham** ['dɪəræm] **n** dirham m.

**dirt-cheap\*** ['dɜːttʃiːp] **1** **adv** buy pour rien, pour une bouchée de pain\*.
**2** **adj** très bon marché. ◊ **it is dirt-cheap** c'est donné\*.

**dirty** ['dɜːtɪ] **adj** sale. ◊ **dirty bill of lading** connaissement brut, connaissement avec réserves; **dirty float** (US Fin) flottement impur.

**dis., disc.** abbr of **discount**.

**disability** [ˌdɪsə'bɪlɪtɪ] **1** **n** (physical) invalidité f, incapacité f; (mental) incapacité f.
**2** **cpd** **disability income** pension or rente d'invalidité. – **disability pension** pension d'invalidité. – **disability retirement** retraite pour invalidité.

**disable** [dɪs'eɪbl] **vt** person rendre infirme; ship avarier, mettre hors d'état; (Jur : pronounce incapable) déclarer incapable (from doing de faire); machine rendre inutilisable, mettre hors service.

**disabled** [dɪs'eɪbld] **adj** **a** person infirme, handicapé. ◊ **disabled driver** conducteur handicapé; **disabled ex-serviceman** mutilé or invalide de guerre. **b** [ship] **to be disabled** avoir des avaries, être avarié or désemparé. **c** (Jur) incapable (from de).

**disablement** [dɪs'eɪblmənt] **1** **n** infirmité f. ◊ **degree of disablement** coefficient d'invalidité; **permanent disablement** invalidité permanente.

**2** cpd **disablement benefit** indemnité d'invalidité. – **disablement insurance** assurance invalidité. – **disablement pension** pension d'invalidité.

**disadvantage** [ˌdɪsəd'vɑːntɪdʒ] **1** n (gen) désavantage m, inconvénient m; (Comm) perte f. ◊ **to sell at a disadvantage** vendre à perte. **2** vt désavantager, défavoriser.

**disadvantageous** [ˌdɪsædvɑːn'teɪdʒəs] adj désavantageux, défavorable (to à).

**disaffirm** [ˌdɪsəf3ːm] vt (Jur) agreement défaire; contract dénoncer.

**disaffirmation** [ˌdɪsæfə'meɪʃən] n (Jur) annulation f.

**disagree** [ˌdɪsə'griː] vi **a** [person] se trouver or être en désaccord (with avec), ne pas être d'accord (with avec). ◊ **I disagree** je ne suis pas de cet avis, je ne suis pas d'accord. **b** (differ) [figures, reports, explanations] ne pas concorder.

**disagreement** [ˌdɪsə'griːmənt] n **a** (of opinion, between figures, accounts) désaccord m, différence f. **b** (quarrel) désaccord m, différend m.

**disallow** [ˌdɪsə'laʊ] vt (gen) rejeter, ne pas admettre; (Jur) complaint rejeter.

**disaster** [dɪ'zɑːstər] n désastre m.

**disastrous** [dɪ'zɑːstrəs] adj désastreux.

**disb.** abbr of disbursement.

**disburse** [dɪs'bɜːs] vt débourser, décaisser.

**disbursement** [dɪs'bɜːsmənt] **1** n (paying out) déboursement m, décaissement m, paiement m; (money paid) débours m, décaissement m. ◊ **to recover one's disbursements** rentrer dans ses débours; **the country's foreign capital disbursement target** l'objectif du pays en matière de sortie de capitaux étrangers; **cash disbursements** décaissements, sorties d'argent. **2** cpd **disbursements account** compte de débours. – **disbursement voucher** bordereau de décaissement.

**discharge** [dɪs'tʃɑːdʒ] **1** vt **a** ship, cargo décharger; liquid déverser. **b** employee renvoyer, congédier; prisoner libérer, élargir; accused relaxer; committee dessaisir. **c** (pay) debt, bill acquitter, s'acquitter de, liquider; account régler, solder; (perform satisfactorily) duty remplir, s'acquitter de; function remplir. **d** (release from debt, obligation) person décharger, libérer; bankrupt réhabiliter. ◊ **discharged bankrupt** failli réhabilité. **e** (Acc) (approve) account apurer. **2** n **a** [duty] accomplissement m, exécution f, exercice m. ◊ **discharge of the contract** accomplissement du contrat; **in the**

**discharge of his duties** dans l'exercice de ses fonctions. **b** [employee] renvoi m; [prisoner] libération f, élargissement m; [accused] relaxe m, dessaisissement m. **c** [cargo] déchargement m. ◊ **discharge port, port of discharge** port de déchargement. **d** (payment) [debt] acquittement m; (receipt for payment) quittance f, acquit m. **e** (release from debt) décharge f, libération f; (release from contractual responsibility) décharge f; (Acc, Mktg : for duties correctly carried out) quitus m. ◊ **discharge of lien** suppression du droit de rétention; **final discharge** décharge définitive; **in full discharge** pour acquit. **f** (Jur) [bankrupt] réhabilitation f. **g** (Acc) [account] apurement m.

**disciplinary** ['dɪsɪplɪnərɪ] adj disciplinaire. ◊ **disciplinary board** conseil de discipline; **disciplinary sanctions** sanctions disciplinaires.

**discipline** ['dɪsɪplɪn] n discipline f.

**disclaim** [dɪs'kleɪm] vt (gen) nier; claim, right renoncer à. ◊ **to disclaim responsibility** rejeter toute responsabilité.

**disclaimer** [dɪs'kleɪmər] n dénégation f, démenti m. ◊ **to issue a disclaimer** publier un démenti; **disclaimer of opinion** (Acc) absence d'opinion.

**disclose** [dɪs'kləʊz] vt information publier, rendre public, divulguer, révéler.

**disclosure** [dɪs'kləʊʒər] **1** n divulgation f, révélation f. ◊ **disclosure of information** (Acc, Mktg) production or publication d'informations; **full disclosure** (statement) exposé complet et véridique; (Acc) état comptable complet; **timely disclosure** publication en temps opportun. **2** cpd **disclosure principle** principe de bonne information. – **disclosure requirement** obligation d'information. – **disclosure standards** normes fpl de présentation de l'information.

**disconnect** ['dɪskə'nekt] vt (gen) détacher, séparer; television débrancher; (Comp) déconnecter; telephone couper. ◊ **to disconnect a call** couper or interrompre une communication; **we've been disconnected** (in the middle of a call) on nous a coupés.

**discontinue** ['dɪskən'tɪnjuː] vt (stop) (gen) cesser, interrompre; (production of an article) arrêter. ◊ **discontinued line** (Comm) série or article qui ne se fait plus, série discontinuée; **discontinued** (on sale goods) fin de série, sans suite; **to discontinue some products** suspendre or arrêter la fabrication de certains produits.

**discontinuity** [ˌdɪskɒntɪ'njuːtɪ] n discontinuité f.

**discontinuous**

**discontinuous** [ˈdɪskənˈtɪnjʊəs] **adj** discontinu.

**discount** [ˈdɪskaʊnt] **1** **n** **a** (reduction in price) (gen) réduction f, abattement m ; (on substandard goods) rabais m ; (on quantity or to a particular category of customer) remise f ; (rebate on transaction, not shown on invoice) ristourne f. ◊ **discount without recourse** escompte à forfait or sans recours ; **cash discount** escompte de caisse ; **to give a discount of 15%** consentir or accorder un rabais or une remise de 15% ; **to sell sth at a discount** vendre qch au rabais ; **deep discount fare** tarif très réduit ; **trade discount** remise à la profession, remise confraternelle. **b** (Bank) [bill, paper] escompte m. ◊ **bills for discount** effets à l'escompte ; **to tender for discount** présenter à l'escompte ; **true discount** escompte en dedans, escompte rationnel. **c** (St Ex : also **share discount**) décote f. ◊ **these shares are at a discount** il y a une forte décote sur ces actions ; **these shares are selling at a discount of 100 p** ces actions se vendent avec une décote de 100 pence, ces actions sont cotées à 100 pence au-dessous du pair ; **to issue shares at a discount** émettre des actions au-dessous du pair ; **a discount of 25% below the nominal value of the shares** une décote de 25% par rapport à la valeur nominale de l'action. **d** (Forward Markets) déport m. ◊ **the discount on forward sterling** le déport de la livre sterling ; **the franc is selling at a discount** le franc se vend avec un déport ; **the forward rate is at a discount to the spot rate** le cours à terme comporte un déport par rapport au cours au comptant. **e** (Ins) (reduction in premium) ristourne f. **f** (Fin : between future value and discounted present value) écart m d'actualisation. **2** **cpd** **discount bank** banque d'escompte. – **discount banker** banquier escompteur. – **discount bond** obligation vendue au-dessous du pair. – **discount broker** (dealing in commercial paper) courtier d'escompte ; (charging low fees) courtier en valeurs mobilières à commission réduite. – **discount certificate of deposit** certificat de dépôt à intérêts précomptés. – **discount charges** agios mpl d'escompte. – **discount factor** facteur d'actualisation. – **discount house** (bank) banque d'escompte ; (shop) magasin discount, discounter. – **discount market** marché de l'escompte. – **discount order quantity** seuil de remise. – **discount period** (Comm) délai d'escompte. – **discount price** prix réduit. – **discount rate** (Bank) taux d'escompte ; (Acc : calculating discounted value) taux d'actualisation ; (US : minimum lending rate) taux de base bancaire. – **discount store** magasin discount, discounter. – **discount terms** remise (exception-

nelle) ; **discount terms : 10% off list price for orders over £100** remise de 10% sur le prix catalogue pour toutes commandes supérieures à 100 livres. – **discount window** (US) *possibilité offerte aux banques américaines de se financer auprès de la Réserve fédérale.*
**3** **vt** **a** (Bank) bill, paper escompter, prendre à l'escompte. **b** (Fin, Acc) (calculate present value of a future sum) actualiser. **c** (anticipate) **the stock market has already discounted the expected drop in earnings** la Bourse a déjà anticipé la baisse attendue des bénéfices ; **this sum must be discounted for inflation** cette somme doit être corrigée pour tenir compte de l'inflation ; **present prices partly discount the economic uncertainties** les prix actuels tiennent en partie compte des incertitudes économiques. **d** (disregard) ne pas tenir compte de.

**discountable** [dɪsˈkaʊntəbl] **adj** bill, paper escomptable.

**discounted** [dɪsˈkaʊntɪd] **adj** bill, paper escompté ; product réduit, à prix réduit ; service à tarif réduit. ◊ **discounted cash flow** valeur actualisée nette ; **discounted (present) value** valeur actualisée.

**discounter** [dɪsˈkaʊntər] **n** **a** (Fin, Bank) escompteur m. **b** (Comm) magasin m discount, discounter m.

**discrepancy** [dɪsˈkrepənsɪ] **n** (between figures) écart m, divergence f (*between* entre), non-concordance f (*between* de) ; (between facts, points of view) contradiction f, divergence f (*between* entre). ◊ **there is a discrepancy in the accounts** les comptes ne s'accordent pas ; **statistical discrepancy** écart statistique ; **discrepancy report** liste d'anomalies.

**discrete** [dɪsˈkriːt] **adj** (gen, Math, Comp) discret. ◊ **discrete components** composants discrets or non intégrés ; **discrete data** données discrètes ; **discrete representation** représentation discrète ; **discrete variable** variable discrète or discontinue.

**discretion** [dɪsˈkreʃən] **n** discrétion f. ◊ **to leave sth to sb's discretion** laisser qch à la discrétion de qn ; **at master's discretion** (Mar) à la diligence du capitaine.

**discretionary** [dɪsˈkreʃənərɪ] **adj** powers, costs, purchase discrétionnaire. ◊ **discretionary income** revenu discrétionnaire ; **discretionary order** (St Ex) ordre à appréciation.

**discuss** [dɪsˈkʌs] **vt** price discuter, négocier ; (talk about) discuter de, débattre de.

**discussion** [dɪsˈkʌʃən] **1** **n** discussion f, débat m (*of, about* sur, au sujet de). ◊ **the matter is under discussion** la question est en discussion or est en train d'être débattue ; **a subject for discussion** un sujet de discussion ;

**I shall bring it up for discussion at the next meeting** je soulèverai la question à la prochaine réunion, je proposerai qu'on en discute lors de la prochaine réunion ; **panel discussion** réunion-débat. **2 cpd discussion memorandum** (US) document de travail.

**disease** [dɪ'ziːz] n maladie f. ◊ **occupational disease** maladie professionnelle.

**diseconomy** [ˌdɪsɪ'kɒnəmɪ] n (Econ) déséconomie f. ◊ **diseconomies of scale** déséconomies d'échelle.

**disembargo** [ˌdɪsɪmbɑːɡəʊ] vt lever l'embargo sur.

**disembark** [ˌdɪsɪm'bɑːk] vti débarquer.

**disembarkation** [ˌdɪsɪmbɑː'keɪʃən] n [passengers, cargo] débarquement m. ◊ **disembarkation card** carte de débarquement.

**disencumber** [ˌdɪsɪn"kʌmbəʳ] vt mortgage payer ; property déshypothéquer.

**disengage** [ˌdɪsɪn'ɡeɪdʒ] vt ◊ **to disengage o.s. from** se dégager de.

**disequilibrium** [ˌdɪsiːkwɪ'lɪbrɪəm] n déséquilibre m.

**disguised** [dɪs'ɡaɪzd] adj (gen) déguisé ; unemployment caché, déguisé.

**dishoard** [dɪshɔːd] vt money déthésauriser, remettre en circulation ; stocks, goods déstocker.

**dishonest** [dɪs'ɒnɪst] adj malhonnête.

**dishonesty** [dɪs'ɒnɪstɪ] n malhonnêteté f.

**dishonour** (GB), **dishonor** (US) [dɪs'ɒnəʳ] **1** n **a** (non-payment) [cheque] non-paiement m, refus m de paiement ; (non-acceptance) [draft, bill] non-acceptation f, refus m d'acceptation. ◊ **notice of dishonour** protêt m. **b** [person, company] déshonneur m. **2** vt **a** bill, cheque refuser d'honorer. ◊ **to dishonour a draft** ne pas honorer un effet ; **to dishonour a draft by non-acceptance** refuser d'accepter un effet. **b** person, company déshonorer.

**disincentive** [ˌdɪsɪn'sentɪv] n élément m dissuasif, désincitation f. ◊ **high interest rates are a disincentive to investment** les taux d'intérêts élevés constituent un frein à l'investissement or découragent l'investissement ; **high income tax is a disincentive for senior managers** la forte pression fiscale démotive les cadres supérieurs ; **disincentive to trade** effet dissuasif pour le commerce.

**disinflation** [ˌdɪsɪn'fleɪʃən] n désinflation f.

**disinflationary** [ˌdɪsɪn'fleɪʃənərɪ] adj measures, policy désinflationniste.

**disinstall** [ˌdɪsɪn'stɔːl] vt (Comp, Ind) retirer du service.

**disintegration** [dɪsˌɪntɪ'ɡreɪʃən] n (collapse) désintégration f, désagrégation f ; (Ind : contracting out previously integrated production) désengagement m.

**disintermediation** [ˌdɪsɪntəmiː'djeɪʃən] n désintermédiation f.

**disinvest** [dɪsɪn'vest] vi désinvestir.

**disinvestment** [dɪsɪnvestmənt] n désinvestissement m.

**disk** [dɪsk] **1** n (Comp) disque m. ◊ **hard / magnetic / floppy disk** disque dur / magnétique / souple. **2 cpd disk drive (unit)** unité or lecteur de disques or de disquettes. – **disk file** fichier sur disque, fichier-disque. – **disk operating system** système d'exploitation. – **disk pack** chargeur (de disques). – **disk space** espace disque. – **disk storage** mémoire sur disque.

**diskette** [dɪs'ket] **1** n (Comp) disquette f. **2 cpd diskette drive, diskette storage unit** unité or lecteur de disquettes. – **diskette file** fichier sur disquette.

**dismantle** [dɪs'mæntl] vt démanteler.

**dismember** [dɪs'membəʳ] vt démanteler.

**dismemberment** [dɪs'membəmənt] n démantèlement m.

**dismiss** [dɪs'mɪs] vt **a** worker renvoyer, licencier ; official destituer ; assembly dissoudre. **b** idea, suggestion écarter ; request rejeter. **c** (Jur) accused relaxer ; appeal rejeter. ◊ **to dismiss a case** considérer une plainte comme non recevable.

**dismissal** [dɪs'mɪsəl] n **a** [worker] renvoi m ; [official] destitution f ; [assembly] dissolution f. ◊ **mass dismissal** licenciement collectif ; **unfair dismissal** licenciement abusif. **b** (Jur) [accused] relaxe f ; [appeal] rejet m.

**disobedience** [ˌdɪsə'biːdɪəns] n désobéissance f, insoumission f.

**disobey** ['dɪsə'beɪ] vt superior désobéir à ; law enfreindre.

**disorder** [dɪs'ɔːdəʳ] n désordre m.

**disorganize, disorganise** [dɪs'ɔːɡənaɪz] vt désorganiser.

**disparity** [dɪs'pærɪtɪ] n disparité f (in au niveau de ; between entre).

**dispatch** [dɪs'pætʃ] **1** vt **a** (send) letter, goods expédier, envoyer ; messenger dépêcher, envoyer ; messages, information envoyer, acheminer. **b** (finish off) job expédier. ◊ **to dispatch the outstanding business** expédier les affaires en suspens. **2** n **a** [goods, letter] envoi m, expédition f. ◊ **date of dispatch** date d'expédition ; **office of dispatch** bureau d'origine ; **advice of dis-**

**patch** avis or bordereau or bulletin d'expédition. **b** (promptness) promptitude f. **c** (official report) dépêche f.

**3** **cpd** dispatch case serviette, porte-documents m inv. – **dispatch department** service des expéditions. – **dispatch manager** chef du service des expéditions.

**dispatcher** [dɪsˈpætʃər] n [goods] expéditeur m; (in transport company) régulateur m.

**dispatching** [dɪsˈpætʃɪŋ] n [goods] expédition f. ◊ **dispatching department** service des expéditions.

**dispensation** [ˌdɪspenˈseɪʃən] n (exemption) exemption f, dérogation f. ◊ **to have a special dispensation** avoir obtenu une dérogation.

**dispense with** [dɪsˈpens] vt fus (do without) se passer de.

**dispenser** [dɪsˈpensər] n (machine) distributeur m. ◊ **cash dispenser** distributeur automatique de billets, billetterie; **soft drinks dispenser** distributeur de boissons.

**dispersed** [dɪspɜːsd] adj (gen) dispersé, disséminé; (Comp) réparti. ◊ **dispersed data processing** informatique répartie, traitement réparti des données.

**dispersion** [dɪsˈpɜːʃən] n dispersion f.

**displace** [dɪsˈpleɪs] vt (St Ex) shares déclasser; (Mar) déplacer; workers déplacer.

**displacement** [dɪsˈpleɪsmənt] n **a** (St Ex) [shares] déclassement m. **b** (Mar) [water] déplacement m. ◊ **light displacement** déplacement à vide; **load displacement** déplacement en charge; **displacement ton** ton neau de déplacement.

**display** [dɪsˈpleɪ] **1** vt **a** (gen) montrer; (on notice board) notice, results, information afficher; (Press, Typ) mettre en vedette. **b** (in shop) mettre à l'étalage, exposer. **c** (Comp) data afficher, visualiser.

**2** n **a** (in shop) [goods] étalage m, présentation f. ◊ **our goods are on display on the 1st floor** nos articles sont exposés or présentés au 1er étage; **there is a fine display of cameras in this new shop** il y a une excellente présentation d'appareils-photos dans ce nouveau magasin; **window display** étalage (en vitrine), vitrine; **they have a fine window display** ils ont une belle vitrine. **b** (Comp) affichage m, visualisation f; (screen) écran m, visuel m. ◊ **graphic display** visualisation graphique; **visual display unit** console or écran de visualisation, visuel.

**3** **cpd** display ad* grande annonce. – **display advertising** publicité par (grande) annonce. – **display board** panneau d'affichage. – **display cabinet** vitrine. – **display case** vitrine. – **display**

**console** console de visualisation. – **display face** (Typ) caractère à vedette. – **display file** fichier graphique or de visualisation. – **display material** (Pub) matériel promotionnel (sur le lieu de vente), matériel de publicité sur le lieu de vente or de PLV. – **display pack, display packaging** (Comm) emballage de présentation, emballage présentoir. – **display panel** (Comm) tableau or panneau d'affichage. – **display position** (Comm) emplacement de PLV. – **display screen** (Comp) écran de visualisation, visuel. – **display stand** présentoir. – **display unit** (Comp) écran de visualisation, visuel; (Comm, Pub) présentoir. – **display window** (in shop) vitrine, étalage; (Comp) viseur.

**disposable** [dɪsˈpəʊzəbl] **1** adj **a** (not reusable) à jeter, jetable. ◊ **disposable wrapping** emballage perdu; **disposable razor** rasoir jetable; **disposable goods** articles jetables. **b** (available) objects, money disponible. ◊ **disposable income** revenu(s) disponible(s); **disposable funds** disponibilités, fonds disponibles.

**2** npl ◊ **disposables** (Comm) articles mpl jetables; (assets) cessions fpl.

**disposal** [dɪsˈpəʊzəl] n **a** [rubbish] (collection) enlèvement m; (destruction) destruction f; (Jur) [property] disposition f, cession f; [problem, question] résolution f. ◊ **deed of disposal** (Jur) acte de disposition; **the disposal of current business** l'expédition des affaires courantes. **b** (Comm) [goods for sale] vente f, écoulement m. ◊ **disposal of goods** (on form) destination des marchandises. **c** [securities] cession f; [company, subsidiary] cession f, revente f. ◊ **disposal of assets** cession d'éléments d'actif. **d** [resources, funds, goods] disposition f. ◊ **I am at your disposal for any further advice** je suis à votre disposition pour tout conseil supplémentaire; **we hold these goods at your entire disposal** nous tenons ces marchandises à votre entière disposition.

**dispose of** [dɪsˈpəʊz] vt fus **a** rubbish, opponent se débarrasser de, se défaire de; question, problem, business régler, expédier. ◊ **to dispose of one's business** céder son fonds, céder son affaire. **b** (Comm) goods écouler, vendre. **c** asset, securities céder.

**dispossess** [ˈdɪspəˈzes] vt (gen) déposséder, priver (of de); (Jur) exproprier, dessaisir.

**disproportion** [ˌdɪsprəˈpɔːʃən] n disproportion f.

**disproportionate** [ˌdɪsprəˈpɔːʃnɪt] adj disproportionné (to à, avec).

**disprove** [dɪsˈpruːv] vt démontrer la fausseté de.

**distribution**

**disputable** [dɪsˈpjuːtəbl] **adj** discutable, contestable.

**disputants** [dɪsˈpjuːtənts] **npl** ◊ **the disputants** (Jur) les parties.

**dispute** [dɪsˈpjuːt] **1** **n** (argument) discussion f; (Ind) conflit m. ◊ **industrial dispute, labour dispute** conflit social, conflit du travail; **wage dispute** conflit salarial; **beyond dispute** incontestable; **in dispute** matter en discussion; facts, figures contesté; (Jur) en litige. **2** **vt** claim, will contester.

**disputed** [dɪsˈpjuːtɪd] **adj** (gen) contesté; (Jur) en litige.

**disqualify** [dɪsˈkwɒlɪfaɪ] **vt** ◊ **to disqualify sb from doing** retirer à qn le droit de faire; **to be disqualified from holding a trading licence** se voir retirer sa patente.

**disrupt** [dɪsˈrʌpt] **vt** train service, plans perturber; market éclater, disloquer.

**disruption** [dɪsˈrʌpʃən] **n** [train service, plans] perturbation f; [market] éclatement m (of, in de).

**disruptive** [dɪsˈrʌptɪv] **adj** perturbateur.

**dissatisfaction** [ˈdɪsˌsætɪsˈfækʃən] **n** mécontentement m, insatisfaction f.

**dissatisfied** [ˈdɪsˈsætɪsfaɪd] **adj** mécontent (with de).

**dissave** [ˌdɪsˈseɪv] **vi** (Econ) désépargner.

**dissaving** [ˌdɪsˈseɪvɪŋ] **n** (Econ) désépargne f; (Acc) réduction f de la situation nette.

**disseize** [dɪsˈsiːz] **vt** (Jur) déposséder.

**dissent** [dɪˈsent] **1** **vi** différer (d'opinion). ◊ **dissenting opinion** (Jur) opinion contraire. **2** **n** dissentiment m.

**disservice** [ˈdɪsˈsɜːvɪs] **n** mauvais service m. ◊ **to do sb a disservice** desservir qn.

**dissociate** [dɪˈsəʊʃɪeɪt] **vt** dissocier, séparer (from de). ◊ **to dissociate o.s. from** se dissocier de, se désolidariser de.

**dissolution** [ˌdɪsəˈluːʃən] **n** [company, partnership] dissolution f.

**dissolvable** [dɪˈzɒlvəbl] **adj** (Jur) dissoluble.

**dissolve** [dɪˈzɒlv] **1** **vt** company, partnership dissoudre. **2** **vi** [company] se dissoudre, être dissous.

**dist.** abbr of district.

**distance** [ˈdɪstəns] **1** **n** distance f. ◊ **long-distance flight** (vol) long-courrier; **long-distance lorry** (GB) or **truck** (US) camion à long rayon d'action; **long-distance telephone call** communication interurbaine; **I would like to make a call long distance** or **make a long-distance call please** pourriez-vous me passer une communication interurbaine?

**2** **cpd** **distance freight** fret à longue distance. – **distance teaching** enseignement à distance. **3** **vt** (Sport) competitor distancer. ◊ **to distance o.s. from sth** se distancier de qch.

**distinctive** [dɪsˈtɪŋktɪv] **adj** distinctif, caractéristique.

**distinguishing** [dɪsˈtɪŋgwɪʃɪŋ] **adj** distinctif, caractéristique. ◊ **distinguishing mark** caractéristique; (on passport) signe particulier.

**distort** [dɪsˈtɔːt] **vt** judgment fausser; words, facts dénaturer.

**distortion** [dɪsˈtɔːʃən] **n** [facts, text] déformation f. ◊ **price distortion** distorsion des prix.

**distrain** [dɪsˈtreɪn] **vi** (Jur) **to distrain upon sb's goods** saisir les biens or opérer la saisie des biens de qn; **to distrain upon a debtor** saisir un débiteur.

**distrainable** [dɪsˈtreɪnəbl] **adj** (Jur) saisissable.

**distrainee** [ˌdɪstreɪˈniː] **n** (Jur) saisi(e) m(f).

**distrainer, distrainor** [dɪˈstreɪnəʳ] **n** (Jur) saisissant(e) m(f).

**distrainment** [dɪsˈtreɪnmənt] **n** (Jur) saisie f.

**distrainor** [dɪˈstreɪnəʳ] **n** → distrainer.

**distraint** [dɪsˈtreɪnt] **n** (Jur) saisie f, saisie-exécution f (sur les meubles d'un débiteur).

**distress** [dɪsˈtres] **1** **n** **a** (Mar) **ship in distress** navire en perdition or en détresse. **b** (Jur) saisie-gagerie f. ◊ **distress for rent** saisie en cas de non-paiement du loyer. **2** **cpd** **distress goods** marchandises fpl sacrifiées à très bas prix. – **distress sale** vente de biens saisis. – **distress selling** vente forcée, vente par nécessité. – **distress signal** signal de détresse. – **distress warrant** mandat de saisie.

**distributable** [dɪsˈtrɪbjutəbl] **adj** profit distribuable.

**distribute** [dɪsˈtrɪbjuːt] **vt** **a** brochures distribuer; load, weight répartir; work, tasks répartir, distribuer. **b** dividend distribuer, mettre en distribution, répartir; money distribuer, répartir, partager. ◊ **distributed earnings** bénéfices distribués. **c** goods distribuer, être distributeur de. **d** (Comp) **distributed computing, distributed data processing** traitement réparti or décentralisé; **distributed data base** base de données répartie.

**distribution** [ˌdɪstrɪˈbjuːʃən] **1** **n** **a** [earnings, profits, dividend, tasks] répartition f, distribution f; (amount paid on a given date) montant m du dividende; [bankrupt's personal assets] répartition f. ◊ **next distribution : July 22** prochain dividende le 22 juillet; **distribution of**

**risk** (St Ex, Ins) répartition des risques ; **estate distribution** partage successoral ; **the theory of distribution** la théorie de la distribution ; **income distribution** répartition or distribution des revenus. **b** [goods] distribution f. ◊ **chain of distribution** circuit de distribution ; **to be in retail / wholesale distribution** faire du commerce de détail / de gros ; **the wholesale distribution of a product** la distribution en gros d'un produit. **c** (placing) [securities] placement m. ◊ **primary distribution** (St Ex) première introduction. **d** (Stat) distribution f. ◊ **age distribution** distribution or répartition par âge ; **random distribution** distribution aléatoire. **2 cpd distribution channel** canal de distribution. − **distribution centre** centre de distribution. − **distribution costs** (Acc) frais mpl or charges fpl de distribution. − **distribution function** fonction de distribution. − **distribution manager** chef de la distribution. − **distribution network** réseau de distribution. − **distribution stock** (St Ex) action de répartition.

**distributive** [dɪsˈtrɪbjʊtɪv] **adj** distributif. ◊ **distributive costs** frais or charges de distribution ; **the distributive trades** le secteur de la distribution, le commerce de distribution.

**distributor** [dɪsˈtrɪbjʊtəʳ] **n a** (Comm) (gen) distributeur m ; (with exclusive rights in an area) concessionnaire m. ◊ **distributor network** réseau de distributeurs ; **distributor's price** prix de gros, prix à la distribution ; **authorized distributor** distributeur agréé ; **last distributor** détaillant ; **retail distributor** détaillant, distributeur au détail ; **sole distributor** concessionnaire exclusif, seul distributeur (for de) ; **wholesale distributor** grossiste, distributeur en gros. **b** (machine) distributeur m.

**district** [ˈdɪstrɪkt] **1 n** [country] région f ; [town] quartier m ; (administrative area) district m, arrondissement m. ◊ **business district** quartier des affaires ; **postal district** (GB) secteur postal ; **shopping district** quartier commerçant. **2 cpd district attorney** (US Jur) magistrat fédéral, ≈ procureur de la République. − **district bank** banque régionale. − **district manager** directeur régional. − **district office** bureau régional.

**disturb** [dɪsˈtɜːb] **vt** meeting, conversation troubler ; person (inconvenience) déranger ; (alarm) inquiéter ; (Jur) troubler (la jouissance de). ◊ **the chairman is in a meeting and has given orders he is not to be disturbed** le président est en réunion et a donné ordre de ne pas être dérangé.

**disuse** [ˈdɪsˈjuːs] **n** ◊ **to fall into disuse** tomber en désuétude.

**DIT** [ˌdiːaɪˈtiː] **n** abbr of **double income tax** → **double**.

**ditto** [ˈdɪtəʊ] **adv** idem.

**div.** abbr of **dividend**.

**dive** [daɪv] **n** ◊ **to take a dive\***, **go into a dive\*** [prices] plonger, chuter.

**diverge** [daɪˈvɜːdʒ] **vi** diverger.

**divergence** [daɪˈvɜːdʒəns] **n** divergence f. ◊ **divergence indicator** (EEC) indicateur de divergence ; **divergence limit** limite de divergence.

**divergent** [daɪˈvɜːdʒənt] **adj** divergent.

**diversification** [daɪˌvɜːsɪfɪˈkeɪʃən] **n** (gen) diversification f. ◊ **horizontal / lateral / vertical diversification** diversification horizontale / latérale / verticale.

**diversify** [daɪˈvɜːsɪfaɪ] **1 vt** diversifier. **2 vi** se diversifier. ◊ **they took the decision to diversify into household goods** ils ont décidé une diversification dans les appareils ménagers.

**diversion** [daɪˈvɜːʃən] **n a** (GB : traffic) déviation f. ◊ **there is a diversion in place on the M4 north of Birmingham** on a mis en place une déviation sur la M4 au nord de Birmingham. **b** (Econ) détour m. ◊ **intermediate output diversion** (Ind) détour de production.

**diversity** [daɪˈvɜːsɪtɪ] **n** diversité f, variété f.

**divert** [daɪˈvɜːt] **vt** train, plane, ship dérouter, détourner ; traffic dévier ; attention, conversation détourner. ◊ **because of bad weather we were diverted by Frankfurt** à cause du mauvais temps notre avion a été détourné par Francfort.

**divest** [daɪˈvest] **vt** (of rights, property) dépouiller, priver (of de). ◊ **the company has divested itself of all its overseas subsidiaries** la société s'est défaite de or a procédé à la cession de toutes ses filiales étrangères ; **to divest o.s. of an asset** céder un élément d'actif.

**divestiture** [daɪˈvestɪtʃəʳ] **n** (Jur) dépossession f ; (disposing of all or part of a business) cession f.

**divestment** [daɪˈvestmənt] **n** [subsidiary] cession f.

**divide** [dɪˈvaɪd] **vt** diviser. ◊ **to divide 4 into 32**, **to divide 32 by 4** diviser 32 par 4.

**dividend** [ˈdɪvɪdend] **1 n** (Fin, St Ex) dividende m ; (Ins) bonification f, participation f aux bénéfices ; (Jur : in bankruptcy or liquidation) dividende m or boni m de liquidation ; (GB : cooperative society) ristourne f. ◊ **to declare** or **announce a dividend** déclarer un dividende ; **to distribute a dividend** mettre en distribution or distribuer un dividende ; **cum dividend** coupon attaché ; **ex dividend**

coupon détaché, ex-dividende ; **final dividend** solde de dividende.

**2** **cpd** **dividend appropriations** affectation de dividendes. — **dividend counterfoil** talon de dividende. — **dividend cover** couverture des dividendes. — **dividend income** revenu(s) m(pl) des dividendes. — **dividend limitation** (imposed by government) blocage des dividendes. — **dividend mandate** ordonnance de paiement de dividende, coupon d'arrérages. — **dividend on** (US) coupon attaché. — **dividend off** (US) coupon détaché. — **dividend payout ratio** ratio des dividendes distribués aux bénéfices, ratio de distribution. — **dividend reinvestment plan** plan d'épargne avec capitalisation or réinvestissement des dividendes. — **dividend share** action de jouissance. — **dividend tax credit** avoir fiscal. — **dividend warrant** coupon de dividende. — **dividend yield** rendement des actions, rendement boursier.

**divide out** **vt sep** répartir, distribuer (*among* entre).

**division** [dɪ'vɪʒən] **n** **a** (act of dividing) division f, séparation f (*into* en) ; (sharing out) partage m, répartition f, distribution f (*between* entre). ◊ **the division of labour** la division du travail ; **division in a succession** (Jur) partage de succession. **b** (Admin : section) division f ; (category) classe f, catégorie f. ◊ **the agro-chemical division** la division agrochimie ; **operating division** division or branche opérationnelle. **c** (discord) division f.

**divisional** [dɪ'vɪʒənəl] **adj** ◊ **divisional coin** monnaie divisionnaire ; **divisional director** directeur de division ; **divisional management** gestion par département ; **divisional structure** structure par division ; **the decision will be taken at divisional level** la décision sera prise au niveau de la division.

**DIY** [diːaɪ'waɪ] (GB) **n** abbr of *do-it-yourself* ◊ **a DIY shop** un magasin de bricolage.

**Djibouti** [dʒɪ'buːtɪ] **n** Djibouti.

**dk** abbr of *dock*.

**dld** abbr of *delivered*.

**DLO** [ˌdiːel'əʊ] (GB) **n** abbr of *Dead Letter Office* → dead.

**dly** abbr of *daily*.

**DM** [diː'em] **n** abbr of *Deutsche Mark* DM m.

**D / N, DN** **n** abbr of *debit note* → debit.

**do.** abbr of *ditto*.

**D / O** **a** abbr of *deferred ordinary shares* → deferred. **b** abbr of *delivery order* → delivery.

**d.o.b.** abbr of *date of birth* → date.

**doc.** abbr of *document*.

**dock** [dɒk] **1** **n** **a** (for berthing) bassin m, dock m ; (for loading) dock(s) m(pl). ◊ **the docks** les docks ; **dry dock** cale sèche, bassin de radoub ; **floating dock** dock flottant ; **graving dock** bassin de radoub ; **loading dock** embarcadère, quai d'embarquement ; **tidal dock** bassin d'échouage ; **unloading dock** débarcadère, quai de débarquement ; **wet dock** bassin à flot. **b** (Jur) banc m des accusés or des prévenus. **c** (loading, unloading bay in factory) quai m. ◊ **receiving dock** quai de réception.

**2** **cpd** **dock dues** droits mpl de bassin or de docks. — **dock house** bureaux mpl des docks. — **dock labourer** docker, débardeur. — **dock receipt** reçu des docks. — **dock strike** grève des dockers. — **dock warrant** dock-warrant.

**3** **vt** **a** ship mettre à quai. **b** (* : reduce) wages rogner*. ◊ **to dock £5 off sb's wages** retenir or rogner* 5 livres or faire une retenue de 5 livres sur le salaire de qn ; **he had his wages docked for absenteeism** on lui a fait une retenue sur son salaire pour absentéisme. **c** (Jur) **to dock an entail** annuler une substitution.

**4** **vi** entrer au bassin or aux docks, se mettre à quai. ◊ **the ship has docked** le navire est à quai.

**dockage** ['dɒkɪdʒ] **n** droits mpl de docks or de bassin.

**docker** ['dɒkər] **n** docker m, débardeur m.

**docket** ['dɒkɪt] **1** **n** **a** (GB : receipt) reçu m, récépissé m ; (Customs) certificat m de paiement des droits de douane. **b** (Jur) (register) registre m des comptes rendus d'audience ; (list of cases) rôle m des causes à juger.

**2** **vt** **a** (Jur) judgment faire le compte rendu de. **b** packet, document étiqueter.

**doctor** ['dɒktər] **n** (title) docteur m ; (occupation) médecin m. ◊ **company doctor** médecin d'entreprise ; **doctor's certificate** certificat médical ; **Doctor of law** docteur en droit ; **doctor of medicine** docteur en médecine.

**dockyard** ['dɒkjɑːd] **n** chantier m naval.

**document** ['dɒkjʊmənt] **1** **n** (gen) document m ; (Jur) acte m. ◊ **to draw up** or **raise a document** (gen) rédiger un document ; (Jur) rédiger un acte ; **legal document** acte authentique, document juridique ; **official document** (gen) document officiel ; (Jur) acte authentique public ; **you must produce supporting documents** vous devez fournir des justificatifs or des pièces justificatives ; **documents attached to the consignment note** annexes à la lettre de voiture ; **a**

**letter of credit with documents attached** une lettre de crédit assortie de documents; **the buyer must accept the documents when tendered by the seller** l'acheteur doit lever les documents lors de la présentation par le vendeur; **document for collection** encaissement documentaire; **document of title** titre de propriété; **shipping documents** pièces d'embarquement, documents d'expédition. **2** cpd **documents against acceptance** documents mpl contre acceptation; **documents-against-acceptance bill** traite documents contre acceptation. − **documents against cash** encaissement documentaire. − **documents against payment** documents mpl contre paiement; **documents-against-payment bill** traite documents contre paiement. − **documents against presentation** documents mpl contre présentation. − **document case** porte-documents m inv. − **document handler** (Comp) lecteur de documents. − **document retrieval** recherche documentaire. **3** vt **a** case, point of view documenter, appuyer -à l'aide de documents. **b** ship munir des papiers nécessaires.

**documentary** [ˌdɒkjʊˈmentərɪ] **1** adj (gen) documentaire. ◊ **documentary letter of credit, documentary acceptance credit** crédit documentaire; **documentary bill** traite or effet documentaire; **documentary collection** encaissement documentaire; **documentary evidence** documents, preuve documentaire or écrite. **2** n (also **documentary film**) (film m) documentaire m.

**documentation** [ˌdɒkjʊmenˈteɪʃən] n documentation f. ◊ **there is excellent documentation with this computer** le manuel d'utilisation de cet ordinateur est très bien fait.

**DOE** [ˌdiːəʊˈiː] n **a** (GB) abbr of *Department of the Environment* → department. **b** abbr of *Department of Energy* → department.

**doer** [ˈduː(ː)əʳ] n (active person) personne f dynamique or efficace. ◊ **he's a doer** c'est un homme d'action.

**dog** [dɒg] n (US Fin sl) (promissory note) billet m à ordre; (portfolio analysis) poids m mort.

**do-it-yourself** [ˈduːɪtjəˈself] adj ◊ **do-it-yourself shop** magasin de bricolage; **do-it-yourself kit** kit prêt-à-monter; **do-it-yourself department** rayon (de) bricolage.

**doldrums** [ˈdɒldrəmz] npl ◊ **to be in the doldrums** [business] être dans le marasme.

**dole\*** [dəʊl] (GB) n ◊ **dole (money)** allocation or indemnité de chômage; **to go / be**

**on the dole** s'inscrire / être au chômage; **to join the dole queue** être mis au chômage.

**dollar** [ˈdɒləʳ] **1** n dollar m. ◊ **Australian / Canadian dollar** dollar australien / canadien. **2** cpd **dollar acceptance** effet de commerce or crédit documentaire payable en dollars. − **dollar area** zone dollar. − **dollar balances** balances fpl dollar. − **dollar bill** billet d'un dollar; . **a five-dollar bill** un billet de cinq dollars; **dollar bill of exchange** effet de commerce libellé en dollars. − **dollar bond** obligation libellée en dollars. − **dollar credit** crédit documentaire libellé en dollars. − **dollar exchange rate** cours du dollar. − **dollar gap** pénurie de dollars, déficit de la balance dollar. − **dollar glut** surabondance de dollars. − **dollar premium** prime sur le dollar. − **dollar standard** étalon dollar. − **dollar stocks** valeurs fpl en dollars. − **dollar store** magasin à prix unique.

**domain** [dəʊˈmeɪn] n domaine m. ◊ (Jur) **right of eminent domain** droit d'expropriation pour cause d'utilité publique.

**domestic** [dəˈmestɪk] adj work domestique; trade, market, policy intérieur; production national; science, equipment ménager. ◊ **domestic acceptance** (US Fin) traite sur l'intérieur; **domestic appliance** appareil ménager; **domestic bill** (US) *traite payable à l'intérieur de l'État dans lequel elle a été tirée*; (GB) traite sur l'intérieur; **domestic consumption** consommation intérieure; **domestic currency** devise du pays or nationale; **domestic investment** investissements nationaux; **domestic flight** vol sur les lignes intérieures, vol intérieur; **domestic rates** impôts locaux; **gross domestic product** produit intérieur brut; **domestic sales** ventes sur le marché intérieur; **domestic staff** domestiques, employés de maison.

**domicile** [ˈdɒmɪsaɪl] **1** n domicile m. ◊ **domicile of corporation** adresse légale de l'entreprise; **domicile of choice** domicile élu; **domicile commission** commission de domiciliation. **2** vt domicilier. ◊ **to domicile a bill with a bank** domicilier un effet à une banque; **bill domiciled in Britain** effet domicilié or payable en Grande-Bretagne; **to be domiciled at** [person] être domicilié à, résider à, demeurer à.

**domiciliary** [ˌdɒmɪˈsɪlɪərɪ] adj domiciliaire.

**domiciliation** [ˌdɒmɪsɪlɪˈeɪʃən] n [bill, cheque] domiciliation f. ◊ **domiciliation clause** clause de domiciliation; **bank of domiciliation** banque domiciliataire.

**dominant** ['dɒmɪnənt] **adj** dominant. ◊ **dominant firm** entreprise leader ; **abuse of dominant position** abus de position dominante.

**dominate** ['dɒmɪneɪt] **vti** dominer.

**domination** [ˌdɒmɪ'neɪʃən] **n** domination f.

**Dominican** [də'mɪnɪkən] **1 adj** dominicain. **2 n** (inhabitant) Dominicain(e) m(f).

**Dominican Republic** [də'mɪnɪkənrɪ'pʌblɪk] **n** République f dominicaine.

**donate** [dəʊ'neɪt] **vt** faire le don de. ◊ **donated stock** or **shares** actions gratuites ; **donated surplus** (in balance sheet) surplus d'apport obtenu à titre gratuit.

**donation** [dəʊ'neɪʃən] **n** (act of giving) donation f ; (gift) don m. ◊ **to make a donation to a charity** faire un don à une œuvre de bienfaisance ; **deed of donation** acte de donation ; **donation inter vivos** donation entre vifs.

**donee** [dəʊ'niː] **n** (Jur) donataire mf.

**dong** [dɒŋ] **n** dòng m.

**donor** ['dəʊnəʳ] **n** (Jur) donateur(-trice) m(f).

**door** [dɔːʳ] **1 n** porte f. ◊ **to go from door to door** [salesman] faire du porte à porte ; **behind closed doors** à huis clos. **2 cpd door-to-door delivery service** service de livraison à domicile. – **door-to-door salesman** démarcheur à domicile, vendeur qui fait du porte-à-porte. – **door-to-door selling** porte-à-porte, démarchage à domicile.

**doorstep** ['dɔːstep] **n** seuil m, pas m de la porte. ◊ **doorstep selling** porte-à-porte, démarchage à domicile.

**dormant** ['dɔːmənt] **adj** rule, law inappliqué ; title tombé en désuétude. ◊ **dormant account** compte sans mouvement ; **dormant balance** solde inactif ; **dormant company** société inactive ; **dormant file** (Comp) fichier de consultation ; **dormant needs** besoins latents ; **dormant partner** commanditaire, bailleur de fonds ; **dormant warrant** mandat en blanc ; **to let a matter lie dormant** laisser une affaire en sommeil.

**dossier** ['dɒsɪeɪ] **n** dossier m.

**dot** [dɒt] **1 n** point m. ◊ **at 2 o'clock on the dot\*** à 2 heures pile\*. **2 cpd dot command** commande précédée d'un point. – **dot-dash line** trait mixte. – **dot (matrix) printer** imprimante matricielle or par points.

**dotted** ['dɒtɪd] **adj** ◊ **dotted line** ligne pointillée or en pointillé ; **to tear along the dotted line** détacher suivant le pointillé ; **to sign on the dotted line** (lit) signer à l'endroit indiqué ; (fig : agree officially) donner son consentement (en bonne et due forme).

**double** ['dʌbl] **1 n** double m. **2 cpd double-book** [airline] faire du surbooking ; **our seats were double-booked** nos sièges avaient été loués deux fois. – **double booking** double réservation, surbooking. – **double bottom** (St Ex) deux plus bas successifs. – **double-check** (vt) revérifier, recontrôler ; (n) revérification ; **to do a double-check on sth** vérifier qch de nouveau, revérifier qch. – **double-cross\*** trahir, doubler\*. – **double-dealing** double jeu, duplicité. – **double declining balance method** méthode d'amortissement dégressif or décroissant. – **double eagle** (US) pièce de 20 dollars. – **double entry (bookkeeping)** comptabilité en partie double. – **double figures** : **interest rates have reached double figures** les taux d'intérêts sont à deux chiffres or ont atteint les deux chiffres ; **double-figure inflation** inflation à deux chiffres. – **double-income** family à deux salaires ; **double-income tax** double-imposition ; **double-income-tax relief** exonération relative à la double imposition. – **double insurance** assurance cumulative. – **double keying** (Comp) double frappe. – **double option** (St Ex) stellage. – **double-page spread** (Pub) (publicité en) double page ; **we took a double-page spread to promote the new model** nous avons pris une double page pour promouvoir notre nouveau modèle. – **double-park** stationner en double file. – **double-parking** stationnement en double file. – **double posting** (Acc) écriture en partie double. – **double room** chambre pour deux personnes, chambre double. – **double-space** text, page disposer en double interligne. – **double-spaced** en double interligne. – **double spacing** double interligne. – **double standard** (Fin, Econ) double étalon. – **double taxation relief** exonération relative à la double imposition. – **double time** : **to be on double time** être payé (le) double ; **I'm paid double time on Sundays** le dimanche je suis payé (le) double. – **double top** (St Ex) deux plus hauts successifs. – **double track** (tape) double piste ; (Cine) double bande. **3 vti** doubler. ◊ **this card also doubles as a credit card** cette carte joue aussi le rôle de carte de crédit. **4 adv** deux fois. ◊ **earnings are double what they were last year** les bénéfices sont le double de ce qu'ils étaient l'année dernière.

**doubling** ['dʌblɪŋ] **n** [prices, costs] doublement m.

**doubtful** ['daʊtfʊl] **adj a** (questionable) person suspect, louche ; affair douteux, louche. ◊ **doubtful debt** créances douteuses. **b**

(undecided) person incertain, indécis ; result indécis, peu concluant.

**Dow Jones** [ˌdaʊˈdʒəʊnz] n Dow Jones m. ◊ **Dow Jones index** or **average** indice Dow Jones (des valeurs industrielles).

**down** [daʊn] **1** adv **a** (lower) **stock prices are down** les cours de la Bourse sont en baisse ; **takings are down £300 this week** les recettes ont baissé de 300 livres cette semaine ; **I'm 50 dollars down** il me manque 50 dollars ; **we are down on quota** nous n'avons pas atteint notre quota ; **on the down side** côté pertes. **b** (Comp, Ind : out of action) **the computer's gone down** l'ordinateur est tombé en panne. **c** (cash) **to pay 10 dollars down** payer 10 dollars comptant. **2** vt ◊ **to down tools** (stop work) cesser le travail ; (strike) se mettre en grève, débrayer. **3** cpd **down market** : **to go** or **move down market** se repositionner or se déplacer vers le bas de gamme ; **a down-market product** un produit bas de gamme. – **down payment** versement initial, acompte ; **to make a down payment of £50** payer or verser un acompte de 50 livres, payer 50 livres d'acompte or d'arrhes. – **down period** [factory] période de fermeture. – **down tick** (St Ex) (légère) baisse. – **down time** [machine] temps or durée d'immobilisation.

**downgrade** [ˌdaʊnˈgreɪd] vt person rétrograder ; hotel déclasser ; work, job déclasser, dévaloriser ; product réduire or baisser la qualité de, adapter vers le bas de gamme ; project accorder une moindre priorité à, réduire ; (St Ex) bond déclasser.

**downgrading** [ˈdaʊngreɪdɪŋ] n [person] rétrogradation f ; [hotel, bond] déclassement m.

**downline** [ˈdaʊnlaɪn] cpd ◊ **downline loader** (Comp) téléchargeur. **downline loading** téléchargement.

**download** [ˈdaʊnˌləʊd] vt (Comp) télécharger. ◊ **the file must be downloaded to the office micro** le fichier doit être transféré dans le micro du bureau.

**downplay** [ˈdaʊnˌpleɪ] vt minimiser l'importance de. ◊ **experts downplay the consequences of this merger** les experts minimisent les conséquences de cette fusion.

**downside** [ˈdaʊnˌsaɪd] **1** adj ◊ **downside risk** [investment] risque de baisse or de chute du cours. **2** n désavantage m, inconvénient m. ◊ **on the downside** côté inconvénients, côté pertes.

**downstairs** [ˌdaʊnˈstɛəz] cpd ◊ **downstairs merger** fusion dans laquelle une filiale absorbe la société mère.

**downstream** [ˈdaʊnˌstriːm] adv en aval. ◊ **downstream industries** industries en aval.

**downswing** [ˈdaʊnˌswɪŋ] n → downturn.

**downtown** [ˌdaʊnˈtaʊn] **1** adv ◊ **to go downtown** aller au centre ville. **2** adj ◊ **downtown Boston** le centre de Boston.

**downturn** [ˈdaʊnˌtɜːn] n [economy, investment, consumption] ralentissement m ; [prices, interest rates] fléchissement m, repli m, baisse f (in, of de).

**downward** [ˈdaʊnwəd] adj movement vers le bas. ◊ **downward trend** (St Ex) tendance à la baisse ; **downward pressure on the dollar** pression à la baisse sur le dollar.

**dowry** [ˈdaʊrɪ] n dot f. ◊ **dowry insurance** assurance dotale.

**dozen** [ˈdʌzn] n douzaine f. ◊ **4 dozen bottles** 4 douzaines de bouteilles ; **$5 a dozen** 5 dollars la douzaine ; **half-dozen, half-a-dozen** demi-douzaine.

**DP** abbr of data processing → data.

**D / P** abbr of documents against payment → document.

**DPP** [ˌdiːpiːˈpiː] abbr of direct profit productivity DPP.

**dr** **a** abbr of debtor dr. **b** abbr of drawer.

**Dr** [ˈdɒktər] abbr of Doctor Dr.

**D / R** abbr of deposit receipt → deposit.

**dr.** **a** abbr of debit. **b** abbr of drachma.

**drachma** [ˈdrækmə] n drachme f.

**draft** [drɑːft] **1** n **a** (first version) [contract] première ébauche f ; [letter, report] brouillon m. ◊ **a rough draft** un brouillon ; **the first draft of the budget** la première version or mouture du budget. **b** (Fin) (bill) traite f, effet m, lettre f de change ; (document authorizing withdrawal) ordre m de virement. ◊ **to make a draft on** tirer sur ; **to honour** or **meet a draft** honorer une traite ; **the bank will accept your draft at 90 days after date** la banque acceptera votre traite à 90 jours de date ; **accommodation draft** traite de complaisance ; **bank** or **banker's draft** chèque bancaire ; **collection draft** lettre à l'encaissement ; **sight** or **demand draft** traite or effet à vue ; **documentary draft** traite documentaire ; **foreign / inland draft** traite sur l'extérieur / l'intérieur. **c** (US) [ship] tirant m d'eau. **2** cpd **draft agreement** projet or protocole d'accord. – **draft bill** projet de loi. – **draft budget** projet de budget. – **draft contract** projet de contrat. – **draft terms** conditions fpl de vente nécessitant la remise d'une traite.

**3** vt **a** (sketch out) letter, report faire le brouillon de. **b** (draw up) report rédiger, établir; contract rédiger, dresser; plan esquisser, dresser.

**draftsman** ['dræftsmən] (US) n → draughtsman.

**drag** [dræg] **1** n **a** (hindrance) entrave f, frein m (on à). ◊ **fiscal drag** ralentissement de l'économie causé par une trop forte ponction fiscale sur les revenus élevés (GB). **b** (US : *) **to use one's drag** utiliser son influence.
**2** vi [prices] languir.

**drain** [dreɪn] n ponction f (on sur). ◊ **it will be a drain on our resources** cela provoquera une ponction sur nos ressources; **a drain of capital from the country** une fuite or une évasion de capitaux vers l'étranger; **the brain drain** la fuite or l'exode des cerveaux.

**drastic** ['dræstɪk] adj remedy énergique; effect, change radical; measures énergique, draconien. ◊ **drastic reductions** (on sign) réductions massives, prix sacrifiés.

**draught** [drɑːft] (GB), **draft** (US) n (Mar) tirant m d'eau.

**draughtsman** ['drɑːftsmən] (GB), **draftsman** (US) n dessinateur m industriel.

**draw** [drɔː] **1** vt **a** cheque, bill tirer. ◊ **to draw a cheque on a bank** tirer un chèque sur une banque; **please draw 2 months' bill on Paris** veuillez fournir à 2 mois sur Paris; **to draw at short sight** tirer à courte échéance. **b** (obtain) salary toucher. ◊ **to draw a commission on a deal** prélever une commission sur une affaire; **to draw money from one's account / from the bank** retirer de l'argent de son compte / de la banque; **to draw expenses** être remboursé de ses frais; **the money is drawing interest** l'argent est productif d'intérêts; **to draw lots (for sth)** tirer (qch) au sort. **c** (attract) customers attirer. **d** (establish, formulate) conclusion tirer (from de); parallel, distinction établir (between entre).
**2** n **a** (lottery) loterie f; (act of drawing) tirage m au sort. **b** (attraction) (gen) attraction f, succès m.

**drawback** ['drɔːbæk] n (disadvantage) inconvénient m, désavantage m (to à); (Customs : refund) drawback m, rembours m.

**draw down** vt sep credit tirer.

**drawdown** ['drɔːdaʊn] n [stocks] réduction f. ◊ **the drawdown period for a credit** la période de mise à disposition d'un crédit, la période de tirage d'un crédit.

**drawee** [drɔː'iː] n tiré(e) m(f).

**drawer** [drɔː'] n [cheque] tireur m. ◊ **refer to drawer** (on cheque) retour au tireur.

**drawing** ['drɔːɪŋ] **1** n (Fin) [cheque, bill] tirage m.
**2** cpd **drawing(s) account** (in private company) compte de prélèvements or de retraits. **– drawing board** planche à dessin; **the plan is still on the drawing board** (fig) le projet est encore à l'étude. **– drawing office** (GB) bureau de dessin industriel. **– drawing rights** droits mpl de tirage; **special drawing rights** droits de tirage spéciaux.

**drawn** [drɔːn] cpd ◊ **drawn bill** effet tiré. **drawn bond** obligation sortie au tirage.

**draw out** vt sep money retirer (from de).

**draw up** vt sep contract dresser, rédiger; document rédiger; plan dresser; (Fin) bill, balance sheet établir, dresser; budget préparer, établir; (Jur) deed passer.

**draw (up) on** vt fus (Comm, Fin) tirer sur. ◊ **you may draw on us at 60 days for the amount of the invoice** vous pouvez tirer sur nous à 60 jours pour le montant de la facture; **to draw (up) on one's savings / stocks / reserves** prendre or tirer sur ses économies / stocks / réserves, puiser dans ses économies / stocks / réserves.

**dress** [dres] vt person habiller. ◊ **to dress a shop window** faire l'étalage, faire la vitrine.

**drift** [drɪft] **1** vi ◊ **to drift up(wards) / down(wards)** [prices] monter / baisser lentement.
**2** n dérive f, glissement m, dérapage m. ◊ **upward / downward drift** glissement à la hausse / à la baisse.

**drill** [drɪl] **1** vt oil well forer.
**2** vi ◊ **to drill for oil / minerals** forer or effectuer des forages pour trouver du pétrole / des minéraux.

**drilling** ['drɪlɪŋ] **1** n forage m. ◊ **offshore drilling** forage en mer.
**2** cpd **drilling rig** (on land) derrick; (at sea) plate-forme de forage. **– drilling ship** navire de forage.

**drink** [drɪŋk] n boisson f. ◊ **the soft drinks industry** l'industrie des boissons non alcoolisées.

**dripping** ['drɪpɪŋ] n (sl : slow but steady seller) article qui se vend lentement mais sûrement.

**drive** [draɪv] **1** n **a** (energy) dynamisme m, énergie f. ◊ **to have plenty of drive** avoir de l'allant or du dynamisme. **b** (campaign) campagne f. ◊ **export drive** campagne de promotion à l'exportation; **recruitment drive** campagne d'embauche; **sales drive** campagne de vente, animation des ventes; **we're having a drive to raise productivity** nous menons une campagne or nous faisons un grand effort pour augmenter

la productivité. **c** (impulse) instinct m, impulsion f. **d** (Comp) unité f (de disque), lecteur m. ◊ **disk drive** unité or lecteur de disque or de disquette.
**2** vt **a** vehicle conduire. **b** **to drive a bargain** conclure un marché ; **he drives a hard bargain** il est dur en affaires. **c** **technology is driving new product development** la technologie est le moteur du développement de nouveaux produits ; **technology-driven development** développement tiré par la technologie ; **a market-driven decision** une décision imposée par le marché.

**drive down** vt sep prices faire baisser.

**driver** ['draɪvəʳ] n [car] conducteur(-trice) m(f) ; [taxi, truck, bus] chauffeur m, conducteur (-trice) m(f) ; [train] mécanicien m, conducteur(-trice) m(f).

**drive up** vt sep prices faire monter.

**driving** ['draɪvɪŋ] n conduite f. ◊ **driving licence** permis de conduire.

**droop** [druːp] vi (St Ex) [prices] fléchir, baisser légèrement.

**drop** [drɒp] **1** n (fall) [prices, inflation] baisse f, chute f ; [sales, activity] retombée f, baisse f, chute f. ◊ **drop in value** baisse de la valeur ; **there was a sizeable drop in interest rates** il y a eu une baisse importante des taux d'intérêts.
**2** cpd **drop dead halt** (Comp) arrêt immédiat. — **drop shipment** drop shipment, *envoi direct de l'usine au détaillant.* — **drop shipper** intermédiaire en gros. — **drop tag** (US) démarquer.
**3** vt **a** price baisser ; cargo, passengers débarquer. **b** (abandon) programme, plan, idea renoncer à, abandonner. **c** (* : lose) money perdre, laisser.
**4** vi [price, interest rates] baisser, diminuer, être en régression. ◊ **the pound had dropped (by) 2 pence against the dollar** la livre a baissé de 2 pence contre le dollar.

**drop away** vi [sales, support] diminuer.

**drop back, drop behind** vi rester en arrière, se laisser distancer ; (in work) prendre du retard.

**drop off** vi [sales, support] diminuer.

**drop-off** ['drɒpɒf] **1** n **a** (decrease) [sales, support, attendance] diminution f (*in* de). **2** cpd **drop-off point** (Comm) point de livraison.

**drop out** vi abandonner. ◊ **to drop out of the race** abandonner la course.

**dropout** ['drɒpaʊt] n (Comp) perte f d'information or de niveau.

**DRP** [ˌdiːɑːʳ'piː] n abbr of *dividend re-investment plan* → dividend.

**drug** [drʌg] n (gen) drogue f, stupéfiant m ; (Med) médicament m, drogue f. ◊ **a drug on the market** un article or une marchandise invendable.

**drugstore** ['drʌgstɔː] (US) n drugstore m.

**drum** [drʌm] **1** n **a** (container) [oil] tonnelet m, bidon m ; (cylinder) [wire] tambour m ; (machine part) tambour m. **b** (Comp) tambour m (magnétique).
**2** cpd **drum memory** (Comp) mémoire à tambour. — **drum plotter** (Comp) traceur à tambour. — **drum storage** (Comp) mémoire à tambour.

**drummer** ['drʌməʳ] n (US sl) représentant m, voyageur m de commerce.

**dry** [draɪ] **1** adj sec. ◊ **to be kept dry** (on label) tenir au sec, craint l'humidité ; **to run dry** [supplies] s'épuiser, se tarir.
**2** cpd **dry-bulk cargo ship** vraquier. — **dry cargo** marchandise or cargaison sèche. — **dry cleaning** nettoyage à sec, pressing. — **dry dock** (Mar) cale sèche, bassin de radoub. — **dry farming** culture sèche, dry-farming. — **dry goods** (foodstuffs) produits mpl d'épicerie, produits mpl secs ; (cloth and clothing) mercerie, tissus mpl ; **dry goods store** (US) magasin de nouveautés. — **dry measure** mesure de capacité pour matières sèches. — **dry money** argent liquide. — **dry run** (coup d') essai.

**dry up** vi [supplies, funds] s'épuiser, se tarir.

**DS** abbr of *debenture stock* → debenture.

**DTI** [ˌdiːtiː'aɪ] (GB) n abbr of *Department of Trade and Industry* → department.

**DTP** [ˌdiːtiː'piː] n abbr of *desk-top publishing* PAO f.

**DTR** abbr of *double taxation relief* → double.

**dual** ['djʊəl] adj double, à deux. ◊ **dual carriageway** (GB) route à quatre voies, voie express ; **dual exchange market** double marché des changes ; **dual listing** [share] cotation sur deux Bourses ; **dual nationality** double nationalité ; **dual ownership** copropriété (à deux) ; **dual port memory** mémoire à double accès ; **dual processor** biprocesseur ; **dual-purpose** à double usage or emploi, à deux usages ; **the dual society** la société duale ; **dual-speed** à deux vitesses ; **dual-track tape** bande à deux pistes.

**dualism** ['djʊəlɪzəm] n dualisme m.

**dub** [dʌb] vt (Cine) doubler.

**Dublin** ['dʌblɪn] n Dublin.

**duck** [dʌk] **1** n **a** (St Ex) spéculateur m insolvable ; (Comm) failli m. **b** **lame duck** (company, person) canard boiteux.

2 **vt** responsibility éviter, fuir.

**dud*** [dʌd] **adj** object à la noix*, mauvais ; note, coin faux ; person nul, mauvais. ◊ **dud cheque** chèque sans provision ; **dud goods** articles or marchandises de mauvaise qualité ; **dud stock** rossignols*, marchandises invendables.

**due** [djuː] 1 **adj** a (owing) sum, money dû ; (payable) bill, note exigible, payable. ◊ **the sum which is due to us** la somme qui nous est due or qui nous revient ; **balance due** (statement on invoice) solde à régler ; (to creditor) solde créditeur ; (by debtor) solde débiteur ; **amounts due within one year** (to be paid) échéances à moins d'un an ; (to be received) créances à moins d'un an ; **to fall** or **become due** échoir, venir or arriver à échéance ; **bill due on August 19** effet payable or exigible le 19 août, effet venant à échéance le 19 août ; **the bill is now due** l'effet est échu or exigible ; **past due** en souffrance ; **when due** à l'échéance ; **due bill** (US) reconnaissance de dette ; (payable) effet exigible or échu ; **due date** (date d') échéance, date d'exigibilité ; **to due date a bill** coter un effet ; **due from / to balance** (US) compte nostro / vostro. b (proper, suitable) respect, regard qui convient. ◊ **in due form** en bonne et due forme ; **receipt in due form** quittance régulière ; **after due consideration** après mûre réflexion ; **the accounts will be audited with all due care** les comptes seront vérifiés avec tout le soin qui convient ; **to give due notice** donner le préavis légal. c **due to** dû à, attribuable à, imputable à. d (scheduled) **the delivery is due on Tuesday** la livraison est attendue or prévue mardi ; **the plane is due (in) at 8.00 a.m.** l'avion doit atterrir à 8 heures, l'arrivée du vol est prévue pour 8 heures.
2 **n** a **to claim one's due** réclamer son dû ; **to give sb his due** être juste envers qn, faire or rendre justice à qn. b (fees) **dues** (gen) droits ; [union] cotisation ; **dock / port dues** droits de bassin / port ; **market dues** droits d'emplacement, hallage ; **dues shop** (US) atelier dont la main-d'œuvre est entièrement syndiquée. c (advance orders) commandes fpl anticipées. ◊ **dues book** or **card** carnet des commandes anticipées.

**dull** [dʌl] **adj** (St Ex) trading, market terne, inactif ; trade, business lent, languissant.

**duly** ['djuːlɪ] **adv** (on time) en temps voulu, en temps utile ; (properly) dûment, comme il faut, ainsi qu'il convient. ◊ **I have duly received your letter** j'ai bien reçu votre lettre.

**dummy** ['dʌmɪ] 1 **n** (Comm : sham object) factice m ; (Fin : nominal owner) prête-nom m, homme m de paille ; [book, promotional material] maquette f ; (model for display of clothing) mannequin m.
2 **adj** faux, factice, fictif. ◊ (Ind) **dummy run** (coup d') essai ; **dummy company** société-écran, société prête-nom ; **dummy director** directeur fictif ; **dummy instruction** (Comp) instruction fictive ; **dummy stockholder** actionnaire fictif.

**dump** [dʌmp] 1 **n** a (pile of rubbish) tas m d'ordures ; (place) décharge f. b (Comp) vidage m. ◊ **memory** or **storage dump** vidage de (la) mémoire ; **to take a dump** prendre une image-mémoire, faire un vidage.
2 **cpd dump check** (Comp) contrôle par vidage. − **dump display** (Comm) présentoir d'articles en vrac. − **dump file** (Comp) fichier de vidage. − **dump point** (Comp) point de reprise. − **dump truck** camion à benne.
3 **vt** a (* : get rid of) rubbish déposer, jeter ; business associate plaquer*. b (Comm : sell cheap) **they were accused of dumping steel** ils ont été accusés de faire du dumping sur l'acier ; **they have been dumping their products on overseas markets** ils ont fait du dumping sur les marchés extérieurs, ils ont écoulé leurs produits à bas prix sur les marchés extérieurs. c (Comp) file, disk vider, faire un vidage de, prendre une image-mémoire de. ◊ **to dump to a magnetic tape** copier or transférer sur bande magnétique.

**dumping** ['dʌmpɪŋ] **n** [rubbish, load] décharge f ; (Comm) dumping m ; (Comp) [data] vidage m.

**dun.** abbr of *dunnage*.

**dun** [dʌn] 1 **n** (claim) demande f de remboursement ; (person) agent m de recouvrement.
2 **vt** debtor relancer, harceler. ◊ **dunning letter** lettre d'avertissement or de relance.

**dunnage** ['dʌnɪdʒ] **n** (Mar) fardage m, calage m.

**duopoly** [djuːˈɒpəlɪ] **n** (Econ) duopole m.

**duopsony** [djuːˈɒpsənɪ] **n** (Econ) duopsone m.

**duplex** ['djuːpleks] 1 **adj** (gen, Telec) duplex. ◊ **duplex apartment** (US) duplex ; **duplex channel** (Comp) voie bidirectionnelle.
2 **n** (US : apartment) duplex m.

**duplexing** ['djuːpleksɪŋ] **n** duplexage m.

**duplicate** ['djuːplɪkeɪt] 1 **vt** document faire un double or une copie de ; (on a duplicating machine) polycopier ; action répéter, réitérer. ◊ **we must avoid duplicating the work** il faut éviter de refaire le même travail.
2 **n** [document] double m, copie f ; (Jur) duplicata m inv, ampliation f. ◊ **in duplicate** en deux exemplaires ; (Jur) en duplicata ; **duplicate of exchange** (Fin) seconde de change.

**3** adj copy en double ; parts de rechange. ◊ **duplicate receipt** reçu en duplicata ; **please send us a duplicate invoice** prière de nous envoyer un double de la facture ; **duplicate document** (Jur) document ampliatif ; **duplicate record** enregistrement en double.
**4** vi (Acc) faire double emploi.

**duplicating** ['djuːplɪkeɪtɪŋ] cpd ◊ **duplicating book** carnet multicopiste. **duplicating machine** machine à polycopier, duplicateur. **duplicating system** (Acc) comptabilité par décalque.

**duplication** [ˌdjuːplɪ'keɪʃən] n **a** [document] reproduction f, polycopie f. **b** [efforts, work] répétition f, double emploi m. ◊ **there has been a duplication in the billing** il y a eu une double facturation ; **there is some duplication between television and magazine advertising** il y a un certain recoupement entre la publicité télévisée et la publicité dans les magazines.

**duplicator** ['djuːplɪkeɪtər] n duplicateur m.

**durability** [ˌdjʊərə'bɪlɪtɪ] n solidité f, résistance f.

**durable** ['djʊərəbl] **1** adj object solide, résistant. ◊ **consumer durable goods** biens de consommation durables.
**2** npl **durables** npl (goods) biens mpl durables.

**duration** [djʊə'reɪʃən] n durée f. ◊ **duration of validity** durée de validité ; **of long / short duration** de longue / courte durée.

**duress** [djʊə'res] n contrainte f, coercition f. ◊ **under duress** sous la contrainte.

**Dutch** [dʌtʃ] **1** adj néerlandais. ◊ **Dutch auction** enchères au rabais.
**2** n **a** (language) néerlandais m. **b** the **Dutch** les Néerlandais.

**Dutchman** ['dʌtʃmən] n Néerlandais m.

**Dutchwoman** ['dʌtʃˌwʊmən] n Néerlandaise f.

**dutiable** ['djuːtɪəbl] adj (gen) taxable, imposable ; (Customs) soumis à des droits de douane, passible de droits de douane.

**duty** ['djuːtɪ] **1** n **a** (Customs) droit m (de douane) ; (Fin, Tax) droit m, taxe f, impôt m. ◊ **liable to duty** soumis à des droits de douane, passible de droits de douane ; **to pay duty on** payer un droit or une taxe sur ; **the government increased the duty on cigarettes** le gouvernement a augmenté la taxe sur les cigarettes ; **countervailing duty** droit compensatoire ; **customs duty** droits de douane ; **death or estate duty, death duties** droits de succession ; **excise duty** impôt indirect ; **import / export duty** droit d'entrée / de sortie, taxe à l'importation / à l'exportation ; **stamp duty** droit de timbre ; **treaty duty** droit conventionnel. **b** (responsibilities) **duties** fonctions, responsabilités ; **to take up one's duties** entrer en fonctions. **c** [doctor] **to be on duty** être de service ; **to be off duty** être libre, ne pas être de service. **d** (moral, legal obligation) devoir m, obligation f. ◊ **to do one's duty** faire son devoir.
**2** cpd **duty-free** goods exempt or exempté de droits de douane, (admis) en franchise de douane ; (in shop) détaxé ; **duty-free shop** magasin or boutique hors taxe. – **duty-paid** : **duty-paid goods** marchandises acquittées or dédouanées ; **duty-paid entry** déclaration d'acquittement des droits de douane ; **duty-paid sale** vente à l'acquitté.

**D / W** abbr of *dock warrant* → dock.

**dwell** [dwel] vi demeurer, résider.

**dwindle** ['dwɪndl] vi diminuer.

**dwindling** ['dwɪndlɪŋ] adj sales, activity décroissant, en baisse ; resources en diminution.

**d.w.t.** abbr of *dead weight tonnage* → dead.

**dynamic** [daɪ'næmɪk] **1** adj dynamique.
**2** n ◊ **group dynamics** dynamique de groupe.

**dynamism** ['daɪnəmɪzəm] n dynamisme m.

# E

**EAEC** [iːˌeɪiːˈsiː] n abbr of *European Atomic Energy Community* CEEA f.

**eager** [ˈiːɡəʳ] adj désireux, avide *(for* de ; *to do* de faire). ◊ **to be eager to do** avoir très envie or être très désireux de faire.

**eagle** [ˈiːɡl] n (coin) aigle m *(pièce de 10 dollars).*

**E and OE** abbr of *errors and omissions excepted* → error.

**early** [ˈɜːlɪ] **1** adj delivery rapide. ◊ **early adopter** (Mktg) adopteur or réceptif précoce, premier adopteur ; **an early reply would oblige** une réponse rapide nous obligerait ; **it's early closing day today** (GB Comm) aujourd'hui les magasins ferment l'après-midi ; **early fruit and vegetables** primeurs ; **in the early afternoon** au commencement or au début de l'après-midi ; **at your earliest convenience** (Comm) dans les meilleurs délais, dès que possible ; **in early trading** (St Ex) en début de séance ; **to take early retirement** prendre une retraite anticipée. **2** adv de bonne heure, tôt. ◊ **not earlier than Friday** pas avant vendredi ; **early in the season** au commencement de la saison, en début de saison ; **book early** réservez longtemps à l'avance.

**earmark** [ˈɪəʳmɑːk] vt funds affecter, destiner, réserver *(for* à). ◊ **earmarked property** biens réservés ; **earmarked for refund** (Fin) appelé au remboursement ; **to be earmarked for promotion** [person] être sélectionné pour un avancement.

**earn** [ɜːn] vt money gagner ; salary toucher, percevoir ; (Fin) interest rapporter, produire. ◊ **how does he earn his living ?** comment est-ce qu'il gagne sa vie ? ; **earned income** revenus salariaux ; **earned interest** intérêts créditeurs ; **earned surplus** bénéfices non distribués ; **earned rate** (Pub) tarif dégres-

sif ; **these shares earn a good dividend** ces actions rapportent un bon dividende ; **the company earned less profit than a year ago** la société a réalisé des bénéfices inférieurs à ceux de l'an dernier ; **to earn a fast buck** gagner or faire de l'argent rapidement.

**earner** [ˈɜːnəʳ] n (also **wage-earner**) salarié(e) m(f). ◊ **high earners** les hauts salaires ; **Europe was still the largest profit earner** l'Europe représentait toujours la part la plus importante du chiffre d'affaires.

**earnest money** [ˈɜːnɪstˈmʌnɪ] n arrhes fpl, acompte m.

**earning** [ˈɜːnɪŋ] cpd **earning assets** investissements mpl productifs d'intérêt. – **earning capacity** or **power** [person] capacité de gain ; [company] rentabilité, capacité bénéficiaire. – **earning performance** [product] rentabilité.

**earnings** [ˈɜːnɪŋz] **1** npl [person] salaire m, gain(s) m(pl) ; [business] bénéfices mpl, résultats mpl, profits mpl. ◊ **casual earnings** revenus or bénéfices occasionnels ; **export earnings** gains or bénéfices à l'exportation ; **foreign exchange earnings** rentrée de devises ; **operating earnings** bénéfices d'exploitation ; **pre-tax earnings** bénéfices avant impôt ; **price-earnings ratio** (St Ex) rapport cours-bénéfices, taux or coefficient de capitalisation, price-earning, PER ; **retained earnings** bénéfices non distribués ; **real spendable earnings** revenu réel disponible ; **windfall earnings** bénéfices exceptionnels ; **loss in earnings** perte de revenus. **2** cpd **earnings ceiling** salaire plafond. – **earnings forecasts** résultats mpl prévisionnels. – **earnings multiple** taux m or coefficient de capitalisation, rapport cours-bénéfices. – **earnings per share** bénéfice par action. – **earnings report** or

**statement** compte d'exploitation or de résultat. − **earnings yield** rentabilité.

**earphone** ['ɪəᵊfəʊn] n (Rad, Telec) écouteur m.

**ease** [iːz] **1** vt pressure, tension diminuer, réduire. ◊ **to ease the bite** or **burden of inflation** atténuer les effets de l'inflation ; **to ease the burden of taxation** diminuer les impôts, alléger la charge fiscale ; **to ease (the) controls** desserrer les contrôles.
**2** vi (gen) se détendre ; [prices] fléchir, baisser. ◊ **the situation has eased** une détente s'est produite ; **prices eased** (St Ex) il y a eu une baisse des cours ; **coffee prices are easing** les cours du café accusent un fléchissement, les cours du café mollissent ; **the FT Index eased 0.1** l'indice du Financial Times a cédé or perdu un dixième de point ; **on the takeover rumour the share eased 6p** à l'annonce de l'OPA l'action a perdu 6 pence.

**easement** ['iːzmənt] n servitude f, droit m d'usage. ◊ **negative easement** servitude passive.

**ease off** vi [person] se relâcher ; (St Ex) [prices] accuser une baisse, fléchir, mollir ; [situation] se détendre ; [pressure] diminuer, se relâcher ; [demand] baisser.

**ease up** vi [situation] se détendre. ◊ **the rush on gold shares has eased up** la ruée sur les mines d'or s'est ralentie.

**easing** ['iːsɪŋ] n [credit] relâchement m, allègement m. ◊ **easing of money rates** détente du marché de l'argent.

**east** [iːst] **1** n est. ◊ **the East** (gen) l'Orient ; (Pol) les pays de l'Est.
**2** adj est.

**East Africa** [ˌiːst'æfrɪkə] n Afrique f orientale.

**eastern** ['iːstən] adj est, de l'est. ◊ **the Eastern bloc** les pays or le bloc de l'Est ; **Eastern European Time** heure de l'Europe orientale ; **Eastern (Standard) Time** (US) heure de la côte Est.

**East Germany** [ˌiːst'dʒɜːmənɪ] n Allemagne f de l'Est.

**easy** ['iːzɪ] adj **a** problem, decision facile. **b** (Fin, Comm) **in easy circumstances** dans l'aisance ; **on easy terms, by easy payments** (Comm) avec facilités de paiement ; **easy market** (St Ex) marché calme or mou ; **prices are easy today** les cours sont un peu moins élevés aujourd'hui, les cours accusent une détente or un fléchissement aujourd'hui ; **easier credit conditions** desserrement du crédit ; **easy money policy** politique de l'argent facile or abondant ; **it's easy money** c'est de l'argent facile à gagner ; **easier tendency** (St Ex) orientation à la baisse.

**eat** [iːt] vt i manger.

**eat away** vt sep (erode) [inflation] saper, éroder.

**eat into** vt fus savings entamer, écorner. ◊ **we were obliged to eat into our reserves** nous avons dû entamer nos réserves, nous avons dû prélever sur or puiser dans nos réserves.

**ebb** [eb] **1** n [tide] reflux m ; (fig) déclin m, baisse f. ◊ **business is at a low ebb** les affaires vont or marchent mal ; **the country's economy has fallen to its lowest ebb** l'économie du pays n'est jamais tombée aussi bas.
**2** vi (also **ebb away**) [enthusiasm, exports] décliner, baisser.

**ECGD** [ˌiːsiːdʒiː'diː] (GB) n abbr of *Export Credits Guarantee Department* ≈ COFACE f.

**echelon** ['eʃəlɒn] n échelon m. ◊ **the higher echelons** les échelons supérieurs ; **lower echelon officials** fonctionnaires subalternes.

**echo** ['ekəʊ] **1** n écho m.
**2** vt répercuter, renvoyer. ◊ **those rumours were echoed in the press** la presse s'est fait l'écho de ces rumeurs.

**ecological** [ˌiːkəʊ'lɒdʒɪkəl] adj écologique.

**ecologist** [ɪ'kɒlədʒɪst] n écologiste mf.

**ecology** [ɪ'kɒlədʒɪ] n écologie f.

**econ.** **a** abbr of *economic.* **b** abbr of *economics.*

**econometric** [ɪˌkɒnə'metrɪk] adj économétrique.

**econometrician** [ɪˌkɒnəmə'trɪʃən] n économètre mf, économétricien(ne) m(f).

**econometrics** [ɪˌkɒnə'metrɪks] n économétrie f.

**economic** [ˌiːkə'nɒmɪk] adj **a** (gen) économique. ◊ **Economic and Monetary Union** Union monétaire et économique ; **economic planning** planification économique ; **the economic situation** or **outlook** la conjoncture (économique) ; **economic system** système économique ; **economic trend** tendance économique. **b** (profitable) rentable, qui rapporte. ◊ **this business is no longer economic** or **an economic proposition** cette affaire n'est plus rentable ; **economic rent** (Real estate) loyer déterminé par le marché locatif ; (Econ) rente économique ; **economic lot size, economic order quantity** quantité économique or optimale de réapprovisionnement, lot économique ; **economic production quantity** quantité optimale de production.

**economical** [ˌiːkə'nɒmɪkəl] adj person économe ; method économique.

**economics** [ˌiːkəˈnɒmɪks] **n** (science) science(s) f(pl) économique(s), économie f politique ; (financial aspect) côté m économique. ◊ applied / normative economics économie appliquée / normative ; **welfare economics** économie du bien-être ; **the economics of a project** les aspects financiers d'un projet.

**economist** [ɪˈkɒnəmɪst] **n** économiste mf, spécialiste mf d'économie politique. ◊ **business economist** économiste d'entreprise ; **chief economist** économiste en chef.

**economize, economise** [ɪˈkɒnəmaɪz] **1** **vi** économiser (on sur), faire des économies (on de). **2** **vt** time, money économiser, épargner. ◊ **to economize 20% on the labour costs** économiser 20% sur les coûts salariaux.

**economy** [ɪˈkɒnəmɪ] **1** **n** **a** [time, money] économie f (in, of de). ◊ **to make economies in** faire des économies de ; **economies of scale** économies d'échelle ; **external / internal economies** économies externes / internes. **b** (system) économie f, système m économique. ◊ **controlled economy** économie dirigée ; **expanding economy** économie en expansion ; **free-market economy** économie de marché ; **mixed economy** économie mixte ; **open economy** économie ouverte ; **planned economy** économie planifiée. **2** **cpd** **economy class** (Aviat, Mar) classe touriste or économique. – **economy drive** (campagne de) restrictions fpl budgétaires. – **economy pack** paquet économique. – **economy size** emballage économique.

**ecosystem** [ˈiːkəʊˌsɪstəm] **n** écosystème m.

**ECSC** [ˌiːsiːesˈsiː] **n** abbr of European Coal and Steel Community CECA f.

**ECU** [ˌiːsiːˈjuː] **n** abbr of European Currency Unit ECU m, écu m.

**Ecuador** [ˈekwədɔːʳ] **n** Équateur m.

**Ecuador(i)an** [ˌekwəˈdɔːr(ɪ)ən] **1** **adj** équatorien. **2** **n** (inhabitant) Équatorien(ne) m(f).

**ed.** abbr of editor.

**EDF** [ˌiːdiːˈef] **n** abbr of European Development Fund FED m.

**edge** [edʒ] **1** **n** **a** [knife] tranchant m ; (fig : advantage) léger avantage m. ◊ **competitive edge** avantage concurrentiel ; **technological edge** avance technologique ; **to have an edge over** or **on one's competitors** avoir un léger avantage or l'emporter de justesse sur ses concurrents ; **to take the edge off prices** (St Ex) écrêter les cours ; **leading edge technology** technologie de pointe. **b** [page, coin] tranche f. ◊ **to be on the edge of bank-** ruptcy être au bord de la faillite, courir à la faillite. **c** (US) **Edge Act Corporation** succursale d'une des banques spécialisées dans les transactions internationales de la Réserve fédérale. **2** **vi** ◊ **to edge into the market** pénétrer le marché progressivement ; **interest rates edged higher** les taux d'intérêt ont progressé légèrement ; **the country is edging towards recession** le pays s'achemine peu à peu vers la récession.

**edge down** **vi** [prices] se replier, décliner lentement or progressivement.

**edge up** **vi** [prices] monter insensiblement, progresser petit à petit.

**edibles** [ˈedɪblz] **npl** denrées fpl comestibles.

**Edinburgh** [ˈedɪnbərə] **n** Édimbourg.

**edit** [ˈedɪt] **1** **vt** magazine, review diriger ; daily newspaper être le rédacteur en chef ( or la rédactrice en chef) de ; article mettre au point, préparer ; text (correct) corriger, remanier ; (shorten) raccourcir, couper ; (Comp) file éditer. **2** **cpd** **edit line** (Comp) ligne d'entrée. – **edit mode** (Comp) mode d'édition. – **edit program** (Comp) éditeur, programme d'édition.

**edit in** **vt sep** insérer.

**editing** [ˈedɪtɪŋ] **n** (gen, Comp) édition f ; (Mktg) mise au point de questionnaires en vue du codage et de l'analyse. ◊ **editing character** (Comp) caractère d'édition ; **graphical editing** édition graphique.

**edition** [ɪˈdɪʃən] **n** [newspaper, book] édition f ; [print] tirage m. ◊ **first edition** première édition ; **revised edition** édition revue et corrigée.

**editor** [ˈedɪtəʳ] **n** [daily newspaper] (also **editor-in-chief**) rédacteur(-trice) m(f) en chef ; [magazine, review] directeur(-trice) m(f) ; [text] responsable mf de la publication ; (Rad, TV) réalisateur(-trice) m(f) ; (Comp : program) éditeur m, programme m d'édition.

**editorial** [ˌedɪˈtɔːrɪəl] **1** **adj** (gen) rédactionnel, de la rédaction. ◊ **editorial advertising** publicité rédactionnelle ; **editorial staff** (équipe de) rédaction. **2** **n** [newspaper] éditorial m.

**editorialist** [ˌedɪˈtɔːrɪəlɪst] (US) **n** éditorialiste mf.

**editorship** [ˈedɪtəʃɪp] **n** rédaction f, direction f. ◊ **under the editorship of** sous la direction de.

**edit out** **vt sep** supprimer.

**edn.** abbr of edition.

**EDP** [ˌiːdiːˈpiː] **n** abbr of electronic data processing → electronic.

**education** [ˌedjʊˈkeɪʃən] n (gen) éducation f; (teaching) enseignement m; (training) formation f. ◊ **further** or **adult education** formation permanente, enseignement postscolaire.

**educational** [ˌedjʊˈkeɪʃənl] adj methods pédagogique; system d'éducation; film, games éducatif. ◊ **educational software** logiciels éducatifs.

**EEC** [ˌiːiːˈsiː] n abbr of *European Economic Community* CEE f.

**EET** [ˌiːiːˈtiː] n abbr of *Eastern European Time* → eastern.

**effect** [ɪˈfekt] **1** n **a** (impression) effet m; (result) effet m, conséquence f (*on* sur). ◊ **financial effects** incidences financières; **the effects of the new regulation are already noticeable** les incidences or les effets de la nouvelle réglementation sont déjà perceptibles; **to put into effect** mettre en application or en vigueur; **to take effect** prendre effet, entrer en vigueur (*from* à partir de); **to be of no effect** être inefficace or inopérant; **with effect from July 1st** applicable à compter du 1er juillet, avec effet au 1er juillet. **b** (meaning) sens m. ◊ **we have made provisions to this effect** nous avons pris des dispositions dans ce sens;**...or words to that effect**... ou quelque chose d'analogue or de ce genre. **c** **effects** (property) biens; **personal effects** effets personnels; **movable effects** (Jur) biens meubles, effets mobiliers; **no effects** (Bank) sans provision, défaut de provision; **effects not cleared** (Bank) effets en cours d'encaissement
**2** vt (accomplish) change, payment effectuer; sale réaliser, effectuer. ◊ **to effect a settlement / compromise** parvenir or arriver à un accord / un compromis; **to effect customs clearance** procéder aux formalités douanières; **to effect a corresponding entry** (Acc) passer une écriture conforme; **to effect an insurance policy** prendre or souscrire une (police d')assurance; **payment will be effected as follows** le paiement s'effectuera or se fera comme suit.

**effective** [ɪˈfektɪv] adj **a** (efficient) measure efficace. ◊ **to become effective** [law, regulation] prendre effet, entrer en vigueur or en application; **effective date** date d'entrée en vigueur, date d'effet; **effective on** or **as from January 1st** applicable à partir du 1er janvier, qui entre en vigueur or qui prend effet le 1er janvier. **b** (actual) contribution, debt, income effectif, réel. ◊ **effective address / instruction** (Comp) adresse / instruction effective; **effective demand** (Econ) demande effective; **effective interest rate** taux d'intérêt réel; **effective money** monnaie effective or réelle; **effective tax rate** (GB) taux d'imposition effectif; **effective**
time temps utile; **effective value** valeur réelle; **effective yield** rendement effectif or réel.

**effectiveness** [ɪˈfektɪvnɪs] n efficacité f.

**efficacious** [ˌefɪˈkeɪʃəs] adj efficace.

**efficacy** [ˈefɪkəsɪ] n efficacité f, rendement m.

**efficiency** [ɪˈfɪʃənsɪ] **1** n (gen) efficacité f; [machine] bon rendement m, performance f. ◊ **marginal efficiency of capital** efficacité marginale du capital; **economic efficiency** efficacité économique.
**2** cpd **efficiency bonus** prime de rendement or d'efficacité. – **efficiency expert** ingénieur-conseil, expert en organisation. – **efficiency rating** courbe d'efficacité. – **efficiency variance** écart de rendement (*en terme de main-d'œuvre*). – **efficiency wages** salaires mpl au rendement.

**efficient** [ɪˈfɪʃənt] adj (gen) efficace; method efficace, opérant, performant; machine d'un bon rendement, performant. ◊ **efficient market** marché efficient or efficace.

**effluent** [ˈefluənt] n effluent m, rejet m industriel.

**efflux** [ˈeflʌks] n ◊ **efflux of capital** fuite or exode de capitaux.

**effort** [ˈefət] n effort m.

**EFT** [ˌiːefˈtiː] n abbr of *electronic funds transfer* → electronic.

**EFTA** [ˈeftə] n abbr of *European Free Trade Association* AELE f.

**eg, e. g.** [ˌiːˈdʒiː] adv abbr of *exempli gratia* ex

**EGM** [ˌiːdʒiːˈem] n abbr of *extraordinary general meeting* AGE f.

**Egypt** [ˈiːdʒɪpt] n Égypte f.

**Egyptian** [ɪˈdʒɪpʃən] **1** adj égyptien.
**2** n (inhabitant) Égyptien(ne) m(f).

**EIB** [ˌiːaɪˈbiː] n abbr of *European Investment Bank* BEI f.

**eight** [eɪt] adj, n huit m. ◊ **an eight-hour day** la journée de huit heures → six.

**eighteen** [ˈeɪˈtiːn] adj, n dix-huit m → six.

**eighteenth** [ˈeɪˈtiːnθ] adj, n dix-huitième mf. ◊ **the eighteenth place** dix-huitièmemen → sixth.

**eighth** [eɪtθ] adj, n huitième mf → sixth.

**eighthly** [ˈeɪtθlɪ] adv huitièmement.

**eightieth** [ˈeɪtɪəθ] adj, n quatre-vingtième m → sixth.

**eighty** [ˈeɪtɪ] adj, n quatre-vingts m. ◊ **eighty-one** quatre-vingt-un; **eighty-first** quatre-vingt-unième → sixty.

**Eire** [ˈɛərə] n Éire f, (république f d')Irlande f.

**eject** [ɪˈdʒekt] vt (Tech) éjecter ; tenant expulser.

**ejection** [ɪˈdʒekʃən] n (Tech) éjection f ; [tenant] expulsion f.

**elaborate** [ɪˈlæbərɪt] **1** adj scheme complexe, compliqué ; style recherché, travaillé. **2** vt élaborer. **3** vi donner des détails (on sur), entrer dans les détails, préciser les détails (on de). ◊ **he refused to elaborate on this statement** il s'est refusé à commenter cette déclaration.

**elapse** [ɪˈlæps] vi s'écouler, (se) passer. ◊ **elapsed time** temps écoulé.

**elastic** [ɪˈlæstɪk] adj market, demand élastique.

**elasticity** [ˌiːlæsˈtɪsɪtɪ] n [demand, supply] élasticité f. ◊ **income elasticity of demand** élasticité-revenu de la demande ; **price elasticity of demand / supply** élasticité-prix de la demande / de l'offre ; **elasticity of substitution** élasticité de substitution.

**elect** [ɪˈlekt] **1** vt **a** office-bearer (by ballot) élire ; (choose informally) nommer. ◊ **he was elected chairman** il a été élu président ; **to elect sb to the board** élire qn au conseil d'administration ; **elected members** membres élus ; **elected office** charge élective. **b** to elect to do choisir de faire ; **to elect one's residence** élire domicile (in dans, en, à) ; **to elect French nationality** opter pour ou choisir la nationalité française ; **if the taxpayer so elects** si le contribuable choisit cette option or possibilité. **2** adj élu. ◊ **the chairman elect** le futur président, le président élu.

**election** [ɪˈlekʃən] **1** n élection f. ◊ **general election** élections législatives or générales ; **local elections** (GB) élections régionales ; **special election** (US) élection partielle ; **election of domicile** élection de domicile. **2** cpd **election campaign** campagne électorale. – **election day** jour du scrutin. – **election results** résultats mpl du scrutin. – **election speech** discours électoral.

**elector** [ɪˈlektər] n (gen) électeur(-trice) m(f) ; (US) grand électeur m, membre m du collège électoral (qui élit le président et le vice-président).

**electoral** [ɪˈlektərəl] adj électoral. ◊ **electoral college** (US) collège électoral (présidentiel) ; **electoral roll** (GB) liste électorale ; **electoral system** mode de scrutin, système électoral.

**electorate** [ɪˈlektərɪt] n ◊ **the electorate** l'électorat, le corps électoral, les électeurs.

**electric** [ɪˈlektrɪk] adj électrique.

**electrical** [ɪˈlektrɪkəl] adj électrique. ◊ **electrical engineer** ingénieur électricien ; **electrical engineering** électrotechnique, génie électrique.

**electricity** [ɪlekˈtrɪsɪtɪ] n électricité f.

**electrify** [ɪˈlektrɪfaɪ] vt railway électrifier.

**electronic** [ɪlekˈtrɒnɪk] adj électronique. ◊ **electronic accounting system** comptabilité informatisée ; **electronic cash register** caisse enregistreuse électronique ; **electronic data processing** analyse électronique des données, informatique ; **electronic data processing department** service informatique ; **the electronic data processing industry** l'industrie de l'informatique ; **electronic engineer** ingénieur électronicien ; **electronic funds transfer system** transfert électronique de fonds, système de virements informatisés, télévirement ; **electronic mail** courrier électronique ; **electronic news gathering** collecte électronique d'information ; **electronic point of sale** point de vente électronique.

**electronics** [ɪlekˈtrɒnɪks] n électronique f. ◊ **electronics industry** industrie électronique.

**element** [ˈelɪmənt] n élément m. ◊ **the human element** le facteur humain.

**elevator** [ˈelɪveɪtər] n (in hotel, shop) ascenseur m ; (also **grain elevator**) silo m pneumatique. ◊ **bonded elevator** silo sous douane.

**eleven** [ɪˈlevn] adj, n onze m → six.

**eleventh** [ɪˈlevnθ] adj, n onzième mf. ◊ **in the eleventh place** onzièmement → sixth.

**elicit** [ɪˈlɪsɪt] vt reply, explanation, information tirer, obtenir (from de). ◊ **to elicit the facts** tirer les faits au clair.

**eligibility** [ˌelɪdʒəˈbɪlɪtɪ] n (for election) éligibilité f (for à) ; (for employment) admissibilité f (for à). ◊ **eligibility requirements** (Ins) conditions d'admission ; (Social Security) conditions d'octroi des prestations.

**eligible** [ˈelɪdʒəbl] adj (for membership) éligible (for à) ; (for post) qualifié (for pour) ; (for pension) qui a droit, ayant droit (for à). ◊ **to be eligible for promotion** remplir les conditions requises pour une promotion or pour obtenir de l'avancement ; **he is eligible for tax relief** il a droit à un allègement d'impôts ; **eligible for government subsidies** justifiable d'une aide de l'État, remplissant les conditions requises pour une aide de l'État ; **eligible for retirement** admis à faire valoir ses droits à la retraite ; **eligible papers or bills** effets bancables or escomptables ; **eligible investment** (US) investissement justifié.

**eliminate** [ɪˈlɪmɪneɪt] **vt** candidate, competitor éliminer, écarter ; idea écarter, exclure ; errors, expenditure éliminer, supprimer. ◊ **eliminating entry** (Acc) écriture d'annulation or d'élimination.

**elimination** [ɪˌlɪmɪˈneɪʃən] **n** (gen) élimination f ; (Acc) écriture f d'annulation or d'élimination.

**elite** [ɪˈliːt] **n** élite f.

**elitism** [ɪˈliːtɪzəm] **n** élitisme m.

**El Salvador** [elˈsælvəˌdɔːr] **n** le Salvador.

**EMA** [ˌiːemˈeɪ] **n** abbr of *European Monetary Agreement* AME m.

**e.mail n** abbr of *electronic mail* → electronic.

**emanate** [ˈeməneɪt] **vi** [rumour, document] émaner, provenir (*from* de).

**emancipation** [ɪˌmænsɪˈpeɪʃən] **n** émancipation f.

**embargo** [ɪmˈbɑːɡəʊ] **1 n a** (Comm) (prohibition) embargo m ; (sequestration) confiscation f. ◊ **to lay** or **put** or **impose an embargo on** mettre l'embargo sur ; **to lift** or **remove** or **raise an embargo** lever l'embargo ; **under (an) embargo** mis sous séquestre, confisqué. **b** (fig) interdiction f, restriction f. ◊ **to put an embargo on sth** interdire qch. **2 vt** (prohibit) mettre l'embargo sur, frapper d'embargo ; (sequester) séquestrer, placer sous séquestre, confisquer. ◊ **embargoed until 12 noon** [press release] à ne pas diffuser or à rendre public avant midi.

**embark** [ɪmˈbɑːk] **1 vt** passengers embarquer, prendre à bord ; goods embarquer, charger. **2 vi** (Mar, Aviat) (s')embarquer (*on* à bord de, sur). ◊ **to embark on** business, deal s'engager dans, se lancer dans ; discussion entamer ; **to embark on a programme** entreprendre or démarrer or mettre en train un programme.

**embarkation** [ˌembɑːˈkeɪʃən] **n** [passengers] embarquement m ; [cargo] chargement m. ◊ **embarkation card** carte d'embarquement ; **embarkation port** port d'embarquement.

**embassy** [ˈembəsɪ] **n** ambassade f. ◊ **the French Embassy** l'ambassade de France.

**embedded** [ɪmˈbedɪd] **adj** command, system intégré. ◊ **embedded character** caractère intercalé.

**embezzle** [ɪmˈbezl] **vt** funds détourner.

**embezzlement** [ɪmˈbezlmənt] **n** détournement m de fonds, malversation f.

**embezzler** [ɪmˈbezlər] **n** escroc m.

**embody** [ɪmˈbɒdɪ] **vt** inclure, incorporer, insérer. ◊ **to embody a clause in a contract** inclure une clause dans un contrat.

**embrace** [ɪmˈbreɪs] **vt** (take up) opportunity saisir ; cause épouser, embrasser ; (include) theme, period embrasser, englober.

**emcee** [ˈemsiː] (US) **1 n** (master of ceremonies) animateur(-trice) m(f), présentateur(-trice) m(f). **2 vt** animer, présenter.

**EMCF** [ˌiːemsiːˈef] **n** abbr of *European Monetary Cooperation Fund* FECOM m.

**emend** [ɪˈmend] **vt** document corriger.

**emendation** [ˌiːmenˈdeɪʃən] **n** [document] correction f.

**emerge** [ɪˈmɜːdʒ] **vi** [person] (from meeting, conference) sortir (*from* de) ; [truth, difficulties, new ideas] apparaître ; [facts] émerger. ◊ **emerging countries** pays en voie de développement ; **emerging needs / wants** besoins / désirs naissants.

**emergence** [ɪˈmɜːdʒəns] **n** [new factors] apparition f ; [theory] naissance f.

**emergency** [ɪˈmɜːdʒənsɪ] **1 n** urgence f, imprévu m. ◊ **state of emergency** état d'urgence ; **in case of emergency** en cas d'urgence or d'imprévu or de nécessité ; **in this emergency** dans ces circonstances critiques ; **to be prepared for any emergency** être prêt à toute éventualité. **2 cpd emergency credit** crédit d'urgence or de soutien. − **emergency exit** issue or sortie de secours. − **emergency fund** caisse de secours. − **emergency goods** biens mpl de première nécessité. − **emergency legislation** mesures fpl d'exception. − **emergency measures** mesures fpl d'urgence. − **emergency powers** pouvoirs mpl extraordinaires. − **emergency reserves** réserves fpl en cas d'urgence. − **emergency session** session extraordinaire. − **emergency shutdown** arrêt d'urgence. − **emergency tax** impôt extraordinaire. − **emergency unit** cellule de crise.

**emergent** [ɪˈmɜːdʒənt] **adj** ◊ **emergent leader** leader or chef qui commence à s'imposer ; **emergent nations** pays en voie de développement.

**emigrant** [ˈemɪɡrənt] **n** émigrant(e) m(f).

**emigrate** [ˈemɪɡreɪt] **vi** émigrer.

**emigration** [ˌemɪˈɡreɪʃən] **n** émigration f.

**eminent** [ˈemɪnənt] **adj** éminent. ◊ **eminent domain** (US Jur) droit d'expropriation.

**emirate** [eˈmɪərɪt] **n** émirat m.

**emission** [ɪˈmɪʃən] **n** [toxic waste] émission f, dégagement m, rejet m ; [coins, banknotes] émission f, mise f en circulation. ◊ **emission abatement** [toxic waste] suppression des rejets.

**emit** [ɪ'mɪt] **vt** toxic waste émettre, rejeter ; banknotes émettre.

**emitter** [ɪ'mɪtə<sup>r</sup>] **n** (Comp, Elec) émetteur m.

**emoluments** [ɪ'mɒljumənts] **npl** émoluments mpl, rémunération f ; (fee) honoraires mpl.

**emotional** [ɪ'məuʃənl] **adj** reaction émotionnel, affectif. ◊ **emotional buying motives** (Mktg) motivation impulsive d'achat.

**emphasis** ['emfəsɪs] **n** accent m. ◊ **to lay emphasis on** mettre l'accent sur, insister sur.

**emphasize, emphasise** ['emfəsaɪz] **vt** insister sur, mettre l'accent sur, faire ressortir.

**emphatic** [ɪm'fætɪk] **adj** denial, condemnation catégorique, énergique.

**empirical** [em'pɪrɪkəl] **adj** empirique.

**employ** [ɪm'plɔɪ] **1 vt** person, method employer (as comme). ◊ **the gainfully employed population** la population active ; **capital employed** capital investi ; **to be fully employed** travailler à plein temps ; **employed tax payers** contribuables salariés.
**2 n** ◊ **to be in the employ of** être employé par, travailler chez or pour.

**employable** [ɪm'plɔɪəbl] **adj** apte au travail, embauchable.

**employee** [ˌɪmplɔɪ'iː] **1 n** salarié(e) m(f), employé(e) m(f). ◊ **employee's contribution** cotisation salariale ; **to take on employees** engager or recruter du personnel ; **we wish all our employees a very happy New Year** nous souhaitons une bonne année à l'ensemble du personnel.
**2 cpd employee benefits** avantages mpl en nature. – **employee buy-out** rachat de l'entreprise par les salariés, RES. – **employee development** (US) perfectionnement du personnel. – **employee handbook** brochure d'accueil. – **employee orientation** (US) programme d'intégration des nouveaux employés. – **employee stock ownership plans** (US) actionnariat ouvrier or des salariés.

**employer** [ɪm'plɔɪə<sup>r</sup>] **n** (Comm, Ind) employeur m, patron(ne) m(f) ; (Jur) employeur m. ◊ **employers** (Ind) le patronat ; **employers' federation** syndicat patronal, organisation patronale ; **employer's contribution** (Ins) cotisation patronale ; **employer's liability insurance** assurance responsabilité civile or assurance RC de l'employeur ; **employer's return** (Tax) déclaration patronale ; **employer** or **employer's rights** droits de l'employeur ; **employer's**

**final offer** ultime proposition de la direction.

**employment** [ɪm'plɔɪmənt] **1 n** (job : gen) emploi m, travail m ; (jobs in general) emploi m. ◊ **out of employment** sans travail, sans emploi ; **full employment** le plein emploi ; **full employment policy** politique du plein emploi ; **full-time employment** travail à plein temps ; **part-time employment** travail à mi-temps or à temps partiel ; **temporary employment** travail temporaire ; **place of employment** lieu de travail ; **guaranteed employment, security of employment** sécurité de l'emploi ; **terms** or **conditions of employment** conditions d'emploi ; **selective employment tax** taxe sur la main-d'œuvre non productive ; **to seek / find employment** chercher / trouver un emploi or du travail ; **to take up employment** prendre un emploi ; **in sb's employment** employé par qn.
**2 cpd employment agency** or **bureau** bureau de placement. – **employment contract** contrat de travail. – **employment decision** décision d'embauche. – **employment division** service d'embauche. – **employment exchange** (GB) ≈ Agence nationale pour l'emploi. – **employment expenses** frais mpl professionnels ; **employment expenses allowance** déductions pour frais professionnels. – **employment function** (US) fonction or responsabilités fpl de recrutement. – **employment interview** entretien d'embauche. – **employment law** législation f or droit du travail. – **employment protection** protection de l'emploi. – **employment record** états mpl de service ; **he has a good employment record** il est bien noté dans son travail, il a de bons états de service. – **Employment Service** (US) ≈ Agence nationale pour l'emploi. – **employment situation (the)** la situation de l'emploi. – **employment tax** taxe sur l'emploi ; **employment tax credit** dégrèvement d'impôt, avantages fiscaux (en cas de création d'emplois).

**emporium** [em'pɔːrɪəm] **n** (shop) grand magasin m, bazar m ; (market) centre m commercial, marché m ; (warehouse) entrepôt m, hall m d'exposition.

**empower** [ɪm'pauə<sup>r</sup>] **vt** ◊ **to empower sb to do** (gen) autoriser qn à faire ; (Jur) habiliter qn à faire ; **to be empowered to do** avoir les pleins pouvoirs pour faire, être mandaté pour faire.

**empty** ['emptɪ] **1 adj** box vide ; premises inoccupé, vide ; lorry vide, sans chargement ; ship lège.
**2 empties npl** (bottles) bouteilles fpl vides ; (boxes) emballages mpl vides. ◊ **empties are**

**returnable** les emballages sont consignés; **non-returnable empties** emballages perdus or non consignés.
3 vt vider.

**EMS** [ˌiːemˈes] n a abbr of *European Monetary System* SME m. b abbr of *express mail service* → express.

**EMU** [ˌiːemˈjuː] n abbr of *Economic and Monetary Union* UME f.

**emulate** [ˈemjʊleɪt] vt (Comp) émuler.

**emulator** [ˈemjʊleɪtəʳ] n (Comp) émulateur m.

**enable** [ɪˈneɪbl] vt a **to enable sb to do** (gen) permettre à qn de faire; (Jur) habiliter qn à faire. b (Comp) circuit valider; program mettre en service. ◊ **enable pulse** impulsion de validation.

**enact** [ɪˈnækt] vt promulguer, donner force de loi à. ◊ **as by law enacted** aux termes de la loi, selon la loi; **enacting clauses of a law** dispositions d'une loi.

**enactment** [ɪˈnæktmənt] n (law) promulgation f.

**encapsulate** [ɪnˈkæpsjʊleɪt] vt renfermer, résumer.

**encash** [ɪnˈkæʃ] vt cheque encaisser, toucher.

**encashment** [ɪnkæʃmənt] n encaissement m. ◊ **encashment value** (Ins) valeur de rachat.

**encl.** abbr of *enclosure* p. j.

**enclose** [ɪnˈkləʊz] vt ◊ **to enclose sth with a letter** joindre qch à une lettre; **please find enclosed** veuillez trouver ci-joint or sous ce pli; **the enclosed document** le document ci-joint or ci-inclus; **enclosed herewith** sous ce pli.

**enclosure** [ɪnˈkləʊʒəʳ] n (document) pièce f jointe or annexée. ◊ **3 enclosures** 3 pièces jointes.

**encode** [ɪnˈkəʊd] vt coder, encoder.

**encoder** [ɪnˈkəʊdəʳ] n codeur m, encodeur m. ◊ **data encoder** codeur de données.

**encoding** [ɪˈkəʊdɪŋ] n codage m, encodage m.

**encounter** [ɪnˈkaʊntəʳ] 1 vt opposition se heurter à; difficulties affronter, rencontrer, éprouver. 2 n rencontre f (inattendue). ◊ **encounter group** groupe de rencontre.

**encourage** [ɪnˈkʌrɪdʒ] vt person encourager; industry, projects, growth encourager, favoriser.

**encouragement** [ɪnˈkʌrɪdʒmənt] n encouragement m.

**encroach** [ɪnˈkrəʊtʃ] vi (on sb's rights) empiéter (*on* sur). ◊ **to encroach on one's capital** entamer son capital.

**encumber** [ɪnˈkʌmbəʳ] vt person, room encombrer (*with* de); market encombrer, surcharger; (Jur) grever. ◊ **to encumber with a mortgage** grever d'une hypothèque; **encumbered estate** propriété hypothéquée; **Chinese trade remains encumbered by protectionist regulations** le commerce chinois reste entravé par des réglementations protectionnistes.

**encumbrance** [ɪnˈkʌmbrəns] n (easement) servitudes fpl; (mortgage) charge f hypothécaire. ◊ **estate free from encumbrances** bien sans servitudes ni hypothèques.

**end** [end] 1 n a [road, table] bout m; [production line] bout m, extrémité f; [event] fin f. ◊ **the top end of the range** le haut de gamme; **the top / bottom end of the market** le haut / le bas de gamme; **to make (both) ends meet** (fig) joindre les deux bouts. b (conclusion) [talks, report] fin f; [efforts] fin f, aboutissement m; [work] achèvement m. ◊ **in the end they decided to intervene** ils ont finalement décidé d'intervenir; **to bring to an end** negotiations achever, conclure; work terminer, achever; relations mettre fin à; **to come to an end** [event] prendre fin, se terminer, arriver à son terme; [contract] venir à expiration; **to get to the end of** supplies finir, épuiser; work venir à bout de; **to put an end to** mettre fin à, mettre un terme à; **end month settlement** (St Ex) liquidation de fin de mois; **the end of the account** (St Ex) le jour de la liquidation; **end of file** (Comp) fin de fichier; **end of fiscal period** fin d'exercice; **end of month maturity** (Fin) échéance de fin de mois; **end of year** (Fin) fin or clôture de l'exercice; **at the end of the six months allowed** au bout or au terme des six mois. c (purpose) but m, fin f, dessein m, objectif m. ◊ **with this end in view** dans ce dessein or but, à cette fin, avec cet objectif en vue; **the end justifies the means** la fin justifie les moyens. d (Econ) **ends** emplois finaux, utilisations finales.

2 cpd **end account** (St Ex) compte de liquidation. – **end consumer** utilisateur final. – **end game** phase finale. – **end mark** (Comp) drapeau indicateur de fin. – **end-of-season sale** solde de fin de saison. – **end product** (Comm, Ind) produit final; (fig) résultat. – **end rate** (US Pub) tarif minimum. – **end result** résultat final or définitif. – **end returns** résultats mpl définitifs. – **end user** utilisateur final; **end user promotion** promotion-consommateur.

3 vt work finir, achever, terminer; report terminer, conclure; dispute mettre fin à.
4 vi [speech, programme] finir, se terminer, s'achever; [contract] se terminer, arriver à son terme, venir à expiration. ◊ **the fiscal year ends on March 31st** l'exercice se termine le 31 mars; **your subscription ends next**

month votre abonnement expire le mois prochain; **bond prices ended unchanged** les obligations ont terminé inchangées.

**endanger** [ɪnˈdeɪndʒəʳ] **vt** interests, reputation mettre en danger or en péril, exposer; future compromettre.

**endeavour** [ɪnˈdevəʳ] **1** n effort m, tentative f (*to do* pour faire). ◊ **he made every endeavour to satisfy them** il a fait son possible pour les satisfaire, il a tout fait pour les satisfaire.
**2** vi ◊ **to endeavour to do** essayer or s'efforcer or tenter de faire.

**endemic** [enˈdemɪk] **adj** endémique.

**ending** [ˈendɪŋ] **n** (gen) fin f; (outcome) issue f. ◊ **ending inventory** stock final or de clôture.

**endless** [ˈendlɪs] **adj** attempts innombrable; resources inépuisable; possibilities illimité.

**endorse** [ɪnˈdɔːs] **vt** (sign) document, cheque endosser; (guarantee) bill avaliser; (approve) claim, candidature appuyer, soutenir; opinions souscrire à, adhérer à; action, decision approuver, sanctionner, appuyer. ◊ **to endorse back a bill to drawer** contre-passer un effet au tireur; **to endorse over a bill to sb** transmettre par voie d'endossement une lettre de change à qn; **an endorsed driving licence** (GB) un permis de conduire portant la mention d'une infraction.

**endorsee** [ˌɪndɔːˈsiː] **n** endossataire mf, bénéficiaire mf d'un endossement.

**endorsement** [ɪnˈdɔːsmənt] **1** n [cheque] endossement m, endos m; [bill] aval m; [candidate] appui m; [action, decision] approbation f, sanction f (*of* de); (Ins) avenant m. ◊ **accommodation endorsement** aval de complaisance; **blank** or **general endorsement** endossement en blanc; **conditional endorsement** endossement conditionnel; **decrease / increase endorsement** (Ins) avenant de réduction / d'augmentation; **qualified endorsement** endossement conditionnel; **restrictive endorsement** endossement restrictif or limitatif.
**2** cpd **endorsement advertising** *technique publicitaire faisant intervenir des personnalités connues.*

**endorser** [ɪnˈdɔːsəʳ] **n** [cheque] endosseur m; [bill] avaliste m, avaliseur m. ◊ **second endorser** tiers porteur.

**endow** [ɪnˈdaʊ] **vt** institution doter (*with* de).

**endowment** [ɪnˈdaʊmənt] **1** n dotation f. ◊ **capital endowment** dotation en capital; **combined endowment and whole-life insurance** assurance en cas de vie et de décès. **2** cpd **endowment fund** fonds de dotation. − **endowment insurance** assurance à capital différé. − **endowment mort-**

gage hypothèque liée à une assurance en cas de vie. − **endowment policy** assurance à capital différé.

**ENEA** [ˌiːeniːˈeɪ] **n** abbr of *European Nuclear Energy Authority* AEN f.

**energetic** [ˌenəˈdʒetɪk] **adj** (gen) énergique.

**energy** [ˈenədʒɪ] **n** (gen) énergie f. ◊ **to save energy** faire des économies d'énergie; **energy-saving device** système qui permet d'économiser l'énergie; **the energy crisis** la crise énergétique or de l'énergie; **energy conservation** économies d'énergie; **energy futures** marché à terme des produits énergétiques.

**enforce** [ɪnˈfɔːs] **vt** decision, policy mettre en vigueur or en pratique or en application; contract faire exécuter; ruling faire observer or respecter; demand appuyer. ◊ **to enforce one's rights** faire valoir ses droits; **to enforce payment** exiger le paiement, mettre en demeure de payer.

**enforceable** [ɪnˈfɔːsɪbl] **adj** verdict exécutoire; law, rule applicable. ◊ **to be enforceable** avoir force exécutoire.

**enforced** [ɪnˈfɔːst] **adj** forcé, obligé, obligatoire.

**enforcement** [ɪnˈfɔːsmənt] **1** n [decision, policy, law] mise f en vigueur, exécution f. ◊ **law enforcement** application de la loi; **law enforcement authorities** autorités chargées d'appliquer la loi; **for enforcement** (Fin) aux fins de recouvrement; **the administration has slackened its enforcement of work place safety regulations** l'administration s'est montrée moins stricte dans l'application des règlements de sécurité sur le lieu de travail.
**2** cpd **enforcement chief** *directeur chargé de l'application des décisions de la Commission des opérations de Bourse.* − **enforcement order** mise en demeure. − **enforcement procedure** procédure coercitive.

**enfranchise** [ɪnˈfræntʃaɪz] **vt** accorder le droit de vote à.

**ENG** [ˌiːenˈdʒiː] **n** abbr of *electronic news gathering* → electronic.

**engage** [ɪnˈgeɪdʒ] **1** vt workers embaucher, engager; lawyer prendre.
**2** vi ◊ **to engage in politics / business** se lancer dans la politique / les affaires.

**engaged** [ɪnˈgeɪdʒd] **adj** person (hired) engagé, embauché; (busy) pris, occupé; seat, room pris, occupé; taxi pris, pas libre; (GB Telec) number, line occupé. ◊ **Mr X is at present** M. X est occupé or est pris or n'est pas libre en ce moment; **to be engaged in doing** être occupé à faire; **the engaged sig-**

nal or tone (GB Telec) la tonalité occupé, la tonalité pas libre.

**engagement** [ɪn'geɪdʒmənt] **1** n **a** (meeting) rendez-vous m. ◊ **public engagement** obligation officielle; **previous engagement** engagement antérieur; **I have an engagement** je ne suis pas libre, je suis pris, j'ai un rendez-vous. **b** (hiring) engagement m, recrutement m, embauche f. **c** (promise) engagement m, obligation f, promesse f. ◊ **to meet one's engagements** faire face à ses engagements, respecter ses engagements. **2** cpd **engagement book** agenda. − **engagement letter** lettre d'engagement or de mission.

**engine** ['endʒɪn] n (Tech) machine f, moteur m; (Rail) locomotive f.

**engineer** [ˌendʒɪ'nɪər] **1** n (professional) ingénieur m; (tradesman) technicien m; (repairer) dépanneur m, réparateur m; (Merchant Navy, US Rail) mécanicien m. ◊ **civil engineer** ingénieur des travaux publics; **computer engineer** ingénieur informaticien; **consulting engineer** ingénieur-conseil, ingénieur consultant; **maintenance engineer** technicien d'entretien; **patent engineer** ingénieur-conseil en brevets industriels; **product engineer** ingénieur-produit; **production engineer** ingénieur de production; **project engineer** ingénieur d'études; **safety engineer** responsable de la sécurité; **technical sales engineer** (ingénieur) technico-commercial; **work-study engineer** ingénieur en organisation. **2** vt plan machiner, manigancer; project construire, concevoir, élaborer. ◊ **the ombudsman engineered a meeting between the interested parties** le médiateur a mis sur pied une rencontre entre les intéressés.

**engineering** [ˌendʒɪ'nɪərɪŋ] **1** n engineering m, ingénierie f. ◊ **to study engineering** faire des études d'ingénieur; **chemical engineering** génie chimique; **civil engineering** travaux publics, génie civil; **electrical engineering** électrotechnique, génie électrique; **industrial engineering** organisation scientifique du travail; **methods** or **process engineering** étude des méthodes; **production / sales engineering** techniques de la production / de vente. **2** cpd **engineering consultant** ingénieur-conseil. − **engineering department** bureau d'étude, département d'ingénierie. − **engineering factory** or **works** atelier de construction mécanique. − **engineering firm** (consulting firm) bureau d'étude; (factory) entreprise de mécanique. − **engineering process** procédé de fabrication. − **engineering shares** (St Ex) les

constructions fpl mécaniques. − **engineering work** ouvrage d'art.

**England** ['ɪŋglənd] n Angleterre f.

**English** ['ɪŋglɪʃ] **1** adj anglais. **2** n **a** (language) anglais m. **b** the English les Anglais.

**Englishman** ['ɪŋglɪʃmən] n Anglais m.

**Englishwoman** ['ɪŋglɪʃwumən] n Anglaise f.

**engross** [ɪn'grəus] vt **a** attention absorber, captiver. ◊ **he was engrossed in his report** il était tout à son rapport, il était absorbé par son rapport. **b** (Jur) grossoyer. **c** (US) market accaparer.

**engrossment** [ɪn'grəusmənt] n (Jur) grosse f.

**enhance** [ɪn'hɑːns] vt value augmenter; position, image améliorer; reputation accroître, rehausser; powers accroître, étendre. ◊ **these issues are expected to show enhanced dividend yields** on s'attend à ce que ces nouvelles actions rapportent des dividendes plus élevés.

**enjoin** [ɪn'dʒɔɪn] vt **a** to **enjoin silence on sb** imposer le silence à qn; **to enjoin sb to do** ordonner à qn de faire, intimer à qn l'ordre de faire. **b** (Jur) interdire, prohiber. ◊ **to enjoin sb from doing** enjoindre à qn de ne pas faire.

**enjoy** [ɪn'dʒɔɪ] vt **a** activity aimer, apprécier, prendre plaisir à. **b** (benefit from) income, rights, advantage jouir de, bénéficier de. ◊ **to enjoy a world-wide reputation** avoir une réputation mondiale, jouir d'une réputation mondiale.

**enjoyment** [ɪn'dʒɔɪmənt] n **a** plaisir m. **b** [rights, income] jouissance f. ◊ **prevention of enjoyment** (Jur) privation or trouble de jouissance.

**enlarge** [ɪn'lɑːdʒ] vt **a** business développer, agrandir; majority accroître; influence étendre. ◊ **enlarged edition** édition augmentée; **enlarged copy** [photo] cliché agrandi, agrandissement. **b** (Jur) étendre les délais légaux de, proroger.

**enlargement** [ɪn'lɑːdʒmənt] n (gen, Phot) agrandissement m.

**enquire** [ɪn'kwaɪər] vi → inquire.

**enquiry** [ɪn'kwaɪrɪ] n → inquiry.

**enrich** [ɪn'rɪtʃ] vt soil fertiliser, amender.

**enrichment** [ɪn'rɪtʃmənt] n [soil] fertilisation f, amendement m. ◊ **job enrichment** enrichissement des tâches.

**enrol** (GB), **enroll** (US) [ɪn'rəul] **1** vt students inscrire, immatriculer; members inscrire; (Admin) enregistrer. **2** vi s'inscrire, se faire inscrire (in à; for pour).

**enrolment** (GB), **enrollment** (US)
[ɪn'rəʊlmənt] n inscription f. ◊ **enrolment figures** nombre d'inscrits, effectif(s).

**ensuing** [ɪn'sjuːɪŋ] adj events qui s'ensuit, qui en découle; year suivant. ◊ **ensuing account** or **settlement** (St Ex) liquidation suivante.

**ensure** [ɪn'ʃʊəʳ] vt assurer, garantir. ◊ **I shall ensure that this will be done** je ferai en sorte que cela soit fait.

**entail** [ɪn'teɪl] **1** vt **a** expense, delay, risk entraîner. ◊ **it entailed diversifying our activities** cela a nécessité or entraîné la diversification de nos activités. **b** (Jur) **to entail an estate** substituer un héritage; **entailed estate** bien substitué. **2** n (Jur) (action) substitution f d'héritage; (property) bien m substitué.

**enter** ['entəʳ] vt **a** (go or come into) entrer dans, pénétrer dans. ◊ **to enter the labour market** arriver sur le marché du travail. **b** profession entrer dans. ◊ **to enter the legal profession** se lancer dans or choisir la carrière juridique. **c** (write down) amount, name inscrire (in dans). ◊ **to enter an item in the ledger** porter un article or passer une écriture sur le livre de compte; **we entered this sum to your credit** nous avons porté cette somme à votre crédit; **entered trademark** marque déposée. **d** (Jur) **to enter an action against sb** intenter un procès à qn, engager des poursuites contre qn; **to enter a protest** déposer une réclamation écrite, protester par écrit; **to enter an appeal** interjeter appel; **to enter a deed / judgment** enregistrer un acte / jugement; **to enter a plea** faire valoir une exception; **to enter a writ** signifier une assignation. **e** (Jur : take possession of) **to enter an estate** or **a property** prendre possession d'un bien, entrer en jouissance d'un bien. **f** (Customs) **to enter goods** déclarer des marchandises en douane; **to enter a ship inwards / outwards** faire la déclaration d'entrée / de sortie. **g** (Comp) data entrer, saisir, introduire.

**enter into** vt fus negotiations, discussion engager, entamer; contract passer; bargain conclure. ◊ **commitments entered into** engagements contractés; **to enter into partnership with sb** s'associer à or avec qn; **to enter into the rights of a creditor** (Jur) demeurer subrogé aux droits d'un créancier; **to enter into a surety bond** s'engager par cautionnement.

**enterprise** ['entəpraɪz] n (company, undertaking) entreprise f. ◊ (spirit of) **enterprise** esprit d'entreprise; **free enterprise** libre entreprise; **private enterprise** entreprise privée; **state** or **public enterprise** entreprise publique; **parent enterprise** maison mère.

**enterprising** ['entəpraɪzɪŋ] adj person entreprenant, plein d'initiative; venture audacieux.

**entertain** [ˌentə'teɪn] vt **a** (amuse) amuser, divertir, distraire. **b** guests recevoir. ◊ **to entertain sb to dinner** (in restaurant) offrir un dîner à qn; (at home) recevoir qn à dîner. **c** (consider) proposal accueillir favorablement. ◊ **to entertain a claim** admettre une réclamation, faire droit à une réclamation; **to entertain proceedings** (Jur) donner audience à une affaire.

**entertainment** [ˌentə'teɪnmənt] **1** n **a** (amusement) distraction f, divertissement m, amusement m. **b** (performance) spectacle m. **2** cpd **entertainment allowance** or **expenses** frais mpl or indemnité de représentation. – **entertainment tax** taxe sur les spectacles. – **entertainment world (the)** le monde du spectacle.

**enter up** vt sep amount inscrire; ledger tenir à jour.

**enthusiastic** [ɪnˌθuːzɪ'æstɪk] adj person enthousiaste. ◊ **he was very enthusiastic about our project** il a accueilli notre projet avec enthousiasme.

**entice** [ɪn'taɪs] vt attirer, séduire. ◊ **advertising entices consumers into buying** la publicité pousse or incite les consommateurs à acheter.

**enticement** [ɪn'taɪsmənt] n (act) séduction f; (attraction) attrait m.

**enticing** [ɪn'taɪsɪŋ] adj prospects, offer attrayant, alléchant, séduisant.

**entire** [ɪn'taɪəʳ] adj entier. ◊ **entire contract** (Jur) contrat indivisible.

**entirety** [ɪn'taɪərətɪ] n intégralité f, totalité f. ◊ **in its entirety** intégralement.

**entitle** [ɪn'taɪtl] vt **a** book intituler. ◊ **to be entitled** s'intituler. **b** (give right to) autoriser, habiliter (to do à faire). ◊ **to be entitled to sth** avoir droit à qch; **it entitles him to five weeks annual leave** ça lui donne droit à cinq semaines de congé annuel; **to be entitled to do** (qualified) avoir qualité pour faire, être habilité à faire; (empowered by regulations) avoir le droit or être en droit de faire; **this ticket entitles you to a seat** ce billet vous donne droit à une place assise; **this report entitles us to conclude that...** ce rapport nous autorise à conclure que...

**entitlement** [ɪn'taɪtəlmənt] n **a** habilitation f. ◊ **entitlement programme** programme d'habilitation. **b** droit m acquis. ◊ **holiday entitlement** droit au congé annuel payé.

**entity** ['entɪtɪ] n entité f. ◊ **legal entity** personne morale, entité juridique. **to have a separate**

**entity** jouir d'une existence distincte (*from* de) ; **entity value of an asset** valeur d'un actif (pour l'entreprise) ; **accounting entity** unité comptable.

**entrance** ['entrəns] **1** n **a** (way in) entrée f (*to* de). ◊ **entrance (hall)** entrée, vestibule ; **main entrance** entrée principale ; **trade entrance** entrée des fournisseurs. **b** (to college, club) admission f (*to* à). ◊ **to gain entrance to a university** être admis à or dans une université. **2** cpd **entrance card** carte d'entrée or d'admission. – **entrance examination** examen d'entrée. – **entrance fee** droit d'inscription. – **entrance ticket** billet d'entrée.

**entrant** ['entrənt] n (in competition) concurrent(e) m(f), participant(e) m(f) ; (in exam) candidat(e) m(f) (*in* à) ; (to profession) débutant(e) m(f) (*to* dans) ; (into a country) arrivant(e) m(f). ◊ **illegal entrants into the country** immigrés clandestins ; **the latest entrant in the micro-computer market** le dernier venu sur le marché des micro-ordinateurs.

**entrepôt** ['ɒntrəpəʊ] n entrepôt m. ◊ **entrepôt port** port franc ; **entrepôt trade** commerce d'entrepôt.

**entrepreneur** [,ɒntrəprə'nɜːʳ] n entrepreneur m.

**entrepreneurial** [,ɒntrəprə'nɜːrɪəl] adj **a** d'entrepreneur. ◊ **the entrepreneurial function** le rôle de l'entrepreneur. **b** (enterprising) animé de l'esprit d'entreprise. ◊ **entrepreneurial system** libre entreprise.

**entrust** [ɪn'trʌst] vt ◊ **to entrust sb with sth** confier qch à qn, charger qn de qch ; **to entrust sth to sb** confier qch à qn.

**entry** ['entrɪ] **1** n **a** (Acc : also **book entry**) écriture f (comptable), inscription f comptable. ◊ **single / double entry bookkeeping** comptabilité en partie simple / double ; **entry of satisfaction on mortgage** radiation d'inscription hypothécaire ; **to make an entry against sb** débiter le compte de qn ; **to post an entry** passer or porter une écriture ; **closing entry** écriture de clôture ; **compound entry** article collectif or récapitulatif ; **contra entry** contre-passation, contre-passement ; **correcting entry** écriture de correction or d'extourne ; **credit / debit entry** inscription or écriture au crédit / au débit ; **post entry** écriture postérieure ; **reserve entry** écriture de contre-passement ; **transfer entry** écriture de virement. **b** (way in) entrée f. ◊ **no entry** (on gate) défense d'entrer, entrée interdite ; (in one-way street) sens interdit. **c** (Customs : in ledger) écriture f. ◊ **customs entry** passage en douane ; **to make an entry of goods** déclarer des marchandises à la douane ; **bill of entry** décla-

ration d'entrée en douane ; **current entry price** prix d'entrée courant ; **to pass a customs entry** faire une déclaration en douane ; **duty paid entry** déclaration d'acquittement des droits de douane ; **preliminary entry** déclaration préalable ; **warehousing entry** déclaration de mise en entrepôt. **d** (in competition) concurrent(e) m(f) ; (for exam) candidat(e) m(f). **e** (admission) adhésion f, admission f, entrée f. ◊ **the entry of Spain into the Common Market** l'adhésion de l'Espagne au Marché commun, l'entrée de l'Espagne dans le Marché commun ; **to gain entry to** être admis à. **f** (Comp) [data] introduction f, saisie f, entrée f. **2** cpd **entry form** feuille f or formulaire d'inscription. – **entry inwards** déclaration d'entrée en douane. – **entry line** (Comp) ligne d'affichage. – **entry outwards** déclaration de sortie de douane. – **entry permit** or **visa** visa d'entrée. – **entry price** prix d'entrée courant. – **entry under bond** acquit-à-caution.

**enumerate** [ɪ'njuːməreɪt] vt énumérer.

**enumeration** [ɪ,njuːmə'reɪʃən] n énumération f.

**envelope** ['envələʊp] **1** n enveloppe f. ◊ **to put a letter in an envelope** mettre une lettre sous enveloppe ; **in a sealed envelope** sous pli cacheté ; **in the same envelope** sous le même pli ; **adhesive envelope** enveloppe adhésive ; **window** or **panel envelope** enveloppe à fenêtre. **2** cpd **envelope curve** courbe d'enveloppe. – **envelope folder** chemise à rabat.

**environment** [ɪn'vaɪərənmənt] n (gen) milieu m ; (Admin, Pol) environnement m ; [machine] cadre m d'utilisation. ◊ **the business environment** l'environnement de l'entreprise, le monde des affaires ; **protection of the environment** protection de l'environnement ; **Environment Protection Agency** (US) agence pour la protection de l'environnement.

**environmental** [ɪn,vaɪərən'mentl] adj changes écologique, du milieu. ◊ **environmental control** protection du milieu naturel or de l'environnement ; **environmental disturbance** perturbation du milieu naturel ; **environmental scanner** spécialiste de l'environnement ; **environmental scanning** repérage de l'environnement ; **environmental studies** l'écologie.

**environmentalist** [ɪn,vaɪərən'mentəlɪst] n environnementaliste mf, écologiste mf.

**envisage** [ɪn'vɪzɪdʒ] vt (foresee) prévoir ; (imagine) envisager. ◊ **a new bout of inflation is envisaged** on prévoit une nouvelle poussée inflationniste ; **we envisage restructuring our firm** nous envisageons de réorganiser notre entreprise.

**envision** [ɪn'vɪʒən] (US) **vt** envisager. ◊ **our arrangements envision a greater interchange** nos projets prévoient une extension de nos échanges.

**envoy** ['envɔɪ] **n** envoyé(e) m(f), représentant(e) m(f).

**EOC** [ˌiːəʊ'siː] (GB) **n** abbr of *Equal Opportunities Commission* → equal.

**EOE** [ˌiːəʊ'iː] (GB) **n** abbr of *European Options Exchange* → European.

**epoch** ['iːpɒk] **n** époque f, période f. ◊ **epoch-making** qui fait date, mémorable.

**EPOS** ['iːpɒs] **n** abbr of *electronic point of sale* → electronic.

**EPS** [ˌiːpiː'es] **n** abbr of *earnings per share* BPA n.

**EPU** [ˌiːpiː'juː] **n** abbr of *European Payments Union* UEP f.

**equal** ['iːkwəl] **1** **adj** égal. ◊ **equal pay for equal work** à travail égal salaire égal ; **to talk to sb on equal terms** parler à qn d'égal à égal ; **to be on an equal footing with sb** être sur un pied d'égalité avec qn ; **to be equal to the task** être à la hauteur de la tâche ; **he is not equal to the job** il n'a pas la stature nécessaire pour occuper ce poste ; **equal employment opportunity** égalité des chances devant l'emploi ; **Equal Opportunities Commission** (GB) commission sur l'égalité des chances.
**2** **n** égal(e) m(f), pair m.
**3** **vt** égaler (*in* en).

**equality** [ɪ'kwɒlɪtɪ] **n** égalité f. ◊ **equality of opportunity** égalité des chances.

**equalization, equalisation** [ˌiːkwəlaɪ'zeɪʃən] **n** (gen) égalisation f ; [account] régularisation f. ◊ **equalization fund** fonds de régularisation or de compensation ; **equalization pay** péréquation des salaires ; **equalization tax** taxe de compensation ; **exchange equalization account** fonds de stabilisation des changes.

**equalize, equalise** ['iːkwəlaɪz] **vt** chances égaliser ; wealth niveler ; accounts régulariser ; figures, wages faire la péréquation de.

**equate** [ɪ'kweɪt] **vt** (identify) assimiler (*with* à) ; (compare) mettre sur le même pied (*with* que) ; (Math) mettre en équation. ◊ **to equate supply and demand** équilibrer l'offre et la demande ; **they tend to equate business with profit** affaires et bénéfices sont inséparables or vont de pair à leurs yeux.

**equation** [ɪ'kweɪʒən] **n** (Math) équation f.

**Equatorial Guinea** [ekwə'tɔːriəl'gɪnɪ] **n** Guinée-Équatoriale f.

**equilibrium** [ˌiːkwɪ'lɪbrɪəm] **n** équilibre m. ◊ **equilibrium price** prix d'équilibre ; **general equilibrium** équilibre général ; **partial** or **particular equilibrium** équilibre partiel.

**equip** [ɪ'kwɪp] **vt** factory, worker équiper, outiller ; office aménager, installer, équiper. ◊ **he is well equipped for the job** (right qualifications) il a les compétences or les qualités requises pour ce travail ; **to equip a place / an employee with sth** équiper or munir un endroit / un employé de qch.

**equipment** [ɪ'kwɪpmənt] **n** (fitting out) équipement m ; (machines, fittings) équipement m, matériel m. ◊ **business equipment** équipement productif or industriel ; **capital equipment** biens d'équipement or de production ; **electrical equipment** appareillage électrique ; **factory equipment** outillage ; **farm equipment** équipement or matériel agricole ; **laboratory equipment** matériel de laboratoire ; **equipment credit** crédit d'équipement.

**equitable** ['ekwɪtəbl] **adj** équitable.

**equity** ['ekwɪtɪ] **1** **n** **a** (fairness) équité f, impartialité f ; (Jur) équité f *(principes de justice primant sur la loi écrite)*. ◊ **equity of taxation principle** principe de l'égalité devant l'impôt. **b** (investment in company) part f, participation f financière. ◊ **the equity of minority shareholders** la part des actionnaires minoritaires ; **to have an equity interest in a company** avoir une participation minoritaire dans une société. **c** (owned capital) capitaux mpl propres, fonds mpl propres, situation f nette. ◊ **they have been trading on the equity** ils se sont engagés dans une politique de financement par l'endettement ; **return on equity** rendement or rentabilité des capitaux investis or des fonds propres, retour sur fonds propres ; **shareholders'** or **stockholders' equity** avoir des actionnaires, fonds or capitaux propres, valeur or situation nette ; **tax equity** masse fiscale. **d** (St Ex) **equities** (GB) actions ordinaires ; (US) actions ordinaires (or privilégiées) ; **industrial equities** valeurs industrielles. **e** (Jur) droit m. ◊ **equity of redemption** *droit de reprendre possession de sa propriété après purge d'une hypothèque.*
**2** **cpd** **equity capital** capitaux mpl propres, fonds mpl propres, situation nette, capital-action. – **equity financing** financement par capitaux propres or par émission d'actions ou par augmentation de capital. – **equity interest** participation. – **equity investments** placements mpl en action. – **equity issue** émission de capital. – **equity joint venture** joint venture avec création de société commune. – **equity-linked policy** police d'assurance-vie

indexée sur le cours des valeurs boursières. **– equity market** marché des
actions. **– equity method (US)** méthode de
la mise en équivalence. **– equity security**
titre de participation. **– equity share (GB)**
action ordinaire. **– equity turnover** ratio
entre le chiffre d'affaires et la masse des
actions ordinaires. **– equity value** [compa-
ny] valeur nette or comptable; [shares]
valeur nette réelle. **– equity warrant** bon
de souscription d'actions.

**equivalence** [ɪˈkwɪvələns] **n** équivalence f.

**equivalent** [ɪˈkwɪvələnt] **1 adj** équivalent (*to*
à).
**2 n** équivalent m. ◊ **man equivalent** unité-
travailleur; **price £5,000 (or the equivalent
in other currencies)** prix 5 000 livres (ou la
contre-valeur en d'autres devises).

**ERA** [ˌiːɑːˈreɪ] **n abbr of** *exchange rate agreement*
ERA m.

**eradicate** [ɪˈrædɪkeɪt] **vt** malpractices supprimer, mettre fin à.

**erase** [ɪˈreɪz] **1 vt** marks (gen) effacer, gratter;
(rub out) gommer; (Comp) effacer. ◊ **earlier
losses were erased** les pertes antérieures
ont été gommées.
**2 cpd erase character** (Comp) caractère
d'effacement.

**eraser** [ɪˈreɪzəʳ] **n** (US) gomme f; (Comp) effa-
ceur m.

**erasure** [ɪˈreɪʒəʳ] **n** rature f; (Comp) effaçage m,
effacement m. ◊ **corrections and erasures
must be initialled** les corrections et les
ratures devront être paraphées; **screen
erasure** effacement écran.

**ERDF** [ˌiːɑːdiːˈef] **n abbr of** *European Regional
Development Fund* FEDER m.

**erect** [ɪˈrekt] **vt** factory bâtir, construire; machinery installer; customs barriers dresser.

**ergonomic** [ˌɜːɡəʊˈnɒmɪk] **adj** ergonomique.

**ergonomics** [ˌɜːɡəʊˈnɒmɪks] **n** ergonomie f.

**ergonomist** [ɜːˈɡɒnəmɪst] **n** ergonomiste mf.

**ERM** [ˌiːɑːˈrem] **n abbr of** *Exchange Rate Mechanism* → exchange.

**erode** [ɪˈrəʊd] **vt** purchasing power, wage differentials rogner, éroder.

**erosion** [ɪˈrəʊʒən] **n** (lit, fig) érosion f, usure f.
◊ **the erosion of the French franc through inflation** l'érosion or l'effritement du franc
francais du fait de l'inflation.

**err** [ɜːʳ] **vi** se tromper. ◊ **to err in one's judgment**
faire une erreur de jugement or d'appré-
ciation.

**errand** [ˈerənd] **n** commission f, course f. ◊ **to
go on** or **run errands** faire des commissions
or des courses; **errand boy** coursier.

**erratic** [ɪˈrætɪk] **adj** results irrégulier, inégal.
◊ **the pace of ordering tends to be erratic** le
rythme des commandes est plutôt irrégulier.

**erroneous** [ɪˈrəʊnɪəs] **adj** erroné, faux.

**error** [ˈerəʳ] **1 n** (gen) erreur f, faute f; (Stat)
écart m, variation f. ◊ **to allow for a margin of
error** prévoir une marge d'erreur; **to make
an error** faire une erreur; **it would be an
error to underestimate our competitors** ce
serait une erreur or on aurait tort de sous-
estimer nos concurrents; **clerical error**
erreur d'écriture; **posting error** (Acc)
erreur d'écriture; **printing error** coquille;
**typing error** faute de frappe; **error of judgment** erreur de jugement or d'appréciation; **error of law** erreur de droit; **error in
calculation** erreur de calcul; **errors and
omissions excepted** sauf erreur ou omission.
**2 cpd error analysis** analyse d'erreurs.
**– error-free** exempt d'erreur. **– error
message** (Comp) message d'erreur.
**– error-prone** sujet à l'erreur. **– error
rate** taux d'erreurs.

**ersatz** [ˈɛəzæts] **n** ersatz m, succédané m.

**ESA** [ˌiːesˈeɪ] **n abbr of** *European Space Agency*
ASE f.

**escalate** [ˈeskəleɪt] **1 vi** [violence] s'intensifier; [prices] monter en flèche.
**2 vt** prices faire monter en flèche.

**escalation** [ˌeskəˈleɪʃən] **n** [conflict] escalade f,
intensification f; [prices] montée f en
flèche, flambée f.

**escalator** [ˈeskəleɪtəʳ] **n** escalier m roulant.
◊ **escalator clause** (Comm, Pol) clause
d'échelle mobile, clause d'indexation or de
révision.

**escape** [ɪsˈkeɪp] **1 vt a** (avoid) consequences,
punishment éviter, échapper à. **b** (forget, fail
to notice) **nothing escapes him** rien ne lui
échappe; **to escape notice** passer ina-
perçu.
**2 n** (lit) fuite f, évasion f; (Comp) échappement m.
**3 cpd escape character** (Comp) caractère
d'échappement. **– escape clause** (Jur)
clause résolutoire. **– escape period** délai
de réflexion or de remise en question.
**– escape sequence** (Comp) séquence
d'échappement.

**escort** [ˈeskɔːt] **1 n** (male companion) cavalier
m; (female companion) hôtesse f. ◊ **escort
agency** bureau d'hôtesses.
**2 vt** escorter, accompagner.

**escrow** [ˈeskrəʊ] **1 n** (Jur) bien m (or
document m) détenu par un tiers en
garantie. ◊ **in escrow** en dépôt fiduciaire.

**2** cpd **escrow account** compte bloqué. – **escrow agent** dépositaire m(f) légal(e). – **escrow agreement** contrat de mise en main tierce, contrat de dépôt.

**escudo** [esˈkuːdəu] n escudo m.

**ESF** [ˌiːesˈef] n abbr of *European Social Fund* FSE m.

**espionage** [ˌespɪəˈnɑːʒ] n espionnage m. ◊ **industrial espionage** espionnage industriel.

**ESRO** [ˈezrəu] n abbr of *European Space Research Organization* CERS.

**essential** [ɪˈsenʃəl] **1** adj equipment, action indispensable (*to* à); role, question essentiel, capital, fondamental; commodities de première nécessité, de base. **2** n qualité f (or marchandise f) indispensable. ◊ **the essentials** l'essentiel.

**EST** [ˌiːesˈtiː] (US) n abbr of *Eastern Standard Time* → eastern.

**est.** abbr of *established*.

**establish** [ɪsˈtæblɪʃ] vt **a** business fonder, créer, établir; factory monter, implanter; society constituer; relations établir, nouer; post créer; authority établir, asseoir, affirmer; list établir. ◊ **to establish oneself in business** s'établir dans les affaires. **b** fact, one's rights établir; innocence, truth établir, démontrer.

**established** [ɪsˈtæblɪʃt] adj brand, product réputé, bien établi. ◊ **they have a well established market position** ils sont solidement implantés sur le marché, ils ont une position solide sur le marché.

**establishment** [ɪsˈtæblɪʃmənt] n **a** [business] création f, fondation f, établissement m; [laws] institution f, instauration f. **b** (institution) établissement m. ◊ **business or commercial establishment** établissement commercial, firme. **c** (Admin : staff) effectif m. ◊ **to be on the establishment** faire partie du personnel. **d** **the Establishment** (GB) la classe dirigeante, l'establishment.

**estate** [ɪsˈteɪt] **1** n **a** (Jur) (possessions) bien(s) m(pl), fortune f; [deceased person] succession f. ◊ **to liquidate the estate** liquider la succession; **the deceased estate** la masse successorale; **burdened / clear estate** bien grevé d'hypothèques / libre d'hypothèques; **freehold estate** bien en pleine propriété; **bankrupt's estate** masse or actif de la faillite; **estate (held) in severalty** bien détenu individuellement; **estate in reversion** bien grevé de réversion; **joint estate** communauté de biens; **leasehold estate** bien pris à bail; **life estate** bien en viager; **personal estate** biens meubles or mobiliers; **real estate** biens fonciers or immeubles or

immobiliers; **real-estate agency** (US) agence immobilière; **real-estate agent** (US) or **broker** agent immobilier, marchand de biens or de fonds. **b** (land) propriété f, domaine m. ◊ **housing estate** (GB) (publicly-owned property) cité; (private development) lotissement; **industrial** or **trading estate** zone industrielle. **2** cpd **estate administration** curatelle. – **estate agency** (GB) agence immobilière. – **estate agent** (GB) agent immobilier, marchand de biens or de fonds. – **estate capital** masse successorale. – **estate car** (GB) break m. – **estate distribution** partage successoral. – **estate duty** droits mpl de succession. – **estate executor** exécuteur testamentaire. – **estate income** revenus mpl immobiliers. – **estate manager** régisseur, intendant. – **estate revenue** revenu d'une succession. – **estate tax** (US) impôt sur les successions.

**estimate** [ˈestɪmɪt] **1** n (judgment) jugement m, évaluation f, appréciation f; (calculation) évaluation f, estimation f; (Comm) devis m; (forecast) prévision f. ◊ **estimate on demand** devis sur demande; **preliminary** or **rough estimate** devis estimatif; **to draw up / put in an estimate** établir / présenter un devis; **give me a rough estimate of what your project will cost** donnez-moi une estimation approximative or un état approximatif du coût de votre projet; **these figures are only a rough estimate** ces chiffres sont très approximatifs; **at the highest estimate it will cost $500** cela coûtera au maximum or au pire 500 dollars; **at the lowest estimate it will cost $100** cela coûtera au minimum or au bas mot 100 dollars; **the estimates** (Admin, Pol) le budget, les crédits or les prévisions budgétaires. **2** vt estimer, juger (*that* que); cost, price estimer, évaluer (*at* à); distance, speed estimer, apprécier. ◊ **estimated amount** montant prévu; **estimated charges** imputations estimatives; **estimated cost** coût estimatif or prévisionnel; **estimated revenues** revenus escomptés or prévisionnels; **estimated time of arrival / departure** horaire d'arrivée / de départ prévu; **estimated useful life** durée d'utilisation prévue or probable; **it is only an estimated figure** il ne s'agit que d'une estimation; **losses are estimated at...** les pertes sont évaluées or estimées à..., on évalue or estime les pertes à...; **an estimated 15.3 million people were out of work** on estimait à 15,3 millions le nombre des chômeurs.

**estimation** [ˌestɪˈmeɪʃən] n **a** (opinion) jugement m, opinion f. ◊ **in my estimation** selon moi, à mon avis. **b** (calculation) évaluation f, calcul m. ◊ **estimation sampling** sondage d'évaluation.

**estimator** ['estɪmeɪtər] n responsable mf de l'évaluation du prix de revient.

**Estonia** [e'stəʊnɪə] n Estonie f.

**Estonian** [e'stəʊnɪən] **1** adj estonien. **2** n **a** (language) estonien m. **b** (inhabitant) Estonien(ne) m(f).

**estoppel** [ɪ'stɒpəl] n (Jur) fin f de non-recevoir, exception f.

**ETA** [ˌiːtiː'eɪ] n abbr of *estimated time of arrival* → estimate.

**etc** [ɪt'setərə] abbr of *et caetera* etc.

**ETD** [ˌiːtiː'diː] n abbr of *estimated time of departure* → estimate.

**ethical** ['eθɪkəl] adj moral, éthique. ◊ **ethical advertising** publicité conforme à la déontologie or à la morale ; **ethical goods** produits pharmaceutiques.

**ethics** ['eθɪks] n morale f, éthique f. ◊ **professional ethics** déontologie.

**Ethiopia** [ˌiːθɪ'əʊpɪə] n Éthiopie f.

**Ethiopian** [ˌiːθɪ'əʊpɪən] **1** adj éthiopien. **2** n (inhabitant) Éthiopien(ne) m(f).

**etiquette** ['etɪket] n étiquette f, convenances fpl, bon usage m. ◊ **breach of professional etiquette** faute professionnelle.

**ETU** [ˌiːtiː'juː] (GB) n abbr of *Electrical Trades Union* syndicat des électriciens.

**EUA** [ˌiːjuː'eɪ] n abbr of *European Unit of Account* UCE f.

**Euratom** [jʊə'rætəm] n abbr of *European Atomic Energy Community* Euratom m.

**euro...** ['jʊərəʊ] pref euro... ◊ **euro-issuings** euro-émissions.

**eurobond** ['jʊərəʊˌbɒnd] n euro-obligation f.

**eurocheque** ['jʊərəʊˌtʃek] n eurochèque m.

**eurocredit** ['jʊərəʊˌkredɪt] n crédit m en euro-devises.

**eurocurrencies** ['jʊərəʊˌkʌrənsɪz] npl eurodevises fpl.

**eurodollar** ['jʊərəʊˌdɒlər] n eurodollar m.

**euromarket** ['jʊərəʊˌmɑːkɪt] n Communauté f économique européenne.

**Europe** ['jʊərəp] n Europe f.

**European** [ˌjʊərə'piːən] **1** adj européen. ◊ **the Single European Market** le marché unique européen ; **European Atomic Energy Community** Communauté européenne de l'énergie atomique ; **European Coal and Steel Community** pool charbon acier, Communauté européenne du charbon et de l'acier ; **European Commission** Commission des communautés européennes ; **European Court of Justice** Cour de justice euro-

péenne ; **European Currency Unit** unité de compte européenne ; **European Development Fund** Fonds de développement européen ; **European Economic Community** Communauté économique européenne ; **European Free Trade Association** Association européenne de libre-échange ; **European Investment Bank** Banque européenne d'investissement ; **European Monetary Agreement** accord monétaire européen ; **European Monetary Cooperation Fund** Fonds européen de coopération monétaire ; **European Monetary System** système monétaire européen ; **European Nuclear Energy Authority** Agence européenne pour l'énergie nucléaire ; **European Options Exchange** marché conditionnel de l'eurofranc ; **European Parliament** Parlement européen ; **European Regional Development Fund** Fonds européen de développement régional ; **European snake** serpent monétaire européen ; **European Social Fund** Fonds social européen ; **European Space Agency** Agence spatiale européenne ; **European Space Research Organization** Organisation européenne de la recherche spatiale ; **European Unit of Account** unité de compte européenne. **2** n (inhabitant) Européen(ne) m(f).

**europeanize, europeanise** [ˌjʊərə'pɪəˌnaɪz] vt européaniser.

**evade** [ɪ'veɪd] vt problem éluder, esquiver, éviter ; obligations esquiver, se dérober à, se soustraire à ; question éluder ; law tourner, contourner. ◊ **to evade one's creditors** esquiver ses créanciers ; **to evade taxation / customs duty** frauder le fisc / la douane.

**evaluate** [ɪ'væljʊeɪt] vt damages, property évaluer (*at* à), déterminer la valeur de ; evidence, proposal évaluer ; achievement porter un jugement sur la valeur de.

**evaluation** [ɪˌvæljʊ'eɪʃən] n évaluation f. ◊ **job evaluation** évaluation des tâches ; **evaluation of balance sheet items** analyse de bilan ; **performance evaluation** évaluation des performances.

**evasion** [ɪ'veɪʒən] n fuite f, dérobade f (*of* devant). ◊ **tax or fiscal evasion** évasion or fraude fiscale.

**evasive** [ɪ'veɪzɪv] adj évasif.

**even** ['iːvən] adj **a** (flat) surface uni, plat. **b** (regular) progress régulier. **c** (equal) values, quantities égal. ◊ **the odds are about even** les chances sont à peu près égales. **d** number pair. ◊ **even parity** parité (paire) ; **even-numbered** en nombre pair.

**even out** ['iːvn] **1** vi [prices] s'égaliser. **2** vt sep prices égaliser ; taxation répartir plus équitablement (*among* entre). ◊ **evened out position** (Bank) position fermée.

**even up** vt sep égaliser.

**evening** ['iːvnɪŋ] n soir m. ◊ **evening class** cours du soir; **evening trade** (St Ex) marché après Bourse.

**evenly** ['iːvənlɪ] adv distribute, divide également, équitablement.

**event** [ɪ'vent] n **a** (happening) événement m. ◊ **current events** l'actualité. **b** cas m. ◊ **in the event of default** en cas de défaillance.

**eventually** [ɪ'ventʃʊəlɪ] adv finalement, à la longue, à la fin.

**eventuate** [ɪ'ventʃʊˌeɪt] (US) vi se concrétiser, se matérialiser. ◊ **this project will soon eventuate** ce projet sera bientôt mis à exécution.

**evergreen** ['evəgriːn] (US) n crédit m permanent non confirmé.

**evict** [ɪ'vɪkt] vt expulser (*from* de).

**eviction** [ɪ'vɪkʃən] n expulsion f. ◊ **eviction order** arrêté d'expulsion.

**evidence** ['evɪdəns] **1** n **a** (Jur) (data) preuve(s) f(pl); (testimony) témoignage m, déposition f. ◊ **written evidence** preuve écrite, pièce justificative; **all evidence available** toutes les pièces justificatives; **...and other supporting evidence...** et autres preuves à l'appui; **evidence of debt or of indebtedness** titre de créance; **evidence for the prosecution** témoin à charge; **to collect evidence** recueillir des témoignages; **to give evidence** témoigner, déposer en justice; **to give evidence for / against sb** témoigner or déposer en faveur de / contre qn; **circumstancial / conclusive evidence** preuve indirecte / concluante; **documentary evidence** documents, preuve documentaire or par écrit; **inadmissible evidence** témoignage irrecevable; **prima facie evidence** début de preuve. **b** (gen : indication) signe m. ◊ **to show evidence of** témoigner de, attester. **2** vt témoigner de, manifester. ◊ **evidenced by...** constaté or attesté par...

**evidentiary** [evɪ'denʃərɪ] adj probant. ◊ **evidentiary effect** force probante.

**evolution** [ˌiːvə'luːʃən] n évolution f.

**evolutionary** [ˌiːvə'luːʃnərɪ] adj system, equipment évolutif.

**evolve** [ɪ'vɒlv] **1** vt system, plan élaborer, développer. **2** vi [system, plan] se développer.

**ex** [eks] prep ex. ◊ **ex ante demand / quantity** demande / quantité prévue; **ex ante rate** taux ex ante; **ex allotment, ex bonus** (Fin) ex-répartition; **ex capitalization, ex bonus** ex-capitalisation; **ex claim** ex-droit; **this share goes ex coupon on August 1st** le coupon de cette action se détache le 1er août; **his number is ex directory** (GB Telec) son numéro ne figure pas sur l'annuaire, il est sur la liste rouge; **ex dividend** ex-dividende, coupon détaché; **ex docks** franco à quai; **price ex factory** or **ex works** prix départ usine; **ex gratia payment** (Ins) versement d'une indemnité non prévue au contrat; **ex officio** d'office; **ex officio member** membre de droit; **ex post control** contrôle après coup; **ex post rate** taux ex post; **ex-president** ancien président; **ex quay** franco à quai; **ex rights** (St Ex) droits détachés; **ex scrip** ex-répartition; **ex ship** or **steamer** transbordé; **ex store, ex warehouse** départ entrepôt or magasin; **ex wharf** à prendre à quai.

**exact** [ɪg'zækt] vt payment exiger (*from* de).

**exacting** [ɪg'zæktɪŋ] adj person exigeant; work astreignant.

**exaggerated** [ɪg'zædʒəreɪtɪd] adj (Ins) claim surévalué.

**exam** [ɪg'zæm] n examen m.

**examination** [ɪgˌzæmɪ'neɪʃən] n **a** (Univ) examen m. **b** (inspection) (gen) examen m, inspection f; [premises] visite f, inspection f; [question] étude f, considération f; [accounts] vérification f. ◊ **on examination** après examen; **under examination** à l'étude; **close examination** examen approfondi or minutieux; **customs' examination** fouille douanière; **expert's examination** expertise f; **medical examination** examen médical, visite médicale. **c** (Jur) [suspect] interrogatoire m; [witness] audition f; [case, document] examen m, instruction f.

**examine** [ɪg'zæmɪn] vt **a** problem, question examiner, étudier; accounts vérifier; passport contrôler; documents compulser, étudier, examiner; machine inspecter. ◊ **examined and endorsed** lu et approuvé. **b** candidate (gen) examiner (*in* en); (at interview) interroger (*on* sur). **c** (Jur) witness interroger, procéder à l'audition de; suspect interroger, faire subir un interrogatoire à; case instruire; evidence examiner. ◊ **examining magistrate** (GB) ≈ juge d'instruction.

**exceed** [ɪk'siːd] vt (in value, amount) dépasser, excéder (*in* en; *by* de); powers outrepasser, excéder; instructions outrepasser.

**except** [ɪk'sept] vt excepter. ◊ **excepted perils** (Ins) risques exclus; **errors and omissions excepted** sauf erreur ou omission.

**exception** [ɪk'sepʃən] **1** n exception f. ◊ **with the exception of** à l'exception de, exception faite de; **to make an exception** faire une exception (*to sth* à qch; *for sb / sth* pour qn / qch, en faveur de qn / qch); **management by exception** gestion par exception.

**2** cpd **exception rate** tarif préférentiel. – **exception report** état des anomalies or des écarts.

**excess** [ɪk'ses] **1** n **a** (gen) excès m. ◊ **the excess of imports over exports** l'excédent des importations sur les exportations. **b** (GB Ins : also **excess clause**) franchise f.

**2** adj profit, weight excédentaire. ◊ **in excess of** qui dépasse, dépassant, supérieur à ; **to apply for excess shares** souscrire des actions à titre réductible.

**3** cpd **excess baggage** excédent de bagages. – **excess capacity** capacité excédentaire or inutilisée, surcapacité. – **excess charge** surcharge, supplément. – **excess condemnation** (Jur) expropriation d'utilité publique à caractère excessif or d'ampleur injustifiée. – **excess demand** excès de la demande, demande excédentaire ; **excess demand inflation** inflation par la demande. – **excess employment** suremploi. – **excess fare** supplément. – **excess insurance** assurance complémentaire. – **excess inventory** surstockage, stock excédentaire. – **excess loan** crédit dépassant le plafond autorisé. – **excess loss cover** réassurance en excédent de sinistre. – **excess profit(s) tax** impôt sur les bénéfices exceptionnels, impôt sur les superbénéfices. – **excess reserves** (Fin) réserves fpl excédentaires. – **excess supply** excès de l'offre, surproduction.

**excessive** [ɪk'sesɪv] adj (gen) excessif.

**exch.** abbr of *exchange.*

**exchange** [ɪks'tʃeɪndʒ] **1** vt échanger. ◊ **to exchange one thing for another** échanger une chose contre une autre.

**2** n **a** [ideas, information] échange m. ◊ **in exchange** en échange (*for* de), en retour (*for* de). **b** (marketplace) marché m. ◊ **commodities exchange** (US) Bourse de marchandises or de commerce ; **labour** or **employment exchange** Agence nationale pour l'emploi ; **royal exchange** (GB) Bourse de commerce ; **(stock) exchange** Bourse (des valeurs) ; **on the stock exchange** à la Bourse, en Bourse ; **to gamble on the stock exchange** jouer en Bourse. **c** (Fin) change m. ◊ **the dollar exchange** le change du dollar ; **at the current rate of exchange** au cours du jour, au taux de change en vigueur ; **to peg the exchange** stabiliser le cours du change ; **exchange at par** change au pair ; **exchange for forward / spot delivery**, **forward / spot exchange dealings** opérations de change à terme / au comptant ; **first / second / third of exchange** première / seconde / troisième de change ; **bill of exchange** effet de commerce, traite ; **foreign bill of exchange** traite sur l'étranger. **d** (Bank :

also **exchange charges**) frais mpl de recouvrement or d'encaissement. **e** (foreign) exchange (currency) monnaie étrangère, devise (étrangère) ; (action) change. **f** (also telephone exchange) central m (téléphonique).

**3** cpd **exchange adjustment** différence de change, écart de conversion. – **exchange broker** or **dealer** cambiste. – **exchange control** (Fin) contrôle des changes ; **exchange control board** office des changes ; **exchange control regulations** réglementation des changes. – **exchange cover** réserves fpl or couverture en devises. – **exchange department** service du change. – **exchange economy** économie d'échanges. – **Exchange Equalisation Account** fonds de stabilisation des changes. – **exchange gain** gain de change. – **exchange law** droit cambial. – **exchange list** bulletin officiel de la Bourse. – **exchange loss** perte de change. – **exchange market** marché des changes. – **exchange office** bureau de change. – **exchange rate** taux de change, cours du change ; **Exchange Rate Agreement** accord sur les taux de change ; **exchange rate mechanism** mécanisme du taux de change ; **European Exchange Rate Mechanism** ≈ système monétaire européen, SME. – **exchange restrictions** réglementation des changes. – **exchange risk** risque de change. – **exchange slip** bordereau de change. – **exchange value** valeur d'échange.

**Exchequer** [ɪks'tʃekəʳ] (GB) **1** n ministère m des Finances, Trésor m public. ◊ **the Chancellor of the Exchequer** le Chancelier de l'Échiquier, le ministre des Finances britannique.

**2** cpd **exchequer bill** bon du Trésor. – **exchequer bond** obligation du Trésor.

**excisable** [ek'saɪzəbl] adj imposable.

**excise** ['eksaɪz] **1** n **a** (tax) taxe f (intérieure) *(sur les marchandises importées)*, accise f (*on* sur). ◊ **the harmonization of excise duties** or **taxes on petroleum** l'harmonisation des droits d'accise sur le pétrole. **b** **the Board of Customs and Excise** (GB) ≈ l'administration des contributions indirectes or des impôts indirects.

**2** cpd **excise bond** (Customs) acquit-à-caution. – **excise duty** taxe, droit d'accise. – **excise officer** (GB) ≈ employé des contributions indirectes. – **excise tax** taxe, droit d'accise.

**3** vt frapper d'un impôt indirect or d'une taxe or d'un droit d'accise.

**exciseman** ['eksaɪzmən] (GB) n ≈ employé m des contributions indirectes.

**excl.** a abbr of *excluding*. b abbr of *exclusive of*.

**exclude** [ɪksˈkluːd] vt (from group) exclure (*from* de); (from list) écarter (*from* de); possibility exclure, écarter. ◊ **excluding** à l'exclusion de.

**exclusion** [ɪksˈkluːʒən] 1 n exclusion f (*from* de). ◊ **to the exclusion of** à l'exclusion de. 2 cpd **exclusion clause** clause d'exclusion, exclusion de garantie.

**exclusive** [ɪksˈkluːsɪv] adj a rights, design exclusif. ◊ **to have / buy exclusive rights for** avoir / acheter l'exclusivité de; **exclusive agency agreement** contrat d'exclusivité; **exclusive agent** agent or concessionnaire or dépositaire exclusif; **exclusive distribution** distribution exclusive; **exclusive jurisdiction** [court] compétence exclusive; **exclusive story** reportage exclusif. b (not including) **from 15th to 20th June exclusive** du 15 (jusqu')au 20 juin exclusivement; **exclusive of** non compris, sans compter; **the price is exclusive of transport charges** le prix ne comprend pas les frais de transport; **exclusive of post and packing** frais d'emballage et d'envoi en sus or non compris; **exclusive of tax** hors taxes.

**exclusivity** [ˌɪkskluːˈsɪvɪtɪ] n exclusivité f.

**excuse** [ɪksˈkjuːz] 1 vt a (pardon) excuser. b (exempt) exempter (*sb from sth* qn de qch), dispenser (*sb from sth* qn de qch; *sb from doing* qn de faire), excuser. ◊ **he was excused from the afternoon session** on l'a dispensé d'assister à la séance de l'après-midi. 2 n excuse f.

**exec\*** [ˈeksɪk] n abbr of *executive* cadre m.

**execute** [ˈeksɪkjuːt] vt a (carry out) order exécuter; plan mettre à exécution, exécuter, réaliser; duties exercer, remplir, accomplir; task accomplir, s'acquitter de, mener à bien. b (Jur) will exécuter; document valider; contract valider, exécuter.

**execution** [ˌeksɪˈkjuːʃən] 1 n [plan] exécution f; [contract] validation f. ◊ **to put into execution** mettre à exécution; **execution for debt** poursuite pour dettes; **stay of execution** sursis à exécution. 2 cpd **execution creditor** créancier avec droit de saisie.

**executive** [ɪgˈzekjutɪv] 1 adj powers, committee exécutif; position de cadre. ◊ **senior executive position** poste de direction. 2 n a (power) **the executive** l'exécutif. b (Admin, Ind) (person) cadre m, responsable mf; (committee, board) bureau m, organe m de direction, instances fpl dirigeantes. ◊ **to be on the executive** faire partie de la direction; **the trade union executive** le bureau du syndicat; **executives and supervisors** cadres et maîtrise; **chief executive officer** président-directeur général, PDG; **corporate** or **business executives** (US) responsables or cadres d'entreprise; **financial executives** cadres financiers; **junior / middle executive** cadre subalterne / moyen; **non-executive director** administrateur; **sales executive** cadre commercial; **senior** or **top executive** cadre supérieur or dirigeant. 3 cpd **executive board** conseil de direction. – **executive capacity** capacité d'exécution. – **executive car** voiture de direction. – **executive committee** conseil or comité de direction. – **executive director** directeur exécutif. – **executive fallout\*** (US) cadres mpl licenciés. – **executive officer** cadre dirigeant. – **executive order** (US) décret-loi. – **executive program** (Comp) superviseur. – **executive retirement** (US) retraite des cadres. – **executive search** recherche de cadres par approche directe. – **executive secretary** secrétaire de direction. – **executive trainee** cadre stagiaire. – **Executive Vice-President** (US) vice-président (*assurant des fonctions de directeur général*), directeur général adjoint.

**executor** [ɪgˈzekjutəʳ] n (Jur) exécuteur m testamentaire.

**executory** [ɪgˈzekjutərɪ] adj ◊ **executory sale** vente forcée; **executory contract** contrat certain.

**executrix** [ɪgˈzekjutrɪks] n (Jur) exécutrice f testamentaire.

**exemplary** [ɪgˈzemplərɪ] adj ◊ **exemplary damages** dommages-intérêts élevés pour préjudice moral.

**exempt** [ɪgˈzempt] 1 adj exempt, dispensé, exonéré (*from* de). ◊ **tax-exempt** exonéré d'impôt; **exempt period** période d'exonération. 2 vt exempter (*from sth* de qch), dispenser (*from doing* de faire).

**exemption** [ɪgˈzempʃən] 1 n exemption f, exonération f. ◊ **tax exemption** exonération fiscale; **full exemption** dégrèvement total. 2 cpd **exemption clause** clause d'exonération.

**exercise** [ˈeksəsaɪz] 1 n a [right, power] exercice m. ◊ **exercise of an option** (St Ex) levée d'une option; **the exercise price will be $8 for the remainder of this two year period** le prix de levée d'option sera de 8 dollars jusqu'à la fin de cette période de deux ans. b (operation) opération f. ◊ **promotional exercise** campagne or opération promotionnelle. 2 vt authority exercer; rights exercer, faire valoir, user de; restraint faire preuve de.

**exert** [ɪgˈzɜːt] **vt** exercer.

**exhaust** [ɪgˈzɔːst] **vt** **a** (use up) energy épuiser. ◊ **until funds are exhausted** jusqu'à épuisement des fonds. **b** (tire) épuiser, exténuer.

**exhaustion** [ɪgˈzɔːstʃən] **n** épuisement m. ◊ **exhaustion gap** (St Ex) blanc d'arrêt.

**exhaustive** [ɪgˈzɔːstɪv] **adj** exhaustif.

**exhibit** [ɪgˈzɪbɪt] **1** **vt** merchandise exposer, étaler ; models exposer ; skill faire preuve de, déployer ; losses, profits faire apparaître. **2** **n** (item in exhibition) objet m exposé ; (Jur) pièce f à conviction ; (Admin) pièce f versée au dossier ; (Fin) état m.

**exhibition** [ˌeksɪˈbɪʃən] **1** **n** **a** (show) exposition f, Salon m, foire f. ◊ **Ideal Home Exhibition** (GB) Salon des Arts ménagers ; **touring exhibition** exposition itinérante. **b** [articles for sale] étalage m. **2** **cpd** **exhibition centre** or **hall** hall d'exposition, pavillon (de) foire. — **exhibition room** salle d'exposition. — **exhibition stand** or **booth** stand d'exposition.

**exhibitor** [ɪgˈzɪbɪtəʳ] **n** exposant(e) m(f).

**exit** [ˈeksɪt] **1** **n** sortie f. ◊ **emergency exit** issue or sortie de secours. **2** **cpd** **exit barrier** barrière à la sortie. — **exit price** prix de sortie courant. — **exit visa** visa de sortie.

**exonerate** [ɪgˈzɒnəreɪt] **vt** (Jur) disculper (*from* de), innocenter, mettre hors de cause ; (from obligation) dispenser (*from* de). ◊ **exonerating evidence** témoignage à décharge.

**exorbitant** [ɪgˈzɔːbɪtənt] **adj** price, claims exorbitant.

**expand** [ɪksˈpænd] **1** **vt** business, ideas développer ; production accroître, augmenter ; influence, experience étendre. ◊ **to expand trade** développer les échanges commerciaux. **2** **vi** se développer, s'accroître, s'étendre. ◊ **the market is expanding** le marché est en plein essor ; **we are expanding throughout Europe** nous nous implantons dans toute l'Europe ; **rapidly expanding sector** secteur en pleine expansion or en plein essor.

**expandable** [ɪksˈpændəbl] **adj** system, programme évolutif, extensible.

**expansion** [ɪksˈpænʃən] **1** **n** [trade] développement m, essor m ; [production] accroissement m, augmentation f ; [economy] expansion f. ◊ **expansion of bank lending** expansion du crédit bancaire ; **currency expansion** expansion monétaire. **2** **cpd** **expansion capacity** capacité de développement. — **expansion path** chemin d'expansion. — **expansion rate** taux d'expansion.

**expansionary** [ɪksˈpænʃənəri] **adj** ◊ **expansionary budget** budget expansionniste or orienté vers l'expansion.

**expansionism** [ɪksˈpænʃənɪzəm] **n** expansionnisme m.

**expansionist** [ɪksˈpænʃənɪst] **adj** expansionniste.

**expansive** [ɪksˈpænsɪv] **adj** budget tourné or orienté vers l'expansion. ◊ **export markets are less expansive than before** les marchés extérieurs ne sont plus aussi extensibles.

**expatriate** [eksˈpætrɪeɪt] **1** **vt** expatrier. **2** **adj** résidant à l'étranger. ◊ **expatriate investor** investisseur résidant à l'étranger. **3** **n** expatrié(e) m(f). ◊ **British expatriates** ressortissants britanniques établis à l'étranger, les Britanniques résidant à l'étranger.

**expect** [ɪksˈpekt] **vt** attendre, s'attendre à, prévoir. ◊ **expected return** bénéfices escomptés ; **expected yield** rendement escompté or prévu.

**expectancy** [ɪksˈpektənsɪ] **n** espérance f. ◊ **life expectancy** espérance de vie ; **expectancy-value theory** théorie de la motivation.

**expectation** [ˌekspekˈteɪʃən] **n** prévision f ; (anticipation) attente f, espérance f. ◊ **in expectation of** en prévision de ; **inflationary expectations** anticipations inflationnistes ; **contrary to all expectation** contre toute attente ; **to come up to sb's expectations** répondre à l'attente or aux espérances de qn ; **consumer expectations** attente du consommateur ; **job expectations** perspectives de carrière ; **sales expectations** prévisions de vente.

**expediency** [ɪksˈpiːdɪənsɪ] **n** (convenience) convenance f. ◊ **on grounds of expediency** pour des raisons de convenance.

**expedient** [ɪksˈpiːdɪənt] **adj** (convenient) indiqué, opportun.

**expedite** [ˈekspɪdaɪt] **vt** (speed up) accélérer, hâter. ◊ **kindly expedite matters** veuillez activer l'affaire ; **we shall do all we can to expedite your order** nous ferons notre possible pour accélérer votre commande.

**expend** [ɪksˈpend] **vt** effort consacrer ; money dépenser (*on sth* pour qch ; *on doing* à faire).

**expendable** [ɪksˈpendəbl] **adj** (not reusable) equipment non réutilisable. ◊ **expendable fund** fonds utilisable sans restriction.

**expenditure** [ɪksˈpendɪtʃəʳ] **1** **n** **a** (money spent) dépense(s) f(pl). ◊ **capital expenditure** dépense en immobilisation or en capital, dépense d'investissement or d'équipement ; **consumer expenditure** dépenses de consommation; **government expenditure** dépenses publiques or de l'État; **initial capital expenditure** frais de premier établissement; **non-variable expenditures** frais fixes; **operating expenditures** dépenses or frais d'exploitation; **public expenditure** dépenses publiques or de l'État; **revenue expenditure** charges d'exploitation, frais de fonctionnement or d'exploitation; **welfare expenditure** dépenses sociales. **b** [money, time, energy] dépense f; [resources] consommation f. ◊ **the expenditure of public funds on this project** l'utilisation des fonds publics pour ce projet. **2** cpd **expenditure multiplier** multiplicateur de dépenses.

**expense** [ɪks'pens] **1** n **a** (spending) dépense f, frais mpl, charge f. ◊ **to go to great expense to do sth** se lancer dans de grosses dépenses pour faire qch; **to charge an expense to** imputer une dépense à. **b** (gen pl : money paid out) frais mpl. ◊ **return of expenses, statement of expenses** état de frais; **all expenses paid** tous frais payés; **to balance one's expenses** équilibrer son budget; **to defray one's expenses** couvrir ses frais; **no expenses** exempt de frais; (on bill) (retour) sans frais or sans protêt; **expenses deducted** frais déduits or défalqués; **allowable expenses** frais déductibles; **entertainment expenses** frais de représentation; **incidental expenses** faux frais, frais accessoires; **initial expenses** frais de premier établissement; **legal expenses** frais de justice; **maintenance expenses** frais d'entretien; **management expenses** frais de gestion or d'administration; **operational** or **working expenses** dépenses d'exploitation; **overhead** or **running** or **standing expenses** frais généraux; **travelling expenses** frais de déplacement. **c** (Acc : on income statement) charge f, frais mpl. ◊ **taxes are an expense for the company** les impôts sont une charge pour l'entreprise; **wages are an operating expense** les salaires sont une charge d'exploitation; **revenue and expenses** produits et charges; **depreciation expense** dotation aux amortissements; **income tax expense** charge fiscale; **interest expense** intérêts débiteurs, charges financières; **rent expense** charges locatives. **2** cpd **expense account** note de frais; **this will go on his expense account** cela passera en frais de représentation or sur sa note de frais. – **expense budget** budget de dépenses. – **expense centre** centre de coût. – **expense item** dépense, chef de dépense. **3** vt (Acc) imputer à l'exercice, passer par pertes et profits.

**expensive** [ɪks'pensɪv] adj cher.

**experience** [ɪks'pɪərɪəns] **1** n (knowledge, skill) expérience f. ◊ **business experience** expérience des affaires; **have you any previous experience?** avez-vous déjà fait ce genre de travail? **2** cpd **experience curve** courbe d'expérience. – **experience gain** (Fin) excédent actuariel. – **experience loss** (Fin) déficit actuariel. **3** vt losses essuyer; difficulties rencontrer, éprouver.

**experienced** [ɪks'pɪərɪənst] adj accountant, secretary confirmé, expérimenté, qui a du métier; politician expérimenté, chevronné. ◊ **he is experienced in business** il a de l'expérience en affaires.

**experiment** [ɪks'perɪmənt] **1** n (in laboratory) expérience f; (fig) essai m, tentative f. **2** vi (in laboratory) faire une expérience. ◊ **to experiment with a new model** tester or essayer un nouveau modèle.

**expert** ['eksp3ːt] **1** n expert m, spécialiste mf. ◊ **expert's report** expertise; **management expert** expert en gestion; **business experts** spécialistes de l'entreprise. **2** adj d'expert. ◊ **to take expert advice** demander l'avis m d'un expert; **expert knowledge** avis autorisé; **expert system** (Comp) système expert; **expert valuation** expertise; **expert witness** (in court) expert cité comme témoin.

**expertise** [ˌekspə'tiːz] n compétence f (in en), maîtrise f (in de), expérience f technique.

**expiration** [ˌekspaɪə'reɪʃən] n expiration f, fin f, échéance f. ◊ **date of expiration of the lease** date d'expiration du bail.

**expire** [ɪks'paɪəʳ] vi [lease, passport, licence] expirer; [period] arriver à terme, prendre fin, se terminer. ◊ **expired bill / cost** effet / coût périmé; **expired policy** police échue.

**expiry** [ɪks'paɪərɪ] n [limit] expiration f. ◊ **expiry date** date d'expiration or de péremption; **on expiry** à échéance.

**explicit** [ɪks'plɪsɪt] adj ◊ **explicit denial / order** démenti / ordre formel.

**explode** [ɪks'pləʊd] vi (gen) exploser. ◊ **exploding market** marché qui éclate.

**exploit** ['eksplɔɪt] vt exploiter.

**exploitation** [ˌeksplɔɪ'teɪʃən] n exploitation f.

**exploration** [ˌeksplɔː'reɪʃən] n exploration f. ◊ **exploration well** forage d'exploration.

**exploratory** [ɪks'plɔrətərɪ] adj talks préliminaire, exploratoire.

**explore** [ɪks'plɔːʳ] vt explorer.

**explosion** [ɪks'pləʊʒən] n explosion f. ◊ **population explosion** explosion démographique.

**exponent** [ɪks'pəʊnənt] n [theory] tenant m, adepte mf.

**exponential** [ˌekspəʊ'nenʃəl] adj exponentiel.

**export** [ɪks'pɔːt] **1** vt exporter (*to* vers). ◊ oil-exporting countries pays exportateurs de pétrole.
**2** n **a** exportation f. ◊ for export only réservé à l'exportation ; export-led growth croissance entraînée par les exportations. **b** (object, commodity) (article m d')exportation f. ◊ invisible / visible exports exportations invisibles / visibles.
**3** cpd export agent commissionnaire exportateur. – export bonus or bounty prime à l'exportation. – export credit crédit à l'exportation. – Export Credits Guarantee Department (GB) *service du gouvernement britannique qui garantit les exportations à crédit*, ≈ COFACE. – export drive campagne de promotion à l'exportation. – export duty or tax droit de sortie. – export earnings gains mpl or bénéfices mpl à l'exportation. – export financing financement des exportations. – export house maison d'exportation. – export-import company société d'import-export. – export licence licence d'exportation. – export market marché extérieur or à l'exportation. – export orders commandes fpl de l'étranger. – export packing emballage maritime. – export permit autorisation d'exporter. – export quotas contingents mpl d'exportation. – export refund restitution à l'exportation. – export reject article impropre à l'exportation. – export sector secteur exportateur. – export subsidies subventions fpl à l'exportation. – export surplus excédent d'exportation. – export trade commerce d'exportation. – export turnover chiffre d'affaires à l'exportation.

**exportation** [ˌekspɔː'teɪʃən] n exportation f, sortie f. ◊ exportation voucher volet de sortie.

**exporter** [ɪks'pɔːtər] n exportateur(-trice) m(f).

**expose** [ɪks'pəʊz] vt (display) exposer ; (reveal) dévoiler, révéler ; (unmask) démasquer.

**exposed** [ɪks'pəʊzd] adj ◊ the company is in a highly exposed position l'entreprise est dans une position très exposée ; exposed net asset position position nette débitrice ; exposed net liability position position nette créditrice ; exposed sector secteur exposé.

**exposure** [ɪks'pəʊʒər] n **a** exposition (*to* à). ◊ this product has had good exposure in the press ce produit a eu une bonne couverture publicitaire dans la presse ; the consumer's exposure to an advertising message le nombre de fois où le consommateur reçoit un message publicitaire ; exposure frequency (Pub) fréquence d'exposition. **b** [dishonesty] révélation f, dénonciation f. **c** (Fin) risque m, position f. ◊ to hedge one's foreign exposure se couvrir contre le risque de change ; heavy exposure of banks to international lending risques élevés encourus par les banques en matière de prêts internationaux ; exchange position exposure position or risque de change ; currency exposure management gestion des positions de change ; transaction / translation exposure risque de transaction / conversion.

**express** [ɪks'pres] **1** vt **a** appreciation, opinion exprimer. **b** letter expédier en exprès.
**2** cpd express agency (US) agence de messageries. – express agreement convention expresse. – express counter caisse rapide. – express delivery livraison rapide. – express mail service courrier exprès, ≈ Chronoposte ®. – express term clause explicite or expresse.

**expressage** [ɪks'presɪdʒ] (US) n (service) transport m par service rapide ; (fee) frais mpl de port or d'envoi.

**expressman** [ɪks'presmən] (US) n employé m de messageries.

**expressway** [ɪks'presweɪ] (US) n voie f express.

**expropriate** [eks'prəʊprɪeɪt] vt person, land exproprier.

**expropriation** [eksˌprəʊprɪ'eɪʃən] n expropriation f.

**ext.** abbr of *extension*.

**extend** [ɪks'tend] **1** vt **a** (enlarge, lengthen) time limit prolonger ; powers, business étendre, accroître. ◊ to extend a time limit for payment proroger l'échéance d'un paiement, accorder des délais de paiement ; to grant extended credit accorder un crédit de longue durée ; to extend maturity proroger l'échéance ; to extend trading (St Ex) prolonger la séance ; extended coverage (Ins) extension de la couverture ; extended programme programme intensifié. **b** (offer) help apporter. ◊ to extend a loan accorder un prêt.
**2** vi [meeting, visit] se prolonger, continuer (*over* pendant ; *for* durant ; *till* jusqu'à ; *beyond* au-delà de). ◊ our sales network extends all over Europe notre réseau de vente s'étend à toute l'Europe.

**extendible** [ɪks'tendɪbl] adj ◊ extendible bond obligation à échéance reportable.

**extension** [ɪks'tenʃən] **1** n **a** [time limit] prolongation f ; [powers] extension f, accroissement m. ◊ extension for returns prorogation

de délais pour les déclarations; **extension of patent** prolongation de la durée d'un brevet; **line extension** (Mktg) extension de la gamme; **to get an extension of time** obtenir un délai. **b** (telephone) [private house] appareil m supplémentaire; [office] poste m. ◊ **can you put me through to extension 27** pouvez-vous me passer le poste 27. **c** (house) annexe f.
**2** cpd **extension leave** congé supplémentaire. – **extension line** ligne supplémentaire.

**extensive** [ıks'tensıv] adj estate vaste; research approfondi; investment, concession, business considérable, important. ◊ **the position involves extensive travel** le poste nécessite des déplacements fréquents.

**extent** [ıks'tent] n **a** (gen) importance f; [damage, loss] ampleur f, étendue f. ◊ **extent of cover** (Ins) étendue de la garantie, risques couverts. **b** (degree) degré m. ◊ **to a certain extent** jusqu'à un certain point or degré, dans une certaine mesure; **to a large extent** en grande partie, dans une large mesure; **to the extent of the payment** jusqu'à concurrence du paiement.

**extenuating** [ıks'tenjʊeıtıŋ] adj ◊ **extenuating circumstances** circonstances atténuantes.

**external** [eks'tɜːnl] adj debt, financing, trade extérieur. ◊ **external account** compte de non-résident; **external assets** avoirs à l'étranger; **external audit** audit or surveillance externe; **external auditor** vérificateur indépendant; **external bonds** obligations émises à l'étranger.

**extinction** [ıks'tıŋkʃən] n [debt] amortissement m. ◊ **extinction of an action** (Jur) péremption d'instance.

**extinguish** [ıks'tıŋgwıʃ] vt debt amortir.

**extort** [ıks'tɔːt] vt extorquer (from à).

**extortion** [ıks'tɔːʃən] n extorsion f.

**extra** ['ekstrə] **1** adj **a** (additional) supplémentaire. ◊ **there will be no extra charge** il n'y aura pas de supplément. **b** (spare) de trop, en trop. ◊ **these copies are extra** ces exemplaires sont en trop or en supplément.

**2** cpd **extra dating** [invoice] report d'échéance. – **extra dividend** dividende supplémentaire. – **extra expense insurance** assurance complémentaire pour dépenses imprévues. – **extra freight** surfret. – **extra interest** intérêts mpl moratoires or de retard. – **extra pay** sursalaire. – **extra postage** surtaxe. – **extra premium** surprime. **3** n (perk) à-côté m.

**extract** [ıks'trækt] **1** vt oil, minerals extraire (from de); agreement arracher (from à); information, money tirer (from de). **2** n extrait m.

**extractive** [ıks'træktıv] adj ◊ **extractive industries** industries minières or extractives.

**extractor** [ıks'træktər] n producteur m de matières premières.

**extradite** ['ekstrədaıt] vt extrader.

**extradition** [ˌekstrə'dıʃən] n extradition f.

**extraordinary** [ıks'trɔːdnrı] adj (gen) extraordinaire; gains, losses exceptionnel. ◊ **extraordinary (general) meeting** assemblée (générale) extraordinaire; **extraordinary items** (Tax) éléments exceptionnels; (revenue) profits exceptionnels; (expenses) charges exceptionnelles.

**extrapolate** [eks'træpəleıt] vt extrapoler.

**extraterritorial** ['ekstrəˌterı'tɔːrıəl] adj extraterritorial. ◊ **extraterritorial enforcement** application extraterritoriale.

**extravagant** [ıks'trævəgənt] adj **a** (wasteful) person dépensier, prodigue, gaspilleur. **b** (exaggerated) ideas extravagant; claims exagéré; price exorbitant, prohibitif, inabordable.

**eye** [aı] **1** n œil m. ◊ **in the eyes of the law** aux yeux or au regard de la loi; **with an eye to opening up new markets** en vue d'ouvrir de nouveaux marchés, en prévision de l'ouverture de nouveaux marchés. **2** cpd **eye appeal** (Pub) attraction visuelle. – **eye-camera** (Pub) caméra f enregistrant les mouvements de l'œil face à une annonce. – **eye-catching** accrocheur, qui attire l'œil. – **eye contact** contact visuel.

# F

**F** abbr of *franc* F.

**fabric** [ˈfæbrɪk] **n** (cloth) tissu m, étoffe f; [society] structure f.

**fabricate** [ˈfæbrɪkeɪt] **vt** goods fabriquer.

**face** [feɪs]  **1. n** [person] visage m; [document] recto m. ◊ **to lose / save face** perdre / sauver la face; **on the face of it** à première vue, au premier abord.
**2 cpd face amount** (Ins) capital assuré; [notes, bonds] valeur nominale. **– face page** [textbook, contract] page de titre. **– face-to-face interview** (gen) entretien en tête-en-tête; (TV) face-à-face télévisé. **– face value** [coin] valeur nominale; [stamp] valeur faciale; **to take sth at face value** prendre qch pour argent comptant.
**3 vt a** person, building faire face à. ◊ **the problem facing us** le problème auquel nous devons faire face or devant lequel nous nous trouvons; **the chart facing page 20** le diagramme en regard de la page 20; **our company will be faced with having to pay damages for breach of contract** notre société se verra contrainte de payer des dommages-intérêts pour rupture de contrat. **b** (meet confidently) problem faire face à, affronter. ◊ **to face the facts** regarder les choses en face, se rendre à l'évidence.
**4 vi** ◊ **to face south** [building] être orienté au sud.

**facilitate** [fəˈsɪlɪteɪt] **vt** faciliter.

**facility** [fəˈsɪlɪtɪ] **n a** (possibility) possibilité f, facilité f. ◊ **credit facilities** facilités de paiement or de crédit; **overdraft facilities** facilité de caisse, autorisation de découvert; **they have negotiated a $2m loan facility** ils ont négocié un emprunt de 2 millions de dollars. **b** (service) service m. ◊ **is there a photocopying facility?** peut-on faire des photocopies?, y a-t-il un service de photocopie?; **industrial facilities** équipements industriels; **harbour facilities** installations portuaires, infrastructure portuaire; **production facilities** moyens de production; **storage facilities** entrepôt(s); **transport facilities** moyens de transport; **we have no facilities for this kind of handling** nous ne sommes pas équipés or nous n'avons pas l'infrastructure nécessaire pour ce type de manutention. **c** (device) système m, mécanisme m. ◊ **there is a data-storage facility** (Comp) on peut mettre les données en mémoire, il y a une fonction de mise en mémoire des données.

**facing** [ˈfeɪsɪŋ] **n** (Comm) (espace m) linéaire m, surface f de présentation; (Constr) revêtement m.

**facsimile** [fækˈsɪmɪlɪ] **n a** (book) fac-similé m. **b** (Telec) télécopie f. ◊ **facsimile (copy)** télécopie, fax; **facsimile machine** télécopieur.

**fact** [fækt] **n** (gen) fait m; (Jur) fait m, action f. ◊ **to stick to the facts** s'en tenir aux faits; **fact-finding committee / mission** commission / mission d'enquête; **accessory before the fact / after the fact** (Jur) complice par instigation / par assistance.

**factor** [ˈfæktər] **1 n a** (gen, Econ) facteur m; (Bio, Math) élément m. ◊ **determining factor** facteur décisif or déterminant; **load factor** coefficient de chargement or de remplissage; **production factors** facteurs de production; **random factors** (Stat) facteurs aléatoires; **safety factor** coefficient de sécurité; **at factor costs** au coût des facteurs; **to be a factor in** entrer en ligne de compte dans. **b** (GB : agent) agent m; (for the sale of goods or services) commissionnaire m. ◊ **corn factor** commissionnaire en grains; **factor's**

**lien** privilège du commissionnaire. **c** (Fin) (person) factor m; (firm) société f de factoring.

**2** **cpd** **factor analysis** (Stat) analyse factorielle.

**3** **vt** **a** (Math) décomposer en facteurs. **b** (integrate) intégrer. ◊ **the sum had been factored into the prices as inflation adjustments** ces sommes avaient été intégrées aux prix pour tenir compte de l'inflation.

**4** **vi** (Fin) *se charger du recouvrement de créances pour le compte d'une entreprise.*

**factorage** ['fæktərɪdʒ] n **a** (Comm) commission f. **b** (Fin) commission f d'affacturage or de factoring.

**factoring** ['fæktərɪŋ] **1** n affacturage m, factoring m.

**2** **cpd** **factoring charges** commission d'affacturage. – **factoring company** société de factoring.

**factory** ['fæktərɪ] **1** n (gen) usine f; (small-scale) fabrique f. ◊ **shoe factory** usine or fabrique de chaussures; **car factory** usine automobile; **arms factory** manufacture d'armes; **ex factory price** prix départ usine.

**2** **cpd** **Factory Acts** législation industrielle. – **factory costs** coûts mpl de production. – **factory expenses** or **overheads** frais mpl généraux de fabrication or de production. – **factory farming** agriculture industrielle. – **factory floor** les ateliers mpl. – **factory-gate price** prix sortie d'usine. – **factory hand** or **worker** ouvrier(-ière) m(f) d'usine. – **factory inspector** (GB) inspecteur du travail. – **factory inspectorate** (GB) inspection du travail. – **factory outlet** magasin d'usine, magasin de vente directe. – **factory price** prix usine, prix de fabrique. – **factory ship** navire-usine. – **factory supplies** matières fpl indirectes, fournitures fpl consommables. – **factory unit** unité de fabrication.

**factual** ['fæktjʊəl] **adj** report, description basé sur les faits, circonstancié. ◊ **factual error** erreur sur les faits; **factual evidence** (gen) preuve avec faits à l'appui; (Jur) témoignage circonstancié.

**faculty** ['fækəltɪ] **1** n **a** (aptitude) aptitude f, facilité f. **b** (Univ) faculté f; (teaching staff) corps m professoral.

**2** **cpd** **faculty tax** (US) impôt sur le train de vie, impôt proportionnel aux signes extérieurs de richesse.

**fade** [feɪd] **vi** [colour] passer, perdre son éclat, se ternir; [material] passer, se décolorer. ◊ **guaranteed not to fade** garanti bon or grand teint.

**fail** [feɪl] **1** **vi** **a** (be unsuccessful) [candidate] échouer (*in an exam* à un examen); [plans,

attempts] échouer, ne pas réussir; [negotiations] ne pas aboutir, échouer; [bank, business] faire faillite. ◊ **to fail in a lawsuit** perdre un procès. **b** [engine] tomber en panne. **c** (run short) [gas, electricity] faire défaut, manquer. ◊ **crops failed because of the drought** la sécheresse a causé la perte des récoltes.

**2** **vt** examination échouer à. ◊ **to fail to do** manquer or négliger or omettre de faire; **to fail to appear** [witness in court] faire défaut; **he failed to appear at our meeting** il ne s'est pas montré à notre réunion; **the foreman failed to report the incident** le contremaître n'a pas fait état de l'incident or a omis de mentionner l'incident.

**failing** ['feɪlɪŋ] **1** n défaut m.

**2** **prep** à défaut de. ◊ **failing this** à défaut; **failing your advice to the contrary** sauf avis contraire de votre part.

**failure** ['feɪljər] n **a** (lack of success) échec m (*in an exam* à un examen); [bank, company] faillite f; [negotiations] échec m. ◊ **business failure** faillite, dépôt de bilan; **a large number of business failures** un grand nombre de faillites or de défaillances d'entreprises. **b** [engine] panne f. ◊ **failure of water supply** manque d'eau; **crop failure** perte de récolte; **power failure** panne d'électricité or de courant. **c** (neglect of duty) manquement m, défaut m. ◊ **failure in payment** défaut de paiement, non-paiement; **failure of consideration** défaut de provision; **failure to accept** défaut d'acceptation; **failure to appear** [witness in court] défaut de comparution, non-comparution; **failure to comply with a regulation** non-observation or non-respect d'un règlement; **failure to deliver** défaut de livraison, non-livraison; **failure to make a return** défaut de déclaration, non-déclaration; **failure to pay** défaut de paiement, non-paiement.

**fair** [fɛər] **1** **adj** **a** person, decision juste, équitable; deal, trial équitable, honnête; wages mérité; profit justifié; price raisonnable. ◊ **fair average quality** (Commodity Exchange) qualité loyale et marchande; **fair business practices** (GB) or **practises** (US) pratiques commerciales loyales or en conformité avec le principe de libre concurrence; **fair competition** concurrence loyale; **fair employment practices** (GB) or **practises** (US) pratiques d'embauche non discriminatoires; **fair market value** juste valeur marchande; **fair presentation** (Acc) présentation fidèle; **fair rental value** juste valeur locative; **fair report** compte rendu impartial; **fair sample** (Comm) échantillon représentatif; **fair trade** *transactions commerciales fondées sur des accords de récipro-*

*cité*; **fair-trade agreement** (US) *accord entre distributeur et producteur sur un prix minimum de vente au détail*; **fair-trade price** (US) prix imposé; **fair trading** pratique commerciale loyale; **Office of Fair Trading** (GB) ≈ Direction de la concurrence et des prix; **fair wear and tear** usure normale. **b** (quite large) sum considérable; number respectable. ◊ **we do a fair amount of business with this firm** nous traitons pas mal d'affaires avec cette maison. **c** (average) work, achievements passable, assez bon. ◊ **good fair quality** bonne qualité courante. **d** (Jur) **fair copy** copie propre *or* au net.

**2 n** (gen, Comm) foire; (for charity) fête f, kermesse f. ◊ **book fair** Salon *or* Foire du livre; **trade fair** (open to public) foire commerciale, foire-exposition; (for professionals only) Salon professionnel; **world fair** Exposition universelle.

**fairness** ['fɛənɪs] **n** (justice) justice f; [decision, judgment] équité f, impartialité f; [tax] équité f. ◊ **in all fairness** en toute justice, en toute impartialité.

**faith** [feɪθ] **n** (trust, belief) foi f, confiance f (*in* en). ◊ **good faith** bonne foi; **holder / purchaser in good faith** (Fin, Jur) porteur / acquéreur de bonne foi; **to act in bad faith** agir de mauvaise foi; **we have faith in our sales team** nous faisons confiance à notre équipe de vente, nous avons confiance en notre équipe de vente.

**faithful** ['feɪθʊl] **adj a** person fidèle (*to* à). **b** (accurate) account, report, translation fidèle, exact; copy conforme.

**faithfully** ['feɪθfəlɪ] **adv** follow fidèlement; translate exactement, fidèlement. ◊ **Yours faithfully** (GB : letter-ending) veuillez agréer mes (or nos) salutations distinguées, recevez l'expression de mes (or nos) sentiments les meilleurs.

**fake** [feɪk] **1 n** (object) contrefaçon f, imitation f; (work of art) faux m.
**2 adj** document maquillé, falsifié, faux; picture, furniture faux.
**3 vt** document faire un faux de; (alter) maquiller, falsifier, truquer; work of art faire un faux de, contrefaire; photograph, elections, trial truquer; (Rad, TV) interview truquer, monter d'avance. ◊ **faked balance sheet** bilan truqué.

**fall** [fɔːl] **1 n a** [price, demand, production] baisse f; (sudden) chute f; [currency] baisse f, dépréciation f, moins-value f (*in* de). ◊ **fall in the bank rate** baisse du taux d'escompte officiel; **fall in foreign exchange reserves** diminution *or* baisse des réserves en devises; **fall in supplies** (Econ) contraction de l'offre; **fall in value** perte de valeur,

dévalorisation; **to buy on a fall** (St Ex) acheter à la baisse; **to go for a fall** (St Ex) spéculer *or* jouer à la baisse, jouer la baisse; **there has been a fall in the price of oil shares** les pétrolières sont en recul *or* en repli. **b** (US : autumn) automne m.
**2 vi a** [person, object] tomber; [building] s'écrouler, s'effondrer; [price] baisser; (suddenly) s'effondrer; [government] tomber, être renversé. ◊ **car sales have fallen further** les ventes de voitures ont encore régressé *or* diminué; **the dollar is falling** le dollar est en repli *or* en baisse; **the bankruptcy rate has fallen** le rythme des faillites s'est ralenti; **oil shares are falling** les valeurs pétrolières accusent un recul *or* sont en repli. **b** (phrases) **our difficulties fall into 3 categories** nos problèmes se divisent en 3 catégories *or* sont de 3 ordres; **it falls to the personnel manager to hire workers** il incombe au directeur du personnel d'embaucher des ouvriers; **this case falls within article 3 of the Treaty of Rome** ce cas relève de l'article 3 du traité de Rome; **the results fall short of government forecasts** les résultats n'ont pas atteint les prévisions du gouvernement *or* n'ont pas répondu aux attentes gouvernementales; **the bottom has fallen out of the market** le marché s'est effondré; **to fall due** [rent, bill] venir à échéance; **to fall foul of the law** se mettre dans l'illégalité; **the two ships fell foul of each other** les deux navires sont entrés en collision; **to fall heir to sth** hériter de qch; **we fell into line with the board** nous nous sommes rangés *or* conformés à l'avis du conseil d'administration; **we fell into line with our competitors** nous nous sommes alignés sur la concurrence; **to fall vacant** [job] se trouver vacant; [accommodation] se trouver libre.
**3 cpd fall guy\*** (scapegoat) bouc émissaire; (easy victim) pigeon\*, dindon\* (de la farce), dupe. — **fall-out-of-bed\*** (US St Ex) chute verticale des cours.

**fall apart vi** [plan, deal] tomber à l'eau.

**fall away vi** [numbers] diminuer.

**fall back vi** (retreat) reculer. ◊ **several blue-chip companies fell back** plusieurs grosses entreprises ont perdu *or* cédé du terrain; **the yen fell back to its lowest level** le yen est redescendu *or* retombé à son cours le plus bas; **gold shares fell back a point** les mines d'or ont reculé *or* se sont repliées d'un point.

**fallback** ['fɔːlbæk] **1 n** recul m, repli m. ◊ **as a fallback they will start building their own dealer network** ils vont mettre sur pied un réseau de distribution pour avoir une position de repli.
**2 cpd fallback pay** (US) salaire minimum garanti.

**fall back on** vt fus avoir recours à. ◊ **we shall have to fall back on the alternative solution** il nous faudra nous rabattre sur or recourir à la solution de rechange.

**fall behind** vi rester en arrière, être à la traîne. ◊ **to fall behind with** or **in one's work / orders** prendre du retard dans son travail / ses commandes ; **our export performances are falling behind** les résultats de notre commerce extérieur sont en régression ; **our industrialists might fall behind in this sector** nos industriels pourraient se laisser distancer dans ce secteur.

**fall down** vi a [plans, buildings] s'effondrer, s'écrouler. b (fail) [person, company] échouer, se planter*.

**fallibility** [ˌfælɪ'bɪlɪtɪ] n faillibilité f.

**fallible** ['fæləbl] adj faillible.

**fall in with** vt fus a (agree to) proposal accepter, suivre. ◊ **the manager fell in with my suggestion** le directeur s'est rangé à or a suivi ma suggestion. b (fit with) aller dans le sens de, cadrer avec. ◊ **this decision fell in nicely with our plans** cette décision a parfaitement cadré avec nos projets.

**falling** ['fɔːlɪŋ] adj ◊ **falling prices** (gen) prix en baisse ; (St Ex) cours en repli or en recul or en baisse ; **falling trend** (St Ex) tendance baissière ; **to buy on a falling market** acheter à la baisse.

**fall off** vi [sales, production] baisser, diminuer ; [curve on graph] décroître ; [enthusiasm, interest] tomber. ◊ **employment has been falling off** la situation de l'emploi s'est dégradée.

**fall-off** ['fɔːlɒf] n (drop) baisse f, diminution f ; (sharp) chute f ; (gradual) effritement m ; (weakness) fléchissement m (*in* de). ◊ **there are some signs of a fall-off in exports** les exportations donnent des signes de faiblesse or de ralentissement ; **fall-off in business activity** tassement or contraction des affaires ; **fall-off in demand** baisse de la demande.

**fallout** ['fɔːlaʊt] n (also **radioactive fallout**) retombées fpl (radioactives) ; (fig : outcome) retombées fpl, répercussions fpl.

**fallow** ['fæləʊ] adj land en jachère, en friche.

**fall through** vi [plans, negotiations] échouer.

**false** [fɔːls] adj a (mistaken) idea, information faux. ◊ **false start** faux départ. b (deceitful) statement trompeur, faux ; advertisement mensonger. ◊ **false accusation** fausse accusation ; **false balance sheet** bilan truqué ; **false entry** faux en écriture ; **false pretences** présentations or allégations mensongères ; **false representation** déclaration mensongère, fausse déclaration ; **false**

**weight** poids inexact (en général insuffisant) ; **to obtain sth on** or **under false pretences** obtenir qch par des moyens frauduleux. c (counterfeit) coin faux.

**falsification** [ˌfɔːlsɪfɪ'keɪʃən] n [accounts] falsification f.

**falsify** ['fɔːlsɪfaɪ] vt report, statement falsifier, truquer, fausser ; evidence maquiller. ◊ **to falsify the accounts** falsifier les comptes, faire un faux en écriture.

**falter** ['fɔːltər] vi [economy] chanceler, fléchir.

**faltering** ['fɔːltərɪŋ] adj productivity défaillant, chancelant. ◊ **after a faltering start some progress was made** après des débuts hésitants des progrès ont été enregistrés.

**familiar** [fə'mɪljər] adj a (well-known) sight familier ; complaint habituel. b **to be familiar with sth** bien connaître qch, être au fait de qch ; **our rep is familiar with the local customs** notre représentant connaît bien les coutumes locales.

**family** ['fæmɪlɪ] 1 n famille f.
2 cpd **family business** affaire de famille, entreprise familiale. — **family circumstances** situation de famille. — **family expenditure survey** (GB) *étude gouvernementale annuelle sur les dépenses des familles.* — **family income** revenu familial. — **family-size(d) packet** paquet familial.

**famine** ['fæmɪn] n famine f. ◊ **liquidity famine** (Fin) pénurie de moyens de paiement.

**fan** [fæn] n (Ind) ventilateur m.

**fancy** ['fænsɪ] 1 adj a pattern (de) fantaisie. b (pej : overrated) fantaisiste. ◊ **a fancy price** un prix exorbitant. c (US : extra good) goods de qualité supérieure, surchoix. ◊ **fancy fruits** fruits surchoix or de premier choix.
2 cpd **fancy goods** nouveautés fpl, articles mpl de fantaisie. — **fancy shop** (US) magasin de luxe.

**FAO** [ˌefeɪ'əʊ] n abbr of *Food and Agricultural Organization* FAO f.

**FAQ** [ˌefeɪ'kjuː] a abbr of *fair average quality* → fair. b abbr of *free alongside quay* → free.

**far** [fɑːr] 1 adj lointain, éloigné. ◊ **it is far and away the easiest solution** c'est de loin la solution la plus simple.
2 cpd **Far East (the)** l'Extrême-Orient. — **far-flung** business empire vaste, très étendu. — **far-reaching** decision d'une portée considérable, d'une grande portée. — **far-sighted** person clairvoyant ; decision judicieux.

**fare** [fɛər] 1 n a (charge) (on train, bus) prix m du billet or du ticket ; (on boat, plane) prix m du billet ; (in taxi) prix m de la course. ◊ **full**

**fare** place entière, plein tarif; **high / low season fare** tarif haute / basse saison; **half-fare ticket** billet à demi-tarif; **off-peak fare** tarif réduit (aux heures creuses); **single** (GB) or **one-way** (US) **fare** prix d'un aller simple; **return** (GB) or **round-trip** (US) **fare** prix d'un aller et retour; **fares are going up** les tarifs des transports vont augmenter; **agreement on fares** accord tarifaire. **b** (passenger) (gen) voyageur(-euse) m(f); [taxi] client(e) m(f).
**2** **cpd fare pricing** fixation des tarifs. − **fare war** guerre des tarifs.

**farm** [fɑːm] **1** **n** (gen) ferme f. ◊ **dairy farm** ferme laitière; **fish farm** centre de pisciculture, élevage piscicole; **poultry farm** élevage de volailles, établissement avicole; **trout / mink farm** élevage de truites / de visons; **stud farm** haras.
**2** **cpd farm credit** crédit agricole. − **farm equipment** équipement m or matériel agricole. − **farm gate price** prix à la production or au producteur. − **farm income** revenu agricole. − **farm labourer** ouvrier agricole. − **farm loan** prêt aux agriculteurs. − **farm policy** politique agricole. − **farm prices** prix mpl agricoles. − **farm produce** produits mpl agricoles or de la ferme. − **farm products** produits mpl agricoles manufacturés. − **farm subsidies** subventions fpl aux agriculteurs. − **farm surplus** excédent(s) m(pl) agricole(s). − **farm worker** ouvrier(-ière) m(f) agricole.
**3** **vt** cultiver.
**4** **vi** être cultivateur, être fermier.

**farmer** ['fɑːmər] **n** fermier m, cultivateur m, agriculteur m, exploitant m agricole. ◊ **stock farmer** éleveur de bétail; **tenant farmer** fermier (à bail).

**farmhand** ['fɑːmhænd] **n** ouvrier(-ière) m(f) agricole.

**farming** ['fɑːmɪŋ] **1** **n** agriculture f. ◊ **dairy farming** élevage laitier; **factory farming** agriculture industrielle; **fish farming** pisciculture; **large-scale farming** exploitation à grande échelle; **mixed farming** polyculture; **poultry farming** aviculture, élevage de volailles; **single-crop farming** monoculture; **stock farming** élevage de bétail; **subsistence farming** agriculture de subsistance (non exportatrice).
**2** **cpd farming business** entreprise or exploitation agricole. − **farming communities** collectivités fpl rurales. − **farming lease** bail à ferme. − **farming methods** méthodes fpl d'exploitation.

**farmland** ['fɑːmlænd] **n** terres fpl cultivées or arables.

**farm out** **vt sep** piece of work sous-traiter, céder en sous-traitance, externer.

**farmstead** ['fɑːmsted] **n** ferme f.

**FAS** [ˌefeɪ'es] **abbr of** free alongside ship or steamer FLB.

**fashion** ['fæʃən] **1** **n** (in clothes, furnishings) mode f, vogue f. ◊ **in fashion** à la mode, en vogue; **out of fashion** démodé, passé de mode; **it's the latest fashion** c'est la dernière mode, c'est le dernier cri; **to set the fashion for** lancer la mode de; **to bring sth into fashion** mettre qch à la mode; **to come into fashion** devenir à la mode; **to go out of fashion** se démoder, passer de mode.
**2** **vt model** fabriquer; **dress** confectionner.
**3** **cpd fashion designer** styliste mf, couturier. − **fashion editor** rédacteur(-trice) m(f) de mode. − **fashion goods** articles mpl de mode. − **fashion house** maison de couture. − **fashion magazine** revue or magazine de mode. − **fashion model** (person) mannequin. − **fashion parade** présentation de collections, défilé de mode. − **fashion shares** (St Ex) titres mpl en vogue. − **fashion show** présentation de collections, défilé de mode.

**fashionable** ['fæʃnəbl] **adj dress** à la mode; **district, shop, hotel** chic; **writer, artist, subject** à la mode, en vogue.

**fast** [fɑːst] **1** **adj a** (speedy) rapide. ◊ **the fast lane** (Aut, fig) la voie rapide; **to be a fast thinker** avoir l'esprit rapide; **to make a fast buck\*** gagner rapidement de l'argent, réussir un beau coup financier\*; **fast food** restauration rapide, fast-food; **fast forward** (on tape recorder) avance rapide; **fast-moving articles** articles à forte rotation; **to be on the fast track** être promis à une promotion rapide; **fast tracker** *personne promise à gravir rapidement les échelons*; **fast-tracking** [personnel] avancement rapide. **b** [clock] **to be fast** avancer; ◊ **my watch is 5 minutes fast** ma montre avance de 5 minutes. **c** colour bon teint, grand teint.
**2** **adv a** (quickly) vite, rapidement. ◊ **how fast can you type?** à quelle vitesse tapez-vous (à la machine)?; **fast-selling item** article de vente or d'écoulement rapide or facile. **b** (securely) solidement. ◊ **the lock held fast** la serrure a tenu bon.

**fasten** ['fɑːsn] **vt** (lit) attacher, fixer. ◊ **to fasten the responsibility for sth on sb** attribuer la responsabilité de qch à qn.

**fastening** ['fɑːsnɪŋ] **n** attache f, fixation f.

**fatal** ['feɪtl] **adj blow** mortel, fatal; **mistake** fatal; **consequences** désastreux, catastrophique; **influence** néfaste, pernicieux.

**fatality** [fə'tælɪtɪ] **n** (accident) accident m mortel; (person killed) mort(e) m(f).

**fatigue** [fə'tiːg] n (gen) fatigue f. ◊ **metal fatigue** fatigue des métaux.

**fault** [fɔːlt] **1** n **a** [person, scheme] défaut m ; (in machine) défaut m, anomalie f ; (mistake) erreur f, faute f. ◊ **latent fault** (Jur) vice caché ; **a fault has been found in the safety device** une anomalie ou une faille a été constatée dans le système de sécurité ; **to find fault with sth** trouver à redire à qch ; **to find fault with sb** critiquer qn ; **my memory was at fault** ma mémoire m'a fait défaut. **b** (blame, responsibility) faute f. ◊ **the party at fault** l'auteur de l'accident, la partie responsable.

**2** vt ◊ **to fault sth / sb** trouver des défauts à qch / chez qn ; **you can't fault him** on ne peut pas le prendre en défaut.

**faultless** [fɔːltlɪs] adj behaviour irréprochable ; work impeccable, irréprochable.

**faulty** [fɔːltɪ] adj work défectueux, mal fait ; machine défectueux ; style incorrect ; reasoning erroné. ◊ **faulty drafting** [document] vice de forme *(dans la rédaction d'un document)* ; **faulty packing** emballage défectueux.

**favour** (GB), **favor** (US) [feivə<sup>r</sup>] **1** n **a** (good deed) service m, faveur f, grâce f. ◊ **to do sb a favour** rendre (un) service à qn ; **to ask a favour of sb** demander un service à qn, solliciter une faveur de qn. **b** (approval) faveur f, approbation f. ◊ **I'm in favour with the boss at present** en ce moment je suis bien vu du patron ; **to win sb's favour, find favour with sb** [person] s'attirer les bonnes grâces de qn ; [proposal] gagner l'approbation de qn. **c** (advantage) faveur f, avantage m. ◊ **the court decided in our favour** le tribunal nous a donné gain de cause ; **cheque in favour of sb** chèque payable à l'ordre de qn ; **balance in your favour** à votre crédit, solde en votre faveur ; **the exchange rate is in our favour** le taux de change joue en notre faveur, le change nous est favorable ; **that's a point in his favour** c'est quelque chose à mettre à son actif, c'est un bon point pour lui. **d** (US : in letter) **your favour of the 10th inst** votre honorée du 10 courant, votre lettre du 10 de ce mois.

**2** vt (approve) scheme, suggestion être partisan de, approuver ; (prefer) person, applicant préférer.

**favourable** (GB), **favorable** (US) [feivərəbl] adj favorable *(to à)*. ◊ **favourable balance** [bank account] solde créditeur ; **favourable balance of trade** balance commerciale excédentaire ; **favourable exchange** cours avantageux ; **favourable variance** (Acc) écart avantageux ; **on favourable terms** à des conditions avantageuses ; **our claim did not meet with a favourable reception** notre récla-

mation n'a pas rencontré un accueil favorable ; **I'm favourable to the proposal** j'approuve la proposition.

**favoured** (GB), **favored** (US) [feivəd] adj favorisé. ◊ **most favoured nation clause** clause de la nation la plus favorisée.

**fax** [fæks] **1** n télécopie f, fax m. ◊ **sent by fax** envoyé par télécopie or par fax ; **fax machine** télécopieur.

**2** vt envoyer par télécopie or par fax.

**f / cap., fcp., f'cap.** abbr of *foolscap*.

**f.co.** abbr of *fair copy* → fair.

**f / d., F.D.** abbr of *free delivery* → free.

**FDA** [ˌefdiː'eɪ] (US) n abbr of *Food and Drug Administration* → food.

**feasibility** [ˌfiːzə'bɪlɪtɪ] n [plan] possibilité f (de réalisation), faisabilité f. ◊ **feasibility study** or **survey** étude de faisabilité.

**feasible** [fiːzəbl] adj plan, suggestion faisable, réalisable.

**featherbed** [feðəˌbed] vt (Ind) *éviter les licenciements en maintenant les emplois non productifs.* ◊ **France featherbeds its agriculture** la France subventionne ses agriculteurs.

**featherbedding** [feðəbedɪŋ] n (Ind) maintien m d'emplois non productifs *(pour éviter les licenciements).*

**feature** [fiːtʃə<sup>r</sup>] **1** n **a** [building, machine] particularité f, caractéristique f. ◊ **the main feature of our programme** le point essentiel de notre programme. **b** (Comm) spécialité f. **c** (Press : column) chronique f.

**2** cpd **feature film** grand film.

**3** vt **a** (give prominence to) person, event mettre en vedette ; name, news mettre en avant. ◊ **the news was featured on the front page** la nouvelle faisait la une or était en première page. **b** (depict) représenter.

**4** vi **a** (Cine) figurer, jouer *(in dans)*. **b** marquer, constituer un fait saillant.

**February** [februərɪ] n février m → September.

**Fed** [fed](US) n abbr of *Federal Reserve Board* → federal.

**federal** [fedərəl] adj fédéral. ◊ **federal funds** (US) (same-day money) argent au jour le jour ; (government funds) fonds publics ; **Federal Republic of Germany** République fédérale d'Allemagne ; **the Federal Reserve** (US) la Réserve fédérale ; **Federal Reserve Bank** (US) banque de la Réserve fédérale ; **Federal Reserve Board** (US) Conseil de la Réserve fédérale *(organisme qui joue le rôle de banque centrale)* ; **the Federal Reserve System** (le système de) la Réserve fédérale américaine ; **Federal Trade Com-**

**mission** (US) ≈ Direction de la concurrence et des prix *commission fédérale chargée de veiller au respect de la libre concurrence.*

**federalism** ['fedərəlızəm] **n** fédéralisme m.

**federate** ['fedəreıt] **1** **vt** fédérer. **2** **vi** se fédérer.

**federation** [ˌfedə'reıʃən] **n** fédération f. ◊ **employers' federation** fédération patronale.

**Feds** [fedz] (US) **npl** abbr of *federal funds* → federal.

**fee** [fiː] **n** [architect, doctor, lawyer] honoraires mpl ; [director] honoraires mpl, jetons mpl de présence ; [unit trust, savings plan] droits mpl. ◊ **for a small fee** moyennant une légère redevance or une somme modique ; **in fee simple** (Jur) en toute propriété ; **admission** or **entrance fee** droit d'entrée ; **cancellation fee** frais d'annulation ; **collection fee** droit d'encaissement ; **front-end fees** commission or frais de montage ; **landing fees** (Aviat) taxes d'atterrissage ; **medical fees** honoraires médicaux ; **membership fee** montant de la cotisation, droit d'adhésion ; **patent fees** droits (d'enregistrement) de brevet ; **registration fee** (Post) tarif d'un envoi recommandé ; (Admin, St Ex) droits d'enregistrement ; (exam, competition) droits or frais d'inscription ; **retaining fee** provision ; **subscription fee** prix de l'abonnement ; **take-off fees** (Aviat) taxes de décollage ; **transfer fees** droits de mutation ; **union fees** cotisations syndicales.

**feed** [fiːd] **1** **vt** person, animal donner à manger à, nourrir ; inflation entretenir, alimenter. ◊ **to feed a program into a machine** introduire un programme dans une machine ; **to feed data into a computer** alimenter un ordinateur en données. **2** **n** (Comp) (operation) alimentation f ; (device) chargeur m. ◊ **continuous feed** alimentation en continu ; **sheet feed** chargeur feuille à feuille.

**feedback** ['fiːdbæk] **n** feedback m, information f en retour.

**feeder** ['fiːdə'] **1** **n** [machine] chargeur m. **2** **cpd** **feeder cable** câble d'alimentation. − **feeder plane** avion de petite taille *(en exploitation sur les lignes secondaires).* − **feeder road** route secondaire.

**feed in** **vt sep** tape, wire introduire (*to* dans).

**feedplant** ['fiːdplɑːnt] **n** usine f qui fournit les matières premières.

**feedstock** ['fiːdstɒk] **n** matières fpl premières de base *(au stade de la production).*

**feedstuffs** ['fiːdstʌfz] **npl** aliments mpl pour bétail.

**feel** [fiːl] **1** **n** (sense of touch) toucher m ; (sensation) sensation f. ◊ **I don't like the feel of it** (fig) ça ne me dit rien de bon or rien qui vaille ; **he wants to get the feel of the company** il veut se faire une idée générale de la société. **2** **vt** **a** (touch) palper, tâter. ◊ **to feel one's way** (fig) tâter le terrain, avancer à tâtons. **b** blow sentir ; sympathy, grief éprouver, ressentir. ◊ **the effects of the dollar fall will be felt** les effets de la chute du dollar se feront sentir plus tard. **c** (think) avoir l'impression, considérer, estimer (*that* que). ◊ **if you feel strongly about it** si cela vous tient à cœur, si cela vous semble important. **3** **vi** se sentir, être. ◊ **we do not feel able to recommend him** nous ne nous sentons pas en mesure de le recommander.

**feeler** ['fiːlə'] **n** ◊ **to throw out a feeler** (fig) lancer un ballon d'essai.

**felonious** [fı'ləʊnıəs] **adj** (Jur) criminel.

**felony** ['felənı] **n** (Jur) crime m, forfait m.

**female** ['fiːmeıl] **adj** féminin. ◊ **female workers** main-d'œuvre féminine.

**fence-straddler** ['fensˌstrædlə'] **n** opportuniste mf.

**fend off** [fend] **vt sep** question écarter, éluder ; takeover bid repousser.

**ferment** [fə'ment] **n** agitation f, effervescence f. ◊ **the stock market was in a ferment** la Bourse était agitée or en effervescence.

**ferroconcrete** ['fereʊ'kɒŋkriːt] **n** béton m armé.

**ferrous** ['ferəs] **adj** ferreux.

**fertilize, fertilise** ['fɜːtılaız] **vt** land, soil fertiliser, amender.

**fertilizer, fertiliser** ['fɜːtılaızə'] **n** engrais m. ◊ **organic / chemical fertilizer** engrais naturel / chimique.

**fetch** [fetʃ] **vt** (sell for) money rapporter. ◊ **silk is fetching a high price** la soie se vend cher or atteint un joli prix ; **this picture will fetch about $5,000** ce tableau ira chercher dans les 5 000 dollars.

**feud** [fjuːd] **n** querelle f, dissension f, rivalité f (*between* entre).

**feu duty** ['fjuːˌdjuːtı] **n** (GB Jur) loyer m de la terre.

**feverish** ['fiːvərıʃ] **adj** market fiévreux, fébrile.

**FGA** [ˌefdʒiː'eı] **abbr** of *free of general average* FAC.

**fiat** ['faıæt] **n** décret m, ordonnance f. ◊ **fiat money** monnaie fiduciaire.

**fibre** (GB), **fiber** (US) ['faɪbəʳ] **1** n fibre f. ◊ **man-made fibre** fibre synthétique. **2** cpd **fibre-glass** fibre de verre. − **fibre optics** (technique) la fibre optique ; **fibre-optic cable** câble en fibres optiques.

**fictitious** [fɪk'tɪʃəs] adj contract, assets fictif. ◊ **fictitious bill** traite de complaisance, traite en l'air ; **fictitious payee** bénéficiaire fictif.

**fiddle\*** ['fɪdl] (GB) **1** n (cheating) truc\* m, combine\* f. ◊ **it's a tax fiddle** c'est une combine pour ne pas payer d'impôts, c'est de la fraude fiscale ; **he's on the fiddle** il traficote\*. **2** vi traficoter\*. **3** vt accounts, expenses, claims truquer. ◊ **to fiddle one's tax return** truquer sa déclaration d'impôts.

**fidelity** [fɪ'delɪtɪ] n fidélité f. ◊ **fidelity insurance** or **bond** (US) assurance détournement et vol.

**fiduciary** [fɪ'djuːʃɪərɪ] **1** adj loan, account fiduciaire. ◊ **fiduciary accounting** comptabilité fiduciaire ; **fiduciary bond** caution fiduciaire ; **fiduciary money** monnaie fiduciaire ; **fiduciary services** services fiduciaires. **2** n fiduciaire m, mandataire m. ◊ **in a fiduciary capacity** à titre fiduciaire.

**field** [fiːld] **1** n **a** (Agr) champ m. ◊ **coalfield** bassin houiller ; **goldfield** terrain aurifère ; **oilfield** gisement or champ pétrolifère ; **work in the field** (Mktg) enquête sur place or sur le terrain ; **to be first in the field with a product** être le premier à lancer un produit, être le premier à occuper le terrain avec un produit ; **to hold the field** tenir bon, se maintenir sur ses positions ; **our calculations and reports from the field indicate that stocks are low** nos calculs et les études sur le terrain indiquent que les stocks sont bas. **b** (sphere of activity) domaine m. ◊ **financial field** domaine financier ; **fields of taxation** domaines d'imposition ; **it's outside my field** ce n'est pas de ma compétence or de mon ressort or dans mes cordes. **c** (Comp) zone f. **d** (in competition) concurrents mpl. ◊ **there are three candidates in the field** il y a trois candidatures en présence ; **to lead the field** mener le peloton. **2** vt ◊ **to field a candidate** (Pol) présenter un candidat (à des élections). **3** cpd **field audit** audit sur place. − **field hand** (Agr) ouvrier(-ière) m(f) agricole. − **field investigator** enquêteur(-trice) m(f) sur le terrain. − **field man\*** (US : representative) représentant. − **field operator** homme de terrain. − **field organization** antenne sur le terrain, filiale. − **field research** recherche f or étude sur le terrain. − **field sales manager** directeur (-trice) m(f) des ventes. − **field staff** personnel de terrain. − **field study** or **survey** enquête sur place or sur le terrain, étude sur le terrain. − **field trial** essai sur le terrain.

**fieldtest** ['fiːldtest] **1** vt tester sur le terrain. **2** n essai m sur le terrain.

**fieldwork** ['fiːldwɜːk] n (Mktg) enquête f or recherches fpl sur le terrain ; (Comm) démarchage m auprès de la clientèle ; (Acc) vérification f sur place. ◊ **fieldwork standards** (US Acc) normes de vérification.

**fieldworker** ['fiːldwɜːkəʳ] n enquêteur(-trice) m(f) sur le terrain.

**fierce** [fɪəs] adj competition serré, acharné ; opponent, advocate farouche, acharné ; attack violent, virulent.

**fieri facias** ['faɪəraɪ'feɪʃɪəs] n (Jur) ordre m de saisie.

**FIFO** ['faɪfəu] abbr of *first in first out* PEPS.

**fifteen** [fɪf'tiːn] adj, n quinze m. ◊ **about fifteen, fifteen or so** une quinzaine → six.

**fifteenth** [fɪf'tiːnθ] adj, n quinzième mf. ◊ **in the fifteenth place** quinzièmement → sixth.

**fifth** [fɪfθ] adj, n cinquième mf. ◊ **in the fifth place** cinquièmement → sixth.

**fifthly** ['fɪfθlɪ] adv cinquièmement.

**fiftieth** ['fɪftɪɪθ] adj, n cinquantième mf. ◊ **in the fiftieth place** cinquantièmement → sixth.

**fifty** ['fɪftɪ] adj, n cinquante m. ◊ **he has a fifty-fifty chance of win** il a cinquante pour cent de chances or une chance sur deux de gagner → sixty.

**fight** [faɪt] **1** n (against inflation, unemployment) lutte f (*against* contre). ◊ **the candidate put up a good fight** le candidat s'est bien défendu. **2** vi [person] lutter (*for* pour ; *against* contre) ; (quarrel) se disputer (*with* avec). **3** vt inflation, unemployment lutter contre, combattre. ◊ **to fight a case** (Jur) défendre or plaider une cause ; **to fight a losing battle against sth** se battre en pure perte contre qch, livrer une bataille perdue d'avance contre qch.

**fight back** vi rendre les coups, se défendre, contre-attaquer.

**figure** ['fɪgəʳ] **1** n **a** chiffre m. ◊ **3-figure number** nombre or numéro à 3 chiffres ; **budget figures** statistiques budgétaires ; **sales figure** chiffre d'affaires, chiffre de ventes ; **unemployment figures** chiffres du chômage, nombre de chômeurs ; **in round figures** en chiffres ronds ; **I can't give you the exact figures** je ne peux pas vous donner les chiffres exacts; **there's a mistake in the figures** il y a une erreur dans les chiffres; **he earns well into** or **over five figures** (GB) il gagne bien plus de 10 000 mille livres par an; **we cannot grant them credit beyond this figure** nous ne pouvons pas leur accorder un crédit au-delà de ce montant; **the export figures for the first quarter look good** les chiffres à l'exportation pour le premier trimestre semblent favorables. **b** (diagram) figure f; (drawing) figure f, image f. **c** (well-known person) figure f, personnage m, personnalité f. **2** **vt** **a** (draw) représenter or illustrer par un schéma, mettre sous forme de schéma. **b** (US : *) penser, supposer. ◊ **I figure it like this** je vois la chose comme ceci. **3** **vi** **a** (appear) figurer. ◊ **his phone number does not figure on this list** son numéro de téléphone ne figure pas sur cette liste. **b** (US : *) s'expliquer. ◊ **that figures** ça cadre, ça se tient.

**figurehead** ['fɪgəhed] **n** prête-nom m.

**figure out** **vt** **sep** problem arriver à comprendre, résoudre; amount arriver à calculer.

**file** [faɪl] **1** **n** (folder) dossier m, chemise f; (with hinges) classeur m; (card index, Comp) fichier m; (cabinet) classeur m; (papers) dossier m. ◊ **active** / **dead file** dossier des affaires en cours / des affaires classées; **backup file** (Comp) fichier de sauvegarde; **box file** classeur; **card file** fichier; **miscellaneous** or **sundries file** dossier "divers"; **master file** fichier principal or maître; **to keep a file on sb** / **sth** avoir un dossier sur qn / qch; **I'll look it up in my files** je vais le chercher dans mes archives or dans mes dossiers; **there's something in** or **on the file about him** le dossier contient des renseignements sur lui; **to close the file on a question** classer une affaire; **data on file** données fichées; **files and records section** les archives; **your file** (reference number) votre référence, votre dossier. **2** **cpd** **file card** fiche de classeur. – **file clerk** (US) documentaliste mf. – **file consolidation** fusion de fichiers. – **file copy** exemplaire d'archives. – **file jacket** couverture de dossier. – **file maintenance** tenue des fichiers. – **file management** (Comp) gestion de fichiers. – **file number** cote. **3** **vt** **a** (put away) (gen) classer, ranger; (put into file) joindre au dossier; [finished business] archiver, classer. **b** (submit to court) **to file a claim** déposer or faire enregistrer une requête or demande; **to file a claim for damages** intenter un procès en dommages-intérêts; **to file an application for a patent** déposer une demande de bre-

vet; **to file a petition in bankruptcy** déposer son bilan; **to file a (tax) return** produire une déclaration de revenus; **to file a (law)suit against sb** intenter un procès à qn, engager des poursuites contre qn; **to file for a job** présenter un dossier de demande d'emploi.

**file away** **vt** **sep** classer, archiver.

**filing** ['faɪlɪŋ] **1** **n** [documents] classement m; [finished business] archivage m; [claim] enregistrement m, dépôt m. ◊ **alphabetical filing** classement par ordre alphabétique; **flat filing** classement horizontal; **numerical filing** classement numérique; **subject filing** classement par matières; **lateral suspension filing** classement par dossiers suspendus. **2** **cpd** **filing basket** corbeille de rangement. – **filing cabinet** classeur. – **filing clerk** documentaliste mf. – **filing drawer** tiroir classeur. – **filing system** méthode de classement. – **filing tray** corbeille de rangement.

**Filipino** [ˌfɪlɪ'piːnəʊ] **n** (inhabitant) Philippin(e) m(f).

**fill** [fɪl] **vt** post remplir. ◊ **to fill a vacancy** [employer] pourvoir un poste, nommer qn à un poste; [employee] prendre un poste vacant; **the position is already filled** le poste est déjà pris; **to fill an order** exécuter une commande; **to fill the gap** (gen, Comm) combler le trou; **this new product fills a need** ce nouveau produit répond à un besoin.

**filler** ['fɪlər] **n** (Press) article m bouche-trou. ◊ **filler files** dossiers temporaires.

**fill in** **1** **vi** ◊ **to fill in for sb** remplacer qn (temporairement). **2** **vt** **sep** form, questionnaire remplir; account, report mettre au point, compléter. ◊ **fill in the blanks** remplissez les blancs; **to fill in the date** inscrire la date; **to fill sb in on sth*** mettre qn au courant de qch.

**fill-in** ['fɪlɪn] **n** remplaçant(e) m(f).

**fillip** ['fɪlɪp] **n** (fig : boost) coup m de fouet. ◊ **the devaluation of the franc has given a fillip to exports** la dévaluation du franc a donné un coup de fouet à nos exportations or a été un stimulant pour l'export.

**fill out, fill up** **vt** **sep** form, questionnaire remplir.

**film** [fɪlm] **1** **n** (Phot) pellicule f; (Cine) film m. **2** **vt** filmer. **3** **cpd** **film festival** festival du cinéma. – **film library** cinémathèque. – **film maker** cinéaste mf. – **film rights** droits mpl d'adaptation cinématographique. – **film script** scénario, script. – **film strip** film fixe. – **film test** bout d'essai.

**filmsetter** ['fɪlmsetəʳ] **n** (Typ) photocomposeuse f.

**filmsetting** ['fɪlmsetɪŋ] **n** (Typ) photocomposition f.

**filter** ['fɪltəʳ] **vt** filtrer.

**final** ['faɪnl] **1 adj a** (last) dernier. ◊ **to put the final touches to a report** mettre la dernière main à un rapport; **final balance** balance de clôture; **final date** date limite; **final demand** or **notice** or **warning** dernier avertissement, dernier rappel (de règlement); **final dividend** solde de dividende; **final instalment** (GB) or **installment** (US) versement libératoire; **final mortgage payment** solde d'hypothèque; **final product** produit fini. **b** (conclusive) decision définitif; answer décisif, définitif; judgement sans appel. ◊ **final sale** vente ferme; **this final invoice replaces our earlier provisional invoice** cette facture définitive remplace celle établie antérieurement à titre provisoire. **c** (Mar) **final port** port de destination.
**2 n** ◊ **late night final** (Press) dernière édition du soir; **to recommend a final of** (Fin) proposer un dividende final de.

**finalize, finalise** ['faɪnəlaɪz] **vt** report rédiger la version définitive de; plans mettre au point les derniers détails de; preparations mettre la dernière main à; date fixer de façon définitive; contract conclure.

**finance** [faɪ'næns] **1 n** finance f. ◊ **high finance** la haute finance; **public finance** finances publiques; **the world of finance** le monde de la finance; **the country's finances** les finances or la situation financière du pays.
**2 vt** project, company (supply money for) financer, commanditer; (obtain money for) trouver or se procurer des fonds pour. ◊ **to finance the costs of the undertaking** fournir les fonds nécessaires au projet, financer le projet.
**3 cpd Finance Act** loi de finances. – **Finance Bill** (GB Pol) projet de loi de finances. – **finance bill** effet financier. – **finance charges** frais mpl financiers or de crédit. – **finance company** compagnie financière, société de financement or de crédit. – **finance contract** contrat de financement or de crédit. – **finance director** directeur financier. – **finance house** (GB) établissement de crédit. – **finance syndicate** syndicat de finance or financier.

**financial** [faɪ'nænʃəl] **1 adj** financier. ◊ **the financial pages** [daily newspaper] la rubrique financière, les pages financières; **they are in financial difficulties** ils ont des problèmes financiers or des difficultés financières.

**2 cpd financial accounting** comptabilité générale or financière. – **financial accounting standards** normes fpl comptables. – **financial accounts** comptes mpl financiers. – **financial adviser** or **consultant** conseiller fiscal (lors d'un rachat de société). – **financial aid** aide financière. – **financial analysis** analyse financière. – **financial analyst** analyste financier. – **financial assets** actifs mpl financiers. – **financial assistance** appui financier, aide financière. – **financial balance** tableau économique d'ensemble. – **financial charges** frais mpl financiers. – **financial circles** milieux mpl financiers. – **financial crisis** crise monétaire. – **financial contribution** apport financier. – **financial disclosure** présentation or publication financière. – **financial executives** cadres mpl or responsables mpl financiers. – **financial futures market** marché à terme des instruments financiers, MATIF. – **financial institution** établissement or organisme financier. – **financial investment** investissement financier (en actions, obligations). – **financial leverage** effet de levier financier. – **financial management** gestion financière. – **financial market** marché financier, place financière. – **financial news** informations fpl financières. – **financial officer** (Bank) chef des services financiers. – **financial package** montage financier. – **financial paper** (US) papier commercial. – **financial period** période comptable. – **financial position** situation financière; **statement of financial position** bilan. – **financial reconstruction** assainissement financier. – **financial reporting** reporting financier. – **financial requirements** besoins mpl de trésorerie or de financement. – **financial resources** ressources fpl financières. – **financial risk** risque financier. – **financial standing** [person, company] situation financière, solvabilité. – **financial statement** bilan, état financier, situation de trésorerie. – **financial stringency** resserrement monétaire, raréfaction des capitaux. – **financial summary** état financier récapitulatif. – **financial support** aide financière, soutien or appui financier. – **Financial Times Industrial Ordinary Share Index** (GB) indice des valeurs industrielles publié par le Financial Times. – **financial year** exercice financier or comptable.

**financier** [faɪ'nænsɪəʳ] **n** financier m.

**financing** [faɪ'nænsɪŋ] **1 n** financement m. ◊ **financing through retained earnings, internal financing** autofinancement; **corporate financing** financement des sociétés; **deficit financing** financement par le déficit budgétaire ; **external financing** financement externe ; **seed financing** capital d'amorçage ; **start-up financing** financement de départ, capital de démarrage. **2** **cpd** **financing adjustment** ajustement multiplicateur. – **financing capacity** capacité de financement. – **financing expenses** charges fpl financières. – **financing package** montage financier. – **financing plan** plan de financement.

**find** [faɪnd] **1** **vt** **a** trouver. ◊ **to find fault with sth** trouver à redire à qch ; **to find fault with sb** critiquer qn ; **the new model found a ready sale** le nouveau modèle s'est vendu facilement. **b** (Jur) **to find sb guilty** déclarer qn coupable ; **the court found that** le tribunal a conclu que. **c** (supply) fournir ; (obtain) obtenir, trouver. ◊ **wages £200 all found** (GB) salaire de 200 livres logé (et) nourri ; **wages $200 and found** (US) salaire de 200 dollars logé (et) nourri. **2** **vi** ◊ **to find for / against the accused** se prononcer en faveur de / contre l'accusé. **3** **n** trouvaille f, découverte f.

**finder** ['faɪndər] **n** (Jur) inventeur(-trice) m(f). ◊ **finder fees** honoraires de recherche.

**findings** ['faɪndɪŋz] **npl** [committee] conclusions fpl, constatations fpl ; [market survey] conclusions fpl, résultats mpl ; (Jur) conclusions fpl, verdict m.

**find out** **vt sep** (discover) découvrir (*that* que) ; answer trouver. ◊ **please find out the cause of the delay** veuillez établir la cause de ce retard.

**fine** [faɪn] **1** **n** (gen) amende f ; (Aut) contravention f. ◊ **liable to a fine** passible d'amende. **2** **vt** (gen) condamner à une amende, frapper d'une amende ; (Aut) infliger or mettre une contravention à. ◊ **he was fined £10** il a eu une amende de 10 livres, il a eu 10 livres d'amende. **3** **adj** (high quality) cloth fin ; metal pur ; workmanship délicat. ◊ **he went through the document with a fine-tooth comb** il a passé les documents au peigne fin or au crible ; **fine print** (Typ) petits caractères ; **don't forget to read the fine print in your contract** n'oubliez pas de lire la partie du contrat écrite en petits caractères ; **fine trade bill** traite de premier ordre, papier de haut commerce ; **fine rate of interest** *taux d'intérêt privilégié accordé par les banques à leurs bons clients* ; **prices are cut very fine** (St Ex) les cours sont au plus bas.

**fine down** **vi** se réduire. ◊ **our profits are fining down** nos bénéfices fondent à vue d'œil.

**fineness** ['faɪnnɪs] **n** (gen) qualité f supérieure ; [metal] titre m.

**fine-tune** ['faɪntjuːn] **vt** economy mettre au point, régler avec précision.

**finish** ['fɪnɪʃ] **1** **n** [manufactured articles] finition f. **2** **vt** work, report, supplies finir, terminer. ◊ **to put the finishing touches to sth** mettre la dernière main or la touche finale à qch. **3** **vi** [meeting, negotiations] finir, s'achever, se terminer ; [contract] se terminer, prendre fin, arriver à son terme ; (St Ex) clôturer, terminer. ◊ **our shares finished at $70** nos actions cotaient 70 dollars en clôture or en fin de séance.

**finished** ['fɪnɪʃt] **adj** ◊ **finished goods** or **products** produits finis.

**finite** ['faɪnaɪt] **adj** fini, limité.

**fink\*** [fɪŋk] (US) **n** briseur m de grève.

**Finland** ['fɪnlənd] **n** Finlande f.

**Finn** [fɪn] **n** (inhabitant) Finlandais(e) m(f).

**Finnish** ['fɪnɪʃ] **1** **adj** **a** inhabitant finlandais. **b** culture finnois. **2** **n** (language) finnois m.

**FIO** [ˌefaɪˈəʊ] **abbr of** *free in and out* → free.

**fire** [faɪər] **1** **n** (gen) feu m ; [house] incendie m. ◊ **fire and theft** vol et incendie ; **to insure o.s. against fire** s'assurer contre l'incendie ; **to come under fire** plan, suggestion faire l'objet de vives critiques. **2** **cpd** **fire door** porte coupe-feu. – **fire drill** exercice d'évacuation *(en cas d'incendie)*. – **fire escape** (staircase) escalier de secours. – **fire exit** sortie de secours. – **fire fighting** (lit) lutte contre le feu ; (fig) solution des problèmes au jour le jour. – **fire hazard** or **risk** risque d'incendie. – **fire insurance** assurance (contre l') incendie. – **fire loss adjuster** (Ins) expert en sinistre incendie. – **fire office** (Ins) compagnie d'assurance contre l'incendie. – **fire policy** police incendie. – **fire prevention** mesures fpl de sécurité contre l'incendie. – **fire regulations** consignes fpl en cas d'incendie. – **fire sale** soldes mpl après incendie. **3** **vt** (\* : dismiss) renvoyer, flanquer à la porte\*, vider\*, licencier.

**fireproof** ['faɪəpruːf] **1** **vt** ignifuger. **2** **adj** material ignifuge.

**firm** [fɜːm] **1** **n** (Comm) (gen) compagnie f, firme f, maison f or établissement m de commerce, entreprise f, société f ; [lawyers] cabinet m, étude f. ◊ **consultancy firm** cabinet de conseil ; **multiple firm** maison or établissement à succursales multiples. **2** **adj** **a** (Comm, Fin) market ferme. ◊ **to stand firm** [person] tenir bon, rester ferme ; [share prices] se maintenir, résister, rester ferme ; **firm deal** marché ferme. **b** (definite) date ferme, sûr ; sale, rates ferme. ◊ **firm bid** cours d'achat ferme ; **firm offer** offre ferme ; **firm seller** vendeur ferme ; **firm underwriting** engagement or souscription de prise ferme ; **articles in firm demand** articles constamment demandés ; **to buy / sell firm** (St Ex) acheter / vendre ferme ; **our shares closed firm** nos actions ont bien résisté en clôture ; **our shares remain firm** nos actions se maintiennent.

**firmness** ['fɜːmnɪs] **n** [market, shares] fermeté f, raffermissement m, bonne tenue f ; [person] détermination f, résolution f.

**firm up** ['fɜːm] **1** vi [prices] se raffermir. **2** vt sep ◊ **to firm up a contract** valider un contrat, signer définitivement un contrat.

**firmware** ['fɜːmwɛə] **n** microprogramme m.

**first** [fɜːst] **1** adj premier. ◊ **first (flash) estimate** première estimation ; **first-generation computer** ordinateur de la première génération ; **his project didn't even get to first base*** son projet n'a rien donné or n'a même pas connu un début de réalisation ; **first in first out** premier entré premier sorti ; **first teller** (US Bank) caissier payeur ; **First of Exchange** (Fin) première de change. **2** n premier(-ière) m(f). **3** cpd **first-class** (best quality) (gen) de premier choix, de première qualité ; seat, ticket de première classe ; **first-class mail** (GB) courrier (à tarif) normal. − **first-half profits** bénéfices mpl de premier semestre. − **first in first out** premier entré premier sorti. − **first-line management** maîtrise − **first mortgage** hypothèque de premier rang ; **first mortgage bond** (US) obligation hypothécaire de premier rang, obligation de première hypothèque. − **first name** prénom. − **first preference share** action privilégiée de premier rang. − **first-rate** excellent, de premier ordre. − **first-year interests** intérêts mpl intercalaires.

**firstly** ['fɜːstlɪ] adv premièrement, en premier lieu.

**fiscal** ['fɪskəl] adj (gen) fiscal. ◊ **fiscal agent** agent financier ; **fiscal authorization bill** loi de finances ; **fiscal band** tranche fiscale ; **fiscal charges** frais fiscaux ; **fiscal law** droit fiscal ; **fiscal period** période budgétaire, exercice comptable ; **fiscal policy** politique budgétaire ; **fiscal projection** prévision financière ; **fiscal year** année budgétaire (débutant le 1er avril en Grande-Bretagne et le 1er octobre aux États-Unis), exercice comptable ; **fiscal 1999** l'exercice 1999.

**fiscalist** ['fɪskəlɪst] **n** fiscaliste mf.

**fish** [fɪʃ] **1** n poisson m. ◊ **fish farm** centre de pisciculture, élevage piscicole ; **fish farming** pisciculture.

**2** vti pêcher.

**fishery** ['fɪʃərɪ] **n** pêcherie f.

**fishing** ['fɪʃɪŋ] **1** n pêche f. **2** cpd **fishing fleet** flottille de pêche. − **fishing grounds** lieux mpl de pêche. − **fishing industry (the)** l'industrie de la pêche. − **fishing port** port de pêche.

**fishy*** ['fɪʃɪ] adj (suspicious) business suspect, douteux, louche.

**fit** [fɪt] **1** adj person (suitable) capable ; (worthy) digne (for de). ◊ **to be fit for a job** (qualified) avoir la compétence nécessaire or les qualités requises pour faire un travail ; (physically able) être physiquement apte à exécuter un travail. **2** vt **a** [clothes] aller à. ◊ **this coat fits you well** ce manteau vous va bien or est bien à votre taille ; **the folders do not fit our filing cabinet** les chemises ne vont pas dans notre classeur. **b** description répondre à. ◊ **his account does not fit the facts** son explication ne colle pas or ne concorde pas avec les faits. **c** (adapt, equip) ajuster, monter. ◊ **car fitted with a radio** voiture équipée d'une radio ; **his training fitted him for the position** sa formation le rendait à même de remplir ces fonctions. **3** vi **a** [facts] s'accorder, cadrer. ◊ **it doesn't fit with what he said to me** ceci ne correspond pas or ne cadre pas avec ce qu'il m'a dit. **b** [clothes] aller ; [key, part] entrer, aller. ◊ **the jacket does not fit** la veste ne va pas.

**f. i. t.** [ˌefaɪˈtiː] abbr of **free of income tax** → free.

**fitfully** ['fɪtfəlɪ] adv work par à-coups, d'une manière intermittente.

**fit in** **1** vi (gen) concorder (with avec). ◊ **he left the firm because he didn't fit in** il a quitté l'entreprise parce qu'il ne pouvait pas s'intégrer. **2** vt sep faire entrer, caser*. ◊ **I can't possibly fit you in, I'm booked up** je ne peux absolument pas vous caser, mon carnet de rendez-vous est plein.

**fitment** ['fɪtmənt] **n** élément m encastré.

**fitness** ['fɪtnɪs] **n** **a** (health) santé f, forme f physique. **b** (suitability) [person] aptitudes fpl, compétence f (for pour).

**fit out** vt sep expedition, person équiper ; ship armer.

**fitter** ['fɪtə'] **n** (Tech) ajusteur m, monteur m.

**fitting** ['fɪtɪŋ] **1** n **a** [dress] essayage m. **b** (Tech) (action) installation f, montage m. ◊ **fittings** installations, équipement ; **fittings and fixtures** installations et agencement. **2** cpd **fitting room** salon d'essayage.

**five** [faɪv] **1** adj, n cinq m → six.
**2** cpd **five-and-ten(-cent) store, five-and-dime (store)** (US) bazar. – **five spot*** (US) billet de cinq dollars. – **five-star hotel** palace, cinq-étoiles. – **five-year plan** (national) plan quinquennal; [company] plan à cinq ans.

**fivefold** ['faɪvfəʊld] **1** adj quintuple.
**2** adv au quintuple.

**fiver*** ['faɪvər] n (GB) billet m de cinq livres; (US) billet m de cinq dollars.

**fix** [fɪks] **1** vt **a** (fasten firmly) fixer. ◊ **to fix the blame on sb** mettre la responsabilité sur le dos de qn. **b** (decide) time, price fixer, arrêter; limit fixer, établir. ◊ **on the date fixed** à la date fixée or convenue; **nothing has been fixed yet** rien n'a encore été décidé, il n'y a encore rien d'arrêté; **to fix the budget** établir le budget; **let's fix a meeting for tomorrow** fixons une réunion pour demain. **c** (deal with) arranger. ◊ **don't worry, I'll fix it all** ne vous en faites pas, je vais tout arranger. **d** (* : bribe) jury acheter, soudoyer; election truquer, fausser. ◊ **to fix prices** s'entendre sur les prix *(de manière illicite)*.
**2** n **a** (* : difficulty) ennui m, embarras m, embêtement m. ◊ **to be in / get into a fix** être / se mettre dans le pétrin or dans les embêtements. **b** (St Ex) cours m fixé.

**fixed** [fɪkst] adj **a** idea fixe; determination inébranlable. ◊ **of no fixed abode** person sans domicile fixe. **b** (Comm, Ind) fixe. ◊ **fixed charges** or **costs** or **expenses** frais or charges or coûts fixes (d'exploitation); **fixed duty** taxe fixe; **fixed price** prix fixe; **fixed salary** salaire fixe or régulier; **fixed working hours** horaire de travail fixe. **c** (Fin) annuity, income, investment fixe. ◊ **fixed assets** or **capital** immobilisations, actif immobilisé, capitaux fixes; **fixed date** échéance fixe; **fixed (term) deposit** dépôt à terme fixe; **fixed-interest securities** valeurs à taux fixe; **fixed interval sampling** échantillonnage systématique; **fixed overheads** frais généraux fixes; **fixed-price contract** contrat forfaitaire, contrat à prix ferme; **fixed yield securities** valeurs à rendement fixe.

**fixing** ['fɪksɪŋ] n [price, duties] fixation f, détermination f. ◊ **(gold) fixing** (St Ex) fixation du cours de l'or, fixing; **interbank fixing** (Foreign Exchange) taux de change or fixing interbancaire; **fixing rates** cours de fixing; **price fixing** (gen) fixation des prix; (by government) contrôle des prix; (Jur) entente illégale or illicite sur les prix.

**fixture** ['fɪkstʃər] n (gen pl : in building) installation f; (Jur) immeuble m par destination. ◊ **the house was sold with fixtures and fittings** on a vendu la maison avec toutes les installations or tous les équipements; **inventory of fixtures** état des lieux.

**fix up** **1** vi s'arranger *(to do pour faire)*.
**2** vt sep combiner, arranger. ◊ **I'll try to fix sth up** je tâcherai d'arranger qch; **to fix sb up with a job** trouver du travail à qn.

**fizzle out** ['fɪzl] vi [economic recovery] avorter, rater, faire long feu.

**fl.** **a** abbr of *florin*. **b** abbr of *fluid*.

**flag** [flæg] **1** n (gen) drapeau m; (Naut) pavillon m; (Comp) drapeau m, marque f. ◊ **flag of convenience** pavillon de complaisance.
**2** vi [exports, economy] se ralentir, faiblir, fléchir; [worker, enthusiasm] se relâcher, faiblir. ◊ **production has flagged in the third quarter** la production s'est ralentie or a faibli or a fléchi au troisième trimestre, il y a eu un fléchissement de la production au troisième trimestre; **prices flag** (St Ex) les cours mollissent or s'effritent; **flagging demand** demande en baisse.
**3** vt (Comp) étiqueter.

**flagship** ['flægʃɪp] n (lit) vaisseau m amiral; (fig) fleuron m. ◊ **flagship brand** marque de prestige.

**flare up** ['flɛər] vi [labour unrest] éclater; [inflation] s'intensifier.

**flare-up** ['flɛərʌp] n [prices] flambée f soudaine; [inflation] accroissement m soudain; [unemployment] recrudescence f (*in* de).

**flash** [flæʃ] **1** n [jewels] éclat m. ◊ **the economic recovery was just a flash in the pan** la reprise économique a été un feu de paille; **flash of inspiration** éclair de génie; **news flash** flash (d'information).
**2** vi [economic indicators] clignoter. ◊ **to flash round** [news] se répandre comme une traînée de poudre.
**3** vt ◊ **the indicators are flashing warning signals** les indicateurs sont au rouge.
**4** cpd **flash estimate** estimation rapide. – **flash pack** emballage promotionnel. – **flash point** (fig) point de rupture; **the situation had nearly reached flash point** la situation était sur le point d'exploser or était devenue explosive.

**flat** [flæt] **1** adj **a** surface plat. **b** market mou, terne, inactif, stagnant, morose, calme. ◊ **sales are flat** les ventes sont languissantes, les ventes stagnent; **oil stocks remained flat** les pétrolières sont restées peu animées. **c** refusal, denial net, catégorique. ◊ **our proposal met with a flat denial** notre proposition s'est heurtée à un refus catégorique or une fin de non-recevoir. **d** (Comm) **flat rate** (gen) taux fixe; (public utilities, transport) tarif forfaitaire or fixe; **flat rate bonus** prime non hiérarchisée; **flat rate of pay** taux uniforme de salaire; **flat rate duty**

**of 30%** droit uniforme de 30% ; **flat rate subscription** abonnement à forfait ; **you'll be paid at a flat rate** vous recevrez une rémunération forfaitaire ; **flat rate tax** impôt forfaitaire. **e** (US St Ex) **flat quotation** cotation sans intérêt couru ; **flat income bond** *obligation à taux variable négociée sans les intérêts courus*. **f** (not shiny) colour mat. **g** (US : penniless) **to be flat\*** être fauché\*, n'avoir plus un rond\* or un radis\*.
**2** **adv** ◊ **he turned it down flat** il l'a carrément refusé, il a refusé tout net ; **to be working flat out** travailler d'arrache-pied.
**3** **n** (GB) appartement m. ◊ **show flat** appartement-témoin.

**flatly** ['flætlɪ] **adv** deny, oppose, refuse catégoriquement, absolument.

**flatten out** ['flætn] **vi** [trend] se niveler, se stabiliser ; [graph] se niveler, s'aplatir. ◊ **the unemployment curve is flattening out** la courbe du chômage se stabilise.

**flaunt** [flɔːnt] **vt** wealth étaler ; (US) regulations faire fi de.

**flaw** [flɔː] **n** (in jewel, character, argument) défaut m, imperfection f ; (Jur) (in contract, procedure) vice m de forme.

**flawed** [flɔːd] **adj** imparfait.

**flawless** ['flɔːlɪs] **adj** parfait, sans défaut. ◊ **he spoke flawless Russian** il parlait le russe à la perfection.

**fledgling** ['fledʒlɪŋ] **n** (fig : novice) blanc-bec m. ◊ **a fledgling commercial field** un secteur commercial qui ne fait que démarrer or qui n'en est qu'à ses balbutiements.

**fleece\*** [fliːs] **vt** (rob) voler ; (swindle) escroquer, filouter\* ; (overcharge) estamper\*, tondre\*.

**fleet** [fliːt] **n** (Mar) flotte f. ◊ **fleet of vehicles** parc de voitures, parc automobile ; **merchant fleet** marine marchande, flotte commerciale.

**flexibility** [ˌfleksɪ'bɪlɪtɪ] **n** flexibilité f, élasticité f, souplesse f.

**flexible** ['fleksəbl] **adj** person, regulations, object flexible, souple. ◊ **flexible budget** budget variable or flexible ; **flexible exchange rate** taux de change flexible ; **flexible working hours** horaire de travail souple or élastique.

**flexitime, flextime** ['flekstaɪm] **n** horaire m variable or à la carte or libre.

**flier** ['flaɪəʳ] **n** **a** (speculative transaction) (folle) aventure f, spéculation f hasardeuse. **b** (handbill, publicity insert) prospectus m.

**flight** [flaɪt] **1** **n** **a** (Aviat) vol m. ◊ **flight number 742 from / to New York** le vol 742 en prove-

nance / à destination de New York ; **non-stop flight** vol sans escale. **b** (group) **in the top flight of economists** parmi les économistes les plus marquants ; **a company in the top flight** une société de pointe ; **top-flight engineer** ingénieur de haute volée or de haut niveau. **c** [capital] fuite f. ◊ **there has been a flight into that currency** les capitaux se sont massivement convertis dans cette monnaie ; **the flights of savings** la fuite or la délocalisation de l'épargne.
**2** **cpd** **flight attendant** (man) steward ; (woman) hôtesse de l'air. — **flight capital** capitaux mpl partis à l'étranger.

**flipboard** ['flɪpbɔːd] **n** chevalet m, tableau m à feuilles mobiles.

**flipchart** ['flɪptʃɑːt] **n** chevalet m, tableau m à feuilles mobiles.

**flip-flop** ['flɪpˌflɒp] **1** **n** (Comp) bascule f.
**2** **vi** (US) basculer. ◊ **earnings flip-flopped from a $1.4 billion loss to a $587 million profit** le chiffre d'affaires est passé d'un solde négatif de 1,4 milliard de dollars à un excédent de 587 millions.

**float** [fləut] **1** **n** **a** (Bank) float m, impact m des jours de valeur, chèques et effets mpl en cours de recouvrement. ◊ **float time** jours de valeur. **b** (also **cash float**) fonds m de caisse. **c** (St Ex) (total m des) actions fpl d'une entreprise en circulation. **d** (Foreign Exchange) [exchange rate] flottation f. **e** (Ind) **upstream / downstream float** marge amont / aval.
**2** **vi** [currency] flotter.
**3** **vt** currency laisser flotter ; company fonder, créer, constituer. ◊ **the company is going to float 25% of its capital** l'entreprise va introduire en Bourse 25% de son capital ; **to float a share issue** émettre des actions ; **to float a loan** lancer or émettre un emprunt ; **currencies floating jointly** monnaies qui suivent un flottement concerté.

**floatation** [ˌfləu'teɪʃən] **n** → flotation.

**floater** ['fləutəʳ] **n** **a** (Ins) police f flottante. **b** **floaters** (St Ex) instruments financiers à taux variables or flottants ; (currencies) monnaies flottantes ; **perpetual floaters** obligations à taux variable sans échéance fixe.

**floating** ['fləutɪŋ] **adj** population instable ; exchange flottant. ◊ **floating assets** capitaux mobiles or flottants or circulants ; **floating currency** devise flottante ; **floating debt** dette flottante ; **floating decimal (point)** virgule flottante ; **floating dock** dock flottant ; **floating policy** (Ins) police flottante ; **floating rate** taux flottant ; **floating rate note** effet à taux flottant ; **floating rig** plate-forme flottante ; **floating cargo** cargaison flottante or sous voile or en mer.

**flood** [flʌd] **1** n inondation.
**2** vi [river] déborder, être en crue.
**3** vt fields inonder ; (fig) [goods, suppliers] inonder, submerger.

**floor** [flɔːʳ] **1** n **a** plancher m. ◊ **the factory floor** les ateliers ; **the shop floor** (buildings) les ateliers, l'usine ; (workers) les ouvriers (d'usine) ; **to take the floor** (in meeting, debate) prendre la parole ; **shop-floor workers** ouvriers d'usine. **b** (St Ex) enceinte f de la Bourse, parquet m. ◊ **on / off the floor** en / hors Bourse ; **the trading floor** le parquet. **c** (storey) étage m. ◊ **first floor** (GB) premier étage ; (US) rez-de-chaussée ; **ground floor** (GB) rez-de-chaussée. **d** (fig : lower level) limite f inférieure, minimum m, plancher m, seuil m. ◊ **a floor below which our stocks should not fall** un seuil au-dessous duquel nos actions ne devraient pas tomber ; **the stock market has fallen through the floor** la Bourse s'est écroulée.
**2** cpd **floor broker** courtier. – **floor inventory** stocks mpl courants. – **floor manager** (US) chef de rayon. – **floor price** prix or cours plancher. – **floor trader** boursier, professionnel de la Bourse, opérateur ; (Foreign Exchange) cambiste.

**floorwalker** [ˈflɔːˌwɔːkəʳ] n (in department store) chef m de rayon, surveillant(e) m(f).

**flop** [flɒp] **1** vi [scheme] être un fiasco ; [share offer] être un échec, être boudé par les investisseurs.
**2** n [scheme] fiasco m, bide* m.

**floppy disk** [ˈflɒpiˌdɪsk] n disque m souple, disquette f.

**florin** [ˈflɒrɪn] n florin m.

**flotation** [fləʊˈteɪʃən] n [company] introduction f en Bourse ; [loan] émission f, lancement m ; [currency] flottement m. ◊ **the flotation of 25% of the company's capital** l'introduction en Bourse de 25% du capital de l'entreprise ; **flotation costs** [loan] frais d'émission.

**flotsam** [ˈflɒtsəm] n épave f (flottante). ◊ **flotsam and jetsam** choses de flot et de mer.

**flourish** [ˈflʌrɪʃ] vi [business] prospérer, prendre de l'extension, être florissant.

**flow** [fləʊ] **1** n [enquiries, replies] flot m, afflux m, volume m ; (Fin) flux m. ◊ **flow of orders** afflux de commandes ; **flow of capital** mouvement or flux de capitaux ; **flow of funds** flux financiers ; **flow-of-funds table** tableau des opérations financières ; **flow of money** circulation monétaire, flux monétaire ; **flow of work** circuit des opérations ; **orders are coming in at a fast flow** les commandes affluent ; **a fast flow of customers at the clock-out counter** un débit rapide de clients à la caisse ; **the smooth flow of operations** la bonne marche du travail, le déroulement

régulier des opérations ; **cash flow** marge brute d'autofinancement, cash-flow ; **to have cash flow problems** avoir des difficultés de trésorerie ; **discounted cash flow** valeur actualisée nette ; **materials flow** flux de matières.
**2** cpd **flow chart** (gen) diagramme de circulation, flow chart ; (Comp) organigramme ; **to flow chart** exprimer par organigramme. – **flow production** production à la chaine. – **flow-through method** (US) méthode d'imputation à l'exercice.

**flow in** vi affluer, arriver à flots. ◊ **the money keeps flowing in** l'argent rentre à flots, l'argent afflue.

**fluctuate** [ˈflʌktjʊeɪt] vi [prices] varier, fluctuer, osciller.

**fluctuation** [ˌflʌktjʊˈeɪʃən] n fluctuation f, variation f, oscillation f. ◊ **cyclical fluctuations** variations conjoncturelles or cycliques ; **seasonal fluctuations** variations saisonnières ; **fluctuation margins** marges de fluctuation ; **oil shares underwent violent fluctuations** les pétrolières ont subi de fortes variations de cours.

**fluid** [ˈfluːɪd] adj (gen) fluide, liquide ; situation fluide. ◊ **fluid assets** (US) liquidités, disponibilités ; **fluid capital** fonds de roulement ; **fluid market** marché changeant ; **fluid ounce** (GB) ≈ 28,4 ml ; (US) ≈ 29,56 ml.

**fluidity** [fluːˈɪdɪtɪ] n fluidité f. ◊ **fluidity of labour** mobilité or fluidité de la main-d'œuvre.

**flurry** [ˈflʌrɪ] n (St Ex) agitation f, accès m de fièvre. ◊ **the news produced a flurry of activity on the stock exchange** la nouvelle a provoqué une poussée de fièvre à la Bourse.

**flush** [flʌʃ] adj **a** au même niveau (with que), au ras (with de). **b** **to be flush with money*** être plein aux as*. **c** afflux m, abondance f soudaine. ◊ **a flush of orders** un afflux de commandes.

**flutter** [ˈflʌtəʳ] n (nervousness) agitation f. ◊ **in a flutter** en émoi ; **to have a flutter*** (GB : gamble) (gen) parier or risquer de petites sommes (on sur) ; (on the stock exchange) boursicoter.

**flux** [flʌks] n fluctuation f, flux m. ◊ **the situation is in a constant state of flux** la situation est fluctuante.

**fly** [flaɪ] **1** vi [air passenger] aller or voyager en avion.
**2** vt goods transporter par avion ; flag arborer. ◊ **to fly the French flag** battre pavillon français ; **to fly a kite** (fig) lancer un ballon d'essai.

**fly-by-night** [ˈflaɪbaɪˌnaɪt] adj firm véreux.

**flying** [ˈflaɪɪŋ] adj (gen) volant. ◊ **to get off to a flying start** [scheme, plan] prendre un bon départ ; **flying visit** visite éclair.

**flyleaf**

**flyleaf** ['flaili:f] n page f de garde.

**FO** abbr of *firm offer* → firm.

**fo.** abbr of *folio.*

**FOB** [efəu'bi:] abbr of *free on board* FAB.

**FOC** [efəu'si:] abbr of *free of charge* → free.

**focal** ['fəukəl] adj focal. ◊ **the focal point of the discussion** le point central de la discussion.

**focus** ['fəukəs] **1** n [interest] centre m ; [unrest] foyer m, siège m.
**2** vt camera mettre au point ; attention, efforts concentrer (*on* sur) ; discussion centrer (*on* sur). ◊ **most of the discussion was focused on costs** la discussion a surtout porté sur les coûts ; **focused interview** entretien en profondeur.

**foil** [fɔıl] vt plans, attempts déjouer, contrecarrer.

**fol.** abbr of *folio.*

**fold** [fəuld] **1** vt cloth, paper plier.
**2** vi (* : fail) [newspaper] disparaître, cesser de paraître ; [business] fermer, faire faillite.

**folder** ['fəuldər] n **a** (file) chemise f ; (with hinges) classeur m ; (for drawings) carton m ; (papers) dossier m. **b** (circular) dépliant m, brochure f.

**folio** ['fəuliəu] n (sheet) folio m, feuillet m ; (book) (volume m) in-folio m.

**follow** ['fɒləu] **1** vt **a** person, road suivre. ◊ **he followed his father into the business** il est entré dans l'affaire sur les traces de son père. **b** fashion, instructions suivre, se conformer à. ◊ **to follow sb's advice** suivre les conseils de qn ; **to follow suit** (cards) fournir (dans la couleur) ; (fig) en faire autant, faire de même, suivre le mouvement. **c** profession exercer, pratiquer ; career poursuivre. **d** (understand) argument comprendre ; speech suivre.
**2** vi **a** (come after) suivre. ◊ **to follow in sb's footsteps** marcher sur les traces de qn. **b** (result) s'ensuivre, résulter, découler (*from* de). **c** (understand) suivre, comprendre.
**3** cpd **follow-through** (to project, survey) suite, continuation (*to* de). — **follow-up** (to event, programme) suite (*to* de) ; (to customers, orders) suivi ; (letter, circular) rappel ; (to defaulters) relance ; **for follow-up** pour suite à donner ; **follow-up letter** lettre de rappel or de relance ; **follow-up survey** étude complémentaire.

**follower** ['fɒləuər] n partisan m, disciple m.

**following** ['fɒləuıŋ] adj suivant. ◊ **the following day** le jour suivant, le lendemain ; **on the following terms** aux conditions suivantes ; **following account** (St Ex) liquidation suivante.

**follow up** vt sep advantage, success exploiter, tirer parti de ; offer donner suite à ; order, claim suivre. ◊ **we must follow this business up** il faudra suivre cette affaire ; **to be followed up** affaire à suivre ; **matters to be followed up** points sur lesquels il convient de revenir ; **he is responsible for following up claims** (Ins) il est responsable du suivi des sinistres.

**food** [fu:d] **1** n **a** (gen) nourriture f ; (Econ) denrées fpl alimentaires. ◊ **it gave me food for thought** cela m'a donné à penser or à réfléchir. **b** **foods** aliments ; **canned or tinned foods** conserves, aliments en boîte ; **frozen foods** aliments surgelés ; **health foods** aliments naturels ou diététiques or biologiques ; **Food and Agricultural Organization** Organisation pour l'alimentation et l'agriculture ; **Food and Drug Administration** (US) *office du contrôle pharmaceutique et alimentaire.*
**2** cpd **food counter** or **department** rayon (d') alimentation. — **food poisoning** intoxication alimentaire. — **food prices** prix mpl des denrées alimentaires. — **food (processing) industry** industrie agro-alimentaire. — **food products** produits mpl or denrées fpl alimentaires. — **food rationing** rationnement alimentaire. — **food subsidy** subvention sur les denrées alimentaires. — **food shares** (St Ex) valeurs fpl de l'agro-alimentaire. — **food supplies** vivres mpl. — **food value** valeur nutritive.

**foodgrains** ['fu:dgreınz] npl céréales fpl.

**foodstuffs** ['fu:dstʌfz] npl denrées fpl alimentaires.

**foolproof** ['fu:lpru:f] adj method infaillible, à toute épreuve ; piece of machinery indétraquable, indéréglable.

**foolscap** ['fu:lskæp] n papier m grand format, ≈ papier m ministre. ◊ **foolscap envelope** enveloppe grand format, grande enveloppe.

**foot** [fut] **1** n **a** [person, horse] pied m. ◊ **cattle on foot** bétail sur pied ; **to set sb on his feet again** (financially) remettre qn en selle ; **he put his foot down** il a fait acte d'autorité ; **he didn't put a foot wrong** il n'a pas commis la moindre erreur or maladresse ; **to get one's or a foot in the door** commencer à s'implanter. **b** [page] bas m. **c** (measure) pied m ≈ 30,48 cm.
**2** vt ◊ **to foot the bill\*** payer la note, casquer\*.
**3** cpd **foot-and-mouth disease** fièvre aphteuse. — **foot passenger** [ferry boat] passager sans véhicule.

**footage** ['futıdʒ] n (gen, Cine : length) ≈ métrage m ; (material on film) séquences fpl.

**foothold** [ˈfʊthəʊld] n prise f (pour le pied). ◊ **to gain** or **get** or **win a foothold in a market** [product] prendre pied or pénétrer or commencer à s'implanter sur un marché.

**footing** [ˈfʊtɪŋ] n **a** (position) position f. ◊ **on an equal footing** sur un pied d'égalité; **to put sth on an official footing** officialiser qch, rendre qch officiel; **to put sth on a regular footing** régulariser qch; **to gain a footing** commencer à s'implanter (**in** dans). **b** (US) (addition) addition f; (total) total m.

**footnote** [ˈfʊtnəʊt] n (lit: in book) note f en bas de page; (fig) post-scriptum m.

**footsie** [ˈfʊtsɪ] n (GB sl) abbr of *Financial Times Stock Exchange Index* indice du Financial Times, indice FT.

**foot up** [fʊt] (US) vt account additionner.

**footwear** [ˈfʊtwɛəʳ] n chaussure(s) f(pl). ◊ **he works in the footwear department** il travaille au rayon chaussures; **the footwear industry** l'industrie de la chaussure.

**FOQ** [ˌefəʊˈkjuː] abbr of *free on quay* → free.

**FOR** [ˌefəʊˈɑːʳ] abbr of *free on rail* → free.

**for** [fɔːʳ] prep pour. ◊ **for your information** à titre indicatif.

**foray** [ˈfɒreɪ] n incursion f, raid m, razzia f (**into** en).

**forbearance** [fɔːˈbɛərəns] n tolérance f. ◊ **forbearance of a right** (Jur) renonciation à l'exercice d'un droit.

**forbid** [fəˈbɪd] vt interdire, défendre. ◊ **smoking is strictly forbidden** il est formellement interdit de fumer.

**force** [fɔːs] **1** n **a** (strength) (gen) force f, violence f; [argument] force f, poids m. ◊ **rates in force** tarifs en vigueur; **to resort to force** avoir recours à la force; **his argument lacked force** son argument manquait de poids or n'était pas très convaincant; **to come into force** [law, prices] entrer en vigueur or en application; **to obtain legal force** acquérir force de loi; **to put into force** mettre en vigueur; **the new regulation is now in force** la nouvelle réglementation est actuellement en vigueur or est maintenant appliquée; **this ruling now has the force of law** ce jugement a désormais force de loi. **b** (power) force f. ◊ **there are several forces at work** plusieurs influences se font sentir or s'exercent; **market forces** tendances or forces du marché. **c** (group of workers) force f. ◊ **labour force** (number employed) effectifs, personnel; (manpower) main-d'œuvre; (Econ) population active; **our sales force** notre force de vente. **2** vt **a** (constrain) contraindre, forcer, obliger (*sb to do* qn à faire). ◊ **to force the issue**

brusquer les choses. **b** (impose) conditions imposer (*on sb* à qn). **c** **to force one's way into a discussion** s'imposer or imposer sa présence dans une discussion; **to force a resolution through the board** forcer le conseil d'administration à adopter une résolution; **to force sb's hand** forcer la main à qn. **d** (extort) answer arracher, extorquer (*from* à).

**forced** [fɔːst] adj sale, loan forcé. ◊ **forced value** valeur de liquidation; **forced currency** cours forcé; **forced savings** épargne forcée; **forced labour** travaux forcés; **forced landing** atterrissage forcé.

**force down** vt sep prices faire baisser (en exerçant des pressions). ◊ **the government wants to force prices down** le gouvernement veut faire baisser les prix autoritairement.

**forceful** [ˈfɔːsfʊl] adj person énergique; argument de poids; influence puissant.

**force out** vt sep faire sortir (de force). ◊ **small farmers will be forced out of the market** les petits exploitants seront éliminés du marché.

**force up** vt sep prices faire monter (en exerçant des pressions). ◊ **interest rates are being forced up by inter-bank competition** la concurrence entre banques pousse les taux d'intérêts à la hausse.

**forcible** [ˈfɔːsəbl] adj argument vigoureux, énergique. ◊ **forcible entry** (by police) perquisition; (by thief) effraction.

**fore** [fɔːʳ] n (Mar) avant m. ◊ **to come to the fore** [person] se mettre en évidence, se faire remarquer.

**forecast** [ˈfɔːkɑːst] **1** vt prévoir. ◊ **forecast demand** demande prévisionnelle. **2** n prévision f. ◊ **cash forecasts** prévisions de trésorerie or de caisse; **earnings forecasts** résultats prévisionnels; **financial forecasts** prévisions financières; **range forecasts** fourchette de prévisions; **sales forecast** prévisions de vente; **forecast operating budget** budget d'exploitation prévisionnel.

**forecaster** [ˈfɔːkɑːstəʳ] n prévisionniste mf.

**forecasting** [ˈfɔːkɑːstɪŋ] n prévision f.

**foreclose** [fɔːˈkləʊz] **1** vt (Jur) saisir. ◊ **to foreclose (on) a mortgage** saisir un bien hypothéqué. **2** vi [bank] (on mortgage) saisir le bien hypothéqué.

**foreclosure** [fɔːˈkləʊʒəʳ] n (Jur) (gen) forclusion f; [mortgage] saisie f (immobilière). ◊ **farmers are threatened with the foreclosure of their mortgages** les agriculteurs risquent la saisie de leurs biens; **foreclosure sale** vente sur saisie.

**foredate**

**foredate** [fɔːˈdeɪt] **vt** antidater.

**forefront** [ˈfɔːfrʌnt] **n** ◊ **in the forefront of** au premier rang or premier plan de.

**forego** [fɔːˈgəu] **vt** renoncer à, se priver de, s'abstenir de.

**foreground** [ˈfɔːgraund] **n** premier plan m.

**foreign** [ˈfɒrən] **adj** **a** (gen) language, visitor étranger; politics étranger, extérieur; trade extérieur. ◊ **foreign accounts** or **assets** (held abroad) comptes or avoirs à l'étranger; (held by non-residents) comptes or avoirs étrangers; **foreign agent** représentant à l'étranger; **foreign aid** aide étrangère or extérieure; **foreign bank** banque étrangère; **foreign bill of exchange** traite sur l'étranger; **foreign correspondent** (Press) correspondant or envoyé permanent à l'étranger; (Bank) correspondant; **foreign crowd** (US St Ex) courtiers spécialisés en obligations étrangères; **foreign currency** devises étrangères; **foreign currency translation** conversion de devises; **foreign domicile bill** (GB) traite sur l'étranger; **foreign goods** marchandises en provenance de l'étranger; **foreign income** revenus réalisés à l'étranger; **foreign direct investments** investissements étrangers directs; **foreign loan** emprunt extérieur; **foreign money order** mandat international; **foreign national** ressortissant étranger; **foreign operation** établissement à l'étranger; **foreign policy** politique extérieure; **foreign positions of commercial banks** avoirs en devises des banques commerciales; **foreign trade** commerce extérieur. **b** **foreign exchange** (currency) devise; (action) change; **foreign exchange allowance** allocation en devises; **foreign exchange broker** courtier en devises, cambiste; **foreign exchange control** contrôle or réglementation des changes; **foreign exchange cushion** matelas de devises; **foreign exchange dealer** cambiste; **foreign exchange dealings** opérations de change; **foreign exchange department** service du change; **foreign exchange gain** gain de change, profit sur change; **foreign exchange holdings** avoirs en devises; **foreign exchange loss** perte de change; **foreign exchange market** marché des changes, marché cambiste; **foreign exchange position** position de change; **foreign exchange rates** taux de change, cours du change; **foreign exchange risk** risque de change; **foreign exchange transactions** opérations de change.

**foreigner** [ˈfɒrənər] **n** étranger(-ère) m(f).

**foreign-owned** [ˈfɒrənəund] **adj** sous contrôle étranger.

**foreman** [ˈfɔːmən] **n** (Ind) contremaître m, chef m d'équipe. ◊ **works** or **site foreman** (GB) chef de chantier.

**forename** [ˈfɔːneɪm] **n** prénom m.

**forensic** [fəˈrensɪk] **adj** (Jur) légal, judiciaire. ◊ **forensic medicine** médecine légiste.

**foresee** [fɔːˈsiː] **vt** prévoir, présager.

**foreseeable** [fɔːˈsiːəbl] **adj** prévisible. ◊ **in the foreseeable future** dans un avenir prévisible.

**foreshadow** [fɔːˈʃædəu] **vt** [event] présager, laisser prévoir.

**foreshore** [ˈfɔːʃɔːr] **n** (gen) plage f; (Jur) laisse f de mer.

**foresight** [ˈfɔːsaɪt] **n** prévoyance f.

**forestall** [fɔːˈstɔːl] **vt** **a** competition devancer; objection anticiper, prévenir, devancer. **b** **to forestall goods** acheter la totalité des marchandises *(avant leur mise sur le marché)*.

**forestry** [ˈfɒrɪstrɪ] **n** sylviculture f. ◊ **the Forestry Commission** (GB) ≈ les Eaux et Forêts.

**forewarn** [fɔːˈwɔːn] **vt** prévenir à l'avance, avertir.

**forewoman** [ˈfɔːwumən] **n** contremaîtresse f.

**foreword** [ˈfɔːwɜːd] **n** avant-propos m, avis m or avertissement m au lecteur.

**forfeit** [ˈfɔːfɪt] **1** **n** (for non-performance of contract) dédit m. ◊ **to relinquish the forfeit** (St Ex) abandonner la prime. **2** **cpd forfeit clause** clause de dédit. – **forfeit payment** pénalité de non-exécution. **3** **vt** perdre par confiscation. ◊ **to forfeit an insurance** laisser périmer une assurance; **to forfeit a patent** se voir retirer un brevet; **to forfeit one's rights** perdre ses droits, être déchu de ses droits; **to forfeit one's deposit** perdre or abandonner sa caution.

**forfeitable** [ˈfɔːfɪtəbl] **adj** confiscable.

**forfeited** [ˈfɔːfɪtɪd] **adj** share périmé. ◊ **forfeited security** cautionnement perdu.

**forfeiture** [ˈfɔːfɪtʃər] **n** [property] (gen) perte f (par confiscation) (of de); (Jur) déchéance f (of de); [right] renoncement m (of à). ◊ **action for forfeiture of patent** action en déchéance de brevet; **non-forfeiture clause** (Ins) clause de prolongation automatique.

**forge** [fɔːdʒ] **1** **vt** **a** (counterfeit) signature, banknote contrefaire; document faire un faux (of de); (alter) maquiller, falsifier. ◊ **forged cheque** chèque falsifié. **b** metal forger. **2** **vi** ◊ **to forge ahead** prendre de l'avance, aller de l'avant; **they are forging ahead with their restructuring programme** ils poursuivent or continuent leur plan de restructuration.

**forger** [ˈfɔːdʒəʳ] n (gen) faussaire mf; (Jur) contrefacteur m.

**forgery** [ˈfɔːdʒərɪ] n **a** [banknote, signature] contrefaçon f; [document] falsification f. ◊ **to prosecute sb for forgery** poursuivre qn pour faux (et usage de faux); **to commit forgery** se rendre coupable d'un faux. **b** (document forged) faux m, contrefaçon f. ◊ **the signature was a forgery** la signature était une contrefaçon or un faux.

**forgivable** [fəˈgɪvəbl] adj ◊ **forgivable loan** prêt à remboursement conditionnel, prêt-subvention.

**forgive** [fəˈgɪv] vt person, mistake pardonner. ◊ **to forgive sb (for) sth** pardonner qch à qn; **to forgive (sb) a debt** faire grâce (à qn) d'une dette, faire remise (à qn) d'une dette.

**forgiveness** [fəˈgɪvnɪs] n ◊ **forgiveness of a debt** remise de dette, renonciation à une créance; **forgiveness of a tax** remise gracieuse d'impôt.

**forint** [ˈfɒrɪnt] n forint m.

**fork-lift** [ˈfɔːklɪft] n (also **fork-lift truck**) chariot m élévateur.

**fork out\*** [ˈfɔːk] **1** vi casquer\*, cracher au bassinet\*. **2** vt sep money allonger\*, abouler\*, cracher\*.

**form** [fɔːm] **1** n **a** (document) formulaire m, formule f. ◊ **printed form** imprimé, formulaire; **to fill up** or **in** or **out a form** remplir un formulaire; **form of receipt** formulaire de quittance; **form of tender** modèle de soumission; **account opening form** formulaire d'ouverture de compte; **application form** (for job) dossier de candidature; (for shares) bulletin de souscription; **blank form** formulaire, imprimé, (à remplir); **business form** formulaire commercial; **claim form** formulaire de déclaration de sinistre; **inquiry form** bulletin de demande de renseignements; **order form** bon de commande; **tax form** feuille d'impôts, formulaire de déclaration d'impôts. **b** (phrases) **what form should my application take?** comment dois-je formuler ma demande?; **in the forms prescribed** dans les formes prescrites; **in due form** en bonne et due forme; **as a matter of form** pour la forme; **forms of politeness** formules de politesse; **to be on / off form** (fit / unfit) être / ne pas être en forme. **c** (US) police f d'assurance. **2** vt **a** (create) company former, fonder, créer. ◊ **to form a committee** instituer or former une commission; **to form a subsidiary** créer une filiale; **to form a partnership**

s'associer. **b** (make up) composer, former, constituer. ◊ **the directors who form the board** les directeurs qui composent or constituent le conseil d'administration.

**formal** [ˈfɔːməl] adj welcome cérémonieux; occasion officiel, protocolaire; announcement officiel; authorization, acceptance dans les règles, en bonne et due forme. ◊ **a formal dinner** un dîner officiel; **formal agreement** accord en bonne et due forme; **formal communication** communication hiérarchique, transmission de l'information par voie hiérarchique; **formal denial** démenti formel; **formal instructions** instructions formelles or explicites; **formal notice** préavis en règle, mise en demeure; **formal order** commande dans les règles; **formal receipt** reçu or quittance en bonne et due forme.

**formality** [fɔːˈmælɪtɪ] n formalité f. ◊ **it's a mere formality** ce n'est qu'une simple formalité; **customs / legal formalities** formalités douanières / légales.

**formalize, formalise** [ˈfɔːməlaɪz] vt programme préciser, définir, établir en détails; agreement officialiser, formaliser.

**formally** [ˈfɔːməlɪ] adv (ceremoniously) welcome cérémonieusement; (officially) agree officiellement.

**format** [ˈfɔːmæt] **1** n [document] format m. ◊ **stores not fitting the new format will be closed** les magasins qui ne s'insèrent pas dans les nouvelles structures seront fermés. **2** vt (Comp) formater.

**formation** [fɔːˈmeɪʃən] n [company] fondation f, constitution f; [plan] élaboration f, mise f en forme; [committee] formation f, constitution f. ◊ **capital formation** formation de capital; **formation expenses** [company] frais de premier établissement.

**formatting** [ˈfɔːmætɪŋ] n mise f en page; (Comp) formatage m.

**former** [ˈfɔːməʳ] adj ancien, précédent. ◊ **the former president** l'ancien président, l'ex-président.

**formula** [ˈfɔːmjʊlə] n formule f.

**formulate** [ˈfɔːmjʊleɪt] vt plan, claim, problem formuler.

**formulation** [ˌfɔːmjʊˈleɪʃən] n formulation f, expression f.

**forthcoming** [fɔːθˈkʌmɪŋ] adj book à paraître, qui va paraître; film qui va sortir; season prochain, futur, à venir. ◊ **if funds are forthcoming** (available) si on met de l'argent à notre (or leur etc) disposition.

**fortieth** ['fɔːtɪɪθ] **adj, n** quarantième mf. ◊ **in the fortieth place** quarantièmement → sixth.

**fortify** ['fɔːtɪfaɪ] **vt** raffermir, consolider, renforcer.

**fortnight** ['fɔːtnaɪt] (GB) **n** quinzaine f, quinze jours mpl. ◊ **a fortnight tomorrow** demain en quinze; **adjourned for a fortnight** remis à quinzaine.

**fortnightly** ['fɔːtnaɪtlɪ] (GB) **1** **adj** bimensuel. **2** **adv** tous les quinze jours.

**fortuitous** [fɔːˈtjuːɪtəs] **adj** fortuit, imprévu, accidentel.

**fortuity** [fɔːˈtjuːɪtɪ] **n** (Mar Ins) accident m.

**fortunate** ['fɔːtʃənɪt] **adj** person heureux, chanceux; circumstances, meeting, event heureux, favorable, propice.

**fortunately** ['fɔːtʃənɪtlɪ] **adv** heureusement, par bonheur.

**fortune** ['fɔːtʃən] **n** **a** (chance) hasard m; (luck: also **good fortune**) chance f. **b** (riches) fortune f, richesse f. ◊ **to come into a fortune** faire un gros héritage.

**forty** ['fɔːtɪ] **adj, n** quarante m → sixty.

**forward** ['fɔːwəd] **1** **adv** (also **forwards**) en avant. ◊ **carriage forward** (en) port dû; **from that date forward** à partir de cette date; **to buy / sell forward** acheter / vendre à terme; **to date forward** postdater; **prices moved forward** (on stock market) les cours ont progressé.
**2** **cpd forward buying** achat à terme. – **forward contract** contrat à terme. – **forward cover** couverture à terme. – **forward deals** opérations fpl à terme. – **forward delivery** livraison à terme. – **forward exchange** devise à terme; **forward exchange market** marché des changes à terme; **forward exchange rates** taux mpl (de) change à terme, cours du change à terme. – **forward margin** marge à terme. – **forward market** marché à terme, marché à règlement mensuel. – **forward planning** planification à long terme. – **forward price** cours du livrable, cours à terme. – **forward quotation** cotation à terme. – **forward rates** cours mpl à terme. – **forward sales** ventes fpl à terme or à livrer. – **forward securities** valeurs fpl à terme. – **forward transaction** opération à terme.
**3** **vt** (dispatch) goods expédier, envoyer; (send on) letter, parcel faire suivre, réexpédier. ◊ **please forward** faire suivre SVP, prière de faire suivre; **to forward goods to Leeds** acheminer des marchandises vers or sur Leeds.

**forwarder** ['fɔːwədəʳ] **n** (sender of a parcel) expéditeur m; (carrier) (gen) agent m expéditeur, transporteur m; [goods in transit] transitaire m. ◊ **forwarder's B / L** connaissement de transitaire; **forwarder's receipt** récépissé du transporteur.

**forwarding** ['fɔːwədɪŋ] **cpd forwarding address** adresse de réexpédition. – **forwarding agent** [goods in transit] transitaire; (Mar) chargeur. – **forwarding agency** bureau m or société de transitaires. – **forwarding charges** frais mpl d'expédition. – **forwarding country** pays expéditeur. – **forwarding instructions** indications fpl relatives à l'expédition, instructions fpl d'expédition. – **forwarding station** gare expéditrice or d'expédition or de départ. – **forwarding time** durée d'acheminement.

**forward-looking** ['fɔːwədˌlʊkɪŋ] **adj** person, project tourné vers l'avenir.

**FOS** [ˌefəʊˈes] **abbr of** *free on ship* → free.

**foster** ['fɒstəʳ] **vt** (encourage) development favoriser, encourager, stimuler.

**FOT** [ˌefəʊˈtiː] **a** abbr of *free on truck* → free. **b** abbr of *free of tax* → free.

**foul** [faʊl] **adj** (unfair) déloyal, malhonnête. ◊ **to fall foul of sb** se mettre qn à dos, s'attirer le mécontentement de qn; **to fall foul of the law** se mettre dans l'illégalité; **foul bill of lading** connaissement avec réserve.

**found** [faʊnd] **vt** business fonder, constituer, établir; belief, opinion fonder, baser, appuyer (on sur).

**foundation** [faʊnˈdeɪʃən] **n** **a** (creation) [town, institution] fondation f, création f, établissement m. **b** (town, institution) fondation f. **c** (fig : basis) [career, social structure] assises fpl, base f; [idea, theory] base f, fondement m.

**founder** ['faʊndəʳ] **1** **n** fondateur(-trice) m(f). ◊ **founder member** membre fondateur; **founder's shares** parts de fondateur. **2** **vi** [ship] sombrer, chavirer, couler; [plans] s'effondrer, s'écrouler.

**four** [fɔːʳ] **1** **adj, n** quatre m → six. **2** **cpd four-star petrol** (GB) super, supercarburant. – **four-wheel drive** propulsion à quatre roues motrices.

**fourfold** ['fɔːfəʊld] **1** **adj** quadruple. **2** **adv** au quadruple.

**fourteen** ['fɔːˈtiːn] **adj, n** quatorze m → six.

**fourteenth** ['fɔːˈtiːnθ] **adj, n** quatorzième mf. ◊ **in the fourteenth place** quatorzièmement → sixth.

**fourth** [fɔːθ] **adj, n** quatrième mf. ◊ **the fourth estate** le quatrième pouvoir; **the Fourth World** le quart-monde; **in the fourth place** quatrièmement → sixth.

**fourthly** ['fɔ:θlɪ] **adv** quatrièmement, en quatrième lieu.

**FOW** [ˌefəʊ'dʌbljʊ] abbr of *free on wagon* → free.

**FP** [efˈpiː] **n** abbr of *fire policy* → fire.

**FPA** [ˌefpiːˈeɪ] abbr of *free of particular average* FAP.

**FPAD** abbr of *freight payable at destination* → freight.

**f. pd** abbr of *fully paid* → fully.

**FR** [efˈɑːʳ] **n** abbr of *freight release* → freight.

**Fr** abbr of *franc* F.

**fraction** ['frækʃən] **n** fraction f; (Fin) rompu m (d'action).

**fractional** ['frækʃənl] **adj** (fig) infime, tout petit. ◊ **fractional certificate** (St Ex) certificat de rompus; **fractional note** (US) petite coupure.

**fragile** ['frædʒaɪl] **adj** fragile. ◊ **fragile, this way up** (on parcel) haut, bas, fragile.

**fragment** ['frægmənt] **vt** fragmenter. ◊ **fragmented market** marché fragmenté, marché non homogène.

**fragrance** ['freɪgrəns] **n** parfum m. ◊ **the fragrance industry** l'industrie du parfum.

**frame** [freɪm] **n** [picture] cadre m; (Stat) base f de sondage. ◊ **frame of mind** humeur, disposition d'esprit; **frame of reference** système or cadre de référence.

**framework** ['freɪmwɜːk] **n** [society] structure f, cadre m. ◊ **within the OECD framework** dans le cadre de l'OCDE; **framework accord / law** accord / loi cadre.

**franc** [fræŋk] **n** franc m. ◊ **franc area** zone franc; **Belgian / French / Swiss franc** franc belge / français / suisse.

**France** [frɑːns] **n** France f.

**franchise** ['fræntʃaɪz] **1 n a** (Comm, Mar Ins) franchise f. ◊ **franchise agreement** accord de franchise; **franchise tax** (US) patente; **to hold the franchise for** avoir la franchise pour. **b** (Pol) droit m de vote. **2 vt** franchiser.

**franchisee** ['fræntʃaɪˈziː] **n** franchisé(e) m(f).

**franchiser** ['fræntʃaɪzəʳ] **n** franchiseur m.

**franchising** ['fræntʃaɪzɪŋ] **n** franchisage m, franchise m.

**franchisor** ['fræntʃaɪzəʳ] **n** franchiseur m.

**franco** ['fræŋkəʊ] **adv** franco. ◊ **franco domicile / frontier / quay / wagon** franco domicile / frontière / à quai / wagon.

**frank** [fræŋk] **vt** letter affranchir. ◊ **franking machine** machine à affranchir.

**fraud** [frɔːd] **n a** (criminal deception) escroquerie f; (Jur) fraude f. ◊ **to obtain sth by fraud** obtenir qch frauduleusement; **fraud relating to goods** tromperie sur la marchandise; **tax fraud** fraude fiscale; **computer fraud** fraude informatique. **b** (person) fraudeur(-euse) m(f).

**fraudulence** ['frɔːdjʊləns] **n** caractère m frauduleux.

**fraudulent** ['frɔːdjʊlənt] **adj** frauduleux. ◊ **fraudulent bankruptcy** banqueroute or faillite frauduleuse; **fraudulent conversion** (Jur) malversation, détournement de fonds; **fraudulent entry** (Acc) fausse écriture; **fraudulent misrepresentation** fraude civile; **fraudulent operation** transaction frauduleuse or entachée de fraude; **fraudulent clause** clause dolosive.

**freak variation** ['friːkvɛərɪˈeɪʃən] **n** (Stat) écart m aléatoire.

**free** [friː] **1 adj a** (costing nothing) gratuit. ◊ **admission free** (to exhibitions) entrée gratuite or libre; (Customs) admission en franchise; **free allowance of luggage** franchise de bagages; **they'll send it free on request** ils l'enverront gratuitement or franco sur demande; **free carrier** franco transporteur; **free customer's warehouse** franco entrepôt du destinataire; **free delivery** livraison gratuite, franco de port; **free in and out** frais de chargement et de déchargement en sus du fret; **b** (unrestricted) libre. ◊ **to be free from responsibility** être dégagé de toute responsabilité; **to get free of sb** se débarrasser de qn; **to give sb a free hand** donner carte blanche à qn; **free balance** (Fin) *seuil minimum des avoirs en compte courant en dessous duquel il faut payer des frais de gestion*; **free entry** (Customs) droit de passer librement les frontières; **free gold market** marché libre de l'or; **free pay** part du salaire non imposable; **free of tax** or **duty** exonéré, hors taxe; **free of income tax** exonéré d'impôt sur le revenu; **to have a free hand to do sth** avoir carte blanche pour faire qch; **free labour** main-d'œuvre non syndiquée; **free movement of labour** libre circulation de la main-d'œuvre; **to give free rein to** donner libre cours à. **c** (Comm, Mar Ins : phrases) **free of average** franc d'avarie; **free of general average** franc d'avarie grosse; **free of particular average** franc d'avarie particulière; **free of charge** goods, entrance gratuit, gratis; carry, admit gratuitement; **free alongside quay** franco à quai; **free alongside ship** or **steamer** franco le long du bord or du navire; **free carrier** franco transporteur; **free on board** franco (à) bord; **free on quay** or **wharf** franco à quai; **free on rail** or **train** or **wagon** franco wagon; **free on ship** franco à

bord; **free on truck** franco wagon; **free overboard** franco à bord; **free overside** franco allégé; **error-free** exempt d'erreur; **trouble-free** sans incident. **d** (not occupied) room, hour, person libre. ◊ **I couldn't get free earlier** je n'ai pas pu me libérer plus tôt; **free capital** disponibilités.
**2** **cpd free enterprise** libre entreprise. — **free-for-all** mêlée générale, foire d'empoigne. — **free gift** prime, cadeau. — **free list** (Customs) liste des exemptions. — **free loan** prêt sans intérêt. — **free-marketeer** partisan de l'économie libérale or de l'économie de marché. — **free offer** prime, cadeau. — **free port** port franc. — **free sample** échantillon gratuit. — **free trade** libre-échange; **free-trade area** or **association** zone de libre-échange; **free trade policy** politique de libre-échange; **free trader** libre-échangiste mf. — **free trial** essai gratuit. — **free zone** zone franche.
**3** **vt** (gen) libérer; (from tax) exempter, exonérer (*from* de); capital mobiliser, débloquer. ◊ **parts of the reserves were freed** une partie des réserves a été remise dans le circuit or a été débloquée.

**freebie*** ['friːbɪ] **n** cadeau m. ◊ **freebie loan** prêt sans intérêt.

**freedom** ['friːdəm] **n** liberté f. ◊ **freedom of action** liberté d'action or d'agir; **freedom of association** liberté d'association; **freedom of establishment** liberté d'établissement; **freedom of information / of the press** liberté d'information / de la presse; **fifth freedom** cinquième liberté.

**Freefone** ® ['friːfəʊn] (GB) **1** **n** service m d'appel gratuit. ◊ **Freefone number** ≈ numéro vert.
**2** **vt** ◊ **Freefone 334 6687 for further details** ≈ appel gratuit au 334 6687 or téléphonez à notre numéro vert 334 6687 pour de plus amples détails.

**freehold** ['friːhəʊld] (GB) **1** **n** propriété f foncière *libre de toute obligation*.
**2** **adv** en toute propriété.

**freeholder** ['friːhəʊldə'] (GB) **n** propriétaire m foncier à perpétuité.

**freelance** ['friːlɑːns] **1** **n** (Press) collaborateur(-trice) m(f) indépendant(e) or extérieur(e).
**2** **adj** designer, player indépendant.
**3** **vi** [journalist] travailler en indépendant.

**freelancer** ['friːlænsə'] **n** (Press) collaborateur(-trice) m(f) indépendant(e) or extérieur(e).

**freely** ['friːlɪ] **adv** librement, largement. ◊ **to circulate freely** circuler sans entrave, librement.

**Freephone** ['friːfəʊn] **n, vt** → Freefone.

**Freepost** ['friːpəʊst] (GB) **n** port m payé.

**free up*** **vt sep** débloquer, dégager. ◊ **it frees up cash for long-term commitments** cela dégage des liquidités pour des engagements à long terme.

**freeze** [friːz] **1** **vi** [lakes] geler; (fig) se figer.
**2** **vt** food (gen) congeler; (industrially) surgeler; assets, credits geler, bloquer; prices, wages bloquer. ◊ **frozen account** compte gelé or bloqué.
**3** **n** [prices, wages] blocage m; [credits] gel m. ◊ **freeze-frame** (TV) arrêt sur image; **credit freeze policy** politique d'austérité monétaire.

**freeze out** **vt sep** competitor étrangler, étouffer.

**freezer** ['friːzə'] **n** congélateur m. ◊ **freezer foods** surgelés; **freezer trawler** chalutier frigorifique.

**freight** [freɪt] **1** **n** **a** (goods) fret m, chargement m, cargaison f; (transport) transport m; (charge) fret m. ◊ **to send sth by freight** faire transporter qch par petite vitesse or en régime ordinaire; **air freight** (transport) transport aérien; (goods) fret aérien; **to take in freight** prendre du fret; **freight and insurance paid to** fret payé assurance comprise jusqu'à; **freight payable at destination** fret payable à destination; **charter(ed) freight** charges d'affrètement; **data freight** reçu de chargement; **dead freight** faux fret, fret sur le vide; (penalty) dédit pour défaut de chargement; **distance freight** fret à longue distance; **home** or **return freight** fret de retour; **lump-sum freight** fret forfaitaire; **ocean freight** fret au long cours; **through freight** fret à forfait; **voyage freight** fret au voyage. **b** (GB : transportation) (by water) (inland) transport m fluvial; (at sea) transport m maritime or par (voie) de mer.
**2** **vt** boat, ship affréter; goods transporter.
**3** **cpd freight account** compte rendu de fret. — **freight agent** (US) transitaire, agent maritime. — **freight all kinds** fret pour tous genres (de marchandises). — **freight car** (US) wagon de marchandises. — **freight charges** frais mpl de transport. — **freight collect** (US) fret payable à destination, port dû. — **freight commission** commission sur fret. — **freight contracting** affrètement. — **freight forward** (GB) fret payable à destination. — **freight forwarder** expéditeur, transporteur. — **freight insurance** assurance sur le fret. — **freight inwards** fret à l'arrivée. — **freight note** note de fret. — **freight plane** avion-cargo. — **freight prepaid** fret payé à l'expédition. — **freight rate** taux de fret. — **freight rebate** rabais du fret, ris-

tourne sur fret. – **freight release** reçu attestant du paiement du fret. – **freight shed** hangar à marchandises. – **freight station** (US) gare de marchandises. – **freight ton** tonneau d'affrètement *(1,44m³ en France, 40 pieds cubiques en Grande-Bretagne)*. – **freight train** (US) train de marchandises. – **freight unit** unité payante. – **freight yard** dépôt de marchandises.

**freightage** ['freɪtɪdʒ] n (charge) fret m ; (goods) fret m, cargaison f.

**freighter** ['freɪtə<sup>r</sup>] n **a** (carrier) transporteur m ; (customer) affréteur m. **b** (ship) cargo m, navire m de charge ; (plane) avion-cargo m, avion m de fret. **c** (US) wagon m de marchandises.

**freighting** ['freɪtɪŋ] n affrètement m. ◊ **freighting on weight** affrètement au poids ; **berth freighting** affrètement en cueillette.

**freightliner** ['freɪtˌlaɪnə<sup>r</sup>] n train m de wagons porte-conteneurs.

**French** [frentʃ] **1** adj français. **2** n **a** (language) français m. **b** **the French** les Français.

**Frenchman** ['frentʃmən] n Français m.

**Frenchwoman** ['frentʃwumən] n Française f.

**frenzied** ['frenzɪd] adj activity frénétique.

**frequency** ['friːkwənsɪ] n fréquence f, périodicité f. ◊ **frequency distribution** (Stat) distribution des fréquences.

**fresh** [freʃ] adj food (not frozen) frais, non congelé, non surgelé ; (not tinned) frais ; (additional) supplies nouveau.

**fretful** ['fretfʊl] adj person, market agité.

**friction** ['frɪkʃən] n désaccord m, frottement m, friction f.

**frictional** ['frɪkʃənəl] adj unemployment frictionnel.

**Friday** ['fraɪdɪ] n vendredi m → Saturday.

**friendly** ['frendlɪ] adj amical. ◊ **Friendly Society** (GB) société de prévoyance, société mutualiste, mutuelle ; **friendly agreement** accord à l'amiable ; **friendly arbitrator** compositeur amiable.

**frighten away, frighten off** ['fraɪtn] vt sep investors faire fuir.

**frill** [frɪl] n fioriture f. ◊ **no frill companies** *sociétés où les services sont réduits au minimum*.

**fringe** [frɪndʒ] cpd **fringe area** (TV) zone limitrophe de réception. – **fringe benefits** (gen) avantages mpl divers ; (company car, luncheon vouchers) avantages mpl en nature.

**fritter away** ['frɪtə<sup>r</sup>] vi (gen, St Ex) s'effriter.

**front** [frʌnt] **1** n (forepart) (gen) devant m, avant m ; [building] façade f. ◊ **to put on a bold front** faire bonne contenance ; **on the employment front** sur le front de l'emploi ; **we must present a common front** nous devons faire front commun ; **it's merely a front organization** cette organisation n'est qu'une façade. **2** vi ◊ **to front on to** [building] donner sur ; **to front for sb** remplacer or représenter qn. **3** cpd **front-end** : **front-end fees** [insurance policy, unit trust] frais de commercialisation ; **front-end financing** financement initial ; **front-end loading** [unit trust, life assurance contract] (système de) droits mpl d'entrée dégressifs ; **front-end payment** versement or paiement initial. – **front office** (St Ex) salle des marchés. – **front page (the)** [newspaper] la une, la première page ; **to be front page news** être à la une. – **front-rank** de premier plan. – **front-wheel drive** traction avant.

**frontage** ['frʌntɪdʒ] n [shop] devanture f, façade f ; [house] façade f.

**frontal** ['frʌntl] adj attack de front, de face.

**front-loaded** ['frʌntləʊdɪd] (GB) adj avec droits d'entrée.

**frontman** ['frʌntmæn] n (TV) présentateur m.

**frozen** ['frəʊzn] adj (lit, fig) gelé. ◊ **frozen assets** actifs gelés or bloqués ; **frozen credits** crédits gelés or bloqués.

**frt.** abbr of *freight*.

**frt. fwd.** abbr of *freight forward* → freight.

**frt. ppd.** abbr of *freight prepaid* → freight.

**fruit** [fruːt] **1** n fruit m. **2** cpd **fruit farm** exploitation fruitière. – **fruit farmer** producteur de fruits. – **fruit farming** arboriculture fruitière, fruiticulture.

**fruitful** ['fruːtfʊl] adj fructueux.

**fruition** [fruːˈɪʃən] n **a** (aims, plans, ideas) réalisation f, accomplissement m. ◊ **to bring to fruition** réaliser, concrétiser ; **to come to fruition** se réaliser, porter ses fruits. **b** (Jur) jouissance f.

**fruitless** ['fruːtlɪs] adj stérile, vain.

**frustrate** [frʌsˈtreɪt] vt plans faire échouer, contrecarrer.

**frustration** [frʌsˈtreɪʃən] n (gen) frustration f. ◊ **frustration of contract** (Jur) résolution de contrat.

**ft.** abbr of *foot*.

**FT Index** [efˈtiːɪndeks] (GB) n abbr of *Financial Times Index* indice m FT.

**FTC** [ˌeftiːˈsiː] n abbr of *Federal Trade Commission*
→ federal.

**fudge** [fʌdʒ] **1** n (stop press news) dernières
nouvelles fpl.
**2** vt question, issue esquiver, éluder ; account
falsifier.

**fuel** [fjʊəl] **1** n (gen) combustible m ; (Aut) carburant m. ◊ **the jobless figures gave the
unions fuel for further attacks on the government** les chiffres du chômage sont venus
alimenter les attaques des syndicats contre le gouvernement.
**2** vt furnace alimenter ; ships ravitailler en
carburant or en combustible ; (fig) inflation
alimenter, attiser, nourrir, entretenir.
**3** vi [ship, aircraft] se ravitailler en combustible or en carburant. ◊ **fuelling stop** escale
technique.

**fulcrum** [ˈfʌlkrəm] n point m d'appui.

**fulfil** (GB), **fulfill** (US) [fʊlˈfɪl] vt task accomplir,
réaliser, s'acquitter de ; order exécuter,
traiter ; condition, obligation remplir ; requirement satisfaire à.

**fulfilment** (GB), **fulfillment** (US) [fʊlˈfɪlmənt] n
[plan] réalisation f, exécution f ; [order] exécution f, traitement m.

**full** [fʊl] **1** adj container plein, rempli (*of* de) ;
room, hall comble, plein ; hotel, train complet.
◊ **full credit** dégrèvement total ; **full employment** plein emploi ; **full fare** plein tarif ; **full
liability** responsabilité pleine et entière ;
**full member** membre à part entière ; **full
name** nom et prénom(s) ; **the full particulars**
tous les détails ; **full repayment** remboursement intégral ; **full session** assemblée plénière ; **full weight** poids juste ; **we must ask
for fuller information** nous devons demander de plus amples renseignements or un
complément d'information ; **until fuller
information is available** jusqu'à plus ample
informé ; **to recover the full amount of the
sum owed** récupérer l'intégralité de la
somme due ; **at full capacity** à pleine capacité, à plein rendement ; **I have a full day
ahead of me** j'ai une journée chargée
devant moi.
**2** n ◊ **in full** intégralement, in extenso ; **to
write one's name in full** écrire son nom en
toutes lettres ; **text in full** texte intégral ; **he
paid in full** il a tout payé.
**3** cpd **full costing, full cost pricing**
méthode du prix de revient complet.
– **full coverage** (Ins) couverture totale.
– **full disclosure** (statement) exposé complet et véridique ; (Acc) état comptable
complet ; **full disclosure principle** principe
de la transparence des comptes. ; – **full-
fledged** (US) architect, account, engineer
diplômé ; company qui a atteint l'âge
adulte ; **a full-fledged rally** (St Ex) une vraie

reprise. – **full-line strategy** (Mktg) stratégie de ligne complète. – **full pay** plein
salaire ; **full-pay leave** congé avec plein
salaire. – **full-scale** drawing grandeur
nature ; (fig) operation de grande envergure ; **full-scale strike** grève générale ; **the
factory starts full-scale operations next month**
l'usine va commencer à tourner à plein
régime le mois prochain. – **full-service
bank** banque commerciale *(offrant tous
les services à sa clientèle)*. – **full-size** model
grandeur nature. – **full-time** job, employment à temps plein ; **to work full time** travailler à temps plein or à plein temps.

**fully** [ˈfʊlɪ] adv entièrement, complètement,
pleinement. ◊ **fully paid** payé intégralement ; **fully paid shares** actions libérées ;
**fully paid up capital** capital entièrement
versé ; **fully registered bonds** obligations
nominatives ; **fully secured creditor** créancier hypothécaire ; **fully serviced lot** terrain
entièrement viabilisé ; **fully subscribed capital** capital entièrement souscrit ; **fully
vested benefits** droits pleinement acquis ;
**fully-fledged** (GB) architect diplômé ; company
qui a atteint l'âge adulte.

**function** [ˈfʌŋkʃən] **1** n **a** [tool] fonction f ;
[person] fonction f, charge f. ◊ **in his function
as judge** en sa qualité de juge ; **to discharge
one's functions** s'acquitter de ses fonctions ; **to resign one's functions** se démettre
de ses fonctions ; **the financial function** la
fonction financière ; **the production function**
la fonction de production. **b** (reception)
réception f. ◊ **official function** cérémonie
officielle.
**2** vi [machine] fonctionner, marcher. ◊ **to
function as** [person] faire fonction de, jouer
le rôle de, servir de.
**3** cpd **function key** (Comp) touche de fonction. – **function suite** [hotel] salon de
réception.

**functional** [ˈfʌŋkʃnəl] adj fonctionnel. ◊ **functional accounting** comptabilité sectorielle or
par centres d'activité ; **functional cost** coût
fonctionnel ; **functional currency** (US) monnaie d'exploitation ; **functional job analysis**
analyse fonctionnelle de poste ; **functional
layout** implantation fonctionnelle ; **functional organization** organisation fonctionnelle or par secteurs d'activité.

**fund** [fʌnd] **1** n **a** caisse f, fonds m. ◊ **to start a
fund** lancer or ouvrir une souscription ;
**International Monetary Fund** Fonds monétaire international ; **benevolent fund** caisse
de secours mutuel ; **contingency fund** caisse
or fonds de prévoyance ; **depreciation fund**
provision pour amortissement ; **emergency** or **relief fund** fonds de secours ;
**endowment fund** fonds de dotation ;
**exchange equalization fund** fonds d'égalisa-

tion des changes; **guarantee fund** fonds de garantie; **investment fund** (open-end) société d'investissement à capital variable, SICAV; (closed-end) fonds commun de placement; **mutual fund** (US : open-end) société d'investissement à capital variable, SICAV; (GB : closed-end) fonds commun de placement; **pension fund** fonds or caisse de retraite; **redemption** or **sinking fund** fonds d'amortissement; **renewal fund** fonds de renouvellement; **reserve fund** fonds de prévoyance or de réserve; **retirement** or **superannuation fund** caisse de retraite; **slush fund*** caisse noire; **unemployment fund** caisse de chômage; **union fund** caisse syndicale. **b** **funds** fonds; **foreign funds** capitaux or fonds étrangers; **public funds** fonds publics; **to be in funds** être en fonds; **to be out of funds** être à court de capitaux; **to make a call for funds** faire un appel de fonds or de capital; **no funds** (Bank) sans provision; **not sufficient funds** (Bank) défaut de provision, sans couverture suffisante; **The Funds** (GB) les fonds d'État; **funds-flow analysis** analyse du flux des capitaux; **funds-flow statement** tableau des ressources et emplois; **funds from operations** marge brute d'autofinancement; **go-go funds** (US) fonds communs de placement spéculatifs; **load** / **no-load funds** parts de SICAV avec / sans droits d'entrée; **misappropriation of funds** détournement de fonds; **offer of funds** offre de fonds; **patrimonial funds** masses patrimoniales. **2** **cpd fund collection** collecte de fonds. – **fund management** gestion de fonds or de portefeuille. – **fund manager** gestionnaire *mf* de fonds or de portefeuille. – **fund raising** mobilisation or collecte de fonds; **fund-raising campaign** campagne de souscription. **3** **vt** debt consolider; project financer, assurer le financement de; firm doter en capital; account alimenter. ◊ **to fund money** acheter des bons du Trésor, placer de l'argent dans les fonds publics or en fonds d'État.

**fundamental** [ˌfʌndə'mentl] **1** **adj** fondamental. **2** **fundamentals** **npl** principes **mpl** essentiels or de base.

**funded** ['fʌndɪd] **adj** ◊ **funded capital** capitaux investis à long terme; **funded debt** dette à long terme; (public accounting) dette consolidée; **funded pension plan** régime de retraite par capitalisation; **funded property** biens en rentes.

**funder** ['fʌndər] **n** investisseur m.

**fundholder** ['fʌndhəʊldər] **n** (gen) rentier(-ière) m(f); [public funds] détenteur(-trice) m(f) de fonds publics.

**funding** ['fʌndɪŋ] **1** **n** [business] capitalisation f, provisionnement m, financement m; [debt] consolidation f. **2** **cpd funding instrument** (Jur) convention de gestion financière. – **funding loan** emprunt de consolidation.

**funnel** ['fʌnl] **vt** (fig) canaliser, diriger, orienter.

**furlough** ['fɜːləʊ] (GB) **1** **n** (temporary unemployment) mise f en chômage temporaire or technique. ◊ **on furlough** executives en chômage. **2** **vt** executives mettre en chômage temporaire or technique.

**furnish** ['fɜːnɪʃ] **vt** **a** office meubler (*with* de). **b** (supply) information fournir, procurer, donner. ◊ **to furnish sb with sth** pourvoir or munir qn de qch; **to furnish security** offrir or fournir des garanties.

**furnishings** ['fɜːnɪʃɪŋz] **npl** articles **mpl** d'ameublement.

**furniture** ['fɜːnɪtʃər] **1** **n** meubles **mpl**, mobilier m, ameublement m. ◊ **a piece of furniture** un meuble. **2** **cpd furniture depot** garde-meubles. – **furniture remover** déménageur. – **furniture shop** magasin d'ameublement or de meubles.

**further** ['fɜːðər] **1** **adj** **a** (additional) supplémentaire. ◊ **further education** enseignement postscolaire, formation continue or permanente or pour adultes; **college of further education** centre d'enseignement postscolaire; **further orders** (Comm) nouvelles commandes; (instructions) instructions complémentaires, nouvelles instructions; **further training** perfectionnement; **for further particulars** pour de plus amples renseignements; **to ask for further credit** demander un crédit supplémentaire; **without further delay** sans plus attendre, sans plus tarder; **upon further consideration** après plus ample réflexion, à la réflexion; **awaiting further information** en attendant de plus amples renseignements. **b** (phrases) **I got no further with him** je ne suis arrivé à rien de plus avec lui; **until you hear further** jusqu'à nouvel avis; **further to your letter** suite à votre lettre, en réponse à votre lettre; **further to your telephone call** suite à notre conversation téléphonique, suite à votre appel. **2** **vt** one's interests, a cause servir, favoriser, promouvoir. ◊ **to further cooperation between North and South** pour développer la coopération Nord-Sud; **to further sales** promouvoir les ventes.

**furtherance** ['fɜːðərəns] **n** ◊ **in furtherance of this goal** pour servir cet objectif, pour faciliter la réalisation de cet objectif.

**fuse**

**fuse** [fjuːz] **1** vt (join together) fusionner, unifier.

**2** vi (join together) s'unifier, fusionner. ◊ **our companies decided to fuse to meet competition** nos sociétés ont décidé de fusionner pour faire face à la concurrence.

**3** n **a** (Elec) fusible m, plomb m. **b** [bomb] amorce f, détonateur m.

**fusion** [ˈfjuːʒən] n fusion f, fusionnement m.

**future** [ˈfjuːtʃəʳ] **1** n avenir m. ◊ **foreseeable future** avenir prévisible; **in (the) future** à l'avenir; **in the near future** dans un proche avenir; **what the future holds (in store) for us** ce que l'avenir nous réserve; **there's no future in this branch** ce secteur n'a aucun avenir.

**2** adj events futur, à venir; delivery, contract à terme. ◊ **future dollars** dollars à terme; **please note our new business address for your future orders** veuillez noter notre nouvelle adresse commerciale pour vos prochaines or nouvelles commandes; **at some future date** à une date ultérieure; **to buy /**

**sell for future delivery** acheter / vendre à terme; **future value** valeur capitalisée.

**futures** [ˈfjuːtʃəʳz] **1** npl (St Ex) opérations fpl à terme; (Commodity Exchange) livraisons fpl à terme. ◊ **coffee futures** café (acheté) à terme; **financial futures** instruments financiers à terme; **financial futures market** marché à terme des instruments financiers, MATIF.

**2** cpd **futures commission broker** or **merchant** *maison de commission spécialisée dans les opérations sur les instruments financiers à terme.* – **futures contract** contrat à terme. – **futures market** marché à terme (céréales). – **futures position** cours à terme. – **futures sales** vente à découvert.

**FY** abbr of *financial year* → financial.

**FYI** [ˌefwaɪˈaɪ] abbr of *for your information* → for.

# G

**g.** abbr of *gram.*

**G / A, GA** abbr of *general average* → general.

**GAB** abbr of *General Arrangements to Borrow* → general.

**Gabon** [gə'bɒn] n Gabon m.

**Gabonese** [gæbə'niːz] **1** adj gabonais. **2** n (inhabitant) Gabonais(e) m(f).

**gadget** ['gædʒɪt] n (device) mécanisme m, dispositif m; (novelty) gadget m.

**gadgetry** ['gædʒɪtrɪ] n gadgets mpl. ◊ **our office is full of electronic gadgetry** notre bureau est rempli de gadgets électroniques.

**gage** [geɪdʒ] n (pledge) gage m, garantie f; (Jur) nantissement m; (article pledged) gage m.

**gain** [geɪn] **1** n **a** (profit) gain m, bénéfice m, profit m. ◊ **we made large gains last year** nous avons réalisé des bénéfices importants l'année dernière; **gains and losses are inevitable in business** les gains et les pertes sont inévitables en affaires; **unusual gains and losses** (on income statement) gains et pertes exceptionnels; **gain and loss account** compte de profits et pertes; **ill-gotten gains** profits illicites. **b** (in value of an asset) plus-value f. ◊ **capital gain** plus-value (en capital); **capital gains tax** impôt sur les plus-values (en capital); **gains on the disposal of assets** plus-value des cessions d'éléments d'actif; **to make a capital gain** réaliser or dégager une plus-value; **holding gain** plus-value. **c** (increase) (gen) augmentation f; [wealth] accroissement m (*in* de). ◊ **productivity gains** gains de productivité; **the show has made considerable gains in the ratings** le taux d'écoute de l'émission a enregistré une progression importante; **we have made substantial gains in this market** nous avons réalisé des progrès considérables

sur ce marché. **d** (St Ex) hausse f, avance f. ◊ **oil shares have shown a gain of 2 points** les pétrolières ont enregistré une hausse or une avance de 2 points. **2** vt **a** money, advantage, time gagner; respect conquérir, gagner; experience acquérir. ◊ **to gain ground** gagner du terrain; **we gained a lot by improving our accounting system** nous avons gagné beaucoup en améliorant notre système de comptabilité; **they gained control of the company** ils ont pris le contrôle de la société. **b** (St Ex) **our shares have gained 4 points** nos actions ont gagné 4 points, nos actions ont enregistré une hausse or une avance de 4 points. **c** (win) battle gagner. ◊ **to gain the upper hand** prendre le dessus.

**gainer** ['geɪnər] n (person) gagnant(e) m(f); (St Ex) valeur f en hausse. ◊ **gainers outpaced losers** (St Ex) les hausses l'ont emporté sur les baisses.

**gainful** ['geɪnfʊl] adj occupation profitable, lucratif, rémunérateur; business rentable.

**gainfully** ['geɪnfʊlɪ] adv ◊ **to be gainfully employed** exercer une activité rémunérée, avoir un emploi rémunéré.

**gal.** abbr of *gallon.*

**galley** ['gælɪ] n (Typ) galée f. ◊ **galley proof** (épreuve en) placard.

**gallon** ['gælən] n gallon m (GB ≈ 4,546 litres, US ≈ 3,785 litres). ◊ **imperial gallon** gallon impérial ( ≈ 4,546 litres); **miles per gallon** ≈ litres au cent.

**galloping** ['gæləpɪŋ] adj ◊ **galloping inflation** inflation galopante.

**Gallup poll** ® ['gæləp,pəʊl] n sondage m Gallup ®.

**Gambia** ['gæmbɪə] n Gambie f.

**Gambian** ['gæmbɪən] **1** adj gambien. **2** n (inhabitant) Gambien(ne) m(f).

**gambit** ['gæmbɪt] n ◊ what's our opening gambit? comment allons-nous attaquer or entamer les négociations?

**gamble** ['gæmbl] **1** n entreprise f risquée, pari m risqué. ◊ it's a gamble c'est un risque; I like to have a gamble on the stock exchange j'aime jouer à la Bourse; the gamble paid off le pari s'est avéré payant. **2** vi **a** (lit) jouer (on sur; with avec). ◊ to gamble on the stock exchange jouer à la Bourse, boursicoter, spéculer. **b** (fig) to gamble on compter sur, miser sur, parier sur; we were gambling on the dollar falling nous avons compté or nous avons misé sur la chute du dollar; bulls gamble on a rise in prices (St Ex) les spéculateurs à la hausse jouent sur une montée des cours.

**gambler** ['gæmblər] n (gen) joueur(-euse) m(f). ◊ gambler on the stock exchange spéculateur, agioteur, boursicoteur; he's too much of a gambler in business il prend trop de risques en affaires.

**gambling** ['gæmblɪŋ] **1** n jeu m. ◊ he loves gambling on the stock exchange il adore jouer à la Bourse, il adore spéculer en Bourse. **2** cpd gambling debts dettes fpl de jeu. - gambling losses pertes fpl au jeu.

**game** [geɪm] n **a** jeu m. ◊ games theory théorie des jeux; business game jeu d'entreprise; computer game ludiciel; video game jeu vidéo; zero sum game jeu à somme nulle; game of chance jeu de hasard; you must learn to play the game vous devez apprendre à jouer le jeu. **b** (fig) (plan) plan m, projet m; (trick) (petit) jeu m, manège m, combinaison f; (*: occupation) travail m, boulot* m. **c** [football, cricket] match m; [tennis, billiards, chess] partie f.

**gamesmanship** ['geɪmzmənʃɪp] n art m de gagner (par des astuces).

**gaming** ['geɪmɪŋ] **1** n jeu m. **2** cpd gaming debt dette de jeu. - gaming laws réglementation des jeux de hasard.

**gamut** ['gæmət] n ◊ to run the gamut of passer par toute la gamme de; the whole gamut of tax incentives toute la gamme or tout l'éventail des encouragements fiscaux.

**gang** [gæŋ] n [workmen] équipe f; [criminals] bande f, gang m; [friends] bande f; [tools] série f, jeu m.

**ganger** ['gæŋər] n (GB Ind) chef m d'équipe.

**gangland** ['gæŋlænd] n le milieu. ◊ gangland law la loi du milieu.

**gangster** ['gæŋstər] n gangster m.

**gang together*** [gæŋ] vi se mettre à plusieurs (to do pour faire).

**GAO** [dʒiːeɪ'əu] (US) n abbr of General Accounting Office → general.

**gaol** [dʒeɪl] (GB) n prison f. ◊ to go to gaol aller en prison.

**gap** [gæp] **1** n (gen) trou m, vide m; (in text) blanc m; (in education) lacune f, manque m; (in time) intervalle m; (in conversation) creux m; (between two opinions, statistics) écart m (between entre). ◊ to fill a gap combler une lacune; generation gap fossé or conflit des générations; gap in coverage (Ins) couverture insuffisante; inflation(ary) gap écart d'inflation or inflationniste; trade gap déficit commercial or de la balance commerciale; to fill a gap in the market combler un créneau (sur le marché); the technological gap between Europe and America l'écart or le gap technologique entre l'Europe et l'Amérique, le retard technologique de l'Europe par rapport à l'Amérique; the dollar gap la pénurie de dollars, le déficit de la balance dollar; the gap between home demand and productive capacity le décalage entre la demande intérieure et le potentiel de production. **2** cpd gap financing crédit (de) relais.

**gapping** ['gæpɪŋ] n (St Ex) prise f de position.

**garage** ['gærɑːʒ] **1** n garage m; (GB : service station) station-service f. ◊ garage sale (US) vente par un particulier des objets dont il veut se débarrasser. **2** vt vehicle garer, mettre au garage.

**garbage** ['gɑːbɪdʒ] n (lit) ordures fpl, détritus mpl; (Comp) informations fpl erronées or parasites. ◊ that's garbage* (rubbishy ideas) ce sont des bêtises, c'est de la foutaise*; (wrong information) cela ne vaut rien; their new product is garbage* leur nouveau produit ne vaut pas un clou*, leur nouveau produit est nul*; garbage in, garbage out (Comp) erreurs à l'entrée, erreurs à la sortie.

**garden** ['gɑːdn] **1** n jardin m. **2** cpd garden centre Jardinerie ®. - garden city (GB) cité-jardin. - garden produce produits mpl maraîchers.

**gardener** ['gɑːdnər] n jardinier m.

**garment** ['gɑːmənt] **1** n vêtement m, habit m. **2** cpd garment district (the) (in New York) le quartier de la confection. - garment industry (the) la confection, l'habillement m.

**garnishee** [ˌgɑːnɪ'ʃiː] n (Jur) tiers m saisi. ◊ garnishee order ordonnance de saisie-arrêt.

**garnisher** ['gɑːnɪʃər] n (Jur) créancier m saisissant.

**garnishment** ['gɑːnɪʃmənt] n (Jur) ordonnance f de saisie-arrêt.

**gas** [gæs] **1** n **a** (gen) gaz m. ◊ **natural gas** gaz naturel; **town gas** gaz de ville. **b** (US : gasoline) essence f. ◊ **regular / unleaded gas** essence ordinaire / sans plomb. **2** cpd **gas industry** industrie du gaz or gazière. − **gas station** (US) station-service. − **gas (utility) company** entreprise productrice de gaz.

**gasoline** ['gæsəʊliːn] (US) n essence f.

**gasworks** ['gæswɜːks] n usine f à gaz.

**gate** [geɪt] **1** n **a** [town] porte f; [field] barrière f; [garden, park] porte f, portail m; [sports ground] entrée f; [airport] porte f d'embarquement. ◊ **to give sb the gate\*** (US : dismiss) virer\* or sa(c)quer\* qn. **b** (Sport) (attendance) entrées fpl, spectateurs mpl; (money taken) recette f, entrées fpl. ◊ **we have had a record gate** nous avons eu un nombre record d'entrées or des entrées record. **2** cpd **gate hiring** embauche à l'entrée de l'usine. − **gate money** (Sport) recette(s) f(pl), (montant des) entrées fpl. − **gate pass** (Ind) autorisation de sortie (de marchandises).

**gatefold** ['geɪtfəʊld] n (US Pub) encart m à volets.

**gateway** ['geɪtweɪ] n porte f (d'entrée), entrée f. ◊ **the gateway to success / fame / fortune** les portes du succès / de la gloire / de la fortune; **international gateway** (Aviat) aéroport d'entrée obligatoire pour les vols internationaux; **European carriers are clamouring for more gateways** les compagnies européennes réclament à grands cris l'accès à d'autres points d'entrée.

**gather** ['gæðəʳ] **1** vt **a** people rassembler, grouper, réunir; objects rassembler, ramasser; information recueillir, collecter; taxes percevoir. **b** **to gather speed** [vehicle, campaign] prendre de la vitesse; **to gather strength** [campaign] gagner en puissance. **c** (infer) **I gather from your report that** je déduis or je conclus de votre rapport que; **I gathered from John that** d'après ce que John m'a dit j'ai compris que; **as far as we can gather** à ce que nous comprenons. **2** vi [people] s'assembler, se rassembler, se réunir; [crowd] se former, se masser.

**gather in** vt sep money faire rentrer, amasser; taxes percevoir; debts recouvrer.

**gathering** ['gæðərɪŋ] n (group) [people] assemblée f, réunion f, rassemblement m; [objects] accumulation f, amoncellement m; [data] collecte f.

**gather up** vt sep papers, objects ramasser.

**GATT** [gæt] n abbr of General Agreement on Tariffs and Trade → general.

**gauge** [geɪdʒ] **1** n (standard measure) calibre m; (Rail) écartement m; (instrument) jauge f, indicateur m; (fig) mesure f. ◊ **oil gauge** indicateur or jauge de niveau d'huile; **pressure gauge** manomètre; **tyre gauge** indicateur de pression des pneus; **narrow- / standard- / broad-gauge railway** voie ferrée étroite / à écartement normal / à grand écartement; **the stock market provides an important gauge of companies' earning capacity** la Bourse fournit des indications importantes sur la capacité bénéficiaire des entreprises. **2** vt **a** (measure) speed, width mesurer; oil jauger. ◊ **to gauge the trends of the market** mesurer l'évolution du marché; **to gauge the right time to do sth** calculer le bon moment pour faire qch. **b** tools, machine standardiser, étalonner.

**Gaussian** ['gaʊsɪən] adj ◊ **Gaussian distribution** or **curve** courbe de Gauss.

**gavel** ['gævl] n [auctioneer] marteau m.

**gavel off** ['gævl] vt sep [auctioneer] adjuger.

**gazump** [gə'zʌmp] (GB) vi ◊ **to gazump sb** annuler une promesse de vente faite à qn pour accepter une offre plus avantageuse.

**GDI** [dʒiːdiːʼaɪ] n abbr of gross domestic income RIB m.

**GDP** [dʒiːdiːʼpiː] n abbr of gross domestic product PIB m.

**gear** [gɪəʳ] **1** n **a** (equipment) équipement m, matériel m, attirail m; (belongings) effets mpl (personnels), affaires fpl; (\* : clothing) vêtements mpl, fringues\* fpl. **b** (apparatus) (gen) mécanisme m, dispositif m; (Tech) engrenage m. ◊ **in gear** engrené, en prise; **out of gear** désengrené. **c** (Aut) (mechanism) embrayage m. ◊ **to change** or **shift gear** changer de vitesse; **first gear** (Aut) première; **top gear** quatrième (or cinquième) (vitesse); **reverse gear** marche arrière; **to be in first gear** être en première; **the American economy is in top gear** l'économie américaine a atteint sa vitesse maximum. **2** vt adapter (to à). ◊ **the factory is geared to small-scale production** l'usine est adaptée à une production à petite échelle or conçue en fonction d'une production à petite échelle; **our advertising is geared to the teenage market** notre publicité est orientée vers le marché des jeunes; **wages are geared to inflation** les salaires sont indexés sur l'inflation.

**gearbox** ['gɪəʳbɒks] n boîte f de vitesses.

**geared** [gɪəd] adj ◊ **high- / low-geared company** (GB Fin) société à ratio d'endettement élevé / faible.

**gearing** ['gɪərɪŋ] n (GB Fin) (ratio m d') endettement m *(rapport actions ordinaires / capi-*

*taux à intérêt et à dividende fixes).* ◊ **higher gearing has allowed the company to increase its profitability** une augmentation du ratio d'endettement a permis à l'entreprise d'augmenter son taux de rentabilité ; **gearing adjustment** redressement financier.

**gear up*** **1** **vt sep** préparer. ◊ **we are geared up for the new season** nous sommes prêts or parés pour la nouvelle saison ; **to be geared up to face a challenge** être mobilisé pour relever un défi ; **they are gearing up the production line** ils sont en train de préparer la chaîne de production.
**2** **vi** (GB Fin) [company] s'endetter, augmenter le taux d'endettement.

**gemm** [dʒem] **n** abbr of *gilt-edged market maker* → gilt-edged.

**gen*** [dʒen] **n** (GB : information) renseignements mpl. ◊ **to give sb the gen on sth** mettre qn au courant de qch, rencarder* or renseigner qn sur qch.

**general** ['dʒenərəl] **1** **adj** (non-specific) général ; (not detailed) inquiry, strategy, view d'ensemble, général. ◊ **let me give you a general outline of the project** permettez-moi de vous donner les grandes lignes du projet or un aperçu (d'ensemble) du projet ; **general business** (in meeting) questions diverses ; **general damages** (Ins, Jur) dommages et intérêts ; **general debt** dette générale ; **general equilibrium** équilibre général ; **general knowledge** connaissances générales.
**2** **cpd** **general acceptance** (Fin) acceptation sans réserve. – **general account** (Bank) compte du grand livre. – **general accounting** comptabilité générale. – **General Accounting Office** (US) ≈ Cour des comptes. – **general agencies** (US) services mpl des administrations publiques. – **general agent** agent général. – **General Agreement on Tariffs and Trade** accord général sur les tarifs douaniers et le commerce. – **General Arrangements to Borrow** accords mpl stand-by. – **general audit** audit général, contrôle général de comptabilité. – **general auditing standards** normes fpl générales de surveillance or d'audit (des comptes). – **general average** (Mar Ins) avarie commune or grosse ; **general average bond** compromis d'avarie commune ; – **general average deposit** cautionnement pour avarie commune. – **general bill of lading** connaissement collectif. – **general cargo** cargaison mixte. – **general contractor** maître d'œuvre. – **general creditor** créancier non privilégié or non garanti or ordinaire. – **general delivery** (US) poste restante. – **general endorsement** [bill of

exchange] endossement général. – **general fund** fonds d'administration générale. – **general holiday** fête publique, jour férié. – **general insurance** assurances fpl IARD *(incendies, accidents, risques divers).* – **general journal** (Acc) journal général or centralisateur. – **general ledger** (Acc) grand livre (des comptes). – **general legacy** legs universel or à titre universel. – **general lien** [creditors] privilège général. – **general management** direction générale ; **he's in general management** il est à la direction générale. – **general manager** directeur général ; **he's general manager of Jones Ltd** il est directeur général de Jones Ltd. – **general meeting** assemblée générale ; **ordinary / extraordinary general meeting** assemblée générale ordinaire / extraordinaire. – **general obligation bond** (US) emprunt d'une collectivité locale. – **general partner** associé(e) m(f) *(d'une société en nom collectif),* associé(e) m(f) gérant(e) or commandité(e). – **General Post Office** (GB) Postes et Télécommunications ; (building) poste centrale. – **general public (the)** le grand public. – **general-purpose** tool universel ; (Comp) terminal banalisé ; (Comp) storage banal ; **general-purpose financial statements** états financiers à usage général or à vocation générale. – **general reserves** réserves fpl générales or légales. – **general storage** (Comp) mémoire banale. – **general store** bazar. – **general strike** grève générale. – **general warrant** mandat général.

**generalist** ['dʒenərəlist] **n** (US St Ex) *titre dont le cours est supérieur à 100 dollars.*

**generalize, generalise** ['dʒenərəlaɪz] **vti** généraliser.

**generally** ['dʒenərəlɪ] **adv** généralement. ◊ **generally accepted accounting principles** principes comptables généralement admis ; **generally accepted auditing standards** normes de vérification généralement admises.

**generate** ['dʒenəreɪt] **vt** power, heat produire ; profits générer. ◊ **to generate new employment** créer des emplois nouveaux.

**generating** ['dʒenəreɪtɪŋ] **cpd** **generating program** (Comp) programme générateur. – **generating set** or **unit** groupe électrogène. – **generating station** centrale électrique.

**generation** [ˌdʒenə'reɪʃən] **n** **a** génération f. ◊ **the younger generation** la jeune génération ; **the now generation** la génération branchée ; **a fifth-generation computer** un ordinateur de la cinquième génération.
**b** (creation) [power, heat] production f ; [profits] génération f.

**generator** [ˈdʒenəreɪtəʳ] **n** a (apparatus) [electricity] génératrice f; [steam] générateur m, groupe m électrogène; [lighting] dynamo f (d'éclairage). b (Comp) (programme m) générateur m.

**generic** [dʒɪˈnerɪk] **adj** product, strategy générique.

**generous** [ˈdʒenərəs] **adj** généreux.

**gen-saki**\* [dʒenˈsɑːkɪ] **n** *marché monétaire japonais à court terme*.

**gent**\* [dʒent] **n** abbr of *gentleman* ◊ gents' outfitters magasin d'habillement or de confection pour hommes; gents' shoes chaussures (pour) hommes.

**gentleman** [ˈdʒentlmən] **n** (gen) monsieur m; (man of breeding) gentleman m. ◊ gentleman's agreement gentleman's agreement; Gentlemen (US : term of address at beginning of business letter) Messieurs; Ladies and Gentlemen (beginning a speech) Mesdames, Messieurs.

**genuine** [ˈdʒenjuɪn] **adj** a (authentic) wool, gold véritable; manuscript, antique authentique; coin de bon aloi; goods, product garanti d'origine. ◊ a genuine mink coat un vrai or authentique manteau de vison; I'll only buy the genuine article [furniture] je n'achète que de l'authentique; [jewellery, wine] je n'achète que du vrai. b (Acc) genuine assets actif réel; genuine and valid check (US) chèque sincère et authentique. c (sincere) belief sincère; person franc, sincère. ◊ genuine buyer acheteur sérieux.

**geographic(al)** [dʒɪəˈgræfɪk(əl)] **adj** géographique. ◊ geographical concentration concentration géographique.

**geography** [dʒɪˈɒgrəfɪ] **n** géographie f.

**geometric(al)** [dʒɪəʊˈmetrɪk(əl)] **adj** géométrique.

**geonomics** [dʒɪəʊˈnɒmɪks] **n** géographie f économique.

**Georgia** [ˈdʒɔːdʒɪə] **n** Géorgie f.

**Georgian** [ˈdʒɔːdʒɪən] 1 **adj** géorgien. 2 **n** a (language) géorgien m. b (inhabitant) Géorgien(ne) m(f).

**German** [ˈdʒɜːmən] 1 **adj** allemand. 2 **n** a (language) allemand m. b (inhabitant) Allemand(e) m(f).

**Germany** [ˈdʒɜːmənɪ] **n** Allemagne f. ◊ Federal Republic of Germany République fédérale d'Allemagne.

**gerrymander** [ˈdʒerɪmændəʳ] **vt** election truquer; business truquer, tripatouiller\*.

**gerrymandering** [ˈdʒerɪmændərɪŋ] **n** [election, business] truquage m, tripotage(s) m(pl).

**get** [get] 1 **vt** a (obtain) thing, permission obtenir (*from* de); result obtenir, atteindre; commodity (se) procurer, trouver; power, wealth acquérir, accéder à; idea, reputation se faire. ◊ to get sth cheap avoir qch (à) bon marché; to get sth for sb trouver qch pour qn, procurer qch à qn; we got the components from a new supplier nous avons obtenu or trouvé les composants chez un nouveau fournisseur. b (receive) letter, delivery, answer avoir; salary recevoir, gagner, toucher. ◊ I get $20 an hour je reçois or je gagne or je touche 20 dollars de l'heure; we get 9% interest nous percevons un intérêt or des intérêts de 9%; did you get our catalogue ? est-ce que vous avez reçu or eu notre catalogue ? c (fetch) person aller chercher, faire venir; object chercher, apporter. d (Comp) lire.
2 **vi** a (go, arrive) aller, se rendre (*to* à; *from* de). ◊ the talks are not getting anywhere les pourparlers n'avancent pas. b (phrases) to get paid se faire payer; to get used to sth / to doing s'habituer à qch / à faire; to get to know sb parvenir or apprendre à connaître qn; we got to appreciate their service on a fini par apprécier leurs services.
3 **cpd** get-rich-quick scheme\* système pour faire fortune rapidement. – get-together (petite) réunion. – get-up-and-go\* allant, dynamisme.

**get about** **vi** [news, rumours] se répandre, circuler. ◊ it has got about that le bruit court que.

**get across** 1 **vi** (communicate) [speaker] se faire comprendre; [message] passer. 2 **vt sep** (communicate) ideas, intentions communiquer (*to* à).

**get along** **vi** a (manage) se débrouiller\*. b (progress) avancer, faire du chemin. ◊ we are getting along with the drafting of the report nous avançons dans la rédaction du rapport.

**get back** 1 **vi** (return) (to place) rentrer, retourner; (to work) se remettre (*to* à). 2 **vt sep** (recover) possessions recouvrer. ◊ to get one's money back se faire rembourser, récupérer son argent.

**get by** **vi** (manage) se débrouiller, s'en sortir\*, s'en tirer\*.

**get down to** **vt fus** ◊ to get down to doing se mettre à faire; to get down to work se mettre au travail; let's get down to business venons-en au fait, parlons sérieusement.

**get on** **vi** a (make progress) avancer, progresser. ◊ how are you getting on in your new job ? comment ça marche dans ton nouvel emploi ? b (succeed) réussir. to get on in business réussir dans les affaires.

**get out** **vi** a sortir (*of* de); (from vehicle) descendre (*of* de). ◊ we can't get out of this

# get round

**agreement** nous ne pouvons pas nous dégager de cet accord. **b** [news] se répandre; [secret] s'éventer.

**get round** vt fus obstacle contourner; difficulty tourner.

**Ghana** ['gɑːnə] n Ghana m.

**Ghanaian** [gɑːˈneɪən] **1** adj ghanéen. **2** n (inhabitant) Ghanéen(ne) m(f).

**ghosting** ['gəʊstɪŋ] n **a** (Mktg) emballage m à fenêtre. **b** (TV, Comp) dédoublement m de l'image.

**Gibraltar** [dʒɪˈbrɔːltər] n Gibraltar m.

**Giffen** ['gɪfən] adj ◊ **Giffen effect** paradoxe de Giffen; **Giffen goods** biens Giffen.

**gift** [gɪft] **1** n **a** (present) cadeau m, présent m; (Comm) prime f, cadeau m. ◊ **free gift inside** ce paquet contient un cadeau. **b** (Jur) don m, donation f. ◊ **gifts inter vivos** (Jur, Tax) donations entre vifs; **deed of gift** acte de donation; **an outright gift** un don pur et simple. **c** (talent) don m (for de, pour). **2** cpd **gift certificate** (US) bon d'achat. — **gift promotion** promotion-cadeau. — **gift shop** boutique de nouveautés. — **gift tax** (US Tax) impôt sur les donations. — **gift token, gift voucher** chèque-cadeau.

**giftwrap** ['gɪftræp] vt ◊ **to giftwrap a purchase** faire un paquet-cadeau; **could you giftwrap it for me?** pouvez-vous me faire un paquet-cadeau?

**giftwrapping** ['gɪftræpɪŋ] n (paper) papier-cadeau m, emballage-cadeau m; (service) emballage m des cadeaux.

**gigabit** ['dʒɪgəbɪt] n milliard m de bits.

**gigabyte** ['dʒɪgəbaɪt] n gigaoctet m.

**gilt-edged** ['gɪltˌedʒd] (GB) adj ◊ **gilt-edged bill of exchange** lettre de change de premier ordre or de premier choix; **gilt-edged market maker** teneur de marché; **gilt-edged securities** (government-issued stock) fonds or titres d'État; (securities of the highest class) valeurs de premier ordre, valeurs de tout repos or de père de famille.

**gilts** [gɪlts] npl ≈ gilt-edged securities.

**gimmick** ['gɪmɪk] n truc m, astuce f, trouvaille f; (device) gadget m. ◊ **advertising gimmick** astuce or truc or trouvaille publicitaire; **sales gimmick** astuce promotionnelle.

**gimmicky** ['gɪmɪkɪ] adj ◊ **it's a bit gimmicky** (pej) ça fait un peu gadget.

**Ginnie Mae** ['dʒɪnɪˈmeɪ] (US) n abbr of *Government National Mortgage Association* (security) créance f hypothécaire.

**giro** ['dʒaɪrəʊ] n ◊ **bank giro system** système de virement bancaire; **to pay by bank giro** payer par virement bancaire; **giro transfer** (bank) virement bancaire; (post office) virement postal; **National Giro** (GB) (centre des) comptes chèques postaux; **giro account** (GB) compte chèque postal, compte courant postal.

**gist** [dʒɪst] n [report, conversation] fond m, essentiel m. ◊ **to get the gist of sth** comprendre l'essentiel de qch.

**give** [gɪv] vt **a** (gen) donner. ◊ **to give a month's notice** donner un mois de préavis; **he gave me the message / letter** il m'a remis or donné le message / la lettre; **to give an account of sth** rendre compte de qch; **to give damages** accorder des dommages-intérêts; **to give evidence** témoigner; **to give a decision** [judge] rendre un arrêt; **please give full particulars** veuillez (nous) fournir tous les renseignements; **we gave them an order for office supplies** nous leur avons passé une commande de fournitures de bureau; **give-and-take** concessions mutuelles. **b** (Telec) **give me London 868.24.24** passez-moi le 868.24.24 à Londres. **c** (Fin : yield) **this investment gives 9%** ce placement rapporte 9%. **d** (St Ex) **to give for the call** acheter dont, acheter la prime à livrer; **to give the deposit** donner le dépôt; **to give the forward** donner le terme; **to give for the put** acheter ou, acheter un put ou une option de vente; **to give the rate (on stock)** se faire reporter; **to give the spot** donner le comptant.

**give away** vt sep money donner, distribuer; goods donner (gratuitement or gracieusement), distribuer, faire cadeau de; prizes distribuer.

**giveaway** ['gɪvəweɪ] **1** n (Comm) (gen) prime f; (promotional material) matériel m promotionnel (distribué gratuitement). ◊ **it's a giveaway!** c'est donné! **2** adj price dérisoire, imbattable. ◊ **giveaway magazines** magazines distribués gratuitement, magazines gratuits.

**give back** vt sep object rendre; property restituer (*to* à).

**giveback** ['gɪvˌbæk] n (US Ind) concession f *(accordée par un syndicat en acceptant une réduction de salaire)*.

**give in 1** vi se rendre, renoncer, abandonner, s'avouer vaincu. ◊ **to give in to sb** céder à qn. **2** vt sep document, parcel remettre; accounts rendre.

**given** ['gɪvn] adj ◊ **at a given time** à une heure déterminée, à un moment donné; **of a given size** d'une taille donnée or bien déterminée; **under the given conditions** dans les conditions requises.

**give on** vt fus (St Ex) securities faire reporter. ◊ **to give on stock** faire reporter des titres; **you had better give on your position for next settling day** vous feriez mieux de faire reporter votre position à la liquidation suivante; **to give on stock to another broker** faire reporter des actions par un autre courtier.

**give out** 1 vi [supplies] s'épuiser, manquer; [machine] tomber en panne.
2 vt sep a (distribute) goods, food distribuer. ◊ **to give out an order** [broker] sous-traiter un ordre vers un spécialiste extérieur, faire exécuter un ordre à un spécialiste extérieur. b (announce) news, results annoncer; list faire connaître.

**give-out** ['gɪvˌaʊt] adj ◊ **give-out order** (St Ex) commande sous-traitée.

**giver** ['gɪvəʳ] n a [gift] donateur(-trice) m(f). b (St Ex) preneur(-euse) m(f) d'option, optionnaire mf. ◊ **giver for a call** acheteur d'un dont; **giver for a call of more** preneur de faculté de lever double or d'option du double à l'achat; **giver for a put** vendeur d'un ou or d'une prime indirecte; **giver for a put and call** preneur de stellage; **giver for a put of more** preneur de faculté de livrer double or d'option du double à la vente; **giver of option money** acheteur de primes; **giver of the rate** payeur de la prime; **giver on stock** reporté; **giver to the option** optionnaire; **there are no givers on these securities** personne ne veut se reporter sur ces titres.

**give up** 1 vi abandonner, renoncer. ◊ **we have given up on him*** nous ne comptons plus sur lui; **we have given up on this project** nous avons renoncé à or nous avons abandonné ce projet.
2 vt sep a (renounce) interests, friends abandonner, délaisser; habit, idea, responsibility renoncer à, abandonner; job quitter; business se retirer de, abandonner. ◊ **to give up doing** cesser de faire, renoncer à faire. b (St Ex) points céder. ◊ **oils have given up 3 points** les pétrolières ont cédé 3 points; **VCT at \$61 gave up \$1** VCT à 61 dollars a abandonné 1 dollar.

**gizmo*** ['gɪzməʊ] (US) n gadget m.

**glamour** ['glæməʳ] (GB), **glamor** (US) n prestige m, éclat m. ◊ **glamour stocks** valeurs en vogue, valeurs vedettes, vedettes de la cote.

**glitch** [glɪtʃ] n a (Comp) signal m transitoire. b (failure, problem) panne f, incident m.

**global** ['gləʊbl] adj global.

**gloom** [gluːm] n [stock market] pessimisme m.

**gloomy** ['gluːmɪ] adj situation, forecast, prospects sombre.

**glossy** ['glɒsɪ] adj material luisant, lustré; photograph glacé. ◊ **glossy magazine** magazine de luxe (sur papier couché); **glossy paper** (Typ) papier couché; (Phot) papier brillant or glacé.

**glut** [glʌt] 1 vt rassasier, gaver, gorger. ◊ **to glut the market** inonder or saturer or encombrer le marché (with de).
2 n [goods] surplus m, surabondance f, excès m, pléthore f. ◊ **a glut on the market** un engorgement or encombrement du marché; **glut of capacity** capacité excédentaire.

**GM** [dʒiːˈem] n abbr of general manager DG m.

**GMT** [ˌdʒiːemˈtiː] abbr of Greenwich Mean Time GMT, TU.

**gnome** [nəʊm] n ◊ **the Gnomes of Zurich** les banquiers suisses.

**GNP** [ˌdʒiːenˈpiː] n abbr of gross national product PNB m.

**go** [gəʊ] 1 vi a (travel, move) aller. ◊ **to go to Paris** aller à Paris. b (depart) (gen) partir; (be sold) se vendre, partir. ◊ **our new line is going fast** notre nouvelle ligne se vend bien or part rapidement. c (work) [machine] marcher, fonctionner. ◊ **they kept the factory going** ils ont tenu l'usine en activité; **the economy is going strong** l'économie marche très fort. d (St Ex) **to go a bear** jouer à la baisse; **to go a bull** jouer à la hausse; **to go short** vendre à découvert. e (phrases) **to go bankrupt** faire faillite, déposer son bilan; **to go broke\*, go bust\*, go to the wall** faire faillite; **to go downhill** être sur une mauvaise pente; **to go out of business** fermer; **to go private** racheter ses propres actions, se retirer de la Bourse; **to go public** s'introduire en Bourse; **to go slow** tourner au ralenti; **prices have gone through the floor** les prix se sont effondrés; **to go under** sombrer, couler; **the bill has gone unpaid** la facture n'a pas été payée or est restée impayée; **going, going, gone!** (auction) une fois, deux fois, trois fois, adjugé!
2 n (energy) dynamisme, entrain, allant, énergie. ◊ **to make a go of sth** (succeed) réussir qch.
3 cpd **go-between** intermédiaire mf. — **go-down** (Far East) comptoir colonial. — **go-getter\*** fonceur(-euse) m(f), jeune loup\*. — **go-go** (investment, fund) à haut rendement et à haut risque, hautement spéculatif; (person) fonceur; (company) aventuriste. — **go-slow** (strike) grève perlée; **go-slow policy** politique d'attente.

**go-ahead** ['gəʊəˌhed] 1 adj person entreprenant, dynamique, qui va de l'avant; business, attitude dynamique.

**2** n ◊ **to give sb the go-ahead** donner à qn le feu vert (for sth / to do pour qch / pour faire).

**goal** [gəʊl] **1** n but m, objectif m. ◊ **my goal is to improve staff relations this year** cette année mon but or mon objectif est d'améliorer les relations entre les membres du personnel; **our production goals are high** nos objectifs de production sont élevés; **sales goal** objectif de vente. **2** cpd **goal congruence** harmonisation des objectifs (à l'intérieur d'une organisation), convergence des efforts. – **goal programming** programmation des objectifs. – **goal setting** fixation d'objectifs.

**go down** vi **a** (fall) [prices, inflation] baisser, être en baisse. ◊ **to go down in value** perdre de la valeur. **b** (fail) faire faillite, couler.

**gofer*** [ˈgəʊfəʳ] (US) n coursier m, grouillot* m.

**going** [ˈgəʊɪŋ] adj price courant, actuel. ◊ **the going rate of interest** le taux d'intérêt actuel or courant or en vigueur; **it's a going concern** or **business** c'est une affaire prospère, c'est une affaire qui marche; **the going-concern principle / concept** (Acc) le principe / la convention de la continuité de l'exploitation; **going(-concern) value** (Acc) valeur d'exploitation or d'utilité.

**go into** vt fus (investigate) examiner, étudier.

**gold** [gəʊld] **1** n **a** or m. ◊ **$2 m in gold** 2 millions de dollars en or. **b** (St Ex) **golds** valeurs aurifères, mines d'or. **2** cpd **gold and silver reserve** encaisse métallique. – **gold block countries** pays mpl du bloc d'or. – **gold bond** (St Ex) obligation or. – **gold bullion standard** étalon de lingots-or. – **gold card** carte de crédit réservée aux personnes à hauts revenus, carte Premier ®. – **gold clause** clause or. – **gold coin** pièce d'or; **gold coin and bullion** encaisse or. – **gold content** teneur en or. – **gold cover** (Econ) couverture or. – **gold currency** monnaie or; (coins) pièces fpl d'or. – **gold exchange standard** étalon de change or, étalon-or de change. – **gold market** marché de l'or. – **gold mine** mine d'or; **gold mine stocks** valeurs aurifères, mines d'or. – **gold-pegged** aligné or indexé sur l'or. – **gold points** points mpl d'or, gold points mpl; **import / export gold point, incoming / outgoing gold point** point d'entrée / de sortie de l'or, gold point d'entrée / de sortie; – **to reach the gold point** atteindre le point de l'or or le gold point. – **gold pool (the)** le pool d'or. – **gold premium** prime sur l'or. – **gold ratio** rapport de l'encaisse-or à la monnaie en circulation. – **gold reserves** réserves fpl (d') or. – **gold rush** ruée vers l'or. – **gold specie** numéraire or; **gold**

**specie standard** étalon de numéraire or, étalon-or espèces. – **gold standard** étalon-or; **to come off** or **leave the gold standard** abandonner l'étalon-or.

**goldbrick** [ˈgəʊldbrɪk] n barre f d'or. ◊ **to sell sb a goldbrick*** (US) escroquer or filouter* qn.

**golden** [ˈgəʊldən] adj colour d'or, doré. ◊ **golden handshake** prime or enveloppe de départ; **golden hello** prime d'engagement (pour attirer un cadre); **golden opportunity** occasion magnifique or rêvée; **golden parachute** (US) indemnité de départ (dans le cadre d'une OPA); **golden rule** règle d'or; **golden share** action privilégiée.

**goldfield** [ˈgəʊldfiːld] n région f or terrain m aurifère.

**golf** [gɒlf] **1** n (sport) golf m. **2** cpd **golf-ball** balle de golf; **golf-ball typewriter** machine à écrire à boule or à sphère; – **golf-ball printer** imprimante à sphère.

**gondola** [ˈgɒndələ] n (gen, Mktg) gondole f. ◊ **gondola head** tête de gondole.

**good** [gʊd] **1** adj **a** we delivered the order in **good time** nous avons livré la commande dans les temps; **to act in good faith** agir de bonne foi; **good-faith check** (US) chèque accompagnant une offre d'achat d'obligations; **it's a good buy** c'est une bonne affaire; **our good name is at stake** notre réputation est en jeu; **good delivery stock** (St Ex) valeur de bonne livraison; **for good consideration** à titre onéreux; **good leasehold title** droit au bail bien établi; **good merchantable condition** qualité loyale et marchande; **a good risk** (Ins) un bon risque; **good tender** soumission conforme; **good title** (Jur) titre de propriété irréfragable. **b** **to make good** deficit combler; losses compenser; damage, injustice réparer. **c** (Fin) **is his credit good?** peut-on lui faire crédit?; **he is** or **his credit is good for £1,000** on peut lui faire crédit jusqu'à 1 000 livres; **what** or **how much is he good for?** de combien (d'argent) dispose-t-il?, combien peut-il mettre?; **he's good for $1,000** il nous prêtera bien 1 000 dollars; **good for $100** (on note) bon pour 100 dollars. **d** (St Ex) order valable. ◊ **good-this-week / -month order** ordre valable cette semaine / ce mois; **good-through-week / -month order** ordre valable jusqu'à la fin de la semaine / du mois, ordre GTW / GTM; **good-till-cancelled order** ordre valable jusqu'à révocation. **2** n (advantage, profit) bien m, avantage m, profit m. ◊ **the common good** l'intérêt commun; **the public good** le bien public;

we were £250 to the good nous avons fait 250 livres de bénéfice.

**goods** [gʊdz] **1** **npl** **a** (Jur) biens mpl, meubles mpl, effets mpl personnels. ◊ **all his goods and chattels** tous ses biens personnels. **b** (Econ) biens mpl. ◊ **consumer goods** biens de (grande) consommation ; **durable goods** biens durables ; **goods and services** biens et services. **c** (Comm) (gen) produits mpl, marchandise(s) f(pl) ; (freight) marchandise(s) f(pl). ◊ **bonded goods, goods in bond** (Customs) marchandises en entrepôt sous douane ; **capital goods** biens d'équipement ; **crude goods** produits bruts ; **dry goods** marchandises sèches ; **dutiable goods** marchandises passibles de droits de douane ; **duty-free goods** marchandises exemptes de droits, marchandises détaxées or hors taxes ; **fancy goods** nouveautés, articles de fantaisie ; **farm goods** produits agricoles ; **finished / semi-finished goods** produits finis / semi-finis ; **future goods** marchandises livrables à terme ; **hard goods** biens d'équipement ; **investment goods** biens d'investissement ; **luxury goods** articles de luxe ; **manufactured goods** produits manufacturés ; **measurement goods** (Mar) marchandises de cubage *(dont le tarif se calcule à la tonne d'encombrement)* ; **perishable goods** denrées périssables ; **returnable goods** marchandises consignées or en consignation ; **slow / speed goods** (Rail) marchandises en petite / grande vitesse ; **soft goods** (textiles) tissus, textiles ; (US : perishables) biens de consommation non durables ; **sports goods** articles de sport ; **staple goods** produits de base ; **textile goods** matières textiles ; **uncustomed** or **uncleared goods** marchandises non acquittées ; **unsaleable goods** marchandises invendables ; **unsold goods** invendus ; **wet goods** liquides ; **cost of goods available for sale** coût des marchandises destinées à la vente. **d** (Mar Ins) marchandises fpl, facultés fpl. ◊ **goods afloat** marchandises flottantes.

**2** **cpd** **goods account** compte de marchandises. – **goods agent** entrepreneur de messageries, transitaire. – **goods bought** (Acc) achats mpl (de marchandises) ; **goods-bought ledger** grand livre des fournisseurs, livre des achats. – **goods department** service des marchandises. – **goods depot** (Rail) dépôt m or entrepôt des marchandises. – **goods-in-progress,** (GB) goods-in-process (US) en cours mpl. – **goods-in-transit insurance** assurance transit. – **goods on demurrage** marchandises fpl en souffrance. – **goods platform** quai de chargement. – **goods rate** tarif marchandises. – **goods service** : to send by fast / slow

goods service expédier or envoyer en grande / petite vitesse. – **goods siding** voie de garage *(pour wagons de marchandises)*. – **goods sold** (Acc) ventes fpl ; **goods sold ledger** grand livre des clients, livre des ventes ; **cost of goods sold** (Acc) achats ; (for retail or wholesale company) coût d'achat des marchandises vendues dans l'exercice ; (for manufacturing company) coût de production des marchandises vendues dans l'exercice. – **goods station** gare de marchandises. – **goods train** train de marchandises. – **goods traffic** trafic des marchandises. – **goods wagon** (GB) wagon de marchandises. – **goods yard** dépôt or cour des marchandises.

**goodwill** [ˌgʊdˈwɪl] **n** **a** (friendship) bonne volonté f, bon vouloir m, bienveillance f. ◊ **goodwill mission** mission de conciliation or de médiation. **b** (willingness) zèle m. ◊ **to work with goodwill** travailler de bon cœur or avec zèle. **c** [business] (intangible assets) survaloir m, goodwill m ; (customer connections) clientèle f. ◊ **the goodwill goes with the business** la clientèle est vendue avec le fonds de commerce.

**go over** **vt fus** (check) examiner, vérifier. ◊ **they went over the first quarter's results** ils ont examiné or vérifié les résultats du premier trimestre.

**go under** **vi** [company] couler, faire faillite, sombrer.

**go up** **vi** (rise) [prices, inflation, rate] monter, être en hausse, augmenter.

**gourde** [gʊəd] **n** gourde f.

**govern** [ˈgʌvən] **1** **vt** country gouverner ; province, city administrer ; events déterminer, régir ; speed déterminer. **2** **vi** (Pol) gouverner.

**governance** [ˈgʌvənəns] **n** gestion f. ◊ **corporate governance** gestion d'entreprise.

**governing** [ˈgʌvənɪŋ] **adj** (Pol) gouvernant ; belief, opinion dominant. ◊ **governing body** conseil de direction ; **governing principle** idée directrice or dominante ; **governing committee** (US St Ex) conseil d'administration ; **self-governing** autonome.

**government** [ˈgʌvənmənt] **1** **n** **a** (act) gouvernement m, gestion f, direction f, administration f. **b** (Pol) (governing body) gouvernement m, cabinet m ; (system) régime m, gouvernement m. ◊ **the government** (the State) l'État : **government intervention in the economy** les interventions de l'État dans l'économie ; **central government** gouvernement central ; **federal government** (US) gouvernement fédéral ; **local government** (GB) administration locale ; **local government elections** (GB) élections municipales ;

**municipal government** conseil municipal; **self-government** autonomie. **c** (US : stocks) **governments** fonds or titres d'État.

**2 cpd government accounting** comptabilité publique. − **government annuity** rente d'État. − **government assistance** aides fpl de l'État. − **government bonds** (St Ex) bons mpl du Trésor. − **government broker** (GB St Ex) spécialiste mf en valeurs de Trésor. − **government check** (US) chèque tiré sur le Trésor des États-Unis. − **government department** département or service ministériel. − **government depository** (US) *banque habilitée à recevoir les dépôts du gouvernement fédéral.* − **government deposits** (US) dépôts mpl réglementaires du gouvernement fédéral. − **government expenditure** dépenses fpl publiques. − **government grant** aide f or subvention du gouvernement or de l'État. − **government guarantees** garanties fpl de bonne fin *(accordées par les pouvoirs publics).* − **government investment** investissements mpl de l'État. − **government monopoly** monopole d'État. − **government loan** emprunt d'État. − **government obligations** (US) bons mpl du Trésor. − **government official** fonctionnaire m or représentant du gouvernement. − **government paper** (Fin) effet public. − **government procurements** approvisionnements mpl or achats mpl de l'État. − **government revenue** revenus mpl publics or de l'État. − **government securities** fonds mpl or titres mpl d'État; **government securities dealer** (US) spécialiste en valeurs de Trésor. − **government stock(s)** fonds mpl or titres mpl d'État.

**governmental** [ˌgʌvənˈmentl] **adj** gouvernemental. ◊ **governmental accounting** comptabilité publique.

**governor** [ˈgʌvənəʳ] **n** [state, bank] gouverneur m.

**governorship** [ˈgʌvənəʃɪp] **n** fonctions fpl de gouverner. ◊ **he has just retired from the governorship of the Bank of England** il vient de quitter ses fonctions de gouverneur de la Banque d'Angleterre.

**govt** abbr of *government* gvt.

**gp.** abbr of *group.*

**GPO** [dʒiːpiːˈəʊ] (GB) **n** abbr of *General Post Office* → general.

**gr.** **a** abbr of *grain.* **b** abbr of *gross.*

**grab** [græb] **1 vt** saisir, prendre, s'emparer de.
**2 n** ◊ **the job is up for grabs*** le poste est à saisir or à prendre.

**grace** [greɪs] **n** (respite) grâce f, répit m. ◊ **days of grace** (Comm, Jur) jours or délai or terme

de grâce; **grace period** [contract] délai de grâce; [credit] période de franchise or de grâce, différé d'amortissement.

**grade** [greɪd] **1 n** (category) catégorie f; (quality) qualité f; (size) [eggs] calibre m; (level) niveau m. ◊ **the lowest / highest grade of skilled worker** la catégorie la plus basse / élevée des ouvriers qualifiés; **pay grade** échelon salarial; **grade creep*** (US) glissement vers le haut d'un échelon salarial; **grade-A eggs** œufs de calibre or de catégorie A; **top-grade / low-grade product** produit de toute première qualité / de qualité inférieure or de second choix; **high-grade meat** viande de premier choix or de première catégorie; **international-grade equities** actions traitées sur le marché international; **to make the grade** [employee] se montrer à la hauteur; **these debentures are no longer deemed to be of investment grade** ces obligations ne sont plus considérés comme des investissements valables.
**2 vt** (classify) (gen) classer; (progressively) graduer; (by size) eggs calibrer.

**graded** [ˈgreɪdɪd] **adj** charges, rates, tax (decreasing) dégressif; (increasing) progressif. ◊ **graded by quality** classé par qualité; **graded by size** eggs calibré, classé par catégorie.

**grade down vt sep** classer dans une catégorie inférieure.

**grade up vt sep** classer dans une catégorie supérieure.

**gradient** [ˈgreɪdɪənt] **n** (esp GB) pente f, inclinaison f; (Math, Phys) gradient m.

**grading** [ˈgreɪdɪŋ] **n** classification f; (by size) calibrage m. ◊ **labour grading** classification des emplois.

**gradual** [ˈgrædjʊəl] **adj** improvement, change graduel, progressif.

**gradually** [ˈgrædjʊəlɪ] **adv** graduellement.

**graduate** [ˈgrædjʊeɪt] **1 vt** instrument, container graduer (*in* en). ◊ **to graduate payments** payer par fractionnements progressifs (*or* dégressifs).
**2 vi** (Univ) ≈ obtenir sa licence (or son diplôme); (US Scol) ≈ obtenir son baccalauréat. ◊ **he graduated from high school last year** (US) il a terminé ses études au lycée l'année dernière; **he graduated from college in June** il a obtenu sa licence or son diplôme en juin.
**3 n** (Univ) ≈ diplômé(e) m(f). ◊ **he is a graduate of Cambridge University** il est diplômé de l'université de Cambridge.
**4 adj** ◊ **graduate school of business** (US) ≈ école supérieure de commerce; **graduate student** étudiant de troisième cycle; **gradu-**

ate training scheme programme de formation professionnelle pour les diplômés.

graduated ['grædjueitid] adj container, tube gradué; tax, rate (decreasing) dégressif; (increasing) progressif. ◊ graduated interest intérêts échelonnés; graduated-interest debenture obligation à taux progressif; graduated payment mortgage (US) prêt hypothécaire à remboursements progressifs; graduated pension scheme ≈ régime de retraite proportionnelle; in graduated stages par paliers, progressivement, graduellement; graduated securities (US) valeurs transférées d'une Bourse à une autre.

graft [grɑːft] n (bribery) corruption f; (GB : hard work) dur travail m.

grain [grein] 1 n a (commodity) grain(s) m(pl), céréale(s) f(pl); (US) blé m. ◊ bread grain céréales panifiables. b (single grain) [rice, cereal, sand, salt] grain m. c [leather, photo] grain m; [wood, meat] fibre f; [cloth] fil m; [stone] veine f. d (weight) grain m ( ≈ 0,065 gramme).
2 cpd grain alcohol alcool de grain. − grain bill (Fin) effet, traite. − grain broker courtier en grains. − grain capacity [ship] capacité en céréales. − grain carrier (ship) navire céréalier. − grain crop récolte de céréales. − grain exchange Bourse aux grains. − grain feed céréales fpl fourragères. − grain pit (in grain exchange) corbeille de la Bourse aux grains. − grain trade commerce des céréales.

gram, gramme [græm] n (weight) gramme m.

granary ['grænəri] n grenier m (à blé etc), entrepôt m de grain.

grand [grænd] 1 n (US*) mille dollars mpl.
2 cpd grand jury (US) jury d'accusation. − grand larceny (US) vol qualifié. − grand strategy (Mktg) stratégie d'ensemble à long terme. − grand total total général or global, somme totale or globale.

grandfather clause ['grænfɑːðəˌklɔːz] (US) n clause f des droits acquis.

grange [greindʒ] n (US : farm) ferme f. ◊ the Grange la fédération agricole, le syndicat des agriculteurs.

granger ['greindʒəʳ] (US) n fermier m.

granny bond* ['græniˌbɒnd] (GB) n bon m du Trésor indexé.

grant [grɑːnt] 1 vt a permission, interview accorder, octroyer; request accéder à, faire droit à; rebate accorder; money, subsidy, compensation accorder, allouer; loan, overdraft consentir; patent délivrer. ◊ to grant sb permission to do accorder à qn l'autorisation de faire; to grant sb credit

accorder un crédit à qn; they granted us another month to pay ils nous ont accordé un mois de plus pour payer. b (admit) point, idea admettre, accorder, concéder. ◊ we take it for granted that you will have banker's references nous tenons pour acquis que vous aurez des références bancaires. c (Jur) faire cession de.
2 n a [favour, loan, discount] octroi m; [land] concession f; (Jur) [property] don m, cession f; [money, subsidy] allocation f; [patent] délivrance f. b (sum granted) subvention f, allocation f. ◊ government research grant subvention gouvernementale or de l'État pour la recherche; investment grant (GB) subvention d'investissement, aide à l'investissement; rate-support grant (GB Admin) subvention de l'État aux autorités locales.
3 cpd grant-aided subventionné par l'État. − grant-in-aid subvention de l'État.

grantee [ˌgrɑːn'tiː] n (Jur) (gen) bénéficiaire mf; [patent] impétrant m.

grantor ['grɑːntəʳ] n (Jur) [property, land] donateur(-trice) m(f), cédant(e) m(f); [annuity] constituant(e) m(f).

grapevine ['greipvain] n ◊ to hear or learn sth on the grapevine apprendre qch de manière indirecte.

graph [grɑːf] 1 n (chart) graphique m; (curve) courbe f. ◊ bar graph graphique en barres or en tuyaux d'orgue; line graph graphique linéaire; pie graph graphique à secteurs, camembert; profit graph courbe des bénéfices or de rentabilité; sales graph courbe des ventes.
2 cpd graph paper papier millimétré. − graph plotter traceur de courbes, table traçante.

graphic ['græfik] adj graphique. ◊ graphic data processing infographie, traitement de l'information graphique; graphic data terminal terminal graphique; graphic design graphisme; graphic designer graphiste; graphic display visualisation graphique; graphic display unit unité d'affichage graphique.

graphics ['græfiks] 1 n a (in the singular) art m graphique; b (in the plural) (sketches) dessins mpl, représentations fpl graphiques. c (Comp) traitement m graphique. ◊ computer graphics infographie, informatique graphique.
2 cpd graphics display affichage graphique. − graphics plotter traceur graphique. − graphics software logiciel graphique.

graphite ['græfait] n graphite m.

grapple ['græpl] vi ◊ to grapple with a problem être aux prises avec un problème; the

**government is grappling with unemployment** le gouvernement lutte énergiquement contre le chômage.

**grasp** [grɑːsp] **1** vt **a** (seize) object saisir, empoigner ; power, opportunity saisir, se saisir de. **b** (understand) saisir, comprendre. **2** n **a** (handclasp) poigne f. **b** (hold) prise f, étreinte f. ◊ **this goal is within our grasp** cet objectif est à notre portée. **c** (understanding) compréhension f. ◊ **she has an excellent grasp of accounting** elle maîtrise bien la comptabilité, elle comprend parfaitement la comptabilité.

**grass roots** ['grɑːsruːts] n ◊ **the grass roots** (Pol) la base ; **a grass-roots movement** un mouvement populaire, un mouvement parti de la base.

**grateful** ['greitfʊl] adj reconnaissant (to, towards à, envers ; for de). ◊ **I should be grateful if you would kindly confirm your order in writing** je vous serais reconnaissant de bien vouloir confirmer votre commande par écrit.

**gratification** [ˌɡrætɪfɪ'keɪʃən] n **a** [person, desires] satisfaction f. **b** (reward, tip) gratification f. ◊ **illegal gratification** gratification illégale.

**gratify** ['grætɪfaɪ] vt person faire plaisir à ; desires satisfaire (à).

**gratis** ['grætɪs] adv, adj gratis.

**gratitude** ['grætɪtjuːd] n reconnaissance f, gratitude f (towards envers ; for de).

**gratuitous** [grə'tjuːɪtəs] adj **a** (uncalled for) attack injustifié, sans motif. **b** (given free) (gen) gratuit ; help gratuit, bénévole. ◊ **gratuitous loan** prêt à titre gratuit.

**gratuity** [grə'tjuːɪtɪ] n (tip) pourboire m, gratification f ; (to a retiring employee) prime f or enveloppe f de départ.

**gravamen** [grə'veɪmen] n (Jur) [charge] fond m, fondement m.

**gravel** ['grævəl] (GB) vi ◊ **prices have gravelled** les prix ont atteint leur plancher.

**graveyard market** ['greɪvjɑːdˌmɑːkɪt] n (St Ex) marché d'où l'on ne peut plus se retirer.

**graving dock** ['greɪvɪŋdɒk] n bassin m de radoub.

**gray** [greɪ] (US) adj → grey.

**grazier** ['greɪzɪər] n éleveur m (de bétail).

**Great Britain** ['greɪt'brɪtən] n Grande-Bretagne f.

**Greece** [griːs] n Grèce f.

**greed** [griːd] n [money] cupidité f.

**greedy** ['griːdɪ] adj (gen) gourmand (for de) ; (for money, power) avide (for de).

**Greek** [griːk] **1** adj grec (f grecque). **2** n **a** (language) grec m. **b** (inhabitant) Grec (Grecque) m(f).

**green** [griːn] **1** adj **a** (colour) vert. ◊ **the green revolution** la révolution verte. **b** (unripe) vert, pas mûr. **c** (inexperienced) inexpérimenté, novice. **2** cpd **green belt** (GB : round town) ceinture verte. — **green card** (Aut Ins) carte verte ; (US Admin) carte de séjour. — **green clause** (Fin) clause verte (dans des lettres de crédit). — **green currency** (EEC) monnaie verte. — **green light** (Aut) feu vert ; **to give sb the green light** donner le feu vert à qn ; — **to get the green light from sb** obtenir or recevoir le feu vert de qn. — **green paper** (GB Pol) avant-projet de loi. — **green pound** (EEC) livre verte.

**greenback*** ['griːnbæk] (US) n dollar m (en billet).

**greenfield** ['griːnfiːld] n (new company) société f à capital-risque. ◊ **greenfield site** zone industrielle nouvelle.

**Greenland** ['griːnlənd] **1** adj groenlandais. **2** n Groenland m.

**Greenlander** ['griːnləndər] n (inhabitant) Groenlandais(e) m(f).

**greenmail** ['griːnmeɪl] (US) n chantage m financier (pour revendre au prix fort à une société les actions qui ont été achetées lors d'un raid).

**Greenwich** ['grɪnɪdʒ] n ◊ **Greenwich Mean Time** heure du méridien de Greenwich, heure GMT ; **Greenwich Time Zone** fuseau horaire de Greenwich.

**greet** [griːt] vt person (say hello to) saluer ; (welcome) accueillir ; news accueillir.

**greeting** ['griːtɪŋ] n salut m, salutation f ; (welcome) accueil m. ◊ **greetings** compliments, salutations ; **Xmas greetings** souhaits or vœux de Noël ; **my wife sends you her greetings** ma femme vous envoie son bon souvenir.

**grey** (GB), **gray** (US) [greɪ] adj gris. ◊ **a grey area** (fig) une zone sombre or d'incertitude ; **grey market** (St Ex) marché gris.

**grid** [grɪd] n [map] grille f. ◊ **the national grid** (GB Elec) le réseau électrique (national) ; **price grid** tarif ; **analytical grid** grille d'analyse ; **managerial grid** grille de gestion.

**grievance** ['griːvəns] **1** n (ground for complaint) grief m, sujet m de plainte ; (complaint) doléance f ; (injustice) injustice f, tort m ; (Ind) (industrial dispute) conflit m, différend m. ◊ **to have a grievance against sb** avoir un grief contre qn. **2** cpd **grievance committee** (Ind) commission d'arbitrage. — **grievance procedure**

**ground**

(Ind) procédure de règlement de conflits, procédure d'arbitrage or de conciliation.

**grievor** [ˈgriːvər] n plaignant(e) m(f).

**grill** [grɪl] vt (* : interrogate) applicant cuisiner*.

**grim** [grɪm] adj outlook, prospect sinistre, lugubre.

**grind** [graɪnd] **1** n (* : dull hard work) boulot* m pénible. ◊ **back to the grind**! au boulot!* **2** vt coffee moudre; (crush) écraser, broyer. **3** vi ◊ **to grind to a halt** or **to a standstill** [business, activity] s'arrêter brutalement.

**grip** [grɪp] **1** n (handclasp) poigne f; (hold) prise f, étreinte f; (handle) poignée f; (suitcase) valise f. ◊ **to get to grips with a problem** s'attaquer à un problème. **2** vt saisir.

**grocer** [ˈgrəʊsər] n épicier m. ◊ **at the grocer's** (shop) à l'épicerie, chez l'épicier.

**groceries** [ˈgrəʊsərɪz] npl provisions fpl, produits mpl d'épicerie.

**gross** [grəʊs] **1** adj **a** error gros; injustice flagrant; abuse choquant. ◊ **gross miscarriage of justice** déni de justice flagrant; **gross negligence** faute lourde or grave. **b** (Comm, Econ, Fin) (before deductions) brut. **2** cpd **gross amount** montant brut. − **gross assets** actif brut. − **gross average** (Ins) avarie grosse or commune. − **gross book value** (Acc) valeur comptable brute. − **gross cash flow** marge brute d'autofinancement. − **gross charge** charge globale. − **gross cost** prix de revient brut. − **gross displacement** (Mar) déplacement global. − **gross domestic income** revenu intérieur brut. − **gross domestic product** produit intérieur brut. − **gross earnings** revenus mpl bruts. − **gross equivalent** (Fin) équivalent brut. − **gross fixed capital formation** formation brute de capital fixe. − **gross freight** fret brut. − **gross income** revenus mpl bruts. − **gross interest** intérêts mpl bruts. − **gross loss** perte brute. − **gross margin** (gen) marge brute; [retail or wholesale company] marge commerciale. − **gross national debt** dette nationale brute. − **gross national expenditure** dépense(s) f(pl) nationale(s) brute(s). − **gross national product** revenu national brut; **gross national product at market prices / at factor values** produit national brut au prix de marché / au coût des facteurs. − **gross operating income** marge brute d'exploitation. − **gross output** production brute. − **gross proceeds** produit brut. − **gross profit** (gen) bénéfice brut, marge brute, excédent brut d'exploitation; **gross profit on sales** [retail or wholesale company]

marge commerciale; **gross profit ratio** ratio de la marge brute. − **gross rate** taux brut. − **gross receipts** or **revenues** recettes fpl brutes, revenus mpl bruts, chiffre d'affaires brut. − **gross register ton** (Mar) tonneau de jauge brute. − **gross register tonnage** (Mar) tonnage de jauge brute. − **gross return** rendement brut. − **gross sales** chiffre d'affaires brut. − **gross savings** épargne brute. − **gross spread** (Fin) marge brute. − **gross ton** (Mar) tonne forte or longue ( ≈ 1016,06 kg). − **gross tonnage** (Mar) tonnage brut, jauge brute. − **gross value** (GB Tax) [property] valeur imposable. − **gross volume** (Fin, Acc) chiffre d'affaires brut. − **gross weight** poids brut. − **gross yield** rendement brut. **3** n **a** in gross (wholesale) en gros, en bloc; (fig) l'un dans l'autre, somme toute. **b** (twelve dozen) grosse f, douze douzaines fpl. **c** (Comm, Acc) revenus mpl bruts, chiffre m d'affaires (brut). ◊ **our gross was $2 m last year** notre chiffre d'affaires (brut) était or nos revenus bruts étaient de 2 millions de dollars l'année dernière. **4** vt [company, person] faire or obtenir une recette brute de, enregistrer or réaliser un chiffre d'affaires de. ◊ **they grossed £20 million** cela leur a rapporté brut 20 millions de livres, ils ont réalisé un chiffre de 20 millions de livres.

**grossed-up** [ˈgrəʊsdʌp] adj interest ramené au montant brut, majoré.

**gross up** vt sep interest, dividend, amount calculer le montant brut or la valeur brute de. ◊ **I must gross up my interest income for last year** je dois calculer la valeur brute des intérêts que j'ai reçus l'an dernier.

**gro.t.** n abbr of gross tonnage → gross.

**ground** [graʊnd] **1** n **a** (lit) terre f, sol m. ◊ **to run a business into the ground** (fig) laisser péricliter une entreprise; **we expect to get the project off the ground soon** nous pensons démarrer or faire décoller le projet bientôt. **b** (position) terrain m. ◊ **to hold** or **stand one's ground** tenir bon or ferme, ne pas lâcher pied; **to change** or **shift one's ground** changer son fusil d'épaule; **to gain / lose** or **give ground** gagner / perdre du terrain; **to find common ground** trouver un terrain d'entente. **c** (reason) grounds motif, raison; **on personal / medical / legal grounds** pour (des) raisons personnelles / médicales / légales; **on the ground(s) of** pour raison de, à cause de; **on grounds of expediency** pour des raisons d'opportunité; **grounds for complaint** grief, matière à réclamation; **grounds for dismissal** motifs de renvoi; **grounds for a judgment** considérants d'un jugement; **the merger received**

**government opposition on antitrust grounds** le gouvernement n'a pas autorisé cette fusion au nom de la réglementation antitrust. **d** (US Elec) masse f, terre f. **2 vt a** pilot interdire de vol ; aircraft retenir or clouer au sol. ◊ **the airline has grounded all its older planes** la compagnie a retenu tous ses vieux avions au sol. **b** ship échouer. **c** (fig) plans, hopes fonder (on sur). ◊ **well-grounded rumour** rumeur bien fondée. **3 vi** [ship] s'échouer. ◊ **prices have grounded** (St Ex) les cours ont atteint leur plancher. **4 cpd ground control** (Aviat) contrôle au sol. − **ground crew** (Aviat) équipe au sol. − **ground floor** (GB) rez-de-chaussée ; **I was or got in on the ground floor** (fig) j'y suis or j'y participe depuis le début ; **ground-floor offer** occasion à saisir. − **ground lease** (Jur) bail à ferme. − **ground plan** (Archit) plan, projection horizontale ; (fig) plan de base. − **ground rent** loyer foncier. − **ground staff** personnel au sol, rampants* mpl. − **ground transportation** moyens mpl de transport, navette f (entre l'aéroport et le centre-ville). − **ground work** travail préparatoire.

**groundage** ['graʊndɪdʒ] **n** (anchorage fees) droits mpl de mouillage ; (gen : harbour dues) droits mpl de port.

**grounded** ['graʊndɪd] **adj** pilot interdit de vol ; plane retenu or cloué au sol ; ship échoué.

**groundless** ['graʊndlɪs] **adj** sans fondement, infondé.

**groundwork** ['graʊndwɜːk] **n** [undertaking] base f, préparation f. ◊ **we have done all the groundwork** nous avons fait tous les travaux préparatoires or tout le travail de préparation ; **to lay the groundwork of** jeter les bases de.

**group** [gruːp] **1 n** (gen) groupe m ; [banks, farmers] groupement m. ◊ **interbank group** groupe or consortium or syndicat bancaire ; **age group** groupe or classe d'âge ; **pressure group** groupe de pression ; **task group** groupe de travail ; **group of companies** (St Ex) groupe de sociétés ; **The Group of Ten** (Pol) le groupe des Dix. **2 vt** (also **group together**) grouper. **3 vi** (also **group together**) se grouper, former un groupe. **4 cpd group accounts** états mpl financiers collectifs or consolidés. − **group banking : group banking has become more and more frequent** les consortiums bancaires or les syndicats de banques sont devenus de plus en plus fréquents. − **group decision** décision collective. − **group depreciation** amortissement par classes homogènes. − **group discussion** discussion de groupe. − **group dynamics**

dynamique de groupe. − **group incentive** prime collective, encouragement accordé à un groupe (or à une équipe). − **group insurance** assurance collective or de groupe. − **group interview** interview collective. − **group leader** animateur(-trice) m(f) de groupe. − **group results** résultats mpl part du groupe. − **group sale** (US St Ex) vente au prorata des titres détenus par tous les membres d'un syndicat. − **group training** action collective de formation. − **group work** travail en groupe or de groupe.

**groupage** ['gruːpɪdʒ] **n** (Mar) groupage m. ◊ **groupage rate** tarif groupage ; **groupage shipment** expédition groupée.

**grouper** ['gruːpəʳ] **n** (Comm) groupeur m.

**grouping** ['gruːpɪŋ] **n a** (bringing together) [people, objects] rassemblement m, groupement m. ◊ **ability grouping** regroupement en fonction des aptitudes. **b** [goods for shipment] groupage m. **c** [companies, farms, banks] (re)groupement m.

**grow** [grəʊ] **1 vi a** [number, amount] augmenter, grandir, croître ; [revenues, profits, investment] augmenter, progresser ; [group] s'agrandir. **b** [plant] pousser, croître ; [person] grandir. **2 vt** crops cultiver.

**grower** ['grəʊəʳ] **n** ◊ **fruit / potato** etc **grower** producteur de fruits / de pommes de terre etc ; **the growers are unhappy** les producteurs sont mécontents.

**growing** ['grəʊɪŋ] **adj** number, amount grandissant, croissant ; economy en expansion. ◊ **fast- / slow-growing market** un marché à croissance rapide / lente, un marché qui se développe rapidement / lentement.

**growth** [grəʊθ] **1 n a** [person, plant] croissance f. **b** [numbers, amount] accroissement m, augmentation f ; [profits, income] augmentation f, progression f ; [investment, economy, industry] croissance f (in, of de). ◊ **the annual growth in earnings per share** l'augmentation or la progression annuelle des bénéfices nets par action. **2 cpd growth area** secteur de croissance ; **financial services are a growth area** les services financiers sont en expansion. − **growth curve** courbe de croissance. − **growth fund** (US St Ex) fonds de placement constitué de valeurs de croissance. − **growth indicator / index** indicateur / index de croissance. − **growth industry** industrie en expansion or en croissance rapide or à fort potentiel de croissance. − **growth market** marché qui se développe, marché porteur or en expansion. − **growth path** sentier de croissance.

– **growth rate** taux de croissance; **attainable growth rate** taux de croissance réalisable. – **growth sector** secteur porteur or de croissance. – **growth share** or **stock** valeur de croissance.

**g. r. t.** [dʒiːɑːˈtiː] n abbr of *gross register tonnage* → gross.

**grubstake\*** [ˈgrʌbsteɪk] (US) **1** n ◊ **to put up a grubstake for sb** fournir les fonds nécessaires à qn *(pour le lancement d'une entreprise ou d'un projet)*. **2** vt company financer *(pendant la phase de lancement)*.

**GTC** abbr of *good-till-cancelled* order → good.

**Guadeloupe** [ˌgwɑːdəˈluːp] n Guadeloupe f.

**Guadelupian** [ˌgwɑːdəˈluːpiən] **1** adj guadeloupéen. **2** n (inhabitant) Guadeloupéen(ne) m(f).

**guarantee** [ˌgærənˈtiː] **1** n **a** (Comm) (promise, assurance) garantie f. ◊ **the paintwork carries a three-year guarantee, there's a three-year guarantee on the paintwork** la peinture a une garantie de trois ans, la peinture est garantie trois ans; **under guarantee** sous garantie; **money-back guarantee with all items** garantie de remboursement sur tous les articles; **there's no guarantee that he will come** il n'est pas garanti qu'il viendra; **to secure all guarantees** s'assurer or prendre toutes les garanties nécessaires. **b** (Jur) (pledge) garantie f, caution f, cautionnement m; [bill of exchange] aval m. ◊ **guarantee of the meeting of a bill** garantie de bonne fin; **guarantee of acceptance** garantie de l'acceptation; **guarantees** (US) garanties fédérales *(de certains emprunts contractés par des administrations locales)*; **to give sth as a guarantee** donner qch en caution; **what guarantee can you offer?** quelle caution pouvez-vous donner?; **acceptance guarantee** garantie de l'acceptation; **bank guarantee** garantie or caution bancaire; **contract guarantee** garantie contractuelle; **exchange guarantee** garantie de change; **joint guarantee** cautionnement or caution solidaire; **performance guarantee** garantie de bonne fin or de bonne exécution; **return of guarantee** restitution de la garantie; **tender guarantee** garantie d'appel d'offres; **guarantee of solvency** garantie de solvabilité; **guarantee of signature** (US St Ex) garantie de signature. **c** (Jur) (party guaranteed by the guarantor) garanti(e) m(f); créancier(-ière) m(f) garanti(e). ◊ **guarantee given for an individual in lieu of bail** acte de soumission; **to go guarantee for sb** [person] se porter garant de qn. **2** cpd **guarantee association** caisse de garantie. – **guarantee bond** caution, cautionnement. – **guarantee commission**

(Fin) ducroire. – **guarantee company** société de garantie. – **guarantee deed** acte de cautionnement. – **guarantee deposit** dépôt de garantie, caution, cautionnement. – **guarantee facility** caution bancaire. – **guarantee fund** fonds de garantie. – **guarantee insurance** assurance de cautionnement.

**3** vt **a** products, service garantir. ◊ **we guarantee the work for 6 months** nous garantissons le travail pendant 6 mois; **to guarantee a loan** se porter garant or caution d'un emprunt; **I guarantee that he will do it** je garantis or certifie qu'il le fera. **b** (Fin) bill of exchange, endorsement avaliser.

**guaranteed** [ˌgærənˈtiːd] cpd **guaranteed bill** effet avalisé or signé par aval. – **guaranteed bond** obligation garantie. – **guaranteed debenture** obligation garantie. – **guaranteed deposits** (US Bank) dépôts mpl (bancaires) garantis. – **guaranteed division** (US St Ex) dividende périodique garanti. – **guaranteed facility** (Fin) crédit garanti. – **guaranteed income bond** (Ins) bon à revenu garanti. – **guaranteed income contract** (US Ind) contrat à revenu garanti. – **guaranteed insurability** (Ins) garantie. – **guaranteed interest** intérêts mpl garantis. – **guaranteed issue** (St Ex) émission garantie. – **guaranteed letter of credit** lettre de crédit garantie. – **guaranteed liability** dette garantie. – **guaranteed mortgage** (US) prêt hypothécaire garanti (par l'État). – **guaranteed price** prix garanti, prix de soutien. – **guaranteed stock** actions fpl garanties. – **guaranteed (minimum) wage** salaire (minimum) garanti.

**guarantor** [ˌgærənˈtɔːʳ] n **a** (for debtor, debt) garant m, caution f. ◊ **to stand as guarantor for sb** se porter garant or caution de qn; **I am his guarantor for the loan** je lui sers de garant or de caution pour l'emprunt. **b** [bill of exchange] donneur m d'aval, avaliseur m, avaliste m, garant m.

**guaranty** [ˈgærəntɪ] **1** n (Jur) garantie f, caution f; [bill of exchange] aval m. **2** cpd **guaranty bond** (bon de) cautionnement. – **guaranty company** société de cautionnement. – **guaranty fund** (US Bank) fonds de garantie or de réserve. – **guaranty savings bank** (US) caisse d'épargne. – **guaranty stock** (US Fin) actions fpl garanties.

**guard** [gɑːd] **1** n **a** garde f, surveillance f. ◊ **the factory is under guard** l'usine est sous surveillance, l'usine est surveillée or protégée; **to put a guard on sb / sth** faire surveiller qn / qch. **b** (squad of men) garde f; (one man) garde m; (GB Rail) chef m de train.

**2** vt person, place défendre, protéger (*from, against* contre).

**guard against** vt fus se protéger or se prémunir contre.

**guardian** ['gɑːdɪən] n [minor] tuteur(-trice) m(f); [incompetent adult] curateur(-trice) m(f).

**guardianship** ['gɑːdɪənʃɪp] n (Jur) [minor] tutelle f; [incompetent adult] curatelle f. ◊ **to be / place under guardianship** être / mettre en tutelle (or en curatelle).

**Guatemala** [ˌgwɑːtɪ'mɑːlə] n Guatemala m.

**Guatemala City** [ˌgwɑːtɪ'mɑːlə'sɪtɪ] n Guatemala.

**Guatemalan** [ˌgwɑːtɪ'mɑːlən] **1** adj guatémaltèque.
**2** n (inhabitant) Guatémaltèque mf.

**guerrilla** [gə'rɪlə] cpd **guerrilla financing** (US) financement indépendant. – **guerrilla strike** (Ind) grève sauvage.

**guess** [ges] **1** n supposition f, conjecture f.
**2** vt deviner; (surmise) supposer, conjecturer; (estimate) estimer, évaluer; (US : think) croire, penser.
**3** vi deviner.

**guesstimate\*** ['gestɪmeɪt] n estimation f à vue de nez\* or au pifomètre\*.

**guesswork** ['geswɜːk] n ◊ **based on guesswork** fondé sur des hypothèses or des conjectures, purement hypothétique; **he did it by guesswork** il l'a fait au pif\*.

**guest** [gest] **1** n (at home) invité(e) m(f), hôte mf; (at table) convive mf; (in hotel) client(e) m(f); (in boarding house) pensionnaire mf.
**2** cpd **guest house** pension de famille. – **guest list** liste des invités. – **guest speaker** orateur(-trice) m(f) invité(e) *(par une organisation)*.

**guestworker** ['gestwɜːkəʳ] n travailleur(-euse) m(f) immigré(e).

**Guiana** [gaɪ'ænə] n Guyane f.

**guidance** ['gaɪdəns] n **a** (management) direction f, conduite f; (advice) conseils mpl. ◊ **vocational guidance** orientation professionnelle; **the company has prospered under his guidance** l'entreprise a prospéré sous sa direction or sa conduite; **I am sending you our price list for your guidance** je vous adresse nos tarifs à titre d'indication. **b** [rocket] guidage m. ◊ **guidance system** système de guidage.

**guide** [gaɪd] **1** n **a** (person) guide m; (fig) guide m, indication f. ◊ **paper guide** (Comp) guide papier. **b** (book of instructions) guide m, manuel m. ◊ **guide to insurance** manuel d'assurance.
**2** cpd **guide book** guide. – **guide price** [meat] cours directeur.

**3** vt guider. ◊ **she guided us through the factory** elle nous a fait visiter l'usine, elle nous a guidés or pilotés à travers l'usine; **guided tour** visite guidée.

**guidelines** ['gaɪdlaɪnz] npl (suggestions) directives fpl, principes mpl directeurs. ◊ **we have drawn up (a set of) guidelines for recruiting new staff** nous avons établi des directives pour le recrutement de nouveaux employés; **financial / tax guidelines** directives financières / fiscales; **guideline lives** (US Tax) tableau d'amortissement du matériel.

**guiding** ['gaɪdɪŋ] adj ◊ **guiding price** prix indicatif; **guiding principle** principe directeur; **he still keeps a guiding hand on the business** il continue à piloter l'entreprise.

**guild** [gɪld] n guilde f, corporation f.

**guilder** ['gɪldəʳ] n florin m.

**guillotine** [ˌgɪlə'tiːn] **1** n (for paper cutting) massicot m. ◊ **guillotine clause** (US) *clause qui permet d'exiger le remboursement anticipé du prêt si les conditions ne sont pas remplies.*
**2** vt paper massicoter.

**guilt** [gɪlt] n culpabilité f.

**guilty** ['gɪltɪ] adj coupable. ◊ **guilty person** or **party** coupable; **to plead guilty / not guilty** plaider coupable / non coupable.

**Guinea** ['gɪnɪ] n Guinée.

**guinea** ['gɪnɪ] n (GB : money) guinée f ( ≈ 105 pence).

**Guinea-Bissau** ['gɪnɪbɪ'sau] n Guinée-Bissau f.

**Guinean** ['gɪnɪən] **1** adj guinéen.
**2** n (inhabitant) Guinéen(ne) m(f).

**gum** [gʌm] **1** n (glue) gomme f, colle f; (rubber) caoutchouc m.
**2** vt coller. ◊ **gummed envelope / label** enveloppe / étiquette collante or gommée.

**gum up\*** vt sep plan, job, system bousiller\*.

**gunslinger** ['gʌnslɪŋəʳ] n (US : St Ex) spéculateur (-trice) m(f).

**gut** [gʌt] n (lit) boyau m, intestin m. ◊ **he's got guts\*** (courage) il a du cran\*; **a gut feeling** une intuition profonde or viscérale; **law and order is a gut issue** la sécurité est un problème or une question qui suscite des réactions viscérales.

**gutter-press** ['gʌtəpres] n presse f de bas étage or à scandales.

**guttersnipe** ['gʌtəsnaɪp] n (US St Ex) courtier m marron.

**Guyana** [gaɪ'ænə] n Guyane f.

**Guyanese** [ˌgaɪə'niːz] **1** adj guyanais.

**2** n (inhabitant) Guyanais(e) m(f).

**gyp**\* [dʒɪp] (US) **1** n (swindler) escroc m ; (swindle) escroquerie f.

**2** vt (swindle) rouler\*, escroquer.

**gyrate** [ˌdʒaɪəˈreɪt] vi [prices] fluctuer.

# H

**habilitate** [həˈbɪlɪteɪt] (US) **vt** ◊ **to habilitate a factory** avancer les fonds pour l'exploitation d'une usine.

**habilitator** [həˈbɪlɪteɪtəʳ] (US) **n** bailleur m de fonds *(pour l'exploitation d'une mine, d'une usine).*

**habit** [ˈhæbɪt] **n** habitude f. ◊ **habit survey** enquête sur les habitudes; **buying habits** habitudes d'achat.

**hack*** [hæk] **n** (Comp) piratage m informatique.

**hacker*** [ˈhækəʳ] **n** (computer enthusiast) passionné(e) m(f) or mordu(e)* m(f) or fana* mf d'informatique; (computer pirate) pirate m (informatique).

**haggle** [ˈhægl] **vi** marchander. ◊ **to haggle about** or **over the price** marchander, discuter sur le prix.

**haggling** [ˈhæglɪŋ] **n** marchandage m.

**Haiti** [ˈheɪtɪ] **n** Haïti f.

**Haitian** [ˈheɪʃɪən] **1** **adj** haïtien.
**2** **n** (inhabitant) Haïtien(ne) m(f).

**half** [hɑːf] **1** **n** moitié f. ◊ **reduced** or **cut by half** réduit de moitié; **half the cargo** la moitié de la cargaison.
**2** **adj** demi. ◊ **to be on half-pay** être en demi-salaire or en demi-traitement; **at half-price** à moitié prix; **to pay half-price** payer moitié prix; **on half-time** à mi-temps; **to work half-time** travailler à mi-temps; **a half-time job** un poste à mi-temps, un mi-temps*.
**3** **adv** à moitié, à demi.
**4** **cpd** **half-adder** (Comp) demi-additionneur. − **half commission** (St Ex) remise. − **half-day** demi-journée. − **half-dollar** (US) demi-dollar, pièce de cinquante cents. − **half-dozen, half-a-dozen** demi-douzaine. − **half-fare** demi-tarif, demi-

place. − **half-monthly** bi-mensuel. − **half-rate** demi-tarif. − **half-year** semestre. − **half-yearly** dividend semestriel; pay tous les six mois, semestriellement; **half-yearly rent** semestre, loyer semestriel.

**halfway** [ˈhɑːfˈweɪ] **adv** à mi-chemin. ◊ **he agreed to meet them halfway** (fig) il a accepté un compromis.

**hall** [hɔːl] **n** (room) salle f. ◊ **exhibition hall** hall d'exposition, pavillon (de) foire; **lecture hall** salle de conférence; **hall test** (Mktg) test conduit dans les lieux publics.

**hallmark** [ˈhɔːlmɑːk] **n** (lit) poinçon m. ◊ **their name is the hallmark of excellence in laboratory equipment** leur nom est synonyme de perfection or est le symbole de la perfection dans l'équipement de laboratoire.

**halo effect** [ˈheɪləʊˈfekt] **n** effet m de halo.

**halt** [hɔːlt] **1** **n** halte f, arrêt m. ◊ **dead halt** arrêt immédiat; **halt instruction** instruction d'arrêt.
**2** **vt** inflation arrêter, enrayer, donner un coup de frein à. ◊ **to halt the outflow of capital** donner un coup de frein à la fuite des capitaux, enrayer la fuite des capitaux.
**3** **vi** s'arrêter.

**halve** [hɑːv] **vt** expense réduire or diminuer de moitié.

**hammer** [ˈhæməʳ] **vt** **a** (St Ex) stockbroker (financially) déclarer en cessation de paiements; (for misdemeanour) exclure. ◊ **to hammer a point home** (fig) insister sur un point pour bien le faire comprendre; **to hammer an agreement into shape** mettre au point un accord. **b** (St Ex) **to hammer the market** faire baisser les cours *(en vendant à découvert).*

**hammer out** **vt sep** (fig) agreement élaborer (avec peine). ◊ **precise details of the takeover**

**are still being hammered out** on discute encore pied à pied sur des points précis de cette OPA.

**hamper** ['hæmpər] **vt** gêner, entraver. ◊ **to hamper economic growth** faire obstacle à la croissance économique.

**hand** [hænd] **1** n **a** main f. ◊ **to vote by a show of hands** voter à main levée ; **he's making money hand over fist** il fait des affaires d'or or de bonnes affaires ; **to change hands** changer de mains or de propriétaire ; **to give a free hand to sb** donner carte blanche à qn ; **the situation calls for a diplomatic hand** la situation exige du doigté ; **to have the upper hand** avoir l'avantage ; **at hand** à portée de la main, sous la main, disponible ; **to deliver by hand** remettre en main(s) propre(s) ; **stock in hand** stock disponible en magasin ; **cash in hand** encaisse ; **units on hand** unités en stock ; **the matter in hand** l'affaire en question or qui vous préoccupe ; **to have the situation well in hand** avoir la situation bien en main ; **work in hand** travail en cours or en chantier ; **goods left on our hands** marchandises invendues, marchandises laissées pour compte ; **to come to hand** arriver à destination ; **I have not got the letter to hand** je n'ai pas la lettre sous la main. **b** (worker) travailleur(-euse) m(f), ouvrier(-ière) m(f). ◊ **hands** (Ind) main-d'œuvre ; (Mar) équipage ; **to take on hands** embaucher ; **to be lost with all hands** [ship] périr or sombrer corps et biens. **c** (signature) **to set one's hand to a deed** apposer sa signature sur un acte ; **note of hand** (Fin) reconnaissance de dette.
**2** cpd **hand luggage** bagages mpl à main. — **hands-off** policy de non-intervention. — **hands-on** experience (gen) expérience directe or pratique or sur le tas ; **to get hands-on experience at the keyboard** acquérir l'expérience pratique du clavier. — **hand-sorted** trié à la main. — **hand-woven** tissé à la main.
**3** vt (give) passer, donner (*to* à) ; (hold out) tendre (*to* à).

**handbill** ['hændbɪl] **n** prospectus m.

**handbook** ['hændbʊk] **n** (gen) manuel m ; [tourist] guide m.

**handheld** ['hændheld] **adj** device manuel ; cursor à déplacement manuel.

**handicap** ['hændɪkæp] **n** handicap m, désavantage m.

**handicraft** ['hændɪkrɑːft] **n** (travail m d') artisanat m. ◊ **exhibition of handicrafts** exposition artisanale ; **local handicrafts** artisanat local.

**hand in** **vt sep** report, application form remettre (*to* à). ◊ **parcels should be handed in at the counter** les paquets doivent être déposés au guichet ; **to hand in one's resignation** remettre sa démission, démissionner.

**handiwork** ['hændɪwɜːk] **n** ouvrage m. ◊ **it's nice handiwork** c'est du beau travail.

**handle** ['hændl] **vt** **a** objects manier ; documents traiter. **b** (Ind) goods, stocks manutentionner. ◊ **handle with care** (label on parcel) fragile. **c** (deal with) customer s'occuper de, prendre en charge ; problem s'occuper de, traiter ; task se charger de ; product être responsable de, gérer ; order traiter, exécuter ; account, budget gérer, suivre. ◊ **she handles large sums of money** elle gère de grosses sommes ; **the situation was badly handled** la situation a été mal gérée ; **he's good at handling the staff** il s'y prend bien avec le personnel ; **we don't handle that type of business** nous ne traitons pas ce type d'affaires ; **who's going to handle the paperwork ?** qui va s'occuper or se charger de remplir les papiers ? **d** (deal in) commodity, product avoir, faire. ◊ **we don't handle this item** nous ne faisons pas or nous n'avons pas cet article.

**handler** ['hændlər] **n** **a** [stock] manutentionnaire mf. **b** (Comp) programme m de traitement, gestionnaire m de fichier(s). ◊ **document handler** lecteur de documents ; **file handler** programme de gestion de fichier(s).

**handling** ['hændlɪŋ] **1** n **a** [objects] maniement m ; [documents] traitement m. **b** (Ind) [goods, stock] manutention f. **c** [order] traitement m ; [account, budget] gestion f, suivi m ; (Comp) [data] traitement m, manipulation f. ◊ **their handling of the problem** leur façon de traiter le problème ; **his handling of the business** sa façon de gérer l'affaire, sa gestion or sa conduite de l'affaire ; **her handling of the negotiations** sa conduite des négociations ; **data / order handling** traitement des données / des commandes ; **electronic message handling** messagerie électronique ; **statistical handling** exploitation des données statistiques ; **this machine can handle 20 units an hour** cette machine peut traiter 20 unités à l'heure.
**2** cpd **handling capacity** capacité de traitement. — **handling charges** frais mpl de port or de manutention. — **handling commission** (Bank) commission de transfert. — **handling sheet** fiche de manutention.

**handmade** ['hændmeɪd] **adj** fait (à la) main.

**hand on** **vt sep** transmettre (*to* à).

**hand out** **vt sep** leaflets distribuer (*to* à).

**handout** ['hændaʊt] **n** **a** (leaflet) (gen) prospectus m ; (Press) communiqué m. **b** (subsidy) aide f, subvention f.

**hand over** 1 vi ◊ **to hand over to sb** passer le relais à qn.
2 vt sep document, bill remettre; powers transmettre; property, business céder. ◊ **hand-over date** date de mise à disposition.

**handpick** ['hændpɪk] vt trier sur le volet. ◊ **we handpicked the team to develop the product** l'équipe chargée du développement du produit a été triée sur le volet.

**hand round** vt sep papers faire circuler.

**handshake** ['hændʃeɪk] n ◊ **golden handshake** prime or enveloppe or indemnité de départ.

**handwriting** ['hændraɪtɪŋ] n écriture f. ◊ **application in own handwriting to...** demande manuscrite à adresser à...

**handwritten** ['hændrɪtn] adj manuscrit.

**handyman** ['hændɪmæn] n homme m à tout faire.

**handy-pack** ['hændɪpæk] n emballage m à poignée.

**hang on** [hæŋ] 1 vi a (wait) attendre. ◊ **hang on!** attendez!; (on phone) ne quittez pas! b (hold out) tenir bon, résister. c **to hang on to sth*** ne pas lâcher qch.
2 vt fus (depend on) dépendre de. ◊ **everything hangs on the unions' attitude** tout dépend de l'attitude des syndicats.

**hang out** vi (* : resist) tenir bon, résister.

**hang together*** vi a [people] se serrer les coudes*. ◊ **management and workers should hang together** la direction et les travailleurs devraient se serrer les coudes*. b [report] être cohérent, se tenir, tenir debout. ◊ **it all hangs together** tout se tient.

**hang up** vi (Telec) raccrocher.

**Hanoi** ['hænɔɪ] n Hanoi.

**happy** ['hæpɪ] adj ◊ **happy medium** juste milieu.

**harbour** (GB), **harbor** (US) ['hɑːbəʳ] 1 n port m. ◊ **home harbour** port d'attache; **outer harbour** avant-port.
2 cpd **harbour authorities (the)** les autorités fpl portuaires. – **harbour development** aménagement portuaire. – **harbour dues** droits mpl de port or de mouillage. – **harbour facilities** installations fpl portuaires, infrastructure portuaire. – **harbour fees** droits mpl de port. – **harbour master** capitaine or officier de port or du port. – **harbour station** gare maritime. – **harbour works** installations fpl portuaires.

**hard** [hɑːd] 1 adj (St Ex) market, stock, rate soutenu, ferme; problem ardu, dur, difficile; blow dur, rude, sévère; task dur, pénible.

◊ **hard advertising** publicité agressive; **hard cash** espèces; **to pay in hard cash** payer en espèces; **hard costs** coûts essentiels; **hard copy** (Comp) sortie sur support papier or sur imprimante; **hard core** [supporters] noyau dur; (in government) inconditionnels; **hard currency** devise forte; **oil and sugar are hard currency earners** le pétrole et le sucre rapportent des devises fortes; **hard disk** (Comp) disque dur; **the hard disk model** le modèle avec disque dur; **hard ecu** écu dur; **hard estimate** estimation sûre; **hard evidence** preuve(s) concrète(s); **the hard facts** la réalité brutale; **the management has taken a hard line on pay and productivity** la direction a adopté une ligne dure sur les salaires et la productivité; **hard loan** prêt à des conditions rigoureuses; **hard news** or **information** information sérieuse; **hard price** (St Ex) cours tendu or soutenu or ferme; **most quotations closed a fraction harder** la plupart des cours se sont raffermis à la clôture; **hard sell** promotion (de vente) agressive; **to drive a hard bargain** être dur en affaires; **to learn sth the hard way** apprendre or être formé à la dure; **hardwearing** résistant, qui fait de l'usage.
2 adv ◊ **hard hit sector** secteur durement touché; **to do some hard thinking** réfléchir sérieusement; **to be hard pressed for time / money** être à court de temps / d'argent; **the industry will be hard pressed to prevent consumers from buying foreign goods** l'industrie aura beaucoup de difficultés à empêcher les consommateurs d'acheter des produits étrangers.

**hardball** ['hɑːdbɔːl] (US) n base-ball m. ◊ **to play hardball*** (fig) employer une tactique brutale.

**harden** ['hɑːdn] 1 vt credit restreindre.
2 vi (St Ex) se raffermir.

**hardening** ['hɑːdnɪŋ] n (gen) durcissement m; [currency, prices] raffermissement m.

**hardgoods** ['hɑːdgʊdz] npl biens mpl d'investissement. ◊ **consumer hardgoods** biens de consommation durables.

**hardsell** ['hɑːdsel] vt vendre selon des méthodes agressives.

**hardselling** ['hɑːdselɪŋ] n promotion f (de vente) agressive.

**hardship clause** ['hɑːdʃɪpˌklɔːz] n (Jur) clause f de sauvegarde.

**hardware** ['hɑːdwɛəʳ] 1 n a (Comm : goods) quincaillerie f. b (Comp) matériel m, hardware m.
2 cpd **hardware configuration** configuration machine. – **hardware failure** incident or panne machine. – **hardware specialist**

**harm**

(Comp) technicien(ne) m(f) du matériel or du hardware.

**harm** [hɑːm] **1** n tort m, dommage m. ◊ **to do a lot of harm to** faire or causer beaucoup de tort à.
**2** vt economy faire du tort à, nuire à; crops endommager.

**harmonize, harmonise** [ˈhɑːmənaɪz] vt harmoniser.

**harness** [ˈhɑːnɪs] vt energy exploiter; inflation juguler.

**harsh** [hɑːʃ] adj competition dur, âpre, sévère; measures strict, sévère.

**harvest** [ˈhɑːvɪst] n [corn] moisson f; [fruit] récolte f; [grapes] vendange f.

**hash total** [ˈhæʃtəʊtl] n (Comp) total m de contrôle.

**hasty** [ˈheɪstɪ] adj decision hâtif, précipité, irréfléchi.

**hat** [hæt] n chapeau m. ◊ **keep it under your hat** gardez ça pour vous; **to wear two hats\*** avoir deux casquettes; **hat money** (Mar) chapeau du capitaine, primage; **top-hat benefits** indemnités pour frais de représentation; **top-hat insurance scheme** régime de retraite des cadres.

**haul** [hɔːl] **1** n **a** long / short haul trajet or transport sur longue / courte distance; **long-haul / short-haul aircraft** avion long-courrier / moyen-courrier. **b** (catch) prise f, coup m de filet. ◊ **to make a good haul** réaliser un gain important.
**2** vt goods (by truck) camionner.

**haulage** [ˈhɔːlɪdʒ] **1** n (gen) transport m routier, camionnage m, roulage m; (costs) camionnage m, frais mpl de roulage or de routage or de transport.
**2** cpd **haulage company** entreprise de transports routiers, entreprise de camionnage. — **haulage contractor** entrepreneur de transports routiers, transporteur, routier, camionneur.

**haulier** [ˈhɔːlɪəʳ] (GB), **hauler** (US) n (firm) entreprise f de transports routiers, entreprise f de camionnage; (person) entrepreneur m de transports routiers, transporteur m, routier m, camionneur m.

**Havana** [həˈvænə] n La Havane.

**have** [hæv] n ◊ **the haves and the have-nots** les riches et les pauvres, les nantis et les démunis.

**haven** [ˈheɪvn] n fig havre m, abri m, refuge m. ◊ **tax haven** paradis fiscal.

**have out** [hæv] vt sep ◊ **to have it out with sb** s'expliquer une bonne fois pour toutes avec qn; **the management decided to have**

**it out with the unions** la direction a décidé d'engager l'épreuve de force avec les syndicats.

**havoc** [ˈhævək] n ◊ **to play havoc with** faire des ravages dans.

**hawk** [hɔːk] **1** n (Pol) faucon m. ◊ **hawks and doves** faucons et colombes.
**2** vt (peddle) colporter.

**hawker** [ˈhɔːkəʳ] n street colporteur m, marchand m ambulant; (door-to-door) démarcheur m.

**hawking** [ˈhɔːkɪŋ] n (gen) colportage m; (door-to-door) démarchage m. ◊ **share hawking** colportage illégal de titres.

**hazard** [ˈhæzəd] n (Ind) (risk) risque m, danger m. ◊ **natural hazards** risques naturels; **occupational** or **industrial hazards** risques professionnels; **it's an occupational hazard** ce sont les risques du métier.

**hazardous** [ˈhæzədəs] adj (perilous) enterprise hasardeux, risqué, périlleux; goods, substances dangereux. ◊ **hazardous-waste disposal** élimination des déchets toxiques.

**head** [hed] **1** n **a** tête f. ◊ **per head** par personne, par tête; **read-write head** (Comp) tête de lecture-écriture; **erase head** tête d'effacement; **he stands head and shoulders above the other candidates** il a surpassé de loin les autres candidats; **he shouldn't have gone over my head to the director** il n'aurait pas dû parler au directeur sans me consulter. **b** (leader) chef m. ◊ **head of department** (in company) chef de service; (in stores) chef de rayon; **head of family** chef de famille; **the head of the government** le chef du gouvernement; **the heads of state** les chefs d'État; **at the head of** [organization, company] à la tête de. **c** (title) titre m; (heading) rubrique f. ◊ **heads of an agreement** principes fondamentaux d'un accord; **under separate heads** sous des rubriques différentes.
**2** cpd **head accountant** chef comptable. — **head cashier** caissier principal. — **head clerk** (in office) premier commis, chef de bureau; (Jur) premier clerc, principal. — **head foreman** chef d'atelier. — **head lessee** locataire m(f) principal(e). — **head office** siège social, agence centrale. — **head partner** associé principal.
**3** vt department diriger, être à la tête de; delegation conduire. ◊ **our country heads the interest rate league** notre pays vient en tête de peloton pour les taux d'intérêt; **to head a project** être chef de projet.
**4** vi ◊ **to be heading** or **headed for** se diriger vers; **the country is heading** or **headed for recovery** le pays a pris le chemin de la reprise; **we are heading** or **headed for bankruptcy** nous allons droit à la faillite.

**headcount** [hedkaʊnt] **n** comptage m or vérification f du nombre de personnes présentes. ◊ **high productivity means low headcounts** une forte productivité implique de faibles effectifs or un personnel peu nombreux.

**headed** ['hedɪd] **adj** notepaper à en-tête.

**header-block** ['hedəblɒk] **n** (Comp) en-tête m.

**headhunt\*** ['hedhʌnt] **vt** new talent rechercher, recruter *(pour le compte des entreprises)*.

**headhunter\*** ['hedhʌntər] **n** chasseur m de têtes.

**heading** ['hedɪŋ] **n** (title) (at top of page) titre m; (subject title) rubrique f; (on letter) en-tête m. ◊ **under this heading** sous ce titre or cette rubrique; **this comes** or **falls under the heading (of)** ceci se classe sous la rubrique (de), ceci vient au chapitre (de).

**headline** ['hedlaɪn] 1 **n** [newspaper] manchette f, (gros) titre m; (Rad, TV) titre m. ◊ **when news of the merger hit the headlines** lorsque la nouvelle de la fusion a fait les gros titres des journaux. 2 **vt** mettre en manchette.

**headphones** ['hedfəʊnz] **npl** (Rad) casque m.

**headquarter** ['hedkwɔːtər] (US) **vt** company installer le siège de. ◊ **the company is headquartered in Chicago** la société est basée\* or a son siège à Chicago.

**headquarters** ['hedkwɔːtəz] **npl** [company] siège m (social).

**headway** ['hedweɪ] **n** ◊ **to make headway** avancer, faire des progrès, progresser; **the franc is making headway against the pound** le franc progresse légèrement par rapport à la livre.

**health** [helθ] 1 **n** (lit, fig) santé f. ◊ **clean bill of health** [ship] patente de santé; [organization] rapport or bilan favorable; **industrial health** hygiène du travail; **the World Health Organization** l'Organisation mondiale de la santé. 2 **cpd health benefits** prestations fpl maladie. – **health care industry (the)** le secteur de la santé, les industries fpl de santé. – **health centre** centre médico-social. – **health club** club de remise en forme. – **health farm** centre de remise en forme, établissement de cure. – **health foods** aliments mpl naturels or diététiques or biologiques; **health food shop** or **store** magasin de produits naturels or diététiques or biologiques. – **health hazard** risque pour la santé. – **health insurance** assurance (contre la) maladie. – **health officer** inspecteur (-trice) m(f) des services de santé. – **health record** dossier médical, fiche de santé; **he has a very good**

**health record** c'est un employé qui n'est jamais absent; – **health risk** risque pour la santé.

**healthy** ['helθɪ] **adj** economy, finances sain.

**hear** [hɪər] **vt** (gen, Jur) entendre. ◊ **the case will be heard on May 6th** (Jur) l'affaire passera le 6 mai, l'audience aura lieu le 6 mai.

**hearsay** ['hɪəseɪ] **n** ◊ **it's only hearsay** ce ne sont que des rumeurs.

**heat** [hiːt] **n** chaleur f. ◊ **to turn the heat on sb\*** faire pression sur qn; **to take the heat off sb\*** permettre à qn de souffler; **farm problems take the heat off other controversial issues** les problèmes agricoles font oublier d'autres questions controversées.

**heat up** [hiːt] **vi** [competition] devenir plus vif.

**heavily** ['hevɪlɪ] **adv** tax lourdement. ◊ **heavily travelled line** ligne à fort trafic or à forte densité de trafic.

**heavy** ['hevɪ] **adj** object lourd; expenses, fine lourd, fort; sales massif; investments, loss important, considérable, lourd; traffic dense; task pénible, lourd; day chargé; industry lourd. ◊ **heavy advertising** publicité intensive; **heavy duties** lourdes taxes; **heavy-duty** equipment, carpeting à usage industriel; **heavy goods vehicle** poids lourd; **there was heavy trading on Wall Street yesterday** le volume des transactions a atteint un niveau élevé or a été très étoffé à Wall Street hier; **heavy user** gros utilisateur; **heavy viewer** (Mktg) téléspectateur assidu.

**hectic** ['hektɪk] **adj** period très bousculé, très agité, trépidant, mouvementé; market agité, fiévreux.

**hecto-** **pref** hecto-.

**hedge** [hedʒ] 1 **n** (Fin, St Ex) (opération f de) couverture f. ◊ **a hedge against inflation** une assurance or une couverture contre l'inflation, un moyen de se prémunir contre l'inflation. 2 **cpd hedge clause** (US) clause de sauvegarde. – **hedge fund** (US) société d'investissement. 3 **vt** (St Ex, Fin) risk couvrir. 4 **vi** (St Ex, Fin) se couvrir.

**hedger** ['hedʒər] **n** (St Ex, Fin) opérateur m en couverture, arbitragiste m *(en couverture de risques)*.

**hedging** ['hedʒɪŋ] **n** (St Ex) (opération f de) couverture f à terme, arbitrage m en couverture de risques; (Fin) compensations fpl des risques de change. ◊ **hedging for the settlement** arbitrage à terme.

**hefty\*** ['heftɪ] **adj** debt, price gros, considérable.

**heighten** ['haɪtn] **1** **vt** augmenter, intensifier.
**2** **vi** [fear, pressure, tension] s'augmenter, s'intensifier, monter.

**heir** [ɛəʳ] **n** héritier m, légataire m (to de). ◊ **heir at law, rightful heir** (Jur) héritier légitime or naturel; **sole heir** légataire universel; **joint heirs** cohéritiers.

**heiress** ['ɛəres] **n** héritière f, légataire f (to de).

**helicopter** ['helɪkɒptəʳ] **n** hélicoptère m.

**helipad** ['helɪˌpæd] **n** plate-forme f pour hélicoptères.

**heliport** ['helɪpɔːt] **n** héliport m.

**hello** [həˈləʊ] **excl** ◊ **golden hello*** pont d'or, bonjour doré.

**help** [help] **1** **n** (gen) aide f, secours m, assistance f; (Comp) aide f. ◊ **state help** aide de l'État.
**2** **vt** aider.

**helpful** ['helpfʊl] **adj** person serviable, obligeant; advice efficace, utile. ◊ **you've been helpful** votre aide m'a été très utile; **you'll find this booklet most helpful** cette brochure vous sera utile.

**Helsinki** ['helsɪŋkɪ] **n** Helsinki.

**henceforth** [hensˈfɔːθ], **henceforward** ['hensˈfɔːwəd] **adv** désormais, dorénavant, à l'avenir.

**hereafter** [ˌhɪərˈɑːftəʳ] **adv** ci-dessous, ci-après.

**here-again** ['hɪərəˌgen] (US) **n** ◊ **figures show the company is not a has-been but a here-again** les chiffres montrent que cette société a opéré un retour.

**hereby** [ˌhɪəˈbaɪ] **adv** (in letter) par la présente; (in deeds) par le présent acte. ◊ **I hereby testify that** je soussigné certifie que; **notice is hereby given** il est fait connaître par les présentes.

**hereditaments** [ˌherɪˈdɪtəmənts] **npl** (Jur) *biens meubles ou immeubles transmissibles par héritage.* ◊ **corporeal / incorporeal hereditaments** biens corporels / incorporels; **industrial hereditaments** installations industrielles.

**herein** [hɪərˈɪn] **adv** ci-inclus.

**hereinafter** [ˌhɪərɪnˈɑːftəʳ] **adv** (Jur) ci-après, dans la suite des présentes.

**hereof** [hɪərˈɒv] **adv** ◊ **the provisions hereof** les dispositions des présentes.

**hereto** [ˌhɪəˈtuː] **adv** à ceci, à cela. ◊ **the parties hereto** les parties aux présentes; **the table hereto attached** le tableau joint au présent document.

**heretofore** [ˌhɪətuˈfɔːʳ] **adv** jusqu'ici, jusque-là.

**hereunder** [hɪərˈʌndəʳ] **adv** ci-dessous.

**herewith** [hɪəˈwɪð] **adv** ci-joint. ◊ **I am sending you herewith** je vous envoie ci-joint or sous ce pli; **I enclose herewith a copy of...** veuillez trouver ci-joint (une) copie de...

**heritage** ['herɪtɪdʒ] **n** héritage m, patrimoine m.

**hex** [heks] **n** ◊ **hex code** (Comp) code hexadécimal.

**heyday** ['heɪdeɪ] **n** apogée m. ◊ **the domestic market has shrunk 60% since its heyday in 1980** le marché intérieur s'est rétréci de 60% depuis sa période faste de 1980.

**HGV** [ˌeɪtʃdʒiːˈviː] **n** abbr of *heavy goods vehicle* → **heavy.**

**hiccough, hiccup** ['hɪkʌp] **n** (minor setback) ratés mpl, à-coup m (in dans). ◊ **the fall in the dollar caused a hiccup in the dealings on the Stock Exchange** la chute du dollar a provoqué des ratés dans les opérations boursières.

**hidden** ['hɪdn] **adj** (gen) caché. ◊ **hidden assets** actif sous-évalué or caché; **hidden damage** (Mar) dommage caché; **hidden decision** décision cachée; **hidden defect** défaut or vice caché; **hidden hand** influence occulte; **hidden reserve** réserve occulte; **hidden tax** impôt déguisé.

**hide** [haɪd] **vt** cacher (from sb à qn).

**hierarchic(al)** [ˌhaɪəˈrɑːkɪk(əl)] **adj** hiérarchique.

**hierarchy** ['haɪərɑːkɪ] **n** hiérarchie f. ◊ **data hierarchy** hiérarchie des données; **hierarchy of effects** (Mktg) hiérarchie des effets; **hierarchy of needs** (Mktg) hiérarchie des besoins; **hierarchy of objectives** hiérarchie des objectifs.

**hi-fi** ['haɪˈfaɪ] **n** hi-fi f inv.

**high** [haɪ] **1** **adj** wage élevé, haut, gros; price élevé; number élevé, considérable. ◊ **to pay a high price for sth** payer qch cher; **to fetch a high price** se vendre cher or à un bon prix; **high duty goods** marchandises fortement taxées; **the high end of our product line** nos produits haut de gamme; **high wage settlements were blamed for the rise in inflation** on a attribué la poussée inflationniste à de trop fortes augmentations de salaire.
**2** **adv** ◊ **to run high** [prices] rester élevé.
**3** **n** (high point) (St Ex) niveau m record. ◊ **to reach a new high** [share price] atteindre un niveau record; **the Dow Jones has reached an all-time high** l'indice Dow Jones est monté à son plus haut niveau or n'a jamais été aussi haut; **this year's highs and lows** (St Ex) les cours extrêmes de cette année.

4 **cpd high-class** hotel de catégorie supérieure. − **high commissioner** haut-commissaire. − **high executive** cadre supérieur. − **high finance** la haute finance. − **high flier** personne ambitieuse. − **high gear** vitesse supérieure ; **to go into high gear** passer la vitesse supérieure. − **high-grade** goods de première qualité, de premier choix ; petrol à haut degré d'octane ; ore à forte teneur. − **high-income** groups, country à revenu(s) élevé(s) ; **high-income taxpayers** gros contribuables. − **high-level** meeting, discussions à un très haut niveau ; **high-level (computer) language** langage (informatique) de haut niveau ; **high-level decision** décision prise à un niveau supérieur or élevé ; **high-level nuclear waste** déchets nucléaires à forte radioactivité ; **high-level official** haut fonctionnaire or responsable. − **high-low** (St Ex) cours mpl extrêmes (d'une séance). − **high-performance** vehicle performant, à hautes performances. − **high-powered** person énergique. − **high-pressure** : **high-pressure salesman** vendeur de choc* or dynamique ; **high-pressure salesmanship** technique de la vente à l'arraché. − **high-ranking** de haut rang. − **high-rise (building)** tour, gratte-ciel. − **high season** haute saison. − **high society** haute société. − **high speed** grande vitesse ; **a high-speed printer** une imprimante à grande vitesse or ultra-rapide. − **high street** (GB) (street) grand-rue, rue principale or commerçante ; (trade) commerce ; **high-street banks** les grandes banques de dépôt ; **high-street prices** les prix du commerce ; **high-street shops** les boutiques or les magasins *(que l'on trouve habituellement au centre-ville).* − **high-tech*** industry, sector de pointe. − **high technology** technologie avancée or de pointe. − **high-up** person, post de haut rang, très haut placé ; **he's one of the high-ups in that company*** il fait partie des huiles* or des pontes* de cette société.

**higher** ['haɪəʳ] **adj** ◊ **higher bid** (gen) offre supérieure ; (at auction) surenchère ; **higher-order language** (Comp) langage de haut niveau ; **higher executive** cadre supérieur.

**higher-up*** [ˌhaɪəʳ'ʌp] **n** supérieur m hiérarchique.

**highlight** ['haɪlaɪt] 1 **n** clou* m, temps m fort. ◊ **the highlight of the visit** le point culminant or le clou* de la visite.
2 **vt** souligner, mettre en lumière or en relief or en valeur.

**highlighting** ['haɪlaɪtɪŋ] **n** mise f en valeur.

**hike*** [haɪk] 1 **n** (rise) hausse f, augmentation f *(in* de).

2 **vti** (increase) augmenter.

**hi-lo** ['haɪ'ləʊ] **abbr of** *high-low* → high.

**hilt** [hɪlt] **n** ◊ **to be in debt up to the hilt** être endetté jusqu'au cou ; **to mortgage sth up the hilt** hypothéquer qch au maximum.

**hinge on** [hɪndʒ] **vt fus** dépendre de. ◊ **the success of the enterprise hinges on our marketing policy** le succès de notre entreprise dépend de or repose sur notre politique de marketing.

**hint** [hɪnt] **n** conseil m, tuyau* m. ◊ **maintenance hints** conseils d'entretien.

**hinterland** ['hɪntəlænd] **n** arrière-pays m inv.

**hire** ['haɪəʳ] 1 **n a** (act of hiring) location f. ◊ **for hire** (gen) à louer ; (on taxi) libre ; **car hire service** (GB) (service de) location de voiture. **b** (money) [worker] paye f ; [car, hall] prix m de (la) location. ◊ **hire of money** loyer de l'argent. **c** (employee) embauche f. ◊ **retiring employees are replaced by new hires** les employés qui partent à la retraite sont remplacés par de nouvelles embauches.
2 **cpd hire car** (GB) voiture de location. − **hire charges** frais mpl de location, prix de (la) location. − **hire contract** contrat de location. − **hire purchase** (GB) système d'achat à crédit or à tempérament ; **hire purchase finance houses** organismes de crédit à la consommation ; **on hire purchase** à crédit, à tempérament ; **hire purchase agreement** contrat de crédit à la consommation.
3 **vt a** person engager, embaucher. ◊ **hired man** (ouvrier or travailleur) journalier, ouvrier à la journée. **b** (GB) car louer.

**hire away vt sep** workers débaucher (de chez un autre employeur).

**hire out vt sep** louer, donner en location.

**histogram** ['hɪstəgræm] **n** histogramme m.

**historical** [hɪs'tɒrɪkəl] **adj** rise historique, record. ◊ **historical cost** coût historique or d'origine or d'acquisition ; **historical product data** (Mktg) informations sur l'évolution du produit ; **historical rate** cours historique or d'origine.

**history** ['hɪstərɪ] **n** histoire f. ◊ **work history** expérience professionnelle ; **previous history** antécédents m ; **salary history** évolution du salaire.

**hit** [hɪt] 1 **n** (success) succès m, beau coup m ; (Comp) correspondance f. ◊ **to score a hit** remporter un grand succès, mettre dans le mille ; **this product is a hit** ce produit est un succès.
2 **cpd hit-and-run strike** grève éclair. − **hit list** liste noire. − **hit-or-miss** method empirique.

**3** **vt** (reach) target atteindre ; consumer, sales affecter, toucher. ◊ **this sector was hard hit by the strike** ce secteur a été durement touché or affecté par la grève ; **hardest hit will be sugar producers** les producteurs de sucre seront les plus durement touchés ; **the price flare-up will hit those on low income first** la flambée des prix va d'abord frapper les bas revenus ; **to hit the headlines\*** [news] faire les gros titres des journaux, être à la une des journaux ; **to hit the market** [product] arriver sur le marché ; **to hit the bricks\*** (US : strike) se mettre en grève.

**hitch** [hɪtʃ] **n** (fig : obstacle) anicroche f, contretemps m, os\* m. ◊ **without a hitch** sans accroc or anicroche.

**hive off\*** [haɪv] **1** **vi** se séparer (from de), essaimer.

**2** **vt sep** essaimer. ◊ **this subsidiary will be hived off** cette filiale sera essaimée or deviendra indépendante ; **the intention is to hive off all state-owned companies to the private sector** le but est de rendre indépendantes toutes les sociétés nationales pour qu'elles aillent dans le secteur privé.

**HO** [eɪtʃˈəʊ] **n** abbr of head office → head.

**hoard** [hɔːd] **1** **n** trésor m, magot\* m. ◊ **Chrysler beefed up its cash hoard\*** Chrysler a renforcé ses réserves en liquide.

**2** **vt** (gen) accumuler, entasser, stocker ; (Fin) thésauriser.

**hoarder** [ˈhɔːdəʳ] **n** (Fin) thésauriseur m.

**hoarding** [ˈhɔːdɪŋ] **n** (GB Pub) panneau m d'affichage or publicitaire.

**hock** [hɒk] **n** ◊ **in hock** object au clou\*, au mont-de-piété ; person endetté.

**hoist** [hɔɪst] **n** appareil m de levage.

**hold** [həʊld] **1** **n** **a** (lit) prise f ; (fig) prise f, influence f (on, over sb sur qn). ◊ **we are trying to get hold of him** nous essayons de le contacter or de le joindre ; **to get a hold on the market** s'emparer du marché ; **to put sth on hold** mettre qch en attente ; **the benefits of restructuring are already taking hold** les avantages de la restructuration se font déjà sentir. **b** (Mar) cale f ; (Aviat) soute f à bagages.

**2** **cpd** **hold area** (Comp) zone d'attente. — **hold queue** (Comp) file de travaux en attente.

**3** **vt** **a** (lit) tenir ; attention, interest retenir. ◊ **to hold one's ground** tenir bon ; **hold the line !** ne quittez pas !, restez en ligne ! ; **the line's engaged, will you hold ?** la ligne est occupée, je vous mets en attente ? ; **this product is still holding its own** ce produit n'a pas perdu de terrain. **b** meeting tenir. ◊ **they are holding the interviews in Paris** les entretiens ont lieu à Paris ; **to hold an**

inquiry procéder à une enquête ; **the meeting won't be held next week** la réunion n'aura pas lieu la semaine prochaine. **c** (contain) contenir. ◊ **this conference room holds 200 people** cette salle de conférence peut accueillir 200 personnes. **d** (consider) considérer, estimer, juger. ◊ **to hold sb responsible for sth** tenir qn responsable de qch ; **we hold him as a suitable applicant** nous le considérons comme un candidat valable ; **the law holds that** la loi stipule que ; **to hold oneself liable for** se porter garant de. **e** card, permit, degree avoir, posséder ; job occuper, tenir, avoir ; shares détenir. ◊ **to hold as security** détenir en garantie ; **my lawyer holds these documents** mon avocat détient ces documents ; **to hold on a lease** tenir à bail ; **property held indivisum** (Jur) biens indivis ; **hold for arrival** (US) mail ne pas faire suivre.

**4** **vi** [promise, argument] être toujours valable, demeurer vrai.

**hold back** **1** **vi** hésiter. ◊ **investors are holding back** les investisseurs ne se précipitent pas or hésitent.

**2** **vt sep** inflation, prices contenir, maîtriser.

**hold down** **vt sep** **a** (keep down) unemployment contenir. ◊ **to hold prices down** tenir les prix. **b** (\* : keep) job garder, conserver.

**holder** [ˈhəʊldəʳ] **n** [passport, credit card, account, post] titulaire mf, possesseur m ; [stock, permit] détenteur(-trice) m(f). ◊ **debenture holder** obligataire ; **joint holder** codétenteur ; **licence holder** détenteur d'une licence ; **policy holder** assuré ; **third holder** tiers détenteur ; **holder in due course, holder for value** porteur de bonne foi ; **holder of record** détenteur à la date de clôture des registres ; **holder on trust** (Jur) dépositaire.

**holding** [ˈhəʊldɪŋ] **1** **n** (ownership) [stock] possession f, détention f. ◊ **holdings** (lands) avoirs fonciers ; (stocks) intérêts, participations ; **core holding** investissement de base ; **cross holdings** participations croisées ; **foreign exchange holdings** avoirs en devises ; **gold holdings** encaisse or ; **majority / minority holding** participation majoritaire / minoritaire ; **to have holdings in 3 or 4 companies** avoir des participations dans 3 ou 4 entreprises.

**2** **cpd** **holding company** société holding. — **holding gain** plus-value. — **holding loss** moins-value.

**hold off** **vi** ◊ **to hold off doing sth** remettre or repousser qch à plus tard.

**hold on** **vi** (wait) attendre. ◊ **hold on !** (Telec) ne quittez pas !

**hold out** **vi** tenir bon. ◊ **they are holding out for the shorter working week** ils maintiennent leur revendication sur la diminution de la durée hebdomadaire de travail.

**hold over** vt sep (delay) meeting reporter, remettre ; payment différer. ◊ **the regular Tuesday meeting will be held over till next week** la réunion habituelle du mardi sera reportée à la semaine prochaine ; **bills held over** effets en suspens.

**holdover effect** [həʊldˈəʊvəɪˌfekt] n effet m de rémanence.

**hold up 1** vt sep (delay) delivery, answer retarder. ◊ **the consignment was held up in customs** l'envoi était bloqué en douane.
**2** vi (remain steady) [share prices, earnings levels] tenir bon, tenir le coup, bien résister. ◊ **the firm held up well during the slump** l'entreprise a bien résisté pendant la crise.

**holdup** [ˈhəʊldʌp] (GB) n (gen) retard m (*in* dans) ; (in traffic) embouteillage m, bouchon m.

**holiday** [ˈhɒlədɪ] **1** n (vacation) vacances fpl ; (day off) (jour m de) congé m. ◊ **on holiday** en vacances, en congé ; **holidays with pay** congés payés ; **bank holiday** jour férié ; **staggering of holidays** étalement des congés or des vacances ; **statutory** or **legal holiday** jour férié, jour de fête légale ; **tax holiday** période d'exonération fiscale.
**2** cpd **holiday-maker** (GB) (gen) vacancier (-ière) m(f). – **holiday resort** lieu de vacances. – **holiday season** période de(s) vacances.

**hologram** [ˈhɒləˌgræm] n hologramme m.

**holograph** [ˈhɒləgrɑːf] n document m (h)olographe.

**home** [həʊm] **1** n maison f, foyer m. ◊ **your report struck home** (fig) votre rapport a frappé juste or a fait mouche.
**2** cpd **home address** (on form) domicile (permanent) ; (opposite of business address) adresse personnelle. – **home banking** la banque à domicile, opérations fpl bancaires par télématique. – **home bill** (Fin) traite sur l'intérieur. – **home buying** accession à la propriété. – **home center** (US) grande surface de biens d'équipement de la maison. – **home computer** ordinateur familial or domestique. – **home consumption** (Econ) consommation intérieure. – **home country** (EEC) pays de résidence. – **home delivery** livraison à domicile. – **home development company** société de promotion immobilière. – **home flight** vol retour. – **home freight** fret de retour. – **home-grown** vegetables du pays. – **home industry : it's run as a home industry** c'est fondé sur le travail à domicile. – **home**

**key** (Comp) touche début (d'écran). – **home loan** prêt immobilier. – **home-made** fait maison. – **home manufactures** produits mpl indigènes. – **home market** marché intérieur. – **home news** (Pol) nouvelles fpl de l'intérieur. – **Home Office** (GB Pol) ≈ ministère de l'Intérieur. – **home policy** politique intérieure. – **home port** (Mar) port d'attache. – **home products** produits mpl nationaux or du pays. – **home rule** autonomie m. – **home run** [ship, truck] voyage de retour. – **home sales** ventes fpl sur le marché intérieur. – **Home Secretary** (GB Pol) ≈ ministre de l'Intérieur. – **home service** service de vente à domicile ; **home service agent** démarcheur à domicile. – **home shopping** téléachats mpl. – **home trade** commerce intérieur ; **home trade bill** effet sur l'intérieur. – **home use entry** (Customs) sortie de l'entrepôt des douanes pour consommation intérieure ; **to enter goods for home use** déclarer des marchandises pour consommation intérieure. – **home waters** (Mar) (territorial waters) eaux fpl territoriales ; (near home port) eaux fpl voisines du port. – **home worker** travailleur(-euse) m(f) à domicile.

**homeowner** [ˈhəʊməʊnəʳ] n propriétaire mf *(de sa résidence principale).* ◊ **homeowner's policy** (Ins) assurance habitation.

**homeownership** [ˈhəʊməʊnəʳʃɪp] n accession f à la propriété.

**homestead** [ˈhəʊmˌsted] (US) n (gen) propriété f ; (farm) ferme f, exploitation f agricole.

**homeward** [ˈhəʊmwəd] adj freight de retour. ◊ **homeward journey** (voyage de) retour ; **homeward bill of lading** (Mar) connaissement d'entrée ; **homeward charter market** marché des affrètements en retour.

**homewards** [ˈhəʊmwədz] adv ◊ **cargo** or **freight homewards** cargaison de retour.

**honcho\*** [ˈhɒntʃəʊ] (US) n patron m, boss\* m.

**Honduran** [hɒnˈdjʊərən] **1** adj hondurien.
**2** n (inhabitant) Hondurien(ne) m(f).

**Honduras** [hɒnˈdjʊərəs] n Honduras m.

**honest** [ˈɒnɪst] adj honnête. ◊ **to act as honest broker in a deal** agir en tant que médiateur dans une affaire.

**Hong Kong** [ˈhɒŋˈkɒŋ] n Hong-Kong.

**honorarium** [ˌɒnəˈrɛərɪəm] n honoraires mpl.

**honorary** [ˈɒnərərɪ] adj member honoraire ; titles honorifique. ◊ **honorary membership** honorariat ; **honorary president** président d'honneur ; **in an honorary capacity** à titre bénévole.

**honour** (GB), **honor** (US) ['ɒnə$^r$] **1** n ◊ **acceptor for honour** (Fin) avaliste, donneur d'aval; **acceptance for honour** (Fin) acceptation sans protêt; **act of honour** acte d'intervention; **honor system** (US) système d'autosurveillance. **2** vt cheque, bill, signature honorer.

**hoopla** ['huːplɑː] n (Pub) battage m publicitaire.

**hopper** ['hɒpə$^r$] n (Comp) magasin m d'alimentation.

**horizon** [hə'raɪzn] n horizon m. ◊ **on the horizon** à l'horizon.

**horizontal** [ˌhɒrɪ'zɒntl] adj horizontal. ◊ **horizontal analysis** (Fin) analyse horizontale; **horizontal business combination** concentration horizontale; **horizontal diversification** diversification horizontale; **horizontal expansion** développement horizontal, croissance horizontale; **horizontal increase in salaries** augmentation uniforme des salaires; **horizontal integration** (Ind) intégration horizontale; **horizontal merger** fusion horizontale; **horizontal mobility** mobilité horizontale; **horizontal specialization** spécialisation horizontale.

**horse** [hɔːs] n ◊ **horse trading** marchandage acharné or âpre, discussions de marchands de tapis; **horse trader** négociateur acharné, personne dure en affaires, marchand de tapis.

**host** [həʊst] **1** n (person) hôte m; (computer) ordinateur m central. ◊ **host city / country** ville / pays d'accueil. **2** vt (TV) show animer; convention, meeting accueillir.

**hot** [hɒt] adj (lit) chaud. ◊ **to be in hot demand** être très demandé, avoir la faveur du public; **if demand is hot the value of the shares can shoot up** si la demande est très forte la valeur de ces actions peut monter en flèche; **hot idea** idée originale; **hot issue** (Fin) émission de valeurs vedettes; **hot line** ligne ouverte vingt-quatre heures sur vingt-quatre; **hot money** capitaux spéculatifs or fébriles; **hot potato**\* sujet brûlant; **hot release** toute dernière nouveauté; **to put a candidate in the hot seat** mettre un candidat sur la sellette; **hot seller** article vedette, article qui se vend comme des petits pains; **hot shot** gros bonnet; **hot spot** point névralgique.

**hotel** [həʊ'tel] **1** n hôtel m. ◊ **he runs a four-star hotel in the south of France** il dirige un hôtel quatre étoiles dans le sud de la France; **airport hotel** hôtel d'aéroport; **convention hotel** hôtel de congrès. **2** cpd **hotel accommodation** chambre d'hôtel. – **hotel chain** chaîne hôtelière.

– **hotel industry (the)** l'industrie hôtelière. – **hotel management** gestion hôtelière. – **hotel manager** gérant(e) m(f) or directeur(-trice) m(f) d'hôtel. – **hotel receptionist** réceptionniste mf d'hôtel. – **hotel staff** personnel hôtelier. – **hotel trade (the)** l'industrie hôtelière.

**hotelier** [həʊ'telɪə$^r$] n hôtelier(-ière) m(f).

**hot up** [hɒt] vi [competition] s'intensifier.

**hour** ['aʊə$^r$] n heure f. ◊ **to pay sb by the hour** payer qn à l'heure; **he is paid £20 an hour** il est payé 20 livres de l'heure; **he works long hours** il fait de longues journées de travail; **after hours** [shop] après l'heure de fermeture; [office] après les heures de bureau; (St Ex) après la clôture officielle; **business hours** (gen) heures ouvrables; [shop] heures d'ouverture; [office] heures de bureau; **busy hours** (US) heures d'affluence; **man-hour** heure-homme; **to work fixed hours** avoir des heures de travail régulières; **office hours** heures de bureau; **off-peak hours** heures creuses; **peak hours** heures de pointe; **rush hours** heures de pointe or d'affluence; **output per hour** rendement horaire; **service hours** (Comp) heures d'utilisation; **to work unsocial hours** travailler en dehors des heures normales de travail.

**hourly** ['aʊəlɪ] **1** adj ◊ **hourly rate** taux horaire; **hourly workers** ouvriers payés à l'heure or sur une base horaire. **2** adv ◊ **hourly paid** or **rated workers** ouvriers payés à l'heure or sur une base horaire.

**house** [haʊs] **1** n (gen) maison f. ◊ **the House** (St Ex) la Bourse; **members of the House** agents de change; **clearing house** chambre de compensation; **financial house** établissement de crédit; **in-house training** formation dans l'entreprise; **mail-order house** maison de vente par correspondance; **packing house** (US) conserverie; **publishing house** maison d'édition; **systems house** (Comp) société de service(s) et de conseil en informatique. **2** cpd **house agent** (GB) agent immobilier. – **house bill** (Fin) lettre de change creuse, effet m or papier creux. – **house brand** marque de distributeur or de maison. – **house cheque** chèque interne. – **house duty** (US) taxe d'habitation. – **house flag** (Mar) pavillon *d'une compagnie maritime*. – **house journal** or **magazine** or **organ** journal d'entreprise. – **House price** (St Ex) cours en Bourse. – **house property** immeubles mpl, biens mpl immobiliers. – **house sale** vente immobilière. – **house starts** nombre de mises en chantier de logements neufs. – **house style** stylisme or graphisme maison; **what is the house**

**style for this sort of brochure?** quel est le style maison pour ce genre de brochure ? – **house telephone** téléphone intérieur. – **house-to-house** selling, canvassing à domicile.

**housebuilder** ['haʊsbɪldə<sup>r</sup>] n entrepreneur m de maçonnerie.

**housebuilding** ['haʊsbɪldɪŋ] n le bâtiment, la construction.

**household** ['haʊshəʊld] **1** n (Admin, Econ) ménage m. ◊ **head of household** chef de famille ; **households with more than three wage-earners** des ménages or des familles or des foyers qui disposent de plus de trois salaires ; **give details of your household** indiquez le nom des personnes qui résident chez vous or sous votre toit ; **double-income / one-earner household** ménage à deux revenus / à revenu unique. **2** cpd **household expenditure** dépenses fpl des ménages. – **household goods** (Comm) appareils mpl ménagers ; (Econ) biens mpl d'équipement ménager. – **household survey** enquête sur les ménages.

**householder** ['haʊsˌhəʊldə<sup>r</sup>] n (gen) occupant(e) m(f) ; (owner) propriétaire mf ; (lessee) locataire mf ; (head of household) chef m de famille.

**housewife** ['haʊswaɪf] n (gen) ménagère f, maîtresse f de maison ; (contrasted with career woman) femme f au foyer.

**housing** ['haʊzɪŋ] **1** n logement m. **2** cpd **housing accommodation** logement. – **housing allowance** allocation logement. – **housing development** (US) lotissement. – **housing estate** (GB) (publicly-owned property) cité ; (private development) lotissement. – **housing industry (the)** le bâtiment. – **housing project** (US) ≈ cité. – **housing scheme** (GB) ≈ cité. – **housing shortage** crise du logement. – **housing starts** nombre de mises en chantier de logements neufs ; **the number of new housing starts** le nombre de mises en chantier or de nouveaux logements mis en chantier. – **housing subsidies** aides fpl au logement.

**hover** ['hɒvə<sup>r</sup>] vi ◊ **to hover around** [prices] osciller autour de ; **the unemployment rate is hovering around 8% of the working population** le taux de chômage tourne autour de 8% de la population active ; **the interest rates are hovering between 9-10%** les taux d'intérêts oscillent entre 9 et 10%.

**HP** [eɪtʃˈpiː] (GB) n abbr of hire purchase → hire.

**HQ** [eɪtʃˈkjuː] n abbr of headquarters QG m.

**HRM** [eɪtʃɑːˈrem] abbr of human resource management GRH.

**hub** [hʌb] n (fig) pivot m, point m central. ◊ **hub airport** aéroport plaque tournante.

**huckster\*** ['hʌkstə<sup>r</sup>] (US) n (salesman) vendeur m de choc\*.

**hucksterism\*** ['hʌkstərɪzm] (US) n techniques fpl de vente agressives or à l'arraché.

**hucksterize\*** ['hʌkstəraɪz] (US) vt vendre à l'arraché.

**huge** [hjuːdʒ] adj debt, order énorme, considérable ; success énorme, gigantesque, fou ; showroom immense, vaste.

**hull** [hʌl] **1** n [ship, plane] coque f. **2** cpd **hull insurance** assurance sur corps. – **hull port risk** risque de port sur corps. – **hull underwriter** assureur sur corps.

**human** ['hjuːmən] adj humain. ◊ **human relations** relations humaines ; **human resource management** gestion des ressources humaines ; **human resource accounting** comptabilité des ressources humaines ; **human rights** droits de l'homme.

**hunch** [hʌntʃ] n ◊ (\* : intuition) intuition f. ◊ **you should follow your hunch** il faut suivre son intuition.

**hundred** ['hʌndrɪd] **1** adj cent. ◊ **a or one hundred dollars** cent dollars ; **a or one hundred demonstrators** une centaine de manifestants. **2** n cent m. ◊ **hundreds of thousands are in the same position** des centaines de milliers de personnes sont dans le même cas.

**hundredfold** ['hʌndrɪdfəʊld] **1** adj centuple. **2** adv au centuple.

**hundredth** ['hʌndrɪdθ] adj, n centième mf → sixth.

**hundredweight** ['hʌndrɪdweɪt] n (GB, CAN ≈ 50,7 kg ; US ≈ 45,3 kg) ≈ demi-quintal m.

**Hungarian** [hʌŋˈgɛərɪən] **1** adj hongrois. **2** n **a** (language) hongrois m. **b** (inhabitant) Hongrois(e) m(f).

**Hungary** ['hʌŋgərɪ] n Hongrie f.

**hunt** [hʌnt] **1** vt chasser, rechercher. **2** n chasse f, recherche f.

**hunter** ['hʌntə<sup>r</sup>] n chasseur m. ◊ **job hunter** demandeur d'emploi.

**hunting** ['hʌntɪŋ] n chasse f (for à), recherche f (for de). ◊ **job hunting** recherche d'emploi.

**hurdle** ['hɜːdl] n (fig) obstacle m. ◊ **hurdle rate** (Fin) taux étalon, taux de rendement minimal, taux d'actualisation minimal (pour choisir les investissements).

**hurt** [hɜːt] vt activity, reputation nuire à, faire or causer du tort à. ◊ **the strong dollar hurts US exports** un dollar fort nuit aux exportations américaines or est préjudiciable aux exportations américaines.

**hush money\*** [ˈhʌʃmʌnɪ] **n** pot-de-vin m *(pour acheter le silence de qn)*. ◊ **to pay sb hush money** acheter le silence de qn.

**hustler\*** [ˈhʌsləʳ] **n** (go-getter) type\* m dynamique, débrouillard(e)\* m(f) ; (swindler) arnaqueur(-euse) m(f).

**h / w** abbr of *herewith*.

**hydraulic** [haɪˈdrɒlɪk] **1** **adj** hydraulique. **2** **hydraulics n sg** hydraulique.

**hydroelectric** [ˈhaɪdrəʊˈlektrɪk] **adj** hydro-électrique. ◊ **hydroelectric power** énergie hydro-électrique.

**hygiene** [ˈhaɪdʒiːn] **n** hygiène f. ◊ **industrial hygiene** hygiène du travail.

**hype\*** [haɪp] **1** **n** (publicity drive) campagne f publicitaire agressive or tapageuse, battage publicitaire ; (book) livre m lancé à grand renfort de publicité. ◊ **there has been too much media hype about robots** les média(s) ont fait beaucoup trop de battage au sujet des robots.

**2** **vt** **a** (publicize) book, product, film lancer à grand renfort de publicité, faire du battage pour. **b** (also **hype up**) (increase) numbers, attendance augmenter ; (exaggerate) exagérer. ◊ **to hype the economy** stimuler l'économie. **c** (US : cheat) person tromper, rouler.

**hyperinflation** [ˈhaɪpərɪnˈfleɪʃən] **n** hyperinflation f.

**hypermarket** [ˈhaɪpəmɑːkɪt] (GB) **n** hypermarché m.

**hypothecate** [haɪˈpɒθɪkeɪt] **vt** hypothéquer, gager, nantir. ◊ **hypothecated account** compte gagé.

**hypothecation** [ˌhaɪpɒθɪˈkeɪʃən] **n** fait m d'hypothéquer, engagement m, nantissement m.

**hypothecator** [haɪˈpɒθɪkeɪtəʳ] **n** gageur m.

**hypothesis** [ˌhaɪˈpɒθɪsɪs] **n** hypothèse f. ◊ **hypothesis testing** (Mktg) vérification des hypothèses ; **working hypothesis** hypothèse de travail.

**hypothetic(al)** [ˌhaɪpəʊˈθetɪk(əl)] **adj** hypothétique.

**I**

**i** abbr of *interest*.

**IAEA** [ˌaɪeɪiːˈeɪ] n abbr of *International Atomic Energy Agency* AIEA f.

**ib(id)** [ˈɪb(ɪd)] abbr of *ibidem* ibid.

**i. b.** abbr of *in bond* → in.

**IBA** [ˌaɪbiːˈeɪ] (GB) n abbr of *Independent Broadcasting Authority organisme de contrôle des chaînes de télévision privée.*

**IBRD** [ˌaɪbiːɑːˈdiː] n abbr of *International Bank for Reconstruction and Development* BIRD f.

**ICAO** [ˌaɪsiːeɪˈəu] n abbr of *International Civil Aviation Organization* OACI f.

**ICC** [ˌaɪsiːˈsiː] n abbr of *International Chamber of Commerce* CCI f.

**Iceland** [ˈaɪslənd] n Islande f.

**Icelander** [ˈaɪsləndəʳ] n Islandais(e) m(f).

**Icelandic** [aɪsˈlændɪk] **1** adj islandais. **2** n (language) islandais m.

**ICJ** [ˌaɪsiːˈdʒeɪ] n abbr of *International Court of Justice* → international.

**ID** [aɪˈdiː] n abbr of *identification* ◊ can I see your ID? vous avez vos papiers d'identité?

**IDA** [ˌaɪdiːˈeɪ] n abbr of *International Development Association* ADI f.

**idea** [aɪˈdɪə] n idée f. ◊ **ideas box** boîte à idées; **ideas man** concepteur.

**ideal** [aɪˈdɪəl] adj idéal. ◊ **ideal efficiency** rendement optimal; **Ideal Home Exhibition** (GB) Salon des arts ménagers; **ideal capacity** capacité maximale or théorique.

**identifiable** [aɪˈdentɪfaɪəbl] adj identifiable. ◊ **identifiable assets** éléments d'actif sectoriels.

**identification** [aɪˌdentɪfɪˈkeɪʃən] n identification f.

**identifier** [aɪˈdentɪfaɪəʳ] n identificateur m.

**identify** [aɪˈdentɪfaɪ] vt identifier.

**identity** [aɪˈdentɪtɪ] **1** n identité f. ◊ **payable upon proof of identity** payable sur présentation d'une pièce d'identité; **to prove one's identity** établir son identité. **2** cpd **identity card** carte d'identité. – **identity certificate** acte d'état civil. – **identity papers** pièces fpl or papiers mpl d'identité.

**idle** [ˈaɪdl] **1** adj **a** person (doing nothing) désœuvré, inactif; (unemployed) en chômage; (lazy) paresseux. ◊ **to make workers idle** licencier des ouvriers, mettre des ouvriers en chômage; **idle time** [workers] temps chômé. **b** (Ind) machine, factory arrêté, au repos. ◊ **the machinery is idle 50% of the time** les machines ne tournent qu'à 50%; **the whole factory is idle** l'usine tout entière est arrêtée or est à l'arrêt; **the shipyards are lying** or **standing idle** les chantiers navals chôment; **idle capacity** capacité inutilisée; **idle shipping** navires désarmés or inemployés; **idle time** [machine] temps mort, arrêt machine. **c** (Fin) capital improductif, dormant, oisif. ◊ **to let one's money lie idle** laisser dormir son argent. **d** (St Ex) market morose, inactif. **2** vt **a** workers mettre en chômage, licencier. **b** ship désarmer. **c** machine arrêter, mettre au repos. **3** vi [engine] tourner au ralenti.

**i. e.** [ˌaɪˈiː] abbr of *id est, that is to say* c.-à-d.

**if** [ɪf] conj si. ◊ **if cashed** sauf rentrée; **if unsold** sauf vendu.

**IFTU** [ˌaɪeftiːˈjuː] n abbr of *International Federation of Trade Unions* FSI f.

**ignore** [ɪgˈnɔːʳ] vt (take no notice of) fact, remark ne pas tenir compte de, ne tenir aucun compte de ; invitation, letter ne pas répondre à ; rule ne pas respecter. ◊ **to ignore a claim** (Jur) rejeter une réclamation.

**illegal** [ɪˈliːgəl] **adj** (gen) illégal ; (Comp) character invalide, interdit.

**illegality** [ˌɪliˈgælɪtɪ] **n** illégalité f.

**illegible** [ɪˈledʒəbl] **adj** illisible.

**illicit** [ɪˈlɪsɪt] **adj** illicite.

**illiquid** [ɪˈlɪkwɪd] **adj** (Fin) company, person à court de liquidités. ◊ **illiquid assets** actif immobilisé.

**illiquidity** [ˌɪlɪˈkwɪdɪtɪ] **n** non-liquidité f.

**ill-qualified** [ˌɪlˈkwɒlɪfaɪd] **adj** peu qualifié.

**illusory** [ɪˈluːzərɪ] **adj** ◊ **illusory profit** profit fictif.

**illustrate** [ˈɪləstreɪt] **vt** illustrer.

**illustration** [ˌɪləsˈtreɪʃən] **n** illustration f. ◊ **by way of illustration** à titre d'exemple or d'illustration.

**ILO** [ˌaɪelˈəʊ] **n** ⓐ abbr of *International Labour Office* BIT m. ⓑ abbr of *International Labour Organization* OIT f.

**image** [ˈɪmɪdʒ] **1** **n** image f. ◊ **brand image** [product] image de marque ; **our company's image** l'image de marque de notre société ; **corporate image** image de marque de l'entreprise, image institutionnelle ; **line image** image de gamme ; **public image** [company] image de marque ; **video image** image vidéo.
**2** **cpd** **image advertising** (Pub) publicité institutionnelle. – **image file** (Comp) fichier vidéo. – **image processing** (Comp) traitement des images.

**imaginal storage** [ɪˈmædʒɪnəlˈstɔːrɪdʒ] **n** (Comp) mémoire f d'images.

**imbalance** [ɪmˈbæləns] **n** déséquilibre m.

**IMCO** [ˌaɪemsiːˈəʊ] **n** abbr of *Inter-Governmental Maritime Consultative Organization* OMCI f.

**IMF** [ˌaɪemˈef] **n** abbr of *International Monetary Fund* FMI m.

**imitation** [ˌɪmɪˈteɪʃən] **n** imitation f. ◊ **beware of imitations** se méfier des contrefaçons.

**imitative** [ˈɪmɪtətɪv] **adj** ◊ **imitative pricing** alignement sur les prix du marché.

**immediate** [ɪˈmiːdɪət] **adj** immédiat. ◊ **for immediate action** urgent ; **for immediate delivery** à livrer d'urgence, urgent ; **available for immediate delivery** livrable de suite or immédiatement ; **immediate annuity** (Ins) rente immédiate ; **immediate possession** [house] jouissance immédiate ; **immediate access** (Comp) accès immédiat.

**immigrant** [ˈɪmɪgrənt] **adj**, **n** (newly arrived) immigrant(e) m(f) ; (well-established) immigré(e) m(f). ◊ **immigrant labour** or **workers** main-d'œuvre immigrée or étrangère, travailleurs immigrés or étrangers ; **immigrant remittances** envois de fonds des travailleurs immigrés *(vers leur pays d'origine).*

**immigrate** [ˈɪmɪgreɪt] **vi** immigrer.

**immigration** [ˌɪmɪˈgreɪʃən] **n** immigration f. ◊ **immigration authorities** service de l'immigration ; **immigration officer** (policeman) officier de police du service de l'immigration ; (civil servant) fonctionnaire du service de l'immigration ; **report to the immigration officer** présentez-vous au bureau de l'immigration.

**immobilize, immobilise** [ɪˈməʊbɪlaɪz] **vt** capital immobiliser.

**immovable** [ɪˈmuːvəbl] **adj** object fixe ; (Jur) property immobilier, immeuble. ◊ **seizure of immovable property** saisie immobilière ; **immovable estate** biens immeubles.

**immovables** [ɪˈmuːvəblz] **npl** (Jur) immeubles mpl, biens mpl immeubles.

**immunity** [ɪˈmjuːnɪtɪ] **n** immunité f. ◊ **to claim immunity from tax** demander à être exonéré d'impôt.

**IMO** [ˌaɪemˈəʊ] **n** abbr of *international money order* → international.

**impact** [ˈɪmpækt] **1** **n** ⓐ (lit) impact m (*on* sur), choc m (*on, against* sur) ; (fig : effect) impact m, effet m, incidence f (*on* sur). ◊ **it has had a negative impact on our sales** ça a eu un impact négatif or une incidence négative sur nos ventes ; **the impact of these new regulations on the management of the firm** les répercussions or l'incidence de ces nouveaux règlements sur la gestion de l'entreprise ; **the new auditor made quite an impact on me** le nouveau commissaire aux comptes m'a fait une forte impression. ⓑ (Tax) incidence f.
**2** **cpd** **impact effect** (Econ) effet d'impact. – **impact study** (Mktg) étude d'impact.

**impact on** [ˈɪmpækt] **vt fus** avoir un impact sur, influer sur.

**impair** [ɪmˈpɛəʳ] **vt** negotiations nuire à ; strength, financial health affaiblir, diminuer. ◊ **impaired capital** capital insuffisant.

**impairment** [ɪmˈpɛəmənt] **n** affaiblissement m. ◊ **impairment of the law** dérogation à la loi ; **impairment of capital** insuffisance de capital.

**impartible** [ɪmˈpaːtɪbl] **adj** (Jur) indivisible.

**impeach** [ɪmˈpiːtʃ] **vt** (Jur : accuse) public official mettre en accusation ; (US) entamer la procédure de destitution or d'impeachment de.

**impeachment** [ɪmˈpiːtʃmənt] n (Jur) [public official] mise f en accusation; (US) procédure f de destitution or d'impeachment.

**imperfect** [ɪmˈpɜːfɪkt] adj (gen) imparfait; car, machine, system défectueux. ◊ **imperfect competition** (Econ) concurrence imparfaite; **imperfect market** (Econ) marché imparfait.

**imperial** [ɪmˈpɪərɪəl] adj **a** (gen) impérial. ◊ **imperial preference** préférence douanière *(à l'intérieur de l'Empire britannique)*. **b** (GB) weight, measure légal. ◊ **imperial bushel** (dry measure : 2 219.36 cu in) ≈ 36,37 litres; **imperial gallon** gallon impérial *(*≈ 4,546 litres); **imperial ton** (2 240 lb) ≈ 1 016,05 kilogrammes.

**imperilled** [ɪmˈperɪld] adj (Ins) property exposé au risque; ship en péril.

**imperishable** [ɪmˈperɪʃəbl] adj goods impérissable.

**impersonal** [ɪmˈpɜːsnl] adj (gen) impersonnel. ◊ **impersonal account** compte de choses, compte impersonnel; **impersonal ledger** grand livre (général); **impersonal payee** bénéficiaire impersonnel or général.

**impetus** [ˈɪmpɪtəs] n impulsion f, élan m. ◊ **the drop in interest rates has provided an impetus for further development** la baisse des taux d'intérêt a apporté l'impulsion or l'incitation nécessaire à une expansion accrue.

**impinge** [ɪmˈpɪndʒ] vi ◊ **to impinge on sb's rights** empiéter sur les droits de qn.

**implement** [ˈɪmplɪmənt] **1** n outil m, instrument m. ◊ **implements** matériel, équipement; **farm implements** matériel agricole.
**2** vt contract exécuter; decision, strategy mettre en œuvre, exécuter.

**implementation** [ˌɪmplɪmenˈteɪʃən] n mise f en œuvre, exécution f. ◊ **strategy implementation** mise en œuvre de la stratégie; **implementation schedule** calendrier d'exécution.

**implicit** [ɪmˈplɪsɪt] adj implicite. ◊ **implicit cost** coût implicite or supplétif; **implicit rent** loyer implicite.

**implied** [ɪmˈplaɪd] adj conditions, contract, warranty tacite.

**import** [ˈɪmpɔːt] **1** n (Comm : action) importation f. ◊ **imports** (products) importations, marchandises or articles d'importation; **imports from France** importations en provenance de France; **visible / invisible imports** importations visibles / invisibles; **protected imports** importations protégées.

**2** cpd **import (commission) agent** commissionnaire importateur. – **import ban** embargo à l'importation. – **import broker** courtier en commerce d'importation. – **import duty** droit d'entrée, taxe à l'importation. – **import-export** import-export; **import-export agent / company** agent / entreprise or société or maison d'import-export; – **import-export trade** (commerce or négoce) import-export. – **import gold point** gold-point d'entrée, point d'entrée d'or. – **import levy** (EEC : on farm products) taxe à l'importation. – **import licence** licence d'importation. – **import list** liste des importations; (Customs : rate list) tarif douanier. – **import merchant** négociant importateur. – **import permit** licence or autorisation d'importation. – **import quota** contingent d'importation, quota à l'importation. – **import substitution** substitution d'importation. – **import surcharge** surtaxe à l'importation. – **import surplus** excédent d'importation. – **import trade** (commerce d') importation.
**3** vt importer *(from* de; *into* en). ◊ **propensity to import** (Econ) propension à importer.

**importation** [ˌɪmpɔːˈteɪʃən] n importation f.

**imported** [ɪmˈpɔːtɪd] adj importé.

**importer** [ɪmˈpɔːtər] n importateur m.

**importing** [ɪmˈpɔːtɪŋ] adj importateur (f -trice). ◊ **steel-importing countries** les pays importateurs d'acier.

**impose** [ɪmˈpəʊz] vt task, condition imposer *(on* à); sanctions infliger *(on* à). ◊ **to impose a fine on sb** infliger une amende à qn, frapper qn d'une amende; **to impose a tax on sth** imposer qch, taxer qch, mettre un impôt or une taxe sur qch.

**imposition** [ˌɪmpəˈzɪʃən] n **a** [tax, condition, sanction] imposition f. **b** (tax) impôt m, taxe f.

**impost** [ˈɪmpəʊst] n (Customs) taxe f douanière, droit m de douane.

**impound** [ɪmˈpaʊnd] vt (gen, Jur) confisquer, saisir; car mettre en fourrière.

**impoverish** [ɪmˈpɒvərɪʃ] vt appauvrir.

**impoverished** [ɪmˈpɒvərɪʃt] adj pauvre, appauvri, sans le sou.

**impression** [ɪmˈpreʃən] n (gen : effect) impression f; (GB : publishing) tirage m, édition f. ◊ **impressions** (Pub) audience *(exposée à un message)*.

**imprest** [ɪmˈprest] n (Acc) avance f de fonds. ◊ **imprest account** compte d'avances; **imprest fund** fonds de caisse, petite caisse f; **imprest system** *système de gestion de la petite caisse par avance de fonds.*

**imprint** [ɪmˈprɪnt] **1** **vt** imprimer, marquer (*on* sur).
**2** **n** marque f, empreinte f. ◊ **publisher's imprint** nom de l'éditeur.

**improper** [ɪmˈprɒpər] **adj** behaviour irrégulier, déplacé. ◊ **improper use of funds** utilisation frauduleuse de fonds, détournement de fonds; **improper use of a tool** mauvaise utilisation d'un outil; **improper character** (Comp) caractère invalide.

**improve** [ɪmˈpruːv] **1** **vt** perfectionner, améliorer.
**2** **vi** s'améliorer. ◊ **business is improving** les affaires reprennent; **prices improved after a slow start** (St Ex) les cours sont remontés or ont repris après un début de séance peu animé.

**improved** [ɪmˈpruːvd] **adj** version of machine, system perfectionné; version of product amélioré; offer supérieur.

**improvement** [ɪmˈpruːvmənt] **n** (gen) amélioration f; [system, machine] perfectionnement m. ◊ **there has been no improvement on their previous offer** il n'y a pas de progrès par rapport à leur précédente proposition; **home improvement loan** prêt pour l'amélioration de l'habitat.

**improve on** **vt fus** faire mieux que, apporter des améliorations à. ◊ **to improve on sb's offer** enchérir sur qn, faire une offre supérieure à celle de qn; **we cannot improve on this offer** nous ne pouvons pas aller plus loin (que cette offre).

**impugn** [ɪmˈpjuːn] **vt** (Jur) contract attaquer.

**impulse** [ˈɪmpʌls] **1** **n** impulsion f. ◊ **to buy sth on impulse** acheter qch par impulsion.
**2** **cpd** **impulse buyer** acheteur spontané. – **impulse buying** achat spontané or d'impulsion or impulsif. – **impulse goods** or **items** marchandises fpl qu'on achète par impulsion. – **impulse purchase** achat spontané or impulsif or d'impulsion. – **impulse traffic** trafic d'impulsion.

**impulsive** [ɪmˈpʌlsɪv] **adj** purchase impulsif, spontané.

**imputed** [ɪmˈpjuːtɪd] **adj** imputé. ◊ **imputed cost** coût supplétif, charge supplétive; **imputed earnings** gains or bénéfices théoriques; **imputed interest** intérêts théoriques or implicites; **imputed rent** loyer imputé or implicite; **imputed value** valeur imputée or implicite.

**in** [ɪn] **1** **prep** (place : gen) dans. ◊ **I'll be in London next week** je serai à Londres la semaine prochaine; **goods in bond** marchandises en entrepôt sous douane; **in July** en juillet; **in the afternoon** l'après-midi; **he said it in public** il l'a dit en public; **he's in computers** il est dans les ordinateurs.

**2** **adv** ◊ **is Mr Rafferty in?** M. Rafferty est-il là?
**3** **adj** ◊ **in door** porte d'entrée; **in-tray** [mail] corbeille or casier d'arrivée; **in book** (Acc) livre du dedans, registre des chèques à rembourser; **in clearing** (Bank) chèques et effets à rembourser *(en provenance de la chambre de compensation)*.
**4** **cpd** **in-bond price** (Customs) prix en entrepôt. – **in-company** dans l'entreprise, sur le lieu de travail. – **in-fighting** conflits mpl or querelles fpl internes. – **in-service training** formation continue or en cours d'emploi; **to have in-service training in the use of computers** faire un stage d'informatique. – **in-the-money** (St Ex) option en dedans.

**in.** abbr of *inch*.

**inability** [ˌɪnəˈbɪlɪtɪ] **n** incapacité f (*to do* de faire).

**inaccuracy** [ɪnˈækjʊrəsɪ] **n** [calculation, information, statement] inexactitude f; [person] imprécision f, manque m de précision.

**inaccurate** [ɪnˈækjʊrɪt] **adj** information, calculation inexact, erroné, faux; person manquant de précision.

**inactive** [ɪnˈæktɪv] **adj** inactif; (St Ex) market calme, terne, peu animé. ◊ **inactive money** argent dormant or oisif; **inactive stock** or **inventory** (US) stock dormant.

**inadequate** [ɪnˈædɪkwɪt] **adj** insuffisant.

**inadmissible** [ˌɪnədˈmɪsəbl] **adj** attitude, behaviour inadmissible; offer, suggestion inacceptable; (Jur) evidence irrecevable, non recevable.

**inadvisable** [ˌɪnədˈvaɪzəbl] **adj** action, scheme inopportun, déconseillé. ◊ **it is inadvisable to delay payment** il est déconseillé de retarder or différer le paiement.

**inapplicable** [ɪnˈæplɪkəbl] **adj** inapplicable.

**inaugurate** [ɪˈnɔːgjʊreɪt] **vt** method, system inaugurer; president investir, installer dans ses fonctions.

**inauguration** [ɪˌnɔːgjʊˈreɪʃən] **n** [method] inauguration f; [person] investiture f, installation f.

**inbound** [ˈɪnbaʊnd] **adj** ◊ **inbound flight / voyage** vol / voyage retour or à l'arrivée; **inbound passengers** les passagers au retour or à l'arrivée.

**Inc.** abbr of *incorporated*. ◊ **Thomas and Baxter Inc.** Thomas et Baxter SARL.

**inc.** **a** abbr of *increase*. **b** abbr of *incorporated*.

**incapacitate** [ˌɪnkəˈpæsɪteɪt] **vt** (gen) rendre incapable; (Jur) frapper d'incapacité. ◊ **to incapacitate sb for work** mettre qn dans l'incapacité de travailler.

**incapacitation** [ˌɪnkəpæsɪ'teɪʃən] **n** incapacité f. ◊ **incapacitation for work** incapacité au travail.

**incapacity** [ˌɪnkə'pæsɪtɪ] **n** incapacité f (*to do* à faire), incompétence f (*to do* pour faire). ◊ **legal incapacity** incapacité légale.

**incentive** [ɪn'sentɪv] **1 n** (gen : encouragement) encouragement m, stimulant m, mesure f incitative, motivation f; (extra pay) prime f; (Econ) incitation f. ◊ **there is no incentive in my job** mon travail ne me motive pas or ne me stimule pas; **the budget gives more incentive for firms to take on extra workers** le budget incite les entreprises à embaucher de la main-d'œuvre supplémentaire; **fiscal** or **tax incentives** incitations fiscales; **export incentives** (for individuals) primes à l'exportation; (government measures) incitations à l'exportation, mesures incitatives à l'exportation; **investment incentives** incitations à l'investissement, subventions d'investissement; **negative incentives** mesures de dissuasion; **production incentive** prime de rendement; **sales incentive** (for salesman) incitation à la vente, prime d'encouragement; (for buyers) conditions incitatives d'achat, offre promotionnelle; **wage incentive** stimulant salarial.
**2 cpd incentive bonus** (Ind) (gen) prime f; (for manual workers) prime de rendement. − **incentive discount** (Comm) (granted by supplier to customer) remise promotionnelle. − **incentive fare** tarif promotionnel. − **incentive marketing** techniques fpl de stimulation des vendeurs. − **incentive measures** mesures fpl incitatives. − **incentive pay** (Ind) salaire au rendement, salaire à prime; (bonus) prime de rendement. − **incentive scheme** or **plan** système de primes au rendement *(intéressement, commission, primes)*. − **incentive wage** salaire à prime.

**inch** [ɪntʃ] **1 n** pouce m ( ≈ 2,54 cm).
**2 vi** ◊ **the government inched cautiously towards reform** le gouvernement s'est avancé très prudemment sur la voie des réformes.

**inchoate** ['ɪnkəʊeɪt] **adj** ◊ **inchoate instrument** (Fin) instrument incomplet.

**inch up vi** [prices, costs] augmenter petit à petit.

**incidence** ['ɪnsɪdəns] **n a** (frequency) [crime, disease, bankruptcies] fréquence f. ◊ **the high / low incidence of sth** le taux élevé / faible de qch. **b** (effect) incidence f (*on* sur).

**incident** ['ɪnsɪdənt] **adj** qui tient à, attaché à. ◊ **the drawbacks incident to unemployment** les inconvénients liés au chômage ou qui tiennent au chômage.

**incidental** [ˌɪnsɪ'dentl] **1 adj** accessoire. ◊ **incidental expenses** faux frais, frais accessoires; **the risks incidental to a change of policy** les risques que comporte un changement de politique or qui accompagnent un changement de politique.
**2 incidentals npl** faux frais mpl, frais mpl accessoires.

**incipient** [ɪn'sɪpɪənt] **adj** naissant, débutant. ◊ **incipient inflation** début d'inflation; **incipient recovery** ébauche de reprise.

**incl. adj** abbr of *included, including, inclusive* incl.

**inclose** [ɪn'kləʊz] **vt** → enclose.

**inclosure** [ɪn'kləʊʒəʳ] **n** → enclosure.

**include** [ɪn'kluːd] **vt** comprendre, compter, inclure, comporter. ◊ **the price does not include packing charges** le prix ne comprend pas les frais d'emballage; **service is not included** le service n'est pas compris.

**including** [ɪn'kluːdɪŋ] **prep** y compris. ◊ **the bill is for $60, including labour** la facture est de 60 dollars, main-d'œuvre comprise or y compris la main-d'œuvre; **including the service charge** service compris; **not including tax** taxe non comprise; **up to and including next Saturday** jusqu'à samedi prochain inclus; **up to and including page 10** jusqu'à la page 10 incluse or comprise.

**inclusive** [ɪn'kluːsɪv] **adj** inclus, compris. ◊ **from 10th to 24th March inclusive** du 10 au 24 mars inclus(ivement); **inclusive of tax, tax-inclusive** toutes taxes comprises, taxe comprise; **our prices are inclusive of handling charges** nos prix comprennent les frais de port ou s'entendent frais de port compris; **inclusive charge** tarif forfaitaire or tout compris; **inclusive price** or **terms** prix nets or tout compris; **inclusive sum** somme globale.

**income** ['ɪnkʌm] **1 n a** [person, nation] revenu m. ◊ **my total** or **gross income is £30,000 per annum** mon revenu annuel brut est de 30 000 livres; **to live beyond / within one's income** vivre au-dessus / dans la limite de ses moyens; **to return one's income** (US) faire sa déclaration de revenus; **you must declare all income** vous devez déclarer tous vos revenus; **accrued income** revenu accumulé or à percevoir; **additional income** revenu additionnel; **annual income** revenu(s) annuel(s); **discretionary income** revenu discrétionnaire; **disposable** or **spendable income** revenu(s) disponible(s); **earned income** revenus salariaux; **fixed income** revenu fixe; **gross income** revenu brut; **life income** rente viagère, revenu viager; **money income** revenu nominal; **net income** [individual] revenu net; **notional**

**income** revenu fictif ; **per capita income** revenu par habitant or par tête ; **personal income** revenus des particuliers or des personnes physiques ; **personal income tax** impôt sur le revenu des personnes physiques ; **private income** revenus personnels ; **real income** revenu réel ; **regular income** revenu(s) régulier(s) ; **taxable / tax-free income** revenu imposable / non imposable ; **transfer income** revenu de transfert ; **transitory income** revenu transitoire ; **unearned income** (on tax return) revenus du capital, revenus non salariaux ; (on balance sheet) produit comptabilisé d'avance. **b** [company] (profit, earnings) bénéfice m, résultat m bénéficiaire. ◊ **net income** bénéfice net ; **pre-tax income** bénéfice avant impôts ; **operating income, income from operations** bénéfices d'exploitation ; **trading income** revenus commerciaux. **c** (revenue from sale, from operations) revenu(s) m(pl), produit(s) m(pl) ; (from investment) revenu(s) m(pl), produits mpl (financiers). ◊ **loan income** revenus des prêts ; **income from disposal of equipment** produits des ventes de matériel ; **income from sale of assets** produits des cessions d'éléments d'actifs ; **deferred income** produit(s) constaté(s) d'avance ; **dividend income** revenu(s) des dividendes ; **interest income** [private person] revenus des placements ; (Tax) produits des placements à revenu fixe ; (Acc) produits financiers ; **investment income** [person] revenu(s) m(pl) des placements or des investissements ; (Tax) revenus mpl des valeurs mobilières ; (Acc) [company] (gen) produits mpl financiers ; (from investment in stock) produits mpl de participations, revenus mpl des titres de participation ; **rental income** revenu(s) des loyers ; (Acc : on income statement) revenus des immeubles. **2 cpd income account** compte de produits. – **income and expenditure account** compte de produits et charges. – **income bond** (GB St Ex) bon du Trésor *(dont les intérêts sont payés mensuellement)*. – **income bracket** tranche de revenu. – **income debenture** (St Ex) obligation de rendement. – **income distribution** répartition des revenus. – **income effect** effet de revenu. – **income group** tranche de revenu. – **income in kind** avantages mpl en nature. – **income maintenance** maintien or préservation du revenu. – **income policy** politique des revenus. – **income recognition** constatation or comptabilisation des bénéfices. – **income reporting** publication des résultats. – **income statement** (US Fin : profit and loss account) compte de résultat ; (EEC) compte de pertes et profits. – **income stock(s)** (St Ex) valeurs fpl de placement. – **income**

**summary account** bénéfice à répartir. – **income support** ≈ revenu minimum d'insertion. – **income tax** impôt sur le revenu ; **income tax allocation** répartition or ventilation des impôts ; **income tax bracket** tranche d'imposition ; **income tax expense** charge fiscale ; **income tax return** déclaration d'impôts or des revenus, feuille d'impôts ; **income tax schedules** (GB) barèmes d'imposition. – **corporate** or **corporation income tax** impôt sur les sociétés.

**incoming** [ˈɪnˌkʌmɪŋ] **adj** plane qui arrive ; tenant nouveau ; chairman nouveau, entrant ; telephone call de l'extérieur. ◊ **incoming goods** marchandises à la réception or à l'arrivée ; **incoming invoice** facture d'achat, facture reçue ; **incoming mail** courrier à l'arrivée ; **incoming orders** commandes reçues.

**incomings** [ˈɪnkʌmɪŋz] **npl** (Acc) recettes fpl, rentrées fpl.

**incompetence** [ɪnˈkɒmpɪtəns], **incompetency** [ɪnˈkɒmpɪtənsɪ] **n** (gen, Jur) incompétence f.

**incompetent** [ɪnˈkɒmpɪtənt] **adj** (gen, Jur) incompétent.

**inconvenience** [ˌɪnkənˈviːnɪəns] **1 n** (drawback) inconvénient m, désagrément m ; (bother) dérangement m. ◊ **please excuse any inconvenience we may have caused you** veuillez excuser le dérangement or la gêne que nous avons pu vous causer, veuillez nous excuser de ce contretemps ; **we have been put to considerable inconvenience through your delays** vos retards nous ont posé beaucoup de problèmes or nous ont beaucoup gênés. **2 vt** (gen) déranger, incommoder.

**inconvenient** [ˌɪnkənˈviːnɪənt] **adj** time, place inopportun, mal choisi ; office, equipment, system incommode, peu pratique ; visitor gênant, importun. ◊ **if it is not inconvenient for** or **to you** si cela ne vous dérange pas.

**inconvertibility** [ˈɪnkənˌvɜːtɪˈbɪlɪtɪ] **n** nonconvertibilité f.

**inconvertible** [ˌɪnkənˈvɜːtəbl] **adj** assets, currency inconvertible.

**incorporate** [ɪnˈkɔːpəreɪt] **1 vt** incorporer *(into dans)*. ◊ **to incorporate a company** (Jur : form and register) constituer or immatriculer une société commerciale ; **to incorporate deux companies** (merge) fusionner deux sociétés. **2 vi a** (merge) **to incorporate with another company** fusionner avec une autre société ; **the two firms incorporated** les deux entreprises se sont constituées en une seule société or ont fusionné. **b** (form and register) [company] se constituer en société commerciale.

**incorporated** [ɪnˈkɔːpəreɪtɪd] **adj** **a** (gen)(included, contained) incorporé. **b** (Comm, Jur, St Ex) **incorporated company** société constituée or enregistrée ; **to become incorporated** acquérir la personnalité morale or civile, se constituer en société ; **Smith Incorporated** (US) Smith société à responsabilité limitée.

**incorporation** [ɪnˌkɔːpəˈreɪʃən] **n** **a** (gen) incorporation f (*into* dans, à). ◊ **incorporation of reserves** (Fin) incorporation des réserves. **b** (Jur) constitution f en société. ◊ **Certificate of Incorporation** (GB : issued by the Registrar of Companies) contrat de société ; **the company's Articles of Incorporation** (US) les statuts de la société ; **Incorporation Charter** (US) contrat de société ; **to apply for a certificate** (GB) or **charter** (US) **of incorporation** demander la personnalité civile, demander à être constitué en société.

**incorporeal** [ˌɪnkɔːˈpɔːriəl] **adj** assets, property incorporel.

**incorrect** [ˌɪnkəˈrekt] **adj** incorrect, inexact, erroné. ◊ **incorrect invoice** facture inexacte or erronée.

**incoterms** [ˈɪnkəʊtɜːmz] **npl** incoterms mpl.

**increase** [ɪnˈkriːs] **1** **vi** [taxes, prices, inflation] augmenter ; [demand, supply] augmenter, croître, s'accroître ; [assets] s'accroître ; [trade] se développer, augmenter ; [company] s'agrandir, se développer. ◊ **our turnover is increasing** notre chiffre d'affaires augmente or progresse or est en progression ; **interest rates have increased to 12%** les taux d'intérêt sont montés jusqu'à 12% ; **business is increasing in this sector** les affaires se développent or sont en progression dans ce secteur ; **wages have increased by 5%** les salaires ont augmenté de 5% ; **costs have increased threefold** les coûts ont triplé. **2** **vt** charges, prices, taxes augmenter, majorer, relever ; output, volume augmenter, accroître ; business, activity développer. ◊ **to increase prices by 10%** augmenter or relever or majorer les prix de 10% ; **to increase the price to £15** porter le prix à 15 livres. **3** **n** (gen) augmentation f ; [price, taxes] augmentation f, relèvement m, majoration f, hausse f ; [demand, supply] croissance f, accroissement m ; [business] développement m, croissance f ; [unemployment, absenteeism, delinquency] accroissement m, progression f (*in, of* de). ◊ **pay increase** augmentation de salaire ; **increase in value** (Fin) plus-value ; **rate of increase** taux d'accroissement ; **increase in purchasing power** aug-

mentation or progression du pouvoir d'achat.

**increasing** [ɪnˈkriːsɪŋ] **adj** croissant. ◊ **law of increasing costs** loi des rendements décroissants ; **law of increasing returns** loi des rendements croissants.

**increment** [ˈɪnkrɪmənt] **n** (gen : increase on scale, index) accroissement m, augmentation f, progression f ; [salary] augmentation f ; (Math, Comp) incrément m, pas m. ◊ **unearned increment** (on property, land) plus-value ; **the annual increment to the labour force** l'apport annuel de main-d'œuvre.

**incremental** [ˌɪnkrɪˈmentl] **adj** ◊ **incremental analysis** analyse marginale ; **incremental cost** coût marginal or différentiel ; **incremental plotter** traceur incrémentiel ; **incremental value** (on index, scale) valeur indiciaire, valeur de l'augmentation.

**incrementation** [ˌɪnkrɪmənˈteɪʃən] **n** augmentation f.

**incumbent** [ɪnˈkʌmbənt] **n** (Admin, Pol) titulaire mf.

**incur** [ɪnˈkɜːʳ] **vt** risk courir ; debts contracter ; loss subir, éprouver ; expenses encourir, engager ; blame s'attirer, encourir ; responsibility assumer. ◊ **incur no expenses, incur no charges** sans frais ; **incurred expenses** dépenses encourues or engagées, frais encourus or engagés.

**indebted** [ɪnˈdetɪd] **adj** (owing money) endetté. ◊ **to be heavily indebted** être très endetté, avoir de grosses dettes ; **we are indebted to the bank for $15,000** nous avons un endettement de 15 000 dollars envers la banque.

**indebtedness** [ɪnˈdetɪdnɪs] **n** endettement m. ◊ **the amount of our indebtedness to the bank is $15,000** le montant de notre dette or de notre endettement envers la banque s'élève à 15 000 dollars ; **the Bankers' Clearing House helps bankers to settle their mutual indebtedness** la Chambre de compensation permet aux banquiers de régler leurs dettes et créances réciproques ; **consumer indebtedness** endettement des consommateurs ; **proof of indebtedness** titre de créance.

**indefinite** [ɪnˈdefɪnɪt] **adj** number, period indéterminé. ◊ **indefinite leave of absence** congé à durée indéterminée.

**indemnification** [ɪnˌdemnɪfɪˈkeɪʃən] **n** (compensation) indemnisation f (*for, against* de) ; (sum paid) indemnité f, dédommagement m. ◊ **by way of indemnification** à titre d'indemnité.

**indemnificatory** **adj** indemnitaire.

**indemnify** [ɪnˈdemnɪfaɪ] **vt** **a** (compensate) indemniser, dédommager, rembourser (*sb for sth* qn de qch). **b** (safeguard) garantir, assurer (*sb against or for sth* qn contre qch).

**indemnity** [ɪnˈdemnɪtɪ] **n** **a** (compensation) indemnité f, dédommagement m, compensation f; (Ins) indemnité f de sinistre. ◊ **to award an indemnity** allouer une indemnité; **to be paid an indemnity** être indemnisé; **cash indemnity** indemnité de caisse. **b** (safeguard) garantie f, assurance f. ◊ **letter of indemnity, indemnity bond** (Bank) caution, cautionnement, (lettre de) garantie.

**indent** [ɪnˈdent] **1** **n** **a** (GB : export order) (bon m de) commande f. ◊ **closed** or **specific indent** commande fermée; **open indent** commande ouverte; **indent house** (US) maison or société d'exportation, exportateur. **b** (purchase order) ordre m d'achat. **c** → indenture. **2** **vi** ◊ **to indent on sb for sth** (GB) passer commande de qch à qn, commander qch à qn. **3** **vt** foreign goods commander; (Typ) mettre en retrait.

**indenter** [ɪnˈdentəʳ] **n** (Comm) client m qui passe une commande.

**indenture** [ɪnˈdentʃəʳ] **1** **n** **a** (Jur : also indenture deed) contrat m. ◊ **to be bound by an indenture** être lié par un contrat or un engagement; **bond indenture** (St Ex) contrat bilatéral d'émission. **b** (Jur) [apprentice] contrat m d'apprentissage. **2** **vt** (Jur) lier par contrat; apprentice mettre en apprentissage (*to* chez).

**independent** [ˌɪndɪˈpendənt] **adj** indépendant. ◊ **man of independent means** rentier; **independent importer** négociant importateur; **independent retailer** détaillant indépendant; **independent station** station or chaîne indépendante *(non affiliée à l'un des grands réseaux)*; **Independent Broadcasting Authority** (GB) *organisme de contrôle des chaînes de télévision privée.*

**index** [ˈɪndeks], **pl indices** or **indexes** **1** **n** **a** (list) index m; (in library) catalogue m; (in files) répertoire m. ◊ **card index** fichier. **b** (number) indice m. ◊ **bond index** (St Ex) indice des obligations; **commodities index** indice des produits de base et des matières premières; **cost of living index** indice du coût de la vie; **Dow Jones Index** (US) indice (des valeurs industrielles) Dow Jones; **Financial Times Industrial Ordinary Share Index** (GB) *indice des valeurs industrielles publié par le Financial Times;* **growth index** indice de croissance; **price index** indice des prix; **retail price index** (GB), **Consumer Price Index** (US) indice des prix de détail, indice des prix à la consommation; **share index** indice

des valeurs boursières or mobilières; **quantity** or **volume index** indice de volume; **renewal index** indice d'échéance; **seasonal index** coefficient saisonnier; **value index** indice de (la) valeur; **weighted index** indice pondéré; **wholesale price index** indice des prix de gros. **c** (sign) indice m, signe m (révélateur), indication f. ◊ **chain indices** (Stat) indices (en) chaîne. **d** (pointer) aiguille f, index m.

**2** **cpd** index arbitrage (St Ex) arbitrage sur indice. – **index board** (US) tableau indicateur. – **index book** répertoire. – **index card** fiche. – **index clause** clause index. – **index correction** (Stat) correction du zéro. – **index figure** indice. – **index file** fichier. – **index fund** fonds de placement basé sur l'indice des valeurs mobilières, fonds indiciel. – **Index of Industrial Production** (GB) indice de la production industrielle. – **index of lagging indicators** indice des indicateurs retardés d'activité. – **index of leading indicators** indice des indicateurs précurseurs or avancés d'activité, indice des indicateurs de tendance. – **index linkage** or **linking** (Econ) indexation. – **index-linked** assurance, allowance indexé. – **index number** (nombre) indice. – **index options** (St Ex) options fpl sur indice. – **index point** point d'indice; **the shares have gained a half index point** les actions ont progressé d'un demi-point d'indice.

**3** **vt** wages, prices, reference indexer; word faire figurer dans l'index.

**indexation** [ˌɪndekˈseɪʃən] **n** indexation f.

**indexing** [ˈɪndeksɪŋ] **n** indexation f; (St Ex) *gestion de portefeuille à partir de l'indice des valeurs mobilières.*

**India** [ˈɪndɪə] **n** Inde f.

**Indian** [ˈɪndɪən] **1** **adj** indien. **2** **n** (inhabitant) Indien(ne) m(f).

**indicator** [ˈɪndɪkeɪtəʳ] **n** **a** (gen, Econ) indicateur m. ◊ **the indicators are flashing warning signals** les clignotants sont au rouge; **key indicators** tableau de bord; **lagging indicators** (US) indicateurs retardés d'activité; **leading indicator** indicateur de tendance. **b** (index) indice m. ◊ **retail price indicator** indice des prix de détail; **all-items indicator** (St Ex) indice général des cours.

**indices** [ˈɪndɪsiːz] **npl** → index.

**indict** [ɪnˈdaɪt] **vt** mettre en accusation.

**indictable** [ɪnˈdaɪtəbl] **adj** passible de poursuites.

**indictment** [ɪnˈdaɪtmənt] **n** mise f en accusation.

**indifference** [ɪnˈdɪfrəns] **n** indifférence f. ◊ **indifference analysis** (Econ) analyse par courbe d'indifférence; **indifference curve** (Econ) courbe d'indifférence.

**indigenous** [ɪn'dɪdʒɪnəs] **adj** customs, language indigène, autochtone. ◊ **indigenous production** [region] production locale; [country] production nationale or intérieure.

**indirect** [ˌɪndɪ'rekt] **adj** tax, production indirect. ◊ **indirect arbitrage** (St Ex) arbitrage indirect; **indirect charges** or **costs** frais indirects, charges indirectes; **indirect damages** dommages indirects; **indirect exchange** (Ins) échange indirect; **indirect labour** coût fixe de main-d'œuvre, charges indirectes de main-d'œuvre, main-d'œuvre indirecte; **indirect manufacturing costs** frais généraux de production; **indirect materials** (Ind, Acc) matières indirectes or consommables; **indirect parity** parités croisées; **indirect selling** vente indirecte; **indirect taxation** imposition indirecte.

**individual** [ˌɪndɪ'vɪdjʊəl] **1 n** individu m. ◊ **a private individual** un simple particulier. **2 adj** individuel, particulier. ◊ **individual income tax** impôt sur le revenu des personnes physiques; **individual consumer** consommateur individuel; **individual firm** entreprise individuelle; **individual proprietorship** (Jur) société unipersonnelle; **each individual product** chaque produit (considéré individuellement).

**Indonesia** [ˌɪndəʊ'niːzɪə] **n** Indonésie f.

**Indonesian** [ˌɪndəʊ'niːzɪən] **1 adj** indonésien. **2 n** (inhabitant) Indonésien(ne) m(f).

**indorse** [ɪn'dɔːs] **vt** → endorse.

**indorsement** [ɪn'dɔːsmənt] **n** → endorsement.

**indorser** [ɪn'dɔːsər] **n** → endorser.

**induce** [ɪn'djuːs] **vt** (bring about) produire, provoquer, amener; (persuade) persuader (sb to do qn de faire), inciter (sb to do qn à faire). ◊ **good advertising induces people to buy** la bonne publicité incite les gens à acheter.

**induced** [ɪn'djuːsd] **adj** consumption, demand, investment induit.

**inducement** [ɪn'djuːsmənt] **n a** (incentive) encouragement m, incitation f (to do à faire); (pej : bribe) pot-de-vin m. ◊ **fiscal / monetary inducement** incitation fiscale / monétaire; **financial inducements** encouragements financiers; **as an added inducement we can offer...** comme avantage supplémentaire nous pouvons vous offrir... **b** (Jur) [contract] origine f, cause f première.

**induction** [ɪn'dʌkʃən] **n** [new staff members] insertion f, intégration f; [president] installation f. ◊ **induction course** or **training** stage

préparatoire d'intégration, stage d'accueil et d'orientation.

**indulge** [ɪn'dʌldʒ] **vt** (Comm, Fin) accorder des délais de paiement à.

**indulgence** [ɪn'dʌldʒəns] **n** (Comm, Fin) délai m de paiement.

**industrial** [ɪn'dʌstrɪəl] **1 adj a** sector, region, complex industriel. ◊ **the Industrial Revolution** la révolution industrielle; **industrial bond** bon industriel; **industrial buying** achat de biens industriels; **industrial country** pays industrialisé; **industrial designer** dessinateur industriel; **industrial drawing** dessin industriel; **industrial espionage** or **spying** espionnage industriel; **industrial estate** (GB) or **park** (US) zone industrielle; **industrial exhibition** foire industrielle, Salon de l'industrie; **industrial goods** biens industriels; **industrial hereditaments** (Jur) installations industrielles; **industrial marketing** marketing industriel; **industrial property** propriété industrielle; **industrial selling** vente de produits industriels; **industrial shares** (valeurs) industrielles; **industrial worker** travailleur de l'industrie. **b** (concerning conditions of work) **industrial accident** or **injury** accident du travail; **industrial action** action revendicative, grève; **to take industrial action** faire grève, se mettre en grève; **industrial disablement** invalidité; **industrial disease** maladie professionnelle; **industrial dispute** conflit social, conflit du travail; **industrial health** or **hygiene** hygiène du travail; **industrial medicine** médecine du travail; **industrial problems** problèmes sociaux; **industrial relations** relations sociales, relations patronat-syndicats; **industrial safety** prévention des accidents du travail; **industrial training** formation professionnelle; **industrial court** or **tribunal** conseil de prud'hommes; **industrial unrest** troubles sociaux, malaise social. **2 industrials** npl (St Ex) industrielles fpl, valeurs fpl industrielles.

**industrialism** [ɪn'dʌstrɪəlɪzəm] **n** industrialisme m.

**industrialist** [ɪn'dʌstrɪəlɪst] **n** industriel m.

**industrialization, industrialisation** [ɪnˌdʌstrɪəlaɪ'zeɪʃən] **n** industrialisation f.

**industrialize, industrialise** [ɪn'dʌstrɪəlaɪz] **vt** industrialiser.

**industry** ['ɪndəstrɪ] **n** (gen) industrie f; (industrial segment) branche f d'activité, secteur m (d'activité). ◊ **the aircraft industry** l'industrie aéronautique, l'aéronautique; **the car** (GB) or **automobile** (US) **industry** l'industrie automobile, l'automobile; **the food-processing industry** l'agro-alimentaire; **the insurance industry** les assurances, le secteur des assurances; **the steel industry** l'industrie sidérurgique, la sidérurgie; **the textile industry** l'industrie textile, le textile; **light / heavy industry** industrie légère / lourde; **capital-intensive industry** industrie capitalistique, industrie à forte intensité de capitaux; **cottage or home industry** industrie artisanale; **extractive industry** industrie minière or extractive; **labour-intensive industry** industrie travaillistique, industrie à fort coefficient de main-d'œuvre; **manufacturing industry** industrie manufacturière or de transformation; **primary / secondary / tertiary industry** (sector) secteur primaire / secondaire / tertiaire; **process-(ing) industry** industrie de transformation; **service industry** (sector) (secteur) tertiaire; (individual industry) industrie de service.

**ineffective** [ˌɪnɪˈfektɪv] **adj** action, measure inefficace, sans effet; person incapable, incompétent. ◊ **ineffective time** (Comp) temps d'inutilisation.

**inefficiency** [ˌɪnɪˈfɪʃənsɪ] **n** [person] incompétence f, incapacité f, manque m d'efficacité; [action, measure, machine] inefficacité f.

**inelastic** [ˌɪnɪˈlæstɪk] **adj** demand, supply inélastique.

**inelasticity** [ˌɪnɪlæsˈtɪsɪtɪ] **n** [demand, supply] inélasticité f.

**ineligible** [ɪnˈelɪdʒəbl] **adj** **a** candidate inéligible. **b** **ineligible for** qui ne remplit pas les conditions requises pour; **ineligible for social security benefits** n'ayant pas droit aux prestations de la Sécurité sociale; **he is ineligible to vote** il n'a pas le droit de voter. **c** (Fin) bill, paper non bancable.

**inertia** [ɪˈnɜːʃə] **n** inertie f. ◊ **inertia selling** vente forcée par correspondance.

**inexpensive** [ˌɪnɪksˈpensɪv] **adj** bon marché, peu coûteux, pas cher.

**inexpensively** [ˌɪnɪksˈpensɪvlɪ] **adv** buy à bon marché; equip à peu de frais, à bon compte; live à peu de frais.

**inexperience** [ˌɪnɪksˈpɪərɪəns] **n** inexpérience f, manque m d'expérience.

**inexperienced** [ˌɪnɪksˈpɪərɪənst] **adj** inexpérimenté.

**infancy** [ˈɪnfənsɪ] **n** ◊ **this industry is still in its infancy** cette industrie est encore dans l'enfance.

**infant** [ˈɪnfənt] **n** (jeune) enfant mf, mineur(e) m(f). ◊ **infant industry** industrie naissante; **infant mortality** mortalité infantile.

**infected** [ɪnˈfektɪd] **adj** contaminé, infecté. ◊ **infected ship** navire en quarantaine; **infected with fraud** (Jur) entaché de fraude.

**inferior** [ɪnˈfɪərɪəʳ] **adj** position inférieur (*to* à); goods, products de qualité inférieure.

**infirm** [ɪnˈfɜːm] **vt** (Jur) invalider, infirmer.

**inflammable** [ɪnˈflæməbl] **1** **adj** inflammable.
**2** **inflammables npl** produits mpl inflammables.

**inflate** [ɪnˈfleɪt] **vt** tyre, bill gonfler; prices faire monter; economy relancer. ◊ **to inflate the currency** recourir or avoir recours à l'inflation.

**inflated** [ɪnˈfleɪtɪd] **adj** prices gonflé. ◊ **the country is suffering from an inflated currency** le pays souffre d'une inflation monétaire.

**inflation** [ɪnˈfleɪʃən] **1** **n** (gen : Econ) inflation f; [prices] hausse f, inflation f. ◊ **cost inflation, cost-push inflation, cost-induced inflation** inflation par les coûts; **creeping or crawling inflation** inflation rampante; **demand inflation, demand-pull inflation** inflation par la demande; **galloping or runaway inflation** inflation galopante; **hyper-inflation** hyper-inflation; **imported inflation** inflation importée; **monetary inflation** inflation monétaire; **price inflation** inflation par les prix; **rampant inflation** inflation généralisée; **repressed or suppressed or pent-up inflation** inflation contenue; **spiralling inflation** inflation galopante; **wage inflation** inflation des salaires.
**2** **cpd inflation accounting** comptabilité d'inflation. – **inflation differential** différentiel or écart d'inflation.

**inflationary** [ɪnˈfleɪʃnərɪ] **adj** inflationniste. ◊ **inflationary gap** écart d'inflation; **inflationary spiral** spirale inflationniste; **inflationary tendency** tendance inflationniste or à l'inflation.

**inflationism** [ɪnˈfleɪʃənɪzəm] **n** inflationnisme m, inflation f fiduciaire.

**inflationist** [ɪnˈfleɪʃənɪst] **n** partisan m de l'inflation.

**inflow** [ˈɪnfləʊ] **n** [goods] afflux m. ◊ **inflow of money** (into country) entrée(s) de devises; (into company) rentrée(s) d'argent.

**influence** [ˈɪnfluəns] **1** **n** influence f.
**2** **vt** person, decision, strategy influencer; prices, costs, stock market influer sur, exercer une influence sur.

**influencer** [ˈɪnfluənsəʳ] **n** (Mktg) prescripteur m.

**influential** [ˌɪnfluˈenʃəl] **adj** ◊ **to be influential** avoir de l'influence.

**influx** [ˈɪnflʌks] **n** [people, imported goods] afflux m, flot m, arrivée f massive; [complaints] avalanche f; [capital] afflux m.

**info** [ˈɪnfəʊ] n abbr of *information*. ◊ **for info** pour information ; **info centre** (Comp) infocentre.

**inform** [ɪnˈfɔːm] vt (let know) informer, avertir, aviser (*of* de) ; (give information) renseigner (*about* sur). ◊ **to inform sb of sth** informer qn de qch, faire savoir qch à qn ; **to keep sb informed** tenir qn au courant ; **we are pleased / we regret to inform you that...** nous avons le plaisir / le regret de vous informer or de vous faire savoir que...

**informal** [ɪnˈfɔːməl] adj person, manners simple ; meeting, visit sans cérémonie, informel ; agreement, announcement officieux. ◊ **informal interview** entretien non directif.

**informality** [ˌɪnfɔːˈmælɪtɪ] n [person, manner] simplicité f ; [meeting, visit] absence f de cérémonie ; [agreement, announcement] caractère m officieux.

**informant** [ɪnˈfɔːmənt] n (gen) informateur (-trice) m(f) ; (Mktg) personne f interrogée.

**informatics** [ˌɪnfɔːˈmætɪks] n informatique f.

**information** [ˌɪnfəˈmeɪʃən] **1** n renseignements mpl, informations fpl. ◊ **a piece of information** un renseignement, une information ; **we need more information** il nous faut plus d'informations ; **to give sb information about** or **on** renseigner qn sur ; **for further information please write to our sales manager** pour de plus amples renseignements or pour tous renseignements complémentaires écrivez à notre directeur des ventes ; **to Mr Jenkins for information** à M. Jenkins pour information ; **I am enclosing our catalogue for your information** à titre d'information je joins notre catalogue ; **to gather information** (gen) réunir les informations or les données ; (Comp) collecter les données ; **management information system** système d'informatique de gestion ; **source of information** source d'information ; **inside information** informations privilégiées ; **upward / downward / sideways information** information ascendante / descendante / latérale.
**2** cpd **information bureau** bureau de renseignements ; **tourist information bureau** (in town) syndicat d'initiative. – **information centre** bureau de renseignements ; (Mktg) centre d'informations ; (Comp) infocentre. – **information content** contenu informationnel. – **information copy** (Admin) copie pour information. – **information desk** : **please ask at the information desk** veuillez demander à l'accueil or aux renseignements. – **information economics** économie de l'information. – **information engineer** ingénieur informaticien. – **information flow** (organization) flux de l'information ; (volume) flux d'informations. – **information gathering** collecte de don-

nées. – **information handling** traitement de l'information. – **information intermediaries** (Fin, St Ex) intermédiaires mpl de l'information (financière). – **information management** gestion de l'information. – **information office** bureau de renseignements. – **information overload** surcharge d'informations. – **information processing** traitement de l'information, informatique ; **information processing system** système informatique. – **information retrieval** (gen, Comp) collecte de données ; (in library) recherche documentaire ; **information retrieval service** (Comp) centre serveur ; **information retrieval system** système de recherche documentaire or de collecte de données. – **information storage** (Comp) stockage de l'information. – **information system** (Comp) système informatique ; **management information system** informatique de gestion, système de gestion informatisé. – **information science** or **technology** informatique. – **information theory** théorie de l'information.

**informational** [ˌɪnfɔːˈmeɪʃənəl] adj informationnel. ◊ **informational asymmetry** (Acc) asymétrie informationnelle.

**informative** [ɪnˈfɔːmətɪv] adj letter, meeting instructif ; (Mktg) informatif. ◊ **informative advertising** publicité informative ; **informative labelling** (Mktg) étiquetage informatif.

**infrastructure** [ˈɪnfrəˌstrʌktʃəʳ] n infrastructure f. ◊ **infrastructure expenditure / investment** dépenses / investissement d'infrastructure.

**infringe** [ɪnˈfrɪndʒ] vt law, rule enfreindre, transgresser, contrevenir à, violer ; treaty, agreement violer ; obligation contrevenir à ; copyright enfreindre. ◊ **to infringe a patent** commettre une contrefaçon de brevet ; **to infringe a patented product** contrefaire un produit breveté.

**infringement** [ɪnˈfrɪndʒmənt] n [law, rule] infraction f (*of* à), transgression f (*of* de), contravention f (*of* à), violation f (*of* à). ◊ **infringement of a patent** contrefaçon ; **infringement of secrecy** violation du secret ; **infringement suit** (Jur) action en contrefaçon.

**infuse** [ɪnˈfjuːz] vt credit injecter.

**infusion** [ɪnˈfjuːʒən] n [credit] injection f.

**ingot** [ˈɪŋgət] n lingot m. ◊ **ingot gold / steel** or / acier en lingots.

**ingress** [ˈɪŋgres] n (Jur) entrée f. ◊ **to have free ingress** avoir le droit d'entrée.

**inherent** [ɪnˈhɪərənt] adj (gen) inhérent ; (Jur) propre (*in, to* à). ◊ **inherent defect** or **vice** vice propre.

**inherit** [ɪnˈherɪt] **vt** hériter (de). ◊ **to inherit a company** hériter (d')une entreprise ; **to inherit a company from sb** hériter une entreprise de qn ; **inherited audience** (Pub) audience héritée de l'émission précédente.

**inheritance** [ɪnˈherɪtəns] **n** héritage m.

**inhibition** [ˌɪnhɪˈbɪʃən] **n** (gen) inhibition f ; (Jur) interdiction f. ◊ **to place an inhibition on a sale** mettre une interdiction sur une vente, interdire une vente.

**in-home** [ˈɪnhəʊm] **adj** ◊ **in-home selling** vente par les consommateurs ; **in-home media** média(s) qui pénètrent chez le consommateur.

**in-house** [ˈɪnhaʊs] **adj** (within company) interne. ◊ **in-house agency** agence interne ; **in-house software** logiciel propre or interne, logiciel maison ; **in-house training** formation interne or dans l'entreprise or sur le lieu de travail ; **it was done in-house** cela a été traité en interne.

**initial** [ɪˈnɪʃəl] **1** **adj** capital, sale, investment initial. ◊ **initial bid** (at auction) première offre or enchère ; **initial cost** (gen) coût initial ; [product] prix de revient ; **initial expenditure** or **outlay** (in starting up a business) frais d'établissement ; **initial inventory** stock initial ; **initial public offering** (St Ex) (première) introduction sur le marché, offre publique de vente ; **initial value** valeur initiale or de départ.
**2** **vt** correction, clause in contract parafer, parapher, émarger ; (approve) purchase order, slip viser.
**3** **n** (letter) initiale f. ◊ **to put one's initials on sth** apposer son paraphe or son visa sur qch, mettre ses initiales sur qch.

**initialization, initialisation** [ɪˌnɪʃəlaɪˈzeɪʃən] **n** (Comp) initialisation f.

**initialize, initialise** [ɪˈnɪʃəˌlaɪz] **vt** (Comp) initialiser.

**initiate** [ɪˈnɪʃɪeɪt] **vt** a negotiations entamer, engager, amorcer ; operation déclencher, lancer ; scheme lancer, inaugurer ; enterprise se lancer dans ; (Comp) program lancer. ◊ **to initiate proceedings against sb** entamer des poursuites contre qn. b person initier (into à).

**initiative** [ɪˈnɪʃətɪv] **n** initiative f. ◊ **to take the initiative** prendre l'initiative (in doing sth de faire qch) ; **private initiative** initiative privée.

**initiator** [ɪˈnɪʃɪˌeɪtəʳ] **n** [scheme] créateur(-trice) m(f), instigateur(-trice) m(f). ◊ **the initiator of the idea** celui qui a lancé l'idée.

**inject** [ɪnˈdʒekt] **vt** injecter. ◊ **to inject new capital into a company** injecter or apporter de l'argent frais dans une entreprise.

**injection** [ɪnˈdʒekʃən] **n** injection f. ◊ **an injection of new capital** une injection or un apport de capital frais.

**injunction** [ɪnˈdʒʌŋKʃən] **n** (gen) ordre m ; (Jur) injonction f, sommation f ; (court order) mise f en demeure (to do de faire ; against doing de ne pas faire). ◊ **to obtain a court injunction** obtenir une mise en demeure (against contre).

**injure** [ˈɪndʒəʳ] **vt** a (physically) blesser. b (wrong) person faire du tort à, nuire à, porter préjudice à, léser ; reputation, sb's interests, chances compromettre ; cargo, goods endommager, avarier.

**injured** [ˈɪndʒəd] **adj** (Med) blessé ; (in accident) accidenté ; goods, cargo endommagé, avarié. ◊ **the injured party** (Jur) la partie lésée.

**injury** [ˈɪndʒərɪ] **n** a (physical) blessure f. ◊ **bodily injury** dommages corporels ; **industrial injury** accident du travail ; **there were fewer injuries in the factory last year** il y a eu moins de blessés par accident dans l'entreprise l'année dernière. b (wrong) (to person) tort m, préjudice m ; (to reputation) atteinte f (to à). c (Comm, Mar) avarie f, dégâts mpl.

**ink** [ɪŋk] **n** encre f. ◊ **ink jet printer** imprimante à jet d'encre.

**inland** [ˈɪnlænd] **adj** a (not coastal) sea, town intérieur ; navigation, port intérieur, fluvial ; freight terrestre. ◊ **inland marine insurance** assurance fluviale ; **inland waterways** voies fluviales or navigables ; **inland waterways bill of lading** connaissement fluvial ; **inland waterways consignment note** récépissé fluvial. b (GB : domestic) intérieur. ◊ **inland duties** taxes intérieures ; **inland money order** mandat sur l'intérieur ; **inland parcel** colis postal de régime intérieur ; **inland (postal) rate** tarif intérieur ; **inland trade** commerce intérieur ; **inland bill of exchange / invoice** traite / facture sur l'intérieur. c (GB : Tax) **The Inland Revenue** le fisc.

**inline** [ˈɪnlaɪn] **adj** (Comp) processing séquentiel, direct, immédiat.

**inner** [ˈɪnəʳ] **adj** intérieur, interne. ◊ **inner reserves** (Fin) réserves latentes or occultes ; **inner-city development** aménagement du centre-ville.

**innominate** [ɪˈnɒmɪneɪt] **adj** (Jur) innommé.

**innovate** [ˈɪnəʊveɪt] **vti** innover.

**innovation** [ˌɪnəʊˈveɪʃən] **n** innovation f. ◊ **innovation theory** théorie de l'innovation.

**innovative** [ɪˈnəʊvətɪv], **innovatory** [ɪˈnəʊvətərɪ] **adj** innovateur, novateur.

**innovator** [ˈɪnəʊveɪtəʳ] n innovateur(-trice) m(f), innovateur(-trice) m(f).

**inofficious** [ˌɪnəˈfɪʃəs] adj ◊ **inofficious clause** (Jur) clause inopérante.

**inoperative** [ɪnˈɒpərətɪv] adj inopérant. ◊ **inoperative clause** (Jur) clause inopérante.

**in-pack** [ˈɪnpæk] adj ◊ **in-pack premium** (Pub) cadeau placé à l'intérieur d'un emballage.

**in-plant** [ˈɪnplɑːnt] adj interne. ◊ **in-plant training** formation interne or sur le lieu de travail.

**in-process** [ˌɪnˈprəʊses] adj ◊ **in-process inventory control** gestion des en-cours.

**input** [ˈɪnpʊt] **1** n **a** (gen, Comp) entrée f, introduction f. ◊ **the input of raw materials into the factory has increased** la consommation de matières premières par l'usine a augmenté ; **we need a regular input of new ideas** nous avons besoin d'un flux constant de nouvelles idées ; **his input was crucial to the success of the meeting** sa contribution a été déterminante dans le succès de la réunion ; **water input** arrivée d'eau. **b** (Econ) **inputs** facteurs de production, (facteurs) intrants. **c** (Ind) **inputs** (materials, parts) consommations intermédiaires ; (Comp : data) données en entrée or à traiter, input. **d** (Elec) [machine] consommation f. ◊ **input** (on device) alimentation f.
**2** cpd **input costs** (Ind) coûts mpl en entrée. — **input data** (Comp) données fpl en entrée, données fpl à traiter, input. — **input device** (Comp) unité d'entrée, périphérique d'entrée. — **input file** (Comp) fichier d'entrée. — **input message** (Comp) message d'entrée. — **input tax** (Ind) taxe payée par le fabricant sur ses consommations intermédiaires. — **input unit** (Comp) unité d'entrée.
**3** vt (Comp) entrer, introduire.

**input-output** [ˈɪnpʊtˈaʊtpʊt] **1** n (Comp) entrée-sortie f ; (Ind) consommations fpl et production f, intrant-extrant m.
**2** cpd **input-output analysis** analyse intrants-extrants. — **input-output control** (Comp) contrôle des entrées-sorties. — **input-output device** (Comp) unité or périphérique d'entrée-sortie. — **input-output table** (Econ) tableau d'entrées-sorties.

**inquire** [ɪnˈkwaɪəʳ] vi se renseigner (about sur), s'informer, s'enquérir (about de). ◊ **I am writing to inquire about your range of summer goods** je vous écris pour avoir des renseignements sur votre gamme d'été ; **inquire within** (on notice) pour tout renseignement s'adresser ici ; **inquire at the infor-**

**mation desk** s'adresser aux renseignements.

**inquire into** vt fus problem, subject examiner, étudier ; (Jur) enquêter sur, faire une enquête sur.

**inquirer** [ɪnˈkwaɪərəʳ] n personne f qui demande des renseignements.

**inquiry** [ɪnˈkwaɪərɪ] **1** n **a** (request for information) demande f de renseignements or d'informations. ◊ **to make inquiries about** se renseigner sur, demander des renseignements sur ; **with reference to your inquiry of April 2** en réponse à votre demande du 2 avril ; **we have had numerous inquiries about our products** nous avons reçu de nombreuses demandes de renseignements sur nos produits ; **all inquiries to...** pour tous renseignements s'adresser à... ; **Inquiries** (sign) Renseignements ; **letter of inquiry** lettre de demande de renseignements ; **inquiry test** (Pub) mesure du nombre de demandes d'information en retour à la suite d'une campagne publicitaire ; **cost per inquiry** (Pub) coût par demande d'information en retour. **b** (Admin, Jur) enquête f, investigation f. ◊ **to hold an inquiry into** enquêter or faire une enquête sur ; **committee of inquiry** commission d'enquête ; **public inquiry** enquête officielle. **c** (Comp) interrogation f. ◊ **remote inquiry** interrogation à distance. **d** (Comm) **status inquiry** enquête sur la situation financière or sur la solvabilité.
**2** cpd **inquiry agency** agence se chargeant d'enquêter sur la solvabilité des personnes ou des entreprises. — **inquiry desk** (bureau de) renseignements mpl. — **inquiry form** formulaire de demande de renseignements. — **inquiry office** bureau de renseignements. — **inquiry station** or **terminal** (Comp) terminal or poste d'interrogation.

**inroad** [ˈɪnrəʊd] n ◊ **to make inroads upon** or **into** sb's rights empiéter sur ; market pénétrer ; savings entamer ; **this model failed to make deep inroads into the German market** ce modèle n'a pas réussi à pénétrer profondément le marché allemand.

**inscribed** [ɪnˈskraɪbd] adj ◊ **inscribed government stock** actions inscrites (au grand livre de la Dette publique).

**inscription** [ɪnˈskrɪpʃən] n inscription f. ◊ **inscription in the Trade Register** inscription au registre du commerce.

**insert** [ɪnˈsɜːt] **1** vt (gen) insérer (in, into dans ; between entre). ◊ **to insert an ad in a paper** insérer or passer or mettre une annonce dans un journal.
**2** n (page) encart m ; (advertisement, word) insertion f ; (Tech) pièce f insérée, ajout m. ◊ **insert mode** (Comp) mode insertion.

**insertion** [ɪn'sɜːʃən] **1** n insertion f. ◊ **our rate is $150 per insertion** (Pub) notre tarif est de 150 dollars par insertion.

**2** cpd **insertion order** (Pub) demande d'insérer or d'insertion. – **insertion rate** (Pub) tarif des insertions.

**inset** ['ɪnset] **1** n (Typ) (leaflet, pages) encart m ; (single page) feuillet m intercalaire. ◊ **inset ad** encart publicitaire.

**2** vt (Typ) page, leaflet encarter, insérer, intercaler ; (Pub) illustration insérer en cartouche.

**inside** ['ɪn'saɪd] adj ◊ **inside information** informations privilégiées ; **inside front / back cover** deuxième / troisième de couverture.

**insider** [ɪn'saɪdəʳ] n (St Ex) initié(e) m(f). ◊ **insider dealing, insider trading** délit d'initiés.

**insolvency** [ɪn'sɒlvənsɪ] n (gen) insolvabilité f ; (bankruptcy) faillite f. ◊ **to be in a state of insolvency** [person] être insolvable ; [company] être en état de faillite or de cessation de paiements.

**insolvent** [ɪn'sɒlvənt] adj insolvable. ◊ **to declare o.s. insolvent** [person] se déclarer insolvable ; [company] se déclarer en faillite, déposer son bilan ; **to be insolvent** [person] être insolvable ; [company] être en état de faillite or de cessation de paiements.

**inspect** [ɪn'spekt] vt (gen) inspecter ; ticket contrôler ; machinery, products inspecter, contrôler ; accounts examiner, vérifier ; (Customs) luggage, goods visiter.

**inspection** [ɪn'spekʃən] **1** n (gen) inspection f ; [ticket] contrôle m ; [machinery, products] inspection f, contrôle m ; [accounts] examen m, vérification f ; (Customs) [goods, luggage] visite f. ◊ **to buy goods on inspection** acheter des marchandises après examen ; **to make a tour of inspection in a factory** faire une visite d'inspection dans une usine ; **upon close inspection of the project we have decided against it** à la suite d'un examen approfondi du projet nous avons décidé de nous y opposer ; **tax inspection** contrôle fiscal.

**2** cpd **inspection copy** (book) spécimen. – **inspection order** (Customs) bon d'ouverture. – **inspection register** (Customs) registre de visite.

**inspector** [ɪn'spektəʳ] n (in factory) inspecteur m ; (on bus, train) contrôleur m. ◊ **inspector of taxes, tax inspector** (GB) contrôleur or inspecteur des contributions directes ; **factory inspector** inspecteur du travail ; **insurance inspector** inspecteur d'une compagnie d'assurances.

**inspectorship** [ɪn'spektəʃɪp] n ◊ **deed of inspectorship** (Jur) *convention pour la nomination d'un syndic entre les créanciers et le failli.*

**inst.** abbr of *instant.*

**instal(l)** [ɪn'stɔːl] vt system, procedure, factory installer, implanter.

**installation** [ˌɪnstə'leɪʃən] n installation f. ◊ **port installations** installations portuaires ; **installation allowance** indemnité or prime d'installation.

**installed** [ɪn'stɔːld] cpd **installed base** (Comp) parc de machines. – **installed capacity** capacité installée. – **installed value** valeur des installations.

**instalment** (GB), **installment** (US) [ɪn'stɔːlmənt] **1** n **a** (Comm) acompte m, versement m partiel or périodique ; (monthly) mensualité f, versement m mensuel ; (St Ex) versement m. ◊ **to pay an instalment** faire un versement partiel, verser un acompte or des arrhes ; **to pay in or by instalments** payer en plusieurs versements or par versements échelonnés ; **to pay in or by monthly instalments** payer par mensualités ; **to pay off in 24 monthly instalments of £60** rembourser en 24 mensualités de 60 livres ; **instalment on account** acompte provisionnel ; **annual instalment** annuité, versement annuel ; **final instalment** versement libératoire ; **fixed instalment** versement fixe ; **shipment by instalments** expédition partielle. **b** [loan, credit] tranche f. ◊ **to launch a loan in instalments** émettre un emprunt par tranches.

**2** cpd **installment agreement** (US) contrat de vente à tempérament or à crédit. – **installment buying** (US) achat à tempérament. – **installment contract** (US) contrat de vente à tempérament or à crédit. – **installment credit** (US) crédit à tempérament. – **installment loan** (US) prêt remboursable par versements échelonnés. – **installment method** *méthode comptable qui consiste à n'affecter à l'exercice que les versements effectués.* – **installment note** (US) *billet à ordre destiné aux achats à crédit.* – **installment payment** (US) (plan) paiement à tempérament or par versements échelonnés ; (one payment) acompte, versement partiel ; **installment payments** versements périodiques or échelonnés. – **installment plan** (US) contrat de vente à tempérament or à crédit ; **to buy on the installment plan** acheter à tempérament or à crédit. – **installment sale** or **selling** (US) vente à tempérament or à crédit. – **installment system** (US) système de vente à tempérament or à crédit. – **installment trading** (US) la vente à tempérament or à crédit. – **installment transaction** (US) marché à tempérament, transaction à crédit.

**instance** ['ɪnstəns] n (example) exemple m, cas m ; (occasion) circonstance f, occasion f. ◊ **for**

instance par exemple ; **in the first instance** en premier lieu ; **in the present instance** dans le cas actuel or présent ; **at the instance of** sur or à la demande de, sur l'instance de.

**instant** ['ɪnstənt] **adj** (gen) immédiat, instantané ; (business correspondence) courant. ◊ **your letter of the 3rd instant** votre lettre du 3 courant ; **on the 6th instant** le 6 courant.

**institute** ['ɪnstɪtjuːt] **1** **vt** **a** (establish) instituer, établir. ◊ **newly instituted** post récemment créé ; organization de fondation récente. **b** (Jur) inquiry ouvrir. ◊ **to institute proceedings against sb** entamer des poursuites contre qn, intenter un procès à qn. **c** (Jur) **to institute sb as heir** instituer qn héritier. **2** **n** institut m. ◊ **Institute Clause** (GB Mar Ins) clause Institute.

**institution** [ˌɪnstɪ'tjuːʃən] **n** (organization) établissement m, organisme m. ◊ **financial institution** établissement or organisme financier ; **credit institution** organisme or établissement or institution de crédit ; **investment institution** société de placement.

**institutional** [ˌɪnstɪ'tjuːʃənl] **adj** (gen, St Ex) institutionnel. ◊ **institutional economics** économie des acheteurs institutionnels ; **institutional investors** (St Ex) investisseurs institutionnels, zinzins* ; **institutional monopoly** monopole institutionnel ; **institutional advertising** publicité institutionnelle.

**institutionalize, institutionalise** [ˌɪnstɪ'tjuːʃnəlaɪz] **vt** procedure, system institutionnaliser.

**in-store** ['ɪnstɔːr] **adj** ◊ **in-store merchandising** merchandising interne or en magasin ; **in-store promotion** publicité sur le lieu de vente, PLV.

**instruct** [ɪn'strʌkt] **vt** **a** (teach) person instruire. ◊ **to instruct sb in sth** apprendre qch à qn, enseigner qch à qn ; **to instruct sb in how to do sth** enseigner or apprendre à qn comment faire qch. **b** (order, direct) person donner des instructions or des ordres à. ◊ **to instruct sb to do sth** charger qn de faire qch, ordonner à qn de faire qch ; **to instruct the jury** [judge] donner des instructions au jury.

**instruction** [ɪn'strʌkʃən] **n** **a** (teaching) instruction f, enseignement m. ◊ **to give instruction to sb in the use of sth** apprendre à qn à se servir de qch. **b** **instructions** (gen) directives, instructions ; (formal orders) consignes ; **to carry out instructions** exécuter des ordres ; **to comply with the customer's instructions** se conformer aux directives or aux instructions du client ; **we are awaiting your instructions** nous attendons vos instructions or vos consignes ; **forwarding** or **shipping instructions** instructions relatives à l'expédition, consignes d'expédition. **c** **instructions** (on use of sth) mode d'emploi, conseils d'utilisation ; (Pharm) mode d'emploi, indications ; (Tech) indications techniques ; **instruction book** or **manual** guide or manuel d'utilisation ; **safety instructions** (notice) notice de sécurité ; (advice) consignes de sécurité. **d** (Comp) instruction f. ◊ **instruction word / format** mot / format d'instruction.

**instructor** [ɪn'strʌktər] **n** (Tech, Comp) instructeur m.

**instrument** ['ɪnstrumənt] **n** **a** (tool) instrument m. **b** (Fin) instrument m ; (bill, cheque, draft) effet m. ◊ **negotiable instrument** instrument or effet négociable. **c** (Jur :- document) instrument m, acte m juridique. ◊ **instrument of transfer** acte de transmission ; **instrument of incorporation** statuts.

**instrumental** [ˌɪnstru'mentl] **adj** ◊ **instrumental capital** capital productif.

**insurability** [ɪnˌʃuərə'bɪlɪtɪ] **n** assurabilité f.

**insurable** [ɪn'ʃuərəbl] **adj** risk, value assurable.

**insurance** [ɪn'ʃuərəns] **1** **n** assurance f. ◊ **to take out (an) insurance against** souscrire or contracter une assurance contre, s'assurer contre ; **he received $200 insurance for the damage to the car** il a reçu 200 dollars de remboursement pour les dommages survenus à sa voiture ; **to be covered by insurance** être couvert par une assurance ; **she pays £50 a year in insurance** elle paie 50 livres d'assurance par an ; **he works in insurance** il travaille dans les assurances ; **insurance subject to safe arrival** (Mar) assurance sur bonne arrivée ; **insurance made lost or not lost** (Mar) assurance sur bonnes ou mauvaises nouvelles ; **additional insurance** assurance complémentaire ; **agreed-value insurance** assurance valeur agréée ; **all-risks** or **comprehensive insurance** assurance tous risques ; **annuity insurance** assurance vie avec option rente viagère ; **car** (GB) or **automobile** (US) **insurance** assurance automobile ; **bad debts insurance** assurance contre créances douteuses ; **blanket** (GB) or **packet** (US) or **block insurance** assurance globale or à couverture globale ; **business interruption insurance** assurance (pour) pertes d'exploitation ; **cargo insurance** assurance sur facultés ; **casualty insurance** assurance risques divers ; **property and liability insurance** (US) assurance risques divers ; **contributory insurance scheme** (caisse) mutuelle ; **credit insurance** assurance-crédit ; **declaration insurance** police d'assurance ouverte or d'abonnement or à primes révisables ; **employer's liability insurance** assurance responsabilité civile or RC de l'employeur ; **endowment**

insurance assurance à capital différé, assurance en cas de vie; **fire insurance** assurance contre l'incendie, assurance-incendie; **floating** or **open insurance** assurance flottante; **group insurance** assurance collective or de groupe; **health insurance** assurance (contre la) maladie; **house insurance** assurance-habitation; **hull insurance** assurance sur corps; **liability insurance** assurance responsabilité civile; **life insurance** assurance sur la vie, assurance-vie; **life insurance company** compagnie or société d'assurance-vie; **mutual** (GB) or **participating** (US) **insurance** assurance mutuelle; **National Insurance** (GB) Assurances sociales; **National Insurance benefits** (GB) prestations de la Sécurité sociale; **no fault insurance** (US) assurance sans faute; **package insurance** (US) assurance à couverture globale; **paid-up insurance** contrat d'assurance entièrement libéré; **professional liability insurance** assurance responsabilité professionnelle; **rent insurance** assurance contre la perte des loyers; **self-insurance** propre assurance, auto-assurance; **self-insurance reserve** fonds or réserve or provision de propre assureur; **social insurance** assurances sociales; **suretyship insurance** assurance sur la fidélité du personnel; **term (life) insurance** assurance terme fixe; **third party (liability) insurance** assurance au tiers; **unemployment insurance** assurance chômage; **water damage insurance** assurance (contre les) dégâts des eaux; **weather** or **pluvious insurance** assurance contre les intempéries; **whole life insurance** assurance décès, assurance vie-entière; **workmen's compensation insurance** (US) assurance contre les accidents du travail.
2 **cpd insurance adjuster** inspecteur régleur, expert en sinistres. – **insurance agent** courtier or agent d'assurances. – **insurance benefit** indemnité de sinistre. – **insurance broker** courtier d'assurances. – **insurance certificate** (gen) certificat d'assurance; (automobile) attestation d'assurance (automobile). – **insurance charges** frais d'assurance. – **insurance claim** (déclaration de) sinistre. – **insurance company** compagnie or société d'assurances. – **insurance consultant** assureur-conseil. – **insurance cover(age)** couverture, garantie. – **insurance fee** droit d'assurance. – **insurance loss** (to person) préjudice; (to property) sinistre, préjudice. – **insurance note** arrêté provisoire d'assurance. – **insurance policy** police d'assurance. – **insurance premium** prime (d'assurance), cotisation. – **insurance scheme** régime d'assurance. – **insurance stamps** (GB) vignette or timbre de contri-

bution à la Sécurité sociale. – **insurance surveyor** expert d'assurance. – **insurance taker** souscripteur, preneur d'assurance. – **insurance underwriter** (gen) assureur; (policy writer) rédacteur de production; (underwriting company) réassureur.

**insurant** [ɪnˈʃʊərənt] n assuré m, souscripteur m, preneur m d'assurance.

**insure** [ɪnˈʃʊəʳ] vt a vehicle, premises (faire) assurer. ◊ **to insure one's life** se faire assurer sur la vie, prendre une assurance-vie; **to insure (o.s.) against a risk** s'assurer contre un risque; **we have insured the machine for $10,000** nous avons assuré la machine pour 10 000 dollars. b (protect o.s.) se garantir de, se protéger de, se prémunir contre, parer à. ◊ **we wish to insure (ourselves) against late delivery** nous voulons parer au risque d'un retard de livraison, nous voulons nous garantir de or nous protéger d'un retard (éventuel) de livraison. c (guarantee) success garantir. ◊ **the letter of credit will insure that you are paid on time** la lettre de crédit garantit que vous serez payé à temps, grâce à la lettre de crédit vous êtes assuré d'être payé à temps. d (Post) letter charger.

**insured** [ɪnˈʃʊəd] 1 adj a person, property assuré. ◊ **insured peril** risque assuré. b (Post) chargé. ◊ **insured for F100** valeur déclarée 100 francs.
2 n ◊ **the insured** l'assuré.

**insurer** [ɪnˈʃʊərəʳ] n assureur m.

**int.** abbr of *interest*.

**intake** [ˈɪnteɪk] n [water] prise f, adduction f; [gas] admission f. ◊ **there has been a big intake of new graduates into our company** il y a eu un fort recrutement de jeunes diplômés dans notre société; **this year's intake** (Univ) la promotion qui rentre.

**intangible** [ɪnˈtændʒəbl] adj intangible. ◊ **intangible assets** (on balance sheet) immobilisations incorporelles, actif(s) incorporel(s); **intangible factors** impondérables; **intangible property** (Jur) biens incorporels.

**integral** [ˈɪntɪɡrəl] 1 adj (Math) intégral. ◊ **to be an integral part of sth** faire partie intégrante de qch; **integral payment** paiement intégral.
2 n (Math) intégrale f.

**integrate** [ˈɪntɪɡreɪt] vt intégrer. ◊ **we have integrated all our overseas activities** nous avons intégré toutes nos activités à l'étranger.

**integrated** [ˈɪntɪɡreɪtɪd] adj intégré. ◊ **integrated circuit** circuit intégré; **integrated data processing** traitement intégré des données or de l'information; **horizontally / vertically integrated company** société intégrée horizontalement / verticalement.

**integration** [ˌɪntɪˈgreɪʃən] n (gen, Econ) intégration f. ◊ **horizontal / vertical / forward / backward integration** intégration horizontale / verticale / en aval / en amont.

**integrator** [ˈɪntɪgreɪtəʳ] n intégrateur m. ◊ **systems integrator** (Comp) ensemblier.

**integrity** [ɪnˈtegrɪtɪ] n **a** (moral quality) intégrité f, honnêteté f, probité f. ◊ **a person of integrity** une personne intègre ; **business integrity** intégrité or probité dans les affaires. **b** (totality) intégrité f, totalité f. ◊ **in its integrity** dans son intégrité, dans sa totalité.

**intellectual** [ɪntɪˈlektjʊəl] adj intellectuel. ◊ **intellectual property** propriété intellectuelle.

**intelligence** [ɪnˈtelɪdʒəns] n **a** intelligence f. ◊ **intelligence quotient** quotient intellectuel ; **intelligence test** test d'aptitude intellectuelle ; **artificial intelligence** intelligence artificielle. **b** (information) renseignement(s) m(pl), informations f(pl).

**intelligent** [ɪnˈtelɪdʒənt] adj intelligent. ◊ **intelligent credit card** carte à mémoire ; **intelligent terminal** terminal intelligent.

**intend** [ɪnˈtend] vt avoir l'intention, se proposer, projeter (to do, doing de faire). ◊ **this plan is intended to improve efficiency** ce projet est destiné à améliorer l'efficacité.

**intended** [ɪnˈtendɪd] adj audience, target visé.

**intensification** [ɪnˌtensɪfɪˈkeɪʃən] n intensification f.

**intensify** [ɪnˈtensɪfaɪ] **1** vt intensifier. **2** vi s'intensifier.

**intensity** [ɪnˈtensɪtɪ] n intensité f. ◊ **capital intensity** intensité capitalistique ; **labour intensity** intensité travaillistique.

**intensive** [ɪnˈtensɪv] adj intensif. ◊ **capital-intensive industry** industrie à forte intensité de capitaux, industrie capitalistique ; **labour-intensive industry** industrie à fort coefficient de main-d'œuvre, industrie travaillistique ; **technology-intensive** à fort coefficient de technologie ; **intensive distribution** (Mktg) distribution intensive.

**intent** [ɪnˈtent] n intention f, but m, dessein m. ◊ **with intent to do** dans l'intention or dans le but or dans le dessein de faire ; **letter of intent** lettre or déclaration d'intention.

**intention** [ɪnˈtenʃən] n intention f, but m, dessein m. ◊ **with the intention of doing** dans l'intention or dans le but or dans le dessein de faire ; **purchasing intention** intention d'achat.

**intentional** [ɪnˈtenʃənl] adj intentionnel, voulu, délibéré.

**interact** [ɪntərˈækt] vi [factors] avoir une action mutuelle, agir l'un sur l'autre ; [people] correspondre, communiquer (with avec). ◊ **she interacts well with other people** elle a un bon contact ; **to interact with a computer** dialoguer avec un ordinateur.

**interaction** [ɪntərˈækʃən] n interaction f.

**interactive** [ɪntərˈæktɪv] adj course, computer interactif.

**interbank** [ˈɪntəbæŋk] adj transactions interbancaire, de banque à banque, entre banques. ◊ **interbank exchange rates** cours interbancaires ; **interbank fixing** fixing interbancaire ; **interbank market** marché interbancaire ; **interbank fixed rate** taux interbancaire moyen ; **interbank offered rate** taux interbancaire offert ; **interbank overnight market** marché monétaire au jour le jour entre banques ; **interbank overnight rate** taux du marché monétaire au jour le jour entre banques.

**interbranch** [ˈɪntəbrɑːntʃ] adj transactions, decisions entre succursales.

**intercept** [ɪntəˈsept] vt intercepter.

**interchange** [ˈɪntətʃeɪndʒ] n (exchange) échange m ; (alternation) alternance f. ◊ **an interchange of letters / ideas** un échange de lettres / d'idées.

**interchangeable** [ɪntəˈtʃeɪndʒəbl] adj goods fongible, interchangeable.

**interchannel** [ɪntəˈtʃænəl] adj (Comp) intercanal.

**inter-city** [ɪntəˈsɪtɪ] **1** adj highway interurbain ; train rapide. **2** n (train) rapide m.

**intercom** [ˈɪntəkɒm] n interphone m. ◊ **to call sb on or over the intercom** appeler qn à or par l'interphone.

**intercompany** [ɪntəˈkʌmpənɪ] adj transactions interentreprises, intersociétés. ◊ **intercompany comparison** analyse comparative interentreprises ; **intercompany holding** participation croisée ; **intercompany profits** bénéfices intersociétés.

**interconnect** [ɪntəkəˈnekt] **1** vt (Comp, Elec) interconnecter. **2** n (Comp, Elec) interconnexion f.

**interconnection** [ɪntəkəˈnekʃən] n interconnexion f.

**intercorporate** [ɪntəˈkɔːpərɪt] (US) adj investment interentreprises, intersociétés.

**interdepartmental** [ˈɪntəˌdiːpɑːtˈmentl] adj (within company or organization) meeting, project interdépartemental, entre plusieurs services.

**interdependence** [ˌɪntədɪ'pendəns] **n** interdépendance f.

**interdependent** [ˌɪntədɪ'pendənt] **adj** interdépendant.

**interest** ['ɪntrɪst] **1** **n** **a** (Fin : cost of borrowed money) intérêt(s) m(pl). ◊ **to lend (out) / put out at interest** prêter / placer à intérêt; **at an interest of 8%** à un taux d'intérêt de 8%, avec un intérêt de 8%; **to bear** or **yield** or **carry interest (at 10%)** rapporter un intérêt (de 10%), porter des intérêts (à 10%); **to borrow at interest** emprunter à intérêt; **to charge 5% interest** prélever or prendre un intérêt de 5%; **to pay interest** payer des intérêts; **interest on an investment / a loan** intérêts d'un placement / d'un prêt; **loan with interest** prêt à intérêt; **to capitalize interest** capitaliser les intérêts; **interest accrues from 1st January** les intérêts courent à partir du 1ᵉʳ janvier; **interest is compounded monthly** les intérêts sont calculés chaque mois; **crediting of interest takes place every six months** les intérêts sont crédités tous les six mois; **accrual of interest** accumulation des intérêts; **accrued interest** (St Ex) intérêts courus; (Fin) intérêts cumulés; (Acc) intérêts à recevoir; **back interest** arriérés d'intérêts; **default interest** intérêts moratoires; **deferred interest** intérêts différés; **net** or **pure interest** intérêt net; **ordinary** or **simple / compound interest** intérêts simples / composés; **penal interest** intérêts de retard; **variable interest** intérêts variables; **a variable-interest mortgage** une hypothèque à taux (d'intérêt) variable. **b** (benefit) intérêt m. ◊ **it is in your (best) interest to accept their offer** c'est dans votre intérêt d'accepter leur offre, vous avez intérêt à accepter leur offre; **to act in the public interest** agir dans l'intérêt du public; **I have a vested interest in the success of this venture** je suis personnellement intéressé dans la réussite de ce projet. **c** (Fin : legal share) intérêts mpl, participation f. ◊ **they have (taken) a 35% interest in this company** ils ont (pris) une participation de 35% dans cette société; **to take a majority** or **controlling / minority interest in** prendre une participation majoritaire / minoritaire dans; **my interest in the business is £20,000** ma commandite or ma participation s'élève or mes intérêts dans l'affaire s'élèvent à 20 000 livres; **he has sold his interest in the company** il a vendu la participation or les intérêts qu'il avait dans la société; **legitimate /private interests** intérêts légitimes / privés. **d** (people, group) **the coal / oil interest(s)** les (gros) intérêts houillers / pétroliers; **the landed interests** les propriétaires terriens. **e** (Ins) (thing insured) intérêt m, risque m. ◊ **insurable interest** risque or intérêt assurable. **f** (concern) intérêt m.

◊ **to take an interest in sb / sth** s'intéresser à qn / qch; **this idea is of great interest to us** cette idée nous intéresse beaucoup. **2** **cpd interest account** compte d'intérêts. – **interest-bearing** account, loan, security productif (d'intérêts); **interest-bearing capital** capital qui rapporte. – **interest bond** obligation émise en paiement des intérêts dus sur un prêt. – **interest on capital** intérêts mpl du capital. – **interest charge** (on a loan) intérêts mpl; (on income statement) charge financière. – **interest coupon** (St Ex) [bond] coupon d'intérêt. – **interest cover** or **coverage** taux de couverture des frais financiers. – **interest of default** intérêts mpl moratoires. – **interest due** intérêts mpl échus or exigibles. – **interest earned** intérêts mpl créditeurs. – **interest-earning** investment, loan, capital productif (d'intérêts); **interest-earning assets** actif générateur d'intérêts. – **interest expense** (Acc) charges fpl financières, intérêts mpl débiteurs. – **interest fine** intérêts mpl de retard. – **interest-free** loan, overdraft sans intérêt; **interest-free credit** crédit gratuit. – **interest group** association. – **interest in arrears** arrérages mpl (d'intérêts). – **interest income** (of individual) revenus mpl des placements; (Tax) produits mpl des placements à revenu fixe; (Acc) produits mpl financiers. – **interest payable** (Acc) intérêts mpl exigibles. – **interest rate** taux d'intérêt; **interest rate differential** (Econ) différentiel d'intérêts or de taux d'intérêt; **interest-rate futures** contrats à terme d'instruments financiers or de taux d'intérêt; **nominal interest rate** taux d'intérêt nominal. – **interest receivable** (Acc) intérêts mpl à recevoir. – **interest revenue** (Acc) produits mpl financiers; (of individual) revenus mpl des placements. – **interest spread** (between borrowing and lending rates) marge d'intérêts. – **interest tables** tables fpl d'intérêts. – **interest warrant** (St Ex) mandat d'intérêts, coupon d'intérêts. – **interest yield** [investment, security] rapport, rendement. **3** **vt** intéresser. ◊ **we are interested in seeing your new catalogue** nous serions intéressés par votre nouveau catalogue.

**interested** ['ɪntrɪstɪd] **adj** (involved) person intéressé. ◊ **interested party** (gen) partie intéressée; (Jur) ayant droit; **those interested should contact Miss Jones** ceux qui sont intéressés sont priés de se mettre en contact avec Mlle Jones.

**interface** ['ɪntəfeɪs] **1** **n** (Comp, Tech, fig) interface f. ◊ **at the interface of two systems** à l'interface de deux systèmes; **standard interface** (Comp) interface normalisée. **2** **vi** (Comp) être relié or connecté (*with* à), être à l'interface (*with* de).

**interfere** [ˌɪntəˈfɪəʳ] **vi** s'immiscer, s'ingérer (*in* dans). ◊ **to interfere with the management of the company** s'immiscer or s'ingérer dans la direction de l'entreprise.

**interference** [ˌɪntəˈfɪərəns] **n** (gen) ingérence f (*in* dans); (Comp, Elec, Rad) parasites mpl. ◊ **state interference in the economy** ingérence de l'État dans l'économie; **unwarrantable interference** (Jur) immixtion.

**interfile** [ˌɪntəˈfaɪl] **1** **n** (Comp) interfichier m. **2** **vt** (Comp) interclasser.

**interfund** [ˈɪntəfʌnd] **adj** interfonds.

**interim** [ˈɪntərɪm] **adj** **a** report, arrangement provisoire, temporaire; job temporaire; holder of office or post par intérim. ◊ **interim certificate** or **bond** (St Ex) certificat provisoire; **interim financing** préfinancement. **b** (Acc) report (gen) périodique; (quarterly) trimestriel; (every six months) semestriel. ◊ **interim invoice** (US) facture proforma; **interim period** période à l'intérieur de l'exercice; **interim audit** audit intérimaire; **interim budget** collectif budgétaire; **interim dividend** (St Ex) acompte sur dividende, dividende intérimaire; **interim interest** intérêts intercalaires or intérimaires; **interim reporting** reporting périodique.

**interlock** [ˌɪntəˈlɒk] **1** **vt** (Tech) enclencher; (Comp) verrouiller, bloquer. **2** **vi** s'imbriquer, s'entrecroiser. ◊ **interlocking directorates** directions croisées; **interlocking director** administrateur de liaison.

**interlocutory** [ˌɪntəlɒkjʊtərɪ] **adj** (Jur) judgment interlocutoire.

**intermedia** [ˌɪntəˈmiːdɪə] **adj** comparison entre média(s).

**intermediary** [ˌɪntəˈmiːdɪərɪ] **adj, n** intermédiaire mf.

**intermediate** [ˌɪntəˈmiːdɪət] **adj** consumption, goods intermédiaire. ◊ **intermediate credit** crédit à moyen terme; **intermediate stages** phases intermédiaires; **intermediate stop** [ship, plane] escale; **intermediate storage** préarchivage.

**intermediation** [ˌɪntəmiːdrˈeɪʃən] **n** (Fin, St Ex) intermédiation f.

**intermodal** [ˌɪntəˈməʊdəl] **adj** ◊ **intermodal transport** transport intermodal.

**internal** [ɪnˈtɜːnl] **adj** **a** (gen) intérieur, interne; audit, memory, recruitment interne. ◊ **internal memo** note de service; **internal trade / debt** commerce / dette intérieur(e); **internal financing** autofinancement, financement interne; **internal rate of return** taux de rendement interne or effectif; **internal transaction** opération comp-

table. **b** (US Tax) **internal revenue** recettes fiscales, revenus fiscaux; **The Internal Revenue Service** le fisc.

**international** [ˌɪntəˈnæʃnəl] **adj** international. ◊ **International Atomic Energy Agency** Agence internationale de l'énergie atomique; **International Bank for Reconstruction and Development** Banque internationale pour la reconstruction et le développement; **International Bureau of Weights and Measures** Bureau international des poids et mesures; **International Chamber of Commerce** Chambre de commerce internationale; **International Civil Aviation Authority** Organisation de l'aviation civile internationale; **International Court of Justice** Cour internationale de justice; **International Development Association** Association internationale de développement; **International Labour Office** Bureau international du travail; **International Labour Organization** Organisation internationale du travail; **international law** droit international; **international money order** mandat international; **international postal reply coupon** coupon-réponse international; **International Monetary Fund** Fonds monétaire international; **International Price Index** indice international des prix; **international subscriber dialling** téléphone automatique international; **International System of Units** système international d'unités; **international trade** commerce international.

**internationalization, internationalisation** [ˌɪntəˌnæʃnəlaɪˈzeɪʃən] **n** internationalisation f.

**internationalize, internationalise** [ˌɪntəˈnæʃnəlaɪz] **vt** internationaliser.

**interpret** [ɪnˈtɜːprɪt] **1** **vt** interpréter. **2** **vi** servir d'interprète.

**interpretation** [ɪnˌtɜːprɪˈteɪʃən] **n** **a** [data, facts] interprétation f. ◊ **interpretation clause** (Jur) clause interprétative; ◊ **open to several interpretations** susceptible d'interprétations diverses. **b** (from one language to another) traduction f.

**interpreter** [ɪnˈtɜːprɪtəʳ] **n** interprète mf; (Comp) (machine) traductrice f; (Comp) (program) programme m d'interprétation.

**interpurchase** [ˌɪntəpɜːtʃɪs] **adj** time entre deux achats.

**interrelate** [ˌɪntərɪˈleɪt] **vt** mettre en corrélation.

**interrelation** [ˌɪntərɪˈleɪʃən] **n** corrélation f (*between* entre).

**interrogate** [ɪnˈterəgeɪt] **vt** interroger; (Comp) interroger, consulter.

**interrogation** [ɪnˌterə'geɪʃən] **n** [data, person] interrogation f.

**interrupt** [ˌɪntə'rʌpt] **1** **vt** speech, traffic, circuit interrompre, couper; meeting suspendre, interrompre. **2** **n** (Comp) interruption f (de programme).

**interruption** [ˌɪntə'rʌpʃən] **n** interruption f. ◊ **business interruption insurance** assurance (pour) pertes d'exploitation.

**intersection** [ˌɪntə'sekʃən] **n** intersection f.

**interspace** ['ɪntəspeɪs] **vt** espacer.

**interstate** [ˌɪntə'steɪt] (US) **adj** highway, banking, commerce entre États.

**interval** ['ɪntəvəl] **n** intervalle m.

**intervene** [ˌɪntə'viːn] **vi** [person, government] intervenir (in dans); [event] survenir, arriver, intervenir.

**intervener** [ˌɪntə'viːnər] **n** (Jur) intervenant(e) m(f).

**intervention** [ˌɪntə'venʃən] **n** intervention f. ◊ **intervention on protest** (Jur) intervention à protêt; **to pay by intervention** (Econ) payer par intervention; **to buy beef into intervention** (EEC) acheter du bœuf à l'intervention; **intervention price / stocks** (EEC Econ) prix / stocks d'intervention; **state intervention in the economy** intervention(s) de l'État dans l'économie.

**interventionist** [ˌɪntə'venʃənɪst] **n, adj** interventionniste mf.

**interview** ['ɪntəvjuː] **1** **n** **a** (gen) entretien m, entrevue f; (for a job) entretien m (d'embauche); (sales) entretien m (de vente); ◊ **to arrange an interview with sb** prendre rendez-vous pour un entretien avec qn; **I had an interview with my boss** j'ai été convoqué par or j'ai eu un entretien avec mon patron; **telephone interview** entretien téléphonique. **b** (Press, Rad, TV) interview f. **2** **vt** candidate for a job faire passer un entretien à, avoir un entretien avec; (Press) interviewer. ◊ **he was interviewed on television about the takeover** on l'a interviewé à la télévision sur le rachat de l'entreprise; **we shall be interviewing throughout next week** nous faisons passer des entretiens toute la semaine prochaine. **3** **vi** passer un entretien. ◊ **she interviewed for the job last week** elle a passé un entretien d'embauche la semaine dernière.

**interviewee** [ˌɪntəvjuː'iː] **n** (for job) interviewé(e) m(f), personne f qui passe un entretien; (market research) personne f interrogée.

**interviewer** ['ɪntəvjuːər] **n** (Press, Rad, TV) interviewer m; (in market research, poll) enquêteur(-trice) m(f); (in job interview) personne f qui fait passer un entretien.

**inter vivos** ['ɪntə'viːvɒs] **prep** ◊ **gifts inter vivos** (Jur) donations entre vifs.

**intestacy** [ɪn'testəsɪ] **n** (Jur) succession f ab intestat.

**intestate** [ɪn'testɪt] **adj** (Jur) intestat. ◊ **to die intestate** mourir intestat; **intestate estate** or **succession** succession ab intestat.

**intra vires** ['ɪntrə'vaɪriːz] **prep** (Jur) statutaire.

**intrinsic** [ɪn'trɪnsɪk] **adj** defect, value intrinsèque.

**introduce** [ˌɪntrə'djuːs] **vt** **a** new method, system introduire; subject, question aborder, présenter; shares introduire (en Bourse); product lancer, introduire; seminar, programme présenter. ◊ **introducing syndicate** (St Ex) syndicat d'introduction. **b** person présenter. ◊ **I introduced him to the head buyer** je l'ai présenté au chef des achats; **to introduce o.s.** se présenter (to sb à qn).

**introduction** [ˌɪntrə'dʌkʃən] **n** **a** [new method, system] introduction f (into dans); [product] lancement m, introduction f; [shares, company] introduction f (en Bourse); [seminar, programme] présentation f (to sb à qn). ◊ **introduction stage** (Mktg) phase d'introduction. **b** (first part) [book, article, report] introduction f. **c** [person] présentation f (of sb to sb de qn à qn). ◊ **to give sb a letter of introduction to sb** donner à qn une lettre de recommandation auprès de qn.

**introductory** [ˌɪntrə'dʌktərɪ] **adj** stage, period préliminaire, préalable; speech, text de présentation; (Mktg) campaign, price de lancement. ◊ **introductory course** (Univ) cours or programme d'initiation; (Ind) cours or stage d'initiation; **introductory offer** offre promotionnelle or de lancement; **introductory remarks** préambule, remarques préliminaires or préalables; **introductory stage** (Mktg) phase de lancement.

**intrust** [ɪn'trʌst] **vt** → entrust.

**inundate** ['ɪnʌndeɪt] **vt** inonder, submerger (with de). ◊ **to be inundated with work** être submergé de travail, être débordé.

**inv.** abbr of invoice.

**invade** [ɪn'veɪd] **vt** (gen) envahir. ◊ **to invade sb's rights** empiéter sur les droits de qn.

**invalid** ['ɪnvəlɪd] **adj** (Jur) contract, will, document sans valeur juridique; (out of date) ticket, passport périmé; statement sans valeur; (Comp) code, address invalide. ◊ **to become invalid** [ticket] être périmé, ne plus être valable ; **contracts ruled invalid in court** contrats invalidés par le tribunal.

**invalidate** [ɪn'vælɪdeɪt] **vt** (gen) invalider, annuler ; (Jur) judgment casser, infirmer ; will rendre nul et sans effet ; contract vicier, annuler, rendre nul ; statute abroger.

**invalidation** [ˌɪnvælɪ'deɪʃən] **n** (gen) invalidation f, annulation f ; judgment infirmation f ; statute abrogation f.

**invalidity** [ˌɪnvə'lɪdɪtɪ] **n** **a** [person] invalidité f. ◊ **invalidity pension** pension d'invalidité. **b** (Jur) [contract] nullité f.

**invent** [ɪn'vent] **vt** inventer.

**invention** [ɪn'venʃən] **n** invention f.

**inventor** [ɪn'ventəʳ] **n** inventeur m.

**inventoriable** ['ɪnvəntərɪəbl] **adj** costs incorporable.

**inventory** ['ɪnvəntrɪ] **1** **n** **a** (list of things) inventaire m. ◊ **inventory of fixtures** état des lieux ; **inventory with valuation** inventaire avec prisée ; **continuous** or **perpetual inventory (system)** inventaire (comptable) permanent ; **periodic inventory (system)** inventaire tournant. **b** (stock) stock. ◊ **to build up / rebuild inventories** constituer / reconstituer les stocks ; **to carry excessive inventories** être en surstockage, avoir des stocks excessifs ; **to run down inventories** réduire les stocks, déstocker ; **to write down inventories** réduire la valeur comptable des stocks ; **units in inventory**, inventory at hand unités en stock, existants ; **the latest goods in the inventory** les marchandises les plus récentes en stock ; **the inventory of supplies** les stocks d'approvisionnement ; **beginning / closing inventory** stock initial / final, stock à l'ouverture / la clôture de l'exercice ; **finished goods / goods in process inventories** stocks de produits finis / semi-finis ; **physical inventory** inventaire des existants ; **working inventory** stock outil.

**2** **cpd inventory account** compte de stock. − **inventory book** (Acc) livre d'inventaires. − **inventory build-up** (re)constitution des stocks. − **inventory card** fiche de stock. − **inventory change** variation des stocks. − **inventory computation** calcul de la valeur des stocks. − **inventory control** contrôle or gestion des stocks. − **inventory cost** (total cost of an item) coût d'une unité en stock ; (particular expense) coût de possession des stocks. − **inventory decumulation** contraction or diminution des stocks. − **inventory disinvestment** déstockage. − **inventory file** fichier de stock. − **inventory flow** mouvements mpl de stock, entrées fpl et sorties fpl de stock. − **inventory investment** investisse-

ment dans les stocks, actif sous forme de stocks. − **inventory item** unité en stock. − **inventory management** gestion des stocks. − **inventory overage** excédent de stock, stock excédentaire, écart positif sur stock. − **inventory profit** profit sur stock, bénéfice fictif sur stock. − **inventory shortage** rupture de stock. − **inventory shrinkage** écart sur stock, freinte de stock. − **inventory status report** état des stocks. − **inventory turnover** (taux de) rotation des stocks. − **inventory valuation** valorisation des stocks. − **inventory value** valeur affectée aux stocks.

**3** **vt** inventorier, faire l'inventaire de, dresser un inventaire de.

**inverse** ['ɪn'vɜːs] **1** **adj** inverse. ◊ **in inverse order** en sens inverse ; **in inverse ratio (to)** en raison inverse (de).
**2** **n** inverse m, contraire m.

**invert** [ɪn'vɜːt] **vt** order, words intervertir.

**inverted** [ɪn'vɜːtɪd] **adj** order, words interverti. ◊ **inverted yield curve** (Fin) hiérarchie des taux d'intérêt inversée ; **inverted market** (St Ex) marché à terme en report.

**invest** [ɪn'vest] **1** **vt** **a** (Fin) investir (*in* dans). ◊ **to invest money in the stock exchange** investir or placer de l'argent en Bourse, faire un placement en Bourse ; **capital invested** capital investi or permanent, mise de fonds. **b** (endow) revêtir, investir (*sb with sth* qn de qch). ◊ **he was invested with the power of proxy** (Jur) il a reçu pouvoir de procuration.
**2** **vi** ◊ **to invest in shares / bonds / property** investir or placer son argent en valeurs / en obligations / dans l'immobilier ; **business is investing again** les entreprises se remettent à investir ; **I'm going to invest on the stock exchange** je vais placer de l'argent or faire un placement en Bourse, je vais investir en Bourse ; **the company will invest in new equipment** la société investira dans de nouveaux équipements.

**investee** [ˌɪnves'tiː] **n** *entreprise dans laquelle on investit.*

**investible** [ɪn'vestɪbl] **adj** funds, capital disponible pour être placé or investi.

**investigate** [ɪn'vestɪgeɪt] **vt** question, possibilities, problem examiner, étudier ; motive, reason scruter, sonder ; crime enquêter sur, faire une enquête sur. ◊ **investigating committee** commission d'enquête.

**investigation** [ɪnˌvestɪ'geɪʃən] **n** [facts, problem] examen m, étude f ; [crime, accident] enquête f (*of* sur). ◊ **to make investigations into sth** enquêter sur qch, faire des recherches sur qch.

**investigative** [ɪnˈvestɪˌgeɪtɪv] **adj** work d'investigation, de recherche.

**investment** [ɪnˈvestmənt] **1** n (gen) investissement m ; (to produce dividend or interest income) placement m, investissement m. ◊ **investments** (Acc : assets side of balance sheet) immobilisations financières ; (stocks of other companies on balance sheet) titres de participation, participations ; **investment in X company** titres de participation dans la société X ; **investments in subsidiaries** participations dans des filiales ; **he has a large investment in this business** il a une grosse somme investie dans cette affaire ; **our company has a large investment in its French subsidiary** notre entreprise a investi une somme importante dans sa filiale française ; **he lives on income from investments** il vit de ses rentes, il vit des revenus de ses placements ; **capital investment** investissement de capitaux ; **fixed investment** [company] immobilisations ; [country] investissements d'infrastructure ; **foreign investment** (incoming) investissements étrangers ; (outgoing) investissements à l'étranger ; **gross investment** [country] formation brute de capital fixe ; [company] investissement brut, montant brut des immobilisations ; **initial investment (cost)** frais d'établissement ; **institutional investment** (St Ex) investisseurs institutionnels ; **trustee** (GB) or **legal** (US) **investments** placements or investissements autorisés en cas de fidéicommis ; **private / public investment** investissement privé / public, investissements du secteur privé / public ; **real** or **community investment** investissements collectifs ; **return on investment** rendement des investissements ; **long-term / short-term investment** investissement à long terme / à court terme. **2** **cpd** **investment account** compte d'investissement. − **investment allowance** exonération or réduction fiscale sur les investissements. − **investment analysis** analyse de placements. − **investment bank** banque d'affaires or d'investissement. − **investment bill** effet. − **investment broker** courtier de placement. − **investment company** société d'investissement or de placement or de portefeuille. − **investment gain** (Acc) plus-value d'immobilisation financière or d'investissement. − **investment goods** biens mpl d'équipement. − **investment-grade stock** valeurs fpl de premier ordre. − **investment grant** (GB) subvention d'investissement, aide à l'investissement. − **investment incentives** incitations fpl à investir. − **investment income** [person] revenu(s) m(pl) des placements or des investissements ; (Tax) revenus mpl des valeurs

mobilières ; (Acc) [company] (gen) produits mpl financiers ; (from investment in stock) produits mpl de participations, revenus mpl des titres de participation. − **investment loss** (Acc) moins-value d'immobilisation financière or d'investissement. − **investment market** marché des capitaux. − **investment management** gestion de portefeuille. − **investment securities** or **shares** or **stock** valeurs fpl de placement. − **investment tax credit** (US) crédit d'impôt sur les investissements. − **investment trust** (company) société d'investissement ; (funds) fonds (commun) de placement ; **closed-end investment trust** fonds commun de placement ; **open-end investment trust** société d'investissement à capital variable, SICAV.

**investor** [ɪnˈvestər] n (gen) investisseur m ; (in savings) épargnant m ; (in shares) actionnaire mf. ◊ **investor group** groupe d'investisseurs ; **institutional investors** investisseurs institutionnels, zinzins* ; **private** or **small investors** petits épargnants, petits actionnaires, petits porteurs ; **individual investor** investisseur privé.

**invisible** [ɪnˈvɪzəbl] **1** adj exports, imports invisible. ◊ **invisible balance** balance des invisibles ; **invisible earnings** gains invisibles. **2** **invisibles** npl invisibles mpl. ◊ **invisibles account** compte des invisibles.

**invitation** [ˌɪnvɪˈteɪʃən] n invitation f (to à ; to do sth à faire qch). ◊ **to make sb an invitation** faire une invitation à qn ; **invitation to tender, invitation for tenders** appel d'offres, invitation à soumissionner.

**invite** [ɪnˈvaɪt] vt **a** (ask) person inviter (to do à faire). **b** suggestions demander, solliciter ; bids, offers solliciter. ◊ **we invite subscriptions to our share issue** nous invitons le public à souscrire à notre émission d'actions ; **applications are invited** or **we invite applications for the position of chief accountant** nous faisons un appel de candidatures pour le poste de chef comptable.

**invoice** [ˈɪnvɔɪs] **1** n facture f. ◊ **to make out an invoice** établir une facture ; **to receipt an invoice** acquitter une facture ; **as per invoice** conformément à la facture ; **payment on invoice** paiement à réception de la facture ; **consular invoice** facture consulaire ; **franco invoice** facture franco (établie dans la langue du pays vers lequel on exporte) ; **inland invoice** facture intérieure ; **pro forma** or **interim** (US) **invoice** facture pro forma ; **shipping invoice** facture d'expédition. **2** **cpd** **invoice amount** montant de la facture. − **invoice clerk** facturier. − **invoice price** prix de facture. − **invoice value** valeur de la facture.

**3** vt customer, goods facturer.

**invoicing** [ɪnˈvɔɪsɪŋ] n facturation f.

**involuntary** [ɪnˈvɒləntərɪ] adj involontaire. ◊ **involuntary investment** or **saving** investissement or immobilisation involontaire *(par accroissement des stocks)*.

**involve** [ɪnˈvɒlv] vt work, effort nécessiter; expense, trouble entraîner, impliquer. ◊ **how much money does it involve** or **is involved?** cela nécessite combien d'argent?, combien d'argent est-ce que cela nécessite?; **the investment involved is colossal** l'investissement que cela nécessite or implique or entraîne est énorme; **the job involves taking orders by telephone** le poste implique la prise de commandes par téléphone.

**involvement** [ɪnˈvɒlvmənt] n **a** (participation) rôle m *(in* dans), participation f *(in* à). **b** (difficulty) problème m, difficulté f. ◊ **financial involvements** difficultés financières, problèmes or embarras financiers.

**inward** [ˈɪnwəd] adj movement vers l'intérieur. ◊ **inward bill of lading** connaissement d'entrée; **inward bound vessel** navire en retour; **inward cash transfer** remise d'espèces de l'étranger; **inward cargo** chargement de retour; **inward charges** droits de port d'entrée; **inward investment** investissements étrangers; **inward mail** courrier à l'arrivée; **inward manifest** (Mar) manifeste d'entrée; **inward payment** paiement reçu, encaissement; **inward transportation** (Acc) frais de transport sur achats.

**inwards** [ˈɪnwədz] adv vers l'intérieur. ◊ **carriage inwards** (Acc) frais de port or de livraison (sur approvisionnements); **freight inwards** fret à l'arrivée; **invoice inwards** facture reçue or à l'arrivée.

**IOU** [ˌaɪəʊˈjuː] n abbr of *I owe you* reconnaissance f de dette. ◊ **I signed an IOU for £100** j'ai signé une reconnaissance de dettes de 100 livres.

**IR** (GB) (abbr of Inland Revenue) → inland.

**Iran** [ɪˈrɑːn] n Iran m.

**Iranian** [ɪˈreɪnɪən] **1** adj iranien. **2** n **a** (language) iranien m. **b** (inhabitant) Iranien(ne) m(f).

**Iraq** [ɪˈrɑːk] n Iraq m, Irak m.

**Iraqi** [ɪˈrɑːkɪ] **1** adj iraqien, irakien. **2** n **a** (language) iraqien m, irakien m. **b** (inhabitant) Iraqien(ne) m(f); Irakien(ne) m(f).

**Ireland** [ˈaɪələnd] nf Irlande f.

**Irish** [ˈaɪərɪʃ] **1** adj irlandais. **2** n **a** (language) irlandais m. **b** **the Irish** les Irlandais.

**Irishman** [ˈaɪərɪʃmən] n Irlandais m.

**Irish Republic** [ˈaɪərɪʃrɪˈpʌblɪk] n (république f d')Irlande f.

**Irishwoman** [ˈaɪərɪʃwʊmən] n Irlandaise f.

**iron** [ˈaɪən] n fer m. ◊ **iron and steel industry** industrie sidérurgique; **iron ore** minerai de fer; **corrugated iron** tôle ondulée; **scrap iron** ferraille.

**iron out** [ˈaɪən] vt sep difficulties aplanir.

**ironworks** [ˈaɪənwɜːks] n usine f sidérurgique.

**IRR** [ˌaɪɑːrˈɑːr] n abbr of *internal rate of return* TRI m.

**irrebuttable** [ˌɪrɪˈbʌtəbl] adj (Jur) irréfragable. ◊ **irrebuttable presumption** présomption irréfragable.

**irrecoverable** [ˌɪrɪˈkʌvərəbl] adj object irrécupérable; (Fin) debt irrécouvrable.

**irredeemable** [ˌɪrɪˈdiːməbl] **1** adj **a** (Fin) bond, debenture irremboursable; loan non remboursable; currency, money inconvertible. **b** error irréparable. **2** **irredeemables** npl (St Ex) valeurs fpl irremboursables.

**irreducible** [ˌɪrɪˈdjuːsəbl] adj irréductible. ◊ **we are at an irreducible low point for inventories** il est impossible de laisser nos stocks tomber plus bas.

**irrefutable** [ˌɪrɪˈfjuːtəbl] adj argument irréfutable; (Jur) testimony irrécusable.

**irregular** [ɪˈregjʊləʳ] **1** adj irrégulier. **2** **irregulars** npl (US) articles mpl de deuxième catégorie.

**irregularity** [ɪˌregjʊˈlærɪtɪ] n (gen) irrégularité f; (Jur, Admin : in procedure) vice m de forme.

**irrelevant** [ɪˈreləvənt] adj question, remark hors de propos; information, data non pertinent.

**irreparable** [ɪˈrepərəbl] adj error, loss, damage irréparable.

**irreplaceable** [ˌɪrɪˈpleɪsəbl] adj irremplaçable.

**irrespective** [ˌɪrɪˈspektɪv] adj ◊ **irrespective of** sans tenir compte de.

**irresponsible** [ˌɪrɪsˈpɒnsəbl] adj (Jur) irresponsable. ◊ **financially irresponsible** insolvable.

**irreversible** [ˌɪrɪˈvɜːsəbl] adj operation, strategy irréversible; decision, judgment irrévocable.

**irrevocable** [ɪˈrevəkəbl] adj irrévocable. ◊ **irrevocable letter of credit** lettre de crédit irrévocable.

**ISBN** [ˌaɪesbiːˈen] n abbr of *International Standard Book Number* ISBN m.

**ISD** [ˌaɪesˈdiː] n abbr of *international subscriber dialling* → international.

**Islamabad** [ɪzˈlɑːmɑːˌbɑːd] n Islamabad m.

**island** ['aɪlənd] n (gen) île f; (in supermarket) îlot m, gondole f. ◊ **island site** or **position** (Pub) position isolée, emplacement isolé; **work island** poche d'emplois.

**isolationism** [ˌaɪsəʊ'leɪʃənɪzəm] n isolationnisme m.

**isolationist** [ˌaɪsəʊ'leɪʃənɪst] adj isolationniste.

**Israel** ['ɪzreɪl] n Israël m.

**Israeli** [ɪz'reɪlɪ] **1** adj israélien. **2** n (inhabitant) Israélien(ne) m(f).

**iss.** abbr of *issue*.

**ISSN** [ˌaɪeses'en] n abbr of *International Standard Serial Number* ISSN m.

**issuance** ['ɪʃuəns] (US) n [document, patent] délivrance f, émission f; [securities] émission f.

**issue** ['ɪʃuː] **1** n **a** (matter, question) question f, problème m, sujet m. **b** [shares, loan] émission f; [book] publication f, parution f, sortie f; [magazine] livraison f; [document] délivrance f; [stamp, banknote] émission f, mise f en circulation; [warrant, writ] lancement m; ◊ **issue above par / at par / below par** (St Ex) émission au-dessus du pair / au pair / au-dessous du pair; **issue by tender** émission dans le public; **to subscribe to an issue** souscrire à une émission; **to underwrite an issue** garantir une émission; **block issue** émission par séries or par bloc de titres; **bonus** or **capitalization** or **scrip issue** émission or attribution d'actions gratuites; **current issue** émission en cours; **new issue** nouvelle émission; **public issue** émission dans le public; **rights issue** émission de droits de souscription or d'attribution. **c** (copy) [magazine] numéro m. **2** cpd **issue broker** (St Ex) courtier d'émissions or de placement. – **issue card** (Ind) carte de sortie de stock. – **issue department** (Bank) service des émissions. – **issue house** (Bank, St Ex) banque de placement. – **issue market** marché des émissions. – **issue premium** prime d'émission. – **issue price** prix or cours d'émission. – **issue voucher** (Ind) bon de sortie de stock. **3** vt banknotes, stamps, bills of exchange émettre, mettre en circulation; shares, debentures, cheques, loan émettre; book publier, faire paraître; order donner; document délivrer; warrant lancer. ◊ **to issue a letter of credit** émettre or fournir une lettre de crédit; **to issue a draft on sb** tirer une traite sur qn, fournir une traite sur qn; **issued to bearer** émis au porteur; **issued capital / stock** capital / titres émis.

**issuer** ['ɪʃuəʳ] n (Fin, St Ex) émetteur m, société f émettrice.

**issuing** ['ɪʃuɪŋ] adj firm, syndicate émetteur. ◊ **issuing company** société émettrice; **issuing house** banque de placement or d'émission.

**IT** ['aɪ'tiː] n **a** abbr of *information technology* → information. **b** abbr of *income tax* → income.

**ital.** abbr of *italic*.

**Italian** [ɪ'tæljən] **1** adj italien. **2** n **a** (language) italien m. **b** (inhabitant) Italien(ne) m(f).

**italic** [ɪ'tælɪk] **1** adj print italique. **2** **italics** npl italique f. ◊ **in italics** en italique.

**Italy** ['ɪtəlɪ] n Italie f.

**item** ['aɪtəm] n **a** (in meeting, report) question f, point m. ◊ **the items on the agenda** les questions à l'ordre du jour; **the first item of the contract** le premier article du contrat; **an item in a classification** un élément dans une classification; **news item** information, nouvelle; **the main item in the news** le titre principal des informations; **an item of information** une information, un élément d'information. **b** (article for sale) article m. ◊ **the following items are on order** les articles suivants ont été commandés; **we have 50 units of this item in stock** nous avons 50 unités de cet article en stock; **the first three items in the catalogue** les trois premiers articles dans le catalogue; **stock items** éléments du stock, existants. **c** (Acc) (single entry) écriture f, article m, poste m; (heading in balance sheet, budget) poste m. ◊ **balance sheet item** poste du bilan; **budget(ary) item** poste du budget or budgétaire; **cash item** article de caisse; **credit / debit item** (heading) poste créditeur / débiteur; (entry) article au débit / au crédit; **extraordinary items** (on income statement) éléments exceptionnels; (revenue) produits exceptionnels; (expenses) charges exceptionnelles; **the following items of expenditure are tax deductible** les dépenses suivantes or les chefs de dépenses suivants or les éléments suivants de dépenses sont déductibles des impôts; **item depreciation** amortissement à l'unité.

**itemization, itemisation** [ˌaɪtəmaɪ'zeɪʃən] n (Comm) détail m. ◊ **itemization of a bill** détail d'une facture; **itemization of goods ordered** liste détaillée des marchandises commandées.

**itemize, itemise** ['aɪtəmaɪz] vt invoice, list détailler, spécifier. ◊ **itemized deduction** (US Tax) déduction des frais réels.

**iterate** ['ɪtəreɪt] vt (Comp) itérer, répéter.

**iteration** [ˌɪtə'reɪʃən] n (Comp) itération f, répétition f.

**iterative** [ˈɪtərətɪv] **adj** (Comp) itératif.

**itinerary** [aɪˈtɪnərərɪ] **n** itinéraire m.

**i. v.** abbr of *invoice value* → invoice.

**Ivory Coast** [ˈaɪvərɪˌkəʊst] **n** ◊ **the Ivory Coast** la Côte-d'Ivoire.

# J

**J / A** abbr of *joint account* → joint.

**jacket** ['dʒækɪt] n [book] couverture f, jaquette f.

**jack-of-all-trades** ['dʒækɒvɒl'treɪdz] n homme m à tout faire.

**jackpot** ['dʒækpɒt] n gros lot m. ◊ **to hit the jackpot** (lit, fig) gagner le gros lot.

**jack up** ['dʒæk] vt prices majorer, augmenter.

**Jakarta** [dʒə'kɑːtə] n Jakarta, Djakarta.

**jam** [dʒæm] **1** vt (gen) bloquer, coincer; (Telec) line encombrer. ◊ **jammed schedule** programme qui n'avance pas or qui se trouve bloqué. **2** vi se bloquer, se coincer. **3** n bourrage m. ◊ **we're in a jam\*** nous sommes coincés\* or dans le pétrin\*; **log jam** blocage; **traffic jam** embouteillage.

**Jamaica** [dʒə'meɪkə] n Jamaïque f.

**Jamaican** [dʒə'meɪkən] **1** adj jamaïquain. **2** n (inhabitant) Jamaïquain(e) m(f).

**January** ['dʒænjʊərɪ] n janvier m → September.

**Japan** [dʒə'pæn] n Japon m.

**Japanese** [ˌdʒæpə'niːz] **1** adj japonais. ◊ **the Japanese embassy** l'ambassade du Japon. **2** n **a** (language) japonais m. **b** (inhabitant) Japonais(e) m(f).

**jargon** ['dʒɑːgən] n jargon m. ◊ **advertising jargon** jargon publicitaire.

**J curve** ['dʒeɪkɜːv] n (Econ) courbe f en J.

**jelly fish** ['dʒelɪfɪʃ] n ◊ **jelly fish policy** politique de demi-mesures.

**jeopardize, jeopardise** ['dʒepədaɪz] vt mettre en difficulté or en danger. ◊ **to jeopardize one's situation** compromettre sa situation.

**jeopardy** ['dʒepədɪ] n danger m, péril m.

**jerky** ['dʒɜːkɪ] adj heurté, saccadé. ◊ **jerky movements** [stock market] variations brusques, soubresauts, fluctuations en dents de scie.

**jerquer** ['dʒɜːkəʳ] n vérificateur m des douanes.

**Jerusalem** [dʒə'ruːsələm] n Jérusalem.

**jet** [dʒet] n avion m à réaction. ◊ **jet lag** (fatigue due au) décalage horaire; **to be jet-lagged** souffrir du décalage horaire.

**jetsam** ['dʒetsəm] n *objets jetés à la mer échoués sur la côte*. ◊ **flotsam and jetsam** choses de flot et de mer.

**jettison** ['dʒetɪsn] **1** vt (Mar) jeter par-dessus bord, se délester de; (Aviat) fuel, cargo larguer; (fig) employee se séparer de; project abandonner. **2** n jet m à la mer. ◊ **jettison and washing overboard** *jet à la mer et enlèvement par les lames*; **jettison of deck cargo** jet de pontée.

**jet up\*** ['dʒet] (US) vi travailler de façon efficace et rapide.

**jeweller** (GB), **jeweler** (US) ['dʒuːələʳ] n bijoutier(-ière) m(f), joaillier(-ière) m(f). ◊ **jeweller's (shop)** bijouterie, joaillerie.

**jibe\*** [dʒaɪb] (US) vi concorder. ◊ **our figures don't jibe** nos chiffres ne collent pas.

**jiffy bag** ® ['dʒɪfɪbæg] n enveloppe f rembourrée.

**jingle** ['dʒɪŋgl] n ◊ **advertising jingle** refrain publicitaire, jingle, sonal.

**jittery\*** ['dʒɪtərɪ] adj market, operators nerveux, agité. ◊ **investors grow jittery** les investisseurs paniquent; **the market is in a jittery phase** le marché passe par une phase de nervosité.

**Jnr** abbr of *junior*.

**job** [dʒɒb] **1** n **a** (piece of work) (gen) travail m, tâche f. ◊ **he has made a good job of it** il a fait du bon travail or du bon boulot*; **we lost a lot of money on that job** nous avons perdu beaucoup d'argent sur ce projet; **she's got a difficult job on her hands** elle a une tâche difficile sur les bras; **he's working on a foreign job** il travaille sur une commande de l'étranger; **community jobs** travaux d'intérêt collectif. **b** (situation) métier m, emploi m, travail m, poste m. ◊ **job with a future** métier d'avenir; **to be out of a job** être au or en chômage; **to look for a job** chercher du travail or un emploi; **to lose one's job** perdre son emploi or sa place; **7,000 jobs lost** 7 000 suppressions d'emplois; **he has a very good job** il a une belle situation; **off-the-job training** stages de formation à l'extérieur de l'entreprise; **on-the-job training** formation sur le tas or dans l'entreprise; **he knows his job** il connaît son affaire or son métier; **that's not my job** ce n'est pas mon travail or métier; **dead-end job** métier sans avenir; **factory jobs** emplois industriels; **sideline job** travail d'appoint. **c** (Ind) (piece of work) travail m; (task) tâche f; (special order) commande f spéciale, produit m unique; (batch) lot m.
**2** cpd **job action** (US Ind) action revendicative. – **job advertisement** offre d'emploi. – **job analysis** (Ind) analyse des tâches, analyse statique or par poste de travail. – **job application** demande d'emploi, candidature; **unsuccessful job applications** demandes d'emploi non satisfaites. – **job assignment** répartition or affectation des tâches. – **job card** (specifying work to be done) bon or fiche de travail or de travaux, ordre de fabrication. – **job centre** (GB) ≈ Agence nationale pour l'emploi. – **job classification** classification des tâches. – **job control language** (Comp) langage de contrôle de travaux. – **job convention** forum de l'emploi, foire à l'emploi. – **job cost sheet** fiche de prix de revient. – **job-creating investment** investissement créateur d'emplois. – **job creation** création d'emplois nouveaux; **job creation scheme** plan de création d'emplois nouveaux. – **job definition** définition de fonctions. – **job description** description or profil du poste. – **job enrichment** enrichissement des tâches. – **job estimate** *estimation du prix de revient d'une commande*. – **job evaluation** évaluation des tâches. – **job freeze** gel de l'emploi. – **job grading** évaluation des tâches. – **job hopping\*** changement fréquent d'emplois. – **job hunter** demandeur d'emploi. – **job incumbent** titulaire

mf d'un poste. – **job interviews** entretiens mpl d'embauche. – **job legislation** législation du travail. – **job lot** lot d'articles divers; **to sell / buy sth as a job lot** vendre / acheter un lot de qch; **job lot production** (made to order) production or fabrication sur commande or à la demande, production en atelier or par projet; (in batches) production or fabrication par lots or en petites séries. – **job market** marché de l'emploi. – **job offers** offres fpl d'emploi. – **job opportunities** (for an individual seeking a job) débouchés mpl, perspectives fpl; (positions vacant) possibilités fpl d'emploi, offres fpl d'emploi. – **job order** (Ind) bon de travail or de travaux, ordre d'exécution or de fabrication. – **job performance** rendement au travail. – **job placement** affectation à un poste. – **job preservation** sauvegarde de l'emploi. – **job queue** (Comp, Ind) file d'attente des travaux. – **job rotation** rotation des postes. – **job safety** sécurité au travail. – **job satisfaction** satisfaction professionnelle. – **job scheduler** programmateur de travaux. – **job scheduling** organisation or programmation du travail. – **job security** sécurité de l'emploi. – **job-seeker** demandeur(-euse) m(f) d'emploi. – **job sequence** (Ind) séquence de travail. – **job shop** atelier polyvalent, atelier travaillant sur commande. – **job spec\***, **job specifications** profil de poste; **to draw up a job spec\* for the new post** dresser le profil du nouveau poste. – **job site** chantier. – **job specialization** spécialisation des tâches. – **job ticket** bon de travail. – **job title** intitulé du poste. – **job training** formation professionnelle; **customized job training** formation professionnelle sur mesure. – **job turnover** mouvement du personnel. – **job wage** salaire à la tâche or à forfait. – **job work** (piecework) travail à la pièce; (contract work) travail à forfait.
**3** vi (do casual work) faire des petits travaux; (St Ex) négocier, faire des transactions.
**4** vt (also **job out**) work sous-traiter, donner en sous-traitance.

**jobber** ['dʒɒbəʳ] n **a** (St Ex) (GB) jobber m, *intermédiaire qui traite directement avec l'agent de change*; (US : often pej) agent m de change. ◊ **jobber's turn** marge du jobber. **b** (Commodity Exchange) (commodity) jobber grossiste. **c** (pieceworker) ouvrier(-ière) m(f) à la tâche.

**jobbery** ['dʒɒbərɪ] n tripotage\* m. ◊ **stock jobbery** spéculation boursière.

**jobbing** ['dʒɒbɪŋ] **1** adj workman à la tâche or à façon or à la pièce.
**2** n **a** (St Ex) opérations fpl boursières.
◊ **jobbing in contangos** arbitrage en

report. **b** (Commodity Exchange) vente f en gros. **c** (Ind : also **jobbing production**) (making to order) production f or fabrication f sur commande or à la demande ; (in batches) production par lots or en petites séries.

**jobless** ['dʒɒblɪs] **1** **adj** sans travail, sans emploi, au or en chômage.
**2** **npl** ◊ **the jobless** les chômeurs, les sans-emploi ; **the jobless figures** les statistiques or les chiffres du chômage ; **jobless rate** taux de chômage.

**joblessness** ['dʒɒblɪsnɪs] **n** chômage m.

**jobmaker** ['dʒɒbmeɪkəʳ] **n** créateur m d'emplois.

**jockey** ['dʒɒkɪ] **vi** ◊ **to jockey for position** manœuvrer pour se placer avantageusement.

**jog along** ['dʒɒg] **vi** avancer tant bien que mal. ◊ **our economy can no longer just jog along** notre économie ne peut plus se contenter de son train-train habituel.

**join** [dʒɔɪn] **1** **vt** **a** (become member of) club, EEC devenir membre de. ◊ **to join a firm** entrer or commencer à travailler dans une entreprise. **b** (append) joindre, annexer (to à). ◊ **the documents joined to the minutes of the meeting** les documents annexés au procès-verbal. **c** person rejoindre, retrouver. ◊ **I'll join you in 5 minutes** je vous rejoins or retrouve dans 5 minutes ; **will you join us ?** voulez-vous vous joindre à nous ?, voulez-vous être des nôtres ?
**2** **vi** **a** [two companies] (also **join together**) s'associer, s'unir (with à). **b** [new members] devenir membre, adhérer.

**joint** [dʒɔɪnt] **adj** commun, conjugué, réuni. ◊ **joint account** (Bank) compte joint ; **joint action** (Jur) action collective ; **joint auditors** co-réviseurs, co-commissaires ; **joint author** coauteur ; **joint beneficiaries** cobénéficiaires ; **joint board** commission paritaire ; **joint cargo** groupage ; **joint-cargo service** service de groupage (des expéditions) ; **joint committee** commission paritaire or mixte ; **joint communiqué** communiqué commun ; **joint consultations** consultations bilatérales ; **joint contract** contrat collectif ; **joint creditor** cocréancier ; **joint debtor** codébiteur ; **joint efforts** efforts conjugués ; **joint director** codirecteur ; **joint estate** communauté de biens ; **joint financing** financement conjoint ; **joint float** (EEC) flottement concerté ; **joint guarantee** cautionnement or caution conjointe ; **joint insurance** assurance conjointe ; **joint heir** cohéritier ; **joint holder** codétenteur ; **joint industrial council** commission paritaire or mixte ; **joint liability** responsabilité conjointe ; **joint management** cogestion, codirection ; **joint manager** codirecteur, cogérant ; **joint**

**ordering** groupage de commandes ; **joint owner** copropriétaire ; **joint ownership** copropriété ; **the property is in joint ownership** le bien est en copropriété ; **joint partner** coassocié ; **joint partnership** coassociation ; **joint policy** police conjointe ; **joint products** produits liés ; **joint-product offer** vente jumelée ; **joint representation** démarche collective ; **joint returns** déclaration conjointe ; **joint and several guarantee** caution solidaire ; **joint and several liability** responsabilité conjointe et solidaire ; **joint shares** actions indivises ; **joint stock** capital social ; **joint-stock bank** (GB) banque de dépôt ; **joint-stock company** société par actions ; **joint statement** déclaration commune ; **to issue a joint statement** publier une déclaration commune ; **joint study committee** commission paritaire ; **joint surety** caution solidaire ; (person) garant solidaire ; **joint venture** (operation) joint venture, co-entreprise, opération conjointe ; (company) joint venture, société en participation.

**jointly** ['dʒɔɪntlɪ] **adv** en commun, conjointement. ◊ **to be jointly liable** or **responsible for** être conjointement responsable de ; **jointly and severally** conjointement et solidairement ; **to render sb jointly liable** rendre qn solidairement responsable.

**joker** ['dʒəʊkəʳ] **n** (* : Jur) *clause permettant d'interpréter d'une façon différente un règlement.*

**jolt up*** ['dʒəʊlt] **1** **vt sep** prices augmenter brusquement.
**2** **vi** [prices] faire un bond.

**Jordan** ['dʒɔːdn] **n** Jordanie f.

**Jordanian** [dʒɔːˈdeɪnɪən] **1** **adj** jordanien.
**2** **n** (inhabitant) Jordanien(ne) m(f).

**jot down** ['dʒɒt] **vt sep** noter, prendre note de. ◊ **to jot down a few points** prendre note de or noter quelques points.

**jottings** ['dʒɒtɪŋz] **npl** notes fpl.

**journal** ['dʒɜːnl] **n** **a** (periodical) revue f, bulletin m. **b** (Mar) livre m de bord ; (Jur) compte rendu m. **c** (Acc) (gen) journal m, livre journal m ; (book of prime entry) journal m originaire. ◊ **journal entry** écriture or article de journal ; **bought** or **purchases journal** livre or journal des achats ; **general journal** journal général, journal centralisateur ; **sales journal** livre or journal des ventes ; **subsidiary journal** journal auxiliaire or originaire.

**journalese** ['dʒɜːnəˈliːz] **n** (pej) jargon m journalistique.

**journalism** ['dʒɜːnəlɪzəm] **n** journalisme m.

**journalist** ['dʒɜːnəlɪst] **n** journaliste mf.

**journalization, journalisation** social[dʒɜːnəlaɪˈzeɪʃən] **n** (Acc) journalisation f.

**journalize, journalise** ['dʒɜːnəlaɪz] **vt** (Acc) transaction journaliser.

**journey** ['dʒɜːnɪ] **1** **n** (gen) voyage m; (short) trajet m. ◊ **empty / loaded journey** voyage à vide / en charge; **the journey from home to office** le trajet de la maison au bureau. **2** **cpd journey planning** organisation des déplacements.

**judge** [dʒʌdʒ] **1** **n** juge m.
**2** **vt** juger.
**3** **vi** juger. ◊ **judging by** or **from** à en juger par or d'après.

**judg(e)ment** ['dʒʌdʒmənt] **1** **n** **a** (Jur) jugement m, décision f judiciaire. ◊ **to attack a judgment** se pourvoir contre un jugement; **to rescind a judgment** annuler un jugement. **b** (fig : opinion) jugement m, opinion f, avis m. ◊ **I'm not going to pass judgment on him** je n'ai pas l'intention de juger sa conduite. **c** (good sense) jugement m, discernement m. ◊ **our manager is a man of judgment** notre directeur est un homme de bon sens. **2** **cpd judgment creditor** créancier autorisé. – **judgment debt** dette reconnue judiciairement. – **judgment debtor** débiteur condamné. – **judgment samples** échantillon discrétionnaire. – **judgment sampling** échantillonnage discrétionnaire.

**judicial** [dʒuːˈdɪʃəl] **adj** power, enquiry judiciaire. ◊ **judicial investigation** information judiciaire; **judicial sale** vente forcée or judiciaire; **judicial trustee** administrateur judiciaire.

**juggernaut** ['dʒʌɡənɔːt] **n** (truck) mastodonte m.

**juggle** ['dʒʌɡl] **vti** ◊ **to juggle (with)** facts, figures, budget jongler avec.

**July** [dʒuːˈlaɪ] **n** juillet m → September.

**jumble** ['dʒʌmbl] **1** **vt** facts, details embrouiller.
**2** **n** (muddle) [objects] mélange m, fouillis m; [ideas] confusion f, enchevêtrement m.
**3** **cpd jumble basket** panier présentant en vrac divers articles. – **jumble display** présentation en vrac. – **jumble sale** vente de charité.

**jumbo** ['dʒʌmbəʊ] **cpd jumbo jet** (Aviat) jumbo-jet, avion géant, avion gros porteur. – **jumbo loan** prêt géant or jumbo. – **jumbo pack** (gen) paquet géant; [bottles, cans] emballage géant.

**jump** [dʒʌmp] **1** **n** **a** [exports] bond m. ◊ **to go up with a jump** faire un bond; **the jump in prices** la montée en flèche or la flambée des prix. **b** (Comp) saut m, rupture f de séquence. **2** **vi** **a** (leap) (gen) sauter, bondir; [prices] monter en flèche, faire un bond. ◊ **our**

**shares jumped 12%** nos actions ont grimpé de 12%; **he expects you to jump when he gives an order*** il veut qu'on exécute ses ordres immédiatement or à la minute. **b** **to jump at** chance, suggestion, offer sauter sur; **to jump to conclusions** tirer des conclusions hâtives; **to jump the gun** agir prématurément; **to jump a bill** (US) ne pas payer une facture.

**jumpiness** ['dʒʌmpɪnɪs] **n** [stock market] nervosité f, instabilité f.

**jumping-off** [ˌdʒʌmpɪŋˈɒf] **adj** ◊ **they used the agreement as a jumping-off place for further negotiations** (fig) ils se sont servis de l'accord comme d'un tremplin pour de nouvelles négociations.

**jumpy*** ['dʒʌmpɪ] **adj** stock market instable, nerveux. ◊ **Wall Streeters are somewhat jumpy** les opérateurs de Wall Street montrent des signes de nervosité.

**Jun.** abbr of **junior**.

**juncture** ['dʒʌnKtʃəʳ] **n** conjoncture f. ◊ **at this juncture** en ce moment.

**June** [dʒuːn] **n** juin m → September.

**junior** ['dʒuːnɪəʳ] **1** **adj** (younger) (plus) jeune, cadet; (subordinate) employee, job subalterne. ◊ **he is junior to me in the company** (hierarchy) il occupe une position inférieure à la mienne dans la société; (length of service) il a moins d'ancienneté que moi dans la société. **2** **n** ◊ **he is my junior** (younger) c'est mon cadet; (subordinate) c'est mon subordonné. **3** **cpd junior bond** obligation de rang inférieur or de second rang. – **junior clerk** garçon de bureau. – **junior creditor** créancier de second rang. – **junior debt** obligations fpl de rang inférieur or de second rang. – **junior equity** actions fpl ordinaires, titres mpl de second rang. – **junior executive** cadre moyen. – **junior mortgage** hypothèque de second rang, seconde hypothèque. – **junior partner** associé(e) m(f) minoritaire. – **junior position** poste de débutant. – **junior security** titre de second rang. – **junior shares** or **stocks** actions fpl ordinaires.

**junk** [dʒʌŋk] **1** **n** (discarded objects) bric-à-brac m inv, vieilleries fpl; (* : bad quality goods) camelote f; (* : worthless objects) pacotille f. **2** **cpd junk bond** (US) obligation hautement spéculative *(à taux d'intérêt très élevé et à haut risque utilisée dans les OPA agressives)*. – **junk food** nourriture peu diététique. – **junk mail** imprimés mpl publicitaires. **3** **vt** (* : throw away) balancer*.

**junket** ['dʒʌŋkɪt] **vi** voyager aux frais de la princesse*.

**Junr** abbr of *Junior.*

**juridical** [dʒʊəˈrɪdɪkəl] **adj** juridique. ◊ **juridical person** personne morale ; **juridical position** situation juridique.

**jurisdiction** [ˌdʒʊərɪsˈdɪkʃən] **n** juridiction f. ◊ **it comes within our jurisdiction** (fig) cela relève de notre compétence or de nos attributions, c'est de notre ressort ; **this court entertains jurisdiction** ce tribunal est compétent.

**jurisdictional** [ˌdʒʊərɪsˈdɪkʃənl] **adj** ◊ **jurisdictional dispute** (US) conflit d'attributions syndicales ; **jurisdictional strike** (US) grève provoquée par un conflit d'attributions syndicales.

**jurisprudence** [ˌdʒʊərɪsˈpruːdəns] **n** jurisprudence f.

**jurist** [ˈdʒʊərɪst] **n** juriste m, légiste m.

**juror** [ˈdʒʊərəʳ] **n** juré m.

**jury** [ˈdʒʊərɪ] **n** jury m.

**just** [dʒʌst] **adj** (lit, fig) juste. ◊ **just compensation** indemnisation pour cause d'expropriation ; **just title** titre en bonne et due forme.

**justice** [ˈdʒʌstɪs] **n** (gen) justice f ; [cause] bien-fondé m. ◊ **to dispute the justice of a claim** contester le bien-fondé d'une réclamation.

**justifiable** [ˌdʒʌstɪˈfaɪəbl] **adj** (gen) justifiable, légitime ; refusal motivé.

**justification** [ˌdʒʌstɪfɪˈkeɪʃən] **n** (gen) justification f (for de). ◊ **left / right justification** (Typ, Comp) justification à gauche / droite.

**justify** [ˈdʒʌstɪfaɪ] **vt a** behaviour, action justifier, légitimer ; decision prouver le bien-fondé de. ◊ **to be justified in doing** être en droit de faire, avoir de bonnes raisons pour faire. **b** (Typ, Comp) text, page justifier. ◊ **to left / right justify** justifier à gauche / droite.

# K

**K** n [a] abbr of *kilo* ◊ **he earns 30K\*** (dollars) il gagne 30 000 dollars; (francs) il gagne 30 KF. [b] abbr of *kilogramme*. [c] abbr of *kilometre*.

**Kabul** [kəˈbʊl] n Kaboul.

**Kampala** [kæmˈpɑːlə] n Kampala.

**Kampuchea** [ˌkæmpʊˈtʃɪə] n Kampuchéa m.

**Kampuchean** [ˌkæmpʊˈtʃɪən] **1** adj kampuchéen.
   **2** n (inhabitant) Kampuchéen(ne) m(f).

**Katmandu** [kætmænˈduː] n Katmandou.

**Kbyte** [ˈkeɪbaɪt] n abbr of *kilobyte* Ko.

**KDC** abbr of *knocked-down condition* → knock down.

**keel** [kiːl] n quille f. ◊ **to keep sth on an even keel** préserver l'équilibre de qch; **to put the company back on an even keel** remettre l'entreprise sur les rails or d'aplomb or à flot.

**keelage** [ˈkiːlɪdʒ] n (Mar) frais mpl de port, droits mpl de mouillage.

**keelboat** [ˈkiːlbəʊt] (US) n chaland m.

**keen** [kiːn] adj price compétitif, bas; competition vif, acharné. ◊ **please quote your keenest price** veuillez proposer votre meilleur prix.

**keep** [kiːp] **1** vt [a] (retain) garder, conserver. ◊ **keep the receipt** gardez or conservez le reçu; **to keep a record of sth** garder une trace écrite de qch; **to keep sb posted** tenir qn au courant; **we keep track of all payments** nous suivons tous les paiements; **we keep two copies of all correspondence** nous conservons deux exemplaires or copies de chaque lettre. [b] (maintain) tenir, garder, maintenir. ◊ **to keep in good repair** maintenir en bon état; **keep flat** ne pas plier; **keep**

upright tenir debout, ne pas renverser; **keep dry** conserver or garder à l'abri de l'humidité; **to keep the records up to date** maintenir les dossiers or les archives à jour; **we must keep profits coming in** nous devons continuer à faire des bénéfices; **we are trying to keep the factory running** nous essayons de continuer à faire tourner l'usine en activité; **to keep pace with new developments** suivre le rythme des nouveaux développements. [c] shop, restaurant, hotel tenir; (rear) animals élever, faire l'élevage de. [d] (stock) avoir (en stock), vendre. ◊ **do you keep office stationery?** avez-vous or vendez-vous des articles de bureau?; **we don't keep children's sizes** nous n'avons or ne faisons pas les tailles (pour) enfants; **we no longer keep this article** nous ne suivons plus cet article. [e] accounts tenir. ◊ **to keep the books** tenir les livres or les écritures, s'occuper de la comptabilité. [f] (respect) promise tenir; law, regulation observer, respecter; delivery date respecter. ◊ **to keep an appointment** se rendre à un rendez-vous; **he did not keep his appointment** il n'est pas venu à son rendez-vous.
   **2** vi [merchandise, food] se conserver, se garder. ◊ **this cheese is popular with the housewife because it keeps well in the fridge** ce fromage plaît aux ménagères car il se conserve bien au réfrigérateur.
   **3** n (cost of food and board) **to earn one's keep** gagner sa vie; **I receive £25 a week and my keep** je reçois 25 livres par semaine nourri logé.

**keep back** vt sep [a] (withhold) **they keep back £20 from my salary** on me retient 20 livres sur mon salaire. [b] (conceal) information cacher, ne pas révéler.

**keep down** vt sep spending restreindre, limiter. ◊ **to keep prices down** maintenir les prix bas ; **tighter monetary controls have kept inflation down** des contrôles monétaires plus sévères ont permis de maintenir l'inflation à un faible taux.

**keep to** vt fus ◊ **we keep to our former decision** nous nous en tenons à notre décision antérieure ; **to keep to a promise** tenir une promesse ; **to keep to the budget** rester dans les limites du budget.

**keep up** 1 vi a (stay abreast of) **to keep up with the competition** se maintenir à la hauteur de la concurrence, suivre la concurrence ; **to keep up with inflation** suivre l'inflation. b (remain sound) **prices are keeping up** les prix se maintiennent ; **business is keeping up** les affaires marchent.
2 vt sep a (continue, preserve) **we keep up business relations with this firm** nous continuons à entretenir des relations d'affaires or nous restons en relations d'affaires avec cette entreprise ; **to keep up a subscription** maintenir un abonnement ; **to keep up one's English** entretenir son anglais. b **to keep prices up** maintenir des prix élevés.

**keg** [keg] n petit tonneau m.

**Kenya** ['kenjə] n Kenya m.

**Kenyan** ['kenjən] 1 adj kényen.
2 n (inhabitant) Kényen(ne) m(f).

**kerb** [kɜːb] 1 n ◊ **on the kerb** (St Ex) (unofficially) après la clôture ; (for unlisted securities) en coulisse.
2 cpd **kerb broker** courtier en valeurs mobilières ; (for unlisted securities) coulissier. — **kerb market** (unlisted market) marché après Bourse ; (for securities not quoted on stock exchange) coulisse.

**kerbstone** ['kɜːbstəun] cpd **kerbstone broker** (St Ex) coulissier, courtier en valeurs mobilières. — **kerbstone market** marché après Bourse.

**key** [kiː] 1 n [lock] clé f, clef f ; [typewriter] touche f ; [mystery] clé f (to de).
2 adj ◊ **key factor / industry / post** facteur / industrie / poste clé ; **key currency** monnaie clé ; **key man** homme clé ; **key prospects** excellentes perspectives ; **key point** point essentiel.
3 cpd **key-actuated** or **-driven** (Comp) commandé par touche or par clavier. — **key code** (telex) indicatif. — **key money** (for house or apartment) pas de porte, reprise. — **key telephone** téléphone à touches.
4 vt a (Comp) information, data coder. b (Acc) **to key an entry** numéroter or coder une entrée.

**keyboard** ['kiːbɔːd] 1 n (gen, Comp) clavier m.

2 cpd **keyboard entry** introduction or saisie par clavier. — **keyboard operator** opérateur(-trice) m(f), claviste mf.
3 vt data saisir au or sur clavier.

**keyboarder** ['kiːbɔːdər] n opérateur(-trice) m(f), claviste mf.

**keyboarding** ['kiːbɔːdɪ ŋ] n saisie f sur clavier.
◊ **keyboarding skills essential** (advert) bonne expérience de la saisie sur clavier indispensable.

**keyed** [kiːd] adj ◊ **keyed advertisement** annonce codée or à clé ; **keyed advertising** publicité codée *(dont le coupon-réponse est codé pour identifier le support).*

**keyed on** adj axé sur.

**key in** vt sep (Comp) data introduire, saisir.

**keylock** ['kiːlɒk] n (Comp) verrou m de sécurité.

**keyman** ['kiːmæn] (US) n télégraphiste m.

**keynote speech** ['kiːnəutˌspiːtʃ] (US) n discours-programme m.

**keypad** ['kiːpæd] n (Comp) bloc m de touches ; (with numbers) clavier m numérique.

**keypunch** ['kiːpʌntʃ] 1 n (Comp) perforatrice f à clavier.
2 vt card perforer ; (enter) data saisir au clavier.

**keypuncher** ['kiːpʌntʃər] n (Comp) perforatrice f.

**keystroke** ['kiːstrəuk] 1 n (Comp, Typ) frappe f.
◊ **keystroke rate** cadence de frappe.
2 vt frapper, introduire au clavier.

**keyword** ['kiːwɜːd] n (Comp) mot-clé m. ◊ **keyword search** recherche par mot-clé.

**kg.** abbr of *kilogramme.*

**Khartoum** [kɑːˈtuːm] n Khartoum.

**kick** [kɪk] vt ◊ **to kick sb upstairs*** catapulter or bombarder* qn à un poste supérieur *(pour s'en débarrasser).*

**kickback*** ['kɪkbæk] n (bribe) pourcentage m.

**kick out*** vt sep flanquer* dehors, vider*, virer*.

**Kiev** ['kiːef] n Kiev.

**kill** [kɪl] vt (lit) tuer. ◊ **to kill a project*** enterrer un projet.

**killing** ['kɪlɪŋ] n ◊ **to make a killing*** récolter beaucoup d'argent.

**kilo** ['kiːləu] n kilo m.

**kilobyte** ['kɪləuˌbaɪt] n (Comput) kilo-octet m.

**kilogramme** (GB), **kilogram** (US) ['kɪləuˌgræm] n kilogramme m.

**kilometre** (GB), **kilometer** (US) ['kɪləʊˌmiːtə', kɪ'lɒmətə'] n kilomètre m. ◊ **passenger-kilometre** kilomètre-voyageur.

**kilometric** [ˌkɪləʊ'metrɪk] adj kilométrique.

**kilowatt** ['kɪləʊwɒt] n kilowatt m. ◊ **kilowatt-hour** kilowatt-heure.

**kind** [kaɪnd] **1** n **a** (sort, type) genre m, espèce f, sorte f; (make : car) marque f. ◊ **what kind of a person is he?** quel type or quel genre de personne est-ce? **b** (goods as opposed to money) **payment in kind** paiement en nature; **to pay in kind** payer en nature. **2** adj ◊ **would you be kind enough to** or **would you be so kind as to send us samples of your goods?** nous vous serions obligés or reconnaissants de bien vouloir nous adresser des échantillons de vos marchandises; **it was kind of you to receive our sales representative last week** je vous remercie d'avoir reçu or c'était très aimable à vous de recevoir notre représentant la semaine dernière.

**kindly** ['kaɪndlɪ] adv ◊ **(will you) kindly send me your catalogue?** voulez-vous avoir la bonté or l'obligeance de m'envoyer votre catalogue?

**kindness** ['kaɪndnɪs] n bonté f, amabilité f, gentillesse f. ◊ **thank you for your kindness during my recent visit** merci de votre accueil pendant ma dernière visite.

**Kingston** ['kɪŋstən] n Kingston.

**Kinshasa** [kɪn'ʃɑːzə] n Kinshasa.

**kiosk** ['kiːɒsk] n (newspapers) kiosque m; (GB Telec) cabine f téléphonique.

**kip** [kɪp] n kip m.

**kit** [kɪt] n **a** (equipment) matériel m, équipement m. **b** tool kit trousse à outils; **repair kit** trousse de réparations; **first-aid kit** trousse d'urgence or de premier secours. **c** (parts for assembly) (gen) kit m, prêt-à-monter m; (Ind) kit m. ◊ **shelving in kit form** étagères en kit or à monter.

**kite** [kaɪt] **1** n (* : Fin) (cheque) chèque m sans provision; (bill) effet m bidon*, traite f en l'air*. ◊ **to fly a kite** (fig) lancer un ballon d'essai. **2** cpd kite-flier* tireur à découvert. − **kite mark** (GB) label de qualité *(symbole indiquant qu'un produit est conforme aux normes du British Standards Institute)*. **3** vi (Fin) tirer à découvert, faire des chèques sans provision.

**kitty** ['kɪtɪ] n caisse f, cagnotte f.

**km** abbr of *kilometre*.

**knight** [naɪt] n chevalier m. ◊ **white knight** (St Ex) chevalier blanc.

**knock** [nɒk] vt (gen) frapper; (* : denigrate) (gen) dire du mal de, critiquer; (Pub) faire de la contre-publicité à. ◊ **knocking copy*** contre-publicité.

**knock down** vt sep **a** price baisser, abaisser. ◊ **we knocked the price down by 50p / by 10%** nous avons baissé or abaissé le prix de 50 pence / de 10%, nous avons fait une remise de 50 pence / de 10% sur le prix. **b** (at auction) adjuger. ◊ **to knock down sth to sb** adjuger qch à qn; **the chair was knocked down for $50** la chaise a été adjugée pour 50 dollars; **to knock down to the highest bidder** adjuger au plus offrant. **c** (take to pieces) démonter. ◊ **knocked-down condition**(on machinery) démonté, à monter.

**knockdown** ['nɒkdaʊn] adj **a** knockdown price (gen, Comm) prix réduit or imbattable. **b** table, machine démonté. ◊ **knockdown sets for assembly are shipped from Japan** des ensembles démontés sont livrés or expédiés du Japon.

**knock-for-knock agreement** n (Ins) *accord entre compagnies d'assurances dans lequel chacune rembourse ses propres clients.*

**knock off*** (GB) **1** vi (stop work) cesser le travail. ◊ **we knock off at 3 today** on termine à 3 heures aujourd'hui. **2** vt sep (reduce price) **we knocked off £15** nous avons fait une remise or un rabais de 15 livres.

**knock-on effect** n réaction f en chaîne.

**knock out** vt sep ◊ **we have knocked our competitors out of the market** nous avons éliminé nos concurrents du marché.

**knockout*** ['nɒkaʊt] **1** adj ◊ knockout price prix défiant toute concurrence; **knockout agreement** (at auction) entente illicite entre enchérisseurs; **knockout competition** compétition avec épreuves éliminatoires. **2** n ◊ **the campaign was a knockout** la campagne a remporté un succès retentissant.

**knot** [nɒt] n (gen, Mar) nœud m.

**know-how** ['nəʊhaʊ] n savoir-faire m. ◊ **they have acquired considerable technical know-how** ils ont acquis beaucoup de savoir-faire sur le plan technique.

**knowledge** ['nɒlɪdʒ] **1** n (awareness, understanding) connaissance f; (facts learnt) connaissances fpl. ◊ **a working knowledge of English is required** de bonnes connaissances en anglais sont requises; **to the best of our knowledge** à notre connaissance; **I had no knowledge of his intentions** je n'avais pas connaissance de ses intentions. **2** cpd knowledge base base de connaissances. − **knowledge engineer** cogniticien. — **knowledge engineering** conception de systèmes experts. — **knowledge industry** industrie de matière grise. — **knowledge worker** travailleur dans une industrie de matière grise.

**knowledgeable** ['nɒlɪdʒəbl] adj bien informé (*about* sur).

**Korea** [kə'rɪə] n Corée f.

**Korean** [kə'rɪən] **1** adj coréen.
**2** n **a** (language) coréen m. **b** (inhabitant) Coréen(ne) m(f).

**krona** ['krəʊnə] n (currency of Iceland) couronne f islandaise ; (currency of Sweden) couronne f suédoise.

**krone** ['krəʊnə] n (currency of Denmark) couronne f danoise ; (currency of Norway) couronne f norvégienne.

**Kuala Lumpur** ['kwɑːlə'lʊmpʊə] n Kuala Lumpur.

**Kuwait** [kʊ'weɪt] n Koweït m.

**Kuwait city** [kʊ'weɪt'sɪtɪ] n Koweït.

**Kuwaiti** [kʊ'weɪtɪ] **1** adj koweïtien.
**2** n (inhabitant) Koweïtien(ne) m(f).

**kW** abbr of *kilowatt* kW.

**kWh** abbr of *kilowatt-hour* kWh.

**kyat** [kɪ'ɑːt] n kyat m.

# L

**lab\*** [læb] n abbr of *laboratory* labo m.

**label** ['leɪbl] **1** n (indicating price) étiquette f ; (brand guarantee) label m ; (Comp) label m, étiquette f. ◊ **address label** étiquette-adresse ; **adhesive label** étiquette adhésive or autocollante ; **beginning-of-file / end-of-file label** (Comp) label de début de fichier / de fin de fichier ; **guarantee label** label or étiquette de garantie ; **header label** label de bande ; **own-label products** marques propres, marques de distributeur, produits vendus sous la marque du distributeur ; **price label** étiquette (indiquant le prix) ; **quality label** label de qualité ; **retailer's private** or **own label** marque de distributeur, marque propre ; **stick-on label** étiquette autocollante ; **tie-on label** étiquette à œillet.
**2** vt parcel, bottle coller une étiquette or des étiquettes sur ; goods for sale étiqueter. ◊ **every consignment must be clearly labelled** tout envoi doit être étiqueté avec précision ; **labelled file** (Comp) fichier avec labels ; **labelled tape** bande avec labels.

**labelling** ['leɪblɪŋ] n [goods] étiquetage m.

**labor** ['leɪbər] (US) n → labour.

**laboratory** [ləˈbɒrətərɪ, ˈlæbrətərɪ] n laboratoire m.

**laborer** ['leɪbərər] (US) n → labourer.

**laboring** ['leɪbərɪŋ] (US) adj → labouring.

**labour** (GB), **labor** (US) ['leɪbər] **1** n **a** (work, task) travail m. ◊ **the division of labour** la division du travail ; **unfair labour practices** emploi illicite de la main-d'œuvre. **b** (workers) main-d'œuvre f, ouvriers mpl, travailleurs mpl. ◊ **fluidity of labour** fluidité or mobilité de la main-d'œuvre ; **capital and labour** le capital et le travail ; **International Labour Organization** Organisation internationale du travail ; **casual labour** main-d'œuvre temporaire or occasionnelle ; **direct / indirect labour** main-d'œuvre directe / indirecte ; **female labour** main-d'œuvre féminine ; **foreign labour** main-d'œuvre étrangère ; **low labour industries** industries à faible coefficient de main-d'œuvre ; **manual labour** travail manuel ; **non-union labour** main-d'œuvre non syndiquée ; **organized labour** les syndicats, le mouvement syndical ; **semi-skilled labour** ≈ ouvriers spécialisés ; **skilled labour** main-d'œuvre qualifiée ; **unit labour costs** coûts salariaux unitaires ; **unskilled labour** main-d'œuvre non qualifiée, manœuvres. **c** (GB Pol) **Labour** les travaillistes.
**2** cpd **Labor Administration** (US) ministère du Travail. − **labour agreement** accord sur les salaires, convention collective. − **labour code** Code du travail. − **labour contract** (agreement) accord sur les salaires ; (document) contrat de travail. − **labour costs** coûts mpl de la main-d'œuvre, coûts mpl salariaux. − **labor court** (US) conseil de prud'hommes. − **Labour Day** (GB), **Labor Day** (US) la fête du travail *(en Grande-Bretagne le 1ᵉʳ mai, aux États-Unis le premier lundi de septembre)*. − **labour demand** demande de main-d'œuvre. − **labour dispute** conflit social. − **labour exchange** (GB) Agence nationale pour l'emploi. − **labour flare-up** flambée sociale. − **labour flux** flux de main-d'œuvre. − **labour force** (number employed) effectifs, personnel ; (manpower) main-d'œuvre ; (Econ) population active. − **Labour government** (GB) gouvernement travailliste. − **labour-intensive** qui fait appel à une main-d'œuvre abondante ; **labour-intensive industries** industries à fort coefficient de main-d'œuvre, industries travaillistiques. − **labour laws** or **legislation** législation du travail. − **labour lead-**

**ers** dirigeants mpl syndicaux. – **labour management** gestion des effectifs; **labour-management relations** rapports patrons-ouvriers. – **labour market** marché du travail. – **labour mobility** mobilité de la main-d'œuvre. – **labour monopoly** monopole de l'emploi. – **labour organization** organisation ouvrière, syndicat. – **Labour Party (the)** (GB) le parti travailliste. – **labour piracy** débauchage de la main-d'œuvre. – **labour policy** politique de l'emploi. – **labour pool** réserve de main-d'œuvre. – **labour question** question sociale. – **labour rate variance** écart sur taux de main-d'œuvre. – **labour relations** relations fpl sociales. – **labour-saving** (facilitating work) qui allège le travail; (demanding fewer workers) qui fait économiser de la main-d'œuvre. – **labour shortage** pénurie de main-d'œuvre. – **labour supply** offre de main-d'œuvre. – **labour troubles** troubles mpl sociaux. – **labour turnover** taux de rotation du personnel. – **labor union** (US) organisation syndicale, syndicat. – **labour unrest** malaise social.

**labourer** (GB), **laborer** (US) ['leɪbərəʳ] n ouvrier m, travailleur m; (on farm) ouvrier m agricole; (on building sites) manœuvre m. ◊ **day labourer** journalier.

**labouring** (GB), **laboring** (US) ['leɪbərɪŋ] adj ◊ **the labouring class** la classe ouvrière.

**laches** ['lætʃiz] n (Jur) négligence f, retard m *(à faire valoir un droit)*.

**lack** [læk] **1** n [capital, personnel] manque m. ◊ **lack of raw materials** pénurie de matières premières.
**2** vt manquer de. ◊ **this candidate lacks experience** ce candidat manque d'expérience, l'expérience fait défaut à ce candidat.
**3** vi [money] manquer, faire défaut.

**ladder** ['lædəʳ] n échelle f. ◊ **to be at the top of the social ladder** être au sommet de l'échelle sociale; **to climb the promotion ladder** gravir les échelons de la hiérarchie.

**laden** ['leɪdn] adj chargé *(with* de*)*. ◊ **fully laden truck / ship** camion / navire en pleine charge; **laden in bulk** chargé en vrac; **laden draught** tirant d'eau en charge.

**lading** ['leɪdɪŋ] n ◊ **lading port** port de chargement or d'embarquement or d'expédition; **bill of lading** (Mar, Aviat) connaissement m.

**lady** ['leɪdɪ] n dame f. ◊ **ladies and gentlemen** mesdames et messieurs; **ladies' room** toilettes (pour dames); **Ladies** (sign) Dames.

**lag** [læg] **1** n (delay) retard m; (between two events) décalage m *(between* entre*)*. ◊ **leads and lags** termaillage, jeu des termes de

paiement; **jet lag** décalage horaire; **the time lag between the ordering and the receiving of goods** le délai entre la commande et la réception des marchandises; **wage lag** décalage des salaires par rapport aux prix.
**2** vt payments retarder.

**lag behind** vi rester en arrière, traîner. ◊ **we lag behind in advanced technology** nous sommes en retard or à la traîne dans les technologies de pointe; **wages are lagging behind the cost of living** les salaires ne suivent pas l'augmentation du coût de la vie.

**laggard** ['lægəd] n traînard(e) m(f), retardataire mf. ◊ **leaders and laggards** (St Ex) valeurs vedettes et titres à la traîne.

**lagging** ['lægɪŋ] adj ◊ **lagging factor** frein, facteur de ralentissement; **lagging indicators** (US) indicateurs retardés d'activité.

**laid-up** ['leɪdʌp] adj ship, vehicle mis en réserve.

**lake** [leɪk] n ◊ **the EEC wine lake** les excédents de vin du Marché commun.

**lame duck*** [ˌleɪm'dʌk] n (company) canard m boiteux.

**land** [lænd] **1** n terre f, terrain m. ◊ **building land** terrain à bâtir; **reclaimed land** terrain gagné (sur l'eau); **waste land** terrain vague.
**2** cpd **land agent** (steward) régisseur, intendant; (estate agent) agent immobilier; (Mar Ins) agent terrestre. – **land bank** banque agricole. – **land carriage** transport par terre, transport terrestre. – **land certificate** titre de propriété. – **land holder** propriétaire foncier. – **land improvement** viabilisation; **land improvement expenses** frais de viabilisation or d'aménagement d'un terrain. – **land laws** lois fpl agraires. – **land office** administration des domaines. – **land office business*** (US) affaire qui roule*. – **land patent** (US) titre (constitutif) de propriété foncière. – **land reform** réforme agraire. – **land register** (registre du) cadastre. – **land registrar** responsable mf du cadastre. – **land registry** bureau du cadastre. – **land rent** revenu foncier. – **land tax** impôt foncier. – **land use** (local) occupation des sols; (national) aménagement du territoire. – **land value tax** impôt sur la valeur cadastrale.
**3** vt (from ship) cargo décharger; passengers débarquer; (* : obtain) contract, job décrocher*. ◊ **we are landed with some unsaleable items*** (GB) il nous reste sur les bras des articles invendables.
**4** vi **a** [aircraft] atterrir, se poser. **b** (from boat) débarquer.

**landed** ['lændɪd] adj ◊ **landed cost** prix à quai; **landed terms** conditions franco déchargement; **landed price of imports** prix à quai des marchandises importées.

**landing** ['lændɪŋ] **1** **n** **a** [aircraft] atterrissage m. **b** (from ship) débarquement m (*from* de). **2** **cpd** **landing card** carte de débarquement. – **landing certificate** certificat de déchargement. – **landing charges** frais mpl de débarquement. – **landing craft** navire or péniche de débarquement. – **landing order** ordre de débarquement. – **landing permit** permis de débarquement. – **landing platform** quai de débarquement. – **landing stage** embarcadère flottant, appontement. – **landing storage delivery** mise à terre.

**landlocked** ['lændlɒkt] **adj** enclavé, sans débouché sur la mer.

**landlord** ['lændlɔːd] **n** propriétaire m.

**landmark** ['lændmɑːk] **n** point m de repère, jalon m. ◊ **to be a landmark in** faire date dans, être un événement clé dans; **landmark decision / event** décision / événement qui fait date.

**landowner** ['lændəʊnəʳ] **n** propriétaire m foncier or terrien.

**land up** **vi** atterrir, échouer. ◊ **his report landed up on my desk** son rapport a fini par échouer sur mon bureau.

**lane** [leɪn] **n** **a** (part of road) voie f; (line of traffic) file f. ◊ **keep in lane** (sign) changement de file interdit; **to take the left-hand lane** emprunter la voie de gauche. **b** **shipping lane** route maritime, couloir de navigation; **air lane** couloir aérien. **c** (small road) allée f, chemin m. ◊ **Ad lane** (US) Madison Avenue (*rue des publicitaires*).

**language** ['læŋgwɪdʒ] **n** **a** (gen, Comp) langage m. ◊ **the formal language of legal documents** le langage officiel des textes légaux; **programming language** langage de programmation; **machine language** langage machine. **b** (nation's tongue) langue f. ◊ **foreign languages** langues étrangères.

**languid** ['læŋgwɪd] **adj** stock market languissant.

**Laos** [laʊs] **n** Laos m.

**Laotian** ['laʊʃən] **1** **adj** laotien. **2** **n** **a** (language) laotien m. **b** (inhabitant) Laotien(ne) m(f).

**La Paz** [læ'pæz] **n** La Paz.

**lapel microphone** ['leɪpl͵maɪkrəfəʊn] **n** microcravate m.

**lapse** [læps] **1** **n** **a** (fault) faute f or erreur f légère, bévue f. ◊ **lapse of memory** trou de mémoire; **safety lapses** défaillances dans le système de sécurité. **b** **lapse of time** laps de temps; **after a lapse of 6 weeks** au

bout de 6 semaines. **c** [right, privilege] caducité f, déchéance f. ◊ **lapse of a patent** déchéance d'un brevet. **d** (Ins) (expired contract) contrat m périmé; (cancelled on account of non-payment) fin m de couverture, déchéance f. **2** **vi** [act, law] devenir caduc, tomber en désuétude, cesser d'être en vigueur; [insurance policy, contract] expirer, venir à expiration or à terme or à échéance. ◊ **this regulation has lapsed** ce règlement a cessé d'être en vigueur or est devenu caduc; **our subscription lapsed last month** notre abonnement a pris fin or est venu à expiration le mois dernier; **your insurance has lapsed** vous n'êtes plus couvert par l'assurance; **lapsing appropriations** (Admin) annulation de crédits.

**laptop** ['læptɒp] **1** **adj** computer portable. **2** **n** portable m.

**larceny** ['lɑːsənɪ] **n** vol m.

**large** [lɑːdʒ] **1** **adj** **a** (in size) company, sum, amount grand, gros, important; population nombreux, élevé, fort. ◊ **large retailers** la grande distribution; **large** (on garment label) grande taille. **b** (extensive) **on a large scale** sur une grande échelle; **large-scale industry** grande industrie; **large-scale production** production à grande échelle. **2** **n** ◊ **the country at large** le pays dans son ensemble; **the public at large** le grand public.

**largely** ['lɑːdʒlɪ] **adv** en grande partie, surtout. ◊ **the rise was largely due to institutional buyings** la hausse est due en grande partie aux achats institutionnels; **our trainees are largely business school students** nos stagiaires sont pour la plupart des étudiants d'écoles de commerce.

**laser** ['leɪzəʳ] **1** **n** laser m. **2** **cpd** **laser beam** rayon laser. – **laser disk** disque laser. – **laser printer** imprimante laser. – **laser scanner** lecteur laser.

**lash down** [læʃ] **vt sep** cargo amarrer, arrimer.

**lashing** ['læʃɪŋ] **n** (Mar : rope) brêlage m.

**lash out\*** **1** **vi** ◊ **the government is lashing out on welfare** le gouvernement les allonge\* or ne lésine pas or dépense sans compter en matière d'aide sociale. **2** **vt sep** money lâcher\*, allonger\*.

**last** [lɑːst] **1** **adj** **a** (in series) dernier. ◊ **the last three points** les trois derniers points; **last in first out** dernier entré, premier sorti; **last hired, first fired** dernier embauché, premier licencié; **layoff on a last-in first-out basis** licenciement sélectif des derniers embauchés; **last survivor** (Ins) dernier

vivant; **the last Tuesday of the month** le dernier mardi du mois. **b** (most recent) **last week** la semaine dernière or passée; **the day before last** avant-hier; **this time last year** l'an dernier à pareille époque or à cette époque-ci. **c** (final) chance dernier. ◊ **the company is on its last legs\*** la société est au bord de la faillite; **the computer is on its last legs\*** l'ordinateur va rendre l'âme or va nous lâcher\*; **last trading day** dernier jour de transaction; **last-minute decision** décision de dernière minute.
**2** **n** dernier(-ière) m(f).
**3** **cpd last-ditch** effort désespéré, ultime. — **last-ditcher** jusqu'au-boutiste mf.
**4** **vi** **a** (continue) [strike, inflation bout] durer. **b** (hold out) tenir, résister. ◊ **he didn't last long in this department** il n'a pas tenu longtemps or il n'a pas fait long feu dans ce service. **c** (remain usable) [equipment] durer. ◊ **made to last** fait pour durer.

**lastage** ['lɑːstɪdʒ] n (Mar) emplacement m pour la cargaison.

**late** [leɪt] **1** **adj** **a** (not on time) en retard. ◊ **to be late with payments** être en retard dans ses paiements; **late charge** pénalité de retard; **late filing (of a tax return)** (US) production tardive d'une déclaration; **late filer** (US) contribuable retardataire; **late filing penalty** (US) majoration pour retard; **late payment** retard de paiement. **b** (far on in day, season) delivery, edition dernier. ◊ **at a later stage in the bargaining** à une étape plus avancée de la négociation; **late-night opening** or **late closing Friday** nocturne le vendredi; **in late June** vers la fin (du mois de) juin; **in the late 70s** vers la fin des années 70; **the applicant is in his late forties** le candidat approche de la cinquantaine; **applicants should be in their late twenties** les candidats devront avoir de 25 à 30 ans; **this matter will be taken up at a later meeting / date** nous évoquerons le problème au cours d'une réunion / date ultérieure; **not later than** au plus tard le; **latest date** date limite, délai de rigueur; **latest closing** (St Ex) cours de clôture; **I must leave at 5 at the latest** je dois partir à 5 heures au plus tard or dernier délai. **c** the latest (most recent) le plus récent, le dernier; **the latest fashion** la dernière mode; **the latest news** (Press) les dernières nouvelles; (Rad, TV) les dernières informations or nouvelles; **the latest government proposal** la dernière proposition du gouvernement. **d** (former) ancien. ◊ **the late President** l'ancien président, l'ex-président; **Smith and Co, late Johnson and Sons** Smith et Cie, anciennement Johnson et Fils. **e** (dead) **the late Mr X** feu M. X; **our late partner** notre défunt or regretté associé.

**2** **adv** **a** (not on time) en retard. ◊ **he arrived 20 minutes late** il est arrivé 20 minutes en retard. **b** (far into day) tard. ◊ **not later than Tuesday** mardi dernier délai or au plus tard; **of late** récemment, dernièrement.

**lateness** ['leɪtnɪs] n (unpunctuality) retard m.

**latent** ['leɪtənt] **adj** latent. ◊ **latent defect** (Jur) vice caché; **latent defect clause** (Jur) clause de vice caché.

**lateral** ['lætərəl] **adj** latéral. ◊ **lateral integration** (Econ) intégration latérale or horizontale; **lateral thinking** pensée latérale.

**Latin America** ['lætɪnə'merɪkə] n Amérique f latine.

**Latin-American** ['lætɪnə'merɪkən] **1** **adj** latino-américain.
**2** **n** (inhabitant) Latino-Américain(e) m(f).

**Latvia** ['lætvɪə] n Lettonie f.

**Latvian** ['lætvɪən] **1** **adj** letton.
**2** **n** **a** (language) letton m. **b** (inhabitant) Letton(ne) m(f).

**launch** [lɔːntʃ] **1** **n** [company, product] lancement m. ◊ **a new product launch must be carefully organized** le lancement d'un nouveau produit doit être bien organisé.
**2** **vt** satellite, campaign, loan, company, product lancer; scheme, plan mettre en action. ◊ **to launch a bond issue** émettre des obligations, faire une émission d'obligations; **to launch a new model** lancer un nouveau modèle, mettre sur le marché un nouveau modèle; **to launch a new service** créer or mettre en route un nouveau service.
**3** **vi** se lancer (*into, on* dans).

**launching** ['lɔːntʃɪŋ] n [company, ship, product] lancement m.

**launch out** vi ◊ **to launch out on new markets / into new products** se lancer sur de nouveaux marchés / dans de nouveaux produits.

**launder** ['lɔːndəʳ] **vt** illegal earnings blanchir.

**launderette** [ˌlɔːndəˈret] n laverie f automatique.

**laundering** ['lɔːndərɪŋ] n illegal earnings blanchiment m.

**lavish** ['lævɪʃ] **adj** expenditure considérable.

**law** [lɔː] **1** **n** **a** (gen) loi f. ◊ **framework law, skeleton law** loi-cadre; **labour laws** législation du travail; **navigation laws** Code maritime; **to restore law and order** rétablir l'ordre public; **by law** conformément à la loi; **under US law** selon la législation américaine; **to abide by the law, keep the law** respecter or observer la loi; **to keep within the law** rester dans (les limites de) la légalité; **to break the law** enfreindre la loi; **to enforce**

the law faire respecter la loi ; **to repeal a law** abroger une loi ; **the law as it stands** la législation en vigueur ; **as the law now stands** dans l'état actuel de la législation. **b** (operation of the law) justice f. ◊ **action at law** action en justice ; **dispute at law** litige ; **court of law** tribunal ; **to go to law** aller en justice or devant les tribunaux ; **to take a case to law** porter une affaire devant les tribunaux ; **to take sb to law** poursuivre qn en justice. **c** (system, science, profession) droit m. ◊ **law of nations** droit international ; **law of contract** droit contractuel ; **law of statute** droit écrit ; **adjective law** règles de procédure ; **administrative law** droit administratif ; **air law** droit aérien ; **bank law** droit bancaire ; **case law** jurisprudence ; **civil law** (system) Code civil ; (study) droit civil ; **common law** droit coutumier ; **commercial law** droit commercial ; **company law** droit des sociétés ; **constitutional law** droit constitutionnel ; **corporation law** droit des sociétés ; **criminal law** droit criminel or pénal ; **exchange law** droit cambial ; **fiscal law** droit fiscal ; **ground law** droit foncier ; **international law** droit international ; **maritime law** droit maritime ; **mercantile law, law merchant** droit commercial ; **navigation law** droit maritime ; **private law** droit privé ; **public law** droit public ; **Roman law** droit romain ; **substantive law** droit positif ; **tax law** droit fiscal ; **work laws** législation du travail ; **to study** or **read law** faire son droit. **d** (Econ : principle, rule) loi f. ◊ **law of diminishing returns** loi des rendements décroissants ; **law of supply and demand** loi de l'offre et de la demande.
**2** cpd **law-abiding** respectueux des lois, qui observe la loi. − **law adviser** conseiller juridique. − **law case** affaire contentieuse. − **law costs** frais mpl de justice. − **law court** tribunal. − **law day** (mortgage) date d'échéance. − **law department** service du contentieux. − **law enforcement officials** or **authorities** fonctionnaires mpl chargés de faire respecter la loi. − **law firm** or **office** cabinet juridique, cabinet d'avocats-conseils. − **law practice** (clientèle d'un) cabinet juridique, étude. − **law school** (US) faculté de droit.

**lawful** ['lɔːfʊl] **adj** action légal, licite, permis ; contract valide, en bonne et due forme. ◊ **lawful currency** monnaie ayant cours légal ; **lawful interest / claim** intérêt / demande légitime ; **lawful trade** commerce licite.

**lawsuit** ['lɔːsuːt] **n** procès m. ◊ **to bring a lawsuit against sb** intenter un procès à qn ; **to file a lawsuit** engager des poursuites judiciaires.

**lawyer** ['lɔːjəʳ] **n** (gen) juriste mf ; (providing legal advice) conseiller m juridique ; (solicitor) (for

sales, contracts) notaire m ; (in court) avocat(e) m(f). ◊ **tax lawyer** fiscaliste.

**lax** [læks] **adj** discipline relâché ; person négligent.

**lay** [leɪ] **vt a** plans préparer, élaborer. ◊ **I could not lay my hands on your report** je n'ai pas pu mettre la main sur votre rapport ; **to lay sth at sb's door** tenir qn pour responsable de qch ; **to lay oneself open to criticism** s'exposer à la critique ; **to lay the embargo on** mettre l'embargo sur ; **to lay the foundations of** (fig) poser les bases de, jeter les fondations de. **b** (impose) **to lay a tax on sth** mettre or imposer une taxe sur qch, frapper qch d'une taxe ; **to lay the emphasis on** insister sur, mettre l'accent sur. **c** (Jur) charge porter ; complaint porter, déposer (against contre ; with auprès de). ◊ **to lay claim to** prétendre à, revendiquer ; **to lay a matter before the court** saisir le tribunal d'une affaire, porter une affaire devant les tribunaux.

**lay aside** (GB), **lay away** (US) **vt sep** money, goods for customer mettre de côté.

**lay-day** ['leɪdeɪ] **n** (Mar) jour m de planche, estarie f.

**lay down vt sep a** (deposit) object poser, déposer. ◊ **laid-down cost** coût installé ; (in shop) coût d'achat rendu. **b** (establish) rule établir, fixer ; condition fixer, poser, imposer ; price imposer, fixer. ◊ **it is laid down in the regulations that...** il est précisé or stipulé dans le règlement que... ; **the unions eventually laid down their conditions** les syndicats ont fini par imposer leurs conditions. **c** wine mettre en cave.

**lay in vt sep** reserves emmagasiner, amasser, stocker. ◊ **to lay in a stock** faire rentrer un stock.

**layman** ['leɪmən] **n** profane m, non-initié m.

**lay off vt sep** workers (make redundant) licencier, débaucher ; (temporarily) mettre au chômage technique ; ◊ **to lay off a risk** (Ins) effectuer une réassurance.

**layoff** ['leɪɒf] **n** (permanent) licenciement m ; (temporary) mise f au chômage technique. ◊ **there have been 40 layoffs** 40 personnes ont été licenciées (or mises au chômage technique).

**lay on vt sep a** tax mettre, imposer. **b** (GB : install) water, gas installer, mettre ; (provide) facilities fournir. ◊ **I'll have a car laid on for you** une voiture sera mise à votre disposition.

**lay out vt sep a** (plan) office, agency aménager, concevoir le plan de ; (Typ) book faire la mise en page de. **b** (display) goods for sale disposer, étaler. **c** (spend) money dépenser (*on* pour).

**layout** ['leɪaʊy] n [office] disposition f, agencement m; [factory] implantation f; [report] plan m d'ensemble; [advertisement, newspaper article] mise f en page; [keyboard] disposition f. ◊ **functional layout** implantation fonctionnelle; **group layout** aménagement cellulaire; **line layout** aménagement or implantation linéaire.

**laytime** ['leɪtaɪm] n (Mar) délai m de planche or d'estarie.

**lay up** vt sep **a** reserves amasser, entasser, emmagasiner. **b** ship désarmer.

**lb** abbr of *libra, pound* → pound.

**LBO** [,elbiː'əʊ] n abbr of *leveraged buy-out* → leverage.

**LC, L / C, l / C** n abbr of *letter of credit* l / cr.

**LCD** [,elsiː'diː] n abbr of *liquid crystal display* → liquid.

**LDCs** [,eldiː'siːz] n abbr of *less developed countries* PVD mpl.

**lead** [liːd] **1** n **a** (front position) tête f; (distance or time ahead) avance f. ◊ **to be in the lead** mener, être en tête; **to go into the lead** prendre la tête; **to take the lead in doing sth** être le premier à faire qch; **technological lead** avance technologique. **b** (example) initiative f, exemple m. ◊ **other firms followed our lead** d'autres entreprises ont suivi notre initiative. **c** **leads and lags** termaillage, jeu de termes de paiement. **2** cpd **lead bank** banque chef de file. – **lead-manage** : **to lead-manage an issue** agir en tant que chef de file pour une émission. – **lead-in** (gen) entrée en matière, introduction; (Pub) accroche publicitaire. – **lead story** (Press) article qui fait la une. – **lead time** [stock] délai de réapprovisionnement; [plan] délai de réalisation or de suite or d'exécution, temps de latence; [new product] délai de démarrage or de mise en production. **3** vt **a** (be leader of) government, union être à la tête de, diriger; ◊ **to lead the way** montrer le chemin. **b** (be ahead of) être or venir en tête de. ◊ **Japan leads the world in robotics** le Japon tient le premier rang or est leader dans le monde pour la robotique. **c** (induce) amener, porter, pousser. ◊ **the public was led to believe...** le public a été amené à croire... **d** (Fin) payments accélérer. **4** vi **a** (be ahead) être en tête. **b** (Jur) **to lead for the defence** être l'avocat principal de la défense. **c** (result) conduire, aboutir (*to* à), entraîner, avoir pour résultat. ◊ **it led to a change in policy** cela a entraîné un changement de politique; **the government's decision led to some confusion on the**

market la décision du gouvernement a occasionné un certain désordre sur le marché.

**lead** [led] **a** (metal) plomb m. ◊ **lead-free** sans plomb; **customs lead** plomb de la douane. **b** (Typ) interligne m, blanc m.

**leader** ['liːdəʳ] n **a** (gen, Pol) chef m, dirigeant(e) m(f), leader m; [riot, strike] meneur (-euse) m (f). ◊ **market leader** entreprise leader, leader du marché; **they are the market leaders in office furniture** ils sont leaders or numéro un sur le marché du mobilier de bureau; **she's a real leader** c'est un vrai leader; **project leader** chef de projet. **b** (Press) (GB) éditorial m; (US) article m qui fait la une. **c** (Comm) produit m or article m d'appel bon marché. ◊ **loss leader** article or produit d'appel; **leader merchandising** or **pricing** vente à perte or à prix sacrifié. **d** [film, tape] amorce f. **e** (St Ex) **leaders** valeurs vedettes, vedettes de la cote.

**leadership** ['liːdəʃɪp] n (position) direction f, tête f, leadership m; (action) direction f; (quality) leadership m, qualités fpl de chef, sens m du commandement. ◊ **leadership qualities** qualités de leadership; **he has leadership potential** il a un potentiel de leader or de leadership; **the leadership and the rank and file** les cadres et la main-d'œuvre; **training for leadership** perfectionnement des cadres.

**leading** ['liːdɪŋ] adj **a** (principal) person de tout premier plan, qui a le rôle principal. ◊ **he played a leading part in the negotiations** il a joué un rôle déterminant dans les négociations; **leading article** (Pub) article-réclame; (Press) éditorial; **leading creditor** créancier principal; **leading edge technology** technologie de pointe; **a leading electronic company** une entreprise leader sur le marché de l'électronique; **leading indicator** (Econ) indicateur de tendances; **leading industries** industries de pointe; **leading line** (Comm) articles en réclame; **leading partner** associé principal; **leading share** (St Ex) valeur vedette; **leading underwriter** (Fin) (banque) chef de file; (Ins) apériteur. **b** (Jur) **leading question** question tendancieuse.

**leaf** [liːf] n [tree] feuille f. ◊ **leaf-raking jobs\*** (US) petits boulots\*. **b** [book] page f, feuillet m. ◊ **counterfoil and leaf** [cheque] talon et volant.

**leaflet** ['liːflɪt] n (gen) prospectus m; (Pub) imprimé m publicitaire, prospectus m. ◊ **instruction leaflet** notice explicative.

**league** [liːg] n (association) ligue f.

**leak** [liːk] **1** n [pipe, roof] fuite f; [boat] voie f d'eau; [information] fuite f; (loophole) échappatoire f.

**2** vi [pipe] fuir ; [news] filtrer, se répandre, transpirer.
**3** vt liquid répandre ; information divulguer, révéler. ◊ **the project has been leaked to the press** des fuites ont informé la presse de ce projet.

**leak out** vi [gas] fuir, s'échapper ; [secret, news] s'ébruiter, transpirer, être divulgué. ◊ **it finally leaked out that** il a fini par se savoir que.

**lean** [liːn] **1** vi (lit, fig : bend) pencher (*towards* vers). ◊ **to lean on sb*** (put pressure on) faire pression sur qn, forcer la main à qn.
**2** adj (thin) maigre. ◊ **lean crops** maigres récoltes ; **lean inventories** stocks dégarnis ; **lean years** années de vaches maigres or déficitaires.

**leaning** [ˈliːnɪŋ] n tendance f (*towards* à), penchant m (*towards* pour).

**leap** [liːp] **1** n bond m, pas m. ◊ **by leaps and bounds** à pas de géant ; **a great leap forward** un grand bond en avant.
**2** cpd **leap year** année bissextile.
**3** vi [prices] bondir, faire un bond. ◊ **to leap at an opportunity** bondir sur or saisir une occasion.

**leapfrog** [ˈliːpˌfrɒg] vi ◊ **prices are leapfrogging** les prix font l'objet d'une surenchère.

**leap up** vi [prices] faire un bond.

**learn** [lɜːn] vt lesson, facts, results apprendre. ◊ **I've learnt my lesson** (fig) ça m'a servi de leçon.

**learning** [ˈlɜːnɪŋ] n apprentissage m, enseignement m. ◊ **learning curve** courbe d'expérience or d'apprentissage ; **computer-assisted learning** enseignement assisté par ordinateur.

**lease** [liːs] **1** n bail m. ◊ **99-year lease** (on building) bail de 99 ans ; **to let / take on lease** louer / prendre à bail ; **cancellation of a lease** résiliation d'un bail ; **commercial** or **regular lease** bail commercial ; **derivative lease** sous-location ; **head lease** bail principal ; **parole lease** bail verbal ; **repairing lease** bail avec clause d'entretien des locaux ; **sub-lease, under-lease** sous-location ; **long / short lease** bail à long / court terme.
**2** vt **a** [tenant] louer à bail. **b** (also **lease out**) [owner] louer à bail.
**3** cpd **lease agreement** contrat de bail. – **lease-back** cession-bail. – **lease-lend** (GB), **lend-lease** (US) prêt-bail. – **lease-option agreement** bail avec option d'achat. – **lease renewal** renouvellement de bail. – **lease term** durée de bail.

**leasehold** [ˈliːshəʊld] **1** n (contract) bail m ; (property) propriété f louée à bail.
**2** adj property loué à bail. ◊ **leasehold improvements** améliorations locatives ;

**leasehold mortgage** hypothèque sur droit à bail.

**leaseholder** [ˈliːzhəʊldəʳ] n preneur(-euse) m(f) à bail.

**leasing** [ˈliːsɪŋ] n leasing m, crédit-bail m. ◊ **a leasing agreement** un accord or un contrat de crédit-bail.

**least** [liːst] adj moindre. ◊ **least-cost routing** acheminement le plus économique.

**leather** [ˈleðəʳ] n cuir m. ◊ **leather goods** articles en cuir, maroquinerie.

**leave** [liːv] **1** n **a** (consent) permission f, autorisation f. **b** (holiday) congé m. ◊ **to be on leave** être en congé ; **on leave of absence** en congé spécial ; **annual leave** congé annuel ; **extended leave of absence** congé longue durée ; **holiday leave** congé, vacances ; **maternity leave** congé de maternité ; **paid** or **privilege leave** congé payé ; **sick leave** congé (de) maladie. **c** (departure) congé m. ◊ **to take leave of sb** prendre congé de qn.
**2** vt **a** town quitter, partir de ; job, company quitter. ◊ **we left London at 3 p.m.** nous avons quitté Londres à 15 heures. **b** message laisser. ◊ **to be left till called for** [parcel] (at station, office) en consigne ; (at post office) poste restante ; **to leave an offer on the table** faire une proposition. **c** (in will) money laisser ; property laisser, léguer (*to* à). **d** (phrases) **I'll leave it to you to decide** je vous laisse le soin de décider ; **leave it to me** laissez-moi faire, je m'en charge ; **let's leave it at that** tenons-nous-en là.
**3** vi **a** (go away) [person, train] partir, s'en aller. **b** (resign) [person] partir, démissionner, s'en aller.

**leave behind** vt sep competitors distancer.

**leave out** vt sep (accidentally) oublier, omettre ; (on purpose) exclure.

**Lebanese** [ˌlebəˈniːz] **1** adj libanais.
**2** n (inhabitant) Libanais(e) m(f).

**Lebanon** [ˈlebənən] n ◊ **(the) Lebanon** le Liban.

**lecture** [ˈlektʃəʳ] **1** n conférence f. ◊ **to deliver** or **give a lecture on**, faire une conférence sur ; **lecture room** salle de conférence.
**2** vi faire une conférence (*to* à ; *on* sur). ◊ **to lecture in management** être professeur de gestion.

**led.** [ˈledʒəʳ] **1** n abbr of *ledger* (Acc) grand livre m, registre m. ◊ **bought** or **purchases ledger** grand livre des achats ; **customers'** or **sales ledger** grand livre des ventes ; **general** or **impersonal** or **nominal ledger** grand livre général ; **share ledger** registre des actionnaires.
**2** cpd **ledger account** compte du grand livre. – **ledger postings** reports mpl sur grand livre.

**left** [left] **1** adj (opp of right) gauche.
**2** adv turn, look à gauche.
**3** n (gen) gauche f. ◊ **the Left** (Pol) la gauche ; **it's on the left at the end of the corridor** c'est à gauche au fond du couloir.
**4** cpd **left-justified** justifié à gauche. – **left luggage** (GB) bagages mpl en consigne. – **left-luggage office** (GB) consigne. – **left-luggage locker** (GB) casier de consigne automatique. – **leftovers** restes mpl. – **left-wing** de gauche. – **left-winger** homme (or femme) de gauche.

**legacy** ['legəsɪ] **1** n (Jur) legs m ; (fig) legs m, héritage m. ◊ **to come into a legacy** faire un héritage.
**2** cpd **legacy duty** (GB) or **tax** (US) impôt sur les successions, droits mpl de succession.

**legal** ['liːgəl] **1** adj **a** (lawful) act, decision, monopoly légal ; right légal, légitime. ◊ **to acquire legal status** acquérir un statut légal, acquérir la personnalité juridique ; **to be legal tender** [money] avoir cours légal. **b** (concerning the law) judiciaire, juridique. ◊ **to take legal action** intenter une action en justice ; **by legal process** par voie de droit ; **to take legal advice** consulter un homme de loi ; **to go into the legal profession** faire une carrière de juriste.
**2** cpd **legal adviser** conseiller juridique, avocat-conseil. – **legal aid** assistance or aide judiciaire. – **legal capacity** capacité légale. – **legal charges** frais mpl de contentieux, frais mpl judiciaires. – **legal claim** créance fondée en droit. – **legal department** (complaints) service du contentieux ; (legal problems) service juridique. – **legal document** acte authentique, document juridique. – **legal entity** personne morale, entité juridique. – **legal expert** avocat-conseil, conseiller juridique. – **legal fees** (for establishing documents) frais mpl d'actes ; (for legal advice) frais mpl juridiques, honoraires mpl d'avocat. – **legal holiday** jour férié, jour de fête légale ; **legal instrument** texte juridique. – **legal investments** (US) investissements mpl autorisés or légaux (des caisses d'épargne, compagnies d'assurances). – **legal liens** liens mpl juridiques. – **legal list** (US) liste des investissements autorisés or légaux (pour les caisses d'épargne, compagnies d'assurances). – **legal notice** avis au public. – **legal officer** conseiller juridique. – **legal person** ≈ personne morale. – **legal personality** personnalité juridique. – **legal practitioner** homme de loi. – **legal process** procédure. – **legal remedy** recours à la justice. – **legal representative** représentant légal. – **legal reserve** réserve légale. – **legal**

residence domicile légal. – **legal security** caution judiciaire. – **legal settlement** (bankruptcy) concordat, règlement judiciaire. – **legal suit** procès. – **legal tender** cours légal ; **to be legal tender** avoir cours légal. – **legal titles** titres mpl de propriété. – **legal year** année civile.

**legality** [lɪˈgælɪtɪ] n légalité f.

**legalization, legalisation** [ˌliːgəlaɪˈzeɪʃən] n légalisation f.

**legalize, legalise** ['liːgəlaɪz] vt document légaliser.

**legally** ['liːgəlɪ] adv (within the law) légalement ; (in legal terms) juridiquement. ◊ **legally binding agreement** accord qui oblige en droit.

**legatee** [ˌlegəˈtiː] n légataire mf. ◊ **residuary / sole legatee** légataire universel / unique ; **specific legatee** légataire particulier.

**legator** [ˌlegəˈtɔːr] n testateur(-trice) m(f).

**legislate** ['ledʒɪsleɪt] **1** vt déterminer par la loi.
**2** vi légiférer.

**legislation** [ˌledʒɪsˈleɪʃən] n **a** (law making) élaboration f des lois. **b** (law) loi f ; (body of laws) législation f. ◊ **to bring in** or **introduce legislation** faire des lois, légiférer ; **the government is considering legislation against...** le gouvernement envisage la mise sur pied d'une loi contre...

**legislative** ['ledʒɪslətɪv] adj power législatif.

**legislator** ['ledʒɪsleɪtər] n législateur m.

**legislature** ['ledʒɪslətʃər] n corps m législatif, assemblée f législative.

**legitimacy** [lɪˈdʒɪtɪməsɪ] n légitimité f.

**legitimate** [lɪˈdʒɪtɪmɪt] adj légitime.

**legitimize, legitimise** [lɪˈdʒɪtɪmaɪz] vt légitimer.

**leisure** ['leʒər, 'liːʒər] **1** n loisir m.
**2** cpd **leisure industries** industries fpl de loisirs. – **leisure society** société de loisirs.

**lempira** [lemˈpɪərə] n lempira m.

**lend** [lend] vt **a** money prêter (to sb à qn). ◊ **to lend money at 12%** prêter de l'argent à 12% ; **to lend against security** or **on stock** prêter sur titres ; **to lend at interest** prêter à intérêt. **b** (fig) support prêter, accorder (to à). ◊ **to lend one's name to** prêter son nom à.

**lendable** ['lendəbl] adj funds prêtable.

**lender** ['lendər] n prêteur(-euse) m (f). ◊ **lender of last resort** prêteur en dernier ressort ; **money lender** (for individuals) prêteur sur gages ; (for companies) bailleur de fonds.

**lending** ['lendɪŋ] **1** n prêt m. ◊ **minimum lending rate** taux de base bancaire, taux de crédit préférentiel ; **bank lending has risen sharply** le volume des prêts bancaires est monté en flèche.
**2** cpd **lending facilities** facilités fpl de crédit. – **lending institution** institution or établissement de crédit, société de prêt. – **lending limit** plafond du crédit. – **lending officer** responsable mf du prêt. – **lending operations** opérations fpl de crédit.

**lend-lease** ['lendliːs] (US) n prêt-bail m.

**length** [leŋθ] n **a** [object] longueur f. ◊ **overall length** longueur totale, longueur hors-tout ; **what length do you want?** [wire rope] quelle longueur vous faut-il ? ; [cloth] quel métrage vous faut-il ? **b** [speech, film] durée, longueur ; [book, report] longueur. **length of a loan** durée d'un prêt ; **length of service** ancienneté, durée de service ; **he would go to any lengths to get that contract** il ne reculerait devant rien pour obtenir ce contrat. **c** (competition) longueur f. ◊ **to go into a 2-length lead** prendre 2 longueurs d'avance.

**lengthen** ['leŋθən] **1** vt visit, product life prolonger ; working hours allonger.
**2** vi [list] s'allonger ; [visit, negotiations] se prolonger ; [order book] enfler.

**leniency** ['liːnɪənsɪ] n (gen, Jur) indulgence f.

**lenient** ['liːnɪənt] adj (gen, Jur) indulgent (to envers, pour).

**less** [les] adv, pron moins. ◊ **less frequent** moins fréquent ; **less developed countries** pays moins développés or en voie de développement.

**lessee** [leˈsiː] n preneur m à bail, locataire mf à bail.

**lessen** ['lesn] **1** vt (gen) diminuer ; cost réduire ; effect atténuer, amortir ; tension diminuer, relâcher.
**2** vi (gen) diminuer, s'amoindrir ; [tension] se relâcher, s'atténuer. ◊ **the pressure on sterling has lessened** la pression sur le sterling s'est relâchée or s'est atténuée.

**lessor** [leˈsɔːʳ] n bailleur (bailleresse) m(f).

**let** [let] **1** vt (hire out) house louer, mettre en location. ◊ **to let by the month** louer au mois ; **to let** à louer.
**2** n location f.

**let off** vt sep (not punish) faire grâce à. ◊ **I'll let you off this time** je ferme les yeux pour cette fois.

**Lett** [let] **1** adj letton.
**2** n **a** (language) letton m. **b** (inhabitant) Letton(ne) m(f).

**letter** ['letəʳ] **1** n lettre f. ◊ **circular letter** circulaire ; **covering letter** lettre explicative ; **follow-up letter** lettre de relance or de rappel ; **registered letter** lettre recommandée ; **letter of acceptance** (St Ex) avis d'attribution d'actions ; **letter of acknowledgement** accusé de réception ; **letter of advice** lettre d'avis ; **letter of allotment** (St Ex) avis d'attribution d'actions ; **letter of application** [candidate] lettre de candidature ; [investor] lettre de souscription ; **letter of appointment** lettre d'engagement ; **letter of attorney** procuration ; **letter of credit** lettre de crédit ; **letter of exchange** traite, lettre de change ; **letter of hypothecation** lettre d'affectation en nantissement ; **letter of indemnity** (lettre de) garantie, caution, cautionnement ; **letter of intent** lettre or déclaration d'intention ; **letter of introduction** lettre de recommandation or d'introduction ; **letter of regret** (St Ex) (lettre d') avis de retour de souscription ; **letter of reminder** lettre de rappel ; **letter of representation** lettre de déclaration de responsabilité ; **letter of subrogation** (GB) or **subordination** (US) lettre d'antériorité de créance.
**2** cpd **letter-quality printer** imprimante qualité courrier. – **letter scale** pèse-lettre. – **letter sorter** machine à trier les lettres. – **letters patent** brevet d'invention. – **letters stock** (US) actions fpl bloquées. – **letters testamentary** nomination d'un exécuteur testamentaire.

**letterhead** ['letəhed] n en-tête m.

**letting** ['letɪŋ] **1** n (action) location f. ◊ **income from lettings** revenus locatifs.
**2** adj value locatif. ◊ **letting agency** agence de location.

**Lettish** ['letɪʃ] **1** adj letton.
**2** n (language) letton m.

**let up** vi [inflation, wage increases] ralentir, diminuer.

**let-up** ['letʌp] n (decrease) diminution f ; (stop) arrêt m ; (respite) répit m. ◊ **there was no let-up in the wage-price spiral** la spirale inflationniste n'a pas connu de répit.

**leu** ['leɪuː] n (currency) leu m.

**lev** [lef] n (currency) lev m.

**level** ['levl] **1** n (gen) niveau m ; [rank] niveau m, échelon m. ◊ **at the international level** à l'échelon international ; **ability level** niveau de qualification ; **level of living** (US) niveau de vie ; **critical level** seuil critique ; **the low level of real income** la modicité du revenu réel ; **high-level language** (Comp) langage évolué ; **top-level engineers** ingénieurs de haut niveau ; **top-level talks** discussions au sommet or au plus haut niveau ; **the decision was taken at cabinet level** la décision a

**level down** ANGLAIS-FRANÇAIS - 740

été prise au niveau ministériel ; **is he on the level ?** est-il régio* ?
**2 adj a** (flat) surface plat, uni. **b** (equal) à égalité (*with* avec). ◊ **to be level with the assistant manager** (same rank, salary) être au même échelon que le directeur adjoint ; **to be level in seniority with** avoir la même ancienneté que ; **level payment mortgage** crédit hypothécaire remboursable par mensualités fixes. **c** (steady) tones, voice calme, assuré ; judgment raisonné. ◊ **the need for a level-headed examination of the problem** la nécessité d'examiner le problème avec calme.
**3 vt** (make level) site, ground niveler, aplanir ; quantities répartir également.
**4 vi** (US*) **I'll level with you** je vais jouer franc jeu avec vous.

**level down vt** standards niveler par le bas.

**level off vi** [prices, unemployment, results] se stabiliser. ◊ **unemployment has levelled off** le chômage s'est stabilisé or marque une pause ; **the oil market has levelled off after a severe drop** les cours du pétrole se sont stabilisés or ont trouvé un niveau de résistance après une forte baisse.

**lever** ['liivə'] **n** levier m.

**leverage** ['liivərɪdʒ] **1 n** (lit) force f de levier ; (fig) influence f (*on* or *with sb* sur qn) ; (Fin) effet m de levier or d'endettement.
**2 vt** (Fin) company augmenter le ratio d'endettement. ◊ **highly leveraged company** société fortement endettée ; **highly leveraged loan** emprunt à fort effet de levier.
**3 cpd leverage factor** facteur d'augmentation or d'accroissement. — **leveraged buy-out** rachat d'entreprise financé par l'endettement. — **leveraged management buy-out** rachat or reprise d'une société par ses cadres. — **leverage ratios** ratios mpl d'endettement. — **leverage stock** fonds mpl propres avec endettement.

**lever up vt sep** ◊ **to lever up the bank rate** relever le taux d'escompte officiel.

**levy** ['levɪ] **1 n** (gen, Fin) (act) taxation f, imposition f, perception f ; (tax) impôt m, taxe f. ◊ **import levy** (EEC : on farm products) taxe à l'importation or sur les importations ; (amount) taxe ; **writ of levy** (US Jur) mandat de saisie-exécution.
**2 vt a** (impose) tax prélever, lever, percevoir (*on sth* sur qch) ; fine infliger (*on sb* à qn). ◊ **to levy a duty on imported goods** imposer des marchandises à l'entrée, percevoir un droit d'entrée sur des marchandises ; **to levy a distress** (US Jur) faire une saisie-exécution (*on* sur). **b** (collect) taxes percevoir.

**liability** [ˌlaɪə'bɪlɪtɪ] **1 n a** responsabilité f. ◊ **to disclaim all liability** décliner toute res-

ponsabilité ; **liability of any debtor to his creditor** l'obligation de tout débiteur envers son créancier ; **absolute liability** obligation inconditionnelle ; **collective / joint / contractual liability** responsabilité collective / conjointe / contractuelle ; **employer's liability** responsabilité de l'employeur ; **employer's liability insurance** assurance responsabilité civile ou RC de l'employeur ; **joint and several liability** responsabilité conjointe et solidaire ; **legal liability** responsabilité civile générale ; **limited liability** responsabilité limitée ; **limited liability company** société à responsabilité limitée ; **third-party liability** responsabilité au tiers ; **tax liability** (obligation) assujettissement à l'impôt ; (sum due) montant de l'imposition, impôts dus. **b** (debt) dette f. **c liabilities** (commitments) obligations, engagements ; (debts) dettes ; (on balance sheet) passif ; **assets and liabilities** actif et passif ; **contingent liabilities** passif éventuel ; **current liabilities** passif exigible à court terme, dettes à court terme ; **external liabilities** passif externe ; **fixed or deferred** or **long-term** or **non-current liabilities** passif exigible à long terme.
**2 cpd liability insurance** assurance responsabilité civile. — **liability ledger** registre des créances. — **liability limit** (Ins) plafond de la garantie responsabilité civile. — **liability management** (Bank) gestion des encours. — **liability reserve** provision pour dettes.

**liable** ['laɪəbl] **adj a** liable to possible de ; **liable to** or **for tax** person, profits passible de l'impôt, imposable, assujetti à l'impôt ; goods taxable, soumis à une taxe or à des droits ; **liable to stamp duty** assujetti au droit de timbre ; **those specifications are liable to alterations without notice** ce cahier des charges peut être modifié sans préavis ; **your absence is liable to be misinterpreted** votre absence risque or est susceptible d'être mal interprétée. **b** (Jur) (responsible) (civilement) responsable (*for* de). ◊ **you can be held liable for the damage caused** vous pouvez être tenu responsable des dégâts causés ; **to be liable for sb's debts** répondre des dettes de qn.

**liaise** ['liːeɪz] (GB) **vi** ◊ **to liaise with the other departments** assurer la liaison avec les autres services.

**liaison** [liː'eɪzɒn] **n** liaison f. ◊ **to work in liaison with** travailler en liaison avec.

**libel** ['laɪbəl] **1 n** (act) diffamation f (par écrit) ; (document) libelle m, pamphlet m, écrit m diffamatoire. ◊ **to sue sb for libel, bring an action for libel against sb** intenter un procès en diffamation à qn.

**2** cpd **libel laws** lois fpl contre la diffamation. − **libel proceedings, libel suit** procès en diffamation.
**3** vt diffamer (par écrit).

**libellous** (GB), **libelous** ['laɪbələs] (US) adj diffamatoire.

**liberalization,**        **liberalisation** [ˌlɪbərəlaɪ'zeɪʃən] n libéralisation.

**liberalize, liberalise** ['lɪbərəlaɪz] vt trade relations libéraliser.

**liberation** [ˌlɪbə'reɪʃən] n libération f.

**Liberia** [laɪ'bɪərɪə] n Liberia m.

**Liberian** [laɪ'bɪərɪən] **1** adj libérien.
**2** n (inhabitant) Libérien(ne) m(f).

**LIBOR** [ˌelaɪbiːəʊ'ɑːʳ] n abbr of *London Interbank Offered Rate taux interbancaire londonien du marché des eurodevises.*

**library** ['laɪbrərɪ] n bibliothèque f. ◊ **library manager** (Comp) gestionnaire de bibliothèque.

**Libreville** ['liːbrəvɪl] n Libreville.

**Libya** ['lɪbɪə] n Libye f.

**Libyan** ['lɪbɪən] **1** adj libyen.
**2** n (inhabitant) Libyen(ne) m(f).

**licence** (GB) ['laɪsəns], **license** (US) **1** n (permit) (gen) autorisation, permis; (Comm) licence. ◊ **building licence** permis de construire; **driving licence** permis de conduire; **export / import licence** licence d'exportation / d'importation; **manufacturing licence** licence de fabrication; **to manufacture sth under licence** fabriquer qch sous licence.
**2** cpd **licence fees** droits mpl d'exploitation de licence, redevance; (TV) redevance. − **licence holder** détenteur(-trice) m(f) d'une licence. − **licence number** (Aut) [licence] numéro de permis de conduire; [car] numéro minéralogique or d'immatriculation. − **licence plate** plaque minéralogique or d'immatriculation.
**3** vt **a** (give licence to) accorder or délivrer une licence à. ◊ **the shop is licensed to sell...** le magasin détient une licence de vente de... **b** (permit) autoriser (*sb to do* qn à faire).

**licensee** [ˌlaɪsən'siː] n licencié(e) m(f), détenteur(-trice) m (f) d'une licence.

**licenser** ['laɪsənsəʳ] n → licensor.

**licensing** ['laɪsənsɪŋ] n octroi m d'une licence or d'une autorisation. ◊ **licensing fee** droit de licence; **licensing requirements** conditions d'obtention d'une licence.

**licensor** ['laɪsənsəʳ] n bailleur m de licence.

**lie** [laɪ] **1** vi **a** (be found) [objects] se trouver, être; [remedy, problem] être, résider, se

trouver. ◊ **our money is lying idle in the bank** notre argent dort à la banque; **further problems lie ahead** d'autres problèmes nous attendent; **the real solution lies in an overall restructuring of the department** la véritable solution réside or se trouve dans une complète restructuration du service; **the onus of the proof lies with him** (Jur) c'est à lui de faire la preuve. **b** (Jur) [evidence, appeal] être recevable. ◊ **the action lies** l'action est recevable. **c** [person] (tell untruths) mentir.
**2** n (untruth) mensonge m. ◊ **to give the lie to** claim, rumour démentir, contredire.

**lien** [lɪən] n (Jur) (on goods) droit m de rétention; (on property) privilège m, hypothèque f mobilière. ◊ **to have a lien on the estate of a debtor** avoir un privilège sur les biens d'un débiteur; **general lien** privilège général; **carrier's lien** privilège du transporteur; **involuntary lien, lien in invitum** privilège involontaire; **maritime lien** privilège maritime; **possessory lien** droit de rétention; **vendor's lien** privilège du vendeur; **no-lien affidavit** attestation de non-gage.

**lienee** [ˌlɪə'niː] n débiteur m gagiste.

**lienor** ['lɪənəʳ] n créancier m gagiste.

**lieu** [luː] n ◊ **in lieu of** au lieu de, à la place de.

**life** [laɪf] **1** n **a** (existence) vie f. ◊ **exports are the lifeblood of our economy** les exportations constituent le nerf or le ressort de notre économie; **working life** [product] durée de vie; [person] années d'activité, vie active. **b** (validity) [contract, licence, product] durée f. ◊ **life of a loan** durée d'un prêt or d'un emprunt; **composite life** [product] vie utile; **service life** [equipment] durée de vie or d'utilisation; **shelf life** [product] espérance or durée de vie, durée de conservation (avant la vente); **useful life** (Mktg) durée normale d'utilisation, vie utile.
**2** cpd **life annuitant** rentier viager. − **life annuity** rente viagère. − **life assurance** or **insurance** assurance-vie. − **life assured** or **insured (the)** l'assuré(e) m(f). − **life beneficiary** (US) usufruitier(-ière) m(f). − **life cycle** [product, plant] cycle de vie. − **life endowment, life estate** biens mpl en viager. − **life expectancy** [person] espérance de vie; [product] durée de vie; **life expectancy tables** tables de mortalité. − **life income** (Jur) rente viagère, revenu viager. − **life interest** (Jur) (right of usage for life) usufruit; (pension) rente viagère. − **life office** compagnie d'assurance-vie. − **life style** style de vie. − **life tenancy** usufruit. − **life tenant** usufruitier(-ière) m(f).

**lifeless** ['laɪflɪs] adj stock market inanimé, peu actif, mou, terne.

**LIFFE** [ˌelaɪefefˈiː] n abbr of *London International Financial Futures Exchange marché des options sur devises de Londres*, ≈ MATIF m.

**LIFO** [ˈlaɪfəʊ] abbr of *last in first out* DEPS.

**lift** [lɪft] **1** n **a** (GB) (elevator) ascenseur m; (for goods) monte-charge m. **b** (transport) can I give you a lift? est-ce que je peux vous déposer quelque part?; I can give you a lift to the station je peux vous emmener à la gare.
**2** vt **a** (raise) lever, soulever. **b** (increase) augmenter. ◊ to lift productivity augmenter or accroître la productivité. **c** (remove) restrictions supprimer, abolir; ban, blockade, embargo lever. ◊ to lift sanctions lever des sanctions; to lift the seizure lever la saisie. **d** (Jur) documents lever, honorer. ◊ to lift a bill honorer un effet; to lift a mortgage (US) purger une hypothèque.

**liftboy** [ˈlɪftbɔɪ] (GB) n garçon m d'ascenseur.

**liftoff** [ˈlɪftɒf] n [space rocket, new enterprise] décollage m. ◊ lift-on, lift-off (Ind, Mar) manutention verticale, levage.

**light** [laɪt] **1** n **a** (gen) lumière f; (Aut) feu m. ◊ to give sb the green light donner le feu vert à qn; neon lights enseignes au néon. **b** (fig) lumière f. ◊ to bring to light mettre en lumière, révéler; new defects have come to light on a découvert de nouveaux défauts, de nouveaux défauts ont été mis au jour; to shed or throw (a) new light on a subject éclairer un sujet d'un jour nouveau.
**2** adj **a** (opp of dark) clair. **b** (not heavy) léger. ◊ trading was light at 8 million shares a day le volume des transactions restait faible à 8 millions d'actions par jour.
**3** cpd light dues droits mpl de phare. – light gun crayon lumineux. – light pen photostyle, crayon optique. – light vessel navire marchand à vide.

**lighten** [ˈlaɪtn] vt (make less heavy) cargo, burden alléger; tax alléger, réduire.

**lighter** [ˈlaɪtəʳ] n (Mar) péniche f, chaland m, gabar(r)e f, allège f.

**lighterage** [ˈlaɪtərɪdʒ] n (transport) acconage m; (fee) droit m d'acconage, frais mpl d'allège or de chalandage m.

**lightning** [ˈlaɪtnɪŋ] **1** n éclair m.
**2** adj attack foudroyant. ◊ lightning strike grève surprise or sans préavis.

**like** [laɪk] **1** vt **a** person, activity, food aimer. **b** (want) vouloir. ◊ would you like a drink? voulez-vous boire quelque chose?
**2** n (similar thing) chose f pareille or semblable.

**likely** [ˈlaɪklɪ] adj **a** outcome, consequences probable; explanation plausible, vraisem-

blable. ◊ the most likely applicants les candidats qui ont le plus de chance d'être retenus. **b** (liable) to be likely to do avoir des chances de faire, risquer de faire; this decision is likely to make quite a stir ce projet risque de faire du bruit.

**Lima** [ˈliːmə] n Lima.

**limb** [lɪm] n [tree] grosse branche. ◊ to be out on a limb (fig) (isolated) être isolé; (vulnerable) être dans une situation difficile.

**limit** [ˈlɪmɪt] **1** n [territory, experience] limite f; (restriction on amount) limitation f, restriction f; (authorized maximum) limite f. ◊ age limit limite d'âge; credit limit limite or plafond de crédit; time limit délai; limit order (St Ex) ordre limite or à cours limité; weight limit limitation de poids; off-limits area zone d'accès interdit; (sign) accès interdit; there is no limit on the amount you can import la quantité que l'on peut importer n'est pas limitée; they will set voluntary limits to their exports ils limiteront volontairement leurs exportations.
**2** vt limiter (*to* à). ◊ our promotion campaign is limited to EEC countries notre campagne promotionnelle se limite aux pays de la CEE.

**limitation** [ˌlɪmɪˈteɪʃən] n **a** (restriction) limitation f, restriction f. **b** (Jur) prescription f. ◊ term of limitation, limitation period délai de prescription; time limitation péremption; this is barred by limitation il y a prescription; statutes of limitations of actions (US) lois fixant les délais de prescription.

**limitative** [ˈlɪmɪtətɪv] adj limitatif, restrictif.

**limited** [ˈlɪmɪtɪd] **1** adj **a** (restricted) choice, means, resources restreint, limité. **b** (Comm, Jur) Smith and Sons Limited Smith et fils SA; private limited company (GB) société à responsabilité limitée; public limited company société anonyme.
**2** cpd limited check (Jur) contrôle partiel. – limited liability responsabilité limitée. – limited (liability) company (GB) société à responsabilité limitée. – limited market (St Ex) marché étroit or restreint. – limited order (St Ex) ordre de vente (or d'achat) limité. – limited owner usufruitier(-ière) m(f). – limited partner associé(e) m(f) commanditaire. – limited partnership société en commandite simple. – limited policy (Ins) assurance limitée.

**limitedness** [ˈlɪmɪtɪdnɪs] n (St Ex) étroitesse f.

**limiter** [ˈlɪmɪtəʳ] n (Comp) borne f, drapeau m.

**limiting** [ˈlɪmɪtɪŋ] adj limitatif. ◊ limiting clause [contract] clause or condition restrictive.

**linage** [ˈlaɪnɪdʒ] n → lineage.

**line** [laɪn] **1** n **a** (mark) ligne f, trait m ; (boundary) frontière f. ◊ **the bottom line** (Acc) le résultat or le bénéfice net ; (fig : the main concern) l'essentiel. **b** (Telec) ligne f. ◊ **the lines are out of order** les lignes sont en dérangement ; **the line's gone dead** (cut off) on nous a coupés ; (no dialling tone) il n'y a plus de tonalité ; **can you get me a line to Paris?** pouvez-vous m'avoir Paris (au téléphone)? ; **the line is engaged** (GB) or **busy** (US) la ligne est occupée ; **Mr Smith is on the line** vous avez M. Smith en ligne ; **hold the line** ne quittez pas. **c** [print, writing] ligne f. ◊ **to write a line** (Mar Ins) souscrire une part d'un risque ; **accommodation line** (Ins) risque accepté à titre commercial. **d** (row) [parked cars] rangée f ; [cars in traffic] file f ; [people] (side by side) rang m, rangée f ; (behind one another) file f, colonne f ; (in factory) chaîne f. ◊ **to wait in line** (US) faire la queue ; **we must fall into line with our competitors** nous devons nous aligner sur nos concurrents ; **to bring into line** réaligner ; **the dollar was way out of line** le dollar n'était plus dans l'alignement ; **new production capacity will come on line next year** de nouvelles unités de production seront mises en exploitation l'an prochain ; **on-line computer** connecté ; **off-line computer** non connecté, autonome ; **processing** en différé ; **on-line / off-line processing** traitement en temps réel / en différé. **e** (direction) ligne f, direction f. ◊ **to take a hard / soft line** adopter une ligne de conduite dure / souple ; **line of attack** plan d'action. **f** (Rail) ligne f ; (track) voie f. ◊ **shipping line** compagnie de navigation, messageries maritimes ; **heavily-travelled lines** lignes à fort trafic. **g** (business) **what's his line of business?** dans quelle branche est-il?, quelle est sa partie or sa profession? ; **it's not (in) my line** ce n'est pas mon rayon, ce n'est pas dans mes cordes. **h** (Comm) (series of goods) série f d'articles, gamme f de produits. ◊ **broken lines** fins de série ; **leading line** article en réclame ; **product line** ligne or gamme de produits. **i** (Bank) **credit line** ligne or autorisation de crédit. **j** (Mktg, Admin) **line of authority** or **of command** ligne or structure hiérarchique ; **staff and line** les fonctionnels et les opérationnels ; **line and staff organization** structure hiérarchique et structure fonctionnelle, services fonctionnels et services hiérarchiques or opérationnels ; **down the line personnel** personnel subalterne ; **first line manager** agent de maîtrise ; **first line management** maîtrise ; **first line supervisor** agent de maîtrise, responsable au premier palier d'exécution. **k** (Ind) **assembly line** chaîne de montage ; **production line** chaîne de production.

**2** cpd **line assistant** attaché(e) m(f) opérationnel(le). – **line extension** extension de la gamme. – **line feed** (Comp) saut de ligne. – **line image** image de gamme. – **line layout** (Ind) implantation linéaire des postes de travail. – **line management** opérationnels mpl. – **line manager** opérationnel(le) m(f). – **line organization** organisation hiérarchique or verticale. – **line printer** imprimante ligne à ligne. – **line production** (US) production à la chaîne or en chaîne. – **line service** service d'exploitation.

**lineage** ['lɪnɪdʒ] n (Pub) tarif m à la ligne.

**linear** ['lɪnɪər] adj **programming** linéaire.

**liner** ['laɪnər] **1** n (Mar) paquebot m, bateau m de ligne. **2** cpd **liner terms** conditions fpl du trafic maritime régulier. – **liner trade** trafic maritime régulier.

**line-up** ['laɪnʌp"] n gamme f, éventail m. ◊ **an impressive line-up of products** un éventail impressionnant de produits, une gamme or une ligne de produits impressionnante ; **the line-up of oil countries** le front des pays producteurs de pétrole.

**link** [lɪŋk] **1** n [chain] maillon m, chaînon m ; [telephones] liaison f ; (connection) lien m, liaison f, relation f. ◊ **we have links with major companies around the world** nous avons des liens avec des entreprises leaders dans le monde entier ; **data link** liaison de transmission des données ; **formal trade links** relations commerciales officielles. **2** vt (connect) relier ; (fig) lier ; (Elec) relier, connecter. ◊ **index-linked** indexé.

**linkage** ['lɪŋkɪdʒ] n (tie) lien m, relation f, liaison f.

**link up 1** vi (Comm) [firms, organizations] s'associer. **2** vt sep relier, connecter.

**link-up** ['lɪŋkʌp] n (gen) lien m, rapport m ; (Rad, TV) (connection) liaison f ; (programme) (émission f en) duplex m.

**lip service** ['lɪpsɜːvɪs] n ◊ **this country only pays lip service to the limitation of its exports** ce pays n'accepte de limiter ses exportations qu'en paroles.

**liquid** ['lɪkwɪd] adj (gen) liquide ; (Fin) liquide, disponible. ◊ **liquid assets** or **funds** liquidités, disponibilités, actif disponible ; **liquid crystal display** affichage à cristaux liquides ; **liquid debt** dette liquide ; **liquid investments** titres de placement liquides, placements facilement négociables ; **liquid savings** épargne liquide ; **liquid securities** valeurs liquides.

**liquidate**

**liquidate** [ˈlɪkwɪdeɪt] **vt** company liquider, mettre en liquidation; debt amortir, liquider; property liquider, réaliser. ◊ **liquidated debt** dette soldée or amortie; **liquidating dividend** dividende de liquidation; **part of the bank's portfolio was liquidated** la banque a réalisé une partie de son portefeuille.

**liquidation** [ˌlɪkwɪˈdeɪʃən] **1** **n** [company] liquidation f; [debt] remboursement m, amortissement m; [estate] réalisation f, liquidation f. ◊ **liquidation of inventories** réalisation or liquidation des stocks; **compulsory / voluntary liquidation** [company] liquidation forcée or judiciaire / volontaire; **to go into liquidation** déposer son bilan; **to put a company into liquidation** mettre une société en liquidation.
**2** **cpd** **liquidation balance sheet** bilan d'ouverture de liquidation. — **liquidation price** prix de liquidation. — **liquidation value** valeur de liquidation.

**liquidator** [ˈlɪkwɪˌdeɪtər] **n** liquidateur m. ◊ **liquidator in bankruptcy** syndic de faillite.

**liquidity** [lɪˈkwɪdɪtɪ] **1** **n** liquidité f. ◊ **liquidities** liquidités, actifs liquides.
**2** **cpd** **liquidity credit** crédit de trésorerie. — **liquidity preference** préférence pour la liquidité. — **liquidity ratio** ratio de liquidité or de trésorerie. — **liquidity squeeze** compression or contraction des liquidités.

**lira** [ˈlɪərə] **n** lire f.

**Lisbon** [ˈlɪzbən] **n** Lisbonne.

**list** [lɪst] **1** **n** (gen) liste f; (Comp) liste f, listage m. ◊ **to make out a list** dresser or établir une liste; **to strike off the list** rayer de la liste; **list of bills for collection** bordereau d'effets à l'encaissement; **black list** liste noire; **free list** (Customs) liste des exemptions; **mailing list** fichier or liste d'adresses; **price list** tarif; **stock-exchange list** bulletin de la Bourse.
**2** **cpd** **list broker** courtier en fichiers or listes d'adresses. — **list file** (Comp) fichier de listage. — **list price** prix (de) catalogue, prix public.
**3** **vt** (make list of) faire or dresser la liste de; (write down) inscrire; (enumerate) énumérer; (Comp) lister; (St Ex) coter. ◊ **this item is no longer listed** cet article ne figure plus au catalogue; **the shares are listed at 75 dollars** les actions sont cotées à 75 dollars; **listed securities** valeurs inscrites or admises à la cote officielle, valeurs cotées en Bourse; **listed company** société cotée en Bourse.

**listing** [ˈlɪstɪŋ] **n** (St Ex) inscription f à la cote officielle, cotation f. ◊ **listing requirements** conditions d'introduction en Bourse.

**listless** [ˈlɪstlɪs] **adj** stock market terne.

**list out** **vt** **sep** (Comp) lister, sortir sur imprimante.

**liter** [ˈliːtər] (US) **n** → litre.

**literature** [ˈlɪtərɪtʃər] **n** (documents) documentation f. ◊ **we have extensive literature on this subject** nous avons une documentation abondante à ce sujet; **sales literature** documentation publicitaire.

**Lithuania** [ˌlɪθjuˈeɪnɪə] **n** Lituanie f.

**Lithuanian** [ˌlɪθjuˈeɪnɪən] **1** **adj** lituanien.
**2** **n** **a** (language) lituanien m. **b** (inhabitant) Lituanien(ne) m(f).

**litigant** [ˈlɪtɪgənt] **n** (Jur) plaideur m, partie f d'un procès.

**litigate** [ˈlɪtɪgeɪt] **1** **vi** plaider, être en procès.
**2** **vt** contester.

**litigation** [ˌlɪtɪˈgeɪʃən] **n** litige m, procès m.

**litre** (GB), **liter** (US) [ˈliːtər] **n** litre m.

**live** [lɪv] **1** **adj** **a** person vivant, en vie; (fig) dynamique. ◊ **a live problem** un problème brûlant or d'actualité; **live claim** (Fin) créance valide; **live weight** (transport) charge utile; (cattle market) poids sur pied. **b** (Rad, TV) programme, broadcast (transmis or diffusé) en direct.
**2** **adv** (Rad, TV) en direct. ◊ **live from Paris** en direct de Paris.
**3** **vi** **a** (be alive) vivre. **b** (conduct o.s.) vivre. ◊ **to live by journalism** gagner sa vie comme journaliste; **to live off** or **on one's private income** vivre de ses rentes. **c** (reside) résider, habiter.

**livelihood** [ˈlaɪvlɪhʊd] **n** (means of living) moyens mpl d'existence. ◊ **to earn one's livelihood** gagner sa vie.

**liveliness** [ˈlaɪvlɪnɪs] **n** [stock market] animation f, activité f.

**lively** [ˈlaɪvlɪ] **adj** stock market animé, actif, soutenu; publicity campaign percutant, vigoureux.

**livestock** [ˈlaɪvstɒk] **n** bétail m, cheptel m. ◊ **livestock farmer** éleveur de bétail.

**living** [ˈlɪvɪŋ] **1** **n** vie f. ◊ **cost of living** coût de la vie; **standard of living** (GB), **level of living** (US) niveau de vie; **to earn a living as a translator** gagner sa vie comme traducteur; **to work for a living** travailler pour vivre.
**2** **cpd** **living conditions** conditions fpl de vie. — **living space** espace vital. — **living standard(s)** (GB) niveau de vie. — **living wage** minimum vital.

**LMBO** [ˌelembiːˈəʊ] **n** abbr of *leveraged management buy-out* ≈ RES m.

**LME** [ˌelemˈiː] **n** abbr of *London Metal Exchange* : Bourse des métaux de Londres.

**load** [ləud] **1** n [person, computers] charge f; [lorry] chargement m, charge f; [ship] cargaison f; (pressure) poids m, pression f. ◊ **axle load** charge par essieu; **breaking load** charge de rupture; **car load** (Rail) wagon complet; **less than car-load** wagon incomplet; **constant load** charge constante, poids mort; **dead load** poids mort, poids à vide, charge constante; **deck load** chargement en pontée; **full load** chargement complet; **pay load** [vehicle] charge utile; [aeroplane] emport, poids utile; [ship] charge payante; **work load** charge de travail, plan de charge.
**2** cpd **load draught** tirant d'eau en charge. − **load factor** coefficient de chargement or de remplissage. − **load line** (Mar) ligne de flottaison en charge. − **load program** (Comp) chargeur, programme de chargement. − **load shedding** (Elec) délestage de courant.
**3** vt **a** lorry, ship, person charger (*with* de); (Comp) program charger. ◊ **he is loaded with degrees** il est bardé de diplômes. **b** [ship] **to load grain** charger du grain. **c** insurance premium majorer.
**4** vi [lorry] prendre un chargement; [ship] embarquer une cargaison.

**loadable** ['ləudəbl] adj (Comp) chargeable.

**loaded** ['ləudɪd] adj **a** lorry, ship chargé. ◊ **loaded journey** (Mar) parcours en charge; **loaded net weight** (Mar) poids net embarqué. **b** insurance premium majoré. **c** (*) person très riche, plein aux as*.

**loader** ['ləudər] n (Comp) chargeur m, programme m de chargement.

**loading** ['ləudɪŋ] **1** n **a** chargement m. ◊ **loading for contingencies** chargement de sécurité; **bulk loading** chargement en vrac. **b** [insurance premium] majoration f.
**2** adj **a** (Mar) en charge, en cours de chargement. **b** (Commodity Exchange) sous charge. **c** statement insidieux. ◊ **that's a loaded question!** c'est une question piège!
**3** cpd **loading bay** aire or baie or quai de chargement. − **loading charges** (on ship) frais mpl de chargement; (Fin) frais mpl financiers. − **loading day** jour de chargement. − **loading gauge** gabarit de chargement. − **loading participation in profits** chargement de participation. − **loading port** port d'embarquement or de chargement. − **loading ramp** rampe de chargement. − **loading space** espace de chargement.

**load up** **1** vi [ship] recevoir une cargaison, charger; [lorry] prendre un chargement; ◊ **to load up on assets** charger l'actif d'un bilan.
**2** vt sep charger (*with* de).

**loan** [ləun] **1** n **a** (gen) prêt m; [money] (lent) prêt m; (advanced) avance f; (borrowed) emprunt m. ◊ **to apply for a loan** demander or solliciter un prêt; **to float** or **issue a loan** [companies] émettre or lancer un emprunt; **to grant a loan** accorder or consentir un prêt; **to raise** or **take up** faire or contracter un emprunt; **to repay a loan** rembourser un emprunt; **to sink a loan** amortir un emprunt; **to subscribe to a loan** souscrire à un emprunt; **I have a flat on loan from the company** la société me prête un appartement; **the loan was largely oversubscribed** l'emprunt a été largement couvert; **bad loan** créance douteuse; **our trainee is on loan to another department** nous avons détaché notre stagiaire à un autre service. **b** (kinds of loan) **bank loan** prêt bancaire; **bargain basement loan** prêt à un taux défiant toute concurrence; **bottomry loan** (Mar Ins) prêt à la grosse aventure; **bridging loan** prêt or crédit-relais; **consolidated loan** emprunt consolidé; **consolidation loan** emprunt de consolidation; **consumption loan** prêt à la consommation; **conversion loan** emprunt de conversion; **debenture loan** emprunt obligataire; **foreign / internal loan** emprunt extérieur / intérieur; **government loan** emprunt d'État; **home improvement loan** prêt à l'amélioration de l'habitat; **indexed loan** emprunt indexé; **irredeemable loan** emprunt non remboursable; **loan at call** emprunt remboursable sur demande; **loan at interest** prêt portant intérêt; **loan at notice** emprunt à terme; **loan on collateral** prêt sur nantissement, prêt gagé; **loan on overdraft** prêt à découvert; **loan on respondentia** (Mar Ins) emprunt à la grosse sur facultés; **loan on stock** prêt sur titres; **loan on trust** prêt d'honneur; **mortgage loan** prêt hypothécaire; **personal loan** emprunt or prêt personnel; **problem loan** prêt à problèmes, prêt à risque(s); **public loan** emprunt public; **secured loan** prêt garanti; **soft** or **subsidized loan** prêt à taux bonifié; **unsecured loan** prêt non garanti.
**2** vt prêter (*sth to sb* qch à qn).
**3** cpd **loan-account** compte de prêt. − **loan agreement** contrat de prêt, accord d'emprunt. − **loan application** demande de prêt or de crédit. − **loan bank** caisse de prêt, établissement or organisme de crédit. − **loan capital** capital d'emprunt. − **loan certificate** titre de prêt. − **loan ceiling** plafond de crédit. − **loan charges** frais mpl financiers, frais mpl de constitution de dossier de prêt. − **loan company** société de crédit. − **loan department** service du crédit. − **loan exposure** risques mpl encourus dans le domaine du crédit. − **loan holder** créancier hypothécaire.

– **loan loss** perte sur prêts ; **loan loss reserves** provisions pour pertes sur prêts. – **loan market** marché du crédit or de l'argent. – **loan office** établissement or organisme de crédit. – **loan plan** contrat de prêt. – **loan portfolio** portefeuille de prêts. – **loan shark** usurier. – **loan sharking** usure *(pratique de taux usuraires en matière de prêt)*. – **loan stock** capitaux mpl empruntés. – **loan store** officine de prêt. – **loan syndicate** syndicat de prêt. – **loan syndication** syndicalisation du crédit. – **loan value** valeur du prêt.

**lobby** [ˈlɒbɪ] **1** n (pressure group) groupe m de pression, lobby m. ◊ **the steel lobby** le groupe de pression or le lobby de la sidérurgie.
   **2** vi (Pol) intervenir auprès des milieux officiels *(for* pour). 
   **3** vt person faire pression sur. ◊ **to lobby a bill through** faire passer un projet de loi grâce à des manœuvres de couloir.

**local** [ˈləʊkəl] **adj** (gen) local ; wine, speciality du pays, local. ◊ **local area network** réseau local ; **local authority** (GB) préfecture ; **local bill** (Fin) effet sur place ; **local call** (Telec) communication urbaine ; **local government** (GB) administration locale ; **local rates** (GB) or **taxes** (US) impôts locaux ; **6 o'clock local time** 6 heures heure locale.

**locality** [ləʊˈkælɪtɪ] n (district) région f.

**locals** [ˈləʊkəls] n (US) spéculateurs privés professionnels *(à la Bourse de Chicago)*.

**locate** [ləʊˈkeɪt] **1** vt **a** (find) place, person, cause repérer, trouver, localiser. **b** (situate) plant situer, implanter. ◊ **they decided to locate the new plant in Bristol** ils ont décidé d'implanter or de construire la nouvelle usine à Bristol ; **the head office is located in Paris** le siège est or se trouve à Paris.
   **2** vi s'installer, s'implanter.

**location** [ləʊˈkeɪʃən] n **a** (position) emplacement m, situation f, implantation f, site m. ◊ **location of the head office** adresse du siège ; **work location** lieu de travail. **b** (Cine) extérieur(s) m(pl). ◊ **on location** en extérieur.

**locational** [ləʊˈkeɪʃənəl] (US) **adj** qui a trait à la situation or à la conjoncture. ◊ **locational requirements** besoins conjoncturels.

**lock** [lɒk] vt (fasten) door fermer à clé. ◊ **behind locked doors** à huis clos.

**lockaway** [ˈlɒkəweɪ] n (Fin) titre m à long terme.

**lock in** vt sep customers rendre captif.

**lock out** vt sep (Ind) workers fermer l'usine à, lock-outer ; competitors éliminer, barrer la route à. ◊ **we're locked out of the market** le marché nous est fermé.

**lockout** [ˈlɒkaʊt] n lock-out m, grève f patronale.

**lock up** vt sep (Fin) capital, funds immobiliser, bloquer *(in* dans).

**loco price** [ˈləʊkəʊˌpraɪs] n prix m sur place.

**lodge** [lɒdʒ] **1** vt money déposer ; statement, report présenter *(with sb* à qn). ◊ **to lodge a complaint against** (Jur) porter plainte contre ; **to lodge an appeal** (Jur) interjeter appel, se pourvoir en cassation ; **to lodge securities with a bank** confier des titres à une banque.
   **2** n (US Ind) section f syndicale.

**log** [lɒg] **1** vt (record) enregistrer, consigner, inscrire, noter.
   **2** n (also **logbook**) (gen) registre m ; (Mar) livre m or journal m de bord ; (road transport) carnet m de route ; (Aviat) carnet m de vol.

**log in, log on** vi (gen : start work) pointer, signer le registre en arrivant ; (Comp) ouvrir une session, entrer dans le système.

**logistics** [lɒˈdʒɪstɪks] n logistique f.

**log jam** [ˈlɒgdʒæm] n blocage m.

**logo** [ˈləʊgəʊ] n logo m. ◊ **the company's logo** le logo de la société.

**log off, log out** vi (gen : finish work) pointer, signer le registre en partant ; (Comp) terminer une session, sortir du système.

**Lombard rate** [ˈlɒmbədreɪt] n taux m Lombard.

**Lombard Street** [ˈlɒmbədstriːt] n *le quartier général des banques à Londres.*

**Lomé** [lɒme] n Lomé. ◊ **Lomé Convention (the)** les accords de Lomé.

**London** [ˈlʌndən] n Londres. ◊ **London International Financial Futures Exchange** *marché des options sur devises de Londres*, ≈ MATIF ; **London Metal Exchange** *Bourse des métaux de Londres.*

**lone** [ləʊn] **adj** person solitaire. ◊ **to play a lone hand** (fig) jouer sa carte personnelle.

**lonely** [ˈləʊnlɪ] **adj** ◊ **lonely pay** hausse de salaire *(obtenue à la suite de réductions d'horaire dues à des progrès techniques).*

**loner*** [ˈləʊnər] n solitaire mf.

**long** [lɒŋ] **1** adj long. ◊ **long shot** (Cine) plan d'ensemble ; **it's a long shot** (fig) c'est très risqué, c'est un coup à tenter ; **to take the long view** voir à long terme ; **in the long run** or **term** à long terme.
   **2** adv longtemps. ◊ **to borrow long** emprunter à long terme ; **I shan't be long** je me dépêche.
   **3** n **a** (speculator) spéculateur m à la hausse. **b** **longs** (GB : long-dated government

stocks) titres à long terme. **longs showed gains of about 35 basis points** les titres à long terme ont progressé d'environ 35 points de base.
**4** cpd **long call** (St Ex) position longue sur une option d'achat. — **long-dated** (Fin) à longue échéance; **long-dated bills** effets à longue échéance, papiers longs; **long-dated investment** placement à long terme or à longue échéance. — **long-distance** à longue distance; **long-distance call** (Telec) communication interurbaine or longue distance. **long-distance flight** (vol) long-courrier. — **long draft** (gen) traite sur l'étranger; (US) traite sur un autre état. — **long-haul** transport à longue distance; **long-haul airline** ligne long-courrier. — **long-lived assets** actifs mpl à long terme. — **long position** (St Ex) position acheteur, position longue. — **long-range** planning, forecast à long terme; plane à long rayon d'action. — **long rate** taux long; (Ins) taux préférentiel de prime (pour une police de longue durée). — **long service employees** employés mpl qui ont beaucoup d'ancienneté, employés mpl aux longs états de service. — **long-standing** custom, policy établi depuis longtemps, qui existe depuis longtemps; **company of long standing** entreprise fondée depuis longtemps. — **long-term** à long terme; **long-term assets / liabilities / loan / contract / debt** actif / passif / emprunt / contrat / dettes à long terme or à plus d'un an; **long-term disability policy** (Ins) assurance incapacité longue durée; **long-term investment** (gen) placement à long terme, (in another company) participation; **long-term receivables** créances à long terme. — **long ton** tonne forte or longue (≈ 1 016,06 kg).

**longshoreman** ['lɒŋʃɔːmən] n (US Mar) débardeur m, docker m.

**look** [lʊk] **1** n (appearance) aspect m, air m, allure f. ◊ **I don't like the look of it** cela ne me dit rien qui vaille.
**2** vi **a** (see) regarder. **b** [building] donner, regarder. ◊ **the office looks on to the public garden** le bureau donne sur le square. **c** (seem) sembler, paraître, avoir l'air. ◊ **how does it look to you?** qu'en pensez-vous?; **it looks fine** ça m'a l'air très bien; **it looks good on paper** cela a l'air très bien sur le papier or en théorie.

**look-alike** ['lʊkəˌlaɪk] **1** adj product d'imitation.
**2** n imitation f, copie f conforme (ou presque).

**look around** vt fus factory, shops faire le tour de.

**look for** vt fus chercher, rechercher. ◊ **the looked-for result** le résultat attendu or escompté or recherché.

**look forward to** vt fus event, holiday attendre avec impatience. ◊ **I am looking forward to meeting you** j'attends avec plaisir le moment de vous rencontrer.

**look into** vt fus (examine) examiner, étudier; (investigate) se renseigner sur.

**look out for** vt fus être à l'affût de. ◊ **to be on the look out for bargain** être à l'affût de bonnes affaires.

**look through** vt fus **a** (examine) documents examiner; (read quickly) parcourir. ◊ **to look through one's mail** dépouiller son courrier. **b** (reread) notes revoir, relire.

**look up** **1** vi (improve) [prospects] s'améliorer; [business] reprendre, repartir. ◊ **the franc is looking up** le franc est en hausse or repart or remonte or se redresse.
**2** vt sep name, word chercher.
**3** vt fus reference book consulter.

**loophole** ['luːphəʊl] n (in law, regulations) point m faible, faille f, lacune f (in dans). ◊ **tax loophole** faille dans la législation fiscale; **the new legislation does not leave any loophole** il n'y a aucune faille dans la nouvelle législation; **to close the loopholes** colmater les failles, ne laisser aucune échappatoire.

**loose** [luːs] adj **a** rope, wrapping desserré. ◊ **to tie up loose ends** (fig) régler les détails en suspens. **b** (Comm) (not packed) **loose goods** marchandises en vrac; **loose cheese** fromage au poids; **loose cash or change** menue or petite monnaie. **c** discipline relâché, peu rigoureux; translation approximatif; thinking confus, vague. ◊ **a loose interpretation of the law** une interprétation peu rigoureuse de la loi. **d** funds disponible, liquide, non affecté. **e** (detached or detachable) sheet mobile, volant. ◊ **loose card** fiche mobile.

**loose-leaf** ['luːsliːf] adj ledger à feuilles mobiles.

**loosen** ['luːsn] **1** vt desserrer. ◊ **to loosen the purse strings** desserrer les cordons de la bourse.
**2** vi (St Ex : also **loosen up**) se desserrer, se relâcher, s'assouplir, se détendre. ◊ **the money market is loosening** le marché financier connaît une détente, on note un desserrement du marché financier.

**lop off** [lɒp] vt sep amputer, tailler. ◊ **the deal means that they are lopping off 20% of their exports** l'accord signifie qu'ils amputent leurs exportations de 20%.

**lopsided** ['lɒpsaɪdɪd] adj (fig) agreement boiteux, déséquilibré. ◊ **our balance of payments with this country is lopsided** notre balance des paiements avec ce pays est déséquilibrée or bancale ; **lopsided development** développement déséquilibré.

**lorry** [ˈlɒrɪ] (GB) **n** camion m. ◊ **lorry driver** (gen) camionneur ; (long-distance) routier.

**lose** [luːz] **1** **vt** job, money, customer perdre ; (mislay) key, document égarer, perdre ; opportunity manquer, perdre. ◊ **I lost $500 on that deal** j'ai perdu 500 dollars dans cette affaire ; **the ship was lost with all hands** le navire a été perdu corps et biens ; **you've lost me there\*** (after explanation) je ne vous suis plus, j'ai perdu le fil ; **to lose ground** perdre du terrain ; **he's lost his licence** il s'est fait retirer son permis de conduire ; **that lost us the market** cela nous a coûté le marché or nous a fait perdre le marché. **2** **vi** perdre. ◊ **we lost to our competitors** nous nous sommes fait battre par nos concurrents, nous avons perdu face à la concurrence ; **he lost on the deal** il a été perdant dans cette affaire.

**lose out** vi être perdant. ◊ **we lost out on the company merger** nous avons été perdants dans cette fusion.

**loser** [ˈluːzəʳ] **n** perdant(e) m(f).

**losing** [ˈluːzɪŋ] **adj** business, concern non rentable, qui marche mal. ◊ **to be on a losing streak\*** être en période de déveine\*, connaître des pertes successives.

**loss** [lɒs] **1** **n** **a** perte f. ◊ **loss of pay / custom / market / momentum** perte de salaire / de clientèle / de marché / de vitesse ; **loss of profit, loss of potential income** manque à gagner ; **loss of trade** perte d'exploitation ; **dead loss** perte sèche ; **to cut one's losses** faire la part du feu, sauver les meubles ; **to make up one's losses** compenser ses pertes ; **to recoup one's losses** se rattraper de ses pertes, récupérer l'argent perdu ; **to sell at a loss** [salesman] vendre à perte ; [goods] se vendre à perte ; **to suffer** or **sustain** or **incur heavy losses** subir de grosses or de fortes pertes ; **to embark on loss-making operations** se lancer dans des opérations à perte ; **loss in value** perte de valeur, dépréciation ; **loss on exchange, exchange loss** (Fin) perte de change. **b** (deficit) déficit m. ◊ **to show a loss** accuser or faire apparaître un déficit ; **a loss-ridden firm** une entreprise accablée de pertes ; **net / gross loss** perte nette / brute. **c** (Ins) sinistre m, perte f, dommage m, préjudice m. ◊ **fire losses** sinistre or dégâts incendie ; **actual total loss** perte totale absolue ; **consequential loss** perte d'exploitation ; **constructive total loss** perte censée totale ; **general average loss** (Mar Ins) perte d'avarie commune ; **loss of claim** perte du droit à l'indemnité ; **loss in transit** freinte or déchet

de route ; **no known loss** sous réserve de sinistre connu ; **notice of loss** déclaration de sinistre ; **partial loss** sinistre partiel, perte partielle ; **to make good a loss** dédommager ; **our insurer made a claim for the amount of the loss** notre assureur a demandé réparation des dommages subis. **d** (Jur) [right] déchéance f, perte f. ◊ **loss of use** privation de jouissance. **e** (decline in asset value) moins-value f. **2** **cpd** **loss carry-back** report de perte en amont. — **loss carry-forward** report de déficit sur exercice à venir. — **loss carry-over** report de déficit. — **loss control** (Ins) prévention. — **losses assessment** évaluation des dommages. — **loss leader** article or produit d'appel. — **loss payee clause** clause de délégation d'assurance. — **loss ratio** ratio sinistres-pertes.

**loss-lead** [ˈlɒsliːd] **vi** ◊ **the Germans are ready to loss-lead in the early stages** les Allemands sont prêts à vendre à prix sacrifiés dans les phases de démarrage.

**lossmaker** [ˈlɒsmeɪkəʳ] **n** article m générateur de pertes.

**loss-making** [ˈlɒsmeɪkɪŋ] **adj** business déficitaire.

**lost** [lɒst] **adj** (gen) perdu. ◊ **lost days** (Ind) journées de travail perdues.

**lot** [lɒt] **n** **a** (plot of land) parcelle f, lotissement m. ◊ **building lot** lotissement ; **parking lot** (US) parking, parc de stationnement. **b** (package) [goods] lot m ; (St Ex) [shares] paquet m. ◊ **lot 10 was sold for £50** (at auction) le lot numéro 10 a été emporté à 50 livres sterling. **c** (random selection) tirage m au sort, sort m. ◊ **bonds redeemable by lot** obligations remboursables par tirage au sort ; **to draw lots for sth** tirer qch au sort. **d** (large amount) **a lot of** beaucoup de ; **a lot of money**, lots of money beaucoup d'argent, un argent fou\*.

**lottery** [ˈlɒtərɪ] **1** **n** loterie f. **2** **cpd** **lottery bond** obligation à lots. — **lottery loan** emprunt à lots.

**loudspeaker** [ˈlaʊdspiːkəʳ] **n** (gen) haut-parleur m ; [stereo] baffle m. ◊ **loudspeaker advertising** publicité par haut-parleur.

**lounge** [laʊndʒ] **n** [house, hotel] salon m. ◊ **departure lounge** (Aviat) salle d'embarquement ; **lounge suit** complet(-veston) ; (invitation) tenue de ville.

**low** [ləʊ] **1** **adj** ceiling, level bas, peu élevé ; wage, rate, standard bas, faible ; price bas, modéré, modique ; quality inférieur. ◊ **people of low income** les économiquement faibles, les bas revenus ; **inventories are getting low** les stocks baissent or diminuent or s'épuisent ; **the low end of the range** le bas

de gamme ; **low labour industries** industries à faible coefficient de main-d'œuvre ; **low-margin industries** industries à faible marge ; **low rent housing** habitation à loyer modéré ; **at a low price** à bon marché, à bas prix ; **to keep a low profile** adopter un profil bas, essayer de ne pas trop se faire remarquer ; **our lowest price** notre dernier prix, notre prix le plus bas ; **lowest price** (St Ex) cours le plus bas ; **low watermark** laisse de basse mer ; **sales had reached low watermark** les ventes n'avaient jamais été aussi creuses or aussi mauvaises.
**2** adv ◊ **to buy low** (St Ex) acheter quand le cours est bas.
**3** n (low point) (St Ex) niveau m bas, point m bas ; (on curve) creux m. ◊ **the dollar has sunk to a new low** le dollar est descendu à un niveau encore jamais atteint, le dollar a atteint son niveau le plus bas ; **the Dow Jones has reached an all-time low** l'indice Dow Jones est descendu à son plus bas niveau or n'a jamais été aussi bas.
**4** cpd **low-cost** (à) bon marché ; **low-cost loan** prêt bonifié, prêt à taux préférentiel. – **low-coupon gilts** titres mpl d'État à faible taux d'intérêt. – **low gear** : **to get back into low gear** (Econ) ralentir l'allure ; **low-geared capital** capital à faible effet de levier. – **low-grade** de qualité or de catégorie inférieure. – **low-key** modéré, discret ; **to keep sth low-key** faire qch avec discrétion or de façon discrète ; **low-key ad campaign** campagne publicitaire discrète. – **low-loader** (Aut) semi-remorque à plate-forme surbaissée ; (Rail) wagon (de marchandises) à plate-forme surbaissée. – **low-paid** job mal payé, qui paie mal ; worker mal payé ; **the low-paid** les petits salaires. – **low-priced** à bas prix, (à) bon marché. – **low-profile** modéré, discret ; **low-profile policy** politique des petits pas. – **low season** basse saison.

**lower** ['ləuəʳ] **1** adj inférieur. ◊ **lower case** (Typ) bas de casse ; **lower middle class** petite bourgeoisie ; **lower middle-class attitudes** comportement de petit bourgeois ; **the lower income groups** les économiquement faibles, les bas revenus ; **lower management** agents de maîtrise, maîtrise.
**2** vt pressure, price, tariffs baisser, diminuer, abaisser, réduire. ◊ **to lower one's sights** modérer ses prétentions, rabattre de ses prétentions.
**3** vi [pressure, price] baisser, diminuer.

**lowering** ['ləuərɪŋ] n [price, pressure] baisse f, diminution f. ◊ **lowering of economic activity** baisse or ralentissement de l'activité économique.

**loyal** ['lɔɪəl] adj customer fidèle. ◊ **we must keep our customers loyal** nous devons fidéliser nos clients.

**loyalty** ['lɔɪəltɪ] n loyauté f, fidélité f. ◊ **brand loyalty** fidélité à une marque.

**LQ** abbr of **letter-quality** → letter.

**LSD** [eles'di:] n abbr of **landing storage delivery** → landing.

**Ltd** (GB) abbr of **Limited** → limited

**Luanda** [lu'ændə] n Luanda.

**lubricant** ['lu:brɪkənt] n lubrifiant m.

**lucrative** ['lu:krətɪv] adj lucratif.

**luggage** ['lʌgɪdʒ] (GB) n bagages mpl. ◊ **excess luggage** excédent de bagages ; **hand luggage** bagages à main ; **free luggage allowance** franchise de bagages ; **luggage in advance** bagages non accompagnés ; **luggage registration office** bureau d'enregistrement des bagages.

**lull** [lʌl] **1** n [inflation] accalmie f, pause f, arrêt m (in dans).
**2** vt fear apaiser, calmer. ◊ **the summer lull** la trêve estivale.

**lumber** ['lʌmbəʳ] vt ◊ **to lumber sb with sth** coller qch à qn* ; **I got lumbered with the trainee for the whole week** j'ai dû me coltiner le stagiaire toute la semaine*.

**lump** [lʌmp] **1** n (gen) morceau m ; (large) bloc m, masse f. ◊ **in the lump** en bloc, en gros, globalement.
**2** cpd **lump sum** somme globale or forfaitaire ; **lump-sum contract** contrat au forfait ; **lump-sum freight** fret forfaitaire ; **lump-sum purchase** achat à prix forfaitaire ; **lump-sum settlement** or **payment** règlement global or forfaitaire.

**lunch** [lʌntʃ] n déjeuner m. ◊ **business lunch** déjeuner d'affaires ; **I'm meeting him for lunch** je déjeune avec lui ; **I have a lunch appointment** je rencontre quelqu'un au déjeuner, j'ai rendez-vous avec quelqu'un pour déjeuner.

**luncheon** ['lʌntʃən] n déjeuner m. ◊ **luncheon voucher** (GB) ticket-restaurant, chèque-déjeuner.

**lunge** [lʌndʒ] vi [prices] augmenter brutalement.

**Luxembourg** ['lʌksəmbɜːg] n Luxembourg m.

**luxury** ['lʌkʃərɪ] **1** n luxe m.
**2** cpd **luxury goods** articles mpl de luxe. – **luxury tax** impôt sur les produits de luxe. – **luxury trade** commerce de luxe.

**LV** (GB) abbr of **luncheon voucher** → luncheon.

# M

**M** [em] **n** ◊ **M factors** (merchandises, markets, motives, messages, media and money) principaux facteurs mpl économiques (marchandises, marchés, motivations, messages, médias et argent).

**MA** [ˌemˈeɪ] **n** abbr of *Master of Arts* → master.

**Macao** [məˈkaʊ] **n** Macao.

**machine** [məˈʃiːn] **1** **n** **a** (Tech) machine f. ◊ **adding** or **calculating machine** machine à calculer; **accounting machine** machine comptable; **cash dispensing machine** distributeur de billets; **duplication machine** machine à polycopier, duplicateur; **franking machine** machine à affranchir; **punched-card machine** machine à cartes perforées; **slot machine, vending machine** distributeur (automatique); **tabulating machine** tabulatrice; **telephone answering machine** répondeur téléphonique. **b** (fig) machine f, appareil m, organisation f. ◊ **the military machine** l'appareil militaire; **the Democratic machine** (US) les rouages or structures du parti démocrate.
**2** **vt** (Tech) usiner.
**3** **cpd machine-based** automatisé, mécanisé. – **machine code** code machine. – **machine downtime** temps d'immobilisation d'une machine *(pour cause de panne)*. – **machine failure** panne machine. – **machine hour** heure machine. – **machine idle time** temps d'immobilisation d'une machine *(par manque de personnel ou de matériel)*. – **machine language** langage machine; **machine language code** code machine. – **machine load** plan de charge d'une machine. – **machine-made** fait or fabriqué à la machine. – **machine operator** opérateur(-trice) m(f) (sur machine). – **machine-processable** exploitable sur machine. – **machine-produced report** état mécanographique. – **machine-readable** exploitable sur machine. – **machine run** passage en machine. – **machine shop** atelier d'usinage. – **machine tool** machine-outil; **computer-controlled machine tool** machine-outil commandée par ordinateur; – **digitally-controlled** or **programmed machine tool** machine-outil à commande numérique. – **machine translation** traduction automatique.

**machinery** [məˈʃiːnərɪ] **n** (machines collectively) machinerie f, machines fpl, ensemble m des installations; (parts of machine) mécanisme m, rouages mpl; (fig : structures) rouages mpl, appareil m. ◊ **the administrative machinery** la machine administrative; **the machinery of business** les rouages de l'économie; **the machinery of the state** les rouages or l'appareil de l'État.

**machinist** [məˈʃiːnɪst] **n** opérateur(-trice) m(f) (sur machine).

**macro** [ˈmækrəʊ] **pref** macro. ◊ **macro-distribution** macrodistribution; **macro-marketing** macromarketing.

**macroeconomic** [ˌmækrəʊiːkəˈnɒmɪk] **adj** macroéconomique.

**macroeconomics** [ˌmækrəʊiːkəˈnɒmɪk] **n** macroéconomie f.

**Madagascan** [ˌmædəˈgæskən] **1** **adj** malgache.
**2** **n** (inhabitant) Malgache mf.

**Madagascar** [ˌmædəˈgæskəʳ] **n** Madagascar f.

**madam** [ˈmædəm] **n** madame f; (unmarried) mademoiselle f. ◊ **Dear Madam** (in letter) Madame; **Madam Chairman** or **Chairperson** Madame la Présidente.

**made** [meɪd] **adj** fait, fabriqué, réalisé. ◊ **made in triplicate** fait en triple exemplaire ; **made in France** fabriqué en France ; **custom-made, tailor-made** clothes (fait) sur mesure ; insurance policy personnalisé ; **foreign-made** de fabrication étrangère ; **hand-made** fait à la main ; **home-made** de fabrication artisanale, fait maison ; **made-to-measure** fait sur mesure ; **made-to-order** fait sur commande ; **made-up** inventé, fabriqué de toutes pièces, faux ; **well- / poorly-made** bien / mal fait, de bonne / mauvaise fabrication ; **ready-made** ideas, curtains tout fait ; clothes prêt-à-porter, de confection.

**Madrid** [məˈdrɪd] **n** Madrid.

**magazine** [ˌmægəˈziːn] **n a** (Press) revue f, magazine m. ◊ **fashion magazine** revue or magazine de mode ; **trade magazine** revue professionnelle, magazine or journal professionnel. **b** (Tech : gen) magasin m. ◊ **output magazine** (Comp) case de réception.

**magistracy** [ˈmædʒɪstrəsɪ] **n** ◊ **the magistracy** la magistrature.

**magistrate** [ˈmædʒɪstreɪt] **n** magistrat m, juge m. ◊ **magistrates' court** (GB) tribunal d'instance ; **examining magistrate** (GB) ≈ juge d'instruction.

**magnate** [ˈmægneɪt] **n** magnat m, roi m. ◊ **industrial / financial / newspaper / oil magnate** magnat de l'industrie / de la finance / de la presse / du pétrole.

**magnet** [ˈmægnɪt] **n** aimant m.

**magnetic** [mægˈnetɪk] **adj** magnétique. ◊ **magnetic board** tableau magnétique ; **magnetic card** carte magnétique ; **magnetic stripe** or **strip card** badge (magnétique) d'identification ; **magnetic disk** disque magnétique ; **magnetic storage** mémoire magnétique ; **magnetic tape** bande magnétique ; **magnetic wand** crayon-lecteur magnétique.

**magnify** [ˈmægnɪfaɪ] **vt** image grossir ; (fig) incident exagérer, grossir.

**magnitude** [ˈmægnɪtjuːd] **n** [firm, problem, loss] ampleur f, importance f.

**maiden** [ˈmeɪdn] **cpd maiden flight** premier vol, vol inaugural. – **maiden name** nom de jeune fille. – **maiden voyage** premier voyage, voyage inaugural.

**mail** [meɪl] **1 n** (gen) poste f ; (letters) courrier m. ◊ **by mail** par la poste ; **by airmail** par avion ; **by next mail** par prochain courrier ; **to advise by mail** notifier par courrier ; **to sort out the mail** dépouiller le courrier ; **in-the-mail price** (Comm) prix franco ; **we put it in the mail yesterday** nous l'avons posté

or mis à la poste hier ; **direct mail** mailing, publipostage ; **direct-mail advertising** publipostage, publicité par mailing ; **direct-mail shot** mailing ; **direct-mail selling** vente par correspondance or par publipostage ; **first-class / second-class mail** (GB) courrier normal / lent ; **incoming** or **inward mail** courrier à l'arrivée or reçu ; **outgoing** or **outward mail** courrier au départ or envoyé ; **registered mail** courrier recommandé ; **surface mail** courrier de surface. **2 cpd mail carrier** (US) facteur. – **mail service** service des postes. – **mail train** train postal. – **mail van** (GB) (Aut) fourgon postal ; (Rail) wagon or fourgon postal. **3 vt** envoyer or expédier par la poste, poster, mettre à la poste.

**mailbag** [ˈmeɪlbæg] **n** sac m postal.

**mailbox** [ˈmeɪlbɒks] (US) **n** boîte f aux lettres.

**mailcar** [ˈmeɪlkɑːʳ] (US) **n** wagon m or fourgon m postal.

**mailcoach** [ˈmeɪlkəʊtʃ] (GB) **n** wagon m or fourgon m postal.

**mailgram** [ˈmeɪlgræm] (US) **n** message m électronique.

**mailing** [ˈmeɪlɪŋ] **1 n** (sending by mail) envoi m par la poste ; (mass mailing) publipostage m, mailing m. **2 cpd mailing address** adresse postale. – **mailing card** carte(-réponse). – **mailing clerk** employé(e) m(f) chargé(e) du courrier. – **mailing list** fichier or liste d'adresses ; **please add our name to your mailing list** veuillez nous faire parvenir régulièrement votre documentation.

**mailman** [ˈmeɪlmæn] (US) **n** facteur m.

**mail order** [ˈmeɪlɔːdəʳ] **1 n** vente f par correspondance. **2 cpd mail-order business** (activity) vente par correspondance, VPC ; (firm) maison de vente par correspondance. – **mailorder department** service des ventes par correspondance. – **mail-order catalogue** catalogue de vente par correspondance.

**mailsack** [ˈmeɪlsæk] **n** sac m postal.

**mailshot** [ˈmeɪlʃɒt] **n** mailing m, publipostage m. ◊ **to do a mailshot** faire un mailing.

**main** [meɪn] **adj** idea, target principal, premier, essentiel ; entrance, branch, shop principal. ◊ **Saudi Arabia is our main oil supplier** l'Arabie Saoudite est notre principal fournisseur de pétrole ; **the main objective of the meeting** l'objet principal de la réunion ; **energy conservation is the main issue** les économies d'énergie constituent le problème essentiel or fondamental ; **the main point of this report is** le point central de ce rapport est ; **main contractor** maître d'œuvre ; **main**

file (Comp) fichier maître or principal; **main line** (Rail) grande ligne; **main line flow chart** (Comp) organigramme général; **main office** (Admin : head office) siège social; **main road** (GB) route à grande circulation; **main storage** (Comp) mémoire centrale; **main street** (US) grand-rue, rue principale.

**mainframe** ['meɪnfreɪm] n ◊ mainframe (computer) unité centrale, gros ordinateur, gros système.

**mains** [meɪns] **1** npl [water, gas] canalisation f or conduite f principale; [electricity] fil m d'alimentation. ◊ **to turn off the electricity / gas / water at the main(s)** couper le courant / le gaz / l'eau au compteur. **2** cpd **mains failure** panne de secteur. **– mains supply (the)** le réseau.

**mainspring** ['meɪnsprɪŋ] n (fig) mobile m or motif m principal. ◊ **exports are the mainspring of the country's economy** les exportations sont le nerf or le moteur de l'économie du pays.

**mainstay** ['meɪnsteɪ] n (fig) soutien m principal, point m d'appui. ◊ **oil exports are the mainstay of the country's economy** les exportations de pétrole sont le pilier de l'économie du pays.

**maintain** [meɪn'teɪn] **1** vt **a** (continue) order maintenir; silence, advantage garder, conserver; relation, correspondence entretenir. ◊ **to maintain a reserve** (Fin) alimenter un fonds de réserve. **b** (support) wife, child subvenir aux besoins de. **c** road, building, car, machine entretenir, assurer l'entretien or la maintenance de. **2** vi se maintenir. ◊ **the dividend maintains at 5%** (St Ex) le dividende se maintient à 5%.

**maintenance** ['meɪntɪnəns] **1** n **a** [order] maintien m; [family] entretien m; [road, building, car, machine] entretien m, maintenance f. ◊ **corrective** or **emergency maintenance** entretien de dépannage; **road maintenance** entretien des routes; **planned maintenance** entretien systématique; **remote maintenance** télémaintenance; **scheduled maintenance** entretien périodique; **retention on wages for the maintenance of staff provident funds** retenues sur (les) salaires pour l'alimentation de la caisse de prévoyance du personnel. **b** [programs, production procedures] mise f à jour. ◊ **file maintenance** tenue des fichiers; **inventory maintenance** gestion des stocks; **resale price maintenance** prix de vente imposé. **2** cpd **maintenance agreement** or **contract** contrat de maintenance or d'entretien. **– maintenance charges** or **costs** frais mpl d'entretien. **– maintenance crew** équipe d'entretien. **– main-**

tenance **department** service entretien. **– maintenance engineer** technicien d'entretien. **– maintenance fee** frais mpl de gestion. **– maintenance note** feuille or fiche de maintenance. **– maintenance programme** programme de maintenance. **– maintenance programmer** programmeur de maintenance. **– maintenance routine** planning d'entretien. **– maintenance staff** personnel de maintenance or d'entretien.

**major** ['meɪdʒər] **1** adj majeur. ◊ **of major importance** d'une importance capitale; **of major interest** d'intérêt majeur; **major casualty** (Ins) sinistre majeur; **major changes** changements profonds; **a major crisis** une crise majeure or d'envergure; **the major industries** les industries principales; **major cycle** (Comp) cycle majeur; **major road** (GB) route principale or à priorité; **he is one of the major shareholders** il est l'un des principaux actionnaires. **2** n **a** (US Univ) matière f principale, spécialisation f, dominante f. **b** (Jur : person) personne f majeure. **c** **the majors** les plus grosses entreprises; **the bank majors** les plus grosses banques mondiales. **3** vi ◊ **to major in economics** (US Univ) se spécialiser en économie.

**majority** [mə'dʒɒrɪtɪ] **1** n **a** (greater part) majorité f. ◊ **overall** or **absolute / relative majority** majorité absolue / relative; **narrow majority** faible majorité; **elected by a majority of 8** élu avec une majorité de 8 voix; **a two-thirds majority** une majorité des deux tiers; **in the majority of cases** dans la majorité or la plupart des cas; **to be in a majority** être majoritaire; **to secure a majority** emporter la majorité. **b** (in age) majorité f. ◊ **to reach one's majority** atteindre sa majorité. **2** cpd **majority decision** décision prise à la majorité. **– majority holding** or **interest** participation majoritaire. **– majority owner** actionnaire mf majoritaire. **– majority rules** règles fpl majoritaires. **– majority shareholder** (GB) or **stockholder** (US) actionnaire mf majoritaire. **– majority stake** participation majoritaire. **– majority verdict** (Jur) verdict rendu à la majorité.

**make** [meɪk] **1** vt **a** (create, produce) (gen) faire; tools, objects faire, fabriquer. ◊ **to make an appointment** fixer or prendre un rendez-vous (*with sb* avec qn); **to make sb an offer for sth** faire une proposition or une offre à qn pour qch; **to make a bargain** or a **deal** passer un marché, conclure une affaire; **to make a loan** accorder or faire un prêt; **to make a bill** souscrire un effet; **to make a remittance** faire un virement; **to**

**make a statement** faire une déclaration; **to make an entry** (Acc) passer une écriture. **b** (cause to be) rendre, faire. ◊ **did I make myself clearly understood?** me suis-je fait clairement comprendre?; **make yourself comfortable** mettez-vous à l'aise; **this makes him responsible for all aspects of marketing** cela fait de lui le responsable de l'ensemble du marketing; **he made her his secretary** il en a fait sa secrétaire; **I make it a rule to meet my colleagues once a week** je me fais une règle de rencontrer mes collègues une fois par semaine; **let's make it 4 o'clock** disons 4 heures; **can you make it by Monday?** pouvez-vous y arriver d'ici lundi? **c** (earn) money [person] (se) faire, gagner; [business deal] rapporter; profits faire, réaliser. ◊ **he makes $100 a week** il se fait 100 dollars par semaine; **the deal made us $1,000** cette affaire nous a rapporté or nous a fait gagner 1 000 dollars; **they'll make a lot out of it** cela va leur rapporter gros; **to make a quick killing*** réussir un beau coup*; **the company didn't make any profit** la société n'a réalisé aucun bénéfice; **the prices made yesterday** (St Ex) les cours pratiqués or réalisés hier. **d** (equal, represent) **how much does that make altogether?** combien cela fait-il en tout?; **to make a quorum** [committee] atteindre le quorum. **e** (oblige) **to make sb do sth** obliger qn à faire qch. **f** (estimate, understand) ◊ **what time do you make it?** quelle heure avez-vous?; **what do you make of our new accountant?** qu'est-ce que tu penses de notre nouveau comptable?; **I can't make anything of this report** je ne comprends rien à ce rapport; **I make it 25 kilometres to Paris from here** je pense qu'il y a 25 kilomètres d'ici à Paris. **g to make good** deficit combler; deficiency compenser; damage réparer; **to make good a loss to sb** dédommager qn d'une perte. **h** (secure success of) **this business has made him** cette affaire a fait sa fortune or son succès.

**2 n** (brand) marque f; (manufacture) fabrication f. ◊ **standard make** marque courante; **what make is your car?** quelle est la marque de votre voiture?; **engines of our own make** moteurs fabriqués par nos soins.

**3 cpd make-do** expédient, pis-aller, moyen de fortune. – **make-up pay** rattrapage de salaire. – **make-up prices** (St Ex) cours mpl de compensation. – **make-up time** (Comp) temps de reprise. – **make-work job** emploi non productif *(visant à résorber le chômage).*

**make out 1 vi** (\*) (get on) se débrouiller; (do well) réussir. ◊ **we're making out fine** nous nous débrouillons très bien; **the firm is making out all right** l'entreprise réussit.

**2 vt sep a** (draw up, write out) (gen) faire, rédiger, établir; list dresser. ◊ **to make out a bill** (Comm) établir une facture; (Fin) créer un effet; **to make out a statement** (Fin) établir un relevé (de compte); **it is easy to make out a case for protectionism** il est facile de trouver des arguments en faveur du protectionnisme; **cheques should be made out to the company** les chèques devront être établis or libellés à l'ordre de la société; **to make out a document in triplicate** établir un document en triple exemplaire. **b** (decipher) handwriting déchiffrer; (understand) ideas, motives comprendre. **c** (claim) prétendre. ◊ **he made himself out to be an expert** il se faisait passer pour expert, il prétendait être expert.

**make over vt sep** (transfer) money, land transférer *(to* à). ◊ **to make over an estate to sb** faire don d'un bien à qn.

**maker** ['meɪkər] **n** fabricant m, constructeur m; (Fin) souscripteur m, tireur m, signataire m. ◊ **maker's price** prix d'usine; **decision maker** décideur.

**makeshift** ['meɪkʃɪft] **n** expédient m, pis-aller m, moyen m de fortune. ◊ **a makeshift solution** une solution de fortune.

**make up vt sep a** (put together) accounts établir, arrêter; garment confectionner; list faire, dresser. ◊ **customers' accounts are made up monthly** les relevés de compte des clients sont établis chaque mois. **b** (counterbalance) loss, deficit combler, compenser; sum of money, quantity compléter. ◊ **we'll make it up to $500** nous compléterons les 500 dollars; **to make up a transaction** (St Ex) compenser une opération; **to make up back payments** solder l'arriéré; **they were behind on the contract but they've made up the time they'd lost** ils étaient en retard sur le contrat mais ils ont rattrapé le temps perdu. **c** (settle) dispute mettre un terme à, régler. **d** (form) former, composer; (represent) représenter. ◊ **the natives make up three quarters of the population** les autochtones représentent or constituent les trois quarts de la population; **who makes up the board of management?** qui fait partie du conseil de direction?; **to be made up of** être constitué or composé de.

**make up for vt fus** compenser. ◊ **we managed to make up for last year's losses** nous avons réussi à rattraper les pertes de l'année dernière; **to make up for lost time** récupérer or rattraper or regagner le temps perdu; **this makes up for the mistakes made at the outset** ceci compense les erreurs commises au départ.

**makeweight** ['meɪkweɪt] **n** complément m de poids.

**making** [ˈmeɪkɪŋ] **n** (producing) (gen) fabrication f ; [dress] façon f, confection f ; [machines] fabrication f, construction f. ◊ **in the making** en cours de fabrication or de réalisation ; **his problems are of his own making** ses problèmes sont de sa faute ; **they brought out a book on the making of the film** ils ont sorti un livre sur la réalisation du film ; **he has the makings of a good manager** il a l'étoffe d'un bon directeur ; **decision-making** prise de décision ; **decision-making authority** pouvoir de décision ; **the decision-making process** le processus de (prise de) décision.

**making-up** [ˌmeɪkɪŋˈʌp] **cpd making-up day** (St Ex) jour de compensation. – **making-up price** cours de compensation.

**maladjusted** [ˌmælədˈdʒʌstɪd] **adj** (Tech) mal ajusté, mal réglé.

**maladjustment** [ˌmælədˈdʒʌstmənt] **n** (Tech) dérèglement m, mauvais ajustement m ; (Econ) [balance of payments] déséquilibre m.

**maladministration** [ˈmælədˌmɪnɪsˈtreɪʃən] **n** mauvaise gestion f, gestion f défectueuse.

**mala fide holder** [ˌmæləˈfaɪdɪˌhəʊldəʳ] **n** (Jur) détenteur(-trice) m(f) de mauvaise foi.

**Malagasy** [ˈmæləˈgɑːzɪ] **1** **adj** malgache. **2 n a** (language) malgache m. **b** (inhabitant) Malgache mf.

**Malawi** [məˈlɑːwɪ] **n** Malawi m.

**male** [meɪl] **adj** (gen) mâle. ◊ **male clerk** employé ; **male worker** ouvrier.

**malfeasance** [mælˈfiːzəns] **n** malversation f.

**malfunction** [ˌmælˈfʌŋkʃən] **1** **n** mauvais fonctionnement m, fonctionnement m défectueux. **2 vi** fonctionner mal or anormalement.

**Mali** [ˈmɑːlɪ] **n** Mali m.

**malice** [ˈmælɪs] **n** ◊ **with malice aforethought** (Jur) avec préméditation, avec intention criminelle or délictueuse.

**malicious** [məˈlɪʃəs] **adj** ◊ **malicious damage** (Jur) dommage causé avec intention de nuire ; **malicious destruction** sabotage ; **malicious intent** (Jur) intention de nuire.

**maliciously** [məˈlɪʃəslɪ] **adv** (Jur) avec préméditation, avec intention criminelle or délictueuse.

**malign** [məˈlaɪn] **vt** person calomnier, diffamer.

**malinger** [məˈlɪŋgəʳ] **vi** se faire passer pour malade.

**malingerer** [məˈlɪŋgərəʳ] **n** simulateur(-trice) m(f), tire-au-flanc mf.

**mall** [mɔːl] **n** (avenue) allée f. ◊ **shopping mall** (US) centre commercial.

**malpractice** [ˌmælˈpræktɪs] **n** faute f professionnelle. ◊ **malpractice insurance** assurance responsabilité professionnelle.

**Malta** [ˈmɔːltə] **n** Malte f.

**Maltese** [ˌmɔːlˈtiːz] **1** **adj** maltais. **2 n a** (language) maltais m. **b** (inhabitant) Maltais(e) m(f).

**malthusian** [mælˈθjuːzɪən] **adj** malthusien.

**malversation** [ˌmælvɜːˈzeɪʃən] **n** malversation f.

**mammoth** [ˈmæməθ] **adj** (enormous) colossal, énorme, géant, gigantesque. ◊ **mammoth sales** soldes gigantesques ; **mammoth rebate** rabais énorme ; **mammoth size pack** paquet super-géant.

**man** [mæn] **1** **n** (gen) homme m ; (in factory) ouvrier m ; (in office, shop) employé m. ◊ **men's department** rayon hommes ; **the man in the street** l'homme de la rue, Monsieur Tout-le-Monde ; **they're pro-marketeers to a man** ils sont tous sans exception partisans du Marché commun ; **the employers and the men** les patrons et les ouvriers ; **they've used a local man for the job** ils ont recruté quelqu'un sur place pour faire le travail ; **he's the man for the job** c'est l'homme qu'il faut (pour ce travail) ; **he's the man of the moment** or **of the hour** c'est le héros du jour.
**2 cpd man-catcher** (* : employment agency) bureau d'embauche or de recrutement or de placement. – **man-day** (Ind) jour or journée de travail. – **man Friday** homme à tout faire, factotum. – **man-hour** heure de travail, heure-homme. – **man-made** fibre synthétique ; dam artificiel. – **man-month** mois-homme. – **man-year** année-homme.
**3 vt** équiper or fournir en hommes or en personnel ; ship armer. ◊ **to man a stand** affecter du personnel à un stand ; **the telephone is manned twenty-four hours a day** il y a une permanence téléphonique vingt-quatre heures sur vingt-quatre.

**manage** [ˈmænɪdʒ] **1** **vt a** (direct) business, estate, hotel gérer, diriger ; farm exploiter ; project diriger ; team diriger, manager. ◊ **managed economy** économie dirigée or planifiée ; **managed costs / prices** coûts / prix contrôlés ; **managed trade** commerce planifié. **b** (succeed) **to manage to do** réussir or parvenir à faire, trouver moyen de faire ; **he managed to clinch the deal** il est arrivé or parvenu à conclure l'affaire. **c** (be able to pay, come) **can you manage 8 o'clock?** 8 heures, ça vous va? ; **I can manage $50** je peux mettre 50 dollars. **d** (hand-

**manageable**

le) person savoir s'y prendre avec. ◊ **you managed the situation very well** vous vous êtes très bien tiré de la situation. **2** vi (succeed) réussir; (financially) se débrouiller. ◊ **I can't manage** je n'y arrive pas; **you'll have to manage on $30 a week** tu devras te débrouiller avec 30 dollars par semaine.

**manageable** ['mænɪdʒəbl] **adj** business gérable; undertaking faisable.

**management** ['mænɪdʒmənt] **1 n a** [estate] gestion f; [firm] gestion f, direction f, administration f; [farm] exploitation f; (on behalf of the owner) [property, office building, business] gérance f. ◊ **management by exception** gestion par exception; **management by objectives** direction par objectifs; **under new management** (sign) changement de direction, changement de propriétaire; **business management** gestion d'entreprise; **demand management** (Econ) gestion de la demande; **file management** (Comp) gestion de fichiers; **fund management** gestion de fonds; **human management** management or gestion des ressources humaines; **inventory management** gestion de stocks; **joint management** cogestion, codirection; **line management** opérationnels; **man management** gestion des hommes; **manpower management** gestion des effectifs or de l'emploi; **money management** gestion financière; **office management** organisation des bureaux; **personnel management** direction or gestion du personnel; **portfolio management** gestion or gérance de portefeuille; **production management** organisation or gestion de la production; **project management** conduite or gestion de projet; **property management** gérance d'immeubles; **sales management** direction commerciale; **staff management** direction or gestion du personnel. **b** (the people in charge)- [business] direction f; [hotel, shop] direction f, administration f. ◊ **general management** direction générale; **the management regrets any inconvenience caused by the strike** (sign) la direction s'excuse de or regrette tous les désagréments dus à la grève; **management and workers** la direction et les ouvriers; **first-line management** maîtrise; **higher / lower management** cadres supérieurs / subalternes; **middle management** cadres moyens or intermédiaires; **supervisory management** maîtrise; **top management** cadres supérieurs, hauts dirigeants; **upper management** cadres supérieurs. **c** (techniques) gestion f, management m. **2 cpd management accounting** comptabilité de gestion. – **management audit** contrôle de gestion, audit opérationnel. – **management bank** banque chef de file.

– **management buy-out** rachat d'une entreprise par ses salariés, RES. – **management charges** (Fin) frais mpl de gestion. – **management chart** organigramme. – **management committee** comité de direction. – **management company** société de gestion. – **management consultant** conseiller or conseil en gestion d'entreprise. – **management control** contrôle de gestion. – **management fee** (Fin) frais mpl de gestion. – **management functions** tâches fpl du gestionnaire. – **management game** jeu d'entreprise. – **management information system** informatique de gestion, système de gestion informatisé. – **management planning** gestion prévisionnelle. – **management shares** or **stock** (directors' shares) *titres possédés par les directeurs d'une société*; (voting shares) *titres permettant la mainmise sur une société grâce à leurs droits de vote privilégiés*. – **management team** équipe directionnelle or de direction. – **management techniques** techniques fpl de gestion. – **management theory** théorie de la gestion d'entreprise or du management. – **management training** formation des cadres.

**manager** ['mænɪdʒəʳ] n (person in charge of a company, business, hotel, shop) directeur m, administrateur m; (on behalf of the owner) gérant m; (executive) cadre m, manager m; [farm] exploitant m; (department head) chef m de service; [estate, theatre] régisseur m; (administrative) gestionnaire mf. ◊ **he is a bad manager** il n'a pas le sens de l'organisation, c'est un mauvais gestionnaire; **receiver and manager** (Jur) syndic de faillite, administrateur provisoire; **he is more of a manager than an administrator** il est plus manager que gestionnaire; **account manager** responsable du budget; **acting manager** directeur intérimaire or par intérim; **advertising manager** chef or directeur de la publicité; **area** or **district** or **regional manager** directeur régional; **assistant** or **deputy manager** directeur adjoint, sous-directeur; **branch manager** [store, company] gérant or directeur de succursale; [bank] directeur d'agence; **business manager** dirigeant d'entreprise; **data manager** (Comp) gestionnaire de données; **department manager** [big store] chef de rayon; [company] chef de service; **engineering manager** directeur technique; **export manager** directeur export; **file manager** (Comp) gestionnaire de fichiers; **first-line manager** agent de maîtrise; **general manager** directeur général; **joint manager** codirecteur, cogérant; **lead manager** (Bank) chef de file; **line manager** cadre opérationnel; **marketing manager** directeur du marketing; **middle**

**manager** cadre moyen; **money manager** gestionnaire or gérant de fonds; **office manager** chef de bureau; **personnel** or **staff manager** chef du personnel; **product manager** chef de produit; **production manager** (gen) directeur or responsable de la production; (Pub) chef de fabrication; **project manager** chef de projet; **property manager** gérant d'immeubles; **sales manager** directeur or chef des ventes; **senior manager** cadre supérieur; **works manager** directeur d'usine.

**manageress** [ˌmænɪdʒəˈres] n [big store, hotel, cinema] directrice f, gérante f.

**managerial** [ˌmænəˈdʒɪərɪəl] adj directorial, de gestion. ◊ **managerial accounting** comptabilité de gestion; **managerial control** contrôle de gestion; **managerial position** poste de direction; **managerial roles** fonctions de direction, rôles du cadre or du manager; **managerial skills** compétences du manager; **managerial structure** hiérarchie; **the managerial class** or **staff** les cadres, le personnel d'encadrement; **at managerial level** au niveau de la direction.

**managership** [ˈmænɪdʒəʃɪp] n direction f, gérance f.

**managing** [ˈmænɪdʒɪŋ] cpd **managing agent** gérant(e) m(f). − **managing bank** banque chef de file. − **managing board** comité de direction. − **managing committee** comité directeur. − **managing director** (GB) président-directeur général, PDG. − **managing owner** (Mar) armateur général. − **managing partner** associé gérant.

**Managua** [məˈnægwə] n Managua.

**mandate** [ˈmændeɪt] 1 n (authority) mandat m. ◊ **mandate form** (Bank) lettre de signatures autorisées. 2 vt autoriser.

**mandator** [ˈmændeɪtəʳ] n mandant(e) m(f).

**mandatory** [ˈmændətərɪ] 1 adj payment, retirement obligatoire; functions, powers de mandataire. ◊ **mandatory injunction** (Jur) commandement, injonction; **mandatory instructions** mandat impératif; **mandatory provisions** (Jur) dispositions impératives; **mandatory sanctions** sanctions obligatoires; **mandatory writ** (Jur) acte obligatoire; **it is mandatory upon him to do so** il a l'obligation formelle de le faire. 2 n mandataire mf.

**maneuver** [məˈnuːvəʳ] n, vti → manoeuvre.

**maneuverable** [məˈnuːvərəbl] adj → manoeuvrable.

**manifest** [ˈmænɪfest] n a (Mar) manifeste m. ◊ **inward / outward manifest** manifeste

d'entrée / de sortie. b (Aviat) état m de chargement.

**manifestation** [ˌmænɪfesˈteɪʃən] n manifestation f.

**manifesto** [ˌmænɪˈfestəʊ] n (Pol) manifeste m.

**manipulate** [məˈnɪpjʊleɪt] vt a tool, person manipuler, manœuvrer. ◊ **to manipulate the market** (St Ex) agir sur le marché, travailler le marché. b (pej) facts, figures, accounts falsifier, truquer, trafiquer.

**manipulation** [məˌnɪpjʊˈleɪʃən] n (gen) manipulation f, manœuvre f; [accounts, figures] falsification f, truquage m. ◊ **market manipulation** (St Ex) tripotage(s) en Bourse, manœuvre(s) boursière(s).

**manipulator** [məˈnɪpjʊleɪtəʳ] n (pej) tripoteur m; (St Ex) agioteur m.

**manner** [ˈmænəʳ] n manière f, façon f.

**manning** [ˈmænɪŋ] 1 n (Mar) armement m; (Ind) effectifs mpl. ◊ **the manning of an activity** l'allocation des effectifs or de la main-d'œuvre à une activité. 2 cpd **manning cut** réduction des effectifs. − **manning levels** niveau des effectifs; **to keep up manning levels** maintenir le niveau des effectifs.

**manoeuvrable** (GB), **maneuverable** (US) [məˈnuːvrəbl] adj manœuvrable, maniable.

**manoeuvre** (GB), **maneuver** (US) [məˈnuːvəʳ] 1 n (gen) manœuvre f. 2 vti (gen) manœuvrer. ◊ **to manoeuvre sb into doing sth** manœuvrer qn pour qu'il fasse qch; **they manoeuvred their project through the board** ils ont réussi à faire passer leur projet au conseil d'administration.

**manpower** [ˈmænˌpaʊəʳ] n (gen, Ind) main-d'œuvre f. ◊ **they need an increase in manpower** ils ont besoin d'accroître leur main-d'œuvre; **manpower planning** planning de la main-d'œuvre; **Manpower Services Commission** (GB) ≈ Agence nationale pour l'emploi; **manpower shortage** pénurie de main-d'œuvre.

**manual** [ˈmænjʊəl] 1 adj labour, skill, controls manuel. ◊ **manual exchange** (Comp) central manuel; **manual operation** opération manuelle; **manual worker** travailleur manuel. 2 n (book) manuel m. ◊ **instruction manual** manuel d'utilisation; **service manual** manuel or notice d'entretien.

**manufacture** [ˌmænjʊˈfæktʃəʳ] 1 n (activity) (gen) fabrication f; [clothes] confection f. ◊ **articles of foreign manufacture** articles fabriqués à l'étranger, articles de fabrication étrangère; **manufactures** (products) produits manufacturés.

**2** vt (gen) fabriquer ; clothes confectionner. ◊ **manufactured goods** produits manufacturés.

**manufacturer** [ˌmænjʊˈfæktʃərəʳ] n (person) fabricant m, industriel m ; (company) fabricant m. ◊ **car manufacturer** fabricant or constructeur automobile ; **manufacturer's agent** or **representative** agent or concessionnaire exclusif.

**manufacturing** [ˌmænjʊˈfæktʃərɪŋ] **1** n fabrication f. **2** cpd **manufacturing capacity** potentiel or capacité de production. – **manufacturing centre** centre industriel. – **manufacturing costs** coûts mpl de fabrication. – **manufacturing employment** emploi dans le secteur industriel. – **manufacturing facility** unité de production. – **manufacturing industries** industries fpl manufacturières or de transformation. – **manufacturing licence** licence de fabrication. – **manufacturing process** procédé de fabrication. – **manufacturing town** ville industrielle.

**manuscript** [ˈmænjʊskrɪpt] n manuscrit m.

**map** [mæp] n (gen) carte f ; [city, underground] plan m. ◊ **the winter Olympics will put our town on the map** (fig) les Jeux olympiques d'hiver mettront notre ville en vedette or feront connaître notre ville ; **storage map** (Comp) topogramme de mémoire.

**map out** [mæp] vt sep plans dresser, élaborer ; timetable organiser, établir. ◊ **to map out a policy** définir or établir les grandes lignes d'une politique.

**mapping** [ˈmæpɪŋ] n (Comp) mappage m.

**March** [mɑːtʃ] n mars m → September.

**margin** [ˈmɑːdʒɪn] **1** n (gen) marge f ; (St Ex, Fin) marge f ; (Commodity and Financial Futures Markets) (dépôt m de) couverture f, provision f, acompte m. ◊ **credit margin** marge de crédit ; **forward margin** marge à terme ; **gross / net margin** marge brute / nette ; **initial margin** (Commodity Exchange) couverture initiale ; **operating margin** marge d'exploitation ; **low-margin industries** industries à faible marge ; **profit margin** marge bénéficiaire ; **safety margin** marge de sécurité ; **in the margin** en marge ; **stiff margin requirements are aimed at preventing the excessive use of credit** les conditions rigoureuses de couverture visent à empêcher l'usage abusif du crédit ; **to allow a margin for error** prévoir une marge d'erreur ; **he was elected by a wide / narrow margin** il a été élu à une forte / faible majorité ; **the margin between the rates of interest is shrinking** l'écart entre les taux d'intérêts diminue ;

**to deposit a margin in cash** laisser en dépôt une provision en espèces. **2** cpd **margin account** (US) compte de marge. – **margin call** appel de marge. – **margin dealing** transaction or opération sur provision. – **margin ratio** taux de couverture. – **margin requirement** couverture obligatoire. – **margin transaction** opération contre un dépôt de couverture. **3** vi (St Ex) fournir une couverture pour un ordre.

**marginal** [ˈmɑːdʒɪnl] adj comments, analysis, profit, business marginal. ◊ **a marginal case** un cas limite ; **marginal cost** coût marginal ; **marginal efficiency of capital** efficacité marginale du capital ; **marginal borrower** emprunteur marginal *(qui n'emprunte pas en cas de dépassement d'un taux d'intérêt déterminé)* ; **marginal buyer** acheteur occasionnel ; **marginal cost pricing** méthode des coûts marginaux ; **marginal land** (Agr) terre de faible rendement (compte tenu du coût d'exploitation) ; **marginal lender** prêteur marginal *(qui n'investit pas en cas d'abaissement du taux d'intérêt)* ; **marginal productivity wage theory** théorie des salaires fondée sur la productivité marginale du travail ; **marginal propensity to invest / save / consume** propension marginale à investir / épargner / consommer ; **marginal rate** (Tax) taux marginal ; **marginal relief** (Tax) décote ; **marginal utility** utilité marginale ; **marginal utility theory** marginalisme.

**marine** [məˈriːn] **1** adj products de mer ; stores, forces, insurance maritime. ◊ **marine court** tribunal maritime ; **marine engineer** ingénieur des constructions navales ; **marine engineering** génie maritime ; **marine insurance broker** courtier maritime ; **marine loss** perte maritime ; **marine registry** inscription maritime ; **marine risk** fortune de mer, risque couru en mer ; **marine surveyor** expert maritime (de la Lloyd's) ; **marine syndicate** syndicat d'assureurs maritimes ; **marine underwriter** assureur maritime. **2** n marine f. ◊ **mercantile** or **merchant marine** marine marchande.

**marital** [ˈmærɪtl] adj problems matrimonial. ◊ **marital status** (Admin) situation de famille, état civil.

**maritime** [ˈmærɪtaɪm] adj trade, law maritime. ◊ **maritime lien** privilège maritime ; **maritime loan** prêt à la grosse aventure ; **maritime peril** fortune de mer ; **maritime trade** commerce maritime.

**mark** [mɑːk] **1** n **a** (gen : written symbol, signature on paper) marque f, signe m ; (label) marque f, étiquette f. ◊ **as a mark of our disapproval** pour marquer notre désapprobation; **as a mark of our gratitude** en témoignage de notre gratitude; **certification mark** marque de garantie; **printer's mark** marque de l'imprimeur. **b** (Sport : target) but m, cible f. ◊ **to miss the mark, be wide of the mark** (fig) être loin de la vérité, être loin du compte; **it's not up to the mark** [piece of work] ça laisse beaucoup à désirer; **unemployment overstepped the 3 million mark** le chômage a dépassé or franchi la barre des 3 millions. **c** (St Ex) opération f or transaction f boursière, cote f. ◊ **to lodge objections to marks** mettre les oppositions à la cote. **d** (currency) mark m. ◊ **Deutsche Mark** Deutsche Mark.

**2 cpd mark reader** or **scanner** (Comp) lecteur de marques.

**3 vt a** (make a mark on) marquer, mettre une marque à or sur; (Fin) estampiller, viser. ◊ **marked cheque** chèque certifié; **marked shares** actions estampillées. **b** (indicate) price marquer, indiquer. ◊ **to mark stocks** (St Ex) coter des valeurs; **to mark time** [talks] marquer le pas, faire du sur place, piétiner.

**mark down vt sep a** (write down) inscrire, noter. **b** (reduce) price baisser, minorer; goods baisser le prix de, démarquer. ◊ **all these suits have been marked down for the sales** tous ces costumes ont été démarqués pour les soldes; **these shares are marked down** ces actions s'inscrivent en baisse.

**markdown** ['mɑːkdaun] **n** rabais m, réduction f, remise f, démarque f. ◊ **to get a markdown of $10 on a sticker price** obtenir un rabais de 10 dollars sur le prix affiché.

**marked** [mɑːkt] **adj** difference, recovery, deterioration marqué, prononcé, sensible. ◊ **the difficulties are becoming more marked** les difficultés s'accentuent.

**marker** ['mɑːkəʳ] **n a** (US) billet m à ordre, reconnaissance f de dette. **b** (pen) marqueur m.

**market** ['mɑːkɪt] **1 n a** (trade, place, St Ex) marché m. ◊ **black market** marché noir; **to sell sth on the black market** vendre qch au marché noir; **cattle market** marché or foire aux bestiaux; **commodity market** Bourse des marchandises or de commerce; **the tin market** le marché de l'étain; **the wholesale / retail market** le marché de gros / de détail; **the world market** le marché mondial; **the free market** le marché libre; **a free-market economy** une économie libérale or de marché; **dull market** marché terne or lourd; **buoyant** or **brisk market** marché actif or animé; **bear / bull market** (St Ex) marché orienté à la baisse / à la hausse; **bond market** marché obligataire; **capital market**

marché des capitaux, marché financier; **cash market** marché au comptant; **corporate market** marché des entreprises; **credit** or **lending market** marché du crédit; **curb market** (US) marché en coulisse; **double-tier gold market** double marché de l'or; **falling market** marché en recul or en baisse; **financial market** marché financier, place financière; **firm / flat market** marché ferme / étal; **foreign exchange market** marché des changes; **forward exchange market** marché des changes à terme; **forward market** marché à règlement mensuel or à terme; **fourth market** (US) quatrième marché *(où les transactions sur des valeurs non admises à la cote se déroulent en privé)*; **freight market** marché des frets; **futures market** marché à terme (céréales); **grey** (GB) or **gray** (US) or **shadow market** marché parallèle, marché gris; **home market** marché intérieur; **investment market** marché des capitaux; **kerb market** (US) marché en coulisse; **labour market** marché du travail; **money market** marché monétaire; **mortgage market** marché hypothécaire; **open market** (gen) marché libre; (money market) marché monétaire libre, open market; **outside market** marché en coulisse; **overseas market** marché d'outre-mer; **real estate market** marché immobilier; **securities market** marché des valeurs mobilières, Bourse des valeurs; **sellers' market** marché vendeur; **settlement market** marché à terme; **spot market** marché au comptant or du disponible; **the Rotterdam spot market** le marché libre de Rotterdam; **stock market** (St Ex) Bourse des valeurs, place boursière, marché des valeurs; (cattle market) marché aux bestiaux; **the New York Stock Market** la Bourse de New York; **unlisted (securities) market, off-board** or **unofficial** or **over-the-counter market** marché hors-cote; **terminal market** marché à terme; **third market** (US) troisième marché, ≈ marché en coulisse. **b** (St Ex phrases) **the market is all bulls** le marché est à la hausse; **the market is all takers** la place est dégagée; **the market is rising / falling** les cours sont en hausse / en baisse, le marché est orienté à la hausse / à la baisse; **the bottom has fallen out of the market** le marché s'est effondré; **to play the market** spéculer; **the company intends to go to the market** la société pense s'introduire en Bourse; **market-determined interest rates** taux d'intérêts dictés par le marché. **c** (Comm : outlet for goods) marché m, débouché m. ◊ **domestic** or **home / foreign market** marché intérieur / extérieur; **overseas market** marché extérieur or d'outre-mer; **perfect / imperfect market** marché à concurrence parfaite / imparfaite; **labour** or **employ-**

ment market marché du travail; **property** or **real estate market** marché immobilier; **resale market** marché secondaire; **test market** marché test or témoin. **d** (Comm phrases) **to find a ready market for sth** trouver facilement un marché or des débouchés pour qch; **this model does not appeal to the German market** ce modèle ne plaît pas à la clientèle allemande; **we are looking to expand our markets in the Far East** nous espérons développer nos débouchés en Extrême-Orient; **to be in the market for sth** être acheteur de qch; **to put sth on the market** mettre qch en vente or dans le commerce or sur le marché; **a gap** or **an opening in the market** un créneau; **it fills a gap in the market** ça répond à un besoin du marché; **to flood** or **swamp the market** inonder le marché; **it's a buyer's / seller's market** le marché est favorable à l'acheteur / au vendeur, c'est un marché acheteur / vendeur; **to bang the market** casser les cours; **to bear the market** chercher à faire baisser les cours; **to capture / corner a market** conquérir / accaparer un marché; **the Common Market** le Marché commun; **to join the Common Market** entrer dans le Marché commun; **down-market** product (de) bas de gamme; **to move down market** développer une politique bas de gamme; **up-market** product de haut de gamme; **to move up market** développer une politique haut de gamme; **the Internal / Single Market** le marché interne / unique; **to overload the market** encombrer le marché; **to peg the market** stabiliser le marché; **to supply the market** fournir le marché, pourvoir aux besoins du marché; **to throw on the market** jeter sur le marché; **on sale on the open market** en vente libre.

**2** **cpd market advance** avance boursière. — **market analysis** analyse du marché. — **market analyst** analyste mf du marché. — **market appraisal** évaluation du marché. — **market audit** audit du marché, contrôle des activités commerciales. — **market capitalization** capitalisation boursière. — **market channels** canaux mpl de distribution. — **market coverage** couverture du marché. — **market day** (St Ex) jour de Bourse. — **market demand** demande du marché; **the market demand for this product is 8 million items per year** on évalue la demande annuelle pour ce produit à 8 millions d'articles. — **market economy** économie de marché. — **market fit** adaptation au marché or à la clientèle; **a good market fit** une bonne adaptation au marché. — **market fluctuations** fluctuations fpl du marché. — **market forces** tendances fpl or forces fpl du marché. — **market forecast** prévisions fpl du marché or

relatives au marché. — **market intelligence** information commerciale. — **market leader** (firm) entreprise leader, leader du marché; **they are the market leaders in kitchen appliances** ils sont numéro un dans le domaine des appareils ménagers. — **market maker** faiseur de marché. — **market off** baisse générale des cours. — **market operations** opérations fpl boursières or de Bourse. — **market opportunities** possibilités fpl offertes par un marché, potentiel d'un marché; **there are excellent market opportunities in Third World countries** les pays du Tiers-Monde offrent d'excellents débouchés économiques. — **market order** (St Ex) ordre au mieux. — **market outline** *positionnement d'un produit par rapport à l'ensemble du marché*. — **market penetration** pénétration du marché. — **market position** position de place. — **market price** (gen) prix du marché; (St Ex) cours de (la) Bourse. — **market profile** profil du marché. — **market rate of discount** taux d'escompte hors banque. — **market report** bulletin de la Bourse. — **market research** étude de marché; **market research agency** agence spécialisée dans les études de marché. — **market researcher** spécialiste mf en études de marché. — **market rigger** (St Ex) contrepartiste occulte, agioteur. — **market rigging** (St Ex) contrepartie occulte, agiotage. — **market segmentation** segmentation du marché. — **market share** part de marché; **we want to increase our market share** nous voulons accroître notre part de marché. — **market simulation** simulation de marché. — **market skimming** écrémage du marché. — **market supply** offre du marché. — **market survey** étude de marché. — **market thrust** percée commerciale du marché. — **market transactions** opérations fpl boursières or de Bourse. — **market trend** tendance f or physionomie du marché. — **market valuation** évaluation boursière. — **market value** valeur marchande, prix du marché; **market value clause** (Ins) valeur du marché; **a car's market value drops sharply after 2 years** la valeur marchande d'une voiture chute considérablement après 2 ans; **the market value of computer games is of the order of $200 million** on évalue le marché des ludiciels à environ 200 millions de dollars. **3** **vt** (sell) commercialiser; (launch) lancer or mettre sur le marché; (find outlet for) trouver un débouché pour. ◊ **it is marketed world-wide** c'est commercialisé dans le monde entier.

**marketable** ['mɑːkɪtəbl] **adj** (gen) vendable; shares négociable. ◊ **marketable securities**

titres de placement négociables en Bourse; **marketable value** valeur marchande or vénale.

**marketer** ['mɑːkətəʳ] n distributeur m, spécialiste mf du marketing.

**marketing** ['mɑːkɪtɪŋ] **1** n (activity) marketing m, marchéage m, mercatique f; [product, goods] commercialisation f, marketing m; (department) département m marketing, service m du marketing. ◊ **creative marketing** créativité commerciale, marketing créatif; **direct marketing** marketing direct; **industrial marketing** marketing industriel. **2** cpd **marketing agreement** accord de commercialisation. – **marketing area** secteur de distribution. – **marketing audit** contrôle des activités de marketing. – **marketing board** institut or agence de commercialisation *(pour la vente du lait, du vin etc regroupant de petits propriétaires)*, office de régularisation des ventes. – **marketing communication** communication en marketing. – **marketing consultant** conseil en marketing. – **marketing controller** contrôleur (du) marketing. – **marketing cost analysis** analyse des coûts de commercialisation. – **marketing costs** frais mpl or coûts mpl de commercialisation. – **marketing department** service du marketing, département marketing. – **marketing director** or **manager** directeur or responsable mf du marketing. – **marketing information system** système d'information marketing. – **marketing intelligence** information commerciale. – **marketing mix** marketing mix, plan de marchéage. – **marketing model** modèle marketing. – **marketing plan** plan (de) marketing. – **marketing policy** politique de commercialisation. – **marketing research** recherche en marketing. – **marketing research firm** cabinet de conseil en marketing. – **marketing strategy** stratégie marketing.

**marketplace** ['mɑːkɪtpleɪs] n marché m. ◊ **they are not in touch with the marketplace** ils sont coupés du marché.

**marking** ['mɑːkɪŋ] n (Ind) estampille f; (St Ex) cotation f. ◊ **markings** (Comm) marques sur emballage d'expédition.

**markka** ['mɑːkɑː] n mark m finlandais.

**mark out** vt sep (single out) désigner. ◊ **to mark sb out for promotion** désigner qn pour une promotion.

**mark up** vt sep **a** (indicate) price marquer, afficher, indiquer; article indiquer or marquer le prix de. **b** (increase) price augmenter, majorer; goods majorer le prix de. ◊ **these shares are marked up** ces actions s'inscrivent en hausse or en reprise.

**mark-up** ['mɑːkʌp] n **a** [price] majoration f; **b** marge bénéficiaire.

**mart** [mɑːt] n (shopping centre) centre m commercial; (market) marché m. ◊ **money mart** marché monétaire; **trade mart** expomarché.

**Martinique** [ˌmɑːtɪˈniːk] n Martinique f.

**mass** [mæs] **1** n **a** (bulk) masse f. ◊ **mass to be made good** (Fin) masse créancière; **contributory mass** masse passive; **critical mass** masse critique. **b** (people) **the masses** la masse, le peuple, les masses (populaires). **2** cpd **mass advertising** publicité de masse. – **mass dismissal** licenciement collectif. – **mass mailing** mailing, publipostage; **to do a mass mailing** faire un mailing. – **mass marketing** commercialisation de masse. – **mass media** mass(-)media mpl, médias mpl; **the mass media give companies access to 90% of households** les médias permettent aux entreprises de toucher 90% des foyers. – **mass meeting** rassemblement monstre or de masse. – **mass memory** (Comp) mémoire de masse. – **mass-produce** fabriquer en série; **mass-produced goods** articles de série. – **mass production** production or fabrication en série. – **mass transit system** (US) transports mpl en commun. – **mass unemployment** chômage généralisé.

**massage** ['mæsɑːʒ] vt ◊ **to massage the unemployment figures** synthétiser les chiffres or les données du chômage.

**master** ['mɑːstəʳ] **1** n [household, institution] maître m; [ship] capitaine m; [shipping line] commandant m; [fishing boat] patron m. ◊ **Master of Arts / Science** (Univ) ≈ titulaire d'une maîtrise ès lettres / sciences; **Master of Business Administration** ≈ titulaire d'une maîtrise de gestion; **a master's degree** ≈ une maîtrise. **2** cpd **master agreement** accord-cadre. – **master budget** budget principal or général. – **master builder** entrepreneur de bâtiments. – **master card** carte maîtresse. – **master copy** original. – **master disk** disque d'exploitation. – **master file** fichier principal or maître. – **master instruction tape** (Comp) bande d'exploitation. – **master key** passe-partout, passe. – **master lease** bail d'origine. – **master plan** stratégie d'ensemble. – **master porter** entrepreneur de chargement et de déchargement. – **master program** programme principal. – **master stroke** coup de maître. – **master tariff** (Customs) tarif principal. **3** vt difficulty venir à bout de, surmonter; subject, skill, craft posséder, maîtriser.

**mastermind** [ˈmɑːstəmaɪnd] **vt** operation diriger, organiser.

**masterpiece** [ˈmɑːstəpiːs] **n** chef-d'œuvre m.

**match** [mætʃ] **1** **n** **a** [clothes, colours] **to be a good match** aller bien ensemble, s'assortir bien. **b** (equal) égal(e) m(f). ◊ **he is no match for Smith** il ne fait pas le poids devant Smith, il n'est pas de taille à lutter avec Smith. **c** (adequacy) adéquation f. ◊ **a poor match between our resources and our objectives** un manque d'adéquation entre nos ressources et nos objectifs.
**2** **vt** **a** (be equal to) person égaler, rivaliser avec, être l'égal de . ◊ **the results more than matched our expectations** les résultats ont dépassé toutes nos espérances. **b** (provide similar conditions) s'aligner sur. ◊ **we shall match their prices / credit terms** nous nous alignerons sur leurs prix / leurs conditions de crédit ; **we can match their offer** nous pouvons soutenir leur offre, nous pouvons faire une proposition équivalente.

**matching** [ˈmætʃɪŋ] **1** **n** ◊ **the matching of supply and demand** l'équilibrage or l'adéquation de l'offre et de la demande ; **matching of maturities** accord des échéances.
**2** **adj** wallpaper, fabric assorti. ◊ **matching funds** montants compensatoires.

**match up to** **vt fus** person égaler, rivaliser avec, être l'égal de.

**mate** [meɪt] **n** **a** (at work) camarade mf or collègue mf (de travail) ; (assistant) aide mf. ◊ **running mate** (US Pol) colistier. **b** (Merchant Navy) second m. ◊ **mate's receipt** reçu de bord.

**material** [məˈtɪərɪəl] **1** **adj** needs, damage matériel ; (Jur) fact tangible. ◊ **a material change in our strategy** une modification essentielle de notre stratégie ; **material cost** coût matériel ; **material success** la réussite sur le plan matériel ; **material witness** témoin matériel or direct.
**2** **n** **a** (substance) matière f ; (cloth) tissu m, étoffe f. ◊ **building materials** matériaux de construction ; **raw materials** matières premières ; **intermediate** or **semi-processed materials** biens intermédiaires. **b** (fig) matériel m, matière f, matériaux mpl. ◊ **to gather material for a report** rassembler la matière or la documentation pour un rapport ; **display material** (Pub) matériel promotionnel (sur le lieu de vente), matériel de publicité sur le lieu de vente or de PLV. **publicity material** matériel de publicité, matériel promotionnel.
**3** **cpd material accounting** comptabilité matières. – **materials flow** flux de matières. – **materials handling** manutention. – **materials requisition form** bordereau de demande en magasin, bon de sortie de magasin.

**materialize, materialise** [məˈtɪərɪəlaɪz] **vi** [plan] se matérialiser, se réaliser ; [offer, loan] se concrétiser, se matérialiser. ◊ **the forecasted upsurge in unemployment did not materialize** la nouvelle vague de chômage annoncée ne s'est pas concrétisée or ne s'est pas produite.

**maternity** [məˈtɜːnɪtɪ] **n** maternité f. ◊ **maternity allowance** or **benefit** allocation de maternité ; **maternity leave** congé de maternité.

**mathematical** [ˌmæθəˈmætɪkəl] **adj** mathématique. ◊ **mathematical economics** économie mathématique.

**matrix** [ˈmeɪtrɪks] **1** **n** matrice f.
**2** **cpd matrix analysis** analyse matricielle. – **matrix memory** mémoire matricielle. – **matrix organization** organisation matricielle. – **matrix printer** imprimante matricielle.

**matter** [ˈmætəʳ] **1** **n** **a** (concern) affaire f, question f, sujet m, matière f. ◊ **it's a serious / urgent matter** c'est une affaire sérieuse / urgente ; **matters arising** (on agenda) questions en suspens ; **legal matters** questions or problèmes juridiques ; **money matters** affaires or questions d'argent ; **the matter in hand** l'affaire en question or qui vous préoccupe ; **the matter is closed** c'est une affaire classée ; **it's a matter of opinion** c'est une question d'opinion ; **let's see how matters stand** voyons où nous en sommes or où en sont les choses. **b** (phrases) **no matter what he said** peu importe ce qu'il a dit ; **there's nothing the matter with this proposal** il n'y a rien à redire à cette proposition ; **what's the matter with him ?** qu'est-ce qu'il a ? ; **what's the matter with the machine ?** qu'est-ce qui ne va pas dans la machine ? **c** (content) [book] fond m, contenu m, matière f. ◊ **printed matter** imprimé(s).
**2** **vi** importer (to à).

**mature** [məˈtjuəʳ] **1** **adj** (Fin) bill échu ; plan mûr.
**2** **vi** (Fin) [bill] venir à échéance, échoir ; [person] mûrir ; [wine] se faire.

**maturity** [məˈtjuərɪtɪ] **1** **n** (Fin) [bill] échéance f ; [person] maturité f. ◊ **maturity at five days' sight** échéance à cinq jours de vue ; **at / before maturity** à / avant l'échéance ; **to come to maturity** venir à échéance ; **to discount a bill before maturity** escompter un effet avant l'échéance.
**2** **cpd maturity date** [bill] date d'échéance or d'exigibilité. – **maturity value** valeur à l'échéance.

**Mauritania** [ˌmɔːrɪˈteɪnɪə] **n** Mauritanie f.

**measurement**

**Mauritanian** [ˌmɔːrɪˈteɪnɪən] **1** **adj** mauritanien.
**2** **n** (inhabitant) Mauritanien(ne) m(f).

**Mauritian** [məˈrɪʃən] **1** **adj** mauritien.
**2** **n** (inhabitant) Mauritien(ne) m(f).

**Mauritius** [məˈrɪʃəs] **n** île f Maurice.

**max.** abbr of *maximum* max.

**maximization, maximisation** [ˌmæksɪmaɪˈzeɪʃən] **n** maximisation f, maximalisation f. ◊ **profit maximization** maximisation des bénéfices.

**maximize, maximise** [ˈmæksɪmaɪz] **vt** profit, output maximiser, porter au maximum.

**maximum** [ˈmæksɪməm] **1** **n** maximum m. ◊ **up to a maximum of $100** jusqu'à concurrence de 100 dollars.
**2** **adj** maximum, maximal. ◊ **to pay maximum prices** payer des prix maximum or maxima; **maximum load** charge limite; **maximum rate** taux plafond; **maximum efficiency** rendement maximum et maximal.

**May** [meɪ] **n** mai m → September.

**MB** abbr of *megabyte* Mo.

**MBA** [ˌembiːˈeɪ] **n** abbr of *Master of Business Administration* → master.

**MBO** [ˌembiːˈəʊ] **n** **a** abbr of *management by objectives* DPO f. **b** abbr of *management buyout* RES m.

**MCA** [ˌemsiːˈeɪ] **n** abbr of *monetary compensatory amounts* MCM mpl.

**MD** [emˈdiː] **n** **a** abbr of *managing director* DG m. **b** abbr of *memorandum of deposit* → memorandum.

**mdse** **n** abbr of *merchandise*.

**mean** [miːn] **1** **vt** **a** (signify) vouloir dire, signifier; (imply) vouloir dire. ◊ **this means we must alter our plans** cela signifie que nous devons changer nos projets; **this contract means a lot to us** ce contrat représente beaucoup pour nous; **the name means nothing to me** ce nom ne me dit rien; **your project will mean a lot of expense** votre projet entraînera beaucoup de dépenses. **b** (intend) avoir l'intention (*to do* de faire), compter, vouloir (*to do* faire). ◊ **we mean business** nous parlons sérieusement; **they mean well** leurs intentions sont sincères.
**2** **n** (middle term) milieu m, moyen terme m; (Math) moyenne f. ◊ **arithmetic / geometric mean** moyenne arithmétique / géométrique; **the golden** or **happy mean** le juste milieu.
**3** **adj** price moyen. ◊ **mean due date** (Fin) échéance moyenne; **mean cost** coût moyen; **mean deviation** (Stat) écart type;

**mean tare** tare commune; **mean value** valeur moyenne.

**meaning** [ˈmiːnɪŋ] **n** sens m. ◊ **within the meaning assigned by section 3** (Jur) au sens de l'article 3.

**meaningful** [ˈmiːnɪŋfʊl] **adj** look éloquent, significatif. ◊ **we have had meaningful discussions** nous avons eu des discussions importantes.

**meaningless** [ˈmiːnɪŋlɪs] **adj** sans signification, dénué de sens.

**means** [miːnz] **1** **n** or npl **a** (method) [payment, production, transport] moyen m. ◊ **there's no means of dodging the regulation** il n'y a pas moyen de contourner le règlement; **means of action** moyen d'action; **lawful means** moyens légaux or licites. **b** (wealth) moyens mpl, ressources fpl. ◊ **to live beyond one's means** vivre au-dessus de ses moyens; **means of subsistence** moyens d'existence or de subsistance; **financial means** moyens financiers; **private means** ressources personnelles, fortune personnelle; **we have insufficient means to achieve our objective** nous n'avons pas les moyens suffisants pour atteindre notre objectif.
**2** **cpd** means test *enquête financière sur les ressources de quelqu'un.*

**measurable** [ˈmeʒərəbl] **adj** mesurable.

**measure** [ˈmeʒər] **1** **n** **a** (unit, container) mesure f. ◊ **dry measure** mesure de capacité pour matières sèches; **square measures** mesures de superficie; **to give good** or **full measure** faire bonne mesure or bon poids; **to give short measure** voler or rogner sur la quantité or sur le poids; **made to measure** fait sur mesure. **b** (step, move) mesure f. ◊ **a set of measures** une série de mesures; **deflationary measures** mesures déflationnistes; **drastic / strong / stringent measures** mesures draconiennes / énergiques / rigoureuses; **emergency / austerity measures** mesures d'urgence / d'austérité; **precautionary** / **safety measures** mesures de précaution / de sécurité; **retaliatory measures** mesures de rétorsion; **stringent measures** mesures rigoureuses. **c** (Mar) cubage m, jaugeage m. ◊ **measure goods** marchandises de cubage or d'encombrement.
**2** **vt** mesurer.

**measurement** [ˈmeʒəmənt] **1** **n** **a** (dimensions) (gen) mesure f, dimension f; (Mar) [freight] cubage m; [ship] jaugeage m. ◊ **to pay by measurement for cargo** payer la cargaison au cubage; **certificate of measurement** (Mar) certificat de jaugeage *(donnant la capacité cubique des cales)*. **b** (act of measuring) mesure f, mesurage m. ◊ **perfor-mance / productivity measurement** mesure de la performance / productivité. ▢2 **cpd measurement goods** (Mar) marchandises fpl de cubage *(dont le tarif se calcule à la tonne d'encombrement)*. — **measurement ton** (Mar) tonne d'encombrement or de mer.

**measure up** vi ◊ **he doesn't measure up** [person] il ne fait pas le poids; **this new machine measures up to our expectations** cette nouvelle machine correspond à notre attente.

**measure up to** vt fus task être au niveau de, être à la hauteur de.

**measuring** ['meʒərɪŋ] n (act of measuring) mesure f, mesurage m. ◊ **measuring chain** chaîne d'arpenteur; **measuring tape** mètre à ruban.

**meat** [miːt] n viande f. ◊ **the meat-packing industry** l'industrie de la conserve de la viande.

**mechanic** [mɪ'kænɪk] n mécanicien m. ◊ **mechanic's lien** privilège du constructeur.

**mechanical** [mɪ'kænɪkəl] adj power, process mécanique; (fig) action, reply machinal, automatique, mécanique. ◊ **mechanical engineer** ingénieur mécanicien; **mechanical engineering** (science) mécanique; (Ind) construction mécanique, génie mécanique.

**mechanics** [mɪ'kænɪks] n ▢a (science : with sing vb) mécanique f. ▢b (technical aspect : with pl vb) mécanisme m, processus m, technique f.

**mechanism** ['mekənɪzəm] n mécanisme m.

**mechanization,** **mechanisation** [ˌmekənaɪ'zeɪʃən] n mécanisation f.

**mechanize, mechanise** ['mekənaɪz] vt production mécaniser. ◊ **mechanized data** données exploitables sur machine; **mechanized industry** industrie mécanisée.

**media** ['miːdɪə] ▢1 npl ◊ **the media** les médias mpl; **the media were waiting in the conference room** les journalistes et les photographes attendaient dans la salle de conférence; **advertising media** médias publicitaires; **mass media** mass(-)media. ▢2 **cpd media analysis** analyse des médias. — **media buying** achat de médias. — **media coverage** couverture média. — **media director** (Pub) responsable mf des supports publicitaires. — **media man** (Press, TV, Radio) journaliste, reporter; (Pub) agent publicitaire. — **media planning** (établissement du) plan média. — **media planner** responsable mf du plan média, chargé d'études média(s), médiaplanneur.

**median** ['miːdɪən] ▢1 adj médian. ◊ **median income** revenu moyen. ▢2 n médiane f.

**mediate** ['miːdɪeɪt] ▢1 vi intervenir comme médiateur, servir d'intermédiaire [*between* entre). ▢2 vt settlement obtenir par médiation; dispute intervenir comme médiateur dans.

**mediation** [ˌmiːdɪ'eɪʃən] n médiation f, intervention f, bons offices mpl. ◊ **through the mediation of** par l'entremise de.

**mediator** ['miːdɪeɪtər] n médiateur(-trice) m(f).

**Medicaid** ['medɪkeɪd] (US) n assistance f médicale pour les indigents.

**medical** ['medɪkəl] adj examination, certificate, expenses médical. ◊ **medical insurance** assurance maladie; **private medical insurance** assurance maladie privée; **medical officer** médecin du travail; **medical record** fiche médicale, dossier médical.

**Medicare** ['medɪkɛər] (US) n assistance f médicale pour les personnes âgées.

**medium** ['miːdɪəm] ▢1 n ▢a (fig) (means, agency) moyen m, intermédiaire m, voie f; (Pub) média m, médium m. ◊ **television is an essential medium** la télévision est un média essentiel; **advertising medium** support publicitaire; **through the medium of the press** par voie de presse; **medium of exchange** (Fin) moyen d'échange. ▢b (Comp) support m. ◊ **data medium** support de données; **working medium** support d'exploitation. ▢c (mean) milieu m. ◊ **the happy medium** le juste milieu. ▢d (Fin) **mediums** valeurs à moyen terme. ▢2 adj moyen. ◊ **small and medium-size(d) firms** petites et moyennes entreprises; **medium-dated securities** valeurs à moyen terme; **medium-range planning** planification à moyen terme; **medium-priced** d'un prix moyen; **medium-term financing** financement à moyen terme.

**meet** [miːt] ▢1 vt ▢a person retrouver, rejoindre; (go to meet) (aller) chercher, (aller) attendre. ◊ **I am meeting the Japanese negotiator at the airport** j'irai attendre le négociateur japonais à l'aéroport; **you will be met at the airport** on vous attendra à l'aéroport; **I'll meet you halfway** (fig) faisons un compromis, coupons la poire en deux*; **we arranged to meet him at 4 o'clock** nous avons pris rendez-vous avec lui pour 4 heures. ▢b (get to know) faire la connaissance de. ◊ **(I'm) pleased to meet you** enchanté (de faire votre connaissance). ▢c (satisfy) obligations, debts faire face à; demand, need satisfaire à, répondre à, faire face à; deficit combler; (Comm) orders satisfaire, assurer. ◊ **I always meet**

**my commitments** je fais toujours honneur à mes engagements, je tiens toujours mes engagements ; **to meet a challenge** relever un défi ; **to meet a bill** honorer une lettre de change, faire face à une échéance ; **to meet a claim** satisfaire une revendication ; **to meet the deadline** respecter or tenir les délais. **2** vi [people] se retrouver, se rencontrer ; [committee] se réunir.

**meeting** ['miːtɪŋ] n **a** (assembly) (gen) réunion f ; (Pol) meeting m. ◊ **to address the meeting** prendre la parole ; **to adjourn a meeting** ajourner une séance ; **to arrange a meeting** organiser une réunion ; **to call a meeting** convoquer une réunion ; **to call a meeting of shareholders** convoquer une assemblée des actionnaires ; **to hold a meeting** tenir une réunion ; **to open / close the meeting** ouvrir / lever la séance ; **to recess a meeting** (US) suspendre une séance ; **to put a resolution to the meeting** mettre une résolution aux voix ; **to set up a meeting** organiser une réunion ; **general meeting** assemblée générale ; **ordinary / extraordinary general meeting** assemblée générale ordinaire / extraordinaire ; **annual general meeting** assemblée générale annuelle ; **board meeting** réunion du conseil d'administration ; **business meeting** réunion d'affaires ; **he's in a meeting** il est en conférence or en réunion ; **meeting of creditors** assemblée de créanciers ; **b** (between individuals) rencontre f, entrevue f, rendez-vous m, entretien m. ◊ **the chairman had a meeting with the department managers** le président a eu un entretien avec les chefs de service ; **a chance meeting** une rencontre inattendue.

**meet with** vt fus difficulties, obstacles rencontrer, se heurter à ; refusal, losses essuyer, subir.

**megabit** ['megəbɪt] n mégabit m.

**megabuck\*** ['megəbʌk] (US) n ◊ **one megabuck** un million de dollars.

**megabyte** ['megəˌbaɪt] n mégaoctet m.

**melting pot** ['meltɪŋˌpɒt] n creuset m. ◊ **it's still all in the melting pot** tout est encore au stade des discussions ; **the whole thing is back in the melting pot** tout est remis en question.

**member** ['membəʳ] **1** n [political party, club] membre m, adhérent(e) m(f). ◊ **a member of the audience** un membre de l'assistance ; **Member of Parliament** (GB) ≈ député ; **Member of the European Parliament** député du Parlement européen, eurodéputé ; **Member of Congress** (US) membre du Congrès ; **full / honorary / ordinary member** membre titulaire / honoraire / ordinaire ; **union**

**member** membre d'un syndicat, syndiqué ; **one of our members of staff** un de nos employés ; **staff members** membres du personnel.
**2 cpd member bank** (US Fin) *banque adhérant au Federal Reserve System.* − **member corporation** (St Ex) *société anonyme d'agents de change membres de la Bourse des valeurs.* − **member country** pays membre. − **member firm** (St Ex) *société d'agents de change membres de la Bourse des valeurs.* − **member state** (EEC) État membre.

**membership** ['membəʃɪp] **1** n **a** (joining) adhésion f ; (belonging) appartenance f (*of* à). ◊ **Spain's membership of the Common Market** l'appartenance de l'Espagne au Marché commun ; **honorary membership** honorariat ; **union membership** appartenance à un syndicat ; **to apply for membership** faire une demande d'adhésion ; **to renew one's membership** renouveler sa carte de membre or sa cotisation. **b** (number of members) nombre m d'adhérents, effectif(s) m(pl). ◊ **this club has a membership of over 200** ce club a plus de 200 adhérents ; **union membership is declining** le nombre de syndiqués est en baisse. **c** (St Ex) charge f, office m. ◊ **stockbroker's membership** charge d'agent de change.
**2 cpd membership card** carte de membre. − **membership dues** or **fees** cotisation, droits mpl d'inscription. − **membership qualifications** conditions fpl d'éligibilité.

**memo** ['meməʊ] n abbr of *memorandum* mémo m, note f (de service). ◊ **I sent a memo to all our department heads** j'ai envoyé une note or un mémo à tous nos chefs de service ; **memo pad** bloc-notes.

**memorandum** [ˌmeməˈrændəm] **1** n **a** (note) (gen) mémorandum m, note f ; (Comm) note f, bref rapport m, circulaire f. ◊ **he sent a memorandum round about the change in staff** il a fait passer or circuler une note sur les changements dans le personnel ; **memorandum of deposit** (Acc) certificat de dépôt de titres *(en garantie d'un emprunt).* **b** (Jur) **memorandum of association** [company] (GB) acte constitutif de société ; **memorandum and articles** statuts ; **memorandum of agreement** convention, protocole d'accord ; **memorandum of intent** déclaration d'intention ; **memorandum of satisfaction** avis de liquidation *(totale ou partielle) d'une dette envoyée au registre des hypothèques* ; **memorandum of understanding** communiqué commun, protocole d'accord.
**2 cpd memorandum book** calepin, carnet, agenda. − **memorandum buying** (US)

**memory**

vente à condition. – **memorandum sale** vente en dépôt.

**memory** ['memərɪ] **1** n (gen, Comp) mémoire f. ◊ **add-on memory** mémoire additionnelle or supplémentaire; **back-up memory** mémoire auxiliaire; **non-volatile memory** mémoire rémanente or permanente; **random access memory** mémoire vive; **read-only memory** mémoire morte; **working memory** mémoire de manœuvre. **2** cpd **memory bank** bloc or banc de mémoire. – **memory capacity** capacité de mémoire. – **memory dump** vidage de mémoire. – **memory layout** topogramme de mémoire. – **memory printout** vidage de mémoire sur imprimante. – **memory register** registre mémoire. – **memory size** capacité de mémoire.

**menial** ['miːnɪəl] **adj** task inférieur; position subalterne.

**menswear** ['menswɛəʳ] n (clothing) habillement m masculin; (department) rayon m hommes.

**mental** ['mentl] **adj** (gen) mental. ◊ **mental aptitude test** test d'intelligence; **mental strain** or **stress** (tension) tension nerveuse; (overwork) surmenage.

**mention** ['menʃən] **1** vt mentionner, faire mention de, signaler. ◊ **I'll mention it to the foreman** j'en toucherai un mot au contremaître, je le signalerai au contremaître; **just mention my name** dites que c'est de ma part; **as mentioned opposite** comme mentionné ci-contre. **2** n mention f. ◊ **no mention was made of** il n'a pas été fait mention de.

**menu** ['menjuː] n (gen, Comp) menu m. ◊ **menu-driven** piloté par menu.

**MEP** [ˌemiːˈpiː] n abbr of *Member of the European Parliament* → member.

**mercantile** ['mɜːkəntaɪl] **adj** **a** navy, vessel marchand; affairs, agent, law commercial; nation commerçant; establishment de commerce. ◊ **mercantile agency** agence commerciale; **mercantile bills** papiers de commerce; **mercantile discount** escompte en dedans; **mercantile exchange** Bourse des marchandises; **mercantile laws** droit commercial; **mercantile marine** marine marchande; **mercantile rate of return** taux de rendement commerciaux. **b** (Econ) mercantile.

**mercantilism** ['mɜːkəntɪlɪzəm] n mercantilisme m.

**merchandise** ['mɜːtʃəndaɪz] **1** n marchandise(s) f(pl). **2** cpd **merchandise broker** courtier en marchandises. – **merchandise charge** coûts mpl indirects. – **merchandise man-**

**ager** directeur commercial, responsable mf merchandising. – **merchandise rack** gondole. **3** vi commercer, faire du commerce. **4** vt promouvoir la vente de, marchandiser.

**merchandizer** ['mɜːtʃəndaɪzəʳ] n merchandiser m, marchandiseur m, spécialiste mf des techniques marchandes.

**merchandizing** ['mɜːtʃəndaɪzɪŋ] **1** n merchandising m, marchéage m, marchandisage m. **2** cpd **merchandising manager** directeur commercial, responsable mf merchandising.

**merchant** ['mɜːtʃənt] ['mɜːtʃənt] **1** n (trader, dealer) négociant m; (shopkeeper) commerçant m. ◊ **export / import merchant** commissionnaire exportateur / importateur; **wine merchant** négociant en vins. **2** cpd **merchant bank** banque d'affaires. – **merchant law** droit commercial. – **merchant marine** (US), **merchant navy** (GB) marine marchande. – **merchant retailer** détaillant. – **merchant service** marine marchande. – **merchant ship** navire marchand or de commerce. – **merchant shipping** navires mpl marchands. – **merchant skipper** commissionnaire exportateur. – **merchant vessel** navire marchand or de commerce. – **merchant wholesaler** grossiste.

**merchantable** ['mɜːtʃəntəbl] **adj** commercialisable, vendable. ◊ **good merchantable quality** bonne qualité marchande.

**merchantman** ['mɜːtʃəntmən] n navire m marchand or de commerce.

**merge** [mɜːdʒ] **vt i** (Comm, Comp, Fin) fusionner (*with* avec).

**merger** ['mɜːdʒəʳ] **1** n (Comm, Fin) fusion f. ◊ **conglomerate merger** conglomérat; **downstairs merger** *fusion dans laquelle une filiale absorbe la société mère*; **horizontal / vertical merger** concentration horizontale / verticale; **industrial merger** concentration industrielle. **2** cpd **merger company** société née d'une fusion.

**merit** ['merɪt] **1** n mérite m, valeur f. ◊ **the great merit of this scheme** le grand mérite de ce projet; **to decide a case on its merits** décider d'un cas en toute objectivité; **to discuss the merits of a proposal** discuter le pour et le contre d'une proposition. **2** cpd **merit bonus** prime de rendement. – **merit increase** prime d'encouragement. – **merit list** tableau d'honneur. – **merit payment** prime de rendement. – **merit rating** évaluation des perfor-

mances du personnel. – **merit system** système de promotion interne.
**3** **vt** mériter. ◊ **this merits fuller consideration** ceci mérite plus ample examen.

**mess** [mes] **n** (muddle) gâchis m. ◊ **the company got in a real mess last year** la société s'est mise dans un vrai pétrin l'année dernière ; **he was called in to sort out the mess** on a fait appel à lui pour rétablir la situation.

**message** ['mesɪdʒ] **1** **n** **a** (gen) message m. ◊ **telephone message** message téléphonique ; **to bring** or **get one's message across** (fig) se faire comprendre ; **I'll give him the message** je lui transmettrai le message ; **advertising message** message publicitaire. **b** (Comp) **dedicated message** message privilégié ; **end of message** fin de message ; **input / output message** message d'entrée / de sortie. **2** **cpd** **message feedback** retour d'information. – **message handling** traitement de messages. – **message queue** file d'attente de messages. – **message routing** acheminement de messages. – **message switching** commutation des messages.

**messenger** ['mesɪndʒəʳ] **n** messager(-ère) m(f) ; (in office) commissionnaire m, coursier m ; (in hotel) chasseur m. ◊ **messenger boy** garçon de courses.

**Messrs** ['mesəz] **n** abbr of *messieurs* MM. ◊ **Messrs Johnson and Co** MM. Johnson et Cie.

**metal** ['metl] **n** métal m. ◊ **nonferrous metals** métaux non ferreux.

**metallic** [mɪ'tælɪk] **adj** currency, reserve métallique.

**metalling** ['metəlɪŋ] **n** (Mar Ins) clause f de doublage.

**metallurgist** [me'tælədʒɪst] **n** métallurgiste m.

**metallurgy** [me'tælədʒɪ] **n** métallurgie f.

**metalworker** ['metl,wɜːkəʳ] **m** ouvrier(-ière)m(f) métallurgiste.

**meter** ['miːtəʳ] **n** **a** compteur m. ◊ **meter rate** taux de fluctuation selon la consommation ; **electricity / water meter** compteur d'électricité / d'eau ; **postage meter** (US) machine à affranchir ; **parking meter** parcmètre. **b** (US) mètre.

**metered mail** ['miːtəd,meɪl] (US) **n** courrier m affranchi à la machine.

**metes and bounds** [,miːtsəndˈbaʊndz] **npl** (Jur) limites fpl d'une propriété.

**method** ['meθəd] **1** **n** méthode f. ◊ **annuity method** (Acc) méthode d'amortissement par annuité ; **backward method** (Acc)

méthode indirecte ; **balance method** (Acc) méthode hambourgeoise ; **critical path method** méthode du chemin critique ; **product method** (Acc) méthode des nombres ; **production method** procédé or méthode de fabrication ; **sampling method** méthode d'échantillonnage ; **straight line method** (Acc) méthode d'amortissement linéaire ; **method of payment** mode or modalités de paiement. **2** **cpd** **method analysis** analyse scientifique du travail. – **method study** analyse du flux de production. – **method of taxation** mode de taxation.

**methodical** [mɪ'θɒdɪkəl] **adj** méthodique.

**methodology** [,meθəˈdɒlədʒɪ] **n** méthodologie f.

**metical** ['metɪkəl] **n** metical m.

**metre** (GB), **meter** (US) ['miːtəʳ] **n** mètre m. ◊ **cubic metre** mètre cube ; **square metre** mètre carré.

**metric** ['metrɪk] **adj** métrique. ◊ **to go metric** adopter le système métrique ; **metric ton** tonne métrique.

**metrication** [,metrɪ'keɪʃən] **n** conversion f au système métrique, adoption f du système métrique.

**metropolis** [mɪ'trɒpəlɪs] **n** métropole f.

**Mexican** ['meksɪkən] **1** **adj** mexicain. **2** **n** (inhabitant) Mexicain(e) m(f).

**Mexico** ['meksɪkəʊ] **n** Mexique m.

**Mexico City** ['meksɪkəʊ'sɪtɪ] **n** Mexico.

**mezzanine** ['mezəniːn] **n** ◊ **mezzanine financing** financement mezzanine or intermédiaire or hybride or strapontin.

**mfrs** **npl** abbr of *manufacturers*.

**mg** abbr of *milligram(me)*.

**micro** ['maɪkrəʊ] **1** **pref** micro. **2** **n** micro-ordinateur m, micro m.

**microchip** ['maɪkrəʊ,tʃɪp] **n** puce f, microplaquette f.

**microcircuit** ['maɪkrəʊ,sɜːkɪt] **n** microcircuit m.

**microcomputer** ['maɪkrəʊkəm'pjuːtəʳ] **n** micro-ordinateur m.

**microcomputing** ['maɪkrəʊkəm'pjuːtɪŋ] **n** micro-informatique f.

**microeconomic** ['maɪkrəʊˌiːkə'nɒmɪk] **n** micro-économique, microéconomique.

**microeconomics** ['maɪkrəʊˌiːkə'nɒmɪks] **n** micro-économie f, microéconomie f.

**microelectronic** ['maɪkrəʊlek'trɒnɪk] **adj** micro-électronique, microéconomique.

**microelectronics** ['maɪkrəʊlek'trɒnɪks] **n** micro-électronique f, microélectronique f.

**microfiche** ['maɪkrəʊˌfiːʃ] **1** n microfiche f.
**2** cpd **microfiche file** fichier sur microfiches. − **microfiche reader** microlecteur. − **microfiche viewer** visionneuse de microfiches.

**microfilm** ['maɪkrəʊˌfɪlm] n microfilm m.

**microphone** ['maɪkrəʊˌfəʊn] n microphone m.

**microprocessing** [ˌmaɪkrəʊ'prəʊsesɪŋ] n micro-informatique f.

**microprocessor** [ˌmaɪkrəʊ'prəʊsesə<sup>r</sup>] n microprocesseur m.

**microprogram** ['maɪkrəʊˌprəʊgræm] n microprogramme m.

**microprogramming** ['maɪkrəʊˌprəʊgræmɪŋ] n microprogrammation f.

**microwave** ['maɪkrəʊˌweɪv] n micro-onde f. ◊ **microwave oven** four à micro-ondes.

**mid** [mɪd] adj du milieu. ◊ **in mid-June** (à la) mi-juin, au milieu du mois de juin ; **mid-bracket income** revenus moyens ; **mid-morning coffee break** pause café du matin ; **the shop is closed from mid-July to mid-August** le magasin est fermé de la mi-juillet à la mi-août ; **mid-month account** (St Ex) liquidation de quinzaine.

**middle** ['mɪdl] **1** adj period du milieu, intermédiaire. **2** n milieu m.
**3** cpd **middle-aged** d'un certain âge. − **middle-class** bourgeois ; **the middle class** (gen) les classes moyennes ; (wealth and property-owning) la bourgeoisie ; − **the lower middle class** la petite bourgeoisie. − **Middle East (the)** le Moyen-Orient. − **middle management** cadres mpl moyens or intermédiaires. − **middle manager** cadre moyen. − **middle-of-the-road** politics, approach modéré ; solution moyen. − **middle-sized** de taille moyenne.

**middleman** ['mɪdlmæn] n intermédiaire m.

**migrant** ['maɪgrənt] adj ◊ **migrant worker** (Ind) travailleur migrant ; (foreign) travailleur étranger or immigré ; (Agr) (travailleur) saisonnier.

**mild** [maɪld] adj effect modéré. ◊ **a mild recession** une récession modérée or de faible amplitude.

**mile** [maɪl] n mille m, mile m ( ≈ 1609 mètres). ◊ **(nautical) mile** mille (marin or nautique) (≈ 1852 mètres) ; **the car goes from 0 to 60 miles per hour in 10 seconds** ≈ la voiture monte à 100 km / h en 10 secondes ; **31 miles per gallon** (GB) ≈ 9,1 litres aux 100 kilomètres ; (US) ≈ 7,6 litres aux 100 kilomètres.

**mileage** ['maɪlɪdʒ] **1** n ≈ kilométrage m. ◊ **what mileage do you get?** combien

consommez-vous (de carburant) aux cent (km) ?
**2** cpd **mileage allowance** ≈ indemnité kilométrique. − **mileage rate** ≈ tarif au kilomètre.

**milestone** ['maɪlstəʊn] n ≈ borne f kilométrique ; (fig : in life) jalon m, événement m marquant, repère m.

**milk** [mɪlk] **1** n lait m. ◊ **milk products** produits laitiers.
**2** vt ◊ **they are milking the business for profits\*** ils pompent\* tous les bénéfices de la société.

**mill** [mɪl] **1** n (gen) moulin m ; (factory) usine f, fabrique f. ◊ **flour mill** minoterie ; **paper mill** (usine de) papeterie ; **spinning mill** filature ; **steel mill** aciérie ; **water mill** moulin à eau ; **weaving mill** usine de tissage.
**2** cpd **mill girl** ouvrière des tissages or des filatures. − **mill worker** ouvrier(-ière) m(f) des tissages or des filatures. − **mill supply house** grossiste en fournitures industrielles.

**miller** ['mɪlə<sup>r</sup>] n (flour) meunier m ; (Ind) minotier m.

**milli** pref milli.

**milliard** ['mɪliɑːd] (GB) n milliard m.

**milligram(me)** ['mɪligræm] n milligramme m.

**millilitre** (GB), **milliliter** (US) ['mɪliˌliːtə<sup>r</sup>] n millilitre m.

**millimetre** (GB), **millimeter** (US) ['mɪliˌmiːtə<sup>r</sup>] n millimètre m.

**millinery** ['mɪlɪnərɪ] n articles mpl de mode.

**million** ['mɪljən] n million m. ◊ **ten million dollars** dix millions de dollars ; **a \$2 million takeover bid** une offre publique d'achat de 2 millions de dollars.

**millionaire** [ˌmɪljə'nɛə<sup>r</sup>] n millionnaire m, ≈ milliardaire m.

**millionth** ['mɪljənθ] **1** adj millionième.
**2** n millionième mf.

**min.** abbr of minimum, minute min.

**mind** [maɪnd] n esprit m. ◊ **to my mind** à mon avis ; **who do you have in mind for the job?** qui avez-vous en vue pour ce poste ? ; **I shall certainly keep your offer in mind** je garde votre proposition présente à l'esprit.

**mine** [maɪn] **1** n mine f. ◊ **coal mine** houillère, mine de charbon ; **the mines** (St Ex) les (valeurs) minières.
**2** vt coal, ore extraire.

**minefield** ['maɪnfiːld] n champ m de mines. ◊ **it's a legal minefield** c'est un sac d'embrouilles juridiques\*.

**miner** ['maɪnəʳ] n mineur m.

**mineral** ['mɪnərəl] **1** adj minéral. ◊ **mineral water** (GB) eau minérale ; **mineral concession** concession minière.
**2** n minéral m, minerai m.

**mini** pref mini.

**miniaturization, miniaturisation** [ˌmɪnɪtʃəraɪˈzeɪʃən] n miniaturisation f.

**miniaturize, miniaturise** ['mɪnɪtʃəraɪz] vt miniaturiser.

**minicomputer** ['mɪnɪkəmˈpjuːtəʳ] n mini-ordinateur m.

**minimal** ['mɪnɪml] adj minimal.

**minimize, minimise** ['mɪnɪmaɪz] vt minimiser, atténuer.

**minimum** ['mɪnɪməm] **1** n minimum m. ◊ **to reduce overheads to a minimum** réduire les frais généraux au minimum.
**2** adj premium, tariff minimum. ◊ **index-linked minimum wage** salaire minimum interprofessionnel de croissance, SMIC ; **minimum guaranteed wage** salaire minimum garanti ; **minimum lending rate** taux de base bancaire, taux de crédit préférentiel ; **minimum living wage** minimum vital.

**mining** ['maɪnɪŋ] **1** n exploitation f minière.
**2** cpd **mining company** société minière. – **mining engineer** ingénieur des mines. – **mining industry** industrie minière. – **mining shares** (St Ex) valeurs fpl minières.

**minister** ['mɪnɪstəʳ] n (Pol) ministre m. ◊ **Minister of Agriculture / Defence / Employment / Energy / Trade and Industry / Transport** (GB) ministre de l'Agriculture / de la Défense nationale / de l'Emploi / de l'Énergie / du Commerce / des Transports ; **Foreign Minister, Minister of Foreign Affairs** ministre des Affaires étrangères.

**ministry** ['mɪnɪstrɪ] n (Pol) ministère m. ◊ **Ministry of Defence** (GB) ministère de la Défense nationale ; **Ministry of Transport** (GB) ministère des Transports.

**minor** ['maɪnəʳ] **1** n **a** (Jur) mineur(e) m(f). **b** (US Univ) matière f secondaire.
**2** adj (gen) mineur. ◊ **minor expenses** petites dépenses ; **minor offence** délit mineur ; **he played a minor part in the negotiations** il a joué un rôle accessoire ou secondaire dans les négociations.

**minority** [maɪˈnɒrɪtɪ] **1** n minorité f. ◊ **to be in the minority** être en minorité.
**2** cpd **minority holding** participation minoritaire. – **minority interest** intérêt ou participation minoritaire ; **to hold a minority interest in a firm** détenir un intérêt minoritaire dans une société. – **minority**

**investment** participation minoritaire. – **minority rights** droits mpl des minorités. – **minority shareholder** (GB) or **stockholder** (US) actionnaire mf minoritaire. – **minority stake** participation minoritaire.

**mint** [mɪnt] **1** n (hôtel m de la) Monnaie f. ◊ **mint par of exchange** (Fin) pair métallique. **2** vt coins battre ; gold monnayer. ◊ **he mints money*** (fig) il ramasse l'argent à la pelle*, il fait des affaires d'or.

**mintage** ['mɪntɪdʒ] n **a** (action of minting) monnayage m, frappe f. **b** (fee paid) droit m de monnayage or de frappe.

**minus** ['maɪnəs] **1** prep moins. ◊ **86 minus 63 leaves** or **makes 23** 86 moins 63 égale 23. **2** n (sign) moins m ; (amount) quantité f négative ; (Mktg) facteur m or élément m négatif.

**minute** ['mɪnɪt] **1** n **a** [of time] minute f. **b** (official record) compte rendu m, procès-verbal m ; (Comm) note f, circulaire f. ◊ **the minutes of the meeting** le compte rendu de la réunion ; **the minutes of the proceedings** le procès-verbal des délibérations ; **who will take the minutes ?** qui sera le rapporteur de la réunion ? ; **to approve** or **pass the minutes of the last meeting** approuver le procès-verbal de la dernière réunion ; **to draw up the minutes** dresser le procès-verbal ; **minute book** (Admin) registre des délibérations. **2** vt fact, detail prendre note de ; meeting rédiger le compte rendu de, dresser le procès-verbal de ; ◊ **would you minute that please ?** pourriez-vous prendre note de cela, s'il vous plaît ?

**MIPS** [ˌemaɪpiːˈes] n abbr of *millions of instructions per second* MIPS mpl.

**mire** ['maɪəʳ] (US) vi s'embourber. ◊ **the industrial sector is mired in a slump** le secteur industriel est embourbé or enlisé dans une crise.

**MIS** [ˌemaɪˈes] n **a** abbr of *management information system* → management. **b** abbr of *marketing information system* → marketing.

**misalignment** [mɪsəˈlaɪnmənt] n mauvais alignement m. ◊ **the dollar misalignment** le mauvais alignement du dollar.

**misapply** ['mɪsəˈplaɪ] vt law mal appliquer ; money, funds détourner.

**misapprehension** ['mɪsˌæprɪˈhenʃən] n malentendu m, erreur f d'interprétation. ◊ **to be under a misapprehension** se faire une idée fausse.

**misappropriate** ['mɪsəˈprəʊprɪeɪt] vt money, funds détourner.

**misappropriation** ['mɪsəˌprəʊprɪˈeɪʃən] n détournement m.

**miscalculate** ['mɪs'kælkjʊleɪt] **vt** mal calculer.

**miscalculation** ['mɪsˌkælkjʊ'leɪʃən] **n** erreur f de calcul.

**miscarriage** ['mɪs'kærɪdʒ] **n** [plan] insuccès m, échec m; [goods] perte f, égarement m. ◊ **miscarriage of justice** erreur judiciaire.

**miscarry** [ˌmɪs'kærɪ] **vi** [plan] échouer, avorter, mal tourner; [goods] s'égarer, ne pas arriver à destination.

**miscellaneous** [ˌmɪsɪ'leɪnɪəs] **adj** varié, divers. ◊ **miscellaneous expenses** frais divers; **miscellaneous shares** divers, valeurs diverses.

**miscoding** [ˌmɪs'kəʊdɪŋ] **n** (Comp) erreur f de programmation.

**misconception** ['mɪskən'sepʃən] **n** (wrong idea) idée f fausse.

**misconduct** [ˌmɪs'kɒndʌkt] **n** **a** (bad behaviour) manquement m à des obligations professionnelles. **b** (bad management) mauvaise administration f or gestion f.

**misconstrue** ['mɪskən'struː] **vt** words mal interpréter.

**miscount** ['mɪs'kaʊnt] **1** **n** (gen) erreur f de comptage; (Pol) erreur f de dépouillement. **2** **vi** mal compter.

**misdating** [ˌmɪs'deɪtɪŋ] **n** erreur f de date.

**misdeed** ['mɪs'diːd] **n** méfait m, délit m.

**misdelivery** [ˌmɪsdɪ'lɪvərɪ] **n** erreur f de livraison.

**misdemeanour** (GB), **misdemeanor** (US) [ˌmɪsdɪ'miːnər] **n** (gen) écart m de conduite; (Jur) infraction f.

**misdescription** [ˌmɪsdɪs'krɪtʃən] **n** (Jur) appellation f frauduleuse.

**misdirect** ['mɪsdɪ'rekt] **vt** letter, parcel mal adresser, mal acheminer; (fig) person mal aiguiller, mal renseigner; operation mener de travers; (Jur) mal instruire.

**misdirection** ['mɪsdɪ'rekʃən] **n** erreur f d'adresse.

**misfeasance** [ˌmɪs'fiːzəns] **n** (Jur) *utilisation abusive de la loi.*

**misfile** ['mɪs'faɪl] **vt** mal classer.

**misfire** ['mɪs'faɪər] **vi** [project, plan] rater, foirer*.

**misgivings** [mɪs'gɪvɪŋz] **npl** craintes fpl, doutes mpl.

**mishandle** ['mɪs'hændl] **vt** **a** object manier or manipuler sans précaution; (Comp) effectuer une fausse manœuvre dans or sur. **b** (mismanage) person mal s'y prendre avec; problem aborder de travers, mal traiter. ◊ **he mishandled the deal** il n'a pas su s'y prendre dans la transaction.

**mishandling** [ˌmɪshændlɪŋ] **n** [object] erreur f de manutention. ◊ **his mishandling of the problem** sa mauvaise approche du problème.

**mishap** ['mɪshæp] **n** aléa m, incident m, accident m, mésaventure f. ◊ **slight mishap** léger contretemps; **it went off without mishap** tout s'est passé sans incident.

**misinform** ['mɪsɪn'fɔːm] **vt** mal renseigner.

**misinterpret** ['mɪsɪn'tɜːprɪt] **vt** mal interpréter.

**misinterpretation** ['mɪsɪnˌtɜːprɪ'teɪʃən] **n** interprétation f erronée.

**misinvoicing** ['mɪs'ɪnvɔɪsɪŋ] **n** établissement m de fausses factures or de factures erronées.

**misjudge** ['mɪs'dʒʌdʒ] **vt** amount, time mal évaluer.

**mislead** [ˌmɪs'liːd] **vt** (accidentally) induire en erreur, tromper; (deliberately) tromper, égarer, fourvoyer.

**misleading** [ˌmɪs'liːdɪŋ] **adj** trompeur, fallacieux. ◊ **misleading advertising** publicité mensongère.

**mismanage** ['mɪs'mænɪdʒ] **vt** mal gérer, mal administrer.

**mismanagement** ['mɪs'mænɪdʒmənt] **n** mauvaise gestion f or administration f.

**mismatch** [mɪs'mætʃ] **1** **n** inadéquation f (*between* entre). ◊ **the production mismatch reflects manufacturing bottlenecks** l'inadaptation de la production est le reflet d'un engorgement au niveau de la production. **2** **vt** conditions, prices mal ajuster.

**misplace** ['mɪs'pleɪs] **vt** **a** word, trust mal placer. **b** (lose) égarer.

**misprice** ['mɪs'praɪs] **vt** faire une erreur sur le prix de.

**misprint** ['mɪsprɪnt] **1** **n** faute f d'impression, erreur f typographique, coquille f. **2** **vt** imprimer incorrectement.

**misquote** ['mɪs'kwəʊt] **vt** citer de travers. ◊ **to misquote sb** déformer les propos de qn.

**misread** ['mɪs'riːd] **vt** word mal lire. ◊ **we misread the situation** (fig) nous avons mal interprété la situation.

**misrepresent** ['mɪsˌreprɪ'zent] **vt** facts dénaturer, déformer, faire une présentation tendancieuse de; person présenter sous un faux jour.

**misrepresentation** ['mɪsˌreprɪzen'teɪʃən] **n** [facts] présentation f déformée or inexacte; (Jur) fausse déclaration f, allégation f mensongère.

**miss** [mɪs] **vt** **a** (fail to hit) target, objective manquer, rater, louper*. **b** (fail to catch) oppor-

**model**

tunity, appointment manquer, rater, louper*.
◊ **to miss the boat*** or **the bus*** (fig) louper le
coche; **I'm sorry I missed you when I was in
London** je suis désolé de vous avoir manqué quand j'étais à Londres. **c** (not understand) ne pas comprendre, ne pas saisir.
◊ **he missed the whole point** il n'a rien compris. **d** (long for) person regretter l'absence
de. ◊ **we'll miss you** vous nous manquerez.

**missing** ['mɪsɪŋ] **adj** person disparu; object
manquant, égaré, perdu.

**mission** ['mɪʃən] **n** mission f. ◊ **fact-finding mis-
sion** mission d'enquête; **field mission** mis-
sion sur le terrain; **trade mission** mission
commerciale.

**missionary** ['mɪʃənrɪ] **adj** ◊ **missionary salesman**
(US) prospecteur; **missionary work** (US) travail de prospection.

**miss out** **vt sep** name, word sauter.

**miss out on** **vt fus** opportunity, bargain laisser
passer, ne pas saisir, louper*. ◊ **they
missed out on about DM60 million a day in
sales** ils ont loupé environ 60 millions de
DM de ventes par jour; **make sure you
don't miss out on anything** attention à ne
pas te faire avoir*.

**mistake** [mɪs'teɪk] **1** **n** erreur f, faute f; (misunderstanding) méprise f. ◊ **my mistake!** je
suis fautif!, c'est (de) ma faute!; **by mistake**
par erreur; **to make a mistake about the dates**
se tromper de dates; **we made the mistake
of showing him the plans** nous avons commis l'erreur de lui montrer les plans.
**2** **vt** meaning, word mal comprendre, mal
interpréter; intentions se méprendre sur;
time se tromper de, confondre.

**mistaken** [mɪs'teɪkən] **adj** idea erroné, faux;
conclusion erroné, mal fondé. ◊ **to be mistaken** se tromper (*about* sur); **if I'm not mistaken** si je ne me trompe (pas).

**mistime** ['mɪs'taɪm] **vt** remarks, intervention mal
calculer. ◊ **we mistimed our sales promotion**
nous n'avons pas su choisir le bon
moment pour notre promotion des
ventes.

**mistiming** [ˌmɪs'taɪmɪŋ] **n** ◊ **the campaign failed
because of mistiming** la campagne a
échoué à cause d'un mauvais timing.

**mistranslate** ['mɪstrænz'leɪt] **vt** mal traduire.

**mistrial** [ˌmɪs'traɪəl] **n** (Jur) procès m entaché
d'un vice de procédure.

**mistype** ['mɪs'taɪp] **vt** word, text faire une faute
(or des fautes) de frappe dans.

**misunderstand** ['mɪsʌndə'stænd] **vt** mal comprendre, comprendre de travers.

**misunderstanding** ['mɪsʌndə'stændɪŋ] **n** (mistake) erreur f, méprise f, malentendu m;
(disagreement) malentendu m, mésentente f.

**misuse** ['mɪs'juːs] **1** **n** [power, authority] abus m;
[money, resources] mauvais emploi m, mau-
vais usage m. ◊ **misuse of funds** détournement de fonds.
**2** **vt** power, authority abuser de; money,
resources mal employer; funds détourner.

**mitigate** ['mɪtɪgeɪt] **vt** effect atténuer, mitiger.
◊ **mitigating circumstances** circonstances
atténuantes.

**mix** [mɪks] **n** mélange m. ◊ **marketing mix** marketing mix, plan de marchéage; **product
mix** mix or ensemble de produits.

**mixed** [mɪkst] **adj** mélangé, composite, mixte.
◊ **mixed cargo** cargaison mixte; **mixed corporation** (US) société d'économie mixte;
**mixed costs** coûts semi-variables; **mixed
economy** économie mixte; **mixed farming**
polyculture; **mixed policy** (Ins) police
d'assurance mixte; **mixed property** biens
meubles et immeubles; **the proposal met
with a mixed reception** la proposition a reçu
un accueil mitigé.

**mix up** [mɪks] **vt sep** confondre, mélanger.

**mix-up** ['mɪksʌp] **n** confusion f.

**Mk** **n** abbr of *mark*.

**ml** abbr of *millilitre*.

**MLR** ['em,el'ɑːr] **n** abbr of *minimum lending rate*
→ *minimum*.

**mm** abbr of *millimetre*

**MOB** [ˌeməʊ'biː] **n** abbr of *mail-order business*
→ *mail-order*.

**mobile** ['məʊbaɪl] **adj** mobile. ◊ **mobile studio**
car de reportage; **upwardly mobile executives** cadres susceptibles d'obtenir de
l'avancement.

**mobility** [məʊ'bɪlɪtɪ] **n** mobilité f.

**mobilization, mobilisation** [ˌməʊbɪlaɪ'zeɪʃən]
**n** mobilisation f.

**mobilize, mobilise** ['məʊbɪlaɪz] **vt** mobiliser.

**mock** [mɒk] **adj** faux. ◊ **mock auction** fausse
vente aux enchères, vente aux enchères
bidon*; **mock leather** imitation cuir, simi-
licuir.

**mock-up** [m'mɒkʌp] **n** maquette f.

**MOD** [ˌeməʊ'diː] (GB) **n** abbr of *Ministry of
Defence* → *ministry*.

**mode** [məʊd] **n** **a** (fashion) mode f. **b** (method)
[payment] mode m. **c** (Comp) mode m. ◊ **in
interactive mode** en mode conversationnel.

**model** ['mɒdl] **n** **a** (small-scale representation)
copie f en réduction, modèle m; (Tech)

maquette f. ◊ **scale model** maquette, modèle réduit. **b** (fashion) mannequin m. **c** (Comm) modèle m. ◊ **demonstration model** modèle de démonstration ; **our latest model** notre tout dernier modèle ; **the four-door model** [car] la version quatre-portes. **d** (Econ) modèle m. ◊ **econometric models** modèles économétriques or prévisionnels ; **accounting model** modèle comptable ; **model factory** usine modèle, usine-pilote.

**modem** ['məʊdem] n modem m.

**moderate** ['mɒdərɪt] **1** adj price, performance, claims modéré. ◊ **moderate income** revenu modeste ; **to make moderate demands on** ne pas trop exiger de. **2** n modéré(e) m(f). **3** vt modérer. **4** vi [inflation] diminuer, (se) ralentir.

**moderation** [,mɒdə'reɪʃən] n modération f, mesure f.

**moderator** ['mɒdəreɪtər] n directeur m de débats.

**modern** ['mɒdən] adj moderne. ◊ **modern languages** langues vivantes.

**modernity** [mɒ'dɜːnɪtɪ] n modernisme m.

**modernization, modernisation** [,mɒdənaɪ'zeɪʃən] n modernisation f. ◊ **modernization programme** programme de modernisation.

**modernize, modernise** ['mɒdənaɪz] **1** vt moderniser. **2** vi se moderniser.

**modest** ['mɒdɪst] adj increase modéré, modeste.

**modicum** ['mɒdɪkəm] n ◊ **a modicum of** un minimum de.

**modification** [,mɒdɪfɪ'keɪʃən] n modification f (to, in à). ◊ **to make modifications to a design** apporter des modifications à un projet.

**modify** ['mɒdɪfaɪ] vt **a** (change) plans, agreement modifier, apporter des modifications à ; structure modifier, transformer. **b** (make less strong) demand modérer ; statement atténuer, modérer les termes de.

**modifying** ['mɒdɪfaɪɪŋ] adj clause modificatif.

**modular** ['mɒdjʊlər] adj modulaire.

**modulation** [,mɒdjʊ'leɪʃən] n modulation f. ◊ **frequency modulation** modulation de fréquence.

**module** ['mɒdjuːl] n module m.

**Mogadiscio** [,mɒgə'dɪʃɪəʊ] n Mogadiscio.

**mogul** ['məʊgəl] n (fig) grand manitou m.

**moiety** ['mɔɪtɪ] n (Jur) moitié f.

**mold** [məʊld] (US) n, vt → mould.

**momandpop** [,mɒmənd'pɒp] adj familial.

**moment** ['məʊmənt] n moment m. ◊ **we must choose the right moment to announce** nous devons choisir le bon moment pour annoncer.

**momentum** [məʊ'mentəm] n (fig) élan m, vitesse f acquise. ◊ **to gain** or **gather momentum** prendre de la vitesse, s'accélérer.

**Monacan** [mɒ'nɑːkən] **1** adj monégasque. **2** n (inhabitant) Monégasque mf.

**Monaco** ['mɒnəkəʊ] n Monaco m.

**Monday** ['mʌndɪ] n lundi m → Saturday.

**Monegasque** [mɒnə'gæsk] **1** adj monégasque. **2** n (inhabitant) Monégasque mf.

**monetarism** ['mʌnɪtərɪzəm] n monétarisme m.

**monetarist** ['mʌnɪtərɪst] n, adj monétariste mf.

**monetary** ['mʌnɪtərɪ] adj system, economy, agreement monétaire. ◊ **European Monetary System** système monétaire européen ; **International Monetary Fund** Fonds monétaire international ; **monetary compensatory amounts** montants compensatoires monétaires ; **monetary control** contrôle monétaire ; **monetary flow** flux monétaire ; **monetary policy** politique monétaire ; **monetary school** école monétaire or monétariste ; **monetary standard** étalon monétaire ; **monetary unit** unité monétaire ; **monetary value** valeur vénale.

**monetization, monetisation** [,mʌnɪtaɪ'zeɪʃən] n monétisation f.

**monetize, monetise** ['mʌnɪtaɪz] vt monétiser.

**money** ['mʌnɪ] **1** n **a** (gen) argent m ; (Fin) monnaie f. ◊ **for money** (St Ex) au comptant. **b** (phrases) **to be rolling in money*** rouler sur l'or* ; **to be earning good money** bien gagner sa vie ; **to be short of money** être à court d'argent ; **to deposit money with the bank** déposer de l'argent en banque ; **to get one's money's worth** en avoir pour son argent ; **to get one's money back** être remboursé ; **to make money** [person] gagner de l'argent ; [business] rapporter, être lucratif ; **how did he make his money ?** comment a-t-il fait fortune ? ; **to mint money** frapper de la monnaie ; (fig) [person] gagner beaucoup d'argent ; [company] rapporter beaucoup d'argent ; **to pay good money** payer un bon prix ; **to pay money into an account** verser de l'argent à un compte ; **to earn good money** bien gagner sa vie ; **to raise money** trouver des capitaux, se procurer de l'argent, lever des fonds ; **who put up the money for this deal ?** qui a fourni les fonds pour cette affaire ? ; **to refund money** rembourser (de l'argent) ; **to remit a sum of money** remettre une somme d'argent ; **to waste money** gaspiller de l'argent ; **to withdraw money from the bank** retirer de l'argent de la banque ; **the money you have coming in** vos rentrées d'argent ; **money at call** argent remboursable sur demande, dépôt à vue ; **there's money in it** ça rapporte. **c** **active money** monnaie circulante or en circulation ; **allotment** or **application money** (St Ex) versement de souscription ; **caution money** cautionnement ; **cheap money policy** politique de l'argent or du crédit à bon marché ; **commodity money** monnaie marchandise ; **confetti money, funny money\*** monnaie de singe\* ; **counterfeit money** fausse monnaie ; **credit** or **fiat** or **fiduciary** or **token money** monnaie fiduciaire ; **current money** monnaie qui a cours ; **danger money** prime de risque ; **he was paid danger money** il a touché une prime de risque ; **dead** or **idle** or **inactive money** argent qui dort, capital inactif ; **dear money** argent cher ; **dear-money policy** politique de l'argent cher, encadrement du crédit ; **deposit money** monnaie scripturale ; **dispatch money** (Mar Ins) prime de rapidité ; **divisional** or **fractional money** monnaie divisionnaire ; **earnest money** arrhes ; **easy money policy** politique de l'argent facile or abondant ; **it's easy money** c'est de l'argent facile à gagner ; **hat money** (Mar) primage, chapeau du capitaine ; **hot money** capitaux spéculatifs or fébriles ; **he was paid hush money** on a acheté son silence ; **lawful money** argent ayant cours légal ; **lot money** frais de vente aux enchères ; **near** or **new** or **fresh money** argent frais ; **option money** (St Ex) acompte préférentiel ; **paper money** papier-monnaie, monnaie fiduciaire ; **period money** argent à terme ; **plastic money** monnaie électronique ; **promotion money** frais de fondation d'une société, frais de premier établissement ; **public money** fonds publics, deniers publics ; **ready money** argent comptant or liquide ; **reserve money** monnaie de réserve ; **retention money** retenue de garantie ; **scarce money** argent rare ; **seatless money** monnaie apatride ; **seed** or **start-up money** capital de lancement or de départ ; **short money** argent prêté à court terme ; **slush money** pot-de-vin ; **they were accused of taking slush money** on les a accusés de toucher des pots-de-vin ; **soft money** papier-monnaie ; **standard money** monnaie étalon ; **tight money** argent rare or cher ; **tight-money policy** politique de resserrement du crédit or d'encadrement du crédit ; **token money** monnaie fictive ; **world money** monnaie internationale.

**2** **cpd** **money assets** avoirs mpl monétaires. − **money bill** loi de finances. − **money-broker** (US) courtier de change ; (GB) *courtier spécialisé en prêts à court terme pour des transactions sur des titres d'État.* − **money expert** expert en matières financières. − **money illusion** (Econ) illusion monétaire. − **money lender** prêteur sur gages. − **money lending** prêt à intérêt. − **money-losing company** société qui perd de l'argent, société non rentable. − **money management strategy** stratégie de placement. − **money manager** gérant or gestionnaire de fonds. − **money market** marché monétaire ; **money market mutual funds** fonds commun de placement en instruments du marché monétaire. − **money matters** affaires fpl or questions fpl d'argent. − **money order** mandat ; **to pay by money order** payer par mandat ; **overseas money order** mandat international. − **money rate** taux du loyer de l'argent. − **money-spinner** (GB) activité qui rapporte, activité lucrative. − **money supply** masse monétaire ; **restrictions on the money supply** réduction de la masse monétaire. − **money token** jeton. − **money trader** cambiste. − **money value** valeur vénale. − **money wages** salaires mpl nominaux.

**moneychanger** ['mʌnɪtʃeɪndʒəʳ] n (person) changeur m ; (machine) changeur m de pièces de monnaie.

**moneymaker** ['mʌnɪmeɪkəʳ] n (business) affaire f lucrative ; (person) personne f qui sait faire de l'argent.

**moneymaking** ['mʌnɪmeɪkɪŋ] **1** n acquisition f d'argent.
**2** adj lucratif, qui rapporte.

**moneys** ['mʌnɪz] npl (Jur) (also **monies** ) sommes fpl d'argent, fonds mpl, capitaux mpl. ◊ **monies paid in** versements encaissés ; **monies paid out** versements effectués ; **monies received** recettes, rentrées ; **public monies** deniers publics ; **monies owing to us** nos créances.

**Mongol** ['mɒŋgəl] adj mongol.

**Mongolia** [mɒŋ'gəʊlɪə] n Mongolie f.

**Mongolian** [mɒŋ'gəʊlɪən] **1** adj mongol.
**2** n **a** (language) mongol m. **b** (inhabitant) Mongol(e) m(f).

**monies** ['mʌnɪs] npl → moneys.

**monition** [məʊ'nɪʃən] n (Jur) citation f à comparaître.

**monitor** ['mɒnɪtəʳ] **1** n moniteur m. ◊ **hardware / software monitor** moniteur matériel / logiciel ; **video monitor** écran de contrôle vidéo.

**2** vt prices surveiller ; sales, profit margins suivre, assurer le suivi de ; system, machine contrôler ; progress suivre de près. ◊ **to monitor the situation** surveiller l'évolution des choses.

**monitoring** ['mɒnɪtərɪŋ] n [sales, margins, activity] suivi m ; [system, machine] contrôle m, surveillance f ; [prices] surveillance f.

**monoculture** ['mɒnəʊkʌltʃəʳ] n (Agr) monoculture f.

**monometallism** [ˌmɒnəʊ'metəlɪzəm] n monométallisme m.

**monopolist** [mə'nɒpəlɪst] n monopoliste m, monopoleur m.

**monopolistic** [mənɒpə'lɪstɪk] adj monopolistique.

**monopolization, monopolisation** [mənɒpəlaɪ'zeɪʃən] n monopolisation f.

**monopolize, monopolise** [mə'nɒpəlaɪz] vt monopoliser.

**monopoly** [mə'nɒpəlɪ] n monopole m. ◊ **the Monopolies Commission** (GB) la commission d'enquête sur les monopoles, ≈ la Commission de la concurrence ; **bilateral monopoly** monopole bilatéral ; **buyer's monopoly** monopsone ; **seller's monopoly** oligopole ; **state** or **government monopoly** monopole d'État ; **to have a monopoly of** or **on sth** avoir le monopole de qch.

**monopsony** [mə'nɒpsənɪ] n monopsone m.

**monorail** ['mɒnəʊreɪl] n monorail m.

**Monrovia** [mɒn'rəʊvɪə] n Monrovia.

**Montevideo** [mɒntɪvɪ'dɛɪəʊ] n Montevideo.

**month** [mʌnθ] n mois m. ◊ **calendar month** mois du calendrier ; **a three-month period** une période de trois mois ; **two months' supplies** des provisions pour deux mois ; **bill at three months** effet or papier à trois mois ; **at the end of the current month** fin courant.

**monthly** ['mʌnθlɪ] **1** adj mensuel. ◊ **monthly instalment** mensualité, règlement or remboursement mensuel ; **monthly salary** salaire mensuel ; **monthly statement** relevé mensuel, situation de fin de mois ; **monthly magazine** mensuel, revue mensuelle. **2** adv mensuellement, chaque mois. **3** n (Press) mensuel n.

**moonlight**\* ['muːnlaɪt] vi travailler au noir.

**moonlighter**\* ['muːnlaɪtəʳ] n travailleur m au noir.

**moonlighting**\* ['muːnlaɪtɪŋ] n travail m au noir.

**moonshiner**\* ['muːnʃaɪnəʳ] n → moonlighter.

**moor** [mʊəʳ] **1** vt ship amarrer.

**2** vi [ship] mouiller.

**moorage** ['mʊərɪdʒ], **mooring** ['mʊərɪŋ] n (place) mouillage m ; **fee** droits mpl d'amarrage or de mouillage, droits mpl de corps mort.

**mop up** [mɒp] vt sep deficit éponger, absorber ; profits rafler.

**moral** ['mɒrəl] adj (gen) moral. ◊ **the Moral Majority** (US) les néo-conservateurs.

**morale** [mɒ'rɑːl] n moral m. ◊ **morale is high among the staff** le moral est au beau fixe parmi le personnel.

**moratorium** [ˌmɒrə'tɔːrɪəm] n moratoire m. ◊ **to announce** or **declare a moratorium** décréter un moratoire.

**more** [mɔːʳ] adj, pron plus (de), davantage (de). ◊ **he needs more help** il a besoin de plus d'aide ; **let me know more about it** donnez-moi plus de détails ; **we'll have to take on more workers** nous devrons recruter plus or davantage d'ouvriers.

**mortality** [mɔː'tælɪtɪ] n mortalité f. ◊ **infant mortality** mortalité infantile ; **mortality table** (Ins) table de mortalité.

**mortgage** ['mɔːgɪdʒ] **1** n (gen) hypothèque f ; (in house-buying) prêt m hypothécaire. ◊ **burdened** or **encumbered with mortgage** grevé d'hypothèque ; **to borrow / lend on mortgage** emprunter / prêter sur hypothèque ; **to pay off** or **clear a mortgage** purger une hypothèque ; (in house-buying) rembourser un emprunt or un prêt ; **to raise a mortgage** prendre une hypothèque ; **to register a mortgage on a property** inscrire une hypothèque sur un bien ; **to secure a debt by mortgage** hypothéquer une créance ; **credit on mortgage** crédit hypothécaire ; **mortgage-backed security** valeur garantie par hypothèque ; **blanket mortgage** hypothèque générale ; **equitable mortgage** hypothèque pour sûreté d'un crédit ; **first mortgage** hypothèque de premier rang ; **first mortgage debenture** obligation hypothécaire de premier rang ; **general mortgage** hypothèque générale ; **legal mortgage** hypothèque légale ; **maritime mortgage** hypothèque sur un navire ; **prior mortgage** hypothèque de premier rang ; **recorder** or **registrar of mortgages** conservateur des hypothèques ; **redemption of mortgage** purge or extinction d'hypothèque ; **release of mortgage** mainlevée d'hypothèque ; **second mortgage** hypothèque de deuxième rang ; **underlying mortgage** hypothèque de priorité.

**2** cpd **mortgage bond** titre hypothécaire. − **mortgage charge** affectation hypothécaire. − **mortgage creditor** créancier hypothécaire. − **mortgage debt** créance hypothécaire. − **mortgage debtor** débi-

teur hypothécaire. – **mortgage deed** contrat d'hypothèque, acte hypothécaire. – **mortgage foreclosure** saisie d'hypothèque. – **mortgage loan** prêt hypothécaire. – **mortgage registrar** conservateur des hypothèques. – **mortgage registration** inscription hypothécaire. – **mortgage registry** bureau des hypothèques. – **mortgage repayment** remboursement d'un prêt hypothécaire. – **mortgage security** garantie hypothécaire.
**3** vt house, land, securities hypothéquer; goods engager, mettre en gage, hypothéquer. ◊ **mortgaged estate** bien hypothéqué.

**mortgageable** ['mɔːgədʒɪbl] adj hypothécable.

**mortgagee** [,mɔːgə'dʒiː] n créancier m hypothécaire.

**mortgager, mortgagor** ['mɔːgədʒə'] n débiteur m hypothécaire.

**Moscow** ['mɒskəu] n Moscou.

**most-favoured** (GB), **most-favored** (US) ['məust'feivəd] adj ◊ **most-favoured nation clause** clause de la nation la plus favorisée.

**MOT** [eməu'tiː] (GB) n **a** abbr of *Ministry of Transport* → ministry. **b** abbr of *Ministry of Transport Test test de contrôle pour les véhicules ayant plus de 3 ans d'âge.*

**mothball\*** ['mɒθbɔːl] vt productive capacities mettre en réserve.

**motion** ['məuʃən] **1** n **a** mouvement m, marche f. ◊ **to set in motion** process mettre en route, mettre en branle; **time and motion consultant** organisateur-conseil. **b** (at meeting) motion f, résolution f, proposition f. ◊ **to carry / reject a motion** adopter / repousser une résolution or une motion; **to move** or **table a motion** déposer une motion; **to second the motion** soutenir la motion. **c** (Jur) demande f, requête f.
**2** cpd motion picture (US) film. – **motion-picture advertising** (US) publicité cinématographique. – **motion-picture industry (the)** (US) l'industrie cinématographique. – **motion study** (Ind) étude des cadences, analyse du mouvement.

**motivate** ['məutiveit] vt decision motiver; person inciter (*to do* à faire), motiver.

**motivation** [,məuti'veiʃən] n motivation f. ◊ **motivation research** étude de motivation; **he seems to lack motivation** il ne semble pas assez motivé.

**motivational** [,məuti'veiʃənəl] adj ◊ **motivational analysis** analyse de motivations.

**motivator** ['məutiveitə'] n mobile m, motivation f.

**motive** ['məutiv] **1** n motif m, intention f, raison f; (Jur) mobile m. ◊ **the profit motive** la recherche du profit.
**2** adj moteur. ◊ **the motive force** l'élément moteur, le moteur, le ressort.

**motor** ['məutə'] **1** n **a** (engine) moteur m. **b** (St Ex) motors valeurs automobiles.
**2** cpd motor industry (the) (GB) l'industrie automobile. – **motor insurance** assurance automobile. – **Motor Show (the)** (GB) ≈ le Salon de l'auto. – **motor trade (the)** (GB) (le secteur de) l'automobile.

**motorcar** ['məutəcaː'] (GB) n automobile f. ◊ **motorcar credit** crédit auto.

**motorist** ['məutərist] (GB) n automobiliste mf.

**motorway** ['məutəwei] (GB) n autoroute f.

**mould** (GB), **mold** (US) [məuld] **1** n (gen) moule m. ◊ **cast in the same mould** coulé dans le même moule.
**2** vt metals mouler, fondre. ◊ **to mould public opinion** former or façonner l'opinion publique.

**mount** [maunt] vt advertising campaign, demonstration organiser, monter.

**mountain** ['mauntin] n (lit, fig) montagne f. ◊ **butter / meat mountain** (EEC) montagne de beurre / de viande, excédent or surplus de beurre / de viande.

**mouse** [maus] n (gen, Comp) souris f.

**movable, moveable** ['muːvəbl] adj mobile; (Jur) meuble, mobilier. ◊ **movable property** or **estate** biens meubles or mobiliers.

**movables, moveables** ['muːvəblz] npl (Jur) biens mpl meubles or mobiliers.

**move** [muːv] **1** vt **a** motion proposer, déposer. ◊ **the minority moved an amendment** la minorité a proposé un amendement. **b** (Comm) stock vendre, écouler. **c** (change position of) déplacer, bouger. ◊ **he's asked to be moved to a new department** il a demandé à être affecté à une autre section; **to be moved to another job** être muté dans un autre emploi.
**2** vi **a** (gen) bouger; (St Ex) osciller. ◊ **in recent years the group has moved into financial services** ces dernières années le groupe s'est diversifié dans les services financiers; **the terms of trade moved against the developed countries** les termes de l'échange ont tourné au désavantage des pays industrialisés; **he's good at getting things moving** il sait faire bouger or évoluer les choses. **b** (sell) se vendre. **c** (progress) [plans, talks] progresser, avancer; [securities] se redresser. **d** (take steps) agir. ◊ **the committee won't move until** la commission ne fera rien tant que; **we shall have to move fast if we want to get the order** nous devons

agir vite si nous voulons emporter la commande. **e** (change house) déménager. ◊ **to move to larger premises** emménager dans des locaux plus grands.
**3** **n** **a** (gen) mouvement m. **b** (change of house) déménagement m; (change of job) changement m d'emploi. **c** (step) démarche f. ◊ **to make the first move** faire le premier pas; **there was a move to turn down the company's offer** une tendance s'est dessinée pour repousser l'offre de la société.

**moveable** ['muːvəbl] **adj** → movable.

**moveables** ['muːvəblz] **npl** → movables.

**move down** **vi** [interest rates, prices] baisser, diminuer.

**move in on*** **vt** **fus** (fig : try for control of) essayer d'accaparer.

**movement** ['muːvmənt] **n** **a** [person, population, goods, capital] mouvement m; (St Ex) (activity) activité f; (price changes) mouvement m, fluctuation f. ◊ **upward / downward movement** mouvement à la hausse / à la baisse; **there is some movement towards** on s'oriente vers, on va vers; **movement of labour** circulation de la main-d'œuvre; **cyclical movements** mouvements conjoncturels or cycliques; **free capital movements** libre circulation des capitaux; **shipping movement** mouvement maritime or des navires; **wage movements** mouvements des salaires. **b** (Pol) mouvement m.

**mover** ['muːvəʳ] **n** **a** (Pol) auteur m d'une motion. **b** (US) déménageur m. **c** **prime mover** (Tech) force motrice; (fig) cause première, ressort; **he was the prime mover in the takeover bid** il a été l'instigateur de l'offre publique d'achat.

**move up** **1** **vi** **a** [employee] avoir de l'avancement, être promu. **b** [securities] se redresser. ◊ **the dollar moved up at the close** le dollar s'est redressé or s'est relevé en fin de séance. **c** [profits, rates] progresser, augmenter.
**2** **vt** (promote) employee donner de l'avancement à, promouvoir.

**moving** ['muːvɪŋ] **adj** ◊ **moving average** moyenne mobile.

**Mozambican** [məʊzəm'biːkən] **1** **adj** mozambicain.
**2** **n** (inhabitant) Mozambicain(e) m(f).

**Mozambique** [məʊzəm'biːk] **n** Mozambique m.

**MPC** [ˌempiːˈsiː] **n** abbr of *marginal propensity to consume* → marginal.

**mpg** [ˌempiːˈdʒiː] abbr of *miles per gallon* ≈ 1 / km.

**mph** [ˌempiːˈaɪtʃ] abbr of *miles per hour* ≈ km / h.

**MPI** [ˌempiːˈaɪ] **n** abbr of *marginal propensity to invest* → marginal.

**MPS** [ˌempiːˈes] **n** abbr of *marginal propensity to save* → marginal.

**Mr** ['mɪstəʳ] abbr of *Mister* M.

**Mrs** ['mɪsɪz] abbr of *Mistress* Mme.

**Ms** [mɪz] abbr of *Miss, Mistress* ≈ Mme.

**MSC** [ˌemesˈsiː] (GB) **n** abbr of *Manpower Services Commission* → manpower.

**MSc** [ˌemesˈsiː] **n** abbr of *Master of Science* → master.

**multi** ['mʌltɪ] **pref** multi. ◊ **multimillion pound deal** affaire portant sur plusieurs millions de livres; **multipurpose** polyvalent, à usages multiples; **multiuser system** configuration multiposte.

**multilateral** [ˌmʌltɪˈlætərəl] **adj** agreement, trade multilatéral.

**multinational** [ˌmʌltɪˈnæʃənl] **n** (also **multinational corporation**) multinationale f, société f multinationale.

**multipack** ['mʌltɪpæk] **n** emballage m multipack.

**multiple** ['mʌltɪpl] **1** **n** (gen) multiple m; (St Ex) action f multiple; (Comm) magasin à succursales multiples.
**2** **adj** multiple. ◊ **multiple-entry visa** ≈ visa permanent; **multiple ownership** multipropriété; **multiple-risk insurance** assurance multirisque; **multiple share** (St Ex) action multiple; **multiple store** or **shop** magasin à succursales multiples; **multiple system** méthode du coefficient multiplicateur; **multiple taxation** imposition multiple; **multiple-vote share** action à vote plural.

**multiplex** ['mʌltɪpleks] **1** **adj, n** multiplex m.
**2** **vt** communiquer en multiplex.

**multiplication** [ˌmʌltɪplɪˈkeɪʃən] **n** multiplication f.

**multiplier** ['mʌltɪplaɪəʳ] **n** multiplicateur m. ◊ **employment** etc **multiplier** multiplicateur de l'emploi etc.

**multiply** ['mʌltɪplaɪ] **1** **vt** multiplier (*by* par).
**2** **vi** se multiplier.

**multiprocessing** [ˌmʌltɪˈprəʊsesɪŋ] **n** multitraitement m.

**multiprogramming** [ˌmʌltɪˈprəʊgræmɪŋ] **n** multiprogrammation f.

**municipal** [mjuːˈnɪsɪpəl] **adj** municipal. ◊ **municipal bonds** obligations municipales; **municipal bond offering** emprunt municipal; **municipal notes** (US) emprunts des collectivités locales; **municipal ordinance** arrêté municipal.

**municipality** [mjuː,nɪsɪ'pælɪtɪ] **n** municipalité f.

**munifund** ['mjuːnɪfʌnd] (US) **n** (open-end) société d'investissement à capital variable, SICAV; (closed-end) fonds commun de placement.

**muniments** ['mjuːnɪmənts] **npl** (Jur) titres mpl de propriété.

**muster** ['mʌstəʳ] **vt** (call together) rassembler; (collect) sum réunir, rassembler.

**muted** ['mjuːtɪd] **adj** criticism, protest voilé.

**mutual** ['mjuːtjʊəl] **adj** [a] (reciprocal) mutuel. ◊ **mutual assent** (Jur) accord des parties; **mutual benefit society** société de secours mutuel; **mutual claims** créances réciproques; **mutual contract** contrat synallagmatique; **mutual fund** (US : open-end) société d'investissement à capital variable, SICAV; (GB : closed-end) fonds commun de placement; **mutual indebtedness** créances et dettes réciproques; **mutual insurance** assurance mutuelle; **by mutual consent** (general agreement) d'un commun accord; (private agreement) de gré à gré, à l'amiable. [b] (shared) **our mutual friend** notre ami commun.

**mutually** ['mjuːtjʊəlɪ] **adv** mutuellement. ◊ **they are mutually exclusive** ils s'excluent l'un l'autre; **it is mutually agreed between both parties** il est convenu d'un commun accord entre les parties.

**N / A** `a` abbr of *not applicable* → not. `b` abbr of *not available* → not. `c` abbr of *no account* → no. `d` abbr of *no advice* → no.

**N.A.** [en'eɪ] n abbr of *new account* → new.

**nail** [neɪl] n ◊ **to pay on the nail** payer rubis sur l'ongle.

**Nairobi** [naɪ'rəʊbɪ] n Nairobi.

**naked** ['neɪkɪd] cpd **naked contract** contrat sans garantie. – **naked debenture** obligation non garantie. – **naked possession** (Jur) possession de fait. – **naked reserve** (US) réserves fpl réelles *(des banques de la Réserve Fédérale)*.

**NALGO** ['nælgəʊ] (GB) n abbr of *National and Local Government Officers' Association* syndicat britannique.

**name** [neɪm] `1` n `a` (gen) nom m ; [firm] raison f sociale ; [account] intitulé m. ◊ **name of the payee** nom du bénéficiaire ; **assumed name** nom d'emprunt ; **business name** raison sociale, nom commercial ; **cable name** adresse télégraphique ; **corporate name** raison sociale, dénomination de l'entreprise ; **brand name** marque de fabrique ; **file name** (Comp) nom de fichier ; **first name** prénom ; **full name** nom et prénom(s) ; **last name** (US) nom de famille ; **maiden name** nom de jeune fille ; **registered trade name** marque déposée, nom déposé ; **the shares are in my name** les actions sont à mon nom ; **what name shall I say ?** (on phone) c'est de la part de qui ? ; (announcing arrival) qui dois-je annoncer ? ; **please fill in your name and address** prière d'inscrire vos nom (prénom) et adresse ; **to put one's name down for a job** poser sa candidature à un poste ; **the firm trades under the name of...** la société a pour dénomination... ; **to put** or **set one's name to a document** signer un document,

apposer sa signature au bas d'un document. `b` (St Ex) nomenclature f. ◊ **name of securities** nomenclature des titres. `c` (reputation) renommée f, réputation f, renom m. ◊ **this company has a good name** cette société jouit d'une bonne réputation ; **a big name in the business world** un nom bien connu dans le monde des affaires.

`2` cpd **name awareness** notoriété de la marque. – **name badge** badge d'identification. – **name brand** marque réputée. – **Name Day** (St Ex) deuxième jour de la liquidation *(où le nom de l'acheteur est communiqué au vendeur)*, ≈ jour de la réponse des primes. – **name slug** (US) logotype. – **name-ticket** (St Ex) fiche.

`3` vt (gen) nommer ; (Comp) file baptiser, donner un nom à ; (fix) date, price fixer. ◊ **name your price** fixez votre prix ; **on the named day** le jour dit ; **the named insured** l'assuré nommément désigné ; **the person named** l'accrédité ; **policy to a named person** police nominative ; **named departure point** point de départ convenu ; **named port of destination / of shipment** port de destination / d'embarquement convenu ; **named vessel** navire désigné ; **he has been named as the leader of the working party** il a été désigné pour diriger la commission d'enquête ; **they have been named as witnesses** ils ont été cités comme témoins.

**nameplate** ['neɪmpleɪt] n (on door) plaque f ; (on manufactured goods) plaque f du constructeur or du fabricant.

**Namibia** [naː'mɪbɪə] n Namibie f.

**Namibian** [naː'mɪbɪən] `1` adj namibien. `2` n (inhabitant) Namibien(ne) m(f).

**narration** [nə'reɪʃən] n (Acc) commentaire m *(justifiant une écriture)*.

**narrative** ['nærətɪv] n (Comp) commentaire m.

**narrow** ['nærəu] **1** adj limits restreint, étroit; (fig) mind, person borné; majority faible, étroit. ◊ **narrow margin** marge faible; **narrow market** marché étroit. **2** vt réduire, restreindre. ◊ **to narrow the gap** réduire l'écart (*between* entre); **to narrow the product range** restreindre la gamme.

**NASA** ['næsə] (US) n abbr of *National Aeronautics and Space Administration* NASA f.

**natality** [nə'tælɪtɪ] (US) n natalité f. ◊ **natality tables** tables de natalité.

**nation** ['neɪʃən] n nation f. ◊ **most-favoured-nation clause** clause de la nation la plus favorisée; **creditor / debtor nation** nation créditrice / débitrice; **the United Nations** les Nations unies.

**national** ['næʃənl] **1** adj (of one nation) national; (nationwide) national, à l'échelon national, dans l'ensemble du pays. ◊ **national accounting** comptabilité nationale; **National Aeronautics and Space Administration** (US) Agence nationale de l'aéronautique et de l'espace; **national bank** (US) banque fédérale; **National Bureau of Economic Research** (US) bureau national des recherches économiques; **to launch a national campaign** lancer une campagne à l'échelon national; **national debt** dette publique; **national dividend** or **income** revenu national; **National Economic Development Council** (GB) Conseil supérieur du plan; **National Enterprise Board** (GB) ≈ Institut de développement; **national expenditure** dépenses de l'État; **National Health Service** (GB) ≈ Sécurité sociale; **National Insurance** (GB) Assurances sociales; **National Insurance benefits** (GB) prestations de la Sécurité sociale; **National Savings** (GB) épargne nationale; **National Savings certificate** (GB) bon d'épargne; **national status** nationalité; **(gross / net) national product** produit national (brut / net). **2** n (person) ressortissant(e) m(f). ◊ **foreign nationals** ressortissants étrangers; **non-EEC nationals should not apply** ressortissants étrangers à la CEE s'abstenir.

**nationalism** ['næʃnəlɪzəm] n nationalisme m.

**nationality** [,næʃə'nælɪtɪ] n nationalité f. ◊ **dual nationality** double nationalité.

**nationalization, nationalisation** [,næʃənəlaɪ'zeɪʃən] n nationalisation f.

**nationalize, nationalise** ['næʃənəlaɪz] vt nationaliser. ◊ **nationalized industry** industrie nationalisée; **nationalized sector** secteur nationalisé.

**nationwide** ['neɪʃənwaɪd] **1** adj strike à l'échelle du pays, à l'échelon national.

**2** adv distribute à travers tout le pays, sur l'ensemble du territoire.

**native** ['neɪtɪv] **1** adj **a** country, town natal; language maternel. **b** (indigenous) product, resources local, du pays, de la région. ◊ **native industry** industrie locale; **native labour** main-d'œuvre indigène or locale. **2** n (person) autochtone mf; (esp of colony) indigène mf. ◊ **he is a native of Caen** il est originaire or natif de Caen; **she speaks Italian like a native** elle parle italien comme si c'était sa langue maternelle.

**NATO** ['neɪtəu] n abbr of *North Atlantic Treaty Organization* OTAN f.

**natural** ['nætʃrəl] adj (normal) naturel, normal. ◊ **natural break** (in television programme) interruption normale; **natural business year** année normale d'exportation; **natural-function generator** (Comp) générateur de fonctions analytiques; **natural gas** gaz naturel; **natural heir** héritier naturel; **natural increase** accroissement naturel; **natural language** (Comp) langage naturel; **natural monopoly** monopole naturel; **natural person** personne physique; **natural rate of increase** taux d'accroissement naturel; **natural resources** ressources naturelles; **natural rights** droits fondamentaux or naturels; **natural wastage** [staff] départs naturels.

**naturalization, naturalisation** [,nætʃrəlaɪ'zeɪʃən] n naturalisation f.

**naturalize, naturalise** ['nætʃrəlaɪz] vt naturaliser. ◊ **he was naturalized French** il s'est fait naturaliser francais.

**nature** ['neɪtʃər] n **a** nature f. ◊ **nature conservancy** or **conservation** protection de la nature. **b** (type, sort) espèce f, genre m, sorte f, nature f. ◊ **nature of business** genre d'affaires; **nature of contents** nature or désignation du contenu; **information of a private nature** renseignement de caractère privé.

**naught** [nɔːt] n zéro m.

**nautical** ['nɔːtɪkəl] adj nautique, naval, marin. ◊ **nautical mile** mille marin or nautique ( ≈ 1 852 m); **nautical assessor** expert en assurances maritimes.

**naval** ['neɪvəl] adj strength naval; affairs de la marine. ◊ **naval architect** ingénieur des constructions navales; **naval architecture** construction navale; **naval dockyard** arsenal maritime; **naval engineering** génie maritime; **naval law** droit maritime; **naval power** puissance maritime.

**navigable** ['nævɪgəbl] adj navigable.

**navigate** ['nævɪgeɪt] vt naviguer sur.

**navigation** [ˌnævɪ'geɪʃən] **1** n navigation f. ◊ **coasting navigation** navigation de cabotage; **inland navigation** navigation fluviale; **tramp navigation** tramping, cueillette. **2** cpd **navigation company** compagnie de navigation or de transports maritimes. – **navigation dues** droits mpl de navigation. – **navigation law** droit maritime. – **navigation laws** Code maritime.

**navigator** ['nævɪgeɪtər] n (Aut, Aviat, Mar) navigateur m.

**navy** ['neɪvɪ] n marine f, forces fpl navales. ◊ **the Navy** la marine (de guerre); **the merchant navy** (GB) la marine marchande; **the Royal Navy** (GB) la marine (de guerre) britannique.

**NB** [en'biː] abbr of *nota bene* N.B.

**NCB** [ˌensiː'biː] n **a** (GB) abbr of *National Coal Board* charbonnages de Grande-Bretagne. **b** abbr of *no-claim(s) bonus* → no.

**NCV** abbr of *no commercial value* → no.

**n.d.** abbr of *not dated* → not.

**Ndjamena** [əndʒɑː'meɪnə] n N'Djamena.

**n / e, n.e.** abbr of *not exceeding* → not.

**N / E** [en'iː] n abbr of *new edition* → new.

**near** [nɪər] adj **a** (close in space, value) proche, voisin. ◊ **to the nearest pound** à une livre près; **the Near East** le Proche-Orient. **b** (close in time) proche, prochain, rapproché. ◊ **in the near future** dans un proche avenir, dans un avenir proche. **c** (fig) relative proche; result serré. ◊ **near cash** quasi-espèces; **near-cash ratio** coefficient de trésorerie; **near gold** similor; **near letter-quality printer** imprimante qualité semi-courrier; **near money** quasi-monnaie; **near position** (Commodity Market) position rapprochée; **near silk** soie artificielle.

**nearby** ['nɪəˌbaɪ] adj (gen) proche; (Fin) contract rapproché.

**neat** [niːt] adj **a** (clean and tidy) soigné, propre. ◊ **he is a neat worker** il est soigneux dans son travail, il travaille proprement. **b** style, solution élégant. ◊ **to make a neat job of sth**\* réussir qch, faire du bon boulot\*. **c** (GB : undiluted) spirits pur, sans eau, sec.

**NEB** [ˌeniː'biː] (GB) n abbr of *National Enterprise Board* → national.

**necessary** ['nesɪsərɪ] adj **a** (essential) nécessaire, *(to, for* à). ◊ **if necessary** si besoin est, s'il le faut, en cas de besoin; **this candidate has all the necessary qualifications** ce candidat a toutes les capacités or qualités requises. **b** (unavoidable) result inévitable. ◊ **the showdown was necessary** l'épreuve de

force était inévitable or devait fatalement avoir lieu.

**necessitate** [nɪ'sesɪteɪt] vt nécessiter, rendre nécessaire.

**necessity** [nɪ'sesɪtɪ] n (need) nécessité f; (necessary object) chose f nécessaire. ◊ **case of absolute necessity** cas de force majeure; **flag of necessity** pavillon de complaisance; **port of necessity** port de relâche; **the bare necessities of life** le strict minimum or nécessaire.

**neck** [nek] n ◊ **to be up to one's neck in work**\* avoir du travail par-dessus la tête; **to stick one's neck out**\* se mouiller\*, prendre des risques.

**NEDC** [ˌeniːdiː'siː] (GB) n abbr of *National Economic Development Council* → national.

**need** [niːd] **1** n **a** (necessity, obligation) besoin m. ◊ **if need be** si besoin est, s'il le faut, le cas échéant; **if the need arises** si le besoin s'en fait sentir. **b** (lack) besoin m; (poverty) besoin m, indigence f, dénuement m, gêne f. ◊ **we are in** or **have great need of food and drugs** nous avons grand besoin de vivres et de médicaments. **c** (thing needed) besoin m. ◊ **we can supply your energy needs** nous pouvons subvenir à vos besoins en énergie; **needs assessment** évaluation des besoins; **need arousal** éveil du besoin. **2** vt ◊ **to need sth** [person, thing] avoir besoin de qch; **the project needs rethinking** il faut repenser or revoir le projet; **our trainee needs to have everything explained to him** il faut tout expliquer à notre stagiaire; **you will hardly need to be reminded that...** vous n'avez certainement pas besoin qu'on vous rappelle que...; **you will be given access to information on a need-to-know basis** vous n'aurez accès qu'aux informations limitées à vos besoins.

**needle printer** ['niːdlˌprɪntər] n imprimante f à aiguilles.

**needless** ['niːdlɪs] adj expense inutile, superflu; remark déplacé.

**needy** ['niːdɪ] adj indigent, nécessiteux, dans le besoin. ◊ **the needy** les nécessiteux, les indigents.

**negate** [nɪ'geɪt] vt (gen, Comp) annuler.

**negative** ['negətɪv] **1** adj négatif. ◊ **negative cash flow** trésorerie négative; **negative easement** servitude passive; **negative elasticity** (Econ) élasticité négative; **negative feedback** (gen, Comp) contre-réaction; **negative file** (Bank) fichier de personnes interdites de chéquier or de crédit; **negative income tax** impôt négatif; **negative investment** désinvestissement. **2** n **a** (US) réponse f négative. ◊ **to answer in the negative** répondre négativement or

par la négative, faire une réponse néga-tive. **b** (Phot) négatif m, cliché m.
**3** **vt** **a** (US : veto) project, amendment, propo-sal rejeter, repousser. **b** (US : contradict) statement contredire, réfuter. **c** (US : nullify) effect neutraliser.

**neglect** [nɪˈglekt] **1** n [person] manque m d'égards or d'attention (*of* envers); [duty] manquement m (*of* à); [work] désintérêt m (*of* pour). ◊ **in a state of neglect** à l'abandon, mal entretenu; **neglect clause** (Ins) clause de négligence.
**2** **vt** person négliger, délaisser; engine, prem-ises ne prendre aucun soin de, laisser à l'abandon, ne pas s'occuper de; rule ne faire aucun cas de, ne tenir aucun compte de; duty manquer à, faillir à, négliger; work négliger, délaisser, se désintéresser de; opportunity laisser échapper, négliger; promise manquer à, ne pas tenir; advice négliger, ne faire aucun cas de, ne tenir aucun compte de.

**neglected** [nɪˈglektɪd] **adj** délaissé, laissé à l'abandon. ◊ **neglected stocks** titres délaissés or négligés.

**negligence** [ˈneglɪdʒəns] **1** n négligence f, manque m de soins or de précautions. ◊ **through negligence** par négligence; **action for negligence** demande de dommages-intérêts; **contributory negligence** (Jur) imprudence de la part du sinistré; **crimi-nal negligence** faute grave; **gross negli-gence** faute lourde or grave; **ordinary** or **slight negligence** faute légère.
**2** **cpd** **negligence clause** clause dite de négligence.

**negligent** [ˈneglɪdʒənt] **adj** négligent. ◊ **negli-gent collision** (Mar Ins) abordage fautif.

**negligible** [ˈneglɪdʒəbl] **adj** négligeable.

**negotiability** [nɪˌgəʊʃɪəˈbɪlɪtɪ] n négociabilité f.

**negotiable** [nɪˈgəʊʃɪəbl] **adj** (gen) négociable. ◊ **negotiable bill** effet négociable; **nego-tiable instrument** or **paper** instrument or effet négociable; **negotiable order of with-drawal account** (US) compte courant rému-néré, dépôt à vue rémunéré; **negotiable stocks** or **securities** valeurs négociables; **negotiable warehouse receipt** certificat d'entrepôt négociable.

**negotiate** [nɪˈgəʊʃɪeɪt] **1** **vt** sale, loan négocier; bill, cheque négocier, faire escompter.
**2** **vi** négocier, traiter (*with sb for sth* avec qn pour obtenir qch). ◊ **they are negotiating with the management for more pay** ils négo-cient or ils sont en pourparlers avec la direction pour obtenir une augmentation de salaire; **salary to be negotiated** salaire à débattre; **negotiated price** prix négocié; **negotiating session** séance de négociations.

**negotiation** [nɪˌgəʊʃɪˈeɪʃən] n négociation f, pourparlers mpl. ◊ **under negotiation** en cours de négociation; **joint negotiation** (be-tween employers and workers) négociation paritaire; **wage negotiations** négociations salariales; **trade negotiations** négociations commerciales; **negotiation of a bill / of a loan** négociation d'un effet / d'un emprunt; **settlement by negotiation** règle-ment de gré à gré; **to break off negotiations** rompre les négociations or les pourpar-lers; **to enter into** or **begin** or **start negotia-tions** entamer des pourparlers; **to resume negotiations** reprendre les négociations.

**negotiator** [nɪˈgəʊʃɪeɪtəʳ] n négociateur(-trice) m(f).

**neighbour** (GB), **neighbor** (US) [ˈneɪbəʳ] n voi-sin(e) m(f). ◊ **beggar-my-neighbour policy** politique visant à l'affaiblissement or l'appauvrissement du voisin.

**neighbourhood** (GB), **neighborhood** (US) [ˈneɪbəhʊd] n (lit) voisinage m. ◊ **something in the neighbourhood of $500** (fig) dans les 500 dollars, environ 500 dollars; **neighborhood store** (US) magasin de proximité.

**neon sign** [ˈniːɒnsaɪn] n enseigne f au néon.

**Nepal** [nɪˈpɔːl] n Népal m.

**Nepalese,** [ˌnepɔːˈliːz ], **Nepali** **1** **adj** népa-lais.
**2** n **a** (language) népalais m. **b** (inhabitant) Népalais(e) m(f).

**nervous** [ˈnɜːvəs] **adj** market agité, instable.

**nest** [nest] **1** **vt** (Comp) emboîter, imbriquer.
**2** n nid m. ◊ **nest egg*** (savings) pécule, magot*.

**nesting** [ˈnestɪŋ] **cpd** **nesting loop** (Comp) boucle imbriquée. – **nesting subroutines** (Comp) sous-programmes mpl emboîtés.

**net** [net] **1** n filet m. ◊ **to be caught in the net** (fig) être pris au piège or dans les mailles du filet.
**2** **vt** **a** (also **nett**) profit ramasser; [business deal] rapporter or produire net; [person] gagner or toucher or encaisser net. ◊ **the property developer netted a full profit of £2 million** cela a rapporté au promoteur un bénéfice net de 2 millions de livres or 2 millions de livres net. **b** (Comp) relier par un réseau or en réseau.
**3** **adj** (also **nett**) price, income net. ◊ **net amount** montant net; **net assets** actif net; **net asset value** [mutual fund] valeur liquida-tive; **net cash** comptant net, net à payer; **net change** (St Ex) écart net, variation nette; **net charter** affrètement en coque nue; **net cost** prix de revient net; **net cur-rent assets** actif net à court terme; **net earnings** bénéfice net d'exploitation; **net**

interest intérêt net; **net loss** perte sèche; **net margin** marge nette; **net national product** produit national net; **net premium** prime nette; **net present value** valeur actuelle nette; **net proceeds** produit net; **net profit** bénéfice net; **net realisable value** (Pub) valeur nette réalisable; **net reach** (Pub) couverture nette; **net receipts** bénéfices nets, recettes nettes; **net register tonnage** tonnage de jauge net; **net rental** loyer net; **net result** résultat net; **net return** rentabilité nette; **net revenue** bénéfice or produit or résultat net; **net sales** chiffre d'affaires net, ventes nettes; **net saving** épargne nette; **net surplus** excédent net; **net of tax(es)** net d'impôts; **net ton** tonne courte ( ≈ 907,20 kg); **net wage** salaire net; **net weight** poids net; **net worth** situation or valeur nette; **net yield** or **return** rendement net; **terms strictly net** prix net.

**netback** ['net,bæk] n netback *(système de calcul du pétrole fixé rétroactivement en fonction des prix de revente des produits raffinés).* ◊ **netback deals** opérations or transactions netback.

**Netherlands** ['neðələndz] **1** adj néerlandais. **2** npl ◊ **the Netherlands** les Pays-Bas.

**nett** [net] adj, vt → net 2 (a) and 3.

**netting** ['netɪŋ] n (Fin) compensation f interne or intra-groupe.

**netting-down** [,netɪŋ'daʊn] n *calcul du revenu (ou du prix) net à partir du revenu (ou du prix) brut.*

**network** ['netwɜːk] **1** n réseau m. ◊ **banking network** réseau d'information bancaire; **local area network** (Telec) réseau local; **computer network** réseau informatique or d'ordinateurs; **distribution network** réseau de distribution; **rail network** réseau ferré or ferroviaire or de chemin de fer; **road network** réseau or système routier; **telex network** réseau télex; **TV network** chaine or réseau de télévision; **network of contacts** réseau de contacts; **the networks** (TV) les chaines.
**2** cpd **network analysis** analyse du chemin critique. – **network architecture** (Comp) architecture de réseau. – **network campaign** (TV) campagne sur l'ensemble du réseau. – **network management** (Comp) gestion de réseau. – **network manager** (Comp) gestionnaire mf de réseau. – **network planning method** (Comp) méthode de planification de réseau. – **network show** (TV) émission diffusée sur l'ensemble du réseau. – **network terminal** (Comp) terminal de réseau.
**3** vt (Comp) (inter)connecter, connecter en réseau; (TV) programme diffuser sur l'ensemble du réseau. ◊ **networked micro-**computers des micro-ordinateurs en réseau.

**networking** ['net,wɜːkɪŋ] n (Comp) connection f en réseau; (fig) maillage m de réseaux. ◊ **networking software** logiciel de gestion de réseau.

**neutral** ['njuːtrəl] adj (gen) neutre. ◊ **the neutral powers** (Pol) les puissances neutres; **neutral policy** politique neutraliste; **neutral zone** (Comp) zone neutre.

**neutralism** ['njuːtrəlɪzəm] n neutralisme m.

**neutrality** [njuː'trælɪtɪ] n neutralité f.

**neutralize, neutralise** ['njuːtrəlaɪz] vt neutraliser.

**never** ['nevər] adv jamais. ◊ **to buy sth on the never-never*** (GB) acheter qch à crédit or à tempérament.

**never-outs** ['nevər'raʊts] npl (Comm) articles mpl toujours en stock.

**new** [njuː] adj **a** (not previously known) nouveau; (brand-new) neuf. ◊ **as new** à l'état (de) neuf; **new for old** (Ins) valeur du vieux au neuf; **the New Deal** (US Pol) le New Deal, la Nouvelle Donne; **new account** nouveau compte, nouveau client; **new business** (customers) nouveaux clients; (trade) nouvelles activités; **new edition** nouvelle édition; **new impression** [book] nouvelle impression; **new issue market** marché des nouvelles émissions; **new shares** actions nouvelles; **to break new ground** innover, ouvrir la voie, faire œuvre de pionnier; **to open up new vistas / outlets** ouvrir de nouvelles perspectives / de nouveaux débouchés; **a new product** (unused) un produit neuf; (just launched) un produit nouveau; **new product development / launch** développement / lancement de nouveaux produits; **new recruit** nouvelle recrue; **new technologies** nouvelles technologies, novotique; **he is new to this kind of job** ce genre de travail est nouveau pour lui; **the accountant is new here** le comptable vient d'arriver or est nouveau dans la maison. **b** (fresh) frais. ◊ **new capital** capitaux frais; **new money** argent frais.

**New Caledonia** [,njuːkælɪ'dəʊnɪə] n Nouvelle-Calédonie f.

**New Caledonian** [,njuːkælɪ'dəʊnɪən] **1** adj néo-calédonien. **2** n (inhabitant) Néo-Calédonien(ne) m(f).

**New Delhi** [,njuː'delɪ] n New Delhi.

**newly** ['njuːlɪ] adv nouvellement, récemment, fraichement. ◊ **the newly elected chairman** le président nouvellement élu; **newly industrialized countries** nouveaux pays industriels.

**news** [njuːz] **1** n (gen) nouvelle(s) f(pl) ; (Press, Rad, TV) informations fpl ; (Cine) actualités fpl. ◊ **a piece of news** une nouvelle ; **is there any news?** y a-t-il du nouveau ? ; **I've got news for you!** j'ai du nouveau à vous apprendre! ; **to break the news** annoncer la nouvelle ; **to be in the news** défrayer la chronique ; **shipping news** mouvement des navires ; **want of news** (Mar) défaut de nouvelles ; **financial news** informations financières ; **news in brief** nouvelles brèves. **2** cpd **news agency** agence de presse. – **news analyst** commentateur. – **news conference** conférence de presse. – **news coverage** reportage, couverture (de presse). – **news editor** rédacteur(-trice) m(f). – **news film** film d'actualités. – **news flash** flash d'information. – **news headlines** titres mpl (de l'actualité). – **news item** information, nouvelle. – **news magazine** magazine d'information. – **news pictures** reportage photographique. – **news release** communiqué de presse. – **news sheet** feuille d'informations. – **news space** espace rédactionnel. – **news stand** kiosque (à journaux). – **news vendor** vendeur(-euse) m(f) de journaux.

**newsagent** ['njuːz‚eɪdʒənt] (GB) n marchand(e) m(f) or dépositaire mf de journaux.

**newscast** ['njuːz‚cɑːst] n (Rad) (bulletin m d') informations fpl ; (TV) actualités fpl télévisées, journal m télévisé.

**newscaster** ['njuːz‚cɑːstər] n (gen) speaker(ine) m(f) ; (TV) présentateur(-trice) m(f) du journal télévisé.

**newsdealer** ['njuːz‚diːlər] (US) n marchand(e) m(f) or dépositaire mf de journaux.

**newshound\*** ['njuːz‚haʊnd] n reporter m.

**newsletter** ['njuːz‚letər] n bulletin m, circulaire f.

**newsman** ['njuːz‚mæn] n journaliste m.

**newspaper** ['njuːz‚peɪpər] **1** n journal m. ◊ **daily newspaper** quotidien ; **weekly newspaper** hebdomadaire. **2** cpd **newspaper advertising** publicité-presse. – **newspaper ad** annonce dans la presse. – **newspaper circulation** tirage d'un journal. – **newspaper clippings** coupures fpl de presse. – **newspaper office** (bureaux mpl de la) rédaction.

**newspaperman** ['njuːzpeɪpə‚mæn] n journaliste m.

**newsprint** ['njuːzprɪnt] n papier m (de) journal.

**newsreader** ['njuːz‚riːdər] n (Rad, TV) speaker(ine) m(f).

**newsreel** ['njuːzriːl] n actualités fpl filmées.

**newsroom** ['njuːz‚ruːm] n salle f de rédaction.

**newsworthy** ['njuːzwɜːðɪ] adj event, story intéressant.

**New Zealand** [‚njuː'ziːlənd] **1** adj néo-zélandais. **2** n Nouvelle-Zélande f.

**New Zealander** [‚njuː'ziːlændər] n (inhabitant) Néo-Zélandais(e) m(f).

**next** [nekst] adj **a** (adjacent) place voisin, (d') à côté. ◊ **apply at the next window** s'adresser au guichet suivant or au guichet d'à côté. **b** time (in future) prochain ; (in past) suivant. ◊ **the meeting is put off till next week** la réunion est repoussée à la semaine prochaine ; **the expert came back the next week** l'expert est revenu la semaine suivante ; **this time next week** aujourd'hui en huit ; **the year after next** dans deux ans ; **by next mail or next post** par le prochain courrier ; **next account** (St Ex) liquidation prochaine ; **next (month)** (Commodity Exchange) (mois) prochain ; **next settlement** liquidation prochaine. **c** (in series, list) who's **next?** à qui le tour ?, c'est à qui ? ; **you're next** c'est votre tour, c'est à vous ; **the next size (up)** la taille au-dessus ; **the next size down** la taille au-dessous ; **to proceed with** or **to the next business** (in meeting) passer à la question suivante (de l'ordre du jour). **d** (Acc) **next in,** next out prochain entré, premier sorti.

**next of kin** [‚nekstəv'kɪn] n plus proche parent m. ◊ **the company will inform the next of kin** la compagnie préviendra la famille or les proches.

**next-to-reading matter** [‚neksttu'riːdɪŋmætər] n (Pub) après texte, à côté texte.

**NFP** abbr of *no funds provided* → no.

**NFU** [‚enef'juː] (GB) n abbr of *National Farmers' Union* syndicat des agriculteurs.

**NHS** [‚eneɪtʃ'es] (GB) n abbr of *National Health Service* ≈ Sécurité f sociale, sécu\* f, SS.

**Niamey** [njɑːmeɪ] n Niamey.

**nibble** ['nɪbl] vti grignoter. ◊ **they are nibbling away at our market** ils grignotent notre marché.

**NIC** [‚enaɪ'siː] n abbr of *newly industrialized countries* NPI mpl.

**Nicaragua** [‚nɪkə'ræɡjʊə] n Nicaragua m.

**Nicaraguan** [‚nɪkə'ræɡjʊən] **1** adj nicaraguayen. **2** n (inhabitant) Nicaraguayen(ne) m(f).

**nicety** ['naɪsɪtɪ] n (precision) exactitude f, justesse f, précision f ; (subtlety) subtilité f, finesse f. ◊ **legal nicety** subtilité juridique.

**niche** [niːʃ] n (also **market niche**) créneau m, marché m. ◊ **niche player** *entreprise qui se positionne sur un créneau spécialisé.*

**nickel** [ˈnɪkl] n (US : coin) pièce f de cinq cents.

**Niger** [ˈnaɪdʒəʳ] n Niger m.

**Nigeria** [naɪˈdʒɪərɪə] n Nigeria m.

**Nigerian** [naɪˈdʒɪərɪən] **1** adj nigérian.
**2** n (inhabitant) Nigérian(e) m(f).

**night** [naɪt] **1** n nuit f. ◊ **7 o'clock at night** 7 heures du soir, 19 heures ; **to spend the night in a hotel** passer la nuit à l'hôtel.
**2** cpd **night charge** tarif de nuit. – **night differential** prime de nuit. – **night porter** gardien de nuit. – **night safe** coffre de nuit. – **night shift** (workers) équipe de nuit ; (work) poste de nuit ; **to be on night shift** être de nuit, faire partie de l'équipe de nuit. – **night watchman** veilleur or gardien de nuit. – **night work** travail de nuit.

**nil** [nɪl] n (gen) rien m ; (in form-filling, accounts) néant m. ◊ **the balance is nil** le solde est nul ; **business is almost nil** (St Ex) les affaires sont presque nulles, les transactions avoisinent le zéro ; **nil profit** bénéfice nul.

**nine** [naɪn] adj, n neuf m → six.

**nineteen** [ˈnaɪnˈtiːn] adj, n dix-neuf m → six.

**nineteenth** [ˈnaɪnˈtiːnθ] adj, n dix-neuvième mf. ◊ **in the nineteenth place** dix-neuvièmement → sixth.

**ninetieth** [ˈnaɪntɪɪθ] adj, n quatre-vingt-dixième mf → sixth.

**ninety** [ˈnaɪntɪ] adj, n quatre-vingt-dix m. ◊ **ninety-nine-year lease** bail emphytéotique → sixty.

**ninth** [naɪnθ] adj, n neuvième mf. ◊ **in the ninth place** neuvièmement → sixth.

**ninthly** [ˈnaɪnθlɪ] adv neuvièmement.

**nitty-gritty\*** [ˈnɪtɪɡrɪtɪ] n ◊ **let's get down to the nitty-gritty** venons-en à l'essentiel.

**nixie mail\*** [ˈnɪksɪmeɪl] (US) n *courrier difficile à faire parvenir en raison d'une adresse illisible or incomplète.*

**NLQ** abbr of *near letter-quality* → near.

**NNP** [ˌenenˈpiː] n abbr of *net national product* PNN m.

**no** [nəʊ] **1** particle non. ◊ **the answer is no** la réponse est non ; **he won't take no for an answer** pas question de lui dire non.
**2** n non m. ◊ **the noes have it** les non l'emportent, les voix contre l'emportent.
**3** adj pas de, aucun. ◊ **I'll do it in no time** je le ferai en un rien de temps ; **it's no easy matter** ce n'est pas chose facile ; **no account or effects or funds** sans provision ; **no funds provided** sans provision ; **no admittance**

entrée interdite ; **no advice** or **orders** défaut d'avis ; **no agents wanted** intermédiaires s'abstenir ; **no change given** prière de faire l'appoint ; **no commercial value** sans valeur marchande ; **no dealings** (St Ex) pas traité ; **no dealings in coppers** pas de transactions sur les cuprifères ; **no occupation** sans profession ; **no quotation** (St Ex) non coté ; **no thoroughfare** passage interdit.
**4** cpd **no-bill** (Jur) (ordonnance de) non-lieu. – **no-brand articles** produits mpl libres. – **no change** (Jur) statu quo. – **no-claim(s) bonus** (Ins) bonification pour non-sinistre. – **no-fault insurance** assurance sans faute. – **no-frills\*** version, model simple, simplifié, de base. – **no-lien affidavit** attestation de non-gage. – **no-limit order** (St Ex) ordre d'achat (or de vente) sans fixation de cours. – **no-load** (Fin) mutual fund sans droits d'entrée or d'arrivée. – **no-lockout agreement** accord interdisant le recours au lock-out. – **no-name goods** produits mpl sans marque. – **no-par value** (St Ex) valeur non pair. – **no-raiding pact** (US) accord de non-concurrence entre syndicats. – **no sale** non-vente ; **no sale final** *accord ne rendant la vente définitive que si le client est satisfait.* – **no-strike clause** clause de non-grève *(pendant la durée d'un contrat).* – **no-toll number** numéro d'appel gratuit, numéro vert.

**No., no.** abbr of *number* Nº.

**node processor** [ˈnəʊdprəˈsesəʳ] n (Comp) processeur m nodal.

**noise** [nɔɪz] n (gen) bruit m ; (Rad, TV) parasites mpl ; (Telec) friture\* f ; (Comp) bruit m. ◊ **background noise** bruit de fond ; **noise killer** dispositif antiparasite ; **noise-abatement campaign** campagne antibruit.

**nominal** [ˈnɒmɪnl] **1** adj **a** (in name only) ruler de nom (seulement) ; agreement, power nominal. **b** (for form only) salary, fee, amount symbolique, insignifiant. ◊ **for a nominal extra** pour un supplément modique.
**2** cpd **nominal accounts** (Acc) comptes mpl d'exploitation générale, comptes mpl de gestion or de résultat. – **nominal assets** actif fictif. – **nominal capital** capital nominatif or social. – **nominal damages** (Jur) ≈ franc symbolique. – **nominal interest rate** taux d'intérêt nominal. – **nominal ledger** (Acc) grand livre général. – **nominal list of shareholders** liste nominative des actionnaires. – **nominal market** marché quasi nul or insignifiant. – **nominal partner** prête-nom, associé(e) m(f) fictif (-ive). – **nominal price** prix théorique or nominal or fictif. – **nominal rate** taux nominal or contractuel. – **nominal rent** loyer insignifiant or symbolique.

– **nominal roll** état nominatif. – **nominal speed** (Comp) vitesse nominale. – **nominal transfer** (Fin) transfert gratuit. – **nominal value** (face value) valeur nominale ; (symbolic value) valeur symbolique. – **nominal wages** salaire nominal. – **nominal yield** rendement nominal.

**nominate** ['nɒmɪneɪt] vt a (appoint) nommer, désigner. ◊ **he was nominated chairman** il a été nommé président ; **nominated and elected members of a committee** membres désignés et élus d'un comité ; **nominated ship** navire désigné. b (propose) proposer, présenter. ◊ **he was nominated for the presidency** il a été proposé comme candidat à la présidence ; **they nominated Mr X for election to the board** ils ont proposé M. X comme candidat au conseil d'administration. c (St Ex) nommer comme mandataire.

**nomination** [,nɒmɪ'neɪʃən] n a (appointment) nomination f (to à). b (proposal of candidate) (gen) proposition f de candidat. ◊ **nominations must be received by** toutes propositions de candidats doivent nous être transmises avant.

**nominee** [,nɒmɪ'niː] n (for post) personne f désignée or nommée ; (for election) candidat(e) m(f) agréé(e) ; (for pension, benefits) bénéficiaire mf en titre, titulaire mf ; (St Ex) intermédiaire mf, mandataire mf, prête-nom m. ◊ **nominee company** société f prête-nom.

**non** [nɒn] pref non-. ◊ **non-acceptance** non-acceptation ; **non-accrual** or **non-accruing loan** emprunt douteux or à risques ; **non-affiliated** non affilié ; **non-aligned** non aligné ; **non-appearance** [witness] non-comparution ; **non-apportionable** non distribuable ; **non-apportionable annuity** rente non réversible en cas de décès ; **non-assessable** non imposable ; **non-assessment** non-imposition ; **non assignable** inaliénable ; **non-attendance** absence ; **non-availability** non-disponibilité ; **non-available** non disponible ; **non-bank** institution financière non bancaire ; **non-breakable** incassable ; **non-callable bond** obligation non remboursable et non convertible ; **non-cash item** poste hors caisse ; **non-cash payments** paiements autres qu'en espèces ; **non-claim** défaut de porter plainte dans les délais ; **non-completion** [work] non-achèvement ; [contract] non-exécution ; **non-compliance with an order** refus d'obtempérer, refus d'obéir à une injonction ; **non-compliance with the law** non-respect de la loi, infraction à la loi ; **non-conformity** non-conformité ; **non-consumer** non consommateur ; **non-contributory pension scheme** régime de retraite entièrement financé par l'employeur ; **non-controllable costs** coûts

incontrôlables ; **non-cumulative** non cumulatif ; **non-cumulative shares** actions non cumulatives ; **non-current accounts** comptes à long terme ; **non-current assets** valeurs immobilisées ; **non-current liabilities** passif non exigible, passif à long terme ; **non-delivery** [goods] non-livraison, défaut de livraison, non-réception ; [letter] non-remise ; **non-destructive** (Comp) non destructif, sans effacement ; **non-destructive readout** lecture non destructive or sans effacement ; **non-directive questionnaire** questionnaire non directif ; **non-disclosure agreement** accord de non-divulgation ; **non-discriminatory** non discriminatoire ; **non-diversifiable risk** risque non diversifiable ; **non-duplicated coverage** (Pub) couverture non dupliquée or nette ; **non-durable goods, non-durables** biens de consommation non durables ; **non-enforceable** non exécutoire ; **non-executive director** administrateur ; **non-existence** non-existence, absence ; **non-feasance** (Jur) délit d'abstention, non-accomplissement d'une obligation légale ; **non-ferrous** non ferreux ; **non-financial institutions** institutions non financières ; **non-forfeiture** (Jur) non-résiliation, non-déchéance ; (Ins) prolongation, reconduction ; **non-forfeiture clause** clause de prolongation automatique ; **non-fulfilment** [contract] non-exécution, inexécution ; **non-fungible goods** biens non fongibles ; **non-interest-bearing note** effet non porteur d'intérêts ; **non-interference** non-intervention ; **non-intervention** non-intervention, laisser-faire ; **non-insurable risk** risque non assurable ; **non-ledger asset** actif non comptabilisé ; **non-liability** non-responsabilité ; **non-liability clause** clause de non-responsabilité ; **non-listed stock** valeurs non cotées ; **non-manufacturing sector** secteur non manufacturier ; **non-marketable securities** valeurs non négociables ; **non-member** [club] personne étrangère ; **non-member bank** (US) banque non membre du système de réserve fédérale ; **non-member country** [EEC] pays non membre or non adhérent ; **open to non-members** ouvert au public ; **non-negotiable bill** effet non négociable ; **non-participating share** action non participative ; **non-payment** non-paiement ; **non-performance** non-exécution, inexécution ; **non-performing loans** emprunts à problèmes ; **non-price competition** *pratique concurrentielle ne portant pas sur les prix* ; **non-productive** non productif, improductif ; **non-professional** amateur, non professionnel ; **non-professional behaviour** comportement non conforme aux règles de la profession ; **non-profit-making** sans but lucratif, à but non lucratif ; **non-profit marketing** marketing des organisations sans but lucratif; **non-quoted** non coté; **non-recoverable** irrécouvrable; **non-recurring expenses** dépenses exceptionnelles; **non-resident** non-résident; **non-returnable container, packing** non consigné, non repris, perdu; **non-routine decisions** décisions exceptionnelles; **non-sale** non-vente; **non-scheduled** non planifié; **non-shipment** non-embarquement; **this project is a non-starter\*** il est hors de question de se lancer dans un tel projet; **non-stop** sans arrêt, continu; **non-stop flight** vol sans escale; **non-striker** non gréviste; **non-tax revenue** recettes non fiscales; **non-taxable** non imposable; **non-traceable costs** coûts non localisables; **non-trading** sans caractère commercial; **non-transferable debentures** obligations nominatives; **non-union worker** ouvrier non syndiqué; **non-variable** fixe; **non-variable expenses** frais fixes; **non-vested pension** retraite non réversible; **non-volatile memory** (Comp) mémoire rémanente or permanente; **non-voting stock** titres participatifs, actions sans droit de vote; **non-warranty clause** clause de non-garantie; **non-wasting assets** actif indéfectible.

**none** [nʌn] n (in form-filling) néant m.

**nonsuit** ['nɒnsuːt] **1** n (gen) ordonnance f de non-lieu; (on the part of the plaintiff) cessation f de poursuites, retrait m de plainte. ◊ **to direct a nonsuit** rendre une ordonnance de non-lieu.
**2** vt débouter. ◊ **to be nonsuited** être débouté (de sa demande).

**norm** [nɔːm] n norme f. ◊ **according to the norm** conforme à la norme.

**normal** ['nɔːməl] adj situation, performance normal. ◊ **the factory has resumed normal working hours** les horaires normaux de travail ont été rétablis dans l'usine; **normal curve** courbe normale, courbe de Gauss; **normal trading unit** (St Ex) quotité.

**normality** (GB) [nɔː'mælɪtɪ], **normalcy** (US) ['nɔːməlsɪ] n normalité f.

**normalization, normalisation** [ˌnɔːməlaɪ'zeɪʃən] n normalisation f.

**normalize, normalise** ['nɔːməlaɪz] vt normaliser, régulariser.

**normative** ['nɔːmətɪv] adj normatif. ◊ **normative economics** économie normative.

**north** [nɔːθ] **1** n nord m.
**2** cpd **North Atlantic Treaty Organization** Organisation du Traité de l'Atlantique Nord. − **North Sea gas** gaz (naturel) de la mer du Nord. − **North Sea oil** pétrole de la mer du Nord.

**North Africa** [ˌnɔːθ'æfrɪkə] n Afrique f du Nord.

**North African** [ˌnɔːθ'æfrɪkən] **1** adj nord-africain.
**2** n (inhabitant) Nord-Africain(e) m(f).

**North America** [ˌnɔːθə'merɪkə] n Amérique f du Nord.

**North American** [ˌnɔːθə'merɪkən] **1** adj nord-américain.
**2** n (inhabitant) Nord-Américain(e) m(f).

**Northern Ireland** [ˌnɔːðən'aɪələnd] n Irlande f du Nord.

**North Korea** [ˌnɔːθkə'rɪə] n Corée f du Nord.

**North Korean** [ˌnɔːθkə'rɪən] **1** adj nord-coréen.
**2** n (inhabitant) Nord-Coréen(ne) m(f).

**North Yemen** [ˌnɔːθ'jemən] n Yémen m du Nord.

**Norway** ['nɔːweɪ] n Norvège f.

**Norwegian** [nɔː'wiːdʒən] **1** adj norvégien.
**2** n **a** (language) norvégien m. **b** (inhabitant) Norvégien(ne) m(f).

**nosedive** ['nəʊzdaɪv] **1** n [stocks, prices] chute f libre, baisse f rapide, plongeon m.
**2** vi [stocks, prices] faire un plongeon, baisser rapidement, être en chute libre.

**nostro account** ['nɒstrəʊəˌkaʊnt] n (Bank) compte m nostro.

**not** [nɒt] adv ◊ **I was told not to come** on m'a dit de ne pas venir; **thank you very much - not at all** merci beaucoup - je vous en prie; **why not?** pourquoi pas?; **not sufficient funds, not provided for** (Bank) défaut de provision, sans couverture suffisante; **not applicable** ne s'applique pas; **not available** indisponible; **not dated** non daté; **not exceeding** ne dépassant pas; **not rated** (by a securities rating service) non évalué, sans rating.

**notarial** [nəʊ'tɛərɪəl] adj seal notarial; deed notarié. ◊ **notarial protest certificate** protêt par acte authentique.

**notarize, notarise** ['nəʊtəraɪz] vt certifier conforme, légaliser.

**notary** ['nəʊtərɪ] n (also notary public) notaire m. ◊ **deed drawn up before a notary** acte dressé par-devant notaire; **notary's office** étude.

**notation** [nəʊ'teɪʃən] n numérotation f, notation f.

**notch** [nɒtʃ] n cran m. ◊ **to rise a notch** [price, salary] augmenter d'un cran.

**notch down** vi baisser.

**notch up** vt sep score, point marquer.

**note** [nəʊt] **1** n **a** (brief record of facts) note f; (Fin, Acc) (gen) bordereau m, bon m; (promise to pay) billet m, effet m. ◊ **note of expenses**

note de frais; **note of hand** reconnaissance (de dette); **to take** or **make a note of sth** prendre qch en note, prendre note de qch; **notes to the accounts** annexes aux états financiers; **advice note** bon de livraison; **bought note** (St Ex) bordereau d'achat; **circular note** lettre de crédit circulaire; **commission note** bon de commission; **consignment note** feuille or bordereau d'expédition; **contract note** (St Ex) bordereau d'achat ( or de vente); **cover note** (Ins) lettre de couverture, police provisoire; **credit note** note d'avoir, bordereau or avis de crédit; **customhouse note** bordereau de douane; **debit note** (to customer) note or avis or bordereau de débit; (Ins) avis or relevé de prime; **delivery note** bon de livraison; **discount note** bordereau d'escompte; **dispatch note** bulletin or bordereau or feuille d'expédition; **open note** (US Fin) emprunt à découvert; **promissory note** billet à ordre; **shipping note** note de chargement, permis d'embarquement; **Treasury note** bon du Trésor; **note payable / receivable** effet à payer / à recevoir. **b** (informal letter) mot m. **c** (also **banknote**) billet m de banque. **d** (US Bank) contrat m de prêt.
**2** **cpd** **note issue** émission fiduciaire. – **note-pad** bloc-notes.
**3** **vt** **a** (Admin, Jur) noter, prendre (bonne) note de, constater. ◊ **which fact is duly noted** (Jur) dont acte; **noting a bill** *constat de refus de paiement d'un effet dressé par un notaire*; **we have noted your observations** nous avons pris acte or note de vos observations. **b** (notice) remarquer, constater, relever.

**notebook** ['nəutbuk] n (gen) carnet m, calepin m, agenda m; [stenographer] bloc-notes m.

**notecase** ['nəutkeɪs] n portefeuille m.

**note down** vt **sep** noter, inscrire. ◊ **to note down an appointment in one's diary** noter or inscrire un rendez-vous dans son agenda.

**noteworthy** ['nəutwɜːðɪ] **adj** notable, remarquable.

**notice** ['nəutɪs] **1** n **a** (warning) avis m, notification f, avertissement m. ◊ **advance notice** préavis; **copyright notice** (indication or mention du) copyright; **final notice** dernier avertissement; **formal** or **peremptory notice** (Jur) mise en demeure; **sold notice** déclaration de vente; **notice of abandonment** (Mar Ins) avis de délaissement; **notice of assessment** (Tax) avertissement; **notice of dishonour** protêt; **notice of dismissal** lettre de licenciement; **notice of injury** (Ins) déclaration d'accident corporel; **notice of loss** or **damage** (Ins) déclaration de sinistre; **notice of receipt** avis de réception; **notice of withdrawal** avis de retrait; **notice to pay** avis

d'avoir à payer; **notice to quit** (to tenant) (gen) congé; (Jur) signification d'éviction, intimation de quitter les lieux; **to give notice to quit** (to a tenant) donner congé à, signifier son congé à; (to a landlord) donner un préavis de départ à; **to be under notice to quit** avoir reçu son congé; **what notice do you require?** quel préavis demandez-vous?; **you have to give three months' notice** il faut donner congé trois mois d'avance or avec trois mois de préavis; **notice to perform contract** sommation d'exécution; **term of notice** délai de préavis; **at short notice** (gen, Admin) dans un bref délai; (Fin) à court terme; **at 5 days' notice** (gen) dans un délai de 5 jours; (Bank) à 5 jours de préavis; **until further notice** jusqu'à nouvel ordre or nouvel avis; **without (previous** or **prior) notice** (gen) sans préavis, sans avis préalable; (in contract, agreement) sans dénonciation préalable; **to give notice of sth** annoncer qch; **to give sb notice of sth** (gen) avertir or prévenir qn de qch; (Admin : formally) donner acte à qn de qch; **to require two months' notice** exiger or demander un préavis de deux mois; **to receive notice to do sth** (Jur) être mis en demeure de faire qch; **withdrawals may be made upon giving written notice of one month** des retraits peuvent être effectués après notification écrite d'un préavis d'un mois. **b** (end of work contract) (by employer) congé m; (by employee) démission f. ◊ **period of notice** (délai de) préavis; **to give sb notice of dismissal** licencier qn, renvoyer qn; (domestic help) donner son congé à qn, congédier qn; **to hand in one's notice** donner sa démission; **you must give three months' notice** il faut donner un préavis de trois mois; **to get one's notice** recevoir son avis de licenciement. **c** (announcement) (gen) avis m, annonce f; (in newspaper) entrefilet m; (poster) affiche f; (sign) pancarte f, écriteau m. ◊ **to put a notice in the paper** mettre or faire insérer un entrefilet or une annonce dans le journal; **the notice of the meeting was posted up at the factory gates** l'affiche annonçant la réunion a été placardée à l'entrée de l'usine. **d** (review) [book, conference, film] compte rendu m, critique f. **e** (phrases) **to take notice of** tenir compte de; **to take no notice of** ne tenir aucun compte de; **to bring to sb's notice** porter à la connaissance de qn, faire remarquer à qn, signaler à qn; **it escaped my notice that...** je n'ai pas remarqué que...
**2** **cpd** **notice board** panneau d'affichage. – **notice day** (US Commodity Exchange) jour réservé à l'émission des filières. – **notice period** (délai de) préavis.
**3** **vt** s'apercevoir de, remarquer, observer. ◊ **without my noticing it** sans que je m'en aperçoive, sans m'en rendre

compte; **I've noticed a lot of inaccuracies in his report** j'ai relevé bon nombre d'inexactitudes dans son rapport.

**noticeable** [ˈnəʊtɪsəbl] **adj** sensible, net. ◊ **a noticeable rise / drop in wages** une hausse / baisse sensible des salaires.

**notifiable** [ˈnəʊtɪfaɪəbl] **adj** à déclarer or à signaler obligatoirement.

**notification** [ˌnəʊtɪfɪˈkeɪʃən] **n** avis m, annonce f, notification f.

**notify** [ˈnəʊtɪfaɪ] **vt** ◊ **to notify sth to sb** signaler or notifier or communiquer or faire savoir qch à qn; **to notify sb of sth** aviser or avertir qn de qch; **any change in family status must be immediately notified** tout changement dans la situation de famille doit être signalé or notifié immédiatement; **to notify the parties** (Jur) faire des intimations aux parties; **to notify sb of a decision** (Jur) signifier un arrêt à qn; **the public are hereby notified that...** le public est informé par les présentes que..., il est porté à la connaissance du public par les présentes que...

**noting score** [ˈnəʊtɪŋˌskɔːʳ] **n** (Pub) taux m or score m de mémorisation or d'observation.

**notional** [ˈnəʊʃənl] **n** (Fin) price, rent fictif.

**notwithstanding** [ˌnɒtwɪθˈstændɪŋ] **prep** malgré, en dépit de. ◊ **notwithstanding the provisions of** par dérogation aux clauses de.

**nought** [nɔːt] **n** zéro m. ◊ **nought state** (Comp) état zéro.

**novation** [ˌnəʊˈveɪʃən] **n** (Jur) novation f.

**novelty** [ˈnɒvəltɪ] **n** [idea, thing, design] nouveauté f, caractère m inédit; (Comm : article) (article m de) nouveauté f, fantaisie f.

**November** [nəʊˈvembəʳ] **n** novembre m → September.

**now** [naʊ] **adv** maintenant.

**NOW** [ˌenəʊˈdʌbljuː] **abbr of** negotiable order of withdrawal → negotiable.

**noxious** [ˈnɒkʃəs] **adj** nocif, nuisible, malsain. ◊ **noxious fumes** émanations toxiques; **noxious influence** influence nocive or malsaine.

**NP** [enˈpiː] **n abbr of** notary public → notary.

**n / p** abbr of net proceeds → net.

**n.p.f.** abbr of not provided for → not.

**NPV** [ˌenpiːˈviː] **n abbr of** net present value VAN f.

**nr** abbr of near.

**NR** abbr of not rated → not.

**NRT** [ˌenɑːˈtiː] **n abbr of** net register tonnage → net.

**NSB** [ˌenesˈbiː] **n abbr of** National Savings Bank → national.

**NSF, N / S / F** abbr of not sufficient funds → not.

**nt.** abbr of net.

**nt. wt.** abbr of net weight → net.

**nuclear** [ˈnjuːklɪəʳ] **adj** **a** energy, weapon nucléaire. ◊ **nuclear deterrent** force de dissuasion nucléaire; **nuclear physicist** physicien atomiste; **nuclear plant, nuclear power station** centrale nucléaire; **nuclear waste** déchets nucléaires. **b** (Soc) **nuclear family** famille nucléaire.

**nucleus** [ˈnjuːklɪəs] **n** [problem] cœur m, fond m.

**nudge up** [nʌdʒ] **vt sep** prices augmenter or relever légèrement, donner un coup de pouce à.

**nugatory** [ˈnjuːgətərɪ] **adj** (Jur) nul, non valable.

**nuisance** [ˈnjuːsns] **n** (gen : annoying event) ennui m; (Jur) infraction f simple, dommage m simple. ◊ **for causing a public nuisance** pour dommage simple à autrui.

**NUJ** [ˌenjuːˈdʒeɪ] (US) **n abbr of** National Union of Journalists syndicat des journalistes.

**null** [nʌl] **adj** **a** (Jur) act, decree nul; legacy caduc. ◊ **null and void** contract nul et non avenu; **to render null and void** annuler, infirmer, invalider. **b** (Comp) nul, vide. ◊ **null character** caractère nul; **null string** chaine vide.

**nullification** [ˌnʌlɪfɪˈkeɪʃən] **n** (gen) infirmation f, annulation f invalidation f; [agreement] répudiation f.

**nullify** [ˈnʌlɪfaɪ] **vt** contract annuler, invalider, infirmer; legacy rendre caduc or sans effet.

**nullity** [ˈnʌlɪtɪ] **n** (Jur) [act, decree] nullité f, invalidité f; [legacy] caducité f.

**NUM** [ˌenjuːˈem] (GB) **n abbr of** National Union of Mineworkers syndicat des mineurs.

**number** [ˈnʌmbəʳ] **1** **n** **a** (Math) nombre m, chiffre m. ◊ **even / odd number** nombre pair / impair; **in round numbers** en chiffres ronds; **index number** nombre indice; **number-cruncher*** gros ordinateur; **number-crunching*** calcul. **b** [house, page] numéro m. ◊ **account number** numéro de compte; **code number** numéro de code; **dialling number** (Comp) numéro de sélection; **operation number** numéro d'instruction; **opposite number** (person) homologue m; **order number** (Comm) numéro de commande; **reference number** numéro de référence; **registration number** [car] numéro minéralogique or d'immatriculation; (Admin) numéro d'immatriculation; **sequence number** (Comp) numéro d'ordre; **serial number**

**numeracy**

numéro de série or de fabrication; **telephone number** numéro de téléphone; **wrong number** (Telec) faux numéro.

**2** **vt** (give a number to) numéroter; (amount to) compter, s'élever à. ◊ **the task force numbered 20 people** l'équipe d'experts comptait 20 personnes; **numbered (bank) account** compte bancaire numéroté.

**numeracy** ['njuːmərəsɪ] **n** capacités **fpl** en calcul.

**numeraire** ['njuːmərɛəʳ] **n** numéraire **m**.

**numerate** ['njuːmərɪt] **adj** rompu aux techniques de calcul.

**numeration** [ˌnjuːmə'reɪʃən] **n** numération **f**.

**numeric** [njuː'merɪk] **adj** numérique. ◊ **numeric-alphabetic** alphanumérique; **numeric character** caractère numérique.

**numerical** [njuː'merɪkəl] **adj** numérique. ◊ **numerical analysis** analyse numérique; **numerical control** contrôle numérique; **numerical filing** classement numérique.

**numerically** [njuː'merɪkəlɪ] **adv** numériquement. ◊ **numerically controlled** à commande numérique.

**NUPE** ['njuːpɪ] (GB) **n** abbr of *National Union of Public Employees* confédération de fonctionnaires britanniques.

**NUR** [ˌenjuː'ɑːʳ] (GB) **n** abbr of *National Union of Railwaymen* syndicat des chemins de fer.

**nurse** [nɜːs] **vt** (lit, fig) soigner. ◊ **to nurse a business** veiller au redressement d'une entreprise en difficulté; **to nurse stocks** ne pas tirer sur ses stocks dans l'espoir d'une hausse.

**nursery** ['nɜːsərɪ] **n** (fig : for talent) pépinière **f**, vivier **m**.

**nut** [nʌt] **n** ◊ **a hard nut to crack** (fig) un problème difficile à résoudre; **the nuts and bolts of managing a business** les aspects pratiques de la gestion d'une entreprise.

**NY** abbr of *New York*.

**NYSE** ['enwaɪes'iː] **n** abbr of *New York Stock Exchange* l'une des deux Bourses de New York, également appelée *Wall Street*.

# O

**o / a** abbr of *on account of* en raison de.

**O and M** [ˈəʊəndˈem] n abbr of *organization and methods* → organization.

**OAP** [ˌəʊeɪˈpiː] n abbr of *old age pensioner* → old.

**OAS** [ˌəʊeɪˈes] n abbr of *Organization of American States* OEA f.

**oath** [əʊθ] n (Jur) serment m. ◊ **to declare on oath** déclarer sous serment; **to give evidence on** or **under oath** témoigner sous serment.

**OBE** [ˌəʊbiːˈiː] n abbr of *Officer of the Order of the British Empire* officier de l'Ordre de l'Empire britannique (titre honorifique).

**obedience** [əˈbiːdɪəns] n obéissance f. ◊ **in obedience to your orders / the law** conformément à vos ordres / la loi.

**obey** [əˈbeɪ] vt person, order obéir à; law, instructions se conformer à.

**object** ['ɒbdʒɪkt] **1** n (aim) but m, objet m, objectif m. ◊ **the object of this meeting is to...** cette réunion a pour but or objet de...; **with the sole object of** à seule fin de; **the objects of a company** l'objet d'une société; **salary no object** salaire indifférent; **expense is no object** le coût importe peu.
**2** vi élever une objection (*to* contre). ◊ **I object most strongly** je proteste énergiquement; **if you don't object** si vous n'y voyez pas d'inconvénient; **they objected to him on the grounds that he had insufficient experience** on lui a objecté qu'il n'avait pas assez d'expérience; **to object to a proposal** trouver à redire à une proposition.

**objection** [əbˈdʒekʃən] n objection f. ◊ **I have no objection** je n'ai pas d'objection, je n'y vois aucun inconvénient; **to make** or **raise an objection** soulever or formuler une objection; **objection overruled** (Jur) objection rejetée; **objection sustained** objection admise.

**objective** [əbˈdʒektɪv] **1** adj objectif. ◊ **objective indicators** indicateurs objectifs.
**2** n objectif m, but m. ◊ **to reach** or **attain an objective** atteindre or réaliser un objectif; **long-term objective** objectif à long terme; **management by objectives** direction par objectifs; **market-oriented / product-oriented objectives** objectifs ciblés sur le marché / sur le produit; **quantitative / qualitative objectives** objectifs quantitatifs / qualitatifs; **impact / strategic / tactical objectives** objectifs d'impact / stratégiques / tactiques; **our objective is to reach 20% market share** notre but or notre objectif est d'atteindre une part de marché de 20%.

**obligate** ['ɒblɪgeɪt] vt obliger. ◊ **to obligate sb to do** (Jur) imposer à qn l'obligation de faire, astreindre qn à faire.

**obligation** [ˌɒblɪˈgeɪʃən] n obligation f. ◊ **to be under an obligation to do** être tenu de faire, être dans l'obligation de faire; **you are under no obligation** cela ne vous engage à rien; **without obligation** (on advert) sans engagement de votre part; **no obligation to buy** (on advert) aucune obligation d'achat; (in shop) entrée libre; **contractual obligation** engagement contractuel; **imperfect / perfect obligation** (Jur) obligation morale / légale; **implied obligation** obligation implicite; **joint and several obligation** obligation solidaire; **to meet** or **fulfil one's obligations** tenir ses engagements, faire honneur à ses engagements or obligations; **to release from an obligation** libérer d'une obligation, délier d'un engagement; **to withdraw from one's obligations** se soustraire à ses engagements or obligations.

**obligatory** [ɒˈblɪɡətərɪ] **adj** obligatoire. ◊ **writ or writing obligatory** engagement par acte notarié ; **your attendance at the meeting is obligatory** il est impératif que vous assistiez à la réunion.

**oblige** [əˈblaɪdʒ] **vt** **a** (force) obliger, contraindre (*sb to do* qn à faire). ◊ **to be obliged to** être tenu de, être obligé de, être contraint à. **b** (do a favour to) rendre service à, obliger, faire une faveur à. ◊ **to be obliged to sb for sth** être reconnaissant or savoir gré à qn de qch ; **an answer by return of post will oblige** prière de bien vouloir répondre or nous vous serions reconnaissants de bien vouloir répondre par retour du courrier ; **we should be much obliged** nous vous saurions infiniment gré ; **we cannot oblige you in this matter** nous ne pouvons vous être agréables or vous rendre service en cette circonstance.

**obligee** [ˌɒblɪˈdʒiː] **n** (Jur) obligataire m, créancier m.

**obligor** [ˌɒblɪˈɡɔːʳ] **n** (Jur) obligé m.

**observance** [əbˈzɜːvəns] **n** [rule] observation f, respect m. ◊ **non-observance of conditions** non-respect or inobservation des conditions.

**observation** [ˌɒbzəˈveɪʃən] **n** observation f, remarque f.

**observatory** [əbˈzɜːvətrɪ] **n** observatoire m.

**observe** [əbˈzɜːv] **vt** rule observer, se conformer à, respecter. ◊ **failure to observe the law** non-respect or inobservation de la loi.

**observer** [əbˈzɜːvəʳ] **n** observateur(-trice) m(f).

**obsolescence** [ˌɒbsəˈlesns] **1** **n** vieillissement m, obsolescence f. ◊ **planned** or **built-in obsolescence** vieillissement programmé. **2** **cpd** obsolescence clause (Ins) clause de vétusté. – **obsolescence replacement** investissement de modernisation.

**obsolete** [ˈɒbsəliːt] **1** **adj** methods dépassé, périmé, vieilli. ◊ **to become obsolete** être dépassé or périmé, se périmer ; **obsolete stocks** stocks périmés. **2** **vt** (US) rendre désuet or périmé.

**obstruct** [əbˈstrʌkt] **vt** (block) traffic, plan entraver, gêner, bloquer.

**obtain** [əbˈteɪn] **1** **vt** goods, information, job obtenir, se procurer. **2** **vi** avoir cours, prévaloir, être en vigueur. ◊ **this method does not obtain on the Paris Bourse** ce système n'est pas en vigueur à la Bourse de Paris ; **the prices that obtained today** les cours qui ont prévalu aujourd'hui ; **according to the practice now obtaining** selon l'usage actuellement en vigueur.

**obtainable** [əbˈteɪnəbl] **adj** qu'on peut se procurer, disponible.

**obtainment** [əbˈteɪnmənt] **n** obtention f.

**OBU** [ˌəʊbiːˈjuː] **n** abbr of *offshore banking unit* → offshore.

**obviate** [ˈɒbvɪeɪt] **vt** difficulty obvier à, parer à ; danger, objection prévenir.

**obvious** [ˈɒbvɪəs] **adj** évident, manifeste. ◊ **to state the obvious** enfoncer une porte ouverte.

**O / C** abbr of *overcharge*.

**OCAS** [ˌəʊsiːeɪˈes] **n** abbr of *Organization of Central American States* ODEAC f.

**Oc.b / l** abbr of *ocean bill of lading* → ocean.

**occasion** [əˈkeɪʒən] **n** **a** (circumstance) occasion f, circonstance f. ◊ **should the occasion arise** si l'occasion se présente, le cas échéant ; **should the occasion so demand** si les circonstances l'exigent. **b** (reason) motif m. ◊ **I have no occasion for complaint** je n'ai aucune raison de me plaindre, je n'ai aucun motif de plainte ; **there is no occasion to be afraid of our competitors** il n'y a pas lieu de redouter la concurrence.

**occasional** [əˈkeɪʒənl] **adj** occasionnel. ◊ **occasional worker** travailleur occasionnel.

**occupancy** [ˈɒkjʊpənsɪ] **1** **n** occupation f. ◊ **industrial occupancy** location à usage industriel ; **immediate occupancy** possession or jouissance immédiate. **2** **cpd** occupancy costs frais mpl de location. – **occupancy ratio** or **rate** taux d'occupation.

**occupant** [ˈɒkjʊpənt] **n** [building, land] occupant(e) m(f) ; [post] titulaire mf ; (Jur) premier occupant m.

**occupation** [ˌɒkjʊˈpeɪʃən] **n** **a** [building] (gen) occupation f ; (Jur) prise f de possession *(à titre de premier occupant)*. ◊ **fit / unfit for occupation** habitable / inhabitable. **b** (job) métier m, profession f, travail m. ◊ **his occupation is that of accountant, he is an accountant by occupation** il est comptable de son métier or de son état ; **to be in a reserved occupation** avoir une affectation spéciale ; **what is his occupation ?** quel métier exerce-t-il ?, quel est son métier or sa profession ?, quel genre de travail fait-il ? ; **secondary / service occupations** emplois du secteur industriel / tertiaire.

**occupational** [ˌɒkjʊˈpeɪʃənl] **adj** professionnel. ◊ **occupational disease** maladie professionnelle ; **occupational distribution** (Stat) répartition par profession ; **occupational hazard** risque professionnel ; **occupational injury** accident du travail ; **occupational**

offensive

**medicine** médecine du travail; **occupational pension** *retraite ne relevant pas du régime général de la Sécurité sociale*; **occupational tax** patente.

**occupier** [ˈɒkjʊpaɪəʳ] n occupant(e) m(f).

**occupy** [ˈɒkjʊpaɪ] vt house occuper, habiter; time occuper; post occuper, remplir. ◊ **Mr Smith will occupy the post of personnel manager** M. Smith occupera le poste de or remplira les fonctions de directeur du personnel; **our new documentation centre occupies less space than the old one** notre nouveau centre de documentation prend or occupe moins de place que l'ancien.

**ocean** [ˈəʊʃən] **1** n océan m.
**2** cpd ocean **bill of lading** connaissement maritime. — **ocean freight** fret au long cours. — **ocean-going ship** long-courrier, navire au long cours. — **ocean liner** paquebot.

**October** [ɒkˈtəʊbəʳ] n octobre m → September.

**o / d** **a** abbr of *on demand*. **b** abbr of *overdraft*.

**odd** [ɒd] adj number impair. ◊ **odd lot** (St Ex) lot de titres ne formant pas une quotité; (unmatched articles) articles dépareillés, soldes, fins de série; **odd lots** (St Ex) (titres formant) rompus; **£40-odd** 40 et quelques livres; **this is an odd size that we don't stock** c'est une taille peu courante que nous ne suivons pas; **he is the odd man out not having done a degree** ne pas avoir de diplômes fait de lui l'exception dans le groupe; **odd jobs** menus travaux; **odd-job man** homme à tout faire.

**oddment** [ˈɒdmənt] n (Comm) article m en solde, article m dépareillé. ◊ **oddments** fins de série, soldes.

**odds** [ɒdz] npl **a** (Betting) cote f; (fig) chances fpl, probabilités fpl (for pour; against contre). ◊ **the odds are in favour of a successful contract** il y a de fortes chances que ce contrat soit conclu; **the odds are too great** les risques (d'échec) sont trop grands, les chances de réussite sont trop minces. **b** **odds and ends** (objects) restes; (details) derniers détails à régler.

**OECD** [ˈəʊˌiːsiːˈdiː] n abbr of *Organization for Economic Cooperation and Development* OCDE f.

**OEEC** [ˌəʊiːiːˈsiː] n abbr of *Organization for European Economic Cooperation* OECE f.

**off** [ɒf] **1** adj, adv **a** (cancelled) **the deal is off** l'accord ne s'est pas fait; **the strike is off** (cancelled) la grève est annulée, la grève n'aura pas lieu; (ended) la grève est terminée. **b** (absent) **he is off on Wednesdays** il n'est pas là le mercredi; **to be off** être absent; **to be off sick** être absent pour

cause de maladie; **to give the staff a day off** donner un jour de congé à son personnel; **to manage to take two days off** réussir à se libérer pour deux jours, réussir à prendre deux jours de congé. **c** (discount) **to allow 3% off for cash payment** consentir une réduction or une remise or un rabais de 3% pour paiement comptant; **10p off** remise or réduction de 10 pence. **d** **to be off** [stock market prices] être en baisse; **business is off** les affaires marchent moins bien; **off year** année de ralentissement de l'activité, mauvaise année.
**2** prep ◊ **to take sth off the price** consentir une réduction or une remise sur le prix, rabattre qch sur le prix; **to buy sth off the shelf** acheter qch tout fait; **to pay sb off the books**\* rémunérer qn au noir, payer qn sans le déclarer; **this is off the record** je vous dis cela à titre confidentiel.
**3** cpd off **balance sheet** hors bilan; **off-balance-sheet items** engagements or opérations hors bilan. — **off-board market** marché hors-cote. — **off-budget** (US) hors budget. — **off-card rate** (Pub) tarif publicitaire réduit. — **off-floor market** or **trading** marché en coulisse, troisième marché. — **off-label store** (US) magasin de dégriffés. — **off-licence** (GB) (permit) *licence permettant exclusivement la vente de boissons alcoolisées à emporter*; (shop) magasin de vins et spiritueux. — **off-line** computer non connecté, autonome; **processing** en différé. — **off-list price** prix réduit, remise. — **off peak** aux heures creuses, en dehors des périodes de pointe; **off-peak ticket** billet à tarif réduit valable aux heures creuses; **off-peak charges** tarif réduit aux heures creuses; **off-peak day** jour creux; **off-peak season** basse saison, morte-saison. — **off the peg** buy en confection, en prêt-à-porter; **off-the-peg** suit de confection, prêt-à-porter. — **off-prime** (US) inférieur au taux de base. — **off-season** basse saison, morte-saison. — **off-the-job training** stages mpl de formation à l'extérieur de l'entreprise.

**offence** (GB), **offense** (US) [əˈfens] n (Jur) délit m, infraction f, atteinte f (against à). ◊ **indictable / non indictable offence** infraction majeure / mineure; **second offence** récidive; **no offence meant but...** soit dit sans vous offenser mais...; **it is an offence to do that** c'est interdit par la loi, c'est illégal.

**offender** [əˈfendəʳ] n (lawbreaker) délinquant(e) m(f); (against traffic regulations) contrevenant(e) m(f). ◊ **second offender** récidiviste.

**offensive** [əˈfensɪv] n offensive f. ◊ **sales offensive** offensive commerciale; **to take the offensive** prendre l'offensive, passer à l'attaque (against contre).

**offer** [ˈɒfəʳ] **1** n offre f, proposition f. ◊ **bargain offer** offre spéciale or promotionnelle, réclame; **firm offer** offre ferme; **introductory offer** offre promotionnelle or de lancement; **special offer** offre spéciale or promotionnelle, promotion; **it's on special offer** c'est à un prix promotionnel; **verbal offer** offre verbale; **on offer** goods en promotion, en réclame; **to make an offer** faire une offre or une proposition; **it's my best offer** c'est mon dernier mot; **we made a better offer / a tentative offer** nous avons fait une offre plus intéressante / une première proposition; **to take advantage of an offer** profiter d'une offre; **this offer is firm till...** cette offre est valable jusqu'à...; **offer for sale** (St Ex) offre (publique) de vente; **to be on offer at** être offert à; **these premises are under offer** ces locaux ont fait l'objet d'une proposition d'achat; **open to offers** ouvert à toutes propositions; **£1,000 or nearest offer** (in advert) 1 000 livres à débattre; **job offers** offres d'emploi; **tender offer** (for contract) soumission, offre; (St Ex) offre publique d'achat.

**2** cpd **offer price** (St Ex) cours vendeur, cours offert; [unit trust] cours d'émission.

**3** vt offrir, proposer. ◊ **he was offered the job** on lui a offert or proposé le poste; **to offer goods for sale** mettre des marchandises en vente; **prices offered, offered prices** (St Ex) cours vendeurs, cours offerts.

**offeree** [ɒfəˈriː] n destinataire mf d'une offre.

**offerer** [ˈɒfərəʳ] n auteur m d'une offre.

**offering** [ˈɒfərɪŋ] n (St Ex) mise f sur le marché. ◊ **initial public offering** émission d'actions nouvelles; **secondary offering** revente de titres par un gros détenteur (institutionnel); **offering price** prix d'émission.

**offeror** [ˈɒfərəʳ] n auteur m d'une offre.

**office** [ˈɒfɪs] **1** n **a** (room, premises) bureau m. ◊ **our New York office** notre bureau or notre siège de New York; **branch office** succursale, agence; **head office, main office** siège social, agence centrale; **lawyer's office** étude de notaire; **registered office** siège social; **tax office** centre or hôtel des impôts; **the manager's office** le bureau du directeur; **for office use only** cadre réservé à l'administration; **fire office** (Ins) compagnie d'assurance contre l'incendie; **registration office** bureau d'enregistrement; **3,000 m² of office space to let** 3 000 m² de bureaux à louer; **we do not have enough office space in this building** nos bureaux sont à l'étroit dans cet immeuble; **Trading Standards Office** (US) ≈ Direction de la concurrence et des prix. **b** (function) charge f, fonction f, poste m. ◊ **to take office** [chairman] entrer en fonction; **to hold pub-**

lic office avoir des fonctions officielles; **to resign from / leave office** démissionner de / quitter ses fonctions. **c** (GB Pol) **Foreign Office** ≈ ministère des Affaires étrangères; **Home Office** ≈ ministère de l'Intérieur.

**2** cpd **office automation** bureautique; **office automation expert** bureauticien. – **office block** immeuble de bureaux. – **office boy** garçon de bureau. – **office building** bâtiment administratif. – **office computer** ordinateur de bureau. – **office equipment** équipement or matériel de bureau. – **Office of Fair Trading** ≈ Direction de la concurrence et des prix. – **office hours** heures fpl de bureau, heures fpl d'ouverture (des bureaux). – **office job** travail de bureau. – **Office of Management and Budget** (US) agence fédérale chargée de la préparation et du suivi du budget. – **office manager** chef de bureau. – **office premises** bureaux mpl, locaux mpl à usage professionnel. – **office requisites** matériel or fournitures fpl de bureau. – **office space** bureaux mpl, surface à usage professionnel. – **office staff** personnel de bureau. – **office supplies** fournitures fpl de bureau. – **office worker** employé(e) m(f) de bureau.

**officer** [ˈɒfɪsəʳ] n (official) [company, organization] responsable mf, dirigeant m. ◊ **careers officer** conseiller d'orientation professionnelle; **customs officer** douanier; **tax officer** agent des contributions directes or du fisc; **chief accounting officer** chef comptable; **chief executive officer** président-directeur général, PDG; **chief operating officer** directeur général, DG; **divisional officer** chef de département; **executive officer** haut responsable, directeur; [bank] fondé de pouvoir; **immigration officer** officier de police des frontières; **investment officer** responsable des investissements; **loan or lending officer** responsable du service des prêts à la clientèle; **public relations officer** responsable des relations publiques.

**official** [əˈfɪʃəl] **1** n responsable mf. ◊ **government official** fonctionnaire or représentant du gouvernement; **an official of the Ministry** un représentant du ministère; **union official** dirigeant or responsable syndical; **trade officials** les responsables du ministère du Commerce; **official paid** (Post) ≈ franchise postale.

**2** adj documents, news officiel. ◊ **for official use only** (on form) réservé à l'administration; **official assignee or receiver** (in bankruptcy) syndic de faillite, administrateur judiciaire; **official buying-in** (St Ex) rachat officiel; **official list (of securities)** cote officielle; **official market** marché officiel; **official quo-**

tation cours officiel; **official rate of exchange** taux de change officiel; **official strike** grève avec préavis, grève légale; **the strike has been made official** la grève a été entérinée; **official support** [currency] soutien officiel.

**officialdom** [ə'fɪʃəldəm] n ◊ **the workings of officialdom** les rouages de l'administration or de la bureaucratie.

**officialese** [ə,fɪʃə'liːz] n jargon m administratif.

**officiate** [ə'fɪʃɪeɪt] vi ◊ **to officiate at a ceremony** présider une cérémonie; **to officiate as** exercer les fonctions de.

**off-load** ['ɒf,ləud] vt (gen) décharger; work, responsibilities se décharger de (onto sur).

**off-loading** ['ɒfləudɪŋ] n déchargement m.

**off-price** [,ɒf'praɪs] cpd **off-price distribution** distribution discount or à prix réduits. – **off-price center** (US) centre or magasin (de) discount.

**offset** ['ɒfset] **1** n **a** compensation f, dédommagement m. ◊ **as an offset to my losses** en compensation de mes pertes, pour compenser mes pertes; **tax offset** (gen) abattement fiscal, déduction fiscale; (US St Ex) crédit d'impôt. **b** (Typ) offset m. **c** (countertrade) compensation f. **2** vt **a** (compensate for) compenser, contrebalancer. ◊ **loans can be offset against corporation tax** les emprunts peuvent venir en déduction de l'impôt sur les sociétés; **export losses will be offset by a lower oil bill** nos pertes à l'exportation seront compensées par une facture pétrolière moins lourde; **offsetting position** (St Ex) opération de sens inverse. **b** (Typ) imprimer en offset.

**offshoot** ['ɒfʃuːt] n (by-product) dérivé m; (part of a larger organization) branche f, ramification f. ◊ **this new project is an offshoot of the original plan** ce nouveau projet est un dérivé du plan initial.

**offshore** ['ɒfʃɔːr'] **1** adv au large, en mer. ◊ **industries that have slipped offshore** les industries qui se sont délocalisées. **2** adj (Mar) de haute mer; (Fin, Ind) délocalisé, offshore. ◊ **offshore drilling platform, offshore rig** plate-forme de forage en mer; **offshore oil** pétrole offshore; **offshore bank** (Fin) banque hors-lieu or offshore; **offshore banking** opérations bancaires offshore; **offshore banking unit** filiale bancaire délocalisée, filiale OBU; **offshore funds** fonds investis à l'étranger, fonds offshore; **offshore production** production offshore or délocalisée; **offshore manufacturing facility** unité de fabrication offshore or délocalisée; **offshore orders** (Comm) commandes

d'outre-mer; **offshore fishing** pêche en haute mer.

**OHMS** [əueɪtʃem'es] (GB) abbr of On His (or Her Majesty's Service franchise postale (courrier émanant d'un organisme officiel).

**oil** [ɔɪl] **1** n **a** (Ind) pétrole m. ◊ **crude oil** pétrole brut; **diesel oil** gas-oil, gazole; **fuel oil** mazout; **non-oil countries** pays non producteurs de pétrole; **oil-producing countries** pays producteurs de pétrole; **oils** (St Ex) valeurs pétrolières, pétrolières; **to strike oil** (lit) trouver du pétrole; (fig) trouver le filon **b** (Aut, Cooking) huile. **2** cpd **oil company** compagnie pétrolière. – **oil deposits** gisements mpl de pétrole. – **oil drill** trépan. – **oil glut** engorgement du marché pétrolier. – **oil market** marché pétrolier. – **oil pipeline** oléoduc. – **oil pollution** pollution due aux hydrocarbures. – **oil price** cours or prix du pétrole. – **oil products** produits mpl pétroliers. – **oil refinery** raffinerie de pétrole. – **oil rig** installation de forage. – **oil shale** schiste bitumineux. – **oil shares** valeurs fpl pétrolières, pétrolières fpl, pétroles fpl. – **oil sheik** émir du pétrole. – **oil shortage** pénurie de pétrole. – **oil slick** nappe de pétrole; (major disaster) marée noire. – **oil spill** marée noire. – **oil tanker** (ship) pétrolier, tanker; (truck) camion-citerne; (Rail) wagon-citerne; (aircraft) avion-ravitailleur. – **oil terminal** terminal pétrolier. – **oil trading** commerce or négoce du pétrole. – **oil well** puits de pétrole.

**oilfield** ['ɔɪlfiːld] n gisement m de pétrole, gisement m pétrolifère.

**old** [əuld] adj vieux. ◊ **old age insurance** assurance vieillesse; **old age insurance scheme** régime de retraite; **old age pension fund** caisse de retraite vieillesse; **old age pensioner** retraité; **new-for-old cover is available for items less than two years old** une couverture valeur à neuf est possible pour des articles de moins de deux ans d'âge; **old-established firm** entreprise ancienne or établie depuis longtemps; **old-fashioned** démodé.

**oligopolistic** [,ɒlɪgəupə'lɪstɪk] adj oligopolistique.

**oligopoly** [,ɒlɪ'gɒpəlɪ] n oligopole m.

**oligopsony** [,ɒlɪ'gɒpsənɪ] n oligopsonie f.

**Oman** [əu'mɑːn] n ◊ **(the Sultanate of) Oman** (le sultanat d') Oman.

**Omani** [əu'mɑːnɪ] **1** adj omanais. **2** n (inhabitant) Omanais(e) m(f).

**ombudsman** ['ɒmbudzmən] n (GB Admin) médiateur m.

**omission** [əʊ'mɪʃən] **n** omission f, oubli m. ◊ **errors and omissions excepted** sauf erreur ou omission.

**omit** [əʊ'mɪt] **vt word** omettre. ◊ **to omit to do** oublier or négliger de faire.

**omnibus** ['ɒmnɪbəs] **adj clause** de portée générale.

**OMO** [əʊem'əʊ] **n abbr of** *overseas money order* → **overseas.**

**on** [ɒn] **1 adv, prep** ◊ **the photocopier is on** la photocopieuse est branchée or est en marche; **the meeting is on in the boardroom** la réunion est en cours dans la salle de conférence; **to send sb's letters on** faire suivre le courrier de qn; **payable on demand** or **on presentation** payable à vue or sur présentation; **interest on capital** intérêts du capital; **I've been on to him on the phone** je l'ai eu au téléphone; **I am here on business** je suis ici pour affaires; **to work on a project** travailler à un projet; **on application** sur demande; **goods on approval** marchandises à l'essai; **on behalf of** au nom de; **on account of** en raison de; **on consignment** en dépôt; **payable on delivery** payable à la livraison; **on receipt of** au reçu de; **on examination** après examen; **on hand** disponible; **on trial** à l'essai; **goods on display** (gen) marchandises exposées or présentées; (in a shop window) marchandises en vitrine; **on order** en commande; **it's on order** c'est commandé, c'est en commande; **on request** sur demande; **the new facility will come on stream next year** les nouvelles installations seront opérationnelles or seront en mesure de fonctionner l'an prochain; **tax on alcohol** taxe sur les alcools; **the manager is on £50,000 a year** le directeur touche or gagne 50 000 livres par an; **he's on a new project** il travaille à un nouveau projet; **to serve on a committee** faire partie or être membre du comité; **oil prices are down on last year** les cours du pétrole sont en baisse par rapport à l'année dernière or sur l'année dernière; **copper on £96.50 to £5,730** cuivre en hausse de 96,50 livres à 5 730 livres. **2 cpd on-board bill of lading** connaissement embarqué. **– on-call transactions** (Commodity Exchange) transactions fpl en prix à fixer. **– on-costs** frais mpl généraux. **– on-the-job training** formation sur le tas or dans l'entreprise. **– on-lend** reprêter; **to on-lend money** prêter de l'argent que l'on a soi-même emprunté. **– on-line** computer connecté; **to have sth on line** avoir qch en accès direct or en ligne; **on-line access** accès direct; **on-line operation** exploitation en ligne; **on-line storage** mémoire en ligne; **on-line data service** serveur télématique, centre serveur; **on-**line mode** mode connecté; **on-line processing** traitement en direct. **– on-pack** offer, coupon imprimé sur l'emballage. **– on-site : on-site maintenance** maintenance sur place; **on-site training** formation sur le lieu de travail or dans l'entreprise.

**one** [wʌn] **1 n** (numeral) un(e) m(f). ◊ **price of one** prix l'unité or à la pièce; **these items are sold in ones** ces articles se vendent à l'unité; **in ones and in denominations of** (Fin) en unités et en coupures de; **to issue shares in ones** émettre des actions en unités; **the shareholders will receive shares in the new holding company on a one-for-one basis** les actionnaires recevront des titres dans le nouveau holding sur la base d'une action nouvelle pour une ancienne; **one-on-one meeting** réunion en tête-à-tête. **2 adj a** (numerical) un, une. ◊ **one or two people** une ou deux personnes. **b** (indefinite) un, une. ◊ **one day** un jour. **c** (sole) seul, unique → six. **3 cpd one-earner household** foyer à salaire unique. **– one-man company** société unipersonnelle. **– one-off** contract, deal unique, qui ne se renouvellera pas; product, object, building unique; event exceptionnel. **– one-price store** magasin à prix unique. **– one-sided** contract inéquitable; decision unilatéral. **– one-stop shopping** *achats groupés dans un seul point de vente*. **– one-way** traffic à sens unique; transaction, agreement unilatéral; **one-way bottles** bouteilles non consignées; **one-way package** emballage perdu; **one-way ticket** aller simple.

**onerous** ['ɒnərəs] **adj** ◊ **onerous contract** contrat inéquitable.

**ongoing** ['ɒngəʊɪŋ] **adj** activity en cours. ◊ **it's an ongoing concern** c'est une préoccupation constante.

**o.n.o** **abbr of** *or nearest offer* → **offer.**

**onshore** ['ɒn'ʃɔːʳ] **adj** ◊ **the huge onshore gas resources of the Netherlands** les énormes ressources internes or intérieures en gaz des Pays-Bas; **onshore terminal** terminal intérieur.

**onslaught** ['ɒnslɔːt] **n** attaque f, assaut m (on sur).

**onus** ['əʊnəs] **n** responsabilité f. ◊ **the onus of proof is upon the claimant** la charge de la preuve pèse sur le demandeur; **they tried to put the onus onto our forwarding agent** ils ont essayé de faire endosser la responsabilité à notre transporteur.

**o / o** **abbr of** *on order* → **on.**

**OP** **abbr of** *out of print* → **out.**

**OPEC** ['əʊpek] **n abbr of** *Organization of Petroleum Exporting Countries* OPEP f.

**open** ['əupən] **1** adj **a** shop, envelope ouvert. ◊ **open account** (in store) compte ouvert; (Bank) compte courant; **open bids** (US) marchés publics; **open cheque** chèque non barré; **open contract** (Commodity Exchange) position ouverte; **open credit** crédit à découvert, crédit en blanc, crédit libre; **open house** (Ind) opération portes ouvertes; **open market** (gen) marché libre; (money market) marché monétaire (libre); **open-market operations** opérations sur le marché monétaire; **open-market discount rate** taux d'escompte hors banque; **open-market rate** taux du marché libre; **open-market securities** titres du marché libre; **open note** (US Fin) emprunt à découvert; **open policy** (Mar Ins) police flottante or d'abonnement; (without specifications) police ouverte; **open-shelf filing** classement en rayonnages; **open shop** (Ind) atelier ouvert aux non-syndiqués; **open ticket** billet open; **open all the year round** ouvert toute l'année; **our offices are open from 9 to 12 on Saturdays** nos bureaux sont ouverts de 9 à 12 le samedi; **open-door policy** (Pol, Econ) politique de la porte ouverte. **b** (not closed to new ideas) **I'm open to persuasion** je suis ouvert à toute suggestion; **this decision was open to criticism** cette décision prêtait le flanc à la critique; **open to any reasonable offer** (in advert) étudierais toutes propositions raisonnables; **to leave the door open** laisser la porte ouverte. **c** (not filled) **this job is still open** cet emploi est toujours vacant; **to keep a job open** ne pas pourvoir à un emploi. **d** (undecided) **the experts left the matter open** les experts n'ont pas tranché la question or ne se sont prononcés ni dans un sens ni dans l'autre; **let's leave the date open** n'arrêtons or ne fixons pas de date.
**2** vt **a** shop, parcel, letter ouvrir. ◊ **to open the mail** dépouiller le courrier; **open here** (on envelope) côté à ouvrir. **b** (begin) meeting, debate ouvrir. ◊ **to open negotiations** ouvrir or engager or entamer des négociations; **to open an account with a bank** ouvrir un compte bancaire; **to open a line of credit** ouvrir une ligne de crédit; **to open a loan** faire un emprunt; **to open bankruptcy proceedings** ouvrir la faillite, entamer la procédure de faillite.
**3** vi **a** [bank, shop] ouvrir. ◊ **the bank opens at 9** la banque ouvre à 9 heures. **b** (begin) commencer, s'ouvrir (*with* par). ◊ **the management representative opened with a warning to the shop stewards** le représentant de la direction commença par un avertissement aux délégués syndicaux; **industrials opened firm** (St Ex) les valeurs industrielles ont ouvert ferme.

**open-end** ['əupən‚end] (US) adj ouvert, variable, modifiable. ◊ **open-end contract** contrat modifiable; **open-end investment trust** société d'investissement à capital variable, SICAV; **open-end question** question ouverte; **open-end questionnaire** (Mktg) questionnaire ouvert or non directif.

**open-ended** ['əupən‚endɪd] adj ouvert, variable, modifiable. ◊ **open-ended contract** contrat modifiable; **open-ended mortgage** hypothèque sans date limite; **open-ended question** question ouverte; **open-ended questionnaire** (Mktg) questionnaire ouvert or non directif; **open-ended system** système ouvert or extensible.

**opening** ['əupnɪŋ] **1** n **a** (start) [meeting, negotiations] ouverture f, début m, commencement m. ◊ **credit opening** ouverture de crédit; **the opening of an account** l'ouverture d'un compte. **b** (outlet, opportunity) débouché m, possibilité f, créneau m. ◊ **new openings for business** nouvelles possibilités de développement offertes aux entreprises, nouveaux créneaux offerts aux entreprises; **there are interesting openings for skilled staff** il existe des débouchés intéressants pour le personnel qualifié; **job openings** possibilités or offres d'emploi. **c** [exhibition] inauguration f, ouverture f. **d** [shop] ouverture f. ◊ **late opening Friday** nocturne le vendredi.
**2** adj ◊ **opening balances** soldes initiaux; **opening balance sheet** bilan d'entrée or d'ouverture; **opening bid** enchère initiale, première enchère or offre; **opening capital** capital initial; **opening entry** (Acc) écriture d'ouverture; **opening hours** heures d'ouverture; **opening price** (St Ex) (first price of the day) cours d'ouverture, premier cours; (in case of new issue) cours d'introduction; **opening stock** stock en début d'exercice, stock d'ouverture, stock initial; **opening stocks** (Commodity Market) stocks de report, stocks reportés.

**open-plan** [‚əupən'plæn] adj offices à cloisons mobiles, paysager.

**open up** vt sep market, business, negotiations ouvrir. ◊ **we intend opening up new facilities in Spain** nous avons l'intention d'ouvrir une nouvelle usine en Espagne; **China's new leaders want to open up their country to trade** les nouveaux dirigeants de la Chine veulent ouvrir leur pays au commerce; **to open up a new market for one's products** établir de nouveaux débouchés pour ses produits; **computerization opens up new vistas** le passage à l'informatique ouvre de nouvelles perspectives.

**operate** ['ɒpəreɪt] **1** vt **a** computer, telephone faire marcher, faire fonctionner. ◊ **to**

**operate a crane** manœuvrer une grue ; **battery-operated** (notice on electrical appliance) fonctionne sur pile ; **computer-operated** commandé par ordinateur ; **operated by remote-control** télécommandé ; **the new safety regulations will operate considerable changes** les nouveaux règlements de sécurité vont entraîner des changements considérables. **b** business faire marcher, diriger ; mines exploiter. ◊ **to operate a factory** diriger une usine ; **some banks are ready to operate speculative accounts for their customers** certaines banques sont prêtes à gérer des comptes spéculatifs pour leurs clients.
**2 vi a** [machine] marcher, fonctionner ; (fig) jouer. ◊ **several factors operated to bring about this turnround** plusieurs facteurs ont joué pour entraîner ce revirement ; **the dollar exchange rate operates against us** le taux de change du dollar joue contre nous. **b** [regulations] entrer en vigueur, prendre effet. ◊ **the rise in postal charges will operate from July 1st** la hausse des tarifs postaux entrera en vigueur le 1ᵉʳ juillet. **c** (St Ex) faire des opérations de Bourse, spéculer. ◊ **to operate for a fall / rise** spéculer à la baisse / à la hausse ; **to operate against one's client** faire de la contrepartie.

**operating** ['ɒpəreɪtɪŋ] **adj** assets, budget, capital d'exploitation. ◊ **chief operating officer** directeur général, DG ; **operating budget** budget d'exploitation or de fonctionnement ; **operating costs** frais or charges d'exploitation ; **operating cycle** cycle d'exploitation ; **operating deficit** déficit or pertes d'exploitation ; **operating earnings** or **income** or **revenues** bénéfices d'exploitation ; **operating expenses** dépenses d'exploitation ; **operating instructions** consignes d'exploitation ; **operating losses** pertes d'exploitation ; **operating margin** marge brute d'exploitation ; **operating profits** bénéfices d'exploitation ; **operating ratio** coefficient d'exploitation ; **operating statement** compte d'exploitation ; **operating surplus** excédent net d'exploitation ; **operating system** (Comp) système d'exploitation ; **operating target** objectif d'exploitation.

**operation** [ˌɒpə'reɪʃən] **1 n a** [machine] marche f, fonctionnement m ; [business] gestion f ; [mine, oilfield] exploitation f. ◊ **line operation** production ; **in full operation** machine fonctionnant à plein rendement ; business, factory en pleine activité, tournant à plein rendement ; mine en pleine exploitation ; **to be in operation** [machine] être en service, fonctionner ; [business] fonctionner, tourner ; [mine] être en exploitation ; [law] être en application or en vigueur ; **to come into operation** [factory] entrer en ser-

vice, démarrer ; [business] démarrer. **b** (transaction : Comm, Fin) opération f. ◊ **bank operations** opérations bancaires ; **credit operations** opérations à terme ; **stock exchange operations** opérations de Bourse ; **continuing / discontinued operations** activités poursuivies / abandonnées ; **company's operations** activités d'une entreprise. **c** (Comp) (single) opération f ; (continuous) exploitation f, fonctionnement m.
**2 cpd operations breakdown** (analysis) décomposition des tâches. – **operations management** management des opérations. – **operations manager** chef d'exploitation. – **operations manual** manuel de procédures. – **operations research** recherche opérationnelle. – **operation sheet** fiche d'instruction. – **operations staff** personnel d'exploitation.

**operational** [ˌɒpə'reɪʃənl] **adj** opérationnel, en état de marche or de fonctionnement. ◊ **operational budget** budget d'exploitation ; **operational costs** frais d'exploitation, coûts opérationnels ; **operational environment** (Comp) cadre d'utilisation or d'exploitation ; **operational manager** chef d'exploitation ; **operational objective** objectif opérationnel ; **operational planning** planification des opérations or opérationnelle ; **operational requirements** conditions de fonctionnement ; **operational research** recherche opérationnelle ; **operational use time** temps d'utilisation effectué ; **our new facilities are now fully operational** nos nouvelles installations sont maintenant pleinement opérationnelles.

**operative** ['ɒpərətɪv] **1 adj** measure, system en vigueur. ◊ **to become operative** entrer en vigueur ; **the price rise has become operative since October 1st** la hausse des tarifs est effective depuis le 1ᵉʳ octobre ; **these rules are no longer operative** ces règles ne s'appliquent plus.
**2 n** (gen) agent m d'exécution, ouvrier (-ière) m(f) ; (machine operator) opérateur (-trice) m(f). ◊ **operatives** les agents d'exécution, le personnel d'exécution.

**operator** ['ɒpəreɪtəʳ] **n** opérateur(-trice) m(f) ; [telephone] standardiste mf ; [business] dirigeant(e) m(f), directeur(-trice) m(f) ; (St Ex) opérateur m. ◊ **operator for a fall** spéculateur à la baisse ; **tour operator** organisateur de voyages, voyagiste, tour-opérateur.

**opinion** [ə'pɪnjən] **1 n** opinion f, avis m. ◊ **public opinion** l'opinion publique ; **financial opinion varies as to the wisdom of this decision** la sagesse de cette décision ne fait pas l'unanimité dans les milieux financiers ; **no opinion** (category in opinion poll) sans opinion, ne se prononcent pas; **to take counsel's opinion** (Jur) consulter un avocat; **the Commission can deliver a reasoned opinion** (EEC) la Commission peut émettre un avis raisonné. **2** **cpd** **opinion leader** (Mktg) leader d'opinion. — **opinion poll** sondage d'opinion.

**opinionaire** [ə'pɪnjənɛəʳ] **n** questionnaire **m** pour sondage d'opinion.

**opponent** [ə'pəʊnənt] **n** adversaire **mf**, opposant(e) **m(f)** (*of* de).

**opportunist** [ˌɒpə'tjuːnɪst] **adj, n** opportuniste **mf**.

**opportunity** [ˌɒpə'tjuːnɪtɪ] **1** **n** occasion **f**. ◊ **to take the opportunity of doing** or **to do** profiter de l'occasion pour faire; **to neglect the opportunity** laisser passer l'occasion; **at the earliest opportunity** à la première occasion; **equality of opportunity** égalité des chances; **it offers excellent investment opportunities** cela offre d'excellentes possibilités d'investissement; **threats and opportunities** menaces et opportunités; **job opportunities** (for an individual seeking a job) débouchés, perspectives; (positions vacant) possibilités d'emploi, offres d'emploi; **market opportunities** possibilités offertes par un marché, potentiel d'un marché, créneaux sur un marché; **opportunities for advancement** possibilités de . **2** **cpd** **opportunity cost** (Econ) coût de substitution or d'opportunité. — **opportunities-to-see** (Mktg) nombre d'expositions. — **opportunity value** valeur de réalisation.

**oppose** [ə'pəʊz] **vt** person, suggestion, motion s'opposer à, combattre; plan s'opposer à, contrecarrer, contrarier. ◊ **to oppose an action** (Jur) mettre opposition à un acte.

**opposing** [ə'pəʊzɪŋ] **adj** (gen) opposant; (Jur) adverse. ◊ **the opposing votes** les voix contre.

**opposite** ['ɒpəzɪt] **1** **adj** opposé, contraire. ◊ **the opposite point of view** le point de vue opposé; **his opposite number** son homologue. **2** **adv** ci-contre. ◊ **see chart opposite** voir graphique ci-contre. **3** **n** opposé **m**, contraire **m**, inverse **m**.

**opposition** [ˌɒpə'zɪʃən] **n** opposition **f** (*to* à).

**opt** [ɒpt] **vi** ◊ **to opt to do sth** choisir de faire qch; **to opt for sth** opter pour qch.

**optical** ['ɒptɪkəl] **adj** optique. ◊ **optical character recognition** reconnaissance optique des caractères; **optical scanner** lecteur optique.

**optimal** ['ɒptɪml] **adj** optimal, optimum.

**optimism** ['ɒptɪmɪzəm] **n** optimisme **m**.

**optimist** ['ɒptɪmɪst] **n** optimiste **mf**.

**optimistic** [ˌɒptɪ'mɪstɪk] **adj** optimiste.

**optimization, optimisation** [ˌɒptɪmaɪ'zeɪʃən] **n** optimisation **f**, optimalisation **f**.

**optimize, optimise** ['ɒptɪmaɪz] **vt** optimiser, optimaliser.

**optimum** ['ɒptɪməm] **adj** optimum, optimal. ◊ **optimum conditions** conditions optimums or optima or optimales.

**opt in** **vi** choisir de participer (*in* à).

**option** ['ɒpʃən] **1** **n** (choice) (gen) choix **m**, option **f**; (St Ex) option **f** (sur le marché à options); prime (sur le marché à primes). ◊ **I have no option but to agree to your terms** je n'ai pas d'autre choix que d'accepter vos conditions; **at the option of the purchaser** au gré de l'acheteur; **our client left his options open** notre client n'a pas voulu s'engager définitivement; **to declare an option** donner la réponse or répondre à une prime; **to take up an option** lever une option (*or* une prime); **buyer's option** option d'achat, prime acheteur pour lever; **buyer's option to double, call of more option** option du double à l'achat, faculté de lever double; **call option** option d'achat; **issues with currency options** émissions assorties d'options de change; **default option** (Comp) option par défaut; **in-the-money / out-of-the-money / at-the-money option** option en dedans / en dehors / à parité; **one-day option** prime au lendemain; **put option** option de vente; **put of more option, seller's option to double** option du double pour livrer; **seller's option** option de vente, prime vendeur pour livrer; **stock option** option d'achat d'actions, droit préférentiel de souscription; **two-way** or **double** or **put-and-call option** option du double, double option; **traded options** options négociables; **option-dated forward exchange contract** contrat de change à terme avec option de date. **2** **cpd** **option bargains** or **dealings** opérations **fpl** sur le marché à options. — **option buyer** acheteur de l'option (*sur le marché à options)*; acheteur de prime (*sur le marché à primes)*. — **option day** jour de la réponse des primes. — **option premium** prix de l'option, prime, premium. — **option price** prix de l'option, premium (*sur le marché à options)* cours or taux de la prime, dont (*sur le marché à primes)*. — **option rate** taux de la prime. — **option seller** vendeur de l'option (*sur le marché à options)*; vendeur de prime (*sur le marché à primes)*. — **options market : (traded) options market** marché à options;

– **option striking** or **exercise price** prix d'exercice de l'option. – **option taker** optant.

**optional** [ˈɒpʃənl] **adj** ◊ **optional dividend** dividende payable en espèces ou en titres; **optional extras** options, accessoires en option; **optional features** options.

**opt out** vi choisir de ne pas participer. ◊ **it's not too late to opt out** il n'est pas encore trop tard pour vous retirer.

**OR** [əʊˈɑːʳ] n **a** abbr of *operational research* RO f. **b** abbr of *official receiver* → official. **c** abbr of *owner's risk* → owner.

**order** [ˈɔːdəʳ] **1** n **a** (command) (gen) ordre m, commandement m; (Pol, Jur) ordonnance f, arrêt m; arrêté m. ◊ **orders sent out by our head office** instructions émanant de notre siège social; **order not to pay** (bank instruction) opposition à un chèque; **on the orders of** sur l'ordre de; **compulsory purchase order** (GB) (ordre d') expropriation. **b** (Comm) commande f. ◊ **to deliver an order** livrer une commande; **your order is now to hand** nous avons reçu les marchandises que vous aviez commandées; **you can come and collect your order** vous pouvez passer prendre votre commande; **back orders** commandes en attente or en souffrance or en retard; **cable order** commande télégraphique; **cash with order** payable à la commande; **foreign orders** commandes de l'étranger; **hard** or **firm order** commande ferme; **outstanding orders** commandes en attente or en carnet or à traiter; **phone order** commande par téléphone; **purchase order control** gestion des achats; **repeat order** commande renouvelée; **rush order** commande urgente; **trial order** commande d'essai; **unfilled orders** commandes non satisfaites or non exécutées or en attente; **to book an order** noter une commande; **to cancel an order** annuler une commande; **to complete** or **execute** or **fill an order** exécuter une commande; **to place an order** passer (une) commande (*with sb* à qn); **to process an order** traiter une commande; **to put goods on order** commander des marchandises, faire une commande de marchandises; **it's on order** c'est en commande; **made to order** fait sur commande, fabriqué à la demande; **true to order** conforme à la commande; **we make goods to order only** nous ne fabriquons que sur commande; **he gave us an order for 5,000 snail-forks** il nous a passé une commande de 5 000 fourchettes à escargots. **c** (form) bon m. ◊ **delivery order** bon de livraison; **issue order** bon de sortie (de magasin); **purchase order** bon de commande. **d** (Fin also **money order**) mandat m. ◊ **postal order** mandat poste; **pay to the order of** payer à

l'ordre de; **to our own order** à l'ordre de moi-même; (banker's) **standing order** ordre de virement permanent; **order bill, bill to order** billet à ordre; **order cheque, cheque to order** chèque à ordre; **collection order** ordre de recette. **e** (St Ex) ordre m (de Bourse). ◊ **order at best** ordre au mieux; **order at opening / closing price** ordre au premier / dernier cours; **order at current price** ordre au cours; **order for the account** or **for the settlement** ordre à terme; **buying / selling order** ordre d'achat / de vente; **stop order** ordre stop; **good-till-cancelled order** ordre valable jusqu'à révocation; **good--through-week / good-through-month order** ordre valable jusqu'à la fin de la semaine / du mois, ordre GTW / GTM; **good-this-week / -month order** offre valable cette semaine / ce mois; **limit(ed) order** ordre (à cours) limité; **market order** ordre au mieux; **open / close only order** ordre à l'ouverture / à la clôture; **scale up / down order** ordre scale up / scale down. **f** (sequence) ordre m. ◊ **in order of priority** par ordre de priorité; **to put into order** mettre en ordre, classer; **in ascending / descending order** en ordre croissant / décroissant; **order of precedence** ordre de priorité. **g** (phrases) **in order** en ordre; **out of order** machine en panne; **the line is out of order** la ligne est en dérangement; **accounts kept in order** comptes en règle; **the chairman ruled the question out of order** le président a déclaré que la question n'était pas à l'ordre du jour; **breach of order** (Jur) infraction au règlement; **to issue an order** (Jur) prendre un arrêté; **point of order** point d'ordre; **order of business** ordre du jour; **his income is in** (GB) or **on** (US) **the order of £10,000 a year** ses revenus sont d'environ 10 000 livres par an.

**2** cpd **order book** carnet de commandes. – **order entry** enregistrement or saisie des commandes. – **order follow-up** suivi des commandes. – **order form** bon de commande. – **order handling** or **processing** traitement des commandes. – **order number** numéro de commande. – **order picking** sortie de stock, consolidation d'une commande *(pour l'expédition à partir d'une liste)*, prélèvement en magasin. – **order point** seuil or point de réapprovisionnement. – **order quantity** quantité à commander; **optimum order quantity** quantité économique de réapprovisionnement. – **order taking** prise de commande. – **order turnaround** (St Ex) gestion des ordres.

**3** vt **a** (command) (gen) ordonner *(sb to do* à qn de faire*)*. ◊ **to be ordered to pay the costs** (Jur) être condamné aux dépens. **b** (Comm) commander *(sth from sb* qch à qn*)*.

◊ **to order 5 tons of wheat** commander 5 tonnes de blé, passer (une) commande de 5 tonnes de blé; **to order a taxi** demander un taxi, faire venir un taxi. c (arrange) organiser. ◊ **we must order our affairs better** nous devons mieux nous organiser.

**ordering** ['ɔːdərɪŋ] n (Comm) passation f de commandes.

**ordinance** ['ɔːdɪnəns] n ordonnance f, arrêté m. ◊ **municipal ordinance** (US) arrêté municipal.

**ordinary** ['ɔːdnrɪ] adj (gen) ordinaire, courant; **shares, creditors** ordinaire. ◊ **ordinary average** (Ins) avaries particulières or simples; **ordinary interest** intérêts simples.

**ore** [ɔːʳ] n minerai m.

**organization, organisation** [ˌɔːgənaɪ'zeɪʃən] 1 n (gen) organisation f; (statutory body) organisme m, organisation f; (executives) cadres mpl. ◊ **trade organization** organisation professionnelle, organisme professionnel; **organization and methods** méthodes et organisation, organisation scientifique du travail; **line organization** (in management) organisation hiérarchique or verticale; **staff organization** organisation horizontale or fonctionnelle; **Organization of American States** Organisation des États américains; **Organization of Central American States** Organisation des États d'Amérique centrale; **Organization for European Economic Cooperation** Organisation européenne de coopération économique; **Organization for Economic Cooperation and Development** Organisation de coopération et de développement économiques; **Organization of Petroleum Exporting Countries** Organisation des pays exportateurs de pétrole.

2 cpd **organization chart** organigramme m.

**organizational, organisational** [ˌɔːgənaɪ'zeɪʃənəl] adj d'organisation, organisationnel. ◊ **organizational change** modification de structure; **organizational grades** échelons supérieurs; **organizational structure** structure organisationnelle or formelle; **organizational unit** division administrative.

**organize, organise** ['ɔːgənaɪz] vt organiser. ◊ **to organize workers** (into trade unions) syndiquer les ouvriers; **organizing committee** comité organisateur; **right to organize** liberté syndicale.

**organized, organised** ['ɔːgənaɪzd] adj (gen) organisé. ◊ **organized labour** (GB) or **labor** (US) les syndicats, le mouvement syndical; **organized markets** marchés organisés.

**organizer, organiser** ['ɔːgənaɪzəʳ] n organisateur m. ◊ **union organizer** syndicaliste (chargé du recrutement).

**orient** ['ɔːrɪənt], **orientate** ['ɔːrɪənteɪt] vt orienter (towards vers, sur).

**orientation** [ˌɔːrɪən'teɪʃən] n orientation f. ◊ **a new orientation in your career** une nouvelle orientation dans votre carrière.

**oriented** ['ɔːrɪəntɪd] adj orienté. ◊ **business-oriented career** carrière commerciale; **export-oriented firm** entreprise tournée vers l'exportation; **research-oriented** orienté vers la recherche; **user-oriented** conçu en pensant à l'utilisateur.

**origin** ['ɒrɪdʒɪn] n origine f. ◊ **country of origin** pays d'origine; **goods of foreign origin** marchandises de provenance étrangère; **certificate of origin** (Customs) certificat d'origine.

**original** [ə'rɪdʒɪnl] 1 adj a (first) d'origine, originel. ◊ **original address** adresse d'origine; **original capital** capital d'origine or initial; **original cost** coût initial or d'acquisition; **original document** original; **original invoice** facture d'origine; **original packing** emballage d'origine; **original value** valeur initiale; **the company launched its takeover with an original bid of $10 a share** l'entreprise a lancé son OPA avec une première offre de 10 dollars par action. b (new, of a new type) original. ◊ **original device** procédé original or inédit.
2 n original m. ◊ **original of an invoice** original d'une facture; **to copy from the original** copier sur l'original.

**originate** [ə'rɪdʒɪneɪt] 1 vi ◊ **to originate from** [goods] provenir de; [idea, suggestion] émaner de.
2 vt project être à l'origine de; message émettre. ◊ **originating bank** banque d'origine; **originating office** bureau d'origine; **originating terminal** terminal émetteur.

**origination fee** [əˌrɪdʒɪ'neɪʃən'fiː] n frais mpl de constitution de dossier.

**originator** [ə'rɪdʒɪneɪtəʳ] n (gen) initiateur(-trice) m(f), créateur(-trice) m(f); [project] inventeur(-trice) m(f).

**OTC** abbr of over-the-counter → over-the-counter.

**OTS** abbr of opportunities-to-see → opportunity.

**Ottawa** ['ɒtəwə] n Ottawa.

**Ouagadougou** [ˌwɑːgə'duːguː] n Ouagadougou.

**ouguiya** [uː'giːjə] n ouguiya m.

**ounce** [aʊns] n once f (≈ *28,349 grammes dans le système avoirdupois et 31,103 grammes dans le système troy.*) ◊ **fluid ounce** (GB) ≈ 28,4 ml ; (US) ≈ 29,56 ml.

**our ref** abbr of *our reference* N / réf.

**oust** [aʊst] vt évincer, chasser. ◊ **they ousted him from the chairmanship** ils l'ont évincé de la présidence.

**out** [aʊt] **1** adv **a** (away) dehors, à l'extérieur. ◊ **the secretary is out** la secrétaire est sortie ; **the miners are out (on strike)** les mineurs sont en grève or ont débrayé. **b** (published) **the commission report is out** le rapport de la commission vient de paraître or de sortir ; **the group's results are due out by the end of the month** les résultats du groupe seront publiés d'ici la fin du mois. **c** (incorrect) **to be out in one's calculations** se tromper dans ses calculs or ses comptes ; **you are 10 pounds out** or **you are out by 10 pounds in your accounts** il y a une erreur or vous avez fait une erreur de 10 livres dans vos comptes, vous vous êtes trompé de 10 livres dans vos comptes ; **you are not far out** vous n'êtes pas loin du compte, vous n'êtes pas tombé loin. **d** (indicating purpose) **he was out to get that contract** il était résolu à obtenir le contrat ; **they are out for new orders** ils sont en quête or à la recherche de nouvelles commandes. **2** prep **a** (outside) **out-of-court settlement** règlement à l'amiable ; **out of season** en basse saison ; **out-of-date** information périmé ; **out of business hours** en dehors des heures ouvrables ; **out-of-pocket expenses** débours, menues dépenses. **b** (from) **5 workers out of 10 have been laid off** 5 ouvriers sur 10 ont été licenciés. **c** (without) sans. ◊ **too many people are now out of work** trop de gens sont actuellement sans travail or au chômage ; **out of stock** item épuisé ; **we are currently out of stock** nous sommes en rupture de stock en ce moment ; **out of print** book épuisé. **d** (St Ex) **out-of-the-money option** option en dehors. **3** adj ◊ **out book** (Acc) registre des chèques à recouvrer ; **the out door** la porte de sortie ; **out clearing** (Bank) chèques et effets mis en compensation ; **the out tray** la corbeille pour le courrier à expédier, la corbeille or le bac départ.

**outage** [ˈaʊtɪdʒ] n (breakdown) panne f ; (loss) perte f.

**outbid** [aʊtˈbɪd] **1** vt enchérir sur. **2** vi surenchérir, faire une surenchère.

**outbidding** [aʊtˈbɪdɪŋ] n (Fin) surenchères fpl.

**outbound** [ˈaʊtbaʊnd] adj ◊ **outbound mail** courrier au départ.

**outbreak** [ˈaʊtbreɪk] n [hostilities] début m, déclenchement m. ◊ **an outbreak of inflation** une poussée inflationniste or de l'inflation.

**outcome** [ˈaʊtkʌm] n [meeting, discussions] résultat m, aboutissement m, issue f ; [policy, decision] conséquence f, effet m. ◊ **the outcome of the inquiry was inconclusive** le résultat de l'enquête n'a pas permis de se prononcer ; **performance outcome** résultat, réalisation.

**outcry** [ˈaʊtkraɪ] n ◊ **the employers raised an outcry about the shorter working week** les patrons ont crié au scandale au sujet de la réduction de la semaine de travail ; **open outcry** (St Ex) criée.

**outdated** [aʊtˈdeɪtɪd] adj démodé, dépassé.

**outdistance** [aʊtˈdɪstəns] vt competitors distancer.

**outdoor** [ˈaʊtdɔːr] adj de plein air. ◊ **outdoor staff** personnel de terrain ; **outdoor advertising** affichage publicitaire extérieur.

**outfit** [ˈaʊtfɪt] n **a** (clothes) tenue f. **b** (*) (company) société f, firme f, boîte f ; (organization) organisation f, équipe f. ◊ **marketing outfit** société de marketing ; **he works for some small outfit in Swindon** il travaille pour une petite boîte de Swindon.

**outfitter** [ˈaʊtfɪtər] n (also **gentleman's outfitter**) tailleur m pour hommes.

**outflow** [ˈaʊtfləʊ] n [currency] sortie f.

**outgoing** [ˈaʊtgəʊɪŋ] adj boat, plane en partance. ◊ **outgoing chairman** président sortant ; **outgoing invoice** facture or bordereau de vente ; **outgoing mail** courrier au départ or à expédier ; **outgoing shift** (Ind) équipe relevée.

**outgoings** [ˈaʊtgəʊɪŋz] npl (expenditure) dépenses fpl, débours mpl, sorties fpl d'argent.

**outlaw** [ˈaʊtlɔː] **1** vt proscrire, interdire, bannir. **2** adj ◊ **outlaw strike** grève illégale.

**outlay** [ˈaʊtleɪ] n (expenses) frais mpl, dépenses fpl, débours mpl. ◊ **first outlay** coût de premier établissement, mise de fonds initiale ; **capital** or **investment outlay** dépenses d'investissement ; **to get back one's outlay** rentrer dans ses fonds or dans son argent.

**outlet** [ˈaʊtlet] n (Comm) débouché m, marché m. ◊ **export outlets** débouchés à l'exportation ; **retail** or **sales outlet** point de vente ; **factory outlet centres** magasins d'usine ; **they have outlets in 14 European countries** ils sont implantés dans 14 pays européens.

**outline** [ˈaʊtlaɪn] **1** n (fig : summary) esquisse f. ◊ **the outlines of a project** les grandes lignes d'un projet ; **to give a quick outline of sth**

donner un aperçu rapide de qch ; **an outline of possible changes** un tableau rapide des modifications possibles. **2** vt plan, theory donner les grandes lignes de, exposer à grands traits. ◊ **he outlined the situation** il a exposé la situation dans ses grandes lignes ; **this leaflet outlines the main features of cover** ce dépliant donne une vue d'ensemble des garanties.

**outlook** ['aʊtlʊk] n (fig : prospect) perspective f. ◊ **the economic outlook for the second half of the year is excellent** les perspectives économiques pour le second semestre de l'année sont excellentes.

**outmanoeuvre** (GB), **outmaneuver** (US) [ˌaʊtməˈnuːvəʳ] vt ◊ **domestic car manufacturers are outmanoeuvred by foreign competitors** les constructeurs automobiles du pays sont surclassés par leurs concurrents étrangers.

**outmarket** [aʊtˈmɑːkɪt] vt ◊ **to outmarket another company** battre une autre entreprise sur le marché.

**outmatch** [aʊtˈmætʃ] vt ◊ **they were outmatched by their main competitor** leur principal concurrent a été plus fort qu'eux or a gagné la partie.

**outmoded** [aʊtˈməʊdɪd] adj démodé, dépassé.

**outpace** [aʊtˈpeɪs] vt devancer, distancer, dépasser.

**outperform** [ˌaʊtpəˈfɔːm] vt person, machine être plus performant que ; product donner de meilleurs résultats que. ◊ **the car outperforms its competitors on every score** cette voiture l'emporte sur ses concurrentes sur tous les plans ; **to outperform the market** avoir de meilleures performances or un meilleur comportement que l'ensemble du marché.

**outplacement** ['aʊtpleɪsmənt] n reclassement m (de cadres demandeurs d'emploi), reconversion f externe, transplacement m.

**outport** ['aʊtpɔːt] n avant-port m.

**output** ['aʊtpʊt] **1** n (production) (gen) production f, rendement m ; (Comp) sortie f. ◊ **data output** sortie de données ; **daily output per worker** production journalière or rendement journalier par ouvrier ; **output per hour** rendement horaire ; **peak output** rendement maximum ; **fall in output** diminution or baisse de la production ; **input-output** entrée-sortie. **2** cpd output bonus prime de rendement. – **output data** données fpl de or en sortie. – **output file** fichier de sortie. – **output tax** ≈ taxe sur la valeur ajoutée. **3** vt data sortir.

**outrageous** [aʊtˈreɪdʒəs] adj price exorbitant.

**outright** [aʊtˈraɪt] **1** adv ◊ **to buy sth outright** (buy and pay immediately) acheter qch comptant ; (buy all of sth) acheter qch en bloc. **2** adj sale (paying immediately) (au) comptant ; (selling all of sth) en bloc ; refusal, denial catégorique. ◊ **an outright loss** une perte sèche ; **the outright acquisition of one company by another** l'acquisition pure et simple d'une entreprise par une autre ; **outright purchase** achat (au) comptant.

**outsell** [aʊtˈsel] vt [store, enterprise] vendre davantage or plus rapidement que ; [product] se vendre davantage que, se vendre mieux que.

**outset** ['aʊtset] n début m, commencement m. ◊ **from the outset of his career** dès le début de sa carrière ; **make sure that your sum insured at outset is right** assurez-vous que le montant garanti au départ soit celui qui convient.

**outside** ['aʊtˈsaɪd] adj (lit, fig) extérieur. ◊ **outside broadcasting unit** (Rad, TV) unité de reportage ; **outside broker** or **dealer** (St Ex) coulissier ; **outside market** (St Ex) marché en coulisse ; **an outside figure of $500** une somme maximum de 500 dollars ; **to get an outside opinion** consulter une personne extérieure à l'entreprise, demander l'avis d'une personne indépendante.

**outsider** ['aʊtˈsaɪdəʳ] n **a** personne f extérieure or indépendante. ◊ **to appoint an outsider to a post** nommer à un poste quelqu'un de l'extérieur. **b** (St Ex) remisier m. **c** (Mar) transporteur m hors conférence.

**outsize** ['aʊtsaɪz] **1** adj clothes de grande taille. ◊ **outsize shop** magasin pour personnes fortes, magasin spécial pour grandes tailles. **2** n (vêtement m de) grande taille f.

**outsourcing** ['aʊtsɔːsɪŋ] n (Ind) approvisionnement m à l'extérieur. ◊ **the outsourcing of components** la délocalisation de la fabrication de composants.

**outstanding** [aʊtˈstændɪŋ] adj **a** (exceptional) (gen) exceptionnel ; person remarquable ; event, feature marquant, frappant. **b** (unfinished) (gen) non encore réglé ; account, debt impayé ; interest à échoir. ◊ **there are still some outstanding matters** or **some matters outstanding** il reste encore des questions à régler, il y a encore des problèmes en suspens or en attente ; **to pay the outstanding amount by the end of the month** payer le restant de la somme or le solde pour la fin du mois ; **outstanding claims** créances à recouvrer ; **outstanding notes** billets en circulation ; **outstanding orders** commandes en attente or en carnet or à traiter ; **outstanding shares** actions en circulation.

**outstrip** [aʊt'strɪp] **vt** devancer, distancer, dépasser. ◊ **demand outstrips supply** la demande dépasse l'offre.

**outturn** ['aʊtt3ːn] **n** (US : production) [factory] production f ; [worker] rendement m.

**outvote** [aʊt'vəʊt] **vt** ◊ **to outvote sb** mettre qn en minorité, l'emporter au nombre de voix sur qn ; **we were outvoted** nous n'avons pas obtenu la majorité.

**outward** ['aʊtwəd] **1** adv ◊ **ship outward bound** navire en partance.

**2** adj ship, freight en partance. ◊ **outward bill of lading** connaissement de sortie ; **outward cargo** cargaison or chargement d'aller ; **outward collection of a foreign bill** (GB Fin) recouvrement d'une créance sur l'étranger ; **outward entry** déclaration de sortie ; **outward manifest** manifeste de sortie ; **outward mission** mission à l'étranger.

**outwork** ['aʊtwɜːk] **n** travail m (fait) à domicile.

**outworker** ['aʊtwɜːkəʳ] **n** travailleur(-euse) m(f) à domicile, ouvrier(-ière) m(f) à domicile.

**over** ['əʊvəʳ] **1** adv ◊ **over to you !** à vous ! ; **he went over to our competitors** il est passé à la concurrence or chez nos concurrents ; **they are known the world over** ils sont connus dans le monde entier ; **the meeting was over by 3 o'clock** la réunion s'est terminée avant 3 heures.

**2** prep ◊ **over the winter** au cours de l'hiver, pendant l'hiver ; **their orders were spread over several months** leurs commandes se sont échelonnées sur plusieurs mois ; **over the last few months** au cours des derniers mois ; **over the phone** au téléphone ; **a drop of 25%** over **last year's figures** une baisse de 25% par rapport aux chiffres de l'an dernier ; **the computer was down for over 6 hours** l'ordinateur est resté en panne plus de 6 heures.

**3** n (US) excédent m. ◊ **over in the cash** excédents dans l'encaisse ; **shorts and overs** déficits et excédents ; **we agree to deliver 5% overs** nous acceptons de vous livrer 5% d'articles en plus.

**overage** ['əʊvərɪdʒ] (US) **n** excédent m, surplus m. ◊ **stock overage** excédent de stock, stock excédentaire.

**overall** [ˌəʊvər'ɔːl] **adj** length hors tout, total ; view global, d'ensemble ; sum complet, total. ◊ **overall expenditure** dépenses globales ; **overall plan** plan d'ensemble ; **the overall amount** le montant total ; **overall measurements** mesures hors tout, encombrement total.

**overassess** [ˌəʊvərə'ses] **vt** taxpayer surimposer.

**overassessment** [ˌəʊvərə'sesmənt] **n** (Tax) surimposition f.

**overbid** [əʊvə'bɪd] **1** n surenchère f.
**2** vt enchérir sur.
**3** vi surenchérir.

**overbook** [əʊvə'bʊk] **1** vi [hotel, airline] accepter des réservations en surnombre, faire du surbooking.
**2** vt ◊ **to overbook a flight** faire du surbooking sur un vol.

**overbooking** [əʊvə'bʊkɪŋ] **n** surréservation f, surbooking m.

**overbought** [əʊvə'bɔːt] **adj** market suracheté.

**overburden** [əʊvə'bɜːdn] **vt** surcharger, accabler, écraser (**with** de).

**overbuy** [əʊvə'baɪ] **vt** ◊ **to overbuy sth** acheter plus de qch qu'on ne peut en écouler.

**overcapacity** [ˌəʊvəkə'pæsɪti] **n** surcapacité f.

**overcapitalization, overcapitalisation** [ˌəʊvəˌkæpɪtələ ɪ'zeɪʃən] **n** surcapitalisation f.

**overcapitalize, overcapitalise** [ˌəʊvə 'kæpɪtəlaɪz] **vt** surcapitaliser.

**overcharge** [əʊvə'tʃɑːdʒ] **1** n **a** (supplement) supplément m, majoration f. ◊ **overcharge of an account** majoration d'un compte. **b** (charge taken in excess) trop-perçu m.
**2** vt (charge too much) faire trop payer. ◊ **they overcharged us (by) £25** ils nous ont fait payer 25 livres de trop, ils nous ont compté 25 livres de trop.
**3** vi (sell at too high a price) prendre or vendre trop cher, pratiquer des prix excessifs.

**overcommit** [ˌəʊvəkə'mɪt] **vt** ◊ **to be overcommitted** (financially) avoir des charges financières excessives ; (too much work) avoir une charge de travail trop importante.

**overconsumption** [ˌəʊvəkən'sʌmpʃən] **n** surconsommation f.

**overdebit** [əʊvə'debɪt] **vt** débiter en trop.

**overdevelopment** [ˌəʊvədɪ'veləpmənt] **n** (Econ) surdéveloppement m.

**overdraft** ['əʊvədrɑːft] **1** n découvert m. ◊ **I've got an overdraft of $500** j'ai un découvert de 500 dollars ; **loan on overdraft** prêt à découvert ; **unsecured overdraft** découvert en blanc or sur notoriété ; **to allow an overdraft** consentir un découvert.
**2** cpd **overdraft facilities** autorisation de découvert, facilité de caisse ; **to grant a company overdraft facilities** accorder des facilités de caisse à une entreprise.

**overdraw** [əʊvə'drɔː] **vt** account mettre à découvert. ◊ **overdrawn account** compte à découvert or désapprovisionné; **to be overdrawn by £20** avoir un découvert de 20 livres; **to go overdrawn** se mettre à découvert.

**overdue** [ˌəʊvəˈdjuː] **adj** account impayé, arriéré; payment en retard. ◊ **interest on overdue payments** intérêts moratoires; **the interest is overdue** les intérêts n'ont pas été versés à la date prévue.

**overemployment** [ˌəʊvərɪmˈplɔɪmənt] **n** suremploi m.

**overestimate** [ˌəʊvərˈestɪmeɪt] **vt** price, costs surestimer, surévaluer.

**overextend** [ˌəʊvərɪkˈstend] **vt** ◊ **to be overextended** avoir des charges financières excessives.

**overflow** [ˈəʊvəfləʊ] **n** débordement m. ◊ **the overflow staff** le personnel en surnombre.

**overhaul** [ˈəʊvəhɔːl] **1** **n** [machine] révision f générale; [plan] refonte f.
**2** **vt** machine réviser complètement, faire une révision générale de; plan refondre.

**overhead** [ˌəʊvəˈhed] **1** **adj** **a** wires aérien. ◊ **overhead projector** rétroprojecteur; **overhead transparency** transparent. **b** (Comm) **overhead charges** or **costs** or **expenses** frais généraux.
**2** **n** (US) frais mpl généraux, charges fpl de structure.
**3** **overheads** **npl** (GB) frais mpl généraux, charges fpl de structure.

**overheated** [ˌəʊvəˈhiːtɪd] **adj** economy en surchauffe.

**overheating** [ˌəʊvəˈhiːtɪŋ] **n** [economy] surchauffe f.

**overindustrialization, overindustrialisation** [ˌəʊvərɪnˌdʌstrɪəlaɪˈzeɪʃən] **n** surindustrialisation f.

**overinsurance** [ˌəʊvərɪnˈʃʊərəns] **n** sur-assurance f.

**overinsure** [ˌəʊvərɪnˈʃʊər] **vt** sur-assurer, assurer au-dessus de sa valeur.

**overinvestment** [əʊvərɪnˈvestmənt] **n** surinvestissement m.

**overissue** [əʊvərˈɪʃuː] **n** sur-émission f.

**overkill** [ˈəʊvəkɪl] **n** ◊ **advertising overkill** excès de publicité.

**overland** [ˈəʊvəlænd] **1** **adj** route, journey par voie de terre.
**2** **adv** par voie de terre.

**overlap** [ˈəʊvəlæp] **1** **n** chevauchement m, empiètement m.
**2** **vt** empiéter sur. ◊ **this entry overlaps the former one** cette écriture fait double emploi avec la précédente.

**3** **vi** se chevaucher, empiéter l'un sur l'autre. ◊ **their duties overlap** leurs fonctions se recoupent or se chevauchent; **overlapping benefits** cumul de prestations.

**overleaf** [ˈəʊvəliːf] **adv** ◊ **see overleaf** voir au verso or au dos.

**overload** [ˈəʊvələʊd] **1** **n** surcharge f, surcroît m de charge. ◊ **work overload** surcharge de travail.
**2** **vt** surcharger. ◊ **overloaded market** marché alourdi or surchargé.

**overlook** [ˌəʊvəˈlʊk] **vt** **a** (miss) fact, detail oublier, négliger, laisser passer. **b** (ignore) mistake fermer les yeux sur, laisser passer volontairement. ◊ **we'll overlook it this time** nous fermerons les yeux pour cette fois. **c** (supervise) surveiller, superviser. ◊ **the overseer overlooks the work** le contremaître supervise le travail.

**overman** [əʊvəmæn] **vt** affecter trop de personnel à, suréquiper en personnel. ◊ **our company is overmanned** notre société a trop de personnel or a des effectifs pléthoriques, il y a du personnel en surnombre dans notre société.

**overmanning** [əʊvəˈmænɪŋ] **n** gonflement m abusif des effectifs, excédent m de personnel, sureffectifs mpl. ◊ **there is still heavy overmanning in this industry** il y a toujours d'importants sureffectifs dans cette industrie; **overmanning is estimated to be 1,200** les sureffectifs sont évalués or le personnel en surnombre est évalué à 1 200 personnes.

**overnight** [ˈəʊvəˈnaɪt] **1** **adv** ◊ **the situation changed overnight** (fig) du jour au lendemain la situation s'était modifiée.
**2** **adj** ◊ **overnight loan** prêt au jour le jour; **overnight money market** marché de l'argent au jour le jour; **there has been an overnight switch in their attitude** leur attitude a brusquement changé.

**overpay** [əʊvəˈpeɪ] **vt** surpayer, trop payer. ◊ **to be overpaid** être payé au-dessus du taux normal.

**overpayment** [əʊvəˈpeɪmənt] **n** **a** [wages] surpaye f, rémunération f excessive. **b** [tax] trop-perçu m. ◊ **refund of overpayment** remboursement du trop-perçu; **tax refunds as a result of overpayments** restitutions d'impôts en cas de trop-perçu or de perception indue.

**overpopulation** [əʊvəpɒpjʊˈleɪʃən] **n** surpopulation f (in dans), surpeuplement m (of de).

**overprice** [əʊvəˈpraɪs] **vt** goods vendre trop cher, demander un prix excessif pour.

**overpriced** [ˌəʊvəˈpraɪst] **adj** trop cher.

**overproduce** [ˌəʊvəprəˈdjuːs] **vt** surproduire.

**overproduction** [ˌəʊvəprəˈdʌkʃən] **n** surproduction f.

**overrate** [ˌəʊvəˈreɪt] **vt a** talents, method surestimer, surévaluer. ◊ **he is overrated as an organizer** on surestime ses talents d'organisateur. **b** (Tax) surtaxer.

**override** [ˌəʊvəˈraɪd] **vt** order, instructions outrepasser; decision annuler, casser; opinion, objection, claims passer outre à, ne pas tenir compte de. ◊ **to override one's commission** outrepasser ses pouvoirs; **the new order overrides the former** le nouvel arrêté annule le précédent.

**overrider** [ˈəʊvəraɪdəʳ] **n** supercommission f.

**overriding clause** **n** (Jur) clause f dérogatoire.

**overrule** [ˌəʊvəˈruːl] **vt** judgment, decision annuler, casser; claim rejeter.

**overrun** [ˌəʊvəˈrʌn] **1** **n** [estimate] dépassement m. ◊ **production overrun** excédent de production; **cost overrun** surcoût, dépassement budgétaire.
**2** **vi** (in time) dépasser la durée prévue. ◊ **the presentation overran by about 15 minutes** la présentation a duré 15 minutes de plus que prévu; **to overrun costs** dépasser le budget prévu, dépenser plus que prévu.

**oversaving** [ˈəʊvəˈseɪvɪŋ] **n** (Fin) surépargne f.

**overseas** [ˈəʊvəˈsiːz] **adj** market d'outre-mer, étranger. ◊ **overseas debt** dette extérieure; **overseas money order** mandat international; **overseas trade** commerce extérieur.

**oversee** [ˌəʊvəˈsiː] **vt** surveiller, contrôler, superviser.

**overseer** [ˈəʊvəsiːəʳ] **n** contremaître m, chef m d'équipe.

**oversell** [ˌəʊvəˈsel] **vt a to oversell sth** (gen) vendre plus de qch qu'on ne peut livrer; (St Ex) survendre qch; **the market is oversold** le marché est en situation de survente or est survendu. **b** (exaggerate) services vanter exagérément, faire trop valoir. ◊ **to oversell o.s.** se mettre trop en avant, trop se faire valoir.

**overselling** [ˌəʊvəˈselɪŋ] **n** survente f.

**overshoot** [ˌəʊvəˈʃuːt] **vt** dépasser. ◊ **don't overshoot the mark** n'allez pas plus loin que prévu.

**oversight** [ˈəʊvəsaɪt] **n** (omission) omission f, oubli m. ◊ **it was due to an oversight from our forwarding department** c'était une erreur de notre service expédition.

**overspend** [ˌəʊvəˈspend] **1** **vt** allowance, budget dépenser au-delà or au-dessus de. ◊ **to**

**overspend one's income** dépenser plus que ses revenus.
**2** **vi** dépenser trop. ◊ **to overspend by £100** dépenser 100 livres de trop.

**overspill** [ˈəʊvəspɪl] **n a** [population] excédent m de population. ◊ **an overspill town** une ville satellite. **b** (Tech) retombée f technologique.

**overstaff** [ˌəʊvəˈstɑːf] **vt** affecter trop de personnel à, suréquiper en personnel. ◊ **to be overstaffed** être en sureffectifs; **the office is overstaffed** il y a un excédent de personnel or il y a des effectifs pléthoriques dans ce bureau, le personnel de bureau est en surnombre.

**overstaffing** [ˌəʊvəˈstɑːfɪŋ] **n** gonflement m abusif des effectifs, excédent m de personnel, sureffectifs mpl. ◊ **they've got problems of overstaffing** ils ont des problèmes de sureffectifs.

**overstep** [ˌəʊvəˈstep] **vt** limits dépasser. ◊ **unemployment overstepped the million mark** la barre du million de chômeurs est dépassée.

**overstock** [ˌəʊvəˈstɒk] **vt** market encombrer; store approvisionner à l'excès, surapprovisionner; supplies surstocker.

**overstocking** [ˌəʊvəˈstɒkɪŋ] **n** surstockage m.

**overstocks** [ˈəʊvəstɒks] (US) **npl** surplus m, surstock m.

**oversubscribed** [ˌəʊvəsəbˈskraɪbd] **adj** share issue sursouscrit.

**oversubscription** [ˌəʊvəsəbˈskrɪpʃən] **n** sursouscription f.

**oversupply** [ˈəʊvəsəplaɪ] **1** **n** surapprovisionnement m.
**2** **vt** surapprovisionner.

**overt** [əʊˈvɜːt] **adj** ◊ **goods sold in market overt** marchandises vendues sur le marché public.

**overtax** [ˌəʊvəˈtæks] **vt** (Fin) surimposer, surtaxer.

**over-the-counter** [ˈəʊvəðəˈkaʊntəʳ] **adj a** (St Ex) securities hors-cote. ◊ **over-the-counter market** marché hors-cote. **b** (Comm) sales au comptant.

**overtime** [ˈəʊvətaɪm] **1** **n** heures fpl supplémentaires. ◊ **I'm on overtime, I'm working overtime** je fais des heures supplémentaires; **to be paid overtime** être payé en heures supplémentaires.
**2** **cpd overtime ban** refus or grève des heures supplémentaires. – **overtime pay** heures fpl supplémentaires. – **overtime work** heures fpl supplémentaires.

**overtrade** [ˌəʊvəˈtreɪd] **vi** mal maîtriser son activité commerciale.

**overtrading** [əʊvətreɪdɪŋ] n mauvaise maîtrise f de son activité commerciale.

**overtyping** ['əʊvətaɪpɪŋ] n surfrappe f.

**overvaluation** [ˌəʊvəvæljuˈeɪʃən] n surévaluation f.

**overvalue** [əʊvəˈvæljuː] vt surévaluer.

**overview** ['əʊvəvjuː] n vue f d'ensemble.

**overweight** ['əʊvəˈweɪt] **1** n excédent m de poids, surpoids m.
**2** adj ◊ **this parcel is overweight by 2 kilos or is 2 kilos overweight** ce colis pèse 2 kilos de trop; **your luggage is overweight** vous avez un excédent de bagages.

**overwork** [ˌəʊvəˈwɜːk] **1** n surmenage m, travail m excessif.
**2** vi se surmener, trop travailler.

**owe** [əʊ] vt money devoir. ◊ **he owes me money** il me doit de l'argent; **an I-owe-you** une reconnaissance de dette.

**owing** ['əʊɪŋ] adj ◊ **the amount owing on the car** ce qui reste dû or ce qui reste à payer sur le prix de la voiture; **a lot of money is still owing to me** on me doit encore beaucoup d'argent; **rent owing** loyer échu.

**own** [əʊn] **1** vt posséder, être propriétaire de. ◊ **company 50% owned by the family** société détenue à 50% par la famille; **wholly-owned subsidiary** filiale à 100%; **privately-owned company** société privée; **state-owned** or **publicly-owned company** société nationale, société qui appartient à l'État.
**2** adj ◊ **own brand** or **label** marque de distributeur; **this department store sells own-brand goods** ce grand magasin vend des produits sous sa propre marque.

**owner** ['əʊnəʳ] **1** n propriétaire mf. ◊ **sent at owner's risk** expédié aux risques et périls du propriétaire; **bare owner** nu-propriétaire; **beneficial owner** usufruitier; **joint owner** copropriétaire; **rightful owner** possesseur légitime; **sole owner** propriétaire unique; **owners' equity** fonds propres, situation nette.
**2** cpd **owner-charterer** (Mar) armateur-affréteur. – **owner-occupier** [house] occupant propriétaire. – **owner-manager** propriétaire-gérant.

**ownership** ['əʊnəʃɪp] n propriété f, possession f. ◊ **under new ownership** (sign on shop) changement de propriétaire; **bare ownership** nue-propriété; **beneficial ownership** usufruit; **joint ownership** copropriété; **multiple ownership** multipropriété; **in private ownership** privé; **to come under** or **into public ownership** être nationalisé; **to bring under** or **into public ownership** nationaliser; **proof** or **right of ownership** titre de propriété; **to have ownership of the controlling interest in a business** avoir une participation majoritaire dans une société, contrôler le capital d'une société; **to have an ownership interest in a company** avoir une participation (minoritaire) dans une société.

**OZ** abbr of *ounce.*

# P

**p** a abbr of *pence*. b abbr of *page* p.

**PA** [piːˈeɪ] **n** a abbr of *personal assistant* → personal. b abbr of *public address system* → public.

**p.a.** a abbr of *per annum* par an. b abbr of *particular average* → particular.

**PABX** [piːeɪbiːˈeks] (GB) **n** abbr of *private automatic branch exchange* → private.

**pace** [peɪs] **n** (speed) pas m, allure f. ◊ **to put sb through his paces** tester qn ; **to keep pace with sb** faire jeu égal avec qn.

**pacesetter** [ˈpeɪssetəʳ] **n** leader m.

**pacesetting** [ˈpeɪssetɪŋ] **adj** ◊ **a pacesetting company** une entreprise leader.

**Pacific** [pəˈsɪfɪk] **1** **adj** pacifique. ◊ **Pacific Standard Time** (in North America) heure du Pacifique.
**2** **n** Pacifique m.

**pack** [pæk] **1** **n** (gen) paquet m ; [wool, cotton] balle f ; [beer] pack m. ◊ **blister pack, bubble pack** emballage transparent, emballage-bulle ; **disk pack** (Comp) chargeur de disque.
**2** **vt** a goods (in box) empaqueter, emballer ; wool mettre en balles. ◊ **packed shipment** envoi à couvert. b (fill) crate, container remplir (*with* de). c (crush together) objects tasser ; (Comp) data compacter ; people entasser (*into* dans). ◊ **to pack sth tight** emballer qch bien serré ; **to pack sth down** tasser qch ; **tightly packed** bien emballé. d (fill tightly) room, vehicle remplir, bourrer. ◊ **the shop was packed** le magasin était bondé.

**package** [ˈpækɪdʒ] **1** **n** a (for shipment of goods) colis m, paquet m ; (for retail distribution) paquet m, emballage m. ◊ **consular packages** (Mar) plis consulaires. b (fig : comprehensive agreement) **a package of financial services** un ensemble de services financiers ; **financial assistance package** train de mesures d'aide financière ; **financial package** (Fin, St Ex) montage financier, tour de table ; **remuneration package** salaire et avantages complémentaires ; **severance package** indemnités de départ. c (Comp) progiciel m. ◊ **software package** progiciel ; **accounting / business package** progiciel comptable / de gestion.
**2** **cpd** **package deal** (agreement) accord global ; (proposal) offre globale. − **package holiday** voyage organisé. − **package policy** (Ins) police multirisque. − **package selling** vente à forfait. − **package store** (US) magasin de vins et spiritueux. − **package test** (Mktg) test de conditionnement. − **package tour** voyage organisé.
**3** **vt** a (pack for shipment) emballer, empaqueter. b (Mktg : for merchandising display) conditionner. ◊ **packaged goods** produits conditionnés ; **to package financial services** présenter un ensemble de services financiers.

**packaging** [ˈpækɪdʒɪŋ] **n** (gen) emballage m ; (for merchandising display) conditionnement m.

**packer** [ˈpækəʳ] **n** (person) emballeur(-euse) m(f) ; (device) emballeuse f. ◊ **packers** (firm) emballeur, conditionneur.

**packet** [ˈpækɪt] **n** a (parcel) paquet m, colis m ; [cigarettes, envelopes] paquet m ; (paper bag) sac m, poche f. ◊ **weekly pay packet** (GB) paie hebdomadaire. b (Comp) paquet m. ◊ **packet switching telephone network** réseau téléphonique de transmission de données par paquets.

**packetize, packetise** [ˈpækɪtaɪz] **vt** (Comp) mettre en paquets.

**packing** ['pækɪŋ] **1** n **a** [goods] emballage m, empaquetage m. ◊ **packing extra** emballage en sus. **b** (materials used for packing) matériel m d'emballage. **c** (US : food processing) mise m en conserve. ◊ **meat packing** conserverie de viande. **2** cpd **packing case** caisse d'emballage. – **packing charges** frais mpl d'emballage. – **packing crate** caisse à claire-voie. – **packing density** (Comp) densité d'enregistrement. – **packing instructions** notice d'emballage. – **packing plant** (US) abattoir.

**pad** [pæd] **1** n **a** (for protection) rembourrage m, coussinet m, bourrelet m ; (Tech) tampon m (amortisseur). **b** (block of paper) bloc m. ◊ **writing pad** bloc de papier à lettres, bloc-notes ; **scratch pad** bloc-notes. **c** (keyboard) bloc m. ◊ **numerical pad** clavier or bloc numérique ; **30-pad keyboard** clavier à 30 touches. **2** vt crate rembourrer.

**padding** ['pædɪŋ] n (action) rembourrage m, bourrage m ; (material) bourre f.

**page** [peɪdʒ] **1** n page f. **2** cpd **page break** (Comp) changement de page or de feuillet. – **page frame** (Comp) cadre de page. – **page heading** en-tête (de page). – **page printer** (Comp) imprimante page par page. – **page rate** (Pub) tarif à la page *(pour des annonces)*. – **page setting** mise en page. – **page skip** (Comp) saut de page or de feuillet. **3** vt **a** document paginer ; printed sheets mettre en pages. **b** to page sb (faire) appeler qn ; **paging Mr Martin** on appelle M. Martin.

**pager** ['peɪdʒəʳ] n appareil m de télé-appel, bip-bip m.

**paginate** ['pædʒɪneɪt] vt paginer.

**pagination** [,pædʒɪ'neɪʃən] n pagination f.

**paging** ['peɪdʒɪŋ] n **a** pagination f. **b** télé-appel m. ◊ **electronic paging device** appareil de télé-appel, bip-bip.

**paid** [peɪd] adj worker salarié ; work rémunéré ; bill, invoice payé. ◊ **paid cash book** (Acc) main courante de dépenses or de sorties ; **paid on charges** (Rail) débours, déboursés ; **paid with thanks** (on receipt) payé ; **paid in advance** payé d'avance ; **paid holidays** congés payés ; **paid cheque** chèque encaissé ; **carriage paid** (en) port payé ; **duty-paid goods** marchandises acquittées or dédouanées ; **postage paid** port payé ; **tax paid** après impôt.

**paid-in** [,peɪd'ɪn] adj moneys encaissé. ◊ **paid-in capital** capital versé.

**paid-out** [,peɪd'aʊt] adj payé.

**paid-up** [,peɪd'ʌp] adj ◊ **paid-up capital** capital versé ; **authorized capital of which 40% is paid-up** capital autorisé libéré de 40%; **fully / partly paid-up shares** actions entièrement / non entièrement libérées ; **paid-up member** membre qui a payé sa cotisation.

**Pakistan** [,pɑːkɪs'tɑːn] n Pakistan m.

**Pakistani** [,pɑːkɪs'tɑːnɪ] **1** adj pakistanais. **2** n (inhabitant) Pakistanais(e) m(f).

**pallet** ['pælɪt] n palette f. ◊ **pallet load** chargement sur palette.

**palletize, palletise** ['pælɪtaɪz] vt charger sur palette.

**pamphlet** ['pæmflɪt] n brochure f.

**Panama** ['pænə,mɑː] n Panama m.

**Panama City** ['pænə,mɑː'sɪtɪ] n Panama.

**Panamanian** [,pænə'meɪnɪən] **1** adj panaméen. **2** n (inhabitant) Panaméen(ne) m(f).

**P and L** abbr of *profit and loss* P.et P.

**panel** ['pænl] n **a** [door, wall] panneau m. **b** (Tech) **instrument panel** tableau de bord ; **control panel** [aircraft] tableau de bord ; (TV, Comp) pupitre de commande. **c** (discussion group) panel m. ◊ **panel of experts** groupe d'experts or de spécialistes ; **panel discussion** réunion-débat ; **on our panel today** parmi nos invités aujourd'hui. **d** (Mktg) **consumer panel** groupe-témoin, panel de consommateurs. **e** (Comp) masque m. ◊ **data entry panel** masque de saisie.

**panellist** (GB), **panelist** (US) ['pænəlɪst] n (Rad, TV) invité(e) m(f).

**panic** ['pænɪk] **1** n panique f. **2** cpd **panic buying** achats mpl précipités or de précaution. – **panic button** (Comp) touche d'aide ; **to push the panic button** (fig) s'affoler, donner l'alarme. **3** vi paniquer, s'affoler.

**paper** ['peɪpəʳ] **1** n **a** (gen) papier m. ◊ **blotting paper** papier buvard ; **carbon paper** papier carbone ; **a wrapping paper** papier d'emballage ; **a piece of paper** une feuille de papier ; **to put sth on paper** noter qch, mettre qch par écrit ; **the new model still exists only on paper** le nouveau modèle n'existe que sur le papier. **b** (Fin) papier m, effet m. ◊ **accommodation paper** papier de complaisance ; **bankable / non-bankable paper** papier bancable / non bancable ; **bearer paper** papier au porteur ; **commercial paper** (gen) papier commercial ; (short-term loan instrument) billets de trésorerie ; **commodity paper** (US) traite sur marchandises ; **long / short paper** papier long / court ; **mercantile** or **trade paper** papier commercial. **c** (official documents) **papers**

papiers, documents; **ship's papers** papiers or documents de bord; **can I see your papers?** montrez-moi vos papiers. **d** (study, report) article m. ◊ **to present a paper** faire une communication (*on* sur). **e** (also newspaper) journal m. ◊ **trade paper** (Fin) effet de commerce; (review) revue professionnelle, magazine or journal professionnel; **weekly paper** hebdomadaire.
**2** cpd **paper bag** sac en papier. **– paper clip** trombone; (bulldog clip) pince (à dessin). **– paper credit** (Fin) traite. **– paper currency** papier-monnaie, monnaie fiduciaire. **– paper feed** (Comp) alimentation du papier. **– paper industry (the)** l'industrie du papier. **– paper loss** (Fin) perte comptable. **– paper mill** (usine de) papeterie. **– paper money** billets mpl de banque, papier-monnaie, monnaie fiduciaire. **– paper profit** (Fin) plus-value non matérialisée. **– paper punch** perforatrice. **– paper security** (Fin) papier-valeur. **– paper skip** (Comp) saut de papier. **– paper standard** (Econ) étalon papier. **– paper tape** (Comp) bande perforée; **paper tape punch** (Comp) perforatrice de bande; **paper tape reader** (Comp) lecteur de bande perforée. **– paper throw** (Comp) saut de papier. **– paper title** (Jur, Fin) titre.

**paperback** ['peɪpəbæk] n livre m de poche.

**paperless** ['peɪpəlɪs] adj office sans papier. ◊ **paperless trading** (St Ex) transactions électroniques.

**paperwork** ['peɪpəwɜːk] n **a** (Admin) documents mpl; (Acc) pièces fpl comptables, écritures fpl. ◊ **we shall do the necessary paperwork** nous préparons tous les documents nécessaires. **b** (pej) paperasserie f.

**Papua New Guinea** ['pæpjʊənjuːˌgɪnɪ] n Papouasie-Nouvelle-Guinée f.

**par** [pɑːʳ] **1** n égalité f, pair m, parité f. ◊ **par (rate) of exchange** pair du change; **par of a stock** pair d'un titre; **value at par** valeur au pair, parité; **commercial par** pair commercial; **above / below par** au-dessus / au-dessous du pair; **at par** au pair; **issue at par** [stock] émission au pair; **mint par (of exchange)** pair intrinsèque or métallique; **nominal par** pair nominal.
**2** cpd **par value** or **price** valeur au pair; **table of par values** table de parités; **par value / no par value stocks** (US) actions avec / sans valeur nominale.

**paragraph** ['pærəgrɑːf] n paragraphe m. ◊ **to begin a new paragraph** aller à la ligne.

**Paraguay** ['pærəgwaɪ] n Paraguay m.

**Paraguayan** [ˌpærə'gwaɪən] **1** adj paraguayen.

**2** n (inhabitant) Paraguayen(ne) m(f).

**parallel** ['pærəlel] adj **a** (Econ) parallèle. ◊ **parallel imports** importations parallèles; **parallel standard** standard bimétallique; **parallel trading** (EEC) commerce parallèle. **b** (Comp) parallèle. ◊ **parallel access / processing** accès / traitement en parallèle; **parallel in parallel out** entrée et sortie parallèles; **parallel port / printer** port / imprimante parallèle.

**parameter** [pə'ræmɪtəʳ] n paramètre m.

**parcel** ['pɑːsl] **1** n **a** (package) colis m, paquet m. ◊ **hung-up parcel** (US) colis en souffrance; **cash on delivery parcel** colis contre remboursement. **b** (portion) [land] parcelle f; [goods] lot m; (St Ex) [shares] lot m, paquet m. ◊ **shipment parcel** envoi groupé.
**2** cpd **parcels cartage** factage. **– parcel (delivery) service** service de messageries or de livraison de colis à domicile. **– parcel office** bureau de messageries. **– parcel post** service de colis postaux or de messageries; **to send sth by parcel post** envoyer qch par colis postal. **– parcel train** train de messageries.

**parcel out** ['pɑːsl] vt sep (gen) distribuer; land lotir.

**pare down** [pɛəʳ] vt sep expenses, costs réduire, rogner; staff réduire, dégraisser.

**parent** ['pɛərənt] n (gen) père m (or mère f). ◊ **parent company** maison or société mère.

**Pareto's Law** [pə'retəʊ] n loi f de Pareto.

**pari passu** ['pærɪ'pæsuː] adv de pair.

**Paris** ['pærɪs] n Paris.

**parity** ['pærɪtɪ] n parité f. ◊ **parity of exchange** parité de change; **parity ratio** rapport de parité; **parity table** table des parités; **parity value** valeur au pair; **exchange at parity** change au pair or à la parité; **exchange rate parities** parités des taux de change; **fixed parity** parité fixe; **purchasing power parity** parité du pouvoir d'achat.

**park** [pɑːk] **1** n parc m. ◊ **business park** parc d'activités; **industrial park** (US) zone industrielle; **science park** parc scientifique; **theme park** parc à thème.
**2** vt car garer, stationner.
**3** vi se garer, stationner.

**parking** ['pɑːkɪŋ] **1** n stationnement m. ◊ **no parking** stationnement interdit.
**2** cpd **parking lot** (US) parking, parc de stationnement. **– parking ticket** procès-verbal, p.-v., papillon*.

**Parliament** (GB) ['pɑːləmənt] n Parlement m.

**parole** [pə'rəʊl] **1** n (Jur) liberté f conditionnelle. ◊ **to release sb on parole** mettre qn en liberté conditionnelle.

**2** **vt** mettre en liberté conditionnelle.

**parsimony** ['pɑːsɪmənɪ] **n** ◊ **the law of parsimony** (Econ) la loi du moindre effort.

**part** [pɑːt] **1** **n** **a** (piece of machine) pièce f. ◊ **component part** composant; **replacement or spare part** pièce de rechange, pièce détachée. **b** (section, division) partie f. ◊ **the major part of** la majeure partie de; **to pay in part** payer partiellement. **c** (place) endroit m, coin* m. ◊ **in this part of the factory** à cet endroit de l'usine, dans ce coin* de l'usine. **d** (phrases) **for my part** pour ma part, quant à moi; **to take sb's part** prendre le parti de qn; **an error on the part of the chairman** une erreur de la part du président; **to play a part in sth** participer à qch, jouer un rôle dans qch.
**2** **adj** delivery, shipment partiel. ◊ **part cargo charter** affrètement partiel; **part exchange** reprise (en compte); **to take sth in part exchange** reprendre qch en compte; **part owner** (gen) copropriétaire; (Mar) coarmateur; **part ownership** copropriété; **part paid stocks** non (entièrement) libéré; **part payment** règlement partiel, acompte; **I am enclosing $700 in part payment of our order** ci-joint 700 dollars en règlement partiel de notre commande or à titre d'acompte sur notre commande; **part performance** [contract] exécution partielle; **part shipment** expédition partielle; **part-time** worker, job à temps partiel; **I am doing part-time work** je travaille à temps partiel; **to put sb on part-time (work)** mettre qn en chômage partiel; **part truck load** (Rail) wagon incomplet.
**3** **cpd** **parts commonality** (Ind) banalisation or standardisation des pièces. − **parts list** (Ind) nomenclature. − **parts store** magasin de pièces détachées.

**partial** ['pɑːʃəl] **adj** (in part) partiel, incomplet. ◊ **partial acceptance of a bill** acceptation partielle d'un effet; **partial equilibrium** (Econ) équilibre partiel; **partial loss** (Ins) perte partielle, sinistre partiel; **partial audit** vérification partielle.

**partially** ['pɑːʃəlɪ] **adv** partiellement.

**partible** ['pɑːtəbl] **adj** (Jur) partageable, divisible.

**participant** [pɑːˈtɪsɪpənt] **n** participant(e) m(f).

**participate** [pɑːˈtɪsɪpeɪt] **vi** participer (*in* à), prendre part (*in* à).

**participating** [pɑːˈtɪsɪpeɪtɪŋ] **adj** (gen) participant. ◊ **participating policy** (Ins) police d'assurance avec participation aux bénéfices; **participating preference share** action préférentielle avec droit à une quote-part supplémentaire des bénéfices; **participating bond** obligation avec

participation aux bénéfices, obligation participante.

**participation** [pɑːˌtɪsɪˈpeɪʃən] **1** **n** participation f (*in* à). ◊ **worker participation** participation des travailleurs à la gestion de l'entreprise, cogestion.
**2** **cpd** **participation account** compte en participation. − **participation loan** crédit consortial or cartellaire. − **participation rate** taux de participation.

**participative** [pɑːˈtɪsɪpətɪv], **participatory** [pɑːˈtɪsɪpətərɪ] **adj** participatif. ◊ **participative management** management participatif.

**particular** [pəˈtɪkjuləʳ] **adj** particulier, spécial. ◊ **particular average** (Mar Ins) avarie particulière; **particular equilibrium** (Econ) équilibre partiel; **particular lien** (Jur) droit de rétention limité; (opp of general lien) privilège spécial; **particular partnership** association en participation; **particular power** (Jur) procuration spéciale.

**particulars** [pəˈtɪkjuləz] **npl** **a** (details) détails mpl. ◊ **please send full particulars concerning your order** veuillez envoyer tous les détails or renseignements concernant votre commande; **for further particulars write to** pour plus amples renseignements or pour plus de détails écrivez à; **particulars of an account** détail d'un compte. **b** (description) description f; [person] signalement m. ◊ **particulars of sale** description de la propriété à vendre, cahier des charges; **personal particulars** (name, address) coordonnées. **c** (Acc) libellé m. ◊ **particulars column** colonne de libellé.

**partition** [pɑːˈtɪʃən] **1** **n** (gen) division f; [property] partage m. ◊ **partition of average** (Ins) répartition d'avaries.
**2** **vt** diviser, partager.

**partly** ['pɑːtlɪ] **adv** partiellement. ◊ **partly paid-up shares** actions non entièrement libérées.

**partner** ['pɑːtnəʳ] **1** **n** (gen) partenaire mf; [business] associé(e) m(f). ◊ **active** or **acting** or **general** or **ordinary** or **working partner** commandité; **dormant** or **limited** or **silent** or **sleeping partner** commanditaire, bailleur de fonds; **junior / senior partner** associé minoritaire / principal or majoritaire; **managing partner** associé gérant; **nominal partner** associé fictif, prête-nom.
**2** **vt** être l'associé de, s'associer à.

**partnership** ['pɑːtnəʃɪp] **1** **n** **a** (Jur, Comm) (firm) société f en nom collectif, société f de personnes. ◊ **articles** or **deed of partnership** acte d'association, contrat de société; **industrial partnership** participation des salariés aux bénéfices; **limited partnership** société en commandite simple; **non-trad-**

ing **partnership** société non commerciale; **particular partnership** association en participation; **trading partnership** société or association commerciale; **to be in partnership** être associé (*with* avec); **to dissolve a partnership** dissoudre une association; **to go into partnership** s'associer (*with* avec). **b** (gen) association f. ◊ **partnership between companies and universities** partenariat entre les entreprises et les universités; **research partnership** partenariat pour la recherche. **2** cpd **partnership accounts** comptes mpl de société. − **partnership share** part d'associé, part sociale.

**party** ['pɑːtɪ] **1** n **a** (Jur, Ins) partie f. ◊ **contracting / defaulting / adverse party** partie contractante / défaillante / adverse; **the injured party** la partie lésée; **party entitled, interested party** intéressé, ayant droit; **party of the first / second** comparant d'une part / d'autre part; **party named** (Fin) accrédité; **third party** tierce personne, tiers; **third-party claim** recours des tiers; **third-party insurance** (Aut) assurance au tiers; **third-party liability** responsabilité au tiers; **third-party risk** risque au or aux tiers; **payment on behalf of a third party** paiement par intervention; **party to an estate** cohéritier; **to be a party to a suit** être l'une des parties d'un procès; **to become a party to a contract** être l'une des parties contractantes; **the parties to the agreement** les parties de cet accord; **the parties to a bill of exchange** les intéressés à une lettre de change. **b** (group) groupe m; [workmen] équipe f; (Pol) parti m. ◊ **working party** (gen) groupe de travail; (enquiry) commission d'enquête. **c** (Telec) correspondant m. ◊ **the called party** le demandé; **the calling party** le demandeur; **your party is on the line** votre correspondant est en ligne. **d** (social event) réunion f, réception f. ◊ **dinner party** dîner; **cocktail party** cocktail. **2** cpd **party line** (Pol) politique or ligne du parti; (Telec) ligne à postes groupés.

**pass** [pɑːs] **1** vt **a** (get through) **to pass customs** passer la douane; **to pass inspection** [goods] être jugé conforme, satisfaire au contrôle. **b** (Jur) **to pass judgement** rendre un jugement (*on* sur); **to pass sentence** prononcer une condamnation (*on sb* contre qn). **c** (accept) candidate admettre; (Pol) law adopter; (approve) autoriser, approuver. ◊ **to pass a dividend of 4%** approuver un dividende de 4%. **d** (omit) **to pass a dividend** ne pas déclarer un dividende. **e** (Acc) **to pass an entry** passer une écriture; **to pass a transfer** faire un contre-passement; **to pass to the credit** porter au crédit; **to pass an item to current account** passer or porter un article en compte courant.

**2** vi [person] (test) être reçu or admis (*in* en); [goods, machine] (inspection) être jugé conforme, satisfaire au contrôle. **3** n **a** (permit) laissez-passer m; (Rail) carte f d'abonnement; (Mar) lettre f de mer. **b** (Comp) passage m en machine.

**passage** ['pæsɪdʒ] n **a** [law] adoption f. **b** (Mar) voyage m, traversée f. ◊ **we had a rough passage** nous avons fait une mauvaise traversée; **passage money** prix du voyage; **on passage** ship en voyage.

**passbook** ['pɑːsbʊk] n (Bank) livret m de compte; (Customs) carnet m de passage en douane.

**passenger** ['pæsndʒəʳ] **1** n (in train) voyageur(-euse) m(f); (in boat, plane, car) passager(-ère) m(f). **2** cpd **passenger accommodation** (on ship) cabine. − **passenger coach** (GB) or **car** (US) (Rail) voiture or wagon de voyageurs. − **passenger fare** prix du billet au tarif voyageurs. − **passenger list** (Aviat, Mar) liste des passagers. − **passenger lounge** (in airport) salon d'attente. − **passenger manifest** (Aviat, Mar) liste or manifeste des passagers. − **passenger mile** (Aviat) kilomètre-passager; (Rail) kilomètre-voyageur, voyageur kilométrique. − **passenger reservation service** service de réservation (de places). − **passenger ship** paquebot. − **passenger train** train de voyageurs.

**passing** ['pɑːsɪŋ] n [resolution, law] adoption f.

**passive** ['pæsɪv] adj passif. ◊ **passive balance of trade** balance commerciale déficitaire; **passive bond** obligation ne portant pas d'intérêts; **passive income** revenu de placement.

**pass off** vt sep goods, coins refiler. ◊ **to pass o.s. off as** se faire passer pour.

**pass on** vt sep increase in costs répercuter (*to* sur).

**pass-on** ['pɑːsˈɒn] adj ◊ **pass-on readership** [newspaper] lectorat effectif.

**pass over** vt sep ◊ **they passed him over for promotion** il n'a pas été retenu pour une promotion.

**passport** ['pɑːspɔːt] n passeport m. ◊ **passport check** contrôle des passeports.

**password** ['pɑːswɜːd] n mot m de passe. ◊ **password protection** (Comp) protection par mot de passe.

**past** [pɑːst] adj year passé. ◊ **the past year's results** (Acc) les résultats de l'exercice écoulé; **my past experience as a salesman** mon expérience en tant que vendeur.

**past-due** [ˌpɑːstˈdjuː] **adj** bill, invoice non réglé à l'échéance.

**paste up** [peɪst] **vt sep** advertisement, poster afficher.

**paste-up** [ˈpeɪstʌp] **n** montage m, collage m.

**pat.** abbr of *patent*.

**patch** [pætʃ] **n a** [land] parcelle f; (GB) [salesman] territoire m, secteur m. ◊ **we've hit a bad patch** on est dans une mauvaise période, nous traversons une mauvaise période. **b** (Comp) correction f de programme.

**patch up** [pætʃ] **vt sep** rafistoler*. ◊ **to patch up a compromise** arriver à un semblant de compromis.

**patchwork** [ˈpætʃwɜːk] **n** patchwork m. ◊ **a patchwork agreement** un accord obtenu par des concessions réciproques.

**patchy** [ˈpætʃɪ] **adj** results, sales inégal.

**patent** [ˈpeɪtənt] **1 adj a** invention breveté. ◊ **patent medecine** remède; **letters patent** brevet d'invention. **b** **patent leather** cuir verni; **patent leather shoes** souliers vernis. **c** (obvious) facts, lie patent, manifeste, évident.
**2 n** (licence) brevet m (d'invention); (invention) invention f brevetée. ◊ **to take out a patent** prendre un brevet, faire breveter une invention; **infringement of a patent** contrefaçon; **to apply for** or **file a patent** faire or déposer une demande de brevet; **to assign a patent to sb** transmettre un brevet à qn; **commissioner of patents** directeur du bureau des brevets; **conveyance of a patent** transmission de propriété d'un brevet; **patent pending** brevet en cours d'homologation.
**3 vt** invention prendre un brevet pour, faire breveter.
**4 cpd patent agent** agent or conseil en brevets. – **patent application** demande de brevet. – **patent engineer** ingénieur-conseil en brevets industriels. – **patent fees** droits mpl (d'enregistrement) de brevet. – **patent goods** articles mpl brevetés. – **patent lawyer** (US) avocat conseil spécialisé en matière de brevet. – **Patent Office** (GB) bureau or registre des brevets d'invention. – **patent renewal fees** droits mpl annuels de maintien d'un brevet. – **patent rights** propriété industrielle (on sur). – **patent royalties** royalties fpl dues par le concessionnaire d'un brevet. – **patent trading** échange de brevets.

**patentability** [ˌpeɪtəntəˈbɪlɪtɪ] **n** brevetabilité f.

**patentable** [ˈpeɪtəntəbl] **adj** brevetable.

**patentee** [ˌpeɪtənˈtiː] **n** titulaire mf d'un brevet.

**path** [pɑːθ] **n** chemin m. ◊ **critical path method** méthode du chemin critique; **growth path** (Econ) sentier de croissance; **in a sluggish growth path** sur un sentier de croissance ralentie.

**pathfinder prospectus** [ˈpɑːθfaɪndəʳprəˈspektəs] **n** (St Ex) prospectus m préliminaire.

**patron** [ˈpeɪtrən] **n a** [shop, hotel] client(e) m(f); [theatre, café] habitué(e) m(f). **b** [artist] protecteur(-trice) m(f), mécène m.

**patronage** [ˈpætrənɪdʒ] **n a** [artist] parrainage m. **b** (Comm) clientèle f.

**patronize, patronise** [ˈpætrənaɪz] **vt** shop se fournir chez, être client de.

**patter** [ˈpætəʳ] **n** [salesman] boniment* m, baratin* m, bagou(t)* m. ◊ **to give a customer the sales patter** faire l'article or le baratin* à un client.

**pattern** [ˈpætən] **1 n a** (design : on material) dessin m, motif m. ◊ **floral pattern** motif floral or de fleurs. **b** (shape, tendency) [behaviour] schéma m, habitude f; [trade] tendance f; [living] mode m. ◊ **buying** or **spending patterns** habitudes d'achat; **consumer patterns** habitudes de consommation; **it followed the usual pattern** cela s'est passé selon le schéma classique; **we can find no pattern in these events** nous ne trouvons aucune logique dans ces événements. **c** (Comp) configuration f. ◊ **bit pattern** configuration or profil binaire.
**2 cpd pattern agreement** accord type. – **pattern book** [material, wallpaper] album or livre d'échantillons; (sewing) album or catalogue de mode. – **pattern card** carte d'échantillons. – **pattern maker** (Metal) modeleur. – **pattern recognition** (Comp) reconnaissance des formes.

**paucity** [ˈpɔːsɪtɪ] **n** [crops, oil] pénurie f; [money, supplies] manque m; [ideas] indigence f.

**pawn** [pɔːn] **1 n a** (security for loan) gage m, nantissement m. ◊ **to put sth in pawn** mettre qch en gage, gager qch; **to get sth out of pawn** dégager qch; **securities held in pawn** (St Ex) valeurs or titres en pension. **b** (Chess, fig) pion m.
**2 vt** object mettre en gage or au clou*. ◊ **pawned stock** (St Ex) valeurs or titres en pension.

**pawnbroker** [ˈpɔːnbrəʊkəʳ] **n** prêteur(-euse) m(f) sur gages.

**pawnee** [pɔːˈniː] **n** (Jur) prêteur(-euse) m(f) sur gages.

**pawner** [ˈpɔːnəʳ] **n** (Jur) emprunteur(-euse) m(f) sur gages.

**pawnshop** [ˈpɔːnʃɒp] **n** bureau m de prêteur sur gages.

**pay** [peɪ] **1** n (gen) salaire m, paie f, paye f, traitement m. ◊ **back pay** rappel de salaire or de traitement; **basic pay** salaire de base; **equal pay** égalité des salaires; **half pay** demi-salaire; **to be on half pay** être payé à mi-temps; **overtime pay** heures supplémentaires; **I get £20 a week in overtime pay** je touche 20 livres par semaine en heures supplémentaires; **redundancy pay** indemnité de licenciement; **severance pay** indemnité de licenciement; **strike pay** allocation aux grévistes (versée par un syndicat); **take-home pay** salaire net; **unemployment pay** allocation or indemnité de chômage; **the pay is excellent** c'est très bien payé; **holidays with pay** congés payés; **to draw one's pay** toucher son salaire; **to stop sb's pay** bloquer le salaire de qn.

**2** cpd **pay bargaining** négociation de convention collective. − **pay boost** augmentation de salaire. − **pay cheque** (GB), **pay check** (US) chèque de règlement de salaire; **my monthly pay cheque comes to £2,000** mon salaire mensuel est de 2 000 livres. − **pay day** (Ind) jour de (la) paie or paye; (St Ex) jour de la liquidation. − **pay desk** caisse. − **pay dirt** (US Min) (gisement d') alluvions fpl exploitables; **to hit pay dirt***** trouver un bon filon*. − **pay differential** écart or différentiel de salaires. − **pay freeze** blocage des salaires. − **pay grade** échelon salarial. − **pay increase** augmentation de salaire. − **pay load** → payload. − **pay office** caisse. − **pay packet** paie, paye. − **pay-phone** (GB) téléphone public. − **pay policy** politique salariale. − **pay rate** taux de rémunération. − **pay rise** augmentation de salaire. − **pay scale** échelle des salaires. − **pay schedule** barème des salaires. − **pay sheet** or **slip** feuille or bulletin de paie or de salaire, fiche de paie. − **pay station** (US) téléphone public. − **pay talks** négociations fpl salariales. − **pay TV** télévision à péage.

**3** vt **a** person payer (to do, for doing à faire, pour faire); bill, invoice payer, régler; tax, money, instalments payer; deposit verser; debt s'acquitter de, régler; loan rembourser; duty acquitter, payer; balance régler. ◊ **to pay cash** payer comptant; **I paid £20 on account** j'ai versé un acompte de 20 livres, j'ai versé 20 livres d'arrhes; **we paid her $30 for the translation** on lui a payé la traduction 30 dollars; **we pay good wages** nous payons bien; **I get paid on a monthly basis** or **by the month** je suis mensualisé, on me paie tous les mois; **to be paid by the hour** être payé à l'heure; **to pay money into an account** verser de l'argent à un compte; **to pay a cheque into an account** mettre un chèque sur un compte; **the business is paying its way** l'affaire devient rentable; **pay**

**bearer** payer au porteur; **pay self** payez à l'ordre de moi-même; **to pay (the) costs** [court case] être condamné aux dépens. **b** (Fin) interest rapporter; dividend distribuer. **c** (be profitable to) rapporter à. ◊ **it would pay us to find a good lawyer** on aurait avantage à trouver un bon conseiller juridique; **it pays to advertise** faire de la publicité est quelque chose de rentable, la publicité ça paie*. **d** **to pay sb a visit** rendre visite à qn; **to pay attention to** faire or prêter attention à; **to pay a call on partly paid shares** faire un versement sur des titres non libérés.

**4** vi payer. ◊ **to pay for a service** payer un service; **to pay in cash** payer en espèces; **to pay by cheque** payer par chèque; **to pay in full** payer intégralement; **to pay in advance** payer d'avance or par anticipation; **pay as you earn** (GB), **pay as you go** (US) (tax) système de prélèvement ou de retenue des impôts à la source; **this operation will pay for itself in two years** cette opération sera rentabilisée dans deux ans; **order / failure to pay** ordre / défaut de paiement.

**payable** ['peɪəbl] **adj** **a** (due for payment) payable, exigible. ◊ **payable in advance** payable d'avance; **payable to bearer** (payable) au porteur; **payable on demand** or **on presentation, payable at sight** payable à vue or sur présentation; **payable in francs** payable or libellé en francs; **payable on March 24** dividend avec jouissance au 24 mars, date de jouissance le 24 mars; **accounts payable** comptes fournisseurs; **bills payable** effets à payer; **bills payable book** échéancier; **to make a cheque payable to sb** faire un chèque (libellé) à l'ordre de qn. **b** (profitable) rentable, payant.

**payables** ['peɪəblz] **npl** (accounts) comptes mpl fournisseurs; (bills) effets mpl à payer.

**pay back** vt sep loan, person rembourser. ◊ **we expect our investment to pay back 10% a year** nous attendons un retour de 10% par an sur notre investissement.

**payback** ['peɪbæk] **1** n [investment] retour m; [debt] remboursement m. ◊ **the obsession with quick paybacks** l'obsession du retour rapide sur investissement. **2** cpd **payback period** période d'amortissement. − **payback provisions** dispositions fpl relatives au remboursement.

**pay down** vt fus debt rembourser, réduire.

**PAYE** [ˌpiːeɪwaɪˈiː] (GB) n abbr of **pay as you earn** → pay.

**payee** [peɪˈiː] n [cheque] bénéficiaire mf; [postal order] destinataire mf, bénéficiaire mf.

**payer** ['peɪəʳ] n [cheque] tireur(-euse) m(f). ◊ **slow payer** mauvais payeur; **payer of contango** (St Ex) reporté.

**pay in** vt sep money verser; cheque verser, remettre, déposer, donner à l'encaissement (to à).

**pay-in** ['peɪˌɪn] cpd **pay-in book** carnet de versement. — **pay-in slip** bordereau de versement.

**paying** ['peɪɪŋ] adj payant. ◊ **paying agent** domiciliataire; **paying banker** banquier; **paying concern** entreprise rentable; **paying office** caisse.

**payload** ['peɪləʊd] n [vehicle] charge f utile; [aeroplane] poids m utile, emport m; [ship] charge f payante.

**paymaster** ['peɪmɑːstəʳ] n (gen) intendant m, caissier m, payeur m; (Mar) commissaire m.

**payment** ['peɪmənt] **1** n [invoice] paiement m, règlement m; [sum of money, tax] paiement m; [debt] liquidation f, acquittement m; [loan] remboursement m, amortissement m; [shares] libération f; [duty] acquittement m; (for services rendered) rémunération f, paiement m; (salary, wages) salaire m, paie f, paye f; (bank transaction) versement m. ◊ **on payment of $30** moyennant (paiement de) 30 dollars, contre paiement de 30 dollars; **please find enclosed our cheque in payment of your invoice** veuillez trouver ci-joint notre chèque en règlement de votre facture; **to make a payment** effectuer or faire un paiement; **to stop payment of a cheque** faire opposition à un chèque; **to present a cheque for payment** présenter un chèque à l'encaissement; **receipts and payments** recettes et dépenses; **cash receipts and payments** entrées et sorties de caisse, encaissements et décaissements; **payment countermanded** opposition au paiement; **payment received** pour acquit; **payment by instalments** paiement à tempérament or par traites; **payment by result** salaire au rendement; **payment for honour** paiement par intervention; **payment in advance** paiement anticipé; **payment in kind** paiement en nature; **payment of calls** (gen) versement d'appels de fonds; (St Ex) libération d'actions; **payment of interest** service d'intérêt; **payment on account** acompte, provision, arrhes; **payment on delivery** paiement à la livraison; **payment on invoice** paiement dès réception de la facture; **advance payment** (down payment) acompte, arrhes, avance; (full payment) paiement anticipé or par anticipation; **balance of payments** balance des paiements; **cash payment** paiement en espèces or en liquide; **deferred payment** [instalment contract] paiement par versements périodiques; (credit facilities) paiement différé; **down payment** premier acompte; **front-end payment** versement or paiement initial; **instalment**

**payment** traite; **inward payment** encaissement, paiement reçu; **outward payment** décaissement; **overdue payment** arriéré; **part payment** règlement partiel, acompte; **in part payment of** à titre d'acompte sur; **spread out payment** paiements fractionnés or échelonnés; **term of payment** délai de paiement; **terms of payment** conditions de paiement; **transfer payments** opérations de transfert. **2** cpd **payment date** date de paiement. — **payment instrument** instrument de paiement. — **payment terms** conditions fpl de paiement; **easy payment terms** facilités de paiement.

**pay off** **1** vi rapporter, être rentable or payant. ◊ **our strategy has finally paid off** notre stratégie s'est enfin révélée payante. **2** vt sep **a** debt) régler, payer, s'acquitter de; loan amortir, rembourser; invoice régler, payer; mortgage purger; creditors désintéresser, rembourser; outstanding account régler, solder. **b** employee renvoyer, licencier, congédier; ship's crew débarquer; ship désarmer. **c** interest rapporter. ◊ **our decision to enter the American market has paid off fat dividends** notre décision de nous lancer sur le marché américain a rapporté de gros dividendes.

**payoff** ['peɪɒf] n [investment] rentabilité f, rapport m, rendement m. ◊ **payoff table** matrice des gains.

**payola*** [peɪ'əʊlə] (US) n pot-de-vin m.

**pay out** vt sep **a** money (gen) débourser, dépenser; [cashier] payer. **b** rope laisser filer.

**pay-out reel** n (Comp) bobine f émettrice or débitrice.

**payroll** ['peɪrəʊl] n (list) registre m du personnel or des salaires; (all the employees) effectifs mpl, ensemble m du personnel; (total pay) masse f salariale; (wages paid) paie f, paye f. ◊ **the company has 150 people on the payroll** l'entreprise a 150 salariés; **the monthly payroll of the company is $100,000** la masse des salaires de l'entreprise s'élève à 100 000 dollars par mois; **to be on a firm's payroll** être employé par une entreprise, faire partie du personnel d'une entreprise; **to cut the payroll** diminuer les effectifs; **payroll tax** taxe sur la masse salariale; (aux États-Unis) charges sociales.

**pay up** **1** vi payer. **2** vt sep amount payer; debts régler, s'acquitter de; (St Ex) shares libérer.

**PBX** [piːbiː'eks] (GB) n abbr of private branch exchange → private.

**PC** [piː'siː] n abbr of *personal computer* → personal.

**p.c.** abbr of *per cent* pour cent.

**pcl** abbr of *parcel.*

**pd** abbr of *paid.*

**p.d.** abbr of *per diem* par jour.

**p / e** [piː'iː] abbr of *price / earnings ratio* → price.

**peak** [piːk] **1** n (on graph) sommet m; [career] sommet m, apogée f; (highest level) [demand, unemployment, inflation] maximum m, niveau m record. ◊ **business was at its peak in 1973** les affaires ont atteint leur point culminant or leur niveau record en 1973; **the tourist trade reaches its peak in summer** le tourisme est à son maximum en été.
**2** cpd **peak attendance** affluence maximum or maximale. – **peak demand** (gen) demande maximum or maximale; (Elec) (période de) consommation de pointe. – **peak hours** heures fpl de pointe. – **peak load** (gen) charge maximum; (Elec) pointe de consommation. – **peak period** (rush hour) période de pointe; [holidays] haute saison. – **peak production** production maximum or maximale. – **peak season** [holidays] haute saison. – **peak speed** vitesse de pointe. – **peak viewing time** (TV) heure de plus grande écoute. – **peak year** année record.
**3** vi [inflation, sales curve, demand] atteindre un maximum or son point culminant, battre un record.

**peasant** ['pezənt] n (gen, Hist) paysan(ne) m(f); (Econ : small farmer) agriculteur(-trice) m(f).

**pecking order** (GB) ['pekɪŋɔːdəʳ], **peck order** (US) ['pekɔːdəʳ] n ordre m hiérarchique.

**peculate** ['pekjuleɪt] vi détourner des fonds (publics).

**peculation** [ˌpekjuˈleɪʃən] n détournement m de fonds (publics), péculat m.

**peculator** ['pekjuleɪtəʳ] n prévaricateur m.

**peculiarity** [pɪˌkjuːlɪˈærɪtɪ] n trait m distinctif, particularité f.

**pecuniary** [pɪˈkjuːnɪərə] adj pécuniaire, financier. ◊ **for pecuniary gain** dans un but lucratif; **pecuniary difficulties** ennuis d'argent, embarras pécuniaires; **pecuniary loss insurance** assurance sur pertes de bénéfices.

**peddle** ['pedl] vt goods colporter; ideas propager; drugs faire le trafic de.

**pedestrian** [pɪˈdestrɪən] n piéton m. ◊ **pedestrian precinct** zone piétonnière or piétonne.

**pedestrianize, pedestrianise** [pɪˈdestrɪənaɪz] vt area transformer en zone piétonnière or piétonne.

**pedlar** ['pedləʳ] (US), **peddler** n (door to door) colporteur m; (in street) camelot m.

**peg** [peg] **1** n **a** (for coat) patère f. ◊ **to buy a suit off the peg** acheter un costume prêt-à-porter or de confection; **I bought this off the peg** c'est du prêt-à-porter. **b** cheville f, fiche f. ◊ **crawling peg system** (Econ) régime des parités à crémaillères.
**2** vt **a** (hold steady) prices, wages stabiliser. ◊ **pegged rates of exchange** taux de change de soutien; **pegged price** prix contrôlé; **pegging purchases** achats d'intervention. **b** (link) rates of exchange indexer (to à). ◊ **the Hong Kong dollar is pegged to the US dollar** le dollar de Hong-Kong est indexé sur le dollar US; **everything is pegged to immediate earnings** tout est (en) fonction de la rentabilité immédiate.

**Peking** ['piː'kɪŋ] n Pékin.

**pen** [pen] **1** n stylo m; (ball-point) stylo m (à bille); (felt-tip) (crayon m) feutre m. ◊ **fountain pen** stylo à plume; **light pen** photostyle, crayon optique; **marker pen** marqueur.
**2** cpd **pen plotter** (Comp) traceur.

**penalize, penalise** ['penəlaɪz] vt (punish) pénaliser, sanctionner; (handicap) pénaliser, handicaper, désavantager. ◊ **they were penalized by their inability to speak Japanese** ils étaient handicapés par leur ignorance de la langue japonaise.

**penalty** ['penəltɪ] **1** n (punishment) pénalité f, peine f, sanction f; (fine) amende f. ◊ **penalty for non compliance** pénalité pour infraction or non-respect; **on penalty of** sous peine de; **penalty for breach of contract** dédit de rupture de contrat; **penalty for late tax payment** (US) majoration de retard.
**2** cpd **penalty bond** cautionnement, caution. – **penalty clause** clause de pénalité. – **penalty rate** taux de pénalisation.

**pence** [pens] (GB) n ◊ **one pence** un penny; **I paid 50 pence for it** je l'ai payé 50 pence; **a 10-pence coin** une pièce de 10 pence.

**pencil** ['pensl] n crayon m.

**pencil in** ['pensl] vt sep (note provisionally) retenir, noter comme possibilité, marquer au crayon. ◊ **will you pencil that date in for our next meeting?** pouvez-vous retenir cette date pour notre prochaine réunion?

**pending** ['pendɪŋ] adj business, task en attente, en souffrance; (Jur) case en instance, pendant. ◊ **the pending tray** la corbeille or le casier des affaires en souffrance or en cours; **patent pending** brevet en cours d'homologation.

**penetrate** ['penɪtreɪt] vt pénétrer.

**penetration** [ˌpenɪˈtreɪʃən] n pénétration f. ◊ **penetration rate** taux de pénétration;

**market penetration** pénétration du marché ; **capacity of penetration** pénétrabilité.

**penniless** ['penɪlɪs] **adj** sans le sou, sans ressources.

**penny** ['penɪ] **n** (GB) penny m ; (US : *) pièce f d'un cent. ◊ **he was left without a penny** il s'est retrouvé sans le sou ; **it costs a pretty penny*** cela coûte cher ; **to buy in penny numbers** acheter par petits lots or en petites quantités.

**pension** ['penʃən] **1** n (state payment) pension f. ◊ **life pension** rente viagère ; **disablement pension** pension d'invalidité ; **retirement pension** (pension de) retraite ; **supplementary pension** retraite complémentaire ; **to retire on a pension** toucher une retraite. **2** cpd **pension calculation** liquidation de retraite. − **pension fund** fonds or caisse de retraite. − **pension scheme** régime de retraite ; **contributory pension scheme** système de retraite par répartition ; **non-contributory pension scheme** régime de retraite entièrement financé par l'employeur ; **graduated pension scheme** régime de retraite proportionnelle.

**pensionable** ['penʃnəbl] **adj** service qui donne droit à une pension ; person qui a droit à une pension. ◊ **pensionable age** âge de la retraite.

**pensioner** ['penʃənəʳ] **n** (gen) pensionné(e) m(f) ; (GB : also **old age pensioner**) retraité(e) m(f).

**pension off** ['penʃən] **vt sep** mettre à la retraite.

**pent-up** ['pent'ʌp] **adj** ◊ **pent-up demand** demande accumulée ; **pent-up energy** force contenue.

**penurious** [pɪ'njʊərɪəs] **adj** (indigent) indigent, misérable ; (stingy) parcimonieux.

**penury** ['penjʊrɪ] **n** a (extreme poverty) misère f, indigence f. b (lack of resources) pénurie f.

**peppercorn rent** ['pepəkɔːnˌrent] (GB) **n** loyer m insignifiant or symbolique.

**pep talk*** ['peptɔːk] **n** discours m or laïus* m d'encouragement.

**pep up** [pep] **vi** [business] reprendre, remonter.

**PER** [ˌpiːiː'ɑːʳ] **n** abbr of *price / earnings ratio* PER m.

**per** [pɜːʳ] **prep** a par. ◊ **per annum** par an ; **per capita** par personne ; **per capita income** revenu par habitant or par tête ; **per cent** pour cent ; **ten per cent increase** augmentation de dix pour cent ; **per diem** par jour ; **per head** par tête, par personne ; **90 km per hour** 90 (km) à l'heure ; **she is paid F300 per**

**hour** elle est payée 300 francs (de) l'heure ; **per mile** par mille ; **per pro(curationem)** par procuration ; **per week / year** par semaine / an. b (according to) **as per contra** comme ci-contre ; **as per invoice** suivant facture ; **as per statement** suivant relevé. c (by means of) **per post** par la poste.

**per an.** abbr of *per annum* par an.

**percentage** [pə'sentɪdʒ] **1** n pourcentage m. ◊ **the figure is expressed as a percentage** le chiffre donné est un pourcentage ; **to get a percentage on sales** recevoir un pourcentage sur les ventes ; **director's percentage of profit** tantième des administrateurs. **2** cpd **percentage analysis** analyse procentuelle or indiciaire. − **percentage distribution** ventilation en pourcentage.

**percentile** [pə'sentaɪl] **n** (gen) percentile m ; (Stat) centile m. ◊ **percentile ranking** classement par pourcentage.

**perception** [pə'sepʃən] **n** perception f, recouvrement m.

**peremptory** [pə'remptərɪ] **adj** (gen, Jur) péremptoire. ◊ **peremptory call or notice** mise en demeure ; **peremptory call to do sth** mise en demeure de faire qch ; **peremptory writ** mandat de comparution, citation à comparaître.

**perfect** ['pɜːfɪkt] **1** adj parfait. ◊ **perfect entry** (Customs) déclaration définitive ; **perfect market / monopoly** (Econ) marché / monopole parfait. **2** vt technique mettre au point, perfectionner.

**perforate** ['pɜːfəreɪt] **vt** paper, metal perforer, percer ; ticket poinçonner, perforer. ◊ **perforated line** pointillé ; **perforated tape** (Comp) bande perforée.

**perform** [pə'fɔːm] **1** vt a task accomplir, exécuter ; duty remplir, accomplir, s'acquitter de ; function remplir. b (Theat) play jouer, représenter, donner. ◊ **to perform a part** jouer or tenir un rôle ; **performing rights** droits d'auteur. **2** vi a (gen) donner une or des représentation(s), se produire ; [actor] jouer ; [singer] chanter ; [dancer] danser. b [machine, vehicle] fonctionner, marcher. c [person] (in job) réussir. ◊ **he is not performing well** il ne réussit pas bien, il n'est pas performant ; **an under-performing manager** un cadre peu performant.

**performance** [pə'fɔːməns] **1** n a [play] représentation f ; [film] séance f ; [concert] séance f, audition f. b [actor, dancer] interprétation f ; (Mktg) [product] comportement m. c [machine] fonctionnement m, performances fpl ; [vehicle] performances fpl. d [task] exécution f, accomplissement m. ◊ **in**

the performance of one's duties dans l'exercice de ses fonctions. e (Jur) [contract] exécution f. ◊ part performance exécution partielle ; decree of specific performance [contract] ordonnance d'exécution intégrale ; non performance of a contract inexécution d'un contrat. f (results) [job] rendement m, réalisation f, performances fpl ; [economy] comportement m. ◊ to measure sb's performance mesurer le rendement de qn ; export performance résultats à l'exportation ; job performance [manager] réalisations ; [worker] rendement au travail ; earnings performance of a stock rentabilité or rendement d'une valeur.
2 cpd performance appraisal évaluation des résultats or des performances. – performance bond (bon de) garantie de bonne exécution or de bonne fin. – performance-cost ratio rapport performances-coûts. – performance guarantee (Ins) garantie de bonne fin or de bonne exécution. – performance monitoring contrôle des performances. – performance outcome résultat, réalisation. – performance-related bonus prime de rendement. – performance rights droits mpl d'auteur. – performance standards normes mpl de fonctionnement (or de productivité).

perhaps [pə'hæps, præps] adv peut-être.

peril ['perɪl] n (gen, Ins) péril m. ◊ perils of the sea fortune de mer, risque(s) de mer ; excepted perils risques exclus ; imminent peril péril imminent ; insured peril risque assuré.

period ['pɪərɪəd] 1 n a période f, époque f. ◊ during the whole period of the negotiations pendant toute la durée or la période des négociations ; it must be delivered within a 2-month period il doit être livré dans un délai de deux mois ; trial period période d'essai ; fixed period deposit (Bank) dépôt à terme fixe ; period of grace délai de grâce ; average period of execution durée moyenne d'exécution ; cooling-off period délai de réflexion ; period of notice (délai de) préavis. b (Acc : also accounting period) exercice m. ◊ period under review exercice écoulé.
2 cpd period cost (Acc) coût fixe. – period bill effet à terme.

periodical [ˌpɪərɪ'ɒdɪkəl] adj, n périodique m.

peripheral [pə'rɪfərəl] 1 adj (gen, Comp) périphérique. ◊ peripheral computer ordinateur satellite ; peripheral device or unit unité périphérique.
2 n périphérique m.

perishable ['perɪʃəbl] 1 adj périssable. ◊ perishable goods denrées périssables.
2 perishables npl denrées fpl périssables.

perjury ['pɜːdʒərɪ] n (Jur) faux témoignage m. ◊ to commit perjury faire un faux témoignage.

perk [pɜːk] (GB) n à-côté m, avantage m accessoire, petit bénéfice m. ◊ the perks that come with the job les avantages en nature liés à ce poste.

perk up [pɜːk] vi [business] reprendre.

permanency ['pɜːmənənsɪ] n permanence f, stabilité f ; (job) emploi m permanent, poste m fixe. ◊ permanency of employment stabilité d'emploi.

permanent ['pɜːmənənt] adj employment permanent. ◊ permanent accounts comptes de bilan ; permanent appointment titularisation ; permanent address adresse habituelle ; permanent assets actif or capital immobilisé, immobilisations ; permanent residence résidence habituelle ; permanent way (GB Rail) voie ferrée ; to be on the permanent staff faire partie du personnel statutaire or permanent.

permanently ['pɜːmənəntlɪ] adj en permanence.

per mil. abbr of per mile par mille.

permissible [pə'mɪsɪbl] adj permis, acceptable. ◊ permissible error erreur acceptable or tolérable.

permission [pə'mɪʃən] n permission f ; (official) autorisation f. ◊ permission to deal (GB St Ex) autorisation de conclure une opération ; planning permission (GB) permis de construire.

permissive [pə'mɪsɪv] a (optional) facultatif. b (tolerant) person tolérant, laxiste ; (pej) trop tolérant ; morals, laws laxiste, permissif. ◊ the permissive society la société permissive or de tolérance.

permit ['pɜːmɪt] 1 n (gen) autorisation f écrite ; (for specific activity) permis m ; (Customs) passavant m. ◊ building permit permis de construire ; entry permit visa d'entrée ; export permit autorisation d'exporter ; landing / transhipment permit permis de débarquement / transbordement ; work permit carte or permis de travail.
2 vt permettre (sb to do à qn de faire), autoriser (sb to do qn à faire). ◊ smoking not permitted défense de fumer, il est interdit de fumer.

perpetual [pə'petjʊəl] adj (gen) perpétuel. ◊ perpetual annuity rente perpétuelle ; perpetual bond or debenture obligation non remboursable ; perpetual floater (St Ex) obligation à taux flottant sans échéance fixe ; perpetual inventory inventaire permanent ; perpetual lease bail à vie.

**perpetuate** [pə'petjʊeɪt] **vt** perpétuer, continuer.

**perpetuity** [ˌpɜːpɪ'tjuːɪtɪ] **n** perpétuité f. ◊ **in perpetuity** à perpétuité.

**per pro., per proc.** abbr of *per procurationem* p.p.

**perquisite** ['pɜːkwɪzɪt] **n** (benefit in kind) à-côté m, avantage m en nature; (money) à-côté m, gratification f.

**per se** **adv** en soi, en tant que tel.

**person** ['pɜːsn] **n** (gen) personne f, individu m. ◊ **artificial** or **fictitious person** (Jur) personne morale; **legal person** ≈ personne physique; **natural person** (Jur) personne physique; **in person** en personne; **a private person** un particulier; **third person** tierce personne, tiers; **the person named** (Fin) l'accrédité; **the persons concerned** les intéressés; **person-to-person call** (Telec) communication avec préavis.

**personal** ['pɜːsnl] **adj** credit, loan personnel. ◊ **personal accident insurance** assurance individuelle contre les accidents; **personal account** (Bank) compte personnel or particulier; **personal accounts** (Acc) comptes de personnes; **personal allowance** (Tax) abattement personnel; **personal assets** biens personnels; **personal assistant** secrétaire particulier, assistant; **personal call** (Telec) (person-to-person) appel or communication avec préavis; (private) communication privée; **personal computer** ordinateur personnel or individuel; **personal computing** informatique individuelle; **personal effects** effets personnels; **personal estate** or **property** biens meubles or mobiliers; **personal exemptions** (Tax) exonérations personnelles; **personal identification number** code confidentiel or personnel; **personal income** revenus des particuliers or des personnes physiques; **personal income tax** impôt sur le revenu des personnes physiques; **personal record** dossier personnel; **personal saving** épargne des particuliers; **a loan made on personal security** un prêt accordé sur garantie personnelle; **personal selling** vente directe au consommateur; **personal share** action nominative; **personal work station** (Comp) configuration monoposte, station de travail.

**personality** [ˌpɜːsə'nælɪtɪ] **n** (character) personnalité f; (celebrity) personnage m, personnalité f.

**personalization, personalisation** [ˌpɜːsən əlaɪ'zeɪʃən] **n** personnalisation f.

**personalize, personalise** ['pɜːsənəlaɪz] **vt** personnaliser.

**personalty** ['pɜːsnltɪ] **n** (Jur) biens mpl mobiliers or meubles or personnels.

**personnel** [ˌpɜːsə'nel] **1** **n** (Ind, Comm) personnel m. ◊ **administrative personnel** personnel administratif. **2** **cpd** **personnel agency** bureau de placement, agence de recrutement. – **personnel department** service du personnel. – **personnel management** direction f or gestion du personnel. – **personnel manager** or **officer** directeur(-trice) m(f) or chef du personnel. – **personnel rating** notation or évaluation du personnel.

**perspective** [pə'spektɪv] **n** perspective f. ◊ **in perspective** en perspective; **to put sth into perspective** relativiser qch.

**persuasive** [pə'sweɪsɪv] **adj** persuasif.

**PERT** [pɜːt] **n** abbr of *Programme Evaluation and Review Techniques* → programme.

**pertain** [pɜː'teɪn] **vi** **a** (relate) se rapporter, se rattacher (*to* à). ◊ **all documents pertaining to the case** tous documents se rapportant à or relatifs à l'affaire. **b** (Jur) [land] appartenir (*to* à).

**Peru** [pə'ruː] **n** Pérou m.

**Peruvian** [pə'ruːvɪən] **1** **adj** péruvien. **2** **n** **a** (language) péruvien m. **b** (inhabitant) Péruvien(ne) m(f).

**peseta** [pə'setə] **n** peseta f.

**peso** ['peɪsəʊ] **n** peso m.

**pessimism** ['pesɪmɪzəm] **n** pessimisme m.

**pessimist** ['pesɪmɪst] **n** pessimiste mf.

**pessimistic** [ˌpesɪ'mɪstɪk] **adj** pessimiste.

**peter out** ['piːtə<sup>r</sup>] **vi** [plans] tomber à l'eau.

**petition** [pə'tɪʃən] **1** **n** **a** (list of signatures) pétition f (*for* en faveur de; *against* contre). **b** (Jur) requête f. ◊ **petition in bankruptcy** [creditor] demande de mise en liquidation judiciaire; [debtor] dépôt de bilan, (requête en) déclaration de faillite; **to file a petition in bankruptcy** [creditor] faire une demande de mise en liquidation judiciaire; [debtor] déposer son bilan. **2** **vt** (gen) adresser une pétition à, pétitionner. ◊ **to petition the court** (Jur) adresser or présenter une requête en justice.

**petitioner** [pə'tɪʃnə<sup>r</sup>] **n** (gen) pétitionnaire mf; (Jur) requérant(e) m(f).

**petitioning** [pə'tɪʃnɪŋ] **adj** ◊ **petitioning creditor** (in bankruptcy proceedings) créancier requérant.

**petrocurrency** ['petrəʊˌkʌrənsɪ] **n** pétro-devise f.

**petrodollar** ['petrəʊˌdɒlə<sup>r</sup>] **n** pétrodollar m.

**petrol** ['petrəl] (GB) **n** essence f. ◊ **petrol station** station-service; **2-star / lead-free petrol**

essence ordinaire / sans plomb; **4-star petrol** super, supercarburant.

**petroleum** [pɪˈtrəʊlɪəm] n pétrole m. ◊ **the petroleum industry** l'industrie pétrolière or du pétrole; **crude petroleum** pétrole brut.

**petropolitics** [ˌpetrəʊpəˈlɪtɪks] n *politique menée par les pays de l'OPEP.*

**petrosterling** [ˈpetrəʊˌstɜːlɪŋ] n pétro-sterling m.

**petties** [ˈpetɪs] npl (Acc) menues dépenses fpl.

**petty** [ˈpetɪ] adj farmer, shopkeeper petit. ◊ **petty average** (Mar Ins) petite avarie; **petty cash** petite caisse, petite or menue monnaie; **petty cash book** livre de petite caisse; **petty expenses** menues dépenses, menus debours; **petty larceny** (Jur) larcin; **petty offence** délit mineur; **petty official** petit fonctionnaire; **petty regulations** règlements tracassiers.

**pfd.** abbr of *preferred.*

**ph.** abbr of *phone.*

**pharmaceutical** [ˌfɑːməˈsjuːtɪkəl] adj industry pharmaceutique.

**pharmacist** [ˈfɑːməsɪst] n pharmacien(-ienne) m(f).

**pharmacy** [ˈfɑːməsɪ] (US) (n pharmacie f.

**phase** [feɪz] **1** n (stage in process) phase f, stade m; (period) phase f, période f. ◊ **our plan is in its final phase** notre plan en est au stade final or à la dernière phase; **the next phase is to increase margins** la prochaine étape consiste à augmenter les marges; **to be out of phase** être déphasé; **to be in phase with** être en phase avec. **2** vt innovations introduire progressivement. ◊ **to phase the implementation of a project** procéder par étapes à la mise en œuvre d'un projet.

**phased** [feɪzd] adj progressif.

**phase in** vt sep new product, new technology introduire progressivement; new system introduire or mettre en œuvre progressivement.

**phase-in** [ˈfeɪzˌɪn] n introduction f progressive.

**phase out** vt sep product retirer graduellement (du marché); technology, system, procedure abandonner or supprimer progressivement; jobs supprimer graduellement.

**phase-out** [ˈfeɪzˌaʊt] n [product, machines] retrait m progressif; [jobs, procedures] suppression f progressive.

**Philippine** [ˈfɪlɪpiːn] **1** adj philippin. **2** n ◊ **the Philippines** les Philippines.

**Phnom Penh** [nɒmpen] n Phnom Penh.

**phone** [fəʊn] **1** n téléphone m. ◊ **Mr Smith is on the phone** M. Smith est au téléphone; **to answer the phone** répondre au téléphone; **to have sb on the phone** avoir qn au bout du fil; **car phone** téléphone de voiture; **card phone** (GB) téléphone à carte; **cordless phone** téléphone sans fil. **2** cpd **phone book** annuaire (téléphonique), Bottin. – **phone booth** or **box** cabine téléphonique. – **phone call** appel or communication téléphonique, coup de fil*. – **phone card** télécarte, carte de téléphone. – **phone-in** (Radio) émission avec participation des auditeurs; **phone-in poll** sondage par téléphone. – **phone number** numéro de téléphone. **3** vt person téléphoner à, passer un coup de fil* à; news, information téléphoner, communiquer par téléphone. **4** vi téléphoner. ◊ **she's phoning** elle est au téléphone.

**phoney*** [ˈfəʊnɪ] adj faux. ◊ **a phoney company** une société bidon*.

**photocopier** [ˈfəʊtəʊˌkɒpɪəʳ] n photocopieur m, photocopieuse f.

**photocopy** [ˈfəʊtəʊˌkɒpɪ] **1** n photocopie f. **2** vt photocopier.

**photolitho** [ˌfəʊtəʊˈlaɪθəʊ] n photolithographie f.

**photostat** [ˈfəʊtəʊˌstæt] **1** n photocopie f, reproduction f. **2** vt photocopier, reproduire.

**physical** [ˈfɪzɪkəl] adj (gen) physique; object, world matériel. ◊ **physical assets** biens corporels; **physical certainty** certitude matérielle; **physical depreciation** dépréciation matérielle; **physical examination** or **check-up** (gen) examen médical; (for firm) visite médicale; **physical inventory** or **stocktaking** inventaire physique; **to keep a physical record of sth** garder une trace matérielle de qch.

**PIBOR** [ˈpaɪbɔːʳ] n abbr of *Paris interbank offered rate* PIBOR m.

**pick** [pɪk] **1** n **a** (choice) choix m. ◊ **to take one's pick** faire son choix; **pick list** (Ind) liste à servir. **b** (best) meilleur(e) m(f). ◊ **the pick of the bunch** le meilleur de tous, le haut du panier. **2** vt (choose) choisir; (gather) cueillir; (Comm : fetch from stock) sortir.

**picket** [ˈpɪkɪt] **1** n piquet m. ◊ **fire picket** piquet d'incendie; **flying pickets** piquets de grève volants; **strike picket** piquet de grève. **2** cpd **picket line** piquet de grève, cordon de grévistes; **to cross a picket line** traverser un cordon de grévistes. **3** vt ◊ **to picket a factory** mettre un piquet de grève devant une usine.

**4** vi [strikers] organiser un piquet de grève.

**picketing** ['pɪkɪtɪŋ] n ◊ **picketing took place at the factory** des piquets de grève ont été mis en place à l'usine ; **secondary picketing** *mise en place de piquets de grève de solidarité.*

**picking** ['pɪkɪŋ] n **a** (selection) [object] choix m ; [candidate] choix m, sélection f ; [fruit] cueillette f ; (Comm : also **order picking**) sortie f de stock, consolidation f d'une commande (pour l'expédition à partir d'une liste), prélèvement m en magasin. ◊ **picking list** liste des articles à sortir du magasin or du dépôt, liste à servir. **b** **there are rich pickings to be had in this business** on peut réaliser de beaux profits dans cette activité.

**pick out** vt sep choisir.

**pick up** **1** vi (improve) [conditions] s'améliorer ; [prices, wages] remonter ; [economy, demand, stock market] reprendre, repartir. **2** vt sep **a** (lift) (gen) ramasser ; telephone décrocher. **b** (collect) (passer) prendre. ◊ **I'll pick you up at the airport** je viendrai vous chercher à l'aéroport ; **to pick up a fare** [taxi] prendre un client. **c** (find) trouver, dégoter*. ◊ **we picked up some good ideas in Canada** on a glané quelques bonnes idées au Canada ; **they picked up a lot of orders at the trade fair** ils ont décroché beaucoup de commandes au Salon professionnel. **d** (St Ex) stock acheter pour faire monter les cours de. **e** [boat, plane] ◊ **to pick up speed** prendre de la vitesse ; **to pick up steam** [economy, sales drive] s'accélérer.

**pickup** ['pɪkʌp] **1** n **a** (recovery) [economy] reprise f. ◊ **the pickups failed to materialize** la reprise ne s'est pas produite. **b** (collection) ramassage m ; (loading) chargement m ; (by taxi) prise f en charge. ◊ **mail pickup** levée du courrier. **2** cpd **pickup truck** camionnette, pick-up.

**pictogram** ['pɪktəˌgræm] n pictogramme m.

**picture** ['pɪktʃər] n (gen, TV) image f ; (painting) tableau m ; (GB : film) film m. ◊ **to put sb in the picture** mettre qn au courant.

**pie** [paɪ] n ◊ **pie chart** camembert, graphique à secteurs or circulaire.

**piece** [piːs] **1** n **a** (coin) pièce f. ◊ **ten pence piece** pièce de 10 pence. **b** (Comm, Ind : item) pièce f. ◊ **please supply 100 pieces as described** prière de nous fournir 100 pièces selon description ; **to sell sth by the piece** vendre qch à la pièce ; **sold by the piece** vendu à la pièce or au détail. **2** cpd **piece rate** salaire à la pièce ; **to be paid piece rates** être payé à la pièce.

**piecework** ['piːswɜːk] n travail m à la pièce or aux pièces or à la tâche. ◊ **to be on piecework** travailler à la pièce or à la tâche.

**pieceworker** ['piːswɜːkər] n ouvrier(-ière) m(f) payé(e) à la pièce.

**pier** [pɪər] **1** n (in seaport) quai m ; (for small boats) embarcadère m ; (in seaside resort) jetée f. **2** cpd **pier dues** droits mpl de quai.

**pierage** ['pɪərɪdʒ] n droits mpl de quai.

**pigeonhole** ['pɪdʒɪnˌhəʊl] (GB) **1** n [letters] (in desk) case f, casier m ; (on wall) casier m. **2** vt (file) classer, ranger ; (shelve) project enterrer temporairement.

**piggyback** ['pɪgɪˌbæk] **1** n **a** (Rail) ferroutage m. ◊ **piggyback service** service de ferroutage, service train-camion. **b** (Comm) (in export marketing) partage m, piggyback m. **2** vt **a** (Rail) goods ferrouter. **b** (Comp) *accéder à un ordinateur en utilisant frauduleusement un mot de passe.*

**pig iron** ['pɪgaɪən] n fonte f brute.

**PIK** [piːaɪˈkeɪ] n abbr of *payment in kind* → payment.

**pile** [paɪl] n [objects] tas m.

**pile up** [paɪl] **1** vi [work, profits] s'accumuler ; [objects in disorder] s'entasser. **2** vt amasser, accumuler.

**pile-up** ['paɪlʌp] n [orders, inventory] accumulation f ; [cars] carambolage m.

**pilfer** ['pɪlfər] vti chaparder.

**pilferage** ['pɪlfərɪdʒ] n chapardage m.

**pilot** ['paɪlət] **1** n pilote m. **2** cpd **pilot boat** bateau-pilote. – **pilot house** poste de pilotage. – **pilot light** lampe-témoin, indicateur ; (on boiler) veilleuse. – **pilot plant** usine pilote. – **pilot project** projet pilote. – **pilot run** (Ind) essai de production, pré-série. – **pilot scheme** projet pilote. – **pilot study** étude préliminaire.

**pilotage** ['paɪlətɪdʒ] n pilotage m.

**PIN** [pɪn] n abbr of *personal identification number* → personal.

**pin** [pɪn] **1** n **a** épingle f. ◊ **drawing pin** (GB) punaise ; **b** (Comp) (on paper advance mechanism) ergot m, picot m. **2** cpd **pin-feed** entraînement par ergots or par picots. – **pin money** argent de poche. – **pin-wheel** roue à picots or à ergots. **3** vt papers (together) attacher avec une épingle.

**pinch** [pɪntʃ] **1** n ◊ **to feel the pinch** (financially) être à court, être gêné financièrement ; **to feel a cost pinch** subir la pression des coûts.

**2** vt (* : steal) piquer*, chiper*, faucher*.

**pink slip*** ['pɪŋk'slɪp] (US) **1** n lettre f de licenciement.
**2** vt licencier, balancer*.

**pinpoint** ['pɪnpɔɪnt] vt place localiser exactement; difficulty mettre le doigt sur, définir exactement.

**pint** [paɪnt] n pinte f (GB ≈ 0,56 l, US ≈ 0,47 l).

**pin up** vt sep notice punaiser, afficher.

**pioneer** [ˌpaɪə'nɪə<sup>r</sup>] **1** vt ◊ to pioneer the study of sth être l'un des premiers à étudier qch; they pioneered this technology ils ont été les pionniers dans le développement de cette technologie; to pioneer new products lancer de nouveaux produits.
**2** cpd pioneer product innovation. – pioneer research recherche novatrice.

**pipeline** ['paɪpˌlaɪn] n (gen) pipeline m; [oil] oléoduc m; [gas] gazoduc m. ◊ to be in the pipeline [order] être en cours de traitement; [new project] être en cours de réalisation.

**piracy** ['paɪərəsɪ] n (gen) piraterie f; [book idea, software] piratage m. ◊ video piracy piratage de films vidéo.

**pirate** ['paɪərɪt] **1** n pirate m; (Comm) contrefacteur m, pirate m. ◊ pirate radio radio pirate.
**2** vt (gen) pirater; (Comm) contrefaire.
◊ pirated edition édition pirate or piratée.

**pit** [pɪt] n **a** (coal) mine f, puits m de mine. **b** (US St Ex) corbeille f or parquet m de la Bourse. ◊ the wheat pit la bourse du blé.

**pitch** [pɪtʃ] n **a** (GB) [trader] place f, emplacement m. ◊ (sales) pitch* baratin* commercial. **b** (Typ, Comp) espacement m. ◊ character pitch espacement des caractères; vertical pitch espacement des lignes; row pitch pas longitudinal.

**pithead** ['pɪthed] n tête f de puits, carreau m de mine. ◊ pithead price prix sur le carreau de mine.

**pivotals** ['pɪvətəlz] (US) npl (St Ex) valeurs fpl essentielles, valeurs-clefs npl.

**pk., pkg.** **a** abbr of package. **b** abbr of packing.

**PLA** [ˌpiːel'eɪ] n abbr of Port of London Authority autorités fpl portuaires de Londres.

**placard** ['plækɑːd] n affiche f, placard m.

**place** [pleɪs] **1** n **a** (gen) endroit m, lieu m. ◊ to take place avoir lieu; place of residence lieu de résidence. **b** (seat) place f. **c** (job, position) place f, poste m, situation f. **d** (rank) place f, rang m.
**2** vt **a** (put) placer, mettre. ◊ to place an ad in a paper passer une annonce dans le

journal; **I shall place the matter in the hands of my lawyer** je mettrai l'affaire entre les mains de mon avocat; **to place sth in safe custody** déposer qch en lieu sûr. **b** (Fin) money placer. ◊ **to place money at interest** placer de l'argent à intérêt; **to place to reserve** (Acc) affecter aux réserves; **to place a loan** placer or négocier un emprunt; **to place money in sb's account** verser de l'argent au compte de qn. **c** (Comm) order passer. ◊ **we have placed an order for 100 diskettes with this firm** on a passé une commande de 100 disquettes à cette entreprise; **to place a contract for supplies with a firm** passer un contrat d'achat de fournitures à une entreprise. **d** (Comm : sell off) écouler, placer. ◊ **we haven't been able to place our new products** nous ne sommes pas arrivés à placer or écouler or trouver des débouchés pour nos nouveaux produits; **these goods are difficult to place** ces marchandises sont difficiles à placer; **to place a book with a publisher** faire accepter un livre par un éditeur; **to place on the market** lancer or mettre or introduire sur le marché. **e** (Ins) **to place a risk** assurer un risque.

**placement** ['pleɪsmənt] **1** n **a** (St Ex, Fin) placement m. ◊ private placement placement direct. **b** (appointment) nomination f, affectation f; (finding a job for) placement m; (Univ) (training period) stage m.
**2** cpd placement agency or office bureau de placement. – placement test test d'orientation.

**placer** ['pleɪsə<sup>r</sup>] n (Ins) preneur m; (Fin) placeur m.

**placing** ['pleɪsɪŋ] n **a** [goods] écoulement m; [stock, loan] placement m. ◊ placing of a new issue placement d'une nouvelle émisssion; direct placing auto-courtage m; placings (St Ex) introduction (progressive) en Bourse. **b** (Comm) [order] placement m, passation f. **c** (Ins) (contract) contrat m d'assurance.

**plagiarism** ['pleɪdʒərɪzəm] n plagiat m.

**plagiarist** ['pleɪdʒərɪst] n plagiaire mf.

**plagiarize, plagiarise** ['pleɪdʒəraɪz] vt plagier.

**plain** [pleɪn] adj colour, material uni; style, pattern simple; answer franc, clair, direct. ◊ to be quite plain with you pour être franc avec vous; to send sth under plain cover envoyer qch sous emballage or pli discret.

**plaintiff** ['pleɪntɪf] n (Jur) demandeur(-eresse) m(f), plaignant(e) m(f), partie f plaignante or requérante.

**plan** [plæn] **1** n **a** [building, estate, factory] plan m. ◊ seating plan plan de table. **b** (project, scheme) projet m, plan m. ◊ plan of campaign

plan de campagne ; **to draw up a plan** faire un plan ; **to carry out a plan** réaliser un projet ; **to implement a plan** mettre un projet en œuvre ; **to make plans** faire des projets ; **to go according to plan** se passer selon les prévisions ; **economic plan** plan économique ; **our employee retirement plan** notre régime de retraite ; **business plan** business plan ; **contingency plan** plan d'urgence or de secours ; **development plan** plan de développement ; **five-year plan** (national) plan quinquennal ; [company] plan à cinq ans ; **installment plan** (US) contrat de vente à tempérament or à crédit ; **to buy on the installment plan** acheter à tempérament or à crédit ; **investment / savings plan** plan d'investissement / d'épargne ; **marketing plan** plan marketing ; **pension plan** caisse de retraite ; **recovery plan** plan de redressement.
**2** vt **a** house, factory layout concevoir, faire les plans de ; trip, holiday, meeting préparer ; deliveries, shipments planifier, programmer ; strategy élaborer ; campaign élaborer, planifier. **b** (intend) projeter. ◊ **we plan to cut production** nous projetons or nous avons l'intention de réduire la production.
**3** vi faire des projets. ◊ **we didn't plan for it** nous n'avons pas prévu cela.

**plane** [pleɪn] **1** n **a** avion m. ◊ **by plane** par avion. **b** (Math) plan m ; (fig) niveau m. ◊ **on the same plane** sur le même plan, au même niveau.
**2** cpd **plane ticket** billet d'avion.

**planned** ['plænd] adj planifié. ◊ **planned economy** économie planifiée ; **planned obsolescence** vieillissement programmé.

**planner** ['plænə<sup>r</sup>] n (Econ) planificateur(-trice) m(f). ◊ **town planner** urbaniste.

**planning** ['plænɪŋ] **1** n (gen) planification f ; (Comm, Ind) planification f, planning m ; (Fin, Acc) gestion f prévisionnelle. ◊ **corporate planning** planification d'entreprise ; **long-range** or **long term planning** planification or planning à long terme ; **product planning** planification des produits ; **production planning** programmation de la production ; **regional planning** aménagement du territoire ; **town planning** urbanisme ; **planning, programming and budgeting system** rationalisation des choix budgétaires.
**2** cpd **planning board** (Econ) service or bureau de planning ; (local government) service de l'urbanisme ; (Ind, Comp) tableau de charge. – **planning chart** (Mktg) tableau de bord. – **planning department** (in company) service or bureau de planning. – **planning model** modèle de planification. – **planning permission** (GB) permis de construire. – **planning target** objectif du plan.

**plant** [plɑːnt] **1** n (Ind) (machinery, equipment) matériel m ; (fixed installation) installation f ; (machinery and buildings) bâtiments mpl et matériel m ; (factory) usine f, unité f de production ; (heavy vehicles) engins mpl, matériel m. ◊ **chemical plant** usine chimique ; **heavy plant** gros matériel ; **heavy plant crossing** (sign) attention, sortie d'engins ; **power plant** centrale électrique ; **steel plant** aciérie.
**2** cpd **plant committee** comité d'entreprise. – **plant fabricator** (US) installateur d'usine. – **plant factor** taux d'utilisation de la capacité de l'usine. – **plant hire company** entreprise de location de matériel. – **plant layout** schéma d'installation. – **plant location** implantation d'usine. – **plant management** gestion de l'usine or de la production. – **plant manager** directeur d'usine. – **plant superintendent** responsable mf d'unité de production. – **plant utilisation** exploitation or mise en valeur d'usine.

**plantation** [plæn'teɪʃən] n plantation f.

**planter** ['plɑːntə<sup>r</sup>] n [coffee, rubber] planteur m.

**plantwide** ['plɑːntwaɪd] adj qui concerne toute l'usine. ◊ **a plantwide safety regulation** une consigne de sécurité applicable dans toute l'usine.

**plastic** ['plæstɪk] **1** adj plastique. ◊ **plastic money** monnaie électronique.
**2** n plastique m. ◊ **plastics** matières plastiques ; **plastic(s) industry** industrie plastique.

**plate** [pleɪt] **1** n **a** assiette f. **b** (metal) plaque f. ◊ **number** (GB) or **license** (US) **plate** (Aut) plaque minéralogique or d'immatriculation ; **armour plate** blindage.
**2** cpd **plate glass** vitre à verre très épais, verre double (or triple). – **plate iron** tôle en feuilles or en plaques.

**plateau** ['plætəʊ] **1** vi atteindre un palier, se stabiliser.
**2** n palier m.

**platen** ['plætən] n [typewriter] rouleau m, cylindre m.

**platform** ['plætfɔːm] n **a** [bus, scales] plate-forme f ; [meeting-hall] estrade f, tribune f ; (Pol) plate-forme f. ◊ **drilling / production platform** plate-forme de forage / de production. **b** (Rail) quai m.

**play** [pleɪ] **1** n (gen) jeu m ; (looseness) jeu m ; (Theat) pièce f. ◊ **the play of economic forces** le jeu des forces économiques.
**2** vti jouer.

**play down** vt minimiser.

**PLC** [ˌpiːel'siː] n **a** (GB) abbr of *public limited company* → public. **b** abbr of *product life cycle* → product.

**plea** [pliː] n **a** (Jur) (statement) argument m; (defence) défense f. ◊ **to enter a plea of guilty / not guilty** plaider coupable / non coupable. **b** (entreaty) appel m, supplication f.

**plead** [pliːd] **vti** (Jur) plaider (*for* pour, en faveur de; *against* contre). ◊ **to plead guilty / not guilty** plaider coupable / non coupable; **to plead ignorance** alléguer or invoquer son ignorance.

**please** [pliːz] **vi** plaire. ◊ **please forward** (formal letter) prière de faire suivre, faire suivre s'il vous plaît; **please send us your new catalogue** veuillez nous envoyer votre nouveau catalogue; **in replying please quote reference** à rappeler; **please ask John to see me in my office** (informal request) merci de demander à John de passer me voir dans mon bureau; **please turn over** tournez SVP.

**pledge** [pledʒ] **1** n **a** (security) (gen) gage m, nantissement m; (pawnshop) gage m. ◊ **pledge of movables** gage mobilier; **pledge of real property** gage immobilier; **to give sth in pledge** donner qch en gage; **to hold in pledge** détenir en gage or en nantissement; **to secure by pledge** nantir de gages; **securities held in pledge** titres détenus en gage; **to redeem a pledge** retirer un gage; **unredeemed pledge** gage non retiré. **b** (promise) promesse f, engagement m. **2** cpd **pledge holder** créancier gagiste. **3** vt (give as security) (gen) gager, nantir; (pawn) mettre en gage, gager. ◊ **to pledge securities** nantir des valeurs, déposer des valeurs en nantissement; **pledged deposit** dépôt de couverture.

**pledgee** [ple'dʒiː] n prêteur(-euse) m(f) sur gages.

**pledger, pledgor** ['pledʒə'] n emprunteur(-euse) m(f) sur gages.

**plenary** ['pliːnərɪ] adj assembly, session plénier.

**plentiful** ['plentɪful] adj abondant. ◊ **a plentiful supply of** une abondance or une profusion de.

**plenty** ['plentɪ] n ◊ **he's got plenty of money** il a beaucoup d'argent; **we have plenty of reserve stock** nous avons bien assez de stocks en réserve; **that's plenty** ça suffit.

**plf., plff.** abbr of *plaintiff*.

**plight** [plaɪt] n situation f critique. ◊ **the plight of the steel industry** la crise de la sidérurgie.

**Plimsoll line, Plimsoll mark** ['plɪmsəl] n (Mar) ligne f de flottaison en charge.

**plot** [plɒt] **1** n **a** [land] parcelle f; (for building) terrain m. ◊ **building plot** (petit) terrain à bâtir; **vacant plot** terrain vide. **b** (conspiracy) complot m, conspiration f (*against* contre; *to do* pour faire). **d** [novel, play] intrigue f. **2** vt **a** itinerary, graph tracer. **b** sb's downfall comploter.

**plotter** ['plɒtə'] n (Comp) table f traçante, traceur m. ◊ **curve plotter** traceur de courbe; **laser plotter** traceur à laser.

**plotting** ['plɒtɪŋ] **1** n **a** (Tech) [curve, diagram] tracé m. **b** (Comp) traçage m. **2** cpd **plotting board** table traçante. – **plotting pen** traceur.

**plough back** (GB), **plow back** (US) [plaʊ] vt sep earnings, profits réinvestir.

**ploy** [plɔɪ] n stratagème m, truc* m, astuce f.

**plug** [plʌg] **1** n **a** (Elec, Comp) fiche f, prise f (de courant). ◊ **plug-compatible computer** ordinateur compatible. **b** (* : publicity) coup m de pouce (publicitaire). ◊ **to give sth / sb a plug** donner un coup de pouce à qch / qn, faire de la publicité pour qch / qn. **2** vt **a** (close) **to plug a loophole in the tax laws** combler une lacune dans la législation fiscale. **b** (* : publicize) (gen) faire de la publicité pour; (repeatedly) matraquer*, faire du battage pour.

**plug in** **1** vi se brancher, se connecter. **2** vt apparatus brancher; (Comp) brancher, enficher.

**plug-in** adj qui se branche sur le secteur, connectable. ◊ **plug-in compatibles** (Comp) matériel compatible.

**plummet** ['plʌmɪt] vi [sales, prices] chuter, dégringoler*, s'effondrer, descendre en flèche.

**plunder** ['plʌndə'] **1** n (act) pillage m; (loot) butin m. **2** vt piller.

**plunge** [plʌndʒ] **1** n chute f, dégringolade* f; (Fin : rash speculation) spéculation f hasardeuse (*on* sur). ◊ **profits took a plunge** les bénéfices se sont effondrés or ont dégringolé*. **2** vi **a** [sales, profits] chuter, dégringoler*, descendre en flèche. **b** (gamble) jouer gros (jeu); (St Ex) spéculer imprudemment.

**plunger** ['plʌndʒə'] n (St Ex) spéculateur m, risque-tout m; (gambler) flambeur m.

**plus** [plʌs] **1** prep plus. ◊ **it costs $500 plus** cela coûte au moins 500 dollars or plus de 500 dollars. **2** adj positif. ◊ **on the plus side of the account** à l'actif du compte.

**3** n (Math) (signe m) plus m ; (fig) (extra advantage) atout m, plus m, avantage m.

**PM** [piːˈem] (GB) n abbr of *Prime Minister* → prime.

**pm., Pm.** abbr of *premium*.

**p.m.** [ˈpiːˈem] abbr of *post meridiem* de l'après-midi ; ◊ **3 p.m.** 3 heures de l'après-midi ; **9 p.m.** 9 heures du soir.

**P / N, P.N** [piːˈen] abbr of *promissory note* → promissory.

**Pnom Penh** [nɒmpen] n Pnom Penh, Phnom Penh.

**PO** [piːˈəu] n **a** abbr of *Post Office* P.et T. fpl. **b** abbr of *postal order* → postal.

**poach** [pəutʃ] vt (Ind) employee débaucher.

**poaching** [ˈpəutʃɪŋ] n (Ind) [employees] débauchage m.

**POB** [piːəuˈbiː], **PO Box** [piːəuˈbɒks] n abbr of *Post Office Box* B.P.f.

**pocket** [ˈpɒkɪt] **1** n (lit, fig) poche f. ◊ **pocket of unemployment** poche de chômage ; **the sale put $500 in her pocket** la vente lui a rapporté 500 dollars ; **to be in pocket on a deal** faire un bénéfice or avoir une marge bénéficiaire dans une affaire ; **to be out of pocket on a deal** être perdant or essuyer une perte or être de sa poche dans une affaire ; **I am $50 in / out of pocket** j'ai gagné / perdu 50 dollars ; **out-of-pocket expenses** débours, menues dépenses. **2** cpd **pocket agreement** (Jur) contre-lettre. – **pocket calculator** calculette*, calculatrice de poche. – **pocket money** argent de poche.

**pocketbook** [ˈpɒkɪtˌbuk] n (wallet) portefeuille m ; (notebook) carnet m, calepin m.

**POD** abbr of *payment on delivery* → payment.

**point** [pɔɪnt] n **a** (Math, Fin) point m. ◊ **to rise or gain 5 points** (St Ex) gagner 5 points, hausser de 5 points, enregistrer une hausse de 5 points ; **to drop 5 points** baisser or reculer de 5 points ; **decimal point** virgule (décimale) ; **point system** système ou méthode d'évaluation par points. **b** (position) point m. ◊ **point of entry / departure** point d'entrée / de départ ; **point of sale** or **purchase** point de vente ; **point-of-sale advertising** publicité sur le lieu de vente ; **point-of-sale terminal** terminal point de vente ; **break-even point** point mort, point d'équilibre, seuil de rentabilité ; **breaking point** point de rupture ; **export gold** or **bullion or specie point** point de sortie d'or, gold-point d'exportation or de sortie ; **gold points** gold points, points d'or ; **import gold or bullion or specie point** point d'entrée d'or, gold-point d'importation or d'entrée ;

**saturation point** point de saturation ; **silver point** silver-point. **c** (subject) point m. ◊ **point of law** point de droit ; **point of order** point d'ordre ; **point of principle** question de principe.

**pointer** [ˈpɔɪntəʳ] n (gen) indicateur m ; (electronic) curseur m.

**Poland** [ˈpəulənd] n Pologne f.

**Pole** [pəul] n (inhabitant) Polonais(e) m(f).

**police** [pəˈliːs] **1** n police f. **2** cpd **police record** casier judiciaire. – **police station** poste or commissariat de police.

**policy** [ˈpɒlɪsɪ] **1** n **a** (gen, Pol) politique f. ◊ **foreign / business / economic / social policy** politique étrangère / d'entreprise / économique / sociale ; **a business policy seminar** un séminaire de politique générale d'entreprise ; **cyclical policy** politique conjoncturelle ; **pricing policy** politique des prix ; **common agricultural policy** (EEC) politique agricole commune ; **the government's policies** la politique du gouvernement. **b** (Ins) police f. ◊ **insurance policy** police d'assurance ; **to make out** or **draw up a policy** établir une police ; **to take out a policy** souscrire à une police d'assurance ; **to surrender a policy** racheter une police ; **surrender value of a policy** valeur de rachat d'une police ; **policy to bearer** police au porteur ; **policy to order** police à ordre ; **cargo policy** police sur facultés ; **floating policy** police flottante ; **hull policy** (Mar) police sur corps ; **joint policy** police conjointe ; **master policy** police générale ; **open policy** (Mar Ins) police flottante or d'abonnement ; (without specifications) police ouverte ; **round policy** (Mar) police à l'aller et au retour ; **standard policy** (Ins) police (d'assurance) type ; **unvalued policy** police non évaluée ; **valued policy** (Mar) police évaluée ; **voyage policy** (Mar) police au voyage. **2** cpd **policy decision** décision qui relève de la politique de l'entreprise. – **policy holder** (Ins) assuré(e) m(f), détenteur(-trice) m(f) d'une police. – **policy maker** (gen) décideur m ; (in government) responsable mf des orientations politiques. – **policy statement** déclaration de principe.

**Polish** [ˈpəulɪʃ] **1** adj polonais. **2** n (language) polonais m.

**political** [pəˈlɪtɪkəl] adj politique. ◊ **political economy** économie politique.

**politics** [ˈpɒlɪtɪks] n politique f. ◊ **to be in politics** faire de la politique.

**poll** [pəul] **1** n **a** (Pol) (gen) vote m ; (at election) scrutin m ; (list of voters) liste f électorale ; (voting place) bureau m de vote ; (votes cast) voix fpl, suffrages mpl. ◊ **to take a poll on sth**

procéder à un vote sur qch ; **the result of the poll** le résultat de l'élection or du scrutin ; **there was a 60% poll, there was a 60% turnout at the polls** 60% des inscrits ont voté, la participation a été de 60% ; **10% of the poll** 10% des suffrages. **b** (survey) sondage m. ◊ **opinion poll** sondage d'opinion. **2 cpd poll taker** (US) sondeur. – **poll tax** (GB) capitation. **3 vt a** votes obtenir. **b** people sonder l'opinion de, interroger. **c** computer appeler, interroger.

**pollee** [pəʊ'liː] n personne f sondée.

**poller** ['pəʊlə'] n sondeur m.

**polling** ['pəʊlɪŋ] cpd **polling booth** isoloir. – **polling day** jour des élections. – **polling station** bureau de vote.

**pollster** ['pəʊlstə'] n sondeur m.

**Polynesia** [ˌpɒlɪ'niːziə] n Polynésie f.

**Polynesian** [ˌpɒlɪ'niːziən] **1 adj** polynésien. **2 n** (inhabitant) Polynésien(ne) m(f).

**polytechnic** [ˌpɒlɪ'teknɪk] (GB) n ≈ Institut m universitaire de technologie, IUT m.

**pool** [puːl] **1 n a** [money, cards] poule f, cagnotte f. **b** (things owned in common) fonds m commun ; (reserve) [ideas, talent] réservoir m ; [experts] équipe f. ◊ **car pool** (transport) covoiturage ; **a pool of vehicles** un parc de véhicules ; **typing pool** pool or bureau de dactylos. **c** (Ind) (consortium) pool m ; (US) (monopoly trust) trust m ; (St Ex) syndicat m de placement d'actions. ◊ **the coal and steel pool** le pool du charbon et de l'acier. **2 vt** mettre en commun.

**poor** [pʊə'] adj **a** (not rich) pauvre. **b** (mediocre) médiocre. ◊ **of poor quality** de mauvaise qualité, de qualité inférieure or médiocre.

**popular** ['pɒpjʊlə'] adj (gen) populaire ; (fashionable) à la mode, en vogue. ◊ **this is a very popular line** ces articles se vendent bien ; **at popular prices** à la portée de toutes les bourses ; **by popular request** à la demande générale.

**popularity** [ˌpɒpjʊ'lærɪtɪ] n popularité f (*with* auprès de ; *among* parmi). ◊ **to grow / decline in popularity** être de plus en plus / de moins en moins populaire ; **this product is high in the popularity ratings** ce produit jouit d'un coefficient de popularité très élevé ; **our new model has enjoyed great popularity** notre nouveau modèle a connu un grand succès.

**popularize, popularise** ['pɒpjʊləraɪz] vt fashion, art, product rendre populaire ; ideas, technology vulgariser.

**populate** ['pɒpjʊleɪt] vt peupler. ◊ **densely populated area** zone très peuplée or à forte densité de population.

**population** [ˌpɒpjʊ'leɪʃən] **1 n a** population f. ◊ **the working population** la population active ; **the population of the town is 200,000** la population de la ville est de 200 000 habitants, la ville a une population de 200 000 habitants ; **rise / fall in population** augmentation / baisse de la population. **b** (Comp) [machines, terminals] parc m. **2 cpd population census** recensement de la population. – **population statistics** statistique démographique.

**port** [pɔːt] **1 n a** (harbour, town) port m. ◊ **the ship put into port at Marseilles** le navire a relâché or est entré dans le port de Marseille ; **to leave port** [ship] appareiller, lever l'ancre ; **in port** au port ; **port of arrival** or **entry / destination** port d'arrivée / de destination ; **port of call** (port d')escale, port de relâche ; **port of clearance** port d'expédition ; **port of necessity** port de relâche ; **port of registry** port d'armement, port d'attache ; **port of sailing** port de départ or d'embarquement ; **port of shipment** port de charge ; **autonomous port** port autonome ; **coasting port** port de cabotage ; **discharge port, port of discharge** port de déchargement ; **fishing port** port de pêche ; **free port** port franc ; **home port** port d'attache ; **inland port** port intérieur ; **lading port** port d'embarquement or de charge or d'expédition ; **naval port** port militaire ; **oil port** port pétrolier ; **river port** port fluvial ; **safe port** port sûr ; **trading port** port de commerce. **b** (opening) (Comp) point m or porte f d'accès. ◊ **dual-port** à double accès. **c** (Mar : lefthand side) bâbord. **2 cpd port authorities** autorités fpl portuaires ; **New York Port Authority** port autonome de New York. – **port bill of lading** connaissement dit "port B / L". – **port charges** or **dues** droits mpl de port. – **port installations** installations fpl portuaires. – **port risks** (Ins) risques mpl de port. – **port trust** port autonome. **3 vt** (Comp) transporter.

**portable** ['pɔːtəbl] **1 adj a** (gen) portatif. **b** (Comp) software portable, transférable ; computer portable. **2 n** (Comp) portable m.

**portage** ['pɔːtɪdʒ] n (action) factage m, port m, transport m ; (cost) frais mpl de factage or de port or de transport. ◊ **portage service** service de factage.

**Port-au-Prince** ['pɔːtəʊ'prɪns] n Port-au-Prince.

**porter** ['pɔːtə'] n (for luggage) porteur m ; (US Rail : attendant) employé(e) m(f) des wagons-lits ; (GB : doorkeeper) concierge mf, gardien(ne) m(f).

**porterage** ['pɔːtərɪdʒ] n (action) portage m, manutention f ; (cost) frais mpl de portage.

**portfolio** [pɔːt'fəʊlɪəʊ] **1** n **a** (attaché case) serviette f ; (fig : ministry) portefeuille f. **b** (Fin) portefeuille m. ◊ **investment portfolio** portefeuille d'investissements ; **securities in portfolio** valeurs en portefeuille. **2** cpd **portfolio effect** effet de portefeuille. – **portfolio insurance** assurance de portefeuille. – **portfolio investments** investissements mpl de portefeuille. – **portfolio management** gestion or gérance de portefeuille. – **portfolio manager** portefeuilliste mf, gérant or gestionnaire de portefeuille. – **portfolio trading** transactions fpl de portefeuille.

**portion** ['pɔːʃən] n (part) (gen) portion f, partie f ; [ticket] partie f ; [market] segment m ; (percentage, fraction) tranche f, portion f, partie f. ◊ **per portion of £100** par tranche de 100 livres ; **portion of shares** tranche d'actions.

**portion out** ['pɔːʃən] vt sep répartir (among, between entre).

**Port-Louis** ['pɔːt'luːɪs] n Port-Louis.

**Portugal** ['pɔːtjʊgəl] n Portugal m.

**Portuguese** [,pɔːtjʊ'giːz] **1** adj portugais. **2** n **a** (language) portugais m. **b** (inhabitant) Portugais(e) m(f).

**POS** [,piːəʊ'es] n abbr of point-of-sale advertising PLV f.

**position** [pə'zɪʃən] **1** n **a** (location) [person, object] position f, place f ; [house] emplacement m, situation f ; (in bank, post office) guichet m, poste m de travail ; (Pub) emplacement m. ◊ **to be in a good position** être bien placé (to do sth pour faire qch) ; **position closed** (on sign) guichet fermé. **b** (fig) (situation) situation f. ◊ **to be in a position to do** être en mesure de or à même de faire ; **competitive / financial position** situation concurrentielle / financière ; **the economic position** la situation or la conjoncture économique ; **order position** (Comm) situation or état des commandes ; **a dominant market position** une position dominante sur le marché ; **abuse of dominant position** abus de position dominante. **c** (job) situation f, poste m. ◊ **he has a key position in the firm** il occupe un poste-clé dans l'entreprise. **d** (St Ex) position f. ◊ **bear position** position vendeur or à la baisse or à découvert ; **bull position** position acheteur or à la hausse ; **long position** position acheteur ; **market position** position de place ; **short position** position vendeur (à la baisse) ; **to carry over a position** reporter une position ; **to close one's position** liquider sa position. **e** (Acc) position f. ◊ **the position of an account** la position or l'état d'un compte ; **creditor / debtor position** position créditrice / débitrice ; **cash position** situation de caisse or de trésorerie. **f** (Comp : work station) poste m. **2** cpd **position description** description de poste. – **position media** publicité par voie d'affichage, médias mpl fixes. – **position paper** déclaration de politique générale. – **position sheet** (Acc) état de situation. **3** vt **a** (put in place) (gen) mettre en place, placer ; factory, building situer, placer. **b** (Mktg) product positionner. ◊ **we are seeking to position ourselves further up market** nous cherchons à nous repositionner dans le haut de gamme.

**positioning** [pə'zɪʃənɪŋ] n (Mktg) positionnement m.

**positive** ['pɒzɪtɪv] adj (not negative) positif ; (affirmative) affirmatif ; (certain) sûr, certain. ◊ **positive confirmation** (Jur) confirmation expresse ; **positive easement** (Jur) servitude active ; **positive statement** déclaration formelle.

**possess** [pə'zes] vt posséder.

**possession** [pə'zeʃən] n **a** (act, state) possession f ; (Jur) (occupancy) jouissance f. ◊ **in possession of** en possession de ; **to come into possession of** entrer en possession de ; **to take possession of** prendre possession de ; **to resume possession of sth** rentrer en possession de qch ; **actual possession** (Jur) possession de fait ; **prevention of possession** (Jur) trouble or privation de jouissance ; **with vacant** or **immediate possession** house avec jouissance immédiate ; **constructive possession** (Jur) possession établie par déduction. **b** (object) possession f, bien m. ◊ **all my possessions** tous mes biens ; **incorporeal possession** (Jur) bien incorporel.

**possessor** [pə'zesə] n possesseur m ; (owner) propriétaire mf ; (Fin) [bill] porteur m (of de).

**possessory** [pə'zesərɪ] adj (Jur) possessoire. ◊ **possessory action** action possessoire ; **possessory lien** droit de rétention ; **possessory title** titre de possession.

**post** [pəʊst] **1** n **a** (job) poste m, situation f, emploi m, place f. ◊ **he has taken over the post of purchasing manager** il a repris le poste de directeur des achats ; **the post is vacant** le poste est à pourvoir ; **to apply for a post** poser sa candidature à un poste. **b** (Comm) **trading post** comptoir (commercial). **c** (esp GB) (postal service) poste f ; (letters) courrier m. ◊ **by post** par la poste ; **by return (of) post** par retour du courrier ; **first- / second-class post** tarif normal / réduit ; **the goods are in the post** la marchandise a été postée ; **to put sth in the post** mettre qch à la poste, poster qch ; **letter / parcel post** service du courrier / des colis postaux ; **by parcel post** par colis postal. **2** **cpd post book** (Acc) livre. – **post-free** franco, franco de port, en franchise. – **post-paid** port payé. **3** **vt** **a** (send by post) envoyer or expédier par la poste ; (GB : put in mailbox) mettre à la poste, poster. **b** (put up) notice, rates afficher ; poster, bill coller, afficher. ◊ **post no bills** (on sign) défense d'afficher ; **c** (Acc : also post up) transaction inscrire, enregistrer. ◊ **to post an entry** or **an item** passer une écriture *(to the ledger* dans le grand livre), porter un article *(to the ledger* au grand livre) ; **to post up the ledger** arrêter le grand livre, mettre le grand livre à jour ; **to post up an account** mettre un compte à jour ; **to post a deficit / gain** enregistrer un déficit / un gain. **d** (station) manager, employee, civil servant affecter, nommer *(to* à). **e** (St Ex : make known) enregistrer. ◊ **to post gains** enregistrer des gains or une hausse ; **Ford rose after posting higher earnings** les actions (de) Ford sont en hausse à la suite de l'annonce d'une progression des bénéfices. **4** **prep** post. ◊ **post purchase** après-vente ; **post call analysis** (Mktg) *analyse à la suite d'une visite ou d'un entretien de vente.*

**postage** ['pəʊstɪdʒ] **1** **n** tarifs mpl postaux, (tarifs mpl d') affranchissement m, port m. ◊ **the postage is £4** les frais de port sont de 4 livres ; **additional postage** surtaxe postale. **2** **cpd postage due** taxe postale. – **postage due stamp** timbre-taxe. – **postage paid** port payé. – **postage rates** tarifs mpl postaux. – **postage stamp** timbre-poste, timbre.

**postal** ['pəʊstəl] **adj** district, code, zone postal. ◊ **postal order** mandat(-poste) ; **postal services** services postaux ; **postal vote** vote par correspondance ; **postal worker** employé des postes.

**postbag** ['pəʊstbæg] **n** **a** (GB : mailbag) sac m postal. **b** [magazine] courrier m.

**postbox** ['pəʊstbɒks] **n** boîte f aux lettres.

**postcode** ['pəʊstkəʊd] (GB) **n** code m postal.

**postdate** ['pəʊst'deɪt] **vt** postdater.

**poster** ['pəʊstə<sup>r</sup>] **1** **n** (Pub) affiche f ; (decorative) poster m. **2** **cpd poster advertising** publicité par affichage. – **poster hoarding** panneau d'affichage. – **poster panel** (in stations) panneau d'affichage.

**poste restante** ['pəʊst'restɑ̃:nt] (GB) **n, adv** poste f restante.

**posting** ['pəʊstɪŋ] **1** **n** [notice, poster] affichage m ; (Acc) [entry] passation f. **2** **adj** ◊ **electronic posting board** (St Ex) tableau d'affichage électronique ; **posting error** (Acc) erreur d'écriture ; **posting folio** (Acc) rencontre.

**postmark** ['pəʊstmɑːk] **n** cachet m de la poste. ◊ **date as postmark** date de la poste.

**postmaster** ['pəʊstmɑːstə<sup>r</sup>] **n** receveur m des postes. ◊ **Postmaster General** (GB) ministre des Postes et Télécommunications.

**post office** ['pəʊst‚ɒfɪs] **1** **n** (place) bureau m de poste, poste f ; (organization) administration f or service m des postes. ◊ **the main post office** le bureau principal ; **sub-post office** bureau de poste auxiliaire ; **the Post Office** la Poste, les Postes et Télécommunications, les PTT, les P et T. **2** **cpd post office box** boîte postale ; **post office box no. 5** boîte postale 5. – **Post Office Department** (US) ministère des Postes et Télécommunications. – **post office savings bank** (GB) caisse d'épargne de la poste.

**postpone** [pəʊst'pəʊn] **vt** meeting remettre, reporter *(for* de ; *until* à) ; payment différer.

**postponement** [pəʊst'pəʊnmənt] **n** ajournement m, report m, renvoi m or remise f à plus tard. ◊ **postponement of a case** (Jur) remise or renvoi or ajournement d'une affaire.

**postscript** ['pəʊsskrɪpt] **n** [letter] post-scriptum m *(to* à). ◊ **to add a postcript** ajouter un post-scriptum.

**post-test** ['pəʊsttest] **1** **n** (Mktg, Pub) [campaign] évaluation f. **2** **vt** (Mktg, Pub) campaign évaluer.

**potential** [pəʊ'tenʃəl] **1** **adj** energy, resources potentiel ; sales, uses possible, éventuel. ◊ **potential market** marché potentiel ; **he is a potential director** c'est un directeur éventuel or potentiel ; **potential customer / user** client / utilisateur potentiel. **2** **n** potentiel m. ◊ **to have potential** être prometteur, avoir du potentiel ; **this product has great market potential** il y a un bon marché potentiel pour ce produit ; **sales potential** potentiel de ventes.

**pound** [paʊnd] **n** **a** (weight) livre f ( ≈ 453,6 grammes). ◊ **sold by the pound** vendu à la livre ; **70 pence per pound** 70 pence la livre. **b** (money) livre f. ◊ **pound sterling** livre sterling ; **Egyptian pound** livre égyptienne ; **forward pound** livre à terme.

**poundage** ['paʊndɪdʒ] **n** **a** (tax) commission f, taxe f *(selon le poids ou la valeur en livres).* **b** (weight) poids m *(en livres).*

**pounding** ['paʊndɪŋ] n ◊ the dollar took a pounding on foreign exchange markets yesterday le dollar a été malmené or mis à rude épreuve hier sur les marchés des changes.

**pour in** [pɔːʳ] **1** vi [money] rentrer à flots. **2** vt sep ◊ they poured in capital ils ont apporté d'énormes quantités de capital.

**pour out** vt sep ◊ we are pouring out money on research nous dépensons une fortune pour la recherche.

**poverty** ['pɒvətɪ] n pauvreté f. ◊ poverty line seuil de pauvreté.

**power** ['paʊəʳ] **1** n **a** (ability, capacity) pouvoir m, capacité f. ◊ bargaining power pouvoir de négociation; they have considerable bargaining power ils sont en position de force pour négocier; borrowing power capacité or possibilités d'emprunt; the earning power of a company la capacité bénéficiaire d'une entreprise; purchasing or spending power pouvoir d'achat; productive powers capacités de production. **b** (strength) puissance f. ◊ economic power puissance économique; monopoly power puissance monopolistique. **c** (authority) pouvoir m. ◊ executive power pouvoir exécutif; a wide range of powers des pouvoirs étendus; that is beyond or outside my powers ceci n'est pas or ne relève pas de ma compétence; to have power over sb avoir autorité sur qn; a power struggle une lutte pour le pouvoir. **d** (energy) énergie f. ◊ electric / nuclear power énergie électrique / nucléaire. **e** (electric current) courant m. ◊ power off / on hors / sous tension. **f** (Jur) power of attorney procuration; power of eminent domain (US) droit d'expropriation; power of redemption droit de rachat; power of sale droit de vente; power to sign procuration; blank power procuration en blanc; general power procuration générale; joint power procuration collective; public power droit conféré par l'État à ses fonctionnaires; special power procuration spéciale. **g** (Math) puissance f. ◊ to the power of 3 puissance 3. **2** cpd power consumption consommation énergétique. – power cord cordon d'alimentation. – power cut coupure de courant or d'électricité. – power failure panne de courant or d'électricité. – power outlet prise de courant. – power plug prise de courant. – power station centrale électrique. – power supply alimentation électrique. **3** vt faire marcher, faire fonctionner, actionner. ◊ powered by nuclear energy qui marche or fonctionne à l'énergie nucléaire.

**powerful** ['paʊəfʊl] adj puissant.

**pp.** abbr of pages pp.

**PP** abbr of parcel post → parcel.

**p.p.** abbr of per procurationem p.p.

**ppd** abbr of prepaid.

**p.pro** abbr of per procurationem p.p.

**PR** [piːˈɑːʳ] n **a** abbr of public relations RP fpl. **b** abbr of proportional representation RPf.

**pr.** abbr of price px.

**practicability** [ˌpræktɪkəˈbɪlɪtɪ] n faisabilité f.

**practicable** ['præktɪkəbl] adj plan, solution réalisable.

**practical** ['præktɪkəl] adj pratique.

**practicality** [ˌpræktɪˈkælɪtɪ] n [person] sens m or esprit m pratique; [plan] aspect m pratique. ◊ practicalities détails pratiques.

**practice** ['præktɪs] (GB), **practise** (US) n **a** (habits, procedure) pratique f. ◊ code of practice code de bonne conduite, déontologie; accounting practices pratiques comptables; illegal practices manœuvres frauduleuses; management practices procédures de gestion; restrictive (trade) practices pratiques commerciales restrictives, entraves à la liberté du commerce; sharp practice pratique malhonnête or déloyale; trade practices usages commerciaux. **b** (opp of theory) pratique f. ◊ in practice en pratique. **c** [law, medicine] (profession) exercice m. ◊ the practice of medicine la pratique or l'exercice de la médecine. **d** (clients) clientèle f. ◊ law practice (clientèle d'un) cabinet juridique, étude; an accounting practice un cabinet comptable. **e** (Mktg) practice development prospection de la clientèle.

**practise** (GB), **practice** (US) ['præktɪs] vt (gen) pratiquer. ◊ to practise medicine / law exercer la médecine or la profession de médecin / la profession d'avocat.

**pragmatic** [prægˈmætɪk] adj pragmatique.

**pragmatist** ['prægmətɪst] n pragmatiste mf.

**Prague** [prɑːg] n Prague.

**prearrange** ['priːəˈreɪndʒ] vt arranger or organiser or fixer à l'avance or au préalable.

**prebilling** ['priːˈbɪlɪŋ] n préfacturation f.

**precarious** [prɪˈkɛərɪəs] adj précaire.

**precatory trust** ['prekətərɪˈtrʌst] n (Jur) legs m précatif.

**precaution** [prɪˈkɔːʃən] n précaution f (against contre). ◊ as a precaution par précaution; safety precautions mesures de sécurité.

**precautionary** [prɪˈkɔːʃənərɪ] adj de précaution. ◊ precautionary saving épargne de précaution; **as a precautionary measure** par mesure de précaution, par mesure préventive.

**precede** [prɪ'siːd] **vt** précéder.

**precedence** ['presɪdəns] **1** **n** (in rank) préséance f; (in importance) priorité f. ◊ **to have or to take precedence over sb** avoir la préséance sur qn; **sales must take precedence over other concerns** les ventes doivent avoir la priorité sur les autres préoccupations or primer sur les autres préoccupations. **2** **cpd precedence table** (Comp) table des priorités.

**precedent** ['presɪdənt] **n** précédent m. ◊ **to set a precedent** (Jur) faire jurisprudence, créer un précédent.

**preceding** [prɪ'siːdɪŋ] **adj** précédent.

**precept** ['priːsept] **n** précepte m, principe m; (Jur) mandat m (de comparution); (Fin, Acc) ordre m de paiement; (GB Tax) avis m d'imposition.

**precheck** ['priː'tʃek] **vt** vérifier à l'avance, précontrôler.

**precinct** ['priːsɪŋkt] **n** enceinte f. ◊ **pedestrian precinct, shopping precinct** zone piétonne or piétonnière.

**precious** ['preʃəs] **adj** précieux.

**precise** [prɪ'saɪs] **adj** amount précis, exact; worker méticuleux, minutieux.

**precisely** [prɪ'saɪslɪ] **adv** précisément.

**precision** [prɪ'sɪʒən] **1** **n** précision f, exactitude f. **2** **cpd precision engineering** mécanique de précision. **– precision tool** outil de précision.

**preclusive buying** [prɪ'kluːsɪv'baɪɪŋ] **n** fait d'acheter pour exclure les autres acheteurs éventuels.

**precoded** ['priː'kəʊdɪd] **adj** préprogrammé, précodé.

**precondition** ['priːkən'dɪʃən] **n** condition f préalable or requise or nécessaire.

**predate** ['priː'deɪt] **vt** **a** (write earlier date on) cheque, document antidater. **b** (precede in time) event précéder, être antérieur à.

**predator** ['predətər] **n** prédateur m.

**predatory** ['predətərɪ] **adj** ◊ **predatory competition** concurrence sauvage or déloyale; **predatory pricing** politique or pratique de prix sauvage (destinée à casser le marché).

**predecessor** ['priːdɪsesər] **n** prédécesseur m.

**predictive** [prɪ'dɪktɪv] **adj** ◊ **predictive test** test qui mesure par anticipation; **predictive value** valeur de prévision.

**predictor** [prɪ'dɪktər] **n** indicateur m prévisionnel.

**pre-empt** [priː'empt] **1** **vt** **a** (acquire) land acquérir par droit de préemption. **b** (exclude) competitors éliminer, évincer, barrer la route à. **2** **cpd pre-empt spot** (Pub) option achetée à prix réduit sur une plage horaire dans le cas où aucun annonceur ne l'achète à plein tarif.

**pre-emption** [priː'empʃən] **n** (droit m de) préemption f.

**pre-emptive** [pri(ː)'emptɪv] **adj** move, strategy préemptif; rights de préemption.

**pre-emptor** [priː'emptər] (US) **n** acquéreur m (en vertu d'un droit de préemption).

**pref.** abbr of preferential; preferred.

**prefabricate** [,priː'fæbrɪkeɪt] **vt** préfabriquer.

**preface** ['prefɪs] **n** (to book) préface f, avant-propos m; (to speech) introduction f, préambule m (to à).

**prefer** [prɪ'fɜːr] **vt** **a** préférer (to à). ◊ **I prefer taking the plane** je préfère or j'aime mieux prendre l'avion; **to prefer a creditor** (Fin) privilégier un créditeur. **b** (Jur) **to prefer charges against sb** porter plainte contre qn; **to prefer a petition** adresser une pétition.

**preference** ['prefərəns] **1** **n** (liking) préférence f (for pour); (priority) priorité f (over sur), préférence f; (special treatment) régime m de faveur, traitement m préférentiel; (Fin) (right to preferential payment) privilège m. ◊ **goods entitled to preference** (Customs) marchandises ayant droit aux tarifs préférentiels or aux préférences douanières; **Commonwealth preference** (GB) préférences douanières accordées aux pays du Commonwealth; **Community preference** (EEC) préférence communautaire; **consumer preference** préférence des consommateurs; **liquidity preference** préférence pour la liquidité. **2** **cpd preference bond** (St Ex) obligation privilégiée. **– preference capital** (St Ex) capital sous forme d'actions privilégiées. **– preference dividend** (St Ex) dividende prioritaire. **– preference rate** taux or tarif préférentiel. **– preference share** (GB) or **stock** (US) action privilégiée or de priorité or à dividende prioritaire; **cumulative / non-cumulative preference shares** actions privilégiées cumulatives / non-cumulatives. **– preference shareholder** (GB) or **stockholder** (US) actionnaire mf prioritaire or privilégié(e).

**preferential** [prefə'renʃəl] **adj** tariff, terms préférentiel, de faveur; trade, voting préférentiel; debt, payments privilégié; dividend prioritaire, privilégié. ◊ **preferential claim** (Fin, Jur) créance privilégiée or de premier rang; **preferential creditor** créancier privilégié or de premier rang; **preferential interest rates** taux (d'intérêt) bonifiés.

**preferment** [prɪ'fɜːmənt] **n** promotion f, avancement m.

**preferred** [prɪ'fɜːd] **adj** debt, payments privilégié; dividend prioritaire, privilégié. ◊ **preferred creditor** créancier privilégié or de premier rang; **preferred position** (Pub) emplacement or encart privilégié (dans la presse écrite); **preferred stock** action privilégiée or de priorité or à dividende prioritaire.

**prefinance** ['priːfaɪ'næns] **vt** préfinancer.

**prejudice** ['predʒʊdɪs] **1 n a** (bias) préjugé m, prévention f. **b** (esp Jur : detriment) préjudice m. ◊ **to the prejudice of** au détriment or préjudice de; **without prejudice** (gen) sans préjudice (to de); (Jur : on document) sous toutes réserves.

**2 vt** person prévenir (against contre; in favour of en faveur de); claim affecter.

**prejudicial** [predʒʊ'dɪʃəl] **adj** préjudiciable, nuisible (to à), dommageable (to pour).

**preliminaries** [prɪ'lɪmɪnərɪz] **npl** préliminaires mpl.

**preliminary** [prɪ'lɪmɪnərɪ] **adj** stage, work préparatoire, initial, préalable; enquiry, remark préliminaire, préalable. ◊ **preliminary estimate** devis estimatif; **preliminary expenses** frais d'établissement; **preliminary investigation** [court case] instruction; **preliminary scheme** avant-projet.

**Premier** ['premjə] **n** (Pol) Premier ministre m.

**premises** ['premɪsɪz] **npl a** locaux mpl, lieux mpl. ◊ **business premises** locaux commerciaux; **office premises** bureaux, locaux à usage professionnel; **factory premises to let** usine à louer; **on the premises** sur les lieux, sur place; **off the premises** à l'extérieur; **the goods will be delivered to the customer's premises** les marchandises seront livrées au domicile du client. **b** (Jur : conveyancing) propriété f (à laquelle se réfère un acte de vente). ◊ **the premises of a deed** l'intitulé d'un acte.

**premium** ['priːmɪəm] **1 n** (gen, Fin, Ins) prime f; (Jur : sum paid on a lease) reprise f. ◊ **to be at a premium** être très recherché; **there is a premium for 24-hour service** il y a un supplément pour le service 24 heures sur 24; **to issue shares at a premium** émettre des actions au-dessus du pair; **to call for the premium** (Fin) lever la prime; **to sell sth at a premium** vendre qch à prime; **the shares

are selling at a premium of up to 48 pence on the issue price of 50 pence** les actions se vendent avec une prime or une surcote atteignant jusqu'à 48 pence au-dessus du prix d'émission de 50 pence; **the dollar is trading at a premium** le dollar se vend à prime; **call premium** (St Ex) dont, prime d'achat; **deferred premium** (Ins) prime échelonnée; **deposit premium** (Ins) acompte sur la prime; **exchange premium** prime, prix du change; **extra premium** (Ins) surprime; **forward premium** report; **insurance premium** prime d'assurance; **issue** or **share premium** (St Ex) prime d'émission; **overtime premium** prime d'heures supplémentaires; **return premium** (Ins) remboursement de prime.

**2 cpd premium (savings) bond** (GB) bon à lots, obligation à prime. – **premium bonus** (Ind) prime de rendement. – **premium grade gasoline** (US) supercarburant, super. – **premium income** (Ins) revenu des primes. – **premium loan** emprunt à prime. – **premium offer** (Pub, Mktg) offre spéciale. – **premium pay** (Ind) prime (de salaire). – **premium reserve** (Fin) réserve prime d'émission. – **premium salary package** salaire exceptionnel.

**prepack(age)** ['priː'pæk(ɪdʒ)] **vt** goods préconditionner, préemballer.

**prepaid** ['priː'peɪd] **adj** (gen) payé d'avance. ◊ **reply prepaid** réponse payée; **carriage prepaid** port payé; **prepaid charge** or **expense** frais payés d'avance.

**preparation** [prepə'reɪʃən] **n** préparation f. ◊ **to be in preparation** être en préparation; **preparations** préparatifs.

**preparatory** [prɪ'pærətərɪ] **adj** work préparatoire; measure préliminaire, préalable.

**prepare** [prɪ'peər] **1 vt** speech, work préparer. **2 vi** ◊ **to prepare for** faire des préparatifs pour, prendre des dispositions pour.

**prepared** [prɪ'peəd] **adj** statement, answer préparé à l'avance; person, company prêt.

**prepay** ['priː'peɪ] **vt** payer or régler d'avance.

**prepayment** ['priː'peɪmənt] **n** (gen) paiement m d'avance or par anticipation, règlement m anticipé; (Post) affranchissement m. ◊ **prepayment instruction** prescription d'affranchissement.

**prerecord** ['priːrɪ'kɔːd] **vt** enregistrer à l'avance, préenregistrer. ◊ **prerecorded broadcast** émission en différé.

**prerelease** ['priːrɪ'liːs] **1 n** [film] avant-première f. **2 vt** ◊ **to prerelease a film** projeter un film en avant-première.

**prerequisite** ['priː'rekwɪzɪt] **1** n condition f préalable, prérequis m.
**2** adj prérequis, nécessaire au préalable.

**Pres.** abbr of *President.*

**prescribe** [prɪs'kraɪb] vt prescrire (*sth to sb* qch à qn). ◊ **prescribed price** prix imposé; **prescribed time** délai réglementaire or prescrit or de rigueur.

**prescriber** [prɪs'kraɪbəʳ] n prescripteur m.

**prescription** [prɪs'krɪpʃən] n (gen, Jur) prescription f; (Med) ordonnance f. ◊ **to be granted legal prescription** (Jur) bénéficier de la prescription.

**prescriptive** [prɪs'krɪptɪv] adj ◊ **prescriptive right** droit de prescription.

**present** ['preznt] **1** adj actuel, courant, présent. ◊ **the present month** le mois courant, le mois en cours; **present-day interest rates** les taux d'intérêts qui ont cours aujourd'hui, les taux d'intérêt actuels; **at the present time** actuellement, à présent; **present capital** capital appelé; **present needs** besoins actuels; **present value** or **worth** [bill of exchange, annuity] valeur actuelle; **discounted present value** valeur actualisée; **present value factor** facteur d'actualisation.
**2** n **a** (time) présent m. ◊ **at present** à présent, actuellement. **b** (gift) cadeau m.
**3** vt **a** **to present sb with sth, present sth to sb** (give as gift) offrir qch à qn, faire cadeau de qch à qn; (hand over) prize, medal remettre qch à qn. **b** tickets, documents, apologies présenter (*to* à). **c** (introduce) présenter (*sb to sb* qn à qn). ◊ **I should like to present our new financial controller** permettez-moi de vous présenter notre nouveau contrôleur de gestion. **d** cheque présenter. ◊ **to present a bill for acceptance** présenter un effet à l'acceptation; **to present a bill for collection / discount** présenter un effet à l'encaissement / à l'escompte. **e** (Jur) case exposer; complaint déposer.

**presentation** [ˌprezən'teɪʃən] **1** n **a** (gen) présentation f; (introduction) [person] présentation f; (gift-giving ceremony) remise f du cadeau (or de la médaille etc), ≈ vin m d'honneur; (Jur) [case] exposition f; [complaint] déposition f. ◊ **sales presentation** argumentaire (de vente). **b** (Fin) **payable on presentation** bill, note payable à vue or sur présentation; **payable on presentation of the coupon** payable contre remise du coupon; **presentation of a cheque** présentation d'un chèque à l'encaissement.
**2** cpd **presentation copy** (book) spécimen m (gratuit).

**presenter** [prɪ'zentəʳ] n (Fin) présentateur m; (GB TV) présentateur(-trice) m(f).

**presenting** [prɪ'zentɪŋ] adj (Fin) bank présentateur.

**presentment** [prɪ'zentmənt] n ◊ **presentment of a bill for acceptance** présentation d'un effet à l'acceptation.

**preservative** [prɪ'zɜːvətɪv] n (food) agent m conservateur or de conservation, additif m.

**preserve** [prɪ'zɜːv] **1** n **a** (canned foods) conserve f; (GB: jam) confiture f. **b** (hunting) réserve f, chasse f gardée.
**2** vt conserver. ◊ **preserved meat** viande en conserve; **preserved foods** conserves.

**preset** ['priːset] vt prérégler, prépositionner (*to* sur).

**preside** [prɪ'zaɪd] vi présider. ◊ **to preside at** or **over a meeting** présider une réunion; **presiding judge** président de tribunal.

**president** ['prezɪdənt] n (Pol) président m; (US) [company] président-directeur m général, PDG m; ◊ **President of the Board of Trade** ≈ ministre du Commerce; **president-elect** président désigné, président-élu; **vice-president** (gen) vice-président; (US : senior management rank) directeur adjoint; **vice-president manufacturing / marketing** (US) directeur de la production / du marketing.

**press** [pres] **1** n **a** (Typ) (machine) presse f; (place, publishing firm) imprimerie f. **b** (newspapers collectively) **the press** la presse; **to advertise in the press** faire de la publicité dans la presse or dans les journaux; **it was reported in the press** la presse en a fait état; **the national press** la grande presse, la presse nationale; **the press was there in force for the launch** la presse s'était déplacée en force pour couvrir le lancement; **to go to press** [book] être mis sous presse; [newspaper] aller à l'impression; **to pass sth for press** donner le bon à tirer de qch; **member of the press** journaliste, représentant de la presse; **to get a good / bad press** avoir bonne / mauvaise presse.
**2** cpd **press advertising** publicité-presse. — **press agency** agence de presse. — **press agent** agent de publicité. — **press baron** or **lord** magnat de la presse. — **press box** tribune de la presse. — **press button** bouton(-poussoir); **a press-button kitchen** une cuisine automatisée. — **press campaign** campagne de presse. — **press clipping** or **cutting** coupure de presse. — **press conference** conférence de presse. — **press copy** [letter] copie (destinée) à la presse. — **press coverage** couverture (de) presse. — **press kit** or **pack** dossier de presse. — **press photographer** photographe mf de presse, reporter pho-

tographe. – **press relations** relations fpl avec la presse. – **press release** communiqué de presse. – **press report** reportage. – **press review** revue de presse. – **press run** tirage.
**3** vt **a** button, switch appuyer sur, enfoncer, actionner. **b** (Ind) machine part, object mouler, fabriquer; record presser. **c** (put pressure on) to press sb for payment presser qn de payer; to press a debtor poursuivre or harceler un débiteur; to press a debt réclamer le remboursement d'une dette; to be pressed for time / money être à court de temps / d'argent, manquer de temps / d'argent; he was pressed into service il a été mis à contribution, il a été obligé d'offrir ses services; to press for a rise (GB) or raise (US) réclamer une augmentation; to press a point insister.

**pressing** ['presɪŋ] **1** adj business, payments, order urgent; invitation insistant.
**2** n [records] pressage m.

**pressure** ['preʃə'] **1** n (gen, Econ) pression f. ◊ contractionary / inflationary pressure pression récessionniste / inflationniste; tax pressure pression fiscale; to put pressure on sb faire pression sur qn (to do pour qu'il fasse); they are under pressure (stress) ils sont sous pression; they are under pressure to accept on fait pression sur eux pour qu'ils acceptent; to be under financial pressure avoir des difficultés financières; high-pressure selling vente agressive; a high-pressure executive / environment un cadre / milieu dynamique.
**2** cpd pressure group groupe de pression.
**3** vt ◊ to pressure sb faire pression sur qn (to do pour qu'il fasse); to pressure sb into doing sth forcer qn à or contraindre qn de faire qch.

**Prestel** ® ['pres‚tel] (GB) n ≈ Minitel ®.

**prestige** [pres'tiːʒ] **1** n prestige m.
**2** adj de prestige.

**prestigious** [pres'tɪdʒəs] adj prestigieux.

**presumption** [prɪ'zʌmpʃən] n (gen, Jur) présomption f.

**presumptive** [prɪ'zʌmptɪv] adj (Jur) heir présomptif; evidence par présomption. ◊ the ship is a presumptive loss il y a présomption de perte du navire; presumptive taxation imposition forfaitaire *(sur évaluation administrative)*; presumptive assessment évaluation forfaitaire.

**pretax, pre-tax** ['priː'tæks] adj income, earnings, profit avant impôts.

**pretence** (GB), **pretense** (US) [prɪ'tens] n (pretext) prétexte m, excuse f; (claim) prétention f. ◊ on or under false pretences par des moyens frauduleux; (by lying) sous des prétextes fallacieux.

**pretext** ['priːtekst] n prétexte m (to do pour faire).

**Pretoria** [prɪ'tɔːrɪə] n Pretoria.

**prevail** [prɪ'veɪl] vi [conditions] prédominer, régner, avoir cours; [fashion] être en vogue. ◊ the depression which now prevails la crise actuelle, la crise qui sévit actuellement.

**prevailing** [prɪ'veɪlɪŋ] adj trend, opinion courant, répandu; conditions, situation actuel; fashion, style en vogue, actuel. ◊ prevailing prices prix courants or couramment pratiqués or en vigueur; prevailing regulation réglementation en vigueur; the prevailing party (Jur) la partie gagnante; prevailing market rate conditions générales du marché.

**prevention** [prɪ'venʃən] n (gen) prévention f. ◊ prevention of possession (Jur) trouble or privation de jouissance; in case of prevention en cas d'empêchement.

**preventive** [prɪ'ventɪv] adj préventif.

**preview** ['priːvjuː] n [film] avant-première f; [exhibition] vernissage m.

**previous** ['priːvɪəs] adj (gen) précédent, antérieur; (Jur, Admin) préalable. ◊ I have a previous engagement je suis déjà pris; previous appointments or posts held emplois précédents; please state previous experience veuillez indiquer les emplois précédemment occupés; without previous notice or advice sans préavis, sans avis préalable; previous balance [account] solde précédent; the previous day le jour précédent, la veille; previous consent consentement or accord préalable; previous question question préalable; he has no previous convictions il a un casier judiciaire vierge; previous close (St Ex) clôture précédente.

**price** [praɪs] **1** n **a** (cost) prix m. ◊ actual price prix réel; administered price prix imposé; agreed price prix convenu; all-in price prix net or tout compris; asking price (GB), ask price (US) prix vendeur or demandé; bargain price prix promotionnel or soldé or réduit; goods sold at bargain prices articles soldés or bradés; base or basis price prix de référence, prix public; catalogue price prix (de) catalogue, prix public; ceiling price prix plafond; common or current price prix courant; competitive price prix concurrentiel; controlled price prix contrôlé or conventionné; cost price (manufacturing) prix de revient; (distribution) prix coûtant; cut-price offer offre à prix réduit; demand price prix en fonction de la demande; discount price prix réduit; equilibrium price (Econ) prix d'équilibre; factor price (Econ) prix des facteurs de production; **factory price** prix usine, prix de fabrique; **fall-back price, floor price** prix plancher; **fixed price** prix fixe; **inclusive price** prix net or tout compris; **high-street prices** (GB) les prix du commerce; **list price** prix (de) catalogue; **manufacturer's list price** prix d'usine; **loaded price** prix exorbitant; **manufacturer's price** prix de fabrique; **market price** prix du marché; **pegged price** prix indexé; **preferential price** prix de faveur; **published price** [book, magazine] prix public *(fixé par l'éditeur)*; **purchase price** prix d'achat; **recommended (retail) price** prix (de détail) conseillé; **reserve price** (gen) prix plancher; (auction) mise à prix; **sale price** (reduced price) prix de solde, prix soldé; **set price** prix fixe; **spot price** cours du spot; **standard price** prix normal or courant; **target price** (Mktg) prix de référence, prix indicatif; **wholesale / retail price** prix de gros / de détail. **b** (phrases) **to go up** or **rise in price** augmenter (de prix); **to go down** or **fall in price** baisser (de prix); **what price did you pay for it?** à quel prix l'avez-vous acheté?; **what price is it?** combien cela vaut-il?; **to set a price for sth** fixer or établir le prix de qch; **to raise** or **increase prices** augmenter or majorer les prix; **to cut** or **lower** or **reduce prices** réduire or baisser les prix; **to sell at a reduced price** vendre à prix réduit or au rabais; **please quote a price for repairing the heating system** pourriez-vous faire or établir un devis pour la réparation du chauffage; **to keep prices down / up** maintenir des prix bas / élevés, contenir / soutenir les prix; **to force prices down / up** faire monter / baisser les prix; **I bought it (at) half-price** je l'ai acheté à moitié prix; **to put a price on sth** évaluer qch. **c** (St Ex) (gen) cours m; (quotation) cote f. ◊ **price for cash** cours au comptant; **price for the account** or **for settlement** cours à terme; **prices are steady on the New York Stock Exchange** les cours se maintiennent à la Bourse de New York; **quotation of prices** cotation des cours; **price of call, call price** prix d'exercice; **price of option** prix de l'option, cours de (la) prime; **price of put** cours de la prime pour livrer, prix de l'option; **price of put and call** cours de la double option; **best price** meilleur cours; **bid** or **buying price** prix d'achat, cours acheteur; **close / wide price** *marge faible / importante entre le cours acheteur et le cours vendeur*; **closing price** (St Ex) cours de clôture or en clôture, dernier cours; **forward price** cours du livrable, cours à terme; **issue price** prix or cours d'émission; **market price** (gen) prix du marché; (St Ex) cours de (la) Bourse; **middle** or **mean price** cours moyen; **offer(ed)** or **selling price** prix de vente, cours offert or ven-

deur; **opening price** (first price of the day) cours d'ouverture, premier cours; (in case of new issue) cours d'introduction; **street price** (US St Ex) cours après Bourse or hors Bourse. **d** (Bank) **the price of money** le loyer de l'argent; **the high price of money** la cherté de l'argent. **e** (EEC) **guide price** [meat] cours directeur; **intervention price** prix d'intervention; **reserve price** prix garanti; **sluice price** (EEC) prix d'écluse; **support price** prix de soutien; **target price** prix cible; **threshold price** prix de seuil.

**2 cpd prices and incomes policy** (GB) politique des prix et des revenus. – **price bid** (St Ex) cours demandé or acheteur. – **price book** tarif, catalogue des prix. – **price ceiling** plafond de prix. – **price competitiveness** compétitivité-prix. – **price control** contrôle des prix. – **price(s) current** barème des prix, tarif. – **price cut** rabais, réduction, baisse. – **price-cutting** réduction des prix. – **price determinant** *facteur à prendre en compte pour l'établissement d'un prix.* – **price differential** écart or différence or différentiel de prix, ciseaux mpl des prix. – **price discrimination** tarif discriminatoire. – **price-earnings ratio** (St Ex) rapport cours / bénéfices, taux or coefficient de capitalisation, price-earning, PER. – **price effect** (Econ) effet de prix. – **price elasticity** (Econ) élasticité-prix. – **price fixing** (gen) fixation des prix; (by government) contrôle des prix; (Jur) entente illégale or illicite sur les prix. – **price floor** plancher de prix. – **price freeze** blocage des prix. – **price increase** augmentation de(s) prix. – **price index** indice des prix; **consumer price index** (US) indice des prix de détail, indice des prix à la consommation. – **price inflation** inflation par les prix. – **price label** étiquette (de prix). – **price leader** (Econ, Mktg) entreprise dominante or leader en matière de prix. – **price level** niveau de(s) prix; **price level changes** fluctuations des prix. – **price limit** [buyer] prix maximum; [seller] prix minimum. – **price list** tarif, liste des prix, catalogue des prix. – **price maintenance** (gen) vente à prix imposé; [manufacturer] fixation des prix. – **price marker** porte-étiquettes. – **price moderation** modération des prix. – **price-performance ratio** rapport prix-performance. – **price policy** politique de prix. – **price-quality ratio** rapport qualité-prix. – **price quotation** (St Ex) cotation. – **price range** échelle or gamme or fourchette or éventail de(s) prix. – **price rigidity** rigidité des prix. – **price ring** cartel. – **price schedule** barème des prix, tarif. – **price sensitivity** élasticité-prix. – **price setting** fixation or établissement des prix. – **price spread** ciseaux mpl des prix. – **price**

sticker étiquette (de prix). − **price support** (Econ) soutien des prix. − **price tag** (lit) étiquette (de prix); (fig) prix. − **price terms** conditions fpl de prix. − **price ticket** étiquette (de prix). − **price variance** écart sur prix. − **price war** guerre des prix. **3** vt (fix price of) fixer or établir le prix de; (mark price on) indiquer le prix de; (ask price of) demander le prix de, s'informer du prix de; (estimate value of) évaluer. ◊ **to price a stock** valoriser or évaluer un inventaire; **it is priced at $20** ça coûte 20 dollars, ça se vend 20 dollars; **to price a product competitively** fixer un prix concurrentiel pour un produit.

**price down** vt sep réduire le prix de, solder.

**price out** vt sep ◊ **to price a product out of the market** perdre un marché pour un produit en pratiquant des prix trop élevés; **we have been priced out of the market** on nous a chassés du marché en cassant les prix; **they have priced themselves out of the market** ils ont perdu leur marché en pratiquant des prix trop élevés.

**price up** vt sep augmenter (le prix de).

**pricing** ['praɪsɪŋ] **1** n (setting price for) établissement m or détermination f or fixation f des prix; (for service) tarification f; [stock] évaluation f. ◊ **pricing is always a problem** la politique de prix est toujours un problème; **aggressive pricing** politique de prix agressive; **asset pricing** évaluation des actifs; **common pricing** entente (illicite) en matière de prix; **competitive pricing is essential** il est essentiel de fixer des prix compétitifs; **marginal cost pricing** méthode des coûts marginaux; **market pricing** fixation des prix par le jeu du marché. **2** cpd **pricing mix** mix des prix. − **pricing policy** or **strategy** politique des prix.

**primage** ['praɪmɪdʒ] n (Mar) primage m, chapeau m du capitaine.

**primary** ['praɪmərɪ] adj **a** (first in order) primaire, premier. ◊ **primary cause** cause première; **primary commodity** produit de base; **primary distribution** (St Ex) première introduction; **primary earnings per share** bénéfices premiers par action; **primary file** (Comp) fichier principal; **primary income** revenu primaire; **primary industry** industrie du (secteur) primaire; **primary market** marché primaire; **primary product** produit de base; **primary production** secteur primaire; **primary sector** (Econ) secteur primaire; **primary securities** (St Ex) valeurs de premier rang; **primary storage** (Comp) mémoire centrale. **b** (first in importance) reason, cause principal, primordial, fondamental; concern, aim principal, premier.

◊ **of primary importance** d'une importance primordiale.

**prime** [praɪm] **1** adj **a** (chief) cause, reason principal, primordial, fondamental. ◊ **a prime advantage** un avantage de premier ordre; **of prime importance** d'une importance primordiale. **b** (excellent) de première qualité, de premier ordre or choix. ◊ **in prime condition** car en excellent état; **a prime example of sth** un excellent exemple de qch; **of prime quality** de première qualité. **2** cpd **prime bill** (Fin) papier or effet de haut commerce or de premier ordre. − **prime bond** (Fin) obligation de premier ordre. − **prime cost** coût initial, prix de revient initial. − **prime entry** (Acc) première écriture. − **prime factor** (Math) facteur or diviseur premier. − **prime lending rate** (Bank) taux de base. − **Prime Minister** Premier ministre. − **prime mover** (fig) élément moteur. − **prime rate** (Bank) taux de base; **long term prime rate** taux de base à long terme. − **prime time** (TV, Rad) heure(s) f(pl) d'écoute maximum. **3** vt **a** gun, pump amorcer. **b** (fig) person (inform) mettre au fait, mettre au courant; (prepare) préparer.

**principal** ['prɪnsɪpəl] **1** adj principal. ◊ **principal debtor** débiteur principal. **2** n **a** (Jur) (gen) personne f responsable; (lawyer's client) commettant m, mandant m, donneur m d'ordre. ◊ **on behalf of my principal** pour le compte de mon commettant or de mon client. **b** (Fin) principal m, capital m. ◊ **principal and interest** principal or capital et intérêts; **repayment of principal** amortissement de capital.

**principle** ['prɪnsəpl] n principe n. ◊ **in / on principle** en / par principe.

**print** [prɪnt] **1** n (letters) caractères mpl; (text) texte m imprimé. ◊ **in small / large print** en petits / gros caractères; **you should always read the fine** or **small print** il faut toujours lire ce qui est écrit en petits caractères; **in print, in printed form** sous forme imprimée; **to be in print** [book] être disponible; **to be out of print** [book] être épuisé. **2** cpd **print file** (Comp) fichier d'impression. − **print line** (Comp) ligne d'impression. − **print media** les médias mpl de la presse écrite. − **print run** tirage. − **print shop** imprimerie. − **print wheel** roue d'impression. **3** vt **a** (Typ, Comp) imprimer; (Phot) tirer. ◊ **printed in England** imprimé en Angleterre; **10,000 copies were printed** cela a été tiré or imprimé à 10 000 exemplaires, on en a tiré 10 000 exemplaires; **print on screen** (Comp) afficher sur écran. **b** (write in block letters) écrire en (lettres) majuscules or capitales d'imprimerie. ◊ **please print** veuillez écrire en lettres majuscules.

**printed** ['prɪntɪd] **adj** document imprimé. ◊ **printed matter** imprimé(s); **printed writing paper** papier à en-tête; **printed paper rate** [mail] tarif imprimés; **the printed word** la chose imprimée; **printed circuit** (Elec) circuit imprimé; **printed form** formulaire, imprimé; **in printed form** sous forme écrite.

**printer** ['prɪntər] **n** **a** (person) imprimeur **m**; (typographer) typographe **mf**, imprimeur **m**. ◊ **the book has gone to the printer** le livre est chez l'imprimeur; **printer's error** faute d'impression, coquille. **b** (machine) imprimante **f**. ◊ **daisy-wheel / dot matrix / ink jet / laser / line printer** imprimante à marguerite / matricielle / à jet d'encre / laser / ligne à ligne; **letter-quality printer** imprimante qualité courrier; **near letter-quality printer** imprimante qualité semi-courrier.

**printhead** ['prɪnthed] **n** (Typ, Comp) tête **f** d'impression.

**printing** ['prɪntɪŋ] **1 n** [book, paper] impression **f**; [photograph] tirage **m**; (technique) l'imprimerie **f**; (block writing) écriture **f** en lettres d'imprimerie. **2 cpd printing press** presse à imprimer. − **printing works** imprimerie.

**print out vt sep** (Comp) imprimer, sortir sur imprimante.

**print-out** ['prɪntaʊt] **n** (Comp) sortie **f** (sur) imprimante **or** papier, listage **m**, listing **m**.

**prior** ['praɪər] **adj** decision, analysis précédent, antérieur, préalable. ◊ **prior to** antérieur à; **without prior notice** sans préavis, sans avertissement préalable; **to have a prior claim to sth** avoir droit à qch par priorité; **prior authorization** autorisation préalable; **prior charge** (Acc, St Ex) charge prioritaire; **prior contract** contrat antérieur; **prior distribution** (Stat) distribution de probabilité a priori; **prior lien** (Jur) droit prioritaire de rétention; **prior period** (Acc) exercice antérieur **or** précédent; **prior preferred stock** (US) actions prioritaires **or** privilégiées.

**priority** [praɪˈɒrɪtɪ] **1 n** **a** priorité **f**. ◊ **to have or take priority over** avoir la priorité sur; **high / low priority** priorité majeure / mineure; **to give sth top priority** accorder la priorité des priorités à qch; **a file marked "top priority"** un dossier portant l'indication "urgence absolue". **b** (Fin, Jur) [creditor] privilège **m**. **2 cpd priority action** action prioritaire. − **priority bond** obligation privilégiée. − **priority call** appel prioritaire. − **priority rights** droits **mpl** de priorité. − **priority share** (St Ex) action prioritaire.

**private** ['praɪvɪt] **adj** **a** meeting, interview privé, en privé; road, property privé; house, car particulier; possessions personnel. ◊ **private attorney** fondé de pouvoir; **private bank account** compte en banque personnel **or** particulier; **in his** (or **their** etc) **private capacity** à titre personnel; **private carrier** transporteur privé; **private citizen** particulier, personne privée; **private consumption** consommation des ménages; **private income** revenus personnels; **private individual** simple particulier; **private international law** droit international privé; **private investors** petits épargnants, petits actionnaires, petits porteurs; **private law** droit privé; **in private life** dans la vie privée, dans le privé; **private means** ressources personnelles, fortune personnelle; **private secretary** secrétaire particulier **or** privé. **b** (not publicly controlled) company, clinic privé. ◊ **private enterprise** entreprise privée; **the private sector** le secteur privé; **private investments** les investissements du secteur privé; **private brand** or **label** marque de distributeur; **private limited company** (GB) société à responsabilité limitée; **private placing** (St Ex) placement privé; **sale by private treaty** [land] vente de gré à gré; **private branch exchange** (Telec) commutateur privé. **c** (confidential) business confidentiel, personnel. ◊ **they have reached a private agreement** ils se sont mis d'accord entre eux; **private** (on envelope) confidentiel, personnel; **private hearing** (Admin, Jur) audience à huis clos; **for your private information** à titre confidentiel; **under private seal** (Jur) sous seing privé; **private offering** (Fin) émission à diffusion restreinte.

**privatization, privatisation** [ˌpraɪvɪˌtaɪˈzeɪʃən] **n** privatisation **f**.

**privatize, privatise** ['praɪvɪˌtaɪz] **vt** privatiser.

**privilege** ['prɪvɪlɪdʒ] **n** **a** privilège **m**; (Parl) prérogative **f**. **b** (US St Ex) option **f**.

**privileged** ['prɪvɪlɪdʒd] **adj** creditor, debt privilégié.

**privity** ['prɪvɪtɪ] **n** (Jur) rapport **m** contractuel *(entre patron et employé)*.

**prize** [praɪz] **1 n** **a** (gen) prix **m**; (in lottery) lot **m**. **b** (Fin) lot **m**. **c** (Mar) prise **f**. **2 cpd prize bond** obligation à lots. − **prize court** (Mar) tribunal des prises.

**PRO** [piːaːrˈrəʊ] **n** abbr of *public relations officer* → **public**.

**pro** [prəʊ] **1 n** ◊ **the pros and cons** le pour et le contre. **2 pref** (in favour of) **pro-communist** pro-communiste; **pro-American** proaméricain; **this government is pro-business** ce gouvernement est favorable à l'entreprise.

**3** abbr of *professional* ◊ **he's a real pro** c'est un vrai professionnel, il n'a rien d'un amateur.

**probability** [ˌprɒbəˈbɪlɪtɪ] **1** n probabilité f. ◊ **in all probability** selon toute probabilité. **2** cpd **probability sample** échantillon probabiliste. – **probability sampling** sondage (par échantillon) probabiliste. – **probability theory** théorie des probabilités.

**probable** [ˈprɒbəbl] adj (likely) probable ; (credible) vraisemblable.

**probate** [ˈprəʊbɪt] **1** n (Jur) [will] homologation f, validation f. ◊ **to value sth for probate** évaluer or expertiser qch pour l'homologation d'un testament ; **to grant / take out probate of a will** homologuer / faire homologuer un testament, valider / faire valider un testament.
**2** cpd **probate court** tribunal des successions. – **probate duty** droits mpl de succession.
**3** vt (US) will homologuer, valider.

**probation** [prəˈbeɪʃən] n ◊ **to be on probation** [trainee] être en période d'essai, être embauché à l'essai ; **period of probation** période d'essai.

**probationary** [prəˈbeɪʃnərɪ] adj period d'essai. ◊ **probationary employee** employé stagiaire engagé à l'essai.

**probative** [ˈprəʊbətɪv], **probatory** [ˈprəʊbətərɪ] adj (Jur) (serving to try) probatoire ; (serving to prove) probant. ◊ **probative evidence / force** pièce / force probante.

**probe** [prəʊb] **1** n (enquiry) enquête f, investigation f ; (poll) sondage m.
**2** vt (fig : enquire into) person's past, motivations sonder, explorer ; mystery approfondir ; crime, causes chercher à éclaircir.

**probing** [ˈprəʊbɪŋ] adj question, study pénétrant ; interrogation serré. ◊ **probing techniques** techniques de sondage.

**probity** [ˈprəʊbɪtɪ] n probité f.

**problem** [ˈprɒbləm] n problème m. ◊ **to solve a problem** résoudre un problème ; **problem solving** résolution de problèmes ; **personnel management is a problem area in the company** la gestion du personnel est une source de problèmes dans l'entreprise ; **a problem customer** un client difficile ; **problem loan** prêt à problèmes, prêt à risque(s) ; **problem banks** banques en difficulté.

**problematic(al)** [ˌprɒblɪˈmætɪk(l)] adj problématique.

**procedural** [prəˈsiːdjʊrəl] adj (Admin, Ins) de procédure. ◊ **this is a procedural issue** c'est une question de procédure ; **procedural**

**agreement** protocole d'accord ; **procedural delays** retards de procédure.

**procedure** [prəˈsiːdʒəʳ] n (gen, Admin, Comp) procédure f. ◊ **order of procedure** règles de procédure.

**proceed** [prəˈsiːd] **1** vi **a** (go on) aller, avancer, se rendre ; (continue) continuer. ◊ **before we proceed any further** (in discussions) avant d'aller plus loin ; **can we proceed to the next question?** peut-on passer à la question suivante ? ; **we then proceeded to examine last year's results** nous avons ensuite abordé or entamé or commencé l'examen des résultats du dernier exercice ; **how shall we proceed?** comment devons-nous nous y prendre ? ; **negotiations are now proceeding** les négociations sont en cours. **b** **to proceed from** (come from) (lit) venir de, provenir de ; (fig) provenir de, découler de. **c** (Jur) **to proceed against sb** engager des poursuites contre qn, intenter un procès à qn.
**2** n → proceeds.

**proceedings** [prəˈsiːdɪŋz] npl **a** (ceremony) cérémonie f ; (meeting) séance f, réunion f. ◊ **the proceedings begin at 9.00 a.m.** la séance or la réunion commence à 9 heures. **b** (Jur) (measures) mesures fpl. ◊ **to take** or **institute (legal) proceedings against sb** engager des poursuites (judiciaires) contre qn, intenter un procès contre qn ; **cost of proceedings** frais de procédure. **c** (discussions) débats mpl ; (records) compte rendu m, rapport m. ◊ **the proceedings of the annual conference** les actes or les annales du congrès annuel.

**proceeds** [ˈprəʊsiːdz] npl produit m. ◊ **the proceeds of the sale of your house** le produit de la vente de votre maison ; **the proceeds of today's trading** les recettes des ventes de ce jour.

**process** [ˈprəʊses] **1** n **a** (continuing action) processus m ; (specific method) procédé m, méthode f. ◊ **buying process** processus d'achat ; **the process of industrial restructuring is well under way** le processus or l'opération de restructuration industrielle est bien entamé(e) ; **she's in the process of checking the accounts** elle est en train de vérifier les comptes ; **to be in process** [discussions, work] être en cours ; **recruitment process** processus de recrutement ; **the manufacturing process is very lengthy** le processus de fabrication demande beaucoup de temps ; **a new manufacturing process** un nouveau procédé or une nouvelle méthode de fabrication. **b** (Jur) (action) procès m ; (document) acte m judiciaire ; (summons) assignation f en justice, citation f. ◊ **to serve a process on sb** signifier une citation à qn,

citer or assigner qn en justice ; **by due process of law** par voie légale, par procédure judiciaire. **c** (Ind) (continuous process manufacturing) process m.
**2** **cpd** **process analysis** analyse des processus or des méthodes. — **process chart** (Comp) organigramme. — **process control** (Ind) contrôle industriel, régulation de processus industriels ; **process control software** logiciel de gestion industrielle. — **process costing** *calcul du prix de revient en fabrication en continu.* — **process engineer** (Ind) ingénieur process. — **process engineering** ingénierie de process, processus de fabrication en continu. — **process industry** *industrie utilisant des procédés de fabrication en continu.* — **process server** (Jur) huissier.
**3** **vt** (Ind) raw materials traiter, transformer (*into* en) ; food traiter ; (Phot) film développer ; (Comp) data traiter ; programme exécuter ; (Comm) order exécuter ; (Admin) document, records s'occuper de ; request for aid prendre en charge. ◊ **we have been unable to process your order** nous n'avons pas pu donner suite à or exécuter votre commande.

**processed** ['prəʊsesd] **adj** ◊ **processed foods** produits alimentaires industriels or transformés.

**processing** ['prəʊsesɪŋ] **1** **n** (Comp) traitement m ; [material] transformation f ; [film] développement m. ◊ **batch processing** traitement séquentiel or par lots ; **data processing** informatique ; **food processing industry** industrie agro-alimentaire ; **order processing** (Comm) exécution or traitement des commandes ; **word processing** traitement de texte.
**2** **cpd** **processing fee** frais mpl de dossier. — **processing industry** industrie de transformation. — **processing plant** usine de traitement. — **processing unit** (Comp) unité de traitement, unité centrale.

**processor** ['prəʊsesəʳ] **n** (Comp) (gen) processeur m ; (in large computer) unité f centrale. ◊ **word processor** machine de traitement de texte.

**procuration** [ˌprɒkjʊ'reɪʃən] **n** (Jur) (authority) procuration f, mandat m ; [loan] négociation f, obtention f. ◊ **procuration fee** frais de dossier, commission *(pour l'obtention d'un prêt)*.

**procurator** ['prɒkjʊreɪtəʳ] **n** fondé m de pouvoir.

**procuratory letter** ['prɒkjʊrətərɪ'letəʳ] **n** pouvoir m, lettre f d'accréditation.

**procure** [prə'kjʊəʳ] **vt** (gen) se procurer, obtenir ; (Ind) raw materials s'approvisionner en.

**procurement** [prə'kjʊəmənt] **1** **n** (gen) obtention f ; (Comm, Admin, Ind) approvisionnement m. ◊ **military** or **defence procurements** commandes de matériel militaire ; **public procurement** (EEC) marchés publics.
**2** **cpd** **procurement contract** marché public. — **procurements cost** coût de passation de commande. — **procurement department** service des achats. — **procurement lead time** délai d'approvisionnement. — **procurement officer** responsable mf des achats.

**produce** [prə'djuːs] **1** **vt** **a** (yield) milk, oil, crops produire ; cars, instruments fabriquer, produire ; (Fin) interest, profits rapporter ; results produire, donner ; dispute, drop in sales causer, provoquer. ◊ **the investment produces a yield of 12%** l'investissement rapporte 12% or a un rendement de 12%. **b** (show) ticket produire, présenter ; (Jur) witness produire, faire comparaître ; proof, evidence fournir, apporter.
**2** **vi** [mine, factory] produire ; [land, animals] produire, rendre.
**3** **n** produit(s) m(pl) agricole(s), denrées fpl alimentaires. ◊ **farm produce** produits agricoles, produits de la ferme.
**4** **cpd** **produce broker** courtier en produits agricoles. — **produce exchange** bourse de denrées alimentaires or de produits agricoles.

**producer** [prə'djuːsəʳ] **1** **n** (Agr) producteur m ; (Ind) fabricant m ; (Theat) metteur m en scène ; (Cine) producteur m ; (Rad, TV) réalisateur m. ◊ **producer's cooperative** coopérative de production ; **producer's surplus** (Econ) marge supplémentaire.
**2** **cpd** **producer advertising** publicité du fabricant or du producteur. — **producer buyer** acheteur industriel. — **producer goods** (Econ) biens mpl d'équipement or de production. — **producer price index** index or indice des prix à la production.

**producing** [prə'djuːsɪŋ] **adj** ◊ **coal- / meat- / oil-producing countries** pays producteurs de charbon / viande / pétrole.

**product** ['prɒdʌkt] **1** **n** (gen) produit m ; (fig) produit m, résultat m, fruit m ; (Math) produit m. ◊ **appeal product** produit d'appel ; **by-product** sous-produit, produit dérivé ; **cash-cow product** produit vache à lait ; **consumer products** produits de grande consommation ; **convenience products** produits de commodité ; **end product** (Comm, Ind) produit final ; (fig) résultat ; **finished product** produit fini ; **gross national / domestic product** produit national / intérieur brut ; **home products** produits nationaux or du pays ; **joint products** produits liés ; **leader product** produit locomotive or leader ;

**primary product** produit de base ; **waste products** déchets de fabrication.
**2 cpd product acceptance** *mesure du succès d'un produit auprès des consommateurs.* − **product ad(vertisement)** annonce-produit. − **product adaptation** adaptation du produit. − **product advertising** publicité de produit. − **product assortment** éventail or mix de produits. − **product benefits** avantages mpl du produit *(pour le consommateur).* − **product classification** classification du produit. − **product design** conception du produit. − **product development** développement de (nouveaux) produits ; **product development cycle** cycle de développement d'un produit. − **product differentiation** différenciation de produits. − **product engineer** ingénieur-produit. − **product evaluation** évaluation or test de produit. − **product image** image de produit. − **product launch** lancement de produit. − **product liability** responsabilité produit ; **product liability insurance** assurance contre la responsabilité produit. − **product (life) cycle** cycle de vie d'un produit. − **product line** ligne or gamme de produits. − **product management** gestion de produits. − **product manager** or **executive** chef de produit. − **product-market strategy** stratégie produit-marché. − **product mix** mix or ensemble de produits. − **product performance** caractéristiques mpl du produit. − **product planning** planification des produits. − **product-plus** avantage concurrentiel d'un produit, plus-produit. − **product portfolio** portefeuille de produits. − **product profile** profil du produit. − **product range** gamme or éventail de produits. − **product safety** sécurité du produit. − **product testing** test de produit. − **product usage rate** taux d'utilisation d'un produit.

**production** [prəˈdʌkʃən] **1 n a** (making) production f ; (in factory) fabrication f, production f ; (goods produced) production f. ◊ **to put sth into production** entreprendre la production or la fabrication de qch ; **to take sth out of production** retirer qch de la fabrication ; **the new model has gone into production** on a lancé la fabrication du nouveau modèle ; **we have reached the production stage** nous sommes au stade de la production ; **the plant is in full production** l'usine tourne à plein (rendement) ; **batch production** fabrication or production par lots or en petites séries ; **mass production** production or fabrication en série ; **primary / secondary / tertiary production** secteur primaire / secondaire / tertiaire. **b** (showing) présentation f, production f. ◊ **on produc-**

tion of this document sur présentation de ce document. **c** (Theat) mise f en scène ; (Cine) production f ; (Rad, TV) réalisation f. **d** (Pub) mise f en page, gestion f du processus d'impression.
**2 cpd production bonus** prime de production. − **production capacity** capacité de production. − **production chart** graphique de la production. − **production control** gestion or contrôle de la production. − **production cost** coût de production. − **production engineering** organisation de la production. − **production facility** unité de production. − **production goods** biens mpl d'équipement. − **production line** chaîne de fabrication ; **he works on the production line** il travaille à la chaîne. − **production management** gestion de la production. − **production manager** (gen) directeur(-trice) m(f) de la production, responsable mf de la production ; (Pub) chef de fabrication. − **production overheads** coûts mpl de production. − **production planning** programmation de la production. − **production plant** unité de production, usine. − **production platform** plate-forme de production. − **production rate** rythme or cadence de (la) production. − **production schedule** programme or plan de production. − **production standard** norme de production. − **production target** objectif de production. − **production unit** unité de production. − **production worker** ouvrier(-ière) m(f) *(travaillant à la chaîne).*

**productive** [prəˈdʌktɪv] **adj** land fertile, fécond ; discussion fructueux ; work fructueux, productif ; employment, labour, investment productif. ◊ **the productive life of an asset** la vie utile d'un bien ; **productive assets** investissements productifs d'intérêts ; **productive capital** capital productif (d'intérêts) ; **productive capacity** [factory] capacité de production ; **productive time** (Comp) temps d'exploitation or d'exécution, temps utile ; **productive expenditure** (Admin) dépenses d'infrastructure.

**productivity** [ˌprɒdʌkˈtɪvɪtɪ] **1 n** productivité f. ◊ **to increase productivity** augmenter le rendement or la productivité ; **labour productivity** la productivité du travail ; **capital productivity** le rendement or la productivité du capital.
**2 cpd productivity agreement** accord de productivité. − **productivity bonus** prime de rendement. − **productivity deal** accord or contrat de productivité. − **productivity drive** or **campaign** campagne de productivité. − **productivité gains** gains mpl de productivité.

**profession** [prəˈfeʃən] **n** (law, medicine) profession f ; (body of people) (membres mpl d'une) profession f. ◊ **he is a lawyer by profession** il est avocat de son métier; **to exercise a profession** exercer une profession.

**professional** [prə'feʃənl] **1** adj professionnel. ◊ **to take professional advice** consulter un spécialiste; **the professional classes** les professions libérales; **professional people** les membres des professions libérales; **professional standards** normes de compétence professionnelle; **professional workers** (US Ind) ouvriers hautement qualifiés. **2** n professionnel(le) m(f).

**professionalism** [prə'feʃnəlɪzəm] n professionnalisme m.

**professionally** [prə'feʃnəlɪ] adv professionnellement, de manière professionnelle. ◊ **I know him only professionally** je le connais par mon travail, je n'ai que des rapports professionnels avec lui; **she is professionally qualified** elle est diplômée.

**professor** [prə'fesəʳ] n professeur m (titulaire d'une chaire). ◊ **associate professor** (US) ≈ maître de conférences; **assistant professor** (US) ≈ maître-assistant.

**proficiency** [prə'fɪʃənsɪ] **1** n compétence f (*in* en), maîtrise f (*in* de). ◊ **he has reached a high level of proficiency in data processing** il a atteint une grande maîtrise de l'informatique. **2** cpd **proficiency level** niveau de compétence or de maîtrise. − **proficiency pay** prime de compétence.

**proficient** [prə'fɪʃənt] adj compétent (*in* en). ◊ **he is proficient in accounting** il est très compétent en comptabilité; **proficient worker** travailleur efficace or compétent.

**profile** ['prəʊfaɪl] n [company, product, consumer] profil m. ◊ **job profile** profil or description de poste; **model profile** profil-type.

**profit** ['prɒfɪt] **1** n **a** (Econ) profit m. ◊ **profit allows capital to increase** le profit permet l'augmentation du capital. **b** (gain) bénéfice m, profit m. ◊ **I sold it at a profit** je l'ai vendu en faisant du bénéfice; **to show** or **yield a profit** rapporter un bénéfice; **we made a profit of $250** nous avons fait or réalisé un bénéfice de 250 dollars; **our profits have been rising slowly** nos bénéfices augmentent lentement; **loss of profit** manque à gagner; **pretax** or **before-tax / after-tax profit** bénéfice avant / après impôts, bénéfice fiscal / net; **book profit** bénéfice or profit comptable; **capital profit** plus-value *(sur la réalisation d'actifs immobilisés)*; **clear profit** bénéfice net; **excess profit, super-profit** super-bénéfices, super-profits; **gross profit** bénéfice brut, marge brute, excédent brut d'exploitation; **gross profit on sales** marge commerciale; **net profit**

bénéfice net; **operating profit** bénéfice or résultat d'exploitation; **paper profit** plus-value non matérialisée; **retained profits** bénéfices non distribués; **trading profit** marge brute, excédent brut d'exploitation; **windfall profit** bénéfice exceptionnel; **windfall profits tax** impôt sur les bénéfices exceptionnels; **with profits policy** (Ins) police avec participation aux bénéfices. **c** (fig) profit m, avantage m. **d** (Ins) **profits** *excédent des revenus d'une société d'assurance-vie par rapport aux sommes versées.* **2** cpd **profit and loss account** (Acc) compte de pertes et profits. − **profit balance** solde bénéficiaire. − **profit centre** centre de profit. − **profit graph** courbe des bénéfices or de rentabilité. − **profit-making** company rentable; **profit-making / non-profit-making organization** association à but lucratif / à but non lucratif. − **profit margin** marge bénéficiaire. − **profit maximization** maximisation des bénéfices. − **profit motive (the)** la recherche du profit. − **profits policy** (Ins) police d'assurance contre le manque à gagner. − **profit-sharing** intéressement, participation aux bénéfices; **profit-sharing scheme** système de participation des salariés aux bénéfices de l'entreprise, plan d'intéressement des salariés aux bénéfices de l'entreprise. − **profit squeeze** contraction des marges bénéficiaires. − **profit taking** (St Ex) prise de bénéfices. **3** vi ◊ **to profit by** or **from sth** tirer avantage or profit de qch, profiter de qch.

**profitability** [ˌprɒfɪtə'bɪlɪtɪ] n rentabilité f. ◊ **profitability ratio** ratio de rentabilité.

**profitable** ['prɒfɪtəbl] adj business, company rentable; deal, sale, investment rentable, payant; (fig) scheme, agreement, avantageux, rentable; discussion fructueux, profitable.

**profitably** ['prɒfɪtəblɪ] adv sell en faisant du bénéfice; deal avec profit.

**profiteer** [ˌprɒfɪ'tɪəʳ] **1** n (pej) profiteur m (pej), mercanti m (pej). **2** vi (pej) faire des bénéfices excessifs.

**profiteering** [ˌprɒfɪ'tɪərɪŋ] n (pej) réalisation f de bénéfices excessifs.

**profitless** ['prɒfɪtlɪs] adj sans profit. ◊ **profitless point** (US) seuil de rentabilité.

**profligate** ['prɒflɪgɪt] adj prodigue, dépensier.

**pro forma** ['prəʊ'fɔːmə] **1** adj pro forma. ◊ **pro forma invoice** facture pro forma. **2** n facture f pro forma.

**prognostication** [prɒgˌnɒstɪ'keɪʃən] n pronostic m.

**program** ['prəʊgræm] **n, vt** → programme.

**programmable** ['prəʊgræməbl] **adj** (Comp) programmable.

**programmatic** [prəʊgrə'mætɪk] **adj** (Comp) par programme.

**programme** (GB), **program** (US) ['prəʊgræm] **1 n a** (gen : schedule) programme m; (Rad, TV) émission f, programme m; (Rad : station) poste m; (TV : station) chaîne f. ◊ **live programme** programme en direct; **this is my programme for the week** voici mon emploi du temps or mon programme pour la semaine; **investment / research / training programme** programme d'investissement / de recherche / de formation. **b** (Comp) **program** programme. **application program** programme d'application.
**2 cpd programme budgeting** rationalisation des choix budgétaires. — **Programme Evaluation and Review Techniques** méthode PERT, techniques fpl d'évaluation et de révision des programmes. — **program file** fichier de programmes. — **program flow chart** organigramme de programmation. — **program language** langage de programmation. — **program package** progiciel.
**3 vt a** (gen) programmer. ◊ **the product launch is programmed for March 7th** le lancement du produit est prévu pour le 7 mars. **b** (Comp) **to program** programmer.

**programmer** ['prəʊgræmə<sup>r</sup>] **n** (person : also **computer programmer**) programmeur-(-euse) m(f).

**programming** ['prəʊgræmɪŋ] **n** programmation f. ◊ **programming language** langage de programmation; **linear programming** programmation linéaire.

**progress** ['prəʊgres] **1 n** (gen) progrès m; [work] avancement m. ◊ **they are making good progress in their research** leur recherche progresse or avance bien; **the meeting is in progress** la réunion est en cours; **the work in progress** les travaux en cours; **work in progress** (Acc Ind) les encours; **the negotiations in progress** les négociations en cours.
**2 cpd progress board** (Ind, Comp) tableau de planning. — **progress chart** graphique comparant le prévisionnel et le réalisé. — **progress chaser** responsable mf du suivi d'un projet. — **progress chasing** suivi (d'un projet). — **progress control** (Ind) suivi de la production. — **progress payment** (Ind) *paiement au prorata de l'avancement des travaux.* — **progress report** compte rendu sur l'état d'avancement des travaux, compte rendu périodique; **he made**

**a progress report at the end of the first month** il a fait un point à la fin du premier mois.
**3 vi** [research, project, work] progresser, avancer.

**progression** [prə'greʃən] **n** progression f.

**progressive** [prə'gresɪv] **adj** progressif; idea, person, opinion progressiste. ◊ **progressive tax** impôt progressif.

**prohibit** [prə'hɪbɪt] **vt a** (forbid) interdire, défendre (*sb from doing* à qn de faire); (Admin, Jur) drugs, weapons prohiber. ◊ **smoking prohibited** défense de fumer; **prohibited goods** (Customs) marchandises prohibées. **b** (prevent) empêcher (*sb from doing* qn de faire).

**prohibition** [ˌprəʊɪ'bɪʃən] **n** prohibition f, interdiction f, défense f; (US : against alcohol) prohibition f. ◊ **export / import prohibition** (Customs) prohibition de sortie / d'entrée.

**prohibitive** [prə'hɪbɪtɪv] **adj** price, tax, condition prohibitif.

**prohibitory** [prə'hɪbɪtərɪ] **adj** (Jur) prohibitif.

**project** ['prɒdʒekt] **1 n** (plan, scheme) projet m, plan m (*to do, for doing* pour faire); (undertaking) opération f, entreprise f; (study) étude f (*on* de). ◊ **the project for the new factory** le projet de construction de la nouvelle usine; **draft project** pré-projet; **development project** projet de développement; **housing project** (US) ≈ cité; **pilot project** projet-pilote.
**2 cpd project assessment** or **evaluation** évaluation f or étude de projet. — **project control** suivi de projet. — **project engineer** ingénieur d'études. — **project engineering** ingénierie de projets. — **project file** fichier de projet. — **project management** gestion or conduite de projet. — **project manager** chef de projet.

**projected** [prə'dʒektɪd] **adj** (estimated) sales, costs, results prévu; (planned) projeté. ◊ **projected new manufacturing unit** un projet de construction d'une unité de fabrication; **projected new products** de nouveaux produits en projet.

**projection** [prə'dʒekʃən] **n** projection f. ◊ **sales projection** prévision de ventes.

**proliferate** [prə'lɪfəreɪt] **vi** proliférer.

**proliferation** [prəˌlɪfə'reɪʃən] **n** prolifération f.

**prolong** [prə'lɒŋ] **vt** (gen) prolonger; (Fin) bill proroger.

**prolongation** [ˌprəʊlɒŋ'geɪʃən] **n** (gen) prolongation f; (Fin) [bill] prorogation f.

**promise** ['prɒmɪs] **1 n** promesse f. ◊ **promise to pay** promesse de payer; **promise to sell** promesse de vente.

**2** vt promettre (*sth to sb* qch à qn ; *sb to do* à qn de faire).

**promising** ['prɒmɪsɪŋ] adj prometteur, plein de promesses.

**promissory** ['prɒmɪsərɪ] adj ◊ **promissory note** billet à ordre ; **joint promissory note** billet solidaire.

**promo*** ['prəʊməʊ] n (Comm) promotion f.

**promote** [prəˈməʊt] vt **a** person promouvoir (*to* à). ◊ **to be promoted** être promu, avoir de l'avancement ; **she was promoted (to) financial controller** elle a été promue contrôleur de gestion. **b** (encourage) sales promouvoir, stimuler ; product promouvoir, faire de la publicité pour ; plan, idea promouvoir ; trade promouvoir, développer, favoriser ; (St Ex) company lancer.

**promoter** [prəˈməʊtə<sup>r</sup>] n [sport] organisateur m ; [product, construction project] promoteur m ; [company] fondateur m. ◊ **promoter's shares** (St Ex) parts de fondateur.

**promotion** [prəˈməʊʃən] **1** n **a** (advancement in career) promotion f, avancement m. ◊ **to get (a) promotion** obtenir de l'avancement, être promu. **b** (furthering) promotion f, développement m ; (founding) [business] lancement m, établissement m. ◊ **company promotion** (St Ex) lancement d'entreprise. **c** (Mktg, Pub) promotion f. ◊ **sales promotion** promotion des ventes. **2** cpd **promotion cost** frais mpl de premier établissement. – **promotion list** or **roster** tableau d'avancement.

**promotional** [prəˈməʊʃənəl] adj (Pub) promotionnel, publicitaire. ◊ **promotional budget** budget publicitaire ; **promotional pricing** prix promotionnel ; **promotional sales** ventes promotionnelles.

**prompt** [prɒmpt] **1** adj (speedy) rapide, prompt ; (on time) ponctuel, à l'heure. ◊ **prompt payment** paiement rapide or dans les délais ; **prompt cash** (Acc) comptant d'usage ; **net prompt cash** (Acc) comptant net sans escompte. **2** n **a** (Comm) (time allowed) délai m de paiement ; (contract) contrat m *(dans lequel le délai de paiement est précisé).* **b** (reminder) rappel m ; (Comp) (message m) guide-opérateur m. **3** cpd **prompt character** (Comp) caractère de sollicitation or d'incitation. – **Prompt Day** (Commodity Exchange) jour de la liquidation, jour de règlement. – **prompt message** (Comp) message-guide, message guide-opérateur. – **prompt note** rappel d'échéance, demande de paiement.

**promptly** ['prɒmptlɪ] adv (speedily) rapidement, promptement, avec promptitude ;

(punctually) ponctuellement. ◊ **to pay promptly** payer dans les délais.

**prone** [prəʊn] adj sujet (*to* à). ◊ **error prone** sujet à erreur.

**proof** [pruːf] **1** n **a** preuve f. ◊ **proof of debt** titre de créance ; **proof of loss** (Ins) justificatifs or pièces justificatives de perte ; **proof of origin** justification d'origine ; **proof of ownership** or **title** titre de propriété ; **the burden of proof lies with the prosecution** la charge de la preuve incombe au ministère public. **b** [book, photograph] épreuve f. ◊ **to pass the proofs** donner le bon à tirer ; **to read** or **correct the proofs** corriger les épreuves ; **to be in proof** être au stade des épreuves. **2** cpd **proof sheets** épreuves fpl. – **proof stage** : **at proof stage** au stade des épreuves.

**proofread** ['pruːfriːd] vt manuscript, book corriger les épreuves de.

**proofreader** ['pruːfriːdə<sup>r</sup>] n correcteur(-trice) m(f) d'épreuves.

**proofreading** ['pruːfriːdɪŋ] n correction f des épreuves.

**prop.** abbr of *proprietor.*

**propaganda** [ˌprɒpəˈgændə] n propagande f.

**propensity** [prəˈpensɪtɪ] n propension f. ◊ **propensity to consume / to save / to invest** (Econ) propension à consommer / à épargner / à investir.

**proper** ['prɒpə<sup>r</sup>] adj (correct) convenable, adéquat, correct ; (authentic) vrai, véritable, authentique. ◊ **the proper way to do sth** la bonne façon de faire qch ; **to go through the proper channels** (gen) passer par la filière officielle ; (for request) passer par la voie hiérarchique.

**properly** ['prɒpəlɪ] adj convenablement, comme il faut, correctement.

**propertied** ['prɒpətɪd] adj possédant. ◊ **the propertied class** les possédants, les nantis.

**property** ['prɒpətɪ] **1** n **a** (possessions) biens mpl, possessions fpl, propriété f. ◊ **personal property** (Jur) biens personnels or mobiliers, propriété mobilière ; (gen) effets personnels. **b** (land, building) propriété f ; (estate) domaine m. ◊ **he owns property in France** il a des biens en France ; **a fine property within commuting distance of London** une belle propriété dans les environs or dans la banlieue de Londres ; **property acquired** (Jur) acquêt ; **freehold property** (GB) propriété foncière libre ; **funded property** (Jur) biens en rentes ; **industrial property** propriété industrielle ; **landed property** biens-fonds ; **leasehold property** propriété louée

à bail; **private property** propriété privée; **real** or **immovable property** propriété immobilière, biens immeubles. **c** (right of ownership) (droit m de) propriété f. ◊ **who has the property in the goods ?** qui a le droit de propriété sur les marchandises?, qui a la propriété des marchandises? (d) (quality) propriété.
**2 cpd property account** compte domaine. – **property accounts** comptes mpl d'exploitation. – **property company** société immobilière. – **property damage** (Ins) dommages mpl matériels. – **property developer** promoteur (immobilier). – **property development** promotion immobilière. – **property loan** prêt immobilier. – **property market (the)** le marché immobilier. – **property register** (registre du) cadastre. – **property speculator** spéculateur immobilier. – **property tax** impôt foncier.

**proportion** [prə'pɔːʃən] n **a** (ratio) proportion f. ◊ **the proportion of men to women** la proportion or le pourcentage des hommes par rapport aux femmes; **commission is paid in proportion to sales** une commission est payée au prorata des ventes or en proportion des ventes. **b** (size) **proportions** proportions, dimensions. **c** (share) part f, partie f, pourcentage m. ◊ **in equal proportions** à parts égales. **d** (GB Bank) **the proportion** le ratio du passif de la Banque d'Angleterre à ses réserves en espèces et en numéraire.

**proportional** [prə'pɔːʃənl] adj proportionnel, proportionné (to à). ◊ **proportional representation** (Pol) représentation proportionnelle; **proportional tax** taxe proportionnelle, impôt proportionnel.

**proposal** [prə'pəuzl] n **a** (offer) proposition f, offre f. **b** (plan) projet m, plan m (for sth de or pour qch; to do pour faire). **c** (US) soumission f. **d** (Ins : also **proposal form**) (formulaire m de) demande f d'assurance.

**propose** [prə'pəuz] vt (suggest) proposer, suggérer (that que); course of action proposer; plan proposer, présenter; candidate proposer. ◊ **to propose a motion** présenter une motion; **to propose a toast** porter un toast.

**proposer** [prə'pəuzə<sup>r</sup>] n **a** (in meeting) [motion] auteur m de la proposition or de la motion. **b** (Ins) demandeur m.

**proposition** [ˌprɒpə'zɪʃən] n **a** (offer) proposition f. **b** (affair) affaire f. ◊ **a good business proposition** une bonne affaire; **it is not an economic** or **paying proposition** ce n'est pas rentable. **c** (statement, suggestion) proposition f.

**proprietary** [prə'praɪətərɪ] adj **a** (Comm) de marque (déposée). ◊ **proprietary brand** or **name** marque déposée; **proprietary goods / product** articles / produit de marque; **proprietary software** logiciel propre à un constructeur. **b** **proprietary company** (holding company) société de holding; (land-owning company) société foncière; **proprietary rights** droits de propriété. **c** [proprietor] duties de propriétaire. **d** (Ins) **proprietary insurance** assurance souscrite par une société commerciale (par opposition à une mutuelle).

**proprietor** [prə'praɪətə<sup>r</sup>] n propriétaire m. ◊ **hotel proprietor** propriétaire d'hôtel, hôtelier; **restaurant proprietor** propriétaire de restaurant, restaurateur.

**proprietorship** [prə'praɪətəʃɪp] n (Jur) (droit m de) propriété f; (Fin) fonds mpl propres. ◊ **the proprietorship of a patent** la propriété d'un brevet; **under his proprietorship the business prospered** quand il en était le propriétaire l'entreprise a prospéré; **proprietorship register** (GB) registre du cadastre; **sole proprietorship** société unipersonnelle, propriété exclusive.

**proprietress** [prə'praɪətrɪs] n [hotel, restaurant] patronne f, propriétaire f.

**prop up** [prɒp] vt sep company, economy soutenir, renflouer. ◊ **to prop up the pound** défendre or soutenir la livre.

**pro rata** ['prəu'rɑːtə] adv au prorata. ◊ **the proceeds will be distributed to participants pro rata to their initial investment** les bénéfices seront distribués aux participants au prorata de leur investissement initial.

**prorate** ['prəureɪt] (US) vt distribuer or répartir au prorata; figures calculer au prorata; expense, cost affecter au prorata.

**prorogation** [ˌprəurə'geɪʃən] n prorogation f.

**prosecute** ['prɒsɪkjuːt] vt (Jur) poursuivre (en justice).

**prosecution** [ˌprɒsɪ'kjuːʃən] n (Jur) (case) accusation f; (act, proceedings) poursuites fpl judiciaires. ◊ **the prosecution** (side) les plaignants, la partie plaignante; (in court) l'accusation, le ministère public; **you are liable to prosecution** vous pouvez être poursuivi, vous pouvez être or faire l'objet de poursuites; **counsel for the prosecution** avocat de l'accusation; **witness for the prosecution** témoin à charge; **the case for the prosecution** l'accusation.

**prosecutor** ['prɒsɪkjuːtə<sup>r</sup>] n (gen) plaignant m; ◊ **the (public) prosecutor** le procureur (de la République), l'avocat général.

**prospect** ['prɒspekt] **1** n **a** (outlook) perspective f. ◊ **career prospects** perspectives de

carrière ; **future prospects look good** les perspectives d'avenir sont bonnes ; **there is little prospect of an immediate improvement in sales** il y a peu de chances or d'espoir que les ventes progressent dans l'immédiat. **b** (future customer) client m potentiel, prospect m.
**2** **vi** prospecter. ◊ **to prospect for oil** prospecter pour trouver du pétrole.
**3** **vt** market prospecter.

**prospective** [prəs'pektɪv] **adj** yield escompté ; result, legislation futur, attendu ; supplier éventuel. ◊ **prospective customer** client éventuel, prospect.

**prospector** [prəs'pektəʳ] **n** prospecteur m.

**prospectus** [prəs'pektəs] **n** (gen, St Ex) prospectus m. ◊ **pathfinder prospectus** prospectus préliminaire ; **to issue a prospectus** lancer un prospectus.

**prosper** ['prɒspəʳ] **vi** prospérer.

**prosperity** [prɒs'perɪtɪ] **n** prospérité f.

**prosperous** ['prɒspərəs] **adj** prospère.

**protect** [prə'tekt] **vt** person, property, industry protéger (from de ; against contre) ; interests, rights sauvegarder. ◊ **to protect a book** (St Ex) défendre une position ; **to protect a bill** (Fin) garantir la bonne fin d'un effet, faire provision pour un effet.

**protection** [prə'tekʃən] **n** protection f (against contre).

**protectionism** [prə'tekʃənɪzəm] **n** protectionnisme m.

**protectionist** [prə'tekʃənɪst] **n, adj** protectionniste mf.

**protective** [prə'tektɪv] **adj** clothing, covering de protection ; tariff, duty protecteur. ◊ **protective clause** (Jur) clause de sauvegarde.

**protest** ['prəutest] **1** **n** **a** (gen) protestation f (against contre ; about à propos de). ◊ **to make a protest** protester, élever une protestation (against contre). **b** (Jur) payment **under protest** paiement sous réserve ; **to lodge a protest** déposer plainte. **c** (Fin, Jur : in case of dishonour of a bill) protêt m. ◊ **protest for non-acceptance** protêt faute de paiement ; **protest waived in case of dishonour** retour sans frais ; **certified protest** protêt authentique ; **single protest** protêt simplifié ; **to give notice of a protest** notifier un protêt ; **to make a protest** lever protêt, dresser un protêt. **d** (Mar Ins : also **ship's** or **captain's protest**) déclaration f d'avaries.
**2** **cpd protest charges** (Jur) frais mpl de protêt.
**3** **vt** **a** (gen) protester (that que). **b** (Fin, Jur) bill of exchange protester, lever protêt de.

**protestable** [prə'testəbl] **adj** (Fin) protestable.

**protester** [prə'testəʳ] **n** (gen) protestataire mf ; [cheque, bill] protestateur m.

**protocol** ['prəutəkɒl] **n** protocole m.

**prototype** ['prəutəutaɪp] **n** prototype m. ◊ **prototype series** présérie.

**prove** [pruːv] **1** **vt** **a** (give proof of) prouver. **b** (test) mettre à l'épreuve. ◊ **to prove a will** (Jur) homologuer un testament ; **to prove o.s** faire ses preuves.
**2** **vi** s'avérer, se montrer, se révéler. ◊ **the campaign proved very successful** la campagne s'est révélée très fructueuse.

**proved** [pruːvd] **adj** (Ins) damage justifié.

**proven** ['pruːvn] **adj** confirmé.

**provide** [prə'vaɪd] **1** **vt** **a** (supply) fournir (sb with sth, sth for sb qch à qn), approvisionner (sb with sth qn de or en qch) ; (equip) munir, pourvoir (sb with sth qn de qch), fournir (sb with sth qch à qn). ◊ **to provide o.s with sth** se pourvoir or se munir de qch, se procurer qch ; **to provide cover against a risk** assurer (la couverture d')un risque ; **to provide a bill with acceptance** revêtir un effet de l'acceptation. **b** [contract, document] stipuler, prévoir (that que). ◊ **unless otherwise provided** sauf conventions or stipulations contraires.
**2** **vi** (make arrangements) **to provide for sth** prévoir qch ; **to provide for depreciation / bad debts / income tax** faire provision pour moins-values / créances douteuses / impôts sur le revenu ; **to provide for a bill** faire provision pour un effet ; **to provide for future expansion** prévoir une expansion future ; **to provide against** se prémunir contre, prendre ses précautions contre ; **to provide against a risk** (Ins) s'assurer contre un risque.

**provided** [prə'vaɪdɪd] **conj** ◊ **provided (that)** pourvu que, à condition de or que.

**provident** ['prɒvɪdənt] **adj** person prévoyant. ◊ **provident fund** (GB) caisse de prévoyance.

**provider** [prə'vaɪdəʳ] **n** fournisseur m.

**province** ['prɒvɪns] **n** (region) province f ; (fig) domaine m, compétence f. ◊ **that is not within my province** cela n'est pas de mon domaine or de ma compétence.

**provision** [prə'vɪʒən] **n** **a** [stock] provision f. ◊ **to lay in** or **get in a provision of sth** faire provision de qch ; **provisions** (food) provisions. **b** (supplying) fourniture f, approvisionnement m. ◊ **provision of capital** apport de capital. **c** (Fin) (reserve) provision f. ◊ **to make provision for** faire provision pour ; **provision for contingency** provision pour risque ; **provision for depreciation** provision pour moins-values ; **provision for bad debts** provision pour créances douteuses. **d** (stipulation) [contract, law] disposition f, clause f. ◊ **risk provisions** (in contract) imprévus ; **statutory provisions** dispositions légales ; **the provisions of section 50** les dispositions prévues au paragraphe 50 ; **the provisions of the treaty** les clauses du traité ; **to fall within the provisions of the law** tomber sous le coup de la loi ; **not withstanding any provision to the contrary** nonobstant toute stipulation contraire ; **there is no provision to the contrary** il n'y a pas de clause contraire.

**provisional** [prə'vɪʒənl] **adj** arrangement, solution, measures provisoire ; (Jur) provisionnel. ◊ **provisional appointment** nomination à titre provisoire ; **provisional attachment** (Jur) saisie conservatoire ; **provisional duties** fonctions temporaires ; **provisional invoice** facture provisoire ; **provisional policy** (Ins) police provisoire.

**proviso** [prə'vaɪzəu] **n** (condition) (gen) stipulation f, condition t ; (Jur) clause f restrictive, condition f formelle. ◊ **with the proviso that** à condition que ; **with the usual proviso** (Jur) sous les réserves d'usage.

**provisory** [prə'vaɪzərɪ] **adj** clause qui énonce une condition formelle.

**prox.** abbr of **proximo**.

**proximate** ['prɒksɪmɪt] **adj** proche, immédiat. ◊ **proximate cause** (Ins) cause immédiate.

**proximo** ['prɒksɪməu] **adv** du mois prochain.

**proxy** ['prɒksɪ] **1** **n** (power) procuration f, mandat m ; (person) fondé m de pouvoir, mandataire mf. ◊ **by proxy** par procuration ; **general proxy** procuration générale. **2** **cpd proxy contest** or **fight** (St Ex) bataille de procurations. – **proxy vote** vote par procuration.

**prudential** [pru(ː)'denʃəl] **adj** prudent, de prudence. ◊ **prudential committee** (US) comité de gestion ; (Fin, Bank) **prudential rules** règles prudentielles.

**prune** [pruːn] **vt** expenses, costs diminuer, réduire ; staff, payroll réduire, dégraisser.

**pruning** ['pruːnɪŋ] **n** [costs] réduction f, diminution f ; [staff] réduction f, dégraissage m.

**pry open** [praɪ] **vt sep** ◊ **to pry open a market** forcer l'entrée d'un marché.

**PS, ps.** ['piː'es] abbr of **postscript** P.-S.

**PSBR** [ˌpiːesbiː'ɑːʳ] (GB) **n** abbr of **public sector borrowing requirements** → public.

**PST** [piːes'tiː] **n** abbr of **Pacific Standard Time** heure f du Pacifique.

**PSTN** [ˌpiːestiː'en] **n** abbr of **packet switching telephone network** → packet.

**PSV** [piːes'viː] **n** abbr of **public service vehicle** → public.

**psychology** [saɪ'kɒlədʒɪ] **n** psychologie f. ◊ **industrial psychology** psychologie industrielle.

**PT** [piː'tiː] **n** abbr of **purchase tax** → purchase.

**pt.** abbr of **pint**.

**Pte.** abbr of **private limited company** → private.

**PTO** abbr of **please turn over** TSVP.

**pub.** abbr of **publisher**.

**public** ['pʌblɪk] **1** **adj** (gen) public ; company nationalisé, étatisé. ◊ **to make sth public** rendre qch public, publier qch ; **to take a company public** introduire une société en Bourse ; **the company went public last year** la société s'est introduite en Bourse l'année dernière. **2** **n** public m. ◊ **in public** en public ; **the public at large**, **the general public** le grand public. **3** **cpd public account** compte public. – **public accountant** (US) expert-comptable. – **public address-system** (système de) sonorisation, sono*. – **public affairs** affaires fpl publiques. – **public agency** agence gouvernementale. – **public attorney** (US) avocat. – **public authorities** pouvoirs mpl publics. – **public brand** marque de fabrique. – **public carrier** transporteur public. – **public company** société anonyme par actions. – **public corporation** entreprise nationale. – **public debt** dette publique or de l'État. – **public domain** domaine public ; **to fall into the public domain** tomber dans le domaine public. – **public expenditure** dépenses fpl publiques or de l'État. – **public funds** fonds mpl publics. – **public holiday** fête légale. – **public image** image de marque. – **public interest** intérêt public or général. – **public issue** (St Ex) émission dans le public. – **public law** droit public. – **public liability** (Jur) responsabilité civile. – **public limited company** société anonyme. – **public money** fonds mpl publics, deniers mpl publics. – **public offering** offre publique de vente. – **public opinion** opinion publique ; **public opinion poll** sondage d'opinion (publique). – **public ownership** : **to come under** or **into public ownership** être nationalisé ; **to bring under** or **into public ownership** nationaliser. – **public prosecutor** procureur (de la République), avocat général. – **public records** archives fpl nationales. – **public relations** relations fpl publiques ; **public relations officer** responsable des relations publiques. – **public sale** vente aux enchères publiques. – **public sector** secteur public; **public sector borrowing requirements** (GB) besoins de financement du secteur public. — **public service** service public, la fonction publique; **public service corporation** (US) service public non étatisé; — **public service vehicle** (GB) véhicule de transport en commun. — **public tender** adjudication publique; **by public tender** par adjudication. — **public transport** or **transportation** transports mpl en commun. — **public utility** (company) service public. — **public warehouse** magasins mpl généraux. — **public welfare** assistance publique. — **public workers** travailleurs mpl du secteur public. — **public works** travaux mpl publics.

**publication** [ˌpʌblɪˈkeɪʃən] n publication f. ◊ **publication date** date de parution or de publication.

**publicist** [ˈpʌblɪsɪst] n (Jur) spécialiste mf de droit public international; (Press) journaliste mf; (Pub) (agent m) publicitaire m, agent m de publicité.

**publicity** [pʌbˈlɪsɪtɪ] **1** n (gen) publicité f; (advertisements) publicité f, réclame(s) f(pl). ◊ **to give sth publicity** faire de la publicité pour qch; **advance publicity** publicité d'amorçage.
**2** cpd **publicity agency** agence publicitaire or de publicité. — **publicity campaign** campagne publicitaire or de publicité. — **publicity department** service de publicité. — **publicity expenses** dépenses fpl publicitaires. — **publicity man** publicitaire. — **publicity manager** chef de (la) publicité. — **publicity material** matériel publicitaire. — **publicity stunt** astuce or truc publicitaire.

**publicize, publicise** [ˈpʌblɪsaɪz] vt (make public) rendre public; (advertise) faire de la publicité pour.

**publicly** [ˈpʌblɪklɪ] adv publiquement, en public. ◊ **publicly-owned companies** entreprises du secteur public, entreprises nationalisées.

**publish** [ˈpʌblɪʃ] vt book publier, éditer; author éditer; news faire connaître, rendre public. ◊ **published monthly** paraît tous les mois; **to be published** à paraître; **published accounts / balance sheet** comptes / bilan public(s); **published price** [book, magazine] prix public (fixé par l'éditeur).

**publisher** [ˈpʌblɪʃər] n éditeur m. ◊ **newspaper publisher** directeur de journal.

**publishing** [ˈpʌblɪʃɪŋ] n (industry, trade) édition f; [book] publication f. ◊ **publishing house** maison d'édition.

**Puerto Rican** [ˈpwɜːtəʊˈriːkən] **1** adj portoricain.

**2** n (inhabitant) Portoricain(e) m(f).

**Puerto Rico** [ˈpwɜːtəʊˈriːkəʊ] n Porto Rico f.

**puff\*** [pʌf] n (advertisement) réclame f; (written article) papier m. ◊ **to give sth a puff** faire de la réclame pour qch.

**puff up** [pʌf] vt sep balance sheet gonfler.

**pull** [pʊl] n **a** (fig : influence) influence f. ◊ **she has a lot of pull** elle a beaucoup d'influence, elle a le bras long\*. **b** (Econ : pressure) **cost pull** inflation par les coûts. **c** (Comm : attraction) attraction f. ◊ **our food products are a great customer pull** nos produits alimentaires exercent un pouvoir d'attraction considérable sur la clientèle. **d** (Mktg) **pull strategy** stratégie pull.

**pull down** vt sep **a** stock, prices faire baisser. **b** (US\* : earn) [person] gagner; [business] rapporter. **c** (Comp) data, program appeler.

**pull-down** [ˈpʊldaʊn] n ◊ **this transaction will lead to a pull-down on cash** cette opération entraînera une réduction de la trésorerie.

**puller\*** [ˈpʊlər] (US) n publicité f qui paie.

**pull in\*** vt sep (earn) [person] gagner; [business] rapporter.

**pull off** vt sep plan réaliser; deal, contract conclure, mener à bien.

**pull out** vi (withdraw) se retirer. ◊ **they are pulling out of the home computer sector** ils abandonnent le secteur or ils se retirent du secteur des ordinateurs familiaux.

**pull-out** [ˈpʊlaʊt] **1** n (in magazine) supplément m détachable.
**2** adj détachable.

**pump-priming** [ˈpʌmˈpraɪmɪŋ] n (deficit financing) relance f. ◊ **pump-priming credit** crédit de redémarrage; **economic pump-priming** relance de l'économie.

**pump up** vt sep (fig : increase) gonfler. ◊ **to pump up quarterly earnings** gonfler les bénéfices trimestriels.

**punch** [pʌntʃ] **1** n **a** (tool) (for tickets) poinçonneuse f; (for paper) perforateur m. **b** (Comp) (machine) perforateur m, perforatrice f. ◊ **card punch** perforateur de cartes.
**2** cpd **punch card** carte perforée or mécanographique. — **punch code** code de perforation. — **punch tape** bande perforée.
**3** vt **a** paper perforer; tickets (by hand) poinçonner; (automatically) composter. ◊ **to punch the time clock** (Ind) pointer. **b** (Comp) card, tape perforer; key appuyer sur. ◊ **punched card / tape** carte / bande perforée.

**punch in 1** vt sep (Comp) data introduire.
**2** vi (Ind) pointer (en arrivant).

**punch out** vi (Ind) pointer (en sortant).

**punctual** ['pʌŋKtjʊəl] adj person ponctuel, à l'heure ; payment ponctuel ; train à l'heure.

**punctuality** [ˌpʌŋKtjʊ'ælɪtɪ] n (gen) ponctualité f ; [train] exactitude f.

**punctuation** [ˌpʌŋKtjʊ'eɪʃən] n ponctuation f.

**pundit** ['pʌndɪt] n expert m, pontife m.

**punt** [pʌnt] n livre f irlandaise.

**punter** ['pʌntəʳ] (GB) n parieur(-euse) m(f) ; (St Ex) boursicoteur(-euse) m(f).

**purchase** ['pɜːtʃɪs] **1** n achat m. ◊ **to make a purchase** faire un achat ; **purchase for settlement** (St Ex) achat à terme ; **cash purchase** achat (au) comptant ; **compulsory purchase** expropriation (pour cause d'utilité publique) ; **compulsory purchase order** (GB) (ordre d') expropriation ; **hire purchase** (GB) système d'achat à crédit or à tempérament ; **hire purchase agreement** contrat de crédit à la consommation ; **impulse purchase** achat spontané or impulsif or d'impulsion.
**2** vt acheter (sth from sb qch à qn ; sth for sb qch pour or à qn).
**3** cpd **purchase account** compte (d')achats. — **purchase(s) (day) book** journal or livre des achats. — **purchase contract** (St Ex) bordereau d'achat. — **purchase decision** décision d'achat. — **purchase fund** (St Ex) fonds d'amortissement. — **purchase group** (US Fin) syndicat de garantie. — **purchase invoice** facture d'achat. — **purchases journal** livre m or journal des achats. — **purchases ledger** grand livre des achats. — **purchase order** (sent to supplier) bon de commande ; **purchase order control** gestion des achats. — **purchase price** prix d'achat. — **purchase requisition** bon de commande. — **purchase returns** rendus mpl sur achats ; **purchase returns book** livre des rendus sur achat. — **purchase tax** taxe à l'achat.

**purchaser** ['pɜːtʃɪsə ʳ] n acheteur(-euse) m(f) ; (at auction) adjudicataire mf. ◊ **purchasers' association** coopérative d'achats.

**purchasing** ['pɜːtʃɪsɪŋ] **1** n (gen : action) achat m ; (function in company) achats mpl, approvisionnement m.
**2** cpd **purchasing agent** acheteur. — **purchasing costs** frais mpl de passation de commande. — **purchasing department** service des achats or de l'approvisionnement. — **purchasing manager** chef des achats. — **purchasing officer** responsable mf des achats. — **purchasing power** pouvoir d'achat ; **purchasing power gain / loss** gain / perte de pouvoir d'achat ; — **purchasing power parity** parité du pouvoir d'achat.

**pure** [pjʊəʳ] adj (gen) pur. ◊ **pure competition** (Econ) concurrence pure ; **pure interest** (Fin) intérêt brut ; **pure premium** (Ins) prime nette.

**purpose** ['pɜːpəs] n (intention) but m, objet m ; (use) usage m, utilité f. ◊ **what is the purpose of his visit ?** quel est le but or l'objet de sa visite ? ; **the device has been designed for this purpose** l'appareil a été conçu à cet usage ; **my purpose in coming today** la raison pour laquelle je viens aujourd'hui ; **keep the receipt for tax purposes** gardez le reçu pour votre déclaration d'impôts ; **this document is for customs purposes** ce document est destiné aux formalités de douane ; **value for customs purposes** valeur en douane ; **value for tax purposes** valeur à déclarer ; **purpose-built** construit spécialement ; **general purpose computer** ordinateur universel.

**purse** [pɜːs] n (for coins) porte-monnaie m, bourse f ; (US : handbag) sac m à main. ◊ **the public purse** le Trésor public.

**purser** ['pɜːsəʳ] n (Mar) commissaire m (du bord).

**pursuance** [pə'sjuːəns] n (Admin) exécution f. ◊ **in pursuance of your instructions** conformément à vos instructions ; **in pursuance of your order** conformément à votre commande.

**pursuant** [pə'sjuːənt] adj (Admin) **pursuant to** (following) suivant ; (in accordance with) conformément à ; **pursuant to article 25** en vertu de l'article 25.

**pursuit** [pə'sjuːt] n (chase) poursuite f ; (occupation) occupation f, activité f.

**purvey** [pə'veɪ] vt fournir (sth to sb qch à qn), approvisionner (sth to sb qn en qch).

**purveyance** [pə'veɪəns] n fourniture f, approvisionnement m.

**purveyor** [pə'veɪəʳ] n fournisseur m (of sth de qch ; of sth to sb de qn en qch). ◊ **purveyors of fine foods since 1890** fournisseurs d'alimentation fine depuis 1890.

**purview** ['pɜːvjuː] n (act, bill) articles mpl ; (inquiry] champ m, limites fpl ; (committee] compétence f. ◊ **to come within the purview of the court** être de la compétence ou du ressort du tribunal.

**push** [pʊʃ] **1** n **a** (campaign) campagne f. ◊ **they are making** or **having a strong sales push in the North** ils mènent une campagne vigoureuse de promotion des ventes dans le Nord ; **the unions are making a push for increased job security** les syndicats se sont mobilisés or font du forcing pour obtenir une plus grande sécurité de l'emploi. **b** (drive) dynamisme m. ◊ **she's got lots of push**

**put out**

elle est très dynamique. c (Mktg) **push strategy** stratégie push.

2 **vt** a (shove) pousser; (press) appuyer sur; (put pressure on) pousser; (force) forcer, obliger; (harass) importuner, harceler. ◊ **we pushed the proposal through the committee** nous avons réussi à imposer la proposition à la commission. b (sell aggressively) pousser la vente de. ◊ **they are pushing winter sports goods this week** cette semaine ils font la promotion des articles de sports d'hiver; **what are you pushing?** quels sont vos articles en réclame?, sur quoi faites-vous la promotion?; **to push sales** pousser vigoureusement les ventes; **to push shares** (St Ex) placer des valeurs douteuses.

3 **vi** pousser; (on bell) appuyer (*on* sur). ◊ **the unions are pushing for higher wages** les syndicats font pression pour obtenir des augmentations de salaire.

4 **cpd push-button** presse-bouton; **push-button controls** commandes presse-boutons; **push-button factory** usine automatisée; **push-button telephone** téléphone à touches. − **push money** (US) prime au vendeur *(payée par le fabricant)*.

**push through vt sep** deal, contract conclure; proposal, decision, changes imposer.

**push up vt sep** prices, sales, taxes augmenter.

**put** [pʊt] 1 **vt** a mettre. ◊ **to put an ad in the paper** insérer or mettre or placer or passer une annonce dans le journal; **to put money into a company** placer or investir de l'argent dans une entreprise; **to put money into one's account** verser de l'argent à or sur son compte; **to put products on the market** mettre or lancer des produits sur le marché; **to put sth on sale** (gen) mettre qch en vente; (at reduced price) mettre qch en solde. b (St Ex) stock, security (offer to sell) se déclarer vendeur de; (exercise an option to sell) livrer, fournir, vendre. c (estimate) estimer, évaluer. ◊ **we put the cost of the operation at $10 million** nous estimons or nous évaluons or nous chiffrons le coût de l'opération à 10 millions de dollars. d (submit) proposal, project présenter, exposer, soumettre (*to* à).

2 **n** (St Ex) (option) option f de vente, ou m, put m; (premium) prime f pour livrer. ◊ **put of more** option du double à la vente, demande de plus; **put and call** (option de) stellage, double option; **put option** option de vente, ou, put; **put price, price of put** cours or prix de l'option de vente; **price of put and call** cours de la double option or de la double prime; **taker for the put** acheteur d'une option de vente or d'un put or d'un ou; **taker for a put and call** acheteur d'un stellage.

**put across vt sep** deal réussir à conclure, enlever.

**put aside vt sep** goods, money mettre de côté.

**put away vt sep** goods, money mettre de côté; objects ranger.

**put back vt sep** objects remettre en place; progress freiner, retarder; date, appointment remettre à plus tard, reporter, repousser, différer. ◊ **It has been put back to Friday** cela a été remis or reporté à vendredi.

**put by vt sep** money mettre de côté.

**put down vt sep** a (pay) deposit verser. ◊ **you must put down £50 on the purchase** vous devez verser un acompte de 50 livres sur l'achat; **to put money down** verser des arrhes or un acompte. b (record) **to put sth down in writing** mettre qch par écrit; **she put it down on her account** elle l'a mis or porté sur or à son compte. c (register) **I put my name down on the waiting list** je me suis inscrit or je me suis fait inscrire sur la liste d'attente.

**put forward vt sep** proposal avancer; candidate, plan proposer. ◊ **to put o.s. forward** se proposer, se porter candidat (*for* pour).

**put in vt sep** ◊ **to put in a claim** (Jur) déposer une réclamation; (Ins) faire une déclaration de sinistre; **to put in a report** remettre un rapport; **to put in a plea** (Jur) plaider; **to put in a protest** élever or formuler une protestation; **to put sb in for a job / promotion** proposer qn pour un poste / pour de l'avancement; **to put in an application** faire une demande (*for* de).

**put in for vt fus** job poser sa candidature pour or à; promotion, rise faire une demande de.

**put off vt sep** (postpone) retarder, reporter, repousser, remettre à plus tard, différer. ◊ **I shall have to put off writing my report** je serai obligé de remettre la rédaction de mon rapport à plus tard.

**put on vt sep** show monter, organiser, mettre à l'affiche; film passer, donner, projeter; shuttle service mettre en service, mettre sur pied; heating allumer, ouvrir, mettre. ◊ **could you put me on to the manager** (Telec) pouvez-vous me passer le directeur, je voudrais parler au directeur.

**put out vt sep** a (produce) produire. b (Ind) (subcontract) sous-traiter, donner en sous-traitance. ◊ **to put out work** donner du travail en sous-traitance or à des sous-traitants. c (invest) placer, prêter avec intérêt. d (issue) news annoncer; report publier. ◊ **to put out a statement** publier une déclaration.

**put through** vt sep `a` deal, contract conclure ; decision prendre ; proposal faire accepter. `b` (Telec) **I'll put you through to our accountant** je vous passe notre comptable ; **I'm putting you through** je vous mets en communication, ne quittez pas.

**put-through** ['pʊtˌθruː] (GB)   n *transaction dans laquelle un bloc important d'actions se négocie en dehors de la Bourse.*

**put up** vt sep `a` (increase) prices augmenter. `b` (offer) suggestion, idea présenter, soumettre ; (nominate) proposer comme candidat (*for* à). ◊ **to put up a candidate** présenter un candidat. `c` (provide) money fournir. ◊ **to**

**put up money for a venture** financer un projet, mettre de l'argent dans une affaire ; **she put up £10,000** elle a investi or mis 10 000 livres. `d` **to put sth up for sale / for auction** mettre qch en vente / aux enchères.

**Pyongyang** ['pjɒŋ'jæŋ] n Pyongyang.

**pyramid** ['pɪrəmɪd] n pyramide f. ◊ **pyramid selling** vente pyramidale ; **age pyramid** pyramide des âges.

**pyramidal** [pɪ'ræmɪdl] adj structure, organization pyramidal.

**pyramiding** [pɪ'ræmɪdɪŋ] n (St Ex, Fin) *structure de holding en cascade.*

# Q

**QC** [kjuː'siː] (GB) **n** abbr of *Queen's Counsel*
→ queen.

**QS** [kjuː'es] (GB) **n** abbr of *quantity surveyor*
→ quantity.

**qto** abbr of *quarto*.

**quadripartite** ['kwɒdrɪ'paːtaɪt] **adj** quadripartite. ◊ **quadripartite agreement** accord quadripartite.

**quadruple** ['kwɒdrʊpl] **vti** quadrupler. ◊ **costs have quadrupled** les frais ont quadruplé or ont été multipliés par quatre.

**quadruplicate** [kwɒ'druːplɪkɪt] **n** ◊ **in quadruplicate** en quatre exemplaires.

**qualification** [ˌkwɒlɪfɪ'keɪʃən] **1 n a** (ability) compétence f, aptitude f (*to do* pour faire). ◊ **formal** or **paper qualifications** (diplomas) titres, diplômes ; **we can't question her qualification for the job** nous ne pouvons mettre en doute son aptitude à remplir ces fonctions ; **what are your qualifications ?** ( experience) quelle est votre formation ? ; (degrees) quels sont vos diplômes ? ; **he lacks qualifications** il n'est pas assez diplômé, ses diplômes sont insuffisants. **b** (restriction) réserve f, restriction f, condition f. ◊ **to accept a project with qualifications** accepter un projet avec des réserves or à certaines conditions ; **without qualifications** sans réserves or restrictions ou conditions. **2 cpd qualification date** date d'habilitation. – **qualification period** (Ins) période d'admissibilité. – **qualification share** action statutaire. – **qualifications record** dossier professionnel.

**qualified** ['kwɒlɪfaɪd] **adj a** craftsman qualifié ; engineer diplômé, ayant les titres requis. ◊ **we must find a qualified person to reorganize our export department** nous devons trouver une personne ayant la compétence voulue pour réorganiser notre service export ; **two applicants are qualified for this job** deux candidats remplissent les conditions requises pour ce poste or ont les titres exigés pour ce poste ; **I don't feel qualified to answer** je ne me sens pas qualifié pour répondre ; **qualified accountant** comptable diplômé. **b** (restricted) approval conditionnel. ◊ **qualified agreement** accord conditionnel or sous réserve or sous condition ; **qualified majority** majorité restreinte or relative ; **qualified offer** offre conditionnelle.

**qualify** ['kwɒlɪfaɪ] **1 vt a** (make competent or eligible for a job) qualifier ; (Jur) habiliter, autoriser (*for* à). ◊ **to qualify sb to do** job donner à qn les compétences pour faire, donner qualité à qn pour faire ; (Jur) habiliter qn à faire. **b** (restrict) agreement apporter des réserves à ; statement nuancer. **2 vi** (for job) obtenir son diplôme ; (Admin : be entitled to) avoir droit (*for* à). ◊ **to qualify as an accountant / an engineer** obtenir le diplôme d'expert-comptable / d'ingénieur ; **to qualify for holiday pay** avoir droit à des congés payés.

**quality** ['kwɒlɪtɪ] **1 n** qualité f. ◊ **of the highest** or **best quality** de première qualité, de qualité supérieure, de premier choix ; **of good** or **high quality** de bonne qualité ; **of poor** or **bad** or **low quality** de mauvaise qualité, de qualité inférieure ; **letter-quality printer** imprimante qualité courrier ; **near letter-quality printer** imprimante qualité semi-courrier ; **merchantable quality** qualité marchande ; **total quality** qualité totale ; **quality of working life** qualité des conditions de travail ; **quality subject to approval** qualité vue et agréée. **2 cpd quality circle** cercle de qualité. – **quality control** (Ind) contrôle de qualité ;

**total quality control** contrôle général de la qualité. – **quality goods** marchandises fpl de qualité. – **quality index** indice de qualité. – **quality newspaper** journal sérieux or de qualité. – **quality-price ratio** rapport qualité-prix. – **quality standards** critères mpl or normes fpl de qualité.

**quango** ['kwæŋgəʊ] n organisme m d'État autonome or indépendant.

**quantifiable** [ˌkwɒntɪ'faɪəbl] adj quantifiable.

**quantification** [ˌkwɒntɪfɪ'keɪʃən] n quantification f.

**quantify** ['kwɒntɪfaɪ] vt quantifier, déterminer la quantité de, évaluer or mesurer avec précision.

**quantitative** ['kwɒntɪtətɪv] adj quantitatif.

**quantity** ['kwɒntɪtɪ] **1** n quantité f. ◊ **to buy sth in large quantities** acheter qch en grande quantité ; **discount for quantities** remise sur quantité, remise quantitative ; **the quantity permitted** la tolérance or la quantité autorisée.
**2** cpd **quantity discount** or **rebate** remise sur (la) quantité, remise quantitative. – **quantity surveying** (GB) métrage, métré. – **quantity surveyor** (GB) métreur vérificateur. – **quantity theory of money** théorie quantitative de la monnaie.

**quantum** ['kwɒntəm] n quantum m.

**quarantine** ['kwɒrəntiːn] **1** n quarantaine f.
**2** vt mettre en quarantaine.

**quart** [kwɔːt] n (measure) quart m de gallon (GB ≈ 1,136 litre ; US ≈ 0,946 litre).

**quarter** ['kwɔːtəʳ] **1** n **a** (fourth part) quart m. ◊ **three quarters** trois quarts ; **a quarter cheaper** 25% or un quart moins cher or meilleur marché ; **I bought it for a quarter of the price** or **for a quarter the price** je l'ai acheté le or au quart du prix. **b** (time) **a quarter to** (GB) or **of** (US) **eight** huit heures moins le quart ; **a quarter of an hour** un quart d'heure. **c** (fourth part of a year) trimestre m. ◊ **to pay by the quarter** payer tous les trois mois or par trimestre ; **every quarter the bank sends me a statement of account** la banque m'envoie un relevé de compte tous les trimestres or tous les trois mois ; **a quarter's rent** un terme, un trimestre de loyer ; **to pay on quarter day** payer le jour du terme ; **second-quarter results reveal a marked improvement over the first quarter** les résultats du second trimestre laissent apparaître une amélioration marquée par rapport au premier trimestre. **d** (US coin) quart m de dollar, vingt-cinq cents mpl. **e** (measure of weight) (GB) ≈ 12,7006 kilogrammes ; (US) ≈ 9,331 kilogrammes. **f** **business quarters** milieux d'affaires (or industriels or commerciaux).

**2** adj d'un quart. ◊ **quarter-page advertisement** publicité quart de page.

**quarterage** ['kwɔːtərɪdʒ] n (Fin) versement m trimestriel.

**quarterly** ['kwɔːtəlɪ] **1** adj payment, dividend trimestriel.
**2** adv pay tous les trois mois, trimestriellement, par trimestre.
**3** n (magazine) publication f trimestrielle.

**quarto** ['kwɔːtəʊ] adj paper in-quarto.

**quash** ['kwɒʃ] vt decision, judgment casser, infirmer, annuler, invalider ; proposal rejeter, repousser.

**quasi-contract** ['kwɑːsɪˌkɒntrækt] n quasi-contrat m.

**quasi-money** ['kwɑːsɪˌmʌnɪ] n quasi-monnaie f.

**quay** [kiː] n quai m. ◊ **alongside (the) quay** à quai ; **quay-berth** place à quai ; **free on quay** rendu à quai ; **ex quay** franco à quai.

**quayage** ['kiːɪdʒ] n droit m de quai.

**Quebec** [kwɪ'bek] **1** adj québécois.
**2** n (country) Québec m.
**3** cpd **Quebec city** Québec. – **Quebec French** (language) québécois.

**Quebecer** ['kwɪbekəʳ] n (inhabitant) Québécois(e) m(f).

**Quebecker** ['kwɪbekəʳ] n (inhabitant) Québécois(e) m(f).

**Québécois** [kebɛkwa] (Can) n Québécois(e) m(f).

**queen** [kwiːn] n reine f. ◊ **Queen's Counsel** (GB) avocat (de la Couronne).

**quell** [kwel] vt inflation réduire.

**query** ['kwɪərɪ] **1** n question f, interrogation f. ◊ **this raises a query about the feasibility of the scheme** cela jette un doute sur la possibilité de réaliser ce projet ; **if you have any other queries please ring one of these numbers** si vous avez besoin d'autres renseignements veuillez appeler les numéros suivants.
**2** vt statement mettre en doute or en question. ◊ **these figures were queried** ces chiffres ont été contestés.

**question** ['kwestʃən] **1** n (gen) question f. ◊ **it's an open question (whether)** la question reste posée (de savoir si) ; **encoded question** (Comp) question codée ; **open-ended question** question ouverte ; **closed question** question fermée ; **there's some question of privatizing the postal services** il est question or on parle de privatiser les services postaux.
**2** cpd **question mark** point d'interrogation ; **there is a question mark over their**

handling of this deal on peut émettre des doutes sur la manière dont ils ont traité cette affaire. **3** vt person interroger, poser des questions à, questionner (about or on sth sur qch); account, statement mettre en doute or en question; claim contester.

**questionable** [ˈkwestʃənəbl] adj (uncertain) contestable, douteux, discutable; (open to suspicion) douteux, louche, suspect. ◊ **it is questionable whether we shall make a profit on this deal** il est douteux que nous puissions tirer profit de cette transaction; **questionable practices** pratiques douteuses.

**questionnaire** [ˌkwestʃəˈnɛəʳ] n questionnaire m.

**quetzal** [ˈketsəl] n quetzal m.

**queue** [kjuː] **1** n (GB : line of people) queue f, file f d'attente. ◊ **queue handler** (Comp) programme de gestion de files d'attente; **to join the dole queue** être mis au chômage. **2** vt (Comp) mettre en file d'attente. **3** vi (GB) [people] faire la queue.

**queuing** [ˈkjuːɪŋ] n (Comp) mise f en file d'attente. ◊ **queuing theory / problems** théorie / problèmes des files d'attente.

**quibble** [ˈkwɪbl] vi chicaner, ergoter.

**quick** [kwɪk] adj decision, method, rally rapide. ◊ **quick assets** actif disponible à court terme; **quick ratio** (Fin) ratio de liquidité immédiate; **quick recovery** reprise rapide; **quick returns** profits rapides; **quick money** capital investi réalisable sur demande; **quick access storage** (Comp) mémoire à accès rapide.

**quicken** [ˈkwɪkən] **1** vt accélérer, hâter. **2** vi s'accélérer, se faire plus rapide.

**quickie strike** [ˈkwɪkɪˈstraɪk] n grève f éclair.

**quid*** [kwɪd] (GB) n livre f (sterling).

**quiet** [ˈkwaɪət] adj **a** (calm) (gen) calme; market calme, inactif. ◊ **business is quiet** les affaires sont calmes. **b** (secret) caché, secret. ◊ **he kept the whole thing quiet** il a tenu l'affaire secrète, il n'a pas ébruité l'affaire; **I'll have a quiet word with your manager** je vais dire deux mots en particulier à votre directeur.

**quieten** [ˈkwaɪətn] vt fears calmer, apaiser, dissiper.

**quietus** [kwaɪˈiːtəs] n **a** (Fin) quitus m. ◊ **to obtain one's quietus** obtenir son quitus; **to give quietus to sb** donner quitus à qn. **b** (recipt) quittance f.

**quit** [kwɪt] **1** vi (resign one's job) démissionner; (give up) renoncer. ◊ **notice to quit** (to tenant) congé; (gen) congé; (Jur) signification d'éviction,

intimation de quitter les lieux; **to give sb notice to quit** (tenant) donner congé à qn; (employee) signifier son licenciement à qn; **quitting time** heure de sortie or de départ. **2** n (US) départ m. ◊ **specific training creates a deterrent to quits** une formation spécifique est un moyen efficace de limiter les départs; **quit rate** taux de départs.

**quitclaim** [ˈkwɪtkleɪm] **1** n renonciation f à un droit. **2** vt [right] renoncer à.

**Quito** [ˈkiːtəʊ] n Quito.

**quorum** [ˈkwɔːrəm] n quorum m. ◊ **there was / was not a quorum** le quorum a été / n'a pas été atteint; **what is the quorum?** quel est le quorum?

**quota** [ˈkwəʊtə] **1** n **a** (share) quote-part f, quotité f. ◊ **taxable quota** quotité imposable. **b** (maximum amount to be admitted) [imports] quota m, contingent m. ◊ **community quotas** contingents communautaires; **import quotas** quotas d'importation; **sales quota** quota de vente; **unrestricted quota** contingent libre. **2** cpd **quota advantage** avantage contingentaire. − **quota cartel** (EEC) entente de quotas. − **quota fixing** contingentement. − **quota policy** politique contingentaire or des quotas. − **quota sampling** sondage par quota. − **quota system** système de quotas, contingentement.

**quotable** [ˈkwəʊtəbl] adj (St Ex) securities cotable.

**quotation** [kwəʊˈteɪʃən] n **a** (St Ex) cotation f; (list) cote f; (price) cours m. ◊ **quotation on the second market** cotation au second marché; **actual quotation** cours effectif; **closing quotations** cours de clôture, dernières cotations; **consecutive quotation** cotation successive; **forward quotation** cotation à terme; **opening quotation** cours d'ouverture; **spot quotation** cotation du disponible; **securities admitted to quotation** valeurs admises à la cote officielle; **application for quotation** demande d'admission à la cote officielle; **admission to quotation** admission à la cote officielle. **b** (Comm : estimate) devis m. ◊ **we have pleasure in giving our quotations below** nous avons l'honneur de vous indiquer ci-après nos meilleurs prix; **would you please send us a quotation for these products?** pourriez-vous nous indiquer vos prix pour ces produits?; **would you please send us a quotation for this service?** pourriez-vous nous envoyer un devis pour ce service?

**quote** [kwəʊt] **1** vt **a** (Comm) price indiquer, spécifier; estimate établir. ◊ **this was the best price he could quote us** c'est le meilleur prix qu'il a pu nous consentir or faire. **b** reference number rappeler. ◊ **when ordering please quote this reference number** pour toute commande prière de rappeler ce numéro de référence. **c** (St Ex) price coter (*at* à). ◊ **quoted securities** titres cotés en Bourse, valeurs admises à la cote officielle; **quoted company** société dont les actions sont inscrites à la cote officielle, société cotée en Bourse.

**2** vi ◊ **to quote for** (Comm) établir un devis pour; **would you kindly quote for this service ?** pourriez-vous avoir l'amabilité de m'indiquer vos prix pour ce service ? **3** n (* : estimate) devis.

**quotient** ['kwəuʃənt] n quotient m.

**qwerty, QWERTY** ['kwɜːtɪ] n qwerty. ◊ **qwerty keyboard** clavier qwerty.

**qy** abbr of *query*.

# R

abbr of *returns*.

**Rabat** [rə'bɑːt] n Rabat.

**rack** [ræk] **1** n **a** (container) (for documents, files) classeur m; (in shops) étagère f, rayon m, linéaire m; (merchandising display) présentoir m; (bottle storage) casier m, étagère f; (for letters, cards) panier m. **b** **to go to rack and ruin** [business, economy] aller à vau-l'eau. **2** cpd **rack rent** loyer m exorbitant.

**racket** ['rækɪt] n (organized crime) racket m; (dishonest scheme) escroquerie f. ◊ **they are on to quite a racket** ils ont trouvé la bonne combine*.

**racketeer** [ˌrækɪ'tɪər] n racketter m, racketteur m.

**racketeering** [ˌrækɪ'tɪərɪŋ] n racket m.

**racking** ['rækɪŋ] n **a** (shelves) rayonnage m, étagères fpl, linéaire m. **b** (Comp) défilement m ligne par ligne sur l'écran.

**rackjobber** ['rækdʒɒbər] n installateur m en rayons *(distributeur qui réapprovisionne directement le linéaire des libre-services)*, rackjobber m.

**rackjobbing** ['rækdʒɒbɪŋ] n installation f en rayons *(réapprovisionnement direct du linéaire par un distributeur)*.

**rack up** [ræk] vt sep **a** (*) sales, profits empocher, ramasser. ◊ **these areas racked up most of the rebound in manufacturing** ces secteurs ont raflé presque tous les profits découlant de la reprise industrielle. **b** (Comp) screen display faire remonter d'une ligne.

**radio** ['reɪdɪəʊ] **1** n (gen) radio f; (set) poste m (de radio). ◊ **on the radio** à la radio. **2** vt person appeler or joindre par radio; message envoyer or transmettre par radio.

**3** cpd **radio advertising** publicité f radiophonique. – **radio announcement** annonce f radiophonique or à la radio. – **radio announcer** speaker(-ine) m(f). – **radio broadcast** émission f de radio. – **radio commercial** spot m or message m publicitaire, page f de publicité. – **radio link** liaison f radio. – **radio programme** émission f de radio, programme m radiophonique. – **radio set** poste m (de radio), radio f. – **radio station** station f de radio, poste m émetteur. – **radio taxi** radio-taxi m.

**radiotelephone** [ˌreɪdɪəʊ'telɪfəʊn] n radiotéléphone m.

**raft risk** ['rɑːftrɪsk] n (Mar Ins) risques mpl de drome.

**rag** [ræg] n (cloth) chiffon m; (* pej : newspaper) torchon* m (pej), feuille f de chou* (pej). ◊ **the rag trade** la confection.

**raid** [reɪd] **1** n **a** (Fin) tentative f de rachat, OPA f. ◊ **to make a raid on** monter une OPA contre; **dawn raid** tentative d'OPA surprise. **b** (St Ex) chasse f (au découvert). **2** vt **a** (Fin, pej) company monter une OPA contre. **b** (St Ex) chasser. ◊ **to raid the bears** faire la chasse aux vendeurs à découvert.

**raider** ['reɪdər] n (Fin) (corporate) raider prédateur m, raider m.

**rail** [reɪl] **1** n **a** (track) rail m; (transport) chemin m de fer. ◊ **to ship by rail** expédier par (le) train or par chemin de fer; **British Rail** la société des chemins de fer britanniques; **free on rail** franco wagon; **price on rail** prix sur le wagon. **b** rails (St Ex : also **rail shares** or **stocks**) les chemins de fer, les ferroviaires. **c** (Mar) **at ship's rail** sous-palan. **2** cpd **rail shipment** envoi m or expédition f par chemin de fer. – **rail strike** grève f des chemins de fer or des cheminots. – **rail traffic** trafic m ferroviaire. – **rail transport** transport m ferroviaire or par chemin de fer or par rail.

**railhead** ['reɪlhed] n tête f de ligne.

**railman** ['reɪlmən] (US) n cheminot m, employé m des chemins de fer.

**railroad** ['reɪlrəʊd] (US) **1** n chemin m de fer. ◊ **railroad bill of lading, railroad waybill** lettre de voiture ferroviaire.
**2** vt expédier par chemin de fer.

**railway** ['reɪlweɪ] (GB) **1** n (system) chemin m de fer. ◊ **the railways** les chemins de fer; **factory with railway facilities** usine raccordée au réseau ferroviaire.
**2** cpd **railway bill** lettre f de voiture ferroviaire. – **railway carriage** voiture f, wagon m. – **railway line** ligne f de chemin de fer. – **railway network** réseau m ferroviaire. – **railway shares** or **stocks** (St Ex) les chemins de fer mpl, les ferroviaires mpl. – **railway station** gare f. – **railway track** voie f ferrée. – **railway yard** dépôt m.

**railwayman** ['reɪlweɪmən] (GB) n cheminot m, employé m des chemins de fer.

**raise** [reɪz] **1** n (US : salary increase) augmentation f (de salaire).
**2** vt **a** (increase) salary augmenter, relever; price majorer, augmenter; standard élever. ◊ **to raise the stakes** or **the ante** faire monter les enchères; **to raise the interest rates** relever les taux d'intérêt. **b** (gather, find) taxes lever; money trouver, se procurer; funds réunir, rassembler, rechercher. ◊ **to raise a loan** [government, firm] lancer or émettre un emprunt; [person] emprunter; **to raise money on sth** emprunter de l'argent sur qch; **to raise capital** se procurer des capitaux, faire appel à l'épargne; **they raised £2 million in new capital** ils ont augmenté leur capital de 2 millions de livres; **to raise a cheque** (US) (make out) faire un chèque; (falsify) augmenter frauduleusement le montant d'un chèque. **c** (Mar) ship relever, renflouer. **d** (breed) cattle élever. **e** (US : prepare) document, paperwork rédiger, préparer, établir. ◊ **after the necessary paperwork has been raised** après l'établissement des documents nécessaires. **f** (bring up) question soulever; protest élever.

**raising** ['reɪzɪŋ] n **a** (increase) [prices] augmentation f, hausse f, majoration f; [interest rates] relèvement m, hausse f. **b** (gathering) [taxes] levée f; [funds] collecte f, recherche f; [loan] lancement m.

**rake in*** [reɪk] vt sep money ramasser, empocher.

**rake-off*** ['reɪkɒf] n (pej) pourcentage m, commission f, ristourne f, comme* f. ◊ **he gets a rake-off on each sale** il prélève son pourcentage or sa comme* sur chaque vente.

**rally** ['rælɪ] **1** n **a** (gathering of people) (gen) rassemblement m; (Pol) meeting m, rassemblement m. **b** [economy, market] redressement m, reprise f; (St Ex) reprise f des cours, remontée f des cours.
**2** vi **a** [people] se rallier. ◊ **rallying point** point de ralliement. **b** [economy, market] se redresser, reprendre, se ressaisir. ◊ **the market is rallying strongly** (St Ex) les cours reprennent vigoureusement; **the dollar is rallying** le dollar regagne du terrain; **our shares rallied from... to...** nos actions ont remonté de...à...

**RAM** [ræm] n abbr of *random access memory* RAM f.

**rampage** [ræm'peɪdʒ] n ◊ **to be on the rampage** être déchaîné; **the bulls are on the rampage** (St Ex) les haussiers se déchaînent.

**rampant** ['ræmpənt] adj ◊ **rampant inflation** inflation généralisée; **corruption is rampant** la corruption sévit partout.

**ramp up** [ræmp] **1** vt sep production augmenter le volume de, accélérer.
**2** vi s'accélérer.

**rand** [rænd] n rand m.

**R & D** ['ɑːrənd'diː] n abbr of *research and development* → research.

**random** ['rændəm] **1** n ◊ **at random** au hasard.
**2** adj fait au hasard, aléatoire. ◊ **random sizes** tailles tout-venant.
**3** cpd **random access** (Comp) accès m sélectif. – **random access memory** (Comp) mémoire f vive or volatile. – **random check** contrôle m par sélection aléatoire or par sondage. – **random error** (Stat) erreur f aléatoire. – **random number** nombre m aléatoire. – **random sample** échantillon m prélevé au hasard, échantillon m aléatoire.

**randomization, randomisation** [ˌrændəmaɪ'zeɪʃən] n (Stat) procédé m de répartition aléatoire.

**randomize, randomise** ['rændəmaɪz] vt (Stat) répartir or disperser de manière aléatoire.

**range** [reɪndʒ] **1** n **a** [gun, missile] portée f; [plane, ship] rayon m d'action. ◊ **to be out of range** être hors de portée; **long-range forecast** prévision à long terme. **b** [salaries] éventail m, échelle f; [prices] gamme f, échelle f; [products] gamme f; (variety) assortiment m, choix m, variété f. ◊ **top-of-range product** article (de) haut de gamme; **the**

**top / the bottom end of the range** le haut / le bas de gamme ; **range search** (Comp) recherche entre limites ; **the outer range** la limite extrême ; **a range of colours** une palette de couleurs ; **a range of options** une panoplie d'options ; **range forecasts** fourchette de prévisions. **c** (domain) [activity] champ m, rayon m ; [knowledge, responsibility] étendue f. **d** (Agr) prairie f, pâturage m. ◊ **free-range chicken** poulet fermier.

**2** vi (extend) [discussion, project, responsibility] s'étendre (*from... to* de... à ; *over* sur) ; [results, figures] aller (*from... to* de... à), varier (*from... to* entre... et). ◊ **interest rates range from 6% to 9.5%** les taux d'intérêt vont de 6% à 9,5% ; **manufacturing activities ranging over the whole field of consumer goods** des activités industrielles qui embrassent tout le domaine des biens de consommation ; **prices ranging from £20 to £30** des prix de l'ordre de 20 à 30 livres, des prix allant de 20 à 30 livres.

**Rangoon** [ræŋ'guːn] n Rangoon.

**rank** [ræŋk] **1** n **a** (row) rang m ; (also **taxi rank**) station f de taxi. ◊ **at the head of the rank** en tête de file. **b** (Mil) rang m. ◊ **to break ranks** (fig) se désolidariser ; **the rank and file** (workers) la base, les ouvriers ; **to rise from the ranks** sortir du rang. **c** (position) classement m, place f, rang m ; [mortgage] rang m. ◊ **top-rank product** produit de première catégorie ; **second-rank consultant** consultant de deuxième ordre or de seconde zone ; **rank order statistics** méthodes statistiques par rang. **d** (social standing) condition f, classe f. ◊ **a person of rank** une personne de haut rang.

**2** vt ranger, classer. ◊ **this product was ranked second by consumers** ce produit a été classé en deuxième position par les consommateurs ; **they ranked it as one of the best advertising campaigns of the year** ils l'ont classée parmi les meilleures campagnes publicitaires de l'année ; **to rank creditors** (Jur) colloquer des créanciers.

**3** vi [product, person] se classer (*among* parmi ; *before* avant ; *after* après). ◊ **to rank before** [stock] primer ; **to rank after** [stock] être primé par ; **to rank above / below sb** être supérieur / inférieur à qn ; **this project ranks high among our priorities** ce projet occupe un rang élevé parmi nos priorités ; **to rank first / second** venir en première / deuxième position ; **to rank junior to** être subordonné à, avoir infériorité de rang par rapport à ; **to rank pari passu** or **equally with** avoir le même rang que ; **preference shares rank first in dividend rights** les actions préférentielles priment en matière de dividende ; **he ranks with the best financial experts in the country** il est l'égal des meilleurs experts financiers du pays.

**ranking** ['ræŋkɪŋ] n classement m, position f, rang m. ◊ **what is the ranking of our product in consumer preference ?** quel rang occupe notre produit dans la préférence des consommateurs ? ; **the ranking of a creditor** (Jur) la collocation d'un créancier ; **top-ranking official** (Admin) haut fonctionnaire, haut responsable, responsable de haut rang ; (in company) cadre supérieur, dirigeant.

**rash** [ræʃ] **1** n (Med) éruption f. ◊ **there has been a rash of bank failures** il y a eu des faillites bancaires en série or en cascade. **2** adj person imprudent, qui agit à la légère ; words, judgment imprudent, irréfléchi.

**ratable** ['reɪtəbl] adj → rateable.

**ratal** ['reɪtəl] (GB) n valeur f locative imposable.

**ratchet** ['rætʃɪt] n cliquet m. ◊ **ratchet effect** effet de cliquet.

**ratchet down** ['rætʃɪt] vi être entraîné à la baisse.

**rate** [reɪt] **1** n **a** (charge for service) tarif m, prix m ; (percentage, ratio) taux m ; (Fin) taux m, cours m. ◊ **he's paid at the rate of £10 an hour** il est payé au taux de or sur la base de or à raison de 10 livres de l'heure ; **the dollar rate** le cours du dollar ; **rate of contango** taux or cours du report ; **rate of discount** taux d'escompte ; **rate of increase** taux d'augmentation ; **rate of issue** taux d'émission ; **rate of option** (St Ex) taux de la prime ; **rate of pay** barème des salaires ; **rate of return** (Fin) (taux de) rendement ; (Comm) taux d'invendus ; (Pub) taux de réponse or de remontée ; **rate of taxation** taux d'imposition ; **backwardation rate** taux de report ; **bank rate** taux d'escompte or de l'escompte ; **basic rate** [salary] traitement de base ; [tax] taux de base ; **buying rate** cours acheteur ; **capitalization rate** taux de capitalisation ; **central rate** (EEC) cours pivot ; **coverage rate** taux de couverture ; **cross rates** taux croisés ; **decreasing rate** taux dégressif ; **demand rate** cours du change à vue ; **depreciation rate** taux d'amortissement ; **exchange rate** taux de change, cours du change ; **fixed rate** [interest, exchange] taux fixe ; **fixed-rate security** valeur à taux fixe ; **flat rate** [tax] taux forfaitaire ; [charge, price] prix fixe, tarif uniforme ; [salary] taux uniforme ; **floating rate** taux flottant ; **forward rate** taux de change à terme ; **full rate** plein tarif ; **growth rate** taux de croissance ; **hourly rate** [pay] taux horaire ; **inland rate** tarif intérieur ; **jobless rate** taux de chô-

mage; **Lombard rate** taux Lombard, taux des avances sur nantissement; **mortgage rate** taux des prêts hypothécaires; **night rate** tarif de nuit; **penetration rate** taux de pénétration; **prime rate** taux préférentiel *(accordé par les banques à leurs clients)*; **response rate** (Mktg) taux de réponse or de remontée; **selling rate** cours vendeur; **spot rate** cours du disponible or du comptant; **standard rate** taux standard or habituel; **unemployment rate** taux de chômage; **wage rate** taux de rémunération or de salaire; **zero rate** taux zéro. **b** (category) **first-rate** de premier ordre, excellent; **second-rate** de deuxième ordre, médiocre. **c** (speed, rhythm) [movement] vitesse f, allure f; [work] cadence f, vitesse f; [machine output, liquid flow] débit m. ◊ **at a fast rate** rapidement, à vive allure; **at a rate of five units per man-hour** à un rythme or à raison de cinq unités par heure-homme; **rate of turnover** [stock] vitesse or ratio de rotation. **d** (GB : municipal tax on property) **rates** impôts locaux; **rates and taxes** impôts et contributions; **business rates** taxe professionnelle; **water rates** (GB) taxe sur la consommation d'eau. **2 cpd rate-capping** (GB) plafonnement m des impôts locaux *(par le gouvernement)*. — **rate card** (Pub) liste f des tarifs. — **rate collector** (GB) receveur m municipal. — **rate scale** barème m des tarifs. — **rate support grant** (GB Admin) subvention f de l'État aux autorités locales. — **rate variance** écart m sur taux. — **rate war** guerre f des tarifs or des prix.
**3 vt a** (evaluate) évaluer, classer, juger, noter; (fig) (consider) considérer *(as* comme); (Fin, St Ex) company noter. ◊ **this product was rated poor by retailers** ce produit a été jugé inférieur par les détaillants; **how do you rate this company?** que pensez-vous de cette entreprise?; **to rate a company triple A** noter une société AAA. **b** (put price on) tarifer, estimer le prix de, fixer la valeur de; (GB) property calculer le montant or l'assiette des impôts locaux de. ◊ **a property rated at £1,000** une propriété dont les impôts locaux s'élèvent à 1 000 livres; **to rate sb up** (Ins) augmenter la prime de qn; **zero-rated (for VAT)** non assujetti à la TVA. **c** (deserve) mériter.
**3 vi** être classé, se classer, se ranger *(as* comme; *in, among* parmi).
**rateable** ['reɪtəbl] (GB) **adj** property imposable. ◊ **rateable value** [house] valeur locative imposable; [land] évaluation cadastrale.
**ratepayer** ['reɪtpeɪəʳ] (GB) **n** contribuable mf (payant des impôts locaux).
**ratification** [ˌrætɪfɪ'keɪʃən] **n** ratification f. ◊ **act of ratification and acknowledgement** acte récognitif et confirmatif; **ratification payment** versement de régularisation.

**ratify** ['rætɪfaɪ] **vt** ratifier.

**rating** ['reɪtɪŋ] **1 n a** (assessment) évaluation f, appréciation f. ◊ **the rating of products in terms of safety criteria** l'évaluation des produits selon les critères de sécurité. **b** (position) classement m notation f. ◊ **the product achieved a low rating in consumer tests** le produit a été mal classé dans les tests auprès des consommateurs; **merit rating** (US) notation du personnel; **popularity rating** cote de popularité; **workforce rating** notation de la main-d'œuvre. **c** (Fin, St Ex) [company] notation f, cote f, rating m. ◊ **credit rating** degré de solvabilité, cote de crédit, rating; **market rating** (St Ex) estimation boursière, cours en Bourse. **d** (TV, Rad) **ratings** taux or indice d'écoute; **this show has done well in the ratings** cette émission a un excellent taux or indice d'écoute. **e** (setting of charges) tarification f. **f** (GB : property taxes) montant m des impôts locaux. **2 cpd rating agency** agence f de notation or de rating. — **rating authority** (GB) commission f des impôts locaux. — **rating scale** échelle f d'évaluation or de notation. — **rating system** (GB) calcul m de l'assiette (des impôts locaux).

**ratio** ['reɪʃɪəʊ] **n** (gen) proportion f, raison f, rapport m; (Math) ratio m; (Fin, Acc) ratio m, coefficient m, indice m. ◊ **in the ratio of 4 to 1** dans la proportion or le rapport de 4 contre or à 1; **in inverse** or **indirect ratio to** en raison inverse de; **ratio scale** échelle logarithmique; **ratio analysis** analyse indiciaire; **accounting ratio** ratio comptable; **acid-test ratio** ratio de liquidité immédiate, ratio de trésorerie réduite; **advances ratio** (Bank) ratio d'endettement; **capital-output ratio** ratio d'intensité de capital; **cash ratio** coefficient de trésorerie; **cover ratio** taux de couverture; **current ratio** ratio or coefficient de liquidité; **debt-equity ratio** ratio d'endettement; **dividend-price ratio** rapport dividende-cours; **liquidity ratio** ratio or coefficient de liquidité; **operating ratio** [machine] coefficient d'exploitation; (Comp) taux de disponibilité; **price-earnings ratio** (St Ex) rapport cours-bénéfices, taux or coefficient de capitalisation, price-earning, PER; **profit-volume ratio** ratio bénéfices sur ventes; **quick ratio** ratio de liquidité immédiate, ratio de trésorerie réduite; **savings-to-income ratio** ratio épargne-revenus.

**ration** ['ræʃən] **1 n** ration f. **2 vt** rationner.

**rationale** [ræʃə'nɑːl] **n** (reasoning) raisonnement m; (statement) exposé m raisonné. ◊ **what's the rationale behind your decision?** sur quoi votre décision est-elle fondée?

**ready**

**rationalization, rationalisation** [ˌræʃn əlaɪˈzeɪʃən] n rationalisation f, organisation f rationnelle.

**rationalize, rationalise** [ˈræʃnəlaɪz] vt **a** event, decision tenter de trouver une explication rationnelle à. **b** (organise efficiently) production, factory rationaliser.

**rationing** [ˈræʃnɪŋ] n rationnement m.

**raw** [rɔː] adj fabric écru ; ore brut ; trainee inexpérimenté. ◊ **raw data** données brutes or non traitées ; **raw materials** matières premières ; **raw material variance** écart sur matières premières.

**rcd** abbr of received.

**RCR** [ɑːˈsiːˈɑːʳ] (US) n abbr of registered commodity representative → representative.

**rd** abbr of road R.

**r.d.** abbr of running days → running.

**R / D** abbr of refer to drawer → refer.

**re** [reɪ] prep (Admin, Comm) (referring to) au sujet de, relativement à, concernant ; (Jur : also **in re**) en l'affaire de.

**reach** [riːtʃ] **1** n (accessibility) portée f, atteinte f ; (Jur) juridiction f. ◊ **within reach** à portée ; **out of reach** hors de portée ; **the reach of an advertising medium** la couverture d'un support publicitaire ; **the reach of a supermarket** la zone de chalandise d'un supermarché. **2** vt **a** place arriver à, gagner ; limit atteindre ; goal atteindre, réaliser ; agreement parvenir à, aboutir à, arriver à ; decision prendre ; conclusion arriver à. ◊ **your letter has only just reached us** nous venons juste de recevoir votre lettre ; **your shipment has reached us in good condition** votre envoi nous est parvenu en bon état ; **you can reach me at my office after 9.00 a.m.** (by telephone) vous pouvez me joindre à mon bureau à partir de 9 heures ; **our bill reached $300** notre note s'est élevée à 300 dollars ; **to reach a total of** s'élever à, atteindre un total de. **b** (get with the hands) atteindre ; (pass on) passer. ◊ **can you reach me the file ?** pourriez-vous me passer le dossier ? **3** vi [territory] **to reach as far as** s'étendre à or jusqu'à.

**react** [riːˈækt] vi réagir (against contre ; on sur ; to à).

**reaction** [riːˈækʃən] n réaction f. ◊ **reaction time** temps de réaction.

**read** [riːd] **1** vt **a** lire. ◊ **read and confirmed** or **approved** lu et approuvé ; **they took the minutes as read** ils sont passés à l'ordre du jour (en considérant comme adopté le procès-verbal de la dernière séance) ; **read most** (Pub) taux de lecture. **b** [instruments,

tables] marquer, indiquer. ◊ **column 2, line 4, reads 45** la colonne 2, ligne 4, indique 45. **2** vi **a** lire. **b** **the contract reads as follows** le contrat est rédigé comme suit, voici les termes exacts du contrat. **3** cpd **read error** erreur f de lecture. – **read head** tête f de lecture. – **read only memory** mémoire f morte. – **read-write head** tête f de lecture-écriture.

**readable** [ˈriːdəbl] adj lisible.

**reader** [ˈriːdəʳ] n **a** (gen) lecteur(-trice) m(f). **b** (textbook) manuel m, livre m de classe.

**readership** [ˈriːdəʃɪp] **1** n [newspaper, magazine] nombre m de lecteurs, lectorat. ◊ **the newsletter has a readership of 10,000** le bulletin d'information a 10 000 lecteurs ; **pass-on readership** lectorat effectif. **2** cpd **readership profile** profil m or classification f des lecteurs. – **readership survey** enquête f auprès des lecteurs.

**readiness** [ˈrɛdɪnɪs] n **a** (preparedness) **to keep sth in readiness** tenir qch prêt (for à, pour). **b** (willingness) **we assure you of our readiness to guarantee delivery time** nous vous assurons que nous sommes prêts à garantir les délais de livraison, soyez sûr que nous respecterons les délais de livraison.

**reading** [ˈriːdɪŋ] n **a** lecture f. ◊ **reading and noting** (Pub) taux de lecture et d'observation. **b** [proofs] correction f. **c** [instrument] relevé m. ◊ **to take a reading** relever les indications (d'un compteur etc).

**readjust** [ˌriːəˈdʒʌst] **1** vt (gen) rajuster, réadapter, réarranger ; salary rajuster, réajuster ; (correct) rectifier ; instrument régler. **2** vi se réadapter (to à).

**readjustment** [ˌriːəˈdʒʌstmənt] n (gen) réadaptation f, [salary] rajustement m, réajustement m ; [instrument] réglage m ; [company] réajustement financier.

**readmission** [ˌriːədˈmɪʃən] n réadmission f.

**read out** [riːd] vt sep (Comp) sortir or afficher or transférer or lire (sur l'écran).

**read-out** [ˈriːdaʊt] n affichage m or sortie f sur écran.

**readvertise** [ˌriːˈædvɜːtaɪz] **1** vt refaire de la publicité pour. **2** vi repasser une publicité.

**readvertisement** [ˌriːədˈvɜːtɪsmənt] n nouveau passage m publicitaire.

**ready** [ˈrɛdɪ] **1** adj **a** (prepared) prêt. ◊ **ready to hand** accessible ; **ready money, ready cash** argent liquide ; **to pay in ready cash** payer en espèces or en liquide. **b** (willing) prêt, disposé (to à). ◊ **we are ready to collaborate** nous sommes prêts or disposés à collabo-

**real**  ANGLAIS-FRANÇAIS - 860

rer. **c** (prompt, easy) facile. ◊ **ready sale** vente facile or rapide; **to meet with ready acceptance** être bien accepté; **there is a ready market for this product** ce produit s'écoulera facilement, il y a un marché or un débouché tout trouvé pour ce produit. **2 cpd ready-made** (gen) tout fait; clothes prêt-à-porter, de confection; **ready-made clothing** le prêt-à-porter, la confection. **– ready-reckoner** barème m, table f de calcul. **– ready-to-run** prêt à l'emploi. **– ready-to-serve** prêt à servir. **– ready-to-wear** prêt-à-porter.

**real** [rɪəl] **1 adj** réel, véritable. ◊ **a real-life situation** une situation réelle; **a real-life experiment** une expérience en grandeur réelle. **2 cpd real accounts** comptes mpl du grand livre. **– real assets** immobilisations fpl corporelles. **– real cost** coût m réel. **– real damages** (Ins) total m des dommages-intérêts autorisés par le tribunal. **– real estate** biens mpl fonciers or immeubles or immobiliers; **he's in real estate** il travaille dans l'immobilier; **the real-estate business** l'immobilier; **real-estate agency** or **office** (US) agence immobilière; **real-estate agent** or **broker** (US) agent immobilier, marchand de biens or de fonds; **real-estate investment fund** société civile de placement immobilier, SCPI; **real-estate investment trust** fonds de placement immobilier; **real-estate credit** (US) crédit immobilier or foncier; **real-estate tax** (US) contribution immobilière, impôt foncier. **– real income** revenu m réel. **– real investment** investissement m collectif (en écoles, hôpitaux etc). **– real property** propriété f immobilière, biens mpl immeubles or immobiliers. **– real terms** termes mpl réels. **– real time** (Comp) temps m réel; **in real time** en temps réel; **real-time operation** fonctionnement m en temps réel. **– real value** valeur f effective. **– real wage** salaire m réel.

**realign** [riːə'laɪn] **vt** réaligner, réajuster.

**realignment** [riːə'laɪnmənt] **n** réalignement m, réajustement. ◊ **a realignment in exchange rates** un réajustement des parités monétaires, un réalignement des monnaies.

**realization, realisation** [ˌrɪəlaɪ'zeɪʃən] **n a** (awareness) prise f de conscience; [plan, objective] réalisation f. **b** (Fin) [securities] conversion f (en espèces); [assets, property] réalisation f; (liquidation) réalisation f, liquidation f. ◊ **realization account** compte de liquidation; **realization principle** or **concept** principe de réalisation; **realization value** valeur de liquidation or réalisation; **statement of realization and liquidation** état

de réalisation et de liquidation. **c** [pledge] réalisation f.

**realize, realise** [rɪəlaɪz] **vt a** (become aware of) se rendre compte de, prendre conscience de; (be aware of) bien savoir; (understand) comprendre. **b** (materialize) plan réaliser. ◊ **realized profits** bénéfices réalisés or acquis; **realized gains / losses** gains / pertes matérialisé(e)s. **c** (Fin) (convert into money) securities convertir en espèces; assets, property réaliser. ◊ **to realize one's assets** réaliser sa fortune. **d** (Fin) (sell for a certain price) rapporter. ◊ **the building realized £200,000** l'immeuble a rapporté 200 000 livres; **how much did they realize on the building?** combien l'immeuble leur a-t-il rapporté?, combien ont-ils vendu l'immeuble?

**reallocate** [ˌriː'æləʊkeɪt] **vt** funds, resources réaffecter; tasks réattribuer, redistribuer.

**reallocation** [ˌriːæləʊ'keɪʃən] **n** [funds] réaffectation f.

**reallowance** [ˌriːə'laʊəns] **n** (St Ex) réattribution f.

**realtor** [rɪəltɔːr] (US) **n** agent m immobilier.

**realty** [rɪəltɪ] (US) **n** (Jur) biens mpl immobiliers or immeubles.

**ream** [riːm] **n** [paper] rame f.

**reap** [riːp] **vt** (Agr) moissonner, faucher; profit récolter, tirer.

**reapply** [ˌriːə'plaɪ] **vi** faire une nouvelle demande. ◊ **to reapply for a job** reposer sa candidature à un emploi.

**reappoint** [ˌriːə'pɔɪnt] **vt** (gen) renommer (to à), réintégrer (to dans); (after dismissal) rétablir or réintégrer dans ses fonctions.

**reappointment** [ˌriːə'pɔɪntmənt] **n** réintégration f (to dans), renomination (to à).

**reapportion** [ˌriːə'pɔːʃən] **vt** redistribuer, réaffecter, répartir à nouveau.

**reapportionment** [ˌriːə'pɔːʃənmənt] **n** redistribution f, réaffectation f.

**reappraisal** [ˌriːə'preɪzəl] **n** réévaluation f, réexamen m, révision f.

**reappraise** [riːə'preɪz] **vt** réévaluer, réexaminer, revoir.

**reasonable** [riːznəbl] **adj** person raisonnable; statement raisonnable, vraisemblable; price abordable, modéré, raisonnable; offer acceptable, raisonnable. ◊ **reasonable doubt** (Jur) doute fondé; **beyond reasonable doubt** (Jur) pour autant qu'on puisse l'affirmer.

**reasonableness** [riːznəblnɪs] **n** ◊ **test of reasonableness** test de vraisemblance.

**reasonably** ['riːznəblɪ] **adv** raisonnablement. ◊ **reasonably priced** à or d'un prix raisonnable or abordable.

**reasoned** ['riːznd] **adj** raisonné. ◊ **reasoned refusal** refus motivé.

**reassess** [ˌriːə'ses] **vt** situation réexaminer; policy réexaminer, revoir, réviser; property value réévaluer; (for taxation) person réviser la cote de or le taux d'imposition de; (Jur) damages réévaluer.

**reassessment** [ˌriːə'sesmənt] **n** [situation] réexamen m; [policy] révision f; [damages] réévaluation f. ◊ **income-tax reassessment** redressement fiscal.

**reassign** [ˌriːə'saɪn] **vt** funds réaffecter.

**reassurance** [ˌriːə'ʃʊərəns] **n** réassurance f.

**rebate** ['riːbeɪt] **n** (discount) rabais m, réduction f, ristourne f, remise f; (money back) remboursement m. ◊ **rebate on bills not due** réescompte du portefeuille; **loyalty rebate** ristourne de fidélité; **tax rebate** dégrèvement fiscal.

**rebound** [rɪ'baʊnd] **1** **n** [sales, economy] reprise f. ◊ **technical rebound** (St Ex) reprise technique. **2** **vi** [sales, economy] reprendre, repartir; [stocks] se reconstituer.

**rebuild** [ˌriː'bɪld] **vt** (gen) reconstruire, rebâtir; stocks reconstituer.

**rebut** [rɪbʌt] **vt** réfuter.

**rebuttal** [rɪ'bʌtl] **n** réfutation f.

**recall** [rɪ'kɔːl] **1** **vt** **a** (remember) se rappeler, se souvenir de. **b** (summon back) person, thing rappeler; worker réembaucher; (Fin) capital faire rentrer. ◊ **the company recalled 5,000 cars with defective steering** l'entreprise a rappelé 5 000 voitures à la direction défectueuse. **c** (Jur) annuler, révoquer. **2** **n** **a** [defective goods] rappel m, retrait m; [workers] réembauche f. **b** (memory) mémorisation f. ◊ **he has total recall** il retient tout; **recall test** test de mémorisation.

**recap\*** ['riːkæp] **abbr of** recapitulate.

**recapitalization, recapitalisation** [ˌriːˌkæpɪtəlaɪ'zeɪʃən] **n** restructuration f financière or du capital.

**recapitalize, recapitalise** [ˌriː'kæpɪtəlaɪz] **vt** restructurer le capital de, changer la structure financière de.

**recapitulate** [ˌriːkə'pɪtjʊleɪt] **1** **vt** argument récapituler, faire le résumé de. **2** **vi** récapituler, faire un résumé.

**recapture** [ˌriː'kæptʃəʳ] **vt** market reprendre, récupérer.

**recast** [riː'kɑːst] **vt** project refondre.

**recede** [rɪ'siːd] **vi** reculer, baisser. ◊ **industrials have receded** (St Ex) les industrielles ont perdu or cédé du terrain; **bonds receded further** les obligations ont accentué leur repli.

**receipt** [rɪ'siːt] **1** **n** **a** (fact of receiving) réception f. ◊ **on receipt of** à réception or au reçu de or dès réception de; **within ten days of receipt** dans les dix jours suivant réception; **we are in receipt of** nous avons bien reçu; **to pay on receipt** payer à (la) réception; **to acknowledge receipt of** accuser réception de. **b** (document acknowledging payment) reçu m, quittance f, récépissé m, acquit m (for de); (document acknowledging receipt) accusé m de réception. ◊ **receipt for a loan** reconnaissance de dette; **receipt for payment** acquit de paiement, quittance, reçu; **receipt for the balance, receipt in full discharge** reçu pour solde de tout compte; **receipt on account** reçu à valoir; **application receipt** (St Ex) récépissé de souscription; **customs receipt** récépissé de douane; **deposit receipt** récépissé de dépôt; **dock receipt** reçu des docks; **mate's receipt** (Mar) reçu de bord; **rent receipt** quittance de loyer; **sales receipt** ticket de caisse; **warehouse receipt** récépissé d'entrepôt, warrant. **c** (money received) **receipts** recettes, encaissements, rentrées; **cash receipts and payments** encaissements et décaissements, entrées et sorties de caisse; **receipts and expenditures** recettes et dépenses; **sundry receipts** recettes diverses; **tax receipts** recettes fiscales. **2** **cpd** **receipt book** livre m or carnet m de quittances, quittancier m. – **receipt slip** quittance f, récépissé m. – **receipt stamp** (paper) timbre m de quittance, timbre-quittance m; (rubber) tampon m. **3** **vt** invoice, bill (gen) acquitter, quittancer; (by writing in the margin) émarger. ◊ **the receipt(ed) copy of the invoice** la copie émargée de la facture; **the receipted copy of the dispatch note** l'exemplaire visé du bordereau d'expédition; **duly receipted invoice** facture dûment acquittée.

**receivable** [rɪ'siːvəbl] **adj** ◊ **accounts receivable** comptes clients, créances; **bills** or **notes receivable** effets à recevoir.

**receive** [rɪ'siːv] **vt** **a** goods, letter recevoir; money, salary recevoir, toucher; stolen goods recéler, receler. ◊ **we have duly received your letter** votre lettre nous est bien parvenue, nous avons bien reçu votre lettre; **received with thanks** pour acquit, payé, acquitté; **received the sum of £30** reçu la somme de 30 livres. **b** (welcome) recevoir, accueillir. ◊ **my suggestion was not well**

**received** ma suggestion n'a pas été bien accueillie. **c** (Rad, TV) capter, recevoir.

**received** [rɪ'siːvd] **cpd received cash-book** main f courante de recettes. — **received stamp** timbre m de quittance, timbre-quittance m. — **received for shipment bill of lading** connaissement m non embarqué.

**receiver** [rɪ'siːvəʳ] **n** **a** [lettre] destinataire mf; [shipment] destinataire mf, consignataire mf; (Jur) réceptionnaire mf. **b** (Commodity Market) arrêteur m, dernier acheteur m. ◊ **receiver of contango** reporteur; **receiver's office** recette f. **c** (Fin, Jur) liquidateur. ◊ **official receiver (in bankruptcy)** syndic de faillite, administrateur or liquidateur judiciaire; **to be in the hands of a receiver** être en règlement judiciaire, être entre les mains d'un liquidateur; **receiver for partnership** administrateur judiciaire (pour les sociétés de personnes). **d** [telephone] récepteur m, combiné m. ◊ **to lift the receiver** décrocher; **to replace the receiver** raccrocher. **e** (radio) poste m, récepteur m. **f** [stolen goods] receleur m.

**receivership** [rɪ'siːvəʃɪp] **n** ◊ **to go into receivership** être mis en règlement judiciaire or en liquidation; **to put into receivership** mettre en liquidation; **the company is in receivership** la société est en liquidation.

**receiving** [rɪ'siːvɪŋ] **1** **n** **a** (gen) réception f; [visitors] accueil m. **b** [stolen goods] recel m. **2** **cpd receiving banker** banque f dépositaire. — **receiving cashier** encaisseur m. — **receiving clerk** [goods] réceptionnaire mf. — **receiving department** service m (de la) réception, réception f (de marchandises). — **receiving dock** quai m de réception. — **receiving note** (Mar) bon m à embarquer. — **receiving office** bureau m de réception. — **receiving order** (Jur) ordonnance de mise sous séquestre. — **receiving slip** bon m or bordereau m de réception. — **receiving station** (Rail) gare f réceptrice, gare f d'arrivée or de destination (de marchandises).

**reception** [rɪ'sepʃən] **1** **n** **a** (act of receiving) réception f; (welcome) réception f, accueil m. **b** (place) réception f, accueil m. ◊ **please leave your luggage at reception** veuillez laisser vos bagages à la réception. **c** (ceremony) réception f. **2** **cpd reception area** zone f d'accueil. — **reception centre** centre m d'accueil. — **reception clerk** réceptionniste mf. — **reception desk** [hotel] réception f; [conference] accueil m.

**receptionist** [rɪ'sepʃənɪst] **n** réceptionniste mf.

**receptive** [rɪ'septɪv] **adj** réceptif (to à). ◊ **receptive to new technology** ouvert à l'innovation technologique.

**recession** [rɪ'seʃən] **n** (Econ) récession f. ◊ **inventory recession** recul or baisse des stocks.

**recessionary** [rɪ'seʃənərɪ] **adj** pressures, tendencies récessionniste, récessif.

**recipient** [rɪ'sɪpɪənt] **n** [letter] destinataire mf; [cheque] bénéficiaire mf; [allowance] allocataire mf; (Jur) donataire mf. ◊ **welfare recipient** allocataire de la Sécurité sociale.

**reciprocal** [rɪ'sɪprəkəl] **1** **adj** réciproque. **2** **cpd reciprocal accounts** comptes mpl réciproques. — **reciprocal contract** contrat m bilatéral. — **reciprocal (share)-holdings** participations fpl croisées. — **reciprocal insurance** assurance f mutuelle. — **reciprocal ratio** (Math) raison f inverse. — **reciprocal trading** (between two countries) commerce m réciproque.

**reciprocate** [rɪ'sɪprəkeɪt] **1** **vt** **a** help, services donner en retour. ◊ **we should be happy to reciprocate your kindness** nous serions heureux de pouvoir vous rendre le même service. **b** (Acc) **to reciprocate an entry** passer écriture conforme or une écriture en conformité. **2** **vi** agir de même, faire la même chose en retour, rendre le même service. ◊ **our competitors cut prices and we reciprocated** nos concurrents ont baissé les prix et nous leur avons rendu la pareille.

**reciprocity** [ˌresɪ'prɒsɪtɪ] **n** réciprocité f.

**reckon** ['rekən] **1** **vt** **a** (think) penser, croire; (estimate) estimer, juger; (suppose) supposer, imaginer. **b** (calculate) time, numbers compter; cost calculer. **2** **vi** calculer, compter. ◊ **reckoning from today** à compter d'aujourd'hui; **we are reckoning on a lower rate of inflation next year** on compte sur un taux d'inflation moins élevé l'année prochaine; **we must reckon with rising interest rates** nous devons compter avec la hausse des taux d'intérêt.

**reckoning** ['reknɪŋ] **n** **a** (evaluation) compte m; (calculation) calcul m. ◊ **you are out in your reckoning** vous vous êtes trompé dans vos calculs. **b** (settlement of accounts) règlement m de compte(s). **c** (account) note f, addition f.

**reckon off** **vt sep** décompter.

**reckon up** **vt sep** figures, bill calculer, faire le total de.

**reclaim** [rɪ'kleɪm] **vt** **a** land (from sea) assécher; (from forest) défricher. **b** (Tech) by-product récupérer. **c** (Bank : demand back) réclamer (sth from sb qch à qn).

**reclamation** [ˌreklə'meɪʃən] **n** **a** [land] (from sea) assèchement m; (from forest) défrichement m. **b** [by-product] récupération f. **c** (Bank) réclamation f.

**recode** [ri:'kəud] **vt** (gen) recoder ; (Comp) reprogrammer, réécrire.

**recognition** [ˌrekəg'nɪʃən] **n** (gen) reconnaissance f. ◊ **brand recognition** identification de la marque ; **recognition test** test d'identification or de reconnaissance.

**recognizance, recognisance** [rɪ'kɒgnɪzəns] **n** (Jur) caution f personnelle.

**recognize, recognise** ['rekəgnaɪz] **vt** person, fact reconnaître ; (Acc) transaction comptabiliser, constater.

**recognized, recognised** ['rekəgnaɪzd] **adj** (accredited) accrédité, attitré, agréé. ◊ **recognized agent** représentant accrédité ; **recognized agency** agence agréée.

**recommend** [ˌrekə'mend] **vt** **a** employee recommander. ◊ **to recommend sb for a job** recommander qn pour un poste or un emploi. **b** (advise) recommander, conseiller (sb to do à qn de faire). ◊ **recommended (retail) price** prix conseillé.

**recommendation** [ˌrekəmen'deɪʃən] **a** recommandation f. ◊ **I am writing on the recommendation of Mr Jones** je vous écris sur la recommandation de Monsieur Jones ; **letter of recommendation** lettre de recommandation. **b** [court, commission] avis m, recommandation f. **c** (Fin) **recommendation of a dividend** proposition de dividende.

**recompense** ['rekəmpens] **1** **n** **a** (reward) récompense f. **b** (Jur : for damage) dédommagement m, compensation f.
**2** **vt** **a** (reward) récompenser (sb for sth qn de qch). **b** (Jur : repay) person dédommager ; damage, loss compenser, réparer.

**reconcile** ['rekənsaɪl] **vt** (gen) concilier ; (Acc) account apurer, ajuster. ◊ **to reconcile two accounts** rapprocher deux comptes.

**reconciliation** [ˌrekənsɪlɪ'eɪʃən] **n** (Acc) apurement m, concordance f, rapprochement m. ◊ **reconciliation account** compte collectif, compte de redressement ; **reconciliation of accounts** rapprochement de comptes ; **reconciliation statement** état de rapprochement.

**recondition** [ˌri:kən'dɪʃən] **vt** remettre en état, rénover.

**reconduction** [ˌri:kən'dʌkʃən] **n** reconduction f. ◊ **by tacit reconduction** par tacite reconduction.

**reconstruction** [ˌri:kən'strʌkʃən] **n** [firm] restructuration f ; [finances] reconstitution f. ◊ **economic reconstruction** reconstruction économique.

**reconvey** [ˌri:kən'veɪ] **vt** (Jur) rétrocéder.

**record** [rɪ'kɔ:d] **1** **vt** **a** (put down in writing) enregistrer, noter. ◊ **to record a meeting** établir le procès-verbal d'une réunion ; **recorded delivery** (GB) envoi recommandé. **b** [instrument] enregistrer, indiquer. **c** disk, tape, video enregistrer. **d** (Fin, Acc) transaction, payment enregistrer, comptabiliser, inscrire.
**2** **n** **a** (account, report) rapport m, compte rendu m, récit m ; [attendance] registre m ; [meeting] compte rendu m, procès-verbal m ; (Jur) enregistrement m. ◊ **summary record** compte rendu analytique ; **verbation record** compte rendu in extenso ; **to keep a record of a transaction** enregistrer une transaction ; **to put sth on record** consigner qch par écrit ; **for the record** pour mémoire ; **to say sth off the record** dire qch à titre confidentiel ; **it's off the record** c'est officieux, cela reste confidentiel ; **we have no record of this payment having been made** nous n'avons aucune trace de ce paiement ; **they are on record as opposing this charge** ils ont déclaré officiellement leur opposition à ce changement. **b** (official dossier) dossier m ; (card) fiche f. ◊ **our production record has improved** nos performances à la production se sont améliorées ; **employment record** antécédents professionnels ; **police record** casier judiciaire ; **he's got a clean (police) record** il a un casier (judiciaire) vierge ; **employment record** emplois précédents ; **service record** états de service ; **she's got a good track record as a personnel manager** elle a une excellente réputation en tant que directrice du personnel. **c** (archives) **records** (Admin) archives ; (Mktg) documents, dossiers ; (Acc) registres or livres or documents comptables ; **our records show that this invoice has not been paid** d'après nos comptes cette facture n'a pas été réglée ; **we cannot find your letter in our records** nous ne trouvons pas trace de votre lettre dans nos dossiers or archives ; **for your records** (on letter) à conserver ; **accounting records** documents comptables ; **business records** documents professionnels ; **production records** dossiers de production ; **public records** archives nationales. **d** (best performance) record m. ◊ **all-time record** record sans précédent ; **inflation reached a new record or a record high** l'inflation a atteint son plus haut niveau, l'inflation a atteint un niveau record ; **record sales figures** chiffre d'affaires record. **e** (disk) disque m. **f** (Jur) minute f.
**3** **cpd record breaker** personne f (or performance f) qui bat les records. – **record breaking** sales record, qui bat les records. – **record card** fiche f. – **record date** date f de clôture des registres. – **record keep-**

**ing** tenue f d'archives. — **record keeper** (Admin) greffier m, archiviste mf. — **record office** (gen) bureau m des archives ; (Admin, Jur) greffe m. — **record year** année f record.

**recorder** [rɪˈkɔːdəʳ] n **a** [official facts] archiviste mf ; (registrar) greffier m. **b** (GB Jur) ≈ avocat m (nommé à la fonction de juge) ; (US Jur) ≈ juge m suppléant. **c** (device) appareil m enregistreur. ◊ **tape recorder** magnétophone ; **video (tape) recorder** magnétoscope.

**recording** [rɪˈkɔːdɪŋ] n **a** (on disk, tape) enregistrement m ; [time] chronométrage m. ◊ **recording device** appareil enregistreur ; **recording session** séance d'enregistrement ; **recording tape** bande magnétique. **b** (in writing) [facts, words] consignation f ; [order] enregistrement m, prise f en note.

**recount** [rɪˈkaʊnt] **1** vt **a** (relate) raconter, relater. **b** (also **re-count**) recompter. **2** n [votes] deuxième comptage m.

**recoup** [rɪˈkuːp] **1** vt **a** losses, investments récupérer. ◊ **industrials recouped early losses** (St Ex) les industrielles ont annulé leurs pertes du début. **b** (reimburse) dédommager (sb for sth qn de qch). ◊ **to recoup o.s.** se dédommager, se rattraper. **c** (Jur) déduire, défalquer, faire le décompte de. **2** vi récupérer son argent, rentrer dans ses frais.

**recourse** [rɪˈkɔːs] n recours (to à). ◊ **recourse action** recours judiciaire ; **to have recourse to** avoir recours à, recourir à ; **with / without recourse** avec / sans recours.

**recover** [rɪˈkʌvəʳ] **1** vt sth lent récupérer, reprendre (from sb à qn) ; sth lost retrouver ; (Ind) materials récupérer ; goods, property récupérer, rentrer en possession de, reprendre possession de ; debt recouvrer ; (Comp) files récupérer. ◊ **to recover expenses** rentrer dans ses frais, se faire rembourser ; **to recover one's losses** réparer ses pertes ; **to recover damages and costs** obtenir des dommages-intérêts. **2** vi **a** (from surprise, shock) se remettre (from de) ; [sales] reprendre, remonter, repartir ; [company, economy] reprendre, se redresser, se rétablir ; [stock market] reprendre, se ranimer, se redresser ; [shares] reprendre. ◊ **prices are recovering** les cours sont en reprise ; **business is recovering** les affaires reprennent or repartent ; **sales are expected to recover to last year's level** on s'attend à ce que les ventes regagnent or retrouvent leur niveau de l'an dernier. **b** (Jur) obtenir gain de cause. ◊ **right to recover** droit de reprise.

**recoverable** [rɪˈkʌvərəbl] adj (gen, Comp) récupérable ; debt recouvrable ; losses, error réparable.

**recovery** [rɪˈkʌvərɪ] n **a** (getting back) [things, goods] récupération f ; [debt] recouvrement m ; [expenses] remboursement m ; [losses] réparation f ; [fees] collecte f ; (Jur) [damages] obtention f. **b** (return to health) [situation, economy, business] redressement m, rétablissement m ; [sales, share prices] remontée f, reprise f. ◊ **recovery plan** plan de redressement ; **improved corporate profits have led to an investment recovery** l'amélioration des bénéfices des entreprises a conduit à une reprise des investissements ; **the financial recovery of the firm** le redressement or le rétablissement financier de l'entreprise ; **stock-market recovery** reprise boursière, remontée de la Bourse ; **business recovery** reprise des affaires or de l'activité.

**recreational** [ˌrekrɪˈeɪʃənəl] adj ◊ **recreational facilities** équipements de sport et de loisir.

**recredit** [ˌriːˈkredɪt] vt (Acc) extourner au crédit de, recréditer.

**recruit** [rɪˈkruːt] **1** n recrue f. **2** vt staff recruter, embaucher.

**recruiting** [rɪˈkruːtɪŋ] n recrutement m. ◊ **recruiting office** bureau de recrutement ; **recruiting officer** recruteur.

**recruitment** [rɪˈkruːtmənt] n recrutement m, embauche f. ◊ **recruitment drive** campagne de recrutement.

**rectify** [ˈrektɪfaɪ] vt rectifier, corriger. ◊ **to rectify an entry** (Acc) redresser or rectifier une écriture.

**recuperate** [rɪˈkuːpəreɪt] **1** vt object récupérer ; losses réparer. **2** vi (get better) se rétablir, se remettre, récupérer ; (St Ex) [prices] se reprendre, se ressaisir.

**recur** [rɪˈkɜːʳ] vi (happen again) [error, event] se reproduire, se répéter ; [opportunity, problem] se représenter. ◊ **recurring costs** coûts variables.

**recurrence** [rɪˈkʌrəns] n [error, event, theme] répétition f ; [opportunity, problem] réapparition f. ◊ **we trust there will be no recurrence of these late deliveries** nous espérons que ces retards de livraisons ne se reproduiront pas.

**recurrent** [rɪˈkʌrənt] adj répété. ◊ **recurrent costs** coûts variables.

**recycle** [ˌriːˈsaɪkl] vt recycler, récupérer.

**red.** abbr of redeemable.

**red** [red] **1** adj rouge. **2** cpd red book (the) (US) l'annuaire par professions. — **red clause** [documentary credit] clause f rouge. — **red-handed** : to be caught red-handed être pris en flagrant délit or la main dans le sac. — **red herring** fausse piste f, diversion f; **red herring prospectus** (US St Ex) prospectus m provisoire. — **red tape** paperasserie f; **bureaucratic red tape** tracasseries or chinoiseries administratives. **3** n ◊ **to be in the red** [individual, account] être à découvert, être dans le rouge; [company] être dans le rouge, être en déficit.

**redeem** [rɪ'diːm] vt (buy back) racheter; (from pawn) dégager; debt, loan rembourser, amortir; bill honorer; mortgage purger; bond rembourser.

**redeemable** [rɪ'diːməbl] adj (gen) rachetable; share rachetable, amortissable; debt amortissable; debenture bond, bill remboursable; mortgage remboursable, amortissable. ◊ **redeemable goods** articles or biens laissés en gage; **bonds redeemable at par** obligations remboursables au pair; **redeemable preference share** action privilégiée amortissable.

**redeemed** [rɪ'diːmd] adj bond remboursé; share racheté, amorti.

**redemise** [ˌriːdɪ'maɪz] n (Jur) rétrocession f.

**redemption** [rɪ'dempʃən] **1** n **a** (from pawn) retrait m, dégagement m; [mortgage] purge f; [loan, debt] amortissement m, remboursement m; [bond, debenture] remboursement m. ◊ **redemption before due date, accelerated** or **early redemption** remboursement anticipé; **terms of redemption** (table of repayments) plan or tableau d'amortissement; (conditions) conditions de remboursement. **b** (Jur) réméré m. ◊ **sale with option of redemption** vente avec possibilité de rachat, vente à réméré; **equity of redemption** droit de reprendre possession de sa propriété après purge d'une hypothèque. **c** [bank notes] rachat m. **2** cpd **redemption bonds** obligations fpl remboursables. — **redemption clause** clause f de réméré. — **redemption date** [debenture, loan] date f de remboursement. — **redemption fund** caisse f or fonds m d'amortissement. — **redemption loan** emprunt m d'amortissement. — **redemption premium** prime f de remboursement. — **redemption price** [bond] prix m de remboursement; [share] prix m de rachat. — **redemption rate** [loan, mortgage] taux m de remboursement or d'amortissement; [reply coupons] taux m de renvoi. — **redemption reserve** réserve f or provision pour amortissement. — **redemption table** plan m or tableau m d'amortissement. — **redemption value** [bond] valeur f de remboursement; [share] valeur f de

rachat. — **redemption yield** rendement m actuariel brut.

**redeploy** [ˌriːdɪ'plɔɪ] vt staff, workers reconvertir, réaffecter, reclasser; resources redéployer, réaffecter, procéder à une nouvelle répartition de.

**redeployment** [ˌriːdɪ'plɔɪmənt] n [staff] reconversion f, réaffectation f, reclassement m; [resources] redéploiement m, réaffectation f. ◊ **asset redeployment programme** programme de restructuration des actifs.

**redhibition** [ˌredɪ'bɪʃən] n (Jur) rédhibition f.

**redhibitory** [re'dɪbɪtərɪ] adj (Jur) rédhibitoire.

**redial** [riː'daɪəl] vt (Telec) number recomposer, reformer.

**redialling** [ˌriː'daɪəlɪŋ] n (Telec) **automatic redialling** rappel automatique des derniers numéros composés.

**redirect** [ˌriːdaɪ'rekt] vt letter, parcel faire suivre, réexpédier.

**rediscount** [ˌriːdɪs'kaʊnt] vt réescompter.

**rediscountable** [ˌriːdɪs'kaʊntəbl] adj réescomptable.

**rediscounter** [riː'dɪskaʊntə'] n réescompteur m.

**redistribute** [ˌriːdɪs'trɪbjuːt] vt redistribuer.

**redistribution** [ˌriːdɪstrɪ'bjuːʃən] n redistribution f.

**redlining*** ['redlaɪnɪŋ] n (US Bank) *refus d'accorder des prêts hypothécaires dans certains secteurs.*

**redraft** [riː'drɑːft] **1** n **a** (draft) retraite f, traite f par contre. **b** (operation) rechange m. ◊ **redraft charges** frais de rechange. **c** [document] nouvelle version f, seconde rédaction f. **2** vt document rédiger à nouveau.

**redress** [rɪ'dres] **1** n (compensation) redressement m, réparation f. ◊ **to seek redress for** demander réparation de; **you have no redress** vous ne pouvez pas obtenir réparation, vous n'avez aucun recours. **2** vt wrong, errors redresser, réparer; situation redresser, rétablir. ◊ **to redress the balance** redresser or rétablir l'équilibre.

**reduce** [rɪ'djuːs] vt **a** (gen) réduire, diminuer; production ralentir; working hours, holidays raccourcir; format, photocopy réduire; prices, costs baisser; speed ralentir; workforce comprimer; taxes alléger. ◊ **to reduce expenses** comprimer or réduire les dépenses; **to reduce the budget deficit from... to...** ramener le déficit budgétaire de...à...; **reducing balance method, reducing instalment system** (Acc) (méthode de l') amortissement dégressif. **b** (in sale) goods mettre en solde, solder. ◊ **all our summer clothes are reduced** tous nos vêtements d'été sont en solde, rabais sur tous les vêtements d'été.

**reduced** [rɪ'djuːst] **adj** réduit. ◊ **to sell / buy at a reduced price** vendre / acheter au rabais or en solde; **reduced-price goods** soldes, articles soldés or à prix réduit; **on a reduced scale** sur une échelle réduite; **and reduced** *termes ajoutés après"Ltd " dans le nom d'une entreprise pour indiquer que le capital autorisé a été réduit*; **reduced assessment** (Tax) dégrèvement.

**reduction** [rɪ'dʌkʃən] **n** (gen) réduction f, diminution f; [production] ralentissement m; [working hours] raccourcissement m; [photocopy] réduction f; [prices] baisse f; [speed] ralentissement; [workforce] compression f. ◊ **tax reduction** allégement fiscal, réduction d'impôt; **reduction for cash** escompte au comptant; **to make a reduction on an article** faire une remise or une réduction sur un article; **reduction in price** baisse or diminution de prix; **reductions** (on sign) soldes; **reduction in capital** (St Ex) réduction de capital; **reduction in value of an asset** moins-value or dépréciation or perte de valeur d'un élément d'actif; **300 job reductions** 300 suppressions d'emplois.

**redundancy** [rɪ'dʌndənsɪ] **1** **n** **a** (Ind) licenciement m (économique), mise f au chômage. ◊ **there will be 125,000 redundancies in the steel industry** il y aura 125 000 licenciements or suppressions d'emplois dans la sidérurgie; **compulsory redundancy** licenciement sec; **mass redundancy** licenciement collectif; **voluntary redundancy** départ volontaire; **200 workers are under notice of redundancy** 200 ouvriers ont reçu un avis or une lettre de licenciement. **b** (Comp) redondance f.
**2** **cpd redundancy check** (Comp) contrôle m par redondance. — **redundancy insurance** assurance f chômage. — **redundancy payment** prime f or indemnité f de licenciement.

**redundant** [rɪ'dʌndənt] **adj** **a** thing, detail superflu; style, word redondant. **b** (Ind) worker en surnombre; fired worker au chômage, licencié. ◊ **to be made redundant** être licencié or mis au chômage (pour raisons économiques); **to make redundant** licencier or mettre au chômage (pour raisons économiques). **c** (Comp) redondant.

**reel** [riːl] **n** [thread, magnetic tape] bobine f. ◊ **reel rack** (Comp) râtelier à bobines.

**re-elect** [ˌriːɪ'lekt] **vt** réélire.

**re-election** [ˌriːɪ'lekʃən] **n** réélection f. ◊ **the chairman is coming up for re-election next**

year le président doit se présenter pour un nouveau mandat l'année prochaine.

**re-embark** [ˌriːəm'bɑːk] **vti** rembarquer.

**re-embarkation** [ˌriːəmbɑː'keɪʃən] **n** rembarquement m.

**re-emerge** [ˌriːɪ'mɜːdʒ] **vi** réapparaître.

**re-emergence** [ˌriːɪ'mɜːdʒəns] **n** retour m, réapparition f.

**re-employ** [ˌriːɪm'plɔɪ] **vt** workers reprendre, réembaucher, réemployer.

**re-employment** [ˌriːɪm'plɔɪmənt] **n** [workers] réembauche f.

**re-enact** [ˌriːɪ'nækt] **vt** (Jur) remettre en vigueur.

**re-endorse** [ˌriːɪn'dɔːs] **vt** (gen) document réendosser; (Acc) bill contre-passer.

**re-endorsement** [ˌriːɪn'dɔːsmənt] **n** (gen) réendossement m; (Acc) contre-passation f.

**re-engage** [ˌriːɪn'geɪdʒ] **vt** worker réembaucher, rengager, réemployer.

**re-engagement** [ˌriːɪn'geɪdʒmənt] **n** [workers] réembauche f.

**re-entry** [ˌriː'entrɪ] **n** [person] (into country) rentrée f; (Customs) [goods] réimportation f. ◊ **re-entry visa** visa de rentrée.

**re-establish** [ˌriːɪs'tæblɪʃ] **vt** practice, order rétablir.

**re-establishment** [ˌriːɪs'tæblɪʃmənt] **n** rétablissement m.

**re-examination** [ˌriːɪgzæmɪ'neɪʃən] **n** réexamen m.

**re-examine** [ˌriːɪg'zæmɪn] **vt** (gen) réexaminer, examiner à nouveau; (Customs) goods inspecter à nouveau, procéder à une contre-visite de; accounts repasser.

**re-exchange** [ˌriːɪks'tʃeɪndʒ] **n** **a** (draft) retraite f, traite f par contre. **b** (operation) rechange m.

**re-expansion** [ˌriːɪks'pænʃən] **n** relance f, reprise f.

**re-export** [ˌriː'ekspɔːt] **n** **a** (action) réexportation f. ◊ **goods for re-export** marchandises à réexporter or destinées à la réexportation; **the re-export trade** le commerce intermédiaire, la réexportation. **b** (goods) produit m réexporté.

**re-exportation** [ˌriːɪkspɔː'teɪʃən] **n** réexportation f.

**re-exporter** [ˌriːɪks'pɔːtər] **n** réexportateur m.

**ref.** abbr of *reference* réf.

**refer** [rɪ'fɜːr] **1** **vt** **a** problem, question soumettre (*to* à). ◊ **to refer the matter to arbitration** soumettre la question à l'arbitrage;

**it was referred to him for decision** on lui a demandé de prendre une décision or de trancher; **they referred me to the sales office** on m'a dit de m'adresser or on m'a renvoyé au bureau des ventes; **I shall refer the matter to my department head** j'en référerai à mon chef de service. **b** (Bank) **to refer a cheque to drawer** renvoyer un chèque au tireur, refuser d'honorer un chèque; **refer to drawer** (on cheque) retour au tireur.

**2 vi** (allude) parler, faire mention (**to** de), faire allusion (**to** à); (consult) se reporter (**to sth** à qch). ◊ **who are you referring to?** de qui parlez-vous?; **I am referring to your letter of 15 May** je me réfère à votre lettre du 15 mai; **referring to your letter of 15 May** (comme) suite à votre lettre du 15 mai; **kindly refer to our catalogue** veuillez vous reporter or vous référer à notre catalogue; **to refer to one's notes** consulter ses notes; **to refer to the articles** s'en rapporter or se référer aux statuts.

**refer back vt sep** decision remettre (à plus tard), ajourner. ◊ **to refer sth back to sb** consulter qn sur or au sujet de qch.

**referee** [ˌrefəˈriː] **n a** (Sport) arbitre m. **b** (GB : person giving reference) répondant(e) m(f), personne f se portant garant (**for sb** de qn). ◊ **please give the names of two referees** veuillez indiquer les noms de deux personnes qui peuvent fournir des lettres de recommandation; **to be referee for sb** fournir des références or une attestation à qn, écrire une lettre de recommandation pour qn. **c** (Bank : person named in bill of exchange) **referee in case of need** recommandataire, donneur d'aval. **d** (Jur : arbitrator) arbitre m, médiateur m. ◊ **referee in bankruptcy** (US) administrateur séquestre, liquidateur judiciaire; **official referee** (GB Jur) juge rapporteur.

**reference** [ˈrefrəns] **1 n a** (allusion) mention f (**to** de), allusion f (**to** à) ◊ **in** or **with reference to your coming visit** en ce qui concerne or quant à votre prochaine visite; **in** or **with reference to your order nº 5106** nous référant à votre commande nº 5106; **with reference to your letter** (comme) suite à votre lettre; **the decision was made without reference to last year's poor results** la décision a été prise sans tenir compte des mauvais résultats de l'année dernière. **b** (testimonial) références fpl. ◊ **banker's reference** références bancaires; **you may quote us as a reference** vous pouvez nous recommander de nous; **to take up sb's references** prendre des renseignements sur qn; **trade references** références commerciales. **c** (person giving reference) répondant(e) m(f), personne f qui fournit des références. ◊ **who are your references?**

quelles sont les personnes que vous pouvez donner en référence? **d** (in book, financial statement) renvoi m, référence f; (on bill, business letter) référence f. ◊ **your reference nº 12 CB / dj** votre référence nº 12 CB / dj; **please quote reference** référence à rappeler. **e** (scope) [committee, tribunal] compétence f. ◊ **outside the reference of** hors de la compétence de; **terms of reference** [mandate] attributions; **within these terms of reference we shall do our best to help** dans les limites de ces instructions nous ferons de notre mieux pour vous aider.

**2 cpd reference bank** banque f de référence. – **reference book** ouvrage m de référence. – **reference currency** monnaie f de référence. – **reference group** groupe m de référence. – **reference material** documentation f. – **reference number** numéro m de référence. – **reference point** point m de référence. – **reference slip** fiche f de rappel. – **reference volatility** volatilité f de référence.

**referendum** [ˌrefəˈrendəm] **n** référendum m. ◊ **to hold a referendum** organiser un référendum.

**referral** [rɪˈfɜːrəl] **n** [question] soumission f. ◊ **we shall take a decision after referral of the matter to our head office** nous prendrons une décision après avoir soumis l'affaire à notre siège or après en avoir référé à notre siège; **they succeeded in having their referral to the Monopolies Commission laid aside** ils ont réussi à échapper au renvoi devant la commission des monopoles; **cross referrals in an integrated financial service company** opérations conjointes dans une société de services financiers intégrés.

**refinance** [ˌriːfaɪˈnæns] **1 vt** refinancer. **2 n** refinancement m. ◊ **refinance credit** crédit de refinancement.

**refine** [rɪˈfaɪn] **vt** raffiner.

**refined** [rɪˈfaɪnd] **adj** (gen, Ind) raffiné.

**refinement** [rɪˈfaɪnmənt] **n** [project] mise f au point.

**refiner** [rɪˈfaɪnər] **n** raffineur m.

**refinery** [rɪˈfaɪnərɪ] **n** raffinerie f. ◊ **oil refinery** raffinerie de pétrole.

**refining** [rɪˈfaɪnɪŋ] **n** (Ind) raffinage m.

**refit** [riːˈfɪt] **1 vt** ship, machine réparer, remettre en état; factory rééquiper, renouveler l'équipement de. **2 n** [ship, machine] remise f en état, réparation f; [factory] rééquipement m, renouvellement m de l'équipement.

**reflate** [riːˈfleɪt] **vt** economy relancer.

**reflation** ANGLAIS-FRANÇAIS - 868

**reflation** [riːˈfleɪʃən] n [economy] relance f. ◊ **demand reflation** relance par la demande.

**reflationary** [riːˈfleɪʃnərɪ] adj measures de relance.

**refloat** [riːˈfləʊt] vt ship, company renflouer, remettre à flot. ◊ **to refloat a loan** lancer or émettre un nouvel emprunt.

**refocus** [ˌriːˈfəʊkəs] vt recentrer.

**refocussing** [ˌriːˈfəʊkəsɪŋ] n recentrage m.

**reforestation** [ˌriːfɒrɪsˈteɪʃən] n reboisement m.

**reform** [rɪˈfɔːm] vt (gen) réformer; (Jur) amender, modifier. ◊ **to reform the terms of an insurance contract** modifier les termes d'un contrat d'assurance.

**refresher** [rɪˈfreʃəʳ] **1** n (GB Jur) complément m d'honoraires. **2** cpd **refresher course** n cours m de recyclage.

**refrigerate** [rɪˈfrɪdʒəreɪt] vt réfrigérer. ◊ **refrigerated lorry / ship / warehouse** camion / navire / entrepôt frigorifique.

**refrigeration** [rɪˌfrɪdʒəˈreɪʃən] n réfrigération f. ◊ **the refrigeration industry** l'industrie du froid; **refrigeration plant** installation frigorifique.

**refuel** [riːˈfjʊəl] vt vehicle ravitailler (en carburant). ◊ **to refuel inflation** relancer l'inflation.

**refugee** [ˌrefjʊˈdʒiː] n (person) réfugié(e) m(f). ◊ **refugee capital** capitaux spéculatifs.

**refund** [rɪˈfʌnd] **1** vt **a** (pay back) expenses, debt rembourser; (Fin) excess payments ristourner. ◊ **if you are not satisfied, your money will be refunded** or **you will be refunded** si vous n'êtes pas satisfait, vous serez entièrement remboursé; **we shall refund you your expenses** nous vous rembourserons vos frais or dépenses, vous serez défrayé. **b** (fund again) debt fonder de nouveau, refinancer; (provide new funds for) refinancer, réalimenter. **2** n remboursement m, ristourne f. ◊ **refund in full** remboursement intégral; **tax refund** remboursement d'impôts.

**refundable** [rɪˈfʌndəbl] adj remboursable.

**refunding** [rɪˈfʌndɪŋ] n **a** (paying back) remboursement m. ◊ **refunding clause** clause de remboursement. **b** (refinancing) [debt] refinancement m.

**refurbish** [ˌriːˈfɜːbɪʃ] vt office rénover, remettre à neuf; machine remettre en état; factory rénover, rééquiper.

**refurbishment** [ˌriːˈfɜːbɪʃmənt] n rénovation f.

**refusal** [rɪˈfjuːzəl] n refus m (to do de faire). ◊ **to give sb first refusal of a project** proposer un projet en priorité à qn; **to have the first refusal** recevoir la première offre de qch, se voir proposer qch en priorité; **to meet with a refusal** se heurter à or essuyer un refus; **blanket refusal** refus global; **flat refusal** refus net or catégorique, fin de non-recevoir.

**refuse** [rɪˈfjuːz] **1** vt offer décliner, refuser; suggestion, idea rejeter, repousser, refuser. **2** vi refuser. **3** n (waste, rubbish) détritus mpl, ordures fpl. ◊ **industrial refuse** déchets industriels; **refuse bin** poubelle.

**refute** [rɪˈfjuːt] vt theory, claim réfuter.

**reg., regd** abbr of registered.

**regain** [rɪˈgeɪn] vt regagner, récupérer, recouvrer. ◊ **to regain possession of sth** rentrer en possession de qch; **tin regained $5 a ton** (St Ex) l'étain a regagné 5 dollars par tonne; **production regained last year's level** la production a retrouvé son niveau de l'an dernier.

**regainable** [rɪˈgeɪnəbl] adj recouvrable, récupérable.

**regainment** [rɪˈgeɪnmənt] n (Jur) rentrée f en possession.

**regard** [rɪˈgɑːd] **1** n **a** (esteem) respect m, estime f. ◊ **to have a high regard for sb** avoir beaucoup d'estime pour qn; **b** (in messages) **regards to your wife** meilleurs souvenirs or amitiés à votre femme; **he sends his kind regards** il vous transmet or vous envoie ses amitiés or son meilleur souvenir; **(with kind) regards** (letter ending) amicalement, cordialement. **2** vt **a** (consider) regarder, considérer (as comme). **b** (affect) regarder, concerner. ◊ **as regards** pour or en ce qui concerne, quant à, relativement à, concernant.

**regarding** [rɪˈgɑːdɪŋ] prep pour or en ce qui concerne, quant à, relativement à, concernant.

**region** [ˈriːdʒən] n région f. ◊ **the London region** la région de Londres; **in the region of $10** environ 10 dollars, dans les 10 dollars.

**regional** [ˈriːdʒənl] adj régional. ◊ **regional development** développement régional; **Regional Cooperation for Development** aide régionale au développement.

**register** [ˈredʒɪstəʳ] **1** n **a** (gen, Admin, Mar) registre m; [members] liste f; (Acc) registre m, grand livre m. ◊ **to record sth in a register** enregistrer qch, entrer qch dans or porter qch sur un registre; **register of business names, register of companies** registre du commerce; **register of charges** (Jur) registre; **register of debenture holders** registre des détenteurs d'obligations; **register of directors' shareholdings** (GB) registre des actions détenues par les administrateurs; **register of goods in bond** (Customs) sommier d'entrepôt; **register of members** (GB Jur) [company] registre or livre des actionnaires; **register of ships** registre des immatriculations; **corporate register** registre commercial; **hotel register** registre de l'hôtel; **land** or **property register** (registre du) cadastre; **share register** registre des titres or des actionnaires; **ship's register** livre de bord; **trade register** registre du commerce; **transfer register** registre des transferts. b (Tech : gauge) compteur m, enregistreur m.

2 **vt** a (record formally) fact, figure inscrire sur un registre, enregistrer; birth, death déclarer; vehicle (faire) immatriculer; trademark, patent déposer, faire enregistrer; company enregistrer. b (enter for a course, competition) inscrire (*sb for* qn à). c (Post) letter, parcel recommander; (Rail) luggage faire enregistrer. d (Tech) (show on instrument) indiquer, marquer. e (Jur) pension scheme agréer.

3 **vi** (for a course, convention, competition) s'inscrire (*for* à); (in a hotel) descendre (*in* dans).

4 **cpd register book** (gen) registre m des inscriptions; (Mar) registre m des actes de nationalité. — **register office** registre m de l'état civil. — **register ton** (Mar) tonneau m de jauge; **gross / net register ton** tonneau de jauge brut / net. — **register tonnage** (Mar) tonnage m de jauge.

**registered** ['redʒɪstəd] **adj** a vehicle immatriculé; student inscrit. ◊ **registered unemployed** chômeurs recensés; **registered tonnage** tonnage de jauge; **in what hotel are you registered?** vous descendez dans quel hôtel? b (Post) letter recommandé; (Rail) luggage enregistré. ◊ **registered delivery** (US) avec accusé de réception; **registered mail** courrier recommandé; **under registered cover** sous pli recommandé; **to send sth by registered mail** or **post** envoyer qch en recommandé. c (St Ex) stock, bond nominatif. ◊ **registered capital** capital social; **registered company** société inscrite au registre du commerce; **registered office** siège social; **registered shares** or **securities** actions nominatives, titres nominatifs; **registered shareholder** actionnaire inscrit; **registered trader** négociant inscrit (à la Bourse de New York). d design, pattern déposé. ◊ **registered name** nom déposé; **registered proprietorship** droit de propriété enregistré; **registered trademark** marque déposée. e agent, representative agréé. ◊ **registered commodity representative** (US) démarcheur agréé (d'une maison de commission). f (Jur)

**registered charge** affectation hypothécaire inscrite au registre du cadastre; **registered proprietor** propriétaire inscrit au registre du cadastre; **registered title** titre de propriété inscrit au registre du cadastre.

**registrar** [ˌredʒɪs'trɑːʳ] **n** (Jur) greffier m; (Admin) officier m de l'état civil; (Fin) (in company) agent m comptable. ◊ **registrar of companies** (GB Jur) (office) enregistrement, registre du commerce or des sociétés; (person) conservateur du registre du commerce or des sociétés; **registrar of deeds** (Jur) receveur de l'enregistrement; **Registrar General** (GB Admin) conservateur des archives de l'état civil; **registrar's office** (GB Admin) bureau de l'état civil; **registrar of transfers** (Fin) agent comptable des transferts.

**registration** [ˌredʒɪs'treɪʃən] **1 n** a (gen) enregistrement m, inscription f; (for a course, convention, competition) inscription f (*for* à); [trademark, design] dépôt m; (GB Post) recommandation f; (Rail) enregistrement m; [vehicle] immatriculation f. ◊ **land registration** inscription au cadastre; **registration of business names** (GB) enregistrement de la raison sociale, inscription au registre du commerce or des sociétés. b (Mar) (gen) acte m de nationalité; (en France) acte m de francisation. c (Jur) [pension scheme] agrément m.

2 **cpd registration deadline** date f (limite) de clôture des inscriptions. — **registration dues** (Admin) droits mpl d'enregistrement. — **registration fee** (Post) tarif m d'un envoi recommandé; (Admin, St Ex) droits mpl d'enregistrement; (exam, competition) droits mpl or frais mpl d'inscription. — **registration number** [car] numéro m minéralogique or d'immatriculation; (Admin) numéro d'immatriculation. — **registration of mortgage** inscription f hypothécaire. — **registration office** bureau m de l'enregistrement m. — **registration plate** plaque f minéralogique or d'immatriculation.

**registry** ['redʒɪstrɪ] **1 n** a (action) enregistrement m, inscription f; (office) bureau m de l'enregistrement; (GB Admin) bureau m de l'état civil; ◊ **registry of motor vehicles** (US) bureau des immatriculations; **registry of ships, marine registry** inscription maritime; **certificate of registry** (Mar) acte or certificat de nationalité; **land registry** bureau du cadastre; **mortgage registry** conservation or inscription des hypothèques; **port of registry** port d'attache or d'armement. b (US Post) recommandation f.

2 **cpd registry books** (Acc) livres mpl d'ordre. — **registry office** bureau m de l'enregistrement; (GB) bureau m de l'état civil.

**regrade** [rɪˈgreɪd] **vt** reclasser.

**regrading** [rɪˈgreɪdɪŋ] **n** reclassement **m**.

**regress** [rɪˈgres] **vi** [sales, prices, inflation] régresser, baisser, reculer; (Math) régresser; [situation] régresser, rétrograder.

**regression** [rɪˈgreʃən] **n** [sales, prices, inflation] régression f, baisse f, recul m; (Math) régression f. ◊ **regression analysis** analyse de régression.

**regressive** [rɪˈgresɪv] **adj** régressif. ◊ **regressive tax** impôt dégressif, taxe dégressive; **regressive supply** offre régressive.

**regret** [rɪˈgret] **1** **vt** regretter. ◊ **we regret to inform you that** nous avons le regret de vous informer que.
**2** **n** regret **m**. ◊ **much to our regret** à notre grand regret; **letter of regret** (St Ex) (lettre d') avis de retour de souscription.

**regretfully** [rɪˈgretfəlɪ] **adv** malheureusement, avec regret. ◊ **we must regretfully inform you that** nous avons le regret de vous informer que, nous devons à notre grand regret vous informer que.

**regroup** [ˌriːˈgruːp] **1** **vt** regrouper.
**2** **vi** se regrouper.

**regular** [ˈregjʊləʳ] **1** **adj** **a** (recurring) régulier. ◊ **we make regular deliveries to all parts of the country** nous assurons des livraisons régulières dans tout le pays; **regular payments** paiements réguliers. **b** (habitual) habituel, normal, ordinaire. ◊ **regular hours** heures normales; **we stock regular sizes in all models** nous avons en stock les tailles courantes or standard pour tous nos modèles; **our regular suppliers** nos fournisseurs habituels; **regular customer** (gen) client fidèle or régulier or habituel; (in bar, restaurant) habitué.
**2** **n** (customer) (gen) client(e) m(f) fidèle; (in bar, restaurant) habitué(e) m(f).

**regularization, regularisation** [ˌregjʊləraɪˈzeɪʃən] **n** régularisation f.

**regularize, regularise** [ˈregjʊləraɪz] **vt** régulariser.

**regulate** [ˈregjʊleɪt] **vt** **a** (adjust) (gen) régler; expenditure régler, calculer; machine régler, ajuster. **b** (draw up rules for) réglementer. ◊ **the Federal Reserve Board regulates the banking industry** la Réserve fédérale réglemente le secteur bancaire. **c** (fix, determine) price, cost déterminer, contrôler, réglementer.

**regulated** [ˈregjʊleɪtɪd] **adj** price, industry, company réglementé. ◊ **a regulated economy** une économie dirigée.

**regulation** [ˌregjʊˈleɪʃən] **n** **a** (rule) règle f, règlement m; (Admin) règlement m, arrêté

m. ◊ **safety regulation** règle or consigne de sécurité; **regulations** (rules) règlement; (in company) règlement intérieur; **it is against regulations to smoke** il est contraire au règlement de fumer, le règlement interdit de fumer; **to act in accordance with the regulations** agir conformément aux règlements; **rules and regulations** statuts; **customs regulations** règlements douaniers; **statutory regulations** dispositions légales. **b** (control) régulation f. ◊ **economic regulation** régulation économique; **the regulation of supply and demand** la régulation de l'offre et de la demande. **c** (by government agency) réglementation f. ◊ **price regulation** réglementation des prix; **the regulation of financial services** la réglementation des services financiers.

**regulator** [ˈregjʊleɪtəʳ] **n** **a** (instrument) régulateur **m**. **b** [industry, business activity] personne f (or organisme m) qui réglemente. ◊ **government regulators have liberalized the market** les garants de l'économie ont libéralisé le marché.

**regulatory** [ˌregjʊˈleɪtərɪ] **adj** agency, body de réglementation, d'intervention. ◊ **regulatory framework** cadre or contexte réglementaire; **regulatory tax** (on petrol etc) *taxe destinée à réglementer la consommation d'un produit.*

**rehabilitate** [ˌriːəˈbɪlɪteɪt] **vt** reputation réhabiliter; company redresser, renflouer, assainir; district rénover, assainir; employee réintégrer, rétablir dans ses fonctions; disabled people (to work) réadapter, réinsérer.

**rehabilitation** [ˌriːəˌbɪlɪˈteɪʃən] **n** [bankrupt person] réhabilitation f; (Fin) [company] redressement m, renflouement m, assainissement m; [employee] réintégration f, rétablissement m; [cripple] réadaptation f, réinsertion f. ◊ **rehabilitation plan** [housing] programme de rénovation or d'assainissement; **vocational rehabilitation** reclassement, réinsertion.

**rehire** [ˌriːˈhaɪəʳ] **vt** réembaucher.

**reignite** [ˌriːɪgˈnaɪt] **vt** inflation relancer, rallumer.

**reimburse** [ˌriːɪmˈbɜːs] **vt** rembourser (*sb for sth* qch à qn, qn de qch); ◊ **to reimburse sb (for) his expenses** rembourser qn de ses dépenses, défrayer qn.

**reimbursement** [ˌriːɪmˈbɜːsmənt] **n** remboursement **m**.

**reimport** [ˌriːɪmˈpɔːt] **1** **vt** réimporter.
**2** **n** réimportation f, produit m réimporté, marchandise f réimportée.

**reimportation** [ˌriːɪmpɔːˈteɪʃən] **n** réimportation f.

**reimpose** [ˌriːm'pəʊz] **vt** control réimposer.

**reinflate** [ˌriːm'fleɪt] **vt** ranimer, relancer.

**reinforce** [ˌriːm'fɔːs] **vt** renforcer, intensifier.

**reinforcement** [ˌriːm'fɔːsmənt] **n** renforcement m, intensification f.

**reinfuse** [ˌriːm'fjuːz] **vt** credit réinjecter.

**reinfusion** [ˌriːm'fjuːʒən] **n** [funds] réinjection f.

**reinsert** [ˌriːm'sɜːt] **vt** réintroduire, réinsérer.

**reinstate** [ˌriːm'steɪt] **vt** ⓐ employee réintégrer, rétablir dans ses fonctions. ◊ **he was officially reinstated** il a été formellement rétabli dans ses fonctions ; **to reinstate a clause in a contract** réintégrer or rétablir une clause dans un contrat. ⓑ (Ins) destroyed goods remettre en état, remplacer ; policy réactiver, remettre en vigueur.

**reinstatement** [ˌriːm'steɪtmənt] **n** [employee] réintégration f, rétablissement m ; (Ins) [destroyed goods] remise f en état, remplacement m.

**reinsurance** ['riːm'ʃʊərəns] **n** réassurance f.

**reinsure** [ˌriːm'ʃʊəʳ] **vt** réassurer.

**reinsurer** [ˌriːm'ʃʊərəʳ] **n** réassureur m.

**reinvest** [ˌriːm'vest] **vt** (Fin) réinvestir. ◊ **reinvested earnings** bénéfices non distribués.

**reinvestment** [ˌriːm'vestmənt] **n** réinvestissement m, nouveau placement m.

**reissue** [ˌriː'ɪʃjuː] **1 vt** article, book rééditer ; film ressortir, reprendre, redistribuer ; stocks, securities réémettre, procéder à une nouvelle émission de ; bill of exchange renouveler ; statement répéter, réitérer. ◊ **reissued debenture** obligation réémise or faisant l'objet d'une nouvelle émission. **2 n** [book] réédition f, nouvelle édition f ; [film] redistribution f, reprise f ; [stocks, securities] réémission f, nouvelle émission f ; [bill of exchange] renouvellement m.

**reject** [rɪ'dʒekt] **1 vt** defective product (by customer, shopkeeper) refuser ; (by manufacturer) mettre au rebut, rejeter ; offer, idea rejeter, écarter. **2 n** pièce f or article m de rebut, pièce f or article m refusé(e) or rejeté(e). ◊ **export reject** article or marchandise impropre à l'exportation ; **reject bin** case or panier de rebut.

**rejection** [rɪ'dʒekʃən] **n** refus m, rejet m, (mise f au) rebut m. ◊ **rejection rate** taux de rebut ; **rejection slip** (Publishing) lettre de refus.

**rekey** [ˌriː'kiː] **vt** (Comp) information ressaisir, retaper.

**rekindle** [ˌriː'kɪndl] **vt** inflation rallumer, relancer.

**relapse** [rɪ'læps] **vi** (St Ex) rétrograder, reculer. ◊ **coppers relapsed a point** les cuprifères ont reculé d'un point or ont cédé un point ; **the share relapsed to F50** l'action est revenue or retombée à 50 francs.

**related** [rɪ'leɪtɪd] **adj** associé. ◊ **related company** société liée or apparentée, filiale ; **related parties** (individuals) personnes apparentées ; (firms) entreprises apparentées ; **related sales** ventes induites ; **earnings-related pension** pension en fonction des gains ; **wood-related industries** les industries du bois.

**relation** [rɪ'leɪʃən] **n** ⓐ (family member) parent(e) m (f) ; (acquaintance) relation f. ◊ **business relation** relation d'affaires. ⓑ (relationship) relation f, rapport m. ◊ **there is no relation between these two factors** il n'y a pas de relation or de rapport entre ces deux facteurs ; **in relation to** par rapport à, relativement à. ⓒ (links) **relations** relations, rapports ; **we have excellent relations with our suppliers** nous avons or entretenons d'excellents rapports avec nos fournisseurs ; **to enter into business relations with sb** entrer en relations d'affaires avec qn ; **to break off relations with sb** rompre les relations avec qn ; **foreign relations** relations extérieures ; **human relations** relations humaines ; **industrial relations** relations sociales or patronat-syndicats ; **labour-management relations** rapports patrons-ouvriers ; **public relations** relations publiques ; **public relations officer** responsable des relations publiques.

**relationship** [rɪ'leɪʃənʃɪp] **n** rapport m, relation f. ◊ **a business relationship** des relations d'affaires ; **a cause and effect relationship** une relation or un rapport de cause à effet ; **relationship by objective** (Ind) relations par objectif ; **relationship manager** responsable des relations sociales ; **relationship banking** gestion bancaire personnalisée.

**relax** [rɪ'læks] **vt** restrictions, contracts assouplir, alléger ; trade barriers assouplir.

**relaxation** [ˌriːlæk'seɪʃən] **n** [restrictions] assouplissement m, allègement m. ◊ **credit relaxation** assouplissement du crédit.

**relay** ['riːleɪ] **1 vt** message, signal relayer, retransmettre. **2 n** relais m. ◊ **to work in relays** se relayer, travailler par relais.

**release** [rɪ'liːs] **1 n** ⓐ (freeing) libération f. ◊ **release of goods against signature** libération or remise des marchandises contre signature ; **release for shipment** autorisation de sortie. ⓑ (bringing out) [products] mise f en vente, lancement m, sortie f, diffusion f ; [film] sortie f ; [book] parution f, sortie f. ◊ **new release** [book, records] dernière nouveauté ; **press release** communiqué de presse ; **new release of a software package** nouvelle version d'un logiciel ; **for immediate release** pour diffusion immédiate. **c** (receipt) quittance f, acquit m, reçu m ; (customs receipt) congé m, facture-congé f. ◊ **to sign a release for goods delivered** signer un acquit or un reçu or une quittance à la réception des marchandises. **d** (Jur) [land] cession f, transfert m ; [person] relaxe f. **e** (discharge from obligation or responsibility) décharge f. ◊ **you must sign a release before taking it** vous devez signer une décharge avant de le prendre. **f** (mechanism) desserrage m ; (Typ, Comp) [margin] déblocage m. **g** [mortgage] mainlevée f, purge f, extinction f. **2** **cpd** **release date** date f de sortie. — **release note** certificat m de conformité. **3** **vt** **a** (set free) person libérer, relâcher (*from* de) ; (Jur) relaxer ; (from obligation) décharger, libérer (*from* de). ◊ **to release sb on bail** mettre qn en liberté provisoire sous caution ; **to release sb from a debt** faire la remise d'une dette à qn ; **to release a debtor** libérer un débiteur. **b** (relinquish right to) claim abandonner, renoncer à. ◊ **to release a debt** remettre une dette, accorder la remise d'une dette. **c** funds débloquer, dégager ; grip desserrer, relâcher. **d** (distribute) product sortir, lancer, mettre en vente ; book, tape sortir, faire paraître ; information diffuser, divulguer. **e** (Typ, Comp) margin débloquer ; key relâcher. **f** (lease again) relouer. **g** (Ind : from stock) goods autoriser la sortie de.

**releasee** [rɪliːˈsiː] n (Jur) cessionnaire mf.

**releasor** [rɪˈliːsəʳ] n (Jur) renonciateur m, cédant m.

**relet** [riːˈlet] **vt** property relouer.

**relevance** ['reləvəns] n pertinence f. ◊ **relevance tree** arbre de pertinence.

**relevant** ['reləvənt] **adj** pertinent. ◊ **relevant documents** (Jur) pièces justificatives ; **all relevant information** tous renseignements utiles ; **the relevant authority** (Admin) l'autorité compétente.

**reliability** [rɪˌlaɪəˈbɪlɪtɪ] **1** n [person] sérieux m ; [machine, product] fiabilité f. **2** **cpd** **reliability engineer** ingénieur m fiabiliste. — **reliability engineering** méthodes fpl or techniques fpl de recherche de fiabilité. — **reliability test** essai m de fiabilité.

**reliable** [rɪˈlaɪəbl] **adj** **a** person, company sérieux, fiable, digne de confiance ; information sérieux, fiable, sûr ; guarantee sérieux, solide. ◊ **we have it from a reliable source** nous le tenons de source sûre. **b** product, machine fiable, solide.

**reliance** [rɪˈlaɪəns] n (dependence) dépendance f (*on* de), besoin m (*on* de) ; (trust) confiance f (*on* en). ◊ **to place reliance on sb / on sth** avoir confiance en qn / qch.

**relief** [rɪˈliːf] **1** n **a** (from anxiety) soulagement m. **b** (assistance) secours m, aide f, assistance f. ◊ **unemployment relief** allocation (de) chômage. **c** (exemption) exemption f, exonération f, dégrèvement m, allègement m. ◊ **tax relief** dégrèvement or réduction d'impôt, allègement fiscal. **d** (replacement) relève f. **2** **cpd** **relief fund** caisse f de secours. — **relief shift** équipe f de relève. — **relief train** train m supplémentaire.

**relieve** [rɪˈliːv] **vt** **a** soulager. ◊ **to relieve sb of a duty** décharger qn d'une obligation ; **to relieve sb of a post** relever qn de ses fonctions. **b** (aid) secourir, aider, venir en aide à. ◊ **measures should be taken to relieve the market** des mesures devraient être prises pour assainir le marché or pour donner un ballon d'oxygène au marché. **c** (Ind : replace) relever, relayer. ◊ **the evening shift relieves them at 6.00 p.m.** le poste du soir les relaye or vient les relever à 18 heures. **d** (exempt) exempter, exonérer, dégrever. ◊ **to relieve sb from liability** libérer qn de toute responsabilité.

**relinquish** [rɪˈlɪŋkwɪʃ] **vt** power, post abandonner ; plan, right renoncer à ; claim renoncer à, se désister de ; goods, property se dessaisir de. ◊ **to relinquish an inheritance** renoncer à or répudier une succession ; **to relinquish one's claim** renoncer à son droit (*to do sth* de faire qch ; *to sth* à qch).

**relinquishment** [rɪˈlɪŋkwɪʃmənt] n [post, goods] abandon m (*of* de) ; [claim] renonciation f (*of* à), désistement m ; [inheritance] répudiation f (*of* de), renonciation f (*of* à).

**reload** [riːˈləʊd] **vt** (gen) recharger ; (Mar) transborder.

**reloading** [ˌriːˈləʊdɪŋ] n (gen) rechargement m ; (Mar) transbordement m.

**relocate** [ˌriːləʊˈkeɪt] **1** **vt** **a** company, subsidiary réimplanter, transférer, déplacer. **b** worker (in a new job) reconvertir ; (in a new place) transférer, muter. **2** **vi** [worker] (in a new job) se reconvertir ; (in a new place) changer de lieu de travail ; [plant] se réimplanter.

**relocation** [ˌriːləʊˈkeɪʃən] n [company] réimplantation f, transfert m, déménagement m ; [worker] (in a new job) reconversion f ; (in a new place) transfert m, mutation f. ◊ **relocation allowance** (for employee) prime de relogement, indemnité de réinstallation.

**rely** [rɪˈlaɪ] **vi** ◊ **to rely upon sb / sth** compter sur qn / qch, se fier à qn / qch, tabler sur qn /

qch. **we are relying on your sending the new samples in time** nous comptons sur vous pour nous faire parvenir à temps les nouveaux échantillons.

**remain** [rɪˈmeɪn] **vi** (gen : stay) rester. ◊ **I remain yours faithfully** (in formal letters) je vous prie d'agréer or veuillez agréer l'expression de mes sentiments distingués.

**remainder** [rɪˈmeɪndəʳ] **1 n a** (Math) reste m; (Acc) reste m, solde m, reliquat m; [debt] reliquat m. **b** (part of thing remaining) reste m, restant m; (people remaining) les autres mfpl. ◊ **for the rest of the week** pour le reste or le restant de la semaine. **c** (Jur) usufruit m avec réversibilité, réversion f. **d** (Comm) **remainders** (products) invendus soldés; (clothes, shoes) soldes, fins de série. **2 vt** (Comm) books solder.

**remaining** [rɪˈmeɪnɪŋ] **adj** sum qui reste, restant; time qui reste, non écoulé.

**remand** [rɪˈmɑːnd] **1 vt** (Jur) renvoyer (*to* à). ◊ **to remand on bail** libérer sous caution; **to remand on custody** mettre en détention préventive. **2 n** (Jur) renvoi m. ◊ **to be on remand** être en détention préventive or en prévention.

**remargining** [ˌriːˈmɑːdʒɪnɪŋ] **n** (Fin) renantissement m.

**remarketing** [ˌriːˈmɑːkɪtɪŋ] **n** marketing m de relance, remarketing m.

**remedial** [rɪˈmiːdɪəl] **cpd remedial course** cours m or stage m de rattrapage. — **remedial maintenance** maintenance f corrective. — **remedial measures** mesures fpl de redressement.

**remedy** [ˈremədɪ] **1 n a** (gen) remède m (*for* contre, à); (Jur) recours m. ◊ **remedies of mortgages** action en garantie hypothécaire. **b** (Tech) tolérance f. ◊ **remedy for** or **of weight / fineness** tolérance de poids / de titre. **2 vt** remédier à.

**reminder** [rɪˈmaɪndəʳ] **1 n** rappel m; (Comm) avertissement m, lettre f de rappel or de relance. ◊ **as a reminder** pour mémoire; **reminder of order** rappel de commande; **reminder of account due** or **of due date** rappel d'échéance. **2 cpd reminder advertising** publicité f de rappel or de relance. — **reminder entry** (Acc) poste m de mémoire.

**remint** [ˌriːˈmɪnt] **vt** coinage refondre, refrapper.

**remission** [rɪˈmɪʃən] **n a** (payment) [sum of money] envoi m, versement m, remise f. **b** (exemption) gen remise f; (Tax) exemption f, exonération f, dégrèvement f. ◊ **remission from a debt** remise d'une dette; **remission of**

**fees** exonération or dispense des droits à payer; **remission of a tax** exonération d'impôt; **remission of charges** (Admin) détaxe.

**remit** [rɪˈmɪt] **1 vt a** fee, debt, penalty remettre, faire remise de; ◊ **to remit the charges** or **duties on sth** détaxer qch. **b** (postpone) différer. **c** (send) payment, envoyer, verser, remettre. ◊ **to remit bills for collections** remettre des effets en recouvrement or à l'encaissement; **to remit for discount** remettre à l'escompte; **to remit by cheque** payer or régler par chèque; **remitted earnings** bénéfices rapatriés. **d** (Jur) defendant renvoyer (à une instance inférieure). **2 n** (area of responsibility) [committee, person] compétence f, autorité f; (assigned responsibility) mission f.

**remittable** [rɪˈmɪtəbl] **adj** (Jur) déductible.

**remittal** [rɪˈmɪtl] **n** (Jur) [sentence, debt] remise f.

**remittance** [rɪˈmɪtəns] **1 n a** (sending) remise f, envoi m, versement m. ◊ **to make a remittance of funds** faire une remise or un envoi de fonds; **remittances and drawings** remises et retraits; **multinational remittances of profit from overseas subsidiaries have increased** les rapatriements de bénéfices en provenance des filiales étrangères ont augmenté. **b** [bills of exchange] remise f. ◊ **sight remittance** remise à vue; **remittance of a bill for collection** remise d'un effet à l'encaissement or en recouvrement. **c** (payment) règlement m, paiement m. ◊ **I am enclosing our remittance for your invoice n° 205** je vous adresse ci-joint notre règlement de votre facture n° 205. **2 cpd remittance advice** avis m de remise à l'encaissement or de versement. — **remittance man** émigré m (*qui vit d'argent envoyé de son pays d'origine*). — **remittance slip** bordereau m de paiement.

**remittee** [remɪˈtiː] **n** destinataire mf.

**remitter** [rɪˈmɪtəʳ] **n** [money] envoyeur m, expéditeur m.

**remitting** [rɪˈmɪtɪŋ] **adj** qui remet, remetteur. ◊ **remitting bank** banque remetteuse.

**remnant** [ˈremnənt] **1 n** (thing left over) (gen) reste m, restant m; [cloth] coupon m. ◊ **remnants** (Comm) soldes, invendus, fins de série. **2 cpd remnant day** jour m de soldes. — **remnant sale** solde m de coupons or d'invendus or de fins de série.

**remodel** [ˌriːˈmɒdl] **vt** remanier, réorganiser, remodeler.

**remonetization, remonetisation** [ˌriːˌmʌnɪtaɪˈzeɪʃən] **n** remonétisation f.

**remote** [rɪˈməʊt] **adj** lointain, éloigné. ◊ **remote access** (Comp) accès à distance, téléconsultation ; **remote (batch) processing** (Comp) télétraitement (par lots) ; **remote cause** cause lointaine ; **remote control** télécommande, commande à distance ; **remote-controlled** télécommandé ; **remote data entry** (Comp) télésaisie de données ; **remote display** (Comp) téléaffichage ; **remote job entry** (Comp) télésoumission ; **remote peripheral** (Comp) terminal de télégestion ; **remote possibility** éventualité ; **remote shopping** téléachats.

**removable** [rɪˈmuːvəbl] **adj** part amovible, détachable, démontable ; machine transportable ; (Admin) official amovible, révocable.

**removal** [rɪˈmuːvəl] **1** **n** **a** (gen, Customs) [objects, goods] enlèvement m ; [furniture from house] déménagement m. ◊ **removal of goods under bond** (Customs) mutation d'entrepôt. **b** [official] (relocation) déplacement m ; (sacking) renvoi m, révocation f. **2** **cpd** removal **allowance** indemnité f de déménagement. − **removal expenses** frais mpl de déménagement. − **removal van** camion m de déménagement.

**remove** [rɪˈmuːv] **vt** **a** (gen, Customs) enlever ; household effects déménager. ◊ **to remove controls on** lever or supprimer or éliminer les restrictions sur. **b** official (relocate) déplacer ; (sack) renvoyer, révoquer.

**remover** [rɪˈmuːvəʳ] **n** (man) déménageur m ; (company) entreprise f de déménagement.

**remunerate** [rɪˈmjuːnəreɪt] **vt** rémunérer.

**remuneration** [rɪˌmjuːnəˈreɪʃən] **n** rémunération f (for de). ◊ **directors' remuneration** rémunération des administrateurs ; **remuneration package** salaire et avantages complémentaires.

**remunerative** [rɪˈmjuːnərətɪv] **adj** rémunérateur, lucratif, profitable.

**render** [ˈrendəʳ] **vt** **a** (gen) rendre. ◊ **to render an account of sth** rendre compte de qch ; **for services rendered** pour services rendus ; **services rendered** (on invoice) prestations de services. **b** (Acc) account remettre, présenter. ◊ **as per account rendered** suivant compte remis ; **to account rendered £55** rappel de compte or facture de rappel : 55 livres ; **we render monthly statements** nous remettons or présentons des factures mensuelles.

**rendez-vous** [ˈrɒndɪvuː] **1** **n** rendez-vous m. **2** **vi** (to meet) se retrouver. ◊ **let's rendez-vous at the hotel at 8.00 a.m.** donnons-nous rendez-vous or retrouvons-nous à l'hôtel à 8 heures.

**reneg(u)e** [rɪˈniːg] **vi** revenir (on sur). ◊ **they reneg(u)ed on their agreement** ils sont revenus sur leur accord.

**renegotiate** [ˌriːnɪˈgəʊʃɪeɪt] **vti** renégocier.

**renegotiation** [ˌriːnɪgəʊʃɪˈeɪʃən] **n** renégociation f.

**renew** [rɪˈnjuː] **vt** (gen) renouveler ; credit, contract, lease renouveler, reconduire, proroger ; bill prolonger. ◊ **to renew one's subscription** se réabonner, renouveler son abonnement ; **to renew negotiations** reprendre les négociations ; **renewed bill** effet prolongé.

**renewable** [rɪˈnjuːəbl] **adj** (gen) renouvelable ; lease reconductible. ◊ **renewable by tacit agreement** renouvelable par tacite reconduction.

**renewal** [rɪˈnjuːəl] **1** **n** (gen) renouvellement m ; [credit, contract, lease] renouvellement m, reconduction f, prorogation f ; [bill] prolongation f. ◊ **renewal of a subscription** réabonnement ; **renewal of coupons** (Fin) recouponnement ; **urban renewal** rénovation or réaménagement des zones urbaines. **2** **cpd** renewal **clause** clause f de reconduction. − **renewal fee** frais mpl de réabonnement. − **renewal notice** [contract] avis m de renouvellement. − **renewal premium** prime f de renouvellement.

**renewed** [rɪˈnjuːd] **adj** renouvelé, nouveau. ◊ **renewed area** zone d'urbanisation prioritaire ; **renewed activity** regain d'activité ; **renewed economic expansion** reprise de l'expansion économique ; **a renewed outbreak of labour dispute** une recrudescence or une nouvelle vague de conflits du travail.

**renounce** [rɪˈnaʊns] **vt** right renoncer à, abandonner ; treaty dénoncer.

**renounceable** [rɪˈnaʊnsəbl] **adj** ◊ **renounceable letter of acceptance** (St Ex) lettre d'adhésion dénonçable.

**renouncee** [rɪnaʊnˈsiː] **n** (St Ex) abandonnataire mf.

**renouncement** [rɪˈnaʊnsmənt] **n** (gen) renoncement m ; (Jur) [estate] répudiation f (of de), renonciation f (of à), abandon m (of de).

**renovate** [ˈrenəʊveɪt] **vt** rénover, remettre à neuf, restaurer.

**renovation** [ˌrenəʊˈveɪʃən] **n** rénovation f, remise f à neuf, restauration f.

**renown** [rɪˈnaʊn] **n** renommée f, renom m.

**renowned** [rɪˈnaʊnd] **adj** renommé (for pour).

**rent** [rent] **1** **n** **a** [house, office] loyer m ; [farm] fermage m ; [car, television] (prix m de) location f. ◊ **for rent** (US) à louer ; **high / low rent**

loyer élevé / peu élevé or modique; **to be late** or **in arrears with one's rent** avoir des arriérés de loyer; **back rent** arriéré(s) de loyer; **chief rent** (GB) servitude de rente grevant un bien-fonds; **contractual rent** loyer contractuel; **differential rent** loyer différentiel; **economic rent** loyer déterminé par le marché locatif; **ground rent** loyer foncier; **nominal** or **peppercorn rent** loyer insignifiant or symbolique; **quarter's** or **term's rent** terme, trimestre de loyer; **rack rent** loyer m exorbitant; **royalty rent** loyer au rendement. **b** (Econ) rente f. ◊ **economic rent** rente économique; **land rent** revenu foncier; **monopoly rent** rente de monopole; **quasi-rent** quasi-rente; **scarcity rent, situation rent** rente de situation.
   **2** **cpd rent allowance** (GB) indemnité f or allocation f (de) logement. – **rent charge** (GB) redevance f foncière (perpétuelle mais rachetable). – **rent collector** encaisseur m or receveur m des loyers. – **rent control** (GB) réglementation f des loyers. – **rent-free** accommodation exempt de loyer, (à titre) gratuit; live sans payer de loyer. – **rent freeze** blocage m or gel m des loyers. – **rent income** revenus mpl locatifs. – **rent in perpetuity** rente f perpétuelle. – **rent insurance** assurance f contre la perte des loyers. – **rent rebate** (GB) remboursement m de loyer. – **rent receipt** quittance f de loyer. – **rent restriction** (GB) blocage m or gel m des loyers. – **rent roll** registre m des loyers.
   **3** **vt** **a** [tenant] (hire) louer, prendre en location. ◊ **we rent our office space** nous sommes locataires de nos bureaux. **b** [owner] (hire out) louer, mettre en location.
   **4** **vi** se louer, être loué. ◊ **these premises rent for £9,000 a year** ces locaux se louent 9 000 livres par an.

**rental** ['rentl] **1** **n** **a** (amount paid) (on building, land) (montant m du) loyer m, prix m de location; (for car, television) prix m de location. ◊ **land rental** rente foncière; **yearly rental** loyer annuel, redevance annuelle. **b** (income from rents) revenu m en loyers or en fermages. **c** (property rented) (propriété f en) location f. **d** (act of renting) location f. ◊ **car rental** location de voitures.
   **2** **cpd rental car** voiture f de location. – **rental equipment** matériel m de location. – **rental expenses** charges fpl locatives. – **rental fee** tarif m de location. – **rental income** revenus mpl des loyers; (Acc : on income statement) revenus des immeubles. – **rental library** (US) bibliothèque f de prêt. – **rental value** valeur f locative.

**renter** ['rentər] **n** (tenant) locataire mf; (owner) loueur(-euse) m(f).

**rentier** [rãntje] **n** rentier(-ière) m(f).

**renting** ['rentɪŋ] **n** location f.

**rent out** **vt** **sep** louer, mettre en location.

**renumber** [ˌriː'nʌmbər] **vt** renuméroter, numéroter de nouveau.

**renunciation** [rɪˌnʌnsɪ'eɪʃən] **n** **a** (Jur) [estate] répudiation f (of de), renonciation f (of à), abandon m (of de). ◊ **registration of renunciation** enregistrement d'un acte de renonciation. **b** (GB St Ex) période f d'exonération de droits. ◊ **renunciation date** dernier jour de transaction avant l'application d'un droit de timbre.

**reopen** [ˌriː'əupən] **1** **vt** shop, account rouvrir; discussion, negotiations rouvrir, relancer.
   **2** **vi** [shop] rouvrir; [negotiations] reprendre. ◊ **we shall be reopening for business in September** nous rouvrirons or nous reprendrons nos activités en septembre.

**reorder** [riː'ɔːdər] **1** **vt** **a** goods commander de nouveau, repasser commande de, renouveler une commande pour. ◊ **it's time to reorder the office supplies** c'est le moment de nous réapprovisionner en fournitures de bureau; **we must reorder** il faut passer une commande de réapprovisionnement. **b** (reorganize) reclasser, réordonner, réorganiser.
   **2** **cpd reorder form** formulaire m de réapprovisionnement. – **reorder level** or **point** seuil m de réapprovisionnement.

**reordering** [ˌriː'ɔːdərɪŋ] **n** [supplies, stock] réapprovisionnement m. ◊ **reordering of stock is done on a weekly basis** le réapprovisionnement du stock se fait chaque semaine.

**reorganization, reorganisation** [ˌriːˌɔːgənaɪ'zeɪʃən] **n** (gen) réorganisation f; [company finances] restructuration f, assainissement m; [company structure] réorganisation f, restructuration f. ◊ **reorganization bond** (US) obligation émise pour assainir la trésorerie d'une entreprise en difficulté.

**reorganize, reorganise** [riː'ɔːgənaɪz] **vt** (gen) réorganiser; company finances restructurer, assainir; company structure restructurer, réorganiser.

**reorient** [riː'ɔːrɪent], **reorientate** [riː'ɔːrɪənteɪt] **vt** réorienter.

**reorientation** [ˌriːˌɔːrɪən'teɪʃən] **n** réorientation f.

**rep** [rep] **n** abbr of representative représentant m, agent m commercial. ◊ **sales rep** représentant (de commerce), voyageur de commerce, VRP.

**repack** [riː'pæk] **vt** goods remballer, rempaqueter, réemballer.

**repackage** [ˌriːˈpækɪdʒ] **vt** product reconditionner; parcel remballer, réemballer. ◊ **to repackage a deal** renégocier une affaire.

**repackaging** [ˌriːˈpækɪdʒɪŋ] **n** [product] reconditionnement **m**; [deal] renégociation **f**.

**repacking** [ˌriːˈpækɪŋ] **n** [goods for delivery] remballage **m**, rempaquetage **m**.

**repaid** [rɪˈpeɪd] **adj** remboursé.

**repair** [rɪˈpɛəʳ] **1** **vt** réparer.
**2** **n** réparation **f**. ◊ **to keep in good repair** entretenir; **to be in good / bad repair** être en bon / mauvais état; **(damaged) beyond repair** irréparable; **closed for repairs** fermé pour cause de travaux; **the repairs on this machine will be expensive** la remise en état or la réparation de cette machine coûtera cher; **tenant's repairs** réparations locatives, réparations à la charge du locataire; **owner's repairs** réparations à la charge du propriétaire; **to be under repair** [road, building] être en travaux; [car, radio set] être en réparation.
**3** **cpd** **repair kit** trousse **f** à outils. – **repair man** réparateur **m**, dépanneur **m**. – **repair shop** atelier **m** de réparation.

**repairer** [rɪˈpɛərəʳ] **n** réparateur **m**, dépanneur **m**.

**repairing** [rɪˈpɛərɪŋ] **n** réparation **f**, remise **f** en état. ◊ **repairing lease** bail obligeant le locataire à prendre en charge les réparations d'entretien.

**reparation** [ˌrepəˈreɪʃən] **n** (Jur) réparation **f**. ◊ **reparation for (a) loss** dédommagement d'une perte; **reparation for damage** indemnisation d'un dommage; **reparation for (an) injury** réparation d'un préjudice physique; **to obtain reparation for** obtenir réparation pour.

**repatriate** [riːˈpætrɪeɪt] **vt** person, funds, profits rapatrier.

**repatriation** [riːˌpætrɪˈeɪʃən] **n** [person, funds, profits] rapatriement **m**.

**repay** [riːˈpeɪ] **vt** (pay back) money rendre, rembourser; creditor rembourser; debt rembourser, s'acquitter de. ◊ **to repay sb's expenses** rembourser or indemniser qn de ses frais; **to repay capital** rembourser le capital; **to repay a debt in full** amortir une dette.

**repayability** [riːˌpeɪəˈbɪlɪtɪ] **n** (Fin) exigibilité **f**.

**repayable** [riːˈpeɪəbl] **adj** remboursable. ◊ **repayable in 5 monthly instalments** remboursable en 5 mensualités; **repayable on demand** remboursable sur demande; **debt repayable by annual instalments** dette annuitaire; **repayable at par** remboursable au pair.

**repayment** [riːˈpeɪmənt] **n** [loan] remboursement **m**. ◊ **repayment over 10 years** remboursement échelonné sur 10 ans; **tender of repayment** offre de remboursement; **bond due for repayment** obligation amortie; **repayment mortgage** hypothèque immobilière.

**repeal** [rɪˈpiːl] **1** **vt** law abroger, annuler; sentence annuler.
**2** **n** [law] abrogation **f**, annulation **f**; [sentence] annulation **f**.

**repeat** [rɪˈpiːt] **1** **vt** (gen) répéter; (Comm) order renouveler, répéter.
**2** **n** (TV broadcast) retransmission **f**; (advertisement) annonce **f** répétée; (in newspaper, review) réinsertion **f**.
**3** **cpd** **repeat ad** or **advertisement** annonce **f** répétée; (in newspaper) réinsertion **f**. – **repeat business** commande **f** renouvelée; **this order is repeat business** il s'agit d'une commande renouvelée. – **repeat buyer** acheteur **m** régulier. – **repeat buying** or **purchasing** achats **mpl** répétés or réguliers, réachats **mpl**. – **repeat demand** demande **f** répétée or renouvelée. – **repeat order** commande **f** renouvelée. – **repeat purchase** achat **m** répété or renouvelé, réachat **m**. – **repeat sales** ventes **fpl** répétées or de renouvellement.

**repeated** [rɪˈpiːtɪd] **adj** complaints, criticism répété. ◊ **despite our repeated requests** malgré nos demandes réitérées or répétées.

**repeater loan** [rɪˈpiːtəʳləʊn] **n** crédit-relais **m**, prêt-relais **m**.

**repercussion** [ˌriːpəˈkʌʃən] **n** répercussion **f**.

**repetition** [ˌrepɪˈtɪʃən] **n** (gen) répétition **f**; (Comp) répétition, itération **f**.

**repetitive** [rɪˈpetɪtɪv] **adj** work, writing monotone, répétitif, plein de redites; (Comp) operation itératif, répétitif.

**rephrase** [riːˈfreɪz] **vt** reformuler.

**replace** [rɪˈpleɪs] **vt** **a** (take the place of) remplacer (sb / sth by qn / qch par). **b** (put back) (gen) replacer, remettre (à sa place), ranger. ◊ **to replace the receiver** raccrocher.

**replaceable** [rɪˈpleɪsəbl] **adj** remplaçable.

**replacement** [rɪˈpleɪsmənt] **1** **n** (putting back) remise **f** en place, rangement **m**; (substituting) remplacement **m**, substitution **f**; (thing or person substituted) remplaçant(e) **m(f)**; (product) produit **m** de remplacement. ◊ **replacement of stolen goods** remplacement d'objets volés.
**2** **cpd** **replacement accounting** comptabilité **f** au prix de remplacement. – **replacement charts** tableaux **mpl** de remplacement *(pour les postes qui se libèrent)*.

**– replacement cost** coût m or valeur f or prix m de remplacement; **replacement cost insurance** assurance valeur à neuf. **– replacement costing** comptabilité f au prix de remplacement. **– replacement engine** moteur m de rechange. **– replacement market** marché m de remplacement. **– replacement part** pièce f de rechange. **– replacement time** temps m de réapprovisionnement. **– replacement value** valeur f de remplacement.

**replay** ['riːpleɪ] **n** (gen) répétition f; (Sport) match m rejoué. ◊ **there will be a replay** le match sera rejoué; **action replay** (on TV) reprise d'images; **instant replay of an event** retour immédiat sur un événement; **we don't want a replay of last year's poor results** nous ne voulons pas voir se répéter les mauvais résultats de l'année dernière.

**repledge** [riː'pledʒ] **vt** possession remettre en gage, réhypothéquer; commitment réaffirmer.

**replenish** [rɪ'plenɪʃ] **vt** réapprovisionner. ◊ **to replenish one's stocks** or **supplies** se réapprovisionner (of sth en qch); **to replenish the shelves** réapprovisionner or regarnir les rayons or le linéaire.

**replevin** [rɪ'plevɪn] **n** (Jur) mainlevée f de saisie. ◊ **replevin bond** cautionnement de mainlevée.

**replevy** [rɪ'plevɪ] **vt** (Jur) obtenir la mainlevée de.

**reply** [rɪ'plaɪ] **1 n** réponse f. ◊ **in reply to your letter** en réponse à votre lettre; **sorry (there's) no reply** (on telephone) ça ne répond pas; **right of reply** droit de réponse; **reply paid** (Post) réponse payée.
**2 cpd reply coupon** coupon-réponse m, bulletin-réponse m. **– reply envelope** enveloppe-réponse f.
**3 vi** répondre. ◊ **to reply by return (of post)** répondre par retour (du courrier).

**repo\*** ['riːpəʊ] **n** (US Fin) abbr of repurchase agreement → repurchase.

**report** [rɪ'pɔːt] **1 n a** (written account) (gen) rapport m; [meeting, discussion, debate] compte rendu m, procès-verbal m; (Press, TV) reportage m; (Comp) état m, édition f. ◊ **to draft** or **draw up a report** rédiger un rapport; **to submit** or **present a report** remettre or soumettre or présenter un rapport; **accident report** constat d'accident; **annual report** rapport de gestion or d'activité, rapport annuel; **auditor's report** rapport du commissaire aux comptes; **chairman's / director's report** rapport du président / du directeur; **damage report** (gen) rapport d'expertise; (Mar) rapport d'avaries; **law report** recueil de jurisprudence; **progress**

report compte rendu sur l'état d'avancement des travaux, compte rendu périodique; **situation report** rapport de situation; **survey report** (gen Ins) rapport d'expertise; (Mar Ins) procès-verbal d'avaries; **weather report** bulletin météorologique. **b** (financial statement) compte m, état m. ◊ **the report form of the balance sheet** la disposition or la présentation verticale du bilan; **accounting reports** états financiers; **earnings report** (Acc) compte de résultats or d'exploitation; **market report** (St Ex) bulletin; **treasurer's report** rapport financier. **c** (Customs) déclaration f de gros.
**2 cpd report file** (Comp) fichier m des états or d'édition. **– report generation** (Comp) génération f de programmes d'édition. **– report terminal** (Comp) terminal m d'édition. **– report writer** (Comp) utilitaire m d'édition or d'états.
**3 vt a** (give account of) rapporter, rendre compte de. ◊ **to report one's findings / conclusions** rendre compte des résultats / conclusions de son travail; **to report progress** (orally) faire un exposé de l'état d'avancement (des travaux); (in writing) dresser un état d'avancement (des travaux). **b** (announce) annoncer, déclarer, faire état de; (point out) signaler, annoncer, constater. ◊ **she reported a drop in sales** elle a signalé or annoncé une baisse des ventes; **it was reported that costs were rising** on a constaté une augmentation des coûts; **he was reported to be in London** on a dit qu'il était à Londres; **the company is reported to be the target of a takeover bid** l'entreprise serait la cible d'une OPA. **c** (Press, TV) event, story faire un reportage sur. **d** (declare officially) accident, anomaly déclarer, signaler. ◊ **all breakdowns should be reported to the foreman** toute panne doit être signalée au chef d'atelier; **to report the exact circumstances of an incident** faire un constat des circonstances exactes d'un incident; **the master must report his vessel to the customs authorities within 24 hours** le capitaine doit déclarer son navire aux autorités douanières dans les 24 heures. **e** (Acc) earnings, losses, profits enregistrer, déclarer, annoncer, faire état de. ◊ **the company reported a drop of 16% in sales** l'entreprise a enregistré une baisse de 16% de son chiffre d'affaires. **f** (Ins) loss, damage déclarer. ◊ **to report as attaching interest** (Mar Ins) déclarer en aliment.
**4 vi a** (go under orders) se présenter. ◊ **report to the head office on Monday** veuillez vous présenter or vous rendre au siège lundi. **b** (give a report) faire un rapport (on sur); (Press, TV) faire un reportage (on sur). ◊ **I shall report on my trip to the USA at the next meeting** je ferai un rapport sur or je

rendrai compte de mon voyage aux USA lors de la prochaine réunion. **c** (be responsible to) **I report to the marketing director** je dépends hiérarchiquement du directeur du marketing, je rends compte au directeur du marketing.

**report back** vi **a** (return) être de retour, rentrer; (call back in) rappeler. ◊ **please report back before 12.00 a.m.** veuillez rappeler avant midi; **all field salesmen should report back to the office once a month** tous les représentants doivent se présenter or se rendre au bureau une fois par mois. **b** (give report) faire or présenter son rapport. ◊ **they are going to report back with their recommendations next week** ils vont présenter leurs recommandations la semaine prochaine; **reporting-back session** séance de synthèse.

**reporter** [rɪ'pɔːtə<sup>r</sup>] n **a** (Press) journaliste mf; (Radio, TV) reporter. **b** (in meeting, committee) rapporteur m; (Jur) sténographe mf.

**reporting** [rɪ'pɔːtɪŋ] **1** n **a** [fact, event] compte rendu m; (by reporter) reportage m; [loss, damage, accident] déclaration f, constat m; [earnings, profits] déclaration f, enregistrement m. **b** (Acc) [statements, lists] publication f or établissement m d'états financiers, reporting m; (Comp) sortie f (d'un état), édition f (d'un état). ◊ **reporting of quarterly results** publication trimestrielle or état trimestriel des résultats; **financial reporting** reporting financier; **interim reporting** publication périodique d'états financiers. **2** cpd **reporting standards** normes fpl de présentation de l'information. – **reporting system** système m d'information comptable or financière.

**reposition** [ˌriːpə'zɪʃən] vt (Mktg) repositionner.

**repository** [rɪ'pɒzɪtərɪ] n dépôt m, entrepôt m. ◊ **furniture repository** garde-meuble.

**repossess** [ˌriːpə'zes] vt (gen) reprendre possession de, rentrer en possession de; unpaid goods saisir, faire saisir. ◊ **right to repossess** droit de retour; **to take court action to repossess sth** intenter une action en recouvrement de qch.

**repossession** [ˌriːpə'zeʃən] n (gen) rentrée f en possession, reprise f de possession; [unpaid goods] saisie f.

**represent** [ˌreprɪ'zent] vt (stand for, act for) représenter; (explain) expliquer, faire comprendre, représenter; (Jur : declare) déclarer. ◊ **we must represent to them the risks involved** nous devons leur faire part or leur faire prendre conscience des risques que cela entraîne.

**re-present** [ˌriːprɪ'zent] vt (present again) représenter, présenter à nouveau. ◊ **to re-present a bill** (Fin) représenter un effet.

**representation** [ˌreprɪzen'teɪʃən] n (gen, Fin, Pol) représentation f; (Jur : declaration) déclaration f. ◊ **letter of representation** lettre de déclaration de responsabilité; **worker representation** représentation du personnel; **false representation** (Jur) fausse déclaration, déclaration mensongère.

**representative** [ˌreprɪ'zentətɪv] **1** adj représentatif. ◊ **a representative cross section** une fraction représentative, un échantillon représentatif; **representative money** monnaie scripturale; **representative sample** échantillon type or représentatif; **in a representative capacity** pour le compte d'autrui. **2** n **a** (also **sales representative**) représentant m (de commerce), voyageur m de commerce, VRP m. ◊ **registered commodity representative** (US) démarcheur agréé *(pour le compte de maisons de commission)*; **foreign** or **overseas representative** agent or représentant à l'étranger; **legal representative** mandataire m; **sole representative** représentant exclusif; **trade representative** représentant de commerce. **b** (official) délégué(e) m(f). ◊ **Representative** (US Pol) représentant, membre du Congrès (américain), ≈ député; **the House of Representatives** (US Pol) la Chambre des représentants; **union representative** délégué syndical.

**repress** [rɪ'pres] vt (gen) réprimer; inflation contenir, maîtriser.

**re-press** [riː'pres] vt record represser.

**repressed** [rɪ'prest] adj inflation contenu, maîtrisé.

**repressive** [rɪ'presɪv] adj répressif. ◊ **repressive tax** impôt dissuasif; **repressive measures** (Pol) mesures de répression.

**reprieve** [rɪ'priːv] **1** n [sentence] commutation f; (delay) sursis m; (fig) répit m. ◊ **to grant / obtain a reprieve** accorder / obtenir un sursis. **2** vt (delay) surseoir à l'exécution de, accorder un sursis à; (fig) accorder un répit à.

**reprint** [riː'prɪnt] **1** vt réimprimer. **2** n réimpression f, nouveau tirage m, retirage m.

**reprises** npl (GB Jur) *sommes à déduire d'un revenu foncier.*

**reprocess** [ˌriː'prəʊses] vt materials retraiter, recycler; (Comp) retraiter.

**reprocessing** [ˌriː'prəʊsesɪŋ] n [materials] retraitement m, recyclage m; (Comp) retraitement m.

**reproduce** [ˌriːprə'djuːs] vt reproduire.

**reproduction** [ˌriːprə'dʌkʃən] n (gen) reproduction f. ◊ **reproduction rate** taux de reproduction; **reproduction cost** / **value** coût / valeur de reconstruction or de reconstitution (avec moins-value pour amortissement).

**reprogramme** [ˌriː'prəʊgræm] vt reprogrammer.

**reprographics** [ˌreprə'græfɪks], **reprography** [rɪ'prɒgrəfɪ] n reprographie f.

**rept** abbr of *report*.

**republish** [ˌriː'pʌblɪʃ] vt book rééditer; (Jur) will renouveler.

**repudiate** [rɪ'pjuːdɪeɪt] vt person désavouer; accusation, agreement rejeter, repousser; debt, obligation refuser d'honorer.

**repudiation** [rɪˌpjuːdɪ'eɪʃən] n [person] désaveu m; [accusation, agreement] rejet m; [debt] refus m d'honorer.

**repudiatory** [rə'pjuːdɪətərɪ] adj ◊ **his conduct was repudiatory of the contract** sa conduite entraînait la résiliation du contrat.

**repurchase** [ˌriː'pɜːtʃɪs] **1** n rachat m. ◊ **sale with option of repurchase** vente à réméré; **repurchase agreement** (US Fin) contrat de vente à réméré; **repurchase rate** (Bank) taux des prises en pension. **2** vt racheter.

**reputable** ['repjʊtəbl] adj person honorable, honorablement connu; [firm] de bonne réputation or renommée.

**reputation** [ˌrepjʊ'teɪʃən] n réputation f. ◊ **to have a good** / **bad reputation** avoir une bonne / mauvaise réputation.

**repute** [rɪ'pjuːt] n réputation f, renommée f.

**reputed** [rɪ'pjuːtɪd] adj réputé. ◊ **reputed owner** propriétaire présumé.

**request** [rɪ'kwest] **1** n demande f (*for* de). ◊ **at sb's request** sur or à la demande de qn; **available on request** disponible sur demande; **to make a request to sb for sth** demander qch à qn; **to grant a request** accéder à une demande; **in compliance with your request** conformément à votre demande; **in great request** très demandé; **request note** (Customs) *autorisation de déchargement de denrées périssables avant la visite des douanes*. **2** vt demander. ◊ **to request sth from sb** demander qch à qn; **to request sb to do** demander à qn de faire, prier qn de faire; **as requested by you** suivant or conformément à vos instructions.

**require** [rɪ'kwaɪəʳ] vt ▮a▮ (need) [person] avoir besoin de; [thing, action] demander, nécessiter, exiger. ◊ **how many copies do you require?** de combien d'exemplaires avez-vous besoin?, combien d'exemplaires vous faut-il? ▮b▮ (order) exiger. ◊ **to require sb to do** exiger de qn qu'il fasse; **to require sth of sb** exiger qch de qn.

**required** [rɪ'kwaɪəd] adj exigé, demandé, requis. ◊ **to fulfill** or **meet the required conditions** satisfaire aux conditions requises; **in the required time** dans les délais prescrits; **required reserves** (Bank) réserves obligatoires or légales; **required return** (Ind) rentabilité minimale exigible.

**requirement** [rɪ'kwaɪəmənt] n ▮a▮ (need) besoin m; (demand) exigence f; (condition) condition f (requise). ◊ **to fit** or **meet requirements** remplir les conditions, satisfaire aux exigences; **what are your requirements?** de quoi avez-vous besoin?, quels sont vos besoins?; **our requirements are for the following items** nous avons besoin des articles suivants; **this product does not meet our requirements** ce produit ne correspond pas à nos exigences; **English is an essential requirement for this job** l'anglais est indispensable pour faire ce travail; **schedule of requirements** (for parts, goods) liste d'articles requis; **cash requirements** besoins en trésorerie; **borrowing requirements** besoins de financement; **legal requirements** obligations légales; **reserve requirements** (Bank) (amount) réserves obligatoires or légales; (obligation) obligation de couverture; **safety requirements** conditions de sécurité. ▮b▮ (US) **requirements** cahier m des charges.

**requisite** ['rekwɪzɪt] **1** n chose requise or nécessaire (*for* pour). ◊ **here is a list of our requisites** voici la liste de ce dont nous avons besoin; **office requisites** fournitures de bureau; **toilet requisites** articles or objets de toilette. **2** adj requis, nécessaire, exigé. ◊ **we do not have the requisite funding for this project** nous n'avons pas le financement nécessaire pour ce projet.

**requisition** [ˌrekwɪ'zɪʃən] **1** n (gen : demand) demande f; (Jur) [property] réquisition f. ◊ **materials requisition** bon de sortie de magasin; **purchase requisition** bon de commande; **requisition number** numéro de référence (d'un bon de sortie); **reserve requisition control** contrôle des sorties de magasin. **2** vt réquisitionner.

**requisitioning** [ˌrekwɪ'zɪʃənɪŋ] n [property] réquisition f; (demand in writing) demande f.

**reregulate** [ˌriː'regjʊleɪt] vt re-réglementer.

**reroute** [riː'ruːt] vt `a` train, lorry modifier or changer l'itinéraire de. ◊ **we are rerouting our regular delivery service to pass through Guildford** nous modifions l'itinéraire de notre service régulier de livraison de manière à desservir Guildford. `b` goods réacheminer (*through* par; *to* à).

**rerun** [riːrʌn] `1` n [film, computer program] reprise f. ◊ **rerun routine** (Comp) programme de reprise.
`2` vt film, tape repasser; (Comp) program réexécuter, repasser en machine.

**resale** [riː'seɪl] `1` n revente f. ◊ **goods for resale** articles or marchandises destiné(e)s à la revente.
`2` cpd **resale price** prix m de revente; **resale price maintenance** prix de vente imposé. – **resale value** valeur f de revente or à la revente.

**rescale** [riː'skeɪl] vt (scale down) ramener à une moindre échelle, réduire les proportions de. ◊ **we are rescaling our production activities** nous réduisons nos activités de production.

**reschedule** [riː'ʃedjuːl, riː'skedjuːl] vt meeting reprogrammer, changer la date de; production schedule reprogrammer, établir un nouveau calendrier pour; debt rééchelonner.

**rescheduling** [riː'ʃedjuːlɪŋ, riː'skedjuːlɪŋ] n [meeting, delivery, production schedule] reprogrammation f; [debt] rééchelonnement m.

**rescind** [rɪ'sɪnd] vt judgment casser, annuler, rescinder; law abroger; contract résilier; decision, agreement annuler.

**rescriptions** [rɪskrɪpʃəns] npl (St Ex) bons mpl du Trésor, emprunts mpl des collectivités publiques.

**rescue** ['reskjuː] `1` n (help) secours m; (saving) sauvetage m. ◊ **rescue plan** plan de sauvetage; **a financial rescue operation** or **package** une opération de sauvetage financier; **to come to the rescue of sb** venir en aide à qn.
`2` vt (save) sauver (*from* de).

**rescuer** ['reskjʊəʳ] n sauveteur m.

**research** [rɪ'sɜːtʃ] `1` n `a` (activity) recherche f. ◊ **to do research** faire de la recherche or des recherches; **a piece of research** une recherche, un travail de recherche; **to carry out research into** or **on sth** faire des recherches sur qch; **research and development** recherche et développement; **research and development department** (Ind) bureau or service des études et méthodes, service recherche et développement; **applied** or **industrial research** recherche appliquée; **pure** or **basic** or **fundamental research** recherche fondamentale. `b` (enquiry, survey) étude f, enquête f. ◊ **research into buying habits has revealed that** une étude or une enquête sur les habitudes d'achat a révélé que; **advertising research** étude or enquête publicitaire; **consumer research** étude de comportement du consommateur; **field research** recherche or étude sur le terrain; **market research** étude de marché; **marketing research** recherche en marketing; **media research** analyse des médias; **motivation(al) research** étude de motivation; **operations** or **operational research** recherche opérationnelle; **product research** étude de produits.
`2` cpd **research assistant** assistant(e) m(f) de recherche. – **research department** (Ind) bureau m d'études. – **research establishment** centre m de recherche. – **research institute** institut m de recherche. – **research lab** or **laboratory** laboratoire m de recherche. – **research student** étudiant(e) m(f) qui fait de la recherche, étudiant-chercheur m. – **research unit** unité f or service m de recherche. – **research work** travaux mpl de recherche, recherches fpl. – **research worker** chercheur(-euse) m(f).
`3` vi faire des recherches (*into, on* sur).
`4` vt new product faire des recherches sur, étudier. ◊ **they are researching a new technology** ils font des recherches pour développer une nouvelle technologie, ils étudient une nouvelle technologie; **the project has been inadequately researched** le projet n'a pas été assez étudié or préparé.

**researcher** [rɪ'sɜːtʃəʳ] n chercheur(-euse) m(f).

**resell** [ˌriː'sel] vt revendre.

**reseller** [ˌriː'seləʳ] n revendeur m. ◊ **reseller market** marché de la revente, marché secondaire; **reseller's brand** marque de distributeur.

**reserialize, reserialise** [ˌriː'sɪərɪəlaɪz] vt renuméroter.

**reservation** [ˌrezə'veɪʃən] `1` n `a` (qualification) réserve f, restriction f. ◊ **with reservations** sous réserve; **I recommend her without reservation** je la recommande sans réserve; **to enter a reservation in respect of a contract** apporter une réserve à un contrat; **reservation of opinion** restriction. `b` (booking) réservation f. ◊ **to make a reservation** (in hotel) réserver or retenir une chambre; (in train) retenir une place, prendre une réservation; **to have a reservation** (in hotel) avoir une chambre réservée; (in train) avoir une réservation or une place réservée; (in restaurant) avoir une table réservée.
`2` cpd **reservation clerk** employé(e) m(f) des réservations. – **reservation counter**

or **desk** service m des réservations, service m réservation. – **reservation window** guichet m des réservations.

**reserve** [rɪ'zɜːv] **1** vt (gen) réserver. ◊ **to reserve the right to do** réserver le droit de faire ; **to reserve judgment** (Jur) renvoyer le jugement. **2** n **a** (stock) réserve f, provision f, stock m. ◊ **we have a large reserve of spare parts** nous avons une réserve importante or un stock important de pièces détachées ; **to lay in reserves of** faire des provisions de ; **to hold reserves** détenir des réserves ; **to build up reserves** constituer des réserves ; **to draw on one's reserves** prélever sur or puiser dans ses réserves ; **to keep sth in reserve** garder qch en réserve. **b** (restriction) réserve f. ◊ **with the reserve of approval** sous réserve d'approbation ; **without reserve** sans réserve, sans restriction ; **under usual reserve** avec les réserves d'usage ; **coupons credited under the usual reserves** (St Ex) coupons crédités sauf bonne fin. **c** (Fin) réserve f, provision f. ◊ **reserve for bad debts / depreciation / inventory maintenance** provision pour créances douteuses / dépréciation / reconstitution de stocks ; **reserve for taxation** provision pour impôts, réserve fiscale ; **bank reserves** réserves bancaires ; **capital reserves** réserves et provisions ; **undistributable reserve** réserve légale or non distribuable ; **capital redemption reserve fund** réserve de remboursement d'obligations ; **cash reserve** réserve de caisse ; **contingency reserve** fonds de réserve ; **currency reserve** réserve en devises ; **extraordinary reserve** réserve extraordinaire ; **floating cash reserve** volant de trésorerie ; **foreign exchange reserves** réserves en devises ; **general reserves** réserves générales or légales ; **gold reserves** réserves en or ; **hidden** or **inner reserve** fonds occultes, caisse noire ; **legal reserve** (balance sheet) réserve légale ; **liability reserve** provision pour dettes ; **revenue reserve** réserve fiscale ; **statutory reserve** réserve statutaire ; **visible reserve** réserve visible. **d** **the Reserve** (GB) *les réserves en numéraire et en billets de banque détenues par la Banque d'Angleterre* ; **the Federal Reserve** (US) la Réserve fédérale ; **Federal Reserve Bank** (US) banque de la Réserve fédérale ; **Federal Reserve Board** (US) Conseil de la Réserve fédérale *(organisme qui joue le rôle de banque centrale)* ; **the Federal Reserve System** (le système de) la Réserve fédérale américaine. **3** cpd **reserve account** compte m de réserve or de provisions. – **reserve assets** réserves fpl obligatoires ; **reserve-assets ratio** (GB) rapport passif-réserves. – **reserve authorities** institut m

d'émission. – **reserve currency** monnaie f de réserve. – **reserve deposit** dépôt m de couverture. – **reserve fund** (Fin) fonds m de prévoyance or de réserve. – **reserve price** (gen) prix m plancher ; (auction) mise f à prix. – **reserve ratio** taux m de couverture. – **reserve requirement(s)** (Bank) (amount) réserves fpl obligatoires or légales ; (obligation) obligation f de couverture. – **reserve stock** stock m de réserve, stock de régularisation ; **we have a reserve stock of spare parts** nous avons une provision de pièces de rechange ; – **reserve stock control** contrôle des stocks en magasin.

**reserved** [rɪ'zɜːvd] adj réservé. ◊ **all rights reserved** tous droits réservés ; **reserved market** marché réservé ; **reserved power** (Jur) droit réservé.

**reset** [riː'set] **1** vt (readjust) machine régler à nouveau ; clock remettre à l'heure ; (Comp) réinitialiser. **2** n (Comp) réinitialisation f. ◊ **automatic reset** réinitialisation automatique ; **counter reset** remise à zéro du compteur.

**resettle** [ˌriː'setl] vt subsidiary réimplanter, transférer ; worker, staff reclasser, réaffecter, reconvertir.

**resettlement** [ˌriː'setlmənt] n [subsidiary] réimplantation f, transfert m ; [worker, staff] reclassement m, réaffectation f, reconversion f. ◊ **resettlement allowance** indemnité de reconversion.

**reshape** [riː'ʃeɪp] vt policy remodeler ; organization restructurer.

**reship** [ˌriː'ʃɪp] vt (transship) réembarquer, rembarquer, transborder ; (send again) goods réexpédier.

**reshipment** [ˌriː'ʃɪpmənt] n (transshipment) réembarquement m, rembarquement m, transbordement m ; (sending again) réexpédition f.

**reshuffle** [ˌriː'ʃʌfl] **1** vt government, board of directors remanier. **2** n remaniement m. ◊ **cabinet reshuffle** remaniement ministériel ; **management reshuffle** remaniement de l'équipe dirigeante.

**reside** [rɪ'zaɪd] vi résider.

**residence** ['rezɪdəns] n résidence f. ◊ **residence permit** permis de séjour ; **residence for tax purposes** résidence fiscale ; **legal residence** domicile légal ; **to take up legal residence in Paris** se faire domicilier à Paris ; **to be in residence** être en résidence.

**resident** ['rezɪdənt] **1** n (gen) habitant(e) m(f) ; [foreign country] résident(e) m(f). ◊ **permanent resident** résident permanent.

**2** adj résidant. ◊ **resident alien** (US) *immigrant muni d'une autorisation de séjour.*

**residential** [ˌrezɪˈdenʃəl] adj area, building (à usage) d'habitation. ◊ **residential position** poste qui oblige à habiter sur place ; **residential (training) course** stage à temps complet (où les participants habitent sur les lieux de formation) ; **these buildings have been designed for residential occupancy** ces immeubles ont été conçus pour un usage d'habitation or sont destinés à l'habitation.

**residual** [rɪˈzɪdjʊəl] **1** adj restant, résiduel. ◊ **residual amount** quantité or somme restante ; **residual error** erreur résiduelle ; **residual income** revenu résiduel ; **residual lender** dernier prêteur ; **residual unemployment** chômage résiduel ; **residual value** valeur résiduelle.
**2** n **a** (Math) reste m ; (Chem, Phys) résidu m. **b** **residuals** *droits versés aux acteurs et à l'auteur à l'occasion d'une rediffusion d'un programme télévisé ou d'un film.*

**residuary** [rɪˈzɪdjʊərɪ] adj résiduel. ◊ **residuary legacy** legs universel ; **residuary legatee** légataire universel ; **residuary estate** propriété résiduelle, montant net de la succession ; **residuary devisee** légataire de biens immobiliers à titre universel.

**residue** [ˈrezɪdjuː] n (gen) reste m ; (Jur) [estate] reliquat m.

**residuum** [rɪˈzɪdjʊəm] n (Jur) [estate] reliquat m.

**resign** [rɪˈzaɪn] **1** vt **a** (abandon) céder, abandonner, renoncer à. ◊ **she resigned her claims to the estate** elle a renoncé à or abandonné ses droits à la succession, elle a répudié la succession ; **she resigned the management of the business to her son** elle a cédé la direction de l'affaire à son fils. **b** post se démettre de, démissionner de. ◊ **he resigned his ministry** il a démissionné or il s'est démis de son ministère.
**2** vi [employee] démissionner, donner sa démission, se démettre de ses fonctions.

**resignation** [ˌrezɪɡˈneɪʃən] n **a** (from post) démission f. ◊ **to hand in** or **tender one's resignation** remettre or présenter or donner sa démission. **b** [claim, right] abandon m (*of* de), renonciation f (*of* à), répudiation f (*of* de).

**resilience** [rɪˈzɪlɪəns] n (gen : resistance) résistance f ; [market] élasticité f, ressort m.

**resilient** [rɪˈzɪlɪənt] adj (gen : resistant) résistant ; market élastique.

**resist** [rɪˈzɪst] vt résister. ◊ **to resist a motion** s'opposer à une motion.

**resistance** [rɪˈzɪstəns] n résistance f. ◊ **the line of least resistance** la ligne de moindre résis-

tance ; **consumer resistance** résistance des consommateurs ; **resistance point** (St Ex) point or seuil de résistance.

**resite** [riːˈsaɪt] vt factory réimplanter, transférer. ◊ **resite programme** programme de transfert d'implantation.

**res judicata** [ˈreɪsdʒuːdɪˈkɑːtə] n (Jur) chose f jugée.

**resolution** [ˌrezəˈluːʃən] n **a** (decision) résolution f. ◊ **draft resolution** résolution provisoire, projet de résolution ; **to make / adopt / reject a resolution** prendre / adopter / rejeter une résolution ; **to put a resolution to the meeting** mettre une résolution aux voix, proposer une résolution. **b** (resoluteness) fermeté f, résolution f. **c** (solving) [problem] solution f. **d** (GB Jur) **resolution to wind up** liquidation volontaire.

**resolutive** [rɪˈzɒljutɪv] adj (Jur) clause in a contract résolutoire.

**resolutory** [ˌrezəˈluːtərɪ] adj (Jur) condition of a contract résolutoire.

**resolve** [rɪˈzɒlv] **1** vt problem résoudre.
**2** vi (decide) résoudre, décider (*to do* de faire), se résoudre, se décider (*to do* à faire). ◊ **it has been resolved that** il a été résolu que ; **to resolve that** décider que.
**3** n **a** (decision) résolution f, décision f. ◊ **to make a resolve to do** prendre la résolution de faire. **b** (resoluteness) résolution f, fermeté f.

**resort** [rɪˈzɔːt] **1** n **a** (recourse) recours m. ◊ **as a last resort, in the last resort** en dernier ressort. **b** (place) lieu m de villégiature. ◊ **resort hotel** (US) hôtel de vacances ; **holiday resort** station or lieu m de vacances ; **mountain resort** station de montagne ; **seaside resort** station balnéaire ; **ski resort** station de ski.
**2** vi recourir (*to sth / sb* à qch / qn), avoir recours (*to sth / sb* à qch / qn). ◊ **to resort to legal action** avoir recours à la justice or aux tribunaux.

**resounding** [rɪˈzaundɪŋ] adj success retentissant.

**resource** [rɪˈsɔːs] **1** n (gen) ressource f. ◊ **resources** (US Fin) actif disponible, liquidités. **financial / natural / human / mineral resources** ressources financières / naturelles / humaines / en minerais ; **human-resource management** gestion des ressources humaines ; **to allocate resources to sth** affecter des ressources à qch.
**2** cpd resource allocation allocation f or affectation f or répartition f des ressources. — **resource industry** industrie f extractive. — **resource inputs** (Ind) consommations fpl intermédiaires.

**– resource person** spécialiste mf, expert m.

**respect** [rɪs'pekt] **1** n (consideration) respect m, considération f, égard m; (connexion) domaine m. ◊ **in this respect** dans ce domaine, à ce propos, à cet égard; **with respect to** en or pour ce qui concerne, quant à, relativement à; **in other respects** à d'autres égards.
**2** vt respecter, observer.

**respectable** [rɪs'pektəbl] adj person, amount respectable. ◊ **respectable bill** (Fin) effet réescomptable.

**respite** ['respaɪt] n (from work) répit m; (Jur) sursis m. ◊ **without respite** sans répit; **to grant a respite for payment** accorder un délai de paiement.

**respond** [rɪs'pɒnd] vi (gen) répondre (to à); (US Jur) être responsable. ◊ **to respond in damages** être tenu à des dommages-intérêts; **to respond to criticism** réagir à la critique.

**respondent** [rɪs'pɒndənt] n **a** (Jur) défendeur m. **b** (in poll, survey) personne f interrogée.

**respondentia** [ˌrespən'denʃə] n (Mar) emprunt m sur le chargement, grosse f sur facultés. ◊ **respondentia bond / loan** contrat / prêt à la grosse sur facultés.

**response** [rɪs'pɒns] n (reaction) réponse f, réaction f; (answer to letter) réponse f. ◊ **in response to your letter** en réponse à votre lettre; **we have had no response to our complaint** nous n'avons pas eu de réaction or de réponse concernant notre réclamation; **we had a huge response to our recent direct mail shot** nous avons eu un fort taux de remontée or de réponse à la suite de notre récent mailing; **response to change** adaptation au changement; **response rate** (Mktg) taux m de réponse or de remontée. **response time** délai m or temps m de réponse or de réaction.

**responsibility** [rɪsˌpɒnsə'bɪlɪtɪ] **1** n responsabilité f (for de). ◊ **linear responsibility** responsabilité hiérarchique; **without responsibility on our part** sans engagement de notre part; **to take responsibility for sth** prendre la responsabilité de qch; **to lay** or **put** or **place the responsibility for sth on sb** tenir qn pour responsable de qch; **to take on** or **assume responsibility for** accepter or assumer la responsabilité de; **the management can take no responsibility for lost property** la direction décline toute responsabilité or n'est pas responsable en cas de perte ou de vol;
**2** cpd **responsibility accounting** or **costing** comptabilité f par centres de responsabilités. – **responsibility payment** prime f de fonction.

**responsible** [rɪs'pɒnsəbl] adj **a** responsable (for de; to envers). ◊ **I am responsible to the chief accountant** je dépends (hiérarchiquement) du chef comptable; **I am responsible to the chief accountant for all invoice payments** je suis responsable envers le chef comptable du règlement de toutes les factures. **b** (competent) person compétent, sérieux, digne de confiance. ◊ **responsible quarters** les milieux autorisés. **c** job, duty à responsabilité, qui comporte des responsabilités.

**responsive** [rɪs'pɒnsɪv] adj qui réagit bien or rapidement (to à). ◊ **gilts were responsive to demand** (St Ex) les titres d'État ont réagi favorablement à la demande.

**rest** [rest] **1** n **a** (remainder) [money] reste m, restant m. ◊ **the rest of the group** [people] les autres membres or le reste du groupe. **the rest of you please stay here** les autres sont priés de rester. **b** (GB Bank) **Rest** réserve f. **c** (Acc) (interest payments) arrêté m de compte. ◊ **quarterly rests** arrêtés trimestriels; **interest is paid at 9% with half-yearly rests** les intérêts à 9% sont calculés à intervalles de six mois. **d** (relaxation) repos m.
**2** cpd **rest account** compte m de réserve. – **rest room** (US) toilettes fpl.
**3** vi **a** (remain) rester, demeurer. ◊ **rest assured that** soyez certain que; **the matter must not rest there** l'affaire ne doit pas en rester là; **it rests with him to find a solution** il lui appartient or incombe de trouver une solution, c'est à lui de trouver une solution. **b** (lean) [case, argument] reposer (on sur). **c** (relax) se reposer.
**4** vt (Jur) **to rest one's case** conclure son plaidoyer; **to rest a case on facts** s'appuyer sur des faits, fonder un dossier sur des faits.

**restack** [riː'stæk] vt remettre en tas.

**restart** [riː'staːt] **1** vt redémarrer, relancer.
**2** vi [business] reprendre, redémarrer; [engine] redémarrer, se remettre en marche.
**3** n reprise f, relance f, redémarrage m. ◊ **restart programme** programme de redémarrage.

**restate** [riː'steɪt] vt argument répéter; problem reformuler; theory, case exposer de nouveau; accounts redresser.

**restaurant** ['restərɔ̃ːŋ] n restaurant m. ◊ **restaurant car** wagon-restaurant m.

**restitution** [ˌrestɪ'tjuːʃən] n **a** (giving back) restitution f. ◊ **to make restitution of sth** restituer qch. **b** (reparation) réparation f, compensation f, indemnité f. **c** (EEC Fin) **export restitution** (Agr) subvention f à l'exportation.

**restive** ['restɪv] **adj** agité. ◊ **unions are becoming restive** les syndicats s'agitent or bougent.

**restock** [riːˈstɒk] **1** **vt** shop réassortir, réapprovisionner; shelves réapprovisionner, regarnir.
**2** **vi** se réapprovisionner, renouveler les stocks.

**restoration** [ˌrestəˈreɪʃən] **n** **a** (Jur) [property] restitution f. ◊ **restoration of goods taken in distraint** mainlevée de saisie. **b** [power supply] rétablissement m; [computer file] restauration f, reconstitution f. **c** [economic stability] rétablissement m.

**restore** [rɪsˈtɔːʳ] **vt** **a** (give back) rendre, restituer (to à); (Jur) rights rétablir. ◊ **to restore sth to its former condition** remettre qch en état. **b** (repair) restaurer. ◊ **to restore the public finances** restaurer les finances publiques; **to restore the balance sheet** rééquilibrer le bilan, assainir la situation financière. **c** (reinstate) réintégrer. **d** (Comp) counter remettre à zéro; file reconstituer, restaurer; power supply rétablir.

**restrain** [rɪsˈtreɪn] **vt** (gen) growth freiner, ralentir. ◊ **to restrain wages and prices** contenir les salaires et les prix; **to restrain competition** entraver la concurrence.

**restraint** [rɪsˈtreɪnt] **n** (moderation) retenue f, mesure f; (restriction) limitation f, restriction f. ◊ **credit restraints** restrictions de crédit, encadrement du crédit, resserrement du crédit; **money restraint** restrictions monétaires; **wage restraint** limitation des salaires; **wage restraint policy** politique de modération salariale or de limitation des salaires, politique restrictive en matière de salaires; **the government is imposing price restraint** le gouvernement freine les prix; **restraint of trade** atteinte or entraves à la liberté du commerce; **the Japanese have reached a voluntary (export) restraint agreement with the USA** les Japonais ont conclu un accord de limitation volontaire de leurs exportations vers les États-Unis.

**restrict** [rɪsˈtrɪkt] **vt** restreindre, limiter (to à). ◊ **to restrict the use of sth** limiter l'utilisation de qch.

**restricted** [rɪsˈtrɪktɪd] **adj** number, group, use restreint, limité; (confidential) confidentiel; train service réduit. ◊ **restricted file** (Comp) fichier à accès limité; **restricted area** (Aut) zone à vitesse limitée; (Factory) zone interdite sans autorisation; **dealings were restricted** (St Ex) les transactions ont été limitées; **restricted market** (Comm) marché réduit or restreint; (St Ex) marché peu

actif; **restricted ownership** droit de propriété limité.

**restriction** [rɪsˈtrɪkʃən] **n** restriction f, limitation f. ◊ **to place restrictions on** apporter des restrictions à; **restrictions on free trade** restrictions à la libre circulation des marchandises; **restriction of expenditure** réduction des dépenses; **credit restrictions** restrictions de crédit, encadrement or resserrement du crédit; **exchange restrictions** réglementation des changes; **import restrictions** restrictions or limitations des importations, contingentement des importations.

**restrictive** [rɪsˈtrɪktɪv] **adj** clause, endorsement restrictif. ◊ **restrictive license** licence de vente restreinte; **restrictive practices** (Ind) pratiques restrictives; (Jur) ententes; **restrictive (trade) practices** (Comm) pratiques commerciales restrictives, entraves à la liberté du commerce, atteintes à la libre concurrence; **Restrictive Trade Practices Laws** lois antitrust; **Restrictive Practices Court** (GB) tribunal chargé de l'application de la législation antitrust.

**restructure** [ˌriːˈstrʌktʃəʳ] **vt** restructurer.

**restructuring** [ˌriːˈstrʌktʃərɪŋ] **n** restructuration f.

**resubmit** [ˌriːsəbˈmɪt] **vt** project soumettre à nouveau; goods représenter.

**result** [rɪˈzʌlt] **1** **n** **a** (outcome) résultat m, conséquence f. ◊ **as a result** en conséquence; **with the result that** de sorte que; **as a result of her efforts** grâce à ses efforts. **b** **results** (achievements) [company] performances fpl, résultats mpl. **their results have been wonderful this year** leurs performances ont été étonnantes cette année; **payment by results** salaire au rendement; **to yield results** [action] donner des résultats; **to get results** [person] obtenir de bons résultats; **we need managers who get results** nous avons besoin de cadres performants. **c** **results** (Fin) résultat m; **trading results** résultat d'exploitation or de l'exercice; **net result** résultat net.
**2** **vi** provenir, résulter (from de).

**resulting** [rɪˈsʌltɪŋ] **adj** qui provient, qui est le résultat (from de). ◊ **the collapse of their market and the resulting bankruptcy** l'effondrement de leur marché et la faillite qui en a découlé or résulté.

**resume** [rɪˈzjuːm] **1** **vt** dealings reprendre, recommencer; relations reprendre, renouer. ◊ **to resume possession of** reprendre possession de; **to resume work** reprendre le travail, se remettre au travail; **to resume one's position as** reprendre ses fonctions de; **to resume official trade**

**relations** renouer des relations commerciales officielles. **2** vi [work, negotiations] reprendre, recommencer.

**résumé** ['reɪzjuːmeɪ] n (gen : summary) résumé m ; (US : curriculum vitæ) curriculum vitae m.

**resumption** [rɪ'zʌmpʃən] n [work, dealings, business] reprise f. ◊ **right of resumption** (Jur) droit de reprise.

**resupply** [riːsə'plaɪ] **1** vt réapprovisionner (*sb with sth* qn en qch). **2** n réapprovisionnement m.

**resurgence** [rɪ'sɜːdʒəns] n renouveau m, reprise f, réveil m (*in* de). ◊ **a resurgence in prices** une nouvelle flambée des prix.

**ret.** abbr of *return*.

**retail** ['riːteɪl] **1** n (vente f au) détail m. ◊ **the retail food business** le commerce de l'alimentation au détail ; **to sell goods at** or **by retail** vendre des marchandises au détail. **2** cpd **retail audit** (Mktg) audit m or analyse f des points de vente. – **retail bank** banque f de dépôt ; **retail banks** banques de réseau. – **retail banking** activités fpl des banques de réseau. – **retail business** commerce m de détail. – **retail commodity** produit m de détail. – **retail cooperative** coopérative f de détaillants. – **retail dealer** détaillant(e) m(f). – **retail distributive society** coopérative f de consommation. – **retail margin** marge f de détail. – **retail network** réseau m de détaillants. – **retail outlet** magasin m de détail, point m de vente. – **retail price** prix m (de vente) au détail, prix de détail ; **retail price maintenance** prix imposé ; **retail price index** indice des prix de détail. – **retail sale** vente f au détail. – **retail selling** la vente au détail. – **retail shop** (GB) or **store** (US) magasin m de vente au détail. – **retail terminal** terminal m point de vente. – **retail trade** (traders) détaillants mpl ; (profession) le commerce m de détail, le détail. **3** vt vendre au détail, détailler. ◊ **they retail a wide range of consumer goods** ils sont détaillants d'une gamme étendue de biens de consommation. **4** vi se vendre (au détail), se détailler. ◊ **this 1 lb package retails at** or **for $5** ce paquet d'une livre se vend (à) 5 dollars ; **these items retail at 10 p each** ces articles se détaillent à 10 pence la pièce. **5** adv sell au détail.

**retailer** ['riːteɪlə'] n détaillant(e) m(f), distributeur m au détail. ◊ **retailers' cooperative** coopérative f de détaillants.

**retailing** ['riːteɪlɪŋ] n vente f au détail, commerce m de détail.

**retain** [rɪ'teɪn] vt **a** (keep) garder, conserver ; (hold) retenir, maintenir. ◊ **to retain seniority** conserver son ancienneté ; **retained earnings** or **profit** bénéfices non distribués. **b** (remember) facts garder en mémoire. **c** (engage) lawyer retenir, engager. ◊ **to retain sb's services** s'attacher les services de qn ; **retaining fee** (gen) acompte m ; (GB : to lawyer) provision f.

**retainer** [rɪ'teɪnə'] n (fee) acompte m, avance f sur honoraires ; (GB : to lawyer) provision f. ◊ **to be on a retainer** être sous contrat.

**retaliate** [rɪ'tælɪeɪt] vi contre-attaquer. ◊ **to retaliate against** engager des représailles contre.

**retaliation** [rɪˌtælɪ'eɪʃən] n représailles fpl. ◊ **in retaliation** en représailles, par mesure de rétorsion.

**retaliatory** [rɪ'tælɪətərɪ] adj ◊ **retaliatory measures** mesures de représailles or de rétorsion ; **retaliatory duties** (Customs) droits de douane imposés en représailles.

**retention** [rɪ'tenʃən] **1** n **a** conservation f, maintien m. ◊ **retention of title (clause)** (clause de) réserve de propriété. **b** [money] retenue f. ◊ **retention on wages** retenue sur salaires ; **tax retention** impôts retenus ; **retention of profits** mise en réserve de bénéfices non distribués. **c** (in memory) mémorisation f. **2** cpd **retention date** date f de péremption or d'expiration. – **retention money** dépôt m de garantie. – **retention period** période f de conservation.

**retest** [riː'test] **1** n contre-essai m. **2** vt retester, tester à nouveau.

**rethink** [riː'θɪŋk] **1** n reconsidération f, réexamen m. ◊ **it's time tour operators and insurers had a rethink** il est temps que les organisateurs de voyages et les assureurs repensent or reconsidèrent le problème. **2** vt repenser, revoir, reconsidérer.

**retiral** [rɪ'taɪrəl] n (retirement) retraite f ; (resignation) démission f ; [bond, bill] remboursement m ; [documents] levée f.

**retire** [rɪ'taɪə'] **1** vt **a** worker mettre à la retraite ; machine retirer du service, réformer. **b** (Fin) bill retirer, rembourser ; bond, stock, debt rembourser. **c** (Fin) notes, coins retirer de la circulation. **2** vi **a** (at end of one's working life) prendre sa retraite, partir en retraite ; (at end of term of office) [director] se retirer, quitter or abandonner ses fonctions. ◊ **to retire from business** se retirer des affaires ; **to retire on a pension** prendre sa retraite. **b** (withdraw) se retirer, partir.

**retired** [rɪ'taɪəd] **adj** employee en or à la retraite, retraité. ◊ **retired pay** pension de retraite.

**retiree** [rɪtaɪ'riː] (US) **n** retraité(e) m(f).

**retirement** [rɪ'taɪəmənt] **1** **a** (Fin) [bill] retrait, remboursement ; [debt issue, preferred stock] remboursement m. ◊ **indebtedness retirement** remboursement des dettes. **b** (at end of working life) retraite f. ◊ **to go into retirement** partir en retraite, prendre sa retraite ; **retirement at age 65** retraite à 65 ans ; **to come out of retirement** reprendre ses activités or du service or une occupation ; **retirements should reduce the workforce to 150** les départs en retraite devraient ramener les effectifs à 150 personnes ; **compulsory** or **mandatory retirement** mise à la retraite d'office ; **delayed retirement** report de départ en retraite ; **early retirement** retraite anticipée, préretraite ; **executive retirement scheme** retraite des cadres ; **optional retirement** retraite sur demande, départ volontaire à la retraite. **2** **cpd** **retirement age** âge m de la retraite ; **to reach retirement age** atteindre l'âge de la retraite. − **retirement annuity** annuité f. − **retirement clause** (Fin) clause f de retrait. − **retirement fund** caisse f de retraite. − **retirement pay** or **pension** retraite f, pension f (de retraite). − **retirement plan** régime m de retraite. − **retirement savings plan** plan m épargne-retraite.

**retiring** [rɪ'taɪərɪŋ] **adj** **a** (outgoing) sortant. ◊ **retiring director** administrateur sortant. **b** **retiring age** âge de la retraite ; **retiring allowance** indemnité f de départ à la retraite.

**retool** [riː'tuːl] **1** **vt** factory, production line rééquiper. **2** **vi** [company] se rééquiper.

**retracement** [rɪ'treɪsmənt] **n** renversement m de tendance.

**retract** [rɪ'trækt] **1** **vt** offer, statement rétracter, retirer, revenir sur. **2** **vi** se rétracter.

**retractable bond** [rɪ'træktəbl'bɒnd] **n** obligation f encaissable par anticipation.

**retraction** [rɪ'trækʃən] **n** [offer, statement] rétractation f.

**retrain** [riː'treɪn] **1** **vt** worker recycler, reconvertir, donner une nouvelle formation à. **2** **vi** se recycler, se former de nouveau, se reconvertir.

**retraining** [ˌriː'treɪnɪŋ] **n** recyclage m. ◊ **retraining course** stage de recyclage or de reconversion.

**retreat** [rɪ'triːt] **1** **vi** (St Ex) reculer, se replier, être en recul or en repli. **2** **n** [currency] recul m, repli m. ◊ **the dollar went into retreat** le dollar a cédé du terrain or s'est replié.

**retrench** [rɪ'trentʃ] **1** **vt** restreindre, réduire, comprimer. **2** **vi** faire des économies. ◊ **after last year's results we must retrench** à la suite des résultats de l'année dernière il faut que nous réduisions nos dépenses.

**retrenchment** [rɪ'trentʃmənt] **n** [expenses, activity] réduction f, compression f. ◊ **retrenchment policy** politique d'économies or d'austérité or de réduction des dépenses.

**retrial** [ˌriː'traɪəl] **n** nouveau procès m.

**retrievable** [rɪ'triːvəbl] **adj** object récupérable ; money recouvrable ; error, loss réparable ; (Comp) data accessible, récupérable.

**retrieval** [rɪ'triːvəl] **n** **a** [object] récupération f ; [money] recouvrement m ; [error, loss] réparation f. ◊ **beyond** or **past retrieval** irrécupérable. **b** [data] extraction f, restitution f, recherche f. ◊ **information retrieval** (gen, Comp) collecte de données ; (in library) recherche documentaire ; **information retrieval service** centre serveur ; **information retrieval system** système de recherche documentaire or de collecte de données ; **retrieval time** temps d'accès à l'information.

**retrieve** [rɪ'triːv] **vt** **a** (recover) object récupérer (*from* de) ; money recouvrer ; information retrouver (*from* dans), extraire (*from* de) ; reputation, position rétablir ; error réparer ; situation redresser, rattraper. ◊ **to retrieve a letter from the file** sortir or extraire une lettre du dossier. **b** (Comp) data extraire, rappeler, récupérer.

**retroactive** [ˌretrəʊ'æktɪv] **adj** rétroactif. ◊ **retroactive salary increase** rappel de salaire, augmentation rétroactive de salaire ; **a general price freeze retroactive to last Monday** un blocage général des prix avec effet rétroactif à dater de lundi.

**retroactively** [ˌretrəʊ'æktɪvlɪ] **adv** rétroactivement.

**retroactiveness** [ˌretrəʊ'æktɪvnɪs], **retroactivity** [ˌretrəʊæk'tɪvɪtɪ] **n** rétroactivité f.

**retrocede** [ˌretrəʊ'siːd] **vt** rétrocéder.

**retrocession** [ˌretrəʊ'seʃən] **n** rétrocession f.

**retrofit** ['retrəʊfɪt] **vt** (Tech) machine system réajuster, modifier.

**retrograde** ['retrəʊgreɪd] **adj** measure rétrograde.

**retrogress** [ˌretrəʊˈgres] **vi** régresser.

**retrogression** [ˌretrəʊˈgreʃən] **n** régression f.

**retrogressive** [ˌretrəʊˈgresɪv] **adj** régressif.

**retrospective** [ˌretrəʊˈspektɪv] **adj** pay rise, effect rétroactif.

**retry** [riːˈtraɪ] **vt** a (try again) réessayer ; (Comp) operation essayer de relancer. b (Jur) accused rejuger, juger de nouveau.

**return** [rɪˈtɜːn] 1 **vt** a (give back) rendre ; (bring back) rapporter ; (put back) remettre (en place) ; thing lost, stolen, borrowed restituer ; (send back) reply card, goods renvoyer ; visit rendre. ◊ **returned empty** vide en retour ; **to return sb's (phone) call** rappeler qn ; **sale goods may not be returned** les articles soldés ne sont pas repris. b money, loan rembourser. ◊ **if you are not satisfied your money will be returned** si vous n'êtes pas satisfait, vous serez remboursé ; **I returned the $20 to her** je lui ai remboursé or rendu les 20 dollars ; **to return the duties on sth** (Customs) détaxer qch. c (Tax) income, sum déclarer. ◊ **the amount to return** le montant à déclarer ; **to return one's income at £58,000** déclarer 58 000 livres de revenu. d (Fin : yield) rapporter. ◊ **the operation has returned $20,000** l'opération a rapporté 20 000 dollars. e (Fin : report) earnings, loss enregistrer, annoncer. ◊ **they returned net profits of $365,000** ils ont enregistré un résultat net de 365 000 dollars. f (refuse) cheque refuser, retourner ; bill [bank] contre-passer. g (Jur) verdict rendre. ◊ **to return a verdict of guilty / not guilty on sb** déclarer or reconnaître qn coupable / non coupable. h (Pol) candidate élire. 2 **vi** (come back) revenir ; (go back) retourner. 3 **n** a (coming back) retour m. ◊ **on my return** dès mon retour ; **return to sender** retour à l'envoyeur ; **by return of post** par retour du courrier ; **please answer by return telex** veuillez répondre par retour de télex ; **the return to work after the strike** la reprise du travail après la grève. b (giving back) retour m ; (sending back) renvoi m ; (putting back) remise f en place ; [thing lost, stolen, borrowed] restitution f. ◊ **on sale or return** vendu avec possibilité de retour, en dépôt (avec reprise des invendus) ; **no deposit or return** ni retour ni consigne. c (paying back) [loan] remboursement m. ◊ **return of capital** amortissement or remboursement du capital ; **return on allotment** (St Ex) remboursement après attribution ; **return of charges** or **duties** (Customs) détaxe ; **to make a return of £10** faire une remise de 10 livres ; **return of guarantee** restitution de la garantie. d **returns** (returned goods) rendus, invendus, marchandises de retour ; **returns inwards /**

**outwards book** livre des rendus sur ventes / sur achats ; **returns to vendor** retours au vendeur. e (statement) (Acc) relevé m, état m ; (Tax) déclaration f. ◊ **bank return** situation de la banque ; **expenses return** état or relevé de frais ; **income tax return** déclaration d'impôts or des revenus, feuille d'impôts ; **delinquent (tax) return** (US) déclaration d'impôts tardive or remise hors délais ; **joint (tax) return** déclaration d'impôts conjointe ; **monthly return** état mensuel ; **nil return** état néant ; **quarterly return** rapport or état trimestriel ; **weekly bank return** situation or bilan hebdomadaire de la banque ; **to draw up a return of account** faire un relevé de compte ; **to file one's tax return** envoyer sa déclaration d'impôts. f **returns** (statistics) statistiques ; **census returns** résultats du recensement ; **election returns** résultats des élections ; **official returns** statistiques officielles ; **the population returns** le recensement ; **sales returns** statistiques sur les ventes. g (gain, yield) revenu m, rapport m, produit m, rendement m. ◊ **rate of return** taux de rendement ; **gross return** rendement brut ; **return on assets** rentabilité des actifs, rendement de l'actif ; **return on book value** retour sur valeur comptable ; **return on capital employed** rentabilité or rendement des capitaux investis, rémunération des capitaux ; **return on equity** rendement or rentabilité des capitaux investis or des fonds propres, retour sur fonds propres ; **return on investment** rendement or rentabilité des capitaux investis, retour sur investissements ; **return on real estate** revenus immobiliers ; **return on sales** taux de marge brute, marge commerciale ; **these bonds bring in a good return** ces obligations ont un bon rendement or sont d'un bon rapport ; **law of diminishing returns** loi des rendements décroissants ; **a return of 10% per annum** un rendement de 10% par an. h **returns** (receipts) rentrées d'argent, recettes ; **daily returns** (gen) recettes journalières ; **gross returns** recettes brutes ; **they are looking for quick returns** ils recherchent des profits rapides. i (Transport) retour m. ◊ **empty / loaded return** retour à vide / en charge ; **return ticket** (GB) (billet d') aller et retour ; **return journey** (GB) (voyage de) retour m ; **(cheap) day return** aller et retour valable pour la journée. j (Bank) **return of an unpaid bill to a drawer** contre-passation or contre-passement d'un effet impayé au tireur. 4 **cpd return address** adresse f de l'expéditeur. — **return article** article m retourné or rendu, retour m. — **return call** (Telec) rappel m. — **return card** carte-réponse f. — **return cargo** (Mar) chargement m de retour. — **return envelope** enveloppe-réponse f. — **return fare** (GB) tarif m or prix m aller et retour. — **return flight** vol m de retour. — **return freight** fret m or cargaison f de retour. — **return item** (Fin) impayé m. — **return journey** (GB) (both ways) voyage m aller et retour; (journey back) voyage retour. — **return key** (Typ, Comp) touche f de retour (chariot). — **return load** (Transport) chargement m de retour. — **return (of) premium** (Ins) remboursement m de prime. — **return ticket** (GB) billet m aller et retour. — **return-to-work** mouvement m de reprise du travail.

**returnable** [rɪˈtɜːnəbl] **1** adj bottle consigné. **2 returnables** npl emballages mpl repris or consignés.

**returned** [rɪˈtɜːnd] adj ◊ **returned books** invendus; **returned goods** marchandises de retour, retours, invendus; **Returned Letter Office** (GB) service des rebuts.

**retype** [riːˈtaɪp] vt refrapper, retaper, redactylographier.

**Réunion** [riːˈjuːnjən] n ◊ **Réunion (Island)** (l'île f de) la Réunion.

**reusable** [riːˈjuːzəbl] adj réutilisable.

**rev.** abbr of revenue.

**rev. a / c** abbr of revenue accounts → revenue.

**revalidate** [riːˈvælɪdeɪt] vt proroger.

**revalorization, revalorisation** [ˌriːvæləraɪˈzeɪʃən] n revalorisation.

**revalorize, revalorise** [riːˈvæləraɪz] vt revaloriser.

**revaluation** [ˌriːˌvæljuːˈeɪʃən] n [currency] réévaluation f. ◊ **revaluation of assets** réévaluation d'actifs; **revaluation reserve** réserve (spéciale) de réévaluation.

**revalue** [ˌriːˈvæljuː] vt réévaluer.

**revamp*** [riːˈvæmp] vt office, machine rénover, transformer, retaper*; company, system réorganiser, moderniser.

**revenue** [ˈrevənjuː] **1** n [state] revenu m; [individual] (gen) revenu m; (from invested wealth) rentes fpl; [company] résultat m, recettes fpl, produit(s) m(pl) (d'exploitation); (turnover) chiffre m d'affaires; (from estate, investment) rapport m. ◊ **revenue from sales** produit des ventes; **statement of revenue and expenditure** état des recettes et dépenses; **revenue received in advance** produit comptabilisé d'avance; **second quarter revenues will be down** le chiffre d'affaires du deuxième trimestre sera moins élevé, les recettes du deuxième trimestre seront moins élevées; **increased revenues from their subsidiaries restored the balance sheet** la progres-

sion des revenus des filiales a permis de redresser le bilan; **advertising revenues** recettes publicitaires; **current revenues** recettes courantes; **the Inland Revenue** (GB), the Internal Revenue Service (US) le fisc; **interest revenue** produits financiers; **operating revenues** résultat, recettes, produits d'exploitation; **sales revenue(s)** [shop] chiffre d'affaires, recettes de vente; [company] chiffre d'affaires, produit des ventes; **tax revenue(s)** recettes fiscales. **2** cpd **revenue accounts** comptes mpl de produits. — **revenue allotment** affectation f de recettes. — **revenue anticipation note** (US) obligation émise par des collectivités publiques dans l'attente de rentrées fiscales. — **revenue assets** (Fin) capitaux mpl mobiles or circulants, actif m circulant. — **revenue authorities (the)** le fisc m. — **revenue curve** courbe f de recettes. — **revenue department** (US) administration f fiscale. — **revenue-earning** qui rapporte; **revenue-earning capital** capitaux investis en vue d'un rapport, placements à rentabilité immédiate. — **revenue expenditure** charges fpl d'exploitation, frais mpl de fonctionnement or d'exploitation. — **revenue item** article m de recettes. — **revenue note** (US) obligation émise par une collectivité publique pour financer un projet. — **revenue office** perception f. — **revenue officer** inspecteur m des impôts. — **revenue receipts** rentrées fpl or recettes fpl fiscales. — **revenue recognition** constatation f des produits. — **revenue source** source f de revenus. — **revenue stamp** timbre m fiscal.

**reversal** [rɪˈvɜːsəl] n [situation, trend] renversement m, retournement m; [opinion] revirement m; [judgement] (arrêt m d') annulation f, réforme f; (St Ex) stratégie f d'arbitrage. ◊ **reversal of entries** (Acc) renversement d'écritures.

**reverse** [rɪˈvɜːs] **1** vt **a** (turn around) situation renverser, retourner; order, result inverser. ◊ **to reverse a trend** renverser une tendance; **reversed takeover** contre-OPA. **b** (Jur : annul) decision, verdict annuler, réformer; sentence révoquer, casser. **c** (Acc) entry contre-passer, annuler. ◊ **to reverse a suspense entry** annuler une écriture d'ordre. **d to reverse engineer sth** démonter qch *(pour trouver comment cela a été construit)*. **2** vi (move backwards) faire marche arrière. **3** n **a** (opposite) contraire m, opposé m, inverse m. ◊ **in reverse** dans l'ordre inverse. **b** (other side) [sheet of paper] verso m. **c** (setback) revers m, échec m. **4** adj order inverse, contraire; direction contraire, opposé. ◊ **reverse arbitrage** opération d'arbitrage inverse; **reverse entry**

(Acc) écriture inverse; **reverse printing** (Comp) impression de droite à gauche; **reverse repurchase** (US Fin) mise en pension inverse; **reverse side** [sheet of paper] dos, verso; **reverse video** vidéo inverse; **reverse engineering** démontage *(pour trouver comment un appareil a été construit)*; **reverse takeover** contre-OPA; **reverse (stock) split** (St Ex) réduction du nombre des actions en circulation, regroupement d'actions.

**reversibility** [rɪˌvɜːsɪˈbɪlɪtɪ] n (Jur) réversibilité f.

**reversion** [rɪˈvɜːʃən] n (Jur) réversion f. ◊ **annuity in reversion** rente réversible; **estate in reversion** bien grevé de réversion; **right of reversion** droit de réversion.

**reversionary** [rɪˈvɜːʃnərɪ] adj (Jur) de réversion, réversible. ◊ **reversionary annuity** rente réversible; **reversionary bonus** prime réversible; **reversionary interest** intérêt réversible.

**reversioner** [rɪˈvɜːʃnəʳ] n bénéficiaire mf d'une rente réversible.

**revert** [rɪˈvɜːt] vi (return) revenir (*to* à). ◊ **to revert to the question** pour en revenir à la question.

**review** [rɪˈvjuː] **1** n **a** [situation] réexamen m; [salary] révision f; [book] critique f. ◊ **judicial review** révision judiciaire; **the contract comes up for review next month** le contrat sera révisé or réexaminé le mois prochain; **this policy is under review** cette politique est en cours de révision; **to make a review of the situation** faire le point sur or le bilan de la situation; **annual salary review** révision annuelle des salaires; **design review** (Ind) revue de projet; **continuous review system** système d'inventaire permanent; **the year under review** l'exercice considéré, l'année sous revue. **b** (magazine) revue f, magazine m, périodique m. ◊ **market review** bulletin financier.

**2** vt **a** (re-examine) situation réexaminer, réétudier, faire le point sur; policy réexaminer, reconsidérer; salary réviser. **b** (give account of) book, article faire la critique de, faire un compte rendu de; situation faire un compte rendu de.

**reviewal** [rɪˈvjuːəl] n (Jur) révision f.

**revise** [rɪˈvaɪz] vt **a** (change) opinion réviser, modifier; objective réviser, modifier, actualiser; (correct) proof corriger, revoir; text, table account rectifier, réviser, corriger; (bring up to date) actualiser. ◊ **revised edition** édition revue et corrigée; **revised figures** chiffres corrigés; **revised estimate** prévision budgétaire rectifiée or actualisée; **the revised version of our catalogue** la version actualisée de notre catalogue. **b**

price, salary, tariff réviser. ◊ **to revise downward / upward** réviser en baisse / en hausse or à la baisse / à la hausse.

**revision** [rɪˈvɪʒən] n révision f.

**revitalize, revitalise** [riːˈvaɪtəlaɪz] vt economy, trade redonner de la vitalité or un coup de fouet à.

**revival** [rɪˈvaɪvəl] n [economy] reprise f, relance f; (Jur) remise f en vigueur.

**revive** [rɪˈvaɪv] **1** vt business activity relancer, ranimer, réactiver.
**2** vi [business, trade] reprendre, se rétablir, repartir, se redresser.

**revocable** [rɪˈvəukəbl] adj révocable. ◊ **revocable letter of credit** lettre de crédit révocable.

**revocation** [ˌrevəˈkeɪʃən] n [order, will, promise] révocation f; [law] abrogation f; [licence] retrait m; [decision, contract] annulation f; [patent] révocation, annulation f.

**revoke** [rɪˈvəuk] vt law rapporter, abroger; order, instruction, patent, will révoquer; decision revenir sur, annuler; licence retirer. ◊ **this section was revoked by** cet article a été abrogé par.

**revolutionize, revolutionise** [ˌrevəˈluːʃənaɪz] vt révolutionner.

**revolve** [rɪˈvɒlv] vi tourner. ◊ **everything revolves around our sales policy** tout dépend de notre politique de vente.

**revolving** [rɪˈvɒlvɪŋ] adj tournant. ◊ **revolving credit** crédit revolving or (par acceptation) renouvelable; **revolving fund** fonds renouvelable.

**reward** [rɪˈwɔːd] **1** n récompense. ◊ **as a reward for** en récompense de.
**2** vt (gen) récompenser (*for* de); (with money) récompenser, rémunérer.

**rewarding** [rɪˈwɔːdɪŋ] adj (financially) rémunérateur; (morally satisfying) qui en vaut la peine, gratifiant. ◊ **a rewarding job** un travail gratifiant or valorisant or riche en satisfactions.

**rewind** [riːˈwaɪnd] vt tape, cassette rembobiner.

**reword** [riːˈwɜːd] vt sentence réécrire, remanier.

**rework** [iːˈwɜːk] vt project, system retravailler.

**rewrite** [riːˈraɪt] vt réécrire, remanier.

**Reykjavik** [ˈreɪkjəviːk] n Reykjavik.

**rial** [ˈraɪəl] n rial m.

**ribbon** [ˈrɪbən] n [typewriter] ruban m.

**rich** [rɪtʃ] **1** adj riche. ◊ **to get rich** s'enrichir; **to make sb rich** enrichir qn; **rich people** les riches.

**2** n **a** the rich (people) les riches. **b** riches (wealth) richesses.

**rid** [rɪd] vt débarrasser (sb of sth qn de qch). ◊ to get rid of, rid o.s. of se débarrasser de ; to get rid of old stock écouler les vieux stocks.

**ridden** ['rɪdn] adj ◊ debt / tax ridden criblé or accablé de dettes / d'impôts.

**ride merchandise** ['raɪd'mɜːtʃəndaɪz] (US) n marchandise f à l'essai.

**ride out** [raɪd] vt sep difficult period se sortir de, se tirer de. ◊ the company won't have any difficulty in riding out the slump la société n'aura aucune difficulté à surmonter la crise or à se sortir de la crise.

**rider** ['raɪdəʳ] n (to document) annexe f, acte m or article m additionnel, clause f additionnelle ; (to contract, policy) avenant m ; (Fin : to bill of exchange) allonge f.

**RIET** [riː] n abbr of *real estate investment trust* ≈ SCPI f.

**RIF** [rɪf] abbr of *reduction in force*.

**rift** [rɪft] n (disagreement) désaccord m. ◊ there was a serious rift in the union leadership il y a eu une grave scission à la tête du syndicat.

**rig** [rɪg] **1** n **a** (also oil rig) (on land) derrick m ; (on sea) plate-forme f (pétrolière). **b** (St Ex) coup m de Bourse.
**2** vt competition truquer. ◊ to rig the market manipuler or travailler le marché, provoquer une hausse or une baisse factice du marché ; to rig prices truquer les prix.

**Riga** ['riːgə] n Riga.

**rigger** ['rɪgəʳ] n (St Ex) agioteur m, manipulateur m.

**rigging** ['rɪgɪŋ] n (St Ex) agiotage m, tripotage* m, manipulation f.

**right** [raɪt] **1** adj **a** (fair) équitable, juste ; (morally good) bien ; (correct) juste, exact, correct ; (suitable) approprié, convenable. ◊ to be right [person] avoir raison ; [fact] être correct or exact ; the right file le bon dossier ; you've got the right idea vous avez bien compris. **b** (opp of left) droit.
**2** adv **a** (opp of left) à droite. ◊ turn first right prenez la première rue à droite ; right justified page justifié à droite ; he owes money right, left and centre il doit de l'argent à tout le monde. **b** (correctly) bien, juste, correctement.
**3** n **a** (entitlement) droit m. ◊ all rights reserved tous droits réservés ; pre-emptive or preemption right droit de préemption ; to vindicate one's right faire valoir son bon droit ; right of action (Jur) droit de poursuite ; right of appeal (Jur) droit d'appel ;

right of establishment droit d'établissement ; right of entry droit d'entrée ; right of possession droit de propriété ; right of recourse droit de recours ; right of redemption [mortgage] droit de rachat ; right to repossess (Jur) droit de retour ; right of reversion (Jur) droit de réversion ; right to strike droit de grève ; right of way (across property) droit de passage ; [vehicle on road] priorité ; right to work droit au travail ; right-to-work laws (US) lois garantissant le droit au travail ; civil rights droits civiques ; cum rights (Jur) avec droit ; exclusive or sole rights droits exclusifs ; human rights droits de l'homme ; incorporeal rights (Jur) droits incorporels ; manufacturing rights droits de fabrication ; patent rights propriété industrielle ; property rights droits de propriété ; publishing rights droits de publication or d'édition. **b** (St Ex) rights droits ; subscription or application rights (St Ex) droits de souscription ; ex-rights (St Ex) droit détaché. **c** (opp of left) droite f.
**4** cpd right certificate (Fin) certification f de droit de souscription. − rights issue (St Ex) émission f de droits de souscription or d'attribution. − rights letter (St Ex) avis m d'émission de droits de souscription or d'attribution. − rights market (St Ex) marché m des droits de souscription or d'attribution. − rights offer or offering émission f de droits de souscription or d'attribution.

**rightful** ['raɪtfʊl] adj heir, owner légitime ; claim légitime, justifié. ◊ rightful claimant ayant droit.

**rigid** ['rɪdʒɪd] adj material raide, rigide ; specification strict.

**rigidity** [rɪ'dʒɪdɪtɪ] n raideur f, rigidité f.

**rig out** vt sep équiper (with de).

**rig up** vt sep installer en vitesse, improviser.

**ring** [rɪŋ] **1** n **a** (gen) anneau m ; (circle) cercle m, rond m. **b** (group) [dealers] groupe m, cartel m ; (Pol) coterie f, clique f ; (US pej : commodity markets) filière f tournante. **c** (* : phone call) coup m de fil. ◊ give me a ring passez-moi un coup de fil, appelez-moi.
**2** cpd ring road (GB) périphérique m, boulevard m de ceinture. − ring trading (St Ex) le parquet, le marché officiel.
**3** vi **a** [bell, telephone] sonner. **b** (telephone) téléphoner, appeler. ◊ to ring into a network se brancher sur un réseau.
**4** vt **a** bell sonner. **b** (telephone) appeler, téléphoner à, passer un coup de fil à.

**ring back** vi, vt sep (telephone again) rappeler.

**ringgit** ['rɪŋgɪt] n ringgit m.

**ring in** vi **a** (report) transmettre un reportage or un rapport par téléphone. **b** (US : clock in) pointer en arrivant.

**ring off** vi (Telec) raccrocher.

**ring out** vi (US : clock off) pointer en partant.

**ring up** 1 vt sep (telephone) appeler, téléphoner à, donner un coup de fil à.
2 vt fus sales (on cash register) enregistrer. ◊ **state-run companies have been ringing up huge losses** les sociétés du secteur public ont enregistré de lourdes pertes.

**ringing tone** ['rɪŋɪŋtəʊn] (GB) n sonnerie f.

**ripe** [raɪp] adj mûr.

**ripen** ['raɪpən] vi mûrir.

**rip off** [rɪp] 1 vt sep a (tear off) arracher, déchirer. b (* : steal, cheat) goods, person voler.
2 n ◊ **it's a rip-off*** c'est du vol.

**rip out** vt sep arracher.

**ripple** ['rɪpl] n ondulation f. ◊ **ripple effect** effet en cascade, réaction en chaîne.

**rip up** vt sep déchirer (en petits morceaux).

**rise** [raɪz] 1 vi (gen : go up) augmenter, monter. ◊ **costs are rising** les coûts sont en hausse or augmentent or montent ; **inflation has risen to 9%** l'inflation est montée à 9% or a augmenté jusqu'à 9% or a progressé jusqu'à 9% ; **costs have risen (by) 10%** les coûts sont montés or ont augmenté de 10% ; **sales have risen again to last year's record level** les ventes ont atteint le niveau record de l'année dernière. b (end) [meeting] être levé. ◊ **the meeting rose at 6 p.m.** la séance a été levée à 18 heures.
2 n a [sales, earnings, prices] hausse f, progression f, augmentation f (*in* de) ; [bank rate] relèvement m. ◊ **a rise in foreign exchange reserves** un accroissement des réserves en devises ; **to get a pay rise** obtenir une augmentation (de salaire) ; **the recent rise in salaries has reduced our competitiveness** la hausse récente des salaires a réduit notre compétitivité ; **the rise in unemployment** la montée du chômage ; **to operate** or **play for a rise** (St Ex) jouer à la hausse. b (emergence) montée f, ascension f. ◊ **the rise of new technologies** l'essor des nouvelles technologies ; **his rise to fame** son ascension vers la célébrité.

**rising** ['raɪzɪŋ] adj prices en hausse, en augmentation ; demand, needs croissant, grandissant.

**risk** [rɪsk] 1 n a (hazard) risque m. ◊ **a calculated risk** un risque calculé ; **at your own risk** à vos risques et périls ; **goods sent at sender's risk** envois faits aux risques de l'expéditeur ; **to take** or **run the risk of doing** courir le risque de faire ; **at risk** en danger, menacé ; **the risks of doing business** les aléas des affaires. b (Ins) risque m. ◊ **to assess a risk** évaluer or apprécier un risque ; **to cover a risk** couvrir or garantir un risque ; **to insure o.s. against a risk** s'assurer or se garantir contre un risque ; **to underwrite a risk** garantir or assurer un risque ; **to spread the risks** répartir les risques ; **risks and perils at sea** fortune de mer ; **at owner's risk** aux risques du propriétaire ; **to assess buyer / country risk** évaluer le risque acheteur / pays ; **all-risks insurance** assurance tous risques ; **good / bad risk** bon / mauvais risque ; **the company is a good risk** l'entreprise est un bon risque ; **buyer's / seller's risk** risque du client / du fournisseur ; **carrier's risk** risque du transporteur ; **consignor's risk** risque de l'expéditeur ; **collision / craft / raft risk** (Mar) risque de collision / d'allège / de drome ; **exchange risk** (Fin) risque de change ; **fire risk** risque d'incendie ; **insurable / uninsurable risk** risque assurable / non assurable ; **split risk** risque divisé ; **tenant's risk** risque locatif ; **theft risk** risque de vol ; **third-party risk** risque de recours de tiers, risque au or aux tiers ; **unexpired risks** risques en cours.
2 cpd risk analysis analyse f or étude f des risques. − **risk arbitrage** (US) arbitrage m de risques. − **risk assessment** (Ins) appréciation f or évaluation f des risques. − **risk capital** capital m risque, capital-risque m. − **risk coefficient** (Ins) coefficient m de risque. − **risk manager** (Ins) gestionnaire m des risques. − **risk management** gestion f des risques. − **risk premium** (Ins) prime f de risque. − **risk profile** profil m de risque. − **risk reduction** réduction f des risques. − **risk retention** rétention f des risques.
3 vt risquer. ◊ **you risk losing all your money** vous risquez de perdre tout votre argent.

**risky** ['rɪskɪ] adj hasardeux, risqué. ◊ **it's risky** c'est risqué, c'est plein d'aléas.

**rival** ['raɪvəl] 1 n rival(e) m(f), concurrent(e) m(f).
2 adj firm, shop concurrent, rival (*to* de), qui fait concurrence (*to* à). ◊ **rival products** produits concurrents ; **rival demand** demande concurrente.
3 vt (gen) rivaliser avec, concurrencer ; (equal) égaler. ◊ **they rival us in design but not in quality** ils sont compétitifs en ce qui concerne le design mais pas pour la qualité.

**river** ['rɪvəʳ] n fleuve m, rivière f. ◊ **river bill of lading** connaissement fluvial ; **river charges** taxes fluviales.

**Riyadh** [rɪ'jɑːd] n Riyad.

**RLO** [ɑːrel'əʊ] (GB) n abbr of *returned letter office* → returned.

**rly** abbr of *railway*.

**rm** abbr of *ream*.

**road** [rəʊd] **1** n **a** (highway) route f; (street) rue f. ◊ **to be on the road** être en voyage d'affaires or en déplacement; **he's on the road for James Ltd** il est représentant pour James Ltd; **the number of cars on the road** (in country) le parc automobile; **on-the-road price** [car] prix clés en main. **b** (Mar) rade f. **2** cpd **road bridge** pont m routier. — **road construction** construction f de routes. — **road haulage** transports mpl routiers. — **road map** carte f routière. — **road safety** sécurité f routière. — **road sign** panneau m de signalisation, poteau m indicateur. — **road test** essai m sur route. — **road traffic** circulation f routière. — **road transport** transports mpl routiers.

**roadhouse** [ˈrəʊdhaʊs] n hostellerie f, relais m routier.

**roadstead** [ˈrəʊdsted] n (Mar) rade f.

**roadworthy** [ˈrəʊdwɜːðɪ] adj en état de marche.

**roaring** [ˈrɔːrɪŋ] adj success retentissant. ◊ **to do a roaring trade in sth** vendre qch comme des petits pains, faire un gros commerce de qch.

**rob** [rɒb] vt person voler, dévaliser; shop, bank dévaliser, cambrioler. ◊ **to rob the till** voler de l'argent dans la caisse.

**robber** [ˈrɒbər] n voleur m, cambrioleur m. ◊ **bank robber** cambrioleur (de banque).

**robbery** [ˈrɒbərɪ] n vol m, cambriolage m. ◊ **bank robbery** cambriolage (de banque); **£20! it's (daylight) robbery!** 20 livres! c'est du vol!; **armed robbery** vol à main armée.

**robot** [ˈrəʊbɒt] n robot m. ◊ **robot salesman** distributeur automatique.

**robotics** [rəʊˈbɒtɪks] n la robotique f.

**robotization, robotisation** [ˌrəʊbɒtaɪˈzeɪʃən] n robotisation f.

**robotize, robotise** [ˈrəʊbɒtaɪz] vt robotiser.

**ROCE** [ˌɑːrəʊsiːˈiː] n abbr of *return on capital employed* RCI m.

**rock** [rɒk] n (lit) rocher m, roche f. ◊ **our business is on the rocks** (fig) notre entreprise est en faillite; **they went on the rocks last year** ils ont fait faillite l'année dernière.

**rock-bottom** [ˈrɒkbɒtəm] n niveau m le plus bas. ◊ **share prices hit rock-bottom last month** les cours de la Bourse ont atteint leur niveau le plus bas le mois dernier; **prices are at rock-bottom** les prix sont au plus bas; **rock-bottom price** (in bargaining) dernier prix.

**rocker switch** [ˈrɒkəˈswɪtʃ] n (Comp) interrupteur m à bascule.

**rocket** [ˈrɒkɪt] vi [prices] monter en flèche. ◊ **to rocket to success** [company] avoir un succès fulgurant.

**rocky** [ˈrɒkɪ] adj financial situation branlant, chancelant.

**roger** [ˈrɒdʒər] n (Telec) compris. ◊ **roger and out** compris, terminé.

**ROI** [ˌɑːrəʊˈaɪ] n abbr of *return on investment* RSI m.

**role** [rəʊl] n rôle m. ◊ **a role-play** un jeu de rôle; **role-playing** jeu de rôle; **role conflict** conflit de rôles.

**roll** [rəʊl] **1** n **a** [paper, cloth] rouleau m; [banknotes] liasse f. **b** (list, register) liste f, registre m, tableau m; (for court, ship's crew) rôle m. ◊ **roll call** appel (nominal); **to call the roll** faire l'appel; **to strike sb off the rolls** rayer qn des listes. **c** **the company is on a roll** (US * : prospering) l'entreprise prospère or a le vent en poupe. **2** vti rouler.

**roll back** vt sep prices (faire) baisser; (Comp) screen, text faire défiler en arrière.

**rollback** [ˈrəʊlbæk] n [prices] réduction f, baisse f.

**roll down** **1** vt sep (gen) descendre; (Comp) screen faire défiler vers le bas. **2** n (St Ex) report m de position, roll down m.

**roll forward** n (St Ex) report m de position, roll forward m.

**roll in** vi [letter, suggestions] affluer; [* : person] s'amener*, se pointer*. ◊ **the money is rolling in** l'argent afflue.

**rolling** [ˈrəʊlɪŋ] cpd **rolling hedge** (St Ex) couverture f glissante. — **rolling mill** laminerie f, usine f de laminage. — **rolling rate** (St Ex) taux m variable; **rolling-rate note** obligation à taux variable. — **rolling stock** (Rail) matériel m roulant. — **rolling targets** (US Econ) objectifs mpl économiques révisables.

**roll key** [ˈrəʊlkiː] n (Comp) touche f de défilement.

**roll off** **1** vt sep truck, container décharger. **2** vi (Ind) sortir. ◊ **our products are rolling off the production line** nos produits sortent de la chaîne de montage.

**roll on** vt sep charger.

**roll-on** n (also **roll-on ferry**) ferry m roll-on.

**roll-on / roll-off** **1** n fret m intégré, manutention f, roll-on-roll-off m, ro-ro m. **2** adj roll-on-roll-off. ◊ **roll-on / roll-off port** port roll-on-roll-off; **roll-on / roll-off ship** navire or cargo transroutier; **roll-on / roll-off container** conteneur roll-on-roll-off.

**roll out** `1` **vt sep** (Ind) sortir, produire. ◊ **the factory is rolling out new cars** l'usine sort beaucoup de voitures neuves. `2` **n** (St Ex) report m de position, roll out m.

**rollout** ['rəʊlaʊt] **n** [product] introduction f, lancement m. ◊ **the nationwide rollout of a new product** le lancement national d'un nouveau produit.

**roll over vt sep** credit renouveler; loan renouveler, reconduire; interest rates renégocier.

**rollover** **adj** ◊ **rollover credit** crédit roll-over or renouvelable; **credit limit available on a rollover basis** maximum de crédit consenti pour la prolongation d'un premier contrat; **interest on a rollover basis** intérêt renégociable, intérêt à taux variable; **rollover loan** prêt à taux variable; **rollover mortgage** (US) prêt hypothécaire à court terme à taux d'intérêt renégociable.

**roll up** `1` **vt sep** `a` map, paper rouler. `b` (Comp) text on screen faire remonter, faire défiler vers le haut. `c` (Fin : delay claim on) **14 international banks said they were prepared to roll up any interest due for a period of 12 months from today** 14 banques internationales se sont déclarées prêtes à suspendre pour 12 mois à compter d'aujourd'hui les intérêts dûs. `2` **n** (St Ex) report m de position, roll-up m.

**ROM** ['rɒm] **n** (Comp) abbr of *read only memory* ROM f.

**rom.** abbr of *Roman*.

**Roman** ['rəʊmən] **adj, n** (Typ) romain (m).

**Romania** [rəʊ'meɪnɪə] **n** Roumanie f.

**Romanian** [rəʊ'meɪnɪən] `1` **adj** roumain. `2` **n** `a` (language) roumain m. `b` (inhabitant) Roumain(e) m(f).

**Rome** [rəʊm] **n** Rome f.

**roof** [ruːf] **n** (lit) toit m, plafond m. ◊ **to put a roof on spending** plafonner les dépenses, fixer un plafond aux dépenses.

**room** [rʊm] `1` **n** `a` (gen) pièce f; (large) salle f; (hotel) chambre f. ◊ **I need a room for two nights** il me faut une chambre pour deux nuits; **auction room** salle des ventes; **double / single room** chambre pour deux personnes / pour une personne. `b` (space) place f. ◊ **there's room for ten people** il y a de la place pour dix; **there's room for improvement** on peut faire mieux, cela laisse à désirer. `2` **cpd room clerk** (US) réceptionniste mf. — **room service** (hotel) service m des chambres. — **room temperature** température f ambiante.

**root for\*** [ruːt] **vt** (encourage) appuyer, encourager.

**root out vt sep** (discover) dénicher, dépister; (remove) extirper. ◊ **we must root out inefficiencies** nous devons faire la chasse au manque d'efficacité.

**ROP** [ɑːrəʊ'piː] **n** abbr of *run-of-paper advertisement* → run-of-paper.

**rope in** [rəʊp] **vt** entraîner de force. ◊ **he has been roped in for the job** il a été désigné d'office pour ce travail.

**RORO** abbr of *roll-on / roll-off* → roll-on / roll-off.

**roster** ['rɒstər] **n** liste f, tableau m. ◊ **by roster** à tour de rôle; **duty roster** tableau de service; **promotion roster** tableau d'avancement.

**rota** ['rəʊtə] **n** tableau m de service.

**rotate** [rəʊ'teɪt] **vt** crops alterner; work faire à tour de rôle.

**rotating** [rəʊ'teɪtɪŋ] **adj** (Ind) shift tournant.

**rotation** [rəʊ'teɪʃən] **n** rotation f. ◊ **job rotation** rotation des postes; **stock rotation** rotation des stocks; **crop rotation** rotation des cultures, assolement; **to do sth in rotation** faire qch à tour de rôle.

**rotational** [rəʊ'teɪʃənəl] **adj** ◊ **rotational training programme** programme de formation avec rotation de postes.

**rouble** ['ruːbəl] **n** rouble m.

**rough** [rʌf] `1` **adj** `a` (difficult) dur. ◊ **business is rough** les affaires sont dures or vont mal; **we're having a rough time** cela se passe mal pour nous, on est dans une mauvaise passe; **to make things rough for sb** mener la vie dure à qn; **we had a rough year** on a eu une mauvaise année. `b` (approximate) approximatif. ◊ **rough estimate** devis estimatif; **a rough guess** or **estimate** une estimation approximative; **at a rough guess** approximativement; **rough copy, rough draft** brouillon; **rough book** (Acc) brouillard; **a rough average** une moyenne approximative. `2` **n** (book, drawing) ébauche f, esquisse f.

**rough out vt sep** plan, design esquisser.

**round** [raʊnd] `1` **adj** rond. ◊ **in round figures** or **numbers** en chiffres ronds; **round sum** compte rond; **all-round price** prix tout compris. `2` **n** `a` (circle) rond m, cercle m. `b` [competition] partie f, manche f; [election] manche f, tour m. ◊ **a round of wage increases** une série d'augmentations de salaires. `c` [postman, salesman] tournée f. ◊ **to go** or **make the rounds** faire sa tournée, être en tournée, tourner. `3` **cpd round lot** (St Ex) quotité f (complète). — **round robin** lettre f collective.

**– round-robin meeting** réunion f d'experts. **– round table (discussion)** table f ronde. **– round trip** (journey) (voyage m) aller et retour m; **round-trip ticket** (US) (billet) aller et retour. **– round turn** or **trip** (St Ex) (transaction f) aller-retour m. **– round-turn** or **round-trip** commission (St Ex) commission f d'aller-retour.

**roundabout** ['raʊndəbaʊt] **1** n (GB) rond-point m.
**2** adj route, way indirect, détourné.

**round down** vt sep prices, costs arrondir (au chiffre inférieur).

**rounding** ['raʊndɪŋ] n (Fin, Comp) figure arrondissement m. ◊ **rounding error** erreur d'arrondi.

**round off** vt sep meeting terminer; figures arrondir. ◊ **round-off error** erreur f d'arrondi.

**roundsman** ['raʊndzmən] (GB) n livreur (-euse) m(f) or inspecteur(-trice) m(f) or représentant(e) m(f) qui fait sa tournée.

**round-the-clock** ['raʊndðəˈklɒk] adj 24 heures sur 24. ◊ **round-the-clock banking** (US) services bancaires 24 heures sur 24.

**roundtripping** ['raʊndtrɪpɪŋ] (St Ex : hard arbitrage) arbitrage m.

**round up** vt **a** sep (bring together) rassembler, réunir. **b** prices, costs arrondir (au chiffre supérieur).

**roundup** ['raʊndʌp] n rassemblement m. ◊ **a news roundup** les informations en bref, un résumé des informations; **business roundup** (Press heading) les entreprises en bref.

**route** [ruːt] **1** n [plane, lorry, ship] itinéraire m; [bus] itinéraire m, trajet m, parcours m. ◊ **shipping / air routes** routes maritimes / aériennes; **trade route** route commerciale; **to travel by the shortest / fastest route** voyager par la voie la plus courte / la plus rapide.
**2** cpd **route map** carte f routière. **– route sheet** or **card** (Ind) fiche f de gamme (de fabrication).
**3** vt **a** (plan route of) bus, train fixer le parcours or l'itinéraire de. ◊ **the train is routed through Ashford** le train passe à Ashford; **to route a salesman** planifier la tournée d'un VRP. **b** goods, message acheminer.

**routine** [ruːˈtiːn] **1** n **a** routine f. ◊ **business** or **office routine** travail courant du bureau; **as a matter of routine** automatiquement, systématiquement. **b** (Comp) programme m (standard). ◊ **sub-routine** sous-programme. **2** adj ◊ **routine check** (gen) vérification de routine; (Comp) contrôle programmé or par programme; **routine enquiry** enquête

de routine; **routine duties** affaires or attributions courantes; **routine maintenance** entretien courant or de routine.

**routing** ['ruːtɪŋ] **1** n (route planning) planification f de l'itinéraire ou du parcours; (dispatching) acheminement m, routage m.
**2** cpd **routing file** (Ind) fichier m (des) gammes (de fabrication). **– routing sheet** (Ind) fiche f de gamme (de fabrication). **– routing slip** [document] bordereau m d'acheminement.

**row** [rəʊ] n **a** [objects, people] rang m, rangée f; (behind one another) file f, ligne f, queue f; [cars] file f, queue f. ◊ **a row of figures** une rangée or une ligne de chiffres. **b** (disagreement) querelle f, dispute f. ◊ **they had a row about it** ils se sont disputés à ce sujet.

**royalty** ['rɔɪəltɪ] n (money paid for mining rights, use of a patent) redevance f, royalty f. ◊ **royalties** (Publishing) droits d'auteur, royalties; **oil royalties** redevances pétrolières, royalties.

**R / P** abbr of *reprinting*.

**RP** **a** abbr of *reply paid* RP. **b** abbr of *recommended price* → recommend.

**RPI** [ɑːpiːˈaɪ] n abbr of *retail price index* → retail.

**RPM** [ɑːpiːˈem] n abbr of *retail price maintenance* → retail.

**rpm** [ɑːpiːˈem] n abbr of *revs per minute* tr / min.

**RR** (US) abbr of *railroad*.

**RSG** [ɑːresˈdʒiː] (GB) n abbr of *rate support grant* → rate.

**RSVP** abbr of *répondez s'il vous plaît*.

**rubber** ['rʌbər] **1** n **a** (material) caoutchouc m; (GB : eraser) gomme f. **b** **rubbers** (St Ex) les caoutchoucs.
**2** cpd **rubber band** élastique m. **– rubber cheque** chèque m sans provision, chèque m en bois. **– rubber stamp** tampon m, timbre m en caoutchouc; **to rubber stamp** (lit) tamponner, (fig) approuver or entériner sans discussion.

**ruble** ['ruːbl] n rouble m.

**rub out** [rʌb] vt sep gommer.

**ruin** ['ruːɪn] **1** n ruine f, perte f. ◊ **the firm is on the brink of ruin** l'entreprise est au bord de la faillite; **in ruins** en ruine.
**2** vt ruiner.

**rule** [ruːl] **1** n **a** (guiding principle) règle f; (regulation) règlement m; (Jur) décision f, ordonnance f. ◊ **the rules of the game** la règle du jeu; **it's against the rules**, c'est interdit, c'est contraire à la règle or au règlement; **the rule of three** la règle de trois; **golden rule** règle d'or; **to work to rule** (Ind) faire la grève du zèle; **work-to-rule** grève du zèle; **rules and regulations** statuts;

**standing rule** règlement; **to throw the rule book at sb** opposer le règlement à qn, se retrancher derrière le règlement. **b** (authority) autorité f, empire m. ◊ **the rule of the law** l'autorité de la loi; **majority rule** (Pol) gouvernement par la majorité. **c** (for measuring) règle f. ◊ **rule of thumb** méthode empirique.

**2 vt a** (direct) gen gouverner; company diriger. **b** (Jur) décider, déclarer (that que). **c** (draw lines on) régler. ◊ **ruled paper** papier réglé.

**3 vi a** (govern) gouverner. ◊ **to rule over** régner sur. **b** (Fin) être en vigueur, être couramment pratiqué. ◊ **the prices ruling in London** les cours pratiqués à Londres; **at the price ruling at the time of delivery** au prix en vigueur au moment de la livraison. **c** (Jur) statuer (against contre; on sur; in favour of en faveur de).

**rule off vt** account arrêter, clore. ◊ **to rule off a column of figures** tirer une ligne sous une colonne de chiffres.

**rule out vt sep** (lit) word, sentence barrer, rayer; (fig) idea, possibility exclure, écarter. ◊ **a further increase in interest rates cannot be ruled out** on ne peut écarter l'hypothèse d'une nouvelle hausse des taux d'intérêt.

**ruler** ['ruːlə'] n (for measuring) règle f.

**ruling** ['ruːlɪŋ] **1 adj** ◊ **the ruling class** la classe dirigeante; **ruling price** cours or prix pratiqué or en vigueur.

**2 n** (Jur) décision f, jugement m, ordonnance f. ◊ **to get / give a ruling** obtenir / rendre un jugement; **to give a ruling in favour of sb** décider en faveur de qn; **ruling of an account** (Fin) arrêté d'un compte.

**Rumania** [ruːˈmeɪnɪə] n Roumanie f.

**Rumanian** [ruːˈmeɪnɪən] **1 adj** roumain. **2 n a** (language) roumain m. **b** (inhabitant) Roumain(e) m(f).

**rummage** ['rʌmɪdʒ] **1 n** (Customs) visite f de douane (à bord d'un navire). ◊ **rummage sale** braderie d'objets usagés.

**2 vt** (Customs) visiter.

**rumour** (GB), **rumor** (US) ['ruːmə'] **1 n** rumeur f.

**2 vt** ◊ **it is rumoured that** on dit que, le bruit court que.

**run** [rʌn] **1 n a** (distance travelled) [car] trajet m; [boat, plane, bus] parcours m. ◊ **the Dover-Calais run** le service Douvres-Calais; **trial run** [product] essai; **a dry run** un coup d'essai, un essai pour voir. **b** (time elapsed) **in the long / short run** à long / court terme; **short-run profits** bénéfices à court terme. **c** (series) suite f, série f. ◊ **a production run** une série; **print run** tirage; **a run of bad luck** une période de malchance; **a**

**run of successes** une série or une suite de succès. **d** (rush) ruée f. ◊ **a run on the banks** une ruée sur les banques, un retour massif des dépôts bancaires; **there is a run on (the market for) these shares** ces titres sont très demandés, on se rue sur ces titres; **there has been a run on the dollar** il y a eu une ruée sur le dollar, on s'est rué sur le dollar. **e** (trend) [market] tendance f, [events] direction f, tendance f. **f** (Comp) (machine) **run** passage m (en) machine.

**2 cpd run book** (Comp) dossier m d'exploitation. – **run chart** (Comp) organigramme m d'exploitation. – **run phase** phase f d'exécution. – **run time** temps f d'exécution.

**3 vt a** machine faire marcher, faire fonctionner. **b** (manage) business diriger, gérer, faire tourner; class, seminar, club animer; meeting animer, conduire. ◊ **a well-run company** une entreprise bien gérée; **the school is running management courses** l'école organise des cours de gestion. **c** new edition publier, imprimer, faire paraître. ◊ **to run an advertising campaign** mener or monter une campagne publicitaire; **to run an ad in a paper** passer or insérer une annonce dans un journal; **to run an ad on TV** faire passer une pub à l'écran; **we do not run this item** nous ne faisons pas cet article. **d** risk (gen) courir; (Ins) encourir. ◊ **you run the risk of losing your job** vous risquez or vous courez le risque de perdre votre emploi. **e** (Comp) instruction exécuter; program exécuter, passer. ◊ **to run the software on a PC** faire tourner le logiciel sur un PC. **f** (Acc) **to run the ledger** vérifier les livres. **g** (Econ) **to run a surplus / a deficit** avoir un excédent / un déficit. **h** (St Ex) **to run stock against one's client** faire de la contrepartie.

**4 vi a** (gen) courir. **b** (become) **to run low or short** [stocks] s'épuiser; **prices are running high** (St Ex) les cours tendent vers le haut. **c** (flow) tourner. ◊ **production is running at 10 units per hour** la production tourne à un rythme de 10 unités à l'heure; **inflation is running at 6%** l'inflation tourne or se monte à 6%. **d** (extend, continue) courir. ◊ **interest runs from October 23** les intérêts courent à partir du 23 octobre; **the contract is still running** le contrat est toujours en vigueur; **this bill has still two years to run** cette traite a encore deux années à courir; **our advertising campaign will run until Christmas** notre campagne publicitaire durera or continuera jusqu'à Noël; **costs will run into millions of dollars** les coûts s'élèveront or se chiffreront à plusieurs millions de dollars; **his appointment runs for six years** il est nommé pour six ans. **e** [bus, train, delivery service] faire le service. ◊ **the**

**trains are not running tomorrow** les trains ne circulent pas demain. **f** (function) [machine] être en marche, marcher, fonctionner; [factory] travailler, marcher; [program, system] fonctionner, tourner. ◊ **the business is running smoothly** l'entreprise marche bien. **g** (be worded) être libellé. ◊ **running as follows** libellé comme suit; **the clause runs as follows** la clause est libellée comme suit, le libellé de la clause est le suivant.

**runaway** ['rʌnəweɪ] **adj** costs incontrôlable. ◊ **runaway gap** blanc d'accélération de tendance; **runaway inflation** inflation galopante.

**run back** **vi** [shares] baisser, diminuer de valeur.

**run down** **1** **vt** **a** stocks réduire, dégarnir; production restreindre; business réduire l'activité de; staff réduire, comprimer; prices faire baisser, diminuer. **b** (* : criticize) dénigrer, éreinter*. **c** ship entrer en collision avec. ◊ **running down clause** (Mar Ins) clause d'abordage or de collision. **2** **vi** [stocks] baisser, diminuer. ◊ **inventories are running down** les stocks s'épuisent.

**rundown** ['rʌndaʊn] **n** **a** [stocks] réduction f, diminution f; [staff] réduction f, compression f; [company] réduction d'activité. **b** (* : account) compte rendu m, résumé m. ◊ **to give sb a rundown on sth** mettre qn au courant de qch.

**run in** **vt** **sep** car roder.

**run into** **vt** **fus** (meet) person rencontrer par hasard; difficulties se heurter à. ◊ **to run into debt** s'endetter.

**runner** **n** (St Ex) contre-partiste mf; (door-to-door selling) démarcheur m; (messenger) messager m, courrier m; (Mktg) article m qui se vend très bien.

**runner-up** **n** (in competition) second(e) m(f); (St Ex) renchérisseur m.

**running** ['rʌnɪŋ] **1** **n** **a** (action) course f. ◊ **to be in the running for promotion / for the job** être sur les rangs pour obtenir de l'avancement / pour avoir le poste; **to be in the running** être dans la course, avoir des chances de réussir; **to be out of the running** ne plus être dans la course, n'avoir aucune chance de réussir. **b** (functioning) [machine] marche f, fonctionnement m; [instruction] exécution f; [programme] exécution f, passage m. **c** (managing) [business] direction f, gestion f; [organization, service] administration f, direction f; [class, seminar] animation f; [meeting] conduite f. **d** (transport) parcours m. ◊ **empty running** parcours à vide.

**2** **cpd running account** compte m courant. – **running contract** contrat m en cours or en vigueur. – **running costs** or **expenses** [business] frais mpl de fonctionnement or d'exploitation, dépenses fpl courantes; [machine] frais mpl d'entretien. – **running count** cumul m. – **running days** (Mar) jours mpl consécutifs. – **running interest** intérêts mpl en cours. – **running number** numéro m d'ordre. – **running order** : **in running order** en état de marche. – **running time** (Comp) temps m d'exécution. – **running total** cumul m, total m cumulé. – **running year** année f en cours. – **running yield** (Fin) rendement m courant.

**running in** **n** (Aut) rodage m. ◊ **running-in period** période de rodage.

**run off** **1** **vt** **sep** document tirer. **2** **n** **a** (US) [election] deuxième tour m. **b** (St Ex) derniers cours mpl (indiqués par le téléscripteur à la clôture de la Bourse).

**run-of-paper** ['rʌnəv'peɪpəʳ] **adj** ◊ **run-of-paper advertisement** annonce qui peut être placée à n'importe quel endroit d'un journal ou d'une revue.

**run-of-the-mill** ['rʌnəvðə'mɪl] **adj** banal, courant, ordinaire.

**run-of-week** ['rʌnəv'wiːd] **adj** ◊ **run-of-week spot** (Pub) plage f non spécifiée.

**run on** **vi** [interest] continuer à courir.

**run out** **vi** [lease, contract] expirer; [stocks] s'épuiser; [period of time] tirer à sa fin, s'écouler. ◊ **the money has run out** il n'y a plus d'argent, l'argent est épuisé.

**run out of** **vt** **fus** supplies, money être à court de, manquer de; time manquer de. ◊ **our plan is running out of steam** notre projet s'essoufle.

**run through** **vt** **sep** notes, text parcourir; (rehearse) répéter; (recapitulate) résumer, reprendre. ◊ **I would like to run through the plan again** j'aimerais reprendre le projet une fois de plus.

**run-through** ['rʌnθruː] **n** essai m, répétition f.

**run up** **1** **vt** **sep** **a** bill, account laisser s'accumuler. ◊ **to run up a deficit** accumuler un déficit; **to run up a debt** s'endetter (of de). **b** price faire monter. ◊ **to run up the bidding** faire monter or faire grimper les enchères, pousser les enchères. **2** **vi** [bill, account] monter, s'élever (to à).

**run-up** ['rʌnʌp] **n** période f préparatoire. ◊ **the run-up to the next election** les préparatifs de la prochaine élection, la période précédant la prochaine élection.

**runway** ['rʌnweɪ] **n** piste f (de décollage).

**rupee** [ruː'piː] n roupie f.

**rupiah** [ruː'piːə] n rupiah f.

**rush** [rʌʃ] **1** n ruée f. ◊ **we've had a rush of orders** nous avons été submergés de commandes; **rush on a bank** ruée sur les guichets d'une banque; **the gold rush** la ruée vers l'or.
**2** cpd **rush hours** heures fpl de pointe or d'affluence. — **rush job** travail m d'urgence. — **rush order** commande f pressée or urgente.
**3** vi se précipiter, se ruer (*on* sur), se presser.
**4** vt **a** order exécuter d'urgence; person, message dépêcher. ◊ **please rush the goods to the following address** (deliver quickly) veuillez expédier or envoyer les marchandises de toute urgence à l'adresse suivante. **b** (*) (charge) faire payer; (swindle) faire payer un prix exorbitant à. ◊ **how much did they rush you for that car?** combien t'a-t-on fait payer cette voiture?

**rushed** [rʌʃd] adj work fait à la va-vite, bâclé.

**rush through** vt sep order exécuter d'urgence; supplies envoyer or expédier or faire parvenir de toute urgence.

**Russia** ['rʌʃə] n Russie f.

**Russian** ['rʌʃən] **1** adj russe.
**2** n **a** (language) russe m. **b** (inhabitant) Russe mf.

**rust** [rʌst] **1** n rouille f.
**2** vi se rouiller.

**rustproof** ['rʌstpruːf] adj inoxydable.

**rusty** ['rʌstɪ] adj rouillé.

**Rwanda** [rʊ'ændə] n Ruanda m.

**Rwandan** [rʊ'ændən] **1** adj ruandais.
**2** n (inhabitant) Ruandais(e) m(f).

# S

s / a abbr of *subject to acceptance* → subject.

sack [sæk] **1** n (bag) sac m. ◊ to give sb the sack* (GB) renvoyer qn, mettre or flanquer* qn à la porte. **2** vt (GB : *) renvoyer, virer*, mettre or flanquer* à la porte.

sacking* [sækɪŋ] n renvoi m, licenciement m.

sacrifice [sækrɪfaɪs] **1** n (gen, Mar Ins) sacrifice m. ◊ sacrifice price prix sacrifié. **2** vt **a** excess stocks sacrifier, vendre à perte. ◊ all items sacrificed at £5 ! tous nos articles sacrifiés à 5 livres! **b** (Mar Ins) sacrifier.

s.a.e. [eseɪ'iː] abbr of *stamped addressed envelope* → stamp.

safe [seɪf] **1** adj (not in danger) en sécurité, en sûreté ; (not dangerous) sans risque ; (prudent) guess, estimate prudent, raisonnable. ◊ safe arrival (Mar Ins) heureuse arrivée ; in a safe place en lieu sûr ; the factory isn't safe l'usine présente un danger ; to play safe ne pas prendre de risques, jouer la sécurité ; to be on the safe side par précaution, pour plus de sûreté ; safe estimate estimation prudente ; safe investment placement sûr or sans risque or de père de famille ; it's a safe bet that the dollar will pick up on peut parier sans risque sur une remontée du dollar. **2** n coffre-fort m. ◊ night safe coffre de nuit. **3** cpd safe-conduct sauf-conduit m. – safe custody garde f, dépôt m en garde, dépôt m libre ; we placed the valuables in safe custody nous avons placé les objets de valeur en garde or en dépôt ; safe custody department (Bank) service des coffres. – safe-deposit salle f des coffres ; safe-deposit box coffre-fort.

safeguard [seɪfgɑːd] **1** n sauvegarde f, protection f. ◊ as a safeguard against inflation pour se protéger contre l'inflation. **2** vt protéger (*against* contre).

safekeeping [seɪfkiːpɪŋ] **1** n sécurité f. ◊ the documents are in his safekeeping on lui a confié la garde des documents. **2** cpd safekeeping agreement contrat m de garde. – safekeeping charges droits mpl de garde. – safekeeping department service m de dépôt en garde.

safely [seɪflɪ] adv (securely) en sûreté ; (without mishap) sans accident, sans incident ; (without risk) sans risque, sans danger.

safety [seɪftɪ] **1** n sécurité f. ◊ road safety sécurité routière ; for safety's sake pour plus de sûreté ; safety at work, industrial safety prévention des accidents du travail. **2** cpd safety bank stock m de dépannage. – safety belt ceinture f de sécurité. – safety check contrôle m de sécurité. – safety-deposit salle f des coffres ; safety-deposit box coffre-fort. – safety device dispositif m de sécurité. – safety factor coefficient m de sécurité. – safety fund fonds m de garantie. – safety margin marge f de sécurité. – safety net filet m de protection. – safety officer responsable mf de la sécurité. – safety precaution mesure f de sécurité. – safety regulation règle f or consigne f de sécurité. – safety standards normes fpl de sécurité. – safety stock stock m de sécurité, stock m tampon. – safety vault chambre f forte.

sag [sæg] vi [prices, exports] fléchir, baisser. ◊ prices are sagging (St Ex) les cours mollissent or fléchissent or se tassent.

sagging [sægɪŋ] adj profits, sales en baisse.

**said** [sed] **adj** ◊ the said (Jur) ledit; the said person ladite personne; said to contain clause clause qui dit être.

**sail** [seɪl] **vi** **a** (leave port) [boat] partir, appareiller; [passenger] partir, s'embarquer. ◊ the ship sails for Sydney on Tuesday le navire part or appareille pour Sydney mardi; the ship sailed from London yesterday le navire a quitté Londres or a appareillé de Londres hier; sailing from London and bound for Bombay en provenance de Londres et à destination de Bombay. **b** naviguer. ◊ the ship sails between Le Havre and New York le navire fait la traversée entre Le Havre et New York.

**sailing** ['seɪlɪŋ] **1** **n** départ m, appareillage m. ◊ the ship's sailing has been delayed le départ du navire a été retardé; the company offers three sailings for New York every week la compagnie propose trois départs pour New York par semaine. **2** **cpd** sailing card or list liste f de navires en partance. – sailing orders autorisation f de départ or d'appareillage. – sailing time heure f de départ.

**salable** ['seɪləbl] (US) **adj** → saleable.

**salaried** ['sælərɪd] **adj** (gen) salarié; (on a monthly basis) mensualisé. ◊ salaried staff personnel salarié, salariés; higher salaried staff hauts salaires.

**salary** ['sælərɪ] **1** **n** (gen) salaire m, traitement m, appointements mpl. ◊ salary no object (in advert) salaire indifférent; he earns a salary of $80,000 a year il a un salaire de 80 000 dollars par an; state salary required (in advert) indiquez le salaire demandé, indiquez vos prétentions; salaries and wages (Acc) frais de personnel, salaires et charges sociales; commencing or starting salary salaire d'embauche or de départ. **2** **cpd** salary base base f salariale. – salary bracket tranche f de revenus, fourchette f de salaires. – salary earner salarié m. – salary increase augmentation f de salaire. – salary range éventail m de salaires or de rémunération. – salary rate taux m de rémunération. – salary review révision f de salaires. – salary scale échelle f or grille f des salaires or de rémunération. – salary scheme système m de rémunération. – salary structure structure f des salaires.

**sale** [seɪl] **1** **n** **a** (selling) vente f. ◊ offices for sale bureaux à vendre; on sale en vente; business for sale fonds or affaire à céder; point of sale point de vente; to put up for sale mettre en vente; they find a ready sale for their products leurs produits se vendent or partent bien; not for general sale hors commerce; to make a sale réussir une vente; our reps are expected to make one sale for every three sales calls nos représentants doivent concrétiser une vente pour trois visites; sales are rising les ventes augmentent; sale for delivery (St Ex) vente à livrer; sale for the account or settlement (St Ex) vente à terme; sale (and lease) back *vente avec possibilité pour l'acheteur de relouer au vendeur*; sale and repurchase agreement (St Ex) mise en pension; sale as seen vente sur qualité vue; sale by auction vente aux enchères, vente à la criée; sale in bonded warehouse vente en entrepôt; sale by description vente sur description; sale by instalments vente à tempérament; sale by order of the court vente judiciaire; sale by private agreement vente de gré à gré; sale by tender vente par soumission or par voie d'adjudication; sale by sealed tender vente par soumission cachetée; sale on approval or trial vente à l'essai; sale on shipment vente sur embarquement; sale or return vente à condition or avec reprise des invendus or avec faculté de retour; these articles are supplied on a sale or return basis ces articles sont livrés avec possibilité de retour des invendus; sale subject to safe arrival vente à l'heureuse arrivée; sale with option of redemption vente avec possibilité de rachat, vente à réméré; bargain sale vente-réclame; bear or short sale (St Ex) vente à découvert; cash sale vente au comptant; compulsory or forced sale (Jur) vente forcée, adjudication forcée; conditional sale vente sous condition; credit sale vente à crédit or à tempérament; export sale vente à l'exportation; jumble sale vente de charité; retail sale vente au détail; spot sale vente au comptant, vente en disponible, vente spot; trade sale vente à la profession; washed sale (US) vente fictive; wholesale sale vente en gros. **b** (disposal of a shop's stock) solde m, soldes mpl, vente f à prix réduits. ◊ there is a sale on next week il y aura des soldes la semaine prochaine; last year's models are all on sale tous les modèles de l'année dernière sont en solde; sale on all week! (sign) on solde toute la semaine!, semaine de soldes!; as-is sale vente en l'état; clearance sale soldes, liquidation du stock; closing-down sale (GB), closing-out sale (US), close-out sale (US) liquidation totale du stock avant fermeture, vente de liquidation, soldes de fermeture. **2** **cpd** sale charges (Mar Ins) *frais encourus par la vente de marchandises arrivées détériorées*. – sale contract (gen) contrat m de vente; (St Ex) bordereau m de vente. – sale exbond vente f à l'acquitté. – sale goods marchandises fpl soldées, soldes mpl. – sale invoice facture f. – sale price prix m de solde, prix m soldé. — **sale proceeds** produit m d'une vente. — **sale value** valeur f marchande.

**saleability** [ˌseɪləˈbɪlɪtɪ] n ◊ the saleability of electronic games was exaggerated on a surestimé les possibilités de vente or l'attrait commercial des jeux électroniques.

**saleable** (GB), **salable** (US) [ˈseɪləbl] adj vendable.

**saleage** [ˈseɪlɪdʒ] n *partie vendable de la production.* ◊ the saleage of mined coal le charbon de qualité marchande.

**saleroom** [ˈseɪlruːm] n salle f des ventes.

**sales** [seɪlz] **1** npl **a** (amount sold) ventes fpl. ◊ car sales are up les ventes d'automobiles sont en hausse ; record sales ventes record. credit or instalment sales ventes à crédit or à tempérament ; export sales ventes à l'exportation ; home sales ventes sur le marché intérieur ; retail sales ventes au détail ; time sales ventes à crédit or à tempérament. **b** (US : turnover) chiffre m d'affaires. ◊ gross / net sales chiffre d'affaires brut / net ; total sales for the year reached $3 million le chiffre d'affaires pour l'année a atteint 3 millions de dollars ; gross profits on sales marge commerciale. **c** (disposal of a shop's stock at cut prices) soldes mpl. ◊ the January sales begin next week les soldes de janvier commencent la semaine prochaine. **2** cpd **sales account** compte m de ventes. — **sales agency** agence f de vente. — **sales agent** agent m commercial. — **sales aid** (Pub) aide f à la vente. — **sales allowances** rabais mpl, remises fpl, ristournes fpl. — **sales approach** approche f du marché or du client. — **sales area** (territory) secteur m de vente ; (floor area) surface f de vente. — **sales book** journal m des ventes. — **sales budget** budget m commercial or des ventes. — **sales call** (by a salesman) visite f. — **sales campaign** campagne f de vente. — **sales chart** graphique m des ventes. — **sales check** (US) facture f. — **sales conference** réunion f de vendeurs or de l'équipe de vente. — **sales contract** contrat m de vente. — **sales coverage** couverture f du marché. — **sales daybook** (Acc) journal m des ventes, facturier m. — **sales department** service m commercial, service m des ventes. — **sales director** directeur m or responsable mf des ventes, chef m du service des ventes. — **sales discount** escompte m sur ventes. — **sales drive** campagne f de vente, animation f des ventes. — **sales engineer** technico-commercial m, ingénieur m commercial. — **sales executive** cadre m commercial. — **sales feature** [product] point m fort.

— **sales figures** chiffre m d'affaires, chiffre m des ventes. — **sales force** force f de vente. — **sales forecast** prévisions fpl de ventes. — **sales inquiry** (about product) demande f de renseignements. — **sales leaflet** argumentaire m. — **sales ledger** (Acc) grand livre m des ventes. — **sales literature** (Pub) documentation f publicitaire. — **sales management** direction f commerciale. — **sales manager** directeur m or responsable mf des ventes, chef m du service des ventes. — **sales mix** éventail m or mix m des produits en vente. — **sales network** réseau m commercial. — **sales office** agence f commerciale. — **sales outlet** point m de vente. — **sales outlook** perspectives fpl de vente. — **sales patter\*** baratin\* m commercial. — **sales personnel** équipe f or personnel m de vente. — **sales pitch\*** baratin\* m commercial. — **sales point** argument m de vente. — **sales quota** quota m de vente. — **sales receipt** ticket m de caisse. — **sales receipts** produit m des ventes. — **sales records** registres mpl des ventes. — **sales representative** or **rep\*** représentant m or voyageur m de commerce, VRP m. — **sales resistance** résistance f à l'achat. — **sales results** chiffre m d'affaires, chiffre m des ventes. — **sales returns** (unsold items) invendus mpl, retours mpl sur ventes ; (statistics) statistiques fpl sur les ventes ; (revenues) recettes fpl. — **sales revenue(s)** [shop] chiffre m d'affaires, recettes fpl de vente ; [company] chiffre m d'affaires, produit(s) m(pl) des ventes. — **sales slip** ticket m de caisse. — **sales talk** baratin\* m commercial. — **sales target** objectif m de vente. — **sales tax** (on turnover) impôt m sur le chiffre d'affaires ; (US : on product) taxe f à l'achat. — **sales techniques** techniques fpl de vente.

**salesclerk** [ˈseɪlzklɑːk] (US) n employé(e) m(f) du service des ventes.

**salesgirl** [ˈseɪlzɡɜːrl] (US) n vendeuse f.

**saleslady** [ˈseɪlzleɪdɪ] n vendeuse f.

**salesman** [ˈseɪlzmən] n (in department store) vendeur m ; (middleman) représentant m de commerce. ◊ door-to-door salesman démarcheur à domicile, vendeur qui fait du porte-à-porte ; travelling salesman représentant (de commerce), voyageur de commerce, VRP.

**salesmanship** [ˈseɪlzmənʃɪp] n art m de la vente. ◊ good salesmanship is crucial in retail trading savoir bien vendre or avoir un bon sens commercial est primordial dans la vente au détail.

**salesperson** [ˈseɪlzpɜːsən] n vendeur (-euse) m(f).

**salesroom** [ˈseɪlzruːm] (US) n salle f des ventes.

**saleswoman** [ˈseɪlzwʊmən] n vendeuse f.

**Salvador(i)an** [ˌsælvəˈdɔːr(ɪ)ən] **1** adj salvadorien. **2** n (inhabitant) Salvadorien(ne) m(f).

**salvage** [ˈsælvɪdʒ] **1** n **a** (saving) [ship] renflouement m; [cargo] récupération f; (for re-use) [waste paper, scrap metal] récupération f. **b** (goods saved from fire or wreck) objets mpl or biens récupérés; (objects for re-use) objets mpl récupérables. **c** (payment) prime f or indemnité f de renflouement.
**2** cpd **salvage bond** obligation f de garantie *(couvrant le risque de paiement d'une indemnité de renflouement).* – **salvage charges** frais mpl de renflouement. – **salvage value** valeur f résiduelle de récupération. – **salvage vessel** navire m de renflouement.
**3** vt ship renflouer; objects for re-use récupérer. ◊ **the company salvaged all the old machinery** l'entreprise a récupéré toutes les vieilles machines.

**salve** [sælv] vt (salvage) récupérer, sauver.

**salvo** [ˈsælvəʊ] n (Jur) réserve f, restriction f. ◊ **with the express salvo** sous la réserve expresse.

**salvor** [ˈsælvər] n (Mar) sauveteur m. ◊ **salvor's lien** droit du sauveteur à une partie de la valeur résiduelle.

**SAM** [eseɪˈem] (US) n abbr of *share appreciation mortgage* → share.

**same-day** [ˈseɪmˈdeɪ] adj qui se fait le jour même. ◊ **same-day delivery** livraison dans la journée or le jour même; **same-day payment** paiement le jour même.

**sample** [ˈsɑːmpl] **1** n (gen) échantillon m; (Stat) sondage m. ◊ **check sample** échantillon-témoin; **free sample** échantillon gratuit; **probability sample** échantillon aléatoire; **random sample** échantillon prélevé au hasard, échantillon aléatoire; **representative sample** échantillon type or représentatif; **sale on sample** vente sur échantillon; **stratified sample** échantillon structuré par classes; **true to sample, up to sample** conforme à l'échantillon; **to buy from sample** acheter sur échantillon; **to take a sample** prélever un échantillon; **goods delivered should correspond to sample** les marchandises livrées devraient être conformes à l'échantillon; **our salesman will visit you with a full range of samples** notre représentant viendra vous voir avec une gamme complète d'échantillons.
**2** cpd **sample audit** vérification f comptable par sondage. – **sample card** carte f d'échantillons. – **sample case** mallette f

or coffret m d'échantillons. – **sample data** (Comp) données fpl d'essai. – **sample drawing** tirage m au sort d'échantillon. – **sample mailing** publipostage m or mailing m échantillonné. – **sample mean** moyenne f de l'échantillon. – **sample order** commande f d'essai. – **sample packet** (Post) envoi m d'échantillons. – **sample rate** (Post) tarif m des échantillons. – **sample signature** échantillon m de signature. – **sample study** étude f témoin. – **sample survey** enquête f par sondage. – **sample testing** test m par échantillonnage.
**3** vt **a** food, wine goûter. **b** (Stat) faire une enquête or un sondage auprès de, sonder.

**sampler** [ˈsɑːmplər] n (person) échantillonneur (-euse) m(f); (collection) échantillonnage m.

**sampling** [ˈsɑːmplɪŋ] **1** n **a** (Stat) échantillonnage m, sondage m. ◊ **acceptance sampling** contrôle de qualité par échantillonnage pour acceptation; **cluster sampling** sondage en grappes; **estimation sampling** échantillonnage par estimation; **random sampling** échantillonnage aléatoire; **sequential sampling** échantillonnage successif or séquentiel; **statistical sampling** échantillonnage statistique; **variable sampling** échantillonnage par variables; **market surveys are based on sophisticated sampling** les études de marché sont fondées sur des techniques de sondage élaborées. **b** [product] échantillonnage m.
**2** cpd **sampling-couponing** échantillonnage-couponnage m. – **sampling deviation** écart m statistique. – **sampling error** erreur f d'échantillonnage or de sondage. – **sampling grid** grille f d'échantillonnage. – **sampling offer** offre f d'essai. – **sampling technique** technique f d'échantillonnage.

**samurai bond** [ˈsæmuraɪbɒnd] n *obligation libellée en yens émise par des emprunteurs étrangers.*

**sanction** [ˈsæŋkʃən] **1** n **a** (penalty) sanction f. ◊ **economic / trade sanctions** sanctions économiques / commerciales. **b** (authorization) sanction f, approbation f. ◊ **he gave the project his sanction** il a donné sa sanction or son approbation au projet.
**2** vt law, conduct sanctionner, donner son approbation à, approuver. ◊ **I couldn't possibly sanction such a project** je ne pourrai jamais approuver un tel projet.

**S and L** [esəndˈel] (US) n abbr of *savings and loan association* → saving.

**sandwich** [ˈsænwɪdʒ] n sandwich m. ◊ **sandwich board** (Pub) panneau publicitaire; **sandwich course** (Ind, Univ) formation alternée, *alternance de cours théoriques et de stages en entreprise.*

**sanitary** ['sænɪtərɪ] **adj** ◊ **sanitary inspector** inspecteur de l'hygiène publique.

**sanitation** [ˌsænɪ'teɪʃən] **n** hygiène f.

**San José** [saŋxo'se] **n** San José.

**San Juan** [saŋxwan] **n** San Juan.

**San Salvador** [sæn'sælvədɔːr] **n** San Salvador.

**Santiago** [ˌsæntɪ'ɑːgəu] **n** Santiago.

**Santo Domingo** ['sæntəudə'mɪŋgəu] **n** Saint-Domingue.

**satellite** ['sætəlaɪt] **1** **n** (gen, Comp) satellite m. ◊ **communication(s) satellite** satellite de télécommunications.
**2** **cpd** **satellite computer** (Comp) ordinateur m satellite. — **satellite television** télévision f par satellite. — **satellite town** ville f satellite.

**satisfaction** [ˌsætɪs'fækʃən] **n** **a** (pleasure) satisfaction f. ◊ **consumer satisfaction** satisfaction du consommateur ; **job satisfaction** satisfaction professionnelle. **b** [demand] (gen) satisfaction f ; [creditor] désintéressement m ; [debt] paiement m, acquittement m ; [obligation] acquittement m ; [wrong] réparation f, dédommagement m. ◊ **in full satisfaction** à titre de règlement définitif ; **this sum is in satisfaction of all my debts** cette somme est destinée au paiement de toutes mes dettes ; **until satisfaction is made** jusqu'à ce que la somme soit payée ; **to enter satisfaction** (Jur) enregistrer la liquidation d'une dette ; **memorandum of satisfaction** *avis de liquidation (totale ou partielle) d'une dette envoyé au registre des hypothèques.*

**satisfied** ['sætɪsfaɪd] **adj** satisfait, content. ◊ **the satisfied customer** le consommateur satisfait.

**satisfy** ['sætɪsfaɪ] **vt** **a** person satisfaire, contenter ; demand satisfaire (à). ◊ **to be satisfied with** être satisfait de ; **we cannot satisfy the demand for our new product** nous ne pouvons pas satisfaire à or répondre à la demande pour notre nouveau produit. **b** creditor désintéresser ; debt, obligation s'acquitter de. **c** (convince) convaincre. ◊ **I am satisfied that** je suis convaincu que.

**saturate** ['sætʃəreɪt] **vt** saturer. ◊ **the market is saturated** le marché est saturé.

**saturation** [ˌsætʃə'reɪʃən] **n** saturation f. ◊ **saturation campaign** (Mktg) campagne intensive or de saturation ; **to reach saturation point** arriver à saturation, être saturé ; **market saturation is an increasing risk** la saturation or l'engorgement du marché est un risque de plus en plus grand.

**Saturday** ['sætədɪ] **n** samedi m. ◊ **next Saturday, Saturday next** samedi prochain ; **last Saturday** samedi dernier ; **the first / last Saturday of** or **in the month** le premier / dernier samedi du mois ; **every other** or **second Saturday** un samedi sur deux ; **the opening will take place on Saturday May the 16th** l'ouverture aura lieu le samedi 16 mai ; **the previous Saturday** le samedi précédent ; **the next** or **following Saturday** le samedi suivant ; **Saturday morning / evening** samedi matin / soir ; **a week / two weeks on** (GB) or **from** (US) **Saturday** samedi en huit / en quinze.

**Saudi Arabia** ['sɔːdɪə'reɪbɪə] **n** Arabie f Saoudite.

**save** [seɪv] **1** **vt** **a** (put aside) money économiser, mettre de côté. ◊ **you can save money every month in a deposit account** on peut mettre de l'argent de côté chaque mois sur un compte de dépôt à terme. **b** (not spend, not use) money, labour économiser ; time (faire) gagner. ◊ **we must save electricity** il faut économiser l'électricité ; **think of all the money you'll save** pensez à tout l'argent que vous économiserez ; **time-saving** qui fait gagner du temps ; **labour-saving device** appareil qui fait économiser du temps et du travail. **c** (Comp) (store) file sauvegarder.
**2** **vi** épargner, mettre de l'argent de côté, faire des économies. ◊ **to save on electricity** économiser l'électricité ; **they are saving for a new car** ils mettent de l'argent de côté pour acheter une nouvelle voiture ; **propensity to save** propension à épargner.
**3** **prep** sauf, à l'exception de. ◊ **save as otherwise provided** sauf dispositions contraires.

**save as you earn** ['seɪvæzjuː'ɜːn] (GB) **n** *plan d'épargne national par prélèvements mensuels.*

**saver** ['seɪvər] **n** **a** (person) épargnant(e) m(f). ◊ **small savers** petits épargnants ; **saver's certificate** (US) *certificat de dépôt d'épargne assorti d'avantages fiscaux.* **b** (Comm : bargain) bonne affaire f. ◊ **this week's super saver** l'affaire de la semaine.

**saving** ['seɪvɪŋ] **1** **n** **a** (action) [time] économie f ; [money] économie f, épargne f. ◊ **saving through investment in securities** épargne mobilière ; **compulsory saving** épargne forcée ; **corporate / personal saving** épargne des entreprises / des particuliers ; **a considerable saving of time** un gain de temps important. **b** **savings** (money saved) épargne, économies ; **small savings** la petite épargne ; **to draw on one's savings**

puiser dans ses économies ; **to invest one's savings** investir ses économies ; **business or corporate savings** épargne des entreprises ; **trustee** (GB) or **mutual** (US) **savings bank** banque d'épargne coopérative ; **National Savings Bank** (GB) ≈ Caisse nationale d'épargne ; **National Savings Certificate** (GB) bon d'épargne ; **savings and loan association** (US) ≈ caisse d'épargne. **c** (Comp) sauvegarde f. ◊ **file saving** sauvegarde de fichier. **2** cpd **saving clause** (Jur) clause f de sauvegarde, clause f restrictive. – **saving deposit** dépôt m d'épargne. – **savings account** compte m d'épargne. – **savings bank** caisse f d'épargne. – **savings bond** bon m d'épargne. – **savings capital** capital-épargne m. – **savings certificate** bon m d'épargne. – **savings stamp** timbre-épargne m.

**sawbuck*** ['sɔːbʌk] (US) n billet m de dix dollars.

**sawmill** ['sɔːmɪl] n scierie f.

**say** [seɪ] **1** vt dire. ◊ **they've said no to our proposal** ils ont dit non à notre proposition ; **we shall be saying goodbye to our chairman at the end of the year** notre président nous quittera à la fin de l'année. **2** n ◊ **to have a say / no say in the matter** avoir / ne pas avoir son mot à dire, avoir / ne pas avoir voix au chapitre ; **he had the final say** il a eu le dernier mot.

**SAYE** [ˌeseɪwaɪˈaɪ] (GB) abbr of save as you earn → save as you earn.

**SBU** [esbiːˈjuː] n abbr of strategic business unit DAS m.

**s / c, s.c.** abbr of self-contained.

**scab*** [skæb] n (pej Ind) briseur m de grève, jaune* m. ◊ **scab labour** les jaunes.

**scale** [skeɪl] **1** n **a** [map] échelle f. ◊ **on a small / large scale** sur une petite / grande échelle ; **a full-scale campaign** une campagne de grande ampleur ; **on a worldwide scale** à l'échelle mondiale ; **reduced scale** échelle réduite ; **economies / diseconomies of scale** économies / déséconomies d'échelle ; **small- / large-scale firm** petite / grande entreprise, entreprise de petite / grande taille. **b** [wages, rates] échelle f, barème m ; [products] gamme f ; [ruler] graduation f. ◊ **sliding wage scale** échelle mobile des salaires ; **scale of charges** (Comm) tableau des tarifs, barème ; **scale of taxation** barème d'imposition ; **scale of values** échelle de valeurs ; **all workers will be paid on the same scale** tous les ouvriers seront rémunérés au même taux. **c** (size) étendue f, ampleur f. ◊ **the scale of the disaster** l'ampleur du désastre ; **time scale** laps de temps, période.

**2** cpd **scale drawing** dessin m à l'échelle. – **scale fee** (Jur) honoraires mpl fixés d'après un barème. – **scale model** maquette f, modèle m réduit. – **scale rate** prix m porté sur un barème, prix de barème.

**scale down** [skeɪl] vt sep production, investment diminuer, réduire, ralentir. ◊ **scaled-down version** modèle bas de gamme, version allégée.

**scales** [skeɪlz] npl balance f. ◊ **pair of scales** balance ; **to tip the scales** faire pencher la balance.

**scale up** vt sep prices, production augmenter. ◊ **we are going to scale up the operations over a 3-year period** nous allons monter en charge pendant 3 ans, la montée en charge s'étalera sur 3 ans.

**scaling** ['skeɪlɪŋ] n classification f.

**scalp*** [skælp] vi (St Ex) boursicoter.

**scalper*** ['skælpəʳ] n (St Ex) spéculateur m sur la journée.

**scam*** [skæm] n escroquerie f, arnaque* f.

**scan** [skæn] **1** n (Comp) balayage m, analyse f. ◊ **scan area** zone de lecture. **2** vt **a** (glance quickly at) jeter un coup d'œil sur, parcourir rapidement. **b** (Comp) screen balayer.

**scanner** ['skænəʳ] n (Comp) scanner m, balayeur m. ◊ **optical scanner** lecteur optique ; **electronic scanner** (at check-out counter) scanner, lecteur optique.

**scanning** ['skænɪŋ] n balayage m. ◊ **environmental scanning** repérage de l'environnement ; **technological scanning** veille technologique.

**scant** [skænt] adj insuffisant, peu abondant. ◊ **in scant supply** difficile à se procurer.

**scarce** [skeəs] adj resources peu abondant, rare. ◊ **efficient salesmen are getting scarce or are in scarce supply** les bons vendeurs se font rares ; **scarce commodities** denrées rares.

**scarcity** ['skeəsɪtɪ] n manque m, pénurie f, rareté f, disette f. ◊ **scarcity of oil / raw materials** pénurie de pétrole / de matières premières ; **scarcity of skilled labour** pénurie or raréfaction de la main-d'œuvre qualifiée ; **scarcity value** valeur attachée à la rareté.

**scatter** ['skætəʳ] **1** vt (Comp) data ventiler, éclater, disperser. **2** n (Comp) ventilation f, éclatement m, dispersion f. **3** cpd **scatter read** (Comp) lecture f avec éclatement. – **scatter diagram** (Stat) diagramme m de dispersion.

**schedule** [ˈʃedjuːl, ˈskedjuːl] **1** n **a** [trains] horaire m; [events] calendrier m; [work, duties] programme m, calendrier m. ◊ **media** or **advertising schedule** plan média; **depreciation schedule** plan or tableau d'amortissement; **investment schedule** programme d'investissement; **to be behind / ahead of schedule** [train] être en retard / en avance sur l'horaire; [project] être en retard / en avance sur le programme prévu; **to fall behind schedule** prendre du retard dans le travail or sur le programme; **the board meeting went off according to schedule** la réunion du conseil d'administration s'est déroulée comme prévu or conformément au programme prévu; **on schedule** train à l'heure; project dans les temps, dans les délais, sans retard sur le programme; **to work to a very tight schedule** avoir un emploi du temps or un programme de travail très serré; **to make out a work schedule** établir un plan de travail. **b** (list) [goods, contents] inventaire m; [parts] nomenclature f; [prices] barème m, liste f; (Customs) tarif m. ◊ **schedule of postal charges** barème des tarifs postaux; **railroad schedule** (US) indicateur des chemins de fer; **wage schedule** barème des salaires. **c** (Jur) annexe f. ◊ **schedule to a contract** annexe d'un contrat. **d** (Tax) (form) cédule f, imprimé m de déclaration de revenus par type. ◊ **tax schedule** barème d'imposition. **e** (Fin) [debts, payments] échéancier m. **2** vt **a** timetable établir, programmer; broadcast programmer; train prévoir sur l'horaire. ◊ **he is scheduled to arrive today** son arrivée est prévue pour aujourd'hui; **we have scheduled the week's work** on a établi or dressé le plan de travail pour la semaine; **the work was scheduled to allow time for staff development** la répartition or l'organisation du travail permettait de dégager des plages horaires pour la formation du personnel; **this train is not scheduled today** ce train ne circule pas aujourd'hui. **b** (Jur) ajouter en annexe. ◊ **scheduled to the balance sheet** porté en annexe au bilan.

**scheduled** [ˈʃedjuːld] **adj** service, flight régulier. ◊ **scheduled airline** compagnie aérienne assurant des vols réguliers; **scheduled investment** investissements programmés; **scheduled maintenance** entretien de routine or périodique; **scheduled prices** prix indiqués or tarifaires; **scheduled taxes** impôts cédulaires; **the scheduled territories** les pays de la zone sterling; **to arrive at the scheduled time** arriver à l'heure indiquée or prévue.

**scheduler** [ˈʃedjuːləʳ] **n** programmateur m. ◊ **flight scheduler** programmateur de vol.

**schematic** [skɪˈmætɪk] **adj** schématique.

**scheme** [skiːm] **n** **a** (plan) projet m, plan m; (method) procédé m. ◊ **recovery scheme** plan de redressement; **he's got a scheme for increasing productivity** il a un plan pour accroître la productivité; **the scheme for our new head office** le projet pour notre nouveau siège social. **b** (arrangement) arrangement m, combinaison f. ◊ **our new colour scheme** notre nouvel assortiment de couleurs, nos nouveaux coloris. **c** (Admin : system) système m. ◊ **health insurance scheme** système d'assurance maladie; **contributory pension scheme** système de retraite par répartition; **non-contributory pension scheme** régime de retraite entièrement financé par l'employeur; **graduated pension scheme** régime de retraite proportionnelle; **incentive scheme** système de stimulants salariaux; **old-age pension scheme** régime de retraite vieillesse; **profit-sharing scheme** système de participation des salariés aux bénéfices de l'entreprise, plan d'intéressement des salariés aux bénéfices de l'entreprise. **d** (Jur) **scheme of composition** concordat préventif de faillite. **e** **scheme advertising** publicité sur le lieu de vente.

**schilling** [ˈʃɪlɪŋ] **n** schilling m.

**scholarship** [ˈskɒləʃɪp] **n** (award) bourse f.

**science** [ˈsaɪəns] **1** n science(s) f(pl). **2** adj equipment scientifique. ◊ **science park** parc scientifique.

**scientific** [ˌsaɪənˈtɪfɪk] **adj** scientifique.

**scoop** [skuːp] **1** n **a** (Comm) bénéfice m considérable. ◊ **to make a scoop** réussir un gros coup, faire de gros bénéfices. **b** (Press) reportage m exclusif or à sensation, scoop m. **2** vt **a** competitor devancer, battre, prendre de vitesse. ◊ **they scooped their competitors by making a better offer** ils ont pris de vitesse leurs concurrents en faisant une offre plus avantageuse. **b** profit ramasser*, récolter. **c** market s'emparer de.

**scope** [skəʊp] **n** **a** (opportunity) possibilité f, occasion f. ◊ **it leaves us plenty of scope** cela nous laisse beaucoup de possibilités; **the job offers considerable scope** le poste offre des perspectives intéressantes; **there is considerable scope for expansion in this sector** ce secteur offre beaucoup de possibilités d'expansion. **b** (range) envergure f, portée f, champ m d'action. ◊ **economies of scope** économies de champ; **the scope of the function** les contours de la fonction; **scope of application** champ or domaine d'application; **it's beyond** or **outside my scope** ce n'est pas de mon domaine, cela n'entre pas dans mes compétences; **scope of coverage** (Ins) étendue de la garantie; **to act within the scope of the new regulation** agir dans le cadre de la nouvelle réglementation; **to extend the scope of one's activities** élargir le champ de ses activités or étendre son rayon d'action; **to extend the scope of the powers of a committee** élargir le cadre des attributions d'un comité. **c** (Jur) ressort m. ◊ **matters within the scope of** questions qui sont du ressort de.

**score** [skɔːʳ] **1** n **a** (Sport) score m, marque f. **b** (twenty) vingt, une vingtaine. **c** (subject) question f, point m, titre m. ◊ **on that score** à cet égard, à ce titre, sur ce point; **you are right on that score** vous avez raison sur ce point. **d** (debt) compte m, dette f. ◊ **to settle old scores** régler des comptes. **2** vt marquer. ◊ **they've scored a bull's-eye with this new product** ils ont tapé dans le mille avec ce nouveau produit. **3** vi marquer des points. ◊ **our agent scored again with another huge contract** notre représentant s'est à nouveau distingué en obtenant un autre gros contrat; **that is where he scores over his colleagues** c'est là où il l'emporte sur ses collègues.

**scoreboard** ['skɔːbɔːd] n tableau m d'affichage. ◊ **corporate scoreboard** tableau de bord de l'entreprise.

**score off, score out** vt **sep** rayer, barrer, biffer.

**scoring** ['skɔːrɪŋ] n marquage m des points. ◊ **scoring sheet** feuille d'analyse.

**Scot** [skɒt] n (inhabitant) Écossais(e) m(f). ◊ **the Scots** les Écossais.

**Scotch** [skɒtʃ] **adj** écossais.

**scotch** [skɒtʃ] vt rumour étouffer; project faire échouer.

**Scotland** ['skɒtlənd] n Écosse f.

**Scots** [skɒts] **1** n (language) écossais. **2** adj écossais.

**Scotsman** ['skɒtsmən] n Écossais m.

**Scotswoman** ['skɒtswumən] n Écossaise f.

**Scottish** ['skɒtɪʃ] **adj** écossais.

**scramble** ['skræmbl] **1** vi ◊ **to scramble for sth** se disputer qch, se battre pour obtenir qch; **job-seekers were scrambling for work** les demandeurs d'emploi se démenaient pour obtenir du travail. **2** vt (Telec, fig) brouiller. ◊ **a scrambled message** un message brouillé.

**scrap** [skræp] **1** n **a** (discarded metal) ferraille f; (Ind) rebut m; (waste material) déchets mpl. ◊ **to sell sth for scrap** vendre qch à la casse;

**what is it worth as scrap?** qu'est-ce-que cela vaudrait à la casse? **b** (small piece) bout m, fragment m. ◊ **I could only catch scraps of their conversation** je n'ai pu saisir que des bribes de leur conversation; **there isn't a scrap of evidence** il n'y a pas la moindre preuve. **2** cpd scrap dealer ferrailleur m, casseur m. — scrap heap tas m de ferraille; **to throw on the scrap heap** mettre à la ferraille or à la casse or au rebut m. — scrap metal or iron ferraille f. — scrap merchant ferrailleur m. — scrap paper brouillon m. — scrap rate taux m de rebut. — scrap value valeur f à la casse. — scrap yard (gen) chantier de ferraille; (for cars) casse f, cimetière m de voitures. **3** vt **a** car mettre à la ferraille or à la casse or au rebut. ◊ **the shipowners decided to scrap the old freighter** les armateurs ont décidé d'envoyer à la casse le vieux cargo. **b** project abandonner, mettre au rancart*. ◊ **they scrapped the deal after 10 days' hard bargaining** ils ont abandonné or laissé tomber l'affaire après 10 jours d'âpres discussions.

**scrape along** [skreɪp] vi se débrouiller. ◊ **they scraped along for a year before seeking new finance** ils ont vivoté or ils se sont débrouillés tant bien que mal pendant un an avant de chercher un nouveau financement.

**scrape through** vi s'en tirer de justesse.

**scrape together, scrape up** vt **sep** money amasser à grand-peine. ◊ **they scraped up the necessary funds** ils ont péniblement réuni les fonds nécessaires.

**scrappage** ['skræpɪdʒ] n (Ind) rebuts mpl.

**scratch** [skrætʃ] **1** n ◊ **to start from scratch** partir de zéro; **to be up to scratch** se montrer à la hauteur; **to bring up to scratch** amener au niveau requis. **2** cpd scratch area (Comp) zone f de manœuvre. — scratch date date f de péremption or d'expiration. — scratch file (Comp) fichier m de manœuvre or de vidage. — scratch majority majorité f de rechange. — scratch pad bloc-sténo m. — scratch storage (Comp) mémoire f de manœuvre. — scratch tape (Comp) bande f de manœuvre. **3** vt (cancel) meeting annuler.

**scratch out** vt (delete) rayer, effacer.

**screamer*** ['skriːməʳ] n (Press : headline) énorme manchette f.

**screamline*** ['skriːmlaɪn] vt [newspaper] titrer en gros caractères.

**screen** [skriːn] **1** n écran m. ◊ **protective or safety screen** écran de sécurité; **touch / tilt**

**screen** (Comp) écran tactile / orientable ; **to split the screen** (Comp) fractionner l'écran ; **split screen** écran fractionné. 2 **cpd screen advertising** publicité f cinématographique. — **screen-based automated dealing** transaction f automatisée sur écran. — **screen rights** droits mpl d'adaptation à l'écran. — **screen test** bout m d'essai, essai m filmé. — **screen traders** (St Ex) opérateurs (travaillant) sur écran. 3 vt a (Cine, TV) projeter. b (select) candidats (pré)sélectionner, trier, filtrer. ◊ **to screen sb for a job** passer au crible la candidature de qn ; **the candidates were carefully screened** les candidats ont été passés au crible. c (hide) masquer, cacher.

**screening** ['skriːnɪŋ] 1 n a (selection) tri m, procédure f de sélection sur dossier, filtrage m, présélection f. b (TV, Cine) projection f. 2 **cpd screening board** jury m de présélection. — **screening process** présélection f.

**screen out** vt sep candidate éliminer à la présélection.

**screw** [skruː] 1 n vis f. ◊ **to put screws on public spending** donner un tour de vis aux dépenses publiques. 2 vt ◊ **to screw information out of sb** arracher or soutirer des renseignements à qn.

**screw up\*** vt sep (spoil) deal, arrangements foutre\* en l'air, bousiller\*. ◊ **we screwed (it) up** on s'est planté.

**scrimp** [skrɪmp] vi lésiner (*on* sur).

**scrip** [skrɪp] 1 n (St Ex) titre m ; temporary certificat m provisoire. ◊ **debenture scrip** certificat d'obligation ; **registered scrip** titre nominatif. 2 **cpd scrip dividend** dividende m différé. — **scrip issue** émission f d'actions gratuites ; **one-for-two scrip issue** émission d'une action gratuite pour deux anciennes.

**scripholder** ['skrɪphəʊldəʳ] n détenteur(-trice) m(f) de titres (provisoires).

**scroll** [skrəʊl] vt (Comp) screen dérouler, faire défiler. ◊ **to scroll up / down** faire défiler vers le haut / le bas.

**scrolling** ['skrəʊlɪŋ] n (Comp) défilement m. ◊ **horizontal / vertical scrolling** défilement horizontal / vertical.

**scrutinize, scrutinise** ['skruːtɪnaɪz] vt project, accounts examiner minutieusement or en détail, passer à la loupe or au peigne fin.

**scrutiny** ['skruːtɪnɪ] n examen m minutieux or détaillé. ◊ **it doesn't stand up to scrutiny** ça ne résiste pas à l'analyse or à l'examen.

**scupper\*** ['skʌpəʳ] (GB) vt plan, effort, agreement saboter.

**scuttle** ['skʌtl] vt ship saborder ; plans faire échouer.

**sd** abbr of *signed*.

**SD** [esˈdiː] n abbr of *short delivery* → short.

**SDRs** [esdiːˈɑːz] npl abbr of *special drawing rights* DTS mpl.

**S / E, SE** [esˈiː] n abbr of *stock exchange* → stock.

**sea** [siː] 1 n mer f. ◊ **by sea** par mer, par bateau ; **to put out to sea** prendre la mer. 2 **cpd sea captain** capitaine m de la marine marchande. — **sea carriage** transport m maritime or par mer. — **sea carrier** messageries fpl maritimes. — **sea change** [policies, attitudes] profond changement m (in de). — **sea damage** fortune f de mer. — **sea-going trade** commerce m maritime. — **sea insurance** assurance f maritime. — **sea law** droit SDRm maritime. — **sea letter** permis m de navigation. — **sea port** port m de mer. — **sea risks** risques mpl de mer. — **sea route** route f maritime. — **sea transport** transport m maritime or par mer.

**seaborne** ['siːbɔːn] adj goods transporté par mer ; trade maritime.

**seafaring** ['siːfɛərɪŋ] adj nation de marins.

**seafarming** ['siːfɑːmɪŋ] n aquaculture f, aquiculture f.

**seal** [siːl] 1 n (stamping device) (on document) cachet m, sceau m ; (Jur) scellés mpl. ◊ **corporate seal** cachet de la société ; **to affix a seal** apposer un cachet (*on* à) ; **to remove seals** (Jur) lever or ôter les scellés ; **to put** or **set one's seal to sth** apposer son sceau or son cachet à qch ; **seals breaking** rupture de scellés ; **seal of quality** label de qualité ; **under private seal** sous seing privé ; **customs seal** plomb de douane ; **lead seal** (on package) plomb. 2 vt a (stamp) apposer un sceau or un cachet à ; (close) sceller, cacheter ; (Customs) goods plomber. ◊ **sealed tender** or **bid** soumission cachetée. b (decide) décider. ◊ **to seal a deal** conclure une affaire.

**seal in** vt sep enfermer hermétiquement. ◊ **our new blister-pack seals in the freshness** notre emballage-bulle conserve toute la fraîcheur.

**sealing wax** ['siːlɪŋˌwæks] n cire f à cacheter.

**seal off** vt sep building interdire l'accès de. ◊ **the power station was sealed off by the police** la police avait isolé la centrale électrique, un cordon de police barrait l'accès à la centrale électrique.

**seaplane** ['siːpleɪn] n hydravion m.

**search** [sɜːtʃ] **1** n **a** (gen, Comp) recherche f. ◊ **the search for new ideas** la recherche or la quête de nouvelles idées ; **to be in search of sth** être à la recherche de qch. **b** [drawer, pocket, luggage] fouille f. ◊ **the suspect was submitted to a search** le suspect a été soumis à une fouille. **c** (Admin, Jur) [building] perquisition f, visite f. ◊ **right of search** droit de visite ; **house search** visite domiciliaire ; **search and seizure** perquisition et saisie. **2** cpd **search time** (Comp) temps m de recherche. — **search warrant** (Jur) mandat m de perquisition. **3** vt **a** (examine) fouiller, inspecter, visiter. ◊ **the customs officers searched the ship** les douaniers ont visité le navire. **b** (Jur) house opérer une perquisition dans. **c** (Comp) rechercher. ◊ **to search a file for sth** rechercher qch dans un fichier.

**searching** ['sɜːtʃɪŋ] adj study, report minutieux, rigoureux.

**search out** vt découvrir en cherchant.

**season** ['siːzn] **1** n saison f. ◊ **busy** or **high season** pleine or haute saison ; **low** or **slack season**, **off-season** basse saison, morte-saison ; **the start of the season** le début de la saison ; **in season** en saison ; **end-of-season sale** vente de fin de saison ; **the season is in full swing** or **at its height** la saison bat son plein. **2** cpd **season ticket** carte f d'abonnement ; **season ticket holder** abonné.

**seasonal** ['siːzənl] adj industry, worker, variations saisonnier. ◊ **seasonal adjustment** correction saisonnière, dessaisonalisation (in de) ; **seasonal swings** fluctuations saisonnières ; **seasonal worker** (travailleur) saisonnier ; **the seasonal nature of our business is a problem** le caractère saisonnier or la saisonalité de notre activité est un problème.

**seasonality** [ˌsiːzəˈnælɪtɪ] n saisonalité f, caractère m saisonnier.

**seasonally** ['siːzənəlɪ] adv ◊ **seasonally adjusted** unemployment figures corrigé des variations saisonnières, dessaisonalisé.

**seasoned** ['siːznd] adj worker chevronné, expérimenté. ◊ **seasoned security / bond** valeur / obligation ayant fait ses preuves (émise depuis au moins 3 mois).

**seaway** ['siːweɪ] n route f maritime.

**seaworthiness** ['siːwɜːðɪnɪs] n état m de navigabilité.

**seaworthy** ['siːwɜːðɪ] adj ship en bon état de navigabilité ; goods qui résiste au transport par mer. ◊ **seaworthy packing** emballage maritime.

**SEC** [esiːˈsiː] (US) n abbr of Securities and Exchange Commission ≈ COB f.

**second** ['sekənd] **1** adj second, deuxième. ◊ **second best** de second ordre, de qualité inférieure, de second choix ; **second debenture** obligation de deuxième rang ; **second endorser** (Fin) tiers porteur ; **second lien** hypothèque mobilière de deuxième rang ; **second-line stock** (St Ex) titres de second rang ; **second mortgage** hypothèque de deuxième rang ; **to give sb a second chance** donner une deuxième chance à qn ; **second trial balance** balance d'inventaire ; **in the second place** deuxièmement, en second lieu ; **second to none** sans pareil, inégalable ; **to have second thoughts about sth** changer d'avis à propos de qch ; **on second thoughts** réflexion faite. **2** n **a** (time) seconde f. **b** (Fin) **second of exchange**, second via deuxième de change. **c** (Comm) **seconds** articles de second choix (comportant des défauts). **3** vt **a** (support) (gen) seconder, soutenir ; (in debate) motion soutenir, appuyer. ◊ **will anyone second this motion?** quelqu'un appuie-t-il cette proposition ? **b** (Admin) détacher, affecter provisoirement à. ◊ **since he's on sick leave, someone will have to be seconded from your department** il faudra détacher quelqu'un de votre service puisqu'il est en congé de maladie.

**secondary** ['sekəndərɪ] adj (in second place) secondaire ; (minor) secondaire, accessoire. ◊ **secondary audience** audience secondaire ; **secondary bank** société de crédit or de prêts (à la consommation) ; **secondary banking** octroi de crédits à la consommation ; **secondary boycott** boycottage de soutien ; **secondary claim** créance de deuxième rang ; **secondary creditor** créancier de deuxième rang ; **secondary distribution** (St Ex) revente de titres par un gros porteur ; **secondary employment** travail non déclaré or au noir* ; **secondary income** revenus accessoires ; **secondary industry** le (secteur) secondaire ; **secondary market** (St Ex) marché secondaire ; **secondary offering** (St Ex) revente de titres par un gros détenteur (institutionnel) ; **secondary picketing** mise en place de piquets de grève de solidarité ; **secondary production** le (secteur) secondaire ; **secondary reserves** (Bank) réserves secondaires.

**second-class** ['sekəndˈklɑːs] adj (gen) de deuxième classe ; (pej) goods de qualité inférieure, de second choix or ordre. ◊ **second-class mail** (GB) courrier à tarif réduit ; **second-class paper** (Fin) effet commercial n'offrant pas toutes les garanties ; **second-class citizen** déshérité dans la société.

**seconder** ['sekəndə<sup>r</sup>] n (in debate) personne f en faveur d'une motion. ◊ **to be the seconder of a motion** appuyer une motion.

**second-grade** ['sekənd,greɪd] adj de qualité inférieure, de second choix or ordre.

**second-half** ['sekənd,hɑːf] adj (Fin) profits du deuxième semestre.

**second-hand** ['sekənd,hænd] adj d'occasion, de deuxième main. ◊ **second-hand car market** marché de la voiture d'occasion; **second-hand dealer** revendeur, brocanteur, marchand d'occasion; **second-hand shop** magasin de brocante, brocanteur; **the second-hand market** le marché de la revente or de l'occasion.

**secondly** ['sekəndlɪ] adv deuxièmement, en second lieu.

**secondment** [sɪ'kɒndmənt] n [employee] détachement m, affectation f provisoire. ◊ **on secondment abroad** en détachement or en mission à l'étranger.

**second-rate** ['sekənd,reɪt] adj de qualité inférieure, de second choix or ordre. ◊ **second-rate stock** (Fin) titre de second ordre.

**secrecy** ['siːkrəsɪ] n secret m. ◊ **breach of secrecy** violation du secret.

**secret** ['siːkrɪt] adj secret. ◊ **secret ballot** scrutin secret; **secret partner** bailleur de fonds; **secret payment** rémunération occulte; **secret reserve** fonds occultes, caisse noire.

**secretarial** [,sekrə'tɛərɪəl] adj de secrétariat, de secrétaire. ◊ **secretarial skills** compétences en matière de secrétariat.

**secretariat** [,sekrə'tɛərɪət] n secrétariat m.

**secretary** ['sekrətrɪ] n **a** (in office) secrétaire mf. ◊ **company secretary** secrétaire général; **deputy secretary** secrétaire adjoint; **executive secretary** secrétaire de direction; **personal** or **private secretary** secrétaire particulier; **professional secretary** assistant de direction; **reporting secretary** secrétaire de séance. **b** (Pol) **secretary of state** (GB) ministre (of, for de); (US) secrétaire d'État, ≈ ministre des Affaires étrangères; **secretary-general** secrétaire général.

**secrete** [sɪ'kriːt] vt (Jur) receler, recéler.

**secretion** [sɪ'kriːʃən] n (Jur) recel m.

**section** ['sekʃən] n (part) (gen) section f, partie f; [text, document] section f, article m, paragraphe m; [industry] secteur m; [town] secteur m, quartier m. ◊ **all sections of the population** toutes les catégories sociales; **the economic section** [newspaper] les pages financières; **the foreign / mining section** (St Ex) les valeurs étrangères / minières; **input / output section** (Comp) zone d'entrée /

de sortie; **the legal section** (gen) le service juridique; (Press) les pages juridiques.

**sectional** ['sekʃənl] adj appartenant à une classe, catégoriel. ◊ **sectional claims** revendications catégorielles; **sectional ledger** grand livre fractionnaire.

**sector** ['sektə<sup>r</sup>] n secteur m. ◊ **the corporate sector** le secteur de l'entreprise; **public / private sector** secteur public / privé; **primary / secondary / tertiary sector** secteur primaire / secondaire / tertiaire; **sector chart** graphique sectoriel.

**secular** ['sekjʊlə<sup>r</sup>] adj séculier. ◊ **secular stagnation** stagnation de longue durée; **secular trend** tendance à long terme, tendance séculaire.

**secunda via** [sɪ'kʊndə'viːə] n deuxième f de change.

**secure** [sɪ'kjʊə<sup>r</sup>] **1** adj **a** (safe) sûr. ◊ **secure investments** placements de père de famille or de tout repos. **b** (stable) assuré, garanti. ◊ **secure job** emploi assuré or stable. **2** vt **a** (obtain) (gen) se procurer, obtenir, s'assurer; contract, order obtenir. **b** (make safe) garantir, nantir. ◊ **to secure a debt by mortgage** garantir une créance par une hypothèque; **to secure a loan** garantir un emprunt; **the loan is secured on their business** leur entreprise sert de garantie or de nantissement à l'emprunt. **c** (fix) assurer, fixer, attacher.

**secured** [sɪ'kjʊəd] adj loan garanti, gagé, nanti; debt, bond garanti. ◊ **secured loan** prêt garanti; **secured call loan** prêt à très court terme contre effets; **secured creditor** créancier nanti or privilégié; **secured debenture** or **liability** obligation garantie.

**securities** [sɪ'kjʊərɪtɪz] npl (investments) valeurs fpl, titres mpl. ◊ **bearer securities** titres au porteur; **dated securities** titres à échéance fixe; **failed securities** titres impayés; **fixed-yield securities** valeurs à revenu fixe; **gilt-edged securities** (government-issued stock) fonds or titres d'État; (securities of the highest class) valeurs de premier ordre, valeurs de tout repos or de père de famille; **government securities** fonds or titres d'État; **quoted** or **listed securities** titres cotés en Bourse, valeurs admises à la cote officielle; **unlisted** or **unquoted** or **unlimited securities** valeurs non admises à la cote officielle, valeurs du marché hors-cote; **short- / medium- / long-dated securities** valeurs à courte / moyenne / longue échéance; **marketable securities** titres de placement négociables en Bourse; **negotiable** or **transferable securities** titres cessibles or négociables or transférables; **outside securities** titres non cotés au marché officiel, valeurs de coulisse ; **quoted securities** titres admis à la cote officielle ; **redeemable securities** valeurs remboursables or rachetables ; **registered securities** titres nominatifs ; **trustee securities** (GB) *titres qui doivent entrer obligatoirement dans la composition du portefeuille d'une société de placement.* **2** **cpd securities cover** couverture-titres f. – **securities department** service m des titres. – **Securities and Exchange Commission** (US) Commission f des opérations de Bourse. – **securities investment account** compte m (de) titres. – **Securities and Investment Board** (GB) Commission f des opérations de Bourse. – **securities ledger** registre m des valeurs. – **securities market** Bourse f des valeurs, marché m des valeurs mobilières ; **unlisted securities market** ≈ second marché. – **securities portfolio** portefeuille m de valeurs or de titres. – **securities tax** impôt m sur le revenu des valeurs mobilières. – **securities trust** société f de placement.

**securitization, securitisation** [sɪ̩kjʊərɪtaɪ'zeɪʃən] **n** (Fin) titrisation f.

**securitize, securitise** [sɪ'kjʊərɪtaɪz] **vt** loan titriser.

**security** [sɪ'kjʊərɪtɪ] **1** **n** **a** (Admin, Ind) sécurité f. ◊ **job security** sécurité de l'emploi ; **Social Security** (GB) Sécurité sociale ; **security of tenure** [tenant] bail assuré, garantie de rester dans les lieux ; [worker] stabilité d'emploi. **b** (money as guarantee for loan) caution f, garantie f, gage m, nantissement m, cautionnement m. ◊ **security in cash** cautionnement en numéraire ; **advance against security** avance sur nantissement ; **collateral security** nantissement ; **dead security** garantie irrécouvrable ; **joint security** caution solidaire ; **government security** valeur émise par l'État ; **to give a security** fournir une caution ou une garantie ; **to lend on security** prêter sur gage ; **to lodge stock as security** déposer des titres en nantissement ; **to obtain security** prendre des garanties ; **security for costs** (Jur) caution judiciaire. **c** (person guaranteeing loan) répondant(e) m(f), donneur m de caution, garant m, accréditeur m, donneur m d'aval. ◊ **to stand security for** loan se porter garant de, avaliser ; **signature, debt** avaliser. **2** **cpd security deposit** dépôt m de garantie. – **security dollar** dollar m titre. – **security holdings** titres mpl en portefeuille, portefeuille m (de) titres. – **security margin** marge f de sécurité. – **security market** marché m des valeurs. – **security measures** mesures fpl de sécurité. – **security police** services mpl de sécurité. – **security risk** *personne suscep-*

*tible de compromettre la sécurité d'une organisation* ; **he's considered a security risk** on considère qu'il constitue un risque.

**secy** abbr of *secretary.*

**seed money** ['siːdmʌnɪ] **n** investissement m initial, capital m de départ.

**seek** [siːk] **vt** chercher, rechercher. ◊ **to seek advice** demander conseil ; **seek address / time** (Comp) adresse / temps de recherche.

**seep out** [siːp] **vi** [information] transpirer.

**seepage** ['siːpɪdʒ] **n** [water] infiltration f, déperdition f.

**see-safe** ['siːseɪf] **n** vente f avec reprise des invendus.

**seesaw** ['siːsɔː] **vi** évoluer en dents de scie, osciller.

**segment** ['segmənt] **1** **n** secteur m, segment m, portion f. ◊ **industrial segment** secteur industriel, branche d'une activité industrielle. **2** **vt** market segmenter. ◊ **to segment a programme** (Comp) segmenter or fractionner un programme.

**segregated** ['segrɪgeɪtɪd] **adj** ◊ **segregated appropriation** affectation à des fins spéciales.

**segregation** [ˌsegrɪ'geɪʃən] **n** (separating) ségrégation f ; (allocation of funds) affectation f à des fins spéciales.

**seize** [siːz] **vt** **a** (gen) saisir. ◊ **to seize the opportunity** saisir l'occasion. **b** (Jur) saisir, confisquer. ◊ **the goods were seized** les marchandises ont été saisies.

**seize up** **vi** [engine] se bloquer, se gripper, ne pas tourner rond.

**seizure** ['siːʒəʳ] **n** [goods, property] saisie f. ◊ **seizure and forfeiture** saisie et confiscation ; **seizure for security** saisie conservatoire ; **seizure of chattels** saisie des biens et effets ; **seizure of movable property** saisie mobilière ; **seizure of smuggled goods** saisie en douane, saisie des marchandises passées en fraude or de contrebande ; **seizure under a prior claim** saisie-revendication.

**select** [sɪ'lekt] **1** **adj** audience choisi ; club fermé. ◊ **select committee** (GB Pol) commission d'enquête ; **a select few** quelques privilégiés. **2** **vt** choisir, sélectionner. ◊ **to select from** choisir parmi ; **selected wines** vins de premier choix or sélectionnés.

**selection** [sɪ'lekʃən] **1** **n** sélection f, choix m. ◊ **promoted by selection** promu au choix ; **the shop has a fine selection of fruit** la boutique offre un excellent choix de fruits. **2** **cpd selection board** or **committee** comité m de sélection. – **selection check**

(Comp) contrôle m de sélection. – **selection interview** interview f de sélection.

**selective** [sɪ'lektɪv] **adj** tax, control sélectif.

◊ with so many job-seekers around, employers can afford to be selective vu le nombre des demandeurs d'emploi les employeurs peuvent se permettre d'être difficiles; **selective benefits** allocations accordées selon le niveau des revenus; **selective calling** (Comp) appel sélectif; **selective digit emitter** distributeur; **selective selling** distribution sélective.

**selectivity** [ˌsɪlek'tɪvɪtɪ] **n** sélectivité f.

**selector** [sɪ'lektəʳ] **n** (Comp) sélecteur m. ◊ **selector channel** canal m sélecteur.

**self** [self] **1** **n** (Fin) moi-même. ◊ **pay self** (written on cheque) payez à l'ordre de moi-même. **2** **cpd self-addressed envelope** enveloppe f libellée à votre adresse. – **self-assessment** auto-évaluation f. – **self-balancing ledger** *grand livre avec possibilité d'auto-vérification des comptes*. – **self-checking code** code m détecteur d'erreur, code m d'auto-vérification. – **self-contained** (GB) flat indépendant. – **self-educated** autodidacte. – **self-employed** indépendant, qui travaille à son compte; **the self-employed enjoy certain tax benefits** les travailleurs indépendants jouissent de certains avantages fiscaux. – **self-financing** autofinancement m; **self-financing ratio** ratio d'autofinancement; **it is hoped that the project will shortly be self-financing** on espère que le projet pourra bientôt s'autofinancer. – **self-help** auto-assistance f. – **self-insurance** propre assurance f, auto-assurance f; **self-insurance reserve** fonds or réserve or provision de propre assureur. – **self-learning process** (Comp) processus m d'apprentissage. – **self-liquidation** [loan] auto-amortissement m. – **self-liquidating loan** emprunt m auto-amortissable. – **self-liquidating offer** offre f auto-payante. – **self-loading** autochargeable m. – **self-locking** à fermeture automatique. – **self-made** person qui a réussi tout seul; **he's a self-made man** il s'est fait tout seul, c'est un self-made man. – **self-managed** autogéré. – **self-managing** team autogéré. – **self-restraint** retenue f. – **self-sealing** envelope autocollant, auto-adhésif. – **self-service** libre-service m, self-service m; **the canteen has been made self-service** la cantine fonctionne maintenant en libre-service; **self-service store** magasin (en) libre-service; **self-service garage** garage en libre-service or en self-service. – **self-starter** personne f qui prend des initiatives. – **self-sufficiency** indépendance f économique, autarcie f. – **self-sufficient** économique-

ment indépendant, autosuffisant. – **self-supporting** person indépendant, qui suffit à ses besoins; project qui couvre ses propres frais. – **self-taught** autodidacte. – **self-triggered program** (Comp) programme m à lancement automatique.

**sell** [sel] **1** **n** **a** vente f. ◊ **hard** / **soft sell** vente agressive / discrète. **b** (* : trick) attrape-nigaud* m. ◊ **what a sell!** on s'est fait avoir!*, quelle arnaque!*. **2** **vt** **a** vendre, écouler. ◊ **to be sold** (on sign) à vendre; **to sell a bear, sell short** (St Ex) vendre à découvert; **to sell spot** (St Ex) vendre au comptant; **to sell afloat** vendre en cargaison flottante; **to sell in bulk** vendre en vrac or en gros; **to sell at a loss** vendre à perte; **to sell by** or **at auction** vendre aux enchères; **to sell retail** / **wholesale** vendre au détail / en gros; **to sell for cash** vendre au comptant; **to sell for delivery** vendre à couvert; **to sell for the account** or **settlement, sell forward** vendre à terme; **to sell on approval** vendre sur qualité vue or sur acceptation; **to sell on commission** vendre à la commission; **to sell on credit** or **trust** vendre à crédit; **to sell on steaming terms** vendre sous voiles; **to sell privately** vendre en privé or à l'amiable; **to sell to arrive** vendre à l'heureuse arrivée; **to sell sth for $2** vendre qch 2 dollars; **it's advertising that sells this item** c'est la publicité qui fait vendre cet article; **difficult / easy to sell** de vente or d'écoulement difficile / facile. **b** (* : put across) idea vendre, faire accepter, faire passer. ◊ **he knows how to sell himself** il sait se mettre en valeur or se faire valoir or se vendre; **to sell sb an idea** vendre or faire accepter une idée à qn; **to be sold on an idea** être emballé par une idée. **c** (* : cheat) tromper, duper, avoir. ◊ **we've been sold** on s'est fait avoir*. **3** **vi** se vendre. ◊ **these shirts sell at / for F 90 each** ces chemises se vendent 90 francs pièce; **that line doesn't sell** cet article se vend mal; **this book sells well** ce livre se vend bien.

**sell back** **vt sep** revendre.

**sell-by date** ['selbaɪˌdeɪt] **n** date f limite de vente.

**seller** ['seləʳ] **n** **a** (person) vendeur(-euse) m(f). ◊ **seller of a call option** / **put option** (St Ex) vendeur d'une option d'achat / d'une option de vente; **seller's market** marché favorable aux vendeurs, marché vendeur; **seller's option** prime vendeur, prime pour livrer; **seller's option to double** doublé à la baisse, faculté de livrer double; **sellers over** cours vendeurs réduits; **there were sellers over in the market** les vendeurs étaient en majorité or il y avait peu d'acheteurs sur le marché; **bear seller** vendeur à

découvert. **b** (article) article m en vente.
◊ **bad** or **slow seller** article qui se vend mal.
**sell in** vi vendre au distributeur.

**selling** ['selɪŋ] **1** n vente f. ◊ **direct selling** vente directe; **hard / soft selling** vente agressive / discrète; **forced selling** (St Ex) vente forcée; **pyramid selling** vente pyramidale; **inertia selling** vente forcée par correspondance. **2** cpd **selling agent** dépositaire m. – **selling area** zone f de chalandise. – **selling costs** frais mpl commerciaux or de vente. – **selling group** (St Ex) syndicat m de vente *(pour placer une nouvelle émission de titres)*. – **selling-in** vente f aux distributeurs. – **selling-out** vente f aux consommateurs *(par le distributeur)*; **selling-out against a buyer** revente de titres *(d'un acheteur défaillant)*. – **selling point** argument m de vente. – **selling price** prix m de vente. – **selling proposition** argument m de vente; **unique selling proposition** offre exclusive or spéciale. – **selling rate** cours m vendeur. – **selling space** espace m de vente.

**selloff** ['selɒf] n dégagement m.

**sell off** vt sep goods solder, liquider, brader; business liquider, se débarrasser de, se défaire de, revendre. ◊ **he sold off the business to his son-in-law** il a vendu l'entreprise à bas prix à son gendre; **to sell off the old models** solder les anciens modèles.

**sellout** ['selaʊt] n **a** (commercial success) vente f totale. ◊ **it was a sellout** nous avons absolument tout vendu; **our new colours were a sellout** notre nouvel assortiment de couleurs s'est vendu merveilleusement. **b** (betrayal) trahison f. ◊ **a sellout to the farm lobby** une capitulation devant le groupe de pression agricole.

**sell out 1** vt sep **a** (dispose of all one's stock) vendre tout son stock. ◊ **the new model is already sold out** notre nouveau modèle est déjà épuisé; **we're sold out of jackets in your size** nous n'avons plus de veste à votre taille. **b** (sell off) liquider, se débarrasser de, se défaire de, revendre. ◊ **he sold out his business and retired to the country** il a vendu son fonds et s'est retiré à la campagne. **c** (Fin) assets réaliser, liquider. **2** vi **a** [goods] se vendre totalement. **b** (St Ex) revendre. ◊ **to sell out against a buyer** revendre un acheteur défaillant.

**sell up 1** vt sep **a** (Jur) goods opérer la vente forcée de, saisir; debtor vendre les biens de, saisir. **b** business liquider, se débarrasser de, se défaire de. **2** vi vendre son affaire or son fonds.

**semi** ['semɪ] pref semi, demi. ◊ **semi-annual** semestriel; **semi-detached house** maison

jumelle; **semi-durable goods** biens semi-durables; **semi-finished goods** produits semi-finis; **semi-manufactured** or **semi-processed goods** produits semi-ouvrés; **semi-official** semi-officiel, officieux; **semi-skilled worker** ouvrier spécialisé; **semi-trailer** semi-remorque.

**semicolon** [semɪˈkəʊlən] n point-virgule m.

**semiconductor** [ˌsemɪkənˈdʌktəʳ] n semi-conducteur m.

**seminar** ['semɪnɑːʳ] n séminaire m, colloque m.

**send** [send] vt **a** (dispatch) envoyer, expédier, faire parvenir *(to sb* à qn). ◊ **I sent my application letter to him yesterday** je lui ai envoyé or adressé ma lettre de candidature hier; **I'll send a car for you** j'enverrai une voiture vous chercher. **b** (cause to go) envoyer. ◊ **to send sb for sth** envoyer qn chercher qch; **send him along to me** dites-lui de venir me voir; **to send workers home** (lay off) mettre des ouvriers en chômage technique.

**send away 1** vi ◊ **to send away for sth** commander qch par correspondance. **2** vt sep **a** (dismiss) renvoyer, congédier. **b** parcel, letter expédier, envoyer.

**send back** vt sep person, thing renvoyer.

**send down** vt sep **a** prices, inflation rate faire baisser. ◊ **groundless rumours sent market prices down** des rumeurs sans fondement ont fait baisser les cours du marché. **b** order transmettre *(à un échelon inférieur)*. ◊ **send these orders down to our local agent** transmettez ces commandes à notre délégation régionale.

**sendee** [senˈdiː] n destinataire mf.

**sender** ['sendəʳ] n expéditeur(-trice) m(f). ◊ **return to sender** retour à l'envoyeur; **sender's name and address must be clearly marked** le nom et l'adresse de l'expéditeur doivent être clairement indiqués.

**send for** vt fus **a** employee envoyer chercher, faire venir. **b** (order by post) commander par correspondance, se faire envoyer.

**send in** vt sep **a** employee faire entrer; troops envoyer. ◊ **send him in** faites-le entrer. **b** report, entry form envoyer, faire parvenir, soumettre. ◊ **applications should be sent in before the end of next month** les candidatures devront nous être parvenues avant la fin du mois prochain; **to send in one's resignation** remettre or donner sa démission; **to send in a request** faire une demande.

**send off 1** vt sep letter expédier, mettre à la poste. **2** vi ◊ **to send off for sth** commander qch par correspondance.

**send on** vt sep letter faire suivre ; document transmettre. ◊ **when he left he gave instructions for his mail to be sent on to his new address** quand il est parti il a laissé des instructions pour que son courrier lui soit réexpédié à sa nouvelle adresse ; **the document was sent on to him** le document lui a été transmis.

**send out** vt sep a mailshot, letter envoyer, expédier. ◊ **to send out invitations** lancer des invitations. b (Comp) envoyer, émettre. c messenger envoyer, dépêcher.

**send round** vt sep a document (circulate) faire circuler, faire passer ; (deliver) faire parvenir. ◊ **I'll send you round a copy of the contract as soon as it is ready** je vous ferai parvenir un exemplaire du contrat dès qu'il sera prêt. b person envoyer. ◊ **I sent him round to our legal department** je l'ai envoyé au service du contentieux.

**send through** vt sep telex transmettre.

**send up** vt sep faire monter, faire grimper. ◊ **the good export figures sent prices up** les bons résultats à l'exportation ont fait grimper les cours.

**Senegal** [ˌsenɪˈgɔːl] n Sénégal m.

**Senegalese** [ˈsenɪɡəˈliːz] 1 adj sénégalais. 2 n (inhabitant) Sénégalais(e) m(f).

**senior** [ˈsiːnɪəʳ] adj a (older) aîné, plus âgé. ◊ **senior citizen** personne âgée, personne du troisième âge. b (of higher rank) employee de grade or de rang plus élevé ; position supérieur, plus élevé. ◊ **he is senior to me in the firm** (in rank) son poste dans l'entreprise est plus élevé que le mien ; (in service) il a plus d'ancienneté que moi dans l'entreprise ; **senior clerk** commis principal, chef de bureau ; **senior executive** cadre supérieur ; **senior management** or **staff** cadres supérieurs, cadres de direction ; **senior officer** cadre dirigeant, membre de la direction ; **senior partner** associé principal or majoritaire ; **senior systems analyst** analyste de systèmes confirmé. c debt, mortgage, securities senior. ◊ **senior financing** financement par émission d'actions privilégiées ; **senior shares** actions privilégiées or de priorité.

**seniority** [ˌsiːnɪˈɒrɪtɪ] n ancienneté f. ◊ **seniority bonus** or **pay** prime d'ancienneté ; **to be promoted according to** or **by seniority** avancer or être promu à l'ancienneté ; **to retain seniority** conserver son ancienneté ; **he is chairman by seniority** il est président d'âge.

**sense** [sens] 1 n [word, phrase] sens m, signification f ; [idea, suggestion] sens m. ◊ **it doesn't make sense** ça n'a pas de sens, ça ne tient pas debout* ; **the sense of the meeting** (opinion) l'opinion f des personnes présentes ;

**to have good business sense** avoir le sens des affaires, avoir du flair pour les affaires. 2 cpd **sense line** (Comp) fil m de lecture. – **sense switch** (Comp) inverseur m. 3 vt a (feel, detect) sentir, pressentir. b (Comp) lire, détecter, explorer.

**sensitive** [ˈsensɪtɪv] adj a (responsive) sensible, sensibilisé (to à). ◊ **sensitive market** (St Ex) marché sensible or instable or nerveux ; **securities sensitive to Wall Street** des valeurs qui réagissent fortement au comportement de Wall Street. b dossier sensible ; issue, decision délicat, épineux. ◊ **sensitive official papers** documents officiels explosifs.

**sensitivity** [ˌsensɪˈtɪvɪtɪ] n a sensibilité f. ◊ **market sensitivity** instabilité or nervosité du marché ; **sensitivity training** sensibilisation f (à une activité professionnelle). b [issue, decision] caractère délicat or épineux.

**sensitization, sensitisation** [ˌsensɪtaɪˈzeɪʃən] n sensibilisation f.

**sensitize, sensitise** [ˈsensɪtaɪz] vt sensibiliser (to à).

**sensor** [ˈsensəʳ] n capteur m.

**sentence** [ˈsentəns] 1 n a (words) phrase f. b (judgment) condamnation f, sentence f ; (punishment) peine f. ◊ **suspended sentence** sursis ; **to pass sentence on sb** prononcer une condamnation contre qn ; **he got a ten-year sentence** il a été condamné à une peine de dix ans de prison. 2 vt prononcer une condamnation contre. ◊ **to be sentenced in absentia** être condamné par défaut.

**sentinel** [ˈsentɪnl] n (Comp) drapeau m, borne f, marque f.

**Seoul** [səʊl] n Séoul.

**separate** [ˈseprɪt] 1 adj séparé, distinct, indépendant. ◊ **there will be separate negotiations on this question** cette question sera négociée séparément ; **to send sth under separate cover** envoyer qch sous pli séparé ; **separate property** (Jur) biens propres ; **separate (tax) return** déclaration de revenus distincte or séparée ; **separate taxation** imposition distincte or séparée. 2 vt séparer.

**separation** [ˌsepəˈreɪʃən] n séparation f. ◊ **separation from employment** perte d'emploi ; **separation pay** indemnité pour perte d'emploi or pour rupture de contrat.

**September** [sepˈtembəʳ] n septembre m. ◊ **the month of September** le mois de septembre ; **on September the 15th** le 15 septembre ; **Tuesday September the 15th** mardi 15 septembre ; **in September** en septembre ; **in**

**early / late September** début / fin septembre; **in mid-September** à la mi-septembre; **next / last September** (en) septembre prochain / dernier.

**sequence** ['siːkwəns] **1** n séquence f, ordre m, suite f. ◊ **in sequence** par ordre. **2** cpd **sequence chart** (Comp) diagramme m de fonctionnement. – **sequence check** (Comp) contrôle m de séquence. – **sequence key** (Comp) indicatif m de classement. – **sequence number** numéro m d'ordre. **3** vt mettre en séquence, classer, ordonner.

**sequential** [sɪ'kwenʃəl] adj (gen, Comp) séquentiel. ◊ **sequential sampling** échantillonnage successif or séquentiel; **sequential in, random out** entrée séquentielle, sortie aléatoire.

**sequester** [sɪ'kwestəʳ] vt placer or mettre sous séquestre, saisir. ◊ **sequestered account** compte saisi or mis sous séquestre; **sequestered property** biens sous séquestre.

**sequestration** [ˌsiːkwes'treɪʃən] n mise f sous séquestre, saisie f. ◊ **writ of sequestration** séquestre judiciaire.

**sequestrator** ['siːkwesˌtreɪtəʳ] n administrateur-séquestre m.

**Serb** [sɜːb] n (inhabitant) Serbe mf.

**Serbia** ['sɜːbɪə] n Serbie f.

**Serbian** ['sɜːbɪən] **1** adj serbe. **2** n (language) serbe m.

**Serbo-Croat** ['sɜːbəʊ'krəʊæt] **1** adj serbo-croate. **2** n (language) serbo-croate m.

**Serbo-Croatian** ['sɜːbəʊkrəʊ'eɪʃən] adj serbo-croate.

**serial** ['sɪərɪəl] **1** n (Rad, TV) feuilleton m, sérial m; (novel) publication f périodique. **2** adj (gen) de série, en série; (Comp) série. ◊ **serial access** accès séquentiel; **serial advertisements** annonces en série, série d'annonces; **serial bonds** obligations à dates d'échéance échelonnées et tirées au sort; **serial feed** alimentation colonne par colonne; **serial number** [engine] numéro de série; [bond] numéro d'ordre or de série; **serial port** port série; **serial printer** imprimante série; **serial processing** traitement série; **serial programming** programmation série; **serial reader** lecteur série.

**serialize, serialise** ['sɪərɪəlaɪz] vt numéroter consécutivement.

**series** ['sɪəriːz] n **a** série f, suite f, succession f. ◊ **series discount** (Pub) rabais pour insertions multiples. **b** (Rad, TV) série f, feuilleton m.

**serious** ['sɪərɪəs] adj **a** (causing concern) situation grave, sérieux; damage sérieux, important. **b** (thoughtful) person sérieux, réfléchi; report, account sérieux, sûr; discussion sérieux, important.

**servant** ['sɜːvənt] n serviteur m. ◊ **civil servant, public servant** fonctionnaire; **senior civil servant** haut fonctionnaire.

**serve** [sɜːv] **1** vt **a** (work for) employer servir, être au service de; (in shop, restaurant) servir, s'occuper de. ◊ **to serve a customer** servir un client; **are you being served?** est-ce que l'on s'occupe de vous?; **he has served the firm well** il a rendu de grands services à l'entreprise; **to serve the purpose** faire l'affaire. **b** [train service] desservir. ◊ **the area is served by a number of buses** le secteur est desservi par un grand nombre de bus. **c** term of office accomplir; apprenticeship faire. **d** (deliver) **to serve a summons / a writ on sb** notifier une assignation / une citation à qn; **to serve sb with a warrant, serve a warrant on sb** délivrer un mandat à qn; **to serve notice (to quit) upon a tenant** signifier or donner son congé à un locataire. **e** (Fin) **to serve an interest** servir or verser un intérêt. **f** (Comp) prendre en charge. **2** vi (work, do duty) servir. ◊ **to serve in a shop** être vendeur dans un magasin; **he has served on the committee for twenty years** il est membre de la commission depuis vingt ans; **he has served two years as** cela fait deux ans qu'il exerce les fonctions de.

**server** ['sɜːvəʳ] n (Comp) serveur m. ◊ **file server** serveur de fichiers.

**service** ['sɜːvɪs] **1** n **a** (occupation) service m, emploi m, carrière f. ◊ **pensionable service** services validables pour la retraite; **record of service** état de service; **promotion according to length of service** avancement à l'ancienneté; **the civil service** (GB) l'administration, le fonctionnariat, la fonction publique. **b** (help for customer) service m, prestation f. ◊ **at your service** à votre service, à votre disposition; **to be of service to sb** rendre service à qn, être utile à qn; **to bring / come into service** mettre / entrer en service; **your services are no longer required** nous n'avons plus besoin de vos services; **service included / excluded, inclusive / exclusive of service** service compris / non compris; **goods and services** biens et services; **public utility services** services publics. **c** (department) service m, département m. ◊ **customs service** service des douanes; **delivery service** service de livraison; **dispatch service** service d'expédition; **joint-cargo service** service de groupage (des expéditions); **the National Health Service** (GB) ≈ la Sécurité sociale; **parcels service**

service de messageries ; **postal service** service postal. **d** (train) service m. ◊ **passenger service** service de voyageurs ; **railway service** service ferroviaire or de chemin de fer ; **motorail** (GB) or **car sleeper service** service train autocouchettes ; **shuttle service** (service de) navette ; **goods** or **freight service** service de marchandises ; **cartage service** service de camionnage or de factage ; **24-hour** or **round-the-clock service** service permanent, service 24 heures sur 24 ; **the number 7 bus service** la ligne 7. **e** (maintenance) entretien m, maintenance f ; (repair) révision f, dépannage m. ◊ **after-sales service** service après-vente ; **telephone answering service** service d'assistance téléphonique ; **to put one's car in for service** donner sa voiture à réviser. **f** (Jur) [writ] délivrance f, signification f. ◊ **personal / substituted service** signification par huissier / indirecte.

**2 cpd service agreement** (on goods purchased) contrat m de maintenance. − **service area** aire f de service. − **service call** or **visit** (gen) visite f d'entretien ; (Ind) intervention f sur machine. − **service card** (Comp) carte f à bande magnétique. − **service charge** (Bank) frais mpl de gestion de compte ; (property maintenance) charges fpl locatives ; (restaurant) service m. − **service contract** (US) [employee] contrat m de travail. − **service department** service m de réparation or d'entretien. − **service engineer** technicien m de maintenance. − **service enterprise** entreprise f de services. − **service handbook** manuel m or guide m d'entretien. − **service hours** heures fpl d'utilisation. − **service industry** (sector) (secteur m) tertiaire m ; (individual industry) industrie f de services. − **service jobs** emplois mpl du secteur tertiaire. − **service life** [equipment] durée f de vie or d'utilisation. − **service program** or **routine** (Comp) programme m de service. − **service station** (Aut) station-service f.

**3 vt a** vehicle réviser ; machine assurer l'entretien de. **b** (Fin) **to service a loan** servir les intérêts or assurer le service des intérêts d'un emprunt. **c** (Comm) account gérer. ◊ **to service the market** servir le marché.

**serviceable** ['sɜːvɪsəbl] **adj** (Comm) utilisable, en état de fonctionner.

**servicing** ['sɜːvɪsɪŋ] **n** [machine, car] entretien m ; [debt] service m ; [orders] traitement m. ◊ **after-sales service** service après-vente.

**servitude** ['sɜːvɪtjuːd] **n** (Jur) servitude f.

**session** ['seʃən] **n** (gen) séance f, session f, réunion f ; (Jur) audience f. ◊ **full session** séance plénière ; **opening / closing session** séance d'ouverture / de clôture ; **stock prices fell**

steadily throughout the session les cours des actions ont baissé régulièrement tout au long de la séance ; **to hold a session** tenir séance ; **the court is now in session** le tribunal est en séance, l'audience est ouverte ; **to go into secret session** siéger à huis clos or en séance secrète ; **session chairman** président de séance.

**set** [set] **1** n [objects] série f, jeu m ; [regulations] série f, assortiment m, ensemble m ; [measures] train m, série f, ensemble m. ◊ **in sets of 3** par séries or jeux de 3 ; **full set of bills of lading** jeu complet de connaissements ; **set theory** théorie des ensembles.

**2 adj** (fixed) price fixe ; attitude déterminé, résolu. ◊ **to be set on doing sth** être résolu à faire qch.

**3 vt a** (fix) price, date fixer ; deadline arrêter, fixer. ◊ **to set a trend** lancer une mode ; **to set the pace** donner le ton ; **to set a record** établir un record. **b** (assign) task assigner, donner ; problem poser. ◊ **to set an objective** or **a target** fixer un objectif. **c** (adjust) instrument régler. ◊ **set your watch to the right time** mettez votre montre à l'heure. **d** signature apposer (to à). **e** (Typ) composer. **4 vi** ◊ **to set to work** se mettre au travail.

**set about vt fus** ◊ **to set about doing** se mettre or commencer à faire ; **to set about sth** commencer or entreprendre qch ; **I don't know how to set about this problem** je ne sais pas comment aborder ce problème.

**set against vt sep** ◊ **to set losses against taxes** déduire les pertes des impôts ; **to be set against your invoice** à valoir sur votre facture.

**set apart vt sep** mettre de côté, réserver. ◊ **to set apart funds for** affecter des fonds à.

**set aside vt sep a** (keep, save) mettre de côté or en réserve. **b** (reject) proposal, claim rejeter ; (Jur) will annuler. ◊ **to set a judgment aside** casser un jugement.

**set back vt sep a** (retard) progress, development retarder. **b** (* : cost) coûter, revenir très cher. ◊ **it must have set you back quite a lot** cela a dû vous revenir très cher or vous coûter les yeux de la tête.

**setback** ['setbæk] **n a** (disappointment) déception f, déconvenue f, difficulté f. ◊ **to suffer a setback** subir or essuyer un revers or un échec. **b** (St Ex) tassement m, recul m. ◊ **after an early setback prices advanced steadily** après un léger tassement en début de séance les cours ont progressé régulièrement.

**set down vt sep** (record) noter, inscrire. ◊ **to set sth down in writing** mettre qch par écrit ; **the terms set down in the agreement** les conditions énoncées dans l'accord.

**set forth** vt sep énoncer, formuler, présenter. ◊ **the stipulations set forth in the policy** les conditions énoncées dans la police.

**set off** 1 vt sep (balance) compenser. ◊ **to set off a gain against a loss** compenser une perte par un gain ; **expenses must be set off against profits** il faut déduire les dépenses des bénéfices. 2 vi partir, s'en aller. ◊ **to set off on a journey** partir en voyage.

**set-off** ['setɒf] n a (Jur) [judgment] demande f reconventionnelle ; [debt] compensation f. ◊ **as a set-off against** en compensation or dédommagement or contrepartie de. b (Acc) écriture f inverse.

**set out** 1 vt sep a (display) goods arranger, disposer, étaler. b (put forward) reasons, explanation indiquer, exposer. 2 vi (intend) se proposer de, entreprendre de. ◊ **they set out to reduce production costs** ils ont entrepris or ils se sont proposé de réduire les coûts de production.

**setting** ['setɪŋ] n a (environment) cadre m, environnement m. b [machine] réglage m. c [objectives] fixation f, détermination f, établissement m. ◊ **goal setting** détermination des objectifs. d (Typ) composition f. ◊ **page setting** mise en page.

**setting-up** [ˌsetɪŋ'ʌp] n a (establishment) [business] création f, fondation f, lancement m, établissement m ; [committee] constitution f, institution f. ◊ **setting-up costs** frais d'immobilisation *(des machines et du personnel lors d'un renouvellement de matériel ou entre deux séries de production).* b [factory, agency] implantation f.

**settle** ['setl] 1 vt a (arrange) problem régler, trancher, résoudre. ◊ **to settle a question / dispute** régler une question / un litige ; **to settle a claim** (Ins) régler un sinistre ; **the two companies settled their disagreement out of court** les deux sociétés ont réglé leur différend à l'amiable ; **several points remain to be settled** plusieurs points restent à régler ; **nothing is settled yet** rien n'est encore décidé. b (fix) date, place fixer, déterminer. ◊ **the terms were settled** les conditions ont été fixées. c (conclude) deal, matter conclure, terminer, régler. ◊ **your appointment is as good as settled** considérez votre nomination comme acquise. d (pay) debt, bill acquitter, régler, payer, solder. ◊ **to settle an estate** (Jur) régler une succession. e (calm) doubts calmer, apaiser, dissiper. 2 vi a (go to live) s'installer, se fixer, s'établir. ◊ **he settled in Paris** il s'est fixé à Paris. b (become accustomed) se faire à, s'habituer à. ◊ **to settle into one's new job** se faire à son nouvel emploi. c (calm down) se

calmer, s'apaiser, se tasser, rentrer dans l'ordre. ◊ **the dust has settled** la situation s'est décantée.

**settle down** vi [situation] se calmer, se stabiliser.

**settle for** vi (compromise) accepter. ◊ **we finally settled for a trial period of 6 months** nous sommes finalement tombés d'accord sur une période d'essai de 6 mois.

**settle up** vi (Fin) régler. ◊ **to settle up with sb** régler qn.

**settled** [setld] adj (on bill) pour acquit, réglé.

**settlement** ['setlmənt] 1 n a [business, question, dispute] règlement m ; [problem] solution f. b (agreement) accord m, arrangement m. ◊ **wage settlement** convention salariale, accord salarial ; **to reach a settlement** arriver à or conclure un accord. c (payment) règlement m, paiement m. ◊ **cash settlement** règlement (en) espèces ; **settlement by abandonment** (Ins) règlement par délaissement ; **settlement of account** arrêté de compte ; **in full settlement** pour solde de tout compte. d (Jur) **legal settlement** (bankruptcy) concordat, règlement judiciaire ; **marriage settlement** contrat de mariage ; **settlement of an annuity** constitution d'une rente ; **out-of-court settlement** règlement à l'amiable ; **to make a settlement on sb** constituer une rente or faire une donation en faveur de qn. e (St Ex) terme m, liquidation f. ◊ **dealings for the settlement** opérations de liquidation, négociations à terme ; **yearly settlement** liquidation de fin d'année. 2 cpd **settlement account** compte m de liquidation. – **settlement bargain** (St Ex) marché m à terme or à livrer. – **settlement day** (St Ex) jour m de la liquidation. – **settlement discount** or **terms** conditions fpl de règlement, escompte m consenti selon la date de paiement. – **settlement market** marché m à terme. – **settlement price** (future price) cours m à terme ; (Commodity Exchange) cours m de résiliation.

**settling** ['setlɪŋ] 1 n a [contract] conclusion f, règlement m. b (St Ex) liquidation f. c (Jur) **settling of an annuity** constitution de rente *(on* en faveur de). 2 cpd **settling day** (St Ex) jour m de la liquidation. – **settling room** (St Ex) salle f de liquidation. – **settling time** (Comp) temps m d'établissement or de stabilisation.

**settlor** ['setləʳ] n (Jur) donateur m.

**set up** 1 vt sep business établir, créer, fonder, lancer, monter ; committee instituer, constituer. ◊ **to set up a new branch** fonder or implanter une nouvelle succursale; **to set up shop** s'installer. **2 vi** [businessman] s'établir, s'implanter. ◊ **he has set up on his own** il s'est mis à son compte; **to set up in business** monter une affaire; **they're going to set up in the USA** ils vont s'implanter aux États-Unis. **3 cpd set-up charges** or **fees** (Fin, St Ex) droits mpl d'entrée. — **set-up time** [machine] temps m de réglage.

**setup** ['setʌp] **n** (structure) structure f, organisation f, disposition f; (Comp) configuration f. ◊ **what's the setup?** comment s'organise-t-on?, qu'est-ce qui est prévu?

**seven** ['sevn] **adj, n** sept m → six.

**sevenfold** ['sevnfəʊld] **1 adj** septuple. **2 adv** au septuple.

**seventeen** ['sevn'tiːn] **adj, n** dix-sept m → six.

**seventeenth** ['sevn'tiːnθ] **adj, n** dix-septième mf. ◊ **in the seventeenth place** dix-septièmement → sixth.

**seventh** ['sevnθ] **adj, n** septième mf → sixth.

**seventhly** ['sevnθlɪ] **adv** septièmement.

**seventieth** ['sevntɪɪθ] **adj, n** soixante-dixième mf → sixth.

**seventy** ['sevntɪ] **adj, n** soixante-dix m → sixty.

**sever** ['sevər] **vt** relations rompre, couper, cesser.

**several** ['sevrəl] **adj a** (many) plusieurs. **b** (Jur) **several liability** responsabilité individuelle; **joint and several bond** obligation conjointe et solidaire.

**severally** ['sevrəlɪ] **adv** ◊ **severally liable** responsable isolément; **jointly and severally** conjointement et solidairement.

**severance** ['sevərəns] **n** séparation f, rupture f. ◊ **severance pay** or **wage** indemnité pour rupture de contrat, prime or indemnité de licenciement.

**severe** [sɪ'vɪər] **adj** measure sévère; competition acharné, serré.

**sgd** abbr of *signed*.

**sh.** abbr of *share*.

**shade** [feɪd] **1 vt** price baisser or diminuer progressivement. ◊ **prices shaded for quantities** tarif dégressif pour commandes en gros; **shaded charges** tarif dégressif. **2 vi** [prices] baisser. **3 n** nuance f. ◊ **shade card** nuancier.

**shadow** ['fædəʊ] **1 n** (lit, fig) ombre f. ◊ **the news cast a shadow on the meeting** la nouvelle a jeté une ombre sur la réunion. **2 vt** ◊ **to shadow a currency** s'aligner sur une monnaie.

**3 cpd shadow cabinet** (GB Pol) cabinet m fantôme *(de l'opposition)*. — **shadow price** prix m marginal.

**shady** ['feɪdɪ] **adj** dealings louche, douteux.

**shake** [feɪk] **vt** belief, resolve secouer, ébranler. ◊ **investors' confidence was badly shaken** la confiance des investisseurs a été fortement ébranlée; **the news shook the market** la nouvelle a ébranlé le marché.

**shakedown*** ['feɪkdaʊn] **n a** (extortion) extorsion f, chantage m. **b** (Ind : cut) réduction f de personnel, compression d'effectifs, dégraissage. ◊ **a shakedown in management staff** une réduction du personnel d'encadrement.

**shake off vt sep** se défaire de, se débarrasser de.

**shake out vt sep** staff dégraisser.

**shake-out** ['feɪkaʊt] **n a** (St Ex) débandade f des boursicoteurs. **b** (Ind) dégraissage m, compression f de personnel. ◊ **labour shake-out** fort tassement de l'emploi; **the shake-out in the microcomputer industry** les compressions de personnel dans le secteur de la micro-informatique.

**shake up vt sep a** (upset) person secouer, bouleverser. **b** (reorganize) business transformer totalement or de fond en comble.

**shake-up** ['feɪkʌp] **n** remaniement m, réorganisation f totale restructuration f profonde, chambardement* m.

**shaky** ['feɪkɪ] **adj** business branlant, chancelant.

**shallow** ['fæləʊ] **adj** argument superficiel.

**sham** [fæm] **1 n** (pretence) comédie f, frime* f; (person) imposteur m. **2 adj** contract, dividend, sale fictif. ◊ **sham plea** (Jur) moyen dilatoire.

**shambles*** ['fæmblz] **n** confusion f, désordre m, pagaille* f. ◊ **the business is a shambles** c'est la pagaille dans cette boîte.

**shanghai*** [fæŋ'haɪ] **vt** ◊ **to shanghai sb into doing sth** contraindre qn à faire qch.

**shape** [feɪp] **1 n a** (outline) forme f. ◊ **of all shapes and sizes** de toutes les formes et de toutes les tailles; **a recovery is taking shape in the consumer goods sector** une reprise se dessine dans le secteur des biens de consommation. **b** (condition) [person, business] condition f, forme f. ◊ **in poor shape** mal en point; **the US economy is in good / bad shape** l'économie américaine se porte bien / mal. **2 vt** façonner, modeler. ◊ **to shape the course of events** influer sur la marche des événements.

**shape up** vi **a** [project] prendre forme, prendre tournure, se dessiner. ◊ **our plans are shaping up nicely** nos projets prennent bonne tournure or sont en bonne voie ; **it's shaping up well** cela s'annonce prometteur. **b** [person] s'adapter. ◊ **he is rather unexperienced but he'll shape up** il manque un peu d'expérience, mais il se fera or il s'en sortira.

**share** [ʃɛəʳ] **1** n **a** (part) (gen) part f, portion f, quote-part f ; (legal share) réserve f légale. ◊ **share of the market** part du marché ; **his share in the profits** sa part des bénéfices ; **he has a half-share in the firm** il possède la moitié de l'entreprise ; **to have a share in a business** avoir des intérêts dans une affaire ; **to take a share in sth** participer à qch ; **to bear one's share of the cost** participer aux frais ; **to go shares with** partager les frais avec. **b** (Fin, St Ex) action f, titre m, valeur f (boursière). ◊ **earnings per share** bénéfice par action ; **to issue shares at a discount / at par / at a premium** émettre des actions en dessous du pair / au pair / au-dessus du pair ; **A share** action ordinaire sans droit de vote ; **B share** action ordinaire avec droit de vote *(donnant droit à l'attribution d'actions gratuites)* ; **bearer share** action au porteur ; **bonus** or **scrip share** action gratuite ; **common** or **equity** or **ordinary** or **junior share** action ordinaire ; **cumulative preference share** action privilégiée cumulative ; **deferred share** action différée ; **director's share** action statutaire *(à posséder obligatoirement par les candidats à la direction)* ; **dividend share** action de garantie or de jouissance ; **founder's share** part de fondateur ; **fully- / partly-paid share** action entièrement / non entièrement libérée ; **golden share** action privilégiée ; **issued share capital** capital émis ; **joint shares** actions indivises ; **no-par-value share** (US) action sans valeur nominale ; **(fully) paid-up shares** actions (entièrement) libérées ; **partnership share** part d'associé, part sociale ; **personal** or **registered share** action nominative ; **preference** or **preferred share** action privilégiée ; **qualification share** action statutaire ; **qualifying share** action de garantie ; **quoted / unquoted** or **listed / unlisted share** action cotée / non cotée en Bourse ; **transferable share** action cessible. **2** cpd **share allotment** répartition f or attribution f d'actions ; **share allotment form** formulaire de répartition or d'attribution d'actions. – **share appreciation mortgage** (US) prêt m hypothécaire *(dans lequel l'acquéreur de la propriété cède une partie de la plus-value quand il la revend)*. – **share capital** capital-actions m. – **share certificate** certificat m or titre m d'action. – **share dividend** dividende m d'actions.

– **share draft** (US) effet m émis par un crédit mutuel. – **share hawker** courtier m marron or en valeurs douteuses. – **share hawking** colportage m illégal de titres. – **share index** indice m des valeurs boursières or mobilières. – **share issue** émission f d'action. – **share premium** prime f d'émission. – **share price** cours m de l'action. – **share pusher** courtier m marron or en valeurs douteuses. – **share pushing** colportage m illégal de titres. – **share qualifications** cautionnement m en actions. – **share register** registre m des titres or des actionnaires. – **share split** fractionnement m d'actions. – **share structure** composition f du portefeuille d'actions. – **share transfer** cession f de titres. **3** vt partager. ◊ **to share responsibilities with sb** partager des responsabilités avec qn. **4** vi participer, prendre part à. ◊ **to share in the profits** participer aux bénéfices.

**shareholder** [ˈʃɛəhəʊldəʳ] (GB) n actionnaire mf. ◊ **shareholders' equity** fonds propres, capital social ; **shareholders' meeting** / **register** assemblée / registre des actionnaires ; **majority / minority shareholder** actionnaire majoritaire / minoritaire.

**shareholding** [ˈʃɛəhəʊldɪŋ] (GB) n (holding) détention f or possession f d'actions or de titres ; (shareholders) actionnariat m. ◊ **dilution of shareholding** dilution du capital ; **employee shareholding** actionnariat ouvrier ; **minority shareholding** participation minoritaire ; **the state has a majority shareholding** l'État possède la majorité des actions or est l'actionnaire majoritaire.

**share out** vt sep work, money répartir, distribuer.

**share-out** [ˈʃɛəraʊt] n partage m, distribution f.

**sharer** [ˈʃɛərəʳ] n ◊ **sharer in an estate** (Jur) portionnaire mf.

**sharing** [ˈʃɛərɪŋ] n partage m (of de), participation f (of à). ◊ **profit-sharing scheme** plan d'intéressement aux bénéfices de l'entreprise.

**shark*** [ʃɑːk] n requin m, escroc m.

**sharp** [ʃɑːp] **1** adj **a** fall, rise accentué, accusé, prononcé, vif, net (in de) ; competition fort, vigoureux, vif, acharné. ◊ **sharp difference** différence nette or marquée or prononcée ; **sharp protest** protestation énergique ; **sharp rally** reprise vigoureuse. **b** (* : dishonest) peu scrupuleux. ◊ **sharp practice** pratique malhonnête or déloyale. **c** (astute) fin, vif, intelligent. ◊ **he has a sharp eye for a bargain** il sait flairer une bonne affaire; **sharp-witted** à l'esprit vif. **2** **adv** ◊ **at 7 o'clock sharp\*** à 7 heures pile\*.

**shatter** ['ʃætər] **vt** hopes, career ruiner, briser, détruire.

**shave** [ʃeɪv] **vt** subsidies rogner.

**shed** [ʃed] **vt** **a** (St Ex) céder. ◊ **this share has shed two points** cette action a cédé deux points. **b** (lay off) workers licencier, se séparer de. ◊ **the company will have to shed a hundred workers** la société devra se séparer d'une centaine d'ouvriers. **c** **to shed some light on a project** éclairer un projet, rendre un projet plus clair.

**shedding** ['ʃedɪŋ] **n** ◊ **labour shedding** dégraissage de main-d'œuvre.

**sheet** [ʃiːt] **n** [paper] feuille f, feuillet m. ◊ **sheet feeder** (Comp) dispositif d'alimentation feuille à feuille; **sheet of coupons** (St Ex) feuille de coupons; **attendance sheet** feuille de présence; **balance sheet** bilan; **clearing sheet** (St Ex) feuille de liquidation; **code sheet** (Comp) feuille de programmation; **data sheet** [machine] fiche technique; **(personal) data sheet** [applicant] curriculum vitæ; **order sheet** bon or bulletin or bordereau de commande; **pay sheet** feuille or bulletin de paie or de salaire, fiche de paie; **work sheet** (Comp) feuille de calcul; (Ind) attachement, fiche de travail.

**shekel** ['ʃekl] **n** shekel m.

**shelf** [ʃelf] **1** **n** (gen) étagère f; (in shop) rayon m. ◊ **to stay on the shelves** être difficile à vendre; **to be on the shelf** [project] être en sommeil. **2** **cpd** **shelf basket** panier m de gondole. – **shelf display** présentoir m de gondole. – **shelf facing** linéaire m. – **shelf filler** réassortisseur m. – **shelf life** [product] durée f de vie *(avant la vente)*. – **shelf price** prix m sur linéaire. – **shelf space** rayonnage m, linéaire m. – **shelf strip** dépassant m de rayon. – **shelf talker** étiquette f promotionnelle, matériel m publicitaire *(sur les rayons d'une grande surface)*.

**shell out\*** [ʃel] **1** **vt sep** money dépenser, casquer\*. **2** **vi** casquer\*.

**shelter** ['ʃeltər] **1** **n** abri m, refuge m. ◊ **tax shelter** paradis fiscal. **2** **vt** abriter, protéger.

**sheltered** ['ʃeltəd] **adj** protégé. ◊ **sheltered industries** industries protégées de la concurrence étrangère; **sheltered workshop** (for the disabled) atelier protégé.

**shelve** [ʃelv] **vt** project mettre en sommeil, classer, écarter.

**shelving** ['ʃelvɪŋ] **n** **a** [goods] rangement m, mise f en rayon. **b** (shelves) rayonnage m, linéaire m.

**shield** [ʃiːld] **vt** abriter, protéger (*from* de, contre). ◊ **to shield earnings from taxes** mettre des revenus à l'abri du fisc.

**shift** [ʃɪft] **1** **n** **a** (team) équipe f; (time on duty) poste m, période f de travail. ◊ **to be on first shift** être du premier huit; **to put workers on short shifts** réduire l'horaire de travail; **relief** or **swing shift** poste de relève; **day / night shift** équipe or poste de jour / de nuit; **graveyard shift\*** (US) équipe de nuit; **the 3-shift system** les 3 huit; **to work in shifts** travailler par équipes, se relayer. **b** (change) changement m, modification f (*in* de); (St Ex) fluctuation f. ◊ **a sudden shift in policy** un changement brutal or un revirement de politique. **c** (move) déplacement m, transfert m. ◊ **population shift** déplacement de population; **he asked for a shift to another department** il a demandé sa mutation dans un autre service, il a demandé à être affecté à un autre service. **d** (Comp) décalage m. ◊ **left / right shift** décalage or déplacement à gauche / droite. **2** **cpd** **shift differential** prime f spéciale *(pour certains postes)*. – **shift key** touche f de majuscule. – **shift pay** salaire m des travailleurs postés. – **shift register** registre m de décalage. – **shift work** travail m posté. **3** **vt** **a** employee (to another department) transférer, muter. **b** responsibility rejeter (*onto sb* sur qn). ◊ **to shift the tax burden onto** or **to the consumer** faire retomber le fardeau fiscal sur le consommateur. **c** (Mar) désarrimer. **4** **vi** **a** [employee] être muté or transféré. **b** (St Ex) fluctuer. **c** (Mar) se désarrimer, riper.

**ship** [ʃɪp] **1** **n** navire m, bateau m, bâtiment m, vaisseau m. ◊ **colliding ship** (Ins) navire abordeur; **container ship** porte-conteneurs; **merchant ship** navire marchand; **refrigerator ship** navire frigorifique; **sister ship** (same make) navire du même type; (same fleet) navire appartenant à un même armateur; **sister-ship clause** clause navire du même assuré; **tramp ship** navire sans ligne régulière, navire en cueillette, tramp; **ship's articles** contrat d'embauche; **ship's certificate** or **register** certificat d'immatriculation; **ship's disbursements** mises en dehors; **ship's log** livre de bord; **ship's manifest** manifeste; **ship's papers** papiers or documents de bord; **ship under orders** navire à ordre; **ship's sweat** buée de cale; **to fit out a ship** armer un navire; **at ship's rail, under ship's derrick** sous-palan. **2** **cpd** **ship agent** agent m maritime. – **ship broker** courtier m maritime. – **ship**

**chandler** marchand m de fournitures pour bateaux, shipchandler m. – **ship policy** (Ins) police f sur corps. – **ship surveyor** expert m maritime *(de la Lloyd's).*

**3** vt **a** (dispatch) envoyer, expédier. ◊ **we shall ship your order on March 30** nous expédierons votre commande le 30 mars. **b** (take on board) cargo, goods charger, embarquer.

**shipbuilder** [ˈʃɪpbɪldəʳ] **n** constructeur m de navires, propriétaire m de chantier naval.

**shipbuilding** [ˈʃɪpbɪldɪŋ] **n** construction(s) f(pl) navale(s).

**shipload** [ˈʃɪpləʊd] **n** cargaison f, chargement m, fret m.

**shipmaster** [ˈʃɪpmɑːstəʳ] **n** capitaine m (de navire).

**shipment** [ˈʃɪpmənt] **n** **a** (load) cargaison f; (consignment) expédition f, envoi m, livraison f. ◊ **your last shipment arrived damaged** votre dernière livraison est arrivée endommagée. **b** (act of loading) chargement m, embarquement m. ◊ **these crates are ready for shipment** ces caisses sont prêtes pour l'embarquement. **c** (forwarding) expédition f, envoi m; (transport) transport m. ◊ **bulk shipment** transport en vrac; **cash shipments** transferts de capitaux à l'étranger; **consolidated shipment** envoi groupé; **drop shipment** drop shipment, *envoi direct de l'usine au détaillant*; **overseas shipment** envoi outre-mer; **shipment notice** avis m d'expédition.

**shipowner** [ˈʃɪpəʊnəʳ] **n** armateur m. ◊ **shipowner's firm** société d'armement; **shipowner's lien** privilège de l'armateur, droit de rétention sur la cargaison exercé par l'armateur.

**shipper** [ˈʃɪpəʳ] **n** (dispatcher) expéditeur m; (charterer) affréteur m; (forwarder) transporteur m; (firm) transporteur, maison f d'expédition.

**shipping** [ˈʃɪpɪŋ] **1** **n** **a** (traffic) navigation f. ◊ **the canal is closed to shipping** le canal est fermé à la navigation. **b** (ships of a country or port) tonnage m de l'ensemble des navires. ◊ **idle shipping** tonnage désarmé. **c** (act of loading) chargement m, embarquement m. **d** (transport) transport m maritime. **e** (sending) expédition f, envoi m. ◊ **he is responsible for the shipping of goods to customers** il est responsable de l'expédition des marchandises aux clients.

**2** cpd **shipping address** adresse f du destinataire. – **shipping agency** agence f maritime. – **shipping agent** (gen) agent m maritime; (forwarder) transitaire m. – **shipping articles** contrat m d'embauche. – **shipping bill** déclaration f de réexportation d'entrepôt, connaissement m. – **shipping broker** courtier m maritime. – **shipping business (the)** l'armement m. – **shipping cartons** cartons mpl d'expédition. – **shipping charges** frais mpl de transport. – **shipping clerk** expéditionnaire m. – **shipping company** compagnie f maritime; (US) entreprise f de transport routier. – **shipping documents** pièces fpl d'embarquement, documents mpl d'expédition. – **shipping exchange** Bourse f des frets. – **shipping intelligence** mouvement m des navires. – **shipping lane** route f maritime, couloir m de navigation. – **shipping line** compagnie f de navigation. – **shipping losses** pertes fpl en bâtiments. – **shipping note** note f de chargement, permis m d'embarquement. – **shipping office** agence f maritime. – **shipping port** port m de chargement. – **shipping protest** déclaration f d'avarie. – **shipping report** déclaration f en douanes. – **shipping routes** routes fpl maritimes. – **shipping shares** valeurs fpl de navigation. – **shipping specifications** déclaration f d'embarquement. – **shipping terms** conditions fpl du contrat de transport. – **shipping ton** tonneau m d'affrètement. – **shipping trade** armement m. – **shipping unit** unité f de charge or de chargement. – **shipping weight** poids m embarqué.

**shipshape** [ˈʃɪpʃeɪp] **adj** bien rangé, en ordre.

**shipt** abbr of *shipment.*

**shipwreck** [ˈʃɪprek] **1** **n** **a** (event) naufrage m. **b** (wrecked ship) épave f.
**2** vt **a** ship faire sombrer. ◊ **to be shipwrecked** faire naufrage. **b** ruiner, anéantir. ◊ **all our hopes were shipwrecked by our partner's failure** tous nos espoirs ont été anéantis par la faillite de notre associé.

**shipyard** [ˈʃɪpjɑːd] **n** chantier m naval. ◊ **shipyard workers** ouvriers des chantiers navals.

**shirk** [ʃɜːk] **1** vt obligations se dérober à.
**2** vi tirer au flanc*.

**shirker*** [ˈʃɜːkəʳ] **n** tire-au-flanc* m.

**shirt** [ʃɜːt] **n** chemise f. ◊ **to lose one's shirt** y laisser sa chemise.

**shoal** [ʃəʊl] **n** [fish] banc m; [applications] avalanche f.

**shock** [ʃɒk] **n** choc m.

**shocking** [ˈʃɒkɪŋ] **adj** scandaleux, exorbitant. ◊ **shocking prices** prix exorbitants.

**shockproof** [ˈʃɒkpruːf] **adj** antichoc.

**shoddy** [ˈʃɒdɪ] **adj** goods de mauvaise qualité, mal fini; workmanship de mauvaise qualité.

**shoe** [ʃuː] **1** n chaussure f, soulier m. ◊ **to step into sb's shoes** succéder à qn. **2** cpd **shoe department** rayon m (des) chaussures. – **shoe industry (the)** l'industrie f de la chaussure. – **shoe trade (the)** le commerce de la chaussure.

**shoot down** [ʃuːt] **1** vt sep idea, proposal descendre, démolir. ◊ **to shoot down prices** casser les prix. **2** vi [prices] dégringoler, être en chute libre.

**shoot up** vi monter or grimper en flèche.

**shop** [ʃɒp] **1** n **a** (Comm) (gen) magasin m ; (small) boutique f. ◊ **to shut up shop** fermer boutique ; **to talk shop** parler boutique or métier ; **to set up shop** ouvrir un magasin, s'établir ; **to keep a shop** tenir un magasin ; **multiple shop** magasin à succursales multiples. **b** (Ind : workshop) atelier m. ◊ **assembly shop** atelier de montage. **c** **closed shop** entreprise où existe un monopole syndical de l'embauche ; **open shop** entreprise qui admet du personnel non syndiqué ; **union shop** entreprise qui oblige les ouvriers à se syndiquer à la suite de l'embauche. **d** (St Ex) introducteurs mpl.
**2** cpd **shop assistant** employé(e) m(f) de magasin, commis(e) m(f), vendeur(-euse) m(f). – **shop-buying** (St Ex) achats mpl professionnels. – **shop check** méthode f d'évaluation de la consommation par le contrôle des ventes et des stocks dans les magasins. – **shop floor** (factory) usine f, atelier m ; (workers) ouvriers mpl ; **there is trouble on the shop floor** il y a des problèmes dans l'usine ; **to consult** the shop floor consulter la base ; **shop-floor politics** politique syndicale au niveau de la base ; **shop-floor workers** ouvriers. – **shop front** devanture f de magasin. – **shop girl** vendeuse f dans un magasin, employée f de magasin. – **shop-in-shop** boutique f à l'intérieur d'une grande surface. – **shop rules** règlement m d'atelier. – **shop-selling** (St Ex) ventes fpl professionnelles. – **shop shares** actions fpl à l'introduction. – **shop-soiled articles** marchandises fpl défraîchies or abîmées en magasin, articles mpl qui ont fait l'étalage. – **shop steward** délégué m syndical d'atelier. – **shop traffic** trafic m à l'intérieur du magasin. – **shop window** vitrine f, devanture f, étalage m.
**3** vi faire ses courses (at chez).

**shop around** vi comparer les prix, prospecter. ◊ **to shop around for sth** (price) chercher qch au meilleur prix ; (information) se renseigner à droite et à gauche sur qch.

**shopkeeper** [ˈʃɒpkiːpəʳ] n petit commerçant m, boutiquier m.

**shoplifter** [ˈʃɒplɪftəʳ] n voleur m à l'étalage.

**shoplifting** [ˈʃɒplɪftɪŋ] n vol m à l'étalage.

**shopper** [ˈʃɒpəʳ] n acheteur(-euse) m(f), client(e) m(f).

**shopping** [ˈʃɒpɪŋ] **1** n (goods) achats mpl, emplettes fpl. ◊ **to do the / some shopping** faire les / des courses.
**2** cpd **shopping arcade** (US) galerie f marchande, centre m commercial. – **shopping bag** sac m à provisions. – **shopping basket** or **cart** (US) panier m de la ménagère. – **shopping centre** centre m commercial. – **shopping list** liste f de commissions. – **shopping mall** (US) galerie f marchande, centre m commercial. – **shopping precinct** zone f piétonnière. – **shopping space** (in supermarket) surface f commerciale or de vente. – **shopping spree** : **to go on a shopping spree** se lancer dans une frénésie de dépenses or d'achats. – **shopping trolley** chariot m, caddie m ®. – **shopping week** semaine f commerciale.

**shopwalker** [ˈʃɒpwɔːkəʳ] n [supermarket] surveillant(e) m(f), inspecteur(-trice) m(f) ; (head of department) chef m de rayon.

**shopworn** [ˈʃɒpwɔːn] (US) adj défraîchi, abîmé en magasin, qui a fait l'étalage.

**shore** [ʃɔːʳ] **1** n [sea] rivage m, côte f, littoral m, bord m ; [lake] bord m, rive f.
**2** cpd **shore rights** droits mpl d'épave. – **shore risks** risques mpl de séjour à terre.

**shore up** [ʃɔːʳ] vt sep economy soutenir, consolider. ◊ **to shore up the pound** soutenir la livre.

**short** [ʃɔːt] **1** adj **a** message, report court, bref. ◊ **short and to the point** bref et précis ; **the unions are demanding a shorter working week** les syndicats réclament une réduction de la durée hebdomadaire de travail ; **to be on short time** être en chômage partiel ; **at short notice** (gen, Admin) dans un bref délai ; (Fin) à court terme ; **loan at short notice** prêt à court terme. **b** (insufficient) insuffisant, incomplet, déficitaire. ◊ **short crops** récoltes déficitaires ; **short delivery** livraison partielle ; **to prevent short delivery** éviter des manquants dans la marchandise ; **to give short weight** tricher sur le poids ; **the weight is 70 grams short** il manque 70 grammes au poids ; **I'm 10 dollars short** il me manque 10 dollars ; **we are short of target** nous avons manqué notre objectif or la cible ; **oil is in short supply at the moment** on manque de pétrole en ce moment ; **to give sb short change** ne pas rendre assez à qn. **c** (St Ex) sale à découvert ; loan, credit à court terme. ◊ **short account** position à découvert ; **short bill** traite à courte échéance; **short covering** rachat pour couvrir un découvert; **short end of the market** marché des fonds d'État à court terme; **short position** position vendeur à la baisse; **short rates** taux courts; **short seller** vendeur à découvert. **d** **short ton** (US, Can) tonne courte (≈ *907,20 kg*).

**2** **adv** ◊ **to fall short of target** ne pas atteindre la cible or l'objectif or le but fixé; **to fall short of forecasts** être inférieur aux prévisions; **to run short of** se trouver à court de, venir à manquer de; **to sell short** (St Ex) vendre à découvert.

**3** **n** **a** (St Ex) (sale) vente f à découvert; (seller) baissier m. **b** **shorts** (GB St Ex) obligations et titres d'État à moins de cinq ans.

**4** **cpd** **short-circuit** court-circuiter. – **short-dated** bond à court terme, à courte échéance. – **short-haul** à courte distance; **short-haul flight** transport par avion *(de marchandises* or *de passagers)* sur une courte distance. – **short-landed cargo** cargaison f débarquée en moins. – **short-range** planning à court terme; plane à court rayon d'action. – **short-sighted** policy, decision à courte vue; **it was very short-sighted of them to do this** cette attitude dénote un manque de largeur de vue de leur part. – **short-staffed** à court de personnel, manquant de personnel; **we are short-staffed at present** nous manquons de personnel or nous sommes en sous-effectifs en ce moment. – **short-term** loan, contract, debt à court terme; **short-term capital** capitaux à court terme; **short-term traders** opérateurs à court terme. – **short-time working** travail m à horaire réduit, chômage m partiel.

**shortage** [ˈʃɔːtɪdʒ] n [food, labour] manque m, pénurie f, insuffisance f. ◊ **housing shortage** crise du logement; **to make good the shortage** combler le déficit; **inventory shortage** rupture de stock.

**shortcoming** [ˈʃɔːtkʌmɪŋ] n défaut m, insuffisance f.

**shorten** [ˈʃɔːtn] **vt** raccourcir, réduire.

**shortening** [ˈʃɔːtnɪŋ] n réduction f, diminution f. ◊ **credit shortening** réduction du crédit.

**shortfall** [ˈʃɔːtfɔːl] n déficit m, manque m. ◊ **shortfall in earnings** manque à gagner.

**shorthand** [ˈʃɔːthænd] n sténographie f, sténo f. ◊ **to take sth down in shorthand** prendre en sténo; **shorthand notes** notes en sténo; **shorthand typist** sténodactylo.

**shorthanded** [ˈʃɔːthændɪd] **adj** à court de main-d'œuvre or de personnel.

**shorting** [ˈʃɔːtɪŋ] **n** (St Ex) vente f à découvert.

**shortlist** [ˈʃɔːtlɪst] **1** **n** liste f restreinte. ◊ **to draw up a shortlist of candidates** dresser une liste des candidats retenus or sélectionnés.

**2** **vt** candidates sélectionner. ◊ **he was shortlisted** sa candidature a été retenue.

**shortlived** [ˈʃɔːtlɪvd] **adj** de courte durée, éphémère.

**shot** [ʃɒt] n **a** (photo) photographie f. ◊ **fashion shots** photographies de mode. **b** **a shot in the arm** un coup de fouet, un stimulant; **this huge order was a shot in the arm to the ailing firm** cette grosse commande a donné un coup de fouet à l'entreprise qui sombrait. **c** **mail shot** mailing, publipostage; **to do a mail shot** faire un mailing.

**shoulder** [ˈʃəʊldəʳ] **1** **vt** endosser, supporter. ◊ **to shoulder the cost of sth** supporter la totalité des frais or du coût de qch. **2** **cpd** **shoulder season** or **period** inter-saison f.

**show** [ʃəʊ] **1** **n** **a** (entertainment) spectacle m. ◊ **to run the show** faire marcher l'affaire. **b** (exhibition) Salon m, exposition f. ◊ **on show** exposé, visible *(at* à); **The Boat Show** le Salon nautique; **computer show** exposition de matériel informatique; **fashion show** présentation de collections, défilé de mode; **The Motor Show** le Salon de l'Auto. **c** (demonstration) démonstration f. ◊ **a show of power** une démonstration de force; **to vote by show of hands** voter à main levée.

**2** **cpd** **show business (the)** le monde du spectacle. – **show card** (inside shops) pancarte f, affichette f; (in shop windows) étiquette f (de vitrine). – **show flat** appartement-témoin m. – **show house** maison-témoin f.

**3** **vt** **a** (display, make visible) (gen) faire voir, montrer; goods exposer; passport présenter. ◊ **as shown by the graph** comme l'indique le graphique; **to show one's hand** abattre ses cartes, dévoiler ses intentions. **b** (indicate) présenter, afficher. ◊ **show a loss** accuser une perte; **to show a debit balance** présenter un solde débiteur; **the balance sheet of our company shows a profit of** le bilan de notre société fait ressortir un bénéfice de.

**showcase** [ˈʃəʊkeɪs] n présentoir m, vitrine f. ◊ **the exhibition was used as a showcase for the latest British technology** l'exposition a servi de vitrine aux plus récentes innovations technologiques britanniques.

**showday** [ˈʃəʊdeɪ] n jour m d'exposition *(avant une vente aux enchères)*.

**showdown** [ˈʃəʊdaʊn] n épreuve f de force, confrontation f. ◊ **we had a showdown with**

**them last month** nous avons eu une prise de bec avec eux le mois dernier.

**show in** vt sep visitor faire entrer.

**show out** vt sep visitor reconduire.

**showpiece** [ˈʃəʊpiːs] n [collection] clou m, joyau m.

**showroom** [ˈʃəʊruːm] n magasin m or salle f d'exposition.

**show round** vt sep faire visiter. ◊ **I'll show you round the factory** je vous ferai visiter l'usine.

**show up** 1 vi (stand out) être visible. ◊ **the losses show up very clearly when the figures are presented like this** les pertes apparaissent très nettement avec ce type de présentation chiffrée. 2 vt sep defect faire ressortir.

**shr.** abbr of *share*.

**shred** [ʃred] vt documents broyer.

**shredder** [ˈʃredər] n [documents] broyeur m.

**shrink** [ʃrɪŋk] 1 vi margin diminuer, se réduire, se contracter, rétrécir. ◊ **a shrinking market** un marché qui se contracte; **shrinking profits** des bénéfices qui s'amenuisent; **shrinking profit margins** des marges bénéficiaires qui rétrécissent or diminuent. 2 adj ◊ **shrink packaging** emballage sous film rétractable; **shrink packed** or **wrapped** emballé sous film rétractable.

**shrinkage** [ˈʃrɪŋkɪdʒ] n diminution f, réduction f, contraction f, rétrécissement m. ◊ **inventory shrinkage** écart sur stock, freinte de stock.

**shuffler\*** [ˈʃʌflər] n (US Ind) travailleur m migrant.

**shunt** [ʃʌnt] 1 vt aiguiller. ◊ **to shunt into a siding** employee mettre sur une voie de garage; **the inefficient executive was shunted to a smaller branch office** le cadre inefficace a été expédié dans une succursale moins importante. 2 vi (St Ex) faire l'arbitrage de place en place.

**shunter** [ˈʃʌntər] n aiguilleur m.

**shutdown** [ˈʃʌtdaʊn] n [factory] immobilisation f, fermeture f; (Comp) arrêt m. ◊ **line shutdown time** temps d'immobilisation d'une chaîne de montage.

**shut down** vi, vt sep fermer (définitivement).

**shut off** vt sep a (isolate) interdir l'accès à. ◊ **a strong dollar is shutting off export markets** un dollar fort ferme des débouchés à l'exportation. b (stop, cut) electricity couper. ◊ **to shut off one's oil supplies** arrêter ses approvisionnements en pétrole.

**shut out** vt sep exclure, éliminer, interdire l'accès à. ◊ **to shut out competitors** éliminer la concurrence.

**shutout** [ˈʃʌtaʊt] n lockout m.

**shutter** [ˈʃʌtər] n volet m. ◊ **to put up the shutters** (close down) fermer boutique.

**shuttle** [ˈʃʌtl] 1 n navette f. ◊ **bus shuttle** navette d'autobus; **space shuttle** navette spatiale; **shuttle service** (service de) navette. 2 vi faire la navette (*between* entre). 3 vt ◊ **to shuttle a file backwards and forwards** renvoyer un dossier d'un endroit à l'autre.

**shyster** [ˈʃaɪstər] n (swindler) escroc m; (lawyer) avocat m marron or verreux.

**s.i.** abbr of *sum insured* → sum.

**SI** [esˈaɪ] n abbr of *système international* SI. ◊ **SI unit** unité SI.

**SIB** [esaɪˈbiː] (GB) n abbr of *Securities and Investment Board* ≈ COB f.

**sick** [sɪk] adj malade. ◊ **sick allowance** or **benefit** allocation or indemnité (de) maladie; **sick leave** congé (de) maladie; **to be on sick leave** être en congé (de) maladie; **sick pay** prestation maladie, indemnité or allocation (de) maladie.

**sickness** [ˈsɪknɪs] n maladie f. ◊ **sickness benefit** allocation or indemnité (de) maladie; **sickness insurance** assurance maladie; **to draw sickness insurance** percevoir l'assurance maladie, bénéficier de l'assurance maladie.

**side** [saɪd] 1 n (gen) côté m; [problem] aspect m. ◊ **you should consider all sides of the question before making up your mind** vous devriez examiner tous les aspects du problème avant de vous décider; **to take sides with** prendre partie pour, se ranger du côté de; **to make money on the side** se faire de l'argent au noir; **this side up** (côté) haut; **on the credit / debit side** au crédit / débit. 2 adj secondaire; ◊ **side effect** effet secondaire; **side issue** question (d'intérêt) secondaire; **side note** note f marginale.

**sidekick\*** [ˈsaɪdkɪk] n sous-fifre m.

**sideline** [ˈsaɪdlaɪn] 1 n activité f secondaire or complémentaire. ◊ **to put on the sideline** mettre sur la touche. 2 vt (US) mettre sur la touche, éliminer.

**sidestep** [ˈsaɪdstep] vt issue éviter, esquiver, éluder.

**sidetrack** [ˈsaɪdtræk] 1 n (US) voie f de garage. 2 vt ◊ **to get sidetracked** s'écarter de son sujet.

**sideways** ['saɪdweɪz] **adj** oblique, de côté.
◊ **sideways market** marché annexe or secondaire ; **sideways feed** (Comp) alimentation ligne à ligne.

**siding** ['saɪdɪŋ] **n** voie f de garage.

**Sierra Leone** [sɪˈerəlɪˈəʊn] **n** Sierra Leone f.

**Sierra Leonean** [sɪˈerəlɪˈəʊnɪən] **1** **adj** sierra-léonien.
**2** **n** (inhabitant) Sierra-Léonien(ne) m(f).

**sift** [sɪft] **vt** passer au crible, trier.

**sight** [saɪt] **1** **n** vue f. ◊ **at sight** à vue, sur présentation ; **bill payable at sight** traite payable à vue ; **three days after sight** à trois jours de vue ; **sight unseen** sur plan, sur description ; **on sale sight unseen** vente sur plan.
**2** **cpd sight bill** traite f à vue. − **sight check** (Comp) contrôle m visuel. − **sight deposit** dépôt m à vue. − **sight draft** traite f à vue. − **sight entry** (Customs) déclaration f provisoire. − **sight quotation** (St Ex) cotation f à vue. − **sight rate** (Fin) cours m à vue. − **sight remittance** remise f à vue.
**3** **vt** bill viser.

**sighting** ['saɪtɪŋ] **n** [bill] visa m.

**sign** [saɪn] **1** **n a** (symbol) signe m. ◊ **this sign means "dry-clean"** ce symbole signifie "nettoyage à sec". **b** (notice) (on shop) enseigne f ; (on roads) panneau m (de direction), poteau m indicateur. ◊ **neon sign** enseigne lumineuse, enseigne au néon ; **traffic sign** panneau de signalisation. **c** (trace) signe m, trace f, marque f. ◊ **to set one's hand and sign** (Jur) apposer sa signature. **d** (indication) signe m, indication f, preuve f. ◊ **there's no sign of his agreeing** rien n'indique qu'il va accepter. **e** (Comp) signe m. ◊ **call sign** indicatif d'appel.
**2** **cpd sign check** (Comp) contrôle m de signe. − **sign reverser** (Comp) inverseur m de signe.
**3** **vt** signer.
**4** **vi** signer. ◊ **he signed for the parcel** il a signé le bon de livraison du paquet ; **signing clerk** or **officer** fondé de pouvoir, chargé de signature.

**signal** ['sɪgnl] **n** signal m. ◊ **leading indicators throw off mixed signals** (Econ) les indicateurs de tendance ne vont pas tous dans le même sens ; **I'm getting the engaged signal** (Telec) ça sonne occupé.

**signatory** ['sɪgnətərɪ] **n** signataire mf (to de).

**signature** ['sɪgnətʃə'] **1** **n** signature f. ◊ **clean signature** signature sans réserve ; **joint signature** signature collective ; **stamped signature** griffe f ; **to affix** or **put one's signature to sth** apposer sa signature à qch ; **for signature** pour signature ; **specimen signature**

modèle or spécimen or échantillon de signature ; **the signature of the firm** la signature sociale.
**2** **cpd signature tune** indicatif m.

**signature-match** ['sɪgnətʃə'mætʃ] **vt** comparer les signatures.

**sign away vt sep** rights signer sa renonciation à. ◊ **she signed away her right to the house** elle a formellement renoncé à ses droits sur la maison.

**signee** [saɪ'niː], **signer** ['saɪnə'] **n** signataire mf.

**significance** [sɪg'nɪfɪkəns] **n a** [decision] importance f, portée f. **b** (meaning) signification f. ◊ **marginal significance** (Econ) utilité marginale.

**significant** [sɪg'nɪfɪkənt] **adj** move significatif, important ; event de grande portée. ◊ **it is significant that** il est significatif or révélateur que ; **a significant rise in salaries** une hausse sensible des salaires.

**sign in vi** (for work) pointer à l'arrivée ; (register in hotel) signer le registre.

**sign off vi** (from work) pointer à la sortie ; (Rad, TV) terminer l'émission.

**sign on vi a** (get o.s. hired) se faire embaucher (as en qualité de). **b** (for work) pointer à l'arrivée. **c** (enrol) s'inscrire. ◊ **I've signed on for** je me suis inscrit pour or à.

**sign out 1 vt sep** file, book sortir. ◊ **the file has been signed out to you** le dossier a été sorti à votre nom.
**2** **vi** (from work) signer le registre de sortie.

**signpost** ['saɪnpəʊst] **1** **n** poteau m indicateur.
**2** **vt** marquer, indiquer, signaler. ◊ **it is signposted** c'est indiqué or fléché.

**sign up 1 vi a** (enrol) s'incrire. **b** (get o.s. hired) se faire embaucher.
**2** **vt fus** passer un contrat. ◊ **this company was the first to sign up a contract in this field** cette société a été la première à obtenir un contrat dans cette branche.

**silage** ['saɪlɪdʒ] **n** ensilage m.

**silence** ['saɪləns] **1** **n** silence m. ◊ **to pass sth over in silence** passer qch sous silence.
**2** **vt** réduire au silence, faire taire.

**silent** ['saɪlənt] **adj** silencieux. ◊ **the silent majority** (Pol) la majorité silencieuse ; **silent partner** (Comm) bailleur de fonds, commanditaire ; **silent salesman** présentoir.

**silicon** ['sɪlɪkən] **n** silicium m. ◊ **silicon chip** puce électronique.

**silk-screen printing** ['sɪlkskriːn'prɪntɪŋ] **n** sérigraphie f.

**silo** ['saɪləʊ] **n** silo m.

**silver** ['sɪlvəʳ] **n** (metal) argent m. ◊ **silver coin** pièce d'argent.

**similar** ['sɪmɪləʳ] **adj** similaire, semblable (*to* à). ◊ **on a similar occasion** dans des circonstances semblables or analogues.

**similarity** [ˌsɪmɪˈlærɪtɪ] **n** ressemblance f, similitude f (*to* avec; *between* entre).

**simple** ['sɪmpl] **adj** simple. ◊ **simple interest** intérêts simples; **simple debenture** obligation chirographaire; **simple contract** convention verbale, acte sous seing privé; **simple-contract creditor** créancier chirographaire.

**simplex** ['sɪmpleks] **adj** (Comp) simplex.

**simulate** ['sɪmjʊleɪt] **vt** conditions simuler.

**simulator** ['sɪmjʊleɪtəʳ] **n** simulateur m.

**sincerely** [sɪnˈsɪəlɪ] **adv** sincèrement. ◊ **Yours sincerely** (letter ending) (gen) je vous prie d'agréer, Monsieur, l'expression de mes sentiments distingués or les meilleurs; (from man to woman) je vous prie d'agréer, Madame, mes très respectueux hommages.

**sine die** ['saɪnɪˈdaɪɪ] **adv** (Jur) sine die.

**sing** [sɪŋ] **vi** chanter. ◊ **singing commercial** publicité f chantée.

**Singapore** [ˌsɪŋgəˈpɔːʳ] **n** Singapour.

**Singaporean** [ˌsɪŋgəˈpɔːrɪən] **1** **adj** singapourien.
**2** **n** (inhabitant) Singapourien(ne) m(f).

**single** ['sɪŋgl] **adj** seul, unique. ◊ **the Single Act** (EEC) l'Acte unique; **the Single European Market** le marché unique européen; **single commission** (St Ex) franco; **single-entry bookkeeping** comptabilité en partie simple; **single-digit** or **single-figure inflation** inflation à un chiffre; **the inflation rate is now in single figures** le taux d'inflation est redescendu sous la barre des 10%; **single premium** prime unique; **single room** chambre pour une personne; **single-schedule tariff** (Customs) tarif général des douanes; **single-sided floppy disk** disquette simple face; **single-step income statement** résultat sous forme de compte; **single ticket** (GB) aller simple.

**single out** ['sɪŋgl] **vt** (pick out) choisir; (distinguish) distinguer. ◊ **he has been singled out for promotion** il a été désigné pour une promotion.

**singly** ['sɪŋglɪ] **adv** séparément. ◊ **articles sold singly** articles qui se vendent séparément or à la pièce.

**sink** [sɪŋk] **1** **vi** **a** [ship] couler, sombrer; [business, person] couler. ◊ **it was sink or swim**

il fallait bien s'en sortir. **b** [prices] baisser, diminuer. ◊ **the French franc has sunk to a new low** le franc français a atteint sa cote la plus basse or a atteint un nouveau plancher.
**2** **vt** **a** ship couler, faire sombrer; business, project couler. **b** (invest) investir. ◊ **to sink money into a new business** investir de l'argent dans une nouvelle entreprise. **c** (by giving up capital) placer à fonds perdus. ◊ **to sink money in an annuity** placer de l'argent en viager. **d** (pay off) debt, loan amortir.

**sinking fund** ['sɪŋkɪŋˌfʌnd] **n** fonds m d'amortissement.

**siphon off** ['saɪfən] **vt sep** funds (gen) canaliser; (illegally) détourner.

**Sir** [sɜːʳ] **n** Monsieur. ◊ **Dear Sir** (at start of letter) (Cher) Monsieur; **Dear Sir or Madam** Madame, (Mademoiselle,) Monsieur; **Dear Sirs** Messieurs.

**SIRO** ['saɪrəʊ] **abbr of** *sequential in, random out* → sequential.

**sister** ['sɪstəʳ] **cpd** **sister company** société f appartenant au même groupe, société f sœur. – **sister ship** (same make) navire m du même type; (same fleet) navire m appartenant au même armateur.

**sit** [sɪt] **vi** **a** [committee, assembly] siéger, être en séance. **b** [person] s'asseoir. ◊ **to sit on the board** siéger au conseil d'administration, faire partie du conseil d'administration; **to sit on the fence** attendre les événements; **to sit tight** ne pas bouger; **sit-down** or **sit-in strike** grève sur le tas.

**site** [saɪt] **1** **n** **a** [town, building] emplacement m, site m. **b** (Constr) chantier m. ◊ **building / demolition site** chantier de construction / de démolition.
**2** **cpd** **site engineer** ingénieur m de chantier. – **site manager** directeur m de chantier. – **site supervisor** chef m de chantier.
**3** **vt** implanter. ◊ **they want to site a nuclear power station in our valley** on veut implanter une centrale atomique dans notre vallée; **the chemical plant was deliberately sited near the river** l'usine chimique a été délibérément implantée or installée près de la rivière.

**siting** ['saɪtɪŋ] **n** implantation f. ◊ **the siting of the new supermarket was hotly debated** le choix de l'implantation or de l'emplacement de la nouvelle grande surface a été très controversé.

**sit on*** **vt fus** (keep secret) report garder secret; (reject) idea rejeter.

**sits vac.** **abbr of** *situations vacant* → situation.

**sitting** ['sɪtɪŋ] n [assembly] séance f, réunion f, session f; [court] audience f.

**situate** ['sɪtjʋeɪt] vt placer, situer. ◊ **their offices are situated near the town centre** leurs bureaux sont situés près du centre-ville.

**situation** [ˌsɪtjʋ'eɪʃən] **1** n **a** (circumstances) situation f. ◊ **financial / political situation** situation financière / politique; **the overall economic situation** la conjoncture économique dans son ensemble. **b** (job) poste m, emploi m, situation f. ◊ **situations vacant** offres d'emploi; **situations wanted** demandes d'emploi. **c** (location) situation f, emplacement m.
**2** cpd **situation rent** rente f de situation.

**six** [sɪks] adj, n six m. ◊ **twenty- / thirty-six** vingt- / trente-six; **he is six (years old)** il a six ans; **five times out of six** cinq fois sur six; **they are located at (number) six in the street** ils sont au (numéro) six de la rue; **it is six a.m. / p.m., it is six in the morning / in the evening** il est six heures du matin / du soir; **it is six minutes to five** il est cinq heures moins six; **by nine votes to six** par neuf voix contre six; **page six** page six; **six hundred / thousand pounds** six cents / mille livres; **six tenth of the turnover** les six dixièmes du chiffre d'affaires; **the Six, the Europe of Six** les Six, l'Europe des Six.

**sixfold** ['sɪksfəʊld] **1** adj sextuple.
**2** adv au sextuple.

**sixteen** ['sɪks'tiːn] adj, n seize m → six.

**sixteenth** ['sɪks'tiːnθ] adj, n seizième mf. ◊ **in the sixteenth place** seizièmement → sixth.

**sixth** [sɪksθ] adj, n sixième mf. ◊ **fifty- / sixty-sixth** cinquante- / soixante-sixième; **we live on the sixth floor** nous habitons au sixième étage; **to come sixth** se classer sixième; **a or one sixth of the takings** un or le sixième de la recette; **five sixths of the amount** les cinq sixièmes du montant; **the sixth of April, April the sixth** le six avril; **they'll come on the sixth** ils viendront le six; **letter dated the sixth** lettre datée du six; **in the sixth place** sixièmement.

**sixtieth** ['sɪkstɪɪθ] adj, n soixantième mf. ◊ **in the sixtieth place** soixantièmement → sixth.

**sixty** ['sɪkstɪ] adj, n soixante. ◊ **sixty-one** soixante et un; **sixty-two** soixante-deux; **sixty-first** soixante et unième; **he lives at (number) sixty in the street** il habite au (numéro) soixante de la rue; **in the sixties** dans les années soixante; **in the early / late sixties** au début / vers la fin des années soixante; **about sixty, sixty or so** une soixantaine.

**sizable** ['saɪzəbl] adj → sizeable.

**size** [saɪz] n [person] taille f; [building] dimension f; [project, problem] ampleur f, étendue f; [operation, campaign] ampleur f, envergure f.

**sizeable** ['saɪzəbl] adj assez important, non négligeable.

**size up** [saɪz] vt sep situation juger, jauger. ◊ **to size up the problem** mesurer l'étendue du problème; **I can't quite size him up** je n'arrive pas vraiment à me faire une opinion sur son compte.

**skeleton** ['skelɪtn] n squelette m. ◊ **skeleton law** loi-cadre; **skeleton staff** personnel réduit au strict minimum.

**sked\*** [sked] (US) n vol m régulier. ◊ **to travel sked / non-sked** voyager sur une ligne régulière / par charter, prendre un vol régulier / charter.

**sketch** [sketʃ] n (drawing) croquis m, esquisse f; (outline plan) ébauche f, aperçu m, résumé m.

**sketch out** [sketʃ] vt sep plan (by drawing) esquisser; (in writing) ébaucher, décrire à grands traits.

**skid** [skɪd] **1** vi [car prices] déraper. ◊ **the August price index skidded** l'indice des prix du mois d'août a dérapé.
**2** npl ◊ **to be on the skids\*** être en perte de vitesse.

**skill** [skɪl] n (competence) (gen) adresse f, habileté f; (talent) talent m; (in craft) technique f. ◊ **his skill in negotiation** ses talents de négociateur; **increases scaled according to skill levels** augmentations en rapport avec le niveau des compétences.

**skilled** [skɪld] adj (expert) compétent, expert, expérimenté; worker, engineer qualifié; work de technicien, de spécialiste. ◊ **skilled labour** main-d'œuvre qualifiée.

**skim** [skɪm] vt écrémer.

**skimming** ['skɪmɪŋ] **1** n (gen) écrémage m; (US : fraud) fraude f fiscale.
**2** cpd **skimming policy** (Mktg) politique f d'écrémage. − **skimming price** prix m d'écrémage.

**skimp** [skɪmp] vt lésiner sur, économiser.

**skip** [skɪp] vt omettre, sauter, passer. ◊ **skip the details** épargne-nous les détails.

**skirt (round)** [skɜːt] vt fus problem esquiver, éluder, contourner.

**sky** [skaɪ] **1** n ciel m. ◊ **the sky's the limit** tout est possible.
**2** cpd **sky ad** publicité f or annonce f aérienne. − **sky shouting** or **writing** publicité f aérienne.

**skyrocket** ['skaɪrɒkɪt] vi [prices] grimper en flèche.

**slack** [slæk] **1** **adj** **a** person négligent, peu sérieux. ◊ **to be slack about one's work** se relâcher dans son travail. **b** (inactive) demand faible; market, trade peu actif, stagnant, peu animé. ◊ **the slack season** la morte-saison; **slack periods** périodes creuses; **business is slack** les affaires tournent au ralenti. **c** **slack money** argent m facile.
**2** n ralentissement m de l'activité, stagnation f, marasme m. ◊ **new orders for durable goods show slack for the first month since January** pour la première fois depuis janvier les nouvelles commandes de biens durables connaissent un ralentissement; **to take up the slack in the economy** relancer les secteurs de l'économie en perte de vitesse.

**slack off** [slæk] **vi** (slow down) [worker] se relâcher dans son travail; [business, demand] ralentir, fléchir.

**slacken** ['slækn] **vti** (Econ) ralentir.

**slackening** ['slæknɪŋ] **n** (Econ) ralentissement m, fléchissement m.

**slackness** ['slæknɪs] **n** [person] négligence f, laisser-aller m; [trade] stagnation f, ralentissement m, torpeur f, marasme m.

**slander** ['slɑːndəʳ] **1** n diffamation f. ◊ **slander action** procès en diffamation.
**2** **vt** diffamer, calomnier.

**slanderous** ['slɑːndərəs] **adj** diffamatoire.

**slant** [slɑːnt] **vt** présenter avec parti pris or de façon partiale. ◊ **a slanted report** un rapport tendancieux.

**slap on*** [slæp] **vt** **sep** tax flanquer*, imposer brusquement.

**slapdash** ['slæpdæʃ] **adj** bâclé, fait à la va-vite.

**slash** [slæʃ] **vt** (* : reduce) prices écraser, casser*, massacrer*. ◊ **government expenditure will be slashed in the next budget** les dépenses de l'État seront radicalement réduites or subiront des coupes sombres dans le prochain budget.

**slate** [sleɪt] **1** n (Pol : list of candidates) liste f des candidats.
**2** **vt** **a** (US* : plan) programmer. ◊ **the meeting was slated to start at six** le début de la réunion était prévu pour six heures; **slated cuts** réductions programmées. **b** (US* : nominate) proposer. ◊ **she has been slated for this job** elle a été proposée pour ce poste.

**slaughter** ['slɔːtəʳ] **1** **vt** cattle abattre; (* : sell off) goods liquider, solder, brader.
**2** **cpd** **slaughter price** prix m sacrifié or massacré.

**slaughterhouse** ['slɔːtəhaʊs] **n** abattoir m.

**sleeper** ['sliːpəʳ] **n** (Rail) wagon-lit m; (St Ex) action dont le cours reste stable.

**sleeping** ['sliːpɪŋ] **cpd** **sleeping car**(Rail) wagon-lit m. – **sleeping partner** commanditaire m, bailleur m de fonds.

**slice** [slaɪs] **n** part f, portion f, tranche f. ◊ **a slice of the car market** une part du marché de l'automobile.

**slick** [slɪk] **1** n (also oil slick) nappe f de pétrole; (major disaster) marée f noire.
**2** **adj** sales campaign mené tambour battant, mené bon train; salesman malin, rusé, habile.

**slide** [slaɪd] **1** n **a** (fall) baisse f, glissement m (in de). **b** (Phot) diapositive f.
**2** **cpd** **slide projector** projecteur m de diapositives. – **slide rule** règle f à calculer.
**3** **vi** baisser, glisser.

**sliding** ['slaɪdɪŋ] **adj** coulissant, mobile. ◊ **sliding scale tariff** tarif dégressif; **sliding wage scale** échelle mobile des salaires.

**slip** [slɪp] **1** n **a** (note) bordereau m, bulletin m, fiche f, feuille f. ◊ **pay slip** feuille or bulletin de paie or de salaire, fiche de paie; **sales slip** ticket de caisse. **b** (Mar Ins) police f provisoire. **c** (fall) [prices] glissement m, baisse f, recul m (in de). **d** (mistake) erreur f, faute f d'inattention, étourderie f, oubli m. ◊ **slip of the tongue or the pen** lapsus m.
**2** **vt** échapper à. ◊ **it slipped my mind** cela m'était sorti de l'esprit; **that slipped his notice** cela lui a échappé.
**3** **vi** (gen) glisser; (fall) baisser, reculer, glisser. ◊ **car sales have slipped 5%** les ventes de voitures ont baissé de 5%; **several errors had slipped into the report** plusieurs erreurs s'étaient glissées dans le rapport; **don't let this opportunity slip** ne laissez pas filer or passer cette chance; **he slipped easily into his new position** il s'est facilement adapté à sa nouvelle situation.

**slip back** **vi** [prices] glisser, reculer, baisser. ◊ **shares slipped back to an all-time low** les actions ont enregistré une baisse historique.

**slip out** **vi** [information] échapper par mégarde. ◊ **the news slipped out** la nouvelle a transpiré.

**slippage** ['slɪpɪdʒ] **n** [output] dérapage m, baisse f, recul m (in de).

**slipshod** ['slɪpʃɒd] **adj** work bâclé, négligé, peu soigné.

**slip up*** **vi** cafouiller*. ◊ **our legal department slipped up and your claim letter was misdirected** notre service du contentieux a cafouillé et votre lettre de réclamation n'a pas été envoyée à la bonne adresse.

**slip-up*** ['slɪpʌp] n bévue f, cafouillage* m, étourderie f.

**slog** [slɒg] **1** n (work) travail m pénible, corvée f; (effort) gros effort m.
**2** vi (work) travailler dur or avec acharnement.

**slogan** ['sləʊgən] n slogan m.

**slope** [sləʊp] n inclinaison f, pente f.

**slot** [slɒt] **1** n (in wall) fente f; (in timetable) plage f or créneau m horaire; (in market) créneau m. ◊ **the 7 o'clock time slot** le créneau de 7 heures; **under-used afternoon slots** (Pub) plages horaires peu utilisées de l'après-midi.
**2** cpd **slot machine** (for tickets) distributeur m (automatique).

**slot in** [slɒt] **1** vt sep insérer.
**2** vi s'insérer, rentrer. ◊ **this commercial will slot in before the news** cette publicité viendra s'insérer avant les informations.

**Slovak** ['sləʊvæk] **1** adj slovaque.
**2** n **a** (language) slovaque m. **b** (inhabitant) Slovaque mf.

**Slovakia** [sləʊ'vækɪə] n Slovaquie f.

**Slovene** ['sləʊviːn] **1** adj slovène.
**2** n **a** (language) slovène m. **b** (inhabitant) Slovène mf.

**Slovenia** [sləʊ'viːnɪə] n Slovénie f.

**slow** [sləʊ] adj person lent; market stagnant, lourd. ◊ **they were slow to respond** ils ont été lents à réagir, ils ont tardé à réagir; **business is slow** les affaires tournent au ralenti; **slow assets** disponibilités non immédiates or à long terme; **slow mover, slow-moving article** article à rotation lente.

**slow down** [sləʊ] **1** vt sep production, negotiations ralentir, retarder.
**2** vi [production] ralentir.

**slowdown** ['sləʊdaʊn] n (gen) ralentissement m; (US Ind) grève f perlée; (Customs) grève du zèle.

**slowly** ['sləʊlɪ] adv (gen) lentement; (little by little) peu à peu.

**slow up** vt, vi → slow down.

**sluggish** ['slʌgɪʃ] adj market, business lourd, mou, terne, léthargique, apathique, atone; sales difficile.

**sluggishness** ['slʌgɪʃnɪs] n [market] lourdeur f, mollesse f, apathie f, léthargie f.

**slump** [slʌmp] **1** n (Econ) récession f, crise f (économique or monétaire), marasme m, dépression f (économique); (St Ex) effondrement m, débâcle f (in de); (Comm) [sales] forte baisse f, mévente f (in de); [prices] effondrement (in de).

**2** vi [production, prices] baisser brutalement, s'effondrer, dégringoler.

**slumpflation** [ˌslʌmp'fleɪʃən] n période f de récession et d'inflation.

**slush fund** ['slʌʃfʌnd] n caisse f noire.

**small** [smɔːl] adj budget, stock, supply petit, limité, faible, restreint; income, sum petit, modeste, faible; problem petit, mineur, insignifiant. ◊ **small ads** petites annonces; **small businesses** petites entreprises; **small change** petite monnaie; **small investors** petits épargnants; **small print** (in contract) les passages écrits en petits caractères; **you must always read the small print** il faut toujours lire ce qui est écrit en petits caractères; **on a small scale** sur une petite échelle; **small-scale company** entreprise de petite taille; **small shopkeeper** petit commerçant.

**smallholder** ['smɔːlhəʊldəʳ] (GB) n petit cultivateur m.

**smart** [smɑːt] **1** adj **a** (elegant) élégant, chic. **b** (* : clever) intelligent, astucieux.
**2** cpd **smart card** (credit card) carte f à mémoire. – **smart money** (US) réserve f d'argent *(destinée à faire des investissements au moment opportun)*.

**smash** [smæʃ] **1** n (Econ, Fin) (collapse) effondrement m (financier), débâcle f (financière); (St Ex) krach m; (bankruptcy) faillite f.
**2** adv ◊ **to go smash** [business] faire faillite.
**3** vi [business] faire faillite.

**smash-up** ['smæʃʌp] n (bankruptcy) faillite f.

**smelt** [smelt] vt (Ind) fondre.

**smelting** ['smeltɪŋ] n (Ind) fonte f. ◊ **smelting works** fonderie.

**smoke** [sməʊk] vti fumer. ◊ **no smoking** (on sign) défense de fumer.

**smokestack** ['sməʊkstæk] n cheminée f d'usine. ◊ **smokestack industries** industries traditionnelles.

**smooth** [smuːð] adj régulier, sans à-coups. ◊ **the smooth running of business** le bon fonctionnement or la bonne marche des affaires.

**smooth out** [smuːð] vt sep difficulties aplanir, faire disparaître.

**smuggle** ['smʌgl] **1** vt (gen) faire la contrebande de; (through customs) passer en fraude. ◊ **to smuggle sth through the customs** passer qch en fraude or sans le déclarer à la douane.
**2** vi faire de la contrebande.

**smuggling** ['smʌglɪŋ] n (gen) contrebande f; (through customs) fraude f (à la douane).

**S / N** n abbr of *shipping note* → shipping.

**snag** [snæg] n inconvénient m, difficulté f, obstacle m. ◊ **quality circles eliminate production snags** les cercles de qualité éliminent les problèmes au stade de la production.

**snake** [sneɪk] n ◊ **the (monetary) Snake** (EEC Pol) le serpent monétaire.

**snap** [snæp] adj strike décidé à l'improviste, subit. ◊ **snap check** contrôle impromptu ; **to make a snap decision** se décider tout d'un coup, prendre une décision brutale.

**snap up** [snæp] vt sep bargain saisir, se précipiter sur, sauter sur. ◊ **these articles are snapped up as soon as they are on show** on s'arrache ces articles dès qu'ils sont exposés ; **to snap up a contract** enlever un contrat.

**snarl-up\*** ['snɑːlʌp] n pagaïe f, confusion f.

**snatch** [snætʃ] vt opportunity saisir, se précipiter sur, sauter sur ; market s'emparer de, accaparer.

**snip\*** [snɪp] (GB) n bonne affaire f, occasion f (à saisir). ◊ **it's a snip at this price** à ce prix c'est une véritable occasion or c'est donné.

**snowball** ['snəʊbɔːl] vi (fig) faire boule de neige. ◊ **opposition to this project snowballed** les opposants à ce projet sont devenus de plus en plus nombreux.

**SO** abbr of *shipowner*.

**soar** [sɔːʳ] vi [prices, costs, profits] monter en flèche, faire un bond.

**soaring** ['sɔːrɪŋ] adj price qui monte en flèche.

**social** ['səʊʃəl] adj ⓐ behaviour, relationship, class social. ◊ **social capital** capital social ; **social contract** contrat social ; **social insurance** assurances sociales ; **Social Security** (GB) Sécurité sociale ; **Social Security benefits** prestations sociales, allocations or indemnités versées par la Sécurité sociale. ⓑ engagements, obligations mondain.

**socialism** ['səʊʃəlɪzəm] n socialisme m.

**socialist** ['səʊʃəlɪst] adj, n socialiste mf.

**society** [sə'saɪətɪ] n ⓐ (organized group) association f à but non lucratif. ◊ **building society** (GB) *société d'investissement et de crédit immobilier* ; **friendly society** (GB) société de prévoyance, société mutualiste, mutuelle ; **provident society** (GB) caisse de prévoyance. ⓑ (high society) le grand monde, la haute société. ⓒ (social community) société f. ◊ **consumer society** société de consommation.

**socio-economic** [ˌsəʊsɪəʊˌiːkə'nɒmɪk] adj socio-économique.

**sociological** [ˌsəʊsɪə'lɒdʒɪkəl] adj sociologique.

**sociologist** [ˌsəʊsɪ'ɒlədʒɪst] n sociologue mf.

**sociology** [ˌsəʊsɪ'ɒlədʒɪ] n sociologie f.

**Sofia** ['səʊfɪə] n Sofia.

**soft** [sɒft] adj (gen) doux ; currency faible ; (St Ex) market mou, peu actif. ◊ **soft copy** (Comp) visualisation sur écran ; **soft-cover book** livre broché ; **soft drinks** boissons non alcoolisées ; **soft furnishings** tissus d'ameublement ; **soft goods** (textiles) tissus, textiles ; (US : perishables) biens de consommation non durables ; **soft loan** prêt à taux bonifié ; **soft market** *marché où la demande est rare* ; **soft sell** or **selling** publicité discrète ; **a soft spot in the market** un point faible du marché, un secteur en baisse ; **the dollar is due for a soft landing** on attend l'atterrissage en douceur du dollar ; **sales are soft** les ventes ne marchent pas très fort or sont molles.

**soften up\*** ['sɒfn] vt sep customer baratiner\*.

**soft-pedal** ['sɒftpedəl] vt mettre en sourdine or en veilleuse. ◊ **the unions have decided to soft-pedal their demands** les syndicats ont décidé de ne pas trop mettre en avant leurs revendications or de mettre la pédale douce.

**software** ['sɒftwɛəʳ] **1** n logiciel m. ◊ **applications software** logiciel d'application ; **driving software** logiciel de commande ; **systems software** logiciel d'exploitation ; **word-processing software** logiciel de traitement de texte.
**2** cpd **software company** or **house** société f de services et de conseil en informatique. — **software engineering** génie m logiciel. — **software house** société f de services et de conseils en informatique. — **software library** logithèque f. — **software package** progiciel m.

**soil** [sɔɪl] **1** vt salir. **2** n (gen) terre f ; (Pol) sol m, territoire m. ◊ **on British soil** sur le territoire or le sol britannique.

**soil bank** [sɔɪlbæŋk] (US) n *agence gouvernementale chargée de régler les problèmes de surproduction agricole.*

**soiled** [sɔɪld] adj (Comm) défraîchi.

**sold** [səʊld] adj vendu. ◊ **sold day-book** journal des ventes ; **sold-ledger** grand livre des ventes ; **sold-note** (St Ex) bordereau de vente.

**sole** [səʊl] adj (exclusive) right, agent exclusif. ◊ **they have the sole agency for our firm** ils ont l'exclusivité de notre société ; **sole arbitrator** (Ins) arbitre unique ; **sole of exchange** seule de change ; **sole legatee** légataire universel ; **sole owner** propriétaire unique ; **sole proprietorship** (gen) entière propriété ; [business] entreprise unipersonnelle or individuelle ; **sole trader** entreprise unipersonnelle or individuelle.

**solicit** [sə'lɪsɪt] **vt** solliciter (*sb for sth, sth from sb* qch de qn).

**soliciting agent** [sə'lɪsɪtɪŋ,eɪdʒənt] **n** placier m.

**solicitor** [sə'lɪsɪtə<sup>r</sup>] **n**  **a** (Jur) (GB) (in court case) avocat m ; (for conveyancing) ≈ notaire m, homme m de loi *(cumulant les fonctions d'avocat et de notaire)* ; (US) conseiller m juridique, avocat-conseil m.  **b** (US Ins) courtier m, placier m.

**solid** ['sɒlɪd] **adj** business solide, sain ; voters unanime. ◊ **on solid ground** en terrain sûr ; **solid gold** or massif ; **solid-state** electronic device transistorisé.

**solus** ['səʊləs] **adj** (Pub) advertisement, site, position isolé.

**solution** [sə'luːʃən] **n** (to problem) solution f (*to* de).

**solve** [sɒlv] **vt** difficulty, problem résoudre.

**solvency** ['sɒlvənsɪ] **n** solvabilité f. ◊ **solvency margin** marge de solvabilité.

**solvent** ['sɒlvənt] **adj** solvable. ◊ **solvent debt** dette recouvrable.

**Somalia** [səʊ'mɑːlɪə] **n** Somalie f.

**Somalian** [səʊ'mɑːlɪən] **1 adj** somalien.  **2 n** (inhabitant) Somalien(ne) m(f).

**somnambulant** [sɒm'næmbjʊlənt] **adj** market endormi.

**soon** [suːn] **adv** bientôt. ◊ **as soon as possible** dès que possible.

**sop up** [sɒp] **vt sep** debt éponger, absorber.

**sophisticated** [sə'fɪstɪkeɪtɪd] **adj** machine, method hautement perfectionné, sophistiqué, technologiquement avancé.

**sort** [sɔːt] **1 n**  **a** (gen) sorte f, genre m, espèce f ; [car, machines] marque f.  **b** (Comp) tri m. ◊ **digital sort** tri numérique ; **sort key / routine** clé / programme de tri.  **2 vt** (gen) classer, ranger, trier ; (Comp) trier.

**sorter** ['sɔːtə<sup>r</sup>] **n** (person) trieur(-euse) m(f) ; (machine) trieuse f.

**sort out** **vt sep** documents (select) trier, faire le tri de ; (tidy) classer, ranger, mettre de l'ordre dans.

**sought-after** [,sɔːt'ɑːftə<sup>r</sup>] **adj** recherché.

**sound** [saʊnd] **1 n** son m. ◊ **I don't like the sound of his plans** ses projets ne me disent rien qui vaille or m'inquiètent.

**2 cpd sound check** contrôle-son m *(avant un enregistrement)*. – **sound effects** (Cine) bruitage m. – **sound insulation** isolation f phonique. – **sound track** bande f sonore. – **sound truck** camion m publicitaire équipé d'un haut-parleur.

**3 adj**  **a** (healthy) business, management sain, solide ; investment sûr, sans danger, sans risque. ◊ **sound cargo** chargement sain ; **sound currency** devise saine ; **sound value** (Ins) valeur saine.  **b** (sensible) argument solide, valable ; decision, advice sensé, valable, judicieux.

**4 vi** (seem) sembler. ◊ **it sounds as though he's not interested in the idea** il ne semble pas être intéressé par cette idée.

**soundings** ['saʊndɪŋz] **npl** (measurements) sondages mpl. ◊ **to take soundings** faire des sondages.

**sound out** **vt sep** person sonder, questionner discrètement. ◊ **sound him out about working with us** essayez de savoir s'il serait prêt à venir travailler chez nous ; **sound him out as a potential investor in the project** voyez s'il pourrait participer au financement du projet.

**soundproof** ['saʊndpruːf] **1 vt** insonoriser.  **2 adj** insonorisé.

**soundproofing** ['saʊndpruːfɪŋ] **n** insonorisation f.

**sour** ['saʊə<sup>r</sup>] **1 adj** wine aigre, acide.  **2 vi** relations s'envenimer.

**source** [sɔːs] **1 n** source f, origine f. ◊ **source of income** source de revenus ; **deduction of tax at source** retenue de l'impôt à la source ; **from a reliable source** de source sûre ; **what is the source of this information ?** quelle est l'origine or la provenance de cette information ?  **2 cpd source document** document m de base. – **source file** fichier m source. – **source language** langage m source. – **source program** programme m source.

**sourcing** ['sɔːsɪŋ] **n** approvisionnement m. ◊ **sourcing manager** responsable or directeur des achats or de l'approvisionnement.

**South Africa** [,saʊθ'æfrɪkə] **n** Afrique f du Sud.

**South African** [,saʊθ'æfrɪkən] **1 adj** sud-africain.  **2 n** (inhabitant) Sud-Africain(e) m(f).

**South America** [,saʊθə'merɪkə] **n** Amérique f du Sud.

**South American** [,saʊθə'merɪkən] **1 adj** sud-américain.  **2 n** (inhabitant) Sud-Américain(e) m(f).

**Southeast Asia** [,saʊθ'iːst'eɪʃə] **n** Asie f du Sud-Est.

**South Korea** [ˌsauθkə'riːə] n Corée f du Sud.

**South Korean** [ˌsauθkə'riːən] **1** adj sud-coréen.
**2** n (inhabitant) Sud-Coréen(ne) m(f).

**South Yemen** [ˌsauθ'jemən] n Yémen m du Sud.

**Soviet** ['səuviət] adj soviétique. ◊ **Union of Soviet Socialist Republics** Union des républiques socialistes soviétiques; **Soviet Union** Union soviétique.

**SP** abbr of *starting price* → starting.

**space** [speɪs] **1** n **a** (room) espace m, place f. ◊ **advertising space** espace publicitaire. **b** (Typ) espace m or f, espacement m. ◊ **single space** interligne simple; **double space** double interligne; **to leave a space** laisser un espace or un blanc. **c** (Astron) espace m. **2** cpd **space advertising** publicité presse f. – **space bar** barre f d'espacement. – **space broker** courtier m en publicité. – **space buyer** acheteur m d'espace. – **space buying** achat m d'espace. – **space character** (Comp) caractère m d'espacement. – **space cost** coût m de l'espace or de l'insertion. – **space discount** tarif m dégressif selon l'espace acheté. – **space industry (the)** l'industrie f spatiale. – **space rates** tarifs mpl d'espace or d'insertion. – **space shuttle** navette f spatiale. – **space writer** (Press) pigiste m.

**space out** [speɪs] vt visits, letters, espacer; payments échelonner (*over* sur). ◊ **to space out payments over ten years** étaler des versements sur dix ans.

**Spain** [speɪn] n Espagne f.

**span** [spæn] n **a** [time] durée f, espace m (de temps). ◊ **the average span of life of a product** la durée moyenne de vie d'un produit. **b** [arch] envergure f, portée f; (Comp) plage f. ◊ **print span** largeur de la ligne d'impression; **span of control** [manager] domaine de responsabilité, attributions.

**Spaniard** ['spænjəd] n (inhabitant) Espagnol(e) m(f).

**Spanish** ['spænɪʃ] **1** adj espagnol.
**2** n **a** (language) espagnol m. **b** **the Spanish** les Espagnols.

**spare** [spɛəʳ] **1** adj **a** (surplus) en surplus, disponible. ◊ **spare capacity** [factory] capacité de production disponible; **spare capital** capital disponible; **spare cash** (small amount) argent en trop or de reste; (large amount) argent disponible; **spare time** temps libre or disponible, (heures de) loisirs. **b** (in reserve) de réserve, de rechange. ◊ **spare parts** pièces de rechange, pièces détachées; **spare track** (Comp) piste de remplacement or de réserve.

**2** n (part) pièce f de rechange, pièce f détachée.
**3** vt (do without) se passer de. ◊ **we can't spare him** nous ne pouvons pas nous passer de lui; **can you spare me 5 minutes?** pouvez-vous m'accorder or me consacrer 5 minutes?; **you could have spared yourself the trouble** vous auriez pu vous éviter tout ce mal.

**spark** [spɑːk] vt (also **spark off** ) complaints provoquer, déclencher; interest susciter, éveiller (*in sb* chez qn).

**sparse** [spɑːs] adj clairsemé, peu dense.

**sparsely** ['spɑːslɪ] adv ◊ **sparsely populated** faiblement peuplé, à population clairsemée.

**spate** [speɪt] n [applications, protest] avalanche f, afflux m, déferlement m, vague f. ◊ **a spate of foreign orders** un afflux de commandes de l'étranger; **spate of publicity** déferlement publicitaire; **spate of strikes** vague de grèves; **there has been a spate of dollar selling** il y a eu une vente massive de dollars.

**speak** [spiːk] vi parler. ◊ **I must speak to her about this** (consult) il faut que je lui en parle; (reprimand) j'ai deux mots à lui dire à ce sujet; **speaking time** temps de parole.

**spearhead** ['spɪəhed] **1** n ◊ **the layoffs were the spearhead of the plan** les licenciements étaient le fer de lance du projet.
**2** vt attack être le fer de lance de; campaign mener.

**spec\*** [spek] n **a** (specification) spécification f, caractéristique f technique. ◊ **what's the job's spec?** quel est le profil du poste? **b** **to buy sth on spec** risquer or tenter le coup\* en achetant qch; **I decided to go on spec** j'ai décidé d'essayer or de tenter le coup.

**special** ['speʃəl] adj (specific) purpose, equipment spécial, particulier; (exceptional) case, circumstances spécial, exceptionnel, particulier; ◊ **special acceptance** (Comm) acceptation sous réserve, acceptation conditionnelle; **special agent** concessionnaire; **special buyer** (St Ex) *courtier nommé par la Banque d'Angleterre et chargé de vendre et d'acheter des bons du Trésor et autres titres d'État*; **special crossing** (Bank) barrement spécial; **special damages** indemnisation spéciale, dommages-intérêts spécifiques; **special delivery** [letter] par exprès, par porteur spécial; **special deposits** dépôts spéciaux, réserves obligatoires *(des banques commerciales à la Banque d'Angleterre)*; **special dividend** dividende exceptionnel; **special drawing rights** droits de tirage spéciaux; **special endorsement** endossement complet; **special offer** offre spéciale or promotionnelle, promotion; **special partnership** société en participation; **special privi-**

lege privilège spécial ; **special tax** taxe exceptionnelle, surtaxe.

**specialist** ['speʃəlɪst] **n** spécialiste mf (*in* de). ◊ **computer specialist** informaticien.

**speciality**[ˌspeʃɪ'ælɪtɪ] (GB) **specialty-** ['speʃəltɪ] (US) **n** **a** (gen) spécialité f. ◊ **speciality goods** articles de marque, nouveautés ; **speciality salesman** représentant de produits de marque. **b** (Jur)-contrat m formel sous seing privé, acte m authentique.

**specialization, specialisation** [ˌspeʃəlaɪ'zeɪʃən] **n** spécialisation f. ◊ **area of specialization** secteur d'activité.

**specialize, specialise** ['speʃəlaɪz] **vi** se spécialiser (*in* dans). ◊ **we specialize in office furniture** nous sommes spécialisés dans le mobilier de bureau.

**specialty** ['speʃəltɪ] (US) **n** → speciality.

**specie** ['spiːʃiː] **1** **n** espèces fpl (monnayées), numéraire m. ◊ **to pay in specie** payer en espèces. **2** **cpd** **specie consignment** envoi m d'espèces. − **specie point** point m d'or, gold point m.

**specific** [spə'sɪfɪk] **1** **adj** instruction, example précis, clair, explicite ; objective, project spécifique, précis, particulier, déterminé. ◊ **specific address** (Comp) adresse absolue or réelle ; **specific amount** forfait, montant déterminé ; **specific duty** or **tax** (Customs) droit spécifique ; **specific legacy / legatee** legs / légataire à titre particulier ; **specific lien** privilège spécial ; **specific performance** [contract] exécution pure et simple. **2** **npl** ◊ **to get down to specifics\*** entrer dans les détails, en venir aux détails.

**specifically** [spə'sɪfɪkəlɪ] **adv** order, explain expressément, explicitement. ◊ **designed specifically for** conçu spécifiquement or tout particulièrement pour ; **this clause does not specifically refer to** cette clause ne se rapporte pas explicitement à ; **it specifically states that** il est expressément stipulé or précisé que.

**specification** [ˌspesɪfɪ'keɪʃən] **1** **n** **a** (precise instruction) spécification f, précision f, description f détaillée ; (item in contract) stipulation f, prescription f ; (for building, machine) spécification f, caractéristique f technique. ◊ **built to his own specifications** construit selon ses propres normes or son propre cahier des charges ; **job specification** profil de poste ; **patent specifications** demande de dépôt de brevet, mémoire descriptif d'une invention ; **personal specification** profil de compétence. **b** (Customs) déclaration f d'embarquement. **c** (St Ex) bordereau m des espèces.

**2** **cpd** **specification sheet** descriptif m, notice f technique.

**specify** ['spesɪfaɪ] **vt** spécifier, préciser, stipuler, indiquer. ◊ **specified invoice** facture détaillée ; **unless otherwise specified, unless we specify to the contrary** sauf indication contraire ; **specified load** charge prescrite.

**specimen** ['spesɪmɪn] **1** **n** spécimen m, modèle m, exemplaire m. **2** **cpd** **specimen copy** spécimen m. − **specimen invoice** modèle m de facture. − **specimen signature** modèle m or spécimen m or échantillon m de signature.

**spectacular** [spek'tækjulər] **n** (US Pub) publicité f lumineuse animée.

**speculate** ['spekjuleɪt] **vi** (Fin) spéculer ; (St Ex) spéculer, jouer à la Bourse. ◊ **to speculate on a fall / a rise** spéculer à la baisse / la hausse ; **to speculate in oils** spéculer sur les pétrolières.

**speculation** [ˌspekju'leɪʃən] **n** (Fin, St Ex) spéculation f (in, on, sur). ◊ **to buy sth as a speculation** spéculer sur qch, faire de la spéculation sur qch.

**speculative** ['spekjulətɪv] **adj** buying, market spéculatif. ◊ **speculative margin** couverture pour opération spéculative ; **speculative shares** or **stocks** valeurs spéculatives or de spéculation.

**speculator** ['spekjuleɪtər] **n** spéculateur (-trice) m(f). ◊ **small speculator** boursicoteur, boursicotier.

**speed** [spiːd] **n** vitesse f. ◊ **typing speed** vitesse de frappe ; **high-speed train** train à grande vitesse ; **speed goods** marchandises expédiées au régime accéléré or par la grande vitesse.

**speed up** [spiːd] **1** **vt sep** service, production activer, accélérer ; person faire aller or faire travailler plus vite, presser. **2** **vi** aller plus vite.

**speed-up** ['spiːdʌp] **n** accélération f (in de). ◊ **speed-up in inflation** accélération or recrudescence or emballement de l'inflation.

**speedy** ['spiːdɪ] **adj** reply, recovery, delivery rapide.

**spell** [spel] **1** **n** (short period) (courte) période f. ◊ **spell of duty** tour de service. **2** **vt** (mean) signifier, représenter. ◊ **this policy spells disaster** cette politique conduit au désastre or signifie la ruine.

**spell out** **vt sep** (explain) expliquer clairement. ◊ **he spelt out his reasons for turning down our proposal** il a clairement indiqué pourquoi il avait repoussé notre offre.

**spend** [spend] vt a money dépenser. b time employer, consacrer, passer (doing à faire).

**spender** ['spendər] n ◊ to be a big spender dépenser beaucoup.

**spending** ['spendɪŋ] 1 n dépenses fpl. ◊ to rein in spending contenir les dépenses; consumer spending dépenses de consommation or des ménages; deficit spending impasse budgétaire; discretionary spending dépenses discrétionnaires or volontaires; government spending dépenses publiques. 2 cpd spending capacity pouvoir m d'achat. – spending estimate estimation f des frais or des dépenses. – spending money argent m de poche. – spending patterns habitudes fpl d'achat. – spending power pouvoir m d'achat. – spending spree: to go on a spending spree se lancer dans une frénésie de dépenses. – spending targets prévisions fpl or objectifs mpl de dépenses.

**spendthrift** ['spendθrɪft] n dépensier(-ière) m(f).

**sphere** [sfɪər] n [interest, influence] sphère f, domaine m. ◊ in a limited sphere dans un cercle limité; it comes within his sphere cela relève de ses compétences.

**spiel*** [ʃpiːl] n (sales talk) boniment* m, baratin* m commercial.

**spill over** [spɪl] vi déborder, se répandre (into dans). ◊ the population of this town is spilling over into the green belt la ceinture verte est envahie par la population de la ville.

**spillover** ['spɪləuvər] n (effect) retombée f, conséquence f.

**spin off** [spɪn] 1 vt subsidiary créer par essaimage. 2 vi a (form new company) essaimer. b (create new products) avoir des retombées économiques.

**spin-off** ['spɪnɒf] n a (benefit) profit m or avantage m inattendu, retombée f. b (Ind : secondary product) sous-produit m, dérivé m, application f secondaire. c (effect) retombées fpl (économiques). d (US Fin) distribution d'actions d'une société à une autre société en fin d'exercice pour des raisons fiscales. e (Mktg) essaimage m.

**spinner** ['spɪnər] n ◊ money spinner (product) mine d'or.

**spiral** ['spaɪərəl] 1 n spirale f. ◊ the inflationary spiral la spirale inflationniste; the wage-price spiral la spirale prix-salaires; the price spiral la montée inexorable des prix.

2 vi [prices, wages] monter en flèche, augmenter rapidement. ◊ spiralling inflation inflation galopante.

**spit** [spɪt] vt (Customs) sonder (à des fins de vérification).

**splash** [splæʃ] 1 n éclaboussement m. ◊ to make a splash* [new product] faire sensation, faire du bruit; a great splash of publicity un grand battage publicitaire. 2 vt ◊ his resignation was splashed across all the papers sa démission a fait la une de tous les journaux or s'est étalée dans tous les journaux.

**splinter group** ['splɪntəˌgruːp] n groupe m dissident, groupuscule m autonome.

**split** [splɪt] 1 n a (Pol) scission f, schisme m. ◊ a sharp status split between workers and executives un écart considérable entre la situation sociale des travailleurs et celle des cadres; there was a three-way split in the committee le comité s'est trouvé divisé en trois clans. b (share, division) division f, partage m, fractionnement m. ◊ the initial portfolio split is expected to be : Japan 75%, UK 15%, other Far Eastern countries 10% on envisage la division suivante du portefeuille financier : Japon 75%, Royaume-Uni 15%, autres pays d'Extrême-Orient 10%; they did a four-way split of the profits ils ont partagé les bénéfices en quatre. c (Fin) reverse split regroupement d'actions; stock split division d'actions; one-for-two stock split distribution gratuite d'une action nouvelle pour deux anciennes, réduction du nombre d'actions par attribution d'une action nouvelle pour deux anciennes; stock split down réduction du nombre d'actions par émission d'actions nouvelles à raison d'une pour plusieurs anciennes.

2 cpd split capital capital m fractionné. – split commission commission f fractionnée or partagée. – split funding placement m fractionné. – split margin or spread marge f évolutive (avec la durée du crédit). – split order (St Ex) ordre m fractionné. – split price tarif m différencié. – split schedule horaire m fractionné. – split screen écran m fractionné. – split-second timing précision f à la seconde près. – split share action f fractionnée. – split vote vote m indécis.

3 vt a (cause dissension in) party, committee diviser, créer une scission or un schisme dans. b (share out) work, profits (se) partager, (se) répartir. ◊ to split the difference couper la poire en deux.

4 vi [party, government] se diviser, se désunir.

**split up** 1 vi [meeting, crowd] se disperser; [party, movement] se diviser, se scinder.

**2** **vt sep** money, workload partager, répartir; party, organization diviser, scinder (*into* en).

**spoil** [spɔɪl] **1** **vt** gâcher, abîmer, gâter. ◊ **to spoil the market** (St Ex) provoquer des fluctuations de forte amplitude; **spoilt ballot paper** bulletin (de vote) nul.
**2** **vi** [food] s'abîmer, s'avarier.

**spoilage** [ˈspɔɪlɪdʒ] **n** déchet(s) m(pl).

**spoils** [spɔɪlz] **npl** (booty) (gen) butin m; (after business deal) bénéfices mpl, profits mpl. ◊ **spoils system** (US Pol) système des dépouilles.

**spokesman** [ˈspəʊksmən] **n** porte-parole m inv (*of, for* de).

**spokesperson** [ˈspəʊksˌpɜːsən] **n** porte-parole mf inv (*of, for* de).

**spokeswoman** [ˈspəʊksˌwʊmən] **n** porte-parole f inv (*of, for* de).

**sponsion** [ˈspɒnʃən] **n** (Jur) garantie f personnelle, engagement m formel en faveur d'un tiers.

**sponsor** [ˈspɒnsəʳ] **1** **n a** (Mktg, Pub) sponsor m, parrain m; (Fin) caution f, répondant m. ◊ **to stand sponsor to sb** or **as sponsor for sb** se porter caution pour qn, être le garant or répondant de qn. **b** (TV) annonceur m.
**2** **vt** programme patronner, parrainer, commanditer, sponsoriser; (Fin) borrower se porter caution pour, être le garant or le répondant de.

**sponsorship** [ˈspɒnsəʃɪp] **n** patronage m, parrainage m, sponsorisation f. ◊ **corporate sponsorship** mécénat d'entreprise; **companies have become much more involved in sponsorship of the arts** les entreprises se sont davantage engagées dans le parrainage or la sponsorisation des manifestations artistiques.

**spot** [spɒt] **1** **n a** (place) lieu m, endroit m. ◊ **on the spot** (in that place) sur place; (immediately) sur-le-champ; **black** or **dark spot** point noir; **bright spot** point or aspect positif. **b** (Rad, TV) spot m, message m or séquence f publicitaire.
**2** **cpd spot advertisement** spot m publicitaire. — **spot cash** argent m comptant. — **spot check** sondage m, vérification f par sondage, contrôle m intermittent. — **spot credit** crédit m immédiat or à court terme. — **spot deal** opération f au comptant. — **spot delivery** livraison f immédiate. — **spot exchange** transactions fpl or opérations fpl de change au comptant; **spot exchange rate** cours m des changes au comptant. — **spot goods** marchandises fpl disponibles immédiatement. — **spot market** marché m au comptant or du disponible; **the Rotterdam spot market** le mar-

ché libre de Rotterdam. — **spot price** (Commodity Exchange) [oil] prix m spot, prix m sur place or sur le marché libre or du disponible; (St Ex) [currency] cours m du comptant, cours m spot. — **spot quotation** cote f du disponible. — **spot rate** cours m du disponible or du comptant. — **spot sale** vente f au comptant, vente f en disponible, vente f spot. — **spot transaction** opération f au comptant.

**spotlight** [ˈspɒtlaɪt] **1** **n** feu m des projecteurs. ◊ **in the spotlight** en vedette, sous le feu des projecteurs.
**2** **vt** mettre en vedette or en lumière.

**spotter** [ˈspɒtəʳ] **n** (Pub) stop-rayon m.

**spotty** [ˈspɒtɪ] **adj** (St Ex) selling, business irrégulier.

**spouse** [spaʊz] **n** conjoint(e) m(f). ◊ **non-working spouse** conjoint au foyer.

**spread** [spred] **1** **n a** [idea, knowledge] diffusion f, propagation f dissémination f. **b** (extent) [prices] gamme f, échelle f, éventail m. ◊ **income spread** éventail des revenus; **statistical spread** étalement statistique; **wage spread** (US) éventail des salaires. **c** (margin) marge f; (St Ex) écart m de cours; (Commodities Market) achat simultané d'un contrat d'achat à terme et d'un contrat de vente à terme. ◊ **jobber's spread** marge f (entre le prix d'achat et le prix de vente), spread m, opération f à cheval d'un contrepartiste; **spread or straddle** (Stock Options Market) double option. **d** (Press) **double spread advertising** publicité sur deux pages.
**2** **vt a** (extend) activities s'étendre. **b** (distribute) wealth distribuer, répartir; rumours, news répandre, faire courir, faire circuler; fear, doubt, panic répandre, semer; payment échelonner, étaler. ◊ **to spread repayments over 6 months** échelonner or étaler les remboursements sur 6 mois; **payments can be spread over 2 years** les paiements peuvent être étalés sur 2 ans; **to spread risks** (Ins) répartir les risques; **our resources are spread very thinly** nous n'avons que peu de marge dans l'emploi de nos ressources.
**3** **vi a** [panic, news, rumour] s'étendre, se répandre, se propager. ◊ **the crisis will spread to other sectors** la crise s'étendra or gagnera or atteindra d'autres secteurs. **b** (St Ex) spéculer sur les différentiels de cours.

**spreader** [ˈspredəʳ] **n** (St Ex) spéculateur m.

**spreadsheet** [ˈspredʃiːt] **n** (Comp) (software) tableur m; (chart) feuille f de calcul, tableau m.

**spree** [spriː] **n** ◊ **to go on a shopping** or **spending spree** se lancer dans une frénésie de dépenses or d'achats.

**spur on** [spɜːʳ] vt sep person aiguillonner, stimuler, encourager.

**spurt** [spɜːt] n [speed] accélération f; (at work) coup m de collier. ◊ **spurt of activity / energy** regain or sursaut d'activité / d'énergie; **to put on a spurt** (gen) accélérer; (show energy) avoir un sursaut; (at work) donner un coup de collier.

**sq.** abbr of *square*.

**squad** [skwɒd] n (gen) groupe m; (Police) brigade f. ◊ **fraud squad** brigade de la répression des fraudes.

**squander** ['skwɒndəʳ] vt time, money dilapider, perdre, gaspiller.

**square** [skwɛəʳ] **1** vt (settle) accounts balancer; debts payer, régler, acquitter; creditors régler, payer.
**2** vi cadrer, correspondre, s'accorder (*with* avec).
**3** n **a** (Math) carré m. **b** (in town) place f.
**4** adj carré. ◊ **square measures** mesures de superficie; **square metre** mètre carré; **square root** racine carrée.

**square up** **1** vi (pay debts) régler ses comptes or ses dettes (*with sb* avec qn).
**2** vt debts payer, régler, acquitter.

**squeeze** [skwiːz] **1** n (Econ) (also **credit squeeze**) restrictions fpl de crédit, encadrement m or resserrement m du crédit. ◊ **they've put a new squeeze on credit** ils ont donné un nouveau tour de vis au crédit.
**2** vt **a** prices, wages bloquer, geler. **b** money, contribution, information soutirer, arracher, extorquer (*out of* à). **c** (St Ex) **to squeeze the bears** or **the shorts** faire la chasse au découvert.

**Sri Lanka** [ˌsriːˈlæŋkə] n Sri Lanka m.

**Sri-Lankan** [ˌsriːˈlæŋkən] **1** adj sri-lankais.
**2** n (inhabitant) Sri-Lankais(e) m(f).

**S / S, SS** [esˈes] n abbr of *steamship*.

**ST** [esˈtiː] n **a** abbr of *standard time* → standard. **b** abbr of *summer time* → summer.

**s.t.** (US) abbr of *short ton* → short.

**stability** [stəˈbɪlɪti] n stabilité f, fermeté f, équilibre m. ◊ **employment stability** stabilité de l'emploi.

**stabilization, stabilisation** [ˌsteɪbəlaɪˈzeɪʃən] n stabilisation f. ◊ **stabilization loan** emprunt de valorisation.

**stabilize, stabilise** ['steɪbəlaɪz] vt stabiliser.

**stable** ['steɪbl] adj government, currency stable; stock market ferme.

**stack** [stæk] **1** n tas m, pile f.
**2** vt (also **stack up**) papers empiler, entasser.

**staff** [stɑːf] **1** n (gen) personnel m; (senior personnel) cadres mpl. ◊ **to be on the staff** faire partie du personnel; **the sales manager joined our staff 2 years ago** le directeur commercial est entré chez nous il y a 2 ans; **clerical** or **office staff** personnel administratif or de bureau; **counter staff** personnel de vente; **managerial staff** personnel d'encadrement; **senior staff** cadres supérieurs.
**2** cpd **staff assistant** attaché m fonctionnel. − **staff canteen** restaurant m d'entreprise. − **staff cards** fiches fpl du personnel. − **staff management** direction f or gestion f du personnel. − **staff manager** directeur m du personnel. − **staff provident fund** caisse f de prévoyance du personnel. − **staff status** statut m de cadre. − **staff training** formation f du personnel.
**3** vt company, hotel embaucher du personnel dans. ◊ **to be short-staffed** manquer de personnel, avoir un effectif insuffisant, être en sous-effectifs.

**staffer** ['stɑːfəʳ] n (gen) membre m du personnel permanent; (US) membre m de la direction générale.

**staffing** ['stɑːfɪŋ] n dotation f en effectifs.

**staff up** vt sep renforcer le personnel de.

**stag** [stæg] **1** n (St Ex) chasseur m de prime, *spéculateur qui souscrit à une nouvelle émission dans l'espoir de revendre à prime peu après.*
**2** vi (St Ex) souscrire à une nouvelle émission *(dans l'espoir de revendre à prime peu après).*

**stage** [steɪdʒ] **1** n **a** (Theat) scène f. ◊ **to hold the stage** occuper le devant de la scène, avoir la vedette. **b** [operation, study] étape f, stade m, phase f. ◊ **in stages** par étapes, par degrés; **at this stage in the negotiations** à ce point or à ce stade des négociations; **production / processing** or **manufacturing stages** phases de production / de fabrication.
**2** vt (organize) demonstration, strike organiser; publicity campaign organiser, mettre sur pied.

**stagflation*** [stægˈfleɪʃən] n stagflation f.

**stagger** ['stægəʳ] vt (space out) visits espacer; holidays, payments étaler, échelonner.

**staggering** ['stægərɪŋ] adj news renversant, stupéfiant. ◊ **a staggering budget deficit** un déficit budgétaire stupéfiant or incroyable.

**stagnant** ['stægnənt] adj business, economy stagnant, dans le marasme.

**stagnate** [stægˈneɪt] vi [business, economy] stagner, être dans le marasme.

**stagnation** [stægˈneɪʃən] n stagnation f, marasme m.

**stain** [steɪn] **1** n (on cloth, reputation) tache f. **2** vi [material] se tacher (facilement).

**stake** [steɪk] **1** n (betting) enjeu m; (share) intérêt m (in dans). ◊ **the issue at stake** ce qui est en jeu; **there is a lot at stake** l'enjeu est considérable, il y a gros à perdre; **he has a big stake in this new venture** il a engagé de gros capitaux or il a pris une participation importante dans cette nouvelle entreprise; **to have a majority** or **controlling / minority stake** avoir une participation majoritaire / minoritaire (in a business dans une affaire). **2** vt **a** claim établir. ◊ **to stake one's claim to sth** revendiquer qch, établir son droit à qch. **b** (bet) money jouer, miser (on sur). ◊ **he staked everything on the board's decision** il a tout misé sur la décision du conseil d'administration.

**stakeholder** ['steɪkhəʊldəʳ] n [business] partie f prenante, partenaire mf, personne f ayant un intérêt or une participation dans l'affaire.

**stale** [steɪl] adj goods qui n'est plus frais. ◊ **stale cheque** (Jur) chèque périmé or prescrit; **stale market** marché lourd or plat or terne or peu animé.

**stalemate** ['steɪlmeɪt] **1** n impasse f, situation f de blocage. ◊ **to have reached a stalemate** être dans une impasse, avoir abouti à une impasse; **to break the stalemate** débloquer la situation, sortir de l'impasse. **2** vt project, plan contrecarrer; competitor neutraliser; negotiations bloquer. ◊ **the talks have been stalemated for a few weeks** les discussions sont dans l'impasse depuis quelques semaines.

**stall** [stɔːl] **1** n (in market, street) étal m, étalage m, éventaire m; (in exhibition, show) stand m. ◊ **newspaper stall** kiosque à journaux. **2** vt engine (faire) caler; economy entraver la progression de, provoquer le décrochage de. **3** vi [engine] caler; [economy] perdre de la vitesse, décrocher.

**stamp** [stæmp] **1** n (gen) timbre m. ◊ **date stamp** timbre or tampon dateur, tampon à date; **postage stamp** timbre-poste; **receipt stamp** (paper) timbre-quittance; (rubber) tampon; **rubber stamp** timbre (en caoutchouc), tampon, cachet; **savings stamp** timbre-épargne; **trading stamp** timbre-prime. **2** cpd **stamp duty** droit m de timbre. – **stamp pad** tampon m encreur. **3** vt **a** letter, parcel timbrer, affranchir. ◊ **this letter is not sufficiently stamped** cette lettre n'est pas suffisamment affranchie; **stamped addressed envelope** enveloppe timbrée pour la réponse. **b** passport, docu-

ment tamponner, viser. ◊ **to stamp the date on a form** apposer la date au tampon sur un formulaire; **to stamp "paid" on a bill** apposer le tampon "pour acquit" sur une facture.

**stamp out** vt sep inflation enrayer, juguler.

**stampede** [stæm'piːd] n débandade f, affolement m, panique f.

**stamping machine** ['stæmpɪŋməˌʃiːn] n machine f à affranchir.

**stance** [stæns] n position f, attitude f. ◊ **what is their stance on this issue?** quelle est leur position sur ce sujet?, quelle attitude adoptent-ils sur cette question?; **to take up a stance** adopter une position, prendre position; **to adopt a joint stance** adopter une position commune.

**stand** [stænd] **1** n **a** (position) position f. ◊ **to take up a stand** adopter une attitude (on sth envers or sur qch), prendre position (against sth contre qch); **to make a stand against a decision** s'élever contre une décision, s'opposer à une décision. **b** (goods display) étal m, étalage m, éventaire m; (at exhibition) stand m. ◊ **display stand** présentoir; **news stand** kiosque (à journaux). **2** vt **a** (withstand) pressure, strain supporter, résister à. ◊ **to stand one's ground** tenir bon, ne pas reculer, ne pas céder de terrain; **to stand a loss** subir or supporter une perte; **to stand the test** [person] se montrer à la hauteur*; [machine] résister aux épreuves or aux essais; **it has stood the test of time** cela a résisté à l'épreuve du temps. **b** (tolerate) delay, error supporter, tolérer. ◊ **the boss won't stand it** le patron ne le supportera or ne l'acceptera or ne le tolérera pas; **to stand the cost of sth** supporter le coût de qch. **c** **to stand a good chance** avoir une bonne chance (of doing de faire); **this applicant does not stand a chance** ce candidat n'a pas la moindre chance or n'a aucune chance. **3** vi **a** (amount to) **to stand at** [offer, price, bid] avoir atteint, ressortir à, se situer à, s'élever à. ◊ **the balance stands at £500** le solde du compte se monte or s'élève à 500 livres; **you must accept the estimate as it stands** il faut que vous acceptiez ce devis tel quel; **sales stand at 5% up on last year** les ventes sont jusqu'à présent en hausse de 5% sur l'année dernière; **as the law stands at present** en l'état actuel de la législation; **the amount standing to your account** le solde (créditeur) de votre compte, la somme que vous avez sur votre compte. **b** (remain unchanged) [offer, law, agreement, objection] rester sans changement, demeurer valable. ◊ **our proposal still stands** notre proposition reste valable; **our agreement stands** notre accord tient toujours. **c** **to stand surety for sb** se porter caution pour qn, se porter garant de qn; **to stand security for** loan se porter garant de, avaliser; signature, debt avaliser. **d** (take position) **where do you stand on this question?** quel est votre point de vue sur la question?; **where do you stand with the union?** quels sont vos rapports avec le syndicat?; **how do we stand?** (against competitors) comment nous situons-nous?; (financially) où en sont nos comptes? **e** (St Ex) **to stand at a premium / discount** faire prime / perte, être au-dessus / au-dessous du pair.

**stand-alone** [ˌstændəˈləʊn] **adj** computer, software autonome.

**standard** [ˈstændəd] **1** **n** (norm) norme f; (criterion) critère m; [weights and measures] étalon m; [silver] titre m; (level) niveau m, degré m. ◊ **to be up to standard** [person] être au niveau requis, être à la hauteur; [goods] (good quality) être de la qualité requise, être conforme aux normes; (up to sample) être conforme à l'échantillon; **high / low standard of living** niveau de vie élevé / bas; **his English is not up to standard** il n'est pas au niveau en anglais; **accounting standards** normes comptables; **bimetallic standard** bimétallisme; **commodity / currency / dollar / gold standard** étalon marchandises / devise / dollar / or; **fiat standard** étalon légal; **parallel** or **double standard** double étalon; **safety standards** normes de sécurité; **Trading Standards Office** (US) ≈ Direction de la concurrence et des prix. **2** **adj** method, procedure ordinaire, normal; (Comm) model, size standard inv; measure étalon inv. ◊ **it is now standard practice to do so** c'est la manière habituelle de procéder maintenant, c'est devenu une pratique courante; **the practice became standard in the early 80s** la pratique s'est généralisée au début des années 80; **standard agreement** contrat type or standard; **standard charge** taxe or redevance forfaitaire; **standard deviation / error** (Stat) écart / erreur type; **standard gold** or au titre; **standard mark** poinçon; **standard policy** (Ins) police (d'assurance) type; **standard rate** (GB Tax) taux standard or habituel; **standard rate of pay** barème normalisé des salaires; **standard stocks** valeurs sûres; **standard time** heure légale.

**standardization, standardisation** [ˌstændədaɪˈzeɪʃən] **n** standardisation f, normalisation f, uniformisation f. ◊ **standardization agreement** accord de normalisation.

**standardize, standardise** [ˈstændədaɪz] **vt** standardiser, normaliser, unifier, uniformiser. ◊ **standardized production** fabrication standardisée; **standardized products** produits standardisés or normalisés.

**stand by** **1** **vi** (be ready) se tenir prêt (à agir); (be at hand) être prêt or disponible. **2** **vt fus** promise tenir, être fidèle à; partner soutenir, défendre. ◊ **to stand by sb's decision** accepter la décision de qn; **I'll stand by our previous agreement** je m'en tiendrai à notre précédent accord.

**stand-by** [ˈstændbaɪ] **1** **n** (person) remplaçant(e) m(f). ◊ **to be on stand-by** (gen) être prêt en cas de besoin; (Aviat) être sur une liste d'attente, être en stand-by. **2** **adj** de réserve, de secours. ◊ **stand-by credit** crédit stand-by or de soutien; **stand-by agreements** or **arrangements** (IMF) accords stand-by; **stand-by letter of credit** lettre de crédit de réserve; **stand-by ticket** (Aviat) billet (en) stand-by; **stand-by passenger** (Aviat) voyageur sur une liste d'attente or en stand-by.

**stand down** **vi** [candidate] se désister, retirer sa candidature; [chairman] démissionner. ◊ **he stood down in favour of the other candidate** il s'est désisté en faveur de l'autre candidat.

**stand for** **vt fus** **a** (represent) représenter. ◊ **what do these initials stand for?** que signifient or que veulent dire or que représentent ces lettres? **b** (Pol, Admin) **to stand for election** se porter candidat or se présenter à une élection; **he stood for the committee** il s'était porté candidat pour appartenir à la commission.

**stand-in** [ˈstændɪn] **n** remplaçant(e) m(f).

**stand in for** **vt fus** ◊ **to stand in for sb** remplacer qn.

**standing** [ˈstændɪŋ] **1** **n** **a** (position) [person, business] importance f, rang m, réputation f. ◊ **social standing** position sociale, standing; **the financial standing of a firm** la situation or la surface financière d'une entreprise. **b** (duration) durée f. ◊ **an agreement of 20 years' standing** un accord qui existe depuis 20 ans, un accord vieux de 20 ans. **2** **adj** (permanent) (gen) permanent; rules fixe. ◊ **standing credit** crédit permanent; **standing committee** commission permanente; **standing expenses** or **charges** frais généraux or fixes; **standing order** (GB Bank) ordre de virement permanent, virement automatique; **standing price** prix en vigueur; **standing procedure** procédure établie or normale or habituelle or courante.

**stand off** (GB) **vt** workers mettre en chômage partiel or technique.

**stand-off** [ˈstændɒf] **n** situation f de blocage. ◊ **a standoff between labour and management**

une situation de blocage entre les ouvriers et la direction; **it's a standoff** (negotiations) les négociations sont dans l'impasse or au point mort.

**stand out** vi a (be conspicuous) ressortir, se détacher. ◊ **this applicant stands out above all the others** ce candidat tranche sur tous les autres or surclasse tous les autres; **certain positive arguments stood out in the discussion** certains points positifs se sont dégagés or sont ressortis de la discussion. b (remain firm) tenir bon, résister. ◊ **to stand out for sth** revendiquer qch; **to stand out against sth** s'opposer énergiquement or fermement à qch; **the management stood out against the unions'claim** la direction s'est catégoriquement opposée aux revendications des syndicats.

**stand over** vi [items for discussion] rester en suspens, être remis or reporté à plus tard; [accounts] rester à découvert. ◊ **let this point stand over until our next meeting** laissons ce point en suspens jusqu'à notre prochaine réunion.

**standstill** ['stændstɪl] 1 n arrêt m, blocage m. ◊ **to come to a standstill** s'arrêter; **the strike brought production to a standstill** la grève a paralysé la production; **trade is at a standstill** les affaires sont au point mort or dans le marasme le plus total; **negotiations are at a standstill** les négociations sont dans l'impasse or sont bloquées or sont au point mort; **wage standstill** blocage des salaires; **tax standstill** trêve or pause fiscale. 2 cpd **standstill agreement** moratoire m; **standstill agreement on wage increases** décision mutuelle de surseoir à de nouvelles négociations salariales.

**stand up for** vt fus person défendre, prendre le parti de, prendre fait et cause pour; principles défendre.

**stand up to** vt fus opponent affronter, résister à. ◊ **the unions stood up to the government** les syndicats ont tenu tête au gouvernement; **that model does not stand up to use** ce modèle ne résiste pas à l'usage; **the report won't stand up to a closer examination** le rapport ne résistera pas à un examen plus approfondi.

**staple** ['steɪpl] 1 adj (basic) industry, products principal, de base. ◊ **staple commodities** denrées de base or de première nécessité; **staple stock** articles régulièrement suivis or en stock. 2 n a (chief commodity) produit m de base or de première nécessité; (raw material) matière f première; (Comm : chief item held in store) article m régulièrement suivi. b (for holding papers) agrafe f. 3 vt papers agrafer.

**stapler** ['steɪpləʳ] agrafeuse.

**star** [staːʳ] 1 n a étoile f. ◊ **star network** (Comp) réseau en étoile; **2-star petrol** (GB) essence ordinaire; **4-star petrol** (GB) super, super-carburant; **three-star hotel** hôtel trois-étoiles; **this sector is the star performer** ce secteur s'est le mieux comporté. b (Cine) vedette f. 2 vi [actor] être la vedette (*in* de).

**start** [staːt] 1 n a (beginning) (gen) commencement m, début m; [negotiations] ouverture f; [campaign] démarrage m. ◊ **cold start** démarrage à froid; **to get off to a good start** prendre un bon départ; **we'll have to make a fresh start** nous devrons tout recommencer à zéro*; **house** or **housing starts** nombre de mises en chantier de logements neufs. b (advantage) avance f, avantage m. ◊ **that gives us a start over our competitors** cela nous donne une (longueur d') avance or un avantage sur nos concurrents; **they've had a head start on** or **over us** ils sont partis avec une longueur d'avance sur nous. 2 vt a (begin) (gen) commencer; discussion commencer, entamer, engager, ouvrir; fashion lancer; policy inaugurer, amorcer. ◊ **to start a campaign** lancer une campagne; **to start a firm** créer une entreprise; **to start an entry** (Acc) ouvrir une écriture or un poste. b **to start sb off as** faire démarrer qn en qualité de; **they started him off as a storekeeper** ils l'ont fait débuter comme magasinier, ils l'ont d'abord employé comme magasinier. 3 vi [programme, meeting, employee] commencer, débuter. ◊ **to start in business** se lancer dans les affaires; **starting from Monday** à compter de or à partir de lundi; **to start from scratch** partir de zéro; **she started in the accounting department as a typist** elle a débuté dans le service comptable comme dactylo.

**starting** ['staːtɪŋ] adj de départ, de début. ◊ **starting entry** (Acc) écriture d'ouverture; **starting price** (St Ex) cours initial; (auction sale) mise à prix; **starting salary** or **wage** salaire d'embauche or de départ.

**start off** vi (in a job) débuter, commencer (*as* comme, en tant que).

**start up** 1 vt sep debate ouvrir, lancer; dispute déclencher; trend lancer; procedure inaugurer; company créer, lancer; party donner naissance à; machine mettre en marche; car faire démarrer. 2 vi (gen) commencer; party voir le jour, naître; machine se mettre en marche; car démarrer.

**start-up** ['staːtʌp] cpd **start-up capital** mise f de fonds initiale, capital m de départ, capital m initial. — **start-up costs** frais mpl d'établissement.

**starve** [stɑːv] **vt** (deprive) priver (*sb of sth* qn de qch). ◊ **personal lending may be starving the corporate sector of funds** les prêts aux particuliers peuvent priver de fonds le secteur des entreprises.

**state** [steɪt] **1 n a** (condition) état m. ◊ **state of emergency** état d'urgence ; **in the present state of affairs** étant donné les circonstances or la situation, les choses étant ce qu'elles sont ; **the state of the art** l'état actuel de la technique ; **state-of-the-art equipment** matériel dernier cri ; **solid-state electronic device** transistorisé. **b** (Pol) État m. ◊ **the Welfare State** l'État-providence. **2 cpd state-aided** subventionné par l'État. — **state bonds** fonds mpl d'État. — **state-controlled enterprise** entreprise f publique, société f nationale, régie f d'État. — **state-owned enterprise** entreprise f publique, société f nationale, régie f d'État. — **state ownership** propriété f de l'État. — **state tax** impôt m de l'État. — **state visit** visite f officielle.

**3 vt** déclarer, affirmer (*that* que) ; opinion donner, exposer, formuler ; facts exposer, présenter ; time, place spécifier, préciser, fixer ; conditions poser, formuler ; problems énoncer, poser. ◊ **it is stated in the report that** il est mentionné dans le rapport que ; **as stated above** ainsi qu'il est dit plus haut ; **state your name and address** indiquez vos nom, prénom et adresse ; **to state one's case** présenter ses arguments.

**stated** ['steɪtɪd] **adj** date fixé, prévu ; sum stipulé, fixé. ◊ **stated capital** capital déclaré.

**statement** ['steɪtmənt] **1 n a** [facts] exposé m ; [theory, conditions] formulation f, énoncé m. **b** (written, verbal) déclaration f, exposé m, rapport m, compte rendu m ; (Jur) déposition f. ◊ **official statement** communiqué officiel ; **to make a statement** (gen) faire une déclaration ; (Jur) faire une déposition, déposer ; **false statement** fausse déclaration ; **statement in lieu of prospectus** (St Ex) *déclaration de lancement d'une nouvelle émission d'actions tenant lieu de prospectus d'émission.* **c** [accounts] relevé m, état m. ◊ **to draw up a statement of account** faire un relevé de compte ; **statement of affairs** (bankruptcy) bilan de liquidation ; **to submit a statement of one's affairs** déposer son bilan ; **statement of expenses** état or relevé de dépenses, état de frais ; **bank statement** [individual's account] relevé de compte ; [bank's financial position] situation de banque ; **cash statement** situation de caisse ; **operating statement** compte d'exploitation ; **premium statement** décompte de prime ; **proxy statement** (US)

circulaire de sollicitation de procurations. **d** (Comp) instruction f. **2 cpd statement analysis** (Acc) analyse f d'une situation comptable.

**statesman** ['steɪtsmən] **n** homme m d'État.

**statesmanship** ['steɪtsmənʃɪp] **n** habileté f politique, art m de gouverner.

**station** ['steɪʃən] **1 n a** (Rail) gare f ; [underground] station f. ◊ **at station price** prix en gare de départ ; **forwarding station** gare expéditrice, gare d'expédition or de départ (de marchandises) ; **receiving station** gare réceptrice, gare d'arrivée or de destination (de marchandises). **b** (place) poste m, station f. ◊ **customs station** poste de douane ; **filling** or **service station** station-service ; **power station** centrale électrique. **c** (Comp) **work station** poste de travail. **d** (rank) position f, rang m, condition f. **e** (Rad) station f de radio. **2 cpd station break** (US Rad) interruption f publicitaire. — **station master** chef m de gare.

**stationary** ['steɪʃənərɪ] **adj** stationnaire.

**stationer** ['steɪʃənəʳ] **n** papetier(-ière) m(f).

**stationery** ['steɪʃənərɪ] **n** papeterie f. ◊ **continuous stationery** papier en continu ; **office stationery** fournitures de bureau.

**statistic** [stə'tɪstɪk] **n a** (figures) statistique f. ◊ **the latest statistics show that** les dernières statistiques montrent que. **b** (science) **statistics** la statistique.

**statistical** [stə'tɪstɪkəl] **adj** statistique. ◊ **statistical returns** statistiques officielles ; **statistical process control** contrôle statistique de l'outil de production.

**statistician** [ˌstætɪs'tɪʃən] **n** statisticien(ne) m(f).

**status** ['steɪtəs] **1 n a** (economic position) situation f, position f ; (Admin, Jur) statut m. ◊ **civil status** état civil ; **social status** standing, statut social ; **what is his official status ?** quel est son titre officiel ?, quelle est sa position officielle ? ; **credit** or **financial status** situation financière, solvabilité. **b** (prestige) [person] prestige m, standing m ; [job] prestige m. **c** [bank account] situation f. **2 cpd status car** voiture f de prestige. — **status enquiry** enquête f sur la situation financière, enquête f de solvabilité ; **status-enquiry agency** *agence se chargeant d'enquêter sur la solvabilité des personnes ou des entreprises.* — **status information** renseignements mpl commerciaux. — **status report** (Comm) état m d'avancement (des travaux). — **status seeker** *personne qui a soif d'être socialement reconnue.* — **status symbol** marque f de standing.

**status quo** [ˈsteɪtəsˈkwəʊ] **n** statu quo m.

**statute** [ˈstætjuːt] **1** **n** (Jur) loi f. ◊ **by statute** selon la loi ; **statutes of limitations of actions** (US) lois fixant les délais de prescription ; **personal statute** statut personnel.
**2** **cpd** **statute book** code m, recueil m de lois. − **statute law** jurisprudence f.

**statutory** [ˈstætjʊtərɪ] **adj** right, control statutaire, conforme à la loi, réglementaire ; holiday légal ; offence prévu or puni par la loi. ◊ **to have statutory effect** avoir force de loi ; **statutory accounts** comptes statutaires ; **statutory appropriations** affectations statutaires de crédit ; **statutory books** registres statutaires ; **statutory cash reserves** réserves statutaires or légales ; **statutory company** société concessionnaire ; **statutory instrument** (GB) décret d'application ; **statutory limitation** prescription légale ; **statutory meeting** (legally held) assemblée statutaire ; (to set up a joint-stock) assemblée constitutive ; **statutory minimum wage** salaire minimum garanti ; **statutory notice** délai légal de préavis ; **statutory procedure** procédure contractuelle ; **statutory report** rapport présenté lors de la création d'une société.

**stave off** [steɪv] **vt sep** écarter, éviter, prévenir. ◊ **to stave off creditors** échapper aux créanciers.

**stay** [steɪ] **1** **n** **a** séjour m. **b** (Jur) suspension f. ◊ **stay of execution** sursis à exécution ; **to put a stay on proceedings** surseoir aux poursuites, suspendre les poursuites.
**2** **vt** (check) inflation enrayer ; (delay) retarder ; (Jur) judgment surseoir à, différer ; proceedings suspendre ; decision ajourner, remettre.
**3** **vi** (remain) rester ; (on visit) séjourner, demeurer.

**stay-in strike** [steɪˈɪnstraɪk] **n** grève f avec occupation des locaux.

**stay out** **vi** **a** (on strike) rester en grève. **b** **to stay out of sth** ne pas se mêler de qch.

**std** **abbr of** standard.

**STD** [estiːˈdiː] (GB) **n abbr of** subscriber trunk dialling → subscriber.

**steadily** [ˈstedɪlɪ] **adv** régulièrement, progressivement, de façon continue, sans interruption.

**steady** [ˈstedɪ] **1** **adj** **a** (regular) increase, pace, advance, demand uniforme, constant, régulier, continu. ◊ **a steady decrease in unemployment** une baisse continue du chômage. **b** (stable) job, prices, sales stable ; stock market ferme, soutenu.
**2** **vi** [prices, market] se stabiliser, se raffermir. ◊ **after heavy trading the market steadied** après un fort volume d'échanges le marché s'est stabilisé.
**3** **vt** raffermir, stabiliser, régulariser.

**steadying** [ˈstedɪɪŋ] **n** stabilisation f, raffermissement m. ◊ **steadying factor** facteur de stabilisation.

**steady up** **vi** [prices, market] se stabiliser, se raffermir.

**steam** [stiːm] **n** vapeur f. ◊ **to go full steam** tourner à plein régime ; **the project is getting up steam** le projet démarre vraiment ; **the US economy is running out of steam** l'économie américaine s'essouffle ; **the project ran out of steam** le projet a tourné court.

**steam ahead** [stiːm] **vi** progresser très vite, avancer à pas de géant.

**steamboat** [ˈstiːmbəʊt] **n** bateau m à vapeur.

**steamroller** [ˈstiːmrəʊləʳ] **1** **n** rouleau m compresseur.
**2** **vt** opposition écraser ; obstacles aplanir. ◊ **to steamroller a project** user de son influence pour faire passer un projet.

**steamship** [ˈstiːmʃɪp] **n** paquebot m.

**steel** [stiːl] **1** **n** acier m.
**2** **cpd** **steel industry (the)** la sidérurgie, l'industrie f sidérurgique. − **steel mill** aciérie f. − **steel securities** (St Ex) valeurs fpl sidérurgiques.

**steel-maker** [ˈstiːlmeɪkəʳ] **n** sidérurgiste m.

**steelworker** [ˈstiːlwɜːkəʳ] **n** ouvrier m sidérurgiste.

**steelworks** [ˈstiːlwɜːks] **n** aciérie f.

**steep** [stiːp] **adj** slope abrupt, raide ; price excessif, élevé, exorbitant. ◊ **a steep rise in unemployment** une augmentation verticale du chômage, une très forte hausse du taux de chômage.

**steeply** [ˈstiːplɪ] **adv** verticalement ; ◊ **prices are rising steeply** les prix montent en flèche.

**steer** [stɪəʳ] **vt** conduire, diriger, piloter.

**steering** [ˈstɪərɪŋ] **n** (gen) conduite f. ◊ **steering committee** commission d'organisation ; **steering system** [car] direction ; **steering wheel** volant.

**stem** [stem] **vt** inflation, unemployment endiguer, enrayer, contenir, juguler.

**stem from** **vi** provenir de, découler de, résulter de, dériver de. ◊ **the difficulties stemming from the strike** les difficultés qui découlent or sont le résultat de la grève.

**stencil** [ˈstensl] **1** **n** stencil m.
**2** **vt** polycopier, tirer à la polycopieuse, reproduire.

**stenographer** [steˈnɒɡrəfəʳ] **n** sténographe mf.

**stenography** [ste'nɒɡrəfɪ] n sténographie f, sténo f.

**step** [step] **1** n **a** (gen) pas m. ◊ **a giant step forward** un gigantesque pas en avant; **to keep in step with one's competitors** ne pas se laisser distancer par ses concurrents; **in / out of step with** regulations conforme / non conforme à. **b** (measure) disposition f, mesure f. ◊ **to take steps** prendre des mesures or des dispositions. **c** (stage) étape f, échelon m. ◊ **the penalty can rise in 5% steps** les pénalités peuvent augmenter de 5% en 5%; **processing step** (Comp) phase de traitement. **d** (Comp) pas m d'incrémentation.
**2** cpd **step counter** (Comp) compteur m des phases d'une opération. **− steps method** méthode f à échelle.

**step back** [step] vi reculer.

**stepback** ['stepbæk] n recul m.

**step down** vi (from office) se retirer, se désister (*in favour of sb* en faveur de qn).

**step in** vi intervenir, s'interposer. ◊ **it's time the government stepped in** il est temps que le gouvernement intervienne.

**step up** vt sep production augmenter, accroître, intensifier, accélérer; campaign, efforts intensifier. ◊ **to step up one's trade relations** renforcer ses relations commerciales.

**sterling** ['stɜːlɪŋ] **1** n (Fin) sterling m, livres fpl sterling.
**2** cpd **sterling area** zone f sterling. **− sterling balance** balance f sterling.
**3** adj silver fin, de bon aloi; qualities sûr, solide, à toute épreuve. ◊ **pound sterling** livre sterling.

**stevedore** ['stiːvɪdɔːʳ] n arrimeur m, débardeur m, docker m.

**steward** ['stjuːəd] n [estate] intendant m, régisseur m; [plane] steward m. ◊ **shop steward** délégué syndical d'atelier.

**stewardship** ['stjuədʃɪp] intendance, économat, fonctions fpl d'intendant or d'administrateur.

**Stg** abbr of *sterling*.

**stick** [stɪk] **1** n bâton m. ◊ **the policy of the big stick** (Pol) la politique du gros bâton; **to get the short end of the stick\*** se faire avoir\*; **to get the wrong end of the stick** comprendre de travers.
**2** vt **a** (with glue) poster coller. ◊ **stick no bills** défense d'afficher. **b** (\* : put) mettre, fourrer\*. ◊ **to stick an ad in the paper\*** mettre une annonce dans le journal; **to stick $10 on the price** majorer le prix de 10 dollars.

**sticker** ['stɪkəʳ] **1** n autocollant m, étiquette f or vignette f adhésive or autocollante. ◊ **price sticker** étiquette (de prix); **window sticker** affichette pour vitrines.
**2** vt étiqueter.

**stick out** vi (persevere) tenir (bon). ◊ **the unions are sticking out for a rise** les syndicats réclament avec obstination une hausse des salaires.

**stick up for** vt fus rights, subordinates défendre.

**sticky\*** ['stɪkɪ] adj problem épineux, délicat.

**stiff** [stɪf] adj (gen) raide, rigide; regulations rigide, draconien; market tendu; exam, task difficile, ardu; price élevé, excessif, exagéré.

**stiffen** ['stɪfn] **1** vt regulations renforcer, durcir.
**2** vi [opposition, competition] se renforcer, se durcir; [market] se tendre.

**stimulate** ['stɪmjʊleɪt] vt stimuler, motiver.

**stimulating** ['stɪmjʊleɪtɪŋ] adj experience stimulant, enrichissant.

**stimulation** [ˌstɪmjʊ'leɪʃən] n stimulation f.

**stimulative** ['stɪmjʊleɪtɪv] adj stimulateur. ◊ **stimulative measures** mesures de relance.

**stimulus** ['stɪmjʊləs] n stimulant m. ◊ **to be a stimulus to** or **for exports** stimuler les exportations; **this promotional campaign gave our sales a new stimulus** cette campagne promotionnelle a donné un coup de fouet or un nouvel élan à nos ventes; **tax stimuli** stimuli fiscaux.

**stint** [stɪnt] n (task) tâche f assignée. ◊ **to do one's stint** (share of work) faire sa part de travail.

**stipulate** ['stɪpjʊleɪt] vt amount, price stipuler, convenir expressément de, préciser.

**stipulation** [ˌstɪpjʊ'leɪʃən] n stipulation f, clause f. ◊ **on the stipulation that** à la condition expresse que; **derogatory stipulation** stipulation dérogatoire.

**stk exch.** abbr of *stock exchange* → stock.

**stock** [stɒk] **1** n **a** [goods] stock m, réserve f; [money] réserve f. ◊ **in stock** en stock, en magasin; **out of stock** épuisé; **to be out of stock, have run out of stock** être en rupture de stock or à court d'approvisionnement; **to lay in a stock of** faire provision de, s'approvisionner en; **to take stock** (in shop) faire or dresser l'inventaire, (fig) faire le point; **the shop has** or **carries a large stock** le magasin est bien approvisionné, le magasin possède des stocks importants; **stock of bullion** encaisse métallique; **to draw on the stock** entamer les réserves, prélever sur les stocks; **firms are building up / run-**

ning down their stocks les entreprises procèdent à des restockages / déstockages; the stock is running low les stocks diminuent or s'amenuisent; safety stock stock de sécurité, stock tampon. **b** [cattle] cheptel m. ◊ live stock bétail. **c** (Rail : also rolling stock) matériel m roulant. **d** (Ind : raw material) matière f première. **e** (Fin) valeur(s) f(pl), titre(s) m(pl); (company share) action(s) f(pl). ◊ stocks and shares valeurs mobilières; oil stocks les (valeurs) pétrolières; authorized stock capital social; common or ordinary stock actions ordinaires; debenture stock (gen) obligations; (US : shares) actions privilégiées; government stock(s) fonds or titres d'État; income stock(s) valeurs de placement; loan stock capitaux mpl empruntés; registered or personal stock titre nominatif, action nominative.

**2 cpd stock account** compte m titres. − **stock accounting** comptabilité f matières. − **stock association** club m d'investissement. − **stock-bonus trust** société créée dans le but de distribuer des parts d'une entreprise à ses employés. − **stock book** livre m de magasin or des inventaires. − **stock building** constitution f de stocks. − **stock card** feuille f or fiche f d'inventaire. − **stock check** contrôle m or vérification f des stocks. − **stock cheque** traite f à vue (utilisée par les courtiers pour des transactions entre places étrangères). − **stock clearance** liquidation f de stock. − **stock company** société f par actions. − **stock control** contrôle m or gestion f des stocks. − **stock dividend** dividende m. − **stock draft** traite f nantie. − **stock exchange** Bourse f des valeurs, place f boursière, marché m des valeurs; **stock-exchange circles** milieux boursiers; **stock-exchange committee** ≈ chambre syndicale des agents de change; **stock-exchange daily official list** cote officielle, bulletin de la Bourse; **stock-exchange operator** opérateur en Bourse, boursier; **stock-exchange quotation** cotation en Bourse; **stock-exchange session** séance de Bourse. − **stock in hand** stock m disponible en magasin. − **stock in trade** (Comm) stock m existant, fonds m de commerce; (Fin) valeurs fpl en portefeuille. − **stock issue** émission f d'actions. − **stock keeper** magasinier m. − **stock ledger** registre m des actionnaires. − **stock line** article m suivi. − **stock list** (Fin) cours m de la Bourse; (Comm) liste f des marchandises en stock, inventaire m commercial. − **stock management** gestion f des stocks. − **stock market** (St Ex) Bourse f des valeurs, place f boursière, marché m des valeurs; (cattle market) marché m aux bestiaux; **stock-market closing report** compte rendu des cours de clôture; **stock-**

**market price** cours de la Bourse. − **stock option** option f d'achat d'actions, droit m préférentiel de souscription; **stock-option plan** régime m d'actionnariat. − **stock receipt** certificat m d'inscription de titres. − **stock register** registre m des actionnaires, grand livre m des titres. − **stock registrar** préposé m au registre des titres. − **stock sheet** feuille f or fiche f d'inventaire. − **stock shortage** rupture f de stock. − **stock size** taille f courante or normalisée. − **stock split** division f d'actions; **one-for-two stock split** distribution gratuite d'une action nouvelle pour deux anciennes, réduction du nombre d'actions par attribution d'une action nouvelle pour deux anciennes; **stock split down** réduction du nombre d'actions par émission d'actions nouvelles à raison d'une pour plusieurs anciennes. − **stock turn** rotation f des stocks. − **stock turnover** or **turnaround** rotation f des stocks. − **stock valuation** valorisation f des stocks. − **stock yield** rendement m d'une action.

**3 vt a** (supply) approvisionner. ◊ the little shop round the corner is well stocked la petite boutique du coin de la rue est bien approvisionnée. **b** [shop] avoir, tenir. ◊ we don't stock this line of articles nous ne faisons pas or nous ne tenons pas ce genre d'articles en magasin.

**stockbreeder** ['stɒkbriːdəʳ] **n** éleveur m.

**stockbroker** ['stɒkbrəukəʳ] **n** agent m de change.

**stockbroking** ['stɒkbrəukɪŋ] **n** transactions fpl boursières, commerce m des valeurs en Bourse.

**stockholder** ['stɒkhəuldəʳ] **n** porteur m or détenteur m de titres; (US) actionnaire m. ◊ **stockholder of record** actionnaire inscrit au registre des actionnaires; **stockholder's equity** capital propre, situation nette.

**Stockholm** ['stɒkhəum] **n** Stockholm. ◊ the **Stockholm Convention** la convention de Stockholm.

**stockist** ['stɒkɪst] (GB) **n** (GB) revendeur m.

**stockjobber** ['stɒkdʒɒbəʳ] **n** (GB) jobber m, intermédiaire qui traite directement avec l'agent de change; (US : often pej) agent m de change.

**stockman** ['stɒkmən] **n** (Agr) gardien m de bestiaux; (US Comm) magasinier m.

**stockout** ['stɒkaut] **n** rupture f de stock.

**stockpile** ['stɒkpaɪl] **1 vt** (Comm) stocker, constituer des stocks de; (fig) amasser, accumuler.
**2 vi** faire des stocks.
**3 n** stock m, réserve f.

**stockpiling** ['stɒkpaɪlɪŋ] n stockage m, constitution f de stocks.

**stockroom** ['stɒkruːm] n (warehouse) entrepôt m ; (show room) salle f d'exposition.

**stocktaking** ['stɒkteɪkɪŋ] n inventaire m. ◊ **stocktaking sale** vente pour cause d'inventaire ; **stocktaking value** valeur d'inventaire.

**stock up** vi s'approvisionner (*with* de, en).

**stockyard** ['stɒkjɑːd] n parc m à bestiaux.

**stoke up** [stəʊk] vt sep inflation alimenter.

**stone** [stəʊn] n (GB : weight) 14 livres (≈ *6,348 kg*).

**stop** [stɒp] **1** n **a** (halt) arrêt m ; (short stay) halte f. ◊ **to work for 8 hours without stop** travailler 8 heures d'affilée or sans s'arrêter ; **to bring production to a stop** faire cesser or interrompre la production ; **coal production came to a stop** la production de charbon s'est arrêtée. **b** (punctuation : also **full stop**) point m. **c** (Tech) arrêt m, butoir m, dispositif m de blocage. ◊ **margin stop** (on typewriter) margeur m. **d** [plane, ship] escale f. ◊ **refuelling stop** escale technique.

**2** cpd **stop-go policy** (GB Econ) politique f du stop and go, *politique économique alternant coups d'arrêt à la croissance et mesures de relance* ; **stop-go cycle of inflation** *cycle inflationniste caractérisé par une alternance de périodes de stabilisation des prix et de périodes de fortes hausses*. — **stop and go** coup m d'accordéon. — **stop loss** (St Ex) ordre m (d'achat ou de vente) destiné à limiter les pertes or à faire une moyenne à la baisse ; **stop-loss reinsurance policy** police de réassurance en excédent de sinistres. — **stop order** (St Ex) ordre m stop. — **stop-payment order** ordre m de suspendre les paiements. — **stop press** (newspaper heading) dernière minute. — **stop signal** (Comp) signal m d'arrêt.

**3** vt **a** (block) bloquer. ◊ **goods stopped at the customs** marchandises bloquées en douane or consignées par la douane. **b** (halt) arrêter, interrompre. **c** (cease) arrêter, cesser. ◊ **to stop work** cesser le travail. **d** (interrupt) activity, production interrompre ; allowance supprimer ; wages opérer une retenue sur. ◊ **stopped bonds** (Fin) titres frappés d'opposition ; **to stop a cheque** faire opposition à un chèque ; **to stop payment** interrompre or suspendre les paiements ; **to stop bankruptcy proceedings** suspendre une procédure de faillite.

**4** vi [supplies, production] s'arrêter ; [programme] se terminer. ◊ **to stop dead** s'arrêter net.

**stopgap** ['stɒpgæp] n bouche-trou m. ◊ **stopgap measure** mesure f temporaire or de transition or provisoire.

**stop over** vi faire une halte or une escale, faire étape.

**stopover** ['stɒpəʊvəʳ] n [aircraft] escale f, étape f ; (passenger) passager m en transit ; ◊ **stopover ticket** billet avec possibilité d'interruption de parcours.

**stoppage** ['stɒpɪdʒ] n **a** [traffic, work] arrêt m, interruption f, suspension f ; [wages, leave] suspension f ; [payments] suspension f, cessation f. ◊ **stoppage of trade** embargo commercial ; **stoppage in transit** (Jur) droit de poursuite, *droit d'un vendeur non payé d'arrêter l'expédition en cours de transit.* **b** (obstruction) engorgement m, obstruction f. **c** (strike) grève f, arrêt m de travail, débrayage m. ◊ **a 3-day (work) stoppage** un arrêt de travail de 3 jours.

**stopper** ['stɒpəʳ] n (Pub : in supermarket) publicité f qui attire l'attention.

**storage** ['stɔːrɪdʒ] **1** n **a** [goods, oil] entreposage m, emmagasinage m, stockage m ; [document] conservation f. ◊ **cold storage plant** entrepôt frigorifique ; **to put into cold storage** perishable goods mettre en chambre froide or frigorifique ; scheme mettre en attente. **b** (Comp) [data] stockage m ; (memory) mémoire f. ◊ **main storage unit** mémoire centrale ; **disk storage** mémoire sur disque.

**2** cpd **storage area** (Comm) surface f or aire f de stockage ; (Comp) zone f (de) mémoire. — **storage capacity** (Comm) capacité f de stockage or d'entreposage or d'emmagasinage ; (Comp) capacité f (de) mémoire, capacité f de stockage. — **storage charges** frais mpl de magasinage. — **storage device** (Comp) dispositif m de mémoire, mémoire f. — **storage map** (Comp) topogramme m de mémoire. — **storage vault** local m d'archives.

**store** [stɔːʳ] **1** n **a** (supply, stock) (gen) réserve f, stock m, provision f ; [information] fonds m. **b** (warehouse) entrepôt m, réserve f, magasin m. ◊ **ex store** (prix) départ entrepôt ; **bond store** (Customs) entrepôt sous douane ; **furniture store** garde-meuble. **c** (shop) magasin m, commerce m. ◊ **chain store** magasin à succursales multiples ; **department store** grand magasin ; **discount store** bazar, magasin mini-marge ; **general store** bazar, magasin mini-marge ; **in-store display** exposition or présentation en magasin ; **multiple store** magasin à succursales multiples ; **one-price store** bazar, magasin mini-marge. **d** (Comp) mémoire f.

**2** cpd **store accounting** comptabilité f matières, comptabilité f des stocks. — **store audit** contrôle m or vérification f des stocks. — **store brand** marque f du distributeur. — **store capacity** (Comp) capacité f (de) mémoire, capacité f de stockage.

— **store count** *mesure de la distribution d'un produit par rapport au nombre de points de vente.* — **store dump** (Comp) vidage m de la mémoire.
**3** vt **a** (keep) goods mettre en réserve, amasser; documents conserver, archiver. **b** (put away) goods, food stocker, emmagasiner, entreposer; (Comp) data stocker. ◊ **stored program** programme enregistré; **stored terms** (Comm) livré sur warrant.

**storehouse** ['stɔːhaʊs] n entrepôt m, magasin m.

**storekeeper** ['stɔːkiːpəʳ] n (gen) magasinier m; (US : shopkeeper) commerçant m.

**storeman** ['stɔːmən] n magasinier m.

**storeroom** ['stɔːruːm] n dépôt m, entrepôt m, magasin m, réserve f.

**storyboard** ['stɔːrɪbɔːd] n scénario m de message publicitaire, story-board m.

**stow** [stəʊ] vt (Naut : also **stow away**) arrimer.

**stowage** ['stəʊɪdʒ] n (action) arrimage m; (costs) frais mpl d'arrimage; (goods stowed) marchandises fpl arrimées. ◊ **to avoid broken stowage** éviter les pertes d'arrimage.

**stower** ['stəʊəʳ] n arrimeur m.

**straddle** ['strædl] n (St Ex) opération f à cheval, ordre m lié. ◊ **to take a straddle position** se placer à cheval.

**straight** [streɪt] **1** adj **a** person franc, honnête, loyal; deal régulier; denial net, catégorique; answer franc, direct, net. ◊ **straight bond** obligation à taux fixe; **the straights market** le marché des obligations à taux fixe; **straight dealings** transactions régulières, procédés honnêtes; **straight investment** investissement à rendement fixe; **straight lease** bail entraînant des versements réguliers; **straight life insurance policy** assurance vie entière; **straight loan** prêt simple (sans garantie). **b** (in order) accounts en ordre. ◊ **to put** or **set one's accounts straight** mettre de l'ordre dans ses comptes; **let's get this straight** entendons-nous bien sur ce point. **c** (not curved) droit. ◊ **straight-line depreciation** amortissement linéaire.
**2** adv (directly) tout droit. ◊ **to come straight to the point** aller droit au but.

**straighten out** ['streɪtn] vt sep problem résoudre, démêler; situation débrouiller, démêler. ◊ **to straighten things out*** arranger les choses.

**straightforward** [ˌstreɪt'fɔːwəd] adj person franc, honnête, loyal; answer franc, direct, net.

**straightforwardly** [ˌstreɪt'fɔːwədlɪ] adv franchement, honnêtement.

**straightforwardness** [ˌstreɪt'fɔːwədnɪs] adv franchise f, honnêteté f.

**strain** [streɪn] **1** n tension f, pression f. ◊ **liquidity strain** contraction des liquidités; **it was a strain on our budget** cela grevait notre budget; **the measures will put a great strain on our country's resources** ces mesures mettront à rude épreuve les ressources de notre pays.
**2** vt savings, budget, economy grever.

**strained** [streɪnd] adj relations, atmosphere tendu.

**straitened** ['streɪtnd] adj ◊ **in straitened circumstances** dans la gêne or le besoin, dans des conditions précaires.

**straits** [streɪts] n ◊ **to be in financial straits** être dans une situation financière difficile, avoir des ennuis d'argent.

**strand** [strænd] vt ship échouer. ◊ **they were stranded without passports or money** ils se sont retrouvés coincés or bloqués sans passeport ni argent; **stranded goods** (Ins) épaves.

**stranglehold** ['stræŋglhəʊld] n ◊ **to have a stranglehold on the market** avoir le quasi-monopole du marché.

**strategic(al)** [strə'tiːdʒɪk(əl)] adj planning stratégique. ◊ **strategic business unit** domaine d'activité stratégique.

**strategist** ['strætɪdʒɪst] n stratège m.

**strategy** ['strætɪdʒɪ] n stratégie f. ◊ **marketing strategy** stratégie marketing.

**stratify** ['strætɪfaɪ] vti stratifier. ◊ **stratified sampling** échantillonnage par couches or par strates.

**straw** [strɔː] cpd **straw poll** or **vote** sondage m d'opinion.

**streak** [striːk] n [ore] veine f. ◊ **to be on a winning streak** avoir trouvé le bon filon*.

**stream** [striːm] n (flow) flot m; [orders] afflux m. ◊ **downstream** en aval; **upstream** en amont; **to be / bring on stream** (production line) être / mettre en service; **to go against the stream** aller à contre-courant; **earning streams** rentrées d'argent; **data stream** flux de données.

**streamer** ['striːməʳ] n banderole f.

**stream in** [striːm] vi [customers, orders] affluer.

**streamline** ['striːmlaɪn] vt product donner un profil aérodynamique à; production rationaliser, moderniser, rénover.

**street** [striːt] **1** n rue f. ◊ **high street** (GB) grand-rue f, rue f principale or commerçante; **high-street banks** (GB) grandes banques de dépôt; **high-street prices in the high-street**

**shops** (GB) les prix courants or habituels des magasins, les prix couramment pratiqués par les commerçants. **2** cpd **street broker** (St Ex) coulissier m. – **street dealings** marché m après Bourse. – **street market** marché m à ciel ouvert. – **street price** (US St Ex) cours m après Bourse or hors Bourse. – **street trader** colporteur m, marchand m ambulant.

**strength** [streŋθ] n **a** (gen) force f; [arguments, claim, case] solidité f. ◊ **the strength of the dollar** la force or la solidité or la robustesse du dollar; **strength of materials** résistance des matériaux; **to negotiate from strength** négocier en position de force. **b** (workforce) effectif(s) m(pl). ◊ **to bring sth up to strength** compléter l'effectif de qch; **to be on the strength** faire partie du personnel or des effectifs.

**strengthen** ['streŋθən] **1** vt position renforcer, consolider, raffermir. **2** vi [influence, currency] se renforcer, se consolider, se raffermir.

**stress** [stres] **1** n **a** (pressure) pression f, tension f, stress m. ◊ **this applicant should react well under stress** ce candidat devrait bien réagir dans des circonstances difficiles; **heavy stresses on sterling** fortes pressions sur la livre; **executive stress** le stress des cadres; **we must take account of the stress factor** nous devons tenir compte du facteur stress. **b** (emphasis) insistance f. ◊ **to lay** or **put the stress on** mettre l'accent sur, insister sur. **c** (Tech) tension f mécanique; [metal] travail m. **2** vt idea insister sur, souligner; (Tech) faire travailler, faire subir une tension à.

**stretch** [stretʃ] **1** vt law, rules avoir une interprétation trop élargie de; income, credit trop tirer sur. **2** vi (extend) s'étendre, aller. ◊ **my allowance is not going to stretch to the end of the month** mon allocation ne me mènera pas jusqu'à la fin du mois.

**strict** [strikt] adj discipline, rule strict, rigoureux; order strict, formel; ◊ **strict adherence to the contract** respect strict or scrupuleux du contrat; **strict cost price** prix de revient calculé au plus juste; **strict time limit** terme de rigueur.

**strife** [straif] n conflit m, dissensions fpl, luttes fpl. ◊ **labour** or **industrial strife** conflits sociaux or du travail; **strife-ridden period** période lourde de conflits.

**strike** [straik] **1** n **a** grève f (of, by de). ◊ **to be (out) on strike** être en grève, faire grève; **to bring out on strike** mettre en grève; **to come out** or **go on strike** se mettre en grève; **to call a strike** lancer un mot d'ordre de grève, appeler à la grève; **to call off a strike** annuler un mot d'ordre de grève; **to stage a strike** organiser or mettre sur pied une grève; **all-out** or **general strike** grève générale; **ca'canny strike** grève du zèle; **go-slow strike** grève du zèle; **hunger strike** grève de la faim; **jurisdictional strike** (US) grève provoquée par un conflit d'attributions syndicales; **lightning strike** grève surprise or sans préavis; **official strike** grève avec préavis, grève légale; **protest strike** action or grève revendicative; **sit-down** or **sit-in strike** grève sur le tas; **snap strike** grève surprise or sans préavis; **stay-in strike** grève avec occupation des locaux; **sympathetic** or **sympathy strike** grève de solidarité or de soutien; **token strike** grève symbolique or d'avertissement; **unofficial strike** grève sans l'accord des organisations syndicales, grève sauvage; **wildcat strike** grève sauvage; **work-to-rule strike** grève du zèle. **b** (discovery) découverte f. ◊ **the rich strike of oil** la découverte d'un riche gisement de pétrole. **2** cpd **strike action** mouvement m de grève. – **strike ballot** vote m pour ou contre la grève. – **strike call** mot m d'ordre de grève. – **strike clause** (Ind) clause f en cas de grève; **no-strike clause** clause interdisant la grève. – **strike committee** comité m de grève. – **strike fund** caisse f syndicale de grève. – **strike pay** allocation f aux grévistes (versée par un syndicat). – **strike price** (St Ex) [option] cours m d'exercice. **3** vt **a** (discover) gold, oil découvrir, trouver. ◊ **to strike it rich*** faire fortune. **b** (make) agreement arriver à, conclure; bargain conclure. ◊ **to strike a balance** (in negotiations) trouver le juste milieu; (balance sheet) dresser or établir un bilan; **to strike a jury** constituer un jury après élimination des jurés récusés. **c** (delete) name rayer (from de); person (from list) rayer; (from professional register) radier (from de). **d** (US) factory mettre une usine en grève. ◊ **the factory was struck for a month** l'usine a été mise en grève pendant un mois. **4** vi (Ind) (go on strike) faire grève (for sth pour obtenir qch; against sth pour protester contre qch). ◊ **to strike in sympathy** déclencher une grève de solidarité or de soutien.

**strikebound** ['straikbaund] adj port paralysé or immobilisé par une grève.

**strikebreaker** ['straikbreikər] n briseur m de grève, jaune m.

**striker** ['straikər] n gréviste mf.

**strike off** vt sep name, word barrer, rayer, biffer; person (from list) rayer; (from professional register) radier; ◊ **to strike £15 off the price**

faire une réduction de 15 livres sur le prix, consentir un rabais de 15 livres.

**strike out** vt sep word barrer, rayer, biffer.

**striking** ['straɪkɪŋ] adj **a** difference frappant. **b** (Fin) **striking price** prix d'exercice (de l'option), prix de liquidation.

**string** [strɪŋ] n **a** (gen) ficelle f; (Commodity Exchange) filière f. ◊ **agreement with no strings attached** accord sans conditions restrictives; **there are no strings attached** cela ne vous engage à rien or ne vous lie en aucune façon; **to pull strings** tirer les ficelles. **b** (Comp) chaîne f. ◊ **character string** chaîne de caractères.

**stringency** ['strɪndʒənsɪ] n [regulation] rigueur f; [credit] resserrement m, encadrement m.

**stringent** ['strɪndʒənt] adj (strict) rule, law strict, rigoureux; measures énergique, rigoureux; (compelling) arguments irrésistible. ◊ **stringent money market** marché financier tendu or serré.

**strip** [strɪp] **1** n [paper, metal, ground] bande f. ◊ **strip mining** (US) exploitation minière à ciel ouvert.
    **2** vt dépouiller, dégarnir. ◊ **to strip a company of its assets** dégraisser les actifs d'une entreprise, cannibaliser une entreprise.

**stripping** ['strɪpɪŋ] n **a** dépotage m (de conteneurs). ◊ **stuffing and stripping** empotage et dépotage (de conteneurs). **b** (Fin) **assets stripping** dégraissage d'actifs.

**strive** [straɪv] vi s'efforcer (to do de faire), faire son possible (to do pour faire).

**strong** [strɒŋ] adj (gen) fort; competitor, candidat sérieux; fabric, material solide; argument, evidence solide, sérieux; market ferme; currency fort; protest, measures énergique; ◊ **a strong supporter of** un partisan convaincu de; **to use strong-arm tactics** utiliser la manière forte.

**strongbox** ['strɒŋbɒks] n coffre-fort m.

**strongroom** ['strɒŋruːm] n salle f des coffres, chambre f forte.

**structural** ['strʌktʃərəl] adj structurel. ◊ **structural unemployment** chômage structurel; **structural engineering** ponts et chaussées.

**structure** ['strʌktʃə'] **1** n (gen) structure f. ◊ **tree-like structure** (Comp) structure arborescente or en arbre.
    **2** vt structurer, organiser. ◊ **structured programming** (Comp) programmation structurée.

**struggle** ['strʌgl] n lutte f. ◊ **class struggle** lutte des classes.

**stub** [stʌb] n [cheque, ticket] talon m, souche f.

**student** ['stjuːdənt] n étudiant(e) m(f).

**study** ['stʌdɪ] **1** n étude f. ◊ **feasibility study** étude de faisabilité; **job study** analyse de poste.
    **2** cpd **study day** journée f d'étude. — **study group** groupe m de travail. — **study trip** voyage m d'étude.
    **3** vt project, proposal étudier, examiner attentivement.

**stuffer** ['stʌfə'] (US) n prospectus m publicitaire (sous enveloppe).

**stuffing** ['stʌfɪŋ] n empotage m (de conteneurs). ◊ **stuffing and stripping** empotage et dépotage (de conteneurs).

**stumbling block** ['stʌmblɪŋblɒk] n pierre f d'achoppement. ◊ **lack of finance is a major stumbling block in our further development** le manque de ressources financières constitue un obstacle or un écueil majeur pour notre développement futur.

**stump up\*** [stʌmp] vt sep, vi cracher\*, casquer\*.

**stunt** [stʌnt] **1** n (feat) tour m de force, exploit m; (Cine) cascade f; (trick) coup m monté, truc\* m. ◊ **publicity stunt** astuce or truc publicitaire; **stunt advertising** publicité tapageuse.
    **2** vt growth retarder, ralentir.

**style** [staɪl] **1** n (gen) style m; [dress] mode f, genre m; [company] raison f sociale.
    **2** vt **a** (call) appeler, dénommer. ◊ **a self-styled businessman** une personne qui se qualifie d'homme d'affaires. **b** (design) créer, dessiner.

**stylist** ['staɪlɪst] n styliste mf.

**stylization, stylisation** [ˌstaɪlaɪ'zeɪʃən] n stylisation f.

**stylize, stylise** ['staɪlaɪz] vt styliser.

**stylus** ['staɪləs] n (Comp) photostyle m, crayon m lumineux.

**stymie** ['staɪmɪ] vt negotiations bloquer, faire échouer, coincer.

**sub\*** [sʌb] **1** n avance f (sur salaire or sur appointements).
    **2** vt (grant) accorder (à titre d'avance); (receive) recevoir (à titre d'avance).

**subagent** [sʌb'eɪdʒənt] n sous-agent m.

**subcharter** [sʌb'tʃɑːtə'] vt sous-affréter.

**subcharterer** [sʌb'tʃɑːtərə'] n sous-affréteur m.

**subcommittee** ['sʌbkəˌmɪtɪ] n sous-comité m, sous-commission f.

**subcompact** [sʌb'kɒmpækt] adj de petit format, miniaturisé.

**subcontract** ['sʌb'kɒntrækt] **1** n contrat m de sous-traitance.

**2** vt sous-traiter, donner en sous-traitance.

**subcontractor** [ˈsʌbkənˈtræktəʳ] n sous-traitant m.

**subdivide** [ˌsʌbdɪˈvaɪd] vi subdiviser.

**subdivision** [ˈsʌbdɪˌvɪʒən] n subdivision f.

**subedit** [sʌbˈedɪt] vt article corriger, mettre au point.

**subeditor** [sʌbˈedɪtəʳ] n secrétaire mf de rédaction.

**subfile** [ˈsʌbfaɪl] n sous-fichier m.

**subgroup** [ˈsʌbˌgruːp] n sous-groupe m.

**subhead(ing)** [ˈsʌbˌhed(ɪŋ)] n sous-titre m.

**subject** [ˈsʌbdʒɪkt] **1** n **a** (citizen) sujet m; (foreign national) ressortissant(e) m(f). **b** (matter) sujet m (of, for de). **c** [contract, agreement] objet m.

**2** cpd subject filing classement m (par) matières. – subject index (in book) index m des matières; (in library) fichier m (par) matières.

**3** adj ◊ subject unsold sauf vente; subject to (liable to) soumis à; (conditional upon) sous réserve de; transaction subject to a commission of 10% opération passible d'un courtage or soumise à un courtage de 10%; subject to approval / acceptance sous réserve d'approbation / d'acceptation; subject to breakage (Ins) sujet à la casse; subject to prior sale sous réserve de or sauf vente antérieure; subject to quota contingenté; subject to taxation assujetti or soumis à l'impôt.

**subjoin** [sʌbˈdʒɔɪn] vt ajouter, joindre. ◊ subjoined copy of letter copie de la lettre (donnée) en annexe.

**sub judice** [ˈsʌbˈdʒuːdɪsɪ] adj ◊ the matter is sub judice (Jur) l'affaire est devant les tribunaux or entre les mains de la justice.

**sublease** [ˈsʌbliːs] **1** n sous-location f. **2** vt (take) sous-louer (from à), prendre en sous-location; (give) sous-louer (to à), donner en sous-location.

**sublessee** [ˌsʌbleˈsiː] n sous-locataire mf.

**sublessor** [sʌbˈlesəʳ] n sous-bailleur(-eresse) m(f).

**sublet** [sʌbˈlet] vt house sous-louer; work sous-traiter.

**subliminal** [ˌsʌbˈlɪmɪnl] adj subliminal. ◊ subliminal advertising publicité subliminale.

**submanager** [sʌbˈmænɪdʒəʳ] n sous-directeur(-trice) m(f).

**submission** [səbˈmɪʃən] n **a** [proposal] soumission f. **b** (Jur : in court) plaidoirie f. **c** (Jur : in arbitration) compromis m arbitral.

**submit** [səbˈmɪt] vt documents, proposal, report soumettre (to à). ◊ to submit a statement of one's affairs déposer son bilan; to submit for approval soumettre à l'approbation; please submit your quotations veuillez nous indiquer vos prix.

**submortgage** [sʌbˈmɔːgɪdʒ] n sous-hypothèque f.

**suboffice** [sʌbˈɒfɪs] n succursale f, sous-agence f.

**subordinate** [səˈbɔːdnɪt] **1** adj rank, position subalterne. **2** n subordonné(e) m(f), subalterne mf. **3** vt subordonner. ◊ subordinated debenture créance de deuxième rang; subordinated interest intérêt secondaire (sur une hypothèque de deuxième rang).

**subordination** [səˌbɔːdɪˈneɪʃən] n subordination f. ◊ subordination agreement lettre d'antériorité.

**subparagraph** [sʌbˈpærəgrɑːf] n sous-alinéa m.

**subpoena** [səbˈpiːnə] **1** n (Jur) citation f or assignation f à comparaître. **2** vt witness citer or assigner à comparaître.

**sub-post office** [ˌsʌbˈpəʊstɒfɪs] n bureau m de poste auxiliaire.

**subprogram** [sʌbˈprəʊgræm] n (Comp) sous-programme m.

**subrogate** [ˈsʌbrəgɪt] vt (Ins) subroger.

**subrogation** [ˌsʌbrəˈgeɪʃən] n subrogation f. ◊ subrogation clause clause subrogatoire.

**subroutine** [ˌsʌbruːˈtiːn] n (Comp) sous-programme m.

**subscribe** [səbˈskraɪb] **1** vt **a** money verser. **b** signature apposer (to au bas de). **2** vi (Fin) souscrire (to, for à). ◊ to subscribe to or for a loan souscrire à un emprunt; to subscribe for shares souscrire à des actions.

**subscribed** [səbˈskraɪbd] adj capital, shares souscrit. ◊ the issue has been entirely subscribed l'émission a été entièrement souscrite.

**subscriber** [səbˈskraɪbəʳ] n [contract] signataire mf (to de); [newspapers, telephone] abonné(e) m(f) (to de, à); [fund, shares] souscripteur m (to à). ◊ subscriber trunk dialling automatique (interurbain).

**subscription** [səbˈskrɪpʃən] **1** n [fund, shares] souscription f; [club] cotisation f; [newspapers] abonnement m (to à); [contract] signature f (to de). ◊ subscription receivable (St Ex) capital non souscrit or à libérer; terms of subscription conditions d'abonnement; to take out a subscription souscrire ou prendre un abonnement; to invite subscriptions for ouvrir une souscription pour.

**2** **cpd subscription form** bulletin m d'abonnement. − **subscription list** liste f des souscripteurs. − **subscription price** prix m de souscription. − **subscription rate** tarif m d'abonnement. − **subscription rental** redevance f, (prix m de l') abonnement m. − **subscription rights** droits mpl de souscription. − **subscription warrant** bon m de souscription à une émission d'actions.

**subsection** ['sʌbˌsekʃən] **n** sous-section f.

**subsequent** ['sʌbsɪkwənt] **adj** (following) ultérieur, postérieur, suivant; (Jur) subséquent. ◊ **at a subsequent date** à une date ultérieure; **subsequent to** (resulting from) consécutif à, résultant de.

**subset** ['sʌbˌset] **n** (gen) sous-ensemble m.

**subside** [səb'saɪd] **vi** [inflation] baisser, décroître; [agitation] retomber, se calmer, s'apaiser.

**subsidence** ['sʌbsɪdns, səb'saɪdəns] **n** baisse f (*in* de).

**subsidiary** [səb'sɪdɪərɪ] **1** **adj** motive subsidiaire; income, benefit accessoire. ◊ **subsidiary account** sous-compte; **subsidiary brand** sous-marque; **subsidiary company** filiale. **2** **n** (company) filiale f.

**subsidize, subsidise** ['sʌbsɪdaɪz] **vt** subventionner.

**subsidy** ['sʌbsɪdɪ] **n** subvention f. ◊ **food subsidies** subventions sur les denrées alimentaires; **government** or **state subsidy** subvention de l'État; **interest-rate subsidy** bonification de taux d'intérêts.

**subsistence** [səb'sɪstəns] **1** **n** subsistance f. ◊ **means of subsistence** moyens d'existence or de subsistance. **2** **cpd subsistence allowance** indemnité f de subsistance. − **subsistence crops** cultures fpl vivrières de base *(non destinées à l'exportation)*. − **subsistence farming** agriculture f de subsistance *(non exportatrice)*. − **subsistence wage** minimum m vital, salaire m tout juste suffisant pour vivre.

**substandard** [ˌsʌb'stændəd] **adj** goods de qualité inférieure. ◊ **substandard loans** prêts à hauts risques.

**substantial** [səb'stænʃəl] **adj** (huge) considérable, substantiel, important; (rich) riche; (influential) influent, important. ◊ **a substantial order** une commande importante.

**substantiate** [səb'stænʃɪeɪt] **vt** justifier, prouver. ◊ **to substantiate a claim** (Jur) établir le bien-fondé d'une réclamation.

**substantive** ['sʌbstəntɪv] **adj** agreement essentiel. ◊ **substantive law** droit positif.

**substitute** ['sʌbstɪtjuːt] **1** **n** (thing) produit m de remplacement, succédané m (*for* de); (person) remplaçant(e) m(f), suppléant(e) m(f). **2** **adj** de remplacement. **3** **vt** substituer. ◊ **to substitute one thing for another** substituer une chose à une autre; **substituted service** (Jur) signification à domicile. **4** **vi to substitute for sb** suppléer or remplacer qn.

**substitution** [ˌsʌbstɪ'tjuːʃən] **1** **n** substitution f. ◊ **substitution of a debt** (Jur) novation de créance. **2** **cpd substitution effect** (Econ) effet m de substitution. − **substitution law** loi f de substitution.

**substructure** ['sʌbˌstrʌktʃər] **n** infrastructure f.

**subtenancy** ['sʌb'tenənsɪ] **n** sous-location f.

**subtenant** ['sʌb'tenənt] **n** sous-locataire mf.

**subtitle** ['sʌbˌtaɪtl] **1** **n** sous-titre m. **2** **vt** sous-titrer.

**subtotal** [ˌsʌb'təʊtl] **n** sous-total m.

**subtract** [səb'trækt] **vt** soustraire, déduire.

**subtraction** [səb'trækʃən] **n** soustraction f.

**suburban** [sə'bɜːbən] **adj** office accommodation de banlieue.

**suburbs** ['sʌbɜːbz] **npl** ◊ **the suburbs** la banlieue; **their offices are in the outer suburbs** leurs bureaux se trouvent en lointaine banlieue or en grande banlieue or à la périphérie (de la ville).

**subvention** [səb'venʃən] **n** subvention f.

**subway** ['sʌbweɪ] **n** (GB : passage) passage m souterrain; (US Rail) ≈ métro m.

**succeed** [sək'siːd] **1** **vi** **a** (be successful) réussir. **b** (follow) succéder (*to* à). **2** **vt** succéder à.

**succeeding** [sək'siːdɪŋ] **adj** suivant. ◊ **on 3 succeeding Mondays** 3 lundis consécutifs or de suite; **succeeding account** (St Ex) liquidation suivante.

**successful** [sək'sesfʊl] **adj** candidate reçu; deal couronné de succès; company prospère; businessman qui a réussi; book, film à succès.

**succession** [sək'seʃən] **n** succession f. ◊ **3 days in succession** 3 jours de suite or d'affilée; **succession law** droit successoral.

**successor** [sək'sesər] **n** successeur m.

**sucre** [sukre] **n** (currency) sucre m.

**Sudan** [su'dɑːn] **n** Soudan m.

**Sudanese** [ˌsuːdə'niːz] **1** **adj** soudanais. **2** **n** (inhabitant) Soudanais(e) m(f).

**sundry**

**sue** [suː] **1** **vt** poursuivre en justice, entamer une action contre, intenter un procès à (*for* pour obtenir ; *over, about* au sujet de).
◊ **to sue sb for damages** poursuivre qn en dommages-intérêts ; **to sue sb for libel** intenter un procès en diffamation à qn ; **to sue sb for infringement of patent** assigner qn en contre-façon.
**2** **vi** intenter un procès, engager des poursuites, déposer une plainte, porter plainte. ◊ **sue and labour clause** clause de recours et de conservation.

**suffer** ['sʌfəʳ] **1** **vt** losses subir, souffrir.
**2** **vi** [plans, sales] souffrir, pâtir ; [business] souffrir, péricliter.

**sufferance** ['sʌfərəns] **n** ◊ **bill of sufferance** lettre d'exemption des droits de douane *(entre entrepôts situés dans des ports différents)* ; **sufferance wharf** quai de la douane *(où sont débarquées les marchandises passibles de droits d'entrée)*.

**sufficiency** [sə'fɪʃənsɪ] **n** quantité f suffisante.
◊ **self-sufficiency** indépendance économique, autarcie.

**sufficient** [sə'fɪʃənt] **adj** suffisant. ◊ **self-sufficient** économiquement indépendant, autosuffisant.

**suffrage** ['sʌfrɪdʒ] **n** (right to vote) droit m de vote ; (voting) vote m.

**suggest** [sə'dʒest] **vt** suggérer (*that* que). ◊ **to suggest sb for a job** suggérer or proposer qn pour un poste.

**suggestion** [sə'dʒestʃən] **n** suggestion f.
◊ **there is no suggestion of corruption** rien n'autorise à penser qu'il y ait eu corruption ; **suggestion box** boîte à idées.

**suit** [suːt] **1** **n** **a** (Jur) procès m. ◊ **to bring a suit against sb** intenter un procès à qn, engager des poursuites ou une action en justice contre qn. **b** (cards) couleur f. ◊ **to follow suit** faire de même, emboîter le pas, suivre le mouvement.
**2** **vt** **a** (be convenient for) [date, price] convenir à, aller à. ◊ **please let us know which date suits you best** veuillez nous indiquer la date qui vous convient le mieux. **b** (be appropriate to) convenir à, aller à. ◊ **the job doesn't suit him** le poste ne lui convient pas, il n'a pas le profil du poste.

**suitability** [ˌsuːtə'bɪlɪtɪ] **n** aptitude f, adéquation f. ◊ **suitability of an applicant for a job** aptitude d'un candidat à un emploi ; **I'm not convinced of his suitability** je ne suis pas sûr qu'il soit le candidat qui convienne or qu'il fasse l'affaire or qu'il ait le profil voulu.

**suitable** ['suːtəbl] **adj** colour, size qui convient, qui va ; place, time propice, adéquat ; action,

reply, candidate approprié. ◊ **next Tuesday is the most suitable for me** mardi prochain me convient le mieux.

**suite** [swiːt] **n** (room) suite f. ◊ **in the executive suite** chez or parmi les dirigeants d'entreprises.

**suited** ['suːtɪd] **adj** ◊ **this candidate is not suited to the job** le candidat n'a pas le profil voulu pour le poste.

**sum** [sʌm] **n** (sum) somme f, total m ; (amount) montant m. ◊ **sum total** (gen) somme totale ; [money] montant global ; **agreed sum** somme forfaitaire, montant convenu ; **exempted sum** montant exonéré ; **sum insured** montant assuré ; **lump sum** somme globale or forfaitaire ; **round sum** somme en chiffres ronds ; **sum at length** somme en toutes lettres ; **sums due to you** sommes vous revenant.

**summarize, summarise** ['sʌməraɪz] **vt** text résumer ; arguments récapituler ; debate résumer, récapituler.

**summary** ['sʌmərɪ] **1** **n** résumé m, récapitulation f ; (printed matter) sommaire m, résumé m ; (Fin) relevé m. ◊ **summary of the proceedings** résumé de la séance.
**2** **adj** sommaire.

**summer** ['sʌməʳ] **n** été m. ◊ **British Summer Time** l'heure f d'été (en Grande-Bretagne).

**summit** ['sʌmɪt] **n** (Pol) sommet m. ◊ **summit meeting** (réunion au) sommet ; **summit conference / talks** conférence / négociations au sommet.

**summon** ['sʌmən] **vt** police appeler, faire venir ; shareholders convoquer (*to* à) ; (Jur) citer (à comparaître), assigner (en justice) (*as* en qualité de).

**summons** ['sʌmənz] **n** (Jur) assignation f (en justice), citation f (à comparaître) (*as* en qualité de). ◊ **to take out a summons against sb** faire assigner qn.

**sumptuary** ['sʌmptjʊərɪ] **adj** somptuaire.
◊ **sumptuary law** droit somptuaire.

**sum up** [sʌm] **1** **vi** (gen) récapituler, faire un résumé ; (Jur) résumer.
**2** **vt sep** **a** (summarize) résumer, récapituler. **b** (assess) situation apprécier, évaluer ; person jauger.

**Sunday** ['sʌndɪ] **n** dimanche m. ◊ **Sundays and holidays excepted** sauf dimanches et jours fériés ; **Sunday trading** commerce dominical → Saturday.

**sundry** ['sʌndrɪ] **1** **adj** divers. ◊ **sundry expenses** frais divers.
**2** **npl** ◊ **sundries** (goods) articles mpl divers ; (budget heading) divers mpl ; **sundries account**

compte de divers ; **sundries ledger** grand livre divers.

**sunk** [sʌŋk] **adj** ◊ **sunk costs** frais fixes, coûts constants.

**superannuate** [ˌsuːpəˈrænjʊeɪt] **vt** mettre à la retraite. ◊ **superannuated** retraité, à la retraite.

**superannuation** [ˌsuːpəˌrænjuˈeɪʃən] **1** n (act) (mise f à la) retraite f ; (pension) (pension f de) retraite f.
**2** **cpd superannuation contribution** versements mpl or cotisations fpl pour la retraite. − **superannuation fund** caisse f de retraite.

**supercover** [ˈsuːpəˌkʌvəʳ] n (Ins) garantie f totale, couverture f complète.

**superintend** [ˌsuːpərɪnˈtend] **vt** work, department diriger ; production contrôler.

**superintendence** [ˌsuːpərɪnˈtendəns] n [department] direction f ; [production] contrôle m ; [operation] conduite f.

**superintendent** [ˌsuːpərɪnˈtendənt] n [police] commissaire m (de police) ; [institution] directeur(-trice) m(f) ; [department] chef m, responsable mf. ◊ **plant superintendent** responsable d'unité de production.

**superior** [suˈpɪərɪəʳ] n, adj supérieur m.

**supermarket** [ˈsuːpəˌmɑːkɪt] n (gen) supermarché m ; (small) supérette f ; (large) hypermarché m.

**supersede** [ˌsuːpəˈsiːd] **vt** (replace) remplacer, prendre la place de ; (supplant) supplanter.

**superstore** [ˈsuːpəstɔːʳ] n hypermarché m.

**supertanker** [ˈsuːpəˌtæŋkəʳ] n pétrolier m géant.

**supertax** [ˈsuːpətæks] n surtaxe f.

**supervise** [ˈsuːpəvaɪz] **vt** worker surveiller ; department diriger ; work superviser, contrôler.

**supervision** [ˌsuːpəˈvɪʒən] n [worker] surveillance f ; [department] direction f ; [work] supervision f, contrôle m.

**supervisor** [ˈsuːpəvaɪzəʳ] n surveillant(e) m(f) ; (Ind) chef m d'équipe, contremaître(-tresse) m(f), agent m de maîtrise ; (Comm) chef m de rayon.

**supervisory** [ˈsuːpəvaɪzərɪ] **adj** post, duty de surveillance. ◊ **in a supervisory capacity** à titre de surveillant ; **supervisory board** conseil de surveillance ; **supervisory management** or **personnel** maîtrise.

**supplement** [ˈsʌplɪmənt] **1** n supplément m. ◊ **income-tested supplement** allocation assujettie à une évaluation du revenu.

**2** **vt** income augmenter, arrondir ; information compléter.

**supplemental** [ˌsʌplɪˈmentəl] **adj** supplémentaire, complémentaire. ◊ **supplemental budget** additif budgétaire ; **supplemental pay increases** augmentations de salaires complémentaires ; **supplemental pension plan** régime de retraite complémentaire.

**supplementary** [ˌsʌplɪˈmentərɪ] **adj** supplémentaire, additionnel. ◊ **supplementary assistance** aide complémentaire ; **supplementary benefit** prestations sociales, allocations de la Sécurité sociale ; **supplementary entry** (Acc) écriture complémentaire ; **supplementary (budget) estimates** demandes de rallonges budgétaires or de crédits supplémentaires ; **supplementary pension** retraite complémentaire ; **supplementary wage** sursalaire.

**supplier** [səˈplaɪəʳ] n fournisseur m. ◊ **supplier credit** crédit fournisseur.

**supply** [səˈplaɪ] **1** n (amount, stock) provision f, réserve f, stock m. ◊ **to get** or **lay in a supply of** s'approvisionner en ; **we must ensure a supply of raw materials** nous devons assurer un approvisionnement en matières premières ; **office supplies** matériel or fournitures de bureau ; **to be in short supply** être peu abondant, être difficile à trouver ; **to have a ready supply of replacement parts** avoir en stock des pièces de rechange ; **supply and demand** l'offre et la demande ; **aggregate / complementary / excess supply** offre globale / complémentaire / excédentaire ; **money supply** masse monétaire. **2** **cpd supply curve** (Econ) courbe f de l'offre. − **supply department** (Ind) service m approvisionnement. − **supply function** (Ind) fonction f approvisionnement. − **supply manager** responsable mf de l'approvisionnement. − **supply price** prix m le plus bas consenti par un fournisseur. − **supply schedule** plan m d'approvisionnement. − **supply-side economics** économie f de l'offre. **3** **vt** **a** (provide) fournir, approvisionner, ravitailler (with sth en or de qch). ◊ **to supply from stock** fournir sur les stocks ; **supplied as loose part** livré séparément. **b** (make good) need, deficiency suppléer à ; defect corriger ; want remédier à ; loss réparer, compenser.

**support** [səˈpɔːt] **1** n (gen) soutien m, appui m ; (US : subsidy) subvention f. ◊ **logistics support** appui logistique ; **support service** service logistique ; **the motion got no support** personne n'a parlé en faveur de la motion ; **in support of their claims** à l'appui de leurs revendications ; **have I your support in this ?** est-ce que je peux compter sur votre

appui en la matière ? ; **they stopped work in support** ils ont cessé le travail par solidarité ; **price support** soutien des prix.
**2** **cpd support buying** achat m de soutien. – **support level** seuil m d'intervention. – **support price** (EEC Agr) prix m de soutien. – **support point** point m d'intervention.
**3** **vt** **a** (uphold) motion, party, candidate soutenir, appuyer. ◊ **I can't support his application** je ne peux pas appuyer sa candidature ; **we support the decision of the committee** nous approuvons la décision de la commission ; **the evidence seems to support his thesis** le témoignage semble appuyer or corroborer sa thèse. **b** (financially) price soutenir ; person subvenir aux besoins de. ◊ **to support farm prices** soutenir les prix agricoles ; **to support a family** faire vivre une famille, avoir une famille à charge.

**supporter** [sə'pɔːtər] n partisan(e) m(f), tenant m (of de).

**supporting** [sə'pɔːtɪŋ] adj ◊ **supporting documents** (Jur) pièces justificatives ; **supporting purchases** achats de soutien ; **supporting receipts** reçus à l'appui.

**suppress** [sə'pres] vt information supprimer ; publication interdire.

**supranational** [ˌsuːprə'næʃənl] adj supranational.

**supra protest** [ˌsuːprə'prəʊtest] n (Jur) intervenant m.

**supreme** [su'priːm] adj suprême. ◊ **the Supreme Court** (US) la Cour suprême.

**surcharge** ['sɜːtʃɑːdʒ] **1** n (extra tax) surtaxe f, taxe f or droit m supplémentaire ; (extra price) majoration f ; (extra load) surcharge f, charge f excessive ; (excessive price) prix m excessif. ◊ **congestion surcharge** surtaxe d'encombrement.
**2** **vt** surtaxer, faire trop payer. ◊ **we were surcharged for the goods on entry** on nous a fait trop payer pour les marchandises à l'entrée.

**surety** ['ʃʊərətɪ] n (Jur) (sum) caution f ; (person) caution f, garant(e) m(f), répondant m ; (Comm : draft) donneur m d'aval. ◊ **to stand surety for sb** se porter caution pour qn, se porter garant de qn ; **good surety** caution solvable ; **surety in cash** caution en numéraire ; **surety bond** cautionnement, engagement de garantie.

**surface** ['sɜːfɪs] n surface f. ◊ **by surface mail** par courrier ordinaire.

**surfeit** ['sɜːfɪt] n surabondance f, quantité f excessive.

**surge** [sɜːdʒ] **1** n vague f, montée f (in de). ◊ **a surge in prices** une montée soudaine des

prix ; **spending / buying surge** vague de dépenses / d'achats.
**2** **vi** monter soudainement.

**Surinam** [ˌsʊərɪ'næm] n Surinam m.

**Surinamese** [ˌsʊərɪnæ'miːz] **1** adj surinamais.
**2** n (inhabitant) Surinamais(e) m(f).

**surname** ['sɜːneɪm] n nom m de famille.

**surpass** [sɜː'pɑːs] vt dépasser, excéder. ◊ **American aid will surpass $1 billion next year** l'aide américaine dépassera le milliard de dollars l'an prochain ; **profits surpassed forecasts in the first quarter** les bénéfices du premier trimestre ont dépassé les prévisions.

**surplus** ['sɜːpləs] **1** n surplus m, excédent m. ◊ **surplus of assets over liabilities** excédent de l'actif sur le passif ; **appraisal surplus** réserve de réévaluation de l'actif ; **budget / trade surplus** excédent budgétaire / commercial ; **earned surplus** bénéfices non distribués ; **external surplus** balance commerciale excédentaire ; **net trading surplus** résultat net d'exploitation ; **operating surplus** excédent net d'exploitation.
**2** **cpd surplus capacity** potentiel m (de production) inemployé. – **surplus dividend** superdividende m. – **surplus profit** superprofit m, superbénéfice m. – **surplus reserves** réserves fpl à des fins spécifiques.

**surrender** [sə'rendər] **1** n [documents] remise f (to à) ; [insurance policy] rachat m ; [lease] cession f (of de) ; [claim] renonciation f (of à) ; abandon (of de). ◊ **on surrender of the bill of lading** sur or contre remise du connaissement ; **surrender of a patent** abandon de droits sur brevet ; **compulsory surrender** (Jur) expropriation.
**2** **cpd surrender charge** [life insurance] frais mpl de rachat. – **surrender value** [life insurance] valeur f de rachat.
**3** **vt** documents remettre (to à) ; insurance policy racheter ; lease céder ; claim renoncer à, abandonner.

**surrogate** ['sʌrəgɪt] n **a** produit m de remplacement, succédané m. **b** (US) juge chargé d'homologuer les testaments.

**surtax** ['sɜːtæks] **1** n (income tax) impôt m supplémentaire (au-delà d'un certain revenu) ; (extra duty) surtaxe f.
**2** **vt** (income tax) percevoir un impôt supplémentaire sur ; (extra duty) surtaxer.

**survey** ['sɜːveɪ] **1** n **a** [prospects, development] vue f générale or d'ensemble ; [prices, sales, trends] enquête f (of sur), étude f (of de). ◊ **feasibility survey** étude de faisabilité ; **field survey** enquête sur le terrain ; **market (research) survey** étude de marché ; **sample survey** enquête par sondage. **b** (Ins) (act) visite f d'expert, inspection f, examen m ; (report) rapport m or compte rendu m d'expertise. **c** [land] relevé m topographique. ◊ **aerial survey** relevé aérien. **2** **cpd survey certificate** procès-verbal m or certificat m d'expertise. – **survey fees** honoraires mpl d'expertise. – **survey report** (gen Ins) rapport m d'expertise ; (Mar Ins) procès-verbal m d'avaries. **3** **vt** **a** prospects, trends passer en revue ; development, needs faire une étude de, examiner. ◊ **one third of the 1,468 adults who were surveyed** un tiers des 1 468 adultes interrogés ; **to survey the situation** faire un tour d'horizon de la situation. **b** site, land arpenter, relever, faire le relevé de ; building inspecter, examiner.

**surveying** [sɜːˈveɪɪŋ] n arpentage m. ◊ **quantity surveying** métré.

**surveyor** [səˈveəʳ] n [property, buildings] expert m ; [land] arpenteur m, géomètre m (expert). ◊ **surveyor's report** (gen Ins) rapport or compte rendu d'expertise ; (Mar Ins) procès-verbal d'avaries ; **customs surveyor** inspecteur des douanes ; **insurance surveyor** expert d'assurance ; **Lloyd's surveyor** expert de la Lloyd's ; **quantity surveyor** (GB) métreur vérificateur.

**survival** [səˈvaɪvəl] n survie f.

**survivor** [səˈvaɪvəʳ] n survivant(e) m(f). ◊ **survivor's benefits** or **pension** pension de réversion ; **survivor policy** assurance-vie sur deux têtes.

**survivorship** [səˈvaɪvəʃɪp] **cpd survivorship account** compte m joint *(dont le solde est reversé au survivant)*. – **survivorship annuity** rente f viagère avec réversion *(dont un tiers désigné peut bénéficier s'il survit aux bénéficiaires initiaux)*. – **survivorship insurance** assurance-vie f sur deux têtes.

**suspend** [səsˈpend] **vt** **a** (stop temporarily) publication cesser provisoirement, interrompre, suspendre ; decision, payment, regulation suspendre ; licence suspendre, retirer provisoirement. ◊ **to suspend trading** (gen) interrompre l'exploitation commerciale ; (St Ex) suspendre les cotations. **b** employee, official suspendre (de ses fonctions), mettre à pied. **c** (Jur) **suspended sentence** condamnation avec sursis ; **he got 3 years' suspended sentence** il a eu 3 ans avec sursis.

**suspense** [səsˈpens] **1** n suspens m, souffrance f. ◊ **to remain in suspense** (Admin) rester en suspens or en souffrance ; **bills in suspense** effets en souffrance. **2** **cpd suspense account** compte m d'attente or d'ordre. – **suspense entry**

écriture f d'attente or d'ordre. – **suspense item** article m d'attente or d'ordre.

**suspension** [səsˈpenʃən] n **a** [publication, payment] suspension f, interruption f provisoire ; [licence] suspension f, retrait m provisoire. **b** [person] suspension f, mise f à pied.

**sustain** [səsˈteɪn] **vt** **a** (support) demand appuyer, soutenir. ◊ **the court sustained his claim** or **sustained him in his claim** le tribunal a fait droit à sa revendication or a admis la validité de sa réclamation. **b** (suffer) loss éprouver, subir ; damage subir ; injury recevoir.

**swamp** [swɒmp] **vt** market inonder, envahir.

**swap** [swɒp] **1** n (gen) troc m, échange m ; (Fin) swap m. ◊ **interest-rate swap** swap de taux ; **currency swap** swap de devises, prêts croisés en devises. **2** **cpd swap agreement** accord m swap, crédits mpl croisés *(entre banques centrales)*. – **swap-in** (Comp) introduction f en mémoire centrale. – **swap line** ligne f de crédits croisés. – **swap network** crédits mpl croisés or réciproques *(avec des banques étrangères)* ; – **swap-out** (Comp) sortie f de mémoire centrale. **3** **vt** échanger, troquer *(for contre)*.

**swatch** [swɒtʃ] n (sample) échantillon m (de tissu) ; (book) album m or jeu m d'échantillons.

**sway** [sweɪ] **vt** influer sur, influencer. ◊ **these factors eventually swayed the union representatives** ces facteurs ont fini par influer sur la décision des représentants syndicaux.

**swear** [sweəʳ] **1** **vi** **a** (gen) jurer. **b** [official] prêter serment. **2** **vt** **a** (gen) jurer. **b** person faire prêter serment à.

**swear in** **vt** **sep** assermenter, faire prêter serment à. ◊ **to swear sb in** faire prêter serment à qn avant son entrée en fonction.

**sweated** [ˈswetɪd] **adj** ◊ **sweated goods** marchandises produites par une main-d'œuvre exploitée ; **sweated labour** main-d'œuvre exploitée.

**sweatshop** [ˈswetʃɒp] n atelier m clandestin.

**Swede** [swiːd] n (inhabitant) Suédois(e) m(f).

**Sweden** [ˈswiːdn] n Suède f.

**Swedish** [ˈswiːdɪʃ] **1** **adj** suédois. **2** n (language) suédois m.

**sweeping** [ˈswiːpɪŋ] **adj** price cut imbattable ; change radical. ◊ **sweeping statement** affirmation sans nuance or à l'emporte-pièce ; généralisation hâtive.

**sweetener\*** ['swiːtnəʳ] n (fig : bribe) pot-de-vin m.

**swell** [swel] **1** vt account, savings gonfler. **2** vi [account] se gonfler; [orderbooks] se remplir.

**swimming** ['swɪmɪŋ] adj ◊ **swimming market** marché m actif or soutenu.

**swindle** ['swɪndl] **1** n escroquerie f. ◊ **it's a swindle** c'est du vol or une escroquerie. **2** vt escroquer.

**swindler** ['swɪndləʳ] n escroc m.

**swing** [swɪŋ] **1** n **a** (Econ) variation f, fluctuation f, oscillation f. ◊ **the swings of the market** les fluctuations or les hauts et les bas du marché; **credit swing** marge de crédit; **cyclical swings** fluctuations cycliques; **seasonal swings** variations saisonnières. **b** (Pol) revirement m. ◊ **a swing to the right** un revirement en faveur de la droite. **c** (rhythm) rythme m. ◊ **to go with a swing** [campaign] très bien marcher; **to be in full swing** [campaign] battre son plein; [business] marcher à plein rendement.
**2** cpd **swing line** crédit m relais. – **swing shift** (Ind) équipe f tournante.
**3** vi fluctuer, varier, osciller.
**4** vt (influence) decision, votes influer sur, influencer. ◊ **he managed to swing the deal\*** il a réussi à emporter le morceau\*.

**swingeing** ['swɪndʒɪŋ] adj considérable, énorme. ◊ **swingeing tariff** droits de douane exorbitants.

**Swiss** [swɪs] **1** adj suisse. **2** n (inhabitant) Suisse mf.

**switch** [swɪtʃ] **1** n **a** (Elec) interrupteur m, commutateur m. **b** (US Rail) aiguillage m. **c** [policy] changement m, revirement m (of, in de); [funds] transfert m.
**2** cpd **switch order** (St Ex) opération f croisée (ordre d'achat et de vente de valeurs différentes avec indication de l'écart de prix demandé). – **switch selling** vente forcée d'articles plus chers que ceux en promotion. – **switch trading** (Fin) switch m, opération f de courtage international avec arbitrage de devises.
**3** vt **a** (transfer) reporter, transférer (from de; to sur). ◊ **to switch production** réorienter la production. **b** (change) changer; (exchange) échanger (for contre); figures in column intervertir, permuter. ◊ **to switch one's objectives** changer d'objectifs; **to switch jobs** changer de travail; **to switch suppliers** changer de fournisseurs; **switching costs** coûts entraînés par un changement de fournisseurs.

**switch back** **1** vi revenir, retourner (to à).

**switchboard** ['swɪtʃbɔːd] n standard m (téléphonique). ◊ **switchboard operator** standardiste.

**switcher** ['swɪtʃəʳ] n consommateur m qui change de marque.

**switching** ['swɪtʃɪŋ] n **a** changement m, substitution f. ◊ **switching in / out rate** taux de gain / perte de clientèle. **b** (St Ex) opération f simultanée d'achat or de vente de titres.

**switch over** **1** vi changer. ◊ **to switch over to sth else** changer pour qch d'autre, passer à qch d'autre. **2** vt sep objects permuter.

**switchover** ['swɪtʃəʊvəʳ] n (gen) passage m (to à); (swap) permutation f; (Comp) basculement m, commutation f. ◊ **the switchover to the metric system** le passage au système métrique.

**Switzerland** ['swɪtsələnd] n Suisse f.

**swop** [swɒp] **1** n troc m, échange m. **2** vt échanger, troquer (for contre).

**sworn** [swɔːn] adj ◊ **sworn official** fonctionnaire assermenté.

**symbolic(al)** [sɪmˈbɒlɪk(əl)] adj (gen, Comp) symbolique.

**sympathetic** [ˌsɪmpəˈθetɪk] adj compréhensif. ◊ **sympathetic strike** grève de solidarité or de soutien.

**sympathy** ['sɪmpəθɪ] n (fellow feeling) solidarité f (for avec). ◊ **sympathy strike** grève de solidarité or de soutien; **to come out on strike in sympathy with** faire grève par solidarité avec; **prices moved in sympathy with** les cours ont évolué en rapport avec or ont suivi l'évolution de.

**sync\*** [sɪŋk] adj ◊ **out of sync** déphasé; **to move in sync with** être en phase avec.

**synchronization, synchronisation** [ˌsɪŋkrə naɪˈzeɪʃən] n synchronisation f.

**synchronize, synchronise** ['sɪŋkrənaɪz] vt synchroniser.

**syndicate** ['sɪndɪkɪt] **1** n **a** consortium m, groupement m, syndicat m. ◊ **member of a syndicate** syndicataire; **banking syndicate** (gen) consortium bancaire; (for loan) syndicat de banque; **financial syndicate** syndicat financier; **placement syndicate** syndicat de placement; **underwriting syndicate** syndicat d'émission or de garantie or de prise ferme. **b** (US Press) syndicat m de distribution.
**2** vt loan syndicaliser, soutenir par un consortium bancaire. ◊ **syndicated loan** prêt consenti par un consortium de banques.

**syndication** [ˌsɪndɪˈkeɪʃən] **n** syndication f, constitution f d'un consortium bancaire. ◊ **syndication official** responsable de la création d'un consortium bancaire or d'une syndication; **international syndication business** consortiums bancaires internationaux.

**synergy** [ˈsɪnədʒɪ] **n** synergie f.

**synthesis** [ˈsɪnθəsɪs] **n** synthèse f.

**synthesize, synthesise** [ˈsɪnθəsaɪz] **vt** synthétiser.

**synthetic** [sɪnˈθetɪk] **adj** a textiles synthétique, artificiel. b (St Ex) synthétique. ◊ **synthetic long call** achat d'une option d'achat, achat d'un call synthétique; **synthetic short call** vente d'une option d'achat, vente d'un call synthétique; **synthetic long put** achat d'une option de vente, achat d'un put synthétique; **synthetic short put** vente d'une option de vente, vente d'un put synthétique.

**Syria** [ˈsɪrɪə] **n** Syrie f.

**Syrian** [ˈsɪrɪən] 1 **adj** syrien. 2 **n** (inhabitant) Syrien(ne) m(f).

**system** [ˈsɪstəm] 1 **n** a système m. ◊ **public address system** (système de) sonorisation; **quota system** système de quotas, contin-gentement; **railway system** réseau de chemin de fer. b (order) méthode f. ◊ **to lack system** manquer de méthode. c (Comp) système m. ◊ **data base management system** système de gestion de bases de données; **disk operating system** système d'exploitation; **expert system** système expert.
2 **cpd systems analysis** analyse f fonctionnelle. − **systems analyst** analyste-programmeur m. − **systems design** analyse f organique. − **systems disk** disque m système. − **systems diskette** disquette f système. − **systems engineer** ingénieur m système. − **systems failure** défaillance f fonctionnelle. − **systems house** société f de services et de conseils en informatique. − **systems integrator** ensemblier m. − **systems management** gestion f systématisée. − **systems programming** programmation f des systèmes. − **systems programmer** programmeur m système. − **systems research** recherche f de systèmes.

**systematization, systematisation** [ˌsɪstɪmaɪˈzeɪʃən] **n** systématisation f.

**systematize, systematise** [ˈsɪstɪmaɪz] **vt** systématiser.

# T

**t** abbr of *ton, tonne* t.

**tab** [tæb] **1 n a** (on file) onglet m, languette f. **b** (* : bill) addition f, note f, facture f, ardoise* f. ◊ **to pick up the tab** régler la note; **the energy tab** la facture énergétique; **we received a tab for $10,000** on a reçu une facture de 10 000 dollars.
**2 cpd tab card** carte f mécanographique or perforée. − **tab function** fonction f tabulatrice. − **tab key** (touche f) tabulateur m. − **tab operator** mécanographe mf. − **tab set** touche f de positionnement de tabulatrice. − **tab setting** pose f des tabulations, positionnement m de tabulatrice.
**3 vi** faire une tabulation, tabuler. ◊ **to tab to column 15** tabuler jusqu'à la colonne 15.

**table** ['teɪbl] **1 n** (furniture) table f; (list) tableau m, liste f, table f. ◊ **decision table** table f de décision; **mortality table** (Ins) table de mortalité; **plotting table** table traçante; **redemption table** tableau or table d'amortissement.
**2 cpd table of contents** table f des matières. − **table of limits** tableau m des pleins. − **table look-up** (Comp) recherche f or consultation f de table. − **table of par values** table f de parités.
**3 vt a** (tabulate) dresser une table or un tableau de; (classify) classifier. **b to table a motion** (GB) présenter une motion; (US) ajourner une motion.

**tabling** ['teɪblɪŋ] **n** tabulation f; [motion] présentation f.

**tabloid** ['tæblɔɪd] **1 n** (Press) tabloïd(e) m. ◊ **the tabloid press** la presse populaire.
**2 adj** condensé, réduit, en raccourci. ◊ **in tabloid form** sous forme réduite.

**tabular** ['tæbjʊləʳ] **adj** tabulaire. ◊ **in tabular form** sous forme de table or de tableau;

**tabular insert** cavalier; **tabular report** état sous forme de table or de tableau.

**tabulate** ['tæbjʊleɪt] **vt** statistics, figures disposer en tableau; (Typ, Comp) mettre en colonnes; (classify) classifier, cataloguer. ◊ **in tabulated form** sous forme de table or de tableau.

**tabulating** ['tæbjʊleɪtɪŋ] **adj** ◊ **tabulating department** service mécanographique; **tabulating machine** tabulatrice.

**tabulation** [ˌtæbjʊ'leɪʃən] **n** [statistics] disposition f sous forme de table or de tableau; (Comp) tabulation f. ◊ **tabulation character** caractère de tabulation.

**tabulator** ['tæbjʊleɪtəʳ] **n** (on keyboard) tabulateur m; [cards] tabulatrice f.

**tacit** ['tæsɪt] **adj** tacite, implicite. ◊ **tacit renewal** reconduction tacite; **by tacit agreement** par accord tacite.

**tackle** ['tækl] **vt** problem s'attaquer à; person aborder.

**tactic** ['tæktɪk] **n** tactique f. ◊ **delaying tactics** manœuvres dilatoires; **to introduce new selling tactics** introduire de nouvelles tactiques de vente.

**tag** [tæg] **1 n a** (label) étiquette f; (on file) onglet m, languette f. ◊ **price tag** (label) étiquette (de prix); (price) prix. **b** (Pub) slogan m. **c** (Comp) marque f, drapeau m, étiquette f.
**2 cpd tag end** [goods for sale] restes mpl. − **tag reader** (Comp) lecteur m d'étiquettes.
**3 vt a** (label) étiqueter. **b** (Comp) référencer, marquer d'un drapeau or d'une étiquette.

**tagboard** ['tægbɔːd] (US) **n** carton m (pour étiquettes).

**tail** [teɪl] **n** [animal, aircraft] queue f; (fig) fin f. ◊ **tail of a list** dernière entrée dans une liste; **the tail end of the season** la fin de la saison.

**tail away** [teɪl] **vi** (diminish) diminuer, baisser. ◊ **gold shares were tailing away at the close** les aurifères perdaient du terrain en clôture.

**tailor** ['teɪləʀ] **vt** garment façonner; (fig) façonner, adapter, personnaliser. ◊ **our policies are tailored to age brackets and financial positions** nos contrats sont adaptés aux classes d'âge et à la situation financière, nos contrats sont étudiés en fonction des classes d'âge et de la situation financière.

**tailorable** ['teɪlərəbl] **adj** (fig) personnalisable.

**tailoring** ['teɪlərɪŋ] **n** (fig) [product, service] personnalisation f, adaptation f (to à).

**tailor-made** ['teɪləmeɪd] **adj** (clothes) (fait) sur mesure; insurance policy personnalisé. ◊ **a tailor-made service contract** un contrat d'entretien sur mesure or personnalisé.

**tailspin** ['teɪlspɪn] **1** **n** [prices] chute f verticale. **2** **vi** tomber en chute libre.

**Taiwan** ['taɪ'wɑːn] **n** Taïwan m.

**Taiwanese** [ˌtaɪwɑː'niːz] **1** **adj** taïwanais. **2** **n** (inhabitant) Taïwanais(e) m(f).

**take** [teɪk] **1** **n** **a** (US Comm : takings) rentrée f, recette f. ◊ **we had an excellent take last week** on a fait une excellente recette la semaine dernière; **to be on the take\*** toucher des pots-de-vin. **b** (share) part f, montant m perçu. ◊ **the taxman's take is nearly 50%** la ponction fiscale s'élève à 50%. **2** **vt** **a** (gen) prendre. ◊ **to take sth into account** prendre qch en compte or en considération; **to take notes** prendre des notes; **to take part in** prendre part à; **they have taken the lead in this industry** ils sont numéro un or ils sont en tête dans ce secteur industriel; **to take a partner** prendre un associé; **to take legal action against sb** intenter un procès or une action contre qn; **to take the chair (at a meeting)** présider (une réunion); **a take-it or leave-it price\*** un prix qui ne se discute pas. **b** (earn) gagner, encaisser, se faire\*. ◊ **he takes home £300 a week** il gagne 300 livres par semaine, son salaire net est de 300 livres par semaine; **on Saturdays many shops take twice as much as on other week days** le samedi beaucoup de magasins encaissent or gagnent deux fois plus qu'en semaine. **c** (St Ex) prendre. ◊ **to take securities** lever ferme des titres; **to take for the call** vendre un dont or un call; **to take for the put** acheter un ou or un put; **to take the rate** reporter. **d** (have as capacity) contenir, avoir une capacité de. ◊ **the lorry will take 5 tons** le camion peut contenir jusqu'à 5 tonnes; **how much freight can the plane take ?** quelle est la capacité maximale en fret de cet avion ?; **this cask takes forty litres** ce tonneau contient or a une capacité de quarante litres. **e** (accept) money, payment prendre, accepter. ◊ **he won't take less** il refuse d'accepter un prix moins élevé; **this machine takes one pound coins** cette machine accepte les pièces d'une livre. **f** **to take stock** (Comm) dresser or faire l'inventaire; (fig) faire le point (of the situation de la situation). **g** (necessitate) nécessiter, demander. ◊ **it takes 6 hours to get to New York** il faut 6 heures pour se rendre à New York; **it will take £100 to get him here** cela demandera or coûtera 100 livres pour le faire venir.

**take away vt** **a** (subtract) soustraire, enlever, retrancher, ôter (from de). ◊ **take 5 away from 10** ôter 5 de 10; **don't forget to take away the 10% reduction** n'oubliez pas d'enlever les 10% de réduction. **b** (remove) enlever, emporter. ◊ **not to be taken away** [directory] à consulter sur place.

**take back vt sep** former employee, returned goods reprendre.

**take down vt sep** **a** (write) letter, notes prendre (en note); address noter, inscrire. **b** (dismantle) démonter.

**takedown** ['teɪkdaʊn] **n** (dismantling) démontage m.

**take-home pay** [teɪk'həʊmpeɪ] **n** salaire m net.

**take in** **a** **vt sep** (St Ex) reporter. ◊ **to take in stock** reporter des titres; **stock taken in** valeurs prises en report. **b** **to take in extra work** prendre or accepter du travail supplémentaire; **we got taken in** on nous a roulés\*.

**take off** **1** **vt sep** (Comm) enlever, ôter, retrancher. ◊ **we agreed to take $250 off the price** nous avons accordé une réduction or un rabais de 250 dollars, nous avons accepté de rabattre 250 dollars sur le prix. **2** **vi** [aircraft] décoller; (fig) [business] démarrer. ◊ **inflation has taken off again** l'inflation a repris.

**takeoff** ['teɪkɒf] **1** **n** **a** [aircraft] décollage m; [business] démarrage m. ◊ **the company is in the takeoff stage** l'entreprise est dans la phase de démarrage; **the takeoff stage of a developing economy** la phase de décollage d'une économie en voie de développement. **b** [price] flambée f. **2** **adj** ◊ **takeoff reel** (Comp) bobine f débitrice. **takeoff speed** (Comp) vitesse f de défilement.

**take on** 1 vt sep a work, job, project se charger de, prendre. ◊ **to take on a responsibility** accepter or assumer or prendre une responsabilité. b (hire) employee prendre, embaucher, engager. ◊ **they are taking on additional staff** ils embauchent du personnel supplémentaire. c (compete with) accepter de se battre contre, engager le combat avec. ◊ **we must take on our competitors in all major markets** nous devons affronter or attaquer nos concurrents sur tous les principaux marchés. d cargo, passenger embarquer, prendre.
2 vi (be successful) prendre, avoir du succès. ◊ **this advertising campaign has taken on** cette campagne publicitaire a pris or a bien marché.

**take out** vt sep a (withdraw) retirer. ◊ **I took £50 out of my account** j'ai retiré 50 livres de mon compte, j'ai tiré 50 livres sur mon compte. b (Comm, Ins) **to take out an insurance policy** souscrire or contracter une assurance; **to take out a patent** prendre un brevet; **to take out a subscription to a magazine** prendre un abonnement or s'abonner à un magazine. c (eliminate) competitors éliminer définitivement.

**take over** 1 vt a business, goods, materials reprendre. ◊ **to take over sb's debts** reprendre les dettes de qn à sa charge; **he took over the job of managing director last year** il a pris les fonctions de PDG l'année dernière; **the bank would not agree to take over the mortgage** la banque n'était pas d'accord pour reprendre l'hypothèque; **to take over the liabilities** prendre le passif à sa charge; **I'll take over his duties when he is away** je le remplacerai dans ses fonctions pendant son absence. b (Fin) company prendre le contrôle de, racheter, reprendre. ◊ **the multinational took over our company** la société multinationale a repris or racheté notre entreprise, la société multinationale a pris le contrôle de notre entreprise. c (St Ex) absorber. ◊ **to take over an issue** absorber une émission. d premises prendre possession de; goods prendre livraison de. ◊ **we are taking over the new premises next month** nous prenons possession des nouveaux locaux le mois prochain.
2 vi ◊ **to take over from sb** prendre la succession de qn; **he took over from the previous sales manager** il a remplacé le précédent directeur commercial.

**takeover** ['teɪkəʊvəʳ] 1 n (Fin) [company] rachat m, reprise f, prise f de contrôle. ◊ **the takeover of the subsidiary** le rachat or la reprise de la filiale; **the takeover of the firm by the multinational** le rachat or la prise de contrôle de l'entreprise par la multinationale.

2 cpd **takeover bid** offre f publique d'achat, OPA f.

**taker** ['teɪkəʳ] n a (lessee) preneur m. b (buyer) acheteur m. ◊ **there are no takers at this price** il n'y a pas d'acheteurs à ce prix. c (St Ex) [contangoes] reporteur m. ◊ **the contango is a premium paid by the giver to the taker** le report est la prime payée par le reporté au reporteur; **taker for the call** vendeur d'un dont or d'un call; **taker for a call of more** donneur de faculté de lever double; **taker for the put** acheteur d'un ou or d'un put; **taker for a put and call** acheteur d'un stellage; **taker of a rate** receveur de la prime.

**takers-in** npl (St Ex) preneurs mpl d'offre, souscripteurs mpl.

**take up** vt sep a (St Ex) issue souscrire à; shares (purchase) souscrire à; (take delivery of) lever. ◊ **to take up an option** lever une option; **to take up stocks** lever or prendre livraison des titres; **to take up a loan** contracter un emprunt. b (Fin) **to take up a bill** honorer un effet. c subject aborder. ◊ **I'll take that up at our next meeting** j'en parlerai à notre prochaine réunion; **you should take up any complaints with your local branch** pour toutes réclamations veuillez vous adresser à votre agence. d (accept) accepter. ◊ **to take up an offer** accepter une offre; **to take up a challenge** relever or accepter un défi. e career embrasser, se lancer dans.

**takeup** ['teɪkʌp] n a (Comp) dispositif m de rembobinage. ◊ **takeup reel or spool** bobine réceptrice. b (St Ex : buying) souscription f (of à). ◊ **the takeup of the new issue was poor** la nouvelle émission s'est mal vendue, les souscripteurs ont boudé la nouvelle émission; **the takeup of Treasury bills** l'écoulement des bons du Trésor; **98% takeup of shares** émission d'actions souscrite or couverte à 98%.

**takings** ['teɪkɪŋz] (GB) npl recette(s) f(pl). ◊ **takings were doubled in the second half of the month** dans la seconde quinzaine du mois, nous avons multiplié les recettes par deux.

**talk** [tɔːk] 1 n a conversation f, discussion f, entretien m. ◊ **I had a talk with the production manager** j'ai eu un entretien avec le directeur de la production; **sales talk** arguments or argumentaire de vente, boniment*, baratin*; **to give a sales talk about sth** présenter les arguments de vente de qch. b (negotiations) **talks** pourparlers, négociations; **talks are due to begin on Monday to settle the current wage dispute** les négociations en vue de régler le conflit actuel sur les salaires doivent débuter lundi. **2** **vt** ◊ **to talk business** parler affaires.

**talk over** **vt sep** **a** (persuade : also **talk round**) person persuader, convaincre. **b** (discuss) contract, project discuter.

**talk up** **vt fus** project, product vanter, pousser, faire mousser ; share price faire monter.

**Tallinn** ['tælɪn] **n** Tallin.

**tally** ['tælɪ] **1** **n** **a** (record, check) [goods] comptage m ; (Mar) [goods loaded] inventaire m. ◊ **to keep tally of** tenir le compte de, pointer sur une liste. **b** (tag) étiquette f. **c** (Fin) jeton m de présence. **d** [document] contrepartie f ; [cheque] talon m. **e** (Comp) comptage m. **f** [cash register] bande f imprimée or de contrôle.
**2** **cpd** **tally register** registre m de comptage. — **tally roll** [cash register] bande f de contrôle. — **tally sheet** bordereau m or feuille f de pointage. — **tally shop** magasin m pratiquant la vente à tempérament. — **tally trade** commerce m à tempérament.
**3** **vt** (gen) pointer, compter ; (Comp) compter.
**4** **vi** (agree) s'accorder (*with* avec), correspondre (*with* à), concorder (*with* avec). ◊ **the figure doesn't tally with our invoice** le chiffre ne correspond pas à notre facture.

**tally down to** **vi** (Comp) compter (en régressant) jusqu'à.

**tally up to** **vi** (Comp) compter (en progressant) jusqu'à.

**talon** ['tælən] **n** (St Ex) talon m.

**tamper** ['tæmpəʳ] **vi** ◊ **to tamper with the accounts** falsifier or fausser or trafiquer les comptes.

**tamper-proof** ['tæmpəpruːf] **adj** impossible à trafiquer.

**tandem** ['tændəm] **n** tandem m. ◊ **to work in tandem with** travailler en tandem avec qn ; **tandem account** (Bank) compte en tandem.

**tangible** ['tændʒəbl] **adj** tangible, palpable. ◊ **tangible asset** (Jur) bien corporel ; (Fin) élément d'actif corporel, immobilisation corporelle ; **tangible net worth** valeur nette réelle, valeur corporelle nette ; **tangible personal property** biens mobiliers corporels.

**tank** [tæŋk] **n** réservoir m, cuve f. ◊ **fuel tank** réservoir à carburant ; **tank car** (US) wagon-citerne ; **tank truck** (US) camion-citerne ; **think tank** groupe de réflexion.

**tanker** ['tæŋkəʳ] **n** (ship : also **oil tanker**) pétrolier m, tanker m ; (non oil) bateau-citerne m ;

(truck) camion-citerne m ; (Rail) wagon-citerne m ; (aircraft) avion-ravitailleur m. ◊ **wine tanker** pinardier m.

**Tanzania** [ˌtænzəˈnɪə] **n** Tanzanie f.

**Tanzanian** [ˌtænzəˈnɪən] **1** **adj** tanzanien. **2** **n** (inhabitant) Tanzanien(ne) m(f).

**tap** [tæp] **1** **n** ◊ **on tap** (gen) disponible. **bills on tap** effets placés de gré à gré ; **there are funds on tap** il y a des fonds disponibles ; **the new tranche of £300 million of this stock was brought on tap in May** la nouvelle tranche de 300 millions de ce titre a été émise or a été lancée en mai.
**2** **cpd** **tap bills** valeurs fpl émises à un prix déterminé par l'Etat. — **tap issue** (St Ex) émission f de valeurs d'État. — **tap market** marché m des valeurs d'État. — **tap stock** valeurs fpl d'État.
**3** **vt** barrel percer, mettre en perce. ◊ **to tap the resources of a country** exploiter les ressources d'un pays ; **to tap a market** s'attaquer à or exploiter un marché.

**tape** [teɪp] **1** **n** (gen) ruban m, bande f ; (for parcels, documents) bolduc m ; (recording) bande f magnétique ; (sticky tape) adhésif m, ruban m adhésif. ◊ **the meeting is on tape** la réunion a été enregistrée ; **magnetic tape** bande magnétique ; **red tape** paperasserie ; **ticker tape** bande de téléscripteur (*d'enregistrement électronique des cours à la Bourse de New York*).
**2** **cpd** **tape drive** (Comp) (unit) unité f de bande magnétique ; (mechanism) dérouleur m de bande magnétique. — **tape feed** (Comp) mécanisme m d'entraînement de bande. — **tape file** (Comp) fichier m sur bande. — **tape library** magnétothèque f. — **tape machine** téléscripteur m, téléimprimeur m. — **tape price** (St Ex) cours m télégraphique. — **tape recorder** magnétophone m. — **tape recording** enregistrement m. — **tape reel** (Comp) bobine f. — **tape unit** unité f de bande magnétique.
**3** **vt** **a** parcel attacher or fermer avec du ruban adhésif, scotcher. ◊ **we've got him taped*** on a pris sa mesure, on sait ce qu'il vaut ; **I've got the job taped** je suis maintenant bien familiarisé avec ce travail. **b** (record) enregistrer.

**tapering** ['teɪpərɪŋ] **adj** tariff, rate, charge dégressif.

**taper off** ['teɪpəʳ] **vi** se raréfier, s'amenuiser. ◊ **foreign orders are tapering off** les commandes de l'étranger se raréfient.

**tap in** ['tæp] **vt** figures, text, data introduire, entrer, saisir.

**tare** [teəʳ] **1** **n** tare f. ◊ **actual tare** tare réelle ; **allowance for tare** tarage ; **average tare** tare commune or moyenne ; **customary tare** tare d'usage ; **extra tare** surtare.   2   **vt** tarer.

**target** ['tɑːgɪt]  1  **n** (gen) cible f ; (objective) objectif m, but m. ◊ **our target is young people under 20** notre cible or le public ciblé ce sont les jeunes de moins de 20 ans ; **our target is to increase margins** notre objectif c'est d'augmenter les marges ; **we have fixed a sales target of 30,000 units** nous avons fixé un objectif de vente de 30 000 unités ; **our sales are dead on target** nos ventes correspondent exactement aux objectifs ; **his forecast was right on target** sa prévision est tombée juste ; **a target-built system to reduce delivery time** un système de fabrication liée à la commande pour réduire les délais de livraison ; **production target** objectif de production ; **sales target** objectif m de vente ; **spending targets** prévisions or objectifs de dépenses ; **to set a target** fixer un objectif.   2   **cpd target audience** (Pub) cible f, public m ciblé or visé. − **target buyer** cible f, acheteur-cible m. − **target company** (in takeover bid) entreprise f cible. − **target customers** clientèle-cible f. − **target date** date f prévue, date f limite. − **target effectiveness** efficacité f visée. − **target field** (Comp) zone f destinataire. − **target group** cible f, groupe m cible. − **target language** (Comp) langage m objet. − **target market** marché m ciblé or visé. − **target price** (Mktg) prix m de référence, prix m indicatif ; (EEC) prix m cible. − **target pricing** ciblage m des prix. − **target program** (Comp) programme m objet. − **target public** public m cible. − **target range** (Econ) [money supply, inflation] fourchette f visée. − **target segment** (Mktg) segment m visé or ciblé. − **target setting** fixation f or détermination f d'objectifs.   3   **vt** (Mktg) cibler. ◊ **a targeted campaign** une campagne ciblée.

**targeting** ['tɑːgɪtɪŋ] **n** (Mktg) ciblage m.

**tariff** ['tærɪf]  1  **n** (price list) tarif m, barème m or tableau m des prix ; (rate, price) tarif m ; (Customs) tarif m (douanier). ◊ **collection tariff** tarif de recouvrement ; **General Agreement on Tariffs and Trade** accord général sur les tarifs douaniers et le commerce ; **external tariff** tarif extérieur ; **non-tariff barrier** barrière non tarifaire ; **off-peak tariff** [electricity] tarif heures creuses ; **to lower / raise tariffs** abaisser / relever les droits de douane.   2   **cpd tariff barrier** barrière f tarifaire or douanière ; **removal of tariff barriers** suppression des barrières tarifaires. − **tariff concession** concession f tarifaire. − **tariff currency** monnaie f du tarif. − **tariff fac-**

**tories** usines installées dans un pays afin de contourner les tarifs douaniers à l'importation. − **tariff heading** (Jur, Fin) position f tarifaire. − **tariff laws** lois fpl tarifaires. − **tariff legislation** législation f douanière. − **tariff listing** tarification f. − **tariff negotiations** négociations fpl tarifaires. − **tariff policy** politique f douanière. − **tariff provision** disposition f tarifaire. − **tariff quota** contingent m tarifaire. − **tariff reform** réforme f des tarifs douaniers. − **tariff regulations** dispositions fpl tarifaires. − **tariff schedule** barème m des tarifs. − **tariff wall** barrière f tarifaire or douanière

**taring** ['tɛərɪŋ] **n** tarage m.

**task** [tɑːsk]  1  **n** tâche f.   2   **cpd task force** groupe m de travail (spécialement constitué pour accomplir un objectif particulier). − **task initiation** (Comp) lancement m de tâche. − **task management** gestion f des tâches. − **task scheduling** programmation f or planification f des tâches. − **task setting** fixation f or détermination f d'objectifs de travail. − **task work** travail m à la tâche or aux pièces.

**tax** [tæks]  1  **n**  a  (on sales, services) taxe f ; (duty) (on goods) taxe f, droit m. ◊ **tax on tobacco** taxe or droit sur le tabac ; **exclusive of tax** hors taxe ; **tax inclusive price** prix toutes taxes comprises, prix TTC ; **airport tax** taxe d'aéroport ; **excise tax** accise, taxe, droit ; **local tax** taxe locale ; **poll tax** capitation ; **value added tax** taxe à la valeur ajoutée ; **to levy** or **put** or **lay a tax on sth** taxer or imposer qch, frapper qch d'une taxe.  b  (on personal income, business profits) impôt m. ◊ **income tax** impôt sur le revenu ; **before / after tax** avant / après impôt ; **to raise** or **levy taxes** percevoir des impôts ; **I paid £2,000 in tax** or **in taxes last year** j'ai payé 2 000 livres d'impôts or de contributions l'année dernière ; **capital gains tax** impôt sur les plus-values (en capital) ; **capital transfer tax** droits de mutation ; **corporate** or **corporation tax** impôt sur les sociétés ; **direct / indirect tax** impôt direct / indirect, contributions directes / indirectes ; **excess profits tax** impôt sur les super-bénéfices ; **a flat-rate tax on capital gains** une imposition or un impôt forfaitaire sur les plus-values ; **land tax** impôt foncier ; **payroll tax** taxe sur la masse salariale ; **property tax** impôt sur l'habitation, impôt foncier ; **turnover tax** impôt sur le chiffre d'affaires ; **wealth tax** impôt sur les grandes fortunes, impôt de solidarité sur la fortune ; **windfall profits tax** impôt sur les bénéfices exceptionnels ; **withholding tax** prélèvement libératoire, retenue à la source.

2 **cpd** **tax abatement** dégrèvement m or allègement m fiscal. – **tax accountant** conseiller m fiscal. – **tax adjustment** réajustement m fiscal. – **tax adviser** conseiller m fiscal. – **tax allocation** répartition f or ventilation f des impôts. – **tax allowance** abattement m fiscal. – **tax and price index** *indice des effets combinés des prix et de la pression fiscale.* – **tax appeal** procédure f de recours en matière fiscale. – **tax arrears** arriérés mpl d'impôt. – **tax assessment** (gen) calcul m de l'impôt ; (formal notice) avis m d'imposition. – **tax audit** contrôle m fiscal. – **tax authorities (the)** l'Administration f fiscale, l'Administration f des impôts, le fisc. – **tax avoidance** évasion f fiscale. – **tax base** assiette f de l'impôt, base f d'imposition. – **tax benefits** (gen) avantages mpl fiscaux ; (reductions) dégrèvements mpl or allègements mpl fiscaux ; **there are tax benefits to be gained from submitting a joint return** il est fiscalement avantageux de faire une déclaration commune. – **tax bite** ponction f fiscale, prélèvement m fiscal. – **tax bracket** or **band** fourchette f or tranche f d'impôt or d'imposition ; **in the 50% tax bracket** or **band** dans la tranche des 50% d'imposition. – **tax break** réduction f d'impôt, avantage m fiscal. – **tax burden** pression f fiscale, poids m de l'impôt. – **tax certificate** *document certifiant que les impôts dus ont été payés à la source.* – **tax claim** créance f fiscale. – **tax code** (GB) code m des impôts. – **tax coding** indice m d'abattement fiscal. – **tax collection** recouvrement m des impôts. – **tax collector** percepteur m. – **tax concession** aménagement m fiscal. – **tax consultant** conseiller m fiscal. – **tax credit** (St Ex) crédit m d'impôt, avoir m fiscal ; (Acc) report m créditeur d'impôt. – **tax cut** réduction f de la ponction fiscale. – **tax debit** (Acc) report m débiteur d'impôt. – **tax-deductible** déductible des impôts. – **tax deduction** abattement m fiscal, déduction f fiscale ; **tax deduction at source** retenue à la source. – **tax deferral** report m fiscal. – **tax-deferred** dont l'imposition est différée. – **tax disc** (GB Aut) vignette f. – **tax dodger** fraudeur m fiscal. – **tax dodging** fraude f or évasion f fiscale. – **tax drain** ponction f fiscale. – **tax duplication** double imposition f. – **tax equalization account** compte m de péréquation des impôts. – **tax equity** masse f fiscale. – **tax evader** fraudeur(-euse) m(f) fiscal(e). – **tax evasion** fraude f or évasion f fiscale. – **tax-exempt** exonéré d'impôt, exempt d'impôt, défiscalisé. – **tax exemption** exonération f fiscale. – **tax exile** personne f fuyant le fisc. – **tax expenditures** dépenses fpl fiscales. – **tax expert** fiscaliste mf. – **tax fea-**

**tures** dispositions fpl fiscales. – **tax form** feuille f d'impôts, formulaire m de déclaration d'impôts. – **tax fraud** fraude f fiscale. – **tax-free** income, interest exonéré or exempt d'impôt ; goods détaxé ; investment plan défiscalisé. – **tax haven** paradis m fiscal. – **tax hike** augmentation f d'impôt. – **tax holiday** période f d'exonération fiscale. – **tax immunity** immunité f fiscale. – **tax incentive** incitation f fiscale, avantage m fiscal. – **tax inspector** (GB) contrôleur m or inspecteur m des contributions directes ; **tax law** (system) droit m fiscal ; – **US tax laws** la réglementation or la législation fiscale aux USA. – **tax lawyer** fiscaliste mf. – **tax levy** impôt m, taxe f, prélèvement m fiscal. – **tax liability** (obligation) assujettissement m à l'impôt ; (sum due) montant m de l'imposition, impôts mpl dus. – **tax load** pression f fiscale, imposition f. – **tax loophole** échappatoire m or faille f dans la législation fiscale. – **tax loss** déficit m fiscal. – **tax net : to bring sb** or **sth within the tax net** ramener qn or qch dans une fourchette imposable or dans la première tranche imposable. – **tax notice** avis m d'imposition. – **tax offence** infraction f fiscale. – **tax offset** (gen) abattement m fiscal, déduction f fiscale ; (US St Ex) crédit m d'impôt ; **mortgage interest payments are a tax offset** les intérêts des emprunts immobiliers sont déductibles des impôts or donnent droit à un abattement fiscal. – **tax package** train m de mesures fiscales. – **tax pressure** pression f fiscale. – **tax proceeds** produit m de l'impôt. – **tax rate** taux m d'imposition ; **maximum** or **top tax rate** taux d'imposition maximum. – **tax rebate** dégrèvement m fiscal. – **tax refund** remboursement m d'impôts. – **tax relief** réduction f d'impôt, dégrèvement m or allègement m fiscal. – **tax remission** dégrèvement m d'impôt. – **tax reserves** provisions fpl pour impôts. – **tax return** (form) déclaration f d'impôts ; **to file / fill in one's tax return** renvoyer / faire sa déclaration d'impôts. – **tax revenue** recettes fpl fiscales. – **tax roll** rôle m d'imposition or d'impôt. – **tax sale** vente f forcée au profit du fisc. – **tax schedule** barème m d'imposition. – **tax shelter** abri m fiscal, placement m exonéré d'impôts. – **tax-sheltered account** compte m dont les intérêts ne sont pas imposables. – **tax system** système m or régime m fiscal, fiscalité f. – **tax take** ponction f fiscale. – **tax token** (GB) [motor vehicle] vignette f. – **tax threshold** seuil m d'imposition, minimum m imposable. – **tax withholding** impôt m retenu à la source. – **tax write-off** dépense f or perte f déductible de l'impôt sur les sociétés. – **tax voucher** (St Ex)

*relevé des impôts retenus sur un dividende.*
**– tax year** exercice m fiscal, année f fiscale. **– tax yield** recettes fpl fiscales, revenus mpl produits par une taxe or un impôt.
**3 vt a** goods, services taxer, imposer, frapper d'un impôt. **b** income, profits, business, person imposer.

**taxable** ['tæksəbl] **adj** imposable, fiscal. ◊ **taxable value** valeur imposable ; **taxable income** [individual] revenu imposable ; [company] bénéfice imposable ; **taxable year** exercice fiscal, année fiscale ; **costs taxable to sb** frais à la charge de qn.

**taxation** [tæk'seɪʃən] **n** (act) imposition f, taxation f ; (taxes) impôt(s) m(pl), contributions fpl. ◊ **the taxation of income from savings is heavy in this country** la fiscalité des produits de l'épargne est lourde dans ce pays ; **corporate / personal taxation** impôt sur les sociétés / sur les revenus des personnes physiques ; **double taxation** double imposition ; **indirect taxation** fiscalité indirecte ; **the taxation system** le système fiscal, la fiscalité.

**taxi** ['tæksɪ] **n** taxi m. ◊ **taxi rank** station de taxis.

**taxman** ['tæksmæn] **n** percepteur m.

**taxmanship** ['tæksmənʃɪp] **n** connaissance f de la fiscalité, art m de se défendre contre le fisc.

**taxpayer** ['tækspeɪəʳ] **n** contribuable mf.

**Tbilisi** [dbɪ'liːsɪ] **n** Tbilissi.

**teaching** ['tiːtʃɪŋ] **n** enseignement m. ◊ **teaching machine** machine à enseigner.

**team** [tiːm] **n** équipe f. ◊ **research team** équipe de recherche or de chercheurs ; **team spirit** esprit d'équipe.

**teamster** ['tiːmstəʳ] (US) **n** routier m, chauffeur m de camion. ◊ **The Teamsters** le syndicat des routiers.

**team up** ['tiːm] **vi** faire équipe (*with* avec).

**teamwork** ['tiːmwɜːk] **n** travail m d'équipe.

**tear** [tɛəʳ] **1 n** déchirure f. ◊ **(normal) wear and tear** usure (normale).
**2 cpd tear line** pointillés mpl (de séparation). **– tear-off** : **tear-off calendar** éphéméride, calendrier détachable ; **tear-off coupon / order card** bon / bulletin de commande détachable or à détacher suivant le pointillé. **– tear strip** bande f à arracher.

**tear out, tear off** **vt sep** arracher, déchirer, détacher.

**tear up** **vt** déchirer (en petits morceaux).

**teaser** ['tiːzəʳ] **cpd teaser ad\*** teaser m, publicité f mystère. **– teaser campaign** campagne f teasing.

**tech\*** [tek] **n abbr of** *technology.*

**technical** ['teknɪkəl] **adj** technique. ◊ **technical college** ≈ IUT ; **technical data** données or renseignements techniques ; **technical director** directeur technique ; **technical hitch** incident technique, accroc technique ; **technical point** (Jur) point or question de procédure.

**technicality** [ˌteknɪ'kælɪtɪ] **n a** détail m technique. ◊ **the project is held up because of an administrative technicality** le projet est bloqué à cause d'un problème administratif. **b** (technical nature) technicité f.

**technician** [tek'nɪʃən] **n** technicien(ne) m(f).

**technics** ['teknɪks] **n** technique f, technologie f.

**technique** [tek'niːk] **n** technique f, méthode f. ◊ **sales technique** technique de vente.

**technocracy** [tek'nɒkrəsɪ] **n** technocratie f.

**technocrat** ['teknəʊkræt] **n** technocrate mf.

**technocratic** [ˌteknə'krætɪk] **adj** technocratique.

**technological** [ˌteknə'lɒdʒɪkəl] **adj** technologique. ◊ **technological gap** retard technologique ; **technological transfer** transfert technologique.

**technologist** [tek'nɒlədʒɪst] **n** technologue mf.

**technology** [tek'nɒlədʒɪ] **1 n** technologie f. ◊ **high** or **advanced technology** haute technologie, technologie avancée or de pointe ; **information technology** informatique f ; **the new technologies** la novotique, les nouvelles technologies or technologies.
**2 cpd technology-based industry** industrie f technologique. **– technology intensive industry** industrie f à forte composante de haute technologie. **– technology transfer** transfert m de technologie.

**technostructure** ['teknəʊˌstrʌktʃəʳ] **n** technostructure f.

**teething troubles** ['tiːðɪŋˌtrʌblz] **npl** [company, project] difficultés fpl de démarrage.

**Tegucigalpa** [tegʊsɪ'gɑːlpə] **n** Tegucigalpa.

**Teheran** [tɛə'rɑːn] **n** Téhéran.

**tel** abbr of *telephone.*

**telco\*** ['telkəʊ] (US) **n** (telephone company) compagnie f de téléphone.

**telebanking** ['telɪˌbæŋkɪŋ] **n** opérations fpl bancaires à distance *(à partir de son domicile ou d'un bureau).*

**telecentre** (GB), **telecenter** (US) ['telɪsentər] n centre m de traitement.

**telecommunicate** [ˌtelɪkə'mjuːnɪkeɪt] vti télécommuniquer.

**telecommunications** [ˌtelɪkəˌmjuːnɪ'keɪʃənz] npl télécommunications fpl. ◊ **telecommunications programming** programmation de télétraitement.

**telecommute** [ˌtelɪkə'mjuːt] vi télétravailler.

**telecommuter** [ˌtelɪkə'mjuːtər] n télétravailleur(-euse) m(f).

**telecommuting** [ˌtelɪkə'mjuːtɪŋ] n télétravail m.

**telecomputing** [ˌtelɪkəm'pjuːtɪŋ] n télétraitement m.

**telecoms\*** ['telɪkɒms] npl télécommunications fpl.

**teleconference** [ˌtelɪ'kɒnfərəns] n téléconférence f.

**teleconferencing** [ˌtelɪ'kɒnfərənsɪŋ] n communication f par téléconférence.

**telecopier** ['teləˌkɒpɪər] n télécopieur m.

**telecopy** ['teləˌkɒpɪ] vt télécopier.

**telefax** ['teləfæks] n télécopieur m.

**telegram** ['telɪgræm] n télégramme m. ◊ **to send sb a telegram** envoyer un télégramme à qn.

**telegraph** ['telɪgrɑːf] **1** n télégraphe m.
**2** cpd **telegraph line** ligne f télégraphique. – **telegraph pole** or **post** poteau m télégraphique. – **telegraph wire** fil m télégraphique.
**3** vti télégraphier, câbler. ◊ **please telegraph your answer** prière de télégraphier votre réponse.

**telegraphic** [ˌtelɪ'græfɪk] adj télégraphique. ◊ **telegraphic transfer / money order / transaction** virement / mandat / transaction télégraphique.

**telegraphy** [tɪ'legrəfɪ] n télégraphie f.

**telematics** [ˌtelɪ'mætɪks] n télématique f.

**telemeeting** ['telɪmiːtɪŋ] n téléréunion f.

**telemeter** ['telɪmiːtər] **1** vt télémesurer.
**2** n télémètre m.

**telemetering** ['telɪmiːtərɪŋ] n télémesure f.

**telemetric** [ˌtelɪ'metrɪk] adj télémétrique.

**telemetry** [tɪ'lemɪtrɪ] n télémétrie f.

**telephone** ['telɪfəun] **1** n téléphone m. ◊ **in France the telephone service is provided by the PTT** en France le service téléphonique est fourni par les PTT ; **to be on the telephone** (speaking) être au téléphone ; (as a subscriber) avoir le téléphone, être abonné au téléphone.
**2** cpd **telephone answering machine** répondeur m téléphonique. – **telephone book** annuaire m (téléphonique or du téléphone), Bottin m ®. – **telephone booth** or **box** (GB) cabine f téléphonique. – **telephone call** appel m téléphonique, coup m de téléphone or de fil\*. – **telephone directory** annuaire m (téléphonique or du téléphone), Bottin m ®. – **telephone exchange** central m (téléphonique). – **telephone extension** (number) numéro m de poste. – **telephone handset** combiné m. – **telephone line** ligne f téléphonique. – **telephone message** message m téléphonique. – **telephone number** numéro m de téléphone. – **telephone operator** standardiste mf. – **telephone receiver** récepteur m. – **telephone sales** (selling) vente f par téléphone ; (number of sales made) ventes fpl par téléphone. – **telephone selling** la vente par téléphone, la télévente. – **telephone set** appareil m, poste m (téléphonique). – **telephone subscriber** abonné(e) m(f) au téléphone. – **telephone tapping** mise f sur écoute (téléphonique).
**3** vt person téléphoner à, appeler ; message téléphoner (to à).
**4** vi téléphoner.

**telephonic** [ˌtelɪ'fɒnɪk] adj communications téléphonique.

**teleprint** ['telɪˌprɪnt] vt transmettre par téléscripteur.

**teleprinter** ['telɪˌprɪntər] n téléscripteur m, téléimprimeur m, télétype m.

**teleprocessing** [ˌtelɪ'prəusesɪŋ] **1** n télétraitement m, télégestion f, téléinformatique f.
**2** cpd **teleprocessing monitor** moniteur m de télétraitement. – **teleprocessing terminal** terminal m de télégestion.

**teleprocessor** [ˌtelɪ'prəusesər] n téléprocesseur m.

**telerecording** [ˌtelɪrɪ'kɔːdɪŋ] n télé-enregistrement m.

**telesales** ['telɪseɪlz] n vente f par téléphone, télévente f.

**teleshopping** ['telɪˌʃɒpɪŋ] n télé-achats mpl.

**teletext** ['telətekst] n télétexte m.

**teletype** ['telɪtaɪp] **1** n (machine) télétype m, téléscripteur m, téléimprimeur m.
**2** vt envoyer par téléscripteur or par télétype.

**televiewer** ['telɪˌvjuːər] n téléspectateur(-trice) m(f).

**televise** ['telɪvaɪz] vt téléviser.

**television** ['telɪˌvɪʒən] **1** n **a** télévision f. ◊ **on television** à la télévision ; **closed circuit television is used for security purposes** la télévision en circuit fermé or la télévision en réseau intérieur est utilisée à des fins de surveillance. **b** (set) téléviseur m, poste m or récepteur m de télévision. **2** cpd **television advertising** la publicité télévisée or à la télévision. – **television commercial** spot m publicitaire (télévisé), publicité f télévisée. – **television consumer audit** sondage m auprès d'un échantillon de téléspectateurs. – **television monitor** écran m de contrôle. – **television programme** émission f de télévision. – **television rating** taux m or indice m d'écoute. – **television screen** écran m de télévision. – **television set** téléviseur m, poste m or récepteur m de télévision.

**telewriter** ['telɪˌraɪtəʳ] n appareil m de télé-écriture.

**telewriting** ['telɪˌraɪtɪŋ] n télé-écriture f.

**telex** ['teleks] **1** n télex m. ◊ **to send by telex** envoyer par télex ; **telex operator** télexiste ; **telex service** service télex. **2** vt télexer, envoyer par télex. ◊ **we must telex our Paris office** nous devons envoyer un télex à notre bureau parisien ; **please telex your confirmation** veuillez confirmer par télex.

**tellback** ['telbæk] n retransmission f.

**teller** ['teləʳ] **1** n (Bank) caissier(-ière) m(f), guichetier(-ière) m(f). ◊ **teller's cashbook** main-courante de caisse ; **automated teller (machine)** guichet automatique, distributeur automatique de billets. **2** cpd **teller terminal** guichet m automatique *(relié à un ordinateur central)*. – **teller window** guichet m.

**temp** [temp] **1** n (temporary office worker) intérimaire mf. **2** vi travailler comme intérimaire, faire de l'intérim.

**temping** ['tempɪŋ] n intérim m. ◊ **she's been doing temping in London for the past two years** elle travaille comme intérimaire or elle fait de l'intérim à Londres depuis deux ans ; **temping agency** agence or société d'intérim.

**temporary** ['tempərərɪ] adj job, arrangements temporaire, provisoire ; secretary intérimaire. ◊ **temporary disablement** incapacité temporaire ; **temporary employment office** (US) agence or société d'intérim ; **temporary storage** (Comp) mémoire intermédiaire, zone de manœuvre ; **temporary worker** intérimaire ; **passed for temporary importation** (Customs) admis en franchise temporaire ;

he's been doing temporary work as a computer programmer il a travaillé comme intérimaire pour faire de la programmation, il a fait de l'intérim en tant que programmeur.

**ten** [ten] adj, n dix m. ◊ **about ten, ten or so** une dizaine → six.

**tenancy** ['tenənsɪ] n [building] location f, période f de location. ◊ **our tenancy expires in two years** notre bail expire dans deux ans ; **life tenancy** usufruit ; **joint tenancy** location commune or en commun ; **we have joint tenancy of this house** nous louons cette maison ensemble or en commun ; **termination of tenancy** expiration du bail ; **tenancy agreement** contrat de location.

**tenant** ['tenənt] **1** n (gen) locataire mf. ◊ **tenant's repairs** réparations locatives ; **tenant's (third party) risks** risques locatifs ; **life tenant** usufruitier. **2** vt habiter comme locataire.

**tend** [tend] **1** vt (supervise) garder, surveiller. **2** vi avoir tendance (to do à faire). ◊ **to tend downwards / upwards** être orienté en baisse / en hausse or à la baisse / à la hausse.

**tendency** ['tendənsɪ] n tendance f, orientation f, évolution f. ◊ **bearish / bullish tendency** (St Ex) tendance à la baisse / à la hausse ; **underlying tendency** tendance profonde ; **market tendencies** évolutions du marché ; **to have a tendency to do sth** avoir tendance à faire qch ; **there is a tendency for prices to rise more slowly** les prix ont tendance à monter plus lentement.

**tender** ['tendəʳ] **1** n **a** (offer) soumission f. ◊ **sale by tender** vente par soumission or par voie d'adjudication ; **sealed tender** soumission cachetée ; **to put in** or **make a tender for a contract** faire une soumission pour une adjudication, répondre à un appel d'offres, soumissionner une adjudication ; **to put out for public tender** ouvrir la soumission, faire un appel d'offres ; **to invite tenders for sth** faire un appel d'offres pour qch, mettre qch en adjudication ; **invitation for tenders** appel d'offres ; **to lodge a tender with sb** adresser une soumission à qn, soumissionner auprès de qn ; **by tender** par voie d'adjudication ; **tender for loans** soumission d'emprunt ; **allocation to lowest tender** adjudication au soumissionnaire le plus offrant. **b** (in discharge of debt) offre f légale or réelle. **c** (Fin) **legal tender** cours légal ; **to be legal tender** avoir cours légal. **2** cpd **tender bills** valeurs fpl émises par soumission. – **tender bond** garantie f de soumission. – **tender offer** (for contract) soumission f, offre f ; (St Ex) offre f publique d'achat, OPA f. — **tender price** montant m de l'adjudication.

**3** **vt** offrir, présenter. ◊ **to tender one's resignation** donner sa démission ; **to tender money in discharge of debt** (Jur) faire une offre réelle ; **to tender one's apologies** présenter ses excuses.

**4** **vi** soumissionner, faire une soumission (*for sth* pour qch). ◊ **invitation to tender** appel d'offres ; **to tender for a contract** faire une soumission pour une adjudication, répondre à un appel d'offres, soumissionner un contrat ; **to tender for a construction project** soumissionner un chantier de construction, faire une soumission pour un chantier de construction.

**tenderer** ['tendərəʳ] **n** soumissionnaire mf. ◊ **allocation to the lowest tenderer** adjudication au soumissionnaire le plus offrant ; **successful tenderer for a contract** adjudicataire.

**tendering** ['tendərɪŋ] **n** soumission f. ◊ **open tendering** appel d'offres ouvert ; **tendering by private contract** adjudication de gré à gré.

**tenfold** ['tenfəʊld] **1** **adj** décuple. **2** **adv** ◊ **to increase tenfold** décupler.

**tenor** ['tenəʳ] **n** **a** [document] teneur f. **b** (Fin) [bill] nombre m de jours jusqu'à l'échéance. ◊ **at the specified tenor** à l'échéance prescrite.

**tentative** ['tentətɪv] **adj** provisoire. ◊ **to make a tentative offer** faire une ouverture ; **tentative agenda** projet d'ordre du jour, ordre du jour provisoire ; **tentative arrangements** dispositions provisoires ; **tentative estimate** estimation approximative ; **tentative plan** avant-projet ; **it's all very tentative** rien n'est fixé or décidé.

**tenth** [tenθ] **adj, n** dixième mf. ◊ **a or one tenth of the amount** le or un dixième de la somme ; **in the tenth place** dixièmement → **sixth**.

**tenthly** ['tenθlɪ] **adv** dixièmement.

**tenure** ['tenjʊəʳ] **n** **a** [land, property] durée f du bail. ◊ **they have a 9-year tenure on the property** ils ont un bail de 9 ans pour cette propriété. **b** [position, office] période f d'occupation. ◊ **the tenure is for 5 years** la nomination à ce poste se fait pour une durée de 5 ans ; **during his tenure** pendant qu'il exerçait ses fonctions ; **to have security of tenure** avoir la sécurité or la stabilité de l'emploi ; **to have tenure** être titulaire (de son poste).

**tenured** ['tenjʊəd] **adj** titulaire. ◊ **tenured staff** personnel titulaire ; **this is not a tenured post** ce poste ne garantit pas la sécurité or la stabilité de l'emploi.

**term** [tɜːm] **1** **n** **a** (duration) durée f ; (limit) terme m, échéance f ; (period) période f, terme m ; (time allowed before payment, delivery) délai m. ◊ **to put** or **set a term to sth** fixer un terme pour qch ; **in the long / short term** à long / court terme ; **long- / short-term loan** prêt à long / court terme ; **long term assets** actif immobilisé ; **short term assets** actif disponible ; **term of office** période pendant laquelle on exerce une fonction, mandat ; **he served a three-year term as chairman** il a exercé les fonctions de président pendant trois ans, son mandat de président a duré trois ans ; **to extend a term** proroger un délai ; **to keep a term** observer un délai ; **at term** à terme ; **the term of a loan** la durée d'un prêt ; **term of limitation** délai de prescription ; **term of notice** délai de préavis. **b** (word, expression) terme m, mot m. ◊ **price in terms of dollars** prix m exprimé or libellé en dollars. **c** (date for payment) [rent] terme m. ◊ **term's rent** (loyer du) terme, loyer trimestriel ; **rental term** terme. **d** (conditions) **terms** (gen) conditions ; [contract] termes ; (Comm) prix, tarif(s) ; **term(s) of an issue** (St Ex) conditions d'une émission ; **terms of reference** [mandate] attributions ; **terms and conditions** (Jur) modalités ; **what are your terms of payment ?** quelles sont vos conditions de paiement ? ; **terms of sale** conditions de vente ; **terms of trade** termes de l'échange ; **we offer it on easy terms** (Comm) nous offrons des facilités de paiement or de crédit ; **inclusive terms** prix nets or tout compris ; **inclusive terms : £55** 55 livres tout compris ; **our terms are inclusive of delivery** notre prix or tarif comprend la livraison or s'entend livraison comprise ; **not on any terms** à aucun prix, à aucune condition ; **our terms are cash on delivery** nos conditions sont contre paiement à la livraison.

**2** **cpd** **term bill** effet m or billet m à terme. — **term bond** obligation f à échéance unique or à terme fixe. — **term day** (for payment of rent) terme m, jour m du terme. — **term deposit** dépôt m à terme. — **term insurance** assurance-vie f couvrant une période prédéterminée, assurance-vie f temporaire. — **term loan** prêt m à terme (fixe). — **term note** (Fin) effet m or billet m à terme. — **term purchase** achat m à crédit. — **term sale** vente f à crédit.

**terminable** ['tɜːmɪnəbl] **adj** contract résiliable, résoluble ; annuity terminable.

**terminal** ['tɜːmɪnl] **1** **adj** **a** terminal. ◊ **terminal charges** (Transport) charges terminales ; **terminal port** port de tête de ligne. **b** (St Ex) **terminal market** marché m à terme ; **terminal price** cours du livrable.

**2** **n** **a** (for arrival) terminus m ; (for departure) tête f de ligne. ◊ **air terminal** aérogare f ; **container terminal** terminal de conteneurs ; **oil**

**terminal** terminal pétrolier. **b** (Comp) terminal m. ◊ **computer terminal** terminal (d'ordinateur); **data entry terminal** terminal de saisie; **terminal-based system** système avec terminaux. **c** (warehouse) entrepôt m. ◊ **freight terminal** entrepôt de marchandises; **smart** or **intelligent / dumb terminal** terminal intelligent / passif. **3** **cpd terminal computer** terminal m, ordinateur m satellite. — **terminal device** terminal m. — **terminal operator** opérateur(-trice) m(f) (sur terminal d'ordinateur). — **terminal printer** terminal m d'impression.

**terminals** ['tɜːmɪnəlz] npl (Rail) frais mpl de manutention.

**terminate** ['tɜːmɪneɪt] **1** vt discussion terminer, mettre fin à, mettre un terme à; contract résilier, résoudre; employee licencier. ◊ **to terminate sb's employment** licencier qn, résilier le contrat de travail avec qn. **2** vi se terminer, arriver à son terme.

**terminating department** ['tɜːmɪneɪtɪŋdɪ'pɑːtmənt] n (Rail) service m destinataire.

**termination** [ˌtɜːmɪ'neɪʃən] **1** n **a** [contract, policy] résiliation f, résolution f. ◊ **termination of employment** licenciement, résiliation du contrat de travail. **b** (Fin) arrêt m, suspension f, conclusion f, expiration f. **2** cpd **termination clause** clause f de résiliation. — **termination date** date f de licenciement. — **termination papers** (US) avis m de licenciement.

**territorial** [ˌterɪ'tɔːrɪəl] adj territorial. ◊ **territorial waters** eaux territoriales.

**territory** ['terɪtərɪ] n territoire m. ◊ **salesman's** or **sales territory** territoire or secteur de vente (d'un représentant).

**tertiary** ['tɜːʃərɪ] adj tertiaire. ◊ **the tertiary sector, tertiary production** le tertiaire, le secteur tertiaire; **tertiary industries** entreprises du tertiaire.

**test** [test] **1** n (test) essai m, épreuve f; (exam) examen m, test m, contrôle m, épreuve f. ◊ **to put to the test** mettre à l'essai or à l'épreuve; **to stand the test of foreign competition** résister à la concurrence étrangère; **it was a fair test of their ability to maintain quality** c'était un bon test de leur aptitude à maintenir la qualité; **the real test of a successful product is customer loyalty** la fidélité des clients c'est la vraie mesure du succès d'un produit; **the new machine will undergo tests next week** la nouvelle machine subira des essais la semaine prochaine; **test of strength** épreuve de force; **acid test** (fig) épreuve décisive; **blind test** test en aveugle, blind test; **aptitude / intelligence**

**test** test d'aptitude / d'intelligence; **litmus test** test décisif; **market test** essai de vente, essai de marché; **package test** test de conditionnement. **2** cpd **test area** (Mktg) zone f test. — **test-bed** banc m d'essai. — **test case** (Jur) jugement m qui fait jurisprudence. — **test check** contrôle m par sondage. — **test data** (Comp) données fpl d'essai. — **test drive** [car] essai m de route; **to test-drive a vehicle** faire un essai de route. — **test mailing** publipostage-test m. — **test market** marché m test or témoin; **to test-market a product** tester un produit, essayer un produit sur un marché test. — **test marketing** (technique) les tests mpl de marché. — **test pack** (gen, Comm) échantillon m. — **test problem** problème-test m. — **test program** (Comp) programme m d'essai. — **test run** [system, machine] essai m. — **test town** ville-test f. **3** vt machine, tool, vehicle essayer; (Comm) goods vérifier; (Chem) metal, liquid analyser; person (Psych) tester; (gen) mettre à l'épreuve; intelligence mesurer.

**testament** ['testəmənt] n testament m. ◊ **this is his last will and testament** ce sont ses dernières volontés.

**testee** [tes'tiː] n personne f qui subit un test.

**tester** ['testə'] n (person) examinateur(-trice) m(f), personne f qui fait passer un test, contrôleur(-euse) m(f); (machine) appareil m d'essai or de contrôle.

**testify** ['testɪfaɪ] **1** vt ◊ **to testify that** témoigner que. **2** vi (Jur) faire une déposition, témoigner.

**testimonial** [ˌtestɪ'məʊnɪəl] **1** n **a** (recommandation) (lettre f de) recommandation f, certificat m, attestation f. ◊ **she has excellent testimonials** elle a d'excellentes références. **b** (Jur : evidence) témoignage m. ◊ **unsolicited testimonial** témoignage spontané. **2** cpd **testimonial advertisement** testimonial m (où une personnalité bien connue parraine ou recommande un produit).

**testimony** ['testɪmənɪ] n témoignage m, déposition f.

**testing** ['testɪŋ] cpd **testing plant** laboratoire m d'essai. — **testing procedure** procédure f de contrôle.

**test out** vt sep machine, tool essayer; vehicle essayer, mettre à l'essai. ◊ **we must test out our new accounting system** nous devons vérifier le bon fonctionnement de notre nouveau système comptable.

**text** [tekst] **1** n (gen, Comp) texte m. **2** cpd **text data base** base f de données textuelles. — **text editing** édition f de texte.

**textbook**

– **text editor** éditeur m de texte. – **text file** fichier m de texte, fichier-texte m. – **text processing** traitement m de texte.

**textbook** ['tekstbʊk] **1** n manuel m.
**2** cpd **textbook case** (fig) exemple m typique. – **textbook operation** (fig) opération f menée dans les règles de l'art.

**textile** ['tekstaɪl] **1** n (gen) textile m. ◊ **he's in textiles** il travaille dans le textile; **synthetic textiles** textiles synthétiques; **textiles** (St Ex) valeurs textiles.
**2** adj textile. ◊ **textile industry** l'industrie textile, le textile.

**textual** ['tekstjʊəl] adj textuel. ◊ **textual file** fichier texte.

**tfr.** abbr of *transfer.*

**TGWU** [ˌtiːdʒiːdʌbljuːˈjuː] (GB) n abbr of *Transport and General Workers' Union* → transport.

**Thai** [taɪ] **1** adj thaïlandais.
**2** n (inhabitant) Thaïlandais(e) m(f).

**Thailand** ['taɪlænd] n Thaïlande f.

**Thailander** ['taɪlændəʳ] n (inhabitant) Thaïlandais(e) m(f).

**thank** [θæŋk] vt remercier, dire merci à. ◊ **thank you for your letter** merci de votre lettre, je vous remercie de votre lettre; **I would like to thank you for your fine service** je tiens à vous remercier de l'excellent service que vous avez assuré; **thanking you in advance** en vous remerciant d'avance or par avance; **please thank her for her help** veuillez la remercier de son aide.

**thanks** [θæŋks] npl remerciements mpl. ◊ **thanks for your letter** merci de votre lettre; **we should like to express our thanks to all your staff** nous aimerions exprimer nos remerciements à tous vos collaborateurs; **thanks to his advice we were able to make substantial gains** grâce à ses conseils, nous avons pu faire des gains substantiels.

**theft** [θeft] n (gen, Ins) vol m. ◊ **theft, pilferage, non-delivery** (Ins) vol, maraude, non-délivrance.
**2** cpd **theft-proof** inviolable. – **theft risk** (Ins) risque m de vol.

**thematic** [θɪˈmætɪk] adj thématique. ◊ **thematic apperception test** test d'apperception thématique.

**theme** [θiːm] **1** n thème m. ◊ **advertising theme** thème publicitaire.
**2** cpd **theme advertising** publicité f thématique. – **theme park** parc m à thème. – **theme tune** indicatif m.

**theory** ['θɪərɪ] n théorie f. ◊ **in theory** en théorie; **critical path theory** méthode du chemin

critique; **information theory** théorie de l'information; **set theory** théorie des ensembles; **queuing theory** théorie des files d'attentes.

**thief** [θiːf] n voleur(-euse) m(f).

**thieving** ['θiːvɪŋ] n larcin m, vol m.

**thin** [θɪn] adj profits maigre; (St Ex) market étroit; capitalization insuffisant, restreint.

**think tank** ['θɪŋktæŋk] n groupe m de réflexion.

**thin out** [θɪn] vt workforce réduire, dégraisser.

**third** [θɜːd] **1** adj troisième. ◊ **in the third place** troisième; **the Third World** le Tiers Monde.
**2** n **a** (gen) troisième mf, tiers m. ◊ **a or one third of the amount** un or le tiers de la somme; **one third off the price** un tiers or le tiers du prix en moins; **two thirds of those questioned did not know the product** (les) deux tiers des personnes interrogées ne connaissaient pas le produit. **b** (Bank) **Third of Exchange** troisième de change. **c** (Comm) **thirds** articles de troisième choix or de qualité inférieure → sixth.
**3** cpd **third-class matter** (US Post) imprimés mpl (non périodiques). – **third-generation computer** ordinateur m de (la) troisième génération. – **third market** troisième marché m, ≈ marché m en coulisse. – **third party** tierce personne f, tiers m; **in the hands of a third party** en main tierce; **third-party claim** recours des tiers; **third-party insurance** (Aut) assurance au tiers; **third-party leasing** leasing pratiqué par une société; **third-party liability** responsabilité au tiers; **third-party risk** (Aut) risque au or aux tiers. – **third person** tierce personne f, tiers m. – **third-rate** de troisième ordre, de qualité inférieure.

**thirdly** ['θɜːdlɪ] adv troisièmement, en troisième lieu.

**thirteen** [θɜːˈtiːn] adj, n treize m → six.

**thirteenth** ['θɜːtiːnθ] adj, n treizième mf. ◊ **in the thirteenth place** treizièmement → sixth.

**thirtieth** ['θɜːtɪɪθ] adj, n trentième mf. ◊ **in the thirtieth place** trentièmement → sixth.

**thirty** ['θɜːtɪ] **1** adj trente. ◊ **Thirty-Share Index** (GB) *indice des principales valeurs industrielles.*
**2** n trente m. ◊ **about thirty, thirty or so** une trentaine → sixty.

**thousand** ['θaʊzənd] **1** adj mille. ◊ **a or one thousand dollars** mille dollars; **a or one thousand people** un millier de personnes.
**2** n mille m. ◊ **hundreds of thousands are out of work** des centaines de milliers de personnes sont au chômage.

**thousandfold** [ˈθaʊzəndfəʊld] **1** **adj** multiplié par mille. **2** **adv** mille fois autant.

**thousandth** [ˈθaʊzəntθ] **adj, n** millième mf → sixth.

**thrash out** [θræʃ] **vt** new policy élaborer. ◊ **to thrash out a problem** discuter un problème à fond, parvenir à trouver une solution à un problème.

**threat** [θret] **n** menace f.

**threaten** [ˈθretn] **vt** menacer.

**three** [θriː] **1** **adj, n** trois m → six. **2** **cpd** **three-course rotation** (Agr) assolement m triennal. – **three-months' rate** (Fin) taux m à trois mois. – **three-shift system : to work a three-shift system** (in factory) faire les trois huit. – **three-way split** partage m or division f en trois.

**threefold** [ˈθriːfəʊld] **1** **adj** triple. **2** **adv** trois fois autant.

**threshold** [ˈθreʃHəʊld] **1** **n** seuil m. ◊ **threshold of divergence** [currency] seuil de divergence; **tax threshold** minimum imposable, seuil d'imposition; **breaking-up threshold** seuil de rupture. **2** **cpd** **threshold level** niveau m seuil. – **threshold price** prix m de seuil.

**thrift** [θrɪft] **n** économie f, épargne f. ◊ **The Thrifts** (US) les caisses d'épargne et organismes d'épargne-logement.

**thriftless** [ˈθrɪftlɪs] **adj** dépensier.

**thrifty** [ˈθrɪftɪ] **adj** économe.

**thrive** [θraɪv] **vi** prospérer.

**thriving** [ˈθraɪvɪŋ] **adj** business prospère, florissant.

**through** [θruː] **1** **adj** direct. ◊ **through bill of lading** connaissement direct or through; **through freight** fret à forfait; **through rate** tarif forfaitaire; **through shipment** transport de bout en bout; **through train** train direct. **2** **adv** (on phone) **to get through to sb** obtenir la communication avec qn, avoir qn au bout du fil; **please put me through to the personnel manager** pourriez-vous me passer le directeur du personnel; **you're through** vous avez or je vous passe votre correspondant; **you're through to him** je vous le passe.

**throughput** [ˈθruːpʊt] **n** **a** (Ind) rythme m de production. ◊ **the new production line has a throughput of 5,000 tons of sheet metal per day** la nouvelle chaîne de fabrication peut traiter or a une capacité de transformation de 5 000 tonnes de tôle par jour. **b** (Comp) capacité f de traitement.

**throwaway** [ˈθrəʊəweɪ] **1** **adj** ◊ **throwaway bottle** bouteille non consignée; **throwaway razor** rasoir jetable; **throwaway packaging** emballage perdu. **2** **n** (brochure) prospectus m, imprimé m.

**thrust** [θrʌst] **n** poussée f, percée f. ◊ **to give an upward thrust to interest rates** faire grimper les taux d'intérêt.

**thruster*** [ˈθrʌstəʳ] **n** (person) arriviste mf.

**thumb index** [ˈθʌmɪndeks] **n** répertoire m à onglets.

**Thursday** [ˈθɜːzdɪ] **n** jeudi m → Saturday.

**tick** [tɪk] (GB) **1** **vt** cocher. ◊ **please tick the appropriate box** veuillez cocher la case correspondante. **2** **n** **a** (mark) marque f. ◊ **to put a tick in the margin** mettre une marque dans la marge; **to put a tick in the box** cocher la case. **b** (* : credit) crédit m. ◊ **to buy sth on tick** acheter qch à crédit.

**ticker** [ˈtɪkəʳ] **n** téléscripteur m, téléimprimeur m. ◊ **ticker tape** bande de téléscripteur *(d'enregistrement électronique des cours à la Bourse de New York)*.

**ticket** [ˈtɪkɪt] **1** **n** **a** (train, plane) billet m; (bus) ticket m. ◊ **single** (GB) or **one-way** (US) **ticket** (billet) aller, aller simple; **return** (GB) or **round-trip** (US) **ticket** (billet) aller et retour; **season ticket** carte d'abonnement. **b** (St Ex) fiche f. ◊ **banker's ticket** compte de retour. **c** (Comm : label) étiquette f. ◊ **price ticket** étiquette de prix; **big** or **high ticket item** (US) article très coûteux. **d** (Aut : fine) papillon m. **e** (Ind) bon m. ◊ **inspection / work ticket** bon de contrôle / de travail. **2** **cpd** **ticket agency** agence f de voyages. – **Ticket Day** (St Ex) deuxième jour m de la liquidation *(où le nom de l'acheteur est communiqué au vendeur)*, ≈ jour m de la réponse des primes. – **ticket holder** personne f munie d'un billet. – **ticket office** bureau m or guichet m de vente des billets.

**tickler file** [ˈtɪkləfaɪl] **n** échéancier m.

**tickler list** [ˈtɪkləlɪst] **n** aide-mémoire m.

**tick off** [tɪk] (GB) **vt** item on a list cocher.

**tick over** **vi** [moteur, business] tourner au ralenti.

**tick-up** [ˈtɪkʌp] **n** (Bank) recherche f d'erreurs *(par vérification systématique des livres)*.

**tide over** [taɪd] **vt sep** ◊ **to tide sb over with a loan** dépanner qn avec un prêt.

**tie** [taɪ] **1** **vt** parcel attacher; piece of string nouer, attacher; (link) lier. ◊ **our hands are tied** nous avons les mains liées; **tied loan** prêt conditionnel. **2** **n** lien m.

**tie down** vt sep ◊ **to be tied down by a contract** être lié or engagé par un contrat ; **we can't tie him down to a firm price** nous n'arrivons pas à lui faire fixer un prix ferme.

**tie in** vi **a** (fit) correspondre (*with* à), concorder, cadrer, être en conformité (*with* avec). ◊ **how do these figures tie in with our plan ?** comment ces chiffres concordent-ils avec notre projet ? ; **it doesn't tie in** cela ne va or ne correspond pas. **b** (be linked) être lié (*with* à).

**tie-in** ['taɪɪn] **1** n **a** (* : connection) lien m, rapport m. ◊ **what's the tie-in between these two operations ?** quel est le lien entre ces deux opérations ? **b** (Pub) *rappel d'un message publicitaire (sur le lieu de vente)*. **c** (US : sale) [two products banded together] vente f jumelée ; (conditional sale) vente f liée. **2** cpd **tie-in advertising** publicité f de liaison. – **tie-in deal** vente f liée. – **tie-in display** promotion f jumelée. – **tie-in promotion** (Pub : simultaneous) promotion f concertée *(fabricant-détaillant)* ; (merchandising) [two products banded together] promotion f jumelée. – **tie-in sale** [products banded together] vente f jumelée ; (conditional sale) vente f liée.

**tie on** **1** vt sep label attacher. **2** adj ◊ **tie-on label** étiquette à œillet.

**tier** [tɪəʳ] n (level) niveau m, étage m. ◊ **two-tier wage structure** échelle de salaires à deux niveaux or à deux étages ; **second tier company** entreprise de deuxième ordre.

**tie up** vt sep **a** (stop) arrêter. ◊ **the strike has tied up coal supplies** la grève a empêché or a arrêté les livraisons de charbon. **b** money investir, immobiliser. ◊ **the company has tied up £20 million in its subsidiary** la société a investi 20 millions de livres dans sa filiale ; **tied-up capital** immobilisations. **c** contract conclure. ◊ **to be tied up with** avoir des liens avec, être lié à.

**tie-up** ['taɪʌp] **1** n **a** (joint venture between two companies) entente f, accord m, association f, lien m. **b** (stoppage) interruption f, arrêt m. ◊ **tie-ups at the docks** problèmes or retards dans les docks.

**tight** [taɪt] adj schedule, competition serré. ◊ **tight money** argent rare or cher ; **tight money policy** politique de l'argent cher, politique de resserrement or d'encadrement du crédit ; **tighter controls** renforcement de la réglementation ; **to be on a tight budget** avoir un budget serré.

**tighten** ['taɪtn] **1** vt regulations, control renforcer ; credit, budget resserrer. **2** vi [market] se resserrer ; [restrictions, control] devenir plus strict, être renforcé.

**tighten up** **1** vt sep regulations renforcer. **2** vi ◊ **to tighten up on tax evasion** renforcer la répression de la fraude fiscale.

**tightness** ['taɪtnɪs] n [money] rareté f, cherté f ; [restrictions, economic policy] rigueur f, sévérité f.

**till** [tɪl] **1** n caisse f (enregistreuse). **2** cpd **till money** encaisse f. – **till receipt** reçu m de caisse.

**tilt screen** ['tɪltskriːn] n (Comp) écran m inclinable.

**time** [taɪm] **1** n temps m. ◊ **to work full time / part time** travailler à plein temps or temps plein / à temps partiel ; **full-time / part-time job** travail à plein temps / à temps partiel ; **to be on time and a half** faire des heures supplémentaires payées à 150% ; **Sunday working is paid double time** le dimanche les heures supplémentaires sont payées or comptées double ; **in the firm's time, in company time** pendant les heures de travail ; **to be on short time** travailler à horaire réduit, être en chômage partiel ; **closing time** (GB) heure f de fermeture ; **down** or **idle time** [machine] temps or durée d'immobilisation ; **lead time** [stock] délai de réapprovisionnement ; [plan] délai de réalisation or de suite or d'exécution, temps de latence ; [new product] délai de démarrage or de mise en production. **2** cpd **time after sight** délai m de vue. – **time bar** (Jur) prescription f. – **time bargain** (St Ex) transaction f à terme or à livrer. – **time-barred** (Jur) prescrit ; **time-barred right of action in court** droit de poursuite en justice frappé d'un délai de prescription. – **time bill** effet m à terme, traite f à échéance or à délai de date. – **time book** registre m de présence. – **time buyer** (Pub) acheteur m de temps *(à la radio* or *à la télévision)*. – **time card** (Ind) feuille f or fiche f de présence or de pointage. – **time charter** (Mar) affrètement m à temps or à terme. – **time clock** (Ind) horloge f pointeuse. – **time-consuming** qui prend du temps. – **time deposit** (Bank) dépôt m à terme. – **time discount** (Pub) dégressif m sur le temps acheté. – **time draft** effet m à terme, traite f à échéance or à délai de date. – **time frame** durée f, tranche f de temps ; **five-year time frame** période de cinq ans ; **short time frame** court terme. – **time freight** fret m à temps. – **time lag** décalage m, retard m, temps m de latence (*between* entre). – **time limit** délai m ; **to set a time limit for payment** fixer un délai or une date limite de paiement ; **within a certain time limit** dans un certain délai. – **time management** aménagement m or gestion f du temps de travail. – **time**

**and methods study** étude f des temps et des méthodes. — **time and motion study** étude f des cadences or des temps et des mouvements. — **time order** (Jur) injonction f *(fixant un terme pour un paiement)*. — **time out** (break) pause f. — **time period** (TV, Rad, Pub) plage f or tranche f horaire. — **time policy** (Ins) police f à terme or à forfait. — **time recorder** (Ind) horloge f pointeuse. — **time risk** (Ins) risque m à terme or à temps. — **time sales** ventes fpl à tempérament or à crédit. — **time-saving** qui fait gagner du temps. — **time schedule** horaire m. — **time segment** (Pub) période f de programmation. — **time sheet** (Ind) feuille f or fiche f de présence or de pointage. — **time slot** plage f or tranche f horaire. — **time to market** délai m de mise sur le marché. — **time work** travail m à l'heure. — **time zone** fuseau m horaire. **3** vt **a** worker, task chronométrer. **b** visit fixer *(for* à); event choisir or calculer le moment de.

**timeliness** ['taɪmlɪnɪs] **n** [decision] à-propos m, opportunité f. ◊ **the principle of timeliness in financial reporting** le principe d'opportunité dans le reporting financier.

**timely** ['taɪmlɪ] **adj** decision à propos, opportun. ◊ **timely disclosure of information** publication des informations en temps opportun.

**timescale** ['taɪmskeɪl] **n** durée f, période f, laps m de temps. ◊ **our timescale for this project is 10 to 15 years** nous nous situons dans une perspective de 10 à 15 ans.

**timeshare** ['taɪmʃɛəʳ] **n** ◊ **timeshare property** multipropriété; **timeshare flat** (GB) or **apartment** (US) appartement en multipropriété; **the timeshare industry** le secteur de la multipropriété; **timeshare developers** promoteurs de programmes en multipropriété.

**timesharing** ['taɪmʃɛərɪŋ] **n** **a** (Comp) (travail m en) temps m partagé, (travail m en) multiprogrammation f. ◊ **on a time sharing basis** en temps partagé. **b** (Econ) multipropriété f.

**timetable** ['taɪmteɪbl] **n** (Rail) horaire m; [person] emploi m du temps; [project] calendrier m.

**timing** ['taɪmɪŋ] **n** **a** [worker] chronométrage m. **b** [decision, announcement] détermination f or choix m du moment. ◊ **timing is essential in any product launch** il est indispensable de bien choisir le moment opportun pour le lancement du produit.

**tin** [tɪn] **1** **n** **a** (metal) étain m, fer-blanc m. ◊ **tin shares** valeurs stannifères. **b** (GB : can) boîte f (de conserve). **2** vt (GB) mettre en boîte or en conserve.

**tinware** ['tɪnwɛəʳ] **n** ferblanterie f.

**tip** [tɪp] **1** **n** **a** (end) bout m, extrémité f. **b** (suggestion) tuyau* m, renseignement m. ◊ **stock tips** tuyaux boursiers; **I'll give you a tip** je vais vous donner un tuyau*. **c** (for rubbish) décharge f, dépotoir m. **d** (gratuity) pourboire m. **2** vt **a** waiter donner un pourboire à. **b** load renverser, basculer. ◊ **to tip the scales** faire pencher la balance.

**tip-in** ['tɪpɪn] **n** (Press) encart m.

**tip-off*** ['tɪpɒf] **n** tuyau* m.

**tip off*** vt renseigner, donner un tuyau* à, avertir. ◊ **they tipped us off about the safety inspection** ils nous ont avertis du contrôle de sécurité.

**tipper** ['tɪpəʳ] **n** camion m à benne basculante.

**Tirana** [tɪˈrɑːnə] **n** Tirana.

**title** ['taɪtl] **1** **n** **a** [book] titre m; [document, report] titre m, intitulé m. **b** (Jur) droit m, titre m *(to sth* à qch). ◊ **documents of title** documents constituant le droit de propriété; **title to the goods** droit de propriété; **proof of title** titre de propriété. **c** [person] titre m. **2** cpd **title deed** (Jur) titre m (constitutif) de propriété. — **title page** [book] page f de titre; **the title page** [newspaper] la une.

**titular** ['tɪtjʊləʳ] **adj** titulaire. ◊ **the titular head of an organization** le responsable en titre de l'organisation.

**TM** abbr of *ton mile* → ton.

**TOE** [tiːəʊˈiː] abbr of *ton oil equivalent* TEP.

**toehold** ['təʊhəʊld] **n** ◊ **to get a toehold in a market** réaliser une première pénétration d'un marché.

**toggle** ['tɒgl] **1** **n** (Comp) bascule f. ◊ **toggle switch** / **key** interrupteur / touche à bascule. **2** vt (Comp) basculer.

**Togo** ['təʊgəʊ] **n** Togo m.

**toiletries** ['tɔɪlɪtrɪz] **npl** articles mpl de toilette.

**token** ['təʊkən] **1** **n** (for slot machine) jeton m; (voucher) bon m, coupon m. ◊ **gift token** chèque-cadeau. **2** cpd **token money** monnaie f fiduciaire. — **token payment** paiement m symbolique. — **token stoppage** arrêt m de travail symbolique. — **token strike** grève f symbolique or d'avertissement.

**Tokyo** ['təʊkjəʊ] **n** Tokyo.

**tolerance** ['tɒlərəns] **n** (gen, Ind) tolérance f.

**toll** [təʊl] **1** **n** **a** (tax, charge) péage m; (US Telec : intercity charge) coût m (de la communication). **b** [victims] nombre m, quantité f.

◊ **the recession has taken a heavy toll of bank-ruptcies** la récession a provoqué un lourd bilan de faillites.
**2 cpd toll call** (US Telec) appel m interurbain (payant). − **toll-free** : (US Telec) **to call sb toll-free** appeler qn par un numéro vert or sans payer la communication ; **toll-free call** appel gratuit ; **toll-free number** numéro d'appel gratuit, numéro vert.

**tollbooth** ['təʊlbuːθ] **n** poste m de péage.

**tollbridge** ['təʊlbrɪdʒ] **n** pont m à péage.

**tollpike** ['təʊlpaɪk] (US) **n** autoroute f à péage.

**tombstone** ['tuːmstəʊn] **n** (St Ex) annonce f dans la presse or publicité f d'une opération financière.

**ton** [tʌn] **1 n a** (weight) tonne f (GB ≈ 1 016,06 kg ; Can, US ≈ 907,20 kg). ◊ **long** or **gross** or **imperial ton** tonne forte or longue or anglaise ( ≈ 1 016,06 kg) ; **short** or **net** or **American ton** tonne courte or américaine ( ≈ 907,20 kg) ; **metric ton** tonne métrique (= 1 000 kg) ; **a 3-ton truck** un camion de 3 tonnes ; **100,000-ton ship** navire de 100 000 tonnes. **b** (Mar) (also **register ton**) tonneau m (de jauge) ( ≈ 2,83 m³) ; (also **displacement ton**) tonne f, tonneau m (de déplacement) ; ◊ **dead weight ton** tonneau de portée en lourd ; **freight ton, shipping ton** tonneau d'affrètement.
**2 cpd ton mile** tonne f par mile or mille. − **ton oil equivalent** tonne f équivalent pétrole.

**tone** [təʊn] **n a** (St Ex) [market] orientation f, tendance f générale. **b** (Telec : also **dialling tone**) tonalité f.

**tonnage** ['tʌnɪdʒ] **1 n** tonnage m. ◊ **bill of tonnage** certificat de tonnage ; **cargo tonnage** poids du cargo ; **dead weight tonnage** tonnage de portée en lourd ; **net / gross (register) tonnage** tonnage net / brut, jauge nette / brute ; **register tonnage** tonnage de jauge.
**2 cpd tonnage dues** frais mpl or droits mpl de port. − **tonnage slip** bordereau m or relevé m des frais or droits de port.

**tonne** [tʌn] **n** tonne f métrique. ◊ **tonne kilometre** tonne kilométrique.

**tonner** ['tʌnəʳ] ◊ **5,000 tonner** (ship) navire m de 5 000 tonnes ; **a 3-tonner** (truck) un (camion de) 3 tonnes.

**tool** [tuːl] **1 n** outil m, instrument m. ◊ **to down tools** (fig : strike) se mettre en grève, débrayer ; **the tools of my trade** les outils de mon métier ; **machine tool** machine-outil.
**2 cpd tool-box** boîte f à outils.

**toolmaker** ['tuːlmeɪkəʳ] **n** outilleur m.

**toolroom** ['tuːlruːm] **n** (Ind) atelier m d'outillage.

**tool up** [tuːl] **1 vt sep** (Ind) équiper, outiller.
**2 vi** [factory] s'équiper, s'outiller ; (fig) se préparer.

**top** [tɒp] **1 n** (gen) sommet m, haut m ; (lid) couvercle m. ◊ **the men at the top** les dirigeants, les responsables ; **top of the line product** haut de gamme ; **to be / stay on top** être / rester le premier ; **to be on top of one's job** maîtriser or dominer son travail.
**2 adj** (highest) shelf, drawer supérieur, du haut ; floor dernier ; (highest in rank) premier ; (best) (le) meilleur. ◊ **at the top end of the scale** en haut de l'échelle ; **the top end of the line** le haut de (la) gamme ; **a car at the top end of the range** une voiture haut de gamme ; **top prices** prix maximums or maxima ; **top wages paid** (on job advertisement) salaire élevé ; **to pay top dollar for sth** (US) payer qch au prix fort ; **the top men in the company** les dirigeants de la société ; **one of the top jobs** un des postes les plus élevés.
**3 cpd top copy** original m, copie f originale ; **one top and three copies** un original et trois copies. − **top down** design de haut en bas ; **top down information** information descendante. − **top executive** cadre m supérieur. − **top flight*** de premier ordre. − **top grade** de qualité supérieure, du haut de gamme. − **top hand*** (US) collaborateur m de premier plan. − **top hat pension** retraite f complémentaire des cadres supérieurs. − **top-heavy** structure trop lourd du haut ; organization mal équilibré ; price forcé. − **top-level** meeting, talks au plus haut niveau ; decision pris au plus haut niveau ; **top-level line executive** décideur de haut niveau. − **top management** cadres mpl supérieurs, hauts dirigeants mpl. − **top priority** priorité f numéro un or absolue ; **top-priority project** projet prioritaire. − **top quality** qualité f la meilleure ; **top-quality product** produit de première qualité. − **top-ranking** haut-placé, de rang supérieur. − **top-secret** ultra-secret, top secret.
**4 vt** dépasser. ◊ **sales have topped our best forecasts** les ventes ont dépassé nos meilleures prévisions ; **to top the list** être le premier, venir en tête (de liste).

**top out vi** [rate, price, cost] plafonner, atteindre son point le plus élevé. ◊ **interest rates topped out at 18%** les taux d'intérêts ont arrêté leur ascension à 18% or ont atteint un plafond de 18%.

**topping-up clause** [ˌtɒpɪŋˈʌpklɔːz] **n** *clause qui oblige un emprunteur à apporter un nantissement supplémentaire à la demande de l'organisme prêteur.*

**top up vt** compléter.

**tort** [tɔːt] **1** n (Jur) acte m délictuel.
  **2** cpd **tort liability** dommage m causé par négligence. – **torts lawyer** (US) avocat m *(spécialisé en droit civil)*.

**total** ['təʊtl] **1** adj sum, success total. ◊ **the total losses / sales / debts** le total des pertes / ventes / dettes; **total account** (Acc) compte collectif; **total loss** (Ins) sinistre total; **to write sth off as a total loss** passer qch par or aux pertes et profits; **total effective exposure** (Pub) exposition réelle totale.
  **2** n total m, somme f (totale). ◊ **the grand total** la somme totale, le total global; **there is a total of $10** cela fait 10 dollars au total.
  **3** vt figures additionner, totaliser, faire le total de. ◊ **it totals £50** cela se monte à 50 livres, cela fait 50 livres.

**totalizator, totalisator** ['təʊtəlaɪzeɪtəʳ] totalisateur m, machine f totalisatrice.

**totalize, totalise** ['təʊtəlaɪz] vt totaliser, additionner.

**tote bin** ['təʊtbɪn] n (Rail) wagon m *(pour le transport de marchandises en vrac)*.

**tote board** ['təʊtbɔːd] n (St Ex) panneau m totalisateur.

**tot up** [tɒt] **1** vt additionner, faire le total de.
  **2** vi s'élever, se monter *(to à)*.

**touch** [tʌtʃ] **1** n contact m, rapport m, relation f. ◊ **to get in touch with** se mettre en rapport avec; **to keep in touch with** rester en relation or en rapport avec; **I'll be in touch with you** je vous contacterai.
  **2** cpd **touch-activated** computer screen à commande tactile. – **touch-and-go** : **our new policy is touch-and-go** l'issue de notre nouvelle politique reste incertaine. – **touch screen** [computer] écran m tactile. – **touch-sensitive** computer screen à effleurement. – **touch-type** taper sans regarder le clavier.

**touched** [tʌtʃt] adj ◊ **touched bill of health** (Mar) patente de santé suspecte.

**touchline** ['tʌtʃlaɪn] n ◊ **he's on the touchline** il est sur la touche.

**touch off** [tʌtʃ] vt déclencher, provoquer.

**touch up** vt project retoucher, replâtrer, remanier.

**touchy** ['tʌtʃɪ] adj person, market hypersensible.

**tough** [tʌf] adj object, person solide, résistant. ◊ **tough competition** forte concurrence; **tough competitor** concurrent dangereux.

**tour** ['tʊəʳ] **1** n (journey) voyage m, périple m; (by team) tournée f; (round factory) visite f, tour m. ◊ **tour of duty** période de service; **tour of inspection** tournée d'inspection; **conducted tour** visite guidée or accompagnée; **package tour** voyage organisé.
  **2** cpd **tour operator** (GB) (bus company) compagnie f de cars *(proposant des voyages organisés)*; (travel agency) tour-opérateur m, voyagiste m.
  **3** vt town, factory visiter.

**tourism** ['tʊərɪzəm] n tourisme m.

**tourist** ['tʊərɪst] **1** n touriste mf.
  **2** cpd **tourist bureau** syndicat m d'initiative, office m de tourisme. – **tourist court** (US) motel m. – **tourist trade (the)** le tourisme m, l'industrie f du tourisme. – **tourist visa** visa m de tourisme.

**tout** [taʊt] **1** n (gen) vendeur m ambulant; (for hotels) rabatteur m. ◊ **ticket tout** revendeur à la sauvette; **business tout** placier.
  **2** vt (pej) wares vendre (avec insistance); tickets revendre à la sauvette.
  **3** vi ◊ **to tout for custom** raccrocher or racoler or accoster les clients.

**tow** [təʊ] **1** n (act) remorquage m; (vehicle towed) véhicule m en remorque.
  **2** vt boat, vehicle remorquer; caravan, trailer tirer, tracter.

**towage** ['təʊɪdʒ] cpd **towage charges** or **dues** frais mpl or droits mpl de remorquage. – **towage contractor** entrepreneur m de remorquage.

**tow away** vt sep vehicle (gen) remorquer; [police] emmener or mettre en fourrière.

**towaway zone** ['təʊəweɪˌzəʊn] (US) n zone f de stationnement interdit *(avec mise en fourrière)*; (on sign) mise f en fourrière immédiate.

**towboat** ['təʊbəʊt] n remorqueur m.

**tower block** ['taʊəblɒk] n tour f (d'habitation), immeuble-tour m.

**town** [taʊn] **1** n ville f.
  **2** cpd **town-and-country planning** aménagement m du territoire. – **town centre** centre-ville m, centre m de la ville; **a town-centre development** un complexe immobilier au centre-ville. – **town cheque** chèque m sur place. – **town council** (GB) conseil m municipal. – **town councillor** (GB) conseiller(-ère) m(f) municipal(e). – **town hall** mairie f. – **town planner** urbaniste mf. – **town planning** urbanisme m.

**towtruck** ['təʊtrʌk] n dépanneuse f.

**TP** abbr of *third party* → **third**.

**tr** abbr of *transfer* virt.

**trace** [treɪs] **1** vt (look for) rechercher; (find) retrouver. ◊ **we cannot trace your payment** nous ne trouvons aucune trace de votre paiement; **we could not trace the call** nous n'avons pu déterminer l'origine de la communication.

**trace back**

**2** n trace f.

**trace back** vt sep ◊ **they traced the error back to last January** ils ont trouvé l'erreur en remontant jusqu'à janvier dernier.

**tracer** ['treɪsə<sup>r</sup>] (US) n demande f or fiche f de recherche *(pour un article perdu)*.

**track** [træk] **1** n **a** (gen) trace f. ◊ **to be on the right track** être sur la bonne voie ; **to keep track of** developments, costs suivre ; **to lose track of** situation, expenses ne plus suivre ; person perdre de vue ; **he is on the inside** or **fast track** (within a company) il est bien placé, il est promis à gravir rapidement les échelons ; **keep track of your expenses** notez vos dépenses. **b** (Rail) voie f (ferrée), rails mpl. **c** [electronic tape, computer disk] piste f ; [long-playing record] plage f. ◊ **4-track tape** bande à 4 pistes ; **sound track** bande son or sonore.

**2** cpd track-price prix m avant chargement sur wagon. – **track record** [person in professional life] expérience f professionnelle, parcours m professionnel ; **a proven track record** une réputation bien établie, un bon palmarès (professionnel).

**3** vt (monitor) surveiller, suivre (l'évolution de). ◊ **security analysts track corporate performance** les analystes boursiers suivent de près la performance des entreprises ; **to track spending** faire le suivi des dépenses ; **to track the market** suivre l'évolution du marché.

**trackage** ['trækɪdʒ] n (Transport) halage m, frais mpl de halage.

**tracking** ['trækɪŋ] **1** n [sales, costs, expenses] suivi m, analyse f.

**2** cpd tracking study (Mktg) étude f de marché.

**trade** [treɪd] **1** n **a** (gen) commerce m. ◊ **trade is good this week** les affaires marchent bien cette semaine ; **the wine trade** le commerce or le négoce du vin ; **he's in the wool / wine trade** il est négociant en laine / vin ; **we do a lot of trade with** nous faisons beaucoup de commerce or d'affaires avec, nous commerçons beaucoup avec ; **they do a good** or **brisk** or **roaring trade in their shop** ils vendent beaucoup or ils font de bonnes affaires dans leur magasin ; **fair trade** pratique commerciale loyale ; **the drug trade** le trafic de la drogue ; **retail trade** commerce de détail. **b** (between countries) commerce m, échanges mpl (commerciaux). ◊ **trade between France and Britain** les échanges commerciaux entre la France et la Grande-Bretagne ; **trade in industrial goods** les échanges industriels ; **domestic** or **internal** or **home trade** commerce intérieur ; **overseas** or **foreign** or **external trade** commerce extérieur ; **free trade** le libre-

échange ; **General Agreement on Tariffs and Trade** accord général sur les tarifs douaniers et le commerce ; **the balance of trade** la balance commerciale ; **the balance of trade between Britain and France is in deficit** le solde commercial entre la Grande-Bretagne et la France est déficitaire. **c** (job) métier m, profession f. ◊ **he is an electrician by trade** il est électricien de son métier or de son état ; **to learn a trade** apprendre un métier ; **special terms for the trade** tarif spécial pour les membres de la profession ; **the problems of our trade** les problèmes de notre profession or métier or branche ; **the watch trade** l'industrie de la montre. **d** (swap) échange m. ◊ **to do a trade with sb for sth** faire l'échange de qch avec qn. **e** (St Ex : transaction) transaction f, opération f. ◊ **the number of trades on the Paris Bourse has increased** le nombre de transactions or le volume des transactions à la Bourse de Paris a augmenté ; **block trades** transactions en blocs de titres.

**2** vt (exchange) échanger, troquer *(one thing for another* une chose contre une autre)*. ◊ **they trade raw materials for manufactured goods** ils échangent or troquent des matières premières contre des produits manufacturés.

**3** vi **a** [firm, country, businessman] (deal in) faire le commerce *(in* de) ; (deal with) commercer, avoir des relations commerciales *(with* avec). ◊ **France and Britain trade with each other** la France et la Grande-Bretagne ont des relations commerciales ; **they trade in second-hand furniture** ils font le commerce des meubles d'occasion ; **he trades as a wine merchant** il est négociant en vin ; **they trade in stocks and bonds** ils sont opérateurs en Bourse. **b** (US : shop) faire ses achats *(with* chez, à), être client *(with* chez, de). **c** (St Ex) [currency, stock, commodity] ◊ **to be trading at** se négocier à, coter ; **these shares are trading at around 630 francs** ces actions cotent autour de 630 francs or se négocient à environ 630 francs ; **despite the top rating the bonds traded slowly** malgré leur excellent classement ces obligations n'ont pas connu une forte demande or la demande a été faible sur ces obligations ; **to trade for one's account** intervenir (en Bourse) pour son propre compte.

**4** cpd trade acceptance acceptation f commerciale. – **trade account** (Econ : balance of trade) balance f commerciale, solde m commercial or extérieur. – **trade agreement** accord m or traité m commercial, convention f commerciale. – **trade allowance** remise f à la profession, remise f confraternelle. – **trade association** association f professionnelle. – **trade balance**

balance f commerciale, balance f du commerce extérieur. – **trade bank** banque f de commerce, banque f commerciale. – **trade barrier** barrière f douanière. – **trade bills** effets mpl de commerce. – **trade chambre** chambre f des métiers. – **trade channel** circuit m commercial or de distribution. – **trade commissioner** délégué m commercial. – **trade credit** crédit m fournisseur. – **trade cycle** (Econ) cycle m économique. – **trade deal** (Comm) remise f (consentie) à la profession, remise f confraternelle. – **trade deficit** [country] déficit m extérieur, déficit m de la balance commerciale. – **trade description** descriptif m des marchandises à vendre ; **Trade Descriptions Act** (GB) *loi qui réprime la publicité mensongère.* – **trade directory** annuaire m du commerce. – **trade discount** remise f à la profession, remise f confraternelle. – **trade fair** (open to public) foire f commerciale, foire-exposition f ; (for professionals only) Salon m professionnel. – **trade figures** [company] chiffre m d'affaires, résultats mpl (financiers) ; [country] statistiques fpl du commerce extérieur. – **trade gap** déficit m commercial or de la balance commerciale. – **trade journal** or **magazine** revue f professionnelle, magazine m or journal m professionnel. – **trade mart** expomarché m. – **trade mission** mission f commerciale. – **trade name** (gen) nom m de marque ; (Jur) [firm] raison f sociale ; (Mktg) enseigne f. – **trade office** bureau m commercial. – **trade outlet** débouché m commercial. – **trade paper** (Fin) effet m de commerce ; (review) revue f professionnelle, magazine m or journal m professionnel. – **trade press** presse f professionnelle. – **trade price** prix m de gros or de demi-gros. – **trade promotion** promotion f auprès des détaillants, promotion-réseau f. – **trade register** registre m du commerce. – **trade representative** (salesman) représentant m de commerce ; (US) *haut fonctionnaire chargé des relations commerciales avec l'étranger.* – **trade restrictions** (tariffs and quotas) barrières fpl douanières ; (government measures) restrictions fpl commerciales. – **trade returns** statistiques fpl commerciales. – **trade route** route f commerciale. – **trade sale** vente f à la profession. – **trade secret** secret m commercial. – **trade show** Salon m interprofessionnel. – **trade sign** enseigne f. – **trade surplus** [country] excédent m de la balance commerciale or du commerce extérieur. – **trade talks** négociations fpl commerciales. – **trade terms** (terms of sale) conditions fpl de vente ; (Incoterms) termes mpl commerciaux. – **trade union** syndicat

m ; **the Trades Union Congress** (GB) la confédération des syndicats britanniques. – **trade unionism** syndicalisme m. – **trade unionist** syndicaliste (mf). – **trade-weighted exchange rate** taux m de change en données corrigées des échanges commerciaux.

**tradeable** ['treɪdəbl] **adj** goods, assets marchand.

**traded** ['treɪdɪd] **adj** ◊ **traded option** (St Ex) option négociable ; **publicly traded company** société cotée en Bourse.

**trade down** vi a [consumer] racheter quelque chose de moins cher or de moins bonne qualité *(au moment de changer de maison, de voiture* etc). b [seller] vendre moins cher, s'orienter vers le bas de gamme, viser une clientèle plus modeste.

**trade in** vt sep vendre en reprise. ◊ **I traded in my car and got £3,000 for it** on m'a repris ma voiture 3 000 livres (pour l'achat d'une neuve).

**trade-in** ['treɪdɪn] **n** [car] reprise f. ◊ **trade-in price / value** prix / valeur de reprise. **they took my old car as a trade-in** ils m'ont repris ma vieille voiture.

**trademark** ['treɪdmɑːk] **n** marque f de fabrique. ◊ **registered trademark** marque déposée.

**trade off** vt sep ◊ **to trade off market share against profit margins** privilégier la marge bénéficiaire au détriment de la part de marché ; **to trade off one thing for another** échanger or troquer une chose contre une autre.

**trade-off** ['treɪdɒf] **n** ◊ **a trade-off between growth and profitability** un compromis entre la croissance et la rentabilité.

**trader** ['treɪdəʳ] **n** a (Comm) (shopkeeper) commerçant(e) m(f) ; (in wine, coal, groceries) marchand(e) m(f) ; (large-scale) négociant(e) m(f). ◊ **free trader** libre-échangiste ; **oil trader** négociant en pétrole ; **retail trader** détaillant ; **small trader** petit commerçant ; **sole trader** entreprise unipersonnelle or individuelle. b (Fin, St Ex) opérateur(-trice) m(f) ; (Foreign Exchange) cambiste mf. c (ship) navire m marchand, navire m de commerce.

**tradesman** ['treɪdzmən] **n** commerçant m, fournisseur m. ◊ **tradesman's entrance** entrée de service.

**tradespeople** ['treɪdzpiːpəl] **npl** commerçants mpl.

**trade up** vi a [consumer] racheter quelque chose de plus cher or de meilleure qualité *(au moment de changer de maison, de voi-*

*ture)*; ◊ **they are trading up to luxury models** ils passent aux modèles de luxe quand ils rachètent. **b** [seller] vendre plus cher, s'orienter vers le haut de gamme, viser une clientèle plus aisée.

**trading** ['treɪdɪŋ] **1 n a** (in shops : business) commerce m, affaires fpl. ◊ **trading is slack in February** l'activité commerciale or le commerce se ralentit en février, les affaires marchent au ralenti en février, février est un mois creux pour le commerce or les affaires; **fair trading** pratique commerciale loyale; **Office of Fair Trading (GB)** ≈ Direction de la concurrence et des prix; **Sunday trading** commerce dominical. **b** (buying and selling as middleman, on a large scale) négoce m, commerce m. ◊ **trading in wine** le négoce du vin; **trading in used cars** le commerce des voitures d'occasion. **c** (between countries) commerce m, échanges mpl (commerciaux). ◊ **trading within the EEC** le commerce or les échanges à l'intérieur de la CEE. **d** (St Ex) transactions fpl, opérations fpl. ◊ **trading on the New York Stock Exchange was vigorous yesterday** l'activité a été soutenue à la Bourse de New York hier; **the volume of trading** le volume des transactions, le volume des affaires traitées; **after last week's heavy trading** après l'intense activité de la semaine précédente; **trading in French stocks reached $1.5 million** le volume des échanges or des transactions or des opérations sur les valeurs françaises a atteint 1,5 millions de dollars; **commodity futures trading** négoce à terme des matières premières; **insider trading** délit d'initié; **primary / secondary trading** transactions sur le marché primaire / secondaire. **e** (Acc, Fin) **profits from this year's trading** les bénéfices d'exploitation de l'exercice en cours.

**2 cpd trading account** compte m d'exploitation. − **trading area** [store] zone f de chalandise. − **trading asset** actif m engagé. − **trading capital** capital m engagé, capital m de roulement. − **trading company** société f or entreprise f commerciale, société f de commerce; (importing) société f d'importation; (export-import) société f d'import-export. − **trading debts** (owed to company) créances fpl commerciales; (owed by company) dettes fpl commerciales. − **trading desk** (St Ex) table f de change. − **trading estate** (GB) zone f industrielle. − **trading floor (the)** (St Ex) le parquet de la Bourse. − **trading group** centrale f d'achat. − **trading income** revenus mpl or produits mpl d'exploitation. − **trading loss** perte f d'exploitation. − **trading margin** marge f commerciale. − **trading nation** nation f commerçante. − **trading partner** partenaire m commercial. − **trading part-**

**nership** société f de personnes *(créée à des fins commerciales)*. − **trading pit (the)** (St Ex) ≈ la Corbeille. − **trading post** comptoir m (commercial). − **trading profit** bénéfice(s) m(pl) d'exploitation. − **trading results** résultats mpl d'exploitation. − **trading room (the)** (St Ex) la corbeille. − **trading stamp** timbre-prime m. − **trading standards** normes fpl de conformité; **Trading Standards Office** (US) ≈ Direction de la concurrence et des prix; − **trading vessel** navire m marchand, navire m de commerce. − **trading volume** (St Ex) volume m des transactions. − **trading year** exercice m.

**tradition** [trə'dɪʃən] **n a** tradition f. **b** (Jur) [property] transfert m.

**traffic** ['træfɪk] **1 n a** (trade) (gen) commerce m *(in* de); (pej) trafic *(in* de). ◊ **the drug traffic** le trafic de la drogue. **b** (Auto) circulation f; (Aviat, Mar, Rail) trafic m. ◊ **road traffic** circulation routière; **air / rail / sea traffic** trafic aérien / ferroviaire / maritime; **through traffic** trafic direct; **transit traffic** trafic de transit. **c** (in supermarket) circulation f or flux m (des clients).

**2 cpd traffic audit** (Pub, Mktg) audit m de la circulation. − **traffic counts** (Pub, Mktg) comptage m de la circulation. − **traffic department** (Rail) service m de l'exploitation; (US) (in company) service m (du) mouvement; (Pub) service m (du) trafic. − **traffic executive** *responsable de l'élaboration et du suivi d'une campagne publicitaire.* − **traffic manager** (Pub) directeur(-trice) m(f) du service (du) trafic; (US) (in company) directeur(-trice) m(f) du service (du) mouvement. − **traffic-planning** (Pub) trafic-planning m, gestion f des flux de travail. − **traffic time** (Pub) heure f de grande écoute.

**3 vi** ◊ **to traffic in sth** faire le trafic de qch.

**trafficker** ['træfɪkəʳ] **n a** trafiquant(e) m(f). **b** (GB Cine) extrait m publicitaire.

**trail** [treɪl] **vt** new product annoncer *(en faisant de la publicité).*

**trailblazer** ['treɪl,bleɪzəʳ] **n** précurseur m, pionnier(-ière) m(f).

**trailblazing** ['treɪl,bleɪzɪŋ] **adj** company innovateur.

**trailer** ['treɪləʳ] **n a** (Transport) remorque f. **b** (GB Cine) bande-annonce f.

**train** [treɪn] **1 n** (Rail) train m. ◊ **passenger / goods** (GB) or **freight** (US) **train** train de voyageurs / de marchandises; **to send by train** expédier par le train or par rail.

**2 cpd train ferry** ferry-boat m, transbordeur m de train. − **train strike** grève f des chemins de fer or des cheminots.

**3** vt former. ◊ **the college trains executive secretaries** l'école forme des secrétaires de direction; **he has been trained for the job** il a reçu une formation pour ce travail; **I am training him in the use of the word processor** je lui apprends à utiliser le traitement de texte.
**4** vi (gen) s'entraîner; (for a job) se former; (go on a course) recevoir une formation, être en formation. ◊ **he is training to be a computer programmer** il se forme à la programmation, il est en formation pour être programmeur.

**trainee** [treɪ'niː] n (gen) stagiaire mf. ◊ **sales / management trainee** stagiaire de vente / de direction; **trainee manager** cadre en formation; **trainee programmer** apprenti-programmeur, élève-programmeur; **trainee typist** dactylo stagiaire.

**traineeship** [treɪ'niːʃɪp] n stage m (en entreprise).

**trainer** ['treɪnəʳ] n (in management training, skill instruction) formateur(-trice) m(f); (for manual skill) instructeur(-trice) m(f).

**training** ['treɪnɪŋ] **1** n formation f. ◊ **he has received no training for the job** il n'a reçu aucune formation pour ce travail; **training in the use of a word processor** apprentissage de l'utilisation d'une machine de traitement de texte; **advanced training** stage de perfectionnement; **in-company** or **in-house training** formation dans l'entreprise; **off-the-job training** formation à l'extérieur; **on-the-job** or **on-site training** formation sur le lieu de travail; **training of trainers** formation de formateurs.
**2** cpd **training centre** centre m de formation. − **training course** stage m de formation. − **training officer** responsable mf de formation. − **training period** stage m pratique de formation. − **training programme** programme m de formation.

**tramp** [træmp] n (also **tramp steamer**) tramp m. ◊ **tramp trade** (commerce du) tramping.

**tramping** [træmpɪŋ] n tramping m.

**tranche** [trɑːnʃ] n (instalment) tranche f. ◊ **credit tranche** tranche de crédit.

**transact** [træn'zækt] vt piece of business traiter, négocier; sale, contract négocier. ◊ **business to be transacted** affaires à régler or à traiter; **they transact business with a host of suppliers** ils font des affaires or ils traitent avec une multitude de fournisseurs; **they transact business for their clients** ils gèrent les affaires de leurs clients, ils traitent des affaires au nom de leurs clients.

**transaction** [træn'zækʃən] **1** n **a** [business] transaction f, conduite f; [contract] négociation f. **b** (Comm : sale) transaction f; (Bank,

St Ex) opération f, transaction f. ◊ **cash transaction** opération au comptant; **forward transaction** opération à terme; **stock exchange transactions** transactions or opérations de Bourse or boursières; **transaction for the account** opération à terme. **c** (Comp) [data] mouvement m.
**2** cpd **transaction code** (Comp) code m mouvement. − **transaction data** (Comp) données fpl de mouvement. − **transaction exposure** risque m de change (lié aux opérations courantes), risque m de transaction. − **transaction file** (Comp) fichier m mouvements. − **transaction management** (Comp) gestion f transactionnelle; **transaction management software** logiciel transactionnel de gestion. − **transaction processing** (Comp) traitement m transactionnel. − **transaction status** (Mktg, Ind) état m d'avancement des opérations. − **transaction tax** (St Ex) impôt m de Bourse.

**transactor** [træn'zæktəʳ] n opérateur m, négociateur m.

**transborder** [trænz'bɔːdəʳ] adj transfrontière.

**transceiver** [træn'siːvəʳ] n émetteur-récepteur m.

**transcode** [trænz'kəʊd] vt transcoder.

**transcoder** [trænz'kəʊdəʳ] n transcodeur m.

**transcribe** [træn'skraɪb] vt transcrire.

**transcriber** [træn'skraɪbəʳ] n transcripteur m.

**transcript** ['trænskrɪpt] n copie f conforme, relevé m.

**transcription** [træn'skrɪpʃən] n transcription f.

**transducer** [trænz'djuːsəʳ] n transducteur m.

**transfer** [træns'fɜːʳ] **1** vt **a** (gen) transférer; employee, manager transférer, muter (to à); (Mar) transborder. ◊ **business transferred to** (on sign) (office) bureaux transférés à; (shop) magasin transféré à; **we have transferred the freight to another ship** nous avons transbordé or transféré le fret sur un autre cargo; **we have transferred the goods to the loading dock** nous avons transporté les marchandises au quai d'expédition; **the director transferred the responsibility to his subordinate** le directeur a transmis la responsabilité à son subordonné; **he was transferred to head office** il a été muté au siège. **b** (GB Telec) **I'm transferring you now** [telephone operator] je vous passe votre correspondant; **to transfer the charges** téléphoner en PCV; **transferred charge call** communication en PCV; **I'll transfer you to Accounts** je vous passe le service comptabilité; **please transfer this call to Purchasing** pourriez-vous me passer le service achats? **c** (Fin, Bank) sum of money virer;

bookkeeping entry contre-passer; shares transférer. ◊ **to transfer by endorsement** bill, draft transférer or transmettre par (voie d') endossement; **to transfer a debt** (Acc) transporter une créance. **d** (Jur) document transférer; property transférer, céder. ◊ **to transfer ownership of sth** céder la propriété de qch, faire une cession (de propriété). **2** vi **a** [employee] être transféré or muté (*to* à); [offices] être transféré (*to* à). **b** **to transfer from one train / plane to another** [passengers] changer de train / d'avion. **3** n **a** (gen) transfert m; [employee] transfert m, mutation f; (Mar) transbordement m. ◊ **staff transfer** transfert de personnel; **technology transfer** transfert de technologie. **b** (Jur) [document] transfert m, translation f; [property] transfert m, cession f, transmission f, translation f. ◊ **capital transfer** transmission or mutation de capital; **capital transfer tax** droits de mutation; **transfer of ownership** transfert or translation or cession de propriété (*from* de; *to* à). **c** (Fin, Bank) [sum of money] virement m; [shares] transfert m; [bookkeeping entry] contre-passation f. ◊ **to pay sth by bank transfer** payer qch par virement bancaire; **I made a transfer to my savings account** j'ai effectué un virement sur mon compte d'épargne; **credit transfer** (paiement par) virement bancaire; **currency transfer** transfert de devises; **electronic funds transfer** transfert électronique de fonds; **stock transfer** transfert de titres; **telegraphic or cable transfer** virement télégraphique. **d** (Rail) billet m de correspondance. **e** (Econ) transfert m. ◊ **transfers** transferts (sociaux); **current transfers** transferts courants; **unilateral transfers** transferts unilatéraux. **f** (Comp) [data] transfert m. **4** cpd **transfer account** (Bank) compte m de virement. − **transfer address** (Comp) adresse f de transfert. − **transfer agent** (St Ex) agent m (comptable) des transferts. − **transfer certificate** (St Ex) certificat m de transfert. − **transfer deed** (Jur) [property] acte m de cession, or de translation, contrat m translatif de propriété; (St Ex) feuille f de transfert. − **transfer desk** (at airport) bureau m or comptoir m de transit or des correspondances. − **transfer duty** (St Ex) droits mpl de transfert; (Jur) droits mpl de mutation. − **transfer entry** (Acc) écriture f or article m de contre-passation. − **transfer fee** (St Ex) frais mpl de transfert. − **transfer income** (Econ) revenu m de transfert. − **transfer instruction** (Comp) instruction f de branchement or de transfert. − **transfer inter vivos** (Jur) mutation f entre vifs. − **transfer lounge** (at airport) salle f de transit. − **transfer operation** (Comp) opération f de transfert. − **transfer**

**order** (Bank) ordre m de virement; (Comm) [goods] commande f de transfert. − **transfer passenger** passager(-ère) m(f) en transit or en correspondance. − **transfer payments** (Econ) opérations fpl de transfert. − **transfer price** (within multinational) prix m de cession interne, prix m de transfert. − **transfer pricing** (within multinational) fixation f de prix de cession interne or de transfert. − **transfer register** (St Ex) registre m des transferts. − **transfer tax** droits mpl de mutation. − **transfer ticket** (US Rail) billet m de correspondance.

**transferability** [træns͵fɜːrəˈbɪlɪtɪ] n [property, right] transmissibilité f, cessibilité f.

**transferable** [trænsˈfɜːrəbl] adj property, right transmissible, cessible. ◊ **transferable securities** valeurs or titres négociables or transférables; **not transferable** non transmissible, non cessible.

**transferee** [͵trænsfɜːˈriː] n cessionnaire mf.

**transferer, transferor** [trænsfɜːrəʳ] n (Jur) cédant(e) m(f); (Fin) [bill] endosseur m.

**transformation** [͵trænsfəˈmeɪʃən] n transformation f. ◊ **transformation industries** industries de transformation.

**tranship** [trænˈʃɪp] vt transborder.

**transhipment** [trænˈʃɪpmənt] **1** n transbordement m. **2** cpd **transhipment B / L** connaissement m de transbordement. − **transhipment bond** acquit m à caution. − **transhipment delivery order** permis m de transbordement. − **transhipment shipping bill** certificat m de transbordement. − **transhipment permit** permis m de transbordement; **to clear a transhipment permit** apurer un permis de transbordement.

**transhipper** [trænˈʃɪpəʳ] n transbordeur m, transitaire m.

**transient** [ˈtrænzɪənt] **1** adj de passage, temporaire, transitoire; (Comp) program non résident. ◊ **transient workers** travailleurs migrants; **transient medium** (Pub) média éphémère. **2** n (in hotel) client(e) m(f) de passage.

**transire** [trænˈzaɪəʳ] n (Customs) passavant m, laissez-passer m.

**transit** [ˈtrænzɪt] **1** n transit m. ◊ **goods / passengers in transit** marchandises / passagers en transit; **to convey goods in transit** transiter des marchandises; **damaged in transit** avarié or endommagé en cours de route; **loss in transit** freinte or déchet de route; **mass transit system** (US) transports en commun. **2** cpd **transit agent** transitaire m. − **transit bond** or **bill** (Mar) acquit m de transit.

— **transit clause** (Mar Ins) clause f d'assurance "magasin à magasin". — **transit company** (US) entreprise f de transports en commun. — **transit document** document m de transit. — **transit entry** (Customs) déclaration f de transit. — **transit freight** fret m de transit. — **transit goods** marchandises fpl en transit. — **transit lounge** (in airport) salle f de transit or de correspondance. — **transit market** (Fin) marché m de transit. — **transit number** (US) [bank] numéro m d'identification. — **transit passenger** passager(-ère) m(f) en transit or en correspondance. — **transit permit** visa m de transit. — **transit trade** commerce m transitaire or de transit. — **transit visa** visa m de transit. — **transit warehouse** entrepôt m de transit.
**3** vi transiter (by, through par).

**transitad** ['trænzɪt͵æd] (US) n publicité f dans les transports en commun.

**translate** [trænz'leɪt] vt traduire.

**translation** [trænz'leɪʃən] **1** n [words, text] traduction f; [foreign currency] conversion f. ◊ **simultaneous translation** traduction simultanée.
**2** cpd **translation differential** écart m de conversion. — **translation risk** (Fin) risque m de conversion.

**translative** [trænz'leɪtɪv] adj (Jur) translatif.

**translator** [trænz'leɪtər] n [words, text] traducteur(-trice) m(f); (Comp : program) programme m de traduction.

**transliterate** [trænz'lɪtəreɪt] vt translitérer.

**transmission** [trænz'mɪʃən] n transmission f.

**transmit** [trænz'mɪt] vt (gen) transmettre; (Telec, Comp) émettre.

**transmittal letter** [trænz'mɪtəl͵letər] n lettre f d'accompagnement.

**transmitter** [trænz'mɪtər] n (poste) émetteur m; (transmitting device) transmetteur m.

**transmitting** [trænz'mɪtɪŋ] adj set, station, terminal émetteur.

**transmutation** [͵trænzmjuː'teɪʃən] n (Jur) mutation f.

**transnational** [trænz'næʃənəl] adj transnational. ◊ **transnational corporations** entreprises transnationales.

**transparency** [træns'pɛərənsɪ] n transparence f. ◊ **market transparency** transparence du marché; **tax transparency** transparence fiscale.

**transplant factory** ['trænzplɑːnt͵fæktərɪ] n usine f transplantée.

**transponder** [trænz'pɒndər] n répondeur m.

**transport** ['trænspɔːt] **1** n **a** [goods, passengers] transport m. ◊ **air transport** transport aérien or par avion; **means of transport** moyen de transport; **intercity transport** transport interurbain; **road / rail / sea transport** transport par route / par chemin de fer / par mer, transport routier / ferroviaire / maritime; **to send sth by road / rail transport** envoyer qch par route / par chemin de fer; **river transport, inland water transport** transport fluvial; **multimodal transport** transport multimodal; **public transport** transports en commun; **surface transport** transport par voie de surface. **b** (vehicle) véhicule m, moyen m de transport. ◊ **motor transport** les véhicules à moteur; **we have no transport** nous n'avons pas de voiture, nous ne sommes pas motorisés. **c** (Comp) **tape transport** mécanisme d'entraînement de la bande.
**2** cpd **transport advertising** publicité f dans les moyens de transport. — **transport agent** transitaire m. — **transport company** société f or entreprise f de transport or de transit, transitaire m. — **Transport and General Workers' Union** (GB) syndicat britannique des transports et des ouvriers automobiles. — **transport insurance** assurance f contre les risques de transport.
**3** vt goods, passengers transporter. ◊ **to transport goods by lorry** (GB) or **by truck** (US) transporter des marchandises par camion, camionner des marchandises.

**transportable** [træns'pɔːtəbl] adj transportable.

**transportation** [͵trænspɔː'teɪʃən] **1** n (act of transporting) transport m; (means of transport) moyen m de transport. ◊ **ground transportation** moyens mpl de transport, navette f (entre l'aéroport et le centre-ville); **public transportation** transports en commun.
**2** cpd **transportation advertising** publicité f dans les moyens de transport. — **transportation equipment** matériel m de transport. — **transportation expenses** frais mpl de transport.

**transporter** [træns'pɔːtər] n (person) transporteur m, transitaire m, entrepreneur m de transports; (company) transporteur m, transitaire m, entreprise f or société f de transports. **b** (system, device) transporteur m, convoyeur m. ◊ **a car transporter** un transporteur de voitures.

**transposition** [͵trænspə'zɪʃən] n transposition f, inversion f. ◊ **transposition error** erreur d'inversion.

**transship** [træns'ʃɪp] vt → tranship.

**transshipment** [trænsˈʃɪpmənt] **n** → transhipment.

**transshipper** [trænsˈʃɪpəʳ] **n** → transhipper.

**trap** [træp] **n** piège m ; (Comp) déroutement m.

**trash** [træʃ] **n** ordures fpl. ◊ **these goods are trash** c'est de la camelote, ce sont des articles de pacotille.

**trashy** [ˈtræʃɪ] **adj** idea, opinion qui ne vaut rien. ◊ **trashy goods** camelote, articles or marchandises de pacotille.

**travel** [ˈtrævl] **1** le(s) voyage(s) m(pl). ◊ **travel is expensive** les voyages sont chers ; **air travel is fast** les voyages or les déplacements en avion sont rapides ; **credit cards are useful for business travel** les cartes de crédit sont utiles pour les voyages d'affaires.
**2** **vi a** voyager, se déplacer. ◊ **he is always travelling** il est toujours en déplacement or en voyage, il se déplace beaucoup ; **to travel from screen to screen** [data] passer d'un écran à l'autre. **b** [salesman] voyager, être représentant. ◊ **he travels for a British company** il voyage pour or il représente une entreprise britannique, il est représentant pour une entreprise britannique ; **he travels in footwear** il est représentant en chaussures. **c** [goods] **to travel well / badly** voyager bien / mal ; **peaches don't travel well** les pêches voyagent mal or supportent mal le transport.
**3** **cpd travel agency** agence f de voyages. − **travel agent** agent m de voyages. − **travel brochure** dépliant m touristique. − **travel bureau** agence f de voyages. − **travel expenses** frais mpl de déplacement. − **travel insurance** assurance f voyage.

**traveller** (GB), **traveler** (US) [ˈtrævələʳ] **n** voyageur(-euse) m(f). ◊ **commercial traveller** (GB) voyageur or représentant de commerce, VRP ; **traveller's cheque** (GB), **traveler's check** (US) chèque de voyage.

**travelling** (GB), **traveling** (US) [ˈtrævəlɪŋ] **1** n le(s) voyage(s) m(pl).
**2** **cpd travelling allowance** indemnité f de déplacement. − **travelling expenses** frais mpl de déplacement. − **travelling fair** exposition f itinérante. − **travelling salesman** voyageur m or représentant m de commerce, VRP m.

**traversable** [ˈtrævəsəbl] **adj** (Jur) contestable.

**traverse** [ˈtrævəs] **1** n (Jur) dénégation f.
**2** **vt** (Jur) nier, contester.

**trawler** [ˈtrɔːləʳ] **n** chalutier m.

**tray** [treɪ] **n** (gen) plateau m ; (storage box) bac m, boîte f (de rangement) ; (basket) bac m, corbeille f de rangement. ◊ **in- / out-tray** bac or corbeille arrivée / départ ; **I never get to**

the bottom of my in-tray je n'arrive jamais à dépouiller tout le courrier que je reçois.

**treasurer** [ˈtreʒərəʳ] **n** [association] trésorier (-ière) m(f). ◊ **corporate treasurer** trésorier d'entreprise ; **company treasurer** directeur financier, trésorier ; **treasurer check** (US) chèque bancaire ; **treasurer's report** rapport financier.

**treasury** [ˈtreʒərɪ] **1** n trésor m. ◊ **the Treasury** (GB), **the Treasury Department** (US) ≈ le ministère des Finances ; **Secretary of the Treasury** (US) ≈ ministre des Finances.
**2** **cpd Treasury bill** bon m du Trésor (à court terme). − **Treasury bond** (US) bon m du Trésor (à long terme). − **Treasury certificate** (US) bon m du Trésor à un an. − **Treasury note** bon m du Trésor. − **Treasury stock** (US) actions fpl rachetées par la société ; (not yet issued) actions fpl autorisées mais non encore émises ; (GB) bons mpl du Trésor or fonds mpl d'État à long terme.

**treat** [triːt] **vt** traiter.

**treatment** [ˈtriːtmənt] **n** traitement m.

**treaty** [ˈtriːtɪ] **1** n traité m. ◊ **to enter into a treaty with** conclure un traité avec ; **commercial treaty** traité commercial ; **to sell sth by private treaty** vendre qch de gré à gré.
**2** **cpd treaty port** port m ouvert au commerce international. − **treaty reinsurance** réassurance f générale.

**treble** [ˈtrebl] **1** n, adj triple m.
**2** **vti** tripler.

**tree** [triː] **n** arbre m. ◊ **decision tree** arbre de décision, arbre décisionnel ; **tree-like structure** structure arborescente or en arbre.

**trend** [trend] **1** n (gen) tendance f, orientation f, évolution f ; [fashion] mode f. ◊ **upward / downward trend** orientation or tendance à la hausse / à la baisse, hausse / baisse tendancielle ; **economic trend** tendance économique ; **the current economic trend** la conjoncture ; **the trend of events** le cours des choses ; **inflationary trends are decreasing** les tendances inflationnistes diminuent ; **market trend** tendance or physionomie du marché ; **price trends** évolution des prix ; **a trend towards large cars** une tendance en faveur des grosses voitures ; **a trend away from large cars** une tendance défavorable aux grosses voitures ; **trend reversal** renversement de tendance ; **to set a trend** créer une mode ; **to buck the trend** aller or agir à contre-courant.
**2** **vi** ◊ **prices are trending upward / downward** les prix s'orientent à la hausse / à la baisse, les prix tendent à monter / à baisser.

**3** cpd **trend analysis** analyse f de la tendance. — **trend-setter** (product) produit m qui crée la mode ; (person) personne f qui lance la mode. — **trend-setting** qui crée la mode, innovateur.

**trendy\*** ['trendɪ] adj dans le vent, à la mode, dernier cri.

**trespass** ['trespəs] **1** n (Jur : illegal entry) violation f de propriété.
**2** vi s'introduire sans autorisation. ◊ **no trespassing** entrée interdite, défense d'entrer ; **to trespass on private property** violer une propriété privée.

**trespasser** ['trespəsəʳ] n intrus(e) m(f). ◊ **trespassers will be prosecuted** (sign) défense d'entrer sous peine de poursuites.

**triad** ['traɪəd] n (gen) triade f ; (Pub) test m comparatif entre trois produits, test m triangulaire.

**trial** ['traɪəl] **1** n **a** (test) essai m. ◊ **to take sb / sth on trial** prendre qch / qn à l'essai ; **trial and error method** approche par tâtonnements, méthode empirique ; **to give sb a trial** mettre qn à l'essai ; **trials will be carried out on the new equipment** le nouvel équipement sera mis à l'essai or sera testé, on procédera à des essais sur le nouvel équipement ; **acceptance trials** (Mar) voyage d'essai (à la livraison d'un navire). **b** (Jur) procès m. ◊ **to be on trial** être en justice ; **to bring sb to trial** faire passer qn en justice or en jugement ; **trial by jury, jury trial** procès d'assises ; **to have a jury trial** être jugé par un jury d'assises.
**2** cpd **trial attorney** (US Jur) avocat m *(qui plaide à l'audience)*. — **trial balance** (Acc) balance f de vérification ; **trial balance book** livre de balance, livre de soldes ; — **pre-closing / post-closing trial balance** balance de vérification avant / après clôture or inventaire ; **trial balance after closing** balance d'inventaire. — **trial examiner** (US Jur) juge m, médiateur m *(entre administration et particuliers)*. — **trial judge** (US Jur) juge m. — **trial jury** (US Jur) jury m. — **trial lawyer** (US Jur) avocat m *(qui plaide à l'audience)*. — **trial offer** offre f d'essai. — **trial order** commande f d'essai. — **trial period** période f d'essai. — **trial run** [machine] essai m ; [car] essai m de route. — **trial subscription** abonnement m à l'essai.

**triangular** [traɪ'æŋgjʊləʳ] adj transactions triangulaire.

**tribunal** [traɪ'bjuːnl] n tribunal m. ◊ **tribunal of enquiry** commission d'enquête ; **Industrial Tribunal** (GB) ≈ conseil de prud'hommes.

**trick** [trɪk] **1** n (dodge, ruse) ruse f, astuce f, truc\* m ; (joke) tour m, farce f. ◊ **tricks of the trade** ficelles du métier.

**2** vt rouler\*, attraper, avoir\*.

**trickle** ['trɪkl] **1** n filet m. ◊ **profit is down to a trickle** les bénéfices se sont presque taris ; **there was a steady trickle of orders** les commandes arrivaient en petit nombre mais régulièrement.
**2** cpd **trickle down theory** *théorie selon laquelle l'argent dépensé par les riches finira par profiter aux plus démunis.*

**trickle in** ['trɪkl] vi [orders] arriver au compte-gouttes.

**trifling** ['traɪflɪŋ] adj incident insignifiant ; sum dérisoire.

**trigger** ['trɪgəʳ] **1** n (lit) gâchette f ; (stimulus) déclencheur m ; (Pub) stimulant m.
**2** cpd **trigger mechanism** déclencheur m, dispositif m de déclenchement. — **trigger price** prix m minimum à l'importation ; **the US has set trigger prices for steel imports** les États-Unis ont fixé des prix minimum pour les importations d'acier.
**3** vt (also **trigger off**) déclencher. ◊ **the oil shock triggered (off) worldwide inflation** le choc pétrolier à déclenché une inflation à l'échelle mondiale.

**trim** [trɪm] **1** vt **a** cargo arrimer. ◊ **free on board and trimmed** franco bord et arrimage. **b** (cut) tailler, élaguer, rogner. ◊ **to trim costs** réduire les coûts ; **to trim the investment programme** tailler or faire des coupes sombres dans le programme d'investissement ; **to trim the workforce** dégraisser le personnel, faire des dégraissages, faire des compressions de personnel.
**2** n état m. ◊ **in good trim** en bon état ; **the ship is in trim** le navire a son assiette or est bien arrimé.

**trimming** ['trɪmɪŋ] n **a** [ship, cargo] arrimage m. **b** (cutting back) réduction f, élagage m ; [staff] compression f, dégraissage m. ◊ **cost trimming** réduction des coûts. **c** (extras) **trimmings** garnitures, accessoires ; **with no trimmings** sans fioriture.

**trip** [trɪp] n (gen) voyage m, déplacement m ; (excursion) excursion f. ◊ **he's on a trip to the US** il est en voyage or en déplacement aux États-Unis ; **business trip** voyage d'affaires ; **round trip** (voyage) aller et retour ; **one-way trip** voyage aller ; **a trip to the Beaujolais region** une excursion dans le Beaujolais ; **field trip** voyage d'études sur le terrain.

**tripack** ['traɪpæk] n lot m or pack m de trois, emballage m par trois.

**triple** ['trɪpl] adj triple. ◊ **this company is rated triple-A or has a triple-A rating** (St Ex) cette société est classée AAA (du point de vue de la santé financière) ; **triple-A-rated borrower** emprunteur classé AAA.

**triplicate** ['trɪplɪkɪt] **1 adj** en trois exemplaires.
**2 n** (third copy) troisième exemplaire m, triplicata m. ◊ **in triplicate** en trois exemplaires.
**3 vt** tirer or reproduire en trois exemplaires.

**Tripoli** ['trɪpəlɪ] **n** Tripoli.

**trolley** ['trɒlɪ] (GB) **n** [luggage] chariot m (à bagages); (in supermarket) chariot m, Caddie ® m.

**trouble** ['trʌbl] **1 n a** (difficulties) ennuis mpl, difficultés fpl. ◊ **to be in trouble** avoir des ennuis; **to get out of trouble** se tirer d'affaire; **we had trouble with the printer** nous avons eu des problèmes or ennuis avec l'imprimante. **b** (bother) mal m, peine f. ◊ **it's not worth the trouble** cela ne vaut pas la peine; **he went to the trouble of writing** il s'est donné la peine d'écrire; **to go to a lot of trouble** se donner beaucoup de mal; **it's no trouble** cela ne me dérange pas. **c** (unrest) troubles mpl, conflits mpl. ◊ **labour troubles** troubles sociaux.
**2 cpd trouble area** (in system) source f d'incident. − **trouble-free** machine qui ne tombe pas en panne, fiable. − **trouble spot** point m noir.

**troublemaker** ['trʌbl,meɪkər] **n** fauteur m de troubles.

**troubleshoot** ['trʌbl,ʃuːt] **1 vi** régler le problème.
**2 vt** program, system mettre au point, dépanner.

**troubleshooter** ['trʌbl,ʃuːtər] **n** (gen) expert m or spécialiste mf (appelé pour régler un problème); [conflict] médiateur(-trice) m(f), conciliateur(-trice) m(f); (Tech, Comp) dépanneur(-euse) m(f), spécialiste mf. ◊ **we'll send our financial troubleshooter to sort out the problem** nous enverrons notre expert financier régler ce problème.

**troubleshooting** ['trʌbl,ʃuːtɪŋ] **n** (gen) intervention f pour régler un problème; [conflict] médiation f; (Tech, Comp) dépannage m.

**trough** [trɒf] **1 n** (low point) creux m, point m le plus bas. ◊ **sales have reached a trough** les ventes ont atteint leur niveau le plus bas or sont au creux de la vague.
**2 vi** [sales] atteindre son point le plus bas. ◊ **interest rates troughed in the first quarter** les taux d'intérêt ont atteint leur niveau le plus bas au premier trimestre.

**trs.** abbr of *transfer*.

**truck** [trʌk] **1 n a** (US Agr) produits mpl maraîchers. **b** (Rail) (open goods wagon) wagon m; (flat) wagon m à plate-forme. **c**

(luggage, goods) chariot m; (two-wheeled) diable m. ◊ **fork-lift truck** chariot élévateur. **d** (US : lorry) camion m. **e** (barter) troc m, échange m.
**2 cpd truck farmer** (US) maraîcher m. − **truck farming** (US) culture f maraîchère.
**3 vt** (US) camionner, transporter en camion.

**truckage** ['trʌkɪdʒ] **n** (US) camionnage m; (Rail) roulage m.

**truckdriver** ['trʌkdraɪvər] (US) **n** camionneur m, routier m, conducteur m or chauffeur m de poids lourd.

**trucker** ['trʌkər] (US) **n** camionneur m, transporteur m, entrepreneur m de transports routiers.

**trucking** ['trʌkɪŋ] (US) **cpd trucking bill of lading, trucking B / L** (US) lettre f de voiture. − **trucking charges** frais mpl de transport routier. − **trucking company** société f or entreprise f de transport routier, transporteur m. − **trucking contractor**, camionneur m, transporteur m, entrepreneur m de transports routiers.

**truckload** ['trʌkləud] **n** (plein) camion m (of sth de qch).

**true** [truː] **adj** vrai, exact, conforme. ◊ **a true copy** une copie conforme; **true to sample** conforme à l'échantillon; **true owner** [bond, bill] possesseur légal.

**truly** ['truːlɪ] **adv** véritablement, vraiment. ◊ **Yours truly** (US : letter ending) veuillez agréer l'expression de nos meilleurs sentiments or de nos sentiments distingués.

**trump card** ['trʌmpkɑːd] **n** (lit, fig) atout m.

**truncate** [trʌŋ'keɪt] **vt** tronquer.

**truncation** [trʌŋ'keɪʃən] **n** troncature f.

**trunk** [trʌŋk] **1 n a** (for luggage) malle f. **b** (US) [car] coffre m, malle f.
**2 cpd trunk call** (GB Telec) communication f interurbaine. − **trunk line** (GB Rail) ligne f interurbaine. − **trunk road** (GB) grande route f, grand axe m, route f nationale.

**trust** [trʌst] **1 n a** confiance f. ◊ **to have trust in sb / sth** avoir confiance en qn / qch; **position of trust** poste de confiance; **to supply goods on trust** fournir des marchandises à crédit; **to commit sth to the trust of sb** confier qch à qn or aux bons soins de qn; **breach of trust** abus de confiance. **b** (Jur) fidéicommis m, trust m. ◊ **to hold sth in trust** tenir or administrer qch par fidéicommis; **to set up a trust for sb** instituer un fidéicommis à l'intention de qn; **beneficiary of a trust** fidéicommissaire; **securities in trust** valeurs mises en trust. **c** (Comm, Fin)

(often pej) trust m, cartel m. **d** (Bank, St Ex) **investment trust, (investment) trust company** société d'investissement; **closed-end / open-end investment trust** société d'investissement à capital fixe / à capital variable; **discretionary trust** *société d'investissement dans laquelle le choix des placements est laissé aux administrateurs*; **unit trust** société d'investissement à capital variable, SICAV.
**2** **cpd trust account** compte m en fidéicommis. − **trust agreement** acte m or convention f de fiducie. − **trust company** (GB) société f d'investissement; (US) société f de gestion de portefeuille. − **trust deed** acte m fiduciaire. − **trust estate** patrimoine m géré par fidéicommis. − **trust fund** fonds m en fidéicommis. − **trust indenture** certificat m fiduciaire, acte m fiduciaire. − **trust instrument** document m fiduciaire *(acte ou testament).* − **trust mortgage** hypothèque f fiduciaire. − **trust receipt** accusé m de réception de marchandises *(détenues en gage au profit d'un créancier ou d'une banque).* − **trust unit** part f de fonds commun de placement, part f de SICAV.
**3** **vt** se fier à, avoir confiance en. ◊ **can we trust them to deliver on time?** peut-on leur faire confiance pour nous livrer à temps?

**trustbuster\*** ['trʌstˌbʌstə'] **n** personne f menant une action antitrust.

**trustbusting\*** ['trʌstˌbʌstɪŋ] **n** démantèlement m des trusts, action f antitrust.

**trustee** [trʌs'tiː] **1** **n** **a** (Jur) fidéicommissaire m, fiduciaire m. ◊ **the Bank's Trustee Department** le service fiduciaire de la banque; **the Public Trustee** le curateur de l'État aux successions. **b** (proxy) mandataire mf, consignataire mf, fondé m de pouvoir.
**2** **cpd trustee in bankruptcy** syndic m de faillite. − **trustee securities** (GB) *titres qui doivent entrer obligatoirement dans la composition du portefeuille d'une société de placement.*

**trusteeship** [trʌs'tiːʃɪp] **n** **a** (Jur) (for deceased person) fidéicommis m; (for minor or incapable adult) curatelle f. **b** (in bankruptcy) syndic m de faillite.

**trustification** [ˌtrʌstɪfɪ'keɪʃən] (US) **n** formation f d'un trust.

**trustify** ['trʌstɪfaɪ] (US) **vt** companies réunir en trust, regrouper.

**trustworthiness** ['trʌstˌwɜːðɪnɪs] **n** [employee] loyauté f, fidélité f; [document, statement] crédibilité f, véracité f, exactitude f.

**trustworthy** ['trʌstˌwɜːðɪ] **adj** employee digne de confiance, loyal; document, statement digne de foi, fidèle, exact.

**truth** [truːθ] **n** (gen) vérité f. ◊ **truth in lending** transparence du crédit *(obligation pour une banque ou une société de financement d'informer complètement le consommateur sur les conditions d'un prêt)*; **truth in advertising** transparence publicitaire.

**try** [traɪ] **1** **n** essai m, tentative f. ◊ **to give sth a try** essayer qch.
**2** **vt** (attempt) essayer, tâcher *(to do* de faire).
**3** **vi** essayer.

**try out** **vt sep** essayer.

**tryout** ['traɪaʊt] **n** essai m.

**TS** abbr of *typescript.*

**T / S** abbr of *transshipment.*

**TT** abbr of *telegraphic transfer* → telegraphic.

**TU** [tiː'juː] abbr of *trade union* → trade.

**TUC** [tiːjuː'siː] (GB) **n** abbr of *Trades Union Congress* → trade.

**Tuesday** ['tjuːzdɪ] **n** mardi m → Saturday.

**tug** [tʌg] **1** **n** (also **tugboat**) remorqueur m.
**2** **vt** remorquer.

**tug-of-war** [ˌtʌgəv'wɔːr] **n** épreuve f de force (*between* entre).

**tuition** [tjuː'ɪʃən] **n** **a** (teaching) enseignement m, scolarité f. ◊ **private tuition** cours particulier. **b** (also **tuition fees**) frais mpl de scolarité.

**tumble** ['tʌmbl] **vi** [prices] chuter, dégringoler\*.

**tune (up)** [tjuːn] **vt** mettre au point, régler.

**tuning** ['tjuːnɪŋ] **n** réglage m. ◊ **fine tuning** (Econ) gestion macroéconomique de la demande.

**Tunis** ['tjuːnɪs] **n** Tunis.

**Tunisia** [tjuː'nɪzɪə] **n** Tunisie f.

**Tunisian** [tjuː'nɪzɪən] **1** **adj** tunisien.
**2** **n** (inhabitant) Tunisien(ne) m(f).

**turf** [tɜːf] **n** (fig : territory) territoire m. ◊ **a turf dispute** (in company) une querelle de territoire or d'attributions or de limitation de responsabilités; **a salesman's turf** le territoire d'un vendeur.

**Turk** [tɜːk] **n** (inhabitant) Turc (Turque) m(f).

**Turkey** ['tɜːkɪ] **n** Turquie f.

**Turkish** ['tɜːkɪʃ] **1** **adj** turc (f turque).
**2** **n** (language) turc m.

**turn** [tɜːn] **n** **a** (change) [market] revirement m, nouvelle tendance f. ◊ **to take a turn for the better** s'améliorer. **b** (St Ex : difference) **turn of the market** écart entre le cours vendeur et le cours acheteur; **jobber's turn** marge du jobber. **c** (Ind, Comm : rotation) rotation f.

◊ **stock** (GB) or **inventory** (US) **turn** rotation des stocks.

**turnabout** ['tɜːnəbaʊt] **n** revirement m, volte-face f.

**turn around** (US) **vt sep, vi** → turn round.

**turnaround** ['tɜːnəraʊnd] (US) **n** → turnround.

**turn away vt sep** offer refuser, rejeter, repousser. ◊ **they're turning business** or **customers away** ils refusent des clients.

**turn down** **1** **vt sep** offer refuser, rejeter, repousser. ◊ **they turned me down for the job** ils m'ont refusé le poste. **2** **vi** [sales] fléchir, chuter, baisser.

**turndown** ['tɜːndaʊn] **n** [sales, rate, tendency] fléchissement m, (tendance f à la) baisse f, chute f (*in* de).

**turn in\* vt sep** resignation remettre, donner; report soumettre.

**turning point** ['tɜːnɪŋˌpɔɪnt] **n** [curve] point m critique, rupture f de pente; [situation] tournant m. ◊ **lower / upper turning point** creux / sommet de la courbe.

**turnkey factory** ['tɜːnkiːˌfæktərɪ] **n** usine f clés en main.

**turn on vt sep** machine mettre en marche, allumer, faire démarrer.

**turn out** **1** **vt** **a** (produce) produire, sortir, fabriquer. ◊ **the plant turns out 5,000 units a week** l'usine sort 5 000 unités par semaine. **b** (\* : dismiss) mettre à la porte, congédier. **2** **vi** **a** (go) sortir, aller à une manifestation. ◊ **to turn out on strike** se mettre en grève; **to turn out to vote** aller aux urnes. **b** (end) s'avérer, se révéler. ◊ **the financial year has turned out well / badly** l'exercice a été satisfaisant / mauvais; **the product turned out to be a flop** le produit s'est avéré or s'est révélé être un échec.

**turnout** ['tɜːnaʊt] **n** **a** (output) production f, rendement m. **b** (attendance) assistance f, participation f. ◊ **there was a huge turnout for the meeting** il y a eu une foule à la réunion, beaucoup de gens sont venus à la réunion; **voter turnout** participation électorale. **c** (\* : strike) grève f.

**turn over** **1** **vt fus** ◊ **the firm turns over £10,000 a week** l'entreprise réalise un chiffre d'affaires de 10 000 livres par semaine. **2** **vi** (rotate) [stock] tourner, s'écouler. ◊ **our stock of unmarked goods turns over very quickly** notre stock d'articles dégriffés tourne or s'écoule très vite; **our staff is turning over more slowly now** la rotation de notre personnel est moins rapide maintenant.

**turnover** ['tɜːnˌəʊvəʳ] **1** **n** **a** (GB : sales volume) chiffre m d'affaires. ◊ **our turnover was £700,000 last year** nous avons fait 700 000 livres de chiffre d'affaires l'année dernière, notre chiffre d'affaires a été de 700 000 livres l'année dernière. **b** (rotation) [stock] rotation f, écoulement m; [staff] rotation f. ◊ **the entire stock has been reduced for a quick turnover** le stock tout entier a été réduit pour améliorer la rotation; the **turnover of these goods is slow** ces marchandises s'écoulent or se vendent lentement; **capital turnover** rotation du capital; **stock** (GB) or **inventory** (US) **turnover** rotation des stocks. **c** [account] mouvement m. ◊ **account without turnover** compte sans mouvement. **2** **cpd turnover rate** vitesse f de rotation. − **turnover ratio** ratio m chiffre d'affaires-immobilisations. − **turnover tax** impôt m sur le chiffre d'affaires.

**turn round** (GB), **turn around** (US) **1** **vt sep** situation redresser, rétablir; company redresser. ◊ **they have turned the company round** ils ont redressé l'entreprise; **the firm has turned itself round** l'entreprise s'est redressée or s'est rétablie. **2** **vi** **a** [company] se redresser, se rétablir. **b** [ship] décharger dans un port et repartir.

**turnround** (GB) ['tɜːnraʊnd], **turnaround** (US) ['tɜːnəraʊnd] **1** **n** **a** (improvement) [company, economy] redressement m, rétablissement m. ◊ **corporate turnaround** redressement d'entreprises. **b** [position, point of view] volte-face f, revirement m. **c** (unloading time) [ship] starie f, estarie f, jours mpl de planche. ◊ **delivery turnround** délai de livraison. **d** (St Ex) **order turnround** gestion des ordres. **2** **cpd turnround time** (Ind) délai m or temps m d'exécution; (Comp) délai m de basculement, temps m de retournement; **the turnround time for our trucks is 3 hours** nos camions opèrent des rotations de 3 heures.

**turn up vi** [prices] remonter. ◊ **profits have turned up in the last quarter** les bénéfices sont en hausse or remontent au dernier trimestre; **sales are turning up** les ventes remontent or reprennent or sont en hausse.

**turnup** ['tɜːnʌp] **n** remontée f, redressement m (*in* de).

**twelfth** [twelfθ] **adj, n** douzième mf. ◊ **in the twelfth place** douzièmement → sixth.

**twelfthly** [twelfθlɪ] **adv** douzièmement.

**twelve** [twelv] **adj, n** douze. ◊ **about twelve, twelve or so** une douzaine → six.

**twentieth** ['twentɪθ] **adj, n** vingtième mf. ◊ **in the twentieth place** vingtièmement → sixth.

**twenty** ['twentɪ] **adj, n** vingt m. ◊ **twenty-first** vingt-et-unième; **twenty-two / -three** vingt-deux / -trois; **twenty-four hours** vingt-quatre heures; **twenty-four hours a day** vingt-quatre heures sur vingt-quatre; **twenty-four-hour service** service vingt-quatre heures sur vingt-quatre, service jour et nuit; **about twenty, twenty or so** une vingtaine → sixty.

**twin pack** ['twɪnpæk] **n** paquet m double.

**two** [tuː] **1** **adj, n** deux m → six.
**2** **cpd two-bits*** (US) 25 cents mpl. − **two-digit** : **two-digit inflation** inflation à deux chiffres. − **two-direction** bidirectionnel. − **two-sided** : **two-sided diskette** disquette double face. − **two-speed** à deux vitesses. − **two-storey** à deux étages. − **two-tier** : **two-tier financing** financement à deux étages; **two-tier pay structure** échelle de rémunérations à deux niveaux or à deux vitesses. − **two-way** street à double sens; traffic dans les deux sens; negotiations, agreement bilatéral; (Comp) interactif, bidirectionnel; **two-way split** division en deux; − **two-way stock split** division des titres par deux.

**twofer*** ['tuːfəʳ] (US) **n** deux articles mpl pour le prix d'un.

**twofold** ['tuːfəʊld] **1** **adj** double.
**2** **adv** ◊ **to increase twofold** être multiplié par deux, augmenter du double.

**twopence** ['tʌpəns] (GB) **n** deux pence mpl.

**tycoon** [taɪ'kuːn] **n** magnat m, brasseur m d'affaires. ◊ **financial tycoon** magnat or roi de la finance.

**type** [taɪp] **1** **n** **a** (gen) type m; (Comm) [product] marque f; [car] marque f, modèle m. **b** (Typ) caractère m. ◊ **to set sth in type** composer qch; **in type** composé; **in large / small type** en gros / petits caractères; **in bold type** en caractères gras; **in italic type** en italique.
**2** **cpd type array** jeu m or police f de caractères. − **type-in** (act) introduction f, frappe f; (text) message m or texte m d'entrée. − **type-out** (Comp) message m or texte m de sortie. − **type wheel** marguerite f, roue f à caractères.
**3** **vt** document taper (à la machine), dactylographier. ◊ **the report is being typed** le rapport est à la frappe.
**4** **vi** [secretary] taper à la machine. ◊ **you must be able to type** vous devez savoir

taper à la machine or connaître la dactylo.

**typebar** ['taɪpbɑːʳ] **n** barre f d'impression.

**typeface** ['taɪpfeɪs] **n** police f de caractères.

**type in** **vt sep** (Comp) data entrer au clavier, saisir. ◊ **type in the name of your file** entrez le nom de votre fichier.

**type out** **vt sep** **a** (type) letter, report taper. **b** (erase) error effacer.

**type over** **vt** **a** (type again) retaper. **b** (erase) effacer en retapant.

**typescript** ['taɪpskrɪpt] **n** texte m dactylographié, tapuscrit m.

**typeset** ['taɪpset] **vt** composer.

**typesetter** ['taɪpsetəʳ] **n** (person) compositeur m, typographe mf; (machine) composeuse f, linotype f.

**typesetting** ['taɪpsetɪŋ] **n** composition f (typographique).

**typewrite** ['taɪpraɪt] **vi** écrire or taper à la machine, dactylographier.

**typewriter** ['taɪpraɪtəʳ] **n** machine f à écrire. ◊ **typewriter ball** sphère d'impression.

**typewritten** ['taɪprɪtən] **adj** dactylographié, tapé (à la machine).

**typing** ['taɪpɪŋ] **1** **n** (skill) dactylographie f; [document] frappe f. ◊ **who's going to do the typing?** qui va s'occuper de la frappe?
**2** **cpd typing error** faute f de frappe. − **typing-in** [data] saisie f. − **typing pool** bureau m or pool m de dactylos; **she works in the typing pool** elle est à la dactylo; − **to send sth to the typing pool** envoyer qch à la dactylo. − **typing speed** cadence f or vitesse f de frappe; **her typing speed is 60** elle tape 60 mots par minute.

**typist** ['taɪpɪst] **n** dactylo mf, dactylographe mf. ◊ **shorthand typist** sténo-dactylo; **touch typist** (gen) dactylo de premier ordre; (Comp) claviste, opérateur de saisie.

**typo*** ['taɪpəʊ] **n** (error) coquille f (typographique).

**typographer** [taɪ'pɒgrəfəʳ] **n** typographe mf.

**typographical** [ˌtaɪpəʊ'græfɪkəl] **adj** typographique.

**typography** [taɪ'pɒgrəfɪ] **n** typographie f.

# U

**UAE** [ˌjuːeɪˈiː] **n** abbr of *United Arab Emirates* EAU mpl.

**UAW** [ˌjuːeɪˈdʌbljuː] (US) **n** abbr of *United Automobile Workers.*

**uberrimae fidei** [ˈjuːbəriːməˈfaɪdiːz] **adj** (Jur) de bonne foi.

**u / c** abbr of *undercharge.*

**UCITS** [juːsiːaɪtiːˈes] **n** abbr of *undertakings for collective investment in transferable securities* OPCVM mpl.

**Uganda** [juːˈgændə] **n** Ouganda m.

**Ugandan** [juːˈgændən] **1** **adj** ougandais. **2** **n** (inhabitant) Ougandais(e) m(f).

**UK** [juːˈkeɪ] **n** abbr of *United Kingdom* Royaume m uni, RU.

**Ukraine** [juːˈkreɪn] **n** ◊ **the Ukraine** l'Ukraine f.

**Ukrainian** [juːˈkreɪnɪən] **1** **adj** ukrainien. **2** **n** **a** (language) ukrainien m. **b** (inhabitant) Ukrainien(ne) m(f).

**ullage** [ˈʌlɪdʒ] **n** (Customs) manquant m.

**Ulster** [ˈʌlstəʳ] **n** Ulster m, Irlande f du Nord.

**ult.** abbr of *ultimo.*

**ultimate** [ˈʌltɪmɪt] **adj** **a** (final) result final. ◊ **the ultimate consumer** le consommateur final. **b** (best) suprême. ◊ **the ultimate computer** ce qu'il y a de mieux en matière d'ordinateur.

**ultimatum** [ˌʌltɪˈmeɪtəm] **n** ultimatum m. ◊ **to give sb an ultimatum** donner un ultimatum à qn.

**ultimo** [ˈʌltɪməʊ] **adv** du mois dernier. ◊ **your letter of the 3rd ultimo** votre lettre du 3 dernier.

**ultravires** [ˌʌltrəˈvaɪriːz] **adj** (Jur) antistatutaire, illégal. ◊ **this contract is ultravires** ce contrat est illégal or contraire aux statuts de la société ; **ultravires borrowing** *emprunt que ne justifient pas les objectifs de la société.*

**u / m** abbr of *undermentioned.*

**umbrella** [ʌmˈbrelə] **n** (fig) protection f. ◊ **under the umbrella of** sous les auspices de ; **umbrella committee** comité de coordination ; **umbrella project** projet cadre.

**UN** [juːˈen] **n** abbr of *United Nations* Nations fpl unies, NU.

**unabridged** [ˌʌnəˈbrɪdʒd] **adj** document intégral, complet, non abrégé.

**unacceptable** [ˌʌnəkˈseptəbl] **adj** offer inacceptable.

**unaccepted** [ˌʌnəkˈseptɪd] **adj** bill non accepté.

**unaccounted** [ˌʌnəˈkaʊntɪd] **adj** ◊ **unaccounted for** (gen) inexpliqué ; (Fin) non inscrit au bilan ; **three crates are still unaccounted for** il manque toujours trois caisses ; **this sum is unaccounted for in the balance sheet** cette somme ne figure pas au bilan.

**unaccredited** [ˌʌnəˈkredɪtɪd] **adj** non accrédité.

**unacknowledged** [ˌʌnəkˈnɒlɪdʒd] **adj** letter resté sans réponse, dont on n'a pas accusé réception.

**unadjusted** [ˌʌnəˈdʒʌstɪd] **adj** non corrigé. ◊ **in unadjusted figures** en données brutes non corrigées ; **seasonally unadjusted employment figures** statistiques du chômage non corrigées des variations saisonnières or non désaisonnalisées.

**unadvertised** [ˌʌnˈædvətaɪzd] **adj** meeting, departure non annoncé, sans publicité.

**unadvisable** [ˌʌnədˈvaɪzəbl] **adj** imprudent, inopportun. ◊ **we deem it unadvisable to do**

nous jugeons inopportun de faire, il nous semble peu recommandé de faire.

**unaffected** [ˌʌnə'fektɪd] **adj** non affecté (by par). ◊ **the firm is unaffected by the new regulations** l'entreprise n'est pas touchée par la nouvelle réglementation.

**unaffiliated** [ˌʌnə'fɪlɪeɪtɪd] **adj** non affilié (to à).

**unalienable** [ʌn'eɪljənəbl] **adj** right inaliénable.

**unallocated** [ʌn'æləkeɪtɪd] **adj** money non alloué, sans affectation; job non attribué.

**unallotted** [ˌʌnə'lɒtɪd] **adj** shares non réparti, non attribué.

**unaltered** [ʌn'ɒltəd] **adj** (gen) non modifié; share prices inchangé.

**unamortized, unamortised** [ˌʌnə'mɔːtaɪzd] **adj** non amorti.

**unanimous** [juː'nænɪməs] **adj** unanime. ◊ **the board was unanimous in rejecting the proposal** le conseil d'administration a rejeté cette proposition à l'unanimité.

**unanimously** [juː'nænɪməslɪ] **adv** à l'unanimité. ◊ **unanimously accepted** voté à l'unanimité.

**unanswered** [ʌn'ɑːnsəd] **adj** problem sans réponse, non résolu; (Jur) charge irréfuté; letter sans réponse.

**unanticipated** [ˌʌnən'tɪsɪpeɪtɪd] **adj** expense imprévu.

**unappropriated** [ˌʌnə'prəuprɪeɪtɪd] **adj** funds disponible, non réparti. ◊ **unappropriated profits** bénéfices non distribués; **unappropriated surplus** report à nouveau, excédent disponible.

**unapproved** [ˌʌnə'pruːvd] **adj** (gen) non approuvé; (Customs) non agréé. ◊ **unapproved funds** fonds sans affectation.

**unassailable** [ˌʌnə'seɪləbl] **adj** argument inattaquable, irréfutable.

**unassessed** [ˌʌnə'sesd] **adj** income non imposé.

**unassignable** [ˌʌnə'saɪnəbl] **adj** (Jur) inaliénable, incessible.

**unassured** [ˌʌnə'ʃʊəd] **adj** (Jur) non assuré.

**unattached** [ˌʌnə'tætʃt] **adj** (Jur) non saisi.

**unattainable** [ˌʌnə'teɪnəbl] **adj** objective inaccessible.

**unattended** [ˌnə'tendɪd] **adj** ◊ **unattended answering** (Comp) réponse automatique.

**unattested** [ˌʌnə'testɪd] **adj** non attesté.

**unaudited** [ʌn'ɔːdɪtɪd] **adj** non contrôlé, non vérifié.

**unauthenticated** [ˌʌnɔː'θentɪkeɪtɪd] **adj** (Jur) non légalisé. ◊ **unauthenticated signature** signature non authentifiée.

**unauthorized, unauthorised** [ʌn'ɔːθəraɪzd] **adj** person non autorisé; practice illicite. ◊ **no unauthorized access** accès interdit à toute personne étrangère au service.

**unavailability** [ˌʌnəˌveɪlə'bɪlɪtɪ] **n** indisponibilité f.

**unavailable** [ˌʌnə'veɪləbl] **adj** person, funds indisponible, non disponible; (Comm) article épuisé. ◊ **unavailable time** (Comp) temps d'indisponibilité; **Mr Smith is unavailable at present** M. Smith n'est pas disponible pout le moment.

**unavoidable** [ˌʌnə'vɔɪdəbl] **adj** (gen) inévitable. ◊ **unavoidable costs** frais fixes.

**unbacked** [ʌn'bækt] **adj** (Fin) account non soldé.

**unbalanced** [ʌn'bælənst] **adj** account non soldé.

**unbankable** [ʌn'bæŋkəbl] **adj** (Fin) non bancable, hors banque.

**unblock** [ʌn'blɒk] **vt** (Comp) dégrouper; credit débloquer.

**unbranded** [ʌn'brændɪd] **adj** ◊ **unbranded goods** produits libres or génériques or sans marque.

**unbundle** [ʌn'bʌndl] **vt** (gen) séparer, dégrouper; (after a buyout) vendre par appartements; price (into separate items) détailler, tarifer séparément.

**unbundling** [ʌn'bʌndlɪŋ] **n** (gen) séparation f; (after a buyout) vente f par appartements.

**unbusinesslike** [ʌn'bɪznɪslaɪk] **adj** trader peu commerçant; transaction irrégulier, contraire à la pratique commerciale.

**uncallable** [ʌn'kɔːləbl] **adj** (Fin) non remboursable, sans possibilité d'amortissement.

**uncalled** [ʌn'kɔːld] **adj** (Fin) anticipé. ◊ **uncalled capital** capital non appelé.

**uncashed** [ʌn'kæʃt] **adj** cheque non encaissé.

**uncertainty** [ʌn'sɜːtntɪ] **n** (gen) incertitude f, doute m; (Ins) risque m non assurable; (Jur: in will) imprécision f.

**uncharged** [ʌn'tʃɑːdʒd] **adj** (Customs) goods exempt de droit. ◊ **uncharged time** (Comp) temps machine non imputé.

**unchecked** [ʌn'tʃekt] **adj** figures non contrôlé, non vérifié. ◊ **the goods should not have left the factory unchecked** les marchandises auraient dû être vérifiées au départ de l'usine.

**unclaimed** [ʌn'kleɪmd] **adj** non réclamé. ◊ **unclaimed letter / parcel** lettre / colis en souffrance; **unclaimed right** droit non revendiqué.

**uncleared** [ʌn'klɪəd] **adj** **a** (Customs) non dédouané. **b** cheque non compensé. ◊ **the**

cheque may be uncleared le chèque peut ne pas avoir été compensé or viré ; **the bank reserves the right at any time to restrict cash withdrawals against uncleared effects** la banque se réserve le droit de limiter à tout moment les paiements contre effets non compensés.

**uncollectable** [ˌʌnkəˈlektəbl] **adj** tax non recouvrable.

**uncollected** [ˌʌnkəˈlektɪd] **adj** tax non perçu, non recouvré.

**uncommissioned** [ˌʌnkəˈmɪʃnd] **adj** ship désarmé.

**uncommitted** [ˌʌnkəˈmɪtɪd] **adj** non engagé, libre ; resources non affecté. ◊ **we are uncommitted to buying until we sign a contract** nous ne sommes pas tenus d'acheter avant la signature d'un contrat.

**uncompleted** [ˌʌnkəmˈpliːtɪd] **adj** inachevé.

**uncompromising** [ʌnˈkɒmprəmaɪzɪŋ] **adj** intransigeant, inflexible.

**unconditional** [ˌʌnkənˈdɪʃənl] **adj** inconditionnel, sans condition, sans réserve. ◊ **unconditional acceptance** acceptation sans réserve.

**unconditionally** [ˌʌnkənˈdɪʃnəlɪ] **adv** sans réserve, sans condition.

**unconfirmed** [ˌʌnkənˈfɜːmd] **adj** credit non confirmé.

**unconscionable** [ʌnˈkɒnʃnəbl] **adj** use of funds, demand abusif.

**unconsolidated** [ˌʌnkənˈsɒlɪdeɪtɪd] **adj** (Fin) non consolidé.

**uncontrollable** [ˌʌnkənˈtrəʊləbl] **adj** inflation, costs, increase qui ne peut être enrayé or contenu. ◊ **uncontrollable expenditures** dépenses incompressibles.

**uncontrolled** [ˌʌnkənˈtrəʊld] **adj** incontrôlé, non maîtrisé, non contenu.

**unconverted** [ˌʌnkənˈvɜːtɪd] **adj** non converti.

**unconvertible** [ˌʌnkənˈvɜːtəbl] **adj** (Fin) inconvertible, non convertible.

**uncorrected** [ˌʌnkəˈrektɪd] **adj** non redressé, non rectifié, non corrigé.

**uncovered** [ʌnˈkʌvəd] **adj** ◊ **uncovered balance** (Fin) découvert ; **uncovered advance** avance à découvert ; **uncovered bear** (St Ex) baissier à découvert ; **uncovered cheque** chèque sans provision, chèque non provisionné.

**uncrossed** [ʌnˈkrɒst] **adj** cheque non barré.

**UNCTAD** [ˈʌŋktæd] **n** abbr of *United Nations Conference on Trade and Development* CNUCED f.

**uncurbed** [ʌnˈkɜːbd] **adj** competition effréné.

**uncurtailed** [ˌʌnkɜːˈteɪld] **adj** competition libre, sans restriction ; rights plein et entier.

**uncustomed** [ʌnˈkʌstəmd] **adj** (Customs) libre à l'entrée ; (illegally) en contrebande, en fraude.

**uncustomized, uncustomised** [ʌnˈkʌstəmaɪz] **adj** non personnalisé, banalisé.

**undamaged** [ʌnˈdæmɪdʒd] **adj** non endommagé, en bon état.

**undamped** [ʌnˈdæmpt] **adj** (Econ) demand soutenu.

**undated** [ʌnˈdeɪtɪd] **adj** sans date, non daté.

**undebugged** [ˌʌndɪˈbʌgd] **adj** (Comp) non débogué.

**undecided** [ˌʌndɪˈsaɪdɪd] **adj** indécis, hésitant. ◊ **the point is still undecided** la question n'est toujours pas réglée, la question est toujours en suspens.

**undelivered** [ˌʌndɪˈlɪvəd] **adj** ◊ **if undelivered please return to sender** en cas de non-distribution prière de renvoyer à l'expéditeur ; **the goods have remained undelivered** les marchandises n'ont pas été livrées.

**undepreciated** [ˌʌndɪˈpriːʃeɪtɪd] **adj** non amorti.

**undepressed** [ˌʌndɪˈprest] **adj** (St Ex) soutenu, ferme.

**under** [ˈʌndəʳ] **prep** ⬛**a** (less than) it was done in **under a day** ça a été fait en moins d'une journée ; **it sells at** or **for under $20** cela se vend à moins de 20 dollars. ⬛**b** (phrases) **sent under plain cover** envoyé sous pli discret ; **under the circumstances** étant donné les circonstances ; **your application is under consideration** votre candidature est à l'étude ; **the matter is still under discussion** l'affaire est toujours en cours de discussion ; **the year under review** l'année considérée ; **the recovery is under way** la reprise est en bonne voie ; **under ship's derrick** souspalan ; **under the terms of the contract** aux termes du contrat, suivant les termes du contrat.

**underabsorb** [ˌʌndərəbˈsɔːb] **vt** costs sousimputer.

**underabsorbed** [ˌʌndərəbˈsɔːbd] **adj** costs non absorbé.

**underabsorption** [ˌʌndərəbˈsɔːpʃən] **n** nonabsorption f. ◊ **underabsorption of costs** sous-imputation des coûts (fixes).

**underassess** [ˌʌndərəˈses] **vt** sous-évaluer, sous-imposer.

**underassessment** [ˌʌndərəˈsesmənt] **n** (Tax) sous-imposition f.

**underbid**

**underbid** [ˌʌndəˈbɪd] vt offrir des conditions plus avantageuses que ; (in tender bid) faire une soumission moins élevée que. ◊ **we cannot allow ourselves to be underbid on this contract** nous ne pouvons pas nous permettre d'offrir des conditions moins avantageuses que les autres sur ce contrat.

**undercapitalized, undercapitalised** [&ˌʌndəˈkæpɪtəlaɪzd] adj sous-capitalisé. ◊ **to be undercapitalized** [businessman] ne pas disposer de fonds suffisants ; [project] être sous-capitalisé, ne pas être doté de fonds suffisants.

**undercharge** [ˌʌndəˈtʃɑːdʒ] vt ne pas faire payer assez à. ◊ **his account was undercharged** son compte a été insuffisamment débité ; **I was undercharged (by) 5 dollars** on m'a compté 5 dollars en moins.

**underconsumption** [ˌʌndəkənˈsʌmpʃən] n sous-consommation f.

**undercover** [ˌʌndəˈkʌvəʳ] adj secret. ◊ **undercover payments** dessous de table.

**undercut** [ˌʌndəˈkʌt] vt a competitor vendre moins cher or à meilleur prix que. b (fig, Econ) value of currency, pension réduire la valeur de. ◊ **inflation undercuts purchasing power** l'inflation sape le pouvoir d'achat, le pouvoir d'achat est érodé par l'inflation.

**undercutting** [ˈʌndəkʌtɪŋ] n (Comm) vente f à prix défiant toute concurrence.

**underdeveloped** [ˌʌndədɪˈveləpt] adj sous-développé. ◊ **underdeveloped countries** pays sous-développés.

**underdevelopment** [ˌʌndədɪˈveləpmənt] n sous-développement.

**underemployed** [ˌʌndəRɪmˈplɔɪd] adj person, equipment sous-employé ; resources sous-exploité.

**underemployment** [ˌʌndəRɪmˈplɔɪmənt] n [person] sous-emploi m ; [resources] sous-exploitation f.

**underestimate** [ˌʌndəRˈestɪmɪt] vt sous-estimer, sous-évaluer.

**underestimation** [ˌʌndəRestɪˈmeɪʃən] n sous-estimation f.

**underfinanced** [ˌʌndəfaɪˈnænst] adj ◊ **to be underfinanced** [project] ne pas être doté de moyens de financement suffisants ; [businessman] ne pas disposer de fonds suffisants.

**underfunded** [ˌʌndəˈfʌndɪd] adj ◊ **to be underfunded** [project] ne pas être doté de moyens de financement suffisants ; [businessman] ne pas disposer de fonds suffisants.

**underhand** [ˌʌndəˈhænd] adj secret. ◊ **underhand dealings** transactions en sous-main ; **underhand pressures** pressions occultes.

**underinsurance** [ˌʌndərɪnʃʊərəns] n sous-assurance f.

**underinsure** [ˌʌndərɪnʃʊəʳ] vt sous-assurer. ◊ **the premises are underinsured** les locaux ne sont pas suffisamment couverts par l'assurance.

**underinvest** [ˌʌndəRɪnˈvest] vi sous-investir.

**underinvestment** [ˌʌndəRɪnˈvestmənt] n sous-investissement m.

**underlease** [ˈʌndəliːs] n sous-location f, sous-bail m.

**underlessee** [ˌʌndəleˈsiː] n sous-locataire mf.

**underlessor** [ˈʌndəlesəʳ] n sous-bailleur m.

**underline** [ˌʌndəˈlaɪn] vt (lit, fig) souligner. ◊ **the figures underline the seriousness of the problem** les chiffres mettent en évidence or soulignent la gravité du problème.

**underling** [ˈʌndəlɪŋ] n subalterne m, sous-fifre* m inv.

**underloaded** [ˌʌndəˈləʊdɪd] adj (Comp) sous-utilisé.

**underlying** [ˌʌndəˈlaɪɪŋ] adj (hidden) sous-jacent, caché. ◊ **underlying assets** actifs sous-jacents ; **underlying company** filiale ; **underlying inflation** inflation sous-jacente ; **underlying mortgage** hypothèque de priorité.

**undermanned** [ˌʌndəˈmænd] adj ◊ **to be undermanned** manquer de personnel, avoir un effectif insuffisant, être en sous-effectifs.

**undermanning** [ˈʌndəmænɪŋ] n insuffisance f d'effectifs, manque m de personnel.

**undermentioned** [ˌʌndəˈmenʃənd] adj (mentionné or cité) ci-dessous.

**undermine** [ˌʌndəˈmaɪn] vt influence, power saper, miner.

**underpay** [ˌʌndəˈpeɪ] vt worker sous-payer, sous-rémunérer.

**underperform** [ˌʌndəpəˈfɔːm] vi (St Ex) mal se comporter, faire une contre-performance, avoir de moins bonnes performances que l'ensemble du marché. ◊ **the stock has underperformed on the Brussels stock market** le titre ne s'est pas comporté comme il aurait dû à la Bourse de Bruxelles, le titre a fait une contre-performance à la Bourse de Bruxelles.

**underperforming** [ˌʌndəpəˈfɔːmɪŋ] adj insuffisamment performant. ◊ **underperforming divisions will be sold** les départements peu rentables seront vendus.

**underpin** [ˌʌndə'pɪn] **vt** project étayer.

**underpopulated** [ˌʌndə'pɒpjuleɪtɪd] **adj** sous-peuplé.

**underprice** [ˌʌndə'praɪs] **vt** mettre un prix trop bas à, ne pas faire payer assez cher pour. ◊ **this product is underpriced** ce produit n'est pas à son prix.

**underprivileged** [ˌʌndə'prɪvɪlɪdʒd] **adj** pays déshérité. ◊ **the underprivileged** les économiquement faibles.

**underproduce** [ˌʌndəprə'djuːs] **vt** sous-produire.

**underproduction** [ˌʌndəprə'dʌkʃən] **n** sous-production f.

**underquote** [ˌʌndəkwəut] **vt** ◊ **to underquote a business competitor** faire une meilleure offre que la concurrence.

**underrate** [ˌʌndə'reɪt] **vt** (Tax) sous-taxer; person sous-estimer; size sous-évaluer.

**underrecovery** [ˌʌndərɪ'kʌvərɪ] **n** ◊ **underrecovery of overhead costs** sous-imputation des frais généraux.

**underreport** [ˌʌndərɪ'pɔːt] **vt** income ne pas déclarer entièrement, minorer.

**underreporting** [ˌʌndərɪ'pɔːtɪŋ] **n** [income] déclaration f insuffisante, minoration f.

**underrepresented** [ˌʌndəreprɪ'zentɪd] **adj** sous-représenté.

**underscore** [ˌʌndə'skɔːʳ] **vt** (lit, fig) souligner. ◊ **it underscores the need for prompt action** cela souligne or met en évidence la nécessité d'agir vite.

**under-secretary** [ˌʌndə'sekrətrɪ] **n** sous-secrétaire mf.

**undersell** [ˌʌndə'sel] **vt a** competitor vendre moins cher que. ◊ **we undersell all our competitors** nous sommes moins chers que tous nos concurrents. **b** article vendre au-dessous de sa valeur. ◊ **to undersell o.s.** (fig) ne pas savoir se vendre, ne pas se montrer à sa juste valeur.

**underselling** ['ʌndəselɪŋ] **n** cassage m des prix.

**undersign** [ˌʌndəsaɪn] **vt** soussigner.

**undersigned** ['ʌndəsaɪnd] **n** ◊ **I the undersigned declare that...** Je soussigné déclare que...

**underspend** [ˌʌndə'spend] **1 vt** budget ne pas utiliser totalement, ne pas dépenser entièrement.
**2 vi** ne pas dépenser entièrement le budget prévu.
**3 n** ◊ **there was an underspend on new equipment** nous n'avons pas utilisé la totalité du budget prévu pour le nouveau matériel.

**underspending** [ˌʌndə'spendɪŋ] **n** sous-utilisation f des fonds disponibles.

**understaffed** [ˌʌndə'stɑːft] **adj** ◊ **to be understaffed** manquer de personnel, avoir un effectif insuffisant, être en sous-effectifs.

**understaffing** ['ʌndəstɑːfɪŋ] **n** manque m de personnel, insuffisance f d'effectifs.

**understand** [ˌʌndə'stænd] **vt** comprendre. ◊ **I understood we were to be paid monthly** j'ai cru comprendre que nous devions être mensualisés; **we were given to understand that...** on nous a donné à entendre que...

**understanding** [ˌʌndə'stændɪŋ] **n** **a** (agreement) accord m, entente f. ◊ **we agreed to pay him extra on the understanding that there would be no delays** nous avons accepté de lui donner un supplément à (la) condition qu'il n'y aurait aucun retard; **we have come to an understanding** nous sommes arrivés à un accord; **I have an understanding with our local dealer** je me suis entendu avec notre détaillant. **b** (comprehension) compréhension f.

**undersubscribed** [ˌʌndəsəb'skraɪbd] **adj** non couvert, non entièrement souscrit. ◊ **the issue was undersubscribed** l'émission n'a pas été couverte or entièrement souscrite.

**undertake** [ˌʌndə'teɪk] **vt** task entreprendre, se charger de.

**undertaking** [ˌʌndə'teɪkɪŋ] **n** **a** (promise) engagement m, promesse f. **b** (company) entreprise f. ◊ **undertakings for collective investment in transferable securities** organismes de placement collectifs en valeurs mobilières.

**undertax** [ˌʌndə'tæks] **vt** person sous-imposer; goods taxer insuffisamment.

**under-the-counter** [ˌʌndəðə'kauntəʳ] **adj** ◊ **under-the-counter payment** pot-de-vin; **under-the-counter sales** vente à la sauvette.

**undertone** ['ʌndətəun] **n** ambiance f générale. ◊ **the undertone of the market is more buoyant than last week** la tendance générale du marché est plus active que la semaine dernière; **the market undertone is diffident** le climat est à la méfiance sur le marché.

**underuse** [ˌʌndə'juːz] **vt** resources sous-utiliser, sous-employer.

**underutilize, underutilise** [ˌʌndə'juːtɪlaɪz] **vt** resources sous-utiliser, sous-employer.

**undervaluation** [ˌʌndəvælju'eɪʃən] **n** sous-estimation f, sous-évaluation f.

**undervalue** [ˌʌndə'væljuː] **vt** sous-estimer, sous-évaluer.

**undervalued** [ˌʌndə'væljuːd] **adj** currency sous-évalué. ◊ **these premises are undervalued** ces locaux valent plus que leur prix or ne sont pas à leur prix.

**under way** [ˌʌndəˈweɪ] **adv** en cours. ◊ **the bank will continue the program currently under way** la banque poursuivra le programme actuellement en cours.

**underwrite** [ˌʌndəˈraɪt] **vt** loan, share garantir ; insurance policy réassurer ; risk garantir, assurer ; project financer. ◊ **the EEC Commission has underwritten the cost of this project** la commission européenne prend en charge les frais de ce projet.

**underwriter** [ˈʌndəˌraɪtəʳ] **n** (Fin, St Ex) [loan] garant m, syndicataire m ; [securities issue] syndicataire m ; (in a syndicate taking up all the securities) preneur m ferme, syndicataire m ; (Ins) réassureur m. ◊ **the underwriters** [securities] le syndicat d'émission or de garantie or de prise ferme ; **cargo / hull underwiter** (Ins) assureur sur facultés / sur corps ; **leading underwriter** (Fin) (banque) chef de file ; (Ins) apériteur.

**underwriting** [ˈʌndəraɪtɪŋ] **1** **n** [loan, share, amount] garantie f ; (in a syndicate taking up all the securities) prise f ferme ; (Ins) [risk] assurance f.
**2** **cpd** **underwriting account** (Ins) note f d'assurance. − **underwriting commission** (Fin) commission f de garantie. − **underwriting contract** (Fin) contrat m de garantie, acte m syndical. − **underwriting syndicate** (St Ex) syndicat m d'émission or de garantie or de prise ferme. − **underwriting share** part f syndicale.

**undischarged** [ˌʌndɪsˈtʃɑːdʒd] **adj** **a** (Mar) cargo non déchargé. **b** (Jur) bankrupt non réhabilité. **c** debt non acquitté, non liquidé, non soldé, impayé.

**undisclosed** [ˌʌndɪsˈkləʊzd] **adj** non dévoilé, non rendu public. ◊ **undisclosed sum** montant non révélé.

**undiscountable** [ˌʌndɪsˈkaʊntəbl] **adj** inescomptable.

**undisposed of** [ˌʌndɪsˈpəʊzdɒf] **adj** (Comm) stock non écoulé, non vendu.

**undistributable** [ˌʌndɪsˈtrɪbjʊtəbl] **adj** ◊ **undistributable capital** capital non distribuable.

**undistributed** [ˌʌndɪsˈtrɪbjʊtɪd] **adj** ◊ **undistributed profits** or **earnings** bénéfices non distribués.

**undivided** [ˌʌndɪˈvaɪdɪd] **adj** **a** profits non distribué, non réparti. **b** (Jur) indivis. ◊ **undivided property** biens indivis.

**undocumented** [ʌnˈdɒkjʊmentɪd] **adj** ◊ **undocumented workers** travailleurs clandestins.

**undue** [ʌnˈdjuː] **adj** **a** debt à échoir. **b** (Jur) influence illégitime. ◊ **exercise of undue**

**authority** abus d'autorité ; **undue influence** pressions abusives.

**unduly** [ʌnˈdjuːlɪ] **adv** indûment, à tort.

**unearned** [ʌnˈɜːnd] **adj** non salarial. ◊ **unearned income** (on tax return) revenus non salariaux, revenus du capital ; (on balance sheet) produit comptabilisé d'avance ; **unearned increment** plus-value ; **unearned increment of land** plus-value foncière ; **unearned premium** (Tax) plus-value.

**unease** [ʌnˈiːz] **n** (St Ex) malaise m.

**uneconomic(al)** [ˌʌniːkəˈnɒmɪk(əl)] **adj** machine, car peu économique ; work, method peu économique, non rentable. ◊ **shutdown of uneconomic departments** fermeture des départements non rentables.

**unemployability** [ˈʌnəmplɔɪəˈbɪlɪtɪ] **n** inaptitude f au travail.

**unemployable** [ˌʌnɪmˈplɔɪəbl] **adj** inapte au travail.

**unemployed** [ˌʌnɪmˈplɔɪd] **1** **adj** person sans emploi, sans travail, au chômage ; machine inutilisé ; capital inactif, dormant. ◊ **unemployed funds** capitaux improductifs.
**2** **npl** ◊ **the unemployed** (gen) les chômeurs, les sans-emplois ; (Admin) les demandeurs d'emploi.

**unemployment** [ˌʌnɪmˈplɔɪmənt] **1** **n** chômage m. ◊ **to cut** or **reduce unemployment** réduire le chômage ; **unemployment levels out** le nombre de chômeurs se stabilise ; **absorption of unemployment** résorption du chômage ; **cyclical / frictional / residual / seasonal / structural unemployment** chômage cyclique or conjoncturel / frictionnel / résiduel / saisonnier / structurel.
**2** **cpd** **unemployment benefit** (GB), **unemployment compensation** (US) allocation f or indemnité f de chômage. − **unemployment figures** chiffres mpl du chômage, nombre m de chômeurs. − **unemployment insurance** assurance f chômage. − **unemployment rate** taux m de chômage.

**unencumbered** [ˌʌnɪnˈkʌmbəd] **adj** (Jur) libre d'hypothèque. ◊ **unencumbered estate** propriété f non grevée d'hypothèque.

**unendorsed** [ˌʌnɪnˈdɔːsd] **adj** non endossé.

**unenforceable** [ˌʌnɪnˈfɔːsəbl] **adj** (Jur) inapplicable. ◊ **unenforceable contract** contrat non exécutoire.

**unentered** [ʌnˈentəʳd] **adj** goods non enregistré, non déclaré.

**unequitable** [ʌnˈekwɪtəbl] **adj** inéquitable.

**unerased** [ˌʌnɪˈreɪzd] **adj** (Comp) non effacé.

**UNESCO** [juː'neskəʊ] n abbr of *United Nations Educational, Scientific and Cultural Organization* UNESCO f.

**uneven** [ʌn'iːvən] adj work, quality inégal, irrégulier; number impair.

**unexchangeable** [ʌnɪks'tʃeɪndʒəbl] adj inéchangeable.

**unexecuted** [ʌn'eksɪkjuːtɪd] adj order non satisfait.

**unexpended** [ʌnɪks'pendɪd] adj non dépensé.

**unexpired** [ʌnɪks'paɪəd] adj non périmé, non expiré, toujours en vigueur, encore valide.

**unfailing** [ʌn'feɪlɪŋ] adj supply inépuisable, intarissable.

**unfair** [ʌn'fɛəʳ] adj person, decision injuste, inéquitable; competition déloyale. ◊ **unfair dismissal** licenciement abusif; **unfair trade** commerce illicite; **unfair trading practices** pratiques commerciales déloyales.

**unfavourable** (GB), **unfavorable** (US) [ʌn'feɪvərəbl] adj conditions, report défavorable; moment peu propice, inopportun. ◊ **unfavourable balance of trade** balance commerciale passive or déficitaire or défavorable; **unfavourable exchange** change défavorable.

**unfavourably** [ʌn'feɪvərəblɪ] adv défavorablement. ◊ **I was unfavourably impressed** j'ai eu une impression défavorable.

**unfeasible** [ʌn'fiːzəbl] adj irréalisable.

**unfilled** [ʌn'fɪld] adj ◊ **unfilled vacancies** offres d'emploi non satisfaites; **unfilled orders** commandes non satisfaites or non exécutées or en attente.

**unfinished** [ʌn'fɪnɪʃt] adj inachevé, incomplet.

**unfit** [ʌn'fɪt] adj ◊ **unfit for sth / to do** impropre à qch / à faire; **unfit for consumption** impropre à la consommation; **unfit for publication** impubliable; **he is unfit for work** il n'est pas en état de travailler.

**unfledged** [ʌn'fledʒd] adj person, organization qui manque d'expérience.

**unforeseeable** [ʌnfɔː'siːəbl] adj imprévisible.

**unforeseen** [ʌnfɔː'siːn] adj imprévu.

**unformatted** [ʌn'fɔːmætɪd] adj (Comp) non formaté.

**unfounded** [ʌn'faʊndɪd] adj rumour, allegation sans fondement.

**unfreeze** [ʌn'friːz] vt funds débloquer.

**unfriendly** [ʌn'frendlɪ] adj ◊ **unfriendly takeover attempt** tentative d'OPA hostile or inamicale or agressive.

**unfulfilled** [ʌnfʊl'fɪld] adj condition non rempli; promise non tenu; orders non satisfait, non exécuté.

**unfunded** [ʌn'fʌndɪd] adj ◊ **unfunded debt** dette non provisionnée; **unfunded pension scheme** régime de retraite sans capitalisation.

**ungeared** [ʌn'gɪəd] adj ◊ **ungeared balance sheet** bilan bien équilibré *(entre les fonds propres et l'endettement)*.

**ungraded** [ʌn'greɪdɪd] adj hors série.

**unhedged** [ʌn'hedʒd] adj venture, bet hasardeux; (Fin) transaction non couvert.

**UNICEF** ['juːnɪsef] n abbr of *United Nations International Children's Emergency Fund* UNICEF m.

**UNIDO** [juː'niːdəʊ] n abbr of *United Nations Industrial Development Organization* UNIDO f.

**uniform** ['juːnɪfɔːm] adj (gen) uniforme. ◊ **uniform accounting** comptabilité normalisée.

**uniformity** [juːnɪ'fɔːmɪtɪ] n uniformité f.

**unify** ['juːnɪfaɪ] vt unifier.

**unilateral** [juːnɪ'lætərəl] adj contract unilatéral.

**unilaterally** [juːnɪ'lætərəlɪ] adv unilatéralement.

**unimpeachable** [ʌnɪm'piːtʃəbl] adj contract irréprochable; evidence irrécusable.

**unimpressive** [ʌnɪm'presɪv] adj results guère impressionnant, peu convaincant.

**unimproved** [ʌnɪm'pruːvd] adj situation, work inchangé, qui ne s'est pas amélioré.

**unincorporated** [ʌnɪn'kɔːpəreɪtɪd] adj (Comm, Jur) non enregistré.

**uninsurable** [ʌnɪn'ʃʊərəbl] adj (Ins) non assurable.

**uninsured** [ʌnɪn'ʃʊəd] adj (Ins) non assuré; (Post) parcel sans valeur déclarée.

**uninvested** [ʌnɪn'vestɪd] adj non investi.

**union** ['juːnjən] **1** n **a** (gen) union f. ◊ **customs union** union douanière; **Union of Soviet Socialist Republics** Union des républiques socialistes soviétiques. **b** (Ind) syndicat m. ◊ **trade union** (GB), **labor union** (US) syndicat; **Union of Shop, Distributive and Allied Workers** (GB) *syndicat des personnels de la vente et de la distribution*; **the Trades Union Congress** (GB) la confédération des syndicats britanniques; **unions and management** les syndicats et le patronat, les partenaires sociaux; **to join a union** adhérer à un syndicat, se syndiquer; **to belong to a union** être membre d'un syndicat, être syndiqué.

**2** cpd **union agreement** accord m syndical. — **union bashing**\* attitude f hostile aux syndicats. – **union card** carte f syndicale. – **union certification** accréditation f syndicale. – **union check-off** retenue f pour cotisations syndicales. – **union dues** cotisations fpl syndicales. – **union leader** responsable m or dirigeant m syndical, syndicaliste mf. – **union leave** congé m pour fonctions syndicales. – **union local** section f syndicale. – **union-management consultations** consultations fpl syndicats-patronat. – **union member** syndiqué(e) m(f), membre m d'un syndicat. – **union movement** mouvement m syndical. – **union official** or **officer** responsable m or dirigeant m syndical, syndicaliste mf. – **union representative** délégué m syndical. – **union shop** *atelier qui n'admet que des travailleurs syndiqués.*

**unionism** ['juːnjənɪzəm] n syndicalisme m.

**unionist** ['juːnjənɪst] n syndiqué(e) m(f).

**unionization, unionisation** [,juːnjənaɪ'zeɪʃən] n syndicalisation f. ◊ **unionization rate** taux de syndicalisation.

**unionize, unionise** ['juːnjənaɪz] **1** vt syndiquer.
**2** vi se syndiquer.

**unionman** ['juːnjən,mæn] n syndicaliste m.

**unique** [juː'niːk] adj (gen) unique, exceptionnel. ◊ **unique selling proposition** offre exclusive or spéciale.

**unissued** [ʌn'ɪʃjuːd] adj ◊ **unissued debentures / shares** obligations / actions non encore émises, obligations / actions à la souche.

**unit** ['juːnɪt] **1** n (gen) unité f. ◊ **central processing unit** (Comp) unité centrale de traitement; **(visual) display unit** (Comp) visuel, console or terminal de visualisation; **freight unit** unité payante; **input / output unit** (Comp) périphérique d'entrée / de sortie; **monetary unit** unité monétaire; **assembly / manufacturing unit** bloc or unité de montage / de fabrication; **production unit** unité de production; **research unit** unité or service de recherche; **audio-visual unit** service audio-visuel.
**2** cpd unit of account (EEC) unité f de compte. – **unit charge** (Telec) taxe f de base, unité f de base. – **unit cost** prix m de revient unitaire; **wage unit cost** coût salarial unitaire. – **unit depreciation** amortissement m à l'unité. – **unit of labour** unité f de travail. – **unit price** prix m unitaire. – **unit of production** unité f de production. – **unit trust** = société f d'investissement à capital variable, SICAV f. – **unit value** valeur f unitaire.

**united** [juː'naɪtɪd] adj (unified) unifié; front uni; efforts conjugué.

**United Arab Emirates** [juː'naɪtɪd'ærəbe 'mɪərɪts] npl Émirats mpl arabes unis.

**United Kingdom** [juː'naɪtɪd'kɪŋdəm] n ◊ **the United Kingdom (of Great Britain and Northern Ireland)** le Royaume-Uni (de Grande-Bretagne et d'Irlande du Nord)

**United Nations** [juː'naɪtɪd'neɪʃəns] npl Nations fpl unies. ◊ **United Nations Organization** Organisation des Nations unies; **United Nations Conference on Trade and Development** Conférence des Nations unies pour le commerce et le développement; **United Nations Educational, Scientific and Cultural Organization** Organisation des Nations unies pour l'éducation, la science et la culture; **United Nations Industrial Development Organization** Organisation des Nations unies pour le développement industriel; **United Nations International Children's Emergency Fund** Fonds des Nations unies pour l'enfance.

**United States (of America)** [juː'naɪtɪd 'steɪts(əvə'merɪkə)] npl ◊ **the United States (of America)** les États-Unis (d'Amérique).

**unitholder** ['juːnɪt,həʊldəʳ] n actionnaire mf *(d'une société d'investissement).*

**universal** [,juːnɪ'vɜːsəl] adj universel. ◊ **universal-life policy** assurance vie-entière; **Universal Postal Union** Union postale universelle.

**unjustified** [ʌn'dʒʌstɪfaɪd] adj injustifié.

**unknown** [ʌn'nəʊn] **1** adj inconnu. ◊ **unknown at this address** inconnu à cette adresse; **action against person or persons unknown** plainte contre X.
**2** n (Math, fig) inconnue f.

**unladen** [ʌn'leɪdn] adj ship à vide. ◊ **unladen weight** poids à vide.

**unlawful** [ʌn'lɔːfʊl] adj means, act illégal, illicite.

**unleaded** [ʌn'ledɪd] adj ◊ **unleaded (gas)** (US) essence sans plomb.

**unless** [ən'les] conj à moins que. ◊ **unless I hear to the contrary** sauf avis contraire, sauf contre-ordre; **unless otherwise agreed** or **stated** or **specified** sauf stipulation or indication contraire.

**unlicensed** [ʌn'laɪsənst] adj sans patente, non agréé. ◊ **unlicensed broker** courtier marron.

**unlimited** [ʌn'lɪmɪtɪd] adj illimité. ◊ **unlimited accounts** (Bank) clients or comptes jouissant d'un crédit illimité; **unlimited liability** responsabilité illimitée; **unlimited securities** valeurs non admises à la cote officielle, valeurs du marché hors-cote.

**unliquidated** [ʌn'lɪkwɪdeɪtɪd] **adj** non acquitté.

**unlisted** [ʌn'lɪstɪd] **adj** (St Ex) securities non inscrit à la cote, non admis à la cote officielle ; (US Telec) qui ne figure pas dans l'annuaire, qui est sur la liste rouge. ◊ **unlisted (securities) market** = marché horscote.

**unload** [ʌn'ləʊd] **vt** a (Mar) décharger, débarquer. ◊ **unloaded net weight** poids net débarqué. b (Comp) décharger. c (Fin, St Ex) securities se débarrasser de, se défaire de. ◊ **to unload stocks on the market** se décharger d'un paquet d'actions.

**unloading** [ʌn'ləʊdɪŋ] 1 **n** (Mar) déchargement m, débarquement m ; (Comp) déchargement m.
2 **cpd unloading platform** quai m de déchargement. – **unloading risk** risque m de déchargement.

**unlock** [ʌn'lɒk] **vt** (Comp) déverrouiller, débloquer.

**unmanageable** [ʌn'mænɪdʒəbl] **adj** ingérable, difficile à gérer.

**unmanifested** [ʌn'mænɪfestɪd] **adj** ◊ **unmanifested cargo** cargaison non déclarée.

**unmanned** [ʌn'mænd] **adj** sans personne. ◊ **the telephone was left unmanned** il n'y avait personne pour répondre au téléphone ; **unmanned space flight** vol spatial inhabité.

**unmanufactured** [ˌʌnmænjʊ'fæktʃət] **adj** ◊ **unmanufactured materials** matières premières.

**unmarked** [ʌn'mɑːkt] **adj** (Fin) non estampillé.

**unmarketable** [ʌn'mɑːkɪtəbl] **adj** product invendable ; security non négociable.

**unmatched** ['ʌn'mætʃt] **adj** sans égal, incomparable.

**unmatured** [ˌʌnmə'tjʊəd] **adj** (Fin) coupons, capital non échu. ◊ **on and after 4th March unmatured coupons shall become void** à compter du 4 mars les coupons non échus ne seront plus pris en compte.

**unmortgaged** [ʌn'mɔːgɪdʒd] **adj** libre d'hypothèque, non grevé d'hypothèque, non hypothéqué.

**unnegotiable** [ˌʌnnɪ'gəʊʃəbl] **adj** non négociable.

**UNO** ['juːnəʊ] **n** abbr of United Nations Organization ONU f.

**unobtainable** [ˌʌnəb'teɪnəbl] **adj** impossible à obtenir. ◊ **I got the number unobtainable sound** (Telec) je n'ai pas pu obtenir le numéro.

**unoccupied** [ʌn'ɒkjʊpaɪd] **adj** post vacant.

**unofficial** [ˌʌnə'fɪʃəl] **adj** a information, news officieux, non officiel ; visit privé. ◊ **in an unofficial capacity** à titre privé or non officiel ; **unofficial strike** grève sans l'accord des organisations syndicales, grève sauvage. b (St Ex) **unofficial market** marché hors cote.

**unorganized, unorganised** [ʌn'ɔːgənaɪzd] **adj** ◊ **unorganized workers** (Ind) ouvriers non syndiqués.

**unpack** [ʌn'pæk] **vt** goods déballer ; (Comp) dégrouper.

**unpacked** [ʌn'pækt] **adj** sans emballage.

**unpaid** [ʌn'peɪd] **adj** invoice, contribution impayé ; debt non acquitté, non remboursé ; work non rétribué ; annuity non versé.

**unpalatable** [ʌn'pælɪtəbl] **adj** ◊ **the proposed measures were unpalatable** les mesures envisagées étaient difficiles à accepter or passaient mal.

**unparalleled** [ʌn'pærəleld] **adj** (unequalled) sans égal, incomparable ; (unprecedented) sans précédent.

**unpatented** [ʌn'peɪtntɪd] **adj** non breveté.

**unplug** [ʌn'plʌg] **vt** machine déconnecter, débrancher.

**unpredictable** [ˌʌnprɪ'dɪktəbl] **adj** event, consequence imprévisible. ◊ **he's unpredictable** on ne sait jamais comment il va réagir.

**unpresented** [ˌʌnprɪ'zentɪd] **adj** ◊ **unpresented cheque** chèque non présenté (à l'encaissement).

**unpriced** [ʌn'praɪst] **adj** dont le prix n'est pas marqué, sans indication de prix.

**unprocessable** [ˌʌnprəʊ'sesəbl] **adj** (Comp) inexploitable.

**unprocessed** [ʌn'prəʊsest] **adj** (Comp) non traité.

**unproductive** [ˌʌnprə'dʌktɪv] **adj** capital, work improductif.

**unprofessional** [ˌʌnprə'feʃənl] **adj** a (inadmissible) (gen) contraire au code de conduite de la profession ; (Med) contraire à la déontologie ; ◊ **unprofessional conduct** manquement aux devoirs de la profession. b (lacking professional skill) work d'amateur.

**unprofitable** [ʌn'prɒfɪtəbl] **adj** (gen) peu rentable, peu profitable ; job peu lucratif.

**unprogrammed** [ʌn'prəʊgræmd] **adj** non programmé.

**unprotested** [ˌʌnprə'testɪd] **adj** (Fin) non protesté.

**unqualified** [ʌnˈkwɒlɪfaɪd] adj a worker non qualifié ; nurse non diplômé. ◊ **he is unqualified for the job** il n'a pas les titres requis or il ne remplit pas les conditions requises pour ce poste. b (absolute) inconditionnel, sans réserve. ◊ **unqualified acceptance** (Fin) acceptation sans réserve.

**unquestionable** [ʌnˈkwestʃənəbl] adj incontestable, indiscutable.

**unquoted** [ʌnˈkwəʊtɪd] adj (St Ex) securities non inscrit à la cote, non admis à la cote officielle.

**unrealized, unrealised** [ʌnˈrɪəlaɪzd] adj profit non réalisé ; objective qui n'a pas été atteint or réalisé.

**unreasonable** [ʌnˈriːznəbl] adj demand excessif ; price exorbitant, exagéré.

**unreceipted** [ˌʌnrɪˈsiːtɪd] adj invoice sans la mention "pour acquit".

**unrecognizable** [ʌnˈrekəgnaɪzəbl] adj (Comp) non identifiable.

**unrecorded** [ˌʌnrɪˈkɔːdɪd] adj non enregistré.

**unrecoverable** [ˌʌnrɪˈkʌvərəbl] adj irrécouvrable.

**unredeemable** [ˌʌnrɪˈdiːməbl] adj (Fin) non remboursable, non amortissable. ◊ **unredeemable bonds** obligations non remboursables.

**unredeemed** [ˌʌnrɪˈdiːmd] adj debt non remboursé, non amorti ; mortgage non purgé ; bill non honoré.

**unregistered** [ʌnˈredʒɪstəd] adj ◊ **unregistered labour** main-d'œuvre non déclarée ; **unregistered letter** lettre non recommandée ; **unregistered trademark** marque non déposée ; **unregistered company** société non inscrite au registre du commerce.

**unreliable** [ˌʌnrɪˈlaɪəbl] adj person, machine, information peu sûr, peu fiable ; company qui n'inspire pas confiance. ◊ **he's unreliable** il n'est pas fiable, on ne peut pas compter sur lui.

**unremunerative** [ˌʌnrɪˈmjuːnərətɪv] adj peu rémunérateur, peu lucratif.

**unrepealed** [ˌʌnrɪˈpiːld] adj non abrogé.

**unresponsive** [ˌʌnrɪsˈpɒnsɪv] adj market qui ne réagit pas, sans réaction.

**unrest** [ʌnˈrest] n agitation f, malaise m, troubles mpl. ◊ **labour unrest** malaise social.

**unrestricted** [ˌʌnrɪˈstrɪktɪd] adj sans restriction. ◊ **unrestricted access** accès libre ; **unrestricted job** (US) travail libre ; **unrestricted file** (Comp) fichier à accès non limité.

**unrewarding** [ˌʌnrɪˈwɔːdɪŋ] adj work (unproductive) infructueux, qui ne donne rien ; (unfulfilling) ingrat ; (financially) peu rémunérateur.

**unrivalled** (GB), **unrivaled** (US) [ʌnˈraɪvəld] adj incomparable, sans égal, sans rival, sans concurrence.

**unrounded** [ʌnˈraʊndɪd] adj figures non arrondi.

**unsafe** [ʌnˈseɪf] adj (gen) dangereux, peu sûr. ◊ **unsafe paper** (Fin) effet douteux.

**unsalaried** [ʌnˈsælərɪd] adj non salarié, non rémunéré.

**unsaleable** [ʌnˈseɪləbl] adj invendable.

**unsatisfactory** [ˌʌnˌsætɪsˈfæktərɪ] adj peu satisfaisant, qui laisse à désirer.

**unsatisfied** [ʌnˈsætɪsfaɪd] adj customer mécontent, insatisfait ; demand, need non satisfait.

**unscaled** [ʌnˈskeɪld] (Comp) non cadré.

**unscheduled** [ʌnˈʃedjuːld, ʌnˈskedjuːld] adj non planifié, non programmé.

**unscreened** [ʌnˈskriːnd] adj non trié. ◊ **newspaper advertisements produce a flow of unscreened applicants** les petites annonces amènent un afflux de candidats non triés or non filtrés.

**unscrupulous** [ʌnˈskruːpjʊləs] adj dénué de scrupules, indélicat.

**unseal** [ʌnˈsiːl] vt ouvrir, décacheter. ◊ **unsealed items may be opened for inspection in the postal service** les envois non clos or non cachetés peuvent être ouverts pour examen dans les services postaux.

**unseasonable** [ʌnˈsiːznəbl] adj inopportun.

**unseat** [ʌnˈsiːt] vt faire perdre son siège à. ◊ **to unseat the board** remplacer les membres du conseil d'administration.

**unseaworthiness** [ˌʌnˈsiːwɜːðɪnɪs] n mauvais état m de navigabilité.

**unseaworthy** [ˌʌnˈsiːˌwɜːðɪ] adj qui n'est pas en d'état de prendre la mer.

**unsecured** [ˌʌnsɪˈkjʊəd] adj (Fin) sans garantie, non garanti. ◊ **unsecured advance** avance bancaire à découvert ; **unsecured creditor** créancier chirographaire ; **unsecured loan** prêt non garanti ; **unsecured bond** obligation non garantie.

**unsettle** [ʌnˈsetl] vt market perturber, déstabiliser. ◊ **oils were unsettled by the imminent OPEC meeting** les pétrolières ont été déstabilisées par l'imminence de la réunion de l'OPEP.

**unsettled** [ʌnˈsetld] adj a market, person instable, perturbé. ◊ **the unsettled state of the**

**market** l'incertitude qui pèse sur le marché. **b** account non acquitté, non réglé, impayé ; question non réglé.

**unship** [ʌnˈʃɪp] **vt** débarquer, décharger.

**unshipment** [ʌnˈʃɪpmənt] **n** débarquement m, déchargement m.

**unsigned** [ʌnˈsaɪnd] **adj** non signé.

**unskilled** [ʌnˈskɪld] **adj** (Ind) work non qualifié. ◊ **unskilled worker** ouvrier non qualifié, ouvrier spécialisé.

**unsold** [ʌnˈsəʊld] **1** **adj** invendu. ◊ **subject unsold** sauf vente ; **unsold items** (Comm) invendus.
**2** **unsolds npl** invendus mpl.

**unsolicited** [ˌʌnsəˈlɪsɪtɪd] **adj** spontané, non sollicité. ◊ **unsolicited application** candidature spontanée ; **unsolicited testimonial** (Jur) témoignage spontané ; **unsolicited offer** offre spontanée ; **unsolicited goods** or **services Act** loi sur la vente forcée.

**unsolvable** [ʌnˈsɒlvəbl] **adj** insoluble.

**unsound** [ʌnˈsaʊnd] **adj** investment, policy, decision hasardeux, peu judicieux, peu sûr ; organization peu solide. ◊ **unsound risk** (Ins) mauvais risque.

**unsorted** [ʌnsɔːtɪd] **adj** non trié.

**unspent** [ʌnˈspent] **adj** money, funds non dépensé, qui reste.

**unstable** [ʌnˈsteɪbl] **adj** instable.

**unstamped** [ʌnˈstæmpt] **adj** letter non affranchi, non timbré ; document non tamponné. ◊ **unstamped debentures** obligations non estampillées.

**unsteady** [ʌnˈstedɪ] **adj** stock market irrégulier, instable, agité ; prices variable, fluctuant.

**unstock** [ʌnstɒk] **vt** déstocker.

**unstocked** [ʌnˈstɒkt] **adj** en rupture de stock.

**unstuck** [ʌnˈstʌk] **adj** ◊ **his plans came unstuck** ses plans sont tombés à l'eau.

**unsubscribed** [ˌʌnsəbˈskraɪbd] **adj** non souscrit.

**unsubsidized, unsubsidised** [ʌnˈsʌbsɪdaɪzd] **adj** non subventionné.

**unsubstantiated** [ˌʌnsəbˈstænʃɪeɪtɪd] **adj** rumour, claim non fondé.

**unsuccessful** [ˌʌnsəkˈsesfʊl] **adj** meeting, negotiation, effort infructueux ; candidate, application refusé, non retenu ; firm qui ne connaît pas la réussite. ◊ **his first attempt was unsuccessful** sa première tentative s'est soldée par un échec.

**unsuitability** [ˌʌnˌsuːtəˈbɪlɪtɪ] **n** inaptitude f (for à). ◊ **his application was turned down on the grounds of unsuitability** sa candidature a

été rejetée parce qu'il n'avait pas le bon profil.

**unsuitable** [ʌnˈsuːtəbl] **adj** arrangement, date qui ne convient pas ; moment inopportun. ◊ **to be unsuitable for** ne pas convenir à ; **he is unsuitable for the job** ce n'est pas l'homme qu'il nous faut, il n'a pas les qualités requises pour le poste.

**unsuited** [ʌnˈsuːtɪd] **adj** ◊ **unsuited to** or **for** qui ne convient pas à or pour.

**unsupported** [ˌʌnsəˈpɔːtɪd] **adj** assumption non étayé, non vérifié ; statement sans preuve, non corroboré.

**unsystematic** [ˌʌnˌsɪstɪˈmætɪk] **adj** ◊ **unsystematic risk** risque aléatoire.

**untapped** [ʌnˈtæpt] **adj** resources, market inexploité.

**untax** [ʌnˈtæks] **vt** détaxer.

**untaxable** [ʌnˈtæksəbl] **adj** income non imposable ; goods exempt de taxes.

**untenable** [ʌnˈtenəbl] **adj** opinion, position indéfendable, intenable. ◊ **untenable profit margin** marge bénéficiaire insuffisante.

**untenanted** [ʌnˈtenəntɪd] **adj** property inoccupé, sans locataire.

**untested** [ʌnˈtestɪd] **adj** product non testé ; hypothesis non vérifié, qui n'a pas été mis à l'épreuve.

**untimely** [ʌnˈtaɪmlɪ] **adj** inopportun.

**untrained** [ʌnˈtreɪnd] **adj** person qui n'a pas reçu de formation professionnelle, inexpérimenté.

**untransferable** [ˌʌntrænsˈfɜːrəbl] **adj** incessible, non transférable, inaliénable.

**untried** [ʌnˈtraɪd] **adj** product qui n'a pas été essayé ; method qui n'a pas été mis à l'épreuve ; (Jur) case qui n'a pas encore été jugé.

**unused** [ʌnˈjuːzd] **adj** resources inutilisé, non exploité ; (new) machine neuf, qui n'a pas servi.

**unvalued** [ʌnˈvæljuːd] **adj** ◊ **unvalued policy** (Ins) police non évaluée.

**unverified** [ʌnˈverɪfaɪd] **adj** non vérifié.

**unvouched** [ʌnˈvaʊtʃt] **adj** ◊ **unvouched for** accuracy non garanti, non attesté, non confirmé.

**unwaged** [ʌnˈweɪdʒd] **npl** ◊ **the unwaged** les sans-emplois.

**unwanted** [ʌnˈwɒntɪd] **adj** goods superflu, dont on n'a pas besoin.

**unwarranted** [ʌnˈwɒrəntɪd] **adj** injustifié.

**unweighted** [ʌnˈweɪtɪd] **adj** index non pondéré.

**unworkable** [ʌnˈwɜːkəbl] **adj** impraticable, inexploitable.

**unwrap** [ʌnˈræp] **vt** défaire, ouvrir.

**unwritten** [ʌnˈrɪtn] **adj** ◊ **unwritten agreement** accord verbal.

**up** [ʌp] **1** **adv** ◊ **to be up** [prices, shares] avoir augmenté, avoir monté (*by* de); **sugar is up on last year** le sucre a augmenté par rapport à l'an dernier; **from £2 up** à partir de 2 livres.
**2** **vt** augmenter. ◊ **they upped their bid to $60 a share** ils ont porté leur offre à 60 dollars par action.

**up-and-coming** [ˌʌpəndˈkʌmɪŋ] **adj** businessman qui monte, plein d'avenir.

**up-and-down** [ˌʌpəndˈdaʊn] **adj** business qui connaît des hauts et des bas; progress en dents de scie.

**upbeat** [ˈʌpbiː] (US) **adj** optimiste.

**update** [ʌpˈdeɪt] **1** **vt** person mettre au courant; equipment moderniser; document actualiser. ◊ **to be updated on...** être mis au courant de...
**2** **n** (latest news) dernière nouvelle f. ◊ **we can give our clients accurate financial market updates** nous pouvons fournir à nos clients des informations précises au jour le jour sur le marché financier.

**updating** [ˈʌpdeɪtɪŋ] **n** mise f à jour, actualisation f.

**upfront** [ˈʌpˈfrʌnt] **1** **adj** (paid in advance) payé d'avance. ◊ **upfront payment** avance.
**2** **adv** pay d'avance.

**upgradable** [ʌpˈgreɪdəbl] **adj** qui peut évoluer.

**upgrade** [ˈʌpgreɪd] **1** **n** ◊ **to be on the upgrade** [business] être en progrès; [price] augmenter, être en hausse.
**2** **vt** **a** (improve) (gen) améliorer; product améliorer; factory, technology moderniser. ◊ **we are upgrading our product line** nous tirons nos produits vers le haut de la gamme. **b** (raise, promote) employee reclasser, promouvoir; job, post revaloriser. ◊ **I have been upgraded** je suis monté en grade, j'ai été promu; **the representative offices were upgraded to branch offices last year** les délégations ont été élevées au rang d'agences l'an dernier. **c** (Fin) stock, rating réviser à la hausse, revoir en hausse.

**upgrading** [ˈʌpgreɪdɪŋ] **n** [employee] reclassement m, promotion f; [job] revalorisation f; [product] amélioration f, élévation f dans la gamme; [technology] modernisation f; [service] amélioration f; (Fin) [stock rating] réévaluation f à la hausse, révision f à la hausse.

**upheaval** [ʌpˈhiːvəl] **n** bouleversement m, agitation f, perturbation f.

**uphold** [ʌpˈhəʊld] **vt** decision ratifier; verdict confirmer, maintenir. ◊ **contract that can be upheld** contrat valide.

**upkeep** [ˈʌpkiːp] **n** (maintenance) entretien m; (costs) frais mpl or dépenses fpl d'entretien.

**uplift** [ˈʌplɪft] **n** (gen : increase) augmentation f (*in* de); (Econ) reprise f. ◊ **business uplift** reprise des affaires.

**upload** [ʌpˈləʊd] **vt** (Comp) télécharger.

**up-market** [ˈʌpmɑːkɪt] **1** **adj** product haut de gamme.
**2** **adv** ◊ **they've gone up-market with their new range** ils se sont orientés vers le haut de gamme avec leur nouvelle collection.

**upper** [ˈʌpəʳ] **cpd** **upper-income group** or **bracket** tranche f des revenus élevés or des hauts revenus. − **upper management** cadres mpl supérieurs. − **upper shift** (Comp) passage m en majuscules.

**uprate** [ʌpˈreɪt] **adj** ◊ **uprate tax brackets** les tranches les plus imposées.

**ups-and-downs** [ˈʌpsənˈdaʊnz] **npl** fluctuations fpl, hauts et bas mpl.

**upscale** [ˈʌpskeɪl] **adj** du haut de gamme. ◊ **upscale shoppers** clientèle aisée.

**upset** [ʌpˈset] **1** **n** (in projects) bouleversement m.
**2** **vt** plan désorganiser, déranger, bouleverser; calculations fausser.
**3** **adj** ◊ **upset price** (at auction) mise à prix, prix de départ, prix demandé.

**upshift** [ˈʌpʃɪft] **n** (Typ) passage m en majuscules.

**upshot** [ˈʌpʃɒt] **n** résultat m, conclusion f. ◊ **what was the upshot of all that talk?** à quoi toute cette discussion a-t-elle abouti?

**upside** [ˈʌpsaɪd] **n** ◊ **on the upside** côté gains or avantages.

**upskill** [ʌpˈskɪl] **vt** employee élever le niveau de compétence technique de, recycler.

**upskilling** [ˈʌpskɪlɪŋ] **n** [employee] élévation f du niveau de compétence technique, recyclage m.

**upstream** [ˈʌpstriːm] **1** **adv** en amont.
**2** **adj** d'amont, qui est en amont. ◊ **upstream industries** industries en amont.

**upsurge** [ˈʌpsɜːdʒ] **n** (gen) forte progression f. ◊ **an upsurge in unemployment** une forte poussée du chômage, une nouvelle vague de chômage.

**upswing** [ˈʌpswɪŋ] **n** (Econ) redressement m, reprise f (*in* de).

**uptick*** [ˈʌptɪk] (US) **n** (Econ) petite hausse f. ◊ **on the uptick** en reprise légère, en légère hausse.

**up-to-date** [ˌʌptəˈdeɪt] **adj** equipment moderne ; assessment récent ; information à jour. ◊ **a comprehensive and up-to-date report** un rapport complet et à jour ; **I am up to date on the latest developments** je suis au courant des derniers développements ; **to bring up to date** document, information actualiser.

**up-to-sample** [ˌʌptəˈsɑːmpl] **adj** conforme à l'échantillon.

**upturn** [ʌpˈtɜːn] **n** (Econ) reprise f, amélioration f (*in* de).

**UPU** [ˌjuːpiːˈjuː] **n abbr of** *Universal Postal Union* UPU f.

**upvaluation** [ˈʌpvæljuˈeɪʃən] **n** réévaluation f, révision f à la hausse.

**upward** [ˈʌpwəd] **adj** ◊ **upward movement** [stock market] mouvement de hausse or de reprise ; **upward trend** tendance à la hausse or à la reprise, courant haussier ; **upward pressures** pressions inflationnistes ; **upward mobility** [workers] mobilité sociale ascendante ; **upward revision** [prices] révision en hausse or à la hausse ; **upward compatibility** (Comp) compatibilité ascendante.

**upwards** [ˈʌpwədz] **adv** ◊ **the estimates have had to be revised upwards** les prévisions ont dû être revues en hausse or à la hausse ; **prices from 500 francs upwards** prix à partir de 500 francs ; **upwards of 10,000** 10 000 et plus.

**urban** [ˈɜːbən] **adj** urbain. ◊ **urban areas** zones urbaines ; **urban planner** urbaniste ; **urban renewal** rénovation or réaménagement des zones urbaines.

**urbanization, urbanisation** [ˌɜːbənaɪˈzeɪʃən] **n** urbanisation f.

**urbanize, urbanise** [ˈɜːbənaɪz] **vt** urbaniser.

**urge** [ɜːdʒ] **vt** caution, measure recommander, préconiser. ◊ **to urge sb to do** inciter or presser or pousser qn à faire ; **the shopfloor urged this claim on the union representative** la base a fait pression sur le représentant syndical pour qu'il fasse sienne cette revendication.

**urgency** [ˈɜːdʒənsɪ] **n** urgence f. ◊ **there's no urgency** cela ne presse pas ; **it's a matter of urgency** c'est quelque chose d'urgent.

**urgent** [ˈɜːdʒənt] **adj** urgent. ◊ **to be in urgent need of** avoir un besoin urgent de ; **urgent order** commande urgente.

**urging** [ˈɜːdʒɪŋ] **n** pression f. ◊ **to yield to the urgings** céder aux pressions.

**Uruguay** [ˈjʊərəgwaɪ] **n** Uruguay m.

**Uruguayan** [ˌjʊərəˈgwaɪən] **1 adj** uruguayen. **2 n** (inhabitant) Uruguayen(ne) m(f).

**US** [juːˈes] **n abbr of** *United States* E.U. mpl. ◊ **the US** les USA.

**USA** [juːesˈeɪ] **n abbr of** *United States of America* E.U. mpl. ◊ **the USA** les USA.

**usable** [ˈjuːzəbl] **adj** utilisable.

**usage** [ˈjuːzɪdʒ] **n** [equipment] utilisation f.

**usance** [ˈjuːzəns] **n** (Fin) usance f. ◊ **usance bill** effet à usance ; **bill at double usance** effet à double usance ; **at thirty day's usance** à usance de trente jours.

**USDAW** [ˌjuːesdiːˈdʌbljuː] (GB) **n abbr of** *Union of Shop, Distributive and Allied Workers* → union.

**use** [juːs] **1 n** usage m, emploi m, utilisation f. ◊ **directions for use** mode d'emploi, consignes d'utilisation ; **conditions of use** conditions d'utilisation ; **to have the use of sth** (gen) pouvoir utiliser qch ; (Jur) avoir l'usufruit or la jouissance de qch ; **articles for personal use** (Customs) effets personnels ; **home use entry** (Customs) sortie de l'entrepôt des douanes pour consommation intérieure. **2 vt** object, method employer, utiliser, se servir de, faire usage de ; opportunity profiter de.

**used** [juːzd] **adj** ◊ **used car** voiture d'occasion, voiture de seconde main.

**useful** [ˈjuːsfʊl] **adj** tool utile ; discussion utile, profitable. ◊ **to be useful to sb** être utile à qn, rendre service à qn ; **this machine has a useful life of...** cette machine a une durée de vie utile de...

**user** [ˈjuːzər] **1 n** [computer, handbooks] utilisateur(-trice) m(f) ; [public utilities] usager(-ère) m(f). ◊ **end user** utilisateur final ; **telex user** usager du télex ; **estate subject to a right of user** (Jur) domaine grevé d'une servitude. **2 cpd user profile** (Mktg) profil m de l'utilisateur. – **user-friendly** computer convivial, facile à utiliser. – **user-oriented** equipment conçu en pensant à l'utilisateur.

**use up vt** resources utiliser totalement, épuiser ; money dépenser.

**USM** [juːesˈem] **n abbr of** *Unlisted Securities Market* → unlisted.

**USP** [juːesˈpiː] **n abbr of** *unique selling proposition* → unique.

**USSR** [ˌjuːesesˈɑːr] **n abbr of** *Union of Soviet Socialist Republics* ◊ **the USSR** l'URSS.

**usual** [ˈjuːʒʊəl] **adj** usuel, habituel. ◊ **on usual terms** aux conditions habituelles.

**usufruct** [ˈjuːzjʊfrʌkt] **n** (Jur) usufruit m.

**usufructuary** [ˌjuːzjʊˈfrʌktjʊərɪ] **1 n** (Jur) usufruitier(-ère) m(f).

**2** **adj** usufruitier, usufructuaire.

**usurer** [ˈjuːʒərəʳ] **n** usurier(-ière) m(f).

**usurious** [juːˈzjʊərɪəs] **adj** usuraire.

**usury** [ˈjuːʒʊrɪ] **n** usure f.

**utility** [juːˈtɪlɪtɪ] **1** **n** **a** (gen, Econ) utilité f. ◊ **marginal utility** utilité marginale. **b** (**public**) **utility** service public. **c** (Comp) utilitaire m.
**2** **cpd** **utility average** (Dow Jones) indice m moyen des services publics Dow Jones. − **utility program** (Comp) (programme m) utilitaire m.

**utilization, utilisation** [ˌjuːtɪlaɪˈzeɪʃən] **1** **n** utilisation f, exploitation f. ◊ **industrial capacity utilization** utilisation du potentiel industriel.

**2** **cpd** **utilization percent** taux m du rendement. − **utilization rate** taux m d'utilisation.

**utilize, utilise** [ˈjuːtɪlaɪz] **vt** utiliser. ◊ **utilized capacity** potentiel de production utilisé.

**utmost** [ˈʌtməʊst] **n** maximum m. ◊ **we shall do our utmost to be of service** nous ferons tout notre possible pour vous être utiles; **utmost good faith** (Jur) bonne foi.

**utter** [ˈʌtəʳ] **vt** ◊ **to utter counterfeit money** émettre de la fausse monnaie.

**u-turn** [ˈjuːtɜːn] **n** (in policy) revirement m, volte-face f (*in* dans).

**U / w** **n** abbr of *underwriter*.

# V

**V** abbr of *versus*.

**vacancy** [ˈveɪkənsɪ] n (job) vacance f, poste m vacant. ◊ **to fill a vacancy** pourvoir à une vacance; **there is a vacancy for a programmer** il y a un poste de programmeur vacant or à pourvoir; **no vacancies** (no jobs) pas d'embauche; (in hotel) complet; **unfilled vacancies** offres d'emploi non satisfaites.

**vacant** [ˈveɪkənt] adj job vacant, libre, à remplir, à pourvoir; room, house inoccupé, libre; seat libre, inoccupé, disponible. ◊ **vacant possession** (Jur) libre possession; **with vacant possession** (Jur) avec jouissance immédiate; **vacant lot** terrain non bâti; **vacant position** poste vacant; **situations vacant** offres d'emploi.

**vacate** [vəˈkeɪt] vt **a** house, job quitter. ◊ **to vacate one's post** démissionner; **to vacate the premises** quitter les lieux. **b** contract annuler, résilier.

**vacation** [vəˈkeɪʃən] **1** n (US) vacances fpl; (Jur) vacances fpl judiciaires. ◊ **on vacation** (US) en vacances; **to take a vacation** (US) prendre des vacances; **staggering** or **spreading of vacations** (US) étalement des vacances.
**2** cpd **vacation homes** (US) résidences fpl secondaires. − **vacation pay** (US) congés mpl payés.
**3** vi (US) passer des or ses vacances.

**vacationer** [vəˈkeɪʃənəʳ] (US) n vacancier (-ière) m(f).

**vacationist** [vəˈkeɪʃənɪst] (US) n vacancier (-ière) m(f).

**vacuum** [ˈvækjʊm] n vide m. ◊ **vacuum packaging** conditionnement sous vide; **vacuum-packed** emballé sous vide.

**valid** [ˈvælɪd] adj claim, contract, document valide, valable. ◊ **valid claim** réclamation rece-

vable; **valid passport** passeport valable or valide or en règle; **ticket valid for one week** billet bon or valable or valide pour une semaine; **no longer valid** périmé.

**validate** [ˈvælɪdeɪt] vt claim, document valider.

**validation** [ˌvælɪˈdeɪʃən] n validation f.

**validity** [vəˈlɪdɪtɪ] n [document, claim] validité f. ◊ **to dispute the validity of** contester la validité de; **to extend the validity of a passport** prolonger or proroger (la validité d') un passeport; **validity period** période de validité.

**valise** [vəˈliːz] (US) n sac m de voyage.

**valorization, valorisation** [ˌvæləraɪˈzeɪʃən] n [price] maintien m artificiel.

**valorize, valorise** [ˈvæləraɪz] vt ◊ **to valorize goods** maintenir artificiellement les prix des marchandises *(grâce à l'intervention de l'État)*.

**valuable** [ˈvæljʊəbl] **1** adj jewel, painting de valeur, d'une grande valeur, de grand prix. ◊ **for a valuable consideration** à titre onéreux.
**2** **valuables** npl objets mpl de grande valeur.

**valuation** [ˌvæljuˈeɪʃən] **1** n (assessment) [house, painting] évaluation f, estimation f; (Acc) évaluation f, valorisation f. ◊ **at a valuation** à dire d'expert; **the valuation is too high / low** l'estimation est trop élevée / faible; **to ask for a valuation of sth** faire expertiser or estimer qch, demander une expertise de qch; **to make a valuation of sth** expertiser qch; **valuation of the risks** (Ins) appréciation du risque; **stock** (GB) or **inventory** (US) **valuation** évaluation des stocks; **agreed valuation clause** clause valeur agréée; **customs valuation** valeur en douane; **market valua-**

tion évaluation boursière ; **assessed valuation** valeur fiscale.

**2** **cpd valuation allowance** (Acc) provision f pour moins-value or pour évaluation d'actif. **– valuation clause** (Ins) clause f d'évaluation ; **agreed valuation clause** clause valeur agréée.

**valuator** ['væljʊeɪtəʳ] **n** expert m *(en estimations de biens mobiliers).*

**value** ['væljuː] **1** **n** **a** (worth in money) valeur f, prix m. ◊ **value date** (Bank) date f de valeur, jour m de valeur ; **to gain in value** prendre de la valeur, s'apprécier ; **to lose in value** perdre de la valeur, se déprécier ; **value in account** valeur en compte ; **value for collection** valeur à l'encaissement ; **value in exchange** valeur d'échange, contre-valeur ; **value as security** valeur en garantie ; **value at cost** valeur au prix coûtant ; **value in use** valeur d'usage ; **decrease in value** (gen) diminution de valeur ; [asset, capital] moins-value ; **increase in value** (gen) augmentation de valeur ; [asset, capital] plus-value ; **of no value** sans valeur ; **to get good value for one's money** en avoir pour son argent ; **the large packet is the best value** le grand paquet est le plus avantageux ; **to put a value on sth** évaluer qch ; **to put or set too high / low a value on sth** surestimer / sous-estimer qch ; **goods to the value of £100** marchandises d'une valeur de 100 livres ; **cheque to the value of £50** chèque au montant de 50 livres ; **book value** valeur comptable ; **break-up value** valeur de liquidation ; **customs value** valeur en douanes ; **declared value** valeur déclarée ; **depreciated value** coût non amorti, valeur résiduelle amortissable ; **discounted value** valeur actualisée ; **face value** valeur nominale ; **market value** valeur marchande ; (St Ex) cours ; **net asset value** valeur liquidative ; **par value** valeur au pair ; **residual value** valeur résiduelle ; **salvage value** valeur de récupération ; **scarcity value** valeur attachée à la rareté ; **scrap value** valeur à la casse ; **surrender value** valeur de rachat ; **taxable value** valeur imposable ; **trading value** valeur négociable. **b** (moral worth) valeur f, mérite m. ◊ **scale of points value** (US) échelle de notation du personnel.

**2** **vt** asset, house, painting évaluer, estimer, expertiser ; goods évaluer, inventorier. ◊ **valued policy** (Ins) police évaluée ; **to have sth valued** faire expertiser or estimer qch ; **valued at cost** évalué au prix coûtant.

**value-added tax** ['væljuːædɪd'tæks] **n** taxe f sur la valeur ajoutée.

**valueless** ['væljʊlɪs] **adj** sans valeur.

**valuer** ['væljʊəʳ] **n** expert m *(en estimations de biens mobiliers).* ◊ **official valuer** (Jur) expert *(désigné par les tribunaux).*

**valve** [vælv] **n** (Tech) soupape f, valve f. ◊ **safety valve** (lit, fig) soupape de sécurité.

**van** [væn] **n** **a** (truck) (large) camion m ; (smaller) camionnette f, fourgonnette f. ◊ **delivery van** camion de livraison. **b** (Rail) fourgon m. ◊ **refrigerator van** wagon frigorifique.

**vanguard** ['vænɡɑːd] **n** ◊ **in the vanguard of progress** à la pointe du progrès.

**vantage** ['vɑːntɪdʒ] **n** ◊ **vantage point** position stratégique.

**variability** [ˌvɛərɪə'bɪlɪtɪ] **n** variabilité f.

**variable** ['vɛərɪəbl] **1** **adj** costs variable. ◊ **variable-yield securities** (St Ex) titres à revenu variable ; **variable cost** coût variable ; **variable costing** (Acc) méthode des coûts variables ; **variable expenses** charges or coûts or frais variables ; **variable-rate bonds** titres à taux variable ; **variable-rate mortgage** prêt hypothécaire à taux variable. **2** **n** (Math, Stat) variable f. ◊ **variables sampling** échantillonnage par variables ; **there are several variables we must consider before deciding** nous devons tenir compte de plusieurs variables avant de prendre une décision ; **random variable** variable aléatoire.

**variance** ['vɛərɪəns] **1** **n** **a** (Acc) [costs] écart m. ◊ **budget variance** écart sur budget, écart budgétaire ; **material / price / labour variances** écarts sur matières / prix / main-d'œuvre ; **output variance** écart de rendement. **b** (Jur) différence f, divergence f. ◊ **there is a variance between the two statements** les deux dépositions ne s'accordent pas or ne concordent pas. **c** (Stat) variance f. ◊ **sampling variance** variance de l'échantillon. **d** désaccord m. ◊ **to be at variance with sb about sth** être en désaccord avec qn sur qch.

**2** **cpd variance analysis** (Acc) analyse f des écarts ; (Stat) analyse f de la variance.

**variant** ['vɛərɪənt] **adj** différent, divergent.

**variation** [ˌvɛərɪ'eɪʃən] **n** (gen) variation f ; [opinions] fluctuation(s) f(pl), changements mpl *(in* en). ◊ **figures adjusted for seasonal variations** données corrigées en fonction des variations saisonnières, données désaisonnalisées ; **variation of risk** (Ins) modification de risque.

**variety** [və'raɪətɪ] **n** (diversity) variété f, diversité f ; (quantity) quantité f, nombre m. ◊ **variety store** (US) ≈ bazar.

**various** ['vɛərɪəs] **adj** (different) divers, différent ; (several) divers, plusieurs. ◊ **we stock various makes** nous faisons plusieurs marques ; **we met on various occasions** nous nous sommes rencontrés en diverses occasions.

**vary** ['vεərɪ] **1** vi varier, se modifier, changer. ◊ **opinions vary on this point** les opinions varient sur ce point.
**2** vt (faire) varier. ◊ **to vary the terms of a contract** modifier les clauses d'un contrat ; **the product has had varied success in different parts of the country** le produit a connu un succès variable selon les régions.

**VAT** [viːeɪ'tiː, væt] n abbr of *value added tax* TVA f.
◊ **we are zero-rated for VAT** nous ne sommes pas assujettis à la TVA ; **the government plans to put VAT on books** le gouvernement projette d'appliquer la TVA sur les livres ; **VAT offenses** infractions à la TVA.

**Vatican** ['vætɪkən] n Vatican m.

**vault** [vɔːlt] **1** n (in bank) chambre f forte. ◊ **vault cash** (US) réserves en espèces.
**2** vt (St Ex) threshold dépasser, franchir. ◊ **this company has vaulted (past) five rivals** cette société a dépassé cinq firmes concurrentes.

**VC** [viː'siː] n abbr of *vice-chairman* → vice.

**VCR** [viːsiː'ɑːʳ] n abbr of *video cassette recorder* → video.

**VDT** [viːdiː'tiː] n abbr of *visual display terminal* → visual.

**VDU** [viːdiː'juː] n abbr of *visual display unit* → visual.

**vector** ['vektəʳ] n vecteur m.

**veep*** [viːp] n (US : vice-president) vice-président m.

**veer** [vɪəʳ] vi changer de direction.

**vehicle** ['viːɪkl] n véhicule m. ◊ **commercial vehicle** véhicule utilitaire ; **heavy goods vehicle** poids lourd ; **industrial vehicle** véhicule industriel ; **a vehicle of** or **for communication** un véhicule de la communication.

**vein** [veɪn] n [silver] filon m, veine f.

**velocity** [vɪ'lɒsɪtɪ] n [circulation] vélocité f, vitesse f. ◊ **velocity of circulation of money** vitesse de circulation de la monnaie ; **income velocity of money** vitesse de transformation de la monnaie en revenu.

**velvet** ['velvɪt] n **a** (cloth) velours m. **b** (US : unearned income) bénéfice m non salarial.

**vend** [vend] (US) vt vendre.

**vendee** [ven'diː] n (Jur) acheteur(-euse) m(f), acquéreur m.

**vendible** ['vendəbl] adj commercialisable, vendable.

**vending machine** ['vendɪŋməˌʃiːn] n distributeur m automatique.

**vendor** ['vendəʳ] **1** n (goods) vendeur(-euse) m(f) ; (personal property) vendeur(-eresse)

m(f). ◊ **street vendor** marchand ambulant ; **vendor's assets** valeurs d'apport ; **vendor's lien** privilège du vendeur ; **vendor's shares** parts de fondateur.
**2** cpd vendor company société f apporteuse. – **vendor rating** *évaluation de l'apporteur.*

**vendue** ['vendjuː] (US) n vente f aux enchères publiques.

**Venezuela** [ˌvene'zweɪlə] n Venezuela m.

**Venezuelan** [ˌvene'zweɪlən] **1** adj vénézuélien.
**2** n (inhabitant) Vénézuélien(ne) m(f).

**ventilate** ['ventɪleɪt] vt room ventiler, aérer ; (fig) question livrer à la discussion.

**venture** ['ventʃəʳ] **1** n (company, operation) entreprise f. ◊ **to start up a new business venture** créer une nouvelle entreprise ; **it's a new venture in computing** c'est quelque chose de nouveau en informatique ; **high-risk venture** entreprise à haut risque ; **foreign venture** implantation à l'étranger ; **joint venture** (operation) joint venture, co-entreprise, opération conjointe ; (company) joint venture, société en participation.
**2** cpd venture capital capital m risque. – **venture capitalist** spécialiste mf du capital risque. – **venture team** équipe f chargée d'un nouveau produit.
**3** vt risquer, hasarder. ◊ **I ventured to write to you** je me suis permis de vous écrire (à tout hasard).
**4** vi s'aventurer, se risquer. ◊ **they ventured on a programme of development** ils se sont lancés dans un programme de développement.

**venturesome** ['ventʃəsəm] adj risqué, hasardeux.

**venue** ['venjuː] n (for public event) lieu m, endroit m. ◊ **where's the venue (for the meeting)?** où se tient la réunion ?, quel est le lieu de rendez-vous or de réunion ?

**verbal** ['vɜːbəl] adj agreement, promise, offer verbal.

**verbatim** [vɜː'beɪtɪm] **1** adv textuellement, mot pour mot.
**2** adj account mot pour mot.

**verdict** ['vɜːdɪkt] n (gen, Jur) verdict m. ◊ **to return a verdict of guilty / not guilty** déclarer qn coupable / non coupable.

**verge** [vɜːdʒ] n bord m. ◊ **to be on the verge of bankruptcy** être au bord de la faillite.

**verifiable** ['verɪfaɪəbl] adj vérifiable.

**verification** [ˌverɪfɪ'keɪʃən] n (check) vérification f, contrôle m ; (proof) vérification f.

**verify** ['verɪfaɪ] vt statements, information vérifier ; documents contrôler.

**version** [ˈvɜːʃən] n (variant) [car] modèle m. ◊ **the new version has central locking as a standard feature** le nouveau modèle possède en standard la fermeture centralisée des portières.

**verso** [ˈvɜːsəu] n verso m.

**versus** [ˈvɜːsəs] prep contre.

**vertical** [ˈvɜːtɪkəl] adj vertical. ◊ **vertical analysis** (Acc) analyse verticale; **vertical business combination** concentration verticale; **vertical integration** intégration verticale; **vertical filing** classement vertical; **vertical merger** fusion verticale; **vertical mobility** [workforce] mobilité verticale; **vertical planning** planification verticale; **vertical specialization** spécialisation verticale; **vertical strain** tension hiérarchique; **vertical union** syndicat professionnel.

**very** [ˈverɪ] adv très. ◊ **very large crude carrier** (ship) pétrolier géant; **very large scale integration** (Comp) intégration à très grande échelle.

**vessel** [ˈvesl] **1** n (Mar) navire m, bâtiment m. ◊ **merchant** or **trading vessel** navire marchand; **carrying / feeder vessel** navire transporteur / collecteur; **ocean vessel** navire de haute mer.
**2** cpd **vessel broker** courtier m maritime.

**vest** [vest] vt ◊ **to vest sb with sth, to vest sth in sb** investir qn de qch, assigner qch à qn; **vested rights** droits acquis; **vested benefits** (Ins) droits or avantages acquis; **he has a vested interest in** (fig) il est directement intéressé dans.

**vestibule** [ˈvestɪbjuːl] n ◊ **vestibule period** période d'attente.

**vesting** [ˈvestɪŋ] n (Ins) acquisition f de droits.

**vet** [vet] vt application, person examiner; report revoir, corriger. ◊ **we have vetted him thoroughly** nous avons fait une enquête approfondie à son sujet.

**veto** [ˈviːtəu] **1** n veto m. ◊ **to use one's veto** exercer son droit de veto; **to put a veto on** mettre son veto à.
**2** vt mettre or opposer son veto à.

**vex** [veks] vt contrarier. ◊ **a vexed question** une question controversée.

**via** [ˈvaɪə] prep via. ◊ **to send sth via London / via e. mail / via an agent** envoyer qch via Londres / par courrier électronique / par l'intermédiaire d'un agent.

**viability** [ˌvaɪəˈbɪlɪtɪ] n viabilité f.

**viable** [ˈvaɪəbl] adj viable. ◊ **commercially viable** rentable.

**vicarious** [vɪˈkɛərɪəs] adj (delegated) délégué. ◊ **to give vicarious authority to** déléguer son autorité à.

**vice** [vaɪs] pref vice. ◊ **vice-chairman** vice-président; **vice-chairmanship** vice-présidence; **vice-president** (gen) vice-président; (US : senior management rank) directeur adjoint; **he is executive vice-president for marketing** il est vice-président responsable du marketing.

**victimization, victimisation** [ˌvɪktɪmaɪˈzeɪʃən] n ◊ **the union representative alleged victimization** le délégué syndical a prétendu être victime de représailles.

**victimize, victimise** [ˈvɪktɪmaɪz] vt faire subir un traitement injuste à; (in revenge) exercer des représailles sur.

**Victoria** [vɪkˈtɔːrɪə] n Victoria.

**video** [ˈvɪdɪəu] **1** n **a** vidéo f; (machine) magnétoscope m; (cassette) vidéocassette f. ◊ **I've got it on video, I've got a video of it** je l'ai en vidéo(cassette). **b** (US) télévision f, télé* f.
**2** cpd **video camera** caméra f vidéo, caméscope m. – **video cassette** cassette f vidéo. – **video (cassette or tape) recorder** magnétoscope m. – **video (cassette or tape) recording** enregistrement m (en) vidéo. – **video clip** clip m (vidéo). – **video conference** vidéo conférence f. – **video display** visualisation f, affichage m. – **video facilities** équipement m vidéo. – **video film** film m (en) vidéo. – **video game** jeu m vidéo. – **video library** vidéothèque f. – **video monitor** écran m de contrôle vidéo. – **video player** magnétoscope m. – **video shopping** vidéo-achat m. – **video tape** bande f vidéo; (cassette) vidéocassette f; **to videotape an interview** enregistrer une interview sur magnétoscope.
**3** vt magnétoscoper, enregistrer sur magnétoscope.

**videophone** [ˈvɪdɪəufəun] n visiophone m, vidéophone m.

**videotex** [ˈvɪdɪuteks] n vidéotex m.

**videotext** [ˈvɪdɪəutekst] n vidéotext m.

**vie** [vaɪ] vi rivaliser (**with** avec).

**Vienna** [vɪˈenə] n Vienne.

**Viet Nam, Vietnam** [ˈvjetˈnæm] n Viêt-nam m.

**Vietnamese** [ˌvjetnəˈmiːz] **1** adj vietnamien. **2** n **a** (language) vietnamien m. **b** (inhabitant) Vietnamien(ne) m(f).

**view** [vjuː] **1** n **a** (range of vision) vue f. ◊ **to keep sth in view** ne pas perdre qch de vue; **the new model is on view in our showroom** le nouveau modèle est présenté or exposé dans notre salle d'exposition. **b** (opinion) vue f, avis m, opinion f. ◊ **to take a gloomy view of the situation** envisager la situation sous un jour pessimiste ; **point of view** point de vue. `c` (intention) vue f, but m. ◊ **with this in view** dans ce but, à cette fin ; **with a view to doing** dans l'intention de faire. `2` **vt** house for sale visiter ; problem envisager, considérer, regarder ; film, video visionner. ◊ **viewing by appointment only** (property sale) visites seulement sur rendez-vous ; **the situation is viewed as serious** on considère la situation comme grave.

**viewer** ['vjuːə<sup>r</sup>] **n** `a` (gen) spectateur(-trice) m(f) ; (TV) téléspectateur(-trice) m(f). `b` (for slides) visionneuse f.

**viewership** ['vjuːəʃɪp] **n** (Pub) (gen) audience f ; (TV) téléspectateurs mpl. ◊ **to score a good viewership** obtenir un bon indice d'écoute.

**viewing** ['vjuːɪŋ] **cpd viewing audience** (gen) audience f ; (TV) téléspectateurs mpl. – **viewing figures** taux m d'écoute, nombre m de téléspectateurs. – **viewing habits** habitudes fpl d'écoute or des téléspectateurs. – **viewing room** salle f de projection. – **viewing time** heure f d'écoute.

**Vilnius** ['vɪlnɪʊs] **n** Vilnius.

**vindicate** ['vɪndɪkeɪt] **vt** opinion, action justifier ; rights faire valoir.

**vindictive** [vɪn'dɪktɪv] **adj** ◊ **vindictive damages** (Jur) dommages-intérêts en réparation d'un préjudice moral.

**vine** [vaɪn] **cpd vine grower** viticulteur m, vigneron m. – **vine-growing district** région f viticole. – **vine harvest** vendange(s) f(pl).

**vineyard** ['vɪnjəd] **n** vignoble m.

**vintage** ['vɪntɪdʒ] **n** (harvesting) vendange(s) f(pl), récolte f ; (season) vendange(s) f(pl) ; (year) année f, millésime m. ◊ **1989 was a good vintage** 1989 était une bonne année *(pour le vin)*, 1989 était un bon millésime.

**vintner** ['vɪntnə<sup>r</sup>] (US) **n** négociant m en vins.

**violate** ['vaɪəleɪt] **vt** law, rule contrevenir à, violer, enfreindre ; agreement violer, enfreindre.

**violation** [ˌvaɪə'leɪʃən] **n** (law, rule) contravention f, violation f (*of* de), infraction f (*of* à). ◊ **in violation of** en violation de ; **safety violation** infraction aux règles de sécurité.

**VIP** [ˌviːaɪ'piː] **n** abbr of *very important person* VIP m.

**virtual** ['vɜːtjʊəl] **adj** (gen, Comp) virtuel.

**visa** ['viːzə] `1` **n** visa m. ◊ **entrance / exit visa** visa d'entrée / de sortie ; **Customs visa** visa de la douane ; **multiple-entry visa** ≈ visa permanent ; **tourist visa** visa de tourisme ; **Visa card** ® carte bleue ® ; **does the restau-** rant take Visa (cards) ? le restaurant accepte-t-il les cartes bleues ? `2` **vt** viser.

**viscous** ['vɪskəs] **adj** ◊ **viscous demand / supply** viscosité de la demande / de l'offre.

**visible** ['vɪzəbl] `1` **adj** imports, exports visible. `2` **visibles npl** (Econ) visibles.

**visit** ['vɪzɪt] `1` **n** (call, tour) visite f ; (stay) séjour m. ◊ **on a private / official visit** en visite privée / officielle. `2` **vt** factory (see round) visiter ; (inspect) inspecter.

**visitation** [ˌvɪzɪ'teɪʃən] **n** (inspection) visite f (d'inspection).

**visiting card** ['vɪzɪtɪŋˌkɑːd] **n** carte f de visite.

**visitor** ['vɪzɪtə<sup>r</sup>] **n** (gen : at exhibition) visiteur (-euse) m(f) ; (in hotel) client(e) m(f), voyageur (-euse) m(f). ◊ **visitors'book** livre d'or ; (in hotel) registre ; **visitor's tax** taxe de séjour.

**visual** ['vɪzjʊəl] `1` **adj** visuel. ◊ **visual aid** support visuel ; **visual arts** arts plastiques ; **visual display unit** or **terminal** console or écran de visualisation, visuel ; **visual appeal / impact** attrait / impact visuel ; **visual telephone** visiophone. `2` **visuals npl** support(s) m(pl) visuel(s). ◊ **overall the presentation was poor although the visuals were excellent** la présentation était médiocre dans l'ensemble bien que servie par des supports visuels excellents.

**visualize, visualise** ['vɪzjʊəlaɪz] **vt** (Pub) concept visualiser, traduire en images ; (imagine) s'imaginer, se représenter ; (foresee) envisager, prévoir.

**visualizer, visualiser** ['vɪzjʊəlaɪzə<sup>r</sup>] **n** (Pub) concepteur m publicitaire, visualiste mf.

**vital** ['vaɪtl] **adj** (gen) vital, essentiel. ◊ **of vital importance** d'une importance capitale ; **your support is vital to us** votre soutien nous est indispensable ; **vital records management** gestion des documents essentiels ; **vital statistics** [population] statistiques démographiques.

**vitiate** ['vɪʃɪeɪt] **vt** transaction rendre nul.

**VLCC** [ˌviːelsiː'siː] **n** abbr of *very large crude carrier* → very.

**VLSI** [ˌviːeles'aɪ] **n** abbr of *very large scale integration* → very.

**vocational** [vəʊ'keɪʃənl] **adj** professionnel. ◊ **vocational school / training** école / formation professionnelle.

**vogue** [vəʊg] **n** vogue f, mode f.

**voice** [vɔɪs] `1` **n** voix f. ◊ **advisory voice** voix consultative. `2` **vt** (express) feelings, opinion exprimer, formuler. ◊ **the union representative voiced sev-**

eral **objections** le délégué syndical a soulevé plusieurs objections.

**voice-over** ['vɔɪsəuvəʳ] **n** (TV) commentaire m.

**void** [vɔɪd] **1 adj a** vide. ◊ **void of** vide de, dépourvu de. **b** (Jur) nul. ◊ **to make void** rendre nul ; **null and void** nul et non avenu. **2 vt** (Jur) annuler, rendre nul.

**voidable** ['vɔɪdəbl] **adj** contract résiliable, annulable.

**voidance** ['vɔɪdəns] **n** annulation f.

**vol.** abbr of *volume*.

**volatile** ['vɒlətaɪl] **adj** market, prices erratique.

**volatility** [ˌvɒlə'tɪlɪtɪ] **n** volatilité f. ◊ **the price volatility of a share** le degré de volatilité du cours d'une action.

**volume** ['vɒljuːm] **1 n a** (size) volume m. ◊ **business volume** volume d'affaires ; **sales volume** (amount sold) volume des ventes ; (revenues from sales) chiffre d'affaires ; **we're looking for volume rather than margins** nous recherchons le volume plutôt que les marges bénéficiaires ; **production volume** volume de la production ; **trading volume** (St Ex) volume des transactions. **b** [tank, container] capacité f. **c** (sound) volume m, puissance f. **2 cpd volume discount** réduction f or ristourne f sur quantité. − **volume index** indice m du volume. − **volume manufacturing** fabrication f en grande série. − **volume production** production f en série. − **volume shipping** expédition f or livraison f en grande quantité. − **volume variance** écart m sur or de volume.

**voluntary** ['vɒləntərɪ] **adj a** (not forced) volontaire. ◊ **voluntary additional contribution** cotisation supplémentaire facultative ; **voluntary (retail buying) chain** chaîne volontaire (de distribution) ; **voluntary export restraint** restriction volontaire des exportations ; **voluntary import restriction** restriction volontaire d'importation ; **voluntary insurance** assurance volontaire or facultative ; **voluntary wage restraint** limitation volontaire des salaires ; **voluntary retirement** retraite facultative ; **to go into voluntary liquidation** ≈ déposer son bilan ; **voluntary liquidation** liquidation volontaire. **b** (unpaid) work bénévole.

**vostro** ['vɒstrəu] **adj** ◊ **vostro account** compte vostro.

**vote** [vəut] **1 n** vote m. ◊ **secret vote** scrutin or vote secret ; **standing vote** vote par assis et levé ; **to put to the vote** mettre aux voix ; **to**

**take a vote (on)** procéder au vote (sur) ; **vote of thanks** motion de remerciements ; **vote of no confidence** motion de censure ; **votes recorded** suffrages exprimés ; **to pass a vote of confidence** voter la confiance ; **to win votes** gagner des voix ; **to count the votes** dépouiller le scrutin ; **the chairman has a casting vote** le président a voix prépondérante ; **proxy vote** vote par procuration. **2 vt** ◊ **to vote sb chairman** élire qn président. **3 vi** voter, donner sa voix (*for* pour ; *against* contre). ◊ **to vote by a show of hands** voter à main levée ; **to vote by proxy** voter par procuration.

**vote down vt sep** rejeter par le vote.

**vote in vt sep** law adopter, voter ; person élire.

**voteless** ['vəutlɪs] **adj** ◊ **voteless share** action sans droit de vote, certificat d'investissement.

**vote out vt sep** amendment ne pas voter, ne pas adopter, rejeter, repousser ; elected official ne pas réélire.

**voter** ['vəutəʳ] **n** électeur(-trice) m(f).

**vote through vt sep** bill, motion voter, adopter.

**voting** ['vəutɪŋ] **1 n** vote m, scrutin m. ◊ **the voting went against him** le vote lui a été défavorable. **2 cpd voting age** âge m légal pour voter ; **voting age population** population en âge de voter. − **voting booth** isoloir m. − **voting machine** (US) machine f à voter. − **voting paper** bulletin m de vote. − **voting shares** actions fpl avec droit de vote.

**vouch** [vautʃ] **vi** ◊ **to vouch for sb / sth** se porter garant de qn / qch, répondre de qn / qch.

**voucher** ['vautʃəʳ] **n a** (for cash, meals, petrol) bon m. ◊ **cash voucher** bon de caisse ; **gift voucher** chèque-cadeau ; **issue voucher** (Ind) bon de sortie de stock ; **luncheon voucher** (GB) chèque restaurant, ticket restaurant ; **pay(ing)-in voucher** (Bank) bordereau de versement. **b** (receipt) (gen) reçu m, récépissé m ; (for debt) quittance f. **c** (proof) pièce f justificative, justificatif m.

**voyage** ['vɔɪdʒ] **1 n** (ship) voyage m. ◊ **outward / homeward voyage** voyage d'aller / de retour. **2 cpd voyage charter** affrètement m au voyage. − **voyage policy** police f au voyage.

**VP** [viː'piː] **n** abbr of *vice-president* → vice.

**WA** abbr of *with average.*

**wad** [wɒd] **n** [banknotes] liasse f.

**wage** [weɪdʒ] **1** **n** salaire m, paye f, paie f.
◊ **weekly wage** salaire hebdomadaire; **the company pays incentive wages** la firme pratique une politique de hauts salaires liés au rendement; **dismissal wage** (US) indemnité de licenciement; **gross wage** salaire brut; **guaranteed minimum wage** salaire minimum de garantie; **net wage** salaire net; **real wage** salaire réel; **retention on wages** retenue sur salaire; **starting wage** salaire de départ; **his wage is** or **his wages are $500 per week** il touche un salaire de 500 dollars par semaine, il est payé 500 dollars par semaine.
**2** **cpd wage adjustment** réajustement m or revalorisation f de salaire. – **wage(s) agreement** accord m salarial, convention f salariale. – **wage(s) bill** masse f salariale. – **wage bonus** prime f salariale. – **wage bracket** tranche f de salaires; **he's in a higher wage bracket than me** il est dans une tranche de salaires plus élevée que la mienne. – **wage(s) claim** revendication f salariale. – **wage(s) clerk** ≈ aide-comptable mf. – **wage contracts** contrats mpl salariaux. – **wage costs** coûts mpl salariaux. – **wage demand** revendication f salariale. – **wage differential** écart m salarial or de salaires. – **wage drift** dérapage m or glissement m or dérive f des salaires. – **wage earner** salarié(e) m(f); **households with more than one wage earner** les foyers qui ont plus d'un salaire. – **wage escalator** (US) échelle f mobile des salaires. – **wage explosion** explosion f des salaires. – **wage(s) freeze** blocage m des salaires. – **wage goods** biens mpl de première nécessité or de subsistance or de consommation courante. – **wage hike**
(US) hausse f des salaires. – **wage increase** hausse f or augmentation f de salaire. – **wage indexation** indexation f des salaires. – **wage lag** décalage m des salaires par rapport aux prix. – **wage level** niveau m des salaires. – **wage negotiations** négociations fpl salariales. – **wage packet** (lit) enveloppe f de paye; (fig) paye f; **inflation halves the value of the average worker's wage packet** l'inflation réduit de moitié la valeur des salaires moyens. – **wage policy** politique f salariale. – **wage-and-price guidelines** directives fpl en matière de salaires et de prix. – **wage-price spiral** spirale f des salaires et des prix. – **wage-push inflation** inflation f par les salaires. – **wage pyramid** pyramide f des salaires. – **wage rate** taux m de rémunération or de salaire. – **wage restraint** limitation f des salaires; **voluntary wage restraint** limitation volontaire des salaires. – **wage rise** hausse f or augmentation f de salaire. – **wage scale** échelle f or grille f des salaires. – **wage(s) settlement** accord m salarial. – **wage sheet** feuille f de paye. – **wage slip** bulletin m de salaire, fiche f de paye. – **wage spread** (US) éventail m des salaires. – **wage standstill** blocage m des salaires. – **wage stop** blocage m des salaires. – **wage system** mode m de rémunération. – **wage talks** négociations fpl salariales. – **wage withholding** saisie-arrêt f sur salaire. – **wage worker** (US) salarié(e) m(f).
**3** **vt** ◊ **to wage a campaign** faire campagne, mener une campagne (*for* pour; *against* contre).

**wagon** ['wægən] (GB) **n** (Rail) wagon m de marchandises.

**wait** [weɪt] **1** **n** attente f. ◊ **wait days** jours d'attente; **wait-and-see policy** attentisme.

**2** vi attendre. ◊ **to wait for sb / sth** attendre qn / qch; **sorry to have kept you waiting** désolé de vous avoir fait attendre; **parcels waiting to be collected** colis en souffrance.

**waiting** ['weɪtɪŋ] **cpd waiting line theory** théorie f des files d'attente. — **waiting list** liste f d'attente.

**wait-list** ['weɪtlɪst] **1** n (Aviat) liste f d'attente. **2** vt (Aviat) mettre sur une liste d'attente. ◊ **to be wait-listed** être sur la liste d'attente.

**waive** [weɪv] vt claim, right, privilege renoncer à, abandonner; condition, objection retirer.

**waiver** ['weɪvəʳ] **1** n abandon m (of de); (Jur) renonciation f (of à). ◊ **to sign a waiver** signer une renonciation. **2** cpd **waiver clause** (Ins) clause f d'abandon.

**wake** [weɪk] n [ship] sillage m. ◊ **in the wake of this decision** à la suite de cette décision; **inflation brought unemployment in its wake** l'inflation a entraîné le chômage dans son sillage.

**Wales** [weɪlz] n pays m de Galles.

**walkaway*** ['wɔːkəweɪ] (US) n victoire f dans un fauteuil.

**walkie-talkie** ['wɔːkɪ'tɔːkɪ] n talkie-walkie m.

**walk-in sales** [wɔːk'ɪnˌseɪls] npl ventes fpl spontanées.

**walk off** vi s'en aller, partir. ◊ **to walk off the lines** or **the job*** débrayer, cesser le travail.

**walk out** vi (go on strike) se mettre en grève, faire grève; (as protest) partir, se retirer *(en signe de protestation).*

**walkout** ['wɔːkaʊt] n (strike) grève f surprise; (from meeting) départ m *(en signe de protestation).* ◊ **to stage a walkout** [workers] faire une grève surprise; [delegates] partir *(en signe de protestation).*

**walk out on** vt fus business partner laisser tomber*, plaquer*, planter là*.

**walkover*** ['wɔːkəʊvəʳ] n victoire f dans un fauteuil. ◊ **it was a walkover*** c'était un jeu d'enfant, c'était simple comme bonjour.

**wall** [wɔːl] n (lit) mur m. ◊ **party wall** mur mitoyen; **tariff wall** (Customs) barrière tarifaire or douanière; **to go to the wall** [person] perdre la partie; (go bankrupt) faire faillite; [projects] tomber à l'eau; **to have one's back to the wall, be up against the wall** avoir le dos au mur, être acculé; **to drive** or **push sb to the wall** acculer qn.

**wallet** ['wɒlɪt] n portefeuille m.

**wall out** [wɔːl] (US) vt sep dresser des barrières contre. ◊ **to wall out car imports** dresser des barrières contre les importations de voitures.

**Wall Street** ['wɔːlstriːt] (US) n (stock exchange) Wall Street m, la Bourse f de New York; (more generally) la communauté f financière de New York. ◊ **Wall Street has been watching these developments with concern** les milieux financiers new-yorkais ont observé ces évolutions avec inquiétude; **he's become one of the most sought-after men on Wall Street** il est devenu l'un des hommes les plus recherchés de Wall Street.

**Wall-Streeter** ['wɔːlstriːtəʳ] (US) n boursier m new-yorkais.

**wampum*** ['wɒmpəm] (US) n pognon* m, fric* m.

**wane** [weɪn] **1** vi [popularity] décliner, être en déclin, décroître; [currency] se déprécier. **2** n ◊ **to be on the wane** décliner.

**wangle** ['wæŋgl] vt **a** (get) se débrouiller pour obtenir. ◊ **I'll wangle it somehow** je me débrouillerai pour arranger ça, je goupillerai* ça. **b** (fake) results, report, accounts truquer*, maquiller*.

**want** [wɒnt] **1** n **a** (lack) manque f. ◊ **for want of** faute de, par manque de. **b** **wants** (needs) besoins. **2** cpd **want ad** (US) demande f (for de); **want ads** petites annonces. **3** vt **a** (wish) vouloir, désirer (to do faire). ◊ **I want your opinion on this** je voudrais votre avis là-dessus; **what does he want for that picture?** combien veut-il or demande-t-il pour ce tableau?; **you've got him where you want him*!** vous l'avez coincé*!; **b** (ask for) demander. ◊ **the boss wants you in his office** le patron veut vous voir or vous demande dans son bureau; **you're wanted on the phone** on vous demande au téléphone; **securities wanted** (St Ex) valeurs demandées; **to put in a "wanted" advertisement** (in newspaper) passer une demande dans les petites annonces.

**wantage** ['wɒntɪdʒ] n manque m, déficit m.

**wanting** ['wɒntɪŋ] adj ◊ **the necessary funds were wanting** les fonds nécessaires manquaient; **we found him wanting** nous ne l'avons pas trouvé à la hauteur.

**war** [wɔːʳ] **1** n guerre f. ◊ **to be at war** être en guerre (with avec); **to go to war** [country] se mettre en guerre, entrer en guerre (against contre; over à propos de); **to make war on** faire la guerre à; **to wage a price war** se livrer à une guerre des prix; **war of attrition** guerre d'usure; **trade war** guerre commerciale. **2** cpd **war chest** trésor m de guerre. — **war fever** psychose f de guerre. — **war games** jeux mpl de stratégie militaire.

**ward off** [wɔːd] vt sep danger, problem éviter, écarter, détourner.

**warehouse** ['wɛəhaʊs] **1** n entrepôt m, magasin m. ◊ **bonded warehouse** (for public storage of goods) magasins généraux; (Customs) entrepôt de douane; **ex-warehouse price** prix départ entrepôt; **furniture warehouse** garde-meuble.
**2** cpd **warehouse charges** frais mpl d'entrepôt or d'emmagasinage. − **warehouse entry** déclaration f d'entrée en entrepôt. − **warehouse keeper** surveillant m d'entrepôt. − **warehouse receipt** or **warrant** warrant m, récépissé-warrant m, récépissé m d'entrepôt. − **warehouse supervisor** chef m magasinier.
**3** vt entreposer, mettre en magasin, emmagasiner.

**warehouseman** ['wɛəhaʊsmən] n magasinier m.

**warehousing** ['wɛəhaʊzɪŋ] n (Comm) entreposage m, emmagasinage m. ◊ **to enter goods for warehousing** déclarer des marchandises pour l'entreposage.

**wares** [wɛəz] npl marchandises fpl. ◊ **to sell one's wares** vendre sa marchandise.

**warm** [wɔːm] adj welcome, encouragement cordial, chaleureux. ◊ **he is a warm supporter of the present economic policies** c'est un ardent supporter de la politique économique actuelle.

**warm-up** ['wɔːmʌp] n échauffement m, mise f en train. ◊ **warm-up session** phase de mise en train.

**warn** [wɔːn] vt prévenir, avertir (of de; that que). ◊ **to warn sb against doing** déconseiller à qn de faire.

**warning** ['wɔːnɪŋ] **1** n (act) avertissement m; (in writing) avis m, préavis m; (signal) alerte f, alarme f. ◊ **iterative** or **repeated warnings** avertissements répétés; **without warning** sans prévenir, à l'improviste; **to give a week's warning** (gen) prévenir huit jours à l'avance; (more formal) donner un délai de huit jours; (in writing) donner un préavis de huit jours; **I gave you due warning that** je vous avais bien prévenu que.
**2** cpd **warning device** dispositif m d'alarme. − **warning light** voyant m. − **warning notice** avis m, avertissement m. − **warning shot** coup m de semonce, avertissement m. − **warning sign** panneau m avertisseur. − **warning signal** signal m d'alarme. − **warning strike** grève f d'avertissement.

**warn off** vt sep mettre en garde. ◊ **to warn sb off sth** mettre qn en garde contre qch, déconseiller qch à qn.

**warrant** ['wɒrənt] **1** n (receipt) récépissé m; (guarantee) garantie f; (Comm, Customs) warrant m; (power of attorney) procuration f, pouvoir m; (Jur : of arrest) mandat m; (St Ex) warrant m, bon m de souscription. ◊ **bonds with warrants** obligations avec bons de souscription or à warrants; **search warrant** mandat de perquisition; **warrant of attorney** procuration, pouvoir; **to endorse a warrant** endosser un warrant; **withdrawal warrant** autorisation de remboursement; **dividend warrant** coupon de dividende; **agricultural / hotel / industrial / oil warrant** warrant agricole / hôtelier / industriel / pétrolier; **warehouse warrant** récépissé d'entrepôt, récépissé-warrant, warrant; **to issue a warehouse warrant for goods, secure goods by warrant** warranter des marchandises; **goods covered by a warehouse warrant** marchandises warrantées; **warrant for payment** ordonnance de paiement.
**2** cpd **warrant discounting** warrantage m. − **warrant indenture** contrat m de droits d'achat d'actions.
**3** vt (guarantee) garantir; (Comm) warranter; (justify) action légitimer, justifier.

**warranted** ['wɒrəntɪd] adj garanti. ◊ **goods covered by warehouse warrant** warranté.

**warrantee** [,wɒrən'tiː] n créancier(-ière) m(f) (à qui on a remis une garantie).

**warranter, warrantor** ['wɒrəntər] n (Jur) garant(e) m(f), répondant(e) m(f), débiteur (-trice) m(f).

**warranty** ['wɒrəntɪ] **1** n (Comm, Jur) garantie f. ◊ **under warranty** sous garantie; **implied / express warranty** garantie tacite / expresse; **warranty of title** attestation de titre; **breach of warranty** rupture de garantie.
**2** cpd **warranty card** carte f de garantie.

**Warsaw** ['wɔːsɔː] n Varsovie.

**wary** ['wɛərɪ] adj person prudent, circonspect. ◊ **banks will be wary of investing further while the outlook remains so unsettled** les banques hésiteront à faire d'autres investissements tant que les perspectives resteront aussi incertaines.

**wash** [wɒʃ] **1** vt (lit) laver. ◊ **to wash sales of stocks** (St Ex) faire des ventes fictives d'une valeur.
**2** cpd **wash-and-wear** shirt sans repassage. − **wash-goods** détergents mpl. − **wash-out*** (operation) fiasco m, désastre m; (person) nullité f. − **wash sale** (St Ex) vente f fictive.

**washable** ['wɒʃəbl] adj lavable, lessivable.

**washing** ['wɒʃɪŋ] **1** n ◊ **bond washing** (US Fin) vente de valeurs à revenu fixe (juste avant *le paiement de l'intérêt pour des raisons fiscales).*

**2** cpd **washing machine** machine f à laver, lave-linge m. – **washing powder** détergent m.

**Washington** ['wɒʃɪŋtən] n Washington.

**wash out*** vt sep (cancel) rendre impossible. ◊ **higher oil prices have washed out any chance of a recovery in this sector** la hausse des cours du pétrole a anéanti tout espoir de reprise dans ce secteur.

**WASP** [wɒsp] (US) n abbr of *White Anglo-Saxon Protestant* Blanc(-anche) m(f) anglo-saxon(ne) protestant(e).

**wastage** ['weɪstɪdʒ] n [resources, energy, food, money] gaspillage m ; (amount lost from container) fuites fpl, pertes fpl ; (rejects) déchets mpl ; (as part of industrial process) déperdition f ; (Comm : through pilfering) coulage m. ◊ **natural wastage** [staff] départs naturels.

**waste** [weɪst] **1** n **a** [resources, energy, money] gaspillage m. ◊ **to go** or **run to waste** se perdre ; **it's a waste of time** c'est une perte de temps ; **the waste society** la société de gaspillage. **b** waste (material) (GB), wastes (US) déchets ; **household waste** ordures ménagères ; **industrial / nuclear waste** déchets industriels / nucléaires.
**2** adj energy perdu ; food inutilisé ; water usé ; land, ground inculte, en friche ; region, district à l'abandon, désolé. ◊ **waste material** déchets ; **waste products** déchets de fabrication ; **waste book** (Acc) main courante, brouillard ; **waste disposal** élimination des déchets.
**3** vt resources gaspiller ; time perdre ; opportunity perdre, laisser passer, gâcher. ◊ **to waste money** gaspiller de l'argent (*on sth* pour qch ; *on doing* pour faire) ; **I wasted a whole day on these interviews** j'ai perdu toute une journée avec ces entretiens.

**wasteful** ['weɪstfʊl] adj process peu économique, peu rentable. ◊ **wasteful expenditure** dépenses inutiles.

**wasteland** ['weɪstlænd] n terres fpl à l'abandon. ◊ **piece of wasteland** (in town) terrain vague.

**wasting asset** ['weɪstɪŋ'æsɪt] n actif m consommable or défectible.

**watch** [wɒtʃ] **1** n **a** (timepiece) montre f. ◊ **the watch industry** l'industrie horlogère. **b** (act of watching) surveillance f. ◊ **to keep a close watch on** surveiller de près or avec vigilance.
**2** vt **a** (gen) regarder ; notice board, small ads consulter régulièrement ; economic situation, developments surveiller, suivre de près or attentivement. **b** (be careful of) faire attention à. ◊ **we'll have to watch the**

money carefully il faudra surveiller or faire attention à nos dépenses ; **in this business you have to watch your back the whole time*** dans ce métier, il faut surveiller ses arrières en permanence.

**watchdog** ['wɒtʃdɒg] **1** n (fig) gardien m. ◊ **watchdog committee** comité de surveillance or de vigilance.
**2** vt (US : *) events suivre de près.

**watcher** ['wɒtʃər] n (observer) observateur (-trice) m(f) ; (spectator) spectateur (-trice) m(f). ◊ **car-market watcher** spécialiste du marché automobile.

**watchman** ['wɒtʃmən] n (gen) gardien m ; (night watchman) veilleur m or gardien m de nuit.

**watchword** ['wɒtʃwɜːd] n mot m d'ordre.

**water** ['wɔːtər] **1** n (gen) eau f. ◊ **the plan doesn't hold water** le projet ne tient pas la route ; **the banks are getting into hot water** la situation devient brûlante pour les banques ; **in French waters** dans les eaux territoriales françaises.
**2** cpd **water damage** dégât m des eaux. – **water main** conduite f or canalisation f principale des eaux. – **water power** énergie f hydraulique. – **water supply** [town] approvisionnement m en eau, distribution f des eaux ; [house] alimentation f en eau. – **water system** réseau m de canalisations.

**water down** vt sep (fig) report édulcorer. ◊ **to water down a statement** atténuer une affirmation.

**watered** ['wɔːtəd] adj ◊ **watered stock** actions gonflées (sans raison) ; **watered capital** capital dilué.

**watering** ['wɔːtərɪŋ] n ◊ **watering of stock** dilution de capital.

**waterproof** ['wɔːtəpruːf] **1** adj material imperméable ; watch étanche.
**2** vt imperméabiliser.

**watershed** ['wɔːtəʃed] n (fig) tournant m décisif, grand tournant m. ◊ **this decision marked a watershed in the company's activities** cette décision a constitué un tournant dans les activités de la société.

**watertight** ['wɔːtətaɪt] adj container étanche ; excuse, plan, contract inattaquable.

**waterway** ['wɔːtəweɪ] n voie f navigable. ◊ **inland waterways** voies fluviales or navigables.

**waterworks** ['wɔːtəwɜːks] n (system) système m hydraulique ; (place) station f hydraulique.

**wave** [weɪv] n **a** vague f. ◊ **to make waves** [decision, result] créer des remous, faire des vagues ; **the merger / takeover wave** la vague des fusions / des reprises. **b** (Rad, Telec) onde f. ◊ **long wave** grandes ondes; **medium / short wave** ondes moyennes / courtes.

**wavelength** ['weɪvˌleŋθ] **n** longueur f d'onde. ◊ **we're not on the same wavelength** (fig) nous ne sommes pas sur la même longueur d'onde.

**way** [weɪ] **1** **n** **a** (road) chemin m, voie f. ◊ **the middle way** (compromise) la solution intermédiaire or moyenne; (happy medium) le juste milieu; **to pave the way for sth** frayer or ouvrir la voie à qch; **I'm with you all the way** (fig) je suis entièrement d'accord avec vous; **there is no way round this difficulty** il n'y a pas moyen de contourner la difficulté; **to be in the way** gêner; **don't go out of your way to do it** ne vous dérangez pas exprès pour le faire; **to make way for sb** laisser la voie libre à qn; **this company has come a long way** cette société a fait du chemin; **it should go a long way towards paying the bill** cela devrait couvrir une grosse partie de la facture. **b** **to be under way** [ship] être en route; [negotiations] être en cours; [plans] être en voie de réalisation or d'exécution; **to get under way** [ship] appareiller, lever l'ancre; [negotiations, plan] démarrer; **inflation has got under way again** l'inflation est repartie. **c** (Econ) **Ways and Means** voies et moyens; **Ways and Means Committee** (US) commission des finances. **2** **cpd** **way port** port m intermédiaire.

**waybill** ['weɪbɪl] **n** (Rail, Road) lettre f de voiture; (Aviat) lettre f de transport aérien.

**WB, W / B** abbr of *waybill*.

**W.C.** abbr of *without charge* → without.

**wd, w / d** abbr of *warranted*.

**WDV** abbr of *written down value* → write down.

**weak** [wiːk] **adj** faible.

**weaken** ['wiːkən] **1** **vi** [prices] fléchir; [market] fléchir, se tasser. ◊ **the price of tin has weakened further** le cours de l'étain a accentué son repli or a de nouveau faibli. **2** **vt** government, unions affaiblir; currency faire baisser, affaiblir.

**weakness** ['wiːknɪs] **n** faiblesse f. ◊ **weakness investigation** (Acc) analyse des lacunes.

**wealth** [welθ] **1** **n** (fact of being rich) richesse f; (money, resources) richesses fpl. ◊ **national wealth** patrimoine national. **2** **cpd** **wealth tax** impôt m (de solidarité) sur la fortune, impôt m sur les grandes fortunes.

**wealthy** ['welθɪ] **1** **adj** riche, fortuné. **2** **n** ◊ **the wealthy** les riches.

**weapon** ['wepən] **n** arme f.

**wear** [wɛər] **1** **n** (Comm : clothes collectively) vêtements mpl. ◊ **summer wear** vêtements d'été; **this material will stand up to a lot of wear** ce tissu fera beaucoup d'usage; **wear and tear** usure f (normale); **fair wear and tear** usure normale. **2** **vt** suit porter.

**weather** ['weðər] **1** **n** temps m. ◊ **weather permitting** si le temps le permet. **2** **vt** crisis survivre à, surmonter.

**weave** [wiːv] **vt** tisser.

**weaver** ['wiːvər] **n** tisserand(e) m(f).

**weaving** ['wiːvɪŋ] **cpd** **weaving loom** métier m à tisser. – **weaving mill** atelier m de tissage. – **weaving trade (the)** l'industrie f du tissage.

**Wednesday** ['wenzdeɪ] **n** mercredi m → Saturday.

**weed out** [wiːd] **vt sep** (fig) weak candidates éliminer (*from* de); troublemakers expulser (*from* de).

**week** [wiːk] **n** semaine f. ◊ **the week after next** dans deux semaines; **this time next week** dans huit jours à la même heure; **today week, a week today, this day week** aujourd'hui en huit; **tomorrow week** demain en huit; **Tuesday week\*, a week on Tuesday** mardi en huit; **working week** (GB), **work week** (US) semaine de travail; **the 36-hour week** la semaine de 36 heures; **within a week** sous huitaine, d'ici à huit jours; **he's paid by the week** il est payé à la semaine.

**weekday** ['wiːkdeɪ] **n** jour m de semaine, jour m ouvrable; (excluding Saturday and Sunday) jour m ouvré. ◊ **on weekdays** en semaine, les jours ouvrables.

**weekend** ['wiːkend] **n** week-end m, fin f de semaine. ◊ **a long weekend** un week-end prolongé; **to take a long weekend** faire le pont; **they have to work alternate weekends** ils doivent travailler un week-end sur deux; **they finish at 4.30 at the weekend** ils cessent le travail à 16 h 30 les veilles de week-end.

**weekly** ['wiːklɪ] **1** **adj** wages, visit de la semaine, hebdomadaire. ◊ **weekly return** (Bank) situation hebdomadaire. **2** **adv** pay, report chaque semaine. **3** **n** hebdomadaire m.

**weigh** [weɪ] **vt** (lit, fig) peser. ◊ **to weigh the pros and cons** peser le pour et le contre.

**weighbridge** ['weɪbrɪdʒ] **n** pont m à bascule.

**weight** [weɪt] **1** **n** **a** (lit) poids m. ◊ **to be sold by weight** se vendre au poids; **chargeable**

**weight** poids taxé ; **dead weight** (gen) poids mort ; **dead weight** (capacity) (Mar) chargement or charge or port en lourd ; **dead weight cargo** marchandises lourdes ; **dead weight charter** affrètement en lourd ; **dead weight debt** (GB Econ) dette improductive ; **dead weight tonnage** tonnage de portée en lourd ; **delivered weight** poids rendu ; **excess weight** excédent de poids ; **gross weight** poids m brut ; **loaded weight** poids embarqué ; **net weight** poids net ; **loaded net weight** poids net embarqué ; **shipped weight** poids embarqué ; **weight allowed free** franchise de poids ; **weight ascertained** poids constaté ; **weight or measurement** poids ou encombrement ; **weight when empty** poids à vide. **b** (fig) [argument, public opinion] poids m, force f ; [responsibility] poids m, fardeau m. ◊ **to carry weight** [argument] avoir du poids (*with* pour) ; [person] avoir de l'influence ; **to throw in one's weight** mettre son poids dans la balance.
**2** cpd **weight cargo** marchandises fpl lourdes. — **weight note** bulletin m de pesage. — **weight ton** tonnage m.
**3** vt ◊ **the situation was heavily weighted in his favour / against him** la situation lui était nettement favorable / défavorable.

**weighted** ['weɪtɪd] adj pondéré. ◊ **weighted average** moyenne pondérée ; **weighted index** indice pondéré ; **the dollar's trade-weighted value** la valeur pondérée du dollar en tenant compte de la balance commerciale.

**weighting** ['weɪtɪŋ] n **a** (on salary) indemnité f, allocation f. ◊ **London weighting** indemnité de résidence pour Londres. **b** (Econ) coefficient m, pondération f.

**weigh up** vt sep (compare) comparer, mettre en balance (*A with B, A against B* A et B). ◊ **I'm weighing up whether to accept their proposal or not** je me tâte pour savoir si j'accepte ou non leur proposition.

**welcome** ['welkəm] **1** n accueil m. ◊ **the chairman said a few words of welcome** le président a prononcé quelques mots de bienvenue ; **what sort of a welcome will this product get from the housewife ?** comment la ménagère accueillera-t-elle ce produit ?
**2** vt person, delegation (greet, receive) accueillir ; (greet warmly) faire bon accueil à, accueillir chaleureusement. ◊ **we would welcome your opinion on** nous serions heureux d'avoir votre opinion sur ; **we welcome suggestions from staff for new products** nous invitons le personnel à nous soumettre des suggestions pour de nouveaux produits.

**welcoming** ['welkəmɪŋ] adj ceremony, speeches d'accueil. ◊ **the welcoming party** le comité d'accueil.

**welfare** ['welfɛər] **1** n (gen) bien m ; (comfort) bien-être m. ◊ **to be on Welfare** (US) toucher des prestations sociales.
**2** cpd **welfare benefits** avantages mpl sociaux. — **welfare department** service m social. — **welfare economics** économie f du bien-être. — **welfare payments** prestations fpl familiales or sociales. — **welfare recipient** allocataire mf. — **welfare state (the)** l'État-providence m. — **welfare worker** travailleur m social, assistante f sociale.

**welfarism** ['welfɛərɪzəm] n (US Pol) théorie f de l'État-providence.

**welfarist** ['welfɛərɪst] adj, n (US Pol) partisan m de l'État-providence.

**well** [wel] **1** n (oil) puits m.
**2** adv bien. ◊ **you did well to finish so quickly** vous avez bien fait de finir aussi rapidement ; **you would be well advised to sell** vous auriez tout intérêt à vendre ; **well versed in** familiarisé avec, très au fait de.
**3** cpd **well-balanced** person équilibré. — **well-equipped** bien équipé. — **well-founded, well-grounded** suspicion, claim bien fondé, légitime. — **well-informed** bien informé, bien renseigné (*about* sur) ; **in well-informed circles** dans les milieux bien informés. — **well-meaning** bien intentionné. — **well-off** riche, aisé, fortuné. — **well-paid** bien payé, bien rémunéré. — **well-stocked** bien approvisionné. — **well-timed** announcement, departure bien calculé, qui survient à point nommé. — **well-to-do** riche, aisé, fortuné. — **well-tried** method éprouvé, qui a fait ses preuves.

**wellhead** ['welhed] n source f. ◊ **wellhead prices** prix à la source.

**Wellington** ['welɪŋtən] n Wellington.

**Welsh** [welʃ] **1** adj gallois.
**2** n **a** (language) gallois m. **b** **the Welsh** les Gallois.

**Welshman** ['welʃmən] n Gallois m.

**Welshwoman** ['welʃwumən] n Galloise f.

**west** [west] n ouest m. ◊ **the West** l'Occident, l'Ouest.

**western** ['westən] adj (de l')ouest. ◊ **Western Europe** Europe occidentale ; **Western European Union** Union de l'Europe occidentale.

**westernize, westernise** ['westənaɪz] vt occidentaliser. ◊ **to become westernized** s'occidentaliser.

**West Germany** [,west'dʒɜːmənɪ] n Allemagne f de l'Ouest.

**West Indian** [west'ındıən] **1** **adj** antillais. **2** **n** (inhabitant) Antillais(e) m(f).

**West Indies** [west'ındız] **npl** ◊ **the West Indies** les Antilles.

**wet** [wet] **1** **adj** mouillé. ◊ **he's still wet behind the ears*** (fig) il manque d'expérience, c'est encore un bleu*; **wet blanket** (fig) trouble-fête; **the decision was a wet blanket over the farmers' optimism** la décision a tempéré l'optimisme des agriculteurs.
**2** **cpd wet dock** (Mar) bassin m à flot. − **wet goods** (St Ex) marchandises fpl liquides. − **wet stock** spiritueux mpl.

**wetback*** ['wetbæk] (US) **n** ouvrier m agricole mexicain *(entré clandestinement aux États-Unis).*

**WEU** [ˌdʌbljuːˈjuː] **n** abbr of *Western European Union* UEO f.

**WFTU** [ˌdʌbljueftiːˈjuː] **n** abbr of *World Federation of Trade Unions* FSM f.

**whaling** ['weılıŋ] **n** pêche f à la baleine. ◊ **whaling** or **the whaling industry is in decline** l'industrie baleinière est en déclin.

**wharf** [wɔːf] **n** quai m. ◊ **charging / discharging wharf** embarcadère / débarcadère; **ex wharf** à prendre à quai; **ex-wharf price** prix départ quai or entrepôt; **sufferance wharf** dépôt de marchandises en souffrance.

**wharfage** ['wɔːfıdʒ] **n** droits mpl de quai or de bassin.

**wharfinger** ['wɔːfındʒər] **n** responsable mf de bassin.

**wheat** [wiːt] (GB) **n** blé m, froment m.

**wheel** [wiːl] **1** **n** (gen) roue f. ◊ **the wheels of government** les rouages du gouvernement; **there are wheels within wheels** il y a toutes sortes de forces en jeu; **the wheel has come full circle** la boucle est bouclée; **he's a big wheel in the banking world*** c'est un magnat de la finance.
**2** **vi** ◊ **he is always wheeling and dealing** il est toujours en train de chercher des combines*.

**wheeler-dealer*** ['wiːləˌdiːlər] **n** (Comm) affairiste m; (Pol) politicard m.

**whereas** [wɛərˈæs] **conj** (Jur) attendu que. ◊ **the whereas clauses** les attendus, les considérants.

**wherefore** ['wɛəfɔːr] **conj** (Jur) par conséquent. ◊ **the wherefore clauses** les conclusions.

**whereof** [wɛərˈɒv] **pron** ◊ (Jur) **in witness whereof** en témoignage or en foi de quoi.

**whip up** [wıp] **vt sep** support, interest donner un coup de fouet à, stimuler.

**whistle-blower** [wıslbləuər] **n** personne f qui tire la sonnette d'alarme.

**white** [waıt] **adj** blanc. ◊ **white coal** houille blanche; **white-collar job** emploi de bureau; **white-collar worker** employé de bureau, col blanc; **white goods** (linen) (linge) blanc; (domestic appliances) produits blancs, appareils ménagers; **the White House** la Maison-Blanche; **white knight** (St Ex) chevalier blanc; **white paper** (Pol) livre blanc; (Fin) papier de haut commerce; **white sale** vente de blanc.

**whitewash** ['waıtwɒʃ] **vt** reputation blanchir; bankrupt réhabiliter.

**whittle down** [wıtl] **vt sep** costs, commissions réduire, rogner, comprimer. ◊ **purchasing power has been gradually whittled down** le pouvoir d'achat a été rogné peu à peu.

**whizz kid*** [wızkıd] **n** petit prodige m or génie m.

**WHO** [ˌdʌbljuːeıtʃˈəu] **n** abbr of *World Health Organization* OMS f.

**whole** [həul] **adj** entier, complet. ◊ **whole cargo charter** affrètement total; **whole life insurance** assurance décès, assurance vie entière.

**wholesale** ['həulseıl] **1** **n** (Comm) (vente f en) gros m. ◊ **at** or **by wholesale** en gros; **we deal in wholesale only** nous ne pratiquons que la vente en gros.
**2** **adj** **a** (Comm) price, trade, firm de gros. ◊ **wholesale bank** *banque spécialisée dans les opérations des entreprises*; **wholesale dealer** or **merchant** or **trader** grossiste, marchand en gros; **wholesale goods** marchandises de gros; **wholesale market** marché de gros; **wholesale price index** indice des prix de gros; **wholesale trade** commerce de gros; **wholesale trader** grossiste. **b** destruction systématique, en masse; rejection, acceptance en bloc. ◊ **there has been wholesale sacking of unskilled workers** il y a eu des licenciements massifs d'ouvriers spécialisés; **wholesale manufacture** production or fabrication en série.
**3** **adv** buy, sell en gros; reject en bloc. ◊ **workers are being laid off wholesale** on procède actuellement à des licenciements massifs.
**4** **vt** vendre en gros.
**5** **vi** se vendre en gros.

**wholesaler** ['həulseılər] **n** (Comm) grossiste mf, marchand(e) m(f) en gros.

**wholly** ['həulı] **adv** entièrement, totalement. ◊ **wholly-owned subsidiary** filiale (contrôlée) à cent pour cent.

**whse** abbr of *warehouse.*

**wide** [waıd] **1** **adj** (gen) large; survey de grande envergure. ◊ **wide range of articles** gamme étendue d'articles.

**2** adv aim, shoot, fall loin du but; ◊ **wide of the mark** loin du but; **forecasters were wide of target** les prévisionnistes n'ont pas vu juste or ont mis à côté de la plaque*.
**3** cpd **wide-bodied** or **wide-body aircraft** gros-porteur m. – **wide connection** grosse clientèle f. – **wide-ranging** survey de grande envergure.

**widen** ['waɪdn] **1** vt élargir.
**2** vi (gen) s'élargir, s'agrandir; [gap] se creuser.

**widespread** ['waɪdspred] adj belief très répandu, fréquent; inflation généralisé.

**widget*** ['wɪdʒɪt] n produit m manufacturé quelconque. ◊ **take your average widget manufacturer** prenez le fabricant typique de produits manufacturés.

**width** [wɪdθ] n largeur f.

**wield** [wiːld] vt control exercer (over sur).

**wildcat** ['waɪldkæt] adj ◊ **wildcat strike** grève sauvage; **wildcat venture** entreprise risquée.

**wildcatter*** ['waɪldˌkætəʳ] n (striker) gréviste mf; (Fin) spéculateur m.

**wilful** (GB), **willful** (US) ['wɪlfʊl] adj damage commis avec préméditation, commis délibérément, intentionnel. ◊ **wilful misrepresentation of facts** distorsion volontaire des faits, fausse déclaration.

**will** [wɪl] **1** n (Jur) testament m. ◊ **to dispute a will** attaquer un testament.
**2** vt léguer.

**willful** ['wɪlfʊl] (US) adj → wilful.

**win** [wɪn] **1** n victoire f.
**2** vi (in competition) gagner, l'emporter. ◊ **to win hands down*** gagner les doigts dans le nez*, gagner haut la main.
**3** vt **a** victory remporter; prize gagner, remporter. **b** (obtain) sympathy, support obtenir, s'attirer. ◊ **to win customers** gagner des clients, se faire une clientèle; **to win one's spurs** faire ses preuves; **to win coal** (extract) extraire du charbon.

**win back** vt sep market share reconquérir, reprendre.

**wind** [wɪnd] n vent m. ◊ **to sail close to the wind** (fig) friser l'illégalité; **to take the wind out of sb's sails** couper l'herbe sous les pieds de qn; **to get one's second wind** trouver son second souffle.

**wind down** [waɪnd] vt department, service démanteler progressivement; activity réduire, arrêter progressivement.

**windfall** ['wɪndfɔːl] **1** n aubaine f.
**2** cpd **windfall profit** bénéfices mpl exceptionnels. – **windfall tax** impôts mpl sur les bénéfices exceptionnels.

**winding-up** [ˌwaɪndɪŋˈʌp] **1** n [meeting, account] clôture f; [business] liquidation f, dissolution f; [activity] arrêt m. ◊ **voluntary winding-up** liquidation volontaire; **compulsory winding-up** mise en règlement judiciaire.
**2** cpd **winding-up arrangements** (Jur, Fin) concordat m. – **winding-up order** ordonnance f de mise en liquidation or de mise en règlement judiciaire. – **winding-up sale** vente f pour cessation de commerce, vente f de liquidation. – **winding-up value** valeur f de liquidation, valeur f liquidative.

**window** ['wɪndəu] **1** n (gen, Comp) fenêtre f; [shop] vitrine f, devanture f; (in banks, post offices) guichet m; (St Ex) fenêtre f, ouverture f momentanée. ◊ **we must use this window of opportunity** nous devons utiliser cette occasion or cette possibilité qui nous est offerte; **to put sth in the (shop) window** mettre qch en vitrine.
**2** cpd **window bill** affichette f pour vitrine. – **window-case** vitrine f. – **window display** (étalage m en) vitrine f. – **window dresser** étalagiste mf. – **window dressing** composition f d'étalage; **window dressing of a balance sheet** maquillage or habillage d'un bilan. – **window envelope** enveloppe f à fenêtre. – **window-guidance** (US) navigation f à vue. – **window-shopping** lèche-vitrines m; **to go window-shopping** faire du lèche-vitrines.

**wind up** **1** vi [meeting] se terminer, finir (with par).
**2** vt sep meeting clôturer, clore, terminer (with par); business liquider; bank account clôturer, clore; activity terminer.

**wine** [waɪn] **1** n vin m.
**2** cpd **wine-bottling** mise f en bouteilles (du vin). – **wine grower** viticulteur m, vigneron m. – **wine growing** viticulture f, culture f de la vigne; **wine-growing district, industry** vinicole, viticole. – **wine list** carte f des vins. – **wine merchant** (retailer) marchand m de vins; (importer) négociant m en vins. – **wine trade (the)** l'industrie f viticole. – **wine waiter** sommelier m.

**winery** ['waɪnərɪ] (US) n établissement m viticole or vinicole.

**winner** ['wɪnəʳ] n (gen) vainqueur m; (St Ex) valeur f en hausse; (Comm) article m de grand rendement. ◊ **their latest model is a winner** leur dernier modèle va faire un malheur; **we spotted the winner** on a tiré le bon numéro; **the company was a 2 points winner at the close** (St Ex) la société a gagné 2 points en clôture; **winner-takes-all** le vainqueur ramasse tout, tout au gagnant.

**winning** ['wɪnɪŋ] **adj** gagnant.

**win over** vt sep person convaincre, persuader. ◊ **to win sb over to one's way of thinking** gagner qn à sa façon de voir.

**WIP** [ˌdʌbljuaɪ'piː] n abbr of *work in progress* or *process* → work.

**wipe** [waɪp] vt (gen) essuyer; tape, video effacer. ◊ **to wipe the slate clean** (fig) passer l'éponge; **to wipe sth from a tape** effacer qch sur une bande.

**wipe off** vt sep (Fin) apurer, liquider, régler.

**wipe out** vt sep **a** error effacer; debt amortir, liquider; unemployment supprimer. **b** competitors anéantir, écraser, éliminer.

**wire** ['waɪəʳ] **1** n **a** fil m. ◊ **to pull wires for sb** (fig) pistonner qn. **b** (telegram) télégramme m. ◊ **to send an order by wire** passer une commande par télégramme. **2** cpd **wire-house** (US) maison f de courtage *(travaillant par téléphone)*. – **wire service** (US Press) agence f de presse *(utilisant des téléscripteurs)*. **3** vti télégraphier, câbler.

**wiretapping** ['waɪəˌtæpɪŋ] n mise f sur écoute d'une ligne téléphonique.

**with** [wɪð, wɪθ] **prep** avec. ◊ **with average** (Mar Ins) avec avaries; **with particular average** (Mar Ins) avec avaries particulières; **with-profits endowment assurance** assurance sur la vie avec participation aux bénéfices.

**withdraw** [wɪθ'drɔː] **1** vt claim retirer, renoncer ä; money retirer; representative rappeler; order annuler; goods retirer de la vente; banknotes retirer de la circulation; (Jur) charge retirer. ◊ **to withdraw a sum from a bank account** retirer une somme d'un compte en banque, tirer de l'argent sur un compte en banque; **they withdrew their offer** ils ont retiré leur offre. **2** vi [candidate, competitor] se retirer, se désister *(from* de; *in favour of sb* en faveur de qn).

**withdrawal** [wɪθ'drɔːəl] **1** n [money] retrait m; [claim, order] annulation f; [candidate] désistement m. ◊ **withdrawal of capital** retrait de fonds; **withdrawal from stocks** prélèvement sur stocks. **2** cpd **withdrawal notice** avis m de retrait de fonds. – **withdrawal slip** bordereau m de retrait.

**withhold** [wɪθ'həʊld] vt money from pay retenir; payment, decision remettre, différer; permission, support refuser *(from sb* à qn); facts cacher, taire *(from sb* à qn). ◊ **withholding tax** (gen) retenue à la source; (on interest, income, dividends) prélèvement libératoire; **they may decide to withhold their oil** il se peut qu'ils refusent d'approvisionner le

marché en pétrole; **to withhold a document** (Jur) refuser de communiquer une pièce.

**within** [wɪð'ɪn] **prep** ◊ **I'll be back within an hour** je serai de retour d'ici une heure or dans l'heure qui suit; **consume within 3 days of opening** (on label) à consommer dans les 3 jours qui suivent l'ouverture; **within a period of 4 months** (Comm) dans un délai de 4 mois; **within the prescribed time** dans les délais prescrits.

**without** [wɪð'aʊt] **prep** sans. ◊ **without engagement** sans garantie; **without any liability on our part** sans engagement de notre part; **without charge** gratuitement; **without notice** sans préavis; **without prejudice** (gen) sans préjudice *(to* de); (Jur) sous toutes réserves.

**withstand** [wɪθ'stænd] vt résister à.

**witness** ['wɪtnɪs] **1** n **a** (Jur : person) témoin m. ◊ **defaulting witness** témoin défaillant; **eye witness** témoin oculaire; **expert witness** expert cité comme témoin; **false witness** faux témoin; **witness for the defence / prosecution** témoin à décharge / à charge; **to call someone as a witness** citer quelqu'un comme témoin. **b** (Jur : evidence) témoignage m. ◊ **in witness whereof** en témoignage de quoi, en foi de quoi; **to give witness on behalf of / against** témoigner en faveur de / contre. **2** vt **a** (see) être témoin de, assister à. **b** (Jur) document attester or certifier l'authenticité de. ◊ **to witness sb's signature** contresigner.

**wizard** ['wɪzəd] n ◊ **he's a financial wizard** il a le génie de la finance.

**wk** abbr of *week.*

**wks** abbr of *works.*

**w / o** abbr of *without.*

**wobbly** ['wɒblɪ] **adj** market hésitant.

**wolf**\* [wʊlf] n (St Ex) spéculateur m expérimenté.

**won** [wʌn] n won m.

**wood** [wʊd] n bois m. ◊ **to be out of the woods** être sorti du tunnel; **wood related business** la filière bois.

**wool** [wʊl] **1** n laine f. **2** cpd **wool merchant** négociant(e) m(f) en laine. – **wool trade (the)** le commerce de la laine.

**woollen** (GB), **woolen** (US) [wʊlən] **adj** cloth de laine. ◊ **the woollen industry** l'industrie lainière; **woollen manufacturer** fabricant de lainages.

**word** [wɜːd] **1** n **a** mot m. ◊ **to put in a word for sb**\* glisser un mot en faveur de qn; **I want**

**a word with you** j'ai à vous parler, je voudrais vous dire un mot ; **I'll have a word with him about it** je lui en toucherai un mot ; **word-of-mouth advertising** publicité de bouche à oreille ; **words per minute** mots à la minute. **b** (promise) parole f, promesse f. ◊ **you'll have to take his word for it** il faudra le croire sur parole. **2** cpd **word processing** traitement m de texte. – **word processor** machine f de traitement de texte. **3** vt document formuler, rédiger, libeller.

**wording** ['wɜːdɪŋ] n [letter, statement] termes mpl, formulation f ; (Jur, Admin) rédaction f ; [official document] libellé m. ◊ **the wording is exceedingly important** le choix des termes est extrêmement important.

**work** [wɜːk] **1** n **a** (gen) travail m. ◊ **to set to work** se mettre au travail ; **to knock off work** cesser le travail ; **to resume work** reprendre le travail ; **he's looking for work** il cherche du travail ; **the numbers of those out of work** le nombre des sans-emploi ; **to put** or **throw sb out of work** mettre qn au chômage, licencier qn ; **to finish work** cesser le travail ; **a day off work** un jour de congé ; **casual work** travail temporaire ; **clerical** or **office work** travail de bureau ; **shift work** travail posté ; **I've done a full day's work** j'ai eu une journée bien remplie ; **work in progress** or **process** (goods) produits en cours ; (work) travaux en cours. **b** **works** (gen, Admin) travaux ; [clock, machine] mécanisme, rouages ; **public works programme** programme de travaux publics ; **road works** travaux routiers (d'entretien or de réfection) ; **to throw a spanner in the works** (fig) mettre des bâtons dans les roues → also works **2** cpd **work allocation** or **assignment** distribution f or répartition f du travail. – **work ethic** éthique f du travail. – **work experience** expérience f professionnelle ; **he has a lot of work experience** il a beaucoup de métier ; **a young secretary on work experience** une jeune secrétaire en stage de formation. – **work file** (Comp) fichier m de travail. – **work flow** flux m de travail. – **work history** expérience f professionnelle. – **work-in** occupation f du lieu de travail (par la main-d'œuvre). – **work measurement** analyse f quantitative du travail. – **work order** ordre m d'exécution or de fabrication. – **work permit** carte f or permis m de travail. – **work prospects** débouchés mpl, perspectives fpl de travail. – **work sampling** échantillonnage m de tâches. – **work schedule** [worker] emploi m du temps ; [project] calendrier m des travaux. – **work sharing** partage m du travail. – **work sheet** (Comp) feuille f de calcul ; (Ind) attachement m, fiche f de tra-

vail. – **work station** (gen) poste m de travail ; (Comp) station f de travail. – **work stoppage** arrêt m de travail. – **work study** étude f des méthodes de travail. – **work ticket** fiche f de travail, attachement m. – **work-to-rule** grève f du zèle. **3** vi **a** (gen) travailler. ◊ **the number of hours worked** le nombre d'heures travaillées or de travail ; **he works in engineering** il est ingénieur ; **to work full-time / half-time** travailler à plein temps / à mi-temps ; **to work shorter hours, work part-time** travailler à horaire réduit or à temps partiel ; **to work to rule** faire la grève du zèle ; **to work unsocial hours** travailler en dehors des heures normales de travail ; **we are working towards a solution / an agreement** nous nous dirigeons petit à petit vers une solution / un accord. **b** [mechanism, machine] marcher, fonctionner. ◊ **it will work** (fig) ça va marcher or aller ; **it doesn't work** cela ne marche or ne fonctionne pas. **4** vt **a** (cause to work) person, staff faire travailler ; mechanism faire marcher, actionner. ◊ **he works his staff too hard** il surmène son personnel. **b** (exploit) mine, land, patent exploiter.

**workable** ['wɜːkəbl] adj **a** arrangement, solution possible, réalisable, exécutable. **b** mine, land exploitable.

**workaholic*** [ˌwɜːkə'hɒlɪk] n bourreau m de travail.

**workbench** ['wɜːkbentʃ] n établi m.

**workday** ['wɜːkdeɪ] (US) n (Comm) jour m ouvrable.

**work down** vt sep écouler. ◊ **to work down inventories** écouler des stocks.

**worker** ['wɜːkər] **1** n (gen) ouvrier(-ière) m(f) ; (esp Pol) travailleur(-euse) m(f). ◊ **managers and workers** patronat et travailleurs or ouvriers ; **blue-collar worker** col bleu, travailleur manuel ; **casual worker** travailleur temporaire ; **clerical** or **office worker** employé de bureau ; **manual worker** travailleur manuel ; **skilled worker** ouvrier qualifié or professionnel ; **unskilled** or **semi-skilled worker** ouvrier spécialisé ; **shift worker** travailleur posté ; **white-collar worker** col blanc, employé de bureau. **2** cpd **worker director** ouvrier m membre du conseil d'administration. – **worker participation** participation f des travailleurs à la gestion de l'entreprise, cogestion f. – **worker representation** représentation f du personnel. – **worker control** autogestion f.

**workforce** ['wɜːkˌfɔːs] n (Econ, Ind) main-d'œuvre f, personnel m, effectif m. ◊ **an experienced workforce** une main-d'œuvre expérimentée ; **a workforce of 500** un effectif or des effectifs de 500 personnes ; **our workforce is too large** nous avons trop d'effectifs, nous sommes en sureffectifs ; **we must train our workforce** nous devons former notre personnel.

**work in** vi (cooperate) collaborer.

**working** ['wɜːkɪŋ] **1** adj clothes, lunch de travail ; model qui marche ; partner, population actif.
**2** n **a** (work) travail m ; [machine] fonctionnement m ; [mine] exploitation f. ◊ **short-time working** travail à horaire réduit. **b** **workings** (mechanism) mécanisme ; [organization] rouages ; (Mar) chantier d'exploitation.
**3** cpd **working account** compte m d'exploitation. – **working agreement** modus vivendi m, entente f, convention f. – **working area** (in office) espace m de travail ; (Comp) zone f de travail. – **working capital** fonds m de roulement ; **working capital deficiency** fonds de roulement déficitaire ; **working capital ratio** ratio de liquidité générale. – **working class** origins, background, suburb ouvrier, prolétarien ; **the working class** la classe ouvrière ; **the working classes** (Pol) le prolétariat ; **he is working class** il appartient à la classe ouvrière. – **working conditions** conditions fpl de travail. – **working data** données fpl à traiter. – **working day** (day available for work) jour m ouvrable ; (day of work) journée f de travail ; **Saturday is a working day** (gen) on travaille le samedi ; (Comm) le samedi est un jour ouvrable. – **working environment** conditions fpl de travail, environnement m du travail. – **working expenses** [mines, factory] frais mpl d'exploitation ; [salesman] frais mpl. – **working fund** fonds m de caisse. – **working hours** : **smoking is not allowed during working hours** il est interdit de fumer pendant les heures de travail ; **to reduce working hours** réduire or aménager le temps de travail or la durée du travail ; **weekly working hours** la durée hebdomadaire du travail. – **working hypothesis** hypothèse f de travail. – **working interest** participation f directe. – **working inventory** stock-outil m. – **working knowledge** : **he has a working knowledge of German** il peut se débrouiller en allemand. – **working language** langue f de travail. – **working life** [product] durée f de vie ; [person] années fpl d'activité, vie f active. – **working majority** majorité f suffisante. – **working man** ouvrier m, travailleur m ; **the working man will not accept** les ouvriers or les travailleurs n'accepteront pas. – **working model** modèle m réduit, maquette f. – **working paper** document m de travail. – **working party** (gen) groupe m de travail ; (enquiry) commission d'enquête.

– **working population** population f active. – **working ratio** coefficient m d'exploitation. – **working storage** (Comp) mémoire f de travail. – **working time** durée f du travail. – **working week** semaine f de travail. – **working wife** femme f mariée qui travaille. – **working woman (the)** (gen, Press) la femme f active.

**workless** ['wɜːklɪs] adj sans emploi or travail, au chômage.

**workload** ['wɜːkləʊd] n [person] charge f de travail ; [machine, usine] plan m de charge.

**workman** ['wɜːkmən] n ouvrier m. ◊ **workmen's compensation** pension d'invalidité.

**workmanlike** ['wɜːkmənlaɪk] adj attitude professionnel.

**workmanship** ['wɜːkmənʃɪp] n [craftsman] métier m, maîtrise f ; [object] exécution f or fabrication f soignée, fini m. ◊ **it's a superb piece of workmanship** c'est du beau travail.

**workmate** ['wɜːkmeɪt] n camarade mf de travail.

**work off** vt écouler. ◊ **to work off excess inventories** écouler des stocks excédentaires.

**work out** **1** vi [plan, arrangement] aboutir, réussir, marcher ; (Math) [sum] tomber juste. ◊ **the total works out at $9 million** le total s'élève à or ressort à 9 millions de dollars.
**2** vt sep **a** problem résoudre ; plan élaborer, mettre au point ; details mettre au point. ◊ **to work out a settlement** parvenir à un accord ; **to work out the interests** calculer les intérêts ; **the terms of the merger have yet to be worked out** les conditions de la fusion restent à définir ; **how did you work that out ?** comment as-tu fait pour trouver ce résultat ? **b** (exhaust resources of) mine, land épuiser.

**workplace** ['wɜːkpleɪs] n lieu m de travail. ◊ **discontent in the workplace** malaise social.

**works** [wɜːks] **1** n (GB : factory) usine f ; (processing plant) installations fpl industrielles. ◊ **a chemical works** une usine de produits chimiques ; **gas works** usine à gaz ; **price ex-works** prix départ d'usine → also work.
**2** cpd **works canteen** cantine f, réfectoire m. – **works committee** or **council** comité m d'entreprise. – **works manager** directeur m d'usine. – **works regulations** règlement m intérieur.

**workshop** ['wɜːkʃɒp] n (Ind) atelier m. ◊ **the attitudes of the men on the workshop floor** les réactions de la base or de l'ouvrier de base.

**work up** vt sep trade, business développer. ◊ **he worked his way up to the top** il a gravi un à un les échelons de la hiérarchie ; **our new sales manager is trying to work up a connection in Spain** notre nouveau directeur commercial essaye de se constituer une clientèle en Espagne.

**workweek** ['wɜːkˌwiːk] (US) **n** semaine f de travail.

**world** [wɜːld] **1 n** monde m. ◊ **our company leads the world in chemical manufacturing** notre société est à la pointe de l'industrie chimique dans le monde ; **the commercial / financial world** le monde du commerce / de la finance ; **the English-speaking world** le monde anglophone.

**2 cpd World Bank (the)** la Banque f mondiale. – **world consumption** consommation f mondiale. – **World Court (the)** la Cour f internationale de justice. – **world exports** exportations fpl mondiales. – **world fair** exposition f universelle. – **world-famous** de renommée or de réputation mondiale. – **World Federation of Trade Unions (the)** la Fédération f syndicale mondiale. – **World Health Organization (the)** l'Organisation f mondiale de la santé. – **world market** marché m mondial. – **World War Two** la Deuxième or la Seconde Guerre f mondiale. – **worldwide** concern, circulation mondial, global, universel ; export, dispatch dans le monde entier.

**worsen** ['wɜːsn] **vi** [situation] empirer, se détériorer, s'aggraver.

**worsening** ['wɜːsnɪŋ] **n** [situation] aggravation f, dégradation f (in, of de). ◊ **a worsening in the balance of payments** une détérioration de la balance des paiements.

**worst** [wɜːst] **adj** ◊ **worst-case projection** (Econ) cas de figure le plus pessimiste.

**worth** [wɜːθ] **1 n** (value) valeur f. ◊ **net worth** situation or valeur nette.

**2 adj** ◊ **to be worth** valoir ; **how much is it worth ?** ça vaut combien ? ; **it's worth £10 / a fortune** ça vaut 10 livres / une fortune ; **it's obviously worth a great deal to him** de toute évidence il y accorde une grande valeur ; **that's worth knowing** c'est bon à savoir.

**worthwhile** [wɜːθ'waɪl] **adj** work qui donne des satisfactions ; contribution notable. ◊ **it's a worthwhile thing to do** c'est quelque chose de valable ; **it was worthwhile interviewing him** cela valait la peine de l'interviewer.

**WP** [ˌdʌblju'piː] **a** abbr of *word processing, word processor* → word. **b** abbr of *without prejudice* → without.

**WPA** abbr of *with particular average* → with.

**wpm** abbr of *words per minute* → word.

**WR** [ˌdʌblju'ɑːʳ] **n** abbr of *warehouse receipt* → warehouse.

**wrap** [ræp] **1 n** emballage m. ◊ **to keep a scheme under wraps\*** ne pas dévoiler un projet.

**2 vt** emballer, empaqueter (in dans).

**wraparound** ['ræpəraʊnd] (US) **adj** ◊ **wraparound mortgage** hypothèque intégrante or complémentaire.

**wrapper** ['ræpəʳ] **n** [sweet] papier m ; [parcel] papier d'emballage ; [newspaper for post] bande f ; [book] jaquette f, couverture f.

**wrapping paper** ['ræpɪŋˌpeɪpəʳ] **n** (brown paper) papier m d'emballage, papier m kraft ® ; (decorated paper) papier m cadeau.

**wrap up vt sep a** parcel emballer, empaqueter (in dans) ; (fig : conceal) intentions dissimuler. **b** (\* : conclude) deal, sale conclure, mener à bien. ◊ **let's get all this wrapped up** finissons-en avec tout ça, réglons tout cela une fois pour toutes.

**wrap-up\*** ['ræpʌp] (US) **n** résumé m.

**wreck** [rek] **1 n** (ship, car) épave f ; (act, event) naufrage m ; [hopes, plans] ruine f, effondrement m, anéantissement m. ◊ **receiver of wrecks** receveur des épaves.

**2 vt** career briser ; plans, hopes ruiner, anéantir ; negotiations faire échouer, saboter. ◊ **the ship was wrecked in a storm off Spain** le navire a fait naufrage dans une tempête au large de l'Espagne ; **their crops were wrecked by the floods** leurs récoltes ont été détruites par les inondations.

**wreckage** ['rekɪdʒ] **n** [ship] épave f ; [building] décombres fpl.

**wrecker** ['rekəʳ] **n** [building] démolisseur m ; (US) [cars] dépanneuse f, récupérateur m d'épaves, casseur m.

**wrench** [rentʃ] **n** ◊ **to throw a wrench into the economy** (US) porter un coup très dur à l'économie.

**writ** [rɪt] **n** (Jur) acte m judiciaire. ◊ **to issue a writ against sb** assigner qn (en justice) ; **to issue a writ for libel against sb** assigner qn en justice pour diffamation ; **writ of attachment** commandement de saisie ; **writ of subpoena** assignation or citation (en justice).

**write** [raɪt] **1 vt a** (gen) écrire ; bill, cheque, list faire, établir ; certificate rédiger ; (Comp) program, software écrire, rédiger. **b** (St Ex) **to write a stock option** vendre une option. **c** (Ins) risk assurer, souscrire. ◊ **to write business** faire de l'assurance.

**2 n** (Comp) écriture f. ◊ **write head / instruction** tête / instruction d'écriture.

**write away** vi (Comm) écrire (*to* à). ◊ **to write away for** information, details écrire pour demander.

**write back** **1** vi répondre (par lettre). **2** vt sep (Acc) contre-passer.

**write down** vt sep **a** écrire. **b** (Comm : reduce price of) réduire le prix de ; (Acc) asset réduire la valeur de ; debt réduire le montant de. ◊ **written down value** valeur comptable ; **writing down allowance** (GB) abattement fiscal *(sur immobilisations)*.

**write-down** ['raɪtdaʊn] n [asset] réduction f de la valeur.

**write off** vt sep **a** loss, asset, debt passer par profits et pertes ; (fig) mettre une croix sur*, faire son deuil de*. ◊ **the operation was written off as a total loss** l'opération a été passée par pertes et profits ; **the banks had to write off the debts incurred by this country** les banques ont dû passer par pertes et profits la dette de ce pays ; **the insurance company decided to write off his car** la compagnie d'assurances a considéré que la voiture était irréparable or une épave ; **the cargo was completely written off** la cargaison a été totalement détruite or perdue. **b** (Acc : depreciate) investment, acquisition amortir. ◊ **the truck will be written off over three years** le camion sera amorti sur trois ans.

**write-off** ['raɪtɒf] n **a** (Fin, Acc) [bad debt, old asset, loss] passation f par pertes et profits. ◊ **tax write-off** dépense or perte déductible de l'impôt sur les sociétés. **b** (Comm, fig) perte f sèche. ◊ **to be a write-off** [car] être irréparable, être bon pour la casse or la ferraille ; [project, operation] n'avoir abouti à rien.

**write out** vt sep écrire, rédiger ; cheque faire, établir.

**writer** ['raɪtəʳ] n (gen) auteur m. ◊ **option writer** (St Ex) receveur d'option ; **a well-known woman writer** une femme écrivain très connue.

**write up** vt sep **a** developments, meeting faire un compte rendu de ; accounts enregistrer, comptabiliser. **b** assets revaloriser.

**write-up** ['raɪtʌp] n **a** (gen) description f ; (review) [play] compte rendu m, critique f ; (report) [event] compte rendu m, exposé m.

◊ **his appointment was given a big write-up** on a beaucoup parlé de sa nomination dans les journaux. **b** (US) fausse déclaration f dans un bilan. **c** (Acc) réévaluation f, revalorisation f.

**writing** ['raɪtɪŋ] **1** n **a** écriture f. ◊ **illegible writing** écriture illisible. **b** (written form) écrit m. ◊ **get his permission in writing** obtenez sa permission par écrit. **c** (Ins) [risk] souscription f. **d** (output of writer) écrits mpl, œuvres fpl.
**2** cpd **writing-back** (Acc) contre-passation f. — **writing-off** [loss, old asset, debt] passation f par pertes et profits ; (depreciation) [new asset] amortissement m. — **writing pad** bloc m de papier à lettres, bloc-notes m.

**written** ['rɪtn] adj reply écrit. ◊ **to send a written request** faire une demande écrite or par écrit ; **written proof** or **evidence** pièce justificative.

**wrong** [rɒŋ] **1** adj faux, inexact, incorrect. ◊ **he got the figures wrong** il s'est trompé dans les chiffres ; **to get a wrong number** (Telec) se tromper de numéro ; **I'm in the wrong job** ce n'est pas le travail qu'il me faut ; **you're on the wrong track** vous faites fausse route.
**2** adv ◊ **you've got the sum wrong** vous vous êtes trompé dans vos calculs ; **don't get me wrong*** comprenez-moi bien ; **to go wrong** [plan] mal tourner ; [machine] tomber en panne.
**3** n tort m. ◊ **to be in the wrong** être dans son tort ; **private / public wrong** (Jur) atteinte aux droits de l'individu / de la collectivité.

**wrong-foot** ['rɒŋfʊt] vt prendre à contre-pied.

**wrongful** ['rɒŋfʊl] adj injustifié. ◊ **wrongful dismissal** licenciement arbitraire or abusif, renvoi injustifié.

**wrongly** ['rɒŋlɪ] adv **a** (incorrectly) state, translate incorrectement, inexactement. **b** (by mistake) par erreur.

**wrongshipped** ['rɒŋʃɪpt] adj (Mar) goods reçu non conforme.

**wt** abbr of *weight*.

**WW** [ˌdʌbljuːˈdʌbljuː] n abbr of *warehouse warrant* → warehouse.

**WW2** abbr of *World War Two* → world.

# X

**X** [eks] **cpd** **x-coupon** ex-coupon, coupon m détaché. — **x-dividend** ex-dividende m. — **x-interest** sans intérêt. — **x-mill** départ m usine. — **x-quay** à prendre à quai, livrable à quai. — **x-ship** transbordé. — **x-store** en magasin. — **x-warehouse** à prendre en entrepôt, départ m entrepôt. — **x-wharf** à prendre à quai, livrable à quai. — **x-works** départ m usine.

**XC** abbr of *ex-coupon* ex-c(oup).

**XD** abbr of *ex-dividend* ex-div.

**xerographic** [ˌzɪərəˈgræfɪk] **adj** xérographique.

**xerography** [zɪəˈrɒgrəfɪ] **n** xérographie f.

**Xerox** ® [ˈzɪərɒks] **1** **n** (machine) photocopieuse f, photocopieur m ; (reproduction) photocopie f.
**2** **vt** (faire) photocopier, faire une photocopie de.
**3** **vi** ◊ **it won't Xerox** ça ne passera pas à la photocopie.

**X-ray** [ˈeksˈreɪ] **1** **n** (ray) rayon m X ; (photography) radiographie f, radio* f.
**2** **vt** radiographier ; (fig) passer au crible, examiner avec soin.

**X-Y plotter** **n** traceur m de courbes.

# Y

**Yamoussoukro** [ˌjæmʊˈsuːkrəʊ] **n** Yamoussoukro.

**Yaoundé** [jaunde] **n** Yaoundé.

**YA®** abbr of *York-Antwerp (Rules)* → York-Antwerp (Rules).

**yard** [jɑːd] **n** a (measurement) yard m (≈ *91,44 cm*). b (Constr) chantier m, dépôt m. ◊ **contractor's yard** chantier or dépôt de matériaux de construction.

**yardage** [ˈjɑːdɪdʒ] **n** longueur f en yards.

**yardmaster** [ˈjɑːdˌmɑːstəʳ] (US) **n** chef m de triage.

**yardstick** [ˈjɑːdstɪk] **n** (fig) critère m d'évaluation.

**yarn** [jɑːn] **n** fil m.

**yawning** [ˈjɔːnɪŋ] **adj** deficit béant.

**yd** abbr of *yard*.

**year** [jɪəʳ] **1** **n** année f, an m. ◊ **year of acquisition** année d'acquisition; **accounting year** exercice comptable; **base year** année de référence; **bumper year** année exceptionnelle; **the present business year** l'exercice en cours; **calendar year** année civile; **company's year** année sociale; **current year** année en cours; **financial year** exercice financier; **end of the financial year** fin de l'exercice; **fiscal year** année budgétaire *(débutant le 1ᵉʳ avril en Grande-Bretagne et le 1ᵉʳ octobre aux États-Unis)*, exercice comptable; **multi-year** pluri-annuel; **past year** exercice écoulé; **tax year** exercice fiscal; **trading year** exercice; **to pay by the year** payer à l'année; **valid one year** valable un an; **to pay £800 a year** payer 800 livres par an; **to earn £50,000 a year** gagner 50 000 livres par an; **from year to year** d'année en année.

**2** **cpd year-end** (Acc) clôture f or fin f de l'exercice; **year-end adjustment** or **audit** vérification de fin d'exercice; **year-end closing** clôture de l'exercice; **year-end dividend** dividende de fin d'exercice; **year-end procedures** procédures d'inventaire. — **year-to-date** (Acc) results, figures cumulé sur l'exercice en cours; **year to date** (on sheet) cumul jusqu'à ce jour. — **year-to-year** statistics, figures, results sur un an.

**yearbook** [ˈjɪəbʊk] **n** annuaire m.

**yearling** [ˈjɪəlɪŋ] (US) **n** *emprunt sur un an émis par une collectivité locale.*

**yearly** [ˈjɪəlɪ] **1** **adj** annuel. ◊ **half-yearly** semestriel; **yearly payment** or **instalment** annuité. **2** **adv** annuellement. ◊ **half-yearly** semestriellement.

**yellow** [ˈjeləʊ] **adj** jaune. ◊ **yellow metal** métal jaune; **the yellow pages** (GB Telec) les pages jaunes (de l'annuaire).

**Yemen** [ˈjemən] **n** Yémen.

**Yemeni** [ˈjemənɪ] **1** **adj** yéménite. **2** **n** (inhabitant) Yéménite mf.

**yen** [jen] **n** (currency) yen m.

**Yerevan** [jɪrɪˈvan] **n** Erevan.

**yield** [jiːld] **1** **n** (output) rendement m; (crop) rendement m, récolte f; [tax] recettes fpl, revenu m, produit m; [business, investment, securities] rendement m, rapport m, revenu m. ◊ **actual yield** rendement effectif; **coupon yield** rendement coupon; **current yield** taux actuariel; **earnings** or **dividend yield** rendement boursier, rendement des actions; **effective yield** rendement effectif or réel; **redemption yield** taux actuariel; **to post record yield** faire état de rapports exceptionnels; **yield per acre** rendement à l'hectare.

**2** cpd **yield maintenance** (US) ajustement m du taux de rendement. — **yield to public loan issues** taux m de rendement des emprunts publics. — **yield to call** rendement m minimum. — **yield to maturity** taux m actuariel, rendement m actualisé. — **yield to redemption** taux m actuariel, rendement m actualisé. — **yield to worst** rendement m minimum. — **yield variance** écart m sur rendement.

**3** vt **a** (produce) produire ; [business, investment, tax, share] rapporter. ◊ **to yield an interest** rapporter un intérêt, porter intérêt ; **to yield a profit** rapporter un profit or un bénéfice ; **shares yielding high interest** actions à gros rendement ; **shares yielding 9%** actions qui rapportent 9%. **b** (surrender) rights céder (*to* à), renoncer à (*to* en faveur de). ◊ **these shares yielded 10p** ces actions perdent 10 pence.

**4** vi **a** [land, farm] rapporter, produire, rendre. ◊ **land that yields poorly** terre qui rend peu or mal. **b** (surrender) céder (*to*

devant, à). ◊ **to yield to sb's arguments** se rendre aux raisons de qn.

**York-Antwerp (Rules)** [ˈjɔːkˈæntwɜːp] npl (Ins) règles fpl d'York et d'Anvers.

**your ref** abbr of *your reference* V / réf.

**Youth Training Scheme** [ˈjuːθˈtreɪnɪŋˈskiːm] (GB) n ≈ pacte national pour l'emploi des jeunes.

**yr** abbr of *year*.

**YTS** [waɪtiːˈes] (GB) n abbr of *Youth Training Scheme* ◊ **he's on (a) YTS at present** il bénéficie actuellement du pacte national pour l'emploi des jeunes.

**Yugoslav** [ˈjuːgəʊˈslɑːv] **1** adj yougoslave. **2** n (inhabitant) Yougoslave mf.

**Yugoslavia** [ˈjuːgəʊˈslɑːvɪə] n Yougoslavie f.

**Yugoslavian** [ˈjuːgəʊˈslɑːvɪən] **1** adj yougoslave. **2** n (inhabitant) Yougoslave mf.

# Z

**zaire** [zɑːˈiːəʳ] **n** (currency) zaïre m.

**Zaire** [zɑːˈiːəʳ] **n** Zaïre m.

**Zairian** [zɑːˈiːərɪən] **1** **adj** zaïrois.
**2** n (inhabitant) Zaïrois(e) m(f).

**Zambia** [ˈzæmbɪə] **n** Zambie f.

**Zambian** [ˈzæmbɪən] **1** **adj** zambien.
**2** n (inhabitant) Zambien(ne) m(f).

**zero** [ˈzɪərəʊ] **1** n **a** (gen) zéro m. ◊ **the value has fallen to zero** la valeur est tombée à zéro. **b** (US Telec) zéro m.
**2** **cpd** zero **address** (Comp) sans adresse. — zero **base budgeting** budget m (à) base zéro. — zero **coupon bond** obligation f à coupon zéro or différé. — zero **defect** zéro défaut m. — zero **growth** croissance f zéro. — zero **rate** taux m zéro; zero **rate taxation** fiscalité à taux zéro; **remunerated at zero rates** non rémunéré. — zero-rated : **food is zero-rated in Britain** les produits alimentaires ne sont pas assujettis à la TVA en Grande-Bretagne; **we are zero-rated for VAT** nous ne sommes pas assujettis à la TVA. — zero **state** (Comp) état m zéro.- — zero **sum** somme f nulle; zero **sum game** jeu à somme nulle.
**3** **vt** (Comp) counter remettre à zéro.

**Zimbabwe** [zɪmˈbɑːbwɪ] **n** Zimbabwe m.

**Zimbabwean** [zɪmˈbɑːbwɪən] **1** **adj** zimbabwéen.
**2** n (inhabitant) Zimbabwéen(ne) m(f).

**zip code** [ˈzɪpkəʊd] (US) **n** code m postal.

**zloty** [ˈzlɒtɪ] **n** zloty m.

**zonal** [ˈzəʊnl] **adj** zonal.

**zone** [ˈzəʊn] **1** n (gen) zone f; (in town) zone f, secteur m. ◊ **buffer zone** zone tampon; **currency zone** zone monétaire; **enterprise zone** *région bénéficiant d'incitations gouvernementales pour le développement économique*; **free zone** zone franche; **postal zone** zone postale; **restricted zone** zone soumise à des servitudes; **sterling zone** zone sterling; **time zone** fuseau horaire; **wage zone** zone de salaire; **moderate growth in the 3% zone** croissance modérée dans la zone des 3%.
**2** **vt** area diviser en zones; town diviser en secteurs. ◊ **zoned advertising / campaign** publicité / campagne centrée sur une zone or un secteur.

**zoning** [ˈzəʊnɪŋ] **n** zonage m.

## MESURES DE LONGUEUR
## LINEAR MEASURES

| | | |
|---|---|---|
| 1 inch | **in.** | 2,54 centimètres |
| 1 foot | **ft.** | 30,48 centimètres |
| 1 yard | **yd** | 91,44 centimètres |
| 1 mile | **m, ml** | 1 609 mètres |
| | | |
| 1 centimètre | **cm** | 0.39 inch |
| 1 mètre | **m** | 3.28 feet |
| 1 mètre | **m** | 1.09 yard |
| 1 kilomètre | **km** | 0.62 mile |

| | |
|---|---|
| 1 nautical mile = 1 852 mètres | = 1 mille marin |


## MESURES DE CAPACITÉ ET DE POIDS
## MEASURES OF CAPACITY AND WEIGHT

| | | | | | |
|---|---|---|---|---|---|
| 1 pint | **pt.** | Brit : 0,568 litre<br>U.S. : 0,47 litre | 1 litre | **l** | Brit : 1,75 pint<br>U.S. : 2.12 pints |
| 1 quart | **qt** | Brit : 1,13 litre<br>U.S. : 0,94 litre | | | |
| 1 gallon | **gal.** | Brit. : 4,54 litres<br>U.S. : 3,78 litres | 1 litre | **l** | Brit : 0,22 gallon<br>U.S. : 0,26 gallon |

| | | |
|---|---|---|
| 1 ounce | **oz** | 28,349 grammes |
| 1 pound | **lb** | 453,6 grammes |
| 1 stone | | 6,348 kilogrammes |
| 1 ton | **t** | Brit : 1 016,06 kilogrammes<br>U.S. : 907,20 kilogrammes |
| 1 gramme | **g** | 0.035 ounce |
| 100 grammes | | 3.527 ounces |
| 1 kilogramme | **kg** | 2.204 pounds<br>0.157 stone |


## TEMPÉRATURES
## TEMPERATURES

$$20\,^{\circ}C = \left(20 \times \frac{9}{5}\right) + 32 = 68\,^{\circ}F$$

Une manière rapide de convertir les centigrades en Fahrenheit et vice versa : en prenant pour base

**10 °C = 50 °F,**

5 °C équivalent à 9 °F.
Ainsi :

$15\,^{\circ}C = (10 + 5) = (50 + 9) = 59\,^{\circ}F$

$68\,^{\circ}F = (50 + 9 + 9)$

$\quad = (10 + 5 + 5) = 20\,^{\circ}C$

$$59\,^{\circ}F = (59 - 32) \times \frac{5}{9} = 15\,^{\circ}C$$

A rought-and-ready way of changing centigrade to Fahrenheit and vice versa : start from the fact that

**10 °C = 50 °F ;**

thereafter for every 5 °C add 9 °F.
Thus :

$15\,^{\circ}C = (10 + 5) = (50 + 9) = 59\,^{\circ}F$

$68\,^{\circ}F = (50 + 9 + 9)$

$\quad = (10 + 5 + 5) = 20\,^{\circ}C$

Photocomposition MCP - Orléans
N° d'éditeur 10008477 - Mars 1992
Imprimerie Jean-Lamour, 54320 Maxéville - N° 92020070
Imprimé en France

# ABRÉVIATIONS, DOMAINES
# ET NIVEAUX DE LANGUE

| | | |
|---|---|---|
| abréviation | abrév, abbr | abbreviation |
| comptabilité | Acc | accountancy |
| adjectif | adj | adjective |
| administration | Admin | administration |
| adverbe | adv | adverb |
| agriculture | Agr | agriculture |
| assurance | Ass | insurance |
| assurance maritime | Ass Mar | maritime insurance |
| automobile | Aut | automobiles |
| aviation | Aviat | aviation |
| banque | Bank | banking |
| biologie | Bio | biology |
| Canada, canadien | Can | Canada, Canadian |
| Communauté économique européenne | CEE | European Economic Community |
| chimie | Chim, Chem | chemistry |
| cinéma | Ciné, Cine | cinema |
| commerce | Comm | commerce |
| informatique | Comp | computing |
| mots composés | comp | compound, in compounds |
| comptabilité | Compta | accountancy |
| conjonction | conj | conjunction |
| construction | Constr | building |
| mots composés | cpd | compound, in compounds |
| économie | Écon, Econ | economics |
| Communauté économique européenne | EEC | European Economic Community |
| électronique, électricité | Élec, Elec | electronics, electricity |
| et cetera | etc | etcetera |
| franc | F | franc |
| féminin | f | feminine |
| figuré | fig | figuratively |
| finances | Fin | finance |
| fusionné | fus | fused |
| Grande-Bretagne, britannique | GB | Great Britain, British |
| généralement | gén, gen | generally |
| généralement pluriel | gen pl | generally plural |
| géographie | Géog, Geog | geography |
| industrie | Ind | industry |
| relations sociales | Ind Rel | industrial relations |
| informatique | Inf | computing |
| assurance | Ins | insurance |
| invariable | inv | invariable |
| juridique, droit | Jur | law, legal |
| livre | £ | pound |
| littéral | lit | literally |
| locutions | loc | locutions |
| masculin | m | masculine |
| masculin et féminin | mf | masculine and feminine |
| masculin (féminin) | m(f) | masculine (feminine) |